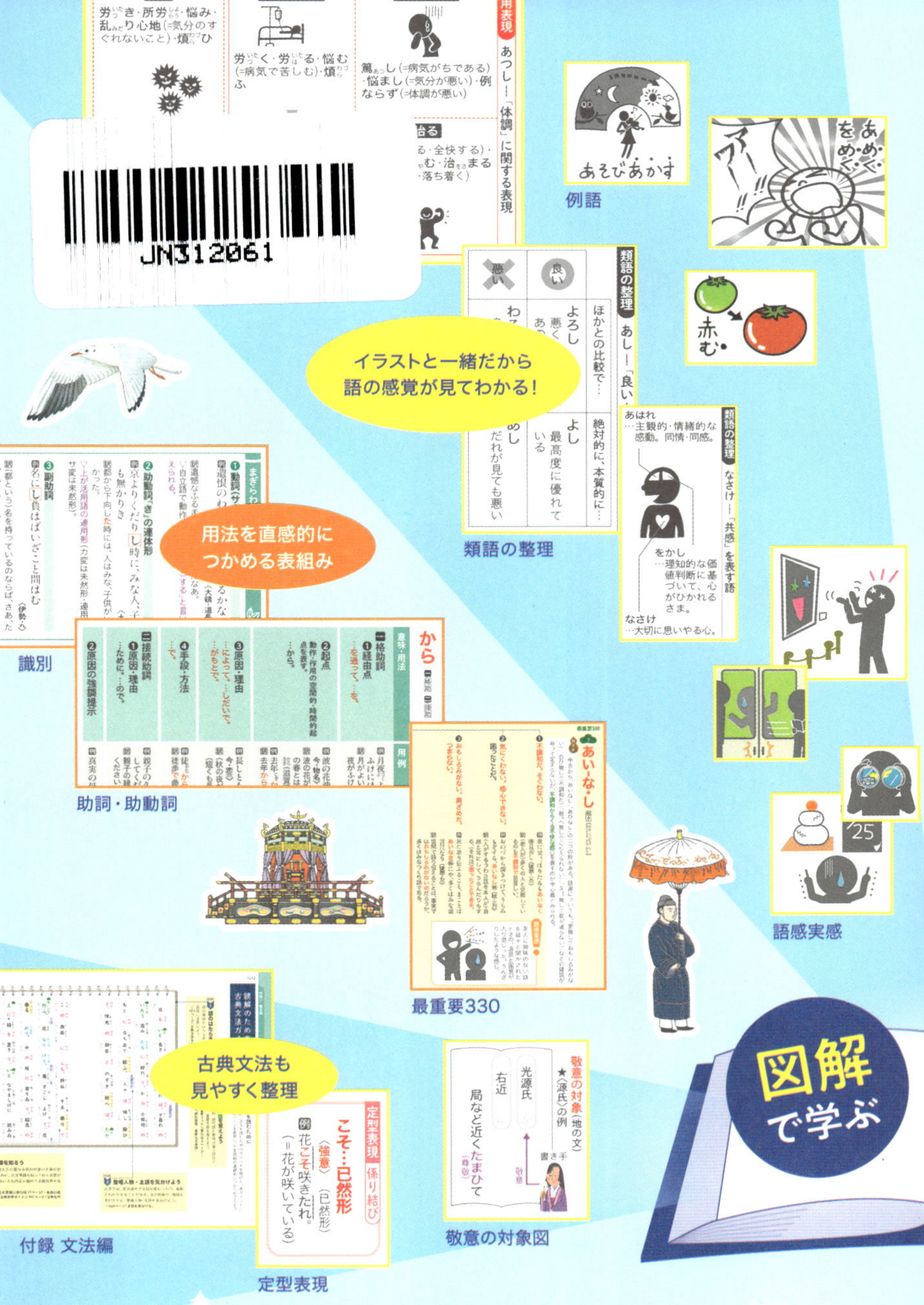

JN312061
イラストと一緒だから
語の感覚が見てわかる!
例語
類語の整理
用法を直感的に
つかめる表組み
識別
助詞・助動詞
最重要330
語感実感
古典文法も
見やすく整理
付録 文法編
定型表現
敬意の対象図
図解で学ぶ

旺文社

図解全訳古語辞典

宮腰　賢（東京学芸大学名誉教授）
石井正己（東京学芸大学教授）
小田　勝（国学院大学教授）
編

略語・記号一覧

●品詞・その他●

名	名詞
代	代名詞
自	自動詞
他	他動詞
動	動詞
補	補助動詞
形	形容詞
形口	口語活用の形容詞
形動	形容動詞
形動口	口語活用の形容動詞
連体	連体詞
副	副詞
接	接続詞
感	感動詞
助動	助動詞
格助	格助詞
接助	接続助詞
係助	係助詞
副助	副助詞
終助	終助詞
間助	間投助詞
接頭	接頭語
接尾	接尾語

●活用●

四	四段活用
上一	上一段活用
上二	上二段活用
下一	下一段活用
下二	下二段活用
カ変	カ行変格活用
サ変	サ行変格活用
ナ変	ナ行変格活用
ラ変	ラ行変格活用
ク	ク活用
シク	シク活用
ナリ	ナリ活用
タリ	タリ活用
未	未然形
用	連用形
終	終止形
体	連体形
已	已然形
命	命令形

●その他●

〔 〕	現代仮名遣いによる見出し語
対	対義語
↓	他の見出し語の語釈や関連事項などへの参照
⬇	現代仮名遣いから歴史的仮名遣いへの指示および特設記事・口絵・付録への参照
（ ）	語義①②…の全体に共通する対義語・参照

●和歌・俳句の表現技法図●

┘	枕詞とそれがかかる語を示す
┆	序詞とそれに導き出される語句を示す
～～	縁語関係の語を示す
〔 〕	掛詞を示す
‖	切れ字

（本文中、記号は赤色。掛詞は緑色）

●作品名●

記	古事記
紀	日本書紀
万葉	万葉集
霊異記	日本霊異記
竹取	竹取物語
伊勢	伊勢物語
土佐	土佐日記
大和	大和物語
蜻蛉	蜻蛉日記
うつほ	うつほ物語
落窪	落窪物語
枕	枕草子
源氏	源氏物語
栄花	栄花物語
堤	堤中納言物語
更級	更級日記
今昔	今昔物語集
方丈	方丈記
平家	平家物語
宇治	宇治拾遺物語
十訓	十訓抄
著聞	古今著聞集
徒然	徒然草
細道	おくのほそ道
雨月	雨月物語

なお、歌集は「和歌集」の部分を省略し、それ以外は原則として作品名をそのまま掲げた。

●ジャンル名●

浮	浮世草子
謡	謡曲
伽	御伽草子
仮名	仮名草子
伎	歌舞伎
黄	黄表紙
狂	狂言
浄	浄瑠璃
洒	洒落本

おさえておきたい古典文学史

巻頭口絵では、古典を読むために役立つ文学史の知識をまとめて示した。

古典文学史年表

文学史の展開を概観できるよう年表にした（太字は最重要作品）。
作品によっては成立年代に諸説あるものがあり、本表中の配列が絶対ではない。

色字…ジャンル
［　］…作品名

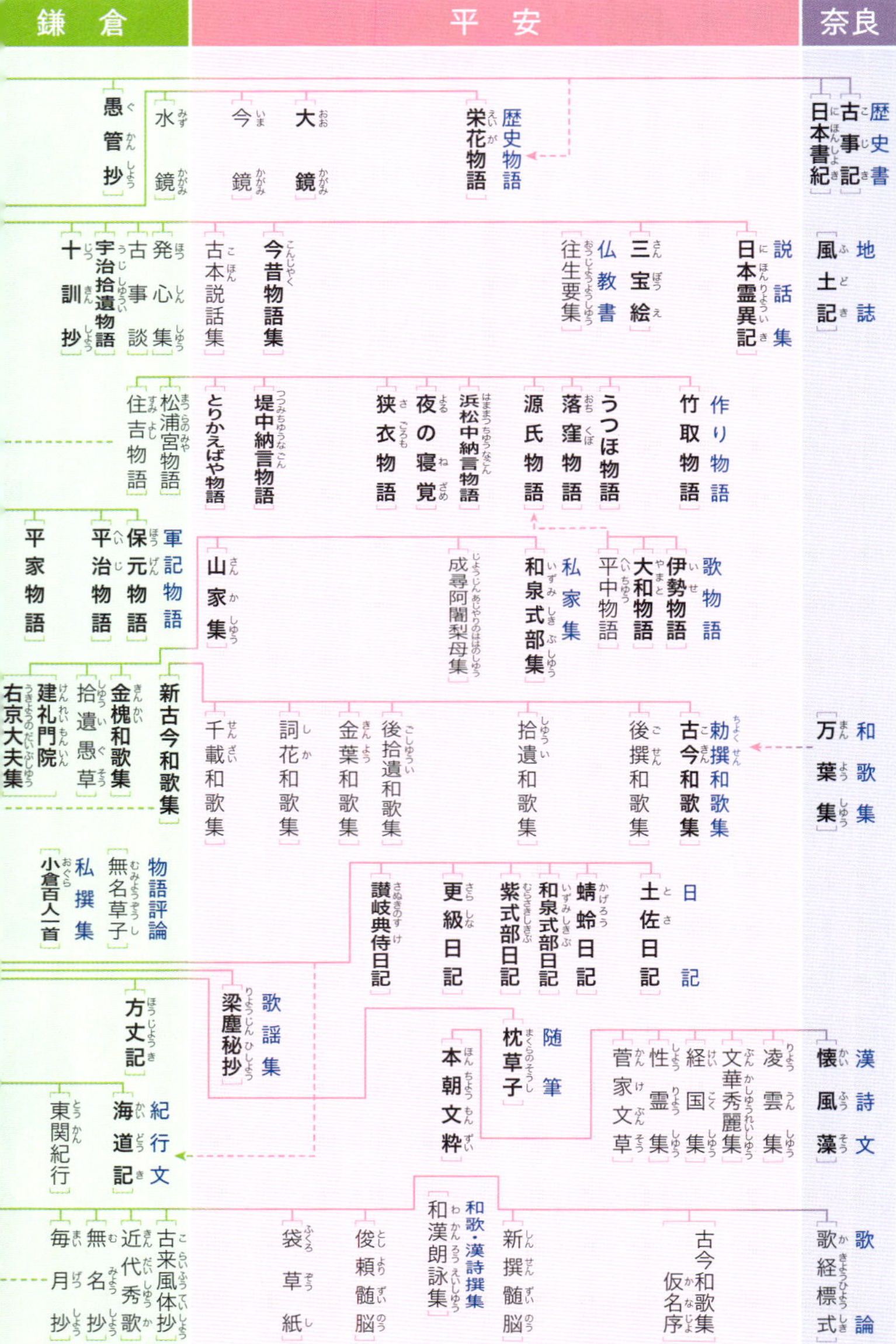

1867年 1603年 1336年

江戸 室町

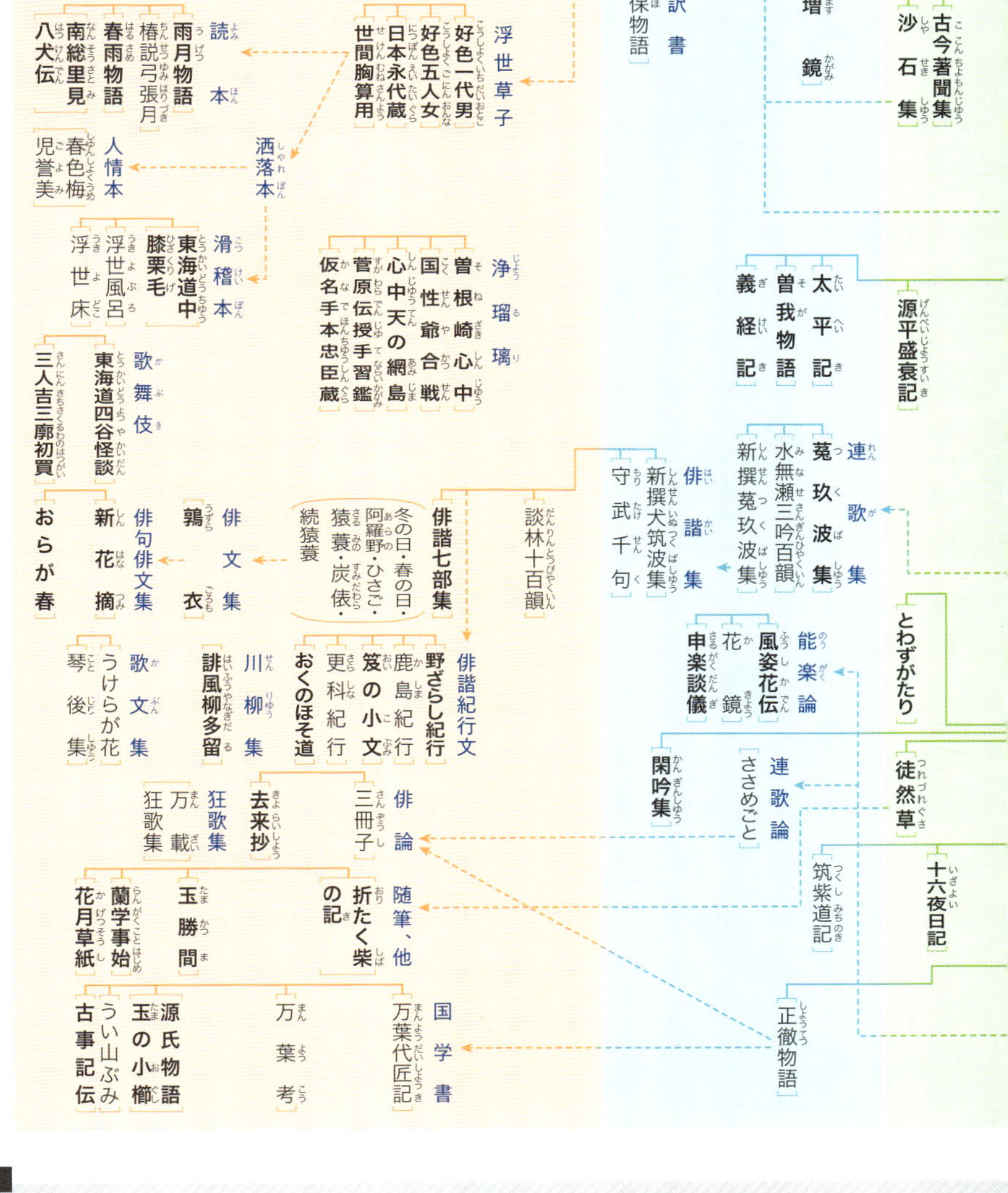

国づくりの物語

古事記

天地創造の神から、脈々と歴代天皇が続く、日本の歴史の始まりの物語。

奈良時代

歴史書

作者・成立

天武天皇の指示により稗田阿礼が誦習したものを、元明天皇の命により太安万侶が撰録。和銅5年(712年)成立。

内容・構成

現存する日本最古の歴史書。皇室・諸氏族に伝わる帝紀・旧辞を整理・統一した書。天皇の系譜を明らかにして、天皇統治の正統性を示すために編纂された。

天地開闢から推古天皇までの日本歴史が、神話・伝説・歌謡を織り交ぜて語られる。上・中・下の3巻構成。

表記の特徴

全編漢字表記。漢字の音と訓を使って日本語を書き表すことに力を注いでいる。音で読むところには注記があり、歌謡はすべて万葉仮名で表記されている。

天地開闢から天皇の祖先登場までを描く神話編

天・地が分かれて神々が生まれ、日本の国土を生みだした。天の神(=天つ神)が地に降り、地の神(=国つ神)から国を譲られて、天皇の祖先となる。

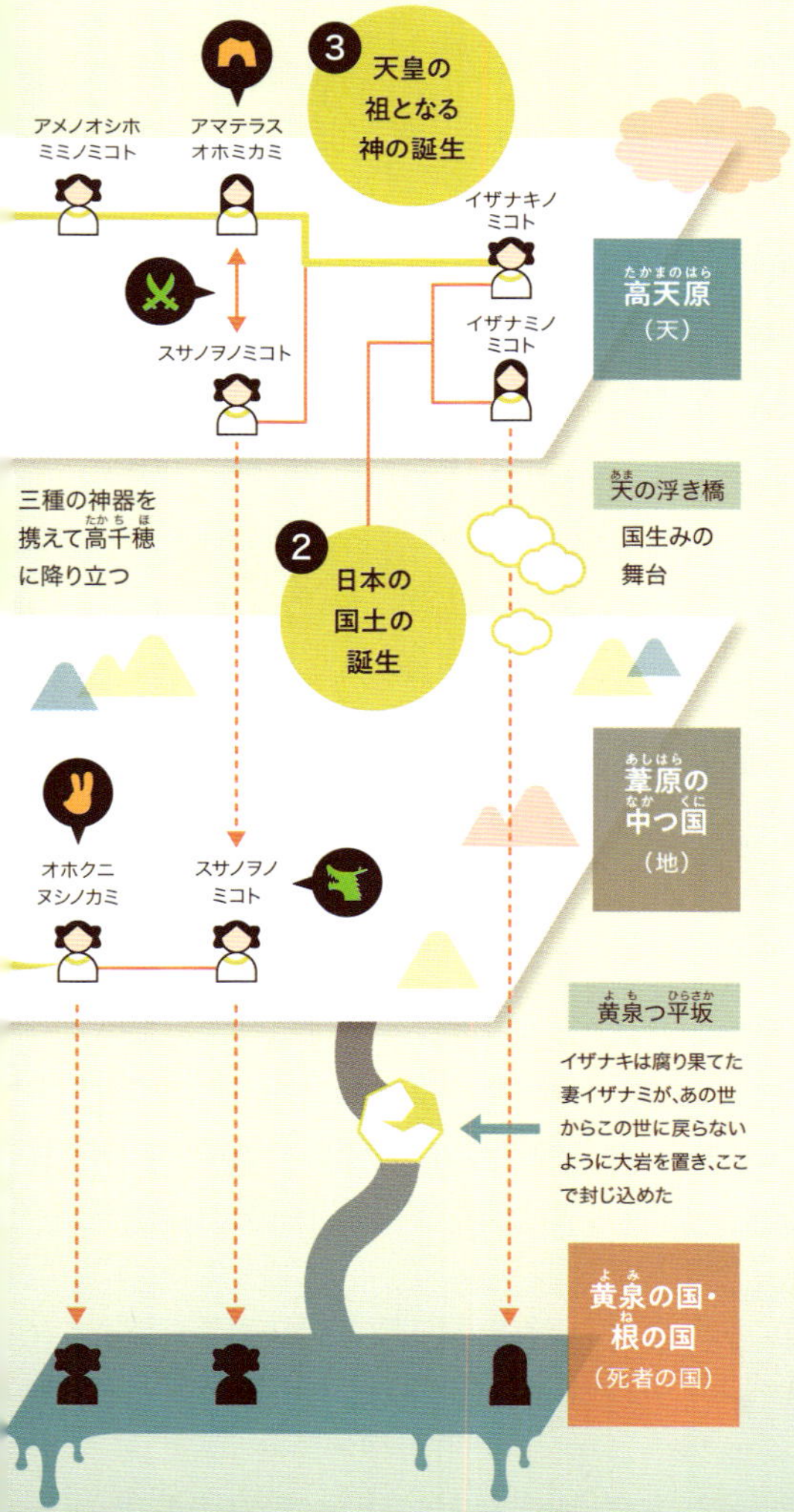

3 天皇の祖となる神の誕生

アメノオシホミミノミコト

アマテラスオホミカミ

スサノヲノミコト

イザナキノミコト

イザナミノミコト

高天原(天)

天の浮き橋

国生みの舞台

三種の神器を携えて高千穂に降り立つ

2 日本の国土の誕生

葦原の中つ国(地)

オホクニヌシノカミ

スサノヲノミコト

黄泉つ平坂

イザナキは腐り果てた妻イザナミが、あの世からこの世に戻らないように大岩を置き、ここで封じ込めた

黄泉の国・根の国(死者の国)

下巻　天皇の系譜を描く歴史編

内政が安定し、文化が成熟。仁徳天皇から推古天皇の系譜に、政治の成果・生活の様子・天皇家の内部事情が織り込まれる。

中巻　神と人を描く神話と歴史の接続編

神武は東へ遠征を続け、大和国(今の奈良県)に都を開設。以後、天皇家はこの地域を拠点に東西を従えていく。応神天皇の登場までを描く。

上巻

ヒコホノ
ニニギノミコト

8 仁徳の国見・仁政

6 神武の東征

4 天孫降臨

雄略 21代

仁徳 16代

垂仁 11代

神武 初代天皇

推古 33代

初の女帝。敏達天皇の后

応神 15代

景行 12代 ― 倭建命

景行天皇の皇子

神功皇后 ＝ 仲哀 14代

ホヲリノミコト(山幸彦)

初代天皇、神武の祖父

ヒコホノ
ニニギノ
ミコト

7 倭建命の東国・西国征伐

5 国譲り

雄略天皇の恋、吉祥のエピソード
・赤猪子の歌
・蜻蛉(=とんぼ)の歌

タヂマモリが「時じくのかくの木の実」(病をいやす果物)を持ち帰るが、それを待たずに垂仁天皇は死去

神功皇后の新羅征伐

互いの持ち物で「うけい(=占い)の勝負」スサノヲは勝ち誇って乱暴狼藉を働く

怒ったアマテラスが「天の岩屋に穴籠り」

追放されたスサノヲは「八俣大蛇退治」

心優しいオホクニヌシが「因幡の白兎」を助け、国を治める

日々を生きる歌
万葉集（まんようしゅう）

奈良時代

和歌集

恋人や家族への思い、亡くなった人をいたむ気持ち、雄大な自然にふれた感動などを、力強く素朴なことばで率直に表現した歌を多く集める。

編者・成立

編者未詳。大伴家持（おおとものやかもち）が関与か。
奈良時代末期に成立か。

内容・構成

現存最古の和歌集。20巻。天皇・皇族から庶民まで幅広い階層の和歌を約4,500首収録。

表記

『万葉集』の時代には、まだ平仮名や片仮名がなく、すべて漢字で書くしかなかった。漢字で日本語の音を表したもの（「毛（も）」「布（ふ）」など）を万葉仮名（まんようがな）という。

万葉集の書き方

籠毛与　美籠母乳　布久思毛与
美夫君志持　此岳尓…

読み方

籠（こ）もよ　み籠（こ）持ち　掘串（ふくし）もよ
み掘串（ぶくし）持ち　この岡（をか）に…

〈一・一・雄略（ゆうりゃく）天皇〉

作者の歌を収録

天皇をめぐる歌

「行幸（ぎょうこう）」のときの歌
天皇が旅をするときの歌。

崩御時の挽歌（ばんか）
天皇が亡くなったときの歌。

「国見（くにみ）」の歌
国土を称（たた）える儀式の歌。

天皇のほか、額田王（ぬかたのおおきみ）、柿本人麻呂（かきのもとのひとまろ）、山部赤人（やまべのあかひと）など、宮廷歌人たちが詠む。

天皇・皇族

三大部立て
内容のうえからの分類

- **雑歌（ぞうか）**　行事や宴会などの歌
- **相聞（そうもん）**　贈答歌。恋の歌が多い
- **挽歌**　死者をいたむ歌

使われている主な修辞技法

- 枕詞（まくらことば）
- 序詞（じょことば）

天皇から名もなき庶民まで、さまざまな社会に属する

貴族ではない人々の歌

防人歌（さきもりうた）
東国から九州防衛のため徴発された兵士の歌。残してきた家族を思う歌が多い。

東歌（あずまうた）
東国の人たちが、地元の地名を詠み込んだ恋歌。

一般貴族たちの歌

宴会の歌
大伴旅人（おおとものたびと）「梅花（ばいか）の宴（えん）」などが有名。

異性とのやりとり
夫婦や恋人どうしで交わした恋歌。

赴任地の自然や社会を詠む歌
山上憶良（やまのうえのおくら）「貧窮問答歌（ひんきゅうもんどうか）」、大伴家持（おおとものやかもち）「立山（たちやま）の賦（ふ）」など。

主な歌体 形式のうえからの分類

短歌の例

ぬばたまの　夜（よ）のふけゆけば
久木生（ひさぎお）ふる　清き川原（かはら）に
千鳥（ちどり）しば鳴く
〈六・九二五・山部赤人〉

短歌	5-7-5-7-7の5句31音から成る
長歌	5-7の句を3回以上繰り返し、終わりを7-7で結ぶ
旋頭歌（せどうか）	5-7-7・5-7-7の6句から成る

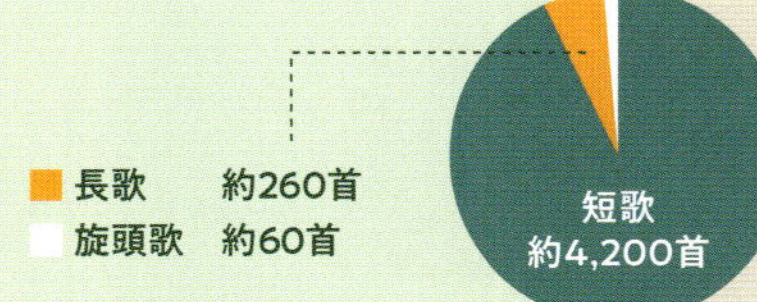

古今和歌集

人生は歌とともにある

自然の美、恋愛のあわれを和歌によって確立した集。日本人の季節感や美意識の基準として、後世にも大きな影響を及ぼした。

平安時代

和歌集

平仮名の成立

『万葉集』の歌はすべて漢字で書かれていたが、平安時代初期に仮名が作り出され、『古今和歌集』の歌は平仮名で書かれた。

女性も参加する貴族文学の発生基盤となった。

最初の勅撰和歌集

勅撰和歌集

1	2	3	4	5	6	7	8	9
古今和歌集	後撰和歌集	拾遺和歌集	後拾遺和歌集	金葉和歌集	詞花和歌集	千載和歌集	新古今和歌集	新勅撰和歌集

三代集（1～3）

八代集（1～8）

編者・成立

醍醐天皇の命を受け、紀貫之・紀友則・凡河内躬恒・壬生忠岑らが撰進。

延喜5年(905年)成立。

内容・構成

和歌集。約1,100首の歌をテーマ(部立て)ごとに全20巻に収める。

巻首に仮名序(=仮名で書いた序文)、巻末に真名序(=漢字で書いた序文)を付す。

特徴

最初の勅撰和歌集として、その後の和歌の表現や集の構成の手本となる。四季の感じ方や恋の思いについて、『源氏物語』などの多くの作品に影響を与えた。

貴族を取り巻く生活世界が、整然と配列された歌々の中に広がる
春歌上
巻一
二
大歌所御歌
二十
雑体
十九
雑歌下
十八
雑歌上
十七
哀傷歌
十六
恋歌五
十五
恋歌四
十四
恋歌三
十三
恋歌二
十二
恋歌一
十一
物名
十
九
宮中の儀式歌謡
長歌や俳諧歌など
人生の悩み、名所の美など
人の死をいたむ歌
恋の歌
恋の始まりから終わりまで順を追って配列されている
事物の名を隠して詠み込む歌
仮名序
紀貫之が仮名で書いた序文。
「和歌とは何か」「和歌の歴史」などが書かれている。
初めての本格的な文学論として評価されている。
仮名序の冒頭
やまと歌は、人の心を種として、よろづの言の葉とぞなれりける。…
六歌仙
仮名序に記された6人の代表歌人。
僧正遍昭
在原業平
文屋康秀
喜撰法師
小野小町
大友黒主
10 続後撰和歌集
11 続古今和歌集
12 続拾遺和歌集
13 新後撰和歌集
14 玉葉和歌集
15 続千載和歌集
16 続後拾遺和歌集
17 風雅和歌集
18 新千載和歌集
19 新拾遺和歌集
20 新後拾遺和歌集
21 新続古今和歌集
十三代集
二十一代集

土佐日記

望郷と哀悼の旅日記

平安時代

日記

四年の任期を終え、赴任先の土佐（今の高知県）から帰京する五十五日間の旅の様子を、土佐で亡くした女児への哀悼や船旅の苦労を交えて、軽妙かつ簡潔な文体で描く。

✦ 特徴

女性が書いたという設定で、平仮名で書かれた最初の日記文学。

事実の記録である漢文日記に倣いつつも、事実と虚構を織り交ぜ、一つの文学作品としての世界を創造している。

土佐で亡くなった女児への哀悼が大きな主題の一つとなっている。ただし、女児の存在とその死は、親しい人々を次々に亡くした貫之の悲しみを象徴的に描くためのフィクションであるとする説もある。

作者・成立

紀貫之。貫之が土佐から帰京した承平5年（935年）以後、ほどなく成立か。

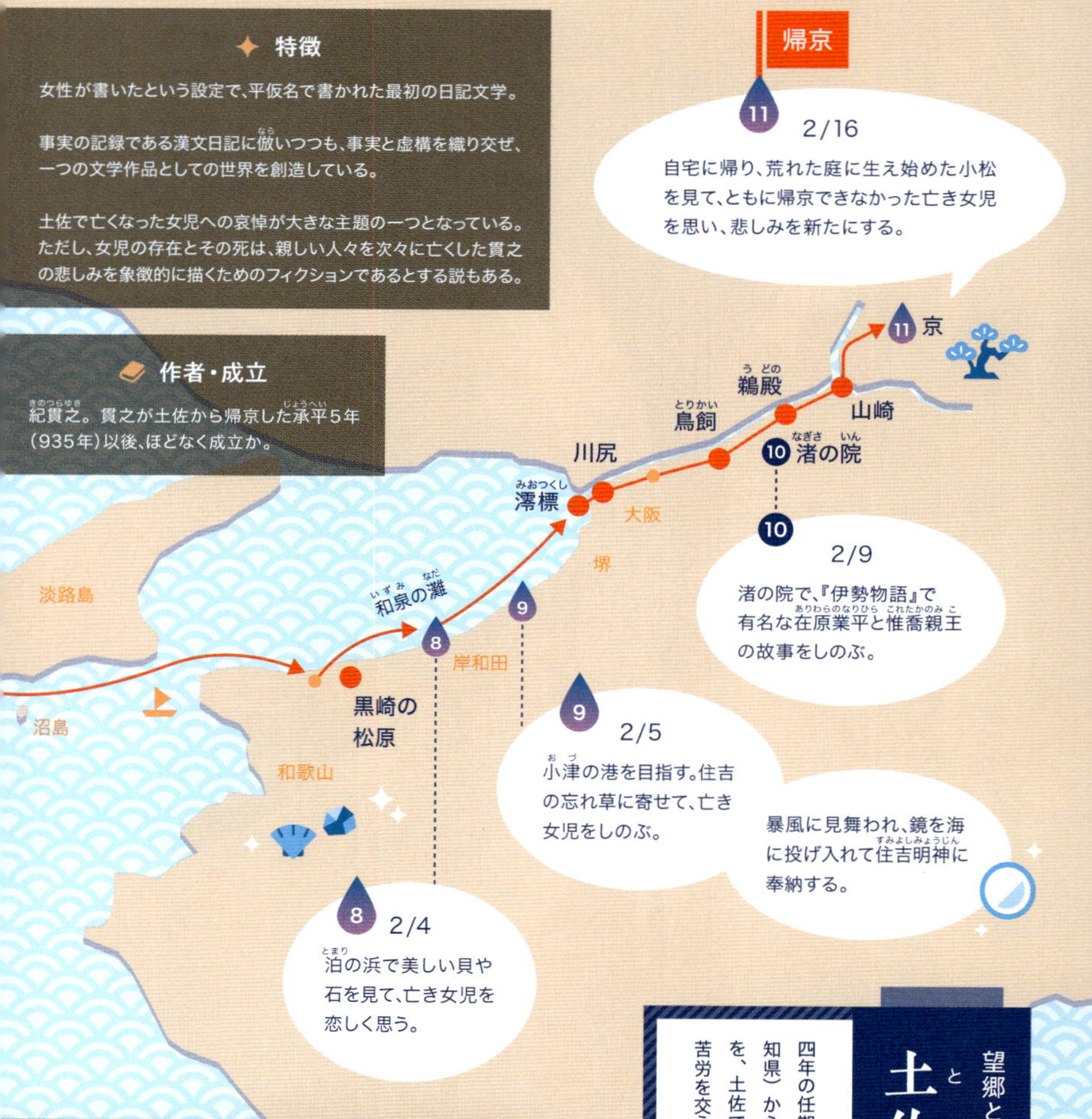

帰京

11 2/16
自宅に帰り、荒れた庭に生え始めた小松を見て、ともに帰京できなかった亡き女児を思い、悲しみを新たにする。

11 京
鵜殿
山崎
鳥飼
10 渚の院
川尻
澪標
大阪
堺
和泉の灘
淡路島
岸和田
黒崎の松原
沼島
和歌山

10 2/9
渚の院で、『伊勢物語』で有名な在原業平と惟喬親王の故事をしのぶ。

9 2/5
小津の港を目指す。住吉の忘れ草に寄せて、亡き女児をしのぶ。

暴風に見舞われ、鏡を海に投げ入れて住吉明神に奉納する。

8 2/4
泊の浜で美しい貝や石を見て、亡き女児を恋しく思う。

男もすなる日記といふものを、女もしてみむとてするなり

紀貫之は、土佐の守（貫之と思われる「ある人」）の一行に同行した女性を語り手として設定。
女性に仮託し、仮名を用いることで、男性の官人・歌人としての立場を離れて、和歌に対する見識や社会の批判などを織り交ぜながら、心情を細やかに、また自由に表現することが可能となった。

紀貫之と『土佐日記』 ※年齢は推定

871年（1歳）	この頃誕生か。父は紀望行。
905年（35歳）	『古今和歌集』撰進。仮名序を執筆。
927年（57歳）	この頃、女児生まれるか。
930年（60歳）	土佐の守となる。経済的理由によるか。
934年（64歳）	これ以前、土佐で女児を失ったか。土佐の守の任期を終え、帰京の途につく。
935年（65歳）	帰京。その後ほどなく『土佐日記』を執筆。
946年（76歳）	死去。

土佐から京への55日間の旅の日記 ＝『土佐日記』

出発 承平4年(934年)

亡き女児をいたむ記述

1 12/21
土佐の守の任期を終え、官舎を出て京へと旅立つ。

2 12/27
大津から浦戸へ向けて船出。土佐の国で亡くなった女児を思い、悲嘆に暮れる。

承平5年(935年)

3 1/11
奈半から室津へ向けて船出。途中、「羽根」という地名をおもしろがる子どもの姿に、亡き女児を思い出して嘆く。

4 1/12
室津に停泊。悪天候のため、20日まで足止めされる。

5 1/17
出航し、海面に映る月を見て唐の賈島の詩を思い出し、和歌を詠む。天候が急変したため、室津に引き返す。

6 1/20
水平線から上る月を見て、安倍仲麻呂の歌を思い起こす。

7 1/21
室津を出航。海賊の報復の噂を心配する。以後、たびたび海賊の噂におびえる。

高知　国府　大津　大湊　浦戸　奈半　室津　高松　徳島　土佐の泊　鳴門海峡(阿波の水門)

かぐや姫の発見から昇天まで

竹取物語（たけとりものがたり）

平安時代　作り物語

月から来たかぐや姫を取り巻く、地上の人々の物語。

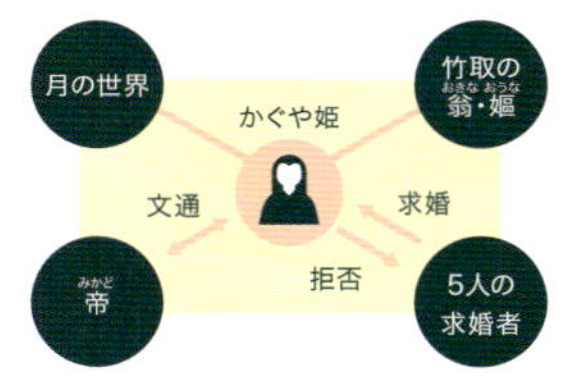

作者・成立

作者未詳。貴族階級の男性作か。9世紀末の成立か。

内容・構成

3部構成。第1・3部は竹取説話・羽衣伝説に基づくファンタジー。

第2部には実在の人物の名を借りての社会批判や風刺を含む。また、偽の語源譚（ごげんたん）をちりばめたユーモアも見られる。

現存最古の物語文学で、『源氏物語』に「物語の出（い）で来（き）はじめの祖（おや）」とある。

第1部　かぐや姫の発見と成長

竹取の翁（おきな）、かぐや姫を発見！

子として育てよう

なよ竹のかぐや姫

わずか3か月で美しい女性に成長。

続々と求婚者

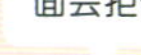

面会拒否

宮仕えさせたら会える！

出仕拒否

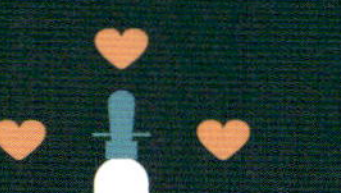

突然の来訪！

影になって姿を隠す

文通でガマンしよっと…

あきらめる。

第3部　かぐや姫の月への帰還・昇天

8月15日（陰暦）には月へ帰らなければなりません

竹取の翁、悲嘆し、取り乱す。

月を見て物思いにふけるかぐや姫。

帝は富士山に大勢の兵士を派遣。頂上で不死の薬を焼かせる。

士に富む山／不死(の薬)の山

姫は帝に不死の薬と手紙を贈り、天の羽衣を着て昇天。

月から天人が迎えに訪れる。

兵は力が抜けて戦えず。

月には帰らせん！2,000人の兵で守る！

帝の登場

品定めの使いを送るも…。

難題3

③ 火鼠の皮衣

右大臣あべのみむらじ

ニセモノをつかまされる。

「あべ」だけに「あへなし」

焼けなければ本物でしょ(あっけなく焼失)→燃えるとわかっていたら火にくべなかったのに

難題4

④ 龍の頸の玉

大伴のみゆきの大納言

大荒れの海原で探索。半死半生で生還、姫に立腹し毒づく。

姫の大悪党め！

難題5

⑤ 燕の子安貝

いそのかみの中納言

燕の巣から糞をつかんで落下。大けがで寝込む→絶命。

同情して見舞いの手紙

あなたを待つ甲斐(かい)もない＝燕の子安貝もないと聞くのはホント？

第2部 貴公子たちの求婚

「色好みと言はるる限りの五人」の貴公子が粘り強く求婚。

難題2

葉は葉でも偽りの言葉の葉で飾った玉の枝ね

② 蓬莱の玉の枝

くらもちの皇子

職人に偽造させてウソの苦労話。

↓

職人の賃金未払いの訴えでウソ発覚。

光ってないわね

煤だらけのニセモノを持参。

↓

見破られる。

鉢(はち)＝恥(はぢ)を捨てて逃げかえる

難題1

❶ 仏の御石の鉢

石つくりの皇子

〇〇を持ってこられたらOKよ

断り切れずに無理難題。

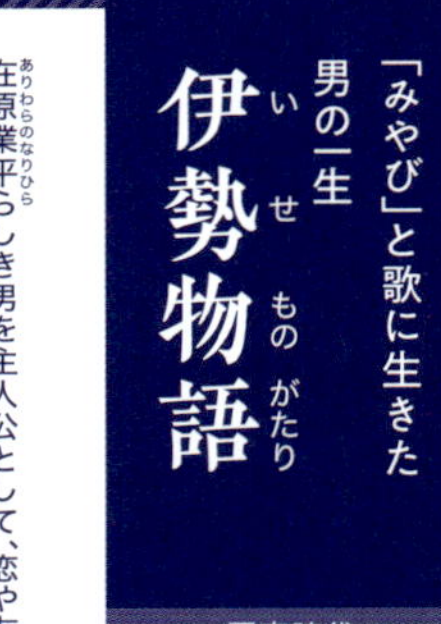

「みやび」と歌に生きた男の一生

伊勢物語（いせものがたり）

在原業平（ありわらのなりひら）らしき男を主人公として、恋や友情、親子や主従の情愛などを描く、歌物語の代表作。

平安時代

歌物語

作者・成立

作者未詳。在原業平、紀貫之（きのつらゆき）らが関わったとする説がある。
平安時代前期の成立。

内容・構成

現存最古の歌物語。125の章段からなる。
多くの章段が「むかし、男」「昔、男ありけり」で始まることから、主人公を「昔男（むかしおとこ）」と通称する。

歌物語とは

一首から数首の和歌と、短い散文によって構成される小話を連ねてゆく形式。これが一つの章段。（例・一〇九段）

むかし、男、友だちの人を失へるがもとにやりける。

花よりも　人こそあだに　なりにけれ
いづれをさきに　恋ひむとか見し

和歌　散文

「昔男」の元服から臨終まで恋物語を中心とする百二十五段の小話集

一段　六段　九段　二三段

一段　初冠（ういこうぶり）

元服したばかりの「男」が奈良の春日（かすが）の里に狩りに行き、美しい姉妹を垣間見（かいまみ）して心を動かされ、着ていた狩衣（かりぎぬ）の裾を切って恋の歌を書き、贈った。

春日野の　若紫の　すり衣
しのぶの乱れ　限り知られず

六段　芥河（あくたがわ）

若き日の二条の后（きさき）との悲恋を描く。
男は女を背負って逃げるが、雷雨を避けて立ち寄った倉で、女は鬼に食われてしまった（＝兄弟たちに取り返された）。

白玉か　何ぞと人の　問ひしとき
露と答へて　消えなましものを

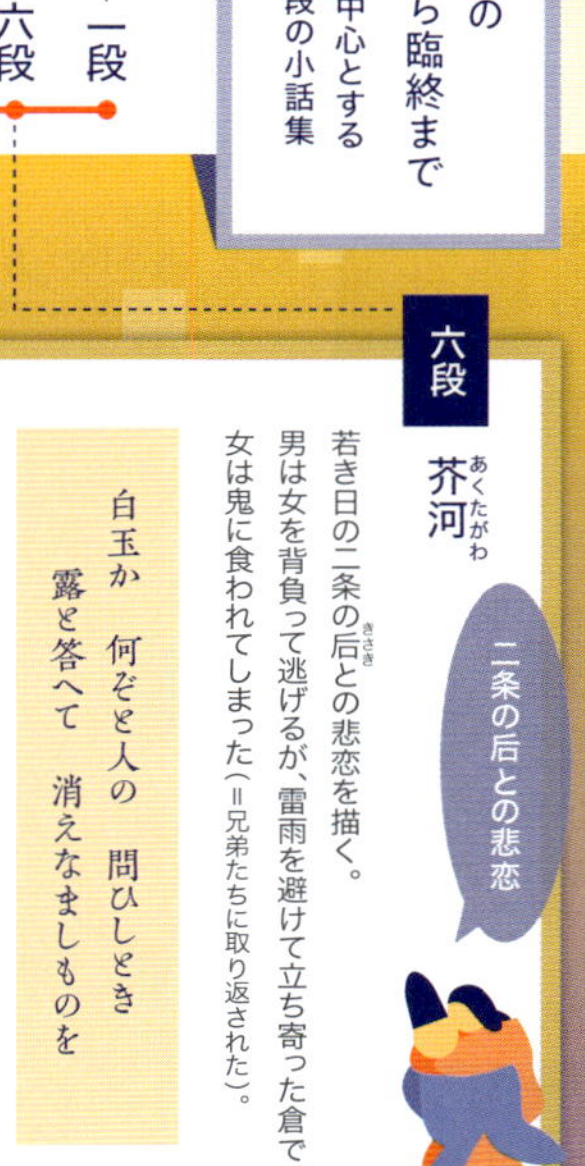

九段　東下り（あずまくだり）

わが身を無用のものと思いこんだ男は、友とともに京の都を離れて東国へと旅をするが、行く先々で望郷

六九段　狩りの使

伊勢の斎宮との禁忌の恋

伊勢の斎宮との禁忌の恋を描く。勅使として伊勢を訪れた男を斎宮は心をこめてもてなし、二日目の夜には、逢いたいと訴える男のもとを忍んで訪れた。

君や来し　われやゆきけむ　おもほえず
夢かうつつか　寝てかさめてか

八二段　渚の院

惟喬親王との交流

惟喬親王と、親王を慕う男たちとの風雅な交流を描く。水無瀬の離宮や渚の院、天の河を舞台に、人々は酒を飲みつつ花を愛で、歌を詠み交わす。

世の中に　たえて桜の　なかりせば
春の心は　のどけからまし

六九段　八二段　一二五段

の念に駆られる。

名にし負はば　いざこと問はむ　都鳥
わが思ふ人は　ありやなしやと

二三段　筒井筒

幼馴染みの男女の恋

幼馴染みの男女が夫婦となるが、妻が経済的に苦しくなり、夫は別の女のもとに通うようになる。その後、妻は歌によって夫を感動させ、その心をつなぎとめた。

風吹けば　沖つ白波　たつた山
夜半にや君が　ひとり越ゆらむ

一二五段　ついにゆく道

臨終

病気になり、死が間近に迫っていることを悟った男は、辞世の歌を詠んだ。

つひにゆく　道とはかねて　聞きしかど
きのふけふとは　思はざりしを

蜻蛉日記（かげろうにっき）

摂関家の妻として、母として

平安時代

日記

すぐれた歌人でもあった作者が、摂関家の御曹司であった藤原兼家の妾（＝正妻ではない妻）としての苦悩や、わが子道綱の成長を見守る母としての思いを綴った、女性による初めての日記文学。

夫や息子とともに過ごした二十一年間を、回想風に日記にまとめたわ。

上巻　夫兼家の女性関係に悩み、来訪を待ちわびる日々

道綱の母の幸せレベル（イメージ）

※年齢は推定

954年	19歳	兼家の求婚に応じ、妾となる（幸せ）
955年	20歳	道綱を出産
		兼家、町の小路の女のもとに通い始める（嫉妬）
957年	22歳	町の小路の女、兼家の寵愛を失う
966年	31歳	兼家が道綱の母邸で発病、これを機に仲が深まる（再び幸せ）
		病が癒えると兼家の訪れは再び間遠になり、家も荒れてゆく

兼家の訪れを拒絶。翌朝「嘆きつつ ひとりぬる夜の あくるまは いかにひさしき ものとかは知る」を贈る

作者・成立・構成

藤原道綱の母。天延2年（974年）以後数年以内に成立。
上・中・下の3巻。

特徴

- 自己の内面を鋭く描き出した、初めての女性による自伝的日記文学である。
- 旅や自然の描写は、仮名による紀行文の初期のものとして大きな価値を持つ。
- 贈答歌を多く収めており、兼家一家の文学活動の記録としての役割も担う。

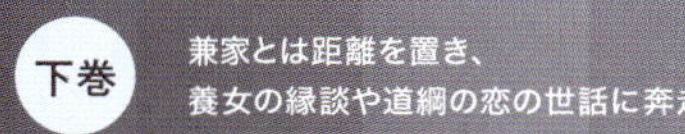

兼家との仲が疎遠になり、
思い余って参詣・参籠する

蜻蛉（かげろう）　虫の名。小さくて弱々しく短命なことから、はかないものにたとえる。
『蜻蛉日記』… 確固とした存在ではなく、かげろうのように
はかない身の上の日記である〈上巻末尾〉

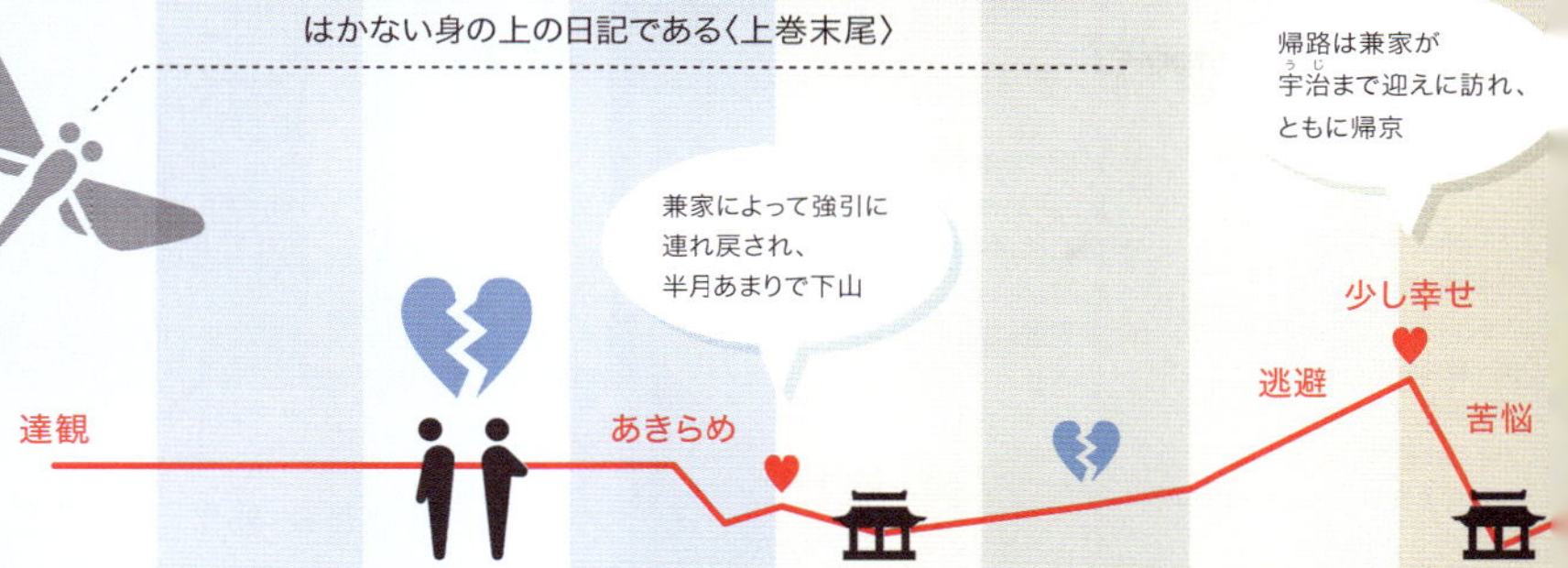

帰路は兼家が宇治まで迎えに訪れ、ともに帰京

兼家によって強引に連れ戻され、半月あまりで下山

達観　あきらめ　逃避　少し幸せ　苦悩

968年	33歳	初瀬に詣でる
970年	35歳	兼家の来訪が途絶え、唐崎に祓えに行く
971年	36歳	兼家、門前の素通りを繰り返し、近江の女のもとへ通う
		怒りのあまり出奔、鳴滝に籠る
972年	37歳	兼家と源兼忠の娘との間に生まれた娘を養女として引き取る
973年	38歳	広幡中川に転居（実質的な離婚といわれる）
974年	39歳	兼家の異母弟遠度、養女に求婚するも、縁談は中止に
		道綱、大和だつ人・八橋の女と相次いで贈答歌を交わす

身分の高い人との結婚の真相を読んでみてくださいな。

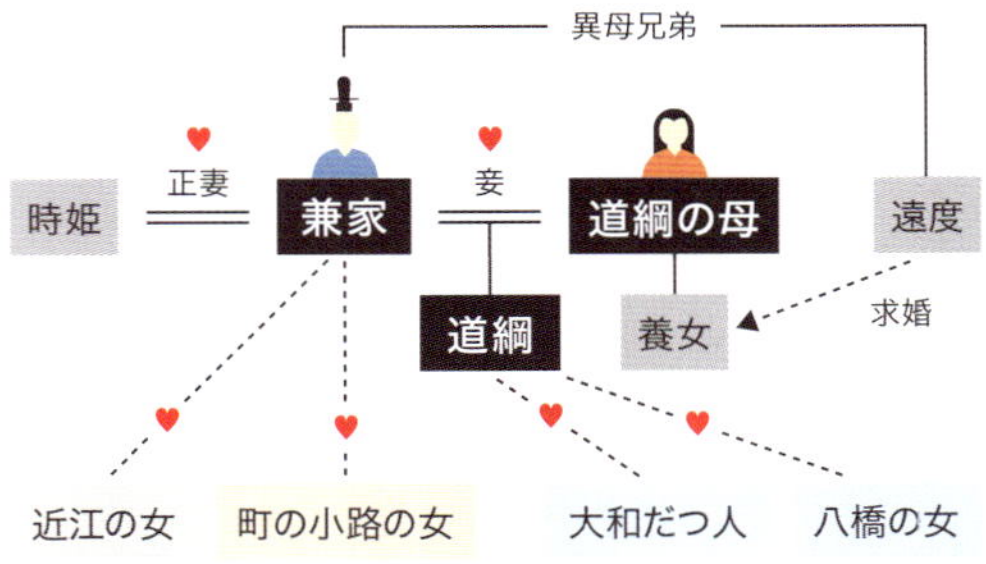

異母兄弟
時姫 ＝正妻＝ 兼家 ＝妾＝ 道綱の母　遠度
道綱　養女　求婚
近江の女　町の小路の女　大和だつ人　八橋の女

枕草子（まくらのそうし）

日々雑感・思い出をウィットとユーモアで綴る

平安時代

随筆

清少納言の美意識・価値観で書かれた日常・社会・自然・文化の記録。

平安王朝文化の雰囲気や中宮定子の後宮サロンの記憶を後代に伝え残すものとなった。

すばらしき、定子の後宮サロン

- 天皇や男性貴族にも認められた文化・教養レベルの高さ。
- サロンを主導した中宮定子の存在の大きさと女房たちとの絆。
- 定子没後も加筆。喪失感が創作の源。

定子様が「少納言よ香炉峰の雪はどうだろう」とおっしゃるので、御簾を高く巻き上げたところ、喜ばれた。この機転はみんなに称賛された！

（雪のいと高う降りたるを［299段］）


藤原公任様から和歌の下の句が送られてきた。その和歌の下敷きになった漢詩の趣向も汲み取って上の句を返したところ、男性貴族の間で評判になり、内侍所の女官に推薦しようとまで言ってもらえた。

（二月つごもり頃に［106段］）

見聞の記録

説経の講師はイケメンがいい。見とれて聞いているうちに内容も頭に入ってくるというものね。

（説経の講師は［33段］）

ステキな宮廷ライフ

- 独自の価値観で日々の出来事を切り取り記録。
- 平安時代の貴族の日常を伝える貴重な資料。

作者・成立

清少納言。長保2年（1000年）以降に成立か。

内容・構成

約300に区切られる文章（＝章段）が集まった作品。一つ一つの文章は内容的に3つに分類できる。

①日記・回想の段

清少納言が宮仕えで体験したこと、見聞したことを中心に記す。

②随想の段

現代でいう「随筆」的な文章。自然観察の記録、社会のさまざまな出来事についての意見など、話題は多岐にわたる。

③列挙（ものづくし）の段

「〜は」型と「〜もの」型がある。はじめに題を掲げて、関連する物事を次々と挙げていく。和歌・漢籍などの知識をふまえている箇所も多い。

時代背景

『枕草子』は、中宮定子の父、関白藤原道隆の全盛期から、その没後、藤原道長に権力が移る時期に執筆・編纂された。

清少納言のセンスが光る、宝石箱のような"をかし"の世界

※をかし…知的な明るい調和の美

「〇〇」な気持ちにさせる「もの」

- 繊細な観察力と批評精神。
- ユニークなお題と、キレのある文章。

かわいらしい **もの**。

雀の子の動き。2、3 歳くらいの子のしぐさ。お人形遊びの道具。ちっちゃな蓮の葉。なんでもかんでも、小さいものは、みんなカワイイ！
（うつくしきもの［151段］）

興ざめする **もの**。

昼に吠える犬。牛の死んだ牛飼い。
（すさまじきもの［25段］）

木の花 **は**、

濃いのも薄いのも紅梅がいい。桜は花びらが大きくて葉の色が濃くて細い枝についているのがいい。梨の花はおもしろみがないといわれるけれど、中国では格別に美しいとされているわ。
（木の花は［37段］）

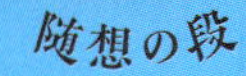

「〇〇」といえばコレ！

伝統の美を尊重しつつ、新しい物の見方や、まだだれも気付いていない美を発見。

五月のころに牛車で山里に出かけるのはとても**おもしろい**。草の茂みを進みゆく折、飛び散り上がる水、車輪でつぶれたヨモギのいい香りなど、すべて**おもしろいわ**。
（五月ばかりなどに［223段］）

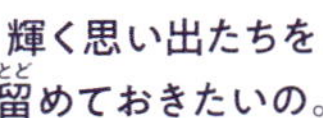

輝く思い出たちを留めておきたいの。

人生は、愛と苦悩に満ちている…
そして救いは？

源氏物語

主人公光源氏の、栄華を極めながらも愛や宿命に悩む人生を描き、さらに薫の苦悩する半生を描いた全五十四帖の長編物語。

平安時代

作り物語

作者・成立

紫式部。11世紀初めに成立。

特徴

作り物語と歌物語の要素を取り込んだ、物語の集大成といえる長編物語。

光源氏と薫を中心に平安貴族の恋愛と生活を写実的に描いたもの。その心理描写や緻密な設定は、完成度の高い文学作品として評価され、後世の文学・文化に多大な影響を与えた。

内容・構成

■ 第1部（桐壺〜藤裏葉）
光源氏誕生から、恋の遍歴・不遇の時代を経て栄華に至る39年間。

■ 第2部（若菜上〜幻）
過去の過ちの応報と最愛の紫の上との死別に苦しむ晩年を描く。

■ 第3部（匂兵部卿〜夢浮橋）
光源氏没後、宇治を舞台に、宿命の子薫らの恋愛を描く。

薫・匂宮・浮舟らをめぐる恋愛物語
第3部(続編)

愛と宿命に翻弄されながら生きる

物語と信仰のはざまで
更級日記（さらしなにっき）

中流貴族の家に生まれた女性が、物語に憧れた少女時代から、夫に先立たれて孤独な生活を送り、仏教に心を寄せるまでのおよそ四十年間を回想し、夢見がちな感性で綴った自伝的日記文学。

平安時代

日記

作者・成立

菅原孝標の女。
康平3年（1060年）ごろ成立。

特徴

夢に関する記事が多数見られ、浪漫的な性向が見て取れるが、それらの夢が実現しなかったのは、物語に夢中になりすぎて信仰をおろそかにしたせいであるという後悔の念も綴られる。

少女期の上洛の記、中年期の物詣での記などは、自然描写にすぐれた紀行文でもあり、旅の文学としての一面を備えている。

上総の国で少女期を過ごし、姉や継母の語る『源氏物語』に憧れを抱いて上京を熱望。

おばから『源氏物語』五十余巻を贈られて暗記するほど読みふけり、夕顔や浮舟に憧れる。

あこがれ

大人になれば光源氏や薫のような貴公子と恋愛や結婚ができるに違いないと夢想する

光源氏や薫のような貴公子との恋などありえないと自覚する。

物語の登場人物のような貴公子との風雅な語り合い。

39歳　初瀬詣での途中で宇治を通り、『源氏物語』の宇治の姫君たちに思いをはせる。

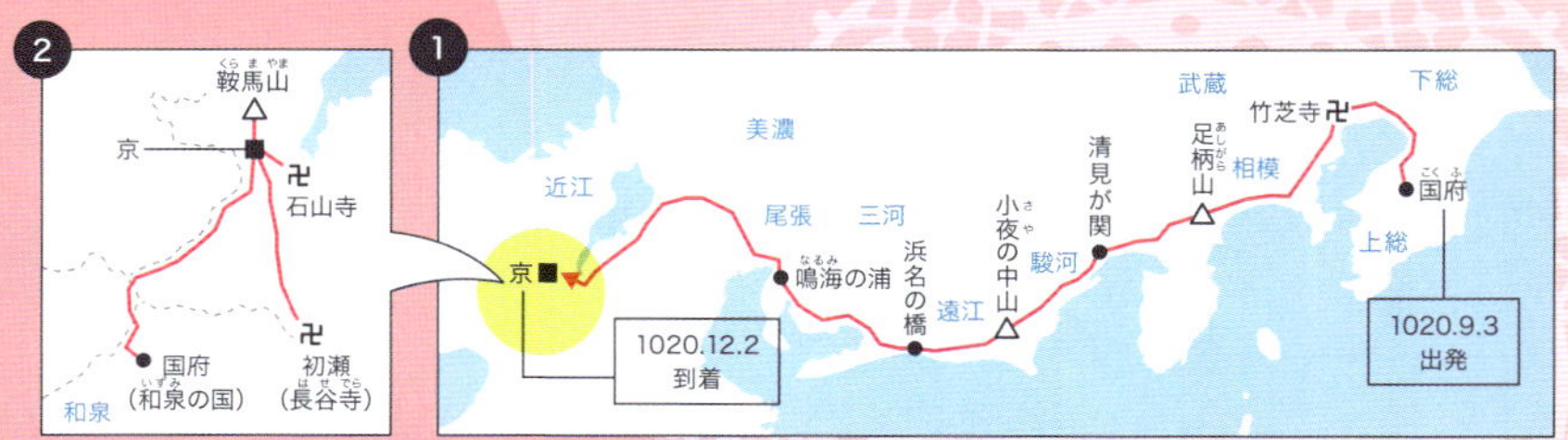

50歳を過ぎ、半生を振り返って…

- 1017年～／10歳～　父の任国、上総で育つ
- 1020年／13歳　父の任期が終わり、上洛 ❶
- 1021年／14歳　乳母の死
- 1024年／17歳　姉、2人の女児を遺して死去
- 1032年／25歳　父孝標、常陸の介として下向
- 1033年～／26歳～　母と清水寺に参籠
- 1036年／29歳　父、帰京。母は出家、父は隠居
- 1039年／32歳　祐子内親王家に出仕
- 1040年／33歳　橘俊通と結婚か
- 1042年／35歳　源資通との出会い
- 1045年～／38歳～　各地に物詣で ❷
- 1057年／50歳　夫俊通、信濃の守に任じられて下向
- 1058年／51歳　夫俊通、上京ののち発病、死去
- 1059年／52歳　夫亡き後、人の訪れも途絶え、孤独な日々を送る

夢に現れた僧に、『法華経』を習うように勧められるが、物語に夢中で習おうとも思わなかった。

物語のことも忘れて父と無事に再会できるように祈る。

夢で僧に、将来がみじめであることも知らずに物語に夢中になっていることを咎められるが、気にもかけなかった。

夢で、前世は清水寺の仏師で、仏像を造ったと告げられるが、清水寺には参詣せず、のちに後悔。

48歳　阿弥陀仏来迎の夢を見、以後、この夢を後世の頼みとする。

後悔

物語や歌ばかりに没頭せず、
信仰に励んでいたならば、
このような不幸に見舞われる
こともなかっただろうに、
と反省

兼家 vs 兼通
兄弟の争い

関白兼通は弟の兼家と不和で、死の間際に兼家を降格させ、従兄の頼忠に関白の職を譲った。

時平 vs 菅原道真
左遷・怨霊

時平は讒言によって道真を失脚させたが、大宰府に流された道真は死後怨霊となり、時平一族に災いをもたらした。

基経 vs 源融
光孝天皇即位

陽成天皇の退位後、嵯峨天皇の皇子源融が皇位を望んだが、基経はこれを退け、光孝天皇を即位させた。

基経

長良

冬嗣

藤原氏 列伝

良房

良房、太政大臣・
摂政となる
摂関政治の始まり

良房は清和天皇の外祖父として太政大臣、次いで摂政となり、摂関政治の基礎を築いた。

866年
藤原良房、摂政となる。摂関政治の始まり

850年
文徳天皇即位
歴史語りの起点

作者・成立

作者未詳。
11世紀後半の成立。

内容・特徴

序・天皇本紀・大臣列伝・藤氏物語・昔物語で構成。人物の伝記を中心とする紀伝体に倣う。

藤原冬嗣から道長に至る、天皇家との外戚関係を軸とした摂関政治史の物語。権力争いの勝者を賛美し、敗者にも同情を惜しまないが、感傷的・情緒的ではなく、冷静で現実的。和歌などの文化・文学に関する話題も豊富。

藤原摂関家 栄華への道 大鏡

平安時代
歴史物語

超高齢の老人、大宅世継と夏山繁樹が見聞きしてきた、藤原道長の栄華に至る摂関政治史の裏表が、虚実を交えたエピソードで語られる。

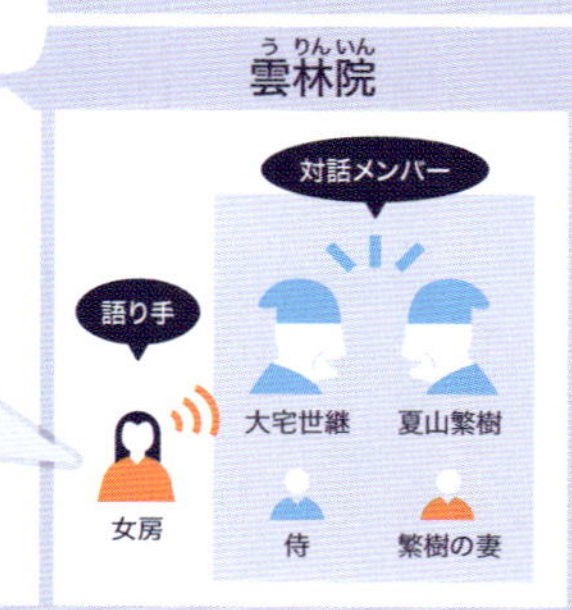

対話を聞いた女房の語りを筆録した形をとっている。

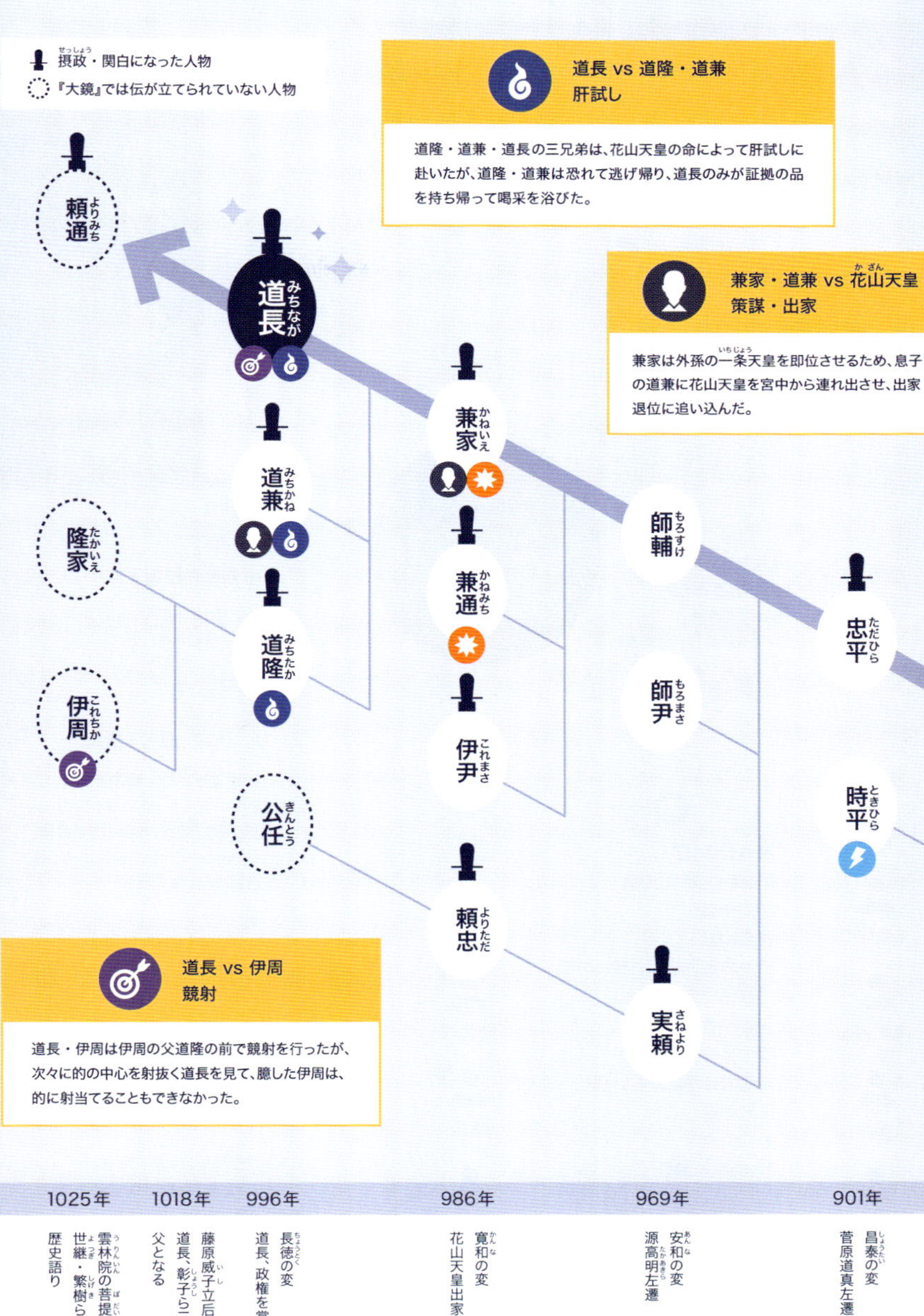

1025年	1018年	996年	986年	969年	901年
雲林院の菩提講 世継・繁樹らの歴史語り	藤原威子立后 道長、彰子ら三后の父となる	長徳の変 道長、政権を掌握	寛和の変 花山天皇出家	安和の変 源高明左遷	昌泰の変 菅原道真左遷

今昔物語集（こんじゃくものがたりしゅう）

仏教を広め、人々の教化に期待をこめた集大成

仏教の起こりと伝来、その教え、物事の真理や生き方の知恵を集めた、日本最大の説話集。

平安時代

説話集

そもそも説話とは？

世間に語り伝えられてきた話のこと。
神話・伝説・昔話など。

作者・成立・構成

作者未詳。編者は宇治大納言源隆国か。12世紀前半に成立か。全31巻（8・18・21巻は欠落）。天竺・震旦・本朝の3部構成。各部は仏法編に続けて世俗編を並べる構成。1,000余の説話を収載。

特徴

- 和文体と漢文訓読体とが融合した、和漢混交文で表記。
- 各説話は「今は昔」で始まり、原則「となむ語り伝へたるとや」で終わる。この書き出しが書名の由来。
- 日本や中国の先行文献に取材。後の『古本説話集』や『宇治拾遺物語』と共通する話も多い。
- 上流社会の貴族を主人公にする作品と異なり、身近な暮らしや日常の生活感情に根ざし、受領・地方武士・僧・民衆などが登場する。

あらゆる階層の人物が登場！

主なエピソード

本朝部（日本）

地蔵

- 仏教の日本伝来と流布
- 『法華経』の功徳
- 地蔵菩薩の不思議な力とご利益
- 出家と往生

ネタの宝庫

近現代の小説・まんがには、『今昔物語集』にある説話を題材にしたものが数多くある。

天竺から…『竜樹菩薩』（室生犀星）、『ブッダ』（手塚治虫）
震旦から…『粟』（室生犀星）
本朝から…『少将滋幹の母』（谷崎潤一郎）、『芋粥』『鼻』『羅生門』『藪の中』（芥川龍之介）、『曠野』（堀辰雄）

皇族

貴族

武士（侍）

僧侶

役人

- 藤原氏の伝記
- 剛力（=力持ち）の話
- 芸能の話
- 武勇の話
- 行為の善悪による報いの話
- 不思議で異様な話
- 化物や妖怪の話
- 霊や鬼の話
- 滑稽でばかばかしい話
- 盗賊の話
- 動物の話
- 歌物語、恋愛話

動物

妖怪（鬼・天狗）

物乞い

盗賊

医者・学生

陰陽師

剛力

商人・農民

遊女

芸人

全世界(三国)から約1,000余の説話を選りすぐった集大成。

天竺部(インド)

震旦部(中国)

仏法編
(仏教説話のまとまり)

「仏教の起こりや普及」
「仏法に関するありがたい話」
「因果応報などの教訓」

を伝える。布教が目的。

釈迦

弟子

高僧

- 釈迦の誕生と生涯
- 釈迦の教えとは
- 釈迦入滅後の、弟子たちの活動

高僧

孝子

- 仏教の中国伝来と流布
- 『大般若経』『法華経』の功徳

世俗編
(世俗説話のまとまり)

「国の起こり」
「人物や技能の賞賛」
「民間社会相の教訓」

を伝える。世渡り、心の持ちかたを説くのが目的。

釈迦

- 建国伝説
- 釈迦の前世、人生

秦の始皇帝・唐の玄宗

后妃・楊貴妃

孔子・荘子

項羽・劉邦

- 中国の国史
- 儒家の物語

各説話

題材が類似する説話を「対」にし、連続で並べる「二話一類様式」

酒に酔った物売り女の所業を見てしまった話(巻31第32話)
=
帯刀の陣に魚を売る女の話(巻31第31話)

考え抜かれた「対」の構造

作品全体

仏法/仏教説話
↕
王法/世俗説話

和歌史のオールスター

新古今和歌集（しんこきんわかしゅう）

鎌倉時代

和歌集

戦乱を経て、美しい伝統文化への回帰を目指した集。洗練されたことばを用いた技巧的・幻想的な歌風で、色彩感ゆたかな歌が多い。

万葉集

宴会の場で皆で楽しむような、飾らない歌いぶりが多い。雄大で物語的な長歌も含まれる。

万葉集から新古今和歌集当代までの著名な歌人を網羅！

平仮名の発生

修辞技法

古今集期	万葉集期
掛詞（かけことば）・見立て・縁語	序詞（じょことば）・枕詞（まくらことば）

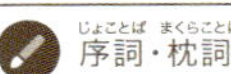

紀貫之（きのつらゆき）

山部赤人（やまべのあかひと）

伊勢（いせ）

柿本人麻呂（かきのもとのひとまろ）

体言止めとは

和歌の第五句を体言で言い切る技法。言い切った後に余韻・余情を残す。

新古今和歌集（藤原家隆）

志賀の浦や
遠ざかりゆく
波間より
氷りて出づる
有り明けの月
〈冬〉

編者・成立

後鳥羽院（ごとばいん）の院宣（いんぜん）により、源通具（みちとも）、藤原有家（ありいえ）、藤原定家（さだいえ）、藤原家隆（いえたか）、藤原雅経（まさつね）、寂蓮（じゃくれん）らが撰進（せんしん）。
元久（げんきゅう）2年（1205年）成立。

内容・構成

和歌集。上代から鎌倉初期に至る約1,980首の歌を四季・羇旅（きりょ）・恋などのテーマ（部立て）ごとに全20巻に収める。

特徴

八番目の勅撰（ちょくせん）和歌集。
現実を離れた文学的世界に没入し、美しさを追求する。

三大歌集の歌風

古今和歌集

優美な貴族文化を反映した洗練された歌風。屏風歌（びょうぶうた）のように生活を飾る歌も生まれた。

新古今和歌集

実際のコミュニケーションを離れ、繊細で美麗な工芸品を作るような態度が特徴。

摂関期（後撰（ごせん）〜後拾遺（ごしゅうい）集期）

恋の贈答

平安末期（金葉（きんよう）〜千載（せんざい）集期）

戦乱あいつぐ

社会不安と宗教性の高まり

新古今集期（13世紀初）

本歌取り・体言止め

慈円（じえん）

本歌取りとは

よく知られた先人の歌（=本歌）をもとに新しい歌を作る技法。本歌の世界内で豊かな想像を広げる。

万葉集の歌（長忌寸奥麻呂（ながのいみきおきまろ））

苦しくも
降りくる雨か
神（みわ）の崎
狭野（さの）の渡りに
家もあらなくに
〈三・二六五〉

新古今和歌集（藤原定家）

駒とめて
袖うちはらふ
かげもなし
佐野の渡りの
雪の夕暮れ
〈冬〉

鎌倉時代のステイホームを綴る 方丈記

鎌倉時代

随筆

「西行は自然だけを見、長明は自己だけを見、兼好は人間だけを見ていた」

生涯の軌跡を振り返りながら、俗世の災厄を離れた隠遁生活の安らぎと反省を描いた。

世の無常をつきつける災厄の数々と、住まいの変遷

誕生、祖母の家に住む

父の没後、
人生が落ち目の局面に…

安元の大火

激しく風が吹いた夜、都の東南から火事が起こって、都の3分の1を焼いてしまった。

治承の辻風

大きな竜巻が起こって、大小さまざまな家をぺしゃんこにし、吹き飛ばしてしまった。

賀茂川ほとりの家に引っ越す

内容・構成

- 序章…人と住居との関係から、この世の無常を説く。
- 前段…大火・竜巻・飢饉・地震といった天変地異、遷都の混乱を通して、この世の無常を裏付ける。人生の苦悩、不安を吐露。
- 後段…仮住まいの遍歴、出家遁世後の生活を記す。方丈の庵での閑居生活の情趣を語る一方、そこに固執する自己の心を発見し、心の迷いを述べて筆をおく。

作者・成立

鴨長明（出家して蓮胤）。建暦2年（1212年）成立。

珠玉の冒頭文

ゆく河の流れは絶えずして、しかも、もとの水にあらず。淀みに浮かぶうたかたは、かつ消えかつ結びて、久しくとどまりたる例なし。世の中にある、人と栖と、またかくのごとし。

行く川の流れは絶えなくて、それでいて、もとの水ではない。よどみに浮かぶあわは、一方では消え、一方ではあらわれて、いつまでもとどまっている例はない。世の中に存在している、人間と住まいとは、やはりこのようなものである。

文体の特徴

『方丈記』は、隠遁文人が自らの住まいのありさまを記すという漢籍の先例をふまえた作品。

『千載和歌集』『新古今和歌集』に入集するなど、優れた歌人であった鴨長明が漢文特有の対句表現などを駆使し、珠玉の和漢混交文で書き上げた。

この世の無常と住まいのはかなさ、そこにとらわれる自己の心の揺れを描いた、出家者の書。

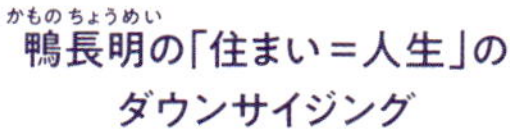

鴨長明(かものちょうめい)の「住まい＝人生」のダウンサイジング

Ⓑ 賀茂川ほとりの家　祖母の家の$\frac{1}{10}$

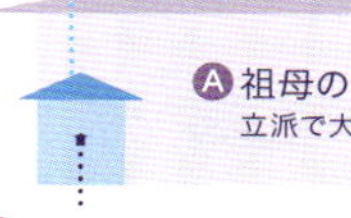

Ⓐ 祖母の家
立派で大きい

Ⓒ 日野の方丈の庵　賀茂川の家の$\frac{1}{100}$

同時代の遁世者が住む家（庵）のサイズと比べても、格段に狭い！

- 方丈（3m四方＝9㎡）は5畳弱の一室。天井の高さは2m程度。
- 室内には出家者の生活が垣間見(かいまみ)られる、掛軸や経典を置く。
- 俗世で没入した和歌の書、琴・琵琶(びわ)も残される。

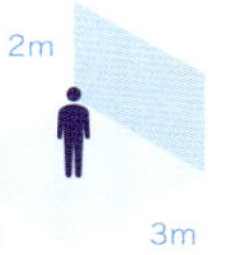

養和(ようわ)の飢饉(ききん)

2年の間、世の中に飢饉が続き、伝染病も流行して、死屍累々(ししるいるい)である。

福原(ふくはら)遷都

突然の遷都。京都（平安京）から、今の兵庫県神戸市内（福原）へ。旧都は荒れ果て、新都は造営中で落ち着かない。

元暦(げんりゃく)の大地震

大地震が起こって、山は崩れ川を埋め、津波で水浸しになった。寺社・家屋はことごとく崩壊してしまった。

出家して、遁世(とんせい)

日野の山に方丈(ほうじょう)の庵(いおり)を構える

災厄にあふれた残酷なこの世、仮のものに過ぎないはかない住まい。それでもそこに愛着を覚え、固執してしまう心の不思議さ、厄介さ。

ゆれる心の叫び

そのとき、心、さらに答ふることなし。ただ、かたはらに舌根(ぜっこん)をやとひて、不請(ふしょう)の阿弥陀仏(あみだぶつ)、両三遍(りょうさんべん)申してやみぬ。

そのとき、（内なる問いに）自分の心は全く答えることがない。ただ（心の）かたわらに舌を借りてきて、心の要求からではない阿弥陀仏（の名号）を二、三度お唱え申しあげて終わってしまった。

平氏一門の興亡、その哀切な運命を描く

平家物語(へいけものがたり)

日本が歴史的転換を果たす動乱の十年間を描いた、軍記物語の傑作。

鎌倉時代

軍記物語

作者・成立

作者未詳。鎌倉中期までには原型が成立か。

内容・構成

3部12巻＋灌頂巻(かんじょうのまき)。栄華を極めた平家一門が、幾度もの源平の合戦に敗れ、没落するまでを描く。

特徴

■ 琵琶(びわ)に合わせて法師が語る「平曲(へいきょく)」として広められた。多くの書き手により増補加筆されている。

■ 和漢混交文体で、合戦場面では力強く簡潔に、情緒的な場面では流麗な七五調、会話文は当時の口語調と、巧みな変化をつけて描かれる。

巻数：一　二　三　四　五

内容

第一部（巻1～5）平家一門の栄華

平清盛は保元(ほうげん)・平治(へいじ)の乱に乗じて昇進、太政大臣(だいじょうだいじん)となり、娘の徳子(とくこ)を天皇の妃(きさき)にする。一門の栄華は頂点を極めるが、平家打倒を図る勢力が各地で挙兵。

中心人物 **平清盛(きよもり)**

強烈な個性と横暴な振る舞いが、源氏の反乱を引き起こす。

繁栄と滅亡の壮絶バトル巨編！

おもな章段

・祇園精舎(ぎおんしょうじゃ)
・鹿谷(ししのたに)

・富士川(ふじがわ)

出来事

1167年 平清盛、太政大臣になる

1177年 俊寛(しゅんかん)らの平家討伐の密議が発覚

1180年 安徳天皇即位

❶ 宇治平等院の戦い　源頼政(よりまさ)、挙兵するが敗死

1180年 福原(ふくはら)遷都

❷ 石橋山(いしばしやま)の戦い　源頼朝挙兵、平家軍に大敗し逃亡

❸ 富士川の戦い　平家軍、戦わずして敗走

「猛(たけ)きものもつひには滅びぬ…」

物語を一貫する世界観

全編を仏教的な無常観が貫く。

源頼朝

源範頼
源義経
木曽義仲
巴御前(ともえごぜん)

灌頂 十二 十一 十 九 八 七 六

第二部(巻6～8) 平家の衰退・都落ち

清盛の死後、源氏の興起とともに平家の家運は衰退。源頼朝の従弟、木曽義仲に敗れた平家一門は西国に逃れる。のち、義仲は後白河法皇と不和になり、頼朝に追討の命が下る。

中心人物 木曽義仲

源頼朝の従弟。武勇の誉れが高いが、直情径行。

- 忠度都落

第三部(巻9～12) 平家一門の滅亡

義仲は源範頼・義経兄弟の軍に敗れ、討死。平家は義経に追い詰められ、安徳天皇が壇ノ浦で入水、滅亡。讒言により頼朝に討手を差し向けられた義経は、奥州へ落ちのびる。

中心人物 源義経

源頼朝の弟。武功を立て平家を滅亡させるも、頼朝に疎まれる。

- 宇治川先陣
- 木曽最期
- 坂落
- 敦盛最期

- 那須与一
- 壇浦合戦
- 先帝身投
- 能登殿最期

灌頂巻

平家滅亡後の後日譚。壇ノ浦で救助されて出家し、大原に隠棲した建礼門院徳子の死で物語は結ばれる。

平氏勢力

1181年 清盛、死去

1183年 ④倶利伽羅谷の戦い 木曽義仲、平家軍を夜襲
平家、京を捨てる。義仲入京

1184年 ⑤宇治川の戦い 源範頼・義経、義仲軍を破る
⑥一の谷の戦い 義経、鵯越を下って平家軍を奇襲

1185年 ⑦屋島の戦い 義経、平家軍を奇襲
⑧壇ノ浦の戦い 源平最後の戦い。平家滅亡

1185年 義経、都を逃れて流浪

1186年 法皇、大原御幸

1191年 建礼門院、死去

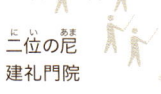

源氏

平氏

平清盛
平忠度
平宗盛
平知盛
平敦盛
二位の尼
建礼門院

源平合戦地図

文体を操り、ブラックユーモアをピリッときかせて綴る
徒然草

鎌倉時代

随筆

さまざまなコミュニティーに知人がいた、顔の広い遁世者兼好が、自身の見聞きした世の中のあれやこれやを、巧みな文章で書き残した。

事象をぶった切る、珠玉の随筆！

命長ければ辱多し。

(＝長生きをすると、恥ずかしい思いをすることが多い)［第7段］

四十歳前には死にたいものだ。

ひとり灯のもとに文をひろげて、見ぬ世の人を友とするぞ、こよなう慰むわざなる。

(＝一人、灯火のもとに書物を広げて、見たこともない昔の人を友とするのは、無上の心の慰めだ)［第13段］

隠遁者の仮面で…

命は人を待つものかは。

(＝寿命は人を待ってくれない)［第59段］

死はいずれ、誰にも訪れる。大切なことは先延ばしにするのではなく、今やろう。

死は前よりしも来らず、かねて後ろに迫れり。

(＝死はかならずしも前からやって来ず、あらかじめ背後に迫っている)［第155段］

序段に見られる、ユニークな感性

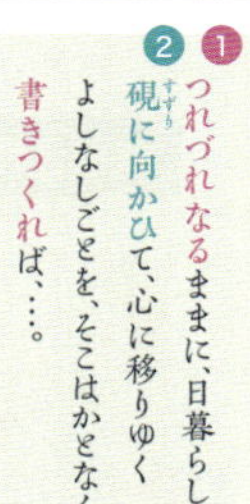

1 つれづれなるままに、日暮らし
2 硯に向かひて、心に移りゆく
よしなしごとを、そこはかとなく
書きつくれば、…。

1 「暇なときに～筆を執る」
→この時代は対話や詩歌管弦などで「つれづれ」をなぐさめるのが基本。

2 筆記用具の「硯」は使うために「引きよせる」のがふつう
→「向かう」とするのは個性的。

作者・成立

兼好法師。元徳2年(1330年)から翌年にかけての成立か。

内容・構成

- 序段のほかに、全243段。
- 世の中に対するさまざまな評論、有職故実の紹介、僧侶の失敗を中心とした滑稽譚、教訓、政治・芸術・住居・趣味など多岐にわたる内容について感想・考証・見聞を記す。

書きっぷりの特徴

- さまざまな書き手になりきって、書くこと自体を楽しむ姿勢。
- 一方的な立場に偏らず、常に一歩引いた視点で世の中を考察…兼好は六位の侍ほどの低い身分であったとされ、早々に出家した身軽さで、いわば“フリーランス”の立場を生かすことができた。
- 名も無き人々にまで注がれる視線…木登り名人や双六の上手などからも、後世に伝え残すにふさわしい言葉を探ろうとしている。

名言・教訓の宝庫! さまざまな仮面をかぶり分け、快刀乱麻に世の

世には心得ぬ事の多きなり。

(=世の中には合点のいかないことが多いものだ)[第175段]

何かあるたびに「まずは一杯」と、無理に酒を飲ませて喜ぶ風習は理解できない。飲まされる側はたまったものではない。ただし、気の合う人と穏やかに飲むのはよい。

花はさかりに、月はくまなきをのみ見るものかは。

(=桜の花は咲いているのだけを、月はくもりないのだけを見るものだろうか、いや、そうではない)[第137段]

盛時を至極とする思い込みをいさめ、不完全なものにも心を向けようとする、兼好の美意識の発露。

青年貴族の仮面で…

都を生きる観察者の仮面で…

友とするにわろき者、七つあり。

(=友とするのによくない者が、七つある)[第117段]

身分の高い人、若い人、元気な人、お酒好き、武士、ウソを言う人、欲深い人の七つ。自分のかぶった仮面に相当する者もまじっているのがおもしろい。

古今に通じた識者の仮面で…

兼好のエッセーがバラエティーに富む秘密

兼好が出入りした、コミュニティーの数(=ネタ元)

大臣家 / 宮中 / 武士 / 市井 / 寺院

×

複数の文体

- 『枕草子』のような物づくし
- 王朝物語のような和文体
- 硬質な和漢混交文
- 『宇治拾遺物語』などのような説話的表現

=

種々多様な小話の創出

- 貴族のエピソードを物語風に描写する
- 和漢混交体で無常を説く
- 寺院のこぼれ話を説話体で記述する
- 関東武士の逸話を回想風に記す

人はどう芸を極めるか

風姿花伝（ふうしかでん）

室町時代

能楽論

猿楽（さるがく）・田楽（でんがく）諸座が競合する中で、どのようにすれば観客の心をつかみ、一座の繁栄を図っていくことができるのか。能役者にとって避けることのできない現実的な問題に、正面から取り組んだ世阿弥（ぜあみ）の戦略論。

能を演じるための秘伝の書

第一　年来稽古条々（ねんらいけいこじょうじょう）
能役者の年齢に応じた稽古のあり方。

第二　物学条々（ものまねじょうじょう）
物まね（＝その役に扮（ふん）すること）の役ごとの注意点。

第三　問答条々（もんどうじょうじょう）
能を演じるための工夫や秘訣（ひけつ）をQ&Aで説く。

第四　神儀（しんぎ）に云（い）わく
能の発生と歴史を示す。

（第五）奥義（おうぎ）に云（い）わく
大和猿楽（やまとさるがく）、近江（おうみ）猿楽、田楽（でんがく）の違いと、観客に愛される工夫を説く。

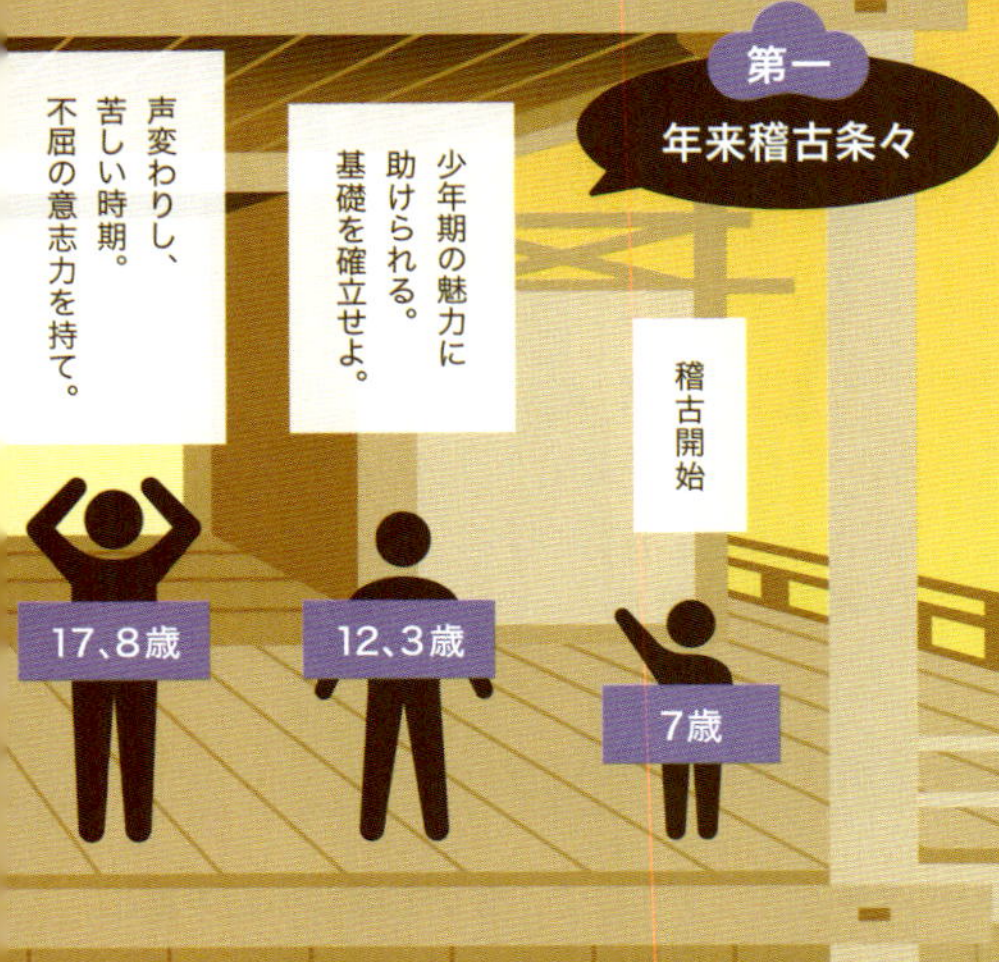

第一
年来稽古条々
声変わりし、苦しい時期。不屈の意志力を持て。
少年期の魅力に助けられる。基礎を確立せよ。
稽古開始
17、8歳
12、3歳
7歳

第二
物学条々

女
扮装（ふんそう）を工夫し、姿を美しく見せよ。

作者・成立

世阿弥元清（ぜあみもときよ）。
応永（おうえい）7年～9年（1400年～1402年）ごろ成立。

内容・構成

父観阿弥（かんあみ）から受け継いだ、能の稽古・演出の心得、能の本質である「花」などについて述べたもの。全7巻。

能と狂言

能	演劇の一種。観阿弥・世阿弥親子が猿楽に種々の芸能を加えて芸術的なものに大成させた。能舞台で、能役者が囃子方（はやしかた）や地謡（じうたい）とともに謡曲をうたいながら舞やしぐさを演じるもの。
狂言	田楽・猿楽から起こり、能とともに室町時代に完成した演劇。軽妙、滑稽に、世相を風刺的に演じるもの。

第六
花修（かしゅ）に云（い）わく

能を作る上での心得と実践的な演出について論じる。

第七
別紙口伝（べっしのくでん）

能における「花」とは何か。

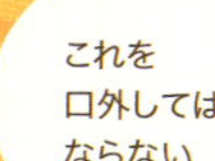

第七
別紙口伝

総論
花＝
おもしろさ＝珍しさ
つまり、芸の魅力

- 新鮮さが花である
- 似せようとする意識のない物まねをせよ
- 年齢相応の芸を失わないことが大切だ
- 演技が固定して偏らないように
- 秘して隠すことが花
- 花における因果の道理を心得よ
- そのときにふさわしい演目を演じよ
- これを口外してはならない

鬼

鬼は恐ろしさが本質。恐ろしさとおもしろさがでるよう稽古せよ。

神

神姿にふさわしく扮装せよ。

老人

老人の物まねは難しい。子細に研究せよ。

一日千金の大晦日、人の真実が見えてくる

世間胸算用

西鶴ほど人に興味を持ち、愛した作家はいない。好色物で恋を描くのも、町人物で金を描くのも、人は恋や金がからむと本性をさらけ出すことを知っていたからである。浮世に生きる人々の弱さ・醜さを笑いに包みながら、なお温かい目で肯定的に描いている。

江戸時代

浮世草子

20のショートストーリー

巻1-2 七軒長屋の住民たちの大晦日

貸してくれる人がいないので現金買い、その日暮らしの貧乏人なので「ゆるりと」年越し。

巻1-4 けちな隠居母の大晦日

ねずみに盗まれたお金を取り戻し、ねずみを住まわせていた母屋から利息をとって満足な年越し。

巻2-2 商人の男の大晦日

掛取(＝借金取り)怖さに女房を残して茶屋に身を隠し、大晦日をやり過ごそうとする商人の年越し。

巻2-4 借金慣れした図々しい男の大晦日

包丁を振り回しながら掛取を撃退。一人だけ騙されなかった丁稚に裏をかかれ、逆に別の撃退法を教えられる年越し。

作者・成立

井原西鶴。元禄5年(1692年)成立。

掛売の仕組み

掛売は、江戸時代の売買の方法の1つ。

❶ 掛売は、江戸時代の売買の方法の1つ。現金買いではなく信用取引で、代金を後日受け取る約束で、物品を先渡しする。代金は実際より値段を高く設定する掛値である。

❷ 支払いは普通、盆と歳末の節季払い。特に大晦日は一年分の滞った支払いをめぐって、掛取(＝借金取り)との攻防があった。

西鶴は『日本永代蔵』で、掛売を廃止して現金払いを実施した呉服商越後屋を描き、『好色一代女』で、その越後屋の手代に色仕掛けで掛売させる女を描く。

内容・構成

5巻20話。その一話の中にも大晦日を背景にした小話が多く記され、モザイクのように組み合わされながら、金銭に支配される人々の悲喜劇が描きだされる。

西鶴の浮世草子

好色物 …『好色一代男』『好色五人女』
武家物 …『武家義理物語』
雑話物 …『西鶴諸国ばなし』
町人物 …『日本永代蔵』『世間胸算用』

近世町人の大晦日(おおみそか)

巻4-2
蛸(たこ)売り八助(はちすけ)の大晦日

蛸の足を7本にして売っていた八助は、大晦日に足を6本にしてばれてしまう。残念な年越し。

巻4-3
淀船(よどぶね)の中の大晦日

伏見(ふしみ)の下り船に乗り合わせた人々が、越しがたい大晦日をそれぞれ嘆く年越し。

巻3-4
神様だって大晦日

神にも貧福あり。年徳神(としとくじん)もだまされる掛取の撃退法。堺(さかい)の貧家の一日遅れの年越し。

巻5-2
真の知恵ある者の大晦日

目先の利益を追う世知賢(せちがしこ)い子よりも、手習いに精を出した子が、金持ちになって迎えた年越し。

巻3-3
貧乏な夫婦の大晦日

働こうとせず金を夢見る亭主と、乳飲み子を残して奉公に出ようとする女房の涙ながらの年越し。

巻5-3
お寺の大晦日

大晦日の一日の身の置き所に窮し、平太郎讃談(へいたろうさんだん)の寺に集まった3人の語る年越し。

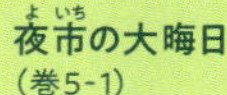

夜市(よいち)の大晦日（巻5-1）

正月を迎える金がないので、大晦日の夜市に物を売りに行く、せっぱつまった人々の年越し。

夜が明けると…

みんなに等しく
新年がやってくるのであった

「とき」と「ところ」を追っての旅

おくのほそ道

江戸時代

俳諧紀行文

「人生」＝「旅」。『おくのほそ道』は、人生を旅に仮託して、その一部を切り取ってみせた紀行文。大垣から再び旅に出る結末は、人生の旅が続くことを意味していよう。江戸→平泉→大垣を歩く、単なる「紀行日記」ではなく、様々な仕掛けを施した構成と、推敲を重ねた文辞によって綴られた「創作旅日記」である。

作品を貫く理念

■ 不易流行
永遠に変わらない自然宇宙の本質と、常に流転し変化し続ける現実。

■ 月日は百代の過客
人はもちろん、日・月や時間などすべてのものが旅人である。

内容

旅心と歌枕巡礼の念が高じて、江戸を出発。東北・北陸経由で大垣に至る旅をつづった紀行文。5か月におよぶ旅で詠んだ多くの発句を収載。

同行した曽良の旅日記と、宿泊地や滞在日数が異なる部分があり、旅の事実から独立した一個の文芸作品といえる。俳諧紀行文の最高傑作である。

作者・成立

松尾芭蕉。
元禄7年（1694年）春頃成立か。
実際の旅は、元禄2年（1689年）春～秋。

平泉（北上川）

─ 太平洋側の旅（春～夏）

古人の足跡をたどる旅

源義経伝説にまつわるポイント
歌枕（古人が詠んだ名所旧跡）

和泉三郎の忠義・奥浄瑠璃
壺の碑
書名『おくのほそ道』の由来
佐藤継信・忠信兄弟の忠義
能因法師
蘆野　西行の遊行柳
黒羽　那須与市の武勇
那須野 C
日光 B
A 千住　出発（3/27頃）
START

ここまで、変わり果てた多くの歌枕を見てきたが、壺の碑で本物の歌枕に出会い、感動。

多賀城

詠んだ句

行く春や　鳥啼き魚の　目は泪
あらたふと　青葉若葉の　日の光
かさねとは　八重撫子の　名なるべし　［曽良］
田一枚　植ゑて立ち去る　柳かな
夏草や　兵どもが　夢の跡／五月雨の　降り残してや　光堂
閑かさや　岩にしみ入る　蟬の声
五月雨を　あつめて早し　最上川
荒海や　佐渡によこたふ　天の河
一つ家に　遊女も寝たり　萩と月
蛤の　ふたみにわかれ　行く秋ぞ

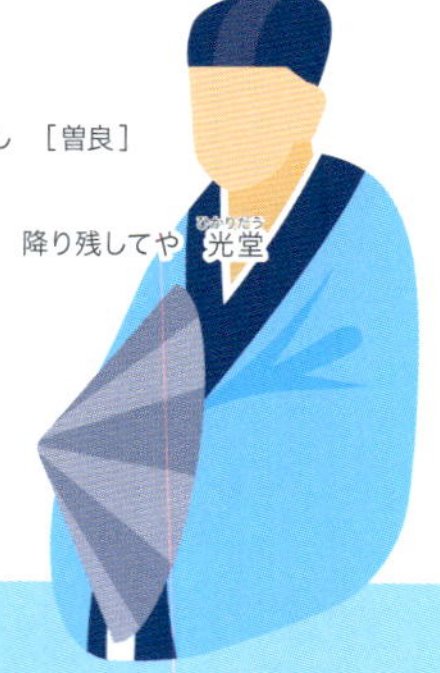

日本海側の旅（夏〜秋）

今を生きるリアルな人々との
出会いの旅

♥ 女性を想像するポイント
∴ 歌枕（古人が詠んだ名所旧跡）

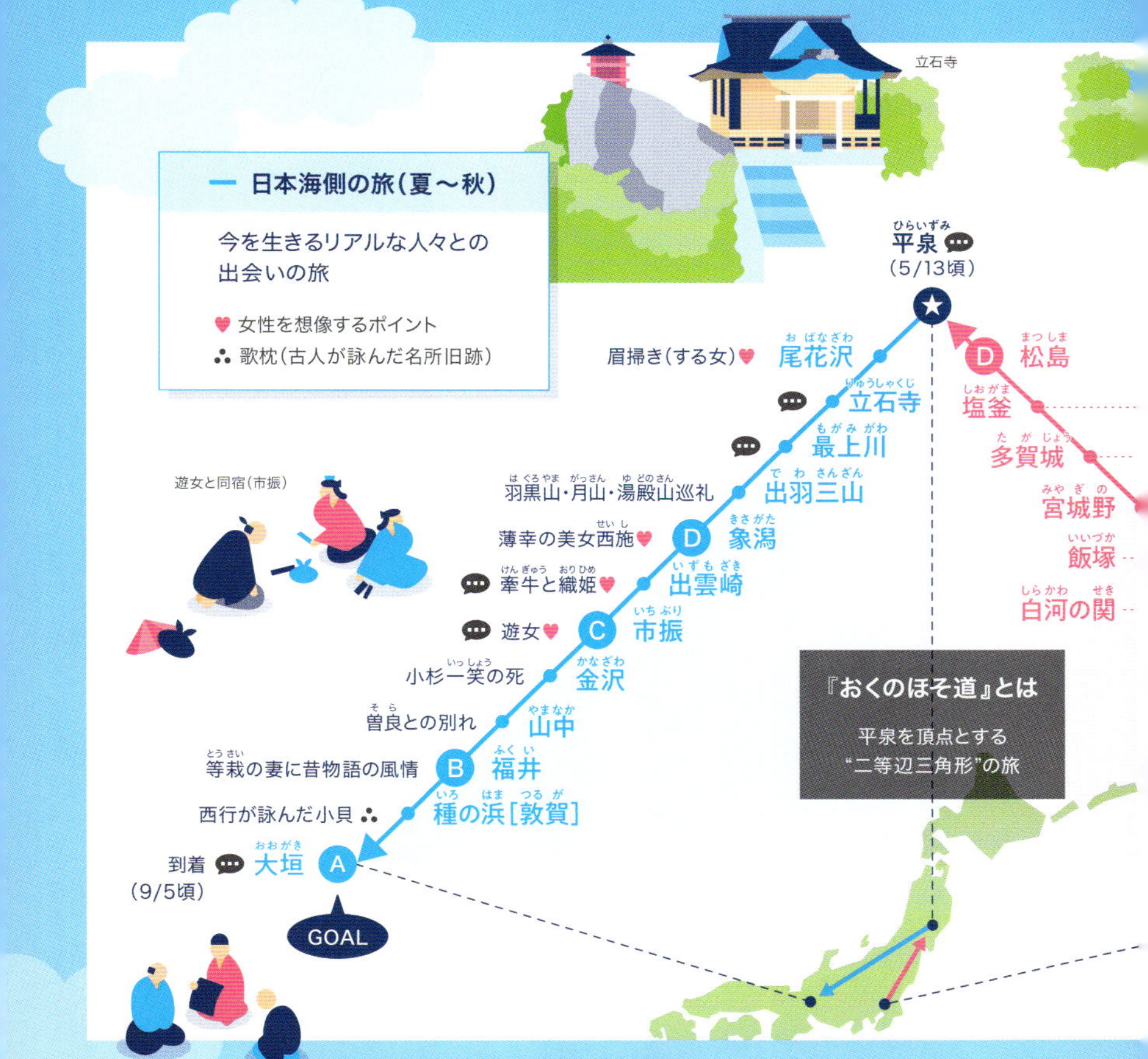

立石寺
平泉
（5/13頃）
眉掃き（する女）♥ 尾花沢
立石寺
最上川
羽黒山・月山・湯殿山巡礼 出羽三山
薄幸の美女西施♥ D 象潟
牽牛と織姫♥ 出雲崎
遊女♥ C 市振
小杉一笑の死 金沢
曽良との別れ 山中
等栽の妻に昔物語の風情 B 福井
西行が詠んだ小貝 ∴ 種の浜［敦賀］
到着 大垣 A
（9/5頃）
GOAL
遊女と同宿（市振）
D 松島
塩釜
多賀城
宮城野
飯塚
白河の関

『おくのほそ道』とは

平泉を頂点とする
“二等辺三角形”の旅

三角形の仕掛け - 対比の妙

松島との対比の描写。
「松島は笑ふがごとく、
象潟はうらむがごとし」
義経を追う旅心は、
非業の死の地で終息。
ここから旅情に変化。
行脚の折り返し
（女が恋に）憂い沈んでいるような土地 D
D 美人が化粧したような土地
秋・夜・宿屋・遊女・萩 遊女 C
C 少女（かさね） 夏・昼・広野・少女・八重撫子
風狂・古風な人たち 等栽と妻 B
B 仏五左衛門 愚直・朴訥な人柄
到着を迎える人々 A
A 出発を見送る人々

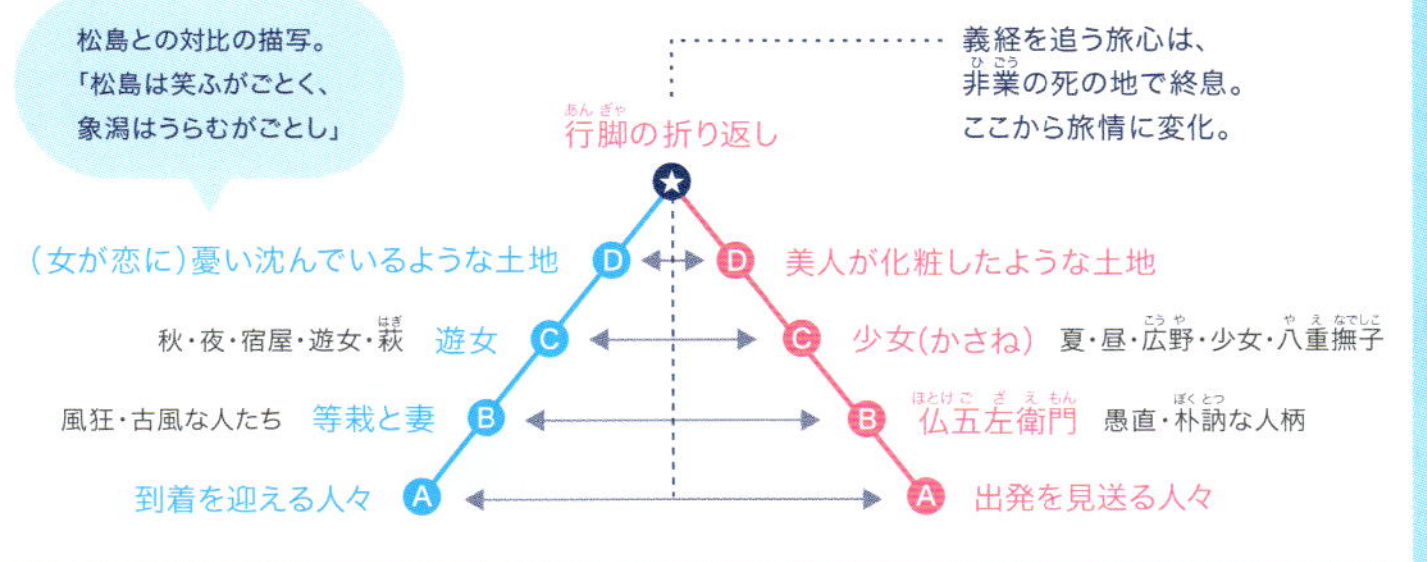

千住
日光
那須野
蘆野
平泉
立石寺
最上川
出雲崎
市振
大垣

前期読本
教訓・怪談を組み入れた実録的小説
上田秋成『雨月物語』

浮世草子
現世肯定の生活感情を描く
井原西鶴『好色一代男』

仮名草子
庶民的啓蒙書
富山道冶『竹斎』
浅井了意『東海道名所記』

超現実の物語 雨月物語

江戸時代
読本

道理では説明がつかない、不思議で怪しい、異様な出来事に揺れる人間を描く9編。

9つの各短編は、前話の設定やテーマ(の一部)を受けて、内容が円を描くように緩やかに関連しあっている。

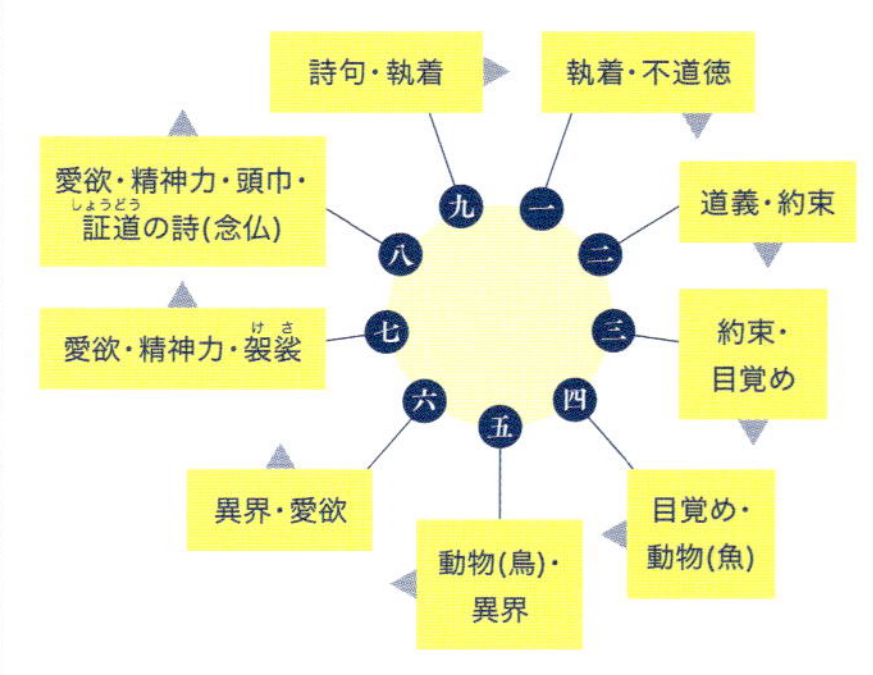

作者・成立

上田秋成。安永5年(1776年)成立。

内容・特徴

近世怪異小説の代表作。和漢(日本・中国)の古典、故事などを典拠に創作した5巻9編の読本。

怪異の世界を入り口にして、人間の「生」の美しさ、哀れさ、恐ろしさが描かれる。

戯作文学の流れ

戯作…娯楽を主とした通俗小説

洒落本
会話体中心の通俗小説／遊里が舞台
山東京伝『通言総籬』

黄表紙
大人向け滑稽創作絵本／全丁絵入
山東京伝『江戸生艶気樺焼』

青本・黒本
大人向け絵本／演劇の筋／全丁絵入

赤本
子供向け絵本／全丁絵入／5丁1冊

後期読本

勧善懲悪型の浪漫的長編時代小説

曲亭馬琴『南総里見八犬伝』

怪異の中に人間性をあぶりだす9編

一 白峯

私怨に執着して復讐を道理とする怨霊崇徳院と、和歌の徳で諌め鎮める西行。

二 菊花の約

兄弟の契りを結んだ男が、再会の約束を守るため自刃。霊魂となって千里を帰る道義。

三 浅茅が宿

長年の別離を経て再会した妻は、目覚めると…。死して霊魂となり、夫との再会の約束を守った貞淑な妻。

四 夢応の鯉魚

鯉となって琵琶湖を泳ぎ回り、釣られてまな板にのった画僧の夢。目覚めは死からの蘇生であった。

五 仏法僧

仏法僧（鳥）に触発されて発句を詠んだご隠居、滅んだ豊臣秀次一行と身も縮む酒宴。あの世への道連れを、危うく逃れる。

六 吉備津の釜

妻を欺いて出奔した男、死霊となり愛欲に乱れる妻に再会。物忌明け間際に惨殺され、あの世行き。

七 蛇性の婬

愛欲にまみれる三尺の大蛇、女に化けて男にまつわりつく。男は揺れる心を抑え、袈裟で封印。

八 青頭巾

童への愛欲に溺れ、食人鬼と化した高僧。改心を望み、禅師より証道の詩と青頭巾を授かる。妄執は解かれ、頭巾と骨を残して往生。

九 貧福論

倹約第一でお金に執着する武士と、黄金の精霊が、金銭の徳・富貴の道について問答。精霊は、八字の句を残して消える。

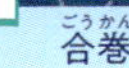

人情本

会話体小説／主に庶民の恋愛を描く

為永春水『春色梅児誉美』

滑稽本

会話体小説／主に庶民生活の滑稽を描く

十返舎一九『東海道中膝栗毛』・式亭三馬『浮世風呂』

合巻

長編読物／全丁絵入／数冊を合綴販売

柳亭種彦『偐紫田舎源氏』

古典文学史の流れとポイント

文化・文芸の興亡は政治・社会のできごとに大きく影響を受ける。ここに、古典文学史の流れとポイントを時代ごとにまとめて示した。

大和以前〜奈良時代の文学

文学の起こりから、平安遷都(794年頃)まで

主な文化の担い手

貴族　武士　庶民

どんな時代か

大和朝廷による全国統一が進み、大化の改新(645年)を経て律令(りつりょう)国家体制が確立していった時代。

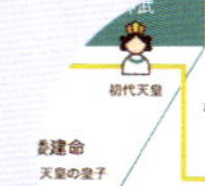

漢字の伝来以前

信じて祭る神についての語り伝え(＝神話)や神を称(たた)える口上(＝祝詞(のりと))、感情の高まりを歌った歌謡など、**口伝えの文学(＝口承文学)**の時代だった。

漢字の伝来

六世紀ごろ大陸から「漢字」や「仏教」が伝来。漢字を用いて文学を書き記すようになった。

国家体制の発展

天皇を中心とする律令国家体制が発展して、人々は国家意識に目覚め、歴史書編集の機運が高まる。

歴史書の誕生

天皇の系譜や口承文学時代の神話・伝説・歌謡を編纂(へんさん)して『古事記』『日本書紀』が誕生する。

『古 事 記』…天皇の権威を国内に示すために作られた。

『日本書紀』…国外に日本の正当性を示すために作られた。

諸国の民間伝承や風土・産物を記載した**『風土記(ふどき)』**が編纂される。

漢字から万葉仮名が発達

漢字の音訓を用いて日本語を記す「万葉仮名」が生み出された。

例：宇利波米婆＝うりはめば(瓜食めば)

万葉仮名は平仮名・片仮名の母胎となった。

和歌が発達

宮廷で漢詩文が盛んとなり、その影響を受けて和歌が発達した。

▼

「万葉仮名」などを用いて書かれた現存最古の歌集**『万葉集』**が編纂された。

平安時代の文学

平安遷都(794年頃)から
鎌倉幕府成立(1185年頃)までの約400年間

どんな時代か

貴族が摂政・関白などとして天皇を補佐し、政治の実権を握った摂関政治の時代。藤原道長の時代に最盛期を迎える。

主な文化の担い手

貴族　武士　庶民

仮名の発明

「万葉仮名」をもとにした仮名文字が発明され、感情を自らのことばで自由に表現することが可能になった。

和歌が盛んに

仮名で書くことによって掛詞などの和歌の修辞が発展して、貴族の間で歌合わせが流行。『古今和歌集』をはじめとして、相次いで和歌集が編まれた。

散文文学の誕生

仮名文字の発明により、新たな文学として、物語、日記文学が誕生した。『竹取物語』『うつほ物語』『落窪物語』などの作り物語、『伊勢物語』『大和物語』などの歌物語、『土佐日記』などの日記文学が作られた。

摂関政治の最盛期

天皇の外戚となって権力を握る摂関政治には、後宮の存在が大きく影響する。

王朝女流文学の開花

後宮に仕える才女たちの手によって、仮名散文文学は大きく発展した。中宮定子に仕えた清少納言は『枕草子』で、随筆という独自の文学を創造した。中宮彰子に仕えた紫式部の『源氏物語』は、作り物語や歌物語の要素を融合した物語文学の大成である。

そのほか、藤原道綱の母の『蜻蛉日記』や、和泉式部の『和泉式部日記』、紫式部の『紫式部日記』などの日記も書かれた。

王朝文学にかげり

十一世紀中頃になると世相が不安定になり、貴族階級没落の兆しが見え始める。文学も世情を反映して衰退へ傾いた。

歴史物語の誕生

王朝の繁栄を回顧する『栄花物語』や『大鏡』などの歴史物語が生み出された。

庶民の説話を集めた作品の誕生

貴族文学とは別に、庶民の間で語り継がれた説話を集めた『今昔物語集』が編集された。

王朝文学にかげりが見える中、菅原孝標の女の『更級日記』は独自の世界を表現した。

鎌倉時代の文学

鎌倉幕府成立(1185年頃)から
滅亡(1333年)までの
約150年間

どんな時代か

源平合戦に始まり、戦乱の絶えない時代。貴族支配の伝統が残る中、武士が力を強めていき、社会が大きく変動した。

主な文化の担い手

貴族　武士　庶民

戦乱の世

戦乱の絶えない時代が、文学にさまざまな影響を与えた。

新しい文化の担い手へ

この時代には『宇治拾遺物語』『十訓抄』『古今著聞集』『沙石集』など多くの仏教説話・世俗説話がまとめられた。

これは概して教訓的・啓蒙的なものではあるが、そこには文化の新しい担い手である庶民の姿が生き生きと描かれている。

軍記物語の誕生

『保元物語』『平治物語』など新興の武士を主役とした軍記物語が相次いで書かれた。

中でも、源平の合戦を軸に平家一門の興亡を描いた『平家物語』は、琵琶法師の「平曲」に乗せて語られたため広く民間に流布し、後世に大きな影響を与えた。

隠者文学と無常観

動乱の世を捨てて出家した知識人は隠者となって山野に移り住み、随筆を書き綴った。隠者文学に流れているのは、すべてのものは変化し続けて、永久不変のものはないとする無常観である。

隠者文学を代表する作品として、鴨長明の『方丈記』と、兼好法師の『徒然草』がある。

王朝文化へのあこがれ

武士が台頭し権力が衰えたものの、平安時代に引き続き文学の担い手は貴族であった。彼らは王朝への強いあこがれを持ち、戦乱の現実から逃避して、古き良き理想の世界を懐古した。

「源氏物語」以後、物語は傑作に乏しく、平安時代の物語を模倣した擬古物語が多く作られた。

後鳥羽院の院宣により撰進された『新古今和歌集』は、王朝文学がたどり着いた芸術の極致ともいわれる。

室町時代の軍記物語

数十年にわたる南北朝の争乱を描いた『太平記』が作られた。

軍記物語が伝記的になり、『曽我物語』『義経記』では悲劇の英雄を中心に、争乱の世が描かれた。

室町時代の歴史物語

南北朝の時代には、公家や武家の盛衰を描いた歴史物語が書かれた。

『増鏡』は源平の争乱以後の朝廷の歴史を編年体で記している。

混迷が続く戦乱の世

鎌倉時代に続き、戦乱の混迷が続く中、それまであった文化が多様に発展、派生していった。

主な文化の担い手

貴族　武士　庶民

どんな時代か

鎌倉幕府滅亡後、建武の新政を経て室町幕府が開かれるも、将軍の権威が絶対的ではなく、地方の守護大名が力をつけていく。応仁の乱後は、群雄割拠の戦国時代となった。

庶民の地位向上

庶民の地位向上により、貴族や武士だけでなく、庶民が参加して楽しむ文化が生まれた。

能楽の流行

それまで価値の低かった、猿楽・田楽などの民間芸能が、権力者の庇護を受けて芸術性が高まり、流行した。観阿弥・世阿弥父子により、能楽が大成し、庶民の間でも親しまれた。

世阿弥は能楽論『風姿花伝』を著した。

連歌の流行

貴族の勢力が衰えると、和歌にかわって娯楽・遊戯として楽しめる連歌が流行した。

連歌は、武士・僧侶・庶民にまで広がり、大いに発展した。

その後、最盛期を迎えるも衰えて、俳諧連歌を経て、近世の俳諧へと展開していく。

御伽草子の登場

『一寸法師』『鉢かづき』などに代表される御伽草子が、それまでの物語にかわって新たに登場した。

これらは絵入り短編物語で、庶民が主人公となる作品が多く、広く大衆に親しまれた。

室町時代の文学

室町幕府開設（1336年）から
江戸幕府開設（1603年）までの約270年間

江戸時代の文学

江戸幕府が開かれた1603年から
大政奉還(1867年)までの
約270年間

どんな時代か

戦乱の世が統一され、幕府の統制のもと、武士による政治が安定した時代。

主な文化の担い手

貴族　武士　庶民

新しい学問「国学」の誕生

古典研究を通じて仏教や儒教が伝来する前の、古代日本の精神を明らかにしようとする学問**国学**が誕生した。賀茂真淵や本居宣長は国学の発展に大きな役割を果たした。

俳諧の確立

連歌から起こった**俳諧**は、貞門俳諧・談林俳諧が流行したのち、松尾芭蕉によって「さび」の境地を理想とする芸術に高められ、**『おくのほそ道』**のような俳諧紀行文も書かれた。

その後、**川柳**・**狂歌**が庶民の好みを反映して流行した。

印刷技術の進歩

印刷技術の進歩・発展により、大量の版本が供給されるようになり、さらに文学が庶民のものになっていった。

泰平の世

町人文化の興隆

商工業が盛んになると、町人層が経済上の実権を握るようになる。町人は自由と活気に満ち、現実を写実的に活写した庶民的・娯楽的な新興文学を生み出した。

さまざまな読み物の流行

■ 仮名草子から浮世草子へ

御伽草子のあとをうけ、主に仮名で書かれ、啓蒙・教訓・娯楽などを目的として作られた読み物、仮名草子が流行した。その後、井原西鶴がこれを受けて浮世草子を創始し、**『好色一代男』『日本永代蔵』『世間胸算用』**などで町人の生活を描き出した。

■ 読本

上方では浮世草子が衰えた後、読本が流行した。上田秋成の**『雨月物語』**が代表的なものである。その後、流行は江戸に移り、曲亭馬琴の**『南総里見八犬伝』**などが書かれた。

その他、洒落本、滑稽本、人情本などさまざまな娯楽読み物が流行した。

演劇の流行

■ 人形浄瑠璃

室町時代後期に発生した語り物である浄瑠璃に三味線と人形が結びつき、人形浄瑠璃が誕生、人気を博した。近松門左衛門は、浄瑠璃を芸術にまで高めた。

■ 歌舞伎

出雲の阿国が創始したといわれる歌舞伎も、近松門左衛門の脚本によって隆盛をとげた。

編者のことば　――「見てわかる」古語辞典の誕生――

一歩一歩山道を踏みしめて歩き、疲れきって頂上を極め、弾む息の落ち着くのを待ち、ふと振り向いて、麓に広がる光景に驚かれたことはありませんか。あれ、あのあたりが森で、あのあたりが多くの家の建ち並んでいた街中か。川があんなふうに流れているのか――。一望で、全体が見渡せます。あんな原っぱがあるのか。あ、あれは学校だな。鳥居があって、あの木立が神社か――。目を凝らすと、さまざまなものが見えてきます。

旺文社には版を重ねている『旺文社古語辞典』があり、『旺文社全訳古語辞典』があります。これに加えて、ぱっと見てわかる古語辞書がほしいという願いがありました。すでに『旺文社全訳古語辞典』の姉妹編としての『旺文社全訳学習古語辞典』があります。これを「ぱっと見てわかる」『旺文社図解全訳古語辞典』として改訂することにしました。

陰暦の月名「むつき・きさらぎ・やよひ、うづき・さつき・みなづき、ふみづき・はづき・ながつき、かみなづき・しもつき・しはす」は、季節の「春・夏・秋・冬」に分け、まとめてあるほうが覚えやすいし、「山ぎは」と「山のは」、「磯（いそ）」と「浜」、「源（みなもと）」と「水門（みなと）」などは、図に示すほうがわかりやすい。『旺文社図解全訳古語辞典』では、表組みや図をふんだんに用いることにしました。

また、要望に応えて版を重ねるごとにページが増え、第五版では32ページになっている『旺文社全訳古語辞典』巻頭の多色刷りの口絵は、たいそう喜ばれているものです。この『旺文社図解全訳古語辞典』では、思い切って全巻を多色刷りにしました。「茜（あかね）」とか「萌黄（もえぎ）」とかの色がそのまま見られるようになりました。

一年近い準備期間を経て、執筆・編集・校正にまるまる三年かかりました。

「ぱっと見てわかる」古語辞典としての主な特長は次のとおりです。

① 基礎基本である「最重要330」「主要助詞」「主要助動詞」を大きく表示すること。

② 図鑑のように、武具・乗り物はまとめ、衣装・調度・楽器などを図示すること。

③ 「慣用表現」「類語の整理」「敬意の対象図」などを囲み記事にすること。

④ 古典文学ガイドを兼ね、著名古典二十作品を巻頭に紹介すること。

⑤ 「古典の名作・名場面20選」「和歌の修辞」「読解のための　古典文法ガイド」などを巻末付録にすること。

末尾ながら、この「見てわかる」辞書のために、惜しみなくお力をお貸しくださった諸先生、たいそう困難な紙面の構成の編集作業に、そして校正にと力を注いでくれた辞書編集部の皆さんに心より御礼申し上げます。

この『旺文社図解全訳古語辞典』が「引く旺古」「読む全訳」に並ぶ「見る図解」として、古典に親しもうとする多くの方々に広く活用されることを願っております。

二〇二一年　秋

宮腰　賢

〔執筆〕　浅田　徹　宇佐美光昭　片山真人　桜井宏徳　佐多芳彦　富岡宏太　中野貴文　安田吉人
山中悠希　山本章博　吉村逸正
〔編集協力〕　アリエッタ　玄冬書林　そらみつ企画
〔図版作成〕　神谷一郎　河南好美　水登舎　川口澄子　駿髙泰子　松原巖樹　さくら工芸社
〔デザイン〕　大貫としみ　エコンテ
〔装丁デザイン〕　中野大介　エコンテ

（敬称略　五十音順）

古語辞典の引き方

古語辞典の見出し語は、歴史的仮名遣いによる五十音順に配列されています。

歴史的仮名遣いで引く

▼歴史的仮名遣いとは？
古典は、平安時代中期の発音にもとづく「歴史的仮名遣い」によって書き表されています。そのため、現代では用いられない仮名がでてきたり、表記と発音が一致しない場合があったりします。

！ 歴史的仮名遣いのルール ～表記と発音のズレに注意～

1 わ行「**わ・ゐ・う・ゑ・を**」は「ワ・イ・ウ・エ・オ」と発音する。
例「ゐ（イ）なか（田舎）」「こゑ（エ）（声）」

2 だ行の「**ぢ・づ**」は「ジ・ズ」と発音し、「じ・ず」と区別される。
例「もみぢ（ジ）（紅葉）」「しづ（ズ）む（沈む）」

3 **は行**は、語頭以外では「ワ・イ・ウ・エ・オ」と発音する。
例「けはひ（ワイ）」「おもふ（ウ）（思ふ）」「まへ（エ）（前）」
＊「はは（母）」など、例外の語もある。また、「はつはな（初花）」など複合語はこの通りではない。

4 「**ア段＋う（ふ）**」「**イ段＋う（ふ）**」「**エ段＋う（ふ）**」は、長音や拗音（ようおん）で発音することがある。
例「まう（モウ）す（申す）」「じふ（ジュウ）ごや（十五夜）」「てう（チョウ）し（調子）」

5 「**くゎ**」「**ぐゎ**」は「カ」「ガ」と発音する。
例「くゎ（カ）んぱく（関白）」「いんぐゎ（ガ）（因果）」

五十音図（1＝わ行、3＝は行）

わ	ら	や	ま	は	な	た	さ	か	あ
ゐ	り	い	み	ひ	に	ち	し	き	い
う	る	う	む	ふ	ぬ	つ	す	く	う
ゑ	れ	え	め	へ	ね	て	せ	け	え
を	ろ	よ	も	ほ	の	と	そ	こ	お

濁音・半濁音図（2＝ぢ・づ）

ぱ	ば	だ	ざ	が
ぴ	び	ぢ	じ	ぎ
ぷ	ぶ	づ	ず	ぐ
ぺ	べ	で	ぜ	げ
ぽ	ぼ	ど	ぞ	ご

※このほかに、国語の音節には拗音・促音・撥音（はつおん）があります。

■現代仮名遣い・歴史的仮名遣い対照表

現代仮名遣い	歴史的仮名遣い	例
イ	ひ ゐ	こひ【恋】 まゐる【参る】
ウ	ふ	いふ【言ふ】
エ	へ ゑ	やへ【八重】 ゑむ【笑む】
オ	ほ を	かほ【顔】 をさなし【幼し】
オウ	あう あふ あを わう	あうぎ【奥義】 あふぎ【扇】 すあを【素襖】 わうじゃう【往生】
カ	くゎ	くゎんげん【管弦】
ガ	ぐゎ	ぐゎんりき【願力】
キュウ	きう きふ	きうり【久離】 きふ【急】
キョウ	きゃう けう けふ	きゃう【京】 けうず【孝ず】 けふ【今日】
ギョウ	ぎゃう げう	しゅぎゃう【修行】 しゃうげう【聖教】
コウ	かう かふ くゎう	かうい【更衣】 かふち【河内】 くゎうごう【皇后】
ゴウ	がう がふ	こんがう【金剛】 つがふ【都合】
ジ	ぢ	ぢもく【除目】
シュウ	しう しふ	しうと【舅】 しふ【集】
ジュウ	じう じふ	きんじう【禽獣】 じふにし【十二支】
ショウ	しゃう せう	だいしゃう【大将】 せうそこ【消息】
ジョウ	じゃう ぢゃう でう でふ	じゃうど【浄土】 ぢゃう【定】 でう【条】 でふ【帖】

← 次ページに続く

活用する語は終止形で引く

単語ごとに区切り、活用しない語はそのままの形で引きます。活用する語は終止形で引きます。ただし、形容動詞は語幹で引きます。

▼活用するとは？　語幹とは？
動詞・形容詞・形容動詞・助動詞は、下にくる語によって形が変わります。形が変わることを「活用する」といい、形が変わらない部分を「語幹」といいます。

例　動詞「吹く」の活用

変化の形は六種類

活用形	語幹		下にくる語
未然形	吹	か	ず
連用形	吹	き	たり
終止形	吹	く	。
連体形	吹	く	とき
已然形	吹	け	ども
命令形	吹	け	！

ここが変化する（＝活用する）

終止形「吹く」で引く

例　形容動詞「定かなり」の活用

活用形	語幹		下にくる語
未然形	定か	なら	ず
連用形	定か	なり	き
	定か	に	なる
終止形	定か	なり	。
連体形	定か	なる	とき
已然形	定か	なれ	ども
命令形	定か	なれ	！

語幹「定か」で引く

ズ	づ	あづま【東】
ソウ	さう	さうし【草子】
ゾウ	ざう	おんざうし【御曹司】
	ざふ	ざふしき【雑色】
チュウ	ちう	かっちう【甲冑】
チョウ	ちゃう	きちゃう【几帳】
	てう	てうず【調ず】
	てふ	てふ【蝶】
トウ	たう	たう【唐】
	たふ	たふとし【尊し】
ドウ	だう	こんだう【金堂】
ニュウ	にふ	にふだう【入道】
ノウ	なう	ぼんなう【煩悩】
ヒョウ	ひゃう	ひゃうし【拍子】
	へう	へう【表】
ビョウ	びゃう	びゃうぶ【屛風】
	べう	べう【廟】
ホウ	はう	ゑはう【恵方】
	はふ	さはふ【作法】
	ほふ	ほふし【法師】
ボウ	ばう	にょうばう【女房】
ミョウ	みゃう	みゃうじ【名字】
	めう	めう【妙】
モウ	まう	まうす【申す】
ユウ	いう	いう【優】
	ゆふ	ゆふがほ【夕顔】
ヨウ	えう	えう【要】
	えふ	うすえふ【薄葉】
	やう	やうやう【漸う】
リュウ	りう	ふうりう【風流】
	りふ	こんりふ【建立】
リョウ	りゃう	をんりゃう【怨霊】
	れう	れう【料】
ロウ	らう	くらうど【蔵人】
	らふ	げらふ【下臈】
ワ	は	きは【際】

※現代語と表記が異なる場合の一例を示した。

この辞典のきまりと使い方

1 収録語

主要な古典作品で使用頻度の高い語を中心に、約一五〇〇〇語を精選、収録した。複合語・連語・慣用句・古文特有の言い回しをはじめ、人名・地名・作品名などの固有名詞、枕詞・文芸用語、著名な和歌(二七三首)・歌謡(一一首)・俳句(一三九句)・川柳(七句)を含む。

2 見出し語の種類

見出し語はその重要度によって四段階に表示した。

① ⓐ最重要330　三三〇語
　ⓑ主要助詞・主要助動詞(表組み)　七二語
② 最重要語二行取り　約四四〇語
③ 重要語(赤色・一行取り)　約二二〇〇語
④ 一般語(一行取り)　約一二〇〇〇語

一般語には、以下のものも含む。

◎固有名詞(漢字表示)
- 内容に応じて、《人名》《地名》《作品名》と表示。

◎和歌・歌謡・俳句・川柳
- 第一句を見出しとして掲げ、本文全形を枠囲みで表示。
- 修辞、および季語・切れ字を、本文に傍線を付けて明示。
- 通釈、および解説付き。

◎検索を助ける見出し
- 歴史的仮名遣いと現代仮名遣いが違う項目のうち重要なもの、ならびに漢字熟語を構成する漢字。

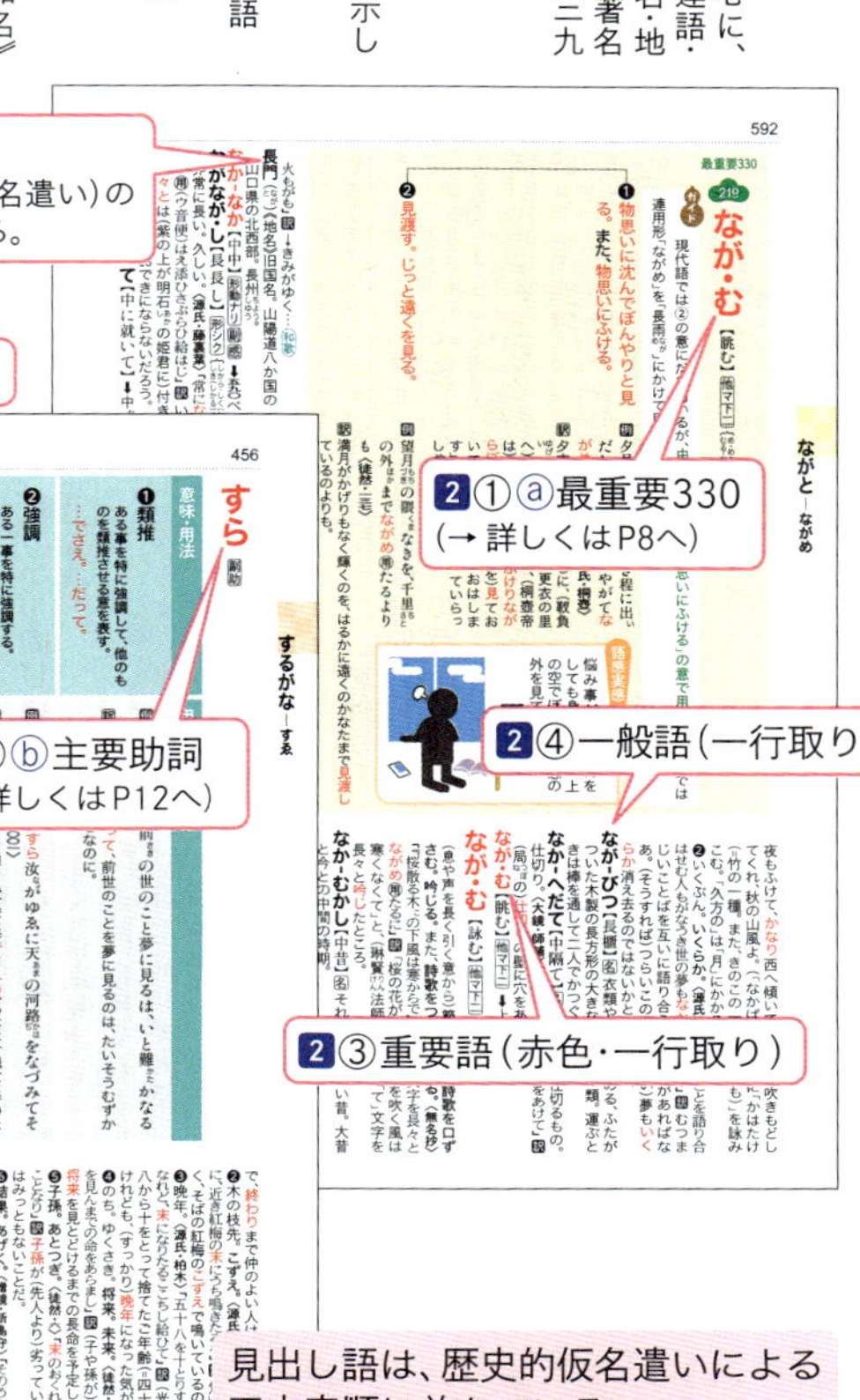

見出し語は、歴史的仮名遣いによる五十音順に並んでいる。
※①ⓐ、①ⓑは大きな囲みで示した。

4ⓐ

あきづ-しま【秋津島・秋津洲・蜻蛉洲】名〔中古以降は「あきつしま」〕「**大和の国**」「**日本国**」の異称。

あきづしま【秋津島・秋津洲・蜻蛉洲】《枕詞》「やまと」にかかる。〈万葉・一・二〉「あきづしま大和の国は」

7ⓐ

4ⓑ

あく-【悪】接頭（人名などに付いて）激しく恐ろしい、荒々しく勇猛であるなどの意を表す。「悪源太義平」「悪七兵衛景清」「悪僧」

7ⓔ

4ⓒ

あさまし-が・る自ラ四〔ら・り・る・る・れ・れ〕〔「がる」は接尾語〕驚きあきれはてる。びっくりする。〈竹取・燕の子安貝〉「人々あさましがり用て、寄りて抱へ奉れり」訳（落下した中納言を）人々はびっくりして、そばに寄って抱きかかえ申しあげた。

あし-ざま【悪し様】形動ナリ〔なら・なり(に)・なり・なる・なれ・なれ〕悪いようすである。〈源氏・総角〉「あしざまに用は聞こえじ」訳（匂宮との縁談も）悪いようにはとりはからい申しあげないだろう。対善様

7ⓖ

6　5

あ・ふ【合ふ】
一 自ハ四〔は・ひ・ふ・ふ・へ・へ〕❶一つになる。いっしょになる。一致する。〈蜻蛉・上〉「夜、目もあは未ぬままに、嘆き明かしつつ」訳夜、目も合わない（＝眠れない）ままに、悲しみ泣き明かしては。❷調和する。似合う。つり合う。〈枕・一四三〉「水の流るる音、笛の声などあひ用たるは」訳（橋の板を踏み鳴らして舞いながら合唱する声に）川の水が流れる音や、笛の音色などが調和しているのは。

3 見出し語の配列

配列は五十音順とし、五十音順で決まらないものは、以下のルールとした。

ⓐ 濁音・半濁音は清音のあと、拗音・促音は直音のあと。

ⓑ 品詞などの順は、接頭語・接尾語・名詞・代名詞・動詞・形容詞・形容動詞・連体詞・副詞・接続詞・感動詞・助動詞・助詞・連語・慣用句・枕詞・和歌(歌謡)・俳句(川柳)の順。ただし、接頭語・接尾語は関連の深い同じ表記の単語がある場合、その語の直前に置く。

ⓒ 和歌・歌謡・俳句・川柳で、第一句が同じ場合には、第二句以下の表記の五十音順。

4 見出し語の示し方

ⓐ 見出し語を構成する要素を「-」で区切って示した。ただし、枕詞と固有名詞には示していない。

ⓑ 接頭語には下に、接尾語には上に「-」を付けて示した。また、重要な敬語動詞・補助動詞には「=」を付けて立項した。これらのうち重要なものには、その例語も列挙した。

ⓒ 活用語は終止形で表示し、助動詞を除いて、語幹と活用語尾は「・」で区切った。ただし、形容動詞は語幹で示した。また、主要な助動詞は終止形以外の活用形も見出しとして掲げた。

5 見出し漢字と読みの表示

ⓐ 見出し語の仮名に相当する漢字を【　】内に示し、二種以上ある場合は併記した。

ⓑ 見出し語の仮名遣いが現代仮名遣いと異なるものは、見出し語直下または右側に小字の片仮名で表示した。現代仮名遣いと一致する部分は「—」で示し、慣用的な読み方は（　）を用いて併記した。

6 品詞および活用の表示

ⓐ 品詞は略語で示した。（扉裏を参照）

ⓑ 助動詞や活用する接尾語に活用の型を示した。

ⓒ 品詞の分類・活用の種類は学校文法教科書の最も一般的なものに従った。サ変動詞や形容動詞の語幹、副詞としても用いられる普通名詞は品詞名を併記した。

ⓓ 動詞は自動詞・他動詞・補助動詞を区別した。なお本書では、敬語となる補助動詞（連語は除く）は別見出しとして立項した。

ⓔ 連語・慣用句などは無印とした。

ⓕ 用言には活用表を〔　〕で表示し、おもな助動詞や特殊な活用の動詞には、表にして掲載した。なお、〔　〕内は上代のもの、あるいは用例の少ないものを示す。（　）内はそのように表記されることもあるものを示す。用法の限られる活用形は〈　〉で併記した。

7 語釈および解説

ⓐ 最重要語・重要語では、学習上特に重要な語義を太字で示した。

ⓑ 同一見出しで品詞が異なる場合、活用の種類が異なる場合は、一 二…で示した。

ⓒ 一つの見出し語に意味が二つ以上ある場合は❶❷…、さらに細分する場合は㋐㋑…に分けて示した。

ⓓ 助詞・助動詞のうち、大きく表組みで示したもの以外で重要なものには、意味・語義・接続・活用を一覧で示した。

ⓔ 解説の前に、語源・原義・転化・なりたちの形などを〔　〕で、上代語・仏教語・近世語・枕詞など

7ⓗ

□二 補動八四〔は・ひ・ふ・ふ・へ・へ〕（動詞の連用形に付いて）複数のものが同じ動作をする意を表す。みんな…する。…しあう。〈源氏・若紫〉「山の鳥どもそこはかとなくさへづりあひ用たり」訳 山の鳥どもがどこでともなくさえずり交わしている。《➡集つどふ「古文常識」》

7ⓘ

あふちチオウ【楝・樗】名 ❶木の名。せんだん。初夏、薄紫の小さな花が咲く。（楝の花 夏・楝の実 秋）❷襲ねかさの色目の名。表は薄紫、裏は青。一説に、表は紫、裏は薄紫。夏に用いる。➡襲ねかさの色目めいろ「古文常識」（三〇ページ）

（あふち①）

あへ-な-むアエ―ン【敢へなむ】差し支えないだろう。なんとか我慢できるだろう。よしとしよう。〈枕・三〇二〉「六位の蔵人くらうどの青色もあへなむ終」訳（几帳きちようにうちかけてあるのが）六位の蔵人の青色の袍ほう（＝上着）でも差し支えないだろう。

なりたち 下二段動詞「敢あふ」用＋完了（確述）の助動詞「ぬ」未＋推量・意志の助動詞「む」

あま【海人・海士・蜑】名 ❶漁業や製塩に従事する人。漁師。漁夫。あまびと。〈千載・恋四〉「見せばやな小島をじまのあまの袖だにもぬれにぞぬれし色は変はらず」訳➡付録①「小倉百人一首」90

❷〔「海女」とも書く〕海にもぐって貝・海藻などをとる女性。〈枕・三〇六〉「海女のかづきしに入るは憂きわざなり」訳 海女がもぐって貝などをとるために（海に）入るのはつらい仕事だ。

フレーズ **海人の苫屋**とまや 苫とま（＝菅すげや茅かやを編んだもの）でつくった粗末な漁夫の小屋。

8

を《 》で示した。なお「ラ変動詞『有り』用」は「ラ変動詞『有り』の連用形」であることを示す。（略号は扉裏参照）

ⓕ解説中、難解な語には（＝ ）で注を施した。

ⓖ対義語がある場合には対をつけて示した。語義全体に共通する対義語は《 》の形で示した。

ⓗほかの見出し語や特設記事・口絵・付録などを参照させる場合は、➡や→で示した。語義全体に共通する場合は《 》の形で示した。（矢印の使い分けは扉裏参照）

ⓘ必要に応じて、以下の欄を設けた。

なりたち…連語・慣用句などの構成を明らかにした。

接続…助詞・助動詞について、その語がどのような品詞・活用形に付くかを説明した。

文法…助詞・助動詞の文法的機能・意味用法などについての詳細な解説を施した。

語法…見出し語の用法で注意すべき点を指摘した。

注意…見出し語を理解するうえで、学習上特に注意を要する点や誤りやすい点を指摘した。

参考…見出し語の理解をいっそう深めるための補足・語史的な説明・類似語との比較説明、その他参考となる事柄について解説を加えた。

フレーズ…見出し語に他の語句が付いてできた慣用連語を読み仮名とともに太字で示した。助詞・助動詞を含むもののうち特に重要なものは「なりたち」欄を設けてその構成を示した。

冒頭文…著名な作品は見出しで取り上げ、解説のあとに冒頭の一節とその通釈とを収めた。

歌枕…歌枕であることを示した。

春夏秋冬…季語となるものには、語釈のあとに記号を付けてその季を示した。また、見出し語から派生した季語は、（ ）に囲んで示した。

8 用例・出典

ⓐ用例の表記は歴史的仮名遣いとし、適宜送り仮名や句読点を補って読みやすくした。また省略した部分は「…」を用いて示した。

ⓑ用例中の見出し語にあたる部分は赤字で示した。活用語の場合は活用形を「未」「用」などの略号で示した。（略号は扉裏参照）

ⓒ用例の訳

• 原則として現代語訳を施した。例文が容易な場合や部分訳ですむ場合は省いたものもある。

• 見出し語の訳出箇所は赤字で示した。

• 文法に忠実な逐語訳をこころがけた。主語や状況説明、また解釈・文法などについての補足情報を（ ）や（＝ ）、〔 〕で示した。

• 用例として取り上げた和歌や俳句が見出しとして立項されている場合および付録に掲載されている場合は、通釈を参照するようにした。

ⓓ出典の表示

• 出典は〈 〉で示し、一部を略称で示した。（略称は扉裏参照）

• 歌集は「和歌集」を略して示した。また、勅撰ちよくせん集は部立てを、俳句には句集名・作者を、「万葉集」は巻数と国歌大観番号を示した。

• 著名な出典は巻数・巻名や小見出し・説話番号などを付記した。（「枕草子」の段数などは「日本古典文学大系」のそれによった）

• ジャンル名・種類の表示は略称で示した。（略称は扉裏参照）

9 特設記事

古文学習に役立つ「まぎらわしい語の識別」「類語の整理」「慣用表現」「定型表現」「古文常識」「敬意の対象図」の諸項目を枠囲みで掲載した。（詳しい内容は一三ページ以下を参照）

特設記事項目索引

本文中の「最重要330」「主要助詞・主要助動詞（表組み）」「まぎらわしい語の識別」「類語の整理」「慣用表現」「定型表現」「例語」「古文常識」「敬意の対象図」の各要素の説明と、索引をまとめて示した。

最重要330

・教科書や入試問題に頻出する語のうち最も重要な三三〇の語を、大きく囲んで表示した。

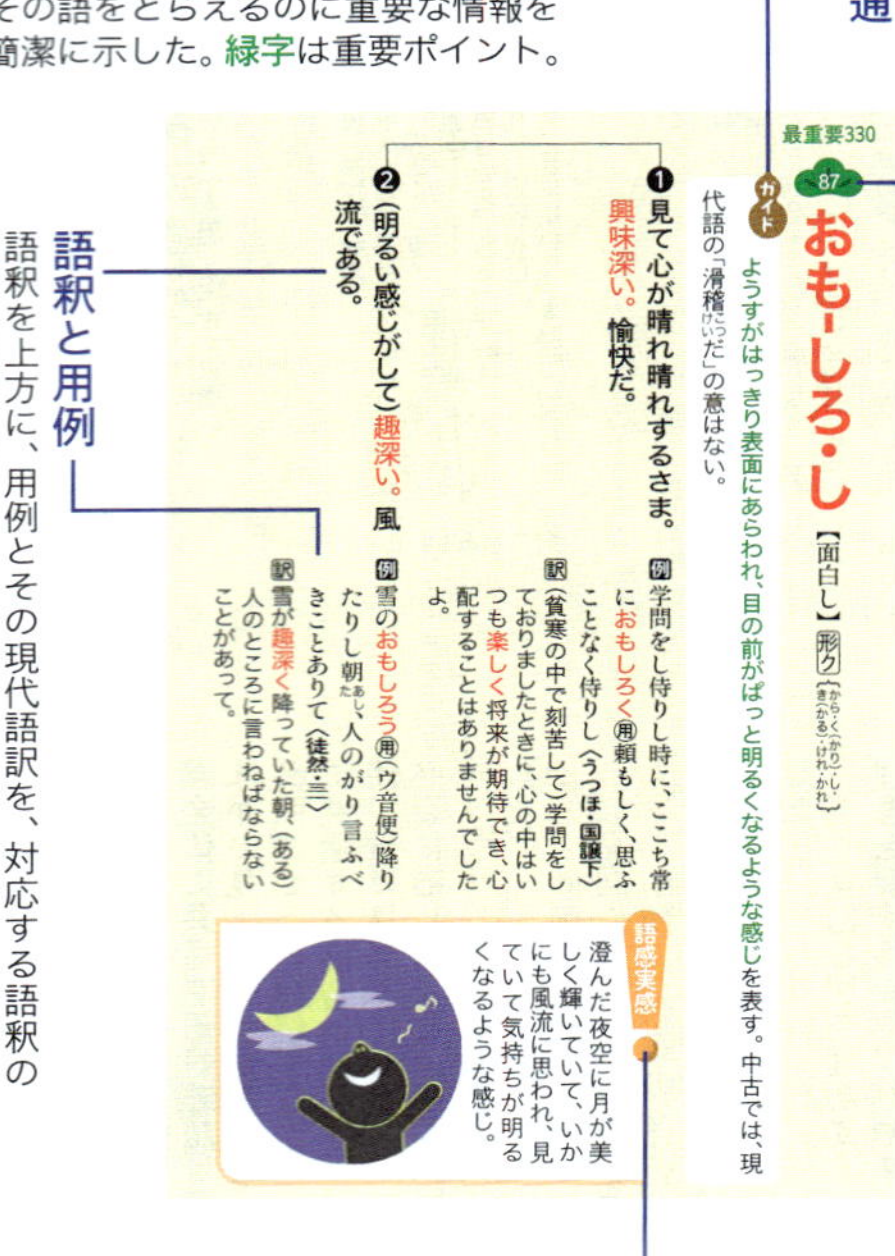
最重要330
87
おもしろし【面白し】形ク（から・く（かり）・し・き（かる）・けれ・かれ）
ガイド
ようすがはっきり表面にあらわれ、目の前がぱっと明るくなるような感じを表す。中古では、現代語の「滑稽（こっけい）だ」の意はない。
❶見て心が晴れ晴れするさま。興味深い。愉快だ。
例 学問をし侍りし時に、ここち常におもしろく（用）頼もしく、思ふことなく侍りし〈うつほ・国譲下〉
訳（貧寒の中で刻苦して）学問をしておりましたときに、心の中はいつも楽しく将来が期待でき、心配することはありませんでしたよ。
❷（明るい感じがして）趣深い。風流である。
例 雪のおもしろう（用）（ウ音便）降りたりし朝、人のがり言ふべきことありて〈徒然・三一〉
訳 雪が趣深く降っていた朝、（ある）人のところに言わねばならないことがあって。
語感実感
澄んだ夜空に月が美しく輝いていて、いかにも風流に思われ、見ていて気持ちが明るくなるような感じ。

ガイド
原義や語史、現代語との違いなど、その語をとらえるのに重要な情報を簡潔に示した。緑字は重要ポイント。

通し番号

語釈と用例
語釈を上方に、用例とその現代語訳を、対応する語釈の直下に掲げた。

語感実感
いくつかの語には、その語感を現代語の感覚に即して言い表した例を掲げた。イメージイラストを示したものもある。

最重要330　索引

あ行

か行

さ行

た行

な行

主要助詞・主要助動詞（表組み）

- 助詞・助動詞のうち重要なものを大きく表にして示した。
- 意味・用法やその訳し方を上段に、下段には用例とその現代語訳を、対応する意味の直下に掲げた。

◆主要助詞（表組み）

かな 終助〔終助詞「か」＋終助詞「な」〕

意味・用法	用例
詠嘆 …だなあ。…であることよ。	例 限りなく遠くも来にけるかなとわびあへるに〈伊勢・九〉 訳 限りなく遠くまでも来てしまったものだなあと互いに心細く思って嘆いていると。 例 むめがかにのっと日の出る山路かな〈炭俵・芭蕉〉 訳（まだ余寒のきびしい）早朝の山路を梅の香りを感じて歩いていると、（行く手の山かげから思いがけず）ぬうっと太陽が姿を現したことだ。

接続　体言または活用語の連体形に付く。

参考 上代の「かも」に代わって、中古以降、和歌と会話文に多く用いられた。俳句の「かな」は切れ字として用いられ、形式化したものである。

参考
補足的な説明を示した。

接続

◆主要助動詞（表組み）

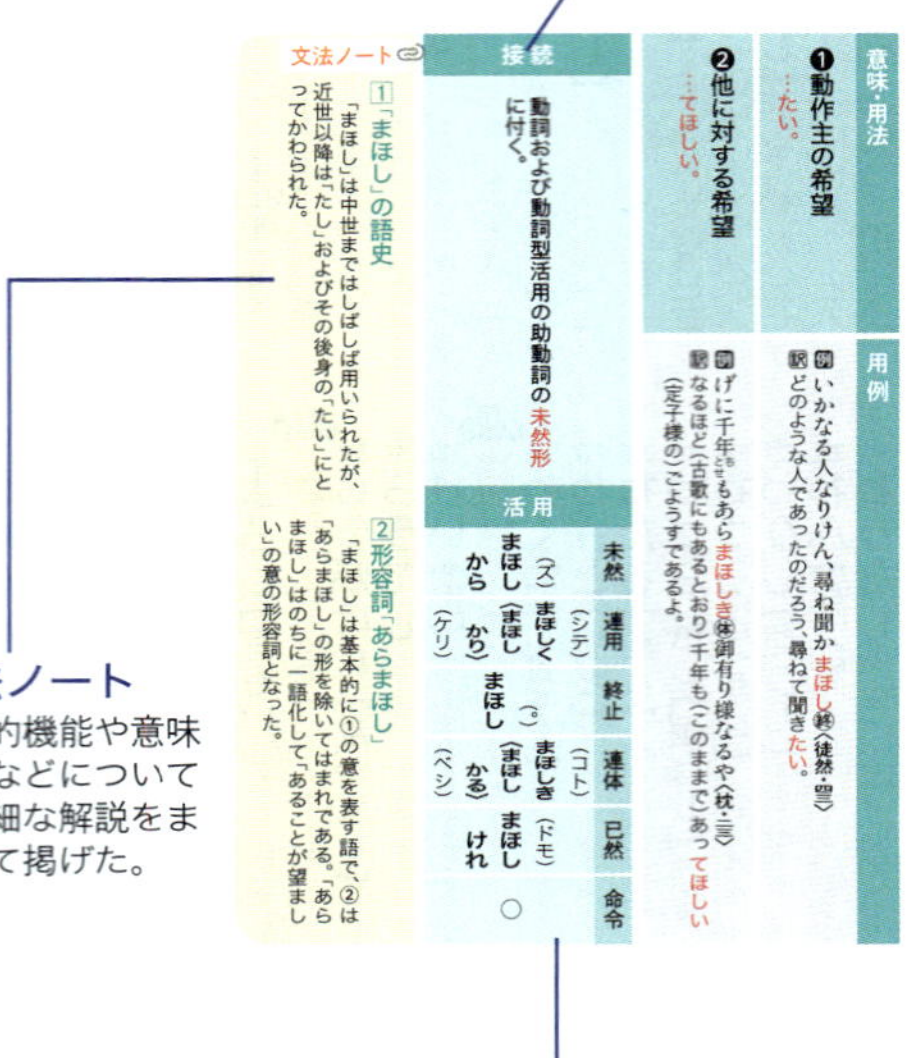

まほし 助動シク型〔推量の助動詞「む」のク語法「まく」＋形容詞「欲ほし」＝「まくほし」の転〕

意味・用法	用例
❶動作主の希望 …たい。	例 いかなる人なりけん、尋ね聞かまほし終〈徒然・四三〉 訳 どのような人であったのだろう、尋ねて聞きたい。
❷他に対する希望 …てほしい。	例 げに千年ちとせもあらまほしき体御有り様なるや〈枕・三〉 訳 なるほど（古歌にもあるとおり）千年も（このままで）あってほしい（定子様の）ごようすであるよ。

接続　動詞および動詞型活用の助動詞の未然形に付く。

活用

未然	連用	終止	連体	已然	命令
（ズ）まほしから	（シテ）まほしく〈まほしかり〉（ケリ）	まほし（。）	（コト）まほしき〈まほしかる〉（ベシ）	（ドモ）まほしけれ	○

文法ノート

1「まほし」の語史
「まほし」は中世まではしばしば用いられたが、近世以降は「たし」およびその後身の「たい」にとってかわられた。

2形容詞「あらまほし」
「まほし」は基本的に①の意を表す語で、②は「あらまほし」の形を除いてはまれである。「あらまほし」はのちに一語化して「あることが望ましい」の意の形容詞となった。

文法ノート
文法的機能や意味用法などについての詳細な解説をまとめて掲げた。

活用

主要助詞（表組み）索引

主要助動詞（表組み）索引

まぎらわしい語の識別

- 入試にも頻出する、同形で読解上まぎれやすい語を取り上げ、識別の方法を解説した。
- それぞれの場合に分けて用例を掲げ、▽の下におもな接続などを示した。
- 用例中、太字の部分が識別の対象となる文字列、赤い□で囲んだ部分が一語のまとまりであることを示す。
- 特に明確な識別方法がある場合には、「識別ナビ」を設けて簡潔に示した。

まぎらわしい語の識別　索引

識別ナビ

▽は、おもに接続を示す。

まぎらわしい「る」の識別

識別ナビ 接続を見る。上がア段音なら❶、エ段音なら❷、ウ段音なら❸。

❶ **助動詞「る」の終止形**

例 冬はいかなる所にも住ま**る**〈徒然・五五〉

訳 冬はどんな所でも住むことができる。

▽上に四段・ナ変・ラ変の動詞の未然形がくる。「る」の上がア段音。

❷ **助動詞「り」の連体形**

例 限りなく遠くも来にけるかなとわびあへ**る**に〈伊勢・九〉

訳 限りなく遠くまで来てしまったものだなあと、一同嘆いていると。

▽上に四段動詞の已然形、サ変動詞の未然形がくる。「る」の上がエ段音。

❸ **上二段型・下二段型活用語の連体形語尾の一部**

例 世に語り伝ふ**る**こと〈徒然・七三〉

訳 世間で語り伝えることは。

▽「る」の上がウ段音。例の「伝ふる」は下二段動詞「伝ふ」の連体形。「伝ふ」と「る」とに分解してはならない。

太字は識別の対象となる部分、赤い□は一語のまとまりを示す。

類語の整理

・意味の似た語をテーマごとにまとめ、語感や使われ方の違いをイラストや図表を用いて示した。

類語の整理 いとなむ―「する・行う」を表す語

いとなむ
日々の仕事や物事の準備を忙しくする
おこなふ
仏道修行をする

類語の整理 かしかまし―「騒々しいさま」を表す語

らうがはし …乱雑で秩序がなく騒がしい
かしかまし …音や声が大きくうるさい
こちたし …口数が多くわずらわしい

類語の整理 ほのか―「微量」を表す語

微量
- はつか 見聞きする分量(少)・時間(短)
- ほのか 光・色・形・音の規模、量(ぼんやり)
- わづか 数量(少)、程度・規模(小)

類語の整理 ぎゃうがう―「皇族のおでかけ」を表す語

	ぎゃうがう【行幸】	ぎゃうけい【行啓】	ごかう【御幸】	みゆき【行幸】
天皇	○	×	×	○
法皇・上皇	×	×	○	○
女院	×	×	○	○
皇太子(妃)	×	○	×	×
皇后・皇太后・太皇太后	×	○	×	×

類語の整理　索引

※上に、記事が掲載されている見出し語、下に記事のタイトルを示した。

慣用表現

・古文によく見られる慣用的な言い回しや言い換え表現をテーマごとにまとめ、イラストや図表を用いて示した。

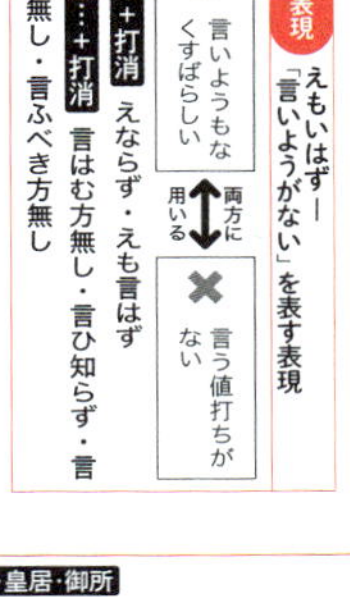

慣用表現　索引

※上に、記事が掲載されている見出し語、下に記事のタイトルを示した。

定型表現

・係り結びの法則や副詞の呼応関係が明確に理解できるよう、その典型的な形を図で示した。

定型表現　係り結び

もぞ…連体形

例 雨もぞ降る。〈懸念〉〈連体形〉
(＝雨が降るかもしれない。そうなると困る)

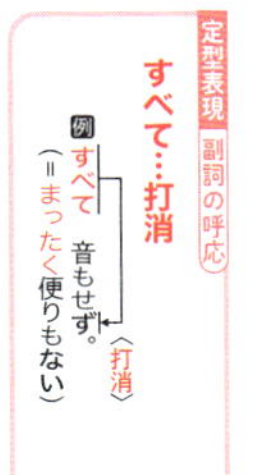

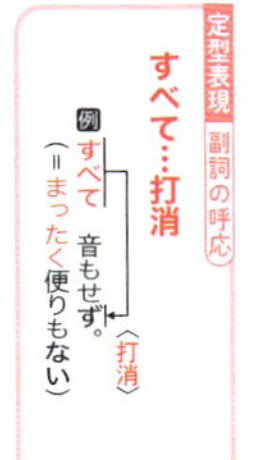

定型表現　索引

係り結び

副詞の呼応

その他

例語

- 接頭語や接尾語、また重要な敬語動詞・補助動詞には、それらを構成要素として含む語の例を列挙した。
- いくつかの例語欄では、イメージイラストを示した。

-さ・ぶ 接尾バ上二型《上代語》(名詞に付いて)「いかにも…らしい態度・状態になる」の意の動詞をつくる。…**らしくなる。**…に見える。〈万葉・三・三一七〉「神(かむ)さび用て高く貴き」訳→あめつちの… 和歌

例語 貴人(うまひと)さぶ(=りっぱな人に見える)・翁(おきな)さぶ・茂(し)みさぶ(=いかにも茂みに見える)・山さぶ(=いかにも山らしい)・少女(をとめ)さぶ

もも-【百】 接頭 百の意から、数の多いことを表す。

例語 百枝(ももえ)(=たくさんの枝)・百日(ももか)・百草(ももくさ)(=いろいろの草)・百種(ももくさ)(=多くの種類)・百隈(ももくま)・百箇(ももち)(=百。また、数の多いこと)・百年(ももとせ)・百鳥(ももとり)(=いろいろの鳥)・百重(ももへ)・百世(ももよ)(=長い年月)・百夜(ももよ)

=ゐる (上段⑧㋐参照)

例語 出(い)で居る(=出てすわる)・起き居る(=起きてすわっている)・落ち居る・下り居る・来居る(=来てそこにじっとしている)・並み居る・離れ居る(=離れてすわる)・守り居る・見居る(=見てじっとしている)・向かひ居る(=向かい合ってすわる)・群れ居る・寄り居る

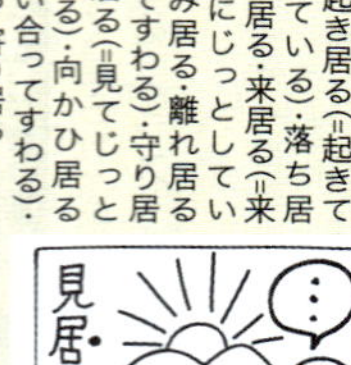

例語　索引

古文常識

・古文を理解するうえで不可欠な、当時の生活習慣やことばのとらえ方などの古文常識を、図表やイラストを用いて説明した。

古文常識　「きぬぎぬ」―平安貴族の恋愛・結婚

平安貴族の恋愛や結婚の進め方・決まりは現代と大きく異なり、男性が女性の家に通う「通い婚」の形態をとった。おおまかには左図の通りで、恋文のやりとりや逢瀬の手引きなどでは、従者・女房が大きな役割を果たした。

恋のはじまり　うわさに聞く・垣間見する
↓
アプローチ　歌（恋文）を送る（はじめ、女性は自分で返事を書かないのが鉄則）
↓
逢瀬　夜に男性が女性宅を訪れる「通い婚」
↓
後朝　夜明け前に男性は帰宅する（すぐに女性に和歌を贈るのがエチケット）
↓
正式な結婚　三日間通い続けると正式な結婚となり、披露宴（＝所顕）を行う

古文常識　「くゎんげん」―管弦の遊び

平安時代、舞や管弦などの雅楽は、貴族にとって身近な教養・娯楽であった。儀式のような公的な場ばかりでなく、内裏や貴族の邸宅などの私的な場でも行われ、私的な場での演奏は「管弦の遊び」と呼ばれた。弦楽器（琵琶・琴）、管楽器（篳篥・笙・龍笛（＝横笛）など）のほかに、打楽器（羯鼓・鉦鼓など）が自由に組み合わされて楽しまれた。

古文常識　索引

※上に、記事が掲載されている見出し語、下に記事のタイトルを示した。

敬意の対象図

- 敬語をとらえるうえで最も重要な、敬意の主体と対象を、矢印を用いて示した。
- 重要な敬語動詞に採用されている用例のうち、★の付いた用例について、対象図を示した。
- 見出し語以外の敬語が含まれる場合は、その敬語についても矢印を示した。
- 尊敬語は紫、謙譲語は緑、丁寧語は黄土色で色分けした。

※敬意の主体と対象のとらえ方については、付録「敬語をつかむ」(一〇三〇ページ)を参照。

たてまつ・る(2)【奉る】補動ラ四 {ら・り・る・る・れ・れ} (動詞・助動詞「る」「らる」「す」「さす」「しむ」の連用形に付いて)謙譲の意を表す。お…申しあげる。〈竹取・蓬莱の玉の枝〉★「宮司(みやづかさ)、さぶらふ人々、みな手をわかちて、求め奉れ㊁ども」訳(くらもちの皇子の邸(やしき)で)諸事をつかさどる役人や、お仕えする人々が、みなで手分けして、(皇子を)お探し申しあげるけれども。〈源氏・若菜上〉「妻戸押しあけて出(い)で給ふを、見奉り㊊送る」訳(光源氏が)妻戸(=出入り口の板戸)を押しあけてお出になるのを、(乳母(めのと)たちは)お見送り申しあげる。〈源氏・桐壺〉「右大弁の子のやうに思はせて率(ゐ)て奉る㊍に」訳(若宮=光源氏を)右大弁の子のように見せかけてお連れ申しあげると。

地の文は本の形で示した

矢印の始まり:
敬意の主体

矢印の終わり:
敬意の対象

はべ・り【侍り】自ラ変 ❶貴人や目上の人のそばにひかえている。おそばにいる。お仕えする。〈枕・一五六〉「御前のかたに向かひて、うしろざまに『誰々(たれたれ)か侍る㊍』と問ふこそをかしけれ」訳(蔵人(くろうど)が)主上の御前(おまえ)の方に向かって、後ろ向きに(後方の滝口の武士に)「誰々がひかえているか」とたずねるのもおもしろい。❷動詞「あり」「居(を)り」の丁寧語。ございます。あります。おります。〈源氏・薄雲〉「かかる老(おい)法師の身には、たとひ憂へ侍り㊌ともなにの悔いか侍ら㊎む」訳このような老法師の身には、たとえ災難がございましても、なんの後悔がございましょうか(いや、なんの後悔もございません)。〈源氏・若紫〉★「『ここに侍り㊊ながら御とぶらひにもまうでざりける』とのたまへば」訳「(私=僧都が)ここ(=北山)におりますのに、(光源氏の)お見舞いにも参上しなかったことよ」と(尼君に)おっしゃるので。

会話文は吹き出しの形で示した

矢印の始まり:
敬意の主体

矢印の終わり:
敬意の対象

敬意の対象図 索引

尊敬語の用例

謙譲語の用例

丁寧語の用例

二方向への敬語の用例

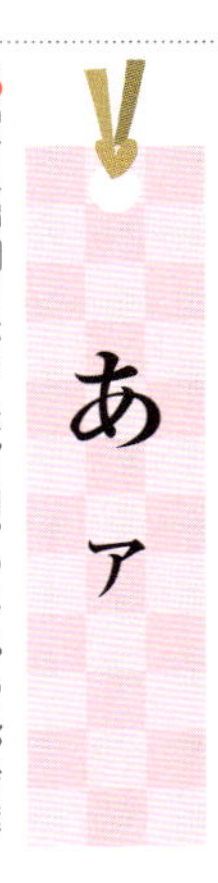

あ【吾・我】代 自称の人代名詞。**わたし。**われ。〈万葉・二・一〇八〉「吾を待つと君が濡れけむあしひきの山の雫にならましものを」訳→あをまつと…和歌

参考 上代に多く、中古には「あこ」「あが」などの形で用いる。「わ」も同じ意味だが、「あ」は親愛の気持ち、「わ」は改まった気持ちで用いる。→吾が

あ【彼】代 遠称の指示代名詞。人や事物をさす語。**あれ。**あちら。〈大和・一四五〉「浜千鳥飛びゆくかぎりありければ雲立つ山をあはとこそ見れ」訳 浜千鳥が飛んでゆくのに限度があったので、雲がかかる山を、あれは阿波の国かと(遠くから)ぼんやりと見ることであるよ。(「あは」に「あれは」の意と「阿波」「淡(=ぼんやりと)」とをかける)

あ 感 ❶感動や驚きを表す語。あっ。〈今昔・二六・二二〉「人の声にて『あ』とばかり言ふ声あり」訳 (やぶに矢を射ると)人の声で「あっ」とだけ言う声がする。

❷人に呼びかける語。おい。

❸呼ばれて答え、承知する語。はい。〈去来抄・先師評〉「凡兆『あ』と答へて、いまだ落ちつかず」訳 凡兆は(師匠の決定に)「はい」と答えて(感嘆はしたものの)、まだ納得がゆかない。

ああ 感 ❶感動・喜び・嘆き・驚きなどを表す語。ああ。〈雨月・菊花の約〉「ああ、軽薄の人と交はりは結ぶべからずとなん」訳 ああ、軽薄な人間と交わりは結んではならないということだ。

❷応答の語。はい。はあ。〈狂・花子〉「ああ、かたじけなうござりまする」訳 はい、かたじけないことでございます。

❸人に呼びかける語。もし。おい。〈謡・安宅〉「ああ、暫く[待て]。あわてて事を為し損ずな」

あい〘相・逢い・間〙⬇あひ

あい-ぎゃう【愛敬】名 ❶(性格・言語・動作などの)**温和でやさしい魅力。**〈徒然・一〉「愛敬ありて、言葉多からぬこそ、飽かず向かはまほしけれ」訳 やさしく穏やかなところがあって、口数の多くない人とは、飽きることなく向かい合っていたいものだ。

❷(仏教語「愛敬の相(=やさしく情け深い仏の顔)」から)**顔かたちのかわいらしさ。**〈枕・三七〉「梨の花、世にすさまじきものにして、…愛敬おくれたる人の顔などを見ては、たとひに言ふも」訳 梨の花は、まことに興ざめなものとして、…かわいらしさが足りない人の顔などを見ては、たとえにして言うのも。

参考 「敬」は呉音「きゃう」。「あいぎゃう」はその連濁したもの。古くは「あいぎゃう」と濁音、室町時代に清濁両形が併存したが、やがて清音形のみ残り、「愛嬌」の字が当てられるようになる。

あいぎゃう-づ・く【愛敬付く】自カ四〔か・き・く・く・け・け〕**愛らしくなる。**(表情や態度に)**魅力が備わる。**〈枕・四二〉「夜深くうち出でたる声の、らうらうじう愛敬づき用たる、いみじう心あくがれ、せむかたなし」訳 夜更けに鳴き出した(ほととぎすの)声が、上品で美しく魅力が備わっているのは、とても心がひかれ、どうしようもない。

あい-げう【愛楽】名・他サ変 ❶《仏教語》仏の教えを信じ求めること。

❷親しみ愛すること。〈徒然・二四〉「すべて、人に愛敬せ未られずして衆にまじはるは恥なり」訳 総じて、人々に親しみ愛されないで、多くの人々と付き合うのは恥ずかしいことである。

あいしゃう-か【哀傷歌】名 人の死を悼み、また故人を追慕する歌。「古今集」以降の勅撰集の部立ての一つ。「万葉集」の「挽歌」にあたる。哀傷。

あい・す【愛す】他サ変〔せ・し・す・する・すれ・せよ〕❶いとおしく思う。**かわいがる。**〈堤・虫めづる姫君〉「この虫どもを朝夕べに愛し用給ふ」訳 (姫君は)この数々の虫を朝夕にかわいがりなさる。

❷**大切にする。大事に思う。**執着する。〈徒然・三八〉「誉れを愛する体は、人の聞きを喜ぶなり」訳 名誉を大事に思うのは、世間の人の(よい)評判を喜ぶことである。

❸機嫌をとる。また、適当にあしらう。〈平家・九・二度之懸〉「『しばし愛せよ命』とて、討たんといふ者なかりけり」訳 「しばらく適当にあしらえ」と言って、(二人の武士を)討ちとろうという者はなかった。

あいだち-な・し 形ク〔から・く(かり)・し・き(かる)・けれ・かれ〕❶無愛想だ。つれない。〈源氏・夕霧〉「心よからずあいだちなき体ものに思ひ給へる、わりなしや」訳 (夫の夕霧が私を)気だてがよくなく無愛想な女だと思っていらっしゃるのは、道理にあわないことだよ。

❷遠慮がない。ぶしつけだ。〈源氏・宿木〉「『世を思ひ給へ乱るることなむまさりにたる』と、あいだちなく用ぞ愁へ給ふ」訳 「男女の仲を思い悩みますことが(以前より)つのってしまっている」と、(薫は)無遠慮に嘆き訴えなさる。

参考 語源を「愛立ち無し」「間立ち無し」などとする説がある。仮名遣いも「あいだちなし」「あひだちなし」の二説があり、確定的でない。

あいな-さ 名〔形容詞「あいなし」の語幹「あいな」+接尾語「さ」〕つまらなさ。不都合であること。〈徒然・二四〇〉「知られず、知らぬ人をむかへもて来たらんあいなさよ」訳 (こちらは向こうに)知られず、(こちらも向こうを)知らない(そんな)女を(仲人が)迎えて連れて来たような(場合の)つまらなさよ。

あい-な・し 形ク ⬇次ページ1

あいな-だのみ【あいな頼み】名〔「あいな」は形容詞「あいなし」の語幹〕**あてにならない期待。**そら頼み。〈源氏・明石〉「世ごもりて過ぐす年月こそ、あいな頼みに行く末心憎く思ふらめ」訳 (私が)世に出ないで過ごす(=縁付く前の)年月こそ、(親たちは、良縁を得るだろうと)あてにもならない期待に将来を奥ゆかしく(頼みに)思っているだろうが。

あいべつり-く【愛別離苦】名《仏教語》八苦の一つ。肉親など愛する人と別れる苦しみ。→八苦

あう〘会う・合う・逢う・敢う〙⬇あふ

あえか 形動ナリ〔なら・なり(に)・なり・なる・なれ・なれ〕**弱々しいようすだ。**きゃしゃだ。〈源氏・御法〉「年月重なれば、頼もしげなく、いとどあえかに用なりまさり給へるを」訳 (紫の上は病が)長い年月にわたるので、いかにも心もとなく、いよい

最重要330

1 あい-な・し 形ク {から・く(かり)・し・き(かる)・けれ・かれ}

ガイド 中古から「あいなし」「あひなし」の二つの形がある。語源についても、「愛無し(=おもしろみがない)」「合ひ無し(=不調和だ)」「敢へ無し(=こらえられない)」「文無し(=筋が通らない)」などの諸説があって定まらないが、**不調和からくる不快な感じ**を表すのが中心義とみられる。

❶ **不調和だ。そぐわない。**

例 衆に交はりたるも**あいなく**(用)見苦し〈徒然・一五二〉

訳 (老人が)多くの人と交際しているのも**不調和で**見苦しい。

❷ **気にくわない。感心できない。困ったことだ。**

例 おのづから聞きつけて、うらみもぞする、**あいなし**(終)〈枕・二七〉

訳 (人がするうわさ話を本人が)自然と耳にして、うらんだりもする、(それは)**困ったことである**。

❸ **おもしろみがない。興ざめだ。つまらない。**

例 世に語り伝ふること、まことは**あいなき**(体)にや、多くはみな虚言なり〈徒然・七三〉

訳 世間で語り伝えることは、事実では**おもしろみがないの**だろうか、多くはみなつくり話である。

❹ (連用形「あいなく」「あいなう」の形で)**むやみやたらに。わけもなく。ただもう。**

例 愛敬おくれたる人などは、**あいなく**(用)かたきにして、御前にさへぞあしざまに啓する〈枕・四九〉

訳 かわいらしさの乏しい人などは、(藤原行成を)**わけもなく**敵視して、中宮様にまで悪いように申し上げる。

例 **あいなう**(用)(ウ音便)起きゐつつ、鼻を忍びやかにかみわたす〈源氏・須磨〉

訳 (光源氏のお供の人々は悲しさをこらえきれず)**わけもなく**起きて座っては、鼻水をめいめいがそっとかむ。

語感実感 友人に興味のない話を延々と聞かされたときの、退屈と困惑が入り混じった、うんざりしたような感じ。

よ弱々しくなる一方でいらっしゃったので。

参考 「あえか」は動詞「あゆ(=こぼれ落ちる)」と同根の語とされる。特に「源氏物語」「紫式部日記」で、おもに女性についての表現に用いられている。

あえしらう ➡あへしらふ

あえず〖敢えず〗➡あへず

あえなし〖敢え無し〗➡あへなし

あおい〖青・襖〗➡あを

あおい〖葵〗➡あふひ

あおうま〖青馬・白馬〗➡あをうま

あか【閼伽】名《梵語の音訳》(価値あるもの、供え物の意)仏前に供える物。特に、神聖な水。また、それを入れる器。

あ-が【吾が・我が】一《上代語》❶(「が」が主格を示す場合)私が。私は。〈万葉・一五・三六三三〉「安眠も寝ずて**吾が**恋ひわたる」訳 安眠もしないで**私は**恋しつづけることだ。
❷(「が」が連体格を示す場合)私の。〈万葉・五・八九二〉「天地は広しといへど**我が**ためは狭くやなりぬる」訳 ➡かぜまじり…和歌
二 連体 私の。〈源氏・玉鬘〉「**吾が**姫君、…当国の受領の北の方になし奉らむ」訳 **私の**姫君を、…この(大和の)国の国司の奥方にし申しあげよう。

参考 上代では代名詞「吾」+格助詞「が」であったが、中古では連体詞となり親愛感を表して用いる。

フレーズ

吾が君 相手を親しみ敬って呼びかける語。あなた。いとしい人。

参考 「わが君」より、少し敬意の度が低く、より親しみをこめた言い方。

吾が仏 (自分の信仰する仏の意から)自分が大事に思う人に呼びかける語。私の大切なお方よ。

あかあかと… 俳句

あかあかと 日はつれなくも あきの風 秋 〈細道・金沢・芭蕉〉

訳 (もう秋だというのに)赤々と日はどこが秋かとい

うようすで(旅にある私を)照らしているが、あたりをわたる風には、まぎれもなく秋の気配が感じられることだ。

解説「途中吟」と前書きがある。

あか-かがち【赤酸漿】名 熟して赤くなった、ほおずき(=植物の名)の実。秋

あか-ぎぬ【赤衣】名 ❶赤色、または桃色の狩衣(かりぎぬ)。下衆(げす)や召使などが着用する。❷緋色(ひいろ)の袍(ほう)。五位の人が参内のときに着る正装。緋衣(あけごろも)。

あが-きみ【吾が君】⇒吾(あ)が「フレーズ」

あ-が-く【足掻く】自カ四 {か・き・く・く・け・け} ❶(牛馬などが)足で地面をかく。また、そのようにして歩む。〈平家・八・猫間〉「車をやれと言ふと心得て、五六町こそあがか(未)せたれ」訳 牛車(ぎっしゃ)を走らせろと(義仲(よしなか)が)言っていると思いこんで、(牛飼いは)五、六町(=約五、六〇〇メートル)も(牛を)走らせた。

❷手足を動かしてもがく。〈宇治・三・九〉「虎、さかさまに伏して、倒れてあがく(体)を」訳 虎が、さかさまにひっくり返って、倒れてもがくところを。

❸気をもんで働く。あくせくする。

明石(あかし)《地名》歌枕 今の兵庫県明石市。その海岸が「明石の浦」で、景勝地として名高い。

あか-し【赤し】形ク {(から)・く(かり)・し・き(かる)・けれ・かれ} 色が赤い。赤みを帯びている。〈伊勢・九〉「白き鳥の、嘴(はし)と脚(あし)と赤き(体)、鴫(しぎ)の大きさなる」訳 白い鳥で、くちばしと足とが赤い鳥で、鴫の大きさである鳥(=都鳥)が。

参考「明るい」の感覚が「赤色」の感覚を生んだとされ、本来は「明かし」と同じ語源であったといわれる。

あか-し【明かし】形ク {(から)・く(かり)・し・き(かる)・けれ・かれ} ❶明るい。明らかである。〈土佐〉「月あかけれ(已)ば、いとよくありさま見ゆ」訳 月が明るいので、とてもよく(邸内の)ようすが見える。対暗し

❷偽りや私心がない。心が清い。〈万葉・二〇・四四六五〉「あかき(体)心を皇辺(すめへ)に極め尽くして」訳 偽り・私心のない心を天皇のおそばにきわめ尽くして。

あかし-くら-す【明かし暮らす】自サ四 {さ・し・す・す・せ・せ} 夜を明かし日を暮らす。日々を送る。〈徒然・一一一〉「囲碁・双六(すぐろく)好みて明かし暮らす(体)人は」訳 囲碁や双六を愛好して毎日を過ごす人は。

参考「夜を明かし、日を暮らす」が縮まった語。

明石の君(あかしのきみ)《人名》「源氏物語」中の人物。明石の入道の娘。光源氏が明石の浦にいた折に契って明石の姫君を生み、のち上京して六条院に住んだ。

あか-す【明かす】他サ四 {さ・し・す・す・せ・せ} ❶明るくする。〈万葉・一五・三六四八〉「海原(うなはら)の沖辺(おきへ)にともし漁(いざ)る火は明かし(用)てともせ大和島(やまとしま)見む」訳 広い海の沖のほうでともして漁をする火は明るくしてともせ。(その光で)大和の国(奈良県)の山々を見よう。

❷物事を明らかにする。説明する。〈大鏡・道長上〉「この殿(=藤原冬嗣(ふゆつぐ))より次、さまざま明かし(用)たれば、こまかに申さじ」訳 この殿からあとは、いろいろと説明したので、こまかに申すまい。

❸(秘密などを)打ち明ける。白状する。〈源氏・手習〉「さなむありしなど明かし(用)給はむ事は、なほ口重き心地して」訳 そのようなことがあったなどと打ち明けなさるようなことは、やはり口に出しにくい気持ちがして。

❹夜を明かす。(何かをしながら)徹夜して、朝を迎える。〈徒然・一三七〉「あだなる契りをかこち、長き夜をひとり明かし(用)」訳 むなしく破られた約束を恨み嘆き、長い夜をひとりで明かし。

❺(動詞の連用形の下に付く場合)⇒次項「=あかす」参照

=あか-す【明かす】他サ四 {さ・し・す・す・せ・せ} (動詞の連用形の下に付いて)「夜が明けるまで…」「…続けて夜を明かす」「一晩中…続ける」の意を表す。〈枕・一三〇〉「夜一夜(よひとよ)降り明かし(用)つる雨の今朝(けさ)はやみて」訳 一晩中降り続けた雨が今朝はやんで。

例語 遊び明かす(=詩歌・管弦などをして夜を明かす)・起き明かす(=一晩中眠らないで夜を明かす)・行ひ明かす・思ひ明かす(=もの思いにふけって夜を明かす)・語らひ明かす(=一晩中語り明かす)・恋ひ明かす(=恋いこがれて眠れずに夜を明かす)・眺め明かす(=もの思いにふけりながら夜を明かす)・居(ゐ)明かす(=起きたままで夜を明かす)

あか-ず【飽かず】⇒次ページ 2

赤染衛門(あかぞめゑもん)《人名》(生没年未詳)平安中期の女流歌人。大江匡衡(まさひら)の妻。藤原道長の妻倫子(りんし)と、その娘上東門院(じょうとうもんいん)(=彰子(しょうし))に仕えた。歌風は穏健で、屏風歌(びょうぶうた)・歌合歌(うたあわせうた)に秀歌が多い。「小倉百人一首」に入集。家集「赤染衛門集」。⇒女房(にょうぼう)「古文常識」

あがた【県】名 ❶上代、大化の改新以前、国造(くにのみやつこ)の支配した「国(くに)」の下部組織。また、大和朝廷が直接治めた土地をもいう。

❷平安時代、国司など地方官の任国。また、地方官として勤務すること。〈土佐〉「ある人、県の四年(よとせ)五年(いつとせ)果てて」訳 ある人(=紀貫之(きのつらゆき))が、国司としての地方勤務の四年、五年が終わって。

❸地方。田舎(いなか)。

あか-だな【閼伽棚】名 仏前に供える水や花を置き、仏具などを載せる棚。⇒閼伽(あか)

(あかだな)

あがた-めし【県召し】名「県召しの除目(ぢもく)」の略。地方官を新たに任命する行事。毎年陰暦正月十一日から三日間行われる。正月下旬から二月にかけて行われた例も多くある。春の除目。⇒除目(ぢもく)

あか-つ【頒つ・班つ】他タ四 {た・ち・つ・つ・て・て} 分ける。分散させる。分配する。〈大鏡・道長上〉「女房・侍(さぶらひ)・家司(けいし)・下人まで別(べち)にあかち(用)あてさせ給ひて」訳 (故詮子(せんし)が姫君のために)女房・侍・家司(=家政を司る職員)・下男まで別個に分けてお付けになられて。

最重要330

あか-ず【飽かず】

ガイド 「飽きるほど満ち足りる」の打消が①、「十分すぎて嫌になる」の打消が②である。①は「満ち足りない」から、「不満だ」と好ましくない状態にいう場合と、「満ち足りない」から、「もっと続けたい（＝名残惜しい）」と好ましい状態にいう場合とがある。

❶**満足しないで。もの足りなく。名残惜しく。**

例 鈴虫の声の限りを尽くしても長き夜あかずふる涙かな〈源氏・桐壺〉

訳 あの鈴虫（＝今の松虫という）のように私も声の限りを尽くして泣いても、この秋の夜長が十分でないほど、とめどなくこぼれてくる涙であるよ。

例 さばかり恐ろしげなる山中に立ちて行くを、人々あかず思ひて皆泣くを〈更級・足柄山〉

訳 （遊女たちが）それほど恐ろしそうな山の中に立ち帰って行くのを、人々は名残惜しく思ってみな泣くけれども。

❷**飽きないで。いやになることなく。**

例 愛敬(あいぎやう)ありて、言葉多からぬこそ、あかず向かはまほしけれ〈徒然・一〉

訳 やさしく穏やかなところがあって、口数の多くない人とは、飽きることなく向かい合っていたいものだ。

なりたち 四段動詞「飽く」㊍＋打消の助動詞「ず」㊊。↓飽(あ)く

あか-つき【暁】名 〔「あかとき」の転。上代は「あかとき」、中古以降は「あかつき」〕**夜明け前。未明。**「あけぼの」より早い時刻をいう。〈徒然・六〇〉「わが食ひたき時、夜中にも暁にも食ひて」訳 自分が食いたいときは、夜中にでも未明にでも食って。↓下段「古文常識」

あか-つき【閼伽坏(わん)】名 仏前に供える水を入れる碗とその皿。多くは銅製。中に花や紅葉などを散らして入れる。

あかつき-がた【暁方】名 夜明け前のまだ暗いころ。未明。

あかつき-づくよ【暁月夜】名〔上代は「あかときづくよ」〕月の残っている夜明け方の空のようす。また、その月。

あか-とき【暁】名〔上代語〕「明時(あかとき)」の意。中古以降は「あかつき」〕「あかつき（暁）」に同じ。↓暁(あかつき)「古文常識」

あか-な-く-に【飽かなくに】❶**まだ名残惜しいのに。**〈伊勢・八二〉「あかなくにまだきも月のかくるるか山の端(は)にげて入れずもあらなむ」訳 ↓あかなくに…和歌 ❷**まだ飽き足りないことだなあ。**〈万葉・九・一七二一〉「苦しくも暮れ行く日かも吉野川清き川原(かはら)を見れどあかなくに」訳 あいにくにも暮れて行く日よ。吉野川の清らかな川原をいくら見ても見飽きないことだなあ。

なりたち 四段動詞「飽く」㊍＋打消の助動詞「ず」のク語法「なく」＋助詞「に」。↓なくに（なく「フレーズ」）

あかなくに… 和歌

あかなくに　まだきも月(つき)の　かくるるか
山(やま)の端(は)にげて　入(い)れずもあらなむ
〈伊勢・八二〉〈古今・一七・雑上・八八四・在原業平(ありはらのなりひら)〉

訳 まだ（眺め）飽きないのに、もう月が隠れるのか。山の端よ、逃げて（月を）入れないでほしい。

解説 宴席なかばにして退席しようとする惟喬(これたか)親王を、折から西の山に沈もうとしていた月にたとえたもの。

古文常識 「あかつき（暁）」―「あかつき」と「あけぼの」

奈良・平安時代にも、「あさ」に始まり「ゆふ」に終わる「ひる」の生活があるが、一方に、作品によく描かれる「ゆふべ」に始まり「あした」に終わる「よる」の生活があった。男はまだ夜の明けきらぬ「あかとき（中古以降「あかつき」）」のうちに女の家を出る。夜がほのぼのと明ける「あけぼの」になると人目につくからである。中古に下ると、別れのときの「あけぼの」をさらに微細に表現するようになり、「あかつき」に近いころを「しののめ」、「あした」に近いころを「あさぼらけ」といったと推定される。

ゆふべ	よひ	よなか	あかつき	あけぼの（しののめ）（あさぼらけ）	あした
夕方	夜		（未明）	明け方	朝

あか-ぬ-わかれ【飽かぬ別れ】飽き足りない別れ。名残つきない別れ。〈新古・恋三〉「待つ宵にふけゆく鐘の声聞けばあかぬ別れの鳥はものかは」訳（来るはずの恋人を）待つ宵に（待つ人は来ないまま）夜更けを告げる鐘の音を聞くと、（そのつらさに比べれば）名残つきない別れ（の夜明け）を知らせる鶏の声（を聞いたときのつらさ）はものの数ではないことだ。
なりたち 四段動詞「飽く」㊌ + 打消の助動詞「ず」㊍ + 名詞「別れ」

あかね【茜】名 ❶つる草の名。初秋に白色の花が咲く。根から赤色の染料をとる。秋 ❷①の根からとった染料の色。ややくすんだ赤色。

（あかね①）

（あかね②）

あかねさす【茜さす】《枕詞》あかね色に美しく輝く意から「日」「紫」「昼」「照る」「君」などにかかる。一説に、実景とも。〈万葉・二・一六九〉「あかねさす日は照らせれど」

あかねさす… 和歌

枕詞
あかねさす　紫野行き　標野行き
野守は見ずや　君が袖振る
〈万葉・一・二〇・額田王〉

訳 紫草を栽培している御料地の野をあちらこちらに行き来して、（そんなことをなさったら）野の見張り番が見るではありませんか。あなたが袖をお振りになっているのを。
解説「標野」は、一般の人の入れない皇室の領有地のこと。天智天皇が蒲生野で薬草狩りをしたときの宴会で詠まれた歌と考えられる。天皇の弟で作者の前の夫であった大海人皇子（＝後の天武天皇）が唱和している。→むらさきの（にほへる妹を）… 和歌

赤人（あかひと）《人名》→山部赤人

あが・ふ【贖ふ】他ハ四 {は・ひ・ふ・ふ・へ・へ}［古くは「あかふ」。「あがなふ」の古形］❶金品を出して罪をつぐなう。〈万葉・一七・四〇三一〉「中臣の太祝詞言ひはらへあかふ㊍命も誰がために汝」訳 中臣の太祝詞を言って祓えをし、酒をささげて罪を免れようとする命も、誰のためであろうか、みなあなたのためだ。❷買い求める。買い取る。〈霊異記〉「人に勧めてあかひ㊊て放てり」訳（禅師弘済は亀を）人に頼んで買い取って放してやった。

あが-ほとけ【吾が仏】→吾が「フレーズ」

あか・む【赤む】一 自マ四 {ま・み・む・む・め・め} 赤くなる。赤みを帯びる。〈落窪〉「面赤み㊊て、…御目も泣きはれ給へり」訳（姫君は）顔は赤みを帯びて、…御目も泣きはらしていらっしゃる。二 他マ下二 {め・め・む・むる・むれ・めよ} 赤くする。赤らめる。〈源氏・手習〉「面赤め㊊給へるも、いと愛敬づきうつくしげなり」訳（浮舟が）顔を赤らめなさっているのも、とても魅力的でかわいらしいようすである。

あから-さま 形動ナリ →左 3

最重要330

3 あから-さま 形動ナリ {なら・なり(に)・なり・なる・なれ・なれ}

ガイド「あから」は「離れる」の意とも「一瞬」の意ともいわれる。時間的に短いの意が原義で、古文では特に②「ちょっと」の意が重要である。現代語のように「あらわ、あきらか」の意で用いられるようになるのは、近世以降。③は強い否定を表す。

❶ **急に。たちまち。**
例 逐はれたる嗔猪、草中よりあからさまに㊊出でて人を逐ふ〈紀・雄略〉
訳 追われてたけり立った猪が、草の中から急にとび出してきて人を追う。

❷ **ちょっと。かりに。ほんのしばらく。** →仮初「類語の整理」
例 あからさまに㊊いだきて遊ばしうつくしむほどに〈枕・一五一〉
訳（かわいらしい赤ん坊を）ほんのちょっと抱いて遊ばせかわいがるうちに。
例 この所に住み始めし時は、あからさま（語幹）と思ひしかども〈方丈・四〉
訳 この場所（＝日野）に住み始めたときは、ほんのしばらくと思ったが。

❸ **（「あからさまにも…ず」の形で）かりにもまったく…（しない）。**
例 あひいたはることの候はん外は、あからさまに㊊も御前立ちさることも候はざりしに〈平家・七・経正都落〉
訳 病気にかかることがありますようなほかは、ほんの少しも御前を立ち去ることもありませんでしたのに。

最重要330

4 あが・る【上がる・揚がる・騰がる】

一 自ラ四 {ら・り・る・る・れ・れ} 二 他ラ四 {ら・り・る・る・れ・れ}

ガイド 現代語の「よじのぼる」「飛びあがる」という表現でもわかるように、上昇しつづけるその経過に重点のある「のぼる」に対して、「あがる」は上昇して上の所に位置するというその結果に重点がある。

一 自ラ四

❶ **上に移る。高くなる。**
例 うらうらに照れる春日(はるひ)にひばり上がり(用)心悲しもひとりし思へば〈万葉・一九・四二九二〉
訳 うららかに照っている春の日に、ひばりが(さえずりながら)飛び立ってゆき、(私は)心が悲しくなるのだ。一人でもの思いにふけっていると。

❷ **官位が進む。**
例 位(くらゐ)正(じやう)二位、官(くわん)大納言にあがり(用)、大国(だいこく)あまた給はって〈平家・二・鹿谷〉
訳 (藤原成親(なりちか)は)位階は正二位、官職は大納言に進み、大国をたくさんいただいて。

❸ **学問・技芸などが上達する。腕が上がる。**
例 上がる(体)は三十四五までのころ、下がるは四十以来なり〈風姿花伝〉
訳 (能が)上達するのは三十四、五歳までのころで、退歩するのは四十歳以降である。

❹ **時代がさかのぼる。昔になる。**
例 あがり(用)ても、かばかりの秀歌え候はじ〈大鏡・道長上〉
訳 時代がさかのぼっても、これほどの優れた歌はあり得ないでしょう。

❺ **(馬が)はねる。あばれる。**
例 臆して手綱を強くひかへたりけるに、やがてあがり(用)て投げけるに〈著聞・五二五〉
訳 おじけづいて手綱を強く引っぱったところ、たちまち(馬は)はねて(乗り手を)投げ出したので。

❻ **のぼせる。**
例 気(け)のあがる(体)病(やまひ)ありて、年のやうやう闌(た)くるほどに、鼻の中ふたがりて〈徒然・四二〉

古文常識 「あがる」―「あがる」と「のぼる」

上のほうへの移動を意味する点では同じであるが、結果として上にあるという状態に重点があるのが「あがる」、上に到達するという経過に重点があるのが「のぼる」の原義である。「あがる」に対する語は「おる」「さがる」、「のぼる」に対する語は「くだる」である。

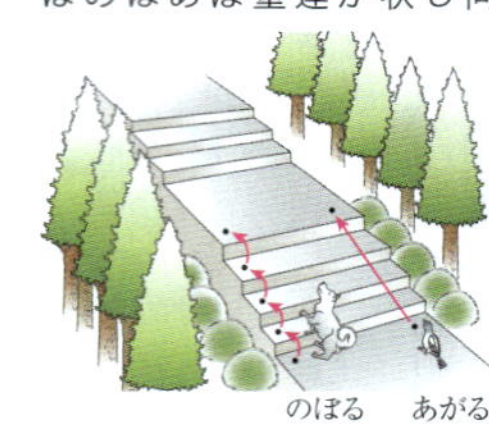

あから-め【あから目】名・自サ変 ❶わき見をすること。**わき目。**よそ見。〈徒然・一三七〉「花の本(もと)には、ねぢ寄り立ち寄り、あからめもせずまもりて」訳 (片田舎(かたゐなか)の人は、桜の)花のもとには、にじり寄って近寄り、わき目もふらずに見つめて。❷(他に目を転ずる意から)男女が他の異性に心を移すこと。**浮気。**〈大和・一五七〉「もとのごとく、あからめもせで添ひ居(ゐ)にける」訳 もとのように、(男は)浮気もしないで(この女と)夫婦として暮らしていた。❸急に姿が見えなくなること。**雲隠れ。**〈栄花・花山たづぬる中納言〉「わが宝の君は、いづくにあからめせ(未)させ給へるぞや」訳 私の大切なご主君は、どこに姿をお隠しなされたのだろうか。

あかり-さうじ(ソウジ)【明かり障子】名「あかりしゃうじ」とも。室内に外光を取り入れるように紙を一重に張った障子。今の、障子。

あか・る【赤る】自ラ四{ら・り・る・る・れ・れ}赤くなる。熟して赤くなる。〈万葉・一九・四二六六〉「赤る(体)橘(たちばな)髻華(うず)にさし」訳 (官人たちが)赤く色づく橘を、冠の飾りとして挿し。→明(あ)かる 参考訳(行雅(ぎょうが)僧都(そうず)は)血の気ののぼせる持病があって、年がしだいに盛りを過ぎるにつれて、鼻の中がふさがって。

❼宮中などに参上する。参る。

❽完成する。終わる。止(や)む。

二 他ラ四 「飲む」「食ふ」の尊敬語。召し上がる。

あか・る【明かる】自ラ四{ら・り・る・る・れ・れ}明るくなる。〈枕・一〉「やうやうしろくなりゆく、山ぎは少しあかり用て」訳だんだんと白くなっていく、山に接するあたりの空が少し明るくなって。

参考「明かる」と「赤る」は同源。「明かる」は光についていうのに対して、「赤る」は色についていう。右の用例は「赤りて(=赤みを帯びて)」とも解釈できる。

あか・る【別る・離る・散る】自ラ下二{れ・れ・る・るる・るれ・れよ}(その場所を)離れる。退出する。別れる。**別々になる。散り散りになる。**〈源氏・空蟬〉「人々あかるる体けはひなどすなり」訳人々が散り散りになる気配などもするようだ。

古文常識 「あかる(別る)」—「あかる」と「わかる」

「あかる」は「つどふ」に対する語で、一つに集まった場所から別々に離れていく意が原義。「わかる」は「あふ」に対する語で、一つのものが別々になる意が原義。なお、「たらちねの母を別(わか)れて」(=母と別れて)〈万葉・二〇・四三四八〉のように、「…を別る」ともいう点が現代語と異なる。

あかる
わかる

あが・る【上がる・揚がる・騰がる】自ラ四 他ラ四 ↓右4

あき【秋】名 四季の一つ。陰暦七月から九月までの季節。

参考 和歌では「飽き」にかけて用いることが多い。

フレーズ
秋立(た)つ 秋になる。立秋になる。
秋の七草(ななくさ) →ななくさ②

安芸(あき)《地名》旧国名。山陽道八か国の一つ。今の広島県西半部。芸州(げいしゅう)。

あき-かぜ【秋風】名 秋に吹く風。和歌では、「飽き」にかけて男女の愛情のさめるのにたとえる。秋。〈新古・恋四〉「忘れじの言(こと)の葉いかになりにけん頼めし暮れは秋風ぞ吹く」訳忘れまいと(言ったあの人)のことばはどうなってしまったのだろう。(約束して)あてにさせた夕暮れには、あの人が私に飽きたことを暗示する秋風が吹くことだ。

あきかぜに… 和歌〈百人一首〉「秋風に　たなびく雲(くも)の　たえまより　もれいづる月(つき)の　影(かげ)のさやけさ」〈新古・秋上・藤原顕輔(あきすけ)〉↓付録①「小倉百人一首」79

あきかぜや… 俳句

秋 切れ字
秋風や　藪(やぶ)も畠(はたけ)も　不破(ふは)の関(せき)〈野ざらし紀行・芭蕉〉

訳 ああ秋風が吹きめぐる。あの藪もこの畑も(何も語りはしないが)、ここがあの(古歌にも詠まれ、かつて旅人でにぎわった)不破の関の跡なのだ。

解説 不破の関は古代三関の一つで、今の岐阜県不破郡関ケ原町にあった歌枕。奈良時代末期(七八九年)に廃止されたが、その荒廃のあわれが詠み継がれた。

あききぬと… 和歌

秋来ぬと　目(め)にはさやかに　見(み)えねども　風(かぜ)の音(おと)にぞ　おどろかれぬる〈古今・四・秋上・一六九・藤原敏行(としゆき)〉

訳 秋がやって来たと、目にははっきり見えないけれども、風の音で(秋が来たなと)自然にはっと気づいてしまったことだよ。(「おどろかれ」の「れ」は、自発の助動詞「る」の連用形)

解説 立秋の日に詠んだ歌。「目には」と視覚をとりあげ、ついで「風の音にぞ」と聴覚での印象をとりあげて対比させる。目に見えないものによって季節の到来を知るという、繊細な感覚が示されている。

あきすずし… 俳句

秋 切れ字　切れ字
秋涼し　手毎(てごと)にむけや　瓜(うり)茄子(なすび)〈細道・金沢・芭蕉〉

訳 さわやかな初秋の涼しさよ。(草庵(そうあん)の主(あるじ)の素朴な厚意に感謝をこめて)さあみんなでそれぞれに、瓜や茄子の皮をむいていただこうではないか。(切れ字の「し」は形容詞の終止形活用語尾)

解説 金沢の俳人斎藤一泉(いっせん)の松玄庵(しょうげんあん)に招かれた際の即興(挨拶)の句。

あき-た・し【飽きたし】形ク{から・く(かり)・し・き(かる)・けれ・かれ}(「飽き甚(いた)し」の転。「甚し」は程度がはなはだしい意)飽き飽きしているさま。ひどくいやである。**うんざりだ。**〈源氏・帚木〉「さしあたりて見むにはわづらはしく、よくせずは飽きたき体こともありなむや」訳(嫉妬深い恋人は)当面(妻として)世話をするとしたらその時にはやっかいで、悪くするとうんざりすることもきっとあるだろうなあ。

あき-た・つ【秋立つ】⬇秋「フレーズ」

あき-だ・る【飽き足る】自ラ四{ら・り・る・る・れ・れ}十分に満足する。〈万葉・五・八三六〉「梅の花手折り挿頭して遊べども**飽き足ら**㊍ぬ日は今日にしありけり」訳梅の花を手で折って髪に挿して遊んでも、**十分に満足し**ない日は(この宴会の)今日という日であった。

参考 多く、打消や反語の語を伴って用いられる。

あき-づ【蜻蛉・秋津】名〔中古以降は「あきつ」〕とんぼの古名。秋

あき-つ-かみ【現つ神】名(現世に姿を現している神の意から)天皇の尊称。現人神。「あきつみかみ」とも。

あきづ-しま【秋津島・秋津洲・蜻蛉洲】名〔中古以降は「あきつしま」〕「大和の国」「日本国」の異称。

あきづしま【秋津島・秋津洲・蜻蛉洲】《枕詞》「やまと」にかかる。〈万葉・一・二〉「**あきづしま**大和の国は」

あきととせ… 俳句

> 秋|秋十とせ　却って江戸を　指す故郷
> 〈野ざらし紀行・芭蕉〉

訳(江戸をたって故郷のほうに旅立つのであるが)思えば江戸に住んで十年の秋を重ねたことだ。今では私の心にはかえって(住みなれて、また心の許せる門人たちがいる)江戸が故郷を指すように思えることだ。

解説 送別の門人たちへの挨拶の句。中唐の詩人、賈島の「桑乾を渡る」の詩の一節「却って并州を望めば是れ故郷」をふまえている。

秋成(あきなり)《人名》→上田秋成

あきのたの… 和歌《百人一首》【秋の田の　かりほの庵の　とまをあらみ　わがころもでは　露にぬれつつ】〈後撰・秋中・天智天皇〉⬇付録①「小倉百人一首」1

あき-の-ななくさ【秋の七草】→ななくさ②

あきふかき… 俳句

> 秋|秋深き　隣は何を　する人ぞ　‖切れ字
> 〈笈日記・芭蕉〉

訳秋も深まったことだなあ。隣の家は(物音一つしないが)どんな人が住み、どういう生活をしているのであろうか(自分は旅にあり寂しさも身にしみるが、隣人のひっそりした暮らしぶりにも心ひかれる)。(「秋深き」は詠嘆を示す連体形止め)

解説 芭蕉が、死の十数日前、旅先(大坂)で病に臥していた時の作。

あき-ま【空き間・明き間】名 物と物との間のわずかなすきま。〈平家・九・木曽最期〉「**あき間**を射ねば手も負はず」訳(鎧の、札と札との)**すきま**を射ないので負傷もしない。

あき-み・つ【飽き満つ】自タ四{た・ち・つ・つ・て・て}満腹する。十分に満足する。〈土佐〉「**飽き満ち**㊀て、舟子どもは腹鼓をうちて」訳(ごちそうで)**満腹して**、水夫どもは腹鼓をうって(喜び)。

あきやまの… 和歌

> 秋山の　黄葉を茂み　迷ひぬる　妹を求めむ　山道知らずも
> 〈万葉・二・二〇八・柿本人麻呂〉

訳秋の山の黄葉が(ひどく)茂っているので、(山中に)迷い入った妻を探し求めようとする、その山道がわからないことよ。(「黄葉を茂み」は、「…を…み」の形をとって「…が…ので」という理由を表す)

解説 妻の死を悲しんで詠んだ長歌の反歌二首のうちの一首。「迷ひぬる妹」という表現に、妻の死を認めたくないという心理がはたらいている。反歌のもう一首は「黄葉の散りゆくなへに玉梓の使ひを見れば逢ひし日思ほゆ」(訳→もみちばの… 和歌)〈万葉・二・二〇九〉

あきら-か【明らか】形動ナリ{なら・なり(に)・なり・なる・なれ・なれ}❶明るい。くもりがない。〈源氏・椎本〉「夜深き月の**明らか**に㊀さし出でて」訳真夜中の月が(雲間から)**明るく**輝き出て。

❷明白だ。はっきりしている。〈徒然・一六七〉「一道にも誠に長じぬる人は、みづから**明らかに**㊀その非を知る故に」訳一つの道にも真に秀でた人は、自分自身**はっきりと**その欠点を知っているために(自慢しない)。

❸ものの道理に明るい。その道に通じている。〈徒然・一九四〉「**明らかなら**㊍ん人の、まどへる我らを見んこと」訳**道理に明るい**ような人が、思い悩んでいるわれわれを見るようなことは(容易なことだ)。

❹はればれとしている。明朗である。〈源氏・若菜下〉「むつかしく物おぼし乱れず、**明らかに**㊀もてなし給ひて」訳重苦しく思い悩みなさらず、**明るく**ふるまいなさって(養生なさい)。

あきら-け・し【明らけし】形ク{から・く(かり)・し・き(かる)・けれ・かれ}❶明らかである。はっきりしている。〈万葉・一八・四〇九六〉「**明らけく**㊀わが知ることを」訳**はっきりと**私が知っていることなのに。

❷潔白である。清浄である。〈万葉・二〇・四四六六〉「**明らけき**㊄名に負ふ伴の緒心つとめよ」訳**清らかな**名を持つ(大伴)一族の者よ、(いっそう)心して努めよ。

❸賢明である。〈源氏・若菜上〉「末の世の**明らけき**㊄君として」訳(冷泉帝が)末世の**賢明な**君主として。

あきら・む【明らむ】他マ下二 ⬇次ページ 5

-あく 接尾《上代語》(活用語の連体形に付いて)「…こと」の意の名詞をつくる。音の変化により「あく」の形で現れることはない。形式名詞とする説もある。〈万葉・七・一三九四〉「潮満てば入りぬる磯の草なれや見**らく**少なく恋ふ**らく**の多き」訳潮が満ちてくるといつも水中に入ってしまう磯の海草だからであろうか、(恋しい人に)逢う**こと**が少なく、恋しく思う**こと**が多いのは。

参考 四段・ラ変には未然形に「く」が、他の活用の語には未然形・終止形に「らく」が付いたものだとされていたク語法(活用語の語尾が「く」になって体言のように用いられる用法)を統一して説明するために設定されたもの。「散る(四段)・あく→散らく」「見る(上一段)・あく→見らく」「老ゆる(上二段)・あく→老ゆらく」「寝る(下二段)・あく→寝らく」「散らむ

〈推量の助動詞〉・あく→散らまく」「経(へ)ぬる〈完了の助動詞〉・あく→経ぬらく」などとなる。ただし、助動詞「き」だけは「し・あく→せく」とならず、連体形「し」に「く」の付いた「しく」の形になる。

あく-【悪】 接頭 〈人名などに付いて〉激しく恐ろしい、荒々しく勇猛であるなどの意を表す。「**悪**源太(げんた)義平」「**悪**七兵衛(しちびやうゑ)景清(かげきよ)」「**悪**僧」

あ・く【明く】 自カ下二 {け・け・く・くる・くれ・けよ} ❶夜が明ける。明るくなる。〈**古今・秋上**〉「秋の夜の**あくる**㊍も知らず鳴く虫は」訳 秋の夜の**明けるの**も気づかずに鳴く虫は。
❷年・月・日などが改まる。〈**源氏・桐壺**〉「**あくる**㊍年(=**翌**年)の春」

あ・く【開く・空く】 一 自カ四 {か・き・く・く・け・け} ❶閉じてあるものなどが開く。あく。すき間・切れ目などができる。〈**竹取・かぐや姫の昇天**〉「立て籠めたるところの戸、すなはち、ただ**あき**㊊に**あき**㊊ぬ」訳 (かぐや姫を中に入れて)閉めきっておいた場所(=塗籠(ぬりごめ))の戸は、即座に、ただもうすっかり**開い**てしまった。
❷〈禁止や制限などが〉**解除される**。終わりになる。〈**源氏・松風**〉「今日は六日の御物忌み**あく**㊍日にて」訳 今日は六日間の御物忌みが**あける**日なので。
❸〈官職や地位に〉**欠員ができる**。〈**更級・富士川**〉「この国来年**あく**㊎べきにも」訳 この(駿河(するが)の)国が来年は(国司が)**欠ける**はずであるのに対しても。
二 他カ下二 {け・け・く・くる・くれ・けよ} 閉じられているものなどを開ける。すき間・切れ目などをつくる。〈**枕・一六〇**〉「遠き所より思ふ人の文(ふみ)を得て、かたく封(ふん)じたる続飯(そくひ)など**あくる**㊍ほど、いと心もとなし」訳 遠方から恋しく思う人の手紙を受けとって、かたく封をしてあるのりづけなどを**開ける**間は、ほんとうにじれったい。

あ・く【飽く】 自カ四 ⬇次ページ 6

あ・ぐ【上ぐ・挙ぐ・揚ぐ】 他ガ下二 {げ・げ・ぐ・ぐる・ぐれ・げよ}
❶上へやる。高くかかげる。〈**枕・二九九**〉「御格子(みかうし)**あげ**㊋させて、御簾(みす)を高く**あげ**㊊たれば、笑はせ給ふ」訳 (他の女房に)御格子を**あげ**させて、(私が)御簾を高く**かかげ**たところ、(中宮は)お笑いになられる。
❷官位・名声などを**高くする**。〈**平家・六・入道死去**〉「さしも日本一州に名を**あげ**㊊、威をふるっし人なれども」訳 (平清盛は生前)あれほどまでに日本国中に名声を**高くし**、勢威をふるった人であるが。
❸〈声を〉高くする。〈**方丈・三**〉「嘆き切(せち)なる時も、声を**あげ**㊊て泣くことなし」訳 悲嘆が痛切であるときも、声を**高くし**て泣くことはない。

最重要330

5

あきら・む

【明らむ】 他マ下二 {め・め・む・むる・むれ・めよ}

ガイド 「明らかなり」「明らけし」に対応する動詞形。「あきら」が「明」だとわかれば意味は明瞭。断念する意の現代語の「諦める」は、近世以降①から転じたものである。

❶**物事をよく見る。見きわめる。事情・理由を見きわめ、明らかにする。**
例 ここもとのあさきことは、何事なりとも**明らめ**㊊申さん〈**徒然・二三五**〉
訳 身近で卑近なことは、何事であっても**明らかにし**申しあげよう。

❷**心の中をあかす。気持ちを晴らす。**
例 嘆かしき心のうちも**明らむ**㊎ばかり〈**源氏・早蕨**〉
訳 (薫(かおる)の)悲嘆にくれる心の中をも**晴らす**ほどに。

❹**髪を結いあげる**。〈**伊勢・二三**〉「くらべこし振り分け髪も肩すぎぬ君ならずして誰(たれ)か**あぐ**㊎べき」訳 →くらべこし…和歌
❺献上する。奉納する。〈**増鏡・あすか川**〉「両社にて、馬**あげ**㊋させられけり」訳 (北野・平野の)両神社において、馬をご**奉納し**なさったのだった。
❻**なしとげる**。〈動詞の連用形に付いて〉**すっかり…する**。〈**平家・四・競**〉「屋形(やかた)に火かけ焼き**あげ**㊊て」訳 家に火をつけ**すっかり**焼き**はらっ**て。

あくが・る【憧る】 自ラ下二 ⬇二九ページ 7

あく-ごふ【悪業】 ゴウ 名 《仏教語》後世に苦しい報いを受けるべき悪事。悪い行い。対 善業(ぜんごふ)

あく-しょ【悪所】 名 ❶道の険しい所。難所。
❷《近世語》遊郭。遊里。

あく-だう【悪道】 ドウ 名 ❶《仏教語》現世で悪事を行った者が、死後に落ちるという所。地獄道・餓鬼(がき)道・畜生道。
❷道徳に反する悪い行い。特に、酒色にふけること。

あく-ねん【悪念】 名 悪事をたくらむ心。悪心。

あぐら【胡床・呉床】 名 〔「あ」は足、「くら」は座の意〕
❶上代、貴人が足を組んで座ったり、寝たりした、床の高い台。
❷腰掛けの一種。脚を交差させ、座に革や布を張った、折り畳み式のものが多い。
❸高い所へのぼるための足場。

あけ【朱・緋・赤】 名 〔「あか」の転〕 ❶赤。赤い色。朱色、緋色(ひいろ)などもいう。
❷「緋衣(あけごろも)」の略。五位の官人が着る緋色の袍(はう)(=束帯用の上着)。

あげ-おとり【上げ劣り】 名 元服して、髪を上げたとき、顔かたちが前よりも見劣りすること。〈**源氏・桐壺**〉「きびはなるほどは、**上げ劣り**やと疑はしくおぼされつるを」訳 幼い年ごろでは、**髪上げをしたら見劣りするの**ではないかと(桐壺帝は光源氏を)おぼつかなくお思いになられたが。対 上げ優(まさ)り

あげ-く【挙げ句・揚げ句】 名 ❶連歌・連句の最後の七・七の句。対 発句(ほっく)
❷物事の終わり。とどのつまり。結局。

最重要330

6 **あ・く**【飽く】自カ四{か・き・く・く・け・け}

ガイド 「飽きるほど満ち足りる」と肯定的な意で用いるのが①、「十分すぎて嫌になる」と否定的な意で用いるのが②である。打消の助動詞「ず」が付いた「飽かず」(→2)の形で用いられることも多い。

❶ **十分満足する。満ち足りる。**

例 あはれ、いかで芋粥に飽か㊍む〈今昔・二六・一七〉 訳 ああ、なんとかして芋粥に十分満足したい(=満足するほどたくさん食べたい)ものだ。

例 かみ・なか・しも、酔ひ飽き㊌て〈土佐〉 訳 (身分の)上の人、中の人、下の人も、(みんな)酔って十分満足して。

❷ **あきあきする。いやになる。いとわしくなる。**

例 大輪など舞ふは、日一日見るとも飽く㊎まじきを〈枕・一四三〉 訳 (駿河舞の手ぶりである)大輪などを舞うのは、一日じゅう見ていてもいやにならないであろうに。

あげ-ず【上げず】(「…にあげず」の形で)間をおかないで。〈大和・一五三〉「二、三日にあげず御覧ぜぬ日なし」 訳 (帝は)二、三日と間をおかないで(手飼いの鷹を)ご覧にならない日はない。

なりたち 下二段動詞「上ぐ」㊍+打消の助動詞「ず」

㊌ **あげ-つら・ふ**【論ふ】他ハ四{は・ひ・ふ・ふ・へ・へ} 物事の是非を議論する。〈記・上〉「しばらく黄泉神とあげつらは㊍む」 訳 しばらく黄泉の国の神と(可否を)論じ合おう。

あけぬれば… 和歌 《百人一首》【明けぬれば くるるものとは 知りながら なほうらめしき 朝ぼらけかな】〈後拾遺・恋二・藤原道信〉➡付録① 「小倉百人一首」52

あけぼの【曙】名 夜がほのぼのと明けようとするころ。**夜明け方。** 〈枕・一〉「春はあけぼの。やうやうしろくなり行く、山ぎはすこしあかりて」 訳 春は夜明け方(が趣がある)。だんだんと白くなっていく、その山ぎわ(=山の稜線)に接するあたりの空)が少し明るくなって。(「あかりて」は「赤みを帯びて」と解釈する説もある)。➡暁「古文常識」

あけぼのや… 俳句

あけぼのや 白魚白きこと 一寸 〈野ざらし紀行・芭蕉〉

切れ字

訳 (旅の床で目ざめ、浜に出てみると)まだ夜は明けきっていない。(そのほのかな光の中で、引き上げられた網の中に)すきとおるような白魚の、ほのかな白さはほんの一寸(=約三センチメートル)ほどであることよ。

解説 白魚は春の季語であるが、「冬一寸、春二寸」といわれるので、冬の句とする。初案は第一句が「雪薄し」であった。今の三重県桑名での句。杜甫の「白小」の詩の一節「天然二寸の魚」もふまえている。

あげ-まき【揚げ巻・総角】名 ❶少年の髪の結い方の一つ。髪を中央から左右に分け、両方の耳の所で丸く結い上げたもの。また、髪をそのように結っている少年。また、その年ごろ。〈源氏・蓬生〉「放ち飼ふ総角の心さへぞ目ざましき」 訳 (牛馬を)放し飼いするあげまき髪の少年(=牧童)の心までも気にくわない。

❷ひもの結び方の一つ。左右に輪を出し、中を石だたみを組むように結んで、房を垂らす。御簾・文箱などの飾りに用いる。あげまき結び。

❸鎧の背の逆板に付けたあげまき結びの飾りひも。

(あげまき①)

(あげまき②)

曙覧(あけみ)《人名》➡橘曙覧

あ-こ【吾子】(上代は「あご」)一 名 わが子や近しい人を親しんでいう語。〈万葉・一九・四二四〇〉「このあごを唐国へ遣る斎へ神たち」 訳 このいとし子を唐の国へ行かせることだ。守ってください、神々よ。

二 代 対称の人代名詞。目下の者に対し、親しんで呼ぶ語。おまえ。あなた。〈源氏・帚木〉「あこは知らじな」 訳 おまえ(=小君)は知らないだろうなあ。

あこめ【衵・袙】名 ❶男性が束帯・直衣をつけるときに下襲と単衣の間に着る衣服。綾の地で、裏は平絹。色は表裏ともに紅。ただし、年齢によって色が違い、壮年は萌黄( )や薄色( )、老人は白色を着た。

❷婦人・童女が肌近く着た衣服。童女は汗衫の下に着るが、これを表衣とすることもあった。

あさ【朝】名 夜が明けてからしばらくの間。

参考 一日を昼と夜に分けたときの、昼の時間の始まりで、「あさ→ひる→ゆふ」と続く。「あさかげ」「あさつゆ」など複合語となることが多く、単独では「あした」が使われた。➡朝(あした) 参考。➡暁(あかつき)「古文常識」

あざあざ-と【鮮鮮と】副 あざやかに。はっきりと。〈平家・三・卒都婆流〉「波にも洗はれず、**あざあざと**して ぞ見えたりける」訳 (卒塔婆(そとば)に刻んだ文字は)波にも消されず、**はっきりと**して見えたことであった。

あさ-い【朝寝】名 朝寝(あさね)。〈更級・かどで〉「夕霧立ち渡りて、いみじうをかしければ、**朝寝(あさい)**などもせず」訳 夕霧が一面にたちこめて、非常に趣が深いので、(翌朝は)**朝寝**などもしないで。

あさ-かげ【朝影】名 ❶朝、鏡や水に映る姿。❷(朝日に照らされて映る影が細長いところから)やせ細った姿のたとえ。〈万葉・一一・二三九四〉「**朝影**にあが身はなりぬ」訳 **朝影のようにやせ細った姿**に私のからだはなってしまった。❸朝の日の光。対夕影(ゆふかげ)

最重要330 7

あくが・る【憧る】自ラ下二{れ・れ・る・るる・るれ・れよ}

ガイド 語源を「あく(=「ところ」の意の名詞)+離(か)る」とする説がある。「**魂が身から離れる**」が原義。③はこれを人間が場所を離れるの意で用いたもの。「あこがる」の形は室町時代ころから現れる。

語感実感 街で見かけたすてきな人に心を奪われ、その日一日、何にも集中できずにぼうっとして過ごしてしまう感じ。

❶ **魂が身から離れる。うわの空になる。**

例 物思ふ人の魂はげに**あくがるる**(体)ものになむありける〈源氏・葵〉

訳 物思いをする人の霊魂はなるほど**からだから離れ出る**ものであったなあ。

❷ **心がひかれて、落ち着かない。思いこがれる。**

例 夜深くうちいでたる声の、らうらうじう愛敬(あいぎやう)づきたる、いみじう心**あくがれ**(用)、せむかたなし〈枕・四一〉

訳 夜ふけに鳴き出した(ほととぎすの)声が、上品で美しく魅力があるのは、たまらなく心が**ひかれて落ち着かず**、どうしようもない。

❸ **居所を出て、浮かれ歩く。さまよい歩く。**

例 ある暮れ方に都を出(い)でて、嵯峨(さが)の方(かた)へぞ**あくがれ**(用)ゆく〈平家・一〇・横笛〉

訳 ある(日の)夕暮れ時に都を出て、嵯峨のほうへ**さまよい歩いて**ゆく。

❹ **仲がしっくりせず離れる。疎遠になる。**

例 御仲も**あくがれ**(用)て程経(へ)にけれど〈源氏・真木柱〉

訳 御夫婦仲も**疎遠になっ**て月日が経(た)ってしまったけれども。

あさ-がほ(ガオ)【朝顔】名 ❶朝起きたばかりの顔。〈紫式部日記〉「御さまのいと恥づかしげなるに、わが**朝顔**の思ひ知らるれば」訳 (道長の)お姿がたいそうこちらが恥ずかしくなるほどりっぱであるのに、私の**朝起きたばかりの顔**(の見苦しさ)を身にしみて感じずにはいられないので。❷草木の名。中世以前は、早朝に花の咲く植物。桔梗(ききょう)・槿(むくげ)・牽牛子(けにごし)(=今の朝顔)など諸説がある。近世以降は、今の朝顔。秋。➡七草(ななくさ)「古文常識」

あさがほに… 俳句

秋 朝顔に 釣瓶(つるべ)とられて もらひ水(みづ) 〈千代尼(ちよに)句集・千代女(ちよじょ)〉

訳 (朝、水を汲(く)みに井戸端に出てみると)朝顔のつるが釣瓶にからんで花を咲かせている。(つるを切るのがかわいそうで)よそへ水をもらいに行ったことだ。

解説 「釣瓶」は深い井戸の底から水を汲む仕掛け。縄やさおをつけた桶(おけ)で水を汲み上げる。

あさがほや… 俳句

秋 切れ字 朝顔や 一輪(いちりん)深(ふか)き 淵(ふち)のいろ 〈蕪村句集・蕪村〉

訳 (朝露の中)一輪咲く朝顔は(濃い藍色をしていて)、底深く水をたたえた淵のようで(心が吸い込まれそうで)ある。

解説 「澗水(かんすい)(=谷川の水)湛(たた)へて藍の如(ごと)し」と前書き。色とりどりに咲く朝顔の中で、藍色の一輪は深淵の色のようだ、とする説もある。

あさ-がれひ(ガレイ)【朝餉】名 ❶(「大床子(だいしやうじ)の御膳(おもの)」(=正式の食事)に対して)**天皇の日常略式の食事**。朝食とは限らない。〈源氏・桐壺〉「**朝餉**のけしきばかりふれさせ給ひて」訳 (桐壺帝は)**朝餉**にはほんの形だけ箸をおつけになられて。

❷「**朝餉の間**」の略。天皇が略式の食事をとる、清涼殿の西の廂にある部屋。⬇清涼殿「古文常識」（四五九ページ）

あさ-ぎ 名 ❶【浅葱】㋐ねぎの若芽のような淡い青色。藍より薄く、水色より濃い。薄青。㋑六位の官人の着る浅葱色の袍。転じて、六位の称。

(あさぎ①㋐)

❷【浅黄】染め色の一つ。きわめて薄い黄色。

あさ-ぎぬ【麻衣】名 ❶麻の布で仕立てた粗末な衣服。「あさごろも」とも。❷喪のときに着る麻の衣服。

あさ-ぎよめ【朝浄め】名 朝の掃除。

あさ-け【朝明】名〔「あさあけ」の転〕**明け方。早朝。**〈万葉・三・三六一〉「秋風の寒き**朝明**を」訳 秋風の寒い**明け方**を。

あさ-け【朝食】名〔後世は「あさげ」。「け」は食事の意〕朝の食事。**あさめし。** 対 夕食

あさ-し【浅し】形ク {から・く(かり)・し・き(かる)・けれ・かれ} ❶(水などの)深さがあまりない。**浅い。**〈徒然・五五〉「深き水は涼しげなし。**浅く**用て流れたる、はるかに涼し」訳 深い水は涼しそうでない。**浅く**て流れているのが、はるかに涼しい。

❷考えが浅い。**情などが薄い。**〈源氏・松風〉「若君を見給ふもいかが**浅く**用思されむ」訳 (光源氏が)若君(=明石の姫君)を御覧になるにつけても、どうして**通りいっぺんに**お思いになれようか。

❸色が薄い。**香りが淡い。**〈源氏・明石〉「**浅から**未ずしめたる紫の紙に」訳 **淡く**なく香をたきしめた紫色の紙に。

❹風情・趣が劣る。**平凡だ。**〈源氏・若紫〉「これはいと**浅く**用侍り」訳 これ(=北山の風情)はたいそう**趣がなく平凡で**ございます。

❺地位や家柄が低い。

❻学識を必要としない。卑近だ。やさしい。〈徒然・一三五〉「ここもとの**浅き**体ことは、何事なりとも明らめ申さん」訳 身近で**卑近な**ことは、何事であっても明らかにし申しあげよう。

あさ-すずみ【朝涼み】名 ❶夏の朝の涼しいころ。❷夏の朝、涼しい風に吹かれること。夏

あさ-ぢ【浅茅】名 たけの低い茅萱(=イネ科の多年草)。「むぐら」「よもぎ」とともに、荒れ果てた場所の描写によく用いられる。〈枕・一二九〉「秋ふかき庭の**浅茅**に、露のいろいろ、玉のやうにて置きたる」訳 秋も深まったころの庭の**たけの低い茅萱**に、露がさまざまの色に、玉のように光っておりているの(も趣がある)。

あさぢ-ふ【浅茅生】名〔「ふ」は草などの生えている所の意〕茅萱(=イネ科の多年草)の茂っている所。〈源氏・桐壺〉「いとどしく虫の音しげき**浅茅生**に露おきそふる雲の上人」訳 ⬇いとどしく… 和歌

あさぢふの… 和歌《百人一首》【浅茅生の 小野の篠原 忍ぶれど 余りてなどか 人の恋しき】〈後撰・恋一・源等〉⬇付録◇1「小倉百人一首」39

あさ-づくよ【朝月夜】名「あさづきよ」とも。❶〔「つくよ」は月の意〕明け方の月。❷月の残っている夜明け。

あさつゆの【朝露の】《枕詞》朝露は消えやすいことと、草木におくことから、「消」「命」「おく」にかかる。一説に、比喩または実景とも。〈万葉・三・三六六〉「**あさつゆの**消なば消ぬべく」

あざ-な【字】名 ❶中国で、元服のときに実名のほかにつけた名。日本でもその風習にならって、学者・学生などがつけた。〈源氏・少女〉「**あざな**つくることは、東の院にてし給ふ」訳 (夕霧に)**字**をつける儀式は、(二条院の)東の院でとり行いなさる。

❷他人が呼びならわしている名。通称。〈宇治・二・一〇〉「**あざな**袴垂となん言はれさぶらふ」訳 (私は)**通称**は袴垂と言われております。

あさな-あさな【朝な朝な】副 **毎朝。**朝ごとに。「あさなさな」とも。〈古今・春上〉「野辺ちかく家居しせれば鶯の鳴くなる声は**朝な朝な**聞く」訳 野辺の近くに居住しているので、鶯の鳴いているらしい声は**毎朝**聞くことだ。対 夜な夜な

あさ-なぎ【朝凪】名 朝、風がやんで海上の波が穏やかになること。夏。対 夕凪

あざな・ふ【糾ふ】他ハ四 {は・ひ・ふ・ふ・へ・へ} 二つのものを一つにより合わせる。縄をなう。〈太平記・二九〉「吉凶は**あざなへ**已る縄のごとく、哀楽時を易へたり」訳 吉と凶は**より合わせ**た縄のようなもので、悲しみと楽しみとが交互にやってくる。

あさな-ゆふな【朝な夕な】副 **朝に夕に。**毎朝毎夕。

あさに-けに【朝に日に】副 朝ごと日ごとに。**朝に昼に。**いつも。〈万葉・三・三七七〉「**朝に日に**常に見れどもめづらしあが君」訳 **朝も昼も**いつも見るけれども心ひかれるあなたよ。

あさ-はか【浅はか】形動ナリ {なら・なり(に)・なり・なる・なれ・なれ} ❶奥が深くない。奥行きがない。〈源氏・夕霧〉「**浅はかなる**体廂の軒」訳 **奥行きがない**廂の間の軒。

❷思慮・愛情・心づかいなどが深くない。軽薄だ。〈源氏・若紫〉「うちつけに、**浅はかなり**終と御覧ぜられぬべきついでなれど」訳 だしぬけで、**軽薄**(な申しよう)**だ**ときっと御覧になるに違いない折であるが。

❸重大でない。〈源氏・須磨〉「**浅はかなる**体ことにかかづらひてだに、公のかしこまりなる人の」訳 **重大でない**ことにかかわりを持ってさえ、朝廷のとがめを受けている人が。

あさ-びらき【朝開き】名 停泊していた船が、早朝、出港すること。

あさ-ぶすま【麻衾】名 麻布製の粗末な寝具。夏

あさ-ぼらけ【朝朗け】名 朝、ほのぼのと明るくなったころ。夜明け方。〈古今・冬〉「**朝ぼらけ**有り明けの月と見るまでに吉野の里に降れる白雪」訳 ⬇付録◇1「小倉百人一首」31。⬇暁「古文常識」

あさぼらけ… 和歌《百人一首》【朝ぼらけ 有り明けの月と 見るまでに 吉野の里に 降れる白雪】〈古今・冬・坂上是則〉⬇付録◇1「小倉百人一首」31

あさぼらけ… 和歌《百人一首》【朝ぼらけ 宇治の川霧 たえだえに あらはれわたる 瀬々の網代木】〈千載・冬・藤原定頼〉⬇付録◇1「小倉百人一首」64

最重要330 8

あさま・し 形シク {しから・しく(しかり)・し・しき(しかる)・しけれ・しかれ}

ガイド 「あさむ」の形容詞形で「予想外で驚きあきれる」が原義。善悪どちらの場合にも用いられたが、時代が下るにつれて悪い意味に変化してゆき、現代語では主として⑥の意で用いられるようになった。

❶（事のよしあしにかかわらず）**驚きあきれるばかりだ。意外だ。**びっくりすることだ。
⬇咳き上ぐ「慣用表現」

例 かかる人も世に出でおはするものなりけりと、**あさましき**(体)まで目をおどろかし給ふ〈源氏・桐壺〉
訳 このような（すばらしい）人もこの世に生まれていらっしゃるものだったのだと、**あきれる**ほど驚いて目を見張りなさる。

語感実感 三回引いたくじが三回とも一等だったときの、あまりに信じられないという感じ。

❷**興ざめだ。嘆かわしい。情けない。**

例 もののあはれも知らずなりゆくなん**あさましき**(体)〈徒然・七〉
訳 ものの情趣も解さないようになってゆくのは**嘆かわしいことだ**。

❸考えが浅はかだ。**話にならない。**

例 夕顔、…浮舟の女君のやうにこそあらめと思ひける心、まづいとはかなく**あさまし**(終)〈更級・物語〉
訳 （年ごろになれば）夕顔や、…浮舟の女君のようになるだろうと思っていた（私の）心は、（今思うと）なんといってもまったくたわいがなく**浅はかである**。

❹程度がはなはだしい。**ひどい。**

例 むく犬の、**あさましく**(用)老いさらぼひて〈徒然・一五二〉
訳 むく犬で、**ひどく**年老いてよぼよぼになって。

❺みすぼらしい。貧乏である。

例 **あさましき**(体)身なればとて、小判一両持つまじきものにもあらず〈浮・西鶴諸国ばなし〉
訳 **貧しい**身の上だからといって、小判一両を持っているはずもない（という）ものでもない。

❻品性がいやしい。さもしい。

あさま・し 形シク ⬇上 8

あさまし-が・る 自ラ四{ら・り・る・る・れ・れ}「「がる」は接尾語」驚きあきれはてる。**びっくりする。**「人々**あさましがり**(用)て、寄りて抱へ奉れり」〈竹取・燕の子安貝〉訳（落下した中納言を）人々は**びっくりし**て、そばに寄って抱きかかえ申しあげた。

あさまし-げ 形動ナリ{なら・なり(に)・なり・なる・なれ・なれ}「「げ」は接尾語」あきれるほどひどいと感じられるさま。「**あさましげなる**(体)犬の、わびしげなるが、わななきありけば」〈枕・九〉訳 **あきれるほどひどい姿をした**犬で、つらく苦しそうなのが、ふるえて歩きまわるので。

あさ-まだき【朝まだき】副「「まだき」は、まだその時期にはなっていない意」まだ夜の明けきらないころ。朝早く。「**朝まだき**嵐の山の寒ければ」〈拾遺・秋〉訳 **朝早く**、嵐山のあたりは山から吹きおろす風で寒いので。（「嵐の山」に山を吹きおろす風の「嵐」を響かせる）

あさ・む 自マ四{ま・み・む・む・め・め}**驚きあきれる。**びっくりする。「人々、見ののしり、**あさみ**(用)騒ぎ合ひたり」〈宇治・八・三〉訳（鉢が飛んで行くので）人々は大騒ぎして見、**驚きあきれて**わいわい言い合った。

あさ・む【浅む】他マ四{ま・み・む・む・め・め}あなどる。**ばかにする。**「これを見る人、あざけり**あさみ**(用)て、『世のしれ者かな…』と言ふに」〈徒然・四一〉訳 これ（＝法師が木の上で居眠りしているさま）を見る人々は、そしり笑い**ばかにして**、「この上ないばか者だなあ…」と言うので。

類語の整理 あさまし—「予想外なさま」を表す語

	あさまし…意外で驚きあきれる	めざまし…目がさめるようなさま
＋	（すばらしくて）びっくりだ	（目がさめるほど）すばらしい
−	ひどい・興ざめだ・嘆かわしい	気にくわない

あざむ・く【欺く】[他カ四]{か・き・く・く・け・け}❶よくないほうへ誘う。そそのかす。だます。〈古今・夏〉「はちす葉の濁りにしまぬ心もてなにかは露を玉とあざむく(体)」訳 蓮(はす)の葉は(泥水の中で育って、しかもその)濁りに染まらない(清い)心をもちながら、どうして(葉に置く)露を玉と見せかけて(人を)だますのか。
❷あざける。あなどる。みくびる。〈平家・一・殿下乗合〉「かかることよりして、人にはあざむか(未)るるぞ」訳 このような(小さな)ことがもとになって、人には軽く見られるのだぞ。

あざ-やか【鮮やか】[形動ナリ]{なら・なり(に)・なり・なる・なれ・なれ}
❶(色・容姿などが)きわだって美しい。(線・形などが)はっきりしている。〈枕・三〉「濃き綾(あや)のいとあざやかなる(体)を出(い)だして」訳 濃い綾織物(の袙(あこめ))で、とても鮮やかなのを出(い)だし衣(ぎぬ)にして。
❷(性質・言動などが)きちんとしている。てきぱきしている。〈源氏・総角〉「あざやかに(用)居直り給ひて」訳 (薫(かおる)は)きちんと居ずまいを正しなさって。
❸新鮮である。生きがいい。〈今昔・三・三七〉「あざやかなる(体)鯔(なよし)八隻(=ぼらの幼魚八匹)を買ひ取りて」
参考 本来、③の魚や肉の新鮮さに関しては「あざらか」を用いた。「らか」と「やか」の区別が失われ、「あざらか」が消滅して、「あざやか」が新鮮な、の意にも用いられるようになった。

あざ-らか【鮮らか】[形動ナリ]{なら・なり(に)・なり・なる・なれ・なれ}〔「らか」は接尾語〕(魚や肉などが)新鮮である。生きがいい。〈土佐〉「ある人、あざらかなる(体)物(=鮮魚)も来たり(=持ってきた)」→鮮(あざ)やか 参考

あさり【漁り】[名・他サ変]❶魚介や海藻などをとること。〈万葉・七・一一六七〉「あさりす(終)と磯(いそ)に吾(わ)が見し莫告藻(なのりそ)を」訳 漁をするというので、磯で私が見つけたほんだわら(=海藻の一種)を。
❷(動物が)えさをさがすこと。〈万葉・七・一一六五〉「夕凪(ゆふなぎ)にあさりする(体)鶴(たづ)」訳 夕凪のときに(岸辺で)えさをさがす鶴(つる)は。

あさ・る【漁る】[他ラ四]{ら・り・る・る・れ・れ}❶(動物が)えさを求める。〈万葉・八・一四四六〉「春の野にあさる(体)雉(きぎし)の妻恋ひに」訳 春の野でえさを求めるきじが妻を慕って(鳴いて)。
❷(人が)魚介や海藻などをとる。〈源氏・須磨〉「伊勢島(しま)や潮干の潟(かた)にあさり(用)ても」訳 伊勢の海の潮の引いた干潟で貝拾いをしても。
❸物をさがし求める。さがし歩く。〈徒然・五四〉「掘らぬ所もなく山をあされ(已)ども、なかりけり」訳 掘り起こさない所もないくらい山をさがし歩くが、(埋めた箱は)なかった。

あざ・る【狂る・戯る】㊀[自ラ四]{ら・り・る・る・れ・れ}《上代語》とり乱して騒ぐ。うろたえる。〈万葉・五・九〇四〉「神のまにまにと立ちあざり(用)吾(あれ)乞ひ祈(の)めど」訳 (病気が治るのも治らないのも)神様のおぼしめしのままと、立ちうろたえて私は祈願するが。
㊁[自ラ下二]{れ・れ・る・るる・るれ・れよ}❶ふざける。〈大鏡・道長上〉「さぬ人だに、あざれ(用)たる物のぞきは、いと便なきことにするを」訳 それほどでもない人でさえも、ふざけたのぞき見は、たいへん不都合なこととするのに。
❷うちとける。くつろぐ。〈源氏・紅葉賀〉「あざれ(用)たる袿姿(うちきすがた)にて」訳 (光源氏は)くつろいだ袿姿で。
❸風雅だ。しゃれる。〈枕・八七〉「返しはつかうまつりけがさじ。あざれ(用)たり」訳 返歌は(下手に)おつくり申しあげて(あなたの歌を)けがすまい。(この歌は)しゃれている。

あざ・る【鯘る】[自ラ下二]{れ・れ・る・るる・るれ・れよ}魚肉などが腐る。

あざれ-あ・ふ(オ)ウ—アア【戯れ合ふ】[自ハ四]{は・ひ・ふ・ふ・へ・へ}ふざけ合う。だらしなく乱れ合う。〈土佐〉「かみ・なか・しも、酔(ゑ)ひ飽(あ)きて、いとあやしく、潮海(しほうみ)のほとりにてあざれ合へ(已)り」訳 上・中・下すべての身分の者が、存分に酔っぱらって、まったく不思議なことに、(物の腐るはずのない塩のきいた)海のそばでふざけ合っている。(「あざれ」に魚肉などが腐る意の「鯘(あざ)る」をかけ、海水の塩分で「あざる」はずがないのに「あざれ合ふ(=ふざけ合う)」としゃれている)

あざれ-がま・し【戯れがまし】[形シク]{しから・しく(しかり)・し・しき(しかる)・しけれ・しかれ}〔「がまし」は接尾語〕ふまじめなようすである。〈源氏・胡蝶〉「すきずきしうあざれがましき(体)今様(いまやう)の人の、便(びん)ない事し出(い)でなどする」訳 色好みでふまじめそうな当世風の人が、不都合なことをしでかしたりなどするのは。

あざ-わら・ふラ(ロ)ウ—ワ【あざ笑ふ】[自ハ四]{は・ひ・ふ・ふ・へ・へ}
❶大声で笑う。高笑いする。〈源氏・手習〉「われ賢(かしこ)にうちあざ笑ひ(用)て語るを」訳 (母尼君が)自分だけが賢そうにちょっと高らかに笑って語るのを。
❷人を軽蔑して笑う。嘲笑する。〈宇治・三・六〉「『わたうたちこそ、させる能もおはせねば、物をも惜しみ給へ』と言ひて、あざ笑ひ(用)てこそ立てりけれ」訳「おまえさんがたは、これという才能もおありでないから、物をも惜しみなさるのだ」と言って、嘲笑して立っていた。

あし【足・脚】[名]
❶身体を支え、また、歩行に用いる器官。あし。〈伊勢・九〉「白き鳥の、嘴(はし)と脚と赤き、鴫(しぎ)の大きさなる」訳 白い鳥で、くちばしと足とが赤い鳥で、鴫の大きさである鳥(=都鳥)が。
❷歩くこと。歩み。〈うつほ・春日詣〉「御琴の音(ね)する方(かた)に向きて、疾(と)き足をいたして走る」訳 御琴の音がする方角に向かって、早い歩みをして走る(=大急ぎで走って行く)。
❸人間や動物の器官としてのあしと、位置や作用が同じようなもの。㋐物の下の支え。〈源氏・行幸〉「かすかなる足弱き車など輪を押しひしがれ」訳 みすぼらしい下部(=車輪)がしっかりしていない牛車(ぎっしゃ)などは車輪を押しつぶされ。㋑雨脚(あまあし)。〈枕・一九六〉「雨の脚横さまにさわがしう吹きたるに」訳 雨脚が横になるほどに(風が)音を立てて吹きつけているときに。㋒船の速度。㋓船の水につかっている部分。

あし【葦・蘆】[名]植物の名。イネ科の多年草。水辺に生え、秋、細かい紫色の小花からなる大きな穂を出す。よし。[秋]〈葦茂る[夏]・葦の花[秋]〉
参考 屋根を葺(ふ)いたり垣・簾(すだれ)を作ったりするのに用い、また食用や薬用にもされた。昔から難波江(なにはえ)の景物として和歌によく詠まれた。「よし」は、「葦」が「悪(あ)し」に通じるのを嫌って「良(よ)し」に通わせた

言い方。

フレーズ

葦の仮寝(かりね) 〔葦の「刈り根」に「仮寝」をかけたもの〕ちょっと寝ること。かりそめに一夜を過ごすこと。

葦の丸屋(まろや) 葦で屋根を葺(ふ)いた粗末な小屋。葦の屋。

最重要330 9

あ・し【悪し】形シク〔しから・しく(しかり)・し・しき(しかる)・しけれ・しかれ〕

ガイド 「よろし」「わろし」が中程度の善悪を表すのに対し、「よし」「あし」は善悪の両極端を表す。絶対的・本質的に悪いの意で、その内容に応じて②〜⑥のような訳語になる。

❶悪い。
例 公私(おほやけわたくし)の人のたたずまひ、良きあしき㊤ことの目にも耳にもとまるありさまを〈源氏・帚木〉
訳 公私につけての人のようすや、よいことや悪いことで目にも耳にもとまるふるまいを。

❷みにくい。みっともない。
例 ある人の子の、見ざまなどあしから㊍ぬが〈徒然・二三〉
訳 ある人の子供で、容姿なども見苦しくない者が。

❸卑しい。みすぼらしい。
例 なりあしく㊐、物の色よろしくてまじらはむは、いふかひなきことなり〈枕・八八〉
訳 身なりがみすぼらしく、衣服の色が平凡な状態で(殿上(てんじょう)に)まじわるとしたら、それはつまらないことだ。

❹不快である。憎い。不都合である。
例 このもとの女、あし㊇と思へるけしきもなくて、出(い)だしやりければ〈伊勢・二三〉
訳 この、前からの妻は、不快であると思っているようすもなくて、(男を新しい女のもとへ)送り出してやったので。

❺下手だ。まずい。
例 真名(まな)も仮名(かんな)もあしう㊐(ウ音便)書くを、人の笑ひなどすれば、隠(かく)してなむある〈枕・一〇三〉
訳 (信経(のぶつね)は)漢字も仮名も下手に書くのを、人が笑ったりするので、隠しているのだ。

❻(天候・性格などが)険悪である。荒々しい。
例 外(と)の海は、いといみじくあしく㊐波高くて〈更級・富士川〉
訳 外海は、たいそうひどく荒々しく波が高くて。

葦の屋(や) 「あしのまろや」に同じ。

あ・し【悪し】形シク ➡左上 9

あ-じ【阿字】名《仏教語》梵語(ぼんご)(＝古代インド語)の字音表の第一の文字。宇宙一切は本来、不生不滅、すなわち空(くう)であるという奥深い道理を表す文字とされる。〈方丈・三〉「額(ひたひ)に阿字を書きて」訳 (死者の)額に阿の字を書いて。

(阿字)

あじ〖鶴〗➡あぢ

あし-がなへ(ガナエ)【足鼎】名 底に三本足のついた金属製の釜。食物を煮るのに用いる。〈徒然・五三〉「傍(かたは)らなる足鼎を取りて、頭(かしら)にかづきたれば」訳 そばにある足のついた鼎を(手に)取って、頭にかぶったところ。

あじきなし〖味気無し〗➡あぢきなし(四〇ページ)

あし-げ【葦毛】名 馬の毛色の名。白毛に黒色・濃褐色の毛のまじったもの。黒葦毛・白葦毛・赤葦毛・連銭(れんぜん)葦毛などがある。

あし-ざま【悪し様】形動ナリ〔なら・なり(に)・なり・なる・なれ・なれ〕悪いようすである。〈源氏・総角〉「あしざまに㊐は聞こえじ」訳 (匂宮(におうのみや)との縁談も)悪いようにはとりはからい)申しあげないだろう。対 善様(よざま)

あし-ずり【足摺り】名 (激しい怒りや悲しみなどで)じだんだを踏むこと。〈伊勢・六〉「足ずりをして泣けどもかひなし」訳 (男は)じだんだを踏むことをして泣くけれども、どうしようもない。

類語の整理 あし―「良い・悪い」を表す語

	ほかとの比較で…	絶対的に、本質的に…
良い	よろし 悪くない・まあまあ あの程度	よし 最高度に優れている
悪い	わろし 良くない・ふつう より劣る	あし だれが見ても悪い

最重要330 10

あした【朝】名

ガイド 「夕べ」の対で、「**夜の時間が終わった時**」が原義。そこから、前夜のできごとに続くその翌朝の意で用いられ、やがて「ある日の翌日」、さらに現代語の「今日の翌日」の意へと転じた。

❶ **あさ。** 対 夕べ

例 **朝**に死に、夕べに生まるるならひ、ただ水の泡にぞ似たりける〈方丈・一〉

訳 **朝**に死に、(また一方では)夕方に生まれるという(人の)世の常(の姿)は、ちょうど(水面に消えては現れる)水の泡に似ていることだ。

❷ **(何か事が起こった次の朝の意にいう)翌朝。あくる朝。**

例 野分の**朝**こそをかしけれ〈徒然・一九〉

訳 秋の台風の(吹き荒れた)**翌朝**は趣がある。

参考 「あさ」の意に近いが、「あさ」が一日を昼と夜に分けた、昼の時間の始まりの時を表すのに対して、「あした」は「ゆふべ→よひ→よなか→あかつき→あけぼの→あした」と続く、夜の時間の終わりの時を表す。→朝 参考。⬇暁「古文常識」

あした【朝】名 ⬇右 10

あし-だか【足高】形動ナリ〔なら・なり(に)・なり・なる・なれ・なれ〕足が長く見えるさま。〈枕・一五一〉「鶏のひなの、**足高に**用、白うをかしげに」訳 鶏のひなが、**足長で**、白くかわいらしいようすで。

あし-たづ【葦鶴・葦田鶴】名(葦の生えている水辺にいるところから)鶴の異名。

あしたづの【葦鶴の・葦田鶴の】《枕詞》「音泣く」にかかる。〈万葉・三・四五六〉「**あしたづの**音のみし泣かゆ」

あし-で【葦手】名「「手」は筆跡で、葦のように書いた筆跡の意」「葦手書き」の略。平安時代に行われた仮名書き書体の一つ。水の流れを絵に描いて、そばに、葦の生い茂っているように薄墨書きの草仮名で歌を細く書いたもの。のちには石・家・鳥などの形にもかたどって書いた。

(あしで)

あし-なが【足長】名 足が非常に長いという、想像上の人間。→手長・荒海の障子

あし-の-かりね【葦の仮寝】⬇葦「フレーズ」

あし-の-まろや【葦の丸屋】⬇葦「フレーズ」

あし-の-や【葦の屋】⬇葦「フレーズ」

あしはら-の-なかつくに【葦原の中つ国】〔高天原から見て、黄泉の国との中間にあり、葦の生い茂る未開の国の意〕現実の地上世界。また、日本国の異称。

あしび【馬酔木】名 あせび(=木の名)。春、つぼ形の白い小花をふさ状につける。葉に毒素があって、牛馬が食うと中毒する。あせみ。春

(あしび)

あしひきの【足引きの】《枕詞》(のち「あしびきの」とも)「山」「峰」、また、山と同義の「尾の上」「やつを」に、さらに、「あしひきの山の」の意で「岩根」「岩」「木」「あらし」「野」「遠面」「葛城山」「笛吹山」「岩倉山」などにもかかる。〈万葉・一七・三九一五〉「**あしひきの**山谷越えて」

あしひきの… 和歌 《百人一首》【あしひきの　山鳥の尾の　しだり尾の　ながながし夜を　ひとりかも寝む】〈拾遺・恋三・柿本人麻呂〉⬇付録①「小倉百人一首」3

あしひきの… 和歌

あしひきの　山の雫に　妹待つと　あれ立ち濡れぬ　山の雫に〈万葉・二・一〇七・大津皇子〉

(枕詞 あしひきの→山)

訳 山の木々からしたたり落ちるしずくで、あなたを待とうと私は立っていてすっかり濡れてしまった。山の木々のしずくで。

解説 作者が石川郎女とひそかに逢っていたときの歌。第四句に、待った時間の長さが示されているとともに、待つ身のつらさが訴えられている。

あし-べ【葦辺】名 古くは「あしへ」とも。葦の生えている水辺。〈万葉・六・九一九〉「若の浦に潮満ち来れば潟を無み**葦辺**をさして鶴鳴き渡る」訳 →わかのうらに… 和歌

あし-ま【葦間】名 葦の茂みの間。

あしみ・す【悪しみす】自サ変〔せ・し・す・する・すれ・せよ〕(気分などが)悪くなる。〈土佐〉「おきなびとひとり、たうめひとり、あるがなかに心地**悪しみし**用て」訳 おじいさん一人と、おばあさん一人とが、この一行の中で気分が**悪くなって**。

あし-もと【足下・足元】名 ❶足のあたり。〈古今・仮名序〉「遠き所も、出でたつ**足もと**よりはじまりて」訳 遠

い所へも、出発する足もと（の第一歩）から始まって。❷身のまわり。手近なところ。❸足の運びぐあい。足つき。〈謡・遊行柳〉「ただよふ足もとも、よろよろ弱々と」訳 さまよい歩く足つきも、よろよろと弱々しく。

あじゃら・く【戯く】自カ下二〔け・け・く・くる・くれ・けよ〕ふざける。おどける。〈難波土産〉「昔のやうなる子供だましのあじゃらけ用たることは取らず（＝承知しない）」

あじゃり【阿闍梨】名《梵語の音訳》〔「手本」「規範の師」の意〕「あざり」とも。❶弟子を導き、その師範となる徳の高い僧。❷天台宗・真言宗で、僧職の一つ。❸修法（＝加持・祈禱）を行う導師。

あしゅら【阿修羅】名《梵語の音訳》「あすら」とも。帝釈天と戦う悪神。また、その住む所。のち、仏法の守護神となる。略して「修羅」ともいう。

あ-じろ【網代】名〔「あ」は網、「しろ」は代わりで、網の代わりの意〕❶氷魚（＝鮎の稚魚）などをとる仕掛け。晩秋から冬にかけて、川の瀬に杭を打ち、網の代わりに竹・柴などを編んで並べ、その一端に簀をつける。冬。〈枕・二五〉「すさまじきもの　昼ほゆる犬、春の網代」訳 不調和で興ざめなもの、昼ほえる犬、春の（＝春に仕掛けてある）網代。

（あじろ①）

❷檜・竹・葦などを薄く削って、縦横または斜めに編んだもの。笠・屛風・車の屋形・輿・垣根・天井などに張る。

（あじろ②）

❸「網代車」の略。牛車の一種。②を屋形に張ったもの。大臣・納言・大将などが略式・遠出用とし、四位・五位以下の人が常用した。

あじろ-ぎ【網代木】名「あじろき」とも。「あじろ①」を支えるために打つ杭。冬

あしわけ-をぶね【葦分け小舟】名 葦の生い茂っている間を押し分けて漕いで行く小舟。

あ・す【浅す】自サ下二〔せ・せ・す・する・すれ・せよ〕❶【浅す】海や川などが浅くなる。水がかれる。〈金槐集〉「山はさけ海はあせ用なん世なりとも」訳 たとえ山が裂け海が浅くなってしまうような世であるとしても。❷【褪す】色などが淡く、さめてくる。影などが薄くなる。また、だめになる。衰える。〈徒然・二五〉「かばかりあせ用はてんとはおぼしてんや」訳（法成寺が）これほどすっかり荒れるだろうとはお思いになったであろうか（いや、お思いにならなかっただろう）。

あずかる〘与る・預かる〙⬇あづかる

あずま〘東〙⬇あづま

あ-せ【吾兄】代 男子を親しんで呼ぶ語。多く、間投助詞「を」を伴い、歌謡のはやしことばとして用いられる。〈記・中〉「尾津の崎なる一つ松、あせを」訳 尾津の岬にある一本松、あなたよ。

あぜ【何】副《上代東国方言》❶なぜ。どうして。❷どう。どのように。〈万葉・一四・三五一七〉「白雲の絶えにし妹をあぜせろと心に乗りてここばかなしけ」訳（仲の）絶えてしまったあの娘なのに、どうしろというのか、心にかかってこんなにひどく悲しいことよ。（「白雲の」は「絶ゆ」にかかる枕詞）

あぜ-くら【校倉】名「あぜぐら」とも。上代建築の一様式。断面が三角形の長い木材を井の字形に組み上げて外壁とした、高床の倉。東大寺正倉院などに見られる。

（あぜくら）

あぜち【按察使】名 奈良時代に設けられた官職。地方行政を監督・視察した。畿内・西海道を除く諸国に置かれたが、平安時代以降は陸奥（青森・岩手・宮城・福島県）・出羽（秋田・山形県）を主とした。のち、名義ばかりとなり、大・中納言の兼官となった。

あそば・す【遊ばす】他サ四〔さ・し・す・す・せ・せ〕〔動詞「遊ぶ」未＋上代の尊敬の助動詞「す」〕❶遊宴・狩猟・管弦・詩歌・碁などの遊びをする意の尊敬語。なさる。お弾きになる。お詠みになる。〈源氏・若紫〉「ただ御手ひとつ遊ばし用て、同じうは、山の鳥も驚かし侍らむ」訳（琴を）ほんのご一曲お弾きになって、同じことなら、山の鳥も驚かしましょう。〈大鏡・兼通〉「和歌などこそ、いとをかしく遊ばし用しか」訳（朝光は）和歌などを、たいへん趣深くお詠みになった。❷広くいろいろな動作をする意の尊敬語。なさる。お…になる。〈平家・四・源氏揃〉「御手跡うつくしうあそばし用」訳（高倉宮以仁王は）ご筆跡も立派にお書きになり。参考 ①は上代・中古の用法。②は中世以降の用法で、尊敬の助動詞「る」が付いた「あそばさる」も用いた。

あそば・す【遊ばす】補動サ四〔さ・し・す・す・せ・せ〕〔動詞「遊ばす」から〕（多く、接頭語「お」を付けた動詞の連用形、あるいは名詞（漢語）に付いて）尊敬の意を表す。お…になる。…なさる。〈浄・女殺油地獄〉「あれへお通りあそばせ命」訳 あそこへお通りなさってください。参考 近世からの用法。

あそび【遊び】名 ⬇次ページ 11

あそび-がたき【遊び敵】名 遊び相手。遊び友達。

あそび-もの【遊び物】名 ❶遊び道具。おもちゃ。❷楽器。

あそびをせんとや… 歌謡

遊びをせんとや　生まれけん　戯れせんとや　生まれけん　遊ぶ子供の　声聞けば　我が身さへこそ　ゆるがるれ

〈梁塵秘抄・二・雑・三五九〉

訳（子供は）遊びをしようということで生まれてきたのだろうか、戯れをしようということで生まれてきたのだろうか。遊ぶ子供の声を聞くと、（大人である）自分の身体までが自然に動き始めることだよ。

最重要330

11 **あそび【遊び】** 名

ガイド 心楽しく時を過ごすことをいう。何によって楽しくなるかは時代によって異なり、上代では①、中古では②であった。

❶**神事としての芸能・狩り。行楽。遊宴。**

例 春さらば逢はむと思ひし梅の花今日の**遊び**に相見つるかも〈万葉・五・八三五〉

訳 春になったなら逢おうと思っていた梅の花よ、(その梅の花に)今日の**宴**で逢ったことよ。

❷**管弦のあそび。また、詩歌・舞などで楽しむこと。遊興。**

例 かうやうの折は、御**遊び**などせさせ給ひしに〈源氏・桐壺〉

訳 このような(夕月の美しい)ときには、(桐壺帝は)**管弦の御遊び**などをなされたが。

❸**「遊び女」の略。歌舞音曲などで遊興の相手をした女。遊女。うかれめ。**

例 ふもとに宿りたるに、…**遊び**三人、いづくよりともなく出で来たり〈更級・足柄山〉

訳 (足柄山の)ふもとに宿泊したところ、…**遊び女**が三人、どこからともなく出て来た。

解説 「我が身」を遊女とみて、無心に遊ぶ子供の声を聞いて、わが身の罪業の深さに悔恨を覚えた歌だと解する説がある。それによれば、第四句までの主語は遊女自身のこととなり、「ゆるがるれ」も、罪障の深さを思って魂がゆさぶられるという意になる。

あそ・ぶ【遊ぶ】

■一 自バ四〔ば・び・ぶ・ぶ・べ・べ〕❶**好きなことをして心を慰める。狩り・行楽・遊宴などをして楽しむ。管弦を奏する。**〈万葉・七・一〇七六〉「ももしきの大宮人の退り出て**遊ぶ**㊍今夜の月の清けさ」訳 宮中に仕える人々が退出して(月見の)**宴をする**今夜の月の澄みきった明るさよ。(「ももしきの」は「大宮」にかかる枕詞)。〈枕・七七〉「をかしう**遊び**㊊、笛吹き立てて」訳 (賀茂の臨時の祭りの試楽で)趣深く**音楽を奏し**、笛を音高く吹いて。

❷遊戯・娯楽を楽しむ。また、働かずに過ごす。〈徒然・五三〉「童の法師にならんとする名残とて、おのおの**遊ぶ**㊍ことありけるに」訳 (ある)稚児が僧になろうとする惜別にということで、(僧たちが)めいめい**芸などをする**ことがあった折に。

❸鳥獣や魚などが、動きまわる。〈伊勢・九〉「白き鳥の、嘴と脚と赤き、鴫の大きさなる、水の上に**遊び**㊊つつ魚を食ふ」訳 白い鳥で、くちばしと足とが赤い鳥で、鴫の大きさである鳥(＝都鳥)が、水の上を**動きまわって**は魚を食っている。

■二 他バ四〔ば・び・ぶ・ぶ・べ・べ〕音楽を演奏する。舞楽をする。〈源氏・椎本〉「遊びに心入れたる君たち誘ひて、さしやり給ふほど酣酔楽**遊び**㊊て」訳 (薫は)管弦の遊びに熱中している貴公子方を誘って、船を(向こう岸に)進ませなさる間、酣酔楽(＝雅楽の一種)を**演奏して**。

あそみ【朝臣】 名 天武天皇のときに定められた八色の姓のうち、第二位の称。↓八色の姓

あそん【朝臣】 名〔「あそみ」の転。❶五位以上の人の姓名に付ける敬称。「あっそん」とも〕「菅原の**朝臣**(＝道真)」「清衡朝臣」「紀貫之朝臣」

❷宮廷の臣下が、たがいに親しんで呼ぶ語。〈源氏・藤裏葉〉「**朝臣**や、御やすみ所もとめよ」訳 **朝臣**(＝柏木)よ、(客人の)お泊まりになる所を探せ。

あた【仇・敵・賊】 名〔近世の中ごろから「あだ」〕❶**害をなすもの。自分に向かって攻めてくるもの。敵。かたき。**〈万葉・二〇・四三三一〉「しらぬひ筑紫の国は**あた**守る鎮への城ぞと」訳 筑紫の国(九州地方)は**外敵**を防ぐ防備のとりでだぞと。(「しらぬひ」は「筑紫」にかかる枕詞)

❷害。危害。「**あた**をなす」

❸**恨みの種。**〈古今・恋四〉「形見こそ今は**あた**なれ」訳 思い出の品こそ今となっては**恨みの種**だ。

あだ【徒】 形動ナリ ↓次ページ 12

あた-かたき【仇敵】 名〔近世以降は「あだがたき」〕憎い相手。かたき。

あだ-ごころ【徒心】 名 浮気な心。移りやすい心。「あだしごころ」とも。〈竹取・貴公子たちの求婚〉「深き心も知らで、**あだ心**つきなば、後くやしきこともあるべきを」訳 (相手の)心の奥底も知らないで(結婚して)、(相手に)**浮気心**がついてしまったら、あとで悔やまれることもあるにちがいないのに。

あだ-ごと【徒言】 名「あだこと」とも。**実のないことば。うそのことば。**〈建礼門院右京大夫集〉「**あだごと**にただ言ふ人の物がたり」訳 ただ**うそのことば**として(冗談で)言う人の話。

あだ-ごと【徒事】 名 **たわいないたわむれごと。つまらないこと。**また、浮気な行為。色事。〈源氏・帚木〉「**あだごと**にもまめごとにも、我が心と思ひ得ることなく」訳 **たわいない遊びごと**でも実生活に関することでも、自分の考えで判断することもなく。対 忠実事

あだし-くに【他し国】 名 ほかの国。異郷。

あだし‐ごころ【徒し心】名「あだごころ」に同じ。〈古今・東歌〉「君をおきて**あだし心**をわが持たば末の松山波も越えなむ」訳 あなたをさしおいて、**ほかの人を思う気持ち**を私が持つなら、あの末の松山を海の波も越えてしまうであろう(だが、そんなことは決してありえないことだ)。

化野(あだしの)《地名》〔「徒し野」「仇し野」とも書く〕今の京都市右京区、小倉山のふもとの地。火葬場があった地として鳥部野(とりべの)とともに有名。転じて、火葬場・墓地にもいう。

あだ‐な【徒名】名 ❶色恋のうわさ。浮気だという評判。〈源氏・夕顔〉「またも**あだ名**立ちぬべき御心のすさびなめり」訳 またもや**色事のうわさ**が立ってしまいそうな気まぐれなお気持ちのようである。❷うそつきであるといううわさ。

あだ‐なみ【徒波】名 むやみに立ち騒ぐ波。変わりやすい人の心にたとえる。〈古今・恋四〉「山川(やまがは)の浅き瀬にこそ**あだ波**は立て」訳 山あいを流れる川の浅い瀬にこそ**むやみに立ち騒ぐ波**が立つのであるよ(=いいかげんな人ほど、愛しているなどとすぐに言ったりするのだ)。

最重要330 12

あだ【徒】形動ナリ{なら・なり(に)・なり・なる・なれ・なれ}

ガイド **不誠実で移ろいやすいさま**を表す語。これを人間・異性関係にいうと①、世事にいうと②、行動にいうと③④になる。①の意の反対語は「まめ」。

❶**まことのないさま。浮気なさま。** ➡宗宗(むねむね)し「類語の整理」

例 **あだなり**終と名にこそ立てれ桜花年にまれなる人も待ちけり〈古今・春上〉

訳 (散りやすく)**移り気である**とうわさには立っているが、桜の花は、一年にたまにしか来ない人をも待っていたことだ。

❷**はかないさま。かりそめなさま。**

例 わが身と栖(すみか)との、はかなく**あだなる**体さま、またかくのごとし〈方丈・三〉

訳 わが身と住居とが、頼りなく**かりそめなものである**ようすは、やはりこの(地震に見る)とおりである。

❸**いいかげんなさま。** 疎略なさま。

例 「確かに御枕上(まくらがみ)に参らすべき祝ひの物に侍る。あなかしこ、**あだに**用な」と言へば〈源氏・葵〉

訳 (惟光(これみつ)が)「まちがいなく(紫の上の)御枕もとに差し上げねばならない祝いの品です。決して、**いいかげんに**扱いなさるな」と言うので。

❹**むだなさま。むなしいさま。** 無益なさま。

例 逢(あ)はで止(や)みにし憂さを思ひ、**あだなる**体契りをかこち〈徒然・一三七〉

訳 逢わないでそのままになってしまったつらさを思い、**むなしい**約束を嘆き。

あたは‐ず(アタワ)【能はず】❶できない。〈今昔・三・三〉「池はるかに深ければ、人おりて網を置くことも**あたはず**終」訳 池がたいそう深いので、人がおりて網をすえることも**できない**。❷適当でない。また、納得がいかない。〈今昔・三一・八〉「これ汝(なむぢ)が着る物に**あたはず**終」訳 これ(=美しい手織りの布で作った着物)はおまえが着る衣服として**ふさわしくない**。〔➡能(あた)ふ〕

なりたち 四段動詞「能(あた)ふ」未＋打消の助動詞「ず」

あだ‐びと【徒人】名 心の変わりやすい人。浮気者。〈源氏・帚木〉「すきがましき**あだ人**なり」訳 (頭の中将は)好色めいた**浮気者**である。対 忠実人(まめびと)

あた‐ふ(アタ(ト)ウ)【能ふ】自ハ四{は・ひ・ふ・ふ・へ・へ}(多く下に打消の語を伴って)❶**できる**。〈方丈・三〉「深くよろこぶことあれども、大きにたのしむに**あたは**未ず」訳 (権勢家の隣に住む者は)深く喜ぶことがあっても、(気兼ねして)思いきり楽しむことは**でき**ない。❷適している。**ふさわしい**。〈十訓・一・二〉「十徳なからん人は、判者に**あたは**未ず」訳 十の徳の備わっていないような人は、(歌合わせの)審判として**ふさわしく**ない。❸納得がいく。理にかなう。〈落窪〉「北の方いと**あたは**未ず思ひて」訳 奥方はそれほど**納得がいか**なく思って。

あた‐む【仇む】他マ四{ま・み・む・む・め・め}うらむ。敵視する。〈平家・七・主上都落〉「これによって一門には**あたま**未れて平家にへつらひけるが」訳 このことによって(源氏の)一門には**憎まれ**て平家にへつらったが。

あたら【惜】連体 副 ➡次ページ 13

あたら・し【惜し】形シク ➡三九ページ 14

あたら・し【新し】形シク{しから・しく(しかり)・し・しき(しかる)・しけれ・しかれ}新しい。新鮮である。〈枕・四二〉「あてなるもの …削り氷(ひ)に甘葛(あまづら)入れて、**あたらしき**体金鋺(かなまり)に入れたる」訳 上品なもの、…削った氷にあまずら(=甘葛の葉や茎を

最重要330

⑬ **あたら**【惜】〔形容詞「惜し」の語幹〕「あったら」とも。㊀連体 ㊁副

ガイド 形容詞「あたらし」の語幹で、現代語にも「あたら青春を無為に過ごす」のように「惜しいことに」の意の副詞、または「惜しむべき」の意の連体詞として残っている。

㊀連体 **惜しむべき。大切な。もったいない。せっかくの。**

例 いかが要なき楽しみを述べて、あたら時を過ぐさん〈方丈・五〉

訳 (これ以上)どうして役にも立たない楽しみを述べて、惜しむべき時を過ごそうか(いや、過ごすつもりはない)。

㊁副 **もったいないことに。惜しくも。**

例 あたら、重りかにおはする人の、ものに情けおくれ〈源氏・葵〉

訳 惜しいことに、重々しく落ち着いていらっしゃる方(=葵の上)が、何かと思いやりが足らないで。

煎じた甘い汁)を入れて、(それを)新しい金属製のわんに入れてあるの。→惜し「ガイド」(三九ページ)

あたり【辺り】名 ❶付近。近い所。❷遠まわしに家や人などをさす語。〈徒然・二三四〉「おのづから聞きもらすあたりもあれば」訳 (言い古されたことでも)たまたま聞きもらすむき(=人)もあるので。

フレーズ **辺りを払ふ** ❶周囲に人を近づけない。❷近寄れないほど威勢がある。

あたり-を-はら・ふ【辺りを払ふ】→辺り「フレーズ」

あた・る【当たる】自ラ四〔ら・り・る・る・れ・れ〕❶触れる。ぶつかる。出合う。〈今昔・二七・五〉「面に物の冷ややかにあたり用ければ」訳 顔に何かがひやりと触れたので。❷**任ぜられる。**役につく。〈源氏・梅枝〉「いと苦しき判者にもあたり用て侍るかな」訳 (薫き物比べで)なんともつらい(立場の)審判にも任ぜられておりますなあ。❸待遇する。対処する。〈今昔・三・三〉「その人のために太子、ねんごろにあたり用給ふことあれども」訳 その人(=妻)のために太子は、大切に待遇しなさることがあるけれども。❹あてはまる。思い当たる。一致する。相当する。〈徒然・一二一〉「その思ひ、我が身にあたり用て忍び難くは」訳 その(=自由を失った鳥獣の)思いが、わが身にあてはまって堪えがたいなら。❺**匹敵する。**対抗する。張り合う。〈大鏡・道長上〉「南京のそこばくの多かる寺ども、なほあたり用給ふなし」訳 奈良の都のあれこれの多くの寺々も、やはり(この無量寿院に)匹敵しなさるものはない。❻**命中する。**的中する。〈徒然・一七一〉「ここなる聖目を直ぐにはじけば、立てたる石必ずあたる終」訳 手近の聖目(=碁盤の上の黒点)を(見ながら)まっすぐにはじくと、置いた石は必ず(向こうの石に)命中する。

あぢ【鶴】名 水鳥の名。鴨の一種。ともえがも。

あぢき-な・し【味気無し】形ク →四〇ページ

あ・つ【当つ】他タ下二〔て・て・つ・つる・つれ・てよ〕❶ぶつける。当てる。〈平家・九・二之懸〉「飼ひに飼うたる大の馬どもなり、ひとあてあて未ば、みな蹴たふされぬべき間」訳 (熊谷と平山の馬はいずれも)十分に飼いこんだ大きな馬どもであり、ひとぶつけぶつけるならば、きっとみな蹴倒されてしまいそうなので。❷あてがう。触れさせる。〈平家・二・少将乞請〉「少将袖を顔にあて用て、泣く泣く罷り出でられけり」訳 少将は袖を顔にあてがって、泣く泣く退出なさった。❸割り当てる。分配する。〈源氏・橋姫〉「四季にあて用てし給ふ御念仏を、…七日のほどおこなひ給ふ」訳 (八の宮は)四季に割り当てて(一度ずつ)しなさる御念仏会を、…七日の間お勤めになる。❹(視線を)向ける。〈方丈・二〉「変はりゆくかたちありさま、目もあて未られぬこと多かり」訳 (腐って)変わってゆく(死体の)容貌やようすには、目も向けられないことが多い。❺(矢などを)命中させる。❻(「思ひあつ」の形で)**推しはかる。**〈源氏・葵〉「大将の君の御通ひ所ここかしことおぼしあつる体に」訳 大将の君(=光源氏)がお通いになる女性はあそこここと(左大臣家では)推しはかりなさると。

あづかっ-し【与っし】(目上の人から)受けた。いただいた。〈平家・一・殿上闇討〉「かへって叡感にあづかっしうへは、敢へて罪科の沙汰もなかりけり」訳 (忠盛は)とがめを受けるどころか)かえって(上皇から)おほめをいただいた以上は、特に処罰の命令もなかった。

なりたち 四段動詞「与かる」用+過去の助動詞「き」体=「あづかりし」の促音化したもの

あつかひ【扱ひ】名 ❶世話をすること。看護・後見・育児など。〈源氏・若菜上〉「御湯殿のあつかひなどを

つかうまつり給ふ」訳お湯殿の儀式(=御子に湯あみをさせる儀式)の世話などをご奉仕なさる。
❷もてなすこと。接待すること。〈源氏・東屋〉「守(かみ)、少将のあつかひを、いかばかりめでたきことをせむと思ふに」訳守(=常陸(ひたち)の介(すけ))は、少将の接待を、たいそうりっぱなことをしようと思うが。
❸仲裁や調停をすること。また、その人。調停人。また、江戸時代、示談。

あつか・ふ(アツカ/コウ)【扱ふ】〔他ハ四〕{は・ひ・ふ・ふ・へ・へ}❶**世話をする。めんどうを見る。**看病する。あれこれと心配する。〈源氏・帚木〉「まことに親めきてあつかひ(用)給ふ」訳(光源氏は小君を)ほんとうに親らしい態度で世話をしなさる。⬇大人(おとな)ぶ「類語の整理」
❷**話題にする。うわさする。**やかましく言う。〈源氏・紅葉賀〉「人々も、思ひのほかなることかなとあつかふ(終)めるを」訳人々も、思いがけないことだなあと取りざたするようなのを。
❸処置に苦しむ。**もてあます。**〈枕・一四三〉「多く取らむとさわぐ者は、なかなかうちこぼしあつかふ(体)ほどに」訳(宴会の料理の残りを)多く取ろうと騒ぐ者は、かえって取り落としもてあますうちに。

あづかり(アズカリ)【預かり】〔名〕❶担当者。引き受けて世話をする人。管理人。〈源氏・末摘花〉「まだ開けざりければ、かぎの預かり尋ね出(い)でたれば」訳(門は)まだ開けていなかったので、鍵の管理人を捜し出したところ。
❷留守番。〈源氏・夕顔〉「預かりいみじく経営(けいめい)し歩(あり)く気色(けしき)に」訳留守番の者がたいへんよく世話し奔走しているようすから。
❸役所の事務の管理者。朝廷の御書所(ごしょどころ)・御厨子所(みずしどころ)・絵所などに置かれた奉行。

あづか・る(アズカル)【与る】〔自ラ四〕{ら・り・る・る・れ・れ}❶**かかわる。関係する。**〈徒然・七五〉「身をしづかにし、事にあづから(未)ずして心を安くせんこそ」訳身を静かな境地に置き、俗事にかかわらないで心を安らかにするようなことが。
❷仲間になる。分配を受ける。〈源氏・若菜下〉「賤(いや)しく貧しき者も、高き世に改まり、宝にあづかり(用)、世に許さるるたぐひ多かりけり」訳身分が低く貧しい者も、高貴な身分に変わり、財宝の分配を受け、世間に認められる例が多かった。
❸こうむる。**いただく。**〈平家・二・教訓状〉「神明の加護にあづかり(用)」訳神の加護をこうむり。

あづか・る(アズカル)【預かる】〔他ラ四〕{ら・り・る・る・れ・れ}責任をもって引き受ける。管理する。保管する。〈土佐〉「中垣こそあれ、一つ家(いへ)のやうなれば、望みて預かれ(已)るなり」訳(私の家と隣家との間には)隔ての垣根こそあるけれども、一軒の屋敷のようであるので、(先方から)希望して管理したのである。

あつきひを…【俳句】

秋 **暑き日を 海(うみ)にいれたり 最上川(もがみがは)** 切れ字 〈細道・酒田・芭蕉〉

訳今日の暑い一日を海に流し入れてしまったことよ(赤い夕陽(ゆうひ)とともに)。(水量豊かな)この最上川の流れは。
解説「暑き日」の「日」は「一日」と「陽(ひ)」をかけて、夕陽を海に流し入れたことも連想させている。初案は「涼しさや海に入れたる最上川」であった。

あづさ(アズサ)【梓】〔名〕❶木の名。今の夜糞峰榛(よぐそみねばり)の別名という。材は弓を作り、また版木に用いる。
❷「梓弓(あづさゆみ)」の略。

あづさ-ゆみ(アズサ)【梓弓】〔名〕梓の木で作った弓。⬇鎧(よろひ)「古文常識」

あづさゆみ(アズサユミ)【梓弓】《枕詞》弓の縁で、「い」「いる」「ひく」「はる」「本(もと)」「末」「弦(つる)」「おす」「寄る」「かへる」「ふす」「たつ」「や」「音」にかかる。〈源氏・花

最重要330

14 **あたら・し**【惜し】〔形シク〕{しから・しく(しかり)・し・しき(しかる)・しけれ・しかれ}

ガイド「あたらし」は惜しいの意、新しいの意を表す語は「あらたし」であったが、これが「あたらし」と転じたために混同が生じ、惜しいの意は「惜(を)し」に押されてやがて用いられなくなり、現代語ではもっぱら新しいの意を表すようになった。

惜(お)しい。もったいない。(そのままにしておくのが惜しいほど)りっぱだ。

例若くて失(う)せにし、いといとほしくあたらしく(用)なん〈増鏡・おどろのした〉
訳(宮内卿(くないきょう)が)若くて亡くなってしまったのは、たいへん気の毒で惜しいことでしたよ。

語感実感
才能のあるサッカー選手が、けが続きで思うように活躍できないまま引退してしまったことを惜しむ感じ。

類語の整理 あたらし—「残念だ」を表す語

あたらし【惜し】…優れたものが失われるのを惜しむ
くちをし…………期待はずれでがっかり
くやし……………反省して、後悔
をし【惜し】……愛着あるものが失われるのを惜しむ

最重要330

15

あぢき-な・し（アジキ）【味気無し】形ク{から・く(かり)・し・き(かる)・けれ・かれ}

ガイド 古い形は「あづきなし」(「あづき」は「分別・道理」の意かという)で、**道理に反していることに対するあきらめ、不快感**を表す。現代語の「あじけない」はこれが転じたもので、もっぱら③の意で用いられる。「味気」はあて字で、「味気がない」を原義と考えるのは誤り。

❶正常でなく、乱れている。道理に反している。不当だ。

例 汝(いまし)、甚だ**あぢきなし**(終)。以(も)て宇宙(あめのした)に君たるべからず〈紀・神代〉

訳 おまえは、はなはだ**非道である**。それゆえこの天下に君臨するのに適当でない。

語感実感 会議で上司に反対され意見が通らず、納得いかずに反発を感じながらも、仕方がないと受け入れる感じ。

❷かいがない。無益だ。

例 宝を費やし、心を悩ますことは、すぐれて**あぢきなく**(用)ぞ侍る〈方丈・三〉

訳 (危うい都に家を建てようと)財産を消費し、神経を使うことは、特に**つまらない**ことでございます。

❸おもしろくない。苦々しい。情けない。

例 やうやう天(あめ)の下にも、**あぢきなう**(用)(ウ音便)人のもて悩みぐさになりて〈源氏・桐壺〉

訳 だんだん世間でも、**苦々しく**人々の悩みの種になって。

宴〉「**あづさゆみ**いるさの山に」。〈万葉・一一・二六四〇〉「**あづさゆみ**引きみ弛(ゆる)へみ」。〈万葉・一〇・一八二九〉「**あづさゆみ**春山近く」

あづさゆみ… 和歌

枕詞
梓弓　引(ひ)けど引(ひ)かねど　むかしより
心(こころ)は君(きみ)に　よりにしものを
〈伊勢・二四〉

訳 あなたが私の心を引こうが引くまいが、どちらにしろ、昔から私の心はあなたに慕い寄っていましたのに。

解説 次項の歌の返歌。前夫はそれでも立ち去り、女はあとを追うが死ぬという物語。第二句を「私があなたの心を引こうが引くまいが」、または「他の男が私の心を引こうが引くまいが」と解する説もある。

あづさゆみ… 和歌

序詞
梓弓　ま弓(ゆみ)　槻弓(つきゆみ)　年(とし)を経(へ)て
わがせしがごと　うるはしみせよ
〈伊勢・二四〉

訳 長年の間私が(あなたに)してきたように、(あなたも新しい夫と)仲むつまじく暮らしなさい。(「梓弓ま弓槻弓」は、梓・檀(まゆみ)・槻で作った弓のことで、「年」を導きだす序詞。「槻」に「月」をかけて「年」を導く)

解説 宮仕えに出たきり帰ってこない夫を待ち疲れた女が、別の男と結婚することになったその夜、不意に帰ってきた前夫が詠んだ歌。前項の歌は、この歌の返歌。

あつ・し【厚し】 形ク{から・く(かり)・し・き(かる)・けれ・かれ} ❶厚みがある。厚い。〈枕・八六〉「広き庭に雪の**厚く**(用)降り敷きたる」訳 広い庭に雪が**厚く**降り敷いたの(もすばらしい)。対 薄し

❷(愛情や恩恵が)深い。はなはだしい。〈沙石集〉「情け深くめぐみ**厚き**(体)心」訳 思いやりが深くいつくしみが**深い**心。

あつ・し 形ク{から・く(かり)・し・き(かる)・けれ・かれ} ❶【熱し】温度が高い。また、病気などで熱がある。〈源氏・夕顔〉「みぐしも痛く、身も**熱き**(体)心地して」訳 (光源氏は)御頭も痛く、からだも**熱がある**感じがして。

❷【暑し】気温が高い。暑い。〈伊勢・四五〉「時は水無月(みなづき)のつごもり、いと**暑き**(体)ころほひに」訳 時は陰暦六月の末、たいそう**暑い**ころに。

あつ・し【篤し】 形シク ➡次ページ 16

あつち-じに【あつち死に】 名〔「あつち」は跳ねる意〕はねまわって苦しみ死ぬこと。悶死(もんし)。〈平家・六・入道死去〉「つひに**あつち死に**ぞし給ひける」訳 (清盛は)ついに**悶死**をしなさった。

あっぱれ【天晴れ】 感〔「あはれ」の転〕❶感動して発する語。ああ。おお。〈平家・一・殿下乗合〉「**あっぱれ**、その人ほろびたらばその国はあきなん」訳 **ああ**、その人が死んだら、その国はきっと(国司に)欠員ができるだろう。

❷ほめたたえて発する語。ああ、すばらしい。〈平家・四・信連〉「**あっぱれ**剛(かう)の者かな」訳 **ああ、すばらしい**、剛勇の士であるよ。

あづま（アズマ）【東】 名 ❶京都から見て本州東方諸国の総称。**東国**。〈伊勢・

〈〉「京や住み憂かりけむ、あづまの方に行きて住み所求むとて」訳 京が住みづらかったのだろうか、東国のほうに行って住む場所を探そうということで。

❷鎌倉幕府の称。または、京都から鎌倉を称した語。〈増鏡・久米のさら山〉「あづまの聞こえやいかがと思ひ給ふれど、なんでふことかは」訳 鎌倉への評判がどんなものかと存じますが、どういうこともありますまい。（「なんでふ」は「何といふ」の転じた語）

❸「東琴」の略。日本固有の六弦琴。和琴・大和琴ともいう。

参考 ①の範囲は、逢坂の関以東、箱根山以東などと、文献や時代によって異なる。都の人は文化の遅れたへんぴな土地という感覚で「あづま」を理解していた。

あづま-うた アズマ【東歌】名 東国地方の歌。「万葉集」巻十四には遠江から陸奥までの各国の歌二百三十首、また「古今集」巻二十には伊勢地方の歌も含めて十四首ほどが収められている。日常生活を素材にした素朴な歌が多く、東国方言を伝えている。

あづま-ぢ アズマジ【東路】名 京都から東海道、または東山道を経て関東・奥羽地方へ通う道筋。東国路。転じて、東国地方をもいう。〈更級・かどで〉「あづまぢの道のはてよりも、なほ奥つ方に生ひいでたる人」訳 東国路の終点(である常陸の国)よりも、もっと奥のほう(である上総の国)で育った人(である私)は。

あづま-や アズマ【東屋・四阿】名 屋根を四方に葺きおろした、粗末な小家。のちには、庭園の休憩所などとして設置された。

あつ-もの【羹】名〔熱物の意〕「あついもの」とも。魚・鳥の肉や野菜などを煮た熱い汁。吸い物。〈うつほ・蔵開中〉「大いなる白銀の提子(=注ぎ口のある鍋に似た容器)に、若菜のあつもの一鍋」

あて【貴】形動ナリ ➡次ページ 17

あて-はか【貴はか】形動ナリ{なら・なり(に)・なり・なる・なれ・なれ}〔「はか」は接尾語〕「あてやか」に同じ。〈伊勢・一六〉「人がらは心うつくしくあてはかなる(体)ことを好みて」訳 (紀有常の)人柄は心がりっぱで上品でみやびやかなことを好んで。

あて-びと【貴人】名 高貴な人。上品な人。

あて・ぶ【貴ぶ】自バ上二{び・び・ぶ・ぶる・ぶれ・びよ}〔「ぶ」は接尾語〕優雅なようすをする。上品ぶる。〈源氏・東屋〉「若き君たちとて、すきずきしくあてび(用)てもおはしまさず」訳 (左近の少将は)若い貴公子だからといって、好色でも上品ぶってもいらっしゃらず。（「すきずきしく」には下の打消「ず」の意が及ぶ(=対偶中止法)）

最重要330

16

あつ・し【篤し】

形シク{しから・しく(しかり)・し・しき(しかる)・しけれ・しかれ}「あづし」とも。

ガイド 「暑し」「厚し」とは別語(活用の型も異なる)。「篤」という「病気が重い」の意の漢字をあてるが、中古の文学作品では主として「病気がちである。病弱である」の意で用いられることが多い。

病気がちである。病弱である。また、病気が重い。

例 恨みを負ふつもりにやありけむ、いとあつしく(用)なりゆき〈源氏・桐壺〉

訳 (桐壺の更衣は他の女御や更衣たちの)恨みを背負うことの積み重なった結果であっただろうか、たいそう病弱になってゆき。

あて-やか【貴やか】形動ナリ{なら・なり(に)・なり・なる・なれ・なれ}〔「やか」は接尾語〕高貴なさま。優美なさま。上品なさま。「あてはか」とも。〈竹取・かぐや姫の昇天〉「心ばへなど、あてやかに(用)うつくしかりつることを見ならひて」訳 (かぐや姫の)性格などが、上品で愛らしかったことをいつも見なれているので。

あと【後】名 ❶うしろ。後方。背後。〈源氏・末摘花〉「あとにつきてうかがひけり」訳 (頭の中将は光源氏の)後について(行き先を)うかがった。

❷以後。のち。〈源氏・桐壺〉「なきあとまで、人の胸あくま

慣用表現 あつし —「体調」に関する表現

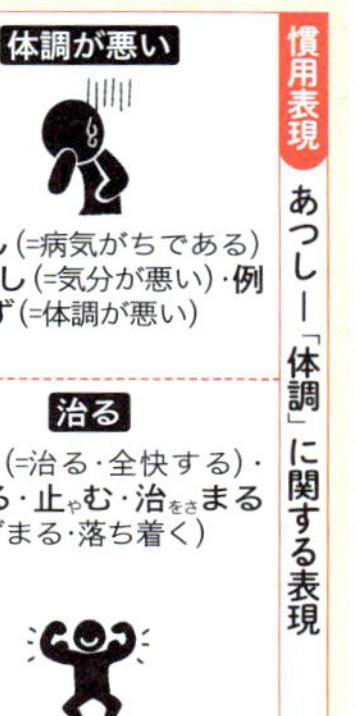

体調が悪い
篤し(=病気がちである)・悩まし(=気分が悪い)・例ならず(=体調が悪い)
治る
癒ゆ(=治る・全快する)・直る・止む・治まる(=しずまる・落ち着く)

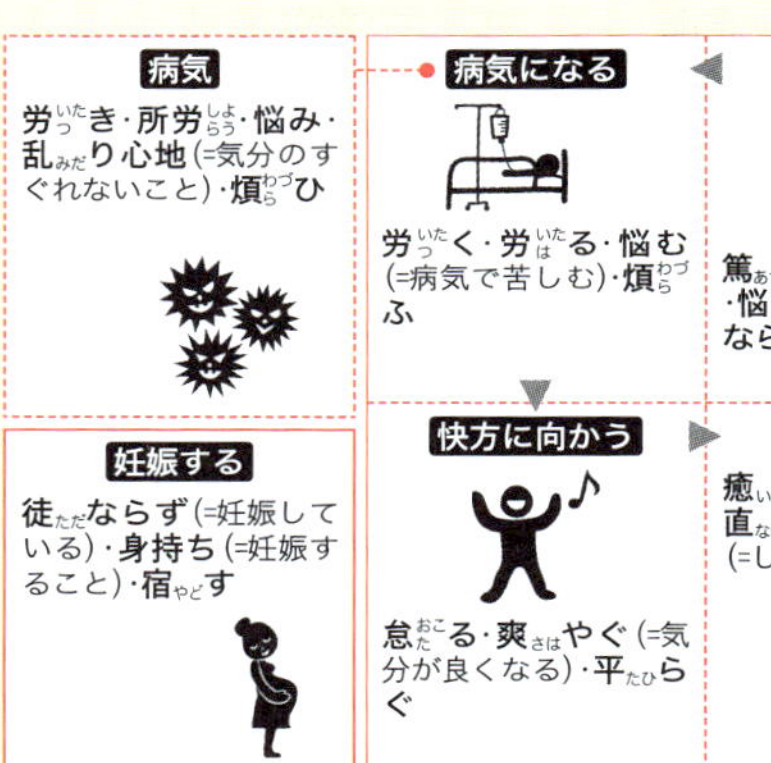

病気になる
労く・労る・悩む(=病気で苦しむ)・煩ふ
病気
労き・所労・悩み・乱り心地(=気分のすぐれないこと)・煩ひ
快方に向かう
怠る・爽やぐ(=気分が良くなる)・平らぐ
妊娠する
徒ならず(=妊娠している)・身持ち(=妊娠すること)・宿す

最重要330

17 **あて**【貴】形動ナリ〔なら・なり(に)・なり・なる・なれ・なれ〕

ガイド 最高級の高貴さを表す「やむごとなし」に対して、**親しみやすい上品さ、優雅さ**を表す。関連語に「あてはか」「あてびと」「あてぶ」「あてやか」がある。反対語は①の用例にみるように、「いやし」。

❶**身分が高い。高貴である。**

例 ひとりはいやしき男の貧しき、ひとりは**あてなる**㊍男もたりけり〈伊勢・四一〉

訳 (姉妹のうち)一人は身分が低い男で貧しい者を、一人は高貴な男を(夫として)持っていた。

❷**上品だ。優雅だ。**

《↓気高し「類語の整理」》

例 四十余ばかりにて、いとしろう**あてに**㊊やせたれど、つらつきふくらかに〈源氏・若紫〉

訳 (尼君は)四十歳ちょっとぐらいであって、たいそう色白で上品でやせているけれども、ほおのあたりがふっくらとして。

語感実感 クラスメートの何げない言葉遣いや立ち居振る舞いが上品で、育ちの良さがそれとなく伝わる感じ。

じかりける人の御おぼえかな」訳 亡くなった**後**まで、人の心が晴れそうになかった(あの)人(=桐壺の更衣)のご寵愛の受けようだこと。

❸**以前。過去。**〈浮世風呂〉「子どもでござい。しかも(=もっとも)三十年**あと**は」

❹**死後。**〈徒然・一四〇〉「**あと**に争ひたる、さま悪し」訳 (遺産を)**人の死後**に争っているのは、みっともない。

あと【跡】名〔「足処」の意〕

❶足。足もと。〈万葉・五・八九二〉「父母は枕の方に妻子どもは**あと**の方に囲みゐて」訳 ↓かぜまじり…和歌

❷**足跡。**(訪問の)形跡。行き来。〈徒然・一三七〉「泉には手・足さしひたして、雪にはおり立ちて**跡**つけなど」訳 泉には手や足をつっ込んで濡らして、雪には下り立って**足跡**をつけるなど。

❸ゆくえ。〈源氏・明石〉「なほこれより深き山を求めてや**跡**絶えなまし」訳 いっそここ(=須磨の渚)より深い山を探して**ゆくえ**をくらましてしまおうか。

❹形見。遺跡。痕跡。〈徒然・二五〉「見ぬいにしへのやんごとなかりけん**跡**のみぞ、いとはかなき」訳 見たこともない昔の尊かったとかいう(住居の)**遺跡**はとりわけて、ほんとうにはかないものだ。

❺**筆跡。**また、**しきたり。**一定の様式。〈狭衣物語〉「古の名高かりける人の**跡**は、千歳を経れど変はらぬに」訳 昔の、その名を知られていた人の**筆跡**は、千年たっても(価値は)変わらないけれども。↓消息「慣用表現」

❻家のあとめ。家督。〈平家・一・鱸〉「清盛嫡男たるによって、その**跡**を継ぐ」訳 清盛は嫡男であるので、その(=忠盛の)**家督**を継ぐ。

フレーズ

跡を垂る ❶〔「垂迹」の訓読〕仏・菩薩が衆生を救うために、仮に神の姿となってこの世に現れる。〈源氏・明石〉「まことに**跡を垂れ**㊊給ふ神ならば助け給へ」訳 本当に**衆生を救うために現れ**なさる神であるならばお助けください。

❷(転じて)他の地に移り住む。〈更級・竹芝寺〉「これも前の世にこの国に**跡を垂る**㊎べき宿世こそありけめ」訳 こうなったのも前世でこの(武蔵の)国に(都から)**移り住む**はずの因縁があったのだろう。

あど名 ❶相手の話に調子よく応答すること。あいづち。〈大鏡・道長下〉「ただ殿のめづらしう興ありげにおぼして**あど**をよく打たせ給ふに」訳 ただ殿が(私たちの話に)珍しくおもしろそうだとお思いになって**あいづち**を上手にお打ちになるのに。

❷狂言で、シテ(=主役)の相手をするわき役。アド。↓仕手・脇・連れ

あど副《上代東国方言》なぜ。何と。どうして。いかに。〈万葉・一四・三三九七〉「常陸なる浪逆の海の玉藻こそ引けば絶えすれ**あど**か絶えせむ」訳 常陸の国(茨城県)にある浪逆の海(=霞ヶ浦)の玉藻は引けば切れもするが、(私たちの仲は)**どうして**切れようか(いや、切れるはずがない)。

あと-と・ふ【跡訪ふ】自八四〔は・ひ・ふ・ふ・へ・へ〕❶ゆくえをたずねる。〈平家・三・有王〉「沖の白洲にすだく浜千鳥のほかは、**跡とふ**㊍者もなかりけり」訳 沖の白い砂の州に群がる浜千鳥以外は、**ゆくえをたずねる**者もなかった。

❷死後をとむらう。〈徒然・三〇〉「さるは、**跡とふ**㊍わざも絶えぬれば、いづれの人と名をだに知らず」訳 その上、**死後をとむらう**仏事も絶えてしまうと、(墓の主が)どこの人かと名前をさえわからず。

あと-な・し【跡無し】[形ク]{から・く(かり)・し・/き(かる)・けれ・かれ}❶人の訪れがない。〈山家集〉「訪(と)へな君夕暮れになる庭の雪を**跡なき**(体)よりはあはれならまし」[訳]訪ねてくださいあなたよ、夕暮れとなる庭の雪を。**人の訪れがないの**よりはしみじみとした趣があるだろうに。❷跡形がない。〈万葉・三・三五一〉「世間(よのなか)を何に譬(たと)へむ朝びらき漕(こ)ぎ去(い)にし船の**跡なき**(体)ごとし」[訳]世の中を何にたとえようか。(それは)朝早く、漕ぎ出して行った船が、**跡形もない**ようなものだ。❸根拠がない。事実でない。〈徒然・五〇〉「はやく**跡なき**(体)ことにはあらざめりとて」[訳](鬼がいるというわさは)もともと**根拠のない**ことではないようだと思って。❹前例がない。比類がない。〈おらが春〉「**跡なき**(体)俳優(わざをぎ)見るやうに、なかなか心の皺(しわ)を伸ばしぬ」[訳]**比類がない**(ほどすばらしい)役者(の演技)を見るように、大いに気分が晴れた。

最重要330 18

あな [感]

ガイド **感動したり驚いたりしたときに発する語。**喜怒哀楽いずれにも用いる。中世以降は代わって「あら」が用いられるようになった。

ああ。あら。まあ。

[例]**あな**めでたや。この獅子(しし)の立ちやう、いとめづらし〈徒然・二三六〉

[訳]**ああ**、すばらしいことだ。この獅子の立ち方は、大変めずらしい。

[参考]多く、あとに形容詞の語幹(シク活用では終止形)を伴う。強めて、「あな…や(感動の間投助詞)」の形をとることも多い。

フレーズ

あなかしこ ❶ああ、恐ろしい。ああ、畏れ多い。〈徒然・三〇〉「しかしかのことは、**あなかしこ**。あとのため忌(い)むなることぞ」[訳]これこれのことは、**ああ、恐ろしいことだ**。遺族のために(不吉だから)避けるということだ。❷手紙の終わりに用いて、敬意を表す語。かしこ。❸(元来の「ああ、畏れ多い」の意が失われ、下に禁止を表す語を伴って副詞的に)決して(…するな)。〈平家・五・咸陽宮〉「このこと**あなかしこ**、人に披露(ひろう)すな」[訳]このことは**決して**人に伝え広げるな。

なりたち「あな」+形容詞「畏(かし)こし」の語幹「かしこ」

[参考]②は、古くは男女ともに用いた。

あなかま(人の発言を制止して)ああ、やかましい。しっ、静かに。〈更級・大納言殿の姫君〉「**あなかま**、人に聞かすな」[訳]**しっ、静かに**、人に知らせてはいけない。

なりたち「あな」+形容詞「かまし(=やかましい)」の語幹「かま」。(一説に、「かまびすし」の「かま」とも)

あなかま給(たま)へ ああ、やかましい、静かにしなさい。〈源氏・玉鬘〉「**あなかまたまへ**。大臣(おとど)たちもしばし待て」[訳]**ああ、静かにしなさい**。大臣、大臣(とおっしゃるの)も、ちょっと待って。

あど-な・し [形ク]{から・く(かり)・し・/き(かる)・けれ・かれ}あどけない。子供っぽい。たわいない。⬇大人(おとな)ぶ「類語の整理」

あとはか-な・し [形ク]{から・く(かり)・し・/き(かる)・けれ・かれ}❶痕跡がない。跡形もない。〈源氏・若紫〉「尋ね聞こえ給へど、**あとはかなく**(用)て」[訳](父兵部卿(ひょうぶきょう)の宮は若紫の行方を)尋ね申しあげなさるけれど、**跡形もない**ので。❷たよりない。はっきりしない。〈源氏・玉鬘〉「いと**あとはかなき**(体)心地して、うつぶし臥(ふ)し給へり」[訳](玉鬘(たまかずら)は)たいそう**たよりない**気持ちがして、うつぶして横になっていらっしゃる。

あと-を-た・る【跡を垂る】⬇跡(あと)「フレーズ」

あな [感] ⬇上 18

あ-ない【案内】(「あんない」の撥音「ん」の表記されない形)一[名]❶**文書の内容。草案。**〈紫式部日記〉「頭の弁して**案内**は奏せさせ給ふめり」[訳](天皇は)頭の弁に命じて、(加階の)**草案**は奏上させなさるようだ。❷**物事の事情や内容。**〈大鏡・花山院〉「かくと**案内**申して、必ず参り侍らむ」[訳]こういうわけでと(出家する)**事情**を申し上げて、必ず(ここに)参上しましょう。

二[名・他サ変]❶**取り次ぎを頼むこと。**来意を告げること。〈徒然・三二〉「思(おぼ)し出(い)づる所ありて、**案内せ**(未)させて入り給ひぬ」[訳](ある人が)思い出しなさるところがあって、(その家に)**取り次ぎを請わせ**てお入りになった。❷事情を明らかにすること。また、**問いただすこと。**〈枕・二七七〉「宮の辺(へん)に**案内し**(用)に参らまほしけれど」[訳]中宮のあたりに**事情を問いただし**に参上したいけれども。❸人をある場所に導くこと。

[参考]「あ(ン)ない」と読む。平安時代は「ん」を発音しても表記しないのがふつうであった。

あな-かしこ ⬇あな「フレーズ」

あながち【強ち】[形動ナリ][副] ⬇次ページ 19

あな-かま ⬇あな「フレーズ」

あな-かま-たま・へ【あなかま給へ】⬇あな「フレーズ」

あなずらわし〖侮らわし〗⬇あなづらはし

最重要330

19 あながち【強ち】 一 形動ナリ {なら・なり(に)・なり・なる・なれ・なれ} 二 副

ガイド 語源は「己(あな)＋勝ち」かという。**自分勝手にことを推し進めて、他人の迷惑を気にしないさま**をいう。二は「あながち嘘(うそ)だとも言えない」のように現代語でも用いられる。

一 形動ナリ

❶ **むりやりなさま。相手の意向にかまわず一方的だ。身勝手だ。** 例 **あながちに**(用)御前(まへ)去らずもてなさせ給ひし程に〈源氏・桐壺〉 訳 (桐壺帝が桐壺の更衣を)**むりやりに**御前から離さずお世話しなされた間に。

❷ **度を越している。異常だ。** 例 **あながちに**(用)たけ高き心地ぞする〈源氏・夕顔〉 訳 (女たちは)**異常なまでに**背が高い感じがする。

❸ **ひたむきだ。いちずだ。たって。** 例 **あながちに**(用)心ざし見えありく〈竹取・貴公子たちの求婚〉 訳 (貴公子たちは)**いちずに**愛情(のあるところ)を見せてまわる。

❹ **適切でない。あまりにひどい。** 例 **あながちなる**(体)所に隠し伏せたる人の、いびきしたる〈枕・二八〉 訳 (人を隠すには)**適切でない**場所に隠して寝かせておいた人が、いびきをかいたの(は不快だ)。

二 副

(下に打消の語や反語表現を伴って)必ずしも。いちがいには。めったに。決して。 例 範頼(のり)・義経(よしつね)が申し状、**あながち**御許容あるべからず〈平家・一〇・首渡〉 訳 範頼や義経の申すことは、**どんなことがあっても**お許しになってはいけない。

あなた【彼方】代 ❶遠称の指示代名詞。㋐方向をさす。**向こうのほう。**かなた。**あちら。**〈伊勢・八三〉「山崎の**あなた**に」訳 山崎の**向こう**に。㋑時間を示す。**以前。昔。**〈枕・二九二〉「昨夜(よべ)も、昨日の夜も、そが**あなた**の夜も」訳 昨夜も、一昨夜も、その**前**の夜も。❷〔「貴方」とも書く〕人称代名詞。①の転用で、敬意を含んで用いる。㋐他称。**あちらの人。あのかた。**〈落窪〉「この落窪(おちくぼ)の君の、**あなた**にのたまふことに従はず」訳 この落窪の君が、**あのかた**(=継母)のおっしゃることに従わないで。㋑対称。現代語より敬意が高い。**あなた様。**あなた方。

あなた-こなた【彼方此方】代 あちらこちら。また、あれこれ。

あなづらは・し(アナヅラワシ)【侮らはし】形シク ⬇次ページ 20

あなづ・る(アナヅル)【侮る】他ラ四 {ら・り・る・る・れ・れ}〔「あなどる」の古形〕**軽蔑する。ばかにする。**見下げる。〈枕・二七〉「人に**あなづら**(未)るるもの 築土(ついぢ)のくづれ。あまり心よしと人に知られぬる人」訳 人から**軽蔑さ**れるもの、土塀のくずれ。あまりにもお人よしだと世間の人に知られてしまった人。

あななひ(アナナイ)【麻柱】名 高い所にのぼるための足場。足がかり。

あなみにく… 和歌

あなみにく　賢(さか)しらをすと　酒(さけ)飲(の)まぬ
人(ひと)をよく見(み)ば　猿(さる)にかも似(に)る
〈万葉・三・三四四・大伴旅人(おほとものたびと)〉

訳 ああ、みっともない。利口ぶって酒を飲まない人をよく見たら、猿に似ていることよ。

解説 「酒を讃(ほ)むる歌」十三首の中の一首。

あな-や 感 〔感動詞「あな」＋間投助詞「や」〕強い驚きや感動を表す声。**あれえっ。**ああ。あら。〈伊勢・六〉「『**あなや**』と言ひけれど、神鳴るさわぎにえ聞かざりけり」訳 (女は)「**あれえっ**」と叫んだけれども、(男は)雷の鳴る音のやかましさで聞き取ることができなかった。

あ-なり ❶(「なり」が推定の場合、多く、声や音など聴覚による判断を表して)**あるようだ。**〈源氏・野分〉「中将の声(こわ)づくるにぞ**あなる**(体)」訳 中将(=夕霧)がせきばらいをしているので**あるようだ**。❷(「なり」が伝聞の場合)**あるそうだ。**あるということだ。〈竹取・ふじの山〉「駿河(するが)の国に**あなる**(体)山の頂(いただき)に」訳 駿河の国(静岡県)に**あるという**山の頂に。

なりたち ラ変動詞「有り」(体)＋伝聞・推定の助動詞「なり」＝「あるなり」の撥音便「あんなり」の撥音「ん」の表記されない形。ふつう「あ(ン)なり」と読む。

あに【豈】副 ❶(下に打消の語を伴って)**決して。**〈万葉・四・五九六〉「八百日(やほか)行く浜の沙(まなご)もあが恋に**あに**まさらじか沖つ島守」訳 多くの日数をかけて行く長い浜辺の砂(が無数で)も、私の恋(のおびただしさ)には決してまさりはしないだろうね、沖の島守よ。

❷(下に反語表現を伴って)どうして。なんで。〈万葉・三・三四五〉「価無き宝といふとも一坏の濁れる酒にあにまさめやも」訳(仏教の無上の法は)価のつけられない尊い宝といっても、一杯の濁っている酒にどうしてまさるだろうか(いや、まさりはしない)。

安房(あは)アワ《地名》旧国名。東海道十五か国の一つ。今の千葉県房総半島の南部。房州。

阿波(あは)アワ《地名》旧国名。南海道六か国の一つ。今の徳島県。阿州。

あはあは・しアワアワシ【淡淡し】形シク{しから・しく(しかり)・し・しき(しかる)・しけれ・しかれ}軽々しい。軽率だ。落ち着かない。〈枕・二四〉「宮仕へする人を、あはあはしう用(ウ音便)悪きことに言ひ思ひたる男などこそ、いとにくけれ」訳宮仕えする女性を、軽率でいけないことだと言ったり思ったりしている男性などは、実に気にいらない。

あは・しアワシ【淡し】形ク{から・く(かり)・し・き(かる)・けれ・かれ}❶色や味などが薄い。

❷**人情や関心が薄い。あっさりしている。**〈徒然・一七二〉「老いぬる人は、精神おとろへ、あはく用おろそかにして」訳老いてしまった人は、気力が弱くなり、心はあっさりと大ざっぱであって。

❸**軽薄である。**〈源氏・澪標〉「なのめなることをだに、少しあはき体方に寄りぬるは」訳通りいっぺんのこと(=色恋)でさえも、少し軽薄なほうに心が傾いてしまった相手は。

あは・すアワス【合はす】

一 他サ下二{せ・せ・す・する・すれ・せよ}❶一つにする。合計する。〈竹取・かぐや姫の昇天〉「六衛の司合はせ用て二千人の人を、竹取が家に遣はす」訳(帝は)六衛府(の官人)合計して二千人の人々を、竹取(の翁)の家に派遣なさる。

❷**夫婦にする。結婚させる。**〈伊勢・二三〉「親の合はすれ已ども、聞かでなむありける」訳(女は)親が(他の人と)結婚させ(ようとし)ても、承知しないでいた。

❸ふさわしくする。適合させる。〈枕・八〉「家のほど、身のほどに合はせ用て侍るなり」訳(狭い門は)家柄の程度、身分の程度にふさわしくしているのです。

❹**楽器の調子をととのえる。**また、合奏する。〈源氏・若菜上〉「琴の緒もいとゆるに張りて、…響き多く合はせ用てぞかき鳴らし給ふ」訳(致仕の大臣は)和琴の弦もたいそう緩く張って、…余韻多くととのえて弾き鳴らしなさる。

❺**夢の吉凶を判断する。夢合わせをする。**〈大鏡・師輔〉「いみじき吉相の夢も、あしざまに合はせ用つれば、たがふ」訳非常によい前兆の夢も、悪いように夢合わせをしてしまうと必ず外れる。

❻**比べ合わせる。**対抗させる。〈源氏・絵合〉「物語の出で来はじめの親なる竹取の翁に、宇津保の俊蔭を合はせ用て争ふ」訳物語のできはじめの元祖である「竹取の翁の物語」(の絵)に、「うつほ物語」の俊蔭(の絵)を対抗させて(優劣を)争う。

❼香や薬などを調合する。

二 補動サ下二{せ・せ・す・する・すれ・せよ}(動詞の連用形に付いて)互いに…する。いっしょに…する。〈平家・四・信連〉「身をば心得て造らせたるを抜き合はせ用て、さんざんにこそ斬ったりけれ」訳刀身をば入念に造らせたのを互いに抜き合って、思いっきり斬りまくった。

淡路(あはぢ)アワジ《地名》旧国名。南海道六か国の一つ。今の兵庫県淡路島。淡州。

あはぢしま… 和歌《百人一首》【淡路島　かよふ千鳥の　なく声に　幾夜ねざめぬ　須磨の関守】〈金葉・冬・源兼昌〉➡付録◇1「小倉百人一首」78

あはひアワイ【間】名 ❶(二つの事物の)あいだ。すきま。〈伊勢・七〉「伊勢・尾張のあはひの海づらを行くに」訳伊勢の国(三重県)と尾張の国(愛知県)とのあいだの海辺を行くときに。

❷(人と人との)仲。間柄。〈源氏・初音〉「げにめでたき御あはひどもなり」訳なるほどすばらしいお二人(=光源氏と紫の上)の仲である。

❸**形勢。情勢。**都合。〈平家・一一・逆櫓〉「あはひ悪しければ引く」訳形勢が悪いときはいつも退却する。

❹**色の組み合わせ。**調和。配色。〈源氏・浮舟〉「濃き衣

最重要330

20

あなづらは・し（アナズラワシ）

【侮らはし】形シク{しから・しく(しかり)・し・しき(しかる)・しけれ・しかれ}

ガイド 軽蔑する意の動詞「侮る」に対応する形容詞。②は、軽蔑するにふさわしい→尊敬しなくてよい→遠慮がいらない(=気が許せる)という関連で生じたものである。

❶ **あなどってよい。軽蔑にふさわしいさまである。**

例 よからぬ生者どもの、あなづらはしう用(ウ音便)するもかたじけなきことなり〈源氏・玉鬘〉

訳 性質のよくない未熟な者たちが、軽蔑するように扱うのも畏れ多いことである。

❷ **遠慮がいらない。気が許せる。**

例 ただ右近をば、むつまじうあなづらはしき体方にてと〈栄花・浦々の別〉

訳 もっぱら(私)右近を、親密で遠慮のいらない者として(使うように)と。

最重要330

21 **あはれ**（アワレ）

ガイド しみじみとわき起こってくる感動の嘆声「ああ、はれ」に由来すると考えられる。広く**しみじみとした感動**を表すが、現代語では主に㊁④の意に縮小した。中世には「あっぱれ」の形もみられる。

㊀感 ㊁形動ナリ｛なら・なり(に)・なり・なる・なれ・なれ｝ ㊂名

㊀感 **賛美・悲哀・驚嘆などのさまざまな感動の気持ちを表すときに発することば。ああ。**

例 あはれ、昨日翁丸(おきなまろ)をいみじうも打ちしかな〈枕・九〉 訳 ああ、昨日は翁丸(=犬の名)をひどく打ったものだなあ。

㊁形動ナリ

❶**しみじみと心を動かされる。感慨深い。**

例 見聞く人々、目もあやにあさましくあはれに㊥もまもりゐたり〈大鏡・時平〉 訳 (世継(よつぎ)の話を)見聞きする人々は、目もくらむように驚きあきれ、しみじみと心をも動かされて見つめて座っていた。

❷**しみじみとした情趣がある。美しい。**

例 野分(のわき)のまたの日こそ、いみじうあはれに㊥をかしけれ〈枕・二〇〇〉 訳 秋の台風の翌日(の景色)は、たいそうしみじみとした情趣があり風情があるものだ。

❸**さびしい。悲しい。つらい。**

例 わがものの悲しきをりなれば、いみじくあはれなり㊧と聞く〈更級・梅の立枝〉 訳 自分がなんとなく悲しいときであるので、(奥方を亡くした藤原長家の悲嘆を)ひどく悲しいことだと聞く。

❹**かわいそうだ。ふびんだ。気の毒だ。**

例 得たるはいとよし、得ずなりぬるこそいとあはれなれ㊣〈枕・三〉 訳 (官職を)手にした者はほんとうによいけれど、手に入れずじまいになってしまった者はひどく気の毒である。

❺**かわいい。いとしい。なつかしい。**

例 もの心ぼそげに里がちなるを、いよいよあかずあはれなる㊨ものに思ほして〈源氏・桐壺〉

に紅梅の織物など、あはひをかしく着替へて」訳 (浮舟(うきふね)は)濃い紫の袿(うちき)に紅梅の織物など、色の調和もおもしろく着替えて。

あは-や（アワ） 感 驚いたりほっとしたりしたとき、また、危ういときに発する声。ああ。それっ。〈平家・一一・能登殿最期〉「あはやと目をかけて飛んでかかるに」訳 (能登殿が)それっと(源義経(よしつね)を)目ざして飛びかかると。

あばら【荒ら】 形動ナリ｛なら・なり(に)・なり・なる・なれ・なれ｝❶(建物などが)がらんとしているさま。すき間の多いさま。また、荒れて破れくずれているさま。〈伊勢・四〉「あばらなる㊨板敷きに、月のかたぶくまでふせりて」訳 (戸や障子が取り払われ)がらんとした板の間に、月が(西に)傾くころまでふせっていて。❷人などがまばらなさま。〈平家・七・篠原合戦〉「うしろあばらに㊥なりければ、力及ばで引き退く」訳 (高橋は)うしろ(の味方)がまばらになったので、力が及ばないで撤退する。

あば・る【荒る】 自ラ下二｛れ・れ・る・るる・るれ・れよ｝荒れ果てる。荒廃する。〈枕・一七八〉「女のひとりすむ所は、いたくあばれ㊥て築土(ついひぢ)なども全(また)からず」訳 女が一人で住む家は、ひどく荒れ果てて土塀なども完全でなく。

あはれ（アワレ） 感 形動ナリ 名 ➡上21

あはれ-が・る（アワレ） 他ラ四｛ら・り・る・る・れ・れ｝〔「がる」は接尾語〕❶悲しく思う。〈竹取・ふじの山〉「いといたくあはれがら㊤せ給ひて、物もきこしめさず」訳 (帝(みかど)は)たいへんひどく悲しくお思いになられて、何も召し上がらない。❷めでる。いとおしむ。〈更級・物語〉「『いとうつくしう、生(お)ひなりにけり』など、あはれがり㊥」訳「たいそうかわいらしく、(いつのまにか)成長してしまったことよ」などと、いとおしみ。❸同情する。いたましく思う。〈枕・九〉「『かかる目見むとは思はざりけむ』などあはれがる㊧」訳「こんな目にあおうとは思わなかったであろう」などといたましく思う。

あはれ-げ（アワレ） 形動ナリ｛なら・なり(に)・なり・なる・なれ・なれ｝〔「げ」は接尾語〕いかにも「あはれ」だと感じられるさま。しみじみ訳(桐壺の更衣が病弱になり)なんとなく心細いようすで実家に下がることが多いのを、(桐壺帝は)いっそうもの足りなくいとしいものにお思いになって。

❻情が深い。愛情がゆたかだ。 例あはれなり用つる心のほどなむ、忘れむ世あるまじき〈更級・梅の立枝〉 訳(親子の)情が深かった(あなたの)気持ちの程度を、忘れるようなときはないだろう。

❼尊い。すぐれている。みごとだ。 例御子もいとあはれなる体句を作り給へるを〈源氏・桐壺〉 訳若宮(=光源氏)も実にみごとな詩句をお作りになったので。

三 名 ❶しみじみとした感動。しみじみとした風情や情趣。➡情け「類語の整理」 例若葉の梢涼しげに茂りゆくほどこそ、世のあはれも、人の恋しさもまされ〈徒然・一九〉 訳若葉の梢がいかにも涼しそうに茂ってゆくころは、世の中のしみじみとした風情も、人へのなつかしさもつのってくるものだ。

❷悲哀。哀愁。さびしさ。 例いとあはれ深きながめをするよりは、残らむ人の思ひ出でにも見よとて、絵をぞかく〈蜻蛉・下〉 訳ひどく悲哀のつのる物思いに沈むよりは、後に残るであろう人の思い出(のよすが)としても見てくれと思って、絵をかく。

❸愛情。人情。好意。 例子ゆゑにこそ、万のあはれは思ひ知らるれ〈徒然・一四二〉 訳子供(があること)によってこそ、すべての(人の)情愛は理解できる。

と心を打たれるさま。〈野ざらし紀行〉「三つばかりなる捨て子の、あはれげに用泣くあり」訳三歳くらいである捨て子で、いかにも悲しそうに泣く子がいる。

あはれしる… 和歌

あはれ知る　友こそかたき　世なりけれ
ひとり雨聞く　秋の夜すがら
〈正徹物語・藤原為秀〉

訳ものの情趣を理解する友というものが、めったにいない世の中であることよ。ひとりで雨の音を聞いている秋の一晩中(に思ったことは)。

あはれとも… 和歌《百人一首》【あはれとも　いふべき人は　思ほえで　身のいたづらに　なりぬべきかな】〈拾遺・恋五・藤原伊尹〉➡付録①「小倉百人一首」45

あはれ・ぶ アワレブ 他バ四{ば・び・ぶ・ぶ・べ・べ}〔「ぶ」は接尾語〕「あはれむ」に同じ。〈古今・仮名序〉「花をめで、鳥をうらやみ、霞をあはれび用」訳花を賞美し、鳥の声をうらやましく思い、霞をしみじみとしたものに思い。

あはれ・む アワレム 他マ四{ま・み・む・む・め・め}「あはれぶ」とも。❶しみじみと情趣を感じる。〈方丈・三〉「梟の声をあはれむ体につけても」訳ふくろうの声に情趣を感じるにつけても。

❷いつくしむ。愛する。〈平家・七・維盛都落〉「前世の契りありければ、人こそあはれみ用給ふとも」訳前世からの約束があったので、あなた(=維盛)は愛してくださっても。

❸気の毒に思う。〈方丈・四〉「他の俗塵に馳することをあはれむ終」訳他の人が世間の名利に(とらわれて)あくせくすることを気の毒に思う。

あひ- アイ【相】接頭(動詞に付いて)❶いっしょに。〈源氏・葵〉「はた人あひ乗り給へるにつつまれて」訳やはり(光源氏と)女がいっしょに(牛車に)乗っていらっしゃるのに遠慮されて。

❷互いに。〈更級・子忍びの森〉「たひらかにあひ見せ給へ」訳無事に互いに(顔を)見させ(=会わせ)てください。

❸語調を整え、重みを加える。〈古今・離別〉「たらちねの親の守りとあひ添ふる心ばかりは関などめそ」訳(ともに行くことのできない)親が守りとして(我が子に)添えてやる心だけは、関所よ、とめてくれるな。(「たらちねの」は「親」にかかる枕詞)

あび【阿鼻】名《梵語の音訳》〔無間(=間断なく苦痛を受ける)の意〕「阿鼻地獄」の略。八大地獄の一つ。大罪を犯した者が死後に落ちる、地獄の中で最も苦しみの激しい所。絶え間なく剣山や釜ゆでなどの責め苦を受けるという。無間地獄。

あひ-かまへ-て アイカマエ―【相構へて】副〔「あひ」は接頭語〕❶十分用心して。十分注意して。〈平家・一一・逆櫓〉「あひ構へて、夜を日につぎて、勝負を決すべし」訳十分用心して、昼夜休まず、勝負を決めるがよい。

❷(下に禁止・命令などの語を伴って)絶対に。決して。きっと。〈伽・浦島太郎〉「亀が与へし形見の箱、『あひ構へて開けさせ給ふな』と言ひけれども」訳亀が与え(てくれ)た形見の箱は、「決して開けになられるな」と言ったが。

最重要330

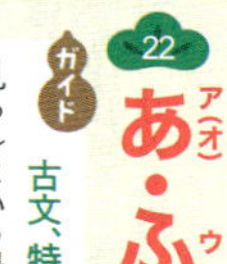

あ(ア(オ))・ふ(ウ)【会ふ・逢ふ・合ふ】自ハ四{は・ひ・ふ・ふ・へ・へ}

ガイド 古文、特に和歌では③「結婚する」の意に注意。男女が「あふ」「見る」(また両者を複合した「あひ見る」)という場合、たいてい③の意である。

❶**出会う。対面する。来あわせる。**
例「旅の御姿ながらおはしたり」と言へば、あひ用奉る〈竹取・蓬莱の玉の枝〉 訳「旅のお姿のままでいらっしゃった」と言うので、(翁が)お会い申しあげる。
例宇津の山にいたりて、…すずろなるめを見ることと思ふに、修行者あひ用たり〈伊勢・九〉 訳宇津の山にさしかかって、…思いがけないめにあうことよと思っていると、修行者が来あわせた。

❷**(時節・機会に)出くわす。あたる。適合する。**
例才ありとて頼むべからず。孔子も時にあは未ず〈徒然・二一一〉 訳学才があるといって頼ることはできない。孔子でも時勢に適合しない。

❸**男女が契る。結婚する。**
例つひに本意のごとくあひ用にけり〈伊勢・二三〉 訳(幼なじみの二人は)とうとうかねての望みどおり結婚したのだった。

❹**たち向かう。対抗して争う。**(➡集ふ「古文常識」)
例香具山と耳梨山とあひ用し時立ちて見に来し印南国原〈万葉・一・一四〉 訳香具山と耳梨山とがあい争ったとき、(阿菩の大神が)立って見に来たこの印南国原(=兵庫県印南地方)よ。

あひ-ぐ・す(アイ)【相具す】「「あひ」は接頭語」 ■一 他サ変{せ・し・す・する・すれ・せよ}伴う。いっしょに連れてゆく。〈平治物語〉「五百余騎をあひ具し用て」訳五百余騎を伴って。 ■二 自サ変{せ・し・す・する・すれ・せよ}夫婦になる。連れ添う。〈平家・四・若宮出家〉「宰相殿と申す女房にあひ具し用て」訳(頼盛は)宰相殿と申し上げる女房と夫婦になって。

あひ-しら・ふ(アイシラ(ロ)ウ) 他ハ四{は・ひ・ふ・ふ・へ・へ}「あへしらふ」に同じ。〈徒然・七三〉「おほかたはまことしくあひしらひ用て」訳(神や仏の話は)だいたいは本当のこととして対応して。

あひ-せん(アイ)【間銭】名《近世語》手数料。口銭。

あひだ(アイダ)【間】名 ❶**空間的に二つのものの間。**すきま。〈平家・一一・勝浦付大坂越〉「潮の干て候ふ時は、陸と島の間は馬の腹もつかり候はず」訳潮が引いていますときは、陸と島との間は馬の腹も(海水に)つかりません。
❷**時間的にある範囲内。**〈万葉・五・八三二〉「今日の間は楽しくあるべし」訳今日一日の間は楽しいことであろう。
❸時間の休止。**絶え間。**〈紀・斉明〉「行く水の間も無くも思ほゆるかも」訳流れる水のように絶え間もなく思い出されることよ。
❹**人と人との間柄。**仲。〈今昔・二九・五〉「いみじく親しく語らひたりける間なりければ」訳(貞盛はこの法師と)きわめて親しくつき合っていた間柄だったので。
❺人や事物を選択する範囲。**…のうちで。…のいずれか。**〈徒然・二三八〉「佐理・行成の間疑ひありて、いまだ決せずと申し伝へたり」訳(古い額の書き手は)佐理と行成のどちらか疑問があって、まだ決着しないと申し伝えている。
❻(接続助詞のように用いて)**…ので。**〈平家・七・忠度都落〉「国々の乱れ、しかしながら当家の身の上のことに候ふ間」訳諸国での反乱、すべて当家(=平家)の身の上のことでございますので。
参考 ⑥の用法は中世以降一般化し、のちには候文の接続助詞としてさかんに用いられる。

あひだち-な・し(アイダチ) 形ク{から・く(かり)・し・き(かる)・けれ・かれ}➡あいだちなし

あひ-な・し(アイ) 形ク{から・く(かり)・し・き(かる)・けれ・かれ}➡あいなし

あひみての… 和歌《百人一首》【あひ見ての のちの心に くらぶれば 昔はものを 思はざりけり】〈拾遺・恋二・藤原敦忠〉➡付録〈1〉「小倉百人一首」43

あひ-み・る(アイミル)【相見る・逢ひ見る】他マ上一{み・み・みる・みる・みれ・みよ}「「あひ」は接頭語」❶**対面する。**顔を合わせる。〈源氏・葵〉「めぐりても絶えざなれば、あひみる体ほどありなむと思せ」訳(特別に関係の深い親子の縁は)生まれ変わっても絶えないそうだから、(再び)対面するときがきっとあるだろうとお思いなさい。
❷**男女が関係を結ぶ。**〈徒然・一三七〉「男女の情けも、

ひとへにあひみる(体)をばいふものかは」訳男女の恋愛も、ひたすら関係を結ぶこと(だけ)をいうものであろうか(いや、そうではない)。

あ・ふ アフ(オ)ウ【合ふ】

一 自ハ四{は・ひ・ふ・ふ・へ・へ} ❶ **一つになる。いっしょになる。一致する。**〈蜻蛉・上〉「夜、目もあは(未)ぬままに、嘆き明かしつつ」訳夜、目も合わない(＝眠れない)ままに、悲しみ泣き明かしては。

❷**調和する。似合う。つり合う。**〈枕・一四三〉「水の流るる音、笛の声などあひ(用)たるは」訳(橋の板を踏み鳴らして舞いながら合唱する声に)川の水が流れる音や、笛の音色などが調和しているのは。

二 補動ハ四{は・ひ・ふ・ふ・へ・へ}(動詞の連用形に付いて)複数のものが同じ動作をする意を表す。**みんな…する。…しあう。**〈源氏・若紫〉「山の鳥どもそこはかとなくさへづりあひ(用)たり」訳山の鳥どもがどこでともなくさえずり交わしている。(➡集ふ「古文常識」)

あ・ふ アフ(オ)ウ【会ふ・逢ふ・合ふ】自ハ四 ➡前ページ

あ・ふ アフ(オ)ウ 22【敢ふ】

一 自ハ下二{へ・へ・ふ・ふる・ふれ・へよ} ❶ **たえる。もちこたえる。こらえる。**〈万葉・一九・四二二〇〉「老いづく吾が身けだしあへ(未)むかも」訳老いゆくわが身は、はたしてもちこたえるだろうか。

❷**まあ、よしとする。**〈大鏡・時平〉「『ちひさきはあへ(用)なむ』と、おほやけも許させ給ひしぞかし」訳「幼い者は(筑紫に同行しても)きっとよしとする(＝差し支えない)だろう」と、(醍醐)天皇もお許しになられたのであるよ。

二 補動ハ下二{へ・へ・ふ・ふる・ふれ・へよ}(動詞の連用形に付いて)**終わりまで…しおおせる。完全に…しきる。**また、しいて…する。〈万葉・二〇・四二九六〉「高円の萩の下葉はもみちあへ(未)むかも」訳高円山の萩の下葉はすっかり紅葉しきっているだろうかなあ。

語法「あへず」「あへなむ」と、助動詞を伴って用いられることが多い。

あふぎ オウギ【扇】名 あおいで風を起こす道具。おうぎ。古くは団扇を、平安時代以降は扇子をいう。扇の種類は蝙蝠扇と檜扇とに大別されるが、特に檜扇をさすこともある。涼をとるだけでなく、礼装用としても用いた。夏。→蝙蝠・檜扇

あふ・ぐ アオグ【仰ぐ】他ガ四{が・ぎ・ぐ・ぐ・げ・げ} ❶ **顔を上に向ける。見上げる。**〈源氏・蓬生〉「女ばらも空を仰ぎ(用)てながむ、そなたに向きて喜び聞こえける」訳女房たちも空を見上げて、そちら(＝光源氏の邸)に向いてお礼を申し上げた。

❷**尊敬する。敬う。**〈徒然・一五七〉「仰ぎ(用)てこれをたふとむべし」訳敬ってこれ(＝仏前の形ばかりの勤行)を尊重しなくてはならない。

あふご オウゴ【朸】名「あふこ」とも。てんびん棒。

参考 和歌では、多く「逢ふ期(＝逢う機会)」にかけて用いる。

あふことの… 和歌《百人一首》【逢ふことの 絶えてしなくは なかなかに 人をも身をも 恨みざらまし】〈拾遺・恋一・藤原朝忠〉➡付録①「小倉百人一首」44

あふことも… 和歌

逢ふことも【無み】 なみだに浮かぶ【涙】 わが身には
死なぬ薬も 何にかはせむ
〈竹取・ふじの山〉

訳(かぐや姫に)逢うこともないので、(悲しみの)涙に浮かんでいるような私の身には、(永遠に)死なない薬も何になろうか(いや、何にもなりはしない)。

解説 月の世界に帰ったかぐや姫の残していった不死の薬と手紙とを見て、帝が詠んだ歌。

逢坂の関 (あふさかのせき) オウサカノセキ《地名》歌枕 今の滋賀県と京都府との境の逢坂山にあった関所。鈴鹿・不破とともに三関の一つ。大化二年(六四六)に設置され、延暦十四年(七九五)に廃止。東関。→三関①

逢坂山 (あふさかやま) オウサカヤマ《地名》歌枕 今の滋賀県と京都府との境にある山。逢坂の関が設けられ「関山」と呼ばれた。

あふさ-きるさ アフ(オ)ウサ— 形動ナリ{なら・なり(に)・なり・なる・なれ・なれ} ❶ **行ったり来たりするさま。行きちがうさま。**〈夫木・冬三〉「雪雲のあふさきるさに(用)月ぞさえたる」訳雪雲が(月の前を)行きちがって(そのたびに)月の光が澄み渡っていることだ。

❷**一方がよければもう一方が悪いようす。ちぐはぐなようす。**〈源氏・帚木〉「とあればかかり、あふさきるさに(用)て」訳一方がああであると他方はこうで、ちぐはぐな状態であって。

❸**あれこれと思い迷うようす。**〈徒然・三〉「心のいとまなく、あふさきるさに(用)思ひ乱れ」訳心の安まる時がなく、あれやこれやと思案にくれて。

参考「さ」は動詞の終止形に付き、時・折などの意を表す接尾語。「会う時、離れる時」などの意といわれる。

あぶ・す【浴ぶす】他サ四・下二{さ・し・す・す・せ・せ}{せ・せ・す・する・すれ・せよ}「あむす」とも。(湯や水を)注ぎかける。あびせる。〈今昔・二・二六〉「いだき上げて湯をあぶし(用)(四段)て見るに、ただ人と見えず」訳(男の子を)抱き上げて湯をあびせかけて見ると、普通の人と思えない。〈今昔・一九・二〉「湯をわかして大衆にあぶせ(未)(下二段)むとして」訳湯をわかして衆徒に湯浴みをさせようとして。

あふち オウチ【楝・樗】名 ❶ **木の名。せんだん。**初夏、薄紫の小さな花が咲く。(楝の花 夏・楝の実 秋)

❷**襲の色目の名。**表は薄紫、裏は青。一説に、表は紫、裏は薄紫。夏に用いる。➡襲の色目「古文常識」(三一〇ページ)

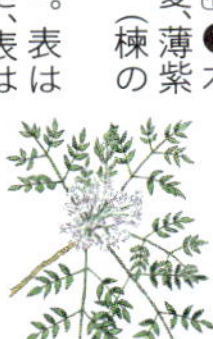

(あふち①)

阿仏尼 (あぶつに)《人名》(一二二?—一二八三)鎌倉中期の女流歌人。安嘉門院に仕え、藤原為家の側室となって為相・為守を生んだ。剃髪して阿仏尼という。為相のための訴訟で鎌倉に下ったときの紀行文が「十六夜日記」。ほかに日記「うたたね」、歌論書「夜の鶴」など。

あふな-あふな オウナオウナ 副 **身のほどにしたがって。分**

相応に。〈伊勢・九三〉「あふなあふな思ひはすべし」訳 分相応に恋はすべきものだ。

参考「あぶなあぶな」と読んで「恐る恐る」の意とする説もある。

あふひ【葵】名 ❶植物の名。ふたばあおい。「賀茂の祭り」に飾られる。和歌では、多く「逢ふ日」にかけて用いる。夏

（あふひ①）

❷襲の色目の名。表は薄青、裏は薄紫。夏に用いる。➡襲の色目「古文常識」（三〇ページ）

葵の上《人名》「源氏物語」中の人物。左大臣の娘。光源氏の正妻となるが、光源氏とうちとけない。六条御息所の生き霊に悩まされつつ夕霧を生み、二十六歳で急死。

あふひ‐まつり【葵祭り】名「かものまつり」に同じ。夏。➡賀茂「フレーズ」

近江《地名》（古くは「淡海」とも書く）旧国名。東山道八か国の一つ。今の滋賀県。「淡海（＝湖）」のある国の意。「近江」は、「遠江」に対して「近つ淡海（＝都に近い淡海）、すなわち琵琶湖」と称したことからの名。江州。

あ‐ぶみ【鐙】名（「足踏み」の意）馬具の名。鞍の両わきに垂らして、足を踏みかけるもの。➡鞍

あふみのうみ… 和歌

近江の海　夕波千鳥　汝が鳴けば
心もしのに　古思ほゆ
〈万葉・三・二六六・柿本人麻呂〉

訳 近江の海（＝琵琶湖）の夕波に飛ぶ千鳥よ、おまえが鳴くと、心もしおれて昔のことが思われてならないのだ。

解説「古」は、近江に都のあった天智天皇の時代をさす。「み」の音と「な」の音の配列の妙による音楽性が感じられる。

あふり【障泥】名 馬具の名。泥はねを防ぐため、馬の両わきや腹におおい垂らすもの。漆塗りの革で作る。

あふりゃう‐し【押領使】名 令外の官の一。地方にあって兵を率い、暴徒などを鎮圧する役。国司・郡司などの中から任命された。

あふ・る【煽る】他ラ四｛ら・り・る・る・れ・れ｝❶馬を急がせようとして、乗り手が鐙（＝馬具の名）で馬の両わき腹をける。〈平家・九・木曽最期〉「あふれ已どもあふれ已ども、打てども打てどもはたらかず」訳 わき腹をけってもわき腹をけっても、（鞭を）打っても打っても（馬は）動かない。

❷おだてる。そそのかす。

あぶ・る【溢る】自ラ下二｛れ・れ・る・るる・るれ・れよ｝❶落ちぶれる。さまよう。〈源氏・東屋〉「見苦しきさまにて世にあぶれ未むも」訳 見苦しいようすで世間に落ちぶれるようなのも。

❷いっぱいになってこぼれる。あふれる。

❸ちりぢりになる。〈平家・二・烽火之沙汰〉「あぶれ用ゐたる兵どもも」訳 ちりぢりになっていた兵士たちは。

あ‐べか‐めり あるようである。ありそうに思われる。〈更級・宮仕へ〉「いとはしたなく、悲しかるべきことにこそあべかめれ已と思へど」訳 （宮仕えは）とてもきまりが悪く、悲しいにちがいないことであるようだと思うけれども。

なりたち ラ変動詞「有り」体＋推量の助動詞「べし」体＋推量の助動詞「めり」＝「あるべかるめり」の撥音便「あんべかんめり」の撥音「ん」の表記されない形。ふつう「あンべかンめり」と読む。

あ‐べかり「あべし」に同じ。

なりたち ラ変動詞「有り」体＋推量の助動詞「べし」用＝「あるべかり」の撥音便「あんべかり」の撥音「ん」の表記されない形。ふつう「あンべかり」と読む。

語法「あべかりき」「あべかりけり」などのように、過去・回想の助動詞とともに使われることが多い。

あ‐べし あるにちがいない。あるだろう。あるのが当然だ。〈源氏・行幸〉「いとこまかに、あべき体ことども教へ聞こえ給へば」訳 （光源氏は）実に細やかに、（内大臣との対面で）心得ておくべきあれこれのことを（玉鬘に）お教え申しあげなさるので。

なりたち ラ変動詞「有り」体＋推量・当然の助動詞「べし」＝「あるべし」の撥音便「あんべし」の撥音「ん」の表記されない形。ふつう「あンべし」と読む。

あへ‐しら・ふ 他ハ四｛は・ひ・ふ・ふ・へ・へ｝❶相手をする。受け答えする。応答する。〈源氏・若紫〉「をさをさあへしらは未ず」訳 ほとんど相手をせず。

❷ほどよくとりなす。適当に扱う。あしらう。〈蜻蛉・上〉「『いとかうしもあるは、われを頼まぬなめり』などもあへしらひ用」訳「まったくこんなにも（嘆いて）いるのは、私（＝兼家）を頼りにしていないからであるようだ」などともほどよくとりなし。

❸取り合わせる。付け合わせる。あえる。〈蜻蛉・上〉「切り大根、物の汁してあへしらひ用て」訳 きざんだ大根を、何かの汁であえて。

あへ‐ず【敢へず】❶たえられない。こらえきれない。〈万葉・一五・三六九九〉「秋されば置く露霜にあへず用して」訳 秋になるとおりる露霜にたえられないで。

❷（「あふ」が補助動詞の場合）…しきれない。…しようとしてできない。〈古今・春上〉「消えあへぬ体雪の花と見ゆらむ」訳 消えきれない雪が花に見えているのだろう。

なりたち 下二段動詞「敢ふ」未＋打消の助動詞「ず」

あへ‐て【敢へて】副（下二段動詞「敢ふ」用＋接続助詞「て」）❶押し切って。むりに。力いっぱいに。〈万葉・三・三八八〉「いざ子どもあへて漕ぎ出むには静けし」訳 さあ皆の者よ、押し切って漕ぎ出そう。海面も静かだ。

❷（下に打消の語を伴って）㋐決して。まったく。〈宇治・一〇・一〉「人のきはめたる大事なれば、あへて口より外に出ださず」訳 人の（身に関する）この上なく重大な事柄だから、決して口外しない。

㋑進んで。わざわざ。〈栄花・かがやく藤壺〉「成り出で清げならぬをばあへてつかうまつらせ給ふべきにもあらず」訳 成長して（まだ）すっきりと美しい感じになっていない人を、わざわざ（妃として）お仕えさせなさってよいはずでもなく。

定型表現 副詞の呼応

あへて…打消

例 あへて 出でず。〈打消〉（＝決して出さない）

あへ-な・し アエ 【敢へ無し】形ク ↓左 23

あへ-な-む アエン【敢へなむ】差し支えないだろう。なんとか我慢できるだろう。よしとしよう。〈枕・三〇二〉「六位の蔵人の青色もあへなむ終」訳（几帳にうちかけてあるのが）六位の蔵人の青色の袍（＝上着）でも差し支えないだろう。

なりたち 下二段動詞「敢ふ」用＋完了（確述）の助動詞「ぬ」未＋推量・意志の助動詞「む」

安倍仲麻呂（あべのなかまろ）《人名》（七〇一？〜七七〇）奈良時代の遣唐留学生。姓は、阿倍とも。養老元年（七一七）に唐に留学、玄宗皇帝に仕え、李白・王維らの詩人とも親交を結んだ。海難のため帰国できず、唐で生涯を終えた。「小倉百人一首」に入集。

あま【天】名 天。空。〈万葉・一五・三六〇二〉「たなびける天の白雲」訳 たなびいている空の白雲。

参考 「あめ」の古形という。多く、「天の」「天つ」「天飛ぶ」など、他の語に付いた形で用いられる。

あま【海人・海士・蜑】名 ❶漁業や製塩に従事する人。漁師。漁夫。あまびと。〈千載・恋四〉「見せばやな小島のあまの袖だにもぬれにぞぬれし色は変はらず」訳 ↓付録①「小倉百人一首」90

最重要330

23

あへ-な・し【敢へ無し】

アエ

形ク｛から・く（かり）・し・き（かる）・けれ・かれ｝

ガイド もちこたえる意の「敢ふ」の連用形に形容詞「無し」を付けた語。もちこたえることができないと、あきらめる意を表す。

❶はりあいがない。かいがない。あっけない。期待はずれだ。

例 あへなき体まで御前許されたるは、さおぼしめすやうこそあらめ〈枕・一八四〉

訳 あっけないほどに御前（に伺候すること）を許されたのは、（中宮が）そうお思いになるわけがきっとあるのだろう。

❷どうにもしようがない。お手あげだ。↓思ほえず「慣用表現」

例 みづから額髪をかき探りて、あへなく用心細ければ、うちひそみぬかし〈源氏・帚木〉

訳 自分で（切り落とした）額髪をなで探ってみても、どうしようもなく心細いので、泣きっつらになってしまうものだよ。

❸もろい。見るも無惨である。

例 ここにて切られたらば、あへなく用討たれたるとぞ言はれんずる〈義経記〉

訳 ここで切られたら、見るも無惨に討たれたことだときっと言われよう。

❷〔「海女」とも書く〕海にもぐって貝・海藻などをとる女性。〈枕・三〇六〉「海女のかづきしに入るは憂きわざなり」訳 海女がもぐって貝などをとるために（海に）入るのはつらい仕事だ。

フレーズ

海人の苫屋 苫（＝菅や茅を編んだもの）でつくった粗末な漁夫の小屋。

あま-がけ・る【天翔る】自ラ四｛ら・り・る・る・れ・れ｝「あまかける」とも。（神や人の霊魂が）空を走り飛ぶ。〈万葉・五・八九四〉「ひさかたの天の御空ゆ天かけり用見渡し給ひ」訳 大空を走り飛んで見渡しなさり。（「ひさかたの」は「天」にかかる枕詞）

あま-ぎみ【尼君】名 尼を敬っていう語。尼様。

あま-ぎ・る【天霧る】自ラ四｛ら・り・る・る・れ・れ｝（雲や霧などがかかって）空が一面に曇る。〈新古・春下〉「山高み嶺の嵐に散る花の月に天霧る体明け方の空」訳 山が高いので、山頂を吹く強い風で散る花がかかって（有明けの）月のもとで一面に曇って（見えて）いる、明け方の空よ。

あまぐもの【天雲の】《枕詞》〔上代は「あまくもの」〕「たゆたふ」「ゆくらゆくら」「行く」「別る」「奥」「よそ」「たどきも知らず」などにかかる。〈万葉・一一・二八一六〉「あまくものたゆたふ心」

あま-ごぜ【尼御前】名〔「ごぜ」は「ごぜん」の転〕尼を敬っていう語。尼様。尼前。〈徒然・四七〉「尼御前、何事をかくはのたまふぞ」訳 尼様、なんのことをこのようにはおっしゃるのか。

あまざかる【天離る】《枕詞》「あまさかる」とも。天空のはるかかなたに離れていることから、「ひな（＝田舎）」にかかる。〈万葉・五・八八〇〉「あまざかる鄙に五年住まひつつ」

あま・す【余す】他サ四｛さ・し・す・す・せ・せ｝❶残す。また、取り逃がす。〈平家・九・木曽最期〉「只今名乗るは大将軍ぞ。余す終な、者ども」訳 ただいま名乗っているのは大将軍だぞ。取り逃がすな、みなの者。

❷もてあます。見捨てる。〈平家・一・禿髪〉「世に余さ未れたるいたづら者などの」訳 世間から見捨てられたろくでなしなどが。

最重要330

あまた【数多】副

ガイド 「あま」は「あまる」「あます」などの「あま」と同源か。「万葉集」には①②ともに用例があるが、中古以降はほとんど①の例に限られる。

❶数多く。たくさん。

❷非常に。はなはだ。

例 いづれの御時にか、女御・更衣あまたさぶらひ給ひける中に〈源氏・桐壺〉

訳 どの帝の御代であったろうか、女御や更衣が大勢お仕えしていらっしゃった中に。

例 草枕旅行く君を人目多み袖振らずしてあまたくやしも〈万葉・三・三八四〉

訳 旅に出発するあなたに、人目が多いので、袖も振らずに(別れてしまった、それが)たいへん悔しいことだ。(「草枕」は「旅」にかかる枕詞)

あま-そぎ【尼削ぎ】名 尼の髪形の一つ。また、尼のように垂れ髪を肩や背中のあたりで切りそろえた少女の髪形。〈枕・一五一〉「頭はあまそぎなるちごの」訳 頭髪はあまそぎである幼女が。

(あまそぎ)

あまた【数多】副 ➡右 24

あまたら-す【天足らす】天に満ち満ちていらっしゃる。〈万葉・二・一四七〉「大君の御寿は長く天足らしたり」訳 天皇のお命は長く天に満ち満ちていらっしゃった。

なりたち 四段動詞「天足る」未＋上代の尊敬の助動詞「す」

あま-ぢ【天路・天道】名 ❶天にのぼる道。〈万葉・五・八〇一〉「ひさかたの(=枕詞)天路は遠し」❷天上にあるという道。〈万葉・一〇・二〇一〇〉「夕星も通ふ天路をいつまでか仰ぎて待たむ」訳 宵の明星も通う天上の道をいつまで仰いで待つことであろうか。

あま-つ【天つ・天津】連体(「つ」は「の」の意の上代の格助詞)天の。天にある。「天つ風」「天つ神」「天つ空」「天つ少女」

あまつ-かぜ【天つ風】名 空を吹く風。〈古今・雑上〉「天つ風雲の通ひ路吹き閉ぢよをとめの姿しばしとどめむ」訳 ➡付録①「小倉百人一首」12

あまつかぜ… 和歌《百人一首》【天つ風 雲の通ひ路 吹き閉ぢよ をとめの姿 しばしとどめむ】〈古今・雑上・良岑宗貞(遍昭)〉➡付録①「小倉百人一首」12

あまつ-かみ【天つ神】名 天上の国(=高天原)の神。また、高天原から下った神。対国つ神

あまっ-さへ【剰へ】副(「あまりさへ」の促音便)そのうえに。おまけに。それればかりかさらに。〈平家・一・鱸〉「〔清盛は〕中納言、大納言に経あがって(=成り上がって)、あまっさへ丞相(=大臣)の位にいたる」

参考 中世までは、促音を表記しない形「あまさへ」と表記された。現代語では「あまつさえ」。

あまつ-そら【天つ空】名 ❶天。空。❷空のようにはるかに遠い所。〈古今・恋一〉「夕暮れは雲のはたてにものぞ思ふ天つ空なる人を恋ふとて」訳 夕暮れ時は、はるかな雲の果てに向かって物思いをすることだ。雲の上のような遠い所にいる(手の届かない)人を恋しているので。❸宮中。天皇。〈古今・雑体〉「身は下ながら言の葉を天つ空まで聞こえあげ」訳 身分は低いが、和歌を天皇(のお耳)にまでお届け申しあげ。❹落ち着かないさま。うわのそら。有頂天。〈万葉・一二・二八八七〉「あが心天つ空なり土は踏めども」訳 私の心はうわのそらだ。(足は)土を踏んでいるが。

あまつ-ひつぎ【天つ日嗣ぎ】名 天照大御神の系統を受け継ぐこと。皇位継承。また、天皇の位。天の日嗣ぎ。

あまつ-みかど【天つ御門】名 皇居の門。転じて、皇居。

あま-づら【甘葛】名 ❶つる草の一種。今の、あまちゃづるのことともいう。❷①のつるや葉の汁を煮つめて作った甘味料。〈枕・四二〉「削り氷に甘葛入れて」訳 削った氷にあまずらを入れて。

あまつ-をとめ【天つ少女】名 ❶天女。❷(天女のように見えることから)五節の舞姫。

天照大御神(あまてらすおほみかみ)《人名》(「天照大神」とも書く)高天原の主神。伊邪那岐命の子で女神。弟の須佐之男命の乱行に怒って天の岩屋に隠れたという神話で有名。伊勢の皇大神宮に祭られ、皇室の祖神との信仰がある。

あまとぶや【天飛ぶや】《枕詞》空を飛ぶの意から「鳥」「雁」に、また、「雁」に似た音の地名「軽」にかかる。〈万葉・二・二〇七〉「あまとぶや軽の路は」

あまな-ふ【甘なふ・和ふ】自ハ四 {は・ひ・ふ・ふ・へ・へ} 仲よくする。同意する。また、甘んじる。〈雨月・菊花の約〉「清貧をあまなひ用て、友とする書の外はすべて調度

のわづらはしきを厭ふ」訳 清貧に甘んじて、友のように親しむ書物のほかはいっさい諸道具のわずらわしいのを嫌う。

あまね・し【遍し・普し】形ク{から・く(かり)・し・き(かる)・けれ・かれ}すみずみまで行きわたっている。〈方丈・三〉「火の光に映じて、あまねく用紅なる中に」訳（大火事で舞い上がった灰が）火の光に照り映えて、あたり一面にまっ赤である中に。

あま-の【天の】連体〔名詞「天」＋格助詞「の」〕「あめの」とも。天空、または宮廷に関係のある事物に冠する語。天の。天にある。「天の岩戸」「天の河原」「天の原」

参考「天の」の古形とする説がある。

あまの-いはと【天の岩戸】名 高天原にあるという岩屋の戸。須佐之男命の乱行に怒って岩屋に隠れた天照大御神を、天手力男神が引き出したという神話で有名。天の戸。

あまの-うきはし【天の浮き橋】名「あめのうきはし」とも。神代に、天地の間にかかっていたという橋。

参考 伊邪那岐命・伊邪那美命の二神が、国土創成の際、高天原から降るときに渡ったといわれる。

天の香具山（あまのかぐやま）《地名》歌枕〔上代の仮名書き例では「あめのかぐやま」〕今の奈良県橿原市の東部にある山。畝傍山・耳成山とともに大和三山の一つ。名は天(＝高天原)から降ったという伝承に由来する。

あまの-がは【天の川・天の河】名 銀河。秋。〈細道・芭蕉〉「荒海や佐渡によこたふ天の河」訳 ↓あらうみや…俳句

あまの-かはら【天の河原】名 ❶高天原(＝天上)にあるという安の河の河原。❷天の川の河原。〈伊勢・八二〉「狩り暮らしたなばたつめに宿からむ天の河原に我は来にけり」訳 ↓かりくらし…和歌

あまの-と【天の門】名 ❶天を海に見立てて、天上にある月や太陽の渡る道。大空。❷天の川の渡し場。❸〔「天の戸」とも書く〕「あまのいはと」に同じ。

あま-の-とまや【海人の苫屋】↓海人「フレーズ」

あまの-はごろも【天の羽衣】名 天人の着るという衣服。

天の橋立（あまのはしだて）《地名》歌枕 今の京都府宮津市の江尻から宮津湾に突き出た砂州。白砂青松の美で知られ、松島・安芸の宮島とともに日本三景の一つ。

あまの-はら【天の原】名 ❶広々とした大空。〈古今・羇旅〉「天の原ふりさけ見れば春日なる三笠の山に出でし月かも」訳 ↓付録◇1「小倉百人一首」7 ❷「天つ神」が住むとされた天上界。高天原。

あまのはら… 和歌《百人一首》【天の原　ふりさけ見れば　春日なる　三笠の山に　出でし月かも】〈古今・羇旅・安倍仲麻呂〉↓付録◇1「小倉百人一首」7

あまのやは… 俳句

> 海士の屋は　小海老にまじる　いとどかな　秋　切れ字
> 〈猿蓑・芭蕉〉

訳 漁師の家の土間では（干してある）小えびの中に、いとど(＝えびこおろぎ・かまどうまとも)がまぎれこんでいることよ。

解説 和歌の洗練された世界では採られなかった、俗な世界に材料を求めた句。「去来抄」の「先師評」にこの句と「病雁の夜寒に落ちて旅寝かな」(訳 ↓びやうがんの…俳句)の句についての逸話を載せる。

あまのやや… 俳句

> 蜑の家や　切れ字　戸板を敷きて　夕涼み　夏
> 〈細道・象潟・低耳〉

訳（象潟の）漁師の家の素朴さよ。（縁台の代わりに）戸板を敷いて夕涼みをしているよ。

解説 低耳は、今の岐阜県の商人で俳人。象潟でよく行商をした。地方の簡素で自由な生活への共感。芭蕉一行に宿所を紹介したりもしている。

あま-ま【雨間】名 雨の晴れ間。

あま・ゆ【甘ゆ】自ヤ下二{え・え・ゆ・ゆる・ゆれ・えよ}❶甘い味や香りがする。〈源氏・常夏〉「いと甘え用たるたきものの香を」訳 たいそう甘い香りがしている薫き物の香りを。❷（相手の好意に）なれなれしくする。甘える。❸てれる。はずかしがる。〈大鏡・道長下〉「『遺恨のわざをもしたりけるかな』とて、甘え用おはしましける」訳（村上天皇は）「遺憾なことをもしたものだなあ」とおっしゃって、はずかしがっていらっしゃったことだ。

-あまり【余り】接尾「まり」とも。❶（数詞に付いて）その数より少し多いことを示す。〈枕・二八〉「九月二十日余りのほど」訳 陰暦の九月二十日過ぎのころ。❷十以上の数を数えるとき、十の位と一の位との間に入れる語。〈土佐〉「十二月の二十日余り一日の日の戌のときに門出す」訳 陰暦十二月二十日と一日(＝二十一日)の日の午後八時ごろの時刻に出発する。〈古今・仮名序〉「みそもじ余りひともじ(＝三十一文字。短歌)」

あまり【余り】

一 名 ❶あまったもの。残り。余分。〈徒然・一〇八〉「その余りの暇いくばくならぬうちに、無益のことをなし」訳（食事・睡眠などで多くの時間を失い）その残りの暇がたいしてありもしない中で、無益のことをして。❷（行為や気持ちなどが）程度を超えること。抑えきれないこと。過度になった結果。…のあまり。〈土佐〉「京の近づくよろこびのあまりに、ある童のよめるうた」訳 京が近づくうれしさのあまりに、ある子供が詠んだ歌。

二 副 ❶はなはだしく。非常に。〈源氏・桐壺〉「まうのぼり給ふにも、あまりうちしきる折々は」訳（桐壺の更衣が）参上なさる場合でも、はなはだしくたび重なる時々には。❷（下に打消の語を伴って）たいして。それほど。〈枕・三一〉「いとあまりむつましうもあらぬ客人の来て」訳

最重要330

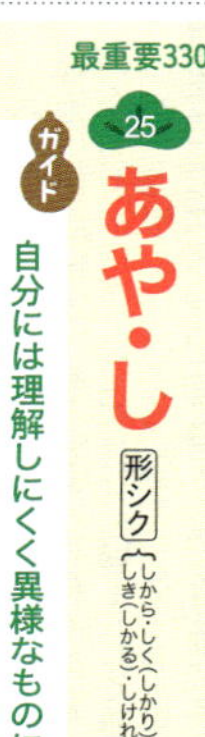

25 あや・し

形シク｛しから・しく(しかり)・し・しき(しかる)・しけれ・しかれ｝

ガイド 自分には理解しにくく異様なものに対して不審に思う感じを表す。貴族にとって、当時の庶民の生活は自分たちの生活と直接関係のない奇異なものに感じられたことから、②が派生した。

語感実感 遊んでばかりいる友人が試験で好成績をあげたことを、いつ勉強しているのだろうと不審に思う感じ。

❶【奇し・怪し・異し】

㋐ 不思議だ。神秘的だ。

例 げに御かたち有り様あやしき㊍までぞおぼえ給へる〈源氏・桐壺〉

訳 (藤壺(ふじつぼ)は)なるほどお顔もお姿も不思議なくらい(亡き桐壺の更衣に)似ていらっしゃる。

㋑ 異常だ。並々でない。

例 その花の中にあやしき㊍藤の花ありけり〈伊勢・一〇一〉

訳 その(瓶(かめ)に挿してある)花の中に異様な藤の花があった。

㋒ 疑わしい。不審だ。

例 かた時とのたまふにあやしく㊊なり侍りぬ〈竹取・かぐや姫の昇天〉

訳 ほんのしばらくの間とおっしゃるので疑わしくなりました。

㋓ けしからぬ。不都合だ。

例 遣(や)り戸を荒くたてあくるもいとあやし㊎〈枕・二八〉

訳 引き戸を乱暴に開け閉めするのもまことにけしからぬことだ。

❷【賤し】

㋐ 見苦しい。粗末だ。

例 あやしき㊍家の見どころもなき梅(むめ)の木などには、かしがましきまでぞ鳴く〈枕・四一〉

訳 (宮中では鳴かない鶯(うぐいす)が)粗末な民家の見ばえもしない梅の木などでは、やかましいくらいに鳴く。

㋑ 身分が低い。いやしい。

例 あやしき㊍下臈(げらふ)なれども、聖人の戒(いまし)めにかなへり〈徒然・一〇九〉

訳 いやしい身分の低い者であるが、(そのことばは)聖人の教えに匹敵している。

それほどたいして親しくもない客が来て。 **三** 形動ナリ｛なら・なり(に)・なり・なる・なれ・なれ｝あんまりだ。ひどい。〈枕・一四三〉「ここにてさへ、ひき忍ぶるもあまりなり㊎」訳 (遠慮する必要のない)ここ(=実家)でまで、人目をはばかるのもあんまりだ。

あまり‐さへ サエ【剰へ】副「あまっさへ」に同じ。〈方丈・二〉「明くる年は立ち直るべきかと思ふほどに、あまりさへ疫癘(えきれい)うちそひて」訳 翌年は(飢饉(ききん)から)立ち直ることができるかと思っているうちに、おまけに流行病まで加わって。

あま・る【余る】自ラ四｛ら・り・る・る・れ・れ｝❶多すぎて残る。程度を超える。〈古今・仮名序〉「在原業平(ありはらのなりひら)は、その心余り㊊てことば足らず」訳 (六歌仙の一人である)在原業平は、歌の(中に表そうとする)感動があり余っていて(表現する)ことばが足りない。
❷分に過ぎる。(能力・身分などの)程度を超える。〈源氏・桐壺〉「身に余る㊍までの御心ざしのよろづにかたじけなきに」訳 分に過ぎるほどの(娘=桐壺の更衣に対する桐壺帝の)お気持ちがすべてにつけてももったいないために。
❸あふれる。〈源氏・須磨〉「忍び給へど、御袖より余る㊍も所せうなむ」訳 (朧月夜(おぼろづきよ)は恋しさを)がまんなさるが、(涙が)御袖からあふれるのもやっかいである。

あまん・ず【甘んず】他サ変｛ぜ・じ・ず・ずる・ずれ・ぜよ｝〔「あまみす」の転〕満足する。楽しむ。〈細道・跋・素龍〉「ひとたびは坐(ざ)して、まのあたり奇景をあまんず㊎」訳 しばらくの間は腰をおろして、眼前に広がる奇景を楽しむ。

あみだ【阿弥陀】名 ❶《梵語(ぼんご)の音訳》〔「無量寿」「無量光」の意〕西方浄土(さいほうじょうど)に住む仏。衆生(しゅじょう)を救うため四十八の大願を立てているとされ、平安中期から盛んに信仰された。この名号(みょうごう)を唱えると、極楽往生できるとされる。浄土宗・浄土真宗の本尊。弥陀。阿弥陀仏。阿弥陀如来(にょらい)。
❷「阿弥陀笠(あみだがさ)」の略。笠をうしろのほうに傾けてかぶること。笠の内側の骨が、阿弥陀仏の光背のように見えることからいう。

あみだ‐ぶつ【阿弥陀仏】名「あみだ①」に同じ。

あ・む【浴む】他マ上二｛み・み・む・むる・むれ・みよ｝湯や水を浴びる。

「あぶ」とも。〈古今・離別・詞書〉「源実が筑紫へ湯浴み(未)むとてまかりける時に」訳 源実が筑紫(＝九州)に温泉を浴びようといって下っていったときに。

あむ・す【浴むす】他サ四・下二 {さ・し・す・す・せ・せ}{せ・せ・す・する・すれ・せよ} **湯や水を浴びせる。入浴させる。**「あぶす」とも。〈万葉・一六・三八二四〉「狐に浴むさ(未)(四段)む」訳 狐に(湯を)浴びせてやろう。〈宇治・一三・九〉「湯わかして浴むせ(用)(下二段)奉らんとて」訳 湯を沸かして(僧を)入浴させ申しあげようと思って。

あめ【天】名 空。また、天上の世界。〈記・下〉「雲雀は天に翔る」訳 ひばりは天空を高く飛ぶ。対 地

あめ-うじ【黄牛】名〔近世以降は「あめうし」〕毛があめ色(＝暗黄色)の牛。上等な牛とされた。

あ-め・く【叫く】自カ四 {か・き・く・く・け・け} わめく。さけぶ。〈枕・二八〉「酒のみてあめき(用)」訳 酒を飲んでわめき。

あめ-つち【天地】名 ❶**天と地。**〈古今・仮名序〉「天地のひらけはじまりける時」訳 天と地が生まれ(この世界が)はじまったとき。

❷**天の神と地の神。**〈万葉・二〇・四四八七〉「天地の固めし国そ大倭島根は」訳 天地の神々が固めた国だぞ、大和の国(＝日本)は。

あめつちの… 和歌《長歌》

天地の 分かれし時ゆ 神さびて 高く貴き 駿河なる 富士の高嶺を 天の原 振り放け見れば 渡る日の 影も隠らひ 照る月の 光も見えず 白雲も い行きはばかり 時じくそ 雪は降りける 語り継ぎ 言ひ継ぎ行かむ 富士の高嶺は 〈万葉・三・三一七・山部赤人〉

訳 天と地がわかれたときから、神々しく高く貴い駿河にある富士の高い峰を、大空はるかに振り仰いで見ると、(その高さのために、空を)渡る日の光も隠れつづけ、照る月の光も見えず、白雲(の流れ)もとどこおって、時期に関係なく雪は降っていることだ。語り継ぎ、言い継いでいこう、富士の高い峰のことは。

解説 富士山の荘厳なたたずまいをたたえた歌。その姿を、天地がはじめてわかれた創世の昔から変わらずにあるというのは、神話的な言い方。この長歌の反歌が、「田子の浦ゆうち出でて見れば真白にそ富士の高嶺に雪は降りける」(訳 ➡たごのうらゆ…和歌)〈万葉・三・三一八〉

あめ-の【天の】連体「あまの」に同じ。〈万葉・一・二〉「天の香具山登り立ち国見をすれば」訳 天上から降った香具山に登り立って、国見をすると。

あめの-した【天の下】名「あめがした」とも。❶**この世の中。天下。**〈源氏・桐壺〉「やうやう、天の下にも、あぢきなう人のもて悩みぐさになりて」訳 だんだんと、世間でも、(桐壺の更衣に対する桐壺帝の寵愛ぶりが)苦々しく人々の悩みの種になって。

❷**日本の国土。**また、国の政治。〈万葉・一・三六〉「やすみししわが大君のきこしをす天の下に」訳 わが天皇のお治めになる国土に。(「やすみしし」は「わが大君」にかかる枕詞)

あ-めり

あると見える。あるようだ。あるらしい。〈徒然・一九〉「いまひとときは心も浮きたつものは、春の気色にこそあめれ(已)」訳 さらにいちだんと心も浮き浮きするものは、春の景色であるようだ。

なりたち ラ変動詞「有り」(体)+推量の助動詞「めり」＝「あるめり」の撥音便「あんめり」の撥音「ん」の表記されない形。ふつう「あっめり」と読む。

あも・る【天降る】自ラ上二 {り・り・る・るる・るれ・りよ}〔「天降る」の転か〕❶天上から地上におりる。天下る。〈万葉・二〇・四四六五〉「高千穂の岳にあもり(用)し皇祖の神の御代より」訳 高千穂の峰に天下った天孫の神の御代から。

❷行幸する。〈万葉・二・一九九〉「行宮にあもり(用)いまして」訳 仮に造った宮殿に行幸していらっしゃって。

あや【文】名 ❶**物の表面に現れる線や形の模様。**〈土佐〉「さざれ波寄する文をば青柳の影の糸して織るかとぞ見る」訳 さざ波が寄せて(水面に)描く模様を、(水

最重要330

26 **あや-な・し**【文無し】形ク {から・く(かり)・し・き(かる)・けれ・かれ}

ガイド 模様・筋目の意の「文」に「無し」を付けた語。模様・筋目がはっきりしない意から、道理がたたない、対象がはっきりしないの意を表す。

❶**道理がたたない。すじが通らない。わけがわからない。**

例 春の夜のやみはあやなし(終)梅の花色こそ見えね香やはかくるる〈古今・春上〉

訳 春の夜の闇というものは、道理をわきまえないものだ。梅の花は、花の色こそ見えないけれども、その香りは隠れようか(いや、隠れはしない)。

❷**むなしい。つまらない。とるにたりない。**

例 などてあやなき(体)すさびごとにつけても、さ思はれ奉りけむ〈源氏・明石〉

訳 どうして(自分＝光源氏は)つまらない慰み事につけても、そう(＝そんな浮気者と)思われ申したのだろう。

➡言ふ甲斐無し「慣用表現」

最重要330

27 あや-にく

ガイド 現代語の「あいにく」は、「あやにく」から転じたもの。予想や期待に反する事態を「ああ憎らしい」と思う気持ちから転じて、「都合が悪い」の意を表すようになった。

形動ナリ {なら・なり(に)・なり・なる・なれ・なれ}〔感動詞「あや」＋形容詞「憎し」の語幹「にく」＝「あやにく」が形容動詞化したものという〕

❶**意地が悪い。きびしい。**

例 帝(みかど)の御おきて、きはめてあやにくに㊊おはしませば〈大鏡・時平〉

訳 (醍醐(だいご))天皇のご処置が、きわめてきびしくていらっしゃるので。

❷**自分の思い通りにならないさま。どうにもならない。ままならない。**

例 いとどかうあやにくなる㊏心はそひたるならむ〈源氏・竹河〉

訳 ますますこのようにどうにもならない(姫君への)思いはつのったのだろう。

❸**おりが悪い。あいにくだ。都合が悪い。**

例 暗うなるままに、雨いとあやにくに㊊、頭(かしら)さし出(い)づべくもあらず〈落窪〉

訳 暗くなるにしたがって、雨がほんとうにおり悪く(どしゃぶりで)、頭をつき出すこともできない。

に映る)青柳の影が糸となって織り出しているのかと見ることだ。(「文」「糸」「織る」は縁語) ❷**物事の筋道。道理。わけ。**〈平中物語〉「などて寝られざらむ。もしあややある」訳 どうして寝られないのだろう。ひょっとするとわけがあるのか。❸文章の飾り。修辞。

あや【綾】 名 いろいろな模様を織り出した絹織物。綾織物。

あや 形動ナリ {なら・なり(に)・なり・なる・なれ・なれ}「目もあやなり」の形で用いられる。→目もあやなり(目「フレーズ」)

あやか・る【肖る】 自ラ四 {ら・り・る・る・れ・れ}揺れ動いて変化する。また、ものに感化されてそれに似る。〈拾遺・雑恋〉「ともすればあやかり㊊やすき人の心か」訳 ややもすれば揺れ動いて変わりやすい人の心だなあ。

あや・し 形シク ⬇54ページ 25

あやし-が・る【怪しがる】 他ラ四 {ら・り・る・る・れ・れ}〔「がる」は接尾語〕不思議に思う。変だと思う。〈竹取・かぐや姫の生ひ立ち〉「あやしがり㊊て寄りて見るに、筒(つつ)の中光りたり」訳 (翁(おきな)が)不思議に思って近寄って見ると、(竹の)筒の中が光っている。

あやし-げ 形動ナリ {なら・なり(に)・なり・なる・なれ・なれ}〔「げ」は接尾語〕❶【怪しげ】**いかにも怪しいようすだ。**〈蜻蛉・中〉「会ふ者、見る人、あやしげに㊊思ひて」訳 出会う人や見る人が不審に思って。❷【賤しげ】**いかにもみすぼらしいさま。**〈更級・初瀬〉「いとあやしげなる㊏下衆(げす)の小家なむある」訳 たいそうみすぼらしい身分の低い者の小家がある。

あやし-の-しづ(シズ)【賤しの賤】身分の低い者。貧しい者。

あやし・ぶ【怪しぶ】 他バ四 {ば・び・ぶ・ぶ・べ・べ}「あやしむ 一」に同じ。〈源氏・桐壺〉「相人(さうにん)驚きて、あまたたびかたぶきあやしぶ㊎」訳 人相見は(若宮＝光源氏を見て)驚いて、何度も首をかしげて不思議がる。

あやし・む【怪しむ】 一 他マ四 {ま・み・む・む・め・め}**不思議に思う。疑わしく思う。**「あやしぶ」とも。〈徒然・一九四〉「なほ誤りもこそあれと、あやしむ㊏人あり」訳 やはり(自分の推定に)まちがいがあるといけないと、疑っている人がいる。

二 他マ下二 {め・め・む・むる・むれ・めよ}**怪しく思う。不審に思う。**また、とがめる。〈細道・尿前の関〉「関守(せきもり)にあやしめ㊍られて」訳 関所の番人に不審に思われて。

あや・す【落す】 他サ四 {さ・し・す・す・せ・せ}(血・汗などを)流す。したたらせる。〈平家・一〇・横笛〉「父のかばねに血をあやさ㊍んことも心憂し」訳 父の死骸に血をしたたらせる(＝父の名をはずかしめる)ようなこともつらい。

あや-な・し【文無し】 形ク ⬇前ページ 26

あや-に 副 **言いようもなく。わけもなく。むしょうに。**〈万葉・一四・三五七〉「はつはつに相見(あひみ)し子らしあやに愛(かな)しも」訳 ほんのちょっと会ったあの子がむしょうにかわいいことだ。

あや-にく 形動ナリ ⬇上 27

あやにく-が・る 自ラ四 {ら・り・る・る・れ・れ}〔「がる」は接尾語〕意地を張って逆らう。また、いやだと思う。だだをこねる。〈大鏡・道兼〉「習はせ給ふほども、あやにくがり㊊、すまひ給へど」訳 (道兼が舞を)お習わせになる間も、(福足君(ふくたりぎみ)は)だだをこね、いやがりなさるけれど。

あやふ・し(アヤウシ)【危ふし】 形ク {から・く(かり)・し・き(かる)・けれ・かれ}❶**あぶない。危険だ。**〈徒然・四一〉「かくあやふき㊏枝の上にて、安き心ありて睡(ねぶ)るらんよ」訳 こんなにあぶない枝の上で、どうして安らかな気持ちで眠っているのだろうよ。❷**気がかりだ。心配だ。**不安だ。〈源氏・若紫〉「見ば劣りやせむとさすがにあやふし㊎」訳 (光源氏は若紫と)いっしょになったら(予想に反して)劣って見えることもあろうかとやはり不安だ。

あやぶ・む【危ぶむ】 一 他マ四 {ま・み・む・む・め・め}**危険だと思**

う。不安に思う。〈源氏・浮舟〉「あやぶむ㊍方に心さわぐな」訳 不安に思う方面に動揺するな。

㊁ 他マ下二 {め・め・む・むる・むれ・めよ} 危険な状態にする。危険にさらす。〈徒然・一七二〉「身をあやぶめ㊊てくだけやすきこと、珠を走らしむるに似たり」訳 身を危険にさらして破滅しやすいことは、玉を速くころがすのに似ている。

あやまち【過ち】名 ❶しくじり。失敗。また、男女間の過失。〈徒然・一〇九〉「あやまちは、やすき所に成りて、必ず仕まつることに候ふ」訳 失敗は、たやすい所になって、必ずいたすものでございます。

❷過失の結果の罪。とが。〈今昔・二六・四〉「何の罪のあやまちのあれば」訳 (私に)どういう罪のとががあるからる。

❸けが。負傷。〈徒然・一七五〉「馬・車より落ちてあやまちしつ」訳 馬や牛車から落ちてけがをしてしまう。

あやま・つ【過つ・誤つ】他タ四 {た・ち・つ・つ・て・て} ❶まちがえる。とりちがえる。〈古今・春上〉「さくら花雪かとのみぞあやまた㊌れける」訳 桜の花は、雪かとばかりついまちがえてしまったなあ。

❷罪を犯す。不正な行いをする。〈源氏・明石〉「我は位にありし時、あやまつ㊍ことなかりしかど」訳 私(＝桐壺院)は帝位についていた時、不正を行うことはなかったが。

❸そむく。〈源氏・桐壺〉「故大納言の遺言あやまた㊌ず」訳 (母君が)亡き(按察使)大納言の遺言にそむかず。

❹害する。傷つける。殺す。〈宇治・二・八〉「このたびは、われはあやまた㊌れなんず」訳 今度は、私はきっと殺されてしまうだろう。

あやまり【誤り】名 ❶道理にはずれたこと。正しくないこと。まちがい。失敗。〈徒然・三〉「あやまりにて、直されにけり」訳 (作り方が)まちがいであって、(昔のとおりに)お直しになった。

❷正しくない行為。特に、男女間の過失。〈源氏・紅葉賀〉「怪しかりつる程のあやまりをまさに人の思ひ咎めじや」訳 (我ながら)わけがわからなかった(あの)ときの過ち(＝光源氏との密会)を、どうして人が気づいて責めないことがあろうか(いや、きっと気づき責めるに違いない)。

あやま・る【誤る】㊀ 自ラ四 {ら・り・る・る・れ・れ} ❶しそこなう。まちがえる。〈徒然・一九四〉「達人の人を見る眼は、少しもあやまる㊍所あるべからず」訳 道理に深く通じた人が人間を見抜く眼力は、少しもまちがう所があるはずがない。

❷病気で心が乱れる。〈源氏・真木柱〉「思ひ乱れ給ふに、いとど御心地もあやまり㊊て」訳 (北の方は)思い悩みなさるので、いっそうご気分も悪くなって。

㊁ 他ラ四 {ら・り・る・る・れ・れ} 約束などをたがえる。あざむく。〈伊勢・一二二〉「昔、男、ちぎれることあやまれ㊎る人に」訳 昔、ある男が、約束したことをたがえた女に。

あや-め【文目】名 ❶模様。〈源氏・蛍〉「常の色もかへぬあやめも」訳 いつもの色も変えない(＝ふだんと同じ色の)(衣服の)模様も。

❷形や色合いの区別。〈枕・二〇一〉「長炭櫃の火に、もののあやめもよく見ゆ」訳 長炭櫃の炭火(の明るさ)で、ものの区別もはっきり見える。

❸物事のすじみち。道理。分別。〈源氏・帚木〉「何のあやめも思ひしづめられぬに」訳 なんの分別も落ち着いて考えられないときに。

フレーズ

文目も知らず 物事のけじめもわからない。分別がない。「文目も分かず」とも。〈古今・恋一〉「ほととぎす鳴くや五月のあやめ草あやめも知らぬ㊍恋もするかな」訳 →ほととぎす…（和歌）

文目も分かず 「あやめもしらず」に同じ。

あやめ【菖蒲】名 ❶植物の名。しょうぶ。葉は剣の形で、香気が強いので邪気を払うものとされ、端午の節句に軒にさしたり、湯に入れたりする。あやめぐさ。夏

❷植物の名。花あやめ。初夏に紫や白の花をつける。夏

あやめぐさ…（俳句）

あやめ草 足に結ばん 草鞋の緒

夏 切れ字

〈細道・仙台・芭蕉〉

訳 (折しも端午の節句、世間では菖蒲を軒にさしたり、身につけたりして魔除けにする)そのあやめ草(のような紺染めの緒)よ。これを足に結ぼう。(旅の無事を祈りつつ、この風流な贈り物の)草鞋の緒をしっかりと。

解説 仙台の風流人で、画工の加右衛門から、紺の染め緒の草鞋を贈られ、それに応えた作。

あやめ-も-しら-ず【文目も知らず】→文目も「フレーズ」

あやめ-も-わか-ず【文目も分かず】→文目も「フレーズ」

あや-ゐがさ【綾藺笠】名 藺草を綾に編んで作った笠。中央に髻を入れるための突出部がある。武士が狩り・旅行・流鏑馬などのときにかぶった。夏。→狩装束

あゆ【東風】名 東の風。「あゆの風」とも。

あ・ゆ【肖ゆ】自ヤ下二 {え・え・ゆ・ゆる・ゆれ・えよ} 似る。あやかる。〈源氏・帚木〉「長き契りにぞあえ㊌まし」訳 (七夕の)長く変わらぬ(夫婦の)縁にあやかればよかったのに。

あ・ゆ【落ゆ】自ヤ下二 {え・え・ゆ・ゆる・ゆれ・えよ} ❶落ちる。〈万葉・一〇・二二七二〉「秋づけば水草の花のあえ落ちる。こぼれ㊊ぬがに」訳 秋になると水草の花が散り落ちてしまうように。

❷(汗や血などが)したたり流れる。にじみ出る。〈枕・三三〉「すずろに汗あゆる㊍心地ぞする」訳 (歌をほめられて)むやみに冷や汗がしたたり落ちる気がする。

あゆ・む【歩む】自マ四 {ま・み・む・む・め・め} 一歩一歩歩く。「あゆぶ」とも。〈枕・三三〉「人などの歩む㊍に走りあがりたる、いとをかし」訳 供の者などが歩くのにつれて(水が)はねあがったのは、たいそうおもしろい。➡歩く「古文常識」

あら-【荒・粗】接頭 ❶こまやかでない、目があらい、の意を表す。「粗垣(＝すきまの多い垣根)」「粗籠(＝あらく編んだかご)」「荒栲」

❷荒廃した、人気のない、の意を表す。「荒野」「荒山」

❸勢いが激しい、の意を表す。「荒磯」「荒波」

あらあら・し【粗粗し】 形シク〔しから・しく(しかり)・し・しき(しかる)・しけれ・しかれ〕ひどく粗い。粗雑だ。粗末だ。〈徒然・二八〉「布の帽額の**あらあらしく**(用)」訳 布製の帽額(=御簾の上部に横長に引く幕)は**粗末で**。

あらうみ-の-さうじ【荒海の障子】 名「あらうみのしゃうじ」とも。清涼殿の東の広廂の北に置いてあった衝立。高さは約三メートル。表に墨絵で、荒海の浜に手長・足長の怪物がいる場面を描き、裏に宇治川の網代の絵がある。↓足長・手長。⬇清涼殿(四五九ページ)「古文常識」

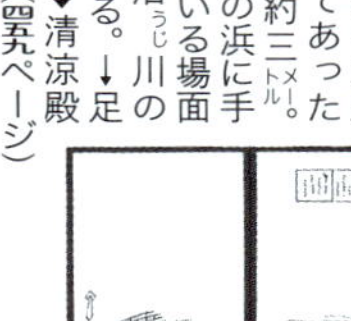

裏 (あらうみのさうじ) 表

あらうみや… 俳句

> 荒海や 切れ字 佐渡によこたふ 天の河 秋
> 〈細道・越後路・芭蕉〉

訳 眼前に揺れる暗夜の荒海。(そのかなたにある、流人の悲痛な歴史を秘めた)佐渡島へかけて、澄んだ夜空に横たわる天の川(は歴史も海も届かない高みにあって、冴え返っている)。

解説 越後(新潟県)出雲崎での句。

あら-えびす【荒夷】 名 京都の人が、東国人をさげすんで呼んだ語。転じて、荒々しい人。荒々しい田舎武士。〈徒然・一四二〉「ある**荒夷**の、恐ろしげなるが」訳 ある**荒武者**で、恐ろしそうな男が。

あらが・ふ【争ふ・諍ふ】 自八四 ⬇右下 28

あら-き【新墾】 名 新しく土地を開くこと。開墾すること。また、その土地。

荒木田守武(一四七三〜一五四九)《人名》室町末期の連歌・俳諧師。伊勢神宮の神官。俳諧の連歌を唱え、山崎宗鑑とともに俳諧の創始者とされる。作品に「守武千句」(「誹諧之連歌独吟千句」とも)など。

あら-くま・し【荒くまし】 形シク〔しから・しく(しかり)・し・しき(しかる)・しけれ・しかれ〕荒々しい。乱暴だ。〈枕・四〇〉「枝ざしなどは、いと手触れにくげに**荒くましけれ**(已)ど」訳 (あすなろの木は)枝ぶりなどは、とても手を触れるのもいやなほどに**荒々しい**けれども。

あらざらむ… 和歌《百人一首》【あらざらむ この世のほかの 思ひ出でに 今一度の 逢ふこともがな】〈後拾遺・恋三・和泉式部〉⬇付録①「小倉百人一首」56

あらし【嵐】 名 強い風。激しい風。〈徒然・三〇〉「**嵐**にむせびし松」訳 **激しい風**に(吹かれて)むせぶような音をたてていた松の木。

あら・し【荒し】 形ク〔から・く(かり)・し・き(かる)・けれ・かれ〕❶(風や波、また物音などが)強く激しい。猛烈だ。〈土佐〉「海**荒けれ**(已)ば、船出いださず」訳 海が**荒い**ので、船を出さない。❷(性質・態度・ことばなどが)乱暴だ。荒々しい。〈枕・二八〉「遣り戸を**荒く**(用)たてあくるも」訳 引き戸を**乱暴に**閉めたり開けたりするのも。❸(山道などが)けわしい。〈源氏・浮舟〉「おはしまさむことは、いと**荒き**(体)山越えになむ侍れど」訳 (宇治へ)いらっしゃるとしたらそれは、たいへん**けわしい**山越えでございますが。

あら・し【粗し】 形ク〔から・く(かり)・し・き(かる)・けれ・かれ〕こまかでない。まばらである。粗雑だ。〈後撰・秋中〉「秋の田のかりほの庵のとまを**あら**(語幹)みわがころもでは露にぬれつつ」訳 ⬇付録①「小倉百人一首」1

あ-らし あるらしい。あるようだ。**あるにちがいない**。〈万葉・一五・三六〇九〉「武庫の海の庭よく**あらし**(終)」訳 武庫の海の海面は穏やかで**あるにちがいない**。

なりたち ラ変動詞「有り」(体)＋推定の助動詞「らし」＝「あるらし」の転。↓らし

あらしふく… 和歌《百人一首》【嵐吹く 三室の山の もみぢ葉は 竜田の川の 錦なりけり】〈後拾遺・秋下・能因〉⬇付録①「小倉百人一首」69

嵐山《地名》歌枕 今の京都市西部にある山。紅

最重要330

28

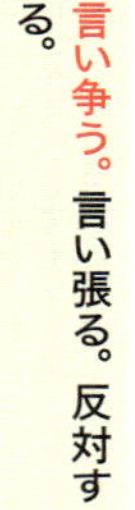

あらが・ふ

【争ふ・諍ふ】自八四〔は・ひ・ふ・ふ・へ・へ〕

ガイド 競争・対抗する意の「あらそふ」、激しく言い争う意の「いさかふ」に対し、**自分の主張を言い張って譲らない**の意で用いられる。そこから②の賭けをする意も生じた。

❶ **言い争う。言い張る。反対する。**

例 わがため面目あるやうに言はれぬる虚言は、人いたく**あらがは**(未)ず〈徒然・七三〉

訳 自分にとって名誉になるように言われた嘘には、人はたいして**抗弁し**ない。

❷ **競争する。賭けをする。**

例 さりともよもせじと思ひければ、かたく**あらがふ**(終)〈宇治・一三・〉

訳 そうはいってもまさかやるまいと思ったので、かたく**賭け**(の約束)**をする**。

葉・桜の名所で、保津川(大堰川)に臨み、亀山・小倉山に対する景勝地。

あら-ず ■一 ❶ない。存在しない。〈万葉・三・三四三〉「なかなかに人と**あらず**㊊は酒壺に成りにてしかも酒に染しみなむ」訳 中途半端に人間で**いない**で酒壺になってしまいたいものだ。(そうすれば)酒に浸っていられるだろう。

❷…ない。〈源氏・桐壺〉「いとやむごとなき際にはあら**ぬ**㊍が、すぐれて時めき給ふありけり」訳 たいして重々しい家柄の出では**ない方**で、格別に(帝の)ご寵愛を受けて栄えていらっしゃる方があったそうだ。

なりたち ラ変動詞「有り」㊌＋打消の助動詞「ず」

■二 感 相手のことばに応答して、打ち消すときに言う語。いいえ。いや。〈枕・一七八〉「『それぞ』『かれぞ』など言ふに、また、『**あらず**』など言へば」訳 (先払いの声を聞いて)「その人だ」「あの人だ」などと言うと、また、(他の女房が)「**いいえ**(ちがう人よ)」などと言うので。

あらそ・ふ【争ふ】自八四 {は・ひ・ふ・ふ・へ・へ} ❶抵抗する。さからう。〈万葉・一〇・一八六九〉「春雨に**争ひ**㊊かねて」訳 (咲けと促す)春雨に**さからう**ことができずに。

❷張り合う。競争する。〈方丈・一〉「棟を並べ、甍を**争へ**㊎る、高き、いやしき、人の住まひは」訳 棟を並べ、かわらぶきの屋根(の高さ)を**競って**いる、身分の高い人や低い人の住居は。

❸言い争う。議論する。〈徒然・二一〉「またひとり、『露こそあはれなれ』と**争ひ**㊊しこそ、をかしけれ」訳 もう一人が、「(月よりも)露が趣がある」と**言いあっ**たのは、おもしろい。

❹戦う。戦闘する。

あらた 形動ナリ {なら・なり(に)・なり・なる・なれ・なれ} (神仏の霊験が)著しいさま。あらたか。〈源氏・玉鬘〉「初瀬なむ、日の本の中には**あらたなる**㊍験を顕し給ふ」訳 初瀬(の観音)は、日本の中で**著しい**霊験をお示しになる。

あらた【新た】形動ナリ {なら・なり(に)・なり・なる・なれ・なれ} 新しいさま。〈細道・平泉〉「四面**新たに**㊊囲みて、甍を覆ひて風雨をしのぐ」訳 (中尊寺の金色堂の)四方を**新しく**囲んで、かわらぶきの屋根でおおって風雨を防ぐ。

あらた・し【新たし】形シク {しから・しく(しかり)・し・しき(しかる)・しけれ・しかれ} 新しい。新鮮である。〈万葉・二〇・四五一六〉「**新たしき**㊍年の始めの初春の今日降る雪のいやしけ吉事」訳 ㊍年の始めの初春の今日降る雪のいやしけ吉事 訳 ↓あらたしき…和歌

参考 平安時代以降は、「新たし」と「惜し」とが混同され、「新しい」意の場合も「あたらし」となった。

あらたしき… 和歌

新たしき　年の始めの　初春の
今日降る雪の　いやしけ吉事
〈万葉・二〇・四五一六・大伴家持〉

訳 新しい年のはじめの、新春の今日降る雪のように、いよいよ重なってくれ、よいことよ。

解説 因幡の守であった作者が、陰暦正月一日に庁舎で新春の宴を催したときの歌。元日の雪は豊年のしるしであると考えられていた。

あらたふと… 俳句

あらたふと　青葉若葉の　日の光　夏
〈細道・日光・芭蕉〉

訳 ああ、なんと尊く感じられる風光よ。生気あふれる青葉・若葉の濃淡の緑に降りそそいでいる日の光は。(さすがに東照宮権現の神域であり、弘法大師ゆかりの地であることよ)。(「日の光」に「日光東照宮」の意をかける。「あら」は感動詞。「たふと」は、形容詞「たふとし」の語幹で、詠嘆の用法)

あら-たへ【荒栲・粗栲・荒妙】名 ❶藤などの繊維で織った目のあらい織物。粗末な布。対 和栲

❷中古以降、(絹織物に対して)麻織物。

あらたまの【新玉の・荒玉の】《枕詞》「年」「月」「日」「春」などにかかる。〈万葉・三・四四三〉「**あらたまの**年経るまでに」

あらたまの… 和歌

枕詞
あらたまの　年の三年を　待ちわびて
ただ今宵こそ　新枕すれ
〈伊勢・二四〉〈続古今・一四・恋四・一三一〇・よみ人しらず〉

訳 (あなたの帰ってこない)三年間を待ちくたびれて、ちょうど今夜、(新しい夫と)新枕をかわすのです。

解説 宮仕えに出たきり帰ってこない夫を待ち疲れた女が、別の男と結婚することになったその夜、前の夫が不意に帰ってきたので詠んだ歌。律令制の規定では、逃亡などによって三年間不在が続けば離婚が認められた。

あらた・む【改む】■一 他マ下二 {め・め・む・むる・むれ・めよ} ❶改める。変える。〈徒然・一二七〉「**あらため**㊌ぬをよしとするなり」訳 **改め**て益なきことは、**あらため**ないのをよいとするものである。

❷調べる。吟味する。〈浮・世間胸算用〉「おほかた煤もはきしまひて、屋根裏まで**あらため**㊊ける時」訳 ほぼ煤もはき終わって、屋根裏まで**調べ**たとき。

■二 自マ下二 {め・め・む・むる・むれ・めよ} 改まる。〈細道・松島〉「昼の眺めまた**あらたむ**㊏」訳 (夜は月が海に映って)昼間の眺めとはまた**改まる**(=違った趣がある)。

あら-づくり【粗造り・荒造り】名 下ごしらえのままで、仕上げをしていないこと。

あら-て【新手・荒手】名 まだ戦っていない、無傷の軍勢。

あら-で【有らで】…なくて。〈後拾遺・雑一〉「心にも**あらで**憂き世に長らへば恋しかるべき夜半の月かな」訳 ↓付録①「小倉百人一首」68

なりたち ラ変動詞「有り」㊌＋打消の接続助詞「で」

あら-な【有らな】あってほしいものだ。〈万葉・三・三四九〉「この世にある間は楽しくを**あらな**」訳 この世に生ある間は楽しくね、**ありたい**ものだ。ありたいものだ。**ありたい**(=暮らしたい)**ものだ**。(「を」は間投助詞)

なりたち ラ変動詞「有り」㊌＋上代の願望の終助詞「な」

あら-な-く-に【有らなくに】❶ないことよ。ないのだなあ。〈万葉・一七・三九一九〉「あをによし奈良の都は古りぬれどもとほととぎす鳴かず**あらなくに**」訳 奈良の都は古さびれてしまっているが、昔からのほととぎすが鳴かないわけでは**ないことよ**。(「あをによし」は「奈良」にかかる枕詞)

❷ないことなのに。〈万葉・三・二六五〉「苦しくも降りくる雨

最重要330 29

あらは【露・顕】形動ナリ {なら・なり(に)・なり・なる・なれ・なれ}

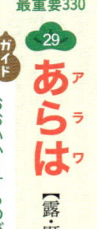

ガイド おおいかくすものがないさまを表す。「あらは」な状態である意が①〜③、「あらは」を避ける配慮に欠けている意が④。「現はる」「現す」はこの動詞形。

❶ 丸見えだ。露骨であるさま。外に現れているさま。

例 高き所にて、ここかしこ、僧坊どもあらはに㊝見おろさるる〈源氏・若紫〉

訳 高い所なので、あちらこちらに、僧侶の住まいがいくつも丸見えに見おろされる場所で。

❷ はっきりしている。明らかである。

例 運命の末になることあらはなり㊝しかば、…随ひつく者なかりけり〈平家・六・祇園女御〉

訳 運命が終わりになることが明らかであったので、…(平家に)つき従う者はなかった。

❸ 公然としている。表だっている。

例 氏神の御勤めなどあらはなら㊟ぬほどなればこそ、年月は紛れ過ぐし給へ〈源氏・行幸〉

訳 (玉鬘は)氏神への御参詣などが表だっていない(=しなくてもよい)間であるからこそ、長い歳月(私=光源氏の娘として素性を)あいまいにしてお過ごしになるけれど。

❹ 遠慮しないさま。ぶしつけである。

例 「あれは誰そ。あらはなり㊧」など、ものはしたなくいへば〈枕・二七七〉

訳 「あれはだれだ。ぶしつけだ」などと、無愛想に言うと。

か神の崎狭野のわたりに家もあらなくに」訳 困ったことに降ってくる雨だなあ。神の崎の佐野の渡し場には(雨宿りする)家もないことなのに。

なりたち ラ変動詞「有り」㊟＋打消の助動詞「ず」のク語法「なく」＋助詞「に」。↓なくに(なく「フレーズ」)

あら-なむ 【有らなむ】…あってほしい。…ほしい。〈伊勢・八二〉「あかなくにまだきも月のかくるるか山の端にげて入れずもあらなむ」訳 ↓あかなくに… 和歌

あら-ぬ なりたち ラ変動詞「有り」㊟＋願望の終助詞「なむ」

連体 〔ラ変動詞「有り」㊟＋打消の助動詞「ず」の連体形「ぬ」〕 ❶ **ほかの。ちがった**。専門外の。〈徒然・一六七〉「一道に携はる人、あらぬ道のむしろに臨みて」訳 一つの分野に従事する人が、専門外の分野の席に出て。❷ **望ましくない。不都合な**。〈平家・七・経正都落〉「あらぬさまなるよそほひにまかりなりて候へば」訳 (御前へ参上するには)不都合な状態の装い(=弓矢を帯びた甲冑姿)になっておりますので。

あらは 【露・顕】 形動ナリ ⬇上 29

あら-ば-こそ 【有らばこそ】 ❶ (裏に「ない」という反語の気持ちを含んで)**あったならば、それこそ**。〈万葉・一二・二八六五〉「纏き寝る妹もあらばこそ夜の長けくも嬉しかるべき」訳 手枕をして共寝する恋人でもあったならば、それこそ、夜の長いのもうれしいであろうに。❷ (多く文末に用いて)強い否定の意を表す。**ありはしない。ありっこない**。〈謡・安宅〉「もとより勧進帳はあらばこそ、笈の中より往来の巻物取り出だし」訳 もともと勧進帳はありはしない、(だが弁慶は)笈の中から手紙文の巻物を取り出して。

なりたち ラ変動詞「有り」㊟＋接続助詞「ば」＋係助詞「こそ」

あらは・す 【現す・顕す・表す】 他サ四 {さ・し・す・す・せ・せ} ❶ **はっきり示す**。隠れていたものを表面に出す。〈平家・一・祇園精舎〉「娑羅双樹の花の色、盛者必衰の理をあらはす㊧」訳 (釈迦入滅とともに白く変じたという)娑羅双樹の花の色は、勢いの盛んな者も必ず衰えるものだという道理を表している。❷ **打ち明ける**。隠さず語る。〈源氏・若紫〉「つつましさに、思ひ給ふるさまをもえあらはし㊝果て侍らずなりにしをなむ」訳 はずかしさに、(自分=光源氏が)存じますことをも十分に打ち明けることができなくなってしまいましたことを(残念に思います)。❸ **書きしるす**。描く。❹ (仏像などを)新しく造り出す。

あらは・る 【現る・顕る】 自ラ下二 {れ・れ・る・るる・るれ・れよ} ❶ **表に出てくる。出現する**。〈徒然・二三五〉「木霊などいふ、けしからぬ形もあらはるる㊡ものなり」訳 (主人のいない家には)樹木の精霊などという、奇怪な姿のものも出没するものだ。❷ **人に知られる。露見する**。〈徒然・七三〉「かつあらはるる㊡をもかへりみず」訳 たちまち(嘘が)ばれるのをも気にかけず。❸ (神仏が)この世に姿を現す。〈宇治・一二・一四〉「その木の

上に、仏あらはれ用ておはします(=姿を現していらっしゃる)」

あらひと-がみ【現人神】 名 ❶仮に人の姿をして現れた神。また、天皇を尊んでいう語。❷霊験あらたかな神。特に、住吉や北野の神をさす。

あら・ぶ【荒ぶ】 自バ上二{び・び・ぶ・ぶる・ぶれ・びよ} ❶あばれる。乱暴する。〈記・中〉「荒ぶる体神どもを言向け平和し」訳 あばれる神々を説得し平定し。❷未開である。荒れている。〈紀・神代〉「葦原の中つ国はもとより荒び用たり」訳 葦原の中つ国(=日本)はもともと未開であった。❸気持ちが荒れすさぶ。また、親しみが薄れる。うとくなる。〈万葉・四・五五六〉「あらかじめ荒ぶる体君を見るが悲しさ」訳 早くも(私から)気持ちが離れていくあなたを見るのが悲しいことよ。

あらまし 名 副 ⬇左 30

あらま・し【荒まし】 形シク{しから・しく(しかり)・し・しき(しかる)・しけれ・しかれ} ❶波や風、また言動などが荒々しい。激しい。〈源氏・若紫〉「荒ましう用(ウ音便)聞こえ騒ぐべきほどならねば」訳 荒々しく(光源氏に)何か申し上げ騒ぎたててよい場合ではないので。❷道がけわしい。〈源氏・宿木〉「ゆききのほど、荒ましき体山道に侍れば」訳 往復の行程も、けわしい山道でございますので。

最重要330 30

あらまし 一 名 二 副

ガイド ラ変動詞「有り」の未然形「あら」に反実仮想の助動詞「まし」の付いた形から生じたかと推定され、本来は一①の意。中世以降、「あらまし」を動詞に活用させた「あらます」も生じた。

一 名

❶ **こうありたいという願い。計画。予定。予期。**

例 かねてのあらまし、みな違ひゆくかと思ふに、おのづから違はぬ事もあれば〈徒然・一八九〉

訳 前もっての予定がすべて食い違ってゆくかと思うと、まれには違わないこともあるので。

❷ **概略。全体のあらすじ。**

例 近々尋ねて、無事のあらましをも聞かせ申すべし〈浮・好色一代男〉

訳 近いうちに(あなたの親を)訪ねて、(あなたが)無事であるおおよそのようすをお話し申しあげよう。

二 副

おおよそ。だいたい。

例 既にその年の大晦日に、あらましに正月の用意をして〈浮・世間胸算用〉

訳 すでにその年の大晦日に、おおよその正月の用意をして。

あらまし-ごと【あらまし事】 名 予期する事柄。こうあったらなあと希望する事柄。

あらま・す 他サ四{さ・し・す・す・せ・せ} [名詞「あらまし」を活用させた語] 予期する。期待する。〈徒然・一八八〉「行く末久しくあらます体ことども」訳 長い将来にわたって計画するいろいろなことを。

あら-まほ・し 一 あること、いることが望ましい。あってほしい。ありたい。〈徒然・五二〉「少しのことにも、先達はあらまほしき体ことなり」訳 ちょっとしたことにも、案内者はあってほしいものである。

なりたち ラ変動詞「有り」未＋希望の助動詞「まほし」

二 形シク{しから・しく(しかり)・し・しき(しかる)・しけれ・しかれ} [一が一語として用いられたもの] そうあることが望ましいと思われるような状態だ。好ましい。理想的だ。〈徒然・一〉「人は、かたち・ありさまのすぐれたらんこそ、あらまほしかる体べけれ」訳 人は、容貌や容姿がすぐれているとしたらそのほうが、望ましいことであろう。

あら-みたま【荒御魂】 名 荒々しい力を示す神霊。対 和御魂

あら-むず-らむ (…で)あるだろう。(…に)なるだろう。〈宇治・二・六〉「さもあらんずらん終、行きてみんと思ひて」訳 (池から竜がのぼるという自分の作り話が実際に)そのようにも起こるかもしれない、行ってみようと思って。→むず・らむ(助動)

なりたち ラ変動詞「有り」未＋推量の助動詞「むず」終＋推量の助動詞「らむ」

あら-らか 形動ナリ{なら・なり(に)・なり・なる・なれ・なれ} [「らか」は接尾語] ❶【荒らか】荒々しいさま。〈徒然・一〇六〉「『何といふぞ、非修非学の男』とあららかに用いひて」訳 「何というのだ、修行もせず、学問もしない男よ」と荒々しく言って。❷【粗らか】粗悪なさま。また、大ざっぱだ。〈源氏・東屋〉「あららかなる体東絹どもを、押しまろがして」訳 粗末な東国産の絹のいくつかを、無造作に丸めて。

あら-る【在らる】 存在することができる。生きていられる。〈徒然・一一〉「かくてもあられ用けるよ」訳 こんなふうでも生活することができたのだなあと。

最重要330

31

あ・り【有り・在り】一 自ラ変 二 補動ラ変

ガイド 一の①④⑥の存在するの意が本義。一の②③⑤は生存するの意で用いたもの。現代語では人・動物の場合には「いる」を用いるが、古語では人・動物にも「あり」を用いる。

活用

未然	連用	終止	連体	已然	命令
(ズ) ら	(タリ) り	(。) り	(コト) る	(ドモ) れ	(。) れ

一 自ラ変

❶ **存在する。(人が)いる。(物・事・所などが)ある。**

例 昔、男あり(用)けり。東の五条わたりにいと忍びて行きけり〈伊勢・五〉
訳 昔、ある男がいたという。東五条のあたりにたいそう人目を忍んで通ったそうだ。

❷ **生きている。無事でいる。**

例 名にし負はばいざこと問はむ都鳥わが思ふ人はあり(終)やなしやと〈伊勢・九〉
訳 (都という)名を持っているのならば、さあ、たずねてみよう。都鳥よ、私の愛する人は、(都で)無事で過ごしているのか、いないのかと。

❸ **住む。暮らす。生活する。**

例 連歌しける法師の、行願寺の辺にあり(用)けるが〈徒然・八九〉
訳 連歌をたしなんでいた法師で、行願寺の辺に住んでいた者が。

❹ **その場にいる。**

例 望月の明かさを十合はせたるばかりにて、ある(体)人の毛の穴さへ見ゆるほどなり〈竹取・かぐや姫の昇天〉
訳 満月の明るさを十倍したぐらいで、その場にいる人の毛穴までも見えるくらいである。

❺ **過ごす。時が経過する。**

例 さて、五六日あり(用)てこの子ゐて参れり〈源氏・帚木〉
訳 それから、五、六日たって(紀伊の守が)この子(=小君)をつれて参上した。

❻ **(ことば・行為・美点などが)ある。言う。する。すぐれる。**

例 「夜なれば異様なりとも疾く」とあり(用)しかば〈徒然・二一五〉
訳 「夜なので、変な服装であっても(よいから)はやく(おいでください)」と言ったので。
例 御供に声ある(体)人して歌はせ給ふ〈源氏・若紫〉

フレーズ

有りと有る 「「ある」を強めた言い方」あらんかぎりの。すべての。
なりたち 「と」は格助詞

有りとし有る 「「ありとある」をさらに強めた言い方」あらんかぎりの。すべての。
なりたち 「と」は格助詞、「し」は強意の副助詞

有りな-む ❶推量・予測の意を表す。きっとあるだろう。あるにちがいない。〈古今・春下〉「春ごとに花の盛りはありなめ(已)ど」訳 春がくるたびに花の盛りはきっとあるだろうけれども。
❷可能・容認の意を表す。(…であっても)よいだろう。〈徒然・一二一〉「ことさらに求め飼はずともありなん(終)」訳 (犬は)わざわざ手に入れて飼わなくてもよいだろう。
なりたち 「有り」(用)+完了(確述)の助動詞「ぬ」(未)+推量の助動詞「む」

有りぬ-べし きっとあるだろう。あるにちがいない。あるはずだ。〈徒然・一二〉「まめやかの心の友には、はるかにへだたる所のありぬべき(体)ぞ、わびしきや」訳 (自分と気持ちのぴったりしない友は)真の心の友よりは、はるかにかけ離れたところがあるにちがいないのが、やりきれないことであるよ。→ぬべし
なりたち 「有り」(用)+完了(確述)の助動詞「ぬ」(終)+推量の助動詞「べし」

有りの悉 あるかぎり。ありったけ。

在りも付か-ず 落ち着かない。住みなれない。〈更級・梅の立枝〉「ありもつかず(用)、いみじうもの騒がしけれども」訳 (帰京したばかりで)落ち着かず、(家の内が)ひどく騒がしいけれど。

有りや無しや 生きているかいないか。無事でいるかどうか。〈伊勢・九〉「名にし負はばいざこと問はむ都鳥わが思ふ人はありやなしやと」訳 →なにしおはば…(和歌)
なりたち 「や」は終助詞

訳（光源氏は）御供のうちで声のすぐれている人に命じて歌わせなさる。

❼（「世にあり」の形で）**栄える。**時めいて暮らす。

例 われ世に**あり**用し時は、娘どもをば女御・后とこそ思ひしか〈平家・二・文之沙汰〉

訳 自分が世に**栄えてい**たときには、娘らをば女御・后に（しよう）と思っていた。

二 補動ラ変

❶（形容詞・形容動詞・助動詞の連用形、副詞に付いて）状態・存在の表現を助ける。

例 かの家に行きてたたずみありきけれど、かひあるべくも**あら**未ず〈竹取・貴公子たちの求婚〉

訳 あの（かぐや姫の）家に行って行きつ戻りつうろつくけれども、効果がありそうにもない。

❷（助詞「て」「つつ」に付いて）動作・作用の存続の状態を表す。…いる。…ある。

例 かくさし籠めて**あり**終とも、かの国の人来ば、みな開きなむとす〈竹取・かぐや姫の昇天〉

訳 このように閉じ込めて**い**ても、あの（月の）国の人が来たら、みなきっと開いてしまうことだろう。

❸（断定の助動詞「なり」「たり」の連用形「に」「と」に付いて）指定の意を表す。…である。

例 伝へて聞き、学びて知るは、誠の智に**あら**未ず〈徒然・三八〉

訳（人から）教わって聞き、（人から）学んで知ることは、ほんとうの知恵ではない。

❹（尊敬を含む名詞に付いて）全体で尊敬の表現となる。お…になる。ご…になる。…なさる。

例 法皇これを御覧じて、「あれは何者ぞ」と御尋ね**あれ**已ば〈平家・灌頂・大原御幸〉

訳（後白河）法皇はこれ（＝二人の尼）をご覧になって、「あれは何者だ」とお尋ね**なさる**ので。

参考 (1) 二は、接続する際に係助詞「ぞ」「こそ」「は」「も」などの語を間に介することが多い。

(2)「あり」の連体形「ある」に助動詞「なり」「べし」「めり」が付いた「あるなり」「あるべし」「あるめり」は、撥音便をおこして「あんなり」「あんべし」「あんめり」となり、さらに「ん」が表記されず、「あなり」「あべし」「あめり」と書かれるのがふつう。「あなり」「あべし」「あめり」と書かれてあっても、発音は「あッなり」「あッべし」「あッめり」であったと考えられる。助動詞「らし」が付く場合は、「あらし」となる。

(3) ラ行変格活用の動詞には、「あり」「居り」「侍り」「います（そ）がり」がある。

なりたち ラ変動詞「在り」未＋可能の助動詞「る」

あらわ【露・顕】⬇あらは

あらわす【現す・顕す・表す】⬇あらはす

あらわる【現る・顕る】⬇あらはる

新井白石（あらゐはくせき）人名（一六五七〜一七二五）江戸中期の儒者・政治家。江戸の人。木下順庵の門下。名は君美、白石は号。徳川家宣に仕え、幕政に参与して功績が大きかった。著書は自伝「折たく柴の記」、史論書「読史余論」「西洋紀聞」など多数。

あ・り【有り・在り】自ラ変 補動ラ変 ⬇右上 31

あり-あけ【有り明け】名 陰暦で十六日以後の、月がまだ空にあるままで、夜が明けようとするころ。また、そのころの月。有り明け月。

ありあけの… 和歌《百人一首》【有り明けの つれなく見えし 別れより 暁ばかり 憂きものはなし】〈古今・恋三・壬生忠岑〉⬇付録〈1〉「小倉百人一首」30

ありあけや… 俳句

有り明けや（秋・切れ字） 浅間の霧が（秋） 膳をはふ 〈七番日記・一茶〉

訳 月がまだ残っている早朝、浅間の山裾を流れる霧が（早立ちの朝食の）膳のあたりにまで這うように流れ込んでくることだ。

解説 江戸から信州の柏原（＝一茶の郷里）へ向かう途中、軽井沢での句。

あり-あ・ふ（オ）ウ【在り合ふ】自ハ四（は・ひ・ふ・ふ・へ・へ）❶ちょうどそこに居合わせる。〈土佐〉「いたれりし国にてぞ、子生める者ども**ありあへ**已る」訳 着任していた（土佐の）国で、子を生んだ者らが**居合わせ**ている。❷出あう。行きあう。〈栄花・はつはな〉「路の程などに、夜行の夜などもおのづから**ありあふ**終らむ」訳 道の途中などで、百鬼夜行の夜などにもまれに**行きあう**だろう。

ありあり-て【在り在りて】❶生きながらえて。このまま引き続いて。〈万葉・一二・三一一三〉「**ありありて**後も逢はむと」訳 **生きながらえて**後でも逢おうと。

最重要330

32 ありがた・し【有り難し】形ク{から・く(かり)・し・き(かる)・けれ・かれ}

ガイド あること(=あり)がむずかしい(=難(かた)し)の意。めったにないことから②④⑤に転じ、さらに近世以降に感謝したい気持ちだの意が生じた。③は生存する意の「あり」についての「難し」の意。

❶ **めったにない。珍しい。**

例 ありがたき(体)もの 舅(しうと)にほめらるる婿〈枕・七五〉
訳 めったにないもの、舅からほめられる婿。

❷ **(めったにないほど)すぐれている。感心である。**

例 后(きさい)の宮の姫宮こそ、…ありがたき(体)御かたち人になむ〈源氏・桐壺〉
訳 后の宮の姫宮(=藤壺(ふじつぼ))こそは、…すぐれたご容貌の美しい方で(ございます)。

❸ **生活しにくい。生きてゆくのがむずかしい。**

例 世の中はありがたく(用)、むつかしげなるものかな〈源氏・東屋〉
訳 世の中は生きてゆくのがつらく、わずらわしい感じがするものだなあ。

❹ **むずかしい。困難だ。しにくい。**

例 さるべきついでなくては対面もありがたけれ(已)ば〈源氏・行幸〉
訳 適当な機会がなくては(内大臣と)会うこともむずかしいので。

❺ **尊い。もったいない。**

例 昔もかかるためし多しといへども、ありがたかり(用)しことどもなり〈平家・十二・泊瀬六代〉
訳 (観音の恵み深い慈悲は)昔もこのような例が多いというけれども、もったいなかったことである。

❷とどのつまり。結局。〈更級・子忍びの森〉「ありありてかく遥(はる)かなる国になりにたり」訳 (都から)遠い国(の国司)になってしまった。結局このように

なりたち ラ変動詞「在り」の連用形「あり」を重ねた「ありあり」＋接続助詞「て」

ありか【在り処・在り所】名 物のある所。人のいる所。〈源氏・夕顔〉「ありかさだめぬ者にて、ここかしこたづねける程に」訳 (惟光(これみつ)は)居場所を定めない者なので、こちらあちらと探していた間に。

ありがた・し【有り難し】形ク ➡右32

あり・く【歩く】一 自カ四{か・き・く・く・け・け}(人・動物などが)移動する。歩く。歩きまわる。歩行に限らず、乗り物による移動も表す。また、乗り物自体の移動も表す。〈竹取・竜の頸の玉〉「舟に乗りて海ごとにありき(用)給ふに」訳 舟に乗ってあちこちの海を漕(こ)ぎまわりなさるうちに。〈枕・二三〉「五月(さつき)ばかりなどに山里にありく(体)、いとをかし」訳 陰暦五月のころなどに、山里を(牛車(ぎっしゃ)に)乗ってまわるのは、たいそう風情がある。➡下段「古文常識」

二 補動カ四(動詞の連用形の下に付く場合)↓次項「=ありく」参照

=あり・く【歩く】補動カ四{か・き・く・く・け・け}(動詞の連用形の下に付いて) ❶「…てまわる」「あちこちで…する」の意を表す。〈方丈・二〉「よろしき姿したる者、ひたすらに家ごとに乞ひありく(終)」訳 まあまあの(身分らしい)身なりをした者が、ただただ(ひもじさのあまり)家ごとに物乞いをしてまわる。

例語 憧(あく)がれ歩く(=さまよい歩く)・歩(あゆ)み歩く(=あちこち歩き回る)・言ひ歩く(=あちこち言って歩く)・泳ぎ歩く・乞ひ歩く・為(し)歩く・好(す)き歩く(=色事や風流を求めて歩き回る)・佇(たたず)み歩く(=あちこちで立ち止まりながらあたりをぶらつく)・突き歩く・飛び歩く・走り歩く・這(は)ひ歩く(=はい回る)・紛(まぎ)れ歩く(=人目をしのんで歩く)・惑ひ歩く・揺るぎ歩く

❷「(あれこれ)…続ける」意を表す。…て過ごす。…て月日を送る。〈源氏・総角〉「中納言殿聞き給ひて、あいなく物を思ひありき(用)給ふ」訳 中納言殿(=薫(かおる))は(縁談のことを)お聞きになって、困ったことだとあれこれ物を思い続けなさる。

例語 為(し)歩く

古文常識 「ありく(歩く)」と「あゆむ」

「ありく」は中古になって用いられるようになった語で、広くあちこちを巡って移動する意を表す。足で一歩一歩移動する意を表すのは「あゆむ」である。なお、上代には、移動一般に「あるく」が用いられ、歩行の意の「あゆむ」とは使い分けられている。

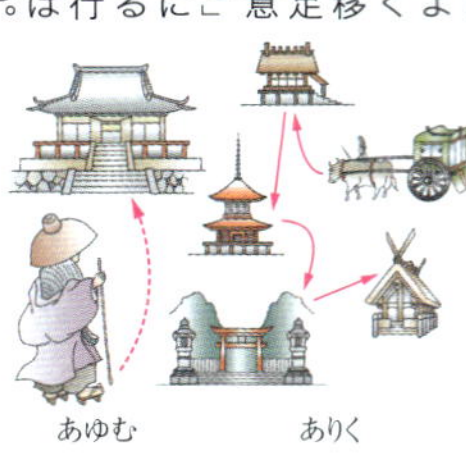

あり・く【在り来】自カ変〔こ・き・く・くる・くれ・こ(こよ)〕同じ状態が続く。〈万葉・一七・四〇〇三〉「白栲に雪は降り置きて古ゆありき用にければ」訳 真っ白に雪は降り積もって、昔から変わらずに時を経てきてしまったので。

あり-さま【有り様】名 ❶ようす。状態。〈土佐〉「月明かければ、いとよくありさま見ゆ」訳 月が明るいので、たいそうよく(邸内の)ようすが見える。❷容姿。態度。ふるまい。また、身分。境遇。〈徒然・一〉「人は、かたち・ありさまのすぐれたらんこそ、あらまほしかるべけれ」訳 人は、容貌や容姿がすぐれているとしたらそのほうが、望ましいことであろう。

類語の整理 ありさま —「人、物・事のようす」を表す語

	人	物・事
ありさま	容姿・態度	ようす・状態
かたち	容貌・顔立ち	形状・輪郭
すがた	ようす・印象	風情・趣

あり-し【有りし・在りし】連体〔ラ変動詞「有り」用＋過去の助動詞「き」体〕(過去にあったの意から)もとの。昔の。生前の。〈源氏・夕顔〉「ありし雨夜の品定めののち」訳 以前の雨の夜の(女性についての)品評以来。

フレーズ

在りし世 ❶生前。❷昔。以前。特に、かつてある地位にいて栄えていたころ。〈源氏・絵合〉「ありし世をとり返さまほしく思ほしける」訳 (朱雀院は)かつての在位の御世を取り戻したいとお思いになった。

あり-し-よ【在りし世】➡有りし「フレーズ」

あり-そ【荒磯】名〔「あらいそ」の転〕岩の多い、荒波の寄せる海岸。

ありつき-がほ【有り付き顔】名・形動ナリ 落ち着いた顔つき。ものなれたようす。〈更級・宮仕へ〉「なれたる人は、こよなく何事につけてもありつき顔に用」訳 (宮仕えに)慣れた人は、このうえなく何事につけてももののなれたようすで。

あり-つ・く【在り付く】自カ四〔か・き・く・く・け・け〕❶住みつく。落ち着く。〈今昔・一六・三〉「夫など儲けてありつき用て過ぐしけり」訳 夫などを持って落ち着いて過ごしたそうだ。❷そういう身分に生まれつく。〈源氏・蓬生〉「もとよりありつき用たるさやうの並々の人は」訳 もともとそういう身分に生まれついている、そのような平凡な身分の人は。❸似合う。〈源氏・手習〉「古代の心どもにはありつか未ず、今めきつつ」訳 (尼たちが)種々の古風な考えには似合わず、現代風にふるまっては。❹暮らしを立てる。〈今昔・二七・二四〉「世にありつく体方もなかりけるほどに」訳 世の中で生活していく方法もなかったころに。

あり-つる【有りつる・在りつる】連体〔ラ変動詞「有り」用＋完了の助動詞「つ」体〕さっきの。先刻の。〈枕・二五〉「ありつる文、…いときたなげにとりなしふくだめて」訳 先刻の(持たせてやった)手紙を、…ひどくきたならしく扱ってけばだたせて。

あり-と-ある【有りと有る】➡有り「フレーズ」

あり-と-し-ある【有りとし有る】➡有り「フレーズ」

あり-な-む ナン【有りなむ・在りなむ】➡有り「フレーズ」

あり-にく・し【在りにくし】形ク〔から・く(かり)・し・き(かる)・けれ・かれ〕〔「にくし」は接尾語〕生きていくのが難しい。住みにくい。〈方丈・三〉「世の中のありにくく用、わが身と栖のはかなく、あだなるさま」訳 世の中が住みにくく、わが身と住居とが、頼りなく、かりそめなものであるようすは。

あり-ぬ-べし【有りぬべし・在りぬべし】➡有り「フレーズ」

あり-の-ことごと【有りの悉】➡有り「フレーズ」

あり-の-み【有りの実】名 梨の実をいう。秋 参考「梨」が「無し」に通じるのを嫌って言ったもの。

ありのみち… 俳句

蟻の道　雲の峰より　つづきけん〈おらが春・一茶〉

夏　切れ字

訳 (炎天下に)ひと筋の長い蟻の列。この列は(ずっとどこまでもさかのぼると)、あの遠くにわきあがっている入道雲の峰のあたりから続いてきたのだろうか。(「けん」は、過去推量の助動詞)

あり-は・つ【在り果つ】自タ下二〔て・て・つ・つる・つれ・てよ〕❶いつまでも生き長らえる。〈和泉式部日記〉「なほ世の中にありはつ終まじきにや」訳 やはりこの世の中にいつまでも生き長らえることができないのだろうか。❷いつまでもその状態である。〈更級・宮仕へ〉「まめまめしく過ぐすとならば、さてもありはて未ず」訳 実直に日を送るというなら(それはそれでいいのに)、そういうふうにもそのままの状態でいつづけないで。

在原業平（ありはらのなりひら）アリワラノナリヒラ《人名》(八二五～八八〇)平安初期の歌人。六歌仙・三十六歌仙の一人。平城天皇の皇子阿保親王の第五子。右馬の頭・右近衛の権の中将となる。世に在五中将と呼ばれた。情熱的な歌風で、家集に「業平集」がある。「伊勢物語」は、彼の歌を中核とした歌物語の傑作。「小倉百人一首」に入集。

あり・ふ【在り経】自ハ下二〔へ・へ・ふ・ふる・ふれ・へよ〕生き長らえる。年月を過ごす。〈新古・恋三〉「何となくさすがに惜しき命かなありへ未ば人や思ひ知るとて」訳 なんということもなく、やはり惜しい命であるなあ。生き長らえていたら、(つれない)あの人が(私の思いを)わかってくれるかと思って。

有間皇子（ありまのみこ）《人名》(六四〇～六五八)孝徳天皇の皇子。斉明天皇四年(六五八)、謀反を図ったが裏切られ、藤白の坂(＝和歌山県海南市)で処刑された。護送の途次の歌二首が「万葉集」に残されている。

ありまやま… 和歌《百人一首》【有馬山　猪名の笹原　風吹けば　いでそよ人を　忘れやはする】〈後拾遺・恋二・大弐三位〉➡付録①「小倉百人一首」58

あり-も-つか-ず【在りも付かず】➡有り「フレーズ」

あり-やう【有り様】名 ❶ありさま。ようす。❷ありのまま。本当のこと。

あり-や-なし-や【有りや無しや】➡有り「フレーズ」

あり-わ・ぶ【在り侘ぶ】自バ上二{び・び・ぶ・ぶる・ぶれ・びよ}〔「わぶ」は苦痛に思う意〕❶いづらくなる。住みにくくなる。〈伊勢・七〉「京にありわび用て、東国に行きけるに」訳 京都にいづらくなって、東国へ行ったときに。❷生きるのがつらくなる。長らえにくく思う。〈徒然・二四〇〉「世にありわぶる体女の」訳 この世に生きづらく思う女が。

あ・る【生る】自ラ下二{れ・れ・る・るる・るれ・れよ}《上代語》(神々や天皇など神聖なものが)生まれる。出現する。〈万葉・三・三七九〉「ひさかたの天の原よりあれ用来る神の命」訳 天上の世界から生まれてきた祖先の神よ。(「ひさかたの」は「天」にかかる枕詞)

あ・る【荒る】自ラ下二{れ・れ・る・るる・るれ・れよ}❶(天気や波風が)荒れさわぐ。あばれる。〈万葉・七・一三〇九〉「風吹きて海は荒る終とも」訳 風が吹いて海は荒れさわいでも。❷(建物や人の心が)荒廃する。すさむ。〈徒然・三二〉「荒れ用たる庭の露しげきに」訳 荒れ果てている庭で、露がいっぱいおりているところに。❸興ざめがする。しらける。〈平家・五・文覚被流〉「御遊もはや荒れ用にけり」訳 管弦のお遊びはもうしらけてしまった。

あ・る【散る】自ラ下二{れ・れ・る・るる・るれ・れよ}遠のく。離散する。〈竹取・燕の子安貝〉「二十人の人の上りて侍れば、あれ用て寄りまうで来ず」訳 (足場に)二十人の人が上っていますので、(つばめは)遠のいて寄ってまいりません。

ある【有る】ラ変動詞「有り」の連体形。➡あり

フレーズ

有るが中に 多くの中で特に。とりわけ。〈伊勢・一四〉「この歌はあるが中におもしろければ(=とりわけおもしろいので)」

なりたち 「が」「に」は格助詞

有るか無きか ❶あるかないかわからないほどささやかなさま。ひそやかなさま。❷生きているのかいないのかわからないほど衰弱しきったさま。〈源氏・桐壺〉「あるかなきかに消え入りつつものし給ふを」訳 (桐壺の更衣が)生きているのかいないのかわからないほどに意識を失い失いしていらっしゃるのを。

なりたち 「か」は係助詞

有るにもあら-ず ❶生きていても生きていないのと同じだ。はかない。❷(正気を失って)生きている心地がしない。無我夢中である。〈十訓・一〉「おのおの心も失ひて、あるにもあらぬ体けしきなるに」訳 (女房たちは)それぞれ(みな)気も遠くなって、生きている心地もしないようすであるのに。

なりたち 「ある」+断定の助動詞「なり」用+係助詞「も」+ラ変補助動詞「あり」未+打消の助動詞「ず」

有るべうもな・し とんでもない。もってのほかだ。〈平家・八・猫間〉「直垂で出仕せんことあるべうもなかり用けりとて」訳 (木曽義仲は)直垂で(御所へ)勤めに出るようなことはとんでもないことだったと言って。

なりたち 「ある」+適当・当然の助動詞「べし」用+係助詞「も」+補助形容詞「なし」=「あるべくもなし」のウ音便

有るべき 適当な。当然そうあるはずの。

なりたち 「ある」+適当・当然の助動詞「べし」体

有るべき限り ありうるかぎり。十二分に。このうえもなく。〈源氏・若菜上〉「あるべき限り気高う恥づかしげに整ひたるに添ひて」訳 (紫の上は)このうえもなく気品が高く(見る人が)恥ずかしくなるほどに整っているのに加えて。

有る-まじ ❶あるはずがない。また、あってはならない。とんでもない。〈源氏・桐壺〉「かかる折にも、あるまじき体恥もこそ」訳 こうした時(=病気のために宮中から退出する時)にも、あってはならない不面目なことが起こると困る。❷生きていられそうにない。〈竹取・仏の御石の鉢〉「この女見では、世にあるまじき体心地のしければ」訳 この女(=かぐや姫)と結婚しなくては、この世に生きていられそうにない気持ちがしたので。

なりたち 「ある」+打消推量の助動詞「まじ」

有る様 ❶ありさま。ようす。❷わけ。事情。

ある【或】連体〔ラ変動詞「有り」の連体形「ある」から〕人や物や所を漠然とさす語。ある。〈土佐〉「ある人、あがたの四年五年果てて」訳 ある人が、国司としての地方勤務の四年、五年が終わって。

ある-い-は【或いは】❶(多く「あるいは…、あるいは…」の形で)ある時は。あるものは。〈方丈・一〉「あるいは去年焼けて、今年作れり。あるいは大家亡びて小家となる」訳 あるもの(=家)は、去年焼失して、今年(新しく)作っている。あるものは、大きな家が没落して小さな家となる。

なりたち ラ変動詞「有り」体+間投助詞「い」+係助詞「は」

❷接〔ラ変動詞「有り」体+間投助詞「い」+係助詞「は」〕または。もしくは。〈徒然・六六〉「枝の長さ七尺あるいは(=または)六尺[で]」

ある-が-なか-に【有るが中に】➡有る「フレーズ」

ある-か-なき-か【有るか無きか】➡有る「フレーズ」

あるじ

❶【主・主人】名 主人。一家の長。主君。〈大鏡・時平〉「東風吹かば匂ひおこせよ梅の花主なしとて春を忘るな」訳 ➡こちふかば… 和歌

❷【饗】名・自サ変 主人として人をもてなすこと。饗応。ごちそう。〈枕・二五〉「すさまじきもの…方違へに行きたるに、あるじせ未ぬ所」訳 興ざめなもの、…方違えに行ったときに、もてなしをしない家。

あるじ-まうけ【饗設け】名・自サ変 主人として客をもてなすこと。ごちそう。

ある-に-も-あら-ず【有るにも有らず】➡有

る「フレーズ」

ある-は【或は】**一**（多く「あるは…、あるは…」の形で）あるものは。ある時は。〈平家・八・鼓判官〉「あるは馬をすてて、はふはふ逃ぐる者もあり、あるはうち殺さるるもありけり」訳ある者は馬を捨てて、ほうほうのていで逃げる者もあり、（また）ある者は打ち殺される者もあった。

なりたち ラ変動詞「有り」㊰＋係助詞「は」

二接〔ラ変動詞「有り」㊰＋係助詞「は」〕**または。もしくは。**〈細道・草加〉「ゆかた・雨具・墨筆のたぐひ、あるはさりがたき餞などしたるは、さすがにうち捨てがたくて」訳ゆかた・雨具・墨や筆の類、または辞退しにくい餞別などを（私＝芭蕉に）し（てくれ）た品々は、やはり捨てがたいので。

ある-べう-も-な-し【有るべうも無し】⬇有る「フレーズ」

ある-べか・し【有るべかし】形シク〔しから・しく（しかり）・し・しき（しかる）・しけれ・しかれ〕〔ラ変動詞「有り」㊰＋適当・当然の助動詞「べかし」〕そうあるのがよい。ふさわしい。理想的だ。〈源氏・行幸〉「人がら花やかにあるべかしき㊰十余人集ひ給へれば」訳人品がきわだっていて理想的な人が十人あまりお集まりになったので。

ある-べき【有るべき】⬇有る「フレーズ」

ある-べき-かぎり【有るべき限り】⬇有る「フレーズ」

ある-まじ【有るまじ】⬇有る「フレーズ」

ある-やう【有る様】⬇有る「フレーズ」

あれ【吾・我】代 自称の人代名詞。私。〈万葉・五・八九二〉「我をおきて人はあらじと誇ろへど」訳 ↓かぜまじり…

和歌

フレーズ

吾かにもあら-ず〔あれ（＝自分）か人（＝他人）かの区別がつかないの意〕夢のような気持ちである。ぼうぜんとしている。〈更級・宮仕へ〉「立ち出づるほどの心地、あれかにもあらず㊊」訳（宮中に）出仕するときの気持ちは、夢のような状態で。

なりたち「吾」＋係助詞「か」＋断定の助動詞「なり」㊊＋係助詞「も」＋ラ変補助動詞「あり」㊍＋打消の助動詞「ず」

吾か人か〔自分か他人かの意〕自分が自分であるような気がしないようす。ぼうぜんとするようす。⬇咳き上ぐ「慣用表現」

吾にもあら-ず〔自分が自分でないような気持ちだの意〕われを忘れている。無我夢中である。〈枕・四〉「ただいそがしに出だしたつれば、あれにもあらぬ㊰心地すれど」訳（部屋の女房が）ひたすらせきたてて出仕させるので、無我夢中の気持ちがするけれども。⬇咳き上ぐ「慣用表現」

なりたち「に」は断定の助動詞「なり」㊊、「も」は係助詞

あれ【彼】代 ❶遠称の代名詞。遠い位置の人・事物・場所・時をさす。あの人。あれ。あそこ。あの時。また、少し離れた場所をさすこともある。〈平家・九・木曽最期〉「あれに見え候ふ、粟津の松原と申す」訳あそこに見えますのが、粟津の松原と申します。

❷対称の人代名詞。あなた。〈宇治・一・一〉「人のけはひのしければ、『あれはたれぞ』と問ひければ」訳人の気配がしたので、「あなたはだれだ」と尋ねたところ。

あれ-か-に-も-あら-ず【吾かにもあらず】⬇吾「フレーズ」

あれ-か-ひと-か【吾か人か】⬇吾「フレーズ」

あれ-てい【彼体】名 対象を卑しめていう語。あのような状態。あの程度。あれくらい。あれしき。〈風姿花伝〉「我はあれ体に悪き所をばすまじきものをと」訳自分はあのように悪いところ（＝下手な芸）をするはずがないものをと。

あれ-に-も-あら-ず【吾にもあらず】⬇吾「フレーズ」

あわ【泡・沫】名（水の）あわ。あぶく。

あわ〖淡〗⬇あは

あわい〖間〗⬇あはひ

あわし〖淡し〗⬇あはし

あわす〖合わす〗⬇あはす

あわたた・し【慌たたし】形シク〔しから・しく（しかり）・し・しき（しかる）・しけれ・しかれ〕〔近世初期からは「あわただし」〕❶心がせわしい。落ち着かない。〈平家・七・主上都落〉「一年都うつりとて俄にあわたたしかり㊊しは」訳先年遷都ということで急であわただしかったのは。❷にわかである。突然である。〈源氏・野分〉「いとうたて、あわたたしき㊰風なめり」訳まったくいやな、突然の風であるようだ。

あわ・つ【慌つ】自タ下二〔て・て・つ・つる・つれ・てよ〕うろたえる。あわてる。〈竹取・かぐや姫の昇天〉「あわて㊍ぬさまなり」訳（かぐや姫は）あわてない（落ち着いた）ようすである。

あわ-ゆき【沫雪・泡雪】名 泡のようにやわらかく消えやすい雪。

参考 平安時代になると用いられる、春の消えやすい雪の意の「あはゆき（淡雪）」とは別語。

あわゆきの… 和歌

> **沫雪の　ほどろほどろに　降り敷けば**
> **奈良の都し　思ほゆるかも**
> 〈万葉・八・一六三九・大伴旅人〉

訳泡のように消えやすい雪がうっすら降り積もると、奈良の都が思われることだなあ。

解説 作者が九州大宰府の長官として赴任していたときの歌。雪の少ない九州でたまに雪が降ると、故郷平城京が自然に思い出されるのである。

あわれ⬇あはれ

あを-（アオ）【青】接頭（名詞に付いて）未熟なこと、幼いことを表す。「青侍」「青道心（＝出家したばかりの僧）」

あを（アオ）【青】名 ❶色の名。本来、黒と白の間の広い範囲の色をいい、おもに青・緑・藍をさす。❷馬の毛色の名。青みがかった黒。また、その毛色の馬。

あを（アオ）【襖】名〔字音「あう」の転〕❶武官の礼服。位階によって色が定まっている。「闕腋の袍」「脇明け」とも。❷狩衣に裏を付けたもの。❸袷の衣。綿入れもあった。

あを-いろ（アオ）【青色】名 ❶「あを（青）①」に同じ。

❷染め色の名。黄色がかった萌黄(もえぎ)色。❸「青色の袍(はう)」の略。平安時代、天皇の常服。六位の蔵人(くらうど)なども許されて着用した。

(あをいろ②)

あを-うま アオ【青馬・白馬】名 ❶《上代語》青毛(あをげ)(=つやのある青みがかった黒い毛)の馬。青みがかった灰色の馬とも。〈万葉・二〇・四四九四〉「水鳥の鴨(かも)の羽色(いろ)の(=鴨の羽色をした)青馬を」❷(平安時代、③の「白馬(あをうま)の節会(せちゑ)」で白馬(はく)を用いるようになってから)白馬、または葦毛(あしげ)の馬。❸「白馬(あをうま)の節会(せちゑ)」の略。上代からの宮廷年中行事で、陰暦正月七日、左右の馬寮(めりょう)から庭に引き出した白い馬を天皇が見たあとで宴を催した儀式。古くは①を用いたが、平安時代、醍醐(だいご)天皇のころに白馬となり、「白馬」と書かれるようになった。

あを-がき アオ【青垣】名 山が青々と垣のようにめぐっていること。大和(やまと)の国をほめたたえる慣用語。〈記・中〉「倭(やまと)は国のまほろばたたなづく青垣山ごもれる倭しうるはし」訳→やまとは…歌謡

あをき-まなこ アオキ【青き眼】(気の合う人の来訪を歓迎する)柔和な目つき。〈徒然・一七〇〉「阮籍(げんせき)が青き眼、誰(たれ)もあるべきことなり」訳 阮籍の(気の合う友を迎える)柔和な目つき(のようなこと)は、だれにでもありそうなことである。

参考 中国の晋(しん)の時代、竹林(ちくりん)の七賢人のひとりである阮籍が、気の合う客には青い眼で対し、気にいらない客には白い眼で対したという故事による。

あを-くび アオ【青衿】名 青い襟。

あを-さぶらひ アオサブライ【青侍】名「あをざむらひ」とも。❶(六位の者が着用する袍(ほう)が青色だったところから)貴族に仕える六位の侍。❷(「あを」は接頭語)身分の低い若侍。

あを・し アオシ【青し】形ク{から・く(かり)・し・き(かる)・けれ・かれ}青い。〈大鏡・道長上〉「無辺世界を射給へるに、関白殿色青く用なりぬ」訳(伊周(これちか)の矢が)とんでもない方向を射なさったので、(父の)関白殿(=道隆(みちたか))は顔色が青くなった。

あを-つづら アオ【青葛】名 つる草の一種。青葛藤(あおつづらふじ)。和歌では、多く、つづらのつるをたぐるところから、「くる」を導きだす序詞として用いられる。

あを-にび アオ【青鈍】名 ❶染め色の名。青みがかった縹(はなだ)色(=薄い藍色)。仏事などの服や調度に用いる。❷襲(かさね)の色目の名。表裏ともに濃い縹色(■)。

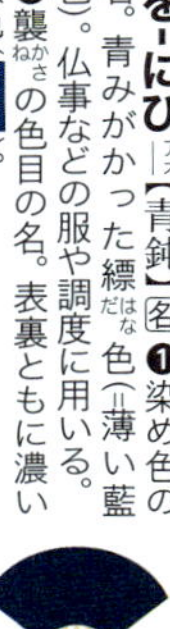
(あをにび①)

あをによし アオニヨシ【青丹よし】《枕詞》「奈良(なら)」「国内(くぬち)」にかかる。上代、奈良から青丹(=青土)が出たことによるという。〈万葉・五・七九七〉「あをによし国内ことごと見せましものを」

あをによし… 和歌

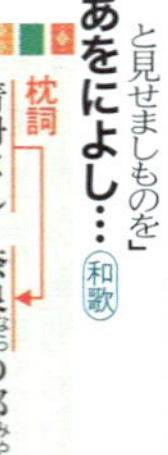

枕詞
青丹よし　奈良(なら)の都(みやこ)は　咲(さ)く花(はな)の
薫(にほ)ふがごとく　今(いま)盛(さか)りなり
〈万葉・三・三二八・小野老(をののおゆ)〉

訳 奈良の都は、咲く花が色美しく映えるように、今、(繁栄の)盛りであるよ。

解説 九州大宰府(だざいふ)で、故郷平城京をなつかしみ憧れる気持ちを詠んだもの。なお、作者は大宰府に赴任してきたばかりで、ごく最近の平城京の雰囲気を伝えたものとする説もある。

あを-ひとくさ アオ【青人草・蒼生】名 人民。人の多く生まれるのを草の茂るのにたとえたもの。

あをまつと… 和歌

枕詞
吾を待つと　君(きみ)が濡(ぬ)れけむ　あしひきの
山(やま)の雫(しづく)に　ならましものを
〈万葉・二・一〇八・石川郎女(いしかはのいらつめ)〉

訳 私を待つといって、あなたが濡れたという、その山のしずくになることができたらよかったのに。

解説 大津皇子(おほつのみこ)の歌「あしひきの山の雫に妹(いも)待つとあれ立ち濡れぬ山の雫に」(訳→あしひきの…和歌)〈万葉・二・一〇七〉にこたえた歌。皇子の歌では「山の雫」が待つことのつらさを表すものであったが、この歌では皇子の身に触れるうらやましいものとして表される。

あを・む アオム【青む】自マ四{ま・み・む・む・め・め}❶草木が青く茂る。〈細道・平泉〉「国破れて山河あり、城(じやう)春にして草青み用たり」訳 国は破れ滅びても山河は(昔に変わらず)残り、城は春になって草が青く茂っている。❷青くなる。顔色が青ざめる。〈徒然・一三七〉「暁近くなりて待ち出(い)でたるが、いと心深う、青み用たるやうにて」訳 明け方近くなって待ちに待ってやっと出てきた(=月)が、たいそう趣深く、青みを帯びているようであって。

あを-やか アオ【青やか】形動ナリ{なら・なり(に)・なり・なる・なれ・なれ}(「やか」は接尾語)青々としているさま。〈和泉式部日記〉「築地(ついひぢ)のうへの草青やかなる体も」訳 土塀の上の草が青々としているのにも。

あを-やぎ アオ【青柳】名 ❶青い芽をふいた柳(やなぎ)。春 ❷襲(かさね)の色目の名。表裏とも濃い青。一説に、表は濃い青、裏は紫。春に用いる。

あん【案】名 ❶(手紙や文書の)下書き。草案。〈伊勢・一〇七〉「かのあるじなる人、案を書きて、書かせてやりけり」訳 例の主人である男が、(手紙の)下書きを書いて、(それを女に)書かせて(男のもとに)おくった。❷考え。思案。予想。❸物などをのせる台。机。

あん-ぎゃ【行脚】名・自サ変(「あん」「ぎゃ」は唐音)❶僧が諸国を巡って修行すること。また、その僧。❷諸国を旅すること。〈細道・草加〉「奥羽(あう)長途(ちやうど)の行脚ただかりそめに思ひ立ちて」訳 奥羽地方への遠路の旅をただふと思い立って。

あん-ぐう【行宮】名(「あん」は唐音)天皇が旅行の折、その地に仮に設ける御所。行在所(あんざいしょ)。仮宮(かりみや)。

あん-ご【安居】名《仏教語》陰暦四月十六日から三か月間、僧が一か所にこもって修行すること。「夏(げ)」「夏安居(げあんご)」「夏行(げぎやう)」とも。夏

あん-じつ【庵室】名「あんじち」とも。僧・尼や世を捨てた隠者などのすまい。いおり。

あん-じん【安心】名《仏教語》信仰によって心を定め、心が動かないこと。

あん・ず【案ず】〔他サ変〕{ぜ・じ・ず・ずる・ずれ・ぜよ} ❶**あれこれ考える。くふうする。**〈徒然・一一〇〉「いづれの手か疾く負けぬべきと**案じ**㊊て」訳（双六の上手な人は）どのやり方が早く負けてしまうだろうかと**あれこれ考え**て。❷**心配する。気づかう。**〈平家・五・福原院宣〉「思はじ事なう**案じ**㊊つづけて」訳考えつかないだろうこともなく（すべて考えつくして）**心配し**続けて。

あん-ど【安堵】■一〔名・自サ変〕❶土地に安住すること。〈著聞・四四二〉「それより八幡にも**安堵せ**㊌ずなりて」訳（小殿は叔父を殺して）それ以来（石清水）八幡宮にも**安住でき**なくなって。❷心が落ち着くこと。安心すること。〈平家・一〇・三日平氏〉「御一家の君達の、西海の波の上にただよはせ給ふ御事の心憂くおぼえて、いまだ**安堵し**㊊ても存じ候はねば」訳ご一家（＝平家）の若君たちが、西海の波の上を流浪していらっしゃる御ことがつらく思われて、まだ**心が落ち着い**てもおりませんので。■二〔名・他サ変〕中世、将軍や領主が武士・寺社の土地の領有権を認めること。また、その文書。

あん-どん【行灯】〔名〕「あん」は唐音）「あんどう」とも。灯火をともす器具。木や竹などのわくに紙を張り、中に置いた油皿の灯心に火をともす。

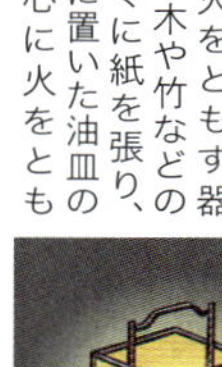

（あんどん）

あん-ない【案内】〔名・他サ変〕「あない」に同じ。

あんない-しゃ【案内者】〔名〕❶道案内をする人。先導する人。❷土地や内情についてよく知っている人。

あん-なり

あると聞いている。あるようだ。あるそうだ。〈更級・かどで〉「世の中に物語といふもののあんなる㊍を、いかで見ばやと思ひつつ」訳世の中に物語というものが**あると聞いている**けれども、（それを）なんとかして見たいものだと思い続けて。→あなり

〔なりたち〕ラ変動詞「有り」㊍＋伝聞・推定の助動詞「なり」＝「あるなり」の撥音便。中古では、ふつう「あなり」と表記される。

あん-めり

あると見える。あるようだ。あるらしい。〈宇治・二・八〉「あはれ、世にもあひ、年なども若くて、みめもよき人にこそ**あんめれ**㊐」訳ああ、（この少将は）時勢にも合い、年なども若くて、顔かたちも整っている人で**あるようだ**。→あめり

〔なりたち〕ラ変動詞「有り」㊍＋推量の助動詞「めり」＝「あるめり」の撥音便。中古では、ふつう「あめり」と表記される。

安楽庵策伝（あんらくあんさくでん）《人名》（一五五四〜一六四二）安土桃山時代・江戸初期の説経僧・茶人・文人。俗名は平林平太夫。京都誓願寺竹林院の僧。笑話集「醒睡笑」を著す。

あん-をん【安穏】〔名・形動ナリ〕安らかで穏やかなこと。平穏無事。〈著聞・四四二〉「われその用途をとらんと思はば、汝一人**安穏に**㊊てあらせてんや」訳もし私がその（布を買うためにあずかった）代金をとろうと思うならば、おまえ一人を**無事で**いさせるだろうか（いや、いさせない）。

い-〔接頭〕《上代語》動詞に付いて、調子を整えたり意味を強めたりする。〈万葉・三・三一七〉「白雲も**い**行きはばかり時じくそ雪は降りける」訳→あめつちの…〔和歌〕

〔例語〕い隠る・い漕ぐ・い掘ず（＝掘りとる）・い立つ・い辿る・い回む（＝めぐる。まわる）・い継ぐ（＝続く）・い這ふ・い触る・い行き会ふ・い行き憚る・い行き回る（＝行きめぐる）・い行き渡る・い行く・い渡る

調子を整える・意味を強める働き
い＋動詞

い-【斎・忌】〔接頭〕（神事に関する名詞に付いて）清浄な、神聖な、の意を表す。「**斎**垣」「**斎**串」「**斎**杭」

い【衣】〔名〕身にまとうもの。着物。ころも。

い【糸・網】〔名〕くもの巣。くもの糸。

い【寝・睡】〔名〕**眠ること。**睡眠。〈万葉・一五・三六六五〉「妹を思ひ**い**の寝らえぬに」訳妻を恋しく思って**寝ること**ができないでいると。

〔参考〕単独では用いられず、「熟寝」「安寝」などの熟語や、以下のような成句に用いられる。

フレーズ

寝も寝-ず 寝もしない。眠りもしない。〈竹取・貴公子たちの求婚〉「夜は安き**いもねず**㊊（＝安らかに**眠ることもせず**）、闇の夜に出でて」

〔なりたち〕「寝」＋係助詞「も」＋下二段動詞「寝」㊌＋打消の助動詞「ず」

寝も寝られ-ず 眠ることもできない。〈更級・かどで〉「恐ろしくて**いもねられず**㊎」訳恐ろしくて**眠ることもできない**。

〔なりたち〕「られ」は可能の助動詞「らる」㊌

寝を-寝 寝る。睡眠をとる。〈万葉・二〇・四四〇〇〉「家思ふと**いをね**㊌ず居れば」訳（故郷の）家を思って**眠ら**ずにいると。

〔なりたち〕「寝」＋格助詞「を」＋下二段動詞「寝」

い《上代語》■一〔格助〕主語を強調する。〈万葉・三・三一七〉「語れ語れと詔らせこそ志斐**い**は奏せ」訳語れ語れとおっしゃるから、（私）志斐は申しあげるのに。

〔接続〕体言に付く。

■二〔間助〕連体修飾語を強調する。〈万葉・一〇・一八五一〉「青柳の糸の細しさ春風に乱れぬ**い**間に見せむ子もがも」訳青柳の糸のこまやかな美しさよ。春風に乱れないうちに見せてやるような恋人があったらなあ。

〔接続〕動詞・助動詞の連体形に付く。

〔文法〕上代に用いられ、平安時代には、漢文の訓読など特殊な文献にしか現れない。■一は、多く主語に付くので格助詞と考えられるが、副助詞とする説もある。また、■一■二をともに間投助詞とする説もある。

い〔終助〕❶呼びかけの意を表す。…よ。〈浄・ひらかな盛

最重要330 33

いう 【優】 形動ナリ {なら・なり(に)・なり・なる・なれ・なれ}

ガイド 漢語「優」を形容動詞化した語。優秀の意が①、優雅の意が②。**古典文学作品では特に②「優雅だ。上品だ」の意が重要である。**

❶すばらしくよい。すぐれている。りっぱだ。

例 取るかたなく口惜しき際と、優なり㊮とおぼゆばかり勝れたるとは〈源氏・帚木〉

訳 なんの取り柄もなくつまらない程度(の女性)と、すばらしいと感じられるほど優れている女性とは。

❷優雅だ。上品だ。しとやかだ。奥ゆかしい。風流だ。

例 なほ事ざまの優に㊊おぼえて、物のかくれよりしばし見ゐたるに〈徒然・三二〉

訳 それでもやはり事のようすが優雅に思われて、物陰からしばらく見ていたところ。

➡おいらか「類語の整理」

衰記〉「これこれ申し。山吹様いなう」訳 もしもし。山吹様よ、ねえ。

❷強調、念押しの意を表す。〈狂・末広がり〉「末広がりといふは、地体、扇のことぢゃいやい」訳 末広がりというのは、本来、扇のことだぞよ。

接続 ①は体言(人名など)に、②は文末に付く。

参考 いずれも中世以降、特に近世に用いられた。

い 〖井・亥・位・囲・居・威・猪・率・違・遺〗➡ゐ

いい 〖言い・飯〗➡いひ

飯尾宗祇(いいおそうぎ) ➡飯尾宗祇(いひをそうぎ)

いう 【優】 形動ナリ ➡右 33

いう 〖言う〗➡いふ

いう-えん 【優艶】 名・形動ナリ 優美で風情のあるさま。

参考 歌論用語。「優にして艶」の意で、王朝的風雅の最高理念であった二つの語をあわせ、最もすぐれた情趣や姿を意味する。➡優・艶

いう-げん 【幽玄】 名・形動ナリ ❶**神秘的で奥深くはかりしれないこと。**〈古今・真名序〉「興幽玄に入る」訳 内容が奥深く知りがたい境地に至る。

❷**深い味わいがあること。**上品で優雅なこと。〈徒然・一二二〉「詩歌に巧みに、糸竹に妙なるは、幽玄の道」訳 詩歌に巧みで、管弦(の技)にすぐれているのは、深い趣のある風流の道(であって)。

❸中世の歌論・連歌論・能楽論における美的理念。歌論では**余情のある静寂な美**、連歌論では**優艶な美**、能楽論では**上品で優雅な美**をいう。〈無名抄〉「幽玄の体…詮はただ詞にあらはれぬ余情、姿に見えぬ景気なるべし」訳 幽玄(の歌)の風体(とは)…結局はもっぱらことばにあらわれない余情、歌全体の構成に見えない心象上の情景であろう。

いうげん-たい 【幽玄体】 名 「いうげんてい」とも。歌体の一つ。「幽玄」の趣をもつもの。初めは言外に奥深く静寂な余情のある歌体をさしたが、のちには優美妖艶な歌体をさすようになった。

いう-し 【遊子】 名 家を離れて他国にいる者。旅人。

いうぜんとして… 俳句

> いうぜんとして 山を見る 蛙哉 〈おらが春・一茶〉 春 切れ字

訳 (前足をつっぱり)ゆったりとしてこだわらない(つらがまえ)で、(遠くの)山を眺めている蛙がいることだ。

解説 陶淵明(=中国、東晋の詩人)の「飲酒詩」中の「悠然として南山を見る」をふまえた句。

いう-そく 【有識・有職】「いうしき」「いうしょく」「いうそこ」とも。一 名 ❶**知識のある人。学者。**〈源氏・藤裏葉〉「君は、末の世にはあまるまで天の下の有職にものし給ふめるを」訳 あなたは、末世には過ぎるほど天下の物知りでいらっしゃるようだが。

❷**音楽・芸能に秀でていること。**また、その人。〈源氏・若菜下〉「ただ今、有職のおぼえ高きその人かの人、御前などにて、たびたび試みさせ給ふに」訳 現在、名手の評判の高いだれかれを、(帝が)御前などで、たびたび(演奏を)お試しになられる際に。

❸**朝廷の儀式・先例などに関する知識・学問。**また、それに精通していること。また、その人。〈大鏡・伊尹〉「その中納言、文盲にこそおはせしかど、御心魂いとかしこく、有職におはしまして」訳 その中納言は、無学ではいらっしゃったが、ご思慮才覚がまことにすぐれ、儀式や作法に通じた方でいらっしゃって。

❹**才知・容貌のすぐれた人。**〈大鏡・道長下〉「いかでかさる有職をば、ものげなき若人にてはとりこめられしぞ」訳 どうしてそんなすぐれた女を、たいしたこともない若者の身では手に入れなさったのか。

二 形動ナリ {なら・なり(に)・なり・なる・なれ・なれ} 教養があるさま。**諸道・諸芸に通じてすぐれているさま。**〈大鏡・実頼〉「おほよそ、何事にも有職に㊊、御心うるはしくおはしますことは」訳 (実頼は)だいたい、何事にもよく通じてすぐれ、お心が端正でいらっしゃることは。

いえ 〖家〗➡いへ

いお 〖庵・廬・五百〗➡いほ

いお 〖魚〗➡いを

いおり 〖庵・廬〗➡いほり

い-か【五十日】名 ❶五十日。❷「五十日の祝ひ」の略。子供が生まれて五十日目にする祝い。餅を赤子の口に含ませる儀式。〈紫式部日記〉「御五十日は霜月のついたちの日」訳 御五十日の祝いは陰暦十一月一日の日。❸「五十日の餅」の略。②のとき、赤子の口に含ませる餅。

いか【如何】形動ナリ〔なら・なり(に)・なり・なる・なれ・なれ〕どのようだ。どうだ。どういうふうだ。〈徒然・五五〉「家の作りやうは、夏をむねとすべし。冬はいかなる体所にも住まる」訳 家の造り方は、夏(に適すること)を主とするのがよい。冬は、どんな所でも住むことができる。→如何ならむ・如何なれば・如何に

参考 終止形「いかなり」の用例はきわめて少なく、連用形「いかに」、連体形「いかなる」の用例が多い。本書では「いかに」を副詞とする。

伊賀(いが)《地名》旧国名。東海道十五か国の一つ。今の三重県北西部。伊州。賀州。

いかう-に(イコウ)【一向に】副〔「いっかうに」の促音「っ」の表記されない形〕もっぱら。ひたすら。〈源氏・玉鬘〉「いかうにつかうまつるべくなむ心ざしを励まして」訳 ひたすら(玉鬘に)おつかえ申しあげようと気持ちを励まして。

いか-が【如何】副 ⬇次ページ 34

いかが-し-て【如何して】⬇如何が「フレーズ」

いかが-せ-む(ン)【如何せむ】⬇如何が「フレーズ」

いかが-は【如何は】⬇如何が「フレーズ」

いかが-は-せ-む(ン)【如何はせむ】⬇如何が「フレーズ」

い-がき【斎垣・忌垣】名〔「い」は神聖な、の意の接頭語〕「いかき」とも。神社など神聖な場所の周囲にめぐらした垣。

い-か・く【沃懸く】他カ下二〔け・け・く・くる・くれ・けよ〕そそぎかける。浴びせかける。〈後鳥羽院御口伝〉「五尺のあやめ草に水をいかけ用たるやうに歌は詠むべし」訳 五尺(=約一・五メートル)のあやめ草に水をそそぎかけているように(のびのびと)歌は詠むのがよい。

い-かく・る【い隠る】自ラ四〔ら・り・る・る・れ・れ〕〔「い」は強意の接頭語〕隠れる。〈万葉・一・一七〉「あをによし奈良の山の山の際にい隠る体まで」訳 奈良の山の山の間に隠れるまで。(「あをによし」は「奈良」にかかる枕詞)

いか-さま【如何様】一 形動ナリ〔なら・なり(に)・なり・なる・なれ・なれ〕どのようだ。どんなふうだ。〈万葉・一・二九〉「いかさまに用思ほしめせか」訳 どのようにお考えになってか。

二 副〔「いかさまにも」の略〕❶どうみても。きっと。〈平家・一・祇王〉「いかさまこれは、祇といふ文字を名について、かくはめでたきやらん」訳 きっとこれは、祇という文字を名前に付けているので、(祇王は)このようには(幸運が)すばらしいのだろうか。

❷ぜひとも。なんとかして。〈謡・羽衣〉「いかさま取りて帰り、…家の宝となさばやと存じ候ふ」訳 (羽衣を)ぜひとも取って帰り、…家の宝としたいと存じます。

三 感 まったくそのとおり。なるほど。いかにも。〈東海道中膝栗毛〉「『ねっから(=全然)酒が足らぬやうだ。もう二合やらかさう(=飲もう)』『いかさまなあ(=まったくだなあ)』」

フレーズ

如何様にも ❶(強い依頼や意志をこめて)ぜひ。なんとか。〈平家・二・小教訓〉「いかさまにも御声の出づべう候ふ」訳 なんとかお声が出るはずです。

❷(判断・推量の確実さを表して)きっと。どうみても。

いかさま-に-も【如何様にも】⬇如何様「フレーズ」

なりたち 「も」は係助詞

いか・し【厳し】形ク〔から・く(かり)・し・き(かる)・けれ・かれ〕❶いかめしい。おごそかである。りっぱだ。

❷恐ろしい。激しい。荒々しい。〈源氏・葵〉「たけくいかき体ひたぶる心出できて」訳 気が強く荒々しい一途な心(=恨み心)が出てきて。

参考 上代には、シク活用であったと考えられる。その場合多くは終止形(厳密には語幹)に名詞の付いた「いかし穂」「いかしほこ」などの形で用いられた。

いかずち【雷】⬇いかづち

いかづち(イカズチ)【雷】名 かみなり。雷神。「鳴る神」とも。夏

いか-で【如何で】副 ⬇七四ページ 35

いかで-か【如何でか】⬇如何で「フレーズ」

いかで-かは【如何でかは】⬇如何で「フレーズ」

いかで-も【如何でも】⬇如何で「フレーズ」

いか-な【如何な】〔「いかなる」の転〕一 連体 どのような。どんな。〈狂・竹の子〉「いかな畠でも、種をまかいで、物ができるものでござるぞ」訳 どんな畑でも、種をまかないで、作物ができるものでございますか。

二 副(下に打消の表現を伴って)どうしても。どうにも。〈浄・心中天の網島〉「いかな(=どうしても)にっこりと笑顔も見せず、一言のあいさつもなく」

いかなら-む(ン)【如何ならむ】❶(推測して)どうであろう。どんなだろう。〈枕・二九九〉「少納言よ、香炉峰の雪いかならむ体」訳 少納言(=清少納言)よ、香炉峰の雪はどうであろう。

❷(あやぶむ気持ちを表して)どうなることであろう。〈源氏・夕顔〉「これもいかならむ体と心そらにてとらへ給へり」訳 この人(=右近)もどうなることだろうと(光源氏は)夢中でつかまえなさっている。

❸(連体修飾語として)どんな。どのような。〈徒然・二五〉「いかならん体世にも、かばかりあせ果てんとはおぼしてんや」訳 (道長は)どのような時代にも、(法成寺が)これほど衰え果てるだろうとはお思いになったであろうか(いや、お思いにならなかっただろう)。

なりたち 形容動詞「如何なり」未+推量の助動詞「む」

いかなれ-ば【如何なれば】どういうわけで。どうして。〈平家・三・足摺〉「いかなれば赦免の時、二人は召し返されて、一人ここに残るべき」訳 どうして赦免のときに、二人は(都へ)召し返されて、(私)一人がここ(=鬼界が島)に残らなければならないのだ。

なりたち 形容動詞「如何なり」已+接続助詞「ば」

いか-に【如何に】副 感 ⬇七六ページ 36

いかに-か【如何にか】⬇如何に「フレーズ」

いかに-し-て【如何にして】⬇如何に「フレーレ

最重要330

34 いか-が 【如何】副〔「いかにか」の転〕

ガイド **単に疑問を表す語であるが、実際の使用では危惧・非難の場面に用いられることも多い。** 室町時代になると「あまりよくない」の意を表す形容詞「いかがし」が現れた。現代語の「いかがわしい」はこれが転じたものである。

❶**疑問を表す。どのように…か。どんなに…か。どう…か。**
例 この雪いかが見ると一筆のたまはせぬほどの、ひがひがしからん人〈徒然・三一〉
訳 この雪をどう見るかと(手紙で)ひとこともおっしゃらないほどの、無風流であるような人。

❷**反語を表す。どうして…しようか(いや、…しない)。**
例 いかが要(えう)なき楽しみを述べて、あたら時を過ぐさん〈方丈・五〉
訳 どうして役に立たない楽しみを述べて、惜しむべき時を過ごそうか(いや、過ごすつもりはない)。

❸**ためらい、あやぶむ気持ちを表す。どうかと思う。よくないだろう。**
例 たやすくうち出(い)でんもいかがとためらひけるを〈徒然・二三二〉
訳 心やすく口に出して言うようなのもどんなものかとためらっていたところ。

❹**相手に問う語。どうか。どのようか。どう…か。**
例「御心地はいかが思(おぼ)さるる」と問へば〈竹取・燕の子安貝〉
訳「ご気分はどんな具合にお感じになられるか」と尋ねると。

文法「いかが」は「いかにか」の転のため、係助詞「か」を受けて、結びは連体形となる。

フレーズ

如何して なんとかして。どうにかして。
なりたち「如何(いかが)」+サ変動詞「為(す)」㊊+接続助詞「て」

如何せむ ❶疑問を表す。どうしようか。〈徒然・一七七〉「いまだ庭のかわかざりければ、いかがせむと沙汰ありけるに」訳(蹴鞠(けまり)の会の折)まだ庭がかわかなかったので、どうしようかと評議があったところ。
❷反語を表す。どうしたらよいだろうか(いや、どうしようもない)。しかたがない。〈古今・恋五〉「思ふとも離(か)れなむ人をいかがせむ」訳 いくら恋しく思っても、(私から)離れていくような人をどうしようか(いや、どうしようもない)。
なりたち「如何(いかが)」+サ変動詞「為(す)」㊍+推量の助動詞「む」㊦

如何は ❶反語を表す。どうして…か(いや、…ない)。どのように…か(いや、…ない)。述語が

いかに-せ-む ン—【如何にせむ】➡如何(いか)に「フレーズ」

いかに-ぞ-や【如何にぞや】➡如何(いか)に「フレーズ」

いかに-も【如何にも】➡如何(いか)に「フレーズ」

いかに-も-あれ【如何にも有れ】➡如何(いか)に「フレーズ」

いかに-も-な-る【如何にも成る】➡如何(いか)に「フレーズ」

いかに-や【如何にや】➡如何(いか)に「フレーズ」

いか-の-ぼり【烏賊幟・紙鳶】名 凧(たこ)。形が「いか」に似るところからいう。春

いか-ばかり【如何ばかり】副〔形容動詞「如何(いか)なり」の語幹「いか」+副助詞「ばかり」〕❶状態や程度を推測する。どれほど。どれくらい。〈竹取・御門の求婚〉「あはざなるかぐや姫は、いかばかりの女ぞ」訳 結婚しないというかぐや姫は、どれほどの女か。
❷程度のはなはだしさをいう。どんなに。たいそう。〈徒然・一八〉「手にむすびてぞ水も飲みける。いかばかり心のうちすずしかりけん」訳 手ですくって水も飲んだ。どんなに心の中がすがすがしかったことだろう。

いか-め・し【厳めし】形シク〔(しから)・しく(しかり)・し・しき(しかる)・しけれ・しかれ〕〔形容詞「いかし」と同源〕❶おごそかだ。威厳がある。また、盛大である。〈竹取・御門の求婚〉「あるじいかめしう㊊(ウ音便)仕うまつる」訳 おもてなしを盛大にして差しあげる。
❷激しい。荒々しい。恐ろしい。〈源氏・明石〉「いかめしき㊎雨風」訳 激しい雨風。

いかもの-づくり【怒物作り・厳物作り】名 太刀(たち)のこしらえがいかめしく作ってあること。また、その太刀。

いか-やう ヨウ—【如何様】形動ナリ〔(なら)・なり(に)・なり・なる・なれ・なれ〕どのよう。どんなふう。〈枕・一〇二〉「『いかやうに㊊かある』と問ひ聞こえさせ給へば」訳「(その扇の骨は)どのようであるか」と(中宮が隆家(たかいえ)に)おたずね申しあげなされると。

略されている場合には補って考える。〈竹取・竜の頸の玉〉「君の仰せ言をば、いかがは背くべき」訳主君の命令に、どうして背くことができるだろうか(いや、できない)。
❷疑問を表す。どのように。どうして。〈源氏・玉鬘〉「いかがは仕うまつるべからむ」訳どのように(玉鬘の上京を)とりはからって差しあげるべきだろうか。
❸強意を表す。どうしてまあ。どんなにかまあ。〈土佐〉「もろともにかへらねば、いかがは悲しき」訳(女の子が死んで)いっしょに(土佐から)帰らないので、どんなにかまあ悲しいことだ。
なりたち「如何」+係助詞「は」

如何はせむ ❶反語を表す。どうしようか(いや、どうしようもない)。しかたがない。❷疑問を表す。どうしようか。どうしたらよいだろうか。〈徒然・一七五〉「酒宴ことさめて、いかがはせむとまどひけり」訳酒宴の興もさめて、どうしたらよいだろうかと途方にくれた。
なりたち「如何」+係助詞「は」+サ変動詞「為」㊍+推量の助動詞「む」㊍

いか・る【怒る】自ラ四〔ら・り・る・る・れ・れ〕❶腹を立てる。おこる。いきどおる。
❷かどばる。ごつごつしている。〈宇治・三・五〉「碁盤の足のいかり㊊さしあがりたるに」訳碁盤の足がごつごつして突き出ているところに。
❸激しく動く。荒々しくふるまう。〈源氏・帚木〉「荒海の怒れ㊀る魚のすがた」訳荒海の(障子に描かれた)荒々しく動いている魚のすがた。

いか-ん【如何】副(「いかに」の転)疑問を表す。どのようか。どんなであるか。なぜか。〈方丈・四〉「われ、今、身のために結べり。…ゆゑいかんとなれば」訳私は、今、自分のために(方丈の庵を)結んだ。…理由はどうであるかというと。

いき【息】名❶呼吸。
❷命。〈万葉・一四・三五三九〉「人妻児ろを息にわがする」訳人妻であるあなたを命のように私が思うことだ。

フレーズ

息の下 息が絶え絶えになって、弱々しい声でものを言うさま。虫の息。〈平家・六・入道死去〉「まことに苦しげにて、息の下にのたまひけるは」訳たいへん苦しそうなようすで、息も絶え絶えにおっしゃったことには。

息の緒に 命のかぎりに。命にかけて。〈万葉・四・六〇四〉「息の緒に思ひし君を」訳命がけで愛していたあなたを。

いき【粋】名・形動ナリ(「意気」の転)いやみがなくさっぱりとしていること。あかぬけして気がきいていること。世情、特に遊里の事情などに精通し、人情の機微を心得ていること。対野暮
参考 近世中期ごろから、江戸の町人の間で発展した美意識で、遊里を舞台とした洒落本や人情本に、多く描かれている。→粋 参考・通 参考

壱岐(いき)《地名》旧国名。西海道十二か国の一つ。今の長崎県壱岐市。壱岐島のこと。壱州。

いき-い・づ【生き出づ】自ダ下二〔で・で・づ・づる・づれ・でよ〕生き返る。息を吹き返す。〈源氏・夕顔〉「あが君、生き出で㊊給へ」訳いとしい人(=夕顔)よ、生き返ってください。

いき-ざし【息差し】名息づかい。呼吸。特に、不平や嘆きなどの、激しい感情がこめられた息づかい。〈蜻蛉・下〉「さまざまに嘆く人々の息ざしを聞くも、あはれにもあり」訳さまざまに心配し嘆く人々のため息を聞くのも、しみじみと心を打たれもし。

いき-すだま【生き霊】名「いきずたま」とも。他の人に取りついて悩ます、生きている人の霊魂。「生き霊」とも。

い-ぎたな・し【寝汚し・寝穢し】形ク〔から・く(かり)・し・き(かる)・けれ・かれ〕寝坊である。なかなか目をさまさない。〈枕・二八〉「そら寝をしたるを、わがもとにあるもの、おこしにより来て、いぎたなし㊇とおもひ顔にひきゆるがしたる、いとにくし」訳寝たふりをしているのを、自分のところにいる者(=侍女)が起こしに寄って来て、寝坊だと思っているような顔つきでゆすったのは、とても不快だ。対寝聡し

いき-づ・く【息づく】自カ四〔か・き・く・く・け・け〕苦しそうに長い息をつく。あえぐ。また、ため息をつく。嘆く。〈竹取・竜の頸の玉〉「大納言、南海の浜に吹きよせられたるにやあらむと、いきづき㊊伏し給へり」訳大納言は、南海の浜に吹き寄せられたのであろうかと思って、あえいでふせっていらっしゃる。

いき-と-し-いけ-る-もの【生きとし生けるもの】この世に生を受けたすべてのもの。あらゆる生物。〈古今・仮名序〉「生きとし生けるもの、いづれか歌をよまざりける」訳あらゆる生きものは、どれが歌を詠まなかっただろうか(いや、詠まないものなどない)。
なりたち 四段動詞「生く」㊊+格助詞「と」+強意の副助詞「し」+四段動詞「生く」㊀+存続の助動詞「り」㊍+名詞「もの」

いき-の-した【息の下】→息「フレーズ」

いき-の-を-に【息の緒に】→息「フレーズ」

いき-ほひ【勢ひ】名❶元気。活力。力。
❷人を支配する権力。権勢。威勢。〈徒然・五八〉「世をいとはん人、たとひ望みありとも、勢ひある人の貪欲多きに似るべからず」訳(仏道に入って)世俗を嫌って避けるような人は、たとえ欲望があっても、権勢ある人の欲望の盛んなのとは比べものにならない。
❸物事のなりゆき。ようす。形勢。〈源氏・少女〉「おほかた世ゆすりて、所せき御いそぎの勢ひなり」訳(夕霧の元服について)世間一般が大騒ぎして、おおげさなご準備のようすである。

フレーズ

勢ひ猛 威勢が盛んなようす。また、富み栄えるさま。〈竹取・かぐや姫の生ひ立ち〉「翁竹を取ること久しくなりぬ。勢ひ猛の者になりにけり」訳翁は(黄金の入っている)竹を取ることが長いこと続いた。富み栄える者になった。

いきほひ-まう【勢い猛】→勢ひ「フレーズ」

最重要330

35

いか-で【如何で】副

ガイド 「いかにて→いかんで→いかで」と変化した語。下に意志・願望を表す語があると①、推量や疑問を表す語があると②③になる。②か③かは文脈によって判断する。

❶願望を表す。なんとかして。どうにかして。

例 世の中に物語といふもののあんなるを、いかで見ばやと思ひつつ〈更級・かどで〉

訳 世の中に物語というものがあると聞いているけれども、(それを)なんとかして見たいものだと思い続けて。

定型表現 副詞の呼応

いかで…願望

例 いかで 見ばや。〈願望〉

(=なんとかして見たい)

❷疑問を表す。どうやって。どのようにして。どういうわけで。

例 まうとは、いかで情けなく幼きものをかくはするぞ〈宇治・一〇・一〉

訳 あなたは、どういうわけで情け容赦もなく幼い者をこのようにはする(=死ぬほどに踏みつける)のか。

❸反語を表す。どうして(…か、いや、…ない)。

例 いかで月を見ではあらむ〈竹取・かぐや姫の昇天〉

訳 どうして月を見ないではいられよう(か、いや、いられない)。

フレーズ

如何でか ❶疑問を表す。どうして…か。〈伊勢・九〉「かかる道はいかでかいまする」訳 こんな道にはどうしていらっしゃるのか。
❷願望を表す。なんとかして。どうにかして。〈枕・三八〉「はづかしく心づきなきことは、いかでか御覧ぜられじと思ふに」訳 みっともなく不愉快なことは、なんとかして(中宮の)お目にはかけまいと思うのに。
❸反語を表す。どうして…か(いや、…ない)。〈徒然・三二〉「あとまで見る人ありとは、いかでか知らん」訳 あとまで見る人がいるとは、どうして知ろうか(いや、知るはずはない)。

なりたち 「如何(いか)で」+係助詞「か」

文法 係助詞「か」を受けて結びは連体形になる。

如何でかは ❶疑問を表す。どうして…か。〈伊勢・五三〉「いかでかは鳥の鳴くらむ」訳 どうして(夜明けを告げる)鶏が鳴いているのだろうか。
❷願望を表す。なんとかして。どうにかして。
❸反語を表す。どうして…か(いや、…ない)。〈源氏・末摘花〉「かやうの御やつれ姿を、いかでかは御覧じつけむ」訳 こんな(光源氏の)お忍びの姿を、(桐壺帝は)どうしてお見つけになるだろう

いき-ほ・ふ(オウ)【勢ふ】自ハ四{は・ひ・ふ・ふ・へ・へ} ❶勢いが盛んになる。栄える。時めく。〈源氏・玉鬘〉「いかめしくいきほひ(用)たるを羨(うらや)みて」訳 (国守の夫人が)堂々として権勢づいているのを(三条が)うらやんで。❷勇み立つ。活気づく。〈更級・夫の死〉「そのほどのありさまは、物さわがしきまで人多く、いきほひ(用)たり」訳 その(門出の)ときのようすは、騒々しいほどに人が大勢で、活気づいていた。

いき-ま・く【息巻く】自カ四{か・き・く・く・け・け} ❶勢力をふるう。栄える。〈源氏・若菜上〉「大后(おほきさき)の、坊のはじめの女御(にようご)にていきまき(用)給ひしかど」訳 (弘徽殿(こきでん)の)大后が、(故桐壺院が)東宮(であったころ)の最初の女御として勢力をふるいなさったけれど。❷息を荒くして怒る。いきり立つ。〈徒然・一〇六〉「上人(しやうにん)なほいきまき(用)て…とあららかに言ひて」訳 上人はいっそういきり立って…と荒々しく言って。❸勢いこむ。気勢をあげる。

い-ぎゃう(ギョウ)【異形】名 ふつうとは異なる不気味な姿・形。怪しい姿。

いき-わか・る【行き別る】自ラ下二{れ・れ・る・るる・るれ・れよ} 別れて行く。別れ別れになる。〈更級・太井川〉「行き別るる(体)ほど、行くもとまるも、みな泣きなどす」訳 別れて行くときは、行く者も残る者も、みな泣いたりする。

いく-【幾】接頭 数量や程度が不定の意を表す。どれほど。「幾日(いくか)」「幾夜(いくよ)」

い・く【生く】一 自カ四・上二{か・き・く・く・け・け}{き・き・く・くる・くれ・きよ} 生きる。命を保つ。また、生き返る。助かる。〈源氏・桐壺〉「限りとて別るる道の悲しきにいか(未)(四段)まほしきは命なりけり」訳 →かぎりとて…和歌。〈徒然・五三〉「たとひ耳鼻こそ切れ失(う)すとも、命ばかりはなどか生き(未)(上二段)ざらん」訳 たとえ耳や鼻が切れてなくなっても、命だけはどうして助からないことがあろうか(いや、助かるはずだ)。
二 他カ下二{け・け・く・くる・くれ・けよ} 生かす。生存させる。命を助ける。〈宇治・七・五〉「この馬、生け(用)てたまはらん」訳 (観音様に)この馬を、生き返らせていただこう。

い・く【行く・往く】自カ四{か・き・く・く・け・け} 「ゆく」とも。(ある方向や場所に)でかける。進み動く。〈万葉・一五・

か(いや、お見つけになるまい)。
なりたち「如何で」＋係助詞「かは」
文法 係助詞「かは」を受けて結びは連体形になる。

〈三三〉「竜田の山をいつか越え行か(未)む」訳 竜田の山をいつ越えて行くのだろうか。

参考 「いく」と「ゆく」はともに上代から用いられたが、「ゆく」のほうが多く使われた。→行ゆく

いく-か【幾日】名 何日。いくにち。〈土佐〉「けふ幾日、二十日、三十日と数ふれば、指もそこなはれぬべし」訳 (過ぎ去った日数を)今日で何日、二十日、三十日と数えるので、指も痛められてしまいそうだ。

いく-かへり【幾返り】副 何度。いくたび。〈新古・恋二〉「いくかへり咲き散る花をながめつつ物思ひくらす春にあふらん」訳 いくたび、咲いては散る花を見入っては、物思いをして暮らす春に逢うことだろう。

いくさ【軍】名 ❶軍勢。兵隊。〈今昔・六・三〉「千人のいくさの中に馬を馳せて入らむことは」訳 千人の(敵の)軍勢の中に馬を走らせて飛び込むようなことは。
❷合戦。戦争。〈徒然・三七〉「兵のいくさに出づるは」訳 武士が戦陣に出て行くときには。

いく-そ【幾十】副 (多く下に「の」を伴って)どれほど多く。どんなにたくさん。数限りなく。〈拾遺・恋五〉「限りなき思ひの空に満ちぬればいくそのけぶり雲となるらむ」訳 限りない(あなたへの)思いの炎が空に満ちてしまったので、どれほど多くの煙が雲になっているのであろう。(「思ひ」の「ひ」は「火」との掛詞)

いくそ-ばく【幾十許】副 どれくらい。どれほど。〈土佐〉「その松の数いくそばく、幾千年経たりと知らず」訳 その松の数はどれほどで、何千年がたっているとわからない。

いく-だ【幾許】副 (多く「いくだも」の形で、下に打消の語を伴って)いくら。どれほど。〈万葉・二・三五〉「さ寝し夜はいくだもあらず」訳 ともに寝た夜はいくらもなくて。

生野(いくの)《地名》歌枕 今の京都府福知山市生野。山陰道の街道筋にあり、丹後(京都府北部)の天の橋立におもむく通路にあたる。

如何でも どうにでも。どのようにでも。
なりたち「如何で」＋係助詞「も」

いく-ばく【幾許】副 ❶どれほど。どのくらい。〈方丈・三〉「その、改めつくること、いくばくの煩ひかある」訳 そのような、(簡便な家を)建てなおすことに、どれほどのめんどうがあるか(いや、ない)。
❷(多く「いくばくも」の形で、下に打消の語を伴って)それほど。いくらも。〈万葉・九・一八〇七〉「いくばくも生けらぬものを」訳 いくらも生きていないのに。

いく・む【射組む】他マ四 {ま・み・む・む・め・め} 矢を射かわす。射合う。〈今昔・二五・三〉「今日の合戦は各の軍を以て射組ま(未)せば、その興侍らじ」訳 今日の合戦はそれぞれの軍勢をもって射合わせるなら、そのおもしろみはないでしょう。

いく-よ【幾世・幾代】名 どれほど多くの年代。何代。

いく-よ【幾夜】名 どれほどの夜。幾晩。〈金葉・冬〉「淡路島かよふ千鳥のなく声に幾夜ねざめぬ須磨の関守」訳 ➡付録①「小倉百人一首」78

いく-ら【幾ら】副 (「ら」は接尾語) ❶どれほど。どれくらい。〈落窪〉「四の君はいくら大きさになり給ひぬる」訳 四の君はどれくらいの年齢におなりになったか。
❷(「いくらも」の形で)たくさん。いくらでも。〈宇治・二・二〉「召しつべくは、いくらも召せ」訳 召し上がれるならば、いくらでも召し上がれ。
❸(「いくらも」の形で、下に打消の語を伴って)たいして。どれほども。〈古今・恋三〉「むばたまの闇のうつつはさだかなる夢にいくらもまさらざりけり」訳 暗闇の中の現実(の中での逢瀬)は(はかなくて)、はっきりと見た夢(の中での逢瀬)にたいしてまさっていないことだなあ。(「むばたまの」は「闇」にかかる枕詞)

フレーズ **幾らとも無・し** 数多い。大量だ。〈十訓・一〉「御ふところより、櫛をいくらともなく(用)とり出でて」訳 御ふところから、くしをたくさん取り出して。

いくら-と-も-な-し【幾らとも無し】➡幾ら「フレーズ」

いくゎん(カン)【衣冠】名 ❶衣服と冠。
❷正装の束帯に準じて着用された略式の装束。冠・袍・指貫を着け、下襲・裾・石帯は着けない。

(いくゎん②)

いけ-め・く【池めく】自カ四 {か・き・く・く・け・け} (「めく」は接尾語) 池のようになる。〈土佐〉「池めい(用)(イ音便)てくぼまり、水つけるところあり」訳 池のようになって(地面が)くぼんで、水のたまっている所がある。

いこ・ふ(イコウ)【息ふ・憩ふ】一 自ハ四 {は・ひ・ふ・ふ・へ・へ} 休む。休息する。〈霊異記〉「牛はからだに車を駕け(=つなぎ)薪を載せ、いこふ(体)ことなく追ひ使はれ」
二 他ハ下二 {へ・へ・ふ・ふる・ふれ・へよ} 休ませる。平安に保つ。〈今昔・六・三八〉「国の政をもいこへ(用)、物をもよく納めさせ給ひて」訳 国政をも平安に保ち、租税をもきちんと収納させなさって。

いさ 感 副 ➡六六ページ 37

いざ 感
❶人を誘うときに発する語。さあ。〈竹取・かぐや姫の昇天〉「いざ、かぐや姫、きたなき所にいかでか久しくおはせむ」訳 さあ、かぐや姫よ、けがれた所(=地上の世界)にどうしていつまでもいらっしゃることがあろうか(いや、いらっしゃることはない)。

最重要330

36

いか-に 【如何に】 一副 二感

ガイド 状態・程度の疑問を表す一①②が本来の用法で、③は理由の疑問。④⑤は程度がわからないほどだと強調・詠嘆するもの。二は相手の状態を問う表現を呼びかけに転用したもの。

一副 状態や程度、また理由などを疑い、推測するときに用いる。

❶どのように。どう。

例 我をいかにせよとて捨てては昇り給ふぞ〈竹取・かぐや姫の昇天〉

訳 私を(この先)どうしろと言って捨てては(空へ)昇りなさるのか。

❷どんなに(…だろう)。さぞ(…だろう)。

例 いかに心もとなからむ〈枕・五〉

訳 どんなに気がかりだろう。

❸なぜ。なにゆえ。

例 かばかりになりては、飛びおるともおりなん。いかにかく言ふぞ〈徒然・一〇九〉

訳 これ(=軒の高さ)ほどになっては、きっと飛び降りたって降りられよう。どうしてそう(=「用心しろ」などと)言うのか。

❹どんなに。どれほど。

例 ただいかに言ひすてたる言種も、皆いみじく聞こゆるにや〈徒然・一四〉

訳 (昔の人の歌は)なんということもなくどんなに無造作に言ったことば(=歌句)でも、みんなりっぱに聞こえるのであろうか。

❺感動を表す。なんとまあ。

例 世はいかに興あるものぞや〈大鏡・序〉

訳 世の中はなんとまあおもしろいものであるよ。

二感 相手に呼びかける語。おい。なんと。さて。もし。

例 いかに佐々木殿、高名せうどて不覚し給ふな〈平家・九・宇治川先陣〉

訳 なんと佐々木殿、手柄を立てようとして思わぬ失敗をしなさるな。

参考 一は形容動詞「如何なり」の連用形とも考えられる。→如何 参考

---

❷自分から何かを始めようとするときに発する語。さあ。さて。どれ。〈伊勢・九〉「名にし負はばいざこと問はむ都鳥わが思ふ人はありやなしやと」訳→なにしおはば… 和歌

フレーズ

いざかし 「いざ給へかし」の略。さあ、いらっしゃいよ。さあ、行きましょうよ。〈源氏・若紫〉「『いざかし、ねぶたきに』とのたまへば」訳「さあ、行きましょうよ、眠たいから」とおっしゃるので。

なりたち 「いざ」+終助詞「かし」

いざさせ給へ さあ、なさってください。さあ、行きましょう。さあ、いらっしゃい。〈宇治・一・一八〉「いざさせ給へ(=さあ、いらっしゃい)、湯あみに。大夫殿」

なりたち 「させ」はサ変動詞「為」の未然形「せ」と尊敬の助動詞「さす」の融合した動詞「さす」の連用形

参考 「いざ給へ」より敬意が強い。

いざ給へ さあ、いらっしゃい。さあ、行きましょう。〈徒然・二三六〉「いざたまへ、出雲拝みに」訳 さあ、いらっしゃい、出雲大社をお参りに。

参考 「いざさせ給へ」「いざ給へ」の省略と考えられ、「給へ」の上に、「行く・来」などの意を補って訳す。

いざ-かし ➡いざ「フレーズ」

いさか・ふ【諍ふ】 自八四 {は・ひ・ふ・ふ・へ・へ} 激しく言い争う。けんかする。〈徒然・五四〉「聞きにくくいさかひ(用)、腹立ちて帰りにけり」訳 (法師たちは)聞くにたえないほどに言い争い、腹を立てて帰ってしまった。

いさ-ご【砂・砂子】 名 すな。「すなご」とも。

いささ- 接頭 (名詞に付いて)小さな、わずかな、ささやかな、の意を表す。「いささ川」「いささ群竹」「いささ小笹」

いささ-か【聊か・些か】 一 形動ナリ {なら・なり(に)・なり・なる・なれ・なれ} かりそめであるさま。わずかである。ほんの少しである。〈竹取・かぐや姫の昇天〉「いささかなる(体)功徳を翁がつくりけるによりて」訳 わずかばかりの善根を翁がつくったことによって。

二 副 ❶わずかばかり。少し。〈枕・一七五〉「かたち・心・あり

さま優れ、世に経(ふ)るほど、**いささか**のきずなき」訳 容貌・性質・態度がすぐれ、この世を過ごす間、**少し**の欠点もない人(はめったにいない)。

❷(下に打消の語を伴って)**まったく。**全然。少しも。〈枕・二五〉「誦(よ)みゐたれど、**いささか**去りげもなく」訳(修験者が)読経しているけれども、**まったく**(物の怪(け)が)立ち去るようすもなく。

いささけ-わざ【聊け業】名 わずかなこと。ちょっとしたこと。

いざ-させ-たまへ(タマエ)【いざさせ給へ】➡いざ「フレーズ」

いささ-むらたけ【いささ群竹】名(「いささ」は接頭語)小さな竹の茂み。

いざ-たまへ(タマエ)【いざ給へ】➡いざ「フレーズ」

い-ざと・し【寝聡し】形ク{から・く(かり)・し・き(かる)・けれ・かれ}目がさめやすい。目ざとい。〈枕・二四〉「はづかしきもの…**いざとき**㊍夜居(よゐ)の僧」訳 気おくれして気はずかしいもの…**目がさめやすい**夜居の僧。対 寝汚(いぎたな)し

いさ-な【鯨・勇魚】名(「な」は魚の意)くじら。

いざ-な・ふ(ウナ)【誘ふ】他ハ四{は・ひ・ふ・ふ・へ・へ}連れて行く。さそう。〈古今・羇旅・詞書〉「東(あづま)の方へ、友とする人ひとりふたり**いざなひ**㊐て行きけり」訳 東国の方に、連れとする者を一人二人**さそって**行った。

いさ・む【勇む】一 自マ四{ま・み・む・む・め・め}気が進む。**はやり立つ。**心がふるい立つ。〈徒然・一一七〉「友とするのにわろき者、…たけく**勇め**㊈る兵(つはもの)」訳 友とするのによくない人、…勇ましく**はやり立っ**た武士。

二 他マ下二{め・め・む・むる・むれ・めよ}(「慰む」とも書く)元気づける。励ます。慰める。〈浮・日本永代蔵〉「町の衆を舟あそびにさそひ、琴弾く女を呼び寄せ、女房一門(=妻の親類)を〔招いて〕**いさめ**㊐(=慰め)」

いさ・む 他マ下二{め・め・む・むる・むれ・めよ}❶【禁む】禁止する。〈伊勢・七一〉「恋しくは来ても見よかしちはやぶる神の**いさむる**㊍道ならなくに」訳 恋しいのなら、会いにやって来いよ。(恋の道は)神が**禁止する**道ではないのだから。(「ちはやぶる」は「神」にかかる枕詞)

❷【諫む】忠告する。意見する。諫言(かんげん)する。〈徒然・一八四〉「『細道ひとつ残して、皆畠(はたけ)につくり給へ』と**いさめ**㊐侍りき」訳「細い道を一本残して、全部畑につくりなさい」と**忠告し**ました。

いさ-や 一 感(感動詞「いさ」+間投助詞「や」)知らないときや答えにくいときに発する語。**さあねえ。**そうねえ。〈源氏・帚木〉「『さて、その文(ふみ)のことばは』と問ひ給へば、『**いさや**、異なることもなかりきや』」訳「それ

フレーズ

如何にか ❶疑問を表す。どのように。どういうふうに。なぜ。〈万葉・二・一〇六〉「二人行けど行き過ぎがたき秋山を**いかにか**君がひとり越ゆらむ」訳➡ふたりゆけど… 和歌

❷反語を表す。どうして…か(いや、…ない)。

なりたち「如何(いか)に」+係助詞「か」

文法 係助詞「か」を受けて結びは連体形となる。

如何にして ❶どのようにして。

❷なんとかして。どうにかして。〈源氏・明石〉「**いかにして**都の高き人にたてまつらむと思ふ心深きにより」訳 **どうにかして**(娘=明石(あかし)の君を)都の尊い方に差し上げようと思う心が深いので。

なりたち「如何(いか)に」+サ変動詞「為(す)」㊐+接続助詞「て」

如何にせ-む ❶思い迷うさまを表す。どうしよう。どうしたらよいだろう。

❷嘆きあきらめる気持ちを表す。どうしようもない。➡咳(せ)き上(あ)ぐ「慣用表現」

なりたち「如何(いか)に」+サ変動詞「為(す)」㊌+推量の助動詞「む」

如何にぞ 状態・ようす・原因などを問う。どうだろうか。どんなであるか。どうしてか。

なりたち「ぞ」は係助詞

如何にぞや ❶不満や不審の気持ちを表す。なぜか。どうしてだろうか。〈徒然・一四〉「このごろの歌は…**いかにぞや**、ことばの外にあはれに、けしき覚ゆるはなし」訳 このごろの歌は…**なぜか**、言外にしみじみと、趣が感じられるものはない。

❷状態や理由がはっきりしないので問う。どんなようすか。どうしているか。〈枕・一本・二三〉「**いかにぞや**、さはやかになり給ひたりや」訳(気分は)**どんなようすか**、さっぱりした気分になっていらっしゃるか。

なりたち「ぞ」「や」は係助詞

如何にも ❶どのようにでも。

❷(下に願望の語を伴って)なんとか。ぜひとも。〈徒然・五八〉「**いかにも**して世をのがれんことこそ、あらまほしけれ」訳 **なんとか**(出家)して俗世間をのがれようとすることこそ、望ましい。

❸(下に打消の語を伴って)どんなことがあっても。どうしても。決して。〈平家・一二・六代被斬〉「**いかにも**かなふまじ」訳 **どうあっても**だめだろう(=助かるまい)。

❹きわめて。まったく。

❺そうだ。そのとおりだ。確かに。〈狂・末広がり〉「**いかにも**そなたのことぢゃ」訳 **そうだ**、おまえのことだ。

なりたち「も」は係助詞

如何にも有(あ)れ いずれにせよ。どうなろうと。

なりたち「あれ」はラ変動詞「有り」㊖

如何にも成(な)・る(「どうにでもなる」の意から)「死ぬ」を婉曲(えんきょく)にいう表現。〈平家・六・入道死去〉「われ**いかにもなり**㊐なん後は、堂塔をもたて、孝養(けうやう)をもすべからず」訳 私(=清盛)が**死ん**でしまったらそのあとは、仏堂や塔をも建ててはならないし、供養をもしてはならない。(「堂塔をもたて」には下の否定「べからず」の意が及ぶ(=対偶中止法))。➡果(は)つ「慣用表現」

如何にや どうか。どうしたのか。どんなぐあいか。

なりたち「や」は係助詞

最重要330 37

いさ 一感 二副

ガイド 現代語で「小学生ならいざ知らず、高校生にもなって」などと言うが、元来、「さあ(どうだか、わからない)」の意の「いさ」と、「さあ(…しよう)」の意の「いざ」とは別語で、明確に使い分けられていた。

一感 答えにくいことをぼかしたり、相手のことばを否定的に軽く受け流したりするときに使う。さあねえ。いや知らない。

例「何の名ぞ、落窪は」といへば、女いみじく恥づかしくて、「いさ」といらふ〈落窪〉

訳(少将が)「何の名前か、落窪(というの)は」と言うと、女はひどく恥ずかしくて「さあねえ」と答える。

二副 (多く下に「知らず」を伴って)さあ、どうであろうか。

例 人はいさ心も知らずふるさとは花ぞ昔の香ににほひける〈古今・春上〉

訳 人は、さあ、どうですか、心の中はわかりません。(でも)昔なじみのこの里は、梅の花が以前のままの香りで咲いているのでした。

定型表現 副詞の呼応
いさ…打消
例 いさ 知らず。〈打消〉
(＝さあ(どうだか)わからない)

で、その手紙のことばは(どうだったのか)」と(光源氏が)お聞きになると、(頭の中将は)「さあねえ、変わったこともなかったよ」(と答え)。

二副〔副詞「いさ」＋間投助詞「や」〕(いぶかる気持ちで)どうか知らないが。さあ、どうであろうか。〈徒然・一四〉「歌の道のみ、いにしへに変はらぬなどいふこともあれど、いさや」訳 歌の道だけは、昔と変わらないなどということもあるけれど、さあ、どうであろうか。

いざ‐や 感〔感動詞「いざ」＋間投助詞「や」〕人を誘ったり、自分が何かを始めようとしたりするときに発する語。さあ。〈保元物語〉「鎮西八郎こそ生け捕られて渡さるるなれ。いざや見ん」訳 鎮西八郎が生け捕りにされて引き渡されるぞ。さあ見よう。

いさよひ イイサヨ 名〔中世以降は「いざよひ」〕ためらうこと。ためらい。

いさよひ イイサヨ【十六夜】名〔中世以降は「いざよひ」〕❶陰暦十六日。また、その夜。❷「十六夜の月」の略。秋

フレーズ **十六夜の月** 〔ためらうように出てくる月の意〕陰暦十六日の夜の月。特に、陰暦八月十六日の月。「十六夜」とも。秋。⬇月「古文常識」

十六夜日記 (いざよひにつき) イザヨイニッキ《作品名》鎌倉中期の旅日記。阿仏尼作。弘安三年(一二八〇)ごろ成立。夫藤原為家の死後、正妻の子とわが子為相との間に領地相続争いが起き、その訴訟のために鎌倉へ下ったときの紀行文。弘安二年(一二七九)十月十六日に京都を出発したので、こう名づけられた。

いさよひ‐の‐つき イサヨイ―【十六夜の月】⬇十六夜「フレーズ」

いさよ・ふ イサヨウ 自八四〔は・ひ・ふ・ふ・へ・へ〕〔中世以降は「いざよふ」〕**ぐずぐずしてなかなか進めない。**ためらう。〈万葉・三・二六四〉「もののふの八十氏河の網代木にいさよふ体波のゆくへ知らずも」訳 ⬇もののふの… 和歌

いざり【漁り】名・自サ変〔中世以降は「いさり」〕魚や貝をとること。漁をすること。〈万葉・一五・三六二三〉「漁りする体海人の灯火の」訳 漁をする漁師の舟の火。

いざり‐び【漁り火】名〔中世以降は「いさりび」〕「いざりひ」とも。魚をさそうために、夜、漁船でたく火。

いざ・る【漁る】他ラ四〔ら・り・る・る・れ・れ〕〔後世は「いさる」〕魚や貝をとる。**漁をする。**〈万葉・一五・三六四八〉「海原の沖辺にともし漁る体火は明かしてともせ」訳 広い海の沖のほうでともして漁をしている火は、明るくしてともせ。

いざる〖居ざる〗⬇ゐざる

い‐し【倚子】名 天皇や貴人、また中世には禅僧が用いた腰かけの一種。背によりかかりがあり、左右にひじかけが付いている。茵を載せて用いる。参考 禅宗の渡来に伴い、中世以降唐音で「いす」と発音するようになった。

(倚子)

い・し【美し】形シク〔しから・しく(しかり)・し・しき(しかる)・しけれ・しかれ〕❶よい。**すぐれている。**好ましい。〈義経記〉「さしもいしかり用つる湛海だにも斯くなりたり」訳 あれほどすぐれていた湛海でさえも、こうなって(＝討ち死にして)しまった。❷おいしい。美味だ。〈太平記・二三〉「いしかり用し斎は」訳 おいしかった食事は。

❸りっぱだ。感心だ。巧みだ。じょうずだ。〈平家・九・三草合戦〉「いしう(用)(ウ音便)申させ給ふ田代殿かな」訳りっぱに申し上げなさる田代殿であることよ。

いし-うち【石打ち】名「石打ちの羽」の略。鷹や鳶が尾を広げたとき、両端に出る羽。堅く強いので矢羽として用いる。

いし-ずゑ【礎】名〔「石据ゑ」の意〕❶家屋の土台の下にすえる石。土台石。❷物事の基礎となるもの。また、その人。〈浄・伽羅先代萩〉「そなたの命は、…誠に国の礎ぞや(=柱石だぞ)」

石山寺（いしやまでら）名 今の滋賀県大津市にある、真言宗東寺派の寺。聖武天皇の勅により良弁が開基。月の名所。

いしやまの… 俳句

石山の　石より白し　秋の風　〈細道・那谷・芭蕉〉

（切れ字　秋）

訳（この那谷寺の）石は（風雪にさらされて）白々としているが、その石よりも白く感じられることだ。今吹きわたっている（清澄な）秋風は。（切れ字の「し」は、形容詞の終止形活用語尾）

解説「白」は秋の色。秋風を「白」とするのは、古来詩歌の伝統であるが、芭蕉は「鴨の声ほのかに白し」など、心象的な表現を用いる。那谷寺は今の石川県小松市にある寺。

い-しゅ【意趣】名 ❶考え。意見。意図。〈今昔・六・五〉「聖人、意趣をつぶさに語り給ふ」訳聖人は、考えを詳しくお話しになる。❷意地。〈著聞・三四七〉「従者一人うしなひてんずることは損なれども、意趣なればと思ひて」訳従者一人を失ってしまうようなことは損だけれども、意地だから（あとには引けない）と思って。❸恨み。遺恨。〈徒然・七〇〉「いかなる意趣かありけん」訳どんな恨みがあったのだろうか。

いし-ゐ【石井】名 岩間にわく清水。また、石で囲った井戸。

いず〖出ず〗➡いづ

いずく〖何処〗➡いづく

いずこ〖何処〗➡いづこ

い-ずし【貽鮨】名 貽貝(=貝の名)のすし。貽貝の肉を塩などにつけて貯蔵し、発酵させて食べる。

いずち〖何方・何処〗➡いづち

いずみどの〖泉殿〗➡いづみどの

いずら〖何ら〗➡いづら

いずれ〖何れ〗➡いづれ

伊勢（いせ）《地名》旧国名。東海道十五か国の一つ。今の三重県の大部分。勢州。

伊勢（いせ）《人名》（生没年未詳）平安前期の女流歌人。三十六歌仙の一人。伊勢の守藤原継蔭の娘。宇多天皇に愛され伊勢の御と称された。「古今集」時代の代表的歌人で、歌風は優美。「小倉百人一首」に入集。家集「伊勢集」

伊勢神宮（いせじんぐう）名 今の三重県伊勢市にある皇室の宗廟。皇大神宮(=内宮)と豊受大神宮(=外宮)との総称。二十年ごとに遷宮の式を行う。

伊勢大輔（いせのたいふ）《人名》（生没年未詳）平安中期の女流歌人。「いせのおほすけ」とも。上東門院(=藤原彰子)に仕え、紫式部・和泉式部らと交流。「小倉百人一首」に入集。家集「伊勢大輔集」

伊勢物語（いせものがたり）《作品名》平安前期の仮名文の歌物語。作者未詳。歌を中心とする百二十五の小話は、在原業平とみられる主人公の一代記風にまとめられている。「在五が物語」「在五中将の日記」「在中将」とも。➡巻頭口絵14ページ・付録①九四ページ

冒頭文 むかし、男、うひかうぶりして、平城の京、春日の里にしるよしして、狩りに往にけり。訳昔、ある男が、元服をして、奈良の都の、春日の里に領地を持っている縁故があって、狩りに出かけた。

いそ【磯】名 海・湖などの波打ちぎわの岩石の多い所。また、水中や水辺の岩石。➡下段「古文常識」

いそ-がく・る【磯隠る】自ラ四・下二〔ら・り・る・る・れ・れ／れ・れ・る・るる・るれ・れよ〕海辺の岩や石のかげに隠れる。〈源氏・行幸〉「磯隠れ(用)(下二段)けるあまの心よ」訳磯の岩かげに隠れていたあまの心よ(=裳着の日まで、私=内大臣にあわずに隠れていた娘=玉鬘の心よ)。

参考 四段活用は上代に用いられた。

いそがは・し【忙はし】形シク〔しから・しく(しかり)・し・しき(しかる)・しけれ・しかれ〕忙しそうだ。気ぜわしい。〈徒然・七五〉「走りていそがはしく(用)、ほれて忘れたること、人皆かくのごとし」訳走り回ってせわしなく、ぼんやりとしてわれを忘れていることでは、人はみなこのような状態である。

いそぎ【急ぎ】名 ➡次ページ 38

いそ・ぐ【急ぐ】㊀自ガ四〔が・ぎ・ぐ・ぐ・げ・げ〕物事を早くしようとする。いそぐ。〈枕・二八〉「にくきもの　急ぐ(体)ことあるをりに来て長言するまらうど」訳不快なもの、いそぐことがあるときにやって来て長話をする客。㊁他ガ四〔が・ぎ・ぐ・ぐ・げ・げ〕用意する。したくをする。〈更級・夫の死〉「ほどもなく、下るべきことどもいそぐ(体)に」訳すぐに、（任地へ）下るのに必要なことをいろいろ用意するが。

いそ・し【勤し】形シク〔しから・しく(しかり)・し・しき(しかる)・しけれ・しかれ〕熱心に勤めている。勤勉である。〈源氏・行幸〉「いとかやすく、いそしく(用)、…雑役をも、たち走りやすく」訳たいそう気軽に、勤勉に、…雑役でも、こまめに走りまわり。

いそ-ぢ【五十】名〔「ぢ」は接尾語〕❶五十。五十歳。五十年。

古文常識「いそ」—「いそ」と「はま」

荒磯の語もあるように、波打ちぎわの岩石の多い所が「いそ」であり、砂浜の語もあるように、海や湖に沿った陸の平地が「はま」である。「浜の真砂」は浜にある砂で、数の多いものの比喩として用いられた。「浜の真砂の数多く積もりぬれば(=浜辺の砂のように数多く(歌が)集まったので)」〈古今・仮名序〉

最重要330

38 いそぎ【急ぎ】名

ガイド 現代語ではもっぱら①の「急ぐこと」の意で用いるが、古くは②の「用意」「準備」の意でよく用いられる。

❶急ぐこと。せくこと。急用。

例 今日はそのことをなさんと思へど、あらぬ急ぎまづ出で来てまぎれ暮らし〈徒然・一八九〉

訳 今日はこれこれのことをしようと思っていても、思いがけない急用が先にできて(そちらに)気を取られて一日を送り。

❷したく。用意。準備。

例 たゆまるるもの　精進の日のおこなひ。遠き急ぎ〈枕・二六〉

訳 自然と気のゆるむもの、精進潔斎の日の勤行。(当日まで)まだ先があることのしたく。

いそのうへに… 和歌

磯の上に　おふる馬酔木を　手折らめど　見すべき君が　ありと言はなくに〈万葉・二・一六六・大伯皇女〉

訳 岩のほとりに生えている馬酔木の花を手折ろうと思うけれども、(それを)見せるべきあなたが生きているとは(だれも)言わないことだよ。

解説 反逆の罪で処刑された、弟大津皇子の遺骸が二上山に移葬されたときに詠んだ歌。

いそのかみ【石上】《枕詞》石上は大和(奈良県)の地名で、ここに布留という地があることから、同音の「降る」「古る」にかかる。〈万葉・四・六六四〉「いそのかみふるとも雨につつまめや」

伊曽保物語(いそほものがたり)《作品名》❶「イソップ物語」の翻訳書。別称「天草本伊曽保物語」。文禄二年(一五九三)天草学林刊。当時の口語で訳し、ローマ字表記で、七十話を収録。❷江戸時代の仮名草子。「国字本伊曽保物語」とも。訳者未詳。「イソップ物語」中、九十四話を漢字平仮名まじりの文語に訳したもの。

いそ-み【磯回・磯廻】名(「み」は湾曲している所の意)❶磯の曲がって入り込んだ所。入り江。❷磯をめぐること。

いた【板】名❶薄く平らにした木材。❷「板敷き」の略。❸まないた。❹版木。

いたう【甚う】副(形容詞「甚し」の連用形「いたく」のウ音便)「いたく」に同じ。〈徒然・一九〉「晦日の夜、いたう暗きに、松どもともして」訳 (陰暦十二月の)晦日の夜、たいそう暗いときに、たいまつをいくつもともして。

いだか-ふ【抱かふ】他ハ下二{へ・へ・ふ・ふる・ふれ・へよ}抱きかかえる。〈竹取・かぐや姫の昇天〉「嫗、塗籠の内に、かぐや姫を抱かへ用て居り」訳 嫗は、塗籠(=厚い壁で囲った部屋)の中で、かぐや姫を抱きかかえている。

いた-が・る【甚がる・痛がる】自ラ四{ら・り・る・る・れ・れ}(「がる」は接尾語)すばらしいとほめる。感心する。〈土佐〉「これをのみいたがり用、ものをのみ食ひて、夜更けぬ」訳 これ(=歌)をすばらしいとほめるばかりで(返歌をせず)、ごちそうだけを食って、夜が更けた。

いたく【甚く】副(形容詞「甚し」の連用形から。ウ音便で「いたう」とも)❶ひどく。非常に。はなはだしく。〈源氏・夕顔〉「大弐の乳母のいたくわづらひて尼になりにけるとぶらはむとて」訳 大弐の乳母がひどく病気が重くなって尼になってしまったのを見舞おうと思って。

❷(下に打消の語を伴って)たいして。それほど。〈徒然・七三〉「わがため面目あるやうに言はれぬる虚言は、人いたくあらがはず」訳 自分にとって名誉となるように言われたうそには、人はたいして抗弁しない。

いだ・く【抱く・懐く】他カ四{か・き・く・く・け・け}❶抱く。かかえる。〈土佐〉「船のとまる所に、子を抱き用つつ降り乗りす」訳 (人はみな)船の停泊する所で、それぞれ子供を抱いて(船を)降り乗りする。

❷とり囲む。保護する。〈紀・欽明〉「任那を抱き用守ること」訳 任那(=地名)を保護し守ること。

❸心の中にある考えをもつ。〈今昔・二・三〇〉「母となりて子の殺さるるを見て、悲しびを抱け已るなり」訳 母となって(自分の)子供が殺されるのを見て、悲しみの情を心にもっているのである。

いた・し 形ク ⇒次ページ 39

いた-じき【板敷き】名 床が板張りになっている所。板の間。すのこ。縁がわ。

いだし-ぎぬ【出だし衣】名❶貴人の男性が、直衣・狩衣の下から衵の下着の裾を少し出すようにして着ること。晴れのときの服装。

❷室内の御簾や牛車の下簾のすきまから、女房や童女の袖口や裾などを出すこと。また、その出ている衣。

(いだしぎぬ①)

いだし‐ぐるま【出だし車】名「いだしぎぬ②」をしている牛車(ぎっしゃ)。行幸、賀茂(かも)の祭りなどのときに女官や女房が乗る。

（いだしぐるま）

いだし‐た・つ【出だし立つ】他タ下二{て・て・つ・つる・つれ・てよ} ❶用意して送り出す。出発させる。促して出す。〈源氏・桐壺〉「夕月夜(ゆふづくよ)のをかしき程に出だし立て(未)させ給ひて」訳 夕月の趣深いころに、(桐壺帝は使いを)出発させなされて。❷宮仕えさせる。〈源氏・桐壺〉「ただかの遺言(ゆいごん)をたがへじとばかりに出だし立て(用)侍りしを」訳 ただあの(亡夫の)遺言にそむくまいと思うだけで、(娘=桐壺の更衣を)宮仕えさせましたが。

いだし‐や・る【出だし遣る】他ラ四{ら・り・る・る・れ・れ} 送り出してやる。行かせる。〈伊勢・二三〉「悪(あ)しと思へるけしきもなくて、出だしやり(用)ければ」訳 (妻は男の行動を)不快だと思っているようすもなくて、(新しい女のもとへ)送り出してやったので。

いた・す【致す】他サ四{さ・し・す・す・せ・せ} ❶至らせる。とどかせる。もたらす。(結果として)まねく。〈太平記・七〉「落ち重なって手を負(お)ひ、死をいたす(体)者、一日が中(うち)に五、六千人に及べり」訳 (寄せ手の坂から)重なって落ちて傷を負い、死をまねく者は、一日のうちで五、六千人に達した。❷尽くす。努力する。〈伊勢・四一〉「心ざしはいたし(用)けれど…上(うへ)の衣(きぬ)の肩を張り破(や)りてけり」訳 注意は尽くしたけれども…上着の肩を(洗い張りのときに)張り過ぎて破いてしまった。❸サ変動詞「為(す)」の謙譲語。いたす。させていただく。〈平家・一・清水寺炎上〉「山門の大衆(だいしゅ)、狼藉(らうぜき)をいたさ(未)ば」訳 山門(=延暦寺(えんりゃくじ))の衆徒が、乱暴をいたすならば。❹サ変動詞「為(す)」の丁寧語。します。

参考 平安時代にはおもに漢文訓読体で用いられ、中世以降は敬語として広く用いられた。

いた・す【致す】補動サ四{さ・し・す・す・せ・せ} ❶謙譲の意を表す。…させていただく。〈狂・麻生〉「新地(=新たな領地)を過分に拝領いたし(用)」❷丁寧の意を表す。…します。〈浄・鑓の権三重帷子〉

最重要330 39

いた・し

形ク{から・く(かり)・し・き(かる)・けれ・かれ}

ガイド 究極に達する意の動詞「至(いた)る」と同根。原義に近いのは一で、一の②は特によい面ではなはだしいさまにいう。はなはだしいさまが肉体・精神に与える感じを表すのが二で、これに対応する動詞が、苦痛を感じる意の「痛(いた)む」。

一【甚し】

❶**程度がはなはだしい。激しい。**

例 八月十五日ばかりの月に出(い)でゐて、かぐや姫いといたく(用)泣き給ふ〈竹取・かぐや姫の昇天〉

訳 陰暦八月十五日近くの月(の夜)に(縁先に)出て座って、かぐや姫はとても激しくお泣きになる。

❷**非常によい。すばらしい。**

例 木(こ)深く、いたき(体)所勝りて見所ある住まひなり〈源氏・明石〉

訳 (岡辺の宿の屋敷の構えは)木立が深く、すぐれている所が(海辺の家より)一段とよくて見がいのある住まいである。

二【痛し】

❶**(からだに)痛みを感じる。**

例 頭(かしら)いと痛く(用)て苦しく侍れば〈源氏・夕顔〉

訳 頭がひどく痛くて苦しゅうございますので。

❷**(精神的に)苦痛である。つらい。**

例 おのれが昔憎まざらましかば、しばらくにても恥を見、いたき(体)めは見ざらまし〈落窪〉

訳 私が昔もし(継子(ままこ)の姫君を)憎まなかったなら、一時でも恥を受け、つらい目にあわなかったろうに。

❸**いたわしい。いとしい。**

例 ほどほどにつけては、かたみにいたし(終)など思ふべかめり〈堤・ほどほどの懸想〉

訳 それぞれの分に応じては、互いにいとしいなどと思うにちがいないようだ。

最重要330

40

いたづら（イタズラ）

【徒ら】 形動ナリ〔なら・なり（に）・なり・なる・なれ・なれ〕

ガイド 無用、むだなさま、あるいはそのものの価値が発揮されないさまをいう。現代語でも「いたずらに日を送る」などと使う。現代語の「悪戯（いたずら）」は、無益な行為の意から転じたもの。

語感実感 駅まで懸命に走ったのに、乗る予定の電車に間に合わず、徒労だったとがっかりする感じ。

❶ 役に立たない。むだである。
⬇甲斐（かひ）無し「類語の整理」

例 とかく直しけれども、終（つひ）に回らで、いたづらに用立てりけり〈徒然・五一〉
訳 あれこれと修理したが、（水車は）とうとう回らなくて、むだに立っていたのだった。

❷ むなしい。はかない。

例 花の色は移りにけりないたづらに用我が身世にふるながめせし間（ま）に〈古今・春下〉
訳 花の色は、すっかり色あせてしまったことだなあ。むなしく日を過ごし、長雨が降り続いていた間に。（私の容色はすっかり衰えてしまったことだなあ。むなしく恋に時を過ごし、もの思いにふけっている間に）

❸ 何もない。なんの趣もない。

例 入り江のいたづらなる体州（す）どもにこと物もなく〈更級・富士川〉
訳 入り江のなんの趣もないあちこちの州に（松以外の）ほかの物もなくて。

❹ することがない。ひまである。

例 舟も出（い）ださでいたづらなれ已ば、ある人の詠める〈土佐〉
訳 舟も出さなくてひまなので、ある人が詠んだ歌。

フレーズ

徒らに成（な）す ❶役に立たなくする。むだにする。❷死なせる。滅ぼす。〈竹取・御門の求婚〉「多くの人の身をいたづらになし用てあはざなるかぐや姫は、いかばかりの女ぞ」訳 たくさんの男の身を滅ぼして（なお）結婚しないというかぐや姫は、どれほどの女か。

徒らに成（な）る ❶むだになる。だめになる。〈うつほ・藤原の君〉「仏に奉る物はいたづらになら未ず」訳 仏に差し上げる物はむだにならない。❷死ぬ。〈拾遺・恋五〉「あはれともいふべき人は思ほえで身のいたづらになり用ぬべきかな」訳 ⬇付録①「小倉百人一首」45。⬇果（は）つ「慣用表現」

「落馬いたし用た」（⬇致す（他サ四）参考）

いだ・す【出だす】

一 他サ四〔さ・し・す・す・せ・せ〕❶外へ出す。〈竹取・かぐや姫の生ひ立ち〉「帳（ちゃう）のうちよりも出ださ未ず、いつき養ふ」訳（翁（おきな）はかぐや姫を）帳（とばり）（＝囲いの垂れ絹）の内からも出さないで、たいせつに養い育てる。❷声に出す。歌う。〈源氏・賢木〉「高砂（たかさご）を出だし用てうたふいとうつくし」訳（右大臣の孫が催馬楽（さいばら）の）高砂を（高く）声に出してうたうのが、たいそうかわいらしい。❸色や形に表す。描き出す。〈平家・一一・那須与一〉「みな紅（ぐれなゐ）の扇（あふぎ）の日出だし用たるが、白波のうへにただよひ」訳 真紅の地の扇で（中央に金色の）日の丸を描き出してあるのが、白波の上にただよって。❹生じさせる。起こす。〈平家・二・剣〉「尊（みこと）また火を出ださ未れたりければ」訳 倭建命（やまとたけるのみこと）が次に火をおこしなさったところ。

二 補動サ四（動詞の連用形の下に付く場合）⬇次項「＝いだす」参照

＝いだ・す【出だす】 補動サ四〔さ・し・す・す・せ・せ〕（動詞の連用形の下に付いて）「外に向かって行う」または「外に表し出す」意を表す。〈更級・梅の立枝〉「いみじく泣きくらして見出だし用たれば」訳 ひどく一日中泣いて過ごして外を見たところ。〈土佐〉「言（こと）の心を、男文字に様（さま）を書き出だし用て」訳 歌の意味を、漢字で（だいたいの）趣旨を書き表して。

例語 言ひ出だす・選（え）り出だす・行ひ出だす（＝仏道修行によって霊験（げんれい）を出現させる）・仰（おほ）せ出だす・傅（かし）き出だす（＝たいせつに育てあげる）・たづね出だす・眺め出だす・まねび出だす（＝見聞きしたことを本当らしくまねて語る）・詠み出だす

外に向かって行う

いたずら〖徒ら〗➡いたづら

いただ・く【頂く・戴く】他カ四 {か・き・く・く・け・け} ❶**頭の上に載せる。**〈宇治・三・八〉「女どもにいただか(未)せて」訳(魚を)女たちに頭上に載せさせ(運ばせ)て。❷敬ってたいせつに扱う。**仰ぎ尊ぶ。**〈源氏・真木柱〉「石山の仏をも、弁のおもとをも、並べていただか(未)まほしう思へど」訳石山寺の仏をも、(玉鬘の女房の)弁のおもとをも、いっしょに仰ぎ尊びたいと思うけれども。❸「もらふ」の謙譲語。**ちょうだいする。**〈太平記・九〉「足利殿は代々相州の恩をいただき(用)徳をになって」訳足利殿(=尊氏)は代々相州(=北条高時)の恩をちょうだいしお陰をこうむって。❹「飲む」「食ふ」の謙譲語。

いたつかは・し【労かはし】形シク {しから・しく(しかり)・し・しき(しかる)・しけれ・しかれ}〔動詞「労く」に対応する形容詞。室町時代以降は「いたづかはし」〕ご苦労さまだ。骨を折るようすだ。〈徒然・九三〉「愚かなる人、この楽しびを忘れて、いたつかはしく(用)外の楽しびを求め」訳愚かな人は、この(生きているという)楽しみを忘れて、ご苦労なことにそれ以外の楽しみを求めて。

いたつき【労き・病き】名〔室町時代以降は「いたづき」〕❶骨折り。**苦労。**〈大和・一四七〉「あるは遠き所よりいまする人あり。あるはここながらそのいたつきかぎりなし」訳(娘に求婚するため)ある人は遠い所からいらっしゃる人がある。(また)ある人はこの土地の人であるけれども、その苦労はこのうえもない。❷病気。➡篤し「慣用表現」

いたつ・く【労く・病く】一 自カ四 {か・き・く・く・け・け}〔室町時代以降は「いたづく」〕❶骨を折る。**気を配って尽力する。**〈蜻蛉・上〉「とかうものすることなど、いたつく(体)人多くて、みなし果てつ」訳あれこれ(葬儀の前後に)することなどは、骨を折ってくれる人が大勢いて、すべてし終えた。❷**疲れる。病気になる。**〈紀・雄略〉「筋力精神、一時にいたつき(用)ぬ」訳筋力も精神も、一度に疲れてしまった。➡篤し「慣用表現」

二 他カ四 {か・き・く・く・け・け} **世話をする。**いたわる。〈伊勢・六九〉「かくてねむごろにいたつき(用)けり」訳このようにして心をこめて世話をした。

いたづら【徒ら】形動ナリ ➡前ページ 40

いたづらに-な・す【徒らに成す】➡徒ら「フレーズ」

いたづらに-な・る【徒らに成る】➡徒ら「フレーズ」

いたは・し【労し】形シク {しから・しく(しかり)・し・しき(しかる)・しけれ・しかれ}〔動詞「労る」に対応する形容詞〕❶**苦労が多い。骨が折れる。**〈紀・景行〉「臣、いたはし(終)といふとも、頓にその乱れを平けむ」訳私めは、骨が折れる(ことだ)とはいっても、ひたすらその乱れを平定しよう。❷(病気などで)苦しい。苦痛だ。〈万葉・五・八六六〉「おのが身しいたはしけれ(已)ば」訳自分の身が(病気で)苦しいので。❸**気の毒だ。**かわいそうだ。〈平家・灌頂・大原御幸〉「さこそ世を捨つる御身といひながら、御いたはしう(用)(ウ音便)こそ」訳いくら(出家して)世を捨てている御身だといっても、お気の毒でございます。❹**たいせつに世話したい。**大事にしたい。〈枕・二六七〉「親などのかなしうする子は、目たて耳たてられて、いたはしう(用)(ウ音便)こそおぼゆれ」訳親などがかわいがる子は、(世間から)注目され聞き耳を立てられて、大事に世話したいと感じる。(「目たて」には下の受身「られ」の意が及ぶ(=対偶中止法))

いたはり【労り】名 ❶骨を折ること。苦労して立てた手柄。功績。〈紀・推古〉「これみな汝がいたはりなり」訳これ(=金銅仏を元興寺に無事に安置したこと)はすべておまえの功績である。❷心をかけること。心づかい。〈源氏・澪標〉「ありがたうこまやかなる御いたはりのほど浅からず」訳めったにないくらい行きとどいた(光源氏の)お心づかいのようすは並々のものではない。❸たいせつに扱うこと。〈源氏・初音〉「このいたはりなき白妙の衣は」訳このたいせつに扱うこともない(=傷んでも惜しくない)白地の着物は。❹病気。

いたは・る【労る】一 自ラ四 {ら・り・る・る・れ・れ} ❶苦労して努める。**骨を折る。**〈源氏・少女〉「さもやいたはら(未)ましと、大殿もおぼいたるを」訳そのように(=惟光の娘が典侍に任命されるように)骨を折ろうかと、大殿(=光源氏)もお思いになったのを。❷**病む。病気になる。**〈平家・一〇・三日平氏〉「をりふしいたはる(体)こと候ひて」訳(宗清は)ちょうど今病むことがございまして。➡篤し「慣用表現」

二 他ラ四 {ら・り・る・る・れ・れ} ❶**たいせつに扱う。**(心をこめて)世話する。〈伊勢・六九〉「つねの使ひよりは、この人よくいたはれ(命)」訳いつもの勅使よりは、この人をよく世話せよ。❷(病気などを)治療する。養生する。〈平家・三・御産〉「それにてよくよく身いたはっ(用)(促音便)て」訳そこ(=九州)で十分にからだを養生して。

いたま・し【痛まし・傷まし】形シク {しから・しく(しかり)・し・しき(しかる)・しけれ・しかれ}〔動詞「痛む」に対応する形容詞〕❶**心が痛むほどかわいそうだ。**ふびんである。〈徒然・一二八〉「彼に苦しみを与へ、命を奪はんこと、いかでかいたましから(未)ざらん」訳彼(=生き物)に苦しみを与え、命を奪うようなことは、どうしてかわいそうでないことがあろうか(いや、かわいそうだ)。❷つらい。**迷惑である。**〈徒然・一〉「いたましう(用)(ウ音便)するものから、下戸ならぬこそ男はよけれ」訳(酒をすすめられて)迷惑であるようにしながらも、酒が飲めないわけではないのが男としてはよい。

いた・む【痛む・傷む】一 自マ四 {ま・み・む・む・め・め} ❶からだに痛みを感じる。〈紀・神武〉「時に五瀬命の矢の瘡いたみ(用)ますことはなはだし」訳そのときに五瀬命の矢の傷が痛みなさることははなはだしい。❷**悲しむ。**なげく。〈万葉・二・一四一・題詞〉「有間皇子、自らいたみ(用)て松が枝を結ぶ歌」訳有間皇子が、自ら悲しんで松の枝を結ぶ(ときの)歌。❸**迷惑がる。**〈徒然・一七五〉「いたういたむ(体)人の、しひられて少し飲みたるも、いとよし」訳ひどく迷惑がる人が、強制されて(酒を)少し飲んだのも、たいそうよい。❹傷がつく。**そこなわれる。**〈平家・二・烽火之沙汰〉「(一年に)再び(=二度)実なる木は、その根必ずいたむ(終)

(＝そこなわれる)」

二 他マ下二 {め・め・む・むる・むれ・めよ} **❶** 心身に痛い思いをさせる。**痛めつける。**〈平家・二・西光被斬〉「足・手をはさみ、さまざまにいため㊥問ふ」訳 (西光法師の)足や手をはさみ、あれこれと痛めつけ問いただす。**❷** こわす。**傷つける。**〈徒然・一二八〉「生ける物を殺し、いため㊥、闘はしめて遊び楽しまん人」訳 生きているものを殺し、傷つけ、闘わせて遊び楽しむような人。

いたり【至り】名 **❶** 思慮・経験などが深くゆきとどいていること。また、その程度。〈源氏・帚木〉「深きいたりなからむはいと口惜しく」訳 (妻に)深い思慮がないとしたらそれはたいそう残念で。**❷** 至り着くところ。極致。きわみ。〈徒然・一二九〉「短慮のいたり、きはめて荒涼のことなれども」訳 (私が申し上げることは)浅はかな考えのきわみで、このうえなくぶしつけなことであるけれども。

いたり-て【至りて】副 きわめて。はなはだしく。〈徒然・八五〉「至りて愚かなる人は、たまたま賢なる人を見て、これを憎む」訳 きわめて愚かな人は、たまに賢い人を見て、これを憎む。

いたり-ふか・し【至り深し】形ク {から・く(かり)・し・き(かる)・けれ・かれ} **❶** 思慮・配慮がゆきとどいている。学問・芸術などに造詣が深い。〈源氏・帚木〉「私ざまの世に住まふべき心おきてを思ひめぐらさむ方もいたり深く㊥」訳 私的な、この世間で暮らしていくのにふさわしい心がけを工夫するような点においても、(この女は)思慮深く。**❷** 趣が深い。〈源氏・若紫〉「播磨の明石の浦こそなほ殊に侍れ。何のいたり深き㊍隈はなけれど」訳 播磨(兵庫県)の明石の浦がやはり格別でございます。どうという趣深い所はないけれども。

いた・る【至る】自ラ四 {ら・り・る・る・れ・れ} **❶** 行き着く。到達する。〈伊勢・九〉「八橋といふ所に至り㊥ぬ」訳 (今の愛知県の)八橋という所に行き着いた。**❷** (あるときが)やってくる。〈徒然・一〇八〉「命を終ふる期、たちまちに至る㊤」訳 寿命が尽きるときは、すぐさまやってくる。**❸** ゆきとどく。思い及ぶ。〈源氏・帚木〉「世にあることの公私につけて、むげに知らず至ら㊎ずしもあらむ」訳 (女だからといって)世間にあることの公的私的な面に関して、まったく知らず思い及ばないことがあろうか(いや、そんなことはない)。**❹** きわまる。極致に達する。〈徒然・六〇〉「徳の至れ㊂りけるにや」訳 人徳がきわまっていたからなのであろうか。

いたわし〖労し〗➡いたはし

いたわる〖労る〗➡いたはる

いち-【逸】接頭 〔副詞「いた」「いと」と同根という〕程度がはなはだしい、すぐれているの意を表す。「いちしるし」「いち早し」

いち【一】名 **❶** 数の名。ひとつ。**❷** (順序などの)一番目。最初。〈更級・物語〉「この源氏の物語、一の巻よりしてみな見せ給へ」訳 この「源氏物語」を、最初の巻から始めて全部見せてください。**❸** 最もすぐれていること。第一。最高。〈枕・一〇一〉「すべて、人に一に思はれずは、何にかはせむ」訳 総じて、人から第一に思われないとしたら、(いったい)何になろうか(なんのかいもない)。

市川団十郎 (初代)(いちかはだんじふらう)《人名》(一六六〇〜一七〇四) 江戸中期の歌舞伎俳優。荒事の創始者。屋号は成田屋。江戸で活躍し、和事を得意とする上方の坂田藤十郎と好対照をなした名優。

いち-ぐ【一具】名 道具などのひとそろい。ひと組。

いち-ご【一期】名 生まれてから死ぬまでの間。一生。生涯。〈徒然・五九〉「少し心ある際は、皆このあらましにてぞ一期は過ぐめる」訳 少し分別のあるほどの人は、みなこの(出家の)心づもりで一生は過ぎるようだ。

いちじょう〖一定〗➡いちぢゃう

いちじょう-の-ほふ【一乗の法】《仏教語》〔「乗」は衆生を彼岸に渡す乗り物の意。「一乗」は唯一絶対の乗り物の意〕一切衆生を成仏させる唯一無二の教法。法華経をさす。

いち-しる・し【著し】形ク {から・く(かり)・し・き(かる)・けれ・かれ} 〔「いち」ははなはだしい意の接頭語。「しるし」は顕著である の意〕明白である。はっきりしている。〈源氏・若菜下〉「はふり子が木綿うち紛ひ置く霜はげにいちしるき㊍神のしるしか」訳 神官の(持つ榊にかけた)木綿と見まちがえるほど(白く)おりている霜は、なるほど(願いを聞きとどけたという)はっきりした神の(ご利益の)証拠か。

参考 古くは「いちしろし」。中世以降「いちじるし」となり、シク活用の例がみられるようになる。

いち-じん【一人】名 〔「じん」は漢音〕(天下にひとりの人の意から)天皇。〈平家・一・鱸〉「太政大臣は一人に師範として、四海に儀刑せり」訳 太政大臣は天皇に対して師範となって、天下に対して模範となっている。

いち-ぢゃう【一定】**一** 名・形動ナリ 確実であること。一つに定まっていること。〈徒然・三九〉「往生は、一定と思へば一定、不定と思へば不定なり」訳 極楽往生は、確実だと思うと確実だし、不確かだと思うといつも不確かである。**二** 副 確かに。きっと。必ず。〈平家・一一・那須与一〉「この若者一定つかまつり候ひぬとおぼえ候ふ」訳 この若者はきっといたして(＝やってのけて)しまいますと思われます。

いち-でう【一条】名 一つにつながっていること。ひとすじ。〈徒然・三八〉「可・不可は一条なり」訳 よいこととよくないことはひとつながりのことである(＝明確に識別することはできない)。

一条兼良(いちでうかねら)《人名》(一四〇二〜一四八一) 室町中期の政治家・学者・歌人。「かねよし」とも。摂政・関白を歴任。博学多識で、特に神道・仏教に通じ、古典の研究にもすぐれていた。著書は歌学書「歌林良材集」、「源氏物語」の注釈書「花鳥余情」など多数。

いちどう-に【一同に】副 全員がいっしょに。口をそろえて。〈平家・一・殿上闇討〉「殿上人一同に申されけるは」訳 殿上人が口をそろえて申し上げなさったことは。

いち-にん【一人】名 **❶** ひとりの人。**❷** 天皇の別称。**❸** 第一人者。たぐいまれな者。

いちにん-たうぜん【一人当千】名 ひとりで千人の敵に当たるほどの力量や勇気をもっていること。一騎当千。〈平家・四・橋合戦〉「筒井の浄妙明秀

の浄妙明秀といふ一人当千の兵ぞや」訳(自分は)筒井の浄妙明秀という一騎当千の勇士であるぞ。

いち-ねん【一念】名 ❶《仏教語》きわめて短い時間。一瞬。刹那。〈徒然・一〇八〉「ただ今の一念、むなしく過ぐることを惜しむべし」訳現在の一瞬が無駄に過ぎることを惜しまなければならない。❷《仏教語》念仏を一回唱えること。❸一心に思いつめること。執心。〈源氏・横笛〉「一念のうらめしきにも、もしはあはれとも思ふにまつはれてこそは」訳(臨終のときに)執心(となるほど)の恨めしさにも、あるいはしみじみいとしいとも思う情にとりつかれて(いること)は。

いち-の【一の】連体 ❶一番目の。最初の。〈枕・二七八〉「一の御車は唐車なり」訳(十五両ある車の中で)一番目の御牛車は唐廂の車である。❷最もすぐれた。何よりも価値がある。〈平家・五・物怪之沙汰〉「東八箇国一の馬」訳関東八か国で最もすぐれた馬。

フレーズ

一の上 左大臣の異称。ただし、左大臣が摂政・関白となった場合は右大臣をさす。「一の大臣」とも。

一の人 ❶最高権力者。おもに摂政・関白をいう。太政大臣をさす場合もある。「一の所」とも。❷第一にすぐれた人。

いちの-かみ【一の上】→一の「フレーズ」

いちの-ひと【一の人】→一の「フレーズ」

いち-はや・し【逸早し】形ク{(から)・く(かり)・し・き(かる)・けれ・かれ}「いち」は程度がはなはだしい意の接頭語)❶激しい。熱烈である。〈伊勢・一〉「昔人は、かくいちはやき㊍みやびをなむしける」訳昔の人は、このように激しい優雅なふるまいをしたのであった。❷厳しく容赦がない。恐ろしい。〈源氏・須磨〉「いちはやき㊍世を思ひはばかりて参り寄るもなし」訳厳しい世間(=右大臣一派の権勢)に気がねして、(光源氏の屋敷に)参上し立ち寄る人もない。❸すばやい。性急である。〈蜻蛉・下〉「なほここにはいといちはやき㊍心地すれば」訳(養女の結婚については)やはりこちら(=私)としてはたいそう性急な気持ちがするので。

いち-み【一味】㊀名《仏教語》仏の教えは、時・所・人によって多様であるが、結局は、大海の味がどこでも一様であるように、差別なく平等であるということ。㊁名・自サ変 心を同じくして協力すること。味方すること。また、その仲間。〈平家・七・木曽山門牒状〉「必ず一味同心なることは候はず」訳(比叡山の僧兵三千人全員が)必ずしも力を合わせ心を同じくしている(という)ことはございません。

いち-め【市女】名 市で物をあきなう女。物売り女。

いちめ-がさ【市女笠】名 平安時代から江戸時代にかけて、女性が用いた笠。菅などで中央に突起のある形に編み、漆を塗ったもの。もと、市女が用いたが、平安中期以降には高貴な女性の外出用となった。→枲の垂れ衣

いち-もつ【逸物】名「いちもち」とも。群をぬいてすぐれているもの。多く、馬・牛・犬・鷹などについていう。

いち-もん【一門】名 ❶一族。一家。〈平家・七・忠度都落〉「一門の運命はや尽き候ひぬ」訳(平家)一族の運命はすでに終わってしまいました。❷(仏教の)同じ宗派。

いつ【何時】代 ❶はっきりと定まらない日・時を表す。どのとき。いつ。〈徒然・二九〉「このごろある人の文だに、久しくなりて、いかなる折、いつの年なりけんと思ふは、あはれなるぞかし」訳(亡き人はもちろん)今生きている人の手紙だって、長い時が経過して、(あれは)どういう季節、(また)どの年(のもの)だったろうと思うのは、しみじみと趣が深いものであるよ。❷(下に格助詞「より」を伴って)ふだん。いつも。〈落窪〉「これはいつよりもよく縫はれよ」訳これ(=袴)はいつもよりも上手に縫いなさいよ。

い・つ【凍つ・冱つ】自タ下二{て・て・つ・つる・つれ・てよ}こおる。いてつく。〈平家・五・文覚荒行〉「雪降り積もり、つらら凍て㊊、谷の小川も音もせず」訳(那智の滝は)雪が降り積もり、氷がいてつき、谷の小川も音もたてないで。

伊豆(いづ)イズ《地名》旧国名。今の静岡県東部の伊豆半島と東京都の伊豆諸島。豆州。

い・づ【出づ】

㊀自ダ下二{で・で・づ・づる・づれ・でよ}❶(中から外へ)出る。(表面に)現れる。〈伊勢・八七〉「女の子ども出で㊊て、浮き海松の浪によせられたる拾ひて」訳女の子たちが(海辺に)出て、浮いている海松(=海藻の名)が波で打ち寄せられたのを拾って。❷出発する。〈土佐〉「和泉の灘といふところより出で㊊てこぎゆく」訳和泉(大阪府南部)の灘という所から出発して(船を)こいで行く。❸離れる。のがれる。〈方丈・二〉「国々の民、或いは地を棄てて境を出で㊊、或いは家を忘れて山に住む」訳(相次ぐ飢饉のために)諸国の人々は、ある者は土地を捨てて国境からのがれ、ある者は家をあきらめて山に住む。

㊁他ダ下二{で・で・づ・づる・づれ・でよ}❶外に出す。表す。〈古今・春下〉「花見れば心さへにぞうつりける色には出で㊍じ人もこそ知れ」訳(散りゆく)花を見ると(自分の)心までもが移ろい変わっていくことだ。(しかしそれを)顔色には出すまい、人が知ると具合が悪いから。❷(「うち出づ」「言に出づ」などの形で)口に出して言う。うちあける。〈源氏・桐壺〉「いとあはれとものを思ひしみながら、言に出で㊊ても聞こえやらず」訳(桐壺の更衣は)たいそう悲しいと身にしみて思うものの、(それを)口に出しても(桐壺帝に)すっかり申し上げず。

㊂補動ダ下二(動詞の連用形の下に付く場合)→次項「=いづ」参照

=い・づ【出づ】補動ダ下二{で・で・づ・づる・づれ・でよ}❶(動詞の連用形の下に付いて)㋐「…はじめる」「…だす」の意を表す。〈源氏・紅葉賀〉「常夏のはなやかに咲き出で㊊たるを」訳撫子(の花)が美しく咲きはじめているのを。

例語 生き出づ・輝き出づ・香り出づ・咲き出づ・匂

ひ出づ・開け出づ(=咲きはじめる)・吹き出づ・降り出づ・萌え出づ

㋑「…て(外に)出る」の意を表す。〈徒然・吾〉「あからさまに立ち出で㊊ても」訳ちょっと立って外に出(=外出し)ても。

例語 歩み出づ・走り出づ・這ひ出づ・舞ひ出づ・ゐざり出づ(=すわったまま膝で進み出る)

❷(動詞の連用形の下に付いて)「外に向かって行う」または「外に表し出す」意を表す。…出す。〈枕・一四三〉「ただここもとにおぼえながら、言ひ出で㊍られぬは、いかにぞや」訳すぐこのあたり(=喉)まで思い出しながら、言い出すことができないのは、どういうわけだろうか。〈徒然・八七〉「によひ伏したるを求め出で㊊て」訳うめいて倒れているのを捜し出して。

例語 誘ひ出づ・抱き出づ・思ひ出づ・傅き出づ(=大切に育てあげる)・語り出づ・聞き出づ・漕ぎ出づ・捜し出づ・たづね出づ・調じ出づ(=食事をととのえて出す)・問ひ出づ・眺め出づ・引き出づ・待ち出づ・見出づ・迎へ出づ・呼び出づ

(歩いて)外に出る
(走り)はじめる

いつ-か【何時か】 ❶未来のある時点についての疑問を表す。いつになったら…か。〈古今・夏〉「山郭公いつか来鳴かむ」訳山ほととぎすはいつになったら来て鳴くのだろうか。

❷過去のある時点についての疑問を表す。いつの間に…か。〈古今・秋下〉「ぬれてほす山路の菊の露のまにいつか千歳を我は経にけむ」訳山路の菊の露にぬれた衣服を乾かすほどのわずかな間に、いつの間に千年もの歳月を私は過ごしてしまったのだろうか。(「つゆ」は「菊の露」と「つゆの間」との掛詞)

❸反語を表す。いったいいつ…か(いや、そんなことはない)。〈金葉・恋上〉「ひとよとはいつかちぎりし」訳一夜(だけでよい)とはいったいいつ約束したか(いや、そんなことはない)。

なりたち 代名詞「何時」+係助詞「か」

いっ-かう【一向】 コウ 副 ❶ひたすら。いちずに。〈毎月抄〉「一向有心の躰をのみさきとして詠めるばかりを選び出だして侍るなり」訳ひたすら有心の美のあることだけを第一として詠んだ歌だけを選び出してあるのです。

❷すべて。ことごとく。〈平家・一〇・三日平氏〉「大小事一向なんぢにこそ言ひあはせしか」訳大事も小事もすべておまえに相談してきたのに。

❸(下に打消の語を伴って)全然。まったく。〈平家・八・妹尾最期〉「一向前が暗うて見えぬぞ」

いつか・し【厳し】 形シク {しから・しく(しかり)・し・しき(しかる)・しけれ・しかれ} 〔動詞「斎く」に対応する形容詞〕いかめしい。おごそかでりっぱだ。〈源氏・澪標〉「大極殿のいつかしかり㊊し儀式に」訳大極殿におけるおごそかでりっぱであった(斎宮の伊勢下向の日の)儀式で。

いづ-かた【何方】 イズ 代 ❶(方向や場所についての)不定称の指示代名詞。どちら。どこ。〈方丈・一〉「知らず、生まれ死ぬる人、いづかたより来たりて、いづかたへか去る」訳はてさて、(この世に)生まれ(そして)死ぬ人(というもの)は、どこから来て、どこへ去るのか。

❷不定称の人代名詞。どのかた。どなた。〈源氏・藤袴〉「わが身はかくはかなきさまにて、いづかたにも深く思ひとどめられ奉るほどもなく」訳私(=玉鬘)の身はこのように頼りないようすで、どなた(=光源氏や実父の内大臣)からも(娘として)深く愛情をかけられ申しあげるわけでもなく。

いつ-かは【何時かは】 ❶時についての疑問を表す。いつになったら…か。〈細道・旅立〉「上野・谷中の花の梢、またいつかはと心細し」訳上野や谷中の桜の花の梢を、再びいつになったら(見ることができるだろうか)と(思うと前途が)頼りなく不安である。

❷反語を表す。いつそんなことがあろうか(いや、決してない)。〈古今・雑下〉「君をのみ思ひこしぢの白山はいつかは雪の消ゆるときある」訳あなただけを思って越の国(北陸)から来たが、その越路の白山はいつ雪の消えるときがあろうか(いや、決して消えることはない。私の気持ちも同様に変わることはない)。(「思ひこし」の「こし」は「来し」と「越路」の「越」との掛詞)

なりたち 代名詞「何時」+係助詞「かは」

いつき【斎き】 名 〔四段動詞「斎く」の連用形から〕❶心身を清めて神に仕えること。また、その場所。

❷「斎きの皇女」の略。

一休(いっきゅう) イッキュウ《人名》(一三九四〜一四八一)室町中期の臨済宗の僧。名は宗純。一休は字。狂雲子と号した。京都大徳寺の住職となり、詩・書画・狂歌をよくした。奇行が伝えられ、逸話が多い。詩集に「狂雲集」がある。

いつき-の-みこ【斎きの皇女】 名 伊勢神宮や賀茂神社に天皇の名代として奉仕した未婚の皇女・女王の称。天皇の即位ごとに選定された。伊勢は斎宮、賀茂は斎院という。斎きの宮。

いつき-の-みや【斎きの宮】 名 ❶大嘗会が行われる祭場。斎忌・主基の二つの神殿をいう。

❷伊勢・賀茂の斎きの皇女の居所。

❸「いつきのみこ」に同じ。

いつき-むすめ【斎き娘・傅き娘】 名 たいせつに育てている娘。秘蔵の娘。

いつき-やしな・ふ【傅き養ふ】 ヤシナウ 他ハ四 {は・ひ・ふ・ふ・へ・へ} たいせつに養い育てる。〈竹取・かぐや姫の生ひ立ち〉「帳のうちよりも出ださず、いつき養ふ㊉」訳(翁はかぐや姫を)帳(=囲いの垂れ絹)の内からも出さないで、たいせつに養い育てる。

いつ・く【斎く】 自カ四 {か・き・く・く・け・け} けがれを除き、心身を清めて神に仕える。〈霊異記〉「その女の家の内に、忌籬を立てていつく㊉」訳その女の家の内に、神聖な場所を囲う垣根を立てて心身を清めて仕える。

いつ・く【傅く】 他カ四 {か・き・く・く・け・け} たいせつに育てる。〈源氏・若紫〉「故大納言、内裏に奉らむなどかしこういつき㊊侍りしを」訳(娘は)亡き大納言が宮中に差し上げようなどと並々でなくたいせつに育てましたけれども。➡大人ぶ「類語の整理」

一九(いっく)《人名》➡十返舎一九

いづ-く【何処】 イズ 代 〔「く」は場所を表す接尾語〕場所についての不定称の指示代名詞。どこ。〈万葉・五・八〇三〉「いづくより来たりしものそ眼交にもとなかかり

て安眠（やす）し寝（な）さぬ」訳 →うりはめば… 和歌

参考「いづこ」の古形であるが、上代では「いづく」のみが用いられ、中古以降は両形が併用された。

フレーズ

何処はあれど 他の場所はともかく。〈古今・東歌〉「陸奥（みちのく）はいづくはあれど塩釜（しほがま）の浦こぐ舟の綱手（つなで）かなしも」訳 陸奥(青森・岩手・宮城・福島の四県)の地は、他の場所はともかく、塩釜の浦をこいで行く舟の引き綱が心にしみて感じられることだなあ。

なりたち「ど」は接続助詞

いつく・し【厳し】 形シク{しから・しく(しかり)・し・しき(しかる)・しけれ・しかれ} ❶神威がいかめしい。霊妙である。〈万葉・五・八九四〉「そらみつ倭（やまと）の国は皇神（すめかみ）のいつくしき体国」訳 大和の国(日本)は皇祖神の神威がいかめしい国。(「そらみつ」は「倭」にかかる枕詞) ❷威厳がある。おごそかである。〈源氏・若菜上〉「来（き）し方行く先ありがたげなるまでいつくしく用ののしる」訳 今までにもこれから先にもめったにないようすである(と思われる)くらいおごそかに大騒ぎをする。❸整っていて美しい。端麗で威厳がある。〈今昔・三〇・八〉「形・有り様・けはひの世に似ずいつくしかり用けるを見て」訳 (大納言の姫君の)顔立ち・容姿・雰囲気がこの上なく整っていて美しかったのを見て。

参考 元来は神や天皇の威厳についていう語であったが、後には貴人のようすをもいうようになった。室町時代以降には「美し」と混同して用いられた。

厳島（いつくしま）《地名》今の広島県廿日市（はつかいち）市宮島町。広島湾南西にある島。島の北部に厳島神社がある。安芸（あき）の宮島の名で知られ、日本三景の一つ。

いつくし・む【慈しむ】 他マ四{ま・み・む・む・め・め} (幼少の者を)たいせつにする。かわいがる。〈伽・二十四孝〉「郭巨（くわくきよ）が老母、かの孫をいつくしみ用、わが食事を分け与へけり」訳 郭巨(=男の名)の年老いた母は、あの孫をかわいがり、自分の食物を分け与えた。

参考「うつくしむ」の転。室町時代以降用いられた。

いづく・は・あれ・ど【何処はあれど】→何処（いづく）「フレーズ」

いづ・こ【何処】 代 場所についての不定称の指示代名詞。どこ。〈大和・一六八〉「いづこにかあらむといふことさらにえ知らず」訳 (出家した良岑宗貞（よしみねのむねさだ）が)どこにいるだろうかということはまったく知ることができない。→何処（いづく）

参考

フレーズ

何処とも無し どこへというあてもない。どこともしれない。

何処をはかと どこを目当てとして。「いづこをはかりと」とも。

いっ・こう【一向】→いっかう

いづこ・と・も・な・し【何処とも無し】→何処（いづこ）「フレーズ」

いづこ・を・はか・と【何処をはかと】→何処（いづこ）「フレーズ」

いっ・こん【一献】 名 ❶酒とともに出す最初の料理。〈徒然・二一六〉「あるじまうけられたりけるやう、一献にうちあはび、二献にえび」訳 (北条時頼（ほうじょうときより）を足利義氏（あしかがよしうじ）がおもてなしになったようすは、最初の肴（さかな）には薄くのばした干しあわび、二番目にはえび。❷ちょっとした酒宴。

一茶（いっさ）《人名》→小林一茶（こばやしいっさ）

いっ・さい・しゅじゃう【一切衆生】 名《仏教語》この世に生を受けた、あらゆる生き物。特に、すべての人間。

いっ・さう【一双】 名 二つで一組のもの。一対。

いつ・し・か【何時しか】 連語 副 形動ナリ →次ページ 41

いっ・しょ【一所】 名 ❶一か所。また、同じ場所。〈平家・九・木曽最期〉「これまでのがれくるは、汝（なんぢ）と一所で死なんと思ふためなり」訳 ここまで逃げて来るのは、おまえと同じ場所で死のうと思うためである。❷「一人」の敬称。お一人。〈平家・八・太宰府落〉「小松殿の君達（きんだち）一所むかはせ給ひて」訳 小松殿(=平重盛（しげもり）)のご子息がお一人お出かけになられて。

いっしょ・けんめい【一所懸命】 名 (多く「一所懸命の地」の形で)中世、武士がただ一つの領地を命をかけて守ること。また、その領地。転じて、一家の生計をささえるたいせつなもの。〈太平記・三三〉「一所懸命の地を没収（もっしゅ）せらる」訳 命をかけて守ってきた領地を召し上げられる。

参考 近世以降、「命がけで物事をする」意として用いられるようになり、「一生懸命」に変化した。

いっ・せつな【一刹那】 名 (「刹那」は、きわめて短い時間の意)ほんの一瞬。〈徒然・九二〉「いはんや一刹那のうちにおいて、懈怠（けだい）の心あることを知らんや」訳 ましてほんの一瞬のうちにおいて、怠け心があるということを知っているだろうか(いや、知るまい)。

いっ・せん【一銭】 名 (「銭」は貨幣の最小単位)一貫の千分の一。一文（いちもん）。また、わずかな金額。

いつ・ぞ・や【何時ぞや】 副 (代名詞「何時（いつ）」+係助詞「ぞ」+係助詞「や」)いつだったか。さきごろ。〈徒然・七一〉「かかることのいつぞやありしかと覚えて、いつとは思ひ出（い）でねども」訳 こういうことがいつだったかあったなあと思われて、(しかしそれが)いつ(のこと)だとは思い出さないけれども。

いっ・たん【一旦】 (「旦」は朝の意) 一 名 ❶ひと朝。ある朝。また、ある日。〈今昔・一・三〉「財宝を愛惜（あいじゃく）して、さらに無常を悟らず、今は一旦にこれを捨てて死ぬ」訳 財宝を惜しんで、まったくこの世のはかなさを悟らず、今はある日にこれ(=財宝)を投げ捨て(るように)して死ぬ。❷しばらくの間。ひととき。〈平家・一・祇王〉「一旦の楽しみにほこって、後生（ごしゃう）を知らざらんことの悲しさに」訳 ひとときの富貴に得意になって、死後の世界の安楽をわきまえ知らないようなことが悲しいので。

二 副 ❶いちど。ひとたび。〈徒然・一二九〉「一旦恥ぢ恐るることあれば、必ず汗を流すは、心のしわざなりといふことを知るべし」訳 いちど恥じたり恐れたりすることがあると、必ず冷や汗を流すのは、心のはたらき(によるもの)だということを知ることができるのだ。❷一時的に。ひとまず。ひととおり。〈平家・七・福原落〉「汝等（なんぢら）は一旦したがひつく門客（もんかく）にあらず、累祖相伝

最重要330

41 ガイド

いつ-しか【何時しか】

【何時しか】㈠ 連語 ㈡ 副 ㈢ 形動ナリ〔なら・なり(に)・なり・なる・なれ・なれ〕現代語の副詞「いつしか」はもっぱら㈡①の意で用いられるが、古くは願望の表現と呼応して「早く」の意を表す㈡②の用法が重要である。

㈠ 連語 時についての疑問を表す。いつ…か。

例 玉櫛笥(たまくしげ)いつしか明けむ布勢(ふせ)の海の浦を行(ゆ)きつつ玉も拾(ひり)はむ〈万葉・一八・四〇三八〉

訳 いつ夜が明けるだろうか。(夜が明けたら)布勢の海の浦を行き行きして玉も拾おう。(「玉櫛笥」は「明く」にかかる枕詞)

㈡ 副

❶ いつのまにか。知らないまに。早くも。

例 鶯(うぐひす)ばかりぞいつしか音(おと)したるを、あはれと聞く〈蜻蛉・下〉

訳 うぐいすだけが早くもおとずれて鳴いたのを、しみじみとした趣があると聞く。

❷ (下に多く願望の表現を伴って)早く。

例 いつしか梅咲かなむ、来(こ)むとありしを、さやあると、目をかけて待ちわたるに〈更級・梅の立枝〉

訳 早く梅が咲いてほしい、(継母がそのころには)来ようと言っていたが、ほんとうにそうだろうかと、(梅の木を)見守って待ち続けていると。

㈢ 形動ナリ あまりにも早い。早すぎる。

例 新帝今年三歳、あはれ、いつしかなる㊍譲位かな〈平家・四・厳島御幸〉

訳 新帝(=安徳天皇)は今年三歳(になったばかり)、ああ、あまりにも早い(高倉天皇の)譲位だなあ。

なりたち ㈠は代名詞「何時(いつ)」+強意の副助詞「し」+係助詞「か」

(るいそさうでん)の家人(けにん)なり」訳 おまえたちは、一時的に従いついている食客ではなく、先祖代々の家来である。

いづ-ち イズ—【何方・何処】代〔「ち」は場所を表す接尾語〕方向についての不定称の指示代名詞。**どの方角。どちら。**どこ。〈源氏・早蕨〉「いづちならむと思ふにも」訳 (京は)どの方角であろうと思うにつけても。

いっ-ちゃう チヨウ—【一町】名 ❶〔「町」は土地の面積の単位〕十反歩(たんぶ)。百畝(せ)。約九九・二アール。❷〔「町」は距離の単位〕六十間(けん)。約一〇九メートル。❸ひとつの町。

いっ-ちゃう チヨウ—【一張】名 弓・琴・琵琶(びわ)・幕・蚊帳(かや)・皮・紙などの一つ。ひと張り。

いづつ【井筒】➡ゐづつ

いつつ-ぎぬ【五つ衣】名 平安時代の女房装束の一種。表着(うはぎ)と単(ひとへ)の間に袿(うちぎ)を五枚重ねたもの。後世には簡略化し、一枚の衣で、袖口と裾だけを五枚重ねたように仕立てた。➡十二単(じふにひとへ)

いってん-の-きみ【一天の君】天下を治める君主。天皇。「一天の主(あるじ)」とも。

いっ-ぱ【言っぱ】(「…といっぱ」の形で)…(と)いうのは。〈狂・靭猿〉「無心といっぱ別なることでもない」訳 (私の)無遠慮な頼みというのは特別なことでもない。

なりたち 四段動詞「言ふ」㊍+係助詞「は」=「言ふは」の促音化したもの。

いづ-へ イズ—【何方・何辺】代 場所についての不定称の指示代名詞。どちら。どのあたり。〈万葉・一九・四一九五〉「ほととぎすいづへの山を鳴きか越ゆらむ」訳 ほととぎすはどのあたりの山を鳴きながら越えているのだろうか。

一遍(いっぺん)《人名》(一二三九—一二八九)鎌倉中期の僧。時宗(じしゅう)の開祖。伊予(いよ)(愛媛県)の人。はじめ浄土宗を学び、衆生済度(しゅじょうさいど)のため念仏踊りを勧めて全国を行脚(あんぎゃ)したことから、「遊行上人(ゆぎょうしょうにん)」ともいう。近世、法語などを集録した「一遍上人語録」が刊行された。(一遍忌 秋)

いっ-ぽん【一品】名 ❶四品(しほん)まである親王の位階の第一位。〈平家・一・祇園精舎〉「桓武(くわんむ)天皇第五の皇子、一品式部卿(しきぶきやう)葛原(かづらはら)の親王」❷《仏教語》経典中の一つの章。(➡品(ほん))

いつま【暇】名《上代東国方言》「いづま」とも。いとま。ひま。

和泉(いづみ)イズミ《地名》旧国名。畿内五か国の一つ。今の大阪府南部。泉州(せんしゅう)。

和泉式部（いづみしきぶ）イズミ シキブ《人名》（生没年未詳）平安中期の女流歌人。大江雅致の娘。和泉の守橘道貞の妻となって小式部内侍を生み、のちに上東門院（＝藤原彰子）に仕えた。為尊親王およびその弟敦道親王との激しい恋、さらに藤原保昌との再婚など、恋愛経験が豊富で情熱的な歌を詠んだ。「小倉百人一首」に入集。著に「和泉式部日記」、家集「和泉式部集」。➡女房「古文常識」

和泉式部日記（いづみしきぶにっき）イズミシキブニッキ《作品名》平安中期の日記。和泉式部作。寛弘元年（一〇〇四）以降に成立。他作説もある。敦道親王との十か月にわたる恋愛の経過を、百四十余首の贈答歌を中心に物語風に記したもの。「和泉式部物語」とも。

いづみ-どの イズミ―【泉殿】名 邸宅内で、泉のわき出るところに造られた建物。一説に、寝殿造りで、東の対からつながる南端の池に臨んで造られた建物。

出雲（いづも）イズモ《地名》旧国名。山陰道八か国の一つ。今の島根県東部。雲州。

いづ-ら イズ―【何ら】（「ら」は場所・方向を示す接尾語）
一 代 場所・方向についての不定称の指示代名詞。どこ。どちら。どのあたり。〈土佐〉「亡き人をいづらと問ふぞ悲しかりける」訳 死んだ人（＝娘）をどこ（にいるか）と尋ねるのが実に悲しいことだ。
二 感 相手に問いかけたり、うながしたりするときに用いる語。どうした。さあ。〈枕・丸〉「『いづら、歌は』と問はせ給へば」訳（中宮が）「（ところで）どうしたの、歌は」とお尋ねになられるので。

いづ-れ イズ―【何れ】一 代 不定称の指示代名詞。事物・時・場所などについて、二つ以上の中から不定の一つを選び出して示す意を表す。どれ。どの。いつ。どこ。〈源氏・桐壺〉「いづれの御時にか、女御・更衣あまたさぶらひ給ひけるなかに」訳 どの帝の御代であったろうか、女御や更衣が大勢お仕えしていらっしゃった中に。
二 副 いずれにしても。どうせ。どのみち。〈狂・粟田口〉「『ちとむさいなあ』『いづれ、きれいにはござりませぬ』」訳「（古いのはよいが）ちょっときたないなあ」「どのみち、きれいではございません」

フレーズ
何れと無・し どれがどうということがない。優劣つけがたい。
何れも どれも。どっちも。また、だれも。みんな。
何れもあるを どれもそうであるのに。どれも同じなのに。

いづれ-と-な・し イズレ―【何れと無し】➡何れ「フレーズ」
いづれ-も イズレ―【何れも】➡何れ「フレーズ」
いづれ-も-ある-を イズレ―【何れもあるを】➡何れ「フレーズ」

いで 感
❶相手に行動をうながすときに用いる語。さあ。〈源氏・若紫〉「いで君も書い給へ」訳 さあ、あなたもお書きなさい。
❷みずから思い立って行動するときに発する語。さあ。どれ。〈源氏・夕顔〉「いかでさは知るぞ。いで見む」訳（おまえは）どうしてそうだとはわかるのだ。どれ、（私も）見（てみ）よう。
❸感動や驚きを表す語。いやもう。いやはや。ほんとうに。〈源氏・若紫〉「いで、あなをさなや。いふかひなうものし給ふかな」訳 いやもう、なんとまあ子供っぽいことよ。たわいなくいらっしゃることだなあ。（「ものす」は婉曲表現で、ここは「いる」の意）
❹否定や反発の気持ちを表す語。いや。さあ。〈源氏・帚木〉「いで、およすけたる事は言はぬぞよき」訳 いや（ねえ）、大人びた（＝ませた）ことは（子供は）言わないのがよい。
❺改めて話し始めるときに用いる語。さて。ところで。〈大鏡・道長下〉「いで、またいみじく侍りしことは」訳 さて、またすばらしゅうございましたことは。

いで 接助 打消の意を表す。…ないで。…ずに。〈天草本平家・三〉「なぜに声を見聞かいであらうぞ」訳 どうして（姿を）見、声を聞かないでいようか。
接続 動詞および助動詞の未然形に付く。
参考 関西系のことばで、中世に使われた。

いで-あ・ふ ―（オ）ウ【出で会ふ・出で逢ふ】自ハ四｛は・ひ・ふ・ふ・へ・へ｝❶出て人に会う。面会する。〈竹取・かぐや姫の昇天〉「御使ひに竹取出であひ用て、泣くことかぎりなし」訳（帝からの）ご使者に竹取（の翁）が面会して、泣くことはこのうえもない。
❷でくわす。めぐりあう。〈紫式部日記〉「そこにて知らぬ男に出であひ用」訳 そこで知らない男にでくわし。
❸立ち向かう。〈徒然・八七〉「『山だちあり』とののしりければ、里人起こりて出であへ已ば」訳「山賊がいる」と言い騒いだので、村人が大勢出てきて立ち向かうと。

いで-いで 感（感動詞「いで」を重ねて強めた語）いやもう。さあさあ。どれどれ。〈大鏡・後一条院〉「いでいで、いとみじうめでたしや」訳 いやもう、（これまでの話は）たいそうすばらしく見事なことだなあ。

いで-い・る【出で入る】自ラ四｛ら・り・る・る・れ・れ｝出たりはいったりする。〈源氏・若紫〉「清げなるおとな二人ばかり、さては童べぞ出で入り用遊ぶ」訳（尼君のそばに）こぎれいで美しい感じの女房が二人ほど（いて）、そのほかには童女たちが出たりはいったりして遊ぶ。

い-てう ―チョウ【異朝】名 外国の朝廷。また、外国。異国。特に、中国。〈平家・一・祇園精舎〉「遠く異朝をとぶらへば」訳 遠く外国（の例）を尋ねると。対 本朝

いで-おはしま・す ―オワシマス【出で御座します】自サ四｛さ・し・す・す・せ・せ｝❶「出で行く」の尊敬語。お出かけになる。外へ出ていらっしゃる。〈竹取・かぐや姫の昇天〉「かぐや姫は、重き病をし給へば、え出でおはします終まじ」訳 かぐや姫は、重い病気にかかっていらっしゃるので、外へお出になることはできないだろう。
❷「出で来」の尊敬語。お生まれになる。この世に出ていらっしゃる。〈源氏・松風〉「若君の、かう出でおはしまし用たる御宿世の頼もしさに」訳 若君（＝明石の姫君）がこのようにお生まれになったご宿命の（この先も）あてにできる心強さによって。

いで-か・つ【出でかつ】自タ下二｛て・て・つ・つる・つれ・てよ｝（「かつ」は、できる・耐える意の上代の下二段補助動詞）出ることができる。〈万葉・七・一三三三〉「山なつかしみ出でかて未ぬかも」訳 山に心がひかれて出ることができないことだ。
参考 多く、下に打消の語を伴って用いられる。

いで-がて-に-す【出でがてにす】出ることができないでいる。出かねている。〈古今・雑下〉「憂き世には門閉させりとも見えなくになどかわが身の出でがてにする(体)」訳(この)つらい世の中には門が閉めてあるとも見えないのに、どうして私は(憂き世から外へ)出ることができないで(=出家しかねて)いるのか。

なりたち 下二段動詞「いでかつ」の未然形「いでかて」+打消の助動詞「ず」の上代の連用形「に」+サ変動詞「為」=「いでかてにす」が濁音化したもの。

い-てき【夷狄】名(古代中国で、東方の異民族を「夷」、北方の異民族を「狄」と呼んだことから)未開人。野蛮人。

いで-く【出で来】自カ変{こ・き・く・くる・くれ・こ(こよ)}❶出てくる。現れる。〈更級・足柄山〉「遊女三人、いづくよりともなく出でき(用)たり」訳遊女が三人、どこからともなく現れた。

❷(事態や出来事が)発生する。起こる。(子供が)生まれる。〈方丈・二〉「〔京の〕都の東南より火出でき(用)て(=火事が起こって)」

❸できる。しあがる。〈伊勢・二三〉「高安の郡に、行きかよふ所いでき(用)にけり」訳(男には)高安の郡に、通って行く所(=女の家)ができてしまった。

❹(時や機会が)めぐってくる。〈土佐〉「風も吹かず、よき日いでき(用)て、漕ぎゆく」訳風も吹かず、よい日和がめぐってきて、(船を)漕いでいく。

いで-たち【出で立ち】名❶旅に出ること。出立。

❷世の中に出て身を立てること。立身出世。〈源氏・若紫〉「大臣ののちにて、出で立ちもすべかりける人の、世のひがものにて、まじらひもせず」訳(前の播磨の守は)大臣の子孫で、立身出世もするはずであった人で、(それなのに)世間のひねくれ者であって、人づきあいもせず。

❸装い。身ごしらえ。扮装。

❹物の姿。たたずまい。〈紀・雄略〉「隠国の泊瀬の山は出で立ちのよろしき山」訳泊瀬の山はたたずまいが好ましい山。(「隠国の」は「泊瀬」にかかる枕詞)

いでたち-いそぎ【出で立ち急ぎ】名〔「いそぎ」は準備の意〕❶旅立ちのしたく。出発の準備。〈土佐〉「このごろの出で立ち急ぎを見れど、何事も言はず」訳(任国で幼い娘を亡くした悲しみで)近ごろの(帰京のための)出発の準備を見ても、何事も言わない。

❷死出の旅立ちの用意。〈源氏・椎本〉「世に心とどめ給はねば、出で立ち急ぎをのみおぼせば」訳(八の宮は)この世に心を残しなさらないから、あの世への旅立ちの用意ばかりをお思いになるので。

いで-た-つ【出で立つ】自タ四{た・ち・つ・つ・て・て}❶出て行ってそこに立つ。〈万葉・一九・四一三九〉「春の苑紅にほふ桃の花下照る道に出で立つ(体)をとめ」訳→はるのその…和歌

❷出かける。出発する。〈源氏・賢木〉「ひたみちに出で立ち(用)給ふ」訳(六条御息所は)ひたすらな思いで(伊勢に)出発しなさる。

❸装う。身じたくする。〈平家・五・富士川〉「照り輝くほどに出で立た(未)れたりしかば」訳(平忠度は)光り輝くばかりに身ごしらえをしなさっていたので。

❹立身出世をする。〈今昔・二四・一八〉「これが出で立ち(用)なば、…異人は更に競ふべき様無きなめり」訳この男が立身出世したならば、…ほかの者はまったく競争できるはずもないようだ。

❺宮仕えに出る。出仕する。〈更級・宮仕へ〉「今の世の人は、さのみこそは、出で立て(命)」訳当世の人は、そのように(家にひきこもって)ばかりでは(すむだろうか、いや、すむまい)、(あなたも)宮仕えに出よ。(「出で立て」を「こそ」の結びの已然形にとると、「当世の人は、現に見るとおりどんどん宮仕えに出ているよ」の意となる)

❻出る。〈源氏・浮舟〉「催さるる涙ともすれば出で立つ(体)を」訳(浮舟は)自然にもよおされる涙がややもするとあふれ出るのを。

いで-ばえ【出で映え】名人前に出ると、(いつもに比べ)いっそうよく思われること。見ばえがすること。〈源氏・葵〉「御さまかたちのいとどしう出で映えを見ざらましかばと思さる」訳(光源氏の)お姿やお顔がいっそう人前で見ばえがするのを、もし見ることがなかったなら(やはり残念であっただろう)と(六条御息所は)自然とお思いになる。

いで-まし【行幸】名(天皇・皇子・皇女などが)お出かけになること。特に、行幸。みゆき。

いで-ま-す【出で座す】自サ四{さ・し・す・す・せ・せ}〔「ます」は、尊敬の意を表す補助動詞〕❶「出づ」の尊敬語。お出になる。お出かけになる。いらっしゃる。〈記・中〉「それよりいでまし(用)て能煩野に到りまししとき」訳(倭建命は)そこ(=三重の村)からお出になって能煩野(=地名)にお着きになったとき。

❷「来」の尊敬語。(こちらへ)おいでになる。いらっしゃる。〈土佐〉「講師、むまのはなむけしにいでませ(已)り」訳国分寺の住職が、餞別をするためにおいでになった。

❸「あり」の尊敬語。おいでになる。(存在して)いらっしゃる。〈万葉・二〇・四三二六〉「父母が殿の後方の百代草百代いでませ(命)わが来るまで」訳父母のお住まいの裏にある百代草ではないけれども、百代までも(お二人はすこやかで)おいでなさい。私が帰ってくるまで。(第三句までは「百代」を導きだす序詞)

いで-もの-す【出で物す】自サ変{せ・し・す・する・すれ・せよ}(この世に)現れ出る。出現する。生まれる。〈源氏・横笛〉「この人の出でものし(用)給ふべき契りにて、さる思ひのほかのこともあるにこそはありけめ」訳この人(=薫)が(この世に)生まれなさるはずの宿縁として、あのような意外なこと(=柏木と女三の宮の密通)もあったのではあろう。

いで-や感〔感動詞「いで」+間投助詞「や」。「いで」の意を強める〕❶感慨や詠嘆を表す語。いやもう。さてまあ。〈徒然・一〉「いでや、この世に生まれては、願はしかるべきことこそ多かめれ」訳いやもう、この世に生まれてからには、(こうありたいと)望むにちがいないことが多いようだ。

❷不満や反発の気持ちを表す語。いやいや。さあ。〈栄花・月の宴〉「いでや、よにさるけしからぬことあらじ」訳いやいや、決してそのようなあやしいことはないだろう。

いで-ゐイ—【出で居】名❶部屋の、外に近い端に出

て座ること。出ていること。〈枕・八七〉「昼つかた、縁(えん)に人々出でゐなどしたるに」訳昼ごろ、縁側に女房たちが出て座ったりなどしていると。
❷客と対面する座敷。客間。寝殿造りで、母屋の外側の南廂(みなみびさし)の内部に設けた。「出居(でゐ)」とも。
❸宮中で、賭弓(のりゆみ)や相撲(すまい)などの儀式のとき、庭に臨時に設ける座。

いと【糸】 名 ❶糸。また、糸のように細く長いもの。特に、蜘蛛(くも)の糸や青柳(あおやぎ)の枝などについていう。❷琴や琵琶(びわ)などの弦楽器の弦。また、それらの弦楽器。→糸竹(いとたけ)①

いと 副 ⬇左 42

いとう【厭う】 ⬇いとふ

いとおし ⬇いとほし

最重要330

いと 副

ガイド 「頂(いただき)」「至る」などの「いた」と同源で、極限の意から、**程度のはなはだしさ**を表す。下に打消の語があると「たいして。それほど」の意になるので注意。

❶**程度がはなはだしいことを示す語。たいそう。非常に。**
例 その里に、**いと**なまめいたる女はらから住みけり〈伊勢・一〉
訳 その(＝春日(かすが)の)里に、**たいそう**若々しく美しい姉妹が住んでいた。

❷**事態がふつうの程度を超えていることに対する感慨を示す語。まったく。ほんとうに。**
例 にはかに都遷(うつ)り侍りき。**いと**思ひの外(ほか)なりしことなり〈方丈・三〉
訳 (治承四年六月のころ)突然遷都がございました。**まったく**思ってもいなかったことである。

❸**(下に打消の語を伴って)たいして。それほど。**
例 **いと**やむごとなき際(きは)にはあらぬが〈源氏・桐壺〉
訳 **たいして**重々しい家柄の出ではない方で。

フレーズ

いとしも ❶たいそう。十分に。❷(下に打消の語を伴って)それほどには。たいして。〈枕・二六〉「**いとしも**おぼえぬ人の、おし起こしてせめてもの言ふこそいみじうすさまじけれ」訳**それほどには**(親しく)思われない人が、揺り起こしてむりに何か話しかけるのはひどく興ざめだ。
なりたち 「しも」は副助詞

いとも ❶まったく。ほんとうに。〈徒然・一〉「帝(みかど)の御位(くらゐ)は**いとも**かしこし」訳天皇のお位は(申すのも)**ほんとうに**畏れ多い。❷(下に打消の語を伴って)たいして。あまり。〈徒然・五七〉「すべて、**いとも**知らぬ道の物語したる、…聞きにくし」訳総じて、**たいして**(よく)知らない方面の話をしているのは、…聞いていて不愉快である。
なりたち 「も」は係助詞

いとき-な・し【幼きなし】 形ク {(から)・く(かり)・し・き(かる)・けれ・かれ}「いとけなし」に同じ。〈徒然・一二九〉「**いときなき**体子をすかし、おどし、言ひはづかしめて興ずることあり」訳(大人は)**幼い**子供をだまし、おどかし、からかっておもしろがることがある。

いとけ-な・し【幼けなし】 形ク {(から)・く(かり)・し・き(かる)・けれ・かれ} 幼い。あどけない。また、子供っぽい。「いときなし」とも。〈方丈・三〉「**いとけなき**体子の、なほ乳(ち)を吸ひつつ臥(ふ)せるなどもありけり」訳**幼い**子が、(母親が死んだとも知らないで)依然として乳房を吸いつづけて横たわっていることなどもあった。⬇大人(おとな)ぶ「類語の整理」

いど-こ【何処】 代 「「いづこ」の転」どこ。

いと・し【愛し】 形シク {(しから)・しく(しかり)・し・しき(しかる)・しけれ・しかれ}「「いとほし」の転」❶かわいい。いとおしい。〈浄・五十年忌歌念仏〉「打(ぶ)ちたいが、ああ**いとしい**体(口語)が因果の種」訳(つれないあなたを)たたきたいけれども、ああ**いとおしいと思うの**が不幸の原因。❷かわいそうである。ふびんだ。〈浮・世間胸算用〉「あんな気の短い男に添(そ)はしゃるお内儀(ないぎ)が、縁とは申しながら**いとしい**体(口語)ことぢゃ」訳あれほど気が短い男とつれ添っていらっしゃるおかみさんが、縁(があってのこと)とは申すものの**かわいそうな**ことだ。

いと-しも ⬇いと「フレーズ」

類語の整理 いと―「程度の大きさ」を表す語

語	程度	意味
いと	大	程度がはなはだしいさま
いとど	⬆⬆⬆大	はなはだしい程度がさらにいっそう進む
いよいよ	極⬆⬆大	はなはだしさが増して極限に近づく
うたた	大⬆⬆⬆	進行し続けてだんだん程度がはなはだしくなる

最重要330

43

いと‐ど

副〔「いといと」の転〕

ガイド 「いと」を二つ重ねた「いといと」の転で、程度がいっそうはなはだしくなるの意を表す。形容詞形に「いとどし」がある。

❶程度がいっそうはなはだしいさま。ますます。いよいよ。さらにいっそう。

例 ところどころ語るを聞くに、いとどゆかしさまされど〈更級・かどで〉

訳 (物語の)ところどころを話すのを聞くと、ますます読みたい気持ちがつのるけれども。

⬇いと「類語の整理」

❷そのうえさらに。そうでなくても(…なのに)。

例 これは四十たりの子にて、いとど五月にさへ生まれて、むつかしきなり〈大鏡・序〉

訳 この子は(父親が)四十歳のときの子であって、そのうえさらに陰暦五月にまで生まれ(合わせ)ているので、(縁起が悪く)いやなのである。

いとせめて… 和歌

いとせめて　恋しき時は　むばたまの(枕詞)
夜の衣を　返してぞ着る
〈古今・十二・恋二・五五四・小野小町〉

訳 本当にどうしようもなく恋しく思われるときは、夜の衣を裏返しにして着(て寝)ることだ。

解説 「夜の衣(＝寝間着)」を裏返しに着て寝ると、思う人に夢で逢えるという俗信があった。

いと‐たけ【糸竹】 名〔「糸竹」の訓読。「糸」は琴・琵琶・三味線などの弦楽器、「竹」は笙・笛などの管楽器〕❶弦楽器と管楽器。楽器の総称。❷管弦の音楽。

いとど【竈馬】 名 虫の名。こおろぎの一種。かまどうまの異名。秋。〈猿蓑・芭蕉〉「海士の屋は小海老にまじるいとどかな」訳→あまのやは… 俳句

いと‐ど・し 形シク〔しから・しく(しかり)・し・しき(しかる)・しけれ・しかれ〕⬇右43 ❶ますます激しい。〔副詞「いとど」に対応する形容詞〕いよいよはなはだしい。〈源氏・夕顔〉「道いと露けきに、いとどしき体朝霧に」訳 道がたいそう露っぽいうえに、いっそうはなはだしい朝霧で。❷そうでなくても…なのに、いっそう…だ。〈源氏・薄雲〉「隈なき夕日にいとどしく用清らに見え給ふを」訳 (光源氏の姿は)陰になるところもなく照らしている夕日で、ただでさえ美しいのに、いっそう美しいようすに見えなさるのを。

いとどしく… 和歌

いとどしく　虫の音しげき　浅茅生に
露おきそふる　雲の上人
〈源氏・桐壺〉

訳 虫の鳴く声がしきりであるこの草深い侘び住まいに、(そうでなくても悲しみの涙にくれているのに)いっそう涙の露を加える大宮人であるよ。(「露」は「浅茅生」の縁語で、「涙」を暗示)

解説 桐壺の更衣の死後、桐壺帝からの見舞いの使者に対して更衣の母が詠んだもの。「雲の上人」はその使者をさす。

いと‐な・し 形ク〔から・く(かり)・し・き(かる)・けれ・かれ〕〔「いと」は暇の意〕ひまがない。絶え間がない。せわしい。〈古今・恋五〉「あはれとも憂しとももの思ふときなどか涙のいとなかる体らむ」訳 しみじみいとしいとも、また、つらいとも物思いをするとき、どうして涙が絶え間なく流れるのであろうか。(「いとなかる」に「流る」をかける)

いとな・ぶ【営ぶ】 他バ四〔ば・び・ぶ・ぶ・べ・べ〕「いとなむ」に同じ。

いとなみ【営み】 名 ❶勤め。仕事。特に、生活のためにする仕事。生業。〈源氏・夕顔〉「おのがじしの営みに、起き出でて」訳 各自の生業のために、(朝早くから)起き出して。❷用意。準備。したく。〈平家・一・鹿谷〉「その営みの外は他事なし」訳 その(＝平家討伐の)準備以外は他のことを顧みない。❸仏に仕える行い。仏事。勤め。〈源氏・匂兵部卿〉「折々の尊き御営みばかりをし給ひて」訳 (女三の宮は)時節時節の尊いご仏事だけをしなさって。

いとなみ‐いだ・す【営み出だす】 他サ四〔さ・し・す・す・せ・せ〕作り出す。こしらえあげる。「いとなみいづ」とも。〈徒然・五一〉「数日に営み出だし用て、掛けたりけるに」訳 数日で(水車を)こしらえあげて、(大井川に)掛けたところ。

いとな・む【営む】 他マ四〔ま・み・む・む・め・め〕「いとなぶ」とも。❶忙しく物事をする。努める。〈徒然・七四〉「夕べに寝ねて、朝に起く。営む体所何事ぞや」訳 夕方に(なると)寝て、朝に(なると)起きる。(そうして人間がくりかえし)努めることはどういうこと(を目的としているの)だろうか。❷作る。ととのえる。用意する。〈方丈・三〉「老いたる蚕の繭を営む体がごとし」訳 老いた蚕が繭をこしらえる

ようなものである。❸(仏事を)とり行う。〈平家・灌頂・女院死去〉「折々の御仏事営み用給ふぞあはれなる」訳(女房たちが女院の死後、ゆかりの人々の)命日命日の御仏事をとり行いなさるのは心にしみて感じ入ることである。

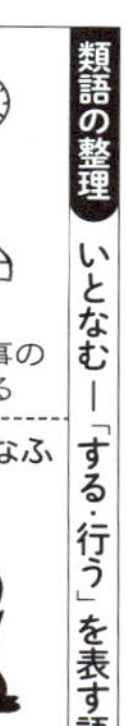

類語の整理 いとなむ ―「する・行う」を表す語

いとなむ
日々の仕事や物事の準備を忙しくする

おこなふ
仏道修行をする

いと-のき-て 副〔「のきて」＝四段動詞「除く」用＋接続助詞「て」〕とりわけ。特別に。〈万葉・五・八九二〉「いとのきて短きものを端切るといへるがごとく」訳→かぜまじり…和歌

いとは・し【厭はし】形シク{しから・しく(しかり)・し・しき(しかる)・しけれ・しかれ}〔動詞「厭ふ」に対応する形容詞〕いやだ。嫌いだ。わずらわしい。〈源氏・手習〉「などて身をいとはしく用思ひ始め給ひけむ」訳(浮舟は)どうして(自分の)身をいやだと(＝出家したいと)思い始めなさったのだろう。

いと・ふ【厭ふ】他ハ四{は・ひ・ふ・ふ・へ・へ}❶いやだと思う。嫌う。うとましく思う。〈徒然・六〇〉「人にいとは未れず、万許されけり」訳(盛親僧都の行動は)他の人から嫌われず、すべて許されていた。❷(多く「世をいとふ」の形で)世俗を嫌って避ける。隠遁する。出家する。〈源氏・夕霧〉「世の憂きにつけていとふ体はなかなか人悪きわざなり」訳(真実の求道心からでなく)この世がつらい(という)ことにかこつけて出家するのは、かえって外聞がよくないことである。⬇背く「慣用表現」❸(危険や障害をいとう意から)いたわる。大事にする。〈浮世風呂〉「〔たいこもちも年をとると〕客人をいとふ体(＝むやみに金を使わせない)気になりますから」

いとほ・し 形シク ⬇左 44

いとほし-が・る 他ラ四{ら・り・る・る・れ・れ}〔「がる」は接尾語〕かわいそうに思う。気の毒に思う。〈源氏・賢木〉「おとづれ給はぬを、命婦などはいとほしがり用聞こゆ」訳(光源氏が家にとじこもって、藤壺に)お手紙もお出しにならないのを、命婦などは(藤壺を)気の毒だとお思い申しあげる。(光源氏を気の毒だと思うとする説もある)

いとほし-げ 形動ナリ{なら・なり(に)・なり・なる・なれ・なれ}〔「げ」は接尾語〕かわいそうに感じられるさま。気の毒だ。〈枕・三七〉「見も入れられぬなどぞいとほしげなる体」訳(人に)見向きもされない者などは気の毒だ。

いとほし-さ 名 気の毒であること。かわいそうであること。また、かわいらしく感じること。

いとま【暇】名 ❶仕事などのない時間。ひま。余裕。〈万葉・一〇・一八八三〉「ももしきの大宮人はいとまあれや梅をかざしてここに集へる」訳宮中に仕える人たちはひまがあるから(なのだろう)か、梅を飾りとして髪に挿してここに集まって(遊んで)いる。(「ももしきの」は「大宮」にかかる枕詞) ❷休み。休暇。〈源氏・桐壺〉「まかでなむとし給ふを、いとまさらに許させ給はず」訳(桐壺の更衣は病気のため里に)退出してしまおうとなさるけれども、(桐壺帝は)休暇をまったくお許しにならない。

最重要330

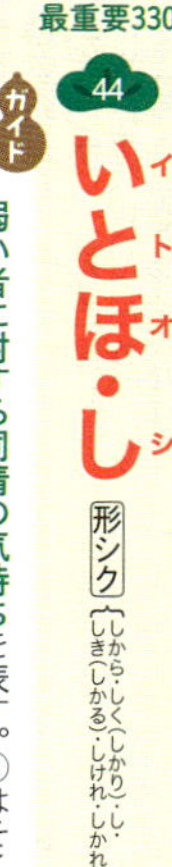

44 ガイド **いとほ・し** 形シク{しから・しく(しかり)・し・しき(しかる)・しけれ・しかれ}

弱い者に対する同情の気持ちを表す。②はそこから派生したもの。③は動詞「厭ふ」の形容詞形。

❶かわいそうだ。気の毒だ。ふびんだ。

例 熊谷あまりにいとほしく用て、いづくに刀をたつべしともおぼえず〈平家・九・敦盛最期〉

訳 熊谷(次郎直実)は(敦盛が)あまりにもふびんであって、どこに刀をあてるのがよいともわからなくて。

❷かわいい。いとしい。いじらしい。

例 宮はいといとほし終と思すなかにも、男君の御かなしさはすぐれ給ふにやあらむ〈源氏・少女〉

訳 大宮は(孫たちを)たいそうかわいいとお思いになるなかでも(特に)、男君(＝夕霧)のおかわいさは(他の子よりも)まさっていらっしゃるのだろうか。

❸困る。いやだ。

例 人の上を難つけ、落としめざまのこといふ人をば、いとほしき体ものにし給へば〈源氏・蛍〉

訳 (光源氏は)他人の身の上について欠点を指摘し、さげすむようなことを言う人を、困った人間と考えなさるので。

❸喪に服すこと。忌引き。❹勤めをやめること。辞職。辞任。❺別れ去ること。離別。死別。また、その際の挨拶。いとまごい。〈源氏・蓬生〉「対の上に御いとま聞こえて出で給ふ」訳(光源氏は)対の屋に住んでいる方(=紫の上)においとまごいを申し上げてお出かけになる。❻絶え間。すきま。〈万葉・一五・三六二七〉「いとまなく海人の漁火はともし合へり見ゆ」訳絶え間なく海人の漁り火をともし合っている、そのようすが見える。

いとま-まう・す【暇申す】(モウス) 他サ四 {さ・し・す・す・せ・せ} ❶休暇をお願い申し上げる。〈竹取・蓬莱の玉の枝〉「おほやけには、『筑紫の国に湯あみにまからむ』とて、いとま申し(用)て」訳(くらもちの皇子は)朝廷には、「筑紫の国(福岡県)に湯治に参ろうと思います」と言って、休暇をお願い申し上げて。❷別れを告げ申し上げる。おいとまごいをする。〈平家・七・忠度都落〉「『さらばいとま申し(用)て』とて、馬にうち乗り」訳(忠度は)「それでは別れを申し上げて」と言って、馬にさっと乗り。

いと-みや【幼宮】名 幼少の皇子や皇女。

いど-む【挑む】他マ四 {ま・み・む・む・め・め} ❶競争する。張り合う。〈枕・二六六〉「物合はせ、なにくれといどむ(体)ことに勝ちたる」訳物合わせとか何やかやと張り合うことに勝ったのは。❷挑戦する。特に、異性に対して、恋をしかける。言い寄る。〈平中物語〉「なまいどみ(用)て、ものなどいふ人のもとより」訳なんとなく言い寄って、話などをする人(=女)のところから(手紙が届いた)。

いと-も ⬇いと「フレーズ」

いと-ゆふ【糸遊】(ユウ) 名 ❶春の晴れた日、地面から立ちのぼる蒸気。かげろう。春 ❷「糸遊結び」の略。ひもを花形に結び垂らして、几帳や唐衣・狩衣などの飾りとしたもの。

参考 「糸遊」の歴史的仮名遣いは、正しくは「いという」で、「いとゆふ」は平安時代以降の慣用である。

いな【否】感 ❶人の言動に対して不同意・拒否の意を表す語。いいえ。いやだ。〈徒然・一四一〉「初めよりいなと言ひてやみぬ」訳(関東人は)できそうもないことは初めからいやだと言ってすましてしまう。❷相手の問いを否定するときに用いる語。いえ。いいえ。〈竹取・竜の頸の玉〉「『竜の頸の玉や取りておはしたる』『いな、さもあらず』」訳「竜の首の玉を取っていらっしゃったのか」「いいえ、そうではない」

フレーズ
否をかも そうではないのだろうか。違うのだろうか。〈万葉・一四・三三五一〉「筑波嶺に雪かも降らる否をかも」訳⬇つくはねに… 和歌
なりたち「いな」+間投助詞「を」+係助詞「かも」

いな-がら【稲茎・稲幹】名 稲の茎。秋

い-な-く【嘶く】自カ四 {か・き・く・く・け・け} 馬が高く鳴く。いななく。〈蜻蛉・上〉「かたがひの駒や恋ひつついなか(未)むと」訳飼いならし方の十分でない子馬(=父親が不在がちの道綱をさす)を、(親を)恋しく思っていななかせる(ことになる)だろうかと。

いな-せ【否諾】名「せ」は「然」の転で、承諾の意 ❶否と諾。不承知と承知。❷安否。便り。

いな-づま【稲妻】(ズマ) 名 いなびかり。電光。また、すばやい動作、瞬間的なもの、はかないものなどのたとえ。秋 〈古今・恋二〉「秋の田の穂の上を照らす稲妻の光の間にもわれや忘るる」訳秋の田の稲穂の上を光って照らす稲妻の光のようなほんの少しの間でも、私は(あなたを)忘れるだろうか(いや、忘れはしない)。

参考 「稲の夫」の意。稲の花が咲くころ稲妻が多いことから、これによって稲の穂が膨らむと考えられていた。

因幡《地名》旧国名。山陰道八か国の一つ。今の鳥取県東部。因州。

いな・ぶ【辞ぶ・否ぶ】他バ上二・四 {び・び・ぶ・ぶる・ぶれ・びよ／ば・び・ぶ・ぶ・べ・べ} [感動詞「いな」+接尾語「ぶ」]「いなむ」とも。承知しない。断る。〈源氏・末摘花〉「人のいふことは強うもいなび(未)ぬ御心にて」訳(末摘花は)他人の言うことに対しては強くも断らないご性質で。〈今昔・二三・二五〉「蔵人、定めて一切はいなば(未)(四段)むずらむと思ひつるに」訳蔵人は、(僧が天皇のお召しを)きっとひたすらに断るだろうと思っていたのに。

いな-や【否や】[一] 感「や」は間投助詞 ❶感動詞「いな」を強めていう語。いやいや。いやもう。〈古今・雑体〉「思へども思はずとのみいふなればいなや思はじ思ふかひなし」訳(私はあの人のことを)思っているけれども、(あの人は私を)思っていないとばかり言っているようなので、いやいや、(私は)もう思わないことにしよう。思うかいがない(から)。❷驚いて発する語。おやまあ。いやはや。これはこれは。〈堤・花桜をる少将〉「古びたる声にて、『いなや、こは誰ぞ』とのたまふ」訳年とった(しわがれた)声で、「おやまあ、これはだれだ」とおっしゃる。[二] 副(「…やいなや」「…といなや」の形で)…するとすぐに。…すると同時に。〈浮・世間胸算用〉「大晦日の朝めし過ぎるといなや、羽織・脇差しさして」訳おおみそかの朝飯が終わるとすぐに、羽織を着、脇差しをさして。

いな-を-かも【否をかも】⬇否「フレーズ」

いに-し【往にし】連体 [ナ変動詞「往ぬ」(用)+過去の助動詞「き」(体)] 過ぎ去った。去る。「往んじ」(撥音便)とも。〈拾遺・雑春〉「いにし年根こじて植ゑしわが宿の若木の梅は花咲きにけり」訳去る年(=先年)根がついたまま掘りとって(移し)植えたわが家の若い梅の木は、花が咲いたことだ。

いにし-へ【古】(エ) 名 [ナ変動詞「往ぬ」(用)+過去の助動詞「き」(体)+名詞「方へ」] ❶遠く過ぎ去った世。ずっと昔。〈徒然・一四〉「歌の道のみ、いにしへに変はらぬなどいふこともあれど、いさや」訳歌の道だけは、昔と変わらないなどということもあるけれど、さあ、どうであろうか。❷過ぎ去った時。過去。昔。〈伊勢・八三〉「やや久しくさぶらひて、いにしへのことなど思ひ出で聞こえけり」訳(出家なさった惟喬親王を訪ね)いくらか長い間おそばに伺候して、昔のことなどを思い出してお話し申しあげた。

いにしへの… 和歌 《百人一首》【いにしへの　奈良の都の　八重桜　けふ九重に　にほひぬるかな】〈詞花・春・伊勢大輔〉⬇付録◇1「小倉百人一首」61

いぬ【犬】名 ❶動物の名。いぬ。❷まわしもの。密偵。

いぬ【戌】名 ❶十二支の十一番目。↓十二支 ❷方角の名。西北西。❸時刻の名。今の午後八時ごろおよびその前後約二時間（午後七時ごろから午後九時ごろ）。

い・ぬ【寝ぬ】自ナ下二〔ね・ね・ぬ・ぬる・ぬれ・ねよ〕〔名詞「寝」と下二段動詞「寝」とが複合したもの〕寝る。眠る。〈万葉・八・一五一一〉「夕されば小倉の山に鳴く鹿は今夜は鳴かず寝ね用にけらしも」訳↓ゆふされば… 和歌

い・ぬ【往ぬ・去ぬ】自ナ変 ⬇左 45

いぬい〖戌亥・乾〗⬇いぬゐ

いぬる【往ぬる】連体〔ナ変動詞「往ぬ」の連体形から〕過ぎ去った。去る。〈うつほ・蔵開中〉「いぬる年の十五夜に」訳 去る年の十五夜に。

いぬ-ゐ【戌亥・乾】名 方角の名。北西。

最重要330

45

い・ぬ【往ぬ・去ぬ】自ナ変

ガイド 類義語「去る」が移動（位置の変化）に重点があるのに対し、**離脱（場所から離れる）に重点がある**。空間の離脱が①、時間的に用いたものが②、比喩的にこの世を去るの意で用いたものが③。

活用					
未然	連用	終止	連体	已然	命令
（ズ）	（タリ）	（。）	（コト）	（ドモ）	（。）
な	に	ぬ	ぬる	ぬれ	ね

❶ **行ってしまう。去る。**

例 いささかなることにつけて、世の中を憂しと思ひて、出でていな未むと思ひて〈伊勢・二一〉

訳 ちょっとしたことがもとで、夫婦の間柄をいやだと思って、（家から）出て（どこかへ）行ってしまおうと思って。

❷ **過ぎ去る。時が移る。**

例 契りおきしさせもが露を命にてあはれ今年の秋もいぬ終めり〈千載・雑上〉

訳 あれほど固く約束してくださった「あてにしていなさい（＝させも草）」という恵みの露（のようなお言葉）を、命にも等しい（大切な）ものとして（吉報を待っておりましたのに）、ああ、今年の秋も（むなしく）過ぎるようです。

❸ **世を去る。死ぬ。**

⬇果つ「慣用表現」

例 黄泉に待たむと隠沼の下延へ置きてうち嘆き妹がいぬれ已ば〈万葉・九・一八〇九〉

訳（二人の男の求婚にはいずれにも応じられないので）あの世で待つつもりだとそっと（母親に）言い残して、嘆き悲しんで（その）娘がこの世を去るので。（「隠沼の」は「下」にかかる枕詞）

いね-がて-に-す【寝ねがてにす】寝ることができないでいる。〈古今・秋上〉「秋萩の下葉色づく今よりやひとりある人の寝ねがてにする体」訳 秋萩の下葉が色づくこれからは、（私のような）ひとりでいる者が寝ることができないでいる（季節になる）のか。

なりたち 下二段動詞「いねかて」＋打消の助動詞「ず」の上代の連用形「に」＋サ変動詞「為」＝「いねかてにす」が濁音化したもの。

いねつけば… 和歌

稲つけば　かかる吾が手を　今夜もか　殿の若子が　取りて嘆かむ　〈万葉・一四・三四五九・東歌〉

訳（毎日）稲をつくので、あかぎれができる私の手を、今夜もまたお屋敷の若様が（手に）取って嘆くのだろうか。

解説 当時、米は籾の状態で貯蔵し、必要な分をそのつど臼でついた。籾殻にはとげとげした毛があるので、ひびがきれやすい。古代の身分を超えた恋の歌。集団でうたわれた労働歌と考える説もある。

いのち【命】名 ❶生命。寿命。〈新古・恋三〉「忘れじの行く末までは難ければ今日を限りの命ともがな」訳⬇付録◇1「小倉百人一首」54 ❷一生。生涯。〈伊勢・一一三〉「長からぬ命のほどに忘るるは」訳 長くない一生の間に（愛しあった人を）忘れるとは。❸生命を支えるもの。唯一のよりどころ。〈後撰・夏〉「常もなき夏の草葉に置く露を命とたのむ蝉のはかなさ」訳 変わりやすい（＝すぐ枯れる）夏の草の葉に置く（はかない）露を命の支えと頼りにする蝉のはかないことよ。

いのちの… 歌謡

命の　全けむ人は　畳薦　平群の　山の　くまかしが葉を　うずに挿せ　その子

（枕詞：畳薦 → 平群）

〈古事記・中・倭建命〉

訳 命が無事であろう人は、(ふるさと大和の国(奈良県)の)平群山の大きな樫の葉を髪飾りとして挿せ、おまえたちよ。(「畳薦」は「平群」の「へ」の音にかかる枕詞。「全けむ」の「またけ」は、形容詞「全し」の古い未然形)

解説 「古事記」によれば、東征の帰途死を目前にした倭建命が詠んだ「国思び歌」とされている。無事な部下たちに対し、帰郷ののち楽しく生きよと希望する歌であるが、もともとは独立した歌謡であったと思われる。

いの・る【祈る】他ラ四{ら・り・る・る・れ・れ}(神聖の意を表す接頭語「い(斎)」＋動詞「宣る」。神仏の名やまじないのことばを口に出し、幸いを求める意)(神仏に)願いをかける。〈土佐〉「雨風止まず。日一日、夜もすがら、神仏を祈る終」訳 雨や風が止まない。一日中、夜通し、神仏に願いをかける。

参考 古くは「神仏を祈る」の形で用いられた。

いは イワ【岩・石・巌・磐】名 ❶石の大きなもの。岩石。❷(もと岩石が用いられたところから)碇。また、魚網のすそにつけるおもり。

いは-がく・る イワ—【岩隠る】自ラ四{ら・り・る・る・れ・れ}(上代語)(岩城(＝岩でつくった墓)に葬られて姿が見えなくなる意)(貴人が)お亡くなりになる。お隠れになる。〈万葉・二・一九九〉「神さぶと岩隠り用ます やすみしし わが大君の」訳 (今ではますます)神々しくなるということでお隠れになっていらっしゃるわが大君(＝天武天皇)が。(「やすみしし」は「わが大君」にかかる枕詞)

いは-が-ね イワ—【岩が根】名 土の中にしっかり根をおろしたような岩。岩根。

いは-き イワ—【岩木・石木】名 岩と木。多く、岩や木のように非情の(＝感情のない)もののたとえにいう。〈伊勢・九六〉「石木にしあらねば、心苦しとや思ひけむ」訳 (女も)岩や木のように非情ではないので、(思いを寄せる男の気持ちを)気の毒だと思ったのだろうか。

磐城 イワキ《地名》旧国名。東山道十三か国の一つ。今の福島県東部と宮城県南部を含む地域。明治元年(一八六八)に陸奥の国から分かれた。磐州。

いは・く イワク【稚く】自カ下二{け・け・く・くる・くれ・けよ}子供っぽいことをする。あどけないようすだ。〈源氏・蛍〉「まだいはけ用たる御雛遊びなどのけはひの見ゆれば」訳 (明石の姫君は)今でもなおあどけないお雛遊びなど(がお気に入り)のようすが見えるので。

参考 仮名遣いは「いわく」ともする。多く「いはけたる」の形で用いられる。

いはく イワク【言はく・曰く】一 言うこと。言うことには。〈土佐〉「楫取りまたいはく、『幣には御心のいかねば、御船もゆかぬなり…』と言ふ」訳 船頭が再び言うことには、「幣(を手向けただけ)では(住吉の明神が)満足なさらないので、御船も進まないのである…」と言う。

なりたち 四段動詞「言ふ」のク語法

二 名(動詞「言ふ」のク語法の転じたもの)事情。わけ。〈浄・心中天の網島〉「いはくを御存じない故、御不審の立つはず」訳 (あなたは)事情をご存じないから、お疑いが起こって当然である。

いはけ-な・し イワケ—【稚けなし】形ク{から・く(かり)・し・き(かる)・けれ・かれ}(「なし」は接尾語)子供っぽい。幼稚である。あどけない。〈源氏・若紫〉「いはけなく用かいやりたる額つき、髪ざし、いみじううつくし」訳 (若紫が)あどけなく(髪を)手でかき上げた額の形や髪のようすはたいそうかわいらしい。

参考 仮名遣いは「いわけなし」ともする。⬇大人ぶ「類語の整理」

いは-しみづ イワシミズ【石清水】名 ❶岩の間からわき出る清水。夏 ❷「石清水八幡宮」の略。

石清水八幡宮 ハチマングウ 名 京都府八幡市にある神社。祭神は応神天皇・神功皇后・比売大神の三神。伊勢神宮・賀茂神社とともに三社といわれ、朝廷や武家の崇敬を集めた。陰暦三月の中の午の日に行われる臨時の祭りは、賀茂神社の「北祭り」に対して「南祭り」として有名。

岩代 イワシロ《地名》旧国名。東山道十三か国の一つ。今の福島県西部。明治元年(一八六八)に陸奥の国から分かれた。

いはしろの… 和歌

磐代の　浜松が枝を　引き結び
ま幸くあらば　またかへり見む
〈万葉・二・一四一・有間皇子〉

訳 今、この磐代の浜辺の松の枝を結んで(幸いを祈るが)、無事であったならまた帰ってきて(この松を)見よう。

解説 磐代は、今の和歌山県日高郡みなべ町の地名。有間皇子は孝徳天皇の皇子。斉明四年(六五八)、謀反の罪で捕らえられ、護送される途上で詠んだ歌。のち、藤白の坂(＝和歌山県海南市)で絞殺された。

いは-そそ・く イワ—【岩注く・石注く】自カ四{か・き・く・く・け・け}(「そそく」は近世以降「そそぐ」)水が岩の上に勢いよくふりかかる。〈続後拾遺・冬〉「水上に氷むすべば岩そそく体滝の白糸乱れざりけり」訳 上流に氷が張っているので、(いつもは)岩の上に勢いよくふりかかる滝の水も(今は)入り乱れ(るほど激しく流れ落ち)ないのだなあ。

いは-ね イワ—【岩根】名「いはがね」に同じ。

いは-ば イワ—【言はば】言ってみれば。言うならば。〈方丈・一〉「その、主と栖と、無常を争ふさま、言はば朝顔の露に異ならず」訳 そのように、(はかない世の中にある)主人と住居とが、無常であることを競いあうようすは、言うならば朝顔の(花とその上に置く)露(との関係)と違わない。

なりたち 四段動詞「言ふ」未＋接続助詞「ば」

いは-ばし イワ—【石橋・岩橋】名「いははし」とも。❶川の浅瀬に石を置き並べて橋としたもの。川の中の飛び石。❷役の行者が葛城の神に命じてかけさせようとした伝説の石の橋。神は容貌の醜いのを恥じて夜だけ仕事をしたため完成しなかったということから、男女の仲が中途で絶えることのたとえとされる。

いは-ばし・る イワ—【石走る】自ラ四{ら・り・る・る・れ・れ}水が岩の上を激しく走り流れる。〈万葉・六・九九一〉「石走り用激ち流るる泊瀬川」訳 水が岩の上を走って激しく流れる泊瀬川。

いはばしる イワバシル【石走る】《枕詞》「滝」「垂水」、地名「近江(淡海)」にかかる。一説に、実景とも。〈万葉・一五・三六一七〉「**いはばしる**滝もとどろに鳴く蟬の」

いはばしる… 和歌

石走る　垂水の上の　さわらびの
萌え出づる春に　なりにけるかも
〈**万葉・八・一四一八・志貴皇子**〉

訳 岩の上を激しく流れて落ちる滝のほとりの蕨が、芽を出す春に(早くも)なってしまったことだなあ。

解説 雪がとけて水量が多くなり、たぎり落ちる滝の響きに、春を迎えたはずむような喜びの鼓動が重なりあう歌。「石走る」は「垂水」にかかる枕詞であるが、この歌では、枕詞ではなく実景を写したものとする説が有力。

いははなや… 俳句

岩はなや　ここにもひとり　月の客
切れ字＝や　秋＝月
〈**笈日記・去来**〉

訳 (中秋の名月に誘われて山野を歩いていると)岩の先端に出たが、ここにもひとり(自分と同じように)月を賞でている風流人がいたことだ。

解説 「去来抄」の「先師評」には、右のような「情景」を詠んだとする去来に対して、芭蕉が「ここにもひとり」を去来自身のこととし、もうひとり私という風流の士がいると、月に対して名のり出る趣に解したほうがどれほど風流が深いかわからないと評したと記されている。

いはひ イワイ【斎ひ】名 ❶けがれを忌み、心身を清めて神を祭ること。❷神を祭る所。また、祭る人。

いはひ-べ イワイ—【斎ひ瓮】名「いはひへ」とも。神に供える酒を入れる神聖な瓶。多くは、陶製で底がまるく、地面を掘って据えたらしい。

いは・ふ イワ(オ)ウ 他ハ四〔は・ひ・ふ・ふ・へ・へ〕❶【斎ふ】㋐忌みつつしんで吉事を祈る。斎戒する。〈万葉・一九・四二六三〉「旅行く君を**いはふ**終と思ひて」訳 旅に出るあなたのことを**忌みつつしんで無事を願う**(のだ)と思って。〈万葉・一五・三五八〇〉…

㋑神としてあがめ祭る。〈万葉・一〇・二三〇九〉「祝らが**いはふ**体社の黄葉も」訳 神職たちが**あがめ祭る**神社の黄葉も。

❷【祝ふ】めでたいことばを述べて**将来の幸せを祈る**。〈源氏・初音〉「乱れたることども少しうちまぜつつ、**祝ひ**用聞こえ給ふ」訳 (元旦に光源氏は)うちとけたこと(＝冗談)のいくつかも少し加えては、(祝い歌を歌い、紫の上の)**将来の幸せ**(＝長寿)**をお祈り**申しあげなさる。

いは-ほ イワオ【巌】名 そびえたった大きな岩。

石見 いはみ イワミ《地名》旧国名。山陰道八か国の一つ。今の島根県の西半部。石州。

いはみのや… 和歌

石見のや　高角山の　木の間より
あが振る袖を　妹見つらむか
〈**万葉・二・一三二・柿本人麻呂**〉

訳 石見の国(島根県西部)の高角山の木々の間から、(別れを惜しんで)私が振る袖を妻は見たであろうか。

解説 石見の国に妻を残して上京して来るときの長歌の反歌二首のうちの一首。「高角山」は、角の地にある高い山の意とも、今の江津市の島の星山をさすともいわれている。袖を振ることは、この時代の愛情表現であった。

いは-む-かた-な・し イワン—【言はむ方無し】なんとも言いようがない。言うに言われない。〈紫式部日記〉「土御門殿のありさま、**言はむ方なく**用をかし」訳 土御門のお邸(＝藤原道長邸)のようすは、**なんとも言いようがなく**風情がある。➡えも言はず「慣用表現」

なりたち 四段動詞「言ふ」未＋推量(婉曲)の助動詞「む」体＋名詞「方」＋形容詞「無し」

いは-む-や イワン—【況むや】副(動詞「言ふ」未＋推量の助動詞「む」体＋反語の係助詞「や」)(上に述べたことを受けて、下のことについて、どうして改めて言う必要があろうか(いや、ない)という意から)言うまでもなく。まして。〈竹取・竜の頸の玉〉「この玉たはやすくえ取らじを、**いはむや**、竜の頸の玉はいかが取らむ」訳 この(五色に光る)玉は簡単に取ることはできないだろうに、**まして**、竜の首の玉はどうして取れようか(いや、とても取れそうにない)。

参考 漢文訓読で用いられ、平安中期以降「いはむや」の下文は述語を省略して「…をや」と結ぶ形が多い。

いば・ゆ【嘶ゆ】自ヤ下二〔え・え・ゆ・ゆる・ゆれ・えよ〕馬が鳴く。いななく。〈源氏・総角〉「馬どもの**いばゆる**体音も」訳 何頭かの馬が**いななく**声も。

いは-ゆる イワ—【所謂】連体(動詞「言ふ」未＋上代の受身の助動詞「ゆ」体)世間で言われている。世に言うところの。いわゆる。〈方丈・三〉「かたはらに琴・琵琶おのおの一張を立つ。**いはゆる**折り琴・継ぎ琵琶これなり」訳 そばに琴と琵琶それぞれ一張りを立ててある。**世に言うところの**折り琴(＝折りたたみができる琴)・継ぎ琵琶(＝柄のとりはずしができる琵琶)がこれである。

いばら【茨・荊】名〔古くは「うばら」「むばら」とも〕とげのある低木植物の総称。特に、野生の薔薇。夏

井原西鶴 いはらさいかく ➡井原西鶴

いは-れ-ぬ イワ—【言はれぬ】❶(なんとも言うことができないの意から)道理に合わない。むちゃな。〈竹取・御門の求婚〉「**言はれぬ**ことなし給ひそ」訳 (国王の命令を聞き入れないなどという)**道理に合わない**ことをなさいますな。❷よけいな。無用な。〈浄・女殺油地獄〉「耆婆でも行かぬ死病、**言はれぬ**気骨折らるる」訳 (古代インドの名医)耆婆でも治せない死病に、**よけいな**心配をなさるなあ。

なりたち 四段動詞「言ふ」未＋可能の助動詞「る」未＋打消の助動詞「ず」体

いは-ん-や イワ—【況んや】副 ➡いはむや

いひ イイ【飯】名 米などを蒸したもの。のちには炊いたものにもいう。**飯**。**ごはん**。〈万葉・二・一四二〉「家にあれば笥に盛る**飯**を草枕旅にしあれば椎の葉に盛る」訳 ➡いへにあれば… 和歌

いひ-いだ・す イイ【言ひ出だす】他サ四 {さ・し・す・す・せ・せ} ❶内から、外にいる人に向かって言う。また、取りつぎに外へ伝えさせる。〈源氏・総角〉「『さらば、こなたに』と言ひ出だし(用)給へり」[訳](宇治の大君は見舞いに訪れた薫に)「それでは、こちらに(お入りください)」と、(女房を介して)内から外に向かって言いなさった。[対]言ひ入る ❷口に出して言う。〈古今・仮名序〉「見るものきくものにつけて言ひ出だせ(已)るなり」[訳](心に思うことを)見るもの聞くものに託して口に出して言ったのが歌なのである。❸言い始める。

いひ-い・る イイ【言ひ入る】他ラ下二 {れ・れ・る・るる・るれ・れよ} ❶外から、内にいる人に向かって言う。また、取りつぎに内へ伝えさせる。〈著聞・六三〉「『丹後へ遣はしける人は、参りにたるや』と言ひ入れ(用)て」[訳]「丹後(京都府北部)に派遣なさった人は、(帰って)参上しているか」と(局の)外から内に向かって言って。[対]言ひ出だす ❷耳に入れる。ささやく。〈枕・六三〉「夜言ひつることの名残、女の耳に言ひ入れ(用)て」[訳](翌朝、男は)昨夜話したことのまだ引き続いている気持ちを、女の耳にささやいて。

いひ-おこ・す イイ【言ひおこす】他サ下二 {せ・せ・す・するる・すれ・せよ} 言ってよこす。手紙などで言ってくる。〈徒然・一七〇〉「文も、『久しく聞こえさせねば』などばかり言ひおこせ(用)たる、いとうれし」[訳]手紙(の場合)も、「長い間差し上げていないので」などとだけ言ってよこしたのは、たいそううれしい。

いひ-おと・す イイ【言ひ落とす】他サ四 {さ・し・す・す・せ・せ} 悪く言う。けなす。〈枕・八三〉「すずろなる空言を聞きて、いみじう言ひおとし(用)」[訳](頭の中将が)とりとめもない作り話を聞いて、(私のことを)ひどくけなし。

いひ-おほ・す イイオオス【言ひ果す】他サ下二 {せ・せ・す・するる・すれ・せよ} 言いつくす。残るところなく表現する。〈去来抄・先師評〉「先師曰く、『言ひおほせ(用)て何かある』」[訳]先師(=芭蕉)が言うことには、「残るところなく表現して何になるか(それよりも余情のあるほうがよいのだ)」。

いひ-おもむ・く イイ【言ひ趣く】他カ下二 {け・け・く・くる・くれ・けよ} 説きふせる。説得する。〈堤・花桜をる少将〉「言ひおもむけ(用)て侍り。今宵ぞよく侍るべき」[訳]説得してあります。今夜が(女のもとに忍び込むのに具合が)ようございましょう。

いひ-かかづら・ふ ライ(イ)カカズラ(ロ)ウ【言ひかかづらふ】自ハ四 {は・ひ・ふ・ふ・へ・へ} ❶相手に言えなくて悩む。言いあぐねる。〈竹取・仏の御石の鉢〉「耳にも聞き入れざりければ、言ひかかづらひ(用)て帰りぬ」[訳](かぐや姫は話を)耳にも聞き入れなかったので、(石つくりの皇子は)言いあぐねて帰ってしまった。❷言ってかかわる。言い寄る。〈源氏・夕霧〉「とかく言ひかかづらひ(用)出でむも、煩はしう聞き苦しかるべう」[訳](夕霧が)あれこれ言い寄って来るとしたらそれも、めんどうで人聞きも悪いにちがいないと。

いひ-かか・る イイ【言ひ掛かる】自ラ四 {ら・り・る・る・れ・れ} ❶ことばをかけてかかわりを持とうとする。言い寄る。〈竹取・貴公子たちの求婚〉「家の人どもに物をだに言はむとて、言ひかかれ(已)ども」[訳](かぐや姫の)家の人々にせめて話だけでもしようと思って、ことばをかけてかかわりを持とうとするけれども。❷「いひがかる」とも。言いがかりをつける。難くせをつける。

いひ-か・く イイ【言ひ掛く】他カ下二 {け・け・く・くる・くれ・けよ} ことばをかける。話しかける。〈源氏・東屋〉「うちつけにも言ひかけ(用)給はず」[訳](薫は、浮舟に)軽々しくもことばをかけなさらないで。

いひ-かな・ふ イイカナ(フ)ウ【言ひ叶ふ】他ハ下二 {へ・へ・ふ・ふる・ふれ・へよ} うまく表現する。その場に合った表現をする。〈徒然・一四〉「このごろの歌は、一節をかしく言ひかなへ(用)たりと見ゆるはあれど」[訳]近ごろの歌は、どこか一点趣深くうまく表現していると思われるものはあるけれど。

いひ-かは・す イイカワス【言ひ交はす】他サ四 {さ・し・す・す・せ・せ} ❶互いにことばをかわす。言いあう。語りあう。〈徒然・七八〉「心得たるどち、片端言ひかはし(用)、目見あはせ」[訳](話の内容を)理解している者どうしが、一部分だけを言いあい、目を見かわしたり。❷手紙や歌のやりとりをする。〈枕・三六〉「ものの折、もしは人と言ひかはし(用)たる歌の聞こえて」[訳]何かのとき、あるいはだれかとやりとりした歌が世間で評判になって。❸ことばで誓う。口約束をする。特に、夫婦になる約束をする。〈伊勢・二一〉「ありしより異に言ひかはし(用)て」[訳]以前よりいっそうかたく(将来を)約束して。

いひ-がひ イイガイ【飯匙】[名]飯を盛る道具。しゃもじ。

いひがひ-な・し イイガ【言ひ甲斐無し】[形ク] {から・く(かり)・し・き(かる)・けれ・かれ} 「いふかひなし」の転。「いふかひなし」に同じ。

いひ-くた・す イイ【言ひ腐す】他サ四 {さ・し・す・す・せ・せ} 悪く言う。けちをつける。〈源氏・少女〉「このころ紅葉を言ひくたさ(未)むは、竜田姫の思はむこともあるを」[訳](秋である)今(の季節に)紅葉を悪く言うとしたらそれは、(秋の女神である)竜田姫が思うようなこと(=怒るようなこと)もあるので。

いひ-くん・ず イイ【言ひ屈ず】他サ変 {ぜ・じ・ず・ずる・ずれ・ぜよ} がっかりして言う。しょげて言う。愚痴をこぼす。〈枕・七〉「『昨日までさばかりあらむものの、夜の程に消えぬらむこと』と言ひくんずれ(已)ば」[訳]「昨日まであれほどあったもの(=雪)が、一夜のうちに消えてしまっているだろうことよ」と(私が)がっかりして言うと。

いひ-け・つ イイ【言ひ消つ】他タ四 {た・ち・つ・つ・て・て} ❶人のことばを打ち消す。否定する。〈源氏・松風〉「わざとはなくて言ひ消つ(体)さま」[訳](明石の尼君が)ことさらにそうするのではなくて(自らの出自のよさを)否定するようすは。❷言いかけて途中でやめる。言いさす。〈源氏・早蕨〉「ところどころ言ひ消ち(用)て、いみじく物あはれと思ひ給へるけはひなど」[訳](話の)ところどころを言いかけて途中でやめて、ひどくしみじみ寂しいと思いなさっているようすなどは。❸悪く言う。非難する。〈徒然・一六七〉「をこにも見え、人にも言ひ消た(未)れ、禍をも招くは」[訳]愚かにも見え、人からも非難され、災難をも招き寄せるのは。

いひ-けらく イイ【言ひけらく】言ったことには。

〈土佐〉「そが言ひけらく、『…』と言ひて、詠める歌」[訳]それ(=船に乗り合わせていた女)が言ったことには、「…」と言って、詠んだ歌。

なりたち 四段動詞「言ふ」(用)＋過去の助動詞「けり」＝「いひけり」のク語法

いひ-さだ・む【言ひ定む】[他マ下二]{め・め・む・むる・むれ・めよ}口約束をする。話しあって決める。〈徒然・二五〉「『前の河原へ参りあはん。…』と言ひ定め(用)て」[訳]「(道場の)前の河原へ参って立ちあおう。…」と話し合って決めて。

いひしら-ず【言ひ知らず】(よい意味にも悪い意味にも用いて)言いようもない。格別だ。また、言うに足りない。つまらない。〈更級・梅の立枝〉「いひしらず(用)をかしげに、めでたく書き給へるを見て」[訳]言いようもなくいかにも趣があるさまに、りっぱに書きなさってあるの(=筆跡)を見て。〈枕・二九〉「九重の御殿の上をはじめて、いひしらぬ(体)民のすみかまで」[訳]宮中の御殿の屋根をはじめとして、言うに足りない人民の住宅(の屋根)まで。➡えも言はず「慣用表現」

なりたち 四段動詞「言ひ知る」(未)＋打消の助動詞「ず」

いひ-しろ・ふ【言ひしろふ】[他ハ四]{は・ひ・ふ・ふ・へ・へ}[「しろふ」は互いにしあう意]❶言いあう。語りあう。〈徒然・五四〉「『験あらん僧達、祈り試みられよ』など言ひしろひ(用)て」[訳]「霊験のありそうな坊さんたち、試みに祈ってくだされ」などと言いあって。❷言い争う。口論する。〈無名抄〉「『ますほの薄といふはいかなる薄ぞ』と言ひしろふ(体)ほどに」[訳]「ますほの薄というのはどのような薄か」と言い争ううちに。

いひ-す・つ【言ひ捨つ】[他タ下二]{て・て・つ・つる・つれ・てよ}❶返答を待たないで言いっ放しにする。〈源氏・藤裏葉〉「『翁いたう酔ひすすみて無礼なれば、まかり入りぬ』と言ひ捨て(用)て入り給ひぬ」[訳](内大臣は)「(この)じじいはひどく酔い過ぎて失礼であるから、退出して(奥へ)入ってしまいます」と言いっ放しにして(奥へ)お入りになった。❷何気なしに言う。〈徒然・一四〉「昔の人は、ただいかに言ひ捨て(用)たる言種も、皆いみじく聞こゆるにや」[訳]昔の人(の歌)は、ただもうどんなに無造作に言ったことばでも、すべてりっぱに聞こえるのであろうか。

いひ-そ・す【言ひ過す】[他サ四]{さ・し・す・す・せ・せ}[「そす」は度を過ごす意の接尾語]度を過ごして言う。強く言う。〈源氏・帚木〉「我たけく言ひそし(用)侍るに」[訳](我ながら)得意になって言い過ぎますと。

いひ-た・つ【言ひ立つ】[一][自タ四]{た・ち・つ・つ・て・て}❶言いながら立っている。〈宇治・三・二〉「『わぬし、まづ入れ入れ』と、言ひたち(用)て」[訳]「おまえが、まず入れ入れ」と、(盗人たちが)言いながら立っていて。❷言い出す。〈源平盛衰記〉「木曽は張り魂の男にて、言ひたち(用)ぬることをひるがへらぬ者なり」[訳]木曽(義仲)は一徹な気質の男で、言い出したことを変えない者である。❸評判やうわさがたつ。〈宇治・三・三〉「『この岩のある故ぞ』と言ひたち(用)にけり」[訳]「(僧が大勢死んだのは)この岩があるためだぞ」と評判がたってしまった。
[二][他タ下二]{て・て・つ・つる・つれ・てよ}とりたてて言う。特にとりあげて言う。〈徒然・一四〉「この歌に限りてかく言ひたて(未)られたるも」[訳](貫之の)この歌に限ってこのように(歌屑と)とりたてて言われたわけも。

いひ-ちぎ・る【言ひ契る】[他ラ四]{ら・り・る・る・れ・れ}口に出して誓いあう。口約束する。〈伊勢・一二三〉「ねむごろに言ひ契り(用)ける女の、ことざまになりにければ」[訳]心をこめて(変わらぬ愛を)誓いあった女が、心変わりしてしまったので。

いひ-つか・ふ【言ひ使ふ】[他ハ四]{は・ひ・ふ・ふ・へ・へ}仕事を言いつけて使う。〈土佐〉「この人、国に必ずしも言ひ使ふ(体)者にもあらざなり」[訳]この人は、国府で必ずしも仕事を言いつけて使う者でもないようだ。

いひ-つ・く【言ひ付く】[一][自カ四]{か・き・く・く・け・け}❶言い寄る。言いかける。〈古今・離別・詞書〉「道にあへりける人の車に物を言ひつき(用)て」[訳]途中で出会った(女の)人の牛車にものを言いかけて。❷(男女が)親しい間柄になる。〈大和・一〇三〉「後は返り事はして言ひつき(用)にける」[訳]後には(平貞文に)返事はしていい仲になってしまった。
[二][他カ下二]{け・け・く・くる・くれ・けよ}❶命じる。頼む。ことづける。〈大和・一六八〉「宮の御かへりも人々の消息も、言ひつけ(用)てまた遣りければ」[訳]宮のお返事も人々の伝言も、ことづけてまた行かせたところ。❷名づける。あだ名などを付ける。〈栄花・ひかげのかづら〉「大宰相の君などいふ人、おばおとどなど言ひつけ(用)給ひ」[訳]大宰相の君などという人は、(人々が)おばあちゃんなどとあだ名をお付けになり。❸告げ口をする。密告する。〈枕・一六三〉「『人に恥ぢがましきこと言ひつけ(用)たり』とうらみて」[訳]「人に(自分の)外聞が悪いことを告げ口した」と(源中将は私を)うらんで。❹言い慣れる。いつもことばに出す。〈徒然・七八〉「ここもとに言ひつけ(用)たることくさ、物の名など」[訳]仲間うちで言い慣れている話の種や、物の名前などを。

いひ-つた・ふ【言ひ伝ふ】[他ハ下二]{へ・へ・ふ・ふる・ふれ・へよ}❶語り伝える。言い伝える。〈竹取・ふじの山〉「その煙いまだ雲の中へ立ちのぼるとぞ言ひ伝へ(用)たる」[訳](不死の薬を焼く)その煙はいまでも雲の中へ立ちのぼっていると言い伝えている。❷取り次ぐ。伝言する。〈源氏・帚木〉「幼き人のかかること言ひ伝ふる(体)はいみじく忌むなるものを」[訳]子供がこのようなこと(=恋文)を伝言するのは(世間では)ひどく嫌うということなのに。

いひ-とぢ・む【言ひ閉ぢむ】[他マ下二]{め・め・む・むる・むれ・めよ}言い切る。断言する。〈枕・一〇二〉「言ひとぢめ(用)つることは、さてこそあらめ」[訳](一度)言い切ったことは、そのまま(貫くの)がよい。

いひ-なぐさ・む【言ひ慰む】[一][他マ下二]{め・め・む・むる・むれ・めよ}あれこれ言って人を慰める。〈枕・二六五〉「まことまことしき思ひ人の言ひ慰め(用)たる」[訳]いかにも誠実な恋人があれこれ言って慰めたの(は頼みになることだ)。
[二][自マ四]{ま・み・む・む・め・め}あれこれ言って心が晴れる。〈徒然・一二〉「をかしき事も、世のはかなき事も、うらなく言ひ慰ま(未)んこそうれしかるべきに」[訳]おもしろいことでも、世の中のつまらないことでも、隔てなく話しあって心が晴れるならば、それこそうれしいだろうに。

いひ-な・す ｜イイ【言ひ做す】他サ四〔さ・し・す・す・せ・せ〕❶**事実はそうでないことをそれらしく言う。言いまぎらわす。**〈更級・大納言殿の姫君〉「なま恐ろしと思へるけしきを見て、異事に言ひなし(用)て笑ひなどして」訳 なんとなく恐ろしいと思っている(私の)ようすを見て、(姉は)ほかのことに言いまぎらわして笑ったりして。❷**ことさらに言う。**とりたてて言う。〈源氏・東屋〉「あらはには言ひなさ(未)で、かすめ愁へ給ふ」訳 露骨にはあえて言わないで、ほのめかし嘆き訴えなさる。

いひ-な・る ｜イイ【言ひ馴る】他ラ下二〔れ・れ・る・るる・るれ・れよ〕❶言うことになれる。呼びなれる。〈枕・能因本・五九〉「若くてよろしき男の、下衆女の名言ひなれ(用)て呼びたるこそ、いと憎けれ」訳 若くてまずまずの(身分の)男が、下女の名を言いなれて呼んでいるのは、たいそう気にくわない。❷言い寄ってなれ親しむ。〈源氏・末摘花〉「言多く言ひなれ(用)たらむ方にぞなびかむかし」訳 ことば多く言い寄ってなれ親しんだならそのほうに(末摘花は)なびくであろうよ。

いひ-のの・し・る ｜イイ【言ひ罵る】他ラ四〔ら・り・る・る・れ・れ〕口々に言いたてる。騒ぎたてる。〈大和・八五〉「『桃園の宰相の君なむすみ給ふ』など言ひののしり(用)けれど」訳「(右近の所に)桃園の宰相の君(=藤原師氏)が通っていらっしゃる」などと(世間で)騒ぎたてたが。

いひ-ふ・る ｜イイ【言ひ触る】他ラ下二〔れ・れ・る・るる・るれ・れよ〕❶ことばをかける。相談する。〈源氏・紅葉賀〉「たはぶれごと言ひふれ(用)て試み給ふに」訳(光源氏は源典侍に)冗談を言いかけてお試しになると。❷人々の間に言い広める。言いふらす。

いひ-まが・ふ ｜イイマガ(ゴ)ウ【言ひ紛ふ】他ハ下二〔へ・へ・ふ・ふる・ふれ・へよ〕言いまちがえる。〈徒然・六七〉「人の常に言ひまがへ(用)侍れば」訳 世間の人がいつも言いまちがえますので。

いひ-や・る ｜イイ【言ひ遣る】他ラ四〔ら・り・る・る・れ・れ〕❶(手紙や使いを通して)**言い送る。歌を詠んで送る。**〈伊勢・五四〉「むかし、男、つれなかりける女に言ひやり(用)ける」訳 昔、(ある)男が、(自分に対して)冷淡だった女に詠んで送った歌。❷(多く下に打消の語を伴って)**最後まで言う。**〈源氏・桐壺〉「言ひもやら(未)ずむせかへり給ふほどに」訳(母君は)最後までも言わず(涙に)むせかえっておいでになるうちに。

いひ-よ・る ｜イイ【言ひ寄る】自ラ四〔ら・り・る・る・れ・れ〕❶**ことばをかけながら近寄る。**〈枕・三〉「『ここなる物とり侍らむ』など言ひより(用)て」訳「ここにある物をとりましょう」などと言いながら近寄って。❷**異性にことばをかけて近づく。結婚を申し込む。**〈源氏・帚木〉「主人の女ども多かりと聞きたまへて、はかなきついでに言ひより(用)て侍りしを」訳 主人の娘たちが大勢いると聞かせていただいて、ふとした機会に言い寄っておりましたのを。❸**申し込む。頼み込む。**〈更級・大納言殿の姫君〉「いみじくゆかしけれど、え言ひよら(未)ぬに」訳(長恨歌という詩を)たいそう見たいけれど、(貸してほしいと)頼み込むことができないでいるけれども。

いひ-わ・く ｜イイ【言ひ分く】一 他カ四〔か・き・く・く・け・け〕道理を説いて事をはっきりさせる。〈うつほ・俊蔭〉「我が領ずる荘々、はた多かれど、誰かは言ひわく(体)人あらむ」訳 私が領有しているいくつかの荘園は、また多いけれど、だれが(俊蔭の荘園だと)道理を説いて事をはっきりさせる人があろうか(いや、あるわけがない)。
二 他カ下二〔け・け・く・くる・くれ・けよ〕❶道理を説いて話す。また、言いわけをする。説明する。❷言いつけて自分のもとから別のところへ遣わす。

いひ-わた・る ｜イイ【言ひ渡る】自ラ四〔ら・り・る・る・れ・れ〕❶言い続けて日を過ごす。〈大和・一四八〉「『男を捨てては いづちか行かむ』とのみ言ひわたり(用)けるを」訳「夫のあなたを捨ててはどこへ行こうか(いや、どこへも行くまい)」とばかり言い続けて日を過ごしていたが。❷求婚し続ける。〈徒然・二四〇〉「かたちよしと聞きて、人あまた言ひわたり(用)けれども」訳(娘の)器量がよいと聞いて、男が大勢求婚し続けたが。

飯尾宗祇(いひをそうぎ) イイオソウギ《人名》(一四二一―一五〇二)室町後期の連歌師。心敬らに学び、全国を旅して連歌を広め、連歌の大成者といわれる。編著に連歌撰集「新撰菟玖波集」、連歌論書「吾妻問答」がある。

い・ふ ｜イ・ウ【言ふ】
一 他ハ四〔は・ひ・ふ・ふ・へ・へ〕❶ことばで表現する。話す。〈徒然・二五〉「桃李もの言は(未)ねば、誰とともにか昔を語らん」訳(昔と変わらずに咲いている)桃や李はことばを話さないので、だれといっしょに昔を語ろうか(いや、だれとも語れない)。❷**名付ける。**称する。呼ぶ。〈伊勢・九〉「そこを八橋といひ(用)けるは、…橋を八つ渡せるによりてなむ八橋といひ(用)ける」訳 そこを八橋と呼んだのは、…橋を八つかけてあるので八橋と名付けたのだ。❸うわさする。評判を立てる。〈大和・一〇五〉「浄蔵大徳を験者にしけるほどに、人とかくいひ(用)けり」訳 浄蔵大徳を(病気の娘の)祈禱師にしたところ、世間の人はあれこれ評判を立てた。❹詩歌を詠む。吟ずる。〈土佐〉「和歌、主も客人も、こと人もいひ(用)あへりけり」訳 和歌を、主人もお客も、その他の人々も詠みかわしたのだった。
二 自ハ四〔は・ひ・ふ・ふ・へ・へ〕❶**言い寄る。求婚する。**〈伊勢・八六〉「昔、いとわかき男、わかき女をあひいへ(已)りけり」訳 昔、とても若い男が、若い女と求婚しあっていた。❷(動物が)鳴く。〈蜻蛉・中〉「『こはなにぞ』と問ひたれば、『鹿のいふ(終)なり』と言ふ」訳「これは何か」と尋ねたところ、「鹿が鳴いているようだ」と言う。❸区別する。わきまえる。(多く「…といはず」の否定の形で用いられる)。〈万葉・四・七二三〉「ぬばたまの夜昼といは(未)ず思ふにしあが身はやせぬ」訳(わが娘を)夜昼と区別せず思うにつけ、わが身はやせてしまった。(「ぬばたまの」は「夜」にかかる枕詞)

フレーズ

言ふ方無し 言いようがない。〈源氏・桐壺〉「御覧じだに送らぬおぼつかなさを言ふ方なく(用)思ほさる」訳(桐壺帝は)お見送りさえもしない心もとなさを言いようもなく(悲しく)お思いにならずにはいられない。➡えも言はず「慣用表現」

言ふ甲斐(かひ)無(な)くな・る 「死ぬ」の婉曲(えんきょく)表現。死んでしまう。死ぬ。〈源氏・夕顔〉「**言ふかひなくなり**用ぬるを見給ふに、やるかたなくて」訳（光源氏は夕顔が）**死んでしまっ**たのをご覧になると、たまらなくて。⬇果(は)つ「慣用表現」

言ふ甲斐(かひ)無(な)・し ↓いふかひなし（下段）

言ふに足(た)ら-ず 言うだけの価値・必要がない。言うまでもない。⬇是非(ぜひ)無し「慣用表現」

言ふべき方(かた)無(な)・し 言いようがない。ことばに尽くせない。〈枕・四二〉「なほさらに**言ふべきかたなし**終」訳（ほととぎすは）なんといってもまったく**ことばに尽くせない**（ほどすばらしい）。⬇えも言はず「慣用表現」

言ふべきにも有(あ)ら-ず 言うまでもない。ことばで言い表せない。〈枕・一〉「冬はつとめて。雪の降りたるは**言ふべきにもあらず**用」訳 冬は早朝（が趣がある）。雪が降っているのは**言うまでもなく**。⬇是非(ぜひ)無し「慣用表現」

なりたち 「に」は断定の助動詞「なり」用、「も」は係助詞

言ふべくも有(あ)ら-ず 「いふべきにもあらず」に同じ。⬇是非(ぜひ)無し「慣用表現」

言ふもおろか・なり 〔「おろか」は「おろそか」の意〕言っても言い尽くせない。言うまでもない。〈枕・三六〉「有り明け、はた**言ふもおろかなり**終」訳 有り明けの月（の趣の深さ）は、改めて**言うまでもない**。⬇是非(ぜひ)無し「慣用表現」

言ふも更(さら)・なり 「いへばさらなり」に同じ。

いぶか・し【訝し】 形シク ⬇左 46

最重要330

46

いぶか・し

【訝し】 形シク 〔しから・しく(しかり)・し・しき(しかる)・しけれ・しかれ〕〔上代は「いふかし」〕

ガイド **不審な状態に起因する感情**を表す。不審で気が晴れず気がかりだの意が①、不審なのでよく知りたいの意が②。③は現代語でも「いぶかしく思う」のように用いる。動詞形は「いぶかる」。

❶ **気がかりである。**心もとない。

例 相見ずて日(け)長くなりぬこのころはいかにさきくや**いふかし**終吾妹(わぎも)〈万葉・四・六四八〉

訳 会わないで日数がたってしまった。このごろはいかがか、元気か、**気がかりだ**。あなたよ。

❷ もっとよく知りたい。**見たい。聞きたい。**

例 ありし雨夜の品定めののち、**いぶかしく**用思ほしなる品々あるに〈源氏・夕顔〉

訳 いつかの雨夜の品定め以来、**もっとよく知りたく**思うようになりなさるいろいろな階層（の女）があるので。

❸ 不審である。疑わしい。

例 横笛の五の穴は、いささか**いぶかしき**体所の侍るかと〈徒然・二一九〉

訳 横笛の五の穴については、少々**不審な**点がございますかと。

いふ-かた-な・し【言ふ方無し】⬇言ふ「フレーズ」

いふ-かひ-なく-な・る【言ふ甲斐無くなる】⬇言ふ「フレーズ」

いふ-かひ-な・し【言ふ甲斐無し】❶**言っても何にもならない。**どうにもならない。〈土佐〉「聞きしよりもまして、**言ふかひなく**用ぞこぼれ破れたる」訳（留守中預けておいた家は）聞いていたよりもいちだんと、**言いようがなく**壊れ傷んでいる。⬇咳(せ)き上(あ)ぐ「慣用表現」

❷**とりあげて言うほどの価値がない。**㋐子供っぽく、わきまえがない。たわいない。〈源氏・若紫〉「いで、あな幼や。**いふかひなう**用（ウ音便）ものし給ふかな」訳 いやもう、なんとまあ子供っぽいことよ。**たわいなく**いらっしゃることだなあ。（「ものす」は婉曲(えんきょく)表現で、ここは「…ている」の意）

㋑**取るに足りない。**つまらない。いやしい。〈枕・三八〉「かかることは、**いふかひなき**体者のきはにやと思へど」訳 こうした（無作法な）ことは、**取るに足りない**身分の者（の行為）であろうかと思うけれど。

㋒**みじめでふがいない。**みっともない。〈伊勢・二三〉「もろともに**いふかひなく**用てあらむやはとて」訳（男は、この女と）ともに**みじめな暮らしをして**いられようか（いや、そうはありたくない）と思って。

なりたち 四段動詞「言ふ」体＋名詞「甲斐(かひ)」＋形容詞「無し」

慣用表現 いふかひなし ―「取るに足りない・たいしたことではない」を表す表現

□＋無し 文(あや)無し・言ふ甲斐(かひ)無し・甲斐無し・なでふこと無し・何と無し・果(はか)無し・物(もの)げ無し

□＋あらず 事にもあらず・物にもあらず

□＋ならず 数ならず・何ならず・物ならず

然＋□ 然(さ)らぬ・然(さ)るまじ

その他 なでふことかあらむ

最重要330

47

いぶせ・し 形ク {から・く(かり)・し・き(かる)・けれ・かれ}

ガイド 不愉快で気が晴れない、うっとうしい感情を表す語。③の「きたならしい、むさくるしい」は転義で、中世の用法である。

❶気持ちが晴れない。うっとうしい。
例 たまさかにへだつる折だに、あやしういぶせき(体)心地するものを〈源氏・須磨〉
訳 たまに(紫の上に逢わないで)間を置く場合でさえ、妙に気が晴れない気持ちがするのに。

❷気がかりだ。
例 いま一たび、かの亡骸(なきがら)を見ざらむが、いといぶせかる(体)べきを〈源氏・夕顔〉
訳 もう一度、あの(夕顔の)遺体を見ないとしたらそれが、とても気がかりであるにちがいないから。

❸不快である。きたならしい。むさくるしい。
例 道すがらの汗いぶせかり(用)つれば、身をきよめて失はんずるにこそと思はれけるに〈平家・一〇・千手前〉
訳 道中の汗がきたならしかったので、からだを清めてから殺そうとするのだろうと思われたが。

語感実感
梅雨時に洗濯物が生乾きの日が続き、さっぱりせず不快に思う感じ。

いぶか・る【訝る】自ラ四{ら・り・る・る・れ・れ}〔上代は「いふかる」〕気がかりに思う。事情を知りたいと思う。不審に思う。〈万葉・九・一七五三〉「いふかり(用)し国のまほらをつばらかに示し給へば」訳 どんなようすか見たいと思った国のすぐれた所(=絶景)をこまかにお示しになるので。

い‐ぶ・く【息吹く】自カ四{か・き・く・く・け・け}〔上代は「いふく」〕❶息を吹く。呼吸する。〈紀・雄略〉「いふく(体)気息(いき)、朝霧に似たり」訳 (猪(いのしし)や鹿が)呼吸する息は、朝霧に似ている。❷風が強く吹く。〈万葉・二・一九九〉「渡会(わたらひ)の斎(いつき)の宮ゆ神風(かむかぜ)にいふき(用)惑(まと)はし」訳 渡会(=郡の名)の伊勢(いせ)神宮から神風で強く吹きつけ(敵を)まどわし。

いぶせ‐げ 形動ナリ{なら・なり(に)・なり・なる・なれ・なれ}〔形容詞「いぶせし」の語幹+接尾語「げ」〕きたならしそうだ。むさくるしそうだ。〈徒然・二三八〉「虫の巣にていぶせげなる(体)を、よく掃きのごひて」訳 (額の裏の)虫の巣できたならしそうなのを、よく払いふきとって。

いぶせ‐さ 名〔形容詞「いぶせし」の語幹+接尾語「さ」〕❶気持ちが晴れないこと。うっとうしいこと。〈源氏・桐壺〉「いぶせさを限りなくのたまはせつるを」訳 (桐壺帝は)晴れない気持ちをしきりに仰せになっていたが。❷不快なこと。きたならしいこと。❸恐ろしさ。〈平家・九・坂落〉「あまりのいぶせさに、目をふさいでぞ落としける」訳 あまりの恐ろしさに、目をつぶって(馬を)駆け下ろした。

いぶせ・し 形ク ➡上47

いふ‐に‐たら‐ず イウ【言ふに足らず】➡言ふ「フレーズ」

いふ‐べき‐かた‐な・し イウ【言ふべき方無し】➡言ふ「フレーズ」

いふ‐べき‐に‐も‐あら‐ず イウ【言ふべきにも有らず】➡言ふ「フレーズ」

いふ‐べく‐も‐あら‐ず イウ【言ふべくも有らず】➡言ふ「フレーズ」

いふ‐も‐おろか・なり イウ【言ふもおろかなり】➡言ふ「フレーズ」

いふ‐も‐さら・なり イウ【言ふも更なり】➡言ふ「フレーズ」

いへ イエ【家】名

❶住宅。住まい。家族が生活を営むところ。〈枕・八〉「大進生昌(だいじんなりまさ)が家に、宮の出(い)でさせ給ふに」訳 大進である生昌の家に、宮(=中宮定子)がお出かけになられるときに。

❷一族。家族。家人。また、妻。〈万葉・九・一六九六〉「衣手(ころもで)の名木(なき)の川辺(かはへ)を春雨にあれ立ち濡(ぬ)ると家思(おも)ふらむか」訳 名木の川のほとりで春雨に私が立ち濡れていると家族は思っているだろうか。(「衣手の」は「名木」にかかる枕詞)

❸血すじ。家系。(高い)家柄。名門。〈徒然・三八〉「愚かにつたなき人も、家に生まれ時にあへば」訳 愚鈍で劣っている人でも、高い家柄に生まれて時勢に乗ると。

フレーズ

家高う・し 家柄がよい。〈源氏・行幸〉「なほ家高う㊊く、世間の評判が軽くなくて。 訳 やはり家柄がよく(ウ音便)、人のおぼえ軽からで」

家の風 〔「家風」を訓読した語〕その家に、代々伝わる習慣や作法。その家の伝統。家風。

家の集 個人の歌集。私家集。家集。「貫之集」「山家集」など。

家広・し 一族が富み栄えて親族が多い。〈竹取・火鼠の皮衣〉「宝豊かに、家広き㊍人にぞおはしける」訳（あべの右大臣は）財産も豊かで、一族が富み栄えて親族の多い人でいらっしゃった。

いへ-たか・し（イエ）【家高し】➡家「フレーズ」

いへ-ぢ（イエジ）【家路】名 ❶家のほうへ向かう道。❷わが家へ帰る道。帰路。

いへ-づと（イエ）【家苞】名 家へのみやげ。〈方丈・三〉「蕨を折り、木の実を拾ひて、かつは仏に奉り、かつは家づととす」訳（春は）蕨を折りとり、（秋は）木の実を拾って、一つには仏にお供えし、また一つには家へのみやげとする。

いへ-とうじ（イエ）【家刀自】名 〔「とうじ」は「とじ」の転〕「いへとじ」とも。一家の主婦。

いへ-ども（イエ）【雖も】接助 〔動詞「言ふ」㊀＋接続助詞「ども」〕（「…といへども」の形で）…（と）いっても。…けれども。…であっても。〈源氏・桐壺〉「いみじき絵師といへども、筆限りありければ」訳 すぐれた絵かきといっても、筆力には限界があったので。

いへにあれば… 和歌

家にあれば　笥に盛る飯を　草枕（枕詞）
旅にしあれば　椎の葉に盛る
〈万葉・二・一四二・有間皇子〉

訳 家にいるときはいつも器に盛る飯を、（囚われの）旅の途上なので、椎の葉に盛（って道の神に供え）ることだ。

解説 捕らえられて護送される途上での作。その事情については、「磐代の浜松が枝を引き結びま幸くあらばまたかへり見む」（訳 ➡いはしろの…和歌）〈万葉・二・一四一〉を参照。「飯」を自分が食べる食事と解して、囚われの身を嘆いた歌とみる説もある。

いへ-の-かぜ（イエ）【家の風】➡家「フレーズ」

いへ-の-こ（イエ）【家の子】名 ❶同じ家門の子。特に名門の子。〈大鏡・道長上〉「末の家の子におはしませば」訳（道長は私のかつての主君の）子孫にあたる名門の子でいらっしゃるから。❷武士の家で、分家の者が本家の家来となったもの。➡郎等②

❸家臣。召し使われる者。〈枕・一三〇〉「内外許されたる若き男ども、家の子など、あまた立ちつづきて」訳 出入りを許されている若い男たちや、召し使われる者などが、大勢あとに続いて。

いへ-の-しふ（イエノシュウ）【家の集】➡家「フレーズ」

いへ-ば-え-に（イエ）【言へば得に】口に出して言おうとすると言えないで。〈伊勢・三四〉「いへばえに言はねば胸に騒がれて心ひとつに嘆くころかな」（新勅撰・恋一にも所収）訳 口に出して言おうとすると言えないで、言わないでいるときっと胸の中に思い乱れて、（私の）心の中だけで嘆くこのごろだよ。

なりたち 四段動詞「言ふ」㊀＋接続助詞「ば」＋下二段動詞「得」㊁＋打消の助動詞「ず」の上代の連用形「に」

いへ-ば-おろか-なり（イエ）【言へばおろかなり】「いふもおろかなり」に同じ。〈宇治・一・一八〉「かくて万の事、たのしといへばおろかなり㊅」訳 こうして万事につけて、裕福であると言っても言い尽くせない。➡言ふ「フレーズ」・是非無し「慣用表現」

なりたち 四段動詞「言ふ」㊀＋接続助詞「ば」＋形容動詞「おろかなり」

いへ-ば-さら・なり（イエ）【言へば更なり】いまさら言うまでもない。もちろんである。〈源氏・薄雲〉「面つき、まみの薫れるほどなど言へばさらなり㊅」訳（明石の姫君の）顔つきや目もとのつやつやとした美しさがあふれているぐあいなどはいまさら言うまでもない。

なりたち 四段動詞「言ふ」㊀＋接続助詞「ば」＋形容動詞「更なり」

いへ-びと（イエ）【家人】名 ❶同じ家の人。家族。❷貴人の家に仕えている人。

いへ-ひろ・し（イエ）【家広し】➡家「フレーズ」

いへ-らく（イエ）【言へらく】言ったこと。言ったことには。〈万葉・九・一七四〇〉「明日のごとわれは来なむと言ひければ妹が言へらく」訳 明日のように（＝すぐにでも早く）私は来ようと言ったところ、妻が言ったことには。

なりたち 四段動詞「言ふ」㊀＋完了の助動詞「り」＝「いへり」のク語法

いへ-ゐ（イイエ）【家居】名 ❶住居。すまい。〈徒然・一〇〉「家居のつきづきしく、あらまほしきこそ、仮の宿りとは思へど、興あるものなれ」訳 すまいが（その主人に）似つかわしく、理想的なのは、一時の宿（にすぎない）とは思うものの、趣深いものである。

❷家に住むこと。〈古今・春上〉「野辺近く家居しせれば」訳（人里離れて）野辺近くに居住しているので。

いほ（イオ）【庵・廬】名「いほり」とも。草や木などでつくった粗末な仮の家。農事などに用いる仮の小屋。僧侶や世捨て人の仮ずまい。〈更級・かどで〉「いほなども浮きぬばかりに雨降りなどすれば」訳 粗末な仮の家なども浮いてしまうほどに雨が降ったりするので。

い-ほ（イオ）【五百】名（多く、接頭語的に用いて）五百。また、数の多いこと。「五百枝」「五百日」「五百年」「五百夜」

いほへ-なみ（イオエ）【五百重波】名 いくえにも重なって立つ波。

いほり（イオリ）【庵・廬】名 ❶（「万葉集」では、多く「いほりす」の形で）旅先などで、仮小屋に泊まること。〈万葉・一〇・二二四九〉「鶴が音の聞こゆる田居にいほりして」訳 鶴の鳴き声が聞こえる田んぼで仮屋ずまいをして。❷「いほ（庵）」に同じ。

いま【今】

一 名 ❶（過去・未来に対して）現在。〈伊勢・三三〉「いにし

最重要330

48

いまいま・し【忌ま忌まし】形シク {しから・しく(しかり)・し・しき(しかる)・しけれ・しかれ}

ガイド 不吉なものを避ける意の動詞「忌む」から派生した語。不吉なものに対する嫌悪感から③の意が生じ、中世以降③からさらに「憎らしい」「腹立たしい」の意に転じて現代に至る。

❶ **忌み慎まなければならない。はばかられる。**

例 ゆゆしき身に侍れば、かくておはしますも、いまいましう用(ウ音便)かたじけなくなむ〈源氏・桐壺〉

訳 (娘に先立たれた母という立場で)不吉な身でございますから、(孫である若宮=光源氏が)こうして(そばに)いらっしゃるのも、はばかられてもったいないことで(ございます)。

❷ **不吉である。縁起が悪い。**

例 聞こえむにもいまいましき体有り様を、今日は忍びこめ侍れど〈源氏・行幸〉

訳 (玉鬘の裳着の祝いを)申し上げようにも(私=大宮は)縁起の悪い(尼の)姿なので、今日は胸にしまいこんでおりますが。

❸ **いまわしい。不快である。**

例 禁中いまいましう用(ウ音便)ぞ見えける〈平家・六・小督〉

訳 宮中は陰気に見えた。

類語の整理 「いまいまし — いまわしさ」を表す語

	悪	良
いまいまし	はばかられる・不吉である・忌み慎まれる	—
いみじ	大変だ・ひどい・恐ろしい	良い・優れている・すばらしい
ゆゆし	忌みはばかられる・不吉だ・たいそうである	すばらしい・勇ましい

へのしづのをだまきくりかへし昔を今になすよしもがな」訳 遠い昔の倭文(=織物の名)を織るための苧環(=麻糸を球状に巻いたもの)、その苧環をたぐってはまたたぐるように、もう一度たぐりもどして(仲むつまじかった)昔を今にする方法があればなあ。(第二句までは「くりかへし」を導きだす序詞)

❷新しいもの。また、新しいこと。〈万葉・一四・三三九九〉「信濃路は今の墾道刈株に足踏ましむな履はけわが背」訳↓しなぬぢは…(和歌)

二 副 ❶**すぐに。ただいま。**〈古今・恋四〉「今来むと言ひしばかりに長月の有り明けの月を待ち出でつるかな」訳↓付録①「小倉百人一首」21

❷**まもなく。やがて。**近いうちに。〈枕・四三〉「いま秋風吹かむ折ぞ来むとする」訳 近いうちに秋風が吹くようなころには(迎えに)来よう。

❸**さらに。もう。**〈徒然・一九〉「いまひときは心も浮き立つものは、春の気色にこそあめれ」訳 さらに一段と心も浮き浮きしてくるものは、春のようすであるようだ。

❹新しく。今度。〈土佐〉「ほとりに松もありき。…。いま生ひたるぞまじれる」訳 (池らしき所の)ほとりに松もあった。…。新しく生えたのがまじっている。

フレーズ

今は (「今はもうかぎりだ」の意から)今となっては。もうこれまで。

今は斯う (「いまはかく」のウ音便)今となっては、もはやこれまで。これが最後。〈平家・一一・能登殿最期〉「今はかうと思はれければ、太刀・長刀海へ投げ入れ、甲も脱いで捨てられけり」訳 (能登の守教経は)もはやこれまでとお思いになったので、太刀・長刀を海へ投げ入れ、甲も脱いでお捨てになった。

今はた 今はまた。今となっては。

なりたち 「今」+副詞「はた」

今は昔 物語・説話の冒頭に用いられる慣用句。今からみると昔。今ではもう昔のこと(だが)。〈竹取・かぐや姫の生ひ立ち〉「今は昔、竹取の翁といふ者ありけり」訳 今ではもう昔の話(であるが)、竹取の翁という者がいた(という)。

参考 一説に、「今」をその話の時点において「その時は昔だが」の意ともする。

いま-いま【今今】副

❶現在から近い将来。〈大鏡・道長上〉「いまいまも、さこそは侍るべかんめれ」訳 これからも、そのような(=道長の子孫のみが摂政・関白となるような)状態ではあるにちがいないようです。

❷ただちに。すぐに。〈落窪〉「『いまいま』と言ひて、さらに思ひもたたねば」訳「すぐに」と言って、いっこうに決心もしないので。

❸待ち望む気持ちを表す。今か今か。〈枕・一六〇〉「いまいまと苦しうゐ入りて、あなたをまもらへたる心地」訳 (急ぎの仕立物ができ上がるのを)今か今かとつらい気分で座り込んで、遠くのほうをじっと見つめている心持ち(は、ほんとうにじれったい)。

❹恐れ危ぶむ気持ちを表す。今が最後。今が限り。

臨終を表すことが多い。〈古今・哀傷・詞書〉「道なかにてにはかに病をしていまいまとなりにければ」訳途中で急に病気になって臨終となってしまったので。

48 **いまいま・し**【忌ま忌まし】形シク ➡前ページ

いまこむと… 和歌《百人一首》【今来むと 言ひしばかりに 長月の 有り明けの月を 待ち出でつるかな】〈古今・恋四・素性〉➡付録①「小倉百人一首」21

いまさう・ず【坐さうず】自サ変〔ぜ・じ・ず・ずる・ずれ・ぜよ〕〔四段動詞「坐す」用＋複数のものの動作を表す「あふ」＝「いましあふ」の転である四段動詞「坐さふ」用＋サ変動詞「為」＝「いまさひす」のウ音便。「ず」は連濁〕いらっしゃる。おいでになる。〈大鏡・道長下〉「いとよく参りたる御房たちもいまさうじ用けり」訳（かゆを）非常にたくさん召し上がったお坊さまたちもいらっしゃった。

語法 この語の主語は、複数であるのが普通。

いまさう・ず【坐さうず】補動サ変〔ぜ・じ・ず・ずる・ずれ・ぜよ〕〔サ変動詞「坐さうず」から〕…ていらっしゃる。〈大鏡・道長上〉「『…』とのたうびいまさうじ用ける」訳（乳母たちは）「…」とおっしゃっていらっしゃったことだ。（「のたうび」は「のたまひ」の転）。↓坐さうず（自サ変）語法

いま‐さら【今更】一 副 ❶今となって。今改めて。〈平家・七・忠度都落〉「言ひ置きし言の葉、いまさら思ひ出でて」訳（忠度の）言い残したことばを、今改めて思い出して。
❷今あらたに。はじめて。改めて。〈徒然・七八〉「いまさらの人などのある時」訳はじめての（＝新参の）人などがあるとき。
二 形動ナリ〔なら・なり（に）・なり・なる・なれ・なれ〕（多く、否定的な気持ちを含み）今となってはもう必要がないさま。〈源氏・浮舟〉「人の物言ひの安からぬに、いまさらなり終」訳世間のうわさが安心できないので、いまさら（長居を）しないほうがよい。

参考 二の語幹が副詞化して、下に打消や反語の表現を伴って用いられることがある。

いまし【汝】代《上代語》対称の人代名詞。あなた。おまえ。〈万葉・一二・二五一七〉「汝もあれ（＝私）も」

いま‐し【今し】副〔「し」は強意の副助詞〕❶たった今。今ちょうど。〈土佐〉「今し、羽根といふ所に来ぬ」訳今ちょうど、羽根という所に（船が）至った。
❷今になって。〈万葉・一二・三一四三〉「かく恋ひむものと知りせば吾妹子に言問はましを今し悔しも」訳これほど恋しく思うであろうものと知っていたなら、いとしい人に（もっと）ことばをかけるのだったのに、今になって後悔されることよ。

いまし・む【戒む・警む】他マ下二〔め・め・む・むる・むれ・めよ〕〔「忌ましむ」で、慎ませるの意〕❶忌みきらう。（禁止されていることを）慎ませる。（しないようにと）教えさとす。〈うつほ・藤原の君〉「人のいましむる体五月は去ぬ」訳世間の人が（結婚を）忌みきらう陰暦五月は過ぎた。
❷（こうせよと）指示する。注意を与える。〈源氏・絵合〉「すぐれたる上手どもを召し取りて、いみじくいましめ用て」訳（権中納言は）すぐれた（絵の）名人たちをお呼び寄せになって、厳重に注意して。
❸（そうならないように）用心する。警戒する。〈徒然・二一〇〉「みづからいましめ用て、恐るべく慎むべきは」訳自ら用心して、恐れなくてはならず慎まなくてはならないのは。
❹縛る。閉じこめる。自由を奪う。〈徒然・一四二〉「盗人をいましめ用、僻事をのみ罪せんよりは」訳盗人を縛り、悪事ばかりを罰するようなことよりは。
❺罰する。〈宇治・九・六〉「罪にまかせて、重く軽くいましむる体ことありければ」訳罪に従って、重くも軽くも罰することがあったところ。

いましめ【戒め・警め】名 ❶教えさとすこと。注意。教訓。〈徒然・九二〉「このいましめ、万事にわたるべし」訳この教訓は、何事にも通じるはずだ。
❷禁制。〈徒然・一八三〉「これみな科あり。律のいましめなり」訳これはみな罪になる。（昔から）律（＝刑法）が禁じることだ。
❸縛ること。こらしめること。処罰。〈平家・二・阿古屋之松〉「いましめをかうぶる輩多かりけり」訳処罰を受ける連中は多かった。
❹用心して守ること。警備。警戒。〈枕・八七〉「これがうしろめたければ、…たえずいましめにやる」訳これ（＝雪の山）が気がかりなので、…ひっきりなしに警戒に行かせる。

い‐ま・す【坐す・在す】
〔接頭語「い」＋上代の尊敬の動詞「坐す」〕
一 自サ四・サ変〔さ・し・す・す・せ・せ〕〔せ・し・す・する・すれ・せよ〕❶「あり」の尊敬語。いらっしゃる。おいでになる。おありになる。〈竹取・火鼠の皮衣〉「あべの大臣は…ここにやいます体（四段）」訳あべの大臣は…ここにいらっしゃるのか。〈大鏡・円融院〉「いませ未（サ変）ぬあとなれど、この世の光はいと面目ありかし」訳（藤原経邦が従三位を贈られたのはこの世に）いらっしゃらなくなってからであるが、（経邦の）この世における光栄は実に名誉があることよ。
❷「行く」「来」の尊敬語。おでかけになる。おいでになる。いらっしゃる。〈源氏・浮舟〉「右大将の宇治へいまする体（サ変）ことなほ絶え果てずや」訳右大将（＝薫）が宇治へおでかけになることは今もなおすっかり絶えていないのか。
二 他サ下二〔せ・せ・す・する・すれ・せよ〕「あらしむ」「行かしむ」の対象になる者を尊敬していう。いらっしゃらせる。いらっしゃるようにさせる。おいでにならせる。〈万葉・一五・三七四九〉「他国に君をいませ用ていつまでか吾が恋ひをらむ時の知らなく」訳他国にあなたをお行かせして、いつまで私は恋いこがれているのだろうか、その時がわからないことだ。（「知らなく」の「なく」は、打消の助動詞「ず」のク語法で、「…ないこと」の意）

参考 一の自動詞は上代では四段、中古以降は「おはす（サ変）」からの類推でサ変に転じていく。二の他動詞の用法は、自動詞を下二段に活用させ、使役の意を持たせたもの。用例は少ない。

い‐ま・す【坐す・在す】補動サ四・サ変〔さ・し・す・す・せ・せ〕〔せ・し・す・する・すれ・せよ〕〔四段・サ変動詞「坐す」から〕（動詞・助動詞「なり」の連用形、助詞「て」に付いて）尊敬の意を表す。…て

最重要330

49

いま-めか・し【今めかし】形シク{しから・しく(しかり)・し・しき(しかる)・しけれ・しかれ}

ガイド 「めかし」は「…のようである」の意の接尾語。「今風だ」「当世風だ」の意。これを肯定的に捉えると①の「はなやかだ」の意、否定的に捉えると②の意になる。動詞形は「いまめく」。

❶現代風ではなやかだ。当世風である。

例 いまめかしく用きららかならねど、木立ものふりて〈徒然・一〇〉 訳 当世風でなく、けばけばしくないが、(邸内の)木立はなんとなく年代がたっていて。(「いまめかしく」には下の打消「ね」の意が及ぶ(=対偶中止法))

❷今さらのような感じである。わざとらしい。

例 いまめかしき体申し事にて候へども、七代まではこの一門をば、いかでか捨てさせ給ふべき〈平家・三・法印問答〉 訳 今さらのような申しようでございますが、(今後)七代まではこの(平氏)一門を、どうしてお見捨てになられてよいものか(いや、よくはない)。

(で)いらっしゃる。…て(で)おいでになる。〈万葉・一九・四一六九〉「直向かひ見む時までは松柏の栄えいまさ未(四段)ね尊き吾が君」訳 面と向かって会う時までは、どうか松や柏のように(変わらず)栄えていらっしゃってほしい。尊いわが母上よ。〈枕・二七八〉「をこなりと見てかく笑ひいまする体(サ変)がはづかし」訳 ばかだと思ってそんなふうに笑っておいでなのが恥ずかしい。➡坐す(自サ四・サ変) 参考

いますが・り【在すがり】自ラ変{ら・り・り・る・れ・れ}「いましがり」「いますかり」「いまそがり」とも。「あり」の尊敬語。いらっしゃる。おいでになる。おありになる。〈竹取・貴公子たちの求婚〉「翁のあらむ限りは、かうしてもいますがり用なむかし」訳 (この)翁の生きている間は、こうして(独身のままで)もきっといらっしゃることができようよ。

参考 ラ行変格活用の動詞には、「あり」「居り」「侍り」「いますそ(し・そ)がり」がある。

います-が・り【在すがり】補動ラ変{ら・り・り・る・れ・れ}「いますかり」「いまそがり」とも。(動詞・形容詞・助動詞「なり」の連用形、助詞「て」に付いて)尊敬の意を表す。…て(で)いらっしゃる。…て(で)おいでになる。〈宇治・一四・九〉「かの大将は、才もかしこくいますがり終」訳 あの大将(=藤原実頼)は、学識もすぐれていらっしゃる。

いまそ-が・り【在そがり】自ラ変{ら・り・り・る・れ・れ}「いますがり」の転」「いまそかり」とも。「いますがり」(自ラ変)に同じ。

いまそ-が・り【在そがり】補動ラ変{ら・り・り・る・れ・れ}「いまそかり」とも。「いますがり」(補動ラ変)に同じ。

いま-だ【未だ】副

❶(下に打消の語、または打消の表現を伴って)その動作をするときが来ていないことを示す。まだ。〈方丈・三〉「古京はすでに荒れて、新都はいまだ成らず」訳 古い都(=平安京)はもはや荒れているのに、新しい都(=福原)はまだ完成しない。

定型表現 副詞の呼応

いまだ…打消

例 いまだ 花咲かず。〈打消〉
(=まだ花が咲かない)

❷今になってなお続いていることを示す。今でも。まだ。〈竹取・ふじの山〉「その煙いまだ雲の中へ立ち上るとぞ言ひ伝へたる」訳 (不死の薬を焼く)その煙は今でも雲の中へ立ち上っていると言い伝えている。

いま-だいり【今内裏】名 皇居が焼失したり破損したりしたときなどに、仮に設けた御所。「里内裏」とも。

いまだ・し【未だし】形シク{しから・しく(しかり)・し・しき(しかる)・しけれ・しかれ}まだその時期ではない。未熟である。〈玉勝間〉「いまだしき体学者の、心はやりて言ひ出づることは」訳 未熟な学者が、せっかちに言い出すこと(=説)は。

参考 副詞「いまだ」に対応する形容詞。

いま-に【今に】副 ❶今でも。今だに。今になっても。〈記・中〉「火を著けて焼き給ひき。故、今に焼遣と謂ふ」訳 火をつけて焼き払われた。それゆえ今でも(その地を)焼遣という。❷そのうちに。近いうちに。やがて。

いま-は【今は】名 臨終。死にぎわ。〈源氏・桐壺〉「故大納言、いまはとなるまで」➡果つ「慣用表現」

フレーズ
今はの際 死にぎわ。臨終のとき。➡果つ「慣用表現」

いま-は【今は】➡今「フレーズ」

いま-は-かう【今は斯う】➡今「フレーズ」

いまは・し【忌まはし】形シク{しから・しく(しかり)・し・しき(しかる)・しけれ・しかれ}不吉で、うとましい。〈宇治・二・六〉「悪しき方より出ださんこと、ことに然るべからず。かつは、あまたの御子達のため、ことにいまはしかる体べし」訳 (死者を)悪い方角から送り出すことは、格別

にとってよくない。そのうえ、(残された)大勢のお子様方にとって、格別に**不吉でうとましいこと**であろう。

いま-はた【今はた】⬇今「フレーズ」

いまはただ… (和歌)《百人一首》【今はただ　思ひ絶えなむ　とばかりを　人づてならで　いふよしもがな】〈後拾遺・恋三・藤原道雅〉⬇付録①「小倉百人一首」63

いまはとて… (和歌)

今はとて　天の羽衣　着る折ぞ
君をあはれと　思ひ出でける
〈竹取・かぐや姫の昇天〉

訳 今はもうこれでお別れですと、天の羽衣を着るまさにその時に、あなた様を慕わしく思い出したことよ。

解説 昇天しようとするかぐや姫が、帝に贈った歌。天の羽衣は、それを着ると人間的な感情を失ってしまうという。昇天のまぎわに気づいた帝への思慕の情も、天の羽衣を着たとたんに失われてしまった。係助詞「ぞ」が、まさにその時ということを表す。

いまは-の-きは【今はの際】⬇今は「フレーズ」

いま-は-むかし【今は昔】⬇今「フレーズ」

いま-まゐり【今参り】名 新しく仕えること。また、新しく仕えた人。新参者。

いま-めか・し【今めかし】形シク ⬇前ページ 49

いま-め・く【今めく】自カ四〘か・き・く・く・け・け〙〔「めく」は接尾語〕**現代風である。当世風である。**目新しく、はなやかな感じをいう。〈源氏・紅梅〉「北の方、いとはればれしく**今めき**(用)たる人にて」訳 北の方(=真木柱)は、たいそうさっぱりして**当世風な**人であるので。

いま-やう【今様】名 ❶**現代風。当世風。**〈徒然・二二〉「**今様**は、むげにいやしくこそなりゆくめれ」訳 **現代風**は、むやみに下品になっていくようだ。❷「今様歌」の略。

いまやう-うた【今様歌】名 神楽歌・催馬楽・風俗歌・朗詠などの古い形式の歌謡に対し、平安中期に起こり、鎌倉時代にかけて流行した新様式の歌謡。多く七五調の四句から成る。白拍子や遊女によって謡われた。後白河院撰の「梁塵秘抄」にも収められている。今様。

いまよう〘今様〙⬇いまやう

いみ【忌み・斎み】名〔四段動詞「忌む」の連用形から〕❶神事にかかわる者が、けがれを避けて慎むこと。❷**はばかりがあること。**遠慮があること。〈源氏・絵合〉「事の**忌み**あるはこたみは奉らじ」訳 内容に**はばかり**のあるもの(=不吉なことを描いた絵)は、このたびは差し上げまい。❸けがれや不浄に触れて慎むこと。特に、**喪の期間**や**産後の一定期間**などにいう。〈源氏・若紫〉「**忌み**など過ぎて」訳 (尼君の)**喪の期間**などが過ぎて。❹忌み避けるべき方角や日取り。

いみ-ことば【忌み詞・忌み言葉】名 信仰上の理由や縁起が悪いという理由で、使用を避けることば。また、その代わりに使うことばをもいう。

いみ・じ 形シク ⬇上 50

いみじ-げ 形動ナリ〘なら・なり(に)・なり・なる・なれ・なれ〙〔「げ」は接尾語〕程度がはなはだしいと認められるさま。とてもひどいさま。また、たいへんすばらしいさま。〈枕・九〉「**いみじげに**(用)腫れ、あさましげなる犬の、わびしげなるが」訳 **とてもひどいようすに**腫れあがり、あきれるほどひどい姿をした犬で、つらく苦しそうなのが。〈今昔・二〇・二〉「震旦の天狗、**いみじげなる**(体)老いたる法師になりて」訳 震旦(=中国)の天狗は、**たいへんりっぱな姿の**年老いた法師に化けて。

いみ-な【諱】名〔「忌み名」の意〕❶貴人の生前の実名。❷死後、生前の行状によって贈る称号。諡。

最重要330

50 いみ・じ

形シク〘じから・じく(じかり)・じ・じき(じかる)・じけれ・じかれ〙

ガイド 不吉なものを避ける意の動詞「忌む」と同根。**不吉なほど程度がはなはだしい**の意を表し、②のよい意味にも、③の悪い意味にも用いられる。

❶(程度がふつうでない場合に使う)**はなはだしい。なみなみでない。**

例 昔の人は、いささかのことをも、**いみじく**(用)自賛したるなり〈徒然・二三八〉

訳 昔の人は、ちょっとしたことについてでも、**たいへん**自慢したものだ。

❷(望ましい場合に使う)**よい。すぐれている。すばらしい。**りっぱだ。うれしい。

例 **いみじき**(体)絵師といへども、筆限りありければ〈源氏・桐壺〉

訳 **すぐれた**絵かきといっても、筆力には限界があったので。

❸(望ましくない場合に使う)**大変だ。ひどい。恐ろしい。**悲しい。⬇忌ま忌まし「類語の整理」

例 あな**いみじ**(終)。犬を蔵人二人して打ち給ふ〈枕・九〉

訳 まあ**ひどい**。犬を蔵人が二人がかりでなぐっていらっしゃる。

最重要330 51

い・む【忌む】㊀自マ四〔ま・み・む・む・め・め〕㊁他マ四〔ま・み・む・む・め・め〕

ガイド 不吉なものに触れないようにするの意を表す。そのための身を清めて慎む行為を表すのが㊀。㊀の意では「斎む」とも書く。

㊀自マ四 身を清め慎む。災禍やけがれなどを避けて心身を清める。

例 必ず死ぬべき報のありて「所を去りて忌め㊀」とも言ひて〈今昔・二六・二三〉

訳 きっと死なねばならない前世の報いがあるので、(陰陽師(おんようじ)が)「この家を立ち去って物忌みせよ」とも言って。

㊁他マ四 忌みはばかる。不吉として避ける。

例 ある人の、「月の顔見るは忌む㊁こと」と制しけれども〈竹取・かぐや姫の昇天〉

訳 そこにいる人が、「月の面を見るのは不吉で避けることだ」と止めたけれども。

❸貴人の実名の敬称。

いーみやう〔ミョウ〕【異名】名 別名。あだな。

い・む【忌む】自マ四 他マ四 ➡右 51

いむーべ【斎部・忌部】名〔「いみべ」の転〕「いんべ」とも。上代の姓(かばね)の一つ。祭器を作り、祭事に仕えた氏族。→姓(かばね)①

いーめ【夢】名《上代語》〔「寝(い)目」の意か〕ゆめ。〈万葉・一五・三七一四〉「夢にだに久しく見むを明けにけるかも」訳(妻を)せめて夢にだけでも長く見ていたいのに、夜が明けてしまったなあ。

いーめ【射目】名《上代語》狩りで、鳥獣を射るために射手が身を隠す所。

いも【妹】名 男性から、年齢の上下にかかわりなく、妻・恋人・姉妹など女性を親しんで呼ぶ語。あなた。〈伊勢・二三〉「筒井(つつ)つの井筒(ゐづつ)にかけしまろがたけすぎにけらしな妹見ざるまに」訳→つつゐつの…(和歌)。対兄(せ)

参考 ふつうは、男性から女性に対していうが、時には女性どうしが親しんで用いた。

いもあらふをんな… (俳句)

秋 芋洗ふ女　西行(さいぎやう)ならば　歌(うた)よまん 切れ字 〈野ざらし紀行・芭蕉〉

訳 (かつて西行が庵(いお)をむすんだと伝えられる西行谷の流れで)芋を洗う女たちよ。もし私が西行であれば、きっと歌をよみかけるだろうよ。

解説 「西行谷の麓(ふもと)に流れあり…」の前書きがある。「西行谷」は今の三重県伊勢(いせ)市、五十鈴(いすず)川の支流が流れる。西行が江口の里で遊女に宿を乞い、歌のやりとりがあったとの物語をふまえた句。

いもーうと【妹】名〔「妹人(いもひと)」のウ音便〕❶男からみた、女のきょうだい。姉にも妹にもいう。〈源氏・帚木〉「妹の君のこともくはしく問ひ給ふ」訳(光源氏は小君(こぎみ)に)姉君(=空蟬(うつせみ))のことも詳しくお尋ねになる。対兄人(せうと)

❷年下の女のきょうだい。〈平家・三・泊瀬六代〉「姉は『妹に問へ』と言ふ、妹は『姉に問へ』と言ふ」

参考 中古の「いもうと」は、男からみた女のきょうだいをさす。女どうしでは、姉を「このかみ」または「あね」、妹を「おとうと」といった。

いもがかきね… (俳句)

春 妹が垣根　さみせん草(ぐさ)の　花(はな)咲(さ)きぬ 切れ字 〈蕪村句集・蕪村〉

訳 いとしい人の家の垣根に、三味線草(=なずな)の白い花が咲いたことだ(中国の故事にあるように、私の心を伝えてくれたらいいのになあ)。

解説 「琴心(きんしん)もて美人に挑(いど)む」の前書きがあり、漢の司馬相如(しばしょうじょ)が卓文君(たくぶんくん)に琴を弾いて恋心を伝えたという故事をふまえ、三味線草を琴に見立てている。

いもーがゆ【芋粥・薯蕷粥】名 山芋を薄く切ったものを甘葛(あまずら)の汁(=甘味料)で煮たかゆ。貴人の食べ物で、宮中の宴席などにも出された。

いもーせ【妹背】名〔「妹(いも)と背(せ)」の意〕❶夫婦。〈平家・九・小宰相身投〉「飽かで別れし妹背の仲らへ、必ず一つ蓮(はちす)に迎へ給へ」訳 満ち足りることなく別れた(私たち)夫婦の仲(ゆえ)、(死後は)必ず同じ蓮(はす)の葉の上にお迎えください。

❷妹と兄。姉と弟。〈今昔・二六・一〇〉「前生(ぜんしやう)の宿世(すくせ)によりてこそは、…妹背も夫婦(めをと)ともなりけめ」訳 前世の因縁によってこそ、…兄妹も夫婦にもなったのであろう。

いーもーねーず【寝も寝ず】➡寝(い)「フレーズ」

いーもーねーらーれーず【寝も寝られず】➡寝(い)「フレーズ」

いもひ〔イモイ〕【斎ひ・忌ひ】名 身を清め、飲食や行動を慎むこと。斎戒。精進潔斎。ものいみ。

いや-【弥】接頭〔「いよ」の転〕❶いよいよ、ますますの意を表す。〈万葉・二〇・四五一六〉「新たしき年の始めの初春の今日降る雪のいやしけ吉事」訳 →あらたしき…和歌
❷非常に、まったくの意を表す。〈記・中〉「いや愚にして(=愚かで)」
❸最も、いちばんの意を表す。〈記・中〉「いや先立てる兄をし枕かむ」訳 いちばん先に立っている年上の娘を妻にしよう。
参考 副詞とみる説もある。

いや〔礼〕➡ゐや

いや・し【卑し・賤し】形シク {しから・しく(しかり)・し・しき(しかる)・しけれ・しかれ}
❶身分や地位が低い。〈竹取・貴公子たちの求婚〉「世界の男、貴なるもいやしき体も」訳 この世の男たちは、身分の高いのも身分の低いのも。
❷みすぼらしい。貧弱だ。〈徒然・二三〇〉「何事も辺土は、いやしく用、かたくななれども」訳 何事も田舎(の物事)は、みすぼらしく、粗野であるけれども。
❸下品だ。洗練されていない。〈枕・一九五〉「あてにもいやしう用(ウ音便)もなるは、いかなるにかあらむ」訳 (用語一つで)上品にも下品にもなるのは、(いったい)どういうわけなのであろうか。
❹心がきたない。けちだ。卑劣である。〈枕・二七八〉「いかにいやしく用もの惜しみせさせ給ふ宮とて」訳 どれほどけちくさく物惜しみをなされる宮だといって。

いやしく-も【苟くも】副〔卑賤で取るに足りないがと卑下する意が原義〕❶身分不相応にも。もったいなくも。〈平家・三・医師問答〉「重盛いやしくも九卿に列して三台にのぼる」訳 (私)重盛は身分不相応にも公卿に連なって大臣の位にのぼる。
❷かりそめにも。かりにも。〈太平記・二一〉「夫に別れたる妻室は、いやしくも二夫に嫁せんことを悲しんで」訳 夫と死別した妻は、かりそめにも二人の夫に嫁ぐことを悲しんで。

いや-とほなが・し【弥遠長し】形ク {から・く(かり)・し・き(かる)・けれ・かれ}〔「いや」は程度が増す意〕❶(距離が)いよいよ遠く長い。〈万葉・一四・三三五六〉「富士の嶺のいや遠長き体山路をも」訳 富士山のいよいよ遠く長い山路でも。
❷(時間的に)遠く隔たっている。永久だ。〈万葉・二・一九六〉「天地のいや遠長く用偲ひ行かむ」訳 天地のように永久に追慕していこう。

いや-まさり-に【弥増さりに】副〔「いや」は程度が増す意〕いよいよ多く。いよいよ激しく。〈伊勢・四〇〉「さるあひだに思ひはいやまさりにまさる」訳 そのうちに(互いの)恋心はいよいよ激しくつのる。

いや-まさ・る【弥増さる】自ラ四 {ら・り・る・る・れ・れ}〔「いや」は程度が増す意〕いよいよ増さる。いよいよ多くなる。〈伊勢・一〇五〉「心ざしはいやまさり用けり」訳 恋心はいよいよまさった。

い・ゆ【癒ゆ】自ヤ下二 {え・え・ゆ・ゆる・ゆれ・えよ}病気や傷が治る。全快する。〈徒然・九六〉「かの草をもみて付けぬれば、すなはち癒ゆ終となん」訳 その草をもんで(傷に)つけたときにはいつも、すぐに治るということである。➡篤し「慣用表現」

い-ゆ・く【い行く】自カ四 {か・き・く・く・け・け}〔「い」は接頭語〕行く。〈万葉・三・四六七〉「心痛くい行く体我妹がみどり子を置きて」訳 悲しくも(あの世に)行くわが妻よ。幼子を残して。

伊予(いよ)《地名》旧国名。南海道六か国の一つ。今の愛媛県。予州。

いよ-いよ【愈】副❶なおいっそう。ますます。〈徒然・四五〉「いよいよ腹立ちて、きりくひを掘り捨てたりければ」訳 (良覚僧正は)ますます腹を立てて、切り株を掘り起こして捨ててしまったところ。➡いと「類語の整理」
❷とうとう。ついに。確かに。〈浮・西鶴諸国ばなし〉「袖などふるひ、前後を見れども、いよいよないに極まりける」訳 袖などを打ち振り、前後を見(て調べ)るが、とうとう(紛失した小判は)ないということになった。

いよ-よ【愈】副〔「いよいよ」の転か〕ますます。さらに。その上に。いっそう。〈万葉・五・七九三〉「世の中は空しきものと知る時しいよよますます悲しかりけり」訳 →よのなかは…和歌

いらう〔答う・応う〕➡いらふ

いらか【甍】名❶屋根の棟瓦。❷瓦で葺いた屋根。

いら-つ-こ【郎子】名《上代語》男子を敬い親しんで呼んだ語。「大伴佐提比古の郎子」対郎女

いら-つ-め【郎女】名《上代語》女子を敬い親しんで呼んだ語。「大伴坂上の郎女」対郎子

いら-な・し 形ク {から・く(かり)・し・き(かる)・けれ・かれ}〔「いら」は刺の意。「なし」は程度がはなはだしい意を表す接尾語〕
❶心が痛むさま。心苦しい。〈記・中〉「いらなけく(ク語法)そこに思ひ出かなしけくここに思ひ出」訳 心が痛むことにはそこで思い出し、悲しいことにはここで思い出して。
❷(程度が)はなはだしい。ひどい。〈大和・一六八〉「さぶらふ人々もいらなく用なむ泣きあはれがりける」訳 お仕え申しあげる人々もひどく泣いていたましく思った。
❸大げさである。わざとらしい。〈大鏡・時平〉「この史、文刺しに文はさみて、いらなく用ふるまひて」訳 この書記官が、文ばさみに文書をはさんで、わざとらしくふるまって。
❹強い。鋭い。〈宇治・一〇・六〉「明け暮れは(=毎日)、いらなき体(=鋭い)太刀をみがき、刀をとぎ」

いら・ふ【答ふ・応ふ】自ハ下二 {へ・へ・ふ・ふる・ふれ・へよ}答える。返答する。〈宇治・一・一二〉「いまひと声呼ばれていらへ未んと、念じて寝たるほどに」訳 (児が)もう一声呼ばれて返事をしようと、我慢して寝ているうちに。

いらへ【答へ・応へ】名〔下二段動詞「いらふ」の連用形から〕返事。返答。〈源氏・桐壺〉「御答へもえ聞こえ給はず」訳 (桐壺の更衣は)ご返事も申し上げることがおできにならず。

いら-め・く【苛めく】自カ四 {か・き・く・く・け・け}〔「めく」は接尾語〕角ばって見える。とがって見える。〈宇治・一一・一〇〉「胸骨はことにさし出でていらめき用」訳 (鬼は)胸の骨は特に突き出て角ばって見え。

いららか・す【苛らかす】他サ四 {さ・し・す・す・せ・せ}「いららがす」とも。突っ張らせる。いからせる。〈宇治・九・一〉「毛をいららかし用て、走りてかかる」訳 (猪が)毛を逆立てて、走って襲いかかる。

いららぐ【苛らぐ】㊀ 自ガ四 {が・ぎ・ぐ・ぐ・げ・げ} ❶角だつ。とがる。〈源氏・手習〉「こはごはしういららぎ㊊たる物ども着給へるしも、いとをかしき姿なり」訳 (浮舟うきふねは)ごわごわして角だっている(=肌ざわりのよくない)ものをあれこれ着ていらっしゃるのも、かえってたいそうかわいらしいようすである。
❷(寒さで)鳥肌が立つ。〈源氏・橋姫〉「寒げに、いららぎ㊊たる顔してもてまゐる」訳 (宿直人とのゐびとは)寒そうに、鳥肌が立った顔をして、(手紙を)持って参上する。
㊁ 他ガ下二 {げ・げ・ぐ・ぐる・ぐれ・げよ} とがらせる。いからす。〈太平記・一〇〉「声をいららげ㊊色を損じて」訳 声をとがらせ不機嫌な顔色になって。

いり-あひ【入相】アイ 名 ❶夕暮れ時。太陽の沈むころ。日没。〈伊勢・四〉「けふの入相ばかりに絶えいりて」訳 この日の日没ごろに息が絶えて。
❷「入相の鐘かね」の略。**暮れ方につく寺の鐘。**また、その音。〈源氏・澪標〉「山寺の入相の声々にそへても」訳 山寺の暮れ方につく鐘の音があちらこちらから聞こえてくるにつけても。

いり-がた【入り方】名 日や月が没しようとするころ。

いり-た・つ【入り立つ】自タ四 {た・ち・つ・つ・て・て} ❶深くはいる。**はいりこむ。**〈今昔・二九・二〇〉「盗人入りたち㊊て心にまかせて物を取りて」訳 盗賊は(家の中まで)はいりこんで思いのままに物を盗んで。
❷親しく出入りする。**親しく交際する。**〈源氏・蜻蛉〉「入りたち㊊て深く見ねば知らぬぞかし」訳 (私=薫かおるは中の君と)親しく交際して深く理解し(ているわけでは)ないので、知らないのだよ。
❸**物事に深く通じる。**〈徒然・七九〉「何事も入りたた㊍ぬさましたるぞよき」訳 どんなことでも(その道に)深く通じていないふりをしているのがよい。

いり-ちゃう【入り帳】チョウ 名 商家で、金銀の出納を記しておく帳面。

いり-は・つ【入り果つ】自タ下二 {て・て・つ・つる・つれ・てよ} すっかりはいる。はいってしまう。〈枕・一〉「日入り果て㊊て」訳 日がすっかり沈みきって。

いり-も・む【入り揉む・焦り揉む】㊀ 自マ四 {ま・み・む・む・め・め} ❶激しくもみ合う。風などが吹き荒れる。〈源氏・明石〉「終日ひねもすにいりもみ㊊つる雷かみの騒ぎに」訳 一日中、荒れ狂った雷なりの大騒ぎのために。
❷思いつめて気をいらだたせる。気をもむ。〈宇治・一三・六〉「この人を妻めにせばやと、いりもみ㊊思ひければ」訳 この人を妻にしたいと、気をもみ思いこがれたので。
㊁ 他マ四 {ま・み・む・む・め・め} ぜひにと願う。一心に祈る。〈栄花・つるのはやし〉「人知れぬ額ぬかをつき、仏をいりもみ㊊奉る」訳 (道長の臨終を前にして人々は、仏前に)ひそかに額ずき、仏を一心に祈り申しあげる。

い・る【入る】
㊀ 自ラ四 {ら・り・る・る・れ・れ} ❶中にはいる。はいってゆく。〈土佐〉「夜になして京には入ら㊍むと思へば」訳 夜になるのをわざわざ待って都にははいろうと思うので。
❷(日や月が)**すっかり沈む。**隠れる。没する。〈源氏・篝火〉「五六日いつかむゆかの夕月夜づくよはとく入り㊊て」訳 五、六日の夕方の月はすぐ没して。
❸(宮中・仏門などに)はいる。〈徒然・五八〉「さすがにひと度道に入り㊊て世をいとはん人」訳 なんといってもいったん仏道にはいって世を避けているような人は。
❹入り用である。必要である。〈方丈・三〉「車の力を報むくふほかには、さらに他の用途ようどういら㊍ず」訳 車の力(を借りたこと)に対して報酬を支払う以外には、まったくほかの費用はかからない。
❺ある状態・境地に達する。〈徒然・五三〉「酔ゑひて興に入る㊓あまり」訳 酔って興にのりすぎた結果。
❻時間・時期になる。〈源氏・末摘花〉「夜に入り㊊てまかで給ふに」訳 (左大臣が)夜になって(内裏だいりを)退出なさる折に。
❼(心・力が)こもる。しみる。深くはいりこむ。〈万葉・一二・二九七七〉「何故なにゆゑか思はずあらむ紐ひもの緒をの心に入り㊊て恋しきものを」訳 どうして(あなたを)思わないでいられようか(いや、思わずにはいられない)。心の中にはいりこんで恋しく(てならな)いのに。(「紐の緒の」は「心に入る」にかかる枕詞)
❽(「来く」「行く」「あり」の代用語。「せ給ふ」などの尊敬語を伴って)いらっしゃる。おいでになる。〈源氏・賢木〉「入ら㊍せ給ひにけるを、珍しきこととうけたまはるに」訳 (藤壺ふじつぼの中宮が春宮とうぐう御所へ)おいでになられたのを、珍しいことだとうかがうにつけ。
㊁ 補動ラ四 {ら・り・る・る・れ・れ} (動詞の連用形に付いて)**すっかり…する。**まったく…になる。〈竹取・燕の子安貝〉「死ぬる命を救ひやはせぬ、と書き果つる、絶え入り㊊給ひぬ」訳 死んでゆく命を救ってはくれないのか、と書き終えるや、(中納言は)すっかり息が絶えてしまわれた。
㊂ 他ラ下二 {れ・れ・る・るる・るれ・れよ} ❶中に入れる。加える。〈伊勢・三九〉「ほたるをとりて女の車に入れ㊊たりけるを」訳 ほたるをつかまえて女の牛車ぎっしゃの中に入れたところ。
❷(心・力を)こめる。加える。〈古今・仮名序〉「力をも入れ㊍ずして天地あめつちを動かし」訳 (和歌は)力をも加えないで天地を動かし。
㊃ 補動ラ下二 {れ・れ・る・るる・るれ・れよ} (動詞の連用形に付いて)中に入れる、受け入れるの意を表す。〈源氏・手習〉「いたう患わづらひ給ふ人の御あたりに、善からぬものを取り入れ㊊て」訳 ひどく病んでいらっしゃる方(=母尼君)のおそばに、よくない者を引っぱり込んで。

いる【沃る】他ヤ上一 {い・い・いる・いる・いれ・いよ} そそぐ。あびせる。〈大鏡・三条院〉「大小寒の水を御ぐしにい㊍させ給へ」訳 (治療のために)小寒から大寒まで(の寒中)の水を御頭髪にあびせなさいませ。→射る 参考

いる【射る】他ヤ上一 {い・い・いる・いる・いれ・いよ} 矢などを放つ。矢などを射当てる。〈徒然・九二〉「ある人、弓いる㊓ことを習ふに、諸矢もろやをたばさみて的に向かふ」訳 ある人が、弓を射ることを習うときに、一対二本の矢を手にはさみ持って的に向かう。
参考 ヤ行上一段活用の動詞は「射る」「沃いる」「鋳いる」の三語だけ。

いる【鋳る】他ヤ上一 {い・い・いる・いる・いれ・いよ} 金属をとかし、鋳型いがたに流して器物をつくる。〈更級・鏡のかげ〉「母一尺の鏡をい㊍させて」訳 母は直径一尺(=約三十センチメートル)の鏡を鋳造ちゅうぞうさせて。→射いる 参考

いる【居る・率る】→ゐる

いる-さ【入るさ】名 (「さ」は時や折などの意を表す接尾語)(月などの)はいる時。はいりぎわ。〈平家・九・

小宰相身投〉「月の入るさの山の端はを、そなたの空とや思はれけん」訳月がはいる時の山の稜線りょうせん(の方角)を、そちら(=西方極楽浄土)の空と思いなさったのだろうか。

いろ- 接頭(親族を示す名詞に付いて)同母の関係にあることを表す。のちには、親愛の意を表した。「いろせ」「いろど(=同母の弟、または妹)」「いろね(=同母の兄、または姉)」

いろ【色】

一 名 ❶色あい。色彩。〈竹取・火鼠の皮衣〉「大臣、これを見給ひて、顔は草の葉の色にて居給へり」訳大臣は、これ(=火鼠ひねずみの皮衣が焼けたもの)をご覧になって、顔は草の葉のような(真っ青な)色あいになって座っていらっしゃる。

❷位階によって定められている色。当色とうじき。〈源氏・若菜下〉「この頃こそ、すこしものものしく、御衣その色も深くなり給へれ」訳(あなたは)近ごろやっと、少し重々しく、お召し物の色も濃く(=上位の色に)おなりになったけれど。

❸天皇・皇族以外は、原則として身に着けることを禁じられた色。禁色きんじき。〈うつほ・内侍のかみ〉「更衣かうい十人、色許され給へるかぎり」訳(女御にょうごのほかに)更衣が十人、禁色を許されなさった方々すべてが。

❹喪服の色。鈍色にびいろ(■=濃いねずみ色)。また、喪服。〈平家・三・紺搔之沙汰〉「それより色の姿になりて、泣く泣く鎌倉へ入り給ふ」訳(頼朝よりともは)そこ(=片瀬川)から鈍色の喪服の姿になって、泣きながら鎌倉にお入りになる。

❺顔色。表情。ようす。そぶり。〈大鏡・道長上〉「的のあたりにだに近く寄らず、無辺世界を射給へるに、関白殿色青くなりぬ」訳(伊周これちかの矢が)的のあたりにさえ近く寄らず、途方もない方向を射なさったので、(父の)関白殿(=道隆みちたか)は顔色が青くなってしまった。

❻情趣。風情。気配。〈古今・春下〉「春の色の至り至らぬ里はあらじ咲ける咲かざる花の見ゆらむ」訳春の風情が及んだり及ばなかったりする里はないだろう。(なのに)どうして咲いている花、咲いていない花が見えるのだろう。

❼(心の)優しさ。情味。〈徒然・一四一〉「吾妻人あづまうどは、わがかたなれど、げには心の色なく」訳東国の人は、私の郷里の人であるが、実際のところは心の優しさがなく。

❽表面的なはなやかさ。派手。華美。〈古今・仮名序〉「今の世の中、色につき、人の心、花になりにけるより」訳今の世の中は、華美に流れ、人の心が派手になってしまったことから。

❾恋愛。色事。情事。〈宇治・一・一〉「傅殿ふどのの子に、色にふけりたる僧ありけり」訳傅殿(=藤原道綱)の子に、色事に夢中になっている僧があった。

❿情婦。情夫。恋人。〈太平記・一八〉「御心に染む色もなかりけるにや」訳お気に召す女性もなかったのだろうか。

⓫種類。品しな。〈うつほ・俊蔭〉「目に見ゆる鳥、獣けだもの、色をも嫌はず殺し食へば」訳目にはいる鳥や獣を、種類も選ばず殺して食うので。

二 形動ナリ {なら・なり(に)・なり・なる・なれ・なれ} ❶美しい。つややかだ。〈枕・二〇〇〉「髪、色に用、こまごまとうるはしう」訳髪は、つややかで、こまやかにきちんと整っていて。

❷好色である。浮気である。〈源氏・浮舟〉「この宮の、いと騒がしきまで色に用おはしますなれば」訳この宮(=匂宮におうのみや)が、たいそううるさいほどに好色でいらっしゃるようだから。

フレーズ

色変かはる 喪によって鈍色にびいろ(■=濃いねずみ色)の衣服になる。〈源氏・椎本〉「色変はる体袖をば露の宿りにてわが身ぞさらにおきどころなき」訳(父宮が死去し)鈍色に変わる袖を涙の宿りとして、わが身は(この世に)まったく置き所がない。(「おき」は「露」の縁語)

色濃こ・し ❶色が濃い。特に、衣服の紫または紅の色が濃い。〈更級・足柄山〉「色濃き体衣きぬに、白き袙あこめ着たらむやうに見えて」訳(富士山は)色の濃い(紺青こんじょうの)着物(の上)に、白い袙を着ているように見えて。

❷しつこい。あくどい。〈徒然・一三七〉「片田舎かたいなかの人こそ、色濃く用よろづはもて興ずれ」訳片田舎に住む人は、しつこく何事もおもしろがるものだ。

色好この・む 恋愛の情趣をよく解する。また、情事を求める。〈徒然・一三七〉「浅茅あさぢが宿に昔をしのぶこそ、色好む終とは言はめ」訳ちがやの茂った荒れた家で(恋人と逢あった)昔をなつかしむことこそ、恋の情趣を解するとは言うのだろう。

色に出い・づ (思いが)顔色やそぶりに表れる。〈拾遺・恋一〉「忍ぶれど色に出で用にけりわが恋は物や思ふと人の問ふまで」訳➡付録①「小倉百人一首」40

色許ゆる・さ・る 禁色きんじき(=位階によって身に着けることを禁じられた色)の着用を許される。〈伊勢・六五〉「おほやけおぼして使う給ふ女の、色ゆるされ用たるありけり」訳天皇がご寵愛ちょうあいになって召し使いなさる女で、禁色を許された人があった。→禁色きんじき

なりたち 「る」は受身の助動詞

いろ-あひ アイ【色合ひ】名 ❶(衣服などの)色のぐあい。色調。

❷顔の色つや。顔色。

いろ-いろ【色色】一 名・形動ナリ ❶さまざまの色。色とりどりなさま。〈源氏・須磨〉「いろいろの紙をつぎつつ手習ひをし給ひ」訳(光源氏は)さまざまの色の紙を何度も継いではすさび書きをしなさり。

❷さまざま。あれこれ。〈源氏・澪標〉「夜よ一夜ひと、いろいろのことをせさせ給ふ」訳(光源氏は神前で)一晩中さまざまなこと(=神事)をなされる。〈土佐〉「いろいろに用かへりごとす」訳(もてなしてくれた主人に)あれこれと返礼をする。

二 副 さまざまに。〈大和・九〉「もみぢ小倉の山にいろいろといとおもしろかりけるを」訳紅葉が小倉の山にさまざまな色あいにたいそう晴れやかで趣があったのを。

いろう『色う・彩う・綺う・弄う』➡いろふ

いろ-か【色香】名 ❶(花などの)色と香り。

❷女性の美しい容色。あでやかさ。

❸心の気高さ。〈三冊子〉「その色香我が心の匂にほひとなりうつるなり」訳その(=師の)気高い精神が自分の心の情調となり、(句に)反映されるのだ。

いろ-かたち【色形】名 顔色。顔の血の気。

いろ-かは・る カワル【色変はる】➡色「フレーズ」

いろ-こ・し【色濃し】⬇色「フレーズ」

いろ-ごのみ【色好み】名 ❶**恋愛の情趣をよく解すること。**情事を好むこと。また、そういう人。〈**竹取・貴公子たちの求婚**〉「**色好み**といはるるかぎり五人」訳 **恋の情趣を解する人**といわれる者だけ五人(の貴公子)。

❷風流・風雅な方面に関心・理解のある人。**風流人。**〈**ささめごと**〉「世にふたりみたりの賢き**色好み**出でて」訳 この世に二人、三人のすぐれた**風流人**が出て。

参考 現代語では「色好み」は道徳的非難を含むのに対し、平安時代では、単なる情事を超えた、恋の情趣を尊ぶという美的理念でもあった。

いろ-この・む【色好む】⬇色「フレーズ」

いろ-せ 名《上代語》〔「いろ」は同母を表す接頭語〕同じ母から生まれた兄、または弟。

いろ-づ・く【色付く】自カ四〔か・き・く・く・け・け〕草木の葉や花や実が季節の色を帯びる。特に、紅葉する。〈**万葉・一五・三六九九**〉「秋されば置く露霜にあへずして都の山は**色づき**用ぬらむ」訳 秋になると降りる露や霜にこらえきれないで、(奈良の)都の山は(秋の)**色を帯びた**ことであろう。

いろ-ど・る【色取る・彩る】他ラ四〔ら・り・る・る・れ・れ〕❶ものに色をつける。**彩色する。**〈**万葉・七・一三三九**〉「月草に衣**いろどり**用摺らめども」訳 露草で着物に**色をつけ**摺り染めにしようと思うけれども。

❷紅や白粉、黛などを顔にぬる。**化粧する。**〈**源氏・総角**〉「**いろどり**用たる顔づくりをよくして」訳 (老女房たちは)**紅や白粉をぬっ**た化粧を念入りにして。

いろ-に-い・づ【色に出づ】⬇色「フレーズ」

い-ろ-は【伊呂波】名 ❶「いろはうた」に同じ。

❷「いろはがな」の略。「いろはうた①」の平仮名四十七文字の総称。

❸(手習いの最初に「いろはがな」を習うことから)物事のはじめ。初歩。

いろは-うた【伊呂波歌】名 ❶平仮名四十七文字を一回ずつ使い、七五調四句の今様に詠んだもの。いろは。

❷いろは四十七文字と「京」の字を句のはじめに置いた教訓的な和歌やことわざを集めたもの。

参考 ①は「大般涅槃経」の経文、「諸行無常、是生滅法、生滅滅已、寂滅為楽」を和訳したものといわれ、「色は匂へど散りぬるを、我が世誰ぞ常ならむ、有為の奥山今日越えて、浅き夢見じ酔ひもせず」という七五調の四句から成る。弘法大師作という俗説を生んだが、現在ではこれは否定されている。文献にみえる最古の例は、「金光明最勝王経音義」(一〇七九年)に万葉仮名で記されたものである。

いろ-びと【色人】名 ❶美しくなまめかしい人。〈**謡・羽衣**〉「その名も月の**色人**は」訳 その名も月のように**美しくなまめかしい人**(＝天女)は。

❷《近世語》遊女。

❸《近世語》色遊びに通じている人。粋人。

いろ・ふ【色ふ・彩ふ】⊖自ハ四〔は・ひ・ふ・ふ・へ・へ〕**美しい色になる。**〈**和泉式部集**〉「露に**いろへ**已る撫子の花」訳 露によって、**美しく色づい**た撫子の花であることよ。

⊜他ハ下二〔へ・へ・ふ・ふる・ふれ・へよ〕**美しく彩る。**また、(詩文や演技などに)工夫をこらす。〈**平家・二・那須与一**〉「褐に、赤地の錦をもって大領・端袖**いろへ**用たる直垂に」訳 (全体が)褐(＝濃紺色)である上に、赤地の錦で前襟と袖口の部分を**美しく彩っ**てある直垂に。

いろ・ふ【綺ふ・弄ふ】自ハ四〔は・ひ・ふ・ふ・へ・へ〕❶**かかわる。関係する。**世話をする。〈**源氏・松風**〉「惟光の朝臣、例のしのぶ道はいつとなく**いろひ**用つかうまつる人なれば」訳 惟光の朝臣は、いつもの(光源氏の)人目を忍ぶ方面のこと(＝忍び歩き)には、いつでもお**世話し**申しあげる人なので。

❷**口出しする。干渉する。**〈**太平記・一**〉「御治世の御事は、朝議にまかせ奉る上は、武家**いろひ**用申すべきにあらず」訳 ご政治の御ことは、朝廷の意向にまかせ申しあげる以上は、武家が**干渉し**申しあげてよいことではない。

いろ-ふし【色節】名 ❶晴れがましいこと。光栄。また、そのような場面・出来事。〈**源氏・澪標**〉「かく口惜しき際のものだに、…つかうまつるを**色ふし**に思ひたるに」訳 このようにつまらない身分の者でさえ、…(光源氏に)お仕え申しあげるのを**晴れがましいこと**と思っているのに。

❷色彩。色調。〈**徒然・一九一**〉「よろづのものの綺羅・飾り・**色ふし**も、夜のみこそめでたけれ」訳 すべてのものの光彩、装飾、**色彩**も、夜は特にすばらしい。

いろ-めか・し【色めかし】形シク〔しから・しく(しかり)・し・しき(しかる)・しけれ・しかれ〕〔動詞「色めく」に対応する形容詞〕色っぽい。なまめかしい。好色らしい。〈**源氏・藤袴**〉「**色めかしく**用うち乱れたる所なきさまながら」訳 (鬚黒は)**好色らしく**乱れたところのない性分であるものの。

いろ-め・く【色めく】自カ四〔か・き・く・く・け・け〕〔「めく」は接尾語〕❶色がはっきり現れる。**美しく色づく。**〈**金葉・秋**〉「女郎花**色めく**体野辺に人かよふとて」訳 女郎花が**美しく色づく**野原に(それをめあてに)人が通ってくるというので。

❷**好色に見える。**なまめかしく見える。〈**源氏・紅葉賀**〉「女にて見ばやと**色めき**用たる御心にはおもほす」訳 (光源氏を)女性として見たいと、**好色めい**た(兵部卿の宮の)御心にはお思いになる。

❸**敗色が現れる。**動揺し浮き足立つ。〈**太平記・八**〉「陰にかくれんと**色めき**用ける気色を見て」訳 うしろに隠れようという**敗色が現れ**たようすを見て。

いろ-も 名《上代語》〔「いろ」は同母を表す接頭語〕**同じ母から生まれた妹。**〈**記・中**〉「その**いろも**に問ひて言ひけらく」訳 (沙本毘古王が)その**同母の妹**に問うて言ったことには。

いろ-ゆるさ-る【色許さる】⬇色「フレーズ」

いわ〖岩・石・巌・磐〗⬇いは

いわう〖斎う・祝う〗⬇いはふ

いわ・く【稚く】自カ下二〔け・け・く・くる・くれ・けよ〕➡いはく(稚く)

いわく〖言わく・曰く〗⬇いはく

いわけ-な・し【稚けなし】形ク〔から・く(かり)・し・き(かる)・けれ・かれ〕➡いはけなし

いを【魚】名 うお。**さかな。**〈**伊勢・九**〉「水の上に遊びつつ**魚**を食ふ」訳 (都鳥が)水の上で遊んでは**さかな**を食っている。

い-を-ぬ【寝を寝】⬇寝「フレーズ」

いん【印】 名 ❶印形。印章。また、物に残された跡。しるし。❷《仏教語》仏・菩薩の悟りや誓願の内容を、両手の指でいろいろな形に結んで表すもの。「印相」とも。〈源氏・手習〉「心にさるべき真言をよみ印をつくりてこころみるに」訳 心の中でしかるべき真言(=梵語の呪文)を唱え、(手に)印を結んでためしてみると。

（印②）

いん【因】 名《仏教語》結果を生じさせる直接的な原因。〈平家・九・敦盛最期〉「つひに讃仏乗の因となることこそあはれなれ」訳 (敦盛が死に臨んで所持していた笛が)結局(直実の)仏門に入る直接の原因となっていることは、感慨深いことである。→因縁・因果

いん【院・韻】 ➡ゐん

いん-えん【因縁】 名「いんねん」とも。❶《仏教語》結果を生じさせる直接的な原因(=因)と、それを外部から助ける間接的な原因(=縁)。また、因と縁とによって定められたすべての存在の生滅の関係。❷物事の由来。いわれ。

いんが【因果】 ➡いんぐゎ

いん-ぐゎ【因果】 名《仏教語》❶一切の現象は偶然ではなく、すべて原因があって結果が生じるという法則(道理)を示す語。善事をすれば善い報いがあり、悪事をすれば悪い報いがあるとする道理。〈徒然・一八八〉「学問して因果のことわりをも知り」訳 (仏教の)学問をして因果の道理をも知り。❷前世や過去に行った悪業の報い。〈きのふはけふの物語〉「いかなる因果にて、われらはかやうにあさましきことや」訳 どのような悪業の報いで、私どもはこのようにいやしく貧しい状態なのだろうか。

いん-し【隠士】 名「いんじ」とも。俗世間を離れてひとり静かに生活する人。隠者。〈細道・福井〉「ここに等栽(=俳人の名)といふ古き(=古くからの)隠士あり」

いん-じ【往んじ】 一 連体 (「往にし」の撥音便)過ぎ去った。去る。〈平家・七・木曽山門牒状〉「義仲往んじ年の秋、…旗をあげ」訳 (私)義仲が去る年の秋、…軍旗をかかげ。
二 名 過ぎ去った昔。昔のこと。往事。〈太平記・三八〉「『往んじをとがめず』と申すこと候へば」訳「昔のことは非難しない」と申すことばもありますので。

いんじゃ-ぶんがく【隠者文学】 名《文芸用語》俗世間をのがれて草庵生活を営みながら、修行や思索にふける隠遁者によってつくられた文学。中世人の仏教的無常観を基調とし、内省的傾向を特色とする。また、幽玄・閑寂などの日本的美意識の形成にも影響している。代表的な作家としては、西行・鴨長明・兼好法師などがいる。

いん-ぜふ【引接・引摂】 名・他サ変《仏教語》「引導接(摂)取」の略。念仏を唱える者の臨終のときに阿弥陀仏が迎えに来て、極楽浄土へ導くこと。

いん-ねん【因縁】 名「いんえん」に同じ。

いん-やう【陰陽】 名「おんやう」とも。易学で、万物を造りだす根源とされる相反する二つの気。消極的・静的な作用をもつ「陰」と積極的・動的な作用をもつ「陽」のこと。天・日・春・南・男などを陽とし、地・月・秋・北・女などを陰とする。

いん-ろう【印籠】 名 腰に下げる三段または五段重ねの長円筒形の小箱。緒締め・根付けをつけ、帯にはさんだ。蒔絵や螺鈿などの細工を施す。もとは印・印肉を入れるものであったが、江戸時代には救急薬を入れて携行した。

緒締め
根付け
（いんろう）

う ウ

-う【宇】 接尾 (軒・屋根の意から)建物などを数える語。棟。〈平家・灌頂・大原御幸〉「西の山の麓に一宇の御堂あり」訳 西の山の麓に一棟のお堂がある。

う【卯】 名 ❶十二支の四番目。→十二支 ❷方角の名。東。❸時刻の名。今の午前六時ごろおよびその前後約二時間(午前五時ごろから午前七時ごろ)。〈土佐〉「卯の時ばかりに(=午前六時ごろに)船出だす」

う【得】

一 他ア下二 ❶**手に入れる。**自分のものにする。〈竹取・貴公子たちの求婚〉「いかでこのかぐや姫をえ(用)てしがな、見てしがな」訳 どうにかしてこのかぐや姫を手に入れたいものだ、結婚したいものだと。
❷**身につける。**身につける。会得する。〈古今・仮名序〉「しかあれど、これかれえ(用)たる所、え(未)ぬ所、互ひになむある」訳 そうではあるが、この人あの人によって身につけている点、身につけていない点が、それぞれにある。
❸(多く「心を得」「意を得」の形で)**さとる。理解する。**〈徒然・一一二〉「この心をえ(未)ざらん人は、物狂ひともいへ」訳 (老いも迫り、いっさいの俗事を捨てて去るべきだという)この気持ちを理解しないような人は、(私を)気がふれた人とでも言うがよい。
❹(用言の連体形に「を」「こと(を)」の付いた形を受けて)**することができる。**〈今昔・二・三〇〉「人生まれて必ず死することなり。永く相添ふことをえ(未)ず」訳 人は生まれたら必ず死ぬものである。いつまでもいっしょにいることはできない。

二 補動ア下二 (動詞の連用形に付いて)…(することが)できる。〈竹取・竜の頸の玉〉「この玉取りえ(未)では、家に帰り来な」訳 この玉を手に入れることができなくては、家に帰って来るな。

活用

未然	連用	終止	連体	已然	命令
え (ズ)	え (タリ)	う (。)	うる (コト)	うれ (ドモ)	えよ (。)

参考 ア行下二段活用の動詞は、「得」と、「心得」「所得」など「得」のつく語に限られる。

う 助動特殊型

意味・用法
推量（…だろう。）→❶
意志（…う。…よう。）→❷
適当・当然（…のが当然だ。…のがよい。）→❸
勧誘（…たらどうだろう。）→❹
仮定・婉曲（えんきょく）（…とすれば、その。…ような。）→❺

接続 活用語の未然形に付く。「よう」が発達してからは、四段・ナ変・ラ変動詞とラ変型活用語だけに付く。

活用					
未然	連用	終止	連体	已然	命令
○	○	う（。）	う（コト）	○	○

❶推量の意を表す。…だろう。〈浄・夕霧阿波鳴渡〉「さぞ馬上が寒からう(終)」訳 さぞかし馬上が寒いだろう。
❷意志を表す。…う。…よう。〈平家・九・宇治川先陣〉「いかに佐々木殿、高名（かうみやう）せう(終)どて不覚し給ふな」訳 なんと佐々木殿、手柄をたてようとして思わぬ失敗をしなさるな。
❸適当・当然の意を表す。…のが当然だ。…のがよい。〈浮・好色一代男〉「せめて門口（かどぐち）ばかりには竹樋（たけひ）を懸けられう(体)ことぢゃ」訳 せめて門口くらいには竹の樋（とい）をお懸けになるのがよさそうなものだ。
❹勧誘を表す。…たらどうだろう。〈平家・七・篠原合戦〉「いざおのおの、木曽（きそ）殿へ参らう(終)」訳 さあみなさん、木曽殿がたへ参ろうではないか。
❺（連体形を用いて）仮定・婉曲（えんきょく）の意を表す。…とすれば、その。…ような。〈平家・九・木曽最期〉「あっぱれ、よからう(体)敵（かたき）がな」訳 ああ、よさそうな敵がいるといいなあ。
参考 助動詞「む」が平安中期から発音の変化で「ん」になり、さらに「う」と言われるようになって、現代に至っている。なお、「よう」は、たとえば「見う→見よう」のように変化してできた語で、室町後期から現れる。

うい〖初〗→うひ

ういこうぶり〖初冠〗→うひかうぶり

う・う【飢う・饑う】自ワ下二｛ゑ・ゑ・う・うる・うれ・ゑよ｝空腹に苦しむ。飢える。〈方丈・二〉「飢ゑ(用)死ぬるもののたぐひ、数も知らず」訳 空腹に苦しみ死ぬ者のたぐいは、数えきれないほど多い。
参考 ワ行下二段活用の動詞は、この「飢う」と「植う」「据（す）う」の三語だけである。

う・う【植う】他ワ下二｛ゑ・ゑ・う・うる・うれ・ゑよ｝植物の種子や根を土にうめる。植える。種をまく。〈源氏・帚木〉「前栽（せんざい）など心とめて植ゑ(用)たり」訳（中川の宿は）庭の植え込みなど念入りに植えてある。→飢（う）う 参考

うえ〖上・表〗→うへ

うかが・ふ【伺ふ】他ハ四｛は・ひ・ふ・ふ・へ・へ｝「問ふ」「聞く」の謙譲語。お尋ねする。〈平家・五・福原院宣〉「院宣（ゐんぜん）伺は(未)うに一日が逗留（とうりう）ぞあらんずる」訳（平家討伐の）院宣を（くださるかどうか）お尋ねするなら、そのために、（都で）一日の滞在が必要であろう。

うかが・ふ【窺ふ】他ハ四｛は・ひ・ふ・ふ・へ・へ｝❶こっそりのぞく。ひそかにようすを見る。〈源氏・夕顔〉「暁（あかつき）の道をうかがは(未)せ」訳（夕顔は光源氏が帰宅する）未明の道をひそかに探らせ。
❷ひそかに好機を待ちうける。すきをねらう。〈枕・三〉「家の御達（ごたち）・女房などのうかがふ(体)を、打たれじと用意して」訳 家のおもだった女房や（その他の）若い女房などが（粥（かゆ）の木で相手の腰を打とうと）すきをねらうのを、（女君は）打たれまいと用心して。
❸ひととおりようすを知っておく。〈徒然・一二二〉「弓射（ゆみい）、馬に乗ること、六芸（りくげい）に出（いだ）せり。必ずこれをうかがふ(終)べし」訳 弓を射ることと、馬に乗ることとは、六芸の中に数えあげられている。（だから）きっとこれらについてひととおり知っておくのがよい。
❹調べてみる。尋ね求める。〈笈の小文〉「風情（ふぜい）の人の実（まこと）をうかがふ(終)」訳 風雅を愛した（昔の）詩人の真実の心を尋ね求める。

うが・つ【穿つ】他タ四｛た・ち・つ・つ・て・て｝❶穴をあける。突きさす。〈土佐〉「棹（さを）はうがつ(終)、波の上の月を」訳（船の）棹は突きさす、波の上に浮かぶ月を。
❷〘近世語〙物事の裏面や隠れた事実を指摘する。人生の機微を明らかにする。〈浮世床〉「人情のありさまをくはしくうがち(用)て（＝明らかにして）」

うか・ぶ【浮かぶ】「うかむ」とも。一 自バ四｛ば・び・ぶ・ぶ・べ・べ｝❶物の表面に浮いている。特に、水面に浮いている。〈方丈・一〉「淀（よど）みに浮かぶ(体)うたかたは、かつ消えかつ結びて」訳（流れの）よどみに浮いているあわは、一方では消え、一方ではあらわれて。対沈む
❷（水面に浮いているように）揺れ動いて定まらない。不安定である。〈源氏・帚木〉「女の宿世（すくせ）はいと浮かび(用)たるなむあはれに侍る」訳 女の運命はたいそう（浮き草のように）不安定である（＝男次第である）のがしみじみ気の毒でございます。
❸（気持ちや態度が）うわついている。落ち着かない。〈源氏・夕顔〉「浮かび(用)たる心のすさびに」訳 うわついた（自分＝光源氏の）心のままの行いによって。
❹物事が表面に現れる。出てくる。〈蜻蛉・下〉「あやしうも心ぼそう、涙うかぶ(体)日なり」訳（今日は）奇妙にも心細く、涙が出てくる日である。
❺思いおこされる。自然と思い出す。〈無名抄〉「昔の名残（なごり）面影に浮かび(用)て」訳（そこに清水のわいていた）昔の名残が眼前に思いおこされて。
❻苦しい境遇から抜け出る。立身出世する。〈源氏・澪標〉「御子どもなど沈むやうにものし給へるを、皆浮かび(用)給ふ」訳 お子様たちなどはおちぶれるような状態でいらっしゃったけれども、（今は）皆出世しなさる。対沈む
❼（仏教語）死者の霊が迷いの境界（きやうがい）を脱して成仏（じやうぶつ）する。対沈む
二 他バ下二｛べ・べ・ぶ・ぶる・ぶれ・べよ｝❶水面に浮かべる。〈万葉・五・八四〇〉「梅の花誰（たれ）か浮かべ(用)し酒杯（さかづき）の上（へ）に」訳 梅の花を、だれが浮かべたのか、杯の上に。対沈む
❷苦しい境遇から救い出す。世に出す。〈源氏・明石〉「沈めるともがらをこそ多く浮かべ(用)給ひしか」訳 おちぶれている仲間を大勢苦しい境遇から救い出しなさったのだ。対沈む
❸暗記する。暗唱する。〈枕・二三〉「古今（こきん）の歌二十巻

巻をみな浮かべ㊍させ給ふを御学問にはさせ給へ」訳「古今集」の歌二十巻をすべて暗記しなされることをお勉強とはなされよ。

うから【親族】名〔上代は「うがら」〕血のつながった人。身内の人。親族。〈万葉・三・四六〇〉「問ひ放くる親族兄弟無き国に」訳話しあう親族も兄弟もいない(この)国に。

うかりける… 和歌《百人一首》【憂かりける 人をはつせの 山おろしよ はげしかれとは 祈らぬものを】〈千載・恋二・源俊頼〉➡付録①「小倉百人一首」74

うか・る【浮かる】自ラ下二{れ・れ・る・るる・るれ・れよ}〔四段動詞「浮く」㊍＋自発の助動詞「る」〕❶自然に浮く。浮かぶ。〈紀・神代〉「開闢くる初めに、洲壌の浮かれ㊐ただよへること」訳天と地が分かれた最初の時に、国土が浮かび揺れ動いていたことは。
❷あてもなくさまよう。放浪する。〈山家集〉「ここをまたわれ住み憂くて浮かれ㊐なば」訳ここ(＝四国善通寺の草庵)をまた私が住みにくく(思って)放浪の旅に出たならば。
❸うきうきしたり、のぼせあがったりして、心が落ち着かない。心が動揺する。〈源氏・葵〉「ひとふしに思し浮かれ㊐にし心しづまりがたう思さるるけにや」訳(六条御息所は、車争いの)一件のために動揺し落ち着かなくおなりになってしまった心が、静まりにくいとお思いにならずにはいられなかったためだろうか。

うき【泥土】名どろの深い地。沼地。
参考 和歌では、多く「憂き」にかけて用いられる。

うき-た・つ【浮き立つ】自タ四{た・ち・つ・つ・て・て}❶空中に浮かび上がる。立ち昇る。〈謡・土蜘蛛〉「浮き立つ㊑雲の行くへをや、風の心にまかすらん」訳立ち昇る雲の行方についてはまあ、風の思いどおりにさせているのだろう。
❷落ち着かずそわそわする。心がうきうきする。〈徒然・一九〉「いまひときは心も浮き立つ㊑ものは、春の気色にこそあめれ」訳さらにいちだんと心もうきうきするものは、春の景色であるようだ。

❸不安のために動揺する。騒がしくなる。〈方丈・二〉「日を経つつ世の中浮き立ち㊐て、人の心もをさまらず」訳(福原遷都後)日がたつにつれて世の中が不安のために動揺して、人々の心も落ち着かず。

うき-ね【浮き寝】名・自サ変❶水鳥が水に浮かんだまま寝ること。また、そのように水上に船をとどめて寝ること。〈万葉・一五・三五九二〉「海原に浮き寝せ㊍む夜は」訳広い海の上で船をとどめて寝るような夜は。
❷流す涙に身も浮かぶほどの悲しみをいだいて寝ること。〈万葉・四・五〇七〉「しきたへの枕ゆくくる涙にそ浮き寝をしける恋の繁きに」訳枕から漏れ流れる涙に(この身も)浮かぶほどの悲しみにくれて寝たことだ、恋心がしきりで絶え間がないので。(「しきたへの」は「枕」にかかる枕詞)
❸男女がはかない契りを結ぶこと。〈源氏・帚木〉「仮なる浮き寝のほどを思ひ侍るに」訳(このような)かりそめのはかない契りのありさまを思いますと。

うき-ふし【憂き節】名つらく悲しいこと。〈源氏・横笛〉「憂き節も忘れずながらくれ竹のこは捨てがたきものにぞありける」訳つらく悲しいこと(＝女三の宮と柏木との密通事件)も忘れないものの、この子(＝薫)はやはり見放しがたいものであったのだなあ。(「くれ竹の」は「こ」を導きだす序詞。「こ」は「此」と「子」との掛詞)
参考「ふし」が竹の「節」と同音であるので、竹の縁語として用いられることが多い。

浮舟(うきふね)《人名》「源氏物語」宇治十帖中の人物。宇治八の宮の娘。薫と匂宮の二人から愛されて関係を持ち、思い悩んで宇治川に投身しようと決意するが、自殺は果たせず救われて尼となる。

う-きやう【右京】名平城京・平安京で、朱雀大路を境に分けた西半分の地域。内裏から南を向いて右の方に当たる。西の京。対左京。➡付録③「平安京図」

うきやう-しき【右京職】名右京を管轄し、司法・行政・警察などを担当した役所。対左京職。

うき-よ 名

■一【憂き世】つらい世の中。無常の世の中。〈伊勢・八二〉「散ればこそいとど桜はめでたけれうき世になにか久しかるべき」訳➡ちればこそ… 和歌
■二【浮き世】《近世語》❶楽しい現世。享楽的なこの世。〈仮名・恨の介〉「心の慰みは浮き世ばかりとうちしげる」訳心を楽しませるものは、この世の享楽的な生活ばかりとうかれ遊ぶ。
❷遊里の世界。また、遊里での遊び。〈浮・本朝二十不孝〉「にはかに(＝急に)浮き世もやめがたく」
❸(他の語の上に付けて)当世風・現代風・好色・遊里などの意を表す。「浮き世笠(＝当世流行の笠)」「浮き世寺(＝好色な僧のいる寺)」

うきよ-ざうし【浮世草子】名江戸時代の小説の一種。井原西鶴の「好色一代男」(天和二年(一六八二)刊)以降、約八十年間、主に上方で行われた庶民文学をさす。仮名草子の無常観や教訓性を捨て、現実の世相を題材にして、町人の世態・人情を描いた。西鶴の諸作や八文字屋本が有名。

浮世床(うきよどこ)《作品名》江戸後期の滑稽本。式亭三馬作(第二編は滝亭鯉丈の作)。初編は文化十年(一八一三)刊。江戸の髪結い床に集まる町人の生活や気風を、ユーモアを交えて写実的に描いている。

浮世風呂(うきよぶろ)《作品名》江戸後期の滑稽本。式亭三馬作。文化六―十年(一八〇九―一八一三)刊。江戸の銭湯に来るさまざまな人物の会話を通して、町人の生活を巧みに描き出している。

うきわれを… 俳句

憂き我を　さびしがらせよ　かんこどり
切れ字　夏
〈嵯峨日記・芭蕉〉

訳(西行のように一人きりで生きたいのに)まだ世間の煩わしさの中にある私を、(そのさびしい声で)徹底したさびしさに引き入れてくれ。閑古鳥よ。(切れ字の「せよ」は、使役の助動詞「す」の命令形)
解説 西行の「山里へ誰をまたこは呼子鳥ひとりのみこそ住まんと思ふに」〈山家集〉の歌や、近世初頭の隠士木下長嘯子の「半日の閑」の言など

にふれた前文がある。「閑古鳥」は「郭公(かっこう)」のこと。

うく【浮く】

一 自カ四{か・き・く・く・け・け} ❶**浮かぶ。漂う。**〈平家・一一・那須与一〉「白波の上にただよひ、浮き(用)ぬ沈みぬゆられければ」訳(日の丸の扇が)白波の上に漂って、浮かんだり沈んだり揺られていたので。対沈む

❷**落ち着かない。**心が安定しない。浮つく。〈大鏡・師尹〉「聞かせ給ふ御心地はいとど浮き(用)たるやうにおぼしめされて」訳(位を追われるといううわさを)お聞きになられる(敦明(あつあきら)親王の)お気持ち(として)は、いよいよ不安で落ち着かないようにお思いになられて。

❸**根拠がない。いいかげんである。**〈徒然・八八〉「御相伝(ごさうでん)、浮け(已)ることには侍らじなれども」訳(小野道風(おののとうふう)が書いたものであるという)お言い伝えは、根拠のないことではございますまいが。

二 他カ下二{け・け・く・くる・くれ・けよ}浮かべる。浮くようにする。〈万葉・八・一五二九〉「ひさかたの天(あま)の河に船浮け(用)て」訳天の河に船を浮かべて。(「ひさかたの」は「天」にかかる枕詞。)対沈む

うく【受く・承く・請く】他カ下二{け・け・く・くる・くれ・けよ}

❶**受けとめる。**ささえる。〈万葉・一〇・一九六六〉「風に散る花橘(はなたちばな)を袖に受け(用)て」訳風で散る橘の花を袖に受けとめて。

❷受け取る。もらう。〈徒然・八五〉「大きなる利を得んがために、少しきの利を受け(未)ず」訳大きな利益を手に入れようとするために、少ない利益を受け取らないで。

❸**受けつぐ。授かる。**こうむる。〈源氏・若菜下〉「今こそ、かくいみじき身を受け(用)たれ」訳今は、このようにあさましい(物の怪(け)の)身を授かっているけれど。

❹**受け入れる。**聞き入れる。応じる。〈古今・恋一〉「恋せじとみたらし河にせしみそぎ神はうけ(未)ずぞなりにけらしも」訳恋するまいとみたらし河(=神社のそばの、身を清める川)でみそぎをして誓ったことばを、神は聞き入れなくなってしまったらしいなあ。

❺**信頼する。**認める。たいせつにする。〈今昔・二五・五〉「身に敵(かたき)もなく、よろづの人にうけ(未)られてなむありける」訳(大君(おおぎみ)という人は)身に敵(とする人)もなく、すべての人から信頼されているのだった。

❻(近世語)請け出す。金を払って引き取る。

うぐ【穿ぐ】自ガ下二{げ・げ・ぐ・ぐる・ぐれ・げよ}[上代は「うく」]穴があく。〈太平記・一八〉「磯(いそ)打つ波に当たりて、大きにうげ(用)たる岩穴あり」訳磯に打ちつける波に当たって、大きく穴があいた岩穴がある。

うぐひす(ウグイス)【鶯】名 小鳥の名。うぐいす。早春から美しい声で鳴きはじめるので、春の到来を告げる鳥として古来愛された。春告げ鳥。春

うけ【浮け・浮子】名 漁具の名。浮き。

うけう『誓う・祈う』➡うけふ

うけ-が・ふ(ガウ)【肯ふ】他ハ四{は・ひ・ふ・ふ・へ・へ}**承諾する。**引き受ける。〈雨月・浅茅が宿〉「雀部(ささべ)いとやすくうけがひ(用)て」訳雀部(=人名)は(京に上りたいという男の頼みを)たいそう簡単に承諾して。

うけ-きらは-ず(キラワ)【受け嫌はず】受け入れることをきらわない。だれかれの区別をしない。〈竹取・かぐや姫の生ひ立ち〉「男はうけきらはず(用)呼び集(つど)へて、いとかしこく遊ぶ」訳(男という)男はだれかれの区別なく招き寄せて、たいそう盛大に管弦の遊びをする。

なりたち 下二段動詞「受く」(用)+打消の助動詞「ず」

うけ-じゃう(ジョウ)【請け状】名 奉公人、借家人などの身元保証書。

うけ-だ・す【請け出す】他サ四{さ・し・す・す・せ・せ}❶借金を返して、質物(しちもつ)を取り戻す。❷抱え主に前借金を支払って遊女や芸妓(げいぎ)を引き取る。身請けする。

うけ-たまは・る(タマワル)【承る】他ラ四{ら・り・る・る・れ・れ}[下二段動詞「受く」(用)+四段動詞「たまはる」]❶「受く」の謙譲語。**いただく。お受けする。**頂戴する。〈源氏・桐壺〉「かしこき仰せごとをたびたび承り(用)ながら」訳(桐壺帝の)畏れ多いおことばを何度もいただきながらも。

❷「引き受ける」「承諾する」の意の謙譲語。**お引き受け申しあげる。ご承諾申しあげる。**〈竹取・御門の求婚〉「国王の仰せごとを、まさに世に住み給はむ人の、承り(用)給はでありなむや」訳国王のご命令を、現にこの世に住んでいらっしゃるような方が、ご承諾申しあげなさらないでいられようか(いや、いられない)。

❸「聞く」の謙譲語。**うかがう。お聞きする。**拝聴する。〈源氏・紅梅〉「御琴(こと)の音(ね)をだに承ら(未)で久しうなり侍りにけり」訳(あなたの)お琴の音をさえお聞きしないで長い時間が経ってしまいました。

雨月物語(うげつものがたり)《作品名》江戸中期の読本(よみほん)。上田秋成(あきなり)作。安永五年(一七七六)刊。日本・中国の古典や伝説から取材した怪異小説九編からなり、流麗な和漢混交文で書かれている。初期読本の代表作。➡巻頭口絵42ページ・付録◇1◇九六二ページ

うけ-にん【請け人】名 保証人。

うけ-ば・る【受け張る】他ラ四{ら・り・る・る・れ・れ}**わがもの顔にふるまう。**遠慮することなくふるまう。でしゃばる。〈枕・一六六〉「六位の蔵人(くらうど)の青色など着て、うけばり(用)て」訳六位の蔵人が青色の袍(ほう)などを着て、わがもの顔をして。

うけ-ひ・く【承け引く】他カ四{か・き・く・く・け・け}**承諾する。**承知する。〈源氏・桐壺〉「世のうけひく(終)まじきことなれば」訳(光源氏を皇太子にすることは)世間の人が承知しそうもないことであるので。

うけ・ふ(ウケ(キヨ)ウ)【誓ふ・祈ふ】他ハ四{は・ひ・ふ・ふ・へ・へ}❶(前もって二つのことを定めておいて、そのどちらが起こるかによって)**神意をうかがう。**〈記・上〉「『おのおのうけひ(用)て子生まむ』とまをしき」訳(心が清明ならば女の子が生まれるだろうと決め)「それぞれ神意をうかがって子を生もう」と申し上げた。

❷**神に祈る。**〈万葉・四・七六七〉「このころはうけひ(用)て寝(ぬ)れど夢(いめ)に見え来(こ)ぬ」訳近ごろは、神に祈って寝るけれども(おまえが)夢に現れて来ないことだ。

❸**人の不幸を祈る。のろう。**〈伊勢・三一〉「罪もなき人をうけへ(已)ば忘れ草おのが上にぞ生(お)ふといふなる」訳罪もない人をのろうから、(かえって)忘れ草が自分の上に生える(=人から忘れられる)というそうだよ。

うけら【朮】名 植物の名。おけら。夏から秋に、白ま

最重要330

うし【憂し】形ク{から・く(かり)・し・き(かる)・けれ・かれ}

ガイド いやになる意の動詞「倦む」と同根と見られる。**ままならない思いに嘆き、いやになる感じ**を表す。

❶**つらい。苦しい。**
➡辛し「類語の整理」(五四九ページ)

例 世の中を**憂し**(終)とやさしと思へども飛び立ちかねつ鳥にしあらねば〈万葉・五・八九三〉
訳 この世の中を**つらい**、身も細るようだと思うけれど、(どこかへ)飛び立つこともできない。鳥ではないので。

❷**気が進まない。わずらわしい。いやだ。**

例 古代の親は、宮仕へ人はいと**憂き**(体)ことなりと思ひて〈更級・宮仕へ〉
訳 昔かたぎの親は、宮仕え人(になるの)はとても**わずらわしい**ことであると思って。

❸**にくい。気にくわない。**

例 かくばかり惜しと思ふ夜をいたづらに寝て明かすらむ人さへぞ**憂き**(体)〈古今・秋上〉
訳 これほどまでに(明けるのが)惜しいと思う(よい月の)夜を、むなしく寝たまま明かすような人までが、(明けゆく秋の夜に加えて)**気にくわない**ことだ。

❹**つれない。無情だ。冷淡だ。**

例 人ぞ**憂き**(体)たのめぬ月はめぐり来てむかし忘れぬ蓬生の宿〈新古・恋四〉
訳 あの人は**つれない**ことだ。(なのに)あてにさせない月はまためぐって来て、昔を忘れない(で私が住んでいる)草深い家(を照らし)ているよ。

❺**(動詞の連用形に付いて)…するのがいやだ。…するのがつらい。**

例 咲く花に移るてふ名はつつめども折らで過ぎ**うき**(体)けさの朝顔〈源氏・夕顔〉
訳 (美しく)咲いている花には、移る(=色があせる)ということばは慎む(ものである)けれども、(この美しさには心が移って一枝)折らずには通り過ぎ**づらい**、けさの朝顔(=桔梗。また相手の女=中将の君の「朝顔」)であることよ。

たは薄紅のあざみに似た花が咲く。夏

羽後(うご)《地名》旧国名。東山道十三か国の一つ。今の秋田県全域と山形県の北部。明治元年(一八六八)、出羽の国から分かれた。

うご・く【動く】 自カ四{か・き・く・く・け・け}❶位置・状態が変わる。移動する。❷揺れる。震動する。〈平家・三・大地震〉「大地おびたたしく**動い**(用)(イ音便)て、やや久し」訳 大地が激しく**揺れ動いて**、(その震動が)かなり長く続く。❸心が動く。動揺する。〈徒然・一七二〉「若き時は、血気うちにあまり、心、物に**動き**(用)て、情欲多し」訳 若い時期は、さかんな活力が体内にあり余り、心は、物事にふれて**動揺して**、欲望がさかんである。

う-こん【右近】 名❶「右近衛府」の略。❷身内に右近衛府の役人がいる、女官の呼び名。

うこん-の-たちばな【右近の橘】 名 紫宸殿の正面階段の下の右(=向かって左)側(=西側)に植えてある橘。朝儀の際、右近衛府の官人がここに整列した。対 左近の桜。→紫宸殿

うこん-の-ばば【右近の馬場】 名「うこんのうまば」とも。右近衛府に属する馬場。京都の北野神社の南東にあった。対 左近の馬場

うこんゑ-ふ【右近衛府】 名 六衛府の一つ。左近衛府とともに、宮中の警護、行幸のお供などに当たった役所。対 左近衛府。→近衛府。➡付録③「平安京大内裏図」

う-さ【憂さ】 名〔形容詞「憂し」の語幹＋接尾語「さ」〕物事が思うにまかせずつらいこと。〈徒然・一三七〉「逢はでやみにし**憂さ**を思ひ」訳 (男女が)契りを結ばずに終わってしまった**つらさ**を思い。

う-さん【胡散】 名・形動ナリ〔「う」は「胡」の唐音〕怪しいこと。疑わしいこと。〈浄・平家女護島〉「**うさんな**(体)(口語)奴ばら(=**怪しい**やつらは)切り捨てにせよ」

うし【丑】 名❶十二支の二番目。→十二支 ❷方角の名。北北東。❸時刻の名。今の午前二時ごろおよびその前後約二時間(午前一時ごろから午前三時ごろ)。

うし【大人】 名❶《上代語》土地を領する人や貴人に

対する敬称。あなた様。〈紀・履中〉「大人、何ぞ憂へますこと甚だしき」訳 あなた様は、どうして心配なさることがそれほどにも深いのか。❷《近世語》師匠や学者に対する敬称。先生。〈玉勝間〉「県居の大人の教へ」訳 県居先生(=賀茂真淵)の教え。

う・し【憂し】形ク ⬇前ページ 52

うじ【氏】➡うぢ

うし-かひ【牛飼ひ】名 ❶牛を飼い、使う者。❷「牛飼ひ童」の略。

うしかひ-わらは【牛飼ひ童】名 牛車の牛を扱う召使。少年とは限らず壮年の者の場合もあるが、子供のような垂れ髪で、烏帽子はかぶらず、水干や白丁(=狩衣の一種)を着ていた。「牛健児」とも。

(うしかひわらは)

うしとのみ… 和歌

憂しとのみ　ひとへに物は　思ほえで
左右にも　濡るる袖かな　〈源氏・須磨〉

〔ひたすら〕〔単〕

訳 (帝に対し)つらいとだけ、ひたすらに物は思われないで、(つらさと懐かしさの涙で)左にしても右にしても濡れる(私の)袖だよ。

解説 兄の朱雀帝を一方では「憂し」と思い、一方では懐かしく思う気持ちを詠んだ、光源氏の歌。

うし-とら【丑寅・艮】名 方角の名。丑と寅の間に当たる方角。北東。陰陽道では鬼門としてきらわれた。→鬼門

うしな・ふ【失ふ】他ハ四 {は・ひ・ふ・ふ・へ・へ} ❶(いつのまにか)なくす。❷亡くす。死に別れる。〈伊勢・一〇九〉「をとこ、友だちの人を失へ已るがもとにやりける」訳 (ある)男が、友人で妻を亡くした男の所へ届けた歌。❸(罪を)消す。消滅させる。〈源氏・御法〉「ことなる深き心もなき人さへ罪を失ひ用つべし」訳 格別な深い(信仰)心のない人までがきっと罪障を消滅させるにちがいない。❹亡きものにする。殺す。〈平家・六・小督〉「召し出だして失は未ん」訳 (小督を)召し出して殺そう。

うし-みつ【丑三つ】名 時刻の名。丑の刻を四つに分けた三番目にあたる時刻。今の午前二時から二時半ごろ。転じて、真夜中。〈伊勢・六九〉「子ひとつより丑三つまであるに」訳 午後十一時から午前二時ごろまで(いっしょに)いるけれども。

う-じやう【有情】名《仏教語》感情や意識をもつすべての生あるもの。人間と動物。対 非情

うしろ【後ろ】名 ❶後方。背後。❷背中。〈枕・一〇四〉「廂の柱にうしろを当てて」訳 (関白道隆は)廂の間の柱に背中を当てて。❸うしろ姿。〈大鏡・花山院〉「戸を押し開けて、御うしろをや見まゐらせけむ」訳 (何ものかが)戸をおしあけて、(花山天皇の)御うしろ姿を拝見したのだろうか。❹(死んだり、去ったりした)あと。〈源氏・夕顔〉「亡き御うしろに口さがなくやはと」訳 (夕顔自身が隠していたことを)お亡くなりになったあとに(私=右近が)つつしみなくしゃべってよかろうか(いや、よいはずがない)と。❺下襲のうしろに引いた裾。裾。

うしろ-かげ【後ろ影】名 その場を去って行く人のうしろ姿。

うしろ-さま【後ろ様】名「うしろざま」とも。❶うしろのほう。〈枕・一三二〉「月のかげのはしたなさに、うしろざまにすべり入るを」訳 月光の(明るさによる)きまり悪さのために、(女が牛車の)うしろのほうにすべるようにはいるのを。❷うしろ向き。〈徒然・二三六〉「御前なる獅子・狛犬、背きて、うしろさまに立ちたりければ」訳 (社の拝殿の)御前にある獅子と狛犬(の像)が、背中を向けあって、うしろ向きに立っていたので。

うしろ-つき【後ろ付き】名 うしろ姿。

うしろ-で【後ろ手】名 ❶うしろ姿。〈源氏・薄雲〉「眺め居たる様体、頭つき、うしろでなど」訳 物思いにふけって座っている(明石の君の)容姿、髪の形、うしろ姿など。❷両手をうしろに回すこと。

うしろ-み【後ろ見】名 ❶(日常的な)世話をすること。また、その人。〈源氏・若紫〉「少納言の乳母とぞ人言ふめるは、この子の後ろ見なるべし」訳 少納言の乳母と(他の)人が呼んでいるような(この)人は、この子(=若紫)の世話をする人であるのだろう。❷(公の立場で)補佐すること。また、その人。後見人。〈源氏・桐壺〉「ただ人にておほやけの御後ろ見をするなむ」訳 (光源氏が)臣下として、朝廷の御後見人をつとめることが。

うしろ・みる【後ろ見る】自マ上一 {み・み・みる・みる・みれ・みよ} ❶(日常的な)世話をする。〈枕・二八〉「もの知り顔に教へやうなる事言ひうしろみ用たる、いとにくし」訳 (新参者が)なんでも知っている顔をして教えるようなことを言い、人の世話をやいているのも、非常に不快だ。❷(公の立場で)補佐する。後見する。〈大鏡・基経〉「大臣の末もともに伝はりつつうしろみ用申し給ふ」訳 大臣(=基経)の子孫も一緒にそれぞれ受け継がれて(代々天皇を)後見し申しあげなさる。(➡大人なぶ「類語の整理」)

うしろめた-げ【後ろめたげ】形動ナリ {なら・なり(に)・なり・なる・なれ・なれ} (「げ」は接尾語)不安なようす。気がかりなようすである。〈源氏・宿木〉「女子うしろめたげなる体世の末にて」訳 娘(を持つと、その行く末)が気がかりな末世であって。

うしろめた-さ【後ろめたさ】名 (「さ」は接尾語)不安。気がかり。〈源氏・若紫〉「乳母は、うしろめた

さに、いと近うさぶらふ」訳（少納言の）乳母は、（若紫が）気がかりなので、たいそう近くお仕え申しあげる。対後ろ安さ

うしろ-めた・し【後ろめたし】形ク ⬇次ページ

53 **うしろめた-な・し**【後ろめたなし】形ク｛から・く(かり)・し・き(かる)・けれ・かれ｝［「なし」は状態を表す接尾語］「うしろめたし」に同じ。〈落窪〉「わがなからむ後に、かくてのみあるを、うしろめたなし(終)…、とこそ思ひつるに」訳私が死んだとしたらその後に、（四の君が）ただこうして（独身で）いるのを、気がかりだ…、と思っていたのに。

うしろやす-さ【後ろ安さ】名［「さ」は接尾語］安心だ、心配はないと感じること。〈源氏・真木柱〉「世になきしれじれしさも、またうしろやすさも、この世に類なきほどを」訳世にない（ほどの私＝光源氏の）ばかさ加減でも、また（女性から見て）安心だという点でも、世間に類のないぐらいなのを。対後ろめたさ

うしろ-やす・し【後ろ安し】形ク｛から・く(かり)・し・き(かる)・けれ・かれ｝（将来に）心配がない。安心できる。頼もしい。〈蜻蛉・中〉「人となして、うしろやすから(未)む妻などにあづけてこそ、死にも心安からむとは思ひしか」訳（道綱を）成人させて、安心できるような妻などにまかせてはじめて、（自分が）死ぬことも気が楽であろうとは思ったことだ。対後ろめたし

う-しん【有心】一名・形動ナリ ❶**思慮分別のあること。**〈栄花・根あはせ〉「おとなびて有心に(用)ものし給ふ人にて」訳大人びて、思慮分別がおありである人で。❷**気がきいていること。**趣向をこらすこと。〈枕・三五〉「あまり有心すぎて、しそこなふな」訳あまり趣向をこらしすぎて、やりそこなうな。

二名 ❶（狂歌を「無心」というのに対して）**伝統的な和歌。**❷「有心連歌」の略。和歌的な情趣をたたえた優美な連歌。滑稽な連歌を無心連歌というのに対していう。（対無心）

うしん-てい【有心体】名 藤原定家が唱えた和歌十体のうち、最高の姿を示すもの。情趣をこらして対象をとらえ、風雅な表現を追究する歌体。

う・す【失す】自サ下二｛せ・せ・す・する・すれ・せよ｝❶**なくなる。**消え去る。また、**いなくなる。**〈竹取・かぐや姫の昇天〉「翁を、いとほしく、かなしと思しつることも失せ(用)ぬ」訳翁を、気の毒で、いとおしいとお思いになったことも（かぐや姫から）消え去ってしまった。❷**死ぬ。**〈土佐〉「京にて生まれたりし女子、国にてにはかに失せ(用)にしかば」訳京で生まれていた女の子が、（任国土佐の）国で急に死んでしまったので。⬇果つ「慣用表現」

うず【髻華】名《上代語》草木の枝葉や花を髪や冠に挿して飾りとしたもの。挿頭。⬇かざし

参考 植物を髪に挿すのは、元来、植物の生命力を身に移して長寿を願う呪術であった。

うず 助動サ変型

意味・用法
推量（…だろう。）→❶
意志（…う。…よう。）→❷
適当・当然（…のがよいだろう。…べきだ。）→❸
仮定・婉曲（…とすれば、その。…ような。）→❹

接続
活用語の未然形に付く。

活用

未然	連用	終止	連体	已然	命令
○	○	うず（。）〔うずる〕	うずる（コト）〔うず〕	うずれ（ドモ）	○

❶推量の意を表す。…だろう。〈天草本伊曽保〉「喜びと悲しみは兄弟の如くぢゃ。またこの後には喜びも来うず(終)」訳喜びと悲しみは兄弟のようなものだ。またこののちには喜びも来るだろう。

❷意志を表す。…う。…よう。〈謡・隅田川〉「いかに船頭殿、舟に乗らうずる(体)にて候ふ」訳もし船頭さん、舟に乗ろうと思うのでございます。

❸適当・当然の意を表す。…のがよいだろう。…べきだ。〈天草本伊曽保〉「老いてこそなほ丁寧をば尽くされうずる(体)ことなれ」訳年をとってからはいっそう徹底して丁寧になさるのがよいこと（なの）だ。

❹（連体形を用いて）仮定・婉曲の意を表す。…とすれば、その。…ような。〈天草本伊曽保〉「この難儀を遁れさせられうずる(体)ことを教へまらせうず」訳この難儀をお逃れになれるようなことをお教えしよう。

参考 推量の助動詞「むず」が変化したもの。室町時代に広く用いられ、江戸時代の元禄のころまで用いられた。

うす-いろ【薄色】名 ❶**染め色の名。**薄紫または薄二藍。〈枕・四三〉「あてなるもの 薄色に白襲の汗衫」訳上品なもの、薄色に白襲（の着物）の上に表裏ともに白色の汗衫（を着ているの）。❷**織り色の名。**縦糸を紫、横糸を白で織ったもの。❸**襲の色目の名。**表は赤みを帯びた薄縹色（＝薄い藍色）、裏は薄紫色、または白。

（うすいろ①）

うすくこき… 和歌

薄く濃き　野辺の緑の　若草に
跡まで見ゆる　雪のむら消え
〈新古今・一・春上・七六・宮内卿〉

訳 薄かったり濃かったりしている野原の緑の若草によって、（ある所は早くある所は遅く、まだら模様に消えていった雪の）跡までが見える、その雪のむら消えであるよ。

解説 若草の濃淡から雪の消え方の早い遅いをとらえた。繊細緻密な場面を鮮やかに組み立てた歌。「千五百番歌合」での作。宮内卿はこの歌で好評を博し、「若草の宮内卿」と呼ばれた。

うす-こうばい【薄紅梅】名 ❶**色の薄い紅梅の花。**また、その色。❷**襲の色目の名。**紅梅襲（＝表は紅、裏は蘇芳）の色の薄いもの。

うす・し【薄し】形ク｛から・く(かり)・し・き(かる)・けれ・かれ｝❶**厚みがない。**薄い。〈枕・二五〉「月のいと明かきおもてに薄き(体)雲、あはれなり」訳月のたいそう明るい表面に薄い雲（がかかったの）は、しみじみと趣が深い。対厚し

最重要330

53

うしろ-めた・し【後ろめたし】形ク{から・く(かり)・し・き(かる)・けれ・かれ}

ガイド 「後ろ辺へ痛し」または「後ろ目痛し」が語源と考えられ、後方、すなわち見えない所が気にかかって不安だという感じを表す。②の意は中世以降多くなり、現代語に至る。反対語は「うしろやすし」。

❶なりゆきが気がかりだ。不安である。対後ろ安し

例 後のちの世も、思ふにかなはずぞあらむかしとぞ、うしろめたき(体)に〈更級・後の頼み〉

訳 死後の世も、きっと思いどおりにはいかない(=極楽往生できない)であろうよと、気がかりであるけれども。

語感実感 仕事の進み具合がはかばかしくなく、この先どうなるのだろうかと心配な感じ。

❷うしろ暗い。気がとがめる。

例 義時よしときが、君の御ためにうしろめたき(体)心やはある〈増鏡・新島守〉

訳 (この)義時が、主君(=後鳥羽ごとば院)の御ために(尽くすことに)うしろ暗い心があるだろうか(いや、絶対にありはしない)。

❷(色・味・においなどが)薄い。淡い。〈枕・三七〉「木の花は 濃きも薄き(体)も紅梅」訳 木に咲く花では、濃いのでも薄いのでも紅梅(が趣がある)。対濃し ❸(愛情や思慮などが)深くない。薄情である。浅はかである。また、縁などがとぼしい。

うす-づ・く【臼搗く・舂く】 自カ四{か・き・く・く・け・け}「うすつく」とも。❶うすに入れてきねでつく。〈今昔・二・七〉「我うすつき(用)炊かしく所に宿りす」訳 私は、うすをつき煮炊きをする所で寝起きする。❷夕日が西の山に入ろうとする。〈父の終焉日記〉「日も壁際にうすつき(用)」訳 日も壁際に沈み。

うす-で【薄手】 名 浅い傷。浅手あさで。〈平家・九・敦盛最期〉「小次郎がうす手負ひたるをだに、直実なほざねは心苦しうこそ思ふに」訳 (わが子の)小次郎が浅い傷を受けたのをさえ、(私)直実はつらく思うのに。

うす-にび【薄鈍】 名「うすにぶ」とも。❶染め色の名。鈍色にびいろ(=濃いねずみ色)の薄いもの。❷薄鈍色の衣服。多く喪服や僧尼の服に用いる。

うずむ【埋む】 ⬇うづむ

うす-もの【薄物】 名 羅らや紗しゃ・絽ろなど、薄く織った絹織物。また、それで作った夏用の衣服。薄絹うすぎぬ。夏

うす-やう ヨウ **【薄様】** 名 和紙の名。薄く漉すいた鳥の子紙。「薄葉うすえふ」とも。〈枕・八九〉「柳の萌もえ出いでたるに、青き薄様に書きたる文ふみつけたる」訳 柳の芽の出はじめたの(=枝)に、青い(色の)薄様に書いた手紙を結びつけてあるの(は、優美なものである)。

うすら-ひ イ **【薄氷】** 名 上代は「うすらび」。薄く張った氷。うすごおり。冬

う・せる【失せる】 ■自サ下一{せ・せ・せる・せる・せれ・せろ}「うす」(下二)の口語形。❶「行く」「去る」を卑しめていう語。行きやがる。〈浄・心中天の網島〉「阿呆あはうめが夜々よるよる失せる(体)所ほかには知らぬか」訳 ばか者めが毎晩毎晩行きやがる所をほかには知らないか。❷「来る」を卑しめていう語。来やがる。❸「居る」を卑しめていう語。居やがる。

■補動サ下一{せ・せ・せる・せる・せれ・せろ}(動詞の連用形に助詞「て」が付いたものの下に付いて)卑しめの意を添える。…て行きやがる。…て居やがる。〈浄・女殺油地獄〉「勘当かんだうぢゃ。出て失せ(未)う」訳 勘当だ。出て行きやがれ。

参考 本来は「失うす」で下二段活用であったが、口語化して下一段活用になり、それとともに卑しめの語となり、近世には広く用いられた。

羽前うぜん 《地名》旧国名。東山道十三か国の一つ。今の山形県の大部分。明治元年(一八六八)、出羽でわの国から分かれた。

うそ【嘯】 名 口をすぼめて息を出すこと。また、その音。口笛。〈狂・柿山伏〉「貝をも持たぬ山伏が、道々うそを吹こうよ」訳 法螺貝ほらがいをも持たない山伏(である私)が、道すがら口笛を吹こう(と思うことだ)よ。

うそ-ぶ・く【嘯く】

■自カ四{か・き・く・く・け・け}「うそむく」とも。❶口をすぼめて息をふうっと吹く。また、口笛を吹く。〈うつほ・内侍の

類語の整理 うしろめたし―「不明瞭なさま」を表す語

対象が不明瞭

うしろめたし	おぼおぼし	おぼつかなし
人の見る目や行く末が懸念されて不安。	対象がはっきりせず、ぼんやりしている。遠く隔たっていると感じる。	対象がぼんやりしてつかみどころがなく不安、不審。

古文常識 「うたあはせ」ー歌合わせの様子

①講師：歌を詠み上げる人。
　左方の歌から先に読む。
②判者：歌の優劣を判定する人。
　普通は一名だが、「両判（二名）」や「衆議判（左右の方人全員の合議）」の場合もあった。
③方人：歌を提出する人。
　舞台に左右各五人に分かれて座る。
　左方は赤系、右方は青系の装束を着る。
④読師：歌を講師に渡す人。

記録にある最古の歌合わせは、855年の在原行平主催「在民部卿家歌合」とされている。

上の図のもととなった「天徳四年内裏歌合」は、960年に村上天皇の主催で清涼殿で行われた。衣装や州浜などが周到に準備され、その典雅さなどが後世のお手本となったといわれるもの。

歌合わせは「遊び」ではあるが、相手に負けるのは不名誉なことであり、平安時代には歌の優劣が出世にも関わることであった。

かみ〉「この蛍をさし寄せて、包みながら**うそぶき**㊐給へば」訳（直衣の袖に包み隠した）この蛍を（尚侍に）近寄せて、包んだままで**口笛を吹き**なさると。
❷そらとぼける。平気なさまをする。〈更級・初瀬〉「とみに舟も寄せず、**うそぶい**㊐（イ音便）て見まはし」訳（船頭は）すぐに舟も近づけげず、**そしらぬ顔をし**て見まわし。
❸（動物などが）ほえる。
□二 他カ四｛か・き・く・く・け・け｝**詩歌を口ずさむ。吟じる。**〈平家・二・徳大寺之沙汰〉「ただひとり月に**うそぶい**㊐（イ音便）ておはしけるところに」訳（実定が）ただひとりで月に向かって**詩歌を口ずさん**でいらっしゃったところに。

うた【歌・唄】 名 ❶声を長くひき、節をつけて歌う詞の総称。多く音楽を伴う。〈源氏・須磨〉「琴を弾きすさび給ひて、良清に**歌**うたはせ」訳（光源氏は）七弦琴をなぐさみに弾きなさって、良清に**歌**を歌わせ。
❷和歌や歌謡・漢詩などの総称。詩歌。〈源氏・桐壺〉「大和ことの葉をも、唐土の**歌**をも、ただその筋をぞ枕ごとにせさせ給ふ」訳 日本の歌（＝和歌）をも、中国の**歌**（＝漢詩）をも、まったくそういう（＝妻に先立たれた）方面のものを口ぐせにしなされる。
❸和歌。特に三十一音の短歌形式のもの。

うた-あはせ【歌合はせ】名 平安時代初期から鎌倉時代に流行した文学的遊戯。参加者を左右二組に分け、それぞれから決められた題を詠んだ歌を一首ずつ出して取り組み（＝番）を作り、判者が「勝・負・持（＝引き分け）」を判定して勝負を競った。〈十訓・三〉「京に**歌合**ありけるに」➡上「古文常識」

う-だいしゃう【右大将】名「右近衛の大将」の略。右近衛府の長官。対左大将

右大将道綱の母《人名》→藤原道綱の母

う-だいじん【右大臣】名 太政官の長官。左大臣の次に位する。「みぎのおとど」「みぎのおほいまうちぎみ」とも。対左大臣。→太政官

うたえ【訴え】➡うたへ

うた-がき【歌垣】名 ❶上代、春や秋に男女が集ま

最重要330

54 うたて

一 副〔「うたた」の転〕 **二**〔形容詞「うたてし」の語幹〕 **三** 形動ナリ｛なら・なり(に)・なり・なる・なれ・なれ｝

ガイド 副詞「うたた」の転じた語で、**程度が進みすぎる異常なさまに対する不快な感じ**を表す。中古後期に形容詞「うたてし」、形容動詞「うたてなり」「うたてげなり」が派生した。

一 副

❶ 事態が進むさま。ますます。ひどく。
例 何時(いつ)はなも恋ひずありとはあらねどもうたてこのころ恋し繁(しげ)しも〈万葉・一二・二八七七〉
訳 どんな時でも恋しく思わないでいるということはないけれども、ますますこのごろは恋心がつのることだ。

❷ ふつうでないさま。異様に。怪しく。気味悪く。
例 うたておぼさるれば、太刀(たち)を引き抜きて〈源氏・夕顔〉
訳 (光源氏は物の怪(け)におそわれる気持ちがして)気味悪くお思いにならずにはいられないので、太刀を引き抜いて。

❸ いやに。不快に。情けなく。嘆かわしく。
例 人の心はなほうたておぼゆれ〈徒然・三〇〉
訳 人の心根はやはり嘆かわしく思われる。

二〔形容詞「うたてし」の語幹〕

気味が悪い。いやだ。いとわしい。
例 あなうたてや。ゆゆしうも侍るかな〈源氏・若紫〉
訳 あら困ったこと。ひどい仕打ちでもございますわ。

三 形動ナリ

ひどい。情けない。
例 うたてなり(用)ける心なしのしれ者かな〈宇治・二・七〉
訳 実に情けない、考えなしのばか者だなあ。

フレーズ

うたて有(あ)り いやだ。嘆かわしい。不快だ。困ったことだ。〈竹取・竜の頸の玉〉「うたてある(体)主(ぬし)のみもとに仕うまつりて」訳 どうしようもないご主人のおそばにお仕え申しあげて。

うたてやな 嘆かわしいことだなあ。情けないなあ。〈謡・隅田川〉「うたてやな隅田川の渡し守ならば『日も暮れぬ舟に乗れ』とこそ承るべけれ」訳 ああ情けないなあ。隅田川の船頭ならば、「日も暮れてしまう、(早く)舟に乗れ」と(あなたがおっしゃり、私が)お聞きするはずだ。

なりたち 間投助詞「や」＋形容詞「うたてし」の語幹「うたて」＋終助詞「な」

って歌をかけ合い、舞踏して楽しむ行事。❷(①が宮廷に取り入れられて)一群の男女が並んで歌舞する風流な遊び。
参考 豊作を前もって祝う農耕儀礼であったが、次第に遊興化していった。未婚の男女にとってはよい求婚の場でもあった。東国では嬥歌(かがい)と言う。

うたかた【泡沫】名 **水に浮かぶあわ。** はかなく消えやすいものをたとえることが多い。〈方丈・一〉「淀(よど)みに浮かぶうたかたは、かつ消えかつ結びて、久しくとどまりたる例(ためし)なし」訳 (川の流れの)よどみに浮かぶあわは、一方では消え、一方ではあらわれて、いつまでも(そのままの姿で)とどまっている例はない。

うたがた-も 副《上代語》「うたかたも」とも。❶本当に。必ず。きっと。〈万葉・一五・三六〇〇〉「離れ磯(そ)に立てるむろの木うたがたも久しき時を過ぎにけるかも」訳 陸から遠く海上につき出た磯(いそ)に立っているむろの木は、きっと長い時を経過してきたことよ。❷(下に打消や反語表現を伴って)決して。かりにも。〈万葉・一七・三九六八〉「鶯(うぐひす)の来鳴く山吹うたがたも君が手ふれず花散らめやも」訳 鶯の来て鳴く山吹は、かりにもあなたの手がふれずに花が散るだろうか(いや、散ることはないだろう)。

うた-がたり【歌語り】名 和歌にまつわる話。歌の内容や詠作事情を語ること。歌物語。

うた-がま・し【歌がまし】形シク｛(しから)・しく(しかり)・し・しき(しかる)・しけれ・しかれ｝〔「がまし」は接尾語〕ひとかどの歌のようである。すぐれた歌らしい。〈枕・九九〉「さすがに歌がましう(用)(ウ音便)、われはと思へるさまに、最初(さいそ)に詠(よ)み侍らむ」訳 やはりすぐれた歌らしく、自分こそはと思っているようすで、最初に詠みますようなことは。

うた-ぐち【歌口】名 ❶和歌の詠みぶり。❷笛・尺八などの、口をあてて吹く穴。

うた-くづ(クズ)【歌屑】名 くだらない和歌。へたな歌。

うたた【転】副 ❶**いよいよ。ますます。**〈式子内親王家集〉「さらぬだに雪の光はあるものをうたた有り明けの月ぞやすらふ」訳 そうでなくても雪の(白い)輝きはあるものなのに、いよいよ(その輝きを増すように)有り明けの月(の光)が(雪の上に)とどまっている。⬇いと「類語の整理」

❷(多く「うたたある」の形で)不愉快なさま。いやになるほど。ひどく。〈源氏・手習〉「例の人にてあらじと、いとうたたあるまで世を恨(うら)み給ふめれば」訳ふつうの人としてはいない(この世に)あるまい(=尼にでもなろう)と、たいそういやな気分になるまで(浮舟(うきふね)は)世の中を恨んでいらっしゃるようなので。

うたたねに… 和歌

うたた寝に　恋(こひ)しき人(ひと)を　見(み)てしより
夢(ゆめ)てふものは　頼(たの)みそめてき
〈古今・一二・恋二・五五三・小野小町〉

訳うたた寝(の夢)に、恋しい人を見てしまったときから、(あてにならないはずの)夢というものを頼りにし始めてしまったことよ。(「見てし」の「てし」、「そめてき」の「てき」は、「…てしまった」の意)

解説 相手が自分のことを思ってくれていると、自分の夢の中に相手の人が現れると考えられていた。

うたて 副[形容詞「うたてし」の語幹]形動ナリ ⬇前ページ 54

うたて-あ・り【うたて有り】⬇うたて「フレーズ」

うたて-が・る 自ラ四{ら・り・る・る・れ・れ}[「がる」は接尾語]いやがる。嫌う。〈今昔・二三・三二〉「これはただにはあらず、物に狂ふなりけり」とうたてがり用て」訳「これは尋常ではない、何かにとりつかれて気が変になったのだ」と(人々は)いやがって。

うたて-げ 形動ナリ{なら・なり(に)・なり・なる・なれ・なれ}[「げ」は接尾語]❶異様な感じである。怪しげだ。〈大鏡・序〉「例人(れいひと)よりはこよなう年老い、うたてげなる体翁(おきな)二人、嫗(おうな)といきあひて」訳ふつうの人よりは格別に年をとり、異様な感じである老翁二人と、老女とが出会って。

❷いやな感じである。見苦しいようすだ。〈源氏・賢木〉「かたちの異様(ことざま)にてうたてげに用変はりて侍らば、いかが思(おぼ)さるべき」訳(私の)姿が(今までと)違ったようすで(尼に)見苦しく変わっていますならば、どうお思いになるだろうか。

うたて-さ 名[「さ」は接尾語]情けなさ。嘆かわしいこと。〈平家・七・一門都落〉「いつしか人の心どもの変はりゆくうたてさよ」訳早くも人の心がそれぞれに変わってゆく情けなさよ。

うたて・し 形ク{から・く(かり)・し・き(かる)・けれ・かれ}❶嘆かわしい。気にくわない。いとわしい。〈栄花・月の宴〉「東宮(とうぐう)いとうたてき体御物の怪(け)にて」訳皇太子はたいそういとわしい御物の怪にとりつかれて。

❷情けない。気の毒だ。同情される。〈平家・三・頼豪〉「俊寛僧都(しゅんくわんそうづ)一人(いちにん)、赦免(しゃめん)なかりけるこそうたてけれ已」訳俊寛僧都一人が、赦免されなかったのは気の毒なことだ。

参考 中古では語幹「うたて」だけが用いられることが多く、中古末期から形容詞の用法が一般化する。中世にはシク活用も用いられた。

うたて-や-な⬇うたて「フレーズ」

うた・ふ(ウタ(トウ))【歌ふ】他ハ四{は・ひ・ふ・ふ・へ・へ}ことばに節をつけ、声に出して唱える。詩歌を朗詠する。〈源氏・若紫〉「弁の君、扇(あふぎ)はかなううち鳴らして、『豊浦(とよら)の寺の西なるや』とうたふ終」訳弁の君は扇をそれとなく鳴らして、「豊浦の寺の西なるや」と(催馬楽(さいばら)を)歌う。

うた・ふ(ウタ(トウ))【訴ふ】他ハ下二{へ・へ・ふ・ふる・ふれ・へよ}[「うったふ」の促音「っ」の表記されない形]苦情を申したてる。訴える。〈宇治・一〇・一〉「天道(てんたう)にうたへ用申し給ひけるに」訳(左大臣が無実の罪を)天の神に訴え申しあげなさったところ。

うたへ(ウタエ)【訴へ】名[「うったへ」の促音「っ」の表記されない形]訴えること。訴訟。

うた-まくら【歌枕】名❶和歌に詠み込む歌語(=枕詞・名所の地名など)。また、歌語を解説した書物。〈源氏・玉鬘〉「よろづの草子(さうし)、歌枕、よく案内(あない)知り見つくして」訳いろいろの(物語などの)本や歌語を解説した書物について、十分内容を理解し、すべて読んで。

❷(歌語のうち特に)古来、歌の中に詠み込まれてきた名所。〈細道・壺の碑〉「むかしよりよみ置ける歌枕、多く語り伝ふといへども」訳昔から(歌に)詠んで(後代まで)残した名所は、多く語り伝え(られてい)るというものの。

参考「歌枕」は本来は①の意であったが、平安末期にその中の名所の地名のみを収集・解説した書物(「能因歌枕」など)が作られると、やがて②の意をさすようになった。

うた-ものがたり【歌物語】名❶和歌にまつわる話。歌語り。

❷平安時代に作られた、和歌を中心にすえて構成された短編物語。「伊勢(いせ)物語」「大和(やまと)物語」など。

うた-よみ【歌詠み】名❶歌を作ること。歌を詠むこと。〈著聞・一八〇〉「名簿(みやうぶ)の端書きに、『能は歌よみ』と書きたりけり」訳名札の端に、「(自分の)才能は歌を詠むこと(である)」と書いてあった。

❷歌を作る人。歌人。〈十訓・三〉「小式部内侍(こしきぶのないし)、歌詠みにとられて詠みけるを」訳小式部内侍が(歌合わせの)歌人に選ばれて(歌を)詠んだが。

うち-【打ち】接頭(動詞に付いて)動詞の意味を強めたり、「ちょっと」「すばやく」「すっかり」など種々の意を添えたりする。また、単に語調をととのえるためにも用いられる。「うち出(い)づ」「うち驚く」「うち守る」「うち絶ゆ」。〈源氏・紅梅〉「うちも置かず御覧ず」訳(匂宮(にほふのみや)は紅梅を)少しも置かず(手に取ったまま)ご覧になる。

参考 四段動詞「打つ」の連用形が接頭語になったもの。ただ、本来の動詞としての意味を保っている場合は接頭語とは考えない。動詞との間に係助詞「も」が入ることもある。

うち【内】名⬇次ページ 55

うぢ(ウジ)【氏】名❶上代社会で支配層を形成していた豪族が、自らの系統を示し、他と区別した名称。中臣(なかとみ)・物部(もののべ)・大伴(おおとも)・蘇我(そが)など。〈万葉・二〇・四四六五〉「大伴の氏と名に負(お)へる大夫(ますらを)の伴(とも)」訳大伴の氏をその名として持っている勇士たちよ。

❷家の名称。名字(みやうじ)。

宇治(うぢ)ウジ《地名》歌枕 今の京都府宇治市。平安時代、貴族の別荘地・遊楽地であった。

うち-あ・ぐ【打ち上ぐ・打ち揚ぐ】他ガ下二

最重要330

55 うち【内】名

ガイド 境界の内部、また自分を中心に境界を引いたときの自分のいる側の意。古文では特に⑦の「宮中」、⑧の「天皇」の意が重要。類義語「なか」は端ではない部分が原義。②③⑩⑪の意は後者から生じた。

❶(部屋などの)奥のほう。中のほう。内部。
例 おびえまどひて御簾(みす)の内に入りぬ〈枕・九〉
訳 (猫は)恐れうろたえて御簾の内がわに入ってしまった。

❷家。家の中。対外(と)
例 山のきはに惣門(そうもん)のある内に入りぬ〈徒然・四四〉
訳 (男は)山のそばに総構えの門のある家の中に入ってしまった。

❸心の中。
例 内に思慮なく、外(ほか)に世事なくして〈徒然・一〇八〉
訳 心の中には(つまらないことに)思いをめぐらすことなく、世間的には俗事にわずらわされることがなくて。

❹(空間的・地域的に)国内。区域内。
例 すべて、都のうち、三分が一に及べりとぞ〈方丈・三〉
訳 (火事は)全体で、都の域内の、三分の一に及んだということだ。

❺(数量的に)一部分。その中。以内。
例 よき歌よみ多く聞こえ侍りしうちに〈増鏡・おどろのした〉
訳 すぐれた歌人がたくさん評判となりました中で。

❻(時間的に)期間中。あいだ。
例 日しきりにとかくしつつ、ののしるうちに夜更(ふ)けぬ〈土佐〉
訳 一日中あれこれしては、騒ぐあいだに夜が更けてしまった。

❼(「内裏」とも書く)宮中。内裏(だいり)。➡御門(みかど)「慣用表現」
例 またの年の八月(はづき)に、内へ入(い)らせ給ふに〈更級・春秋のさだめ〉
訳 (祐子内親王は)翌年の陰暦八月に、宮中にお入りになられるときに。

❽天皇。主上。➡御門(みかど)「慣用表現」
例 内にも聞こしめし嘆くこと限りなし〈源氏・夕顔〉
訳 主上(=桐壺帝)におかれても(光源氏の病気のことを)お聞きになって悲しむことはこの上もない。

❾(儒教を「外(ほか)」「外(そと)」というのに対して)仏教。
例 内には五戒を保って慈悲を先とし、外(ほか)には五常を乱さず〈平家・二・教訓状〉

〔げ・げ・ぐ・ぐる・ぐれ・げよ〕❶手を打ちならし歌い騒ぐ。酒宴をする。〈竹取・かぐや姫の生ひ立ち〉「このほど三日(みか)うちあげ用遊ぶ」訳(かぐや姫の命名を祝い)このとき三日間酒宴をして歌い騒いで楽しむ。
❷(「うち」は接頭語)さっと高くあげる。〈源氏・宿木〉「若き人のある、まづおりて、簾(すだれ)うちあぐ終めり」訳若い女房でそこに(同乗して)いる人が、最初に(車から)降りて、(車の)簾をさっと高くあげるようだ。
❸(「うち」は接頭語)声を高くはりあげる。〈平家・三・法皇被流〉「御経をうちあげ用うちあげ用あそばされける」訳(後白河法皇は)お経を声を高くはりあげはりあげお読みになっていらっしゃった。

うち-あ・ふ(オ)(ア)(ウ)【打ち合ふ】一 自ハ四〔は・ひ・ふ・ふ・へ・へ〕❶互いに打つ。(斬り合って)戦う。〈謡・鉢木〉「思ふ敵(かたき)と寄り合ひ打ちあひ用て死なんこの身の」訳(これは)思う敵に近づき打ち戦って死ぬつもりのこの私が。
❷(「うち」は接頭語)(物事が)ぴったりと調和する。うまくいく。〈源氏・夕顔〉「御粥(かゆ)などいそぎ参らせたれど、取りつぐ御まかなひうち合は未ず」訳お粥(=固粥(かたかゆ))などを急いで差し上げたけれども、取りつぐお世話をする人が(手不足で)うまくいかない。
二 他ハ四〔は・ひ・ふ・ふ・へ・へ〕(双六(すごろく)や碁などを)互いに打つ。〈今昔・二六・三七〉「同じ様なりける侍(さぶらひ)と双六を打ち合ひ用けり」訳同じよう(な身分)であった侍と双六を打ち合った。

うち-いだ・す【打ち出だす】他サ四〔さ・し・す・す・せ・せ〕(「うち」は接頭語)❶「うちいづ二②」に同じ。〈栄花・わかばえ〉「衣(きぬ)の褄(つま)重なりてうち出だし用たるは」訳(女房たちの)着物の縁(へり)が重なって(御簾(みす)の下から外へ)ちょっと出してあるのは。
❷声に出して吟誦(ぎんしょう)する。〈枕・三〇三〉「『声明王(こゑめいわう)の眠(ねぶ)りを驚かす』といふことを、高ううち出だし用給へる、めでたうをかしきに」訳「声、明王の眠りを驚かす」という句を、(伊周(これちか)が)高く声に出して吟誦しなさったのが、すばらしく趣があるので。

うち-い・づ(イ)(ズ)【打ち出づ】一 自ダ下二〔で・で・づ・づる・づれ・でよ〕(「うち」は接頭語)❶出る。

訳 仏教では五戒(=不殺生・不偸盗・不邪淫・不妄語・不飲酒)を守って慈悲を第一とし、儒教では五常(=仁・義・礼・智・信)を乱さないで。

⑩私事。

例 外には仁義礼智信の五常を守りつつ、内にはまた花鳥風月、詩歌管弦をもっぱらとし〈謡・経政〉

訳 公の生活では仁・義・礼・智・信の五常を守りながら、私生活ではまた花鳥風月、詩歌管弦(の風流)をいちずにして。

⑪外部の者に対して配偶者をいう語。妻。夫。

例 伊左衛門内よりと書いても人の咎めぬこと〈浄・夕霧阿波鳴渡〉

訳 (親類への手紙に)伊左衛門の妻よりと書いても(私が遊女だからといって)人がとがめないこと(だよ)。

現れる。〈万葉・三・三一八〉「田子の浦ゆうち出でて見れば真白にぞ富士の高嶺に雪は降りける」訳→たごのうらゆ…和歌

❷でしゃばる。〈徒然・五六〉「あまたの中にうち出でて、見ることのやうに語りなせば」訳 (よからぬ人は)大勢の中にでしゃばって、見(てい)ることのようにこしらえて語るので。

❸出発する。出陣する。〈平家・九・小宰相身投〉「明日うち出でんとての夜」訳 (通盛が)あす出陣しようと思っているその夜。

㊁ 他ダ下二 {で・で・づ・づる・づれ・でよ} ❶(音や火を)打って出す。〈源氏・篝火〉「拍子うち出でて、忍びやかに謡ふこる」訳 (弁の少将が)笏拍子(=楽器の一種)を打って、ひっそりと歌う声は。

❷[「うち」は接頭語]ちょっと出す。特に、室内の御簾や牛車の下簾から、袖口や裾などを少し出す。出だし衣をする。〈栄花・歌合〉「女房えもいはず装束きてうち出でたり」訳 女房たちはこの上なく美しく装って出だし衣をしている。

❸[「うち」は接頭語]口に出す。言い出す。声に出して吟じる。打ち明ける。〈徒然・二三一〉「たやすくうち出でんもいかがとためらひけるを」訳 (別当入道の庖丁さばきを見たいと)軽々しく言い出すようなのもどうかとためらっていたところ。

うち-い・る【打ち入る】㊀ 自ラ四 {ら・り・る・る・れ・れ} [「討ち入る」とも書く]攻め入る。襲いかかる。〈平家・四・信連〉「出羽判官光長は、馬に乗りながら(=乗ったままで)門のうちに打ち入り」

㊁ 他ラ下二 {れ・れ・る・るる・るれ・れよ} ❶[「うち」は接頭語]ひょいと入れる。無造作に入れる。〈竹取・かぐや姫の生ひ立ち〉「手にうち入れて家へ持ちて来ぬ」訳 (翁は女の子を)掌に無造作に入れて家へ持って来た。

❷勢いよく馬を乗り入れる。〈平家・九・宇治川先陣〉「佐々木はつと馳せ抜いて、河へざっとぞうち入れたる」訳 佐々木(高綱)はすっと馬を走らせて(梶原より)前に出て、川(=宇治川)へざぶんと勢いよく馬を乗り入れた。

❸ばくちに金品をつぎこむ。入れあげる。〈徒然・一二六〉「ばくちの負けきはまりて、残りなくうち入れんとせんに会ひては」訳 ばくちうちがとことん負けて、(手もとの金を)残らずつぎこもうとするようなのに対しては。

うち-うち【内内】㊀ 名 ❶家の中。家庭の内部。〈徒然・二一五〉「なえたる直垂、うちうちのままにてまかりたりしに」訳 (着古して)よれよれになった直垂で、家の中そのまま(の格好)で参ったところ。

❷個人的であること。内輪。非公式。〈源氏・若菜上〉「内々の心寄せは変はらずながら」訳 (私=朱雀院は在位中、光源氏に対する)個人的な好意は変わらないものの。

㊁ 副 内々で。ひそかに。〈徒然・一五〇〉「うちうちよく習ひ得てさし出でたらんこそ、いと心にくからめ」訳 (技能を身につける際に)ひそかに十分習い会得してから人前に出たとしたら、それこそ、たいそう奥ゆかしいだろう。

うち-お・く【打ち置く】他カ四 {か・き・く・く・け・け} [「うち」は接頭語] ❶(ちょっと)置く。〈源氏・須磨〉「うち置きちょっと置き(六条御息所が)書きなさった手紙は…墨のつきぐあいなど見所がある。

❷そのままにしておく。ほうっておく。〈徒然・一三七〉「棺をひさくもの、作りてうち置く体ほどなし」訳 (死ぬ者が多いので)棺を売る者は、作ってそのままにしておく間がない。

うちおとり-の-とめでた【内劣りの外めでた】外見はりっぱだが、内容が貧弱なこと。見かけだおし。

うち-おぼめ・く 自カ四 {か・き・く・く・け・け} [「うち」は接頭語]ぼかしてあいまいにする。知らないふりをする。〈徒然・七三〉「げにげにしく所々うちおぼめき、よく知らぬよしして」訳 いかにももっともらしく(話の)所々をぼかしてあいまいにし、よく知らないふりをして。

うち-かす・む【打ち掠む】他マ下二 {め・め・む・むる・むれ・めよ} [「うち」は接頭語]それとなく言う。ほのめかす。〈枕・一三六〉「『うとくおぼいたる事』などうちかすめ、うらみなどするに」訳 (男が)「よそよそしく思っていらっしゃることよ」などと(女に)それとなく言い、恨みごとを言ったりするうちに。

うち-かたぶ・く【打ち傾く】[「うち」は接頭語]㊀ 自カ四 {か・き・く・く・け・け} 首を軽くかしげる。不審そうなようすをする。〈枕・一五一〉「頭はあまそぎなるちごの、目に髪のおほへるをかきはやらで、うちかたぶき用て物など見たる

も、うつくし」[訳]頭髪は尼そぎ(=髪形の名)である幼女が、目に髪がかぶさっているのを払いのけもしないで、**首を軽くかしげ**て物などを見ているのも、かわいらしい。

㊁[他カ下二]{け・け・く・くる・くれ・けよ}傾ける。

うち-かづ・く カズク【打ち被く】〔「うち」は接頭語〕㊀[他カ四]{か・き・く・く・け・け}(賜った衣類などを)肩にかける。〈枕・二八〉「伊予簾(いよす)などかけたるに**うちかづき**(用)て、さらさらと鳴らしたるも、いとにくし」[訳](忍んで来る男が)伊予(愛媛県)産の簾(すだれ)などが掛けてあるのを(くぐろうとして)**頭にかぶって**(=簾が頭にふれて)、ざらざらと音をたてたのも、たいそう不快だ。

㊁[他カ下二]{け・け・く・くる・くれ・けよ}(衣類などをほうびとして)人の肩にかける。かずきものを与える。〈源氏・竹河〉「侍従はあるじの君に**うちかづけ**(用)て往(い)ぬ」[訳]侍従(=薫(かおる))は(小袿(こうちき)を訪問先の)主人である方の**肩にかけ**て帰る。

[参考] 貴人よりほうびとして衣類が下される場合、受ける側は多く肩にかけた。→被(かづ)く(三八ページ)

うち-かぶと【内兜・内甲】[名]兜(かぶと)の正面の内側。また、そこと接する額のあたり。

うち-かへし カエシ【打ち返し】[副]❶思い返して。前とは反対に。〈源氏・浮舟〉「さはり所もあるまじく、さはやかによろづ思ひなさるれど、**うち返し**いと悲し」[訳](浮舟(うきふね)は死ぬのに)さし障ることもなさそうで、万事さっぱりした気分に自然となるけれども、(また)**それとは反対に**(この世に未練が残り)たいそう悲しい。

❷繰り返して。何度も。〈源氏・薄雲〉「おしはかり給ふにいと心苦しければ、**うち返し**のたまひ明かす」[訳](光源氏は明石(あかし)の君の思いを)推測なさると、たいそう気の毒なので、**繰り返して**(納得がゆくよう)おっしゃって(夜を)明かす。

うち-かへ・す カエス【打ち返す】[他サ四]{さ・し・す・す・せ・せ}〔「うち」は接頭語〕❶ひるがえす。**ひっくり返す。**〈枕・二八〉「手のうら**うち返し**(用)**うち返し**(用)、おしのべなどしてあぶりをる者」[訳]手のひらを**ひっくり返しひっくり返し**、(寒さでかじかんだ手を)押しのばしたりして(火に)かざしている者(は見るのも不快だ)。

❷**繰り返す。**〈源氏・桐壺〉「『前(さき)の世ゆかしうなむ』と**うち返し**(用)つつ、御しほたれがちにのみおはします」[訳](桐壺帝は)「(故桐壺の更衣との)前世(の因縁)が知りたいものだ」と**繰り返し**(おっしゃっ)ては、ただもう御涙にくれることが多くていらっしゃる。

❸田畑をすき返す。**耕す。**〈金葉・春〉「鴫(しぎ)のゐる野沢の小田(をだ)を**うち返し**(用)」[訳]鴫がすんでいる野の沢にある田を**耕して**。

うち-かへ・る カエル【打ち返る】[自ラ四]{ら・り・る・る・れ・れ}〔「うち」は接頭語〕ひっくり返る。〈枕・九七〉「あさましきもの…牛車(ぎっしゃ)の**うち返り**(用)たる」[訳]驚きあきれるもの、…車が**ひっくり返っ**たの。

うぢ-がみ ウジ【氏神】[名]❶氏族の祖先として祭る神。また、氏族と関係の深い神。藤原氏の春日(かすが)神社など。

❷(中世以降)生まれた土地の守り神。鎮守(ちんじゅ)の神。産土神(うぶすながみ)。

うち-き【袿】[名]「うちぎ」とも。❶男子が単衣(ひとえ)の上に着た衣服。この上に直衣(のうし)・狩衣(かりぎぬ)などを着る。〈枕・一四四〉「髪をかしげなる童(わらは)の、…よき**袿**着たる、…」[訳]髪がかわいらしく見える少年で、…上等な**袿**を着ているのが、三、四人来て。

❷女子の衣服。正装の時にはこの上に唐衣(からぎぬ)・裳(も)などを着る。数枚重ねて着ることが多いので「重ね袿」ともいう。のち、重ねる枚数は五枚に定まり、「五つ衣(ぎぬ)」ともよばれた。〈源氏・宿木〉「濃き**袿**に、撫子(なでしこ)とおぼしき細長(ほそなが)、若苗(わかなへ)色の小袿(こうちき)着たり」[訳](浮舟(うきふね)は)濃い紅(くれない)色の**袿**に、撫子襲(がさね)と思われる細長、(その上に)若苗色の小袿を着ていた。→十二単(じふにひとへ)

❸(「御袿(みうちき)」の形で)天皇の衣服のお召し替えをすること。〈源氏・紅葉賀〉「上(うへ)は御袿の人召して」[訳]帝(みかど)はお**召し替え**の係の女官をお呼びになって。

うち-ぎき【打ち聞き】[名]❶**ちょっと聞くこと。**また、そのことばや話。〈源氏・常夏〉「深きすぢ思ひ得ぬほどの、**うち聞き**には」[訳](内容の)深い意味あいを味わい得ない程度の、**ちょっとした聞き方**では。

❷聞いたままを記しておくこと。また、そのもの。特に、耳にした歌の記録としての私撰(しせん)集。〈枕・二七六〉「人と言ひかはしたる歌の聞こえて、**打ち聞き**などに書き入れらるる」[訳]だれかとやりとりした歌が世間で評判になって、**打ち聞き**などに書きこまれるの(はうれしい)。

うち-き・く【打ち聞く】[他カ四]{か・き・く・く・け・け}〔「うち」は接頭語〕ちらっと聞く。ふと耳にする。〈源氏・明石〉「入道、…**うち聞く**(体)より胸ふたがりておぼゆれど」[訳](明石(あかし)の)入道は、…(光源氏に京への帰還の許しが出たことを)**ちらりと耳にする**とすぐに、胸がつまって感じられるけれども。

うちき-すがた【袿姿】[名]袿(うちき)だけを着たくつろいだ姿。袿の上に着る衣(男子は直衣(のうし)・狩衣(かりぎぬ)、女子は裳(も)・唐衣(からぎぬ))を着ない姿。

うち-きら・す【打ち霧らす】[他サ四]{さ・し・す・す・せ・せ}〔「うち」は接頭語〕空一面を(霧がかかったようにして)曇らせる。〈源氏・行幸〉「**うち霧らし**(用)朝曇りせしみゆきには」[訳]**空一面を霧がかかったようにして**朝曇りしていた(昨日の)雪空の行幸(みゆき)では。(「みゆき」は「み雪」と「行幸」との掛詞)

うち-ぐ・す【打ち具す】〔「うち」は接頭語〕㊀[自サ変]{せ・し・す・する・すれ・せよ}そろう。十分に備わる。〈源氏・桐壺〉「親**うち具し**(用)、さしあたりて世の思(おぼ)え花やかなる御方々(かたがた)にもいたう劣らず」[訳](桐壺の更衣は)両親が**ともにそろい**、当面世間の評判がきわだってよい御方々(=女御(にょうご)・更衣たち)にもそれほどひけをとらずに。

㊁[他サ変]{せ・し・す・する・すれ・せよ}伴う。引き連れる。〈源氏・須磨〉「**うち具し**(用)てはつきなからむさまを思ひ返し給ふ」[訳](もしも紫の上をこの須磨(すま)に)**引き連れ**(て来)たとしたら、似つかわしくないようなありさまを思い返しなさる。

うち-くら【内蔵・内庫】[名]❶上代、朝廷の官物を納めた蔵。

❷「うちぐら」とも。近世、母屋(おもや)の軒続きに建てた蔵。家の中から出入りができ、金銀や貴重な家財などを入れる。

❸「うちぐら」とも。金持ち。

うち-ささ・ぐ【打ち捧ぐ】他ガ下二{げ・げ・ぐ・ぐる・ぐれ・げよ}〔「うち」は接頭語〕ちょっとあおむける。〈徒然・一七五〉「まばゆからず顔**うちささげ**用てうち笑ひ」訳（酒を飲んだ女は）恥ずかしげもなく顔を**ちょっとあおむけ**て笑って。

うち-しき・る【打ち頻る】自ラ四{ら・り・る・る・れ・れ}〔「うち」は接頭語〕たび重なる。続けざまである。〈源氏・桐壺〉「まうのぼり給ふにも、あまり**うちしきる**体折々は」訳（桐壺の更衣が桐壺帝の御前に）参上なさる場合でも、はなはだしく**たび重なる**時々には。

うち-しぐ・る【打ち時雨る】自ラ下二{れ・れ・る・るる・るれ・れよ}〔「うち」は接頭語〕❶さっとしぐれが降る。〈源氏・夕顔〉「**うちしぐれ**用て、空の気色(けしき)いとあはれなり」訳（立冬の今日）**さっとしぐれが降っ**て、空のようすはたいそうしみじみと寂しい。
❷涙ぐむ。涙にぬれる。〈源氏・若菜上〉「まみのわたり**うちしぐれ**用てひそみ居(ゐ)たり」訳（明石(あかし)の尼君は）目もとのあたりが**涙にぬれ**て、べそをかいて座っている。

宇治拾遺物語（うぢしふゐものがたり）ウジシユウイモノガタリ《作品名》鎌倉初期の説話集。編者未詳。本朝（＝日本）・天竺(てんじく)（＝インド）・震旦(しんだん)（＝中国）の説話百九十七編からなり、「今昔物語集」とは約八十話が共通する。仏教的色彩が濃いが、民話や滑稽談の要素も多く取り入れる。

うち・す【打ち為】〔「うち」は接頭語〕■一 自サ変{せ・し・す・する・すれ・せよ}雨などがさっと降る。〈蜻蛉・中〉「風いとさむく、しぐれ**うちし**用つつ」訳風がとても寒く、時雨(しぐれ)がくり返し**さっと降っ**て。
■二 他サ変{せ・し・す・する・すれ・せよ}ちょっとする。〈源氏・帚木〉「をりふしのいらへ心得て**うちし**用などばかりは」訳その時々の（手紙の）返事を心得があって**ちょっとし**たりするぐらい（のこと）は。

うち-す・つ【打ち捨つ】他タ下二{て・て・つ・つる・つれ・てよ}〔「うち」は接頭語〕❶捨てておく。**そのままほうっておく。**〈枕・一〇〇〉「とみにも乗らで待たするも、いと心もとなく、**うち捨て**用ても往(い)ぬべき心地ぞする」訳（牛車(ぎつしや)で迎えに行ったとき）すぐにも乗らないで待たせるのも、たいそうじれったく、**そのままほうっておい**てでも行ってしまおうという気持ちがする。
❷（死や離別で相手を）**あとに残す。**置き去りにする。〈源氏・葵〉「いくばくも侍るまじき老いの末に**うち捨て**未られたるが」訳（余命が）いくらもありそうにございません老後に、（娘に先立たれて）**あとに残さ**れたのが。

うち-ずみ【内裏住み・内住み】名宮中に住むこと。対里住(さとず)み

うち-ずん・ず【打ち誦んず】他サ変{ぜ・じ・ず・ずる・ずれ・ぜよ}〔「うち」は接頭語〕「うちずす」「うちずず」とも。漢詩や和歌を軽く口ずさむ。経文などを読み上げる。〈源氏・夕顔〉「『正(まさ)に長き夜』と**うち誦んじ**用て臥(ふ)し給へり」訳「確かに長い夜だ」と（漢詩の一節を）**軽く口ずさんで**、（光源氏は）横になっていらっしゃる。

うち-そ・ふソウ【打ち添ふ】〔「うち」は接頭語〕■一 自ハ四{は・ひ・ふ・ふ・へ・へ}❶加わる。〈平家・灌頂・女院出家〉「つきせぬ御物思ひに、秋のあはれさへ**うち添ひ**用て」訳果てることのない御物思いに、秋のしみじみとした寂しさまでが**加わっ**て。
❷付き添う。連れだつ。〈更級・夫の死〉「かしづかれて、**うち添ひ**用て下りしを見やりしを」訳（息子が供の者に）大事に世話をされて、（今は亡き夫と）**連れだっ**て（夫の任国へ）下ったのを見送ったのに。
■二 他ハ下二{へ・へ・ふ・ふる・ふれ・へよ}つけ加える。添える。〈源氏・明石〉「声よき人に謡(うた)はせて、我も時々拍子(ひやうし)とりて、声**うち添へ**用給ふを」訳声がよい人に歌わせて、自分（＝光源氏）もときどき笏拍子(しやくびやうし)（＝楽器の一種）を打って、声を**添え**なさるのを。

うち-つけ【打ち付け】形動ナリ ➡次ページ 56

うち-てう・ずヨウズ【打ち調ず】他サ変{ぜ・じ・ず・ずる・ずれ・ぜよ}打ちこらしめる。〈枕・九〉「この翁丸(おきなまろ)**打ちてうじ**用て、犬島へつかはせ」訳この翁丸（＝犬の名）を**打ちこらしめ**て、犬島へ追放せよ。

うち-と【内外】名❶（家の）内と外。また、奥向きと表向き。〈更級・宮仕へ〉「**内外**人多く、こよなくにぎはしくもなりたるかな」訳**家の内と外**に人が多く、この上なくにぎやかにもなったことだなあ。
❷（仏教の立場から）内教(ないきやう)（＝仏教）と外教(げきやう)（＝仏教以外の教え）。
❸「内外(うちと)の宮(みや)」の略。伊勢(いせ)神宮の内宮(ないくう)と外宮(げくう)。

うち-と・く【打ち解く】自カ下二{け・け・く・くる・くれ・けよ}〔「うち」は接頭語〕■一 ❶（氷やつららなどが）**溶ける。**〈平家・灌頂・大原御幸〉「谷のつららも**うちとけ**未ず」訳谷の氷も**溶け**ない。
❷**くつろぐ。安心する。**〈和泉式部日記〉「人はみな**うちとけ**用寝たるに」訳人はみな**安心して**寝ているのに。
❸（男女が）**なれ親しむ。**隔てがなくなる。〈伊勢・三〉「はじめこそ心にくくもつくりけれ、今は**うちとけ**用て」訳（女は男と）なれそめたころは奥ゆかしくとりつくろっていたが、今は**なれ親しん**で。（「心にく」は、形容詞「心にくし」の語幹か）
❹**油断する。**心がゆるむ。〈枕・八〉「などかはさしも**うちとけ**用つる」訳どうしてそんなにも**油断し**たのか。
■二 他カ四{か・き・く・く・け・け}紐(ひも)の結び目などを解く。〈枕・一四六〉「紐**うち解き**用、ないがしろなるけしきに」訳（直衣(のうし)の）紐を**解き**、無造作なようすで。

うちとけ-ごと【打ち解け言】名うちとけた話。つつみかくしのない話。〈枕・九六〉「客人(まらうど)などに会ひてもの言ふに、奥の方に**うちとけごと**など言ふを、えは制せで聞く心地」訳客などに会って何か話しているときに、奥の方で**あけすけな話**などをするのを、とめることができないで聞いている気持ち（は、その場にいたたまれないほどのものだ）。

うち-なが・む【打ち眺む】他マ下二{め・め・む・むる・むれ・めよ}〔「うち」は接頭語〕物思いにふけりながらぼんやりと見やる。〈伊勢・三〉「この女、いとよう仮粧(けさう)じて、**うち眺め**用て」訳この女は、とても美しく化粧して、**物思いにふけりながらぼんやりと見やっ**て。

うち-なび・く【打ち靡く】自カ四{か・き・く・く・け・け}〔「うち」は接頭語〕❶ゆるやかに横に揺れ動く。〈源氏・若菜下〉「風に**うちなびく**体下簾(したすだれ)のひまひまも」訳風で**ゆるやかに横に揺れ動く**（牛車(ぎつしや)の）下簾のすきま（から見える出(い)だし衣(ぎぬ)）も。
❷人が横になる。横たわる。
❸考えが傾く。心がひき寄せられる。〈万葉・四・五〇五〉

最重要330

56 **うち-つけ**【打ち付け】形動ナリ〔なら・なり(に)・なり・なる・なれ・なれ〕

ガイド ぶつける意の動詞「打ち付く」に対応する形容動詞。**経過を考えるゆとりのない突然なさま**を表す。だしぬけな行為は軽率(②)であり、ぶしつけ(③)である。

❶ **突然だ。だしぬけだ。**
➡俄(にわか)には「類語の整理」

❷ **軽率だ。深い考えがない。**

❸ **ぶしつけだ。露骨だ。**

例 **うちつけに**用、海は鏡の面(おもて)のごとなりぬれば〈土佐〉
訳 (荒れ狂う海に鏡を投げ込むと)**たちまちに**、海は鏡の面のように(静かに)なったので。

例 いと**うちつけなる**体心かな〈源氏・椎本〉
訳 まったく**いきあたりばったりの**心だなあ。

例 **うちつけに**用ひがひがしう言ひなす人も侍りける〈増鏡・さしぐし〉
訳 **露骨に**ひがみっぽく言い立てる人もございました。

語感実感
何の用意もなく、部屋も片づいていないときに、事前の連絡なしに急に友人が訪ねてきたときの感じ。

「今更に何をか思はむ**うちなびく**体心は君に寄りにしものを」訳 今さら何を思い迷うことがあろうか(思い迷うことはない)。**ひき寄せられる**(私の)気持ちはあなたに寄り添ってしまったのだから。

うち-なや・む【打ち悩む】自マ四〔ま・み・む・む・め・め〕〔「うち」は接頭語〕病気などで苦しむ。思いわずらう。〈源氏・賢木〉「少し**うち悩み**用て痩々(やせやせ)になり給へる程、いとをかしげなり」訳 (朧月夜(おぼろづきよ)の君が)少し**わずらっ**てほっそりとお痩せになっているようすは、実にかわいらしい感じである。

うち-の-うへ(ウエ)【内の上】名 天皇。帝(みかど)。

うち-の-おとど【内大臣】名「ないだいじん」に同じ。

うち-は(ワ)【団扇】名 ❶あおいで風を起こしたり、かざして顔を隠したりする道具。うちわ。夏
❷「軍配(ぐんばい)団扇」の略。大将が軍勢を指揮するのに用いたうちわ。
❸①を図案化した紋所(もんどころ)の名。

うち-はし【打ち橋】名 ❶板をかけ渡しただけの仮の橋。
❷建物と建物との間に渡した、取りはずしのできる板の橋。

うち-はぶ・く【打ち羽振く】自カ四〔か・き・く・く・け・け〕〔「うち」は接頭語〕羽ばたきをする。〈万葉・一九・四二三三〉「**うちはぶき**用鶏(とり)は鳴くとも」訳 **羽ばたきをして**鶏は鳴いて(夜明けを告げて)はいても。

うち-はへ(ハエ)【打ち延へ】副 ❶ずっといつまでも続いて。**引き続き。**〈枕・一〇三〉「雨の**うちはへ**(=**引き続き**)降るころ」
❷**特別に。**〈今昔・二五・五〉「**うちはへ**(=**特に**)丈(たき)高き〔馬〕が」

うちはへ-て(ウチハエ)【打ち延へて】副 ❶「うちはへ①」に同じ。〈源氏・若菜下〉「宮も**うちはへて**、ものをつつましく」訳 宮(=女三の宮)も**引き続き**、なんとなく気おくれがして。
❷**ずっとどこまでも延びていて。**〈古今・秋上〉「たなばたにかしつる糸の**うちはへて**年の緒ながく恋ひやわたらむ」訳 織女に供えた糸が**長く延びて**(いるように)、いつまでも年月長く恋い続けるのだろうか。

うち-は・む【打ち塡む・打ち嵌む】他マ下二〔め・め・む・むる・むれ・めよ〕〔「うち」は接頭語〕❶投げ入れる。〈土佐〉「『ただ一つある鏡をたいまつる』とて、海に**うちはめ**用つれば」訳「たった一つある鏡を(海神に)奉納する」と言って、海に**投げ入れ**たので。
❷閉じ込める。〈落窪〉「中の劣りにて**うちはめ**未られてありけるものを」訳 (落窪(おちくぼ)の君は姫君たちの)中で劣った者として**閉じ込め**られていたのに。

うちひさす【うち日さす】《枕詞》「宮」「都」にかかる。〈万葉・四・五三二〉「**うちひさす**宮に行く児(こ)を」

うち-ひそ・む【打ち顰む】自マ四〔ま・み・む・む・め・め〕〔「うち」は接頭語〕顔をしかめて泣きだしそうになる。べそをかく。〈源氏・薄雲〉「母君の見えぬを求めてらうたげに**うちひそみ**用給へば」訳 (明石(あかし)の姫君は)母君(の姿)が見えないのを捜して、かわいらしいようすで**べそをかき**なさるので。

うち-まか・す【打ち任す】他サ下二〔せ・せ・す・する・すれ・せよ〕〔「うち」は接頭語〕❶まかせる。なすがままにする。〈風姿花伝〉「ふとし出(い)ださむかかりを、**うちまかせ**用て、心のままにせさすべし」訳 (猿楽(さるがく)の稽古を始めたばかりの子が)思いがけずやり出すであろう芸風を、**なすがままにし**て、心のままにさせるのがよい。
❷ありふれている。ふつうである。〈宇治・四・八〉「この病

のありさま、うちまかせ㊊たることにあらず」訳 この(僧の)病気のようすは、ありふれていることではない。

うちまかせ-て【打ち任せて】副 ふつうに。一般に。通りいっぺんに。〈無名抄〉「うちまかせて歌によむべし」訳 ふつうに歌に詠んでよい。

うち-まき【打ち撒き】名 ❶魔よけの祓いに米をまくこと。また、その米。散米。❷神前に供える米。❸《女房詞》米。

うち-まも・る【打ち守る】他ラ四{ら・り・る・る・れ・れ}〔「うち」は接頭語〕じっと見つめる。〈源氏・若紫〉「幼心地にも、さすがにうちまもり㊊て、伏し目になりてうつぶしたるに」訳 (若紫は)子供心にも、やはり(平気ではおられず、祖母の顔を)じっと見つめて、(やがて)目を伏せてうつむいたところに。

うち・みる【打ち見る】他マ上一{み・み・みる・みる・みれ・みよ}〔「うち」は接頭語〕ちらっと見る。目にとめる。〈源氏・須磨〉「うち見る㊍より、…ひとつ涙ぞこぼれける」訳 (三位の中将は光源氏を)ちらっと見るやいなや、…(再会のうれしさに、光源氏の逆境を嘆いたのと)同じ涙がこぼれたことだ。

うち-む・る【打ち群る】自ラ下二{れ・れ・る・るる・るれ・れよ}〔「うち」は接頭語〕大勢集まる。むらがる。〈枕・二七八〉「うち群れ㊊てだにあらば、すこし隠れどころもやあらむ」訳 (女房たちが)せめて大勢集まってでもいるならば、少し隠れ場所もあるだろうが。

うち-め【打ち目】名 光沢を出すために砧で絹布を打ち、それによってできた模様。

うち-もの【打ち物】名 ❶刀・薙刀などの金属の武器。❷打って鳴らす楽器。鉦・鼓など。❸砧で打って光沢を出した絹布。打ち衣。

うち-よ・す【打ち寄す】〔「うち」は接頭語〕
━ 自サ下二{せ・せ・す・する・すれ・せよ} ❶波が岸に寄せる。〈古今・秋上〉「川風のすずしくもあるかうち寄する㊍波とともにや秋は立つらむ」訳 川風が涼しくも吹くことよ。岸に打ち寄せる波といっしょに、秋は立つ(=秋になる)のだろうか。(波が「立つ」と秋が「立つ」とをかける)

❷馬に乗って近寄る。〈大鏡・道長上〉「帥殿の御うなじのもとにいと近ううち寄せ㊌させ給ひて」訳 (道長は)帥殿(=伊周)の御えり首のあたりにたいそう近く馬に乗ってお近寄りになられて。

━ 他サ下二{せ・せ・す・する・すれ・せよ}〈平家・三・判官都落〉「船ども、浦々島々にうち寄せ㊌られて」訳 船の多くが、あちこちの海岸や島に打ち寄せられて。

うち-わた・す【打ち渡す】他サ四{さ・し・す・す・せ・せ} ❶(馬に川などを)渡らせる。〈万葉・四・七一五〉「佐保の河門の清き瀬を馬うち渡し㊊」訳 佐保川の川幅が狭くなった所の澄んだ浅瀬を馬に渡らせ。❷ずっと並べる。一面にはりめぐらす。〈浜松中納言物語〉「水のほとりに、錦の平張りうち渡し㊊て」訳 (川の)水辺に、錦で作った平張り(=日よけの幕)を一面にはりめぐらして。❸〔「うち」は接頭語〕ずっと見渡す。〈古今・雑体〉「うち渡す㊍遠方人にもの申すわれ」訳 ずっと見渡す(かなたの)遠くにいる人にお尋ね申し上げる、私は。

うち-わたり【内辺り】名 内裏。宮中。〈枕・三〉「除目の頃など、内わたりいとをかし」訳 除目のころなどは、宮中(のようす)がたいそう趣がある。

うち-わ・ぶ【打ち侘ぶ】自バ上二{び・び・ぶ・ぶる・ぶれ・びよ}〔「うち」は接頭語〕思い悩む。つらく思う。困る。〈源氏・総角〉「霜さゆる汀の千鳥うちわび㊊て鳴く音悲しき朝ぼらけかな」訳 霜が冷え冷えとする(凍りつくような)水ぎわの千鳥の、(寒さが)つらくて鳴く声が悲しく聞こえる夜明け方であるなあ。

うち-ゑん・ず【打ち怨ず】他サ変{ぜ・じ・ず・ずる・ずれ・ぜよ}〔「うち」は接頭語〕恨む。恨みごとを言う。〈源氏・宿木〉「わりなしと思して、うちゑんじ㊊てゐ給へる御さま」訳 (中の君が)ひどいとお思いになって、(匂宮を)恨んで座っておいでになるごようすは。

う・つ【打つ】他タ四{た・ち・つ・つ・て・て} ❶たたく。打ちつける。〈記・中〉「その火打ちもちて火を打ち㊊出でて」訳 その火打ち石で火をたたき出して。❷砧でたたいて布のつやを出す。〈枕・二七六〉「ものの折に衣打た㊌せにやりて」訳 なにかの機会に着物を砧で打たせにやって。❸(くいや柱などを)打ちこむ。また、打ちこんで仮設物などを構える。幕などを張る。〈うつほ・藤原の君〉「賀茂の川辺に桟敷打ち㊊て」訳 賀茂川のほとりに桟敷を構えて。❹金属をきたえて物を作る。〈細道・出羽三山〉「この国の鍛冶、霊水を撰びてここに潔斎して剣を打ち㊊」訳 この国(=出羽の国)の刀鍛冶が、霊水を探し出してここで身を清めて刀をきたえて作り。❺投げつける。撒く。〈宇治・三・一六〉「童べ、石をとりて打ち㊊たれば、あたりて」訳 子供が、石を持って投げつけたところ、(雀に)命中して。❻(打つような動作で)耕す。〈万葉・一一・二四七六〉「打つ㊍田に稗はしあまたありといへど」訳 耕す田には稗はたくさんあるというけれども。(「し」は強意の副助詞) ❼(線やしるしを)つける。〈万葉・一一・二六四八〉「かにかくに物は思はじ飛騨人の打つ㊍墨縄のただ一道に」訳 あれこれと思い悩むまい。飛騨の工匠がつける墨縄のように、ただひと筋に(あなたを信じよう)。❽斬る。断ち切る。〈平家・九・忠度最期〉「薩摩守(=平忠度)の頸をうつ㊎」❾勝負事や興行などをする。行う。〈徒然・一一〇〉「勝たんと打つ㊎べからず、負けじと打つ㊎べきなり」訳 (双六は)勝とうと思って行ってはならない、負けまいと思って行うべきである。❿〔「討つ」「撃つ」とも書く〕攻め滅ぼす。うち殺す。〈記・中〉「西の方の悪しき人どもをうち㊊につかはして」訳 西国地方の悪人どもを討伐するために派遣して。

う・つ【棄つ】他タ下二{て・て・つ・つる・つれ・てよ}捨てる。〈記・上〉「黒き御衣を…そに脱ぎうて㊊」訳 黒いお着物を…その場に脱ぎ捨て。

うづえ【卯杖】➡うづゑ

う-づき【卯月・四月】名 陰暦四月の称。夏

うつく・し【愛し・美し】形シク ➡次ページ 57

うつくし-が・る【愛しがる】他ラ四{ら・り・る・る・れ・れ}〔「が

最重要330

57 **うつく・し**【愛し・美し】形シク{しから・しく(しかり)・し・しき(しかる)・しけれ・しかれ}

ガイド 上代では自分より弱い立場にある者への肉親的愛情を表したが、中古に対象が拡大して、広く、小さいもの、弱いもののかわいらしさを表すようになった。中古の用例はだいたい①②の範囲内にあるが、類義語「らうたし」が心に感じる可憐さを表すのに対し、主に見た目のかわいらしさを表したため、中世には美一般を表す③に拡張した。④は転義で、元来「うるはし」が担った意味である。

❶**かわいい。いとしい。**
例 父母を見れば尊し妻子見ればめぐしうつくし(終)〈万葉・五・〇〇〉
訳 父母を見ると尊い。妻子を見るといとしいし、かわいい。

❷**(小さくて)かわいらしい。愛らしい。**➡おいらか「類語の整理」
例 うつくしき(体)もの　瓜にかきたる稚児の顔〈枕・一五一〉
訳 かわいらしいもの、瓜に描いた幼児の顔。

❸**きれいだ。うるわしい。**
例 仏御前は髪すがたよりはじめて、みめかたちうつくしく(用)〈平家・一・祇王〉
訳 仏御前は髪かっこうをはじめとして、顔かたちがきれいで。

❹**りっぱだ。みごとだ。すぐれている。**
例 かの木の道のたくみの造れる、うつくしき(体)うつは物も〈徒然・二二〉
訳 あの細工師の造った、みごとな器物も。

る」は接尾語)かわいがる。いとおしく思う。〈落窪〉「三つばかりなるを膝にすゑて、うつくしがり(用)給へれば」訳 三歳ほどである子を膝にのせて、かわいがっていらっしゃったので。

うつくし‐げ【愛しげ・美しげ】形動ナリ{なら・なり(に)・なり・なる・なれ・なれ}(「げ」は接尾語)**いかにもかわいらしいようすである。**いかにも美しいようすである。〈源氏・若紫〉「髪のうつくしげに(用)そがれたる末も」訳 髪のいかにも美しいようすに切りそろえられている端も。

うつくし・ぶ【慈しぶ・愛しぶ】他バ上二{び・び・ぶ・ぶる・ぶれ・びよ}「うつくしむ」に同じ。〈源氏・賢木〉「声いとおもしろく、笙の笛吹きなどするをうつくしび(用)もて遊び給ふ」訳 (中将の御子は)声がたいそう美しく、笙の笛を吹きなどするのを、(光源氏が)かわいがり、(相手になって)遊びなさる。

うつくし‐み【慈しみ・愛しみ】名 いつくしむこと。かわいがること。慈愛。〈古今・仮名序〉「あまねき御うつくしみの波、やしまのほかまでながれ」訳 すべてに行きわたっている(天皇の)ご慈愛の波は、日本の外までも及んでいき。

うつくし・む{ま・み・む・む・め・め}【慈しむ・愛しむ】他マ四「うつくしぶ」とも。(小さい者などを)**愛する。かわいがる。**〈枕・一五一〉「をかしげなるちごの、あからさまにいだきて遊ばしうつくしむ(体)ほどに、かいつきて寝たる、いとらうたし」訳 かわいらしい赤ん坊が、ほんのちょっと抱いて遊ばせかわいがるうちに、しがみついて寝てしまったのは、ほんとうに愛らしい。

うつし【移し】名 ❶草花の汁などを紙にすりつけておいて、後にその色を布に移し、染めること。また、その染料や紙。うつしばな。うつしがみ。❷衣服に香の香りをしみこませること。また、その香り。❸「移し馬」「移しの馬」の略。官人が公用のときに支給された乗り換え用の馬。❹「移し鞍」「移しの鞍」の略。③に置く鞍。

うつ・し【現し・顕し】形シク{しから・しく(しかり)・し・しき(しかる)・しけれ・しかれ}❶現実に存在する。**この世に生きている。**〈記・上〉「葦原の中つ国に有らゆるうつしき(体)青人草の」訳 葦原の中つ国(=日本)にいるすべての生きている人民が。❷**本気だ。**正気だ。**たしかだ。**真実だ。〈万葉・四・七七二〉「うつしく(用)もまこと吾妹子われに恋ひめや」訳 本気で本当にあなたが私に恋するだろうか(いや、そうではないだろう)。

うつし‐ごころ【現し心】名 気が確かではっきりしていること。正気。〈徒然・八七〉「現し心なく酔ひたる者に候ふ」訳 正気もなく酔っている者でございます。

うつし‐ごころ【移し心】名 変わりやすい心。心変わり。〈古今・恋四〉「いで人は言のみぞよき月草の移し心は色ことにして」訳 いやもうあの人はことばかりがよい。露草(で染めた色)のように変わりやすい心はうわべとは異なっていて。(「移し心」に「現し心」をかけ、「ことに」は「異に」でなく「殊に」とする説もある)

うつし‐ざま【現し様】名 ❶気持ちの確かな状態。正気。〈源氏・賢木〉「ここら世をもてしづめ給ふ御心みな乱れて、現し様にもあらず」訳 (光源氏も)長年(藤壺との)仲をひかえめにしていらっしゃるお心がすっかり乱れて、正気の状態でもなく。❷ふつうと変わらない状態。〈源氏・須磨〉「おほやけのかしこまりなる人の、現し様にて世の中にありふるは」訳 朝廷のとがめを受けている者が、ふつうと変わらない状態で世間で年月を過ごすのは。

うつ・す 他サ四 {さ・し・す・す・せ・せ}

❶【写す】模倣する。まねする。〈増鏡・新島守〉「信実(のぶざね)の朝臣(あそん)召して、御姿うつし用書かせらる」訳（後鳥羽(ごとば)院は）信実朝臣をお呼びよせになって、お姿を模写し描かせなさる。

❷【映す】水などに物の形を映す。反映する。〈源氏・蓬生〉「大空の星の光を、たらひの水にうつし用たる心地して」訳（末摘花(すゑつむはな)は光源氏の援助に対して）大空の星の光を盥(たらい)の水に映した（ような身に余る）気持ちがして。

うつ・す【移す】他サ四 {さ・し・す・す・せ・せ}

❶（物・人・心などを）他に転じる。置き換える。〈源氏・桐壺〉「後涼殿(こうらうでん)にもとより候(さぶら)ひ給ふ更衣の曹司(ざうし)を他(ほか)にうつさ未せ給ひて」訳 後涼殿に以前からお仕えなさる更衣の部屋を（桐壺帝は）ほかの場所にお動かしになられて。

❷（身分の高い人を）流罪にする。〈増鏡・新島守〉「院の上(うへ)、都のほかにうつし用奉るべし」訳 上皇（＝後鳥羽(ごとば)院）を、都の外にお流し申しあげるつもりだ。

❸色や香りをしみこませる。〈古今・春上〉「梅(むめ)が香(か)を袖にうつし用てとどめてば春は過ぐとも形見ならまし」訳 もし梅の花の香りを袖にしみこませて留めることができたならば、たとえ春は過ぎ去っても（その香りが春の）思い出の種となるだろうに。

❹（時を）過ごす。経過させる。〈徒然・一〇八〉「無益(むやく)のことを思惟(しゆい)して時を移す体のみならず」訳 むだなことを考えて時間を過ごすだけでなく。

❺（物の怪(け)を）他にのり移らせる。〈枕・一本・二三〉「物の怪にいたう悩めば、うつす終べき人とて」訳（病人が）物の怪に（取りつかれて）ひどく苦しむので、（その物の怪を）のり移らせるはずの人（＝寄りまし）として。

うつせみ 名〔「うつそみ」の転〕❶この世の人。また、この世。現世。〈万葉・一・一三〉「いにしへもしかにあれこそうつせみも妻を争ふらしき」訳（神代の）昔もそうであるからこそ、今の世の人も妻を（めぐって）争うらしい。

❷蟬(せみ)のぬけがら。また、蟬。夏。〈源氏・葵〉「うつせみのむなしき心地ぞし給ふ」訳（左大臣は亡くなった葵(あおい)の上の部屋を見て）蟬のぬけがらのようにむなしい気持ちがしなさる。

参考 「目に見えて存在する」の意の「うつし（現し）」に、「臣(おみ)（＝人）」の結合した「うつしおみ」から「うつそみ」→「うつせみ」と変化したもの。また、「万葉集」に「空蟬」「虚蟬」などと表記したところから②の意を生じた。

うつせみの《枕詞》「世」「命」「人」「身」などにかか

最重要330

58 **うつつ**【現】名

ガイド 現実に存在するさまをいう形容詞「現(うつ)し」の語幹を重ねた「うつうつ」の略とみられる。「死」や「夢」に対して、現実に存在することを表す。④は誤用から生まれた中世以後の用法。

❶（死に対して）生きている状態。

例 うつつのわが身ながらさるうとましきことを言ひつけらる、宿世(すくせ)の憂きこと〈源氏・葵〉

訳 現実に生きているわが身のままで、そんな忌まわしいこと（＝自分が物の怪(け)になって現れること）を言いたてられるのは、宿縁のつらいことよ。

❷（夢に対して）目が覚めているさま。現実。

例 今や夢昔や夢と迷はれていかに思へどうつつとぞなき〈建礼門院右京大夫集〉

訳 今（のこのわびしい暮らし）が夢なのか、昔（の華やかな生活）が夢なのかと思い迷わずにはいられなくて、どのように考えても現実とは思われない。

❸（意識の確かでない状態に対して）気の確かな状態。正気。

例 うつつにも似ず、たけく厳(いか)きひたぶる心出(い)できて、うちかなぐる〈源氏・葵〉

訳 正気のときとも違って、気が強く荒々しい一途(いちず)な心（＝恨み心）が出てきて、（葵(あおい)の上を）乱暴につかんで引っぱる。

❹（「夢うつつ」と続けて用いるところから、誤って）夢ごこち。夢か現実かわからないような状態。

例 「万事頼みあげる」など言へば、住持はやうつつになって〈浮・好色一代女〉

訳 「すべてよろしくお願いする」などと言うと、住職はもう夢ごこちになって。

る。〈古今・春下〉「うつせみの世にも似たるか花桜」

うつそみの… 和歌

うつそみの　人なるあれや　明日よりは
二上山を　いろせとあが見む
〈万葉・二・一六五・大伯皇女〉

訳 この世の人である私は、明日からは二上山を弟として眺めることであろうか。

解説 反逆の罪で殺された弟大津皇子の遺骸を、二上山に移葬したときの歌。→いそのうへに… 和歌

うづ-たか・し【堆し】形ク〔から・く(かり)・し・き(かる)・けれ・かれ〕高く盛りあがっている。〈徒然・六〇〉「大きなる鉢にうづたかく用盛りて」訳（親芋を）大きな鉢に高く盛りあがるほど盛って。

うっ-た・つ【打っ立つ】自タ四〔た・ち・つ・つ・て・て〕〔「うちたつ」の促音便〕❶立つ。❷出発する。〈平家・七・忠度都落〉「今はとてうったた未れける時」訳（忠度が）もうこれまでだと（都を）出発しなさった時に。

うったへ-に 副（下に打消、または反語表現を伴って）決して。絶対に。ことさら。〈万葉・四・五一七〉「神樹にも手は触るといふをうつたへに人妻と言へば触れぬものかも」訳（手を触れるとたたりがあるという）神木にも手は触れるというのに、絶対に人妻というと触れないものだろうか。

う-づち【卯槌】名 陰暦正月の最初の卯の日に、糸所（＝薬玉などを作る役所）から朝廷に奉った槌。桃の木を一寸（＝約三センチメートル）四方、長さ三寸に作り、縦に穴をあけ、五色の組み糸を貫きたらす。邪気を払うとされた。春

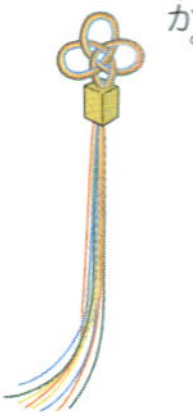

（うづち）

うつつ【現】名 ➡前ページ 58

うつつ-な・し【現無し】形ク〔から・く(かり)・し・き(かる)・けれ・かれ〕正気でない。夢ごこちだ。〈徒然・一一二〉「この心を得ざらん人は、物狂ひとも言へ、うつつなし終、情けなしとも思へ」訳（ひたすら仏道に精進しようという）この気持ちを理解しないような人は、（私のことを）気がふれた人とでも言うがいい、正気でない、人情がないとも思うがいい。

うっ-て【討手】名〔「うちて」の促音便〕「うて」とも。敵や賊などを討ったり捕らえたりする人。追っ手。

うつは-もの【器物】名 ❶入れ物。容器。〈伊勢・二三〉「手づから飯匙とりて、笥子の器物に盛りけるを見て」訳（女が）自分の手でしゃもじをとって、（飯を）笥子という入れ物に盛ったのを（男が）見て。❷道具類。器具類。❸才能。器量。また、それのある人物。〈源氏・帚木〉「まことのうつはものとなるべきを取り出ださむには難かるべしかし」訳 真に有能な人物となり得る者を選び出すとしたらその場合には、難しいことだろうね。

うつ-ぶ・す【俯す】自サ四〔さ・し・す・す・せ・せ〕❶下を向く。うつむく。〈枕・一〇四〉「袖を押しあてて、うつむき座っていて。❷うつぶせになる。〈大鏡・為光〉「物もつゆ参らで、うつぶし用うつぶし用給へるほどに」訳（誠信は）物も少しも召し上がらないで、うつぶせになりうつぶせになりなさっているうちに。

訳 袖を（顔に）押しあてて、うつぶし用ゐたり」

うつほ【空・洞】名 ❶中がからであること。うつろ。〈今昔・二九・二三〉「これもうつほにて物なかりけり」訳 これ（＝唐びつ）も中がからで物がなかった。❷岩や木にできた空洞。ほら穴。〈宇治・一・三〉「木のうつほのありけるにはひ入りて」訳 木の空洞があった所にはって中に入って。❸上着だけで、下に重ねる衣服を着ないこと。

うつ-ぼ【靫・空穂】名 矢を入れて背負う筒形の武具。矢が雨にぬれたり、いたんだりするのを防ぐために納めるもの。竹製・漆塗りで、上に毛皮や鳥毛をつけたものもある。

（うつぼ）

うつほ物語（うつほものがたり）《作品名》平安中期の物語。作者は源順とする説もあるが、未詳。十世紀後半の成立か。琴の名手清原仲忠を中心に、音楽に関する霊験物語と貴宮をめぐる求婚物語を交錯させる。伝奇的要素と写実性をあわせ持ち、「源氏物語」などに影響を与えた。

うづまさ【太秦】名 ❶姓氏の一つ。雄略天皇のとき、秦酒公が賜った姓。❷今の京都市右京区太秦蜂岡町にある広隆寺。

太秦（うづまさ）《地名》今の京都市右京区の太秦。秦氏が「うづまさ」の姓を賜って居住したところからついた地名。

うづ・む【埋む】他マ四〔ま・み・む・む・め・め〕❶土の中などに入れて上をおおう。うずめる。〈源氏・幻〉「うづみ用たる火おこし出でて」訳 うずめてある炭火をかきたてて。❷気分をめいらせる。〈夫木・雑一八〉「心をうづむ体（＝めいらせる）夕暮れの雲」

参考 室町時代以降は「うずめる」という意で下二段活用の用例が出てくる。

うづも・る【埋もる】自ラ下二〔れ・れ・る・るる・るれ・れよ〕❶物におおわれて見えなくなる。うずまる。〈徒然・一一〉「木の葉にうづもるる体懸樋の雫ならでは、つゆおとなふものなし」訳 木の葉にうずまっている懸樋の雫以外には、まったく音をたてるものがない。❷人がその存在や才能を知られずにいる。〈源氏・澪標〉「かくうづもれ用過ぐさむを思はむも」訳 このように人に知られず過ごすようなことを考えるならそれも。

参考 例は少ないが、①の意で四段活用もある。

うづら【鶉】名 鳥の名。うずら。草深い野に住むとされ、秋の景物として歌に詠まれる。秋。〈千載・秋上〉「夕されば野辺の秋風身にしみてうづら鳴くなり深草の里」訳 →ゆふされば… 和歌

（うづら）

うつら-うつら 副 この目にはっきりと。まざまざと。〈土佐〉「目もうつらうつら、鏡に神の心をこそは見つれ」訳 目にもはっきりと、鏡（の中）に神の心を見たことだ。

うつり【移り】名 ❶移ること。〈今昔・二七・一〉「その後

最重要330

59

うつろ・ふ（ウツロウ）

【移ろふ】自ハ四{は・ひ・ふ・ふ・へ・へ}〔動詞「移る」(未)＋動作の反復・継続を表す上代の助動詞「ふ」＝「うつらふ」の転〕

ガイド 移り続ける、変わっていくの意。花の色や葉の色についていう②③がよく用いられる。③は色、④は花、⑤は盛りの時、⑥は心について、多くの場合、望まない方向に変わる意を表す。

❶移動する。場所を変える。

例 東山なるところへうつろふ(終)〈更級・東山なる所〉

訳 東山にある、とある所へ移る。

❷色が変わる。色づく。色や香りが染まる。

例 神無月(かむなづき)時雨(しぐれ)もいまだ降らなくにかねてうつろふ(体)神奈備(かむなび)の森〈古今・秋下〉

訳 陰暦十月の時雨もまだ降らないのに、前もって色づいている神奈備の森(＝地名)であるよ。

❸色がさめ続ける。色があせる。

例 例よりはひきつくろひて書きて、うつろひ(用)たる菊にさしたり〈蜻蛉・上〉

訳 (和歌を)いつもよりは注意をはらって書いて、色がわりした菊にさし結んだ。

❹(花などが)散る。

例 桜ははかなきものにて、かく程無くうつろひ(用)候(さぶら)ふなり〈宇治・一・一三〉

訳 桜の花はあっけないもので、このように(咲いて)間もなく散るのです。

❺時が過ぎてゆく。盛りの時が過ぎてゆく。

例 世の中を常なきものと今そ知る奈良の都のうつろふ(体)見れば〈万葉・六・一〇四五〉

訳 世の中を無常なものだと今知ったことだ。奈良の都が時の経過とともにさびれるのを見ると。

❻心が他のほうに移る。心変わりする。

例 おのづから御心うつろひ(用)て、こよなうおぼし慰むやうなるも、あはれなるわざなりけり〈源氏・桐壺〉

訳 自然に(桐壺帝の)お心が(藤壺(ふじつぼ)に)移っていって、格別にお気持ちが慰むようであるのも、しみじみと感に打たれることであった。

のち、移り有りて、その所、人の家に成りて」訳 その後、(都が)移ることがあって、その場所は、他人の家になって。

❷蕉風(しょうふう)俳諧で、連句の付け方の一つ。前句から付け句へ情趣が移ること。

うつり-が【移り香】名 物に移り残った香り。〈古今・雑上〉「蟬(せみ)の羽(は)の夜の衣はうすけれど移り香こくもにほひぬるかな」訳 蟬の羽のように夜着は薄いけれど、衣に移り残った香りは、濃くもにおっていたなあ。

うつり-ゆ・く自カ四{か・き・く・く・け・け}❶【移り行く】(人や物が)移動してゆく。〈方丈・二〉「吹き迷ふ風に、とかく移りゆく(体)ほどに」訳 吹き乱れる風に(あおられて)、(火が)あちこちに(燃え)移っていくうちに。

❷【映り行く】(思いなどが)浮かんでは消える。〈徒然・序〉「心にうつりゆく(体)よしなしごとを、そこはかとなく書きつくれば」訳 心に次々と浮かんでは消えるたわいもないことを、とりとめもなく書きつけると。

うつ・る【映る・写る】自ラ四{ら・り・る・る・れ・れ}影や光などが、水面・鏡などに現れる。映じる。〈細道・象潟〉「南に鳥海(てうかい)、天を支へ、その影うつり(用)て江(え)にあり」訳 南のほうに鳥海山が天をささえ(るように高くそびえ)、その(山の)影は映じて入り江(の水面)にある。

うつ・る

【移る】自ラ四{ら・り・る・る・れ・れ}

❶(人や物が)移動する。移転する。〈細道・出発まで〉「住める方(かた)は人に譲り、杉風(さんぷう)が別墅(べっしょ)に移る(体)に」訳 住んでいた家は他人に譲り、(門人の)杉風の別宅に移転する際に。

❷(人の心が)変わる。変化する。〈徒然・八五〉「この人は下愚(かぐ)の性、移る(終)べからず」訳 このような人は非常に愚かな性格が、(すぐれた性格に)変わることはできず。

❸(官職・地位などが)異動する。転任する。〈大鏡・良房〉「貞観(ぢやうぐわん)八年に、関白に移り(用)給ふ」訳 (良房は)貞観八年に、関白に転任(＝昇進)しなさる。

❹(色・香りが)しみつく。染まる。〈枕・一〇四〉「裳(も)・唐衣(からぎぬ)に白いもの移り(用)て、まだらならむかし」訳 (顔に袖を押しあてて、うつむいていたので)裳や唐衣におし

ろいがしみついて、(顔が)きっとまだらだろうよ。❺(物の怪などが)乗り移る。〈源氏・葵〉「物の怪、生き霊などいふもの多く出できて…人にさらに移ら㊍ず」訳物の怪や生き霊などというものが多く出て来て…寄りまし(＝一時的に霊を乗り移らせる子供や女性)にいっこうに乗り移らないで。❻(時が)過ぎる。〈徒然・二五〉「時移り㊊、事さり、楽しび・悲しびゆきかひて」訳(この世は無常なので)時は過ぎ、出来事も遠ざかり、楽しみや悲しみが去来して。❼色あせる。また、盛りがすぎる。〈古今・春下〉「花の色は移り㊊にけりないたづらに我が身世にふるながめせし間に」訳⬇付録◇①「小倉百人一首」9 ❽(花などが)散る。〈新古・春下〉「今日だにも庭を盛りと移る㊍花消えずはありとも雪かとも見よ」訳(明日といわず)今日でさえも、庭の上を花盛りと散る花よ、その花は(雪のようには)消えないであるとしても、(はかなくも美しい)雪であるかとでも思って見よ。

うつろう〖映ろう・移ろう〗⬇うつろふ

うつろ・ふ【映ろふ】自ハ四{は・ひ・ふ・ふ・へ・へ}〔動詞「映る」㊍＋反復・継続を表す上代の助動詞「ふ」＝「うつらふ」の転〕(光や影などが)映る。照り映えている。〈新古・秋上〉「鳰の海や月の光のうつろへ㊁ば波の花にも秋は見えけり」訳⬇にほのうみや…

うつろ・ふ【移ろふ】自ハ四 ⬇前ページ 59 和歌

うーづゑ【卯杖】名 陰暦正月の最初の卯の日に、大学寮(のちに六衛府)から朝廷に奉った杖。梅・桃・柊などの材を長さ五尺三寸(＝約一六〇センチメートル)に切って束ねたもの。邪鬼を払うまじないに用いた。春

うてな【台】名 ❶四方を望めるように造られた高い建物。高殿。多く、「玉のうてな」の形で用いられる。❷極楽往生した人が座るという蓮の花の形をした台。蓮台。

最重要330 60

うと・し【疎し】形ク{から・く(かり)・し・き(かる)・けれ・かれ}

ガイド 人に対して親しくない、物事に対して関係がうすいの意から、②③の意が生じた。現代語では主として②の意で用いられるが、古文では①の「関係がうすい」の意が重要。反対語は「親し」。

❶交わりが浅い。親しくない。関係がうすい。

例うとき㊍人にしあらざりければ、家刀自さかづきささせて〈伊勢・四四〉

訳縁の浅い人でもなかったので、主婦が(送別の)杯をすすめさせて。

❷よく知らない。その道に暗い。不案内である。

例人ごとに、わが身にうとき㊍ことをのみぞ好める〈徒然・八〇〉

訳人それぞれに、自分に不案内のことばかりを好んでいる。

❸無関心だ。そっけない。

例後の世のこと、心に忘れず、仏の道うとから㊍ぬ、心にくし〈徒然・四〉

訳死後のことを、つねに心に置いて、仏の道に無関心でないのは、奥ゆかしい。

うとうと・し【疎疎し】形シク{しから・しく(しかり)・し・しき(しかる)・しけれ・しかれ}疎遠だ。冷淡だ。よそよそしい。〈大鏡・道長上〉「帥殿(＝伊周)は、(女院詮子に対して)うとうとしく㊊もてなさせ給へりけり」訳帥殿はよそよそしくおふるまいになられていた。

うーとく【有徳・有得】名・形動ナリ 金持ちであること。裕福であるさま。〈浮・日本永代蔵〉「唐かね屋とて、金銀に有徳なる㊍人出で来ぬ」訳からかね屋といって、金銀に裕福である人が現れた。

うと・し【疎し】形ク ⬇上 60

うーどねり【内舎人】名〔「うちとねり」「うちとねり」の転。「うち」は「内裏」の意〕中務省に属し、帯刀して宮中の警備、雑役、行幸の警護にあたる職。また、その人。天皇から重臣に、随身として与えられることもある。

うとま・し【疎まし】形シク{しから・しく(しかり)・し・しき(しかる)・しけれ・しかれ}〔動詞「うとむ」に対応する形容詞〕❶いとわしい。いやだ。いやな感じだ。〈徒然・一二八〉「うとましく㊊、憎くおぼしめして、日ごろの御気色も違ひ」訳(上皇は大納言を)いとわしく、憎くお思いになって、ふだんのご寵愛も変わり。❷気味が悪い。〈源氏・夕顔〉「山彦の答ふる声いとうとまし㊎」訳こだまの反響する音がひどく無気味である。

うと・む【疎む】㊀他マ四{ま・み・む・む・め・め}いみきらう。いやだと思う。きらってそっけなくする。〈源氏・桐壺〉「なうとみ㊊給ひそ」訳(光源氏を)いみきらいなさるな。㊁他マ下二{め・め・む・むる・むれ・めよ}(多く「聞こゆ」「言ふ」とともに用いて)きらうようにさせる。〈浜松中納言物語〉「くまなくあやにくにおはするよしをのみ言ひうとめ㊊給へど」訳ぬけめがなく意地悪でいらっしゃる(という)ことばかりを言ってきらうようにさせなさるけれど。

うどん-げ【優曇華】名〔「優曇」は梵語の音訳で「祥瑞」(＝吉兆)」の意〕インド原産のクワ科の木。

仏典では三千年に一度花が咲き、そのとき仏が世に現れるという。きわめてまれなことのたとえに用いる。

うなじ【項】名 えり首。首のうしろ。

うなゐ【髫・髫髪】名 髪をえり首のあたりに垂らして切りそろえた子供の髪形。また、その髪形をした年ごろの子供。

うぬ【己】代〔「おの(己)」の転〕❶自称の人代名詞。おれ。自分自身。❷他称の人代名詞。ののしっていう語。てめえ。〈浄・女殺油地獄〉「紙子着て川へはまらうが、油ぬって火にくばらうが、うぬが三昧」訳 紙の衣を着て川に落ちようと、油を塗って火にとびこもうと、てめえの勝手だ。

畝傍山《地名》歌枕 今の奈良県橿原市にある山。香具山・耳成山とともに大和三山といわれる。

うね-べ【采女】名「うねめ」に同じ。

うね-め【采女】名「うねべ」とも。上代、天皇の食事などに奉仕した後宮の女官。郡の次官以上の娘で、容姿の美しい、才能のあるものから選ばれた。

う-の-はな【卯の花】名 ❶うつぎの花。五月ごろ、釣り鐘状の白い五弁の花が群がり咲く。古くから歌人に愛された。夏 ❷襲の色目の名。表は白、裏は萌黄（　）。夏に用いる。⬇襲の色目「古文常識」(三〇ページ)

(うのはな①)

うのはなに… 俳句

卯の花に　兼房みゆる　白毛かな　〈細道・平泉・曽良〉　夏　切れ字

訳 卯の花が真っ白に咲いているのを見ていると、(義経を守って奮戦した家来、十郎権頭)兼房のふり乱した白髪がありありと目に浮かんでくることだ。

解説 兼房は、平泉の高館で義経の自害を見届けたのち、壮烈な最期を遂げた。

うのはなを… 俳句

卯の花を　かざしに関の　晴着かな　〈細道・白川の関・曽良〉　夏　切れ字

訳 (古人はこの関を越すとき冠を正し衣装を改めたというが、そんな用意もないので)せめてこの卯の花を髪に挿して、白河の関を越す晴れ着としよう。

解説 白河の関は奥羽三関の一つ。昔、竹田大夫国行が能因法師の名歌に敬意を表し、正装して通ったという話が藤原清輔の「袋草紙」に収められている。

うば 名 ❶【姥】㋐年とった女。老婆。〈宇治・一・三〉「妻の姥」訳 妻である老婆。㋑能面で、老女の顔をかたどったもの。❷【祖母】そぼ。〈うつほ・吹上上〉「祖父、祖母二人居り」訳 祖父、祖母の二人が(養育して)いる。❸【乳母】母親に代わって乳幼児に乳を与え、養育する女性。めのと。〈著聞・四九七〉「乳母に、ともすればうれへ怠状しけれども」訳 めのとに、どうかすると嘆願しあやまったけれど。

うばい【優婆夷】名《梵語の音訳》在家のまま五戒を受けて仏門に帰依した女性。対 優婆塞

うは-おそひ【上襲】名 上着の上に重ねて着る衣服。〈枕・八〉「さてこそは、上襲きたらむわらはも、まゐりよからめ」訳 それでこそ、上襲を着たような童女も、(姫宮の御前に)参上しやすいだろう。

うは-ぎ【表着・上着】名 女房装束で、袿を重ねて着るとき、いちばん上に着る袿。ふつう五つ衣の上、小袿の下に着る衣。➡十二単

うは-ぐ-む 自マ四{ま・み・む・む・め・め}興奮する。のぼせる。また、呆然とする。〈大鏡・道隆〉「民部卿殿はうはぐみ用て、人々の御顔をとかく見給ひつつ」訳 民部卿殿は上気して、人々のお顔をあれこれ見なさっては。

うばそく【優婆塞】名《梵語の音訳》在家のまま五戒を受けて仏門に帰依した男性。対 優婆夷

うばたまの【烏羽玉の】《枕詞》「ぬばたまの」の転。「むばたまの」とも。「黒」「闇」「夜」「夢」などにかかる。〈新古・恋三〉「うばたまの夜の衣を」

うは-なり【後妻】名 本妻のあとにめとった妻。ごさい。対 前妻

うは-の-そら【上の空】一 名 空の上のほう。天空。大空。二 ①②の意にかけて用いることもある。〈源氏・夕顔〉「山の端の心も知らで行く月はうはのそらにてかげや絶えなむ」訳 山の端(のようなあなた)の心も知らないで渡っていく月(のような私)は、空の上のほうで姿が消えてしまうのであろうか。

二 名・形動ナリ ❶心が、あることに引かれて、落ち着かないこと。〈新古・恋四〉「いるかたはさやかなりける月影をうはのそらにも待ちし宵かな」訳 入る方角ははっきりと分かっていた月を、心も落ち着かず待っていた夜であったなあ。❷根拠のない不確かなこと。あてにならないこと。〈平家・六・小督〉「うはのそらに用やおぼしめされ候はんずらん」訳 (お手紙もなくて口頭だけでは)あてにならないことだとお思いになられましょう(が、いかがでしょう)か。

うひ-【初】接頭 はじめての、最初の、の意を表す。「初学び」「初かうぶり」

うひうひ・し【初初し】形シク{(しから)・しく(しかり)・し・しき(しかる)・しけれ・しかれ} ❶物慣れないようすだ。うぶだ。〈枕・一八四〉「まだうひうひしけれ已ば、ともかくもえ啓し返さで」訳 まだ(新参の身で)物慣れないので、なんとも(中宮に)弁解申し上げることができなくて。❷気がひける。気はずかしい。〈源氏・若菜上〉「今はさやうのこともうひうひしく用、すさまじく思ひなりにたれば」訳 今はそのようなこと(=新しく妻を迎えること)も気はずかしく、そぐわないと思うようになってしまったから。

うひ-かうぶり【初冠】名「うひかぶり」「うひかむり」「うひかうむり」とも。男子の成人式で、初めて髪を結い、冠をつけること。だいたい、十二歳から十六歳の間の正月に行われた。元服。〈伊勢・一〉「むかし、男初冠して」訳 昔、ある男が元服をして。⬇人立つ「慣用表現」

最重要330

61 うへ ウエ 【上】名

ガイド 位置の高い所が原義で、表面を表すこともある(②)。高貴な人(④⑦⑧)、高貴な所(⑤⑥)を指すことも多く、特に④の「天皇」、⑥の「殿上の間」、⑦の「奥方」の意が重要。

❶ 上位。上部。上方。対下(した)

例 黒雲(こくうん)一叢(ひとむら)立ちきて、御殿の上にたなびいたり〈平家・四・鵺〉

訳 黒雲がひとむら立ち昇ってきて、御殿の上方にたなびいた。

❷ 物の表面。うわべ。おもて。

例 その石の上に走りかかる水は〈伊勢・八七〉

訳 その石の表面に流れ落ちかかる水は。

例 上はつれなくみさをづくり〈源氏・帚木〉

訳 (女が)うわべはさりげなく平気を装い。

❸ あたり。ほとり。付近。

例 石走(いはばし)る垂水(たるみ)の上のさわらびの萌(も)え出(い)づる春になりにけるかも〈万葉・八・一四一八〉

訳 岩の上を激しく流れて落ちる滝のほとりの蕨(わらび)が、芽を出す春に(早くも)なってしまったことだなあ。

❹ 天皇。主上。また、上皇。
➡御門(みかど)「慣用表現」

例 さぶらふ人々の泣きまどひ、上も御涙のひまなく流れおはしますを〈源氏・桐壺〉

訳 (光源氏に)お仕えする人々が泣き悲しんでとり乱し、主上(=桐壺帝)も御涙が絶え間なく流れておいでになるのを。

❺ 天皇、その他の皇族の座のあたり。

例 上には時々、夜々(よるよる)ものぼりて〈更級・宮仕へ〉

訳 (祐子内親王の)御座所には時々、夜分ごとにも参上して。

❻ 清涼殿(せいりょうでん)の殿上(てんじょう)の間(ま)。

例 「上に侍(さぶら)ふ男(をのこ)ども、歌奉れ」と仰せられける時に〈古今・秋上・詞書〉

訳 「殿上の間に伺候する男ども、歌を献上せよ」と(宇多(うだ)天皇が)お命じになられたときに。

❼ 貴婦人。奥方。

例 うへなどいひてかしづきすゑたらむに〈枕・二四〉

訳 奥方などといってたいせつに世話し(妻として)迎えたような場

うひ-まなび ウイ【初学び】名 ❶学問の学びはじめ。❷未熟な学問。初歩の学問。

う-ひゃうゑふ ―ヒョウエフ【右兵衛府】名 六衛府(ろくゑふ)の一つ。左兵衛府とともに、内裏(だいり)の警護、行幸のお供などに当たった役所。対左兵衛府(さひやうゑふ)。➡兵衛府(ひやうゑふ)。➡付録③「平安京大内裏図」

うぶ-や【産屋】名 ❶出産のために住居とは別に新築した建物。❷お産をする部屋。〈枕・二五〉「すさまじきもの　…ちご亡くなりたる産屋」訳 興ざめのするもの、…赤ん坊の死んだお産の部屋。❸「うぶやしなひ」に同じ。

うぶ-やしなひ ―シナイ【産養ひ】名 貴族の家に子が生まれたとき、出産後、三夜、五夜、七夜、九夜に行う祝宴。親族から衣服や食物などが贈られた。「産屋(うぶや)」とも。〈枕・二五〉「産養ひ、むまのはなむけなどの使ひに、禄(ろく)とらせぬ」訳 お産の祝いや餞別(せんべつ)などの使いの者に、祝儀を与えないの(は、興ざめだ)。

-うへ ウエ【上】接尾 (目上の人を呼ぶときに付けて)尊敬の意を表す。「母上」「父上」「尼上」

うへ ウエ【上】名 ➡上 61

うべ【宜・諾】〔平安中期以降、「むべ」とも表記〕

一 副 肯定の意を表す。もっともなことに。なるほど。いかにも。〈万葉・四・七七二〉「夢(いめ)にだに見えむとあれはほどけども相(あ)ひし思はねばうべ見えざらむ」訳 せめて夢にだけでも逢(あ)いたいと私は(下紐(したひも)を)ほどくけれども、互いに(は)思っていないので、なるほど(夢にも)逢えないのだろう。

二 形動ナリ {なら・なり(に)・なり・なる・なれ・なれ} 道理である。もっともだ。

フレーズ **うべこそ** 〔「むべこそ」とも表記〕「うべ」を強めた言い方。なるほど。いかにも。〈栄花・つるのはやし〉「うべこそ雪山(せっせん)童子(=釈迦(しゃか)の過去世での名)身にもかへけめ」訳 なるほど雪山童子(=釈迦の過去世での名)が自分の身に替え(ても教義を聞こうとし)たのであろう。

なりたち 「うべ」＋係助詞「こそ」

うべうべ・し【宜宜し】形シク {しから・しく(しかり)・し・しき(しかる)・しけれ・しかれ}

合に。

❽将軍。殿様。主君。

例「上の御存命の間に、今一度快く敵の中へかけ入り、思ふ程の合戦して」〈太平記・一〇〉 訳将軍がご存命のうちに、もう一度思いきりよく敵の中に突っこんで、思う存分の合戦をして。

❾貴婦人の称号の下に付けて尊敬の意を表す。

例「北の方は紫の上の御姉ぞかし」〈源氏・藤袴〉 訳(鬚黒の)奥方は紫の上の姉君であるよ。

❿その人やその物事に関する事柄。

例「かたはらいたきもの …聞きゐたりけるを知らで、人の上いひたる」〈枕・九六〉 訳その場にいたたまれないもの、…(当の本人が)聞いていたのを知らないで、その人に関することを言っているの。

⓫あることにさらに物事が加わる意。そのうえ。

例「海賊むくいせむといふなることを思ふうへに、海のまた恐ろしければ」〈土佐〉 訳海賊が仕返しをするだろうと言っているといううわさ(がある)のを心配するそのうえに、海(の風波)がまた恐ろしいので。

⓬(下に「は」を伴って)…からには。…以上は。

例「その身朝敵となりにしうへは、子細に及ばずといひながら」〈平家・七・忠度都落〉 訳その身が朝廷にそむく敵となってしまったからには、とやかく言うことはないというものの。

「むべむべし」とも表記)もっともらしい。格式ばっている。〈大鏡・道長下〉「かやうに物の映え、うべうべしき㊍ことどもも、天暦の御時までなり」訳このように催し事が光彩を放ち、格式ばった諸事も、天暦(=村上天皇朝の年号)の御代までである。

うべ-こそ ➡宜「フレーズ」

上田秋成(うへだあきなり) ウエダアキナリ《人名》(一七三四〜一八〇九)江戸中期の国学者・歌人・読本作家。大坂の人。博学で文才にたけ、国学では本居宣長と論争した。著書に、読本「雨月物語」「春雨物語」、歌文集「藤簍冊子」、随筆「胆大小心録」「癇癖談」など。

うべ-な-ふ ウナ(ノ)【諾ふ】(「なふ」は接尾語) 一 自ハ四 (は・ひ・ふ・ふ・へ・へ)服従する。〈紀・天武〉「欺きて罪なしと申して、うべなは㊍ずして、争ひ訴へば」訳(人を)だましても罪はないと申して、服従しないで、争い訴えるので。
二 他ハ四 (は・ひ・ふ・ふ・へ・へ)認める。承諾する。同意する。〈椿説弓張月〉「茂光が申す旨をうべなは㊍せ給ひ」訳茂光が申し上げることの意を(帝は)お認めになられ。

うへ-の-おまへ ウエノオマエ【上の御前】名 ❶天皇のいる前の所を敬っていう語。❷天皇。〈枕・三三〉「上の御前の、柱に寄りかからせ給ひて」訳天皇が、柱に寄りかかりあそばされて。

うへ-の-きぬ ウエ【上の衣・表の衣】名 貴人の男子が衣冠・束帯のときに着用する上着。袍。➡袍

参考

うへ-の-はかま ウエ【上の袴・表の袴】名 ❶男子が束帯のとき、大口袴の上にはく袴。表は白、裏は紅。位階によって材質が異なり、三位以上は綾織物で、四位以下は平絹で作った。➡束帯 ❷少女が正装のとき、襲の袴の上にはく袴。

うへ-びと ウエ【上人】名 清涼殿の殿上の間に昇殿を許された、四位・五位の官人、および六位の蔵人。殿上人。〈源氏・桐壺〉「上達部・上人などもあいなく目をそばめつつ」訳公卿や殿上人なども(それぞれ)困ったことだと目をそらしては。

うへ-みやづかへ ウエミヤヅカエ【上宮仕へ】名 つねに天皇のそば近くにいて、その用事をつとめること。〈源氏・桐壺〉「はじめよりおしなべての上宮仕へし給ふべき際にはあらざりき」訳(桐壺の更衣は入内の)はじめから世間なみの日常の用をする宮仕えをなさるはずの(低い)身分(の方)ではなかった。

うま【午】名 ❶十二支の七番目。➡十二支 ❷方角の名。南。❸時刻の名。今の正午ごろおよびその前後約二時間(午前十一時ごろから午後一時ごろ)。

うま【馬】名(「むま」とも表記) ❶動物の名。うま。乗馬・農耕・運搬・競技などのために広く飼育された。❷双六の駒。❸将棋の駒の名。桂馬。

うま-い【熟寝・味寝】名・自サ変 気持ちよく寝入ること。熟睡。特に、男女の共寝に関して用いる。〈万葉・一一・二三六九〉「人の寝るうまいも寝ずて」訳他人が寝る(ような)熟睡(=満ち足りた共寝)もしないで。

うま-ご【孫】名「むまご」とも。まご。また、子孫。〈徒然・一〉「その子・孫までは、はふれにたれど、なほなまめかし」訳(高貴な人は)その子や孫までは、落ちぶれてしまっていても、やはり上品である。

うま-さけ【旨酒・味酒】名 味のよい酒。

うま・し【甘し・美し・旨し】

一 形シク {しから・しく(しかり)・し・しき(しかる)・しけれ・しかれ} ❶**りっぱだ。すばらしい。**〈万葉・一・二〉「**うまし**(終)国そ蜻蛉島大和の国は」訳**すばらしい**国だ、大和の国は。(「蜻蛉島」は「大和」にかかる枕詞。)

❷**満ち足りて快い。楽しい。**〈竹取・かぐや姫の昇天〉「なんでふ心地すれば、かくものを思ひたるさまにて、月を見給ふぞ。**うましき**(体)世に」訳どういう気持ちがする(という)ので、こんなふうに思い悩んでいるようすで、月をご覧になるのか。(この)**満ち足りた**世の中に。

二 形ク {から・く(かり)・し・き(かる)・けれ・かれ} ❶**味がよい。おいしい。**〈万葉・一六・三八五七〉「飯はめど**うまく**(用)もあらず」訳飯を食べても**おいしく**もなく。

❷都合がよい。また、お人よしだ。

うま-ぞひ【馬副ひ】ソイ 名「むまぞひ」とも。貴人の乗馬につきそう従者。

うま-づかさ【馬寮】名「うまのつかさ」とも。「めれう」に同じ。

うまにねて… 俳句

馬に寝て　残夢月遠し　茶のけぶり　〈野ざらし紀行・芭蕉〉（秋・切れ字）

訳(夜明け前に宿をたって)馬の上でうとうととして見残した夢を見つづけていたが、(ふと目ざめると)有り明けの月はすでに遠く山の端にかかっている。峠の茶屋からは朝茶の湯をわかす煙が立ちのぼっている。(切れ字の「し」は、形容詞の終止形語尾)

解説 前書きに「杜牧が早行の残夢、小夜の中山に至りてたちまち驚く」とあり、杜牧の漢詩「早行」をふまえている。漢詩調の表現の融合に注目。

うま-の-かみ【右馬の頭】名 右馬寮の長官。従五位上相当官。「みぎのうまのかみ」とも。対 左馬の頭。→馬寮

うま-の-はなむけ【餞】名「馬の鼻向け」の意。「むまのはなむけ」とも。旅立つ人のために酒食を出したり、物を贈ったりすること。また、その品。**送別の宴。餞別。はなむけ。**〈土佐〉「藤原のときざね、船路なれど、**むまのはなむけ**す」訳藤原のときざねが、船の旅だ(から馬に乗るわけではない)けれど、**馬のはなむけ(=送別の宴)**をする。

参考 旅立つとき、乗る馬の鼻を行く先の方向に向けて、旅の安全を祈ったことからいう。

うま-や【駅】名「むまや」とも。街道のところどころに、馬・人足などをそなえておき、旅人の用にあてた所。宿駅。駅。江戸時代は「宿」「宿場」といった。

うまや-の-をさ【駅の長】オサ 名「むまやのをさ」とも。宿駅の長。「駅長」とも。

う-まれう【右馬寮】リョウ 名 →めれう。対 左馬寮

うまれしも… 和歌 →むまれしも… 和歌

うみ【海】名 海・沼・湖など、広く水をたたえている所。〈万葉・三・二六六〉「近江の**海**夕波千鳥汝が鳴けば心もしのに古思ほゆ」訳→あふみのうみ… 和歌

うみくれて… 俳句

海暮れて　鴨の声　ほのかに白し　〈野ざらし紀行・芭蕉〉（冬・切れ字）

訳冬の海原は暮れて、鴨の声が遠くかすかに澄んで聞こえてくる(旅愁をかきたてるように)。(切れ字の「し」は、形容詞の終止形語尾)

解説 「白し」を声が白いとして聴覚を視覚に転化してみせた芭蕉の手柄とする説と、「白し」を無色透明とする解釈、さらには海上の微光が「白し」とするなどの諸説がある。五・五・七の破調。

うみ-さち【海幸】名 海の獲物。海産物。また、海の獲物をとる道具。釣り針。対 山幸

うみ-づら【海面】名 ❶海辺。海や湖のほとり。❷海上。海面。湖面。

うみ-べた【海辺】名 海のほとり。海辺。海岸。

うみ-を【績み麻】オ 名 麻や苧(=イラクサ科の多年草)の茎を水にひたし、むしてあら皮をとり、その繊維を長くよりあわせて作った糸。績み麻。

う・む【倦む】自マ四 {ま・み・む・む・め・め} **いやになる。**飽きる。うんざりする。〈笈の小文〉「ある時は**倦み**(用)て放擲せんことをおもひ」訳ある時は**いやになっ**て投げ捨てようということを思い。

う・む【績む】他マ四 {ま・み・む・む・め・め} 麻や苧(=イラクサ科の多年草)などの繊維を長くよりあわせて糸とする。つむぐ。〈宇治・四・五〉「麻やある、**績み**(用)て奉らん」訳麻はあるか、**紡い**で差しあげよう。

うめ【梅】名「むめ」とも表記 ❶木の名。うめ。また、その花や実。葉に先立って、白・紅・淡紅色などの香りのよい花が咲き、初春の花として愛好された。上代、中国から渡来したという。春。〈徒然・一九〉「**梅の匂ひ**にぞ、いにしへのことも立ちかへり、恋しう思ひ出でらるる」訳**梅の花**の香りによって、昔のことも(その当時に)たちもどって、なつかしく思い出される。

❷「梅襲」の略。襲の色目の名。表は濃い紅梅、裏は紅梅。陰暦十一月から二月ごろまで着用。

(うめ①)

うめいちりん… 俳句 →むめいちりん… 俳句

うめがかに… 俳句 →むめがかに… 俳句

う-め・く【呻く】自カ四 {か・き・く・く・け・け} ❶**嘆息する。ため息をつく。**〈源氏・帚木〉「いたく**うめき**(用)て憂しとおぼしたり」訳(光源氏は)ひどく**ため息をつい**て、つらいとお思いになっている。

❷うなる。苦しそうに声を出す。〈著聞・七〇二〉「牛、夜ごとに必ず**うめく**(体)こと侍りけり」訳牛が、毎晩必ず**うなる**ことがありました。

❸苦心して詩歌を詠む。苦吟する。〈大鏡・後一条院〉「あまたたび誦じて、**うめき**(用)てかへし」訳(世継は)何回も口ずさんで、**苦吟し**て返歌をして。

うめのはな… 和歌

梅の花　夢に語らく　みやびたる　花とあれ思ふ　酒に浮かべこそ　〈万葉・五・八五二・大伴旅人〉

訳梅の花が夢の中で言うことには、「風雅な花だと自分では思う。どうか酒の上に浮かべてほしい」と。

解説 梅の花が夢にあらわれて語った、という奇抜な

発想の歌。第五句は、むだに散らさないで、酒に浮かべて賞美してほしいということ。

うも・る【埋もる】自ラ下二{れ・れ・る・るる・るれ・れよ}〔「むもる」とも表記〕❶うずまる。おおわれる。
❷ひっこみ思案である。ひかえめである。〈源氏・手習〉「いと情けなく、埋もれ用てもおはしますかな」訳（浮舟は）たいそう人情味にとぼしく、ひっこみ思案でもいらっしゃるなあ。
❸奥まっている。陰気だ。〈源氏・玉鬘〉「すこし埋もれ用たれど」訳（住むのには）いささか陰気であったが。

うもれ-いた・し【埋もれいたし】形ク{から・く(かり)・し・き(かる)・けれ・かれ}〔下二段動詞「埋もる」用＋はなはだしいの意の形容詞「いたし」。「むもれいたし」とも表記〕❶気が晴れ晴れしない。〈源氏・須磨〉「知らぬ国の心地していと埋もれいたく用」訳見知らぬ国（にいるか）のような気持ちがして、ひどく気が晴れず。
❷ひかえめすぎる。内気だ。

うもれ-ぎ【埋もれ木】名〔「むもれぎ」とも表記〕❶木の幹が水や土の中にうまって炭化し、化石のようになったもの。仙台地方に多く、名取川のものが有名。
❷世間から忘れられ、顧みられない境遇をたとえていう語。

う-もん【有文・有紋】名❶布などの地に、模様や紋のあること。また、そのもの。
❷（和歌・連歌などで）ことばの技巧や趣向をこらして美しさが目立つ表現。
❸（能楽で）外面的な美。表面に美を押し出すこと。
（対）無文）

うやうや・し【恭し】形シク{しから・しく(しかり)・し・しき(しかる)・しけれ・しかれ}礼儀正しい。〈徒然・三三〉「うやうやしく用、言葉すくなからんにはしかじ」訳礼儀正しく、口数の少ないようなのには越したことはあるまい。

うら- 接頭〔「うら」はもと心の意〕なんとなく…の心持ちがするの意を表す。「うら悲し」「うら寂し」

うら 名 **心。内心の思い。**〈万葉・一四・三四三三〉「うらもなくわが行く道に」訳（なんの）思いもなく私が行く道に。
参考「裏に隠れて見えない」という意味から、「心」の意を表し、多く「うらも無し」の形で使われる。

うら【占・卜】名 吉凶を判定するため、物の形や兆候で神意を問うこと。うらない。〈雨月・吉備津の釜〉「はじめより詳にかたりて、この占をもとむ」訳はじめからくわしく話して、この占いの結果を尋ねる。

うら【末】名 **草木の枝や葉の先。こずえ。**うれ。〈讃岐典侍日記〉「尾花のうら白くなりて」訳尾花の穂先が白くなって。

うら【浦】名❶海や湖の陸地に入りこんだ所。入り江。
❷**海辺。**海岸。〈新古・秋上〉「見渡せば花も紅葉もなかりけり浦の苫屋の秋の夕暮れ」訳→みわたせば…（和歌）

うら【裏】名❶**裏面。**内部。奥。
❷着物などの内側につける布。裏地。
❸連歌・俳諧で、懐紙を二つ折りにして連歌・連句を書く、その裏の面。また、そこに記した歌や句。〈三冊子〉「連歌の古式は、表十句、名残の裏六句」訳連歌の古い法式では、懐紙の表に十句、最終の懐紙の裏面に六句（を書く）。（対）表）

うら-うへ【裏表】名❶裏と表。
❷前後。左右。上下。両側。〈宇治・一・三〉「うらうへに二並びにゐ並みたる鬼、数を知らず」訳左右に二列に座って並んでいる鬼は、数えきれないほど多い。
❸あべこべ。反対。逆。〈栄花・殿上の花見〉「祭りの日は裏表の色なり」訳賀茂の祭りの日は（御禊の日の着物と）反対の色である。

うら-うら(-と・-に) 副 明るく静かなさま。うららか。〈枕・四〉「三月三日は、うらうらとのどかに照りたる」訳陰暦三月三日（の上巳の節句）は、うららかにおだやかに陽が照っているの（が趣がある）。

うらうらに… 和歌
うらうらに　照れる春日に　ひばり上がり
心悲しも　ひとりし思へば
〈万葉・一九・四二九二・大伴家持〉

最重要330 62

うら-な・し

形ク{から・く(かり)・し・き(かる)・けれ・かれ}〔「うら」は心の意〕

ガイド「うら」は「裏で見えない」という意味から「心」の意を表す。気をつかわないで済むと肯定的に捉えたのが①、気づかいに欠けると否定的に捉えたのが②。

❶心のうちを隠さない。隔てない。ざっくばらんだ。遠慮がない。
例をかしきことも、世のはかなき事も、うらなく用言ひ慰まんこそうれしかるべきに〈徒然・一二〉
訳おもしろいことでも、世の中のつまらないことでも、心の隔てなく話しあって心が晴れるとすればそれこそ、うれしいにちがいないが。

❷気づかいをしない。思慮が浅い。うっかりしている。
例かかりける事もありける世をうらなく用て過ぐしけるよ〈源氏・朝顔〉
訳このようであったこと（＝いざこざ）も起こることのあった夫婦仲であるのに、気を許して暮らしてきたことよ。

訳 うららかに照っている春の日に、ひばりが(さえずりながら)飛び立ってゆき、(私は)心が悲しくなるのだ。一人でもの思いにふけっていると。

解説 この歌の左注に、春の日のもの悲しい気持ちを払いのけようとして詠んだ、とある。

うら-がき【裏書き】名 巻物や書きつけなどの裏面に書いておく注記・覚え書き・証明など。

うら-か・く【裏かく】自カ四〔か・き・く・く・け・け〕刀・矢などが裏まで貫き通る。〈**平家・九・木曽最期**〉「雨の降るやうに射けれども、鎧(よろひ)よければ**裏かか**未**ず**」訳 (矢を)雨が降るように射たけれども、鎧がじょうぶなので、**裏まで通らない**。

うら-がく・る【浦隠る】自ラ四〔ら・り・る・る・れ・れ〕船が風や波をさけて入り江に隠れる。〈**万葉・六・九四五**〉「風吹けば波か立たむとさもらひに都太(つだ)の細江に**浦隠り**用**をり**」訳 風が吹くので波が立つであろうかと、ようすを見るために都太の細江に**隠れ**ている。

最重要330 63

うるさ・し

形ク〔から・く(かり)・し・き(かる)・けれ・かれ〕

ガイド 気配りや技量が過剰で、わずらわしい(①)、わざとらしい(②)の意と、それらが過剰なほど細心、巧みだ(③④)の意との両面をもつ。「うるせし」がもっぱら③④の意を表すのに対して、「**わずらわしい**」の意が重要。現代語の「騒々しい」の意は音声が過剰である意から転じて、近世ころから現れる。

❶ **わずらわしい。**やっかいだ。めんどうだ。

例 こまかなることどもあれど、**うるさけれ**已ば書かず〈**源氏・夕顔**〉

訳 (手紙にはまだ)こまごまとしたこともあれこれと(書いて)あるが、**わずらわしい**ので(ここには)書かない。

❷ **わざとらしく、いやみだ。**

例 見苦しとて、人に書かするは**うるさし**終〈**徒然・三五**〉

訳 (字の下手な人が)みっともないということで、人に書かせるのは**いやみだ**。

❸ 気配りが細かい。細心だ。

例 その御社の禰宜(ねぎ)の大夫(たいふ)が後ろ見つかうまつりて、いと**うるさく**用て候(さぶら)ひし宿りにまかりて〈**大鏡・道長下**〉

訳 (世継(よつぎ)の父が)その御社(=伏見稲荷(ふしみいなり))の神官の五位の者のお世話をし申しあげて、とても**気をつかっ**ておりました(その人の)宿舎に参りまして。

❹ りっぱだ。巧みだ。

例 たなばたの手にも劣るまじく、その方(かた)も具して、**うるさく**用なむ侍りし〈**源氏・帚木**〉

訳 棚機(たなばた)姫の腕前にも劣りそうもなく、その方面(=裁縫の技術)も備えていて、**巧みで**ございました。

うら-がな・し【うら悲し】形シク〔しから・しく(しかり)・し・しき(しかる)・しけれ・しかれ〕〔「うら」はもと心の意〕なんとなく悲しい。もの悲しい。〈**万葉・一九・四二九〇**〉「春の野に霞(かすみ)たなびき**うら悲し**終」訳 →はるののに… 和歌

うら-がれ【末枯れ】名〔「うら」は末の意〕秋の末に、草木のこずえや葉先が枯れること。秋

うら-ぐは・し【うら細し・うら麗し】〔グワシ〕形シク〔しから・しく(しかり)・し・しき(しかる)・しけれ・しかれ〕〔「うら」は心の意〕気持ちがよい。美しくすばらしい。〈**万葉・一三・三二三四**〉「夕日なす**うらぐはし**終も」訳 夕日のように**美しくすばらしい**よ。

うら-さび・し【うら寂し・うら淋し】形シク〔しから・しく(しかり)・し・しき(しかる)・しけれ・しかれ〕〔「うら」はもと心の意〕心さびしい。なんとなくさびしい。〈**古今・哀傷**〉「煙絶えにし塩釜の**うらさびしく**用もみえ渡るかな」訳 (塩を焼く)煙の絶えてしまった(この)塩釜の浦(に模した庭)は、**心さびしく**も全体が見えることだなあ。(「うら」は「浦」の意をかける)

うら-な・し 形ク ➡前ページ 62

うら-は【末葉】名〔「うら」は末の意〕「うらば」とも。草木の茎や枝の先端の葉。対 本葉(もとは)

うら-びと【浦人】名 海岸に住む人。漁師や潮汲(しおく)みをする人。

うら-ぶ・る 自ラ下二〔れ・れ・る・るる・るれ・れよ〕〔「うら」は心の意〕わびしく思う。悲しみに沈む。〈**万葉・七・一一一九**〉「往(ゆ)く川の過ぎにし人の手折(たを)らねば**うらぶれ**用立てり三輪の檜原(ひばら)は」訳 この世を去ってしまった人が(髪飾りにするために)手折らないので、**しょんぼりして**立っていることだ。三輪の(ふもとの)檜原は。(「往く川の」は「過ぐ」にかかる枕詞)

卜部兼好(うらべのかねよし)《人名》→兼好法師(けんこうほふし)

うらぼん-ゑ〔—エ〕【盂蘭盆会】名《仏教語》陰暦七月十五日に行う仏事。祖先や死者の霊を自宅に迎えて祭り、食物を供え、読経し、その冥福を祈る。精霊会(しょうりょうえ)。盂蘭盆。お盆。盆。秋

うらみ【恨み・怨み】名 ❶恨み憎むこと。〈**源氏・桐壺**〉「**恨み**を負ふつもりにやありけむ、いとあつしくなりゆき」訳 (桐壺の更衣は他の女御(にょうご)や更衣たちの)**恨み**を

背負うことの積み重なった結果だったのだろうか、たいそう病弱になってゆき。❷残念に思うこと。未練。〈源氏・夕顔〉「少し恨み残るはわろきわざとなむ聞く」訳（この世に）少し未練が残るのは（極楽往生に）よくないことと聞く。❸嘆き。〈細道・草加〉「呉天に白髪の恨みを重ぬといへども」訳遠い異郷の旅の空で白髪（となるようなつらい旅）の嘆きを重ねるといっても。

うら-み【浦回・浦廻】名 海岸の曲がって入りくんだ所。**湾**。浦回。

最重要330

64

うるは・し

【麗し・美し・愛し】形シク〔しから・しく（しかり）・し・しき（しかる）・しけれ・しかれ〕

ガイド 壮麗、端正な美を表す。「うつくし」がもっぱら小さいもの、弱いものへの愛情を表すのに対し、上位のもの、立派なものに対する賛美の気持ちにも用いる。③⑤の意はそこから生じた。

❶**りっぱだ。美しい。壮麗だ。**

例うるはしき体皮なめり。わきてまことの皮ならむとも知らず〈竹取・火鼠の皮衣〉訳りっぱな皮であるようだ。（しかし、これが）特にほんとうの（火鼠の）皮衣であろうともわからない。

❷**きちんとしている。端正だ。**

例ものの姫君のやうにしすゑられて、うちみじろき給ふ事もかたく、うるはしう用（ウ音便）てものし給へば〈源氏・若紫〉訳（葵の上は）何かの（絵の中の）姫君のように座らせられて、からだを動かしなさることも難しく、きちんとしていらっしゃるので。（「ものす」は、ここでは「いる」の意の婉曲表現）

❸**格式ばっている。本格的である。正式である。**

例うるはしく用ものし給ふ人にて、あるべきことは違へ給はず〈源氏・玉鬘〉訳（末摘花は）格式ばっていらっしゃる方なので、当然そうあるはずのこと（＝しきたり）は違えなさらず。（「ものす」は、ここでは「いる」の意の婉曲表現）

❹**親しい。仲がよい。**

例昔、男、いとうるはしき体友ありけり〈伊勢・四六〉訳昔、（ある）男がたいそう親しい友を持っていた。

❺**正真正銘である。間違いない。**
（➡おいらか「類語の整理」）

例故左馬の頭義朝のうるはしき体頭とて〈平家・一二・紺搔之沙汰〉訳故左馬の頭義朝の間違いないしゃれこうべだと言って。

うらみわび… 和歌《百人一首》【恨みわび ほさぬ袖だに あるものを 恋にくちなむ 名こそ惜しけれ】〈後拾遺・恋四・相模〉➡付録①「小倉百人一首」65

うらみ-わ・ぶ【恨み侘ぶ】他バ上二〔び・び・ぶ・ぶる・ぶれ・びよ〕恨み悩んで、悲しむ。〈新古・恋四〉「恨みわび用待たじ今はの身なれども」訳（つれない人を）恨み悩んで、悲しみ、今はもう待つまいと思うわが身であるけれども。

うら・む【恨む・怨む】

一 他マ上二〔み・み・む・むる・むれ・みよ〕❶**恨みに思う。**不満に思う。憎く思う。〈万葉・一一・二六二九〉「あはずともわれはうらみ未じこの枕われと思ひて枕きてさ寝ませ」訳逢わなくても私は恨みに思うまい。この枕を私だと思って枕にしておやすみなさい。❷**恨みごとを言う。**不平を言う。〈古今・春下〉「花散らす風のやどりはたれか知る我に教へよ行きてうらみ未む」訳桜の花を散らす風の宿所は（どこか）、だれか知っているか。私に教えてくれ、行って恨みごとを言おう。❸恨みを晴らす。しかえしする。〈徒然・一一五〉「その人にあひ奉りて、うらみ用申さばやと思ひて」訳（師を殺した）その人にお目にかかって、恨みを晴らし申したいと思って。❹（自動詞的な用法で）（虫や風などが）悲しげに音をたてる。〈平家・五・月見〉「鳥の臥所と荒れはてて、虫の声々うらみ用つつ」訳（旧都の家屋敷や庭は）野鳥の寝ぐらのようにすっかり荒れて、そこここで虫の声が悲しげに鳴きたてて。

二 他マ四〔ま・み・む・む・め・め〕一に同じ。〈細道・象潟〉「松島は笑ふがごとく、象潟はうらむ体がごとし」訳松島は（人が）笑っているようで、象潟は（人が）恨んでいるようだ。

参考 語源は「心見る」と考えられ、上代は上二段活用か。中古には上二段、近世には四段に活用し、現代に至っている。

うらめ・し【恨めし・怨めし】形シク〔しから・しく（しかり）・し・しき（しかる）・しけれ・しかれ〕（動詞「うらむ」に対応する形容詞）恨みに思われる。残念だ。〈万葉・二〇・四四九六〉「うらめしく㊥君はもあるか」**訳** あなたは**恨めしく思われる**方だなあ。

うらめし‐げ【恨めしげ・怨めしげ】形動ナリ ｛なら・なり(に)・なり・なる・なれ・なれ｝〔「げ」は接尾語〕恨めしそうなようすである。残念そうにみえる。〈更級・梅の立枝〉「世の中**うらめしげに**㊥て、外(ほか)にわたるとて」**訳** (継母(ままはは)は)夫婦仲が(うまくゆかず)**恨めしそうであっ**て、よそへ移るということで。

うら‐めづら‐し(―メズラシ)【うら珍し】形シク ｛しから・しく(しかり)・し・しき(しかる)・しけれ・しかれ｝〔「うら」は心の意〕心の中で珍しく思う。新鮮に感じて、心ひかれる。〈古今・秋上〉「わが背子(せこ)が衣のすそを吹き返し**うらめづらしき**㊍秋の初風」**訳** 私の夫の着物のすそを吹きひるがえして美しい衣の裏を見せる、**新鮮に感じて、心ひかれる**秋の初風よ。(「うら」は「裏」の意をかける)

参考 和歌では多く「裏」や「浦」にかけて用いる。

うらら‐か【麗らか】形動ナリ ｛なら・なり(に)・なり・なる・なれ・なれ｝〔「か」は接尾語〕❶暖かで日の光が明るくのどかなさま。春。〈枕・三〉「正月一日、三月三日は、いと**うららかなる**㊍」**訳** 陰暦一月一日と三月三日(の節句の日)は、たいそう**明るくのどかであるの**(が趣がある)。❷(声が)朗らかなさま。〈源氏・若菜上〉「百千鳥(ももちどり)の声もいと**うららかなり**㊎」**訳** たくさんの小鳥の声もたいそう**朗らかである**。❸はっきりしているさま。隠し隔てのないさま。〈徒然・二三四〉「**うららかに**㊥言ひ聞かせたらんは、おとなしく聞こえなまし」**訳** **はっきりと**説明してやったならばそれは、きっと穏やかに聞こえたであろうに。

うら‐わ【浦回・浦廻】名「うらみ(浦回)」に同じ。

うりはめば… 和歌《長歌》

瓜食めば　子(こ)ども思(おも)ほゆ　栗(くり)食(は)めば
まして偲(しぬ)はゆ　いづくより　来(きた)りしもの
そ　眼交(まなかひ)に　もとなかかりて　安眠(やすい)し
寝(な)さぬ

〈万葉・五・八〇二・山上憶良〉

古文常識　「うるふ(閏)」― 旧暦と閏の考え方

1　暦の種類…暦には大きくわけて3種類ある。

◎太陽暦…地球が太陽の周りを公転する周期を1年とするもの。1年は約365日。

◎太陰暦…月の満ち欠けの周期(=平均29.53日)を1か月とするもの。1年は約354日。実際の季節とずれが生じる。

◎太陰太陽暦…太陰暦をもとにしつつ、「閏月」を入れて1年を季節の変化に合うように調整するもの。古典文学が書かれた時代の暦はその1種で「旧暦」と呼ばれる。

2　旧暦のしくみ

太陰暦では、太陽の動きと日にちが毎年約11日ずつずれていく。
⇨3年で約1か月のずれとなり、日付と実際の季節が合わなくなる。
そこで、季節の変化を示す「二十四節気」という指標を手掛かりに余分な1か月(=閏月)を入れて調整し、ずれを解消した。

※二十四節気
太陽の黄道上の動きを示す24の指標。立春を起点に奇数番目を「節気」、偶数番目を「中気」という。

二十四節気図

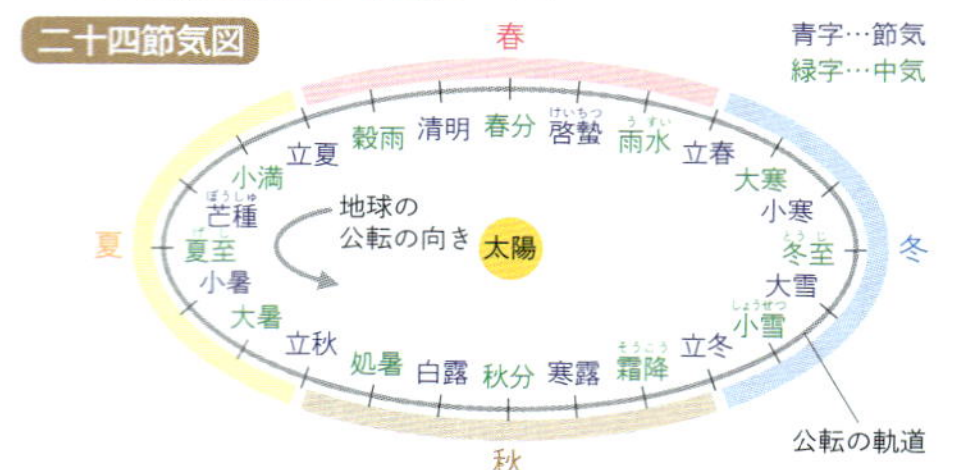

❶旧暦の月の決め方
1か月の間にどの中気があるかで、何月かが決まる。
各中気の示す月は表のとおり。

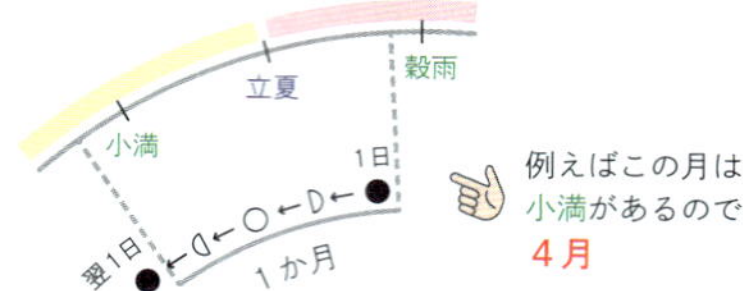

雨水	正月	春分	2月	穀雨	3月	小満	4月
夏至	5月	大暑	6月	処暑	7月	秋分	8月
霜降	9月	小雪	10月	冬至	11月	大寒	12月

❷閏月の決め方
❶の基準であてはめていくと、中気を含まない1か月が生じる場合がある。それを閏月とする。

立夏　穀雨　小満　1日　翌1日　1か月
例えばこの月は中気がないので、閏月

▶前の月が3月ならば「閏3月」とよぶ。
▶およそ19年に7回の割合で閏月を作って調整した。

訳 瓜を食べると子供たちのことが思われる。栗を食べると、いっそう(子供たちが)しのばれる。(子供とは)どこから(どのような宿縁で生まれて)来たものなのか。目の前にしきりにちらついて、安眠させてくれないことよ。(「寝さぬ」の「ぬ」は、打消の助動詞「ず」の連体形で詠嘆を示す連体形止め。「ものそ」の係助詞「そ」の結びとする説もあり、その場合は「どこからか来たものが…安眠させてくれない」の意)

解説 「子らを思ふ歌」とあり、さらに漢文の序文には、あの釈迦(しゃか)でさえ子を愛する煩悩(ぼんのう)があったのだから、ふつうの人間たちでわが子をかわいがらない者はない、という意味のことが記されている。

雲林院(うりんゐん)〔ウリンイン〕 名 「うんりんゐん」とも。今の京都市北区紫野雲林院町に位置し、大徳寺の南にあった寺。

参考 雲林院は「古今集」「枕草子」「源氏物語」をはじめ、平安期の文学にしばしば登場する。また、歴史物語の「大鏡」は、この寺の菩提講(ぼだいこう)が舞台となっている。

最重要330 65

うれ・ふ(ウレウ)

【憂ふ・愁ふ】 他ハ下二 {へ・へ・ふ・ふる・ふれ・へよ}

ガイド 現代語ではもっぱら悲嘆(②)、心配(③)の気持ちを表すが、本来そういう気持ちを「他人に訴える」(①)の意を表す語であった。古文では現代語にない①の意が重要である。

❶ **不満や心の悩みを人に訴える。** 嘆願する。

例 あひ奉りてうれへ(用)申さんと思ひつるに、いと嬉(うれ)しく侍り〈発心集〉

訳 (空也(くうや)上人に)お目にかかって訴え申しあげたいと思っていたが、(お目にかかれて)たいへんうれしゅうございます。

❷ **悲しむ。嘆く。**

例 天下(てんが)の乱れんことをさとらずして、民間のうれふる(体)所を知らざりしかば〈平家・一・祇園精舎〉

訳 この世の中が乱れるだろうことを悟らないで、民衆が悲しみ嘆くところを察知しなかったので。

❸ **気づかう。心配する。**

例 これを世の人安からずうれへ(用)あへる、げにことわりにも過ぎたり〈方丈・二〉

訳 これ(=突然の福原遷都)を世間の人が心穏やかでなく心配しあったのは、まことに当然すぎることでもあった。

❹ **病気になる。**

例 この人、昔は身の病をうれへ(用)き、今は人の病を癒やしぬ〈今昔・七・三五〉

訳 この人は、昔は自分が病気をわずらったが、今は他人の病気を治してしまう。

うるさ・し 形ク ⬇一四〇ページ 63

うるせ・し 形ク {から・く(かり)・し・き(かる)・けれ・かれ} ❶賢い。気がきく。〈宇治・一〇・九〉「心ばへもうるせかり(用)ければ」**訳** (男は)性格も気がきいていたので。❷巧みだ。上手だ。〈うつほ・内侍のかみ〉「仁寿殿(じじゅうでん)はうるせき(体)人にこそありけれ」**訳** 仁寿殿(の女御(にょうご))は(文字の)巧みな人であった。

うるは・し(ウルワシ)【麗し・美し・愛し】 形シク ⬇一四一ページ 64

うるはしみ・す(ウルワシミス)【麗しみす】 他サ変 {せ・し・す・する・すれ・せよ} 親しみ愛する。仲むつまじくする。〈伊勢・二四〉「梓弓(あづさゆみ)ま弓槻弓(つきゆみ)年を経(へ)てわがせしがごとうるはしみせよ(命)」**訳** →あづさゆみ… 和歌

うるふ(ウルウ)【閏】 名 陰暦の平年は三百五十四日であるから、暦のうえの季節と実際の季節とのずれを調節するため、間をおいて十九年に七回、ある月を二度くり返し、一年を十三か月としたもの。また、その余分に加えた月。⬇前ページ「古文常識」

うる・ふ(ウルウ)【潤ふ】 ㊀ 自ハ四 {は・ひ・ふ・ふ・へ・へ} うるおう。しめる。〈源氏・葵〉「少しひまありつる袖どもうるひ(用)わたりぬ」**訳** (葵(あおい)の上の死後)少し(乾く)間のあった(女房たち)それぞれの袖が(再び涙で)すっかりしめってしまった。

㊁ 他ハ下二 {へ・へ・ふ・ふる・ふれ・へよ} うるおす。しめらす。〈宇治・一五・一二〉「ただ今日一提(ひとひさげ)ばかりの水をもて、喉をうるへよ(命)」**訳** ただ今日は提(ひさげ)(=なべに似た容器)一杯だけの水で、(私=鮒(ふな)の)のどをうるおせ。

うるほ・す(ウルオス)【潤す】 他サ四 {さ・し・す・す・せ・せ} ❶水気を含ませる。しめらす。〈平家・四・厳島御幸〉「心有る(=情けある)人々は涙を流し、袖をうるほす(終)」❷利益や恩恵を与える。豊かにする。〈浮・世間子息気質〉「身上をうるほす(体)思案第一と存ずるなり」**訳** 身代を富ますくふうが第一と存じているのだ。

うるわし〖麗し・美し・愛し〗 ⬇うるはし

うれ【末】 名 〔「うら」の転〕木の枝や草の葉の先端。こずえ。〈万葉・二・一四六〉「磐代(いはしろ)の子松がうれをまた見けむかも」**訳** 磐代(=地名)の小松のこずえを、(あなたは)

再び見ただろうかなあ。

うれ【代】〔「おれ」の転か〕対称の人代名詞。身分の低い者などを呼んだり、ののしったりするときに使う語。おまえ。おまえら。〈平家・七・実盛〉「あっぱれ、おのれは日本一の剛(かう)の者に組(く)んでうずな、**うれ**」訳あっぱれ、おまえは日本一の勇士と組もうとするのだな、**おのれ**。

うれ・し【嬉し】形シク{しから・しく(しかり)・し・しき(しかる)・しけれ・しかれ}❶喜ばしい。愉快だ。快い。〈徒然・三〉「うらなく言ひ慰まんこそ**うれしかる**体べきに」訳心の隔てなく語って心が晴れるとすればそれこそ、**うれしい**にちがいないが。
❷ありがたい。かたじけない。〈大和・九〉「院の御消息(せうそこ)の、いと**うれしく**用侍りて」訳（宇多(うだ)）上皇のお手紙が、たいそう**かたじけのう**ございまして。

うれ-た・し【形ク】{(から)・く(かり)・し・き(かる)・けれ・かれ}〔「心痛(うらいた)し」の転〕嘆かわしい。腹立たしい。いまいましい。うらめしい。〈万葉・八・一五〇七〉「**うれたき**体や醜(しこ)霍公鳥(ほととぎす)」訳**いまいましいこと**だ、ばかほととぎすめ。

うれは・しウレワシ【憂はし】形シク{しから・しく(しかり)・し・しき(しかる)・しけれ・しかれ}〔動詞「憂ふ」に対応する形容詞〕嘆かわしい。憂えるべきさまだ。気がかりだ。〈源氏・若紫〉「しろしめしながらしのびさせ給へるを、**うれはしく**用思ひ給へてなむ」訳（私＝僧都(そうづ)がこの寺にいることを光源氏は）知っていらっしゃりながら（私に）内密になされたのを、**嘆かわしく**存じましてね。

うれひつつ… 俳句

愁ひつつ　岡(をか)にのぼれば　花(はな)いばら　夏
〈蕪村句集・蕪村〉

訳やるせない思いをいだいて（初夏の）岡にのぼってみると、茨の花が白く咲き乱れていることだ（その香りが郷愁をつのらせる）。（「愁ふ」は、本来下二段の動詞で、「愁へつつ」が正しい）

うれ・ふウレウ【憂ふ・愁ふ】他ハ下二 ⇒前ページ 65

うれへウレエ【憂へ・愁へ】名❶悲しみ。〈万葉・九・一七五七〉「草枕旅の**うれへ**を慰(なぐさ)もることもありやと」訳旅の**悲しみ**を慰めることもあるかと。（「草枕」は「旅」にかかる枕詞）
❷嘆き訴えること。愁訴。〈竹取・蓬莱の玉の枝〉「かの**うれへ**をしたる匠(たくみ)をば、かぐや姫呼びすゑて」訳あの**愁訴**をした工人を、かぐや姫が呼んですわらせて。
❸心配。不安。〈方丈・四〉「ただしづかなるを望みとし、**うれへ**なきをたのしみとす」訳ただ心穏やかであることを望みとし、**心配**がないことを楽しみとする。

うれむ-そ【副】「うれむぞ」とも。どうして。

うろ-くづクズ【鱗】名〔古くは「いろくづ」〕（魚などの）うろこ。また、魚類。

うわ『上・表』⇒うは

う-ゐヰ【有為】名《仏教語》因縁によって生じたこの世のいっさいの現象。対無為(むゐ)

うゑもん-の-かみウエモン【右衛門の督】名右衛門府の長官。

うゑもん-の-ぢんウエモンノジン【右衛門の陣】名内裏(だいり)の西、宜秋(ぎしう)門のわきにある、右衛門府の役人の詰め所。また、宜秋門の別名。

う-ゑもんふ―エモンフ【右衛門府】名六衛府(ろくゑふ)の一つ。左衛門府とともに宮中の諸門の警護にあたった役所。対左衛門府(さゑもんふ)。⇒衛門府(ゑもんふ)

うん-か【雲霞】名雲と霞(かすみ)。また、多くの人が群がり集まるさまのたとえ。〈平家・九・敦盛最期〉「御方(みかた)の軍兵(ぐんびやう)**雲霞**のごとく候ふ」訳味方の軍勢が**雲や霞**のよう（に大勢）でございます。

うん-かく【雲客】名「てんじゃうびと」に同じ。
参考 公卿(くぎやう)の意の「月卿(げつけい)」とあわせて、「月卿雲客」などと用いられることが多い。

うん・ず【倦んず】自・他サ変{ぜ・じ・ず・ずる・ずれ・ぜよ}うんざりする。いやになる。〈大和・五〉「世の中を**倦んじ**用て筑紫(つくし)へ下りける人」訳世の中が**いやになっ**て筑紫（＝九州）へ下向した人が。

うん-すい【雲水】名❶雲と水。❷ただよう雲や流れる水がとどまらないように、諸所をめぐり修行して歩くこと。また、その人。行脚(あんぎや)僧。

うん-でい【雲泥】名雲と泥。転じて、違いのはなはだしいことのたとえ。〈平家・四・源氏揃〉「源平いづれ勝劣(しようれつ)なかりしかども、今は**雲泥**交はりを隔てて」訳源平どちらも優劣がなかったが、今は**雲と泥のように**交わることなく隔たっ（た境遇になっ）て。

うん-ぬん【云云】名引用した文のあとの部分を省略して、代わりに用いる語。しかじか。
参考「うんうん」が連声(れんじやう)で「うんぬん」になる。

え　エ

え【江】名入り江。湾。また、河をさすこともある。〈細道・松島〉「**江**のうち三里、浙江(せつかう)の潮(うしほ)をたたふ」訳**湾**の中は三里（＝約一二キロメートル）もあり、（中国の）浙江を思わせるような潮水をたたえている。

え【枝】名えだ。〈万葉・二・一四一〉「磐代(いはしろ)の浜松が**枝**を引き結び」訳⇒いはしろの… 和歌

え【副】⇒次ページ 66

え 上代の助動詞「ゆ」の未然形・連用形。

え【一】間助《上代語》〔間投助詞「よ」の東国方言〕呼びかけの意を表す。…よ。〈万葉・二〇・四三四〇〉「父母(とちはは)**え**斎(いは)ひて待たね」訳父母**よ**、心身を清めて待っていてください。
接続 体言に付く。
【二】終助《近世語》❶呼びかけの意を表す。…よ。〈伎・切られ与三〉「ええ、御新造(ごしんぞ)さん**え**、おかみさん**え**」訳ええ、御新造さん（＝奥さん）**よ**、おかみさん**よ**。❷語気をやわらげ、親しみの意を表す。〈伎・幼稚子敵討〉「皆様許さんせ**え**」訳皆様お許しください**な**。
接続 主に文末に付く。
参考【一】の用例は一つしか見つかっていない。【二】①は、近世初期の上方語では男性も用いたが、後期の江戸語では女性が用いるようになった。

え『重』⇒へ

え『会・回・廻・恵・笑・絵・衛・穢』⇒ゑ

え-あら-じ【え在らじ】生きていくことができないだろう。（そこに）いることができないだろう。〈大和・一四八〉「なほいとかうわびしうては**えあらじ**終」訳やはりたいそうこんなに（生活が）つらくては**生きていく**

ことができまい。

〈なりたち〉副詞「え」＋ラ変動詞「在り」㊍＋打消推量の助動詞「じ」

えい【詠】 名 ❶詩歌を作ること。また、その詩歌。〈平家・六・祇園女御〉「一首の御詠をあそばして」訳（白河院は）一首の御和歌をお詠みになって。
❷詩歌を朗詠すること。また、その詩歌。特に、舞楽で舞人が朗詠すること。〈源氏・紅葉賀〉「詠などし給へるは、これや仏の御迦陵頻伽の声ならむと聞こゆ」訳（光源氏が舞楽で）詩歌の朗詠などなさったのは、これが仏の（国にいるという妙なる声の鳥、）迦陵頻伽のお声であろうかと聞こえる。

えい【纓】 名 冠の付属具の名称。もとは巾子の根もとをしめたひものあまりを背に垂れ下げたものをいった。のちには形式化して、両端に骨を入れてうすぎぬを張り、巾子にはさんだ。形により、立纓（天皇用）・垂纓（文官用）・巻纓（武官用）・細纓（六位の蔵人と六位以下の武官用）などがある。⬇冠「古文常識」

えい 感 ❶返事の声。はい。ええ。〈宇治・一・三〉「無期ののちに、『えい』といらへたりければ」訳ずいぶんたったあとで、（児が）「はい」と答えたので。
❷力むときに発するかけ声。よいしょ。えいっ。
❸感情の動揺・憤激によって発する声。ええ。まあ。あれ。
❹呼びかけの声。おい。やい。

えい〘酔い〙⬇ゑひ

えい-えう ヨウ ―【栄耀】名〔近世では多く「ええう」〕栄え時めくこと。栄華。〈細道・平泉〉「三代の栄耀一睡の中にして、大門の跡は一里こなたにあり」訳（奥州藤原氏）三代の栄華も一睡のうち（にはかなく消えるもの）であって、表門の跡は一里（＝約四キロメートル）ほど手前にある。

えい-かん【叡感】 名 天皇や上皇が感心してほめること。御感。〈平家・一・殿上闇討〉「かへって叡感にあづかっし上は、あへて罪科の沙汰もなかりけり」訳（平忠盛は）かえって（上皇の）おほめにあずかった以上は、まったく処罰の命令もなかった。

栄花物語 ⬇栄花物語

えい-ぐわ ガ ―【栄華・栄花】名 栄えること。富貴な生活をすること。

栄花物語 《作品名》〔「栄華物語」とも書く〕平安後期の歴史物語。作者は赤染衛門・出羽弁説があるが、未詳。九世紀末の宇多天皇から十一世紀末の堀河天皇にいたる十五代約二百年間の宮廷生活を物語ふうに編年体で記述。摂関家、特に藤原道長の栄華賛美が中心になり、「大鏡」に比べ批判性はとぼしい。「世継物語」ともいう。

えい・ず【映ず】 自サ変 {ぜ・じ・ず・ずる・ずれ・ぜよ} 光や影がうつる。また、光を受けて映える。〈方丈・三〉「空には灰を吹き立てたれば、火の光に映じ㊊て、あまねく紅なる中に」訳空には（風が）灰を吹き上げているので、（それが）火の光に照り映えて、あたり一面にまっ赤である中で。

えい・ず【詠ず】 他サ変 {ぜ・じ・ず・ずる・ずれ・ぜよ} ❶詩歌を声に出してうたう。〈方丈・三〉「ひとりしらべ、ひとり詠じ㊊て、みづから情を養ふばかりなり」訳ひとりで（琵琶を）ひき、ひとりで詩を吟じて、自分自身で心を慰めるだけである。
❷詩歌をつくる。詠む。〈平家・六・小督〉「牡鹿鳴くこの山里と詠じ㊊けん、嵯峨のあたりの秋のころ」訳（藤原基俊が）牡鹿が鳴くこの山里と歌に詠んだとかいう、嵯峨の付近の秋の季節は。

えい-らん【叡覧】 名 天皇や上皇がご覧になること。天覧。〈平家・一・殿上闇討〉「その刀を召し出だして叡覧あれば」訳その（＝忠盛の）刀を命じておとり寄せになって（上皇が）ご覧になると。

えい-りょ【叡慮】 名 天皇や上皇のお考え・お気持ち。天慮。〈平家・三・法印問答〉「父子ともに叡慮に背き

最重要330 66

え 副

〈ガイド〉できる意の動詞「得」の連用形が副詞化したもの。①は上代の用法で用例は少ない。

❶（下に肯定の表現を伴って）可能の意を表す。…することができる。よく…（し）うる。

例 ここにその荒波おのづからなぎて、御船え進みき〈記・中〉
訳（弟橘比売命が入水すると）そこでその荒波が自然におさまって、御船が進むことができた。

❷（下に打消または反語の表現を伴って）不可能の意を表す。…することができ（ない）。じゅうぶんに…し（ない）。…できようか（いや、できない）。

例 人のそしりをもえはばからせ給はず〈源氏・桐壺〉
訳（桐壺帝は）人々の非難をも気がねすることがおできになられず。

例 けやけく否びがたくて、よろづえ言ひ放たず、心弱くことうけしつ〈徒然・一四一〉
訳（都の人は）きっぱりとことわりにくくて、万事に言い切ることができず、気弱くうけあってしまう。

〈フレーズ〉以下の語は各見出し語を参照　え在らじ・え避らず・えしも・え…ず・えせず・え…で・えなむ・えならず・えも・えも言はず・えや・えやは

候ひぬること、今において面目を失ふ」訳 父子ともに（法皇の）お気持ちに反してしまいましたことで、今になって面目を失うことが。

えう（ヨウ）【要】名 入り用。必要。また、たいせつなところ。〈蜻蛉・上〉「かう、ものの要にもあらであるも、ことわりと思ひつつ」訳 このように、何の必要でもない（＝役立たずの）状態でいるのも、道理だと思っては。

えう〖酔う〗➡ゑふ

えう・ず（ヨウズ）【要ず】他サ変｛ぜ・じ・ず・ずる・ずれ・ぜよ｝必要とする。請求する。〈今昔・三一・三三〉「竹を取りて籠を造りて要ずる体人に与へて」訳 竹を切り取ってかごを作って必要とする人に与えて。

えう-ぜん（ヨウ—）【窅然】形動タリ｛たら・たり（と）・たり・たる・たれ・たれ｝奥深くて美しいさま。〈細道・松島〉「その気色窅然と用して美人の顔をよそほふ」訳 その（松島の）ようすは深みのある美しさで美人が顔を化粧している（ようだ）。

えう-な・し（ヨウ—）【要なし】形ク｛から・く（かり）・し・き（かる）・けれ・かれ｝必要がない。役に立たない。つまらない。〈伊勢・九〉「その男、身をえうなき体ものに思ひなして」訳 その男は、自分の身を役に立たないものと思いこんで。

えき【益】名 ➡やく（益）

えき-れい【疫癘】名 悪性の流行病。

えこう〖回向・廻向〗➡ゑかう

え-さ・す【得さす】与える。〈土佐〉「たよりごとに、物もたえずえさせ用たり」訳 機会の（ある）たびごとに、贈り物も絶えず与えていた。

なりたち 下二段動詞「得」未＋使役の助動詞「さす」

参考 中古の文学作品では「得さす」や「取らす」が「与ふ」という動詞よりも多く使われている。

え-さら-ず【え避らず】避けることができない。やむをえない。〈徒然・五九〉「えさらぬ体ことのみいとど重なりて」訳 やむをえないことばかりがますます重なって。

なりたち 副詞「え」＋四段動詞「避る」未＋打消の助動詞「ず」

え-しも（下に打消の語を伴って）どうしても…でき（ない）。とても…でき（ない）。〈伊勢・三〉「憂きながら人をばえしも忘れねばかつ恨みつつなほぞ恋しき」訳 つらいけれどその人をどうしても忘れることができないので、一方では恨み恨みしてもやはり恋しいことだ。

なりたち 副詞「え」＋副助詞「しも」

えしゃじょうり〖会者定離〗➡ゑしゃぢゃうり

え…ず …することができない。〈源氏・桐壺〉「人のそしりをもえはばからせ給はず終」訳（桐壺帝は）人の非難をも気がねすることがおできになられず。〈伊勢・六〉「神鳴るさわぎにえ聞かざり用けり」訳 雷が鳴る騒音で聞くことができなかった。

> 定型表現 副詞の呼応
> **え…ず（不可能を表す）**
> 例 え思ひ捨てず。
> （＝見捨てることができない）

なりたち 副詞「え」＋…＋打消の助動詞「ず」

えせ-ざいはひ（—ザイワイ）【似非幸ひ】名 見かけだけの幸福。幸福そうに見えて実はそうでないこと。

え-せ-ず できない。〈更級・物語〉「人かたらひなどもえせず終」訳 人に相談することなどもできない。

なりたち 副詞「え」＋サ変動詞「為」未＋打消の助動詞「ず」

えせ-もの【似非者】名 ❶にせもの。〈今昔・二七・三四〉「まことに候ひけり。ただしえせ者にこそ候ふめれ」訳（鬼神が出るというのは）本当でございました。ただし（その鬼神は）にせもののようでございます。❷つまらない者。とるにたりない者。〈枕・一五九〉「えせ者、げすの際だに、なほゆかし」訳 つまらない者や、使用人の身分（の者の場合）でさえ、やはり（生まれた子が男か女か）知りたい。❸したたか者。

えぞ【蝦夷】名 ❶北関東以北に住んでいた先住民。「えみし」「えびす」とも。〈細道・平泉〉「南部口をさし堅め、蝦夷を防ぐと見えたり」訳 南部地方からの出入り口を堅く守り、蝦夷（の侵入）を防ぐ（のだ）と見えた。❷北海道の古称。

-えだ【枝】接尾 ❶（贈り物を枝に付けて贈る習慣から）贈り物を数える語。〈源氏・行幸〉「雉一枝」❷細長いものを数える語。「長刀一枝」

えだ【枝・肢】名 ❶草木の枝。〈徒然・一一〉「大きなる柑子の木の、枝もたわわになりたるが」訳 大きなみかんの木で、枝もしなうほどに（実が）なっている木の。❷（人間や獣などの）手足。四肢。❸一族。子孫。〈大鏡・道長上〉「北家の末、今に枝ひろごり給へり」訳（藤原氏の四家のうち）北家の子孫が、現在は一族が栄えていらっしゃる。

フレーズ **枝を交はす**（「長恨歌」の詩句「連理の枝」から）男女・夫婦の契りの深いことのたとえ。➡連理・比翼の鳥

えだ-ざし【枝差し】名 枝ぶり。枝の出たようす。参考「ざし」は物の状態・姿を表す接尾語。

え-たり【得たり】感〔下二段動詞「得」用＋完了の助動詞「たり」終〕しめた。思うつぼだ。物事が思いどおりうまくいった時にいう。〈謡・巴〉「敵は得たりと斬ってかかれば」訳 敵はしめたと思って斬ってかかるので。

え-たる【得たる】自分のものとした。熟達した。〈風姿花伝〉「かやうに我が身を知る心、得たる人の心なるべし」訳 このように自分の身を知る心がけが、熟達した人の心なのであろう。

なりたち 下二段動詞「得」用＋完了の助動詞「たり」体

えだ-を-かは・す（—カワス）【枝を交はす】➡枝「フレーズ」

え…で …することができずに。…することができないで。〈竹取・龍の頸の玉〉「え起き上がり給はで」訳 起き上がりなさることができずに。〈伊勢・五〉「門よりもえ入らで」訳 門からも入ることができずに。〈枕・二七五〉「その人だにえ聞きつけで」訳 その女房でさえ聞きとることができないで。

> 定型表現 副詞の呼応
> **え…で（不可能を表す）**
> 例 えまかで給はで…。
> （＝退出なさることができずに）

なりたち 副詞「え」＋…＋接続助詞「で」

えーと【干支】名（「兄弟(えおと)」の転。「干」は幹、「支」は枝の意）陰陽道(おんようどう)で、五行(ごぎょう)(=木火土金水)を兄(え)と弟(と)に分けた十干(じっかん)に十二支を組み合わせ、甲子(きのえね)・乙丑(きのとうし)のようにつくった六十組。暦のうえで年・月・日を表すのに用いる。➡十二支(じふにし)・「古文常識」(四三ページ)

江戸(えど)《地名》今の東京の旧称。平安時代の末、江戸四郎が館を営んだ地に、室町中期、太田道灌(おおたどうかん)が城を築き、十七世紀初め、徳川氏がここに幕府を開くに至って政治の中心地となった。五街道の起点。

えど【穢土】➡ゑど

えーなむ ナン (下に打消の表現を伴って)容易に…できない。《源氏・帚木》「おほかる中にもえなむ思ひ定むまじかりける」訳(女性が)たくさんいる中でも、(妻を選ぶとなると、この人と)容易に決心できそうにもなかった。

なりたち 副詞「え」＋係助詞「なむ」

えーならーず なんとも言えないほどだ。並たいていでない。**なんとも言いようがないほどすばらしい。**《徒然・一〇》「唐(から)の、大和(やまと)の、めづらしく、えならぬ(体)調度どもならべおき」訳中国のや、日本のや、珍しく、言いようもないほどすばらしい家具をいろいろと並べておいて。➡えも言はず「慣用表現」

なりたち 副詞「え」＋四段動詞「成る」(未)＋打消の助動詞「ず」

参考「なら」を、断定の助動詞「なり」の未然形とする説もある。原義は「一通りではない」「なんとも表現できない」という意で、必ずしもほめる場合だけではないが、多くはよい意味に使われる。

えに【縁】名(字音「えん」の転)**ゆかり。縁故。**《源氏・澪標》「ここまでもめぐりあひけるえにには深しな」訳ここ(=難波(なには))に来てまでも(あなた=明石(あかし)の君に)めぐりあった縁は、入り江が深いように深いなあ。(「えに」の「え」は「江」との掛詞)

参考 和歌では多く「江に」とかける。

えにーし【縁】名(「し」は強意の副助詞)**えん。ゆかり。**《伊勢・六九》「徒歩人(かちびと)の渡れど濡(ぬ)れぬえにしあれば」訳徒歩で行く人が渡っても濡れない江ではないが、それほど浅い縁であるから。(「えにし」は「縁」と「江にし」との掛詞)

えーはう ホウ【吉方】名➡ゑはう

えはうーだな エホウ【吉方棚】名➡ゑはうだな

えはうーまゐり エホウマイリ【吉方参り】名➡ゑはうまゐり

えびす【夷・戎・蝦夷】名❶北関東以北に居住した人々の総称。古くは「えみし」といった。「えぞ」とも。❷ものの情けをわきまえない荒々しい田舎者。(都の人が軽蔑して)多く、東国の武士をさす。《徒然・八〇》「夷は弓ひくすべ知らず」訳東国の武士は弓を引く方法を知らず。❸未開の異民族。東夷(とうい)・西戎(せいじゅう)・南蛮(なんばん)・北狄(ほくてき)の総称。

えびーぞめ【葡萄染め】名❶染め色の名。ぶどうのような紫色。❷襲(かさね)の色目の名。表は紫、裏は赤。一説に表は蘇芳(すおう)(=紫がかった赤色)、裏は縹(はなだ)色(=薄い藍色)。❸織り色の名。縦糸は紅、横糸は薄紫。

（えびぞめ①）

えびら【箙】名矢を差し入れて背に負う武具。革・竹などで作る。矢の数は二十四本。紙や小硯(こすずり)などの文房具を入れることもあった。

弦巻(つるまき)

（えびら）

えーぼし【烏帽子】名(「えぼうし」の転)元服した男子の被(かぶ)り物の一種。正装用の冠に対し、えぼしは平服に用いた。位階により、形と塗りが異なり、立て烏帽子・折り烏帽子・揉(も)み烏帽子など多くの種類がある。風(かざ)折り烏帽子・侍烏帽子は折り烏帽子の一種、引き立て烏帽子・萎え烏帽子は揉み烏帽子の一種。

風折(かざを)り烏帽子(えぼし)（中世・近世）

侍烏帽子(さむらひえぼし)（中古・中世）

額(ひたひ)

立(た)て烏帽子(えぼし)（中世・近世）

侍烏帽子(さむらひえぼし)（近世）

（えぼし）

えぼしーおや【烏帽子親】名元服する武家の男子に烏帽子をかぶらせ、烏帽子名(=元服名)を付ける人。

えぼしーご【烏帽子子】名元服のとき、烏帽子親から、烏帽子を与えられ、烏帽子名(=元服名)を付けてもらう男子。

えみし【蝦夷】名「えぞ①」に同じ。《記・中》「ことごとに荒ぶる蝦夷どもを言向(ことむ)け(=服従させ)」

えむ【笑む】➡ゑむ

えーも❶(下に肯定の表現を伴って)よくもまあ。《万葉・一八・四〇七七》「恋(こ)ふといふはえも名づけたり」訳恋するというのはよくもまあ名付けたものだ。❷(下に打消の語を伴って)どうにも…でき(ない)。とても…でき(ない)。《源氏・桐壺》「えも乗りやらず」訳(靫負(ゆげい)の命婦(みょうぶ)は牛車(ぎっしゃ)に)とても乗りこんでしまうことができない。

なりたち 副詞「え」＋係助詞「も」

えーもーいはーず ワ―イ【えも言はず】❶**なんとも言いようがない。はなはだしい。**《更級・足柄山》「えもいはず(用)茂りわたりて、いと恐ろしげなり」訳(足柄山は)言いようもなく(木々が)一面に茂っていて、ひどく恐ろしい感じである。❷(よいもの・ほめるべきものについて)**言いようも**

なくすばらしい。〈枕・八三〉「裏のつやなど、えもいはず(用)きよらなるに」訳(桜襲の直衣の)裏地のつやなどが、言いようもないほどすばらしく華麗であるうえに。

❸(悪いもの・いやなものについて)言うねうちがない。とるにたりない。ひどい。〈徒然・一七五〉「築泥・門の下などに向きて、えもいはぬ(体)ことどもし散らし」訳(酒に酔った者が)土塀や門の下などに向かって、いろいろとひどいこと(=嘔吐など)をし散らかし。

なりたち 副詞「え」+係助詞「も」+四段動詞「言ふ」(未)+打消の助動詞「ず」

慣用表現 **えもいはず ―「言いようがない」を表す表現**

○ 言いようもなくすばらしい ↔ 両方に用いる ↔ × 言う値打ちがない

え…+打消 えならず・えも言はず

言ふ…+打消 言はむ方無し・言ひ知らず・言ふ方無し・言ふべき方無し

えーや 疑問・反語の意を表す。…できるだろうか。どうして…できようか(いや、できない)。〈源氏・帚木〉「みな下屋におろし侍りぬるを、えやまかりおりあへざらむ」訳(女たちは)みんな下屋(=身分の低い者のいる建物)にさがらせてしまいましたが、まださがりきることができないのであろうか。

なりたち 副詞「え」+係助詞「や」

えーやは 疑問・反語の意を表す。…できるだろうか。どうして…できようか(いや、できない)。〈後拾遺・恋一〉「かくとだにえやはいぶきのさしも草さしも知らじな燃ゆる思ひを」訳→付録①「小倉百人一首」51

なりたち 副詞「え」+係助詞「やは」

えーやみ【疫病】 名 悪性の流行病。〈宇治・四・一五〉「その年、この村の在家、ことごとくえやみをして死ぬる者多かり」訳その年、この村の民家は、残らず悪性の流行病にかかって死ぬ者が多い。

最重要330 67

えん【艶】 名・形動ナリ

ガイド 漢語「艶」を形容動詞化した語。優雅を基調とする「優」(→33)に対し、華やか、あでやか、つややかな美をいう。そこから③の意も生じた。中古の女流文学で多用され、中世以降は美的理念の一つとされた。

❶優美なさま。しっとりとした趣のあるさま。
→おいらか「類語の整理」

例 なかなかに艶に(用)をかしき夜かな〈更級・春秋のさだめ〉
訳(月も出ず暗くて)かえってしっとりとした趣があり風情がある夜だなあ。

❷なまめかしいさま。色っぽいさま。

例 右近、艶なる(体)心地して、来し方のことなども、人知れず思ひ出でけり〈源氏・夕顔〉
訳 右近はなまめかしい気持ちがして、(頭の中将が夕顔のもとに通って来た)昔のことなども、人知れず思い出すのだった。

❸思わせぶりなさま。

例 いたう言籠めたれば、「例の艶なる(体)」と憎み給ふ〈源氏・末摘花〉
訳(大輔の命婦が)ひどく口ごもっているので、「いつものように、思わせぶりなことよ」と、(光源氏は)憎まれ口をおききになる。

❹中世以降の歌論や能楽における美的理念の一つ。深みがあり優美で、はなやかさを含んだ感覚的な美しさ。

例 あるいはやさしく艶なる(体)あり、あるいは風情をむねとするあり〈後鳥羽院御口伝〉
訳(和歌には)あるいは優美で優雅な美しさがあるものがあり、あるいは情趣を中心とするものがある。

えら・ぶ【選ぶ・撰ぶ・択ぶ】 他バ四(ば・び・ぶ・ぶ・べ・べ)❶よいものを取りあげる。選択する。〈徒然・六〇〉「思ふやうによきいもがしらを選び(用)て、ことに多く食ひて」訳思う通りによい親芋を選んで、特にたくさん食って。❷資料を選び集めて書物をつくる。編集する。〈徒然・八〇〉「四条大納言撰ば(未)れたるものを、道風書かむこと」訳四条大納言(=藤原公任)が編集しなさったもの(=「和漢朗詠集」)を、(それ以前の)小野道風が書くようなことは。

えりーい・づ【選り出づ】 他ダ下二(で・で・づ・づる・づれ・でよ)(多くの中から)選び出す。〈源氏・蓬生〉「古歌とても、をかしきやうに選り出で(用)、題をも、詠み人をもあらはし」訳古い歌といっても、趣があるように選び出し、題をも、詠んだ人をもはっきりさせ。

えり‐とと・の・ふ トノウト【選り整ふ】他ハ下二{へ・へ・ふ・ふる・ふれ・へよ}選び出して準備する。〈源氏・絵合〉「今めかしきはそれそれと選り整へ㊀させ給ふ」訳（光源氏は）現代的なの（＝絵）はそれとあれとと選び出して準備させなさる。

え・る【選る・択る】他ラ四{ら・り・る・る・れ・れ}（多くの中から）選ぶ。よりすぐる。〈枕・三〉「もろこしにことごとしき名つきたる鳥の、選り用てこれにのみゐるらむ」訳中国で（鳳凰という）大げさな名のついている鳥が、特に選んでこれ（＝桐の木）にだけ止まるとかいうのは。

ゑる【彫る・鐫る】→ゑる

えん【宴】名 酒を飲み、歌舞などをして遊び興じること。酒宴。うたげ。

えん【縁】名 ❶《仏教語》「因」を助けて「果」をつくるもの。直接の原因に結びついて一つの結果を生みだす作用。因縁。〈源氏・手習〉「縁に従ひてこそ導き給はめ」訳縁に従ってこそ（初瀬の観音は）お引き合わせになるのだろう。
❷ゆかり。たより。手づる。縁故。〈源氏・宿木〉「世を背き給へる宮の御方に、縁を尋ねつつ」訳出家なさった宮の御方（＝女三の宮）に、手づるを求めては。
❸血縁。夫婦・親子などのつながり。〈方丈・三〉「わが身、父方の祖母の家を伝へて、久しくかの所に住む。その後、縁かけて身衰へ」訳自分自身は、父方の祖母の家をひきついで、長い間その場所に住む。その後、（祖母との）つながりが切れて（わが）身も衰えて。

フレーズ

縁を離る 世俗の生活と縁を切る。〈方丈・七五〉「縁を離れ用て身を閑かにし」訳世俗との縁を切って身を静かな境地におき。

縁を結ぶ 仏縁を結ぶ。成仏するための因縁をつくる。〈方丈・三〉「額に阿字を書いて、縁を結ば㊀しむるわざをなんせられける」訳（死者の）額に阿の字を書いて、成仏するための因縁を結ばせる善行をなさった。

えん【縁・椽】名 家の外側の細長い板敷き。縁側。すのこ。寝殿造りでは、母屋の廂の外側につけられていた。→寝殿造り「古文常識」（四三四ページ）

えん【艶】名・形動ナリ →前ページ 67

えん【円・垣・怨・遠・鴛】→ゑん

えん‐いん【宴飲】名 酒盛り。宴会。

えん‐おう【鴛鴦】→ゑんあう

えん‐ぎ【縁起】名 ❶《仏教語》事物の因縁によって万物が生じること。
❷物事の由来。特に、神社・仏閣が創建された由来・歴史・霊験などの言い伝え。また、それを記した書画。〈細道・室の八島〉「縁起の旨、世に伝ふることも侍りし」訳（この社＝八島明神の）言い伝えの内容は、世間に伝わっていることもございました。
❸吉凶の前兆。

えん‐ご【縁語】名 和歌の修辞技巧の一つ。→付録①「和歌の修辞」

えん‐だ・つ【艶だつ】自タ四{た・ち・つ・つ・て・て}（「だつ」は接尾語）いかにも優雅にふるまう。なまめかしいふうをする。〈源氏・夕顔〉「艶だち用気色ばまむ人は」訳いかにも優雅にふるまい気どるような女は。

えんま【閻魔】名《梵語の音訳》死者の生前の罪悪を審判し、懲罰するという地獄の王。閻羅王。閻魔王。閻羅。閻王。

えん‐り【厭離】名・他サ変《仏教語》「おんり」とも。「えんりゑど」に同じ。〈徒然・九〉「六塵の楽欲多しといへども、皆厭離し用つべし」訳六塵（＝目・耳・鼻・舌・身・意の六根を通して感じる刺激）の欲望が多いといっても、皆厭い捨て去ることがきっとできるはずだ。

延暦寺（えんりゃくじ）名 今の滋賀県大津市比叡山にある寺院。天台宗総本山。延暦七年（七八八）、最澄（＝伝教大師）の開山。

参考 三井寺（＝園城寺）を「寺門」というのに対して「山門」、奈良の興福寺を「南都」というのに対して「北嶺」という。

えんり‐ゑど エド【厭離穢土】名《仏教語》「おんりゑど」とも。穢土（＝けがれたこの世）を厭って離れようとすること。→欣求浄土

えん‐を‐はな・る【縁を離る】→縁「フレーズ」

えん‐を‐むす・ぶ【縁を結ぶ】→縁「フレーズ」

お オ

お‐【御】接頭 ❶多く、名詞の上に付き尊敬の意を表す。「御座」「御前」「御物」
❷中世以降、女性の名の上に付けて、尊敬・親愛の意を表す。「おさいの局」

お【小・夫・丘・尾・男・苧・峰・烏・麻・雄・緒】→を

お…あ・り【御…有り】（「御」と「有り」の間に動詞の連用形の名詞化した語が入って）お…になる。…なさる。〈謡・松風〉「あれに行平のお立ちある体が」訳あそこに（在原）行平がお立ちになっているが。

なりたち 尊敬の意を表す接頭語「御」＋…＋ラ変補助動詞「有り」

おい 感「をい」に同じ。

おい【笈・生い】→おひ

おい‐おい 感「をいをい」に同じ。

おい‐かがま・る【老い屈まる】自ラ四{ら・り・る・る・れ・れ}年老いて腰が曲がる。〈源氏・若紫〉「老いかがまり用て室の外にもまかでず」訳年老いて腰が曲がって僧房の外にも出かけません。

おい‐かけ【老い懸け・緌】名 武官がかぶる巻纓の冠（＝纓を内側に巻いた冠）の左右両耳の上につけた飾り。馬の毛を扇形にひろげて作る。→冠「古文常識」

おい‐さらぼ・ふ ラボウ—サ【老いさらぼふ】自ハ四{は・ひ・ふ・ふ・へ・へ}年老いてよぼよぼになる。〈徒然・一五二〉「むく犬の、あさましく老いさらぼひ用て、毛はげたるをひかせて」訳むく毛の犬で、ひどく年老いてよぼよぼになって、毛が抜けているのを（人に）引かせて。

おい‐しら・ふ ラ（ロ）ウ—シ【老い痴らふ】自ハ四{は・ひ・ふ・ふ・へ・へ}もうろくする。老いぼれる。〈源氏・賢木〉「老いしらへ㊁る人々うち泣きつつ愛で聞こゆ」訳老いぼれている女房たちは泣きながら（光源氏を）おほめ申しあげる。

おい‐づ・く【老い就く】自カ四{か・き・く・く・け・け}（「おいつ

最重要330

68

おい-らか

形動ナリ｛なら・なり(に)・なり／なる・なれ・なれ｝

ガイド おっとりしている意の類義語「おほどか」が世馴よなれていないというやや否定的な含みでも用いられるのに対し、人の穏和、平静なさまを肯定的にいう。

❶（人の態度・動作・性格などが）すなおでおっとりしている。おだやかである。

例「いかでか。にはかならむ」といとおいらかに㊊言ひて居たり〈源氏・夕顔〉

訳（夕顔は）「どうして（行けようか）。突然すぎるだろう」と、たいそうおっとりと言って座っている。

❷あっさりしている。率直である。

例おいらかに㊊、あたりよりだにな歩ありきそ、とやはのたまはぬ〈竹取・貴公子たちの求婚〉

訳率直に、この付近をぶらぶら歩くことさえするな、と（どうして）おっしゃらないのか。

語感実感 引っ越してきた隣人が、おっとりとしていて人当たりもよく、周囲に警戒心を抱かせない感じ。

く」とも】❶老人になる。年をとる。〈万葉・一九・四二三〇〉「かく恋ひば老いづく㊍吾あが身けだし堪あへむかも」訳（嫁いだ娘のことを）こんなにいとしく思っていたら、年老いていく私の身は、はたして堪えられるだろうか。

❷老人らしくなる。年寄りじみる。〈紫式部日記〉「心と老いつき㊊、やつしてやみ侍りにし」訳自分から老け込んで、出家をして死んでしまいました。

おい-て【於て】〔漢文の「於」の訓読〕（上に格助詞「に」を伴い「において」の形で）❶場所を示す。…で。〈今昔・九・一四〉「冥途において母を済すくひてよみがへれること」訳死後の世界で母親を救って生き返ったこと。

❷時間・事態を表す。…で。〈徒然・九二〉「何ぞ、ただ今の一念において、直ちにすることの甚だ難かたき」訳なんと、たった今の一瞬間において、（なすべきことを）すぐに実行することが大変難しいことか。

おいぬれば… 和歌

老いぬれば　さらぬ別わかれの　ありといへば
いよいよ見みまく　ほしき君きみかな
〈伊勢・八四〉〈古今・一七・雑上・九〇〇・よみ人しらず〉

訳年をとってしまうと、（だれもが）避けることのできない（死の）別れがあるというので、ますます会いたいあなたですよ。（「見まく」の「まく」は、推量の助動詞「む」のク語法で「（会う）であろうこと」の意）

解説 男が宮仕えが多忙で訪れなかったとき、離れて

類語の整理

おいらか ―「人・物の美醜・性質など」を表す語

不気味なさま
おどろおどろし（=気味が悪い）
けうとし（=避けたい）
すごし（=ぞっとする）
むくつけし（=異様で恐ろしい）

優美であるさま
いう（=上品・優雅だ）
えん（=あでやかだ）
なまめかし（=若々しく清新だ）
らうらうじ（=知的に洗練されている）

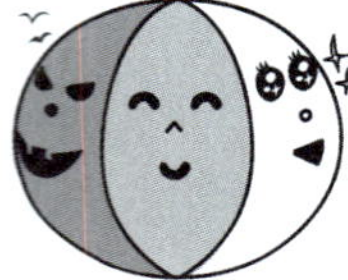

美しいさま
うるはし（=端正だ）
きよげ（=さっぱりしている）
きよし（=清らかだ）
きよら（=輝くばかりだ）―最上

冷淡なさま
すげなし（=まともに応じない）
つれなし（=関心を持たない）

穏和なさま
おいらか（=平静である）
おほどか（=おっとりしている）

かわいいさま
うつくし（=見た目がかわいらしい）
らうたし（=可憐だ）

暮らす母親から、至急の用だといって陰暦十二月に贈ってきた歌。翌一月になれば、年齢が一つ加わり、年老いた母にとっては、それだけわが子との死別の時が近づく。「古今集」の詞書もほぼ似た内容だが、「伊勢物語」では、男は一人っ子であるとし、母の気持ちはいっそうせつなさを増す。なお、「古今集」では男を在原業平とし、第二句を「さらぬ別れも」とする。

笈の小文（おいのこぶみ）➡笈の小文

おい-の-なみ【老いの波】（年の寄るのを岸に寄せる波にたとえて、または顔のしわを波にたとえて）年をとること。老いの迫ってくること。

おい-ば・む【老いばむ】 自マ四〔ま・み・む・む・め・め〕〔「ばむ」は接尾語〕年寄りじみる。年寄りっぽくなる。〈枕・二八〉「老いばみ（用）たる者こそ、火桶のはたに足をさへもたげて、もの言ふままにおしすりなどはすらめ」訳 年寄りじみた人に限って、火鉢のふちに足まで持ち上げて、話をしながら（足を）こすったりなどはするようだ。

おい-らか 形動ナリ ➡前ページ 68

おい-らく【老いらく】 名〔上二段動詞「老ゆ」のク語法「おゆらく」の転〕**年をとること。** 老年。〈古今・賀〉「桜花散りかひくもれ老いらくの来むといふなる道まがふがに」訳 ↓さくらばな… 和歌

おう【押】 ➡あふ

おう【負う・生う・追う】 ➡おふ

おう【王・尫・往・黄・横】 ➡わう

おう【終う】 ➡をふ

おうおうと… 俳句

応々と　いへど敲くや　雪の門　〈句兄弟・去来〉
（切れ字　冬）

訳（雪の夜、門をたたく音がして、それに）はいはいと答えるが（門の外の人は聞こえないと見えて）なおもとんとんとたたいている雪の門であるよ。

おうぎ【扇】 ➡あふぎ

おうさきるさ ➡あふさきるさ

往生要集（おうじょうようしゅう）➡往生要集

おうな【老女・媼】 名〔「おみな」の転〕**老女。** 老婆。〈大鏡・序〉「うたてげなる翁二人、媼といきあひて」訳 異様な感じのする老翁二人と、老女とが出会って。対 翁。➡大人・「類語の整理」

おうな【女】 ➡をうな

おうなおうな ➡あふなあふな

おうぼう【王法】 ➡わうぼふ

おうりょうし【押領使】 ➡あふりゃうし

おお【大・凡】 ➡おほ

大海人皇子（おおあまのおうじ）➡大海人皇子

大鏡（おおかがみ）➡大鏡

おおけなし ➡おほけなし

おおし【雄雄し】 ➡ををし

おおじ【大路・祖父】 ➡おほぢ

凡河内躬恒（おおしこうちのみつね）➡凡河内躬恒

おおす【生おす・仰す・果す・負おす・課す】 ➡おほす

おおどか ➡おほどか

太安万侶（おおのやすまろ）➡太安万侶

おおやけ【公】 ➡おほやけ

おおらか【多らか】 ➡おほらか

おおる【撓る】 ➡ををる

おおん【大御・御】 ➡おほん

おか【丘・岡】 ➡をか

おかし ➡をかし

おかす【犯す・侵す・冒す】 ➡をかす

お-かた【御方】 名 ❶他人の敬称。お人。〈平家・六・紅葉〉「親しい御方もましまさず」訳（主人の女房には）親しいお人もいらっしゃらない。

❷貴人の妻の敬称。奥方様。〈源氏・総角〉「御方はとみにも見給はず」訳 奥方様（＝中の君）は（手紙を）すぐにはご覧にならない。

❸庶民の妻の敬称。お内儀。おかみさん。

おき【熾・燠】 名〔「熾火」の略〕❶赤くおこった炭火。おき火。

❷薪などが燃え終わって炭のようになったもの。

隠岐（おき）《地名》旧国名。山陰道八か国の一つ。今の島根県北方の隠岐諸島。古くは流刑の地。隠州。

おぎ【荻】 ➡をぎ

おき-つ【掟つ】 他タ下二 ➡次ページ 69

おき-つ【沖つ】 連体〔「つ」は「の」の意の上代の格助詞〕沖の。沖にある。「沖つ島」「沖つ白波」「沖つ玉藻（＝沖の海中に生えた美しい海藻）」

おきつ-かぜ【沖つ風】 名 沖を吹く風。

おきつ-しまもり【沖つ島守】 名 沖の離れ小島にいる番人。〈土佐〉「わが髪の雪と磯辺の白波といづれまされり沖つ島守」訳 ↓わがかみの… 和歌

おきつ-しらなみ【沖つ白波】 名 沖に立つ白い波。〈伊勢・二三〉「風吹けば沖つ白波たつた山夜半にや君がひとり越ゆらむ」訳 ↓かぜふけば… 和歌

参考「白波が立つ」という連想から「立田山」の序詞、「しら」と同音であることから「知らず」の序詞となる。

おきて【掟】 名〔下二段動詞「掟つ」の連用形から〕

❶**きまり。** 規則。規範。〈徒然・一五〇〉「道のおきて正しく、これを重くして」訳 その道の規範を正しく守り、これを重んじて。

❷**処置。** 指図。命令。〈大鏡・時平〉「帝の御おきて、きはめてあやにくにおはしませば」訳（醍醐）天皇の御処置が、きわめて厳しくていらっしゃるので。

❸**心がまえ。** 心ばえ。〈源氏・橋姫〉「まことの聖のおきてになむ見え給ふ」訳（八の宮のようすは）真実の聖の心がまえとお見えになる。

❹**あり方。** 形態。配置。〈源氏・少女〉「水のおもむき、山のおきてを改めて」訳 遣り水の風情や築山の形態を改めて。

おきな【翁】 名 ❶**年とった男。** 老人。〈霊異記〉「この二人の翁・媼、駆ひ使ふにたよりあらず」訳 この二人の老人と老女は、追い使おうにも頼りにならない。対 老女・媼。➡大人・「類語の整理」

❷老人が自分を謙遜していう語。じじい。〈竹取・貴公子たちの求婚〉「翁の申さむことは聞き給ひてむや」訳（この）じじいの申し上げるようなことは承諾してくださらないか。

❸老人を親しみ敬っていう語。〈大鏡・序〉「この翁ども

最重要330

69 **おき・つ**【掟つ】他タ下二{て・て・つ・つる・つれ・てよ}

ガイド **前もって決めておく意**が原義。「掟（おき）て」はこの連用形が名詞になったもの。「思ひおきつ」の形で、「前もって心に決める」の意で用いられることも多い。

❶**予定する。計画する。取り決める。**

例 世のはかなく憂きを知らすべく、仏などのおきて(用)給へる身なるべし〈源氏・幻〉

訳 世がはかなくつらいことを知らせようと、仏などが取り決めなさった(私＝光源氏の)身の上なのだろう。

❷**指図する。命令する。**

例 高名（かうみやう）の木のぼりといひしをのこ、人をおきて(用)て、高き木にのぼせて梢（こずゑ）を切らせしに〈徒然・一〇九〉

訳 有名な木登りと評判だった男が、人を指図して、高い木に登らせて梢を切らせたときに。

❸**取りはからう。管理する。**

例 この御子（みこ）生まれ給ひて後は、いと心ことにおもほしおきて(用)たれば〈源氏・桐壺〉

訳 この御子(＝光源氏)がお生まれになってからは、(桐壺帝は母君を)たいそう格別にお思いになり取りはからっているので。

はおぼえたぶや」訳 こちらの御老人は覚えていらっしゃるか。

❹能楽の曲名。老人の面をつけ、能楽の最初に式典として行う演目。また、それに用いる面。➡能楽（のうがく）「古文常識」(六五〇ページ)

おき-ふし【起き臥し】一 名 起きたり寝たりすること。

二 副 寝ても覚めても。たえず。〈源氏・手習〉「このことをおきふしおぼす」訳 このことを寝ても覚めても考えていらっしゃる。

おき-ふ・す【起き臥す】自サ四{さ・し・す・す・せ・せ} 起きたり寝たりする。〈古今・恋三〉「おきふし(用)夜は寝（い）こそ寝（ね）られね」訳 (あの人に会えない苦しさで)起きたり寝たりし、夜は安眠できないことだ。

おき-へ【沖辺・沖方】名 沖のほう。沖の辺り。

おき-まどは・す（ドワスマ）【置き惑はす】他サ四{さ・し・す・す・せ・せ} ❶(露や霜などが)降りて、他と区別がつきにくいようにする。〈古今・秋下〉「心あてに折らばや折らむ初霜の置きまどはせ(已)る白菊の花」訳 ➡付録①「小倉百人一首」29

❷どこかに置き忘れて見失う。〈源氏・夕顔〉「鍵を置きまどはし(用)侍りて」訳 鍵をどこかに置き忘れて見失いまして。

おき-まよ・ふ（マヨウ）【置き迷ふ】自ハ四{は・ひ・ふ・ふ・へ・へ} 置き場所に迷うほど、露や霜がおびただしく置く。また、(露や霜が)降りたのかと見誤られる。〈新古・秋下〉「霜を待つ籬（まがき）の菊の宵のまに置きまよふ(体)色は山の端（は）の月」訳 霜(の降りるの)を待っている垣根の菊の花の、宵のうちに(その霜が)降りたのかと見誤られる色は、山の端に昇る月の光であるよ。

お-ぎゃう（ギョウ）【御形】名 春 「ごぎゃう(御形)」に同じ。

おく【奥】名

❶内部に深くはいった所。〈千載・雑中〉「世の中よ道こそなけれ思ひ入る山の奥にも鹿ぞ鳴くなる」訳 ➡付録①「小倉百人一首」83

❷奥の間（ま）。〈枕・九六〉「客人（まらうど）などにあひてものいふに、奥の方（かた）にうちとけごとなどいふを」訳 客などに会って何か話しているときに、奥の間のほうであけすけな話などをするのを。

❸貴人の妻の住む所。また、貴人の妻の敬称。〈浮・好色一代女〉「この奥の姿を見るに、京には目なれず」訳 この奥様の容姿を見ると、都では見なれない(ほど不器量だ)し。

❹物事の終わり。最後。また、書物や手紙の終わり。〈大和・四〉「よろづの事ども書きもていきて…奥の方（かた）にかくなむ」訳 (手紙には)いろいろな事を書き続けていって…最後のほうにこのように(歌が書いてあった)。

❺**心の奥**。心に深く秘めていること。〈源氏・紅梅〉「心ばへありて、奥推し量らるるまみ、額つきなり」訳 (真木柱（まきばしら）の子の若君は)才気があって、(その)奥深さが推察される目元や額のようすである。

❻将来。行く末。〈万葉・一四・三四一〇〉「ねもころに奥をなかねそ現在（まさ）かし善（よ）かば」訳 こまごまと行く末のことを心配するな。今さえよいならば。

❼「陸奥（みちのく）」の略。奥州。

おく【置く】

一 自カ四{か・き・く・く・け・け} 霜や露が降りる。〈万葉・一五・三六九九〉「秋されば置く(体)露霜にあへずして都の山は色づきぬらむ」訳 秋がやって来たので、降りる露霜にたえきれないで、都の山はきっと紅葉してしまっているであろう。

二 他カ四{か・き・く・く・け・け} ❶その位置に置く。据える。設ける。〈平家・九・木曽最期〉「黄覆輪（きぶくりん）の鞍（くら）置い(用)(イ音便)てぞ乗ったりける」訳（義仲(よしなか)は木曽(きそ)の鬼葦毛(おにあしげ)という馬に)黄覆輪の鞍を**据え**て乗っていたのだった。

❷**そのままにする。**あとに残す。〈徒然・三四〉「少しの地をもいたづらに**おか**㊍んことは、益(やく)なきことなり」訳 少しの(空いている)土地をもむだに**そのままにしておく**ようなことは、無益なことである。

❸**除く。さしおく。**〈万葉・五・八九二〉「我(あれ)を**おき**㊊て人はあらじと誇ろへど」訳→かぜまじり…(和歌)

❹**心に隔てをおく。気がねをする。**〈徒然・三七〉「ともある時、我に心**おき**㊊、ひきつくろへるさまに見ゆるこそ…なほげにげにしく、よき人かなとぞおぼゆる」訳（親しい人が)ちょっとしたとき、私に**気づかいをし**、改まったように見えるのは…やはり実直で、教養のある人だなと思われる。

❺時間的、また、空間的に間をおく。隔てる。〈万葉・一五・三七八五〉「霍公鳥(ほととぎす)間(あひだ)しまし**おけ**㊔」訳 ほととぎすよ、(鳴く)間をしばらく**おけ**。

三 [補動カ四]{か・き・く・く・け・け}(動詞の連用形、または連用形+助詞「て」に付いて)あらかじめ…する。かねて…(て)おく。〈徒然・九六〉「見知りて**おく**㊇べし」訳（草の薬効について)**かねて**見知って**おく**とよい。

おく【起く】[自カ上二]{き・き・く・くる・くれ・きよ}

❶**眠りからさめる。めざめる。寝所から起き出る。**〈古今・恋三〉「**起き**㊊もせず寝もせで夜をあかしては春のものとてながめ暮らしつ」(伊勢・二にも所収)訳（恋しさで)**起き**もせず眠りもしないで一夜を明かしては、(今日は)春の景物だということで、長雨に降りこめられ物思いにふけって日を暮らしたことだ。(「ながめ」は「長雨」と「眺め」との掛詞)

❷横になっていたものが立ちあがる。〈源氏・末摘花〉「松の木のおのれ**起き**㊊かへりて」訳（雪の重みでたわんだ)松の木がひとりでに**立ちあがり**(もとの姿に)戻って。

❸眠らずにいる。〈源氏・桐壺〉「ともし火をかかげ尽くして**起き**㊊おはします」訳（桐壺帝は)灯火を油がなくなるまでかき立てて、(深夜を過ぎても)**眠らずに**いらっしゃる。

おく【招く】➡をく

おく・す【臆す】[自サ変]{せ・し・す・する・すれ・せよ}気おくれがする。〈大鏡・道長上〉「いみじう**臆し**㊊給ひて、御手もわななくけにや、的のあたりにだに近くよらず」訳（帥殿(そちどの)は)ひどく**気おくれし**なさって、お手もふるえるせいであろうか、(矢が)的のあたりにさえも近く寄らずに。

おく-つ-かた【奥つ方】[名]「つ」は「の」の意の上代の格助詞]奥のほう。〈更級・かどで〉「あづまぢの道のはてよりも、なほ**奥つ方**に生(お)ひ出(い)でたる人」訳 東国路の終点(である常陸(ひたち)の国)よりも、もっと**奥のほう**(である上総(かずさ)の国)で育った人(である私)は。

おく-つ-き【奥つ城】[名]《上代語》「つ」は「の」の意の上代の格助詞。奥まった場所にある区域の意)神や霊のおさまり鎮まっている所。墓。

おく-て【奥手・晩生】[名]❶おそく実る稲。晩稲。[秋]。[対]早稲(わせ) ❷時節おくれに咲く草木。

おくのほそ道(おくのほそみち)《作品名》江戸前期の俳諧紀行文。松尾芭蕉(ばしょう)作。元禄十五年(一七〇二)刊。元禄二年(一六八九)三月江戸をたち奥州・北陸をへて、九月大垣に至る六百里(=約二四〇〇キロメートル)、五か月余りにわたる旅の記録。この旅によって、芭蕉は句境に一段の深まりを見せた。文章も簡潔でこの種の紀行文中の

最重要330

70

おく・る【後る・遅る】[自ラ下二]{れ・れ・る・るる・るれ・れよ}

ガイド　あとになる、**おくれる意**が原義で、そこから「あとに残る」の意が生じた。**大切な人が死んであとに残されるの意が③で、古文では特に重要。**④は能力的に人におくれるの意。

❶**あとになる。おくれる。**
例 のちまきの**おくれ**㊊て生ふる苗なれど〈古今・物名〉
訳 後蒔(ま)きで、**おくれ**て生長する苗であるが。(「のちまき」に「粽(ちまき)」を詠みこむ)

❷**はなれる。あとに残る。**
例 例の、惟光(これみつ)はかかる御忍びありきに**おくれ**㊍ねばさぶらひけり〈源氏・蓬生〉
訳 例によって、惟光はこのような(光源氏の)人目をさけてのご外出に**はなれ**ないので、(今夜も)おそばに控えていたのだった。

❸**死におくれる。先立たれる。**
例 十ばかりにて殿に**おくれ**㊊給ひし程〈源氏・若紫〉
訳（亡き姫君は)十歳ほどで父君に**先立たれ**なさったころ。

❹**劣る。乏しい。**
例 げには心の色なく、情け**おくれ**㊊、ひとへにすぐよかなるものなれば〈徒然・一四一〉
訳（関東の人は)実際には心のやさしさがなく、人情味が**乏しく**、ただただぶこつな者であるので。

最重要330
71
おこ・す【遣す】他サ下二・四 {せ・せ・す・する・すれ・せよ}{さ・し・す・す・せ・せ}

ガイド こちらへ送ってくるの意で、「遣(や)る」（→298）と逆向きの動作。現代語でいう「よこす」であるが、活用は上代・中古では「おこせーず」「おこせーたり」と下二段活用である。

❶ **こちらへ送ってくる。よこす。**
例 わざとめでたき草子ども、硯(すずり)の箱の蓋に入れておこせ用（下二段）たり〈更級・梅の立枝〉
訳 特にすばらしい（物語の）本をいろいろと、硯箱の蓋に入れて送ってきた。

❷ **（補助動詞のように、他の動詞の連用形に付いて）むこうからこちらへ動作を及ぼす意を表す。こちらへ…する。こちらを…する。** ↓遣(や)る
例 月の出(い)でたらむ夜は見おこせ用（下二段）給へ〈竹取・かぐや姫の昇天〉
訳 月が出たような夜には（下界から月を）見やってください。

参考 上代・中古は下二段活用。室町時代ごろから四段活用がみえ、近世に四段活用が一般的になる。

傑作といわれる。↓巻頭口絵40ページ・付録①九〇ページ
冒頭文 月日は百代(はくたい)の過客(くわかく)にして、行きかふ年もまた旅人なり。舟の上に生涯をうかべ、馬の口とらへて老いをむかふる者は、日々旅にして旅を栖(すみか)とす。訳 月日は永遠に旅を続ける旅人（のようなもの）であり、（毎年）去っては来、来ては去ってゆく年も、また旅人（のようなもの）である。舟の上で一生をすごし（ている船頭や）、馬の口縄を取って老いをむかえる者（＝馬子(まご)）は、毎日の生活が旅であって、（いわば）旅を自分の住む場所としている。

おく-ま・る【奥まる】 自ラ四 {ら・り・る・る・れ・れ} ❶**奥に引っこんでいる。奥の間にひきこもっている。**〈蜻蛉・下〉「奥まり用たる女らの」訳 奥の間にひきこもっていた女たちが。❷**奥ゆかしい。深いたしなみがある。**〈源氏・花宴〉「心にくく奥まり用たるけはひは立ちおくれ」訳（右大臣家は）上品で奥ゆかしくてあるようすは劣り。❸**ひかえめである。内気である。**〈和泉式部日記〉「ふるめかしう奥まり用たる身なれば」訳 古風でひかえめである性質なので。

おくやまに… 和歌〈百人一首〉【奥山に　もみぢふみわけ　鳴(な)く鹿(しか)の　声(こゑ)聞(き)く時(とき)ぞ　秋(あき)は悲(かな)しき】〈古今・秋上・猿丸大夫(さるまるだいふ)〉↓付録①「小倉百人一首」5

おく-ゆか・し【奥床し】 形シク {しから・しく(しかり)・し・しき(しかる)・しけれ・しかれ} ❶（心ひかれてさらに）**見たい、聞きたい、知りたいと思う。**〈山家集〉「陸奥(むつ)のおくゆかしく用ぞ思ほゆる壺(つぼ)の碑(いしぶみ)そとの浜風」訳 奥州のさらに奥のほうは、（行ってさらによく）知りたいと思わないではいられない。壺の碑とか、外の浜の浜風とか。（「おくゆかし」の「おく」は、「奥」との掛詞）❷**深い心づかいが感じられてなんとなく慕わしい。**〈源氏・末摘花〉「されくつがへる今様(いまやう)のよしばみよりは、こよなうおくゆかし終」訳 ひどくしゃれた当世風の気どり屋よりは、（古風な女が）格段に深みがあって慕わしい。

憶良(おくら)《人名》↓山上憶良(やまのうへのおくら)

おくら-か・す【後らかす】 他サ四 {さ・し・す・す・せ・せ} ❶（先に死んだり、出発したりして）人をあとに残す。〈蜻蛉・中〉「人はみなおくらかし用、さいだてなどして」訳（供の）人はみなあとに残したり、先に行かせたりなどして。❷あとまわしにする。おろそかにする。怠る。〈源氏・匂兵部卿〉「後(のち)の世の御勤めもおくらかし用給はず」訳（光源氏は）後世のための御勤行(ごんぎやう)もおろそかになさらず。

おくら・す【後らす】 他サ四 {さ・し・す・す・せ・せ}（先に死んだり、出発したりして）人をあとに残す。置きざりにする。〈源氏・若紫〉「生(お)ひたたむありかも知らぬ若草をおくらす体露ぞ消えむ空なき」訳 ↓おひたたむ… 和歌

おくららは… 和歌
憶良らは　今(いま)は罷(まか)らむ　子(こ)泣(な)くらむ　それその母(はは)も　吾(あ)を待(ま)つらむぞ〈万葉・三・三三七・山上憶良〉
訳 私憶良めはもうこれで退出いたそう。（家では）子供が泣いているだろう。たぶんその子の母（＝私の妻）も私を待っているだろうよ。
解説 宴席を退出する際の挨拶の歌。「憶良ら」と自分の名を言うのは謙遜の気持ちを表している。第四句を「そのかの母も」と訓(よ)む説もある。

おく・る【後る・遅る】 自ラ下二 ↓前ページ70

おく・る 他ラ四 {ら・り・る・る・れ・れ} ❶【送る】㋐（ある地点まで）案内する。ついてゆく。〈平家・三・六代〉「『鎌倉まで送り用つけて参って候ふ』と申すべし」訳「鎌倉まで送り届けて参っております」

と申し上げるがよい。㋑見送る。〈万葉・一一・二五一八〉「吾妹子があれを送る㊐と白栲の袖漬つまでに泣きし思ほゆ」訳 いとしいあの子が私を見送るというので、袖がびっしょりぬれるほどに泣いたことが思い出される。（「白栲の」は「袖」にかかる枕詞）㋒死者を葬送する。〈徒然・一三七〉「鳥部野・舟岡、さらぬ野山にも、送る㊍数多かる日はあれど、送ら㊍ぬ日はなし」訳 鳥部野・舟岡、そのほかの野山にも、葬送する（死者の）数が多い日はあっても、葬送しない日はない。㋓（離別して妻を実家に）送り返す。〈大和・一五八〉「この今の女をば送り㊊て、もとのごとなむ住みわたりける」訳 この今の（新しい）女を送り返して、以前と同じように（前の女と）ずっと暮らしつづけたそうだ。㋔時を過ごす。暮らす。〈平家・五・都遷〉「帝王三十二代、星霜は三百八十余歳の春秋を送り㊊迎ふ」訳（京都は）帝王は三十二代、年月は三百八十余年の歳月を過ごし迎える。❷【贈る】㋐物を贈る。〈万葉・一八・四一三四〉「雪の上に照れる月夜に梅の花折りて贈ら㊍む愛しき児もがも」訳 雪の上に月が輝いている夜に、梅の花を折って贈るようないとしい人がいたらなあ。㋑死後に官位を賜う。追贈する。〈源氏・桐壺〉「三位の位贈り㊊給ふよし、勅使来て、その宣命読むなむ、悲しきことなりける」訳（亡き桐壺の更衣に）三位の位を追贈しなさる旨、勅使が来て、その宣命（＝勅命の文書）を読みあげるのが、悲しいことだった。

おくれ-さきだ・つ【後れ先立つ】自タ四{た・ち・つ・つ・て・て}❶後になったり、先になったりする。〈平家・七・経正都落〉「あはれなり老木若木の山桜後れ先立ち㊊花は残らじ」訳 あわれである。老木も若木も山桜は、後になり先になり、（いずれにしても）花は残らないだろう。❷一方は死におくれ、一方は先に死ぬ。〈源氏・桐壺〉「限りあらむ道にも後れ先立た㊍じ」訳（前世の因縁で）決まっているような死出の道においても、一方が先に死に、他方が生き残るようなことはしまい。

お-こ【御子】名 他人の子に対する敬称。〈徒然・一四二〉「御子はおはすや」訳 お子さんはいらっしゃるか。

最重要330 72

おこた・る【怠る】自ラ四{ら・り・る・る・れ・れ}

ガイド なまける、とぎれるが原義であるが、「病勢がとぎれる→病気が快方に向かう」の意の②が特に重要。「怠り果つ」で病気が完治する意になる。

❶なまける。とぎれる。

例 事ぞと侍らぬ程はおのづからおこたり㊊侍るを〈源氏・紅葉賀〉

訳 これという用事もございません節は、自然に（参上も）とぎれますので。

❷病気がよくなる。快方に向かう。

➡篤し「慣用表現」

例 おぼつかなきことをなげくに、おこたり㊊たる由、消息聞くも、いとうれし〈枕・二七六〉

訳（たいせつに思う人の病気が）気がかりであることを嘆いている折に、全快した旨の便りを聞くのも、たいそううれしい。

おこ〖烏滸・痴・尾籠〗➡をこ

おこがまし〖痴がまし〗➡をこがまし

おこ・す【起こす】他サ四{さ・し・す・す・せ・せ}❶横になっているものを立てる。〈万葉・一九・四一六四〉「梓弓末振り起こし㊊投げ矢持ち千尋射渡し」訳 梓弓の弓末を振り立て、投げ矢を手に取り、千尋の遠くまで矢を届かせ。❷眠っているものの目を覚まさせる。〈宇治・一・一三〉「いま一度起こせ㊖かしと、思ひ寝に聞けば」訳 もう一度起こしてくれよと、思いながら寝て聞いていると。❸（「興す」とも書く）盛んにする。奮いたたせる。〈古今・仮名序〉「古のことをも忘れじ、古りにしことをもおこし㊊給ふとて」訳 昔のことをも忘れまい、すたれてしまったことをも盛んにしなさるということで。❹新しく始める。事態を生じさせる。思い立つ。〈平家・一二・六代被斬〉「謀反おこさ㊍ば、やがてかたうどせうずる聖の御房なり」訳（文覚はだれかが）謀反を思い立ったら、すぐに味方しそうな聖の御坊である。❺炭などに火をつける。火をかきたてる。〈枕・一〉「いと寒きに、火などいそぎおこし㊊て」訳（早朝の）とても寒いときに、火などを急いでおこして。

おこ・す【遣す】他サ下二・四 ➡前ページ 71

おこたり【怠り】名 ❶なまけること。怠慢。無沙汰。〈源氏・蓬生〉「年ごろの怠り、はた、なべての世におぼし許すらむ」訳（私＝光源氏の）長い年月の無沙汰は、また、どの男女の仲でも（同様と）お許しになるだろう。❷（怠慢から起こる）あやまち。失敗。過失。〈大鏡・道隆〉「わが怠りにて流され給ふにしもあらず」訳 自分の過失で流罪にされなさるわけでもなく。❸わびること。謝罪。〈無名抄〉「我あしく心得たりけるぞと怠り申しに」訳 私がまちがって考えていたのだと謝罪を申し上げるために。❹運命のつたなさ。不運。〈蜻蛉・上〉「わが宿世の怠りにこそあめれ」訳（過去の事件は）自分の宿命のつたなさ（のせい）であるようだ。

おこた・る【怠る】自ラ四 ➡上 72

最重要330

73

おこな・ふ（オコナ(ノ)ウ）【行ふ】㊀自ハ四{は・ひ・ふ・ふ・へ・へ} ㊁他ハ四{は・ひ・ふ・ふ・へ・へ}

ガイド 現代語では他動詞として、㊁①の意に用いるが、上代以来、㊀の「仏道を修行する」意でも用いられた。仏典の「修行」の訓読に採用されたことによるものとみられる。

㊀自ハ四 **仏道を修行する。勤行(ごんぎょう)する。** ➡営(いとな)む「類語の整理」

例 ただこの西おもてにしも、持仏(ぢぶつ)据ゑ奉りて行ふ(体)、尼なりけり〈源氏・若紫〉

訳 ついその先の西向きの座敷にちょうど、持仏(=つねに安置している仏像)をお据え申しあげて勤行する人は、尼なのであった。

㊁他ハ四 **❶(行事・儀式などを)する。とり行う。**

例 吉日(きちにち)に悪をなすに必ず凶なり。悪日(あくにち)に善を行ふ(体)に必ず吉なり〈徒然・九一〉

訳 吉日に悪行をすると必ず凶である。凶日に善行をすると必ず吉である。

❷処理する。治める。支配する。

例 世の人の飢ゑず、寒からぬやうに、世をば行は(未)まほしきなり〈徒然・一四二〉

訳 世の人が飢えず、凍えないように、世の中を治めたいものである。

おこつる〔誘る〕➡をこつる

お-こと【御事】代 対称の人代名詞。相手を親しんで呼ぶ語。あなた。そなた。〈謡・隅田川〉「御事はいづくよりいづかたへ(=どこから来てどこへ)下る人ぞ」

おこなひ(オコナイ)【行ひ】名 ❶行為。行動。ふるまい。〈徒然・一七二〉「色にふけり、情けにめで、行ひをいさぎよくして百年の身を誤り」訳 女色にふけり、恋情にほだされ、行動を思いきってして長い将来のある身をあやまり。 ❷仏道の修行。仏前の勤行(ごんぎょう)。〈源氏・若紫〉「験方(げんがた)の行ひも捨て忘れて侍るを」訳 加持祈禱(かじきとう)の方面の修行ももうち捨て忘れておりますのに。

おこなひ-あか・す(オコナイ—)【行ひ明かす】他サ四{さ・し・す・す・せ・せ} 勤行(ごんぎょう)をして夜を明かす。〈更級・春秋のさだめ〉「よきことならむかしと思ひて、行ひ明かす(終)」訳 (石山寺の御堂で見た夢を)きっとよいこと(の前兆)なのだろうよと思って、勤行をして夜を明かす。

おこなひ-すま・す(オコナイ—)【行ひ澄ます】自サ四{さ・し・す・す・せ・せ} ひたすら仏道修行に励む。〈平家・五・勧進帳〉「後には、高雄といふ山の奥に行ひすまし(用)てぞゐたりける」訳 のちには、高雄という山の奥でひたすらに仏道修行に励んで住んでいた。

おこなひ-びと(オコナイ—)【行ひ人】名 仏道を修行する人。行者。修行僧。

おこなひ-をさ・む(オコナイオサム)【行ひ治む】他マ下二{め・め・む・むる・むれ・めよ} 整える。管理する。〈徒然・一九〇〉「家の内を行ひ治め(用)たる女、いと口惜し」訳 家の中をきり回している女は、実につまらない。

おこな・ふ(オコノ(ナ)ウ)【行ふ】自ハ四 他ハ四 ➡上 73

おこ-め・く〔痴めく〕➡をこめく

おご-め・く【蠢く】自カ四{か・き・く・く・け・け} 「「をごめく」とも書く。「めく」は接尾語」うごめく。ひくひく動く。〈徒然・七三〉「人の言ひしままに、鼻のほどおごめき(用)て言ふは、その人の虚言(そらごと)にはあらず」訳 人が言ったとおりに、鼻のあたりがひくひく動いて(得意げに)言うのは、その人の(つくった)うそではない。

おこ・る【起こる】自ラ四{ら・り・る・る・れ・れ} ❶始まる。新たに生じる。〈古今・仮名序〉「素戔嗚尊(すさのをのみこと)よりぞおこり(用)ける」訳 (和歌は)素戔嗚尊から始まったのだ。 ❷勢いが盛んになる。〈紀・神武〉「皇軍(みいくさ)またおこる(体)ことあたはず」訳 皇軍は再び盛んになることはできない。 ❸病気や発作が生じる。病気が流行する。〈源氏・若紫〉「去年(こぞ)の夏も世におこり(用)て」訳 去年の夏も(この病は)世間に流行して。 ❹大勢出てくる。大挙する。〈徒然・一六二〉「村の男(をのこ)どもおこり(用)て入りて見るに」訳 村の多くの男がどっと集まって(寺の堂に)入って見ると。

おご・る 自ラ四{ら・り・る・る・れ・れ} ❶【驕る】思いあがり得意になる。〈平家・一・祇園精舎〉「おごれ(已)る人も久しからず、ただ春の夜の夢のごとし」訳 驕(おご)り高ぶった人も(その栄華は)いくらも続くものではなく、(それは)まるで春の夜の夢のよう(なはかないもの)だ。 ❷【奢る】ぜいたくをする。〈徒然・一四二〉「上(かみ)の奢り費やすところをやめ」訳 上に立つ者がぜいたくをし浪費することをやめ。

おさ〔長〕➡をさ

おさおさ➡をさをさ

おさなし〔幼し〕➡をさなし

おさ・ふ(オサ(ソ)ウ)【押さふ・抑ふ】他ハ下二{へ・へ・ふ・ふる・ふれ・へよ} ❶押しつける。〈源氏・夕顔〉「御帳(みちやう)の内に入り給ひて、胸を押さへ(用)て思ふに」訳 (光源氏は)御帳台の中にお入りになって、胸に手を押しあてて考えると。

❷物や人の動きを**押しとどめる。**制止する。〈枕・九三〉「すべて入るまじと戸を押さへ(用)て」訳 だれも入ってはならないと戸を押さえて。❸(痛むところを手で押さえる意から)**我慢する。**耐える。しのぶ。〈源氏・若菜下〉「耐へがたきをおさへ(用)て明かし給ひつ」訳 (紫の上は)耐えられそうもないのを我慢して夜をお明かしになった。

おさへ【押さへ・抑へ】[名] ❶敵を防ぐこと。防備。❷行列の終わりについて隊を整える役目。また、その人。しんがり。❸念をおすこと。

おさむ〘治む・収む・蔵む・納む〙➡をさむ

おし-【押し】[接頭](動詞に付いて)力をこめて…する、しいて…する、の意を添える。また、単に動詞の意を強める。「押し開く」「押し入る」

お-し【御師】[名]〔「お」は接頭語。「師」は祈りの師の意〕❶祈禱に従事する下級の神官や社僧。❷特に、伊勢神宮の下級神官。

おし [感]「をし」(感)に同じ。

おし〘鴛鴦・愛し・惜し〙➡をし

おし-あて【推し当て】[名] 推しはかること。あて推量。〈源氏・若紫〉「『かの大納言の御むすめものし給ふと聞き給へしは。…』とおしあてにのたまへば」訳「その大納言の姫君がいらっしゃるとうかがった(が、その)方は(どうしていらっしゃるか)。…」と、(光源氏が)あて推量におっしゃると。

おし-あゆ【押し鮎】[名] 塩づけにしておもしで押した鮎。正月の祝い物に用いた。春

おしう〘教う〙➡をしふ

おし-うつ・る【推し移る】[自ラ四]{ら・り・る・る・れ・れ} 移り変わる。〈三冊子〉「四時のおし移る(体)ごとく物あらたまる」訳 四季が移り変わるのと同様に物(=俳風)が変化することは。

おし-か・く【押し掛く】[自カ下二]{け・け・く・くる・くれ・けよ} 襲いかかる。押し寄せる。〈宇治・一・一八〉「利仁(=人名)狐をおしかくれ(已)ば(=襲いかかると)」

おし-かへ・す【押し返す】[他サ四]{さ・し・す・す・せ・せ} ❶押しもどす。〈源氏・花散里〉「御車おし返さ(未)せて」訳 (光源氏は)お車を押しもどさせて。❷**相手のことばに対応する。**返歌をする。〈源氏・玉鬘〉「これよりおし返し(用)給はざらむも、ひがひがしからむ」訳 こちらから返歌をしなさらないとしたらそれも、情趣を解さない振る舞いであろう。❸**くり返す。**〈平家・一・祇王〉「おし返し(用)おし返し(用)三返歌ひすましたりければ」訳 (仏御前は)くり返しくり返し、三回心をこめてみごとに歌ったので。❹**反対にする。**あべこべにする。〈落窪〉「鏡のしきをおし返し(用)て書き給ふ」訳 (女君は)鏡の(箱の中の)敷き板をひっくり返して(歌を)お書きになる。

おしき〘折敷〙➡をしき

おし-け・つ【押し消つ】[他タ四]{た・ち・つ・つ・て・て} 圧倒する。威圧する。〈源氏・葵〉「おしけた(未)れたるありさま、こよなう思さる」訳 (六条御息所は、葵の上一行に)圧倒された(わが)ありさまを、この上なくみじめにお思いにならずにはいられない。

おし-こ・る【押し凝る】[自ラ四]{ら・り・る・る・れ・れ} 一団となる。一か所にかたまる。〈源氏・葵〉「女房三十人ばかりおしこり(用)て」訳 女房が三十人ぐらい一か所にかたまって。

おし-た・つ【押し立つ】㊀[自タ四]{た・ち・つ・つ・て・て} ❶立ちはだかる。〈沙石集〉「不動、火炎の前におし立ち(用)」訳 不動明王が火炎の前に立ちはだかり。❷むりにする。我を張る。〈源氏・桐壺〉「いとおしたち(用)かどかどしきところものし給ふ御方にて」訳 (弘徽殿の女御は)たいそう我を張りとげとげしいところのおありになるお方で。㊁[他タ下二]{て・て・つ・つる・つれ・てよ} ❶押し立てる。押して閉める。〈源氏・若紫〉「押し立て(用)給ひつ」訳 (光源氏は仕切りの屏風を)閉めなさってしまった。❷むりにさせる。〈落窪〉「さやうなる人のおしたて(用)てのたまはば、聞かではあらじ」訳 そのような方が強要しておっしゃるなら、聞かないわけにはいくまい。

おし-て・る【押し照る】[自ラ四]{ら・り・る・る・れ・れ} くまなく照る。一面に照りそそぐ。〈万葉・一二・二六七九〉「窓越しに月おし照り(用)て」訳 窓ごしに月の光が照りそそいで。

おしどり〘鴛鴦〙➡をしどり

おじなし➡をぢなし

おし-な・ぶ[他バ下二]{べ・べ・ぶ・ぶる・ぶれ・べよ} ❶【押し靡ぶ】「おしなむ」とも。押しなびかせる。押しふせる。〈万葉・六・九四〇〉「印南野の浅茅押しなべ(用)さ寝る夜の」訳 印南野の短い茅を押しふせて寝る(旅の)夜が。❷【押し並ぶ】㋐押しならす。すべてを一様にする。〈蜻蛉・下〉「先に焼けにし憎所、此度はおしなぶる(体)なりけり」訳 先に(一部が)焼けてしまった憎いと思っている人の家を、こんど(の火事)はすべて同じようにする(=全焼した)のであった。㋑(多く下に助動詞「たり」を伴って)ふつうだ。平凡だ。〈枕・四九〉「『おしなべ(用)たらず』など、御前にも啓し」訳「(頭の弁=行成は)ふつう(の人)ではない」などと、御前(=中宮)にも申し上げ。

おしなべ-て[副]〔下二段動詞「押し並ぶ」(用)+接続助詞「て」〕❶**すべて。**一様に。あまねく。〈伊勢・八二〉「おしなべて峰もたひらになりななむ」訳 ➡おしなべて… 和歌 ❷(多く下に助詞「の」を伴って)**ふつう。**ありきたり。〈源氏・桐壺〉「はじめよりおしなべての上宮仕へし給ふべき際にはあらざりき」訳 (桐壺の更衣は入内の)はじめから世間なみの日常の用をつとめる宮仕えをなさるはずの(低い)身分(の方)ではなかった。

おしなべて… 和歌

おしなべて　峰もたひらに　なりななむ
山の端なくは　月も入らじを
〈伊勢・八二〉

訳 どこもすべて、峰々が平らになってしまってほしいものだ。山の端がなかったなら、月も(沈もうと思っても)沈めないだろうになあ。(「なむ」は、他に対する願望の終助詞)

解説 宴席を退出しようとする惟喬親王を引きとどめようとした在原業平の歌(➡あかなくに…和歌)に続き、紀有常が親王にかわって詠んだもの。「月」は親王をさす。この歌は、「後撰集」

の「雑三」に上野岑雄(かみつけのみねお)の作として載り、第五句が「月もかくれじ」とある。

おし-な・む【押し靡む】 他マ四{ま・み・む・む・め・め}「「おしなぶ」の転」「おしなぶ①」に同じ。〈古今・冬〉「わが宿の薄(すすき)押しなみ(用)降れる白雪」訳 わが家の庭のすすきを押しなびかせ、降っている白雪よ。

おし-はかり【推し量り】 名 あて推量。想像。

おし-はか・る【推し量る】 他ラ四{ら・り・る・る・れ・れ} 推量する。見当をつける。〈徒然・一〇〉「家居(いへゐ)にこそ、ことざまはおしはから(未)るれ」訳 住まいによって、(その家の主の)人柄は自然と推測される。

おし-ひし・ぐ【押し拉ぐ】 他ガ四{が・ぎ・ぐ・ぐ・げ・げ} ❶押しつぶす。〈枕・二三〉「蓬(よもぎ)の、車に押しひしが(未)れたりけるが」訳 蓬で、牛車(ぎっしゃ)に押しつぶされたのが。
❷押しやる。また、押さえつける。〈枕・一八四〉「さるをりも押しひしぎ(用)つつあるものを」訳 そのような(=くしゃみが出そうな)ときも押さえつけてはいるものなのに。

おし-ひら・む【押し平む】 他マ下二{め・め・む・むる・むれ・めよ} 押しつけて平らにする。〈徒然・五三〉「鼻を押しひらめ(用)て、顔をさし入れて」訳 鼻を(むりに)押しつけて平らにして、顔を(鼎(かなえ)の中に)突っ込んで。

おし-へ・す【押し圧す】 他サ四{さ・し・す・す・せ・せ} 押しつぶす。〈枕・三〇〉「押しへさ(未)れて草子(さうし)の中などにありける見つけたる」訳 (布のきれはしが)押しつぶされて草子(=綴(と)じ本)の中などにあったのを見つけたの(は、昔が思い出されてなつかしい)。

おしむ【愛しむ・惜しむ】 ⇒をしむ

お・す【押す・圧す】 他サ四{さ・し・す・す・せ・せ}
❶力を加えて動かす。押す。〈宇治・二・九〉「集ひたる者ども、こち押し(用)、あち押し(用)、ひしめきあひたり」訳 集まった者どもは、こちらで押し、あちらで押し、ひしめきあっている。
❷他をしのぐ。圧倒する。〈源氏・桐壺〉「右の大臣(おとど)の御勢ひは、ものにもあらずおさ(未)れ給へり」訳 右大臣の御権勢は、問題にもならないまでに(左大臣に)圧倒されなさった。
❸(船や車、軍勢などを)前に進める。〈太平記・三〉「名越式部大輔(なごやしきぶのたいふ)を大将として、東海・東山(とうせん)両道をおし(用)て(=軍を進めて)攻め上る」
❹押しつける。当てる。張りつける。〈平家・一・殿上闇討〉「中は木刀(きがたな)に銀薄(ぎんぱく)をぞおし(用)たりける」訳 (刀の)中身は木刀に銀箔(ぎんぱく)を張りつけてあった。
❺すみずみまで行き届かせる。〈万葉・七・一〇七四〉「春日(かすが)山おし(用)て照らせるこの月は」訳 春日山をすみずみまで行き届かせて照らしているこの月は。
❻「「捺す」とも書く」印をおす。印判をつく。

お・す【推す】 他サ四{さ・し・す・す・せ・せ} おしはかる。推測する。〈愚管抄〉「道理のおさ(未)るるなり」訳 筋道が推測されるのである。

おす【食す】 ⇒をす

おず【怖ず】 ⇒おづ

おすひ(オスイ)【襲】 名 上代の衣服の一種。頭からかぶって衣服の上から全身を包むように垂らした長いきれ。男女ともに着たが、おもに、女性が神事のときなどに着た。

おそう【襲う】 ⇒おそふ

おそきひの… 俳句

> 春
> 遅き日の　つもりて遠(とほ)き　むかしかな 切れ字
> 〈蕪村句集・蕪村〉

訳 暮れるのが遅い春の一日(うっとりとものを思いつつ、過ごしてしまった)。思えば、そんな日が、きのうおとといと積もり積もってよみがえってくる。(私の青春も、人との出会いや思い出も、すべてが夢のように)遠い昔となってしまったんだなあ。

解説 「懐旧」の前書きがある。

おそ・し 形ク{から・く(かり)・し・き(かる)・けれ・かれ} ❶【遅し】(時期に)遅れている。遅い。なかなか…しない。〈枕・二五〉「あやしう遅き(体)、と待つほどに」訳 (手紙の返事が)変に遅れていることだ、と待っているうちに。
❷【鈍し】(頭や心のはたらきが)にぶい。のろい。〈胆大小心録〉「畠山(はたけやま)は直にして遅し(終)」訳 畠山(重忠(しげただ))は正直だが頭のはたらきがにぶい。

おぞ・し【悍し】 形ク{から・く(かり)・し・き(かる)・けれ・かれ} ❶「おずし」とも。気が強い。強情だ。〈源氏・東屋〉「物づつみせずはやりかにおぞき(体)人にて」訳 (乳母(めのと)は)遠慮をせず気が早くて強情な人であって。
❷恐ろしい。こわい。〈源氏・蜻蛉〉「おどろおどろしくおぞき(体)やうなり」訳 (浮舟(うきふね)の入水(じゅすい)事件は驚くべき変事で)気味が悪く恐ろしいようだ。

おそひ(オソイ)【襲ひ】 名 ❶物の上におおいかぶせるもの。おおい。
❷馬の鞍(くら)。
❸上着。
❹屏風(びょうぶ)などの縁にしている木。

おそ・ふ(オソウ)【襲ふ】 他ハ四{は・ひ・ふ・ふ・へ・へ} ❶不意に攻める。おそいかかる。〈徒然・六八〉「敵(かたき)襲ひ(用)来(きた)りて囲み攻めけるに」訳 敵がおそいかかって来て(屋敷を)囲んで攻めたときに。
❷「多く「圧ふ」と書く」押さえつける。〈土佐〉「舟はおそふ(終)、海のうちの空を」訳 舟は押さえつける、海の中に映る空を。
❸官位・家督・地位などを受け継ぐ。

おぞま・し【悍まし】 形シク{しから・しく(しかり)・し・しき(しかる)・しけれ・しかれ} 「おずまし」とも。気が強い。強情だ。〈大鏡・道長下〉「おほかたその宮には、心おぞましき(体)人のおはするにや」訳 だいたいその宮には、心の強い人がいらっしゃるのであろうか。

おそり【恐り・畏り】 名 おそれ。心配。不安。

おそ・る【恐る・畏る・懼る】 自ラ上二・四・下二{り・り・る・るる・るれ・りよ}{ら・り・る・る・れ・れ}{れ・れ・る・るる・るれ・れよ} ❶こわがる。〈徒然・九三〉「死に臨みて死を恐れ(未)(下二段)ば」訳 死に直面して死をこわがるならば。⇒咳(せ)き上(あ)ぐ「慣用表現」
❷気づかう。心配する。〈古今・仮名序〉「かつは人の耳におそり(用)、かつは歌の心に恥ぢ思へど」訳 一方では世人への聞こえを心配し、他方では歌の本義に対して恥ずかしく思う(のだ)が。
❸畏敬する。かしこまる。〈徒然・二一七〉「君のごとく、神のごとくおそれ(用)(下二段)たふとみて」訳 (銭を)主君のように、神のようにかしこまり尊んで。

参考 古くは上二段・四段に活用していたが、平安時代になり下二段が使われはじめ、以降はしだいに下二段に統一されていった。

おそろ・し【恐ろし】形シク{しから・しく(しかり)・し・しき(しかる)・しけれ・しかれ}

❶**恐ろしい。気味が悪い。**不安だ。〈源氏・夕顔〉「物をいと恐ろし[終]と思ひたるさま若う心ぐるし」訳何かをひどく恐ろしいと思っている(夕顔の)ようすが子供っぽくいじらしい。

❷**とてつもない。**驚くほどだ。〈平家・三・法印問答〉「あなおそろし[終]。入道のあれほど怒いかり給へるに、ちっとも恐れず」訳ああたいしたものだ。入道(=平清盛)があんなに怒っていらっしゃるのに、少しも恐れずに。

おだ・し【穏し】形シク{しから・しく(しかり)・し・しき(しかる)・しけれ・しかれ}(心や世の中が)**穏やかだ。**安らかで落ち着いている。〈源氏・帚木〉「かうのどけきにおだしく[用]て」訳(女が)こんなふうにのんびりしているので(私=頭の中将は)落ち着いていて。

おだまき【苧環】⬇をだまき

おち【復ち・彼方・遠】⬇をち

おち-あ・ふ【落ち合ふ】自ハ四{は・ひ・ふ・ふ・へ・へ}❶**一つの所で出あう。**来合わす。〈平家・九・木曽最期〉「石田が郎等らうどう二人落ち合う[用](ウ音便)て」訳石田の家来二人が来合わせて。

❷**意見が一致する。**仲直りする。〈古活字本保元物語〉「兄弟の仲不快なりける間、今こそおちあふ[体]ところよ」訳兄弟の仲は悪かったから、今こそ心をあわせるときだ。

❸(戦場で)**側そばから加勢する。**また、争いの相手となる。〈平家・七・篠原合戦〉「高橋が勢せいは…一騎もおちあは[未]ず、われ先にとこそ落ち行きけれ」訳高橋方の軍勢は…一騎も加勢をしないで、われ先にと逃げていった。

おち-い・る【落ち入る・陥る】自ラ四{ら・り・る・る・れ・れ}❶**落ちこむ。**はまる。〈宇治・一五・一二〉「それが飛びそこなひて、この溝に落ちいり[用]たるなり(=落ちこんだのだ)」

❷**くぼむ。**陥没する。〈源氏・紅葉賀〉「目皮まかはらいたく黒み落ちいり[用]て」訳(源典侍げんのないしのすけは)まぶたが幾重にもひどく黒ずみ落ちくぼんで。

❸**死ぬ。**〈平家・二・嗣信最期〉「手負ひのただいま落ちいる[体]に」訳負傷者がたった今息絶えたので。⬇果はつ「慣用表現」

おち-いる【落ち居る】⬇おちゐる

おち-うど【落人】名〔「おちびと」のウ音便〕「おちうと」とも。戦いに負けて逃げていく者。落ち武者。〈平家・七・忠度都落〉「『落人帰りきたり』とて、その内さわぎあへり」訳「落ち武者が帰って来た」と言って、家の中は騒ぎあっている。

おち-かえ・る【復ち返る】⬇をちかへる

おちかた【彼方・遠方】⬇をちかた

落窪物語おちくぼものがたり《作品名》平安中期の物語。作者未詳。十世紀末の成立か。継母ままははにいじめられ、落窪の間まに住まわされていた姫君が、左近少将道頼みちよりを夫に得て救われ、継母は少将の報復を受けるが最後にはみな幸福になるという筋。登場人物は類型的で、内面描写に乏しいが、写実的傾向を表した作品である。

おちこち【彼方此方・遠近】⬇をちこち

おち-たぎ・つ【落ち激つ】自タ四{た・ち・つ・つ・て・て}**しぶきをあげて激しく流れ落ちる。**〈万葉・一〇・二一六四〉「瀬を速はやみ落ちたぎち[用]たる白波に」訳瀬の流れが速いので、激しく流れ落ちている白波に。

おち-つ・く【落ち着く】自カ四{か・き・く・く・け・け}❶**落ちて下に着く。**〈平家・九・忠度最期〉「六野太ろくやたを馬の上で二刀ふたかたな、落ち着く[体]所で一刀、三刀までぞ突かれたる」訳(忠度ただのりは)六野太を馬の上で二度、(馬から)落ちて地面に着いたところで一度、(計)三度までもお突きになった。

❷**住居が定まる。**〈更級・鏡のかげ〉「西山なる所に落ち着き[用]たれば」訳西山にある家に住居が定まったので。

❸**納得する。**〈去来抄・先師評〉「凡兆ぼんてう『あ』と答へて、いまだ落ち着か[未]ず」訳凡兆は「はい」と答えて(感嘆はしたものの)、まだ納得しない。

おち-ゆ・く【落ち行く】自カ四{か・き・く・く・け・け}❶**戦いに敗れ逃げてゆく。**敗走する。〈平家・九・木曽最期〉「勢田せたの方かたへ落ちゆく[体]ほどに」訳(木曽義仲きそよしなかは)勢田のほうへ逃げてゆくうちに。

❷**落ちぶれてゆく。**悪くなってゆく。〈源氏・行幸〉「何事につけても末になれば、落ちゆく[体]けぢめこそやすくはべめれ」訳何事においてもあとになると、悪くなってゆく(その)差がつきやすいようでございます。

おち-ゐ・る【落ち居る】自ワ上一{ゐ・ゐ・ゐる・ゐる・ゐれ・ゐよ}**心が静まる。**安心する。〈竹取・蓬萊の玉の枝〉「思ひわび侍りつる心は、今日なむ落ちゐ[用]ぬる」訳思い悩んでおりました心は、今日(その言葉を聞いて)落ち着いた。

お・つ【落つ】自タ上二{ち・ち・つ・つる・つれ・ちよ}

❶**落ちる。**落下する。〈源氏・桐壺〉「車よりも落ち[用]ぬべうまろび給へば」訳(母北の方は)牛車ぎっしゃからも落ちてしまいそうに倒れ(伏し)なさるので。

❷(雨や雪などが)**降る。**(木の葉や花が)**散る。**〈古今・秋下〉「風吹けば落つる[体]もみぢ葉水清み散らぬ影さへ底に見えつつ」訳➡かぜふけば…(和歌)

❸**光がさす。照らす。**〈新古・冬〉「冬枯れの森の朽ち葉の霜の上に落ち[用]たる月の影の寒けさ」訳冬枯れの森の腐った落ち葉に降りている霜の上にさしている月の光の寒々としていることよ。

❹(日や月が)**沈む。**〈蕪村句集・蕪村〉「落つる[体]日のくくりて染むる蕎麦そばの茎」訳沈む夕日がくくり染めにしているのだなあ。あのそばの茎(があんなに赤いの)は。

❺**落ちぶれる。**身をもちくずす。堕落する。〈古今・秋上〉「名に愛めでて折れるばかりぞ女郎花をみなへし我落ち[用]にきと人に語るな」訳(「女をみな」という)名に心ひかれて手折っただけなのだ、女郎花よ。私が(女に)身をもちくずしてしまったと、他人には語るなよ。

❻**つき物が去る。**病気が治る。また、精進などの期間が終わり、魚肉類を断つ食事をやめる。〈土佐〉「楫取かぢとりの昨日釣りたりし鯛たひに…落ち[未]られぬ」訳船頭が昨日釣ってあった鯛で…精進落ちをしなさった。

❼**戦いに敗れて逃げる。**逃げ落ちる。〈平家・九・敦盛最期〉「助け船に乗らんと、汀みぎはの方かたへぞ落ち[用]給ふらん」訳(平家の公達きんだちは)助け船に乗ろうとして、波打ち際のほうへ敗走しなさっているだろう。

❽（城などが）敵の手にわたる。陥落する。❾白状する。自供する。

お・づ オズ【怖づ】自ダ上二{ぢ・ぢ・づ・づる・づれ・ぢよ}**恐れる。**こわがる。〈竹取・燕の子安貝〉「燕も、人のあまた上りゐたるにおぢ用て、巣にも上り来ず」訳燕も、人が大勢（高い足場に）上っているのに恐れて、巣にも上って来ない。⬇咳き上ぐ「慣用表現」

おてうちの… 俳句

御手討ちの　夫婦なりしを　更衣　〈蕪村句集・蕪村〉
（切れ字　夏）

訳（若侍と奥女中の恋は御法度。それが主君に知れて）お手討ちになるはずだったのに（奥方のとりなしで許されて、長屋のわび住まいでも）こうして夫婦として人なみに衣替えの季節を迎えたことよ。（「なりしを」の「を」は、逆接の接続助詞）

解説「夫婦」は、「夫婦」と読む説もある。蕪村の好む、物語的趣向の句。

おと-【弟・乙】接頭（人名などに付いて）年若い、愛らしいなどの意を表す。「弟橘媛」

おと【弟・乙】名❶弟。または、妹。〈万葉・九・一八〇四〉「箸向かふ弟の命は」訳箸が互いに向き合っているように、二人そろって育った弟は。❷末子。末っ子。

おと【音】名❶**声。**響き。〈古今・秋上〉「秋来ぬと目にはさやかに見えねども風の音にぞおどろかれぬる」訳⬇あききぬと… 和歌 ❷（「音に聞く」などの形で）**うわさ。**風聞。評判。〈平家・四・橋合戦〉「日ごろは音にも聞きつらん」訳常々はうわさでもきっと聞いているであろう。❸**便り。訪れ。**音沙汰。〈竹取・竜の頸の玉〉「夜昼待ち給ふに、年越ゆるまで音もせず」訳（大伴の大納言が）夜昼となく待っていらっしゃるのに、（竜の首の玉を取りに派遣した者は）年が越えるまで便りもしてこない。

参考「音」が楽器の音、虫・鳥の鳴き声など、心に訴える音声をさし、「声」が人や動物の発する音声などをさすのに対して、「おと」は、比較的大きい音、また広く音響一般をさす。

フレーズ

音に聞・く ❶**うわさに聞く。**人づてに聞く。〈竹取・貴公子たちの求婚〉「いかでこのかぐや姫を得てしがな、見てしがなと、音に聞き用めでてまどふ」訳どうにかしてこのかぐや姫を手に入れたいものだ、結婚したいものだと、うわさに聞いて恋い慕い思い乱れる。
❷**有名である。**うわさに高い。〈金葉・恋下〉「音に聞く体高師の浜のあだ浪はかけじや袖の濡れもこそすれ」訳⬇付録①「小倉百人一首」72

音もせ-ず 便りもない。訪れもしない。〈更級・梅の立枝〉「花もみな咲きぬれど、音もせず終」訳花もすっかり咲いてしまったけれど、（継母からは）なんの便りもない。

なりたち「せ」はサ変動詞「為」未

おと-うと【弟・妹】名（「弟人」のウ音便）「おとと」とも。男女にかかわらず年下のきょうだい。弟または妹。〈大和・一四〉「本院の北の方のみ弟の、童名をおほふねといふいますかりけり」訳本院（＝藤原時平）の夫人の御妹で、幼名をおおふねという人がいらっしゃった。

参考 古くは、男のきょうだいで兄が弟を、女のきょうだいで姉が妹を呼ぶ場合に用いた。一方、女からみた男のきょうだいは「せ（兄）」、男からみた女のきょうだいは「いも（妹）」といった。平安時代以降は、それぞれ「せうと」「いもうと」と呼ぶようになった。

おとがひ オトガイ【頤】名あご。下あご。

フレーズ

頤落・つ ❶寒くてがたがた震える。〈枕・二九六〉「寒きことといとわりなく、頤など落ち用ぬべきを」訳寒いことはまったくたえがたく、震えてあごなども落ちてしまいそうなのを。
❷おしゃべりなことのたとえ。
❸食べ物のおいしいことのたとえ。

頤を放・つ あごをはずすほど大笑いする。〈宇治・一・二〉「諸人、頤を放ち用て笑ひたるに」訳みんな、あごをはずして大笑いしたところ。

おとがひ-お・つ オトガイ【頤落つ】⬇頤「フレーズ」
おとがひ-を-はな・つ オトガイ【頤を放つ】⬇頤「フレーズ」

おと-ぎき【音聞き】名うわさ。評判。〈源氏・末摘花〉「世にたぐひなき御ありさまの音聞きに」訳世に並ぶものがない（ほどすばらしい光源氏の）ごようすとの評判のために。

おとぎ-ざうし ゾウシ【御伽草子】名室町時代から江戸初期にかけてつくられた庶民的な短編物語の総称。絵入りの平易な話で、空想的・教訓的なものが多く、江戸時代の仮名草子に連なっていく。「酒顛童子」「鉢かづき」「一寸法師」などが有名。狭義には、享保年間（一七一六—一七三六）に出版された、これら三話を含む二十三編の短編物語のこと。

おとこ【男】⬇をとこ
おどし【縅・威】⬇をどし

おとし・む【貶む】他マ下二{め・め・む・むる・むれ・めよ}**見下げる。**さげすむ。〈源氏・桐壺〉「おとしめ用きずを求め給ふ人は多く」訳（桐壺の更衣を）さげすみ欠点をさがしなさる人は多く。

おと・す【落とす】他サ四{さ・し・す・す・せ・せ}❶**落下させる。**勢いよく下らせる。〈宇治・三・六〉「ひさこの種をただ一つ、（雀が）落とし用て置きたり」訳ひょうたんの種を一つだけ、落として置いた。
❷**なくす。**失う。〈玉葉・恋二・詞書〉「扇を落とし用て侍りけるを」訳扇をなくしていましたのを。
❸**もらす。**見落とす。〈宇治・八・四〉「わがせしことどもを、一事も落とさ未ず、しるしつけたり」訳私のしたさまざまなことを、一つももらさず書きつけている。
❹**逃がす。**落ちのびさせる。〈太平記・一〉「これは謀反の輩を落とさ未じがための謀なり」訳これは謀反の連中を逃がさないようにするための策略だ。
❺**音や調子などを低くする。**〈狭衣物語〉「衣更（＝曲名）をひとわたり落とし用て」訳（琵琶で）衣更（＝曲名）をひととおり低く鳴らして。
❻**速さ・数量などを減らす。**〈大鏡・公季〉「御台のたけばかりぞ一寸おとさ未せ給ひけるを」訳御膳の台の高さ

だけを一寸(＝約三センチメートル)低くさせなさったのを。

❼**劣った状態にする。**〈源氏・桐壺〉「御ひびきにおとさ㊌せ給はず」訳（東宮の元服の）御評判に比べて劣ったようにしなさらず。

❽〔「貶す」とも書く〕**見くだす。**けなす。侮る。〈源氏・行幸〉「人におとさ㊌むはいと心苦しき人なり」訳（末摘花(すゑつむはな)は）他の人より軽く扱ったとすればそれはほんとうにかわいそうな人である。

最重要330 74

おとな・し 【大人し】 形シク {しから・しく(しかり)・し・しき(しかる)・しけれ・しかれ}

ガイド 現代語では④の意で用いるが、本来は一人前になった人の意の「大人(おとな)」からできた形容詞で、いかにも大人らしいの意を表した。②③④は大人にそなわっているはずの状態を表す。

語感実感 後輩に対する助言が思慮と配慮に富んでいて的確であり、いかにも年長者らしく、頼りになる感じ。

❶**大人びている。**いかにも成人らしい。
例「十一になり給へど、程(ほど)より大きにおとなしう㊊（ウ音便）清らにて」〈源氏・澪標〉
訳（春宮(とうぐう)は）十一歳におなりだが、年ごろよりも大きく大人びていて美しくて。

❷**思慮分別に富む。**
例「おとなしき㊍御乳母(めのと)ども召し出(い)でて」〈源氏・若菜上〉
訳（朱雀(すざく)院は）分別のある（女三の宮の）御乳母たちをお呼び出しになって。

❸**年配で頭(かしら)だっている。おもだっている。**
例「おとなしく㊊物知りぬべき顔したる神官を呼びて」〈徒然・二三六〉
訳年配で頭だっていてものを心得ていそうな顔つきをしている神職を呼んで。

❹**穏やかだ。温和だ。**
例「うららかに言ひ聞かせたらんは、おとなしく㊊聞こえなまし」〈徒然・二三四〉
訳はっきりと説明してやったならばそれは、きっと穏やかに聞こえただろうに。

参考 ③と関連のある「人の上に立って統率する人」が「長(をさ)」であり、この語から、いかにも長らしいの意の形容詞「をさし」「をさをさし」が派生する。「おとなし」の対義語の「をさなし」は、語源が「長無し」であると考えられるから、語の構成上は「をさし」の対義語と見なされる。

❾**攻め取る。**陥落させる。〈太平記・七〉「この城を大手より攻めば、人のみ討たれて落とす㊍事ありがたし」訳この城を表門から攻めると、人ばかり討ち殺されて攻め落とすことはむずかしい。

おと-づ・る 【訪る】自ラ下二 {れ・れ・る・るる・るれ・れよ} ❶**訪問する。**たずねる。〈源氏・若紫〉「山里人にも、久しう訪れ㊊給はざりけるを思(おぼ)し出(い)でて」訳（光源氏は）山里の人（＝尼君の所）にも、久しくたずねなさらなかったことを思い出されて。

❷**手紙でようすを尋ねる。**〈源氏・賢木〉「かんの君にもおとづれ㊊聞こえ給はで」訳尚侍(かん)の君（＝朧月夜(おぼろづきよ)）にも便りをし申しあげなさらないで。

❸**声や音をたてる。**〈平家・四・鵼〉「雲井に郭公(くわく)二声三声おとづれ㊊てぞとほりける」訳遠くの空でかっこうが二声三声鳴いて通った。

おと-と 【弟・妹】名 「おとうと」に同じ。

おとど 【大殿】名 ❶**貴人の邸宅の敬称。御殿。**また、その一部もさす。〈源氏・野分〉「人々、おはしますおとどのあたりにこそしげけれ」訳（警護の）人々も、（光源氏の）いらっしゃる御殿の付近には大勢いるけれども。

❷〔「大臣」とも書く〕**大臣・公卿(くぎやう)の敬称。**〈大鏡・道長上〉「このおとど（＝道長）は、法興院(ほこゐん)のおとど（＝兼家(かねいゑ)）の御五男」

❸**女主人の敬称。**〈源氏・玉鬘〉「北のおとどをば、目ざましと心おき給へり」訳（紫の上は）北の（御殿の）御方（＝明石(あかし)の君）を、気にくわないと心をお許しになっていない。

❹**女房、乳母(めのと)などの敬称。**

おとな 【大人】名

❶**成長して一人前になった人。**また、男子は元服、女子は裳着(もぎ)をすませた人。〈伊勢・二三〉「大人になりにければ、男も女も恥ぢかはしてありけれど」訳一人前になってしまったので、男も女も互いに恥ずかしがっていたけれども。

❷**おもだった女房。**また、**一家の中心的人物。**〈源氏・若紫〉「清げなる大人二人ばかり、さては童(わらは)べぞいでいり遊ぶ」訳（尼のそばに）こぎれいで美しい感じの女房

最重要330

75

おと-な・ふ（ナ(ノ)ウ）

自八四〔は・ひ・ふ・ふ・へ・へ〕〔名詞「音」＋接尾語「なふ」〕

ガイド 音を立てるの意。「おと」には訪れ、便りの意もあり、それを動詞化したのが②③。「音信不通」などというときの「音」である。

❶ **音をたてる。響く。鳴く。**

❷ **訪れる。たずねる。**

❸ **手紙を出す。便りをする。**

例 木の葉に埋もるる懸樋の雫ならでは、露おとなふ㊍ものなし〈徒然・一一〉

訳 木の葉に埋まっている懸樋の雫以外には、まったく音をたてるものがない。

例 古りにたるあたりとておとなひ㊊聞こゆる人もなかりけるを〈源氏・末摘花〉

訳 （常陸の宮邸は）世間から取り残されてしまっているところだということで、おたずね申しあげる人もなかったので。

例 さりとて、かき絶えおとなう㊊（ウ音便）聞こえざらむもいとほしく〈源氏・葵〉

訳 そうかといって、これっきりお便りし申しあげないとしたらそれも（六条御息所が）気の毒で。

おとな・し【大人し】形シク ➡前ページ 74

おとなし-やか【大人しやか】形動ナリ〔なら・なり(に)・なり・なる・なれ・なれ〕〔「やか」は接尾語〕❶大人びている。〈平家・三・六代〉「心おとなしやかなる㊍ものなり」訳（六代は幼いが）心は大人びている者である。❷落ち着いている。思慮分別がある。〈平家・三・六代〉「あはれおとなしやかなら㊌ん者の、聖の行きあはん所まで六代を具せよといへかし」訳 ああ思慮分別のあるような者が、聖（＝文覚）が出会うならその所まで六代を連れて行けと言ってくれよ。

おとな-だ・つ【大人だつ】自タ四〔た・ち・つ・つ・て・て〕〔「だつ」は接尾語〕大人びて見える。年配で分別がありそうである。〈今昔・二六・三八〉「おとなだち㊊たる御目代」訳 年配で分別がありそうである御代官は。

が二人ほど（いて）、そのほかには童女たちが出たり入ったりして遊ぶ。〈更級・宮仕へ〉「父はただ我を大人にし据ゑて」訳 父はもっぱら私を一家の責任者（の立場）に置いて。

❸老臣。長老。〈平家・一一・弓流〉「大人ども爪はじきをして」訳（源義経が海に流れた弓に執着したので）老臣どもは爪はじき（＝不快を表す動作）をして。

おとない ➡おとなひ

おとなう ➡おとなふ

おとなおとな・し【大人大人し】形シク〔しから・しく(しかり)・し・しき(しかる)・しけれ・しかれ〕大人びている。いかにも大人らしい。〈源氏・薄雲〉「御年よりはこよなうおとなおとなしう㊊（ウ音便）ねびさせ給ひて」訳（冷泉帝は）ご年齢よりはこの上なく大人びて成長なされて。

類語の整理

おとなぶ—「人・人の成長(段階)・成長の様子」に関する語

（大切に）育てる
いつく
かしづく

世話をする
あつかふ
うしろみる（=後見）
かへりみる
みる（=見守る）

	男	女
幼いさま あどなし（=無邪気で） いとけなし（=実年齢が） いはけなし（=子供っぽくて） をさなし（=未熟で）	をのこ（=子供・召使・下位の男）	めのこ
成長する おとなぶ（=大人になる） およすく（=子供→大人）	をとこ（=特に、成人した男性）	をとめ（=未婚） をみな（=若い） をうな・をんな（=成人）
年をとる おゆ（=衰える） ねぶ（=老ける）	おきな	おうな おみな おんな

おと-なひ(ナイ) 名

❶音。響き。〈源氏・夕顔〉「いとあやしうめざましきおとなひとのみ聞き給ふ」訳(光源氏は、唐臼の音を)ただもうひどく奇妙で気にくわない響きだとお聞きになる。

❷(聞こえてくる)ようす。けはい。〈更級・宮仕へ〉「梅壺の女御ののぼらせ給ふなるおとなひ、いみじく心にくく優なるにも」訳 梅壺の女御が(清涼殿に)お上りになられるらしいけはいが、とても奥ゆかしく優雅であるのにつけても。

❸訪れ。訪問。〈浜松中納言物語〉「知らずとも吹きくる風のおとなひににほはす花の香をば尋ねよ」訳 たとえ(私を)知らないでも、(唐土から)吹いてくる風の訪れによって香らせる花の香りを探し求めて(私と思って)くれ。

❹騒ぎ。評判。〈増鏡・三神山〉「馬・車の響きさわぐ世のおとなひを」訳(皇位継承の決まった土御門殿に参集する)馬や車が響き騒ぐ世間の騒がしさを。

おと-な・ふ(ノウ) 自ハ四 ➡前ページ 75

おとな・ぶ【大人ぶ】自バ上二{び・び・ぶ・ぶる・ぶれ・びよ} ❶大人になる。大人らしくなる。〈源氏・絵合〉「いま少しおとなび㊊おはしますと見奉りて」訳(冷泉帝が)もう少し大人におなりになられるとお見申しあげてから。

❷一人前になる。年配になる。おもだつ。〈源氏・椎本〉「おとなび㊊たる人々召し出でて」訳(八の宮は)年配になった女房たちをお呼び出しになって。(➡前ページ「類語の整理」)

おと-に-き・く【音に聞く】➡音「フレーズ」

おとにきく… 和歌 《百人一首》【音に聞く 高師の浜の あだ浪は かけじや袖の 濡れもこそすれ】〈金葉・恋下・祐子内親王家紀伊〉➡付録①「小倉百人一首」72

おとめ〖少女・乙女〗➡をとめ

おと-も-せ-ず【音もせず】➡音「フレーズ」

おと-や【乙矢】名 弓術で、一手に二本持った矢のうち、二番目に射る矢。二の矢。対 甲矢

おとり-まさり【劣り勝り】名 優劣。

おと・る【劣る・損る】自ラ四{ら・り・る・る・れ・れ} ❶他に比べて価値や程度が低い。〈土佐〉「この人々の深き心ざしは、この海にも劣ら㊍ざるべし」訳 この人々の深い厚意は、この海(の深さ)にも劣らないだろう。対 勝る

❷減る。費える。〈紀・皇極〉「おとり㊊費ゆること」訳(財宝が)減りなくなること。

最重要330

76 **おどろおどろ・し** 形シク{しから・しく(しかり)・し・しき(しかる)・しけれ・しかれ}

ガイド はっとする意の動詞「驚く」の語根を重ねて形容詞化した語と考えられる。周囲をはっとさせるほどおおげさで気味悪く恐ろしいさまをいう。

❶気味が悪い。耳目を驚かすさまである。
➡おいらか「類語の整理」

例 さみだれも過ぎて、いとおどろおどろしく㊊かきたれ雨の降る夜〈大鏡・道長上〉
訳 梅雨(の季節)も過ぎたのに、たいそう気味悪く激しく雨の降る夜。

❷仰々しい。おおげさである。ひどい。

例 夜の声はおどろおどろし㊐。あなかま〈源氏・夕顔〉
訳 夜中の(泣き)声はおおげさに響く。ああ、やかましい。

おどる〖踊る〗➡をどる

おどろおどろ・し 形シク ➡左上 76

おどろか・す【驚かす】他サ四{さ・し・す・す・せ・せ}

❶びっくりさせる。はっとさせる。〈枕・三〉「舎人の弓どもとりて馬どもおどろかし㊊笑ふを」訳(殿上人などが)舎人の(持っている)弓のいくつかをとって馬たちをおどろかして笑うのを。

❷目をさまさせる。起こす。〈宇治・一・一二〉「この児、定めておどろかさ㊍んずらんと、待ちゐたるに」訳 この稚児は、(だれかが)きっと起こそうとするだろうと、待っていたところ。

❸気づかせる。注意をうながす。〈源氏・浮舟〉「うち咳きてぞおどろかい㊊(イ音便)奉り給ふ」訳(薫は)せきばらいをして、(夕霧が出て来たことを匂宮に)お気づかせ申しあげなさる。

❹(思いがけないところに)訪れる。便りをする。〈源氏・浮舟〉「時々は、それよりもおどろかい㊊(イ音便)給はむこそ、思ふさまならめ」訳 時々はそちら(=浮舟)からも便りをしてくださるならそれが、(私=薫の)望みどおりであろう。

おどろ・く【驚く】自カ四 ➡次ページ 77

お-ないぎ【御内儀】名「「お」は接頭語」町家の妻に対する敬称。おかみさん。

おな・じ【同じ】形シク{じから・じく(じかり)・じ・じき(じかる)・じけれ・じかれ} 同一である。等しい。〈徒然・一二〉「同じ㊐心ならん人と、しめやかに物語して」訳 同一の気持ちをもつような人と、しんみりと話をして。

参考 例文のように、体言に接続する場合、和文では連体形「おなじき」より、終止形「おなじ」を用いるほうが多い。

おなじく-は【同じくは】副 同じことならば。どうせするなら。〈徒然・五九〉「同じくは、かのこと沙汰しおきて」訳 どうせなら、あのことを始末しておいてから。

参考「同じうは」とウ音便の形をとることもある。

おに-【鬼】接頭 勇猛・異形などの意を表す。「鬼葦毛

最重要330

77 **おどろ・く**【驚く】自カ四{か・き・く・く・け・け}

ガイド 意外なことに出会って心の平静を失うの意。突然の事態に意識が向くの意が②、眠っているときに用いると③の意になる。

❶ **びっくりする。**
⬇咳(せ)き上(あ)ぐ「慣用表現」

例 とみのこととて御ふみあり。おどろき(用)て見れば、歌あり〈伊勢・八四〉
訳 至急の用件だということで、(母から)お便りがある。びっくりして見ると、和歌が(書いて)ある。

❷ **はっとして気づく。**

例 秋来(き)ぬと目にはさやかに見えねども風の音にぞおどろか(未)れぬる〈古今・秋上〉
訳 秋がやって来たと、目にははっきり見えないけれども、風の音で(秋が来たなと)自然にはっと気づいてしまったことだよ。

❸ **眠りからさめる。目がさめる。**

例 僧の、「もの申しさぶらはん。おどろか(未)せ給へ」と言ふを〈宇治・一・一二〉
訳 僧が、「もしもし。目をおさましなさい」と言うのを。

語感実感
残暑の厳しい夕方に、ふいに涼しい風が吹き、秋の訪れが近いことにはっと気づく感じ。

(おにあしげ)」「鬼武者」

おに【鬼】名 恐ろしい姿をした想像上の怪物。〈竹取・蓬莱の玉の枝〉「鬼のやうなるもの出(い)で来て殺さむとしき」訳 鬼のようなものが出て来て殺そうとした。
参考 漢字の「鬼(き)」は死者の霊魂の意。日本の「おに」は「隠」の字音「おん」の転で、別の観念である。本来は、姿を見せないものの意という。

おに-がみ【鬼神】名〔「鬼神(きしん)」の訓読〕たけだけしく恐ろしい神。〈古今・仮名序〉「目にみえぬ鬼神をもあはれと思はせ」訳 (和歌は)目には見えないたけだけしく恐ろしい神をもしみじみと感動させ。

おの【己】代 (ふつう、「おのが」の形で)私。われ。また、自分自身。

おの-おの【各】一 代 対称の人代名詞。**みなさん。**かたがた。〈平家・二・烽火之沙汰〉「これをおのおの聞き給へ」訳 これをみなさんお聞きなさい。
二 副 **めいめい。**各自。それぞれ。〈徒然・四一〉「おのおの下(お)りて、埒(らち)のきはに寄りたれど」訳 めいめい(牛車(ぎっしゃ)を)降りて、馬場を囲む柵のそばに寄ったが。

おの-が【己が】❶(「が」が主格を示す場合)㋐**私が。**〈源氏・夕顔〉「おのがいとめでたしと見奉るをば」訳 私(＝物の怪(け)の女)が(光源氏を)たいへんりっぱであると拝見しているのに。
㋑**自分自身が。**各自が。〈竹取・竜の頸の玉〉「あるいはおのが行かまほしき所へ往(い)ぬ」訳 ある者は自分が行きたい所へ去る。
❷(「が」が連体格を示す場合)**私の。**自分自身の。〈竹取・かぐや姫の昇天〉「おのが身はこの国の人にもあらず」訳 私の身はこの(地上の)国の人でもない。

おの-が-じし【己がじし】副 **めいめい。**それぞれに。思い思いに。
なりたち 代名詞「おの」＋格助詞「が」「己が様々(さまざま)」とも。〈紫式部日記〉「池のわたりの梢(こずゑ)ども、遣(や)り水のほとりの草むら、おのがじし色づきわたりつつ」訳 池のあたりの木々の梢や遣り水のあたりの草むらが、それぞれに一面にみな色づいて。

おの-が-どち【己がどち】名・副 自分たちどうし。仲間どうし。〈源氏・賢木〉「おのがどちものうち言ひたるけはひなども」訳 (神官たちが)仲間どうしで何かちょっと話しているようすなども。

おのこ〔男子・男〕⬇をのこ

おの-づ-から【自ら】副 ⬇次ページ 78

おの-づま【己夫・己妻】名 自分の夫、または自分の妻。

小野小町(おののこまち)⬇小野小町(をののこまち)

おのれ 一 代 ❶**自分自身。**その人自身。〈徒然・一三四〉「おのれを知るを、物知れる人といふべし」訳 自分自身を知っている人を、(真に)ものを知っている人というべきである。
❷自称の人代名詞。**私。**謙譲の気持ちを含むことが多い。〈源氏・若紫〉「ただ今おのれ見捨て奉らば」訳 たった今にも私(＝尼君)が(あなた＝若紫を)あとに残して死に申しあげるなら。
❸対称の人代名詞。**おまえ。**きさま。目下の者に対して、また、相手を見下した気持ちで用いる。〈竹取・かぐや姫の昇天〉「かぐや姫は、罪をつくり給へりければ、か

く賤(いや)しきおのれがもとに、しばしおはしつるなり」訳かぐや姫は、(天上で)罪を犯しなさったので、このようにいやしいおまえ(＝竹取の翁(おきな))の所に、しばらくいらっしゃったのだ。

二 副 **自然に。** おのずから。ひとりでに。〈源氏・末摘花〉「松の木のおのれ起きかへりて」訳(雪の重みでたわんでいた)松の木がひとりでに立ちあがり(もとの姿に)戻って。

おのれ-と【己と】副 **おのずから。** ひとりでに。自然に。〈徒然・一三八〉「おのれと枯るるだにこそあるを、名残なく、いかが取り捨つべき」訳(賀茂(かも)の祭りのあとの葵(あおい)は)自然に枯れるのさえ名残惜しいのに、心残りなく、どうして取り捨てることができようか(いや、できはしない)。

お-ば【祖母】名〔「おほば」の転〕❶祖母(そぼ)。❷〔「姥」とも書く〕年とった女。老女。

おはさう・ず(オワソウズ)【御座さうず】自サ変{ぜ・じ・ず・ずる・ずれ・ぜよ}〔四段動詞「御座(おは)さふ」用＋サ変動詞「為(す)」＝「おはさひす」のウ音便。「ず」は連濁〕❶「あり」の尊敬語。**いらっしゃる。**〈源氏・竹河〉「恥ぢらひておはさうずる体、いとをかしげなり」訳(姫君二人が)恥ずかしがって(顔を隠して)いらっしゃるのは、たいそうかわいらしい感じである。❷「行く」「来(く)」の尊敬語。**おでかけになる。おいでになる。** いらっしゃる。〈大鏡・道長上〉「いま二所(ふたところ)も、にがむにがむおのおのおはさうじ用ぬ」訳もうお二方(＝道隆(みちたか)と道兼(みちかね))も、苦い顔をしいしいそれぞれおでかけになった。

語法 この語の主語・修飾語・被修飾語には、多く複数を表す語(「二所」「皆」「…たち」など)が用いられる。

おはさう・ず(オワソウズ)【御座さうず】補動サ変{ぜ・じ・ず・ずる・ずれ・ぜよ}〔サ変動詞「御座(おは)さうず」から〕(動詞・形容詞の連用形に付いて)尊敬の意を表す。…て(で)いらっしゃる。…て(で)おいでになる。〈源氏・真木柱〉「みな深き心は思ひわかねど、うちひそみて泣きおはさうず終」訳(お子様たちは)みんな深い事情はわからないけれども、顔をしかめて泣いていらっしゃる。

最重要330

78 おのづから(オノズカラ)

【自ら】副〔代名詞「己(おの)」＋「の」の意の上代の格助詞「つ」の濁音「づ」＋名詞「柄(から)」〕

ガイド 自己の意志でことを行うさまを表す「みづから」に対し、「おのづから」は、自己の意志によらず、自然にそうなるさまを表す。そこから②の意が生じ、「まれに」の意から③の用法が生じたと考えられる。

❶ **自然と。** ひとりでに。

例 母、物語など求めて見せ給ふに、げにおのづから慰みゆく〈更級・物語〉

訳 母が、物語などを探して見せなさるので、なるほど自然と(私の)心が晴れていく。

❷ **偶然。たまたま。** まれに。

例 おのづから、事の便りに都を聞けば〈方丈・四〉

訳 たまたま、事のついでに(京の)都(のようす)を聞くと。

❸ (下に仮定表現を伴って)**万一。** もしも。ひょっとして。

例 おのづから後(のち)まで忘れぬ御事ならば〈平家・一・祇王〉

訳 もしのちのちまで(私＝仏御前を)お忘れにならないのならば。

↓御座(おは)さうず(自サ変)語法

おはさ・ふ(オワソウ)【御座さふ】自ハ四{は・ひ・ふ・ふ・へ・へ}〔「おはしあふ」の転〕「ありあふ」「行きあふ」「来あふ」の尊敬語。いっしょにいらっしゃる。ちょうどそこにいらっしゃる。〈大鏡・序〉「このおはさふ体人々に、『…』と聞かせ奉らむ」訳この来あわせていらっしゃる人々に、「…」とお聞かせ申しあげよう。

語法 この語の主語・修飾語・被修飾語には、多く複数を表す語(「二所」「皆」「…たち」など)が用いられる。

おはさ・ふ(オワソウ)【御座さふ】補動ハ四{は・ひ・ふ・ふ・へ・へ}〔四段動詞「御座(おは)さふ」から〕(動詞の連用形に付いて)尊敬の意を表す。…て(で)いらっしゃる。…て(で)おいでになる。〈うつほ・国譲中〉「生まれ給ひつる御子(みこ)を、うつくしみおはさふ終」訳お生まれになった皇子をかわいがっておいでになる。

↓御座(おは)さふ(自ハ四)語法

おはし(オワシ)＝【御座し】自サ変連用形(動詞の上に付いて)「行き」「来(き)」「あり」の尊敬の意を表す。行き…なさる。来…なさる。い…なさる。…ていらっしゃる。〈源氏・柏木〉「上(うへ)、大臣(おとど)などおはし集まりて」訳母上や(父の)大臣などが来集まりなさって。(「おはし集まる」は複合動詞「来集まる」の尊敬語で「来集まり給ふ」にあたる)

おはし＋動詞
「行き・来・あり」の尊敬

例語 おはし通ふ(＝行き来なさる)・おはし過(す)ぐ(＝行き過ぎなさる。通り過ぎなさる)・おはし初(そ)む(＝通いはじめなさる)・おはし着く・おはし始む(＝行きはじめなさる)

おはしま・さ-す(オワシマサス)【御座しまさす】おいでになるようにさせる。〈源氏・夕顔〉「惟光(これみつ)添ひ助けておはしまさする(体)に」訳 惟光が手助けして(光源氏を馬で二条院へ)おいでになるようにさせるうちに。

なりたち 四段動詞「御座(おは)します」(未)＋使役の助動詞「す」

おはしまさ・ふ（オワシマソウ）【御座しまさふ】自ハ四 {は・ひ・ふ・ふ・へ・へ}(「おはしましあふ」の転)「ありあふ」「行きあふ」「来あふ」の尊敬語。**(人々が、ともに)いらっしゃる。**おいでになる。〈**うつほ・蔵開上**〉「上達部(かんだちめ)、皇子(みこ)たち…東の簀子(すのこ)に、植ゑたるごとおはしまさふ(終)」訳 上達部、皇子たちが…東側の縁側に、(木を並べて)植えたように大勢いらっしゃる。

語法 主語が複数の場合に用いられる。「おはさうず」「おはさふ」より敬意が高い。

おはしまさ・ふ（オワシマソウ）【御座しまさふ】補動ハ四 {は・ひ・ふ・ふ・へ・へ}(四段動詞「御座(おは)しまさふ」から)(動詞・形容詞・助動詞「なり」「ず」の連用形、助詞「て」に付いて)尊敬の意を表す。…て(で)おいでになる。**(人々が、ともに)…て(で)いらっしゃる。**〈**枕・二七八**〉「御簾(みす)のうちに、…殿の上、その御おとと三所(みところ)、立ち並(な)みおはしまさふ(終)」訳 御簾の中には、…殿の上、その妹君お三かたが、立ち並んでいらっしゃる。↓御座(おは)しまさふ(自八四) 語法

おはしまし（オワシマシ）【御座しまし】自サ四連用形 (動詞の上に付いて)「行き」「来(き)」「あり」の尊敬の意を表す。行き…なさる。来…なさる。い…なさる。…ていらっしゃる。〈**源氏・蓬生**〉「大将殿などおはしまし通ふ御宿世(すくせ)のほどを」訳 大将殿(=光源氏)などが通っていらっしゃる前世のご果報のほどを。(「おはしまし通ふ」は複合動詞「行き通ふ」の尊敬語で「行き通はせ給ふ」にあたる)

例語 おはしまし暮らす(=一日中いらっしゃる)・おはしまし初(そ)む(=通いはじめなさる)・おはしまし着く・おはしまし離る(=行き離れなさる)・おはしまし寄る(=お立ち寄りになる)

おはしま・す（オワシマス）【御座します】自サ四 {さ・し・す・す・せ・せ}

❶「あり」の尊敬語。**いらっしゃる。おられる。**おありになる。〈**伊勢・八三**〉★「むかし、惟喬(これたか)の親王(みこ)と申す親王おはしまし(用)けり」訳 昔、惟喬親王と申し上げる親王がいらっしゃったそうだ。

❷「行く」「来(く)」の尊敬語。**いらっしゃる。おでかけになる。おいでになる。**〈**竹取・竜の頸の玉**〉「やつれ給ひて、難波(なには)の辺(へん)におはしまし(用)て」訳 (大伴(おほとも)の大納言は)人目につかない身なりをなさって、難波の近辺におでかけになって。

参考 中古から用いられ、「おはす」より敬意が高い。

おはしま・す（オワシマス）【御座します】補動サ四 {さ・し・す・す・せ・せ}(動詞・形容詞・形容動詞・助動詞「なり」の連用形、助詞「て」に付いて)尊敬の意を表す。…て(で)おありになる。お…になる。**…て(で)いらっしゃる。…て(で)おいでになる。**〈**竹取・かぐや姫の昇天**〉「ここにおはするかぐや姫は、重き病をし給へば、え出(い)でおはします(終)まじ」訳 ここにいらっしゃるかぐや姫は、重い病にかかっていらっしゃるので、出ておいでになることはできないだろう。〈**大鏡・清和天皇**〉「このみかどは、御心いつくしく、御かたちめでたくぞおはしまし(用)ける」訳 この(清和)天皇は、御心がりっぱで、御顔立ちが美しくていらっしゃったということだ。

参考 尊敬の助動詞「す」「さす」の連用形の下に付き、「せおはします」「させおはします」として用いる形がある。この形は、「おはします」よりさらに敬意が高い。

おは・す（オワス）【御座す】自サ変

❶「あり」の尊敬語。**いらっしゃる。おられる。**おありになる。〈**竹取・かぐや姫の生ひ立ち**〉★「竹の中におはする(体)にて知りぬ。子となり給ふべき人なめり」訳 (あなた=かぐや姫が)竹の中にいらっしゃるのでわかった。(あなたは私=竹取の翁(おきな)の)子におなりになるはずの人であるようだ。

❷「行く」「来(く)」の尊敬語。**いらっしゃる。おでかけになる。おいでになる。**〈**源氏・若紫**〉「御供にむつましき四五人(よたりいつたり)ばかりして、まだ暁におはす(終)」訳 (光源氏は)お供に気心の知れた四、五人ほどを伴って、まだ夜明け前におでかけになる。

活用

未然	連用	終止	連体	已然	命令
せ (ズ)	し (タリ)	す (。)	する (コト)	すれ (ドモ)	せよ (。)

参考 中古から用いられ、「おはします」に比べて、敬意が低い。

おは・す（オワス）【御座す】補動サ変 {せ・し・す・する・すれ・せよ}(動詞・形容詞・形容動詞・助動詞「なり」の連用形、助詞「て」に付いて)尊敬の意を表す。**…て(で)いらっしゃる。…て(で)おいでになる。**…て(で)おありになる。〈**源氏・帚木**〉「脇息(けふそく)に寄りおはす(体)」訳 (光源氏が)ひじかけに寄りかかっていらっしゃるのは。〈**平家・五・福原院宣**〉「小松の大臣殿(おほいどの)こそ、心も剛に、はかりこともすぐれておはせ(未)しか」訳 小松の内大臣殿(=平重盛(しげもり))は、心も剛毅(ごうき)で、知略もぬきんでていらっしゃったのに。

おひ（オイ）【笈】名 山伏や行脚(あんぎゃ)の僧などが仏具・食物・衣類などを入れて背負う道具。箱形で脚がつ

(おひ)

き、両開きの扉がある。

おひ-い・づ【生ひ出づ】自ダ下二〔で・で・づ・づる・づれ・でよ〕❶**生まれ出る。**（植物などが）生え出る。〈源氏・横笛〉「御歯の生ひ出づる(体)に食ひ当てむとて」訳（若君＝薫は）御歯が生え出るところに（筍を）かみ当てようとして。
❷**成長する。**育つ。〈更級・かどで〉「あづまぢの道のはてよりも、なほ奥つ方に生ひ出で(用)たる人」訳東国路の終点（である常陸の国）よりも、もっと奥のほう（である上総の国）で育った人（である私）は。

おひ-う・つ【追ひ棄つ】他タ下二〔て・て・つ・つる・つれ・てよ〕追い出す。追い払う。

おひ-さき【生ひ先】名 成長していく先。**将来。**〈源氏・若紫〉「いと若けれど、生ひ先見えてふくよかに書い給へり」訳（若紫の書きぶりは）まことに幼いけれども、将来（の上達）が（目に）見えて、ふっくらとお書きになっている。

おひそめし… 和歌

生ひそめし　根も深ければ　武隈の
松に小松の　千代を並べむ
〈源氏・薄雲〉

訳 成長しはじめた（この姫君との親子の因縁の）根も深いのだから、（いずれは）あの武隈の二本の松（＝あなたと私）の間に小松（＝姫君）を並べて、末長く（ともに）あるでしょう（＝暮らすようにしよう）。（「武隈の松」は歌枕）
解説 紫の上のもとで養育されることになった明石の姫君との別れを嘆いている母明石の君に対して、光源氏が詠んだ歌。

おびたた・し【夥し】形シク〔しから・しく（しかり）・し・しき（しかる）・しけれ・しかれ〕❶**数がはなはだ多い。**〈平家・五・富士川〉「あなおびたたし(終)の源氏の陣の遠火の多さよ」訳やあ、たいへんな数の源氏の陣の遠火（＝遠くに見えるかがり火）の多いことよ。（「おびたたしの」は、終止形に格助詞「の」が付いて、連体修飾語となったもの）
❷**程度がふつうでない。**はなはだしい。〈宇治・二・三〉「空くもり、震動することおびたたし(終)」訳空がくもり、（大地の）揺れ動くことがはなはだしい。
❸**物音や声が大きい。**さわがしい。〈平家・七・還亡〉「喚き叫ぶことおびたたし(終)」訳大声で泣き叫ぶことがさわがしい。
❹**はなはだ盛んである。**非常にりっぱである。〈平家・五・咸陽宮〉「あまりに内裏のおびたたしき(体)を見て」訳あまりに内裏（＝秦の始皇帝の宮殿）が壮大であるのを見て。
参考 近世中期ごろから「おびただし」と濁るようになった。謡曲などでは現在も「おびたたし」と発音される。

おひたたむ… 和歌

生ひたたむ　ありかも知らぬ　若草を
おくらす露ぞ　消えむ空なき
〈源氏・若紫〉

訳（どこでどのように）成長していくであろう、その場所もわからない若草（のような孫）をあとに残していく露（のように老い先短い私）は、消えていく空がないのですよ。
解説 若紫に向かって、祖母の尼君が詠んだ歌。「若草」は幼い若紫をさし、「露」は尼君自身をさす。「消ゆ」は死ぬことを意味する。幼い孫娘の将来が心配で、死ぬにも死にきれない、の意。

おひ-た・つ【生ひ立つ】自タ四〔た・ち・つ・つ・て・て〕成長する。育ってゆく。〈源氏・夕顔〉「かのなでしこの生ひたつ(体)ありさま聞かせまほしけれど」訳あの（忘れ形見の）いとしい子が成長するようすを聞かせたいが。

おひ-な・る【生ひ成る】自ラ四〔ら・り・る・る・れ・れ〕成長する。〈更級・物語〉「いとうつくしう生ひなり(用)にけり」訳たいそうかわいらしく（いつのまにか）成長してしまったことよ。

笈の小文（おひのこぶみ）《作品名》江戸前期の俳諧紀行文。松尾芭蕉作。宝永六年（一七〇九）刊。貞享四年（一六八七）十月江戸をたち、翌年四月まで、故郷の伊賀を経て、伊勢・吉野・高野・和歌の浦・奈良および大坂・須磨・明石にいたるまでの紀行文。

おひ-まさ・る【生ひ勝る・生ひ優る】自ラ四〔ら・り・る・る・れ・れ〕**成長するにつれて美しくなる。**〈源氏・横笛〉「この君のうつくしう、ゆゆしきまで生ひまさり(用)給ふに」訳この若君（＝薫）がかわいらしく、不吉なまでに美しく成長しなさるので。

おび・ゆ【怯ゆ】自ヤ下二〔え・え・ゆ・ゆる・ゆれ・えよ〕こわがる。おびえる。〈源氏・帚木〉「物におそはるる心地して、『や』とおびゆれ(已)ど」訳（空蟬は）何かの霊に襲われる感じがして、「あっ」とおびえる（ように叫んだ）が。

おび・る 自ラ下二〔れ・れ・る・るる・るれ・れよ〕❶内気でおっとりしている。〈源氏・若菜下〉「女御の、あまりやはらかにおびれ(用)給へるこそ」訳（明石の）女御があまりにも柔和でおっとりしていらっしゃるのは（気がかりだ）。
❷（「寝おびる」の形で）寝ぼける。→寝おびる

お・ふ【負ふ】
一 自ハ四〔は・ひ・ふ・ふ・へ・へ〕**ふさわしい。似合う。**〈古今・仮名序〉「文屋康秀は、言葉はたくみにて、そのさま身におは(未)ず」訳文屋康秀（の歌）は、表現技巧は巧みであって、その（＝歌の）姿が内容と似つかわしくない。
二 他ハ四〔は・ひ・ふ・ふ・へ・へ〕❶背負う。〈伊勢・六〉「男、弓・胡簶を負ひ(用)て戸口にをり」訳男は、弓（を持ち）、胡簶を背負って（倉の）戸口に（立って女を守って）いる。
❷（多く「名に負ふ」の形で）**名として持つ。そなえる。**〈伊勢・九〉「名にし負は(未)ばいざこと問はむ都鳥わが思ふ人はありやなしやと」訳→なにしおはば… 和歌
❸**身に受ける。こうむる。**〈平家・九・木曽最期〉「鎧よければ裏かかず、あき間を射ねば手も負は(未)ず」訳鎧がよいので裏まで（矢が）通らないし、（鎧の）すき間を射ないので手傷も受けない。
❹借金する。物を借りる。

お・ふ【生ふ】自ハ上二〔ひ・ひ・ふ・ふる・ふれ・ひよ〕**生える。**生長する。のびる。〈万葉・六・九二五〉「ぬばたまの夜のふけゆけば久木生ふる(体)清き川原に千鳥しば鳴く」訳→ぬばたまの… 和歌

お・ふ【追ふ】他ハ四〔は・ひ・ふ・ふ・へ・へ〕❶追いかける。あとを追う。〈今昔・二五・一二〉「親は、わが子必ず追ひ(用)て来たるらむと思ひけり」訳親は（親で）、

わが子が必ず(馬盗人を)追いかけてきているだろうと思った。❷(目的地に)向かって行く。〈土佐〉「浦戸より漕ぎ出でて、大湊を追ふ㊚」訳浦戸から漕ぎ出して、大湊をめざして行く。❸追い出す。追い払う。〈万葉・八・一五〇五〉「ほととぎす鳴きしすなはち君が家に行けと追ひ㊐しは至るらむかも」訳ほととぎすが鳴いたときすぐさま、あなたの家に行けと追いやったのは、行き着いているだろうか。❹(多く「先(を)追ふ」の形で)貴人が通る際、道にいる人を追い払う。先払いをする。〈源氏・野分〉「ことごとしく先な追ひ㊐そ」訳おおげさに先払いをするな。

お・ぶ【帯ぶ】他バ四・上二 {ば・び・ぶ・ぶ・べ・べ}{び・び・ぶ・ぶる・ぶれ・びよ} ❶身につける。特に、腰に下げたり、巻いたりする。〈紀・継体〉「わがおほ君の帯ば㊍せる細紋の御帯の結び垂れ」訳今上天皇のおつけになっているささら(=細かい紋様のある織物)の御帯の結びが垂れ。❷たもつ。ふくむ。〈枕・三七〉「梨花一枝、春、雨を帯び㊐(上二段)たり」訳梨の花が一枝、春(景色の中)、雨(の雫)をふくんで(濡れて)いる。

参考 上代では四段に活用した。

お・ふ・す【生ふす】他サ四 {さ・し・す・す・せ・せ} 生やす。のばす。〈徒然・三三〉「爪を生ふし㊐たり(=のばしている)」

お-ぶつみゃう【御仏名】名 平安時代、宮中で行われた行事の一つ。毎年陰暦十二月十九日から三日間、清涼殿で、過去・現在・未来の三世、一万三千の仏名を僧に唱えさせ、その年の罪を滅し、仏の加護を願う法会。仏名会。冬

おふな-おふな【大】副「おほなおほな」に同じ。

おほ-【大】接頭(名詞に付いて)❶大きいこと、広いこと、量の多いこと、程度のはなはだしいことを表す。「大内」「大君」「大宮人」❷尊敬・賞賛の意を表す。「大袿」「大海」「大雪」

おほ【凡】形動ナリ {なら・なり(に)・なり・なる・なれ・なれ} ❶ぼんやりしているさま。〈万葉・四・五九九〉「朝霧の凡に㊐相見し人ゆゑに」訳ほのかに逢った(だけの)人なのに。(「朝霧の」は「おほに」にかかる枕詞) ❷ふつうだ。一通りだ。平凡だ。〈万葉・六・九六五〉「おほならば㊍ばかもかもせむを」訳ふつう(のお方)ならばああもこうもしようが。

大海人皇子 《人名》天武天皇の即位前の名。→天武天皇

おほい-【大】接頭〔「おほき」のイ音便〕❶正一位・従一位などの位階の「正」をいう。従一位などの「従」を「ひろい」というのに対する。「おほいみつのくらゐ(=正三位)」❷同じ官職で位の高いほうをさす。「おほいものまうすつかさ(=大納言)」

おほい-ぎみ【大君】名 平安時代、貴人の娘のうち長女に対する敬称。「大子」とも。次女を「中の君」、三女以下を「三の君」「四の君」…という。

おほい-どの【大殿】名 ❶大臣の邸宅の敬称。〈源氏・賢木〉「むかひの大殿に集ひ給ふを」訳向かいの大臣のご邸宅(=右大臣家)にお集まりになるのを。❷大臣の敬称。おとど。〈平家・二・腰越〉「大臣殿は九郎大夫判官に具せられて」訳大臣殿(=平宗盛)は九郎大夫判官(=源義経)に連れられて。

おほ-うち【大内】名 皇居。内裏。宮中。御所。→御門「慣用表現」

おほ-うちき【大袿】名 禄(=祝儀)として賜る、裄・丈を大きめに仕立てた袿。着るときはからだに合わせて仕立て直す。

おほうち-やま【大内山】名(大内山に宇多法皇の離宮があったことから)皇居。宮中。

おほうみの… 和歌

大海の　磯もとどろに　寄する波
　われて砕けて　さけて散るかも
〈金槐集・雑・源実朝〉

訳 大海の磯の岩を鳴り響かせて激しくうち寄せる波が、割れて、砕けて、裂けて散ることよ。

解説 荒磯に寄せる波を的確に観察し、躍動的なことばで表現した。こうした雄大で激しい動きをもつ叙景歌は、「万葉集」以後は実朝によってはじめて詠まれた。

おぼえ【覚え】名 ⬇次ページ 79

おぼえ-うか・ぶ【覚え浮かぶ】自バ四 {ば・び・ぶ・ぶ・べ・べ} 思い起こされる。

おぼえ-かた・る【覚え語る】他ラ四 {ら・り・る・る・れ・れ} 思い出して話す。〈更級・かどで〉「そらにいかでか覚え語ら㊍む」訳(物語の一部始終を)そらでどうして思い出して話せようか(いや、話せはしない)。

おぼえ-ず【覚えず】副〔下二段動詞「覚ゆ」㊍+打消の助動詞「ず」㊐〕思いがけず。いつのまにか。〈源氏・紅葉賀〉「覚えずをかしき世をみるかな」訳思いがけず結構な(光源氏と紫の上との)間柄を見るものだな。

おぼえ-な・し【覚え無し】形ク {から・く(かり)・し・き(かる)・けれ・かれ} ❶思いがけない。思いもよらない。〈枕・一八〉「時々かやうの折に、覚えなく㊐見ゆる人なりけり」訳(だれかと思えば)ときどきこういう時に、思いがけなく現れる人なのであった。

大江山《地名》歌枕 ❶〔「大枝山」とも書く〕今の京都市西京区の西にある山。山城と丹波とを結ぶ交通上の要地。❷今の京都府与謝郡と福知山市の境にある山。源頼光の大江山鬼退治の伝説の地。

おほえやま… 和歌 〈百人一首〉【大江山　生野の道の　遠ければ　まだふみも見ず　天の橋立】〈金葉・雑上・小式部内侍〉⬇付録①「小倉百人一首」60

おぼおぼ・し 形シク {しから・しく(しかり)・し・しき(しかる)・しけれ・しかれ} ❶はっきりしない。おぼろげである。ぼんやりしている。〈源氏・浮舟〉「星の光におぼおぼしき㊍を」訳(しだいに積もる雪が)星の光でおぼろげであるが。❷へだてがましい。よそよそしい。〈源氏・夢浮橋〉「おぼし隔てて、おぼおぼしく㊐もてなさせ給ふには」訳(姉の浮舟が私=小君を)うとみ遠ざけなさって、よそよそしくお扱いになられるからには。❸たよりない。たどたどしい。〈増鏡・月草の花〉「弓ひく道もおぼおぼしき㊍若侍」訳弓をひく方法もおぼつかない若侍。〔⬇後ろめたし「類語の整理」(二二〇ページ)〕

おぼおる〔溺おる・惚おる〕⬇おぼほる

大鏡《作品名》平安後期の歴史物語。作者

未詳。十一世紀後半の成立。文徳天皇の嘉祥三年(八五〇)から後一条天皇の万寿二年(一〇二五)までの歴史を、藤原道長の栄華を中心に、仮名文の紀伝体で記す。後世「鏡物」と呼ばれる歴史叙述の祖となった。「今鏡」「水鏡」「増鏡」とともに「四鏡」という。別名「世継」「世継物語」。➡巻頭口絵24ページ・付録◇1九六四ページ

冒頭文 さいつころ雲林院の菩提講にまうでて侍りしかば、例人よりはこよなう年老い、うたてげなる翁二人、嫗といきあひて、同じところに居ぬめり。訳 先ごろ(私=語り手が)雲林院の菩提講に参詣しておりましたところ、ふつうの人よりは格別に年をとり、異様な感じのする老翁二人と、老女とが出会って、同じ場所に座ったようだ。

おほ-かた オオ—【大方】名・形動ナリ 副 接 ➡次ページ

🌲80 おほ・かり オオカリ【多かり】〔ク活用形容詞「多し」の補助活用の連用形・終止形〕多い。多くある。〈源氏・桐壺〉「憎み給ふ人々多かり㊚」訳 (亡き桐壺の更衣を)お憎みになる人々が多い。

参考 ふつう補助活用(カリ活用)には終止形はなく「かり」は連用形語尾であるが、中古の和文では「多かり」が本活用の終止形「多し」に代わって用いられた。➡多し

おほき- オオキ【大き】接頭 ❶(名詞に付いて)大きい、また、偉大であるの意を添える。「おほき海」「おほき聖」 参考

❷「おほい」に同じ。

おほき オオキ【大き】形動ナリ〔なら・なり(に)・なり・なる・なれ・なれ〕❶大きい。〈徒然・四五〉「坊の傍らに、大きなる㊍榎の木のありければ」訳 僧坊のそばに、大きな榎があったので。

❷(程度が)はなはだしい。たいへんだ。〈平家・二・那須与一〉「判官(=源義経)大きに㊊怒って」

語法 多く、連用形「大きに」と連体形「大きなる」が用いられる。

おほ-きさき オオ—【大后・太后】名 ❶天皇の正妻。皇后。❷皇太后。

おほ-きみ オオ—【大君・大王】名 ❶天皇・皇族の尊称。〈万葉・三・二四七〉「大君の御寿は長く天足らしたり」訳 天皇のお命は長く天に満ち満ちていらっしゃる。❷親王・諸王の尊称。平安時代以降は特に、「親王」に対して、諸王の称。〈源氏・椎本〉「大君めきたるなど」訳 諸王の、四位で年老いた者などが。

おほき-やか オオキ—【大きやか】形動ナリ〔なら・なり(に)・なり・なる・なれ・なれ〕〔「やか」は接尾語〕大きく感じられるさま。大柄。「大きらか」とも。〈枕・二三五〉「大きやかなる㊍童女」訳 大柄な(召使の)女の子。

おほ-くち オオ—【大口】名「大口袴」の略。平安時代、男子が正装の束帯のとき、上の袴の下にはいた袴。紅の生絹・平絹などでつくり、裾口を広く大きく仕立てたもの。

参考 中世でも直垂・水干の下に用い、現在も能装束に用いられるが、形は少しずつ異なる。

大伯皇女(おほくのひめみこ) オオクノヒメミコ《人名》(六六一〜七〇一)〔「大来皇女」とも書く〕飛鳥時代の女流歌人。天武天皇の皇女で、大津皇子と同母姉弟。伊勢神宮の斎宮となった。謀反の罪に問われて刑死した大津皇子を悼む歌が「万葉集」に収められる。

おほくら-きゃう オオクラキョウ【大蔵卿】名 大蔵省の長

最重要330

🌲79 おぼえ【覚え】名

ガイド 「思ふ」に自発・受身の意を含んだ動詞「覚ゆ」(➡🌲85)の連用形が名詞になった語。受身の「(他人から)思われる」から①②が、自発の「自然に思われる」から③の意となる。④は自然と心に浮かぶものの意が転じたもの。

❶世間から思われること。世評。よい評判。人望。信望。

例 小式部、これより歌よみの世に覚え出できにけり〈十訓・三〉 訳 小式部は、このこと(があって)から歌人の世界で高い評判が起こってきたということだ。

❷(多く「御覚え」の形で)上の人から思われること。寵愛を受けること。

例 亡きあとまで、人の胸あくまじかりける人の御覚えかな〈源氏・桐壺〉 訳 亡くなった後まで、人の心が晴れそうになかった(あの)人(=桐壺の更衣)のご寵愛の受けようだこと。

❸心に思い当たること。記憶。

例 扇を鳴らし給へば、覚えなきここちすべかめれど〈源氏・若紫〉 訳 (光源氏が人を呼ぶために)扇を鳴らしなさると、(内の人々は)思い当たるふしがない気がするにちがいないようだが。

❹腕前や技能に自信のあること。また、その自信。

例 覚えある力、他人よりはすぐれ〈宇治・二・三〉 訳 (この相撲取りは)腕前に自信のある力が、他の人よりはすぐれ。

最重要330

80

おほ-かた（オオカタ）【大方】 一 名・形動ナリ 二 副 三 接

ガイド 現代語とほぼ同様の意を表すが、打消の表現を伴う二②の副詞の用法と三の接続詞の用法は古文特有のものである。

一 名・形動ナリ

❶ **大部分。おおよそのこと。**

例 おほかたのみな荒れにたれば、「あはれ」とぞ人々言ふ〈土佐〉

訳 （不在の間に、家や庭の）大部分がすべて荒れてしまっていたので、「まあ、ひどい」と人々は言う。

❷ **ふつうであるさま。通りいっぺんのこと。**

例 世にある人のありさまを、おほかたなる㊍やうにて聞き集め〈源氏・末摘花〉

訳 （光源氏は）世間にいる人（＝女性）の身の上を、ふつうのありふれたようにして聞き集め（ておきながら）。

二 副

❶ **一般に。およそ。だいたい。**

例 煙・炎(ほのほ)くゆりけるまで、おほかた、向かひのつらに立ちて眺めければ〈宇治・三・六〉

訳 （火が自分の家に燃え移って）煙や炎が立ちのぼったころまで、おおよそ、向かいの側に立って眺めていたので。

❷ **（下に打消の語を伴って）まったく。いっこうに。**

例 抜かんとするに、おほかた抜かれず〈徒然・五三〉

訳 （頭にかぶった鼎(かなへ)を）抜こうとするが、いっこうに抜くことができない。

定型表現 副詞の呼応

おほかた…打消

例 おほかた 見えず。〈打消〉
（＝まったく見えない）

三 接

改めて言い起こすときに用いる語。そもそも。いったい。

例 おほかた、この所に住み始めし時は、あからさまと思ひしかども〈方丈・四〉

訳 そもそも、この場所（＝日野）に住み始めたときには、ほんのしばらくと思ったけれども。

官。正四位下相当。おおくらのかみ。

おほくら-しゃう（オオクラショウ）【大蔵省】 名 律令制で、太政官(だいじょうかん)に属する八省の一つ。諸国から納められる調の出納や銭・度量衡(どりょうこう)・売買価格などをつかさどる役所。→八省(はっしょう)。⬇付録③「平安京大内裏図」

おほけなく… 和歌《百人一首》【おほけなく うき世(よ)の民(たみ)に おほふかな わが立(た)つ杣(そま)に 墨染(すみぞ)めの袖(そで)】〈千載・雑中・慈円(じえん)〉⬇付録①「小倉百人一首」95

おほけ-な・し（オオケナシ） 形ク ⬇次ページ 81

おほ-ざう（オオゾウ） 名・形動ナリ 「おほぞう」に同じ。

おほ-さき（オオサキ）【大前駆】 名 先払いの、通行人などを追い払う声を長く引くこと。〈枕・七六〉「殿上人(てんじゃうびと)のは短ければ、大前駆・小前駆(こさき)とつけて聞きさわぐ」訳 殿上人の（先払いの声）は（上達部に比べて）短いので、（女房たちは長いのを）大前駆、（短いのを）小前駆と名づけて大騒ぎして聞いている。対 小前駆(こさき)

おぼさ-る【思さる】 ❶（「る」が自発の場合）自然に…お思いになる。お思いにならずにはいられない。〈源氏・桐壺〉「せむ方なう悲しうおぼさるる㊍に」訳 （桐壺の更衣が死んで、桐壺帝は）どうしようもなく自然に悲しくお思いになるので。

❷（「る」が可能の場合）お思いになることができる。〈源氏・夕顔〉「さらにさて過ぐしてむとおぼされ㊍ず」訳 （夕顔とのことは）決してそのままですませてしまおうと（光源氏は）お思いになることができない。

なりたち 四段動詞「思(おぼ)す」㊍＋助動詞「る」

文法 「る」には、「受身・自発・可能・尊敬」の意味があるが、「おぼす」が「思ふ」の尊敬表現であり、「思ふ」には多く自発の「る」が付くことから、平安時代は①の用法が多い。②の用法は下に打消表現がある場合に限る。

おほ・し（オオシ）【多し】 形ク {から・く(かり)・し・き(かる)・けれ・かれ} 多い。〈徒然・七〉「命長ければ辱(はぢ)多し㊚」訳 生きながらえていると必ず（それだけ）恥（をかくこと）が多い。

参考 上代では「おほし」は「大し」とも書かれ、「数量が多い」「容積が大きい」「りっぱだ」「正式だ」などの意味があった。中古以降、数量的な多さには形容詞

「多し・多かり」を、容積の大きさには形容動詞「大きなり」を使うようになり、中世末期には両者の区別がさらに明確になった。なお、中古までの和文では、終止形は「多かり」が一般的で、「多し」は漢文訓読語として使われた。→多(おほ)かり 参考

おぼ・し【思し・覚し】形シク {しから・しく(しかり)・し・しき(しかる)・しけれ・しかれ} ❶思われる。そうらしく見受けられる。〈竹取・かぐや姫の昇天〉「その中に王とおぼしき㊍人」訳その(天人たちの)中に王と思われる人が。❷こうありたいと思う。〈徒然・一九〉「おぼしき㊍こと言はぬは腹ふくるるわざなれば」訳言いたいと思うことを言わないのは腹がふくれる(=不満がたまる)ことなので。

おぼし=【思し・覚し】他サ四連用形(動詞の上に付いて)「思ひ」の尊敬の意を表す。お思い…になる。思い…なさる。〈徒然・一四六〉「かくおぼし寄りて尋ね給ふ」訳このように(=剣難の相はないかと)お思いあたりになってお尋ねになるのは(災難の前兆だ)。(「思し寄る」は複合動詞「思ひ寄る」の尊敬語で、「思ひ寄り給ふ」にあたる)

例語 思し急ぐ(=急ごうとお思いになる)・思し出づ・思し掟(おき)つ・思し置く(=心におとどめになる)・思し掛く(=愛情をお寄せになる)・思し返す(=考えをお変えになる)・思し焦(こ)がる(=いちずに恋い慕いなさる)・思し定む(=心をお決めになる)・思し騒ぐ(=心をお乱しになる)・思し捨つ(=見捨てなさる)・思し立つ・思し絶ゆ(=あきらめなさる)・思し続く(=お思い続けになる)・思し慰む(=お気持ちが晴れる。心をお慰めになる)・思し嘆く・思し為(な)す(=しいてお思いになる)・思しならふ(=いつもそうお思いになる)・思し惚(ほ)る(=放心なさる)・思し惑ふ(=心を乱しなさる)・思し乱る・思し遣(や)る・思し寄そふ(=思い比べなさる)・思し渡る(ずっとお思い続けになる)・思しわづらふ(=思い悩みなさる)

おぼし-い・る【思し入る】[一]自ラ四 {ら・り・る・る・れ・れ}「思ひ入る」の尊敬語。深くお考えこみになる。〈源氏・須磨〉「思し入り㊐たるに、いとどしかるべければ」訳(紫の上が)ひどく思いつめなさっているところに、(悲しみが)いっそうつのるにちがいないので。[二]他ラ下二 {れ・れ・る・るる・るれ・れよ} 深く心におかけになる。深くお考えになる。〈源氏・少女〉「人やいかが思はむとも思し入れ㊌ず」訳世間の人々がどう思うだろうかとも、深くお考えにならずに。

おぼし-おき・つ【思し掟つ】他タ下二 {て・て・つ・つる・つれ・てよ}「思ひ掟つ」の尊敬語。心にお決めになる。決心なさる。〈源氏・桐壺〉「源氏になし奉るべく思しおきて㊐たり」訳(桐壺帝は、若宮を臣籍に下して)源氏にして差しあげるのがよいとお決めになった。

凡河内躬恒(おほしかふちのみつね)(オオシコウチノミツネ)《人名》(生没年未詳)平安前期の歌人。三十六歌仙の一人。宇多(うだ)・醍醐(だいご)両天皇に仕え、紀貫之(きのつらゆき)らと「古今集」を撰進(せんしん)。即興の叙景歌に長じていた。「小倉百人一首」に入集。家集「躬恒集」

おぼし-し・む【思し染む】[一]自マ四 {ま・み・む・む・め・め}「思ひ染む」の尊敬語。しみじみと身にしみてお思いになる。〈源氏・葵〉「世の中をいと憂きものに思ししみ㊐ぬれば」訳(光源氏は)男女の仲をひどくわずらわしいものと心に深くお考えになったので。[二]他マ下二 {め・め・む・むる・むれ・めよ} 深く思いこみなさる。〈源氏・夕顔〉「いと物をあまりなるまで思ししめ㊐たる御心ざまにて」訳(六条御息所(みやすどころ)は)ほんとうに物事を度が過ぎるほど思いつめなさっているご性格であって。

おほし-た・つ(オオシ)【生ほし立つ】他タ下二 {て・て・つ・つる・つれ・てよ} 育てあげる。養い育てる。〈徒然・一〇七〉「すべて男(をのこ)をば、女に笑はれぬやうにおほしたつ㊎べしとぞ」訳一般に男をば、女に笑われないように養育するのがいいと(いうことだ)。

おぼし-た・つ【思し立つ】他タ四 {た・ち・つ・つ・て・て}「思ひ立つ」の尊敬語。(何かをしてみようと)決心なさる。〈更級・初瀬〉「いみじくおぼし立ち㊐て」訳なみなみでなく(参詣を)思い立ちなさって。

おぼし-とど・む【思し止む】他マ下二 {め・め・む・むる・むれ・めよ}

最重要330

81

おほけ-な・し(オオケ)

形ク {から・く(かり)・し・き(かる)・けれ・かれ}

ガイド 身のほどをわきまえない行為に対し、秩序を乱す、もってのほかだと非難する意を表すのが原義。

❶身分不相応である。身のほどをわきまえない。

例 なほいとわが心ながらもおほけなく㊐、いかで立ち出(い)でしにかと〈枕・一八四〉

訳 やはり本当に自分の心でありながらも身分不相応で、どうして(宮仕えに)出て来たのであろうかと。

❷畏れ多い。もったいない。

例 信頼(のぶより)の衛門(ゑもん)の督(かみ)、おほけなく㊐二条院をおびやかし奉りしも〈増鏡・新島守〉

訳 衛門府の長官の信頼が、畏れ多くも二条院をおびえさせ申しあげたのも。

「思ひ止む」の尊敬語。❶断念なさる。中止なさる。〈源氏・絵合〉「けふになりて思しとどむ㊚べきことにしあらねば」訳今日になって(参内を)お取りやめになってよいことではないから。
❷心におとめになる。〈源氏・澪標〉「かくまでも思しとどめ㊝たりけるを」訳(光源氏が)これほどまでも(六条御息所を)心におとめになっていたのを。

おぼし-なげ・く【思し嘆く】自力四{か・き・く・く・け・け}「思ひ嘆く」の尊敬語。嘆き悲しみなさる。〈竹取・かぐや姫の昇天〉「さらずまかりぬべければ、思し嘆か㊍むが悲しきことを」訳どうしても(月に)おいとましてしまわなければならないから、(二人が)嘆き悲しみなさるだろうことが(私には)悲しいことを。

おぼし-な・る【思し成る】自ラ四{ら・り・る・る・れ・れ}「思ひ成る」の尊敬語。だんだんそう思うようにおなりになる。〈源氏・桐壺〉「疎ましうのみよろづに思しなり㊝ぬるに」訳(桐壺帝は)ただもういとわしく何事につけても(桐壺の更衣と同列に思える人などめったにいないと)思うようにおなりになったときに。

おぼし-はな・つ【思し放つ】他タ四{た・ち・つ・つ・て・て}「思ひ放つ」の尊敬語。お見捨てになる。思い切りなさる。〈源氏・葵〉「さすがにことのほかには思し放た㊍ず」訳(光源氏は)やはり(六条御息所を)格別には(=まるっきりは)思い捨てなさらない。

おぼしめさ-る【思し召さる】❶(「る」が自発の場合)自然に…お思いになる。お思いにならずにはいられない。〈源氏・薄雲〉「いと忍びがたくおぼしめされ㊝て御涙のこぼれさせ給ひぬるを」訳(冷泉帝は)いよいよ耐えがたくお思いにならずにはいられなくて御涙がこぼれてしまいになられるのを。
❷(「る」が可能の場合)お思いになれる。〈源氏・桐壺〉「来し方行く末おぼしめされ㊍ず」訳(桐壺帝は)過去のことも将来のこともお考えになれず。
❸(「る」が尊敬の場合)お思いになる。〈平家・四・通乗之沙汰〉「白河の院いかがおぼしめされ㊝けん」訳白河院はどのようにお思いになったのであろうか。
〈なりたち〉四段動詞「思し召す」㊍+助動詞「る」
参考 ③は中世以降の用法。

おぼしめし=【思し召し】他サ四連用形(動詞の上に付いて)「思ひ」の尊敬の意を表す。お思い…になる。お思い…なさる。〈源氏・薄雲〉「上のかく思し召し悩めるを見奉り給ふも」訳帝(=冷泉帝)がこのように思い悩みなさっているのを拝見なさるにつけても。(「思し召し悩む」は、複合動詞「思ひ悩む」の尊敬語で、「思ひ悩ませ給ふ」にあたる)

例語 思し召し合はす(=比べてお考えになる)・思し召し出づ(=お思い出しになる)・思し召し数まふ(=十分におとりはからいになる)・思し召し企つ(=ご計画なさる)・思し召し立つ(=考えをお起こしになる)・思し召し積もる(=思いが積もりなさる)・思し召し留む(=お心におとめになる)・思し召し成る(=しだいにそのお考えになられる)・思し召し設く(=前もってお考えになっておく)・思し召し惑ふ(=心が乱れなさる)・思し召し分く(=分別なさる)

おぼしめ・す【思し召す】他サ四{さ・し・す・す・せ・せ}

「思ふ」の尊敬語。お思いになる。〈源氏・若菜下〉「院も聞こし召しつけていかに思し召さ㊍む」訳(父の朱雀院もお聞き及びになって何とお思いになることだろう。〈平家・灌頂・女院出家〉★「憂かりし波の上、船の中の御すまひも、今は恋しうぞ思し召す㊟」訳(建礼門院は、あの)つらかった波の上や、船中のお暮らしも、今となっては恋しくお思いになる。

敬意の対象(地の文)
★〈平家〉の例
建礼門院が
今は恋しうぞ思し召す(尊敬)
敬意
書き手

参考 動詞「おもほす」の連用形「おもほし」→おぼし」に補助動詞「めす」が付いたもの。「おぼす」「思ひ給ふ」より敬意が高い。他の動詞と複合して「おぼしめしわく」「おぼしめしまどふ」などと使うことがある。中世以降、尊敬の助動詞「る」の付いた「思し召さる」は、さらに高い敬意を表した。→思し召し=

おぼし-やすら・ふ【思し休らふ】自ハ四{は・ひ・ふ・ふ・へ・へ}「思ひ休らふ」の尊敬語。ためらわれる。あれこれ考えて決心がおつきにならない。〈源氏・賢木〉「中宮のかく添ひおはするに御心おかれて、思しやすらふ㊟ほどに」訳中宮(=藤壺)がこのように(桐壺院に)付き添っておいでになるのに(弘徽殿の大后は)ご遠慮なさって、(桐壺院のお見舞いを)ためらっていらっしゃるうちに。

おぼし-や・る【思し遣る】他ラ四{ら・り・る・る・れ・れ}「思ひ遣る」の尊敬語。❶遠くに思いをはせなさる。ご想像になる。〈源氏・須磨〉「海山のありさまを、はるかに思しやり㊝しを」訳海や山のようすを、(今までは都にいて)遠くのこととしてご想像になったが。
❷心をお慰めになる。気持ちをお晴らしになる。〈源氏・夕顔〉「われひとりさかしき人にて、思しやる㊟方ぞなきや」訳自分一人(だけ)がしっかりしている人であって(他の人は頼りなく)、憂いをお払いになる方法もないことよ(=途方にくれることだ)。

おぼし-よ・る【思し寄る】自ラ四{ら・り・る・る・れ・れ}「思ひ寄る」の尊敬語。❶お気づきになる。思いあたられる。〈徒然・一四六〉「仮にも、かく思し寄り㊝て尋ね給ふ」訳かりそめにも、このように(=剣難の相はないかと)思いあたられてお尋ねになるのは(災難の前兆だ)。
❷好意をお寄せになる。心が引かれなさる。〈源氏・末摘花〉「思し寄る㊟ばかりのけはひあるあたりにこそ」訳心が引かれなさるほどの雰囲気がある女に。

おぼし-わ・ぶ【思し侘ぶ】自バ上二{び・び・ぶ・ぶる・ぶれ・びよ}「思ひ侘ぶ」の尊敬語。思い悩まれる。〈源氏・帚木〉「いとほしく御心にかかりて、苦しく思しわび㊝て」訳(光源氏は空蟬の悩むことが)気の毒だと気にかかりなさって、苦しいほど思い悩まれて。

おほ・す【生ほす】他サ四{さ・し・す・す・せ・せ}❶生えさせる。生長させる。〈源氏・薄雲〉「この春よりおほす㊟御髪、尼のほどにて」訳この春からのばしている(姫君の)御髪(みぐし)は、尼の(ように肩で切りそろえた)長さで。❷育てる。養育する。〈更級・春秋のさだめ〉「二葉(ふたば)の人をも、思ふさまにかしづきおほし用立て」訳幼い人をも、思う存分たいせつに育てあげて。

おほ・す【仰す】他サ下二{せ・せ・す・する・すれ・せよ}〔動詞「負(お)ふ」未＋使役の助動詞「す」＝「おはす」の転。ことばを負わせる意〕❶言いつける。命じる。また、(尊敬語的に)お言いつけになる。〈竹取・かぐや姫の昇天〉「かの十五日、司々(つかさづかさ)に仰せ用て、…二千人の人を竹取が家に遣はす」訳その(月の)十五日、(帝(みかど)は)各役所に命じて、…二千人の人を竹取の(翁(おきな)の)家に派遣なさる。〈徒然・五一〉「大井の土民に仰せ用て、水車を造らせられけり」訳大井の土地(＝大井川に沿った土地)の住民にお言いつけになって、水車をおつくらせになったそうだ。❷「言ふ」の尊敬語。おっしゃる。〈平家・一・鹿谷〉「法皇、『あれはいかに』と仰せ用ければ」訳(後白河)法皇が、「あれは、どうした」とおっしゃったところ。

参考 「仰す」が単独で「言ふ」の尊敬語として用いられるようになったのは、中世以降と考えられる。

おほ・す【果す】他サ下二{せ・せ・す・する・すれ・せよ}〔動詞の連用形に付いて〕なしとげる。やり終える。〈平家・二・那須与一〉「射おほせ用候(さうら)はんことは不定(ふぢやう)に候ふ」訳(扇の真ん中を)射とげますようなことは不確実でございます。

おほ・す【負ほす・課す】他サ下二{せ・せ・す・する・すれ・せよ}〔動詞「負(お)ふ」の使役形「負はす」の転〕❶背にのせる。背負わせる。〈讃岐典侍日記〉「人の背中に負ほせ用てやりつ」訳女房の背中に負わせて行かせた。❷責任を負わせる。罪をきせる。〈古今・春下〉「おのが羽風(はかぜ)に散る花を誰(たれ)に負ほせ用てここら鳴くらむ」訳(鶯(うぐいす)は)自分の羽風で散る花を、だれに(その)罪を負わせ(ようとし)て、あんなに鳴いているのだろう。❸名づける。〈万葉・三・三三九〉「酒の名を聖(ひじり)と負ほせ用し」訳酒の名を聖と名づけた。❹(債務・傷などを)負わせる。〈徒然・八七〉「あまたして手負ほせ用」訳大勢で傷を負わせ。❺当てはめる。付ける。〈徒然・一四五〉「きはめて桃尻にして、沛艾(はいがい)の馬を好みしかば、この相を負ほせ用侍りき」訳(信願(しんがん)は)ひどくすわりの悪い尻つきであって、気が荒く暴れる性質の馬(に乗ること)を好んだので、この(落馬するという)人相を当てはめました。

おぼ・す【思す】他サ四{さ・し・す・す・せ・せ}〔動詞「思ふ」未＋上代の尊敬の助動詞「す」＝「おもはす」が、「おもほす」→「おぼす」と転じた形〕「思ふ」の尊敬語。お思いになる。〈竹取・燕の子安貝〉★「これを聞きて、かぐや姫すこしあはれと思し用けり」訳これ(＝中納言の死)を聞いて、かぐや姫が(中納言を)少し気の毒だとお思いになった。〈源氏・桐壺〉「風の音(おと)、虫の音(ね)につけて、もののみ悲しう思さ未るるに」訳風の音や、虫の音(を聞く)につけて、(桐壺帝は)なんということなしにただもう悲しくお思いにならずにはいられないのに。

敬意の対象(地の文)
★〈竹取〉の例
これを聞きて、かぐや姫が すこしあはれと思しけり(尊敬)
書き手 敬意

参考 「おぼしめす」より敬意が低く、他の動詞と複合して尊敬の意を表すことがある。「おぼしいづ」「おぼししる」「おぼしやる」など。↓思(おぼ)し＝

大隅(おほすみ)《地名》旧国名。西海道十二か国の一つ。今の鹿児島県東半部、大隅半島と大隅諸島。隅州(ぐうしゅう)。

おほせ【仰せ】名 おことば。ご命令。お言いつけ。

おほせ-がき【仰せ書き】名 天皇や貴人のおことばを書き記すこと。また、その文書。

おほせ-くだ・す【仰せ下す】他サ四{さ・し・す・す・せ・せ}「言ひ下す」の尊敬語。お命じになる。お言いつけになる。〈平家・一・殿上闇討〉「勧賞(けんじやう)には闕国(けつこく)を給ふべき由(よし)仰せ下さ未れける」訳恩賞には国守の欠けている国をお与えになるつもりであることをお命じになられた。

おほせ-ごと【仰せ言】名 天皇や貴人のご命令やおことば。〈源氏・桐壺〉「かくかしこき仰せ言を光にてなむ」訳このように畏れ多いおことばを光として(拝見いたしましょう)。

おほせ-つ・く【仰せ付く】他カ下二{け・け・く・くる・くれ・けよ}「言ひ付く」の尊敬語。お言いつけになる。お命じになる。〈古活字本保元物語〉「播磨守(はりまのかみ)に仰せつけ未らる」訳播磨の守にお命じになられる。

おほせ-らる【仰せらる】❶おっしゃる。〈枕・七〉「右近(うこん)の内侍(ないし)召して『かくなむ』とおほせらるれ已ば」訳右近の内侍をお呼びになって「こうこうである」とおっしゃるので。❷お命じになる。〈源氏・夕顔〉「おほせられ用しのちなむ、隣のこと知りて侍る者呼びて、問はせ侍りしかど」訳(光源氏が)お命じになったあとに、隣家のことを知っております者を呼んで、(他の者に)問わせましたけれど。

なりたち 下二段動詞「仰(おほ)す」未＋尊敬の助動詞「らる」

おほ-ぞう 名・形動ナリ「おほざう」とも。おおざっぱ。いいかげんなさま。通りいっぺんだ。〈源氏・帚木〉「おほぞうなる体御厨子(みづし)などにうちおき散らし給ふべくもあらず」訳(大事な手紙を)いいかげんな御厨子棚などにほうってお置きになるはずもなく。

おほ-ぢ【大路】名〔室町時代までは「おほち」〕大通り。幅の広い道路。対小路(こうぢ)

おほ-ぢ【祖父】名〔「大父(おほちち)」の転〕❶父または母の父。祖父(そふ)。対祖母(おほば)❷年老いた男。じいさん。

おぼつか-な・し 形ク ↓次ページ 82

おほ-つごもり【大晦日】名 十二月の最後の日。一年の最終の日。おおみそか。冬

大津皇子(おほつのみこ)《人名》(六六三〜六八六)万葉歌人。天武天皇の第三皇子。文武にすぐれ、「懐風藻(かいふうそう)」「万葉集」に作品がとられている。天武天皇の没後、謀反(むほん)を企てたとして捕らえられ、自害した。

最重要330

82

おぼつか-な・し 形ク {(から)・く(かり)・し・き(かる)・けれ・かれ}

ガイド 形容動詞「おぼろ」の「おぼ」に、「あはつか」「ふつつか」などの、状態を表す「つか」、「いかにも…だ」の意を添える接尾語「なし」が付いた語とみられる。対象がぼんやりしていてつかみどころがない感じを表す。

❶ はっきりしない。ぼうっとしている。⬇後ろめたし「類語の整理」(一三〇ページ)

例 夕月夜のおぼつかなき㊍ほどに、忍びて尋ねおはしたるに〈徒然・一〇四〉

訳 夕方の月がぼんやりとしているころに、人目を避けて訪ねていらっしゃったところ。

❷ 気がかりだ。心配だ。不安だ。

例 若宮の、いとおぼつかなく㊊露けきなかに過ぐし給ふも心苦しう思さるるを〈源氏・桐壺〉

訳 若宮(=光源氏)が、実に気がかり(なようす)で、涙の露でしめっぽい(亡き母、桐壺の更衣の里の)中で過ごしていらっしゃるのも、(桐壺帝は)気の毒にお思いにならずにはいられないので。

❸ よくわからない。疑わしい。不審だ。

例 道風書かんこと、時代や違ひ侍らん。おぼつかなく㊊こそ〈徒然・八八〉

訳 (藤原公任撰の「和漢朗詠集」を小野)道風が書くようなことは、年代が食い違っていましょう(が、いかがでしょう)か。(そこが)不審で(ございます)。

❹ 待ち遠しい。もどかしい。

例 都のおとづれいつしかとおぼつかなき㊍ほどに〈十六夜日記〉

訳 都(から)の便りが早く(来てほしい)と待ち遠しく思っているうちに。

おほ-て オオ―【大手】名 ❶敵の前面を攻撃する軍勢。〈平家・四・橋合戦〉「大手は長井の渡り、搦め手では故我・杉の渡りより寄せ候ひしに」訳 敵の前面を攻撃する軍勢は長井の渡り、背後を攻める軍勢は故我・杉の渡りから押し寄せましたが。❷城の表門。(対 搦め手)

おほ-と オオ―【大門】名 大きな海峡。

おほ-どか オオ― 形動ナリ {なら・なり(に)・なり・なる・なれ・なれ} ゆったりとしてこせこせしないさま。おおらか。おっとり。〈枕・三〉「女、はた知らず顔にて、おほどかに㊊て居給へり」訳 女(=姫君)は、それでも知らぬふりで、おっとりとして座っていらっしゃる。⬇おいらか「類語の整理」

おほ-ど・く オオ― 自カ四・下二 {か・き・く・く・け・け}{け・け・く・くる・くれ・けよ} おっとりしている。のんびりしている。くつろぐ。〈源氏・夕顔〉「人のけはひ、いと浅ましく柔らかにおほどき㊊(四段)て」訳 (その)人(=夕顔)のようすは、たいそう驚きあきれるくらい従順でおっとりしていて。

おほとなぶら オオトナブラ【大殿油】名「「おほとのあぶら」の転」宮中や貴人の家の正殿にともした油の**灯火**。〈枕・三〉「大殿油参りて」訳 (天皇は)あかりをともさせなさって。

おほ-との オオ―【大殿】名 ❶宮殿・邸宅の敬称。特に、寝殿・正殿をいう。〈万葉・一・二九〉「大宮は此処と聞けども大殿は此処と言へども」訳 (天智天皇の)皇居はここと聞くけれども、御殿はここと言うけれども。❷大臣の敬称。おとど。〈源氏・帚木〉「大殿の御心いとほしければ」訳 左大臣のお気持ちが気の毒なので。❸貴人である当主の敬称。または、その父に対する敬称。

おほとの-あぶら オオトノ―【大殿油】名「おほとなぶら」に同じ。

おほとのごもり-すぐ・す オオトノゴモリ―【大殿籠り過ぐす】他サ四 {さ・し・す・す・せ・せ}「寝過ぐす」の尊敬語。寝過ごされる。〈源氏・桐壺〉「あるときには、大殿籠り過ぐし㊊てやがてさぶらはせ給ひなど」訳 あるときには、(桐壺帝は)寝過ごされて、そのまま(桐壺の更衣を)おそばに控えさせなさるなど。

おほとの-ごも・る オオトノ―【大殿籠る】自ラ四 ⬇次ページ 83

大友黒主 (おほとものくろぬし) オオトモノクロヌシ《人名》(生没年未詳)「「大伴黒主」とも書く」平安初期の歌人。六歌仙の一人。近江(滋賀県)大友郷の人。歌は「古今集」「後撰集」などにみえる。

大伴坂上郎女 (おほとものさかのうへのいらつめ) オオトモノサカノウエノイラツメ《人名》(生没年未詳)奈良時代の女流歌人。旅人の異母妹で、家持の叔母。家持の歌人としての成長に大きな影響を与えた。娘の坂上大嬢は家持の妻。

大伴旅人 (おほとものたびと) オオトモノタビト《人名》(六六五〜七三一)奈良時代の歌人。家持の父。大宰の帥在任中、筑前の守であった山上憶良と交遊があった。漢文学に通じ、特に老荘思想の影響をうけた。人事を題材にした歌が多く、「讃酒歌」の連作は現実

最重要330 83

おほとの-ごも・る【大殿籠る】自ラ四{ら・り・る・る・れ・れ}

ガイド 名詞「大殿(=寝殿)」に動詞「籠る」が付いたもの。「寝殿にこもる」という表現で「寝る」の意の尊敬語を表した。

「寝」「寝ぬ」の尊敬語。おやすみになる。

例 親王、大殿籠ら㊍で明かし給うてけり〈伊勢・八三〉 訳 (惟喬)親王はおやすみにならないで(夜を)明かしておしまいになった。

的傾向の独特な作品。「万葉集」に七十余首収載。

大伴家持(おほとものやかもち)《人名》(七一八?〜七八五)奈良時代の歌人。三十六歌仙の一人。旅人の子。越中の守など地方・中央の諸官を経て中納言になったが、晩年は政治的に不遇であった。「万葉集」の大部分は、彼によって編集されたといわれる。繊細で優雅な叙情歌や叙景歌を多く詠んだ、「万葉集」後期を代表する歌人。「小倉百人一首」に入集。

おほな-おほな 副「おふなおふな」とも。語義未詳。精一杯に事を行うさまを表す語か。一説に、うっかりと。〈源氏・桐壺〉「御心につくべき御遊びをし、おほなおほな思しいたつく」訳 (左大臣は光源氏の)お気に入るような御音楽を奏し、精一杯に大切に思っていたわりなさる。

参考 「あふなあふな」とは別語。

おほ-なゐ【大地震】名 激しい地震。大地震。

おほ-ぬさ【大幣】名 ❶紙や布を細く切って大きな串につけたもの。幣帛。神道で、祓えのときに使う。祓えが終わると、参列の人々が、これで身をなでてけがれを移し、川へ流した。〈古今・恋四〉「大幣の引く手あまたになりぬれば思へどえこそ頼まざりけれ」(伊勢・四七にも所収)訳 (大祓えのあとの)大幣が大勢の人から引っ張られるように、(あなたは多くの女性から)引っ張りだこになったので、(私はあなたのことを)愛しているが、とうてい頼みにはできないことだ。

❷(①の用例の「古今集」の和歌から)引っ張りだこであること。引く手あまた。

おほ-ね【大根】名 だいこんの古名。冬

おほ-のか 形動ナリ{なら・なり(に)・なり・なる・なれ・なれ} ❶度を越して大きいさま。〈枕・九七〉「車のうちかへりたる。さるおほのかなる㊍ものは、所せくやあらむと思ひしに」訳 (驚きあきれるのは)牛車が転覆したの。そうしたとても大きなものは、どっしりしている(ので倒れない)であろうかと思っていたのに。

❷ゆったりしている。のびのびしている。おうようだ。〈夜の寝覚〉「おほのかなる㊍ものの音」訳 のびのびとした楽器(=琵琶)の音色。

❸おおげさだ。〈宇治・一・一八〉「あさましうおほのかに㊊も言ふものかな」訳 あきれるほどおおげさにも言うものだなあ。

太安万侶(おほのやすまろ)《人名》(?〜七二三)奈良時代の学者。和銅四年(七一一)元明天皇の勅命を受け、稗田阿礼の誦習する神話・歴史を筆録して「古事記」を撰進。また、元正天皇のとき、舎人親王のもとで「日本書紀」の編纂にも加わったとされる。

おほ-ば【祖母】名 〔「大母」の転〕父または母の母。祖母。対 祖父

おほ-はらへ【大祓へ】名 宮廷の行事。陰暦六月と十二月の末日に、親王をはじめ百官が朱雀門の前に集まり、中臣・占部の両氏が祝詞を奏してけがれや罪を祓い清める。

おほはらや… 俳句

大原や 蝶の出て舞ふ 朧月〈北の山・丈草〉

(切れ字 や／春 蝶／春 朧月)

訳 春の夜の大原の里よ(ここは建礼門院をはじめ不遇の貴人が隠れ住んだ里だ)。いまおぼろ月に誘われて蝶がひらひらと舞っているよ(あたかも貴人たちの霊が浄土に遊ぶかのように)。

おほひ-どの【大炊殿】名 貴人の屋敷で食物を調理する建物。

おほ・ふ【覆ふ・被ふ】他ハ四{は・ひ・ふ・ふ・へ・へ} ❶おおいかぶせる。〈源氏・野分〉「おほふ㊎ばかりの袖は、秋の空にしもこそ欲しげなりけれ」訳 (大空を)おおうほどの袖は、(春よりも)秋の空にこそ特に欲しいようであった。

❷包み隠す。おおい隠す。〈平家・一〇・請文〉「小瑕をもって、その功をおほふ㊍ことなかれ」訳 小さな欠点によって、その功績をおおい隠すことがあってはならない。

❸(威光・徳などを)広く行きわたらせる。〈太平記・一二〉「威を遍く海内におほひ㊊しかども」訳 権勢をくまなく国内に行きわたらせていたけれども。

おぼぼ・し 形シク{しから・しく(しかり)・し・しき(しかる)・しけれ・しかれ} 〔「おほほし」とも。〕❶ぼんやりしている。はっきりしない。〈万葉・六・九八二〉「夜霧の立ちておぼぼしく㊊照れる月夜の」訳 夜霧が立ちこめてぼんやりと照っている月を。

❷心が晴れない。憂鬱である。〈万葉・五・八八七〉「母が目見ずておぼぼしく㊊いづち向きてか吾が別るらむ」訳 母に会えないで、心も晴れずにどちらを向いて私は別れて行くのであろうか。

おぼほ・す【思ほす】他サ四{さ・し・す・す・せ・せ} 〔「おもほす」の転〕「思ふ」の尊敬語。お思いになる。〈蜻蛉・下〉「むまぶねはたてたるところありて、思ほす㊎なれば」訳 飼葉桶は心の中に決めたことがあって、(貸そうと)お考えになるようだから。

最重要330

84 ガイド

おほ(オ)やけ(オ)【公】名

「大家(おほやけ)」「大宅(おほやけ)」(=大きな家の意)から、皇居→天皇・朝廷→公共の意となった。

❶**天皇。**また、**皇后・中宮。**
⬇御門(みかど)「慣用表現」

例 いみじく静かに、公に御文(ふみ)奉り給ふ〈竹取・かぐや姫の昇天〉
訳 (かぐや姫は)たいそう心静かに、天皇にお手紙を差し上げなさる。

❷**朝廷。政府。**

例 論なくもとの国にこそ行くらめと、公より使ひ下りて追ふに〈更級・竹芝寺〉
訳 (衛士(えじ)の男は)いうまでもなく郷里に(逃げて)行っているだろうと、朝廷から使者が下って追いかけるけれども。

❸**国家。**世間。**公共。**個人的でないこと。対 私(わたくし)

例 公・私の大事を欠きて、わづらひとなる〈徒然・一七五〉
訳 (酒を飲みすぎると)公私にわたるたいせつな用事を怠って、支障をきたすことになる。

おほぼたる… 俳句

大蛍(夏) ゆらりゆらりと 通(とほ)りけり(切れ字)〈おらが春・一茶〉

訳 大きな蛍がひとつ、ゆらりゆらりと(人さまの存在などにかかわりなく、私の鼻先の闇の中を)通って行ったことだ。

解説 一茶の句には小動物への親愛感が顕著で、自己の逆境が屈折した形で投影されているが、この句は蛍への素直な共感ないしは羨望の表出ととれる。

おぼほ・る(オボオル) 自ラ下二〔れ・れ・る・るる・るれ・れよ〕❶【溺ほる】㋐(水に)**おぼれる。**沈む。〈源氏・絵合〉「俊蔭(としかげ)は、激しき波風におぼほれ用」訳 (「うつほ物語」の)俊蔭は、激しい波風におぼれ。㋑涙にむせぶ。**涙にくれる。**〈源氏・早蕨〉「心をさめむ方(かた)なくおぼほれ用居(ゐ)たり」訳 (弁の尼は)心を落ち着かせようとしてもその術(すべ)もなく涙にくれて座っている。⬇咳(せ)き上(あ)ぐ「慣用表現」
❷【惚ほる】放心する。**ぼんやりする。**〈蜻蛉・下〉「例の尽きせぬことにおぼほれ用てぞ、果てにける」訳 いつものように尽きせぬもの思いにぼんやりしていて、(今年も)終わってしまった。

おほ-ましま・す(オオ) 《上代語》自サ四〔さ・し・す・す・せ・せ〕〔「おほ」は接頭語〕「あり」の尊敬語。いらっしゃる。おありになる。〈記・下〉「其(そ)の国の山方(やまがた)の地(ところ)におほましまさ未しめて」訳 その国(=吉備(きび)の国)の山の畑のあたりに(仁徳(にんとく)天皇を)いらっしゃらせて(=お迎えして)。

おほ-まへつきみ(オオマエツキミ)【大臣】名〔「前(まへ)つ君(きみ)」は天皇の前に伺候する人の敬称〕天皇の前に伺候する人の長。大臣(だいじん)。

おほ-み-(オオ)【大御】接頭(多く、神や天皇に関する事物に付いて)強い尊敬を表す。「大御饗(おほみあへ)(=天皇のお食事)」「大御酒(おほみき)」

おほみ-かど(オオミ)【大御門】名〔「おほみ」は接頭語〕❶皇居や貴人の家の門。ご門。❷宮殿。皇居。

おほみ-き(オオミ)【大御酒】名〔「おほみ」は接頭語〕神や天皇などに差し上げる酒。

おほみ-け(オオミ)【大御食】名〔「おほみ」は接頭語〕神や天皇の召し上がる食物。

おほみ-たから(オオミ)【大御宝】名〔「おほみ」は接頭語〕(天皇が自分の宝として愛護する意から)国民。

おほみ-はふり(オオミ)【大御葬】名〔「おほみ」は接頭語〕「おほみはぶり」とも。天皇のご葬儀。

おほみ-み(オオミ)【大御身】名〔「おほみ」は接頭語〕天皇や皇太子のおからだ。

おほ-みや(オオ)【大宮】名 ❶皇居・神宮の敬称。❷太皇太后・皇太后の敬称。中宮を「宮」というのに対して用いる。〈栄花・ひかげのかづら〉「大宮は十二にて参らせ給ひて」訳 皇太后(彰子(しようし))は十二歳でご入内(じゆだい)になられて。❸母にあたる宮(=内親王)の敬称。〈源氏・末摘花〉「大宮などもよろしからず思(おぼ)しなりたれば」訳 (葵(あおい)の上の)母宮なども好ましからず思うようになっているので。

おほ-みやすんどころ(オオ)【大御息所】名「おほみやすどころ」とも。先帝の「御息所(みやすんどころ)」の敬称。天皇の母。

おほみや-びと(オオミヤ)【大宮人】名〔古くは「おほみやひと」と清音〕**宮中に仕える人。**〈万葉・六・一〇六〇〉「三香(みか)の原久邇(くに)の京(みやこ)は荒れにけり大宮人の移ろひぬれば」訳 三香の原の久邇の都は荒れてしまった。宮中に仕える人がつぎつぎに移って行ってしまったので。

おぼ-めか・し 形シク〔しから・しく(しかり)・し・しき(しかる)・しけれ・しかれ〕〔動詞「おぼめく」に対応する形容詞〕❶(姿かたちやようすなどが)**ぼんやりしている。**はっきりしない。〈枕・三四〉「もののさまなどもおぼめかしき体に」訳 あたりのようすなどもはっきりしない時分に。
❷**たどたどしい。**(知識や記憶が)**さだかでない。**

〈枕・二三〉「そのかたにおぼめかしから(未)ぬ人、二、三人ばかり召し出でて」訳 その(=和歌の)方面に不案内でない女房を、二、三人ほどお呼び出しになって。

❸(態度などが)あいまいである。また、(その意図・意向が)よくわからない。〈源氏・夕霧〉「あまりにおぼめかしう(用)(ウ音便)、言ふかひなき御心なり」訳 あまりにあいまいで、言ってもしかたがない(つれない落葉の宮の)お心である。

おぼ-め-く 自カ四 {か・き・く・く・け・け} 〔「おぼ」は、「おぼろ(朧)」の「おぼ」と同じ。「めく」は接尾語〕❶**はっきりせず判断に迷う。よくわからなくてまごつく。**〈源氏・常夏〉「たどたどしくおぼめく(体)こともあらじと」訳 危なっかしく不案内でまごつくこともないようにと。

❷**いぶかしがる。不審に思う。**〈源氏・若紫〉「うちつけなりとおぼめき(用)給はむもことわりなれど」訳 (私の申し出は)だしぬけだと(あなたが)不審がりなさるならそれももっともであるが。

❸**知らないふりをする。**また、**うすうすは知っているふうを見せる。**〈蜻蛉・中〉「いかに聞こし召したるにか、おぼめか(未)せ給ふにも」訳 (私の物思いの絶え間なさを)どうお聞きになったのだろうか、それとなくほのめかしなされるにつけても。

おほ-やう 【大様】 一 形動ナリ {なら・なり(に)・なり・なる・なれ・なれ} ❶**ゆったりと落ち着いているさま。**〈平家・一・清水寺炎上〉「重盛卿はゆゆしくおほやうなる(体)ものかな」訳 重盛の卿はたいそう落ち着いているものだなあ。

❷**おおざっぱなさま。**また、けちけちしないでおおらかなさま。

二 副 **だいたい。**おおよそ。おおむね。〈徒然・一六一〉「花のさかりは、…立春より七十五日、おほやう違はず」訳 (桜の)花の盛りは、…立春の日から七十五日目で、だいたいまちがいない。

おほ-やけ 【公】 名 ⬇前ページ 84

おほやけ-ごと 【公事】 名 ❶**宮中の儀式や行事。**また、**政務・公務**など。公事。〈伊勢・八三〉「公事どもありければ、え侍はで」訳 (正月で)宮中の行事があれこれあったので、伺候することができなくて。対 私事

❷**国家から課せられる租税・賦役**など。〈更級・竹芝寺〉「竹芝をのこに…武蔵の国を預けとらせて、公事もなさせじ」訳 竹芝の男に…武蔵の国(東京都・埼玉県および神奈川県の一部)を預け与えて、租税や賦役をも負担させまい。

❸**表向きのこと。しきたり。**また、**通りいっぺんの役目・仕事。**〈源氏・宿木〉「声づかひもてなしさへ、例の公事なれど」訳 (薫の)声の調子や身のこなしまでも、いつもの決まりきった作法であるが。対 私事

おほやけ-ざま 【公様・公方】 名 ❶**天皇・朝廷などに関する方面。**対 私様

❷**表立ったこと。**対 私様

❸**形式的で通りいっぺんであること。**

おほやけ-し 【公し】 形シク {しから・しく(しかり)・し・しき(しかる)・しけれ・しかれ} 〔名詞「おほやけ」の形容詞形〕**表立っている。公的だ。**また、**格式ばっている。**〈枕・一四〉「これはたおほやけしう(用)(ウ音便)、唐めきてをかし」訳 (女官が中宮に御手水を差し上げるようすは)これもまた格式ばって、中国風で趣深い。

おほやけ-どころ 【公所】 名 ❶**朝廷。政府。**

❷**朝廷の所有する土地。官有地。**

おほやけ-はらだた-し 【公腹立たし】 形シク {しから・しく(しかり)・し・しき(しかる)・しけれ・しかれ} **公憤を感じ、腹が立ってならない。**〈源氏・帚木〉「公腹立たしく(用)、心一つに思ひあまることなど多かるを」訳 公憤を感じ腹立たしく、自分一人の心では処理しきれないことなどがたくさんあるのを。

おほやけ-はらだ-つ 【公腹立つ】 自タ四 {た・ち・つ・つ・て・て} **人ごとながら腹が立つ。公憤をおぼえる。**〈枕・二六八〉「見捨てていきなどするは、あさましう、公腹立ち(用)て」訳 (女が嘆いているのを、男が)見捨てて行ったりするのは、あきれはてて、人ごとながら腹が立って。

おほやけ-びと 【公人】 名 **朝廷に仕える人。**官吏。大宮人。男女どちらにもいう。〈竹取・かぐや姫の昇天〉「さが尻をかき出でて、ここらの公人に見せて」訳 そいつ(=かぐや姫を迎えにきた月の都の人)の尻をまくってむき出して、大勢の宮仕えの人に見せて。

おほ-やしま 【大八州・大八洲】 名 **日本の異称。**

参考 「古事記」などでは、本州・四国・九州・淡路・壱岐・対馬・隠岐・佐渡の八つの島の総称としているが、「八」は日本神話の神聖な数であり、本来は、多くの島から成る国の意であった。

おぼ-ゆ 【覚ゆ】 自ヤ下二 他ヤ下二 ⬇次ページ 85

おほ-よそ 【凡・大凡】 一 名 **だいたい。ふつう一般。**〈源氏・御法〉「さしもあるまじきおほよその人さへ」訳 (縁故関係などの)それほどでもないはずの世間一般の人までも(紫の上の死を悼んで)。

二 副 ❶**総じて。**一般に。〈今昔・三・三〇〉「おほよそ、生きたる間、法華経を読み奉れる事数万部なり」訳 総じて、(願西尼が)生きている間に、法華経をお唱え申しあげたことは数万部である。

❷(発語や強調の語として)**そもそも。**まったく。〈古今・仮名序〉「おほよそ、六種に分かれむことは、えあるまじきことになむ」訳 そもそも、(和歌が)六種類に分類される(という)ようなことは、ありそうにもないことである。

おほよそ-びと 【凡人・大凡人】 名 **世間一般の人。**特別な関係のない人。〈源氏・葵〉「おほよそ人だに、今日の物見には、大将殿をこそは…見奉らむとすなれ」訳 特に関係のない一般の人でさえ、今日の見物では、特に大将殿(=光源氏)を…拝見しようとするということだ。

おほ-らか 【多らか】 形動ナリ {なら・なり(に)・なり・なる・なれ・なれ} 〔「らか」は接尾語〕**分量が多いさま。たくさん。**〈今昔・二七・三〇〉「打ち蒔きの米を多らかに(用)かきつかみて」訳 (悪霊を払うために)まきちらす米を(乳母が)たくさんひっつかんで。

おぼ-る 【溺る】 自ラ下二 {れ・れ・る・るる・るれ・れよ} 〔「おぼほる」の転〕❶**水におぼれる。**〈源氏・蜻蛉〉「いかばかり物を思ひたちて、さる水におぼれ(用)けむ」訳 (浮舟は)どれほど何かを決心して、あんな(宇治川の荒々しい)水におぼれた(=身を投げた)のであろう。

❷**心を奪われる。夢中になる。**また、ほうけたようになる。〈徒然・一三四〉「名利におぼれ(用)て、先途の近きことをかへり見ねばなり」訳 (老いや死を恐れないのは)

最重要330

85

おぼ・ゆ

【覚ゆ】〔動詞「思ふ」(未)＋上代の自発・受身・可能の助動詞「ゆ」＝「おもはゆ」から「おもほゆ」→「おぼゆ」と転じた形〕
一 自ヤ下二 {え・え・ゆ・ゆる・ゆれ・えよ} **二** 他ヤ下二 {え・え・ゆ・ゆる・ゆれ・えよ}

ガイド 現代語では「寒さを覚える」など一①が他動詞化した用法と、二②の「記憶する」の意だけが用いられ、一④の意が名詞「おぼえ」の形で残っているにすぎない。古くは助動詞「ゆ」の原義が生きていて、用法が広い。一①は自発、②③は可能、④は受身。

一 自ヤ下二

❶ **自然に思われる。感じる。**

例 かの地獄の業(ごふ)の風なりとも、かばかりにこそはとぞ**おぼゆる**(体)〈方丈・三〉

訳 あの地獄に吹くという悪業の風であっても、これぐらいでは(あろう)(＝これ以上ではあるまい)と**思わないではいられない**。

❷ **思い出される。思い浮かぶ。**

例 昔のこと思ひ出(い)づれど、さらに**おぼゆる**(体)こともなく〈源氏・夢浮橋〉

訳 昔のことを思い出すが、いっこうに**思い出される**こともなくて。

例 これに、ただいま**おぼえ**(未)む古きこと、一つづつ書け〈枕・二三〉

訳 これ(＝白い色紙)に、いますぐ**思い浮かぶ**ならその古い和歌を、一首ずつ書け。

❸ **似る。おもかげがある。**

例 尼君の見上げたるに、少し**おぼえ**(用)たるところあれば〈源氏・若紫〉

訳 尼君が(女の子＝若紫を)見あげている顔に、(その女の子と)少し**似**ているところがあるので。

❹ **(他人から)思われる。**

例 この世の中に恥づかしきものと**おぼえ**(用)給へる弁の少将の君〈落窪〉

訳 この世間でこちらが恥ずかしくなるほどにりっぱな人と**思われ**ていらっしゃる弁の少将の君。

二 他ヤ下二

❶ **思い出す。思い浮かべる。**

例 はづかしき人の、歌の本末(もとすゑ)問ひたるに、ふと**おぼえ**(用)たる、われながらうれし〈枕・二七六〉

名誉や利益に**心を奪われて**、行き着く先(＝死)が近いことを心にかけないからである。

おぼろ【朧】形動ナリ {なら・なり(に)・なり・なる・なれ・なれ} ぼんやりとかすんでいるさま。春。〈伊勢・六九〉「月の**おぼろなる**(体)に、ちひさき童(わらは)をさきに立てて」訳 月の光の**ぼんやりかすんでいる折**に、小さい童女を先に立たせて。

おほ-ろか(オオ)【凡ろか】形動ナリ {なら・なり(に)・なり・なる・なれ・なれ} 「おぼろか」とも。いいかげんなさま。おろそか。

おぼろ-け 形動ナリ ➡一八〇ページ 86

おぼろ-づき【朧月】名 春の夜などのほのかにかすんだ月。春

おぼろ-づくよ【朧月夜】名「おぼろづきよ」とも。ぼんやりかすんだ春の夜の月。また、おぼろ月の出ている夜。

おほ-わだ(オオ)【大曲】名 湖や川などが陸地に大きく入りこんでいる所。

おほ-わらは(オオワラワ)【大童】名 束ねずに、ばらばらのまま垂らしたざんばら髪。多く戦場で、乱れ髪で奮戦するさまにいう。〈平家・一一・能登殿最期〉「〔教経(のりつね)は鎧(よろひ)の〕胴ばかり着て**大童**になり」

参考 兜(かぶと)の下は、ふつう髪を束ねないので、兜をとって奮戦すると、子供の髪がばらばらであるのに似た「大童」の姿になる。のちに転じて、懸命に奮闘する姿や大忙しのようすをいうようになった。

おほ(オ)-ん(オ)-【大御・御】接頭

「「おほみ」の撥音便。「おほむ」とも書く」(神仏・天皇・貴人の所有物・行為などを表す名詞に付いて)尊敬の意を添える。〈伊勢・三九〉「そのみこ失(う)せ給ひて、**おほんはぶりの夜**」訳 その皇女(みこ)(＝崇子(たかいこ)内親王)がお亡くなりになって、**ご葬送の夜**に。

参考 中古では、「おほん・おん・お・ご・み」が見られるが、「おほん」がもっとも広く用いられた。「おん」の仮名書き例が現れるのは院政期ごろから。和語には「おほん・おん・お」が、漢語には「ご・ぎょ」が用いられたと考えられる。

おほ-ん(オオ)【大御・御】名〔「おほむ」とも書く〕接頭語が名詞化したもので、「おほん」のあとの名詞を省

訳 こちらが恥ずかしくなるほどりっぱな人が、和歌の上の句や下の句をたずねたときに、(それを)とっさに思い出したのは、われながらうれしい。

❷ **記憶する。心にとどめる。**

例 にょひ臥ふし、生しゃを隔てたるやうにして、昨日のことおぼえ㊍ず〈徒然・一七五〉

訳 (二日酔いのために)うめきながら寝こみ、まるで前世のことであるかのようになって、昨日のことも記憶していない。

❸ **思い出して語る。**

例 いと興あることなり。いでおぼえ㊌給へ〈大鏡・序〉

訳 まことに興味のあることだ。さあ思い出して語ってください。

略した表現。〈源氏・梅枝〉「対たいの上の御は、三種みくさある中に、梅花はなやかに今めかしう」訳 対の屋の方(=紫の上)の(調合した)御香は、三種類ある中で、(特に)梅花(=薫たき物の名)の香りが派手で当世風で。

おほん-ぞ オオン【御衣】名「「おほん」は接頭語。「おほむぞ」とも書く」「おほんぞ」とも。衣服の敬称。お召し物。

おほん-とき オオン【御時】名「「おほん」は接頭語。「おほむとき」とも書く」治世の敬称。御代みよ。〈古今・仮名序〉「かの御時に正三位おほきみつのくらゐ柿本人麻呂かきのもとのひとまろなむ、歌の聖ひじりなりける」訳 その御代には正三位柿本人麻呂が、歌聖であった。

おまえ〖御前〗↓おまへ

お-まし【御座】名「「まし」は尊敬の四段動詞「ます(座す)」の連用形から」❶天皇や貴人のいる所の敬称。御座所おましどころ。〈源氏・夕顔〉「西の対たいに御座などよそふ程」訳 (寝殿の)西の対の屋に(光源氏の)御座所などを(管理の者が)設けている間に。

❷天皇や貴人が座ったり寝たりする敷物の敬称。〈源氏・蜻蛉〉「苔こけを御座にてとばかり居給へり」訳 (薫かおるは)苔をお敷物としてしばらく腰をおろしていらっしゃった。

お-まへ マエ【御前】

一名❶「前」の敬称。貴人や神仏の前。おそばに近い所。〈源氏・梅枝〉「御前ちかき紅梅さかりに」訳 (光源氏の)おそば近く(=六条院の庭先)の紅梅の花が真っ盛りで。

❷**天皇や貴人の敬称。**単独で貴人その人を直接さす場合と、「殿のおまへ」「宮のおまへ」などの形で用いられる場合とがある。〈紫式部日記〉「宮の御前、きこしめすや」訳 中宮様、お聞きになるか。↓御門みかど「慣用表現」

二代❶対称の人代名詞。相手を尊敬していう。**あなた様。**〈更級・春秋のさだめ〉「御前たちも、必ずさ思おぼすゆゑ侍らむかし」訳 あなた様方も、きっとそうお思いになる理由がありましょうね。

❷他称の人代名詞。他人を尊敬していう。**あのお方。**〈源氏・夕顔〉「御前にこそわりなくおぼさるらめ」訳 あのお方(=夕顔)におかれては恐ろしくお思いにならずにはいられないだろう。

参考 自分と対等、あるいは下位の者に対して用いるようになるのは近世後期からである。

おみ【臣】名❶家来。臣下。

❷上代の姓かばねの一つ。特に最有力者は、「大臣おほおみ」の称を賜って「大連おほむらじ」とともに朝廷の最上層にのぼった。天武天皇のときに八色やくさの姓が定められて第六位となった。→八色の姓

おみごろも〖小忌衣〗↓をみごろも

おみな【嫗】名「おうな(老女)」に同じ。〈万葉・二・一二九〉「古ふりにし嫗にしてやかくばかり恋に沈まむ手童たわらはのごと」訳 年をとってしまった老女でありながら、これほど恋に溺れるものだろうか。まるで子供のように。対 翁おきな。↓大人おとなぶ「類語の整理」

おみな〖女〗↓をみな

おみなえし〖女郎花〗↓をみなへし

おめく〖喚く〗↓をめく

おも【母】名❶母親。母はは。〈万葉・二〇・四四〇一〉「韓衣からころむ裾に取りつき泣く子らを置きてぞ来ぬや母おもなしにして」訳→からころむ… 和歌

❷乳母うば。〈万葉・一二・二九二五〉「緑児みどりこのためこそ母は求むと言へ乳ち飲めや君が母求むらむ」訳 赤ん坊のためにこそ乳母は探し求めるというが、(あなたは)乳を飲むだろうか(いや、飲むはずがない)。(それなのにどうして)あなたが乳母を探し求めているのだろう。

おも【面】名❶顔。顔つき。〈万葉・一一・二五八〇〉「つひにや子らが面忘れなむ」訳 ついにはあの子が(私の)顔を忘れてしまうだろうか。

❷**表面。**〈新古・夏〉「庭の面はまだかわかぬに」訳 (夕立の後)庭の表面はまだかわかないのに。

❸**面影。**〈万葉・一四・三四七三〉「寝もとか子ろが面に見えつる」訳 いっしょに寝ようとでもいうのか、あの子の姿が面影に見えたことよ。(「寝も」は「寝む」の東国方言

おもいいず〖思い出ず〗↓おもひいづ

おもう〖思う〗↓おもふ

おもおえず〖思おえず〗↓おもほえず

おもおす〖思おす〗↓おもほす

おもおも・し【重重し】形シク{しから・しく(しかり)・し・しき(しかる)・しけれ・しかれ}

❶身分や地位が高い。また、どっしりとして、落ち着きがある。〈枕・一八六〉「御乳母めのとは内侍ないしのすけ、三位さんみなどになりぬれば、重重しけれ㊁ど」訳 (天皇の)御乳母(を務めた人)は典侍ないしのすけや三位などになってしまうと、身分が高いけれど。

❷重みがある。おもだっている。〈栄花・月の宴〉「御子みこ生まれ給たまへるは、さる方に重重しく㊌もてなさせ給ひ」訳 皇子がお生まれになった方に対しては、(村上帝は)それ相応に重んじてお取り扱いになられ。対

最重要330

86

おぼろ-け 形動ナリ {なら・なり(に)・なり・なる・なれ・なれ}

ガイド 多く、下に打消や反語となる否定表現を伴って用いられるために、「おぼろけ」だけで②の「おぼろけならず」の意を表すに至った。この語だけで①「ふつう」と②「格別だ」という正反対の意を表すので注意。近世中期以降「おぼろげ」と濁る。

❶(多く、下に打消の語、または反語の表現を伴って)なみひととおりのさま。おおよそ。ふつう。

例 おぼろけに㊊ては船もかよはず〈平家・二・大納言死去〉 訳 (鬼界が島は)なみたいていでは船も行き来しない。

❷(「おぼろけならず」と同じ意に用いる)なみひととおりでないさま。なみたいていでないさま。格別だ。

例 おぼろけ(語幹)の願によりてにやあらむ、風も吹かず、よき日出で来て、こぎ行く〈土佐〉 訳 なみひととおりでない祈願によってであろうか、風も吹かず、よい天候になったので、(船を)漕いで行く。

➡遣る方無し「慣用表現」

軽々し》

おもおゆ〘思おゆ〙➡おもほゆ

おも-がく・す【面隠す】自サ四{さ・し・す・す・せ・せ}「おもかくす」とも。(恥じたりきまり悪く思ったりして)顔を隠す。〈源氏・初音〉「臨時客のことにまぎらはしてぞ、面隠し㊊給ふ」訳 臨時客のもてなしに取り紛らして、(光源氏は紫の上に)顔を合わさないようにしなさる。

おも-かげ【面影】名

❶**顔つき**。顔かたち。姿。**ようす**。〈徒然・七一〉「名を聞くより、やがて面影は推し量らるる心地するを」訳 名前を聞くやいなや、すぐに(その人の)顔つきは推測できる感じがするが。

❷**幻影。まぼろし**。ぼんやりと目の前に浮かぶ人や物の姿・情景。〈源氏・夕顔〉「夢に見えつるかたちしたる女、面影に見えてふと消え失せぬ」訳 夢に現れた(のとそっくりな)容貌をした女が、幻影として現れて、ふっと消えていなくなってしまった。

❸歌論で、作品から余情として生じる情景や情趣。〈無名抄〉「この歌ばかり面影あるたぐひはなし」訳 この歌ほど情趣や情景の浮かんでくる例歌はない。

❹「面影付け」の略。連歌・俳諧で、故事や古歌をそれとなく示して付け句をする方法。

フレーズ

面影に-す 連想する。思い浮かべる。

おもかげに… 和歌

面影に　花の姿を　さき立てて
幾重越え来ぬ　峰の白雲
〈新勅撰・一・春上・五七・藤原俊成〉

訳 面影に浮かぶ桜の花の姿を導き手として、いくつ越えてきただろう、白雲のかかる高山の峰を。

解説 「遠く山の花を尋ぬ」という題で詠まれた歌。和歌では、白雲は桜の花の比喩としても使われる。心の中の桜の花の幻影を追って、花と見まちがえる白雲がかかった山をいくつも越えてきた、という意。

おも-かげ-に-す【面影にす】➡面影「フレーズ」

おも-かぢ【面舵・面梶】名 ❶船首を右へ向けるときの舵のとり方。❷右舷。《対取り舵》

おもし【重し・重石】名〔形容詞「重し」の終止形から〕❶**物を押さえるために、上に置くもの**。❷(多く「世のおもし」の形で)**世の中や人をおさえしずめる威力**。柱石。重鎮。〈源氏・薄雲〉「太政大臣亡せ給ひぬ。世のおもしとおはしつる人なれば、おほやけにもおぼし嘆く」訳 太政大臣がお亡くなりになった。国の重鎮でいらっしゃった方なので、帝(=冷泉帝)におかれても嘆き悲しまれる。

おも・し【重し】形ク {(から)・く(かり)・し・き(かる)・けれ・かれ}

❶目方が多い。重い。〈平家・九・木曽最期〉「日ごろはなにともおぼえぬ鎧が、けふは重う㊊(ウ音便)なったるぞや」訳 ふだんは何とも思われない鎧が、今日は重くなったことだよ。

❷**尊い**。重要である。地位が高い。〈徒然・六〇〉「この僧都、…宗の法灯なれば、寺中にも重く㊊思はれたりけれども」訳 この僧都は、…宗派の重鎮であるので、寺の人々にも重要に思われていたが。

❸落ち着いている。重々しい。〈源氏・夕顔〉「いと浅ましくやはらかにおほどきて、もの深く重き㊍かたはおくれて」訳 (その人=夕顔のようすは)たいそう驚きあきれるくらい従順でおっとりしていて、(それだけに)考え深く重々しい(という)面は劣っていて。

❹程度が並はずれている。はなはだしい。〈竹取・かぐや姫の昇天〉「ここにおはするかぐや姫は、重き㊍病をし給へば、え出でおはしますまじ」訳 ここにいらっしゃるかぐや姫は、重い病にかかっていらっしゃるので、出ておいでになれないだろう。《対軽し》

おもしろうて… 俳句

おもしろうて　やがて悲しき　鵜舟かな　夏　切れ字
〈阿羅野・芭蕉〉

訳 (赤々と篝火を川面に映してはなやぐ鵜飼いの光景は)たいそうおもしろいが、間もなく(火も消えて闇と静寂にかえり)悲哀に押し包まれてしまう。(それが)鵜舟の光景なのだなあ。

解説 謡曲「鵜飼」の「忘れ果てて面白や」「篝火の消えて闇こそ悲しけれ」をふまえる。今の岐阜県長良川での句。

おも-しろ・し【面白し】形ク ➡左 87

おも-だた・し【面立たし】形シク {しから・しく(しかり)・し・しき(しかる)・しけれ・しかれ} 名誉だ。晴れがましい。〈枕・二四〉「祭りの使ひなどに出でたるも、面立たしから未ずやはある」訳 (妻が賀茂の)祭りの使いなどに加わったのも、名誉でないことがあるか(いや、実に名誉なことだ)。

おもて【表】名「面」と同語源

❶表面。外部。外に向かった側。〈土佐〉「うちつけに、海は鏡のおもてのごとなりぬれば」訳 とたんに、海は鏡の表面のように(波が静かに)なったので。対 裏

❷正面。前面。ある方角に面している側。〈平家・一一・能登殿最期〉「判官もさきに心得て、おもてに立つやうにはしけれども」訳 判官(=義経)もあらかじめ承知して、(源氏軍の)前面に立つようにはしたけれども。

❸連歌・俳諧で、懐紙を二つ折りにして連歌・連句を書く、その表の面。単に「おもて」というときは、多く初折り(=一枚目)の第一面をいう。対 裏

最重要330 87

おも-しろ・し【面白し】形ク {から・く(かり)・し・き(かる)・けれ・かれ}

ガイド ようすがはっきり表面にあらわれ、目の前がぱっと明るくなるような感じを表す。中古では、現代語の「滑稽だ」の意はない。

❶見て心が晴れ晴れするさま。興味深い。愉快だ。

例 学問をし侍りし時に、ここち常におもしろく用頼もしく、思ふことなく侍りし〈うつほ・国譲下〉

訳 (貧寒の中で刻苦して)学問をしておりましたときに、心の中はいつも楽しく将来が期待でき、心配することはありませんでしたよ。

❷(明るい感じがして)趣深い。風流である。

例 雪のおもしろう用(ウ音便)降りたりし朝、人のがり言ふべきことありて〈徒然・三一〉

訳 雪が趣深く降っていた朝、(ある)人のところに言わねばならないことがあって。

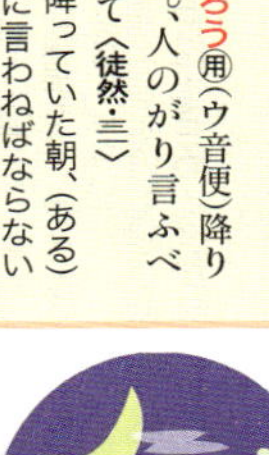

語感実感 澄んだ夜空に月が美しく輝いていて、いかにも風流に思われ、見ていて気持ちが明るくなるような感じ。

おもて【面】名

❶顔。顔面。〈枕・一八四〉「あさましきまであいなう、面ぞ赤むや」訳 あきれるほどいやな感じで、(聞いているこちらの)顔が赤くなることだよ。

❷面目。〈源氏・賢木〉「いづこを面にてかはまたも見え奉らむ」訳 何を面目にして(藤壺に)再びお目にかかれようか(いや、お目にかかれない)。

❸「面形」の略。舞楽や能などの仮面。〈徒然・四二〉「二の舞の面のやうに見えけるが」訳 (顔がはれあがって)二の舞の(腫面の)面のように見えていたのが。

フレーズ

面も振らず わき目も振らず。まっしぐらに。〈平家・九・二度之懸〉「面もふらず、命も惜しまず、ここを最後と防ききたたかふ」訳 (梶原源太は)わき目も振らず、命も惜しまず、ここを最後(の場)として防戦する。

なりたち 「ず」は打消の助動詞「ず」用

面を合は・す ❶顔を見合わせる。❷立ち向かう。〈平家・一一・能登殿最期〉「左右にもって薙ぎ回り給ふに、面を合はする体者ぞなき」訳 (能登の守教経は太刀と長刀を)左右(の手)に持って、(敵を)切り払い回りなさるので、立ち向かう者はない。

おもて-うた【面歌】名 その人の代表となる秀歌。

おもて-ぶせ【面伏せ】名 面目を失うこと。不名誉。面よごし。〈源氏・蓬生〉「おのれをばおとしめ給ひて、面伏せにおぼしたりしかば」訳 (姉君は)私を軽蔑なさって、(一族の)面よごしに思っていらっしゃったので。

おもて-も-ふら-ず【面も振らず】➡面「フレーズ」

おもて-を-あは・す【面を合はす】➡面「フレーズ」

お-もと【御許】■一 名 ❶(天皇や貴人の)御座所。〈紀・皇極〉「入鹿、おもとに転びつきて」訳 (蘇我の)入鹿は、(天皇の)御座所にころがりついて。❷「御許人」の略。貴人に仕える人。主として女房。〈大鏡・兼家〉「すこしおもとほどのきはにてぞありける」訳 (その巫女は)ちょっと貴人に仕える女房(という)ほどの身分の者であった。❸女房の名や職名の下に敬称として付けた語。〈枕・二九二〉「式部のおもととともに夜も昼もあれば」訳 式部さんといっしょに夜も昼もいるので。

■二 代 対称の人代名詞。親愛の意を表し、おもに女性に対して用いる。あなた。〈源氏・空蝉〉「おもとは、今宵は上にやさぶらひ給ひつる」訳 あなたは、今夜はご主人様の所に伺候していらっしゃったのか。

おも-な・し【面無し】形ク {から・く(かり)・し・き(かる)・けれ・かれ} ❶人に合わせる顔がないさま。恥ずかしい。面目ない。〈源氏・橋姫〉「霧晴れ行かばはしたなかるべきやつれを、面なく(用)御覧じとがめられぬべきさまなれば」訳 霧が晴れていったらきまりが悪いに違いない(私=薫の)忍び姿を、恥ずかしくも(姫君たちが)ご覧になってあやしいと思われてしまうに違いないありさまなので。❷恥じるようすがないさま。あつかましい。〈今昔・二四・三三〉「はかばかしくもなからむ言を、面なく(用)うち出でたらむは」訳 たいしたこともないような和歌を、あつかましく詠んだとしたらそれは。

お-もの【御物・御膳】名 ❶天皇や貴人の食事の敬称。お食事。〈枕・三〉「おものまゐる足音高し」訳 天皇のお食事をお運び申しあげる足音が高い。❷(副食に対して)ごはん。〈大鏡・道長下〉「湯をたぎらかしつつ、おものを入れて」訳 湯を煮えたたせては、(そこへ)ごはんを入れて。

おもはく【思はく】❶(名詞的に用いて)思うこと。〈万葉・三・三八九〉「隠せども君を思はく止むときもなし」訳 (山はあなたを)隠すけれども、あなたを思うことはやむときもない。❷(副詞的に用いて)思うことには。〈万葉・九・一七四〇〉「そこに思はく家ゆ出でて三歳の間に垣もなく家もうせめやと」訳 そこで思うことには、家を出て三年の間に、垣根もなく家もなくなるのだろうか(いや、なくなるはずはない)と。

なりたち 四段動詞「思ふ」のク語法

おもは-ざる-ほか【思はざる外】思いがけないこと。意外なこと。〈大鏡・道長上〉「思はざるほかの事によりて、帥にならせ給ひて」訳 (高明は)思いもよらないことによって、大宰の権帥(=大宰府の次官)におなりになられて。

なりたち 四段動詞「思ふ」(未)+打消の助動詞「ず」(体)+名詞「外」

おもは・し【思はし】形シク {しから・しく(しかり)・し・しき(しかる)・しけれ・しかれ} 〔動詞「思ふ」に対応する形容詞〕心ひかれる気持ちだ。好ましい。〈枕・四九〉「ただ口つき愛敬づき、…声にくからざらむ人のみなむ思はしかる(体)べき」訳 ただ口元に魅力があり、…声が不快でないような人(=女)だけが好ましいにちがいない。

おもは-ず【思はず】形動ナリ {なら・なり(に)・なり・なる・なれ・なれ} ❶思いがけない。意外である。〈土佐〉「うつくしければにやあらむ、いと思はずなり(終)」訳 (歌が上手に思えるのは、詠んだ子供が)かわいいからであろうか、まったく意外である。❷期待はずれで気に入らない。〈枕・二〇〇〉「萩、女郎花などの上によころばひ伏せる、いと思はずなり(終)」訳 (台風で、大木が)萩や女郎花などの上に横倒しに倒れているのは、ひどく気にくわない。

おもは・ゆ【思はゆ】思われる。自然とその思いになる。〈万葉・一六・三七九一〉「誰が子そとやおもはえ(用)てある」訳 (あれは)どこの人だろうと(私は人々から)思われていたものだ。

なりたち 四段動詞「思ふ」(未)+上代の受身・自発の助動詞「ゆ」

おも-はゆ・し【面映し】形ク {から・く(かり)・し・き(かる)・けれ・かれ} 顔を合わせるのが恥ずかしい。きまりが悪い。〈平家・二・教訓状〉「あの姿に腹巻を着て向かはんこと、おもはゆう(用)(ウ音便)はづかしうや思はれけん」訳 あの姿(=略服姿の重盛)に腹巻(=鎧の一種)を着けて対面するようなことを、(清盛は)きまりが悪く恥ずかしく思われたのであろうか。

おもひ【思ひ】名 ❶考え。思うこと。思慮。〈徒然・二一七〉「人間常住の思ひに住して、かりにも無常を観ずることなかれ」訳 世間はいつまでも変わりがないという考えにしっかり立って、かりそめにも(世の中の)無常を考えることがあってはならない。❷願い。希望。願望。〈細道・出発まで〉「片雲の風にさそはれて、漂泊の思ひやまず」訳 ちぎれ雲を吹き漂わせている風に誘われて、旅に出てさすらいたいという願いがやまず。❸愛情。恋い慕う気持ち。思慕。〈伊勢・四〇〉「さかしらする親ありて、思ひもぞつくとて、この女をほかへ追ひやらむとす」訳 おせっかいをする親がいて、恋心でもつくと困ると思って、この女をよそへ追い出そうとする。❹心配。もの思い。〈源氏・若菜上〉「よろづの事なのめに目やすくなれば、いとなむ思ひなくうれしき」訳 (私=光源氏は)万事無難で体裁よくいくので、まったく心配なくうれしい。❺推察。予想。想像。〈伊勢・八三〉「思ひのほかに、御髪おろし給うてけり」訳 想像もしなかったのに、(惟喬親王は)出家なさってしまった。❻喪に服すること。〈古今・哀傷・詞書〉「思ひに侍りける人をとぶらひにまかりてよめる」訳 喪に服しておりました人を弔問に参りまして詠んだ歌。

おもひ-あが・る【思ひ上がる】自ラ四 {ら・り・る・る・れ・れ} 気位を高くもつ。自負する。〈源氏・桐壺〉「はじめよりわれはと思ひあがり(用)給へる御方々」訳 (入内の)当初から、私こそは(天皇のご寵愛を得ることができるのだ)と自負していらっしゃった(女御・更衣の)御方々は。

参考 現代語のように、生意気・高慢といった批判的な意味合いはない。

おもひ-あ・つ【思ひ当つ】他タ下二

〔て・て・つ・つる・つれ・てよ〕❶（たしかにそれだと）推察する。〈源氏・夕顔〉「まだ見ぬ御さまなりけれど、いとしるく思ひあて㊍られ給へる御側目（めそば）を」訳 まだ見（たことの）ないお姿であったけれども、（光源氏であると）ほんとうにはっきり推察されなさった御横顔を。❷考えて割り当てる。〈源氏・柏木〉「しなじなに思ひあて㊊たるきはぎは」訳（女房）それぞれの身分に配慮して割り当てた賜り物のそれぞれを。

おもひ-あつか・ふ（オモイアツカ（コ）ウ）【思ひ扱ふ】他ハ四〔は・ひ・ふ・ふ・へ・へ〕❶大事に世話をする。〈源氏・手習〉「よき君達（きむだち）を婿にして思ひあつかひ㊊けるを」訳 りっぱな貴族の子弟を（娘の）婿に迎えて大事に世話したが。❷思い悩む。〈源氏・東屋〉「おろかならず心苦しう思ひあつかひ㊊給ふめるに」訳（母君は私＝浮舟（うきふね）を）ひとかたならず気の毒に思って思い悩んでいらっしゃるようなのに。

おもひ-あ・ふ（オモイア（オ）ウ）【思ひ合ふ】自ハ四〔は・ひ・ふ・ふ・へ・へ〕❶ともに（そのように）思う。〈源氏・明石〉「見奉る人もやすからずあはれに悲しう思ひあへ㊇り」訳（わび住まいの光源氏を）拝見する人（＝供人たち）も、心が落ち着かずともにしみじみと悲しく思っている。❷互いに思いあう。愛しあう。〈建礼門院右京大夫集・詞書〉「しのびて心かはして、かたみに思ひあは㊍ぬにしもあらじ」訳 ひそかに心を通わせて、それぞれ互いに思いあっていないのでもないだろう。

おもひ-あ・ふ（オモイア（オ）ウ）【思ひ敢ふ】他ハ下二〔へ・へ・ふ・ふる・ふれ・へよ〕（多く下に打消の語を伴って）よく考えて理解する。考え及ぶ。予期する。〈源氏・東屋〉「まだ思ひあへ㊍ぬほどなれば、心騒ぎて」訳 まだ（薫（かおる）の訪問が）予期できないときなので、あわてて。

おもひ-い・づ（オモイイズ）【思ひ出づ】㊀自ダ下二〔で・で・づ・づる・づれ・でよ〕思いがあふれ出る。思いがおさえられなくなる。〈古今・恋一〉「思ひ出づる㊍常盤（ときは）の山の岩つつじいはねばこそあれ恋しきものを」訳（あなたへの）恋しい思いがあふれ出る時は、常盤の山の岩つつじの「いは」ではないが、口に出しては言わないからこそ人にはわからないけれど、やはりあなたが恋しいのになあ。（第二句と第三句は「いはねば」を導きだす序詞。「常盤」は「時は」との掛詞）

㊁他ダ下二〔で・で・づ・づる・づれ・でよ〕思い出す。〈竹取・かぐや姫の昇天〉「今はとて天（あま）の羽衣（はごろも）着る折（をり）ぞ君をあはれと思ひ出で㊊ける」訳 →いまはとて… 和歌

おもひ-い・る（オモイ）【思ひ入る】㊀自ラ四〔ら・り・る・る・れ・れ〕深く思いつめる。また、（「入る」を掛詞的に用いて）深く思って（…に）入る。〈千載・雑中〉「世の中よ道こそなけれ思ひ入る㊍山の奥にも鹿ぞ鳴くなる」訳 ➡付録①「小倉百人一首」83

㊁他ラ下二〔れ・れ・る・るる・るれ・れよ〕深く心にかける。〈源氏・葵〉「自らはさしも思ひ入れ㊊侍らねど」訳 私自身（＝光源氏）はそれほど（葵（あおい）の上のことを）深く心にかけて（＝案じて）いませんが。

おもひ-う（オモイウ）【思ひ得】他ア下二〔え・え・う・うる・うれ・えよ〕考えつく。悟る。

おもひ-う・ず（オモイ）【思ひ倦ず】他サ変〔ぜ・じ・ず・ずる・ずれ・ぜよ〕「「おもひうんず」の撥音「ん」の表記されない形」「おもひうんず」に同じ。

おもひ-うん・ず（オモイ）【思ひ倦んず】他サ変〔ぜ・じ・ず・ずる・ずれ・ぜよ〕「「うんず」は「倦（う）みす」の転とも。また「鬱す」の転とも」いやになる。憂鬱になる。「おもひうず」とも。〈伊勢・一〇二〉「世の中を思ひうんじ㊊て、…はるかなる山里に住みけり」訳 世の中に対し何もかもいやになって、…遠く離れた山里に住んでいた。

おもひ-おき・つ（オモイ）【思ひ掟つ】他タ下二〔て・て・つ・つる・つれ・てよ〕前もって心に決める。〈源氏・初音〉「すくすくしきおほやけ人にしなしてむとなむ思ひおきて㊊し」訳（息子の夕霧を）実直な官吏にしてしまおうと、前々から心に決めたのは。

おもひ-お・く（オモイ）【思ひ置く】他カ四〔か・き・く・く・け・け〕❶心にとどめる。また、心に決めておく。〈源氏・蜻蛉〉「必ず忘れ聞こえじ。また、さやうにを人知れず思ひおき㊊給へ」訳 必ず（あなたのことは）お忘れ申しあげまい。また、（あなたも）そのようにまあ、内々（私を）ずっと思っていてください。❷あとに思いを残す。未練を残す。〈平家・七・忠度都落〉「うき世に思ひおく㊍こと候はず」訳 この世に未練を残すことはございません。

おもひ-おこ・す（オモイ）【思ひ起こす】他サ四〔さ・し・す・す・せ・せ〕❶心を奮い立たせる。〈竹取・かぐや姫の昇天〉「からうじて思ひ起こし㊊て、弓矢をとり立てむとすれども」訳（警固の人々は）やっとの思いで心を奮い立たせて、弓矢を取り上げようとするけれども。❷思い出す。想起する。〈紫式部日記〉「里居（さとゐ）したる人々の、中絶（なかた）えを思ひ起こし㊊つつ」訳 里さがりしていた女房たちが、（長い）無沙汰を思い出しては。

おもひ-おと・す（オモイ）【思ひ落とす・思ひ貶す】他サ四〔さ・し・す・す・せ・せ〕心の中で見下げる。見くびる。〈源氏・少女〉「われよりは下臈（げらふ）と思ひおとし㊊たりしだに」訳（夕霧が）自分よりは年功も地位も下だと見くびっていた者どもでさえ（昇進し）。

おもひ-か・く（オモイ）【思ひ掛く・思ひ懸く】他カ下二〔け・け・く・くる・くれ・けよ〕❶心にかける。また、恋い慕う。懸想（けそう）する。〈伊勢・八九〉「昔、いやしからぬ男、我よりはまさりたる人を思ひかけ㊊て」訳 昔、身分の低くない男が、自分よりは身分の高貴な女性を恋い慕って。❷予測する。予期する。〈源氏・帚木〉「宮仕へに出（い）でたちて、思ひかけ㊍ぬさいはひ取り出づるためしども多かりかし」訳 宮中に出仕して、予期しない幸運（＝良縁）を引き出す先例もあれこれ多いことだよ。

おもひ-か・ぬ（オモイ）【思ひかぬ】他ナ下二〔ね・ね・ぬ・ぬる・ぬれ・ねよ〕❶（恋しい、または悲しい）思いにたえられない。〈千載・哀傷〉「思ひかね㊊きのふの空をながむればそれかと見ゆる雲だにもなし」訳（悲しい）思いにたえられなくて昨日の（火葬の煙の立ちのぼった）空をながめやると、その煙の名残かと見える雲すらもない。❷考えが及ばない。判断できない。〈万葉・一五・三六九六〉「新羅（しらき）へか家にか帰る壱岐（ゆき）の島行かむたどきも思ひかね㊊つも」訳 新羅へ（行く）か家に帰るか、行こうにも、その方法も考えつかなかったことよ。（「壱岐の島」は「行く」にかかる枕詞）

おもひ-き-や（オモイ）【思ひきや】思ったであろうか（いや、思いもしなかった）。〈新古・羇旅〉「年たけてまた越ゆべしと思ひきや命なりけりさ夜（や）の中山」訳 ➡としたけて… 和歌

なりたち 四段動詞「思ふ」㊊＋過去の助動詞「き」㊎

＋反語の終助詞「や」

おもひ-き・ゆ オモイ【思ひ消ゆ】自ヤ下二 {え・え・ゆ・ゆる・ゆれ・えよ} 心も消え入るほどに思い沈む。〈源氏・末摘花〉「いとかすかなるありさまに思ひ消え㊊て」訳（末摘花は）実にひっそりと心細いようすで消え入るほどに思い沈んで。

おもひ-くだ・く オモイ【思ひ砕く】㊀自カ下二 {け・け・く・くる・くれ・けよ} あれこれと思い乱れる。〈うつほ・俊蔭〉「ありさまのらうたげなりしを思ひ出でつつ、…千々に思ひくだくれ㊁ど」訳（女君の）ふるまいがかわいいようすであったのを思い出しては、…さまざまにあれこれ思い乱れるが。

㊁他カ四 {か・き・く・く・け・け} さまざまに思案をめぐらす。〈蜻蛉・中〉「降る雨のあしとも落つる涙かなこまかに物を思ひくだけ㊁ば」訳降る雨の雨足のようにも（とめどもなく）こぼれ落ちる涙であることだ。こまごまと何かにつけて思案をめぐらしているので。

おもひ-くた・す オモイ【思ひ腐す】他サ四 {さ・し・す・す・せ・せ} 心の中でけなす。軽蔑する。〈徒然・一四二〉「よろづにへつらひ望み深きを見て、むげに思ひくたす㊍は僻事なり」訳（家族の多い人が）何かにつけて追従し欲が深いのを見て、むやみに軽蔑するのはまちがいである。

おもひ-くっ・す オモイ【思ひ屈す】自サ変 {せ・し・す・する・すれ・せよ} 「おもひくす」「おもひくんず」とも。気がめいる。ふさぎこむ。〈枕・一〇二〉「むげに思ひ屈し㊊にけり。いとわろし」訳ひどく気がめいってしまったのだなあ。たいへんよくない（ことよ）。

おもひぐま-な・し オモイグマ【思ひ隈無し】形ク {から・く(かり)・し・き(かる)・けれ・かれ} ❶思慮が浅い。〈源氏・宿木〉「などて昔の人の御心おきてをもて違へて思ひぐまなかり㊊けむ」訳どうして亡き人（＝大君）のご意向に背いて（中の君を匂宮に譲るほど）、思慮が浅かったのだろう。

❷思いやりがない。〈源氏・竹河〉「桜ゆゑ風に心のさわぐかな思ひぐまなき㊍花と見る見る」訳（散るのではないかと）桜のせいで風に気がもめることだ。思いやりのない花だと見ていながら。

おもひ-くん・ず オモイ【思ひ屈ず】自サ変 {ぜ・じ・ず・ずる・ずれ・ぜよ} 「おもひくっす」に同じ。〈更級・物語〉「かくのみ思ひくんじ㊊たるを、心も慰めむと」訳（私が）このようにふさぎこんでばかりいるのを、（母は）心を慰めようと。

おもひ-け・つ オモイ【思ひ消つ】他タ四 {た・ち・つ・つ・て・て} ❶しいて忘れ去る。気にかけないようにする。〈源氏・宿木〉「よろづを思ひ消ち㊊つつ、お前にては物思ひなきさまを作り給ふ」訳（薫は）物思い（の）いっさいをしいて忘れ去りして、（母女三の宮の）御前ではなんの物思いもないようすをよそおいなさる。

❷無視する。軽蔑する。〈源氏・葵〉「人の思ひ消ち㊊、無きものにもてなすさまなりし御禊の後」訳人（＝葵の上）が（私＝六条御息所を）軽侮し、物の数でもない者として扱うようすだった御禊（の日の車争い）の後。

おもひ-ご オモイ【思ひ子】名 かわいいと思う子。

おもひ-さだ・む オモイ【思ひ定む】他マ下二 {め・め・む・むる・むれ・めよ} よく考えて心を決める。〈竹取・貴公子たちの求婚〉「思ひ定め㊊て、一人一人にあひ奉り給ひね」訳よく考えて決心して、どなたか一人とご結婚して差しあげなさい。

おもひ-しづま・る オモイシズマル【思ひ鎮まる】自ラ四 {ら・り・る・る・れ・れ} 心が落ち着く。〈源氏・桐壺〉「やうやう思ひしづまる㊍にしも、さむべき方なく」訳（桐壺の更衣の死後）しだいに心が落ち着くにつけても、（夢ではない現実なので）覚めようにもその方法がなく。

おもひ-しな・ゆ オモイ【思ひ萎ゆ】自ヤ下二 {え・え・ゆ・ゆる・ゆれ・えよ} うちしおれる。元気がなくなる。

おもひ-し・む オモイ【思ひ染む】㊀自マ四 {ま・み・む・む・め・め} 身にしみて思う。また、いちずに思いこむ。〈源氏・真木柱〉「身を憂きものに思ひしみ㊊給ひて」訳（玉鬘は）わが身を情けなくいやなものと身にしみて思いなさって。

㊁他マ下二 {め・め・む・むる・むれ・めよ} 心に深くしみこませる。強く思いつめる。〈源氏・賢木〉「思ひしめ㊊てしことは、さらに御心に離れねど」訳強く思いつめてしまったこと（＝藤壺への思慕）は、決して（光源氏の）お心から離れないけれど。

おもひ-すぐ・す オモイ【思ひ過ぐす】他サ四 {さ・し・す・す・せ・せ} ❶見過ごす。心にとめず忘れる。「おもひすごす」とも。〈源氏・夢浮橋〉「なのめに思ひ過ぐす㊎べくは思ひ侍らざりし人なるを」訳（浮舟は私＝薫が）いいかげんに見過ごすことができようとは思いませんでした（そんな）人なので。

❷思いながら過ごす。〈更級・子忍びの森〉「ただゆくへなきことをうち思ひ過ぐす㊍に」訳まったくあてにならないことを思いながら過ごすうちに。

おもひ-す・つ オモイ【思ひ捨つ】他タ下二 {て・て・つ・つる・つれ・てよ} （関心がないとして）見捨てる。見はなす。〈源氏・少女〉「かかる人をも人は思ひ捨て㊊給はざりけり」訳このような人（＝器量のよくない花散里）をも人（＝光源氏）は見捨てなさらなかったのだ。

おもひ-すま・す オモイ【思ひ澄ます】他サ四 {さ・し・す・す・せ・せ} ❶余念をまじえず、思いを凝らす。〈源氏・絵合〉「心のかぎり思ひすまし㊊て静かに描き給へるは」訳心の及ぶかぎり余念をまじえず心を澄ませて静かにお描きになった絵は。

❷俗世間を離れて仏道に専念する。〈源氏・若菜上〉「世を思ひすまし㊊たる僧たちなどだに、涙もえとどめねば」訳現世に対してすっかり悟っている僧たちなどでさえ、涙もおさえかねているので。

おもひ-せ・く オモイ【思ひ塞く】他カ四 {か・き・く・く・け・け} 沸きかえる思いをせきとめる。〈蜻蛉・中〉「思ひせく㊍胸のほむらはつれなくて涙をわかすものにざりける」訳沸きかえる思いをこらえている胸中の（くやしい思いの）炎は、うわべはそれと見えないのに（激しく燃えて）、（夫兼家の訪れないいらだちゆえの）涙を沸きたぎらせるものであったのだなあ。（「思ひ」の「ひ」は「火」との掛詞。「ざり」は「ぞあり」の転）

おもひ-た・ゆ オモイ【思ひ絶ゆ】自ヤ下二 {え・え・ゆ・ゆる・ゆれ・えよ} その気がなくなる。また、（他動詞的に使われて）あきらめる。〈源氏・朝顔〉「ひと言、にくしなども、人づてならでのたまはせむを、思ひ絶ゆる㊍ふしにもせむ」訳たった一言、（私のことを）気にいらないなどとでも、人づてでなく（直接）おっしゃってくださったらそれを、(あなたを)あきらめるきっかけにもしよう。

おもひ-たゆ・む オモイ【思ひ弛む】自マ四{ま・み・む・む・め・め} はりつめていた心がゆるむ。油断する。〈源氏・葵〉「今はさりともと思ひたゆみ用たりつるに」訳(お産もすんだ)今はいくらなんでも(もう安心だ)と油断していた際に。

おもひつつ… 和歌

思ひつつ　寝ればや人の　見えつらむ　夢と知りせば　覚めざらましを〈古今・三・恋二・五五二・小野小町〉

訳(あの人のことを)思い続けて寝るので、あの人が(夢に)見えたのだろうか。もし夢だとわかっていたら、目を覚まさなかっただろうに。(「せば…まし」は反実仮想で、現実には目を覚ましてしまったので、あの人の姿が消えてしまったの意)

おもひ-つ・む オモイ【思ひ積む】自マ四{ま・み・む・む・め・め} 思いが積もる。物思いが重なる。〈万葉・九・一七五七〉「長きに思ひ積み用来し憂へは息みぬ」訳長い間積もりに積もってきた悩みはなくなった。

おもひ-つ・む オモイ【思ひ詰む】他マ下二{め・め・む・むる・むれ・めよ} いちずに思い込む。〈伊勢・九五〉「おぼつかなく思ひつめ用たること、すこし晴るかさむ」訳もどかしく思いつめている気持ちを、少し晴らそう。

おもひ-と・く オモイ【思ひ解く】他カ四{か・き・く・く・け・け} 理解して大目にみる。許す。悟る。〈枕・二七〇〉「思ひ放つまじきあたりは、いとほしなど思ひ解け已ば」訳ほうっておけそうにない人(について)は、(悪口を言うのも)気の毒だなどと大目にみるので。

おもひ-どち オモイ【思ひどち】名 互いに思い合う者どうし。また、ある人から思いを寄せられる者どうし。

おもひ-と・る オモイ【思ひ取る】他ラ四{ら・り・る・る・れ・れ} ❶理解する。悟る。〈源氏・橋姫〉「世の中をかりそめのこと思ひとり用(=悟り)」

❷決心する。覚悟を決める。〈徒然・五〉「かしらおろしなど、ふつつかに思ひとり用たるにはあらで」訳髪をそって出家することなど、軽々しく決心したのではなくて。

おもひ-なが・す オモイ【思ひ流す】他サ四{さ・し・す・す・せ・せ} 次から次へと思い浮かべる。思いめぐらす。〈源氏・鈴虫〉「今宵の新たなる月の色には、げになほ我が世のほかまでこそよろづ思ひながさ未るれ」訳今夜のあざやかな月の色には、(白居易が詠じたように)なるほどほんとうにこの世の外のことまでがすべて自然にそれからそれへと思いめぐらされることだ。

おもひ-なぐさ・む オモイ【思ひ慰む】一自マ四{ま・み・む・む・め・め} 心がなぐさめられる。気が晴れる。〈源氏・総角〉「この世にはいささか思ひなぐさむ体かたなくて過ぎぬべき身どもなめり」訳現世では、ほんのわずかでも心のなぐさめられるてだてもなくて死んでしまうに違いない私たち(=大君と中の君)であるようだ。

二他マ下二{め・め・む・むる・むれ・めよ} 自分で心をなぐさめる。気を晴らす。〈源氏・総角〉「なほ残りある心地して、よろづに思ひなぐさめ用つるを」訳やはり(望みをもつ)余地がある気がして、なにかにつけて心をなぐさめていたが。

おもひ-なし オモイ【思ひ為し・思ひ做し】名 ❶思いこみなどで、それと決めてしまうこと。気のせい。〈源氏・賢木〉「あてに気高きは思ひなしなるべし」訳(手紙の書きぶりを)上品で気高い(と見る)のは(光源氏の藤壺への)思いこみのせいであろう。

❷先入観をもった世間の評判。〈源氏・桐壺〉「思ひなしめでたく、人もえ貶め聞こえ給はねば」訳(皇女である藤壺は)評判もすばらしく、人々(=他の女御や更衣)もさげすみ申しあげることはおできにならないので。

おもひ-な・す オモイ【思ひ為す・思ひ做す】他サ四{さ・し・す・す・せ・せ} 思いこむ。考えて…だと決める。〈伊勢・九〉「その男、身をえうなきものに思ひなし用て」訳その男は、自分の身を役に立たないものと思いこんで。

おもひ-なずら・ふ オモイナズラ(ロ)ウ【思ひ準ふ】他ハ下二{へ・へ・ふ・ふる・ふれ・へよ} 心の中でくらべる。くらべて考える。〈源氏・若菜下〉「人がらも、なべての人に思ひなずらふれ已ば、けはひこよなくおはすれど」訳(女二の宮は)人柄も、普通の人に思いくらべると、ようすは段違いにすぐれていらっしゃるけれども。→思ひ寄そふ 参考

おもひ-なほ・る オモイナオル【思ひ直る】自ラ四{ら・り・る・る・れ・れ} 気持ちがもとのようになる。機嫌が直る。〈枕・八二〉「さてのちぞ…思ひなほり用給ふめりし」訳それからのちは、(頭の中将は私に対し)…気持ちがもとのようになりなさるようだった。

おもひ-なら・ふ オモイナラ(ロ)ウ【思ひ習ふ・思ひ慣らふ】一自ハ四{は・ひ・ふ・ふ・へ・へ} いつも思う。いつも心にかける。そう思うのが習慣となる。〈源氏・若菜下〉「とりわきて思ひならひ用たるを」訳(両親は)特別に(私=柏木を)いつも心にかけていたので。

二他ハ四{は・ひ・ふ・ふ・へ・へ} 習いおぼえる。思い知る。〈伊勢・三六〉「君により思ひならひ用ぬ世の中の人はこれをや恋といふらむ」訳あなたのおかげで思い知った。世間の人はこの気持ちを恋と言っているのだろうか。

おもひ-な・る オモイ【思ひ成る】自ラ四{ら・り・る・る・れ・れ} (しだいに)その考えになる。そういう気になる。〈大和・一五六〉「責められわびて、さしてむと思ひなり用ぬ」訳(男は妻に)責められて困って、そうしよう(=おばを山に捨てよう)と考えるようになってしまった。

おもひ-ね オモイ【思ひ寝】名 人を恋しく思いつつ寝ること。何かを思いながら寝ること。

おもひ-ねん・ず オモイ【思ひ念ず】自サ変{ぜ・じ・ず・ずる・ずれ・ぜよ} ❶心の中でじっとこらえる。〈源氏・東屋〉「思ひ念じ用て、ただするままにまかせて見ゐたり」訳(中将の君は不快感を)じっとこらえて、ただなすままにまかせて(娘の婚儀を)見ていた。

❷一心に祈る。〈栄花・さまざまのよろこび〉「誰も同じ心に思ひ念じ用聞こえ給ふ」訳誰も皆同じ気持ちで(兼家の平癒を)一心に祈り申しあげなさる。

おもひ-のど・む オモイ【思ひのどむ】他マ下二{め・め・む・むる・むれ・めよ} (動揺する)心を落ち着かせる。気持ちをのどかにする。〈源氏・総角〉「仏を念じ給へど、いとど思ひのどめ未む方なくのみあれば」訳(薫は)仏にお祈りになるが、いよいよ(悲嘆の)気持ちを落ち着かせるような方法がまったくないので。

おもひ-はか・る オモイ【思ひ量る・思ひ計る】他ラ四{ら・り・る・る・れ・れ} 考えをめぐらす。あれこれと考慮する。〈竹取・火鼠の皮衣〉「よき人にあはせむと思ひはかれ

(已)ど」訳(竹取の翁はかぐや姫を)よい人と結婚させようと**あれこれ思案する**が。

おもひ-は・つ {て・て・つ・つる・つれ・てよ} オモイ【思ひ果つ】他タ下二 ❶考えぬいて、結論を出す。(特に、悲観的に考え、思いつめる意から)見限る。〈源氏・宿木〉「あるにまかせておいらかならむと思ひはて(用)て」訳(中の君は)なりゆきにまかせて穏やかでいようと考えたうえ、わりきって(素直にふるまい)。❷最後まで愛する。思いとおす。〈源氏・空蟬〉「あこはらうたけれど、つらきゆかりにこそえ思ひはつ(終)まじけれ」訳おまえ(＝小君)はかわいいけれども、冷淡な人(＝空蟬)の縁つづきだから、最後まで愛することはできそうにない。

おもひ-はな・つ オモイ【思ひ放つ】他タ四 {た・ち・つ・つ・て・て} 忘れ去ってかえりみない。きっぱり断念する。見限る。〈源氏・柏木〉「いとおろかにはよも思ひ放ち(用)給はじ」訳(光源氏は女三の宮を)ひどく疎略には、まさか見限りなさらないだろう。

おもひ-はな・る オモイ【思ひ離る】自ラ下二 {れ・れ・る・るる・るれ・れよ} 物事から心が離れる。心にかけないでいる。〈源氏・明石〉「世を思ひ離るる(体)心のみまさり侍れど」訳俗世を心にかけないでいる気持ちばかりが強くなりますが。

おもひ-ふ・す オモイ【思ひ臥す】自サ四 {さ・し・す・す・せ・せ} 思いながら寝る。〈源氏・玉鬘〉「その夜は御前にも参らで、思ひふし(用)たり」訳その夜は、(右近は紫の上の)御前にも参上せず、(玉鬘のことを)思いながら寝た。

おもひ-まう・く オモイモウク【思ひ設く】他カ下二 {け・け・く・くる・くれ・けよ} **あらかじめ用意する。前もって考えておく。**〈源氏・浮舟〉「人に見つけられず出でて行くべき方を思ひまうけ(用)つつ」訳(浮舟は)人に見つけられないで(家を)抜け出して行くことのできる方法を前もって考え考えして。

おもひ-まが・ふ オモイマガ(ゴ)ウ【思ひ紛ふ】他ハ下二 {へ・へ・ふ・ふる・ふれ・へよ} (あるものを他のものと)思い違える。錯覚する。〈源氏・胡蝶〉「あやしう、ただそれかと思ひまがへ(未)らるる折々こそあれ」訳不思議に、まるで(母＝夕顔)その人かと自然と思い違えられる折々がある。

おもひ-まど・ふ オモイマドウ【思ひ惑ふ】自ハ四 {は・ひ・ふ・ふ・へ・へ} どうしてよいのか迷う。途方にくれる。〈更級・初瀬〉「風の吹きまどひたるさま、恐ろしげなること、命限りつと思ひまどは(未)る」訳風が吹き荒れているようすが、恐ろしそうなことは、命が終わったと思い迷わずにはいられない。

おもひ-まは・す オモイマワス【思ひ回す】他サ四 {さ・し・す・す・せ・せ} 考えをめぐらす。思案する。〈枕・八三〉「思ひまはす(体)ほどもなく、責めまどはせば」訳思案するひまもなく、(返事を)せきたてて困らせるので。

おもひ-むすぼほ・る オモイムスボオル【思ひ結ぼほる】自ラ下二 {れ・れ・る・るる・るれ・れよ} 「おもひむすぼる」に同じ。〈源氏・夕霧〉「尼になりなむと思ひ結ぼほれ(用)給ふめれば」訳(落葉の宮は)尼になってしまおうとふさぎこんでいらっしゃるようなので。

おもひ-むすぼ・る オモイ【思ひ結ぼる】自ラ下二 {れ・れ・る・るる・るれ・れよ} あれこれ思い、気持ちがふさぐ。「思ひ結ぼほる」とも。〈万葉・一八・四一一六〉「ねもころに思ひ結ぼれ(用)嘆きつつ」訳ねんごろに(＝心の底から)思いが解けずにふさぎこんでため息をくりかえし。

おもひ-やすら・ふ オモイヤスラ(ロ)ウ【思ひ休らふ】自ハ四 {は・ひ・ふ・ふ・へ・へ} あれこれ考えてためらう。〈源氏・夕顔〉「いさよふ月にゆくりなくあくがれむことを、女は思ひやすらひ(用)」訳(西の山に沈むのを)ためらっている月のように不意に(この家を)ふらふらとさまよい出るようなことを、女(＝夕顔)は決心がつかずにためらい。

おもひ-やり オモイ【思ひ遣り】名 ❶(人の身の上や心中などを)推察すること。同情すること。〈源氏・末摘花〉「思ひやり少なう、御心のままならむもことわりと思ふ」訳(光源氏が、女性に対して)同情することが少なく、御心のまま(＝わがまま)であるようなのも当然だと(命婦は)思う。❷(先々のことなどに対する)思慮。分別。〈源氏・真木柱〉「思ひやり深うおはする人にて、聞きあきらめ」訳(蛍兵部卿の宮は)思慮深くいらっしゃる人なので、(事情を)聞いて了解し。

おもひ-や・る オモイ【思ひ遣る】他ラ四 {ら・り・る・る・れ・れ} ❶**遠くに思いをはせる。また、想像する。**〈伊勢・九〉「その河のほとりに群れゐて、思ひやれ(已)ば」訳その河のほとりにみんなで腰をおろして、(都のほうに)思いをはせると。❷**人の身の上・心情などに思いをめぐらす。**おしはかって同情する。気づかう。〈源氏・桐壺〉「いはけなき人をいかにと思ひやり(用)つつ」訳幼い人(＝光源氏)を、どうして(いらっしゃるか)と気づかい気づかいして。❸**憂いを払う。**気を晴らす。〈万葉・一三・三二六一〉「思ひやる(体)すべのたづきも今はなし」訳胸の思いを晴らす手だての手がかりも今はない。

おもひ-ゆづ・る オモイユズル【思ひ譲る】他ラ四 {ら・り・る・る・れ・れ} (安心して)人にまかせる。〈源氏・東屋〉「思ふ人具したるは、おのづからと思ひゆづら(未)れて」訳(父親など)世話してくれる人のそろっている娘たちは、自然に(良縁が得られるだろう)とついそちらまかせになって。

おもひ-よ・す オモイ【思ひ寄す】他サ下二 {せ・せ・す・する・すれ・せよ} (他の物事と)結びつけて考える。思い合わせる。〈源氏・帚木〉「もてはなれたることをも思ひよせ(用)てうたがふも、をかし」訳見当がはずれていることをも、(頭の中将がその手紙の主に)結びつけて考えて疑うのも、おもしろい。

おもひ-よそ・ふ オモイヨソウ【思ひ寄そふ・思ひ準ふ】他ハ下二 {へ・へ・ふ・ふる・ふれ・へよ} 考え合わせて関係づける。相通じるところがあるものと見なす。〈徒然・七一〉「人も、今見る人の中に思ひよそへ(未)らるるは、誰もかく覚ゆるにや」訳(物語中の)人物も、今現に見る(実在の)人の中に自然と思い合わせられるのは、だれでもこのように感じるのであろうか。

参考 類義語「おもひなずらふ」が相異なるものの中に観念的に共通点を見出だし、それを同格に扱うのに対して、「おもひよそふ」は具象的・感覚的に相通じるもののある両者を関係づけて考える。

おもひ-よ・る オモイ【思ひ寄る】自ラ四 {ら・り・る・る・れ・れ} ❶**気づく。**また、**思いあたる。**考えおよぶ。〈源氏・葵〉「心ときものにて、ふと思ひより(用)ぬ」訳(惟光は)察しのよい男なので、(これは三日夜の餅だと)さっと気づいた。〈徒然・一八九〉「頼みたる方のことはたがひて、思ひよら(未)ぬ道ばかりはかなひぬ」訳 期待していたほうのことはあてがはずれて、思いおよばないことだけはうまくいってしまう。

❷心がひかれる。また、懸想する。求婚する。〈源氏・若菜下〉「かけても思ひよら(未)ぬぞくちをしかりける」訳（柏木かしわぎが真木柱に）まるで心ひかれていないのは残念であった。

おもひ-よわ・る オモイ ―【思ひ弱る】自ラ四{ら・り・る・る・れ・れ}

最重要330

88 **おも・ふ** オモウ 【思ふ】他ハ四{は・ひ・ふ・ふ・へ・へ}

ガイド 思考や想像を心に抱く意。その内容によって、①思考、②回想、③希望、④愛情、⑤憂慮、⑥想像と分化する。

❶**考える。思案する。**

例 静かに思へ(已)ば、よろづに過ぎにしかたの恋しさのみぞせんかたなき〈徒然・二九〉

訳 静かに思案すると、何かにつけて過ぎ去ってしまったころの懐かしさばかりはどうしようもない。

❷**過ぎたことを思いおこす。回想する。**

例 逢あはでやみにしうさを思ひ(用)〈徒然・一三七〉

訳 恋が成就しないで終わってしまったつらさを思い出し。

❸**望む。願う。**

例 年ごろ思ひ(用)つること、はたし侍りぬ〈徒然・五二〉

訳 長年願っていたことを、果たしました。

❹**愛する。恋しく思う。**

例 行く水に数かくよりもはかなきは思は(未)ぬ人を思ふ(体)なりけり〈古今・恋一〉

訳 流れる水に数を書きつけるのよりももっとはかないのは、いとしく思ってくれない人を恋することだったなあ。

❺**心配する。悩む。嘆く。**

例 かの都の人はいとけうらに、老いをせずなむ。思ふ(体)こともなく侍るなり〈竹取・かぐや姫の昇天〉

訳 あの（月の）都の人はたいそう美しくて、年をとらずに（おります）。悩むこともないのでございます。

❻**推量する。予期する。**

例 日々に過ぎゆくさま、かねて思ひ(用)つるには似ず〈徒然・一八九〉

訳 日ごとに経過してゆく状態は、前もって予期していたことには似ていない。

気が弱くなる。我がを折る。〈源氏・薄雲〉「『渡り給ひては勝るべし』とのみ言へば、思ひ弱り(用)にたり」訳（陰陽師おんようじが「お移りになったほうが（運勢は）よくなるだろう」とばかり言うので、（明石あかしの君は娘の姫君を手放したくないという）気が弱くなってしまった。

おもひ-わ・く オモイ ―【思ひ分く】他カ四・下二{か・き・く・く・け・け}{け・け・く・くる・くれ・けよ}分別ふんべつする。また、識別する。区別して考える。〈源氏・帚木〉「ともかくも思ひ分か(未)（四段）れず、物におそはるる心地して」訳（空蟬うつせみは）何とも分別することができず、何かの霊に襲われる感じがして。〈源氏・東屋〉「これをこと人と思ひ分け(用)（下二段）たること」訳 この人（＝浮舟うきふね）を他の人（＝実の娘）と分け隔てをしていることよ。

参考 古くは四段活用が、後世は下二段活用が多い。

おもひ-わづら・ふ オモイワズラ(ロ)ウ【思ひ煩ふ】自ハ四{は・ひ・ふ・ふ・へ・へ}あれこれと思い悩む。〈枕・一〇六〉「これが本もとはいかでかつくべからむと思ひわづらひ(用)ぬ」訳 これ（＝公任きんとうがよこした下の句）の上の句はどうつけたらよいだろうかとあれこれ思い悩んだ。

おもひわび… 和歌《百人一首》【思ひ佗び さても命いのちは あるものを 憂うきに堪たへぬは 涙なみだなりけり】〈千載・恋三・道因どういん〉⬇付録①「小倉百人一首」82

おもひ-わ・ぶ オモイ ―【思ひ侘ぶ】自バ上二{び・び・ぶ・ぶる・ぶれ・びよ}（どうしてよいのかわからなくなって）思い悩む。ふさぎこむ。〈源氏・桐壺〉「事に触れて、数知らず苦しきことのみまされば、いといたう思ひわび(用)たるを」訳 何かにつけて、数えきれないほどつらいことばかりが増えるので、（桐壺の更衣が）ほんとうにひどくめいってふさぎこんでいるのを。

おも・ふ オモウ【思ふ】他ハ四 ⬇上 88

おもふ-さま オモウ ―【思ふ様】一 名 思うところ。考え。〈源氏・若紫〉「この人一人にこそあれ、思ふさま異ことなり」訳（子どもは）この人（＝明石あかしの君）一人きりであるよ、（だから、この子の将来について）思うところは特別なのだ。

二 形動ナリ{なら・なり(に)・なり・なる・なれ・なれ}思う存分。思いどおりであるさま。理想的なようす。〈枕・七九〉「しぶしぶに思ひたる人を、しひて婿取りて、思ふさまなら(未)ずとなげく」訳 気がすすまないと思っている男を、むりに婿に迎えて、(結果が)思うとおりでないと嘆くの(はつまらないものだ)。

おもふ-どち【思ふどち】名 **親しい者どうし。**〈古今・春下〉「思ふどち春の山辺にうち群れて」訳 親しい仲間どうしが春の山辺にともに出かけて。

おもへ-らく【思へらく・以為へらく】思っていること(には)。考えること(には)。

なりたち 四段動詞「思ふ」(已)+完了の助動詞「り」＝「おもへり」のク語法

おもほえ-ず【思ほえず】**思いがけなく。意外にも。**〈伊勢・一〉「思ほえずふるさとに、いとはしたなくてありければ、心地まどひにけり」訳 思いがけなく(さびれた)旧都に、(美しい姉妹が)たいそう似つかわしくないようすで住んでいたので、(男は)心が乱れてしまった。➡咳(せ)き上(あ)ぐ「慣用表現」

なりたち 下二段動詞「思ほゆ」(未)+打消の助動詞「ず」(用)

おもほ-し【思ほし】形シク{しから・しく(しかり)・し・しき(しかる)・しけれ・しかれ} 心に思い考えている。願わしい。〈万葉・一八・四一二六〉「思ほしき(体)ことも語らひ慰むる心はあらむを」訳 心のうちに思っていることをも語りあって慰める気持ちはあろうに。

おもほし-い・づ【思ほし出づ】他ダ下二{で・で・づ・づる・づれ・でよ}「思ひ出づ」の尊敬語。お思い出しになる。〈源氏・桐壺〉「若宮の御恋しさのみ思ほし出で(用)つつ」訳 (桐壺帝は)若宮(=光源氏)を慕わしく思うお気持ちばかりをたびたびお思い出しになって。

おもほし-め・す【思ほし召す】他サ四{さ・し・す・す・せ・せ}〔「思ほす」(用)+尊敬の補助動詞「めす」〕「思ふ」の尊敬語。お思いになられる。お考えになられる。〈万葉・一五・三七三六〉「一日一夜も思はずてあるらむものと思ほし召す(終)な」訳 一日一晩でも(私があなたのことを)思わないでいるであろうことだと、お考えになられるな。

参考 尊敬の動詞「思ほす」より敬意が強く、主として上代に使われた。平安時代以降は「おぼしめす」がこれに代わる。

おもほ・す【思ほす】他サ四{さ・し・す・す・せ・せ}〔四段動詞「思ふ」(未)+上代の尊敬の助動詞「す」＝「おもはす」の転〕「思ふ」の尊敬語。お思いになる。〈万葉・一八・四〇八九〉「いにしへを思ほす(終)らしも」訳 昔(の盛んだった御代(みよ))をお思いになるにちがいないよ。

参考 主として上代に使われ、平安時代になると「おぼす」のほうが圧倒的に多くなる。

おもほ・ゆ【思ほゆ】自ヤ下二{え・え・ゆ・ゆる・ゆれ・えよ}〔四段動詞「思ふ」(未)+上代の自発の助動詞「ゆ」＝「おもはゆ」の転〕**自然に思われる。しのばれる。**〈万葉・五・八〇二〉「瓜(うり)食(は)めば子ども思ほゆ(終)栗(くり)食めばまして偲(しぬ)はゆ」訳 ➡うりはめば…(和歌)

おも-むき【趣】名 ❶**ようす。**ありよう。〈源氏・少女〉「心ざしの深さ浅さのおもむきをも見定めて」訳 (夕霧の雲居(くも)の雁(かり)への)愛情の深さ浅さのようすをも見定めて。

❷**趣旨。**意図。〈方丈・一五〉「仏の教へ給ふおもむきは、事にふれて執心なかれとなり」訳 仏のお教えになる趣旨は、何かにつけて執着心を持つなということだ。

❸**風情。情趣。**おもしろみ。〈去来抄・先師評〉「病雁(びやうがん)は、格高く趣かすかにして」訳 (芭蕉(ばせう)の)病雁(の句)は、品格が高く情趣も幽玄であって。

おも-む・く【趣く・赴く】〔「面(おも)向く」の意〕一 自カ四{か・き・く・く・け・け} ❶(ある方向に)**向く。向かう。**向かって行く。〈竹取・竜の頸の玉〉「この吹く風は、…よき方(かた)におもむき(用)て吹くなり」訳 この吹く風は、…都合のよい方向に向かって吹くのだ。(「なり」を推定の助動詞とし、「吹くようだ」とする説もある)

❷従う。同意する。〈源氏・玉鬘〉「『思ふさまになりなば…』など語らふに、二人はおもむき(用)にけり」訳「(玉鬘(たまかづら)が自分の)思うようになったら…」などと話を持ちかけると、二人は(大夫(たい)の監(げん)に)同意したのだった。

二 他カ下二{け・け・く・くる・くれ・けよ} ❶(ある方向に)**向かわせる。**向かって行かせる。〈源氏・橋姫〉「仏などのすすめおもむけ(用)給ふやうなるありさまにて」訳 仏などが(出家を)勧めて仕向けてくださるようなありさまで。

❷従わせる。同意させる。〈隆信朝臣集・詞書〉「いと心強かりける人を言ひおもむけ(用)て」訳 ひどくつれなかった人を(あれこれ)言って同意させて。

❸意中をほのめかす。話題とする。〈源氏・須磨〉「女君は『…』とおもむけ(用)て、うらめしげにおぼいたり」訳 女君(=紫の上)は「…」と意中をほのめかして、(光源氏の措置を)恨めしそうに思っていらっしゃる。

参考 対義語は「そむく(=背を向ける)」。

おも-や【母屋・主屋】名 ❶**寝殿造りの建物で、廂(ひさし)にかこまれた中央の部分。**ふつう「もや」という。〈竹取・かぐや姫の昇天〉「母屋の内には、嫗(おうな)どもを番にをりて守らす」訳 寝殿の中央の部分の内には、嫗どもを見張り番にいさせて(かぐや姫を)守らせる。

❷(離れ・物置・長屋などに対して)**中心となる家屋。**〈浮世・世間胸算用〉「裏に隠居して当年九十二なれども、目がよく足立って」訳 (あるじの母親は)裏手のほうに隠居して今年九十二歳であるが、目がよく見えしっかりした足どりで、母屋に来た。

❸(分家・支店に対して)本家。本店。

おも-やう【面様】名 顔だち。おもざし。

おもり-か【重りか】形動ナリ{なら・なり(に)・なり・なる・なれ・なれ} ❶(目方の)重そうなさま。〈源氏・末摘花〉「つつみに衣箱の重りかに(用)古代なる、うち置きておし出(い)でたり」訳 (命婦(みやうぶ)は)包むための布(の上)に衣箱で重そうで古めかしいものを置いて、さし出した。

❷(態度・信望などが)重々しいさま。重厚で、落ち着いたさま。〈源氏・蜻蛉〉「重りかなる(体)方(かた)ならで、ただ心安くらうたき語らひ人にてあらせむ」訳 (浮舟(うきふね)を)重々しくて軽はずみには扱えない方(=本妻)でなくて、ただ気の置けないかわいい話し相手としていさせよう。

おも・る【重る】自ラ四{ら・り・る・る・れ・れ} ❶**(目方が)重くなる。**〈今昔・一九・四三〉「人多く居(ゐ)て屋重り(用)にければ」訳 人が大勢座って(堂の)建物が重くなってしまったので。

❷病気が重くなる。〈源氏・桐壺〉「日々に重り(用)給ひて」訳（桐壺の更衣は）日に日に病気が重くなられて。

おも-わ【面輪】 名 顔の輪郭。顔。

おや【親・祖】 名

❶父母、または養父母。

❷祖先。〈万葉・三・四四三〉「玉葛いや遠長く祖の名も継ぎゆくものと」訳 いよいよ将来にわたって祖先の名をも継いでゆくものであると。（「玉葛」は「いや遠長く」にかかる枕詞）

❸物のできたもと。元祖。〈源氏・絵合〉「まづ、物語の出できはじめの祖なる竹取の翁に」訳 まず、物語のでき始めの元祖である「竹取の翁の物語」（の絵）に。

❹人の上に立つ者。長。かしら。〈源氏・桐壺〉「国の親となりて、帝王の上なき位にのぼるべき相おはします人の」訳 一国のかしらとなって、帝王という最高の位に当然のぼるはずの人相がおありになる人で。

おや-ざま【親様】 名 親のように頼りにする人。親代わり。

お・ゆ【老ゆ】 自ヤ上二〔い・い・ゆ・ゆる・ゆれ・いよ〕❶年をとる。老いる。〈古今・春上〉「年経れば齢は老い(用)ぬ」訳 →としふれば…(和歌)。⬇大人なぶ「類語の整理」

❷弱る。衰える。また、季節などの盛りが過ぎる。〈うつほ・春日詣〉「山辺に冬若く、野辺に春老い(用)たり」訳 山辺では冬が始まったばかりで（あるのに）、野辺では春が盛りを過ぎている。

お-ゆどの【御湯殿】 名 ❶貴人の家の浴室、また、貴人の「湯あみ」の敬称。

❷清涼殿の西廂の北にある、湯を沸かし、天皇の食膳をととのえる部屋。また、天皇沐浴の間。

❸「御湯殿の儀式」の略。平安時代、皇子誕生のあと、産湯をつかわせる儀式。

❹「御湯殿の儀式」に奉仕する女性。〈紫式部日記〉「御湯殿は宰相の君」

❺江戸時代、大名の浴室で奉仕する女性。

およす・く 自カ下二〔け・け・く・くる・くれ・けよ〕❶（子供が大人に）成長する。育つ。大人になる。〈源氏・桐壺〉「この御子のおよすけ(用)もておはする御かたち心ばへ」訳 この皇子（＝光源氏）のだんだん成長しなさってゆくお顔かたちや性質が。⬇大人なぶ「類語の整理」

❷（年のわりに）ませる。大人びる。老成する。〈源氏・帚木〉「『世こそ定めなきものなれ』と、いとおよすけ(用)のたまふ」訳「男女の縁は定めのないものだ」と、（光源氏は）ひどく大人びておっしゃる。

❸地味に見える。〈徒然・一九一〉「昼はことそぎ、およすけ(用)たる姿にてもありなん」訳 昼は簡略にし、地味に見えている姿でもよいだろう。

参考「およ」は「老ゆ」と同源という。清濁については、「およすく」「およすぐ」「およずく」など諸説があって一定しない。

およそ【凡そ】（「おほよそ」の転）■一 形動ナリ〔なら・なり(に)・なり・なる・なれ・なれ〕いいかげんなさま。粗略なさま。〈狂・二千石〉「いいや、かかる大事の謡をおよそに(用)しては叶ふまじと（＝不都合であろうと）」

■二 副 だいたい。おおかた。〈平家・三・法印問答〉「およそ老いて子を失ふは、枯木の枝なきにことならず」訳 だいたい年をとってから子供を亡くすのは、枯れた木の枝がないのと異ならない。

およば-ず【及ばず】 ❶届かない。至らない。かなわない。

❷（「…におよばず」の形で）㋐…するまでもない。必要がない。〈平家・二・副将被斬〉「鎌倉まで具し奉るにおよばず(終)」訳（若君は）鎌倉までお連れ申しあげるまでもない。

㋑…できない。〈平家・三・僧都死去〉「硯も紙も候はねば、御返事にもおよばず(終)」訳 硯も紙もございませんので、返事のお手紙（を書くこと）もできない。

お-よび【指】 名 ゆび。〈枕・一五一〉「いとをかしげなるおよびにとらへて」訳 たいそうかわいらしい感じの指で（塵を）つまんで。

なりたち 四段動詞「及ぶ」(未)＋打消の助動詞「ず」

およびーかか・る【及び掛かる】 自ラ四〔ら・り・る・る・れ・れ〕❶前へのしかかる。〈徒然・一三七〉「人の後ろにさぶらふは、様あしくも及びかから(未)ず、わりなく見んとする人もなし」訳（高貴な）人の後ろに控えている者は、見苦しくも前の人にのしかからず、無理に（祭りの行列を）見ようとする人もない。

❷もう少しで届きそうになる。

およ・ぶ【及ぶ】 自バ四〔ば・び・ぶ・ぶ・べ・べ〕❶届く。達する。至る。〈平家・二・小教訓〉「父祖の善悪は必ず子孫に及ぶ(終)と見えて候ふ」訳 父祖の善悪は（その報いが）必ず子孫に至ると見えております。

❷届くように前かがみになる。及び腰になる。〈源氏・宿木〉「簾の下より、やをら及び(用)て御袖をとらへつ」訳（薫は）簾の下から、そっと前かがみになって（中の君の）お袖をとらえた。

❸追いつく。〈源氏・紅葉賀〉「引き放ちて出で給ふを、せめて及び(用)て」訳（光源氏が袖を）むりに振り払ってお出になるのを、（源典侍は）しいて追いすがって。

❹（多く打消の表現を伴って）匹敵する。肩を並べる。〈増鏡・久米のさら山〉「数ならぬ人、及ば(未)ぬ身までも」訳 とるにたりない者、肩を並べるほどでない人（＝身分の低い人）までも。

❺（「…におよぶ」の形で）ついに…になる。〈平家・五・早馬〉「ただ今、天下の大事に及び(用)なんず」訳 すぐさま、ついに天下の大事になってしまうだろう。

❻（下に打消の語を伴い、多く「…におよばず」の形で）㋐…ができる。〈方丈・二〉「資財を取り出づるに及ば(未)ず」訳（大火から逃れた人も）家財道具を取り出すこと（まで）はできずに。

㋑…が必要である。〈平家・灌頂・六道之沙汰〉「一旦の嘆き、申すに及び(用)候はねども」訳 一時の嘆きは、申す必要もありませんが。

お-よ・る【御寝る】 自ラ四〔ら・り・る・る・れ・れ〕（「寝」の尊敬語。おやすみになる。〈著聞・一六一〉「月をも御覧ぜでおよる(終)なれば」訳 月をもご覧にならないでおやすみになるようなので。

参考 女房詞で、お目覚めになることを「御昼」というのに対し、おやすみになることを「御夜る」という。それを活用させて動詞としたもの。

おらが春（おらがはる）《作品名》江戸後期の俳句俳文集。小林一茶著。遺稿を没後二十五年の嘉永五年(一八五二)に刊行。文政二年(一八一九)の正月から暮れまでの、一茶五十七歳の身辺のできごとや感想・見聞を記す。作品名は巻頭の句「目出度さもちう位なりおらが春」(訳→めでたさも…俳句)から。

おり〖折・居り〗➡をり

折たく柴の記(おりたくしばのき) ➡折たく柴の記

おり-た・つ【下り立つ・降り立つ】自タ四{た・ち・つ・つ・て・て} ❶おりて(事を始める場に)立つ。〈記・中〉「御船に入れたる楯を取りて**おりたち**用給ひき」訳(神武天皇は)御船に入れてあった楯を持って(船から)**おりて**お**立ち**になった。

❷自ら直接行う。懸命に…する。〈源氏・若菜上〉「御孫の君たちは、…**おりたち**用て雑役し給ふ」訳(式部卿の宮の)御孫の若君たちは、…**身を入れ**て雑用の務めをしなさる。

おりふし〖折節〗➡をりふし

おり・ゐる【下り居る】自ワ上一{ゐ・ゐ・ゐる・ゐる・ゐれ・ゐよ} ❶降りてすわる。馬や乗り物から降りてその場にいる。腰をおろす。〈伊勢・九〉「その沢のほとりの木の陰に**おりゐ**用て、乾飯食ひけり」訳その沢のほとりの木陰に**馬から降りて腰をおろし**て、乾飯(=携行用の乾した飯)を食った。

❷(天皇や斎院などが)その地位を退く。退位する。〈うつほ・春日詣〉「その時の帝も**おりゐ**用給ひ、春宮国知り給ひて」訳当時の天皇も**位を退き**なさり、皇太子が国をお治めになって。

お・る【降る・下る】自ラ上二{り・り・る・るる・るれ・りよ}

❶(高い所や乗り物などから)降りる。外に出る。〈源氏・須磨〉「君も御馬より**おり**用給ひて」訳(光源氏の)君も御馬からお**降り**になって。

❷(貴人の前から)**退出する。退く。**〈源氏・幻〉「あけぼのにしも、曹司に**おるる**体女房なるべし」訳ちょうど明け方に、(勤務を終えて)自分の部屋に**下がる**女房であるにちがいない。

❸**位を退く。**職を辞す。〈大鏡・序〉「水尾の帝(=清和天皇)の**おり**用おはします年」訳水尾の帝(=清和天皇)の**退位**しなさる年。〖➡下る「古文常識」〗

おる〖折る〗➡をる

おれ【己】代 ❶対称の人代名詞。相手をいやしめていう。**おまえ。**きさま。〈記・中〉「**おれ**熊曽建二人、伏はず礼なし」訳**おまえ**(ら)熊曽の地の勇者二人は、(大和政権に)服従せず無礼である。

❷自称の人代名詞。**わたし。**俺。〈著聞・五四〉「**おれ**が母にて候ふ者こそ、姉よりもよく候へ」訳**わたし**の母でございます者(のほう)が、姉よりも美人でございます。

参考 ②は①から転じたもので、中世以降使用された。広く貴賤男女を問わず目上にも目下にも用いられた。

おろ-おろ 副 ❶十分に整っていないさま。**大ざっぱに。**〈宝物集〉「天竺・大唐・我が朝**おろおろ**申し侍るべし」訳インド・中国・わが国(のこと)を**大まかに**申し上げましょう。

❷全部に行き渡らないさま。**まばらに。**ぽつぽつ。〈宇治・二・三〉「髪もはげて、白きとても**おろおろ**ある頭に」訳髪の毛も抜けて、白髪といっても**まばらに**ある頭に。

❸どうしてよいかわからず、落ち着かないさま。**うろうろ。おどおど。**〈浮・傾城禁短気〉「客のいふやうに**おろおろ**と廻りては」訳客のいいなりに**おどおど**とふるまえば。

❹泣いて目や声がうるむさま。**うるうる。**〈浄・鑓の権三重帷子〉「にらむ目の中**おろおろ**と」

参考 ③④は「と」を伴って用いられることが多い。

おろか【疎か・愚か】形動ナリ ➡次ページ 89

おろがむ〖拝む〗➡をろがむ

おろし 名 ❶【下ろし】神仏の供え物や貴人の飲食物・着用物のおさがり。〈枕・二七八〉「いみじう仕うまつれど、まだ**おろし**の御衣一つ賜はらず」訳懸命にお仕え申しあげるが、まだ**おさがり**のお召し物一ついただかない。

❷【颪】山から吹きおろす風。山おろし。

おろし-こ・む【下ろし籠む】他マ下二{め・め・む・むる・むれ・めよ} (御簾・格子・蔀などを)下ろして外から見えないようにし、中に身を閉じこめる。〈源氏・早蕨〉「寄りて見給へど、この中をば**下ろしこめ**用たれば、いとかひなし」訳(襖障子の穴に)寄ってお覗きになるが、この(=部屋の)中を**簾など下ろして外から見えないようにし**てあるので、まったくむだである。

おろし-た・つ【下ろし立つ】他タ下二{て・て・つ・つる・つれ・てよ} ❶おろして立たせる。牛車から牛をはずし、轅をおろして駐車する。〈蜻蛉・上〉「御車**おろしたてよ**命」訳お車を**轅をおろして駐車せよ**。

❷身分の低い者の中へ交わらせる。〈源氏・帚木〉「まうとたちのつきづきしく今めきたらむに**おろしたて**未むやは」訳あなたたちのように、(空蝉に)ふさわしく当世風であるような若者に(伊予の介が空蝉を)**交わらせる**だろうか(いや、交わらせはしまい)。

おろ・す【下ろす】他サ四{さ・し・す・す・せ・せ}

❶低いほうへ移す。下げる。落とす。沈める。〈源氏・若紫〉「いとかろらかにかき抱きて**おろし**用給ふ」訳(光源氏は若紫を)とても軽々と抱きあげて(牛車から)お**降ろし**になる。〈平家・十二・六代被斬〉「うつくしげなる髪を肩のまはりにはさみ**おろし**用」訳(六代は)いかにも愛らしい髪を肩のまわり(の長さ)にはさみで**切り落とし**。

❷**剃髪する。**頭をそって出家する。〈伊勢・八三〉「思ひのほかに、御髪**おろし**用給うてけり」訳(惟喬親王は)思いもかけないことに、御**剃髪し**なさってしまった。

❸(風が自分自身をおろす意から)風が吹きおろす。〈千載・秋下〉「三室山**おろす**体嵐のさびしきに妻よぶ鹿のこゑたぐふなり」訳三室山から**吹きおろす**激しい風がさびしいのに、妻を恋い求める鹿の声がいっしょにまじって聞こえてくるよ。

❹**退出させる。**〈源氏・帚木〉「みな下屋に**おろし**用侍りぬるを」訳(女たちは)みんな下屋(=召使などのいる雑舎)に**退出させ**てしまいましたが。

❺**官位や地位を下げる。**位を退かせる。〈増鏡・新島守〉「七月九日、みかどをも**おろし**用奉りき」訳陰暦七月九日に、(仲恭天皇)天皇をも**退位させ**申しあげ

た。

❻神仏の供物、または貴人の飲食物の残りや使用後の品などを、**さげわたす**。また、**おさがりをいただく**。〈**更級・梅の立枝**〉「御前(おまへ)のをおろし㊐たるとて、わざとめでたき草子ども、硯(すずり)の箱のふたに入れておこせたり」訳（親族の人が）姫宮様の（お持ちのもの）をいただいたのだと言って、特にすばらしい（物語の）本をいろいろと、硯箱のふたに入れて送ってきた。

❼**悪く言う。けなす**。ののしる。〈**源氏・少女**〉「ここにても、またおろし㊐ののしる者どもありてめざましけれど」訳ここ（＝入試の場）においてもまた、大声でこきおろす者（＝儒者）たちがいて、（夕霧は）気にくわないけれども。

❽すりくだく。すりへらす。〈**宇治・二・四**〉「おろし㊐て見れば、きらきらとして、まことの金なりければ」訳（箔打(はくう)ち職人が）すりくだいて見ると、きらきらと輝いて、本物の黄金であったので。

❾新しい品を使い始める。取り出して使う。〈**うつほ・藤原の君**〉「みづからの料(れう)には、三合の米(よね)おろし㊐て食ひつつ」訳自分の食い物としては、米三合を（しまってある場所から）取り出して食っては。

❿魚や鳥・獣などを調理のために切り分ける。〈**今昔・一九・二**〉「猪(ゐ)を捕り、生けながらおろし㊐てけるを見て」訳猪(いのしし)を捕らえ、生かしたままさばいてしまったのを見て。

最重要330

89 おろか

【疎か・愚か】形動ナリ｛なら・なり(に)・なり・なる・なれ・なれ｝

ガイド 「おろそか」と同根。現代語では、頭や心のはたらきの疎略なさまの③の意で用いることが多いが、②の表現、④の技能、そのほか、愛情や人間関係など、あらゆる面の疎略なさまを表す。

❶**疎略だ。いいかげんだ。なみひととおりだ。なおざり。**
➡疎(おろ)そか「類語の整理」

例わづかに二つの矢、師の前にて一つをおろかに㊐せんと思はんや〈**徒然・九二**〉
訳たった二本の矢で、師匠の前においてその一方をいいかげんに扱おうと思うだろうか（いや、思いはしない）。

語感実感
やる気も集中力もないまま書き上げたレポートが誤字だらけで、内容も粗雑である感じ。

❷（「…（と）は」「…といふも」「…なども」などを受けて）**それでは言い尽くせない。十分に表しきれない。**

例恐ろしなんどもおろかなり㊇〈**平家・一一・能登殿最期**〉
訳恐ろしいなどとも（ことばでは）とても言い尽くせない。

❸**愚かだ。頭や心のはたらきが鈍い。**

例至りておろかなる㊍人は、たまたま賢なる人を見て、これを憎む〈**徒然・八五**〉
訳きわめて愚かな人は、まれに賢い人を見て、（かえって）これを憎む（ことがある）。

❹**未熟だ。劣る。**

例賢き人の、この芸におろかなる㊍を見て〈**徒然・一九三**〉
訳賢い人で、この芸（＝碁を打つこと）に未熟である人を見て。

おろ-そか【疎か】形動ナリ｛なら・なり(に)・なり・なる・なれ・なれ｝❶すき間の多いさま。**まばら**。〈**霊異記**〉「まさに世々に牙歯(がし)おろそかに㊐欠け、唇醜く」訳必ずどの世においても歯がまばらに欠け、唇が醜悪に（なり）。

❷**粗略だ**。なおざり。また、**粗末なさま**。〈**源氏・桐壺**〉「おほやけ事に仕うまつれる、おろそかなる㊍こともぞと、とりわき仰せ言ありて」訳お役所仕事として奉仕したのでは、粗略なことがあるといけないと、特別に（桐壺帝から）おことばがあって。〈**源氏・手習**〉「若菜をおろそかなる㊍籠(こ)に入れて」訳若菜を粗末な籠(かご)に入れて。

❸**つたない**。よくない。〈**宇治・四・一三**〉「前生(ぜんしやう)の運おろそかに㊐して」訳前世の因縁で定められた運がつたなくて。

類語の整理　おろそか―「粗略・いいかげんなさま」を表す語

おろか（＝粗略だ・いいかげんだ）
おろそか（＝粗略だ・粗末だ）
なのめ（＝平凡だ・ありふれている）
なほざり（＝いいかげんだ・かりそめだ）

おろち〖大蛇〗➡をろち

おわします〖御座します〗➡おはします

おわす〖御座す〗➡おはす

おん-【御】接頭〔「おほん」の転〕尊敬の意を表す。「御事」「御曹司(ざうし)」「御衣(ぞ)」→大御(おほん)（接頭）

おん【遠】⬇をん

おん‐あい【恩愛】［名］いつくしみ。特に、(仏教語として、「生死(しやうじ)」の迷いの因とされる)親子・夫婦などの間の愛情。〈方丈・三〉「人をはぐくめば、心、恩愛につかはる」訳 人を世話すると、心が情愛に支配される。

おん…あ・り【御…あり】(「御」と「あり」の間に動詞の連用形の名詞化した語または漢語サ変動詞の語幹が入って)お…になる。…なさる。〈平家・七・忠度都落〉「御疑ひある(体)べからず」訳 お疑いになってはいけない。

参考 中世以降の用法。

おん‐こと【御事】□一［名］❶「事」の尊敬語。❷貴人の死や万一のことなどをいう尊敬語。〈平家・六・入道死去〉「一天の君、万乗のあるじの、いかなる御事ましますとも、これには過ぎじとぞ見えし」訳 一天万乗の天子の、どんな万一の御事(=崩御)がおありになっても、これ(=清盛の死に伴う騒ぎ)にはまさらないだろうと思われた。❸「ひと」の尊敬語。おひと。御方。〈平家・八・名虎〉「これもまたさしおきがたき御事なり」訳 これ(=惟仁(これひと)親王)もまたないがしろにしにくい御方である。□二［代］対称の人代名詞。相手を敬っていう。あなたさま。〈保元物語〉「ただ御事の苦しさをこそ存じ候へ」訳 ひたすらあなたさまの苦しみを心配いたしております。

参考 平安時代の作品にある「御事」の用例は「おほんこと」と読まれたと考えられる。

おん‐ざうし【御曹司・御曹子】［名］(「御」は接頭語。「曹司」は部屋の意)❶まだ独立しないで部屋住みをしている貴族・武家の子息の敬称。❷(「平家物語」などで)平家の「公達(きんだち)」に対し、源氏の嫡流の子息をいう。特に、単に「御曹司」という場合は源義経(よしつね)をさすことが多い。〈義経記〉「佐殿(すけどの)(=頼朝(よりとも))は御曹司をつくづくと御覧じて」訳 佐殿は御曹司(=義経)をじっくりとご覧になって。

おん…さうら・ふ ⬇おん…さぶらふ

おん…さぶら・ふ【御…候ふ】(「御」と「候ふ」の間に動詞の連用形の名詞化した語または漢語サ変動詞の語幹が入って)お…なさいます。〈平家・三・徳大寺之沙汰〉「徳大寺殿の御まゐり候う(用)(ウ音便)て」訳 徳大寺殿が(厳島(いつくしま)神社に)御参詣なさいまして。

参考 中世以降の用法。

おん‐し【恩賜】［名］天皇・主君からいただくこと。また、いただいた物。

おん‐じき【飲食】［名］(「おん」「じき」は呉音)飲み物と食べ物。また、飲むことと食うこと。〈徒然・一〇八〉「一日のうちに、飲食・便利・睡眠(すいめん)・言語(ごんご)・行歩(ぎやうぶ)、やむことを得ずして、多くの時を失ふ」訳 一日のうちに、飲み食い・用便・睡眠・会話・歩行に、やむをえずに、たくさんの時間を費やす。

おん‐じゃう【音声】［名］(「おん」「しゃう」は呉音。「じゃう」はその連濁)❶(人の)声。また、節をつけて歌ったり唱えたりする声。〈平家・四・橋合戦〉「大音声をあげて名のりけるは」訳 大声をあげて名のったことには。❷(管弦などの楽器の)音。

おん‐ぞ【御衣】［名］(「おほんぞ」の転)衣服の敬称。お召し物。

おんぞうし【御曹司・御曹子】⬇おんざうし

おんとの‐ごも・る【御殿籠る】［自ラ四］「おほとのごもる」に同じ。

おんな【媼】［名］(「おみな」の転)老女。老婆。〈土佐〉「みなひとびと、おんな、おきな、額に手を当てて喜ぶこと二つなし」訳 (一行の)人々みんな、老女も、翁(おきな)も、額に手を当てて喜ぶことはこの上ない。→老女(おうな)・嫗(おみな)

注意 「をんな」は、女性一般をさしていう別語。⬇大人(おとな)ぶ「類語の整理」

おんな【女】⬇をんな

おん‐み【御身】□一［名］「み(身)」の尊敬語。おからだ。ご身分。□二［代］対称の人代名詞。軽い敬意を表す。あなた。〈義経記〉「御身は三年に平家を滅ぼし給ひ」訳 あなたは三年間で平家を討ち滅ぼしなさって。

おん‐やう【陰陽】［名］(「おん」は呉音。連声(れんじやう)で「おんみゃう」とも)❶「いんやう」に同じ。❷「陰陽道(おんやうだう)」または「陰陽師(おんやうじ)」の略。

おんやう‐じ【陰陽師】［名］「おんみゃうじ」とも。陰陽寮に所属して、暦を仕立てたり占いや土地の吉凶などをみたりする役人。のちには、民間で占いや祈禱(きとう)などをする者にもいう。

(おんやうじ)

おんやう‐だう【陰陽道】［名］「おんみゃうだう」とも。奈良時代、中国から伝わった学問。陰陽五行の説に基づき、自然現象と社会現象との因果関係を説く。天文・暦数・方位などによって、占いや呪術を行った。→五行

おんやう‐れう【陰陽寮】［名］律令制で中務省(なかつかさしやう)に属し、「陰陽道(おんやうだう)」のことをつかさどる役所。「おんやうのつかさ」とも。⬇付録③「平安京大内裏図」

おんる【遠流】⬇をんる

か‐［接頭］(主に形容詞、または動詞に付いて)語調を整え、または語意を強める。「か青」「か弱し」「か寄る」

‐か［接尾］(物の状態・性質を表す語などに付いて)それが目に見える状態であることを示す形容動詞の語幹をつくる。「さやか」「のどか」「ゆたか」

‐か【日】［接尾］日数を表す。「十日(とをか)」「百日(ももか)」

‐か【処】［接尾］場所の意を表す。「ありか」「住みか」

か【可】［名］よいこと。善。〈徒然・三八〉「可・不可は一条(いちでう)なり」訳 よいことと、よくないことはひとつながりのことである(=明確に識別することはできない)。

か【香】［名］かおり。におい。〈古今・夏〉「五月(さつき)待つ花た

ちばなの香をかげば昔の人の袖の香ぞする」訳 ↓さつきまつ…和歌

か【鹿】 名 鹿の古名。

参考 「ゐ(猪)」→「ゐのしし」と同様、「か(鹿)」についても「かのしし」という呼び方がある。

か【彼】 代 遠称の指示代名詞。人や事物をさす語。あの。あれ。あちら。〈古今・恋三〉「思へども人目つつみの高ければかはと見ながらえこそ渡らね」訳 恋い慕っても、人目を憚り慎み、堤が高いので、川だと見ていながら渡ることができないように、あの人と見えても近づけないことだ。(「つつみ」は「慎み」と「堤」、「かは」は「彼は」と「川」との掛詞)

参考 独立して用いた例は少なく、格助詞「の」とともに用い、「かの」となるのがふつうである。→彼の

か 副 (多く「か…かく…」の形で)あのように。ああ。〈万葉・二・一三一〉「波のむたか寄りかく寄る玉藻なす寄り寝し妹を」訳 波とともに、あのように寄りこのように寄る美しい藻のように、寄り添って寝た妻を。

か 係助 終助 副助 ↓次ページ助詞「か」

か〘火・花・和・果・過〙↓くゎ

が【賀】 名 祝い。特に、長寿の祝い。賀の祝い。〈古今・賀・詞書〉「僧正遍昭に七十の賀たまひける時の御歌」訳 僧正遍昭に七十歳の長寿の祝いを催されたときの(光孝天皇の)御歌。

参考 長寿の祝いは、古くは四十歳から十年ごとに行われ、これを「四十の賀」「五十の賀」などといった。室町時代末からは「還暦(六十一歳)」「喜寿(七十七歳)」「米寿(八十八歳)」などをも祝うようになった。

が 格助 接助 ↓一九六ページ助詞「が」

かい-【掻い】 接頭 〔「かき」のイ音便〕(動詞、まれに形容動詞に付いて)語調を整えたり、語意を強めたりする。「かい曇る」「かいつらぬ(=連れ立つ)」

かい【戒】 名 《仏教語》仏教上の守るべき掟。五戒・十戒など、いろいろの段階の戒がある。

かい〘貝・効・峡・匙・甲斐〙↓かひ

かい〘回・灰・廻・槐・懐〙↓くゎい

がい〘外〙↓ぐゎい

かい-えき【改易】 名・他サ変 ❶官職をやめさせて、所領を没収すること。〈平家・二・座主流〉「御持僧改易せ未らる」訳 (天台座主の明雲大僧正は)御持僧(としての役目)を解任される。❷江戸時代の武士に対する刑罰の一つ。士族の籍を除き、領地・家屋敷を没収する刑。

かい-き【開基】 名 ❶物事のもとを開くこと。基礎を作ること。〈平家・五・福原院宣〉「朝廷開基の後」訳 朝廷の創始ののち。❷寺または宗派を初めて開くこと。また、その人。〈細道・立石寺〉「慈覚大師の開基にして、殊に清閑の地なり」訳 (立石寺は)慈覚大師の創建であって、格別に清らかでもの静かな地である。

かい-く・る【掻い繰る】 他ラ四 〔「かきくる」のイ音便。「かい」は接頭語〕手元にたぐりよせる。〈平家・一一・那須与一〉「弓とり直し、手綱かい繰り用」訳 (那須与一は)弓を持ち直し、手綱を手元にたぐりよせ。

かい-け・つ【掻い消つ】 他タ四 〔「かきけつ」のイ音便。「かい」は接頭語〕かき消す。〈大和・一六八〉「かい消つ体やうに失せにけり」訳 (少将大徳は)かき消すようにいなくなってしまった。

かい-げん【開眼】 名・自サ変 ❶《仏教語》(仏像の眼を入れる意)新たに完成した仏像・仏画を供養して、魂を迎え入れること。また、その儀式。❷仏教の真理や物事の真髄を悟ること。

かい-さん【開山】 名 ❶初めて寺院を建てること。また、その人。また、宗派の祖師。❷ある事物の創始者。また、第一人者。

かい-しゃく【介錯】 名・自サ変 ❶身のまわりの世話や介抱をすること。また、その人。〈平家・一〇・千手前〉「この女房介錯し用て、やや久しう浴み、髪洗ひなどして」訳 この女房が世話をして、(重衡は)やや長い間入浴し、洗髪などをして。❷切腹する人に付き添って首を斬り落とすこと。また、その人。

かい-しろ【垣代】 名 〔「かきしろ」のイ音便。垣の代わりの意〕❶とばり。幕。❷舞楽、特に青海波の舞のとき、舞人を垣のように取り囲んで笛を吹き、拍子をとる人々。

がい・す【害す】 他サ変 殺す。傷つける。〈竹取・竜の頸の玉〉「竜を捕らへたらましかば、…我は害せ未られなまし」訳 もし竜をつかまえていたら、…私(=大伴の大納言)はきっと殺されただろうに。

かい-だう【海道】 名 ❶海路。船路。❷海辺の諸地方に通じる道。海沿いの道。対 山道 ❸「東海道」の略。❹街道。諸国の主要地を結ぶ陸路。

参考 ④は「東海道」にならって、他の主要道にも「海道」の字をあてていたが、山中の陸路にはそぐわないので、「街道」の字をあてるようになった。

かい-だう【街道】 名 →かいだう(海道)④

海道記(かいだうき) 《作品名》紀行文。作者未詳。貞応二年(一二二三)ごろ成立か。京都白河の隠士が、京都から鎌倉まで東海道を下り、再び京都に帰りつくまでを記す。仏教的色彩が強く、文章は華麗な和漢混交文。

かい-ちゃう【開帳】 名・自サ変 厨子の扉を開いて、秘仏を一般の人に拝ませること。春。〈細道・平泉〉「かねて耳驚かしたる二堂開帳す終」訳 前々から話に聞いて驚嘆していた(経堂・光堂の)二堂が開帳する。

かい-つ・く【掻い付く】 〔「かきつく」のイ音便〕■一 自カ四 抱きつく。しがみつく。〈枕・一五一〉「をかしげなるちごの、あからさまにいだきて遊ばしうつくしむほどに、かいつき用て寝たる、いとらうたし」訳 かわいらしい感じの幼児が、ちょっと抱いてあやしたりしてかわいがったりしているうちに、抱きついて寝たのは、ほんとうに愛らしい。■二 他カ下二 つける。ぬりつける。〈源氏・常夏〉「紅といふもの、いと赤らかにかいつけ用て」訳 (近江の君は)紅というものをたいそう赤々と(唇に)ぬりつけて。

かい-ど・る【掻い取る】 他ラ四 〔「かきと

か

一係助　二終助　三副助

意味・用法 / **用例**

一 係助詞
文末を活用語の連体形で結ぶ、係り結びの形式をとる。

❶疑問
…か。…だろうか。

例 いづれの山か天に近き〈竹取・ふじの山〉
訳 どの山が天に近いか。
例 子安の貝とりたるか〈竹取・燕の子安貝〉
訳 子安貝をとったか。

定型表現 係り結び
か…連体形
例 いづれの山か天に近き。〈疑問〉（連体形）
（＝どの山が天に近いか）
例 世の中は何か常なる。〈反語〉（連体形）
（＝世の中はどうして常であろうか(いや、常ではない)）

❷反語
…(だろう)か(いや、…ではない)。

例 生きとし生けるもの、いづれか歌を詠まざりける〈古今・仮名序〉
訳 あらゆる生きものは、どれが歌を詠まなかっただろうか(いや、詠まなかったものはない)。
例 隔てなく慣れぬる人も、程経て見るは、恥づかしからぬかは〈徒然・五六〉
訳 分け隔てなく慣れ親しんだ人でも、しばらくたって会うのは、気がひけないだろうか(いや、気がひけるものだ)。

二 終助詞
詠嘆・感動
…だなあ。

例 苦しくも降りくる雨か神の崎狭野のわたりに家もあらなくに〈万葉・三・二六五〉
訳 困ったことに降ってくる雨だなあ。神の崎の佐野の渡し場には(雨宿りができる)家もないことなのに。

三 副助詞《中世語・近世語》
不定
…か。

例 どなたかお出でなさったさうな〈洒・遊子方言〉
訳 どなたかいらっしゃったようだ。

る」のイ音便。「かい」は接頭語〕着物の裾や褄を手でつまみ上げる。

かいな〔肱・腕〕➡かひな

かい-な・づ【掻い撫づ】他ダ下二｛で・で・づ・づる・づれ・でよ｝〔「かきなづ」のイ音便〕なでる。〈更級・大納言殿の姫君〉「この猫が向かひゐたれば、かいなでつつ」訳この猫が向かい合って座っているので、なでながら(話しかけると)。

かい-なで【掻い撫で】名・形動ナリ〔「かきなで」のイ音便〕並々なこと。とおりいっぺんなこと。〈源氏・末摘花〉「かうやうのかいなでにだにあらましかばと返す返す口惜し」訳(末摘花の歌も)せめてこの程度の並ひととおりでさえあったなら(うれしいだろうのに)と、返す返すも残念である。

かい-ねり【掻い練り】名〔「かきねり」のイ音便〕❶砧で打って練ったり、灰汁などで煮て糊を落としたりして、柔らかくした絹。紅や濃い紫のものが多い。❷「掻い練り襲」の略。襲の色目の名。表裏ともに紅。冬から春までに用いる。

かい-ば-み【垣間見】名〔「かいまみ」の転〕「かいまみ」に同じ。

かい-ひゃく【開闢】名「かいびゃく」とも。❶天地の開け始め。国の始まり。❷信仰の地として山や寺を開くこと。また、その人。

かい-ぶ【海浦・海賦・海部】名 織物や蒔絵の模様の名。大波・州浜・貝・藻などの海浜の景色を描いたもの。大海。

（かいぶ）

かい-まく・る【掻い捲る】他ラ四｛ら・り・る・る・れ・れ｝〔「かきまくる」のイ音便。「かい」は接頭語〕まくり上げる。〈更級・初瀬〉「舟を待つ人の数もしらぬに心おごりしたる気色にて、袖をかいまくり用て」訳(楫取りたちは)舟を待つ人が数えきれない(ほど多い)のに得意になっているようすで、袖をまくり上げて。

接続
一 体言・活用語・副詞・助詞などに付く。
二 体言または活用語の連体形に付く。
三 体言または活用語の連体形に付く。

文法ノート

1「か」と「や」の違い
→や(係助)「文法ノート」3

2 結びの省略
一で、「にか」の形で文末または句末に用いられて、結びの語が省略される場合がある。
例 若宮は、いかに思ほし知るにか〈源氏・桐壺〉
訳 若宮(=光源氏)は、どのように理解なさっているのであろうか。
この場合、下に「あらむ」などを補って解釈する。

3 文末にくる反語
一②の反語は、文末では「かは」「かも」「ものか」の形になることが多い。→かは・かも(終助)・ものか

4 願望の「ぬか」「ぬかも」
一で、上代の文末の「ぬか」「ぬかも」は、多く願望の意を表す。→ぬか・ぬかも

かいま-み【垣間見】名「かきまみ」のイ音便」「かいばみ」とも。**物のすきまからこっそりのぞき見ること。**〈源氏・夕顔〉「時々中垣のかいまみし侍るに」訳(私=惟光(これみつ)が)ときどき隣家との間の垣根からのぞき見をしますと。⇒後朝(きぬぎぬ)「古文常識」

かいま-みる【垣間見る】他マ上一{み・み・みる・みる・みれ・みよ}「かきまみる」のイ音便」**物のすきまからこっそりのぞき見る。**〈伊勢・一〉「この男、かいまみ(用)てけり」訳この男は、垣のすきまからこっそりのぞき見してしまった。

かいま・む【垣間む】他マ四{ま・み・む・む・め・め}「かいばむ」とも。物のすきまなどからのぞき見る。〈大和・一四九〉「垣間め(已)ば、…いとあやしきさまなる衣(きぬ)を着て」訳すきまからのぞき見ると、…(妻は)たいそう粗末なようすの着物を着て(いて)。
参考 上一段動詞「垣間見る」が四段化したもの。

かい-もちひ(モチイ)【掻い餅】名「かきもちひ」のイ音便」飯の餅(もち)。ぼた餅の類。一説に、そばがきとも。〈宇治・一・一二〉「『いざ、かいもちひせん』といひけるを」訳(僧たちが)「さあ、ぼた餅をつくろう」と言ったのを。

かい-や・る【掻い遣る】他ラ四{ら・り・る・る・れ・れ}「かきやる」のイ音便」❶**手で払いのける。**〈源氏・若紫〉「いはけなくかいやり(用)たる額(ひたひ)つき、髪(かん)ざしいみじううつくし」訳(若紫が)あどけなく(髪を)手で払いのけた額の形や髪のようすは、たいそうかわいらしい。❷「かい」は接頭語」やる。**与える。**

かいろぐ ⇒かひろぐ

かう(コウ)【更】名 日没から日の出までの一夜を五つに分けた時刻の単位。戌(いぬ)の刻を初更(=今の午後八時ごろおよびその前後約二時間)、亥(ゐ)の刻を二更(=今の午後十時ごろおよびその前後約二時間)、子(ね)の刻を三更(=今の午後十二時ごろおよびその前後約二時間)、丑(うし)の刻を四更(=今の午前二時ごろおよびその前後約二時間)、寅(とら)の刻を五更(=今の午前四時ごろおよびその前後約二時間)という。季節により「更」の長さは異なる。⇒十二支(じふにし)「古文常識」

かう(コウ)【香】名❶沈香(じんかう)・白檀(びやくだん)・伽羅(きやら)・麝香(じやかう)・竜涎(りゆうぜん)などの植物・動物からとった香料。種々の香料を練り合わせた人造のものもある。薫(た)き物。〈源氏・若菜下〉「香に染みたる御衣(ぞ)ども」訳香にしみている御衣を幾枚も(重ね)。❷「香色(かういろ)」の略。やや黄色がかった薄赤色。❸織物の名。縦糸は香色、横糸は白色で織る。老人の着物に用いる。❹襲(かさね)の色目の名。表は香色、裏は紅。四季を通じて用いる。⇒襲(かさね)の色目(いろめ)「古文常識」(二〇ページ)

(香②)

かう(コウ)【剛】名・形動ナリ 強いこと。剛勇。〈平家・一一・能登殿最期〉「三十人が力持ったる、大力(だいぢから)の剛の者あり」訳(安芸(あき)の太郎実光(さねみつ)といって)三十人の力をもっている、力持ちの剛勇の者がいる。

かう(コウ)【長官】名「かみ」のウ音便」官庁の長官。⇒長官(かみ)「古文常識」

かう(コウ)【斯う】副「かく」のウ音便」❶**このように。**〈竹取・貴公子たちの求婚〉「この人々の年月を経て、かうのみいましつつのたまふことを、思ひ定めて」訳この方々が長い間にわたって、ただこのようにおいでになってはおっしゃることを、考え判断して。❷**もうこれまで。**これで終わり。〈平家・一・祇王〉「祇王すでに、今はかうとて出(い)でけるが」訳祇王はもはや、今となってはこれまでということで出発したが。❸これこれ。しかじか。〈平家・二・烽火之沙汰〉「入道にかうとも申しも入れず、ざざめきつれて、皆小松殿へぞ馳(は)せたりける」訳(兵たちは)入道(=清盛)にこれこれだとも申し上げもせずに、がやがやと連れだって、みな小松殿(=重盛)(のところ)へ馳せ参じたのであった。

かう【代う・交う・買う・換う】⇒かふ

かう-い(コウイ)【更衣】名❶衣がえ。季節によって着衣をかえること。❷後宮の女官の名。女御(にょうご)の次位。〈源氏・桐壺〉「いづれの御時にか、女御・更衣あまたさぶらひ給ひけるなかに」訳どの帝(みかど)の御代(みよ)で(あっただろう)か、女御や更衣が大勢お仕えしていらっしゃった中に。
参考 ②は、もと、天皇の衣がえの御用をつとめる女官の称であったが、のちに、天皇の寝所に奉仕する女官の称となった。大納言以下、殿上人(てんじやうびと)の娘がなる。摂関・大臣以下、公卿(くぎやう)の娘や、皇女または女

が 一格助 二接助

意味・用法 / 用例

一 格助詞

❶連体修飾語

㋐所有・所属

…の。

例 我が宿の池の藤なみ咲きにけり〈古今・夏〉

訳 私の家の池の(ほとりの)藤の花が咲いたことだ。

例 式部がところにぞ、気色あることはあらむ〈源氏・帚木〉

訳 式部のところに変わっている話はあるのだろう。

㋑名詞を略した形

…のもの。

例 いかなれば、四条大納言のはめでたくて、兼久がは悪かるべきぞ〈宇治・一・一〇〉

訳 どういうわけで、四条大納言(=藤原公任)のもの(=歌)はりっぱで、(私)兼久のものはよくないのだろうか。

❷主語

…が。…の。

例 雀の子を犬君が逃がしつる〈源氏・若紫〉

訳 雀の子を犬君(=召使の童女の名)が逃がしてしまったの。

例 雁などの連ねたるが、いと小さく見ゆるはいとをかし〈枕・一〉

訳 雁などが一列に並んで(飛んで)いるのが、たいそう小さく見えるのはとても風情がある。

❸同格

いわゆる同格を表す。

…で。…であって。

例 いとやむごとなき際にはあらぬが、すぐれて時めき給ふありけり〈源氏・桐壺〉

訳 たいして重々しい家柄の出ではない方で、格別に帝のご寵愛を受けて栄えていらっしゃる方があったそうだ。

❹対象

希望や能力や感情の対象を表す。

…が。

例 女御とだに言はせずなりぬるが飽かず口惜しう思さるれば〈源氏・桐壺〉

訳 (桐壺の更衣を)女御とさえ呼ばせないままになってしまったことが、不満で残念なことだと(桐壺帝は)お思いにならずにはいられないので。

⬇下段「まぎらわしい『が』の識別」

まぎらわしい「が」の識別

❶格助詞(主格)

例 雁などの連ねたるが、いと小さく見ゆるはいとをかし〈枕・一〉

訳 雁などが一列に並んで(飛んで)いるのが、たいそう小さく見えるのはとても風情がある。

▽上が体言または活用語の連体形(連体形は準体言)で、主語として下の述語にかかる。例の「連ねたる」は、「一列に並んで(飛んで)いるの」の意の準体言。「雁などの連ねたるが」が主語で、下の述語「いと小さく見ゆる」にかかっている。なお、中古までは述語が終止形になることはなく、連体形止めや接続助詞などであとへ続く形になる。

❷格助詞(連体格)

例 左中弁にて亡せにけるが子なりけり〈源氏・椎本〉

訳 左中弁で死んだ人の子なのだった。

▽上が体言または活用語の連体形(連体形は準体言)で、連体修飾語として下の体言を含む文節にかかり、「…(体言)が…(体言)」の形になる。例の「亡せにける」は「死んだ人」の意の準体言で、「左中弁にて亡せにけるが」は「子」にかかる連体修飾語。

❸接続助詞

例 落ち入りける時、巳の時ばかりなりけるが、日もやうやく暮れぬ〈今昔・二六・二四〉

訳 (海に)落ちこんだときは午前十時ごろであったが、日もしだいに暮れてしまった。

二 接続助詞

❶単純接続 前後の事柄を単純につなぐ。…が。

例 落ち入りける時、巳(み)の時ばかりなりけるが、日もやうやく暮れぬ〈今昔・二六・二四〉

訳 (海に)落ちこんだときは午前十時ごろであったが、日もしだいに暮れてしまった。

❷逆接 …けれど。…が。…のに。

例 めでたくは書きて候ふが、難少々候ふ〈著聞・三六八〉

訳 りっぱには書いてございますが、欠点が少しございます。

接続

一 体言または活用語の連体形に付く。
二 活用語の連体形に付く。

文法ノート

1「ごとし」などに続く用法

一①では「ごとし」「まにまに」「からに」などに続く用法もある。

例 松島は笑ふがごとく、象潟(きさかた)は恨むがごとし〈細道・象潟〉

訳 松島は(人が)笑っているようで、象潟は(人が)恨んでいるようだ。

なお、㋑を準体助詞と呼ぶこともある。

2 主語を表す用法

一②の主語を表す用法では、述語が終止形になることは中古までは決してない。必ず連体形止めや、接続助詞などであとへ続く形になる。現在と同じように終止形となるのは中世以降である。

例 藁(わら)一筋が、柑子(かうじ)三つになりぬ(終)〈宇治・七・五〉

訳 藁一本が、みかん三個になった。

3「が」と「の」

格助詞の「が」は、「の」に比べて侮蔑の意味を含む場合があるといわれる。たとえば、準体助詞ではあるが、一①㋑の用例で、兼久が四条大納言の歌をいうのに「の」を用い、自分の歌をいうのに「が」を用いている。

4 接続助詞の発生

一②の第二例のような連体形が体言に準じて用いられて主語となっている文から、だんだんと「が」の上下の独立性が強くなって接続助詞が発生した。したがって、次のようなものはまだ格助詞である。

例 髪いとけうらにて長かりけるが、分けたるやうにおち細りて〈源氏・真木柱〉

訳 髪の、たいへん美しく長かったのが、(今は)分け取ったように抜け落ち少なくなって。

王の場合は「女御(にようご)」になった。⬇後宮(こうきゅう)「古文常識」

かう-かう コウコウ【斯う斯う】副 〔副詞「かく」を重ねた「かくかく」のウ音便〕これこれ。このようにして。〈伊勢・一〇六〉「かうかう今はとてまかるを」訳 これこれのわけで今は(これまで)ということで(妻は)出て行くが。

▽上が活用語の連体形だが、準体言になっていない。

かうかうの… 川柳

孝行の　したい時分(じぶん)に　親(おや)はなし〈柳多留(やなぎだる)・二二〉

訳 (若いころ道楽をして親を困らせた息子が、自分の子供を持つ年ごろになって)孝行をしたいと思う時分には、親は死んでいて、いないことが多いものだ。

かうが・ふ コウガ(ゴ)ウ【考ふ・勘ふ】他ハ下二{へ・へ・ふ・ふる・ふれ・へよ}「かんがふ」の転 **❶事例や暦・慣例に照らして考え、判断する。**〈源氏・行幸〉「近うまたよき日なしとかうがへ(用)申しけるうちに」訳 (その日の)前後にはほかに吉日はないと、(陰陽師(おんようじ)も)暦を見て判断し言上した間に。❷(法律に照らして処断する意から)**責める。**処罰する。〈枕・一二五〉「むとくなるもの …えせ者の従者(ずさ) かうがへ(用)たる」訳 格好がつかないもの、…たいしたことのない者が(人並みに)召使を責めているの。

がう-き ゴウキ【拷器】名 拷問に用いる道具。

がう-け ゴウケ【高家・豪家】名 ❶格式の高い家。権勢のある家。摂関家や武家の名門にいう。❷頼みにする権威。よりどころ。〈今昔・二四・五六〉「ただ老いを高家にして、答へ居(ゐ)たり」訳 (罪過について問いただすと)ただ老齢を口実にして、答えていた。❸江戸幕府の職名。室町時代以来の名家で幕府に仕え、儀式・諸礼式をつかさどった家柄。参考「豪家」は呉音で「がうけ」とも。

かう-さつ コウ【高札】名 法度(はっと)や禁令、罪人の罪状などを記して人通りの多い場所に立てた板の札(ふだ)。江戸時代に盛んだった。

(かうさつ)

かう-ざま コウ【斯う様】名・形動ナリ「かくさま」

のウ音便)かようなさま。このようなようす。〈源氏・紅梅〉「源中納言は、かうざまに㊥好ましうは焚き匂はさで」訳源中納言(=薫)は、このようなふうに(=匂宮のように)風流がましくは(香を)たき匂わさないで。

かう-し【格子】名(「かくし」のウ音便)細い角材を縦・横に細かく直角に組み合わせてつくった建具。窓や出入り口に取りつける。寝殿造りではこれを黒く塗り、上下二枚にして寝殿や対の屋などの外側四面の柱と柱の間にはめる。開ける場合は、上の戸をつりあげる。下の戸の掛け金をとり、上下ともはずすこともできる。裏側に板を張ったものを蔀といい、「格子」は多く格子づくりの蔀をさす。→蔀

(かうし)

フレーズ **格子の坪** 格子の一こま一こま。格子の目。

かう-じ【好事】名 よいこと。善行。〈徒然・一七二〉「好事を行じて、前程を問ふことなかれ」訳善行を行って、(その報いなど)先のことを尋ねてはいけない。

かう-じ【柑子】名 ❶こうじみかん。今のみかんより小さく酸味が強い。秋。(柑子の花 夏)❷襲の色目の名。表裏ともに濃い朽ち葉色(=赤みを帯びた黄色)。

かう-じ【勘事】名(「かんじ」のウ音便)❶責めとがめること。不興。〈蜻蛉・中〉「年月の勘事なりとも、今日のまゐりには許されなむとぞ覚ゆる」訳長い年月の不興であっても、今日の(雨中の)参上に対してはきっと許されるだろうと思われる。❷拷問。

かう-じ【講師】名 ❶《仏教語》諸国の国分寺に置かれた僧官。その国の僧尼を監督・指導し、仏教の講義を行った。もとは「国師」といったが、平安時代の初めに「講師」と改めた。❷《仏教語》法会などのとき、高座に上がって仏典を講義し説明する僧。❸詩の会や歌合わせで、詩や歌などを読みあげる人。〈源氏・花宴〉「源氏の君の御をば、講師もえよみやらず」訳源氏の君のお作(の詩)を、披講役の人も(感動のあまり)読みきることができない。(「御」は「御作」を略した表現)

かうし-の-つぼ【格子の坪】→格子「フレーズ」

かう-しゃう【江上】名(「上」はほとりの意)大きな川のほとり。湾や入り江のほとり。〈細道・出発まで〉「去年の秋、江上の破屋に蜘の古巣をはらひて」訳去年の秋、川(=隅田川)のほとりのあばら家に(帰り)、蜘蛛の古巣をはらって(住み)。

かう-しょく【好色】名 ❶美しい容貌。美人。❷異性を好むこと。色好み。❸遊女。

好色一代男(こうしょくいちだいおとこ)《作品名》浮世草子。井原西鶴作。天和二年(一六八二)刊。世之介という町人の好色生活を通じ、十七世紀後半の町人生活の諸相を写実的に描く。浮世草子の最初の作品。

好色一代女(こうしょくいちだいおんな)《作品名》浮世草子。井原西鶴作。貞享三年(一六八六)刊。生活苦と好色のために落ちぶれていく女の一生を、老尼の告白という形で描いたもの。

好色五人女(こうしょくごにんおんな)《作品名》浮世草子。井原西鶴作。貞享三年(一六八六)刊。当時の五つの恋愛事件を題材とし、お夏・おせん・おさん・お七・おまんの五人の女性が登場。西鶴のこれ以前の好色本が遊里中心であるのに対し、町人社会の恋愛を主とする。

かう-しん【庚申】名「かうじん」とも。❶干支の一つ。かのえさる。❷「庚申待ち」の略。

かうしん-まち【庚申待ち】名「かうじんまち」とも。庚申の日の夜、仏教では青面金剛や帝釈天、神道では猿田彦神を祭り、一晩中寝ないで過ごすこと。この夜眠ると三尸(=人の体内に住むという三びきの虫)が天に昇り、その人の罪を天帝に告げるという道教の信仰に基づく。「庚申」とも。

かう・ず【勘ず・拷ず】他サ変{ぜ・じ・ず・ずる・ずれ・ぜよ}拷問にかける。こらしめる。〈宇治・二・九〉「これ閉てこめてかうぜ㊍ん」訳この男を閉じこめてこらしめてやろう。

かう・ず【講ず】他サ変{ぜ・じ・ず・ずる・ずれ・ぜよ}❶経典や詩文の意味・内容などを説いて聞かせる。〈今昔・一一・一〉「勝鬘経(=仏教の教典の一つ)を講じ㊥給ふ」訳(聖徳太子は)勝鬘経を説いて聞かせなさる。❷詩の会や歌合わせで、詩歌を読みあげる。披講する。〈源氏・少女〉「短きころの夜なれば、明けはててぞ講ずる㊐」訳夜の短いころなので、(夜が)すっかり明けてから(講師が漢詩を)披講する。

かう-せき【行跡】名「ぎゃうせき」とも。行った事柄。行為。また、身持ち。品行。

がう-だう【強盗】名・自サ変 暴力で他人の金品を奪いとること。また、その人。強盗。

かう-ぢゃう【定考】名 奈良・平安時代、六位以下の官吏の才芸・勤務状態などを考慮して昇進させる儀式。毎年陰暦八月十一日に太政官庁で行った。

参考「定考」をそのまま音読すると、「上皇」と同音になるので、文字の順とは逆に音読したというが、確かではない。「定考」は「ぢゃうかう」、「上皇」は「じゃうくゎう」と、平安・鎌倉時代にはまったく別音だった。なお、平安時代には「考定」と表記する記録もある。

上野(かうづけ)《地名》旧国名。東山道八か国の一つ。今の群馬県。上州。

かう-て【斯うて】副(「かくて」のウ音便)こうして。〈更級・鏡のかげ〉「かうて、つれづれとながむるに」訳こうして、することもなく物思いに沈んでいるころに。

フレーズ **斯うて候ふ**(こうして控えておりますの意)(挨拶のことばで)ごめんください。〈枕・一〇六〉「黒戸に

に主殿司来て、『かうてさぶらふ』と言へば、寄りたるに」訳 (清涼殿の)黒戸(の御所)に主殿司が来て、「ごめんください」と言うので、(私が)近寄ったところ。

かうて-さぶらふ【斯うて候ふ】⬇斯うて「フレーズ」

かう-にん【降人】名 降参した人。

かう-の-もの【剛の者】名〔近世「がうのもの」とも〕すぐれて強い者。勇士。〈平家・九・木曽最期〉「日本一の剛の者(=勇士)の自害する手本」

かうば・し【香ばし・芳ばし】形シク〔しから・しく(しかり)・し・しき(しかる)・しけれ・しかれ〕〔「かぐはし」の転〕❶香りがよい。香りが高い。〈更級・竹芝寺〉「武蔵の国の衛士のをのこなむ、いと香ばしき体物を首にひきかけて飛ぶやうに逃げける」訳 武蔵の国(出身)の警備の男が、とても香りのよいものを首にかけて飛ぶように逃げた。
❷心引かれる。すばらしい。りっぱだ。〈保元物語〉「その跡もっともかうばし終といへども」訳 その(右馬の権頭の)という官職の)跡目(を継ぐこと)はなるほど誉れ高いといっても。

かう-ふう【好風】名 すばらしい風景。よい眺め。〈細道・松島〉「松島は扶桑第一の好風にして」訳 松島は日本第一のすばらしい風景であって。

かうぶり【冠】名
〔「かがふり」の転〕❶衣冠や束帯などのとき頭にかぶる物。かんむり。〈源氏・紅葉賀〉「しどけなき姿にて、かうぶりなどうちゆがめて」訳 (光源氏は)だらしない格好で、冠などもひんまげて。⬇冠「古文常識」
❷元服して初めて冠を着けること。「初冠」とも。〈うつほ・俊蔭〉「十二歳にてかうぶりしつ」訳 (俊蔭は)十二歳で元服・加冠した。
❸(位に相当する朝服と同じ色の冠を賜ることから)位階。〈枕・二四〉「さらに官もかうぶりも賜らじ」訳 決して官職も位階もいただかないつもりだ。
❹(五位に叙せられるとき、初めて冠をかぶるところから)五位に叙せられること。〈枕・九〉「うへにさぶらふ御猫は、かうぶりにて」訳 帝のおそばにお仕えしている(=飼われている)御猫は、従五位下に叙せられて。

かうぶ・る【被る・蒙る】他ラ四〔ら・り・る・る・れ・れ〕〔「かがふる」の転〕「かうむる」受ける。いただく。室町時代以降は「かうむる」。こうむる。いただく。〈枕・二七八〉「『…御供にさぶらへ』と宣旨かうぶり用て」訳「…(中宮参内の)お供にお仕えしろ」と、天皇の仰せをいただいて。〈平家・七・忠度都落〉「生涯の面目に、一首なりとも御恩をかうぶら未うど存じて候ひしに」訳 生涯の名誉に、たとえ一首であっても御恩をこうむろう(=勅撰集に採っていただこう)と存じておりましたのに。

かう-べ【頭・首】名 くび。あたま。

かう-みゃう【高名】一 名 評判の高いこと。名高いこと。〈徒然・一〇九〉「高名の木のぼりといひしをのこ」訳 有名な木登りと評判だった男。
二 名・自サ変 戦場などで手柄を立てること。功名。また、面目をほどこすこと。ほまれ。〈平家・九・宇治川先陣〉「いかに佐々木殿、高名せ未うどて不覚し給ふな」訳 やあ佐々木(四郎高綱)殿、功名を立てようとして思わぬ失敗をしなさるな。

かうむ・る【被る・蒙る】他ラ四〔ら・り・る・る・れ・れ〕「かうぶる」に同じ。

かう-やう【斯う様】形動ナリ〔なら・なり(に)・なり・なる・なれ・なれ〕〔「かくやう」のウ音便〕このよう。かよう。〈土佐〉「このかうやうに用物持て来る人に、なほしもえあらで」訳 このこういうふうに贈り物を持って来る人に、そのまま(もらいっぱなし)にもしておけないので。

かうらい【高麗】名 ❶古代朝鮮の国名。十世紀はじめ新羅にかわって朝鮮を統一し、十四世紀末、李氏朝鮮にかわるまで存続。また、一般に朝鮮のこと。
❷「高麗縁」の略。

かうらい-べり【高麗縁】名 白地の綾に菊・雲などの模様を黒く織り出した畳のへり。また、そのへりをつけた畳。貴族の邸宅や社寺で用いた。高麗。高麗端。

かう-らん【高欄】名 ❶宮殿・社寺などの周囲の廊下、橋などにつけた欄干。⬇寝殿造り「古文常識」(四二四ページ)
❷いすのひじかけ。参考 近世以降は「勾欄」とも表記。

かう-ろ【香炉】名 香をたくのに用いる器。灰を入れてその上に炭火をのせ、香をたく。陶磁器・漆器・金属器などで、形もいろいろある。

(かうろ)

香炉峰(かうろほう)《地名》中国の江西省にある廬山の最高峰の名。白居易(=白楽天)の句「香炉峰の雪は簾を撥げて看る」によって知られる。〈枕・二九九〉「『少納言よ、香炉峰の雪いかならむ』と仰せらるれば、御格子あげさせて、御簾を高くあげたれば、わらはせ給ふ」訳「少納言(=清少納言)よ、香炉峰の雪はどうであろう」と(中宮が)おっしゃられるので、(そばにいる女房に)御格子をあげさせて、(自分で)御簾を高くあげたところ、(中宮は)お笑いになられる。

かうわか-まひ【幸若舞】名 室町時代に、桃井直詮(幼名、幸若丸)が、声明(=仏教音楽の一つ)などの曲節をとり入れて始めた舞。鼓に合わせて軍記物語をうたい、立て烏帽子に大口袴を着用し、扇拍子で舞う。

かえし〘返し〙⬇かへし

かえす〘反す・返す・覆す・帰す・還す〙⬇かへす

かえすがえす〘返す返す〙⬇かへすがへす

かえりこと〘返り言・返り事〙⬇かへりこと

かえりみる〘顧みる〙⬇かへりみる

かえる〘反る・返る・覆る・帰る・還る・孵る〙⬇かへる

かおる〘薫る〙⬇かをる

加賀(かが)《地名》旧国名。北陸道七か国の一つ。今の石川県南部。加州。賀州。

か-かい【加階】名・自サ変 位階が加わること。転じて、単に「位」をもさす。

かか・ぐ【掲ぐ】他ガ下二〔げ・げ・ぐ・ぐる・ぐれ・げよ〕〔「掻き上ぐ」の転〕❶(簾や着物の裾などを)巻き上げる。まくり上げる。〈和漢朗詠集〉「香炉峰の雪は簾をかかげ(用)て看る」訳 香炉峰(＝中国の廬山の最高峰の名)の(朝の)雪は簾を巻き上げて見る。
❷灯火を掻き立てて明るくする。〈枕・一四五〉「短き灯台に火をともして、いと明かうかかげ(用)て」訳 背の低い灯台に火をつけて、たいそう明るく灯火を掻き立てて。

が-がく【雅楽】名 〔俗楽に対して正しく上品な音楽の意〕平安時代、朝廷や貴族社会で行われた音楽の総称。わが国古来の神楽・東遊び・風俗歌などと、朝鮮・中国から渡来した高麗楽・唐楽など、またそれらの影響で平安時代に作られた催馬楽・朗詠などを含む。管弦の音楽と、舞を伴う舞楽、声楽を主とする歌謡とを総称する。

かがし 代 不定称の人代名詞。だれそれ。〈大鏡・伊尹〉「一番にはなにがし、二番にはかがしなど言ひしかど」訳 (競べ馬の)一番にはだれだれ、二番にはだれそれなどと言ったけれど。

かかづら・ふ 自ハ四 {は・ひ・ふ・ふ・へ・へ} ❶関係する。かかわりあう。かかわりを持つ。〈源氏・若菜上〉「あまたの中にかかづらひ(用)て」訳 (女三の宮は)大勢の(女性たちの)中にかかわりあって。❷こだわる。とらわれる。悩む。〈源氏・浮舟〉「かうかかづらひ(用)思ほさで、さるべきさまに聞こえさせ給ひてよ」訳 こんなにこだわってお考えにならず、適当なふうにご返事申しあげてしまいなさい。❸まといつく。つきまとう。〈源氏・夕霧〉「さらがへりて懸想だち涙をつくしかかづらは(未)むも、いとうひうひしかるべし」訳 若返って色恋めき、涙のありったけをしぼり、(落葉の宮に)つきまとうとしたらそれも、いかにもうぶらしいにちがいない。❹(この世に関係しているの意から)生きながらえる。また、出家しないでいる。〈源氏・御法〉「しばしもかかづらは(未)む命のほどは行ひをまぎれなくと」訳 しばらくでも生きながらえたらその命の間は仏道修行を一心に(したい)と。

かが-なべ-て【日日並べて】〔「か」は二日、十日などの「か」で日数を表す〕日数を重ねて。〈記・中〉「新治筑波を過ぎて幾夜か寝つる日日なべて夜には九夜日には十日を」訳 ↓にひばり… 歌謡

香川景樹《人名》(一七六八〜一八四三)江戸後期の歌人。号は桂園。鳥取の人。あるがままの感情を重んじ、平易な語で自然に詠むべきだとする「しらべの説」を唱えた。その派を桂園派という。歌論書「新学異見」、家集「桂園一枝」、注釈書「古今和歌集正義」など。

かかふ【襤褸】名 ぼろ布。〈万葉・五・八九二〉「海松のごとわわけ下がれるかかふのみ肩にうち掛け」訳 ↓かぜまじり… 和歌

かか・ふ【香かふ】自ハ下二 {へ・へ・ふ・ふる・ふれ・へよ}「かがふ」とも。香りがただよう。〈枕・三四〉「松の煙の香の、車のうちにかかへ(用)たるもをかし」訳 たいまつの煙のにおいが、牛車の中にただよっているのも趣がある。
参考 「かかゆ」とする説もある。

かか・ふ【抱ふ】他ハ下二 {へ・へ・ふ・ふる・ふれ・へよ} ❶抱く。抱いて持つ。〈竹取・燕の子安貝〉「人々あさましがりて、寄りてかかへ(用)奉れり」訳 人々はびっくりして、(そばに)寄って(高い所から落ちた中納言を)お抱き申しあげた。❷かばう。保護する。〈古活字本平治物語〉「君かかへ(用)おほせられしを」訳 天皇がかばって(清盛の助命を)お命じになったのを。❸家臣や召使などを雇い入れる。❹自分に課せられたものとして持つ。〈細道・飯坂〉「遥かなる行く末をかかへ(用)て」訳 遠い前途を課せられて。

かが・ふる【被る】他ラ四 {ら・り・る・る・れ・れ}《上代語》〔「かうぶる」「かうむる」の古形〕❶頭からかぶる。〈万葉・五・八九二〉「寒くしあれば麻衾引きかがふり(用)」訳 ↓かぜまじり… 和歌 ❷命令などを受ける。いただく。〈万葉・二〇・四三二一〉「畏きや命かがふり(用)明日ゆりや草がむた寝む妹なしにして」訳 畏れ多いね、勅命を受け、明日からは草といっしょに寝るのだろうか。妻もなしに。

かがみ 名 ❶【鏡】物の形・姿をうつすもの。かがみ。また、そこにうつる姿・形。❷【鑑】手本。模範。〈徒然・一〉「有職に公事の方、人の鑑ならんこそいみじかるべけれ」訳 故事・典礼と儀式・作法の面で、人の模範であるようなことはりっぱであるにちがいない。

かがみ-もの【鏡物】名《文芸用語》鏡の字を書名にもつ史書の総称。「大鏡」「今鏡」など。↓四鏡

かが・みる【鑑みる】他マ上一 {み・み・みる・みる・みれ・みよ} 手本や先例に照らし合わせて考える。かんがみる。〈平家・三・医師問答〉「たとひ四部の書をかがみ(用)て、百療に長ずといふとも」訳 たとえ(中国の)四医書を参照して、多くの治療にすぐれているといっても。

かかやか・し【輝かし・赫かし・耀かし】形シク {しから・しく(しかり)・し・しき(しかる)・しけれ・しかれ}〔近世以降は「かがやかし」〕恥ずかしい。照れくさい。〈紫式部日記〉「いとどものはしたなくて、かかやかしき(体)心地すれば」訳 いよいよなんとなく間が悪くて、照れくさい気がするので。

かかやか・す【輝かす・赫かす・耀かす】他サ四 {さ・し・す・す・せ・せ}〔近世以降は「かがやかす」〕かがやかせる。りっぱにする。〈蜻蛉・中〉「めでたくつくりかかやかし(用)つるところに」訳 すばらしくつくりりっぱにした場所(＝新邸)に。

かかや・く【輝く・赫く・耀く】一 自カ四 {か・き・く・く・け・け}〔近世以降は「かがやく」〕❶まばゆいほど光る。きらきらと照る。〈源氏・野分〉「朝夕露の光も世の常ならず、玉かとかかやき(用)て」訳 朝夕に置く露の光も世間でいつも見るのとは違い、玉かと思うほどきらきらと光って。❷恥ずかしがる。〈今昔・二七・三八〉「女、扇をもって顔に指し隠して、かかやく(体)を」訳 女は、扇を持って顔にかざし隠して、恥ずかしがるのを。二 他カ四 {か・き・く・く・け・け} 恥をかかせる。赤面させる。〈枕・八四〉「昼も夜も来る人を、なにしにかは、『なし』ともかかやき(用)帰さむ」訳 昼も夜も来る人を、どうして、「留守だ」とでも言って恥をかかせて帰せようか(いや、帰せない)。

かがよ・ふ【耀ふ】自ハ四 {は・ひ・ふ・ふ・へ・へ} きらめく。きらきらと光って揺れる。〈万葉・六・九五一〉「石隠りかがよふ(体)珠を」訳 岩に隠れてきらめく玉を。

かかり【懸かり・掛かり】名 ❶女性の髪の肩に垂れ下がったようす。また、その下がりぐあい。〈源氏・若菜下〉「紅梅の御衣に、御髪のかかりはらはらと清らにて」訳 紅梅襲のお召し物に、御髪のかかりぐあいがはらはらと気品のある美しさで。❷蹴鞠を行う場所。また、その垣に植えた木。四本かかりがふつうで、艮(=北東)に桜、巽(=南東)に柳、坤(=南西)に楓、乾(=北西)に松を植える。❸寄りかかるところ。たよりとするもの。〈十訓・二〉「城もなし、〔軍備の〕かかり(=たよりとするもの)もなし」❹歌論・能楽論などで、風情。趣。〈風姿花伝〉「体も腰高になれば、かかり失せて」訳 からだつきも腰高になると、趣がなくなって。❺(建物などの)構え。つくり方。❻関係すること。また、その人。❼経費。出費。

かか・り【斯かり】自ラ変 {ら・り・り・る・れ・れ}〔副詞「斯く」＋ラ変動詞「有り」＝「かくあり」の転〕**こんなだ。こうだ。かようである。**〈源氏・若紫〉「かばかりになれば、いとかから㊌ぬ人もあるものを」訳 このくらい(の年齢)になると、ほんとうにこれほど(幼稚)でない方もいるのになあ。

かがり【篝】名 ❶篝火をたく鉄製のかご。❷「篝火」の略。

かがり‐び【篝火】名 鉄製のかごにたく火。夜の警護や屋外照明、また漁の際に用いた。かがり。〈源氏・若紫〉「月もなきころなれば、遣り水に篝火ともし」訳 月も出ていない(闇夜の)ころなので、庭の流れ(のほとり)に篝火をともし。

かか・る【皸る】自ラ四 {ら・り・る・る・れ・れ} ひびやあかぎれが切れる。〈万葉・一四・三四五九〉「稲つけばかかる㊍吾が手を今夜もか殿の若子が取りて嘆かむ」訳 →いねつけば…（和歌）

かか・る【懸かる・掛かる】自ラ四 {ら・り・る・る・れ・れ} ❶垂れ下がる。〈源氏・若紫〉「なよよかなる御衣に、髪はつやつやとかかり㊊て」訳 (着なれて)やわらかなお召し物の上に、髪はつややかに垂れ下がって。❷寄りかかる。すがる。たよる。また、停泊する。〈大鏡・道長下〉「杖にかかり㊊ても、かならず参り合ひ申し侍らむ」訳 (私＝繁樹は)杖にすがってでも、きっと参会申しあげましょう。❸(目や心に)とまる。つく。〈細道・出発まで〉「三里に灸すゆるより、松島の月まづ心にかかり㊊て」訳 (旅立ちに備えて)三里(=ひざの灸点)に灸をすえるとすぐに、松島の月がまっさきに気にかかって。❹(雨・雪などが)降りかかる。〈新古・春上〉「山ふかみ春とも知らぬ松の戸にたえだえかかる㊍雪の玉水」訳 →やまふかみ…（和歌）❺かかわる。関係する。まきぞえにあう。連座する。〈後拾遺・雑三・詞書〉「静範法師、八幡の宮の事にかかり㊊て(=連座して)、伊豆の国に流されて」❻関心が向く。熱中する。〈伊勢・八二〉「酒をのみ飲みつつ、大和歌にかかれ㊎りけり」訳 酒ばかりを飲んでは、和歌(を詠むこと)に熱中していた。❼通りかかる。さしかかる。〈細道・尿前の関〉「鳴子の湯より尿前の関にかかり㊊て(=さしかかって)」❽襲いかかる。攻めていく。〈宇治・六・九〉「鬼の姿になりて、大口をあきてかかり㊊けれども」訳 (女たちは)鬼の姿になって、大口をあけて襲ったけれども。❾(「手にかかる」の形で)殺される。〈平家・一一・先帝身投〉「わが身は女なりとも、敵の手にはかかる㊐まじ」訳 わが身は女であっても、敵の手では殺されないつもりだ。

かかる【斯かる】連体〔ラ変動詞「斯かり」の連体形から〕**このような。こういう。**〈徒然・五三〉「かかることは文にも見えず、伝へたる教へもなし」訳 このようなことは書物(=医書)にも見あたらず、(口伝えに)伝えている教えもない。

フレーズ

斯かる程に こうしているうちに。〈竹取・かぐや姫の昇天〉「かかるほどに、宵うち過ぎて」訳 こうしているうちに、宵が過ぎて。

斯かる儘に こんなふうであるのに従って。→儘

かかる‐ほど‐に【斯かる程に】➡斯かる「フレーズ」

かかる‐まま‐に【斯かる儘に】➡斯かる「フレーズ」

かかれ‐ど【斯かれど】接 こうではあるけれど。〈土佐〉「船にも思ふことあれど、かひなし。かかれど、この歌をひとりごとにしてやみぬ」訳 船(に乗った人)にも思うことがあるが、(今となっては)どうにもならない。こうではあるけれど、この歌を独り言のように言って終わった。

かかれ‐ば【斯かれば】接 このようであるから。だから。〈源氏・若紫〉「かかれば、このすきものどもは、かかる歩きをのみして、よくさるまじき人をも見つくるなりけり」訳 このようであるから、この好色な連中は、このような(忍び)歩きばかりをして、うまく見つけられそうもないような女をも見つけるのであるなあ。

かき‐【掻き】接頭 (動詞に付いて)語調をととのえたりする。音便で「かい」「かっ」となることもある。「かき曇る」「かき暗す」→掻い

参考 「掻き弾く」「掻き梳る」など実際に引きこする動作の意を表すときは、動詞「掻く」の連用形である。

が‐き【餓鬼】名 ❶《仏教語》生前の罪悪によって餓鬼道に落ちて飢えと渇きに苦しむ亡者。❷《仏教語》「餓鬼道」の略。❸子供をいやしめていう語。

かき‐あ・ぐ【掻き上ぐ】他ガ下二 {げ・げ・ぐ・ぐる・ぐれ・げよ} ❶上のほうへ引き上げる。かかげる。〈宇治・三・二〉「御簾のすそをすこしかきあげ㊊て」❷灯心をかきたてて明るくする。〈徒然・二二〉「いにしへは、『車もたげよ』、『火かかげよ』とこそいひしを、今様の人は『もてあげよ』、『かきあげよ㊉』といふ」訳 昔は「車もたげよ」、「火かかげよ」と言ったのを、このごろの人は「もてあげよ」、「かきあげよ(=灯心をかきたてよ)」と言う。

かき-あは・す アワス【掻き合はす】他サ下二{せ・せ・す・する・すれ・せよ} ❶弦楽器を他の管弦楽器と合わせて弾く。合奏する。また、弦楽器の弦の調子をととのえ合わす。〈源氏・帚木〉「よく鳴る和琴を調べととのへたりける、うるはしくかき合はせ用たりしほど、けしうはあらずかし」訳よい音を出す六弦の琴を(前から)調子を合わせてあったものだが、(笛と)きちんと合奏したぐあいは、そう悪くはないよ。
❷手で寄せ合わせる。つくろう。〈徒然・八〇〉「袖かき合はせ用て、…と答へ申しき」訳(両方の)袖を(胸のあたりに)寄せ合わせて、…と返答申しあげた。

かき-おこ・す【掻き起こす】他サ四{さ・し・す・す・せ・せ} 抱き起こす。引き起こす。〈源氏・夕顔〉「この御かたはらの人をかき起こさ未むとすと見給ふ」訳この(=光源氏の)おそばの人(=夕顔)を(物の怪が)引き起こそうとすると、(光源氏は夢に)ご覧になる。

かき-かぞ・ふ カゾウ【掻き数ふ】他ハ下二{へ・へ・ふ・ふる・ふれ・へよ}〔「かき」は接頭語〕数える。〈万葉・八・一五三七〉「秋の野に咲きたる花を指折りかき数ふれ已ば七種の花」訳秋の野に咲いている花を指を折って数えると七種類の花だ。

かき-くど・く【掻き口説く】自カ四{か・き・く・く・け・け}〔「かき」は接頭語〕くどくどと繰り返して言う。〈平家・九・敦盛最期〉「『情けなうも討ち奉るものかな』とかきくどき用」訳(熊谷次郎直実は)「無情にもお討ち申しあげることよ」とくどくどと繰り返して言い。

かき-くも・る【掻き曇る】自ラ四{ら・り・る・る・れ・れ}〔「かき」は接頭語〕❶空が急に暗くなる。急に曇る。〈枕・二四〉「今朝はさしも見えざりつる空の、いと暗うかき曇り用て」訳今朝はそのようにも見えなかった空が、たいそう暗く急に曇って。
❷涙で目の前がぼやける。〈源氏・椎本〉「かき曇り用、物も見えぬ心地し給へば」訳(中の君は)涙で目がくもり、物も見えない気持ちがしなさるので。

かき-くら・す【掻き暗す】他サ四{さ・し・す・す・せ・せ}〔「かき」は接頭語〕❶雲が空一面を暗くする。**雨や雪などがあたり一面を暗くして降る。**〈枕・九八〉「五節・御仏名に雪降らで、雨のかきくらし用降りたる」訳五節や御仏名の日に雪が降らないで、雨が空一面を暗くして降ったの(は残念だ)。
❷**悲しみに心を暗くする。**〈源氏・桐壺〉「かかる仰せ言につけても、かきくらす体みだり心地になむ」訳このような(桐壺帝のありがたい)おことばにつけても、悲しみにくれる取り乱した気持ちで(ございます)。

かき-く・る【掻き暗る】自ラ下二{れ・れ・る・るる・るれ・れよ}〔「かき」は接頭語〕❶あたり一面暗くなる。〈源氏・須磨〉「にはかに風吹き出でて、空もかきくれ用ぬ」訳急に風が吹き出して、空も一面に暗くなってしまった。
❷悲しみにくれる。心が沈む。また、(涙で)目の前が暗くなる。〈平家・二・大納言死去〉「水ぐきの跡は、涙にかきくれ用て、そこはかとは見えねども」訳(北の方の)筆跡は、涙で目の前がくもって、はっきりとは見えないけれども。

かき-け・つ【掻き消つ】他タ四{た・ち・つ・つ・て・て}〔「かき」は接頭語〕さっと消す。かき消す。〈源氏・帚木〉「跡もなくこそかき消ち用て失せにしか」訳(女は)跡かたもなく(姿を)かき消していなくなってしまった。

かき-こ・す【掻き越す】他サ四{さ・し・す・す・せ・せ} うしろに垂れている髪を、前へ出す。〈枕・二三〉「頸より髪をかき越し用給へりしが」訳(中納言の君が)首から、髪を(肩越しに)前に垂らしなさっていたのが。

かき-すさ・ぶ【書きすさぶ】他バ四{ば・び・ぶ・ぶ・べ・べ}「かきすさむ」とも。慰みに書く。気のむくままに書く。〈徒然・二九〉「亡き人の手ならひ、絵書きすさび用たる、見出でたるこそ」訳亡くなった人が思いつくままに字を書き、絵を慰みにかいたのを、見つけ出したときは。

がき-だう ドウ【餓鬼道】名〈仏教語〉六道の一つ。現世の悪業により亡者がここに落ちると、飢えと渇きに苦しむという。餓鬼。→六道

かき-た・る【掻き垂る】■一 自ラ四{ら・り・る・る・れ・れ}〔「かき」は接頭語〕垂れる。
■二 自ラ下二{れ・れ・る・るる・るれ・れよ}〔「かき」は接頭語〕雲が低く垂れてあたり一面が暗くなる。雨や雪などが激しく降る。〈大鏡・道長上〉「いとおどろおどろしくかき垂れ用雨のふる夜」訳たいそう気味悪く雲が低く垂れ雨が降る夜。
■三 他ラ下二{れ・れ・る・るる・るれ・れよ} 髪を櫛でとかして垂らす。〈万葉・一六・三七九一〉「か黒し髪をま櫛もちここにかき垂れ用」訳まっ黒な髪を、櫛を使い、ここにとかして垂らし。(「ま櫛」は櫛の美称)

かき-つ・く【掻き付く】■一 自カ四{か・き・く・く・け・け}〔「かき」は接頭語〕❶しっかりとつく。とりつく。〈徒然・八九〉「やがてかきつく体ままに、頸のほどを食はんとす」訳(猫またが)いきなりとりつくとすぐに、首のあたりに食いつこうとする。
❷たよりにする。〈源氏・蓬生〉「かきつか未む方なく」訳(末摘花は)たよりにするようなところもなく、いかにも悲しそうにぼんやりもの思いにふけって過ごしなさる。
■二 他カ下二{け・け・く・くる・くれ・けよ} 髪などを櫛でなでつける。〈続詞花〉「草枕ねくたれ髪をかきつけ用しその朝顔の忘られぬかな」訳草を枕にする旅で寝乱れた髪を櫛でなでつけた、朝顔の花のようなその朝の顔が忘れられないよ。(「朝顔」は「朝の顔」と花の「朝顔」との掛詞)

かき-つく・す【掻き尽くす】他サ四{さ・し・す・す・せ・せ}〔「かき」は接頭語〕(連用形を副詞的に用いて)ある限りすべて。〈増鏡・新島守〉「過ぎにし方かきつくし用思ほし出づるにつけても」訳過ぎてしまった昔をある限り思い出しなさるにつけても。

かき-つ-ばた【杜若・燕子花】名〔上代は「かきつはた」〕❶草花の名。水辺に生え、夏に紫または白の花を開く。夏
❷襲の色目の名。表は二藍(　)(=紅色がかった青色)、裏は萌黄(　)。夏に用いる。→襲の色目「古文常識」(三〇ページ)

(かきつばた①)

かきつらね… 和歌

かきつらね 昔のことぞ 思ほゆる
雁はその世の 友ならねども 〈源氏・須磨〉

訳(雁の鳴き声を聞くと)つぎからつぎへと昔のこと

が思い出される。雁はそのころからの友というわけではないけれども。

解説 光源氏の「初雁は恋しき人のつらなれや旅の空とぶ声の悲しき」（訳→はつかりは…和歌）に応和して、御前にいる人々のひとりが詠んだ歌。

柿本人麻呂（かきのもとのひとまろ）《人名》（生没年未詳）万葉歌人。三十六歌仙の一人。持統・文武の両天皇に仕えた宮廷歌人。歌風は雄大で力強く、序詞・枕詞・対句などを効果的に用いているのも特徴。山部赤人とともに、歌聖と称される。「小倉百人一首」に入集。

かき-はら・ふ（―ハラ(ロ)ウ）【搔き払ふ】他ハ四｛は・ひ・ふ・ふ・へ・へ｝❶払いのける。とりのぞく。〈源氏・須磨〉「涙のこぼるるをかき払ひ用給へる御手つき」訳涙がこぼれ落ちるのを払いのけなさった（光源氏の白い）お手のようす。

❷（自動詞的な用法で）すっかりなくなる。いちどになくなる。〈大鏡・道長上〉「またあらじ、あがりての世に、かく大臣・公卿七、八人、二、三月の中にかき払ひ用給ふこと」訳またとないだろう、大昔にも、このように大臣や公卿が七、八人も、二、三か月の間にいちどにお亡くなりになることは。

かき-ほ【垣穂】名（「穂」は、高く目立って見えるものの意）垣根。

かきま・みる【垣間見る】他マ上一｛み・み・みる・みる・みれ・みよ｝「かいまみる」に同じ。

かき-みだ・る【搔き乱る】㊀自ラ四｛ら・り・る・る・れ・れ｝（「かき」は接頭語）（心が）乱れる。〈和泉式部日記〉「いかに侍るにか、心地のかき乱る体心地のみして」訳どうしたのでしょうか、ただもう心が乱れる気持ちがして。

㊁自ラ下二｛れ・れ・る・るる・るれ・れよ｝（空模様が）乱れる。〈源氏・澪標〉「雪、霙（みぞれ）［が降り］かき乱れ用荒るる日」

かき-や・る【書き遣る】他ラ四｛ら・り・る・る・れ・れ｝❶手紙などを書いて送る。〈源氏・浮舟〉「いかではるばると書きやり用給ふらむ」訳どうやってはるか遠く（宇治）まで手紙を書いて送りなさるのだろう。

❷すらすらと書きつづける。〈源氏・御法〉「袖の暇（いとま）なく、え書きやり用給はず」訳（光源氏は涙をぬぐう）袖の（休む）ひまもなく、（お返事を）すらすらと書きつづけなさることができない。

かぎり【限り】名

❶限度。限界。〈源氏・桐壺〉「いみじき絵師といへども、筆力には限りありければ」訳すぐれた画家といっても、筆力には限界があったので。

❷最大限。極限。〈古今・秋上〉「いつはとは時はわかねど秋の夜ぞ物思ふことの限りなりける」訳いつは（物を思い、いつは物を思わないなど）とは、時節の区別をするわけではないが、（とりわけ）秋の夜は物思うことの極みであったのだなあ。

❸はて。（命の）終わり。臨終。〈源氏・御法〉「消えゆく露の心地して限りに見え給へば」訳（紫の上の命は）消えてゆく露のような様子であって、臨終に見えなさるので。➡果はつ「慣用表現」

❹ある条件の範囲。ほど。あいだ。うち。〈更級・物語〉「夜は目のさめたる限り、火を近く灯して」訳夜は目が覚めている間、あかりを近くにつけて。

❺あるだけ全部。〈源氏・桐壺〉「鈴虫の声の限りを尽くしても長き夜あかずふる涙かな」訳あの鈴虫（＝今の松虫という）のように（私も）声の限りを尽くして（泣いて）も、この秋の夜長が十分でないほど、とめどなくこぼれてくる涙であるよ。

❻機会。折。〈新古・恋四〉「めぐりあはん限りはいつと知らねども」訳めぐりあうとしたら、その機会はいつとはわからないけれども。

❼…だけ。ばかり。〈枕・八〉「されど、門のかぎりを高う作る人もありけるは」訳そうだけれど、門だけを高くつくる人もあったよ。

❽決まり。制限。〈源氏・桐壺〉「限りあれば、さのみもえとどめさせ給はず」訳（宮中には）決まりがあるので、それほども（桐壺帝は桐壺の更衣の退出を）お引きとめになることがおできになられないで。

フレーズ

限りある道（みち） （寿命には限度があって、いつかは必ず行く道の意から）死出の旅路。「限りの道」とも。➡果はつ「慣用表現」

限りある別れ（わかれ） 寿命には限度があるため、いつかは必ず来る別れ。死別。➡果はつ「慣用表現」

かぎり-ある-みち【限りある道】➡限り「フレーズ」

かぎり-ある-わかれ【限りある別れ】➡限り「フレーズ」

かぎりとて… 和歌

限りとて　別るる道の　悲しきに
いかまほしきは　命なりけり
〔行かまほし〕
〔生かまほし〕
〈源氏・桐壺〉

訳これを（この世の）最後としてお別れする死出の道が悲しく思われるにつけても、（私が）行きたいのは、生きていく命（の道）なのでした。

解説 危篤状態にある桐壺の更衣が、桐壺帝に対して詠んだ歌。死出の道を行くことではなく、生きたいというのが願いです、という意。

かぎり-な・し【限り無し】形ク｛から・く(かり)・し・き(かる)・けれ・かれ｝❶果てしがない。限りがない。〈古今・離別〉「限りなき体雲居（くもゐ）のよそに別るとも」訳果てしない空のかなたに（行って）別れ別れになっても。

❷（程度が）このうえもない。はなはだしい。〈竹取・かぐや姫の生ひ立ち〉「うつくしきこと限りなし終」訳（かぐや姫の）かわいらしいことはこのうえもない。

かぎろひ（カギロイ）【陽炎】名❶明け方さしはじめる光。曙光（しょこう）。〈万葉・一・四八〉「東（ひむがし）の野にかぎろひの立つ見えてかへり見すれば月かたぶきぬ」訳→ひむがしの…和歌

❷「かげろふ（陽炎）」に同じ。春

か-きん【瑕瑾】名（「瑕」はきず、「瑾」は美しい玉の意）❶きず。欠点。

❷恥。不名誉。

かく【格】名❶法則。きまり。しきたり。〈三冊子〉「五字七字書くは長歌の格なり」訳（序文や跋文（ばつぶん）を）五字や七字（の調子）で書くのは長歌のしきたり（にならったもの）である。

❷位。身分。

❸流儀。手段。

❹品格。風格。〈去来抄・先師評〉「病雁（びやうがん）は、格高く趣

かすかにして」訳（芭蕉の）病雁（の句）は、品格が高く情趣も幽玄であって。

か・く【駆く・駈く】 自力下二 {け・け・く・くる・くれ・けよ} ❶馬に乗って走る。疾走する。❷（馬で）攻め入る。

か・く【欠く】 一 他力四 {か・き・く・く・け・け} ❶こわす。損じる。〈今昔・二六・九〉「顔なども欠き(用)て血うち出で来たり」訳 顔なども傷つけて血をしたたらせて出てきた。❷もらす。ぬかす。怠る。〈徒然・二三〉「百日の鯉を切り侍るを、今日欠き(用)侍るべきにあらず」訳（願立てをして）この百日間毎日鯉を切っていますので、今日（切らないで）ぬかすわけにはゆかないのです。

二 自力下二 {け・け・く・くる・くれ・けよ} ❶そこなわれる。〈徒然・五三〉「頸のまはり欠け(用)て、血垂り」訳 首のまわりが傷ついて、血が垂れ。❷不足する。欠ける。〈万葉・三・三三六〉「千歳に欠くる(体)ことなく万歳にあり通はむと」訳 千年の後までも欠けることなく、万代にわたって通い続けようと。

か・く【舁く】 他力四 {か・き・く・く・け・け} 肩にのせて運ぶ。かつぐ。〈平家・二・蘇武〉「輿にかか(未)れて故郷へぞ帰りける」訳 輿でかつがれて故郷へ帰った。

か・く【掛く・懸く】

一 他力四 {か・き・く・く・け・け}《上代語》かける。取りつける。関係する。〈万葉・五・八九二〉「こしきには蜘蛛の巣かき(用)て」訳→かぜまじり… 和歌

二 他力下二 {け・け・く・くる・くれ・けよ} ❶ぶらさげる。取りつける。〈紫式部日記〉「小さき灯籠を、御帳のうちにかけ(用)たれば、くまもなきに」訳 小さい灯籠を、御帳のうちにつりさげてあるので、暗いところもないために。❷心にとめる。心を託す。思う。〈古今・恋二〉「一日も君をかけ(未)ぬ日はなし」訳 一日たりともあなたを心にかけて思わない日はない。❸兼ねる。兼任する。〈大鏡・兼家〉「大納言までなりて、右大将かけ(用)給へりき」訳（兼家の次男道綱は）大納言にまでなって、右大将を兼任しなさっていた。❹はかりくらべる。〈伊勢・二三〉「筒井つつの井筒にかけ(用)しまろがたけすぎにけらしな妹見ざるまに」訳→つつゐつの… 和歌 ❺だます。〈古今和歌六帖〉「今来むといひしばかりにかけ(未)られて」訳（あなたが）すぐに来ようと言ったばかりにだまされて。❻おおう。かぶせる。あびせる。〈徒然・五三〉「三足なる角の上に、帷子をうちかけ(用)て」訳（鼎の）三本足である角の上に、帷子をちょっとかぶせて。❼口に出して言う。話しかける。〈源氏・浮舟〉「さやうの戯れ言もかけ(用)給はず」訳（匂宮は）そのような（非難めいた）冗談も口にしなさらず。❽（火を）つける。放つ。〈平家・四・競〉「館に火かけ(用)焼きあげて」訳（競は自分の）館に火を放ち焼きはらって。❾賭けごとをする。賭けとして出す。引きかえにする。〈うつほ・内侍のかみ〉「なにをかかく(終)べからむ。正頼娘ひとりかけ(未)む」訳 何を賭け物にするのがよいだろう。（私）正頼が娘一人を賭け物にしよう。❿目標にする。目ざす。〈古今・羇旅〉「わたの原八十島かけ(用)てこぎ出でぬと人には告げよあまの釣舟」訳→付録◇1「小倉百人一首」11 ⓫（「手にかく」の形で）殺す。⓬ある期間にわたる。〈源氏・須磨〉「暁かけ(用)て月出づる頃なれば、まづ入道の宮にまうで給ふ」訳 夜中過ぎから夜明け前にかけて月が出るころなので、（光源氏は）まず入道の宮（＝藤壺の所）に参上なさる。⓭（動詞の連用形に付いて）こちらから…する。途中まで…する。…かける。〈源氏・若菜下〉「琵琶をうち置きて、ただけしきばかり弾きかけ(用)て」訳（明石の君は）琵琶を前に置いて、ただほんの少し弾きかけて。

か・く【掻く】 他力四 {か・き・く・く・け・け} ❶ひっ搔く。また、（弦楽器を）弾く。〈枕・一九三〉「音もたてず、爪弾きにかき(用)鳴らしたるこそをかしけれ」訳（琵琶を）音も立てず、爪先ではじいて弾き鳴らしているのは趣深いものだ。❷払いのける。おしやる。〈万葉・二・一六七〉「天雲の八重かき(用)別けて」訳 空にある雲の幾重もの重なりをおし分けて。❸切り取る。〈平家・九・敦盛最期〉「頸をかか(未)んと甲を押しあふのけて見ければ」訳 首を斬り取ろうと兜をむりやりあおむけにして（顔を）見たところ。❹くしけずる。とかす。〈源氏・須磨〉「御鬢かき(用)給ふとて」訳（光源氏は）耳ぎわの御髪（の乱れ）を（櫛で）とかしなさるというので。❺（食物を）かきこむ。〈平家・八・猫間〉「聞こゆる猫おろしし給ひたり。かい(用)（イ音便）給へ」訳 有名な猫おろし（＝食べ残し）をしなさった。かきこみなさい。

かく【斯く】 副 このように。こんなに。こう。〈徒然・四一〉「かく危ふき枝の上にて、安き心ありてねぶるらんよ」訳 こんなにあぶない（木の）枝の上で、どうして安らかな気持ちで眠っているのだろうよ。

フレーズ

斯くながら このままで。〈源氏・桐壺〉「かくながら、ともかくもならむを御覧じはてむ」訳 このままで、（桐壺の更衣が死ぬのか生きるのか）どうなろうともそのなりゆきを、最後までお見届けになろう。

なりたち 「ながら」は接続助詞

斯くの如く このように。

斯くの如・し このようだ。こんなふうだ。〈方丈・一〉「世の中にある人と栖と、またかくのごとし(終)」訳 世の中に存在している人と（その）住居とは、やはりこの（川の流れや水の泡の）ようなものである。

なりたち 「ごとし」は助動詞

斯くばかり これほどまでに。こんなにも。〈万葉・五・八九二〉「かくばかりすべなきものか世の中の道」訳→かぜまじり… 和歌

か-ぐ【下愚】 名 いたって愚かなこと。

がく【楽】 名 ❶音楽。曲。〈平家・六・小督〉「楽は何ぞと聞きければ、夫をおもうて恋ふとよむ想夫恋といふ楽なり」訳 曲は何かと聞いたところ、夫を想うて恋うとよむ想夫恋という曲である。❷雅楽。

かく-ご【覚悟】 名・他サ変 ❶物事の道理を悟るこ

と。〈梁塵秘抄〉「それより生死の眠りさめ、覚悟の月をぞもてあそぶ」訳 それから後に生死流転の迷いがさめ、悟りの月(のように澄んだ境地)を楽しむ。❷記憶すること。覚えること。〈徒然・三六〉「時にあたりて本歌を覚悟す(終)」訳 (天皇の下問のあった)時に際して典拠となる和歌を記憶している。❸あらかじめ知ること。また、心構えすること。用意。❹あきらめること。観念すること。

かく-ごん【恪勤】[名] ❶怠らずに勤務に励むこと。❷「かくご」とも。平安時代、院・親王・大臣家などの雑役を務める侍。鎌倉・室町時代では幕府の雑務を務める番衆。恪勤者。

かくさ-ふ【隠さふ】《上代語》隠し続ける。くり返し隠す。〈万葉・一・一八〉「三輪山をしかも隠すか雲だにも心あらなも隠さふ(終)べしや」訳 →みわやまを… (和歌)

なりたち 四段動詞「隠す」(未)＋上代の反復・継続の助動詞「ふ」

かくし-だい【隠し題】[名] 題として出した事物の名をそれとわからない形で歌中に詠みこむこと。物の名。➡付録①「和歌の修辞」

がく-しやう【学生】[名] ❶大学寮および各地方の国学(＝郡司の子弟を教育する学校)で学ぶ者。❷大寺で、学問修行を専門にする僧。学侶。❸学問。学識。

がく-しやう【学匠】[名] 仏道を修めて、人の師となる資格のある者。また、学者。

かく-て【斯くて】

■一 [副] このようにして。こうして。〈平家・一・祇王〉「かくて都にあるならば、また憂きめをも見んずらん」訳 こうして都にいるならば、またつらいめにも遭うだろう。

■二 [接] 前文を受けて話題を転じるとき、文頭に用いる。こうして。さて。それから。〈竹取・かぐや姫の生ひ立ち〉「かくて翁やうやう豊かになりゆく」訳 (黄金が入った竹をたびたび発見し)こうして翁はしだいに豊かになってゆく。

フレーズ

斯くても こういう状態でも。このようにしていても。

かくて-も【斯くても】➡斯くて「フレーズ」

かくとだに… (和歌)《百人一首》【かくとだにえやはいぶきのさしも草さしも知らじな燃ゆる思ひを】〈後拾遺・恋一・藤原実方〉➡付録①「小倉百人一首」51

かく-ながら【斯くながら】➡斯く「フレーズ」

かく-なわ【結果】[名]〔「かくのあわ」の転〕❶菓子の名。うどん粉をこねて紐を結んだ形につくり、油であげたもの。また、その形のように、あれこれと思い乱れることのたとえ。〈古今・雑体〉「ゆく水のたゆる時なくかくなわに思ひ乱れて」訳 川の流れのように絶える時なく、(心は)かくなわのようにあれこれと思い乱れて。❷太刀を、①の形のように縦横にふりまわす使い方。〈平家・四・橋合戦〉「蜘蛛手、かくなわ、十文字、八方すかさず斬ったりけり」訳 蜘蛛手、かくなわ、十文字、…と八方すきまなく斬ったのだった。

かく-の-ごとく【斯くの如く】➡斯く「フレーズ」

かく-の-ごと・し【斯くの如し】➡斯く「フレーズ」

かく-ばかり【斯くばかり】➡斯く「フレーズ」

か-ぐは・し【芳し・馨し】[形シク]〔しから・しく(しかり)・し・しき(しかる)・しけれ・しかれ〕❶香りがよい。かんばしい。〈万葉・一〇・一九六七〉「かぐはしき(体)花橘を」訳 香りがよい橘の花を。❷心がひかれる。美しい。〈万葉・一八・四一二〇〉「蘰かげかぐはし(終)君を相見つるかも」訳 髪飾りのような美しい君に会ったことだ。(「かぐはし君」は、シク活用形容詞の終止形(厳密には語幹)が体言に付いた、上代の例)

かく・む【囲む】[他マ四]〔ま・み・む・む・め・め〕《上代語》かこむ。〈万葉・五・八九二〉「父母は枕の方に妻子どもは足の方に囲み(用)ゐて」訳 →かぜまじり… (和歌)

がく-もん【学問】[名] 仏典や漢詩文・和歌など、広く学芸一般の知識を習得すること。また、習得した知識。

がく-や【楽屋】[名] ❶雅楽で、楽人が演奏する所。❷能楽・歌舞伎などの舞台の陰にある控え室。❸内幕。内情。

かぐや姫《人名》「かくやひめ」とも。「竹取物語」の主人公。竹取の翁が竹の中から見つけて育てた女の子。五人の貴公子の求婚、天皇のお召しにも応ぜず、八月十五夜に月の世界に帰っていった。

香具山《地名》(歌枕) 今の奈良県橿原市東部にある山。高天原にあった山が地上に降ったものだといわれ、古来、神聖視された。「古事記」に「あめのかぐやま」とあるが、一般に「天の香具山」とよばれている。耳成山・畝傍山とともに大和三山といわれる。

かぐら【神楽】[名] 神を祭るときに奏する舞楽。楽器は和琴・横笛・笏拍子を用いたが、のち篳篥も加えた。天の岩戸の前で行った天鈿女命の舞が始まりといわれる。(冬)

かぐら-うた【神楽歌】[名] 神楽に合わせて歌う歌。宮廷に伝承された歌謡をさすことが多い。

かくら-ふ【隠らふ】《上代語》ずっと隠れている。また、見え隠れする。〈万葉・三・三一七〉「渡る日の影も隠らひ(用)照る月の光も見えず」訳 →あめつちの… (和歌)

なりたち 四段動詞「隠る」(未)＋上代の反復・継続の助動詞「ふ」

かく・る【隠る】

■一 [自ラ四]〔ら・り・る・る・れ・れ〕《上代語》❶隠れる。〈万葉・三・三〇三〉「名ぐはしき稲見の海の沖つ波千重に隠り(用)ぬ大和島根は」訳 名も美しい稲見の海の沖の波、その幾重もの波(のかなた)に隠れてしまった、大和の国(奈良県)は。❷「死ぬ」を避けていう語。亡くなる。〈万葉・二・二〇五〉「王は神にし座せば天雲の五百重の下に隠り(用)給ひぬ」訳 皇子は神でいらっしゃるので、空の雲の幾重にも重なったうちにお隠れになって(＝お亡くな

最重要330

90 **かげ** 名

ガイド 現代語では①オ、②の意で用いられるが、**光り輝くもの**をいうのが原義。①カ、キ、②ウは比喩的な用法。

❶【影・景】

ア (日・月・灯火などの)空間に浮かぶ**姿・形**。

例 御灯明(みあかし)の**影**ほのかに透きて見ゆ〈源氏・夕顔〉
訳 お灯明の(ともっている)**形**がかすかにすいて見える。

イ 鏡や水などに映る姿。**映像**。

例 大空の月の光し清ければ**影**見し水ぞまづこほりける〈古今・冬〉
訳 大空の月の光が(冷たく)清いので、(その月の)**姿**を映していた水がまず凍ったことだ。

ウ 姿。形。

例 わが身は、向かひ居(ゐ)たらんも、**影**はづかしく覚えなん〈徒然・一〇四〉
訳 自分自身は、(りっぱな女性と)対座しているようなのも、きっと(そのみにくい)**姿**がきまり悪く思われるであろう。

エ **おもかげ**。

例 母御息所(みやすどころ)も、**影**だに覚え給はぬを〈源氏・桐壺〉
訳 (光源氏は)母御息所についても、**おもかげ**さえ覚えていらっしゃらないが。

オ 物が光をさえぎることによって生じる陰影。

例 わが子どもの、**影**だに踏むべくもあらぬこそ、口惜しけれ〈大鏡・道長上〉
訳 私(=兼家(かねいえ))の子供たちが、(藤原公任(きんとう)の)**影法師**さえ踏めそうにもない(=諸芸に劣る)のは、残念である。

カ やせ衰えたものの形容。

例 恋すればわが身は**影**となりにけりさりとて人にそはぬものゆゑ〈古今・恋〉
訳 恋いこがれるのでわが身は**影のようにやせ細った姿**になってしまったことだ。そうだからといって、あの人に寄り添え(るわけで)もないのに。

りに**なって**)しまった。

❷ 自ラ下二 〔れ・れ・る・るる・るれ・れよ〕❶隠れる。〈古今・春上〉「春の夜のやみはあやなし梅の花色こそ見えね香(か)やは**隠るる**体」訳→はるのよの…(和歌)

❷「死ぬ」を避けていう語。**亡くなる。**〈方丈・四〉「やんごとなき人の、**隠れ**用給へるもあまた聞こゆ」訳身分の高い方で、お**亡くなり**になった人も多く(いると)耳に入る。⬇果(は)つ「慣用表現」

かくれ【隠れ】名 ❶人目につかないこと。また、人目につかない場所。物陰。

❷(「御かくれ」の形で)高貴な人が死ぬこと。〈平家・六・小督〉「つひに御**隠れ**ありけるとぞ聞こえし」訳とうとう(高倉天皇は)ご**逝去**されたことだとうわさされた。

かくれ-な・し【隠れ無し】形ク 〔から・く(かり)・し・き(かる)・けれ・かれ〕❶隠れたところがない。あらわだ。〈源氏・夕顔〉「忍ぶとも世にあること**隠れなく**用て」訳秘密にしても世間の出来事は**隠しようがなく**て。

❷広く知れ渡っている。有名である。〈平家・四・橋合戦〉「三井寺にはその**隠れなし**終」訳(私=筒井の浄妙明秀(めいしゅう)は)三井寺では**広く知れ渡っている**。

かくれ・ゐる(カクレイル)【隠れ居る】自ワ上一 〔ゐ・ゐ・ゐる・ゐる・ゐれ・ゐよ〕(物陰に)隠れ座る。〈伊勢・二三〉「前栽(せんざい)の中に**隠れゐ**用て、河内(かふち)へいぬる顔にて見れば」訳庭の植えこみの中に**隠れ座って**、河内(かわち)へ去るふりをして見ると。

かくろ・ふ(カクロウ)【隠ろふ】自ハ四・下二 〔は・ひ・ふ・ふ・へ・へ〕〔へ・へ・ふ・ふる・ふれ・へよ〕〔「かくらふ」の転〕**隠れる。ひっそりと人目につかないようにする。**〈伊勢・六七〉「きのふけふ雲のたちまひ**隠ろふ**体(四段)は」訳昨日今日と雲が舞うように漂って(生駒(いこま)山が)**隠れるの**は。〈源氏・若菜上〉「桐壺は若宮具し奉りてまゐり給ひにし頃なれば、こなた**隠ろへ**用(下二段)たりけり」訳桐壺の女御(にょうご)(=明石(あかし)の女御)は若宮をお連れ申しあげて参内(さんだい)なさってしまったころなので、こちら(=寝殿の東面)は**ひっそりと**していたのだった。

かぐわし〖芳し・馨し〗⬇かぐはし

か-くゎん(カン)【加冠】名 ❶元服して、初めて冠をつけること。「初冠(うひかうぶり)」とも。〈平家・一・殿下乗合〉「主上

㋖ 影のように、実質的なものがない状態。
例 このかぐや姫、きと影になりぬ〈竹取・御門の求婚〉 訳 （とらえようとすると）このかぐや姫は、さっと（肉体のない）影になってしまった。

㋗ （日や月などの）光。
例 柴の戸に入り日のかげはさしながらいかに時雨るる山べなるらん〈新古・冬〉 訳 柴の庵の戸に夕日の光は差し込んでいるのに、どうして（同時に）しぐれている山の辺りなのだろう。

㋘ 死者の霊。魂。

❷【陰・蔭】

㋐ 光や風があたらない所。
例 その沢のほとりの木の陰に下り居て、乾飯食ひけり〈伊勢・九〉 訳 その沢のほとりの木の陰に（馬から）下りて座って、乾し飯を食ったのだった。

㋑ 物陰。隠れ場所。
例 駒とめて袖うちはらふかげもなし佐野の渡りの雪の夕暮れ〈新古・冬〉 訳 馬をとめて、（雪の降り積もった）袖をはらう物陰もない。佐野の渡し場の雪の降る夕暮れよ。

㋒ かばってくれる人。おかげ。恩恵。
例 官・位に思ひをかけ、主君のかげを頼むほどの人は〈方丈・三〉 訳 官職や位階に望みをかけ、主君の恩恵をあてにするぐらいの人は。

明年御元服、御加冠、拝官の御さだめのために」訳 帝の来年のご元服、ご加冠、拝官などのお打ち合わせのために。⬇人立つ「慣用表現」
❷元服する人に冠をかぶらせる役。また、その人。

かけ【鶏】名《上代語》にわとり。

かげ 名 ⬇右 90

か-げ【鹿毛】名 馬の毛色の名。からだの毛は鹿の毛色に似た褐色で、たてがみと尾、脚の下部の黒いもの。

かけい【筧・懸樋】⬇かけひ

かけ-う・ぐ【欠け穿ぐ】自ガ下二〔げ・げ・ぐ・ぐる・ぐれ・げよ〕欠けて穴があく。〈徒然・五三〉「耳鼻欠けうげ用ながら抜けにけり」訳 耳や鼻が欠けて穴があくものの（ようやく鼎は頭から）抜けたのだった。

景樹（かげき）《人名》→香川景樹

かけ-ことば【掛詞・懸詞】名 和歌などに多く用いられた修辞技巧の一つ。⬇付録①「和歌の修辞」

かけ-こも・る【掛け籠る】自ラ四〔ら・り・る・る・れ・れ〕掛け金をかけて室内に閉じこもる。〈徒然・三二〉「やがてかけこもら未ましかば、くちをしからまし」訳 （人を送り出して）すぐに掛け金をかけて閉じこもったなら、残念であろうに。

かけ-ず 副（手数をかけずにの意）わけもなく。無造作に。簡単に。〈徒然・一〉「かけず気おさるるこそ、本意なきわざなれ」訳 簡単に圧倒されるのは、残念なことだ。

かけ-ぢ ジ【懸け路】名「かけみち」とも。険しい山路。また、崖に木を棚のようにかけ渡してつくった道。桟道。

かけ-て 一 副 ❶心にかけて。〈古今・恋三〉「よひよひにぬぎてわが寝る狩衣かけて思はぬ時のまもなし」訳 夜ごとに私が寝るときには狩衣を脱いでかけるが、（そのようにあなたのことを）心にかけて、一時たりとも思わないときはない。（第三句までは「かけて」を導きだす序詞）
❷（下に打消の語を伴って）決して。少しも。いささかも。〈更級・子忍びの森〉「かけてこそ思はざりしか」訳 少しも思わなかったよ。
二 ❶…を兼ねて。〈大鏡・道長上〉「ただいまの内大臣にて左大将かけて、教通の大臣と聞こえさす」訳 ただ今の内大臣で左大将を兼ねていて、教通の大臣と申し上げる。
❷…にわたって。〈徒然・一四〉「来し方行く末かけてまめやかなる御物語に」訳 過去未来にわたってまじめなお話のうちに。
❸…をめざして。〈万葉・六・九九八〉「阿波の山かけて漕ぐ舟」訳 阿波の山をめざして漕ぐ舟は。
なりたち 下二段動詞「掛く」用＋接続助詞「て」

かけて-も 副 ❶少しでも。〈大和・一六八〉「このことをかけても言はば、女もいみじと思ふべし」訳 このこと（＝出家の決心）を少しでも言うならば、女もひどく悲しいと思うにちがいない。
❷（下に打消の語を伴って）全然。まったく。〈今昔・二五・一二〉「よく射たりつるものかな、といふこと、かけても言ひ出でずして、『その馬引き出でよ』と言ひければ」訳 よく射たものだなあ、ということを、まったく口に出さないで、「その馬を引き出せ」と言ったので。

かけ-どり【翔け鳥】名 空を飛ぶ鳥。また、空を飛ぶ鳥を射ること。

かけ‐ばん【懸け盤】名 食器をのせる台。もとは四脚の台の上に「折敷（をしき）」をのせたが、のちには脚を作りつけにした。

（かけばん）

かけ‐ひ【筧・懸樋】名 中空の竹や木を地上にかけ渡して水を引く樋（とい）。〈徒然・一一〉「木の葉にうづもるる懸樋の雫（しづく）ならでは、つゆおとなふものなし」訳 木の葉に埋（うず）もれているかけひの雫以外には、まったく音をたてるものがない。

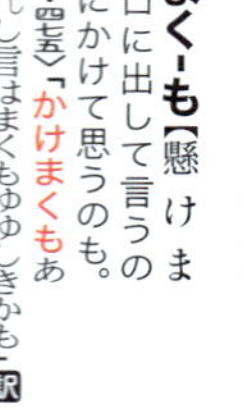
（かけひ）

かけ‐まく‐も【懸けまくも】口に出して言うのも。心にかけて思うのも。〈万葉・三・四七五〉「かけまくもあやに畏（かしこ）し言はまくもゆゆしきかも」訳 心にかけて思うのもまことに畏れ多い。口に出して言うこともはばかられるよ。

なりたち 下二段動詞「懸（か）く」㊍＋助動詞「む」＝「懸けむ」のク語法「かけまく」＋係助詞「も」

かけ‐もの【賭け物・懸け物】名 賭弓（のりゆみ）・歌・連歌などの勝負事・遊戯にかける金品。〈徒然・八九〉「連歌の賭け物取りて、扇（あふぎ）・小箱など懐（ふところ）に持ちたりけるも」訳 連歌の勝負にかけた品物を取って、（その）扇や小箱などを懐中に持っていたのも。

かげゆ‐し【勘解由使】名 平安時代の令外（りょうげ）の官の一つ。国司交代の際、前任者から後任者への事務引き継ぎを証明する文書（＝解由（げゆ））の審査にあたる職。

かけり【翔り・駆けり】名 ❶飛び、かけること。飛ぶように速く走ること。❷能楽で、修羅物（しゅらもの）や狂女物のシテ（＝曲の主役）の動作を表す型。❸歌舞伎の囃子（はやし）の一種。狂女の登場などに用い、大小の鼓、笛ではやすもの。❹連歌や俳諧で、趣向が鋭くはたらいていること。〈去来抄・先師評〉「句のかけり、ことあたらしさ、まことに秀逸の句なり」訳 句の趣向の鋭いはたらきや素材の新しさにおいて、まことに秀逸な句である。

最重要330 91 ガイド

かこ・つ【託つ】他タ四｛た・ち・つ・つ・て・て｝

他にかこつけて言うことばの意の「託言（かごと）」と関連の深い語。現代語でも「不遇をかこつ（＝嘆く）」などというが、本来は①の意。現代語の「かこつける」は室町時代に現れた「かこつく」が転じたものである。

❶**関係のないことを無理に結びつける。他のせいにする。かこつける。**
例 酔（ゑ）ひにかこち用て苦しげにもてなして〈源氏・藤裏葉〉訳 （夕霧は酒の）酔いにかこつけて苦しそうにふるまって。

❷**不平を言う。ぐちをこぼす。嘆く。**
例 逢（あ）はで止（や）みにし憂（う）さを思ひ、あだなる契りをかこち用〈徒然・一三七〉訳 逢わないで終わってしまったつらさを思い、むなしい約束（のまま終わったこと）を嘆き。

かけ・る 自ラ四｛ら・り・る・る・れ・れ｝❶【翔る】空高く飛ぶ。〈竹取・かぐや姫の昇天〉「つゆも、物空にかけら未ば、ふと射殺し給へ」訳 少しでも、何かが空に高く飛ぶならばさっと射殺してください。❷【駆ける】飛ぶように速く走る。〈源氏・明石〉「秋の夜の月毛の駒よ我が恋ふる雲井をかけれ命」訳 秋の夜の月毛の馬ではないが、月毛（＝赤みがかった白い毛色）の馬よ、私が恋い慕っている雲のかなた（＝都）を駆けて行け。（「秋の夜の」は「月毛」を導きだす序詞）

かげろふ（カゲロウ）【陽炎】名［「かぎろひ」の転］春の晴れた日に地上から水蒸気などがゆらゆらと立ちのぼる現象。転じて、はかなく消えやすいもののたとえ。春。〈暁台句集・暁台〉「かげろふにゆらるるけしのひとへかな」訳 （ゆらゆらと立ちのぼる）かげろうにゆられるけしの花の一重よ。

かげろふ（カゲロウ）【蜻蛉・蜉蝣】名 ❶とんぼの古名。❷虫の名。とんぼに似るが、小さく弱々しい。成虫後の生存期間が短いので、短い人生、はかないものなどにたとえる。秋。〈徒然・七〉「かげろふの夕べを待ち、夏の蟬（せみ）の春秋を知らぬもあるぞかし」訳 （朝生まれた）かげろうが夕方を待って（死に）、夏の蟬が春や秋を知らない（で死ぬという）こともあるのだよ。

かげろ・ふ（カゲロウ）【影ろふ】自ハ四｛は・ひ・ふ・ふ・へ・へ｝❶光が隠れてかげになる。かげる。〈新古・夏〉「野もせの草のかげろひ用て涼しくくもる夕立の空」訳 野原一面の夏草が、日がかげって、涼しくくもる夕立の空よ。❷光がほのめく。ちらちらする。〈平家・一・祇王〉「かげろふ体いなづまよりなほはかなし」訳 （死が迫ると）ひらめく稲妻よりさらにはかない。

蜻蛉日記（かげろふにっき）（カゲロウニッキ）《作品名》平安中期の日記。女流日記文学の先駆。右大将藤原道綱（みちつな）の母の著。天暦八年（九五四）から二十一年間にわたる夫藤原兼家との結婚生活が回想的に記され、女性の苦悩が内面的に描写されている。「蜻蛉の日記」とも。⬇巻頭口絵16ページ・付録◇1◇九六ページ

かげろふや… 俳句

春 切れ字

陽炎や　名も知らぬ虫の　白き飛ぶ
〈蕪村句集・蕪村〉

訳 ゆらゆらと立ちのぼるかげろうよ。(その中を)名も知らない虫で、白いのがきらめいて飛び交っている。(「虫の」の「の」は、いわゆる同格の格助詞で、「…で」の意)

か-げん【下弦】名 満月ののちの半月。陰暦二十二、三日ごろの月。下旬の弦月。その月の出は真夜中となる。秋。対上弦。⬇月「古文常識」

か-こ【水夫・水手】名 船乗り。船頭。水夫。

かご【影】名《上代東国方言》かげ。〈万葉・二〇・四三二二〉「わが妻はいたく恋ひらし飲む水に影さへ見えてよに忘られず」訳 ➡わがつまは… 和歌

かご-か 形動ナリ{なら・なり(に)・なり・なる・なれ・なれ}「かごやか」とも。閑静なさま。ひっそりとしたさま。〈源氏・夕顔〉「あたりは人しげきやうに侍れど、いとかごかに用侍り」訳 あたりは人けが多いようでございますが、たいそう閑静でございます。

かこち-がほ【託ち顔】名・形動ナリ 嘆いている顔つき。恨みがましいようす。…のせいだというようす。〈千載・恋五〉「嘆けとて月やは物を思はするかこち顔なる体わが涙かな」訳 ⬇付録◇1◇「小倉百人一首」86

かこ・つ【託つ】他タ四 ⬇前ページ 91

かこつべき… 和歌

**かこつべき　ゆゑを知らねば　おぼつかな
いかなる草の　ゆかりなるらむ**
〈源氏・若紫〉

訳 何にかこつけようとおっしゃるのか、その理由を知らないので、気がかりです。(私は)どんな草に縁があるのでしょうか。

解説 光源氏が「紫草のゆかりの人だと思うと、つい恨みごとが出てしまう」と言い、「ねは見ねどあはれとぞ思ふ武蔵野の露分けわぶる草のゆかりを」(訳 ➡ねはみねど… 和歌)と詠んだのを受けて、若紫(=少女のころの紫の上)が書いた歌。「紫草」が藤壺を、「草のゆかり」が若紫をさすが、光源氏と藤壺のことを知らない若紫には、何のことだかわからない。

最重要330

92

かごと-がま・し

【託言がまし】形シク{しから・しく(しかり)・し・しき(しかる)・しけれ・しかれ}〔「がまし」は接尾語〕

ガイド 「託言(=恨み言)+がまし(=…の様子である)」で、**実際はぐちをこぼしているわけではないが、そう聞こえる**という点がこの語による表現の重点である。

恨みがましい。いかにもぐちっぽい。言いわけがましい。

例 心のままに茂れる秋の野らは、置きあまる露に埋もれて、虫の音かことがましく用〈徒然・四四〉

訳 思いのまま茂っている秋の野原(のような庭)は、置ききれないほどいっぱいの露に埋まって、虫の鳴く声が恨みがましく(聞こえ)。

語感実感 仕事がはかどらなかったときの言い訳が、誰かのせいにしているようで、ぐちっぽく聞こえる感じ。

か-ごと【託言】名 ❶他にかこつけて言うことば。口実。〈源氏・夕顔〉「御返り、口ときばかりをかごとにてとらす」訳 ご返歌は、素早く詠んだことだけを(上手でないことの)言いわけにして手渡す。❷恨みごと。ぐち。不平。〈源氏・桐壺〉「『かごとも聞こえつべくなむ』といはせ給ふ」訳 (亡き桐壺の更衣の母君は)「(かえって)恨みごとも申し上げてしまいそうで(ございます)」と、(女房に)靫負の命婦の所まで)伝えさせなさる。

かごと-がま・し【託言がまし】形シク ⬇左上 92

かさ【笠・傘】名 ❶雨・雪・日光などが当たるのを防ぐために、頭にかぶるもの。❷さし傘。から傘。

かさ【嵩】名 ❶重なった物の高さ、または大きさ。❷高い所。上のほう。〈太平記・一五〉「敵の行く先難所なる山路にては、かさより落としかけて」訳 敵の行く先が難所である山道では、高い所からかけ下り攻撃して。❸相手を威圧する勢い。威厳。〈保元物語〉「八つ裂きに裂いて捨てんと、かさにかかりて攻めければ」訳 八つ裂きにさいてやろうと、勢いに乗って攻めたところ。

かさ【瘡】名 できもの。はれもの。

かささぎ【鵲】名 鳥の名。烏より小さく、尾が長い。七夕伝説で知られる。秋。〈源氏・浮舟〉「寒き洲崎に立てる鵲の姿も、所がらはいとをかしう見ゆるに」訳 寒々とした洲の先に立っている鵲の姿も、(宇治と

(かささぎ)

古文常識　「かさねのいろめ」— 四季折々の色の組み合わせ

襲（かさね）の色目とは、男子は直衣（のうし）や狩衣（かりぎぬ）、下襲（したがさね）など、女子は唐衣（からぎぬ）・袿（うちき）・細長（ほそなが）などの表地と裏地の重なりや、袖口や襟や褄（つま）の重なりなどの色の組み合わせをいう。

襲の色目には植物の名など季節感のある優美な名前がつけられていた。

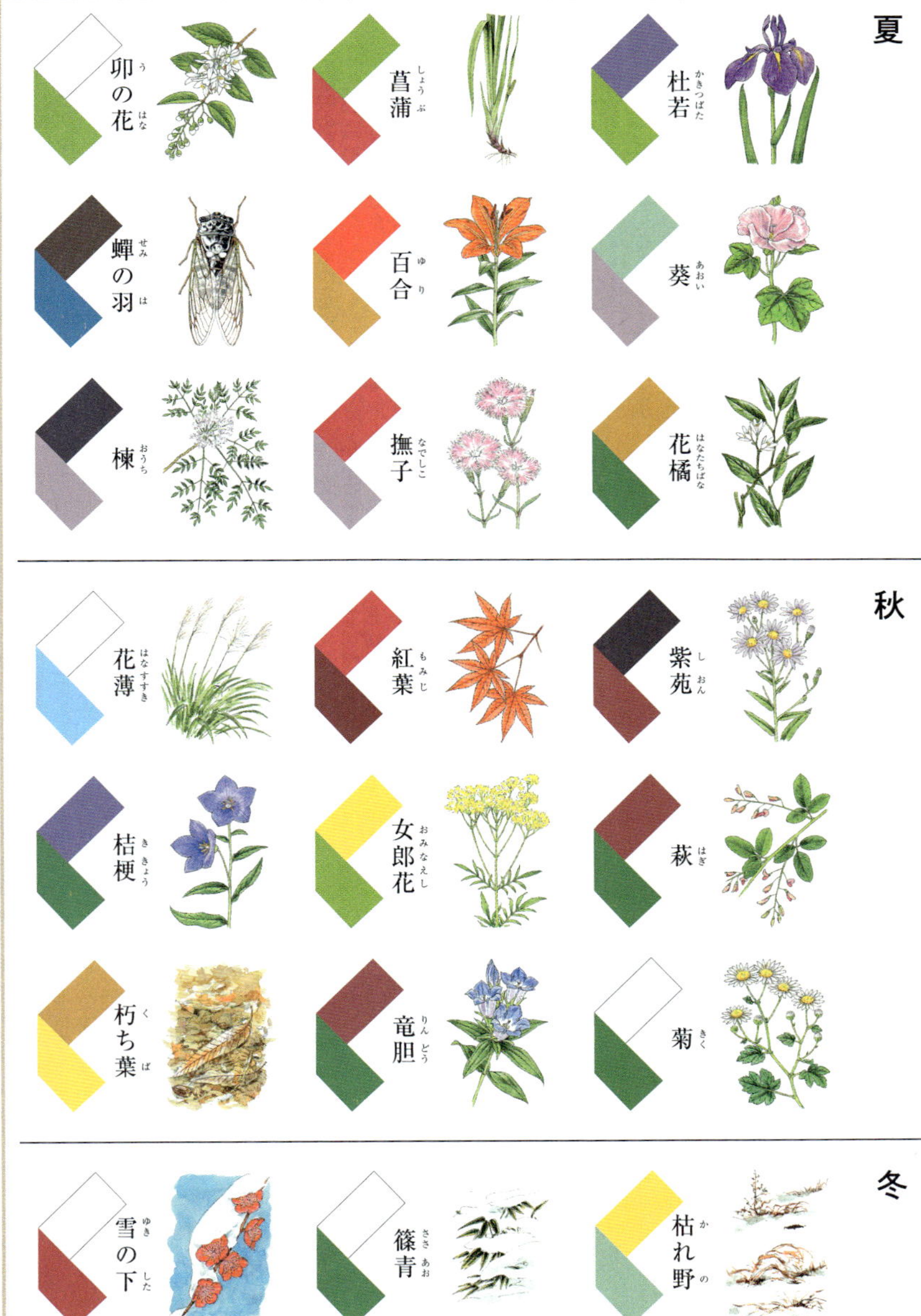
夏
卯の花 うのはな
菖蒲 しょうぶ
杜若 かきつばた
蝉の羽 せみのは
百合 ゆり
葵 あおい
楝 おうち
撫子 なでしこ
花橘 はなたちばな
秋
花薄 はなすすき
紅葉 もみじ
紫苑 しおん
桔梗 ききょう
女郎花 おみなえし
萩 はぎ
朽ち葉 くちば
竜胆 りんどう
菊 きく
冬
雪の下 ゆきのした
篠青 ささあお
枯れ野 かれの

いう）場所からではとても趣深く見えるが。[参考]「笠鷺（＝今の青さぎとも、小さぎともいう）」と見る説があり、前述の「源氏物語」の例は「鷺」とする本文もある。

かささぎの… [和歌]《百人一首》【鵲の　わたせる橋に　置く霜の　白きを見れば　夜ぞ更けにける】〈新古・冬・大伴家持〉➡付録①「小倉百人一首」6

かささぎ-の-はし【鵲の橋】[名]❶陰暦七月七日の夜、牽牛・織女の両星が天の川で逢うとき、鵲が翼を並べてかけ渡すという想像上の橋。中国の「淮南子」に書かれてあり、七夕伝説とともにわが国に伝わり、和歌などに多く詠まれた。[秋]
❷宮中の御殿の階段。宮中を天上にたとえていう。

かざし【挿頭】[名]頭髪・冠などに草木の花や枝、または金属製の造花を挿すこと。また、そのもの。官位および儀式によってその花が異なった。上代では特に「うず（髻華）」という。〈伊勢・八二〉「枝を折りて、かざしにさして」[訳]（桜の）枝を折って、髪飾りとして挿して。

（かざし）

かざ・す【挿頭す】[他サ四]{さ・し・す・す・せ・せ}❶草木の花や枝、造花などを髪や冠に装飾としてつける。〈万葉・一〇・一八八三〉「ももしきの大宮人はいとまあれや梅をかざし[用]てここに集へる」[訳]宮中に仕える人たちは暇があるから（なのだろう）か、梅を飾りとして髪に挿してここに集まって（遊んで）いる。（「ももしきの」は「大宮」にかかる枕詞）
❷飾りつける。〈堤・ほどほどの懸想〉「あやしき小家の半蔀も、葵などかざし[用]て心地よげなり」[訳]みすぼらしい小さな家の半蔀（＝戸の一種）も、葵などを飾りつけて気持ちよさそうである。

-かさね【重ね・襲】[接尾]（紙・衣服など）重ねた物、または、たたんだ物を数える語。揃い。「装束一かさね」

かさね【重ね・襲】[名]❶重ねること。重なったもの。〈枕・一本・三〉「硯の箱は　重ねの蒔絵に雲鳥の紋」[訳]硯の箱は、（二段に）重ねたもので、蒔絵で雲と鶴の模様（があるのがよい）。
❷衣服を重ねて着ること。また、その衣服。〈うつほ・俊蔭〉「〔女房や童女が〕重ねの裳、唐衣、汗衫なども着て居並みたり（＝居ならんでいる）」
❸上着と下着とが一揃えになった衣服。
❹「下襲」の略。
❺「襲の色目」の略。

フレーズ
襲の色目　衣服の表裏の色の配合。また、重ねて着るときの表上下の色の配合。男女とも季節により使用する色目にきまりがある。➡二一〇ページ「古文常識」

かさね-て【重ねて】[副]もう一度。〈徒然・九二〉「道を学する人、…かさねてねんごろに修せんことを期す」[訳]（仏の）道を修行する人は、…もう一度念を入れて修行しよう（という）ことを予定する。

かさねとは… [俳句]

かさねとは　八重撫子の　名なるべし　[夏]　[切れ字]
〈細道・那須・曽良〉

[訳]（馬についてきた少女に名を尋ねると「かさね」と答えたので）かさねとは（花びらを幾重にも重ねた）八重撫子の意の名前であろう。
[解説]王朝文学では、「撫子」は子を撫でていつくしむイメージが与えられ、可憐なものにたとえられている。なお、江戸時代には撫子は夏の季語として用いられた。

かさね-の-いろめ【襲の色目】➡襲の色目「フレーズ」・二一〇ページ「古文常識」

かざ-ま【風間】[名]❶風のやんでいる間。〈土佐〉「いのりくる風間と思ふをあやなくもかもめさへだに波と見ゆらむ」[訳]（海路の平穏を）祈り続ける（かいがあって）風の絶え間だと思うのに、なぜ理不尽にもかもめまでさえ白波のように見えるのだろう。
❷風が吹いている時。

かざみ【汗衫】[名]〔字音「かんさむ」の転〕平安中期以降、内裏に奉仕する少女が用いた上着。もとは汗取りの下着であった。正装のものは、裾を長く引き、略装のものは身の丈であった。〈枕・八九〉「汗衫ばかり着て、…、高欄のもとなどに、扇さしかくしてゐたる」[訳]（愛らしげな少女が）汗衫だけを着て、…、欄干のあたりなどに、扇で顔を隠して座っているの（は優美である）。

（かざみ）

かざ・る【飾る】[他ラ四]{ら・り・る・る・れ・れ}❶装飾する。〈源氏・帚木〉「家の内を飾り[用]、人におとらじと思へる」[訳]家の内を飾り立て、人に負けまいと思っている者と。
❷とりつくろう。〈源氏・行幸〉「心知らぬ人目を飾り[用]て」[訳]事情を知らない人の目をとりつくろって。
❸設ける。構える。備える。〈狂・こんくゎい〉「四方に四面の壇を飾り[用]」[訳]周囲に四面の祭壇を設け。

かし [終助]

意味・用法
念を押す（…よ。…ね。）→❶
強め（…よ。）→❷

接続
文の言い切りの形に付く。副詞「さ」、感動詞「いざ」に付いて言い切りとなる。

❶（文末に付いて）強く念を押す意を表す。…よ。…ね。〈宇治・一・一三〉「いま一度起こせかし」[訳]もう一度起

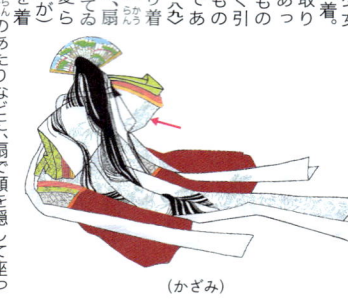

こせよ。

❷(副詞・感動詞に付いて)意味を強める。…よ。〈源氏・若菜下〉「さかし。…おぼつかなからぬ物の師なりかし」訳そうよ。…(私＝光源氏は)心細くない(＝頼りになる)音楽の師匠だよ。〈源氏・若紫〉「いざかし、ねぶたきに」訳さあ(寝に)行こうよ、眠いから。

かじ〖梶・楫・加持・鍛冶〗⬇かぢ

かしかま・し【囂し】形シク ⬇左 93

かし・く【炊く】他カ四〔か・き・く・く・け・け〕〔近世以降「かしぐ」〕米・麦・粟などを、煮たり蒸したりして飯を作る。たく。〈万葉・五・八九二〉「こしきには蜘蛛の巣かきて飯炊く㊍ことも忘れて」訳⬇かぜまじり… 和歌

かしこ【恐・畏】名〔形容詞「かしこし」の語幹〕❶畏れ多いこと。謹むべきこと。❷主として女性が手紙の末尾に添える語。❸りっぱであること。すぐれていること。〈源氏・葵〉「かしこの御手や」訳みごとなご筆跡だなあ。

かしこ【彼処】代 ❶遠称の指示代名詞。あそこ。かのところ。〈源氏・桐壺〉「命婦、かしこにまで着きて」訳命婦はかのところ(＝桐壺の更衣の里)に(宮中から)参上し到着して。(「まで」は「までで」の転)

❷他称の人代名詞。あちらの方。〈落窪〉「かしこにも『うれし』とのたまふ時多かめり」訳あちらの方(＝継母の北の方)におかれても「うれしい」とおっしゃる時が多いようだ。⬇ここ 参考

かしこ・し形ク ⬇次ページ 94

かしこ-どころ【賢所】名(畏れ多く、かしこまる所の意から)❶天照大御神の御霊代として神鏡(＝八咫の鏡)を祭る神殿。内裏の温明殿にあり、内侍が守護にあたる。「内侍所」とも。⬇付録③「平安京内裏図」

❷①に祭ってある神鏡。八咫の鏡。「内侍所」とも。〈平家・一一・鏡〉「賢所を出だし奉るにもおよばず」訳(夜中なので)神鏡をお出し申しあげることもできない。

かしこまり【畏まり】名 ❶**畏れ多いこと。遠慮。**〈竹取・貴公子たちの求婚〉「かたじけなく、きたなげなる所に、年月を経てもの し給ふこと、極まりたるかしこまり」訳もったいなくも、むさくるしい感じの所に、年月を経てお通いくださることは、この上なく畏れ多いこと。(「ものす」は婉曲表現で、ここは「来る」の意)

❷**お礼。**〈源氏・若紫〉「いとむつかしげに侍れど、かしこまりをだにとて」訳実にむさくるしいようすでございますが、せめて(お見舞いの)お礼だけでもと思って。

❸**わびごと。**言いわけ。〈うつほ・吹上上〉「久しう対面給はらずなりにければ、そのかしこまりも聞こえむとてなむ」訳長くご対面いただかないままになってしまったので、そのわびごとも申し上げようと思って。

❹**おとがめ。**謹慎。〈枕・九〉「さてかしこまりゆるされて、もとのやうになりにき」訳そうしておとがめが許されて、もとのようになった。

かしこま・る【畏まる】自ラ四〔ら・り・る・る・れ・れ〕

❶**畏れ謹む。**恐縮する。畏れ敬う。〈更級・竹芝寺〉「『あの男、こち寄れ』と召しければ、かしこまり㊐て高欄のつらに参りたりければ」訳「そこの男よ、こちらへ来い」と呼び寄せなさったので、(男が)畏れ謹んで手すりのそばに参ったところ。

❷**わびる。謝罪する。**〈源氏・初音〉「心まどはし給ひし世のむくいなどを、仏にかしこまり㊐聞こゆるこそ苦しけれ」訳(あなた＝空蟬が私＝光源氏の)心を悩ましなさった時の(罪の)報いなどを、仏に謝罪し申しあげるのはつらいことだ。

❸**きちんと座る。**正座する。〈平家・一一・那須与一〉「甲をば脱ぎ高紐にかけ、判官の前にかしこまる㊇」訳(与一は)兜を脱いで(鎧の)両肩につけ

最重要330 93

かしかま・し

【囂し】形シク〔しから・しく(しかり)・し・しき(しかる)・しけれ・しかれ〕〔近世以降「かしがまし」とも〕

ガイド 「かし」も「かま」も「騒々しい」の意で、それを重ねたものと考えられる。「かしまし」「かまびすし」、現代語の「やかましい」に含まれる「かし」「かま」も同じものである。

やかましい。うるさい。

例 あやしき家の見どころもなき梅の木などには、かしかましき㊍までぞ鳴く〈枕・四一〉

訳(宮中では鳴かないうぐいすが)粗末な民家の見ばえもしない梅の木などでは、やかましいくらいに鳴いている。

類語の整理
かしかまし —「騒々しいさま」を表す語
らうがはし
…乱雑で秩序がなく騒がしい
かしかまし
…音や声が大きくうるさい
こちたし
…口数が多くわずらわしい

最重要330

94

かしこ・し 形ク〔から・く(かり)・し・き(かる)・けれ・かれ〕

ガイド 人間わざとは思えない霊力に対し、畏れ敬う感じを表す①が原義。転じて、中古以降、②の、並外れた学識・才能などのあるさまにいう。

❶【畏し・恐し】

㋐恐ろしい。こわい。

例 大き海の波はかしこし(終)然れども神を祈りて船出せばいかに〈万葉・七・一二三二〉

訳 大海の波は恐ろしい。しかしながら海神に祈って船出したらどうであろう。

㋑畏れ多い。尊い。もったいない。

例 勅なればいともかしこし(終)鶯の宿はと問はばいかが答へむ〈拾遺・雑下〉

訳 天皇の御命令なので、はなはだ畏れ多いことです。(梅の木は差し上げますが、いつもこの木に来る)鶯が、(自分の)宿は(どうなったのか)と尋ねたら、どのように答えましょうか。

❷【賢し】

㋐才知に富む。利口である。
⬇聡し「類語の整理」

例 はかなき親に、かしこき(体)子の勝るためしは、いと難きことになむ侍れば〈源氏・少女〉

訳 つまらない親より才知に富んだ子がすぐれている例は、なかなかめったにはないことでございますので。

㋑すぐれている。りっぱだ。

例 御心掟もことのほかにかしこく(用)おはします〈大鏡・時平〉

訳 (菅原道真は)ご思慮も格別にりっぱでいらっしゃる。

㋒好都合だ。運がよい。

例 風吹かずかしこき(体)日なりと興じて〈源氏・若菜上〉

訳 風も吹かず、(蹴鞠には)もってこいの日だと興に乗って。

㋓(連用形を副詞的に用いて)程度がはなはだしく。

例 男はうけきらはず呼び集へて、いとかしこく(用)遊ぶ〈竹取・かぐや姫の生ひ立ち〉

訳 男(という男)はだれかれの区別なく招き寄せて、たいそう盛大に(管弦の)遊びをする。

た)高紐にかけ、判官(=義経)の前に謹んで座る。
❹謹んでうけたまわる。〈謡・熊野〉「『こなたへと申し候へ』『かしこまっ(用)(促音便)て候ふ』」訳「こちらへ(来るように)と申しませ」「かしこまりました」

かしこ・む【畏む】自マ四〔ま・み・む・む・め・め〕❶畏れはばかる。畏れ多いと思う。〈記・下〉「大后の嫉みをかしこみ(用)て、本つ国に逃げ下りき」訳 皇后の嫉妬を畏れはばかって、(黒日売は)故郷へ逃げ帰った。
❷謹んでうけたまわる。〈万葉・一・七九〉「天皇の御命かしこみ(用)」訳 天皇のおことばを謹んでうけたまわり。

かしずく〔傅く〕⬇かしづく

かしづき【傅き】名 ❶大切に養い育てること。大切に世話をすること。〈源氏・桐壺〉「人ひとりの御かしづきに、とかくつくろひたてて」訳 娘一人のお世話のために、(邸内を)あれこれと手入れして。
❷世話をする人。介添え役。〈源氏・少女〉「かしづきなど、…いみじう選り調へて」訳 (娘の)介添え人など、…(父惟光が)きびしく選んでそろえて。

かしづ・く【傅く】他カ四 ⬇次ページ 95

柏木(かしはぎ)《人名》「源氏物語」中の人物。頭の中将の長男。朱雀院が光源氏に託した女三の宮と通じ、薫の君が生まれるが、罪の恐ろしさに思い悩みながら死ぬ。

橿原(かしはら)《地名》今の奈良県橿原市。記紀に神武天皇の皇居(=橿原の宮)のあった所と伝えられる。

か-しふ【家集】名「いへのしふ」に同じ。⬇家の集「フレーズ」

かしま・し【囂し】形シク〔しから・しく(しかり)・し・しき(しかる)・しけれ・しかれ〕やかましい。うるさい。〈落窪〉「あなかしましし(終)。今は取り返すべき事にもあらず」訳 ああやかましい。今はもう取り返しのつくはずのことでもない。

かじや〔冠者〕⬇くわじゃ

か-しゃく【呵責】名・他サ変 きびしくとがめ責めること。責めさいなむこと。〈今昔・九・二〇〉「母いかりて杖をもて伯瑜(=人名)を打ちて呵責す(終)」訳 母は怒って杖で伯瑜を打ってきびしくとがめ責める。

かしら【頭】名 ❶あたま。首から上の部分。

❷頭髪。髪の毛。〈古今・春上〉「頭の雪となるぞわびしき」訳 頭髪が雪のように(白髪に)なるのがつらいことだ。

❸物の最上部。また、先端。〈枕・六七〉「冬の末まで、頭のいとしろくおほどれたるも知らず」訳 (すすきは)冬の終わりまで、先端がたいそう白く乱れ広がっているのにも気づかないで。

❹団体の長。職人などの親方。

フレーズ

頭下(お)ろ・す 頭髪をそって出家する。剃髪(ていはつ)する。〈古今・哀傷・詞書〉「ひえの山にのぼりて、頭おろし用てけり」訳 比叡山(ひえいざん)に登って、髪をそって出家してしまった。⬇背(そむ)く「慣用表現」

かしら-おろ・す【頭下ろす】⬇頭(かしら)「フレーズ」

かしら-だか【頭高】名・形動ナリ 矢筈(やはず)が肩越しに高く見えるようにした、しゃれた矢の負い方。〈平家・九・木曽最期〉「その日のいくさに射(い)て少々残ったるを、頭高に用負ひなし」訳 その日の合戦で射て少し残った(=矢)を、肩越しに高く見えるようにことさら背負って。

かしら-つき【頭付き】名 頭の格好。髪の形。

-かしら-か・す 接尾サ四型 (動詞の未然形に付いて)他動詞をつくり、また、使役的な意味を添える。そのような状態にする意。〈徒然・八七〉「をのこどもあまた走らかし用たれば」訳 (主人は)下男たちを大勢駆けつけさせたところ。

例語 かへらかす(=煮たたせる)・腐らかす・すべらかす・たぎらかす・散らかす・にごらかす・光らかす・迷はかす・転(まろ)ばかす(=ころがす)・回(めぐ)らかす・戻らかす

かず【数】名 ❶物の数量。数。

❷多数。種々。いろいろ。〈伽・唐糸さうし〉「数の宝」訳 多数の宝。

❸取り立てて数えあげる価値のあるもの。ものの数。〈源氏・須磨〉「高き人は我を何の数にもおぼさじ」訳 (身分の)高い人は、私(=明石(あかし)の君)を何のものの数にもお思いにならないまい。

❹そのグループに属するもの。仲間。また、定員。〈新古・雑下〉「思はねど世をそむかんといふ人のおなじ数にや我もなるらん」訳 思っていないのに、出家しようと(口だけで)言う人と同じ仲間に私もなるのだろうか。

フレーズ

数置(お)・く 数えるために置く。〈枕・一三〉「碁石(ごいし)して数おか未せ給ふとて」訳 碁石で数を数えさせなさるというので。

数知(し)ら-ず 数えきれないほど多い。限りなく多い。「数を知らず」とも。〈源氏・桐壺〉「数知らず用苦しきことのみまされば」訳 数えきれないほど多くつらいことばかりが増えるので。

数なら-ず ものの数ではない。取るに足りない。〈方丈・四〉「まして、その数ならぬ体たぐひ、つくしてこれを知るべからず」訳 まして、その取るに足りないたぐい(の人々について)は、全部はこれ(=亡くなった数)を知ることができない。⬇言ふ甲斐(かひ)無し「慣用表現」

かず-お・く【数置く】⬇数(かず)「フレーズ」

なりたち 「なら」は断定の助動詞「なり」未

かす-か【幽か・微か】形動ナリ {なら・なり(に)・なり・なる・なれ・なれ} ❶はっきりしないさま。ほのか。ぼんやり。〈細道・旅立〉「不二(ふじ)の峰かすかに用見えて」訳 富士の峰がぼんやりと見えて。

❷人けや物音のないさま。ひっそりとしてものさびしいさま。〈源氏・須磨〉「殿の内いとかすかなり終」訳 建物の中はたいそうひっそりとしてものさびしい。

❸貧弱なさま。みすぼらしい。〈源氏・行幸〉「かすかなる体足弱き車」訳 みすぼらしい、車輪がしっかりしていない牛車(ぎっしゃ)。

❹奥深い。幽玄である。〈去来抄・先師評〉「病雁(びゃうがん)は、格高く趣かすかに用して」訳 (芭蕉(ばしょう)の)病雁(の句)は、品格が高く情趣も幽玄であって。

春日(かすが)《地名》❶今の奈良市春日野町一帯。奈良公園付近。

❷今の奈良市およびその付近の称。

かず-かず【数数】名・形動ナリ 数や種類の多いさま。いろいろ。あれこれ。一つ一つ。〈徒然・五六〉「数々に用残りなく語りつづくるこそ、あいなけれ」訳 (久しぶり

最重要330

95

かしづ・く(カシズク)【傅く】他カ四 {か・き・く・く・け・け}

ガイド 現代語では下位者が上位者にお仕えする意の語感が強いが、古文では庇護(ひご)者が子供などを大切に養育する、世話する、後見するの意を表す。

❶大切に養い育てる。愛育する。

例 親たちかしづき用給ふこと限りなし〈堤・虫めづる姫君〉

訳 親たちが(娘の姫君を)大切に養い育てなさることはこの上ない。

❷大切に世話をする。後見をする。(⬇大人(おとな)ぶ「類語の整理」)

例 こぞの秋、いみじくしたて、かしづか未れて、うちそひて下りしを見やりしを〈更級・夫の死〉

訳 去年の秋、(息子が)とてもりっぱに飾りたてられ、(供の者に)大事に世話をされて、(今は亡き夫と)連れだって(夫の任国へ)下ったのを見送ったのに。

に会った人が自分の話を)あれこれ一つ残らず語り続けるのは、興ざめだ。

かすがのの… 〔和歌〕

春日野の　雪間をわけて　生ひ出でくる　草のはつかに　見えし君はも（序詞）
〈古今・一一・恋一・四七八・壬生忠岑〉

訳 春日野の残雪の消え間から萌え出てくる草(の芽)がわずかに見えるように、ほんのちらりと(姿が)見えたあなたよ。(「君はも」の「は」も、「も」も詠嘆の終助詞)

解説 詞書に、奈良の春日神社の祭り見物に出たとき、見物に来ていた女に贈った歌とある。

かすがのの… 〔和歌〕

春日野の　若紫の　すり衣　しのぶの乱れ　限り知られず（序詞）
〔忍摺りの乱れ模様〕〔恋い忍ぶ心の乱れ〕
〈伊勢・一〉〈新古・一一・恋一・九九四・在原業平〉

訳 春日野の萌え出たばかりの紫草で摺ったすり衣の忍摺りの乱れ模様のように、恋い忍ぶ(私の心の)乱れは限りないのです。

解説 「伊勢物語」には、元服したばかりの男が春日野に狩りに行き、美しい姉妹を見て詠んだ歌とある。芽吹いて間もない紫草が姉妹を暗示する。

かすがのは… 〔和歌〕

春日野は　今日はな焼きそ　若草の　つまもこもれり　我もこもれり（枕詞）
〈古今・一・春上・一七・よみ人しらず〉

訳 春日野は今日だけは焼かないでくれ。(この野には)妻も隠れているし、私も隠れているのだ。(「な(副詞)…そ(終助詞)」の形で禁止の意を表す)

解説 早春の野焼きを舞台に、枯れ草の間に隠れてたわむれている若い夫婦のようすを詠んだもの。本来は、野焼きに際しての労働歌であったと考えられる。「伊勢物語」第一二段には、初句を「武蔵野は」として所収。

かすが-まつり【春日祭り】 名 奈良の春日神社(＝藤原氏の氏神)の祭礼。陰暦二月と十一月の最初の申の日に行われた。春日の祭り。申祭り。

かづく〘潜く・被く〙➡かづく

かづけもの〘被け物〙➡かづけもの

かず-しら-ず【数知らず】➡数「フレーズ」

かず-そ・ふ【数添ふ】 一 自ハ四｛は・ひ・ふ・ふ・へ・へ｝数が増す。数が多くなる。〈源氏・紅葉賀〉「御年の数添ふ体しるしなめりかし」訳 (紫の上の)ご年齢が(一つ)加わる証拠であるようだよ。

二 他ハ下二｛へ・へ・ふ・ふる・ふれ・へよ｝数を増やす。

かず-なら-ず【数ならず】➡数「フレーズ」

かず-ま・ふ【数まふ】 他ハ下二｛へ・へ・ふ・ふる・ふれ・へよ｝仲間に数え入れる。**人並みに取り扱う。**〈源氏・若紫〉「かならず数まへ用させ給へ」訳 (若紫を)きっと人並みにお取り扱いなさってください。

かすみ【霞】 名 微細な水滴が空中に浮遊して、空や遠方などがはっきり見えない現象。春

参考 霞と霧とは同じ現象であるが、平安時代ごろから春のものを霞、秋のものを霧と区別した。また、遠くにたなびくのを霞、近くに立ちこめるのを霧と考えた。上代では季節による区別はなく、「万葉集」一五二八番にみえる「霞立つ天の河原に…」は秋、陰暦七月の七夕の歌である。

フレーズ

霞の衣 ❶霞が山などにかかるのを衣服に見立てた語。
❷(「墨の衣」にかけて)喪服。

霞の洞 (仙人の住居の意から)上皇の御所。仙洞。

かすみ-の-ころも【霞の衣】➡霞「フレーズ」

かすみ-の-ほら【霞の洞】➡霞「フレーズ」

かす・む【霞む】 自マ四｛ま・み・む・む・め・め｝❶霞がかかる。春。〈源氏・若紫〉「夕暮れのいたうかすみ用たるにまぎれて」訳 (光源氏は)夕暮れ時で、ひどく霞がかかっているのにまぎれて。

❷(霞がかかったように)**ぼんやり見える。**〈万葉・二〇・四四八九〉「今宵の月夜かすみ用たるらむ」訳 今夜の月はぼんやりかすんで見えているのであろうか。

かす・む【掠む】 他マ下二｛め・め・む・むる・むれ・めよ｝❶奪い取る。盗む。〈紀・天智〉「唐人、その南の堺をかすむる体こと得ず」訳 唐人(＝唐の軍勢)は、その南の境を奪い取ることができない。

❷それとなくほのめかす。あてこする。〈源氏・東屋〉「あらはには言ひなさで、かすめ用愁へ給ふ」訳 (薫は)露骨にはあえて言わないで、(中の君に)それとなくほのめかし嘆き訴えなさる。

かすゆ-ざけ【糟湯酒】 名 酒かすを湯に溶かしたもの。貧しい者が酒の代用にした。

かずら〘葛・鬘〙➡かづら

かぜ【風】 名 ❶空気の流動。かぜ。

❷風習。ならわし。伝統。〈拾遺・雑上〉「家の風をも吹かせてしがな」訳 家の風(＝家の伝統)を(大いに)吹かせ(＝繁栄させ)たいものだ。

❸風邪。感冒。古くは、腹の病気まで含んでいたという。〈竹取・竜の頸の玉〉「かぜ(の症状が)いと重き人にて」

フレーズ

風の便り ❶風が吹き伝えてくること。風という使い。〈古今・春上〉「花の香を風のたよりにたぐへてぞ鶯さそふしるべにはやる」訳 花の香りを風という使者に添えて、鶯を(谷から)誘い出す道案内としては送ることだ。
❷(手紙を送るべき)ちょっとした機会。
❸どこからともなく伝わってくるうわさ。風聞。

かぜかよふ… 〔和歌〕

風かよふ　寝ざめの袖の　花の香に　かをる枕の　春の夜の夢
〈新古・二・春下・一一二・藤原俊成の女〉

訳 風が吹き通い、(それで)目をさました(私の)袖にうつった桜の花の香りで枕も香り、その枕で見ていた春の夜の夢よ。

解説 「千五百番歌合」の歌。そこでは梅の香として詠まれているが、「新古今集」では桜の位置に配列されている。情緒的なことばを重ねて、甘美で夢幻的な世界を創造している。

かせぎ【鹿】 名 鹿の異称。

かぜそよぐ… 和歌《百人一首》【風そよぐ ならの小川の 夕暮れは みそぎぞ夏の しるしなりける】〈新勅撰・夏・藤原家隆〉➡付録①「小倉百人一首」98

かぜ-の-たより【風の便り】 ➡風「フレーズ」

かぜふけば… 和歌

序詞

風吹けば 沖つ白波 たつた山 〔立つ〕〔竜(田山)〕
夜半にや君が ひとり越ゆらむ
〈古今・一八・雑下・九九四・よみ人しらず〉〈伊勢・二三〉〈大和・一四九〉

訳 風が吹くと沖の白波が立つ、そのことばと同じ名の竜田山を、この夜中にあなたが一人で越えているのだろうか。

解説 河内の国に愛人をつくった男が、その女のもとに出かけたあとで、長い間連れ添っていた妻が、男の道中を思って詠んだ歌という。「古今集」の左注と「大和物語」も類似する内容となっている。

かぜふけば… 和歌

風吹けば 落つるもみぢ葉 水清み
散らぬ影さへ 底に見えつつ
〈古今・五・秋下・三〇四・凡河内躬恒〉

訳 風が吹くと散り落ちる紅葉の葉(が水面に浮かんでいる)。水がきれいなので、まだ散らずにいる(紅葉の)影までが、水底に(映って)見えているよ。(「清み」の「み」は、原因・理由を表す接尾語)

解説 当時、ものの像は底に結ぶと考えられていた。

かぜまじり… 和歌《長歌》

風交じり 雨降る夜の 雨交じり 雪降る夜は すべもなく 寒くしあれば 堅塩を 取りつづしろひ 糟湯酒 うちすすろひて 咳かひ 鼻びしびしに しかとあらぬ ひげかきなでて 我を おきて 人はあらじと 誇ろへど 寒くしあれば 麻衾 引きかがふり 布肩衣 ありのことごと 着そへども 寒き夜すらを 我よりも 貧しき人の 父母は 飢ゑ寒ゆらむ 妻子どもは 乞ふ乞ふ泣くらむ この時は いかにしつつか 汝が世は渡る 天地は 広しといへど 我がためは 狭くやなりぬる 日月は 明かしといへど 我がためは 照りや給はぬ 人皆か 我のみやしかる わくらばに 人とはあるを 人並みに 我もなれるを 綿もなき 布肩衣の 海松のごと わわけ下がれる かかふのみ 肩にうち掛け 伏せ廬の 曲げ廬の内に 直土に 藁解き敷きて 父母は 枕の方に 妻子どもは 足の方に 囲みゐて 憂へさまよひ かまどには 火気吹き立てず こしきには 蜘蛛の巣かきて 飯炊く ことも忘れて ぬえ鳥の のどよひをるに いとのきて 短きものを 端切ると いへるがごとく しもと取る 里長が声は 寝屋処まで 来立ち呼ばひぬ かくばかり すべなきものか 世の中の道
〈万葉・五・八九二・山上憶良〉

訳 (貧者の問い) 風に交じって雨が降る夜で、その雨に交じって雪が降る夜は、どうしようもなく寒いので、堅塩を取っては少しずつかじったり、糟湯酒をすすったりしながら、何度も咳をし鼻をぐすぐすと鳴らし、ろくにありもしないひげをかき撫でて、俺をさしおいて(他に)能ある人はあるまいと、しきりに自慢するけれど、(それでもやはり)寒いので、麻の夜具をひきかぶり、布の袖無しをありったけ重ね着ても寒い夜なのに、自分よりも貧しい人の父や母は腹をすかしてこごえていることだろう。妻や子は(食べ物を)ほしがって泣いていることだろう。こんな時は、どのようにしておまえはこの世を渡っていくのか。

(窮者の答え) 天地は広いというが、私のためには狭くなっているのか。太陽や月は明るいというが、私のためには照ってくださらないのか。(世の)人は皆そうなのか。私だけがそうなのか。偶然に人間として生きているのに、人並みに自分も働いているのに、綿もない布の袖無しで、海松(=海藻の名)のように破れてぶらさがったぼろだけを肩にかけて、つぶれて傾いた小屋の中で、地べたに藁をほぐして敷いて、父や母は頭のほうに、妻や子は足のほうに身を寄せあって、嘆き悲しみ、かまどには湯の気も吹き立てず、こしき(=蒸籠)には蜘蛛が巣をかけて、飯をたくことも忘れて、ぬえ鳥(=とらつぐみ)のようにか細い声でうめいているのに、特別に短い物を(さらに)端を切りつめるとよく言うように、むちを持った里長の声は、寝床にまでやって来て呼び立てている。これほど仕方のないものか。世の中を生きていくことは。(「雨降る夜の」「布肩衣の」「伏せ廬の」の「の」は、いわゆる同格の格助詞で、「…で」の意)

解説 貧窮問答歌。貧者の問いと窮者の答えとの二部構成になっている。「天地は…照りや給はぬ」は、貧者の問いが冬の雪降る夜のつらさに限定されていたのに対して、天地日月すべてが生活の悲惨を救ってくれるものではないというところに、貧者よりもさらにみじめな窮者の状態が示されている。「いとのきて短きものを端切る」は当時の諺か。「里長」は検察・収税などの任にあたり、恐ろしい存在として忌み嫌われていた。「かくばかりすべなきものか世の中の道」は、貧者の問い「いかにしつつか汝が世は渡る」に答えたもの。反歌一首が続く。➡よのなかを…

最重要330

96 **かたくな**【頑な】形動ナリ{なら・なり(に)・なり・なる・なれ・なれ}

ガイド 頑固だ、偏屈だの意が原義。そこから転じた②③の意味にも注意。形容詞形に「かたくなし」がある。

❶心がねじけている。頑固である。偏屈だ。
例いとど人わろうかたくなに用なり果つるも〈源氏・桐壺〉
訳いよいよ人聞きも悪く偏屈になってしまうにつけても。

❷ものの情趣を解さない。教養がない。
例ことにかたくななる体人ぞ、「この枝、かの枝散りにけり。今は見どころなし」などは言ふめる〈徒然・一三七〉
訳とりわけ情趣を解さない人が、「この枝も、あの枝も(桜の花は)散ってしまった。今はもう見るべきところがない」などとは言うようだ。

❸見苦しい。粗野だ。ぶこつである。
例何事も辺土は賤(いや)しく、かたくななれ已ども〈徒然・二三〇〉
訳何事につけても片田舎(いなか/かたいなか)はみすぼらしく、粗野であるけれども。

かぜをいたみ… 和歌 《百人一首》【風をいたみ岩(いは)うつ波(なみ)の おのれのみ 砕(くだ)けてものを思(おも)ふころかな】〈詞花・恋上・源重之(しげゆき)〉➡付録①「小倉百人一首」48

か-せん【歌仙】名 ❶和歌を詠むことにすぐれた人。歌道の達人。六歌仙・三十六歌仙など。❷連句または連歌の一形式。和歌の三十六歌仙にちなんで三十六句から成るもの。特に、蕉風(しょうふう)俳諧の確立以降流行した。

参考 最もすぐれた歌人を「歌聖(かせい)」と呼び、万葉歌人の山部赤人(やまべのあかひと)と柿本人麻呂(かきのもとのひとまろ)をいう。

かぞ-いろは【父母】名〔古くは「かそいろは」「かぞいろ」とも。〕父母。両親。

かそけ・し【幽けし】形ク{から・く(かり)・し・き(かる)・けれ・かれ}かすかである。淡い。〈万葉・一九・四二九一〉「わが宿のいささ群竹(むらたけ)吹く風の音のかそけき体この夕へかも」訳➡わがやどの…

かぞ・ふ 和歌【数ふ(カゾウ)】他ハ下二{へ・へ・ふ・ふる・ふれ・へよ} ❶数える。〈万葉・五・八九〇〉「出(い)でて行きし日を数へ用つつ」訳(私が)出発した日をくり返し数えて。❷数に入れる。〈源氏・関屋〉「なほ親しき家人(いへびと)のうちには数へ用給ひけり」訳(光源氏は右衛門の佐(すけ)を)やはり親しい家来の中には数え入れていらっしゃった。❸列挙する。〈源氏・少女〉「『なにの親王(みこ)、くれの源氏』など数へ用給ひて」訳「(琵琶(びわ)の名人は)何々親王、だれだれの源氏」などと数えあげなさって。❹拍子をとって歌う。〈平家・一〇・千手前〉「白拍子をまことにおもしろく数へ用すましたりければ」訳白拍子を実に上手に趣深く歌っていたので。

かた-【片】接頭 ❶片一方の、の意を表す。「片枝(かたえ)」「片恋」❷不完全な、中途半端な、わずかな、の意を表す。「片生(かたお)ひ(=未成熟)」「片時」❸片寄った、中央を離れた、の意を表す。「片淵(かたぶち)」「片田舎(かたゐなか)」

かた【方】名 ❶方向。方角。向き。〈記・中〉「愛(は)しけやし吾家(わぎへ)の方よ雲居(くもゐ)立ちくも」訳➡はしけやし… 歌謡 ❷場所。位置。所。〈伊勢・一九〉「昔、をとこ、宮づかへしける女の方に」訳昔、男が、宮仕えしていた女の所で。❸方面。それに関する点。〈徒然・一〉「ひたふるの世捨て人は、なかなかあらまほしき方もありなん」訳いちずな世捨て人は、かえってきっと望ましい点もあるだろう。❹手段。方法。〈方丈・三〉「すべき方なき者、古寺に至りて仏を盗み」訳(他に)なすべき方法がない者は、古寺に至り行き着いて仏像を盗んで。❺ころ。時分。〈枕・三〇〉「過ぎにし方恋しきもの 枯れたる葵(あふひ)」訳過ぎ去ったころが恋しいもの、枯れている葵。❻人に対する敬称。方。お方。〈源氏・桐壺〉「この御方の御いさめをのみぞなほわづらはしう心苦しう思ひ聞こえさせ給ひける」訳このお方(=弘徽殿(こきでん)の女御(にょうご))の御忠告だけを、(桐壺帝は)やはり気遣いされて気の毒だとお思い申しあげなされるのであった。

かた【形・象】名 ❶物のかたち。ありさま。形状。〈万葉・一六・三八二〇〉「夕づく日さすや川辺に構(つく)る屋の形をよろしみ」訳夕日がさす川辺に建てた家の形がよいので。❷絵。模様。図。〈枕・二三〉「北の隔(へだ)てなる御障子(みさうじ)は、荒海のかた、…手長・足長などをぞかきたる」訳(清涼殿(せいりょうでん)の北東の隅の)北の仕切りである御衝立(ついたて)障子には、荒海の絵、…手長や足長(=ともに想像上の人物)などを描いてある。❸あと。形跡。しるし。〈徒然・二五〉「無量寿院(むりやうじゆゐん)ばかりぞ、その形とて残りたる」訳(広大であった法成寺(ほうじょうじ)も)無量寿院だけが、そのしるしとして残っている。

❹占いの結果。占形(うらかた)。

❺しきたり。様式。慣例。〈源氏・末摘花〉「いとど思ひ乱れ給へるほどにて、えかたのやうにも続け給はねば」訳（末摘花(すゑつむはな)は）いよいよ分別がおつきになっていない状態で、（こういう時の）形式どおりにも（文章を）続けることがおできにならないので。

かた【潟】 名 ❶遠浅になっている海岸で、潮の干満によって見え隠れする所。ひがた。

❷浦。入り江。また、外海に続いている湖や沼。

-がた【方】 接尾 ❶ころ。時分。…し始めるころ。「暁方」「夕方」「暮れ方」

❷…側(がわ)。…の味方。「あるじ方」「院方」「男方」

❸人を呼ぶときの敬称。「殿方」「奥方」

かたい【乞丐・乞食】 ⬇かたゐ

かた-いと【片糸】 名 より合わせていない糸。

かた-うた【片歌】 名 上代歌謡の形式の一体。五・七・七の三句から成る。旋頭歌(せどうか)の半分にあたるので「片歌」といった。

かた-うど【方人】(カタ(ト)ウド) 名［「かたびと」のウ音便］❶歌合わせなどで左右の組に分かれた一方の人。〈天徳四年内裏歌合〉「左の方人申して言はく」訳 左の組の人が申し上げて言うには。

❷味方をする人。ひいきをする人。仲間。〈枕・八三〉「仲忠(なかただ)が方人ども、所を得て」訳 仲忠のひいきをする人たちが、得意になって。

かたえ【片方】 ⬇かたへ

かた-おひ【片生ひ】(オイ) 名・形動ナリ［「かた」は接頭語］十分に成長していないこと。未成熟なこと。〈源氏・末摘花〉「いとうつくしき片生ひにて」訳（紫の上が）とてもかわいらしい成人しきらない年ごろで。

かた-おもむき【片趣】 名・形動ナリ 考えなどが一方にばかり片寄り融通のきかないこと。いちず。〈平家・一一・逆櫓〉「片趣なる体をば、猪(しし)の武者とて、よきにはせず」訳 一方ばかり考えて融通がきかないの（＝攻めてばかりで引かない者）を、猪武者といって、よいこととはしない。

かた-か・く【片掛く】 他カ下二｛け・け・く・くる・くれ・けよ｝❶片方をかける。寄せかける。〈源氏・手習〉「山に片かけ用たる家なれば」訳 山に寄せかけてある家なので。

❷頼る。あてにする。〈源氏・松風〉「かの殿の御かげに片かけ用てと思ふことありて」訳 あの殿（＝光源氏）のご庇護(ひご)に頼って（住もう）と思うわけがあって。

かた-かご【堅香子】 名 植物の名。かたくりの古名。（堅香子の花 春）

（かたかご）

かた-かた【片方】 名 ❶一対のうちの一方。かたほう。

❷片すみ。かたわら。〈宇治・一・三〉「片方に寄りて、寝たるよしにて」訳（児(ちご)は）片すみに寄って、寝たふりで。

かた-がた【方方】 一 名 ❶「人々」の敬称。〈源氏・桐壺〉「我はと思ひあがり給へる御方々」訳 私こそは（天皇のご寵愛(ちょうあい)を得るのだ）と自負していらっしゃった（女御(にょうご)の）御方々は。

❷ほうぼう。あちらこちら。〈大鏡・時平〉「皆方々に流され給ひて」訳 皆ほうぼうへ流されなさって。

二 代 対称の人代名詞。あなた方。おのおの方。敬意をこめて複数の相手をさす。〈太平記・三〉「某(それがし)が冑には方々のへろへろ矢は、よも立ち候はじ」訳 私のよろいにはおのおの方の（力のない）ひょろひょろ矢は、まさか突き立ちますまい。

三 副 ❶あれやこれや。さまざま。〈源氏・紅葉賀〉「嬉(うれ)しくも、あはれにも、かたがた移ろふ心地して」訳（光源氏は）うれしくも、いとしくも、さまざまに心が移り変わる気がして。

❷いずれにしても。どのみち。〈平家・二・教訓状〉「かたがた恐れある申し事にて候へども」訳 どのみち（子としては）畏れ多い申し分でございますが。

かたき【敵】 名 ❶競争相手。相手。〈源氏・宿木〉「御碁のかたきに召し寄す」訳（帝(みかど)は薫(かおる)を）御碁の相手として（かたわらに）お呼び寄せになる。

❷戦争の相手。てき。〈徒然・八〇〉「かたき襲ひ来(きた)りてかこみ攻めけるに」訳 敵が襲来してとりかこみ攻めたときに。

❸恨みのある相手。かたき。〈枕・四九〉「愛敬(あいぎやう)おくれたる人などは、あいなくかたきにして」訳 かわいらしさの乏しい人などは、（藤原行成(ゆきなり)を）わけもなく恨みのある相手と見て（＝敵視して）。

❹結婚の相手。配偶者。〈うつほ・俊蔭〉「御かたきをば知り奉らじ」訳 お相手（の男性）については知り申しあげないだろう。

かた-ぎぬ【肩衣】 名 ❶上代の庶民の服装。肩・背

最重要330

97 ガイド

かた・し【難し】形ク｛から・く(かり)・し・き(かる)・けれ・かれ｝

難しいの意が原義。あることが難しいの意から②が生じた。

❶容易でない。むずかしい。　対 易(やす)し

例 うち出(い)でむことかたく用やありけむ〈伊勢・四四〉

訳 口に出して言うようなことが容易でなかったのだろうか。

❷めったにない。まれである。

例 女どちも、契(ちぎ)りふかくて語らふ人の、末(すゑ)までなかよき人かたし終〈枕・七五〉

訳 女どうしでも、関係が深くて親しくつきあっている人で、終わりまで仲のよい人はめったにない。

最重要330

98 ガイド

かたじけ-な-し【辱し・忝し】形ク{から・く(かり)・し・き(かる)・けれ・かれ}

容貌が醜いの意が原義で、そこから①恥ずかしい、②恐縮だの意が生じた。さらに、畏れ多い→③もったいないの意となり、感謝の意も表すようになった。

❶**恥ずかしい。面目ない。**

例 天(あめ)の下の百姓(おほみたから)の思へらまくも恥づかし、**かたじけなし** 終〈続日本紀〉訳 天下の人民が思っているであろうことも恥ずかしいし、**面目ない**。

❷**畏れ多い。**

例 **かたじけなき** 体 御心ばへのたぐひなきを頼みてまじらひ給ふ〈源氏・桐壺〉訳(桐壺の更衣は)**畏れ多い**(桐壺帝の)御愛情の並ぶものがないことを頼みとして宮仕えをしていらっしゃる。

❸**身に過ぎた恩恵を受けてうれしい。ありがたい。もったいない。**

例 身に余るまでの御心ざしのよろづに**かたじけなき** 体 に〈源氏・桐壺〉訳 分に過ぎるほどの(桐壺帝の)お気持ちがすべてにつけて**もったいない**ので。

などをおおうだけの短い衣服。袖無し。❷室町時代以降の武士の礼服。小袖の上に着て肩から背をおおうもの。原則として下には共切れの袴(はかま)をつける。江戸時代には、裃(かみしも)と呼ばれるようになり、町人も正装として着用した。→上下(かみしも)⑦

かたくな【頑な】形動ナリ ⬇二一八ページ 96

かたくな・し【頑なし】形シク{しから・しく(しかり)・し・しき(しかる)・しけれ・しかれ}❶**融通がきかずがんこである。**強情だ。〈源氏・明石〉「いとどをこに**かたくなしき** 体 入道の心ばへも」訳 いっそう愚かで**がんこな**(明石(あかし)の)入道の気性も。❷**愚かだ。**ものわかりが悪い。〈源氏・竹河〉「世に**かたくなしき** 体 闇(やみ)の惑ひになむ」訳 実に**愚かな**分別のない迷い(=子を思うゆえの親心の迷い)でございます。❸**見苦しい。**みっともない。〈源氏・少女〉「うち合はず**かたくなしき** 体 姿」訳(借り着の装束が)身に合わず**見苦しい**姿。

かた-さま【方様】一 名「かたざま」とも。❶方角。方向。〈今昔・二九・四〇〉「刀を抜きて御堂(みだう)の**方様**に逃ぐるに」訳 刀を抜いて御堂の**方角**に逃げると。❷方面。向き。〈源氏・少女〉「かかる**方ざま**をおぼし好みて」訳(光源氏は)こうした(学問の)**方面**をお好みになって。
二 代(近世語)対称の人代名詞。女性が男性に対して敬意をこめていう。あなたさま。〈浮・好色一代男〉「**方様**は何として(=どうして)ここにござります」

かた・し【堅し・固し】形ク{から・く(かり)・し・き(かる)・けれ・かれ}❶**かたい。堅固である。**しっかりしている。〈源氏・行幸〉「**かたき** 体 巌(いはほ)もあわ雪になし給うつべき御気色(けしき)なれば」訳(近江(あふみ)の君は)**堅固な**岩も(蹴散らして)柔らかい雪のようにきっとしてしまいなさるにちがいないようすであるので。❷**きびしい。厳重である。**〈源氏・東屋〉「あすあさて、**かたき** 体 物忌(ものいみ)に侍るを」訳 明日、明後日は、**きびしい**物忌みの日でございますので。

かた・し【難し】形ク ⬇前ページ 97

-がた・し【難し】接尾ク型(動詞の連用形に付いて)そうすることの困難なさまを表す形容詞をつくる。…のが困難だ。…にくい。〈土佐〉「忘れ**がたく** 用、口惜(くちを)しきこと多かれど」訳 忘れ**にくく**、心残りなことが多いけれど。

例語 明かし難し(=眠れないで、なかなか朝を迎えられないでいる)・あり難し・言ひ寄り難し・怠(おこた)り難し(=病気が回復しにくい)・及び難し・かなひ難し(=思いどおりにならない)・暮らし難し・心得難し・去り難し・しづめ難し・忍び難し・過ぎ難し・過ぐし難し(=そのままにしておきにくい)・捨て難し・せき難し(=せきとめられない)・たとへ難し・堪へ難し・とけ難し(=うちとけられない)・とどめ難し・止め難し・慰め難し・なびき難し(=相手の思いどおりになりにくい)・逃(のが)れ難し・のどめ難し(=心を静めにくい)・離れ難し・旧(ふ)り難し・分き難し(=判断しにくい)

かた-し-く【片敷く】自カ四{か・き・く・く・け・け}(昔、男女が共寝(ともね)するとき互いの袖を敷き交わして寝たことから)自分の衣の片袖だけを敷いてさびしくひとり寝をする。〈新古・秋下〉「きりぎりす鳴くや霜夜(しもよ)のさむしろに衣**片敷き** 用 ひとりかも寝む」訳 ⬇付録◇1「小倉百人一首」91

かたじけ-な-し【辱し・忝し】形ク ⬇上段 98

かた-しほ【堅塩】シオ 名 まだ精製していない固まったままの塩。

かた-しろ【形代】名 ❶祭りのとき、神体の代わりとする人形。〈増鏡・新島守〉「ただ形代などを祝ひたらんやうにて(=祭っているようで)」

❷陰陽師などが、みそぎや祓えのとき用いる人形。紙などで作り、人のからだをなでて災いを移してから身代わりに川に流す。夏。↓人形②

❸本物の代わりになるもの。**身代わり。**〈源氏・宿木〉

(かたしろ②)

「もののついでに、かの形代の事を言ひ出で給へり」訳（薫は）話のついでに、あの（大君の）身代わり(=浮舟)のことを言い出しなさった。

かた-そば【片傍・片側】名 かたはし。また、一部分。〈源氏・蛍〉「日本紀などはただかたそばぞかし」訳 日本の正史(=六国史)などは（社会の実相の）ほんの一部分であるよ。

かた-そ・ふ ソウ【片添ふ】他ハ下二{へ・へ・ふ・ふる・ふれ・へよ}片方に寄せる。〈増鏡・新島守〉「海づらよりは少しひき入りて、山陰に片添へ用て」訳（後鳥羽院のお住まいは）海辺よりは少し引っこんで、山かげ（の方）に片寄せて。

最重要330

99

かたち 【形・容・貌】名

ガイド 現代語ではもっぱら①④の意で用いるが、古文では②「容貌。顔つき」の意が重要。③はそのプラス評価を人に及ぼして美人の意としたもの。

❶**物の形態。外形。姿。**

例 鏡に色・かたちあらましかば、うつらざらまし〈徒然・二三五〉

訳 もしも鏡に色や形があったなら、（物の姿は）うつらないだろうに。

❷**容貌。顔つき。器量。**

例 珍かなる児の御かたちなり〈源氏・桐壺〉

訳 めったにない、赤子(=光源氏)のご容貌である。

❸**美しい顔だち。美人。**

例 かたちを好ませ給ひて、今もよき若き人ども参り集まりて〈栄花・殿上の花見〉

訳（女院は）美人をお好みになられて、今でも美しい若い女房たちが参上し集まって。

❹**ようす。ありさま。**

（↓有り様「類語の整理」）

例 そのあるかたち及び地形のありかたを伺み給ふ〈紀・景行〉

訳（日本武尊は）その(=熊襲の国の）ありさまと地形の状態をおさぐりになる。

フレーズ

形を変・ふ 出家する。剃髪する。〈源氏・夢浮橋〉「かたちをかへ用、世を背きにきとおぼえたれど」訳（浮舟は）尼の姿になり、俗世を捨ててしまったと思われたが。↓背く「慣用表現」

かた-たがへ タガエ【方違へ】名「かたたがひ」とも。陰陽道で、外出する際、天一神・太白神などのいる方角を避けること。行く方角がこれに当たると災いを受けると信じ、前夜別の方角の家(=「方違へ所」)に泊まり、そこから方角を変えて目的地に行く。〈枕・二五〉「すさまじきもの　…方違へに行きたるに、あるじせぬ所」訳 興ざめなもの、…方違えに行ったときに、もてなしをしない家。↓天一神「古文常識」

かたち【形・容・貌】名 ↓上 99

かたち-びと【容人・貌人】名 容貌の美しい人。

かたち-を-か・ふ カ(コ)ウ【形を変ふ】↓形「フレーズ」

かた-つ-かた【片つ方】名（「つ」は「の」の意の上代の格助詞）❶片側。片方。〈枕・二〇二〉「几帳の片つ方」訳 几帳の片側。

❷もう一方。他方。〈源氏・夕顔〉「かの片つ方は蔵人の少将をなむ通はすと聞き給ふ」訳 あのもう一方(=軒端の荻)は蔵人の少将を通わせていると（光源氏は）お聞きになる。

❸端。片すみ。

かた-づ・く【片付く】自カ四{か・き・く・く・け・け}一方に寄って接する。一方の側に寄る。〈万葉・一九・四二〇七〉「谷片づき用て家居せる君が聞きつつ」訳 谷に近く接して住んでいるあなたが（ほととぎすの声を）聞いていながらも。

かた-とき【片時】名（一時の半分の意から）わずかの間。**ちょっとの間。**〈竹取・かぐや姫の昇天〉「片時の間とて、かの国よりまうで来しかども」訳 ちょっとの間と思って、あの（月の）国からやって参りましたが。

フレーズ

片時去らず 少しの間も離れることなく。いつも。〈伊勢・四六〉「片時さらず用あひ思ひけるを」訳（男とその親友とは）少しの間も離れることなく、互いに（相手を）思っていたが。

かたとき-さら-ず【片時去らず】↓片時「フレーズ」

最重要330

100

かたはら-いた・し（カタワライタシ）

【傍ら痛し】形ク｛から・く(かり)・し・き(かる)・けれ・かれ｝

ガイド そばにいる人の状態についての感じが②、そばの人を意識しての感じが③とみられる。中世以降、おかしくて片方の横腹が痛いの意の「片腹痛い」だと考えられ、笑うべきさまの意で用いるようになった。

❶ **そばで見ていてもにがにがしい。いたたまれない。みっともない。**

例 かたはらいたき体もの　よくも音(ね)弾きとどめぬ琴を、よくも調べで、心のかぎり弾き立てたる〈枕・九六〉

訳 そばで聞くのもにがにがしいもの、十分に弾きこなせもしない琴を、十分に調律もしないで、思う存分弾き鳴らしているの。

語感実感 一緒に食事に行った友人の行儀が悪く、そばで見ているのも不愉快で、いたたまれなく思う感じ。

❷ **気の毒だ。心苦しい。**

例 女も並々ならずかたはらいたし終と思ふに、御消息(せうそこ)も絶えてなし〈源氏・空蟬〉

訳 女もひとかたならず(光源氏を)気の毒だと思うけれども、(その後、光源氏からの)お手紙もまったくない。

❸ **(そばにいる人が自分をどう見るかと思うと)恥ずかしい。きまりが悪い。つらい。**

例 御前にて申すはかたはらいたき体ことには候へども〈今昔・三・八〉

訳 御前で申し上げるのはきまりが悪いことではございますが。

かた-なり【片生り】名・形動ナリ〔「かた」は接頭語〕❶心身がまだ十分成長していないこと。幼いこと。〈源氏・賢木〉「いと聡(さと)くおとなびたるさまにものし給へど、まだいと片なりに用」訳(東宮は)とても賢く大人びているようすでいらっしゃるが、まだとても幼くて。❷(技量などが)未熟なこと。〈源氏・竹河〉「御琴の音(ね)、まだ片なりなる体ところありしを」訳 御琴の音は、まだ未熟なところがあったが。

交野(かたの)《地名》歌枕 今の大阪府枚方(ひらかた)市・交野市一帯。平安時代以来、皇室領の遊猟地。桜の名所。

かた-は(ワ)【片端】名・形動ナリ ❶**不完全であること。不十分なこと。**欠点であるさま。〈今昔・三・八〉「この大臣は色めき給へるなむ、少しかたはに用見え給ひける」訳 この大臣は好色でいらっしゃったことが、いくぶん欠点にお見えになった。❷からだに障害のあること。〈徒然・八七〉「腰斬り損ぜられて、かたはになりにけり」訳(具覚房(ぐがくぼう)は)腰を斬り傷つけられて、障害のある身になってしまった。❸見苦しいこと。**不都合なこと。**〈源氏・少女〉「かの人の御ためにもいとかたはなる体ことなり」訳 あの人(=夕霧)の御ためにもたいそう不都合なことである。

かた-はし【片端】名 ❶一方の端。❷ごくわずか。一部分。〈徒然・一三五〉「はかばかしきことは、片端も学び知り侍らねば」訳 しっかりしたことは、ごくわずかも学び得ていませんので。

かたは-づ・く(カタワ)【片端付く】自カ四｛か・き・く・く・け・け｝からだが不自由になる。〈方丈・三〉「身をそこなひ、かたはづけ已る人、数も知らず」訳 身を傷つけ、からだが不自由になった人は、数もわからない(ほど多い)。

かた-はら(ワ)【傍ら・側】名

❶物の側面。横側。また、**そば。わき。**〈源氏・夕顔〉「右近(うこん)はかたはらにうつぶし臥(ふ)したり」訳(侍女の)右近は、(夕顔の)そばにうつぶせに横になっている。

❷そばにいる人。〈紫式部日記〉「本性(ほんじゃう)の人柄くせなく、かたはらのため見えにくきさませずだになりぬれば」訳 生来の人柄に癖がなく、周囲の人にとって会うのが気づまりなようすをしなくさえなってしまうと。

かたはら-いた・し(カタワラ)【傍ら痛し】形ク ⬆上 100

かたはら-め(カタワラ)【傍ら目】名 横から見た姿。横顔。

かた-ひ・く【方引く・片引く】他カ四｛か・き・く・く・け・け｝一方ばかりをひいきにする。えこひいきする。〈枕・一三五〉「け近き人思ひかたひき用、ほめ」訳 身近な人(のこと)を考ええこひいきし、ほめて。

かた-びら【帷・帷子】名 ❶几帳(きちゃう)・帳(とばり)などに用いる垂れ衣(ぎぬ)。夏は生絹(すずし)、冬は練り絹を用いる。❷裏を付けない衣服の総称。夏。〈枕・三三〉「いと暑きにも、かたびらいとあざやかにて」訳 ひどく暑い時でも、

(直衣(のうし)の下に着た)かたびらがたいへんくっきりとしていて(透いて見え)。❸近世、麻・木綿などで作った夏用の単衣(ひとえ)。夏 ❹仏葬で、死者に着せる白麻の着物。経帷子(きょうかたびら)。

かたぶ・く【傾く・斜く】

〔「かたむく」の古形〕■一 自カ四〔か・き・く・く・け・け〕❶かたむく。斜めになる。〈方丈・三〉「海はかたぶき用て陸地をひたせり」訳 海はかたむいて(津波を起こし)陸地を水びたしにした。

❷(太陽や月が)西に沈もうとする。〈万葉・一・四八〉「東(ひむがし)の野にかぎろひの立つ見えてかへり見すれば月かたぶき用ぬ」訳 ➡ひむがしの… 和歌

❸終わりに近くなる。滅びる。衰える。〈平治物語〉「父祖は年たけ齢(よはひ)かたぶい用(イ音便)てわづかに従三位(じゅさんみ)までこそ至りしが」訳 父や祖父は年をとり寿命も終わり近くなってやっと従三位までになったが。

❹首をかしげて考える。不思議がる。〈竹取・蓬莱の玉の枝〉「竹取の翁(おきな)、『この匠(たくみ)が申すことは何事ぞ』とかたぶき用居(を)り」訳 竹取の翁は、「この職人が申し上げることはどういうこと(なの)か」と、首をかしげ控えている。

最重要330

101 かた-へ(エ)【片方】名

ガイド 「片+方(へ)」で物の片側が原義。転じて、物の一部分や物のかたわらの意となり、かたわらにいる人の意から④の意も表すようになった。

❶片側。片ほう。
❷一部分。一方。
❸かたわら。そば。
❹そばにいる人。仲間。同輩。

❶ 例 夏と秋と行(ゆ)きかふ空の通ひ路はかたへ涼しき風や吹くらむ〈古今・夏〉
訳 (去り行く)夏と(やって来る)秋とが行き来する空の通り道では、片側に涼しい風が吹いているのだろうか。

❷ 例 ほとりに松もありき。五年(いつとせ)六年(むとせ)のうちに、千年(ちとせ)や過ぎにけむ、かたへはなくなりにけり〈土佐〉
訳 (池の)ほとりに松もあった。(ところが)五年、六年の間に、千年がたってしまったのだろうか、一部分はなくなってしまっていた。

❸ 例 これを聞きて、かたへなる者の言はく〈徒然・九三〉
訳 これを聞いて、そばにいる人が言うことには。

❹ 例 ある荒夷(あらえびす)の、恐ろしげなるが、かたへにあひて〈徒然・一四二〉
訳 ある荒々しい東国武士で、いかにも恐ろしそうな男が、そばの人に向かって。

■二 他カ下二〔け・け・く・くる・くれ・けよ〕❶かたむける。横に倒す。〈徒然・一六七〉「角(つの)あるものの角をかたぶけ用、牙あるものの牙をかみ出(い)だすたぐひなり」訳 (知恵を人と争うのは)角のあるものが角をかたむけ、牙のあるものが牙をむき出しにする類である。

❷衰えさせる。滅ぼす。〈栄花・月の宴〉「みかどをかたぶけ用奉らむとおぼし構ふといふこと出(い)で来て」訳 (源高明(みなもとのたかあきら)が)朝廷を滅ぼし申しあげようとひそかにおたくらみになるということが起こって。

❸非難する。悪く言う。〈平家・一・禿髪〉「人の聞かぬ所にて、なにとなうそしりかたぶけ用申すことは常の習ひなれども」訳 人が聞いていない所で、何という目的もなく非難し申すことはあたりまえの世の常であるが。

かた-ふたがり【方塞がり】名「かたふさがり」とも。陰陽道(おんようどう)で、行こうとする方角に天一神(なかがみ)がいて、行くのをはばかること。また、その時。➡方違(かたたがへ)➡天一神(なかがみ)「古文常識」

かた-へ(エ)【片方】名 ➡上 101

かた-ほ【偏・片秀】名・形動ナリ ➡次ページ 102

かた-ま・く【片設く】自カ下二〔け・け・く・くる・くれ・けよ〕時が移ってある時期になる。時節がめぐって来る。また、その時になるのを待ち受ける。〈万葉・五・八三八〉「鶯(うぐひす)鳴くも春かたまけ用て」訳 鶯が鳴いていることよ、春を迎えて。

かたみ【筐】名 目の細かい竹籠(たけかご)。

かた-み【形見】名

❶昔を思い出させるもの。〈古今・春上〉「梅(むめ)が香を袖にうつしてとどめてば春は過ぐとも形見ならまし」訳 梅の花の香りを袖にしみこませてとどめてしまったならば、たとえ春は過ぎても、(それが春の)思い出の種となるであろうに。

❷死んだ人や別れた人などの思い出となるもの。遺品。〈竹取・かぐや姫の昇天〉「脱ぎおく衣(きぬ)を形見と見給へ」訳 脱いで残しておく着物を形見の品とご覧ください。

かたみ-に【互に】副 ➡三五ページ 103

最重要330

102 **かた-ほ**【偏・片秀】名・形動ナリ

ガイド 完全だの意を表す「真秀」に対して、「片＋秀」で不完全なさまを表す。

物事が不完全であること。不十分だ。未熟だ。 対 真秀

例 いまだ堅固かたほなる体より、上手の中に交じりて〈徒然・一五〇〉 訳 まだまったく(芸が)未熟なうちから、上手な人の中に仲間入りして。

かた・む【固む】他マ下二{め・め・む・むる・むれ・めよ} ❶固める。堅固につくる。〈万葉・二〇・四四八七〉「天地のかため用し国そ大和島根は」訳 天地の神々が固めた国だぞ。この日本国は。
❷かたく約束する。かたく戒める。〈万葉・九・一七四〇〉「このくしげ開くなゆめとそこらくにかため用し言を」訳 この櫛箱は開けるな、決してと、あれほどにかたく戒めたことばなのに。
❸厳重に守る。警備する。〈平家・九・木曽最期〉「八百余騎で勢田をかため用たりけるが」訳 八百騎余りで勢田を守備していたが。
❹かたくしめる。しっかり結ぶ。〈枕・六三〉「元結ひ、かため未ずともありなむ」訳 髪の元結いを、しっかり結ばなくてもきっとよいだろう。
❺弓を引きしぼってねらいを定める。〈義経記〉「しばしかため用てひゃうど射る」訳 しばらくねらいを定めて(矢を)ひゅうと射る。

かため【固め】名 ❶守り固めること。また、そのもの。守護。
❷かたい約束。夫婦や主従などの約束。〈浮・好色一代男〉「『その相手は(だれか)』と問へども、『申さぬかため(＝言わない約束だ)』と言ふ」

かたらく【語らく】語ることには。語るところでは。〈万葉・一九・四二一四〉「玉桙の道来る人の伝言にわれに語らく」訳 道をやってくる人が、伝言として私に語ることには。(「玉桙の」は「道」にかかる枕詞)

かたらひ【語らひ】名 なりたち 四段動詞「語る」のク語法。
❶**親しく話をすること。**話し合い。〈源氏・帚木〉「寝覚めの語らひにも、…道々しきことを教へて」訳 (夜、)目の覚めた折の話にも、…学問的なことを(博士の娘は)教えて。
❷**夫婦の契りを結ぶこと。**男女の仲。〈源氏・松風〉「浅はかなる語らひだに…別るるほどはただならざめるを」訳 軽薄な男女の仲でさえ…別れる時は心穏やかではないようだから。
❸**説得して味方に引き入れること。**〈太平記・五〉「入道やがて戸野が語らひに随って」訳 入道はすぐに戸野(＝人名)の説得に応じて。

かたらひ-つ-く【語らひ付く】 ━ 自カ四{か・き・く・く・け・け}言い寄る。語り合って親しくなる。〈源氏・蓬生〉「侍従も、かの大弐の甥だつ人語らひつき用て」訳 侍従も、あの大弐の甥らしく見える人が言い寄って親しくなって。
━ 他カ下二{け・け・く・くる・くれ・けよ} ❶親しく話して頼む。〈源氏・夕霧〉「語らひつけ用給へる心たがへじと」訳 (柏木が)死後のことを)親しく頼みなさった気持ちを(夕霧は)裏切るまいと。
❷味方に引き入れる。手なずける。〈枕・八七〉「かかる者をなむ語らひつけ用ておきためる」訳 こういう者を手なずけておいているようだ。

かたらひ-と・る【語らひ取る】他ラ四{ら・り・る・る・れ・れ}説き伏せて味方に引き入れる。くどき落とす。〈枕・八七〉「さらに、よも語らひとら未じ」訳 決して、よもや(女法師を)言いくるめて手なずけるつもりはない。

かたら・ふ【語らふ】他ハ四 ⬇二二六ページ 104

かたり-きょう・ず【語り興ず】自サ変{ぜ・じ・ず・ずる・ずれ・ぜよ}話をしておもしろがる。はしゃいで話す。〈徒然・五六〉「息もつぎあへず語り興ずる体ぞかし」訳 息つくひまもなくおもしろがって話すことであるよ。

かたり-しら・ぶ【語り調ぶ】他バ下二{べ・べ・ぶ・ぶる・ぶれ・べよ}調子にのって話す。図にのって語る。〈枕・二八〉「我もとより知りたることのやうに、こと人にも語りしらぶる体もいとにくし」訳 (聞きかじったことを)自分がもとから知っていたことのように、他の人にも調子にのって話すのもたいそう不快だ。

参考 語りちらす、同じことをくり返し言う、受け売りする、つじつまを合わせて語るなどの意ともいう。

かたり-つ-く【語り付く】他カ下二{け・け・く・くる・くれ・けよ}付け加えて話す。語り添える。〈徒然・一四三〉「愚かなる人は、あやしく異なる相を語りつけ用」訳 愚かな人は、不思議で変わったありさまを付け加えて話し。

かたり-な・す【語り成す】他サ四{さ・し・す・す・せ・せ} ❶…のように語る。〈源氏・明石〉「はかばかしうもあらず、かたくなしう語りなせ已ど」訳 (使者は)はきはきとでもなく、ぎこちないように話すけれども。
❷事実をゆがめて話す。こしらえて話す。〈徒然・五六〉「見ることのやうに語りなせ已ば」訳 (目に)見ているこ とのようにこしらえて話すので。

かた・る【語る】他ラ四{ら・り・る・る・れ・れ} ❶話して聞かせる。言う。〈更級・かどで〉「光源氏のあるやうなど、ところどころ語る体を聞くに」訳 光源氏の(物語の)ありさまなど、ところどころを話すのを聞くと。
❷(物語などを)節をつけて読む。〈徒然・二二六〉「平家物語を作りて、生仏といひける盲目に教へて語ら未せけり」訳 (行長入道は)「平家物語」を作って、生仏といった盲目の人に教えて節をつけて読ませた。

かたわら【傍ら・側】⬇かたはら

かたわらいたし〘傍ら痛し〙➡かたはらいたし

かた-ゐ【乞丐・乞食】名 ❶物もらい。こじき。❷人をののしっていう語。また、自分を卑下していうのに用いる。ばか者。〈土佐〉「この楫取(かぢとり)は、日もえはからぬかたゐなりけり」訳 この船頭は、天気も予測できないばか者であったよ。

かち 名

❶【徒・徒歩】(乗り物に乗らず)歩いて行くこと。徒歩。〈増鏡・久米のさら山〉「よろしき女房も壺装束(つぼさうぞく)などして、かちの者どももうちまじれり」訳 相当な身分の女房も壺装束などになって、徒歩の人たちもまじっている。

❷【徒士】「徒士侍(かちざむらひ)」の略。江戸時代、徒歩で主人の供をしたり、行列の先導を務めたりする下級武士。

フレーズ

徒歩より 徒歩で。歩いて。〈徒然・五二〉「ある時思ひ立ちて、ただ一人、かちより詣(まう)でけり(=お参りした)」

なりたち 「より」は手段・方法を示す格助詞

かち【褐】名「かちん」とも。濃紺色。「勝ち」と同音なので、武具などを染めるのに用いた。

かぢ【楫・梶】名 船をこぐ道具。櫓(ろ)や櫂(かい)の総称。

(褐)

か-ぢ【加持】名・他サ変《仏教語》真言密教で行う祈禱(きとう)。手で印を結び、金剛杵(こんごうしょ)を握り、陀羅尼(だらに)を唱えて仏に祈ること。災難や物の怪(け)を払うのに行われる。〈源氏・若紫〉「よろづにまじなひ、加持などまゐらせ給へど」訳 (光源氏は)いろいろとまじないや祈禱などをおさせになるが。

かぢ【鍛冶】名 金属を打ちきたえて、種々の器具を作ること。また、それを職業とする人。

(鍛冶)

-がち【勝ち】接尾ナリ型 (体言や動詞の連用形に付いて)あるほうにかたよりやすいことを表す。…(すること)が多い。「里がち(=実家に帰ることが多いさま)」「嘆きがち」「涙がち」

かちじ〘徒路〙➡かちぢ

かち-だち【徒立ち・歩立ち】名 徒歩。また、徒歩の戦い。〈平家・七・篠原合戦〉「馬をも射させ、かちだちになり」訳 馬をも射られ、徒歩の戦いになり。(「させ」は使役の助動詞だが、ここは軍記物語特有の用法で「射られ」という受身の意)

かち-ぢ【徒路】名 徒歩で行くこと。徒歩の旅。

かぢ-とり【楫取り・舵取り】名「かんどり」とも。かじを取って船の進路を定める人。船頭。

かち-びと【徒人・歩人】名 徒歩で行く人。

かち-より【徒歩より】➡徒歩(かち)「フレーズ」

かちん【褐】名〔「かち」の転〕「かち(褐)」に同じ。

かちん【餅】名《女房詞》〔「搗(か)ち飯(いひ)」の転〕餅(もち)。

か・つ 補動タ下二〔て・て・つ・つる・つれ・てよ〕《上代語》…できる。…に耐える。〈万葉・四・六〇七〉「君をし思(も)へば寝(い)ねかてぬかも」訳 あなたを恋しく思っているので、(なかなか)寝ることができないなあ。

語法 動詞の連用形に付いて、下に助動詞「ず」の連体形「ぬ」および古い形の連用形「に」、また「まじ」の古い形「まじじ」など打消の語を伴って、「かてぬ」「かてに」「かつましじ」の形で用いられることが多い。

かつ【且つ】

一 副 ❶二つの事柄が同時に進行していることを表す。一方では…し、他方では…する。〈方丈・一〉「よどみに浮かぶうたかたは、かつ消えかつ結びて、久しくとどまりたる例(ためし)なし」訳 (流れの)よどみに浮かぶ泡は、一方では消え、他方ではあらわれて、いつまでも(そのままの姿で)とどまっている例はない。❷二つの事柄が連続して行われることを表す。すぐに。次々に。〈徒然・七三〉「かつあらはるるをもかへりみず、口に任せて言ひ散らすは、やがて浮きたることと聞こゆ」訳 (話す)そばから(うそが)ばれるのもかまわず、口から出まかせにしゃべり散らすのは、すぐに根拠のないことだとわかる。

二 接〔副詞「かつ」からの転〕また。そのうえ。〈細道・松島〉「袋を解きてこよひの友とす。かつ杉風(さんぷう)・濁子(ぢょくし)

最重要330 103

かたみ-に【互に】副

ガイド 平安時代の和文で用いられた語。同義の「たがひに」は漢文訓読文で用いられ、中世以後一般化して現代に至る。

互いに。かわるがわる。交互に。

例 かたみに恥ぢかはし、いささかのひまなく用意したりと思ふが〈枕・七五〉

訳 互いに慎み合い、少しのすきもなく気を配っていると思う人が。

例 世の中の憂きもつらきもをかしきも、かたみに言ひ語らふ人〈更級・初瀬〉

訳 世間のつらいことも苦しいこともおもしろいことも(何でも)、互いに語り合う人が。

最重要330

104 かたら・ふ（カタラ(ロ)ウ）【語らふ】他ハ四｛は・ひ・ふ・ふ・へ・へ｝〔四段動詞「語る」㊍＋上代の反復・継続の助動詞「ふ」が一語化したもの〕

ガイド 話し合うが原義であるが、古文では、そこから派生した②「親しくつきあう」、③「男女が言いかわす」の意が重要。語り続けて説得することから④の意も表すようになった。なお、和歌では郭公（ほととぎす）が鳴くことを「かたらふ」ということがある。

❶ 話し合う。相談する。事情をあれこれ話す。
例 かの祖母（おば）に語らひ㊊侍りて聞こえさせむ〈源氏・若紫〉
訳 あの（若紫の）祖母に相談しまして、（祖母から）申し上げさせよう。

❷ 親しくつきあう。懇意にする。
例 女どちも、契りふかくて語らふ㊍人の、末（すゑ）までなかよき人難（かた）し〈枕・七五〉
訳 女どうしでも、関係が深くて親しくつきあっている人で、終わりまで仲のよい人はめったにない。

❸ 男女が言いかわす。
例 そのころは夜離（よが）れなく語らひ㊊給ふ〈源氏・明石〉
訳 （光源氏は）その当時は夜の通いがとだえることなく（明石（あかし）の君と）言いかわしなさる。

❹ （説得して）仲間に引き入れる。誘い入れる。
例 上野（かうづけ）の国の住人新田（にった）の入道、足利（あしかが）に語らは㊍れて〈平家・四・橋合戦〉
訳 上野の国（群馬県）の住人の新田入道は、足利（の仲間）に引き入れられて。

が発句（ほっく）あり」訳 頭陀（ずだ）袋をあけて（松島を題材にした詩歌を取り出し）今宵の友とする。また杉風・濁子（＝俳人の名）の発句もある。

かつう-は【且つうは】副〔「かつは」の転〕一方では。〈平家・一〇・維盛出家〉「かつうは妻子をもはぐくみ、かつうはまた維盛（これもり）が後生（ごしやう）をもとぶらへかし」訳 一方では妻子をも養い、一方ではまた（私）維盛の後生をも弔ってくれよ。

かつ-がつ【且つ且つ】副 ↓次ページ 105

かづき（カズキ）【潜き】名 水中にもぐること。水中で貝や海藻をとること。また、その人。

かづ・く（カズク）【潜く】一 自カ四｛か・き・く・く・け・け｝水中にもぐる。〈万葉・一一・二七九八〉「伊勢（いせ）の海人（あま）の朝な夕なにかづく㊎といふ」訳 伊勢の海人が朝に晩に水中にもぐってとるという。
二 他カ下二｛け・け・く・くる・くれ・けよ｝水中にもぐらせる。〈万葉・一三・三二三〇〉「上（かみ）つ瀬に鵜（う）を八つかづけ㊊」訳 上流の瀬に鵜を八羽もぐらせ。

かづ・く（カズク）【被く】他カ四 他カ下二 ↓二二八ページ 106

かづけ-もの（カズケ—）【被け物】名（目下の者に）ほうびとして与える品。祝儀。〈大和・二九〉「これかれ酔（ゑ）ひ給ひて、物語し、かづけものなどせらる」訳 この人もあの人もお酔いになって、話をし、ほうびの品などをお出しになる。

上総（かづさ）（カズサ）《地名》旧国名。東海道十五か国の一つ。今の千葉県の中部。総州（そうしゅう）。

かっ-ちう（—チュウ）【甲冑】名 鎧（よろい）と兜（かぶと）。

かつ-て【曽て・嘗て】副 ❶（下に打消の語を伴って）㋐全然。決して。〈万葉・一〇・一九四六〉「木高（こだか）くはかつて木植ゑじ」訳 こずえ高くは決して木を植えまい。㋑かねて。今まで一度も。〈万葉・四・六七五〉「かつても知らぬ恋もするかも」訳 今まで一度も知らない（激しい）恋もすることよ。
❷（肯定文に用いて）以前。昔。

がっ-てん【合点】名・自サ変 ❶和歌・俳諧などを批評して、よいと思うものの右肩に印を付けること。〈著聞・二一七〉「定家朝臣（あそん）のもとへ点をこひにやりたりければ、合点し㊊て」訳 定家朝臣のところへ（歌の）添削を求めにやったところ、よいものに印を付けて。
❷回状などで同意を示すために、自分の名前の肩に点を打ったり、かぎ印を付けたりすること。
❸「がてん」とも。承諾すること。納得。

かつ-は【且つは】副（多く「かつは…かつは…」の形で）一方では。一つには。同時に。〈今昔・二八・四〇〉「道行きける者どもこれを見て、かつあやしみ、かつ笑ひけり」訳 道を通った人々はこの光景を見て、一方ではあやしみ、一方では笑った。

かつら【桂】名 ❶木の名。カツラ科の落葉高木。春先に紅色の花を開く。高さは約三〇メートルに達する。
❷中国の伝説で、月の世界に生えているという木。

かづら（カズラ）【葛】名 つる草の総称。

かづら（カズラ）【鬘】名 ❶上代、つる草や草木の枝・花などを髪に巻きつけて飾りとしたもの。
❷（女性が）別の髪の毛を束ねて作り、髪が少ないときや短いとき、自分の髪の毛に添えるもの。かもじ。
❸〔後世は「かつら」〕能や歌舞伎などで、役柄に合わせて用いる演劇用の頭髪。

桂川（かつらがは）（カツラガワ）《地名》歌枕 今の京都市西部を流れる

川。上流を大堰(おおい)川、中流を保津(ほづ)川、嵐山(あらしやま)付近からを桂川と呼び、南流して鴨(かも)川・宇治(うじ)川に合流し淀(よど)川に注ぐ。

かづらきーのーかみ(カズラキー)【葛城の神】今の奈良県の葛城山に住むという一言主(ひとことぬし)の神の異称。役(えん)の行者の命令で、葛城山と吉野(よしの)の金峰山(きんぶせん)との間に岩橋をかけようとしたが、醜い容貌を恥じて、夜間しか働かなかったため、完成しなかったと伝えられる。恋や物事の成就しない例や醜い容貌を恥じる例にひかれる。

かづら・く(カズラク)【鬘く】他カ四〔か・き・く・く・け・け〕草木の枝・花を髪飾りとしてつける。〈万葉・一〇・一八五二〉「ももしきの大宮人のかづらけ㊁るしだり柳は見れど飽かぬかも」訳 宮中に仕える人が髪飾りにしているしだれ柳はいくら見ても飽きないことよ。(「ももしきの」は「大宮」にかかる枕詞)

かつをーぎ(カツオー)【鰹木】名 宮殿や神社の棟木(むなぎ)の上に、直角に並べてある横木。鰹節(かつおぶし)状で、中ぶくれの円筒形であることからいう。→千木(ちぎ)

(かつをぎ)

かて【糧・粮】名 食糧。特に、旅行用の食糧。

がてーに …できなくて。…しかねて。〈万葉・五・八五九〉「春されば吾家(わぎへ)の里の川門(かはと)には鮎子(あゆこ)さ走(ばし)る君待ちがてに」訳 春になると、わが家のある里の川の渡り場には、鮎の子が跳ね泳いでいる。あなた(の来るの)を待ちかねて。

なりたち 「できる・耐える」意の上代の下二段補助動詞「かつ」の未然形「かて」+打消の助動詞「ず」の上代の連用形「に」=「かてに」の濁音化したもの。

フレーズ **がてにーす** …することに耐えない。…できないでいる。〈古今・雑下〉「憂(う)き世には門(かど)閉(さ)せりとも見えなくになどかわが身の出(い)でがてにする㊓」訳 (この)つらい世の中には門が閉めてあるとも見えないのに、どうして私は(憂き世から外へ)出ることができないで(=出家しかねて)いるのか。

なりたち 「す」はサ変動詞「為(す)」

がてーら 接助 他の動作をも兼ねて行う意を表す。…かたがた。…(の)ついで(に)。…(し)ながら。〈古今・春上〉「わが宿の花見がてらに来る人は散りなむ後(のち)ぞ恋しかるべき」訳 わが家の桜の花を見るついでに立ち寄る人は、(花が)散ってしまったとしたら(もう来ないだろうから)、その後にきっと(その人が)恋しいことだろう。

接続 動詞の連用形または名詞に付く。

参考 「がてり」と似た意味で、上代では「がてら」より「がてり」のほうが多く用いられた。

がてり 接助《上代語》他の動作をも兼ねて行う意を表す。…かたがた。…(の)ついで(に)。…(し)ながら。〈万葉・一二・三一六九〉「能登(のと)の海に釣(つり)する海人(あま)の漁火(いざりび)の光にいませ月待ちがてり」訳 能登の海で釣りをする海人の漁火の光を頼りにいらっしゃい、月の光を待ちながら。→がてら 参考

接続 動詞の連用形に付く。

がーてん【合点】名・自サ変「がってん③」に同じ。

かど【才】名 ❶才能。才気。〈源氏・帚木〉「かい弾きたる爪音(つまおと)、かどなきにはあらねど」訳 (琴を)弾いている爪音は、才気がないわけではないが。❷見どころ。趣。〈栄花・こまくらべの行幸〉「かどある巌石(いはほ)を立て並べて」訳 趣のある岩石を置き並べて。

かど【門】名 ❶門(もん)。また、門のあたり。門前。〈万葉・一〇・一八一九〉「わが門の柳の末(うれ)に鶯(うぐひす)鳴きつ」訳 私の家の門のあたりの柳の梢(こずえ)でうぐいすが鳴いた。❷家。家柄。一門。一族。〈紫式部日記〉「藤原ながら門わかれたるは、列にも立ち給はざりけり」訳 (同じ)藤原氏であっても一門の分かれた人々は、(拝礼の)列にもお立ちにならなかった。

フレーズ **門広(ひろ)・し** 一族や一門が繁栄している。〈竹取・貴公子たちの求婚〉「男は女にあふことをす。女は男にあふこ

最重要330

105 **かつーがつ**【且つ且つ】副

ガイド 語源は副詞「且(か)つ」を重ねたものとも、耐える意の動詞「かつ」を重ねたものともいう。不十分であるとの認識を示すのが①、その認識のもと現段階での処置を示すのが②。

❶ **不十分ながらも。ともかくも。まあまあ。**

例 思ふことかつがつかなひぬる心地して、涼しう思ひ居(ゐ)たるに〈源氏・明石〉

訳 (明石(あかし)の入道は)念願がともかくもかなった気がして、すっきりした思いでいたところ。

❷ **とりあえず。さしあたって。何はさておき。**

例 かつがつ里内裏(さとだいり)つくるべきよし議定(ぎぢやう)あって〈平家・五・都遷〉

訳 さしあたって里内裏(=仮御所)を造らなければならないという議決が行われて。

最重要330

106 **かづ・く**（カズク）【被く】 一 他カ四 {か・き・く・く・け・け} 二 他カ下二 {け・け・く・くる・くれ・けよ}

ガイド 一も二も他動詞であるが、一は「誰かが物をかぶる・もらう」の意、二は「誰かが誰かに物をかぶせる・与える」の意。それぞれ③は抽象的な物を受ける意に転用したもの。

一 他カ四

❶ **かぶる。頭にいただく。**

例 かたはらなる足鼎を取りて、頭にかづき用たれば〈徒然・五三〉

訳 そばにある足付きの鼎を(手に)取って、頭にかぶったところ。

❷ (衣服などを)**ほうびとしていただく。**また、**いただいた衣服を左の肩にかける。**

例 白き物どもをしなじなかづき用て〈源氏・若菜上〉

訳 (楽人たちはほうびの)白い衣の数々をいろいろに肩にかけて。

❸ (責任などを)**しょいこむ。引き受ける。**

二 他カ下二

❶ **かぶせる。**

例 円居する身に散りかかるもみぢ葉は風のかづくる体錦なりけり〈伊勢集〉

訳 輪になって座っているわが身に散りかかる紅葉は、風がかぶせる錦であることよ。

❷ **ほうびとして与える。祝儀を与える。**

例 御使ひに、なべてならぬ玉裳などかづけ用たり〈源氏・明石〉

訳 (明石の入道は光源氏からの)お使いの人に、並々でない美しい(女の)衣装などを祝儀として与えた。

❸ **引き受けさせる。**(責任など**を)なすりつける。**

例 利徳はだまりて、損は親方にかづけ用〈浮・日本永代蔵〉

訳 もうけはだまって(自分のものにし)、損害は親方になすりつけ。

(被く 一②)

とをす。その後なむ門広く用もなり侍る」訳 男は女と結ばれる。女は男と結ばれる。その後に一族が繁栄するようにもなります。

かとうど【方人】⬇かたうど

かどかど・し【角角し】形シク ⬇次ページ 107

かど-た【門田】名 門の前にある田。〈金葉・秋〉「夕されば門田の稲葉おとづれて葦のまろやに秋風ぞ吹く」訳 ⬇付録①「小倉百人一首」71

かど-ひろ・し【門広し】⬇門「フレーズ」

か-と-よ 不確かな事態を確認する意を表す。…であろうか。…だったか。…かと思うよ。〈方丈・三〉「去んじ安元三年四月二十八日かとよ」訳 (あれは)過ぎ去った安元三年陰暦四月二十八日であったか。

なりたち 疑問の係助詞「か」+格助詞「と」+間投助詞「よ」

かな【仮名】名〔「かりな」の転〕「かんな」とも。漢字を真名というのに対して、平仮名・片仮名・万葉仮名・草仮名をいい、特に平仮名をさすことが多い。

かな 終助 ⬇二三〇ページ助詞「かな」

がな 終助 ⬇二三一ページ助詞「がな」

かなう〖適う・叶う〗⬇かなふ

かなえ〖鼎・釜〗⬇かなへ

かなぐ・る 他ラ四 {ら・り・る・る・れ・れ} 荒々しくつかんで引っぱる。また、引きむしる。〈今昔・二九・一八〉「死にし人の髪をかなぐり用抜き取るなりけり」訳 (老婆が)死んだ人の髪を荒々しく引っぱり抜き取っているのだった。

かな-ぞうし(ゾウシ)【仮名草子】名 江戸初期の短編小説の一種。御伽草子を引き継ぎ、浮世草子に先行した。擬古文体の平易な仮名文で書かれた、庶民対象の啓蒙・娯楽の物語。主な作品は、如儡子「可笑記」、鈴木正三「二人比丘尼」、浅井了意「東海道名所記」など。

かな・し 形シク ⬇二三一ページ 108

かなしう・す【愛しうす】他サ変 {せ・し・す・する・すれ・せよ}〔「かなしくす」のウ音便〕かわいがる。いとおしむ。〈伊勢・八四〉「ひとつ子にさへありければ、いとかなしうし用給ひけり」訳 一人っ子でもあったので、(母君が)大変かわいがりなさった。

かなし-が・る〔「がる」は接尾語〕他ラ四{ら・り・る・る・れ・れ} ━【愛しがる】かわいいと思う。かわいがる。〈枕・九六〉「にくげなるちごを、…うつくしみ、かなしがり㊐」訳 みにくい感じの幼児を、…いつくしみ、かわいがり。 ━【悲しがる】自ラ四{ら・り・る・る・れ・れ}悲しく思う。〈土佐〉「今日はまして(亡き子の)母のかなしがら㊍るる(=お悲しみなさる)ことは」

かなし-さ 名〔「さ」は接尾語〕❶【愛しさ】かわいいこと。かわいさ。〈源氏・少女〉「をとこ君の御かなしさはすぐれ給ふにやあらむ」訳 男君(=夕霧)のおかわいさは(特別)まさっていらっしゃるのだろうか。❷【悲しさ】悲しいこと。〈源氏・夕顔〉「思しわづらへど、なほかなしさのやるかたなく」訳 (光源氏は)思い悩みなさるが、やはり悲しさの晴らしようもなく。

かなし-び【悲しび】名 悲しく思うこと。悲しみ。〈源氏・明石〉「我かくかなしびをきはめ」訳 私(=光源氏)がこんなふうに悲しみの限りを味わい。

かなし・ぶ 他バ四・上二{ば・び・ぶ・ぶ・べ・べ}{び・び・ぶ・ぶる・ぶれ・びよ}

❶【愛しぶ】かわいいと思う。めでる。〈古今・仮名序〉「花をめで、鳥をうらやみ、霞をあはれび、露をかなしぶ㊓心ことば多く」訳 花を賞美し、鳥の声をうらやましく思い、霞をしみじみとしたものに思い、露をめでる心情や(それを詠んだ)歌は多く。❷【悲しぶ・哀しぶ】悲しく思う。嘆く。〈土佐〉「京へ帰るに、女子のなきのみぞかなしび㊐恋ふる」訳 京へ帰るのに、女の子が(亡くなって、ここに)いないことばかりを嘆き恋しく思う。

参考 上代では、バ行上二段活用だったと推定される。

かなし・む 他マ四{ま・み・む・む・め・め}

❶【愛しむ】いとしいと思う。愛する。〈今昔・二九・三八〉「母牛、子をかなしむ㊓が故に、…狼に向かひて防きめぐりけるほどに」訳 母牛は、子牛を愛するがために、…狼に向かって防ぐように回っているうちに。❷【悲しむ・哀しむ】悲しみ嘆く。悲しいと思う。〈徒然・一〇〉「鳥の群れゐて池の蛙をとりければ、御覧じかなしま㊍せ給ひてなん」訳 鳥が(屋根に)群がりとまって池の蛙をとったので、(宮が)ご覧になってかわいそうにお思いになられて(屋根の棟に縄をお張りになったのだ)。

かなた【彼方】代 遠称の指示代名詞。方向を示す。あちら。向こう。〈徒然・一一〉「かなたの庭に大きなる柑子の木の、枝もたわわになりたるが」訳 向こうの庭に大きなみかんの木で、枝もしなうほどに(実が)なっている木の。

かな・づ【奏づ】他ダ下二{で・で・づ・づる・づれ・でよ}❶舞を舞う。〈徒然・五三〉「しばしかなで㊐て後、抜かんとするに」訳 しばらく舞を舞ってから、(鼎を)抜こうとするが。❷音楽を奏する。弦楽器をひく。

仮名手本忠臣蔵(かなでほんちゅうしんぐら)《作品名》江戸中期の浄瑠璃。時代物。竹田出雲・三好松洛・並木千柳(宗輔)の合作。寛延元年(一七四八)、大坂竹本

最重要330 107

ガイド

かどかど・し 形シク{しから・しく(しかり)・し・しき(しかる)・しけれ・しかれ}

「才」は才気(=鋭く活発な頭の働き)の意。物の尖って突き出た部分をいう「角」も同源といわれる。①は「才」、②は「角」を重ねて作られた形容詞である。

❶【才才し】**才気がある。かしこい。よく気がきく。** ⬇聡し「類語の整理」

例 そこはかとなく気色ばめるは、うち見るにかどかどしく㊐気色だちたれど〈源氏・帚木〉

訳 (筆遣いなども)どことなく気どっているのは、ちょっと見ると才気ばしり気がきいているようだが。

❷【角角し】

㋐ **角立ったところが多い。**

例 岩の上のかどかどしき㊓もあるものを人の越ゆるをいたみだにせぬ〈夫木・雑四〉

訳 岩の上が角立っているではないが、(自分には)かどかどしさ(=才気)もあるのに、人が追い越して出世していくのを(岩を越えるときのように)痛みにさえ感じないことだ(まして、うらやましくは思わない)。(「かどかどし」に①の意をかける)

㋑ **心が角ばっている。とげとげしい。**

例 いと押したちかどかどしき㊓ところものし給ふ御方にて〈源氏・桐壺〉

訳 (弘徽殿の女御は)たいそう我を張りとげとげしいところのおありになるお方で。(「ものす」はここでは「ある」の意の婉曲表現)

かな

終助〔終助詞「か」＋終助詞「な」〕

意味・用法	用例
詠嘆 …だなあ。…であることよ。	例 限りなく遠くも来にけるかなとわびあへるに〈伊勢・九〉 訳 限りなく遠くまでも来てしまったものだなあと互いに心細く思って嘆いていると。 例 むめがかにのっと日の出る山路かな〈炭俵・芭蕉〉 訳 (まだ余寒のきびしい)早朝の山路を梅の香りを感じて歩いていると、(行く手の山かげから思いがけず)ぬうっと太陽が姿を現したことだ。

接続 体言または活用語の連体形に付く。

参考 上代の「かも」に代わって、中古以降、和歌と会話文に多く用いられた。俳句の「かな」は切れ字として用いられ、形式化したものである。

座初演。赤穂四十七士の仇討ちを題材とし、舞台を中世に移して脚色したもの。

かなは‐ず【叶はず】❶できない。手に負えない。思いどおりにならない。〈平家・三・足摺〉「都までこそかなはず終といふとも」訳 都まで(帰ること)はできないといっても。
❷そのままではすまない。〈徒然・一四〇〉「朝夕なくてかなはざら未ん物こそあらめ」訳 朝晩なくてすまないようなもの(＝必需品)は持ってよかろうが。
❸しなくてはならない。やむをえない。〈狂・節分〉「かなはぬ体用のこと(＝やむをえない用事)があって」
なりたち 四段動詞「叶ふ」未＋打消の助動詞「ず」

かな・ふ【適ふ・叶ふ】
一 自ハ四〔は・ひ・ふ・ふ・へ・へ〕❶適合する。ちょうどよい。条件に合う。〈万葉・一・八〉「熟田津に船乗りせむと月待てば潮もかなひ用ぬ今は漕ぎ出でな」訳→にきたつに…
和歌 ❷思いどおりになる。願いが成就する。〈古今・離別〉「命だに心にかなふ体ものならば何か別れの悲しからまし」訳 せめて命だけでも思いどおりにな(ってあなたのお帰りを待つことができ)るものならば、どうして別れが悲しいだろうか(いや、悲しくはない)。
❸(多く下に否定表現を伴って)ア匹敵する。つりあう。〈平家・一・俊寛沙汰 鵜川軍〉「目代かなは未じとや思ひけん、夜に入りて引き退く」訳 目代はかなうまいと思ったのだろうか、夜になって退却する。イできる。許可される。〈宇治・三・三〉「わが心ひとつにてはかなは未じ」訳 私の一存では(決めることは)できまい。
二 他ハ下二〔へ・へ・ふ・ふる・ふれ・へよ〕望みどおりにさせる。〈源氏・若菜上〉「静かなる思ひをかなへ未む」訳 (出家して)静かな(生活を送るという)念願をかなえよう。

かなへ【鼎・釜】名 食物を煮たり、湯を沸かしたりするために用いた金属製の器。足が三本あるのがふつうで、これを足鼎という。

かな‐まり【金椀・鋺】名 金属製のわん。

かな‐やき【金焼き】名 鉄の焼き印を押すこと。

かな‐やま【金山・銀山】名 鉱山。

かならず【必ず】副 ❶間違いなく。きっと。確かに。〈伊勢・八五〉「正月には必ずまうでけり」訳 陰暦正月には間違いなく(主君の隠遁所に)参上した。
❷(下に打消・反語表現を伴って)必ずしも(…でない)。〈徒然・六四〉「車の五緒は、必ず人によらず」訳 五つ緒の簾の牛車は、必ずしも(乗る)人(の身分)によらず。

がに

一 接助 二 終助

意味・用法	
一 接続助詞	程度・状態(…ように。…ほどに。)
二 終助詞	目的・理由(…ために。…ように。…であろうから。)

接続 一 動詞および完了の助動詞「ぬ」の終止形に付く。二 動詞の連体形に付く。

一 接助《上代語》下の用言を修飾して、程度・状態を表す。…ように。…ほどに。〈万葉・一〇・二二七三〉「秋づけば水草の花の落えぬがに思へど知らじ直に逢はざれば」訳 秋になると水草の花が散り落ちてしまうように(我が身も消え入らんばかりに)思うけれども、(あの人は)知らないだろう。じかに逢わないので。(第二句までは「落えぬがに」を導きだす序詞)

二 終助 打消・意志・禁止・命令・願望などの表現を受けて、その目的や理由を表す。…ために。…ように。…であろうから。〈万葉・一四・三四五二〉「おもしろき野をばな焼きそ古草に新草まじり生ひは生ふるがに」訳 眺めのよい野を焼いてくれるな。古草に新しい草が交じって生えに生えるように。

文法 二 は上代の終助詞「がね」の転で、「がに」の形は「万葉集」には例にあげた一例のみである。中古に入ってからは「がに」のみが使われた。(一)(二)とも和歌にしか使われない。

かに‐かくに 副 **あれこれと。** いろいろと。とやかくと。〈万葉・七・一二九八〉「かにかくに人は言ふとも」訳 あれこれと人は言っても。

かにも‐かくにも 副 ともかくも。いずれにしても。〈万葉・四・六二九〉「君をこそかにもかくにも待ちかてにすれ」訳 あなた(が直接に来るの)をともかくも待ちかねているのに。

がな 終助

意味・用法

自己の願望

…がほしいなあ。
…があればなあ。

用例

例 かの君たちをがな、つれづれなる遊びがたきに〈源氏・橋姫〉
訳 あの姫君たちがほしいものだ(=がいてくれたらなあ)、所在ないときの遊び相手に。

例 あっぱれ、よからう敵(かたき)がな。最後の戦(いくさ)して見せ奉らん〈平家・九・木曾最期〉
訳 ああ、よさそうな敵がいるといいなあ。最後の合戦をしてお見せ申しあげよう。

接続

体言や格助詞「を」に付き、室町時代以降は命令文にも付く。

文法ノート

1 「がな」の発生

上代に願望を表す形であった「もがも(終助詞「もが」+終助詞「も」)」は、中古になって「もがな(終助詞「もが」+終助詞「な」)」の形となったが、それが「も」+「がな」であると誤解され、「体言+を+がな」や「体言+がな」といった使い方が生まれたと考えられる。

2 例示の用法

中世以降、
例 何がな取らせんと思へども〈宇治・九・三〉
訳 何かを与えようと思うが。
のような例示を表す副助詞の用法も生じた。

‐か・ぬ 接尾ナ下二型 (動詞の連用形に付いて)「…のがむずかしい」「…ことができない」の意の動詞をつくる。〈源氏・桐壺〉「つゆまどろまれず、明かしかね未させ給ふ」訳 (桐壺帝は)少しもうとうとすることができず、(夏の短夜(みじかよ)を)明かすことができずにいらっしゃる。

例語 言ひかぬ・思ひかぬ・こしらへかぬ(=なだめることができない)・忍びかぬ・堪へかぬ(=がまんできない)・とどめかぬ・飛び立ちかぬ・慰めかぬ・待ちかぬ・見かぬ・忘れかぬ

か・ぬ 他ナ下二 {ね・ね・ぬ・ぬる・ぬれ・ねよ}

❶【兼ぬ】㋐**合わせて一つにする。両方をかねる。**〈毎月抄〉「所詮(しょせん)、心と詞(ことば)とをかね用たらんを、よき歌と申すべし」訳 結局、心と詞とをかね備えているような歌を、よい歌と申すことができよう。

㋑ある範囲にわたる。〈大鏡・師輔〉「一町かね用てあたりに人もかけらず」訳 一町(=約一一〇メートル四方)にわたって付近に人も走らない。

❷【予ぬ】㋐**将来のことを心配する。**〈万葉・一四・三四一〇〉「ねもころに将来(おく)をなかね用そ現在(まさか)し善(よ)かば」訳 こまごまと行く末のことを心配するな。今さえよいならば。

㋑**予想する。** 予定する。〈万葉・六・一〇四七〉「八百万(やほよろづ)千年(ちとせ)をかね用て定めけむ奈良(なら)の都は」訳 何千年(後まで)を予定して定めたのであろう、奈良の都は。

かね【矩】 名 ❶曲尺(かねじゃく)。木工職人が使う物差し。❷直角。〈平家・四・橋合戦〉「かねに渡(わた)いておし落とさるな」訳 (流れに)直角に渡って(水中に)おし落とされるな。

かね【鉦】 名 仏具の一つ。地に伏せたり、手に持ったりして、撞木(しゅもく)でたたいて鳴らすもの。

かね【鐘】 名 つりがね。また、その音。

かね【鉄漿】 名 鉄を酸化させた液。歯を黒く染めるのに用いる。お歯黒。→歯黒(はぐろ)め

‐がね 接尾 (名詞に付いて)「…にするためのもの」「…の候補者」の意を添える。「后(きさき)がね」「婿(むこ)がね」

がね 終助《上代語》

意味・用法

理由・目的(…ために。…ように。…であろうから。)

接続

活用語の連体形に付く。

打消・意志・禁止・命令・願望などの表現を受けて、その理由や目的を表す。…ために。…ように。…であ

最重要330 108

かな・し

形シク 〔しから・しく(しかり)・し・しき(しかる)・しけれ・しかれ〕

ガイド 相手を思い胸がつまる感じを表す語。相手に引かれる思いを表すのが①、相手の望ましくない事態に対する思いを表すのが②。

❶【愛し】

㋐ かわいい。いとおしい。

例「…」と詠みけるを聞きて、限りなくかなし㊅と思ひて〈伊勢・二三〉

訳「…」と(女が男の無事を祈る歌を)詠んだのを聞いて、(男は)この上なくいとおしいと思って。

㋑ 身にしみておもしろい。強く心がひかれる。すばらしい。

例 世の中は常にもがもななぎさこぐあまの小舟（をぶね）の綱手（つなで）かなし㊅も〈新勅撰・羇旅〉

訳 この世の中は永遠に変わらないでいてほしいなあ。渚（なぎさ）を漕（こ）いで行く漁師の小舟の、その引き綱を引いている光景が、しみじみと胸に迫ることだよ。

❷【悲し・哀し】

㋐ かわいそうだ。心がいたむ。

例 人の亡きあとばかりかなしき㊍はなし〈徒然・三〇〉

訳 人が亡くなったあとほど心がいたむものはない。

㋑ ひどい。口惜しい。しゃくだ。

例 物もおぼえぬ腐り女に、かなしう㊊(ウ音便)いはれたる〈宇治・七・三〉

訳 わけもわからない無教養な女から、ひどく言われたことよ。

㋒《近世語》貧しい。やりくりがつかない。

例 ひとりある倅（せがれ）を行く末の楽しみにかなしき㊍年を経（ふ）りしに〈浮・日本永代蔵〉

訳 一人いる息子を将来の楽しみに貧しい年を送って来たが。

ろうから。〈万葉・四・五二九〉「佐保河の岸のつかさの柴（しば）な刈りそね在（あ）りつつも春し来（きた）らば立ち隠るがね」訳 佐保川の岸の小高い所の柴はどうか刈らないでくれ。このままにしておいて、春がやってきたら、(あなたに逢（あ）うときに)隠れるために。(五七七・五七七の旋頭歌（せどうか）)。〈万葉・一九・四一六五〉「大夫（ますらを）は名をし立つべし後の世に聞き継ぐ人も語り継ぐがね」訳 男は名をあげるのがよい。後の世に伝え聞く人も語り伝えるだろうから。参考 和歌にしか使われない。

かね-ぐろ【鉄漿黒】名 歯を鉄漿（かね）で黒く染めること。〈平家・九・敦盛最期〉「年十六、七ばかりなるが、薄化粧してかねぐろなり」訳(取り押さえた敵の武将は)年齢は十六、七歳ほどである者で、薄化粧をして歯を黒く染めているのである。→歯黒（はぐろ）め

かね-ごと【予言】名「かねこと」とも。前もって言っておくことば。約束のことば。また、予言（よげん）。〈後撰・恋三〉「昔せし我がかねごとの悲しきはいかに契りし名残（なごり）なるらむ」訳 昔した私の約束のことばが悲しいのは、どのように(将来を)誓った(の結果)名残なのであろう。

かね-て【予ねて】

一 副 前もって。あらかじめ。前々から。〈徒然・一八九〉「日々に過ぎゆくさま、かねて思ひつるには似ず」訳 日ごとに経過してゆく状態は、前もって予期していたこととは似ていない。

二(日数などを表す語の前やあとに用いて)…以前に。〈源氏・須磨〉「二、三日かねて、夜（よ）に隠れて大殿（おほいどの）に渡り給へり」訳(光源氏は須磨（すま）出発の)二、三日以前に、夜の闇にまぎれて左大臣邸にお出かけになった。

なりたち 下二段動詞「予（か）ぬ」㊊＋接続助詞「て」

か-の【彼の】

❶話し手から遠く離れた所にあるものをさす語。あの。〈竹取・かぐや姫の昇天〉「かの都の人は、いとけうらに、老いをせずなむ」訳 あの(月の)都の人は、たいへん美しく、老いることがありません。❷直前に述べた物事をさしていう語。その。例の。〈徒然・四五〉「この名然（しか）るべからずとて、かの木を伐（き）られにけり」訳 この(榎木（えのき）の僧正という)名前は(自分に)ふさわしくないといって、その木を切ってしまわれた。

なりたち 代名詞「彼（か）」＋格助詞「の」

か-の-え【庚】名〔「金（かね）の兄（え）」の意〕十干（じっかん）の七

番目。→十干

かのこ-まだら【鹿の子斑】 名 鹿の毛のように茶褐色の地に白い斑点のあること。また、他の色地に白い斑点のあること。鹿の子。

か-の-と【辛】 名〔「金の弟」の意〕十干の八番目。→十干

か-は

係助〔係助詞「か」＋係助詞「は」〕

意味・用法
疑問〔…か。…だろうか。〕→❶
反語〔…(だろう)か(いや、…ではない)。〕→❷

接続 種々の語に付く。

❶疑問を表す。…か。…だろうか。〈古今・夏〉「はちす葉の濁りにしまぬ心もてなに**かは**露を玉とあざむく」訳 蓮の葉は(泥水の中で育って、しかもその)濁りに染まらない(清い)心をもちながら、どうして(葉に置く)露を玉と見せかけて(人を)だますの**か**。

❷反語を表す。…(だろう)か(いや、…ではない)。〈竹取・ふじの山〉「逢ふこともなみだに浮かぶわが身には死なぬ薬も何に**かは**せむ」訳→あふことも… 和歌。〈古今・春下〉「声絶えず鳴けや鶯ひととせにふたたびとだに来べき春**かは**」訳 声の絶えることなく鳴けよ、うぐいす。一年に二度とだって来るはずの春**であろうか**(いや、二度と来る春ではない)。→ものかは(終助)

定型表現 係り結び

かは…連体形

例 花、いつ**かは**咲かむ。〈疑問〉(連体形)
(＝花がいつ咲くだろうか)

例 誰**かは**春を恨みたる。〈反語〉(連体形)
(＝だれが春を恨んだか(いや、だれも恨まない))

文法 「かは」が文中に用いられた場合、係り結びの法則で結びは連体形となる。また、係助詞「か」が単独で用いられるときよりも、反語となることが多い。

か-ばかり 副 ❶これほど。このくらい。〈枕・九八〉「まことに**かばかり**のは見えざりつ」訳 まったく**これほどの**(すばらしい扇の骨)は(これまで)目にしなかった。

❷これだけ。これきり。〈徒然・五二〉「極楽寺・高良などを拝みて、**かばかり**と心得て帰りにけり」訳 (仁和寺の法師は、末寺・末社である)極楽寺や高良神社などを拝んで、(石清水八幡宮は)**これだけ**と思いこんで帰ってしまった。

かは-ご 【皮籠】 名 まわりに皮を張った籠。のち、紙を張ったものや竹で編んだものもいう。行李。

かは-ごろも 【皮衣・裘】 名 獣の毛皮でつくった防寒着。「かはぎぬ」とも。

-がは・し 接尾シク型 (体言や動詞の連用形などに付いて)「…のようすである」「…の傾向がある」の意の形容詞をつくる。〈源氏・夕顔〉「らう**がはしき**体大路に立ちおはしまして」訳 乱雑**であるような**(＝むさくるしい感じの)大通りに(光源氏が)立って(＝牛車を止めて)いらっしゃって。

■＋がはし
＝■の様子である
＝■の傾向がある
⇩
乱＋がはし
＝乱雑(な様子)である

例語 恥ぢがはし(＝なんとなく恥ずかしい)・みだりがはし・みだれがはし

かは・す

【交はす】一 他サ四〔さ・し・す・す・せ・せ〕❶互いにやりとりする。通じあう。〈源氏・胡蝶〉「かの親王よりほかに、また言の葉を**かはす**終べき人こそ世におぼえね」訳 あの親王以外に、またことばを**やりとりする**ことのできる人は世の中に思い浮かばない。

❷まじえる。〈源氏・桐壺〉「羽をならべ、枝を**かはさ**未む」訳 羽を並べ、枝を**まじえ**よう(＝比翼の鳥、連理の枝となろう)。

❸〔「変はす」とも書く〕変える。ずらす。移す。〈万葉・一七・四〇〇八〉「月立たば時も**かはさ**未ずなでしこが花の盛りに相見しめとぞ」訳 月が変わったなら、時も**移さ**ず、なでしこの花の盛りに(あなたに)会わせてくれと(祈った)。

二 補動サ四〔さ・し・す・す・せ・せ〕(動詞の連用形に付いて)互いに…しあう。〈大鏡・序〉「翁二人見**かはし**用てあざ笑ふ」訳 老人二人は**互いに**顔を見**合わせ**て大声で笑う。

かは-せうえう 【川逍遥】 名「かはぜうえう」とも。❶川のほとりで遊ぶこと。川辺を散歩すること。

❷川舟に乗って遊ぶこと。

かは-せ-む 反語を表す。…しようか(いや、しない)。…になろうか(いや、何にもなりはしない)。〈竹取・ふじの山〉「逢ふこともなみだに浮かぶわが身には死なぬ薬も何に**かはせむ**」訳→あふことも… 和歌

なりたち 反語の係助詞「かは」＋サ変動詞「為」未＋意志・推量の助動詞「む」体

河竹黙阿弥 (かはたけもくあみ)《人名》(一八一六〜一八九三)江戸末期・明治初期の歌舞伎脚本作者。江戸歌舞伎の大成者で、技巧にすぐれ、世話物を多く書いた。盗賊を主人公とする白浪物を得意とし、文明開化の世相を反映して活歴物・散切物など新しい分野を開いた。代表作「三人吉三廓初買」「青砥稿花紅彩画」など。

かはたれ-どき 【彼は誰時】 名〔あれはだれとはっきり見分けられない時の意〕おもに明け方の薄暗い時。夕暮れ時にもいう。〈万葉・二〇・四三八四〉「暁の**かはたれ時**に島陰を漕ぎにし船のたづき知らずも」訳 夜明け前の**薄暗い時分**に島かげを漕いで行ってしまった船のようすがわからないことよ。

参考 おもに夜明け前をいい、夕暮れ時を「たそかれどき」という。→誰そ彼時

河内 (かはち)《地名》旧国名。畿内五か国の一つ。今の大阪府東部。河州。

かはづ 【蛙】 名 ❶かじかがえるの異称。形の小さいかえるで、谷川の岩間にすみ、夏から秋にかけて澄んだ美しい声で鳴く。〈古今・仮名序〉「〔春は〕花に鳴く鶯、〔秋は〕水にすむ**かはづ**の声をきけば」

❷かえるの異称。春。〈春の日・芭蕉〉「古池や蛙飛びこむ水のおと」訳→ふるいけや…俳句

かは-つら【川面】名〔近世は「かはづら」〕❶川のほとり。川辺。❷川の水面。

かは-と【川門】名 川の両岸がせまって、川幅の狭くなっている所。転じて、川の渡り場。

かばね【姓】名 ❶上代、氏族の家柄や世襲の職業を表した称号。臣・連・君・直・首・史・村主・造・県主など数十種ある。❷「やくさのかばね」に同じ。

かばね【屍・尸】名 人の死体。しかばね。また、遺骨。〈平家・七・忠度都落〉「山野にかばねをさらさばさらせ」訳 山や野にしかばねをさらすなら、さらせばいい。

河合曽良（かはひ・そら）《人名》（一六四九〜一七一〇）江戸前期の俳人。信濃（長野県）の人。芭蕉に師事し、「鹿島紀行」「おくのほそ道」の旅に同行した。紀行文「曽良旅日記」（おくのほそ道随行日記）」、遺稿集「雪満呂気」などがある。

かは-ぼり【蝙蝠】名「かはほり」とも。❶こうもりの異称。夏 ❷「蝙蝠扇」の略。骨の片側だけに紙や絹をはった扇。開くとこうもりの翼を広げた形に似ることからいう。〈源氏・紅葉賀〉「かはほりのえならずゑがきたるを」訳 蝙蝠扇で、たいそう美しく（絵を）描いてあるのを。

（かはぼり②）

かは-むし【皮虫】名 毛虫の古名。

かは-や【厠】名〔家のそばに設けた家「側屋」の意とも、川の上にかけ渡してつくった家「川屋」の意とも〕便所。

かはゆ・し形ク〔「顔映ゆし」の転〕❶恥ずかしい。おもはゆい。〈建礼門院右京大夫集・詞書〉「いたく思ふままのことかはゆく用もおぼえて」訳 あまり思っているとおりのこと（を書くの）は恥ずかしくも感じられて。❷かわいそうだ。いたましい。〈今昔・二六・五〉「矢を射立てて殺さむは、なほかはゆし終」訳（この子に）矢を射立てて殺すようなことは、やはりいたましい。❸愛らしい。かわいらしい。〈文化句帖・補遺・一茶〉「かはゆき体竹の出たりけり」訳 かわいらしい竹（の子）が出たことだ。

かは-らか 形動ナリ →かわらか

かはら-け【土器】名 ❶うわぐすりを用いない素焼きの陶器。❷素焼きの杯。酒杯。〈伊勢・六〇〉「女あるじにかはらけとらせよ」訳（この家の）女主人に酒杯を与え（て酌をさせ）よ。❸酒杯のやりとり。酒宴。〈源氏・匂兵部卿〉「御かはらけなど始まりて」訳 ご酒宴なども始まって。

かはり【代はり】名 ❶後任。あとがま。〈源氏・賢木〉「朝顔の姫君は、かはりに居給ひにき」訳 朝顔の姫君は（斎院の）後任におつきになった。❷身代わり。代理人。〈源氏・若紫〉「かの人の御かはりに、明け暮れのなぐさめにも見ばや」訳 あの人（＝藤壺）の御身代わりとして、毎日の慰めとしても（あの娘を＝若紫を）見たいものだ。❸代償。ひきかえ。また、代金。〈著聞・三二六〉「かはりなかりければ、その草かしおけ」訳 代金がなかった（のに気づいた）ので、その草を貸しておいてくれ。

-かひ【交】接尾 物と物との重なり合うところ。物と物との間。「鴨の羽交」「眼交」

かひ【効・甲斐】名 ❶ききめ。効果。〈平家・三・足摺〉「天に仰ぎ、地に臥して、泣き悲しめどもかひぞなき（＝効果がない）」❷価値。ねうち。〈源氏・帚木〉「暑さに乱れ給へる御有様を、見るかひありと思ひ聞こえたり」訳 暑さにくつろいでいらっしゃる（光源氏の）お姿を、（若い女房たちは）見るねうちがあるとお思い申しあげている。

かひ【峡】名 山と山との間の狭い所。谷。

かひ【匙】名 さじ。しゃくし。もと貝殻を用いたところからいう。

甲斐（かひ）《地名》旧国名。東海道十五か国の一つ。今の山梨県。甲州。

かひ-あはせ【貝合はせ】名 ❶遊戯の名。物合わせの一つ。左右二組に分かれて貝を出し合い、美しさや珍しさを競う。❷平安後期から行われた遊戯の名。三百六十個のはまぐりの貝殻を地貝と出し貝に分け、地貝は伏せ並べ、出し貝を一つずつ出して、これと合う地貝を多く選び取った者を勝ちとする。「貝覆ひ」とも。

かひ-うた【甲斐歌】名 東歌の一種。甲斐（山梨県）でうたわれた歌謡。

かひがひ・し【甲斐甲斐し】形シク ❶効果がある。かいがある。張り合いがある。〈源氏・早蕨〉「人の御上にてさへ、袖もしぼるばかりになりて、かひがひしく用ぞあひしらひ聞こえ給ふめる」訳（匂宮は）他人の身の上のお話にまでも、（涙で）袖もしぼるほどになって、（薫の話す）かいがあるように受け答え申しあげなさるようだ。❷頼もしい。しっかりしている。〈平家・二・蘇武〉「かひがひしく用もたのむの雁、秋は必ず越路より都へ来るものなれば」訳 頼もしいことにも、あてにされる、田の表面にいる雁は、秋には必ず北陸から都へやって来るものなので。（「たのむ」は「頼む」と「田の面」とをかける）❸勢いがよい。てきぱきしている。きびきびしている。〈著聞・五二九〉「物のほしかりける時にて、かひがひしく用皆食ひてけり」訳 食べ物がほしかったときなので、勢いよくみんな食ってしまった。

かひな【肱・腕】名 肩からひじまでの部分。二の腕。また、肩から手首までの全体。

かひ-な・し【甲斐無し】形ク ❶効果がない。ききめがない。むだだ。〈竹取・ふじの山〉「血の涙を流して惑へどかひなし終」訳（翁と嫗は）血の涙を流して悲嘆にくれるがむだである。❷取るに足りない。価値がない。〈平家・二・少将乞請〉「かひなき体命を生きて何にかはし候ふべき」訳 取るに足りない命を生き長らえてどうしましょうか（いや、どうしようもありません）。⬇言ふ甲斐無し「慣用表現」

類語の整理 かひなし―「甲斐のないさま」を表す語

いたづら	役に立たず…
かひなし	効果がなく…
むなし	あるべきものがなく…

→ 見合った成果がない・無意味・**むだ**

かひろ・ぐ【カイ ログイ】自ガ四{が・ぎ・ぐ・ぐ・げ・げ}（船・すすきなどが）揺れ動く。〈枕・六七〉「昔思ひ出顔に、風になびきてかひろぎ(用)立てる、人にこそいみじう似たれ」訳（すすきが冬の末に）昔を思い出しているようなようすで、風になびいて揺れ動いて立っているのは、人間にとてもよく似ている。

か・ふ【交ふ】(カ(コ)ウ) 一 自ハ四{は・ひ・ふ・ふ・へ・へ}（動詞の連用形に付いて）互いに…しあう。入れちがいに…する。〈細道・出発まで〉「月日は百代の過客にして、行きかふ(体)年もまた旅人なり」訳 月日は永遠に旅を続ける旅人（のようなもの）であり、行きちがう年（=毎年去っては来、来ては去ってゆく年）も、また旅人（のようなもの）である。
二 他ハ下二{へ・へ・ふ・ふる・ふれ・へよ}交差させる。交わす。〈万葉・四・五一六〉「衣手かへ(用)て」訳 袖を交わし合って。

か・ふ【買ふ】(カ(コ)ウ) 他ハ四{は・ひ・ふ・ふ・へ・へ} ❶代金を払って物を手に入れる。〈竹取・火鼠の皮衣〉「火鼠の皮といふなる物買ひ(用)ておこせよ」訳 火鼠の皮というそうだが、それを買って送ってくれ。
❷（損失などを）招く。受ける。〈徒然・三八〉「害をかひ(用)、わづらひを招くなかだちなり」訳（財産は）害を受け、めんどうなことを招くなかだちである。

か・ふ【換ふ・代ふ】(カ(コ)ウ) 他ハ下二{へ・へ・ふ・ふる・ふれ・へよ}交換する。引き換えにする。〈徒然・一八八〉「万事にかへ(未)ずしては、一つの大事成るべからず」訳 すべてのことに引き換えにしなくては、一つの大事が実現するはずはない。

が・ふ【楽府】名 中国、漢の武帝が設置した、音楽をつかさどる役所。転じて、そこで採用・制定された歌曲。後世はその格調に擬して作った詩の称となった。日本では、多く白居易の「白氏文集」に収められた新楽府をいう。

かふ-か【閤下】(コウ) 一 名 貴人や高位・高官の人に対する敬称。閣下。
二 代 対称の人代名詞。対等の人に対する敬称。あなた。〈大鏡・序〉「これはその後相添ひて侍るわらべなり。さて、閤下はいかが」訳 これはその後いっしょに暮らしております愚妻である。さて、あなた（の奥さん）はどうか。

かぶき【歌舞伎・歌舞妓】名〔動詞「かぶく」の連用形から〕❶異様な身なりやふるまいをすること。
❷「歌舞伎踊り」の略。江戸初期、出雲大社の巫女の阿国が演じたという踊り。③の源流となる。
❸歌舞伎芝居。歌舞伎狂言。元禄期に至って、それまでの踊り本位からせりふ劇へと性格を変えて完成した日本固有の民衆演劇。

かぶ・く【傾く】自カ四{か・き・く・く・け・け} ❶頭を傾ける。〈六帖詠草〉「八束穂のかぶき(用)わたりて」訳 たわわに実った長い稲穂が一面に頭を傾けて。
❷異様な身なりや勝手気ままなふるまいをする。〈伽・猫の草子〉「かぶき(用)たる形ばかりを好み」訳 勝手気ままにふざけている服装ばかりを好んで。

がふ-くわん【合巻】(ゴウカン) 名 江戸後期の小説の一種。五丁で一冊の草双紙を、数冊とじ合わせて一巻としたもの。その一巻を一編とし、長いものでは数十編に及ぶ。作者は、山東京伝・式亭三馬・滝沢馬琴・柳亭種彦らが有名。

かぶし【頭】名 頭つき。頭の格好。〈徒然・一〇五〉「かぶし・かたちなど、いとよしと見えて」訳（男の）頭つきや顔つきなどがたいへんりっぱに見えて。

がふ-し【合子】(ゴウ) 名〔身とふたとが合う物の意〕「がふす」とも。ふたのある漆塗りの椀。

河内(かふち)(コウチ)《地名》旧国名。「かはち」の古い形。

かぶら【鏑】名 ❶矢の先に付ける道具。木や鹿の角で、野菜の蕪の形に作り、中を空洞にして、表面に数個の穴をあけ、射ると音が出るようにしたもの。
❷「鏑矢」の略。先に①をつけた矢。鳴り鏑。鳴り矢。鳴る矢。

矢筈
鏑矢
鏑
雁股
（鏑①②）

かぶり【冠】名〔「かうぶり」の転〕かんむり。

かふ-りょく【合力】(コウ) 名・他サ変 力を貸したり、金品などを与えたりして援助すること。加勢。扶助。〈義経記〉「三日がうちに(=三日間で)浮き橋を組んで、江戸太郎に合力す(終)(=加勢する)」

かぶろ【禿】名 ❶頭に髪の毛のないこと。また、その頭。〈今昔・六・二〉「頭の髪なくして、禿なり」訳 頭の毛はなくて、坊主頭(=剃髪した姿)である。
❷子供の髪形の一つ。髪の末を切りそろえ、結ばずに垂らしておくもの。おかっぱ。〈平家・一・禿髪〉「髪を禿に切りまはし」訳 髪をおかっぱにまわりを切って。
❸「かむろ」とも。江戸時代、大夫・天神などの上級の遊女に仕える少女。六、七歳から十三、四歳までで、のちに遊女になる。

かへ-おとり【替へ劣り】(カエ) 名 物を取り替えて前よりも悪いものを得ること。〈平家・八・鼓判官〉「衣裳をはぐまではなかりしものを、平家に源氏かへおとりしたり」訳（平家が都にいたときは）着物をはぐことまではなかったのに、平家に源氏を替えて前より悪いことになってしまった。

かへ-さ【帰さ・還さ】(カエ) 名 対 替へ優り〔「かへるさ」の転。「さ」は接尾語〕帰る時。帰り道。特に、賀茂の祭りの翌日、斎王が斎院に帰る行列。〈枕・四二〉「祭りのかへさ見るとて」訳（賀茂の）祭りの帰り道の斎王の行列を見るというので。

かへさ・ふ【返さふ】(カエサ(ソ)ウ) 他ハ四{は・ひ・ふ・ふ・へ・へ}〔四段動詞「かへす」未＋上代の反復・継続の助動詞「ふ」〕❶何度も裏返す。ひっくり返す。〈万葉・一八・四一二九〉「針袋取り上げ前に置きかへさへ(已)ば」訳 針袋を取り上げて前に置いて、裏返してみると。
❷何度も思い返す。反省する。〈源氏・手習〉「かくだに思はじ、など心一つをかへさふ(終)」訳 このようにさえ思うまい、などと（浮舟は）自分ひとり、心の中で

何度も反省する。

❸(「かへさひ申す」「かへさひ奏す」などの形で)辞退する。〈源氏・若菜上〉「いかめしきことは、昔より好み給はぬ御心にて、みなかへさひ用申し給ふ」訳(光源氏は)儀式ばったことは昔からお好きではないご気質なので、すべてご辞退し申しあげなさる。

❹重ねて問う。繰り返し聞く。〈源氏・少女〉「博士のかへさふ終べきふしぶしを引き出でて」訳(試験で)博士の重ねて問いそうな諸点を引き出して。

かへ-さま【返様】名・形動ナリ 表裏・前後などがさかさまであるさま。あべこべ。裏返し。〈枕・九五〉「かへさまに用縫ひたるもねたし」訳(急ぎの物を縫うのに)裏返しに縫ったのもいまいましい。

かへし【返し】名 ❶**返事。**返答。〈平家・九・小宰相身投〉「女院、『これはいかにも返しあるべきぞ』とて」訳女院(=徳子)は、「これはぜひとも返事をせねばならないぞ」とおっしゃって。❷「返し歌」の略。返歌。〈伊勢・八三〉「親王、歌を返す返す誦じ給うて、返しえし給はず」訳(惟喬)親王は、(右馬の頭の)歌をくり返しくり返しお口ずさみになって、返歌をなさることができない。❸風・波・地震などが一度やんでまた起こること。また、風が逆に吹き返すこと。〈後拾遺・雑五〉「にほひきや都の花はあづまぢに東風の返しの風につけしは」訳都の花は(あなたのいる)東国でもにおったか。東風の吹き返しの風(=西風)に託したの(=花の香り)は。

かへし-うた【返し歌】名 ❶贈られた歌に答えて詠み返す歌。返歌。返し。❷「はんか」に同じ。

かべ-しろ【壁代】名 [壁の代わりに用いるものの意]寝殿造りの母屋と廂との境に、上長押から下長押まで、簾の内側に接して垂らし、間仕切りにした帳。絹や綾などで作る。

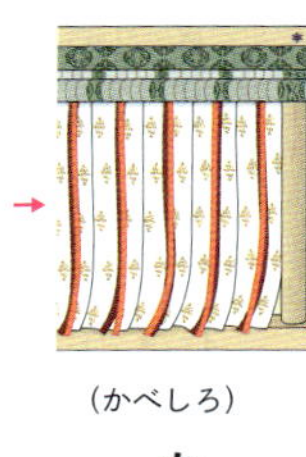
(かべしろ)

かへ・す【反す・返す・覆す】他サ四{さ・し・す・す・せ・せ} ❶【反す・返す・覆す】㋐**ひるがえす。**ひっくり返す。**裏返す。**〈古今・恋二〉「いとせめて恋しき時はむばたまの夜の衣を返し用てぞ着る」訳→いとせめて…和歌 ㋑**田畑を耕す。**掘り返す。〈方丈・三〉「むなしく春かへし用、夏植うるいとなみありて」訳むだに春に(田を)耕し、夏に(苗を)植える仕事(だけ)があって。
❷【返す・帰す・還す】㋐もとのようにする。**もとの状態にもどす。**〈夫木・冬二〉「夕月夜そむる岡辺の松の葉を緑にかへす体むら時雨かな」訳夕月が染めている丘のほとりの松の葉の色を、もとの緑にもどすむら時雨であるなあ。㋑もとの場所や持ち主にもどす。**返却する。**〈竹取・火鼠の皮衣〉「もし金賜はぬものならば、かの衣の質かへし用給へ」訳もし(追加の)代金をくださらないものであるなら、例の預けた皮衣を返してください。㋒むりに帰らせる。**追い返す。**〈万葉・四・七七七〉「吾妹子が屋戸の籬を見に行かばけだし門よりかへし用てむかも」訳あなたの家の垣根を見にいったなら、たぶん門から(私を)追い返すだろうなあ。

かへす-がへす【返す返す】副 ❶**くり返しくり返し。何度も。**念入りに。〈枕・一三七〉「頭の弁もろともに、同じことをかへすがへす誦じ給ひて」訳(殿上人たちは)頭の弁といっしょに、同じ詩句をくり返しくり返し口ずさみなさって。❷**重ね重ね。つくづく。**〈徒然・四八〉「『有職のふるまひ、やむごとなきことなり』と、かへすがへす感ぜさせ給ひけるぞ」訳「故実にかなった行為で、りっぱなものである」と、(後鳥羽上皇は)重ね重ね感嘆なされたことだと(いうことだ)。

かへで【楓】名 ❶[葉の形が蛙の手に似ていることからきた「かへるで」の転]植物の名。落葉高木。紅葉の美しさから、もみじの異称を得た。秋。(楓の花 春)❷襲の色目の名。表・裏ともに萌黄色(　)。また、裏は黄とも。秋に用いる。

かへら-ぬ-ひと【帰らぬ人】死んでしまった人。〈土佐〉「都へと思ふをものの悲しきはかへらぬ人のあればなりけり」訳(いざ)都へ(帰るのだ)と思うのになんとなく悲しいのは、帰らない人(=任国で死んだ娘)がいるからなのだなあ。

-かへり 接尾 回数を表す。回。たび。〈源氏・若紫〉「二かへりばかりうたひたるに」訳二度ほど歌ったところ。

かへり【返り・帰り・還り】名 ❶**帰ること。**もどること。帰る時。帰り道。〈大和・五四〉「かりそめの命知らねばかへりしもせじ」訳はかない命(で、先のこと)はわからないから、(無事に)帰ることもないだろう。❷「かへりこと①」の略。〈源氏・桐壺〉「今宵過ぐさず御返り奏せむ」訳今夜のうちに(桐壺帝に)ご返事を奏上しよう。

かへり-あるじ【還り饗】名 賭弓や相撲の節会などのあとで、勝ったほうの近衛の大将が、配下の人々を自邸に招いてもてなすこと。還り立ちの饗。

かへり-こと【返り言・返り事】名 「かへりごと」とも。❶**返事。返答。**また、返歌。〈竹取・御門の求婚〉「翁かしこまりて、御返り言申すやう」訳翁が恐れ入って、ご返事を申し上げることには。❷答礼。**返礼。**〈土佐〉「ある人、あざらかなる物もて来たり。米して返り事す」訳ある人が、新鮮な物(=鮮魚)を持って来た。米で返礼をする。

かへり-て【却りて】副 かえって。逆に。反対に。〈源氏・桐壺〉「遂にかく侍りぬれば、かへりてはつらくなむ、かしこき御心ざしを思ひ給へられ侍る」訳(桐壺帝のご愛情ゆえに娘が)とうとうこんなふうになって(死んで)しまいましたので、かえってうらめしいことと、(帝の)畏れ多いご愛情を思い申し上げずにはいられません。

かへり-まうで-く【帰り詣で来】自力変{こ・き・く・くる・くれ・こ(こよ)} (宮中や貴人の所へ)帰って来る。〈竹取・燕の子安貝〉「人みな帰りまうでき用ぬ」訳人々は皆

(お屋敷に)帰って参った。

かへり-まゐ・る カエリマイル【帰り参る】自ラ四{ら・り・る・る・れ・れ} (宮中や貴人の所に)使命を終えて帰って来る。帰参する。〈源氏・桐壺〉「御使ひもいとあへなくて帰り参り㊥ぬ」訳 (桐壺帝の)お使いの者もたいへん甲斐がなくて(内裏に)帰って参った。

かへり-み カエリミ【顧み】名 ❶ふり返って見ること。〈万葉・一・四八〉「東の野にかぎろひの立つ見えてかへりみすれば月かたぶきぬ」訳 →ひむがしの…和歌 ❷一身上のことを心配すること。気にかけること。〈万葉・一八・四〇九四〉「大君の辺にこそ死なめかへりみはせじと言立て」訳 天皇のそばでこそ死のう。自分の身を思うことはすまいと誓いを立てて。❸世話をすること。〈竹取・かぐや姫の昇天〉「親たちのかへりみをいささかだに仕うまつらで」訳 両親の世話をほんの少しさえして差しあげないで。

かへり-み・る カエリミル【顧みる】他マ上一 ➡左 109

かへ・る カエル ㊀自ラ四{ら・り・る・る・れ・れ} ❶【反る・返る・覆る】裏返る。ひるがえる。ひっくり返る。〈万葉・一〇・二〇六三〉「天の河霧立ちのぼる織女の雲の衣のかへる㊍袖かも」訳 天の川に霧が立ちのぼっている。(あれは)織女が織った雲の衣のひるがえる袖であろうか。

最重要330 109 ガイド

かへり・みる 【顧みる】他マ上一{み・み・みる・みる・みれ・みよ}

「返り＋見る」の意。現代語では①②③の意で用いるが、古文では人を顧みるの意の④に注意。

❶後ろをふり返って見る。
例 こはいかにと思ひて後ろをかへりみ㊥ければ〈平家・五・咸陽宮〉
訳 これはどうしたことかと思って後ろをふり返って見たところ。

❷自分を反省する。
例 日に三度愚かなる身をかへりみ㊥て仕ふる道も我が君のため〈新葉集〉
訳 日に三度愚かなわが身を反省してお仕えする道(を歩むの)もご主君のため(である)。

❸心にかける。懸念する。
例 水におぼれて死なんとせし時、わが命をかへりみ㊍ず、泳ぎよりて助けしとき〈宇治・七・二〉
訳 (おまえ＝男が)水におぼれて死にそうになったとき、(私＝鹿が)自分の命(の危険)を心にかけず、泳ぎ寄って助けたとき。

❹世話する。
➡大人ぶ「類語の整理」
例 たゆからずしもあらねど、人を従へ、人をかへりみる㊍よりやすし〈方丈・四〉
訳 (自分の身を使うのは)疲れないわけでもないが、人を従え、人を世話するより気楽である。

❷【返る・帰る・還る】㋐もとの位置や状態にもどる。〈源氏・若菜上〉「若々しくいにしへにかへり㊥て語らひ給ふ」訳 (光源氏は)若々しく昔にもどって語らいなさる。㋑年が改まる。〈源氏・賢木〉「年かへり㊥ぬれど、世の中今めかしきこともなく静かなり」訳 年が改まったが、(桐壺帝の喪中で)世間では(新年らしい)はなやかなこともなく静かである。㋒色があせる。染め色がさめる。〈新古・羇旅〉「思ひおく人の心にしたはれて露分くる袖のかへり㊥ぬるかな」訳 思いを残して置いてきている人が心に恋しく思われて、(帰りたいと思う旅の道に)露を分ける袖がぬれて色が変わってしまったことよ。(「おく」と「露」は縁語。「かへり」に「帰り」をかける)
❸【孵る】卵がかえる。
㊁補動ラ四{ら・り・る・る・れ・れ}(動詞の連用形に付いて)動作・状態のはなはだしい意を表す。すっかり…する。ほとんど…するほどになる。〈源氏・葵〉「御衣なども、ただ芥子の香にしみかへり㊥たり」訳 (六条御息所は)お召し物などもただもう(護摩に焚く)芥子の香にすっかりしみわたっている。

フレーズ
返る年 翌年。次の年。

かへる-さ カエルサ【帰るさ】名(「さ」は接尾語)帰る時。帰りがけ。〈万葉・一五・三六一四〉「帰るさに妹に見せむにわたつみの沖つ白玉拾ひて行かな」訳 帰りがけに、いとしい人に見せるために、海の沖の白玉を拾って行こう。

かへる-とし カエルトシ【返る年】➡かへる「フレーズ」

がへん・ず ガエンズ【肯んず】他サ変{ぜ・じ・ず・ずる・ずれ・ぜよ} 肯定する。認める。承諾する。多く、下に打消の助動詞「ず」を伴う「がへんぜず」の形で、「…することを肯定できない」の意で、漢文の「不肯」を訓読する場合などに用いられる。
参考 本来、「認めない」という否定の意を示す語であったが、肯定の意に転じ、否定の意にはさらに下に打消の助動詞「ず」を伴うようになった。

かほ カオ【顔】名 ❶顔。顔面。顔だち。顔つき。

最重要330

110

かま・ふ（カマ（モ）ウ）

【構ふ】 一 他ハ下二 {へ・へ・ふ・ふる・ふれ・へよ} 二 自ハ下二 {へ・へ・ふ・ふる・ふれ・へよ} 三 自ハ四 {は・ひ・ふ・ふ・へ・へ} 四 他ハ四 {は・ひ・ふ・ふ・へ・へ}

ガイド 組み立ててつくるの意が原義。一②はそのために準備する、一③はそのために計画するの意。二は自動詞として、そういうふうに作られている→そういう様子をしているの意に用いたもの。

一 他ハ下二

❶ **組み立ててつくる。建てる。**
例 居屋(ゐや)ばかりを**かまへ**用て、はかばかしく屋をつくるに及ばず〈方丈・三〉
訳 (自分の日常寝起きする)住まいだけを**造っ**て、しっかりと家屋を造るにはいたらない。

❷ **前もって準備する。**
例 綱を**かまへ**用て、鳥の、子産まむあひだに、綱をつりあげさせて〈竹取・燕の子安貝〉
訳 (人を乗せた籠をつるための)綱を**用意しておい**て、鳥が、子を産もうとするときに、綱をつり上げさせて。

❸ **計画する。たくらむ。**
例 帝(みかど)を傾け奉らむと**かまふる**体罪によりて〈栄花・月の宴〉
訳 朝廷を滅亡させ申しあげようと**たくらむ**罪によって。

二 自ハ下二 **ふるまう。そういうようすをする。**
例 いとゆかしけれど、見ゆべくも**かまへ**未ず〈源氏・玉鬘〉
訳 (主人は誰か)たいそう確かめたいと思うけれども、(几帳(きちやう)などがあり)見ることができ**そうなようすもしてい**ない。

三 自ハ四 **《近世語》かかわる。関係する。**
例 とうに親子の旧離(きうり)を切り、**かまは**未ぬとはいひながら〈浄・冥途の飛脚〉
訳 とっくに親子の縁を切り、**かかわら**ないとはいいながら。

四 他ハ四 **《近世語》追放する。一定の地域から追い払う。**
例 和泉(いづみ)堺(さかひ)をお**かまひ**用なさる〈浄・夏祭浪花鑑〉
訳 (死刑を許し)和泉の国(大阪府南部)堺からご**追放し**なさる。

❷ **物の表面。** おもて。〈大鏡・花山院〉「月の**かほ**にむら雲のかかりて」訳 月の**表面**にむら雲がかかって。❸ **容姿。** からだつき。〈万葉・九・一七三八〉「腰細のすがるをとめのその**かほ**のきらぎらしきに」訳 腰の細いすがる(=じが蜂)のような娘で、その**容姿**がととのって美しいうえに。

-がほ（ガオ）**【顔】** 接尾 (動詞の連用形その他種々の語に付いて)いかにもそのような表情やようすをしている意を表す。〈源氏・若菜下〉「いと用意あり**顔**に」訳 (柏木(かしわぎ)が)たいそう心づかいのあり**そうなようす**で。

かほ-かたち（カオ）**【顔形・容貌】** 名 顔つき。容貌(ようぼう)。一説に、容姿の意とも。

か-ほど【斯程】 副 これくらい。この程度。〈徒然・四一〉「**かほど**のことわり、誰(たれ)かは思ひよらざらんなれども」訳 **これくらい**の道理は、だれが思いつかないことがあろうか、いや、だれもが思いつくはずであるが。

かま【罵】〔形容詞「かまし」の語幹〕→かまし

かまう〔構う〕➡かまふ

かま-ぎ【薪・竈木】 名 かまどにたくまき。たきぎ。→御薪(みかまぎ)

かま・し【罵し】 形ク {から・く(かり)・し・き(かる)・けれ・かれ} さわがしい。やかましい。〈枕・三〉「あな**かま**(語幹)」訳 ああ、**やかましい、静かに**。

参考 形容詞としての単独使用の確かな例はない。シク活用とする説もある。

-がま・し 接尾シク型 (名詞・副詞、動詞の連用形、形容動詞の語幹などに付いて)…**のようすである**、…に似ている、の意の形容詞をつくる。〈徒然・一四〉「虫の音(ね)かごと**がましく**用、遣(や)り水の音のどやかなり」訳 虫の鳴く声が恨みごと**のように**(聞こえて)、庭を流れる水の音がのどかである。

例語 愛敬(あいぎやう)がまし(=愛らしいようすである)・あざれがまし(=ふまじめそうである)・歌がまし・痴(し)れがまし・好きがまし(=好色らしい)・漫(すず)ろがまし(=なんとなく心ひかれる)・序(つい)でがまし(=何かのついでのようだ)・漫(そぞ)ろがまし(=なんとなく落ち着かない)・ねぢけがまし・恥ぢがまし・隔(へだ)てがまし(=うちとけないようすである)・様(やう)がまし(=わけがありそう

だ)・わざとがまし・をこがまし

わざとがまし ⇩ (いかにも)わざとらしい

かまど【竈】 名 ❶土石で築き、上に鍋・釜をのせて、物を煮炊きする設備。❷家財。〈源氏・玉鬘〉「家**かまど**をも捨て」❸世帯。課税の単位となる家。

かまびす・し【喧し・囂し】 形シク〔しから・しく(しかり)・し・しき(しかる)・しけれ・しかれ〕やかましい。うるさい。〈方丈・三〉「波の音、常に**かまびすしく**㊊、潮風ことにはげし」

参考 古くはク活用であったが、鎌倉初期ごろからシク活用としても用いられた。

かま・ふ(カマ(モ)ウ) 110 【構ふ】 他ハ下二 自ハ下二 自ハ四 他ハ四 ➡前ページ

かまへ-て(カマエ)【構へて】 副「かまひて」とも。❶ぜひとも。**なんとかして**。〈今昔・二七・三四〉「**かまへて**これを射ばや」訳 **なんとか**これ(＝いのしし)を射たい。❷(命令や意志を表す語と呼応して)**必ず**。きっと。〈宇治・五・一〉「**かまへて**参り給へ」訳 **必ず**参上してください。

> **定型表現** 副詞の呼応
> **かまへて…命令・意志**
> 例 **かまへて** 掘り出さ**む**。〈意志〉
> (＝**必ず**掘り出そう)

❸(下に打消や禁止の語を伴って)**決して**。〈宇治・三・二〇〉「かやうのものをば、**かまへて**調ずまじきなり」訳 このようなもの(＝きつねなど)を、**決して**痛めつけてはならないのである。

> **定型表現** 副詞の呼応
> **かまへて…打消・禁止**
> 例 **かまへて** 入る**まじ**。〈禁止〉
> (＝**決して**入る**な**)

が-まん【我慢】 名 ❶《仏教語》高慢。うぬぼれ。おごり高ぶり。❷耐え忍ぶこと。忍耐。

かみ【上】 名 ➡次ページ 111

かみ【神】 名 ❶人間を超えた能力を持つ存在。畏れかしこむべきもの。**神**。〈記・中〉「この沼の中に住める**神**、いとちはやぶる**神**なり」訳 この沼の中に住んでいる**神**は、ひどく荒れすさぶ**神**である。❷**雷**。〈伊勢・六〉「**神**さへいといみじう鳴り」訳 **雷**までもたいそうひどく鳴り。❸神話で、国土を創造・支配したとされる神。〈記・上〉「高天(たかま)の原(はら)になれる**神**の名は」訳 (天上界である)高天原(たかまのはら)に生まれた**神**の名は。❹天皇の尊称。〈万葉・一・二九〉「生(あ)れましし**神**のことごと」訳 お生まれになった**天皇**のすべてが。➡御門(みかど)「慣用表現」

かみ【髪】 名 髪の毛。毛髪。

フレーズ **髪を下(お)ろ・す** 髪をそり落とす。剃髪(ていはつ)して仏門にはいる。➡背(そむ)く「慣用表現」

かみ【長官】 名 律令制で、四等官の最上位。各官庁の仕事を統率する。↓次官(すけ)・判官(じょう)・主典(さかん)

古文常識 「かみ(長官)」―「長官」の表記

「長官」は役所によって字が異なる。

神祇官(じんぎかん)	伯
太政官(だいじょうかん)	大臣
省	卿
職(しき)・坊	大夫
寮	頭
弾正台(だんじょうだい)	尹
近衛府(このえふ)	大将
兵衛府(ひょうえふ)・衛門府	督
国司	守
検非違使庁(けびいしちょう)	別当

かみ-あげ【髪上げ】 名 ❶年ごろ(十二歳から十四、五歳)に成長した女子が、振り分けて垂らしていた髪を結び上げ、うしろに垂らして成人の髪形にする儀式。女子の成人式で、男子の元服にあたるもの。〈竹取・かぐや姫の生ひ立ち〉「よき程なる人に成りぬれば、**髪上げ**など左右(さう)して」訳 一人前の大きさである人になったので、**髪上げの儀式**などをあれこれと手配して。➡人立(ひとだ)つ「慣用表現」❷儀式や食膳に奉仕する女房が、正装として垂れ髪を結い上げて、かんざしなどをさすこと。

(かみあげ②)

かみ-いちじん【上一人】 名「かみいちにん」とも。天皇。

かみ-がた【上方】 名 (皇居のある京都を「上(かみ)」といったところから)京都・大坂およびその付近。

かみ-がら【守柄】 名「かみから」とも。国司の長官の人柄。〈土佐〉「**守から**にやあらむ、…心あるものは恥ぢずぞなむ来ける」訳 **国司の長官の人柄**であろうか、…誠意のある者は(世間体を)はばかることなくやって来た。

かみ-こ【紙子】 名 和紙に柿渋(かきしぶ)を数回塗り、日にかわかして、一晩夜露にさらしたのち、もみやわらげて衣服に仕立てたもの。冬

かみ-さ・ぶ【神さぶ】 自バ上二〔び・び・ぶ・ぶる・ぶれ・びよ〕(「さぶ」は接尾語)「かむさぶ」「かうさぶ」「かんさぶ」とも。❶神々(こうごう)しくなる。おごそかなさまになる。〈万葉・三・四二〇〉「**神さぶる**㊍生駒高嶺(いこまたかね)に雲そたなびく」訳 **神々しい**生駒の高い峰に雲がたなびいている。❷古めかしくなる。**古びる**。〈源氏・藤裏葉〉「古人(ふるびと)どもも御前に所えて、**神さび**㊊たることども聞こえ出(い)づ」訳 古参の女房たちも(夕霧夫妻の)前で得意になって、**古び**ている話をあれこれと申し上げ出す。❸年功を積んでいる。老練で円熟している。

かみ-ざま【上様】 名「かみさま」とも。❶**上のほう**。〈枕・一三〇〉「ふと**上ざま**へ上がりたるも、いみじうをかし」訳 (萩(はぎ)の枝が)すっと**上のほう**へはね上がったのも、たいそう趣がある。❷上流社会。また、**上流階級の人々**。〈徒然・八〇〉「上達部(かんだちめ)・殿上人(てんじゃうびと)、**上さま**まで、おしなべて武を好む人多かり」訳 公卿(くぎょう)・殿上人、**身分の高い人々**まで、概して武術を好む人が多い。《対 下様(しもざま)》

かみ-しも【上下】 名 ❶上と下。

111 かみ【上】名

ガイド 類義語「うへ」(→61)が空間的な上位を示す傾向が強いのに対し、「かみ」は時間や人の上位を示す意識が強い。

❶ 位置の高い所。上のほう。
例 いざ、この山の上にありといふ布引の滝見にのぼらむ〈伊勢・八七〉
訳 さあ、この山の上のほうにあるという布引の滝を見に登ろう。

❷ 川の上流。川上。
例 太井川といふが上の瀬、まつさとの渡りの津に泊まりて〈更級・太井川〉
訳 太井川という川の上流の浅瀬(にある)、まつさとの渡しの舟着き場に泊まって。

❸ 身分や官位が高位の人。また、政府・官庁などの敬称。また、天皇の尊称。おかみ。
➡御門「慣用表現」
例 今は、上中下の人も、かうやうに別れ惜しみ〈土佐〉
訳 今では、身分の高い人、中位の人、低い人も、このように別れを惜しみ。

❹ 年上の人。年長者。
例 七つより上のは、皆殿上せさせ給ふ〈源氏・若菜下〉
訳 七歳より年上の子供はすべて童殿上をおさせになる。

❺ 物の初めのほう。前の部分。
例 上の巻にしるしたれば、新しくも申したてず〈栄花・殿上の花見〉
訳 前のほうの巻に記しておいたので、こと新しくもとりあげて申さない。

❻ 以前。むかし。
例 上正暦のころほひより、下文治の今に至るまでのやまと歌を〈千載・序〉
訳 先の時代は正暦のころから、後の時代は文治の現在に至るまでの和歌を。

❼ 和歌の上の句。また、各句の初めの文字。
例 かきつばたといふ五文字を句の上に据ゑて、旅の心をよめ〈伊勢・九〉

❷上位の者と下位の者。〈源氏・蓬生〉「月日にしたがひて、上下の人数少なくなり行く」訳(常陸の宮邸では)月日(がたつ)に従って、(女房の)上位の者と下位の者の人数が少なくなっていく。❸川上と川下。❹上代の上衣と袴。衣と裳。❺諸事一般。いろいろの事。〈源氏・須磨〉「殿の事とり行ふべき上下さだめおかせ給ふ」訳 御殿(=二条院)の事務でとり行わなければならないいろいろの事を(光源氏は)お定めおきになる。❻平安時代から室町時代、狩衣・水干・直垂・素襖などの上衣と袴が、同じ地質・色合いのもの。❼〔「裃」とも書く〕江戸時代の武家の通常礼装。同じ地質や染め色の肩衣と袴とを紋服・小袖の上に着る。肩衣の背と両前、袴の腰板に家紋をつけた。葬礼などには無紋を用いた。町人も着用した。

(かみしも⑦)

かみ-なか-しも【上中下】名 身分の上位の人、中位の人、下位の人全部。〈土佐〉「上中下、酔ひ飽きて」訳 上中下すべての身分の者が、存分に酔って。

かみな-づき【神無月・十月】名「かむなづき」「かんなづき」とも。陰暦十月の称。冬
参考「な」は「の」の意の上代の格助詞で「神の月」の意、また、新穀で酒を醸す月「醸成し月」の意など、諸説がある。俗説に、神々がこの月に出雲大社に集まり、諸国の神がいなくなるので、この称があるという。そのため、出雲(島根県)では、「神有月」と呼ぶ。

訳 か・き・つ・ば・た、という五文字を（和歌の）各句の初めに置いて、旅の情趣を詠め。

❽ 皇居がある方向。京都。上方（かみがた）。また、京都の町では北のほう。上京（かみぎょう）。例 なんとその後は上へものぼらぬか〈浮・好色一代男〉訳 なんと、その後は京へものぼらないのか。

❾ 月の上旬。《対 下（しも）》

かみ-ぶすま【紙衾】名 紙で藁（わら）を包んで作った夜具。冬

かみ-よ【神代】名 神々が国を治めたという神話時代。記紀神話の天地開闢（かいびゃく）から神武天皇治世の前までをいう。

かみ-を-おろ-す【髪を下ろす】➡髪（かみ）「フレーズ」

か・む【醸む】他マ四｛ま・み・む・む・め・め｝（「嚙（か）む」の意で、古くは米をかみ唾液で発酵させて酒を造ったことから）酒を醸造する。かもす。〈記・中〉「すすこりがかみ用し神酒（みき）にわれ酔（ゑ）ひにけり」訳 すすこり（＝人名）がかもした神酒で私は酔ってしまった。

かむ-から【神柄】名 神の性格・性質。神格。〈万葉・六・九〇七〉「み吉野（よしの）の蜻蛉（あきづ）の宮は神柄か貴くあるらむ」訳 吉野の蜻蛉の宮は神格が貴くあるのだろうか。

かむ-さ・ぶ【神さぶ】自バ上二｛び・び・ぶ・ぶる・ぶれ・びよ｝「かみさぶ」に同じ。〈万葉・三・三一七〉「天地（あめつち）の分かれし時ゆ神さび用て」訳 ➡あめつちの…和歌

かむ-ながら【神随・随神・惟神】副「かんながら」とも。❶神でおありになるままに。神の本性のままに。〈万葉・一八・四〇九四〉「食（を）す国は栄えむものと神ながら思ほし召して」訳（天皇の）統治なさる国は栄えるであろうものと、神でおありになるままにお思いになられて。❷神のみ心のままに。神の意志のままに。〈万葉・一三・三二五三〉「神ながら言挙（ことあ）げせぬ国」訳（日本は）神のみ心のままにことばに出してはっきり言わない国である。

かむ-なぎ【巫・覡】名（「神和（かむなぎ）」で、神をなごやかにする者の意）「かうなぎ」「かみなぎ」「かんなぎ」とも。神に仕え、祭祀（さいし）・神楽（かぐら）などに奉仕する人。多くは女性。みこ。参考 男性を「をかむなぎ」、女性を「めかむなぎ」ともいう。

かむな-づき【神無月・十月】名「かみなづき」に同じ。

かむ-なび【神奈備・神名火】名「かみなび」とも。神がいらっしゃるあたり。神霊が鎮座する山や森など。

かむり-づけ【冠付け】名 雑俳（ざっぱい）の一種。点者が出した上五文字（＝冠）を題にして、中七文字・下五文字を付けて一句とするもの。元禄（げんろく）のころから行われた。たとえば、「うしろには」という冠に対して、「逃げ道のなき磯（いそ）の陣」と付ける類。「笠（かさ）付け」とも。➡雑俳（ざっぱい）

かめ【瓶・甕】名 ❶水・酒・塩などを入れる底の深い容器。❷花瓶（かびん）。❸徳利（とくり）。瓶子（へいじ）。

賀茂（かも）名 京都の上賀茂神社・下鴨（しもがも）神社の総称。

フレーズ

賀茂の競（くら）べ馬（うま） 陰暦五月五日（現在は六月五日）に、上賀茂神社の境内で行われる競馬。騎手二十人を左右に分け、左は赤袍（あかのほう）、右は黒袍（くろのほう）を着て、競走する。夏

賀茂の祭（まつ）り 上賀茂神社と下鴨（しもがも）神社の祭り。陰暦四月の中（＝第二）の酉（とり）の日（現在は五月十五日）に行われる。その行列は華美をきわめた。飾りに葵（あおい）を用いたので「葵祭り」とも、また、石清水八幡宮（いわしみずはちまんぐう）の「南祭り」に対して「北祭り」ともいう。夏

参考 古文で単に「祭り」といえば、多く、賀茂の祭りをさす。また祭りの翌日、斎（いつき）の皇女（みこ）が紫野の斎院に帰るのを「祭りのかへさ」といった。

賀茂の臨時（りんじ）の祭（まつ）り 上賀茂神社と下鴨（しもがも）神社で陰暦十一月の下（＝下旬）の酉（とり）の日に行う祭り。四月の「賀茂の祭り」に対していう。

か-も ㊀終助 ㊁終助 ㊂係助

意味・用法

㊀終助詞 詠嘆・感動（…であることよ。）

㊁終助詞 疑問（…か。…だろうか。）➡❶ 反語（…（だろう）か（いや、…ではない）。）➡❷ 願望（…てほしいなあ。…ないかなあ。）➡❸

㊂係助詞 疑問（…か。…だろうか。）➡❶ 確定条件の疑問（…からか。）➡❷

接続

㊀ 体言または活用語の連体形に付く。

㊁ 体言または活用語の連体形に付く。ただし、②は已然形にも付く。

㊂ ①は体言または活用語の連体形に付く。②は活用語の已然形に付く。

㊀ 終助（終助詞「か」＋終助詞「も」）詠嘆・感動の意を表す。**…であることよ。**〈古今・羇旅〉「天（あま）の原ふりさけ見れば春日（かすが）なる三笠（みかさ）の山に出（い）でし月かも」訳 ➡付録①「小倉百人一首」7

㊁ 終助（係助詞「か」＋終助詞「も」）❶疑問の意を表

す。…か。…だろうか。〈万葉・九・一七一八〉「率ひて漕ぎ去にし船は高島の阿渡の水門に泊てにけむかも」訳声をかけ合って漕いで行った船は、高島の阿渡の港に停泊したのだろうか。
❷〔助動詞「む」の已然形を受けた「めかも」の形、および、形式名詞「もの」に付いた「ものかも」の形で〕反語の意を表す。…(だろう)か(いや、…ではない)。〈古今・仮名序〉「古を仰ぎて、今を恋ひざらめかも」訳過去を仰ぎ見て、現代を恋しがらないだろうか(いや、きっと恋しがるだろう)。〈万葉・一〇・二〇八七〉「今夜のみ相見て後は逢はじものかも」訳今夜だけ逢って、今後は逢わないようにしよう(という)ものであろうか(いや、そうではないだろう)。
❸(「ぬかも」の形で)願望の意を表す。…てほしいなあ。…ないかなあ。〈万葉・一五・三六五一〉「ぬばたまの夜渡る月は早も出でぬかも」訳夜空を渡る月は早くも出ないかなあ。(「ぬばたまの」は「夜」にかかる枕詞)。
→ぬかも
三係助〔係助詞「か」+係助詞「も」〕(文中にあって係り結びとなり、文末の活用語は連体形になる)❶疑問の意を表す。…か。…だろうか。〈万葉・五・八四四〉「妹が家に雪かも降ると見るまでにここだもまがふ梅の花かも」訳いとしい人の家に雪が降るのかと見るほどに、こうもたくさん散り乱れる梅の花であることよ。(「梅の花かも」の「かも」は一の用法)
❷確定条件の疑問を表す。…からか。「已然形+ば+かも」と同意。〈万葉・三・二七六〉「妹もあれも一つなれかも三河なる二見の道ゆ別れかねつる」訳あなたも私も一体であるからか、三河の国(愛知県)にある二見の道から別れられないことだ。
文法 おもに上代に用いられ、一は中古以降「かな」にとって代わられ、その他の用法は衰えていった。また、三②の已然形に接続するのも上代特有の用法である。

が-も 終助(係助詞「も」に付いて「もがも」の形で)願望の意を表す。…てほしい。…たらいいがなあ。〈万葉・五・八五〇〉「梅の花今盛りなり見む人もがも」訳梅の花は今満開だ。(ともに)見るような人がいたらいいがなあ。
参考「もがも」を「も」と「がも」とに分けて、終助詞としたもの。ただし「もがも」は、終助詞「もが」に終助詞「も」が付いたものと考えるのが一般的で、「がも」という終助詞を認めることは少ない。→もが・もがも

が-もう【鵝毛】 名鵝鳥の羽毛。白いもの、また非常に軽いもののたとえに用いる。〈徒然・九三〉「一日の命、万金よりも重し。牛の値、鵝毛よりも軽し」訳(人の)一日の命は、万金よりも重い。(それに比べ)牛の価値は、がちょうの羽毛よりも軽い。

がも-な →もがもな

かも-の-くらべうま【賀茂の競べ馬】 →賀茂「フレーズ」

鴨長明(かものちょうめい)《人名》(一一五五?〜一二一六)鎌倉前期の歌人・随筆家。法号蓮胤。賀茂御祖神社(下鴨神社)の神官の子。歌を俊恵に学び、管弦の道にも長じていた。後鳥羽上皇に召されて和歌所寄人となったが、のち出家して大原山に隠棲、また日野の外山に方丈の庵を結んで住んだ。著書に随筆「方丈記」、説話集「発心集」、歌学書「無名抄」、家集「鴨長明集」など。

かも-の-まつり【賀茂の祭り】 →賀茂「フレーズ」

賀茂真淵(かものまぶち)《人名》(一六九七〜一七六九)江戸中期の国学者・歌人。号は県居。遠江(静岡県)の人。荷田春満に学び、古道・古学を体得、のちに田安宗武に仕え、国学を発展させた。門人に本居宣長・加藤千蔭・村田春海・楫取魚彦など。国学の著書に「万葉考」「冠辞考」「祝詞考」など。ほかに紀行文「岡部日記」、家集「賀茂翁家集」など。

かも-の-りんじのまつり【賀茂の臨時の祭り】 →賀茂「フレーズ」

かも-まうで【賀茂詣で】 名「賀茂の祭り」の前日に摂政・関白が賀茂神社に参詣する行事。

がも-や →もがもや

かもやまの… 和歌

訳

鴨山の　岩根し枕ける　吾をかも
知らにと妹が　待ちつつあるらむ
〈万葉・二・二二三・柿本人麻呂〉

訳(死を前に)鴨山の岩を枕にしている私のことを、知らずに妻は待ちつづけているのだろうか。(「知らに」の「に」は、打消の助動詞「ず」の連用形の古形)
解説 題詞に、石見の国(島根県)で死に臨んで作った歌とある。「鴨山」の所在地は不明。人麻呂の死についても、刑死説その他があり、この歌そのものも虚構であるとする説が出されている。

がも-よ →もがもよ

かや【茅・萱】 名すすき・ちがや・すげなど、屋根を葺くのに用いる草の総称。秋

か-や 終助❶〔詠嘆の終助詞「か」+間投助詞「や」〕詠嘆・感動の意を表す。…だなあ。〈紀・神武〉「うれたきかや」訳なげかわしいことだなあ。
❷〔疑問の係助詞「か」+間投助詞「や」〕㋐疑問・不定の意を表す。…であるか。〈猿蓑・芭蕉〉「一里は皆花守の子孫かや」訳(この花垣の庄の)一村の人たちは皆花守の子孫(なの)だろうか。
㋑反語・反問の意を表す。…(である)か(いや、とんでもない)。…(である)かい。〈醒睡笑〉「下手がこれやうに大きな家を持つものでござるかや」訳下手な者がこのように大きな家を持つものでありますか(いや、とんでもないことです)。
接続 体言または活用語の連体形に付く。
参考 ①と②とはなりたちを異にしており、①から②の用法が生じたものではない。①は特に上代、②は中世以降の用法である。

か-やう【斯様】(ヨウ) 形動ナリ〔なら・なり(に)・なり・なる・なれ・なれ〕このよう。かくのごとく。〈徒然・三二〉「かやうのことは、ただ朝夕の心づかひによるべし」訳このようなこと(=客人を見送った後、戸をすぐに閉めないで月を見ていること)は、ただただ日頃の心がけによるものにちがいない。

か-やつ【彼奴】 代他称の人代名詞。いやしんでいう語。あいつ。やつ。〈枕・二三六〉「ほととぎす、おれ、かやつ

よ。おれ鳴きてこそ、われは田植うれ」訳 ほととぎす、きさま、あいつよ。きさまが鳴くので、おれは田植えをするのだ。

かやり-び【蚊遣り火】名 蚊を追い払うためにいぶす火。また、その煙。かやり。夏

かゆ【粥】名 米を煮たもの。固粥(かたかゆ)（＝今の飯にあたる）と、汁粥(しるかゆ)（＝今の粥にあたる）の二種がある。米を蒸したものを「飯(いひ)」というのに対していう。

かゆ-の-き【粥の木】名 陰暦正月十五日の望粥(もちがゆ)を煮た薪(たきぎ)の燃えさしで作った杖(つゑ)。これで子供のない女性の腰を打つと、男子が授かるという俗信があった。「かゆづゑ」とも。春

かよは・す(カヨワス)【通はす】他サ四〔さ・し・す・す・せ・せ〕❶行き来させる。**通わせる**。特に、女性が夫・恋人を出入りさせる。〈更級・子忍びの森〉「物語にある光源氏などのやうにおはせむ人を、年に一たびにてもかよはし(用)奉りて」訳 物語に登場する光源氏などのようでいらっしゃる（人がいる）ならその人を、年に一回であっても通わせ申しあげて。

❷気心を通じさせる。**手紙などで気持ちを伝える**。〈源氏・椎本〉「折ふしの花紅葉(もみぢ)につけて、あはれをも情けをもかよはす(体)に」訳 季節ごとの花や紅葉に託して、しみじみとした感慨をも情趣をも伝えるのに。

❸**行きわたらせる**。〈源氏・常夏〉「よろづのことにかよはし(用)なだらめて」訳 （明石(あかし)の姫君の教育には）万事に行きわたらせて片寄りのないようにして。

かよひ(カヨイ)【通ひ】名 ❶通うこと。行き来。往来。また、その道。〈源氏・夕顔〉「田舎(ゐなか)の通ひも思ひかけねば、いと心ぼそけれ」訳 （今年は）田舎への行き来（＝行商）も期待できないので、たいそう不安である。

❷飲食物の給仕をすること。また、その人。

❸「通ひ帳」の略。掛け売りの帳面。

かよひ-ぢ(カヨイジ)【通ひ路】名 通う道。往来する道すじ。特に、恋人のもとに通う道。〈古今・雑上〉「天(あま)つ風雲の通ひ路吹き閉ぢよをとめの姿しばしとどめむ」訳 ➡付録①「小倉百人一首」12

かよ・ふ(カヨウ)【通ふ】自八四 ➡上 112

-から【柄】接尾 〔連濁で「がら」とも〕（名詞に付いて）その物本来の品格・性質・身分・状態などの意を表す。「山柄（＝山の品格）」「時柄(ときがら)（＝その時の状態）」

から【故・柄】名 〔語源的には「族(やから)」「同胞(はらから)」などの「から」と同じで、血のつながりを意味した語かという〕原因・理由を示す語。ゆえ。ため。〈万葉・二〇・四三五六〉「わが母の袖もちなでてわがからに泣きし心を忘らえぬかも」訳 私の母が袖で（私を）なでながら、私のために泣いた心持ちを忘れることができないことだよ。

から【唐・韓】名 ❶中国および朝鮮の古称。「からくに」とも。

❷中国や朝鮮から渡来した事物に添えていう語。転じて、ふつうと違う珍しい物にもいう。「唐車」「唐琴」

から【殻】名 ❶中身のなくなった外皮。ぬけがら。

❷〔「骸」とも書く〕魂の抜け去った身。なきがら。死骸。〈徒然・三〇〉「からは、けうとき山の中に納めて」訳 なき

最重要330

112

かよ・ふ(カヨウ)

【通ふ】自八四〔は・ひ・ふ・ふ・へ・へ〕

ガイド 行き来するの意。古典の時代には、男が女のもとに通う「通い婚」であることから③の意で用いる。④は現代語でも「似通う」という言いかたがある。

❶**通る**。**行き来する**。**往来する**。

例 淡路島かよふ(体)千鳥のなく声に幾夜ねざめぬ須磨(すま)の関守(せきもり)〈金葉・冬〉

訳 淡路島から飛び通ってくる千鳥の（ものがなしく）鳴く声で、幾夜目を覚ましたことか、ここの須磨の関の番人は。

❷**行きとどく**。**通じる**。**よく知っている**。

例 女の御おきてにてはいたり深く、仏の道にさへかよひ(用)給ひける御心のほどなどを〈源氏・御法〉

訳 女のお指図としては配慮が行きとどいていて、仏事にまでも通じていらっしゃった（紫の上の）おたしなみの程度などを。

❸**男が女のもとに行く**。

例 むかし、をとこ、みそかにかよふ(体)女ありけり〈伊勢・二〇〉

訳 昔、ある男が、ひそかに行き通う女がいたということだ。

❹**共通点がある**。**相通じる**。**よく似る**。

例 おもかげ松島にかよひ(用)て、また異なり〈細道・象潟〉

訳 （風景の）ようすは松島に似通っているが、また違っている。

❺**一部が重なる**。**交差する**。**入りまじる**。

例 春はやがて夏の気をもよほし、夏より既に秋はかよひ(用)〈徒然・一五五〉

訳 春はそのまま夏の気配をひき起こし、夏の間からもう秋（の気配）は入りまじっていて。

から 一[格助] 二[接助]

意味・用法	用例
一 格助詞 **❶経由点** …を通って。…を。	例 月夜よみ妹に逢はむと直道から**から**われは来つれど夜そふけにける〈万葉・二・二六一八〉 訳 月がよいので、あの娘に逢おうと近道を**通って**私は来たけれども、夜がふけてしまったことだ。
❷起点 動作・作用の空間的・時間的起点を表す。…から。	例 波の花沖**から**咲きて散り来めり水の春とは風やなるらむ〈古今・物名〉 訳 波の花が沖のほう**から**咲いたり散ったりして寄せてくるようだ。水の春とは風がなるものなのだろうか。（「沖から咲きて」に地名「唐崎(滋賀県大津市)」を詠み込む） 例 去年**から**山ごもりして侍るなり〈蜻蛉・下〉 訳 去年**から**山ごもりしているのでございます。
❸原因・理由 …によって。…しだいで。…がもとで。	例 長しとも思ひぞはてぬ昔よりあふ人**から**の秋の夜なれば〈古今・恋三〉 訳 (秋の夜が)長いとも決めこんではいない。昔から逢う人**しだいで**(短くも長くも)感じられる秋の夜なのだから。
❹手段・方法 …で。	例 徒**から**まかりて、いひ慰め侍らむ〈落窪〉 訳 徒歩**で**参って、話をして慰めましょう。
二 接続助詞 **❶原因・理由** …ために。…ので。	例 親子の久離切りました**から**、若殿をお前のお子とおぼしめしてくださんせ〈伎・阿弥陀が池新寺町〉 訳 親子の縁を切りました**ので**、若様をあなたのお子とお思いになってくださいませ。
❷原因の強調提示	例 真実の母が追い出す**から**は、こなたの名の立つことはない

がらは、人けのない山の中に埋葬して。

から [格助] [接助] ⬇上助詞「から」

から-あや【唐綾】[名] 中国から渡来した綾織物。浮き織りで、今の綸子の類。唐の綾。

からう-じて【辛うじて】[副]〔「からくして」のウ音便〕やっとのことで。ようやく。〈方丈・三〉「前の年、かくの如くからうじて暮れぬ」訳 前の年は、こんなふうな状態で**やっとのことで**暮れた。

から-うす【唐臼・碓】[名] 臼を地面に埋め、杵の柄を足で踏んで上下させ穀類をつく仕掛けのもの。踏み臼。

から-うた【唐歌・漢詩】[名] **漢詩**。からのうた。もろこしのうた。〈土佐〉「漢詩、声あげていひけり」訳 **漢詩**を、声をあげて吟詠した。対 大和歌

から-かみ【唐紙】[名] ❶中国渡来の上等の紙。また、それを模した、色模様を刷り出した紙。❷「唐紙障子」の略。①を張ったふすま障子。ふすま。

から-ぎぬ【唐衣】[名] 平安時代、宮中の女子が正装する際、表着の上に裳とともに着た丈の短い衣服。錦・綾その他の織物で袷に作る。↓十二単

からき-め【辛き目】ひどいめ。つらい思い。

からく【辛く】[副] ❶必死に。一心に。〈土佐〉「からく神仏を祈りて、この水門を渡りぬ」訳 **一心に**神仏に祈って、この海峡を渡った。❷やっと。かろうじて。ようやく。〈土佐〉「船君のからくひねり出だして、よしと思へることを」訳 船客の長が**やっと**ひねり出して、よいと思っている歌なのに。

から・ぐ【絡ぐ】[他ガ下二]{げ・げ・ぐ・ぐる・ぐれ・げよ} ❶束ねくくる。しばる。〈宇治・一四・一〇〉「土器を二つ打ち合はせて、黄なる紙捻にて十文字に**からげ**㊊たり」訳 素焼きの器を二つ合わせて、黄色のこよりで十文字に**しばって**ある。❷まくり上げる。はしょる。〈細道・福井〉「裾をかしうか**らげ**㊊て」訳 着物の裾をおかしなふうに**まくり上げ**て。

…以上は。…からには。
係助詞「は」を伴う。

〈浄・女殺油地獄〉
訳 ほんとうの母が追い出すからには、あなたの名が世間のうわさにのぼることはない。

接続 一 **体言**および体言に準ずる語に付く。二 活用語の**連体形**に付く。

からく-して【辛くして】副 かろうじて。やっとのことで。〈今昔・二九・一三〉「**からくして**明けぬれば暁に家に帰りぬ」訳 **やっとのことで**夜が明けたので、明け方に家に帰った。

から-ぐるま【唐車】名 牛車ぎっしゃの一種。大型で屋根を唐廂からびさし（＝八の字形に反った破風はふ）に作り、檳榔びろうの葉で葺ふき、すだれなどで美しく飾る。皇族・摂関などが公式行事の際に乗る。唐廂の車。

から-くれなゐ レナイ【韓紅・唐紅】名〔韓から から渡来した紅の意〕鮮紅色。紅色の鮮やかさを賞美していう。〈古今・秋下〉「ちはやぶる神代もきかず竜田たつた川**からくれなゐ**に水くくるとは」訳 ⬇付録①「小倉百人一首」17

から-ごころ【漢心・漢意】名 江戸時代の国学者の用語で、漢籍を学び、中国文化に心酔し、感化された精神。

からころむ… 和歌

韓衣 裾すそに取とりつき 泣なく子こらを
置おきてそ来きぬや 母おもなしにして
〈万葉・二〇・四四〇一・防人歌・他田舎人大島をさたのとねりおほしま〉

訳（防人さきもりとしての）韓衣の裾にとりすがって泣く子を残して来てしまったことよ。（その子は）母がいないのに。（「来ぬや」は、正しくは上の係助詞「そ」の結びで「来ぬるや」とあるべきところ）

解説「からころむ」は「からころも」の東国方言。枕詞とする説もある。「子ら」の「ら」は親愛の気持ちを表す語で、複数を示すものではない。

から-ころも【唐衣・韓衣】名 唐風の衣服。袖が大きく、裾が長く、上前と下前を深く重ねて着る。また、美しく、珍しい衣服。〈落窪〉「**唐衣**着て見ることのうれしさを」訳（りっぱな）**唐風の衣服**を着て（その姿を）見ることのうれしさを。

から-ころも【唐衣・韓衣】《枕詞》衣をつくるために布を裁つことから「たつ」にかかる。〈万葉・一〇・二一九四〉「**からころも**竜田たつの山は」

からころも… 和歌

序詞 唐衣 きつつなれにし〔馴れ〕〔萎れ〕 妻つましあれば〔褄〕
はるばる〔遥々〕きぬる〔来〕 旅たびをしぞ思おもふ
〔張る〕〔着〕
〈伊勢・九〉〈古今・九・羇旅・四一〇・在原業平ありはらのなりひら〉

訳 唐衣を着つづけて、からだになじむように、なれ親しんだ妻が（京に）いるので、はるばるやって来たこの旅を（悲しく）思っている。（「唐衣きつつ」は「なれ」を導きだす序詞。「なれ」は「馴なれ」と「萎なれ」との、「妻」は衣の「褄つま」との掛詞。「はるばる」の「はる」に、「はるか遠く」の意と「布を張る」の意とを、「きぬる」の「き」に「来」と「着」とをかける。「唐衣」「萎れ」「褄」「張る」「着」は縁語。各句の最初の音をつなると「かきつはた（かきつばた）」となる折り句）

解説 東国へ旅に出た男一行が三河の国八橋やつはし（愛知県知立市）に来たとき、沢にかきつばたが美しく咲いていたので、旅の心を詠んだという。掛詞と縁語、折り句で織りなされた、技巧的な歌。

から・し【辛し】形ク ⬇次ページ 113

から-なでしこ【唐撫子】名 ❶せきちく（＝草花の名）の異称。夏 ❷襲かさねの色目の名。表・裏ともに紅色。また、表は紫、裏は紅とも。夏の装束に用いる。

から-に 接助〔格助詞「から」＋格助詞「に」〕

意味・用法
重大な結果を生じる軽い原因（…だけで。ただ…だけで。）→❶
二つの動作・状態が続いて生じる（…と同時に。…とすぐに。…やいなや。）→❷
逆接の仮定条件（たとえ…だとしても。…だからといって。…たところで。）→❸

接続 活用語の**連体形**に付く。

❶軽い原因が重い結果を生じる意を表す。**…だけで。ただ…だけで。**〈万葉・四・六三八〉「ただ一夜ひと隔てし**からに**あらたまの月か経へぬると心まとひぬ」訳 たった一晩間を置いた**だけで**、一月もたったかと思って心は乱れてしまう。（「あらたまの」は「月」にかかる枕詞）

❷二つの動作・状態が続いて生じる意を表す。**…とすぐに。…やいなや。**〈古今・賀〉「住すみの江の松を秋風吹く**からに**声うちそふる沖つ白波」訳 住の江の松に秋風が吹く**とすぐに**、（その松風の音に）音を添える沖の白波であることよ。

❸（おもに「むからに」の形で、逆接の仮定条件を表し）**たとえ…だとしても。…だからといって。…たところで。**〈源氏・帚木〉「などかは女と言はむ**からに**、世にあることの公おほやけ私わたくしにつけて、むげに知らず至らずしもあらむ」訳 どうして女というならそれ**だからといって**、世の中にあることの公的私的な面に関して、まったく知らず思いも及ばない（という）ことがあろうか（いや、そんなことはない）。

参考「から」は本来、名詞だったと考えられており、上代では「手に取るが**からに**（＝手に取るだけで）忘ると」〈万葉・七・一一九七〉の例のように、格助詞「が」「の」に続く、体言としてのはたらきを残した例もある。

からーびつ【唐 櫃】 名〔中世までは「からひつ」「からうと」「からと」とも。〕中国風につくった長方形の櫃。各面に一本ずつの計四本、または、前後に二本ずつ、左右に一本ずつの計六本の、外に反った脚が付いていて、かぶせぶたがある。衣装・調度品などを収める。

（からびつ）

から・む【絡む】 一 自マ四〔ま・み・む・む・め・め〕巻きつく。まといつく。また、まといついて困らせる。〈落窪〉「典薬助（てんやくのすけ）にて、…たはしきに、からみ 用 まはさせておきたらむ」訳 典薬寮の次官で、…ふしだらな男に、（姫君に）つきまとい、まつわりつかせておいてやろう。
二 他マ四〔ま・み・む・む・め・め〕巻きつける。まといつける。〈大鏡・道隆〉「二所（ふたところ）ながら裸に腰からま 未 せ給ひて、夜中・暁まであそばす」訳 お二方（＝道長と伊周（これちか））とも裸で腰に（だけ着物を）巻きつけなさって、夜中や明け方まで（双六（すごろく）を）なさる。

から・む【搦む】 他マ下二〔め・め・む・むる・むれ・めよ〕とらえてしばる。〈伊勢・一二〉「盗人なりければ、国の守（かみ）にからめ 未 られにけり」訳 （男は）盗人であったので、国守にとらえられてしまった。

からーめ・く 自カ四〔か・き・く・く・け・け〕〔「から」は擬声語、「めく」は接尾語〕「がらめく」とも。からからと鳴り響く。がらがらと音をたてる。〈十訓・一〉「山おびたたしくからめき 用 騒ぎて」訳 山がひどくがらがらと鳴り響き騒がしくなって。

からーめ・く【唐めく】 自カ四〔か・き・く・く・け・け〕〔「めく」は接尾語〕中国風に見える。**異国風で、しゃれて見える。**〈源氏・須磨〉「住まひ給へるさま、いはむかたなく唐めい 用（イ音便）たり」訳 （光源氏が）住んでいらっしゃるようすは、いいようもなく異国風でしゃれている。

からめーて【搦め手】 名〔中世には「からめで」とも〕❶からめとる人。捕り手。〈著聞・四二六〉「年ごろ、搦め手が向かひ候ふこと、その数を知らず候ふ」訳 長年、捕り手が（私に）向かいますことは、数えきれないほど多いです。❷敵の背後。城・砦（とりで）の裏門。また、敵や城の背後を攻める軍勢。〈平家・四・橋合戦〉「搦め手は故我（こが）・杉の渡りより寄せ候ひしに」訳 背後から攻める軍勢は故我・杉の渡し場から攻め寄せましたが。対 大手（おほて）

からーやう（ヨウ）**【唐様】** 名 ❶中国風。唐風。からざま。❷江戸時代、儒者や文人の間に流行した中国風の漢字の書体。❸鎌倉時代、禅宗とともに宋から輸入された寺院建築の一様式。

最重要330 113

から・し【辛し】 形ク〔から・く（かり）・し・き（かる）・けれ・かれ〕

ガイド ①が原義。②〜④は味覚についていう①を精神面に用いたもの。強烈なからさは転じて⑤の意になる。

❶（味が）ひりひりとからい。しょっぱい。
例 おし照るや難波（なには）の小江（をえ）の初垂（はつたり）をからく 用 垂れ来て〈万葉・一六・三八八六〉
訳 難波の小さな入り江の、製塩の最初に垂れる濃い塩汁をからく垂らして来て。（「おし照るや」は「難波」にかかる枕詞）

❷残酷だ。むごい。ひどい。
例 奉加（ほうが）をこそし給はざらめ、これほど文覚（もんがく）にからい 体（イ音便）目を見せ給ひつれば〈平家・五・文覚被流〉
訳 寄進をなさらないのはまだしも、これほど（私）文覚に対してひどいめにあわせなさったからには。

❸つらい。せつない。
例 昔より言ひける言（こと）の韓国（からくに）のからく 用 もここに別れするかも〈万葉・一五・三六九五〉
訳 昔から言い伝えてきたことばの韓国（の「から」）ではないが、せつなくもここで別れることよ。（第三句までは「からく」を導きだす序詞）

❹いやだ。気にそまない。みっともない。
例 からし 終 や。眉（まゆ）はしも、皮虫（かはむし）だちためり〈堤・虫めづる姫君〉
訳 いやねえ。眉はちょうど、毛虫みたいに見えている。

❺あぶない。
例 からき 体 命まうけて、久しく病み居たりけり〈徒然・五三〉
訳 （法師は）あやうい命を拾い取って（＝命拾いして）、長いこと病みついていたそうだ。

がらり 副（多く、下に「に」を伴って）❶すっかり。残らず。〈浮・世間胸算用〉「[給金は前払いで]がらりに（=残らず）八十五匁」

❷即座に。

柄井川柳（からゐせんりう）（カライセンリュウ）《人名》（一七一八～一七九〇）江戸中期の前句付けの点者。別号緑亭川柳・無名庵。江戸浅草の人。その選評は川柳点といわれ、のち前句付けそのものが川柳とよばれた。

参考 川柳点のうちすぐれた付け句だけを選んで刊行されたのが「誹風柳多留」で、この二十四編までが初代川柳の撰である。これが人気を博し、付け句の独立性が強まって、風刺・滑稽を主とした、十七字の庶民文芸「川柳」となった。

がらん【伽藍】名《梵語の音訳》「僧伽藍摩」（=僧園・精舎）の略。僧侶が住んで仏道を修行する所。寺院。また、寺院の建物の総称。

かり【仮】名・形動ナリ 一時的であること。まにあわせ。かりそめ。〈方丈・三〉「仮の庵のありやう、かくのごとし」訳かりそめの草庵のようすは、このようである。

フレーズ **仮の宿り** 仮の住まい。仮の宿。転じて、この世の一時的な住居。〈徒然・一〇〉「家居のつきづきしく、あらまほしきこそ、仮の宿りとは思へど、興あるものなれ」訳住まいが（住む人に）似つかわしく、理想的なのは、この世における一時の宿だとは思うものの、趣深いものである。

参考 仏教の立場から、無常な現実の世そのものを暗示的にさすことが多い。

かり【雁】名鳥の名。「がん」の異称。秋。〈古今・春上〉「春霞立つを見捨てて行く雁は」訳春霞が立つのを見捨てて（北へ）帰って行く雁は。

参考 「帰る雁」「行く雁」は、春に日本からシベリア方面へ渡って行く雁で、春の季語。

（雁）

フレーズ **雁の便り** 手紙。消息。

雁の使ひ 便りを運ぶ使いの雁。転じて、手紙。消息。

参考 中国で前漢の時代、匈奴（=モンゴル高原一帯に栄えた民族）に捕らえられた蘇武（=漢の武将）が雁の足に手紙をつけて、漢に連絡したという「漢書」の故事による。

かり【狩り】名 ❶山野で鳥獣をとらえること。特に鷹狩り。❷山野に出て、花・紅葉などを採集したり、観賞したりすること。「桜狩り」「紅葉狩り」

かり 助動ラ変型《上代東国方言》過去の助動詞「けり」にあたる。…たなあ。〈万葉・二〇・四三八八〉「家の妹が着せし衣に垢つきにかり終」訳家の妻が（私に）着せた着物に垢がついてしまったなあ。

かり（形容詞、または、形容詞型に活用する助動詞「べし」「まじ」「ごとし」などの連用形の一部「く」に、動詞「あり」が付いた「くあり」のつづまったもの）形容詞の第二活用、あるいは補助活用と呼ばれ、形容詞（型）の活用語尾とする。〈源氏・桐壺〉「はしたなめ煩はせ給ふ時もおほかり終」訳（桐壺の更衣を）きまり悪い目にあわせ困らせなさるときも多い。

参考 カリ活用は助動詞と接続するために生じた活用であるため、ふつう終止形がない。「多かり」だけは例外。→多かり 参考

-がり【許】接尾（人を表す体言または体言に相当する語に付いて）…のもとへ。…のいる所に。〈万葉・八・一六四〇〉「沫雪に降らえて咲ける梅の花君がり遣らばよそへてむかも」訳あわ雪に降られて咲いている（この）梅の花を、あなたのもとに届けたなら人が噂するだろうかなあ。〈徒然・一七〇〉「さしたる事なくて人のがり行くは、よからぬことなり」訳これといった用事もないのに人の所に行くのは、よくないことである。

参考 「行く」「通ふ」「遣る」などの移動を表す動詞とともに用いられる。上代には初めの例のように体言に付き接尾語として用いられたが、後には後例のように格助詞「の」を介し、形式名詞のように用いられた。

かり-いほ イオ【仮庵・仮廬】名 仮に作ったいおり。仮に泊まる小屋。かりほ。

かり-うつ-す【駆り移す】他サ四｛さ・し・す・せ｝祈禱をして物の怪などを追い出し、「よりまし」に移す。〈源氏・葵〉「人に駆り移し用給へる御物の怪ども」訳（よりましの）人に（葵の上から）追い移しなさった御物の怪ども。

かり-が-ね 名 ❶【雁が音】雁の鳴く声。〈古今・秋上〉「秋風に初かりがねぞ聞こゆなる」訳秋風の中に、その年最初の雁の鳴き声が聞こえるようだ。❷【雁・雁金】鳥の名。がん。かり。秋。〈源氏・須磨〉「常世出でて旅の空なる雁がねも」訳→とこよいでて… 和歌

かり-ぎぬ【狩衣】名「かりごろも」とも。男性の衣服の名。もとは公家の鷹狩り用の衣服。平安中期に公家の常用服となり、鎌倉時代以降、公家は改まった感じの常用服、武家は式服として用いた。江戸時代には模様のあるものを「狩衣」、ないものを「布衣」と称して区別し、武士の礼服となった。→布衣。

（かりぎぬ）

かり-くひ【刈り杙】クイ 名 鎌で刈ったあとの切り株。〈記・中〉「その小竹の刈り杙に足切り破れども」訳その篠竹の切り株で足を切り傷つけるけれども。

かり-くら【狩倉・狩座】名 ❶狩りをする場所。狩り場。❷狩猟。また、狩猟の競争。

最重要330

114 **かり-そめ**【仮初】名・形動ナリ

ガイド 「仮様(かりさま)」の転という。**一時の間に合わせであるさま**が原義。本格的でなく一貫性に欠けることから③の意が生じた。

❶ **一時的だ。間に合わせだ。本格的でない。はかないこと。**
例 心戒といひける聖は、あまりにこの世のかりそめなる(体)ことを思ひて〈徒然・究〉
訳 心戒といった聖人は、あまりにこの世がはかないものであることを思って。

❷ **(多く、「かりそめに」の形で)ちょっと。ふと。**
例 奥羽長途の行脚、ただかりそめに(用)思ひ立ちて〈細道・草加〉
訳 奥羽地方への遠路の旅を、ただふと思い立って。

❸ **軽々しいこと。いいかげんだ。**
例 かりそめな(体)(口語)ことは致すまいことでござる〈狂・瓜盗人〉
訳 軽々しいことはいたしてはならないことでございます。

かりくらし… 和歌

狩り暮らし　たなばたつめに　宿からむ
天の河原に　我は来にけり
〈伊勢・八二〉〈古今・九・羇旅・四一八・在原業平〉

訳 日が暮れるまで一日じゅう狩りをして、織女に(今夜の)宿を借りることにしよう。(その名も)天の河原に私は来たのだなあ。(「天の河」は歌枕)

解説 惟喬親王の狩りのお供をして、天の河という川のほとりで酒宴を開いたときに馬の頭(=業平)が詠んだ歌。天の河は、今の大阪府枚方市にある淀川の支流。天上の天の川に見立てて、織女に宿を借りようじゃないかとしゃれたもの。

かり-くら・す【狩り暮らす】他サ四〔さ・し・す・す・せ・せ〕日が暮れるまで一日じゅう、狩りをする。〈新古・冬〉「かりくらし(用)交野のましば折り敷きて」訳 日が暮れるまで一日じゅう狩りをし、交野(=地名)の柴を折り敷いて。

かり-ごろも【狩衣】名「かりぎぬ」に同じ。

かり-さうぞく【狩装束】名「かりしゃうぞく」とも。狩りに出るときの服装。平安時代の公家は狩衣・指貫を着用した。のち武家は狩衣・水干・直垂などに行縢・綾藺笠を着用した。

(かりさうぞく)

類語の整理 かりそめ―「一時的な様子」を表す語

あからさま	かりそめ
時間的に短く、あっけない➡突然	本格的でない➡暫定的

かり-そ・く【刈り除く】他カ下二〔け・け・く・くる・くれ・けよ〕刈りのぞく。刈り取る。〈万葉・一〇・一九八四〉「わが背子に我が恋ふらくは夏草の刈りそくれ(已)ども生ひ及くごとし」訳 あの方に私が恋をすることは、ちょうど夏草が刈り取っても次々と伸びてくるようなものだ。

かり-そめ【仮初】名・形動ナリ ➡上114

かり-ね【仮寝】名 ❶ちょっと寝ること。うたたね。「仮枕」とも。〈更級・宮仕へ〉「まして思へ水のかりねのほどだにぞ上毛の霜を払ひわびける」訳 あなた以上に(苦しい私のことを)思ってくれ、(あなたは自分を水鳥に託して)水の上のうたたねの間だって、上毛の霜を払いかね(て眠れなかっ)たという(が)。
❷旅寝。野宿。「仮枕」とも。〈新古・夏〉「忘れめや葵を草に引き結びかりねの野べの露のあけぼの」訳 忘れるだろうか(いや、忘れない)。葵を草枕に結び旅寝をした野原の、露のおりた明け方の眺めは。

かり-の-こ【雁の子】名 ❶雁やかもなどの卵。〈枕・一五一〉「うつくしきもの…かりのこ。瑠璃の壺」訳 かわいらしいもの、…雁の卵。瑠璃の壺。
❷雁のひな。また、雁やかもなどの水鳥。

かり-の-たより【雁の便り】➡雁「フレーズ」

かり-の-つかひ【狩りの使ひ】名 平安時代、朝廷の用にあてる鳥獣を捕獲するために、諸国に遣わされた役人。冬

かり-の-つかひ【雁の使ひ】➡雁「フレーズ」

かり-の-やどり【仮の宿り】➡仮「フレーズ」

かり-ばね【刈りばね】名 竹や木などを刈ったあとの株。切り株。

かり‐ほォ—【仮庵・仮廬】名〔「かりいほ」の転〕「かりいほ」に同じ。

かりょうびんが【迦陵頻伽】名〈梵語の音訳〉極楽浄土にいるという想像上の鳥。顔は美女のごとく、声もきわめて美しいという。仏の声のたとえに用いる。

（かりょうびんが）

か・る 自ラ下二〔れ・れ・る・るる・るれ・れよ〕❶【枯る・乾る・涸る】㋐植物が枯れる。水気を失う。また、虫・魚などが死んで干からびる。〈枕・四〇〉「花も、いとものはかなげに、虫などのかれ用たるに似てをかし」訳（楓は）花も、ほんとうに頼りなさそうなようすで、虫などが干からびたのに似て風情がある。㋑芸などで、未熟さがなくなり、老練の境に達する。枯れる。

❷【涸る・乾る】水が干上がる。〈万葉・一六・三七八〇〉「吾妹子が来つつ潜かば水はかれ未なむ」訳あの子がやって来て入水したなら、水は涸れてくれればよかったのに。

❸【嗄る】声がしわがれる。〈源氏・帚木〉「かれ用たる声のをかしきにて言へば」訳（小君が）かすれている声で、かわいい声で言うと。

参考 ①は、和歌では多く「離る」と掛詞になる。

か・る【離る】自ラ下二 ⬇左 115

か・る【狩る】他ラ四〔ら・り・る・る・れ・れ〕❶鳥獣などを追って捕らえる。〈宇治・三・一三〉「鹿を狩り用、鳥をとりて」❷（花・紅葉などを）たずね求める。〈方丈・三〉「桜を狩り用（＝探し求め）、紅葉をもとめ」

最重要330 115

か・る

【離る】自ラ下二〔れ・れ・る・るる・るれ・れよ〕

ガイド 物の間隔が大きくなるの意。空間的にいうのが①、時間的にいうのが②、精神的にいうのが③。③では「夜離る」という語もある。和歌では「枯る」と掛詞になることが多い。

❶（空間的に）離れる。遠ざかる。

例 年ごろの蓬生をかれ用なむも、さすがに心細う〈源氏・若紫〉

訳 長年住みなれた（蓬の生いしげった）あばら屋を離れてしまうとしたらそれも、やはり頼りなく不安で。

❷（時間的に）間をおく。足が遠くなる。

例 珠に貫く楝を家に植ゑたらば山ほととぎす離れ未ず来むかも〈万葉・一七・三九一〇〉

訳（その実を）珠として緒に通す栴檀を家に植えたならば、山ほととぎすが間をおかず来るだろうか。

❸（精神的に）うとくなる。よそよそしくなる。

例 あひ思はで離れ用ぬる人をとどめかね〈伊勢・二四〉

訳 私が思っているのに思ってくれず、よそよそしくなった人を引きとめられないで。

か・る【借る】他ラ四〔ら・り・る・る・れ・れ〕借りる。借用する。〈伊勢・八二〉「狩り暮らしたなばたつめに宿から未む」訳→かりくらし…和歌

か・る【駆る・駈る】他ラ四〔ら・り・る・る・れ・れ〕❶追いたてる。追い払う。〈枕・九〉「『この翁丸うち調じて…』とおほせらるれば、あつまりかり用さわぐ」訳「この翁丸（＝犬の名）を打ちこらしめて…」と（天皇が）おっしゃるので、集まって（犬を）追いたてて騒ぐ。❷強いてさせる。せきたてる。❸馬や車を走らせる。

‐が・る 接尾ラ四型（形容詞の語幹（シク活用は終止形）、形容動詞の語幹、あるいは名詞に付いて）「…のように思う。…のようすをする。…らしくふるまう」の意の動詞をつくる。〈更級・物語〉「あはれがり用、めづらしがり用て」訳いとおしそうにし、めずらしそうにして。

例語 あやしがる・あやにくがる・うしろめたがる（＝不安なようすをする）・うたてがる（＝いやがる）・うつくしがる・かなしがる・興がる（＝風変わりでおもしろいと思う）・口惜しがる・希有がる（＝残念に思う）・暗がる・さかしがる・さかしらがる・情けがる（＝愛情があるようにふるまう）・ねたがる・ものゆかしがる（＝なんとなく心ひかれるようすをする）・ゆかしがる・らうたがる・をかしがる・をこがる

らうたがる

かる‐が‐ゆゑ‐にエ—ユ【かるが故に】接〔「か（＝このように）あるがゆゑに」の転〕それゆえに。だから。〈大鏡・冬嗣〉「このおとどは…田邑の御おほぢにおはします。かるがゆゑに、嘉祥三年…贈太政大臣になり給へり」訳この大臣（＝冬嗣）は…文徳天皇の御祖父でいらっしゃる。それゆえに、嘉祥三年…贈太政大臣におなりになった。

かる‐み【軽み・軽味】名 蕉風俳諧で重んじた美的理念の一つ。軽妙・洒脱の味。技巧をこらさず、物にこだわらない淡泊な心境をいう。

参考 芭蕉が晩年に理想とした境地であり、この

「軽み」の句風は、「芭蕉七部集」第六の「炭俵」に強くみられる。

かる・む【軽む】「かろむ」とも。■一 自マ四 {ま・み・む・む・め・め} 軽くなる。〈栄花・ゆふしで〉「少し軽ま㊅せ給ふやうなれば、うちたゆみて」訳 (病状が)少し軽くおなりになっているようなので、ちょっと(御祈禱を)油断して。

■二 他マ下二 {め・め・む・むる・むれ・めよ} 軽くみる。あなどる。軽蔑する。〈源氏・若菜下〉「同じくなずらへ聞こえて、いたくな軽め㊊給ひそ」訳 (私=光源氏を柏木と)同じようにみなし申しあげて、あまり軽蔑しなさるな。

かれ【彼】代 ❶遠称の指示代名詞。**あれ。**あのもの。〈伊勢・六〉「『かれは何ぞ』となむ男に問ひける」訳 (草の上に降りている露を見て、女は)「あれは何かしら」と男に聞いた。

❷他称の人代名詞。(男性にも女性にも用いて)**あの人。**〈源氏・桐壺〉「かれは、人の許し聞こえざりしに、御心ざしあやにくなりしぞかし」訳 あの方(=桐壺の更衣)は、だれもお認め申しあげなかったのに、(桐壺帝の)ご寵愛があいにくと深かったのだよ。

かれ【故】接《上代語》〔副詞「か」+ラ変動詞「有り」㊉〕=「かあれ」の転〕**それゆえに。それで。**そこで。さて。〈記・中〉「火をその野につけき。かれ、欺かえぬと知らして」訳 (国造が)火をその野につけた。それゆえ、(倭建命は)欺かれたとお知りになって。

参考 文頭や、いったん切れた文章を受けるのに用いる。

かれ-いひ【乾飯】名「かれひ」とも。干して乾燥させた飯。旅行の際に携帯し、水や湯にひたし、やわらかくして食べた。乾し飯。

かれえだに… 俳句

> 枯れ枝に　鳥のとまりたるや　秋の暮れ
> 〈東日記・芭蕉〉

切れ字　秋

訳 (葉も落ちつくし寒々とした)枯れ枝に鳥がとまっているよ。秋の夕暮れ時に。

解説 水墨画の画題「寒鴉」(=冬のさびしげな鳥)枯木」を下敷きとする。滑稽・奇抜な着想を旨とする談林風から抜け出て、蕉風(=わび・さびなどの高雅な世界)へ向かう転機の句とされる。のち中七を「鳥のとまりけり」と改作。

かれ-がた【離れ方】名・形動ナリ 遠のきがちになること。主として、男女の仲にいう。〈後撰・恋三・詞書〉「かれがたに㊊なりける男のもとに」訳 (訪問が)途絶えがちになった男のもとに。

かれ-がれ 形動ナリ {なら・なり(に)・なり・なる・なれ・なれ} ❶【枯れ枯れ】草木などが枯れそうなさま。和歌などで多く「離れ離れ」にかけていう。〈源氏・朝顔〉「枯れ枯れなる㊍前栽の心ばへもことに見渡されて」訳 枯れそうな庭の植えこみの風情もとりわけ(趣あるように)自然と見渡されて。

❷【嗄れ嗄れ】声のかれるさま。〈源氏・賢木〉「浅茅が原もかれがれなる㊍虫の音に、松風すごく吹きあはせて」訳 浅茅が原も枯れそうな中で、とぎれとぎれの虫の声に、松を吹く風がもの寂しく調子を合わせ吹いて。(「かれがれ」は①との掛詞)

かれ-がれ【離れ離れ】形動ナリ {なら・なり(に)・なり・なる・なれ・なれ} (人の交流や手紙のやりとりなどが)途絶えがちなさま。**疎遠なさま。**おもに男女の仲についていう。和歌などで多く「枯れ枯れ」にかけていう。〈源氏・夕顔〉「かれがれに㊊途絶え置かむ折こそは」訳 あまり通ってやらないで途絶えを置くようなときには。

かれ-これ【彼此】■一 代 あれとこれと。あの人この人。〈土佐〉「かれこれ、知る知らぬ、送りす」訳 あの人この人、交際がある人も交際がない人も(皆)、見送りをする。

■二 副 ❶とやかく。**何やかやと。**〈平家・一〇・戒文〉「かれこれ恥をさらし候ふも」訳 何やかやと恥をさらしますのも。

❷**おおよそ。**〈徒然・六〇〉「かれこれ三百貫」の銭を芋頭の代金と決めて。

(❷の用例: 〈徒然・六〇〉「かれこれ三万疋と定めて」訳 おおよそ三万疋を親芋の代金と決めて。)

かれ-ひ【餉】名「かれいひ」に同じ。

かろうじて〖辛うじて〗⬇からうじて

かろがろ・し【軽軽し】形シク {しから・しく(しかり)・し・しき(しかる)・しけれ・しかれ} 「かるがるし」とも。❶軽い。**重要ではない。**手軽である。〈源氏・夢浮橋〉「かくまでのたまふは、かろがろしく㊊はおぼされざりける人にこそあめれ」訳 これほどまでに(薫が)おっしゃるのは、重要でないとはお思いになれなかった女性ではあるようだ。

❷**身分が低い。**〈源氏・蓬生〉「などてかかろがろしき㊍人の家の飾りとはなさむ」訳 (調度類を売って)どうして身分の低い人の家の飾りにはしてよかろうか(いや、よいはずがない)。

❸**軽率だ。**真剣みがない。浮気だ。〈徒然・一八七〉「たゆみなくつつしみて、軽々しく㊊せぬと、ひとへに自由なるとの等しからぬなり」訳 (専門家が必ず素人にまさるのは、専門家が)怠らずに慎重にして、軽率にしないのと、(素人が)むやみに勝手にふるまうのとが、同じでないからである。《対重々し》

かろ・し【軽し】形ク {から・く(かり)・し・き(かる)・けれ・かれ}

❶目方が少ない。**軽い。**〈源氏・少女〉「風に散る紅葉はかろし㊇」訳 風に散る(秋の)紅葉は(いかにも)軽い(=はかない)。

❷**軽薄だ。**軽々しい。〈源氏・真木柱〉「名残なう移ろふ心のいとかろき㊍ぞや」訳 すっかり(他の女性に)心変わりしていく(自分の)心がなんとも軽薄なことだ。

❸**身分が低い。**〈源氏・桐壺〉「おのづからかろき㊍方にも見えしを」訳 (桐壺の更衣は)自然と身分が低い方にも見られたが。

❹程度が重大ではない。強くない。激しくない。軽い。〈源氏・椎本〉「罪かろく㊊なり給ふばかり行ひもせまほしくなむ」訳 (薫は実父の柏木の)罪障が軽くおなりになるぐらいに(供養の)勤行もしたいと(お思いになる)。

❺**価値が低い。**値打ちがない。〈方丈・三〉「たまたま換ふるものは、金をかろく㊊し、粟を重くす」訳 まれに(物品と)交換する者は、黄金(の価値)を軽くし、穀物(の価値)を重くする。《対重し》

かろ-とうせん【夏炉冬扇】名(夏のいろりと冬の扇の意で)役に立たない事物のたとえ。〈許六離別の詞〉「予が風雅は夏炉冬扇のごとし。衆にさかひて用ふるところなし」訳 私の俳諧は夏の炉や冬の扇のようなものだ。世の人々(の好み)にさからって何の役にも立たない。

かろび【軽び】名 身軽なこと。〈枕・四三〉「蟻は、いとにくけれど、かろびいみじうて」訳 ありは、ひどく不快だけれど、身軽さはすばらしくて。

かろ・ぶ【軽ぶ】自バ上二{び・び・ぶ・ぶる・ぶれ・びよ} ❶軽いさまである。軽快である。〈枕・三五〉「さばかりかろび用すずしげなる御中に」訳 それほど軽装をしすずしそうである方々の中では。
❷軽薄である。軽率である。〈源氏・帚木〉「かろび用たる名をや流さむ」訳 (光源氏は)軽率である(という)評判を流すのであろうか。
❸低い身分である。〈源氏・竹河〉「いとかろび用たるほどに侍るめれど」訳 (蔵人の少将は)とても低い身分である分際のようでございますが。

かろ・む【軽む】「かるむ」とも。■一 自マ四{ま・み・む・む・め・め} 軽くなる。〈源氏・柏木〉「後の世の罪もすこしかろみ用なむや」訳 来世での罪もきっと少し軽くなるであろうか。■二 他マ下二{め・め・む・むる・むれ・めよ} ❶軽くする。〈源氏・賢木〉「われにその罪をかろめ用て許し給へ」訳 私(=藤壺)に免じて、その(春宮の)罪を軽くしてお許しください。
❷軽く見る。あなどる。〈大鏡・道長上〉「大臣かろむる体人のよきやうなし」訳 大臣をあなどる人が(将来)よいことはない。

かろ-らか【軽らか】形動ナリ{なら・なり(に)・なり・なる・なれ・なれ}〔「らか」は接尾語〕「かるらか」とも。❶いかにも軽そうなさま。軽々としたさま。〈源氏・夕顔〉「かろらかに用うち乗せ給へれば」訳 (光源氏が夕顔を牛車に)軽々とお乗せになったので。
❷手軽なさま。無造作なさま。〈源氏・松風〉「道のほどもかろらかに用しなしたり」訳 (都へ向かう)道中も(旅支度を)ことさら手軽にしている。
❸軽率なさま。軽々しいさま。〈源氏・明石〉「田舎人こそ…さやうにかろらかに用語らふわざをもすなれ」訳 田舎娘なら…そんなふうに軽々しく男と契りを結ぶことをもするようだけれども。
❹身分の低いさま。貫禄のないさま。〈源氏・夕霧〉「齢も積もらずかろらかなり用しほどに」訳 (私=夕霧が)年齢も重ねず(=若く)身分も低かったときに。

かろん・ず【軽んず】他サ変{ぜ・じ・ず・ずる・ずれ・ぜよ}〔「かろみす」の転〕❶軽くする。〈平家・二・小教訓〉「刑の疑はしきをばかろんぜよ命」訳 刑の疑わしいのは軽くしろ。
❷軽くみる。あなどる。また、惜しまない。〈太平記・一六〉「死をかろんじ用名を重んずる者をこそ人とは申せ」訳 死を軽くみて(=恐れずに)名誉を重んじる者をこそりっぱな人と申すのだ。

かわ〖川・皮〗➡かは

かわ・す〖交わす〗➡かはす

かわぼり〖蝙蝠〗➡かはぼり

かわや〖厠〗➡かはや

かわゆし➡かはゆし

かわ-らか 形動ナリ{なら・なり(に)・なり・なる・なれ・なれ}〔「らか」は接尾語〕さわやかである。さっぱりしている。〈源氏・帚木〉「安らかに身をもてなし振る舞ひたる、いとかわらかなり終や」訳 安楽に身を処し行動しているのは、まことにさっぱりとしているよ。
参考 仮名遣いは「かわらか」か「かはらか」か不明。

かわらけ〖土器〗➡かはらけ

かを・る【薫る】自ラ四{ら・り・る・る・れ・れ} ❶(霧・煙・もやなどが)立ちこめる。〈万葉・二・一六二〉「潮気のみかをれ已る国に」訳 潮の香ばかりが立ちこめている国に。
❷よい匂いがする。〈徒然・一〇五〉「えもいはぬ匂ひのさとかをり用たるこそをかしけれ」訳 なんともいえないよい匂いがさっとかおったのは趣深い。
❸つややかに美しく見える。〈源氏・薄雲〉「つらつき、まみのかをれ已るほどなど言へばさらなり」訳 (明石の姫君の)顔つきや目もとのつややかな美しさがあふれているぐあいなどは、いまさら言うまでもない。
参考 「にほふ」と同様、③のように視覚的な「つややかな美しさ」にも用いることがある。しかし、「かをる」は「香」の美しさに重点がおかれるのに対し、「にほふ」は「色」の美しさに重点がおかれる語である。

薫の君(かをるのきみ)《人名》「源氏物語」宇治十帖の男主人公。光源氏の晩年の子として育てられるが、実は、柏木と女三の宮との間に生まれた不義の子。美貌で芳香をたたえるからだを持つが、内向的性格で、宇治の大君や浮舟との恋は終始悲恋に終わり、光源氏と対照的に描かれている。

かん【感】名 心に深く感じること。感動。感じ。〈去来抄・先師評〉「行く歳近江に居給はば、いかでかこの感ましまさん」訳 (もし)年の暮れに近江(滋賀県)にいらっしゃったら、どうしてこの感動がおありになろうか(いや、おありにならないだろう)。

かん【長官】名〔「かみ」の撥音便〕役所の長官。↓長官

かん〖官・冠・貫・勧・管・関・還・観・灌〗➡くゎん

がん〖願〗➡ぐゎん

観阿弥(かんあみ)➡観阿弥

かん-えう【肝要】名・形動ナリ 非常に大切なこと。肝心。

かん-おう【感応】名・自サ変 信仰の真心が通じて、神仏の加護があること。また、物事にふれて心が深く感じこたえること。〈細道・黒羽〉「感応殊にしきりに覚えらる」訳 (那須与一が祈った神社だと聞き)神のありがたさが格別に、しきりに感じられる。

かんが・ふ【考ふ・勘ふ】他ハ下二{へ・へ・ふ・ふる・ふれ・へよ}〔「かむがふ」の転〕❶調べ考える。判断する。また、占う。〈源氏・桐壺〉「宿曜のかしこき道の人にかんがへ未させ給ふにも」訳 (桐壺帝が)占星術にすぐれたその道の人に(若宮=光源氏の将来を)調べ判断させなさるにつけても。
❷責めしかる。罪を問いただす。〈拾遺・雑下・詞書〉「頭白き翁の侍りけるを召しかんがへ未むとし侍りける時」訳 頭が白い(=白髪の)老人がおりましたのを、呼び出して罪を問いただそうとしました時。

かんが・みる【鑑みる】他マ上一{み・み・みる・みる・みれ・みよ}〔「かがみる」の転〕(手本に)照らし合わせて考える。〈太平記・一〇〉「臣が忠義をかんがみ用て、…道を三軍の陣に開かしめ給へ」訳 私(=新田義貞)の(今までの)忠義に照らし合わせて考えて、…道を(わが)三軍(=諸侯の上中下の軍。転じて、全軍)のために開かせてく

ださい。

かん-き【勘気】 名 主君や目上の人から受けるとがめ。おしかり。

かん-きょ【閑居】 名・自サ変 俗世間との交渉を絶って心静かに暮らすこと。また、そうした住まい。

閑吟集（かんぎんしふ／カンギンシュウ）《作品名》室町後期の歌謡集。編者未詳。永正十五年（一五一八）成立。室町時代の歌謡三百十一首を所収。近世歌謡の源泉となった。

かんこ-どり【閑古鳥】 名 ❶鳥の名。かっこうの異名。夏。〈嵯峨日記・芭蕉〉「憂き我をさびしがらせよかんこどり」訳→うきわれを… 俳句
❷もの寂しいさまのたとえ。

かん-ざし【簪】 名（「かみさし」の転）❶冠が落ちないように、巾子（=冠の後部に高く突き出した部分）のもとに横にさして、髻を貫いてとめる棒状のもの。
❷女性の髪にさす装飾品。

かん-ざし【髪状・髪差し】 名（「かみさし」の転）額の上の髪のはえぐあい。また、髪のかたち。転じて、髪。〈源氏・若紫〉「いはけなくかいやりたる額つき、髪ざしいみじううつくし」訳（若紫が）あどけなく（髪を）手でかき上げた額の形や髪のようすはたいそうかわいらしい。

かん-じゃく【閑寂】 名・形動ナリ「かんせき」とも。ひっそりとしていること。俗世間から遠ざかったもの静かな境地。〈幻住庵記〉「ひたぶるに閑寂を好み、山野に跡をかくさんとにはあらず」訳 ひたすらもの静かな境地を好んで、山野深く遁世しようというのではない。

かん-しん【甘心】 名・他サ変「かんじん」とも。❶快く思うこと。感心すること。〈徒然・八三〉「洞院の左大臣殿、このことを甘心し用給ひて」訳 洞院の左大臣殿（=藤原実泰）は、このことを快く思いなさって。
❷納得すること。同意すること。〈太平記・一九〉「将軍も師直も『この儀しかるべし』とぞ甘心せ未られける」訳 将軍（=足利尊氏）も師直もこの意見はもっともだ」と同意された。

かん・ず【感ず】 自サ変｛ぜ・じ・ず・ずる・ずれ・ぜよ｝❶心を動かされ

古文常識 「かんむり」— さまざまな冠

平安時代中期以降、冠の形状は基本的に大きな差はないが、額や纓の処理によって身分や年齢のちがいを示す。

御幘の冠
着用者：天皇（神事のとき）。
無文の冠で、巾子に纓をかぶせて、白の絹でくくって結び下げたもの。

御立纓の冠
着用者：天皇（江戸時代以降）。
纓を上向きに立たせているもの。

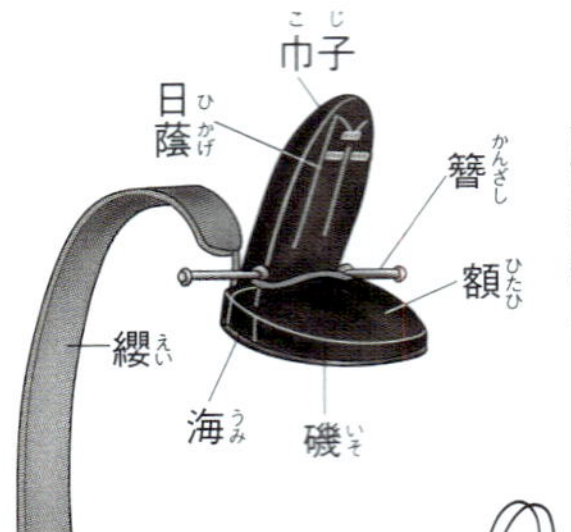

垂纓の冠
着用者：天皇以下、文官。
纓をそのまま垂らしたもの。

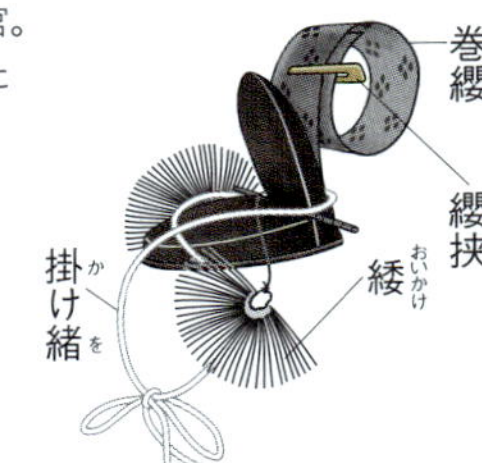

巻纓の冠
着用者：武官。
纓を内巻きにして纓挟という黒漆塗りの木片で留める。緌は武官に特有の付属品。馬の毛をブラシのように束ねて扇形に開いた武礼冠由来の飾り。

細纓の冠
着用者：六位以下の武官および六位の蔵人。
鯨のひげや竹をたわめて黒塗りにしたものを二本一組にして付属具の纓壺に差し込んだもの。

る。**感動する。** また、**感心する。**〈徒然・四一〉「時にとりて、物に感ずる㊍ことなきにあらず」訳（人間は）時によって、何かに感動することがないわけではない。❷過去の行為が神仏に知られて、その**報いが現れる。**〈今昔・九・三二〉「殺生の罪は現報を感ずる㊍なりと知るべし」訳生きものを殺す罪は、現世で受ける報いに現れるものだと知らねばならない。

かん-せき【閑寂】名・形動ナリ「かんじゃく」に同じ。

かん-だう【勘当】名・他サ変 ❶〔罪を勘え、法に当てる意〕罰すること。とがめ。おしかり。〈竹取・竜の頸の玉〉「玉の取りがたかりしことを知り給へればなむ、勘当あらじ」訳玉を取るのが至難であったことをご存じでいらっしゃるのだから、おとがめはないだろう。❷親子や主従・師弟などの縁を切ること。

かんだち-め【上達部】名「かんだちべ」とも。摂政・関白・太政大臣・左右大臣・内大臣・大中納言・参議および、その他の三位以上の者の称。ただし、参議は四位でもこの中に入る。公卿。〈徒然・八〇〉「法師のみにもあらず、上達部・殿上人、上ざままで、おしなべて武を好む人多かり」訳法師ばかりでもなく、公卿や殿上人、上流階級の人々まで、一般に武芸をたしなむ人が多い。

かん-な【仮名】名〔「かりな」の撥音便〕「かな（仮名）」に同じ。

かんな-づき【神無月・十月】名「かみなづき」に同じ。

かん-にん【堪忍】名・自サ変 ❶たえしのぶこと。もちこたえること。がまん。〈太平記・一九〉「将軍京都には一日も堪忍し㊞給はじとおぼえしを」訳将軍（＝足利尊氏）は京都では一日ももちこたえなさらないだろうと思われたが。❷怒りをこらえて、人の罪を許すこと。勘弁。

かん-のう【堪能】名・形動ナリ 深くその道に通じていること。また、その人。じょうず。達人。〈徒然・一五〇〉「堪能の嗜まざるよりは、つひに上手の位にいたり」訳（稽古に励む者は）芸達者でもうちこんで努力しない人よりは、しまいに名手の芸位に達し。

参考 現在の「堪能」という読みは、「足んぬ」の転「たんのう（＝満足すること）」に誤って字を当てたもので、本来の漢語「堪能」とは別語。

かん-ばせ【顔・容】名〔「かほばせ」の撥音便〕顔のさま。顔つき。顔色。〈細道・松島〉「その気色窅然として美人の顔を粧ふ」訳その（松島の）ようすは深みのある美しさで美人が顔を化粧している（ようだ）。

かんぶつ【灌仏】➡くゎんぶつ

かんむり【冠】名〔「かうぶり」の転〕❶頭にかぶるものの総称。❷衣冠束帯姿のとき、頭にかぶるもの。頂にあたる所を額、後方に高く立ち、髻を入れる所を巾子という。位階や時代によりいろいろな形がある。➡前ページ「古文常識」❸俳句の最初の五文字。

き　キ

き-【貴】接頭（漢語の名詞に付いて）身分が高い、尊いの意、または、尊敬の意を表す。「貴僧」「貴命」

-き【寸】接尾 ❶上代の長さの単位。後世の一寸（＝約三センチメートル）ぐらいの長さ。❷馬の背の高さを示す語。四尺（＝約一二〇センチメートル）を標準的な馬長とし、四尺一寸のものを一寸、四尺二寸のものを二寸といった。

参考 ②で、三尺九寸のときは、不足分を「かへり」ということばで示し、「かへり一寸」のようにいった。

き【気】名 ❶大気。空気。❷空間にみちているもの。**煙・霧・かすみ・においなど。** また、**気配。**〈徒然・一五五〉「春はやがて夏の気をもよほし」訳春はそのまま夏の気配をうながし。❸心。**気分。**〈笈の小文〉「時々気を転じ」訳その時々に気分をかえ。❹気勢。元気。根気。精神力。

き【奇】名・形動ナリ めずらしいこと。変わっていて興味深いさま。〈細道・象潟〉「雨もまた奇なり㊎とせば」訳雨（で見えない景色を想像するの）もまたふつうと違っておもしろいとするならば。

き【季】名 ❶春夏秋冬の一つをいう語。季節。❷奉公人の雇用期間などを表す語。年季。一年を一季、半年を半季という。❸連歌や俳諧で、句に詠みこむ四季の景物。季題。季語。

き【城・柵】名 敵の襲来を防ぐために、垣や堀をめぐらして内外を区切った所。とりで。さく。

き【紀】名 ❶「日本書紀」の略称。❷紀伊の国。

き【記】名 ❶「古事記」の略称。❷書きしるした文章や文書。記録。

き【酒】名 酒。「黒酒」「白酒」「御酒」などの複合語の形で用いる。

き【驥】名 一日に千里を行くという名馬。駿馬。〈徒然・八五〉「驥を学ぶは驥の類ひ、舜を学ぶは舜の徒なり」訳駿馬を見習う馬は駿馬の同類であり、（中国の聖天子）舜をまねる人は舜の仲間である。

き【来】カ行変格活用の動詞「来」の連用形。

き 助動特殊型 ➡次ページ助動詞「き」

ぎ【義】名 ❶儒教で説く五常（＝仁・義・礼・智・信）の一つ。人の行うべき正しい道。〈平家・七・木曽山門牒状〉「〔頼政父子は〕命を軽んじ、義を重んじて」❷物事の筋道。道理。規則。〈徒然・二三七〉「この義をまぼりて利を求めん人は」訳この道理を守って利益を求めるような人は。❸意義。意味。また、教義。〈源氏・橋姫〉「阿闍梨も請じおろして、義などいはせ給ふ」訳（比叡山から）阿闍梨も招き下ろして、（経文の）意味などを言わせなさる。

ぎ【儀】名 ❶わけ。**こと。** 事の次第。〈徒然・一七七〉「庭の儀を奉行する人」訳庭のこと（＝整備）を上の命令で行う人。❷儀式。**行事。**

き-あ・ふ【来合ふ】自ハ四〔は・ひ・ふ・ふ・へ・へ〕来合わせる。

き　助動特殊型

意味・用法

過去　過去の事実を回想していう。…た。…ていた。

用例

例 京より下りし㊡時に、みな人、子ども無かりき㊧〈土佐〉
訳 都から下向した時には、人はみな、子供がいなかった。

接続

ふつう、活用語の連用形に付く。→文法ノート1

活用

未然	連用	終止	連体	已然	命令
（バ） (せ)	○	（。） き	（コト） し	（ドモ） しか	○

文法ノート

1 接続
カ変・サ変の動詞には、次のような特別な付き方をする。

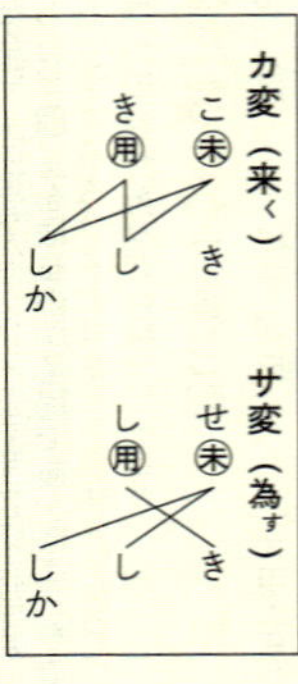

2 「き」と「けり」
過去の助動詞には「き」と「けり」とがある。平安時代の用法では、自分で直接経験したことの回想に「き」を、他から伝え聞いた過去の事実、または詠嘆に「けり」を用いる傾向がある。

3 未然形「せ」
未然形「せ」は、助詞「ば」とともに用いられ、「せば…まし」の形で、反実仮想の仮定条件を表すのに用いられる。
例 世の中にたえて桜のなかりせば春の心はのどけからまし〈古今・春上〉
訳 世の中にまったく桜がなかったならば、春を過ごす人の心はのんびりと落ち着いていられるだろうに。

4 未然形「け」
上代の用例から未然形「け」を認める説もある。
例 根白（ねじろ）の白ただむき纏（ま）かずけばこそ〈記・下〉
訳 大根のような真っ白い腕を抱かなかったなら。

5 サ行四段＋「し」「しか」
サ行四段活用の動詞の連用形に、助動詞「き」の連体形「し」・已然形「しか」が付く場合、サ変からの類推によって、中世以降、「申せし」「殺せしか」などとなることがある。

〈蜻蛉・上〉「とみなる召使の、来合ひ㊥たりつればなむ」訳 急用を伝える召使が、来合わせてしまったので。

紀伊（きい）《地名》旧国名。南海道六か国の一つ。今の和歌山県と三重県の南部。紀の国。紀州。

きう-けい（キュウ）【九卿】名（古代中国で主要な九つの官職をさしたことから）「公卿（くぎょう）」の別名。

きう-けう（キュウキョウ）【九竅】名 人体にある九つの穴。両眼・両耳・両鼻孔・口・前陰部・後陰部。九孔。九穴。〈笈の小文〉「百骸（ひゃくがい）九竅の中（うち）に物あり、仮に名付けて風羅坊（ふうらぼう）といふ」訳 多くの骨と九つの穴（を持つ肉体）の中にある物（＝霊）が宿り、（それを）仮に名づけて風羅坊（＝芭蕉（ばしょう）の別号）という。

きう-ぞく（キュウ）【九族】名 高祖父母・曽祖父母・祖父母・父母・自分・子・孫・曽孫・玄孫の九代の家族。一家。一門。

きう-ぢ（キュウジ）【灸治】名 灸をすえて病気や傷を治療すること。灸療法。

きう-もん（キュウ）【糾問・糺問】名 罪状を問いただすこと。

きう-り（キュウ）【久離・旧離】名 江戸時代の戸籍手続きの一つ。目上の親族が目下の親族との親族関係を断つこと。品行の悪い者に対しては、名主を通して町奉行に願い出、人別帳（にんべつちょう）（＝戸籍）から除名してもらい、連帯責任を免れた。のちに勘当と混同して使われた。

き-え【帰依】名・自他サ変《仏教語》仏・菩薩（ぼさつ）や高僧などを深く信じて、その教えにひたすら従い、よりどころとすること。

きえ-い・る【消え入る】自ラ四〔ら・り・る・る・れ・れ〕❶消えてなくなる。〈源氏・薄雲〉「ともし火などの消え入る㊡やうにて果て給ひぬれば」訳 灯火などが消えてゆくようにして、（静かに、藤壺（ふじつぼ）は）息をお引き取りになったので。❷（悲嘆・苦しみ・恥などのために）**意識がぼんやりする。気が遠くなる。**気絶する。〈源氏・桐壺〉「あるかなきかに消え入り㊥つつものし給ふを御覧ずるに」訳（桐壺の更衣が）生きているのかいないのかわからないほ

6 詠嘆にならない連体形止め

「し」の連体形止めの用法は、後世、詠嘆・余情の表現でなく、単に文を終止するのに用いられるようになった。

例 その人、ほどなく失せにけりと聞き侍りし〈徒然・三〉

訳 その人は、間もなく亡くなってしまったと聞きました。

ど意識を失い失いしていらっしゃるのを(桐壺帝は)ご覧になると。(「ものす」は婉曲表現で、ここでは「いる」の意)

❸**息が絶える。**死ぬ。〈宇治・七・五〉「この柑子えざらましかば、この野中にて消え入り用なまし」訳 もしこのみかんを手に入れなかったなら、この野原の中できっと死んでしまったろうに。

❹**恥ずかしがってもじもじする。**〈枕・九〇〉「弁のおもとといふに伝へさすれば、消え入り用つつ、えも言ひやらねば」訳 弁のおもとという女房に伝えさせると、(弁は)もじもじするばかりで、どうにも言い伝えることができないので。

きえ-う・す【消え失す】自サ下二{せ・せ・す・する・すれ・せよ} ❶消えてなくなる。〈源氏・夕顔〉「夢に見えつるかたちしたる女、面影に見えてふと消え失せ用ぬ」訳 夢に現れた(のと同じ)容貌をした女が幻影として現れて、ふっと消えていなくなった。

❷命が絶える。死ぬ。〈源氏・夕霧〉「消え失せ用給ひにしことをおぼし出づるに」訳 (母君が)お亡くなりになってしまったことをお思い出しになると。

きえ-がた【消え方】名・形動ナリ いまにも消えそうなようす。また、その時。〈枕・三五〉「すこし消えがたになりたるほど」訳 (雪は)少し消えそうになったころ(が趣がある)。

きえ-がて【消えがて】形動ナリ{なら・なり(に)・なり・なる・なれ・なれ} 消えにくいさま。〈古今・春下〉「桜散る花の所は春ながら雪ぞふりつつ消えがてに用する」訳 桜が散るこの花の名所(=雲林院)では、春だというのに雪が降り続いて消えにくそうにしていることだ。

きえ-かへ・る【消え返る】カエル 自ラ四{ら・り・る・る・れ・れ} ❶すっかり消える。消え失せる。〈蜻蛉・上〉「さだめなく消えかへり用つる露よりも」訳 はかなく消え失せてしまう露よりも。

❷**死ぬほどに思いつめる。**人ごこちがしなくなるほど思う。〈源氏・行幸〉「若き御達の消えかへり用心移す中少将」訳 若い女房が死ぬほど(恋しく)思って心慕う中将・少将。

❸できてはまた消える。何度も消える。

きえ-は・つ【消え果つ】自タ下二{て・て・つ・つる・つれ・てよ} ❶すっかり消えてしまう。〈古今・羇旅〉「消え果つる体時しなければ越路なるしら山の名は雪にぞありける」訳 (一年中雪が)すっかり消えてしまうときがないから、北陸路にある白山の名は、雪(にちなんで付けられたもの)だったのだ。

❷息が絶える。死ぬ。〈源氏・御法〉「かひもなく、明け果つるほどに消え果て用給ひぬ」訳 (祈禱の)かいもなく、夜がすっかり明けるころに、(紫の上は)お亡くなりになった。

きえ-まど・ふ【消え惑ふ】マドウ 自ハ四{は・ひ・ふ・ふ・へ・へ} 死ぬほどに思い迷う。ひどく途方にくれる。〈源氏・帚木〉「消え惑へ已るけしきいと心ぐるしくらうたげなれば」訳 ひどく途方にくれている(空蟬の)ようすは、じつに気の毒でかわいらしい感じなので。

きえ-わ・ぶ【消え侘ぶ】自バ上二{び・び・ぶ・ぶる・ぶれ・びよ} 身も消え入るほどに思い悩む。死ぬほどに心細く思う。〈新古・恋四〉「消えわび用ぬうつろふ人の秋の色に」訳 (私は)身も消え入るほどに思い悩んでしまった。心変わりするあの人が(私に)飽きたという秋の色に。(「秋」に「飽き」をかける)

きおう【競う】➡きほふ

きかう-でん【乞巧奠】キコウ 名〔「きっかうでん」の促音「っ」の表記されない形〕陰暦七月七日の夜、牽牛星・織女星を祭る行事。織女星に供え物をして、手芸の上達などを祈る。奈良時代、中国から渡来した風習で、宮中・民間ともに行い、宮中では清涼殿の庭に机四脚、灯台九本を立て、供え物や琴などを机の上に置き、一晩じゅう香をたいた。たなばたまつり。

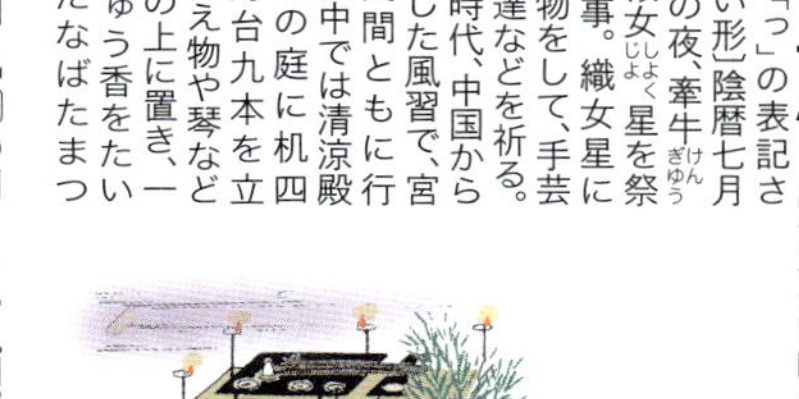
(きかうでん)

きき【聞き】名 ❶聞くこと。見聞。

❷他人に聞こえること。風聞。評判。〈徒然・三八〉「誉れを愛するは、人の聞きをよろこぶなり」訳 名誉を大事に思うのは、世間の人の評判を喜ぶことである。

❸(酒・茶などの味を)試みること。鑑定。

きき-い・づ【聞き出づ】イズ 他ダ下二{で・で・づ・づる・づれ・でよ} 探って聞き知る。聞き出す。〈枕・二六〉「ふるき言の、知らぬを聞きいで用たるもうれし」訳 古い詩歌のことばで、(自分が)知らないのを聞き知った場合もうれしい。

きき-い・る【聞き入る】一 自ラ四{ら・り・る・る・れ・れ} 耳をすまして聞く。〈枕・一九五〉「わかき人はいみじうかたはらいたきことに聞き入り用たるこそ、さるべきことなれ」訳 (年輩者が下品な言葉を使うのを)若い人はひどくきまり悪いこととしてじっと聞いているのは、当然のことだ。

二 他ラ下二{れ・れ・る・るる・るれ・れよ} ❶**聞いて心にとめる。**聞き耳を立てる。〈枕・四〉「見入れ聞き入れ用などする人、世になしかし」訳 (平凡な鳥について)目をみはったり聞き耳を立てたりなどする人は、この世間にいないことだよ。❷聞いて承諾する。同意する。〈徒然・三二〉「ひがひがしからん人のおほせらるること、聞き入る(終)べきかは」訳情趣を解さないような人のお命じになることを、どうして承諾することができようか(いや、できない)。❸聞いたことを理解する。〈源氏・夕顔〉「なにの響きとも聞き入れ(用)給はず」訳(唐臼の音を)何の響きとも(光源氏は)聞いておわかりにならず。

きき・う【聞き得】他ア下二{え・え・う・うる・うれ・えよ}❶聞いて会得する。聞いて理解する。〈土佐〉「こころをや聞きえ(用)たりけむ」訳(歌の)意味を聞いて理解したのであろうか。❷聞くことができる。〈枕・二八〉「笙の笛は月の明かきに、車などにて聞きえ(用)たる、いとをかし」訳笙の笛は月の明るいときに、牛車(の中)などで聞くことができたのが、たいそう趣がある。

きき-おと・す【聞き落とす】他サ四{さ・し・す・す・せ・せ}聞いてさげすむ。〈源氏・若菜下〉「あはつけきやうにや、聞き落とし(用)給ひけむ」訳(蛍兵部卿の宮は私＝玉鬘を)軽はずみな(女の)ように、聞いてさげすみなさったのであろうか。

きき-お・ふ【聞き負ふ】他ハ四{は・ひ・ふ・ふ・へ・へ}自分のこととして聞く。〈伊勢・一〇八〉「常のことぐさにいひけるを、聞きおひ(用)ける男」訳(女が)平素の口ぐせのように言っていたのを、自分のことだなと聞いた男は。

きき-かよ・ふ【聞き通ふ】他ハ四{は・ひ・ふ・ふ・へ・へ}聞き伝える。伝え聞く。〈源氏・浮舟〉「おのづから聞きかよひ(用)て、隠れなきこともこそあれ」訳自然に伝え聞いて、(嘘が)広く知れ渡ることがあるといけない。

きぎし【雉子】名きじ(＝鳥の名)の古名。「きぎす」とも。春

きき-しの・ぶ【聞き忍ぶ】他バ四{ば・び・ぶ・ぶ・べ・べ}聞いても聞こえないふりをする。〈源氏・横笛〉「心やましううち思ひて、聞きしのび(用)給ふ」訳(雲居の雁は)不愉快に思って、聞こえないふりをしなさる。

(きぎし)

きき-そ・ふ【聞き添ふ】他ハ下二{へ・へ・ふ・ふる・ふれ・へよ}聞いたうえに、さらに聞く。聞き足す。また、聞いて思いを増す。〈源氏・宿木〉「をかしかりける人の御心ばへかなとのみ、いとど聞きそへ(用)給ふ」訳情趣のあった(大君の)お人柄だなあとばかり、(薫は弁の尼の話に)いっそう感慨を添えてお聞きになる。

きき-つ・く【聞き付く】一自カ四{か・き・く・く・け・け}耳を傾けて聞く。聞き入る。〈源氏・薄雲〉「いとなつかしげなるに、聞きつき(用)て」訳(斎宮の女御のようすが)たいそう心ひかれる感じであるので、(光源氏は)聞き入って。

二他カ下二{け・け・く・くる・くれ・けよ}聞きつける。聞いて知る。〈伊勢・四五〉「『かくこそ思ひしか』と言ひけるを、親聞きつけ(用)て」訳「こう(＝あの方に逢いたいと)思っていた」と(娘が)言ったのを、親が聞きつけて。

きき-つ・ぐ【聞き継ぐ】他ガ四{が・ぎ・ぐ・ぐ・げ・げ}❶人から人へと伝え聞く。人づてに聞く。〈今昔・一九・四〇〉「忠明が語りけるを聞き継ぎ(用)てかく語り伝へたるとや」訳忠明が語ったのを人づてに聞いて、このように語り伝えたとか(いうことだ)。❷人のあとに続けて聞く。〈万葉・一九・四一九四〉「ほととぎす鳴き渡りぬと告ぐれどもわれ聞き継が(未)ず」訳ほととぎすが鳴いて渡ったと(人は)言うけれども、私は続けて聞いていない。

きき-とが・む【聞き咎む】他マ下二{め・め・む・むる・むれ・めよ}❶聞いて問題にする。聞きとがめる。〈枕・一六三〉「いかなることをか聞こえつる。さらに聞きとがめ(用)給ふべきことなし」訳(私が)どんなことを申し上げたか。少しも聞きとがめなさりそうなことは(申し上げてい)ない。❷聞いて心にとめる。〈後撰・雑三〉「鳥の音を聞きとがめ(未)ずぞ行き過ぎにける」訳鳥の声を、(あなたは)聞きとめずに行き過ぎてしまったことよ。

きき-な・す【聞き做す】他サ四{さ・し・す・す・せ・せ}聞いてそれと思う。〈今昔・一九・二〉「我が妻にて有りし人のけはひに聞きなし(用)つ」訳(宗貞はその声を)自分の妻であった人の雰囲気だと聞いてそう思った。

きき-はな・つ【聞き放つ】他タ四{た・ち・つ・つ・て・て}聞き流す。聞き捨てにする。〈大鏡・師輔〉「いかなる折も必ず見過ぐし聞き放た(未)せ給はず」訳どんな折にも決して見過ごしたり聞き流したりなされず。

きき-ひら・く【聞き開く】他カ四{か・き・く・く・け・け}聞いて、その意味を理解する。聞いて納得する。〈曽我物語〉「なんぢが申す所、一々に聞きひらき(用)ぬ(＝一つ残らず聞いて納得した)」

きき-まがは・す【聞き紛はす】他サ四{さ・し・す・す・せ・せ}他の音と入りまじり、その音の区別ができないようにする。〈紫式部日記〉「例の絶えせぬ水の音なむ、夜もすがら聞きまがはさ(未)る」訳いつものように絶え間ない遣り水の音が、一晩中(読経の声と)入りまじって区別がつかないように聞こえさせられる(＝聞こえる)。

きき-みみ【聞き耳】名❶聞いた感じ。聞いて思うこと。〈枕・六〉「おなじことなれども聞き耳ことなるもの　法師のことば」訳同じことばであるけれども聞いた感じが違うもの、(それは)法師のことば。❷外聞。世間の人への聞こえ。〈源氏・若菜上〉「かく世の聞き耳もなのめならぬことの出で来ぬるよ」訳このように世間への聞こえもひととおりでないこと(＝女三の宮の降嫁)が起きてしまったことよ。

き-きやう【桔梗】名「きちかう」とも。❶植物の名。秋の七草の一つ。ききょう。秋。➡七草「古文常識」(六四ページ)❷襲の色目の名。表は二藍(＝紅色がかった青色)、裏は青。秋に用いる。➡襲の色目「古文常識」(三一〇ページ)

参考「万葉集」に詠まれている「朝顔」は、今の「ききょう」であるともいわれている。

きき-わ・く【聞き分く】他カ四・下二{か・き・く・く・け・け}{け・け・く・くる・くれ・けよ}聞いて判別する。聞き分ける。また、聞いて理解する。〈源氏・橋姫〉「その琴とも聞きわか(未)(四段)れぬ物の音ども、いとすごげに聞こゆ」訳何の弦楽器とも聞き分けることのできない楽器の音のあれこれが、たいそうもの寂しそうに聞こえる。〈雨月・蛇性の婬〉「あるじの君、よく聞きわけ(用)(下二段)て給へ」訳あるじの君よ、よく聞いて判断してください。

参考中古までは四段活用。

ききーわた・す【聞き渡す】他サ四〔さ・し・す／す・せ・せ〕❶絶えず聞く。聞き続ける。〈源氏・宿木〉「かの近き寺の鐘の声も聞きわたさ(未)まほしくおぼえ侍るを」訳あの(山荘に)近い寺の鐘の音もずっと聞き続けたいと思われますが。
❷あたり一帯の物音を聞く。〈源氏・夕顔〉「白妙の衣うつ砧の音も、かすかに、こなたかなた聞きわたさ(未)れ」訳白布の衣を(つやを出すために)打つ砧の音も、かすかに、ほうぼう一帯から聞かれ。

ききーわた・る【聞き渡る】他ラ四〔ら・り・る／る・れ・れ〕聞き続ける。つねに聞く。〈源氏・真木柱〉「年ごろ思ひうかれ給ふさま聞きわたり(用)ても久しくなりぬるを」訳数年来(髭黒が玉鬘に)うつつを抜かしなさるようすは、以前から聞いていても久しくなってしまったが。

きく【菊】名❶植物の名。秋に咲く。秋 ❷襲の色目の名。表は白、裏は青。一説に、裏は蘇芳(＝紫がかった赤色)または紫。秋に用いる。⇒襲の色目「古文常識」(三〇ページ)
参考「万葉集」には菊は詠まれていないが、中古から秋を代表する花の一つとなっている。

フレーズ
菊の宴 陰暦九月九日の重陽の節句に行われる観菊の宴。杯に菊の花を浮かべて飲み、不老長寿を祈った。秋
菊の露 菊の花の上においた露。飲むと長生きするとされた。
菊の綿 菊の花にかぶせてその露と香りを移した綿。陰暦九月九日の重陽の節句に、これで身をぬぐうと長寿を保つといわれた。「菊の着せ綿」「着せ綿」とも。

き・く【聞く・聴く】他カ四〔か・き・く／く・け・け〕❶音声を耳で知覚する。聞いて知る。〈古今・離別〉「立ち別れいなばの山の峰に生ふるまつとし聞か(未)ば今帰りこむ」訳⇒付録①「小倉百人一首」16
❷人のことばに従う。聞き入れる。〈伊勢・二三〉「親のあはすれども、聞か(未)でなむありける」訳親が(他の男と)結婚させ(ようとし)ても、聞き入れないでいたのだった。
❸問う。たずねる。〈拾遺・春〉「散り散らず聞か(未)まほしきを」訳(桜の花が)もう散ってしまったか、まだ散らないかをたずねたいのだが。
❹(味を)ためす。(匂いを)かぐ。

きくーのーえん【菊の宴】⇒菊「フレーズ」

きくのかや… 俳句
秋 切れ字
菊の香や　奈良には古き　仏達　〈笈日記・芭蕉〉
訳(折しも陰暦九月九日、菊の節句ともいわれる重陽の節句なので)あたりは菊の香がいっぱいである。さすがに古都奈良にふさわしく、寺々には古い仏像が立ち並んでいらっしゃることだ(菊の香とともにその尊さが香りたつようである)。

きくーのーつゆ【菊の露】⇒菊「フレーズ」

きくーのーわた【菊の綿】⇒菊「フレーズ」

きーくわい【奇怪】形動ナリ〔なら・なり(に)・なり／なる・なれ・なれ〕「きっくわい」とも。❶不思議だ。怪しい。〈今昔・二七・一六〉「ここにはいかなる人の入りおはしたるぞ。いと奇怪なる(体)ことなり」訳ここにはどのような人がお入りになっているのだ。まことに怪しいことだ。
❷けしからぬさま。ふらちだ。〈徒然・二三六〉「さがなき童どもの仕りける、奇怪に(用)候ふことなり」訳いたずらな子供たちがいたしたことで、けしからんことであります。

義経記(ぎけいき)《作品名》室町前期の軍記物語。作者未詳。源義経の幼少期と、頼朝に追放された悲境の晩年を中心に、同情的に描いている。

きーげん【機嫌】名❶《仏教語》世の人がそしりきらうこと。嫌悪すること。
❷時機。しおどき。〈徒然・一五五〉「世に従はん人は、まづ機嫌を知るべし」訳世間にさからわずに生きていこうとする人は、何よりも(物事の)しおどきを知らなければならない。
❸ようす。事情。〈義経記〉「京の機嫌をぞ窺ひける」訳京のようすをうかがった。
❹他人の意向・思わく。〈十訓・六〉「然れば機嫌をはばかりて、やはらかに諫むべし」訳だから相手の思わくを推しはかって、やんわりと意見するのがよい。
❺気分。気持ち。また、気分のよいこと。

きーご【季語】名連歌や俳諧で、春夏秋冬の季節感を表すため、特にその季節の語として詠み込むように定めた語。季のことば。季ことば。季題。⇒付録①「俳句をよむ」

きこうでん【乞巧奠】⇒きかうでん

きこえ【聞こえ】名
〔下二段動詞「聞こゆ」の連用形から〕うわさ。評判。外聞。〈徒然・一五〇〉「天下の物の上手といへども、はじめは不堪の聞こえもあり」訳世間で有名な芸能の名人といっても、初めのうちは未熟であるという評判もあり。

きこえ＝【聞こえ】他ヤ下二連用形(動詞の上に付いて)「言ひ」の謙譲の意を表す。言い…申しあげる。〈源氏・若紫〉「うち泣きつつ聞こえ続くる(体)に」訳(尼君の臨終のようすを)泣きながら言い続け申しあげるので。
例語 聞こえ合はす(＝互いに申し上げ合う)・聞こえ合ふ(＝口々に申し上げる)・聞こえ出だす・聞こえ出づ・聞こえ置く(＝前もって申し上げておく)・聞こえ掛く・聞こえ交はす・聞こえ返す・聞こえ定む(＝言い定め申しあげる)・聞こえ継ぐ(＝取りついで申し上げる)・聞こえ漏らす(＝言い漏らし申しあげる)

きこえーい・づ【聞こえ出づ】自ダ下二〔で・で・づ／づる・づれ・でよ〕〔「聞こえ」はうわさや評判になる意〕外部にもれ聞こえる。世間のうわさになる。〈源氏・胡蝶〉「わざと思しあがめ聞こえ給ふ御気色など、みな世に聞こえ出で(用)て」訳(光源氏が玉鬘を)特別にお思いになりたいせつにし申しあげなさるごようすなどが、みな世間にもれ聞こえて。

二 他ダ下二 {で・で・づ・づる・づれ・でよ}「言ひ出づ」の謙譲語。(思っていることを)申し上げる。(返事などを)申し上げる。〈源氏・桐壺〉「はかなく聞こえ出づる体言の葉も」訳ちょっと(桐壺帝に)申し上げることばでも。

きこえ-いな・ぶ【聞こえ否ぶ】 他バ上二 {び・び・ぶ・ぶる・ぶれ・びよ}「言ひ否ぶ」の謙譲語。ご辞退申しあげる。反対し申しあげる。〈源氏・若菜上〉「心苦しくて、え聞こえいなび未ずなりにしを」訳気の毒で、ご辞退申しあげられなくなってしまったことを。

きこえ-かは・す カワス**【聞こえ交はす】** 他サ四 {さ・し・す・す・せ・せ}「言ひ交はす」の謙譲語。互いに申し上げ合う。手紙を差し上げたりいただいたりする。〈竹取・御門の求婚〉「御返りさすがに憎からず聞こえかはし用給ひて」訳ご返事はそうはいうもののやはり情愛こまやかにやりとり申しあげなさって。

きこえ-かへ・す カエス**【聞こえ返す】** 他サ四 {さ・し・す・す・せ・せ}「言ひ返す」の謙譲語。❶ご辞退申しあげる。〈源氏・関屋〉「えこそすくよかに聞こえかへさ未ね」訳(光源氏に対して)とてもきっぱりとご辞退申しあげられない。
❷反対し申しあげる。〈源氏・藤袴〉「かのおとどのかくし給へることを、いかがは聞こえかへす終べからむ」訳あの大臣がこのようになさったことを、どうして反対し申しあげられようか(いや、できはしない)。
❸お答え申しあげる。ご返答申しあげる。〈枕・一四〉「御いらへを、いささか恥づかしとも思ひたらず聞こえかへし用」訳(大納言殿=伊周への)ご返事を、少しも恥ずかしいとも思っていないでお答え申しあげ。

きこえ-かよ・ふ カヨウ**【聞こえ通ふ】** 他ハ四 {は・ひ・ふ・ふ・へ・へ}「言ひ通ふ」の謙譲語。ご相談申しあげる。ご交際申しあげる。お便りを差し上げる。〈源氏・朝顔〉「とある事かかる折につけて、なにごとも聞こえかよひ用しに」訳(私=光源氏は)事あるごと折あるごとに、何事も(藤壺に)ご相談申しあげたが。

きこえ-ご・つ【聞こえごつ】 他タ四 {た・ち・つ・つ・て・て}聞こえよがしに申し上げる。〈枕・四〉『雨降りぬべし』など聞こえごつ体もいとにくし」訳「雨が降りそうだ」など と聞こえよがしに申し上げるのも実に不快だ。

敬語ガイド
きこえさす (1)〜(4)
(1) 他サ四 「言ひ止さす」の謙譲語。
(2) 他サ下二 「言ふ」の謙譲語。
(3) 補動サ下二 謙譲の意を表す。
(4) 「聞こゆ」未＋使役の助動詞「さす」。

きこえ-さ・す(1)【聞こえ止す】 他サ四 {さ・し・す・す・せ・せ}〔「さす」は、中途でやめる意の接尾語〕「言ひ止す」の謙譲語。申し上げるのを途中でやめる。〈源氏・玉鬘〉「人々参れば聞こえさし用つ」訳(右近は)人々が参上するので、(光源氏に)申し上げるのを途中でやめた。

きこえ-さ・す(2)【聞こえさす】 他サ下二 {せ・せ・す・する・すれ・せよ}〔謙譲の下二段動詞「聞こゆ」未＋使役の助動詞「さす」〕「言ふ」の謙譲語。申し上げる。(手紙などを)差し上げる。〈源氏・末摘花〉★「あやしきことの侍るを、聞こえさせ未ざらむもひがひがしう思ひ給へわづらひて」訳風変わりなことがございますが、(私=命婦があなた=光源氏に)申し上げないとしたらそれもひねくれているようで、思い悩みまして。

敬意の対象(会話文)
★〈源氏〉の例
話し手
私=命婦 が
あなた=光源氏 に
聞こえさせ(謙譲)ざらむも
敬意

語法 「聞こゆ」に比べて謙譲の意が強い。同じ形でも、本来の使役の意味が残って「だれかに、申し上げさせる」意の場合と、「さす」が接尾語で「申し上げるのを途中でやめる」意の場合とがあるので、注意が必要である。

きこえ-さ・す(3)【聞こえさす】 補動サ下二 {せ・せ・す・する・すれ・せよ}〔下二段動詞「聞こえさす」から〕(動詞の連用形に付いて)謙譲の意を表す。お…申しあげる。…して差しあげる。〈枕・八三〉「ありつることのさま、語り聞こえさすれ已ば」訳さっきのことのようすを、(中宮に)お話し申しあげると。→聞こえさす(他サ下二)語法

きこえ-さ・す(4)【聞こえさす】 (他サ下二)申し上げさせる。〈源氏・若紫〉「かの祖母に語らひ侍りて聞こえさせ未む」訳あの(若紫の)祖母に相談しまして、(祖母から)申し上げさせよう。
なりたち 下二段動詞「聞こゆ」未＋使役の助動詞「さす」
注意 一語の動詞「聞こえさす」と混同しないこと。

きこえ-させ-たま・ふ (モ)タマウ**【聞こえさせ給ふ】**
一 (「聞こゆ」が動詞の場合)
❶〔「聞こえさせ」＋「給ふ」〕
ア〔「きこえ 謙譲 ＋させ 使役」＋「たまふ 尊敬」〕(だれかを介して)申し上げさせなさる。〈源氏・若菜下〉「桐壺の御方よりつたへて、聞こえさせ給ひ用ければ」訳(春宮は)桐壺の女御(=明石の姫君)を通じて、(その猫をほしいと女三の宮に)申し上げさせなさったので。
イ〔「きこえ 謙譲 ＋させ 謙譲」＋「たまふ 尊敬」〕申し上げなさる。〈源氏・賢木〉「春宮を飽かず思ひ聞こえ給ひて、よろづの事を聞こえさせ給へ已ど」訳(藤壺は)春宮(との別れ)をなごり惜しくお思い申しあげなさって、さまざまのことを申し上げなさるけれども。
❷〔「聞こえ」＋「させ給ふ」〕〔「きこえ 謙譲」＋「させ 尊敬」＋「たまふ 尊敬」。「させ給ふ」は強い尊敬を表す〕お申し上げあそばす。〈枕・二六〉「御前に居させ給ひて、ものなど聞こえさせ給ふ終」訳(関白道隆が中宮の)御前にお座りになれて、話などお申し上げあそばす。
二 (「聞こゆ」が補助動詞の場合)
❶ア〔「きこえ 謙譲 ＋させ 使役 ＋たまふ 尊敬」〕(だれかを介して)お…申しあげさせなさる。〈源氏・若菜上〉「かの弁してぞかつがつ案内つたへ聞こえさせ給ひ用ける」訳(朱雀院は)あの左中弁を使いとして、(光源氏に)とりあえず(おぼし召しの)おもむきをお伝

え**申しあげさせなさっ**たのであった。

㋑〔きこえ [謙譲] ＋させ [謙譲] ＋たまふ [尊敬]〕お…申しあげになる。〈源氏・若菜上〉「母女御も添ひ**聞こえさせ給ひ**[用]てまゐり給へり」[訳]（春宮の）母の（承香殿(じょうきょうでん)の）女御も（春宮に）お付き添い**申しあげになっ**て参内なさった。

❷〔きこえ [謙譲] ＋させ [尊敬] ＋たまふ [尊敬]〕お…申しあげあそばす。〈源氏・桐壺〉「この御方の御いさめをのみぞなほわづらはしう心苦しう思ひ**聞こえさせ給ひ**[用]ける」[訳]このお方（＝弘徽殿(こきでん)の女御）のご意見だけを、（桐壺帝は）やはり遠慮されて、気の毒だと**お思い申しあげあそばす**のであった。

なりたち 謙譲の下二段動詞、または補助動詞「聞こゆ」[未]＋助動詞「さす」[用]＋尊敬の補助動詞「給ふ」

参考 いずれも、ふたりの人物を同時に敬う言い方で、現代語ではふつうは使われない。一二それぞれの敬意の対象は以下の通りで、「きこえ」「きこえさせ」で動作の対象となる人物（＝Ⓐ）を敬う気持ちを表し、「給ふ」「させ給ふ」で動作をする人（＝Ⓑ）を敬う気持ちを表す。

一
①㋐ きこえ（Ⓐを敬う）させ給ふ（Ⓑを敬う）
㋑ きこえさせ（Ⓐを敬う）給ふ（Ⓑを敬う）
② きこえ（Ⓐを敬う）させ給ふ（Ⓑを敬う）

二
①㋐ …きこえ（Ⓐを敬う）させ給ふ（Ⓑを敬う）
㋑ …きこえさせ（Ⓐを敬う）給ふ（Ⓑを敬う）
② …きこえ（Ⓐを敬う）させ給ふ（Ⓑを敬う）

きこえ-しら・す【聞こえ知らす】[他サ下二]〔せ・せ・す・する・すれ・せよ〕「言ひ知らす」の謙譲語。**言い聞かせ申しあげる。**説明申しあげる。〈源氏・若紫〉「後(のち)の世のことなどを（僧都(そうず)は光源氏に）**聞こえ知らせ**[用]給ふ」[訳]後世のことなどを（僧都は光源氏に）**お聞かせ申しあげ**なさる。

きこえ-な・す【聞こえ做す】[他サ四]〔さ・し・す・す・せ・せ〕「言ひ做す」の謙譲語。とりつくろって申し上げる。わざと申し上げる。〈和泉式部日記〉「『…さざきはいつかは』など、はかなきことに**聞こえなす**[体]ほどに」[訳]「『…まえまえとはいつのことか』などと、とりとめもないことに**とりつくろって申し上げる**うちに。

きこえ-や・る【聞こえ遣る】[他ラ四]〔ら・り・る・る・れ・れ〕「言ひ遣る」の謙譲語。❶すべて申し上げる。残りなく申し上げる。〈源氏・桐壺〉「言(こと)に出(い)でても**聞こえやら**[未]ず」[訳]（桐壺の更衣が）ことばに出しても（桐壺帝に）**すっかり申し上げ**ず。

❷納得がいくように、十分ご説明申しあげる。〈源氏・若紫〉「宮の渡らせ給はむには、いかさまにか**聞こえやら**[未]む」[訳]宮（＝兵部卿(ひょうぶきょう)の宮）がこちらにおいでになられるとしたらそのときには、どのように**ご説明申しあげ**ようか。

❸ことばや消息を先方にお伝え申しあげる。〈浜松中納言物語〉「中々とかくも**聞こえやる**[終]べき方なければ」[訳]なまじっかどうこうとも（使いをもって）**お伝え申しあげる**のに適切な手段もないので。

きこしめし＝【聞こし召し】[他サ四連用形]（動詞の上に付いて）「聞き」の尊敬の意を表す。お聞き…になる。聞き…なさる。〈源氏・橋姫〉「**聞こしめし**伝ふる[体]ことも侍らむ」[訳]（あなたもうわさに）**聞き**伝え**なさる**こともありましょう。

きこしめし＋動詞
「聞き」の尊敬

例語 聞こし召し明らむ（＝お聞きになってはっきりさせる）・聞こし召し合はす（＝聞いて参考になさる）・聞こし召し出(い)づ（＝聞き出しなさる）・聞こし召し入る・聞こし召し疎(うと)む（＝お聞きになっていやがる）・聞こし召し置く・聞こし召し驚く・聞こし召し知る・聞こし召し過(す)ぐす（＝お聞き過ごしになる）・聞こし召し付く

きこしめし-い・る【聞こし召し入る】[他ラ下二]〔れ・れ・る・るる・るれ・れよ〕❶「聞き入る」の尊敬語。お聞き入れになる。同意なさる。〈源氏・宿木〉「奏せさせ給ふことなどは、必ず**聞こしめし入れ**[用]」[訳]（女三の宮が）御奏上なさることなどは、（今上帝は）必ず**お聞き入れになり**。

❷「食ふ」「飲む」の尊敬語。お召し上がりになる。お飲みになる。〈栄花・とりべ野〉「御湯など参らするに**きこしめし入るる**[体]やうにもあらねば」[訳]御薬湯を差し上げるのに、（定子は）**お召し上がりになる**様子でもないので。

きこしめし-つ・く【聞こし召し付く】[他カ下二]〔け・け・く・くる・くれ・けよ〕「聞き付く」の尊敬語。**お聞きつけになる。**〈伊勢・六五〉「帝(みかど)**聞こしめしつけ**[用]て、この男をば流しつかはしてければ」[訳]帝が**お聞きつけになっ**て、この男を流罪に処してしまったので。

きこし-め・す【聞こし召す】[他サ四]〔さ・し・す・す・せ・せ〕

〔尊敬の四段動詞「聞こす」[用]＋尊敬の四段補助動詞「めす」〕❶「聞く」の尊敬語。**お聞きになる。**〈枕・九〉★「わらひののしるを、うへにも**聞こしめし**[用]てわたりおはしましたり」[訳]（女房たちが）笑いさわぐのを、天皇におかれても**お聞きになっ**て（定子皇后のお部屋に）お越しになった。

敬意の対象（地の文）
★〈枕〉の例
うへ（＝天皇）が
聞こしめして（尊敬）
わたりおはしましたり（尊敬）
書き手
敬意

❷「聞き入る」の尊敬語。**お聞き入れになる。ご承知なさる。**〈源氏・行幸〉「ここにせちに申さむことは、**聞こしめさ**[未]ぬやうあらざらまし」[訳]私（＝内大臣）がぜひにとお願い申し上げるようなこと（＝近江(おうみ)の君の入内(じゅだい)）は、（冷泉(れいぜい)帝も）**お聞き入れにならない**わけはないだろうに。

❸「食ふ」「飲む」の尊敬語。**召し上がる。お飲みになる。**〈竹取・かぐや姫の昇天〉「きたなき所の物**きこしめし**[用]たれば」[訳]（かぐや姫は）けがれた所（＝人間世界）の物を**召し上がっ**たので。

❹「治む」「行ふ」などの尊敬語。**お治めになる。**なさ

る。〈万葉・二・一九九〉「やすみししわが大君の**聞こしめす**㊍背面の国の」訳わが天皇が**お治めになる**北方の国の。(「やすみしし」は「わが大君」にかかる枕詞)

参考 高い敬意を表し、多く天皇・皇后などの動作に用いられる。また、「聞き入る→聞こし召し入る」「聞き置く→聞こし召し置く」「聞き付く→聞こし召し付く」のような複合語をつくる。→聞こし召し＝

きこし-を・す【聞こし食す】他サ四{さ・し・す・す・せ・せ}《上代語》〔尊敬の四段動詞「聞こす」㊊＋尊敬の四段動詞「食す」〕「治む」の尊敬語。お治めになる。〈万葉・五・八〇〇〉「たにぐくのさ渡る極み**聞こしをす**㊍国のまほらぞ」訳ひきがえるが渡り歩く(陸の)果てまで、(天皇が)**お治めになる**、国のすぐれた所だ。

参考「聞こし召す」と同じ意であると考えられるが、用例は「治む」意の尊敬の例しか見当たらない。

きこ・す【聞こす】《上代語》〔「聞かす」の転〕

一 他サ四{さ・し・す・す・せ・せ}「聞く」の尊敬語。**お聞きになる。**〈記・上〉「賢し女を有りと聞かして麗し女を有りと**聞こし**㊊て」訳(八千矛の神は)賢い女がいるとお聞きになって、美しい女がいると**お聞きになって**。

二 自サ四{さ・し・す・す・せ・せ}「言ふ」の尊敬語。**おっしゃる。**〈万葉・二〇・四四九九〉「わが背子しかくし**聞こさ**㊌ば天地の神を乞ひ祈み長くとそ思ふ」訳あなたがこう**おっしゃる**なら、天地の神々に乞い祈って長く(生きよう)と思う。

参考 上代にだけ用いられ、以後は、さらに尊敬の動詞「召す」が付いた「聞こし召す」が用いられた。

敬語ガイド　きこゆ(1)〜(3)

(1) 自ヤ下二　「聞こえる」「うわさされる」「理解される」の意。敬語ではない。

(2) 他ヤ下二　「言ふ」の**謙譲語**。

(3) 補動ヤ下二　**謙譲**の意を表す。

きこ・ゆ(1)【聞こゆ】自ヤ下二{え・え・ゆ・ゆる・ゆれ・えよ}〔四段動詞「聞く」㊌＋上代の受身・自発・可能の助動詞「ゆ」＝「きかゆ」の転〕❶音や声が耳にはいる。聞こえる。〈更級・鏡のかげ〉「南はならびの岡の松風、いと耳近う心細く**聞こえ**㊊て」訳南(の方に)はならびの岡の松を吹く風が、たいそう耳の近くで心細く**聞こえ**て。

❷**うわさされる。世に知られる。**〈土佐〉「これ、昔、名高く**聞こえ**㊊たるところなり」訳ここ(＝渚の院)は、昔、評判たかく**世間に知られ**た所である。

❸**理解される。わけがわかる。**判明する。〈徒然・一七五〉「**聞こえ**㊌ぬことども言ひつつ、よろめきたる、いとかはゆし」訳(年老いた法師が)**わけのわから**ないことをいろいろと言っては、よろめいているのは、実にいたましい。

きこ・ゆ(2)【聞こゆ】他ヤ下二{え・え・ゆ・ゆる・ゆれ・えよ}〔四段動詞「聞く」㊌＋上代の受身・自発・可能の助動詞「ゆ」＝「きかゆ」の転〕「言ふ」の謙譲語。**申し上げる。**(手紙などを)**差し上げる。**〈源氏・賢木〉★「御文ばかりぞ繁う**聞こえ**㊊給ふめる」訳(光源氏は紫の上に)お手紙だけはしきりに**差し上げ**なさるようだ。

敬意の対象(地の文)
★〈源氏〉の例
光源氏が
紫の上に
聞こえ給ふめる
(謙譲)(尊敬)
書き手
敬意
敬意

参考「きこゆ(2)」の用例は手紙についていう「申し上げる(＝差し上げる)」なので、「やる」の謙譲語、「世の人光る君と**聞こゆ**」〈源氏・桐壺〉は呼び名についていう「申し上げる(＝お呼びする)」なので、「呼ぶ」の謙譲語とみることもある。

きこ・ゆ(3)【聞こゆ】補動ヤ下二{え・え・ゆ・ゆる・ゆれ・えよ}〔下二段動詞「聞こゆ」から〕(動詞または動詞型活用の助動詞の連用形に付いて)謙譲の意を表す。**お…申しあげる。お…する。**〈竹取・かぐや姫の昇天〉「竹の中より見つけ**きこえ**㊊たりしかど」訳(あなた＝かぐや姫を)竹の中から**お見つけ申しあげ**たけれど。

参考 中古の時代に「お…申しあげる」「お…する」の意を表す補助動詞として用いられた語に、「申す」「参らす」「聞こゆ」「奉る」などがある。「申す」は上代にも見られる表現。「参らす」は中古末期に「聞こゆ」に代わって広く用いられるようになった語。「聞こゆ」は「思ふ」など心の働きを表す動詞に付くことが多く、「奉る」は「見る」など動作を表す動詞に付くことが多い。

きこゆる【聞こゆる】連体〔下二段動詞「聞こゆ」の連体形から〕有名な。名高い。評判の。〈平家・八・妹尾最期〉「**聞こゆる**剛の者、大力なりければ」訳**名高い**剛勇の者で、怪力の持ち主だったので。

きさい【后】名〔「きさき」のイ音便〕「きさき(后)」に同じ。

きさい-の-みや【后の宮】名〔「きさきのみや」のイ音便〕「后」の敬称。また、后の御殿。

きさい-ばら【后腹】名〔「きさきばら」のイ音便〕皇后の腹から生まれること。また、その皇子・皇女。

きさかたや… 俳句

象潟や　雨に西施が　ねぶの花
(切れ字)(夏)
〈細道・象潟・芭蕉〉

訳なんと魅惑的な象潟の風景よ。雨にけむる中に、あたかも(あの中国の薄幸の美人)西施が(憂いに沈み)目を閉じているような姿で、合歓の花が淡い紅色に咲いている。

解説「ねぶ」は合歓の木。夜、葉を閉じるのでその名がある。ここでは西施が「眠る」と掛詞になっている。西施は中国春秋時代の美女。病む胸に手を置き、半ば目を閉じた姿が美しかったといわれる。

きさき【后】名「きさい」とも。**天皇の夫人。**主として皇后および中宮をいう。女御・更衣などをさす場合もある。

き-さき【気先】名 気勢。心がまえ。意気込み。〈去来抄・同門評〉「俳諧は**気先**を以て無分別に作すべし」訳俳諧は(感興の発したその)**気勢**でもって、理性で考えずに作るのがよい。

きさき-がね【后がね】 名〔「がね」は、将来そうなるはずのものの意を添える接尾語〕后となるべき候補者。

きざ・す【萌す・兆す】 自サ四{さ・し・す・す・せ・せ} ❶**草木が芽を出す。**もえ出る。芽ぐむ。〈徒然・一五五〉「下より**きざし**用つはるに堪へずして落つるなり」訳 (葉の)内部から**芽ぐんで**外に突き出ようとするのにたえられなくて(古い葉が)落ちるのである。❷**物事が起ころうとする。**思いが生じる。〈源氏・梅枝〉「この殿のおぼし**きざす**体さまの」訳 この殿(=光源氏)が(明石の姫君の入内を)お考えになり**思い描き始める**ようすが。

きざ-はし【階】 名 階段。

き-さま【貴様】 代 対称の人代名詞。あなた様。おまえ。

参考 近世前期では目上の者に対する敬称であったが、後期に至り、同等以下の者をさしてぞんざいに言うときに用いるようになった。

きざみ【刻み】 名 ❶階級。身分。〈源氏・帚木〉「下の**きざみ**といふ際になれば」訳 下流の**階級**という身分になると。❷とき。おり。場合。〈宇治・四・三〉「年老い、やまひして、死ぬる**きざみ**になりて」訳 (別当僧都は)年をとり、病気をして、死ぬ**とき**になって。

きさらぎ【如月・二月】 名 陰暦二月の称。春

きし【岸】 名 ❶陸地が川・湖・海などの水に接する所。❷岩や地面の切り立った所。がけ。〈細道・立石寺〉「**岸**をめぐり岩を這ひて仏閣を拝し」訳 **がけのふち**をめぐり岩の上を這って仏殿に参拝し。

き-し-かた【来し方】 ❶過ぎ去った時。過去。〈源氏・夕顔〉「**来し方**のことなども、人知れず思ひ出でけり」訳 (右近は)**昔**のことなども、ひそかに思い出すのだった。❷通り過ぎて来た方向。また、その所。〈蜻蛉・中〉「**来し方**を見やれば…船どもを岸にならべ寄せつつあるぞいとをかしき」訳 **通って来たほう**をながめやると…多くの船を岸辺にそれぞれ並べ寄せてあるのがとてもおもしろい。(⇩来こし方かた 参考)

なりたち カ変動詞「来」用＋過去の助動詞「き」体＋名詞「方」

フレーズ

来し方行く先
来し方行く末
「きしかたゆくすゑ」に同じ。

❶過ぎて来た方向とこれから行く先。〈竹取・蓬莱の玉の枝〉「**来し方行く末**も知らず、海にまぎれむとしき」訳 **来た方向も行く先**もわからず、海にまぎれこもうとした(=行方不明になるところだった)。

❷過去と未来。〈源氏・桐壺〉「**来し方行く末**思し召されず」訳 (桐壺帝は)**過去も未来**もお考えになれず。

きしかた-ゆくさき【来し方行く先】 ⇩来し方「フレーズ」

きしかた-ゆくすゑ【来し方行く末】 ⇩来し方「フレーズ」

き-しょく【気色】 名「きそく」とも。❶気持ちが顔に表れること。**顔色。**〈平家・三・足摺〉「入道相国の**気色**をもうかがうて」訳 入道相国(=平清盛)の**顔色**をもうかがって。❷(「御気色」の形で)おぼしめし。**意向。**〈平家・一〇・内裏女房〉「屋島へ帰さるべしとの御**気色**で候ふ」訳 屋島へ帰されるであろうとの御**意向**でございます。❸**気分。**特に、気分のすぐれない状態についていう。また、病状。〈狂・武悪〉「**気色**もだんだん快うござるによって」訳 **気分**もしだいによくなっていますので。

参考 「気色」の呉音読みは「けしき」、漢音読みは「きしょく」。「けしき」は平安時代の仮名文に多く使われたが、「きしょく」は平安末期から使われはじめた。「けしき」が外に現れたようすを広くいう語であるのに対して、「きしょく」は語義が狭く、多く気持ちについていう。

きし・る【軋る】 一 自ラ四{ら・り・る・る・れ・れ} (物がすれ合って)きしきし音を立てる。きしむ。二 他ラ四{ら・り・る・る・れ・れ} ❶すれ合うようにする。こすれ合うようにする。〈義経記〉「法眼にむずと膝を**きしり**用てぞゐたりける」訳 (義経は)法眼(=人名)にむんずと膝を**つき合わせるようにして**座っていた。❷(鼠などが)物をかじる。かむ。〈三冊子〉「須磨のねずみの舟(=舟板)**きしる**体音」

きしろ・ふ【軋ろふ・競ろふ】 自ハ四{は・ひ・ふ・ふ・へ・へ} 〔四段動詞「軋る」未＋上代の反復・継続の助動詞「ふ」＝「きしらふ」の転〕競う。競争する。〈枕・一八五〉「**きしろふ**体たびの蔵人に子なしたる人のけしき」訳 (得意そうなものは)**競争する**(者が多い)時の蔵人にわが子を任官させた人のようす。

き-しん【鬼神】 名〔「鬼」は死者の霊魂、「神」は天地の神霊の意〕天地万物の霊魂。〈古今・真名序〉「天地を動かし、**鬼神**を感ぜしめ」訳 (和歌は)天地を動かし、**万物の霊魂**を感激させ。

き-じん【鬼神】 名 ❶超人間的な力をもつ、目に見えないもの。神霊。〈平家・九・坂落〉「ただ**鬼神**の所為とぞ見えたりける」訳 (人間わざとは思われず)ただもう**人間の力を超えたなにものか**の所業と見えた。❷鬼。

き・す【帰す】 自サ変{せ・し・す・する・すれ・せよ} ❶最後に、あるーつのところに落ち着く。帰着する。〈平家・一〇・戒文〉「責め一人に**帰す**終」訳 責任は(大将軍)一人に**帰着する**。❷従う。帰服する。また、帰依する。〈平家・七・平家山門連署〉「久しく法相大乗の宗を**帰す**終」訳 (藤原氏は)長く法相宗の広大な教えに**帰依する**。

き・す【着す・著す】 他サ下二{せ・せ・す・する・すれ・せよ} 着せる。身につけさせる。〈竹取・かぐや姫の昇天〉「ふと天の羽衣うち**着せ**用奉りつれば」訳 さっと天の羽衣を(かぐや姫に)お**着せ**申しあげてしまったので。

き・す【期す】 他サ変{せ・し・す・する・すれ・せよ} ❶(時刻や期限を)とり決める。前もって定める。〈枕・二三五〉「月秋と**期し**用て身いづくか」訳 月は秋と**時をとり決めて**(秋が来れば清らかに照り輝くが、かつて月を賞したあの人の)身はどこ(にあるの)か(すでにこの世にない)。❷約束する。誓う。〈枕・二三七〉「殿上にて言ひ**期し**用つる本意もなくては」訳 殿上の間で口に出して

約束した(その)本来の目的もとげないのに。

きず【疵・瑕】名 ❶**物のこわれ損じたところ。**皮膚の破れ損じたところ。きず。〈源氏・帚木〉「かかるきずさへつきぬれば、いよいよ交じらひをすべきにもあらず」訳(指に、女にかまれた)こんな傷までもついてしまったので、いよいよ宮仕えのできるものでもない。❷(人の行為・容貌・性質などの)**不完全なところ。**欠点。あら。〈源氏・紅葉賀〉「そのことの飽かぬとおぼゆるきずもなし」訳そのことが満足できないことだと感じられる欠点もない。❸恥。**不名誉。**〈平家・九・木曽最期〉「最期の時不覚しつれば、長ききずにて候ふなり」訳死に臨む時に不覚をとってしまうと、末永い不名誉なのでございます。

フレーズ
疵を求む ことさらに人の欠点や過失をさがし求める。〈源氏・桐壺〉「貶しめ疵を求め用給ふ人はおほく」訳(桐壺の更衣を)さげすみ欠点をさがしなさる人は多く。

きずな〖絆〗➡きづな

きず-を-もと・む【疵を求む】➡疵「フレーズ」

きせ-なが【着背長・着せ長】名 大将などが着用する正式の大鎧。

きせ-わた【着せ綿・被せ綿】名「きくのわた」に同じ。➡菊「フレーズ」

きぞ【昨・昨夜】名「きそ」とも。**昨夜。ゆうべ。**〈万葉・一四・三五六三〉「吾をか待つなも昨夜も今夜も」訳(あなたは)私を待っているだろうか、ゆうべも今夜も。

きそう〖着襲う・着装う〗➡きそふ

き-そく【気色】名「きしょく」に同じ。〈徒然・一五二〉「信仰の気色ありければ」訳信仰の表情があったので。

き-そ・ふ【着襲ふ・着装ふ】他ハ四 衣服を重ねて着る。〈万葉・五・八九二〉「布肩衣ありのことごと着そへ已ども」訳➡かぜまじり…(和歌)

木曽義仲《人名》(一一五四〜一一八四)平安末期の武将。源頼朝の従弟。本姓は源。幼時、木曽山中で隠し育てられ、木曽義仲と呼ばれた。治承四年(一一八〇)以仁王の令旨を奉じて挙兵し、平家方を破って京都に入り、朝日将軍と称された。同年、源範頼・義経の軍と戦って近江(滋賀県)の粟津で敗死した。

きた【北】名 ❶方角の一つ。北。❷北風。冬

-きだ【段】接尾《上代語》❶切り分けられたものを数える。〈記・上〉「十拳剣を…三段に打ち折りて」❷布・織物の長さの単位を表す。反。「布一段」❸田畑の面積の単位を表す。段。

き-たい【希代・稀代】名・形動ナリ 世にもまれなこと。不思議なこと。怪しむべきこと。〈平家・二・教訓状〉「これ希代の朝恩にあらずや」訳これは世にもまれな朝廷の御恩でないか(まさしく朝廷の御恩である)。

義太夫《人名》➡竹本義太夫

きた-おもて【北面】名 ❶北に向いたほう。北向き。北側。❷北側の部屋。寝殿造りでは、家人・女房などの居室で、南面が正式の客間であった。〈更級・大納言殿の姫君〉「この猫を北面にのみあらせて呼ばねば」訳この猫を北側の部屋にばかりいさせて(自分たちのほうへ)呼ばないので。❸院の御所を警護する武士。北面の武士。

きたなげ-な・し【汚げ無し・穢げ無し】形ク 見苦しい感じがしない。こぎれいである。〈更級・足柄山〉「髪いと長く、…色白くきたなげなく用て」訳(遊女は)髪がたいそう長く、…色が白くこぎれいであって。

きたな・し【汚し・穢し】形ク ❶けがれている。よごれている。見苦しい。〈竹取・かぐや姫の昇天〉「きたなき体所の物、きこしめしたれば」訳(かぐや姫は)けがれた所(=人間世界)の物を、召し上がったので。❷腹黒い。正しくない。よこしまである。〈紀・神代〉「やつかれははじめよりきたなき体心なし」訳私は、初めからよこしまな心はない。❸卑怯だ。〈著聞・三三六〉「きたなく用もうしろをば見するものかな」訳卑怯にも(敵に)背を見せるものだな。

きた-の-かた【北の方】名 ❶北に向いた方角。❷(寝殿造りの「北の対」に住んだことから)貴人の妻の敬称。**奥方。夫人。**〈源氏・桐壺〉「母北の方なむいにしへの人のよしあるにて」訳(桐壺の更衣の)母である(大納言の)奥方は、旧家の出身者で、教養がある人であって。

きた-の-たい【北の対】名 寝殿造りの邸で、寝殿の北にある別棟の建物。北の対の屋。➡寝殿造り「古文常識」(四四ページ)

きた-の-ぢん【北の陣】名 朔平門(=内裏の北方の門)の異称。門内に兵衛府の陣(=詰め所)があった。➡付録③「平安京内裏図」

きた-の-まんどころ【北の政所】名「政所」は家政をつかさどる所の意)摂政・関白の正妻の敬称。のちには大納言・中納言の妻にもいう。まんどころ。

北畠親房《人名》(一二九三〜一三五四)南北朝時代の武将・学者・歌人。後醍醐天皇に仕え、建武の新政に功があった。のち、南朝の重臣として活躍し、「神皇正統記」を著して、南朝が正統であることを主張した。

きた-まつり【北祭り】名(石清水八幡宮の祭りを南祭りというのに対して)京都の賀茂神社の陰暦四月の祭りおよび十一月の臨時の祭りの異称。

きた・る【来る】自ラ四「来至る」の転〕❶来る。やって来る。〈方丈・一〉「生まれ死ぬる人、いづかたより来たり用て、いづかたへか去る」訳(この世に)生まれ(そして)死ぬ人(というもの)は、どこからやって来て、どこへ去るのか。❷《近世語》役に立たなくなる。いたむ。
参考「来」の連用形に完了の助動詞「たり」の付いた「来たり」とは別語。

きち-かう【桔梗】名「ききゃう」に同じ。

きち-じゃう【吉上】名「きつじゃう」とも。六衛府の下級役人。衛士・仕丁より上で、内舎人の下。宮中・宮門の警備、犯罪人の取り締まりにあたった。

きち-にち【吉日】名「きちじつ」とも。暦の上で、事をするのに縁起のよい日。対悪日

きーちゃう（チヨウ）【几帳】名 平安時代、室内に立てて隔てとした道具。土居(=台)に柱を二本立て、横木を渡して帷子(=垂れ衣)をかけたもの。夏は生絹・綾織り、冬は練り絹を用いた。柱の高さにより、三尺(=約九一センチメートル)と四尺(=約一二一センチメートル)のものがあった。

きちょう〖几帳〗➡きちゃう

きーづき【忌月】名「きげつ」とも。忌日のある月。命日のある月。祥月。

きっーきょう【吉凶】名 吉と凶。よいことと悪いこと。吉事と凶事。

きっーくわい（カイ）【奇怪】形動ナリ {なら・なり(に)・なり・なる・なれ・なれ}「きくわい」の強調表現」けしからぬさま。怪しくとがめるべきさま。〈平家・四・信連〉「馬に乗りながら門のうちへ参るだにも奇怪なる体に」訳 馬に乗ったまま門の中に参るのさえもけしからぬのに。

ぎっーしゃ【牛車】名 牛に引かせた貴人の乗用車。特に、平安時代に盛んに用いられた。通常四人乗り。乗る人の身分によっていろいろな種類がある。唐廂の車・雨眉の車・檳榔廂の車・檳榔毛の車・糸毛の車・半蔀の車・網代廂の車・網代の車・八葉の車・金作りの車など。「うしぐるま」とも。

参考 榻を踏み台にして車の後方から乗り、降りる時は牛をはずして前から降りる。唐廂の車は、上皇・東宮・摂政・関白などが用いた。檳榔毛の車も同様に用いられたが、公卿・僧侶も時に用いた。糸毛の車は后・女官などの専用である。なお、手で引く車を「輦車」というが、単に「車」といえば、中古ではふつう牛車をさす。➡下段「古文常識」・鳳輦「古文常識」・車「古文常識」

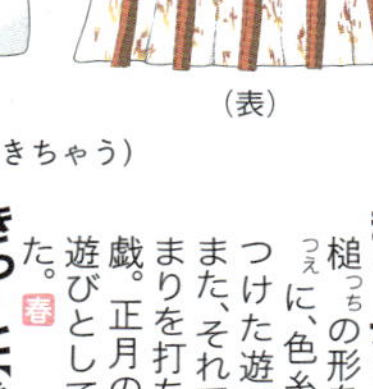
(裏)　(表)
(きちゃう)

ぎっーちゃう（チヨウ）【毬杖・毬打】名「ぎちゃう」とも。槌の形をした杖に、色糸を巻きつけた遊び道具。また、それで木製のまりを打ち合う遊戯。正月の子供の遊びとして行われた。春

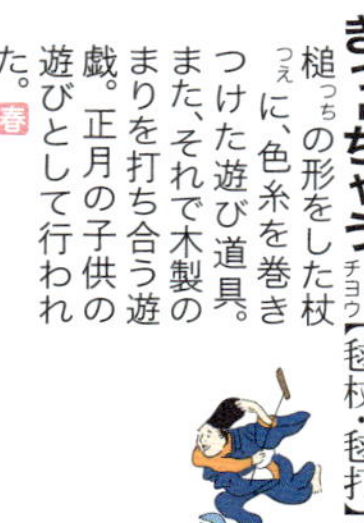

(ぎっちゃう)

きっーと【急度・屹度】副 ❶すぐに。急に。さっと。〈平家・九・敦盛最期〉「熊谷次郎直実が」後ろをきっと見ければ(=見たところ)」 ❷必ず。まちがいなく。〈平家・二・西光被斬〉「きっと院の御所へ参れ」訳 必ず院の御所へ参上せよ。❸厳重に。きびしく。きっぱりと。〈狂・鍋八撥〉「目代(=代官)殿でござらば、きっと仰せつけられて下されい」訳 目代殿でいらっしゃるなら、きっぱりとお言いつけになってください。

きーづな（ズナ）【絆】名 ❶動物をつなぎとめるための綱。❷断ちがたいつながり。離れがたい愛情。〈おらが春〉「思ひきりがたきは恩愛のきづななりけり」訳 思い切ることがむずかしいのは肉親の断ちがたいつながりであったよ。

きでんーたい【紀伝体】名 歴史書を記述する形式の一つ。本紀(=帝王の伝記)・列伝(=臣下の伝記)を中心に、志(=社会の重要現象の記録)・表(=年表の類)からなり、各個人の伝記を連ねて一代の歴史を構成する。前漢の歴史家司馬遷が「史記」で創始した。わが国では「大鏡」「今鏡」などがこの形式をとる。➡編年体

きーと 副 ❶すぐに。急に。**さっと。**〈竹取・御門の求婚〉「かぐや姫きと影になりぬ」訳 かぐや姫はさっと(肉体のない)影となってしまった。❷ちょっと。**ちらりと。**〈今昔・二九・九〉「法師の着たる

古文常識「ぎっしゃ」―牛車の乗り方

貴族社会の女性は美しい女房装束のまま地面に降り立つことはなかった。外出するときは牛車を後ろ向きにして寝殿造りの縁側に寄せ、牛車の後ろ側から乗り込んだ。訪問先で降車するときは轅(=前方につき出た二本の棒)を建物の階にのせて降りた。そのため寝殿造りの建築の一部は、牛車の、人が乗る部分と同じ高さで建てられた。牛車には四～六人くらいまで乗ることができ、座り方や座る場所は、乗り手たちの地位などによって作法があった。

(=着ていた)衣の袖口きと見ゆ」
❸たしかに。しっかりと。きゅっと。〈枕・六三〉「烏帽子の緒をきとつよげに結ひ入れて」訳 烏帽子の紐をきゅっときつめに結び入れて。

き-ど【木戸・城戸】名 ❶城門。柵の門。❷江戸時代、警戒のために市内の要所に設けた門。❸見せ物小屋などに設けた見物人の出入り口。

き-と-く【来と来】〔動詞「来く」を重ねて強めた表現〕❶次々と来る。あとからあとから来る。〈和泉式部集〉「春ごとの花の盛りはわが宿にきとくる体人の長居せぬなし」訳 いつの春も花の盛りの時には、わが家に次々と来る人が長居をしないことはない。
❷はるばるやって来る。やっとの思いでやって来る。〈土佐〉「きとき用ては河上り路の水を浅み舟もわが身もなづむ今日かな」訳 やっとの思いでやって来たが、川を上ってゆく水路の水が浅いので、船も行きわずらい、わが身も(病に)悩み苦しむ今日であるよ。
なりたち カ変動詞「来く」用＋格助詞「と」＋カ変動詞「来」

き-どく【奇特】■一 名・形動ナリ ❶特にすぐれていること。めったにない珍しいこと。不思議なこと。〈平家・五・文覚荒行〉「人奇特の思ひをなし」訳 人々は、不思議なことという思いを抱き。
❷心がけのよいこと。感心なこと。殊勝なこと。〈笈の小文・芭蕉〉「桜がり奇特や日々に五里六里」訳 桜を見に、(我ながら)殊勝なことだよ。毎日、五里も六里も歩き回っている。
■二 名 不思議なしるし。ききめ。霊験。〈徒然・七三〉「仏神の奇特、権者の伝記」訳 仏や神の霊験、聖者の伝記。

き-ない【畿内】名〔「畿」は都に近い地域の意〕京都周辺の国々の称。山城(京都府南部)・大和(奈良県)・河内(大阪府東部)・和泉(大阪府南部)・摂津(大阪府北部・兵庫県東部)の五か国。五畿内。

き-な・く【来鳴く】自カ四〔か・き・く・く・け・け〕来て鳴く。〈古今・夏〉「山郭公いつか来鳴か未む」訳 山ほととぎすはいつになったら来て鳴くのだろうか。

きぬ【衣】名
❶着物。衣服。ころも。〈竹取・かぐや姫の昇天〉「脱ぎおく衣に包まむとすれば」訳 (壺の薬を)脱いで置(いてゆ)く着物に包もうとすると。
❷皮膚。地肌。〈枕・三〉「舎人の顔のきぬにあらはれ」訳 舎人の顔の地肌そのままにあらわになり。

きぬ-がさ【衣笠・蓋】名 ❶絹を張った長い柄の傘。貴人の行列のとき、従者がうしろからさしかけた。
❷仏像などにかざす絹張りの笠。天蓋。

(きぬがさ①)

きぬ-かづき【衣被き】名 平安時代以降、貴婦人が外出時に単衣の小袖を頭からかぶり、顔を隠すようにしたこと。また、その姿をした女性。

きぬ-ぎぬ【衣衣・後朝】名 ❶男女が二人の着物を重ねかけて共に寝た翌朝、それぞれの着物を着て別れること。また、その朝。〈古今・恋三〉「しののめのほがらほがらと明けゆけばおのがきぬぎぬなるぞ悲しき」訳 夜明け方の空がほのぼのと明けてゆくと、それぞれ自分の着物を着て別れることになるのが悲しいことだ。
❷男女・夫婦の離別。
参考 中古の恋の歌には「きぬぎぬ」をうたったものが多い。朝の別れ難い切ない気持ちを「きぬぎぬ」のことばに託してさまざまに表現した。⬇下段「古文常識」

きぬた【砧・碪】名〔「衣板」の転〕槌で布を打って、布地のつやを出したり、やわらかくしたりするのに用いる、木や石の台。また、布を打つことやその音。冬に備えて多く秋に行われた。秋。〈源氏・夕顔〉「白妙(=白布)の

(きぬた)

古文常識「きぬぎぬ」—平安貴族の恋愛・結婚

平安貴族の恋愛や結婚の進め方・決まりは現代と大きく異なり、男性が女性の家に通う「通い婚」の形態をとった。おおまかには左図の通りで、恋文のやりとりや逢瀬の手引きなどでは、従者・女房が大きな役割を果たした。

恋のはじまり ← アプローチ ← 逢瀬 ← 後朝 ← 正式な結婚

- 恋のはじまり：うわさに聞く・垣間見する
- アプローチ：歌(恋文)を送る(はじめ、女性は自分で返事を書かないのが鉄則)
- 逢瀬：夜に男性が女性宅を訪れる「通い婚」
- 後朝：夜明け前に男性は帰宅する(すぐに女性に和歌を贈るのがエチケット)
- 正式な結婚：三日間通い続けると正式な結婚となり、披露宴(=所顕し)を行う

衣うつ砧の音」

きぬたうちて… 俳句

> 秋 砧打ちて　我にきかせよや　坊が妻　切れ字
> 〈野ざらし紀行・芭蕉〉

訳 (この吉野の秋の一夜の慰めに)とんとんと砧でも打って私に聞かせておくれ。宿坊の妻よ(その音に古人の詩情をしのびたいのだ)。
解説 「み吉野の山の秋風さ夜ふけてふるさと寒く衣打つなり」(訳 ⬇付録①「小倉百人一首」94)〈新古・秋下〉をふまえる。砧を打つときの哀切な響きは、古くから詩歌によくうたわれている。

きぬ-なが【衣長】形動ナリ〔なら・なり(に)・なり・なる・なれ・なれ〕着ている衣服の丈が長いようす。〈枕・一五一〉「二藍のうすものなど、衣ながに用てたすき結ひたるがはひ出でたるも」訳 (二歳ぐらいの幼児で)二藍(=紅色がかった青色)の

薄絹の着物などを、着丈が長くて袖を紐でくくり上げたのがはい出たのも(かわいらしい)。

きぬ-みじか【衣短】形動ナリ{なら・なり(に)・なり・なる・なれ・なれ}着ている衣服の丈が短いようす。〈枕・一五一〉「にはとりのひなの、足高に、しろうをかしげに、衣みじかなる体さまして」訳鶏のひなが、すねが長く、白くかわいらしいようすで、着ている着物の丈が短いような姿をして。

き-の-え【甲】名〔「木の兄」の意〕十干の一番目。→十干

きのえ-ね【甲子】名❶干支の一番目。十干の甲と十二支の子とにあたる年と月と日。物事の始まりとして重んじられた。「甲子」とも。→干支

❷「甲子待ち」の略。甲子の日、子の刻(=夜中の十二時ごろ)まで起きていて、商売繁盛などを願って大黒天を祭る行事。

紀貫之(きのつらゆき)《人名》(八七一?～九四六)平安前期の歌人。三十六歌仙の一人。「古今集」編纂の中心的役割を果たし、その「仮名序」は日本最初の歌論である。歌風は理知的・技巧的で、繊細優美な古今調を代表している。晩年の著「土佐日記」は平安朝日記文学の先駆をなした。「小倉百人一首」に入集。家集「貫之集」

き-の-と【乙】名〔「木の弟」の意〕十干の二番目。→十干

紀友則(きのとものり)《人名》(生没年未詳)平安前期の歌人。三十六歌仙の一人。貫之の従兄で「古今集」の撰者の一人。「小倉百人一首」に入集。家集「友則集」

きのふ【昨日】名❶前の日。きのう。

❷ごく近い過去。〈古今・秋上〉「昨日こそ早苗とりしかいつのまに稲葉そよぎて秋風の吹く」訳ついこの間、(苗代の)早苗を取っ(て田植えをし)た(ばかりだと思っていた)のに、いつのまにか稲の葉がそよいで、もう秋風が吹いている。

きのまろ-どの【木の丸殿】名「きのまるどの」とも。木を削らずに丸木のままで建てた粗末な御殿。九州朝倉にあった斉明天皇の行宮が有名。

きは【際】名 ↓次ページ 116

きはぎは・し【際際し】形シク{しから・しく(しかり)・し・しき(しかる)・しけれ・しかれ}けじめがはっきりしている。きわだっている。〈枕・二九三〉「さても、きはぎはしかり用ける心かな」訳それにしても、はっきりした気性だなあ。

きは-こと【際殊】形動ナリ{なら・なり(に)・なり・なる・なれ・なれ}格別である。きわだっている。〈源氏・桐壺〉「きはことに用賢くて」訳(光源氏は)きわだって賢明なので。

きは-だか・し【際高し】形ク{から・く(かり)・し・き(かる)・けれ・かれ}特にきわだっている。きっぱりしている。また、気位が高い。〈堤・よしなしごと〉「世の憂きときの隠れ処にと、きはだかく用思ひ立ちて侍るを」訳世の中がつらい時の隠れ場所に(したい)と、きっぱりと思い立っていますが。

きは-だけ・し【際猛し】形ク{から・く(かり)・し・き(かる)・けれ・かれ}気が強くきびしい。〈源氏・少女〉「よからぬ世の人の言につきて、きはだけく用おぼしのたまふも、あぢきなく」訳(あなたが)つまらない世間の人のことばを信用して、(夕霧と雲居の雁のことを)おっしゃるのもつまらなく。

きは-な・し【際無し】形ク{から・く(かり)・し・き(かる)・けれ・かれ}❶限りがない。果てしがない。〈源氏・若菜下〉「才といふ物、いづれもきはなく用思えつつ」訳才芸というものは、(学ぶのに)どれも際限がないと思われては。

❷たいへんすぐれている。〈大鏡・道長上〉「中宮の大夫殿こそ、かぎりなくきはなく用おはしませ」訳中宮の大夫殿(=道長)は、この上なくすぐれていらっしゃる。

きはまり-て【極まりて】副〔四段動詞「極まる」用＋接続助詞「て」〕きわめて。この上なく。〈万葉・三・三四三〉「きはまりて貴きものは酒にしあるらし」訳きわめて貴いものは酒であるに違いない。

きはまり-な・し【極まり無し】形ク{から・く(かり)・し・き(かる)・けれ・かれ}この上ない。限りない。はなはだしい。〈徒然・一〇六〉「きはまりなき体放言しつと思ひける気色にて」訳(証空上人は)この上もない悪口を言ってしまったと気づいたようすで。

きはま・る【極まる・窮まる】自ラ四{ら・り・る・る・れ・れ}❶限度に達する。〈徒然・一二六〉「ばくちの負けきはまり用て」訳ばくちうちが負けが限度に達して。

❷果てとなる。終わる。尽きる。〈徒然・八〇〉「矢きはまり用て、つひに敵に降らず」訳矢がなくなっても、最後まで敵に降参せず。

❸決まる。相違ない。〈浮・世間胸算用〉「重きものを軽う見せたるは、隠し銀にきはまる体所」訳重いものを軽く見せているのは、隠し金に相違ないこと。

❹行きづまって苦しむ。〈徒然・一四二〉「人、きはまり用て(=行きづまって苦しんで)盗みす」

きはみ【極み】名終わるところ。果て。限り。

きは・む【極む・窮む・究む】

━ 自マ下二{め・め・む・むる・むれ・めよ}果てまで行く。極限に達する。〈徒然・六四〉「車の五緒は、…ほどにつけてきはむる体官・位に至りぬれば乗るものなり」訳簾に五筋の革緒をつけた五つ緒の牛車は、…その家格に応じて最高にあたる官位に達したときには必ず乗るものである。

━ 他マ下二{め・め・む・むる・むれ・めよ}❶限度まで行かせる。極限に至らせる。〈平家・一・吾身栄花〉「吾が身の栄花をきはむる体のみならず」訳(清盛は)自分自身の繁栄をきわめるばかりでなく。

❷終わらせる。尽くす。〈源氏・明石〉「何ばかりのあやまちにてかこの渚に命をばきはめ未む」訳どれほどの罪によって、この海岸で命を終わらせるのだろうか。

❸決める。決定する。〈去来抄・先師評〉「先師をはじめいろいろと置き侍りて、この冠にきはめ用給ふ」訳亡き先生(=芭蕉)をはじめ(皆で)いろいろと(上五の文字を)置いてみまして、(結局、先生が)この上五にお決めになる。

きは-やか【際やか】形動ナリ{なら・なり(に)・なり・なる・なれ・なれ}〔「やか」は接尾語〕❶きわだっているさま。めだつさま。〈枕・一三七〉「こは、誰そ。いとおどろおどろしう、きはやかなる体は」訳これは、だれだ。たいそうおおげさで、きわだってやかましいのは。

❷思いきりがよいさま。〈枕・六三〉「いときはやかに用起きて」訳たいそう思いきりよく起きて。

き-び【気味】名気持ち。感じ。味わい。きみ。

最重要330

116 きは【際】名

ガイド 現代語でも「窓際」(⑤の意)、「別れ際」(⑦の意)、「瀬戸際」(②の意)などと使う。空間的・時間的な限界・境界を指す。古文では現代語にない⑧「家柄。身分」の意に注意。

❶端。

例 東のきはにわらびのほどろを敷きて〈方丈・三〉

訳 (住まいの)東の端にわらびの穂が伸びてほおけたものを敷いて。

❷境目。仕切り。

例 二間の際なる障子手づからいと強くさして〈源氏・末摘花〉

訳 (母屋と)二間(=一辺が柱間二つ分の長さである部屋)との境にある襖障子に、(命婦は)みずからたいそうしっかりとかぎをかけて。

❸限り。極み。

例 手の際戦ひ、分捕りし高名しきはめて〈平家・九・六ケ度軍〉

訳 (兵士たちは)力の限り戦って、略奪・手柄をしつくして。

❹最後。最期。

例 終に逃るまじき道は、とてもかくても同じこと、その際の心乱れなくだにあらば〈増鏡・久米のさら山〉

訳 結局逃れることのできそうにない(死の)道は、どちらにしても同じことで、その死にぎわの心の乱れがなくさえあれば。

❺辺り。そば。

例 門を開かれずとも、この際まで立ち寄らせ給へ〈平家・七・忠度都落〉

訳 門をお開きにならなくても、このそばまでお立ち寄りください。

❻ほど。程度。

例 少し心ある際は、皆このあらましにてぞ一期は過ぐめる〈徒然・五九〉

訳 (世間の人を見ると)少しもののわかった程度の人は、皆この(出家の)計画で一生涯は過ぎるようだ。

❼とき。場合。

例 中納言あく際に、我もならむなどおぼして〈大鏡・為光〉

訳 (誠信は)中納言が欠員になるおりに、私もなろうなどとお思いになって。

類語の整理 きは―「周辺部分」に関する語

(崖の)はし
中心・主要部からはずれた部分

きは
空間的・時間的な限界

きび・し【厳し・緊し】形シク〔しから・しく(しかり)・し・しき(しかる)・しけれ・しかれ〕❶おごそかだ。厳重だ。きびしい。〈徒然・一一〉「大きなる柑子の木の、枝もたわわになりたるが、まはりをきびしく用囲ひたりしこそ」訳 大きなみかんの木で、枝もしなうほどに(実が)なっている木の、周囲を厳重に囲ってあったのは。❷情け容赦がない。苛酷である。〈平家・一〇・千手前〉「なさけあるものにて、いたくきびしう用(ウ音便)もあたり奉らず」訳 (宗茂は)温情のある人物で、(平重衡を)ひどく苛酷にも待遇し申しあげない。❸けわしい。角立っている。〈梁塵秘抄〉「すぐれて山きびし終」訳 きわだって山がけわしい。❹《近世語》けっこうだ。たいしたものだ。

参考 古くはク活用の例が見られる。

きびす【踵】名「くびす」とも。かかと。

きびは 形動ナリ〔なら・なり(に)・なり・なる・なれ・なれ〕幼くて弱々しいさま。幼少だ。〈源氏・竹河〉「いときびはに用幼かるべきほどよりは」訳 (薫は)たいそう子供子供していて幼いのが当然の年齢よりは(大人びていて)。

きふ【急】一 名・形動ナリ ❶さし迫ったこと。また、そのさま。〈徒然・一五五〉「待つこと、しかも急なら未ざるに、覚えずして来る」訳 (死を)待ち迎えることが、それほどさし迫ってい(ると思ってい)ない時に、(死は)思いがけずしてやって来る。❷短気なこと。性急。〈源氏・賢木〉「祖父大臣、いと急に用さがなくおはして」訳 (朱雀帝の)祖父(の)大臣は、たいそう短気で意地が悪くていらっしゃって。❸手きびしいさま。

❽**家柄。身分。**

例 物にも乗らぬ**際**は、大路をよろぼひゆきて〈徒然・一七五〉

訳 車・馬にも乗らない**身分の者**は、大通りをよろよろ歩いて行って。

❾《近世語》**盆や暮れ、または節句前の決算期。**

二 名 舞楽曲を構成する三部(＝序・破・急)のうち、最後の、調子が急速な楽章。→序破急

き-べうし【黄表紙】名 江戸中期に流行した草双紙の一種。表紙が黄色または萌黄色(　)であることからいわれた。世態・人情を描き、洒落と滑稽と風刺とを織り込んだ大人向きの読み物。恋川春町の「金々先生栄花夢」、山東京伝「江戸生艶気樺焼」など。→草双紙

き-ぼ【規模】名 ❶手本。模範。〈徒然・九九〉「累代の公物、古弊をもちて**規模**とす」**訳** 代を重ねた朝廷の器物は、古くて傷んでいることをもって**模範**とする。

❷ほまれ。名誉。〈太平記・一〇〉「多年の所望、氏族の**規模**とする職なれば」**訳** (両探題職は)長年の希望であり、一族の**ほまれ**とする職であるので。

きほひ【競ひ】名 ❶競うこと。張り合うこと。〈源氏・鈴虫〉「さる**競ひ**には、我も我もときしろひけれど」**訳** そのような(出家をしようと)**張り合うこと**では、我も我もと先を争って(願い出て)いたけれど。

❷はげしい勢い。

きほ・ふ【競ふ】自ハ四〔は・ひ・ふ・ふ・へ・へ〕❶張り合って勇み立つ。先を争う。〈増鏡・むら時雨〉「われ先にと**競ひ**用参る」**訳** われ先にと**先を争って**参上する。

❷(木の葉が)散り乱れる。争って散る。〈源氏・帚木〉「風に**競へ**已る紅葉の乱れ」**訳** 風のために**争って散っ**ている紅葉の乱れるさま。

-きみ【君】接尾 (人を表す名詞に付いて)尊敬の意を表す。「尼**君**」「姫**君**」

きみ【君】

一 名 ❶**天皇**。天子。〈平家・七・忠度都落〉「**君**すでに都を出でさせ給ひぬ」**訳** **帝**(＝安徳天皇)はもう都をご出発なされてしまった。➡御門「慣用表現」

❷**主君**。主人。〈枕・三〉「**君**をも我をも祝ひなどしたる、さまことにをかし」**訳** (元旦に)**主人**をも自分をも祝ったりしているのは、ふだんのようすとはちがって趣がある。

❸貴人をさしていう語。お方。〈源氏・桐壺〉「この**君**をば、私物に思ほしかしづき給ふこと限りなし」**訳** この**お方**(＝光源氏)を(桐壺帝はご自分の)秘蔵っ子にお思いになり、大切に養育なさること、この上もない。

❹(人名・官名の下に「の君」「が君」の形で付いて)敬意を表す。「業平の**君**」「小少将の**君**」

❺遊女。

二 代 対称の人代名詞。あなた。〈伊勢・二三〉「くらべこし振り分け髪も肩すぎぬ**君**ならずして誰かあぐべき」**訳** ↓くらべこし… 和歌

参考 **二**は、上代では、主として女性から男性を呼ぶのに用い、中古以降は男女相互間に用いられた。

き-み【気味】名 ❶香りと味。

❷趣。味わい。〈徒然・一七四〉「道を楽しぶより**気味**深きはなし」**訳** 仏道を楽しむより**味わい**の深いものはない。

❸気持ち。気分。〈狂・武悪〉「汝が幽霊と言うたによって、しきりに(＝むやみに)**気味**が悪うなった」

きみがあたり… 和歌

君があたり　見つつも居らむ　生駒山　雲なたなびき　雨はふるとも

〈万葉・一二・三〇三二・作者未詳〉

訳 あなたの(家の)あたりを見つづけていよう。(だから)生駒山に雲よたなびくな。雨は降っても。(「生駒山」は、今の奈良県と大阪府との境にある山で歌枕。「雲なたなびき」の「な」は副詞で、禁止を表す)

解説 相手の家は山を隔てた向こうにあるので見えないが、山を見て相手をしのぶので、雲が山を隠してしまうのは困るのである。第二句を「見つつを居らむ」、第四句を「雲な隠しそ」として「伊勢物語」の二三段にある。さらにこの物語から採歌されて、「新古今集」の「恋五」にも所収。

きみがため… 和歌《百人一首》【君がため　春の野に出でて　若菜つむ　わが衣手に　雪は降りつつ】〈古今・春上・光孝天皇〉➡付録①「小倉百人一首」15

きみがため… 和歌《百人一首》【君がため　惜しからざりし　命さへ　長くもがなと　思ひけるかな】〈後拾遺・恋二・藤原義孝〉➡付録①「小倉百人一首」50

きみがゆく… 和歌

君が行く　道のながてを　繰り畳ね　焼き滅ぼさむ　天の火もがも

〈万葉・一五・三七二四・狭野弟上娘子〉

訳 (配所へ)あなたが行く道の、その長い道のりをたぐり寄せてたたんで、(あなたが行かなくてもよいように)焼き尽くすような天の火がほしいなあ。

解説 作者の夫中臣宅守は越前の国(福井県)に流罪になり、その別れのときに詠んだ歌。二人の間には一連の贈答歌があり、これはその中の一首。

きみこむと… 和歌

君来むと　いひし夜ごとに　過ぎぬれば　たのまぬものの　恋ひつつぞ経る

〈伊勢・二三〉〈新古・一三・恋三・一二〇七・よみ人しらず〉

訳 あなたが「来よう」といった夜は毎夜(むなしく)過ぎてしまったので、(いらっしゃるとは、もう)あてにはしないものの、(やはり)恋しく思い思いして過ごしています。

解説 「伊勢物語」によると、男がそちらへ行くと言ったので喜んで待っていたところ、たびたびむなしく過ぎてしまったので、女がこの歌を詠んだとある。初

句の「来む」は、男のことばを取り入れたもの。

きみまつと… 和歌

> **君待つと　吾が恋ひ居れば　わが宿の**
> **簾動かし　秋の風吹く**
> 〈万葉・四・四八八・額田王〉

訳 あなたを待って私が恋しく思っていると、わが家のすだれを動かして秋の風が吹く。

解説 「君」は天智天皇をさす。恋人の訪れを待つ女は少しの音にも敏感になっていて、すだれがわずかに揺れるのにも、恋人の訪れかと心をときめかしている。

き-むか・ふ【来向かふ】自八四｛は・ひ・ふ・ふ・へ・へ｝やって来る。近づいて来る。〈万葉・一・四九〉「馬並めて御狩り立たしし時は来向かふ㊦」訳（亡き皇子が）馬を並べて御狩りに出発なさった時刻は近づいて来る。

きむ-ぢ【―】代「きんぢ」とも。対称の人代名詞。目下の者に対していう。おまえ。そなた。〈大鏡・道長下〉「若き者どもは、え見知らじ。きむぢ求めよ」訳 若い者たちは、（どんな木がよいかを）見分けることができないだろう。おまえが探して来い。

きも【肝・胆】名 ❶肝臓。また、内臓の総称。はらわた。
❷心。思慮。胆力。気力。〈宇治・八・四〉「見るに、肝惑ひ、倒れ伏しぬべき心地すれども」訳（二百人ほどの軍兵を）見ると、心も乱れ、きっと倒れ伏してしまいそうな気持ちがするけれども。

フレーズ

肝消・ゆ 非常に驚きおそれる。肝がつぶれる。〈竹取・蓬萊の玉の枝〉「御子は我にもあらぬ気色にて、肝消え㊥居給へり」訳（くらもちの）皇子はぼうぜんとしたようすで、非常に驚きおそれてお座りになっている。

肝太・し 勇気がある。度胸がある。〈宇治・七・三〉「心ばへ賢く、肝太く㊥、おしからだちてなんおはしける」訳（三条中納言は）気性がすばらしく、度胸があり、押しが強くていらっしゃった。

きも-き・ゆ【肝消ゆ】➡肝「フレーズ」

きも-だましひ（―マシイダ）【肝魂】名「きもたましひ」とも。心。また、勇気。胆力。

きも-ふと・し【肝太し】➡肝「フレーズ」

き-もん【鬼門】名 艮（＝北東）の隅。陰陽道で鬼（＝たたりをなす悪霊）の出入りする方角としてきらう。

きゃう（キヨウ）【京】名 ❶都。首都。〈伊勢・一〉「平城の京、春日の里にしるよしして」訳 奈良の都の、春日の里に領地を持っている縁故があって。
❷平安京。京都。〈土佐〉「京にて生まれたりし女子」訳 京の都で生まれていた女の子。

きゃう（キヨウ）【経】名「きやう」は呉音）釈迦の説いた教えを記した書物。経文。仏典。

きゃう（キヨウ）【卿】名 ❶律令制で、太政官に属する八省の長官をいう。
❷参議および三位以上の貴族。公卿。また、それらの官位の人の名の下につける敬称。〈平家・一・禿髪〉「平大納言時忠卿」

きゃう（キヨウ）【境】名 心境。境地。〈春泥句集・序〉「その人に交はるにあらざれば、その境に至ること難し」訳 その人（＝良い友人）と交際するのでなければ、その（＝離俗の）境地に到達することはむずかしい。

きゃう（キヨウ）【饗】名 酒や食べ物を用意してもてなすこと。また、その酒や食べ物。

ぎゃう（ギヨウ）【行】名 ❶《仏教語》僧や修験者のする修行。
❷律令制で、位階と官職が相当せず、任ぜられた官職の相当位がその人の位階より低い場合、位階と官職との間におく語。〈平家・七・平家山門連署〉「従三位行兼越前の守平朝臣通盛」
❸書体の一つ。行書。➡草・真

きゃう-おう（キヨウ―）【饗応】「きゃうよう」とも。㊀名・自サ変 相手の機嫌をとって調子をあわせること。〈大鏡・道長上〉「中関白殿饗応し㊥申させ給うて」訳 中関白殿（＝藤原道隆）はびっくりなさって、はなはだしく（道長の）機嫌をとって調子をあわせ申しあげなさって。
㊁名・他サ変 酒食をととのえてもてなすこと。ご馳走。〈徒然・二三一〉「客人の饗応なども、ついでをかしきやうにとりなしたるも」訳 客のご馳走なども、その場にふさわしいようにとりなしたのも。

きゃう-か（キヨウ―）【狂歌】名 短歌の形式で、滑稽・洒落・風刺を盛り込んだ和歌。江戸時代の天明（一七八一―一七八九）のころが最盛期。作者は、四方赤良・唐衣橘洲・朱楽菅江などが有名。

きゃう-がい（キヨウ―）【境界】名 ❶《仏教語》因果応報によって各自の受ける境遇。身の上。〈おらが春〉「おのれらは俗塵に埋もれて世渡る境界ながら」訳 自分などは世間のわずらわしさにとらわれて生活している身の上であるのに。
❷現在の境遇。
❸力の及ぶ範囲。〈徒然・一九三〉「おのれが境界にあらざるものをば、争ふべからず」訳 自分の力の及ぶ範囲でない物事を、争ってはならず。

ぎゃう-がう（ギヨウゴウ）【行幸】名・自サ変「ぎゃうかう」とも。天皇のおでかけ。お出まし。みゆき。〈源氏・紅葉賀〉「朱雀院の行幸は神無月の十日あまりなり」訳（桐壺帝の）朱雀院へのお出ましは陰暦十月の十日過ぎである。

類語の整理　ぎゃうがう―「皇族のおでかけ」を表す語

	ぎゃうがう【行幸】	ぎゃうけい【行啓】	ごかう【御幸】	みゆき【行幸】
天皇	○	×	×	○
法皇・上皇	×	×	○	○
女院	×	×	○	○
皇太子(妃)	×	○	×	×
皇后・皇太后・太皇太后	×	○	×	×

きゃう-きゃう（キヨウキヨウ）【軽軽】形動ナリ

{なら・なり(に)・なり・なる・なれ・なれ}軽々しいさま。軽率なさま。〈大鏡・兼家〉「この春宮の御おとどの宮たちは、少し軽軽に(用)ぞおはしましし」訳 この皇太子の御弟の宮たちは、少し軽率でいらっしゃった。

きゃう-く キョウ【狂句】名 ❶連歌で、有心に対して無心のこと。滑稽・卑俗をねらいとする連歌。❷俳諧。特に、蕉門俳諧で通俗・自由な句。❸川柳で、卑俗に走ったもの。

ぎゃう-けい ギョウ【行啓】名・自サ変「ぎゃうげい」とも。太皇太后・皇太后・皇后・皇太子・皇太子妃のおでかけ。お出まし。⬇行幸「類語の整理」

きゃう-げん キョウ【狂言】名 ❶道理にあわないことば。たわごと。❷冗談。たわむれごと。❸田楽・猿楽から起こり、能楽とともに室町時代に完成した演劇。軽妙・滑稽で、世相を風刺的に描いた。❹「歌舞伎狂言」の略。歌舞伎の出し物。

きゃうげん-きぎょ キョウゲンキギョ【狂言綺語】名〔「ぎょ」は「語」の漢音〕道理にあわないことばと、作り飾ったことば。ふつうは、仏教・儒教などの立場から小説・詩歌など文学をさしていう。

きゃう-こう キョウ【向後・嚮後】名・副 今後。以後。〈宇治・一四・一〇〉「向後かかるわざすべからず」訳 今後このようなこと(=道長を呪咀すること)をしてはならない。

きゃう-ざく キョウ【警策】名・形動ナリ「かうざく」とも。(詩文や人柄などが)人を驚かすほどりっぱですぐれていること。〈源氏・花宴〉「文ども警策に(用)」訳 詩文のあれこれがすぐれていて。

参考「警」はいましめること、「策」は馬にあてるむちの意。転じて、詩文全体をひきしめいきいきとさせるすぐれた語句のことをいった。

ぎゃう-じ ギョウ【行事】名 ❶催しごと。年中行事。❷ある事を担当すること。また、担当者。責任者。〈平家・八・鼓判官〉「鼓判官知康軍の行事承って」訳 鼓判官知康が合戦の責任者をお引き受けして。

きゃう-しゃ キョウ【狂者】名 ❶ふざけたことを行う人。狂言師。❷風流に徹した人。風狂の人。〈去来抄・先師評〉「先師の意をもって見れば、少し狂者の感もあるにや」訳 亡き先生(=芭蕉)の考えで(この句を)見ると、少し風狂人の感じもあるのだろうか。

ぎゃう-じゃ ギョウ【行者】名 ❶仏道の修行をする人。修行者。❷修験道の行者。修験者。

ぎゃう・ず ギョウズ【行ず】他サ変{ぜ・じ・ず・ずる・ずれ・ぜよ}仏道を行う。修行する。〈徒然・四九〉「老い来りて、はじめて道を行ぜ(未)んと待つことなかれ」訳 老いがやって来て、(その時に)はじめて仏道を修行しようと待っていてはならない。

ぎゃうずいの… 俳句

行水の　捨てどころなき　むしのこゑ　秋

〈をだまき綱目・鬼貫〉

訳 行水の湯を捨てようにも捨てる所がないほどに(夕闇の庭先一面に)集まって鳴く虫の声だよ。

きゃう-ぜん キョウ【饗膳】名 ご馳走の膳。ご馳走の酒やさかな。〈徒然・六〇〉「出仕して、饗膳などにつく時」訳 (法要の)席に出て、ご馳走の膳などにつく時。

ぎゃうぶ-きゃう ギョウブキョウ【刑部卿】名 刑部省の長官。正四位下相当官。

ぎゃうぶ-しゃう ギョウブショウ【刑部省】名 律令制で、太政官に属する八省の一つ。裁判・処罰に関する事柄を扱う役所。のち権限が検非違使庁に移った。↓八省。⬇付録③「平安京大内裏図」

ぎゃう-ぼふ ギョウボウ【行法】名 仏道修行。また、その方法。特に、密教の修法をいう。

きゃう-よう キョウ【饗応】名・自他サ変「きゃうおう」に同じ。

きゃう-わらはべ キョウワラワベ【京童部】名「きゃうわらべ」「きゃうわらんべ」とも。京都の無頼の若者たち。

参考 好奇心が旺盛で、口やかましくいたずらずきな都会の若者という感じで使われる。

ぎゃく-えん【逆縁】名(仏教語)❶仏道にさからう悪事がかえって仏道に入る縁となること。❷親が子の供養をしたり、縁のない者が他人の供養をしたりするなど、供養者が順当でない法事をすること。(対)順縁

きゃく-しき【格式】名「かくしき」とも。❶格と式。律令の不備を時代に合わせて補うために出された法規。❷身分や家柄によって、公に定められた儀式・服装・乗り物・住居などのきまり。〈平家・一・殿上闇討〉「宮中を出入するは、みな格式の礼を守る」訳 宮中を出入りするときには、すべて公に定められたきまりの作法を守る。

き・ゆ【消ゆ】自ヤ下二{え・え・ゆ・ゆる・ゆれ・えよ}❶(形のあるもの、見えていたものの)形がなくなる。消える。見えなくなる。〈源氏・夕顔〉「西の妻戸に出でて、戸を押しあけ給へれば、渡殿の灯も消え(用)にけり」訳 (光源氏が)西の妻戸に出て、戸を押しあけなさったところ、渡り廊下の灯火も消えてしまっていたのだった。❷意識がなくなる。正気を失う。また、意識されていたことがなくなる。〈源氏・手習〉「いと弱げに消え(用)もていくやうなれば」訳 (女=浮舟は)ひどく弱々しそうで、だんだん意識がなくなっていくようすなので。❸死ぬ。〈拾遺・哀傷〉「秋風になびく草葉の露よりも消え(用)にし人を何にたとへむ」訳 秋風になびく草の葉に置く露よりも(はかなく)、亡くなってしまった人を何にたとえよう。⬇果つ「慣用表現」

きゅう〔九・久・旧・灸・糺・糾〕⬇きう

きゅう〔急〕⬇きふ

きゅう-せん【弓箭】名 ❶弓と矢。❷弓矢をとる人。武士。〈太平記・一四〉「我譜代弓箭の家に生まれ」訳 私(=足利尊氏)は代々続いた武士の家に生まれ。❸いくさ。戦い。〈平家・一・殿上闇討〉「弓箭に携はらん者のはかりことは、もっともかうこそあらまほしけれ」訳 戦いに

最重要330

117

ガイド

きよーげ【清げ】形動ナリ〔なら・なり(に)・なり・なる・なれ・なれ〕〔「げ」は接尾語〕

さっぱりして美しいさま。整えられた表面上の美をいい、美的水準は「きよら」(→119)に次ぐ。

❶ さっぱりして、美しいさま。

➡おいらか「類語の整理」

例 きよげなる(体)おとな二人ばかり、さては、童べぞいでいり遊ぶ〈源氏・若紫〉

訳 (尼君のそばに)こぎれいで美しい感じの女房が二人ほど(いて)、そのほかには、童女たちが出たりはいったりして遊ぶ。

例 山吹の清げに(用)、藤のおぼつかなきさましたる〈徒然・一九〉

訳 山吹の花がさっぱりと美しく(咲き)、藤の花がぼんやりとした姿をしているの(など)。

❷ きちんとしている。整っている。

例 やすくすなほにして、姿も清げに(用)、あはれも深くみゆ〈徒然・一四〉

訳 (昔の人の歌は)平易でくせがなくて、歌体も整っていて、しみじみとした趣も深く感じられる。

関わろうとする者の計略は、とりわけこのようにありたいものだ。

きゅうーば【弓馬】 名 ❶弓術と馬術。武芸。❷武家。武士。❸いくさ。戦い。

きょ【挙】 名 推挙すること。推薦。〈大鏡・伊尹〉「前の頭の挙によりて、後の頭はなることにて侍りしなり」訳 (昔は)前任の蔵人の頭の推挙によって、後任の蔵人の頭は決まるものであったのです。

きょ【裾】 名 束帯の下襲のうしろに長く引いた裾の部分。地紋や長さは官位や季節で異なる。→束帯

ぎょ【御】 接頭 (漢語の名詞に付いて)尊敬の意を表す。特に、天皇・上皇に関する事物や行為について用いられる。「御意」「御遊」「御製」

ぎょーい【御衣】 名 天皇の衣服の尊称。

ぎょーいう【御遊】 名 天皇・貴人が主催する管弦などのお遊び。〈平家・一・殿上闇討〉「御遊もいまだ終はらざるに、ひそかにまかり出でらるるとて」訳 (平忠盛は)天皇の御前で催された管弦のお遊びもまだ終わらないのに、こっそりと退出なさるということで。

きょう【興】 名 ❶おもしろいこと。楽しいこと。興味。〈徒然・一三〇〉「我負けて、人を喜ばしめんと思はば、さらに遊びの興なかるべし」訳 (わざと)自分が負けて、人を喜ばせようと思うなら、まったく遊びのおもしろみがないにちがいない。❷一時の座興。たわむれ。〈徒然・一七五〉「強ひ飲ませたるを興とすること、いかなる故とも心得ず」訳 (酒を勧めて)むりに飲ませているのを一時の座興とすることは、どのような理由(から)ともわからない。❸漢詩の六義の一つ。ある事物に寄せて自分の感興を述べるもの。→六義①

きょう〖向・狂・京・経・卿・軽・境・警・嚮・饗〗➡きゃう

きょう【孝】 ➡けう

きょう【夾・脇】 ➡けふ

きょう【今日】 ➡けふ

ぎょーう【御宇】 名 (「宇」は世界の意)天皇が天下を治めた期間。御治世。御代。

ぎょう【刑・行】 ➡ぎゃう

ぎょう【澆】 ➡げう

きょう・ず【興ず】 自サ変〔ぜ・じ・ず・ずる・ずれ・ぜよ〕興に入る。おもしろがる。〈徒然・二二九〉「いときなき子をすかし、おどし、言ひはづかしめて興ずる(体)ことあり」訳 幼い子供をすかし、おどし、からかっておもしろがることがある。

ぎょーかん【御感】 名 天皇・上皇などが物事に感心すること。おほめ。

ぎょーき【御記】 名 天皇や貴人などの日記・記録。

玉葉和歌集(ぎょくえふわかしふ/ギョクヨウワカシュウ)《作品名》十四番目の勅撰和歌集。鎌倉後期、伏見院の院宣により京極為兼が撰進。正和元年(一三一二)成立。京極派の歌人の歌を中心に、万葉・新古今時代の歌など、約二千八百首を収める。歌風は清新で、自然観照に特色がある。→勅撰和歌集

きょくすいーのーえん【曲水の宴】「ごくすいのえん」とも。奈良・平安時代、陰暦三月三日の上巳の節句に、宮中や貴族の邸宅で行われた行事。曲がりくねった流れの角ごとに席を作り、上流から流された杯が自分の前を通り過ぎないうちに詩歌を作り、その杯を取って酒を飲み、また次へ流す遊び。春

ぎょくーたい【玉体】 名 天皇のからだの尊称。〈平家・一一・先帝身投〉「分段の荒き浪、玉体を沈め奉る」訳 六道に輪廻する人間の生死の運命を分ける(かのような)荒い波が、(安徳)天皇のおからだをお沈め申しあげる。

曲亭馬琴(きょくていばきん)《人名》→滝沢馬琴

きょくーほ【極浦】 名 遠くはるかな海岸。水平線のかなた。〈平家・七・福原落〉「極浦の浪をわけ、潮にひかれて行く舟は」訳 水平線のかなたの波を分け、潮に流されて行く舟は。

きよーげ【清げ】 形動ナリ ➡右上117

きよ・し【清し】 形ク ➡次ページ118

きょ-じつ【虚実】名 ❶ないこととあること。❷うそとまこと。

きょじつ-ひにく【虚実皮膜】名《文芸用語》「きょじつひまく」とも。芸術は実(=まこと)を主とするが、その表現は、実そのままではなく、虚構と事実の微妙な間に、成立するということ。参考 浄瑠璃作者近松門左衛門の演劇論として、三木貞成著「難波土産」序に、穂積以貫の聞き書きとしてみえる語。

ぎょ-しゅつ【御出】名 貴人の外出。お出まし。

ぎょ-しん【御寝】名「寝ること」の尊敬語。おやすみ。

ぎょしん-な・る【御寝成る】自ラ四〔ら・り・る・る・れ・れ〕「寝ぬ」の尊敬語。おやすみになる。〈徒然・一三三〉「白河院は、北首に御寝なり用けり」訳 白河院は、北枕でおやすみになった。

最重要330

118

きよ・し【清し】形ク〔から・く(かり)・し・き(かる)・けれ・かれ〕

ガイド 少しのけがれもなく美しいさま。心についていう場合は③の意になる。また、不純な物がないの意から④の意にも転じた。

❶(風景が)きれいである。清らかである。澄んでいる。

例 ぬばたまの夜のふけゆけば久木生ふる清き体川原に千鳥しば鳴く〈万葉・六・九二五〉

訳 夜がふけていくと、久木の生えている清らかな川原に、千鳥がしきりに鳴いている。(「ぬばたまの」は「夜」にかかる枕詞)

❷(容姿が)すっきりとして美しい。⬇おいらか「類語の整理」

例 若う、かたち清き体が許になむ、…小舎人つねにまうで来く〈浜松中納言物語〉

訳 若く、容貌のすっきりとして美しい人のところに、…(三位の中将の使いとして)小舎人童がいつも参上する。

❸(心が)潔い。邪念がない。潔白である。

例 海ならずたたへる水の底までに清き体心は月ぞ照らさん〈新古・雑下〉

訳 海(どころ)ではなく、(さらに深く)たたえている水の底までも清らかな、そんなやましいところのない私の心は、月が照らしてくれるだろう。

❹(連用形を用い連用修飾語として)残るところなく。すっかり。

例 また人の問ふに、清う用(ウ音便)忘れてやみぬる折ぞ多かる〈枕・二七六〉

訳 (いつも記憶していることでも)改めて人が尋ねると、すっかり忘れてしまっている場合が多い。

ぎょ-せい【御製】名 天皇や皇族が作った詩歌や文章。〈平家・灌頂・大原御幸〉「女院の御製とおぼしくて」訳 女院(=建礼門院)の作られたお歌と思われて。

ぎょ-たい【魚袋】名 節会や大嘗会などの儀式のとき、束帯姿の石帯の右腰につける飾り。鮫皮張りの長方形の小箱に、金の魚形をつけた金魚袋は三位以上、銀の魚形をつけた銀魚袋は四位・五位の人が用いた。

(ぎょたい)

清原深養父《人名》(生没年未詳)平安前期の歌人。元輔の祖父、清少納言の曽祖父。「小倉百人一首」に入集。家集「深養父集」

清原元輔《人名》(九〇八〜九九〇)平安中期の歌人。三十六歌仙の一人。深養父の孫、清少納言の父。梨壺の五人の一人として、「後撰集」の撰にあたった。「小倉百人一首」に入集。家集「元輔集」

きよ-まは・る【清まはる】自ラ四〔ら・り・る・る・れ・れ〕❶物忌みして心身を清める。精進潔斎する。〈蜻蛉・中〉「人はかく清まはる体ほどとて、例のやうにもかよはず」訳 人(=夫の藤原兼家)はこのように精進潔斎する期間ということで、いつものようにも通って来ないで。

❷清浄になる。潔白になる。〈源氏・若菜上〉「今しもけざやかに清まはり用て、立ちにし我が名、今さらにとりかへし給ふべきにや」訳 今になって(私=光源氏に対して)きっぱりと潔白にふるまっても、(いったん)立ってしまった(あの方=朧月夜)自身の浮き名を、今さらお取り消しになることができるだろうか(いや、できまい)。

きよ-ま・る【清まる】自ラ四〔ら・り・る・る・れ・れ〕清くなる。潔斎して清浄になる。〈徒然・一七〉「山寺にかき籠りて、仏に仕うまつるこそ、つれづれもなく、心の濁りも清まる体心地すれ」訳 山寺に引きこもって、仏にお仕えするのは、手もちぶさたな感じもなく、心の濁りも清らかになる気持ちがする。

ぎょゆう〖御遊〗⬇ぎょいう

最重要330

119

きよ-ら

ガイド　これ以上美しいものはないと思われる、輝くばかりに美しいさま。最高の美をいう。

【清ら】［「ら」は接尾語］一 形動ナリ {なら・なり(に)・なり・なる・なれ・なれ} 二 名

一 形動ナリ

気品があって美しいさま。華麗なさま。 ➡おいらか「類語の整理」

例 装束(しやうぞく)の清らなる体こと、ものにも似ず〈竹取・かぐや姫の昇天〉

訳 (天人たちの)服装が華麗であることは、たとえるものもない。

例 世になく清らなる体玉の男御子(をのこみこ)さへ生まれ給ひぬ〈源氏・桐壺〉

訳 この世に例がないほど気品があって美しい玉のような皇子までもお生まれになった。

二 名

気品のある美しさ。華麗さ。

例 よろづにきよらを尽くしていみじと思ひ〈徒然・二〉

訳 万事に華美を極めてりっぱだと思い

きよ-ら【清ら】 形動ナリ 名 ➡右 119

去来(きよらい)《人名》➡向井去来(むかゐきよらい)

去来抄(きよらいせう) キヨライショウ《作品名》江戸中期の俳論書。向井去来(むかいきよらい)著。安永四年(一七七五)刊。「先師評」「同門評」「故実」「修行」の四部からなる。(版本では「故実」は除かれている)。蕉風(せうふう)俳諧の俳論を集成したもの。

許六(きよりく)《人名》➡森川許六(もりかはきよりく)

き-ら【綺羅】 名［「綺」はあやぎぬ、「羅」はうすぎぬの意］❶美しい衣服。
❷輝かしさ。はなやかさ。美しさ。〈徒然・一九一〉「万(よろづ)のものの綺羅・飾り・色ふしも、夜のみこそめでたけれ」訳 すべてのものの光彩・装飾・色調も、夜は特にすばらしい。
❸威光の盛んなこと。栄華。〈平家・一二・平大納言被流〉「世のおぼえ、時の綺羅めでたかりき」訳 世間の評判や、盛時の栄華がすばらしかった。

きらきら・し 形シク {しから・しく(しかり)・し・しき(しかる)・しけれ・しかれ} ❶きらきらと輝いている。〈枕・四〇〉「茎はいと赤くきらきらしく用見えたるこそ、あやしけれどをかし」訳 (ゆずり葉の)茎はたいそう赤くきらきらと輝いて見えているのが、品がないけれど趣がある。「きらぎらし」とも。
❷端正だ。(容姿が)整って美しい。〈万葉・九・一七三八〉「腰細のすがる娘子(をとめ)のその姿(かほ)のきらぎらしき体に」訳 腰の細いすがる(=じがばち)のようなおとめで、その容姿が端正で美しいうえに。
❸堂々として威厳がある。りっぱだ。〈枕・二九五〉「きらきらしき体もの　大将の御前駆(みさき)追ひたる」訳 堂々として威厳があるもの、(近衛(このゑ)の)大将がお先払いをしているの。
❹きわだっている。格別だ。〈更級・宮仕へ〉「さりとて、そのありさまの、たちまちにきらきらしき体勢ひなどあんべいやうもなく」訳 そうである(=宮仕えに出ている)からといって、その(=私の)ようすが、とたんに格別な勢いなどをもつようなはずもなく。

きら・す【霧らす】 他サ四 {さ・し・す・す・せ・せ} (空を)曇らせる。また、視界をさえぎる。〈源氏・行幸〉「などてみゆきに目を霧らし用けむ」訳 どうして(あなた=玉鬘(たまかづら)は)行幸の日、雪に目を曇らせたのだろう(=行幸の姿を拝見しなかったのだろう)。(「みゆき」は「深雪(みゆき)」と「行幸(みゆき)」との掛詞)

きら・ふ キラ(ロ)ウ【嫌ふ】 他ハ四 {は・ひ・ふ・ふ・へ・へ} ❶いやがる。好まない。〈平家・二・西光被斬〉「殿上(てんじやう)の交はりをだに嫌は未れし人の子で」訳 (あなた=平清盛は)殿上の間での交際をさえいやがられた人(=忠盛)の子で。
❷区別する。分け隔てする。〈謡・隅田川〉「僧俗を嫌は未ず人数(にんじゆ)を集め候ふ」訳 僧侶と俗人とを分け隔てせずに大勢の人を集めています。

きら-め・く【煌めく】 自カ四 {か・き・く・く・け・け} ［「めく」は接尾語］❶光り輝く。〈源氏・夕顔〉「前栽(せんざい)の露はなほかかる所も同じごときらめき用たり」訳 植え込みの草木の露は、やはりこんな所(=五条の夕顔の家)でも(大邸宅と)同じようにきらきらと光っている。
❷盛んに飾りたてる。盛装する。〈平家・一・一門大路渡〉「公卿(くぎやう)も殿上人(てんじやうびと)も、今日を晴れときらめい用(イ音便)てこそありしか」訳 公卿も殿上人も、今日を晴れがましい日と盛んに飾りたてていた。
❸盛んにもてなす。歓待する。〈徒然・一二三〉「貧しき所に、酒宴好み、客人(まらうと)に饗応(あるじ)せんときらめき用たる」訳 (聞きづらく見苦しいことは)貧しい家で、酒宴を好み、来客に御馳走(ごちそう)しようと盛んにもてなしていること(である)。

きら-らか【煌らか】 形動ナリ {なら・なり(に)・なり・なる・なれ・なれ} きらきら輝いて美しいさま。きらびやか。〈徒然・一〇〉「今めかしくきららかなら未ねど、木立(こだち)ものふりて」訳 (身分も高く教養もある人の住まいは)当世風でなくきらびやかでないが、(邸内の)木立はなんとなく古びていて。(「今めかしく」には下の打消「ね」の意が及ぶ

（＝対偶中止法）

きり【桐】 名 木の名。初夏に淡紫色の花を開く。材は琴・箪笥・下駄などにする。（桐の花 夏）

きり【霧】 名〔動詞「霧る」の連用形から〕細かい水滴が地面や水面近くにたちこめて煙のように見えるもの。秋。〈枕・五〉「霞も霧も隔てぬ空のけしきの、何となくすずろにをかしきに」訳 霞も霧もさえぎらない（初夏の）空の景色が、なんということもなく無性に風情があるころに。

参考 中古以降、春立つのを霞、秋立つのを霧といって区別した。→霞 参考

ぎ-り【義理】 名 ❶**物事の正しい筋道。** 道理。❷**他人に対する面目。** 道徳上つとめるべき道。〈浄・冥途の飛脚〉「大坂の亀屋への義理は欠かれまい」❸文章・語句などの**意味・内容。**〈今昔・三・三〉「法華経を読誦して、その義理を悟ること深し」訳 法華経を読み唱えて、その意味・内容を理解することが深い。

きり-かけ【切り懸け・切り掛け】 名 ❶板塀の一種。柱に横板をよろい戸のように上から少しずつ重なるようにつけ、外から見えないように立てたもの。❷①と同じように作った、室内用のついたて。

（きりかけ①）

きりぎりす【蟋蟀】 名 **こおろぎ（＝虫の名）の古名。** 秋。〈古今・秋上〉「きりぎりすいたくな鳴きそ」訳 こおろぎよ、ひどく鳴いてくれるな。

参考 現在の「きりぎりす」は、その鳴き声が機織りの音に似ていることから、「はたおり」「はたおりめ」と呼ばれた。

きりぎりす… 和歌〈百人一首〉【きりぎりす 鳴くや霜夜の さむしろに 衣片敷き ひとりかも寝む】〈新古・秋下・藤原良経〉⬇付録◇1「小倉百人一首」91

（きりぎりす）

きり-くひ【切り杭】 名 木の切り株。

きりしぐれ… 俳句

> 霧しぐれ 富士を見ぬ日ぞ 面白き 〈野ざらし紀行・芭蕉〉（秋）（切れ字）

訳（箱根の山を越える今日）霧がしぐれのように薄く濃く立ちこめて富士山は見えないが、それはそれで別の趣があるというものだ。（切れ字の「き」は、形容詞の連体形活用語尾で係助詞「ぞ」の結び）

きり-つぼ【桐壺】 名「淑景舎」の異称。壺（＝中庭）に桐が植えてあることから、こう呼ばれる。⬇付録◇3「平安京内裏図」

桐壺帝《人名》「源氏物語」中の人物。桐壺の更衣を寵愛して光源氏をもうける。

桐壺の更衣《人名》「源氏物語」中の人物。桐壺帝に寵愛されて光源氏を生むが、他の女御・更衣の嫉妬を受けて病気がちとなり、光源氏が三歳のとき、ついに里に帰って死ぬ。

きり-ふ【切り斑・切り生】 名「ふ」はまだらの意。鷹の尾の白羽で、横に数条の黒い斑のあるもの。また、それを用いた矢羽。

（きりふ）

きり-ふたが・る【霧り塞がる】 自ラ四〔ら・り・る・る・れ・れ〕❶霧が立ちこめて視界がさえぎられる。〈源氏・橋姫〉「入りもてゆくままに霧りふたがり(用)て」訳（山路に）だんだん入って行くにつれて霧が立ちこめて視界がさえぎられて。❷涙ではっきり見えなくなる。〈源氏・御法〉「涙の干る世なく、霧りふたがり(用)て」訳（光源氏は）涙が乾くときがなく、涙ではっきり見えない（状態）で。

き-りゃう【器量】 名 ❶**才能や力量。** また、それを持つ人。〈平家・九・敦盛最期〉「敦盛器量たるによって持たれたりけるとかや」訳 敦盛が名人であるので（先祖伝来の笛を）お持ちになっていたことだとか。❷顔だち。容姿。

き-りょ【羇旅・羈旅】 名〔「羇」「羈」はともに旅の意〕❶旅。旅行。❷和歌・俳諧の部立ての一つ。旅情を詠んだもの。

き-りん【麒麟・騏驎】 名 ❶古代中国の想像上の動物。聖人が世に出る前兆として現れるという。麒が雄、麟が雌という。❷一日に千里を走るという名馬。駿馬。❸すぐれた人物のたとえ。〈浄・国性爺合戦〉「日本の麒麟これなるはと、異国に武徳を照らしけり」訳 日本のすぐれた人物はこの人であることよと（いわれるほどに、国性爺は）、外国で武勇を輝かせた。

（きりん①）

き・る【霧る】 自ラ四〔ら・り・る・る・れ・れ〕❶**霧や霞がかかる。** かすむ。〈万葉・一・二九〉「霞立ち春日の霧れ(已)るももしきの大宮所見れば悲しも」訳 霞が立って春の日がかすんでいる、この大宮所（の跡）を見ると悲しいことだ。（「ももしきの」は「大宮」にかかる枕詞）❷**涙で目がかすむ。**〈源氏・夕霧〉「おぼし出づるに目も霧り(用)ていみじ」訳 お思い出しになると、（涙で）目もかすんで悲しい。

き・る【切る】 ■ 他ラ四〔ら・り・る・る・れ・れ〕❶切断する。断ち切る。❷**決着をつける。** 決定する。〈今昔・二六・二五〉「いまだ勝負も切ら(未)ぬに」訳 まだ勝負も決着をつけないうちに。❸期限を決める。〈浮・世間胸算用〉「十年切っ(用)て（促音便）て、銭一貫から三十目までにて、好きなる子供取りける」訳（年季は）十年を期限として、銭一貫から銀三十匁まで（の給金）で、好きな子供を雇ったのだ。❹（動詞の連用形に付いて）完全に…する。すっかり…する。〈枕・八二〉「今宵あしともよしとも定めきり(用)てやみなむかし」訳 今夜（こそ）悪いともよいともすっかり決めてしまおうよ。

■ 自ラ下二〔れ・れ・る・るる・るれ・れよ〕❶切れる。分かれる。離れる。とだえる。❷尽きる。なくなる。〈狂・止動方角〉「折節（＝ちょう

ど)茶が切れ(用)て御座りませぬ」❸決まる。決着がつく。〈十訓・九〉「とみに事切れ(用)ざりければ」訳にわかに事が決着しなかったので。❹それる。曲がる。〈細道・あさか山〉「二本松より右に切れ(用)て」訳二本松から右に曲がって。

きる【着る】他力上一{き・き・きる・きる・きれ・きよ}❶(衣類を)身につける。着る。また、はく。頭にかぶる。〈枕・四五〉「にげなきもの…下衆の紅の袴き(用)たる」訳似つかわしくないもの、…身分の低い女が紅の袴をはいているの。❷(恩や罪などを)身に受ける。身に負う。〈伽・猿源氏草紙〉「いなと申せば、人の怨みをきる(終)と言ひ」訳いやと申すなら、人の怨みをこうむると言い。参考 現在の「着る」より用法は広く、「はく」「かぶる」の意でも用いる。②は「着る」を比喩的に用いたもの。

きれ-じ【切れ字】名 連歌・俳諧で、句末や句中にあって句の意味を切るはたらきをする語。助詞や活用語の終止形・命令形など。➡付録◇①「俳句をよむ」

きわ〔際〕➡きは(二六六ページ)

きわまる〔極まる・窮まる〕➡きはまる

きわむ〔極む・窮む・究む〕➡きはむ

き・ゐる【来居る】自ワ上一{ゐ・ゐ・ゐる・ゐる・ゐれ・ゐよ}来てじっとしている。来てとまっている。〈古今・春上〉「梅が枝にきゐる(体)鶯」訳梅の枝に来てとまっている鶯は。

ぎ-をん【祇園】名《仏教語》❶インドの舎衛国の祇陀太子の庭園にあった林。釈迦がここで説法をしたという。❷「祇園精舎」の略。

ぎをん-しやうじや【祇園精舎】名《仏教語》(「精舎」は寺の意)インドの須達長者が舎衛国の祇陀太子の庭園を買って釈迦のために建てた寺。〈平家・一・祇園精舎〉「祇園精舎の鐘の声、諸行無常の響きあり」訳(釈迦が説法をした)祇園精舎の鐘の音は、諸行無常すなわち、すべてのものは絶えず変化してとどまることがないという響きがある。

きん【琴】名 奈良時代、中国から伝えられた琴の一種。七弦で琴柱がない。七弦琴。〈源氏・須磨〉「琴を少し搔き鳴らし給へるが、我ながらいとすごう聞こゆれば」訳(光源氏は)七弦琴を少しかき鳴らしなさった音が、自分ながらほんとうにもの寂しく聞こえるので。参考 七弦のものを琴、十三弦のものを箏、四弦で胴の丸いものを琵琶といい、こうした弦楽器を総称して「こと」といった。琴は、琴柱がないため、音が弱く複雑な音色を出すこともできなかったので、平安中期にはすたれてしまい、「こと」はもっぱら箏をさすようになった。

（きん）

ぎん【吟】名 ❶詩歌・俳句を作ったり、歌ったりすること。また、その作品。〈去来抄・先師評〉「これは、『猿蓑』より二、三年前の吟なり」訳この句は、「猿蓑」より二、三年前の作品である。❷謡曲で、声の強弱の程度。音調。

ぎん【銀】名 ❶白色の光沢のある貴金属。しろがね。❷銀貨。

金葉和歌集(きんえふわかしふ)キンヨウワカシュウ《作品名》五番目の勅撰和歌集。平安後期、白河院の院宣により、源俊頼が撰進。大治元年(一一二六)から翌年の間に成立。平安後期の革新的な歌約六百五十首を収める。歌は客観的で素朴な写生表現が多い。↓勅撰和歌集

金槐和歌集(きんくわいわかしふ)キンカイワカシュウ《作品名》鎌倉初期の家集。源実朝の歌を集めたもの。建保元年(一二一三)ごろ成立。歌数約七百首。実朝は藤原定家に歌を学び、新古今風の歌を多く詠んだが、万葉調の力強い歌も注目される。「鎌倉右大臣家集」とも。

きん-ざ【金座】名 江戸幕府の金貨鋳造をつかさどる役所。京都・駿府・佐渡などにもあったが、のち江戸に統一された。明治元年(一八六八)に廃止。↓銀座

ぎん-ざ【銀座】名 江戸幕府の銀貨鋳造をつかさどる役所。京都・駿府などにもあったが、のち江戸に統一された。明治元年(一八六八)に廃止。↓金座

きん-しう【錦繡】名〔錦と、刺繡をした織物の意〕美しい衣服または織物。

きん-じう【禽獣】名 鳥と獣。

きん-じき【禁色】名〔衣服への使用を禁じた色の意〕位階によって着用を禁じたこと。その禁じられた色。それ以外の色の着用を禁じたこと。また、天皇・皇族以外に、許可なく臣下が着用することを禁じられた色。対 許し色 参考 天皇・皇族以外の者は梔子色・黄丹色・赤色・青色・深紫色・深緋色・深蘇芳色の七色を禁じられた。ただし、天皇の許可(=禁色の宣旨)があれば禁色を着用できた。それを「色許さる」という。

きん-じやう【今上】名〔古くは「きんしゃう」とも〕当代の天皇。

きん-じゆ【近習】名〔「きんじふ」の転〕主君のそば近く仕える者。近臣。近侍。

きん-す【金子】名〔「す」は唐音〕金貨。また、貨幣。金銭。

ぎん-す【銀子】名〔「す」は唐音〕❶銀を平らな楕円形にして紙に包んだもの。通用銀の三分にあたり、銀何枚と呼んだ。多くは丁銀をさす。❷(江戸時代、関西では銀本位制であったので)金銭。貨幣。

ぎん・ず【吟ず】他サ変{ぜ・じ・ず・ずる・ずれ・ぜよ}詩歌などを口ずさむ。または詩歌・俳句などを作る。〈去来抄・先師評〉「ただ、一昨日はあの山越えつと、日々吟じ(用)行き侍るのみ」訳ただ、「一昨日はあの山越えつ(花盛り)」と、(去来の句を)毎日口ずさんで旅をしているだけです。

きん-だい【近代】名 最近。近ごろ。〈浮・日本永代蔵〉「近代、…金銀に有徳なる人出で来ぬ」訳最近、…金銀に裕福である人が現れた。

きん-だち【公達・君達】名〔「きみたち」の撥音便。「たち」は尊敬の接尾語〕❶親王・摂家・清華(=公卿の家柄)などの**貴族の**

息子または娘。〈平家・九・敦盛最期〉「平家の君達助け船に乗らんと、汀の方へぞ落ち給ふらん」訳平家のご子弟が助け船に乗ろうと、波打ち際のほうへ敗走しなさっているだろう。〈堤・このついで〉「ある君達に、忍びて通ふ人やありけむ」訳ある姫君に、こっそりと通う人があったのだろうか。

❷（代名詞的に用いて）貴君。あなたさま方。〈源氏・藤袴〉「君達こそめざましくもおぼしめさめ」訳あなたさま方は、（私を）気にくわないともお思いだろうが。

きんだちに… 俳句

公達に　狐化けたり　宵の春　〈夜半叟句集・蕪村〉

切れ字：けたり　季：春

訳あれ、あの貴公子は狐が化けたのだ（そう思われるほどに整った顔立ちの人が歩いている）。なまめかしくも朧な春の宵である。

解説 蕪村好みの王朝絵巻を思わせる句である。

公任（きんたふ）キントウ《人名》→藤原公任

きん-ぢジ 代「きむぢ」に同じ。

きん-ちゅう【禁中】名 皇居。宮中。禁裏。

きん-ぷくりん【金覆輪】名「きんぷくりん」とも。鞍や刀の鞘などの縁を金または金色の金属でおおい飾ったもの。黄覆輪。

きん-もん【禁門】名 皇居の門。転じて、皇居。

金葉和歌集（きんえふわかしふ）→金葉和歌集

きん-り【禁裏・禁裡】名 皇居。宮中。禁中。

く ク

-く 接尾《上代語》❶…することの意を表す。〈万葉・五・八三〉「梅の花散らくはいづく」訳梅の花が散るということはどこのことか。〈万葉・一五・三七三三〉「心に持ちて安けくもなし」訳（遠い国に出かけようとするあなたを）胸に抱いて（心が）安まることもない。

❷連用修飾語として、下の会話文・引用文にかかる。…することには。〈万葉・五・八五三〉「梅の花夢に語らくみやびたる花とあれ思ふ酒に浮かべこそ」訳→うめのはな…和歌

❸文末にあって詠嘆を表す。…することよ。〈万葉・一七・三八九二〉「わが船泊てむ磯の知らなく」訳私の船が停泊するのによい磯がわからないことよ。（→らく〈接尾〉）

接続 →文法 参照

文法 形のうえでは、四段・ラ変動詞の未然形、形容詞の古い未然形語尾「け」「しけ」の形に付く。また、助動詞「けり」「り」「む」「ず」の未然形と考えられた形に付き、「けらく」「らく」「まく」「なく」となり、「き」の連体形「し」に付き、「しく」などとなる。上接の語を名詞化するはたらきがあり、中古では、「いはく」「思はく」などの特定の語として残り、現代にも至っている。接尾語「らく」と補いあい、四段・ラ変以外の動詞には、「らく」が付く。この「く」と「らく」との複雑な接続を統一的に説明するため、「あく」という語を想定して、上の語の連体形にこれが付いたものとみる説があり、本書はこの説によっている。→あく（接尾）

く【句】名 ❶和歌で、五音または七音で一区切りとなっているもの。〈伊勢・九〉「かきつばたといふ五文字を句の上に据ゑて、旅の心をよめ」訳か・き・つ・ば・たという五文字を（和歌の五七五七七の）各句の最初に置いて、旅の気持ちを詠め。

❷漢詩で、五字または七字で一区切りとなっているもの。

❸連歌・俳諧で、五七五の長句、または七七の短句。また、発句。

く【来】自力変

❶来る。〈竹取・かぐや姫の生ひ立ち〉「手にうち入れて家へ持ちてき用ぬ」訳（翁は、かぐや姫を）手の中に入れて家へ持ってきた。〈徒然・一九〉「雁鳴きてくる体ころ」訳雁が鳴きながらやってくるころ。

❷行く。通う。〈古今・恋三〉「限りなき思ひのままに夜もこ未む夢路をさへに人はとがめじ」訳限りなく恋しい心にしたがって（せめて）夜にも通おう。（夜の）夢の通い路までを人は非難しないだろう（から）。

活用					
未然	連用	終止	連体	已然	命令
（ズ）	（タリ）	（。）	（コト）	（ドモ）	（。）
こ	き	く	くる	くれ	こ〈こよ〉

参考 命令形は、中古ごろまで「こ」が普通であった。

く【消】自力下二 {け・け・く・くる・くれ・けよ} 消える。なくなる。〈万葉・一七・四〇二四〉「立山の雪しく終らしも」訳立山の雪がとけているらしいよ。

参考 連体形・已然形・命令形の確かな用例は見あたらない。

ぐ【具】名 ❶連れ添う人。配偶者。〈源氏・浮舟〉「この宮の御具にてはいとよき間なり」訳この（好色な）宮（＝匂宮）の御連れ添いとしては、（浮舟は）たいそう似合いの間柄である。

❷貴人の子女などの相手役。遊び相手。〈源氏・蜻蛉〉「姫宮の御具にて、いとこよなからぬ御ほどの人なれば」訳（宮の君は）姫宮（＝女一の宮）のお相手役として、それほど差のない御身分の人であるので。

❸（食事などの）添え物。〈枕・四〇〉「齢を延ぶる歯固めの具にももてつかひためるは」訳（ゆずり葉は）寿命を延ばす歯固め（の食事）の添え物にも使っているようだなあ。

❹家具。道具。荷物。

くいぜ【株・杭】➡くひぜ

くう【空】名・形動ナリ《仏教語》世の中の物事はすべて因縁によって生じる仮の姿で、実体のないものであるということ。

空海（くうかい）《人名》（七七四〜八三五）平安初期の僧。真言宗の開祖。諡は弘法大師。讃岐（香川県）の人。延暦二十三年（八〇四）唐に留学し、帰国後、高野山に金剛峰寺を建立。詩文や書に秀で、嵯峨天皇・橘逸勢とともに「三筆」の一人。漢詩文集「性霊集」、詩論書「文鏡秘府論」など。

くう-づ・く【功付く・功就く】自力四 {か・き・く・く・け・け}「ぐうづく」とも。修行の功を積む。年功が積もる。〈源氏・若紫〉「あはれに功づき用て、陀羅尼読みたり」訳

（北山の聖は）しみじみと**修行の功を積ん**（だようす）で、陀羅尼（＝梵語の呪文）を読んでいる。

くが【陸】名 陸地。〈平家・一一・那須与一〉「**陸**には源氏くつばみを並べてこれを見る」訳 **陸地**では源氏が轡を並べて（＝那須与一が扇を射るようす）を見る。

く-がね【黄金・金】名《上代語》「こがね」に同じ。〈万葉・五・八〇三〉「銀も**金**も玉も何せむにまされる宝子にしかめやも」訳 →しろかねも…和歌

愚管抄 ➡愚管抄

くき-みじか【茎短】形動ナリ{なら・なり(に)・なり・なる・なれ・なれ}槍や長刀の柄の、刃に近いほうを持って、短く柄を使うさま。〈平家・一一・能登殿最期〉「打ち物**くきみじかに**用取って」訳（能登の守教経は）刀の**柄を短めに**持って。

くーきやう【究竟】一名 ❶物事の究極に達すること。終極。〈今昔・七・二〉「皆、天に生ずること得て、究竟解脱せむ」訳 皆、天に生まれかわることができて、**究極に達し**悟りの境地に入るだろう。❷《仏教語》「究竟即」の略。天台宗でいう六即（＝悟りの六階級）のうちの最上位。
二 名・形動ナリ「くっきゃう」に同じ。

くーぎやう【公卿】名 ❶公と卿。公は太政大臣・左右大臣を、卿は大・中納言・参議およびその他の三位以上の人をいう。上達部。月卿。卿相。〈源氏・胡蝶〉「**公卿**といへど、この人のおぼえに、かならずしも並ぶまじきこそおほかれ」訳 **公卿**といっても、この人（＝柏木）の人望に、必ずしも並びそうもない人が多い。❷「大臣・公卿」と並べていうときには、①の卿の意。〈方丈・三〉「帝より始め奉りて、大臣・**公卿**みなことごとく移ろひ給ひぬ」訳 天皇を始め申しあげて、大臣・**公卿**みなすべて（新都へ）移転なさってしまった。

くぐつ【傀儡】名 中古から行われた芸能の一つ。あやつり人形。また、その人形を舞わせたり曲芸や奇術を演じたりした芸人。

くく・む【銜む・含む】一 他マ四{ま・み・む・む・め・め} ❶くるむ。包み持つ。〈狭衣物語〉「襁褓に**くくま**未れ給へる、女帝にゆづり置き」訳（まだ）産着に**くるま**れていらっしゃるお方に、女帝としての位を譲り残し。❷口の中に含む。〈宇治・二・九〉「**くくみ**用たる水を吐き捨てて」訳（聖は）**口の中に含ん**でいた水を吐き捨てて。
二 他マ下二{め・め・む・むる・むれ・めよ} ❶口の中に含ませる。〈源氏・横笛〉「乳など**くくめ**用給ふ」訳 乳などを（若君の）**口の中に含ませ**なさる。❷納得させる。言い含める。〈枕・能因本・九一〉「『きたなげならむはかき捨てて』など、言ひ**くくめ**用て遣りたれば」訳「きたならしいような所は捨てて（雪の白い所を持っておいで）」などと、言い**含めて**やったところ。

くぐ・む【屈む】一 自マ四{ま・み・む・む・め・め}かがむ。こごむ。〈義経記〉「笛の音の近づきければ、さし**くぐみ**用て見れば」訳 笛の音が近づいてきたので、**かがん**で見ると。
二 他マ下二{め・め・む・むる・むれ・めよ}身をかがめる。〈太平記・一七〉「皆背を**くぐめ**用てぞ立ったりける」訳 みな背中を**かがめ**て立っていた。

くくり【括り】名 ❶袋の口、また、狩衣の袖や指貫の裾などをくくるひも。❷鳥や獣を捕らえるためのわなの一種。

くく・る【潜る】自ラ四{ら・り・る・る・れ・れ}〔中古以降は「くぐる」〕❶物の間や下を抜けて通る。すりぬける。漏れて出る。〈万葉・四・五〇七〉「しきたへの枕ゆ**くくる**体涙にぞ浮き寝をしける恋の繁きに」訳 枕から**漏れ流れる**涙に（この身も）浮かぶほどの悲しみにくれて寝たことだ、恋しさが絶え間ないから。（「しきたへの」は「枕」にかかる枕詞）❷（水中を）もぐって行く。〈平家・九・宇治川先陣〉「水の底を**くぐっ**用（促音便）て、むかへの岸へぞ着きにける」訳 水底を**もぐって行っ**て、向かいの岸へ着いた。

くく・る【括る】他ラ四{ら・り・る・る・れ・れ} ❶結んでまとめる。しばる。〈平家・三・西光被斬〉「宙に**くくっ**用（促音便）て西八条へ下げて参る」訳（西光法師を）宙づりに**しばっ**て西八条へぶら下げて参上する。❷くくり染めにする。〈古今・秋下〉「ちはやぶる神代もきかず竜田川からくれなゐに水**くくる**終とは」訳 ➡付録①「小倉百人一首」17

愚管抄《作品名》鎌倉前期の歴史書。慈円著。承久二年（一二二〇）成立。神武天皇から順徳天皇までの歴史を編年体で記す。仏教思想に基づく歴史観に貫かれた「道理」を論じている。

く-げ【公家】名 ❶天皇。また、朝廷。❷（武家時代、「武家」に対して）朝廷に仕える貴族。

ぐーご【供御】名「くご」とも。❶飲食物の敬称。天皇や将軍のものにいう。お食事。〈徒然・四八〉「**供御**を出だされて食はせられけり」訳（後鳥羽上皇は）**お食事**をお出しになって食べさせなさった。❷《女房詞》ごはん。飲食物。

く-ごふ【口業】名《仏教語》三業（＝意業・身業・口業）の一つ。口、すなわち言語によって作られる報いのもと。

くさ【草】名 ❶草本植物の俗称。草。❷屋根葺きや壁の材料とする、わら・かやの類。

フレーズ

草の庵 「「草庵」の訓読」「くさのいほ」とも。草ぶきの簡素な家。わび住まい。

草の陰 墓所。あの世。草葉の陰。〈平家・七・忠度都落〉「**草の陰**にてもうれしと存じ候はば、遠き御まもりでこそ候はんずれ」訳（勅撰集にのせていただきあの世からの（あなたに対する）お守りでおりましょう。
草葉の陰でもうれしいと思いますならば、遠いあの世からの（あなたに対する）お守りでおりましょう。

草の戸 草ぶきのそまつな家の戸。また、そまつな住まい。

くさ【種】名 ❶物事を起こすもと。原因。たね。〈和泉式部集〉「今よりはただ朝夕の**くさ**と頼まむ」訳 今からは、（千年も生きるという小松を）ただ朝夕の（慰めの）**たね**と頼みにしよう。❷種類。〈源氏・紅葉賀〉「唐土、高麗と尽くしたる舞ども、**くさ**多かり」訳 唐楽、高麗楽と数を尽くしたいろいろな舞楽（の曲目）は、**種類**が多い。

く-さ【来さ】名〔「さ」は時の意の接尾語〕来る時。〈万葉・三・二八一〉「白菅の真野の榛原往くさ**来さ**君こそ見らめ真野の榛原」訳 真野の（美しい）榛原を、行く時にも**来る時**（＝帰り）にもあなたは見るだろう

（が私は見られない）。その真野の榛原を。（「白菅の」は「真野」にかかる枕詞）。対 行くさ

くさ‐ぐさ【種種】名 種類の多いこと。いろいろ。さまざま。〈古今・仮名序〉「あるは、春夏秋冬にも入らぬ種々の歌をなむ、えらばせ給ひける」訳 あるいは、春夏秋冬（のいずれ）にも入らないいろいろの歌を、（醍醐天皇は撰者に）撰ばせなさった。

くさ‐ざうし（ゾウシ）【草双紙】名 江戸時代の通俗的な絵入り小説の総称。広義には、赤本・青本・黒本・黄表紙・合巻をいい、狭義には合巻のみをさす。

くさ・し【臭し】形ク ｛から・く(かり)・し・き(かる)・けれ・かれ｝❶ くさい。〈方丈・二〉「取り捨つるわざも知らねば、くさき体 香世界にみち満ちて」訳（死体を）取り除く方法もわからないので、くさいにおいがあたりに充満して。❷ あやしい。うさんくさい。

くさ‐ずり【草摺り】名 鎧の胴のすそに垂らして腰から下をおおう部分。⬇鎧「古文常識」

くさなぎ‐の‐つるぎ【草薙の剣】名 三種の神器の一つ。須佐之男命が、退治した八俣大蛇の尾から得たと伝えられる剣。倭建命が東征の際、敵の火攻めにあったときに、この剣で草を薙ぎ払って難を逃れたという。「くさなぎのたち」「天の叢雲の剣」とも。〈紀・景行〉「倭姫命、草薙の剣を取りて日本武尊に授けてのたまはく（＝おっしゃることには）」→三種の神器

くさ‐の‐いほり（イオリ）【草の庵】⬇草「フレーズ」

くさ‐の‐かげ【草の陰】⬇草「フレーズ」

くさ‐の‐と【草の戸】⬇草「フレーズ」

くさのとも… 俳句

草の戸も　住み替はる代ぞ　ひなの家

切れ字　春

〈細道・出発まで・芭蕉〉

訳（自分のような世捨て人の）ささやかな草庵も住み替わる時が来た。（後の住人は自分とちがって妻子もいるので）間もない陰暦三月の節句にはひな人形も飾られてはなやいだ家と変わることだ。

解説「おくのほそ道」への旅の出発前、深川の草庵を他人に譲って出るときの句。

くさ‐まくら【草枕】名

草を結んで枕にして野宿すること。旅寝。また、**旅。**「草の枕」とも。〈続詞花〉「草枕ねくたれ髪をかきつけしその朝顔の忘られぬかな」訳 草を枕にする旅で寝乱れた髪を櫛でなでつけた、朝顔の花のように可憐なその朝の顔が忘れられないよ。（「朝顔」は「朝の顔」と花の「朝顔」との掛詞）

くさまくら【草枕】《枕詞》「旅」「結ぶ」「ゆふ」「かり」「露」、地名の「多胡」などにかかる。一説に、実景とも。〈万葉・三・四五二〉「くさまくら旅にまさりて」

くさめ 感（くしゃみをすると早死にするという俗信から）くしゃみが出たときに唱える呪文。〈徒然・四七〉「道すがら、『くさめ、くさめ』と言ひもて行きければ」訳 道の途中、「くさめ、くさめ」と言いながら行ったので。

く‐じ【公事】名 ❶ **朝廷の政務や儀式。**公務。〈徒然・一九〉「公事ども繁く」訳（陰暦十二月には）朝廷の政務や儀式がいろいろと頻繁で。❷ 荘園制で、年貢以外の雑税。**夫役**。〈平家・四・源氏揃〉「公事・雑事にかりたてられて、やすい思ひも候はず」訳 夫役や雑用にせき立てられて、穏やかな気分もございません。❸ **訴訟。**裁判。〈狂・右近左近〉「それならばこのことを公事に上げう（＝訴訟に取り上げよう）」

くし‐げ【櫛笥・匣】名 櫛などの化粧道具を入れる箱。櫛箱。〈万葉・九・一七七七〉「くしげなる黄楊の小櫛も取らむとも思はず」訳 櫛箱に入っている黄楊の小櫛も（手に）取ろうとも思わない。

（くしげ）

くじふくは… 川柳

九十九は　選み一首は　考へる

〈柳多留・三〉

訳（古今の名歌百首を厳選して百人一首を作った藤原定家は）九十九首までは他人の歌の中から選ぶ立場にあったが、自分の一首は自分で考えて作らねばならない。

くじ・る【抉る】他ラ四 ｛ら・り・る・る・れ・れ｝（穴を）あける。えぐる。ほじくり出す。〈竹取・貴公子たちの求婚〉「穴をくじり用、かいばみ、まどひあへり」訳（求婚者たちは垣根に）穴をあけ、のぞき見して、ともに思い悩んでいる。

く・す【屈す】自サ変 ｛せ・し・す・する・すれ・せよ｝（「くっす」の促音「っ」の表記されない形）**気がふさぐ。**めいる。〈源氏・紅葉賀〉「いといたく屈し用など給へば」訳（紫の上は）たいそうひどく気がふさいだりしなさるので。

くず【葛】名 山野に自生するつる草。秋に紫色の蝶形の花を開く。秋の七草の一つ。つるからは葛布を製し、根からはでんぷんをとる。秋。⬇七草「古文常識」（六〇四ページ）

ぐ・す【具す】自サ変 他サ変 ⬇次ページ 120

くずおる〔頽る〕⬇くづほる

くす‐し【薬師・医師】名（「くすりし」の転）医者。〈徒然・五三〉「京なる医師のがり、率て行きける道すがら」訳 都にいる医者のもとに、（法師を）引き連れて行った道の途中。

くす・し【奇し】形シク ｛しから・しく(しかり)・し・しき(しかる)・しけれ・しかれ｝❶ **不思議だ。神秘的だ。**霊妙だ。「奇し」とも。〈万葉・三・二四五〉「聞きしごとまこと貴くくすしく用も神さび居るかこれの水島」訳（評判に）聞いたとおり、ほんとうに貴く不思議にも神々しくあることよ。この水島は。❷ 親しみにくく窮屈だ。**とっつきにくい。**〈源氏・帚木〉「吉祥天女を思ひかけむとすれば、法気づきくすしから未むこそ、また、わびしかりぬべけれ」訳 吉祥天女を恋い慕おうとすると、（人間離れして）仏くさくなり、とっつきにくいだろうが、それはまたきっと興ざめなことにちがいない。

くすし‐が・る【奇しがる】自ラ四 ｛ら・り・る・る・れ・れ｝（「がる」は接尾語）まじめくさる。神妙ぶる。〈枕・二三九〉「忌日とてくすしがり用行ひ給ひしを」訳（中宮の女房が、だれかの）命日だといってまじめくさり経など読んでいらっしゃったのを。

最重要330

120

ぐ・す【具す】

一 自サ変{せ・し・す・する・すれ・せよ} 二 他サ変{せ・し・す・する・すれ・せよ}

ガイド そなえる・そなわる意の漢語「具」にサ変動詞「す」を付けた語。自動詞にも他動詞にも用いる。人を引き連れることにいうと②になり、一③は行動を共にする意からの転義。

一 自サ変

❶ **備わる。そろう。ととのう。**

例 人ざまかたちなど、いとかくしも具し(用)たらむとは、え推し量り給はじ〈源氏・蛍〉

訳 (玉鬘の)人柄や顔かたちなどが、たいそうこんなにも(完全に)備わっていようとは、(蛍兵部卿の宮は)とてもご推量なされないだろう。

❷ **従う。いっしょに行く。連れ立つ。**

例 御はらからの君達に具し(用)奉りて〈大鏡・師輔〉

訳 (顕信は)ご兄弟の君達とごいっしょに行き申しあげて。

❸ **連れ添う。夫婦となる。**

例 その女御殿には…かの大臣に具し(用)給ひにければ〈大鏡・師輔〉

訳 その女御殿(=婉子)におかれては…例の大臣(=実資)に縁づかれてしまったので。

二 他サ変

❶ **備える。そろえる。**

例 「御返り給へ」とて、…「はや、はや」と、硯紙具し(用)て責め給ふ〈落窪〉

訳 「ご返事をなさい」と言って、…「早く、早く」と、硯と紙をそろえて催促なさる。

❷ **伴う。従える。引き連れる。**

例 飛ぶ車一つ具し(用)たり〈竹取・かぐや姫の昇天〉

訳 (空中に立っている人たちは)空飛ぶ車を一つ伴っている。

❸ **添える。**

例 かの奉る不死の薬に、また壺具し(用)て、御使ひに賜はす〈竹取・ふじの山〉

訳 例の(かぐや姫が帝に)献上する不死の薬に、また壺を添えて、(帝は)お使いにお与えになる。

くす-だま【薬玉】名 麝香・沈香などの香料を入れた袋を菖蒲などの造花で飾り、長い五色の糸を垂らしたもの。陰暦五月五日の端午の節句に、不浄を払い、邪気を避けるために柱などにかけた。

(くすだま)

くせ【癖】名 ❶片寄った好みや傾向が習慣になったもの。習癖。〈源氏・帚木〉「心づくしなることを、御心におぼしとどむる癖なむあやにくにて」訳 (光源氏は)心をすり減らすことを、お心に思いつめなさる習癖があいにくあって。❷非難すべき点。欠点。〈紫式部日記〉「必ず癖は見つけらるるわざに侍り」訳 (注意して見ると)必ず欠点は見つけられるものでございます。

くせぐせ・し【癖癖し】形シク{しから・しく(しかり)・し・しき(しかる)・しけれ・しかれ} ひねくれている。意地が悪い。〈源氏・竹河〉「さぶらふ人々の中にくせぐせしき(体)ことも出で来などしつつ」訳 お仕えする女房たちの間に意地の悪い事件もしばしば出て来たりして。

く-ぜつ【口舌・口説】名「くぜち」とも。苦情。また、口論。言い争い。

くせ-もの【曲者・癖者】名 ❶ひとくせある者。変わり者。〈徒然・六〇〉「世を軽く思ひたる曲者にて」訳 (盛親僧都は)世間を軽視している変わり者であって。❷あやしい者。悪者。また、怪物。❸人並みはずれてすぐれた者。したたか者。

ぐ-そく【具足】一 名・自サ変 **十分に備わっていること。** そろっていること。〈枕・二七八〉「僧綱の中に威儀具足し(用)てもおはしまさで」訳 (隆円僧都は)僧官の中に(まじって)立ち居ふるまいの作法が十分に備わってもいらっしゃらないで。二 名・他サ変 ❶所有すること。持つこと。〈今昔・一・一〉「千の子を具足せ(未)むとす」訳 千人の子を持つことだろう。❷**連れ立つこと。** 伴うこと。〈平家・七・維盛都落〉「具足し㊊奉り、…憂き目を見せ奉らんも、うたてかるべし」訳(あなたを)お連れ申しあげ、…つらい経験をさせ申しあげるならそれも、情けないことだろう。

㊂ 名 ❶道具。所持品。調度。〈徒然・二九〉「手なれし具足なども」訳(亡き人が)使い慣れていた道具なども。

❷武具。甲冑。後世は、鎧を簡略な形にしたもの。当世具足。➡鎧「古文常識」

❸連れ従える者。家来。

❹和歌や連歌の素材。

くだ・く【砕く・摧く】 ㊀ 他カ四〔か・き・く・く・け・け〕❶こなごなにする。うちこわす。(敵を)うちやぶる。〈徒然・三〇〉「嵐にむせびし松も、千年を待たで薪にくだか㊍れ」訳 嵐のためにむせび泣くような音をたてた松も、千年を待たずに薪にうちくだかれ。

❷(多く「心をくだく」の形で)思い苦しむ。心を痛める。〈源氏・須磨〉「人知れぬ心をくだき㊊給ふ人ぞ多かりける」訳(光源氏の須磨への下向に)ひそかに心をお痛めになる人が多かった。

❸(多く「身をくだく」の形で)力を尽くす。労する。〈平家・三・法印問答〉「身をくだい㊊(イ音便)て、度々の逆鱗をば休め参らせて候へ」訳(平重盛が)身を労して、たびたびの天皇のお怒りをお静め申しあげています。

㊁ 自カ下二〔け・け・く・くる・くれ・けよ〕❶こなごなになる。こわれる。くずれる。〈徒然・二一〉「岩にくだけ㊊て清く流るる水のけしきこそ、時をもわかずめでたけれ」訳 岩にくだけて清く流れる水のようすは、どんな季節でもすばらしい。

❷思い乱れる。悩む。〈万葉・一二・二八九四〉「あが胸は破れてくだけ㊊て利心もなし」訳 私の胸はわれて思い乱れてしっかりした心もない。

❸整わない。まとまりがない。〈徒然・一四〉「まことに少しくだけ㊊たる姿にもや見ゆらん」訳(この歌は)ほんとうに少し整わないでいる歌体にも見えるのだろうか。

くだくだ・し 形シク〔しから・しく(しかり)・し・しき(しかる)・しけれ・しかれ〕ごたごたしている。わずらわしい。〈源氏・夕顔〉「この程のことくだくだしけれ㊀ば、例のもらしつ」訳 この間のことはわずらわしいので、いつものとおり省略した。

くださ・る【下さる】〔四段動詞「下す」㊍＋助動詞「る」〕㊀ 他ラ下二〔れ・れ・る・るる・るれ・れよ〕❶「与ふ」の尊敬語。お与えになる。お下しになる。〈平家・三・判官都落〉「義経追討の院宣を下さる㊇」訳(後白河法皇は)義経追討の院宣をお下しになる。

❷「もらふ」の謙譲語。いただく。〈平家・七・経正都落〉「経正、御硯くだされ㊊て」訳 経正は、(法親王から)お硯をいただいて。

㊁ 他ラ四〔ら・り・る・る・れ・れ〕《近世語》❶「与ふ」の尊敬語。お与えになる。〈伎・韓人漢文手管始〉「系図は戻すほどに、金をくださり㊊ませ」訳 系図は戻すので、金をお与えになりませ。

❷「食ふ」「飲む」の謙譲語。いただく。〈東海道中膝栗毛〉「はい、酒は好きで、一升酒をくださり㊊ます」

参考 ㊀①と㊁①は尊敬の「る」が、㊀②と㊁②は受身の「る」が付いたと考えられる。近世以降四段化した。

くださ・る【下さる】〔下二段・四段動詞「下さる」から〕㊀ 補動ラ下二〔れ・れ・る・るる・るれ・れよ〕(動詞の連用形、および接続助詞「て」に付いて)尊敬の意を表す。…くださる。〈狂・止動方角〉「こなたの御立身をなされたならば、この太郎冠者をも取り立ててくださるる㊋でござろう」訳 あなたがご栄達をなさったならば、この太郎冠者をも引き立ててくださることでしょう。

㊁ 補動ラ四〔ら・り・る・る・れ・れ〕《近世語》㊀に同じ。〈浄・女殺油地獄〉「そんならこの樽に油二升取り替へてくださり㊊ませ(＝立て替えてくださいませ)」

参考 近世以降四段化した。

くた・す【腐す】 他サ四〔さ・し・す・す・せ・せ〕❶腐らせる。朽ちさせる。〈万葉・一九・四二一七〉「卯の花をくたす㊋長雨の始水に寄る木屑なす寄らむ児もがも」訳 卯の花を腐らせる長雨でかさが増してあふれ出た水の先端に寄る木くずのように、(私に)寄ってくるような娘がいたらなあ。

❷そしる。非難する。けなす。〈為兼卿和歌抄〉「これをくたし㊊て寛平以往とはいふなり」訳 これ(＝寛平以後の悪い点)を非難して寛平以前(にならえ)とはいうのである。(「以往」は「已往」の誤用という)

❸気落ちさせる。意気ごみをくじく。〈源氏・竹河〉「『あやまちひき出づな』などのたまふにくたさ㊍れてなむ」訳「まちがいをひき起こすな」などと(玉鬘が)おっしゃるのに(女房たちは)意気ごみをくじかれて。

くだ・す【下す・降す】 他サ四〔さ・し・す・す・せ・せ〕❶高い所から低い所に移す。おろす。また、(雨などを)降らせる。〈竹取・かぐや姫の昇天〉「かた時のほどとてくだし㊊しを」訳 しばらくの間ということで(かぐや姫を下界に)おろしたのに。

❷都から地方へつかわす。〈平家・五・富士川〉「勢のつかぬ先に急ぎ打手をくだす㊇べしと」訳(頼朝に)軍勢のつかないうちに急いで討伐軍をつかわすのがよいと。

❸(命令・判決などを)申し渡す。与える。下賜する。〈大鏡・時平〉「世の政をおこなふべきよし宣旨くださ㊍しめ給へりしに」訳(左右の大臣に)国家の政治を行えという旨の勅命をお申し渡しなさっていたが。

❹筆を紙などにおろす。〈源氏・梅枝〉「かかる御中に面なくくだす㊋筆のほど」訳 このような(達筆の方々の)御中で、臆面もなく書きおろす筆跡の程度は。

❺調子を下げる。音を低める。〈源氏・若菜上〉「琴の緒をもいとゆるに張りて、いたうくだし㊊て調べ」訳(致仕の大臣は)和琴の緒もたいそう緩く張って、ずっと調子を下げて弾き。

くた・つ【降つ】 自タ四〔た・ち・つ・つ・て・て〕《上代語》❶盛りを過ぎる。衰える。〈万葉・五・八四七〉「わが盛りいたくくたち㊊ぬ雲に飛ぶ薬食むともまた復ちめやも」訳 私の盛りはすっかり過ぎてしまった。雲に飛ぶ仙薬を飲んでも、再び若返ることがあろうか(いや、若返りはしないだろう)。

❷日が傾く。また、夜がふける。〈万葉・一〇・二二八一〉「日くたつ㊋なへに消ぬべく思ほゆ」訳 日が傾くにつれて(あなたを待ちかねて)身も消え入ってしまいそうに思われる。

最重要330

121 ガイド

くだ・る【下る・降る】自ラ四〔ら・り・る・る・れ・れ〕

①が原義。②以下は比喩的な用法である。②は都を、④は過去を上のほうと捉えての表現。⑤は等級の下落、③は下位者への物の移動をいう。

❶ 高い所から低い所へ移る。おりる。(川の)上流から下流へ移動する。また、(雨などが)降る。 対上(のぼ)る

例 走りて坂をくだる㊍輪のごとくに衰へゆく〈徒然・一八八〉
訳 走って坂をおりる輪のように(急速に)衰えてゆく。

❷ 都から地方へ行く。下向する。また、京都の町を、北から南へ行く。 対上(のぼ)る

例 京よりくだり㊊し時に、みな人、子ども無かりき〈土佐〉
訳 都から下向した時には、人はみな、子供がいなかった。

❸ (下位の者に)物が与えられる。下賜(かし)される。(命令などが)申し渡される。

例 御かはらけくだり㊊、若菜の御羹(あつもの)まゐる〈源氏・若菜上〉
訳 (光源氏から人々に)お杯が与えられ、(光源氏は)若菜のお吸い物を召し上がる。

❹ 時刻が過ぎる。時代が移る。

例 まして、世くだり㊊てのち〈増鏡・新島守〉
訳 まして、時代が移ったあと。

❺ (地位・身分・品性・才能などが)劣る。落ちぶれる。

例 品(しな)くだり㊊、顔憎さげなる人にも立ちまじりて、かけずけおさるるこそ、本意(ほい)なきわざなれ〈徒然・一〉
訳 (学識がないとなると)地位が劣り、顔の憎らしげな人にも立ちまじって、わけもなく圧倒されるのは残念なことである。

❻ 降参する。

例 兵(つはもの)尽き、矢きはまりて、つひに敵にくだら㊎ず〈徒然・八〇〉
訳 武器がなくなり、矢がなくなっても、最後まで敵に降参せず。

❼ へりくだる。謙遜する。(⬇上(のぼ)る「古文常識」)

例 大人(うし)のくだり㊊給ふこと甚(はなは)だし〈雨月・吉備津の釜〉
訳 あなた様の謙遜しなさりようはひどすぎる。

古文常識 「くだる」―「くだる」と「おる」「さがる」

下のほうへの移動を意味する点では同じであるが、下に到達するという経過に重点があるのが「くだる」、結果として下にあるという状態に重点があるのが「おる」「さがる」の原義である。「くだる」に対する語は「のぼる」であり、「おる」「さがる」に対する語は「あがる」である。

おる・さがる　くだる

くたびれて… 俳句

草臥れて　宿(やど)かるころや　藤(ふぢ)の花(はな)　〈猿蓑(さるみの)・芭蕉〉〈笈(おひ)の小文〉

切れ字　春

訳 (一日の旅程を歩き尽くし)すっかり疲れ果てて宿を借りる時刻となった。(足を投げ出し)ふと見上げると、藤の花が(庭の夕闇の中に)物憂げに薄紫の房を垂れていることだ。

解説 「猿蓑」には「大和行脚のとき」の前書きがある。藤の花のようすと作者の物憂さとの一致が主題。

くだ-もの【果物・菓物】名

「く」は「木(き)」の転、「だ」は「の」の意という。

❶ 食用となる木の実。果実。

❷ 間食物の総称。菓子や果物など。〈枕・一八四〉「御くだもの参りなどとりはやして、御前(おまへ)にも参らせ給ふ」 訳 (大納言は)お菓子を召し上がりなど(して)座をとりもって、中宮様にも差し上げなさる。

❸ 酒のさかな。〈源氏・行幸〉「六条院より、御みき、御くだものなど奉らせ給へり」 訳 六条院(＝光源氏)から、御酒やお酒のさかななどを差し上げなさった。

-くだり【領・襲】 接尾 装束などのひとそろいを数える語。…そろい。〈源氏・桐壺〉「御装束一くだり」

くだり【件】 名 ❶文章の一部分。章。段。〈紀・推古〉「初めのくだりに言へらく」訳 初めの部分に述べたことは。
❷前に記した事柄。前記。上述。

くだり【行】 名 上から下への縦の一列。文字などの並び。行。〈源氏・梅枝〉「ただ三くだりばかりに、文字少なに好ましくぞ書き給へる」訳 (蛍兵部卿の宮は古歌一首を)ただ三行ほどに、漢字を少なく(ほとんど仮名で)形よくお書きになっている。

くだり【下り】 名 ❶高い所から低い所へ移ること。(川の)上流から下流へ移動すること。対上り
❷都から地方へ行くこと。下向。〈源氏・賢木〉「斎宮の御下り近うなりゆくままに」訳 斎宮の(伊勢への)ご下向が近くなってゆくにつれて。対上り
❸京都の町を、皇居のある北から南へ行くこと。〈平治物語〉「三条を東へ、高倉を下りに、…落ちられければ」訳 (平頼盛は)三条を東へ、高倉を南に、…(六波羅まで)落ちのびなさったので。対上り
❹時が移り過ぎて終わりに近づくこと。また、そのころ。〈宇治・二・九〉「申の下りになり候ひたり」訳 申の刻の終わり(=午後四時過ぎ)になってしまっています。

くだ・る【下る・降る】 自ラ四 ⇒前ページ 121

くだん-の【件の】 連体 「くだりの」の撥音便 ❶前述の。上述の。〈平家・三・有王〉「商人船に乗って、くだんの島へ渡ってみるに」訳 (有王は)商人船に乗って、前述の島(=鬼界が島)へ渡ってみると。
❷例の。いつもの。〈古活字本保元物語〉「くだんの大矢を打ちくはせ」訳 (為朝は)いつもの矢束の長い矢の矢筈をしっかり弓の弦にくい込ませ。

くち【口】 名
❶人や動物の口。鳥では、くちばし。
❷ことば。ものの言い方。〈落窪〉「口悪しき男にまたいへば」訳 ことばが悪い男がまた言うと。
❸うわさ。評判。話の種。〈源氏・若菜上〉「すべて世の人の口といふものなむ、誰がいひ出づることともなく」訳 だいたい世間の人のうわさというものは、だれが言い出すことというわけでもなく。
❹入り口。物の端。〈落窪〉「口には宮、中の君、しりには嫁の君と我と乗り給ふ」訳 (牛車の)入り口(のほう)には姫君と中の君、後方には嫁の女君と(母北の方)自身とがお乗りになる。
❺就職口。職。〈浮・世間胸算用〉「奉公の口あるこそ幸ひなれ」訳 奉公勤めの職があるのは幸せだ。
❻馬や牛の口縄。手綱。〈細道・出発まで〉「馬の口とらへて老いを迎ふる者は」訳 馬の口縄をにぎって老年を迎える者(=馬子)は。

フレーズ
口の端 ことばのはし。口さき。また、うわさ。〈後撰・雑三〉「あはれてふことこそ常の口の端にかかるや人を思ふなるらむ」訳 あわれということばは普段のことばのはしに出るものだが、こういうことが人を思うことなのであろうか。(「かかる」は「掛かる」と「斯かる」との掛詞)

くちおし【口惜し】 ⇒くちをし

くち-おも・し【口重し】 形ク {から・く(かり)・し・き(かる)・けれ・かれ} ❶軽々しく物を言わない。口のききかたが慎重である。〈徒然・七九〉「よくわきまへたる道には、必ず口重く用、問はぬ限りは言はぬこそいみじけれ」訳 よく理解している方面のことについては、必ずことばを慎み、(相手が)尋ねない限りは言わないのがりっぱである。対口軽し
❷言いにくい。言うのがはばかられる。〈源氏・手習〉「さなむありしなど明かし給はむ事は、なほ口重き体心地して」訳 (薫は小宰相に)そのようなことがあったなどと打ち明けなさるようなことは、やはり口に出しにくい気持ちがして。

くち-がる・し【口軽し】 形ク {から・く(かり)・し・き(かる)・けれ・かれ} 「くちがるし」「くちがろし」とも。軽々しく物を言うさま。〈源氏・宿木〉「かくまで漏らし聞こゆるも、いと口軽けれ已ど」訳 (父八の宮が認知しなかった浮舟のことを)こうまでこっそりお教え申しあげるのも、たいそう口が軽い(ようだ)けれど。対口重し

くち-き【朽ち木】 名 腐った木。世間からかえりみられない境遇の人のたとえ。

くち-きよ・し【口清し】 形ク {から・く(かり)・し・き(かる)・けれ・かれ} 「くちぎよし」とも。話し方が堂々としてりっぱだ。弁舌がたくみだ。〈源氏・夕霧〉「心の問はむにだに、口清う用(ウ音便)答へむとおぼせば」訳 (夕霧との浮き名がたっても)せめて良心が問い尋ねるとしたらその時だけでも、堂々とした話し方で答えようと(落葉の宮は)お思いになるので。

くち-ごは・し【口強し】 形ク {から・く(かり)・し・き(かる)・けれ・かれ} 「くちこはし」とも。❶強く言い張って言うことを聞かない。〈源氏・葵〉「『これは、さらにさやうにさし退けなどすべき御車にもあらず』と、口ごはく用て手触れさせず」訳 「これは、決してそのように立ち退かせなどしてよいお車でもない」と、(六条御息所の供人は葵の上の供人に)強く言い張って手を触れさせない。
❷馬の気性があらく手綱が取りにくい。〈平家・八・法住寺合戦〉「白葦毛なる馬の、きはめて口こはき体にぞ乗ったりける」訳 白葦毛である馬で、非常に気性があらくて扱いにくいのに乗っていた。

くち-さがな・し【口さがなし】 形ク {から・く(かり)・し・き(かる)・けれ・かれ} 物の言い方がよくない。他人の悪口を言いふらして慎みがない。〈源氏・行幸〉「口さがなき体ものは世の人なりけり」訳 他人の悪口を言いふらすものは世間の人であったのだ。

くち-すぎ【口過ぎ】 名 生計をたてること。なりわい。〈浮・好色一代男〉「口過ぎと思はれて、舞台つとめ給へ」訳 生活するための仕事とお思いになって、舞台をおつとめなさい。

くち-ずさ・ぶ【口遊ぶ】 他バ四 {ば・び・ぶ・ぶ・べ・べ} 「くちずさむ」とも。詩歌などを、ふと心に浮かぶままにうたう。〈源氏・紅葉賀〉「〔紫の上は〕『入りぬる磯の』と口ずさび用て」

くち-づから【口づから】 副 自分の口から。自分のことばで。〈紫式部日記〉「恥も忘れて口づから言ひたれば」訳 恥ずかしさも忘れて自分の口から言ったので。

くち-つき【口付き】 名 ❶口の形。口もとのよう

最重要330

122 くち-を・し【口惜し】形シク{しから・しく(しかり)・し・しき(しかる)・しけれ・しかれ}

ガイド **期待はずれの落胆・不満・嫌悪などの感じ**を表す。②③はそう感じさせる相手の状態をいうもの。漢字表記の「口」はあて字であろう。

❶残念だ。情けない。

❷つまらない。物足りない。感心しない。

❸卑しい。地位が低い。

《⬇惜し「類語の整理」(三九ページ)》

例「眼もこそ二つあれ、ただ一つある鏡をたいまつる」とて、海にうち嵌めつれば**口惜し**(終)〈土佐〉

訳「目だって二つあるのに、たった一つある鏡を(海神に)差し上げる」と言って、(鏡を)海に投げ込んだので**残念だ**。

例あはれ、弓矢取る身ほど**口惜しかり**(用)けるものはなし〈平家・九・敦盛最期〉

訳ああ、弓矢を取る身(=武士)ほど実に**情けなかっ**たものはない。

例家の内を行ひ治めたる女、いと**口惜し**(終)〈徒然・一九〇〉

訳家の中をきちんと処理している女は、実に**つまらない**。

例男は、**口惜しき**(体)際の人だに心を高うこそつかふなれ〈源氏・少女〉

訳男(というもの)は、**卑しい**身分の人でさえも気位を高く保つということだ。

語感実感
万全の準備をして臨んだ試合に敗れ、自分自身が期待はずれで情けなく、気落ちして残念に思う感じ。

す。〈枕・四九〉「ただ**口つき**愛敬づき」訳ただ**口もとのようす**にかわいらしさがあり。❷**物の言い方。歌などの詠みぶり。**〈源氏・末摘花〉「さても、あさましの**口つきや**」訳それにしても、あきれた**歌の詠みぶり**だなあ。❸牛・馬のくつわを取って引く人。口取り。口引き。〈徒然・八七〉「**口つき**の男に、まづ一度せさせよ」訳**口取り**の下男に、(酒を)まず一ぱい飲ませよ。

くち-と・し【口疾し】形ク{から・く(かり)・し・き(かる)・けれ・かれ}❶返事・返歌などがすばやい。〈源氏・夕顔〉「書きなれたる手して、**口とく**(用)返りごとなどし侍りき」訳(夕顔の宿の女は)書きなれた筆跡で、**すばやく**返事などをよこしました。❷口が軽い。不用意に秘密などを口外するさま。〈十訓・四〉「言ふまじき事を**口とく**(用)言ひ出だし」訳言ってはならないことを**口軽く**口に出して言い。

くち-なし【梔子】名❶アカネ科の常緑低木。夏、香気のある白色の花をつける。果実は黄色の染料となる。和歌では、「口無し(=ものを言わない)」とかけることが多い。(梔子の花 夏)❷「梔子色」の略。赤みをおびた濃い黄色。❸襲の色目の名。表裏ともに黄色。

(くちなし①)

(くちなし②)

くち-なは【蛇】名蛇。

くち-の-は【口の端】⬇口「フレーズ」

くち-ば【朽ち葉】名❶腐った落ち葉。冬❷「朽ち葉色」の略。赤みをおびた黄色。❸襲の色目の名。表は赤みをおびた黄色で裏は黄色。秋に用いる。⬇襲の色目「古文常識」(三一〇ページ)

(くちば②)

くち-ばみ【蝮】名まむしの異称。

くち-を・し【口惜し】形シク⬇上122

くつ【沓・靴・履】名はきものの総称。衣冠束帯用には、深沓・浅沓・靴沓などがある。庶民は藁沓をはいた。

く・つ【朽つ】自タ上二{ち・ち・つ・つる・つれ・ちよ}❶**腐る。**朽ちる。〈細道・平泉〉「金の柱霜雪に**朽ち**(用)て」訳(光堂の)金箔をはった柱が霜や雪のために**腐っ**て。❷**すたれる。**衰える。〈源氏・葵〉「人の御名の**朽ち**(用)ぬべきことをおぼし乱る」訳あの方(=六条御息所)の御名声がきっと**すたれ**てしまうだろうことを(光源氏は)あれこれ考えてお悩みになる。❸**むなしく終わる。**死ぬ。〈源氏・明石〉「かかる海人の中に**朽ち**(用)ぬる身にあまることとなれ」訳このような、海人の仲間として**むなしく終わっ**てしまう身には、分に過ぎることだ。⬇果つ「慣用表現」

くつ-かぶり【沓冠】名❶「くつかうぶり」「くつかむり」とも。和歌の折り句の一種。あることばを、各句の初め(=冠)と終わり(=沓)に一音ずつ詠みこんだもの。例えば、兼好法師の「よもすずし　ねざめのかりほ　たまくらも　ま袖も秋に　へだてなきかぜ」の歌には「米(よね)賜(たま)へ（=冠）」「銭(ぜに)も欲(ほ)し（=沓）」が折り込んである。

❷雑俳(ざつぱい)の一種。七文字を課題とし、それに上(かみ)の五文字と下(しも)の五文字とを付けて十七文字の一句とするもの。例えば、「おなじことなり」の七文字を課題として出し、上に「口上(こうじやう)も」、下に「配餅(くばりもち)」と付けて一句とするもの。

くっ-きゃう【究竟】キヨウ 名・形動ナリ ［「くきゃう」の促音化］❶**きわめてすぐれていること。**きわめて力の強いこと。〈平家・九・木曽最期〉「究竟の荒馬乗り、悪所(あくしよ)落とし」訳（巴(ともえ)は）きわめてすぐれた荒馬の乗り手で、険しい所を下ることができる者で。

❷**きわめて好都合なこと。**あつらえむき。〈太平記・三六〉「すはや究竟の事こそ有りけれ」訳やっ、（高(こう)兄弟を滅ぼすのに）好都合なことがあったよ。

くっ・す【屈す】一 自サ変 {せ・し・す・する・すれ・せよ} ❶**折れ従う。**服従する。〈今昔・九・三〇〉「君が才学(さいがく)を聞きて、屈し用てこの官に備へむとて」訳あなたの学識を伝え聞いて、折れ従ってこの官（=冥府の書記）につけようと思って。

❷**気がふさぐ。**めいる。〈源氏・若紫〉「夕暮れとなれば、いみじく屈し用給へば」訳（若紫は）夕暮れとなるといつも、ひどく気がふさぎこみなさるので。

二 他サ変 {せ・し・す・する・すれ・せよ} **折り曲げる。**〈太平記・二〇〉「膝を屈し用手を束(つか)ねて」訳（兵士たちは）膝を折り曲げ手を組んで。

くっ-づけ【沓付け】名 雑俳(ざつぱい)の一種。下(しも)の五文字を題として、それに上(かみ)の五文字、中(なか)の七文字を付けて十七文字の一句とするもの。例えば「とってみる」という題に、「相撲取り投げられた手を」を付けて一句とするもの。

くつ-ばみ【轡・鑣・馬銜】名 ［「口食(くちは)み」の意］「くつわ①」に同じ。

くづ-ほ・る【頽る】クズオル 自ラ下二 {れ・れ・る・るる・るれ・れよ} ❶**衰える。**弱る。〈源氏・少女〉「老いねどくづほれ用たる心地ぞするや」訳年を取っていないが、（このごろ）衰えた気持ちがするなあ。

❷気落ちする。**意志がくじける。**〈源氏・桐壺〉「われなくなりぬとて、口惜しう思ひくづほる終な」訳私が死んだ（から）といって、情けなく志を曲げるな。

くつろ・ぐ【寛ぐ】一 自ガ四 {が・ぎ・ぐ・ぐ・げ・げ} ❶**ゆるむ。**ゆるんですきまができる。〈源氏・若菜上〉「冠(かうぶり)の額(ひたひ)少しくつろぎ用たり」訳冠(かむり)の額ぎわが少しゆるんで（うしろに傾いて）いる。

❷安心する。**ゆったりする。**〈著聞・四四二〉「夜も安くも寝ず、昼も心うちくつろぐ体ことなし」訳夜も安心しても眠らないし、昼も心がゆったりすることがない。

❸**ゆとりがある。**融通がきく。〈源氏・澪標〉「数定まりてくつろぐ体所もなかりければ」訳（左右の大臣は）員数が定まっていて（入り込む）余地のある所もなかったので。

二 他ガ下二 {げ・げ・ぐ・ぐる・ぐれ・げよ} **ゆるめる。**ゆるやかにする。〈平家・二・小教訓〉「さばかり暑き六月に、装束(しやうぞく)だにもくつろげ未ず」訳（成親(なりちか)は）あれほど暑い陰暦六月に、装束さえもゆるめず。

くつ-わ【轡】名 ［「口輪(くちわ)」の意］❶馬の口にかませる金具。それに手綱を付けて馬を操縦する。くつばみ。→鞍(くら)

❷《近世語》遊女屋。遊里。また、遊女屋の主人。

く-でん【口伝】名 ❶学芸や武術の奥義を口頭で伝授すること。

❷奥義を記した書物。

くど【竈突・竈】名 ❶かまどのうしろにある煙を出す穴。

❷かまど。

く-どく【功徳】名《仏教語》現在、または未来に幸福を招くよい行い。**善根。**また、その善行によって得られる果報。〈竹取・かぐや姫の昇天〉「いささかなる功徳を翁(おきな)つくりけるによりて」訳わずかばかりの善根を翁がつくったことによって。

くない-しゃう【宮内省】ショウ 名 律令制で、太政官(だいじやうくわん)に属する八省の一つ。皇室関係の事務をつかさどる役所。→八省(はつしやう)。⬇付録③「平安京大内裏図」

くに【国】名 ❶（天に対する）**地。大地。**

❷**国土。国家。**〈細道・塩釜明神〉「かかる道の果て塵土(ぢんど)の境まで、神霊あらたにましますこそ、わが国の風俗なれといと貴(たふと)けれ」訳このような旅路の果て、辺境にまで、神霊（のご威光）があらたかでいらっしゃることこそ、わが国（=日本）の風俗なのだ（と思う）とたいへん尊いことだ。

❸行政上の一単位としての地域。国、または郡。「播磨(はりま)の国（=兵庫県）」

❹国ごとに置かれた地方行政府。国府。また、地方。田舎(いなか)。〈土佐〉「この人、国に必ずしも言ひ使ふ者にもあらざなり」訳この人は、国府で必ずしも仕事を言いつけて使っている人でもないようである。

❺故郷。ふるさと。〈万葉・一九・四一四四〉「雁(かり)がねは国偲(しの)ひつつ雲隠り鳴く」訳雁は、故郷をしのんでは、雲に隠れ（るほどの高みで）鳴いている。

❻国政。帝位。〈うつほ・国譲下〉「御国譲り給ひて」訳御帝位をお譲りになって。

フレーズ

国の親(おや) ❶天皇。〈源氏・桐壺〉「国の親となりて、帝王の上(かみ)なき位(くらゐ)にのぼるべき相(さう)おはします人の」訳（光源氏は）天皇となって、帝王という最高の位にのぼるはずの人相がおありになる人で。

❷皇后。または、天皇の生母。

くに-つ-かみ【国つ神・地祇】名 ［「つ」は「の」の意の上代の格助詞］❶国土を支配し守護する神。地神。対天(あま)つ神(かみ)

❷天孫降臨以前、この国土に土着して一地方を治めていた神。土着の豪族を神格化していったもの。

くに-の-おや【国の親】⬇国(くに)「フレーズ」

くに-の-かみ【国の守】名 諸国に置かれた国司(こくし)の長官。国守(こくしゆ)。

くに-の-みやつこ【国の造】名 大化の改新以前、地方の豪族で朝廷から任ぜられ、世襲によってその国を統治していた地方官。

くに-はら【国原】名 国土の、広く平らな土地。平野。

くに-びと【国人】名「くにひと」とも。❶その土地に住む人。土着の人。〈土佐〉「国人の心のつねとして、『いまは』とて見えざなるを」訳その土地に住む人の人情の常としては、「今は(もう別れてしまうので用はない)」と言って(挨拶にも)姿を見せないというが。❷国民。人民。

くに-み【国見】名天皇が、高い所に登って国土を望み見ること。豊穣を祈る儀礼であった。

くに-ゆづりユズリ【国譲り】名天皇が退位して、位を皇太子にゆずること。譲位。

く-にん【公人】名❶鎌倉・室町幕府の政所・問注所・侍所などの下級職員。❷宮中で雑用をした地下(=昇殿を許されない身分)の役人。

くねくね・し 形シク{しから・しく(しかり)・し・しき(しかる)・しけれ・しかれ}ひねくれている。心がねじけている。〈源氏・紅葉賀〉「くねくねしく用恨むる人の心破らじと思ひて」訳ひねくれて(私=光源氏を)恨んでいる人(=女性)の機嫌をそこねまいと思って。

く-はワ 感相手に注意を促すための呼び声。さあ。それ。〈落窪〉「くは、御覧ぜよ」訳さあ、ご覧ください。

くは-がたクワ【鍬形】名兜の眉庇の上に付けた、二本の角形をした金属製の飾り。➡鎧「古文常識」

くは-こクワ【桑子】名蚕の異称。

最重要330

123 **くは・し**クワシ 形シク{しから・しく(しかり)・し・しき(しかる)・しけれ・しかれ}

ガイド ①「細やかで美しい」が原義で、現代語でも「香しい」などにこの意が残っている。①の細やかさを表す意から②の意が生じ、現代語ではもっぱらこの意味で用いられている。

❶【細し・美し】細やかで美しい。うるわしい。

例出で立ちのくはしき体山そあたらしき山の荒れまく惜しも〈万葉・一三・三三三一〉

訳(泊瀬・忍坂の両山は)たたずまいの美しい山であるよ。このりっぱな山が荒れるであろうことは惜しいなあ。

❷【精し・詳し】

㋐つぶさである。細かい。

例くはしく用は聞こえじ〈源氏・蓬生〉

訳(末摘花の顔のことを)つぶさには申し上げまい。

㋑精通している。

例世はただその道の芸くはしから未ば多能はなくてもあらまし〈鶏衣〉

訳世間ではただある専門の芸に精通しているならば多芸ではなくてもよいだろう。

くは・しシクワ 形シク ➡上123

くは・すスクワ【食はす】他サ下二{せ・せ・す・する・すれ・せよ}❶食べさせる。飲ませる。〈宇治・二三・一〇〉「まづ物言はぬ薬を食はす終」訳まずものを言わない薬を飲ませて、次に肥ゆる薬を飲ませる。❷口にくわえさせる。〈拾遺・賀・詞書〉「御巻数鶴にくはせ用て」訳御経文を鶴(の置き物)にくわえさせて。❸(「目をくはす」の形で)目を合わせる。目くばせする。〈源氏・若菜上〉「目をくはせ用つつ、『あまりなる御思ひやりかな』など言ふべし」訳(女房たちは互いに)目くばせしては、「度が過ぎた(紫の上の)お心づかいだこと」などと言うにちがいない。❹受けさせる。くらわせる。❺出し抜く。だます。あざむく。〈狂・今参〉「南無三宝、くはせ用おった」訳しまった、だましやがった。❻矢をつがえる。〈平家・一一・遠矢〉「十五束ありけるをうちくはせ用、よっぴいてひゃうど放つ」訳十五束(の長さが)あった矢をつがえ、よく引いてひゅっと放つ。

くはた・つタクワツ【企つ】他タ下二{て・て・つ・つる・つれ・てよ}〔近世以降「くはだつ」〕❶計画する。もくろむ。〈徒然・九二〉「企て用たりしことならず」訳計画していたことが成功しない。❷実行に移す。〈著聞・三六二〉「法師何心なくて、例のやうにかのこと企て未んとて」訳法師はどんな考えもなくて、いつものようにあのことを実行に移そうとして。

くは・ふクワ(オ)ウ【加ふ】他ハ下二{へ・へ・ふ・ふる・ふれ・へよ}❶加える。程度を増す。〈源氏・浮舟〉「今より添ひたる身の憂さを嘆き加へ用て」訳(浮舟は)これから先(匂宮のために)加わったわが身のつらさをますます嘆くようになって。また、足す。❷与える。施す。〈徒然・一四八〉「身に灸を加へ用て、三里を焼かざれば、上気のことあり」訳からだに灸をすえて、三里(=灸点の名)を焼かないと、のぼせあがることがある。❸仲間に入れる。〈源氏・松風〉「所の預り、今加へ用たる家司などに仰せらる」訳ここの留守番や、新しく仲間に入れた家司などにお命じになる。

くば・る【配る】〔他ラ四〕〔ら・り・る・る・れ・れ〕❶**それぞれに分け与える。また、配置する。**〈紫式部日記〉「御薫き物合はせ果てて、人々にも配ら(未)せ給ふ」訳 御薫き物(=練り香)の調合が終わってから、(中宮は)女房たちにも分け与えなされる。
❷(目や心などを)**行きわたらせる。**〈徒然・一七〉「人の袖のかげ、膝の下まで目を配る(体)間に」訳 (貝おおいの遊びで)人の袖の陰や、膝の下まで目を行きわたらせているうちに。
❸**結婚させる。**〈源氏・東屋〉「みなさまざまに配り(用)て、おとなびさせたり」訳 (娘を)みなそれぞれに結婚させて、一人前にさせた。

くび【首・頸】〔名〕頭と胴体をつなぐ部分。首。頭部。

フレーズ **首を搔く** 首をかき切る。

くび-き【軛】〔名〕車の轅の先に横にとり付けて、牛馬の首に掛ける木。⬇車「古文常識」

くひ-ぜ【株・杭】〔名〕「くひせ」とも。切り株。

くひな【水鶏】〔名〕水鳥の名。くいな。鳴き声が戸をたたく音に似ているところから、この鳥が鳴くことを「たたく」という。〔夏〕。〈徒然・一九〉「早苗とるころ、くひなのたたくなど、心細からぬかは」訳 早苗を(苗代から田に)移し植えるころ、水鶏が戸をたたくような声で鳴くのなどは、心寂しくないだろうか(いや、心寂しいものだ)。

（くひな）

くび・る【縊る】**一**〔他ラ四〕〔ら・り・る・る・れ・れ〕首を絞めて殺す。〈大鏡・時平〉「『所謂宮毘羅大将』とうちあげたるを、我をくびる(終)と読むなりけりとおぼしけり」訳 (祈禱僧が)「いわゆる宮毘羅大将」と声をはり上げたのを、(保忠は「宮毘羅」を「くびる」と聞きなし、大将である)自分を絞め殺すと読むのだなあとお思いになった。
二〔自ラ下二〕〔れ・れ・る・るる・るれ・れよ〕首をくくって死ぬ。〈紀・天武〉「すなはち還りて山前に隠れて、自らくびれ(用)ぬ」訳 (大友皇子は)そこで引き返して山前(=地名)に隠れて、自ら首をくくって死んでしまった。

くび-を-か・く【首を搔く】⬇首「フレーズ」

く・ふ【食ふ】**一**〔他ハ四〕〔は・ひ・ふ・ふ・へ・へ〕❶**食う。飲む。**〈徒然・四〇〉「この娘、ただ栗をのみ食ひ(用)て」訳 この娘は、ただ栗ばかりを食って。
❷**口にくわえる。かみつく。**〈源氏・胡蝶〉「細き枝どもをくひ(用)て飛びちがふ」訳 (水鳥たちが)細い枝を何本もくわえて飛び交うのや。
二〔自ハ四〕〔は・ひ・ふ・ふ・へ・へ〕うっかり信じる。**だまされる。**〈浮世・好色一代男〉「この手だて一度づつはくふ(体)ことなり」訳 この術策に一度ずつはだまされることである。

く・ふ【構ふ】〔他ハ四〕〔は・ひ・ふ・ふ・へ・へ〕(鳥が巣を)**作る。**〈竹取・燕の子安貝〉「燕の巣くひ(用)たらば、告げよ」訳 つばめが巣を作ったならば、(私=中納言に)知らせろ。

く・ぶ【焼ぶ】〔他バ下二〕〔べ・べ・ぶ・ぶる・ぶれ・べよ〕火の中に入れる。燃やす。くべる。〈竹取・火鼠の皮衣〉「皮は火にくべ(用)て焼きたりしかば」訳 皮は火にくべて焼いたところ。

ぐ-ぶ【供奉】**一**〔名・自サ変〕**行幸・祭礼などのお供をすること。**また、その人。〈平家・三・法皇被流〉「公卿殿上人、一人も供奉せ(未)られず」訳 公卿・殿上人が、一人も(後白河法皇の)お供をしなさらず。
二〔名〕❶「内供奉」の略。僧職の名。宮中の内道場に仕え、御斎会の奉仕や夜居の勤めなどをして、国家安泰や天皇の安穏を祈った。
❷本尊に奉仕する僧。供奉僧。

くぼ・し【凹し・窪し】〔形ク〕〔から・く(かり)・し・き(かる)・けれ・かれ〕くぼんでいる。へこんでいる。〈宇治・一二・一〉「まかぶらくぼく(用)(=目のふちがくぼんでいて)、鼻のあざやかに高く赤し」

く-ほん【九品】〔名〕《仏教語》❶生前の功徳によって決まる、極楽往生の際の九つの階級。上品・中品・下品の三階級を、さらに上品上生・上品中生・上品下生のようにそれぞれ三階級にわける。
❷「九品浄土」の略。
❸「九品蓮台」の略。

くほん-じゃうど【九品浄土】〔名〕《仏教語》極楽浄土。

くほん-れんだい【九品蓮台】〔名〕《仏教語》極楽浄土の、九階級あるという蓮の台。九品の台。

くま【隈】〔名〕❶川や道などの**曲がり角。**〈万葉・一・一七〉「道の隈い積もるまでに」訳 道の曲がり角がいくつも積もり重な(って見えなくな)るまで。
❷中心地から離れた所。**辺地。**〈源氏・常夏〉「さる田舎の隈にて」訳 そうした田舎のかたすみで。
❸**奥まって目につきにくい場所。**〈源氏・明石〉「かの浦に静やかに隠ろふべき隈侍りなむや」訳 あの(明石の)浦に(私=光源氏が)静かに隠れていられそうな目につきにくい場所は確かにありましょうか。
❹心中に隠しおくこと。**秘密。隠しだて。**〈源氏・宿木〉「まことには心に隈のなければ、いと心安し」訳 ほんとうには心の中に隠しおくことがないので、(私=匂宮は)まったく安心だ。
❺光のささない所。**陰。曇り。**〈源氏・賢木〉「月の少し隈ある立て蔀のもとに」訳 月光が(あたらず)少し陰になっている立て蔀のそばに。
❻**欠点。**短所。映えない所。〈源氏・浮舟〉「そのことぞとおぼゆる隈なく」訳 (浮舟の容姿は)そのこと(が不足)だと思われる欠点がなく。
❼歌舞伎で、荒事をする役者が、顔にほどこす彩色。くまどり。

くま-ぐま【隈隈】〔名〕あちこちのすみ。すみずみ。〈徒然・二三五〉「紙燭さして、くまぐまをもとめしほどに」訳 紙燭(=照明用具の一つ)をともして、すみずみを捜していたうちに。

くまぐま・し【隈隈し】〔形シク〕〔しから・しく(しかり)・し・しき(しかる)・しけれ・しかれ〕❶隠れていてよく見えない。薄暗くてよく見えない。〈源氏・夕顔〉「ここかしこのくまぐましく(用)おぼえ給ふに」訳 あちらこちらが薄暗くてよく見えないと(光源氏は)お感じになるうえに。
❷隠しだてが多い。心に秘密があるようだ。〈源氏・梅枝〉「くまぐましく(用)おぼしたるこそ苦しけれ」訳 (私が)隠しだてをしているように(あなたが)お思いになっているのはつらい。

くま-な・し【隈無し】〔形ク〕⬇次ページ 124

くみ・す【与す】〔自サ変〕〔せ・し・す・する・すれ・せよ〕仲間になる。味方する。関係する。〈平家・二・西光被斬〉「この一門ほろぼすべき謀反にくみし(用)てんげるやつなり」訳 この(平家)

最重要330

124

くま-な・し

【隈無し】形ク｛から・く(かり)・し・き(かる)・けれ・かれ｝

ガイド　「隈（くま）」は「曲がり角」を表す語で、そこが奥まった目につきにくい場所であるところから、光の当たらない所、隠しごと、欠点などの意に用いられた。したがって、「隈無し」は**暗い所がない**（①②）、**隠し立てがない**（③）の意となる。対義語は「くまぐまし」。

❶ 暗い所がない。**曇りや影がない。**

例 花はさかりに、月は**くまなき**㊍をのみ見るものかは〈徒然・一三七〉

訳 桜の花は盛りに（咲いているのだけを）、月は**曇りのないの**だけを見るものだろうか（いや、そうとはかぎらない）。

❷ **行きとどいている。なんでも知っている。**ぬけめがない。

例 **くまなき**㊍物言ひも定めかねていたくうち嘆く〈源氏・帚木〉

訳 （女性のことは）**なんでも知っている**話上手（＝左の馬頭（うまのかみ））も結論を出しかねて、深くため息をつく。

❸ **隠しだてがない。**あけっぴろげである。

例 聖（ひじり）といふ中にも、あまり**くまなく**㊊ものし給へば〈源氏・夢浮橋〉

訳 （僧都は）聖僧という中でも、たいへん**真正直で**いらっしゃるので。（「ものす」は、ここは「…でいる」の意の婉曲（えんきょく）表現）

一門を滅ぼそうとする謀反に**味方し**たやつである。

くみ-まが・ふ【汲み紛ふ】自八四｛は・ひ・ふ・ふ・へ・へ｝何人かが入り乱れて水を汲み合う。〈万葉・一九・四一四三〉「もののふの八十少女（やそをとめ）らが**汲みまがふ**㊍寺井の上の堅香子（かたかご）の花」訳→もののふの…㊙和歌

く・む【組む】㊀自マ四｛ま・み・む・む・め・め｝**取っ組み合って争う。**組み討ちをする。〈平家・九・敦盛最期〉「よからう大将軍（たいしゃうぐん）に**組ま**㊎ばや」訳 身分の高いような大将軍と**組み討ちをし**たいものだ。

㊁他マ四｛ま・み・む・む・め・め｝❶糸などを打ち違いにして織る。**編む。**〈拾遺・物名〉「青つづら籠（こ）にや**くま**㊎まし若菜摘むべく」訳 あおつづらふじ（＝つる草の名）を籠（かご）に**編も**うかしら。若菜を摘むことができるように。（「こにやくまし」に「こにやく（＝こんにゃく）」を詠みこんでいる）

❷組み合わせてつくる。**構築する。**〈方丈・三〉「土居（つちゐ）を**組み**㊊、うちおほひを葺（ふ）きて」訳 （方丈の庵（いほり）は）土台を**築き**、ちょっとおおっただけの屋根を葺いて。

く・む【汲む・酌む】他マ四｛ま・み・む・む・め・め｝❶**水などを器にすくいとる。**〈竹取・蓬莱の玉の枝〉「銀（しろかね）のかなまりを持ちて水を**くみ**㊊ありく」訳 （天人の衣装を着た女性が）銀製のわんを持って水を**汲み**歩く。

❷**酒や茶を器につぐ。**また、それを飲む。〈謡・猩猩〉「酒をいざや（＝さあ）、**くま**㊎うよ」

❸思いやる。**推量する。**〈源氏・蛍〉「いつはり馴（な）れたる人や、さまざまにさも**くみ**㊊侍らむ」訳 作りごとを言うのに慣れている人が、さまざまにそのようにも（物語のことを）**推量する**のでしょうか。

-ぐ・む 接尾マ四型（名詞に付いて）きざしや特色が現れ出る意の動詞をつくる。〈著聞・六三三〉「瓜（うり）を取り出（い）でたりけるが、わろくなりて、水**ぐみ**㊊たりければ」訳 瓜を取り出したところ、いたんで、水**っぽくなっ**ていたので。

例語 角（つの）ぐむ・涙ぐむ・芽ぐむ

現　古　涙ぐむ
涙が流れそうになる

くも【雲】名 ❶（空の）雲。〈枕・一〉「紫だちたる**雲**の細くたなびきたる」訳 紫がかっている**雲**が細くたなびいているの（が趣がある）。

❷**雲のように見えるもの。**〈続虚栗・芭蕉〉「花の**雲**鐘は上野か浅草か」訳 **雲かと見まごう**桜の花盛りに、聞こえてくる鐘（の音）は、上野（の寛永寺（かんえいじ）の鐘）だろうか、浅草（の浅草寺（せんそうじ）の鐘）だろうか。

❸心が晴れないことにたとえていう語。〈山家集〉「**雲**晴れて身に愁へなき人のみぞさやかに月の影は見るべき」訳 **心のわだかまり**が晴れて身に愁いのない人だけが、はっきりとこの月の光は見るにちがいない。

❹火葬の煙を雲に見たて、死ぬことにたとえていう語。〈新千載・哀傷〉「ほどもなく**雲**となりぬる君なれど」訳 いくほどもなくして（亡くなり）**火葬の煙**となってしまったあなただが。

フレーズ

雲の上（うへ） ❶雲よりも高い空。天上。❷宮中。内裏（だいり）。〈源氏・桐壺〉「**雲の上**も涙にくるる秋の月いかですむらむ浅茅生（あさぢふ）の宿」訳 **宮中**でも涙にくれ曇っている秋の月は、どうして（桐壺の更衣亡きあとの）浅茅の生い茂っている家で澄んで見えることがあるだろう（＝母君はどのように住んでいるだろう）。（「すむ」は「澄む」と「住む」との掛詞）。➡御門（みかど）「慣用表現」

雲の上人（うへびと） 宮中に仕える貴人の総称。狭義には殿上人（てんじょうびと）。

雲の梯（かけはし） ❶雲のたなびくようすを、かけはしにたとえていう語。❷高い絶壁の谷間にかけ渡した橋。❸（宮中を「雲の上」ということから）宮中の階段。

雲の通ひ路（かよひぢ） 雲の行き通う空の道。雲の中の道。また、天人などの通う道。〈**古今・雑上**〉「天つ風**雲の通ひ路**吹き閉ぢよをとめの姿しばしとどめむ」**訳**➡付録①「小倉百人一首」12

くもい〖雲居・雲井〗➡くもゐ

くも-がく・る【雲隠る】自ラ四・下二〔ら・り・る・る・れ・れ／れ・れ・る・るる・るれ・れよ〕❶**雲に隠れる。**〈**万葉・五・八九八**〉「慰むる心はなしに**雲隠り**用（四段）鳴き行く鳥の哭（ね）のみし泣かゆ」**訳**（自分の）心を慰めることもなしに、ただ泣けてくるばかりだ。（第三句・第四句は「哭のみし泣かゆ」を導きだす序詞）。**雲に隠れて**鳴いて行く鳥のように、ただ泣けてくるばかりだ。（第三句・第四句は「哭のみし泣かゆ」を導きだす序詞）。〈**源氏・橋姫**〉「**雲隠れ**用（下二段）たりつる月のにはかにいと明かくさし出（い）でたれば」**訳****雲に隠れ**てしまっていた月が急にたいそう明るく輝き出たので。❷**貴人が死ぬ意の婉曲（えんきょく）表現。**〈**万葉・三・四一六**〉「ももづたふ磐余（いはれ）の池に鳴く鴨（かも）を今日のみ見てや**雲隠り**用（四段）なむ」**訳**➡ももづたふ…和歌。➡果（は）つ「慣用表現」

最重要330

125

くも-ゐ イ

【雲居・雲井】名

ガイド 雲の居る所の意で、②が原義。転じて雲自体も表すようになった。雲の居る所ははるか上空だから、転じて③以下の意味にもなる。「雲井」と書くのはあて字。

❶**雲。**
例 朝去らず霧立ちわたり夕されば**雲居**たなびき〈**万葉・一七・四〇〇三**〉
訳 朝ごとに霧が一面に立ちこめ、夕方になると**雲**がたなびいて。

❷**雲のある遠くの空。大空。天上。**
例 ふるさとを峰のかすみは隔（へだ）つれどながむる空は同じ**雲居**か〈**源氏・須磨**〉
訳 故郷（=都）を（眺めても）峰の霞（かすみ）はさえぎって隔てているけれども、（須磨（すま）にいる私=光源氏が）眺めやる空は（都の人々が見ている空と）同じ**はるかな空**であろうか。

❸**はるか遠くに離れた所。**
例 長き夜をひとり明かし、遠き**雲居**を思ひやり〈**徒然・一三七**〉
訳 長い夜をひとりで明かし、遠い**はるかかなた**（に離れている恋人）を思いやり。

❹**（「はるか遠くの所」の意から）宮中。皇居。**
➡御門（みかど）「慣用表現」
例 **雲居**にてよをふるころはさみだれのあめのしたにぞ生けるかひなき〈**大和・一〇六**〉
訳 （あなたと離れた）**宮中**で日を送り夜を過ごしているころは、五月雨（さみだれ）ではないが、心が乱れ、雨の降るこの世に生きているかいがないことだ。（「雲居」は「雲」と「宮中」、「よ」は「夜」と「世」、「ふる」は「経る」と「降る」、「さみだれ」は「五月雨」と心の「乱れ」、「あめ」は「雨」と「天」との掛詞。「雲」「降る」「五月雨」「雨」は縁語）

❺**皇居のある所。都。**

フレーズ
雲居の空（そら） ❶雲のある空。空。❷宮中。
雲居の余所（よそ） はるかに遠い所。

くも-ぢ（ジ）【雲路】名（月・星・鳥などが通るという）雲の中の道。

参考 上代は四段活用、中古以降は下二段活用。

く-もつ【公物】名 公（おおやけ）の物。官有物。朝廷の器物・調度などをいう。

くも-で【蜘蛛手】名 ❶くもが八方に足を広げた形をいう語。道や川などが幾筋にも分かれているたとえ。〈**伊勢・九**〉「水ゆく河の**蜘蛛手**なれば」**訳** 水の流れてゆく川が**幾筋にも分かれている状態**なので。❷（「に」を伴って副詞的に用いて）あれこれと心が乱れるさま。〈**後撰・恋二**〉「八橋（やつはし）の**くもで**に思ふことは絶えせじ」**訳**（「伊勢物語」の）八橋の蜘蛛手のように**あれこれと心が乱れて**、もの思うことは尽きないだろう。❸四方八方に駆けまわること。また、刀などを振りまわすこと。〈**平家・九・木曽最期**〉「六千余騎が中を縦さま・横さま・**蜘蛛手**・十文字にかけわって」**訳** 六千余騎（の武者）の中を縦の方向、横の方向、**四方八方**、十文字に（馬を）かけ入れて（敵陣を）ちらして。❹戸口に木材を組んで出入りできないようにしたもの。

くも-の-うへ（ウエ）【雲の上】➡雲（くも）「フレーズ」

くも-の-うへびと（エビト）【雲の上人】➡雲（くも）「フレーズ」

くも-の-かけはし（カ）【雲の梯】➡雲（くも）「フレーズ」

くも-の-かよひぢ（ヨイジ）【雲の通ひ路】➡雲（くも）「フレーズ」

くも-ま【雲間】名 ❶雲の切れ間。

❷雨のあがった時。晴れ間。〈源氏・明石〉「雲間もなくて明け暮るる日数にそへて」訳晴れ間もなくて(風雨に)明け暮れる日数(が多くなる)につれて。

くもらは・し クモラワシ【曇らはし】形シク{しから・しく(しかり)・し・しき(しかる)・しけれ・しかれ} 曇りがちである。また、くすんでいる。〈更級・東山なる所〉「茂りわたれる空のけしき、曇らはしく用をかしきに」訳(青葉が)一面に茂っている空のようすは、曇りがちで趣があるうえに。

くも-ゐ クモイ【雲居・雲井】名 ➡前ページ 125

くもゐ-の-そら クモイ【雲居の空】➡雲居「フレーズ」

くもゐ-の-よそ クモイ【雲居の余所】➡雲居「フレーズ」

く-やう ヨウ【供養】(仏教語) 一 名・自サ変 三宝(=仏・法・僧)や死者の霊に香・花・灯明・飲食物などを供えること。また、読経などを捧げて死者の冥福を祈ること。〈枕・二六〉「一切経供養せ未させ給ふに」訳一切経を供養しなさるときに。
二 名 修行者などにほどこされる飲食物。〈うつほ・忠こそ〉「去ぬる七月より修行にまかり歩くに、供養絶えて、けふ三日」訳去る陰暦七月から修行のため歩いているが、ほどこしの食物も尽きて、今日で三日。

語法 一は、古くはザ行にも活用した。

くや・し【悔し】形シク{しから・しく(しかり)・し・しき(しかる)・しけれ・しかれ} 後悔される。残念だ。無念だ。〈徒然・四九〉「すみやかにすべきことを緩くし、緩くすべきことを急ぎて、過ぎにしことの悔しき体なり」訳(仏道で)すぐ行うべきこと(=修行)を後まわしにし、ゆっくりと行うべきこと(=世俗の雑事)を急いで、(一生が)過ぎてしまったことが後悔されるのである。➡惜し「類語の整理」(三九ページ)

く・ゆ【悔ゆ】自ヤ上二{い・い・ゆ・ゆる・ゆれ・いよ} くやむ。後悔する。〈徒然・四九〉「その時悔ゆ終とも、かひあらんや」訳その時にくやんでも、かいがあろうか(いや、かいがないだろう)。

く・ゆ【崩ゆ】自ヤ下二{え・え・ゆ・ゆる・ゆれ・えよ} くずれる。〈万葉・四・六八七〉「愛しとあが思ふ心速河の塞きに塞くともなほやくえ用なむ」訳(あなたを)いとしいと思う私の心は、速い川の流れのようなもので、いくら塞きとめても、やはりくずれてしまうのだろうか。

くゆ・る【燻る・薫る】自ラ四{ら・り・る・る・れ・れ} ❶煙や匂いなどが立ちのぼる。くすぶる。〈源氏・花宴〉「空だきものいとけぶたうくゆり用て」訳どこからか匂ってくる香がたいそうけむたくくすぶって。❷心がふさいで思い悩む。思いこがれる。〈大和・一七一〉「心のうちに燃ゆる火は煙りは立たでくゆり用こそすれ」訳(私の)心の中で燃えている(恋の)火は、煙は立たないで、(くすぶるように)思い悩み後悔しているよ。(「くゆり」は「燻り」と「悔ゆ」との掛詞)

くよう【供養】➡くやう

くら【座】名(「…くら」の形で)人の座る所。物を置く台。「高御座(=天皇の御座席)」「千座(=多くの台)」

くら【鞍】名 馬の背に置いて、人や荷物をのせる道具。

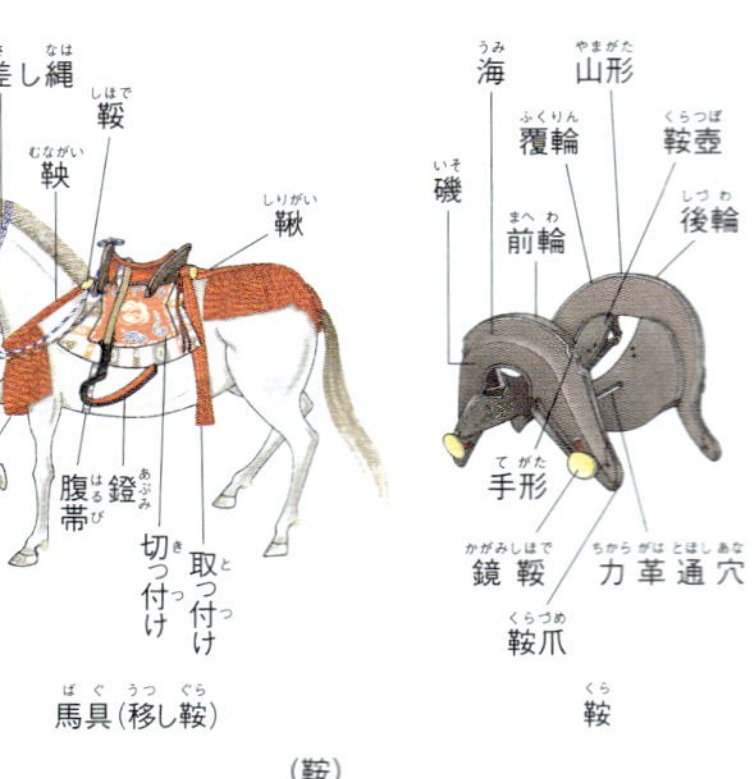

(鞍)

くらい【位】➡くらゐ

くら-うど クロウド【蔵人】名「くらひと」の転。「くらんど」とも。❶蔵人所の職員。はじめ、皇室の文書や道具類を収める蔵を管理したが、のち、天皇のそば近く仕え、御衣・御膳など起居のことに奉仕し、伝奏をはじめ、除目や諸節会の儀式など、殿上における諸事をつかさどった。平安後期には院・摂関家にも置かれた。➡殿上人「古文常識」
❷「女蔵人」の略。〈栄花・さまざまのよろこび〉「なべての命婦・蔵人、宮の御方の女房」訳一般の命婦・女蔵人、皇太后方の女房(たち)。

くらうど-どころ クロウド【蔵人所】名 蔵人が勤務する役所。宮中の校書殿の西廂にあった。のち、院・摂関家にも置かれた。

くらうど-の-ごゐ クロウドノゴイ【蔵人の五位】名 六位の蔵人のうち、六年の任期が満ちて五位に叙せられても、五位の蔵人(定員三名)に欠員がないため、やむなく殿上を退いて「地下」になった人。蔵人の大夫。

注意「五位の蔵人」とは別語。

くらうど-の-とう クロウド【蔵人の頭】名 蔵人所の常置の重職。非常置の別当(左大臣兼任)の次位で、実質的な責任者。四位の殿上人の中から二人選ばれる。弁官から任じたものを頭の弁、近衛府から任じたものを頭の中将という。

くら-が・る【暗がる】自ラ四{ら・り・る・る・れ・れ}「がる」は接尾語 暗くなる。暗闇になる。〈竹取・竜の頸の玉〉「疾き風吹きて、世界暗がり用て」訳疾風が吹いて、あたり一帯が暗くなって。

くら・し【暗し】形ク{から・く(かり)・し・き(かる)・けれ・かれ} ❶暗い。〈徒然・一九〉「晦日の夜、いたう暗き体に、松どもともして」訳大晦日の夜、たいそう暗いときに、多くの松明をともして。対明かし ❷はっきりしない。わからない。〈今昔・一九・九〉「この男は跡を暗く用して失せにけり」訳この男は行方をわからなくしていなくなってしまった。

❸**物を知らない。**愚かである。また、悟りを得ていない。〈**徒然・一九三**〉「**くらき**㊍人の、人を測りて、その智(ち)を知れりと思はん、さらに当たるべからず」訳 **愚かな**人が、他人を推しはかって、その(人の)知恵(の程度)を知ったと思ってもそれは、いっこうに当たるはずがない。

❹欠けたところがある。不足だ。

くら・す【暗す】他サ四{さ・し・す・す・せ・せ}**悲しみなどで心を暗くする。**心を曇らす。〈**源氏・総角**〉「かたがたに**暗す**㊍心を思ひやれ」訳 あれやこれやと**心を曇らせる**(私の)気持ちを察してくれ。

くら・す【暮らす】他サ四{さ・し・す・す・せ・せ}❶(日を暮れさせることから)**日の暮れるまで時間を過ごす。**〈**万葉・五・八一八**〉「梅の花独り見つつや春日(はるひ)**暮らさ**㊍む」訳 梅の花を、ひとりで見ては春の日の**暮れるまで過ごす**のであろうか。

❷**毎日を送る。**歳月を送る。〈**徒然・七**〉「つくづくと一年(ひととせ)を**暮らす**㊍ほどだにも、こよなうのどけしや」訳 (人間は)しみじみと一年を**送る**期間でさえも、このうえなくのんびりしていることよ。

❸(動詞の連用形に付いて用いられる場合)→次項「=くらす」参照

=くら・す【暮らす】他サ四{さ・し・す・す・せ・せ}(動詞の連用形の下に付いて)「日が暮れるまで…」「一日中…続ける」の意を表す。〈**万葉・五・八二五**〉「梅の花咲きたる園の青柳(あをやぎ)をかづらにしつつ遊び**暮らさ**㊍な」訳 梅の花が咲いている庭園の芽ぶいた柳を髪飾りにしては、**日が暮れるまで**遊ぼう。

例語 思ひ暮らす(=恋しく思って日を暮らす)・語らひ暮らす(=一日中話し続ける)・恋ひ暮らす(=一日中恋しく思う)・眺め暮らす(=物思いに沈んで日を暮らす)・嘆き暮らす・臥(ふ)し暮らす(=日暮れまで横になっている)・降り暮らす

くら-つぼ【鞍壺】名 鞍の上の、人が腰をおろす所。前輪(まえわ)と後輪(しずわ)との間。↓鞍(くら)

くら・ふ【食らふ】(クラ(ロ)ウ)他八四{は・ひ・ふ・ふ・へ・へ}❶食らう。食う。飲む。〈**土佐**〉「おのれし酒を**くらひ**㊊つれば」訳 (船頭は)自分だけが酒を(十分)**飲ん**でしまったので。

❷生活する。〈**狂・禰宜山伏**〉「街道に出て茶屋をして**くらふ**㊍やつが」訳 街道に出てきて茶屋を営んで**生計を立てている**男が。

❸(被害を)身に受ける。〈**浄・淀鯉出世滝徳**〉「むね打ちを**くらふ**㊍かと振り上ぐる」訳 (駕籠(かご)かきが)みね打ちを**受ける**か(=杖でたたかれたいのか)と、(杖を)振り上げる。

くら・ぶ【比ぶ・較ぶ・競ぶ】他バ下二{べ・べ・ぶ・ぶる・ぶれ・べよ}❶**二つ以上の物の差を見る。比べる。比較する。**〈**伊勢・二三**〉「**くらべ**㊊こし振り分け髪も肩すぎぬ君ならずして誰(たれ)かあぐべき」訳 →くらべこし…和歌

❷**勝敗をきそう。**競争する。優劣をきそう。〈**うつほ・祭の使**〉「一番に式部卿(しきぶきやう)の宮、右の大臣(おとど)**くらべ**㊊給ふ」訳 最初に、式部卿の宮と右大臣とが(騎射を)**競い**なさる。

❸**心を通わして、親しくつき合う。**〈**土佐**〉「年ごろよく**くらべ**㊊つる人々なむ別れ難く思ひて」訳 年来たいそう**親しくつき合ってきた**人々はことさら別れにくく思って。

くらべ-うま【競べ馬】名 馬を馬場で走らせて速さを競う競技。夏。↓賀茂(かも)の競べ馬(賀茂「フレーズ」)

くらべ-ぐる・し【比べ苦し】形シク{(しから)・しく(しかり)・し・しき(しかる)・しけれ・しかれ}❶比較しにくい。判断がむずかしい。〈**源氏・帚木**〉「かくこそとりどりに**くらべぐるしかる**㊍べき」訳 (夫婦仲というものは)このようにそれぞれで(一長一短があり)**比較しにくい**にちがいない。(係助詞「こそ」の結びは「べけれ」とあるべきところだが、ここは「べき」になっている)

❷扱いにくい。つき合いにくい。〈**源氏・少女**〉「老いもておはするままに、さがなさもまさりて、院も**くらべぐるしう**㊊(ウ音便)耐へがたくぞ思ひ聞こえ給ひける」訳 (母である大后(おおきさき)は)年をお取りになるにつれて、意地悪さも一段と加わって、院(=朱雀(すざく)院)も**扱いにくく**耐えられないとお思い申しあげなさった。

くらべこし… 和歌

くらべこし　振(ふ)り分(わ)け髪(がみ)も　肩(かた)すぎぬ
君(きみ)ならずして　誰(たれ)かあぐべき
〈**伊勢・二三**〉

訳 (あなたと長さを)比べ合ってきた(私の)振り分け髪も肩より長くなりました。あなた(のため)でなくて、だれのために(この髪を)結いあげましょうか(いいえ、あなたのためだけです)。

解説 幼なじみの青年の求愛の歌「筒井(つつ)つの井筒(ゐづつ)にかけしまろがたけすぎにけらしな妹(いも)見ざるまに」(訳 →つつゐつの… 和歌)〈**伊勢・二三**〉に対して女性が答えた歌。あなたのために髪上げ(=女子の成人式)をするというのは、求婚を承諾したということである。

鞍馬(くらま)《地名》今の京都市左京区にある鞍馬山のふもとで、鞍馬街道の要地。鞍馬寺は修験道の霊地。

くらゐ(クライ)【位】名

❶**天皇の位。帝位。**〈**大鏡・冷泉院**〉「御年十八にて、位につかせ給ふ」訳 (冷泉(れいぜい)院は)御年十八歳で、**天皇の位**におつきになられる。

❷宮中における席次。**位階。**親王の位を品(ほん)といい、一品から四品まであり、臣下のは九位・三十階あった。〈**徒然・三八**〉「ひとへに高き官(つかさ)・**位**を望むも、次に愚かなり」訳 ただただ高い官職や**位階**を望むのも、(名利を求めるのに)次いで愚かである。

❸官職の地位。〈**源氏・東屋**〉「大臣(おとど)の**位**を求めむとおぼし願ひて」訳 大臣の**地位**を得ようと(左近の少将が)お望みになって。

❹等級。芸道の上での**段階・程度。**〈**風姿花伝**〉「我が**位**のほどを、よくよく心得ぬれば」訳 自分の(芸の)**程度**のほどを、しっかりと自覚してしまうと。

❺品位。品格。

❻俳諧で、句の素材や境地の持つ品格。また連句で、前句の品位とつり合うように付け句を付けること。

〈去来抄・修行〉「前句の位を知りて付くることなり」[訳](付け句の位というのは)前句の品位を理解して(それに応じて)付けることである。

くり-げ【栗毛】[名]馬の毛色の名。毛が栗色(=赤茶色)のもの。色の濃淡により、黒栗毛・白栗毛などという。

くり-たた・ぬ【繰り畳ぬ】[他ナ下二]{ね・ね・ぬ・ぬる・ぬれ・ねよ}たぐり寄せてたたむ。〈万葉・一五・三七二四〉「君が行く道のながてを繰り畳ね(用)焼き滅ぼさむ天の火もがも」[訳]→き みがゆく…[和歌]

くり-や【厨】[名]飲食物を調理する所。台所。また、台所をあずかる人。料理人。

く・る【暗る・眩る】[自ラ下二]{れ・れ・る・るる・るれ・れよ}❶目の前がまっ暗になる。目がくらむ。〈平家・九・敦盛最期〉「目もくれ(用)心も消え果てて、前後不覚に思えけれども」[訳]目(の前)もまっ暗になり分別心もすっかりなくなって、前後不覚に思われたが。

❷(涙で)目が曇り見えなくなる。〈源氏・桐壺〉「雲の上も涙にくるる(体)秋の月いかですむらむ浅茅生の宿」[訳]宮中でも涙に目が曇って見えなくなっている秋の月は、どうして(桐壺の更衣亡きあとの)浅茅の生い茂っている家で澄んで見えることがあるだろう(=母君はどのように住んでいるだろう)。(「すむ」は「澄む」と「住む」との掛詞)

❸心が乱れ惑う。理性がなくなる。〈源氏・若菜下〉「さらに何事もおぼしわかれず、御心もくれ(用)て」[訳]いっこうに何事もご分別がおつきにならず、御心も思い乱れて。

く・る【暮る・昏る】[自ラ下二]{れ・れ・る・るる・るれ・れよ}❶日が暮れる。〈徒然・五〇〉「暮るる(体)までかく立ち騒ぎて」[訳]日の暮れるまでそのように立ち騒いで。

❷季節が過ぎる。年月が終わる。〈方丈・三〉「前の年、かくの如くからうじて暮れ(用)ぬ」[訳]前の年は、こんなふうな状態でやっとのことで暮れた。

く・る【繰る】[他ラ四]{ら・り・る・る・れ・れ}❶糸などの細いものを手もとに引き寄せる。たぐる。〈後撰・恋三〉「名にし負はば逢坂山のさねかづら人に知られでくる(体)よしもがな」[訳]➡付録◇1「小倉百人一首」25

❷順に送る。順にめくる。〈東海道中膝栗毛〉「雨戸をくる(体)やら、窓をしめるやら」[訳]雨戸を(戸袋から)順に送って閉めるやら、窓を閉めるやら。

く・る【呉る】■[他ラ下二]{れ・れ・る・るる・るれ・れよ}与える。くれる。〈徒然・一一七〉「よき友三つあり。一つには、物くるる(体)友」[訳]よい友に三種ある。第一には、物をくれる友。

■[補動ラ下二]{れ・れ・る・るる・るれ・れよ}(動詞の連用形に助詞「て」が付いたものに付いて)❶動作をしてもらう意を表す。…(て)もらう。〈太平記・一八〉「いかにもして杣山の城へ入れまゐらせてくれよ(命)」[訳]どのようにでもして杣山の城へ入れ申しあげてもらいたい。

❷動作をしてやる意を表す。…(て)やる。〈太平記・八〉「追物射に射てくれ(用)候はん」[訳]犬追物を射るように射てやりましょう。

くる【来る】カ行変格活用の動詞「来」の連体形。

くる-くる(-と)[副]❶物事が滞りなく進むさま。すらすら。〈枕・一五八〉「男も女も、くるくるとやすらかに読みたるこそ、あれがやうにいつの世にあらむとおぼゆれ」[訳](普通の)男でも女でも、(経を)すらすらと簡単に読んでいるのは、あの人のようにいつなれるだろうと思われる。

❷物の回転するさま。〈今昔・一九・三〉「俄にこまつぶりのごとくくるくるとくるべきて」[訳](鉢が)突然独楽のようにくるくると回転して。

くる・し【苦し】[形シク]{しから・しく(しかり)・し・しき(しかる)・しけれ・しかれ}❶痛みや悩みでつらい。苦しい。〈竹取・かぐや姫の生ひ立ち〉「翁ここち悪しく、苦しき(体)時も、この子を見れば苦しき(体)こともやみぬ」[訳](竹取の)翁は気分が悪く、つらい時も、この子(=かぐや姫)を見るといつも苦しいこともおさまってしまう。

❷いとわしい。見苦しい。不快だ。〈徒然・一〇〉「前栽の草木まで、心のままならず作りなせるは、見る目も苦しく(用)、いとわびし」[訳]庭の植え込みの草木までも、自然の趣のままでなく作りたてているのは、見た感じも不快で、どうにも興ざめである。

❸さしさわりがある。不都合だ。〈徒然・一〇〉「鳶の居たらんは、何かは苦しかる(体)べき」[訳]鳶がとまったとしてもそれは、どうして不都合であろうか(いや、不都合ではない)。

-ぐる・し【苦し】[接尾シク型](動詞の連用形に付いて)…するのがつらい。…しにくい。〈源氏・真木柱〉「いとわりなう聞き苦し(終)とおぼいたれば」[訳](玉鬘は)本当にどうしようもなく、聞くのがつらいとお思いになったので。

くる・ふ【狂ふ】[自ハ四]{は・ひ・ふ・ふ・へ・へ}❶正気を失う。心が乱れる。〈万葉・四・七五一〉「相見ては幾日も経ぬをここだくも狂ひ(用)に狂ひ(用)思ほゆるかも」[訳]会ってから幾日も経っていないが、こんなにも(私の)心は乱れに乱れて(あなたが)思われるよ。

❷(物の怪などがとりついて)気が変になる。〈うつほ・嵯峨の院〉「これは物に狂ひ(用)たるにやあらむ」[訳]これは物にとりつかれて気が変になったのであろうか。

❸(常軌を逸して)激しく動く。あばれる。〈宇治・一三・二〉「馬狂ひ(用)て落ちぬ」[訳]馬が激しくあばれて(元輔は)落ちてしまった。

くる-べ・く【転べく】[自カ四]{か・き・く・く・け・け}くるくると回る。「くるめく」とも。〈枕・九九〉「また、見も知らぬくるべく(体)もの、二人して引かせて」[訳]また、見も知らないくるくる回る機具(=挽き臼のことか)を、二人で引かせて。

くるま【車】[名]乗り物。平安時代、単に「車」といえば、牛車をさすのがふつう。〈大和・一七三〉「車に乗りて内に参りにけり」[訳](女は)牛車に乗って宮中に参内してしまった。➡次ページ「古文常識」

くるま-ぞひ【車添ひ・車副ひ】[名]牛車の左右にお供する従者。

くるま-やどり【車宿り】[名]❶牛車を入れておく建物。寝殿造りの屋敷では、中門の外にある。❷外出した際、一時牛車を止めておく所。

くるま-よせ【車寄せ】[名]貴族の邸宅で、牛車を寄せて乗り降りする所。

くる-め・く【転めく】[自カ四]{か・き・く・く・け・け}(「めく」は接尾語)❶くるくると回る。「くるべく」とも。〈宇治・一三・一二〉「鉢、こまつぶりのやうにくるめき(用)て」[訳]鉢が独楽のようにくるくると回って。

古文常識 「くるま」― いろいろな乗り物

鳳輦（ほうれん）

天皇の乗り物。
屋根の頭頂部に鳳凰（ほうおう）を載せ、
肩で轅（ながえ）を担ぐ。

葱花輦（そうくゎれん）

天皇の私的な外出や行幸（ぎょうこう）の際の乗り物。
また、皇太子や后妃も用いる。
肩で轅を担ぐ。

輦車（てぐるま）

大内裏（だいだいり）の中、宮城門（きゅうじょうもん）から宮門までの間
乗る乗り物。

檳榔毛の車（びらうげのくるま）

上皇以下・四位以上の
貴族の乗り物。

網代輿（あじろごし）

屋形を牛車に似せたもの。腰の高さで
轅を手に提げて持つ。

牛車（ぎっしゃ）

（八葉の網代車（はちえふのあじろぐるま））

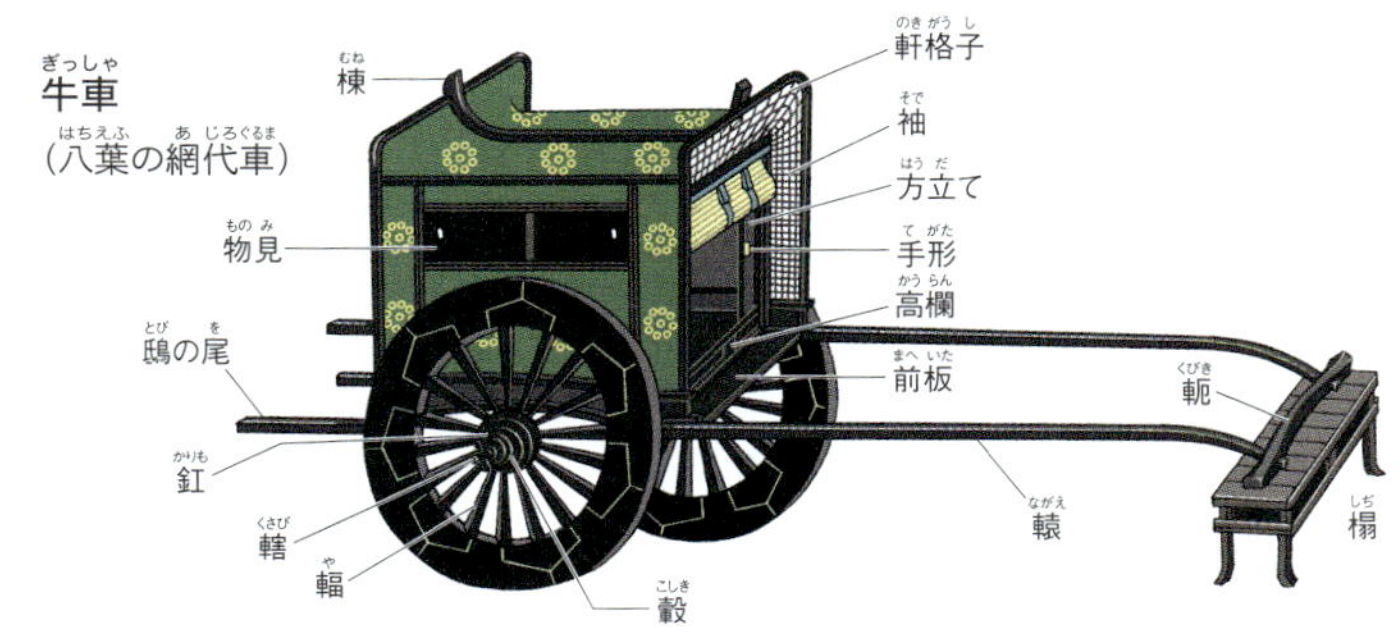

㋑あわて騒ぐ。せわしく立ちまわる。〈宇治・九・三〉「いそぎくるめく㊍がいとほしければ」訳せかせかとせわしく立ちまわるのが気の毒なので。

❷【眩く】(多く、「目くるめく」の形で)目が回る。目がくらむ。〈徒然・一〇九〉「目くるめき㊊、枝危きほどは、己れが恐れ侍れば、申さず」訳目がくらみ、(登っている)枝が危険なうちは、自分自身が用心しますので、(何も)申さない。

くるる【枢】名 ❶開き戸を回転させ開閉する装置。戸の上下につき出た部分(=とまら)を、敷居と梁にある穴(=とぼそ)に差し込んだもの。
❷戸の桟にとりつけ、敷居の穴に差し込んで戸じまりをする木片。

くれ 代「何」と併用して、不定・不明の人や物を示す。なにがし。だれだれ。〈源氏・少女〉「『なにの親王、くれの源氏』など数へ給ひて」訳「(琵琶の名人は)何々親王、だれだれの源氏」などと数えなさって。

くれ【来れ】カ行変格活用の動詞「来」の已然形。

くれ-がし【某】代 不定称の人代名詞。人の名をはっきり指さないで言う語。だれそれ。〈源氏・夕顔〉「『なにがし、くれがし』と数へしは」訳「だれだれ、だれそれ」と数えたのは。

参考「なにがし」と並べて使われる。

くれ-ぐれ(-と) 副〔上代は「くれくれ」〕悲しみに沈むさま。心がめいるさま。〈万葉・一三・三三一七〉「沖つ波来寄る浜辺をくれくれとひとりそあが来る妹が目を欲り」訳沖の波が寄せてくる浜辺を、悲しみに沈んでただひとり私は来る、あの人が一目見たくて。

くれ-たけ【呉竹】名〔「呉」は中国伝来の意〕竹の一種。淡竹。葉が細く、節が多い。特に、清涼殿の東庭に植えられている竹。

くれ-つ-かた【暮れつ方】名〔「つ」は「の」の意の上代の格助詞〕❶日の暮れるころ。夕方。〈源氏・柏木〉「宮はこの暮れつ方より、悩ましうし給ひけるを」訳宮はこの日の暮れがたからお苦しみになったので。
❷年や季節の終わりごろ。〈徒然・四三〉「春の暮れつ方、のどかに艶なる空に」訳春の終わりごろ、のどかで優美な雰囲気に。

くれ-なゐ【紅】名〔「呉の藍」の転〕❶「紅花」の異称。末摘花。花から紅色の染料を作る。夏
❷紅花の汁で染めた、鮮やかな赤色。紅色。

(くれなゐ②)

フレーズ
紅の涙 血の涙。〔「紅涙」の訓読〕非常に悲しんで流す涙。

くれなゐ-の-なみだ【紅の涙】➡紅「フレーズ」

くれ-ふたが・る【暗れ塞がる】自ラ四{ら・り・る・る・れ・れ}❶(あたりが)一面に暗くなる。
❷暗い気分に閉ざされる。悲しみにくれる。〈増鏡・あすか川〉「院の中くれふたがり㊊て、暗やみに迷ふ心地すべし」訳院の中は暗い気分に閉ざされて、闇の中に迷う(ような)気持ちがするにちがいない。

くれ-まど・ふ【暗れ惑ふ】自ハ四{は・ひ・ふ・ふ・へ・へ}悲しみに心が暗くなり迷う。途方にくれる。〈源氏・賢木〉「聞こえ出で給ふべき方もなく、くれまどひ㊊ておぼさるれど」訳(光源氏は藤壺に)申し上げなさるべき方法もなく、途方にくれて悲しくお思いにならずにはいられないが。

くろうど〔蔵人〕➡くらうど

くろ-がね【鉄】名〔「黒金」の意〕鉄。〈徒然・一二二〉「金はすぐれたれども、鉄の益多きに及かざるがごとし」訳金は(その値は)すぐれているが、鉄の効用が多いのに及ばないのと同様だ。

くろ-き【黒木】名「くろぎ」とも。❶皮のついたままの木材。
❷たきぎとするために、生木をかまどで蒸し焼きにし、黒くくすぶらせたもの。京都の八瀬・大原あたりで作られ、京都市中で売られた。
❸黒檀(=木の名)の異称。

くろ-ど【黒戸】名「黒戸の御所」の略。清涼殿の北にある、黒い板戸のついた細長い部屋。➡清涼殿「古文常識」(四五九ページ)

くろ・む【黒む】■自マ四{ま・み・む・む・め・め}❶黒くなる。黒みを帯びる。〈源氏・夕顔〉「船路のしわざとて、少し黒み㊊やつれたる旅姿」訳船旅のせいで、少し(日に焼けて)黒くなり、やつれている旅姿は。
❷なんとか生活できるようになる。〈浮・西鶴織留〉「たがひに身のくろみ㊊て後、またひとつの寄りあひなること」訳お互いに暮らしが立つようになったのち、またいっしょに暮らせるということ。
■他マ下二{め・め・む・むる・むれ・めよ}❶黒くする。黒く染める。〈落窪〉「薪には、蘇芳をわりて、少し色黒め㊊て」訳(法会に用いる)薪には、蘇芳の木を割って、少し色を黒く染めて。
❷まぎらし隠す。ごまかす。〈浮・世間胸算用〉「穴をくろめ㊊し古綿」訳(ねずみが、出入りする)穴をつくろい隠した古綿。

くわ〔桑・鍬〕➡くは

くわい-じん【灰燼】名 灰と燃えがら。

ぐわい-じん【外人】名 無関係な人。他人。疎遠な人。〈平家・一・鹿谷〉「その恩を忘れて、外人もなき所に兵具をととのへ」訳その恩(=重盛による助命嘆願)を忘れて、よその人がいない所に武器をそろえ。

くわい-せん【回船・廻船】名 江戸時代に、海上運送に用いた二百石積み以上の大船。

懐風藻(くわいふうさう)《作品名》わが国最古の漢詩集。編者は未詳。天平勝宝三年(七五一)に成立。天智天皇の時代から奈良時代にいたる詩人六十四人の漢詩およそ百二十編を集めたもの。詩形は五言を主とし、中国六朝詩・初唐詩の影響がみられる。

くわい-ぶん-うた【回文歌・廻文歌】名 和歌の一体。上から読んでも下から読んでも同じ文句になる歌。「むら草に草の名はもしそなはらばなぞしも花の咲くに咲くらむ」の類。回文。回文歌。

くわい-もん【槐門】名 三公(=日本では太政大臣・左大臣・右大臣)。大臣の異称。

参考 中国の周代、朝廷に三株の槐(=木の名)を植え、三公がこれに面して座ったことによる。

くわう-いん【光陰】名〔「光」は日、「陰」は月の意〕時間。月日。年月。〈徒然・一〇八〉「光陰何のためにか惜しむとならば」訳時間を何のために惜しむのかと

いうのであるなら。

くわう-ごう【皇后】名 天皇の正妻。→中宮
参考 皇后は元来、中宮とも称された。しかし、藤原道長が、兄道隆の娘定子がすでに中宮になっているのを皇后とし、自分の娘彰子を中宮にして以来、二人の后がおかれるときは、多く、もとの后を皇后、新しい后を中宮と称した。⬇後宮「古文常識」

くわう-せん【黄泉】名（中国で「黄」は大地の色とすることから）❶地下の泉。❷地下にある死者の行くという世界。あの世。よみじ。よみ。

くわう-りやう【広量】名・自サ変・形動ナリ「くわうりやう（荒涼）②③」に同じ。

くわう-りやう【荒涼】名・自サ変・形動ナリ ❶景色が荒れ果ててもの寂しいこと。また、そのさま。❷（「広量」とも書く）漠然としてとりとめのないこと。**あてにならないさま。**〈宇治・一・一八〉「荒涼の使ひかな」訳（狐だとは）あてにならない使いだなあ。❸（「広量」とも書く）**軽率であること。**うかつなこと。〈大鏡・師輔〉「荒涼し用て、心知らざらむ人の前に、夢語りな、この聞かせ給ふ人々、しおはしまされそ」訳 うっかりして、道理を知らないような人の前で、夢の話を、この（私の話を）お聞きになる人たちよ、しなさるな。❹大言をはくこと。**ぶしつけなさま。**〈平家・九・生ずきの沙汰〉「荒涼の申し様かな」訳 ぶしつけな口のきき方だなあ。

くわ-かく【過客】名 通り過ぎてゆく人。旅人。〈細道・出発まで〉「月日は百代の過客にして、行きかふ年もまた旅人なり」訳 月日は永遠に旅を続ける旅人（のようなもの）であり、（毎年）去っては来、来ては去ってゆく年もまた旅人（のようなもの）である。

花鏡（くわきやう）《作品名》室町前期の能楽論書。応永三十一年（一四二四）成立。世阿弥元清著。演者としての体験にもとづく能芸論を集成したもの。

くわ-さ【過差】名 分に過ぎたこと。ぜいたく。〈大鏡・時平〉「世間の過差の制きびしきころ」訳 世間のぜいたくに対する禁止のおきてがきびしい時。

くわし〖細し・美し・精し・詳し〗⬇くはし

くわ-じつ【花実】名 ❶花と実。❷外形と実質。歌学用語としての、ことば（表現）と心（内容）。〈無名抄〉「中ごろ古今の時、花実ともに備はりて」訳 中ごろの「古今集」の時代に、表現と内容の両方がととのって。

くわ-じや【冠者】名「くゎんじゃ」の撥音「ん」の表記されない形」❶「くゎんじゃ①②」に同じ。❷若い家来。召使の若者。〈狂・萩大名〉「まず太郎冠者を呼び出だいて談合いたさう」訳 まず太郎冠者を呼び出して相談いたそう。

くわ-しやう【和尚】名《仏教語》天台宗・華厳宗で、受戒者の師となる僧の称。また、高徳の僧の敬称。
参考「くゎしゃう」は漢音。法相宗・律宗では呉音で「わじゃう」、禅宗では唐音で「をしゃう」という。

くわ-たい【過怠】名 ❶あやまち。過失。〈平家・三・法印問答〉「やがて召され候ふことは、何の過怠にて候ふやらん」訳（越前の国を）すぐにお取りあげになりますことは、どのような過失のためでございましょうか。❷過失の償い。また、中世以降、罰金や物品・労役などを科した刑罰。

くわ-たく【火宅】名《仏教語》（煩悩が盛んで不安なこの世を、火につつまれている家にたとえた語）迷いの多いこの世。現世。〈栄花・花山たづぬる中納言〉「花山院は三界の火宅を出でさせ給ひて」訳 花山院は迷いの多いこの世をお出になられて。

花伝書（くわでんしよ）《作品名》→風姿花伝

くわ-ぶん【過分】名・形動ナリ ❶身分不相応なこと。〈平家・一・清水寺炎上〉「平家もってのほかに過分に候ふあひだ、天の御ぱからひにや」訳 平家がとんでもなく身分不相応で（＝出過ぎて）ございますので、（報いを受けるのは）天のご処置なのだろうか。❷必要以上であること。十分すぎること。❸身に余ってありがたいこと。

くわ-ほう【果報】■一 名《仏教語》**前世での行いに対する現世での報い。**因果応報。〈今昔・一・二七〉「善悪の果報、皆、前世の業因によりてなり」訳 現在が善いか悪いかという現世での報いは、すべて、前世の行為によって（起こるの）である。■二 名・形動ナリ **報いがよいこと。**幸運。〈狂・布施無経〉「こなた（＝あなた）ほど果報な体（口語）お方はござらぬ」

くわん【官】名 ❶官位。官職。❷朝廷。政府。❸「太政官」の略。❹官人。役人。

くわん【貫】名 ❶銭の単位。一千文（＝一文銭千枚）が一貫。近世では、九百六十文で一貫とした。❷鎌倉時代以降、武家の知行高の換算に用いた単位。地方や時代によって一定しないが、ほぼ田地十石を一貫文とした。❸重さの単位。一貫は、千匁（＝三・七五キログラム）。

ぐわん【願】名 神仏に祈願すること。また、その願い事。〈土佐〉「おぼろけの願によりてにやあらむ、風も吹かず、よき日出できて、漕ぎゆく」訳 並々でない祈願によってであろうか、風も吹かないし、よい日和になったので、（船を）漕いでいく。

観阿弥（くわんあみ）《人名》（一三三三〜一三八四）南北朝時代の能役者・謡曲作者。観世流の祖。名は清次。足利義満の援助を得て、子の世阿弥とともに能楽を大成した。謡曲「卒都婆小町」「自然居士」など。

くわん-おん【観音】名《仏教語》「観世音」の略。

くわん-ぎよ【還御】名 天皇・上皇・皇太后・皇后・三后（＝太皇太后・皇太后・皇后）が外出からお帰りになること。将軍・公卿にもいう。〈平家・三・公卿揃〉「法皇やがて還御、御車を門前に立てられたり」訳（後白河）法皇はそのまま外出先からお帰りなさり、御車を門前にお止めになった。

くわん-げん【管弦・管絃】■一 名 **管楽器と弦楽器。**楽器の総称。■二 名・自サ変 **音楽を奏すること。**また、音楽。〈徒然・一〉「ありたきことは、まことしき文の道、作文、和歌、管弦の道」訳 身につけたいことは、本格的な学問の道、漢詩、和歌、音楽の道。（⬇次ページ「古文常識」）

古文常識「くわんげん」ー管弦の遊び

平安時代、舞や管弦などの雅楽は、貴族にとって身近な教養・娯楽であった。儀式のような公的な場ばかりでなく、内裏や貴族の邸宅などの私的な場でも行われ、私的な場での演奏は「管弦の遊び」と呼ばれた。弦楽器（琵琶・琴）、管楽器（篳篥・笙・龍笛（＝横笛）など）のほかに、打楽器（羯鼓・鉦鼓など）が自由に組み合わされて楽しまれた。

くわん-ざし【貫差し・貫緡】名 銭一貫文（＝千文）をさし通しておく細い縄。また、そのさし通した一貫文の銭。近世では、九百六十文をさして、一貫として通用させた。

くわん-じゃ【冠者】名「くわざ」「くわんざ」「くわじゃ」とも。❶**元服して冠をつけた少年。**また、たんに**若者**。〈今昔・二九・二〉「その冠者、しかるべき所に宮仕へしけるほどに盗みをしてけり」訳（元服をすませた）その若者は、相当な所に宮仕えをしていたときに盗みをしたということだ。❷**六位で、無官の者の称。**〈十訓・一〉「匡房卿いまだ無官にて、江冠者とてありけるを」訳（大江）匡房卿はまだ無官で、江冠者と呼ばれていたが。❸「くわじゃ②」に同じ。

くわん-じゃう【勧請】名・他サ変 神仏の霊を分けて別の所に移し祭ること。また、神仏のおいでを願うこと。〈平家・二・康頼祝言〉「この島の内に熊野の三所権現を勧請し用奉って」訳この島（＝鬼界が島）のうちに熊野の三所権現を移し祭り申しあげて。

くわん-じゅ【貫首・貫主】名 ❶頭だつ人。統領。最上位の人。❷「蔵人の頭」の異称。❸「天台座主」の異称。

くわん-じん【勧進】名・自サ変 ❶《仏教語》仏像や寺などの建立・修理のために、金品の寄付を募ること。また、その人。〈宇治・三・四〉「堂作らん料に勧進し用集めたる物どもを」訳堂を造るようなことのために寄付を募り集めたさまざまな物を。❷出家姿で、物を乞い歩くこと。また、その人。

くわんじん-ちゃう【勧進帳】名《仏教語》「勧進①」を行う趣意やその寺の縁起などを記した巻物。僧が寄付を集めるときに読み聞かせる。

くわん・ず【観ず】他サ変 {ぜ・じ・ず・ずる・ずれ・ぜよ} ❶《仏教語》深く思いをめぐらして真理を悟る。〈平家・二・大臣殿被斬〉「善も悪も空なりと観ずる体が、まさしく仏の御心にあひかなふ事にて」訳善も悪も実体のない仮の姿だと悟るのが、まさしく仏の御心にかなうことで。❷深く考える。〈徒然・一〇八〉「心つねに風雲の思ひを観ぜ未しかば」訳心にはいつも機会を得て出世しようとする野望を深く思っていたので。

くわん-ぜおん【観世音】名《仏教語》世人がその名を称える声を心静かに観察して大慈悲を垂れる菩薩。衆生を救うため三十三身に変化するといわれ、広く信仰された。観音。参考 阿弥陀仏の右脇士が勢至菩薩、左脇士が観世音菩薩。

観世清次《人名》→観阿弥

観世元清《人名》→世阿弥

くわん-ぢゃう【灌頂】名・自サ変《仏教語》天台宗・真言宗で、受戒のときや修道者が一定の地位に上るとき、香水（＝仏に供える水）を頭上に注ぐ儀式。

くわん-にん【官人】名 ❶役人。官吏。❷各省の、六位以下主典以上の諸官の総称。❸近衛の将監以下の者や検非違使庁の下級役人などの総称。

くわん-ねん【観念】名・自サ変 ❶《仏教語》心を静かにして、仏の教えの深さに思いを致すこと。〈方丈・三〉「谷しげけれど、西晴れたり。観念のたより、なきにしもあらず」訳谷は草木が茂っているが、西のほうはひらけている。（西方浄土の）仏を心に描いて瞑想することのよすががないわけでもない。❷あきらめること。覚悟。

くわん-ばく【関白】名「「関」はあずかる、「白」は申すで、天皇の政務に関与して意見を申し上げる意」「くゎんぱく」とも。天皇を補佐して政治を行った最高位の令外の官。太政大臣の上位。参考 平安時代、光孝天皇の代（八八四—八八七）、藤原基経のときに始まる。以後、藤原氏一族がもっぱら任ぜられ、通例では、天皇が幼少のときには「摂政」、成人後は「関白」が置かれた。関白が隠居すれば「太閤」、出家すれば「禅閤」という。

くわん-ぶつ【灌仏】名《仏教語》❶釈迦誕生の姿の仏像に、香水（＝仏に供える水）を注ぎかけること。また、その仏像。浴仏。❷「灌仏会」の略。

くわんぶつ-ゑ【灌仏会】名《仏教語》釈迦の誕生日の陰暦四月八日に、誕生仏に甘茶を注ぎかけて供養する仏事。花祭り。灌仏。仏生会。夏 参考 釈迦誕生のとき、天から梵天・帝釈がおりてきて、甘露を注ぎかけ洗い清めたという故事による。

ぐわん-りき【願力】名 仏が衆生を救おうとする本願の力。また、神仏に願をかけて、その願望を貫こうとする力。精神力。

ぐんき-ものがたり【軍記物語】 名《文芸用語》合戦をおもな材料とした、和漢混交文体で描いた叙事的な文学。鎌倉時代に多く作られた。戦記物語。「保元物語」「平治物語」「平家物語」「源平盛衰記」「太平記」「義経記」など。

くん-し【君子】 名 徳と知のそなわった人。人格の高い人。〈徒然・九七〉「君子に仁義あり、僧に法あり」訳 人格の高い人には仁や義があり、僧には仏法がある。

くん・ず【屈ず】 自サ変{ぜ・じ・ず・ずる・ずれ・ぜよ} 気がめいる。気がふさぐ。〈更級・太井川〉「月の興もおぼえず、くんじ用臥しぬ」訳 月の興趣も感じられず、心がふさいで寝てしまった。

くん・ず【薫ず】 一 自サ変{ぜ・じ・ず・ずる・ずれ・ぜよ} かおる。におう。〈今昔・七・三五〉「香ばしき匂ひ、室の内に薫じ用て消えず」訳 かぐわしい匂いが、部屋の内にかおって消えない。
二 他サ変{ぜ・じ・ず・ずる・ずれ・ぜよ} かおらせる。におわせる。〈平家・延慶本・一・忠盛死去〉「本尊の御前に香を焚き、花を薫じ用給ひけるが」(＝かおらせなさったが)

ぐん-びゃう【軍兵】ビョウ 名 兵士。軍勢。つわもの。

ぐん-りょ【軍旅】 名 中国周代の制で、兵一万二千五百を「軍」、五百を「旅」といったことから ❶軍勢。軍隊。❷戦争。いくさ。

け ケ

け【日】 名《上代語》「日」の複数。二日以上の期間をいう。**日々。日数。**〈万葉・三・二六三〉「日ならべて見てもわが行く志賀にあらなくに」訳（幾日も）日数をかけて（美しい景色を）見ても私が行ける志賀ではないことだから。

け-【気】 接頭（動詞・形容詞・形容動詞に付いて）「…のようすである。…の感じだ。なんとなく…だ」の意を表す。「け恐ろし」「け劣る」「けすさまじ」「け高し」

け【気】 名 ❶**気持ち。気分。**〈源氏・夕顔〉「恐ろしき気もおぼえず、いとらうたげなるさまして」訳（夕顔の死に顔を見ても）恐ろしいという気持ちも感じず、たいそうかわいらしげなようすをしていて。❷**ようす。けはい。**〈源氏・椎本〉「夜深きほどの人の気しめりぬるに」訳 夜の深いときで、人のけはいが静まったときに。

け【怪】 名 ❶不思議なこと。怪しいこと。〈太平記・三〇〉「かやうの怪ども、未然に凶を示しけれども」訳 このような不思議なことが数々、ことの起こる前に凶（の前触れ）を示したが。❷たたり。もののけ。

け【故】 名 ため。せい。ゆえ。〈竹取・竜の頸の玉〉「千度ばかり申し給ふけにやあらむ、やうやうかみ鳴り止みぬ」訳（祈願のことばを）千回くらい申し上げなさるせいであろうか、やっとのことで雷が鳴りやんだ。

け【笥】 名 容器。特に、飯を盛る器。〈万葉・二・一四二〉「家にあれば笥に盛る飯を」訳→いへにあれば…和歌

け【褻】 名 ふだん。日常。〈徒然・一九一〉「ことにうち解けぬべき折節ぞ、褻・晴れなく引きつくろはまほしき」訳 ことに気のゆるんでしまいそうなときこそ、ふだんと正式との区別なく、身なりをきちんと整えたいものである。対 晴れ

け【異】 形動ナリ{なら・なり(に)・なり・なる・なれ・なれ} ❶**ふつうと違っているさま。**〈万葉・一三・三三二八〉「衣手葦毛の馬のいなく声情あれかも常ゆけに用鳴く」訳 葦毛の馬のいななく声は、（人のような）心を持っているからか、いつもと違って鳴くことだ。（「衣手」は「葦毛」にかかる枕詞）
❷（多く「よりけに」の形で）**きわだっているさま。格別なさま。まさっているさま。**〈古今・恋二〉「ゆふされば蛍よりけに用もゆれども」訳 夕方になると蛍（の光）よりもまさって（私の思いは）燃えるのに。

-げ【気】 接尾（形容詞の語幹（シク活用は終止形）、形容動詞の語幹などに付いて）「いかにも…のようすである。…らしく見える」などの意の形容動詞の語幹をつくる。〈源氏・若紫〉「髪のうつくしげに用そがれたる末も」訳 髪のいかにも美しいようすに切りそろえられている端も。

例語 あさましげ・悪しげ（＝悪いようすであるさま）・徒げ（＝もろくはかないさま）・あはれげ・怪しげ・賤しげ・危ふげ・荒げ（＝荒れ模様だ）・厳つげ（＝いかめしいようだ）・いとほしげ・いぶせげ・いみじげ・うけはしげ（＝のろっているようなさま）・後ろめたげ・うたてげ・艶げ（＝優雅なさま）・恐ろしげ・親げ（＝親らしい感じのさま）・難げ（＝むずかしそうだ）・汚げ・清げ・気疎げ（＝気味が悪いさま）・健げ（＝たのもしいさま）・心地よげ・心無げ（＝薄情そうなさま）・さうざうしげ（＝物足りなさそうなさま）・さがなげ（＝意地が悪そうなさま）・凄げ・凄まじげ・鋭げ（＝機敏でするどいさま）・頼もしげ・無げ（＝なさそうなさま）・悩ましげ・憎げ・憎さげ・妬げ・はかなげ・はしたなげ・恥づかしげ・誇らしげ・忠実しげ（＝まじめそうなさま）・難しげ・珍しげ・物しげ・物映ゆげ（＝恥ずかしそうなさま）・物ゆかしげ・安げ・易げ・ゆかしげ・好げ（＝よさそうなさま）・弱げ・らうたげ・侘びしげ・我賢げ・をかしげ・をこがましげ・惜しげ

怪しげ いかにもあやしいようす

らうたげ かわいらしいさま

げ【夏】 名《仏教語》❶陰暦四月十六日から七月十五日までの三か月間の称。❷「夏安居げあんご」の略。「あんご」に同じ。夏。〈細道・芭蕉〉「しばらくは滝に籠るや夏の初め」訳→しばらくは…俳句

けい【卿】 名「きゃう（卿）」に同じ。

け-い【怪異】 名・形動ナリ 不思議なこと。怪しいこと。奇怪事。

けい-き【景気】 名 ❶**景色。**〈方丈・三〉「山中の景気、折につけて、尽くることなし」訳 山中の景色は、（四季）折々につけて、（興趣の）つきることがない。❷**ようす。けはい。**〈平家・二・西光被斬〉「悪びれたる景気もなし」訳 悪びれたようすもない。

最重要330

126

け-う【希有・稀有】名・形動ナリ

ガイド 漢語「希有」を語幹にした形容動詞。「け」は「希」、「う」は「有」の呉音で、「希」はまれであるの意。めったにないほどすばらしいの意が③、めったにないほど悪いの意が②となる。

❶**珍しい。めったにない。不思議だ。**

例 またあらじ、あがりての世に、かく大臣・公卿七、八人、二、三月の中にかき払ひ給ふこと。希有なり用し業なり〈大鏡・道長上〉
訳 またとないだろう、大昔にも、このように大臣や公卿が七、八人も、二、三か月の間にきれいさっぱり一度にお亡くなりになることは。めったになかったことである。

❷(悪い意味で)**とんでもない。けしからぬ。**

例 こは希有の狼藉かな〈徒然・一〇六〉
訳 これ(=上人の馬を堀に落としたこと)はとんでもない乱暴だなあ。

❸(よい意味で)**驚くべきである。たいしたことだ。**

例 露ばかりも騒ぎたる気色なし。希有の人かなと思ひて〈宇治・二・一〇〉
訳 ほんの少しも動揺したようすがない。たいした人であるよと思って。

❸〔歌学用語〕心象上の景色。詩的雰囲気。〈無名抄〉「ただ詞ごとに現れぬ余情、姿に見えぬ景気なるべし」訳(幽玄体とは)もっぱらことばに表れない情趣、全体の構成に見えない心象上の景色であろう。
❹活気。特に、経済的な活気にいう。

けい-こ【稽古】名〔「古いにしえを稽かんがえる」の意〕❶(古典を読んで)**学問すること。**また、身につけた学問。〈徒然・二二六〉「信濃の前司行長、稽古の誉れありけるが」訳信濃の国の前任の国司行長は、学問が深いというよい評判があったが。
❷武術・芸能などを習い、修業すること。〈風姿花伝〉「この時分の稽古、すべてすべて易きなり」訳このころ(=少年期)の修業は、どれもこれも容易である。

けい-し【京師】名 みやこ。帝都。京都。

けい-し【屐子】名〔「けきし」のイ音便〕下駄・足駄の類。

けい-し【家司】名〔「けし」の転〕❶親王・摂関・大臣および三位以上の家などで家政をつかさどる職。また、その職員。四位・五位の者をいい、六位以下の者は「下家司」と称した。
❷鎌倉・室町幕府で、政所・問注所などの職員の総称。

けい・す【啓す】他サ変〔せ・し・す・する・すれ・せよ〕「言ふ」の謙譲語。(皇后・中宮・皇太后・皇太子などに対して)**申し上げる。**〈枕・三〉「『よきに奏し給へ、啓し用給へ』など言ひても」訳「(天皇にも)よろしく申し上げてください、(中宮にも)よろしく申し上げてください」などと言っても。→奏す 参考

けい-せい【傾城】名 ❶美女。
❷「けいせん」とも。遊女。
参考 美人の色香に迷った君主が政務を怠り、一城を傾け滅ぼす意から出たことば。中国の「漢書」による。「傾国」ともいう。

契沖(けいちゅう)《人名》(一六四〇〜一七〇一)江戸前期の国学者・歌人。真言宗の僧で、下川氏。摂津(兵庫県)尼崎の人。「万葉集」以下、多くの古典の注釈を行い、国学研究の基礎を築いた。著に「万葉代匠記」「勢語臆断」「和字正濫鈔」など。

げい-のう【芸能】名 身につけた芸。また、芸道にすぐれた才能。技芸。

けい-ひち【警蹕】名「けいひつ」とも。天皇のもとへ膳を運ぶときや、天皇・貴人の通行のときなどに、人々に声をかけて先を払うこと。また、その声。「おお、しし、おし」または「おし、おし」と言った。〈枕・三〉「御膳まゐる足音たかし。警蹕など『おし』と言ふ声聞こゆるも」訳(天皇に)お食事を差し上げる足音が高い。先払いなどが「おし」という声が聞こえるのも。

けい-めい【経営】名・自サ変〔「けいえい」の転〕物事の準備に励むこと。特に、接待に奔走すること。〈徒然・一八四〉「兄の城介義景、その日の経営し用て候ひけるが」訳兄の秋田城介義景が、その日の準備につとめて控えていたが。

けう【孝】名 ❶親孝行。
❷親や近親者などの死後の供養をすること。〈源氏・玉鬘〉「わが身の孝をば、な思ひそ」訳私(=大宰の少弐)の身の死後の供養は考えるな。

け-う【希有・稀有】名・形動ナリ ⇨右上 126

げう-き【澆季】名〔「澆」は薄い、「季」は末の意〕道徳が衰え、人情が薄くなり、すべてが浅はかになった世。末世。

けう・ず【孝ず】自サ変〔ぜ・じ・ず・ずる・ずれ・ぜよ〕❶親孝行をする。〈うつほ・俊蔭〉「今は孝ずる体と思ひて、出だし奉れ」訳今は親孝行するのだと思って、(母上を山か

ら)お出し申しあげよ。❷死んだ親などの供養をする。孝じ㊌つかうまつり給ふさまも〈源氏・賢木〉「後々の御わざなど、孝じ㊌つかうまつり給ふさまも」訳(桐壺院の)崩御後の御法事など、供養し申しあげなさる姿も。

けう‐と・し【気疎し】形ク ➡左 127

けう‐やう(キヨウヨウ)【孝養】名「かうやう」とも。❶親に孝行すること。❷死んだ親などの供養をすること。〈平家・六・入道死去〉「堂塔をも建て、孝養をもすべからず」訳(私の死後は)仏堂や塔をも建てたり、供養をもしたりしてはならない。(「堂塔をも建て」には、下の「すべからず」の否定の意が及ぶ(=対偶中止法))

けうら(キヨウラ)【清ら】形動ナリ{なら・なり(に)・なり・なる・なれ・なれ}清らかで美しいさま。〈竹取・かぐや姫の生ひ立ち〉「この児(ちご)のかたちけうらなる㊍こと世になく」訳この子(=かぐや姫)の容貌の清らかで美しいことはこの世に比類なく。

げ‐かう(コウ)【下向】名・自サ変 ❶都から地方へ下ること。〈平家・一〇・戒文〉「関東へ下向せ㊏らるべきにさだまりしかば」訳関東へお下りにならなければならないことに決まったので。対上洛(しゃうらく)

けが・す【穢す・汚す】他サ四{さ・し・す・す・せ・せ}❶(名誉や神聖なものなどを)きずつける。よごす。〈徒然・二五〉「ここにて対面し奉らば、道場をけがし㊌侍るべし」訳ここでお相手し申しあげたら、道場を(血で)けがすでしょう。❷(「還向」とも書く)神仏に参詣して帰ること。

❷能力のない者がその地位につく。その地位をはずかしめる。〈平家・一・鱸〉「その人ならではけがす㊎べき官ならねども」訳(太政(だいじょう)大臣は)その(資格がある)人でなくては、けがしてよい官職でないが。

け‐かつ【飢渇】名・自サ変「きかつ」「けかち」とも。飢えと渇き。食糧や水が欠乏すること。〈方丈・三〉「二年(ふたとせ)が間、世の中飢渇し㊌てあさましきこと侍りき」訳二年の間、世の中は食糧が欠乏してひどいことがありました。

けがら・ふ(ケガロウ)【穢らふ・汚らふ】自ハ四{は・ひ・ふ・ふ・へ・へ}❶(死や出産など)不浄なものに触れる。けがれる。〈源氏・手習〉「けがらひ㊌たる人とて、立ちながら追ひかへしつ」訳(葬儀にかかわり)けがれた人だということで、(里人を家に入れず)立ったままで追いかえした。❷喪に服する。〈栄花・みねの月〉「さるべき殿ばら、けがらひ㊌給へり」訳しかるべき殿方は、喪に服しなさった。❸死ぬ。亡くなる。〈蜻蛉・上〉「ある大徳(だいとこ)の袈裟(けさ)をひきかけたりしままに、やがてけがらひ㊌にしかば」訳(母は)そこにいる高僧の袈裟をひっかけたと同時に、そのまま亡くなってしまったので。

最重要330

127

けう‐と・し

【気疎し】形ク{から・く(かり)・し・き(かる)・けれ・かれ}(「け」は接頭語)

ガイド 「疎(うと)し」に「様子が…である」「なんとなく…である」の意を添える接頭語「け」が付いた語。「うとし」の意味に応じて①②となる。

❶親しみにくい。なじめない。うとましい。➡おいらか「類語の整理」

例 このさるまじき御仲のたがひにたれば、ここをもけうとく㊌おぼすにやあらむ〈蜻蛉・中〉

訳 この仲たがいするはずのない御仲が気まずくなってしまっているので、私までもうとましくお思いになるのだろうか。

❷人けがない。恐ろしい。気味が悪い。

例 からはけうとき㊍山の中にをさめて〈徒然・三〇〉

訳 亡骸(なきがら)は人里離れた山の中に葬って。

けが・る【穢る・汚る】自ラ下二{れ・れ・る・るる・るれ・れよ}けがれる。(服喪・出産・月経などで)不浄の身となる。〈源氏・絵合〉「(かぐや姫が)この世の濁りにもけがれ㊏ず」

げ‐き【外記】名 ❶律令制で、太政官(だいじょうかん)の役人。少納言の下にあって中務(なかつかさ)省の内記(ないき)の作る詔勅を正し、上奏文の起草や宮中の儀式をつかさどる。大外記二人、少外記二人。→内記(ないき) ❷「外記庁(げきのちやう)」の略。「外記①」が事務をとる、太政官に属する役所。

け‐ぎよ・し【気清し】形ク{から・く(かり)・し・き(かる)・けれ・かれ}(「け」は接頭語)清らかだ。さっぱりしている。はっきりしている。〈枕・三〉「すべて夜昼心にかかりておぼゆるもあるが、けぎよう㊌(ウ音便)申し出(い)でられぬはいかなるぞ」訳(一首の)全体がいつも気になって(=忘れずに)覚えている歌もあるが、(それを)すらすらと口に出して申し上げられないのはどういうことなのか。

げき‐りょ【逆旅】名(「逆」は迎えるの意で、旅人を迎えることから)旅の宿。宿屋。転じて、旅。

げき‐りん【逆鱗】名 帝王の怒り。

参考 竜はのどの下に逆さに向いた鱗(うろこ)があり、人がこれに触れると怒ってその人を殺すという「韓非子(かんぴし)」の故事による。天子を竜にたとえたもの。

けけ・し 形シク{しから・しく(しかり)・し・しき(しかる)・しけれ・しかれ}親しみにくい。とりすましている。よそよそしい。〈和泉式部日記〉「その宮はいとあてに、けけしう㊌(ウ音便)おはしますなるは」訳その宮様はたいそう上品で、とりすましていらっしゃるそうね。

けけれ【心】名《上代東国方言》こころ。〈古今・東歌〉「甲斐(かひ)が嶺(ね)をさやにも見しがけけれなく横ほり臥(ふ)せる小夜(さや)の中山」訳甲斐(山梨県)の山をはっきりと見たいなあ。(それなのに)心なく(手前に)横たわって臥している小夜の中山だよ。

けーこ【笥籠・笥子】名「けご」とも。**飯を盛る器。**〈伊勢・二三〉「笥子のうつは物」訳 笥子という入れ物。

けーご【家子】名「けこ」とも。家の者。妻子・家人・下男・弟子など。

げーこ【下戸】名 ❶律令制で、壮丁(=壮年の男子)が三人以下の家。❷酒が飲めない人。対 上戸

けさ【袈裟】名 ❶《梵語の音訳》僧の服装の一つ。僧が衣の上に左肩から右わき下にかけてまとう布。❷「袈裟懸け」の略。

(けさ①)

けーさう【化粧・仮粧】名・自サ変 **顔を紅・おしろいなどでよそおい飾ること。**化粧。また、**着飾ること。**〈竹取・火鼠の皮衣〉「御身の化粧いといたくして」訳 ご自身の身づくろいをたいそうりっぱにして。

けーさう【懸想】名・他サ変「けんさう」の撥音「ん」の表記されない形」「けしゃう」とも。思いをかけること。恋いしたうこと。〈伊勢・三〉「懸想じ用ける女のもとに」訳 思いを寄せた女のもとに。

げーさう【外相】名 言語・動作など外面に現れた状態。美醜など外見上の姿。

けさうーびと【懸想人】名 人に思いをかけている人。恋をしている人。

けさう・ぶ【懸想ぶ】自バ上二〔び・び・ぶ・ぶる・ぶれ・びよ〕〔「ぶ」は接尾語〕思いをかけているように振る舞う。〈源氏・柏木〉「わざと懸想び用てはあらねど」訳 (夕霧は)ことさら(落葉の宮に)思いをかけているように振る舞ってはいないが。

最重要330

128 **け・し**【怪し・異し】形シク〔しから・しく(しかり)・し・しき(しかる)・しけれ・しかれ〕

ガイド 異様なさまを表す語根「異」の形容詞形。形容動詞に「異なり」、副詞に「異に」がある。

❶ **異様だ。変だ。ふだんと異なる。**

例 吾はけしき体夢見つ〈記・中〉

訳 私は不思議な夢を見た。

❷ **不実だ。薄情だ。**

例 はろはろに思ほゆるかもしかれどもけしき体心を吾が思はなくに〈万葉・一五・三五八八〉

訳 (新羅の国は)はるか遠くに思われることよ。しかしながら、不実な心を私は持っていないことだ。

参考 上代では「けしき心」の例がほとんどで、中古では「けしうはあらず」「けしからず」(→129)など、打消の語を伴った使い方が多い。

けさーがけ【袈裟懸け】名 ❶袈裟をかけること。一定の年齢に達した稚児が、剃髪し、袈裟をかけて、一人前の僧になること。❷袈裟をかけるように、一方の肩から他方のわきの下へ斜めに物をかけること。❸刀で肩から反対のわきの下へ斜めに切りおろすこと。けさぎり。

けざーけざ(ーと) 副 きわだってはっきりしているさま。くっきり。あざやかに。〈源氏・野分〉「けざけざともの清げなるさまして居給へり」訳 (玉鬘は)きわだって、清らかな感じの姿で座っていらっしゃる。

けーざやか 形動ナリ〔なら・なり(に)・なり・なる・なれ・なれ〕はっきりしているさま。あざやか。〈枕・二三〇〉「朝日いとけざやかに用さし出でたるに」訳 朝日がたいそうあざやかに輝き出たところに。

けーざや・ぐ 自ガ四〔が・ぎ・ぐ・ぐ・げ・げ〕(態度などが)はっきりする。きっぱりする。きわだつ。〈源氏・藤袴〉「うけばりてとり放ち、けざやぎ用給ふべきことにもあらねば」訳 (内大臣は私=玉鬘を)はばかることなく引きとり、(実の娘として)はっきりさせなさるだろうことでもないので。

けし【芥子・罌粟】名 ❶カラシナの種子。護摩をたくときに用いる。❷非常に細かいもの、量の少ないもののたとえ。❸植物の名。ケシ。夏

け・し【怪し・異し】形シク ➡右128

げじ〘下知〙➡げぢ

けしうーはーあらーず【怪しうはあらず・異しうはあらず】❶(身分・容姿・才能・気質などが)そう悪くはない。相当なものだ。〈伊勢・四〇〉「むかし、若きをとこ、けしうはあらぬ体女を思ひけり」訳 昔、若い男が、そう悪くはない女を恋しく思った。❷不自然ではない。〈宇治・七・三〉「大なる鋺かなと見ゆるは、けしうはあらぬ体ほどなるべし」訳 大きな金属製のわんだなあと見えるのは、(大きな手には)そう不自然でないほど(の大きさ)なのだろう。

なりたち 形容詞「怪し」の連用形「けしく」のウ音便「けしう」＋係助詞「は」＋ラ変補助動詞「有り」未＋

打消の助動詞「ず」

けしから-ず【怪しからず】⬇左 129

けしかる【怪しかる】連体〔形容詞「怪(け)し」のカリ活用の連体形から。中世以降の用法〕❶**異様な。怪しい。**不思議な。〈増鏡・むら時雨〉「いつしかけしかる物など住みつきて」訳 いつのまにか怪しい物などが住みついて。❷**悪くない。**おもしろい。〈増鏡・おどろのした〉「これもけしかるわざかな」訳 これも悪くないやりかたただな。

最重要330

129 けしから-ず【怪しからず】

ガイド 現代語で「けしからん行為だ」などという「けしからぬ」の源流。「異様だ。とがめるべきだ」の意の形容詞「怪(け)し」(→128)を打ち消すことにより、「けし」どころではない→はなはだ「けし」だ、という理解で生じた表現かといわれる。

❶ **通常の範囲をこえていてよくないさま。異常だ。**

例 御本性のけしからぬ(体)さまに見えさせ給へば〈大鏡・伊尹〉 訳 (花山院は)生まれつきのご性質が常軌を逸しているようにお見えになられるので。

❷ **異様だ。奇怪だ。**

例 木魂(こだま)など、けしからぬ(体)物ども所を得てやうやうかたちをあらはし〈源氏・蓬生〉 訳 (荒れていた宮家の邸内は)こだま(=木の精霊)など奇怪なものどもがわがもの顔をしてだんだん姿を現し。

❸ **なみなみでない。はなはだしい。**

例 おん出(に)で候ふあとの、けしからず(用)物騒に候ふは何事にて候ふぞ〈謡・隅田川〉 訳 (あなたが)おいでになりましたうしろの方が、ひどく騒がしゅうございますのは何事でございますか。

語感実感 議論で自説にこだわるあまり、相手を批判するときのようすが常軌を逸していて、異様に見える感じ。

なりたち 形容詞「怪(け)し」(未)+打消の助動詞「ず」

け-しき【気色】名 ⬇次ページ 130

けしき-あ・し【気色悪し】⬇気色(けしき)「フレーズ」

けしき-あ・り【気色有り】⬇気色(けしき)「フレーズ」

けしき-おぼ・ゆ【気色覚ゆ】⬇気色(けしき)「フレーズ」

けしき-だ・つ【気色だつ】自タ四〔た・ち・つ・つ・て・て〕〔「だつ」は接尾語〕❶**それらしいようすが見える。**きざす。〈徒然・一九〉「花もやうやう気色だつ(体)ほどこそあれ」訳 (桜の)花もしだいに咲くきざしが見えるころであるのに。❷**気持ちが表れる。**ようすが変わる。〈源氏・帚木〉「かどかどしく気色だち(用)たれど」訳 才気ばしって気持ちが外に表れている(=気がきいている)が。❸**気どったふうをする。**〈大鏡・序〉「あふぎをさしかくして、気色だち(用)わらふほども、さすがにをかし」訳 扇をかざし(顔を)隠して、気どって笑うさまも、やはりおもしろい。

けしき-づ・く【気色付く】自カ四〔か・き・く・く・け・け〕❶前もってそれらしいようすが現れる。きざす。〈源氏・須磨〉「風などは、吹くも気色づき(用)てこそあれ」訳 風などは吹くとしても、(そのときには)その気配が前もって現れているものだ。❷何かありそうなようすが見える。〈源氏・野分〉「いとおほどかに女しきものから、気色づき(用)てぞおはするや」訳 (秋好(あきこのむ)中宮は)とてもおっとりしていて女らしいものの、どこか違っていらっしゃるよ。

けしき-ばかり【気色ばかり】副 ほんの少し。ほんの形だけ。〈源氏・紅葉賀〉「日暮れかかるほどに、気色ばかりうちしぐれて」訳 日が暮れかかるころに、ほんの少し時雨(しぐれ)がさっと降って。

けしき-ば・む【気色ばむ】自マ四 ⬇三〇一ページ 131

けじめ ⬇けぢめ

け-しょう【顕証】名・形動ナリ〔「けんしょう」の撥音「ん」の表記されない形〕「けそう(顕証)」に同じ。

け・す【化す】一 自サ変〔せ・し・す・する・すれ・せよ〕変化する。別のものになる。〈雨月・夢応の鯉魚〉「うろこ金光(きんくわう)を備へて、ひとつの鯉魚(りぎよ)と化し(用)ぬ」訳 うろこが金の光を帯びて、一匹の鯉(こい)に変わった。二 他サ変〔せ・し・す・する・すれ・せよ〕教え導く。教化する。〈今昔・七・九〉「寺にありてもろもろの人を化し(用)」訳 寺にあって多くの人々を教え導き。

け・す【消す】他サ四〔さ・し・す・す・せ・せ〕❶消滅させる。とりのぞく。とりけす。❷(「肝(きも)を消す」の形で)心の平静を失う。びっくりする。〈平家・一・祇王〉「その時、尼どもきもを消し(用)」訳 その時、尼たちは心の平静を失い。(→消つ 参考)

け・す【着す・著す】他サ四〔さ・し・す・す・せ・せ〕《上代語》〔上一段

最重要330

130

け-しき【気色】名

ガイド 現代語ではおもに風景の意で用いられるが、**見てとらえることのできる物のようす**をいうのが原義。自然のようすが①、人間のようすが②。③～⑤は外面からうかがうことのできる内面をいう。

❶（自然の）**ようす**。状態。ながめ。➡けはひ「類語の整理」

例 けふ、風、雲の**気色**はなはだ悪し〈土佐〉

訳 今日は、風や雲の**ようす**がたいへん悪い。

❷（人や心の）**ありさま**。**態度**。**面もち**。そぶり。

例 馴れたるさまに上手めき、所得たる**気色**して〈徒然・二三三〉

訳 物なれたようすで上手ぶり、得意げな**態度**で。

❸ **意向**。内意。

例 いかなるたよりして、**気色**見せむと思ひて〈平中物語〉

訳 どんな方法で、（自分の）**意向**を伝えようと思って。

❹ **機嫌**。気分。気うけ。おぼえ。

例「しかじかなむ」と申しけるに、**気色**悪しうなりぬ〈源氏・東屋〉

訳（仲人が左近の少将に）「（実は）これこれで」と申し上げたところ、（少将の）**機嫌**が悪くなってしまった。

❺ **きざし**。**兆候**。（➡気色 参考）

例 にはかに御**気色**ありて悩み給へば〈源氏・葵〉

訳（葵の上は）急に（お産の）御**兆候**があらわれてお苦しみになるので。

フレーズ

気色悪し 機嫌が悪い。不機嫌なさま。〈土佐〉「歌主、いと**気色あしく**用て怨ず」訳 歌の作者は、たいそう**機嫌が悪く**てうらみごとを言う。

気色有り ❶趣がある。味わいがある。〈源氏・胡蝶〉「宮のには、みな**気色ある**体贈り物どもせさせ給うけり」訳（秋好中宮に仕える女房には、（紫の上は）みな**趣のある**数々の贈り物をなされた。

❷怪しい。ふつうと違っている。〈源氏・夕顔〉「**気色ある**体鳥の空声に鳴きたるも、梟はこれにやとおぼゆ」訳 **怪しい**鳥がしわがれ声で鳴いているのも、梟（という鳥）はこれであろうかと（光源氏には）思われる。

気色覚ゆ ❶趣が感じられる。おもしろいと思われる。〈徒然・一四〉「ことばの外に、あはれに、**気色おぼゆる**体はなし」訳（近ごろの和歌には）言外に、しみじみと情趣があって、**余情が感じられるもの**はない。

❷なんとなく怪しいと思う。無気味な感じがする。〈大鏡・道長上〉「かく人がちなるにだに、**気色おぼゆ**終」訳 こんなに人が大勢いるときにさえ、**無気味な感じがする**。

動詞「着る」未＋上代の尊敬の助動詞「す」＝「きす」の転」「着る」の尊敬語。お召しになる。〈万葉・四・五一四〉「わが背子が**着せ**已る衣の針目落ちずこもりにけらしあが情さへ」訳 私の夫が**お召しになっ**ている着物の針目の一つ一つに残らず入ってしまったようだ。（縫い糸ばかりか）私の心までも。

げ-す【下衆・下種】 名 ❶**身分の低い者**。〈更級・初瀬〉「いとあやしげなる**下衆**の小家なむある」訳 たいそうみすぼらしい**身分の低い者**の小家がある。❷**しもべ**。使用人。〈更級・大納言殿の姫君〉「これを隠して飼ふに、すべて**下衆**のあたりにもよらず」訳 これ（＝迷い猫）を隠して飼うけれども、まったく**しもべ**のそばにも近寄らない。対上衆

げす-とくにん【下衆徳人・下種徳人】 名 身分は低いが、金持ちである人。〈宇治・八・三〉「この山の麓に、いみじき（＝はなはだしい）**下種徳人**ありけり」

けずる〘削る・梳る〙➡けづる

げす-をとこ（オトコ）**【下衆男・下種男】** 名 身分の低い男。下男。

げす-をんな（オンナ）**【下衆女・下種女】** 名 身分の低い女。下女。

け-せう（シヨウ）**【顕証】** 名・形動ナリ「けそう（顕証）」に同じ。

け-そう【顕証】 名・形動ナリ **はっきりしていること。あらわなさま。**〈枕・一八四〉「髪の筋なども、なかなか昼よりも**顕証に**用見えて」訳 頭髪の毛筋なども、かえって昼間よりも**はっきりと**見えて。

参考「顕証」は字音のまま「けんしょう」と読まれたが、撥音の表記されない形「けしょう」、「しょう」を直音化した「けそう」も現れ、「けせう」「けんそう」とも使われた。

けそう〘化粧・仮粧・懸想〙➡けさう

げそう〘外相〙➡げさう

け-だい【懈怠】 名・自サ変「けたい」とも。**怠けること**。怠ること。〈徒然・一八八〉「一時の**懈怠**、すなはち一生の**懈怠**となる」訳 いっときの**怠り**が、そのまま一生の**怠り**となる。

げ-だう（ドウ）**【外道】** 名 ❶《仏教語》仏教徒から、他の

宗教やその信者をいう語。外法。異端。❷真理にそむいた悪い説。邪説。また、それを説く人。❸災いをもたらすもの。悪魔。悪神。

け-だか・し【気高し】形ク{から・く(かり)・し・き(かる)・けれ・かれ}〔古くは「けたかし」〕身分が高い。高貴である。また、上品である。気品がある。〈更級・鏡のかげ〉「いみじう気高う(用)清げにおはする女の」訳 たいそう気品があり(ウ音便)美しいようすでいらっしゃる女で。

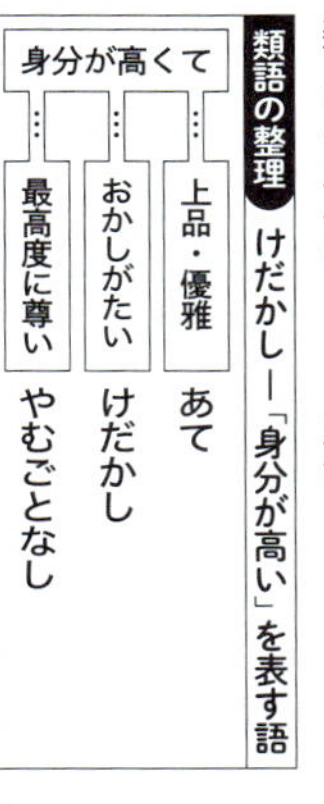

類語の整理
けだかし―「身分が高い」を表す語
身分が高くて
上品・優雅 … あて
おかしがたい … けだかし
最高度に尊い … やむごとなし

けだし【蓋し】副 ❶仮定する意を表す。もし。〈万葉・一五・三七二五〉「わが背子しけだしまからば白栲の袖を振らさね」訳 あなたがもし(越前へ)下るならば、袖を振ってください。(「白栲の」は「袖」にかかる枕詞)❷推量の意を表す。たぶん。おそらく。〈万葉・四・七七七〉「吾妹子が屋戸の籬を見に行かばけだし門より返してむかも」訳 あなたの家の垣根を見にいったなら、たぶん門から追い返すだろうなあ。❸疑いながら推量する意を表す。ひょっとしたら。〈万葉・三・四二七〉「手向けせば過ぎにし人にけだし逢はむかも」訳 神に供え物をしたら、亡くなった人にひょっとしたら逢えるだろうか。❹強調する意を表す。ほんとうに。〈源氏・少女〉「『風の力けだし少なし』とうち誦じ給ひて」訳 (内大臣は)「風の力はほんとうに少ない」と(「文選」の一節を)口ずさみなさって。
参考 中古以降、漢文訓読語として用いる。

けだし-く-も【蓋しくも】副 ❶仮定を表す。もしも。〈万葉・一二・三一〇五〉「直に逢はずてけだしくもあが恋ひ死なば誰が名ならむも」訳 直接会わずにもしも私が恋いこがれて死ぬなら、だれの名が立つのだろう。❷万一の仮定を表す。もしかしたら。〈万葉・七・一一二九〉「琴取れば嘆き先立つけだしくも琴の下樋に妻やこもれる」訳 琴を手に取ると嘆きが先に起こる。もしかしたら、琴の胴の内部に妻が隠れているか。❸たぶん。おそらく。〈万葉・一〇・二一五四〉「何ぞ鹿のわび鳴きすなるけだしくも秋野の萩や繁く散るらむ」訳 どうして鹿が悲しそうに鳴くのが聞こえるのだろう。たぶん秋の野の萩がしきりに散っているからだろうか。

げ-ぢジ―【下知】㊀名・自サ変 命令。さしず。〈平家・四・宮御最期〉「『わたせやわたせ』と下知せ(未)られければ」訳 「(馬を向こう岸に)渡らせろよ、渡らせろ」と命令しなさったので。㊁名「下知状」の略。鎌倉・室町幕府の出した判決・所領・禁制などに関する命令の文書。

けち-えん【結縁】名《仏教語》仏門に入る縁を結ぶこと。悟りを得る因縁を結ぶこと。

けち-えん【掲焉】形動ナリ{なら・なり(に)・なり・なる・なれ・なれ}非常にはっきりしているさま。いちじるしく目立っているさま。〈源氏・蛍〉「俄にかくけちえんに(用)光れるに」訳 (蛍が)急にこんなにはっきりと光ったために。

け-ぢか・し【気近し】形ク{から・く(かり)・し・き(かる)・けれ・かれ}〔「け」は接頭語〕❶近い。身近である。〈源氏・蜻蛉〉「けぢかう(用)(ウ音便)使ひ給ひし御調度ども」訳 身近にお使いになっていた御調度の品々。❷親しみやすい。〈源氏・若菜下〉「けぢかく(用)おはする君にて」訳 (玉鬘は)親しみやすくいらっしゃるお方で。《対気遠し》

けち-ぐわんガン―【結願】名《仏教語》日数を定めた願立て・修法・法会を終えること。また、その最後の日。

けぢめケジメ 名 ❶区別。相違。〈枕・五〉「上達部・殿上人も、上の衣の濃き薄きばかりのけぢめにて」訳 上達部や殿上人も、袍(=束帯のときの上着)の(色が)濃いのと薄いのだけの相違で。❷隔て。仕切り。〈源氏・若菜下〉「御几帳ばかりをけ

最重要330

131 **けしき-ば・む**【気色ばむ】自マ四{ま・み・む・む・め・め}〔「ばむ」は接尾語〕

ガイド ようすの意の名詞「けしき」(→130)に、接尾語「ばむ」を付けて動詞化したもの。ようすが外に表れるの意。ほぼ同義の語として「けしきだつ」「けしきづく」がある。

❶ようすが外に現れる。きざす。
❷思いが外に現れる。意中をほのめかす。
❸気どったふうをする。かっこうを作る。

例 菊の気色ばめ(已)る枝に、濃き青鈍の紙なる文つけて〈源氏・葵〉
訳 菊の咲きかけている枝に、濃い青鈍色の紙の手紙をつけて。

例 大臣気色ばみ(用)聞こえ給ふことあれど〈源氏・桐壺〉
訳 左大臣が(光源氏に娘の葵の上のことを)それとなくほのめかし申しあげなさることがあるけれども。

例 気色ばみ(用)、やさしがりて、「知らず」とも言ひ〈枕・四六〉
訳 気どったふうをし、恥ずかしがって、「知らない」とも言って。

ぢめにて」訳 御几帳だけを仕切りとして。❸移り変わり。変化。〈源氏・藤裏葉〉「かくおとなび給ふけぢめになむ、年月のほども知られ侍れば」訳（明石の姫君が）このように大人らしくなりなさる変化によって、（育てた）年月の長さも自然知られますので。

け・つ【消つ】他タ四｛た・ち・つ・つ・て・て｝❶**消す。**消滅させる。無くする。〈万葉・三・三二九〉「燃ゆる火を雪もて消ち(用)」訳（富士山は）燃える火を雪で消し。❷**けなす。非難する。**傷つける。〈源氏・若菜上〉「さすがに心うつくしう、人をも消た(未)ず」訳（紫の上は）なんといっても心がすなおで、他の人をもけなさず。❸**おさえつける。圧倒する。**制する。〈源氏・澪標〉「つひにこの人をえ消た(未)ずなりなむことと心病み思しけれど」訳（弘徽殿の大后は）とうとうこの君（＝光源氏）を圧倒することができずじまいになるだろうことと、思い通りにならず不満にお思いになるが。

参考 中古、「消つ」は和文で、「消す」は漢文訓読文で用いられ、中世以降、「消す」が一般的となった。

けっ-く【結句】━ 名 漢詩文で、起・承・転・結の最後の句。詩歌の最後の句。

━ 副 ❶ついには。結局。〈古活字本保元物語〉「結句結局幾ほどもなくして身を亡ぼしけるこそあさましけれ」訳ついには結局いくらもたたないで身を滅ぼしたのはあきれたことだ。❷むしろ。かえって。反対に。〈狂・文山立〉「山賊をし、人の物をばえ取らずして結句友同志口論し」訳山賊をし、人の物を奪い取ることはできずに、反対に仲間どうしで口げんかをし。

げっ-けい【月卿】名 公卿の異称。〈平家・一〇・八島院宣〉「月卿雲客寄り合ひ給ひて」訳（平家一門の）公卿や殿上人が寄り集まりなさって。

参考 天皇を日にたとえるのに対し、公卿を月にたとえていったもの。殿上人を雲にたとえた「雲客」と並べて用いる。

けっ-こう【結構】━ 名・他サ変 ❶（家などを）**構えつくること。**組み立てること。❷**計画。**はかりごと。また、準備。〈平家・二・西光被斬〉「法皇の山攻めらるべきこと御結構あるを」訳（後白河法皇が比叡山をお攻めになろう（という）ことをご計画なさるのを。

━ 形動ナリ｛なら・なり（に）・なり・なる・なれ・なれ｝❶**すぐれている。**りっぱである。〈狂・茫々頭〉「結構な(体)提げ重箱を持って」訳りっぱな提げ重を持って。❷**人柄や気立てなどがよい。**〈浄・心中天の網島〉「いかに若いとて二人の子の親、結構な(体)（口語）ばかり見目ではない」訳いくら若いといっても二人の子の親だ、人がよいのばかりが名誉ではない。

けっ-こく【闕国】名 国司が欠員になっている国。

けっ-さい【潔斎】名・自サ変「けさい」とも。神事や仏事を行う前に、心身を清めること。精進。

けつ-ぢゃう【決定】━ 名 決まっていること。疑いないこと。

━ 副 きっと。必ず。〈太平記・一六〉「往生は決定と存じ候へ」〈歎異抄〉「味方決定うち負け候ひぬとおぼえ候ふなれば」訳味方が必ず負けましたと思われるのですから。

けづ・る【削る】他ラ四｛ら・り・る・る・れ・れ｝❶**除き去る。**取り除く。〈源氏・須磨〉「つひに御簡けづら(未)れ、官も取られて」訳とうとう御簡（＝殿上の間に出仕する者の名札）を除かれ、官職も取り上げられて。❷**薄くそぐ。**〈源氏・横笛〉「白くそびやかに柳をけづり(用)て作りたらむやうなり」訳（薫は）色白ですらりとしていて、柳をそいで作った（人形の）ような姿である。

けづ・る【梳る】他ラ四｛ら・り・る・る・れ・れ｝**髪を櫛でとく。**くしけずる。〈源氏・若紫〉「けづる(体)ことをうるさがり給へど、をかしの御髪や」訳（若紫は）髪をとかすことをいやがりなさるが、美しいお髪だこと。

げ-てん【外典】名《仏教語》「げでん」とも。仏教以外の典籍。おもに儒教の書をいう。外書。対内典

けと-ば【言葉】名《上代東国方言》ことば。〈万葉・二〇・四三四六〉「父母が頭かきなで幸くあれていひしけとばぜ忘れかねつる」訳→ちちはは… 和歌

け-どほ・し【気遠し】形ク｛から・く（かり）・し・き（かる）・けれ・かれ｝（「け」は接頭語）❶**人けがなくもの寂しい。**〈枕・七六〉「屋のさまも高うけどほけれ(已)ど」訳屋根のようすも高く人けがなくもの寂しいのに。❷**遠く隔たっている。**〈源氏・手習〉「過ぎにし方いとどけどほく(用)のみなむ侍るを」訳過ぎてしまった昔がますます遠く隔たるばかりですが。対気近し ❸**よそよそしい。**近寄りがたい。〈源氏・朝顔〉「昔よりこよなうけどほき(体)御心ばへなるを」訳（朝顔の姫君は）昔からこの上なく近寄りにくいご気性であるので。対気近し

け-ど・る【気取る】他ラ四｛ら・り・る・る・れ・れ｝（物の怪などが）人の魂を奪う。〈源氏・夕顔〉「物にけどら(未)れぬるなめり」訳（夕顔は）物の怪に魂を奪われてしまったようだ。

げ-な 助動特殊型（接尾語「げ」＋断定の助動詞「なり」＝「げなり」の転）❶推定の意を表す。…**ようだ。**…**らしい。**〈謡・隅田川〉「これはや隅田川の渡りにてありげに(用)候ふ」訳これはもう隅田川の渡し場であるようでございます。❷伝聞の意を表す。（聞くところによれば）…**そうだ。**…**ということだ。**〈浮世風呂〉「その半鐘が子分に風鈴五郎七といふがあったげな(体)が」訳その半鐘（＝人名）の子分に風鈴五郎七という者がいたそうだが。

接続 活用語の終止形または連体形に付く。

活用					
未然	連用	終止	連体	已然	命令
○	げに（ゴザル）	げな（。）	げな（コト）	〔げなれ〕（ド）	○

参考 中世以降の語で、多く会話文に使われる。

け-なが・し【日長し】形ク｛から・く（かり）・し・き（かる）・けれ・かれ｝日数が多い。時日が長く経過する。〈万葉・四・六四八〉「相見ずて日長く(用)なりぬ」訳互いに会わないで日数が多くなってしまった。

けに【異に】副 →け（異）②

げ-に【実に】副 ⬇次ページ 132

け-にく・し【気憎し】形ク｛から・く（かり）・し・き（かる）・けれ・かれ｝（「け」は接頭語）❶**こ憎らしい。**〈源氏・柏木〉「けにくく(用)心づきなき山伏ども」訳こ憎らしく気にくわない山伏たち。

❷**無愛想だ。**そっけない。〈**大鏡・道長下**〉「**けにくき**㊍顔には、もの言ひふれにくきものなり」訳 無愛想な顔に対しては、ことばをかけにくいものだ。
❸**気づまりだ。**けむたい。〈**枕・一五九**〉「せうとの家なども、**けにくき**㊍はさぞあらむ」訳 男兄弟の家などでも、**気づまりな間がら**ではそう(=迷惑がられる)であろう。

げにげに・し【実に実にし】形シク〔しから・しく(しかり)・し・しき(しかる)・しけれ・しかれ〕〔副詞「げにげに」を形容詞化した語〕❶(肯定的にも否定的にも用いて)**もっともらしい。**いかにも真実らしい。〈**徒然・七三**〉「**げにげにしく**、(話の)ところどころ(所々)うちおぼめき」訳 **いかにも真実らしく**、所々(ところどころ)ところどころをちょっと曖昧にして。
❷**実直でなるほどと思わせる。**まじめである。〈**徒然・三七**〉「**げにげにしく**㊊、よき人かなとぞおぼゆる」訳 **実直で**、りっぱな人だなあと思われる。
❸**いかにもふさわしい。**〈**無名抄**〉「和歌の会の有り様**げにげにしく**㊊優におぼえしことは」訳 和歌の会のようすが**いかにもふさわしく**上品に思われたことは。

げに-は【実には】副〔「は」は係助詞〕実は。ほんとうのところは。〈**徒然・一四一**〉「吾妻人(あづまうど)は、わがかたなれど、**げには**心の色なく」訳 東国人は、私の故郷の人であるが、**実際には**心の優しさがなく。

げにやげに… 和歌

> げにやげに　冬(ふゆ)の夜(よ)ならぬ　槙(まき)の戸(と)も
> おそくあくるは　わびしかりけり
> 〈**蜻蛉・上・藤原兼家(いかねいへ)**〉

訳 なるほど、なるほど(冬の夜がなかなか明けないとおっしゃるのはそのとおりでしょうが)、冬の夜ではない槙の戸でも、なかなか開けてもらえないのはつらいことです。

解説「嘆きつつひとりぬる夜のあくるまはいかにひさしきものとかは知る」(訳⬇付録①「小倉百人一首」53)〈**蜻蛉・上**〉の歌に対する返歌。嘆き続けて一人寝る夜はいつ夜明けになるかと思うくらい長く感じられます、という贈歌に対して、こちらはかなりそっけない返歌になっている。

け-にん【家人】名 その家に仕える者。家来。

げ-にん【下人】名 身分の低い者。召使。下男。

げ-ば【下馬】━ 名・自サ変 馬からおりること。特に、貴人の通行に出会ったときや、寺社の境内にはいるときなどに、敬意を表して馬からおりること。下乗。
━ 名「下馬先(げばさき)」の略。寺社の門前や城門などで、馬からおりるべき場所。

最重要330 132

げ-に【実に】副

ガイド 漢語「現(げん)」に副詞語尾の「に」を付けた「現に」の転という。論理的に妥当だと判断することを示す「うべ」「むべ」に対し、**直感的な同意**を表す。

❶**現実に。まことに。実際に。なるほど。**
例 **げに**ただ人にはあらざりけりとおぼして〈**竹取・御門の求婚**〉
訳 (帝(みかど)は)**なるほど**(かぐや姫は)普通の人間ではなかったのだなあとお思いになって。

❷**(感動・賛成の意を表して)ほんとうに。まったく。いかにも。**
例 またゐたる大人、「**げに**」とうち泣きて〈**源氏・若紫**〉
訳 また(もう一人)、そこに座っていた年配の女房が、「**ほんとうに**(ごもっとも)」と泣いて。

けは・し【険し】形シク〔しから・しく(しかり)・し・しき(しかる)・しけれ・しかれ〕❶(山・坂などの)**傾斜が急だ。**けわしい。〈**今昔・五・七**〉「その道**けはしく**㊊(=傾斜が急で)たへがたきこと限りなし」
❷**非常にはげしい。**荒い。〈**更級・富士川**〉「河風**けはしく**㊊吹き上げつつ」訳 川風が**たいそうはげしく**吹き上げげ吹き上げして。
❸**あわただしい。**忙しい。〈**浮・世間胸算用**〉「女**けはしく**㊊走り来て」

け-はひ(ワイ) 名

❶(音・声・におい・温度などから感じられる)**雰囲気・ようす。**〈**和泉式部日記**〉「近き透垣(すいがい)のもとに人の**けはひ**すれば」訳 ついそこの透垣のところに人の(いる)**ようす**がするので。
❷**ものごし。態度。**そぶり。また、(人の言動から感じられる)**品位・人柄。**〈**源氏・夕顔**〉「ものうち言ひたる**けはひ**あな心苦しと、ただいとらうたく見ゆ」訳 (夕顔が)何かちょっと口に出した**ものごし**はああ痛々しいと、ひたすらたいそう可憐(かれん)に(光源氏には)見える。
❸亡き人の面影。なごり。〈**源氏・宿木**〉「昔人(むかしびと)の御**けはひ**に通ひたりしかば」訳 (浮舟(うきふね)は)亡くなった人(=姉の大君(おおいぎみ))の御**面影**に似ていたので。
❹血縁。ゆかり。〈**源氏・竹河**〉「六条院の御**けはひ**近うと思ひなすが」訳 (薫(かおる)を)六条院(=光源氏)のご**血縁**に近いとことさら思うのが。
❺化粧。

類語の整理 けはひ―「人、物・事のようすのとらえ方」を表す語

けしき
視覚による。直接的にとらえられる人やもののようす。

けはひ
音やにおいなどによる。間接的にとらえられる人やもののようす。

けむ（ケン）

助動四型 〔諸説あるが、過去の助動詞「き」の古い未然形といわれる「け」に推量の助動詞「む」が付いたものか。「けん」とも表記される〕

意味・用法	用例
❶過去の推量 過去の動作・状態を推量する。 …ただろう。…ていただろう。	例 昔こそ難波田舎と言はれけめ㊁今は京引き都びにけり〈万葉・三・三一二〉 訳 昔こそ難波田舎と言われていただろうが、今は都を移して都らしくなったことだ。
❷過去の原因推量 (疑問語とともに用いて)過去の事実について、時・所・原因・理由などを推量する。 (どうして)…たのだろう(か)。…ていたのだろう(か)。	例 我に、などかいささかのたまふことのなかりけむ㊍〈源氏・蜻蛉〉 訳 私(=右近)に、どうして少しでも(浮舟はその悩みを打ち明けて)おっしゃることがなかったのだろうか。
❸伝聞・婉曲 過去の事実を人づてに聞き知ったように婉曲に表す。 …たという。…たとかいう。	例 向かひ居たりけん㊍ありさま、さこそ異様なりけめ〈徒然・五三〉 訳 (足鼎をかぶった法師が医師と)向かい合って座っていたとかいうようすは、さぞかし風変わりだっただろう。

接続

活用語の連用形に付く。

活用

未然	連用	終止	連体	已然	命令
○	○	けむ(けん)(。)	けむ(けん)(コト)	けめ(ドモ)	○

けびゐ-し（ケビイ）【検非違使】名〔「けんびゐし」の撥音「ん」の表記されない形〕令外の官の一つ。平安時代、京都の犯罪を取り締まり、秩序の維持にあたった。のちには訴訟・裁判をもつかさどり、諸国や伊勢神宮などにも置かれた。長官を別当とよぶ。

けふ（キョウ）【今日】名 この日。本日。きょう。

けふからは… 俳句

けふからは　日本の雁ぞ　楽に寝よ〈七番日記・一茶〉（秋｜切れ字）

訳 (はるばる北の空からの道中はつらかったであろう)さあ、今日からは(私のような思いやりのある人が住む)日本の雁なのだ。気を楽にして寝るがいい。

けふ-さん（キョウ）【夾算・夾竿】名 竹や木を薄く削り、頭部を割って、糸または紙捻りで結んだもの。読みかけの巻物や本にはさんで目印として使った。今のしおりにあたる。

(けふさん)

けふ-そく（キョウ）【脇息】名 座ったときに横に置いてひじをかけ、からだを安楽に支える道具。ひじかけ。→茵

けぶた-し【煙たし】形ク〔(から)・く(かり)・し・き(かる)・けれ・かれ〕❶けむい。けむたい。〈源氏・花宴〉「空だきもののいとけぶたう㊊(ウ音便)くゆりて」訳 どこからか匂ってくる香がたいそうけむたくくすぶって。❷気づまりである。窮屈である。〈源氏・梅枝〉「いと苦しき判者にも当たりて侍るかな。いとけぶたし㊎や」訳 まことにつらい(役目の)判者にも任ぜられておりますなあ。ほんとうに気づまりであるよ。

けぶり【煙・烟】名 ❶けむり。〈竹取・ふじの山〉「その煙いまだ雲のなかへたち上る」訳 (不死の薬を焼く)その煙は、今でも雲の中へ立ちのぼっている。❷火葬の煙。また、火葬。死ぬことのたとえ。〈源氏・桐壺〉「母北の方、同じ煙に上りなむと泣き焦がれ給ひて」訳 母北の方が、(死んだ娘=桐壺の更衣と)同じ火葬の煙になって(空に)上ってしまいたいと泣いて恋い慕いなさって。⬇果つ「慣用表現」❸飯をたくかまどの煙。転じて、暮らし。〈源氏・蓬生〉「煙たえて、あはれにいみじきこと多かり」訳 (末摘花の邸は)炊事の煙もとだえて、気の毒でひどいことが多

い。❹(霞・水蒸気・新芽などが)煙のようにたなびいたり、立ち上ったり、また、かすんで見えたりするもの。〈徒然・一九〉「霜いと白うおける朝、遣り水より煙の立つこそをかしけれ」訳 霜がとても白くおりている早朝、庭に引き入れた流れから(煙のような)水蒸気が立つのは趣深い。❺地獄の業火の煙。〈源氏・鈴虫〉「いかなる煙の中にまどひ給ふらむ」訳(六条御息所は)どのような地獄の業火の中に今ごろさまよいなさっているだろう。

けぶ・る【煙る・烟る】自ラ四{ら・り・る・る・れ・れ} ❶煙が立ち上る。けむったりかすんだりしているように見える。〈源氏・若紫〉「四方の木ずゑそこはかとなうけぶり用わたれるほど」訳 周囲の木々の梢が(新芽が萌え出て)どことということもなく一面にけむっているありさまを。❷ほんのりと美しく見える。〈源氏・若紫〉「つらつきいとらうたげにて、眉のわたりうちけぶり用」訳(若紫は)ほおのあたりがたいへんかわいらしいようすで、眉のあたりがほんのりと美しく見え。❸火葬にされて煙となる。〈夫木・雑一八〉「けぶり用にし人を思ひの灰によそへて」訳 火葬の煙となってしまった人を、(激しい思慕の)思いの火の灰になぞらえて。(「思ひ」の「ひ」は「火」との掛詞)

げ-ぼん【下品】名 ❶(仏教語)九品(=極楽往生のときの九つの段階)のうちの下位にある下品上生・下品中生・下品下生の総称。→九品 ❷下等。

けまく…たということ(には)。…たであろうこと(には)。〈万葉・一八・四一〇六〉「うち嘆き語りけまくは」訳(いとしい妻と)嘆いて語ったであろうことには。
なりたち 過去推量の助動詞「けむ」のク語法

け-まり【蹴鞠】名 貴族の間で行われた遊戯の一つ。鹿の革で作ったまりを蹴り上げ、地上に落とさないように数人で蹴り合って受け渡しをする。平安時代末から鎌倉時代にかけてもっとも盛んであった。「まり」とも。

(けまり)

最重要330 133

けやけ・し 形ク{から・く(かり)・し・き(かる)・けれ・かれ}

ガイド 著しく他とちがっていて目立つ感じをいう語。良い所が目立つの意が❶、悪い所が目立つの意が❷。❸❹は際立つ強さの意からの転義で、態度にいうのが❸、人柄にいうのが❹。

語感実感 友人の服の好みが風変わりで、良くも悪くも、ふつうとは明らかに違っていて目立つ感じ。

❶他のものよりきわだっている。すばらしい。
例 貫之召し出でて、歌つかうまつらしめ給へり。…それをだに、けやけき体ことに思ひ給へしに〈大鏡・道長下〉
訳(醍醐天皇は)貫之をお呼び出しになって、歌をお詠み申しあげさせなさった。…それをさえ、すばらしいことだと存じておりましたのに。

❷(不快感をおこさせるほど)異様だ。
例 いとけやけう用(ウ音便)も仕うまつるかな〈源氏・藤裏葉〉
訳(弁の少将は、娘を盗むという歌を)まことに場違いにもうたい申しあげるものよ。

❸(相手の感情を害するほど)きっぱりしている。強引である。
例 人のいふほどのこと、けやけく用否びがたくて〈徒然・一四一〉
訳(都の人は人情があるので)他人が(頼みに思って)言う程度のことは、きっぱりと断りきれずに。

❹こしゃくだ。しゃくにさわる。
例 わきにはさみて逃ぐるを、「けやけき体やつかな」と言ひて〈宇治・二・八〉
訳(橘則光が太刀を)脇にはさんで逃げるのを、(盗人が)「こしゃくなやつだなあ」と言って。

けみ・す【検す・閲す】〔他サ変〕｛せ・し・す・する・すれ・せよ｝**調べる。**吟味する。**よく見る。**〈細道・壺の碑〉「今眼前に古人の心を閲す㊚」訳 いま目の前に先人の心をありありと見る（思いがする）。

け-みやう ミヨウ【仮名】〔名〕実名のほかに、かりにつけた名。通称。俗称。㊧実名

けむ ケン〔助動四型〕➡三〇四ページ助動詞「けむ」

けむ ケン「けん」とも表記される）助動詞「けむ」の終止形・連体形。

け-むつか・し【気難し】〔形シク〕｛しから・しく（しかり）・し・しき（しかる）・しけれ・しかれ｝〔「け」は接頭語〕うす気味悪い。そら恐ろしい。〈今昔・二六・一四〉「人の骨などを入れて、埋みたりけるにかと、けむつかしく㊐おぼえけれども」訳 人の骨などを入れて、（川底に）埋めてあったのだろうかと、うす気味悪く思われたが。

けめ 助動詞「けむ」の已然形。

けやけ・し〔形ク〕➡前ページ 133

げ-ゆ【解由】〔名〕「解由状」の略。国司などが交代するとき、事務引き継ぎが完了したことの証明として、前任者が後任者から受け取る公文書。帰京後、これによって任を果たしたことを太政官に申告し、勘解由使の審査を受けた。〈土佐〉「例のこと（＝国司交代の際の事務引き継ぎ）どもみなし終へて解由など取りて」

けら 助動詞「けり」の未然形。

けらく …たことには。…たこと。〈土佐〉「そが言ひけらく、『…』と言ひて、詠める歌」訳 それ（＝船に乗り合わせていた女）が言ったことには、「…」と言って、詠んだ歌。

なりたち 過去の助動詞「けり」のク語法

け-らし〔助動特殊型〕

意味・用法
過去の推定（…たらしい。）→❶
過去の婉曲（…たことよ。）→❷

接続
活用語の連用形に付く。

未然	連用	終止	連体	已然	命令
○	○	けらし（。）	けらし《結ビ》〔けらしき〕	けらし《結ビ》	○

〔過去の助動詞「けり」㊍＋推定の助動詞「らし」＝「けるらし」の転〕❶過去の動作・状態について、ある根拠によって推定する意を表す。…**たらしい。**〈万葉・七・一一六三〉「年魚市潟潮干にけらし㊚知多の浦に朝漕ぐ舟も沖に寄る見ゆ」訳 年魚市潟は潮がひいてしまったらしい。知多の浦で朝漕いで行く舟も、沖に寄っているのが見える。

❷「けり」というところを婉曲に表す。…**たことよ。**〈細道・市振〉「『…』と言ひ捨てて出でつつ、あはれさしばらくやまざりけらし㊚」訳「…」と言い捨てて（宿を）出かけるものの、ふびんな気持ちがしばらくやまなかったことよ。

文法 (1) **なりたち** なりたちを「けり」の形容詞形とする説もある。これは、動詞「なつく」の形容詞形が「なつかし」であるとするのと同様に考えるもので、これに従うなら、「あらし」「ならし」も「あり」「なり」の形容詞形ということになる。

(2) **「こそ」の結び** 活用については、「こそ」の結びとして「けらしき」の形が「万葉集」にあるほかは、語形変化した例がなく、すべて文の終止に用いられる。

(3) 語義②は、平安時代の末期に始まり、近世の擬古文によく見られる。

けら-ず-や …たではないか。〈万葉・五・八一七〉「青柳は縵にすべくなりにけらずや」訳 青く芽ぶいた柳は、髪飾りにすることができそうに（長く）なってしまったではないか。

なりたち 過去の助動詞「けり」㊎＋打消の助動詞「ず」㊚＋係助詞「や」

参考 過去のことを反語「や」で強めながら回想する上代特有の表現。

げ-らふ ロウ【下臈】〔名〕❶修行を少ししか積んでいない、**地位の低い僧。**〈今昔・一五・二七〉「いまだ下臈にて修行しける時に」訳（延昌僧正が）まだ地位の低い僧として修行していた時に。

❷**官位の低い者。**〈源氏・桐壺〉「同じほど、それより下臈の更衣たちはまして安からず」訳（桐壺の更衣と）同じ身分の、（または）それよりも低い地位の更衣たちは、いっそう穏やかでない。

❸**身分の低い者。**下衆。下郎。〈徒然・一〇九〉「あやしき下臈なれども、聖人の戒めにかなへり」訳 いやしい身分の低い者であるが、（ことばは）聖人の教えに一致している。

け・り【来り】〔自ラ変〕｛ら・り・り・る・れ・れ｝〔カ変動詞「来」㊐＋ラ変動詞「あり」＝「きあり」の転〕来ている。来た。〈万葉・一七・三九五七〉「玉梓の使ひのければ㊁うれしみと」訳（都から）使者が来ているので、うれしくて。（「玉梓の」は「使ひ」にかかる枕詞）

け・り【着り・著り】〔他ラ変〕｛ら・り・り・る・れ・れ｝〔上一段動詞「着る」㊐＋ラ変動詞「あり」＝「きあり」の転〕着ている。〈万葉・六・九七九〉「わが背子がける㊍衣薄し」訳 私の思う人の着ている着物はうすい。

けり〔助動ラ変型〕➡次ページ助動詞「けり」

け-りやう リヨウ【仮令】〔漢文で「たとひ」と訓読する語「仮令」を音読したもの〕〓〔名〕かりそめ。かり。〓〔副〕❶だいたい。おおよそ。〈吾妻鏡〉「参加者、仮令五万騎に及ぶべし（＝及ぶだろう）」

❷たとえば。

❸たまたま。都合よく。

ける【蹴る】〔他カ下一〕足先でつきとばす。〈落窪〉「典薬の助は蹴られたりしを病にて死にけり」訳 典薬の助は蹴られたことがもとで病気となり死んだ。

未然	連用	終止	連体	已然	命令
け（ズ）	け（タリ）	ける（。）	ける（コト）	けれ（ドモ）	けよ（。）

参考 下一段活用の語は「蹴る」一語だけ。古形に「くう」（ワ行下二）、「くゑる」（クヮ行下一）などがあり、それの転じた「ける」が用いられるのは、平安時代中期以降。近世中期からラ行四段の形がみられる。

ける 助動詞「けり」の連体形。

けり 助動ラ変型 〔「来(き)有(あ)り」の転〕

意味・用法	用例
❶過去 ㋐人づてに聞き知った過去の事実を述べる。…たという。…たそうだ。…たとさ。	例 昔、男ありけり(終)。身はいやしながら、母なむ宮なりける(体)〈伊勢・八四〉 訳 昔、ある男がいたという。身分は低いものの、母親は皇族であったそうだ。
㋑過去から現在まで続いている事柄を述べる。…た。…たのであった。	例 言霊の幸ふ国と語り継ぎ言ひ継がひけり(終)〈万葉・五・八九四〉 訳 言霊の力が幸福をもたらす国であると、ずっと語り継ぎ言い継いできた。
❷気づき・詠嘆 詠嘆の意をこめて、今まで気づかなかった事実に、気がついて述べる。…たのだ。…たなあ。	例 かかる人も世に出でおはするものなりけり(終)〈源氏・桐壺〉 訳 このような(すばらしい)人もこの世に生まれていらっしゃるものだったのだ。

接続 活用語の連用形に付く。

活用

未然	連用	終止	連体	已然	命令
(ズ)		(。)	(コト)	(ドモ)	
〔けら〕	○	けり	ける	けれ	○

参考 (1)未然形「けら」は上代にだけ用いられた。例 梅の花咲きたる園の青柳は蘰にすべくなりにけらずや〈万葉・五・八一七〉 訳 梅の花が咲いている庭園の青柳は、髪飾りにすることができそうになってしまったではないか。
また、上代には「ざりけり」でなく、「ずけり」という接続のしかたもあった。
例 ぬばたまの夢にはもとな相見れどただにあらねば恋ひ止まずけり〈万葉・一七・三九八〇〉 訳 夜の夢にはしきりに妻と逢っているけれど、直接逢うことがないので恋しさはやむときがないことだ。
(2)「き」と「けり」のちがい→き(助動)「文法ノート」2

けるーなりーけり …たのであった。…だったのだなあ。〈源氏・浮舟〉「あやしと見ければ、道にてあけて見けるなりけり(終)」訳 (右近は)おかしいと思ったので、途中で(手紙を)あけて見たのであった。
なりたち 過去の助動詞「けり」(体)+断定の助動詞「なり」(用)+詠嘆の助動詞「けり」

けれ 助動詞「けり」の已然形。

まぎらわしい「けれ」の識別

❶動詞(カ四)の已然形語尾+助動詞「り」の已然形
例 咲かざりし花も咲けれど〈万葉・一・一六〉 訳 咲いていなかった花も咲いたが。
▽上がカ行四段動詞の語幹。「れ」を取り除くとカ行四段動詞の已然形が現れる(咲けれ→咲け)。

❷形容詞の已然形語尾(シク活用はその一部)
例 いとをさなければ、籠に入れて養ふ〈竹取・かぐや姫の生ひ立ち〉 訳 たいそう小さいので、かごに入れて養育する。
例 野分の朝こそをかしけれ〈徒然・一九〉 訳 秋の台風の翌朝(のありさま)は趣がある。
▽上が形容詞の語幹(または終止形相当形)。「けれ」を「し」に替えるか、「けれ」を取り除くと形容詞終止形が現れる(をさなけれ→をさなし、をかしけれ→をかし)。

❸助動詞「けり」の已然形
例 坊の傍らに大きなる榎の木のありければ〈徒然・四五〉 訳 僧坊のわきに、大きな榎があったので。
▽上が活用語の連用形。

げろう〖下﨟〗➡げらふ

けわい➡けはひ

けん【間】名 ❶建物の柱と柱との間。〈源氏・紅梅〉「間口七間の寝殿広く大きにつくりて」

❷長さの単位。一間は六尺。約一・八メートル。

けん 助動四型 平安時代の中ごろから「けむ」の「む」が「ん」と発音されるようになったために「けん」と表記されるようになったもの。→けむ(助動)(三四四ページ)

げん【験】名 ❶**仏道修行のしるし。**加持・祈禱などの効果。霊験。〈枕・三五〉「あな、いと験なしや」訳 ああ、まったく祈りの効果がないなあ。

❷しるし。**効果。**〈浮・好色五人女〉「はや揚げ屋には験を見せて、手叩きても返事せず」訳 はやくも揚げ屋では(勘当の)効果を見せて、手をたたいても返事をしない。

兼好法師(けんかうほふし)《人名》(生没年未詳)鎌倉末期・南北朝時代の歌人・随筆家。本名卜部兼好。京都の吉田神社の神官の家に生まれた。後二条天皇の蔵人として出仕したが、出家して兼好と称し、京都西郊の双が丘などで遁世生活をし、随筆「徒然草」を著した。頓阿・浄弁・慶運とともに二条派の和歌四天王と称された。家集「兼好法師家集」

げん-がた【験方】名 加持・祈禱など、現世の利益を願う方面のこと。〈源氏・若菜〉「験方の行ひも捨て忘れて侍るを」訳 加持・祈禱の方面の修行もうち捨て忘れておりますのに。

源空(げんくう)《人名》→法然

けん-ご【堅固】一 名・形動ナリ ❶(意志などが)堅くしっかりしていること。〈宇治・三・四〉「道心堅固の人なり」訳 (内記上人は)仏を信仰する心がしっかりした人である。

❷健康であること。丈夫なこと。〈浮・日本永代蔵〉「第一、人間堅固なる体が、身を過ぐるもとなり」訳 第一に、人間は健康であるのが、世を渡るもとである。

二 副 ❶いっこうに。まったく。〈徒然・一五〇〉「いまだ堅固かたほなるより、上手の中にまじりて」訳 まだまったく(芸が)未熟であるときから、上手な人の中にまじって。

❷必ず。きっと。〈義経記〉「御辺の膝のふるひやうを見るに、堅固かなふまじ」訳 あなたさまの膝のふるえかたを見ると、(川をとび越えることは)きっとできないだろう。

けん-こん【乾坤】名 ❶天と地。

❷陰と陽。

❸乾と坤の方角。北西と南西。

げん-ざ【験者】名「げんじゃ」とも。修験道の修行をして秘法などを修め、祈禱により病気を治したり物の怪などを退散させたりする人。修験者。山伏。行者。

げん-ざい【現在】名 ❶《仏教語》未来・過去に対して、この世。現世。

❷(下に「の」を伴い、または直接体言の上に付いて)確かなこと。実際。ほんとう。〈平治物語〉「相伝の主と現在の聟を討ち」訳 代々仕えた主君と実の婿を討ち。

げん-ざん【見参】名・自サ変

「げざん」とも。❶節会・宴会などに参上すること。また、出席者が名前を名簿に書くこと。また、その名簿。〈源氏・梅枝〉「内の大殿の頭の中将、弁の少将なども、見参ばかりにてまかづるを」訳 内大臣家の頭の中将や弁の少将なども(明日の招宴のあいさつに来て)名前の記帳だけで退出するのを。

❷(貴人に)**お目にかかること。**拝顔。〈今昔・二六・一七〉「御覧ぜよ、昨日の狐の見参する体を」訳 ご覧ください、昨日の狐がお目にかかりに参っているのを。

❸(目下の者に)**会ってやること。**引見。〈平家・一・祇王〉「いでいで、わごぜがあまりにいふことなれば、見参し用てかへさん」訳 どれどれ、おまえ(=祇王)があまりに言うことだから、(仏御前に)会ってやって帰そう。

フレーズ

見参に入る 一 (「入る」が自動詞(ラ四)の場合)貴人にお目にかかる。〈平家・一〇・内裏女房〉「今一度見参にいり用、昔語りをも申して」訳 もう一度お目にかかり、思い出話をも申し上げて。

二 (「入る」が他動詞(ラ下二)の場合)貴人に人や物をお目にかける。〈平家・九・敦盛最期〉「九郎御曹子の見参にいれ用たりければ」訳 (敦盛の首を)九郎御曹子(=義経)のお目にかけたところ。

げんざん-に-い・る【見参に入る】➡見参「フレーズ」

けん-じ【剣璽】名 三種の神器のうち、八咫の鏡を除いた草薙の剣と八尺瓊の曲玉。

げん-じ【源氏】名 ❶源の姓を持った氏族。弘仁五年(八一四)、嵯峨天皇がその皇子を臣籍に降下して源の姓を与えてから、清和・村上・宇多などの諸源氏が出た。多くは藤原氏の権勢下にあって勢いふるわず、地方に下り武家の棟梁となった。

❷「源氏物語」の略。

源氏物語(げんじものがたり)《作品名》平安中期の長編物語。五十四帖。紫式部作。十一世紀初めに成立。光源氏を中心に、さまざまな恋愛とその苦悩を、宮廷貴族の生活を背景に描いたもの。五十四帖の各巻には美しい文学的な名がつけられていて、全体を三部に分けることができる。第一部は桐壺(一帖)から藤裏葉(三十三帖)まで。理想の女性紫の上を得て栄華の絶頂に立つ、光源氏の青壮年期を描く。第二部は若菜上(三十四帖)から幻(四十一帖)まで。運命の悲劇に苦悩する光源氏の晩年を描く。第三部は匂兵部卿(四十二帖)から夢浮橋(五十四帖)まで。光源氏の死後、源氏の子、薫が信仰と愛との矛盾に苦悩する姿を描く。宇治に舞台が移った最後の十帖を「宇治十帖」という。古典文学の最高傑作として後世の文学に与えた影響は大きい。➡巻頭口絵20ページ・付録①九六ページ

参考 五十四帖の巻名は、桐壺・帚木・空蟬・夕顔・若紫・末摘花・紅葉賀・花宴・葵・賢木・花散里・須磨・明石・澪標・蓬生・関屋・絵合・松風・薄雲・朝顔・少女・玉鬘・初音・胡蝶・蛍・常夏・篝火・野分・行幸・藤袴・真木柱・梅枝・藤裏葉・若菜上・若菜下・柏木・横笛・鈴

虫・夕霧・御法・幻・匂兵部卿・紅梅・竹河・橋姫・椎本・総角・早蕨・宿木・東屋・浮舟・蜻蛉・手習・夢浮橋。以上のほか、幻と匂兵部卿の間に雲隠の巻があり、光源氏の死を暗示するが、巻名だけで本文はない。

冒頭文 いづれの御時にか、女御・更衣あまたさぶらひ給ひけるなかに、いとやむごとなき際にはあらぬが、すぐれて時めき給ふありけり。訳 どの帝の御代であったろうか、女御や更衣が大勢お仕えしていらっしゃった中に、たいして高貴な家柄ではない方で、格別に帝のご寵愛を受けて栄えていらっしゃる方があったそうだ。

源氏物語玉の小櫛（げんじものがたりたまのをぐし）ゲンジモノガタリタマノオグシ《作品名》「源氏物語」の注釈書。本居宣長著。寛政八年(一七九六)成立。「源氏物語」の本質が「もののあはれ」にあることを論じている。

げん-じゃ【験者】名「げんざ」に同じ。

けん-じゃうジョウ【勧賞】名「けじゃう」とも。功労を賞して官位や土地・物品などを授けること。

けん-じょ【見所】名「けんしょ」とも。❶見物する場所。観客席。❷見物人。観客。〈風姿花伝〉「見所の御意見を待つべきをや」訳 見物の人々のご意見を待つのがよいのである。❸見た目。また、見どころ。

けん-しょう【顕証】名・形動ナリ「けそう(顕証)」に同じ。

げん-ず【現ず】一 自サ変{ぜ・じ・ず・ずる・ずれ・ぜよ}現れる。〈平家・二・遠矢〉「これは八幡大菩薩の現じ用給へるにこそ」訳 これは(きっと)八幡大菩薩が現れなさったのだ。二 他サ変{ぜ・じ・ず・ずる・ずれ・ぜよ}現し出す。〈うつほ・俊蔭〉「すべて仏の現じ用給へる所なれば」訳 (ほら穴一帯は)すべて仏が出現させなさったところであるから。

げん-ぜ【現世】名(仏教語)三世の一つ。現在の世。この世。対 前世・来世

けん-そう【顕証】名・形動ナリ「けそう(顕証)」に同じ。

けん-ぞく【眷属・眷族】名 ❶一族。身内の者。〈方丈・四〉「世の人の住みかを作る習ひ…あるいは妻子・眷属のために作り」訳 世の人が家を造る(ときの)常(として)は…ある者は妻子や一族のために造り。❷家来。従者。〈平家・三・有王〉「四、五百人の所従・眷属に囲繞せられてこそおはせしか」訳 (俊寛は)四、五百人の従者や家来に取り囲まれていらっしゃったのに。

げん-ぞく【還俗】名・自サ変 一度僧尼になった者が、俗人にもどること。〈今昔・一・三五〉「我が国を半国譲らむ、還俗せよ命」訳 わが国を半分譲ろう、俗人にもどれ。

けん-どん【慳貪】一 名・形動ナリ ❶欲が深くけちなようす。〈今昔・二・四〉「家、富めりといへども、長者慳貪の心深くして」訳 家が富んでいるといっても、長者は欲ばりでけちな心が深くて。❷情がなく冷たいようす。じゃけん。ぶあいそう。〈浄・夕霧阿波鳴渡〉「それはお前の慳貪と申すもの」二 名 うどん・そば・酒・飯などを売るとき、一杯盛り切りでお代わりを出さないもの。

けんびゐ-しケンビイシ【検非違使】名「けびゐし」に同じ。

げん-ぶく【元服】名〔「元」は頭、「服」は着る意〕**男子の成人の儀式。**服を改め、髪をゆい、はじめて冠をつける。女子の「髪上げ」「裳着」にあたる。年齢は十二歳から十六歳ぐらいまでが多く、幼名を廃して実名をつける。中世以降、武家では冠の代わりに烏帽子が用いられた。〈源氏・桐壺〉「十二にて御元服し給ふ」訳 (光源氏は)十二歳で御元服しなさる。
➡人立つ「慣用表現」

けんめい-の-ち【懸命の地】主君から賜った、一家の生計を支えるたいせつな領地。〈太平記・二〉「勅免あって懸命の地をぞ安堵せられける」訳 天皇のお許しがあって領地の所有権を公認された。

けん-もつ【監物】名 中務省に属し、諸庫の出納の監察をつかさどる官職。

けん-もん【権門】名 官位が高く権勢の盛んな家。

建礼門院（けんれいもんゐん）ケンレイモンイン《人名》(一一五五～一二一三)平徳子。平安末期・鎌倉初期の人で、高倉天皇の中宮。安徳天皇の母。平清盛の次女。壇の浦で安徳天皇を追って入水したが、源氏方に救われ、のち、出家して洛北の大原寂光院に余生を送った。「平家物語」や謡曲「大原御幸」などで知られる。

建礼門院右京大夫（けんれいもんゐんのうきやうのだいぶ）ケンレイモンインウキョウノダイブ《人名》(生没年未詳)平安末期・鎌倉初期の女流歌人。藤原伊行の娘。高倉天皇の中宮徳子(=建礼門院)に仕え、平家滅亡ののち後鳥羽院に出仕した。家集「建礼門院右京大夫集」

建礼門院右京大夫集（けんれいもんゐんうきやうのだいぶしふ）ケンレイモンインウキョウノダイブシュウ《作品名》鎌倉初期の家集。建礼門院右京大夫作。貞永元年(一二三二)ごろ成立。平資盛との恋の歌が中心であるが、詞書が長く、平家滅亡という変転の時代を生きた女性の自伝的日記という性格も濃い。

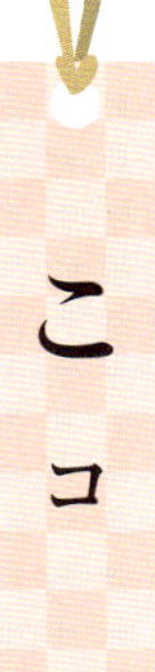

こ-【小】接頭 ❶小さい、こまかいの意を表す。「小家」「小石」❷(量や程度が)わずかである意を表す。「小雨」「小降り」❸(数量などが)それに近いが、やや及ばない意を表す。「小一里」「小一時」❹なんとなくの意を表す。「小粋」「小寒し」❺少し軽蔑していう意を表す。「小ざかし(=なまいきだ)」「小せがれ」

こ-【故】接頭 (姓名や官職名などに付いて)その人がすでに死亡していることを表す。「故関白殿」「故敦忠の権中納言」

-こ【子】接尾 ❶親愛の気持ちを表す。「背子」「我妹子」❷その仕事をする人の意を表す。「田子」「舟子」❸親しみの気持ちから人の名に付ける。古くは男女とも用いたが、中古以降は多く女子の名に用いた。

「小野妹子」「内侍中臣のふさ子」

こ【子・児】 名 ❶(親に対して)子供。おさなご。〈万葉・五・八〇三〉「銀も金も玉も何せむにまされる宝子にしかめやも」訳→しろかねも… 和歌
❷人を親しんで呼ぶ語。男から愛する女性に対して用いられることが多い。〈万葉・一四・三三七三〉「多摩川にさらす手作りさらさらになにそこの児のここだ愛しき」訳→たまがはに… 和歌

こ【木】 名 木。他の語と合した複合語の中に用いられる。「木隠る」「木枯らし」「木暗し」「木末(=梢)」「木高し(=梢が高い)」「木霊」「木垂る」「こづ(=木のくず)」「木伝ふ」「木積み(=木のくず)」「木末」「木の下露」「木の下闇」「木の葉曇る(=月や日の光が木の葉にさえぎられる)」「木の花」「木の間」「木の下」「木端」「木深し」「木間」「木叢」「木守」

こ【蚕】 名 かいこ。春

こ【籠】 名 ❶かご。〈竹取・かぐや姫の生ひ立ち〉「いと幼ければ、籠に入れて養ふ」訳(かぐや姫が)たいそう小さいので、かごに入れて養育する。
❷「ふせご」に同じ。

こ【此・是】 代 近称の指示代名詞。自分に近い事物や場所をさす。これ。ここ。〈竹取・かぐや姫の昇天〉「こは、なでふ事のたまふぞ」訳これは、何ということをおっしゃるのだ。

こ【来】 カ行変格活用の動詞「来」の未然形・命令形。

ご-【御】 接頭(多く、漢語の名詞に付いて)尊敬の意を表す。「御所」「御斎会」

-ご【御】 接尾(人を表す名詞に付いて)軽い尊敬の意を表す。「父御」「親御」「嫁御」

ご【御】 名(「御前」の略か)女性に対する敬称。〈大和・一〉「伊勢の御の書きつけける〔歌〕」→御達

ご【期】 名 ❶時。折。特に、死ぬ時。〈徒然・一〇八〉「命を終ふる期、たちまちに至る」訳生涯を終える時(=末期)が、たちまちのうちにやって来る。
❷限度。際限。期限。〈大鏡・道長下〉「またまた申すべきことは期もなく侍るを」訳もっともっと申し上げなければならないことは際限もなくございますのに。

ご-あく【五悪】 名《仏教語》五つの悪事。殺生・偸盗(=ぬすみ)・邪淫・妄語(=うそをつくこと)・飲酒の五つをいう。

ご…あ・り【御…あり】 →おん…あり。〈平家・一・鹿谷〉「主上御元服あつ用(促音便)て」訳帝(=高倉天皇)は元服なさって。

こい【恋】 →こひ

こい-まろ・ぶ【臥い転ぶ】 自バ四{ば・び・ぶ・ぶ・べ・べ}(悶え苦しむように)ころげまわる。〈万葉・九・一七四〇〉「こいまろび用足ずりしつつたちまちに心消失せぬ」訳(浦島の子は)ころげまわり、何度もじだんだを踏み、たちまちのうちに気を失ってしまった。

-こう【公】 接尾 ❶(身分の高い人の名に付けて)尊敬の意を表す。「道長公」「清盛公」
❷(近世以降、同輩あるいは目下の人の名に付けて)親しみや軽い軽蔑の気持ちを表す。「熊公」

こう【公】 名 ❶朝廷。おおやけ。
❷大臣の称。「三公」といった場合は、太政大臣・左大臣・右大臣、のちには左大臣・右大臣・内大臣をさす。「公」の下の位が「卿」。

こう【功】 名 ❶(よい結果をもたらす)長期の努力・修行・経験など。年功。功徳。〈平家・灌頂・大原御幸〉「難行苦行の功によって、遂に成等正覚し給ひき」訳(釈迦は)困難で苦しい修行の功徳によって、最後に迷いを去って悟りをお開きになった。
❷てがら。功績。また、効果。ききめ。〈源氏・末摘花〉「重き功に、御心のうちにおぼし出づ」訳(光源氏は自分が玉鬘のゆくえを知っていることを)大きなてがらと、お心の中でお思い出しになる。

こう【好・江・行・更・幸・庚・柑・香・剛・格・降・高・豪・講・斯う】 →かう

こう【合・閤】 →かふ

こう【広・光・皇・荒・黄】 →くわう

こう【劫・乞う・請う・恋う】 →こふ

ごう【拷・強】 →がう

ごう【合】 →がふ

ごう【業】 →ごふ

こう-あん【公案】 一 名《仏教語》禅宗で、師が弟子に悟りを開かせるために課する研究問題。
二 名・自サ変 深く思案し工夫をこらすこと。思案。工夫。〈風姿花伝〉「公案し用て思ふべし」訳深く思案し工夫をこらして考えなければならない。

こう-いん【後胤】 名 子孫。後裔。

こう-ぎ【公儀】 名 世間への表向き。おおやけ。また、朝廷や幕府。役所。おかみ。将軍家。

こう-きゅう【後宮】 名〔天皇の住む正殿のうしろにある御殿の意〕❶皇后や中宮などの住む御殿。天皇の常の御所であった仁寿殿の後方にあり、承香殿・常寧殿・貞観殿・弘徽殿・登華殿・麗景殿・宣耀殿の七殿と、昭陽舎・淑景舎など五舎の総称。→付録③「平安京内裏図」
❷皇后・中宮・女御・更衣・御息所・御匣殿などの、天皇の夫人の総称。

古文常識 「こうきゅう」―後宮の女性たち

●天皇の妻
皇后・中宮…天皇の正妻。平安前期は皇后=中宮。平安中期以降は一人ずつ立てられることもあった。
女御…摂関大臣以下、公卿の娘や皇女・女王がなる。
更衣…大納言以下、殿上人の娘がなる。

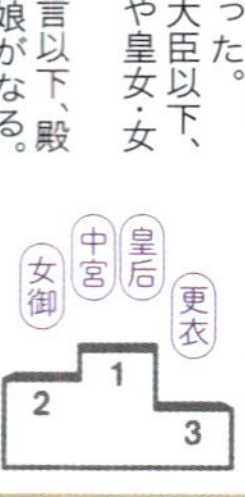

▼その他、天皇つきの女官(尚侍)が側室となることもある。
▼女御・更衣など、天皇の寝所に仕える女官を御息所という。
▼朝廷から「院号」という称号を与えられて女院となる者もいた。

●女官…宮中に仕える女性の官人。内侍など、天皇の私的生活面に関する職を担う。
●女房…女官のうち一室を与えられた者。
・天皇に仕える女房(=内の女房)
・天皇の妻に仕える女房(=宮の女房)

こうざま〖斯う様〗➡かうざま

こうし〖格子〗➡かうし

こうじ〖好事・柑子・勘事・講師〗➡かうじ

こう-しゃ【功者】名・形動ナリ 物事に巧みなこと。また、その人。巧者。〈三冊子〉「功者に病ひあり」訳(句をつくるのが)巧みな人には病弊(=欠点)がある。

好色一代男(こうしょくいちだいおとこ)➡好色一代男(かうしょくいちだいをとこ)

好色一代女(こうしょくいちだいおんな)➡好色一代女(かうしょくいちだいをんな)

好色五人女(こうしょくごにんおんな)➡好色五人女(かうしょくごにんをんな)

こう・ず【困ず】自サ変 ➡左134

こう・ず【薨ず】自サ変{ぜ・じ・ず・ずる・ずれ・ぜよ}「死ぬ」の尊敬語。お亡くなりになる。皇族および三位以上の人にいう。〈平家・六・祇園女御〉「去々年小松の内大臣(=平重盛)が薨ぜられぬ」訳 一昨年小松の内大臣(=平重盛)がお亡くなりになられた。➡果つ「慣用表現」

こうず〖勘ず・拷ず・講ず〗➡かうず

こう-せい【後生】名 後から生まれてきた人。のちの世の人。後進。後輩。〈徒然・一二九〉「先達、後生を畏るといふこと、このことなり」訳 すでにその道に達した者が、後進の者をおそれるということは、このことである。

こ-うた名 ❶【小歌】㋐平安時代、民間で歌われた、今様などの歌謡。㋑室町時代、民間で歌われた短い歌謡。狂言などの中にもとり入れられている。❷【小唄】江戸初期に流行した隆達節・投げ節などの歌謡。また、江戸末期に流行した端唄の一種。

こう-ぢ【小路】名〔「こみち」の転〕幅の狭い道。対大路

こ-うちき【小袿】名 高貴な女子の日常服。裳・唐衣などを着ないときに、上にうち掛けて着た上着。下に着る袿より少し短く仕立ててある。表は浮き織物、裏は平絹。➡下段図

こう-ばい【紅梅】名 ❶花が紅色の梅。平安時代、単に梅というときは多く白梅をさした。春 ❷染め色の名。紅梅色。古くは桃色の濃いもの。のち赤に紫のかかった色。❸襲の色目の名。表は紅色、裏は蘇芳色(=紫がかった赤色)。または表が紅色、裏が紫色。初春に用いる。紅梅襲。➡襲の色目「古文常識」(三一〇ページ) ❹織物の色の名。縦糸が紫、横糸が紅色のもの。年少者が着用した。

最重要330

134

こう・ず 【困ず】自サ変{ぜ・じ・ず・ずる・ずれ・ぜよ}

ガイド 「困ず」の転とも「極ず」の転ともいわれる。語源としては後者の説が有力であるが、「困」の字をあてて書かれる。困惑→①、疲労困憊→②と考えると理解しやすい。①の意の類義語に「侘ぶ」(→322)がある。

❶ 悩む。苦しむ。困る。

例 いかにいかにと日々に責められこうじ用て〈源氏・若菜下〉

訳 (小侍従は柏木に)どうしたのかと、毎日のように責められ困って。

❷ くたびれる。からだが弱る。

例 このごろ物の怪にあづかりて、こうじ用にけるにや〈枕・二八〉

訳 近ごろ(あちこちの)物の怪(を調伏すること)に関係して、くたびれてしまったのであろうか。

小袿

衵扇

五つ衣

張り袴

表着

(こうちき)

こうぶり〖冠〗➡かうぶり

こうぶる〖被る・蒙る〗➡かうぶる

こうべ〖頭・首〗➡かうべ

弘法大師(こうぼうだいし)《人名》→空海

こう-みゃう【功名】名 てがら。てがらを立てたことによる名声。〈細道・平泉〉「功名一時の叢となる」訳 (奮戦したときの)てがらもただ一時の(夢と消え、そこは今や一面の)草むらとなっている。

こうむる〖被る・蒙る〗➡かうむる

こうよう〖斯う様〗➡かうやう

こう-らん【勾欄】名「かうらん」に同じ。

こうろ-くゎん【鴻臚館】名 奈良・平安時代、外国からの使節を接待するために設けられた建物。京都・難波(今の大阪市)・大宰府に置かれた。

こえ〖声〗➡こゑ

こおし〖恋し〗➡こほし

こおり〖郡〗➡こほり

ご-かい【五戒】名《仏教語》在家の人(=出家していない人)が守るべき五つの戒め。五悪(=殺生・偸盗・邪淫・妄語・飲酒)を禁じること。→五悪

ご-かう【五更】名 ❶一夜を五つに区分した称。初更・二更・三更・四更・五更の総称。五夜。

❷時刻の名。①の五番目。今の午前四時ごろ、およびその前後約二時間(午前三時ごろから午前五時ごろ)。寅の刻。戊夜。(➡更)

ご-かう コウ【御幸】名 院政時代以降、上皇・法皇・女院のおでかけ。〈平家・灌頂・大原御幸〉「法皇夜をこめて大原の奥へぞ御幸なる」訳(後白河)法皇は夜も深いうちに大原の奥へお出ましになられる。➡行幸「類語の整理」

こが・す【焦がす】他サ四{さ・し・す・す・せ・せ}❶火や太陽の熱で焼く。❷香をたきしめる。〈源氏・夕顔〉「白き扇のいたうこがし用たるを」訳白い扇でたいそう香をたきしめてあるのを。❸胸をこがす。恋いこがれて胸をいためる。〈後撰・恋二〉「涙にも思ひの消ゆるものならばいとかく胸はこがさ未ざらまし」訳涙によっても恋の思いの火が消えるものであるならば、このようにひどく胸はこがさなかったであろうに。(「思ひ」の「ひ」は「火」との掛詞)

こ-がね【黄金・金】名〔上代は「くがね」〕❶黄金。〈竹取・かぐや姫の生ひ立ち〉「節を隔ててよごとにこがねある竹を見つくること重なりぬ」訳節をへだてて空洞ごとに黄金の入った竹を見つけることがたび重なった。❷金でつくった貨幣。金貨。

こ-がらし【木枯らし・凩】名 秋の末から冬にかけて吹く冷たい風。冬

こがらしの… 俳句

冬 切れ字
凩の 果てはありけり 海の音 〈新撰都曲・言水〉

訳(梢を鳴らし駆けぬけていくあの)木枯らしにも果てる所があったことよ。冬の湖の波の音のするあたりでかき消されて。(切れ字の「けり」は、詠嘆の助動詞)

解説「海」は琵琶湖をさす。池西言水は江戸初期の俳人。奈良の人。別号紫藤軒。

こがらしや… 俳句

冬 切れ字
凩や 何に世わたる 家五軒 〈蕪村句集・蕪村〉

訳木枯らしが吹き荒れている。(荒涼とした荒地の中に)貧しげな家が五軒身を寄せ合っている。あの家々は何で生計を立てているのであろうか。

こが・る【焦がる】自ラ下二{れ・れ・る・るる・るれ・れよ}❶火や日光に焼けて色が変わる。こげる。〈源氏・真木柱〉「疎ましげにこがれ用たる匂ひなども異様なり」訳気味が悪いようすでこげたにおいなどもふつうとは変わったようすである。❷身・胸・心などが、焼かれるようになる。思いこがれる。〈源氏・帚木〉「折々人やりならぬ胸こがるる体夕べもあらむ」訳ときどき自分の心ながらどうにもならない(恋しさに)胸がこがれる夕暮れもあるだろう。❸香がたきしめられている。

ご-き【御器】名 食物を盛るふたつきの器。後世、特に椀をいう。

こぎ-あり・く【漕ぎ歩く】自カ四{か・き・く・く・け・け}(舟で)あちこちと漕ぎまわる。〈枕・三〇六〉「いみじう小さきに乗りてこぎ歩く体、つとめてなどいとあはれなり」訳とても小さな舟に乗ってあちこちと漕ぎまわるのは、早朝などはたいそうしみじみとして趣深い。

こぎ-い・づ イズ【漕ぎ出づ】自ダ下二{で・で・づ・づる・づれ・でよ}舟を漕いで沖に出る。〈古今・羇旅〉「わたの原八十島かけてこぎ出で用ぬと人には告げよあまの釣舟」訳➡付録①「小倉百人一首」11

こぎ-た・む【漕ぎ回む】自マ上二{み・み・む・むる・むれ・みよ}(舟で)漕ぎめぐる。〈万葉・一・五八〉「安礼の崎こぎたみ用行きし棚無し小舟」訳(この夕方)安礼の崎を漕ぎまわって行ったあの船棚のない小さな舟は。

こき-た・る【扱き垂る】自ラ下二{れ・れ・る・るる・るれ・れよ}(稲穂から稲の粒をしごき落とすように、雨や涙が)はらはらとしきりにこぼれ落ちる。〈古今・恋三〉「明けぬとて帰る道にはこきたれ用て雨も涙も降りそほちつつ」訳夜が明けたというので、(女の家からしかたなく)帰る道では、雨も涙もはらはらとしきりにこぼれて、(私の衣が)ぐっしょりぬれるほど降っていることよ。

こぎ・づ コギズ【漕ぎづ】自ダ下二{で・で・づ・づる・づれ・でよ}「こぎいづ」の転。「こぎいづ」に同じ。

弘徽殿女御(こきでんのにょうご)《人名》「源氏物語」中の人物。桐壺帝の女御で、第一皇子朱雀院の母。

こき-ま・ず【扱き混ず】他ザ下二{ぜ・ぜ・ず・ずる・ずれ・ぜよ}〔「こき」は接頭語〕かきまぜる。まぜあわせる。〈古今・春上〉「見渡せば柳桜をこきまぜ用て都ぞ春の錦なりける」訳➡みわたせば… 和歌

こ-ぎみ【小君】名 平安時代、貴族の子弟に対する愛称。

こ-ぎみ【故君】名 亡くなった貴人に対する敬称。

ご-きやう キョウ【五経】名 儒教で尊重する五部の経書。「易経」「書経」「詩経」「春秋」「礼記」をいう。

ご-ぎやう ギョウ【五行】名❶古代中国の学説で、天地の間に絶えず運行して万物を構成するという五つの元素。木・火・土・金・水の総称。木は火を、火は土を、土は金を、金は水を、水は木を生ずるとして、これを「相生」という。また、木は土に、土は水に、水は火に、火は金に、金は木に剋つとして、これを「相剋」といい、五行は互いに影響しあう。これを五行説といい、陰陽道の根本理念になっている。➡十二支「古文常識」
❷《仏教語》菩薩が修行する五種の行法。大乗経では布施・持戒・忍辱・精進・止観。

ご-ぎやう ギョウ【御形】名「おぎやう」とも。母子草の異称。春の七草の一つ。春。➡七草「古文常識」(六〇四ページ)

ごぎやく-ざい【五逆罪】名《仏教語》五種の大罪。父を殺すこと、母を殺すこと、阿羅漢(=最高位の修行者)を殺すこと、僧の和合を破ること、仏身を傷つけることの総称。これを犯す者は無間地獄に落ちるとされた。五逆。

ごぎよう〖五行・御形〗➡ごぎやう

こき・る【扱きる】他ラ下二{れ・れ・る・るる・るれ・れよ}〔「こきいる」の転〕しごき取って入れる。〈万葉・二〇・四五一二〉「咲きにほふ馬酔木の花を袖にこきれ未な」訳色鮮やかに咲く馬酔木の花を、袖にしごき取って入れようよ。

古今和歌集(こきんわかしふ)コキンワカシユウ《作品名》最初の勅撰和歌集。平安前期、醍醐天皇の命を受けて、紀貫之・紀友則・凡河内躬恒・壬生忠岑らが撰進。延喜五年(九〇五)成立(延喜十三年(九一三)ごろとする説もある)。六歌仙・撰者らの歌およそ千百首を収め、七五調を基本に縁語・掛詞などを多用し、歌風は繊細・優美。紀貫之の「仮名序」と紀淑望の「真名序」(=漢文で書かれた序文)があり、仮名序は日本で最初の歌論として価値がある。↓勅撰和歌集。⬇巻頭口絵8ページ・付録①九四八ページ

こく【石・斛】名 ❶容積の単位。一石は一升の百倍。約一八〇リットル。❷和船の積載量や、木材の容積の単位。一石は十立方尺。約二七八リットル。「千石船」❸大名・武士の禄高を表す単位。

こく【刻】名 昼夜二十四時間を十二支に配当していう時刻の単位。公式の場合の水時計による定時法と、民間などで一日を昼夜に二分し、それぞれを六等分する不定時法がある。一刻はほぼ今の二時間にあたる。また、それを三分して「上刻」「中刻」「下刻」、四分して「子の一刻」「丑三つ」などという。⬇時「古文常識」

こ・く【扱く】他カ四{か・き・く・く・け・け}しごく。しごき落とす。〈枕・九九〉「五、六人してこか未せ」訳 五、六人で(籾を)しごき落とさせ。

ごく-げつ【極月】名〔年が極まる月の意〕陰暦十二月の異称。冬

こく-し【国司】名 律令制の地方官の一つ。大化の改新後、設置された。諸国を治めるために中央政府から派遣され、行政・警察・司法をつかさどった。守・介・掾・目の四等官がある。「くにのつかさ」とも。

参考 広義には四等官全体をいうが、狭義には守(=長官)のみをさす。守には中央の貴族が県召の除目で就任し、任期ははじめ六年、のちに四年になった。

こく-しゅ【国守】名 国司の長官。国の守。

ごくすい-の-えん【曲水の宴】「きょくすいのえん」に同じ。春

国性爺合戦(こくせんやかつせん)《作品名》江戸中期の時代物浄瑠璃。五段。近松門左衛門作。正徳五年(一七一五)大坂竹本座初演。中国の明の遺臣、鄭芝竜と日本人女性との間に生まれた鄭成功(=国性爺)が明朝を復興しようと活躍する話で、構想雄大な傑作。

ごく-そつ【獄卒】名 ❶《仏教語》地獄で、罪人を責める鬼。❷人情を解さない者をののしっていう語。

こく-ふ【国府】名「こくぶ」「こふ」とも。律令制で、諸国に置かれた国司の役所。また、その所在地。

こく-も【国母】名「こくぼ」とも。❶天皇の母。皇太后。❷(国民の母の意で)皇后。

ごく-らく【極楽】名 ❶《仏教語》「極楽浄土」の略。❷《仏教語》「極楽往生」の略。この世を去り、極楽浄土に生まれかわること。〈源氏・明石〉「入道(=明石の入道)も極楽の願ひをば忘れて」❸この上なく安楽な状態のたとえ。

ごくらく-じゃうど【極楽浄土】ヨウド名《仏教語》西方十万億土の彼方にあるという、阿弥陀如来の居所。いっさいの苦悩がなく、平和で安楽な世界。西方浄土。十万億土。極楽。

こ-ぐら・し【木暗し】形ク{から・く(かり)・し・き(かる)・けれ・かれ}木立が茂りあっていて暗い。〈源氏・若紫〉「荒れたる家の、木立いとものふりて、木暗う用(ウ音便)見えたるあり」訳 荒れている家で、木立がたいそう古びて、うっそうと茂って暗く見えている家がある。

こけ【苔】名 土や木・岩などに生える蘚苔類や地衣類、一部の藻類などの称。

フレーズ

苔の衣 ❶僧侶や隠者などの着る粗末な衣服。⬇背く「慣用表現」❷苔が一面に生えているようすを衣に見たてていう語。

苔の下 墓の下。草葉の陰。〈新古・哀傷〉「稀に来る夜半も悲しき松風を絶えずや苔の下に聞くらん」訳 (私が亡き妻の墓所に)まれにやって来る夜でさえも悲しく聞こえる松風を、(妻は)絶えることなく草葉の陰で聞いているのであろうか。

苔の袂 僧侶や隠者などの着る粗末な衣の袂。また、その衣。〈古今・哀傷〉「皆人は花の衣になりぬなり苔の袂よ乾きだにせよ」訳 すべての人は(忌み明けとともに)はなやかな衣服になってしまったということだ。(私の涙にぬれた)僧衣の袂よ、せめて乾きだけでもしてくれよ。⬇背く「慣用表現」

苔の筵 苔が一面に生えているさまを敷物に見たてていう語。〈徒然・五四〉「ここかしこ遊びめぐりて、ありつる苔のむしろに並み居て」訳 (法師たちは)あちらこちら遊びまわって、さっきの苔が一面に生えている所に並んで座って。

こ-け【虚仮】名・形動ナリ ❶《仏教語》真実でないこと。心の中と外面とが合わないこと。❷考えの浅いこと。〈無名抄〉「『泣かれぬる』といふ詞こそ、あまり虚仮過ぎて、いかにぞや聞こえ侍れ」訳「泣かれぬる(=自然と泣けてきてしまう)」ということばは、あまりにも浅薄すぎて、いかがであろうかと聞こえます。❸愚かなこと。また、その人。

ご-けい【御禊】名 天皇即位ののち、陰暦十一月の大嘗会に先立って十月下旬に賀茂川で行われるみそぎの儀式。また、伊勢の斎宮や賀茂の斎院が賀茂川で行うみそぎにもいう。

ご-けにん【御家人】名 ❶鎌倉時代、将軍家直属の家臣の敬称。❷江戸時代、将軍家の直参(=直属の臣)で、将軍に面会を許されない御目見得以下の武士。

こけ-の-ころも【苔の衣】⬇苔「フレーズ」

こけ-の-した【苔の下】⬇苔「フレーズ」

こけ-の-たもと【苔の袂】⬇苔「フレーズ」

こけ-の-むしろ【苔の筵】⬇苔「フレーズ」

こけ-む・す【苔産す・苔生す】自サ四{さ・し・す・す・せ・せ}苔が生える。転じて、古めかしくなる。〈平家・三・少将都帰〉「古里の軒の板間に苔むし用て思ひしほどは漏

らぬ月かな」訳 古いなじみの地(である私の山荘)の軒の板と板とのすきまには苔が生えて、思ったほどには漏れてこない月(の光)であるよ。

こ-こ【此処】 代 ❶近称の指示代名詞。事物・場所をさす。**ここ。この場所。こちら。この点。このこと。**
❷自称の人代名詞。**この身。私。**〈竹取・かぐや姫の昇天〉「ここにも、心にもあらでかくまかるに」訳 私においても、心ならずもこうしておいとまするのだから。
❸対称の人代名詞。**あなた。**〈源氏・梅枝〉「かの君と、前斎院と、ここにとこそは書き給はめ」訳 あの君(=朧月夜)と、前の斎院(=朝顔の姫君)と、あなた(=紫の上)とは(みごとに)お書きになるだろう。
❹他称の人代名詞。**こちらの方。**〈落窪〉「『…』と、ここにのたまふめればなむ」訳「…」と、こちらの方(=落窪の君)がおっしゃるようなのでね。
参考 ②③④の人代名詞と考えられる用法は、①の場所をさし示す用法から派生したもので、多く「ここに」の形で現れる。同様の語に、「そこ」(対称・あなた)、「かしこ」(他称・あちらの人)がある。

フレーズ
是を以て こういうわけで。それゆえに。〈記・上〉「この二柱の神の容姿いとよく相似たり。故ここをもちて過ちき」訳 このお二人の神の容姿がたいそうよく似ている。ゆえにこういうわけで間違えた。
参考 漢文訓読から生じた語。「ここをもって」「ここをもて」も同じ。
是を以て 「ここをもちて」に同じ。

ごこう【五更・御幸】 ⇒ごかう

ここ-かしこ【此処彼処】 代 あちらこちら。〈枕・二〇〉「女房ここかしこに群れゐつつ」訳 女房があちらこちらに何人かずつ集まり座って。

こ-こく【胡国】 名 古代、中国北方の異民族の国。漢の時代には、ふつう匈奴の国をさす。

ご-こく【五穀】 名 五種の穀物。米・麦・黍(一説に麻とも)・粟・豆。また、穀物の総称。〈宇治・三・九〉「五穀を断ちて年来になりぬ」訳 (上人は)穀類(を食べること)を断って長い年月になった。

ここ・し【子子し・児児し】 形シク {しから・しく(しかり)・し・しき(しかる)・しけれ・しかれ} 子供のように初々しい。おおらかである。おっとりしている。〈堤・はいずみ〉「あてにこしき体人の、日ごろものを思ひければ」訳 上品で子供のように初々しい人が、この数日もの思いに沈んでいたので。

こご・し 形シク {しから・しく(しかり)・し・しき(しかる)・しけれ・しかれ}《上代語》岩がごつごつと重なり、険しい。〈万葉・七・一一三〇〉「神さぶる磐根こごしきみ吉野の水分山を見ればかなしも」訳 神々しい岩のごつごつとして険しい吉野の水分山を見ると、心ひかれることよ。

ここ-だ【幾許】 副《上代語》
❶(数や量について)**たくさんに。**〈万葉・六・九二四〉「み吉野の象山の際の木末にはここだもさわく鳥の声かも」訳 ⇒みよしのの… 和歌
❷(程度について)**たいへんに。たいそう。**〈万葉・一四・三三七三〉「多摩川にさらす手作りさらさらになにそこの児のここだ愛しき」訳 ⇒たまがはに… 和歌

ここだ-く【幾許】 副《上代語》(こんなにも)多く。(こんなにも)ひどく。〈万葉・四・六八六〉「ここだく我は恋ひつつもあるか」訳 こんなにもひどく私は(あなたを)恋し続けてもいることよ。

ここ-ち【心地】 名
❶**心持ち。気持ち。**気分。〈竹取・かぐや姫の生ひ立ち〉「翁心地悪しく苦しきときも、この子を見れば苦しきこともやみぬ」訳 (竹取の)翁は気分がすぐれずつらい時も、この子(=かぐや姫)を見るといつも苦しいことも治まってしまう。
❷心。**考え。思慮。**配慮。〈源氏・空蟬〉「まだいと若き心地に、さこそさしすぎたるやうなれど、えしも思ひわかず」訳 (軒端の荻の)まだひどく若い考えでは、あれほどでしゃばったようであっても、とても分別をつけることができない。
❸**感じ。**ありさま。ようす。〈源氏・帚木〉「なよ竹の心地して、さすがに折るべくもあらず」訳 (光源氏には空蟬が)しなやかな竹のような感じがして、さすがに折る(=契る)ことはできそうもない。
❹**気分の悪いこと。病気。**〈源氏・蜻蛉〉「いかなる心地にてか、はかなくなり給ひにし」訳 どんな病気によって、(浮舟は)お亡くなりになってしまったのか。

フレーズ
心地ゆ・く 気持ちが晴れ晴れする。満足に思う。〈源氏・絵合〉「鳥のさへづるほど、心地ゆき用」訳 鳥がさえずるころは、気持ちが晴れ晴れし。

ここち-な・し【心地無し】 形ク {から・く(かり)・し・き(かる)・けれ・かれ} 思慮分別がない。心ない。〈源氏・椎本〉「宮仕へなれにたれど、心地なから未ぬ者に宮もおぼして」訳 (弁は)宮仕えに慣れてしまっているけれど、思慮分別がなくはない者として宮(=八の宮)もお思いになって。

ここち-ゆ・く【心地ゆく】 ⇒心地「フレーズ」

ここち-よ-げ【心地良げ】 形動ナリ {なら・なり(に)・なり・なる・なれ・なれ}(「げ」は接尾語)気持ちよさそうなようす。〈源氏・夕顔〉「いと青やかなるかづらの心地よげに用はひかかれるに」訳 たいそう青々したつる草で、気持ちよさそうにはい垂れ下がっているのに。

ここ-に【此に・茲に】 一 副 この時に。この場合に。〈徒然・一三四〉「命を終ふる大事、今ここに来れり」訳 命を終える大事件(=死)が、今この時にやって来ている。
二 接 前文を受けて次のことを言い起こす語。さてそこで。それで。〈土佐〉「ここに人々の言はく、『これ、昔、名高く聞こえたるところなり』」訳 さてそこで(同行の)人々が言うことには、「ここ(=渚の院)は、昔、その名も高く世に知られていた所である。」

ここの-しな【九品】 名「九品」の訓読「くほん」に同じ。

ここの-そ-ぢ【九十】 名(「ぢ」は接尾語)❶きゅうじゅう。
❷九十歳。九十年。

ここの-つ【九つ】 名 ❶九。
❷九歳。
❸「九つ時」の略。今の午前十二時ごろ、および午後十二時ごろ。

ここの-へ【九重】 名 ❶九つ重なること。いく重

にも重なること。また、そのもの。

❷宮中。皇居。〈枕・三九〉「九重の御殿の上をはじめて、いひしらぬ民のすみかまで」訳 宮中の御殿の(軒の)上をはじめとして、言うに足りない庶民の住居に(いたる)まで。⬇御門「慣用表現」

❸皇居の所在地。都。

ここば‐く【幾許】副 こんなにひどく。たいそう。たくさん。〈万葉・一七・三九九一〉「木末花咲きここばくも見の清けきか」訳 梢に花が咲き、こんなにも景色の清くすがすがしいことだなあ。

ここ‐もと【此処許】代 ❶身近な所。すぐ近く。〈源氏・須磨〉「波ただここもとに立ちくる心地して」訳 波がほんのすぐ近くにうち寄せてくる気がして。

❷こちら側。こちら。私のほう。〈源氏・総角〉「ここもとにただ一言聞こえさすべきことなむ侍るを」訳 私(=薫)のほうで、(大君に)ただ一言申し上げなければならないことがございますが。

ここ‐ら 副 ⬇左 135

こころ【心・情】名 ⬇次ページ 136

こころ‐あさ・し【心浅し】形ク {から・く(かり)・し・き(かる)・けれ・かれ} 思慮が浅い。また、情が薄い。〈源氏・浮舟〉「心浅くけしからず人笑へならむを」訳 思慮が浅く、よくない(女)として、世間のもの笑いになるようなのを。対 心深し

こころ‐あて【心当て】名 ❶心の中でこれと見当をつけること。あて推量。〈源氏・夕顔〉「心あてにそれかとぞ見る」訳 心の中で見当をつけてあの方(=光源氏)かと見ることだ。

❷あてにすること。心づもり。

こころあてに… 和歌《百人一首》【心あてに 折らばや折らむ 初霜の 置きまどはせる 白菊の花】〈古今・秋下・凡河内躬恒〉⬇付録 ①「小倉百人一首」29

最重要330

135 **ここ‐ら** 副

ガイド **数量・程度がはなはだしい**の意を表す。数量が多いの意が①、程度がはなはだしいの意が②。類義語に「そこら」(→186)、「あまた」(→24)がある。現代語の「この辺り」の意の「此処ら」は別語で、中世後期に現れた。

❶(数や量について)たくさん。

例 かの桟敷の前をここら行きかふ人の、見知れるがあまたあるにて〈徒然・一三七〉

訳 その桟敷の前をたくさん行き来する人で、顔を見知っている人が大勢いることで。

❷(程度について)たいへん。たいそう。

例 秋の夜の月かも君は雲がくれ暫しも見ねばここら恋しき〈拾遺・恋三〉

訳 秋の夜の月なのだろうか、あなたは。(月が雲に隠れるように)姿が見えず、ほんのしばらくの間でも目にしないでいると、たいそう恋しいことだ。

参考 上代に用いられた「ここだ」「ここば」の中古以降の語形。「そこば」に対する「そこら」も同じ。

こころ‐あやまり【心誤り】名 ❶心得違い。過失。〈伊勢・一〇三〉「心あやまりやしたりけむ、親王たちの使ひ給ひける人をあひいへりけり」訳 心得違いをしたのであろうか、親王たちが召し使っていらっしゃった女(=寵愛を受けた女)と契りを結んでしまった。

❷気分がすぐれないこと。〈源氏・総角〉「心あやまりして、わづらはしくおぼゆれば」訳 (大君は)気分のすぐれない状態になって、いとわしく思われるので。

❸心が正常でないこと。乱心。〈源氏・真木柱〉「時々心あやまりして、人に疎まれぬべきことなむ、うちまじり給ひける」訳 時折乱心して、きっと人に嫌われるにちがいないふるまいが、いりまじりなさるのであった。

こころ‐あ・り【心有り】❶思いやりがある。人情がある。〈万葉・一・一八〉「三輪山をしかも隠すか雲だにも心あら未なも隠さふべしや」訳 →みわやまを…和歌。対 心無し

❷物の道理がわかる。思慮分別がある。〈徒然・五九〉「少し心ある体際は、皆このあらましにてぞ一期は過ぐめる」訳 少し物の道理を解するほどの人は、皆この(出家の)計画(の段階)で一生は過ぎるようだ。対 心無し

❸情趣を解する。〈徒然・一三七〉「心あら未ん友もがなと、都恋しう覚ゆれ」訳 情趣を解するような友があればなあと、自然と都が恋しく思われる。対 心無し

❹思うところがある。下心がある。また、二心がある。〈古今・恋四〉「飛鳥川の川のよどみなば心ある体とや人の思はむ」訳 飛鳥川がよどんでしまったら(=あなたのもとに通うことがとどこおってしまったら)、(私に)二心があるとあなたは思うだろうか。

❺趣や風情がある。〈枕・三七〉「雨うち降りたるつとめてなどは、世になう心ある体さまにをかし」訳 (橘の花に)雨が降っている早朝などは、またとないほど風情があるようすで趣がある。

こころ‐あわたた・し【心慌し】形シク {しから・しく(しかり)・し・しき(しかる)・しけれ・しかれ}「こころあわただし」とも。心が

最重要330

136 こころ【心・情】名（三一八ページまで続く）

ガイド 現代語ではおもに「情」の方面にいうが、古語では知的な心の働きをもいう。①を原義として、感情や情愛・情趣の意が②〜⑤、知的な思慮分別の意が⑥⑦。⑧〜⑩は内部にあるものの意からの転義。

❶**精神。意識。**
例「心にうつりゆくよしなしごとを」〈徒然・序〉
訳心の中に次々と浮かんでは消えるたわいもないことを。

❷**気持ち。気分。感情。**
例「山沢に遊びて、魚鳥を見れば、心楽しぶ」〈徒然・二一〉
訳山や水辺に遊んで、魚や鳥を見るといつも、気持ちが楽しくなる。

❸**意志。意向。心がまえ。**
例「命だに心にかなふものならば何か別れの悲しからまし」〈古今・離別〉
訳命だけでも思いのままになるものなら、どうして別れが悲しいことがあろうか（いや、悲しくはない）。

❹**思いやり。情け。**
例「堀江越え遠き里まで送り来ける君が心は忘らゆましじ」〈万葉・二〇・四四八二〉
訳堀江を越えてこの遠い里まで送ってきたあなたの情けは忘れることができないだろう。

❺**情趣。情趣を解する気持ち。**
例「かきつばたといふ五文字を句の上にすゑて、旅の心をよめ」〈伊勢・九〉
訳か・き・つ・ば・たという五文字を（和歌の五七五七七の）各句の第一字に置いて、旅の情趣を詠め。

❻**思慮。分別。道理。**
例「心も無かりける夜のあやまちを思ふに」〈源氏・浮舟〉
訳（右近は）思慮もなかった（＝不注意だった）昨夜の失態を考えると。

❼**意味。趣旨。**
例「言の心を、男文字に様をかきいだして」〈土佐〉
訳歌の意味を、漢字で趣旨を書き出して。

落ち着かず、気ぜわしい。いらだたしい。〈徒然・一九〉「折しも雨風うちつづきて、心あわたたしく用散り過ぎぬ」訳折も折雨風がうち続いて、気ぜわしく（桜の花は）すっかり散ってしまう。

こころ-い・る【心入る】一 自ラ四｛ら・り・る・る・れ・れ｝心が引かれる。熱心になる。〈源氏・末摘花〉「かの紫のゆかりたづねとり給ひては、そのうつくしみに心入り用給ひて」訳（光源氏は）あの（藤壺の）縁者（＝若紫）を探して引き取りなさってからは、その方をかわいがることに熱中しなさって。
二 他ラ下二｛れ・れ・る・るる・るれ・れよ｝心を傾ける。熱心にする。〈紫式部日記〉「書（＝漢学）に心入れ用たる親は」

こころ-いれ【心入れ】名 ❶心を打ち込むこと。熱意。❷心づかい。好意。❸心づもり。心がけ。

こころ・う【心得】自ア下二｛え・え・う・うる・うれ・えよ｝
❶事情などをのみこむ。**悟る。理解する。**〈徒然・五二〉「極楽寺・高良などを拝みて、かばかりと心得用て帰りにけり」訳（法師は石清水八幡宮の末寺・末社である）極楽寺や高良神社などを拝んで、（石清水八幡宮は）これだけと思いこんで帰ってしまった。
❷用心する。〈徒然・二一三〉「ころび落ちぬやうに、心得用て炭をつむべきなり」訳（火種が）ころがり落ちないように、用心して炭を積まなければならないのである。
❸**心得がある。**たしなみがある。〈徒然・七九〉「片田舎よりさし出でたる人こそ、よろづの道に心得用たるよしのさしいらへはすれ」訳片田舎から出て来た人は、すべての方面に心得を持っている（という）ふりの返答はする。
❹引き受ける。承知する。〈狂・末広がり〉「『早う戻れ』『心得用（＝承知し）ました』」
参考 ア行下二段活用の動詞には、「心得」「所得」「得」などがある。

こころ-う-が・る【心憂がる】自ラ四｛ら・り・る・る・れ・れ｝［「がる」は接尾語］しみじみつらく思う。つくづく情けなくなる。〈枕・九〉「『二人して打たむには、侍りなむや』

❽**趣向。**

例まづ難き詩の心を思ひめぐらし〈源氏・帚木〉

訳何はともあれむずかしい漢詩の**趣向**に工夫をこらし。

❾**事情。内情。**

例このわたりの心知れらむ者を召して問へ〈源氏・夕顔〉

訳この辺りの**事情**を知っていそうな者を呼んで聞け。

❿**ものの中心。**

例池の心広くしなして〈源氏・桐壺〉

訳池の**中心**(=面)を広くつくりあげて。

フレーズ

心から 自分の心が原因となって。自分から求めて。心の底から。〈枕・二七〉「**心から**思ひ乱るることありて里にあるころ」訳**自分の心が原因で**思い悩むことがあって自宅にいるころ。

心ながら ❶自分の心でありながら。われながら。〈源氏・夕顔〉「わが**心ながら**…いかなる契りにかはありけむ」訳自分の**心でありながら**…(夕顔への執着は)どのような因縁ではあったのだろうか。

❷その心のままで。〈伊勢・一六〉「昔よかりし時の**心ながら**、世の常のことも知らず」訳昔(の羽振り)のよかった時の**気持ちのままで**、世間の常識的なことも知らない。

なりたち「心」+接続助詞「ながら」

心なら-ず ❶本心と違っている。不本意だ。〈竹取・かぐや姫の昇天〉「されどおのが**心ならず**㊊、まかりなむとする」訳けれども自分の**意志に反して**、おいとましてしまおうとする。

❷われ知らず。無意識だ。〈沙石集〉「**心ならず**㊊、『南無阿弥陀仏』と申しけるを」訳(女の童は)**無意識に**、「南無阿弥陀仏」と申し上げたところ。

❸[「心も心ならず」の意]気が気でない。不安でたまらない。〈浄・神霊矢口渡〉「**心ならね**㊋ば(=**気が気でない**ので)、女房[の]湊、思ひのほか早いお帰り」

なりたち「なら」は断定の助動詞「なり」㊍

心に入・る ━(「入る」が自動詞四段の場合)❶深く心にしみる。気に入る。〈源氏・総角〉「愛敬づきてもののたまへるさまの、なのめならず**心に入り**㊊て」訳(大君は)愛らしさがあって、ものをおっしゃっているようすが、ひとかたならず(薫の)**心にしみ入って**。

❷興に入る。気のりする。熱中する。〈源氏・若菜下〉「**心に入り**㊊し盛りには」訳(私=光源氏が七弦琴に)**熱中した**盛りの時には。

━(「入る」が他動詞下二段の場合)深く心にとめる。関心をもつ。〈源氏・橋姫〉「**心に入れ**㊊てもあつかひ聞こえざりけれど」訳(姫君をそれほど)**深く心にとめて**もお世話をし申しあげなかったけれど。

心にもあら-ず ❶無意識である。思わず。〈源氏・明石〉「**心にもあらず**㊊うちまどろみ給ふ」訳(光源氏は)**思わず**うとうととお眠りになる。

❷不本意である。心ならず。〈宇治・一・三〉「山の中に**心にもあらず**㊊とまりぬ」訳(帰ることができず)山の中に**不本意ながら**泊まった。

なりたち「に」は断定の助動詞「なり」㊊、「も」は係助詞

心の秋 「秋」に「飽き」をかけ、秋に木の葉の色が変わるように、飽きて心変わりすること。心に訪れる秋。〈古今・恋五〉「言の葉の**心の秋**に逢ふぞわびしき」訳(あなたの)ことばが**心の秋**(=飽き)に逢って(変わって)いくのがつらい。

心の色 ❶心のさま。特に、身にしみて深く思

など申せば、**心憂がら**㊍せ給ふ」訳「(男が)二人で(犬を)打ったとしたらその時には、生きているでしょうか(いや、きっと生きてはいないでしょう)」などと申し上げると、(定子皇后は)**しみじみ嘆かわしいことだと思い**なされる。

こころ-う・し【心憂し】形ク ➡三九ページ 137

こころ-うつく・し【心愛し】形シク {しから・しく(しかり)・し・しき(しかる)・しけれ・しかれ} **心がかわいらしい。**素直である。〈源氏・初音〉「**心うつくし**㊎といひながら、あまりうちとけ過ぎたりとおぼせど」訳(末摘花は)**心がかわいらしい**というものの、あまりにうちとけすぎていると(光源氏は)お思いになるが。

こころ-おきて【心掟】名 ❶気だて。**性格。気性。**〈源氏・少女〉「殿の御**心おきて**を見るに…御心とは忘れ給ふまじきにこそ、いと頼もしけれ」訳殿(=光源氏)の御**気性**を見ると…(見そめた人を自分の)お心からはお忘れになるまいとなさるので、実に頼もしい。

❷心に決めたこと。心得。**心構え。配慮。**思慮。〈大鏡・時平〉「御**心おきて**もことのほかにかしこくおはします」訳(菅原道真は)御**思慮**も格別にすぐれていらっしゃる。

こころ-お・く【心置く】自カ四 {か・き・く・く・け・け} ❶**心を残す。**執着する。〈源氏・澪標〉「いとうしろめたげに**心おき**㊊給ひしを」訳(亡き六条御息所が)たいそう気がかりなようすで**心残りにし**なさったことを。

❷**気をつける。**用心する。〈源氏・帚木〉「すきたわめらむ女に**心おか**㊍せ給へ」訳浮気なたちですぐに相手になびいてしまうような女にお**気をつけ**なさい。

❸**心に隔てを置く。**気がねをする。遠慮する。〈伊勢・三〉「**心おく**㊎べきこともおぼえぬを、何によりてかかからむ」訳(女が自分に対して)**心に隔てを置く**ようなことも思い浮かばないのに、どうしてこうなのであろうか。

こころ-おく・る【心後る】自ラ下二 {れ・れ・る・るる・るれ・れよ} ❶愚かである。気がきかない。〈源氏・帚木〉「推しはからず詠み出でたる、なかなか**心おくれ**㊊て見ゆ」訳(女が、折にふさわしいかどうかを)推測せずに(歌を)詠みかけたのは、かえって(歌を詠まないよりも)**気がき**

うようす。

❷心のやさしさやうるおい。情味。〈徒然・一四一〉「げには心の色なく、情けおくれ」訳（関東の人は）実際には情味がなく、情緒が乏しく。

心の占 心の中で占い、推しはかること。予感。推量。

心の掟 心構え。心の持ち方。

心の鬼 ❶やましく思う心。良心の呵責。気がとがめること。〈源氏・若菜上〉「人やとがめむ、と心の鬼におぼして」訳人が怪しむだろうかと気がとがめるようにお思いになって。

❷疑い恐れる心。疑心暗鬼。

心の隈 心の奥。心中の秘密。

心のすさび 心のおもむくままに行動すること。気まぐれ。

心の花 ❶変わりやすい心を花の散りやすいのにたとえていう語。あだごころ。〈古今・恋五〉「色見えでうつろふものは世の中の人の心の花にぞありける」訳色が見えない状態で変わってゆくものは、世の中の人の心という花であったよ。

❷美しい心を花にたとえていう語。

心の外 ❶期待や予想に反すること。不本意。意外。

❷心に留めないこと。無関心。

心の闇 ❶分別を失った心を闇にたとえていう。煩悩に迷う心。〈古今・恋三〉「かきくらす心の闇にまどひにき」訳何もかもわからなくなって分別をなくした（暗闇のような）心のために（私は）迷ってしまった。

❷子を思うあまりに理性を失う親の心。子ゆえの迷い。〈源氏・桐壺〉「くれ惑ふ心の闇も堪へ難き片はしをだに、晴るくばかりに」訳（娘を亡くした）悲しみにくれて分別を失う子ゆえの迷いも、せめて耐えきれない（悲しみの）一部をだけでも晴らすほどに。

参考 ②の意は「人の親の心は闇にあらねども子を思ふ道に惑ひぬるかな（＝人の親の心は分別のつかない闇ではないのに、子を思うときには理性を失い何もわからなくなってしまうことだ）」〈後撰・雑一〉による。

心も言葉も及ばれず 想像することも、言葉で言いつくすこともできない。

心を致す 心をつくす。〈源氏・夕霧〉「心をいたし用て仕うまつる御修法」訳心をつくして奉仕するご祈禱。

心を掛く ❶心を留める。気をつける。〈平家・九・宇治川先陣〉「内々は先に心をかけ用たりければ」訳内心では先陣を（つとめることに）心を留めて（＝心に決めて）いたので。

❷思いを寄せる。〈源氏物語玉の小櫛〉「（光源氏が）空蟬の君、朧月夜の君、藤壺の中宮などに心をかけ用て」

❸祈願する。信仰する。

心を尽くす ❶まごころをこめる。精魂をかたむける。

❷いろいろと気をもむ。限りなく心を悩ませる。

心を遣る ❶心中にわだかまっている憂さ・つらさ・苦しさを晴らす。心を慰める。〈万葉・三・三四六〉「夜光る玉といふとも酒飲みて心をやる体にあにしかめやも」訳（珍重される）夜光の玉といっても、酒を飲んで心を慰めることにどうしてまさるだろうか（いや、まさることはない）。

❷自分の心を満足させる。得意がる。〈源氏・帚木〉「我が心得たることばかりを、おのがじし心をやり用て」訳（女というものは）自分の会得していることばかりを、各自が得意になってして。

❸思いをはせる。思いやる。〈源氏・蓬生〉「行く道に心をやり用ていと心地よげなり」訳（栄転して赴任して）行く道中に思いをはせて、（末摘花の叔母は）たいそう満足そうである。

❷気おくれする。弱気になる。〈源氏・梅枝〉「あやしく心おくれ用ても進み出でつる涙かな」訳不思議に、弱気になってもあふれ出てしまう涙であるなあ。

こころ-おくれ【心後れ】 名 ❶ひるむこと。気おくれ。

❷思慮が足りないこと。愚かなこと。〈徒然・二三四〉「かたちみにくく、心おくれにして出で仕へ」訳容貌が醜く、愚かでありながら（世に）出て（人に）仕え。

こころ-おごり【心驕り】 名・自サ変 得意になること。思いあがること。慢心。〈源氏・若菜上〉「などか思ふことかなはざらむとのみ心おごりをするに」訳（柏木は）どうして心に思うことが実現しないであろうか（いや、必ず実現するはずだ）とばかり慢心をするにつけても。

こころ-おそ・し【心鈍し】 形ク（から・く（かり）・し・き（かる）・けれ・かれ） ❶心がこもらない。いいかげんである。〈万葉・一二・二八五六〉「心おそく用手向けしたれや妹に逢ひがたき」訳心をこめずいいかげんに幣を奉ったからか、恋人に逢うことができない。

❷頭の働きがにぶい。気がきかない。〈源氏・蓬生〉「さやうのことにも心おそく用ものし給ふ」訳（末摘花は）そのようなこと（＝古歌や物語）にもにぶくて（＝たしなむことはなくて）いらっしゃる。対心疾し

こころ-おとり【心劣り】 名・自サ変 思っていたよりも劣っていると感じられること。見劣り。期待はずれ。〈徒然・一〉「めでたしと見る人の、心劣りせ未らるる本性見えんこそ、口惜しかるべけれ」訳りっぱだと思う人が、予想に反して劣っていると感じられる本来の性質を（人に）見られるようなのは、残念であろう。対心勝り

こころ-から【心から】 ➡心「フレーズ」

こころから… 俳句

心から　しなのの雪に　降られけり〈文化句帖・一茶〉

（冬　切れ字）

訳（はるばる帰って来たのに、家人や村人は冷たく）

心の底まで冷え切ったうえ、故郷信濃(しなの)（長野県）の雪にまで降られたことだ。

解説 遺産分けの話し合いで帰郷したが決裂し、村人にまで冷たくあしらわれ、四日滞在したのみで江戸に去った、その折の作。遊民俳諧師の業が歓迎されなかったのである。信州柏原(かしわばら)は豪雪の地。

こころから… 和歌

心から　常世(とこよ)を捨(す)てて　鳴(な)く雁(かり)を　雲(くも)のよそにも　思(おも)ひけるかな〈源氏・須磨〉

訳 自分から進んで常世の国を捨てて、（つらい旅に）鳴いている雁を、（今までは）雲のむこうの、自分とはまったく無関係のこととも思っていたのだなあ。

解説 心細げに鳴きながらつれだって飛ぶ雁に、都を離れて須磨(すま)に退去している自分たちの境遇を重ねて詠んだ、光源氏の供人の歌。

こころ-かる・し【心軽し】 形ク {から・く(かり)・し・き(かる)・けれ・かれ}「こころかろし」とも。軽薄である。心が移ろいやすい。〈伊勢・二一〉「出(い)でて去(い)なば心軽し㊇と言ひやせむ世のありさまを人は知らねば」訳 もし（私が）出て行くなら、（世間の人は）軽薄だと言うだろうか。夫婦の間のようすを人は知らないから。

こころ-ぎも【心肝】 名 ❶心。胸中。〈大和・一五二〉「心肝をまどはして求むるに、さらにえ見出(い)でず」訳（逃げた鷹(たか)を）心を乱して捜し求めるものの、いっこうに見つけ出すことができない。❷考え。思慮。〈大鏡・道長下〉「やをらひき隠してあるべかりけることを、心肝なく申すかな」訳 そっと秘密にしていなければならなかったことを、思慮分別なく申すものだ。

こころ-きよ・し【心清し】 形ク {から・く(かり)・し・き(かる)・けれ・かれ} 心が純粋である。邪念がない。**さわやかな心境である。**〈源氏・夕顔〉「今なむ阿弥陀仏(あみだほとけ)の御光も心清く㊍待たれ侍るべき」訳 今は阿弥陀仏の御光（＝来迎）をもさっぱりとした心境で待つことができるでしょう。

こころ-ぐる・し【心苦し】 形シク ➡次ページ 138

こころ-こと【心異・心殊】 形動ナリ {なら・なり(に)・なり・なる・なれ・なれ}（心構えや気配り、内容や趣などが）他と比べてきわだっているさま。格別であるさま。〈枕・三〉「世にありとある人は、皆姿かたち心ことに㊍つくろひ」訳（元日は）世の中のすべての人は、皆身なりや顔つきを格別に装って。

こころ-ごは・し【心強し】 ゴワシ 形ク {から・く(かり)・し・き(かる)・けれ・かれ} 強情である。かたくなである。〈源氏・少女〉「故宮にも、しか心ごはき㊌ものに思はれ奉りて」訳 亡き宮（＝父式部卿(しきぶきょう)の宮）にも、（私＝朝顔の姫君は）そのように強情な者に思われ申しあげて。

こころ-さか・し【心賢し】 形シク {しから・しく(しかり)・し・しき(しかる)・しけれ・しかれ} 気持ちがしっかりしている。〈竹取・かぐや姫の昇天〉「中に心さかしき㊌者、念じて射むとすれども」訳 その中で気持ちがしっかりしている者は、がまんして（天人を）射ようとするけれども。

こころ-ざし【志】 名

❶心を向けるところ。心持ち。**意向。**注意。〈伊勢・四一〉「こころざしはいたしけれど、…うへのきぬの肩を張り破(や)りてけり」訳 注意はいたしたけれども、…上着（＝袍(ほう)）の肩を強く張り過ぎて破ってしまった。

❷心を寄せること。誠意。愛情。〈徒然・一四二〉「孝養(けうやう)の心なき者も、子持ちてこそ、親のこころざしは思ひ知るなれ」訳 親孝行の気持ちのない者も、子供を持ってはじめて、親の愛情は身にしみて悟るのである。

❸（好意・感謝などの気持ちを表して）物を贈ること。**贈り物。**〈土佐〉「いとはつらく見ゆれど、こころざしはせむとす」訳（相手の態度は）ひどく薄情だとは思われるけれども、（お礼の）贈り物はしようと思う。

❹供養。追善。

こころ-ざ・す【志す】 他サ四 {さ・し・す・す・せ・せ}

❶**心に決めてめざす。**目的や目標を思い定める。〈徒然・一四〇〉「後(のち)は誰(たれ)にとこころざす㊌物あらば、生けらんうちにぞ譲るべき」訳 死後はだれそれに（与えよう）と心に決めている物があるなら、生きているような間に譲るがよい。

❷（好意・感謝などを表して）**物を贈る。**〈今昔・一三・一三〉

最重要330

137

こころ-う・し【心憂し】 形ク {から・く(かり)・し・き(かる)・けれ・かれ}

ガイド 「心が憂し」の意。結果的に「憂し」（➡52）と同じような意となる。①は「憂し」と感じる心情をいい、②はそう感じさせる対象についていう。

❶ **つらい。情けない。**嘆かわしい。

例 年寄るまで、石清水(いはしみづ)を拝まざりければ、心憂く㊍おぼえて〈徒然・五二〉

訳（法師は）年をとるまで、石清水八幡宮(はちまんぐう)を参詣していなかったので、嘆かわしく思われて。

❷ **いやだ。不愉快だ。**

例 いふかひなき下衆(げす)の、うち歌ひたるこそ、いと心憂けれ㊀〈枕・三〇〉

訳（自分が気に入って書きとめておいた歌を）つまらない身分の者が、口に出して歌っている（のを聞く）のは、たいそう不快だ。

最重要330

138

こころーぐる・し【心苦し】形シク〔しから・しく(しかり)・し・しき(しかる)・しけれ・しかれ〕

ガイド 心に苦痛を感じるの意。自分の気持ちをいう①のほか、苦痛を感じるほどの、相手の状況に対する気持ちとして、心配だ(②)、気の毒だ(③)の意が生じた。

❶(自分にとって)心に苦しく思われる。つらい。

例 あしひきの荒山中(あらやまなか)に送り置きて帰らふ見れば心苦し終も〈万葉・九・一八〇六〉

訳 荒れた山の中に野辺の送りをして、(なきがらを)置いて帰ってくるのを見ると胸が苦しいことよ。(「あしひきの」は「山」にかかる枕詞)

❷気がかりである。心配である。

例 わづらはしかりつることはことなくて、安かるべきことは、いと心苦し終〈徒然・一八九〉

訳 めんどうだと思っていたことはなんでもなくて、容易であるはずのことは、(実際には)非常に気がかりである。

❸はたから見ていて苦しく思われる。気の毒だ。かわいそうだ。

例 思はむ子を法師になしたらむこそ心苦しけれ已〈枕・七〉

訳 愛する子がいるとしてその子を、法師にしているとしたらそれは、気の毒だ。

語感実感

失恋して落ち込んでいる友人の様子が痛々しく気の毒で、見ている自分もつらく思われる感じ。

「この食物(じきもつ)は彼(か)の仙人のこころざし用遣(つか)はす物なり」訳 この食べ物はその仙人が贈ってくださるものである。❸死者を供養する。追善する。

こころーざま【心様】名 心のあり方。気持ち。性格。気だて。〈大鏡・師尹〉「御心ざまわづらはしく、くせぐせしきおぼえまさりて」訳 (済時(なりとき)は父師尹(もろまさ)より)ご性格が気むずかしく、ひねくれている(という)評判が高くて。

こころーしらひ(シライ)【心しらひ】名 心配り。配慮。〈浜松中納言物語〉「こまごまとこちたきまである御心しらひの、世の常(つね)ならぬを」訳 こまごまとしてわずらわしいほどであるお心配りが、なみなみでないのを。

こころーしら・ふ(ラ(ロ)ウ／シ)【心しらふ】自ハ四〔は・ひ・ふ・へ・へ〕気を配る。気をきかす。注意をはらう。〈栄花・月の宴〉「よろづに心しらひ用聞こえさせ給ふも」訳 万事に心を配り申しあげなされるにつけても。

こころーし・る【心知る】自ラ四〔ら・り・る・る・れ・れ〕事情を知る。物の道理、または情趣を解する。〈土佐〉「なほ悲しきにたへずして、ひそかに心知れ已る人と言へりける歌」訳 やはり悲しい思いに耐えられなくて、こっそりと気持ちを理解している人と詠んでいた歌。

こころ・す【心す】自サ変〔せ・し・す・する・すれ・せよ〕気をつける。用心する。注意する。〈徒然・一〇九〉「過(あやま)ちすな。心し用て降りよ」訳 失敗するな。用心して降りよ。

こころーすご・し【心凄し】形ク〔から・く(かり)・し・き(かる)・けれ・かれ〕もの さびしい。人けがなく、気味が悪い。〈源氏・須磨〉「森の木立こぶかく心すごし終」訳 森の木々も奥深くおい茂って気味が悪い。

こころーたか・し【心高し】形ク〔から・く(かり)・し・き(かる)・けれ・かれ〕理想が高い。また、気位が高い。〈源氏・若菜上〉「はかなき夢に頼みをかけて、心高く用ものし給ふなりけり」訳 (父明石(あかし)の入道は)頼りない夢に期待をかけて、理想を高くもっていらっしゃるのであった。

こころーだましひ(ダ／マシイ)【心魂】名 ❶精神。正気。❷思慮才覚。〈大鏡・伊尹〉「御心魂いとかしこく、有識(いうそく)におはしまして」訳 (中納言は)ご思慮才覚はたいそうすぐれ、物事によく通じた方でいらっしゃって。

こころーづから(ズカラ)【心づから】副(「づから」は接尾語)自分の意志で。自分の心から。〈源氏・柏木〉「心づからもて損(そこ)なひつるにこそあめれ、と思ふに」訳 自分の心のままに(わが身を)衰弱させてしまったようだと思うにつけても。

こころづきーな・し【心付き無し】形ク ➡次ページ

139

こころーづ・く【心付く】「こころつく」とも。一 自カ四〔か・き・く・く・け・け〕気がつく。また、分別がつく。〈堤・虫めづる姫君〉「在(あ)る人々は心づき用たるもあるべし」訳 (そこに)いる人々(の中に)は気づいた者もいるだろう。二 他カ下二〔け・け・く・くる・くれ・けよ〕❶気づかせる。注意させる。〈徒然・一八四〉「若き人に見ならはせて、心づけ未んためなり」訳 若い人に見習わせて、気づかせようというためなのだ。

❷執心する。**思いを寄せる。**〈大和・付載説話〉「女も心づけ(用)ていふことありけり」訳 女も(男に対して)好意を持って話すことがあった。

こころ-づくし【心尽くし】(名) いろいろと物思いすること。気をもむこと。〈古今・秋上〉「木の間よりもりくる月の影見れば心づくしの秋は来にけり」訳 木の間からもれてくる月の光を見ると、あれこれと物思いをして心をくだく秋は来たのだなあ。

こころ-づよ・し【心強し】(形ク){から・く(かり)・し・き(かる)・けれ・かれ} ❶意志が固い。気丈である。〈源氏・夕顔〉「心強く(用)、『…あなかま』といさめ給ひて」訳 (光源氏は)気丈に、「…ああやかましい、静かに」とたしなめなさって。

❷人情味がない。つれない。〈竹取・かぐや姫の昇天〉「心強く(用)うけたまはらずなりにしこと」訳 (帝の仰せを)つれなくお受け申しあげないままになってしまったことを。(対)心弱し

こころ-と【心と】(副) 自分の心から。自分から。〈新古・雑下〉「つくづくと思へばやすき世の中を心となげく我が身なりけり」訳 よくよく考えてみると、とりたてて難しいこともない世の中であるのに、自分から(わざわざ)嘆いているわが身の上であることだ。

こころ-ど【心ど】(名) しっかりした心。気力。〈万葉・三・四五七〉「遠長く仕へむものと思へりし君しまさねば心どもなし」訳 いつまでもお仕えするものだと思っていた主人が(もはや)おいでにならないので、気力もない。

こころ-ときめき【心ときめき】(名・自サ変) (期待や不安に)胸がどきどきすること。わくわくすること。〈徒然・八〉「えならぬ匂ひには、必ず心ときめきする(体)ものなり」訳 なんとも言えないよい匂いには、必ず心がわくわくするものである。

こころ-と・く【心解く】(自カ下二){け・け・く・くる・くれ・けよ} 緊張がゆるむ。気がゆるむ。〈源氏・夕顔〉「人離れたるところに心とけ(用)て寝ぬるものか」訳 人の気配のない所で、気を許して寝込むことがあろうか(いや、あってはならない)。

こころ-と・し【心疾し】(形ク){から・く(かり)・し・き(かる)・けれ・かれ} 察しがよい。機敏である。〈源氏・葵〉「うちほほゑみてのたまふ御気色を、心とき(体)ものにて、ふと思ひよりぬ」訳 (光源氏が)ちょっとほほえんでおっしゃるごようすを(見て)、(惟光は)察しのよい男なので、(これは結婚祝いの三日の夜の餅だと)さっと気づいた。(対)心鈍し

こころ-なが・し【心長し】(形ク){から・く(かり)・し・き(かる)・けれ・かれ} 気が長い。辛抱強い。長い間心が変わらない。〈源氏・関屋〉「今はおぼし忘れぬべきことを、心長く(用)もおはするかな」訳 (空蟬は)今はもう忘れておしまいになりそうなことなのに、(光源氏は)長い間心が変わらずにもいらっしゃることだなあ。(対)心短し

こころ-ながら【心ながら】➡心「フレーズ」

こころなき… (和歌)

心なき　身にもあはれは　知られけり
鴫立つ沢の　秋の夕暮れ
〈新古・四・秋上・三六二・西行〉

訳 ものの情趣を感じる心のない(出家した)この身にも、しみじみとした情趣はおのずと実感されることだ。鴫が飛び立つ沢の秋の夕暮れには。(「知られけり」の「れ」は、自発の助動詞「る」の連用形)

解説 「心なき身」を、自分を卑下した言い方とみる説もあるが、感情を超越した僧である自分ととらえたほうが、身にしみこむような秋の情景にふさわしいといえる。「三夕の歌」のうちの一首。➡三夕の歌

こころ-なし【心無し】(名) 思慮分別のないこと。また、その人。不注意者。〈源氏・若紫〉「心なしのかかるわざをしてさいなまるるこそいと心づきなけれ」訳 不注意者がこのような(雀の子を逃がす)ことをしでかしてしかられるのは、とても気にくわない。

こころ-な・し【心無し】(形ク){から・く(かり)・し・き(かる)・けれ・かれ} ❶道理を解さない。**思慮や分別がない。**〈徒然・一三七〉「酒飲み、連歌して、果ては、大きなる枝、心なく(用)折り取りぬ」訳 (桜の木の下で)酒を飲み、連歌をして、果ては、大きな(桜の)枝を思慮もなく折り取ってしまう。

❷**人情を解さない。**思いやりがない。つれない。〈平家・一一・一門大路渡〉「心なき(体)あやしの賤の男・賤の女」訳 人情を解さない、いやしい身分の低い男や身

最重要330　139

こころづき-な・し【心付き無し】(形ク){から・く(かり)・し・き(かる)・けれ・かれ}

ガイド 「心付き(=心に適う)+無し」からできた語かといわれる(一説に「心+つきなし(=ふさわしくない)」かともいう)。対象に心が寄り添えないの意。

❶ **心がひかれない。おもしろみがない。**

例 心づきなき(体)ことあらん折は、なかなかそのよしをも言ひてん〈徒然・一七〇〉

訳 (他人と会うのに)気のりしないことがあるようなときは、かえってその理由をも言ってしまうのがよい。

❷ **気にくわない。不愉快である。**

例 例の、心なしのかかるわざをしてさいなまるるこそいと心づきなけれ(已)〈源氏・若紫〉

訳 いつものように、不注意者がこのような(雀の子を逃がす)ことをしでかしてしかられるのは、とても気にくわない。

最重要330

140

こころ-にく・し【心憎し】形ク〔から・く(かり)・し・き(かる)・けれ・かれ〕

ガイド ねたましく感じるほどに相手がすぐれているさまをいう。相手の心の働きのすばらしさがうらやましい→自分には理解できない心の働きだ、ということから、中世以降❷の意が、近世以降❸の意が生じた。

❶心ひかれる。奥ゆかしい。上品だ。

例 木立、前栽(せんざい)などなべての所に似ず、いとのどかに心にくく用住みなし給へり〈源氏・夕顔〉 訳 (屋敷は)木立や庭の植え込みなどが普通の所と違って、とてもゆったりと奥ゆかしく住んでいらっしゃった。

❷恐るべきだ。警戒すべきである。

例 定めて討手(うって)向けられ候はんずらん。心にくう用(ウ音便)も候はず〈平家・四・競〉 訳 (頼政(よりまさ)は)きっと討手の兵をお寄こしになるでしょう。(しかし)恐れるほどでもございません。

❸いぶかしい。不審だ。

例 心にくし終。重き物を軽う見せたるは、隠し銀(がね)に極(きは)まるところ〈浮・世間胸算用〉 訳 どうもあやしい。重いものを軽く見せかけているのは、隠し金に相違ないこと。

分の低い女。❸情趣を解さない。風流心がない。〈徒然・一四三〉「心なし終と見ゆる者も、よき一言言ふものなり」訳 情趣を解さないと見える者も、よい一言を言うものである。《対 心有り》

こころ-なら-ず【心ならず】⬇心「フレーズ」

こころ-ならひ(ナライ)【心習ひ】名 心のならわし。習慣。くせ。

こころ-に-い・る【心に入る】⬇心「フレーズ」

こころ-にく・し【心憎し】形ク ⬇右 140

こころにも… 和歌《百人一首》【心にも あらで憂(う)き世(よ)に 長(なが)らへば 恋(こひ)しかるべき 夜半(よは)の月(つき)かな】〈後拾遺・雑一・三条院〉⬇付録①「小倉百人一首」68

こころ-に-も-あら-ず【心にもあらず】⬇心「フレーズ」

こころ-ね【心根】名 心の奥底。本心。本性。〈和泉式部集〉「心根の程を見するぞ」訳 心の奥の本心のほど(がどれほどのものであるのか)を見せるよ。

こころ-の-あき【心の秋】⬇心「フレーズ」

こころ-の-いろ【心の色】⬇心「フレーズ」

こころ-の-うら【心の占】⬇心「フレーズ」

こころ-の-おきて【心の掟】⬇心「フレーズ」

こころ-の-おに【心の鬼】⬇心「フレーズ」

こころ-の-くま【心の隈】⬇心「フレーズ」

こころ-の-すさび【心のすさび】⬇心「フレーズ」

こころ-の-はな【心の花】⬇心「フレーズ」

こころ-の-ほか【心の外】⬇心「フレーズ」

こころ-の-やみ【心の闇】⬇心「フレーズ」

こころばえ〖心ばえ〗⬇こころばへ

こころ-ばせ【心馳せ】名 ❶性格や性質にもとづく心の働き。気だて。気性。〈源氏・桐壺〉「心ばせのなだらかに目やすく憎みがたかりしことなど」訳 (桐壺の更衣の)気だてが温和で感じがよく、憎めなかったことなどを。❷日常の生活や処世に対する心がけ。心構え。たしなみ。分別。〈源氏・帚木〉「心ばせまことにゆゑありと見えぬべく、…手つき口つき、みなたどたどしからず」訳 たしなみもほんとうに風情があると思われるに相違なく、…腕前も詠みぶりもみな未熟でなく。❸その場の状況に応じた心づかい。配慮。気ばたらき。才覚。〈今昔・二八・一六〉「装束をみな解きて隠し置きて、しか言はむと思ひける心ばせ、さらに人の思ひ寄るべきことにあらず」訳 着衣をすべて脱いで隠しておいて、(強盗に出会ったら)そのように(=すでに他の強盗に奪い取られたと)言おうと考えた才覚は、まったく(世間の)人が思いつくことができることではない。

こころ-はづか・し(ハズカシ)【心恥づかし】形シク〔しから・しく(しかり)・し・しき(しかる)・しけれ・しかれ〕❶(相手がりっぱなので、こちらが)気恥ずかしく感じる。気おくれがする。気がひける。〈枕・二八〉「さすがに心はづかしき体人、いと憎く、むつかし」訳 なんといっても(相手がりっぱでこちらの)気がひける人(の場合)は、(疎略にもできないので)たいそう不快で、わずらわしい。❷(こちらが気おくれするほど、相手が)りっぱである。すぐれている。〈源氏・若紫〉「法師なれど、いと心はづかしく用、人がらもやむごとなく」訳 出家の身ではあるけれど、たいそうりっぱで、品性も尊く。

こころ-ばへ(バエ)【心ばへ】名 ❶心のようす。心づかい。気だて。〈源氏・葵〉「御ともの人々うちかしこまり心ばへありつつ渡るを」訳 (光源氏の)お供の人たちは威儀を正し、(葵(あおい)の上の牛車(ぎっしゃ)

の前を)それぞれ心づかいをして通り過ぎるので。❷趣向。おもむき。風情。〈源氏・帚木〉「水の心ばへなど、さる方にをかしくしなしたり」［訳］(庭に引き入れた)遣り水の風情など、それなりにことさら風流に造ってある。❸趣意。意味。〈伊勢・一〉「『みちのくのしのぶもぢずり…』といふ歌の心ばへなり」［訳］「陸奥のしのぶもじずり(のように)…」という歌の趣意(をとったの)である。

こころ-ばら【心腹】［名］むかっ腹。

こころ-ふか・し【心深し】［形ク］{から・く(かり)・し・き(かる)・けれ・かれ}❶思慮深い。情愛が深い。〈源氏・蓬生〉「あはれに心深き㊍契りをし給ひしに」［訳］(光源氏が私＝末摘花に)しみじみと情愛の深い約束をなさったのに。［対］心浅し ❷趣や味わいが深い。風情がある。〈徒然・二三七〉「暁近くなりて待ち出でたるが、いと心深う㊊(ウ音便)、青みたるやうにて」［訳］明け方近くになって、ずっと待っていてようやく姿を現したの(＝有り明けの月)が、たいそう趣深く、青みがかったようであって。

こころ-ぼそ・し【心細し】［形ク］{から・く(かり)・し・き(かる)・けれ・かれ}❶頼りなくて不安だ。心細い。〈源氏・夕顔〉「年ごろの頼み失ひて心細く㊊思ふらむ慰めにも」［訳］(あなた＝右近も)長年の頼み(としている人＝夕顔)を失って頼りなく思っているだろう、その慰めとしても。❷ものさびしい。心さびしい。〈徒然・一九〉「早苗とるころ、水鶏のたたくなど、心細から㊌ぬかは」［訳］早苗を(苗代から田に)移し植えるころ、くいな(＝水鳥の名)が戸をたたくような声で鳴くのなどは、ものさびしくないだろうか(いや、実にものさびしい)。

こころ-まうけ【心設け】［名］前もってする心の準備。心構え。計画。〈大鏡・師輔〉「疾うよりさる御心設けは思し寄らせ給ひにけるにや」［訳］(馬の頭殿＝顕信は)早くからそのような(出家をする)ご計画はお考えつきなさっていたのであろうか。

こころ-まさり【心勝り】［名・自サ変］❶予期していたよりもすぐれて感じられること。〈著聞・三二〉「いよいよ心まさりし㊊て、愛でおぼしめしけり」［訳］(藤原教通は小式部内侍を)ますます予想以上にすぐれていると感じて、いとしくお思いになった。［対］心劣り ❷(姿より)心がしっかりしていること。

こころ-まどひ【心惑ひ】［名］思い乱れること。正気を失って取り乱すこと。〈竹取・かぐや姫の昇天〉「必ず心惑ひし給はむものぞと思ひて」［訳］きっと取り乱しなさるにちがいないものだと思って。

こころ-みえ【心見え】［名・形動ナリ］心中を見透かされること。また、心中を見せること。〈源氏・蛍〉「継母の腹きたなきむかし物語もおほかるを、心見えに㊊心づきなしとおぼせば」［訳］継母の意地の悪い(ことを書いた)昔の物語も多いが、(それは継母の)心中を(こういうものだと)見せるようでおもしろくないと(光源氏は)お思いになるので。

こころ-も-ことば-も-およば-れ-ず【心も言葉も及ばれず】↓心「フレーズ」

こころもとな-が・る【心許ながる】［自ラ四］{ら・り・る・る・れ・れ}(「がる」は接尾語)待ち遠しく思う。じれったく思う。〈竹取・かぐや姫の昇天〉「天人、『遅し』と、心もとながり㊊給ふ」［訳］天人は「遅い」と言って、じれったく思いなさる。

こころもとな・し【心許なし】［形ク］↓次ページ

141 **こころ-やす・し**【心安し】［形ク］{から・く(かり)・し・き(かる)・けれ・かれ}❶心配や気づかいがない。安心である。気楽である。〈源氏・桐壺〉「源氏の君は、上の常に召しまつはせば、心やすく㊊里住みもえし給はず」［訳］源氏の君は、帝(＝父桐壺帝)がいつも(自分のそば近くに)招き寄せて付き従わせなさるので、(内裏から退出して)気楽に自分の家に住むこともおできにならない。❷遠慮がなく親しい。気さくである。気軽である。〈源氏・帚木〉「人よりは心やすく㊊なれなれしく振る舞ひたり」［訳］(頭の中将は光源氏に対して)他の人よりは気軽に親しく振る舞っている。❸たやすい。容易である。〈平家・七・維盛都落〉「道にも敵待つなれば、心やすう㊊(ウ音便)通らんことも有り難し」［訳］(西国へ落ちて行く)道中にも敵が待つというので、たやすく通るようなことも困難である。

こころ-やま・し【心疚し・心疾し】［形シク］{しから・しく(しかり)・し・しき(しかる)・しけれ・しかれ}思いどおりにならず不満なさま。また、劣等感から不快を感じるさま。おもしろくない。〈大鏡・師輔〉「女御の御かたちいとうつくしくめでたくおはしましければ、…いとど心やましく㊊ならせ給ひて」［訳］女御(＝芳子)のご容貌がたいそうかわいらしく(また)すばらしくていらっしゃったので、…(中宮安子は)ますます不快におなりになられて。

こころ-やり【心遣り】［名］不快な気持ちを発散させること。気晴らし。〈土佐〉「男どちは、心やりにやあらむ、漢詩などいふべし」［訳］男たちは、気晴らしであろうか、漢詩などを吟ずるようである。

こころ-ゆ・く【心行く】［自カ四］{か・き・く・く・け・け}心が晴れ晴れする。満足する。せいせいする。〈源氏・紅葉賀〉「御いらへも聞こえ給はねば、心ゆか㊌ぬなめりといとほしくおぼしめす」［訳］(光源氏が)ご返答も申し上げなさらないので、(葵の上との結婚に)満足しないのであるようだと、(桐壺帝は)ふびんにお思いになられる。

こころ-よ・し【快し】［形ク］{から・く(かり)・し・き(かる)・けれ・かれ}❶【快し】㋐愉快である。楽しい。うれしい。気持ちよい。〈大鏡・道長上〉「御口はこころよく㊊笑ませ給ひて」［訳］(藤原詮子が)お口もとは気持ちよくにっこりなされて。㋑病気が快方に向かい気分がよい。〈狂・武悪〉「気色もだんだんこころよう㊊(ウ音便)ござるによって」［訳］(病気による不快な)気分もだんだん心地ようございますので。❷【心良し】気だてがよい。お人好しである。〈枕・二七〉「人にあなづらるるもの…あまりこころよし㊎と人に知られぬる人」［訳］人からばかにされるもの、…あまりにお人好しだと世間の人に知られてしまった人。

こころ-よせ【心寄せ】［名］❶好意や愛情を寄せること。ひいきにすること。❷期待を寄せること。あてにすること。〈宇治・一・一二〉「僧たち、宵のつれづれに、『いざ、かいもちひせん』と言ひけるを、この児心寄せに聞きけり」［訳］僧たちが、宵の所在なさに、「さあ、ぼた餅を作ろう」と言ったのを、この稚児が期待する気持ちで聞いたのであった。

最重要330

141

こころもとな・し【心許なし】形ク{から・く(かり)・し・き(かる)・けれ・かれ}

ガイド **心がやたらに動きまわって落ち着かない感じ**をいう。「心」に、「根拠がなく。やたらに」の意の副詞「もとな」の付いた「心もとな」が形容詞化した語とみられる。

❶ **待ち遠しくて心がいらだつ。じれったい。**

例 かたく封(ふん)じたる続飯(そくひ)などあくるほど、いと**心もとなし**終〈枕・一六〇〉

訳 (恋人からの手紙の)固く封をしてある糊(のり)づけなどを開ける間は、とても**じれったい**。

❷ **気がかりだ。不安だ。**

例 よろづいみじうおぼつかなう**心もとなう**用(ウ音便)おぼされて〈栄花・もとのしづく〉

訳 (大殿＝道長は)何事もひどく心細く**不安に**お思いにならずにはいられなくて。

❸ **ぼんやりしている。はっきりしない。**

例 せめて見れば、花びらのはしに、をかしき匂(にほ)ひこそ**心もとなう**用(ウ音便)つきためれ〈枕・三七〉

訳 (梨の花は)しいて(注意して)見ると、花びらの端に、趣ある色つやが**はっきりわからないぐらいに**ついているようだ。

❹ **不十分でもの足りない。**

例 少納言がもてなし**心もとなき**体ところなう心にくしと見給ふ〈源氏・葵〉

訳 (光源氏は)少納言(の乳母(めのと))のはからいは**足りない**ところがなく、奥ゆかしいとご覧になる。

こころ-よわ・し【心弱し】形ク{から・く(かり)・し・き(かる)・けれ・かれ} ❶意志が弱い。気が弱い。〈古今・恋五〉「つれなきを今は恋ひじと思へども**心弱く**用も落つる涙か」訳 つれない人を今はもう恋しく思うまいと思うけれども、**気弱に**も落ちる涙であるよ。❷情にもろい。〈源氏・柏木〉「いみじき過(あやま)ちありとも、**心弱く**用許しつべき御さまかな」訳 ひどい過ちがあっても、**情にほだされて**許してしまいそうな(女三の宮の可憐(かれん)な)ごようすであることよ。《対 心強し》

こころ-わか・し【心若し】形ク{から・く(かり)・し・き(かる)・けれ・かれ} ❶幼稚である。うぶだ。〈枕・四一〉「山鳥、友を恋ひて、鏡を見すれば慰むらむ、**心わかう**用(ウ音便)、いとあはれなり」訳 山鳥は、友を慕って(悲しむが)、鏡を見せると(映った姿を友かと思って)心が晴れるとかいうのは、**純真で**、たいそういじらしい。❷気持ちが若々しい。〈源氏・玉鬘〉「**心わかう**用(ウ音便)おはせしものを、かかる道をも見せ奉るものにもがな」訳 (夕顔は)**気が若く**ていらっしゃったのだから、こんな(旅の)道中をもお見せ申しあげるものであればなあ。

こころ-を-いた・す【心を致す】➡心「フレーズ」

こころ-を-か・く【心を掛く】➡心「フレーズ」

こころ-を-つく・す【心を尽くす】➡心「フレーズ」

こころ-を-や・る【心を遣る】➡心「フレーズ」

ここ-を-もちて【是を以て】➡是(ここ)「フレーズ」

ここ-を-もって【是を以て】➡是(ここ)「フレーズ」

古今著聞集(ここんちょもんじふ)(ココンチヨモンジユウ)《作品名》鎌倉中期の説話集。橘成季(たちばなのなりすゑ)編。建長六年(一二五四)成立。二十巻。日本の約七百の説話を神祇(じんぎ)・釈教・政道忠臣・文学など、三十編に分類し、年代順に配列する。

ござ-あ・り【御座あり】自ラ変{ら・り・り・る・れ・れ} ❶「あり」「居(ゐ)る」の尊敬語。いらっしゃる。おいでになる。〈平家・三・御産〉「法皇は…錦帳(きんちやう)近く**御座あっ**用(促音便)て」訳 (後白河)法皇は…錦の帳(とばり)の近くに**いらっしゃっ**て。❷「行く」「来(く)」の尊敬語。いらっしゃる。おいでになる。〈太平記・二七〉「『御身はいづくへ**御座ある**体人ぞ』と問ひければ」訳「あなた様はどちらへ**いらっしゃる**人か」と尋ねたところ。《→御座(ござ)る(自ラ四)参考》

ござ-あ・り【御座あり】補動ラ変{ら・り・り・る・れ・れ}「あり」「居(ゐ)る」の尊敬語。…(で)いらっしゃる。〈太平記・二二〉「新帝幼主にて**御座ある**体上」訳 新帝は幼い帝(みかど)で**いらっしゃる**うえ。→御座(ござ)る(自ラ四)参考

ござ-あ・る【御座ある】自ラ四{ら・り・る・る・れ・れ}「御座あり(ラ変)」の四段活用化したもの。→御座(ござ)る(自ラ四)参考

ご…さうら・ふ(ソウロウ)【御…候ふ】→おん…さぶらふ

こ-ざか・し【小賢し】形シク{しから・しく(しかり)・し・しき(しかる)・しけれ・しかれ} ❶りこうぶっている。なまいきである。また、大人びている。ませている。❷ぬけめがない。油断ができない。

ござ-さうら・ふ(ソウロウ)【御座候ふ】自ハ四{は・ひ・ふ・ふ・へ・へ} ❶「御座あり」の丁寧語。いらっしゃいます。おいで

になります。おありになります。〈太平記・一〇〉「大殿ばかりこそ、いまだ葛西谷に**御座候へ**(已)」訳 大殿だけが、まだ葛西の谷に**おいでになります**。

❷「あり」の丁寧語。あります。ございます。〈芭蕉書簡〉「折節は御書状もと存じ、心懸けも**御座候へ**(已)ども」訳 折節にはお手紙も(差し上げたい)と存じ、心がけも**ございます**けれども。

参考 尊敬語「御座あり」の「あり」を「候ふ」に替えて、尊敬の意にさらに丁寧の意を添えたもの。のちには丁寧語としてもっぱら書簡文に用いられた。

ござ-さうら・ふ【御座候ふ】補動八四 {は・ひ・ふ・ふ・へ・へ} ❶「御座あり」の丁寧語。…(で)いらっしゃいます。〈謡・蘆刈〉「頼み奉り候ふ人の若子の御乳の人にて**御座候ふ**(終)」訳 (私が主人と)頼りにし申しあげます人の若様の御乳母にあたる人で**いらっしゃいます**。

❷「あり」の丁寧語。…(で)ございます。…(で)あります。〈謡・蘆刈〉「それがしは忠の者にて**御座候ふ**(終)よ」訳 私は忠義の者で**ございます**なあ。《→御座候ふ(自八四)参考》

ござ-な・し【御座無し】形ク {から・く(かり)・し・き(かる)・けれ・かれ} ❶「なし」の尊敬語。いらっしゃらない。おいでにならない。おありにならない。〈太平記・三〉「まづ内裏へ参じて見奉るに、主上は**御座なく**(用)て」訳 ともかく内裏へ参上して(捜し求めて)見申しあげるけれど、主上(=後醍醐天皇)は**おいでにならなく**て。

❷「なし」の丁寧語。ありません。ございません。〈きのふはけふの物語〉「御さかなも**御座なけれ**(已)ども、せめて御酒なりとも参らせたい」訳 (これといった)御肴も**ございません**が、せめてお酒なりとも差し上げたい。

参考「御座あり」「御座ある」「御座る」の否定形。形容詞「なし」の活用のしかたが、「ない」に変化するとともに、「御座ない」に変化した。

ござ-な・し【御座無し】補形ク {から・く(かり)・し・き(かる)・けれ・かれ} ❶「なし」の尊敬語。…(で)いらっしゃらない。〈謡・船弁慶〉「ただ日月のごとく御座あらうずると存じて候へば、さも**御座なく**(用)て」訳 (源頼朝と源義経の兄弟の仲は)ひたすら(共に並んで栄える)太陽と月のようでいらっしゃるであろうと存じておりますと、(実際は)そのようでも**いらっしゃらなく**て。

❷「なし」の丁寧語。…(で)ありません。…(で)ございません。〈天草本伊曽保〉「これはさらにむつかしい不審でも**御座ない**(終)(口語)」訳 これは決して難しい謎かけでも**ございません**。《→御座無し(形ク)参考》

ご…さぶら・ふ【御…候ふ】→おん…さぶらふ

ござ・る【御座る】自ラ四 {ら・り・る・る・れ・れ} 〔「御座ある」の転〕❶「ある」「居る」の尊敬語。**いらっしゃる。**おいでになる。〈きのふはけふの物語〉「つつじを眺めて和尚の**ござる**(終)」訳 つつじを眺めて和尚が**いらっしゃる**。

❷「行く」「来」の尊敬語。いらっしゃる。**おいでになる。**〈狂・餅酒〉「こなたはどれからどれへ**ござる**(体)ぞ」訳 あなたはどこからどこへ**おいでになるの**か。

❸「ある」「居る」の丁寧語。あります。**ございます。**〈狂・末広がり〉「末広がり(=扇)と申す物は、つひに見たことも**ござら**(未)ぬ(=**ございません**)」

参考「おはす」「おはします」に「御座」をあて、音読した「ござ」にラ変動詞「あり」がついてできた「御座あり」は鎌倉時代から用いられるようになり、ラ変動詞「あり」の四段活用化に伴い、室町時代には「御座ある」(ラ四)を生じ、これがつづまって「御座る」(ラ四)を生み出していく。こうした過程で、「御座ある」には丁寧語としての用法、すなわち、丁寧の本動詞(「ある」「居る」の丁寧語として「あります」「ございます」の意を表す)、丁寧の補助動詞(「ある」の丁寧語として「…(で)あります」「…(で)ございます」の意を表す)の用法が生じ、「御座る」は尊敬語としても丁寧語としても用いられた。

ござ・る【御座る】補動ラ四 {ら・り・る・る・れ・れ} 〔四段動詞「御座る」から〕❶「ある」「居る」の尊敬語。…(で)いらっしゃる。〈狂・福の神〉「『案内』とは誰そ、どなたで**ござる**(体)」訳「案内(願います)」と(言ったの)はだれか、どなたで**いらっしゃる**(のか)。

❷「ある」「居る」の丁寧語。…(で)あります。…(で)ございます。〈狂・佐渡狐〉「これは私の寸志(=ささやかな志)で**ござる**(終)」《→御座る(自ラ四)参考》

ご-さん【五山】名 禅宗の五大寺の称。時代によって変遷があるが、十四世紀後半からは、京都五山は、天竜寺・相国寺・建仁寺・東福寺・万寿寺。鎌倉五山は、建長寺・円覚寺・寿福寺・浄智寺・浄妙寺。中国の「五山」の制にならったもの。

ござん-なれ〔「にこそあるなれ」の転。近世中期以降、誤って「ござんなれ」とも「ごさなれ」とも〕…であるなあ。…だな。…であるようだな。〈平家・二・能登殿最期〉「さては大将軍に組め**ござんなれ**」訳 それでは、大将軍(=源義経)に取っ組み合え**というのだな**。

参考「なれ」は、伝聞・推定の助動詞「なり」の已然形。多く、相手の話やうわさなどを聞いて判断を下す意を表す。

ござん-なれ〔「ござんなれ」の「ござん」を、「御座る」の変化したものと誤解した語〕「ござんなれ」に同じ。

ごさん-めれ〔「にこそあるめれ」の転〕「ごさめれ」とも。…であるように見える。…であるようだな。…だな。〈平家・七・実盛〉「あっぱれ、これは斎藤別当である**ごさんめれ**」訳 ああ、これは斎藤別当であるの**だな**。

参考 相手や対象を見て、そのようすから判断を下す意を表す。

こし【越】名 北陸地方の古称。今の福井・石川・富山・新潟の四県にあたる。→北陸道

こし【腰】名 ❶身体の一部分。腰。❷衣服や袴などの腰に当たる部分。また、そのあたりに結ぶひも。❸山のふもとのあたり。山裾。❹和歌の第三句。腰の句。

こし【輿】名 乗り物の名。二本の轅に屋形を載せ、その中に人を乗せて運ぶもの。肩にかつぐ輦と、手で腰のあたりの高さに支える腰輿(手輿とも)とがある。屋形の形によって、鳳輦・葱花輦・板輿・網代輿・四方輿などがある。平安時代以前はおもに天皇の乗り物であったが、以後、腰輿は皇族・摂関にも使用が許され、中世には、簡単な形のものが一般にも用いられるようになった。⬇車「古文常識」・鳳輦「古文常識」

こ・し【濃し】[形ク]〔から・く(かり)・し・き(かる)・けれ・かれ〕❶(色・味・香気・関係などが)**濃い**。**深い**。〈枕・三七〉「橘の葉の**濃く**(用)青きに、花のいと白う咲きたるが」[訳]橘の葉が**色濃く**青いところに、花がたいそう白く咲いているのが。[対]薄し

❷特に、**紫または紅の色が強い**。〈枕・五〉「うへのきぬの**濃き**(体)うすきばかりのけぢめにて」[訳]上着(=束帯の袍)の(色が、紫や紅の)**濃い**か淡いかだけの相違で。

❸(液体などの)濃度・純度が高い。〈宇治・三・一八〉「沈・丁子を**濃く**(用)煎じて入れたり」[訳]沈香や丁子(といった香料)を、**濃く**煮つめて入れてある。

こ-し-かた【来し方】❶**通り過ぎて来た方向**。通って来た場所。〈源氏・須磨〉「**来し方**の山は霞はるかにて」[訳](振り返ると)**通って来た方角**の山は霞がはるか遠く(になっ)て。

❷**過ぎ去った時**。過去。〈新古・雑下〉「**来し方**をさながら夢になしつればさむる現のなきぞ悲しき」[訳]**過ぎ去った時**をそのまますべて夢にしてしまったので、(夢から)覚め(て帰)る現実のないのが悲しいことよ。

なりたち カ変動詞「来」(未)+過去の助動詞「き」(体)+名詞「方」

参考 過去の助動詞「き」の連体形「し」は、カ変動詞の未然形「こ」にも連用形「き」にも接続する。したがって、「こしかた」と「きしかた」の両形が存在する。

フレーズ

来し方行く末 ❶過ぎて来た方向とこれから行く方向。

❷過去と未来。〈平家・一〇・海道下〉「**来し方行く末**のことども思ひつづけ給ふに」[訳]**過去と未来**のあれこれを思い続けなさるにつけても。

こしかた-ゆくすゑ【来し方行く末】➡来し方「フレーズ」

こしき【甑】[名]米などを蒸す器具。古くは瓦で作り、のちには木で作った。底に小穴があり、湯釜にのせて蒸す。今の蒸籠に当たる。

（こしき）

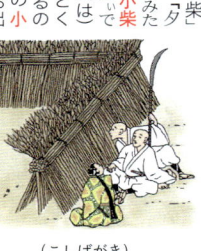

古事記(こじき)《作品名》現存する日本最古の歴史書。天武天皇が稗田阿礼に誦習させた「帝紀」「旧辞」を、元明天皇の命により太安万侶が撰録。和銅五年(七一二)成立。神代から推古天皇までを記す。➡巻頭口絵4ページ・付録◇1◇四ページ

ご-しき【五色】[名]❶五種の色。特に、青・黄・赤・白・黒の五つの色。五彩。

❷多種多様。いろいろ。

古事記伝(こじきでん)《作品名》「古事記」の注釈書。本居宣長著。執筆にかかってから三十余年後の寛政十年(一七九八)成立。実証的な本文校訂・訓詁注釈によって古代精神を解明しようとした。

小式部内侍(こしきぶのないし)《人名》(一〇二五?)平安中期の女流歌人。和泉式部の娘。母とともに上東門院(=藤原彰子)に仕えた。才気あふれる歌人であったが、早世した。「小倉百人一首」に入集。

こし-ぢ【越路】[名]「越」へ行く道。また、北陸道(=今の北陸地方のほぼ全域)の古称。→北陸道

こ-じつ【故実】[名]〔古くは「こしつ」とも〕昔の朝廷などの儀式・法令・作法などの例。古来の慣例・作法。また、それに通じた人。

こし-なづ・む【腰泥む】[自マ四]〔ま・み・む・む・め・め〕物が腰にまつわりついて進むのが困難である。行き悩む。〈記・中〉「浅小竹原**腰なづむ**(終)」[訳]丈の低い篠竹の原は(篠竹が)**腰にまつわりついて難渋する**。

こし-の-く【腰の句】[名]和歌の第三句の五文字。

こしば-がき【小柴垣】[名]雑木の細い枝で作った丈の低い垣。「小柴」とも。〈源氏・若紫〉「夕暮れのいたう霞みたるにまぎれて、かの**小柴垣**のもとにたち出で給ふ」[訳](光源氏は)夕暮れ時で、ひどく霞がかかっているのにまぎれて、あの**小柴垣**のところへお出かけになる。

（こしばがき）

後拾遺和歌集(ごしふゐわかしふ)《作品名》四番目の勅撰和歌集。平安後期、白河天皇の勅命を受けて、藤原通俊が撰進。応徳三年(一〇八六)成立。歌数千二百十八首。主な歌人は和泉式部・相模・赤染衛門などで、女流歌人の歌が多い。→勅撰和歌集

ご-しや【五舎】[名]内裏にある五つの殿舎。女御・更衣などが住む。昭陽舎(=梨壺)・淑景舎(=桐壺)・飛香舎(=藤壺)・凝華舎(=梅壺)・襲芳舎(=雷鳴の壺)の称。➡付録◇3◇「平安京内裏図」

ご-しゃう【後生】[名]❶《仏教語》**死後に生まれ変わること**。また、**死後に生まれ変わって住む世界**。後世。来世。[対]前生・今生。➡果つ「慣用表現」

❷《仏教語》**死後の世界での安楽**。極楽往生。〈平家・一・祇王〉「**後生**を知らざらんことのかなしさに」[訳]**死後の世界での安楽**をわきまえ知らないようなことが悲しいので。

❸相手に折り入って頼みごとをするときに使う語。お願い。

ご-じゃう【五常】[名]儒教で、人が常に守るべき五つの正しい道。仁・義・礼・智・信の五徳。

ご-しょ【御所】[名]❶天皇の御座所・住居。内裏。宮廷。または、天皇の尊称。

❷上皇・皇族の住まい。または、それらの人の敬称。のちには、将軍・大臣などにもいう。

ごしょう〔後生〕➡ごしゃう

ごじょう〔御諚・御定〕➡ごぢゃう

後白河天皇(ごしらかはてんわう)《人名》(一一二七—一一九二)平安末期、第七十七代の天皇。鳥羽天皇の第四皇子。在位三年で譲位したのち、三十余年にわたって院政をとった。文化面に大きく貢献し、特に今様などの歌謡に関心が深く、「梁塵秘抄」を編集した。

こしら・ふ【慰ふ・喩ふ・誘ふ】[他ハ下二]〔へ・へ・ふ・ふる・ふれ・へよ〕❶㋐**なだめすかす**。**機嫌をとる**。なぐさめる。〈源氏・花宴〉「若君も心苦しければ、**こしら**

へ㊍むと思(おぼ)して」訳（光源氏は）幼い女君（＝紫の上）も気にかかるので、なぐさめようとお思いになって。

㋑**説得する。さとす。教え導く。**また、（うまく言って）**だます。ことば巧みに誘う。**〈平家・八・太宰府落〉「ややうにこしらへ㊇給へども、維義(これよし)したがひ奉らず」訳（平資盛(すけもり)が）さまざまに（平家に従うよう）説得しなさるけれども、維義は従い申しあげない。

❷【拵ふ】㋐**構え造る。**また、身じたくする。〈徒然・五一〉「さて、宇治(うぢ)の里人を召して、こしらへ㊍させられければ」訳そこで、宇治の村人をお呼びよせになって、（水車を）造らせなさったところ。

㋑**用意する。**また、計画する。〈宇治・九・三〉「馬の草まで、こしらへ㊇持ちてきたり」訳（食物ばかりか）馬の（えさにする）草まで、（女は）用意して持って来た。

こし-をれ〔オレ〕【腰折れ】名❶年をとって腰が曲がっていること。また、その人。

❷「腰折れ歌」の略。第三句（＝腰の句）と第四句のうまく続かない和歌。転じて、へたな歌。また、自作の和歌を謙遜していう。

❸「腰折れ文(ぶみ)」の略。へたな詩文。また、自作の詩文を謙遜していう。

こ-じん【古人】名❶昔の人。〈細道・出発まで〉「古人も多く旅に死せるあり」訳昔の人も数多く旅の途中で死んだ人がいる。

❷老人。

こ-じん【故人】名❶古くからの友人。旧友。〈方丈・三〉「窓の月に故人をしのび、猿の声に袖をうるほす」訳窓から眺める月に旧友を思い出し、猿の鳴き声に（涙で）袖をぬらす。

❷亡くなった人。

こ・す【越す】一自サ四〔さ・し・す・す・せ・せ〕❶**越えて通る。追い越す。**（越えて）行く。〈後拾遺・恋四〉「契りきなかたみに袖をしぼりつつ末の松山波越さ㊍じとは」訳⬇付録①「小倉百人一首」42

❷**基準を上まわる。超過する。**〈平家・一〇・藤戸〉「鞍壺(くらつぼ)こす㊇所もあり」訳（海に入ると）鞍壺（＝馬の鞍の、人が腰をおろす部分）を（水位が）上まわる所もある。

❸時間や時節を過ぎる。年などを越す。

二他サ四〔さ・し・す・す・せ・せ〕**越えさせる。運ぶ。**〈紀・崇神〉「石群(いしむら)を手越(たご)しに越さ㊍ば越し㊇かてむかも」訳たくさんの石を、手渡しで運ぶならば運ぶことができるであろうかなあ。

こす 助動特殊型《上代語》他に対して、あつらえ望む意を表す。…てほしい。…てくれ。〈万葉・五・八五二〉「梅の花夢(いめ)に語らくみやびたる花とあれ思(も)ふ酒に浮かべこそ㊊」訳→うめのはな…和歌

接続 動詞の連用形に付く。

活用	未然	連用	終止	連体	已然	命令
	こせ（ズ）	○	こす（。）	○	○	こそ（。）〈こせ〉

参考 なりたちについては、「おこす」の頭母音の脱落した形とも、「来(こ)為(す)」からとも、助詞「こそ」が活用したものともいい、諸説がある。

文法 (1) 終止形「こす」は、禁止の助詞「な」を伴って、「…てくれるな」の意で用いられる。「霞(かすみ)立つ春日(かすが)の里の梅の花山の嵐に散りこすなゆめ（＝決して散らないでくれ）」〈万葉・八・一四三七〉

(2) 命令形「こせ」は、平安時代になって生じた形。「ゆく蛍雲の上まで往(い)ぬべくは（＝飛んで行くはずのものなら）秋風吹くと雁(かり)に告げこせ（＝告げ知らせてくれ）」〈伊勢・四五〉

ご・す【期す】他サ変〔せ・し・す・する・すれ・せよ〕

❶**期待する。予期する。予定する。**〈徒然・九二〉「道を学する人、…かさねてねんごろに修(しゅ)せんことを期す㊎」訳（仏の）道を修行する人は、…もう一度念を入れて修行しよう（という）ことを予定する。

❷**覚悟する。決意する。**心に決める。〈平家・一一・嗣信最期〉「敵(かたき)の矢に当たって死なんこと、もとより期する㊍ところで候ふなり」訳敵の矢に当たって死ぬならそのことは、もともと覚悟するところなのでございます。

こせ 上代の助動詞「こす」の未然形・命令形。

参考 命令形「こせ」は、助詞「こそ」の転とする説もある。

ご-せ【後世】名《仏教語》❶**死後に生まれ変わって住む世界。**あの世。来世(らいせ)。後生(ごしょう)。〈平家・三・僧都死去〉「やがて後世の御供(おんとも)に仕(つかまつ)るべう候へども」訳このまま死後の世界へのお供をし申しあげるのがふさわしゅうございますが。⬇果(は)つ「慣用表現」

❷死後の世界での安楽。**極楽往生。**〈平家・一・祇王〉「一向専修(いっかうせんじゅ)に念仏して、ひとへに後世をぞ願ひける」訳いちずに念仏修行に専心して、ひたすら極楽往生を願った。

-ご-ぜ【御前】接尾［「ごぜん」の転］（人を表す名詞に付いて）敬意を表す。おもに女性に対して用いる。「母ごぜ」「姫ごぜ」→御前(ごぜん)（接尾）

ご-ぜ【御前】［「ごぜん」の転］一名 貴人のおんまえ。また、貴人。

二代 女性に対する敬称。〈義経記〉「大津次郎、『や、ごぜ、ごぜ』と言ひけれども、音もせず」訳大津次郎が、「やあ、お前様、お前様」と声をかけたけれども、（女は）返答もしない。（→御前(ごぜん)（名・代））

ご-せち【五節】名❶朝廷で、大嘗祭(だいじょうさい)および毎年の新嘗(にいなめ)祭りに五人（新嘗祭りでは四人）の舞姫たちによって演じられる、舞楽を中心とする行事。陰暦十一月、中の丑(うし)の日から「豊(とよ)の明かりの節会(せちえ)」のある辰(たつ)の日まで四日間行われる。後世は、大嘗祭のときだけ行われた。冬

❷「五節の舞(まひ)」の略。五節の舞姫の演じる舞。

❸「五節の舞姫(まひめ)」の略。

フレーズ

五節の舞姫(まひめ) 「五節①」で、舞を舞う少女。五節。

参考 新嘗(にいなめ)祭りでは、公卿(くぎょう)から二人、殿上人(てんじょうびと)と国司から二人、大嘗祭(だいじょうさい)では、公卿から二人、殿上人・国司から三人の未婚の少女を召し出す。

ごせち-の-まひめ〔―マイヒメ〕【五節の舞姫】⬇五節(ごせち)「フレーズ」

ご-せっく【五節句・五節供】名 一年の五度の節句。陰暦正月七日の人日(じんじつ)、三月三日の上巳(じょうし)、五月五日の端午(たんご)、七月七日の七夕(たなばた)、九月九日の重

こそ

一 係助　二 終助　三 間助

意味・用法	用例
一 係助詞 その語句を特にとり立てて強くさし示す。 **❶強調** …こそ。 係り結び形式。文末に已然形の結びをとる。	例 これは竜のしわざにこそありけれ〈竹取・竜の頸の玉〉 訳 これ(=暴風雨)は竜のしわざであったのだ。 例 野分の朝こそをかしけれ〈徒然・一九〉 訳 秋の台風の(吹き荒れた)翌朝は趣がある。 定型表現 係り結び **こそ…已然形** 〈強意〉　(已然形) 例 花こそ咲きたれ。 (＝花が咲いている)
❷強調逆接 「こそ…已然形」が文中にある場合は、逆接の条件句となってその事態を強調し、以下に続いていく。 確かに…は…だが。 …は…だけれども。	例 しな・かたちこそ生まれつきたらめ、心はなどか、賢きより賢きにも移さば移らざらん〈徒然・一〉 訳 家柄と容貌は生まれついていようが、心はどうして、賢いうえにさらに賢い状態にも移すなら、移らないことがあろうか(いや、移るはずである)。
二 終助詞《上代語》 **他に対する希望** …てほしい。…てくれ。	例 鶯の待ちかてにせし梅が花散らずありこそ思ふ子がため〈万葉・五・八四五〉 訳 うぐいすが(咲くのを)待ちかねていた梅の花よ、散らずにいてくれ。いとしいあの子のために。
三 間投助詞 **呼びかけ** 親しみをこめて呼びかける意を表す。 …よ。	例 右近の君こそ、まづ物見給へ〈源氏・夕顔〉 訳 右近の君よ、ともかく物(=牛車)をご覧なさい。

陽の総称。→節供

こせ-ぬ-かも《上代語》他に対して詠嘆的にあつらえ望む意を表す。…てくれないかなあ。…てほしいなあ。〈万葉・五・八一六〉「梅の花今咲けるごと散り過ぎずわが家の園にありこせぬかも」訳 梅の花は、今咲いているように、散ってしまわないで(いつまでも)わが家の庭にあってくれないかなあ。

なりたち 他に対する願望の助動詞「こす」㊍＋打消の助動詞「ず」㊏＋終助詞「かも」

-ご-ぜん【御前】接尾(人を表す名詞に付いて)敬意を表す。一般的には貴人に用いる。「姫御前」「兄御前」

接続 動詞の連用形に付く。

ご-ぜん【御前】

一 名 ❶貴人の前の敬称。おんまえ。〈徒然・二一三〉「御前の火炉に火を置く時は、火ばししてはさむことなし」訳 天皇の御前の火鉢に火種を入れるときには、火ばしではさむことはない。

❷貴人を尊敬していうことば。〈枕・八二〉「御前おはしまさば、御覧ぜさすべきを」訳 中宮がいらっしゃるならば、お目にかけることもできるだろうに。

❸貴族や大名などの妻を尊敬していうことば。〈浮・好色一代女〉「ある大名の御前死去の後」訳 ある大名の奥方が亡くなってのち。

❹「御前駆」の略。「前駆」の敬称。お先払い。〈大鏡・兼通〉「『車に装束せよ。御前もよほせ』と仰せらるれば」訳 (藤原兼通は)「牛車に支度をせよ。お先払いの者を召集せよ」とお命じになるので。

二 代 ❶対称の人代名詞。女性に対していうことば。あなた。〈宇治・一四・一一〉「御前たち、さは、いたく笑ひ給ひて、わび給ふなよ」訳 ご婦人方、それでは、ひどくお笑いになって、お苦しみになるなよ。

❷《近世語》大名・旗本などを、その家来が尊んでいうことば。殿。殿様。

参考 「お(ん)まへ」を漢字で書いた「御前」を音読した語。中世、「おまへ」「おんまへ」と並んで使われた。語尾「ん」を省いた「ごぜ」という言い方も多く用いら

接続

一 終助詞・間投助詞・連体修飾語を除き、ほとんどの語に付く。また、「思ひこそ寄らざりつれ」〈枕・二九九〉のように、複合動詞の中間にも入る。
二 動詞の**連用形**に付く。
三 人名およびそれに準ずる語に付く。

文法ノート

1 結びの消滅
一①で、已然形で結ばれるはずの語がそこで切れず、さらに下に続くとき、結びが消滅する。
例 たとひ耳・鼻**こそ**切れうすとも、命ばかりはなどか生きざらん〈徒然・五三〉
訳 たとえ耳や鼻が切れてなくなっても、命だけはどうして助からないことがあろうか(いや、助かるはずだ)。

2 結びの省略
一①で、多く「にこそ」の形で「こそ」が文末にある場合は、已然形の結びが省略されたもので、「あれ」「あらめ」などの語を補う。
例 鳶のゐたらんは、何かは苦しかるべき。この殿の御心、さばかりに**こそ**〈徒然・一〇〉
訳 (寝殿に)鳶がとまっていてもそれは、どうして不都合であろうか(いや、不都合ではない)。この大臣殿のお心は、その程度でいらっしゃったのだ。

3 否定接続の用法
一②で「未然形＋ば＋こそ…已然形」の形は、「ほんとうに…ならば…だが、…ではないのだから」の意で、強調して仮定した事態を強く否定して以下に続く。
例 まことならば**こそ**あらめ、おのづから聞きなほし給ひてむ〈枕・八三〉
訳 (私についてのうわさが)事実ならばしかたないが(嘘なのだから)、きっと自然と(事実を)聞いて誤解をおときくださるだろう。

4 懸念・不安の「もこそ」
一では、「もこそ…已然形」の形で、懸念・不安を表すことがある。→もこそ
例 いづかたへかまかりぬる、…烏なども**こそ**見つくれ〈源氏・若紫〉
訳 (雀の子は)どこへ行ってしまったのか、…烏などが見つけ**たら大変だ**。

れた。

後撰和歌集(ごせんわかしふ) ゴセンワカシュウ《作品名》平安中期の、二番目の勅撰和歌集。天暦五年(九五一)、村上天皇の勅命により、大中臣能宣・清原元輔・紀時文・源順・坂上望城(=梨壺の五人)が撰進。成立年代未詳。「古今集」にもれた古歌および「古今集」以後当代にいたる歌およそ千四百首を収め、撰者らの歌は含まない。→勅撰和歌集

こそ 上代の助動詞「こす」の命令形。
参考 終助詞「こそ」とする説もある。

こそ 係助 終助 間助 ↓右助詞「こそ」

こぞ【去年】名 **去年**。昨年。春。〈古今・春上〉「年の内に春は来にけり一年を**去年**とやいはむ今年とやいはむ」訳 ↓としのうちに… 和歌

こそ-あら-め ❶(文中にある場合)強調逆接の意で下に続く。…よいだろうけれども。〈徒然・三〇〉「思ひ出でてしのぶ人あらん程**こそあらめ**、そもまたほどなくうせて」訳 (故人を)思い出してなつかしむ人がいるような間は**よいだろうけれども**、そんな人もまた間もなく世を去って。
❷(文末にある場合)適当・勧誘の意を表す。…がよいだろう。…するがよい。〈更級・初瀬〉「いかにも、いかにも、心に**こそあらめ**」訳 どうにも、どうにも、(おまえの)心まかせに**するがよい**。(→こそあれ)
なりたち 係助詞「こそ」＋ラ変動詞「有り」未＋推量の助動詞「む」已

こそ-あれ ❶逆接の意で下に続く。㋐(「あり」が本動詞の場合)…が(は)あるけれど。…が(は)あるにはあるが。〈土佐〉「中垣**こそあれ**、ひとつ家のやうなれば」訳 (わが家と隣家との間には、隔ての)中垣が**あるにはあるが**、一つの家のようであるので。
㋑(「あり」が補助動詞の場合)…であるけれど。…ているけれど。〈源氏・紅葉賀〉「この人々の男とてあるはみにくく**こそあれ**、我はかくをかしげに若き人をも持たりけるかな」訳 この女房たちの夫としている男は醜いありさま**であるけれど**、私(=紫の上)は、このように美しい姿で若い男(=光源氏)をも(夫として)持っていたのだなあ。
❷「こそ」と「あれ」の間の、「あれ」を修飾する語・語句が省略されたもので、前後の文脈によって意味が決定される。「こそあれ」を含む句で述べられた事柄を一応は容認・肯定して、逆接の意で下に続く。…は確かに…であるけれど。…はともかく。〈源氏・関屋〉「情けづくれど、うはべ**こそあれ**、つらきこと多かり」訳 (継子たちは)いかにも親切らしくふるまうけれど、(それは)表面上**は確かに**そう**であるけれど**、(実際には空蟬にとって)耐えがたいことが多い。
❸強調表現として用いられる。ちょうど…である。まさに…である。〈発心集〉「『こは、いかがせむ』と言ふ程**こそあれ**、水ただまさりにまさりて、天井まで着きぬ」訳 「これは、どうしようか」と言う**ちょうど**その時**である**、水かさがむやみに増して、天井まで達してしまった。(→こそ(係助))
なりたち 係助詞「こそ」＋ラ変動詞または補助動詞「有り」已

こ-そで【小袖】名 ❶貴人が用いた礼服の下着。❷平安時代から武士や庶民に用いられた服装。間

着(あい)・肌着として男女が用い、中世末から上着としても使われた。近世、しだいに華美になり、現在の和服の原型となった。

（こそで②）

こぞ・る【挙る】 自ラ四 {ら・り・る・る・れ・れ} ことごとく集まる。皆いっせいに…する。〈伊勢・九〉「舟こぞり(用)て泣きにけり」訳 舟に乗っていた人は一人残らずそろって泣いてしまった。

こ-たい【古体】 名・形動ナリ 古めかしいこと。古風。〈栄花・月の宴〉「少し古体なる(体)けはひ有り様して、見まほしきけはひやし給はざらむ」訳 (正妃の御息所(みやすどころ)は)少し古風なようすや態度をしているので、(村上帝は)会ってみたい感じがしなさらないのだろうか。

こ-だい【古代】 一 名 古い時代。昔。いにしえ。〈源氏・若菜上〉「古代の僻事(ひがごと)どもや侍りつらむ」訳 (年老いた尼君の話には)昔の事実とくい違うこと(=記憶違い)があれこれあったのでしょうか。

二 名・形動ナリ ❶古風。昔風。昔気質(むかしかたぎ)。〈源氏・行幸〉「さるべき事の折過ぐさぬ古代の御心にて」訳 しかるべき(何かの催し)事の折節を見すごさない昔気質のご性格なので。

❷年寄りじみていること。また、そのさま。〈源氏・薄雲〉「古代に(用)うちしはぶきつつ」訳 (夜居(よい)の僧都(そうず)は)年寄りじみたようすでせきばらいをしながら。

参考 多く仮名書きで「こたい」とあるので、「古体(こたい)」とする説もある。

こ-たか【小鷹】 名 秋 ❶はやぶさ・はいたか・つみなど小形の鷹の総称。❷「小鷹狩り」の略。①を使って秋に行う鷹狩りで、鶉(うずら)・雀(すずめ)などの小鳥をとる。対 大鷹(おおたか)

ご-たち【御達】 名〔「ご」は接尾語〕宮中や貴族の家に仕える、上級の女官や女房の敬称。「たち」は複数の敬称。〈落窪〉「つかうまつる御達の数にだに思(おぼ)さず」訳 (継母(ままはは)の北の方は姫君を)お仕え申し上げる女房(と同等)の価値のものにさえお思いにならず。

注意 現代語の「子供」や「友だち」と同じように、一人である場合にも使われる。

こた・ふ(コタ(ト)ウ)【答ふ・応ふ】 自ハ下二 {へ・へ・ふ・ふる・ふれ・へよ} ❶人の問いに返事をする。答える。〈更級・大納言殿の姫君〉「『荻(をぎ)の葉、荻の葉』と呼ばすれど、こたへ(未)ざなり」訳「荻の葉、荻の葉」と(従者に女の名前を)呼ばせるけれども、返事をしないようだ。

❷応じる。反応する。〈後拾遺・雑六〉「我がねぎごとを神もこたへよ(命)」訳 私がする願いごとに神も応じよ。

❸反響する。〈古今・恋二〉「うちわびて呼ばはむ声に山びこのこたへ(未)ぬ山はあらじとぞ思ふ」訳 思い悩んでくり返し呼んだとしたらその声に、山びこが反響して応じない山はないだろうと思う(あなたも応じてくれるはずだ)。

❹身にしみる。刺激を感じる。〈千載・雑中〉「暁のあらしにたぐふ鐘の音(おと)を心の底にこたへ(用)てぞ聞く」訳 夜明け前の激しい風に入り乱れて鳴る鐘の音を、心の底にしみ入るようにして聞くことだ。

こ-たま【木霊】 名〔近世以降「こだま」〕❶老木に宿ると信じられていた精霊。樹木の精霊。〈徒然・二三五〉「木霊などいふけしからぬ形もあらはるるものなり」訳 (主人が不在の家には)樹木の精霊などというあやしい姿のものも現れるものである。

❷こだま。山びこ。

こ-だ・る【木垂る】 自ラ四 {ら・り・る・る・れ・れ} 樹木が茂って枝が垂れる。〈万葉・三・三一〇〉「東(ひむがし)の市(いち)の植木の木垂る(体)まで」訳 東の市にある植木の枝が茂って垂れ下がるまで。

こち【東風】 名(春に)東から吹いて来る風。東風(こち)。春。〈大鏡・時平〉「東風吹かば匂(にほ)ひおこせよ梅の花主(あるじ)なしとて春を忘るな」訳 →こちふかば… 和歌

こ-ち【此方】 代 ❶近称の指示代名詞。こちら。ここ。こっち。〈更級・大納言殿の姫君〉「いづら、猫は。こちら率(ゐ)て来(こ)」訳 どこ(にいるの)、猫は。こちらへ連れて来て。

❷自称の人代名詞。改まった気持ちで自分をさしていう語。わたくし。手前。〈狂・末広がり〉「こちのことでござるか。何事でござる」

こちごち・し【骨骨し】 形シク {しから・しく(しかり)・し・しき(しかる)・しけれ・しかれ} ごつごつしていて、洗練されていないさま。無骨(ぶこつ)である。無風流である。無作法である。〈土佐〉「船君の病者(ばうざ)、もとよりこちごちしき(体)人にて」訳 船客の長である病人(=紀貫之(きのつらゆき))は、もともと無風流な人であって。

ごぢ-そう(ゴジ)【護持僧】 名 清涼殿(せいりょうでん)の「二間(ふたま)」に侍して、天皇の守護のために祈禱(きとう)する僧。

こちた・し【言痛し・事痛し】 形ク ⇒次ページ 142

こち-な・し【骨なし】 形ク {から・く(かり)・し・き(かる)・けれ・かれ} ❶無骨(こつ)である。無風流である。〈平家・一〇・千手前〉「男などはこちなう(用)(ウ音便)もぞおぼしめす」訳 (入浴時の世話をする者が)男などでは無風流にお思いになるといけない。

❷ぶしつけである。無作法である。〈源氏・手習〉「ことなしび給ふを、しひて言ふもいとこちなし(終)」訳 (浮舟(うきふね)が)そしらぬふりをなさるのを、(粥(かゆ)などを食べるように)むりに(勧めて)言うのもたいそうぶしつけである。

こちふかば… 和歌

東風吹かば　匂(にほ)ひおこせよ　梅(うめ)の花
主(あるじ)なしとて　春(はる)を忘(わす)るな

〈大鏡・時平〉〈拾遺・一六・雑春・一〇〇六・菅原道真(すがはらのみちざね)〉

訳 (春になって)東の風が吹いたなら、(その風にのせ

て、遠く大宰府まで)香りをよこしてくれよ、(遠い京都の私の家の庭の)梅の花。(おまえの)主人がいないからといって、春を忘れるな。

解説 作者が、左大臣藤原時平らの陰謀によって、九州大宰府の権帥に左遷されたときの歌。

ご-ぢゃう ジョウ【御諚・御定】名 (貴人や主人の)ご命令。おおせ。おことば。

ご-ぢょく ジョク【五濁】名《仏教語》この世が末世になるに及んで現れる五つのけがれ。劫濁(=天災などが起こること)・見濁(=人々が邪悪な考えを持つこと)・煩悩濁(=人々の煩悩が盛んで悪徳がはびこること)・衆生濁(=人々の資質が肉体的にも精神的にも衰えて低下すること)・命濁(=人の寿命が短くなること)の五種。五つの濁り。

ご-ぢん ジン【後陣】名「こうぢん」とも。陣立てで、本陣の後方にある部隊。後軍。あとぞなえ。対 先陣

こつ【骨】名 ❶火葬にした死者の骨。お骨。〈平家・一一・重衡被斬〉「頸も屍も煙になし、骨をば高野へ送り」訳 首も胴体も(火葬の)煙にして、遺骨を高野山へ送って(納め)。

最重要330

142

こちた・し

ガイド 人の口数が多くわずらわしい感じをいう。古代人の発想では「言」は「事」でもあったから、事が多くわずらわしいさまにもいう。

【言痛し・事痛し】形ク {から・く(かり)・し・き(かる)・けれ・かれ}〔「こといたし」の転〕

❶うるさい。わずらわしい。

⇒囂し「類語の整理」

例 人言はまことこちたく用なりぬともそこに障らむわれにあらなくに〈万葉・一二・二八八六〉

訳 人のうわさはほんとうにうるさくなったとしても、それに妨げられるような私ではないことよ。

❷おおげさである。ぎょうぎょうしい。ことごとしい。

例 いと多く引きつづき給へる、いきほひこちたき体を見るに〈源氏・宿木〉

訳 (上達部などが)たいそう大勢従っていらっしゃる(夕霧の)威勢がぎょうぎょうしいのを見ると。

❸はなはだ多い。おびただしい。

例 こちたく用多かる、まして口惜し〈徒然・一四〇〉

訳 (死後に残った財産が)はなはだしく多いのは、なおさら感心しない。

語感実感

日ごろの生活態度について、あれこれと口うるさく注意され、わずらわしく思う感じ。

❷芸道の奥義。また、それを会得する素質。才能。〈徒然・一五〇〉「天性その骨なけれども、道になづまず」訳 生まれつきその芸道の奥義を会得する素質がなくても、(芸を究める)道において停滞せず。

-ご・つ 接尾タ四型 ❶(「事す」の意)事をする。〈新花摘〉「法師しもべなどのいたく寝ごち用たるをうちおどろかして」訳 法師や下男などでぐっすり熟睡している人たちを呼び起こして。

❷(「言す」の意)ものを言う。〈枕・一〇四〉「『悪しかめり。うしろめたきわざかな』と聞こえごつ体人々もをかし」訳 「(のぞき見をするなんて)具合が悪いようだ。心配なことだなあ」と聞こえよがしに申す人々(=女房たち)もおもしろい。

参考 「祭り事」「(政)」「謀り事」「独り言」など、「…ごと(事・言)」という語形の名詞を動詞化した、「まつりごつ」「はかりごつ」「ひとりごつ」などの語末部分の「ごつ」が接尾語化したもの。

こつ-がい【乞丐】名 こじき。物もらい。

こつ-じき【乞食】名 ❶《仏教語》僧が経文を唱えながら家々をまわり、米や銭をもらい受けて、仏道を修行すること。托鉢。頭陀。また、その僧。〈今昔・一・一二〉「仏、婆羅門の城に入りて乞食し給はむとす」訳 仏陀が、ばらもんの都に入って托鉢をなさろうとする。

❷こじき。

こ-づた・ふ ヅタウ【木伝ふ】自ハ四 {は・ひ・ふ・ふ・へ・へ} 木から木へ、枝から枝へと飛び移る。〈万葉・一〇・一八七三〉「鶯の木伝ひ用散らす梅の花見む」訳 鶯が枝から枝へ飛

類語の整理 こちたし—「過大なさま」を表す語

	規模	数量
こちたし	✕	◎ 数や量が多くわずらわしい
ものものし	◎ 規模が大きくて立派	✕

び移って散らす梅の花を見よう。

こつ-にく【骨肉】名 ❶骨と肉。肉体。❷親子・兄弟などの肉親。

こっ-ぱふ【骨法】名 ❶礼儀や故実（＝昔の法や儀式のきまり）などの作法。〈平家・一・殿下乗合〉「礼儀骨法わきまへたる者一人もなし」訳 礼儀や作法を心得ている者は一人もいない。❷技芸・学問の奥義。

こ-て 名 ❶【小手】肘と手首との間。肘から肩までを意味する高手に対していう。❷【籠手・小手】㋐弓を射るとき、袖に弦の当たるのを防ぐため、左の肘から手首につける革製の道具。㋑鎧に付属して、肩から手の甲までをおおい、腕を保護する武具。布に革または鉄を取りつけて鎖でつなぎ合わせたもの。➡鎧「古文常識」

こ-でい【健児】名〔「こんでい」の転〕役所で使われる下働きの者。

こ-てふ【胡蝶】名 ❶蝶。春 ❷「胡蝶楽」の略。舞楽の名。四人の子供が、蝶の羽の形をした装束を背につけて、山吹の花をかざして舞う。

（胡蝶②）

こ-てふ【来てふ】来いと言う。〈古今・恋四〉「月夜よし夜よしと人に告げやらば来てふに似たり待たずしもあらず」訳 月が美しい、夜がすばらしいとあの人に告げてやったらば、（まるで）来いと言うのに似ている。（かといってあの人を）待っていないわけでもない。

なりたち カ変動詞「来」命＋格助詞「と」＋四段動詞「言ふ」＝「こといふ」の転

参考 和歌で「胡蝶」とかけて用いられることが多い。

ご-てん【呉天】名〔呉（＝中国南部にあった国）の空の意〕遠い国。はるばる遠い旅の空。〈細道・草加〉「呉天に白髪の恨みを重ぬといへども」訳 遠い異国の旅の空で白髪になる嘆きを重ねるけれども。

こと【言】名

❶口に出して言うこと。**ことば。**言語。〈土佐〉「唐土とこの国とは言異なるものなれど」訳 中国とこの国（＝日本）とでは言語が異なるものであるが。

❷**うわさ。評判。**〈万葉・四・七三〇〉「逢はむ夜はいつもあらむを何すとかその夕逢ひて言の繁きも」訳 逢おうと思うならその夜はいつでもあるだろうに、どうしたわけでか、あの夜に逢って、人のうわさがひどいこと（になった）よ。

❸和歌。〈枕・二三〉「これに、ただいまおぼえむ古き言一つづつ書け」訳 これ（＝白い色紙）に、いますぐ思い浮かぶなら、その古い和歌を一首ずつ書け。

参考 語源的には「言」と「事」は同じであったと考えられる。奈良時代以降分化したが、奈良・平安時代の「こと」には、どちらにも解せるものが見られる。

こと【事】名

❶世の中に起こる事柄。**現象。**〈徒然・一三七〉「万の事も、始め終はりこそをかしけれ」訳 すべてのことも、（その）始めと終わりが趣がある。

❷重大なできごと。**大事。事件。**〈枕・一四三〉「殿などのおはしまさで後、世の中に事出で来」訳 殿（＝関白道隆）が（お亡くなりになって）いらっしゃらなくなってから、世の中に事件が起こって。

❸人のするいろいろな事柄。**行為。動作。**〈徒然・四九〉「すみやかにすべき事をゆるくし、ゆるくすべき事を急ぎて」訳 すぐにしなければならない行為（＝仏道修行）をゆっくりし、ゆっくりしてよい行為（＝世俗の雑事）を急いで。

❹**仕事。**政務。**行事。儀式。**〈源氏・桐壺〉「御袴着の事、…いみじうせさせ給ふ」訳（光源氏の）御袴着の儀式を、…（桐壺帝は）盛大にとり行いあそばす。

❺**事情。わけ。**意味。〈平家・七・忠度都落〉「俊成卿、『さる事あるらん。…いれ申せ』とて、門をあけて対面あり」訳 俊成卿は「（たずねて来る）それ相当なわけがあるのだろう。…お入れ申しあげよ」と言って、門を開けて（忠度と）対面する。

❻（用言および助動詞の連体形に付いて）動作・作用・状態を表す名詞をつくる。…すること。…であること。〈宇治・一・一二〉「僧たち笑ふことかぎりなし」

❼（文を止めて）感動の意を表す。…**であることよ。**…**だなあ。**〈伊勢・九六〉「かの男は、天の逆手を打ちてなむのろひをるなる。むくつけきこと」訳 例の男は、天の逆手（という呪い）を打って呪っているということだ。気味がわるいことよ。（➡言 参考）

フレーズ

事こそあれ こともあろうに。ことにもよろうに。〈源氏・東屋〉「ことこそあれ、あやしくも言ひつるかな」訳（吟誦する句はほかにもあるだろうに）こともあろうに、変にもまあ口ずさんだものだ。

なりたち「事」＋係助詞「こそ」＋ラ変動詞「有り」已

参考 同様の表現に「ことしも（こそ）あれ」がある。

事ぞかし（強く断定する気持ちで）…ことであるよ。…ことなのだよ。➡ぞかし

事と言へば とりたてて言うと。何かと言うと。

事と-す そのことをもっぱらにする。専念する。熱中する。〈徒然・二一七〉「宴飲・声色を事とせ未ず」訳 酒宴や、音楽と女色に熱中しないで。

なりたち「す」はサ変動詞「為」

事とも-せ-ず 平気である。問題にしない。〈平家・九・宇治川先陣〉「岩浪甲の手先へざっと押し上げけれども、事ともせず用」訳 岩にくだけ散る波が兜の吹き返しの前の部分へざぶんと押しかぶさったけれども、問題にしないで。

なりたち「事」＋格助詞「と」＋係助詞「も」＋サ変動詞「為」未＋打消の助動詞「ず」

事に-す よいこととする。それに満足する。〈宇治・三・六〉「ただ逃げ出でたるを事にし用て、むかひのつらに立てり」訳（良秀は）ただもう逃げ出したのをよいこととして、（燃える自宅の）向かいの側に立っていた。

なりたち 「す」はサ変動詞「為」

事にもあら‐ず たいしたことではない。何程のこともない。〈枕・二七六〉「おそろしと胸つぶるるに、**事にもあらず**㊊合はせなしたる、いとうれし」訳 恐ろしいこと(=夢)だとひどく心が乱れている時に、(夢占いをする者が)たいしたことではないと吉凶を判断し(てくれ)たのは、とてもうれしい。⬇言ふ甲斐無し「慣用表現」

事の心 ❶物事の意味。趣旨。〈古今・仮名序〉「歌のさまを知り、ことの心を得たらむ人は」訳 歌の形式を知り、物事の意味を理解しているような人は。
❷内情。事情。真相。〈源氏・胡蝶〉「ことの心知る人は少なうて」訳 内情(=光源氏の好色)を知る人は少なくて。

なりたち 「事」＋断定の助動詞「なり」㊊＋係助詞「も」＋ラ変動詞「あり」㊍＋打消の助動詞「ず」

事も無・し ❶何事もない。無事である。〈万葉・四・五五九〉「こともなく㊊生き来しものを」訳 何事もなく生きてきたのに。
❷とりたてていうほどのこともない。平凡である。〈著聞・五三三〉「こともなき㊍女房のありけるが」訳 とりたてていうほどのこともない女房で、そこにいたのが。
❸たやすい。容易である。〈竹取・竜の頸の玉〉「竜を捕らへたらましかば、またこともなく㊊我は害せられなまし」訳 竜を捕らえていたならば、またたやすく私はきっと殺されてしまったことだろうに。

こと【琴】 名 ❶(琴・箏・琵琶など)弦楽器の総称。のち、「箏」をさす。
❷琴を弾くこと。また、その曲。〈平家・六・小督〉「[小督は]宮中一の美人、琴の上手におはしける(=琴を弾くことの達人でいらっしゃったことよ)」

こと‐【異】 接頭 (名詞に付いて)別の、他の、の意を表す。「異国」「異所」「異人」

こと【異・殊】 形動ナリ {なら・なり(に)・なり・なる・なれ・なれ}
❶ほかとは違っている。相違しているさま。〈竹取・かぐや姫の昇天〉「衣着せつる人は、心ことに㊊なるなりといふ」訳 (天人が)羽衣を着せてしまった人は、心が(下界の人と)違うようになるのだという。
❷格別である。特別だ。〈更級・竹芝寺〉「今は武蔵の国になりぬ。ことに㊊をかしき所も見えず」訳 今は武蔵の国になった。格別に趣のある所も見えない。

‐ごと【毎】 接尾 …のたびに。毎…。どの…も。〈竹取・かぐや姫の生ひ立ち〉「我、朝ごと夕ごとに見る竹の中におはするにて、知りぬ」訳 私が毎朝毎夕に見る竹の中にいらっしゃるので、わかった。〈徒然・一九〉「『もののあはれは秋こそまされ』と、人ごとに言ふめれど」訳 「しみじみとした情趣は秋が(一番)すぐれている」と、どの人も言うようだが。

ごと【如】 [比況の助動詞「ごとし」の語幹相当部分]
❶(連用修飾語となって)…ように。〈源氏・夕顔〉「前栽の露はなほかかる所も同じごときらめきたり」訳 植え込みの草木の露は、やはりこんな所(=五条の夕顔の家)でも(大邸宅と)同じようにきらきらと光っている。
❷(述語となって)…ようだ。〈万葉・一四・三三五八〉「恋ふらくは富士の高嶺の鳴沢のごと」訳 恋いこがれていることは富士の高嶺の鳴沢のよう(に限りないこと)だ。(→如し(三三六ページ))

接続 体言および副詞「かく」「さ」に助詞「の」が付いたものや、活用語の連体形および代名詞「吾」「我」に助詞「が」が付いたものに付く。

こと‐あげ【言挙げ】 名・他サ変 ことばに出してはっきり言うこと。〈万葉・一三・三二五〇〉「あきづ島大和の国は神からと言挙げせ㊍ぬ国」訳 大和の国(日本)は神意のままに、(人は自分の考えを)ことばに出してはっきり言わない国である。(「あきづ島」は「大和」にかかる枕詞)

参考 古代では「ことあげ」は不吉なものとされた。

こと‐あやまり【言誤り】 名 言いまちがい。

ことあり‐がほ【事有り顔】 名・形動ナリ 何か事情がありそうな顔つき。わけのありそうなようす。

こと‐いみ 名・自サ変 ❶【言忌み】不吉なことばを慎むこと。〈源氏・早蕨〉「尽きせぬ御物語なども、今日は言忌みす㊎べくや」訳 尽きることのない(故大君の)思い出のお話なども、今日は慎むのがよかろうよ。
❷【事忌み】不吉な行いを忌み慎むこと。〈源氏・紅葉賀〉「今日は事忌みし㊊て、な泣い給ひそ」訳 今日は不吉な行いを忌み慎んで、泣きなさるな。

こと‐うけ【言承け】 名 承諾すること。うけこたえ。返答。〈徒然・一四一〉「都の人は、ことうけのみよくて、実なし」訳 都の人は、うけこたえばかりがよくて、誠実さがない。

こと‐うるは・し【事美し】 形シク {(しから)・しく(しかり)・し・しき(しかる)・しけれ・しかれ}
きちんとしている。端正である。〈大鏡・師輔〉「ことうるはしく㊊松の枝につけさせ給へり」訳 (忠平は魚袋を)きちんと松の枝におつけになられていた。

こと‐かた【異方】 名 別のほう。違った所。

こと‐がら 名 ❶【事柄】㋐事のようす。事の内容。〈平家・七・実盛〉「十万余騎にて都を立ちしことがらは」訳 十万余騎で都を出陣したその時のようすでは。
㋑体格。また、人柄。人品。〈宇治・一三・六〉「みめことがらよりはじめて、いみじかりし相撲なり」訳 (大井光遠は)外見や人柄をはじめとして、すぐれた相撲とりである。
❷【言柄】(歌などの)表現されたようす。ことばづかい。〈徒然・一四〉「今の世の人の詠みぬべきことがらとは見えず」訳 (貫之の歌は)今の世の人が詠むことのできそうなことばづかいとは思われない。

ごとき【如き】 助動詞「ごとし」の連体形。

ごとく【如く】 助動詞「ごとし」の連用形。

こと‐ぐさ【言種・言草】 名 ❶口ぐせ。話の種。話題。〈源氏・桐壺〉「朝夕のことぐさに、はねをならべ、枝をかはさむと契らせ給ひしに」訳 (桐壺帝は桐壺の更衣に)朝夕の口ぐせに、比翼の鳥、連理の枝となろうとお約束になられたのに。
❷ことば。〈徒然・一四〉「昔の人は、ただいかに言ひすてたることぐさも、皆いみじく聞こゆるにや」訳 昔の人(の歌の場合)は、ただもうどんなに無造作に言い放ったことばでも、(今の世の人には)皆すばらしく聞こえるのであろうか。

最重要330 143

こと-ごと【尽・悉】■一名 ■二副

ガイド 「事」を重ねた語で、「事事(ことごと)」と同源。様々なことを別々に認識する「事事」に対し、全部を包括的にとらえていう。副詞形に「ことごとく」がある。「異事(ことごと)」「異異(ことごと)」とは別語。

■一名 全部。すべて。

例 昼はも日のことごと夜はも夜のことごと〈万葉・二・二〇四〉
訳 昼は日のあるかぎり、夜は夜じゅう。

■二副 ❶ある限りすべて。残らず。

例 悔(くや)しかもかく知らませばあをによし国内(くぬち)ことごと見せましものを〈万葉・五・七九七〉
訳 残念であることよ。こう(妻が早く死ぬ)と知っていたなら、この国(=九州)の内を、すべて見せてやったのだがなあ。(「あをによし」は「くぬち」にかかる枕詞)

❷完全に。まったく。

例 二葉よりことごと疑ひなく后(きさき)がねとかしづき聞こえ給へるに〈栄花・根あはせ〉
訳 (娘の生子(せいし)を)幼少のころからまったく疑いなく后候補として大切にご養育申しあげなさってきたのに。

ごとく-なり【如くなり】助動ナリ型〔助動詞「如し」用+断定の助動詞「なり」〕❶ある事柄を、他の似ている事柄に比べてたとえる意を表す。**まるで…(の)ようだ。**〈伽・酒顚童子〉「臥(ふ)したるは、さながら死人のごとくなり終」訳 (鬼どもが酔って)横になっている姿は、まるで死人のようだ。
❷ある状態が他の状態とよく似ているか同じである意を表す。…(の)とおりだ。…(と)同じだ。〈土佐〉「海の上、きのふのごとくに用、風波(かぜなみ)見えず」訳 海の上は昨日と同じで、風も波も見えない。
接続 活用語の連体形、またはそれに助詞「が」の付いたものや、体言に助詞「の」「が」が付いたものに付く。

活用					
未然	連用	終止	連体	已然	命令
ごとくなら (ズ)	ごとくなり (ケリ) (ごとくに) (テ)	ごとくなり (。)	ごとくなる (コト)	ごとくなれ (ドモ)	ごとくなれ (。)

参考 形容詞には補助活用(いわゆるカリ活用)があるが、「ごとし」は形容詞型活用でありながら、「ごとかり」のような補助活用を持たないので、「ごとくなり」が、補助活用と同じ役目をしている。

こと-くに【異国】名 ❶(日本の中の)よその国。他国。〈宇治・四・四〉「おのが国にはあらで、異国に田を作りけるが」訳 自分の国にではなくて、よその国に田を作ったが。
❷外国。異邦。〈源氏・常夏〉「広く異国のことを知らぬ女のためとなむおぼゆる」訳 (大和琴(やまとごと)は)広く外国のこと(=音楽)を知らない女性のため(に作られた)と思われる。

こと-くは・ふ〔—クワ(オ)ウ〕【言加ふ】自ハ下二〔へ・へ・ふ・ふる・ふれ・へよ〕❶口出しする。助言や批評を言う。〈枕・一三〉「男(をのこ)は言くはへ用さぶらふべきにもあらず」訳 男子は口出ししてよいことでもありません。
❷声を合わせる。唱和する。

こと-ごころ【異心】名 ❶他の異性にひかれる心。浮気心。〈伊勢・二三〉「男、異心ありて、かかるにやあらむと思ひ疑ひて」訳 男は、(妻には)他の男にひかれる気持ちがあって、こんなふう(=自分を平然と送り出す)なのであろうかと疑わしく思って。
❷他の事を思う心。他の考え。〈うつほ・吹上上〉「異心なくて、夜を昼になしてなむ、急ぎまうで来(こ)し」訳 他の事を思う心なしに、夜も昼もなくして、急いで参上した。

こと-こそ-あれ【事こそあれ】➡事(こと)「フレーズ」

こと-ごと【尽・悉】名副 ➡上 143

こと-ごと【事事】名 あの事この事。いちいちのこと。〈源氏・夢浮橋〉「ことごとには、みづからさぶらひて申し侍らむ」訳 いちいちのことに関しては、私自身が伺候(しこう)して申し上げましょう。

こと-ごと【異事】名 別の事。ほかの事。〈更級・大納言殿の姫君〉「なま恐ろしと思へるけしき見て、異事に言ひなして笑ひなどして」訳 なんとなく恐ろしいと思っている(私の)ようすを見て、(姉は)ほかの事に言いまぎらわして笑ったりして。

こと-ごと【異異】■一副 別々に。まちまちに。〈古今・冬〉「梅の香の降りおける雪にまがひせばたれかことごとわきて折らまし」訳 もし梅の香りが降り積もった雪にまぎれたら、だれが(梅を雪と)別々に区別して折り取れるだろうか。

■二 [形動ナリ]{なら・なり(に)・なり・なる・なれ・なれ}それぞれに異なるさま。まちまちだ。〈紫式部日記〉「よろづのこと、人によりてことごとなり㊥」訳すべてのことは、人によってまちまちである。

ことごと-く【尽く・悉く】[副] 全部。すっかり。まったく。〈方丈・三〉「よからぬことどもうち続きて、五穀ことごとくならず」訳（台風や水害など）よくないことがあれこれと続いて、穀物はまったく実らない。

ことこと・し【事事し】[形シク]{しから・しく(しかり)・し・しき(しかる)・しけれ・しかれ} ぎょうぎょうしい。「ことごとし」とも。おおげさだ。〈枕・三七〉「唐土に、ことごとしき㊤名つきたる鳥の」訳中国で、おおげさな名前がついている鳥（＝鳳凰）が（この木だけにすむという）。

こと-ざま【事様】[名] 物事や心のようす。人柄。〈徒然・一〇〉「おほかたは、家居にこそ、ことざまは推しはかるれ」訳だいたいのところは、住居によって、（その主人の）人柄は自然と推測される。

こと-ざま【異様】[名] ❶ふつうと違ったようす。〈源氏・宿木〉「寝殿を失ひて、ことざまにも造りかへむ」訳寝殿を取りのけて、違った趣にも造りかえよう。

❷他の方面。他の人。〈源氏・総角〉「ことざまに靡き給ふこと、はた、世にあらじと」訳他の男になびきなさることは、おそらく、断じてないだろうと。

こと-さ・む【事醒む】[自マ下二]{め・め・む・むる・むれ・めよ} 興がさめる。その場がしらける。〈徒然・五三〉「酒宴ことさめ㊨て、いかがはせんとまどひけり」訳酒宴はしらけて、どうしようかと途方にくれた。

こと-さら【殊更】■一 [形動ナリ]{なら・なり(に)・なり・なる・なれ・なれ} ❶事改めてするさま。わざわざ。〈源氏・夕顔〉「ことさらに㊨人来まじき隠れ家求めたるなり」訳わざわざ人が来そうにもない隠れ家を探したのだ。

❷とりわけはなはだしいさま。格別。特別。〈源氏・若紫〉「小さきかぎり、ことさらに㊨まゐれ」訳小さい者（＝女の童）だけ、特別に参上せよ。

■二 [副] ❶わざと。故意に。〈源氏・若紫〉「ことさら幼く書きなし給へるも」訳（光源氏が若紫のために）わざといかにも子供っぽくお書きになっているのも。

❷とりわけ。格別に。〈源氏・若菜下〉「うすものの裳のはかなげなるひきかけて、ことさら卑下したれど」訳（明石の君は）薄絹の裳で、目立たないのをまとって、とりわけ卑下しているが。

ことさら-め・く【殊更めく】[自カ四]{か・き・く・く・け・け}「「めく」は接尾語」わざとらしく見える。格別にする。〈源氏・夕顔〉「いとことさらめき㊨て、御装束をもやつれたる狩の御衣を奉り」訳（光源氏は）たいそう特に気を遣って、御装束をも、質素にした御狩衣をお召しになり。

ことじ〔琴柱〕➡ことぢ

ごとし【如し】[助動ク型]➡次ページ助動詞「ごとし」

こと-しげ・し[形ク]{から・く(かり)・し・き(かる)・けれ・かれ} ❶【事繁し】することが多い。いそがしい。〈徒然・二七〉「今の世のことしげき㊤にまぎれて、院には参る人もなきぞ寂しげなる」訳新帝の治世の（仕事が）いそがしいのにとりまぎれて、（退位した）上皇の御所には参上する人もないのが寂しそうだ。

❷【言繁し】うわさがうるさい。〈万葉・八・一五一五〉「ことしげき㊤里に住まずは」訳うわさがうるさい里に住まないで。

こと-ぞ-かし【事ぞかし】➡事「フレーズ」

こと-そ・ぐ【事削ぐ】[自ガ四]{が・ぎ・ぐ・ぐ・げ・げ} 簡略にする。〈徒然・一九一〉「昼はことそぎ㊨、およすけたる姿にてもありなん」訳昼は簡略にし、地味に見えている姿でもよいだろう。

こと-たか・し【言高し】[形ク]{から・く(かり)・し・き(かる)・けれ・かれ} 話す声が大きい。声高だ。〈枕・一〇二〉「『まことにかばかりのは見えざりつ』と言高く㊨のたまへば」訳「ほんとうにこれほどの（すばらしい扇の骨）は目にしたことがなかった」と（隆家が）声高におっしゃるので。

こと-だ・つ【事立つ】[自タ四]{た・ち・つ・つ・て・て} ふつうと変わったことをする。特別なことをする。〈伊勢・八五〉「正月なればことだつ㊥とて、大御酒賜ひけり」訳陰暦正月だから特別なことをするということで、（親王は）お酒をくださった。

こと-だま【言霊】[名] ことばに宿っていると信じられた神秘的な力。〈万葉・一一・二五〇六〉「言霊の八十のちまたに夕占問ふ」訳ことばの霊力のはたらく多くの道の行き合う辻で夕方の辻占いをして尋ねる。

フレーズ

言霊の幸ふ国 言霊の力で幸福がもたらされる国。

ことだま-の-さきはふ-くに【言霊の幸ふ国】—サキワ(オ)ウ—➡言霊「フレーズ」

こと-た・ゆ【言絶ゆ】[自ヤ下二]{え・え・ゆ・ゆる・ゆれ・えよ} ❶ことばで表せないほどである。〈万葉・四・七四六〉「生ける世に吾はいまだ見ず言絶え㊨てかくおもしろく縫へる袋は」訳生きているこの世で私はまだ見ていない。ことばで表せないほどにこのようにすばらしく縫ってある袋は。

❷音信が絶える。〈蜻蛉・中〉「言絶え㊨て二十余日になりぬ」訳音信が途絶えて二十日あまりになった。

こと-た・る【事足る】[自ラ四]{ら・り・る・る・れ・れ} 十分だ。不自由しない。〈徒然・二一五〉「『事足り㊨なん』とて、心よく数献に及びて、興にいられ侍りき」訳「（少しの味噌でも酒の肴として）きっと十分であろう」と言って、快く数献（杯を）かさねて、よい機嫌におなりでした。

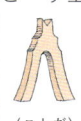

こと-ぢ—ジ—【琴柱】[名] 琴の胴の上に立てて弦をささえ、音を調節する象牙や木製の器具。

（ことぢ）

こと-づ・く【言付く・託く】「ことつく」とも。■一 [自カ下二]{け・け・く・くる・くれ・けよ} かこつける。口実にする。〈源氏・総角〉「いと心地惑ふばかりの御悩みにもあらねど、ことつけ㊨て、対面し給はず」訳ひどく気分がすぐれない（という）ほどのご病気でもないが、（大君は病気に）かこつけて、（薫に）お会いにならない。

■二 [他カ下二]{け・け・く・くる・くれ・けよ} 人に託して物事を言いやる。伝言する。〈平家・一〇・内裏女房〉「『後の世には必ず生まれあひ奉らん』と泣く泣くことづけ㊨給へば」訳「後の世ではきっと生まれあわせてお会いしよう」と泣きながらことづけしなさるので。

こと-づけ【言付け・託け】[名]「ことつけ」とも。❶

ごとし【如し】助動ク型

意味・用法	用例
❶同一 ある事柄が他のある事柄と同じである意を表す。 …(と)同じだ。 …(の)とおりだ。	例 六日。きのふのごとし㊎〈土佐〉 訳 六日。(天気は)昨日と同じだ。
❷比況 ある事柄を他の似ている事柄に比べたとえる。 …(の)ようだ。 …に似ている。	例 おごれる人も久しからず、ただ春の夜の夢のごとし㊎〈平家・一・祇園精舎〉 訳 驕り高ぶった人も長く続くものではなく、(そのはかなさは)まるで春の夜の夢のようだ。
❸例示(平安末期以降の用法) 多くの中からあるものを例示する。 たとえば…(の)ようだ。	例 和歌・管弦・往生要集ごとき㊍の抄物を入れたり〈方丈・三〉 訳 たとえば和歌や音楽(に関する書物)や、『往生要集』のようなものの抜き書きした書物を入れてある。

接続

活用語の連体形に直接、またはそれに助詞「が」「の」の付いたものや、体言に助詞「の」「が」が付いたものに付く。中世以降、体言にも直接付くようになった。

活用

未然	連用	終止	連体	已然	命令
○	(シテ) ごとく	(。) ごとし	(コト) ごとき	○	○

かこつけること。口実。〈徒然・三〉「勝負の負けわざにことつけなどしたる、むつかし」訳(人に物を与える際)勝負事に負けた賭け物にかこつけなどしているのは、いやだ。

❷ことづけること。伝言。

こと-つ-つ【言伝つ】他タ下二{て・て・○・○・○・てよ}「ことづつ」とも。ことづけする。伝言する。〈古今・夏〉「やよや待て山ほととぎすことつて㊍むわれ世の中に住みわびぬとよ」訳まあ待ってくれ、山ほととぎすよ。(山ごもりしている人に)伝言を頼もう。私もこの世に住みにくくなってしまったとね。

「ごとし」の文法ノート

◆「ごと」

上代・中古では、語幹にあたる「ごと」だけで連用形や終止形と同じように用いられた。↓如

例 梅の花今咲けるごと散り過ぎずわが家の園にありこせぬかも〈万葉・五・八一六〉

訳 梅の花よ、今咲いているのと同じに、散ってしまわないでわが家の庭園にずっとあってほしいものだなあ。

中古には、「ごとし」は漢文調の文章で用いられ、同意の「やうなり」が和文調の文章で用いられた。ただし語幹にあたる「ごと」だけは、もっぱら和文調の文章で用いられた。

参考 未然・連用・命令の三形しかない。

こと-と【事と】副 ❶特に。とりわけ。格別。〈蜻蛉・上〉「このごろは、ことと久しう見えず」訳 最近は、とりわけ長い間姿を見せない。❷どんどん。また、すっかり。〈蜻蛉・下〉「『いかがすべき』などいふほどに、ことと明けはてて」訳(雨が降り出して)「どうしたものだろうか」などと言っているうちに、(夜が)すっかり明けきって。

こと-と-いへ-ば【事と言へば】↓事「フレーズ」

こと-どころ【異所・異処】名 別の場所。他国。〈竹取・かぐや姫の昇天〉「また、異所にかぐや姫と申す人ぞ、おはすらむ」訳 また、別の所にかぐや姫とお呼びする方が、いらっしゃるのであろう。

こと-と-す【事とす】↓事「フレーズ」

こと-どひ【言問ひ】名 物を言いかわすこと。語り合うこと。

こと-と-ふ【言問ふ】自ハ四{は・ひ・ふ・ふ・へ・へ}

❶ものを言う。話をする。ことばをかける。〈万葉・六・

一〇七〉「ことゝは㊍ぬ木すら妹と兄とありといふをただ独り子にあるが苦しさ」訳ものを言わない木でさえも兄妹があるというのに、(人である私が)たった独りっ子であるのがつらいことよ。❷尋ねる。質問する。〈伊勢・九〉「名にし負はばいざこと問は㊍む都鳥わが思ふ人はありやなしやと」訳↓なにしおはば… 和歌 ❸見舞う。訪れる。〈徒然・三〇〉「夕べの嵐、夜の月のみぞ、こととふ㊍よすがなりける」訳夕方の嵐と夜の月だけが、(故人の墓を)訪れる縁者であることだ。

こと-と-も-せ-ず【事ともせず】⬇事「フレーズ」

こと-な・し【事無し】形ク〔から・く(かり)・し・き(かる)・けれ・かれ〕❶何事もない。平穏無事だ。〈宇治・三・一七〉「帝ほほ笑ませ給ひて、ことなく㊊てやみにけり」訳(嵯峨)天皇はほほえみなされて、何事もなくてすんだのであった。❷なんでもない。容易だ。〈徒然・一八九〉「わづらはしかりつることはことなく㊊て、やすかるべきことはいと心ぐるし」訳めんどうだと思っていたことはなんでもなくて、容易であるはずのことは(実際には)たいへん気がかりである。❸非難すべき所がない。欠点がない。〈万葉・一一・二七五七〉「ありつつ見れどことなき㊍吾妹」訳ずっと見続けていても、何も欠点のない我が妻よ。

ことなし-がほ —ガオ【事成し顔】名・形動ナリ 事を成し遂げそうな、自信ありげな顔。〈枕・一六四〉「そらごとする人の、さすがに人のことなし顔に㊊て大事請けたる」訳うそをつく人が、そうはいってもやはり、人の(頼む)物事を成し遂げそうな顔でたいせつなことを引き受けたの(は頼りない)。

こと-なしび【事無しび】名何気ないふり。知らぬふり。〈枕・一〇六〉「宰相の御いらへを、いかでかことなしびにいひ出でむ」訳宰相へのお答え(=御返歌)を、どうして何気ないふう(=いいかげん)に言い出せようか(いや、言い出せない)。

こと-なし・ぶ【事無しぶ】自バ上二〔び・び・ぶ・ぶる・ぶれ・びよ〕〔「ぶ」は接尾語〕何気ないふりをする。知らないふりをする。〈蜻蛉・上〉「いとあやしかりつるほどに、ことなしび㊊たる」訳ほんとうに、気が知れずふつう(の感覚)ではないと思われたくらいに、(夫が)そしらぬふりをしているのは。

こと-なら-ば【如ならば】同じことならば。できることなら。〈古今・春下〉「ことならば咲かずやはあらぬ桜花」訳(どうせ散ってしまうのだから)同じことならいっそ咲かずにいてくれないか。桜の花よ。
なりたち 副詞「如」+断定の助動詞「なり」㊍+接続助詞「ば」

こと-に【異に・殊に】副❶ふつうと違って。とりわけ。格別に。〈伊勢・八二〉「その院の桜ことにおもしろし」訳その邸宅(=渚の院)の桜は格別に趣深い。❷なお。その上に。しかも。〈狂・伯母酒〉「七つ下がって、ことに女の身としてこの離れ家に一人居るは」訳午後四時を過ぎて、しかも女の身でこの人里離れた家に一人いるのは。

こと-にが・し【事苦し】形ク〔から・く(かり)・し・き(かる)・けれ・かれ〕気まずい。おもしろくない。〈大鏡・道長上〉「饗応しもてはやし聞こえさせ給ひつる興もさめて、ことにがう㊊(ウ音便)なりぬ」訳(関白道隆が弟道長の)機嫌をとり、歓待し申しあげなされていた興もうすらいで、気まずくなってしまった。

こと-に-す【事にす】⬇事「フレーズ」

こと-に-も-あら-ず【事にもあらず】⬇事「フレーズ」

こ-どねり【小舎人】名❶蔵人所に属し、殿上の雑役をする者。❷「小舎人童」の略。

こどねり-わらは —ワラワ【小舎人童】名近衛の中将、少将などが召し連れる少年。牛車の先などに立つ。転じて、一般に貴人に仕える少年。

こ-との【故殿】名故人となった殿。亡き殿。

こと-の-こころ【事の心】⬇事「フレーズ」

こと-の-は【言の葉】名❶ことば。〈古今・恋四〉「いつはりのなき世なりせばいかばかり人の言の葉うれしからまし」訳もしもうそのない世の中だったなら、どんなにかあなたのことばはうれしいだろうに。❷歌。和歌。〈古今・仮名序〉「やまと歌は人の心を種として、よろづの言の葉とぞなれりける」訳和歌(というもの)は人の心を種として(生い茂り)、いろいろな(ことばの葉すなわち)歌となった(ものである)。

こと-の-ほか【事の外・殊の外】形動ナリ〔なら・なり(に)・なり・なる・なれ・なれ〕❶予想外のさま。思いのほか。〈新古・雑中〉「山里は世の憂きよりも住みわびぬことのほかなる㊍峰の嵐に」訳山里は、つらい憂き世よりも住みにくく思った。思いのほかの(寂しい)山の嵐で。❷格別。とりわけ。〈徒然・一九〉「鳥の声などもことのほかに㊊(=格別に)春めきて」

こと-は【如は】副同じことなら。できることなら。〈古今・離別〉「かき暗しことは降らなむ春雨に濡れ衣着せて君を留めむ」訳同じことなら空をまっ暗にして(大いに)降ってほしい。(そうすれば)春雨にぬれぎぬを着せて(=春雨のせいにして)あなたを引き留めよう。

こと-ば【言葉・詞】名❶言語。また、言語を文字に書き表したもの。〈万葉・三・二九六一〉「うつせみの常のことばと思へども」訳世間の通りいっぺんのことばだと思うけれども。❷表現技巧。修辞。ことばのあや。〈古今・仮名序〉「文屋康秀は、ことばはたくみにて、そのさま身におはず」訳文屋康秀(の歌)は、表現技巧は巧みであって、その(=歌の)姿が内容と似つかわしくない。❸謡曲や語り物で、音楽的な節をつけずに語る部分。❹物語などの文章で、地の文に対する会話の部分。❺和歌や絵巻物につけた、前書きや説明文。詞書。〈大鏡・師尹〉「言ひ違へたまふこと、ことばにても歌にても、なかりけり」訳(宣耀殿の女御は)言いまちがえなさることは、詞書でも和歌でも、(一つも)なかったという。

ことば-がき【詞書】名❶和歌の前書き。おもに、和歌の成立事情を書く。題詞。「ことがき」とも。❷絵巻物などの、内容を文字で説明した部分。

後鳥羽天皇(ごとばてんわう)ゴトバテンノウ《人名》(一一八〇〜一二三九)平安末期・鎌倉初期の、第八十二代の天皇。高倉天皇の第四皇子。譲位後も院政をとり、討幕を企て失敗した承久

最重要330

144

こと-わり【理】一 名 二 形動ナリ｛なら・なり(に)・なり・なる・なれ・なれ｝

ガイド 「理る」(→145)の名詞形で、物事の道理や筋道の意。道理にかなっている意から二が生じた。

一 名

❶ すじみち。ものの道理。

例 聖教の細やかなることわり、いとわきまへずもやと思ひしに〈徒然・一四二〉

訳 (この聖は)仏の教えの精細な道理を、たいして心得てもいないのであろうかと思ったが。

❷ 理由。わけ。

例 今までもあるは思ひのほかなれば身をなげくべきことわりもなし〈続古今・雑下〉

訳 現在までも生きているというのは予期していないことなので、わが身(のはかなさ)を嘆かねばならない理由もないことだ。

二 形動ナリ

当然である。もっともである。もちろんである。

例 したり顔におはするをあぢきなしと思したる、ことわりなり 終〈源氏・賢木〉

訳 (右大臣が)得意顔でいらっしゃるのを、(左大臣が)苦々しいとお思いになっているのは、もっともである。

↓是非無し「慣用表現」

の乱(一二二一)で、隠岐に配流、その地で没した。和歌に秀で、「新古今和歌集」を撰ばせた。「小倉百人一首」に入集。家集に「後鳥羽院御集」、歌論に「後鳥羽院御口伝」がある。

こと-ひと【異人】名 ほかの人。別の人。〈伊勢・一〇〉「父はこと人にあはせむと言ひけるを」訳 父は別の人と結婚させようと言ったが。

こと-ぶき【寿】名 ❶ことばで祝うこと。また、そのことば。祝言。祝辞。〈源氏・竹河〉「盃をのみすすむれば、『ことぶきをだにせむや』とはづかしめられて」訳 (藤侍従は)酒杯を重ねているばかりなので、「せめて祝言の歌だけでも謡ってはどうか」となじられて。❷命。寿命。また、長命であること。❸祝いの儀式。特に、婚礼。

こと-ふ・る【事旧る・言旧る】自ラ上二｛り・り・る・るる・るれ・りよ｝事柄が古くさくなる。言いふるされる。〈徒然・一九〉「みな源氏物語・枕草子などにことふり 用 にたれど」訳 (季節の情趣について)すべて「源氏物語」や「枕草子」などで言いふるされてしまっているが。

こと-ほ・く【言祝く・寿く】他カ四｛か・き・く・く・け・け｝〔後世は「ことほぐ」〕ことばで祝う。祝福する。〈記・中〉「ここにことほき 用 て白ししく」訳 そこで(神のことばを)祝福して申し上げたことには。

こと-む・く【言向く】他カ下二｛け・け・く・くる・くれ・けよ｝説得して従わせる。服従させる。〈万葉・二〇・四四六五〉「ちはやぶる神を言向け 用 まつろはぬ人をも和し」訳 荒々しい神を説得して従わせ、服従しない人をも帰順させて。

こ-ども【子供・子等・児等】名 ❶若い人々や年下の人々を親しんで呼ぶ語。〔「ども」は複数を表す接尾語〕〈万葉・一・六三〉「いざ子ども早く日本へ」訳 さあ、皆の者よ、早く日本の国へ(帰ろう)。❷(親に対して)子供。子供たち。〈万葉・五・八〇二〉「瓜食めば子ども思ほゆ栗食めばまして偲はゆ」訳 ↓うりはめば…　和歌 ❸幼い子供。

参考 一人でも「こども」という場合もある。

こと-も-な・し【事も無し】↓事「フレーズ」

こと-やう【異様】名・形動ナリ ふつうとは違っていること。風変わりなさま。〈徒然・五三〉「向かひ居たりけんありさま、さこそ異様なり 用 けめ」訳 (足鼎をかぶった法師が医師と)向かい合って座っていたというようすは、さぞかし風変わりであっただろう。

こと-ゆ・く【事行く】自カ四｛か・き・く・く・け・け｝(多く、下に打消の表現を伴って)事が思いどおりにゆく。らちがあく。〈竹取・竜の頸の玉〉「ことゆか 未 ぬものゆゑ、大納言をそしりあひたり」訳 らちのあかないことなので、(家来たちは、無理な命令だと)大納言を非難しあっている。

こと-ゆゑ【事故】名 さしさわり。事故。〈徒然・三八〉「法師はあまた所食はれながら、事故なかりけり」訳 法師は多くの箇所を(狐に)食いつかれながらも、(命に)さしさわりはなかった。

こと-よ・す【言寄す・事寄す】自サ下二｛せ・せ・す・する・すれ・せよ｝❶ことばを添えて助ける。はからう。〈万葉・四・五四六〉「天地の神こと寄せ 用 て敷栲の衣手交へて己妻と頼める今夜」訳 天地の神がことばを添えてくれるので、袖を互いに交わして、わが妻として頼みに思う今夜は。(「敷栲の」は「衣」にかかる枕詞) ❷かこつける。言いわけにする。〈源氏・椎本〉「老人どもにこと寄せ 用 て、御誦経などのことも思ひやりきこえ給ふ」訳 年老いた女房たちに(贈るということに)かこつけて、御誦経のお布施などのことも(薫るは)お心遣いし申しあげなさる。❸うわさを立てる。〈万葉・七・一二〇九〉「君が手取らばこと寄せ㊍むかも」訳（川を渡るとき）あなたの手を取ったら、（人々が）うわさを立てるだろうか。

こと-よ・る【事寄る】自ラ四{ら・り・る・る・れ・れ}同じ方向に寄る。一方にかたよる。〈源氏・若菜上〉「何事も人に異なるおぼえあるにこと寄り㊊てこそありけれ」訳（皇女の婿選びは）万事につけ、常の人と異なる声望ある者にかたよる（＝落ち着く）ものであったそうだ。

こと-わざ【事業】名しわざ。仕事。出来事。〈古今・仮名序〉「世の中にある人、ことわざ繁（しげ）きものなれば」訳この世に生きている人々は、することがたくさんあるので。

こと-わざ【異業】名ほかのこと。別の行い。

こと-わり【理】名形動ナリ ⬇前ページ 144

こと-わり【断り】名❶判断。判定。〈源氏・須磨〉「泣く泣く申し給ひても、そのことわりをあらはにえ承り給はねば」訳（光源氏が）泣く泣く訴え申しあげなさっても、（亡き桐壺帝から）その判断をはっきりお聞きすることがおできにならないので。

❷弁解を言うこと。言いわけ。〈浮・好色五人女〉「折節悪（ふしあ）しく、この事ことわり立ちかね」訳時期も悪く、この事の申し開きができないで。❸辞退すること。拒絶すること。

こと-わ・る【理る・断る】他ラ四 ⬇左 145

こなた【此方】代

❶過去のある時から現在までの期間をさす。**それ以来。それよりのち。**〈源氏・明石〉「別れ奉りにしこなた、さまざま悲しきことのみ多く侍れば」訳（桐壺院に）死別し申しあげてしまったそれ以来、いろいろと悲しいことばかり多くございますので。❷未来のある時から現在までの間をさす。それより前。**以前。**〈源氏・藤裏葉〉「大臣（おとど）も、長からずのみおぼさるる御世のこなたにとおぼしつる御参り」訳大臣（＝光源氏）も、（そう）長くないとばかりお思いにならずにはいられない（自分の）御寿命のある間に（行おう）とお思いになっていた（明石（あかし）の姫君の）御入内（じゅだい）を。❸近称の指示代名詞。**こちら。**こっち。〈徒然・一〇四〉「『こなた』と言ふ人あれば」訳「『こちらへ』」と言う人があるので。❹他称の人代名詞。この人。**このかた。**〈源氏・夕顔〉「まづこなたの心見はててとおぼすほどに」訳（光源氏が）さしあたって、こちらの人（＝空蟬（うつせみ））の気持ちを見とどけてからとお思いになるうちに。❺自称の人代名詞。**わたし。われ。**〈謡・羽衣〉「なう、その衣はこなたのにて候ふ」訳もし、その衣はわたしのでございます。❻対称の人代名詞。あなた。〈狂・宗論〉「いかにもこなたのことでござる」訳たしかに、あなたのことでございます。

最重要330

145 こと-わ・る【理る・断る】他ラ四{ら・り・る・る・れ・れ}

ガイド 語源は「言（こと）割る」で、**事の是非・善悪・因果などを分け、道理を明らかにする**の意。現代語の「相手の申し出を拒絶する」の意は近代になって出たものである。

❶**判断する。判定する。**

例 とりどりにことわり㊊て中の品（しな）にぞ置くべき〈源氏・帚木〉

訳（身分が高いとも低いとも言えないような女性については）それぞれに判断して、中流階級に位置づけるのがよい。

❷**事のわけを説明する。**

例「にぎはひ豊かなれば、人には頼まるるぞかし」と、ことわら㊍れ侍りしこそ〈徒然・一四一〉

訳「（東国の人は）富み栄え裕福なので、人からは頼みにされるのだよ」と、（尭蓮上人（ぎょうれんしょうにん）が）道理を明らかにしなさいましたのは。

こなた-かなた【此方彼方】代❶こちらとあちら。両方。〈源氏・桐壺〉「こなたかなた心を合はせてはしたなめ」訳こちら側とあちら側でしめし合わせて（桐壺の更衣を）きまり悪い目にあわせ。❷あちこち。ほうぼう。〈枕・二六〉「居（ゐ）むとする所を、まづ扇してこなたかなたあふぎちらして、塵（ちり）はきすて」訳（自分の）座ろうとする所を、最初に扇であちこちあおぎ散らして、ごみを払いのけ。

こなた-ざま【此方様】代こちらのほう。〈堤・虫めづる姫君〉「日にあぶらるるが苦しければ、こなたざまに来るなりけり」訳（毛虫は）日に照りつけられるのがつらいので、こちらのほうにやって来るのだよ。

こ-なみ【前妻】名もとからの妻。本妻。対後妻（うはなり）

こ-には【小庭】名❶小さな庭。狭い庭。❷（紫宸殿（ししんでん）の南にある「大庭」に対して）清涼殿（せいりょうでん）の南にある庭。⬇清涼殿（せいりょうでん）「古文常識」（四五九ページ）❸能楽で、狭い演能場。

こぬひとを… 和歌《百人一首》【来ぬ人を まつほの浦（うら）の 夕（ゆふ）なぎに 焼（や）くや藻塩（もしほ）の 身（み）もこがれつつ】〈新勅撰・恋三・藤原定家（さだいへ）〉⬇付録① 「小倉百人一首」97

こ-ぬれ【木末】名《上代語》（「このうれ」の転）こずえ。木の枝の先。〈万葉・六・九二四〉「み吉野の象山（きさやま）の際（ま）の木末には」訳⬇みよしのの… 和歌

こ-の【此の】

❶自分に最も近いものを指示する。この。ここの。このような。〈万葉・一・一〉「この岡に菜摘ます児家告らせ名告らさね」訳 →こもよ…和歌
❷（前に話題にした事柄や人をさす）あの。その。〈徒然・一四〉「その世の歌には、すがた・言葉、このたぐひのみ多し」訳 その当時（＝「古今集」の時代）の歌には、格調と用語において、その種のもの（＝趣の深いもの）だけが多い。
❸それ以来（ずっと）。それ以後（ずっと）。〈源氏・明石〉「住吉の神を頼み始め奉りて、この十八年になり侍りぬ」訳（私＝明石の入道が）住吉明神をお頼み申しあげはじめて、それ以来十八年になりました。
なりたち 代名詞「此」＋格助詞「の」
参考 現代語では一語の連体詞とするが、古語では、「こ」の下に他の助詞も付くことから、連語に扱う。

このあきは… 俳句

この秋は　何で年よる　雲に鳥 秋
〈笈日記・芭蕉〉

訳（旅先で何度も秋を迎えたが）この秋ばかりはどうしてこんなにも衰えが意識されるのであろうか。見上げる晩秋の空の雲に、遠く消え入るように鳥の影が漂っている。
解説 前書きに「旅懐」とある。この半月後に芭蕉は病没した。「雲」「鳥」は漂泊の象徴でもある。

こ-の-かた【此の方】 名 ❶こちらのほう。こちら側。対 彼方
❷それ以後。それ以来。〈古今・仮名序〉「かの御時よりこのかた、年は百年あまり」訳 あの帝（＝平城天皇）の御代からそれ以来、年は百年あまり。

こ-の-かみ【兄】 名〔「子の上」の意〕❶長男。総領。また、兄弟姉妹のうちの兄または姉。〈伊勢・八七〉「この男のこのかみ（＝兄）も衛府の督（＝長官）なりけり」
❷年長。年上の人。〈源氏・柏木〉「かの君は、五六年のほどのこのかみなりしかど」訳 あの君（＝柏木）は、（夕霧より）五、六歳程度の年長者であったが。
❸人の上に立つ者。ある集団内の実力者。〈源氏・若菜下〉「そのこのかみと思へる上手ども」訳 その（道の）実力者と思っている名人たちも。

このきどや… 俳句

この木戸や　鎖のさされて　冬の月 切れ字 冬
〈猿蓑・其角〉

訳（黒々とそびえる城門の）この木戸の重厚さよ。重々しく錠がかけられ、空には氷のような冬の月がかかっている。
解説「猿蓑」編集の際に「此木戸」の上二字を一文字として「柴戸」と誤読してしまい、芭蕉の厳命によって版木を改めたといういきさつが「去来抄」の「先師評」に見える。「柴戸」は草庵の意で、この句の凄味とは異質な句となる。其角は、蕉門十哲の一人。

こ-の-した-やみ【木の下闇】 名 枝葉が茂って木の下が暗いこと。また、その場所。夏

このたびは… 和歌《百人一首》【このたびは　幣も取りあへず　手向山　もみぢの錦　神のまにまに】〈古今・羇旅・菅原道真〉➡付録①「小倉百人一首」24

このま・し【好まし】 形シク〔しから・しく（しかり）・し・しき（しかる）・しけれ・しかれ〕〔動詞「好む」に対応する形容詞〕「このもし」とも。❶好きだ。心がひかれる。〈源氏・帚木〉「うちつけのすきずきしさなどは好ましから未ぬ御本性にて」訳（光源氏は）軽々しい色事などは好きでない御性質で。
❷好感がもてる。感じがいい。すてきだ。〈枕・三三〉「藤・山吹など、色々好ましう用（ウ音便）て」訳（女房たちの）藤襲や山吹襲など（の唐衣の）、それぞれの色あいが好感がもてて。
❸好色らしい。浮気っぽい。〈堤・ほどほどの懸想〉「君の御方に若くて候ふ男、好ましき体にやあらむ」訳 主君（＝頭の中将）のお屋敷に若くしてお仕えしている男は、浮気っぽいのであろうか。

このみちや… 俳句

この道や　行く人なしに　秋の暮れ 切れ字 秋
〈笈日記・芭蕉〉

訳（夕闇の中へ続く）この一筋の道よ。ともにたどる人もいないままに、暮れやすい秋の夕闇が迫り、寂しさが私を包むことだ。
解説 前書きに「所思（＝思う所）」とある。「この道」には芭蕉の生涯をかけた俳諧の道の意がこめられ、「行く人なしに」には、その境地を真に理解する門人がだれもいないことを暗示するというのが通説となっている。

この・む【好む】 他マ四〔ま・み・む・む・め・め〕❶好く。愛好する。〈徒然・一二一〉「囲碁・双六好み用て明かし暮らす（＝毎日を過ごす）人は」
❷注文をつける。えり好みする。選ぶ。〈浮・日本永代蔵〉「娘持ちたる親は、おのれが分限より過分に、先の家を好み用」訳（年ごろの）娘を持っている親は、自分の資産より以上に、嫁入り先の家をえり好みし。

このも-かのも【此の面彼の面】 名 ❶こちら側とあちら側。〈古今・東歌〉「筑波嶺のこのもかのもに影はあれど君がみ影にます影はなし」訳 筑波山のこちら側とあちら側に木陰は（いくらも）あるが、君のおかげ（＝君の御庇護）にまさるかげはない。
❷あちらこちら。そこここ。〈増鏡・久米のさら山〉「君も御簾少しかきやりて、このもかのも御覧じわたしつつ」訳 帝（＝後醍醐天皇）も御簾を少し払いのけて、あちらこちら遠くまでご覧になっては。

こ-の-よ【此の世】 名 ❶現世。人の生きている世。〈徒然・一〉「いでや、この世に生まれては、願はしかるべきことこそ多かめれ」訳 さてまあ、現世に生まれたからには、（こうありたいと）願うはずのことがたくさんあるようだ。
❷今の世の中。当代。〈古今・仮名序〉「貫之らがこの世に同じく生まれて、この事の時にあへるをなむよろこびぬる」訳 紀貫之ら（撰者一同）が当代に同じく生まれて、このこと（＝「古今集」の勅撰）の時代にめぐり会ったのを喜んだ。

❸世間。世の中。〈枕・四〉「あすはひの木、この世に近くも見え聞こえず」訳 あすなろの木は、世間では身近にも見聞きしない。

フレーズ **此の世の外** 死後の世。あの世。来世。

このよ-の-ほか【此の世の外】⬇此の世ょ「フレーズ」

このゑ-ふ【近衛府】名 六衛府の一つ。皇居の守護、天皇のお供・警備を役目とした役所。左近衛府と右近衛府に分かれ、大将・中将・少将・将監・将曹の官があった。「このゑ」「このゑづかさ」とも。→六衛府

こは-【強】接頭 強い、固い、きびしい、などの意をそえる。「強張る」「強者(=手強いもの)」「強飯」「強戯れ(=度をすぎたいたずら)」

こ-は【此は】(感動・驚嘆の気持ちを表す場合に用いて)これはまあ。〈竹取・かぐや姫の昇天〉「こは、なでふことのたまふぞ」訳 これはまあ、なんということをおっしゃるのか。

なりたち 代名詞「此」+係助詞「は」

フレーズ

此は如何に これはどうしたことだ。

なりたち 「此は」+副詞「如何に」

此は何ぞ これはどうしたことか。〈源氏・夕顔〉「こはなぞ、あなものぐるほしのものおぢや」訳 これはどうしたことか、なんともまあ気が変になりそうな(ほどの)怖がりようだね。

なりたち 「此は」+代名詞「何」+係助詞「ぞ」=「こはなにぞ」の転

こ-は-いかに【此は如何に】⬇此は「フレーズ」

こは-いひ【強飯】名 米を、甑(=今の蒸籠)でむして作った飯。こわめし。

参考 古くは「強飯」を常食とした。釜で軟らかく炊いた今の粥のようなご飯は「姫飯(固粥)」といい、今の粥にあたるものは「汁粥」と呼んだ。

ご-ばう【御坊・御房】名 ❶寺院や僧の住む所に対する敬称。❷僧の敬称。お坊さま。

こ-はぎ【小脛】名・形動ナリ すね。また、袴を少しまくり上げて、すねを見せているさま。〈枕・一四四〉「小脛に用て半靴はきたるなど」訳 すねを出して浅いくつをはいた子などが。

こ-はぎ【小萩】名 小さな萩(=植物の名)。また、萩の美称。秋

こはごは・し【強強し】形シク {しから・しく(しかり)・し・しき(しかる)・しけれ・しかれ} ❶こわばっている。ごわごわしている。〈源氏・手習〉「こはごはしう用(ウ音便)いららぎたる物ども着給へるしも、いとをかしき姿なり」訳 (浮舟は)ごわごわして角ばった(=肌ざわりのよくない)ものをあれこれ着ていらっしゃるのも、たいそうかわいらしいようすである。

❷ごつごつしている。無骨である。〈大鏡・伊尹〉「桜の花は優なるに、枝ざしのこはごはしく用、幹の様うなどもにくし」訳 桜の花は優美だが、枝ぶりがごつごつしていて、幹のかっこうなども見苦しい。

こは・し【強し】形ク {から・く(かり)・し・き(かる)・けれ・かれ} ❶強い。強情だ。がんこで執念深い。〈徒然・三二〉「こはき体ものまづ滅ぶ」訳 (権勢の)強い者がまっ先に滅びる。〈枕・一五七〉「こはき体(=がんこな)物の怪」

❷かたくごわごわしている。無骨でごつごつしている。〈堤・虫めづる姫君〉「いとこはく用、すくよかなる紙に書き給ふ」訳 (姫君は)とてもごわごわとして、かざり気のない紙に(返事を)お書きになる。

❸堅固でしっかりしている。〈大鏡・道長上〉「疾うより御心魂のたけく、御守りもこはき体なめり」訳 早くからご胆力が強く、神仏の御加護もしっかりしているものであるようだ。

❹急で険しい。〈大鏡・道長下〉「幼きほどにて、坂のこはき体を登り侍りしかば」訳 幼い年齢であるのに、坂で険しいのを登りましたので。

こ-は-なぞ【此は何ぞ】⬇此は「フレーズ」

小林一茶《人名》(一七六三〜一八二七)江戸後期の俳人。信州(長野県)柏原の人。継母との不和のため十五歳で江戸に出て、葛飾派の俳諧を学ぶ。以後各地を放浪し、五十一歳で故郷に定住。俗語・方言を用いて感情を自由に表現し、独自の句境を開いた。句文集「おらが春」「我春集」「七番日記」「父の終焉日記」など。(一茶忌 冬)

こはらか【強らか】形動ナリ {なら・なり(に)・なり・なる・なれ・なれ} ❶(紙・布などが)かたくごわごわしている。〈今昔・三一・七〉「練り色の衣のこはらかなる体を着て」訳 (娘の母は)黄をおびた白色の着物でごわごわしたのを着て。

❷無骨だ。荒々しい。〈平家・一・殿下乗合〉「片田舎の侍どもの、こはらかに用て入道殿の仰せより外は、またおそろしき事なしと思ふ者ども」訳 片田舎の侍たちで、無骨であって、入道殿(=平清盛)のおことば以外は、ほかにおそろしいことはないと思う者たちを。

こ-はる【小春】名 初冬の、春のように暖かい日和。転じて、陰暦十月の異称。冬

こ-ばん【小判】名 室町時代末期から江戸時代末期まで流通した、薄い楕円形の金貨。一枚が一両に相当する。

こひ【恋】名 目の前にない人や事物を慕わしく思うこと。また、恋愛。〈後拾遺・恋四〉「恨みわびほさぬ袖だにあるものを恋にくちなむ名こそ惜しけれ」訳 ⬇付録①「小倉百人一首」65

こひ・し【恋し】形シク {しから・しく(しかり)・し・しき(しかる)・しけれ・しかれ}〔古くは「こほし」とも〕目の前にない人や事物が慕わしい。なつかしい。恋しい。〈徒然・一九〉「梅の匂ひにぞ、いにしへのことも立ちかへり恋しう用(ウ音便)思ひ出でらるる」訳 梅の香りによって、過去のことも(その当時に)たちかえってなつかしく思い出される。

こひすてふ… 和歌 (百人一首)【恋すてふ わが名はまだき 立ちにけり 人知れずこそ 思ひそめしか】〈拾遺・恋一・壬生忠見〉⬇付録①「小倉百人一首」41

こ-ひぢ【小泥】名〔「こ」は接頭語〕どろ。土。

参考 和歌では「恋路」にかけることが多い。

こひ-ぢ【恋路】名 恋を道にたとえていう語。恋の道。恋。

こひ-ねが・ふ【冀ふ・庶幾ふ・請ひ願ふ】他ハ四 {は・ひ・ふ・ふ・へ・へ} ひたすら願い求める。切に願い望む。〈源氏・幻〉「行く末長きことをこひねがふ体も」訳 (光源

氏の命が)将来長いことを(導師が仏に)**ひたすら願うの**も。

こひ-の・む 【乞ひ祈む・請ひ祈む】 他マ四〔ま・み・む・む・め・め〕神仏に願い祈る。祈願する。〈万葉・二〇・四四九九〉「天地の神を**こひのみ**用長くとそ思ふ」訳 天地の神々に**祈願して**長く(生きよう)と思う。

こ-ひゃう 【小兵】名 ❶からだが小さいこと。❷弓を引く力が弱い射手。対精兵

こひわすれ-がひ 【恋忘れ貝】名 拾うと恋の思いや苦しさを忘れるという貝。二枚貝の片方にいう。忘れ貝。

こひわすれ-ぐさ 【恋忘れ草】名 摘むと恋の苦しさを忘れるという草。〈古今・墨滅歌〉「道知らば摘みにも往かむ住吉の岸に生ふてふ**恋忘れ草**」訳 道がわかっているなら摘みにも行こう。住吉の岸に生えているという**恋の苦しさを忘れさせるという草**を。

参考 歌語で、実在する草の名ではない。

こひ-わ・ぶ 【恋ひ侘ぶ】 自バ上二〔び・び・ぶ・ぶる・ぶれ・びよ〕恋い悩む。恋いわずらう。〈古今・恋三〉「**恋ひわび**用てうち寝るなかに行きかよふ夢の直路はうつつならなむ」訳 **恋い悩んで**、まどろんだ中で(あの人のもとへ)行き来した、あの夢の中のまっすぐな道は、現実であってほしい。

こふ 【劫】名 ❶《仏教語》非常に長い時間。対刹那 ❷囲碁で、一目を双方で交互に取りうる形になること。劫争い。

こ・ふ 【乞ふ・請ふ】 他ハ四〔は・ひ・ふ・ふ・へ・へ〕❶求める。ねだる。望む。〈平家・三・六代〉「尋ね出だしたらん輩においては、所望**こふ**体によるべし」訳 (平家の子孫を)捜し出したとしたら、その者については、望みの物を**求めるの**に応じ(て与え)よう。❷神仏に祈願する。〈万葉・一五・三六八二〉「天地の神を**こひ**用つつ吾待たむ」訳 天地の神々に**祈願し**ながら私は待っていよう。

こ・ふ 【恋ふ】 他ハ上二〔ひ・ひ・ふ・ふる・ふれ・ひよ〕❶目の前にない人や事物を思い慕う。なつかしく思う。〈徒然・一三七〉「雨にむかひて月を**恋ひ**用」訳 雨(の空)に向かって(見えない)月を**思い慕い**。❷(特定の人を)恋しく思う。恋慕する。〈万葉・一二・二九四四〉「人言を繁みと妹に逢はずして心のうちに**恋ふる**体このころ」訳 人のうわさがうるさいからと、あの娘に会わないで、心の中で**恋しく思っている**このごろだ。

こ・ぶ 【媚ぶ】 自バ上二〔び・び・ぶ・ぶる・ぶれ・びよ〕❶人の機嫌をとる。へつらう。こびる。〈徒然・一三四〉「人に恐れ、人に**こぶる**体は、人の与ふる恥にあらず」訳 人に恐れを抱き、人に**へつらうの**は、他人が与える恥ではなく。❷なまめく。なまめかしい態度をとる。〈平家・一〇・熊野参詣〉「露に**こび**用たる花の御姿」訳 露に**なまめいて**いる花のような(維盛卿の)お姿。

ごふ 【業】名《仏教語》❶身・口・心によって起こす善悪の行為。(来世に現れる善悪の報いの原因となる)現世でのいっさいの行為。〈今昔・一四・八〉「冥途にはおのおの**業**によりて罪を受くれば」訳 あの世ではそれぞれ**善悪の行為**に応じて罪を受けるので。❷前世での行為の善悪が原因となって、現世で受ける報い。応報。宿命。〈源氏・手習〉「それにとまらずは、**業**尽きにけりと思はむ」訳 それで(=加持祈禱をして)命が助からないならば、**前世の応報として持って生まれた寿命**が尽きてしまったのだなと思おう。

ごふ-いん 【業因】名《仏教語》未来にそれぞれ善悪の報いとなって現れる、人のいっさいの行為。前世の悪業の場合にいうことが多い。業縁。

こ-ぶか・し 【木深し】 形ク〔から・く(かり)・し・き(かる)・けれ・かれ〕木が茂って奥深い。〈源氏・帚木〉「すくよかならぬ山の気色、**木深く**用世離れてたたみなし」訳 険しくない山のようすを、**木々が茂って奥深く**世間から離れて幾重にも重なるようにして(描き)。

ごふ-くわ 【業火】名《仏教語》地獄で罪人を焼き苦しめる猛火。転じて、悪業のはたらきを火にたとえていう語。

こふらく 【恋ふらく】恋い慕うこと。〈万葉・一三・三三四四〉「我が**恋ふらく**は止む時もなし」訳 私が(妻を)**恋い慕うこと**はやむ時もない。

ごべうとしへて… 俳句

なりたち 上二段動詞「恋ふ」のク語法

> **御廟年経て 忍ぶは何を しのぶ草** 秋
> 〈野ざらし紀行・芭蕉〉

訳 年月を経て荒れはてた(後醍醐帝の)御廟には忍ぶ草が生い茂っているが、この忍ぶ草はいったい何を思い偲ぶよすがとしているのだろうか。

解説 「しのぶ草」に「偲ぶ種(昔を偲ぶよすが)」をかけた表現。

ご-へん 【御辺】代 対称の人代名詞。あなた。貴殿。〈平家・三・法印問答〉「**御辺**の心にも推察し給へ」訳 **そなた**の心でも(そのようすを)ご推察ください。

ごぼう 〔御坊・御房〕 ➡ごばう

ごほ-ごほ 副 物が鳴りひびく音を表す語。ごろごろ、ごとごと、がさがさなど。〈源氏・夕顔〉「**ごほごほ**と鳴る神よりもおどろおどろしく、踏みとどろかす唐臼の音も枕上とおぼゆる」訳 **ごろごろ**と雷よりも大げさに踏み鳴らす唐臼の音も、(あまりに近く聞こえて)枕もと(でしているか)と思われるが。

参考 「こほこほ」「こぼこぼ」と発音された可能性もある。

こほ・し 【恋し】 形シク〔しから・しく(しかり)・し・しき(しかる)・しけれ・しかれ〕〔「こひし」の古形〕慕わしい。恋しい。なつかしい。〈万葉・五・八三四〉「梅の花今盛りなり百鳥の声の**こほしき**体春来たるらし」訳 梅の花は今がまっ盛りだ。いろいろな鳥のさえずる声の**恋しい**春がやってきたらしい。

こほ・つ 【毀つ】 他タ四 ➡次ページ 146

ご-ほふ 【護法】名《仏教語》❶四天王・帝釈天などの、仏法を守護する善神。護法善神。❷①から遣わされる鬼神。童子の姿をしており、法力のある人に使われて、物の怪などを調伏する。護法童子。護法天童。

こほり 【郡】名 律令制で、国の下に属した地方行政区画。郷・里・町・村などを含む。

こほ・る 【毀る】 自ラ下二〔れ・れ・る・るる・るれ・れよ〕〔のちに「こぼる」とも〕くずれる。こわれる。〈土佐〉「聞きしよりもまし

て、言ふかひなくぞこほれ(用)破れたる」訳（京の家は）聞いていたよりもいっそう、言いようがなくこわれいたんでいる。

こぼ・る【零る・溢る】自ラ下二{れ・れ・る・るる・るれ・れよ}❶こぼれる。流れ出る。あふれ出る。〈枕・三〇〉「前栽の露こぼる(終)ばかりぬれかかりたるも、いとをかし」訳 庭の植え込みの露がこぼれるほどにぐっしょりとぬれているのも、とても風情がある。❷（表情として）外に現れる。〈源氏・紅葉賀〉「愛敬こぼるる(体)やうにて」訳（紫の上は）愛らしい魅力が（あざやかに）顔かたちに現れ出ているようすで。❸散る。落ちる。

こほろぎ【蟋蟀】名 虫の名。こおろぎ。

参考 中古・中世では、今の「こおろぎ」のことを「きりぎりす」とよんだという。また、「こほろぎ」は、こおろぎ・きりぎりす・松虫など秋に鳴く虫の総称とする説もある。

こま【駒】名❶小さい馬。子馬。❷馬。〈古今・春下〉「駒並めていざ見に行かむふるさとは雪とのみこそ花は散るらめ」訳 馬を連ねて、さあ見に行こう。昔なじみのあの土地では、今ごろ雪とばかりに花は散っているだろう。❸すごろく・将棋の盤上で動かすこま。

参考 平安時代以降、「うま」の歌語として意識され使用された例が多い。

こ-ま【木間】名 木と木の間。木の間。

こま-【高麗】接頭（名詞に付いて）「高麗」から伝来したことを表す語。「高麗剣」「高麗錦」「高麗笛」

こま【高麗】名 古代、朝鮮半島の北部にあった国。高句麗。また、広く朝鮮半島をいう語。

ごま【護摩】名《仏教語》密教の秘法の一つ。不動明王の前に設けられた壇上で、ぬるでの木などを焼いて祈る。その火で、いっさいの煩悩・悪業の根本を焼き滅ぼすという。〈徒然・一六〇〉「『護摩たく』といふも、わろし。『修する』、『護摩する』などいふなり」訳「護摩をたく」というのも、よくない。（正しくは）「（護摩を）修する」とか、「護摩する」などというのである。

こま-いぬ【狛犬】名（「高麗犬」から渡来した犬の意）獅子に似た獣の像。木彫りまたは石彫りで、宮中の帳台や神社の社殿の前などに、一方が口を開き、他方が口を閉じた形（＝阿吽の相）の二像を向かいあわせて置き、威厳を添え魔よけとした。二像のうち口の開いたほうを獅子、他方を狛犬ともいった。

（こまいぬ）

こ-まう【虚妄】名《仏教語》迷いから生じる現象で、真実でないこと。うそ。そらごと。

こま-うど【高麗人】名（「こまびと」の転）「高麗」の国の人。また、「高麗」からの渡来人。

こま-か【細か】形動ナリ{なら・なり(に)・なり・なる・なれ・なれ}❶微細なさま。こまごましているさま。〈徒然・五五〉「こまかなる(体)物を見るに、遣り戸は蔀の間よりも明かし」訳 こまごまとした物を見るときには、引き戸（の部屋）は蔀（＝格子組みの裏に板を張った戸）の部屋よりも明るい。❷念を入れて、綿密であるさま。詳細なさま。〈源氏・鈴虫〉「かの宮をもいとこまかに(用)清らにつくらせ給ひ」訳 あの御殿（＝三条の宮）をもたいそう念を入れて美しく（光源氏は）お造りになられ。❸親密であるさま。〈伊勢・九四〉「子ある仲なりければ、こまかにこそあらねど、時々もの言ひおこせけり」訳 子供のいる仲だったので、（さほど）親密ではないが、（男は女のもとに）時々手紙をよこした。❹きめこまかで美しいさま。〈源氏・梅枝〉「高麗の紙の、膚こまかに(用)なごうなつかしきが」訳 高麗渡来の紙で、きめがこまかで美しく、やわらかく親しみのある紙質のもので。

こま-がへ・る【こま返る】自ラ四{ら・り・る・る・れ・れ}若返る。〈源氏・玉鬘〉「まめ人の、ひきたがへ、こま返る(体)やうもありかし」訳 実直な人が、予想に反して、若返るような（色めいた）こともあるのだよ。

小町《人名》→小野小町

こ-まつ【小松】名 小さな松。〈源氏・初音〉「御前の山の小松引き遊ぶ」訳 お庭の築山の小松を引いて遊ぶ。

参考 平安時代、正月の最初の子の日に、野で若菜を摘み小松を引き抜いて長寿を祈る行事が行われた。これを「小松引き」または「子の日の遊び」という。

最重要330 146

こほ・つ【毀つ】他タ四{た・ち・つ・つ・て・て}〔中世以降は「こぼつ」〕

ガイド 中世末期に現れて現在に至る「こわす」の古形かといわれるが、その変化の過程は明らかではない。「零す」は別語。

❶こわす。くずす。

例 勢多の橋を一間ばかりこほち(用)て〈更級・竹芝寺〉
訳 瀬田の橋を橋桁一つ分くらいこわして。

❷削る。落とす。

例 道にて頭をそりこぼち(用)〈浄・義経千本桜〉
訳 途中で頭の毛をそり落とし。

最重要330

147

こま-やか【細やか・濃やか】形動ナリ〔なら・なり(に)・なり・なる・なれ・なれ〕

ガイド 微細なさまを客観的にいう「こまか」に対し、いかにもそう感じさせるさまであるの意を表す。①⑤はものが小さいさま、②③④は心または色彩が細かいところまで行き届いているさま。

❶きめのこまかなさま。

例 手つきのつぶつぶと肥え給へる、身なり肌つきのこまやかに用うつくしげなるに〈源氏・胡蝶〉

訳 (玉鬘の)手のかっこうがふっくらと肥えていらっしゃるようすで、からだつきや肌のようすがきめこまかでかわいらしい感じであるので。

❷行き届いて丁寧なさま。詳細なさま。綿密なさま。

例 聖教のこまやかなる体理いとわきまへずもやと思ひしに〈徒然・一四一〉

訳 (この聖は)仏の教えの精細な道理を、あまり心得てもいないのだろうかと思ったが。

❸情に厚いさま。親密なさま。ねんごろである。

例 御文、つねよりもこまやかなる体は、おぼしなびくばかりなれど〈源氏・賢木〉

訳 (光源氏の)お手紙がいつもよりもしみじみと情がこもっていることは、(そのために六条御息所の離別の)ご決心もくずれそうなほどだが。

❹色が濃くて美しいさま。

例 御衣の色などもいとこまやかなる体もあはれなり〈栄花・月の宴〉

訳 御喪服の色などもたいそう濃いのもしみじみと悲しい。

❺からだつきが小さくてかわいいさま。小柄である。

例 こまやかに用をかしとはなけれど〈源氏・帚木〉

訳 (小君は)からだつきが小柄で美しいというほどではないが。

こまとめて… 和歌

駒とめて　袖うちはらふ　かげもなし
佐野の渡りの　雪の夕暮れ
〈新古・六・冬・六七一・藤原定家〉

訳 馬をとめて、(雪の降り積もった)袖をはらう物陰もない。佐野の渡し場の雪の降る夕暮れよ。(「佐野の渡り」は歌枕)

解説 「苦しくも降りくる雨か神の崎狭野の渡りに家もあらなくに(=ないのに)」〈万葉・三・二六五〉を本歌とする。本歌の雨を雪にかえて冬の歌とした。三輪の崎の「狭野」は和歌山県新宮市の地名だが、定家のころには大和(奈良県)と考えられていた。

こま-やか【細やか・濃やか】形動ナリ ⬇上147

こ-みや【故宮】名 亡くなった宮。

こ・む【込む・籠む】

一 自マ四〔ま・み・む・む・め・め〕❶すきまなく詰まる。群れ集まる。混雑する。〈紫式部日記〉「人げ多くこみ用では、いとど御心地も苦しうおはしますらむとて」訳 人の気配が多く混雑したら、いっそう(中宮の)ご気分も苦しくていらっしゃるだろうというので。

❷入り組む。細部までゆきとどく。〈狂・子盗人〉「手のこう用(ウ音便)だよい普請でござる」訳 仕事がゆきとどいている、よい普請でございます。

二 他マ四〔ま・み・む・む・め・め〕❶中に入れる。詰め込む。こめる。〈平家・三・公卿揃〉「余りに人まゐりつどひて、たかんなをこみ用、稲麻竹葦のごとし」訳 あまりに多く人が参集して、たけのこを密生させ、稲・麻・竹・葦の(群れ生えている)ようだ。

❷〈近世語〉「呑み込む」の略。承知する。理解する。〈浮世風呂〉「おっと、皆まで言はんすな。こん用(撥音便)でゐる」訳 おっと、終わりまでおっしゃるな。承知している。

三 自マ下二〔め・め・む・むる・むれ・めよ〕(霞などが)あたり一面にたちこめる。〈源氏・若菜上〉「故ある庭の木立のいたく霞みこめ用たるに」訳 風情ある(六条院の)庭の木立で、ひどく霞がたちこめている木立(のあたり)に。

四 他マ下二〔め・め・む・むる・むれ・めよ〕❶中に入れる。閉じこめる。〈源氏・若紫〉「雀の子を犬君が逃がしつる。伏せ籠のうちにこめ用たりつるものを」訳 雀の子を犬君(=召使の童女の名)が逃がしてしまったの。伏せ籠の中に閉じこめておいたのに。

❷(心の中に)深くしまう。口に出さずにおく。〈源氏・蛍〉「後の世にも言ひ伝へさせまほしき節々を、心にこめ用がたくて」訳 (世の人のありさまで)後世にも言い伝えさせたいあれこれを、心にしまっておききれないで。

こ-む-よ【来む世】名（「この世」に対して）あの世。来世。死後の世界。後世(ごせ)。

こ-むら【木叢・木群】名 木が群がり生えている所。森。

こ-めか・し【子めかし】形シク｛(しから)・しく(しかり)・し・しき(しかる)・しけれ・しかれ｝子供っぽい。あどけない。おっとりしている。〈源氏・夕顔〉「わがもてなしありさまは、いとあてはかに子めかしく用て」訳 当人(=夕顔)のふるまいやようすは、とても上品で**おっとりしてい**て。

こ-め・く【子めく】自カ四｛か・き・く・く・け・け｝［「めく」は接尾語］子供っぽいようすをしている。おっとりしている。〈源氏・帚木〉「ただひたぶるに子めき用てやはらかならむ人を」訳 ただいちずに**おっとりしてい**て素直であるような女性を。

こめ-す・う【籠め据う】他ワ下二｛ゑ・ゑ・う・うる・うれ・ゑよ｝外出させず、閉じこめる。〈更級・宮仕へ〉「親たちも、いと心得ず、ほどもなく**こめすゑ**用つ」訳 親たちも、まったく理解できないが、まもなく(私を宮仕えにも出さず)**家に閉じこめ**た。(「こめすゑつ」は、具体的には「結婚させた」ことを意味するという説がある)

こも【菰・薦】名 ❶植物の名。まこも。イネ科で、水辺に群生する。❷粗く織ったむしろ(=敷物)。もと、まこもで作ったことからいう。

こもよ… 和歌《長歌》

籠(こ)もよ　み籠(こ)持(も)ち　掘串(ふくし)もよ　み掘串(ぶくし)持ち　この岡(をか)に　菜(な)摘(つ)ます児(こ)　家(いへ)告(の)らせ　名(な)告(の)らさね　そらみつ　大和(やまと)の国(くに)は　おしなべて　われこそ居(を)れ　しきなべて　われこそ座(いま)せ　われこそば　告(の)らめ　家(いへ)をも名(な)をも　〈万葉・一・一・雄略(ゆうりやく)天皇〉

枕詞（そらみつ→大和）

訳 かごよ、すてきなかごを持って、掘串(=土を掘るへら)よ、すてきな掘串を持って、この岡で菜をお摘みになっている娘よ、家をおっしゃい、名をおっしゃい。この大和の国は、すべて私が従えている。すべて私が治めている。私のほうから明かそう、(私の)家も、名も。(「籠もよ」「掘串もよ」の「もよ」は、感動を表す間投助詞。「す」は、上代の尊敬の助動詞で、「摘ます児」の「す」は連体形、「告らせ」の「せ」は命令形、「告らさね」の「さ」は未然形。「こそば」は係助詞「こそ」に係助詞「は」が付き、濁音化したもの)

解説「家告らせ名告らさね」には、「家聞かなのらさね」などの訓(よ)み方もある。春の野で若菜を摘む娘に詠みかけた歌。女に名を聞くことは、求婚の行為であった。

こ-もり【木守】名 庭園などの樹木の番をすること。また、その番人。〈枕・八七〉「**木守**、いとかしこう守りて、わらはべも寄せ侍らず」訳 **木守**が、たいそうしっかり監視して、子供たちも近づかせません。

こもり-え【隠り江】名 島や岬の陰に隠れて見えない入り江。〈伊勢・三三〉「**隠り江**に思ふ心をいかでかは舟さす棹(さを)のさして知るべき」訳 **人目につかない入り江**のようにひそかに恋い慕う(私の)心を、どうしてそれと指し示して(あなたは)知ることができようか(いや、できはしないだろう)。(「舟さす棹の」は「さして」を導きだす序詞。「隠り江」「舟さす棹」「さして」は縁語)

こもり-ぬ【隠り沼】名 草などが茂って、隠れて見えない沼。また、水が流れ出る口のない沼。和歌で、やり場のない鬱々とした心情にたとえる。

こも・る【籠る・隠る】自ラ四｛ら・り・る・る・れ・れ｝❶囲まれている。**中にはいっている**。〈記・中〉「倭(やまと)は国のまほろばたたなづく青垣(あをかき)山**ごもれ**已る倭しうるはし」訳→やまとは… 歌謡 ❷**隠れる。ひそむ。閉じこもる。**〈古今・春上〉「春日野(かすがの)は今日(けふ)はな焼きそ若草のつまも**こもれ**已り我も**こもれ**已り」訳→かすがのは… 和歌 ❸神社や寺に泊まって祈る。**参籠する。**〈更級・物語〉「親の太秦(うづまさ)に**こもり**用給へるにも」訳 親が広隆寺に**参籠し**なさったときにも。

こ-や これはまあ。これこそ。〈源氏・帚木〉「うきふしを心ひとつに数へきて**こや**君が手をわかるべきをり」訳（あなたの）つらくいやな点を(私の)胸一つにおさめて数えてきた(=我慢してきた)が、**これはまあ**、(今度こそ)あなたとの関係を断たなければならない時であることだ。

なりたち 代名詞「こ」＋感動の間投助詞「や」

ご-や【五夜】名 ❶一夜を五つに区分した称。甲夜(こうや)(=初更、今の午後八時ごろ、およびその前後約二時間)・乙夜(いつや)(=二更、今の午後十時ごろ、およびその前後約二時間)・丙夜(へいや)(=三更、今の午後十二時ごろ、およびその前後約二時間)・丁夜(ていや)(=四更、今の午前二時ごろ、およびその前後約二時間)・戊夜(ぼや)(=五更、今の午前四時ごろ、およびその前後約二時間)。➡十二支(じふにし)「古文常識」(四三ページ) ❷特に、戊夜をいう。五更。寅(とら)の刻。

参考 ①の区分は目安で、冬は長く、夏は短くなる。

ご-や【後夜】名 ❶「六時(ろくじ)」の一つで、一夜を初夜・中夜・後夜の三つに区分したうちの最後の称。夜半から早朝前まで。→初夜・中夜(ちゆうや) ❷①に行う仏前でのお勤め。

こや・す【臥やす】自サ四｛さ・し・す・す・せ・せ｝《上代語》「臥(こ)ゆ」の尊敬語。おやすみになる。横におなりになる。〈万葉・九・一八〇七〉「波の音の騒(さわ)く湊(みなと)の奥津城(おくつき)に妹(いも)が**こやせ**已る」訳 (どうして)波音のやかましい港の墓に、この女(ひと)が**横におなりになっ**ている(のか)。

こや・す【肥やす】他サ四｛さ・し・す・す・せ・せ｝❶太らせる。豊かにする。また、土地を肥えさせる。❷喜ばせる。楽しませる。〈更級・初瀬〉「一時(ひととき)が目を**こやし**用て何にかはせむ」訳 ほんの少しの間の目を**楽しませ**て何になろうか(いや、何にもなりはしない)。

こやす-がひ(ガイ)【子安貝】名 タカラガイ科の巻き貝。産婦の安産のお守りであった。

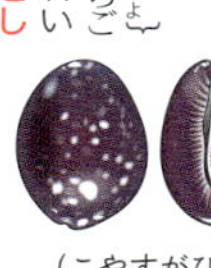
(こやすがひ)

こ・ゆ【肥ゆ】自ヤ下二｛え・え・ゆ・ゆる・ゆれ・えよ｝肥える。太る。〈枕・五六〉「若き人、ちごどもなどは、**肥え**用たるよし」訳 若い女や幼児たちなどは、**ふっくらとし**ているのがよい。

こ・ゆ【臥ゆ】自ヤ上二｛い・い・ゆ・ゆる・ゆれ・いよ｝《上代語》横にな

最重要330

148 **こよな・し** 形ク{から・く(かり)・し・き(かる)・けれ・かれ}

ガイド 違いがはなはだしいさまをいう。連用形の「こよなく」が「はなはだ。比べもののないほど。この上なく」の意で用いられることが多い。

❶(他と比較して)はなはだしく違う。格段(の差)である。
❷はなはだしくすぐれている。
❸はなはだしく劣っている。

❶ 例 例人(れいひと)よりはこよなう(用)(ウ音便)年老い、うたてげなる翁(おきな)二人〈大鏡・序〉
訳 ふつうの人よりは格別に年をとり、異様な感じである老翁二人。

❷ 例 やむごとなき人のし給へることは、こよなかり(用)けりとよろこぶ〈落窪〉
訳 高貴な方(=左大臣)が取りはからってくださったこと(=婚儀)は、格別であるなあと喜ぶ。

❸ 例 限りなくめでたく見えし君たち、この今見ゆるにあはすれば、こよなく(用)見ゆ〈うつほ・嵯峨の院〉
訳 この上なく美しく見えた女君たちが、この今目にする人(=九の君)に比べると、ひどく劣って見える。

る。伏す。〈万葉・一七・三九六二〉「うちなびき床にこい(用)伏し」訳 ぐったりと(病の)床に倒れ伏して。
参考「こいふす」「こいまろぶ」などの複合動詞として使われる。四段活用とする説もある。

こ・ゆ【越ゆ・超ゆ】自ヤ下二{え・え・ゆ・ゆる・ゆれ・えよ}❶(ある場所・境界・障害物・時点などを)越える。通り過ぎる。〈竹取・竜の頸の玉〉「遣(つか)はしし人は、…年こゆる(体)まで音もせず」訳(竜の首の玉を取りに)派遣した者は、…年が越えるまで便りもしてこない。
❷(水準・程度・限度などを)上回る。まさる。〈平家・一・吾身栄花〉「既に半国にこえ(用)たり」訳(平家の支配する国は)もはや日本全国の半数を上回った。
❸(官位などで)他を抜いて上位に就く。〈大鏡・道長上〉「大臣こえ(未)られたることだに、いといとほしく侍りしに」訳(道長が伊周(これちか)に)大臣の位で先を越されたことでさえ、ほんとうに気の毒でございましたのに。

こ-ゆき【粉雪】名 こな雪。冬

こよな・し 形ク ➡右 148

こ-よひ ヨイ【今宵】名 ❶今晩。今夜。
❷(夜が明けてから)前日の夜のことをいう。昨夜。昨晩。〈源氏・夕顔〉「夜中、あかつきといはず御心に従へる者の、今宵しもさぶらはで」訳 真夜中、夜明け前の区別なく(光源氏の)御意志に従っている者(=惟光(これみつ))が、昨晩に限って伺候しないで。
参考 古くは日没から一日が始まると考えられていたので、②のように、夜が明けた後、昨夜のことをいった。

こ-らう ロウ【虎狼】名 虎(とら)と狼(おおかみ)。残酷なもの、貪欲(どんよく)なもののたとえ。〈雨月・浅茅が宿〉「たまたまに残りたる人は、多く虎狼の心ありて」訳 偶然に残っている人は、多くは虎や狼のような(欲深い)心があって。

ごらんじ=【御覧じ】他サ変連用形(動詞の上に付いて)「見」の尊敬の意を表す。見…なさる。〈枕・三〉「『君をし見れば』と書きなしたる、御覧じ比べ(用)て」訳「君をし見れば」とわざと書きかえ(て差し出し)たのを、(中宮は)見比べなさって。(「御覧じ比ぶ」は、複合動詞「見比ぶ」の尊敬語で「見比べさせ給ふ」にあたる)

例語 御覧じ当つ(=見当てなさる)・御覧じ合はす・御覧じ出(い)だす(=見つけなさる)・御覧じ入る(=目におとめになる)・御覧じ送る(=お見送りになる)・御覧じ遣(おこ)す(=こちらをご覧になる)・御覧じ驚く(=見てお驚きになる)・御覧じ止(さ)す(=途中で見るのをおやめになる)・御覧じ知る(=ご覧になっておわかりになる)・御覧じ定む・御覧じ過ぐす(=見過ごしなさる)・御覧じ付く(=見なれていらっしゃる)・御覧じ咎(とが)む(=お見とがめになる)・御覧じなす(=そのようにご覧になる)・御覧じ留(と)む・御覧じ直す・御覧じ馴(な)る・御覧じ始む・御覧じ果つ(=最後までお見届けになる)・御覧じ許す(=大目に見なさる)・御覧じ分く(=見分けなさる)・御覧じ渡す

ごらんじ＋動詞
「見」の尊敬

見てびっくりなさる
ごらんじおどろく

ごらんじ-あは・す アワス【御覧じ合はす】他サ下二{せ・せ・す・する・すれ・せよ}「見合はす」の尊敬語。❶ご覧になる。目をお向けになる。〈枕・二七六〉「我に御覧じあはせ(用)てのたまはせたる、いとうれし」訳 私に目をお向けになっておっしゃったのは、たいそううれしい。
❷照らし合わせなさる。〈徒然・一三六〉「そらに申し侍らば、本草(ほんぞう)に御覧じあはせ(未)られ侍れかし」訳(法皇の御下問に)そらで(お答え)申し上げましたら、本草学の書物と御照合なされませよ。

ごらん・ず【御覧ず】[他サ変]〔ぜ・じ・ず・ずる・ずれ・ぜよ〕「見る」の尊敬語。**ご覧になる。**〈徒然・一〇〉「烏(からす)の群れゐて池の蛙(かへる)をとりければ、御覧じ(用)悲しませ給ひてなん」訳 烏が(屋根に)群がりとまって池の蛙をとったので、(それを)ご覧になりかわいそうだとお思いになられて(縄をお張りになったのである)。

参考 「見給ふ」より敬意の程度が高い。

ごらんぜ-さ・す【御覧ぜさす】お目にかける。ご覧にいれる。〈源氏・桐壺〉「かの贈り物ご覧ぜさす(終)」訳 (靫負(ゆげい)の命婦(みょうぶ)は)あの贈り物を(桐壺帝に)ご覧にいれる。

なりたち サ変動詞「御覧ず」(未)＋使役の助動詞「さす」

参考 「見さす」の尊敬表現。相手が「ご覧」になるようにしむける、という言い方。謙譲表現を用いた「見せたてまつる」より古い言い方で、敬意も高い。

ごらんぜ-ら・る【御覧ぜらる】❶(「らる」が受身の場合)お目にかける。ご覧いただく。〈枕・一三八〉「恥づかしく心づきなきことは、いかでかご覧ぜられ(未)じと思ふに」訳 みっともなく不愉快なことは、なんとかして(中宮の)お目にはかけまいと思うのに。❷(「らる」が尊敬の場合)ご覧になる。〈平家・四・還御〉「池の中納言頼盛卿(よりもりのきやう)の山庄(さんざう)、あら田までご覧ぜらる(終)」訳 (新院は)池の中納言頼盛卿の別荘、新しく開墾された田までご覧になる。

なりたち サ変動詞「御覧ず」(未)＋受身・尊敬の助動詞「らる」

参考 ①は、「見らる」の尊敬表現。相手が「ご覧」になるようにこちらがされる、という言い方。直訳すると「ご覧になられる」であるが、これでは受身の意にとりにくいので、「お目にかける」「見ていただく」と訳す。②は、中世以降の用法。

こり-あつま・る【凝り集まる】[自ラ四]〔ら・り・る・る・れ・れ〕寄り集まる。〈徒然・二〇七〉「大きなる蛇(くちなは)、数もしらずこりあつまり(用)たる塚ありけり」訳 大きな蛇(へび)が、数えきれないほど寄り集まっている塚があった。

こりずま-に【懲りずまに】[副] 失敗にこりもせずに。しょうこりもなく。〈古今・恋三〉「こりずまにまたもなき名はたちぬべし人にくからぬ世にし住まへば」訳 しょうこりもなく、またも身に覚えのない(恋の)うわさが立ってしまいそうだ。人を憎く思えない世に住んでいるのだから。

ごりゃう-ゑ(ゴリョウエ)【御霊会】[名] 疫病の神や、怨(うら)みを残して死んだ者の霊などを鎮めるための祭り。京都・東山の祇園(ぎおん)御霊会などが有名。御霊祭。

こ・る【凝る】[自ラ四]〔ら・り・る・る・れ・れ〕❶**寄り集まる。密集する。固まる。**〈徒然・一五八〉「凝当(ぎやうだう)と申し侍るは、底にこり(用)たるを捨つるにや候ふらん」訳 (杯に飲み残した酒を捨てるのを)凝当と申しますのは、底に固まっている酒を捨てる(という)意味なのでしょうか。❷**凍る。**〈紀・允恭〉「鋺(まり)の水、溢(あふ)れて腕(たぶさ)にこれ(已)り」訳 器の水が、あふれて腕に凍りついた。❸深く思い込む。熱中する。

こ・る【懲る】[自ラ上二]〔り・り・る・るる・るれ・りよ〕こりる。〈古今・恋三〉「頼めつつあはで年ふるいつはりにこり(未)ぬ心を人は知らなむ」訳 (逢(あ)おうと言って)あてにさせておきながら逢うこともなく年月が過ぎた(そのあなたの)偽りの約束に、こりない(私の)心をあなたは知ってほしい。

こ・る【伐る・樵る】[他ラ四]〔ら・り・る・る・れ・れ〕木を切る。伐採する。〈万葉・一四・三四三三〉「木こり(用)来て筏(いかだ)に作り」訳 木を切って来て筏に作り。

これ【此・是・之】

一 [代] ❶近称の指示代名詞。㋐話し手に近い事物、話し手の話題にのぼっている事物を指す。このもの。このこと。〈万葉・二〇・四二九三〉「あしひきの山行きしかば山人のわれに得しめし山づとぞこれ」訳 山(の道)を歩いていたところ、山村の人が私に授けてくれた山のみやげだ、この品は。(「あしひきの」は「山」にかかる枕詞) ㋑近い場所を指す。ここ。〈土佐〉「これ、昔、名高く聞こえたる所なり」訳 ここ(=渚(なぎさ)の院)は、昔、評判高く世間にうわさされた所である。㋒近い時を指す。**今。この時。**〈古今・仮名序〉「これより先の歌を集めてなむ、万葉集と名づけられたりける」訳 この時より以前の歌を集めて、「万葉集」と名づけられたのだった。

❷近称の人代名詞。この方。**この人。**〈伊勢・六一〉「『これは色好むといふすき者』と、すだれのうちなる人の言ひけるを聞きて」訳 「この人は色好みだと評判の風流人だ」と、すだれの内側にいる人(=女)が言ったのを(男は)聞いて。❸自称の人代名詞。**私。**〈宇治・一・五〉「これは日ごろ白山に侍りつるが」訳 私はふだん白山(=地名)におりましたが。❹対称の人代名詞。おまえ。**あなた。**〈今昔・二五・七〉「これはいかなる者ぞ」訳 おまえはどういう者だ。❺(漢文の助字「之」「是」などを「これ」と訓読したことから)漢文訓読体で、語調をととのえたり、強めたりする語。〈平家・二・教訓状〉「日本はこれ神国なり」訳 日本はたしかに神国である。

二 [感] 人に呼びかけて注意をうながすときなどに用いる語。おい。こら。これこれ。

ご-れう(ゴリョウ)【御料】[名] ❶貴人の使用する衣服・飲食物・器物などの尊敬語。❷(貴人の)御ため。御こと。〈源氏・賢木〉「はじめの日は先帝(せんだい)の御料、次の日は母后(ははきさき)の御ため」訳 初日は先代の帝(みかど)の御ため、次の日は母后の御ため(の供養)。

これがまあ… 俳句

是がまあ　つひの栖(すみか)か　雪(ゆき)五尺(ごしゃく)　〈七番日記・一茶〉（切れ字：か／冬）

訳 (長い漂泊生活に別れを告げ、故郷に帰ってきたが)これがまあ私の終生の栖なんだなあ。雪が五尺も積もってうずもれているこの家が。(切れ字の「か」は、詠嘆の終助詞)

解説 五十歳で柏原(かしわばら)(長野県)に帰郷し、異母弟らとの遺産分配の争いが決着をみようとするころの句。

これ-かれ【此彼】[代] この事あの事。この人あの人。あれこれ。〈土佐〉「この歌をこれかれあはれがれども、ひとりも返しせず」訳 この歌をこの人あの人が感心するが、一人も返歌をしない。

これはこれは… 俳句

これはこれはとばかり 花の吉野山 春
〈一本草・安原貞室〉

訳 ただもう「これはこれは」としか言いようもない（ほどみごとな）、桜の花におおわれた吉野山の景観であることよ。（「ばかり」は、程度や限定を示す副助詞）

解説 「これはこれはとばかり」は古浄瑠璃で感動を表す常套表現で、驚いたときの当時の流行語でもある。

惟光 《人名》「源氏物語」中の人物。光源氏の乳母の大弐の子で、源氏の無二の侍臣。その娘藤典侍は源氏の子夕霧と結婚する。

これやこの… 和歌 《百人一首》【これやこの 行くも帰るも 別れては 知るも知らぬも 逢坂の関】〈後撰・雑一・蟬丸〉⬇付録①「小倉百人一首」10

これ-ら 代〔「ら」は接尾語〕❶「これ」の複数。この者ども。〈大鏡・序〉「これらうち笑ひ（＝ちょっと笑い）、見交はして言ふやう（＝言うことには）」❷このあたり。この辺。〈徒然・八九〉「これらにも猫の経あがりて、猫またになりて」訳 この辺でも猫が年をとって変化して、猫また（＝化け物の名）になって。

ころ【頃】名 ❶おおよその時をいう語。時分。〈徒然・二〉「神無月のころ」訳 陰暦十月の時分。❷時節。季節。〈徒然・四四〉「宮のおはしますころにて」訳 宮が滞在なさっている時節であって。❸（「年」「月」「日」などの下に付いて、「ごろ」と濁り）長い期間の経過を表す。…もの間。〈源氏・桐壺〉「はかなく日ごろ過ぎて」訳（桐壺の更衣の死後）なんということもなく数日もの間（＝幾日か）が過ぎて。↓年頃・日頃

ころおい〔頃おい・比おい〕⬇ころほひ

ころ・ふ【嘖ふ】他八四〔は・ひ・ふ・ふ・へ・へ〕《上代語》叱る。責める。〈万葉・一四・三五二九〉「をさをさも寝なへ児ゆゑに母にころは㊄え」訳 少しも寝ない子のために、母に叱られて。

ころ-ほひ【頃ほひ・比ほひ】名 ❶ころ。時節。〈伊勢・四五〉「時は水無月のつごもり、いと暑きころほひに」訳 時は陰暦六月の末、とても暑いころに。❷今の時節。当節。〈源氏・竹河〉「物の上手多かるころほひなり」訳 歌舞音曲にすぐれた者が多い当節である。

ころも【衣】名 ❶着物。衣服。〈新古・夏〉「春過ぎて夏来にけらし白妙の衣ほすてふ天の香具山」訳 ⬇付録①「小倉百人一首」2 ❷僧の着る法衣。僧服。〈源氏・橋姫〉「袈裟、衣など、すべて一領のほどづつ」訳 袈裟や僧服など、すべて一そろいほどずつ。

参考 平安時代の仮名文では、衣服のことをいうときはふつう「きぬ」を使い、「ころも」は歌語や②の意味で用いる。

フレーズ

衣打つ 布を、つやを出したり、糊をやわらかくするために、砧で打つ。〈新古・秋下〉「み吉野の山の秋風さ夜ふけてふるさと寒く衣打つ㊇なり」訳 ⬇付録①「小倉百人一首」94

衣片敷く 着物の片袖を敷いてひとり寝をする。一説に、自分の着物だけを敷いてひとり寝をする意とも。〈新古・秋下〉「きりぎりす鳴くや霜夜のさむしろに衣片敷き㊊ひとりかも寝む」訳 ⬇付録①「小倉百人一首」91

衣を返す 寝るときに着物を裏返しに着る。そうすると恋人の夢が見られるという俗信があった。〈古今・恋二〉「いとせめて恋しき時はむばたまの夜の衣を返し㊊てぞ着る」訳 ↓いとせめて… 和歌

ころも-う・つ【衣打つ】⬇衣「フレーズ」

ころも-かたし・く【衣片敷く】⬇衣「フレーズ」

ころも-がへ【衣更へ】名 季節に応じてその季節の衣服にかえること。陰暦四月一日と十月一日とに行われるが、一般には四月に夏物にかえることをいう。平安時代には畳・几帳などもかえた。夏

ころも-で【衣手】名 袖。〈古今・春上〉「君がため春の野に出でて若菜つむわが衣手に雪は降りつつ」訳 ⬇付録①「小倉百人一首」15

ころも-を-かへ・す【衣を返す】⬇衣「フレーズ」

こわ〔強〕⬇こは

こわ-づかひ【声遣ひ】名 声の調子。口調。〈源氏・若紫〉「のたまふ御もてなし、声づかひさへ目もあやなるに」訳 おっしゃる（光源氏の）御態度や声の調子までもが、まぶしいほどりっぱであるので。

こわ-づく・る【声作る】自ラ四〔ら・り・る・る・れ・れ〕❶わざと声をつくろう。作り声をする。〈源氏・賢木〉「『宿直申し候ふ』と声づくる㊇なり」訳「宿直申し（＝宮中で宿直した者が自分の姓名を名のること）でございます」と声をつくろうのが聞こえる。❷（相手の注意を引くために）咳ばらいをする。〈源氏・浮舟〉「声づくり㊊給へば、あてなるしはぶきと聞き知りて」訳（匂宮が）咳ばらいしなさると、（右近は）上品な咳ばらいだと聞き分けて。❸ことさらに声を出す。〈源氏・夕顔〉「随身も弦打ちして絶えず声づくれ㊍」訳 護衛の者も弓の弦を鳴らして、絶えず声を出せ。

こ-わらは【小童】名 小さい子供。

ご-ゐ【五位】名 宮中の位階で、五番目の位。また、その位の人。

参考 四、五位で清涼殿の殿上の間に昇殿を許された人を「殿上人」と呼ぶ。また、五位の人を総称して「大夫」という。⬇殿上人「古文常識」

ご-ゐ-の-くらうど【五位の蔵人】名 蔵人所の次官。五位の殿上人の中から、家柄・人物ともにすぐれた者を選んだ。定員はふつう三人。

こゑ【声】名 ❶人の声や動物の鳴き声。❷物の立てる音。〈新古・秋下〉「とをちの里に衣打つ声」訳 遠くから十市の里で衣を打つ音が聞こえてくる。（「とを」は「十市」の「十」と「遠」とをかける）❸鐘や楽器の音色。〈源氏・須磨〉「琴の声風につきてはるかに聞こゆるに」訳（光源氏の弾く）七弦琴の音色

が風にのって遠くから聞こえるので。❹発音。アクセント。〈徒然・一四一〉「声うちゆがみ、あらあらしくて」訳 発音がちょっとなまり、荒っぽくて。❺（「訓」に対して）漢字の音。字音。〈うつほ・蔵開中〉「ひとたびは訓、ひとたびは声に読ませ給ひて」訳 一度は訓読みで、一度は音読みで読ませなさって。

フレーズ

声有り 声がよい。〈源氏・若紫〉「御供に声ある（体）人して歌はせ給ふ」訳（光源氏は）お供のうちで声のよい人に命じて（自分の歌を）歌わせなさる。

声立つ 声に出す。声をはりあげる。〈源氏・若紫〉「さすがに声立て（用）もえ泣き給はず」訳（若紫は）なんといってもやはり声に出しても泣くことがおできにならない。

こゑ-あ・り【声有り】→声「フレーズ」

こゑ-た・つ【声立つ】→声「フレーズ」

-こん【献】接尾 ❶客をもてなすとき、食物を出す度数を数える語。膳に杯・銚子を出し、三杯飲ませて膳を下げることを一献という。〈徒然・二一六〉「一献にうちあはび、二献にえび、三献にかいもちひにてやみぬ」訳 一献には干しあわび、二献にはえび、三献にはぼた餅で（ごちそうが）終わってしまった。❷酒杯を飲みほす回数を数える語。〈徒然・二一五〉「心よく数献におよびて」訳 気持ちよく（杯を重ねること）数献になって。

ごん-【権】接頭 ❶（「権」は仮の意）定員外に仮に任じた官位を表す。「権大納言」「権帥」 ❷次の位であることを表す。「権の北の方（＝正妻に準ずる地位）」

こんがう-しょ【金剛杵】名《仏教語》古代インドの武器。転じて、密教で煩悩を打ち破り悪鬼を降伏させる象徴として用いる法具。金属製で、両端の枝の数により独鈷・三鈷・五鈷などにわかれる。金剛。

独鈷　三鈷　五鈷

（こんがうしょ）

ごんぐ-じゃうど【欣求浄土】名《仏教語》死後、極楽浄土に往生することを願い求めること。〈平家・三・少将都帰〉「さすが欣求浄土の望みもおはしけり」訳 やはり極楽浄土に往生したいという願いもおありであったのだ。↓厭離穢土

ごん-げ【権化】名《仏教語》神仏が衆生を救うために、仮に人間などに姿を変えて、この世に現れること。また、その現れたもの。権現。

ごん-げん【権現】名《仏教語》❶「ごんげ」に同じ。❷如来・菩薩にならって用いた神の尊号。仏が日本の神々に姿をかえて現れるという本地垂迹の思想から生まれたもの。

ごん-じゃ【権者】名《仏教語》「ごんざ」とも。神仏が衆生を救うために、仮に人間の姿となって現れたもの。〈徒然・七三〉「仏神の奇特、権者の伝記、さのみ信ぜざるべきにもあらず」訳 仏や神の霊験、神仏の化身（＝聖者）の伝記は、そう一概に信じてはならない（という）ものでもない。

こん-じゃう【今生】名《仏教語》この世に生きている間。この世。現世。対 後生・前生

今昔物語集（こんじゃくものがたりしふ）《作品名》平安末期の説話集。編者は宇治大納言源隆国とする説もあるが、未詳。十二世紀前半成立か。天竺（＝インド）・震旦（＝中国）・本朝（＝日本）の三部からなり、一千余の説話を集める。各説話の冒頭が、「今は昔」とあり、この書名が生じた。中心は仏教説話であるが、本朝の部に収められている世俗説話には、あらゆる階層の人間の生活がいきいきと描かれている。文章は俗語を取り入れた和漢混交文。表記は片仮名宣命体。↓巻頭口絵26ページ・付録①九六六ページ

ごん-だいなごん【権大納言】名 定員外に仮に任じられた大納言。

こん-だう【金堂】名 寺で本尊を安置する堂。本堂。〈徒然・二五〉「大門・金堂など近くまでありしかど」訳（法成寺の）総門や金堂などは最近まであったが。

こん-でい【健児】名「こでい」とも。❶平安時代、諸国に配置されて国府・関所などを守護した兵士。郡司など地方の有力者の子弟から採用された。❷「健児童」の略。

こんでい-わらは【健児童】名 武家の下級の使用人。中間・足軽など。健児。

こんどう〖金堂〗↓こんだう

こんにっ-た【今日た】（「こんにちは」の連声）きょうは。〈謡・隅田川〉「こんにった舟を急ぎ、人びとを渡さばやと存じ候ふ」訳 今日は舟を急いで（こいで）、人々を（向こう岸に）渡したいと思っております。

参考 能・狂言や仏教の声明などで用いられる。「せついん↓せっちん（雪隠）」と同じ発音上の現象。

ごん-の-かみ 名 ❶【権頭】定員外に仮に任じられた諸寮の長官。❷【権守】仮に任じられた国司。

ごん-の-そち【権帥】名「ごんのそつ」とも。↓だざいのごんのそち

こんめいち-の-しゃうじ【昆明池の障子】名「こんめいちのさうじ」とも。清涼殿の東の広廂（＝孫廂）に天皇の御前の目かくしとして置かれた衝立障子。高さ六尺（＝約一・八メートル）、幅九尺（＝約二・七メートル）で、表に昆明池（＝中国の長安城の南西にある池）、裏に嵯峨の小鷹狩りの図を描いたもの。↓清涼殿「古文常識」（四五九ページ）

裏　表

（こんめいちのしゃうじ）

こんりん-ざい【金輪際】一 名《仏教語》大地の最下底。二 副 底の底まで。とことんまで。〈東海道中膝栗毛〉「聞きかけたことは、金輪際聞いてしまはねば、気がすまぬ」

参考「金輪」はこの世界を支えている三輪の一つで、大地をいう。この下に水輪、風輪、さらに虚空があるとされ、「金輪際」は金輪が水輪と接する所の意。

さ‐【接頭】❶（名詞・動詞・形容詞に付いて）語調を整えたり意味を強めたりする。〈万葉・七・一一二四〉「佐保川にさをどる千鳥」【訳】佐保川に飛びはねる千鳥よ。

【例語】さ霧・さ遠し・さ鳴る・さ寝・さ走る・さまねし・さ身（＝物の中身）・さ乱る・さ百合・さ夜・さ青・さ小舟

❷（名詞に付いて）「若々しい」の意を添える。〈万葉・八・一四一八〉「石走る垂水の上のさわらびの萌え出づる春になりにけるかも」【訳】→いはばしる…【和歌】

【例語】さ苗・さ乙女

【参考】①には「小」、②には「早」をあてることがある。

‐さ【接尾】❶（形容詞の語幹（シク活用は終止形）、形容動詞の語幹に付いて）**程度・状態の意を表す名詞をつくる。**〈源氏・若菜下〉「深きかどかどしさを加へて」【訳】（生来の）豊かな才能をますますにして。

【例語】あはれさ・あやしさ・危ふさ・いみじさ（＝はなはだしさ）・憂さ・うしろめたさ・うしろやすさ・うたてさ・うつくしさ・かなしさ・口惜しさ・心もとなさ（＝不安さ。待ち遠しさ）・繁さ・尊さ・露けさ（＝露っぽいこと）・つれなさ（＝冷淡さ）・ねたさ（＝いまいましさ）・はかなさ・はしたなさ（＝間の悪さ）・ゆかしさ・らうたさ（＝かわいらしさ）・わびしさ・わりなさ（＝しかたなさ）・をかしさ（＝おもしろさ）・をこがましさ

口惜しさ
残念に思うこと

❷（「…の…さ」「…が…さ」の形で文末に用いて）**感動の意を表す。…ことよ。**〈万葉・七・一一〇二〉「細谷川の音のさやけさ」【訳】細い谷川の音のすがすがしいことよ。〈万葉・二〇・四三九八〉「母を離れて行くが悲しさ」【訳】母から離れて（防人に）行くのが悲しいことよ。

❸（移動性の意をもつ動詞の終止形に付いて）「…とき」「…場合」**の意の名詞をつくる。**〈万葉・一五・三六一四〉「帰るさに妹に見せむにわたつみの沖つ白玉拾ひて行かな」【訳】帰るときに妻に見せるために、海の沖の白玉を拾って行こう。

【例語】あふさきるさ・来さ・行くさ

❹（名詞に付いて）「…の方向」**の意の名詞をつくる。**

【例語】逆さ・縦さ（＝縦の方向）・横さ（＝横の方向）

【参考】④には「様」をあてることがある。

さ【代】他称の人代名詞。そいつ。〈竹取・かぐや姫の昇天〉「さが髪をとりて、かなぐり落とさむ」【訳】そいつの髪をつかんで、（空から）引きずり落としてやろう。

【参考】格助詞「が」を伴って、「さが」の形で用いられる。

さ【然】【副】（前述されたことをさして）**そう。そのとおりに。そのように。**〈源氏・若菜下〉「さ言ひつつも、ふたとせばかりになりぬれば」【訳】そう言いながらも二年ほどになってしまったので。〈徒然・四一〉「まことにさにこそ候ひけれ」【訳】ほんとうにそのようでございましたね。

【参考】上代では、一般に「然」が用いられた。

さ 上代の助動詞「す」の未然形。

ざ【座】【名】❶すわる場所。座席。また、すわるときに敷く畳など。〈方丈・四〉「ほどせばしといへども、夜臥す床あり、昼居る座あり」【訳】面積が狭いといっても、夜に寝る床があり、昼にすわる場所がある。

❷集まりの席。集会の席。〈著聞・六八〉「太政大臣は管弦の座に必ず候ふべき人にておはしけるに」【訳】太政大臣は管弦の集まりの席に必ず伺候しなければならない人でいらっしゃったが。

❸田楽・能楽・歌舞伎などの劇場。また、その団体。

❹中世、朝廷・貴族・寺社などの保護下に、特定の商品の製造・販売の独占権を得ていた同業組合。

❺江戸時代、貨幣やその他の特許品を製造した公設の場所。「金座」「銀座」「枡座」など。

さい【采・賽】【名】〔古くは「さえ」〕さいころ。〈平家・一・願立〉「賀茂川の水、双六の賽、山法師、これぞわが心にかなはぬもの」【訳】賀茂川の水、すごろくのさいころの目、（そして）延暦寺の僧兵、これが私の思いどおりにならないもの。

さい‐いん〔斎院〕→さいゐん

さい‐かい【西海】【名】❶西国の海。特に、瀬戸内海。〈平家・七・忠度都落〉「今は西海の浪の底に沈まば沈め」【訳】今（となって）は（この身が）西国の海の波の底に沈むのなら沈むがいい。

❷「西海道」の略。

さいかい‐だう【西海道】【名】五畿七道の一つ。今の九州・沖縄地方。筑前・筑後（福岡県）、豊前（福岡県・大分県）、豊後（大分県）、肥前（佐賀県・長崎県）、肥後（熊本県）、日向（宮崎県）、大隅・薩摩（鹿児島県）、壱岐・対馬（長崎県）、琉球（沖縄県）の十二か国の称。

さい‐かく【才覚】■一【名】❶**学才。**学識。〈徒然・一七九〉「江帥は如何なる才覚にてか申されけん、覚束なし」【訳】江帥（＝大江匡房）はどのような学識によって申されたのであろうか、わからない。→才学【参考】

❷**工夫。**分別。機知。〈徒然・一〇三〉「又五郎男を師とするより外の才覚候はじ」【訳】又五郎めを師匠として教わる以外の工夫はありますまい。

■二【名・他サ変】**工面すること。**やりくり。算段。〈浮・世間胸算用〉「欲から才覚し(用)てすますこと、手にとったやうなり」【訳】欲につられて（金を）工面して返済することは、すぐにも実現しそうである。

■三【名・形動ナリ】機転がきくさま。工夫の上手なこと。

西鶴《人名》→井原西鶴

さい‐がく【才学】【名】「さいかく」とも。学才。学識。〈源氏・絵合〉「才学といふもの、世にいと重くするものなればにやあらむ」【訳】学識というものは、世間でたいそう重んじるものだからだろうか。

【参考】「才学」は漢語であるが、日本では、中世以降「才覚」とも表記されるようになって、学識よりも、頭のはたらきの良さを表す語となった。

西行《人名》（一一一八〜一一九〇）平安末期の歌人。俗名佐藤義清。法名、円位。鳥羽上皇に仕える北面

の武士であったが、二十三歳で出家。諸国を遍歴、修行して多くの秀歌を残した。歌風は平明枯淡で自在。自然や人生に強い憧憬と愛着を示した。「小倉百人一首」に入集。家集「山家集」。(西行忌 春)

さい-く【細工】 名 ❶手のこんだ器具・飾り物を作ること。また、その職人。細工人。〈徒然・三九〉「よき細工は、少しにぶき刀をつかふといふ」訳 りっぱな細工人は、少し切れ味のよくない刀を使うという。
❷手先を利かせて細かい物を作ること。また、その物。〈徒然・三三〉「次に細工、万に要おほし」訳 次に手細工は、万事に役立つことが多い。

さい-ぐう【斎宮】 名「さいくう」とも。天皇の名代として伊勢神宮に奉仕した未婚の内親王、または皇族の女性。天皇の即位のたびに選ばれた。斎王。斎きの皇女。斎きの宮。転じて、斎宮の居所。〈源氏・賢木〉「斎宮の御下り近うなり行くままに」訳 斎宮の(伊勢への)ご下向が近くなっていくにつれて。↓斎院

ざい-くわ【罪科】 名 つみ。とが。また、それに対する刑罰。

ざい-け【在家】 名 ❶《仏教語》普通の生活をしながら仏教に帰依すること。また、その人や家。在俗。対 出家。
❷民家。

さい-ご【最後・最期】 名 ❶物事の終わり。最終。〈平家・九・木曾最期〉「最後のいくさしてみせ奉らん」訳 最後の合戦をして(殿に)お見せ申しあげよう。
❷命の終わるとき。臨終。〈平家・四・宮御最期〉「西にむかひ、高声に十念となへ、最期の詞ことぞあはれなる」訳 西に向かい、声高らかに十ぺん念仏を唱え、最期のことばがあわれである。⬇果つ「慣用表現」

さい-こく【西国】 名「さいごく」とも。❶西の方にある国。畿内以西の国々。対 東国
❷特に、九州地方。
❸「西国巡礼」の略。近畿地方を中心とした、三十三か所の観音霊場を巡礼すること。

在五中将(ざいごちゅうじゃう)ザイゴチュウジョウ《人名》↓在原業平

在五中将の日記(ざいごちゅうじゃうのにっき)ザイゴチュウジョウノニッキ《作品名》↓伊勢物語

ざいざい-しょしょ【在在所所】 名 ここかしこ。あちらこちら。〈方丈・三〉「在々所々、堂舎塔廟、一つとして全からず」訳(京都の近郊では)ここかしこ、社寺の堂や塔も、一つとして完全なものはない。

さい-し【釵子】 名 平安時代、宮廷で女性が正装のとき髪上げに用いた飾り。金属製の、かんざしの類。

さい-しゃう【宰相】 名 ❶古代中国で、君主を助けて政治を行った最高の官職。
❷参議の唐名。

ざい-しゃう【罪障】 名《仏教語》成仏・往生の妨げとなる悪い行い。〈平家・一〇・維盛入水〉「出家の功徳莫大なれば、先世の罪障みなほろび給ひぬらん」訳 出家の功徳は莫大だから、(あなたの)前世の悪い行いはすべて消滅なさっただろう。

ざい-しょ【在所】 名 ❶住んでいる所。居所。〈今昔・三一・二〉「在所を定めずして、所々に修行しき」訳 居所を定めないで、あちらこちらと修行した。
❷故郷。国もと。〈浄・曽根崎心中〉「在所の母は継母であるが」訳 国もとの母は継母であるが。
❸地方。いなか。〈狂・粟田口〉「都の東に、粟田口という在所がある」

さい-ぜん【最前】 名 ❶いちばん前。
❷さきほど。

さい-たん【歳旦】 名 ❶元旦。
❷正月の吉日に開く句会で作る句。

最澄(さいちょう)《人名》(七六七〜八二二)平安初期の僧。日本の天台宗の開祖。諡は伝教大師。近江(滋賀県)の人。延暦七年(七八八)比叡山寺(のちの比叡山根本中堂)を建立。同二十三年(八〇四)空海とともに入唐し、天台の教理を学んで翌年帰国し、やがて天台宗を開いた。著書は宗論書「顕戒論」など。

さい-つ-ころ【先つ頃】 名(「さきつころ」のイ音便)先日。さきごろ。〈源氏・若紫〉「さいつころ、まかり下りて侍りしついでに」訳 さきごろ、(私=良清が播磨へ)下向しておりました機会に。

さい-ど【済度】 名・他サ変《仏教語》(「済」は救う、「度」は渡す意)迷いの世界に苦しむ衆生を救い、悟りの世界に導くこと。

さいな・む【苛む・嘖む】 他マ四 {ま・み・む・む・め・め}(「さきなむ」のイ音便)責める。しかる。いじめる。〈源氏・若紫〉「心なしのかかるわざをしてさいなまるるこそいと心づきなけれ」訳 不注意者がこのようなことをしてしかられるのは、とても気にくわない。

さいはう-じゃうど【西方浄土】 名《仏教語》人間世界の西方十万億土の地にあるという阿弥陀如来のいる世界。極楽浄土。⬇果つ「慣用表現」

さい-はひ【幸ひ】 名・形動ナリ(「さきはひ」のイ音便)しあわせなこと。幸運。

さいばら【催馬楽】 名 古代歌謡の一種。もと民謡だったが、平安時代に宮廷に取り入れられた。舞はなく、笏拍子・和琴・笛・ひちりき・笙・箏・琵琶などを伴奏に宴席・儀式などで盛んに歌われた。

さい-まく・る 自ラ四・下二 {ら・り・る・る・れ・れ}{れ・れ・る・るる・るれ・れよ}(「さきまくる」のイ音便)「さいまぐる」とも。先走りする。出しゃばる。差し出口をする。〈枕・二八〉「物語するに、さし出でして、我ひとりさいまくる体(四段)者」訳 話をするときに、出しゃばって、自分ひとり先走りする者(も不快だ)。

さい-もん【祭文】 名 ❶祭りのときに、節をつけて読んで神仏に告げることば。
❷山伏が錫杖を振り、法螺貝を吹き、神仏の霊験、祭りの由来を語ったもの。
❸②が発展した江戸時代の俗曲の一種。世間の事件を三味線に合わせて語るもの。歌祭文。

さい-ゐん【斎院】 名 天皇の名代として、京都の賀茂神社に奉仕した未婚の内親王、または皇族の女性。伊勢の斎宮にならって天皇即位のたびに選ばれた。斎王。斎きの皇女。転じて、京都紫野にあった斎院の居所。↓斎宮
参考 嵯峨天皇の弘仁元年(八一〇)、皇女有智子内親王が選ばれたのが最初で、鎌倉前期の後鳥羽天皇の皇女礼子内親王まで続いた。

さう【姓】 名「しゃう」とも。姓。氏。〈更級・竹

芝寺〉「その宮の産み給へるこどもは、やがて武蔵といふ姓を得てなむありける」訳その姫宮がお産みになった子供たちは、そのまま武蔵という姓を得て(その土地に)住んだ。

さう【相】名 ❶**姿。形。ようす。**〈徒然・一四三〉「愚かなる人は、あやしく異なる相を語りつけ」訳愚かな人は、(人の臨終を語るのに)不思議で普通と違ったようすをつけ加えて話し。
❷**外面に表れて、吉凶を示すもの。** 人相・家相など。〈源氏・桐壺〉「帝王の上なき位にのぼるべき相おはします人の」訳(この子=光源氏は)帝王という最高の位にのぼるはずの人相のおありになる人で。

さう【草】名 ❶**書体の一つ。**行書をさらにくずした書体。草書。→行・真
❷**草稿。下書き。**〈徒然・二三八〉「常在光院のつき鐘の銘(=銘文)は、在兼卿(=菅原在兼)の草なり」
❸「草仮名」の略。

さう【荘・庄】名「しゃう」とも。「しゃうゑん」に同じ。

さう【笙】名「しゃう(笙)」に同じ。

さう【箏】名「しゃう」とも。弦の十三本ある琴。現在の琴のこと。箏の琴。〈源氏・明石〉「昔より箏は女なむ弾きとるものなりける」訳昔から箏は女が奏法を習い取るものであった。

(箏)

さーう【左右】名 ❶**左と右。** さゆう。〈源氏・若菜上〉「舞台の左右に、楽人の平張りうちて」訳舞台の左右に、楽人の(ための)天幕張りの控え所を作って。
❷**あれこれ言うこと。**〈平家・四・還御〉「九条殿の御ぱからひのうへは、左右に及ばず」訳九条殿(=九条兼実)のおとりはからいである以上は、あれこれ言うこともできない。
❸**あれこれの指図。** 命令。〈平家・一・殿上闇討〉「咎の左右あるべきか」訳罪(にするかしないか)の指図を下すべきではないか。
❹**あれこれの状況。** ようす。〈平治物語〉「軍の左右を待つ」訳戦いの状況をうかがっている。
❺**あれこれの音信。** 知らせ。〈太平記・八〉「その左右を今や今やと待ちける所に」訳その知らせを今か今かと待っていたところに。

さう【候】(「さうらふ」の転)(丁寧の気持ちを表して)…ます。…であります。〈平家・九・宇治川先陣〉「腹帯の伸びて見えさうぞ。締め給へ」訳(馬の)腹帯がゆるんで見えますよ。お締めなさい。
参考 もっぱら補助動詞として用いられる。

さう-あん【草庵】名 草ぶきのいおり。粗末な仮住まい。〈方丈・五〉「今、草庵を愛するも咎とす」訳今、粗末ないおりを愛するのも(仏道からすれば)罪悪とする。

さう-かく【騒客】名(「騒」は古代中国の韻文の一体)詩歌などを作る風流人。文人。詩人。〈去来抄・先師評〉「岩頭また一人の騒客を見付けたる」訳岩の先端に(自分と同じような)もう一人の風流人を見つけた。

さう-がな【草仮名】名 万葉仮名の草書体をさらにくずした仮名の字体。現在のひらがなに先行する字体。

ざう-くわ【造化】名 ❶**万物を創造し支配する神。造物主。**〈細道・松島〉「造化の天工、いづれの人か筆をふるひ詞を尽くさむ」訳造物主の神わざは、どんな人が絵筆をふるい、詩文で表現し尽くすことができようか(いや、だれにもできはしない)。
❷**天地自然。**〈笈の小文〉「造化にしたがひて四時を友とす」訳(俳諧は)天地自然にしたがって四季(の移り変わり)を友とする。

さう-くわん【主典】名「さくわん」に同じ。

さうざう・し 形シク ↓次ページ 149

さう-し【冊子・草子・草紙・双紙】名(「さくし」のウ音便。「冊」は綴じることの意。「子」は物の名に添える接尾語) ❶**(巻物に対して)歌や文を書くために、紙を重ねて糸で綴じたもの。** 綴じ本。〈枕・三九〉「この草子、目に見え心に思ふ事を…書き集めたるを」訳この綴じ本(=「枕草子」)は、(私の)目に見え心に思う事を…書き集めたのを。
❷**物語・日記・随筆・歌集など仮名書きの書物の総称。**〈更級・梅の立枝〉「わざとめでたき冊子ども、硯の箱のふたに入れておこせたり」訳特にみごとな冊子をいろいろと、硯箱のふたに入れてよこした。
❸**下書き。** 草稿。
❹**絵草紙・草双紙など、通俗的な絵入り小説の略称。**

さう-じ【障子】名「しゃうじ(障子)」に同じ。

さう-じ【精進】名・自サ変「さうじん」の撥音「ん」の表記されない形」「しゃうじん(精進)」に同じ。

ざう-し【曹司】名 ❶**宮中や官庁に設けられた役人や女官などの部屋。** また単に、部屋。そこに住む人を指すこともある。〈源氏・桐壺〉「後涼殿にもとよりさぶらひ給ふ更衣の曹司を他にうつさせ給ひて」訳(桐壺帝は)後涼殿に以前からお仕えなさる更衣の部屋を、他にお移しになられて。
❷**平安時代の大学寮の教室。**〈神皇正統記〉「大学寮に東西の曹司あり」
❸(「御曹司」の形で)独立しないで部屋住みしている貴人の子弟の称。→御曹司

ざうし-ずみ【曹司住み】名 ❶宮中や官庁で、部屋を与えられて住んでいること。また、その自分の部屋に下がって休息すること。
❷まだ独立せず部屋住みの身分であること。また、その人。

さう-じみ【正身】名(「正身」の転)その当人。本人。〈源氏・末摘花〉「正身は、何の心げさうもなくておはす」訳(末摘花)本人は、なんの緊張もないようすでいらっしゃる。

さう-じん【精進】名・自サ変「しゃうじん(精進)」に同じ。

さう・す【相す】他サ変{せ・し・す・する・すれ・せよ}人相・手相・家相などを占い、吉凶を判断する。〈今昔・六・三〉「人の形の有り様を見て、行く先にあるべき身の上の善悪を相し用」訳人の顔だちのようすを見て、将来に起こるはずの身の上の善悪を占い。

さう・す【左右す】他サ変{せ・し・す・する・すれ・せよ}あれこれ手配する。〈竹取・かぐや姫の生ひ立ち〉「よき程なる人に成りぬれば、髪上げなどさうし用て」訳(成人式をあげる

のに)ふさわしい大きさである人になったので、髪上げの祝いなどをあれこれ手配して。(一説に、「相す(=吉凶を占う)」の意に解して、「よい日を選び定めて」とする)

さう・ず ソウズ【請ず】他サ変{ぜ・じ・ず・ずる・ずれ・ぜよ}「しゃうず」とも。招く。招待する。〈源氏・葵〉「何くれの僧都たちもえ**さうじ**用あへ給はず」訳(祈禱するにも夜半なので)だれそれの僧都たちもとても**招く**ことはおできにならない。

さうーず ソウ 一【候ず】…ません。…ではありません。〈平家・二・烽火之沙汰〉「いやいや、これまでは思ひも寄り**さうず**終」訳いやいや、これまでは思いもより**ません**。

なりたち 四段動詞または四段補助動詞「候ふ」の簡略形「さう」+打消の助動詞「ず」

参考「平家物語」に多く例がみられる。

さうーず ソウ 二【候ず】…ましょう。…でしょう。〈浄・出世景清〉「さも**さうず**終、さもあらん」訳そう**でしょう**、(たぶん)そうだろう。

なりたち 四段動詞または四段補助動詞「候ふ」の簡略形「さう」+推量の助動詞「うず」=「さううず」の転

参考 浄瑠璃などに多く例がみられる。

ざうーす ゾウ【蔵主】名《仏教語》❶禅寺で、経蔵を管理する僧。

❷(広く出家した者をさして)僧。また、僧名に添える語。〈太平記・二〇〉「宗応**蔵主**といふ僧」

さうーぜん ソウ【生前】名「しゃうぜん」とも。❶(死後に対して)生きている間。存命中。生前。

❷生まれる前。前世。

さうぞきーた・つ ソウゾキ【装束き立つ】一自タ四{た・ち・つ・つ・て・て}きれいに着飾る。〈枕・二七八〉「まことに寅の時かと**さうぞきたち**用てあるに、明けはて」訳(ご出発は)ほんとうに寅の刻(=午前四時ごろ)かと思って**着飾**って(待って)いるのに、夜はすっかり明け。

二他タ下二{て・て・つ・つる・つれ・てよ}きれいに着飾らせる。〈枕・一五二〉「おほきにはあらぬ殿上童の、**さうぞきたて**未られてありくもうつくし」訳(体格が)大きくはない殿上童が、**きれいに着飾らせ**られて歩きまわるのもかわいらしい。

さうーぞく ソウ【装束】名・自サ変

「しゃうぞく」とも。❶衣服。服装。また、衣服をつけること。〈徒然・一九一〉「はなやかなる**装束**、いとよし」訳(夜は)派手な**服装**が、はなはだよい。

❷したく。用意すること。〈大鏡・花山院〉「車に**装束せよ**命」訳牛車に(牛をつけて、外出の)**用意をせよ**。

❸飾り。また、飾ること。〈枕・三三〉「よく**装束し**用たる数珠かいまさぐり」訳りっぱに**飾っ**た数珠を手でもてあそび。

さうぞ・く ソウゾク【装束く】自カ四{か・き・く・く・け・け}〔名詞「装束」を動詞化した語〕「しゃうぞく」とも。❶衣服を身につける。装う。〈更級・鏡のかげ〉「いみじう気高う清げにおはする女の、うるはしく**さうぞき**用給へるが」訳たいそう上品で美しい感じでいらっしゃる女性で、きちんと**装っ**ていらっしゃる人が。

❷したくする。飾りつけ、整える。〈源氏・胡蝶〉「唐めいたる舟つくらせ給ひける、急ぎ**さうぞか**未せ給ひて」訳唐風である舟を(光源氏がかねて)作らせなさったのを、急いで**飾りつけ整え**させなさって。

最重要330

149

さうざう・し ソウゾウシ

形シク{しから・しく(しかり)・し・しき(しかる)・しけれ・しかれ}

ガイド 漢語の索漠・索然などの「索」を重ねて形容詞にした「索索し」の音便形かといわれる。

(あるべきものがなくて)なんとなく物足りない。心さびしい。張り合いがない。

例 **さうざうしき**体夕暮れなどばかりぞ、尼君を恋ひ聞こえ給ひて、うち泣きなどし給へど〈源氏・若紫〉

訳(若紫は)**心さびしい**夕暮れなどだけは、尼君をお慕い申しあげなさって、ちょっと泣いたりなさるけれど。

例 かやうのことに権中納言のなきこそ、なほ**さうざうしけれ**已〈大鏡・道隆〉

訳 こういうこと(=遊宴)に権中納言(=隆家)がいないのは、やはり**物足りない**。

語感実感 遊びに来るはずだった友人が急に来られなくなり、物足りなくて張り合いがなく、さびしく思う感じ。

類語の整理 さうざうしー「おもしろくないさま」を表す語

さうざうし…あるべきものがない

さびし…状況・情景がものさびしい、心細い

つれづれなり…手持ちぶさた、退屈

わびし…はかどらない、やりきれない

さう-でん【相伝】〔名・自サ変〕代々受け伝えること。〈徒然・八八〉「御**相伝**、浮けることには侍らじなれども」〔訳〕お**言い伝え**は、根拠のないことではございますまいが。

さうど・く【騒動く】〔自カ四〕{か・き・く・く・け・け}〔名詞「騒動」を動詞化した語〕騒ぎたてる。はしゃぐ。〈源氏・常夏〉「水飯などとりどりに**さうどき**㊐つつ食ふ」〔訳〕水漬けの飯などを思い思いに皆**はしゃぎ**ながら食う。

さうな 〔助動特殊型〕

意味・用法
様態（…ようだ。…らしい。）→❶
伝聞（…そうだ。…ということだ。）→❷
推量（…ようだ。…らしい。）→❸

接続
①は体言、動詞の連用形、形容詞の語幹などに付き、形容詞「なし」「よし」などに付く場合には、語幹にさらに接尾語「さ」を間に入れて続ける。②③は活用語の連体形（のち終止形）に付く。

活用

未然	連用	終止	連体	已然	命令
○	さうに（テ）	さうな（。）	さうな（コト）	さうなれ（ドモ）	○

❶様態の意を表す。…ようだ。…らしい。〈天草本平家・一〉「殿上までも切りのぼり**さうな**㊍者の面魂であったによって」〔訳〕殿上の間までも切り（ふせて）のぼる**ような**者の面がまえであったから。
❷伝聞の意を表す。…そうだ。…ということだ。〈浮世風呂〉「江戸も昔は踊った**さうな**㊍が」〔訳〕江戸でも昔は（盆踊りを）踊った**ということだ**が。
❸推量の意を表す。…ようだ。…らしい。〈洒・辰巳之園〉「西村の船頭か、あいつも見忘れた**さうな**㊚、きつく年寄りになった**さうな**㊚」〔訳〕西村（＝船宿の名）の船頭か、あいつも（私を）見忘れた**らしい**が、（それほど）ひどく年寄りになった**ようだ**。

〔参考〕中世末から近世にかけて用いられた。近世以降「そうな」とも書かれる。体言の「さう」（「相」または「左右」とも）に断定の助動詞「なり」の付いた「さうなり」から生じたもの。

さう-なう【左右無う】〔形容詞「さうなし」の連用形「さうなく」のウ音便〕**ためらわずに。簡単に。軽率に。**〈平家・八・法住寺合戦〉「**さうなう**上って軍すべき様もなし」〔訳〕**軽率に**（京に）上って合戦をすることができるようすでもない。

さう-な・し【双無し】〔形ク〕{から・く(かり)・し・き(かる)・けれ・かれ}〔「双」は並ぶの意〕比べるものがない。**並ぶものがないくらいすぐれている。**〈徒然・一八五〉「城陸奥守泰盛は、**さうなき**㊍馬乗りなりけり」〔訳〕秋田城の介（兼）陸奥の守の泰盛は、**並ぶ者のない**馬の乗り手であった。

さう-な・し【左右無し】〔形ク〕➡右 150

さう-にん【相人】〔名〕人相を見る人。人相見。「相者」とも。

さう-の-こと【箏の琴】〔名〕「さう（箏）」に同じ。

さう-の-ふえ【笙の笛】〔名〕「しゃう（笙）」に同じ。

さう-はく【糟粕】〔名〕❶酒のかす。❷（良いところを取り去った）残りかす。〈太平記・一〉「古人の**糟粕**を甘なって」〔訳〕昔の聖人の**残りかす**（＝残したことばや文章）に満足して。

さう-び【薔薇】〔名〕「しゃうび」とも。❶植物の名。ばら。〔夏〕❷襲の色目の名。表は紅、裏は紫。夏に用いる。

さう-ぶ【菖蒲】〔名〕「しゃうぶ」とも。❶植物の名。しょうぶ。あやめ草。〔夏〕❷襲の色目の名。表は萌黄（　）、裏は紅。夏に用いる。➡襲の色目「古文常識」（三一〇ページ）

フレーズ
菖蒲の鬘 陰暦五月五日の端午の節句に、邪気をはらうため、男は冠につけ、女は髪に挿した菖蒲の飾り。あやめのかずら。

最重要330 150

さう-な・し【左右無し】〔形ク〕{から・く(かり)・し・き(かる)・けれ・かれ}

ガイド 「左右」はあれこれの意。「左右＋無し」で、**あれこれと考えるまでもない、決まらない**の意となる。

❶**どうとも決まらない。**
〔例〕なほ、このこと**さうなく**㊐て止まむ、いとわろかるべし〈枕・能因本・一三〇〉
〔訳〕やはり、このこと（＝歌を覚えているのかどうかの勝負）が**どうとも決まらない**（まま）でやめるようなことは、はなはだ具合がよくないことだろう。

❷**あれこれと考えるまでもない。言うまでもない。ためらわない。無造作だ。容易だ。**
〔例〕古くよりこの地を占めたるものならば、**さうなく**㊐掘りすてられがたし〈徒然・二〇七〉
〔訳〕（蛇が）昔からこの土地を住みかとしているものなら、**無造作に**（蛇の塚を）掘ってお捨てになることはむずかしい。

➡是非無し「慣用表現」

菖蒲の輿 陰暦五月五日の端午の節句に菖蒲を積んで宮中に運ぶ輿。あやめの輿。

さうぶ-の-かづら【菖蒲の鬘】⬇菖蒲「フレーズ」

さうぶ-の-こし【菖蒲の輿】⬇菖蒲「フレーズ」

さうもん【相聞】名〔互いに消息を述べあう意〕「相聞歌」の略。雑歌・挽歌とともに、「万葉集」における三大分類の一つ。男女・親子・友人などの親しい間がらでの贈答の歌。多く、恋愛歌をさす。

さう-もん【桑門】名僧。出家して仏道を修行する者。

さうらは-むず-らむ【候はむずらむ】「さうらはんずらん」に同じ。

さうらは-んず-らん【候はんずらん】❶(「さうらふ」が動詞「あり」の丁寧語の場合)ございましょう。ありましょう。〈平家・七・忠度都落〉「世しづまり候ひなば、勅撰の御沙汰**候はんずらん**㊚」訳世の中が静まりましたならば、勅撰集の撰進のご命令が**ございましょう**。❷(「さうらふ」が丁寧語の補助動詞の場合)…ましょう。…でしょう。〈平家・六・小督〉「御書を給はらで申さんには、うはの空にやおぼしめされ**候はんずらん**㊍」訳(天皇の)お手紙をいただかないで(口頭で)申し上げるとしたら、その場合には、(小督は)あてにならないこととお思いになり**ましょう**(が、いかがでしょう)か。

なりたち 四段動詞または四段補助動詞「候ふ」㊤＋推量の助動詞「んず(むず)」㊚＋推量の助動詞「らん(らむ)」

さうら・ふ

【候ふ】自八四〔は・ひ・ふ・ふ・へ・へ〕〔「さぶらふ」の転〕❶貴人のそばに仕える意の謙譲語。**お仕え申しあげる。伺候する。**おそばにいる。〈平家・一・殿上闇討〉「左兵衛の尉家貞といふ者ありけり。…殿上の小庭に畏まってぞ**候ひ**㊊ける」訳左兵衛の尉家貞という者がいた。…清涼殿の小庭にかしこまって**伺候していた**。❷「あり」の丁寧語。**あります。ございます。おります。**〈平家・七・忠度都落〉★「薩摩の守悦びて、『…浮き世に思ひ置くこと**候は**㊤ず。さらばいとま申して』とて馬にうち乗り」訳薩摩の守(＝平忠度)は喜んで、「…この世に未練を残すことは**ございません**。それでは、お別れを申し上げて」と(藤原俊成に)言って馬に乗り。

敬意の対象(会話文)
★〈平家〉の例
話し手
浮き世に
思ひ置くこと候はず
(丁寧)
聞き手
敬意

参考「さぶらふ」から音が変化して生じた語で、中世から用いられた。「平家物語」では、男性は「さうらふ」を、女性は「さぶらふ」を使っている。

さうら・ふ

【候ふ】補動八四〔は・ひ・ふ・ふ・へ・へ〕〔四段動詞「さうらふ」から〕❶(動詞・形容詞・形容動詞・助動詞「る」「らる」「す」「さす」「なり」「べし」の連用形、助詞「て」に付いて)丁寧の意を表す。…ます。…でございます。…です。〈平家・七・忠度都落〉「三位殿に申すべきことあって、忠度が帰り参って**候ふ**㊚」訳三位殿(＝藤原俊成)に申し上げなければならないことがあって、(私)忠度が帰り参って**おります**。❷尊敬の意を表す「御…あり」の形の丁寧表現。…(なさい)ます。(お…になり)ます。〈平家・九・木曽最期〉「あの松の中で御自害**候へ**㊌」訳あの(松原の)松の中でご自害なさい**ませ**。(⬇候ふ(自八四)参考)

ざうら・ふ【候ふ】補動八四〔は・ひ・ふ・ふ・へ・へ〕〔「にさうらふ」の転〕(名詞、形容動詞の語幹、副詞、動詞・助動詞の連体形に付いて)…でございます。…です。〈平家・九・生ずきの沙汰〉「『それはたが御馬ぞ』『佐々木殿の御馬**候ふ**㊚』」訳「それはだれの御馬か」「佐々木殿の御馬**でございます**」。

さえ【采・賽】名「さい(采)」に同じ。

さえ ⬇さへ(三七八ページ)

ざえ【才】名 ⬇次ページ 151

さえ-かへ・る【冴え返る】自ラ四〔ら・り・る・る・れ・れ〕❶(光や音などが)澄みきる。澄み渡る。〈謡・八島〉「月も今宵に**さえかへり**㊊」訳月も今宵(の空)に**澄みきり**。❷寒さが身にしみる。〈新後拾遺・冬〉「しぐれつる宵のむら雲**さえかへり**㊊」訳しぐれの降った夜の群雲は**ひどく寒々として**。❸春になって寒さがぶり返す。春。〈浄・国性爺合戦〉「まだ**さえかへる**㊍(＝**余寒がきびしい**)春の夜の」

ざえ-が・る【才がる】自ラ四〔ら・り・る・る・れ・れ〕〔「がる」は接尾語〕**学問・教養があるようにひけらかす。**〈紫式部日記〉「男だに**才がり**㊊ぬる人は、いかにぞや、はなやかならずのみ侍るめるよ」訳男性だって**学識をひけらかして**しまう人は、どういうものか、きまって栄達しないようですよ。

さえ-こほ・る【冴え凍る】自ラ四〔ら・り・る・る・れ・れ〕冷え冷えとして凍りつく感じである。〈更級・宮仕へ〉「いみじく烈しく**さえ凍る**㊍暁がたの月の、…袖にうつれるも」訳(寒さで)たいそうはなはだしく**凍りつく感じである**夜明け前の月が、…袖に照り映えているのも。

ざえざえ・し【才才し】形シク〔しから・しく(しかり)・し・しき(しかる)・しけれ・しかれ〕いかにも学問があるようすだ。才知がおもてにあらわれている。〈源氏・若菜下〉「ただ走り書きたるおもむきの、**才々しく**㊊はかばかしく」訳(明石の入道が)ほんの少し走り書きした(願文の)趣旨が、**才知があらわれ**しっかりしていて。⬇聡し「類語の整理」

さえずる〘囀る〙⬇さへづる

ざえ-の-をのこ【才の男】名内侍所の神楽などで歌を歌ったり、滑稽な芸を演じたりする人。才。

さえ-まさ・る【冴え勝る】自ラ四〔ら・り・る・る・れ・れ〕寒気がいよいよきびしくなる。寒さがつのる。〈古今・恋三〉「ささの葉に置く霜よりもひとり寝るわが衣手ぞ**さえまさり**㊊ける」訳笹の葉におりている霜よりも、一人寝る私の袖のほうが(凍った涙で)**いちだんと冷たい**ことよ。

さえ-わた・る【冴え渡る】自ラ四〔ら・り・る・る・れ・れ〕❶一面

最重要330

151 **ざえ**【才】名

ガイド 「才」の字音「ざい」(呉音)の転。日常的な才覚、日本人本来の知恵をいう「大和魂」に対し、舶来の学問である漢学や漢詩文の学才をいう。のちに広く芸能、技能の意でも用いるようになった。

❶学問。特に、漢学。学才。

例 雅房大納言は、才賢く、よき人にて〈徒然・一二八〉

訳 雅房大納言は、学問がすぐれ、りっぱな人であるので。

❷芸能。技能。

例 年老いたる人の、一事すぐれたる才のありて〈徒然・一六八〉

訳 年をとっている人が、一つの事にすぐれた技能があって。

❸「才の男」の略。

に凍る。一面に冷える。〈万葉・三・三八一〉「わが衣手に置く霜も氷にさえわたり用」訳 私の袖におりる霜も氷のように一面に冷え。❷(光や音などが)一面に澄みきる。〈更級・春秋のさだめ〉「冬の夜の、空さへさえわたり用いみじきに」訳 冬の夜の、空までが一面に澄みきってひどく寒いのに。

さおしか〖小牡鹿〗➡さをしか

さおとめ〖早乙女・早少女〗➡さをとめ

さおひめ〖佐保姫〗➡さほひめ

釈迦(さか)《人名》→釈迦

さが【性・相】名 ❶性質。生まれつき。〈源氏・椎本〉「いとくまなき御心のさがにて、おしはかり給ふにや侍らむ」訳 (匂宮は)好色の面で)たいそう抜け目ない御心の性質だから、憶測なさるのでございましょうか。❷運命。宿命。〈野ざらし紀行〉「汝がさがのつたなきを泣け」訳 おまえの宿命の悪さを泣け。❸ならわし。〈源氏・柏木〉「あはれなることは、その常なき世のさがにこそは」訳 しみじみと悲しいことは、(あなた=夕霧のいう)その無常の世のならわしである。

嵯峨(さが)《地名》歌枕 今の京都市右京区の地名。桂川の上流大堰川を隔てて嵐山に対する。平安時代は朝廷の狩猟地、貴族の別荘地・遊楽の地。

さかい〖境〗➡さかひ

さか-き【榊・賢木】名 ❶常緑樹の総称。ときわ木。特に、神事に用いる木。❷ツバキ科の常緑樹の名。枝葉を神事に用いる。

さか・し【賢し】形シク ➡次ページ 152

さが・し【険し・嶮し】形シク {しから・しく(しかり)・し・しき(しかる)・しけれ・しかれ} ❶(山などが)けわしい。〈うつほ・俊蔭〉「いただき天につきてさがしき体山、遥かに見ゆ」訳 頂上が天に達してけわしい山がはるかに見える。❷あぶない。危険である。〈落窪〉「女君『いとさがしき体ことなり』とて、笑ひ給ふ」訳 女君は「(埋み火をふところに抱くとは)たいへん危険なことだ」と言って、お笑いになる。

さかし-が・る【賢しがる】自ラ四 {ら・り・る・る・れ・れ} [「がる」は接尾語]かしこそうにふるまう。りこうぶる。〈枕・二三〉「すずろなるものうらみし、われかしくふるまう。りこうぶる。」

さかし-だ・つ【賢しだつ】自タ四 {た・ち・つ・つ・て・て} [「だつ」は接尾語]りこうぶる。かしこそうなふりをする。〈紫式部日記〉「さばかりさかしだち用、真字書き散らして侍るほども」訳 (清少納言は)あれほどりこうぶって、漢字を書き散らしております(その)程度も。

さかし-ら【賢しら】名・形動ナリ [「ら」は接尾語] ❶りこうぶること。〈万葉・三・三四四〉「あなみにくさかしらをすと酒飲まぬ人をよく見ば猿にかも似る」訳 →あなみにく…和歌 ❷差し出がましいことをするさま。おせっかい。〈伊勢・四〇〉「さかしらする親ありて、思ひもぞつくとて、この女をほかへ追ひやらむとす」訳 おせっかいをする親がいて、恋心でもつくと困ると思って、この女をよそへ追い出そうとする。❸人をおとしいれるための告げ口。讒言。〈雨月・吉備津の釜〉「人のさかしらにあひて領る所(=所領)をも失ひ」

さかしら-が・る【賢しらがる】自ラ四 {ら・り・る・る・れ・れ} [「がる」は接尾語]りこうぶって出しゃばる。〈源氏・紅梅〉「忍びて、母君ぞ、たまさかにさかしらがり用聞こえ給ふ」訳 (匂宮に)こっそりと、母君は、ときたま出しゃばってお返事を差し上げなさる。

さかしら-ごころ【賢しら心】名 りこうぶる心。出しゃばる心。〈源氏・若紫〉「人の程もあてにをかしう、なかなかのさかしら心なく」訳 (若紫は)人柄も上品でかわいらしく、なまはんかなりこうぶった心がないので。

さかしら-びと【賢しら人】名 おせっかいな人。また、りこうぶる人。〈源氏・手習〉「尼になし給ひてよと言はむ、さかしら人少なくてよき折にこそ」訳 (私を)尼にしてしまってくださいと言おう、よけいな口出しをする人も少なくてちょうどよい折だから。

さか・す【栄す・盛す】他サ四 {さ・し・す・す・せ・せ} ❶興をわかせる。関心をおこす。〈源氏・明石〉「時々につけて、興をさかす終べき渚の苫屋」訳 (海辺には)季節季節に応じて興趣をわかせるにちがいない波打ちぎわの苫屋(があり)。❷もてはやす。ひけらかす。〈紫式部日記〉「さる所にて才さかし(用)出で侍らむよ」訳（どうして）そのような所（＝宮中）で漢学の才をひけらかし出しましょうよ。

さか-づき【杯・盃】名〔「酒坏（＝器）」の意〕❶酒を飲む器。ちょこ。❷「杯事」の略。杯を取り交わすこと。酒宴。

さか-な【肴】名〔「酒菜」の意〕❶酒を飲むときの副食物。酒のさかな。❷酒席での余興。〈狂・棒縛〉「何ぞ肴をさしめ」訳何か余興をなさい。❸食用の魚類。

さが-な・し 形ク ➡次ページ 153

最重要330

152 **さか・し**【賢し】形シク〔しから・しく（しかり）・し・しき（しかる）・しけれ・しかれ〕

ガイド 知能の働きがすぐれているさまをいう。反発を感じるほどであるのが④。

❶かしこい。才知がある。 ➡聡し「類語の整理」
❷じょうずだ。すぐれている。
❸気丈である。しっかりしている。
❹こざかしい。りこうぶっている。

例 父の前にて、人ともの言ふとて、史書の文をひきたりし、さかしく(用)は聞こえしかども〈徒然・二三〉
訳 父親の前で、人と何か話をするということで、歴史書の文を引用していたのは、かしこくは聞こえたけれども。

例 異人々のもありけれど、さかしき(体)もなかるべし〈土佐〉
訳 ほかの人たちの歌もあったけれど、気の利いたじょうずなのもないようだ。

例 落ちかかりぬとおぼゆるに、ある限りさかしき(体)人なし〈源氏・明石〉
訳 （雷が頭上に）落ちかかったと思われるので、（光源氏のそばに）いる者すべて気の確かな人はいない。

例 さかしき(体)やうにや思さむとつつまれて〈源氏・若菜下〉
訳 りこうぶって生意気なように（光源氏が）お思いになるだろうかと、（紫の上は）自然に遠慮されて。

坂上郎女（さかのうへのいらつめ）《人名》➡大伴坂上郎女

さかひ【境】名❶境界。さかい目。〈更級・太井川〉「しもつさの国と、武蔵との境にてあるふとゐ川」訳下総の国（千葉県・茨城県）と武蔵（東京都・埼玉県・神奈川県）との境界である太井川（＝江戸川）。❷地域。場所。〈徒然・七三〉「年月過ぎ、境も隔たりぬれば」訳年月が経過し、場所も隔たってしまうと。❸境遇。境地。心境。〈徒然・三八〉「賢愚・得失の境にをらざればなり」訳（聖人は）賢愚や利害という（人間の低い）境地にいないからである。❹（「境に入る」の形で）おもしろい境地。熟達の境地。佳境。〈徒然・一八八〉「二つのわざ、やうやう境に入りければ」訳（法師は乗馬と早歌の）二つの技芸が、しだいに熟達の境地に入ったので。

さか・ふ【逆ふ】自ハ四・下二〔は・ひ・ふ・ふ・へ・へ〕〔へ・へ・ふ・ふる・ふれ・へよ〕❶さからう。そむく。反する。〈平家・四・南都牒状〉「片言耳にさかふれ(已)（下二段）ば、公卿といへどもこれをからむ」訳わずかなことばでも聞いて意に反すると、公卿であってもこれを捕縛する。〈徒然・一五五〉「ついで悪しきことは、人の耳にもさかひ(用)（四段）、心にもたがひて、その事成らず」訳（事の運ばれる）順序が悪いことは、人の耳にもさからい、心にもそむいて、その物事が成就しない。❷敵対する。はむかう。〈著聞・三六二〉「『今一度さかふ(終)べし』とて歩み寄るに」訳（弘光が相撲に負けて）「もう一度立ち合おう」と言って歩み寄ると。

さか-ま・く【逆巻く】自カ四〔か・き・く・く・け・け〕流れに逆らって波が立つ。〈平家・九・宇治川先陣〉「さかまく(体)水もはやかりけり」訳（宇治川の）流れに逆らい波立つ水勢も速かった。

相模（さがみ）《地名》〔古くは「さがむ」とも〕旧国名。東海道十五か国の一つ。今の神奈川県の大部分。相州。

さか-もぎ【逆茂木】名とげのある木の枝を外に向けて垣に結った、敵を防ぐ柵。〈平家・九・宇治川先陣〉「水のそこには乱ぐひ打って大綱はり、逆茂木つないで流しかけたり」訳（宇治川の）水底には乱ぐいを打って（それに）大綱を張り、逆茂木を結びつけて流し漂わせている。

（さかもぎ）

さか-やき【月代・月額】名❶古く、成人男子が冠や烏帽子などをかぶったとき、頭髪のはえぎわが見えないように額ぎわを半月形にそりあげたこと。また、その部分。❷近世に行われた風習で、

（さかやき②）

最重要330

153

さが-な・し 形ク {から・く(かり)・し・き(かる)・けれ・かれ}

ガイド 語源は「性＋無し」とも、険峻の意の「険し」と同根の「さが」に「…の状態である」の意の接尾語「なし」が付いたものともいう。性質・性格が悪い、品がないなどの意を表す。

❶性質がよくない。たちが悪い。意地が悪い。

例このをばの御心さがなく㊊悪しきことを言ひ聞かせければ〈大和・一五六〉

訳このおばのお心が意地が悪く不快であることを(妻は男に)言い聞かせたので。

❷口が悪い。口やかましい。

例着給へる物どもをさへ言ひたつるも、もの言ひさがなき㊍やうなれど〈源氏・末摘花〉

訳(末摘花が)着ていらっしゃるもののあれこれまでとりたてて言うのも、ものの言い方が口うるさいようであるけれど。

❸いたずらで、手に負えない。

例さがなき㊍童どものつかまつりける、奇怪に候ふことなり〈徒然・二三六〉

訳いたずらな子供たちがいたしたことで、けしからぬことです。

成人男子が額から頭の中央にかけて髪をそり落とすこと。また、その部分。

さか・ゆ【栄ゆ】自ヤ下二{え・え・ゆ・ゆる・ゆれ・えよ}繁栄する。また、繁茂する。〈万葉・六・九九六〉「御民われ生ける験あり天地の栄ゆる㊍時に遇へらく思へば」訳天皇の民である私は生きている甲斐がある。天地が栄えている(この)時に生まれあわせていることを思うと。

さか-ゆ・く【栄行く】自カ四{か・き・く・く・け・け}ますます栄えてゆく。〈徒然・七〉「夕べの陽に子孫を愛して、さかゆく㊍末を見んまでの命をあらまし」訳夕日の傾きかけたような老年に子や孫をかわいがって、(その)栄えてゆく将来を見とどけるまでの命を期待し。

さかり【盛り】名・形動ナリ〈徒然・一三七〉❶活動力や勢いが盛んなさま。また、その時期。「花は盛りに㊊、月はくまなきをのみ見るものかは」訳桜の花は盛んに(咲いているのだけを)、月は曇りのないのだけを見るものであろうか(いや、そうとはかぎらない)。❷人間として充実しているさま。また、その時期。若い盛り。男盛り。女盛り。〈更級・物語〉「盛りにならば容貌もかぎりなくよく、髪もいみじく長くなりなむ」訳(私は)女盛りになったらきっと顔だちもこの上なくすばらしく、髪もたいそう長くなるだろう。

さがり【下がり】名❶下がること。低くなること。〈徒然・二二〇〉「寒暑に随ひて、上がり・下がりあるべき故に」訳(鐘の音は)寒暖につれて、高くなることや低くなることがあるはずであるから。❷ある時刻が過ぎること。〈太平記・三〉「日すでに酉の下がりに成りて」訳太陽はすでに酉の刻(＝午後六時ごろ)過ぎになって。❸神前の供物を下げたもの。また、目上の人などからのお下がり。❹物価などの下落。値下がり。❺未払い金。借金。

さか・る【離る】自ラ四{ら・り・る・る・れ・れ}(対象から自然に)遠く離れる。遠ざかる。〈万葉・二・一三一〉「いや遠に里はさかり㊊ぬ」訳ますます遠く(妻のいる)里は離れてしまった。

さが・る【下がる】自ラ四{ら・り・る・る・れ・れ}❶垂れ下がる。ぶら下がる。〈万葉・五・八九二〉「綿もなき布肩衣の海松のごとわわけ下がれ㊀るかかふのみ肩にうち掛け」訳→かぜまじり…和歌 ❷位置が後ろになる。遅れる。〈太平記・五〉「遥かのあとに下がり㊊、宮に追っつき参らせんと急ぎけるに」訳遥か後に遅れ、宮に追いつき申しあげようと急いだが。❸(目上の人の所から)退出する。〈浮世風呂〉「お師匠様から下がる㊏と、毎日[芝居へ]行きまあす」❹低くなる。〈平家・四・橋合戦〉「下がる㊍矢をばをどり越え」訳低く(飛んで)くる矢をとび上がって越え。❺劣る。悪くなる。(魚などが)くさる。〈風姿花伝〉「もし極めずは、四十より能は下がる㊏べし」訳もし(能の真髄を)極めないならば、四十歳以降(その人の)能はきっと悪くなるであろう。❻ある時刻が過ぎる。遅れる。〈宇治・一二・五〉「下がる㊏といふ定、午未の時には、渡らんずらんものを」訳遅れるとはいっても、午(＝正午ごろ)から未(＝午後二時ごろ)の時には、(行列が)やってくるはずなのに。(『➡下る「古文常識」』)

さか-ろ【逆櫓】名舟を後ろ向きにも進められるように、(船尾のほかに)舟の舳先に取り付けた櫓。

さかん〖主典〗➡さくわん

さき【先・前】名

❶先端。先頭。前。先陣。〈平家・九・生ずきの沙汰〉「宇治川で死にて候ふときこしめし候はば、人に先をせられてんげりとおぼしめし候へ」訳(私＝高綱が)宇治川で死にましたと(鎌倉殿＝頼朝が)お聞きになりまし

たならば、ほかの人に**先陣**をつとめられてしまったとお思いくださいませ。❷第一。上位。〈**徒然・一三〇**〉「わが身を後にして、人を**先**にするにはしかず」**訳**自分(のこと)を後回しにして、他人を**第一**に立てるのにこしたことはない。❸**前途。将来。**〈**徒然・八三**〉「万のこと、**先**のつまりたるは、破れに近き道なり」**訳**何事でも、**将来**がゆきづまっているのは、破綻に近い(という)道理である。❹**以前。過去。**〈**源氏・総角**〉「**さき**の春も、花見にたづね参り来しこれかれ」**訳****以前**の春にも、(宇治の山荘に)花見(のお供)に訪れ参上しただれかれが。❺「先追ひ」「先払ひ」の略。貴人の外出のとき、道の前方にいる人々を追い払うこと。また、それをする人。〈**大鏡・師尹**〉「御**さき**の音もおどろおどろしうひびきて」**訳**お**先払い**の(立てる)声もおおげさに響いて。

フレーズ

先の世・前の世 この世に生まれる前の世。前世。〈**源氏・桐壺**〉「**前の世**にも御ちぎりや深かりけむ」**訳****前世**でもご宿縁が深かったのであろうか。

さき【幸】名 さいわい。幸福。

さき【崎】名 ❶山・丘が平地に突き出た部分。❷山・丘などの海や湖に突き出た部分。岬。

さき‐お・ふ【先追ふ・前追ふ】自ハ四{は・ひ・ふ・ふ・へ・へ}貴人の外出のとき、道の前方にいる人々を追い払う。先払いをする。〈**枕・二五**〉「**さきおふ**体声々などして」**訳**(従者の)**先払いをする**声などがいくつもして。

さき‐く【幸く】副 **無事に。**しあわせに。変わりなく。〈**万葉・一一・二三八四**〉「わが背子は**さきく**坐すと還り来てあれに告げ来む人も来ぬかも」**訳**私の夫は**無事で**いらっしゃると、帰って来て私に告げに来るような人も来ないかなあ。

さき‐くさ【三枝】名 植物の名。枝や茎が三つに分かれているという。山ゆり・みつまた・じんちょうげなど諸説がある。

さき‐ざき【先先】名 ❶以前。まえまえ。〈**竹取・かぐや姫の昇天**〉「**さきざき**も申さむと思ひしかども」**訳****まえまえ**にも申し上げようと思ったが。❷将来。あとあと。

さき‐だ・つ【先立つ】一 自タ四{た・ち・つ・つ・て・て}❶前に立つ。**先に行く。**〈**蜻蛉・中**〉「いたり着きたれば、**先立ち**用し人々、いとよく休み涼みて」**訳**到着したところ、**先に行った**人々は、たいそう十分に休息し涼んで。❷**まっ先に起こる。**先んずる。〈**伊勢・一六**〉「姉の**先立ち**用てなりたる所へ行くを」**訳**(紀有常の妻は)姉が**先んじて**(尼に)なっている所へ行くが。❸**先に死ぬ。**〈**方丈・二**〉「親子あるものは…親ぞ**先立ち**用ける」**訳**(飢饉のとき)親子で暮らしている者は…親が**先に死ん**だ。

二 他タ下二{て・て・つ・つる・つれ・てよ}❶**先に行かせる。**〈**源氏・浮舟**〉「**先立て**用てつかはしたりける、夜ふくる程にまゐれり」**訳****あらかじめ先立て**て(準備に)遣わしておいた者(=時方)が、夜の更けるころに帰参した。❷**先に死なせる。**〈**十訓・二**〉「二十一にて兄にわかれ、二十三にて弟を**先立て**用しかば」**訳**(小野小町は)二十一歳で兄に別れ、二十三歳で弟を**先に死なせ**たので。

さ‐ぎちゃう【三毬杖・左義長】名〔三本の「毬杖」を立てたところからいう〕陰暦正月十五日と、十八日に行われた悪魔払いの行事。宮中では、清涼殿の庭に青竹をたばね、それに扇子・短冊・天皇の書き初めなどを結びつけ、陰陽師らが歌いはやしながら焼いた。民間では、門松・書き初め・しめなわなどを集めて焼いた。どんど焼き。春

(さぎちゃう)

さき‐にほ・ふ【咲き匂ふ】自ハ四{は・ひ・ふ・ふ・へ・へ}〔「にほふ」は色が美しく映えるの意〕色鮮やかに美しく咲く。〈**万葉・一〇・一八七二**〉「見渡せば春日の野辺に霞立ち**咲きにほへ**已るは桜花かも」**訳**見渡すと春日の野辺に霞が立って、**色鮮やかに咲い**ているのは桜の花だろうか。

さき‐の‐よ【先の世・前の世】➡先「フレーズ」

さき‐は・ふ【幸ふ】一 自ハ四{は・ひ・ふ・ふ・へ・へ}**豊かに栄える。**幸運にあって栄える。〈**万葉・五・八九四**〉「言霊の**幸はふ**体国と語り継ぎ言ひ継がひけり」**訳**(大和の国は)ことばの霊力で**豊かに栄える**国だと語り伝え、長く言い伝えてきた。

二 他ハ下二{へ・へ・ふ・ふる・ふれ・へよ}栄えさせる。幸運を与える。〈**祝詞**〉「いかし御世に**幸はへ**用まつるが故に」**訳**勢い盛んな御世に**栄えさせ**申しあげているために。

さき‐もり【防人】名〔「崎守(=辺境を守る人)」の意〕上代から平安初期にかけて、壱岐・対馬・筑紫など、辺境の防備についた人。三年ごとの輪番で、おもに、東国出身者が徴発された。彼ら、あるいはその家族のつくった歌を「防人歌」といい、「万葉集」に収められている。

さきもりに… 和歌

防人に　行くは誰が背と　問ふ人を
見るが羨しさ　物思ひもせず
〈**万葉・二〇・四四二五・防人歌**〉

訳防人に行くのはだれの夫かと尋ねている人を見るのがうらやましいことよ。(その人は)物思いもしないで(=何の気遣いもしないで)。

解説 防人として徴発される夫を見送る妻の歌。防人の多くは辺境の地に赴き、二度と帰れなかった者もいた。それを見送る妻には、激しい不安と悲しみがあった。

さ‐きやう【左京】名 平城京・平安京を、朱雀大路を境に分けた東半分の地域。内裏から南を向いて左のほうにあたる。東の京。対右京。➡付録③「平安京図」

さきやう‐しき【左京職】名 左京を管轄し、司法・警察・行政などを担当した役所。対右京職

さきわう〔幸う〕➡さきはふ

さき‐を・を・る【咲き撓る】自ラ四{ら・り・る・る・れ・れ}〔「ををる」はたわむ意〕枝がたわむほど、花がたくさん咲く。〈**万葉・六・九二三**〉「春へには花**咲きををり**用秋へには霧立ち渡る」**訳**春のころは、花が**枝もたわむほどに咲きほこり**、秋のころは、霧が一面に立ちこめる。

さく【笏】名「しゃく(笏)」に同じ。

さ・く【放く・離く】一 他カ四{か・き・く・く・け・け}**放つ。**遠くへや

る。〈万葉・三・四五〇〉「行くさには二人わが見しこの崎をひとり過ぐれば見もさか(未)ず来ぬ」訳 行く時には(妻と)二人で私が見たこの(敏馬の)崎を、(今は)一人で通るので、(悲しさのために)視線を放ち(=見やり)もしないで来た。

二 他カ下二〔け・け・く・くる・くれ・けよ〕❶**離す。**放つ。遠くへやる。〈紀・允恭〉「ささらがた錦の紐を解きさけ(用)て」訳 細かい模様の錦の紐を解き放って。

❷**仲を引き離す。**〈古今・恋四〉「天の原ふみとどろかし鳴神も思ふなかをばさくる(体)ものかは」訳 大空を踏みとどろかし鳴る雷でも、愛しあう(二人の)仲を引き離すことができようか(いや、できはしない)。

❸(動詞の連用形に付いて)㋐(「見る」「語る」などに付いて)**…をして心を慰める。**…をして思いを晴らす。〈万葉・一九・四一五四〉「語りさけ(用)見さくる(体)人目乏しみと思ひし繁し」訳 話をして心を晴らし、逢って心を慰める人の訪れも少ないからと、物思いが多い。

㋑(「見さく」「振りさく」の形で)**遠くはるかに見やる。**〈古今・羇旅〉「天の原ふりさけ(用)見れば春日なる三笠の山に出でし月かも」訳 ⬇付録◇1「小倉百人一首」7

さ・く【割く・裂く】 一 他カ四〔か・き・く・く・け・け〕二つに切り離す。ひきやぶる。〈平家・三・西光被斬〉「『しゃつが口をさけ(命)』とて、口をさか(未)れ」訳「そいつの口を裂け」と(清盛が)言って、(西光法師は)口を裂かれ。

二 自カ下二〔け・け・く・くる・くれ・けよ〕裂ける。切れて分かれる。〈万葉・一〇・一九九五〉「六月の地さへさけ(用)て照る日にもわが袖乾めや」訳 陰暦六月の、大地まで裂けるほどに照りつける太陽の光にも、私の袖は乾くだろうか(いや、乾くはずがない)。

さく【幸く】 副《上代東国方言》「さきく」に同じ。〈万葉・二〇・四三四六〉「父母が頭かきなで幸くあれていひし言葉ぜ忘れかねつる」訳 →ちちははが… 和歌

さ・ぐ【下ぐ】 他ガ下二〔げ・げ・ぐ・ぐる・ぐれ・げよ〕❶**ぶら下げる。**つるす。〈神楽歌〉「銀の目貫き(=刀身を固定する金具)の太刀をさげ(用)佩きて(=腰につけて)」

❷**上から下へ位置を変える。**また、前から後ろへ位置を変える。〈竹取・燕の子安貝〉「鼎の上より、手取り足取りして、さげ(用)おろし奉る」訳 鼎の上から、手とり足とりして、(中納言を)下げおろし申しあげる。

❸**地位・格式などを低くする。**〈平家・一・祇王〉「座敷をさへさげ(未)らるることの心憂さよ」訳 座席までも(格式を)低くされることのつらさよ。

❹**見下げる。**あなどる。〈平家・七・実盛〉「わ殿をさぐる(体)にはあらず」訳 あなたを見下げるのではなく。

さく-い【作意】 名 ❶詩歌・文章などの創作の意図・趣向。

❷たくらみ。機転。工夫。

さく-さく【索索】 形動タリ〔たら・たり(と)・たり・たる・たれ・たれ〕音の響くさま。風が木のこずえを渡る音や、琴の音などにいう。〈平家・一〇・海道下〉「北には青山峨々として、松吹く風索々たり(終)」訳 北には青々とした山が険しくそびえ立っていて、松を吹く風も音を響かせている。

さく・む 他マ四〔ま・み・む・む・め・め〕岩や木の間を踏みわけて行く。〈万葉・二・二一〇〉「岩根さくみ(用)てなづみ来し」訳 岩を踏みわけて難儀してやって来たことだ。

さく-もん【作文】 名 ❶**漢詩を作ること。**また、その漢詩。〈徒然・一〉「ありたきことは、まことしき文の道、作文、和歌、管弦の道」訳 (男として)身につけたいことは、本格的な学問の道、漢詩、和歌、管弦の道。

❷**文章を作ること。**

参考 平安時代、知識人にとって漢詩を作ることは、必須の教養であった。

さくら-がり【桜狩り】 名〔「狩り」は、尋ね求める意〕桜の花を尋ねて山野を歩くこと。花見。春

さくらばな… 和歌

桜花　散りかひくもれ　老いらくの
来むといふなる　道まがふがに
〈古今・七・賀・三四九・在原業平〉〈伊勢・九七〉

訳 桜の花よ、散り乱れて(あたり一帯を)曇らせてくれ。老いがやってくるだろうと言われている道が、まぎれてわからなくなるように。(「老いらく」は、動詞「老ゆ」のク語法「老ゆらく」の転。「なる」は、伝聞・推定の助動詞。「がに」は、目的・理由を表す終助詞)

解説 藤原基経の四十の賀に詠んだ歌。長寿を祝う儀式で「散る」「曇る」「老いらく」と、縁起の悪いことばが続々出てくるのを聞いて、人々は仰天したであろう。それを第五句でみごとに賀にふさわしい歌に転じた。

さくり-あ・ぐ【噦り上ぐ】 自ガ下二〔げ・げ・ぐ・ぐる・ぐれ・げよ〕しゃくりあげる。〈宇治・一・一三〉「さくりあげ(用)て、よよと泣きければ」訳 (児が)しゃくりあげて、おいおいと泣いたので。⬇咳き上ぐ「慣用表現」

さぐり-あし【探り足】 名 足でさぐりながら歩くこと。〈細道・最上川〉「この道にさぐりあしして、新古ふた道にふみまよふといへども」訳 この道(=俳諧の道)にさぐり足して、新風古風二つの道に踏み迷っているけれども。

さくり-も-よよ-と【噦りもよよと】 しゃくりあげて激しく泣くさま。〈源氏・総角〉「さくりもよよと泣き給ふ」訳 しゃくりあげてお泣きになる。

なりたち 名詞「噦り」＋係助詞「も」＋副詞「よよと」

さぐ・る【探る】 他ラ四〔ら・り・る・る・れ・れ〕❶**指先などで触って、さがし求めたり、調べたりする。**〈万葉・一二・二九一四〉「夢に見て起きて探る(体)に無きがさぶしさ」訳 (愛しいあの子を)夢に見て、目が覚めて(あたりを)手探りするが、(だれも)いないのは寂しいことよ。

❷**尋ね求める。**〈著聞・六三〉「諸宗の奥旨探り(用)きはめずといふことなし」訳 諸宗派の奥深い教義を探求しつくさないということはない。

さ-くゎん カン—【主典】名「さうくゎん」とも。律令制で、四等官の最下位。文案を草し、公文書を管理する。→長官・次官・判官

古文常識　「さくゎん」—「主典」の表記

「さくゎん」は、役所によって字が異なる。

太政官	史
省	録
職・坊・寮	属
弾正台	疏
大宰府	典
近衛府	将曹
兵衛府・衛門府・検非違使庁	志
勘解由使	主典
国司	目

さ-こそ【然こそ】 ❶そのように。あんなに。〈徒然・一四二〉「それは**さこそ**おぼすらめども」訳 あなたは**そのように**お思いになっているだろうが。
❷(下に推量の表現を伴って)さぞかし。さだめて。〈徒然・五三〉「向かひゐたりけんありさま、**さこそ**異様なりけめ」訳 (足鼎をかぶった法師が医者と)向かい合って座っていたとかいうようすは、**さぞかし**奇妙であっただろう。
❸(逆接の条件句に用いて)どんなに(…であっても)。いくら(…でも)。〈平家・灌頂・大原御幸〉「**さこそ**世を捨つる御身といひながら、御いたはしうこそ」訳 **いくら**世を捨てている(出家の)お身の上といっても、お気の毒でございます。
なりたち 副詞「然」+係助詞「こそ」

フレーズ

然こそ言へ 〔「さこそいへども」の意〕逆接を表す。そうは言うものの。〈伊勢・四〇〉「この女をほかへ追ひやらむとす。**さこそいへ**、まだ追ひやらず」訳 (男の親が)この女をよそに追い払おうとする。**そうは言うものの**、まだ追い払わない。
なりたち 「いへ」は四段動詞「言ふ」㊁

さ-こそ-いへ【然こそ言へ】➡然こそ「フレーズ」

さ-ごろも【狭衣】 名〔「さ」は接頭語〕ころも。衣服。

狭衣物語《作品名》平安後期の物語。作者は源頼国の娘、禖子内親王宣旨といわれる。十一世紀後半に成立か。狭衣大将の、従妹の源氏の宮に対する報われない恋を中心に重ねられる、さまざまな悲恋を描く。「源氏物語」の影響を強く受けた作品。

さ-こん【左近】 名 ❶「左近衛府」の略。
❷身内に左近衛府の役人がいる、女官の呼び名。

さこん-の-さくら【左近の桜】 名 紫宸殿の正面階段の下の左(向かって右)側(=東側)に植えてある桜。朝儀の際、左近衛府の官人がここに整列した。南殿の桜。対 右近の橘。↓紫宸殿

さこん-の-ばば【左近の馬場】 名「さこんのうまば」とも。左近衛府に属した馬場。京都の一条西洞院にあった。対 右近の馬場

さこんゑ-ふ【左近衛府】名 六衛府の一つ。右近衛府とともに、宮中の警護、行幸のお供などに当たった役所。対 右近衛府。↓近衛府。➡付録③「平安京大内裏図」

ささ-【細・小】 接頭〔後世「さざ」とも〕細かい、小さい、わずかな、などの意を表す。「**ささ竹**」「**ささ波**」

ささ(-と) 副「さざ」とも。❶多くの人が口々にものを言ったり物音を立てたりするさま。ざわざわ。がやがや。〈大鏡・道長下〉「人々の**ささと**走れば、あやしくて見候ひしかば」訳 人々が**ざわざわと**走るので、(私=世継が)不思議に思って見ましたところ。
❷水が勢いよく流れたり、はねかかったりするさま。ざっと。また、風の吹くさま。さっと。〈徒然・二四〉「あがきの水、前板まで**ささと**かかりけるを」訳 (牛が)足で掻いてはねかえした水が、(牛車の屋形の)前板まで**ざざっと**かかったので。
❸大勢の人が一度に笑うさま。どっと。わっと。〈大鏡・道長下〉「これはまた聴聞衆ども、**ささと**笑ひてまかりにき」訳 これにはまた説法を聞きに来た人々も、**どっと**笑って退出した。

ささ-がに【細蟹】 名 蜘蛛の異称。また、蜘蛛の巣。蜘蛛の糸。

ささ・ぐ【捧ぐ】 他ガ下二 {げ・げ・ぐ・ぐる・ぐれ・げよ}〔「さしあぐ」の転〕❶手で上へ高く持ち上げる。〈蜻蛉・上〉「とばかりあれば、文**ささげ**用てくるものあり」訳 しばらくすると、手紙を**ささげ持って**来る者がいる。
❷高く上げる。〈竹取・燕の子安貝〉「燕子産まむとする時は、尾を**ささげ**用て」訳 つばめが卵を産もうとするときは、尾を**高く上げ**て。
❸奉る。献上する。〈源氏・明石〉「いろいろのみてぐら**ささげ**未させ給ひて」訳 (光源氏は住吉の神に)種々のささげ物を**奉納さ**せなさって。
❹声を高くする。〈栄花・もとのしづく〉「おとど御声を**ささげ**用て泣きののしり給へど」訳 左大臣殿はお声を**張り上げ**て泣き騒ぎなさるけれども。

ささなみの… 和歌

ささなみの　志賀の大わだ　淀むとも
昔の人に　またも逢はめやも
〈万葉・一・三一・柿本人麻呂〉

訳 楽浪(=地名)の志賀の大きな入り江の水は(昔のままに)淀んでいても、昔の大宮人たちに再び逢えようか(いや、逢えはしない)。(「とも」は、逆接の仮定条件を表すが、ここは確実な事態を仮定条件で表して意味を強めている。「やも」は、反語の終助詞)

解説 「近江の荒れたる都に過ぎる時に」作った長歌の反歌二首のうちの一首。

ささなみの… 和歌

ささなみの　志賀の辛崎　幸くあれど
大宮人の　船待ちかねつ
〈万葉・一・三〇・柿本人麻呂〉

訳 楽浪(=地名)の志賀の辛崎は、「さき」というその名のように、昔のまま変わらずにあるけれども、(往時ここで船遊びをした)大宮人の船はいくら待っても再び見ることはできないのだ。

解説 「近江の荒れたる都に過ぎる時に」作った長歌の反歌二首のうちの一首。

ささなみや【細波や】《枕詞》「さざなみや」とも。琵琶湖周辺の地名に関連させて「近江」「志賀」「長等の山」「比良の高嶺」にかかる。〈拾遺・哀傷〉「**さざなみや**志賀の浦風」

さざなみや… 和歌

枕詞
さざなみや　志賀の都は　荒れにしを
昔ながらの　山桜かな
〔長等(山)〕
〈千載・一・春上・六六・よみ人しらず〉

訳 志賀の古い都は荒れ果ててしまったが、昔のままの(美しく咲き誇っている)長等山の山桜だなあ。

解説 「志賀の都」は、壬申の乱で滅んだ大津京のこと。長等山はその背後に位置する。人間のはかなさと悠久の自然とを対比した。「平家物語」巻七「忠

度(のりただ)が都落ちの際、藤原俊成(としなり)に託した歌の中の一首。平家滅亡後、俊成は「千載(せんざい)集」にこの歌を入集させたが、忠度が勅勘(ちょっかん)の身だったため、作者名は「よみ人しらず」とした。

ささのはは… 和歌

小竹の葉は　み山もさやに　さやげども
我は妹思ふ　別れ来ぬれば
〈万葉・二・一三三・柿本人麻呂〉

訳 笹の葉は山全体にざわざわと鳴っているけれども、(それに心を乱されることなく)私は(ひたすら)妻を思っている。別れてきたので。

解説 石見(いわみ)の国(島根県)から妻と別れて上京した時の長歌の反歌二首のうちの一首。第二句、第三句を山のすがすがしいさまを描写したものと解する説がある。しかしここでは、古代人にとって、笹の葉ずれの音は、畏怖の念を呼びおこすものであったと解して、そうした神秘的な力への畏れよりも、妻への思いのほうが強いと詠んでいると解釈する。

ささ・ふ(ササ(ソ)ウ)【支ふ】他ハ下二〔へ・へ・ふ・ふる・ふれ・へよ〕❶支える。もちこたえる。〈徒然・三八〉「金をして北斗をささふ㊇とも、人のためにぞわづらはるべき」訳 (死後に)金で北斗星を支える(ほど財産を残す)としても、(残された)人のためには迷惑がられるにちがいない。❷防ぎとめる。はばむ。〈平家・九・宇治川先陣〉「宇治橋固めたる勢ども、しばしささへ㊊て防ぎけれども」訳 宇治橋を守っている兵士らは、しばらくはばんで防いだが。

ささめき-ごと【私語】名 ひそひそ話。内緒話。「ささめごと」とも。

ささ-め・く 自カ四〔か・き・く・く・け・け〕ささやく。ひそひそ話す。〈枕・二七五〉「そばにある人の、『この中将に扇の絵のこと言へ』とささめけ㊀ば」訳 そばにいる人が、「この中将に扇の絵のことを言え」と(私に)ささやくので。

ざざ-め・く 自カ四〔か・き・く・く・け・け〕「さざめく」とも。声をたてて騒ぐ。がやがやと騒ぐ。ざわざわと音をたてる。〈平家・四・宮御最期〉「しばしあって兵物(つはもの)どもの四、五百騎、ざざめい㊊(イ音便)てうち帰りける中に」訳 しばらくして兵たちが四、五百騎、がやがやと騒いで帰ってきた中に。

ささめ-ごと【私語】名「さざめごと」とも。「ささめきごと」に同じ。

ささ-やか【細やか】形動ナリ〔なら・なり(に)・なり・なる・なれ・なれ〕〔「や」は接尾語〕小さくこぢんまりしているさま。細かいさま。〈源氏・花散里〉「ささやかなる㊍家の、木立などよしばめるに」訳 小さな家で、(庭の)木立など風情のありそうな家で。

ささら【簓・編竹・編木】名 ❶田楽(でんがく)などで用いる楽器の一種。竹を細かく割って束ねたもの。これを、細い棒にきざみ目をつけた「ささらこ」とすり合わせて音を出す。❷「編木子(びんざさら)」の略。田楽法師などの用いる楽器の一種。薄い小さな板を数十枚重ねて一端を糸でとじたもの。板を打ち合わせて鳴らす。

ささら・ぐ 自ガ四〔が・ぎ・ぐ・ぐ・げ・げ〕水がさらさらと澄んだ音を立てて流れる。〈更級・東山なる所〉「心地よげにささらぎ㊊流れし水も」訳 気持ちよさそうにさらさらと音を立てて流れていた水も。

さざれ-【細れ】接頭 細かい、小さいなどの意を表す。「さざれ石」「さざれ波」

さざれ-いし【細れ石】名〔「さざれ」は接頭語〕小石。細かい石。〈古今・賀〉「わが君は千代に八千代にさざれ石の巌(いは)となりて苔(こけ)のむすまで」訳 →わがきみは… 和歌

さざれ-なみ【細れ波】名〔「さざれ」は接頭語〕さざ波。〈土佐〉「さざれ波よする文(あや)をば青柳(あをやぎ)の影の糸して織るかとぞ見る」訳 さざ波が寄せて(水面に)描く(緯糸(よこいと)の)模様を、青柳の影が経糸(たていと)となって織り出しているのかと見ることよ。(「文」「糸」は「織る」の縁語)

さし-【差し】接頭(動詞に付いて)語勢を強めたり語調をととのえたりする。「さし仰(あふ)ぐ」「さし受く」「さしくもる」

さ・し【狭し】形ク〔から・く(かり)・し・き(かる)・けれ・かれ〕せまい。〈万葉・五・八九二〉「天地(あめつち)は広しといへど我(あ)がためは狭く㊊やなりぬる」訳 →かぜまじり… 和歌

-ざし 接尾(おもに名詞に付いて)その物の状態や姿を表す。「枝ざし」「面(おも)ざし」「眼(まな)ざし」

さし-あ・ぐ【差し上ぐ】他ガ下二〔げ・げ・ぐ・ぐる・ぐれ・げよ〕〔「さし」は接頭語〕❶上へ高く上げる。〈平家・九・木曽最期〉「太刀(たち)の先につらぬき、高くさしあげ㊊」訳 (木曽義仲(きそよしなか)の首を)太刀の先に貫き、高く上へ掲げ。❷声を高く出す。〈宇治・九・七〉「らうたげなる声をさしあげ㊊て」訳 (女は)かわいらしい感じの声を高く出して。❸「与える」の謙譲語。献上する。〈太平記・二〉「鬢(びん)の髪と消息(せうそく)とをさしあげ㊊て声も惜しまず泣きければ」訳 (後藤助光(すけみつ)は俊基(としもと)の)鬢の毛と手紙とを(北の方に)献上して声の限りに泣いたので。

さしあたり-て【差し当たりて】副 当面。現在のところ。〈更級・初瀬〉「さしあたりて嘆(なげ)かしなどおぼゆることどもないままに」訳 当面嘆かわしいなどと思われるもろもろのこともないのにまかせて。

さし-あた・る【差し当たる】自ラ四〔ら・り・る・る・れ・れ〕❶(光などが)直接当たる。〈枕・能因本・七〉「日のさしあたり㊊たるに、うちねぶりて居(ゐ)たるを」訳 日が当たっている所で、(猫が)眠っていたのを。❷〔「さし」は接頭語〕その時に直面する。当面する。〈源氏・若菜上〉「さしあたり㊊たるただ今のことよりも、後の世のためしともなるべきことなるを」訳 (内親王の婿選びは)直面している現在の問題(という)よりも、後世の先例ともなるはずのことであるから。

さし-あ・つ【差し当つ】他タ下二〔て・て・つ・つる・つれ・てよ〕〔「さし」は接頭語〕❶押し当てる。直接に当てる。〈今昔・二六・四三〉「夫の耳にさしあて㊊て、ひそかに…と言ひければ」訳 (妻が)夫の耳に(口を)押し当てて、こっそり…と言ったところ。❷(命じて)事にあたらせる。任務につける。〈源氏・浮舟〉「宿直(とのゐ)にさしあて㊊などしつつ」訳 (荘園の人々を)宿直の役にあたらせたりしては。❸ねらいを定める。目指してそれと決める。〈今昔・一七・四〇〉「持経者(ぢきやうじや)の腹にさしあて㊊て射るに」訳 持経者(=常に法華経(ほけきやう)を読誦(どくじゅ)する僧)の腹にねらいを定めて(矢を)射ると。

さし-あ・ふ 〔―(オ)ウ―ア〕【差し合ふ】 自ハ四〔は・ひ・ふ・ふ・へ・へ〕〔「さし」は接頭語〕❶出あう。行きあう。〈源氏・東屋〉「車なども例ならでおはしますに、さしあひ用て」訳（匂宮の）牛車などもいつもとはちがうもので帰っていらっしゃるころに、（中将の君が）ばったり出あって。

❷加わる。一つになる。〈源氏・真木柱〉「この大将の御いきほひさへさしあひ用」訳この（鬚黒の）大将の御勢力までもが加わり。

❸事がかちあっていて、さしさわりがある。さしつかえる。〈新古・雑上・詞書〉「さしあふ体ことありて、とどまりて申しつかはしける」訳さしつかえることがあって、（家に）とどまって申し贈った歌。

❹映りあう。〈源氏・若菜上〉「日のはなやかなるにさしあひ用」訳朝日のはなやかな光に（光源氏の姿が）映じあって。

さし-あ・ふ 〔―(オ)ウ―ア〕【指し合ふ】 他ハ四〔は・ひ・ふ・ふ・へ・へ〕（欠点を）指摘し、非難しあう。〈太平記・二七〉「喩へば山賊と海賊と寄り合ひて、互ひに犯科の得失を指し合ふ体がごとし」訳たとえば山賊と海賊とが寄りあって、互いに犯した罪科のよしあしを言い争うようなものである。

さし-あふ・ぐ 〔―アオグ〕【差し仰ぐ】 自ガ四〔が・ぎ・ぐ・ぐ・げ・げ〕〔「さし」は接頭語〕上を向く。仰ぐ。〈竹取・かぐや姫の昇天〉「え止むまじければ、ただ**さし仰ぎ**用て泣きをり」訳（かぐや姫を）とどめることができそうもないので、（嫗は）ただ（姫を）仰ぎ見て泣いている。

さし-い・づ 〔―イ―ズ〕【差し出づ】 ━ 自ダ下二〔で・で・づ・づる・づれ・でよ〕❶〔「射し出づ」とも書く〕光がさす。（日・月が）輝き出る。〈源氏・須磨〉「月おぼろにさし出で用て」訳月の光がおぼろにさしてきて。

❷外に出る。人前に出る。現れる。〈徒然・一五〇〉「うちうちよく習ひ得てさし出で用たらんこそ、いと心にくからめ」訳内々でりっぱに習得してから人前に出（てやってみせ）たとしたらそれは、たいへん奥ゆかしいだろう。

❸出しゃばる。〈枕・能因本・二五〉「物語などするに、さし出で用て、われ一人さいまくる者」訳話などをするときに、出しゃばって、自分ひとり先走りする者（も不快だ）。

━ 他ダ下二〔で・で・づ・づる・づれ・でよ〕出す。さし出す。〈源氏・葵〉「扇をさし出で用て人をまねき寄せて」訳（女車から）扇をさし出して、人（＝従者）を招き寄せて。

さし-いらへ 〔―イラエ〕【差し答へ】 名 ❶返答。受け答え。〈徒然・一七九〉「片田舎よりさし出でたる人こそ、万の道に心得たるよしのさしいらへはすれ」訳片田舎から（都に）出て来た人は、あらゆる方面のことに精通している（という）ふりの返答をする。

❷演奏・唱歌などの相手をつとめること。〈源氏・若菜下〉「今日の御遊びのさしいらへにまじらふばかりの手づかひなむおぼえず侍りける」訳（私には）今日のご演奏の相手に仲間入りするほどの技量があるとは考えられずにおりました。

さし-い・る 【差し入る】 ━ 自ラ四〔ら・り・る・る・れ・れ〕❶〔「射し入る」とも書く〕（光が）さしこむ。〈枕・三〇三〉「簾を いと高うあげたれば、奥までさし入り用たる月に」訳（牛車の）すだれをたいそう高く上げてあるので、奥までさしこんだ月の光で。

❷〔「さし」は接頭語〕入る。〈徒然・四三〉「さし入り用て見れば、南面の格子、皆おろしてさびしげなるに」訳（邸の中に）入って見ると、寝殿の南側の格子を、全部おろしてさびしいようすであるが。

━ 他ラ下二〔れ・れ・る・るる・るれ・れよ〕〔「さし」は接頭語〕中に入れる。〈源氏・葵〉「御硯の箱を御帳の内にさし入れ用ておはしにけり」訳御硯の箱を御寝所の中にさし入れて行っておしまいになった。

さし-う・く 【差し受く】 他カ下二〔け・け・く・くる・くれ・けよ〕〔「さし」は接頭語〕受ける。〈徒然・八七〉「酒を出だしたれば、さし受け用、さし受け用、よよと飲みぬ」訳酒を出したところ、（その男は杯を）何杯も受け、ぐいぐいと飲んでしまった。

さし-お・く 【差し置く・差し措く】 他カ四〔か・き・く・く・け・け〕〔「さし」は接頭語〕❶置く。〈源氏・明石〉「まくなぎ作らせてさしおか未せけり」訳（五節の君は使者に）目くばせをさせて（手紙を光源氏のもとに）置かせた。

❷そのままにしておく。あと回しにする。〈徒然・二一七〉「人は万をさしおき用て、ひたふるに徳をつくべきなり」訳人はいっさいのことをあと回しにして、いちずに富を得なくてはならないのである。

さし-かく・す 【差し隠す】 他サ四〔さ・し・す・す・せ・せ〕（扇や袖などをかざして）顔を隠す。〈枕・八九〉「高欄のもとなどに、扇さし隠し用てゐたる」訳（愛らしげな童女が）欄干のあたりなどに、扇で顔を隠して座っているの（は優美である）。

さし-かた・む 【鎖し固む・差し固む】 他マ下二〔め・め・む・むる・むれ・めよ〕❶門や戸を固く閉ざす。〈落窪〉「『こなた、我が開けざらむ限りは、開くな』とて、さしかため用おはしぬ」訳「この部屋は、私が開けない限りは、開けるな」と言って、固く錠をおろしてお行きになってしまった。

❷厳重に警備する。〈細道・平泉〉「衣が関を隔てて、南部口をさしかため用」訳衣が関を前に置いて、南部地方からの出入り口を厳重に警備し。

さ-じき 【桟敷】 名 ❶儀式などの見物のために一段高く設けた床。

❷芝居や相撲で、土間の左右に高く設けた見物席。

ざ-しき 【座敷】 名 ❶座るべき所。着座の場所。座席。

❷会席。宴席。また、宴会の取り持ち。

❸客間。

参考 古くは室内の床は板張りで、そこに円座・しとね・畳などを敷いて座ったことからいう。

さしぐみ-に 副「さしくみに」とも。いきなり。前置きもなしにふっと。〈源氏・橋姫〉「さしぐみに、古物語にかかづらひて夜を明かし果てむも、こちごちしかるべければ」訳（会って）いきなり、昔話にかかわりあって夜をすっかり明かしてしまうようなのも、無作法であろうから。

さし-ぐ・む 【差し含む】 自マ四〔ま・み・む・む・め・め〕「さしくむ」とも。（涙が）わいてくる。にじみ出る。〈源氏・帚木〉「うちも笑まれ、涙もさしぐみ用」訳自然にほほえまれ、涙もにじみ出て。

さし-こ・む 【差し込む】 自マ四〔ま・み・む・む・め・め〕❶〔「さし」は接頭語〕込み合う。〈源氏・横笛〉「女房もさしこみ用て臥したる、人気にぎははしきに」訳 女房も込み合って寝ているようすは、人のけはいが(多くて)賑やかで。
❷〔「射し込む」とも書く〕(光や水などが)入り込む。
❸わきから口出しする。入れ知恵する。
❹胸や腹が激しく痛む。

さし-こ・む【鎖し籠む】他マ下二{め・め・む・むる・むれ・めよ}門や戸を閉ざす。門や戸を閉ざして閉じ込める。〈竹取・かぐや姫の昇天〉「かくさしこめ用てありとも、かの国の人来ば、みな開きなむとす」訳 このように(私を塗籠の中に)閉じ込めてあっても、あの国(=月の都)の人が来たら、きっとみんな開いてしまうだろう。

さし-す・ぐ【差し過ぐ】自ガ上二{ぎ・ぎ・ぐ・ぐる・ぐれ・ぎよ}〔「さし」は接頭語〕❶出過ぎる。度を越す。〈源氏・空蟬〉「さし過ぎ用たるやうなれど、えしも思ひ分かず」訳 出しゃばったようであっても、(若さゆえ)とても分別をつけられない。
❷通り過ぎる。〈平家・一〇・熊野参詣〉「佐野の松原さし過ぎ用て、那智の御山に参り給ふ」訳 佐野の松原を通り過ぎて、那智権現にお参りになる。

さし-すぐ・す【差し過ぐす】自サ四{さ・し・す・す・せ・せ}〔「さし」は接頭語〕出過ぎる。度を越す。〈源氏・若紫〉「乳母ののいとさし過ぐし用たる心ばせのあまり」訳 (少納言の)乳母のまったく出過ぎた考えの結果。

さ-し-たる 連体〔副詞「然」+サ変動詞「為」用+完了の助動詞「たり」体〕❶(下に打消の語を伴って)さほどの。これというほどの。〈徒然・一七〇〉「さしたることなくて人のがり行くは、よからぬことなり」訳 さほどの用件がないのに他人のもとへ行くのは、よくないことである。
❷特に心に思い決めた。重要な。〈宇治・一四・六〉「さしたることなん言はんと思ふ」訳 大事なことを話そうと思う。

さし-つぎ【差し次ぎ】名 すぐ次。次の地位。

さし-つ・く【差し着く】〔「さし」は接頭語〕一 自カ四{か・き・く・く・け・け}(舟が岸に)着く。〈源氏・浮舟〉「かの岸にさし着き用ており給ふに」訳 (匂宮は)向こうの岸に着いて(舟から)お降りになるときに。
二 他カ下二{け・け・く・くる・くれ・けよ}(舟を岸に)着ける。〈源氏・澪標〉「岸にさし着くる体ほど見れば」訳 (住吉の)岸に舟を着けるとき(ふと)見ると。

さし-つ・く【差し付く】他カ下二{け・け・く・くる・くれ・けよ}〔「さし」は接頭語〕物に押しつける。〈枕・一〇八〉「人よりよくて着たるを、紙燭さしつけ用焼き」訳 (袍=上着などを)人よりりっぱなようすで着ているのに、紙燭(=照明具)を押しつけて焦がし。

さし-つど・ふ【差し集ふ】自ハ四{は・ひ・ふ・ふ・へ・へ}〔「さし」は接頭語〕寄り集まる。〈枕・一八四〉「二、三、四人さしつどひ用て絵など見るもあめり」訳 (女房)三、四人が寄り集まって絵などを見ている者もいるようだ。

さしつめ-ひきつめ【差し詰め引き詰め】矢を次々に弓につがえては手早く射るさま。〈平家・四・橋合戦〉「矢さきをそろへて、さしつめひきつめさんざんに射る」訳 矢先をそろえて、矢をつがえては引き、つがえては引きして、激しく射る。

さ-し-て 副 ❶これとはっきり指して。ことに。〈平家・三・泊瀬六代〉「鎌倉殿にさして申すべき大事ども候ふ」訳 鎌倉殿(=頼朝)にとりわけ申し上げなければならない重大な事がいくつもございます。
❷(下に打消の語を伴って)さほど。これといって。〈徒然・一九一〉「さして異なることなき夜」訳 これといって特別なことがない夜。

さし-なは【差し縄】名 馬の口に付けて引いたりつないだりする縄。↓鞍

さし-ぬき【指貫】名 袴の一種。裾を紐で指し貫くところからいう。裾のまわりに通した紐をしばり、くるぶしの上でくくる。布袴・衣冠・直衣・狩衣を着たときに着用する。地質・色・紋様などは多様で、身分・年齢などで異なる。動きやすく、広く用いられた。↓衣冠・直衣

(さしぬき)

さし-の・く【差し退く・差し除く】〔「さし」は接頭語〕一 自カ四{か・き・く・く・け・け}❶しりぞく。離れる。〈今昔・一四・四〉「さしのき用て、そばみて居ぬ」訳 (女は大臣から)少し離れて、横向きになって座った。
❷関係が遠のく。縁が遠くなる。〈宇治・三・五〉「うちさしのき用たる人にもおはしまさず」訳 (お坊様はご主人様と)縁が遠のいた人でもいらっしゃらない。
二 他カ下二{け・け・く・くる・くれ・けよ}去らせる。立ちのかせる。〈源氏・葵〉「雑々の人なき隙を思ひさだめてみなさしのけ未さする中に」訳 身分の低い従者たちのいない(牛車の)すきまを(見つけ、ここにと)思い決めて、(あたりの牛車を)みなしりぞけさせる中に。

さし-はな・つ【差し放つ】他タ四{た・ち・つ・つ・て・て}〔「さし」は接頭語〕ほうっておく。相手にしない。〈更級・宮仕へ〉「時々の客人にさしはなた未れて」訳 時折出仕する客分(の女房)としてほうっておかれて。

さしま・す 他サ四{さ・し・す・す・せ・せ}《中世語》〔「させおはします」の変化した「させます」の転〕「為」の尊敬語。なさる。しなさる。〈狂・文相撲〉「その段はちっとも気遣ひをさしますな」訳 そのことについては少しも気遣いをしなさるな。

さし-むか・ふ【差し向かふ】自ハ四{は・ひ・ふ・ふ・へ・へ}〔「さし」は接頭語〕❶向かい合う。対座する。〈徒然・一七五〉「へだてなきどちさし向かひ用て、多く飲みたる、いとをかし」訳 気の合った親しい者どうしが向かい合って、(酒を)たくさん飲んでいるのは、たいそう愉快だ。
❷直面する。当面する。また、(夫と向かい合う意から)正妻である。〈源氏・薄雲〉「親王たち、大臣の御腹といへど、なほさし向かひ用たる」訳 親王たちや大臣の姫君から生まれた子といっても、やはり正妻である者(から生まれてこそ価値があるよ)。

さ-しも【然しも】副〔副詞「然」+副助詞「しも」〕❶あんなに。あれほど。それほどまでに。〈方丈・二〉「人の営み、皆愚かなるなかに、さしも危ふき京中の家をつくるとて」訳 人間のすることは、みな愚かしい(ものである)が、その中で、あれほど危険な都の中の家をつくるといって。
❷(下に打消・反語を伴って)ア それほど。たいして。

あまり。〈平家・六・祇園女御〉「このもの、さしも猛(たけ)きものとは見ず」訳 この(怪しい)ものは、たいして強いものとは思わない。
㋑そのようにも。そうも。〈枕・四一〉「人の『さなむある』と言ひしを、さしもあらじと思ひしに」訳 ある人が「そう(=うぐいすは宮中で鳴かないもの)である」と言ったけれども、(私は)そうでもないだろうと思っていたのに。

さし-もぐさ【さしも草】名 よもぎ(=草の名)の異称。葉でもぐさを作る。させもぐさ。春。〈後拾遺・恋一〉「かくとだにえやはいぶきのさしも草さしも知らじな燃ゆる思ひを」訳 ➡付録◇1「小倉百人一首」51

(さしもぐさ)

さし-もの【指し物・差し物】名 ❶戦場で武将が目印にした旗や飾り物。小さい物は鎧(よろい)の背の受け筒に差し、大きい物は従者が持った。❷箱・机・たんすなど、木をさし合わせて作った家具や器具。

(さしもの①)

さし-や【差し矢】名 矢つぎばやに矢を射ること。また、その矢。一説に、近距離を射る射法とも。

さしやる 助動下二・四型 {さしやれ・○・さしやる・○・○・さしやれい}{さしやら・さしやり(さしやつ)・さしやる・さしやる・さしやれ・さしやれ(さしやい)}〔尊敬の助動詞「さす」+「らる」=「させらる」→「させらるる」の転〕「さっしゃる(助動下二・四型)」に同じ。

さしゃん・す 他サ特殊型 《近世語》「為(す)」の尊敬・丁寧語。なさいます。〈浄・大経師昔暦〉「それは気遣(づか)ひさしゃんす(終)な。とうから覚悟決めてゐる」訳 それ(=いさぎよく死ぬこと)については心配なさいますな。ずっと前から覚悟を決めている。

さしゃんす 助動特殊型 《近世語》〔尊敬の助動詞「さしゃる」+丁寧の助動詞「ます」=「さしゃります」の転〕尊敬と丁寧の意を表す。…なさいます。〈浄・心中天の網島〉「なう旦那殿、起きさしゃんせ(命)」訳 もし旦那さま、お起きなさいませ。

接続 四段・ナ変以外の動詞の未然形に付く。四段・ナ変の動詞には「しゃんす」が付く。➡しゃんす

活用	
未然	さしゃんせ (ズ)
連用	さしゃんし (テ)
終止	さしゃんす (。)
連体	さしゃんす (コト)
已然	さしゃんすれ (ドモ)
命令	さしゃんせ (。)

さし-よ・る【差し寄る】自ラ四 {ら・り・る・る・れ・れ}〔「さし」は接頭語〕そばへ寄る。近寄る。〈徒然・二三六〉「さし寄り(用)て、すゑなほして去(い)にければ」訳 (神官は)近寄って、(獅子(しし)と狛犬(こまいぬ)をもとのように)据え直して行ってしまったので。

さし-わ・く【差し分く】〔「さし」は接頭語〕一 他カ四 {か・き・く・く・け・け} 他と区別する。特別に扱う。ことさらにする。〈紫式部日記〉「さし分き(用)てしるき日かげをあはれとぞ見し」訳 (大勢の中で)きわだって目立つ(日の光のような)日蔭(ひかげ)の鬘(かずら)(のあなた)を感慨深く見たことだ。(「さしわきて」の「さし」に「(日の光が)射し」を、「日かげ」に「日蔭の鬘」と「日影」とをかける。「射す」と「日影」は縁語)
二 他カ下二 {け・け・く・くる・くれ・けよ} ❶一に同じ。〈後撰・雑四〉「さし分け(用)て誰(たれ)を誰とか我は定めむ」訳 だれをだれと区別して、私は(交際相手を)定めたりしようか(いや、定めたりしない)。
❷分ける。分割する。〈太平記・七〉「その勢三千余騎をさし分け(用)て」訳 その軍勢三千騎あまりを(大将に)分け与えて。

さし-わた・す【差し渡す】一 自サ四 {さ・し・す・す・せ・せ} ❶直接向かい合う。面と向かう。〈浮・好色一代男〉「更(ふ)け行くまでさしわたし(用)、かしらから物毎(ものごと)しらけてかたりぬ」訳 (夜の)更けゆくまで面と向かい、はじめから物事を(隠さず)うちあけて語った。
❷直接自分でする。〈浮・世間胸算用〉「さしわたし(用)て弟(おとと)をつれて」訳 直接自分で弟をつれて。
二 他サ四 {さ・し・す・す・せ・せ} ❶一方から他方へかけ渡す。〈万葉・一・三八〉「下(しも)つ瀬に小網(さで)さし渡す(終)」訳 下の瀬にすくい網を張り渡す。
❷棹(さお)をさして舟を渡す。〈増鏡・内野の雪〉「それより新宮(しんぐう)の川舟に奉りてさし渡す(体)ほど」訳 そこから新宮(=地名)へ下る川舟にお乗りになって舟を対岸へ渡す間。

さし-わた・る【差し渡る】自ラ四 {ら・り・る・る・れ・れ} 棹(さお)をさして対岸へ渡る。舟をこいで渡る。〈源氏・浮舟〉「小さき舟に乗り給ひて、さし渡り(用)給ふほど」訳 (浮舟(うきふね)は)小さい舟にお乗りになって、棹をさして対岸へ渡りなさる間。

-さ・す 接尾サ四型 (動詞の連用形に付いて)動作をしかけて中途でやめる、また、動作が中途である意を表す。…しかける。…しかかる。〈源氏・幻〉「花はほのかに開けさし(用)つつ」訳 (紅梅の)花はちらほら咲きかけながら。

さ・す【射す・差す・指す】
一 自サ四 {さ・し・す・す・せ・せ} ❶光が照り入る。さす。〈枕・一〉「夕日のさし(用)て山の端(は)いと近うなりたるに」訳 夕日がさして山のふちにとても近くなっているころに。(「山の輪郭がくっきりと浮き出て、近く感じるころ」と解する説もある)
❷草木がもえ出る。芽が出る。〈万葉・六・九〇七〉「滝の上の御舟(みふね)の山に瑞枝(みづえ)さし(用)」訳 激流のほとりの御舟の山にみずみずしい枝がもえ出て。
❸潮が満ちてくる。雲がたちのぼる。
二 他サ四 {さ・し・す・す・せ・せ} ❶事物をさし示す。㋐指さす。〈大鏡・道長下〉「指(および)をさし(用)てものを申ししかば」訳 指でさして何かを申したので。
㋑目指す。〈土佐〉「大津より浦戸(うらど)をさし(用)て(=目指して)〔船を〕漕(こ)ぎ出(い)づ」
㋒それと確かに定める。指定する。〈徒然・一八八〉「日をささ(未)ぬことなれば、西山の事は、帰りてまたこそ思ひ立ためと思ふ故(ゆゑ)に」訳 日を指定しないことだから、西山(=地名)へ行くことは、帰ってまた思い立とうと考えるために。
㋓指名する。任命する。〈竹取・かぐや姫の昇天〉「勅使少将高野のおほくにといふ人をさし(用)て」訳 勅使には少

さす 助動下二型

意味・用法	用例
❶使役 …させる。	例 後徳大寺大臣(ごとくだいじのおとど)の、寝殿に鳶(とび)ゐさせ㊍じとて縄をはられたりけるを〈徒然・一〇〉 訳 後徳大寺の大臣(=藤原実定(さねさだ))が、寝殿に鳶をとまらせまいとして縄をお張りになっていたのを。
❷尊敬 尊敬語とともに用いて、尊敬の意をさらに強める。最高敬語。 お…になられる。…なされる。	例 大進(だいじん)生昌(なりまさ)が家に、宮の出(い)でさせ㊊給ふに〈枕・八〉 訳 大進(=中宮職の三等官)である平生昌の家に、中宮(=定子)がお出かけになられるときに。
❸受身の「らる」の代用 …られる。	例 しころを傾(かたぶ)けよ、内かぶと射さす㊌な〈平家・九・一二之懸〉 訳 しころを下げろ、かぶとの内側を(敵に)射られるな。

接続

上一・上二・下一・下二・カ変・サ変の動詞の未然形に付く。四段・ナ変・ラ変に接続する「す」と対応する。→す(助動下二型)

活用

未然	連用	終止	連体	已然	命令
(ズ)	(タリ)	(。)	(コト)	(ドモ)	(。)
させ	させ	さす	さする	さすれ	させよ

文法ノート

1 サ変・サ行下二段動詞＋「さす」

「さす」がサ変動詞・サ行下二段活用動詞に接続する場合、文法的には「せさす」「…せさす」となるべきなのに、中世以降は、「さす」「…さす」がふつうになる。

例 御自害をだにさせらるるならばと申したれば〈天草本平家〉 訳 御自害をさえなされるのならばと申し上げたところ。

例 いかでか御声をも聞き、御姿をも見参らさせ給ふべき〈平家・三・僧都死去〉 訳 どうしてお声をも聞き、お姿をも見申し上げなさることができようか(いや、できない)。

2 謙譲の「さす」

将高野のおおくにという人を指名して。

❷かざす。さしかける。〈竹取・かぐや姫の昇天〉「羅蓋(らがい)さし㊊たり」訳 (天人の飛ぶ車には)羅蓋(=大型の日傘(ひがさ))をさしかけてある。

❸物を設ける。〈方丈・三〉「東に三尺(=約九〇センチメートル)あまりの廂(ひさし)をさし㊊て(=設置して)」

❹物を前方へさし出す。〈謡・高砂〉「さす㊏腕(かひな)には、悪魔を払ひ」訳 さし出す腕では、悪魔を払いのけ。

さ・す【注す・点す】 他サ四 {さ・し・す・す・せ・せ} ❶そそぐ。水や酒をつぐ。酒をついで人に勧める。〈伊勢・八二〉「『…歌よみて盃(さかづき)はさせ㊎』とのたまうければ」訳 (親王は)「…歌を詠んでから杯は勧めよ」とおっしゃったので。

❷火をともす。灯をかかげる。〈徒然・二一五〉「紙燭(しそく)さし㊊て、くまぐまをもとめしほどに」訳 紙燭(=照明具)に火をともして、すみずみを探していたうちに。

❸塗りつける。色をつける。

さ・す【刺す】 他サ四 {さ・し・す・す・せ・せ} ❶突きさす。〈平家・八・妹尾最期〉「〔刀の〕柄(つか)も拳(こぶし)もとほれとほれと、三刀(みかたな)さい㊊(イ音便)て(=三度さして)首を取る」

❷棹(さを)で水底をついて船を進める。〈土佐〉「棹させ㊐ど底ひも知らぬわたつみの深き心を君に見るかな」訳 棹を突き立てても底もはかり知れない海のように深い心を(見送りに来てくれた)あなたに感じることだ。(第三句までは「深き」を導きだす序詞)

❸虫がさす。蛇などがかむ。〈徒然・九六〉「くちばみにささ㊍れたる人」訳 まむしにかまれた人は。

❹(針で)縫う。

さ・す【挿す】 他サ四 {さ・し・す・す・せ・せ} ❶さし入れる。さしはさむ。〈枕・三三〉「御草子に夾算(けふさん)さし㊊て」訳 (「古今集」の)綴(と)じ本にしおりをさしはさんで。

❷髪にさす。〈枕・九九〉「〔犬に〕桃の花をかざしに(=髪飾りとして)ささ㊍せ」

さ・す【鎖す】 他サ四 {さ・し・す・す・せ・せ} かぎをかける。門や戸を閉ざす。〈宇治・八・三〉「倉の戸をさし㊊て立ち帰りぬるほどに」訳 倉の戸をしめて(主人が)帰ってしまった間に。

さす 助動下二型 ➡上助動詞「さす」

ざ-す【座主】 名 一山の寺務を総理する最高の僧職。

謙譲の意の「聞こゆ」とともに用いて「聞こえさす」の形で、最高の謙譲の意を表す用法があるが、本書では「聞こえさす」を一語とする。↓聞こえさす(2)

3 **武者詞** ③の用法は軍記物特有の表現で、「武者詞」といわれる。↓す(助動下二型)「文法ノート」4

のちには特に比叡山延暦寺の長。天台座主。

ざ・す【座す・坐す】 自サ変{せ・し・す・する・すれ・せよ}座る。〈徒然・一五七〉「縄床に座せ㊍ば、覚えずして禅定なるべし」訳 座禅の座に座るならば、知らず知らずのうちに心身の統一された状態になるであろう。

さすが

一 形動ナリ{なら・なり(に)・なり・なる・なれ・なれ}**そうはいうものの、そのままにしてはいられない。そうもいかない。** そうでもない。〈源氏・花散里〉「世の中なべて厭はしうおぼしならるるに、さすがなる㊍こと多かり」訳 (光源氏は)世の中のことは何もかもいやだとお思いにならないではいられないが、そうはいうものの、そのままにしてはいられないことが多い。〈大鏡・後一条院〉「あやしながら、さすがなる㊍気付きてをかしく」訳 (話の内容は)異様だが、そうでもない(=傾聴させる)ようすも付け加わっていて興味深く。

二 副 **そうはいってもやはり。なんといっても。** さすがに。〈平家・六・廻文〉「入道相国、かやうにいたく情けなう振る舞ひおかれしことを、さすが恐ろしとや思はれけん」訳 入道相国(=清盛)は、このようにひどく情け容赦なくかねて行動なさったことを、そうはいってもやはり恐ろしいとお思いになったのだろうか。(↓さすがに「ガイド」(三六八ページ))

さ-す-がに 副 ↓次ページ 154

さすら・ふ【流離ふ】 自ハ四・下二{は・ひ・ふ・ふ・へ・へ／へ・へ・ふ・ふる・ふれ・へよ}さまよい歩く。流浪する。また、落ちぶれて寄るべのない身となる。〈細道・出発まで〉「漂泊の思ひやまず、海浜にさすらへ㊊(下二段)」訳 旅に出てさすらいたいという思いがやまず、海のあたりをさまよい歩き。

さする 助動詞「さす」の連体形。

さすれ 助動詞「さす」の已然形。

させ 助動詞「さす」の未然形・連用形。

させ-おはしま・す【させ御座します】 高い尊敬の気持ちを表す。お…になられる。…なされる。〈枕・二三七〉「上も聞こし召して、興ぜさせおはしまし㊊つ」訳 主上(=一条天皇)もお聞きになって、おもしろがりなされた。

なりたち 尊敬の助動詞「さす」㊊＋尊敬の補助動詞「御座します」

沙石集 (させきしふ)《作品名》↓沙石集

させ-たま・ふ【させ給ふ】

❶(「さす」が尊敬の場合)高い尊敬の意を表す。**お…になられる。…なされる。** お…あそばす。地の文に使われている限り最高尊貴の人に対する高い敬意を表し、おもに天皇・皇后・中宮・皇太子・皇太后に関して用いるが、会話文・手紙文においてはその限りではない。〈枕・二三〉「宮の御前の御几帳おしやりて、長押のもとに出でさせ給へ㊋るなど」訳 中宮様(=定子)が御几帳をおしやって、長押のあたりにお出になられたようすなどは。

❷(「さす」が使役の場合)使役する人を敬った表現。**お…させになる。…させなさる。**〈枕・二三〉「いみじうおぼしさわぎて、御誦経などあまたせさせ給ひ㊊て」訳 (父、左大臣は)はなはだご心配になって、(娘である女御に対する、天皇の和歌の試験が無事にすむように寺々に依頼して)御読経などたくさんあげさせなさって。

なりたち 尊敬・使役の助動詞「さす」㊊＋尊敬の補助動詞「給ふ」

させ-たまへ【させ給へ】(多く「いざさせ給へ」の形で)おいでなさい。いらっしゃい。なさいませ。〈宇治・一・一八〉「いざさせ給へ(=さあ、いらっしゃい)、湯あみに。大夫殿」

なりたち サ変動詞「為」の未然形「せ」と尊敬の助動詞「さす」の融合した動詞「さす」の連用形「させ」＋尊敬の補助動詞「給ふ」の命令形「たまへ」

参考 人をうながしたり、指図したりするときに慣用的に使われる尊敬語で、場面に応じた解釈が必要である。

させよ 助動詞「さす」の命令形。

さ-せる 連体 (多く、下に打消の語を伴って)**これという。** それほどの。〈宇治・三・六〉「わたうたちこそ、させる能もおはせねば物をも惜しみ給へ」訳 おまえさんがたは、これという才能もおありでないから、物をも惜しみなさるのだ。

さ-ぜん【作善】 名《仏教語》仏道での善根を積むこと。仏像を造り、堂・塔を建て、写経するなど、善事を行うこと。

さ-ぞ【然ぞ】 一 そのように。〈源氏・須磨〉「げにさぞ思さるらむ」訳 なるほど、(紫の上は)そのようにお思いになられているのであろう。

なりたち 副詞「然」＋係助詞「ぞ」

二 副 さだめし。さぞや。きっと。〈平家・一一・逆櫓〉「沖はさぞ(強い風が)吹いて候ふらん(=吹いておりましょう)」

さ-た【沙汰】 名・他サ変 ❶**処置。始末。**〈徒然・五九〉「同じくはかのこと沙汰し㊊おきて」訳 同じことなら(=どうせ出家するなら)あのことを始末しておいて。

❷**評議。** 評定。また、訴訟。〈徒然・一七七〉「いかがせんと沙汰ありけるに」訳 どうしたらよいだろうかと評議があったときに。

❸**命令。** 指図。〈平家・一〇・三日平氏〉「院の御沙汰にて」訳 (遷宮は)上皇のご命令であって。

❹**評判。** うわさ。〈平家・四・競〉「三井寺にはをりふし競が沙汰ありけり」訳 三井寺ではちょうどそのころ競(=人名)のうわさをしていた。

❺**報告。** 音信。知らせ。連絡。〈浄・仮名手本忠臣蔵〉「必ず此の事殿へ御沙汰致すな」訳 けっしてこのことを殿に御報告いたしてはならない。

最重要330

さ-す-がに

副〔副詞「然(さ)」＋サ変動詞「為(す)」＋接続助詞「がに」〕

ガイド　上代の「しかすがに」に代わって中古より用いられた。語尾を活用させて形容動詞となり、また「に」が脱落した「さすが」の形で副詞ともなった。

それはそうだが、しかし。そうはいってもやはり。そうはいうものの。

例 木高(こだか)き木どもの中に、もろ声に鳴きたるこそ、さすがにをかしけれ〈枕・四一〉 訳 (うぐいすが)高い木々の中で、(ほととぎすと)声を合わせて鳴いているのは、(当然とはいえ)やはり趣が深い。

❻**手配。** したく。〈平家・六・小督〉「綸言(りんげん)なれば、雑色(ざつしき)・牛・車きよげに沙汰し用て」訳 天皇のおことばであるから、従者や牛や牛車(ぎつしや)をりっぱな感じにしたくして。

フレーズ
沙汰無(な)・し 問題にしない。問題外である。〈徒然・二〇五〉「起請文(きしやうもん)といふこと、法曹(はふさう)にはその沙汰なし終」訳 起請文(＝神仏に対する誓約文)ということは、法律家の間では、なんの問題にもなっていない。

さ-だ【蹉跎】形動タリ〔たら・たり(と)・たり・たる・たれ・たれ〕つまずいてよろけるさま。また、前に進めないさま。転じて、物事がうまくいかなかったり、失意のまま過ごしたりするさま。〈徒然・一一二〉「わが生(しやう)すでに蹉跎たり終」訳 自分の一生は、もう思うようにいかないありさまだ。

さ-だいしゃう【左大将】(—ダイシヨウ) 名「左近衛(さこんゑ)の大将」の略。左近衛府の長官。対 右大将

さ-だいじん【左大臣】名 太政官(だいじやうくわん)の長官。太政大臣がいるときはその次位に属する。右大臣の上位でいっさいの政務の最高責任者。「ひだりのおとど」「ひだりのおほいまうちぎみ」とも。対 右大臣。↓

さだ-か【定か】形動ナリ〔なら・なり(に)・なり・なる・なれ・なれ〕確かなさま。はっきりしているさま。〈徒然・一七三〉「小野小町(をののこまち)がこと、きはめて定かなら未ず」訳 小野小町(＝平安前期の女流歌人)の事蹟(じせき)は、はなはだはっきりしない。

さだ-す・ぐ【さだ過ぐ】自ガ上二〔ぎ・ぎ・ぐ・ぐる・ぐれ・ぎよ〕〔「さだ」は時の意〕時が過ぎる。時機を失う。また、盛りの年が過ぎる。老いる。〈枕・八三〉「いとさだ過ぎ用、ふるぶるしき人の」訳 ひどく盛りの年を過ぎて、年をとっている人が。

さた-な・し【沙汰無し】➡沙汰(さた)「フレーズ」

さ-だに【然だに】❶(下に希望の表現を伴って)せめてそのようにでも。〈堤・はいずみ〉「親、『さだにあらせ給へ』とおし立ちて言へば」訳 (女の)親は、(男に)「せめてそのようにでも(＝男の家に娘を移すことだけでも)してください」と押し付けるように言うので。

❷(下に仮定の表現を伴って)万一そのようにでも。〈大鏡・師尹〉「さだにあらば、いとどわが思ふことえせじ」訳 万一そのようにでもなったなら(＝道長の娘寛子(かんし)を妃(きさき)として迎えたら)、ますます自分の思うことができないだろう。

さだま・る【定まる】

なりたち 副詞「然(さ)」＋副助詞「だに」

自ラ四〔ら・り・る・る・れ・れ〕❶**決まる。** 決定する。〈徒然・一五五〉「四季はなほ定まれ已るついであり」訳 四季(の推移)には、それでもやはり決まった順序がある。

❷**慣例となる。** 習慣化する。〈源氏・御法〉「定まり用たる念仏」訳 慣例になっている念仏。

❸**安定する。** 落ち着く。静まる。〈源氏・澪標〉「事移り世の中定まら未ぬをりは」訳 事情が変わり国政が安定しないときには。

さだ・む【定む】他マ下二〔め・め・む・むる・むれ・めよ〕❶**決める。** 決定する。〈竹取・御門の求婚〉「帝(みかど)にはかに日を定め用て、御狩りに出(い)で給うて」訳 帝は急に日を決めて、御狩りにご出発になって。

❷**評議する。** 議論する。また、**判定する。**〈源氏・帚木〉「この品々をわきまへ定め用あらそふ」訳 このさまざまの(女の)階級について区別し判定し議論する。

❸治める。**平定する。**〈万葉・二・一九九〉「天(あめ)の下(した)治め給ひ食(を)す国を定め用給ふと」訳 (天武天皇は)天下をお治めになり、ご統治なさるこの国を平定しなさるということで。

さだめ【定め】名 ❶**決めること。** 決定。〈源氏・少女〉「楽人舞人(まひびと)の定めなどを、御心に入れていとなみ給ふ」訳 楽人や舞人の選定などを、(光源氏は)ご熱心におつとめになる。

❷論議。**評議。判定。**〈更級・春秋のさだめ〉「唐土(もろこし)などにも、昔より春秋の定めは、えし侍らざなるを」訳 中国などでも、昔から春と秋の(優劣の)判定は、(明確に)できないそうですけれども。

❸**おきて。** きまり。規則。基準。

❹**安定。**〈源氏・蓬生〉「世の中のかく定めもなかりければ」訳 世の中がこのように安定もしなかったから。

さだめ-て【定めて】副〔下二段動詞「定(さだ)む」用＋接続助詞「て」〕❶必ず。きっと。〈徒然・二三六〉「この御社(みやしろ)の獅子(しし)の立てられやう、定めてならひあることに侍らん」訳 この御社(おやしろ)の獅子の立てなさり方は、きっと由緒があることでございましょう。

❷はっきりと。明らかに。

さだめ-な・し【定め無し】形ク〔から・く(かり)・し・き(かる)・けれ・かれ〕決まりがない。変わりやすい。また、無常である。〈徒然・七〉「世は定めなき体こそ、いみじけれ」訳 この世は無常だからこそ、すばらしいのである。

さち【幸】名 ❶漁や狩りで獲物の多いこと。また、その獲物。〈紀・神代〉「ともにさちを得ず」訳 (兄も弟も)

どちらも獲物を得ない。弓矢や釣り針など。〈記・上〉「各おのさちをあひ易へて用ゐむ」訳お互いに獲物を取る道具を取りかえて使おう。

❷獲物を取る道具。

❸幸福。さいわい。

さ-つき【皐月・五月・早月】名陰暦五月の称。夏

さつき-あめ【五月雨】名陰暦五月ごろ降り続く長雨。さみだれ。梅雨。夏

さつきまつ… 和歌

五月待つ　花たちばなの　香をかげば
昔の人の　袖の香ぞする
〈古今・三・夏・一三九・よみ人しらず〉〈伊勢・六〇〉

訳陰暦五月を待って咲く橘の花の香りをかぐと、昔親しんだ人の袖の香りがすることだ。

解説「昔の人」は、以前恋愛関係にあった人。衣類にたきしめる香は、各人が自分の好みによって調合した独自のものであったから、その香りをかげば、親しい人にはすぐにだれとわかったのである。

さつき-やみ【五月闇】名五月雨のころの夜の暗いこと。また、その暗闇。夏。〈新古・夏〉「おのがつま恋ひつつなくや五月闇神なび山のやま郭公」訳自分の妻を恋いしたっては鳴くのか。陰暦五月の夜の暗闇の中、神奈備山の山ほととぎすよ。

さつ-さつ【颯颯】形動タリ{たら・たり(と)・たり・たる・たれ・たれ}風が軽く吹く形容。さあっと。〈平家・七・青山之沙汰〉「涼風颯々たり用し夜半に」訳涼風がさあっと吹いた夜半に。

さっしゃ・る 他ラ下二・四{れ・れ・る・るる・るれ・れ(れい・い)}{ら・り・る・る・れ・れ(れい・い)}《近世語》《サ変動詞「為す」未＋尊敬の助動詞「さす」「らる」＝「せさせらる」→「せさせらるる」の変化したもの》「為す」の尊敬語。なさる。〈浮世風呂〉「おまはん、何のまねをさっしゃる体（四段）のだエ」訳あなたさま、何のまねをなさるのか。

参考初めは下二段活用、のち四段活用となる。

さっしゃる 助動下二・四型《近世語》《尊敬の助動詞「さす」＋「らる」＝「させらる」→「させらるる」の転》尊敬の意を表す。…なさる。「さしゃる」とも。〈浄・大経師昔暦〉「必ず恨みさっしゃる終な」訳決して恨みなさるな。

接続四段・ナ変以外の動詞の未然形に付く。四段・ナ変の動詞には「しゃる」が付く。→しゃる

活用	
未然	さっしゃら(ズ)　さっしゃれ(バ)
連用	さっしゃり(ケリ)　さっしゃれ　さっしゃっ(テ)
終止	さっしゃる(。)
連体	さっしゃる(コト)
已然	さっしゃれ(ドモ)
命令	さっしゃれ(。)　さっしゃい　さっしゃれい

参考本来は下二段型活用であるが、四段・下二段型の両形がみられる。

ざっ-てい【雑体】名「ざったい」とも。和歌の部類の一つ。長歌・旋頭歌・俳諧歌の総称。

ざっ-ぱい【雑俳】名本格的な俳諧に対し、簡単卑俗な形式と内容をもつ俳諧をいう。その代表的なものに前句付けがあり、ほかに冠付け・沓付け・折り句・川柳などがある。江戸中期以降に流行した。

薩摩《地名》旧国名。西海道十二か国の一つ。今の鹿児島県の西半部。薩州。

さつ-や【猟矢】名狩猟に使う矢。

さつ-を【猟夫】名猟師。

さ-て【然て】《副詞「然」＋接続助詞「て」》

一副❶そういう状態で。そのままで。そうしたまま。〈徒然・八二〉「し残したるを、さて打ち置きたるは、おもしろく、生き延ぶるわざなり」訳（物事の）やり残したのを、そのままにしておいてあるのは、趣があって、命がのびる（ような）やり方である。

❷（「さての」の形で）それとは別。そのほか。それ以外。〈蜻蛉・下〉「さての日を思ひたれば、また南ふたがりにけり」訳それ以外の日を考えたところ、また南の方角は（方塞がりで）ふさがってしまっていた。

二接（前の話を受けたり、話題を転じるときに用いて）そして。それで。さて。ところで。それゆえ。〈伊勢・五〉「行けどもえあはで帰りけり。さて詠める」訳（男は女のもとへ通って）行ったが逢うことができずに帰った。そこで詠んだ歌。

三感（文末に用いることもある）それにしても。なんとまあ。はてさて。〈浄・曽根崎心中〉「さて巧んだり巧んだり、一杯食うたか無念やな」訳はてさて企んだな、企んだな。いっぱいくったか、無念だわい。

フレーズ

然て有りぬ-べし そのままでよいに違いない。そのままで通用するだろう。〈源氏・帚木〉「実には似ざらめど、さてありぬべし終」訳（鬼の顔などの絵は）実際には似ていないのだろうが、それはそれとして通るものなのだろう。→ぬべし

なりたち 副詞「然て」＋ラ変動詞「有り」用＋完了（確述）の助動詞「ぬ」終＋推量の助動詞「べし」

然てこそ ❶そうしてこそ。そうしてはじめて。〈竹取・燕の子安貝〉「そこらの燕、子産まざらむやは。さてこそ取らしめ給はめ」訳たくさんの燕が、卵を産まないことがあろうか（いや、きっと産むはずだ）。そうしてこそ、（子安貝を）取らせなさるのがよい。

❷そういうことで。そのようなしだいで。

然てしも そのままでも。そのような状態でこそ。

なりたち 「しも」は強意の副助詞

然てのみ そうしてばかり。そのままで。〈栄花・花山たづぬる中納言〉「悲しういみじうおぼさるれど、さてのみやはとて」訳（兼家は娘の死を）悲しく耐えがたく思われなさるが、そうしてばかりはいられようか（いや、いられない）というので。

さて-あり-ぬ-べし【然て有りぬべし】↓然て「フレーズ」

さて-こそ【然てこそ】↓然て「フレーズ」

さて-しも【然てしも】↓然て「フレーズ」

さて-のみ【然てのみ】↓然て「フレーズ」

さて-は【然ては】《副詞「然て」＋係助詞「は」》一副そのような状態では。そのままでは。〈竹取・燕の子安貝〉「さてはえ取らせ給はじ」訳そのようなやり方で

は(子安貝を)取らせることがおできにならないだろう。

■二 接 ❶それでは。それならば。〈徒然・一四三〉「さては、ものの哀れは知り給はじ」訳 それでは(=子供を持たないと)、ものの情味はおわかりにならないだろう。❷それからまた。そのほかには。〈源氏・若紫〉「清げなるおとな二人ばかり、さては童べぞいでいり遊ぶ」訳 (尼のそばに)こぎれいで美しい感じの女房が二人ほど(いて)、そのほかには、童女たちが出たり入ったりして遊ぶ。❸そうして。それから。〈蜻蛉・中〉「さては夜になりぬ」

さて-も【然ても】[副詞「然て」+係助詞「も」]■一 副 ❶そういう状態でも。そのままでも。〈伊勢・八三〉「さても侍ひてしがなと思へど」訳 (馬の頭は)そのままでも(親王のそばに)お仕えしたいものだと思うけれど。❷そうであっても。それでもやはり。〈千載・恋三〉「思ひ侘びさても命はあるものを憂きに堪へぬは涙なりけり」訳 ➡付録①「小倉百人一首」82

■二 接 ところで。さて。それにしても。〈枕・八〉「さてもかばかりの家に、車入らぬ門やはある」訳 それにしても、これほどの(身分の人の)家で、牛車の入らない門があるか(いや、ない)。

■三 感 なんともまあ。さてさて。〈源氏・若紫〉「さても、いとうつくしかりつる児かな」訳 なんとまあ、実にかわいらしかった子だなあ。

フレーズ
然てもやは そうであっても…か(いや、…ではない)。〈徒然・一〇〉「さてもやは、ながらへ住むべき」訳 (住まいを飾り立てたところで)その状態のままでも、いつまでも長生きして住むことができようか(いや、できはしない)。

さても-やは【然てもやは】➡然ても「フレーズ」
なりたち 「やは」は反語の係助詞

さと【里】名
❶人家が集まっている所。人里。〈万葉・二・一三一〉「いや遠に里は離りぬ」訳 ますます遠く人里は離れてしまった。❷上代の地方行政区画の一つ。人家五十戸を単位としたもの。のち「郷」と書いた。❸(宮中に仕える者の)実家。自宅。〈源氏・若紫〉「内裏にても里にても、昼はつれづれとながめ暮らして」訳 (光源氏は)宮中でも自宅でも、昼は所在なく物思いに沈んで過ごして。❹子供を預けて養育してもらう家。養家。❺遊里。❻素性。育ち。❼(寺に対して)俗世間。

さ-と【颯と】副 ❶動作・現象の急なさま。さっと。はっと。一時に。〈枕・一九八〉「嵐のさと顔にしみたるこそ、いみじくをかしけれ」訳 (未明に)強い風がさっと顔に(冷たく)しみたのは、はなはだ趣があるものだ。❷大勢の人が一度に声を立てるさま。どっと。わっと。〈今昔・二七・三二〉「四、五十人ばかりの声なむさと答へける」訳 四、五十人ほどの人の声が一度にわっと答えた。

佐渡(さど)《地名》旧国名。北陸道七か国の一つ。今の新潟県の佐渡島が全域。古来、遠流の島として知られ、日蓮・世阿弥らが流されている。佐州。

佐藤義清(さとうのりきよ)《人名》➡西行

さとおさ〔里長〕➡さとをさ

さと-がち【里がち】形動ナリ{なら・なり(に)・なり・なる・なれ・なれ}[「がち」は接尾語]宮仕えの人・妻・婿・養子・奉公人などが、実家に帰っているときの多いさま。里居がち。〈源氏・桐壺〉「いとあつしくなりゆき、もの心ぼそげに里がちなる体を」訳 (桐壺の更衣は)たいそう病弱になってゆき、なんとなく心細いようすで実家に下がることが多いのを。

さとし【諭し】名 神仏のお告げ。前兆。

さと・し【聡し】形ク{から・く(かり)・し・き(かる)・けれ・かれ}聡明だ。明敏だ。賢い。覚りが早い。〈源氏・紅葉賀〉「いとさとく用て…ただ一わたりに習ひ取り給ふ」訳 (紫の上は)たいへん賢いので…たった一度だけ(の学習)で習得なさる。

類語の整理 さとし―「知性」に関する語
かしこし【賢し】…学識・才能にすぐれる
かどかどし【才才し】…才気が現れている
ざえざえし【才才し】…漢学の才がある
さかし【賢し】…知能がすぐれている
さとし【聡し】…理解・判断が速い

さと・す【諭す】他サ四{さ・し・す・す・せ・せ}神仏がお告げによって知らせる。前兆を示す。また、道理などを教え知らせる。〈源氏・薄雲〉「天変しきりにさとし用、世の中静かならぬはこの故なり」訳 天空の変動がひっきりなしに前兆を示し、世の中が穏やかでないのはこの(秘密の)せいである。

さと-ずみ【里住み】名 ❶宮中から出て、自分の家、あるいは妻の家に住むこと。〈源氏・桐壺〉「上の常に召しまつはせば、心安く里住みもえし給はず」訳 帝がいつも(そば近くに)招き寄せ付き添わせなさるので、気楽に自分の家に住むこともおできにならない。対 内裏住み
❷宮仕えをしないで、家庭で生活すること。〈更級・宮仕へ〉「なかなか定まりたらむ里住みよりは、をかしきことをも見聞きて」訳 かえってきまりきったような家庭生活よりは、(宮仕えのほうが)おもしろいことをも見聞きして。❸人里に住むこと。俗世間で暮らすこと。〈蜻蛉・中〉「人にいひさまたげられて、今までかかる里住みをして」訳 人に(出家を)言い妨げられて、今までこんな俗世間の暮らしをして。対 山住み

さと-だいり【里内裏】名 皇居の火災や方違えの際などに、内裏の外に仮に設ける一時的な皇居。「今内裏」とも。

さと-ばな・る【里離る】自ラ下二{れ・れ・る・るる・るれ・れよ}人里から離れる。〈源氏・須磨〉「今はいと里離れ用心すごくて」訳 今はすっかり人里から離れ、ものさびしくて。

さと-びと【里人】名 ❶宮仕えをしないでいる人。民間の人。また、宮仕えをしているが自宅に下がっている人。〈枕・三〉「白馬見にとて、里人は車きよげに仕立てて見に行く」訳 白馬の節会を見に(行こう)

と思って、宮仕えをしないでいる人は牛車(ぎっしゃ)を美しい感じに飾り立てて見物に行く。対宮人
❷実家の人。里方の家族。〈源氏・花宴〉「御かたがたの里人侍りつる中に」訳女御(にょうご)や更衣さま方の里方の家族がおりました中に。
❸その里に住んでいる人。〈徒然・五一〉「宇治(うぢ)の里人を召して、こしらへさせられければ」訳宇治の土地の人をお呼び寄せになって、(水車を)作らせなさったところ。

最重要330

155 さ-ながら【然ながら】副

ガイド 副詞「然(さ)」に接続助詞「ながら」が付いた語。「ながら」が「そのままの状態」の意を表すのが①、「すっかりそのまま」の意を表すのが②③。④は中世以降の用法。

❶そのまま。もとのまま。
例 衣(きぬ)着ぬ妻子(めこ)なども、さながら内にありけり〈宇治・三・六〉
訳 着物を着ていない妻や子供なども、そのまま(家の)中にいた。

❷すべて。全部。残らず。
例 七珍万宝(しっちんまんぽう)さながら灰燼(くわいじん)となりにき〈方丈・二〉
訳 いっさいの珍しい宝物はすべて燃えがらとなってしまった。
例 取りたる物どもを、さながらかへし置きて、帰りにけり〈十訓・六〉
訳 (強盗は)奪い取った品々を、残らずそのまま返し置いて、帰ってしまった。

❸(下に打消の語を伴って)まったく。全然。
例 人に交はれば、言葉よその聞きにしたがひて、さながら心にあらず〈徒然・七五〉
訳 人と交際するときまって、(自分の)ことばが他人の思惑に屈して、まったく(自分の)本心(のまま)ではない。

定型表現 副詞の呼応
さながら…打消
例 さながら 消えず。〈打消〉
(=まったく消えない)

❹(下に比況の言い方を伴って)あたかも。ちょうど。まるで。
例 今はさながら天人も、羽なき鳥のごとくにて〈謡・羽衣〉
訳 今はまるで天人も、羽のない鳥のようで。

定型表現 副詞の呼応
さながら…比況
例 さながら 鳥のごとし。〈比況〉
(=まるで鳥のようだ)

さと・ぶ【里ぶ・俚ぶ】自バ上二{び・び・ぶ・ぶる・ぶれ・びよ}〔「ぶ」は接尾語〕❶田舎(いなか)風である。田舎じみる。〈枕・二九〇〉「『子(ね)九つ、丑(うし)八つ』などぞ、里び用たる人は言ふ」訳「子九つ、丑八つ」などと、里人めいた人(=民間人)は言う。対雅(みや)ぶ ❷家庭での暮らしになじんでいる。所帯じみる。〈更級・宮仕へ〉「里び用たる心地(ここち)には、なかなか定まりたらむ里住みよりは、…心も慰みやせむ」訳家庭での暮らしになじんだ(私の)心では、(宮仕えのほうが)かえってきまりきったような家庭生活よりは、…心も晴れるだろうか。

さと・る【悟る・覚る】他ラ四{ら・り・る・る・れ・れ}❶詳しく知る。物事を会得する。理解する。〈源氏・帚木〉「道々しき方(かた)をあきらかにさとり用明かさむこそ愛敬(あいぎやう)なからめ」訳(女が)学問的な方面を明確に会得し明らかにするならそれは、かわいらしさがないだろうが。❷《仏教語》迷いを去り、真理を体得する。〈平家・灌頂・大原御幸〉「過去未来の因果をさとら未せ給ひなば」訳過去の原因と未来の結果をお悟りになられたならば。❸感づく。察知する。〈平家・一・祇園精舎〉「天下の乱れんことをさとら未ずして」訳天下が乱れるだろうことを気付かないで。

さと-ゐ【里居】名 宮仕えの人などが、自分の家に帰っていること。里下がり。〈枕・三九〉「つれづれなる里居のほどに書き集めたるを」訳手持ちぶさたで退屈な里下がりの間に書き集めたのを。

さと-をさ【里長】名 里の長。村長。

さなえ〔早苗〕➡さなへ

さ-ながら【然ながら】副 ➡上 155

さ-な-なり【然ななり】そうらしい。そのようだ。〈枕・二五〉「必ず来(く)べき人のもとに車をやりて待つに、来る音すれば、さななり終と人々出(い)でて見るに」訳きっと来るはずの人の所に(迎えの)牛車(ぎっしゃ)をやって待っていると、帰って来る(牛車の)音がするので、そうら

しい(＝来たようだ)と人々が出て見ると。

なりたち 副詞「然」＋断定の助動詞「なり」㊍＋伝聞・推定の助動詞「なり」＝「さなるなり」の撥音便「さなんなり」の撥音「ん」の表記されない形。ふつう「さなッなり」と読む。

さ-なへ ナエ【早苗】名〔「さ」は接頭語〕苗代から田に移し植えるころの稲の苗。夏

さ-なら-ぬ【然ならぬ】❶そうではない。それほどでもない。〈源氏・葵〉「さならぬことだに、人の御ためには、よさまのことをしも言ひ出でぬ世なれば」訳それほどでもないことについてさえ、人さまに関することについては、よいようなこと(＝噂)を口に出さない世の中なので。
❷そうあるべきでない。〈源氏・末摘花〉「様ことにさならぬうち解けわざもし給ひけり」訳(光源氏は末摘花のために)ふつうの場合とは違って、そうあるべきではない(ような)立ち入った内々の世話もなさるのだった。

なりたち 副詞「然」＋断定の助動詞「なり」㊍＋打消の助動詞「ず」㊍

さ-なり【然なり】そうだ。そのとおりだ。〈蜻蛉・中〉「男どもも、『いま来年の文月ともなひ参らむよ』と呼ばひたれば、『さなり㊇』と答へて」訳(お供の)男たちが、「すぐに来年の陰暦七月にお供をして参るつもりだよ」と呼びかけたところ、(見送りの僧は)「そうだね」と答えて。

なりたち 副詞「然」＋断定の助動詞「なり」

ざ-なり ❶(「なり」が推定の場合)…ないようだ。〈更級・大納言殿の姫君〉「呼ばすれど、答へざなり㊇」訳(従者に女の名前を)呼ばせるけれども、(女は)返事をしないようだ。
❷(「なり」が伝聞の場合)…ないということだ。…ないそうだ。〈竹取・御門の求婚〉「多くの人の身をいたづらになして会はざなる㊍かぐや姫は、いかばかりの女ぞ」訳たくさんの男の身を滅ぼして(なお)結婚しないというかぐや姫とは、どれほどの女か。

なりたち 打消の助動詞「ず」㊍＋伝聞・推定の助動詞「なり」＝「ざるなり」の撥音便「ざんなり」の撥音

「ん」の表記されない形。ふつう「ざッなり」と読む。

さ・ぬ【さ寝】自ナ下二〔ね・ね・ぬ・ぬる・ぬれ・ねよ〕〔「さ」は接頭語〕❶寝る。〈万葉・一五・三六二六〉「あなたづたづしひとりさぬれ㊁ば」訳ああ心細いことだ。ひとりで寝ているので。
❷男女が共寝する。〈記・下〉「愛しとさね㊊しさね㊊てば」訳かわいいといって共寝さえしたならば。

讃岐(さぬき)《地名》旧国名。南海道六か国の一つ。今の香川県。讃州。

讃岐典侍(さぬきのすけ)《人名》(生没年未詳)平安後期の女官。本名藤原長子。讃岐の守藤原顕綱の娘。堀河天皇・鳥羽天皇に仕えた。著書「讃岐典侍日記」

讃岐典侍日記(さぬきのすけにっき)《作品名》平安後期の女流日記。讃岐典侍(＝藤原長子)の作。天仁年間(一一〇八―一一一〇)の成立か。上巻には堀河天皇の発病から崩御まで、下巻には鳥羽天皇の即位と先帝堀河天皇をしのぶ明け暮れが記されている。

さね【札】名鉄または革で作った細長く小さな板。ひもや革でつづって鎧を作るもの。

(札)

さね【実】副❶ほんとうに。必ず。〈源氏・薄雲〉「行きて見て明日もさね来む」訳(明石の君のもとに)行って逢って、明日にもほんとうに帰って来よう。
❷(下に打消の語を伴って)決して。少しも。〈万葉・九・一七九四〉「立ちかはり月重なりて逢はねどもさね忘らえず」訳月が移り変わり幾月も過ぎて(その間あなたに)逢わないけれども、決して忘れることができない。

さ-ね《上代語》お…てください。…なさってください。〈万葉・一・一〉「この岡に菜摘ます児家告らさね」訳→こもよ…和歌

なりたち 上代の尊敬の助動詞「す」㊍＋他に対する願望の終助詞「ね」

-ざね 接尾(名詞に付いて)その中で中心となるもの、主となるもの、の意を表す。「使ひざね(＝主となる使者、正使)」「まらうどざね(＝主賓・正客)」

さね-かづら カズラ【真葛】名〔古くは「さなかづら」とも〕つる性低木の名。今の「びなんかずら」。茎からとれる粘液は、糊や髪油に使用された。

(さねかづら)

さねさし《枕詞》「相模」にかかる。〈記・中〉「さねさし相模の小野に燃ゆる火の」

さねさし… 歌謡

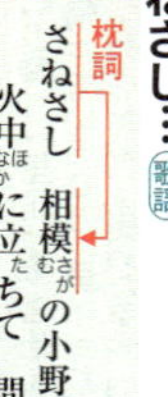

枕詞
さねさし　相模の小野に　燃ゆる火の
火中に立ちて　問ひし君はも
〈古事記・中・弟橘比売命〉

訳相模(神奈川県)の野原に燃えさかる火の、炎の中に立って、(私の安否を)たずねてくださったあなたよ。(「さねさし」は「相模」にかかる枕詞。「はも」は上代語で、文末に用いて強い詠嘆の意を表す)

解説 倭建命が相模の野で火攻めにされたときのことをふまえて作られた物語歌。春の野焼きにおける男女の恋を歌った民謡だとする説もある。

実朝(さねとも)《人名》→源実朝

さ-のみ【然のみ】❶そうばかり。そうむやみに。〈徒然・七九〉「よき人は、知りたることとて、さのみ知り顔にやは言ふ」訳教養のある人は、知っていることだからといって、そうむやみに物知り顔に言うか(いや、言いはしない)。
❷(下に打消の語を伴って)それほど。さほど。たいして。〈源氏・桐壺〉「限りあれば、さのみもえとどめさせ給はず」訳(宮中には)定めがあるので、それほども(桐壺帝は桐壺の更衣の退出を)お引きとめになることがおできになられないで。

なりたち 副詞「然」＋副助詞「のみ」

フレーズ
然のみやは (下に「べき」「む」など推量の語を伴って)そうばかりも…ていられようか(いや、いられない)。〈竹取・かぐや姫の昇天〉「さのみやはとて、うち

出で侍りぬるぞ」訳（今まで言わずに過ごしてきたけれども）そのように（＝言わずに）ばかりいられようか（いや、いられない）と思って、うちあけてしまうのですよ。

さ-のみ-やは【然のみやは】⬇然のみ「フレーズ」
なりたち「やは」は反語の係助詞

さ-は【然は】■一 そうは。そのようには。〈枕・三一〉「などさは臆せしにか」訳なぜそのようには気おくれしたのであろうか。
なりたち 副詞「然」＋係助詞「は」
■二 接 それでは。それならば。〈更級・後の頼み〉「さは、このたびは帰りて、後に迎へに来む」訳それでは、今回は帰って、あとで迎えに来よう。

フレーズ
然は言へど そうは言っても。そうは言うものの。
なりたち 副詞「然」＋係助詞「は」＋四段動詞「言ふ」已＋接続助詞「ど」

さは（-に）【多（に）】副 数多く。たくさん。〈万葉・一〇・二二七〉「草深みこほろぎさはに鳴くやどの」訳草深いので、こおろぎがたくさん鳴く庭の。

さ-は-いへ-ど【然は言へど】⬇然は「フレーズ」

さ-ばかり【然許り】副
〔副詞「然」＋副助詞「ばかり」〕❶それほど。そのくらい。〈徒然・一〇〉「この殿の御心さばかりにこそ」訳この殿のお心はそのくらいでいらっしゃったのだ。
❷あんなにまで。たいへん。非常に。〈徒然・三一〉「さばかり寒き夜もすがら、ここかしこにねぶり居たるこそをかしけれ」訳たいへん寒い夜を通して、あちらこちらに居眠りしているのはおもしろい。

さはさは-と【爽爽と】副 さっぱりと。はっきりと。すらすらと。〈正徹物語〉「一首さはさはと理の聞こゆるやうに詠むべきなり」訳一首（の意味）がすらすらと筋道のわかるように詠むのがよいのである。

さ-はふ【作法】名 ❶物事を行うやり方。きまり。
❷礼儀にかなった立ち居ふるまい。威儀。〈大鏡・時平〉「大臣の作法をふるまひ給はず」訳（顕忠は）大臣らしい威儀にふるまいなさらない。
❸しきたりに従ったやり方。方式。〈徒然・二〇三〉「勅勘の所に靫かくる作法、今は絶えて知れる人なし」訳天皇のおとがめ（をこうむった人）の家（の門）に、靫（＝矢を入れて背負う道具）を掛ける方式は、当世ではまったく知っている人がない。
参考 仏教語の「作法」は「さほふ」で、「仏事のしきたり」の意。→作法

さは-やか【爽やか】形動ナリ〔なら・なり（に）・なり・なる・なれ・なれ〕❶気分がさっぱりするさま。すがすがしいさま。〈源氏・柏木〉「御心地はさはやかになり給ひにたりや」訳ご気分はさっぱりとなりなさったか。
❷はっきりしているさま。明白なさま。〈源氏・胡蝶〉「さはやかに用、わが思ふさまとて、語り出で難きことなれど」訳はっきりと、自分の考えていること（はこうだ）といって、きり出しにくいことだけれども。
❸あざやかなさま。きれいなさま。〈太平記・一四〉「馬・物の具、まことにさはやかに用勢ひあって出で立たれたり」訳（新田義貞は）馬や武具を、とてもあざやかで威勢があるようすに整えて出立なさった。

さは-や・ぐ【爽やぐ】自ガ四〔が・ぎ・ぐ・ぐ・げ・げ〕〔「やぐ」は接尾語〕気分がよくなる。さっぱりとする。多く、病気回復にいう。〈源氏・御法〉「御心地もいささかさはやぐ体やうなれど」訳（紫の上は）ご気分も少しさっぱりとするようだけれど。⬇篤しし「慣用表現」

さは-らか【爽らか】形動ナリ〔なら・なり（に）・なり・なる・なれ・なれ〕〔「らか」は接尾語〕さっぱりしているさま。すっきりしているさま。〈源氏・初音〉「髪の裾すこし細りて、さはらかに用かかれるしも、いとものの清げに」訳（玉鬘の）髪の先が少し細くなって、すっきりと（着物に）かかっているのが特に、たいそうきれいな感じで。

さはり【障り】名 ❶さしつかえ。妨げ。障害。〈徒然・三九〉「いかがしてこの障りを止め侍らん」訳どのようにしてこの妨げをなくしましょうか。
❷月経。月のさわり。〈うつほ・国譲中〉「障り物し給はず」訳（嵯峨の院の小宮は）月経がおありにならず（＝懐妊なさり）。

さは・る【障る】自ラ四 ⬇上 156

さはれ【然はれ】感 ⬇次ページ 157

さび【寂】名 ❶閑寂な趣があること。静寂味。

最重要330
156
さ・は・る【障る】自ラ四〔ら・り・る・る・れ・れ〕
ガイド この語の意味は現代語の「差し障り」という語に残っている。現代語の「触る」（この意味は平安時代には「触る」といった）は、この語が妨害→遮断→接触の意に拡張して成ったもの。

妨げられる。さしつかえる。都合が悪くなる。
例 月影ばかりぞ、八重葎にもさはら未ずさし入りたる〈源氏・桐壺〉
訳 月光だけが、幾重にも茂った蔓草にも妨げられずさしこんでいる。
例 さはる体ことありてまからで〈徒然・一三七〉
訳 さしつかえることがあって（花見に）参りませんで。

最重要330

157

さはれ

【然はれ】感〔副詞「然」＋係助詞「は」＋ラ変動詞「有り」命＝「さはあれ」の転〕「さばれ」とも。

ガイド 「然＋は＋あれ」の転で、「あれ」は動詞「あり」の命令形放任法。ゆえに放任法の二つの意、自棄(①)と譲歩(②)とを表す。類義語に、連語「さもあらばあれ」、副詞「縦し」がある。

❶ **ままよ。どうともなれ。**

例 げに遅うさへあらむは、いととりどころなければ、**さはれ**とて〈枕・一〇六〉

訳 なるほど(上手でもない返歌が)そのうえ遅くまでなるようでは、まったくとりえがないので、**どうともなれ**と思って。

❷ **(接続詞的に用いて)それはそうだけれど。それはそうとして。**

例 あが帝の御事始めに、かくなりなむことの、折しも口惜しきこと。**さはれ**、さるべきやうにてしばしは山寺に納め置かせ給へれ〈栄花・たまのむらぎく〉

訳 私のいとしい帝のご即位の当初に、このように(葬儀と)なってしまうだろうことの、折も折、残念なこと。**それはそうだけれど**、しかるべき処置をしてしばらくは山寺に(亡骸を)納めてお置きください。

❷《文芸用語》「しをり」「ほそみ」とともに蕉風俳諧の重要な理念の一つ。落ち着いてやすらぎのある静寂・枯淡な句の情調をいう。→撓り・細み

参考 芭蕉の「さび」について、去来は「さびは句の色なり。閑寂なる句をいふにあらず。…賑やかなる句にも、静かなる句にもあるものなり」〈去来抄・修行〉と述べている。「さび」とは対象を見つめる作者の心が人生の無常をしみじみと感じとり、すべてをいとおしむ心の深さ、あたたかさが自然と句の上ににじみ出てただよう、その美的な気分といえる。

さび・し

【寂し・淋し】形シク {しから・しく(しかり)・し・しき(しかる)・しけれ・しかれ}

❶ **静かで心細い。寒々としている。**〈新古・羇旅〉「旅人の袖吹きかへす秋風に夕日**さびしき**体山のかけはし」訳 旅人の袖を吹きひるがえしている秋風の中で、夕日が**心細くも静かな**光をなげかけている山の懸け橋よ。

❷ **必要な物が足りなくて、心細い。** もの足りない。また、貧しい。〈源氏・若菜下〉「世の中**さびしく**用、思はずなることありとも、忍び過ぐし給へ」訳 (光源氏との)夫婦の仲が**心細く**、思いがけない(つらい)ことがあっても、がまんしてお過ごしなさい。《⬇さうざうし「類語の整理」》

さびしさに… 和歌《百人一首》【さびしさに　宿を立ちいでて　ながむれば　いづくも同じ　秋の夕暮れ】〈後拾遺・秋上・良暹〉⬇付録①「小倉百人一首」70

さびしさは… 和歌

さびしさは　その色としも　なかりけり
まき立つ山の　秋の夕暮れ
〈新古・四・秋上・三六一・寂蓮〉

訳 さびしさは、(それが)どの色のせいだというのでもないなあ。杉や檜が立っている山の秋の夕暮れは。

解説 常緑の高木がそびえ立つ山にはどこにも秋らしい色あいがなく、深い黒緑一色なのに、やはり心は秋のさびしさを感じないではいられない。どこからくるのかわからない秋の寂寥(＝幽玄)感を鋭くとらえた歌。中世の無彩色の世界(＝幽玄)を象徴する歌の一つで、「三夕の歌」のうちの一首。→三夕の歌

さ-ひゃうゑふ【左兵衛府】名 六衛府の一つ。右兵衛府とともに、内裏の警護、行幸のお供などに当たった役所。左兵衛。対右兵衛府。→兵衛府。⬇付録③「平安京大内裏図」

さ・ふ【障ふ】㊀自ハ下二 {へ・へ・ふ・ふる・ふれ・へよ} ひっかかる。つかえる。〈枕・能因本・一〇三〉「あさましきもの　刺し櫛磨くほどに、ものに**さへ**用て折りたる」訳 興ざめなもの、髪飾り用の櫛を磨いているうちに、物に**ひっかかっ**て折ったの。

㊁他ハ下二 {へ・へ・ふ・ふる・ふれ・へよ} さえぎる。じゃまする。妨げる。〈徒然・一一三〉「一生は雑事の小節に**さへ**未られて、空しく暮れなん」訳 (人間の)一生は雑多な用事のつまらない義理に**妨げ**られて、むだに終わってしまうだろう。

-さ・ぶ 接尾バ上二型《上代語》(名詞に付いて)「いかにも…らしい態度・状態になる」の意の動詞をつくる。…**らしくなる。**…に見える。〈万葉・三・三一七〉「神さび用て高く貴き」訳 →あめつちの… 和歌

例語 貴人さぶ(＝りっぱな人に見える)・翁さぶ・茂みさぶ(＝いかにも茂みに見える)・山さぶ(＝いかにも山らしい)・少女さぶ

さ・ぶ【寂ぶ・荒ぶ】自バ上二 {び・び・ぶ・ぶる・ぶれ・びよ} ❶ **さびしく思う。** 気持ちが荒れすさんでいく。〈万葉・四・五七二〉「見飽かぬ君におくれてや朝夕に**さび**用つつ居らむ」訳 (いつまでも)見飽きないあなたにあとに残されて、(これほど)朝に夕に**さびしく思い**続けているも

のだろうか。❷古びた趣が出る。〈平家・灌頂・大原入〉「岩に苔むしてさび(用)たる所なりければ」訳(寂光院は)岩に苔が生えて古びた趣が出ている所であったので。❸(色などが)薄くなる。色あせる。(光などが)衰える。〈風雅・秋下〉「薄霧の朝げの梢色さび(用)て」訳薄霧のかかった明け方の梢は色あせて。

ざふ-か【雑歌】名 和歌集の部立ての一つ。「万葉集」では、相聞・挽歌に属さない歌。「古今集」以下の勅撰集では、春・夏・秋・冬・賀・離別・羇旅・物名・恋・哀傷などに属さない歌。

ざふざふ-の-ひと【雑雑の人】身分の低い従者たち。〈源氏・葵〉「雑雑の人なきひまを思ひ定めて」訳(牛車につきそう)身分の低い従者たちのいない空き地を(見つけ、ここにと)思い決めて。

さぶ・し【寂し・淋し】形シク{しから・しく(しかり)・し・しき(しかる)・しけれ・しかれ}(上代語)「さびし」の古形)気持ちがふさいで楽しめない。さびしい。もの足りない。〈万葉・一八・四〇七四〉「われはさぶし(終)も君としあらねば」訳(満開の桜も)私は気持ちがふさいで楽しめないことだ。あなたと一緒にいないので。

ざふ-し【雑仕】名 宮中や上流貴族の私邸で、雑役や使い走りをつとめた下級の女官。「雑仕女」とも。

ざふ-しき【雑色】名「ざっしき」とも。❶蔵人所や院の御所などで、雑役をつとめた無位の役人。〈枕・二四六〉「雑色の蔵人になりたる、めでたし」訳雑色が(昇進して)蔵人になったのは、すばらしい。❷公家や武家などで、雑役や使い走りをした下男。

ざふ-にん【雑人】名 身分の低い者。

ざふ-ひゃう【雑兵】名 身分の低い兵士。馬に乗らずに戦う兵士。

さぶらい『侍』➡さぶらひ

さぶらう『候う・侍う』➡さぶらふ

さぶらひ【侍】名「さむらひ」とも。❶貴人のそばに仕えて雑用や警護をつとめる者。従者。〈古今・東歌〉「み侍御笠と申せ」訳お供の人よ、(ご主人に)御笠を(お召しください)と申し上げよ。❷武家に仕えて、警護や戦闘に従事する者。武士。さむらい。❸「侍所」の略。

さぶらひ-だいしゃう【侍大将】名「さむらひだいしゃう」とも。侍の身分で一軍をひきいる者。

さぶらひ-どころ【侍所】名「さむらひどころ」とも。❶平安時代、院・親王・摂関家などで、その家の事務をつかさどった侍の詰め所。❷鎌倉・室町幕府の役所の名。御家人の統制や進退、罪人の検察処罰、軍務などをつかさどった。室町幕府では、京都の雑事や警備などにもあたった。

さふら・ふ【候ふ・侍ふ】自八四{は・ひ・ふ・ふ・へ・へ}「さうらふ(自八四)」「さぶらふ(自八四)」に同じ。

さぶら・ふ【候ふ・侍ふ】自八四{は・ひ・ふ・ふ・へ・へ} ❶貴人のそばに仕える意の謙譲語。お仕えする。伺候する。〈源氏・桐壺〉★「いづれの御時にか、女御、更衣あまたさぶらひ(用)給ひける中に」訳どの帝の御代であったろうか、女御や更衣が大勢(帝に)お仕えしていらっしゃったなかに。

敬意の対象(地の文)
★〈源氏〉の例
女御、更衣が
帝に
さぶらひ給ひける中に
(謙譲)(尊敬)
書き手
敬意
敬意

❷「行く」「来く」の謙譲語。参上する。うかがう。〈枕・八〉「いま静かに、御局にさぶらは(未)む」訳あとでゆっくりと、(あなたの)お部屋に参上しよう。❸「あり」「居り」の謙譲語。(貴人の手もとに)ございます。あります。〈枕・九三〉「御前にさぶらふ(体)ものは、御琴も御笛も、みなめづらしき名つきてぞある」訳帝のお手もとにございますものは、お琴もお笛も、みなめずらしい名前がついている。❹「あり」の丁寧語。あります。ございます。おります。〈竹取・蓬萊の玉の枝〉「いかなる所にか、この木はさぶらひ(用)けむ」訳どんな所に、この木はございましたのだろうか(=あったのでしょうか)。

参考 丁寧語の「さぶらふ」は、多く、会話文・手紙文に用いられる。「さぶらふ」が「侍り」よりも高い敬意を表して、中古末ごろから盛んに用いられるようになり、のち、「侍り」にとって代わった。なお、中世には、「さうらふ」と変化する。(➡候ふ(自八四))

さぶら・ふ【候ふ・侍ふ】補動八四{は・ひ・ふ・ふ・へ・へ} ❶(動詞・形容詞・形容動詞・助動詞「る」「らる」「す」「さす」「なり」「べし」の連用形、助詞「て」に付いて)丁寧の意を表す。…ます。〈枕・三四〉「からい目を見さぶらひ(用)て。誰にかはうれへ申し侍らむ」訳ひどい目にあいまして。どなたに訴え申しあげましょうか。❷補助動詞「あり」の丁寧語。…(で)あります。…(で)ございます。…〈源氏・浮舟〉★「『殊に程遠くはさぶらは(未)ずなむ…』と申す」訳「(宇治は)たいして道のりが遠くはございません…」と(大内記は匂宮に)申し上げる。〈今昔・二三・一五〉「相構へて打ち伏せてさぶらひ(用)つるが」訳(強盗だと思い)十分注意して打ち伏せたのでございましたが。(➡候ふ(自八四)参考)

敬意の対象(会話文)
★〈源氏〉の例
殊に程遠くは
さぶらはずなむ
(丁寧)
聞き手
話し手
敬意

さへ 副助 ➡次ページ助詞「さへ」

さ-べき 「さべい」とも。しかるべき。それ相応の。ふさわしい。〈枕・二九九〉「『なほ、この宮の人には、さべきなめり』といふ」訳「(あなたは)やはり、この宮(=中宮定子)にお仕えする人としては、ふさわしい人であるようだ」と言う。

なりたち ラ変動詞「然り」(体)+当然の助動詞「べし」(体)=「さるべき」の撥音便「さんべき」の撥音「ん」の表記されない形。ふつう「さンべき」と読む。

副助

意味・用法	用例
❶添加 …までも。	例 一昨日(をとつひ)も昨日(きのふ)も今日(けふ)も見つれども明日(あす)さへ見まく欲(ほ)しき君かも〈万葉・六・一〇一四〉 訳 一昨日も昨日も今日も会ったけれども、そのうえ明日も会いたいあなただなあ。
❷類推 程度の軽いものをあげ、重いものはなおさらだと類推させる。 …でも。…さえ。	例 まさしき兄弟さへ似たるは少なし。まして、従兄弟(いとこ)に似たるものはなし〈曽我物語〉 訳 ほんとうの兄弟でも似ているのは少ない。まして、従兄弟で似ているものはない。
❸最小限度 仮定の条件文に用いられ、それだけで条件が満たされる意を表す。 (せめて)…だけでも。	例 命さへあらば見つべき身の果てを偲(しの)ばん人のなきぞ悲しき〈新古・雑下〉 訳 命だけでもあるなら、(誰もが)見届けることができる私の最期を、(私の亡きあとに)偲んでくれるような人がいないのが悲しいことだ。

接続 体言、活用語の連体形、助詞などに付く。主語・目的語なども含め、連用修飾語に付く。

参考 本来は①「…だけでなく、さらに…まで」のような添加の意を表したが、「だに」と混同して②のような用法が生じた。②は、中世のころに生まれた用法であり、中古までは「だに」で表されたものである。→だに

さへづ・る (サエズル)【囀る】自ラ四〔ら・り・る・る・れ・れ〕❶小鳥がしきりに鳴く。さえずる。春 ❷(外国語や方言など)わけのわからないことばでしゃべりたてる。早口でしゃべる。〈源氏・玉鬘〉「声いたう嗄(か)れてさへづり(用)ゐたり」訳 声がひどくしわがれて、わけのわからない方言でしゃべりたてていた。

さへ-に (サエ) 副助〔副助詞「さへ」+助詞「に」〕…までもまあ…ことだ。〈古今・秋下〉「咲きそめし宿しかはれば菊の花色さへにこそうつろひにけれ」訳 咲きはじめた家が変わったので(=よその家の庭に移し植えたので)、菊の花は色までもまあ変わってしまったことだ。参考 「に」を格助詞とみる説もあるが、「夢路をさへに」〈古今・恋三〉などと「を」にも付くので、同類の格助詞は重ね用いられることがないという点から間投助詞とみるのがよいと考えられている。また、終助詞、接続助詞、接尾語とみる説もある。

さへ-の-かみ (サエ)【塞の神・道祖神】名「さいのかみ」とも。峠や辻(つじ)、村境などに祭られ、その土地に悪霊が侵入するのを防いだり、通行人を守ったりすると信じられた神。道の神。道祖神(どうそじん)。

さほ-ひめ (サオ)【佐保姫】名 春をつかさどる女神。佐保山は平城京の東方にあり、五行説で東は春に通じることから神格化して春の女神とした。春霞(はるがすみ)はこの神が織り出すと考えられた。春。→竜田姫(たつたひめ)

さ-ほふ (ホウ)【作法】名《仏教語》葬礼・法会(ほうえ)・授戒など、仏事のしきたり。〈源氏・桐壺〉「いといかめしうその作法したるに」訳 まことにおごそかにその(=桐壺の更衣の)葬礼の儀式を行っているところに。→作法(さはふ)

-さま【様】接尾「ざま」とも。❶(場所・方向を表す名詞に付いて) ㋐方角や向きをいう。…のほう。…向き。「南ざま」「あなたざま(=向こうのほう)」「横ざま」 ㋑対象になる人などを婉曲(えんきょく)にいう。…がた。…の方(かた)。「あなたさま(=あちらがた)」「上(かみ)ざま(=上層部の人々)」 ❷(動詞の連用形に付き、下に格助詞「に」を伴って)…のときに。…がけに。…するやいなや。「出(い)でさまに(=出がけに)」「言ひざまに(=言うやいなや)」 ❸(氏名・称号などに付いて)敬意を添える。「若君さま」「明神さま」

さま【様】

一 名 ❶ようす。ありさま。体裁。〈竹取・かぐや姫の昇天〉「春のはじめより、かぐや姫、月のおもしろく出(い)でたるを見て、常よりも物思ひたるさまなり」訳 春の初めから、かぐや姫は、月が美しく出ているのを見て、いつもよりも物思いに沈んでいるようすである。 ❷容姿。風体。〈源氏・桐壺〉「さまかたちなどのめでたかりしこと」訳 (桐壺の更衣の)容姿や容貌などがすばらしかったこと。 ❸趣向。趣。〈源氏・帚木〉「時につけつつさまを変へて」訳

（手遊びの道具を）その時に順応しては趣向を変えて。

❹形式。方法。（歌の）体。〈古今・仮名序〉「うたのさまは得たれども、まことすくなし」訳（遍昭は）歌の形式は自分のものとしているけれども、（歌の）真実味が足りない。

㊁代《近世語》対称、または他称の人代名詞。（親しみや敬意をこめて）あなた様。あのお方。〈浮・好色一代男〉「これこれ大事の物ながら、さまになに惜しかるべし」訳これらは大事な物であるけれど、あなた様に（差し上げるのなら）どうして惜しいことがあろうか（いや、惜しくはない）。

さま-あ・し【様悪し】形シク｛しから・しく（しかり）・し・しき（しかる）・しけれ・しかれ｝見苦しい。みっともない。〈徒然・一四〇〉「跡に争ひたる、さまあし終」訳（遺産を）死後に争っているのは、みっともない。対様好し

さま-かたち【様貌・様形】名容姿。姿と顔だち。〈枕・四一〉「声よりはじめてさまかたちも、さばかりあてにうつくしき程よりは」訳（鶯は）声をはじめとして姿かたちも、あれほど上品でかわいらしいわりには。

さま-かは・る【様変はる】自ラ四｛ら・り・る・る・れ・れ｝❶ふつうとようすが違う。風変わりである。〈源氏・若紫〉「これはいとさまかはり用たるかしづき種なり」訳この方（＝若紫）はまったくふつうとはようすの変わった秘蔵の娘だ。

❷（元服したり、出家したりして）姿かたちが変わる。〈源氏・若菜上〉「いまはとてさまかはる体は悲しげなるわざなれば」訳いよいよこれまでといって髪を下ろして出家するのは、いかにも悲しいことであるから。⇒人立つ「慣用表現」・背く「慣用表現」

さま-か・ふ【様変ふ】他ハ下二｛へ・へ・ふ・ふる・ふれ・へよ｝❶（元服したり、出家したりして）姿かたちを変える。〈源氏・桐壺〉「みづら結ひ給へる面つき、顔のにほひ、さまかへ用給はむこと惜しげなり」訳（少年の髪形である）みずらに結っていらっしゃる（光源氏の）ほおのあたりや、顔のつややかな美しさは、（元服して、その）姿を変えなさるようなことがいかにも惜しいようすである。⇒人立つ「慣用表現」・背く「慣用表現」

❷ふつうと趣を異にする。変わったようすにする。〈源氏・玉鬘〉「さまかへ用たる春の夕暮れなり」訳（夜ではなく）ふつうと趣を異にした春の日暮れ（の求愛）である。

さま-こと【様異】形動ナリ｛なら・なり（に）・なり・なる・なれ・なれ｝ふつうと違うようすである。風変わりだ。格別だ。〈枕・三七〉「かれがれにさまことに用咲きて」訳（楝の花は）枯れ衰えたようすで風変わりに咲いて。

さま・す【覚ます・醒ます】他サ四｛さ・し・す・す・せ・せ｝❶目をさます。（夢や酔いからさめて）正気になるようにする。〈徒然・四二〉「落ちぬべき時に目をさます体ことたびたびなり」訳（木から）今にも落ちそうな時に目をさますことがたびたびである。

❷心の迷いからさめるようにする。悟りあきらめるようにする。〈源氏・柏木〉「年つもりぬる人はしひて心強うさまし用侍るを」訳年をとった（私のような）人は、無理にでも気をしっかりもって（娘の夫の死を）あきらめるようにしておりますが。

さ-まで【然まで】そうまで。それほどまで。そんなにまで。〈源氏・夕顔〉「さまで心とどむべきことのさまにもあらず」訳（夕顔への思いは）そんなにまで執着しなければならない事柄でもない。

さ-まね・し形ク｛から・く（かり）・し・き（かる）・けれ・かれ｝〔「さ」は接頭語〕数が多い。たび重なる。〈万葉・四・六五三〉「たまさかに見ぬ日さまねく用月そ経にける」訳偶然に会わない日がたび重なって一月も経ってしまったことだ。

なりたち 副詞「然」＋副助詞「まで」

さま-の-かみ【左馬の頭】名左馬寮の長官。従五位上相当官。「ひだりのうまのかみ」とも。対右馬の頭。⇒馬寮

さま-よ・し【様好し】形ク｛から・く（かり）・し・き（かる）・けれ・かれ｝ようすがよい。姿・形が美しい。〈源氏・朝顔〉「さまよき体ほどにおし拭ひ給ひて」訳（光源氏は涙を）品のよい程度におぬぐいになって。対様悪し

さまよ・ふ【吟ふ】自ハ四｛は・ひ・ふ・ふ・へ・へ｝嘆いてうめき声を出す。嘆き悲しむ。〈万葉・五・八九二〉「父母は枕の方に妻子どもは足の方に囲みゐて憂へさまよひ用」訳⇒かぜまじり…和歌

さまよ・ふ【彷徨ふ】自ハ四｛は・ひ・ふ・ふ・へ・へ｝❶うろうろする。また、流浪する。〈徒然・二一〉「人遠く、水草清き所にさまよひ用ありきたるばかり心なぐさむことはあらじ」訳人里離れ、水や草が清らかな所で、ぶらつき歩き回っていることほど心の安まることはないだろう。

❷心が定まらない。移り気である。〈源氏・真木柱〉「色めかしうさまよふ体心さへ添ひて」訳（近江の君は）好色めいて浮気な気持ちまでも加わって。

さ-まれう【左馬寮】名⇒めれう。対右馬寮

さみだ・る【五月雨る】自ラ下二｛れ・れ・る・るる・るれ・れよ｝五月雨が降る。和歌では、多く「さ乱る（＝乱れる）」の意をかけて用いる。〈和泉式部日記〉「おほかたにさみだるる体とや思ふらむ君恋ひわたる今日のながめを」訳（あなたは時節がら）ごくふつうに五月雨が降るのだと思っているのだろうか。あなたを恋い続ける（私の）物思いの涙が今日の長雨となっているのを。（「さみだるる」に「さ乱るる」をかけ、「おほかたにさみだるる」の意もこめる。「ながめ」は「眺め（＝物思い）」と「長雨」との掛詞）

さみだれの… 俳句

五月雨の　降り残してや　光堂
夏　切れ字　〈細道・平泉・芭蕉〉

訳（長い年月、年ごとに降り続けた）五月雨も、さすがにこの中尊寺の光堂だけは降り残したからであろうか。光堂は（昔の栄光をそのままに）今も燦然たる輝きを放っていることだ。

解説「五月雨や年々降りて五百たび」が初案。「残してや」の「や」は疑問の係助詞であるが、ここでは詠嘆の意も含めた切れ字にもなっている。

さみだれや… 俳句

さみだれや　大河を前に　家二軒
夏　切れ字　〈蕪村句集・蕪村〉

訳五月雨が降り続いていることだ。水かさを増して濁流が迫る、大河の岸辺に家が二軒、（心細げ

に)並んでいる。
解説「五月雨をあつめて早し最上川」(訳→さみだれを…(俳句))〈細道・芭蕉〉の句の動的リズム感に対し、この句には画家でもある蕪村の絵画的構図が見られ、両者の資質の相違がわかる。

さみだれを… (俳句)

> 夏 五月雨を あつめて早し(切れ字) 最上川もがみがは 〈細道・最上川・芭蕉〉

訳(山野に降りしきった)五月雨を集めて満々とみなぎり、矢のように流れて行くことよ。この最上川は。(切れ字の「し」は、形容詞の終止形活用語尾)
解説 初案は「あつめて涼し」で、大石田の俳人高野一栄いちえい宅に招かれた折の挨拶の句。そのような場合、相手やその土地をたたえるのが礼儀であり、「涼し」にその配慮がみられる。「あつめて早し」は、描写を超えて体験をふまえた作者の心の躍動感も伝えている。

さ・む【冷む】自マ下二{め・め・む・むる・むれ・めよ} ❶冷える。冷たくなる。熱がひく。〈源氏・手習〉「うちはへぬるみなどし給へることはさめ(用)給ひて」訳長く続いて熱があったりなさったのはおひきになって。
❷(高ぶっていた感情が)しずまる。(興味が)うすらぐ。〈大鏡・道長上〉「もてはやし聞こえさせ給ひつる興もさめ(用)て」訳おもてなし申しあげなさっていた興もうすらいで。

さ・む【覚む・醒む】自マ下二{め・め・む・むる・むれ・めよ} ❶(眠り・夢・酔いなどから)さめる。正気にかえる。〈源氏・桐壺〉「やうやう思ひしづまるにしも、さむ(終)べき方なく」訳しだいに心が落ち着くにつけてもかえって、(夢ではない現実なので)さめるようにもその方法がなく。
❷悲しみ、迷いなどが消え去る。物思いが晴れる。〈源氏・総角〉「悲しさもさめ(用)ぬべきふしをだに」訳せめて悲しさも消え去ってしまうにちがいないところをだけでも。

さむけ・し【寒けし】形ク{(から)・く(かり)・し・き(かる)・けれ・かれ} 寒そうだ。寒々としている。〈徒然・一九〉「見る人もなき月の、寒けく(用)澄める二十日あまりの空こそ、心ぼそきものなれ」訳見る人もない月が、寒々と澄んでいる(陰暦十二月)二十日過ぎの空は、もの寂しいものだ。

さむ・し【寒し】形ク{(から)・く(かり)・し・き(かる)・けれ・かれ} ❶寒い。冷たい。寒々としている。〈新古・秋下〉「み吉野の山の秋風さ夜ふけてふるさと寒く(用)衣打つなり」訳→付録①「小倉百人一首」94
❷経済的に豊かでない。貧しい。〈浮・世間胸算用〉「酒は呑みたし、身は寒し(終)(＝わが身は貧しい)」

さ-むしろ【狭筵】名(「さ」は接頭語)むしろ。〈新古・秋下〉「きりぎりす鳴くや霜夜のさむしろに衣片敷きひとりかも寝む」訳→付録①「小倉百人一首」91

さむらひ【侍】名「さぶらひ」の転。「さぶらひ」に同じ。

さむら・ふ【侍ふ・候ふ】自ハ四{は・ひ・ふ・ふ・へ・へ}「さぶらふ」の転。「あり」の丁寧語。あります。ございます。〈謡・鳥追舟〉「めのとの科もさむらは(未)ず」訳後見役の過失もございません。

さむら・ふ【侍ふ・候ふ】補動ハ四{は・ひ・ふ・ふ・へ・へ}〔四段動詞「さむらふ」から〕丁寧の意を添える。…(で)あります。…(て)おります。…(で)ございます。…ます。〈謡・松風〉「あまりに懐かしうさむらひ(用)て、なほ執心の閻浮の涙、ふたたび袖を濡らしさむらふ(終)」訳(行平の歌を聞いて)あまりに懐かしゅうございまして、やはりこの世に執着する心ゆえの涙に、またもや袖を濡らします。〈謡・卒都婆小町〉「これは…小野小町の成れる果てにてさむらふ(体)なり」訳私は…小野小町の落ちぶれ果てた姿でございます。
参考 おもに謡曲で女性が用いる。

さ-め・く 自カ四{か・き・く・く・け・け}〔「さ」は擬声語。「めく」は接尾語〕騒がしくする。ざわつく。〈枕・二六〉「からすの集まりて飛びちがひ、さめき(用)鳴きたる」訳からすが集まって飛びかい、騒がしく鳴いているの(も不快だ)。

ざ-めり …ないようだ。…ないように見える。〈竹取・かぐや姫の昇天〉「この頃となりては、ただごとにも侍らざめり(終)」訳近ごろになってからは、ただごとでもないようでございます。
なりたち 打消の助動詞「ず」(体)＋推量の助動詞「めり」＝「ざるめり」の撥音便「ざんめり」の撥音「ん」の表記されない形。ふつう「ざンめり」と読む。

さ-も【然も】副〔副詞「然」＋係助詞「も」〕 ❶そうも。そのようにも。〈宇治・一・四〉「日ごろはさもせぬに、ことのほかに饗応して」訳(郡司は伴善男に)つね日ごろはそのようにもしないのに、(その日は)特別にごちそうをして。
❷いかにも。ほんとうにまあ。まったく。〈源氏・末摘花〉「あはれ、さも寒き年かな」訳ああ、ほんとうに寒い年だなあ。〈宇治・一・三〉「こよひの御あそびこそ、いつにもすぐれたれ。ただし、さもめづらしからん奏でを見ばや」訳今宵の管弦の御宴は、いつになくまさっている。しかしながら、いかにも珍しいと思われるような(歌に合わせた)舞を見たいものだ。
❸(下に打消の語を伴って)それほどにも。たいして。〈源氏・蓬生〉「ただこちたき御ものづつみなればさもむつび給はぬを」訳(末摘花は)ただもう度を越したご遠慮深さであるから、(叔母と)それほど親しくなさらないので。

フレーズ
然も有ら-ず そうではない。そんなことはない。→然も有り 参考
然も有らば有れ ❶(やむを得ないという気持ちで)そうならばそうでよい。どうでもかまわない。ままよ。〈和泉式部日記〉「うち捨てて旅ゆく人はさもあらばあれまたなきものと君し思はば」訳(私を)捨てて旅に出ていく人はそれはそれでもかまわない。(私のことを)このうえないものと(ほかでもない)あなたが思ってくれるならば。
❷(話題をかえる気持ちで)それはともかくとして。なにはともあれ。
なりたち「然も」＋ラ変動詞「有り」(未)＋接続助詞「ば」＋ラ変動詞「有り」(命)
文法「あれ」は命令形で、本来は①の意味で用いられた放任法である。命令形の放任法は「も(係助詞)＋命令形」「未然形＋ば(接続助詞)＋命令形」の形をとり、事態をなりゆきに任せて放任する気

持ちを表す。この場合は二つの形が複合したもので、「さもあれ」も同じ意味・用法である。

然も有・り いかにもそのとおりである。もっともだ。

[参考] 「さもあり」に対応する表現に「さもあらず・さもなし」「さしもあらず・さしもなし」がある。

然も有りぬ-べし きっとそのとおりであろう。いかにもそうにちがいない。当然そうである。〈徒然・一四二〉「『子ゆゑにこそ、よろづのあはれは思ひ知らるれ』と言ひたりし、**さもありぬべき**(体)ことなり」[訳] (荒武者が)「子によってこそ、すべての情愛は理解することができる」と言っていたのは、**いかにもそうにちがいない**ことである。

[なりたち] 「然も」＋ラ変動詞「有り」(用)＋完了(確述)の助動詞「ぬ」(終)＋推量の助動詞「べし」

然も有・れ ともかくも。ままよ。〈宇治・一・三〉「**さもあれ、ままよ**、ただ走り出でて舞ひてん、死なばさてありなん」[訳] **ええい、ままよ**、ただ走り出て舞ってやろう、死んだらそれで(＝死んだで)よかろう。

[なりたち] 「然も」＋ラ変動詞「有り」(命)

[文法] 「あれ」は命令形の放任法である。→然も有らば有れ [文法]

然も言・はれ-たり いかにもおっしゃるとおりだ。

[なりたち] 「然も」＋四段動詞「言ふ」(未)＋尊敬の助動詞「る」(用)＋完了の助動詞「たり」

然もこそ いかにもそのとおり。〈宇治・五・五〉「陪従はさもこそと言ひながら」[訳] 陪従(＝祭りに奉仕する楽人)は**いかにもそう**(＝人を笑わせたりするもの)**では**(ある)と言いながらも。

[参考] 多く、「さもこそ(は)あれ」「さもこそ(は)あらめ」「さもこそ(は)…め」の形で用いられる。

然も候・ず ❶〔「さもさうらはず」の転〕いや、そうではありません。とんでもないことです。〈平家・二・西光被斬〉「**さもさうず**。入道殿こそ過分のことをば宣へ」[訳] **とんでもないことです**。入道殿(＝清盛)こそ身分不相応なことをおっしゃる。

❷〔「さもさうらはむず」の転〕それもそうでありましょう。いかにもそうでありましょう。〈浄・仮名手本忠臣蔵〉「砂の中の金とは貴公の御事、さもあらん**さもさうず**」[訳] 砂の中の黄金とは貴殿の御こと、そうであろう、**いかにもそうでありましょう**。

然も無・し そうではない。そんなことはない。また、それほどでもない。→然も有り [参考]

然もや ❶そのように…か。そうも…か。〈大鏡・道長下〉「**さもや**侍りけむ。程へて、ひがごとも申し侍らむ」[訳] **そう**だったのでしょう**か**。時がたつので、まちがいも申しましょう。

❷「さもやあらむ」の略。(感動詞的に)そうもあろうか。そうかなあ。

さも-あら-ず【然も有らず】→然も「フレーズ」

さも-あら-ば-あれ【然も有らば有れ】→然も「フレーズ」

さも-あ・り【然も有り】→然も「フレーズ」

さも-あり-ぬ-べし【然も有りぬべし】→然も「フレーズ」

さも-あれ【然も有れ】→然も「フレーズ」

さも-いは-れ-たり【然も言はれたり】→然も「フレーズ」

さも-こそ【然もこそ】→然も「フレーズ」

さも-さう-ず【然も候ず】→然も「フレーズ」

さも-な・し【然も無し】→然も「フレーズ」

さも-や【然もや】→然も「フレーズ」

さ-もら・ふ【候ふ・侍ふ】自八四〔は・ひ・ふ・ふ・へ・へ〕〔接頭語「さ」＋四段動詞「守る」(未)＋上代の反復・継続の助動詞「ふ」〕❶ようすを見ながら好機の到来を待つ。時機をうかがう。〈万葉・二〇・四三九八〉「朝なぎに舳向け漕がむと**さもらふ**(終)と」[訳] 朝なぎに舳先を向けて漕ぎ出そうと(潮の)**ようすを見ながら待っていると**。

❷貴人のそばに控えて命令を待つ。伺候する。〈万葉・二・一九九〉「鶉なすい這ひもとほり**さもらへ**(已)ど**さもらひ**(用)得ねば」[訳] うずらのようにはい回って**お仕えする**けれども、**お仕えする**かいがないので。

さや 副 擬声語。ざわめくようす。**ざわざわ。さわさわ。**〈万葉・二・一三三〉「小竹の葉はみ山も**さや**にさやげども」[訳] →ささのはは… 和歌

さや(-に)【清(に)】副 ❶**清らかですがすがしいさま。**一説に、さやかな音をたてるさまとも。〈記・中〉「菅畳いや**さや**敷きて」[訳] 菅で編んだ敷物をいよいよ**清らかに**敷いて。

❷**はっきり。**明らかに。〈万葉・一四・三四〇二〉「夫なのが袖も**さやに**振らしつ」[訳] あの方が袖を(私に見えるように)**はっきりと**お振りになった。

さ-や【然や】疑問の意を表す。はたして、そう…(だろう)か。〈更級・梅の立枝〉「来むとありしを、**さや**あると、目をかけて待ちわたるに」[訳] (継母が、梅の花の咲くころには)来ようと言ったけれども、**ほんとうにそう**(＝言ったとおりに来る)だろう**か**と、(梅の木を)見守って待ち続けていると。

[なりたち] 副詞「然」＋疑問の係助詞「や」

さ-やう【然様・左様】名・形動ナリ そのよう。そんな。〈竹取・御門の求婚〉「もはら、**さやう**の宮仕へつかうまつらじと思ふを」[訳] まったく、**そのよう**な宮仕えはいたすまいと(私＝かぐや姫は)思うのに。

さや-か【清か・明か・分明】形動ナリ〔なら・なり(に)・なり・なる・なれ・なれ〕❶(視覚的に)**はっきりしている。明瞭である。**〈古今・秋上〉「秋来ぬと目には**さやかに**(用)見えねども風の音にぞおどろかれぬる」[訳] →あききぬと… 和歌

❷(聴覚的に)**音声が高く澄んでいる。**〈狭衣物語〉「細谷川の音**さやかに**(用)流れて」[訳] 細い流れの谷川が音も**高く澄んで**流れて。

❸**明るい。**〈源氏・紅葉賀〉「入りがたの日影**さやかに**(用)さしたるに」[訳] 沈もうとするころの日の光が**明るく**さしているところに。

さや・ぐ 自ガ四〔が・ぎ・ぐ・ぐ・げ・げ〕**さやさやと音をたてる。**そよぐ。また、ざわめく。〈万葉・二〇・四四三一〉「小竹が葉の**さやぐ**(体)霜夜に」[訳] 笹の葉が**さやさやと音をたてる**霜の降りる寒い夜に。

さや-け・し【清けし・明けし】形ク〔から・く(かり)・し・き(かる)・けれ・かれ〕❶澄んでいる。**清くすがすがしい。**〈万葉・二〇・四四六八〉「山川の**さやけき**(体)見つつ道を尋ねな」[訳] 山や川の**清くすがすがしいの**を見ては仏の道を求めよう。

最重要330

158 **さら**【更】形動ナリ〔なら・なり(に)・なり・なる・なれ・なれ〕

ガイド 「言ふもさらなり」「言へばさらなり」の形で用いられるのが基本であるが、「言ふも」「言へば」が省略されて、「さらなり」だけで用いられることも多い。

言うまでもない。もちろんだ。 その**とおりだ。今さら言うのもおかしい。** ➡是非なし「慣用表現」

例 夏は夜。月のころはさらなり用〈枕・一〉 訳 夏は夜（が趣がある）。月の（明るい）ころは言うまでもなく。

❷**はっきりしている。** 明るい。〈大鏡・花山院〉「さやけき体影をまばゆくおぼしめしつるほどに」訳（花山天皇が）明るい（月の）光をまぶしくお思いになっていたときに。

参考 「清し」が対象そのものの汚れないようすを表すのに対して、「さやけし」は対象に接して呼びさまされるさわやかな感覚を表すという違いがある。

さーやは【然やは】反語の意を表す。そう…か（いや、…ない）。〈徒然・三〉「我はさやは思ふ」訳 自分はそう思うか（いや、そうは思わない）。

なりたち 副詞「然」＋反語の係助詞「やは」

さやーまき【鞘巻】名 短刀の一種。つばがなく、長い下げ緒を鞘にひと巻き巻いて、腰に結びつける。

（さやまき）

ざやーめ・く 自カ四〔か・き・く・く・け・け〕〔「めく」は接尾語〕「さやめく」とも。ざわざわと音をたてる。〈平家・二・教訓状〉「大文の指貫そば取って、ざやめき用入り給へば」訳（平重盛は）大きな模様のついた指貫の股立ちをとって、ざわざわと（衣ずれの）音をさせてお入りになるので。

さや・る【障る】自ラ四〔ら・り・る・る・れ・れ〕❶触れる。ひっかかる。〈記・中〉「我が待つや鴫はさやら未ず」訳 私が待っているとまあ、鴫は（わなに）ひっかからなくて。❷さしつかえる。さまたげられる。〈万葉・五・八九九〉「出で走り去ななと思へど児らにさやり用ぬ」訳 逃げ出して走って行ってしまいたいと思うけれども、この子ら（への思い）にさまたげられてしまった。

さ・ゆ【冴ゆ】自ヤ下二〔え・え・ゆ・ゆる・ゆれ・えよ〕❶**ひえびえとする。** 凍る。〈大鏡・道長下〉「大小寒のころほひ、いみじう雪ふりさえ用たる夜は」訳 小寒から大寒までの寒中のころ、ひどく雪がふり、ひえびえとした夜には。❷（光・音・色などが）**澄みきる。** さえる。〈新古・秋下〉「大江山傾く月の影さえ用て」訳 大江山に沈もうとする月の光が澄みきって。

さーよ【小夜】名〔「さ」は接頭語〕**夜。**

さよーごろも【小夜衣】名 夜着。寝巻き。

さーよなか【小夜中】名〔「さ」は接頭語〕夜中。

さら【更】形動ナリ ➡右 158

ざら 助動詞「ず」の未然形。

さらーさうじゅ【娑羅双樹・沙羅双樹】名「しゃらさうじゅ」に同じ。

さらーさら(ーと) 副 ❶擬声語。物が軽く触れ合って出る音。さらさら。❷物事がとどこおりなく行われるようす。すらすら。〈沙石集〉「経の文を一段さらさらとよみて」

さらーさら【更更】副 ❶今さらに。改めて。〈万葉・一〇・一九二七〉「神びにしあれやさらさら恋に逢ひにける」訳 年老いてしまった私が今さらに（思いがけない）恋に出合ってしまったのか。❷さらにさらに。ますます。〈万葉・一四・三三七三〉「多摩川にさらす手作りさらさらになにそこの児のここだ愛しき」訳 ➡たまがはに… 和歌 ❸（下に打消の語を伴って）決して。まったく。〈古今・神あそびのうた〉「さらさらにわが名は立てじよろづ世までに」訳 決して私の浮き名は立てまい。末長き後の世にまで。

更級日記（さらしなにっき）《作品名》平安中期の女流日記。菅原孝標の女作。康平三年（一〇六〇）ごろ成立。父の任国上総より帰京するときから、夫橘俊通と死別した晩年までの回想記。物語の世界にあこがれていた少女が、現実の生活を生き抜き、晩年にいたって信仰に生きようとするまでを描いている。➡巻頭口絵22ページ・付録①九六二ページ

冒頭文 あづまぢの道のはてよりも、猶おくつかたに生ひいでたる人、いかばかりかはあやしかりけむを、いかに思ひはじめけることにか、世の中に物語といふもののあんなるを、いかで見ばやと思ひつつ…。訳 東国路の終点（である常陸の国）よりも、もっと奥のほう（である上総の国）で育った人（である私）は、どんなにか田舎じみていただろうに、どうして思いはじめたことであろうか、世の中に物語というものがあると聞いているが、それをなんとかして見たいものだと思い続けて…。

さら・す【晒す・曝す】他サ四〔さ・し・す・す・せ・せ〕❶布などを白くするために**水で洗ったり、日光に当てたりする。**〈万葉・一四・三三七三〉「多摩川にさらす体手作りさらさらになにそこの児のここだ愛しき」訳 ➡たまがはに… 和歌 ❷**雨風や日光の当たるままにしておく。**〈平家・七・忠度都落〉「山野にかばねをさらさ未ばさらせ命」訳 山野に死骸をさらすのならばさらすがよい。❸人々に広く示す。**人々の目に触れるようにする。**〈平家・一〇・戒文〉「かれこれ恥をさらし用候ふも」訳 あれこれと恥を人目にさらしますのも。

さらーず【去らず】**離れないで。離さないで。**〈源氏・夕顔〉「三位の君のらうたがり給ひて、かの御あたり去ら

ず生ほしたて給ひしを」訳（夕顔の父の）三位の君が（私＝右近を）かわいがりなさって、あの方（＝夕顔）のおそばから**離さずに**育てあげなさったのを。

なりたち 四段動詞「去る」㊍＋打消の助動詞「ず」㊊

さら-ず【然らず】

そうではない。〈新古・釈教〉「**さらず**㊎とていく世もあらじいざやさは法にかへつる命と思はん」訳 **そうではない**といっても（＝仏法のために命を捨てなくても）幾代も（生きられる命では）あるまい。さあ、それならば仏法に代えた命と思おう。

なりたち ラ変動詞「然り」㊍＋打消の助動詞「ず」

フレーズ

然らずとも そうでなくても。そんなことはしなくても。〈徒然・三三〉「尊者の前にては、**さらずとも**と覚えしなり」訳 目上の人の前では、（歴史書の本文を引くなどと）**そんなことはしなくても**（よかろう）と思われたのである。

なりたち 「とも」は接続助詞

然らずは そうでなくては。そうでないなら。〈伊勢・六〇〉「女あるじにかはらけとらせよ。**さらずは**飲まじ」訳（この家の）女主人に杯を与え（私に酒を勧めさせ）よ。**そうでなくては**（私は酒を）飲むまい。

なりたち 「は」は係助詞

文法 「さらず（然らず）」の仮定表現。「ずは」で打消の順接の仮定条件を表す。→ずは

最重要330

159 さら-に【更に】副

ガイド 現代語と同じく①②の意を表すが、③の意では、現代では「さらさら」が用いられる。

❶ **その上に。重ねて。**

例 **さらに**、夜さりこの寮にまうで来〈竹取・燕の子安貝〉

訳 **もう一度**、夜になるころこの役所に参上せよ。

❷ **改めて。新たに。**

例 ここに六十の露消えがたに及びて、**さらに**末葉の宿りを結べることあり〈方丈・三〉

訳 さて六十歳という露（のようにはかない命）の今にも消えようとするころになって、**改めて**晩年を過ごすための住居を造ったことがある。

❸ （下に打消の語を伴って）**決して。まったく。少しも。**

例 暇**さらに**許させ給はず〈源氏・桐壺〉

訳（桐壺帝は、桐壺の更衣の）休暇を**まったく**お許しにならない。

定型表現 副詞の呼応

さらに…打消

例 **さらに** 立ち返らじ。〈打消意志〉

（＝**決して**引き返すまい）

フレーズ

更にも言はず いまさら改めて言うまでもない。もちろんである。〈源氏・帚木〉「内々のもてなしけはひおくれたらむは**さらにも言はず**㊊」訳 家庭内でのふるまいや物腰が劣っているような女性は**いまさら言うまでもなく**。⬇是非無し「慣用表現」

なりたち 「も」は係助詞、「ず」は打消の助動詞

文法 文末で言い切りになることはまれで、多く連用修飾句、または連用中止の形で用いられる。

さら-ず【避らず】

避けることができないで。**やむを得ず。**〈竹取・かぐや姫の昇天〉「**さらず**まかりぬべければ」訳 **どうしても**おいとましなければならないから。

なりたち 四段動詞「避る」㊍＋打消の助動詞「ず」㊊

さら-ず-とも【然らずとも】⬇然らず「フレーズ」

さら-ず-は【然らずは】⬇然らず「フレーズ」

さら-で【然らで】そうでなくて。それ以外で。〈源氏・若菜上〉「並びなくものせらるる人なり。**さらで**、よろしかるべき人、誰ばかりかはあらむ」訳（光源氏は、将来の頼もしさは）並ぶものがなくいらっしゃる人なのだ。**それ以外で**、（女三の宮の婿として）ふさわしそうな人には、だれほどの人がいようか（いや、いはしない）。

なりたち ラ変動詞「然り」㊍＋接続助詞「で」

フレーズ

然らでだに そうでなくてさえ。ただでさえ。

然らでは そうでなくては。そうでないなら。

然らでも そうでなくても。〈枕・一〉「霜のいと白きも、また**さらでも**いと寒きに、火など急ぎおこして」訳 霜が（降りて）とても白い朝でも、また**そうでなくても**たいそう寒い朝に、火などを急いでおこして。

さら-で-だに【然らでだに】⬇然らで「フレーズ」

さら-で-は【然らでは】⬇然らで「フレーズ」

さら-で-も【然らでも】➡然らで「フレーズ」

さら-に【更に】副 ➡前ページ 159

さらに-も-いは-ず【更にも言はず】➡更に「フレーズ」

さら-ぬ【然らぬ】
❶**そうでない。それ以外の。その他の。**〈徒然・二三七〉「鳥部野・舟岡、さらぬ野山にも、送る数多かる日はあれど」訳 鳥部野・舟岡(=ともに火葬場)、その他の野山にも、葬送する(死者の)数の多い日はあっても。❷**なんでもない。取りたてて言うほどでもない。**〈平家・三・六代〉「人の見参らせ候ふ時は、さらぬやうにもてなして」訳 人が(六代を)拝見しておりますときは、なんでもない(=悲しくない)ようにふるまって。➡言ふ甲斐無し「慣用表現」

なりたち ラ変動詞「然り」未＋打消の助動詞「ず」体

フレーズ **然らぬだに** そうでなくてさえ。ただでさえ。〈山家集〉「さらぬだに秋はものの悲しきを」訳 ただでさえ秋は何ごとも悲しく感じられるばかりであるのに。

さら-ぬ【避らぬ】避けられない。どうしようもない。〈源氏・桐壺〉「また、ある時には、えさらぬ馬道の戸をさしこめ」訳 また、ある時には、どうしても避けられない中通路の戸を閉ざして(桐壺の更衣を中に)閉じこめ。

なりたち 四段動詞「避る」未＋打消の助動詞「ず」体

フレーズ **避らぬ別れ** (避けられない別れの意から)死別。〈伊勢・八四〉「世の中にさらぬ別れのなくもがな千代もといのる人の子のため」訳 ➡よのなかに…和歌。➡果つ「慣用表現」

さら-ぬ-がほ【然らぬ顔】名・形動ナリ 何げない顔。さりげないようす。〈源氏・葵〉「さらぬ顔なれ已ど、ほほゑみつつ後目にとどめ給ふもあり」訳 (光源氏は)さりげないようすではあるが、(女房の乗った牛車の下簾のすき間を)微笑しては流し目でご覧になることもある。

さら-ぬ-だに【然らぬだに】➡然らぬ「フレーズ」

さら-ぬ-わかれ【避らぬ別れ】➡避らぬ「フレーズ」

さら-ば【然らば】
〔ラ変動詞「然り」未＋接続助詞「ば」〕一 接 ❶(文中の前の語句や文意を受けて)**それならば。それでは。**〈平家・一一・能登殿最期〉「いざうれ、さらばおれら死途の山の供せよ」訳 さあ、それではおまえたちは死出の山(=冥途にあるという山)への供をせよ。❷(下に「で」「なくして」などの打消の語を伴って)それならそうしたほうがよいのに、そうはしないで。**しかるに。そのくせ。**〈平家・八・鼓判官〉「白衣なる法師どもに具しておはしけるが、さらばいそぎもあゆみ給はで、そこに爰に立ちとどまり」訳 (藤原頼輔は)白い衣を着た法師たちに従っておいでになったが、そのくせ急いでお歩きにもならないで、あちらこちらに立ちどまり。
二 感 別れのことば。**さようなら。**〈源氏・夢浮橋〉「〔薫は〕さらば、とて〔京に〕帰り給ふ」

さらぼ・ふ 自八四 {は・ひ・ふ・ふ・へ・へ} やせて骨ばる。やせ衰える。〈源氏・末摘花〉「いとほしげにさらぼひ用て」訳 (末摘花は)気の毒な感じがするほどにやせ細り骨ばっていて。

参考 「老いさらぼふ」「痩せさらぼふ」のように複合動詞の形で用いられることが多い。

ざら-まし (もし…だったら)…ないであろうに。(もし…だったら)…なかったであろうに。〈徒然・二三五〉「鏡に色・形あらましかば、映らざらまし終」訳 鏡に色や形があったら、映らないであろうに。

なりたち 打消の助動詞「ず」未＋反実仮想の助動詞「まし」

文法 「…ましかば…ざらまし」「…せば…ざらまし」などの形をとり、仮定条件と呼応して用いられる。➡まし(助動)(七五四ページ)

ざら-む …ないだろう。…まい。〈枕・一三六〉「なにくれと挑むことに勝ちたる、いかでかうれしからざらむ体」訳 なにやかやと勝負ごとに勝ったのは、どうしてうれしくないだろうか(いや、うれしいものだ)。

なりたち 打消の助動詞「ず」未＋推量の助動詞「む」

さら-めか・す 他サ四 {さ・し・す・す・せ・せ}〔「めかす」は接尾語〕さらさらと音を立てる。〈宇治・二・七〉「それを、また同じ湯にいれて、さらめかし用わかすに」訳 それ(=鼻)を、また同じ湯にさし入れて、さらさらと音を立てて煮えたたせると。

さら-め・く 自カ四 {か・き・く・く・け・け}〔「めく」は接尾語〕さらさらと音がする。また、音がとどろく。〈今昔・一〇・三六〉「世界さらめき用ののしり合ひたり」訳 あたり一面とどろくような音がして騒がしく響き合っている。

さり【舎利】名「しゃり」に同じ。

さ・り【然り】自ラ変 {ら・り・り・る・れ・れ}〔副詞「然」＋ラ変動詞「有り」＝「さあり」の転〕**そうである。そのようである。**〈源氏・玉鬘〉「おい、然り終、然り終」訳 おお、そうだ、そうだ。〈枕・二六二〉「さる体まじき人のもとに、あまりかしこまりたるも、げにわろきことなり」訳 そうである必要のないような人のところに、あまりにかしこまった(手紙を書く)のも、なるほどよくないことだ。

文法 各活用形が接続助詞を伴って、その全体で接続詞となる場合が多い。「さらば」「さりとて」「さるに」「されば」など。また、連体形の「さる」が体言を修飾して連体詞として扱われる。

ざり 助動詞「ず」の連用形。

ざり …である。〈土佐〉「照る月の流るる見れば天の川出づるみなとは海にざりける」訳 照る月が空を流れて(やがて海に沈んで)いくのを見ると、天の川が流れ出る河口は(やはり地上の川と同じ)海であったのだなあ。(「流るる」「みなと」「海」は「天の川」の縁語)。➡ざりける

なりたち 係助詞「ぞ」＋ラ変補助動詞「あり」用＝「ぞあり」の転

さり-あへ-ず【避り敢へず】避けられない。よけきれない。〈古今・春下〉「梓弓春の山辺をこえくれば道もさりあへず用花ぞ散りける」訳 春の山辺を越

えて来ると、山道も**よけて通れないほど**桜の花が散っていることだ。(「梓弓」は「春」にかかる枕詞)

なりたち 四段動詞「避る」(用)+下二段動詞「敢ふ」(未)+打消の助動詞「ず」

さり-がた・し【去り難し】 形ク {から・く(かり)・し・き(かる)・けれ・かれ} **離れにくい。別れにくい。捨て去りにくい。**〈徒然・五九〉「**去りがたく**(用)、心にかからんことの本意を遂げずして、さながら捨つべきなり」訳 **捨て去りにくく**、気にかかることがあったとしてもその目的を果たさないで、そのまま捨てなければならないのである。

さり-がた・し【避り難し】 形ク {から・く(かり)・し・き(かる)・けれ・かれ} ❶**避けにくい。**逃れにくい。〈徒然・一三〉「人間の儀式、いづれのことか**さりがたから**(未)ぬ」訳 世俗の儀礼は、どのことが**避けにくく**ないか(いや、どれも避けにくい)。❷**断りにくい。**辞退しにくい。〈細道・草加〉「あるは**さりがたき**(体)餞などしたるは、さすがに打ち捨てがたくて」訳 あるいは**断りきれない**餞別などをし(てくれ)たのは、やはり捨てにくくて。

ざり-き …なかった。〈源氏・桐壺〉「おしなべての上宮仕へし給ふべき際にはあら**ざりき**(終)」訳 (桐壺の更衣は)世間なみの日常の用をする宮仕えをなさるはずの(低い)身分(の方)では**なかった**。

なりたち 打消の助動詞「ず」(用)+過去の助動詞「き」

さりげ-な・し【然りげ無し】 形ク {から・く(かり)・し・き(かる)・けれ・かれ} そんなようすもない。なにげないふうである。〈源氏・松風〉「**さりげなく**(用)紛らはして立ちとまり給へる戸口に」訳 **なにげないふうに**(気持ちを)隠して立ちどまっていらっしゃる戸口に。

ざり-けむ …なかっただろう。(どうして)…なかったのだろう。…なかった(ような)。〈徒然・九〇〉「などか、頭ばかりの見え**ざりけん**(体)」訳 どうして、頭だけが見え**なかったのだろう**か。

なりたち 打消の助動詞「ず」(用)+過去推量の助動詞「けむ」

ざり-けり …なかった。…ないのだった。…ないことよ。〈古今・仮名序〉「生きとし生けるもの、いづれか歌をよま**ざりける**(体)」訳 あらゆる生きものは、どれが歌を詠ま**なかった**だろうか(いや、詠まないものなどはない)。

なりたち 打消の助動詞「ず」(用)+過去の助動詞「けり」

ざり-ける …であった。…なのだなあ。…だったのだなあ。〈うつほ・嵯峨の院〉「秋萩の下葉に宿る白露も色には出づるものに**ざりける**」訳 秋萩が下葉に宿る白露で黄葉していくように、胸中に秘めていた思いも外には表れるもの**だったのだなあ**。

なりたち 係助詞「ぞ」+ラ変補助動詞「あり」(用)=「ぞあり」の転の「ざり」+過去の助動詞「けり」(体)

文法 平安時代の和歌に「体言+に(断定の助動詞「なり」(用))+ざりける」の形で用いられる。「ける」は「ざり」に含まれる係助詞「ぞ」を受けて係り結びとなった連体形である。

さり-けれ-ど【然りけれど】そうではあったけれど。しかしながら。〈伊勢・二三〉「**さりけれど**、このもとの女、悪しと思へる気色もなくて」訳 **そうではあったが**(=男に、他に通って行く所ができたが)、この前からの妻は、(男の行動を)不快であると思っているようすもなくて。

なりたち ラ変動詞「然り」(用)+過去の助動詞「けり」(已)+接続助詞「ど」

さり-けれ-ば【然りければ】そうであったので。**それで。**〈伊勢・九六〉「**さりければ**、女の兄人、にはかに迎へに来たり」訳 (女がある男の所へ行こうとしているといううわさが立ち)**それで**、(その)女の兄が急に迎えに来た。

なりたち ラ変動詞「然り」(用)+過去の助動詞「けり」(已)+接続助詞「ば」

さり-じゃう【去り状】 名 離縁するときに、夫から妻に渡す証拠の書状。離縁状。

ざり-つ …なかった。〈枕・三〉「ひさしうあは**ざりつる**(体)人の詣であひたる」訳 長い間会わ**なかった**人で、参詣に来合わせた人を。

なりたち 打消の助動詞「ず」(用)+完了の助動詞「つ」

さり-とて【然りとて】 接〔ラ変動詞「然り」(終)+格助詞「とて」〕**そうかといって。**だからといって。〈宇治・一・二三〉「**さりとて**、し出ださんを待ちて寝ざらんもわろかりなんと思ひて」訳 **そうかといって**、(ぼた餅を)作りあげるのを待って寝ない(でいる)ようなのもきっとよくないだろうと思って。

フレーズ

然りとては ❶そうかといっては。だからといっては。それでも。〈宇治・二・六〉「暗々になりて、**さりとては**、かくてあるべきならねば、帰りける道に」訳 暗くなってきて、**だからといっては**、こうして(竜が現れるのを待って)いるわけにもいかないので、引きあげてきた途中に。❷(感動詞的に用いて)これはまた。なんとまあ。さてさて。〈浮・世間胸算用〉「今日までそれを買はずに置く事、**さりとては**(=これはまたなんと)気のつかぬ者どもよ」❸(懇願する意を含めて)そうではあろうが、どうか。どうぞ。〈謡・羽衣〉「衣なくては叶ふまじ。**さりとては**まづ返し給へ」訳 羽衣がなくては(飛ぶことが)できないだろう。**どうか**まず返してください。

さり-とて-は【然りとては】 ⬇然りとて「フレーズ」

さり-とも【然りとも】 接〔ラ変動詞「然り」(終)+接続助詞「とも」〕前文の内容を受けて、そうした現状は認めながらも、なお別の事態を望む気持ちを表す。たとえそうであっても。**いくらそうだといっても。**それにしても。〈源氏・桐壺〉「**さりとも**うち捨てては え行きやらじ」訳 **いくらそのよう**(に重態)**だといっても**(とても私=桐壺帝を)残しては行くことができまい。〈竹取・貴公子たちの求婚〉「**さりとも**つひに男あはせざらむやは」訳 (かぐや姫が結婚のことで翁の思いどおりにならないとしても)**そうだからといって**一生涯男と結婚させないことがあろうか(いや、必ずいつかは結婚させるはずだ)。

文法 推量・打消推量・反語の表現と呼応して用いられることが多く、副詞的な性格が強い。

さり-ながら【然りながら】 接〔ラ変動詞「然り」(用)+接続助詞「ながら」〕**そうではあるが。**しかしながら。〈おらが春・一茶〉「露の世は露の世ながら**さりながら**」訳 この世は露のようにはかない無常の世とは知

最重要330 160

さ・る

【去る】一 自ラ四 {ら・り・る・る・れ・れ} 二 他ラ四 {ら・り・る・る・れ・れ}

ガイド ある場所、ある時点から移動する意。現代語の、この場を基点として移動する意だけでなく、一②の、それまで存在していた場を基点として移動する(この場から見ると「近づく」)意でも用いる。

一 自ラ四

❶ **離れて行く。遠ざかる。**

例 御心をのみ惑はして去り㊞なむことの、悲しく耐へがたく侍るなり〈竹取・かぐや姫の昇天〉

訳 (両親の)お心を乱してばかりいて(月へ)去ってしまうであろうことが、悲しく耐えられないのでございます。

❷ **(季節や時を表す語に付いて)近づく。来る。**

例 夕され㊋ば門田の稲葉おとづれて葦のまろやに秋風ぞ吹く〈金葉・秋〉

訳 夕方になると、門前の田の稲の葉をそよそよとそよがせて、葦ぶきの粗末なこの家に秋風が吹いている。

❸ **変化する。移り変わる。(色が)あせる。**

例 雨降れば色さり㊞やすき花ざくらうすき心を我が思はなくに〈貫之集〉

訳 雨が降ると色があせやすい桜の花よ、そのような薄情な気持ちで私は思ってはいないことなのに。

❹ **退位する。退く。**

例 御位を去ら㊍せ給ふと言ふばかりにこそあれ〈源氏・賢木〉

訳 (桐壺帝は)御位をお退きになられるというだけであって。

二 他ラ四

❶ **遠ざける。離す。**

例 あながちに御前去ら㊍ずもてなさせ給ひし程に〈源氏・桐壺〉

訳 (桐壺帝が桐壺の更衣を)むりやりに御前から離さずお世話しなされた間に。

❷ **離縁する。**

例 よく装束きたる女の居たるを見ければ、わが去り㊞にしふるき妻なりけり〈宇治・四・七〉

訳 (三川入道が)りっぱに着飾った女が座っているのを見たところ、自分が離縁した先妻であった。

っている。そうではあるけれども(どうにもあきらめきれないことだよ)。

さり-ぬ-べし【然りぬべし】❶そうするのに適している。適当である。**よさそうである。**〈徒然・二一五〉「さりぬべき㊍物やある」訳(酒の肴として)よさそうな物はあるか。
❷身分などが**それ相当である。**りっぱだ。〈源氏・夕顔〉「なほ、さりぬべき㊍あたりのことは好ましう思ゆるものを」訳(低い身分の男でさえ)やはり、それ相当の女のことは好ましく感じるのだから。

なりたち ラ変動詞「然り」㊞＋完了(確述)の助動詞「ぬ」㊑＋推量の助動詞「べし」

語法 多く、連体形「さりぬべき」が用いられて、連体修飾語となる。

さり-や【然りや】やっぱりそうだ。ほんとうにそうだ。そのとおりだ。〈大鏡・道長上〉「さりや、聞こし召し集めよ。日本国には唯一無二におはします」訳ほんとうにそうだ、(古今の摂関大臣の例を)聞き集めてごらんなさい。(道長のようなお方は)日本国にはただ一人で二人とはない存在でいらっしゃる。

なりたち ラ変動詞「然り」㊑＋感動を表す間投助詞「や」

参考 感動詞とする説もある。

慣用表現 さりや―「思ったとおりだ」を表す表現

「然り」を用いて「予想的中」の意を表す。
然りや・然ればこそ・然ればよ

さる【申】名 ❶十二支の九番目。→十二支 ❷方角の名。西南西。❸時刻の名。今の午後四時ごろおよびその前後約二時間(午後三時ごろから午後五時ごろ)。

さる【猿】名 ❶動物の名。さる。❷ずるがしこい者、すばしっこい者などをののしっていう語。

さ・る【去る】自ラ四 他ラ四 ⬇上160

さ・る【戯る】自ラ下二 {れ・れ・る・るる・るれ・れよ}〔後世「ざる」とも〕

❶たわむれる。**ふざける**。はしゃぐ。〈枕・九六〉「旅だちたる所にて、下衆(げす)どもされ(用)ゐたる」訳外泊した先で、身分の低い者たちがふざけているの(はいたたまれない)。

❷気がきく。**ものわかりがよい**。世慣れている。〈源氏・絵合〉「ほどよりはいみじうされ(用)おとなび給へり」訳(冷泉(れいぜい)帝は)年齢よりはずいぶんものわかりがよく、大人らしくなっていらっしゃる。

❸なまめかしく色気がある。**男女のことに通じている**。〈源氏・少女〉「年のほどよりはされ(用)てやありけむ」訳(五節(ごせち)は)年のほどよりは男女のことに通じていたのだろうか。

❹しゃれている。**風情がある**。〈源氏・浮舟〉「され(用)たる常磐木(ときはぎ)の影しげれり」訳風情をただよわせた常緑樹の姿がこんもり茂っている。

さ・る【避る】 他ラ四{ら・り・る・る・れ・れ} ❶**避ける**。よける。また、譲る。〈源氏・紅葉賀〉「いとことにさり(用)聞こえ給へるを」訳たいそうことさら(お近づきするのを)避け申しあげていらっしゃるのに。

❷**断る**。辞退する。〈更級・宮仕へ〉「『若い人参らせよ』と仰(おほ)せらるれば、えさら(未)ず出(い)だし立つるに」訳「若い人(=姪(めい))を参上させよ」とお命じになるので、断ることもできず宮仕えに出すのに。

さる【然る】 連体〔ラ変動詞「然(さ)り」の連体形から〕

❶(前の語や内容を受けて)**そのような**。あのような。これこれの。〈宇治・八・三〉「今は昔、信濃(しなの)の国に法師ありけり。さる田舎(ゐなか)にて法師になりにければ」訳今では昔のことであるが、信濃の国(長野県)に法師がいた。そのような田舎で法師になったので。

❷**しかるべき**。相応の。れっきとした。〈源氏・松風〉「さる御心してひきつくろひ給へる御直衣姿(なほしすがた)、世になくなまめかしう」訳しかるべきお心づかいをしてきちんと整えなさった(光源氏の)御直衣姿は、この世に類がないほど優美で。

❸**ある**。〈謡・隅田川〉「この在所にさる子細(しさい)候ひて」訳この土地にある事情がありまして。

フレーズ

然る間(さるあひだ) 一 そうこうするうち。そのうち。〈伊勢・四〉「さるあひだに、思ひはいやまさりにまさる」訳そうこうするうちに、(二人の)恋心はますます強くなる。

なりたち 「然(さ)る」+名詞「間」

二 接 さて。それにつけて。〈謡・隅田川〉「さるあひだこの辺(へん)の人びと、この人の姿を見候ふに(=見ますと)」

然る方(かた) その方面。そのむき。それ相応。〈源氏・末摘花〉「絹、綾(あや)、綿など…さる方の後ろ見にてはぐくまむと」訳絹、綾、綿など…(差し上げて、今後は)その方面(=実生活に関する方面)の世話で(末摘花(すゑつむはな)の)面倒を見ようと。

然る事(こと) ❶そのようなこと。しかじかのこと。〈枕・二九九〉「さることは知り、歌などにさへ歌へど」訳そのようなこと(=「香炉峰(かうろほう)」の詩句)は知っており、歌などにまでも歌うけれど。

❷もっともなこと。しかるべきこと。言うまでもないこと。〈徒然・一三七〉「花の散り、月の傾(かたぶ)くを慕ふならひはさることなれど」訳(桜の)花が散り、月が(西に)沈みかけるのを惜しみ慕う世間のならわしはもっともなことであるが。

然る人(ひと) ❶そのような人。

❷しかるべき人。相当な人。

然る様(やう) しかるべきわけ。そうなる事情。〈源氏・総角〉「さるやうこそはとおぼして」訳(中の君は)しかるべきわけは(あるのであろう)とお思いになって。

ざる 助動詞「ず」の連体形。

さる-あひだ(アイダ)【然る間】➡然(さ)る「フレーズ」

さる-がう(ゴウ)【散楽】名「さるがく」の転」❶「さるがく❶」に同じ。

❷おどけ。たわむれ。また、そうしたしぐさ。〈枕・一四三〉「『知らぬことよ』とて、さるがうしかくるに」訳「知らないことだなあ」と言って、さるがうをしかけると。

さる-がく【散楽・猿楽・申楽】 名〔「散楽(さんがく)」の転〕

❶「さるがう」とも。**即席の戯れに演じた、滑稽な芸**。また、それを演じる人。平安時代には、相撲(すまひ)・競(くら)べ馬の節会(せちえ)や神楽(かぐら)の余興として演じられた。一方、民間に入り、平安時代末期から鎌倉時代にかけて寺社に付属する職業的芸能人を生み、祭礼の際に見せ物として興行されるようになった。

❷**猿楽の能**。今日の能楽の母体となった芸能の一種。また、それを演じる人。①をもとに、鎌倉時代以降演劇化し、能と狂言に分化した。室町時代に、観阿弥(かんあみ)・世阿弥(ぜあみ)の父子が出て、田楽(でんがく)や、優雅な歌舞をも吸収して、楽劇として完成させた。➡能・能楽

さる-かた【然る方】 ➡然(さ)る「フレーズ」

さる-が・ふ(ガウ)【散楽ふ】 自ハ四{は・ひ・ふ・ふ・へ・へ}〔名詞「散楽(さるがう)」の動詞化したもの〕冗談を言う。ふざける。たわむれる。〈枕・一四〇〉「男などの、うちさるがひ(用)、ものよく言ふが来(き)たるを」訳男などで、冗談を言い、よくしゃべる者が来たのを。

さる-から【然るから】 接〔ラ変動詞「然(さ)り」(体)+接続助詞「から」〕そうだから。そういうわけだから。〈徒然・三一〉「『さるから、さぞ』ともうち語らはば、つれづれ慰まめ」訳「そうだから、そうなのだ」とも語り合うならば、さびしさも慰められるだろう。

さる-こと【然る事】 ➡然(さ)る「フレーズ」

さる-に【然るに】 接〔ラ変動詞「然(さ)り」(体)+接続助詞「に」〕しかるに。それなのに。ところが。〈伊勢・八四〉「さるに十二月(しはす)ばかりに、とみのことゝて御文(ふみ)あり」訳(息子は母のもとになかなか参上できない。)ところが陰暦十二月ごろに、至急の用事だといってお手紙が届く。

さる-は【然るは】 接 ➡次ページ 161

さる-ひと【然る人】 ➡然(さ)る「フレーズ」

さる-べき【然るべき】

❶**そうなるにふさわしい**。**適当な**。相応な。〈源氏・帚木〉「成りのぼれども、もとよりさるべき筋(すぢ)ならぬは、世人(よひと)の思へることも、さは言へど、なほ異なり」訳高い地位に出世しても、もともとそうなるにふさわしい家柄でない人は、世間の人々の思っていることも、そうはいうものの(=位が高いとはいっても)、やはり違うものだ。

最重要330 161

さる-は【然るは】

接 〔ラ変動詞「然り」体＋係助詞「は」〕

ガイド 前に述べた内容を受けて、「そうあるのは」の意で以下を述べる場合に用いる接続詞。順接にも逆接にも用いる。④が原義に近いが、前の内容と後の内容とが理屈のうえで矛盾する②の逆接の用法が多い。

❶それにしても。

❷それだのに。そのくせ。しかし。

❸そのうえに。

❹それというのは。そうであるのは。

例 繁樹、今生の辱号はこれや侍りけむ。さるは、思ふやうなる木もて参りたりとて、きぬかづけられたりしも、からくなりにき〈大鏡・道長下〉

訳 (私)繁樹、一生の恥辱はこのことだったでしょうか。それにしても、望むとおりの(梅の)木を持って参ったといって、(ほうびの)衣服を(肩に)かけられたのも、(かえって)つらくなってしまった。

例 あふさきるさに思ひみだれ、さるは独り寝がちに、まどろむ夜なきこそをかしけれ〈徒然・三〉

訳 あれやこれやで思い悩み、そのくせ独りで寝ることが多くて、うとうとと眠る夜がないのがおもしろい。

例 聞き伝ふるばかりの末々は、哀れとやは思ふ。さるは、跡とふわざも絶えぬれば〈徒然・三〇〉

訳 (名を)伝え聞くだけの後世の子孫は、(その故人のことを)哀れと思うか(いや、思いはしない)。そのうえ、死後を弔うこと(=法事)も絶えてしまうから。

例 かいひそめて、かたみに心づかひしたり。さるは、かの世とともに恋ひ泣く右近なりけり〈源氏・玉鬘〉

訳 ひっそりとして、(相手がだれとも知れないから)互いに気がねしていた。それというのは、あのつねづね(亡き夕顔を)慕って泣く右近だったのだ。

❷そうなるはずである。そうなる宿縁である。〈更級・竹芝寺〉「かしこく恐ろしと思ひけれど、さるべきにやありけむ」訳 畏れ多く恐ろしいと思ったけれど、そうなる宿縁(=姫宮を武蔵に連れて行く因縁)であったのだろうか。❸れっきとした。りっぱな。相当な。〈徒然・一五六〉「大臣の大饗は、さるべき所を申しうけて行ふ、常のことなり」訳 大臣に任ぜられた人が催す披露の宴は、相当な所をお願いして借り受けて行うのが、通例のことである。

なりたち ラ変動詞「然り」体＋当然の助動詞「べし」体

フレーズ

然るべきにや ❶当然そうするものなのであろうか。そうするべきなのであろうか。〈徒然・一三八〉「よき人のし給ふことなれば、さるべきにやと思ひしかど」訳 (祭りのあとの葵を御簾からはずしてしまったことは)りっぱな人のなさることなので、そうするべきものなのであろうかと思ったけれども。❷そうなるはずだったのであろうか。そうなる宿縁だったのであろうか。〈源氏・帚木〉「あながちなるすき心は更にならはぬを、さるべきにや」訳 強引にふるまう浮気心(を抱くこと)はまったく経験がないのに、(今、あなたに執着するのは)そうなる宿縁だったのであろうか。

なりたち 「然るべき」＋断定の助動詞「なり」用＋疑問の係助詞「や」

文法 あとに係助詞「や」の結びの文節をとるもので、①の用例は下に「あらん」が、②の用例は「ありけむ」が省略された形。また、②の意味のときは「さるべきにやありけむ」「さるべきにやおはしけむ」などの形で、文の構造上から挿入句となることが多い。

さる-べき-に-や【然るべきにや】⇒然るべき「フレーズ」

さる-ほど-に【然る程に】

接 〔連体詞「然る」＋名詞「程」＋格助詞「に」〕❶前の文を受け、あとの文に言い続けるときに用いる。そうこうしているうちに。やがて。まもなく。〈平家・五・月見〉「御所中の女房たち、みな袖をぞぬらされける。さるほどに夜も明けければ」訳 御所中の女房たちは、(大将=藤原実定が歌う今様を聞いて)みな涙をお流しになった。そうこうしているうちに夜も明けたので。

❷話題を転じるとき、または新たに文を起こすときに用いる。**さて。**ここに。〈平家・二・大納言死去〉「**さるほどに**、法勝寺（ほつしようじ）の執行（しゆぎやう）俊寛僧都（しゆんくわんそうづ）、平判官（へいはんぐわん）康頼（やすより）、この少将（せうしやう）相（あひ）具して（=そろって）、三人薩摩潟（さつまがた）鬼界（きかい）が島へぞながされける」

さる‐まじ【然るまじ】❶そうあるべきでない。適当でない。不都合である。〈源氏・帚木〉「**さるまじき**㊍御ふるまひもうち交じりける」訳（光源氏には）**そうであってはならない**御ふるまいも入り交じるのであった。

❷たいしたものではない。ものの数ではない。〈大鏡・師輔〉「**さるまじき**㊍女官（にようくわん）までも、さるべき折のとぶらひせさせ給ひ」訳**ものの数ではない**女官にまでも、しかるべき折のお見舞いをなさられ。⬇言ふ甲斐（かひ）無し「慣用表現」

❸そうであるはずもない。そうできそうもない。〈源氏・若紫〉「かかる歩（あり）きをのみして、よく**さるまじき**㊍人をも見つくるなりけり」訳このような（忍びの）ぶらぶら歩きばかりをして、うまく**見つけられるはずもない**（美しい）人をも見つけるのだったなあ。

なりたち ラ変動詞「然（さ）り」㊍＋打消の推量・当然の助動詞「まじ」

猿蓑（さるみの）《作品名》江戸前期の俳諧集。向井去来（むかいきよらい）・野沢凡兆（ぼんちよう）の撰（せん）。元禄四年（一六九一）刊。「芭蕉（ばしよう）七部集」の一つ。芭蕉とその門下の連句・発句（ほつく）、および俳文「幻住庵記（げんじゆうあんのき）」が収められ、「さび」の理念を確立したといわれる。書名は巻頭の芭蕉の句「初しぐれ猿も小蓑（こみの）をほしげなり」（訳↓はつしぐれ…俳句）による。↓芭蕉七部集（ばせうしちぶしふ）

さる‐もの【然るもの】❶**そのような物**（または、者）。そういう類の物（または、者）。〈枕・八四〉「人のもとに**さるもの**つつみておくるやうやはある」訳人の所に**そんな物**を包んで贈ることがあるか（いや、ない）。

❷しかるべき者。**相当の者。**重んずべき者。〈源氏・帚木〉「**さるもの**にしなして長く見るやうも侍りなまし」訳（その女を）**相当の**（通い所の）**者**にことさらしておいて、末長く世話をする方法もきっとありましただろうに。

❸**もっともなこと。**当然のこと。そのとおりであること。〈徒然・一九〉「『…』と、人の仰（おほ）せられしこそ、げに**さるものなれ**」訳「…」と、ある人がおっしゃったのは、なるほど**もっともなこと**である。

❹**ぬけめのない者。**したたかな者。〈曽我物語〉「八幡（やはた）三郎、**さるものにて**」訳八幡三郎は**ぬけめのない者**であって。

なりたち 連体詞「然（さ）る」＋名詞「もの」

フレーズ
然るものにて ❶それはそれとして、また。一応もっともなことととして。〈徒然・一九〉「『もののあはれは秋こそまされ』と、人ごとに言ふめれど、それも**さるものにて**」訳「しみじみとした情趣は秋がいちばんだ」と、だれもが言うようだが、それも**一応もっともなこととして**。

❷もちろんのことで。言うまでもなく。〈源氏・桐壺〉「わざとの御学問は**さるものにて**、琴笛の音（ね）にも雲井（くもゐ）を響かし」訳本格的なご学問（=漢学）は**言うまでもないこととして**、琴や笛の音によっても宮中での評判を立てさせ。

なりたち「に」は断定の助動詞「なり」㊊、「て」は接続助詞

さる‐もの‐に‐て【然るものにて】⬇然（さ）るものにて「フレーズ」

さる‐やう（ヨウ）【然る様】⬇然（さ）る様「フレーズ」

さる‐を【然るを】接〔ラ変動詞「然（さ）り」㊍＋接続助詞「を」〕❶**それなのに。**ところが。〈伊勢・三〉「をとこ女、いとかしこく思ひ交はして、異心（ことごころ）なかりけり。**さるを**いかなることかありけむ」訳男と女は、たいそう深く思いを交わして、他の人に心を移すことはなかった。**それなのに**どういうことがあったのだろうか。

❷話題を変えるときに用いる。さて。**ところで。**〈幻住庵記〉「**さるを**、筑紫（つくし）高良山（かうらさん）の僧正は加茂の甲斐（かひ）何がしが厳子（げんし）にて」訳**ところで**、筑紫の国（福岡県）の高良山の僧正は加茂の甲斐なにがしの令息で。

さるをきくひと…俳句

猿を聞く人　捨（す）て子（ご）に秋（あき）の　風（かぜ）いかに　秋　切れ字
〈野ざらし紀行・芭蕉〉

訳猿の鳴く声を聞いてさえ哀愁に沈んだ人々（=中国の詩人たち）よ。捨てられて泣く幼児に吹きすぎる秋風を、どのように聞くのであろうか。（切れ字の「いかに」は、疑問詞）

解説 古来漢詩には猿の啼（な）き声に、悲痛な旅情を託したものが多い。「富士川のほとりを行くに、三つばかりなる捨て子の哀れげに泣くあり」と前文にあるが、風流を超えた現実の姿によって漢詩の世界に抗した境地は、芭蕉（ばしよう）の新しい試みだった。

ざれ 助動詞「ず」の已然形・命令形。

され‐ど【然れど】接〔ラ変動詞「然（さ）り」㊉＋接続助詞「ど」〕そうではあるが。**しかし。けれども。**〈伊勢・四七〉「むかし、男、ねむごろにいかでと思ふ女ありけり。**されど**この男をあだなりと聞きて」訳昔、男が、いちずになんとかして（恋を実らせたい）と思う女がいた。**けれども**（女は）この男を浮気者だと聞いて。

され‐ども【然れども】接〔ラ変動詞「然（さ）り」㊉＋接続助詞「ども」〕「されど」に同じ。

され‐ば【然れば】接 感 ⬇次ページ 162

され‐ば‐こそ【然ればこそ】⬇然（さ）ればこそ「フレーズ」

され‐ば・む【戯ればむ】自マ四〔ま・み・む・む・め・め〕（「ばむ」は接尾語）「ざればむ」とも。**しゃれたふうにふるまう。**風流めく。〈源氏・夕顔〉「**さればみ**㊊て書いたるさま品（しな）なし」訳（筆跡を）**しゃれたふうに見せ**て書いてあるようすは品位がない。

され‐ば‐よ【然ればよ】⬇然（さ）ればよ「フレーズ」

さわ（‐に）〖多（に）〗⬇さは（‐に）

さわが・し【騒がし】形シク〔しから・しく（しかり）・し・しき（しかる）・しけれ・しかれ〕❶やかましい。**騒々しい。**〈枕・四四〉「雨など**さわがしき**㊍日」訳雨（の音）などが**騒がしい**日。

❷忙しい。とりこんでいる。**あわただしい。**〈源氏・賢木〉「いと**さわがしき**㊍ほどなれど」訳（伊勢（いせ）下向の儀式で）ひどく**あわただしい**ときであるけれども。

最重要330

162

されーば【然れば】〔ラ変動詞「然り」㊀+接続助詞「ば」〕一接 二感

ガイド 「そうであるから」の意が原義。因果関係が希薄になって一②③が生じ、同意を表すことから二の用法でも用いられるようになった。「思ったとおりだ」の意を表す慣用表現として、「さればこそ」「さればよ」の形もよく用いられる。

一接 ❶それゆえ。それだから。

例「さがなくてよからん」と申して候ふぞ。されば、君をのろひ参らせてなり〈宇治・三・一七〉

訳(「無悪善」と書いてある立て札は)「悪さが(=「嵯峨」をかける)無くて善からん」と申しておりますよ。それゆえ、君(=嵯峨天皇)をのろい申しあげているのだ。

❷そもそも。いったい。

例されば、こは何事ぞ。日本国を鎮むること、義仲・義経がしわざにあらずや〈平家・二・腰越〉

訳いったいこれは何事だ。日本国を鎮めることは、義仲・義経のしたことではないのか(いや、義仲と義経のしたことである)。

❸話題を転じるときに用いる。さて。ところで。

例されば人の渡世ほど、さまざまなるものはなし〈浮・西鶴織留〉

訳ところで、人の暮らしほど、さまざまであるものはない。

二感 応答するときに用いる語。さよう。まったく。

例「さて何れも粟田口を御重宝なさるるは、いかやうな子細でおりゃるぞ」「さればそのことでござる」〈狂・粟田口〉

訳「さてだれもが粟田口(=刀工の一派の名。また、その打った刀)をご珍重なさるのは、どのようなわけでございますか」「さようそのことでございます」

フレーズ **然ればこそ** ❶予想が的中したときに言う。やはりそうだ。思ったとおりだ。〈竹取・火鼠の皮衣〉「火の中にうちくべて焼かせ給ふに、めらめらと焼けぬ。『さればこそ。異物の皮なりけり』と言ふ」訳火の中に(皮衣を)くべて焼かせなさると、めらめらと焼けた。「思ったとおりだ。(火鼠とは)別のものの皮だったのだ」と言う。➡然りや「慣用表現」

❷相手のことばを待ち受けて、または制して

---

❸(気持ちや世情が)安らかでない。落ち着かない。〈徒然・二〇三〉「大方世の中のさわがしき㊀時は」訳一般に世の中がおだやかでないときは。

さわぎ【騒ぎ】名〔上代は「さわき」〕❶やかましいこと。騒ぐこと。〈伊勢・六〉「『あなや』と言ひけれど、神鳴るさわぎに、え聞かざりけり」訳(女は)「あれえっ」と言ったけれど、雷の鳴るやかましさで、(男はその声を)聞くことができなかった。

❷あわただしく落ち着かないこと。混雑。とりこみ。〈うつほ・俊蔭〉「親たちの亡くなりにけるさわぎに…みな失せ果てにけり」訳(道具類は)両親が亡くなってしまったとりこみで…みんなすっかりなくなってしまった。

❸戦乱。騒動。異変。〈大和・四〉「純友がさわぎの時」訳純友の乱のとき。

❹遊興。遊芸。

さわ・ぐ【騒ぐ】自ガ四〔が/ぎ/ぐ/ぐ/げ/げ〕〔上代は「さわく」〕❶やかましく声や音を立てる。騒がしくする。〈万葉・六・九二四〉「み吉野の象山の際の木末にはここだもさわく㊀鳥の声かも」訳➡みよしのの…(和歌)

❷忙しく動きまわる。忙しく立ち働く。〈今昔・二六・四〉「食物など持て運びさわぎ用ける紛れに」訳(宿の人が)食べ物などを持ち運んで忙しく立ち働い(てい)たとりこみに(乗じて)。

❸不穏な動きを見せる。騒動が起こる。〈平家・二・烽火之沙汰〉「小松殿にさわぐ㊀ことあり」訳小松殿(=平重盛の邸)に騒動が起こるようすがある。

❹心が落ち着かなくなる。動揺する。〈平家・四・橋合戦〉「但馬すこしもさわが㊀ず」訳但馬(=人名)は少しも動揺せず。

❺あれこれとうわさする。評判する。〈源氏・須磨〉「忍び忍び帝の御女をさへ過ち給ひて、かくもさわが㊀れ給ふなる人は」訳こっそりと帝の御妃とまでも間違いを起こしなさって、こんなふうにもあれこれとうわさされなさるという(そんな)人は。

さわやか〔爽やか〕➡さはやか

さーわらび【早蕨】名〔「さ」は接頭語〕❶芽を出したばかりのわらび。春。〈万葉・八・一四一八〉「石走る垂水

自分の考えを述べるときに言う。いえ、そのことよ。だからさ。〈平家・三・有王〉『この御ありさまにて、今まで御命ののびさせ給ひて候ふこそ、不思議に覚え候へ』と申せば、『**さればこそ**。…磯の苔に露の命をかけてこそ、今日までもながらへたれ。…』とのたまへば」訳「こんなごようすで、今までお命がながらえていらっしゃいますことが、不思議に思われます」と(有王が)申すと、「**いえ、そのことよ**。…磯に生えている海藻にはかない命をつないで、(やっと)今日まで生きながらえている。…」と(俊寛が)おっしゃるので。

❸それだからこそ。〈平家・五・月見〉「**さればこそ**汝をば遣はしつれ」訳**だからこそ**おまえを遣わしたのだ。

文法 ①は、係助詞「こそ」の結びの文節が省略されたもので、下に「言ひつれ」「思ひつれ」などを補うことができる。②は「されば」を強めて感動詞的に用いたもの。①は会話文や心中表現に、②は会話文に用いる。③は通常の係り結びによる強調表現となるもの。

然ればよ はたしてそうだ。思ったとおりだ。〈蜻蛉・下〉「いまやけふやと待たるる命、やうやう月立ちて日もゆけば、**さればよ**、よも死なじものを」訳(陰暦八月中に死ぬと言われ)今(死ぬ)か今日(死ぬ)かと待たれる命は、(そんなようすもなくて)だんだん月が改まり日も過ぎてゆくので、**思ったとおりだ**、まさか死なないだろうに。

なりたち ➡然りや「慣用表現」「よ」は間投助詞

みの上の**さわらび**の萌え出づる春になりにけるかも」(和歌) 訳➡いはばしる…

❷襲の色目の名。表は紫、裏は青。春に用いる。➡襲の色目「古文常識」(三一〇ページ)

さわる〖障る〗➡さはる

さわれ〖然われ〗➡さはれ(三七四ページ)

さゑもん-の-かみ【左衛門の督】名 左衛門府の長官。

さゑもん-の-ぢん【左衛門の陣】名 左衛門府の役人の詰め所。内裏の東、建春門にあった。➡付録③「平安京内裏図」

さ-ゑもんふ【左衛門府】名 六衛府の一つ。右衛門府とともに、宮中の諸門の警護に当たった役所。対 右衛門府。➡衛門府

-さを【棹・竿】接尾 旗や矛、たんすや長持など、三味線などを数える語。〈紀・欽明〉「五色の幡二**竿**」

さを【棹・竿】名 ❶水底や岸をついて、船を進めるのに用いる長い棒。木や竹でつくる。❷衣を掛ける細長い棒。衣紋掛け。

さ-をしか【小牡鹿】名(「さ」は接頭語)雄鹿。秋

さ-をととし【一昨昨年】名 一昨年の前年。

さ-をとめ【早乙女・早少女】名 ❶田植えをする女。夏 ❷(「さ」は接頭語)おとめ。**少女**。〈山家集〉「磯菜つむあまの**さをとめ**心せよ沖吹く風に波高くなる」訳 磯菜を摘む海女である**少女**よ、気をつけよ。沖を吹く風のために波が高くなっている。

さん【産】名 ❶出産。❷その土地の生まれ。❸資産。財産。〈徒然・一四二〉「人、恒の**産**なき時は、恒の心なし」訳 人は定まった**財産**がないときは、一定不変の(道徳)心もない。

さん【賛・讃】名 ❶漢文の文体の一つ。人物や物事の美点をほめたたえる文章。❷絵に題することば。画賛。❸仏の徳をたたえることば。梵讃・和讃など。

さんいん-だう【山陰道】名「せんいんだう」「せんおんだう」とも。❶五畿七道の一つ。京都以西の丹波(京都府・兵庫県)、丹後(京都府)、但馬(兵庫県)、因幡・伯耆(鳥取県)、出雲・石見・隠岐(島根県)の八か国の称。

❷①の国々を結ぶ街道。

さん-がい【三界】名《仏教語》❶いっさいの衆生が業によって死んでは生まれ変わる三つの迷いの世界。**欲界・色界・無色界**。❷「三千世界」の略。**全世界**。この世。❸過去・現在・未来の三世。

さん-かう【三更】名 時刻の名。一夜を五つに分けた三番目。今の午後十二時ごろ、およびその前後約二時間(午後十一時ごろから午前一時ごろ)。子の刻。丙夜。➡更

山家集《作品名》平安末期の西行の家集。撰者・成立年代は未詳。歌数約千五百首。平明な歌風で、自然を詠み込んだ歌に秀歌が多い。

さん-ぎ【参議】名 太政官に置かれた令外の官。国政を審議する。大・中納言に次ぐ重職で、三位、四位の中から有能な人が任ぜられた。定員八名。宰相。八座。

さん-くゎん【三関】名 ❶上代、都の防備のために設けられた三つの関所。伊勢(三重県)の鈴鹿の関、美濃(岐阜県)の不破の関、越前(福井県)の愛発の関の総称。のち、都が平安京に移ると、愛発の関が廃され、近江(滋賀県)の逢坂の関が加えられた。❷上代、蝦夷対策のために設けられた三つの関所。磐城(福島県)の白河の関と勿来の関、羽前(山形県)の念珠が関の総称。奥羽三関。

ざん-げん【讒言】名・他サ変「ざうげん」とも。人をおとしいれようとして、事実をまげて悪く言うこと。虚偽の告げ口。中傷。

さん-ごく【三国】名 本朝(=日本)・唐土(=中国)・天竺(=インド)の三か国。また、全世界。天下。

参考 古くは、日本・中国・インドの三国が全世界という認識だったので、「三国一」は、世界一、天下第一の意のほめことばであった。

さんご-や【三五夜】名(三と五の積が十五であることから)陰暦の十五日の夜。特に、八月十五日(=中秋の名月)の夜。秋。〈平家・七・青山之沙汰〉「**三五夜**中の新月白くさえ」訳 **十五夜**にのぼり始めた月は白

く澄み。

[参考] 唐の詩人白居易の詩句「三五夜中新月の色　二千里外故人の心」による。

三冊子（さんざうし）サンゾウシ《作品名》江戸中期の俳論書。服部土芳著。元禄十五年(一七〇二)ごろ成立。「白冊子」「赤冊子」「忘れ水(黒冊子)」の三部から成る。松尾芭蕉の晩年の主張や俳風などを記したもの。

さん-ざうら-ふ —ゾウロウ【さん候ふ】さようでございます。《著聞・五三》「『ここか、武正が所は』など仰せられければ、武正『さんざうらふ(終)』と申して」訳(藤原忠通が)「ここか、武正の(落馬した)所は」などとおっしゃったので、武正は「さようでございます」と申し上げて。

[なりたち] 副詞「然」＋断定の助動詞「なり」(用)＋丁寧の補助動詞「候ふ」＝「さにさうらふ」の転。

[文法] 「さにあり」「さなり」の丁寧表現で、上位者に対する丁寧な応答の語として用いられる。

さん-ざん【散散】[形動ナリ]{なら・なり(に)・なり・なる・なれ・なれ} ❶ばらばらになるさま。ちりぢり。《著聞・四〇九》「この弓取りの法師がいただきに落ちて、つぶれて散々に(用)散りぬ」訳(熟した柿が)この弓取りの法師の頭のてっぺんに落ちて、つぶれてばらばらにとび散った。
❷激しいようす。はなはだしいようす。《平家・四・橋合戦》「二十四差いたる矢を差しつめ引きつめ散々に(用)射る」訳二十四本さしてある矢をつがえては引きつがえては引き激しく射る。
❸見苦しいようす。ひどい状態。《著聞・五四〇》「美しき装束ども散々に(用)なりにけり」訳きれいな衣装がひどい状態になってしまった。

さんじふろく-かせん サンジュウロッ—【三十六歌仙】[名] 平安中期、一条天皇の時代に藤原公任が選んだといわれる三十六人のすぐれた歌人。

[参考] 柿本人麻呂・紀貫之・凡河内躬恒・伊勢・大伴家持・山部赤人・在原業平・遍昭・素性法師・紀友則・猿丸大夫・小野小町・藤原兼輔・藤原朝忠・藤原敦忠・藤原高光・源公忠・壬生忠岑・斎宮女御・大中臣頼基・藤原敏行・源重之・源宗于・源信明・藤原仲文・大中臣能宣・壬生忠見・平兼盛・藤原清正・源順・藤原興風・清原元輔・坂上是則・藤原元真・小大君・中務の三十六人をいう。

さんしゅ-の-しんぎ【三種の神器】[名]〔近世以降は「さんしゅのじんぎ」〕皇位の象徴として、歴代天皇が継承する三種の宝物。八咫の鏡・八尺瓊の曲玉・天の叢雲の剣(＝草薙の剣)。

さん・ず【参ず】[自サ変]{ぜ・じ・ず・ずる・ずれ・ぜよ}「行く」の謙譲語。参る。参上する。《枕・一六一》「参ぜ(未)むとするを、今日明日の御物忌みにてなむ」訳(内裏に)参上しようと思うが、今日明日の(二日は主上の)御物忌みで(参上できない)。

さん・ず【散ず】■一[自サ変]{ぜ・じ・ず・ずる・ずれ・ぜよ}散り失せる。なくなる。また、退散する。《今昔・二四・六》「逃げて車に乗りて散じ(用)て」訳逃げ出して牛車に乗って退散して。
■二[他サ変]{ぜ・じ・ず・ずる・ずれ・ぜよ}散らす。また、疑い・不満・恨みなどを晴らす。なくす。《今昔・三・三三》「法文の要義を問ひて、心の疑ふ所を散ず(終)」訳経文の重要な意味をたずねて、疑問に思うところを晴らす。

さん-ぜ【三世】[名]《仏教語》前世・現世・来世の総称。

さん-せき【三蹟・三跡】[名]平安中期の三人の能書家。小野道風・藤原佐理・藤原行成。→三筆

さんせき-の-うた【三夕の歌】「新古今集」巻四にある、秋の夕暮れを詠んだ三首の名歌。寂蓮の「さびしさはその色としもなかりけりまき立つ山の秋の夕暮れ」(訳→さびしさは…[和歌])、西行の「心なき身にもあはれは知られけり鴫立つ沢の秋の夕暮れ」(訳→こころなき…[和歌])、藤原定家の「見渡せば花も紅葉もなかりけり浦の苫屋の秋の夕暮れ」(訳→みわたせば…[和歌])の三首。いずれも結句は「秋の夕暮れ」。

さん-ぞん【三尊】[名]《仏教語》❶仏・法(＝仏の教え)・僧の総称。三宝。
❷寺などで祭る仏で、本尊とその左右の脇士の二菩薩の総称。「釈迦三尊(＝釈迦如来・文殊菩薩・普賢菩薩)」「弥陀三尊(＝阿弥陀如来・観世音菩薩・勢至菩薩)」「薬師三尊(＝薬師如来・日光菩薩・月光菩薩)」など。

さんだい-しふ —シュウ【三代集】[名]平安前期の勅撰和歌集、古今集・後撰集・拾遺集の総称。二十一集ある勅撰和歌集のうち、最初の三集にあたる。

さん-だん[名・自サ変] ❶【賛嘆・讃歎】《仏教語》法華経の徳をほめたたえること。また、法華経の徳をたたえて唱える歌謡。
❷【賛談・讃談】㋐仏の徳をほめたたえる話。法話。説経。㋑事の是非を論じること。批判。㋒取りざた。評判。うわさ。

さん-づ —ズ【三途】[名]《仏教語》(「途」は道・所の意)❶現世で仏の教えにそむいた者が、死後に落ち行く三つの場所。火途(＝猛火に焼かれる所。地獄道)・血途(＝互いに食い合う所。畜生道)・刀途(＝刀・杖などで迫害される所。餓鬼道)の総称。三悪道。
❷「三途の川」の略。

フレーズ
三途の川 《仏教語》死者が冥土へ行く途中、初七日に渡るという川。緩急三つの瀬があり、生前の罪業に応じて、それぞれ違う瀬を渡るという。三つ瀬川。三途。
三途の闇 《仏教語》死後に行く暗黒の世界。冥土。

さんづ-の-かは サンズノカワ【三途の川】→三途「フレーズ」

さんづ-の-やみ サンズ—【三途の闇】→三途「フレーズ」

三人吉三廓初買（さんにんきちさくるわのはつがひ）サンニンキチサクルワノハツガイ《作品名》江戸末期の歌舞伎脚本。世話物。河竹黙阿弥作。安政七年(一八六〇)正月、江戸市村座初演。お坊吉三・和尚吉三・お嬢吉三の三人の盗賊が、百両の金と名刀をめぐって巻き起こす事件を描いたもの。

さん-ぬる【去んぬる】連体〔四段動詞「去る」用＋完了の助動詞「ぬ」体＝「さりぬる」の撥音便〕過ぎ去った。去る。前の。〈平家・四・橋合戦〉「これは去んぬる夜よ、御寝のならざりしゆゑなりとて」訳これ（＝高倉の宮の落馬）は昨夜、おやすみにならなかったためであると考えて。

三馬《人名》↓式亭三馬

さん-ぴつ【三筆】名 平安初期の三人の能書家。嵯峨天皇・空海・橘逸勢。↓三蹟

さん-まい【三昧】名〔梵語の音訳〕❶心を一事に集中させて乱れないこと。一心に修行を行うこと。〈源氏・明石〉「いかめしき堂を建てて三昧を行ひ」訳おごそかな堂を建てて念仏三昧の行を行い。
❷「三昧場」の略。火葬場。墓場。
❸㋐（他の語に付いて「ざんまい」と濁って）その事に専念、または熱中すること。「琴三昧」「歌三昧」
㋑勝手気ままにすること。〈浄・女殺油地獄〉「油塗って火にくばらうが、うぬが三昧」訳油をぬって火の中に入ろうが、てめえの勝手だ。

さん-み【三位】名〔「さんゐ」の転〕宮中の位階の第三。正三位と従三位とがある。また、その位の人。

さん-もん【山門】名❶〔仏教語〕寺院の正門。
❷比叡山延暦寺の称。三井寺（＝園城寺）を「寺門」というのに対していう。

さんやう-だう【山陽道】名「せんやうだう」とも。❶五畿七道の一つ。今の中国地方、瀬戸内海沿岸の地域。播磨（兵庫県）、美作・備前・備中（岡山県）、備後・安芸（広島県）、周防・長門（山口県）の八か国の称。
❷①の国々を結ぶ街道。

さん-よう【算用】名・自サ変❶計算すること。勘定。
❷見積もりを立てること。目算。〈浮・世間胸算用〉「この男は、長崎の買ひ物京売りの算用して、すこしも違ひなく、…算用の外の利を得たること一年もなくて」訳この男は、長崎で買った品物を京で売るときの（儲けの）計算をし（①の意）て、少しも違いなく、…目算外の利益を得たことは一年もなくて。

さん-り【三里】名 ひざ頭の下の外側のくぼんだ所。ここに灸をすえると健脚になり、また、万病にきくという。〈細道・出発まで〉「三里に灸すゆるより、松島の月まづ心にかかりて」訳（旅立ちに備えて）三里に灸をすえるとすぐに、松島の月がまっさきに気にかかって。

さん-ろう【参籠】名・自サ変 神社・仏閣に、一定の期間こもって祈願すること。

し【士】名❶役人。官吏。
❷男子。〈枕・四九〉「士は己を知る者のために死ぬ」訳男は自分をよく理解してくれる人のために死ぬ。
❸学問・道徳に通じたりっぱな人。〈徒然・一四三〉「博学の士もはかるべからず」訳学問に通じたりっぱな人も（臨終のさまを）推測することはできない。
❹武士。

-し【子】接尾❶姓に添えて敬意を表す。「孟子」
❷名前に添えて親しみを表す。〈浮世風呂〉「や、点兵衛子（＝やあ、点兵衛さん）。どうなすった」
❸ある語に添えて人の意を表す。「遊子」「才子」

し【子】名 儒教の祖の「孔子」の敬称。

-し【師】接尾 ある技術の専門家、また、その技術を職業とする者であることを表す。「薬師（＝医者）」「絵師」

し【師】名 学問や技芸などを人に教授する者。先生。師匠。

し【詩】名 漢詩。「大和歌」に対し「唐歌」という。
参考 漢詩はふつう一句が五字または七字から成り、これを五言、七言という。平仄・脚韻などの律格（＝作詩の形式・構成法）がある。

し【其】代（下に格助詞「が」を伴って「しが」の形で）
❶中称の指示代名詞。また、人代名詞。それ。かれ。〈万葉・五・八〇四〉「三枝の中にを寝むと愛しくしが語らへば」訳（父母の）間に寝ようといじらしくその子が言うので。（「三枝の」は「中」にかかる枕詞）
❷反照代名詞。自分。おのれ。〈万葉・一八・四〇四〇〉「老人も女童児もしが願ふ心足らひに」訳老人も女子供も、自分の願う心が満足するように。

し サ行変格活用の動詞「為」の連用形。↓次ページ「まぎらわしい『し』の識別」

し 助動詞「き」の連体形。↓次ページ「まぎらわしい『し』の識別」

し 上代の助動詞「す」の連用形。

し 副助 ↓次ページ助詞「し」

じ【時】名❶とき。時刻。
❷勤行の時刻。また、その勤行。〈紫式部日記〉「五壇の御修法の時はじめつ」訳五壇の御修法は定刻の勤行をはじめた。

じ 助動特殊型 ↓三九三ページ助動詞「じ」

じ 助動詞「じ」の終止形・連体形・已然形。

じ〔地・治・持・除・路〕↓ぢ

し-あはせ【仕合はせ】一名 事の次第。なりゆき。始末。めぐりあわせ。運。〈浮・好色一代男〉「終には捕らへられてこの仕合はせ」訳結局はつかまえられてこの運命。
二名・形動ナリ 幸福。幸運。めぐりあわせのよいさま。
参考 もとは一の意味で、「しあはせわろし」「しあはせよし」というように、不運・幸運の両方に用いた。

し-あ・ふ【為敢ふ】他ハ下二〔へ・へ・ふ・ふる・ふれ・へよ〕最後まで成し遂げる。しおおせる。〈枕・九六〉「とぢめもしあへず、まどひ置きて立ちぬるが」訳（縫い糸の）止め結びもしおおせないで、あわてて置いて立ち上がったのが。

じ-あまり【字余り】名 和歌や俳句で、一句の音節数が定型の五音あるいは七音より多いこと。
参考 字余りは、現代よりも定型を守ろうとした古代・中古の時代にもよく見られたが、それらは字余りの句中に単独の母音音節を含むものが多かった。たとえば、「名にし負はばいざこと問はむ都鳥わが思

し 副助

⇒下段「まぎらわしい『し』の識別」

意味・用法	用例
強意 語調を整え、強意を表す。	例 眼交ひにもとなかかりて安眠し寝さぬ〈万葉・五・八〇二〉 訳 目の前にしきりにちらついて、安眠させてくれないことよ。 例 名にし負はばいざこと問はむ都鳥わが思ふ人はありやなしやと〈古今・羇旅〉 訳 (都という)名を持っているのならば、さあ、たずねてみよう。都鳥よ、私の愛する人は、(都で)無事に過ごしているのか、いないのかと。

接続 体言または活用語の連体形・連用形、副詞、助詞などに付く。

参考 中古以降、多くは「…し…ば」という条件を表す句の中か、係助詞「も」「ぞ」「か」「こそ」を伴った形で用いられた。間投助詞とする説もある。

ふ人はありやなしやと」〈古今・羇旅〉の初句「なにしおはば」と第四句「わがおもふひとは」は字余りだが、ともに母音の「お」を含んでいる。

しーあり・く【為歩く】 自カ四 {か・き・く・く・け・け} ❶あることをしながら日を送る。あれこれする。〈源氏・須磨〉「誇りかにもてなして、つれなき様にしありく(終)」訳 (前の右近の将監は表面は)得意そうにふるまって、平然としたようすであれこれする。❷歩きまわる。あることをしながら歩く。〈伊勢・六五〉「男は女し会はねば、かくしありき(用)つつ」訳 男は女が会わないので、このように(笛を吹き歌を歌って)歩きまわっては。

しーい【私意】 名 自分個人の意見。自分勝手な考え。

しい 〘椎〙 ⇒しひ

しいーじ【四時】 名 〔「しじ」の慣用読み〕春夏秋冬。四季。

しいず 〘為出ず〙 ⇒しいづ

しーいだ・す【為出だす】 他サ四 {さ・し・す・す・せ・せ} ❶つくり出す。つくりあげる。〈宇治・一・一二〉「すでにし出だし(用)たるさまにて、ひしめきあひたり」訳 (僧たちは、ぼた餅を)いよいよつくりあげたようすで、騒ぎあっている。❷やってのける。しでかす。〈平家・二・文之沙汰〉「鎌倉の源二位何事をかし出だし(用)たる」訳 鎌倉の源二位(=頼朝)は何事をしでかしたのか。

しーい・づ【為出づ】 他ダ下二 {で・で・づ・づる・づれ・でよ} ❶成し遂げる。つくりあげる。ととのえる。〈源氏・帚木〉「定まれるやうあるものを難なくし出づる(体)ことなむ」訳 (道具類で)定まった型のある品物を欠点がないようにつくりあげること(にかけて)は。❷ひきおこす。しでかす。〈雨月・菊花の約〉「主も思ひがけぬ過りし出で(用)て、ここち惑ひ侍りぬ」訳 主人(である私)もとんでもないあやまちをしでかして、途方にくれてしまいます。

しいて 〘強いて〙 ⇒しひて

しう 〘強う〙 ⇒しふ

しうーいつ【秀逸】 名・形動ナリ 他より優れているさま。また、そのもの。特に、詩歌・俳諧・音楽などにいう。

しうーく【秀句】 名「すく」とも。❶秀逸な句。優れた詩歌。❷和歌・文章などで、言いかけを巧みにした語や句。掛詞や縁語など。❸気のきいた言いまわし。軽口・地口(=ごろあわせ)・洒落の類。〈徒然・八六〉「『御坊をば寺法師とこそ申しつれど、寺はなければ、今よりは法師とこそ申さめ』と

まぎらわしい「し」の識別

❶動詞(サ変)「す」の連用形

例 遺恨のわざをも[し]たりけるかな〈大鏡・道長下〉

訳 遺憾なふるまいをもしたものだなあ。

▽自立語で動作を表す。「…(を)する」と言い換えられる。

❷助動詞「き」の連体形

例 京よりくだり[し]時に、みな人、子どもも無かりき〈土佐〉

訳 都から下向した時には、人はみな、子供がいなかった。

▽上が活用語の連用形(カ変は未然形・連用形、サ変は未然形)。

❸副助詞

例 名に[し]負はばいざこと問はむ〈伊勢・九〉

訳 (都という)名を持っているのならば、さあ、たずねてみよう。

▽省いても意味が通じる。例で「名にし負はば」≒「名に負はば」。

言はれけり。いみじき**秀句**なりけり」訳「貴僧を寺法師と申し上げたが、(焼かれてしまって)寺はないので、今からは法師と申し上げよう」と言われた。実にうまい**洒落**であった。

しうと【舅】名 夫または妻の父。対 姑

しう‐とく【宿徳】名・形動ナリ ❶修行を積んで、徳の高いこと。また、その人。〈源氏・橋姫〉「気遠げなる**宿徳**の僧都」訳 親しみにくそうな**徳の高い**僧都。
❷重々しく威厳のあること。〈源氏・手習〉「かたちもいとうるはしう清らに、**宿徳に**用て」訳 (夕霧は)容貌もとても端麗で美しく、**重々しく威厳があって**。

しうと‐め【姑】名 夫または妻の母。対 舅

慈円(じえん) ⬇慈円

しお〔入・汐・塩・潮〕⬇しほ

しおたる〔潮垂る〕⬇しほたる

しおに〔紫苑〕⬇しをに

しおり〔栞・撓り・枝折り〕⬇しをり

しおる〔栞る・責る・萎る・枝折る〕⬇しをる

しおん〔紫苑〕⬇しをん

しか【鹿】名 動物の名。しか。雌を「女鹿」というのに対して、特に雄鹿をさすことが多い。秋

じ 助動特殊型

意味・用法	用例
❶打消の推量 …**ないだろう。**	例 おしなべて峰もたひらになりななむ山の端なくは月も入ら**じ**体を〈伊勢・八三〉 訳 どこもすべて、峰々が平らになってしまってほしいものだ。山の端がなかったなら、月も(沈もうと思っても)沈め**ないだろう**になあ。
❷打消の意志 主語が話し手の場合、打消の意志を表す。 …**まい。**…**ないつもりだ。**	例 櫛も見**じ**終屋中も掃か**じ**終草枕旅行く君を斎ふと思ひて〈万葉・一九・四二六三〉 訳 櫛も見**まい**。家の中も掃か**ないようにしよう**。旅に行くあなたのことを(そのように)忌みつつしんで無事を祈るのだと思って。(「草枕」は「旅」にかかる枕詞)

接続

活用語の**未然形**に付く。

活用

未然	連用	終止	連体	已然	命令
○	○	じ (。)	じ (コト)	〔じ〕《結ビ》	○

参考 対照して用いられている次の用例からもわかるように、「じ」は「む(ん)」の打消に当たる。例 勝たんと打つべからず。負け**じ**と打つべきなり〈徒然・一一〇〉 訳 〔双六は〕勝とうと思って行ってはならない、負け**まい**と思って行うべきである。

しか【然】副

(前述されたことをさして)**そのように。そのとおりに。**〈万葉・一・一三〉「いにしへも**しか**にあれこそうつせみも嬬をあらそふらしき」訳 (神代の)昔も**そのよう**だからこそ、現世の人も妻を(とりあって)争うらしい。〈古今・雑下〉「我が庵は都のたつみ**しか**ぞ住む世をうぢ山と人はいふなり」訳 ⬇付録①「小倉百人一首」8・次ページ「まぎらわしい『しか』の識別」

参考 中古以降は「然」が用いられるようになり、「しか」は漢文訓読体に用いられた。

フレーズ

然あれど そうだけれど。そうではあるけれども。〈古今・仮名序〉「古のことをも、歌のこころをも知れる人、わづかにひとりふたりなりき。**しかあれど**、これかれ得たるところ、得ぬ所、互ひになむある」訳 昔のことも、和歌の本質をも理解している人は、たった一人二人だった。**そうではあるが**、この人あの人によって身につけている点、身につけていない点が、それぞれにある。

しか 助動詞「き」の已然形。⬇次ページ「まぎらわしい『しか』の識別」

しか 終助

〔過去の助動詞「き」の「か」〕自己の願望を表す。…**たいものだなあ。**〈万葉・一一・二三六六〉「まそ鏡見**しか**と思ふ妹も逢はぬかも玉の緒の絶えたる恋のしげきこのころ」訳 (姿を)見**たいものだなあ**と思うあの子にでも逢わないものかなあ。一度とだえた恋心がしきりによみがえってくるこのごろだ。(五七七・五七七の旋頭歌。「まそ鏡」は「見る」に、「玉の緒の」は「絶ゆ」にかかる枕詞。万葉集で唯一の単独での「しか」の用例)。⬇次ページ「まぎらわしい『しか』の識別」

接続 動詞の連用形、完了の助動詞「つ」の連用形「て」、「ぬ」の連用形「に」などに付く。

参考 完了の助動詞「つ」「ぬ」の連用形に付いて「てしか」「にしか」の形で用いられることが多い。中古以降「しが」と濁音化したが、歌語として用いられただけで例もあまり多くない。↓てしか・てしが・にしが

まぎらわしい「しか」の識別

❶ 副詞

例 さらば、**しか**伝へ侍らむ〈源氏・宿木〉

訳 それでは、そのように伝言しましょう。

▽自立語で「そのように」の意。

❷ 助動詞「き」の已然形

例 いつぞや縄をひかれたり**しか**ば〈徒然・一〇〉

訳 いつだったか縄を張り渡しなさっていたので。

▽上が活用語の連用形(カ変は未然形・連用形、サ変は未然形)で、下に「ど」「ども」「ば」を伴うか、係助詞「こそ」の結びとなる。

❸ 助動詞「き」の連体形＋終助詞「か」

例 かかることのいつぞやあり**し**|**か**|と覚えて〈徒然・七一〉

訳 こういうことがいつかあったなあと思われて。

▽上が活用語の連用形(カ変は未然形・連用形、サ変は未然形)で、文末・引用句末にあって、係助詞「こそ」の結びではない。

❹ 終助詞

例 見**しか**と思ふ妹《いも》も逢《あ》はぬかも〈万葉・一二・二三七〇〉

訳 (姿を)見たいものだなあと思うあの子にでも逢わないものかなあ。

▽上が動詞型活用語の連用形で、係助詞「こそ」の結びではなく、文末・引用句末にあって、願望の意を表す。上代語で、中古以降は歌語としてわずかにみられる程度。

しが 終助 〔終助詞「しか」が濁音化したもの〕自己の願望を表す。…たいものだなあ。〈古今・東歌〉「甲斐《かひ》が嶺《ね》をさやにも見**しが**けけれなく横ほり臥《ふ》せる小夜《さや》の中山《なかやま》」訳 甲斐(山梨県)の山をはっきりと見たいなあ。(それなのに)心なく手前に横たわって臥している小夜の中山だよ。(「けけれ」は甲斐の方言で「心」の意)

接続 動詞の連用形、完了の助動詞「つ」の連用形「て」、「ぬ」の連用形「に」などに付く。

参考 完了の助動詞「つ」「ぬ」の連用形に付いて「てしが」「にしが」の形で用いられることが多い。↓しか(終助)

しか-あれ-ど【然あれど】➡然《しか》「フレーズ」

し-かう《コウ》【四更】名 時刻の名。一夜を五つに分けた四番目。今の午前一時ごろ、およびその前後約二時間(午前一時ごろから午前三時ごろ)。丑《うし》の刻。丁夜《ていや》。↓更《かう》

しかう-して《シコウ》【而して・然して】接〔「然《しか》くして」のウ音便〕「しかして」「しかうじて」とも。そうして。さて。それから。〈狂・蛸〉「**しかうして**おき上がれば」

参考 漢文訓読体の文に多く用いられる。

しか-じ【如かじ・若かじ・及かじ】(…に)及ばないだろう。(…に)まさるものはあるまい。〈徒然・三一七〉「欲を成《じやう》じて楽しびとせんよりは、**しかじ**終、財《たから》なからんには」訳 欲を満たして楽しみとするようなのよりは、及ばないだろう、財産のないようなのには(＝財産のないほうがましである)。

なりたち 四段動詞「如《し》く」未＋打消推量の助動詞「じ」

参考 漢文訓読体から生じた語で、「しかじ、…には」のように倒置の形で用いられることが多い。

しか-しか【然然】〔副詞「然《しか》」を重ねた語〕〔近世には「しかじか」とも〕長い文句を省略して言うときの語。かようかよう。**こうこう。**うんぬん。〈源氏・若紫〉「**しかしか**なむと聞こゆれば、くちをしう思《おぼ》して」訳 (若紫の事情は)こうこうと(惟光《これみつ》が)申し上げると、(光源氏は)残念にお思いになって。

二 感 相づちをうつ場合に用いる語。**そうそう。**いかにも。〈大鏡・序〉「**しかしか**、さ侍りしことなり」訳 **そうそう**、そうだったことです。

しか-して【而して・然して】接「しかうして」に同じ。

しか-し-ながら【然しながら】一 副 ❶ **すべて。**いっさい。そのまま全部。〈平家・七・忠度都落〉「京都の騒ぎ、国々の乱れ、**しかしながら**当家の身の上のことに候ふ間」訳 京都の騒ぎ、諸国の乱れ、(それらは)**すべて**わが平家の身の上のことでございますので。

❷ **要するに。結局。**〈古活字本平治物語〉「汝《なんぢ》が母の嘆かんこと、**しかしながら**わが僻事《ひがごと》なるべし」訳 おまえの母の嘆くであろうことは、**結局**私の罪であるにちがいない。

二 接 **しかし。**そうではあるが。

参考 二は中世末期以降に現れた用法。

しか-しふ《シュウ》【私家集】名 個人の歌を集めた本。家の集。家集。多数の歌人の歌を収める勅撰《ちよくせん》集・私撰集に対する。西行の「山家集」、源実朝《さねとも》の「金槐《きんかい》和歌集」など。

しか-ず【如かず・若かず・及かず】(…に)及ばない。(…に)越したことはない。(…が)一番だ。〈徒然・一三〇〉「わが身を後《のち》にして、人を先にするには**しかず**終」訳 自分自身(のこと)をあとまわしにして、他人(のこと)を第一にするのには**越したことはない**。

なりたち 四段動詞「如《し》く」未＋打消の助動詞「ず」

参考 漢文訓読体から生じた語で、「…に(は)」を受けて用いる。

しか-す-がに【然すがに】副《上代語》〔副詞「然《しか》」＋サ変動詞「為《す》」終＋接続助詞「がに」〕**そうはいうものの。しかしながら。**〈万葉・八・一四四一〉「雪は降りつつ**しかすがに**吾家《わぎへ》の園にうぐひす鳴くも」訳 雪は降り続いている。**しかしながら**私の家の庭にうぐいすが鳴いているよ(もう春だ)。

参考 中古以降は「さすがに」が用いられた。↓さすがに(三六八ページ)

しか-と【確と】副 ❶ **きちんと。はっきりと。**完全に。〈万葉・五・八九二〉「**しかと**あらぬひげかきなでて」訳 ↓かぜまじり… 和歌

❷**確かに。必ず。**〈謡・鉢木〉「さてはしかとお貸しあるまじいにて候ふか」[訳]それではどうあっても(私に宿を)お貸しにならないつもりでございますか。
❸**すきまなく。ぎっしりと。**〈太平記・三〉「回廊にしかと並(な)み居たり」[訳](警固の武士は)回廊にぎっしりと並んでいた。

しが-な [終助]〔終助詞「しが」+詠嘆の終助詞「な」〕詠嘆のこもった願望を表す。…**たいものだなあ。**〈金葉・秋〉「秋ならで妻よぶ鹿を聞きしがな折(をり)から声の身にはしむかと」[訳]秋ではないときに妻をよぶ鹿の声を聞きたいものだなあ。(秋という)季節がらその声が身にはしみるのかどうかと(確かめるために)。
[接続] 動詞の連用形、完了の助動詞「つ」の連用形「て」、「ぬ」の連用形「に」などに付く。
[参考] 完了の助動詞「つ」「ぬ」の連用形に付いて「てしがな」「にしがな」の形で用いられることが多い。↓てしがな・にしがな

しがのうらや… (和歌)

志賀の浦や　遠(とほ)ざかりゆく　波間(なみま)より
氷(こほ)りて出(い)づる　有(あ)り明(あ)けの月(つき)
〈新古・六・冬・六三九・藤原家隆(いへたか)〉

[訳]志賀の浦よ、(その水際から氷が張って、しだいに沖の方へ)遠ざかっていく波の間から、氷のように冷たく光りながらのぼってくる有り明けの月よ。
[解説]「湖上の冬の月」という題で詠んだ歌合わせの歌。「志賀の浦」は琵琶湖(びわこ)の西岸。本歌は「さ夜(よ)ふくるままに(=夜が更けるにつれて)みぎはや凍(こほ)るらむ遠(とほ)ざかりゆく志賀(しが)の浦波(うらなみ)」〈後拾遺・冬〉。本歌には表されていない月を歌の中心にすえ、「氷りて出づる」という鮮やかな表現で、凍(い)てつく硬質な冬の月の印象を刻み付けた。

しか-め-やも【如かめやも】及ぼうか(いや、及びはしない)。〈万葉・五・八〇三〉「銀(しろかね)も金(くがね)も玉も何せむにまされる宝子にしかめやも」[訳]↓しろかねも… (和歌)
[なりたち] 四段動詞「如(し)く」㊍+推量の助動詞「む」㊁+反語の終助詞「やも」

しか-も【然も】〔副詞「然(しか)」+係助詞「も」〕[一] [副] そのように。そんなにまで。〈万葉・一・一八〉「三輪山をしかも隠すか雲だにも心あらなも隠さふべしや」[訳]↓みわやまを… (和歌)
[二] [接] なおその上に。それでいて。〈方丈・一〉「ゆく河の流れは絶えずして、しかも、もとの水にあらず」[訳](いつも滔々(とうとう)と)行く川の流れは絶えなくて、それでいて、(そこにある水は)もとの水ではない。

しから-ず-は【然らずは】そうでなければ。さもなければ。〈平家・九・生ずきの沙汰〉「組んで死ぬるか、しからずは西国へ向かうて」[訳](木曽(きそ)の四天王と)組み討ちして死ぬか、そうでなければ西国へ向かって。
[なりたち] ラ変動詞「然(しか)り」㊍+打消の助動詞「ず」㊐+係助詞「は」

しがらみ【柵】[名] ❶川の中に杭(くい)を打ち並べ、それに柴(しば)や竹を横に渡して、水流をせきとめるもの。〈古今・秋下〉「山川に風のかけたるしがらみは流れもあへぬ紅葉(もみぢ)なりけり」[訳]⬇付録◇1「小倉百人一首」32
❷物事や人をさえぎり、せきとめるもの。

しか・り【然り】[自ラ変]〔ら・り・り・る・れ・れ〕〔副詞「然(しか)」+ラ変動詞「あり」=「しかあり」の転〕そのとおりである。そのようだ。〈万葉・五・八九二〉「日月(ひつき)は明かしといへど我(あ)がためは照りや給はぬ人皆か我(あ)のみやしかる㊍」[訳]↓かぜまじり… (和歌)

しかる-あひだ【然る間(アイダ)】[接]〔ラ変動詞「然(しか)り」㊍+名詞「間」〕❶そうする間に。やがて。〈今昔・三一・一〇〉「ねたみ狂ひけり。しかる間経方(つねかた)京に上るべき要事ありて」[訳](本妻は経方の浮気に)嫉妬し心が乱れた。そうする間に経方が上京しなければならない用事があって。
❷そういうわけで。それゆえ。〈平家・三・足摺〉「非常の赦(しゃ)行はる。しかる間鬼界の島の流人(るにん)、少将成経(なりつね)、康頼(やすより)法師赦免」[訳]特別の恩赦が行われる。そういうわけで鬼界が島の流罪人、少将成経、康頼法師を赦免する。
[参考] 漢文訓読から生じた語で、②は中世以降の用法。

しかる-に【然るに】[接]〔ラ変動詞「然(しか)り」㊍+接続助詞「に」〕❶**そうであるのに。けれども。ところが。**〈竹取・蓬莱の玉の枝〉「五穀断ちて、千余日に力を尽くしたること少なからず。しかるに禄(ろく)いまだ賜らず」[訳]いっさいの穀物を断って、千余日の間に努力したことは並たいていではない。そうであるのに報酬をまだいただいていない。
❷**ところで。**さて。〈謡・安宅〉「互ひに面(おもて)を合はせつつ、泣くばかりなる有り様かな。しかるに義経(よしつね)、弓馬の家に生まれ来て」[訳](義経と家来たちは)互いに顔を見合わせては、ただ泣くだけというありさまであることよ。ところで義経は武士の家に生まれてきて。
[参考] 漢文訓読から生じた語。

しかる-べし【然るべし】❶適当だ。ふさわしい。〈徒然・四五〉「この名しかるべから㊍ず」[訳]この(榎(え)の木の僧正(そうじょう)という)名前は(自分に)ふさわしくない。
❷りっぱだ。すぐれている。〈平家・四・通乗之沙汰〉「さもしかるべき㊍人々は、必ず相人(さうにん)としもにあらねども」[訳]そのようにもすぐれた人々は、必ずしも人相見であるというわけでもないが。
❸そうなる運命だ。そういう因縁である。〈平家・八・山門御幸〉「何事もしかるべき㊍ことと申しながら」[訳]何事もそうなる運命であることだと申すものの。
[なりたち] ラ変動詞「然(しか)り」㊍+適当・当然の助動詞「べし」

しかる-を【然るを】[接]〔ラ変動詞「然(しか)り」㊍+接続助詞「を」〕❶そうであるのに。ところが。〈方丈・五〉「世をのがれて山林にまじはるは、心を修めて道を行はんとなり。しかるを、汝(なんぢ)、すがたは聖人(ひじり)にて、心は濁りに染(し)めり」[訳]俗世間から離れて山林に隠れ住むのは、心を静めて仏道を修めようとするからである。それなのに、おまえ(=鴨長明(かものちょうめい)自身)は、外見は僧であるが、心は(俗世間の)濁りで染まっている。
❷そういう状態で。〈平家・七・木曽山門牒状〉「勝つことを咫尺(しせき)のもとに得たり。しかるをうてば必ず伏し」[訳]勝利を目の前の地でおさめた。そういう状態で(敵を)討つと必ず服従し。
[参考] 漢文訓読から生じた語。

しかれ-ども【然れども】[接]〔ラ変動詞「然(しか)り」㊐

＋接続助詞「ども」」そうではあるが。しかしながら。〈万葉・一二・二九三九〉「恋といへば薄きことなりしかれども我は忘れじ恋ひは死ぬとも」訳恋というとなんでもない(それだけの)ことである。しかしながら、私は(あなたを)忘れまい。恋い死のうとも。

参考 平安時代以降、漢文訓読体の文章に用いられた語。和文では一般的に「されども」を用いる。

しかれ-ば【然れば】接〔ラ変動詞「然り」已＋接続助詞「ば」〕❶そうであるから。だから。〈宇治・一五・三〉「悪しきことも良きことも、長くほめられ、長くそしられず。しかれば、わが好みにしたがひてふるまふべきなり」訳悪いこともよいことも、長い間ほめられたり、長い間非難されたりしない。だから、自分の好みに任せて振る舞うのがよいのである。

❷(話題を変えるときに)さて。ところで。

参考 漢文訓読から生じた語。

詞花和歌集(しかわかしゅう)➡詞花和歌集

しき【式】名❶法式。作法。一定の体裁。決まったやり方。〈連理秘抄〉「家々の式など多く流布せり」訳(二条家・冷泉家など歌道の)家々(で用いていた連歌)の規則などが多く世間にゆきわたった。

❷事柄。事情。次第。〈太平記・一〇〉「このほどの式をば身にかへても申しなだむべく候ふ」訳このたびの事情を(私の)身にかえてもおとりなし申しあげましょう。

❸「式神」の略。

❹律令および格の施行細則。「延喜式」

しき【職】名❶律令官制の一つ。役所の名称に用いられる。中宮職・春宮職・大膳職(=宮中の食事や食料を扱う)・左京職・右京職・修理職など。

❷特に、「中宮職」の略。

しぎ【鴫】名水鳥の名。水のほとりにすみ、くちばし・足が長い。秋

じき【食】名食べ物。食物。〈徒然・八四〉「病に臥して漢の食を願ひ給ひけることを聞きて」訳(インドに渡った法顕三蔵が)病気で臥しては(故郷の)中国の食べ物を請い求めなさったことを聞いて。

じき〔直〕➡ぢき

しき-がみ【式神・識神】名陰陽師の命令に従って、変幻自在に不思議なわざをなすという鬼神。しきじん。式の神。式。

しき-し【色紙】名❶色のついた紙。いろがみ。

❷和歌や俳句などを記す四角形の厚紙。多くは五色模様や金銀の箔などが施してある。

しき-じ【職事】名❶蔵人の頭および五位・六位の蔵人の総称。

❷宮中の公事の日に、事務を取り扱う役人。

❸貴族の家で事務をとる人。

式子内親王(しきしないしんわう)シキシナイシンノウ《人名》(一一四九―一二〇一)平安末期・鎌倉初期の女流歌人。「しょくしないしんわう」ともいう。別称、萱の斎院。後白河天皇の第三皇女。賀茂の斎院となり、のち出家。歌を藤原俊成に学び、藤原定家とも親交があった。情熱を内に秘めた格調高い洗練された歌風。「小倉百人一首」に入集。家集「式子内親王集」

しき-しま【敷島・磯城島】名❶崇神・欽明両天皇が都を置いた、大和の国の地名。今の奈良県桜井市。

❷「日本国」の異称。

❸「敷島の道」の略。

しきしま-の-みち【敷島の道】名和歌の道。歌道。

しき-じん【式神・識神】名「しきがみ」に同じ。

し-きせ【仕着せ・為着せ】名❶主人が奉公人に季節に応じて衣服を与えること。また、その衣服。

❷(多く「おしきせ」の形で)型にはまったやり方。おきまり。

しき-だい【色代・色体・式体】名・自サ変「しきたい」とも。❶頭を下げてあいさつすること。えしゃく。〈太平記・八〉「『後日にこそまた見参に入らめ(=お目にかかろう)』と色代し用て」

❷お世辞を言うこと。ついしょう。〈沙石集〉「色代にて、『御年よりは、若く見え給ふ』と言へば」訳お世辞で、「お年よりは、若く見えなさる」と言うと。

じき-だう【食堂】ジキドウ名寺院の食事をする所。

しきたへの【敷き妙の・敷き栲の】シキタエノ《枕詞》「しきたへ」が寝具であることから「枕」「床」「衣」「たもと」「袖」に、また、「黒髪」などにかかる。〈万葉・五・八〇四〉「しきたへの枕去らずて」。〈万葉・五・九〇四〉「しきたへの床の辺去らず」

式亭三馬(しきていさんば)《人名》(一七七六―一八二二)江戸後期の戯作者。本名は菊地久徳、または泰輔。江戸の人。写実と皮肉を特色とし、十返舎一九とともに滑稽本の二大作家といわれた。代表作は滑稽本「浮世風呂」「浮世床」、洒落本「辰巳婦言」。

しき-なみ【頻並み】形動ナリ〔なら・なり(に)・なり・なる・なれ・なれ〕次から次へと続くさま。〈枕・三五〉「しきなみに集ひたる車なれば、出づべきかたもなし」訳次から次へと集まった牛車なので、出ようにもその方法もない。

志貴皇子(しきのみこ)《人名》(?―七一六)万葉歌人。天智天皇の第七皇子。光仁天皇の父。歌風は明るくのびやかで、奈良時代の新歌風を開いた。

しき-の-みざうし【職の御曹司】ゾウシ名〔「職」は「中宮職」の略〕中宮関係の事務をとる役所内の建物。内裏の北東にあり、しばしば皇后・中宮の仮の御座所となった。➡付録③「平安京大内裏図」

しき-ぶ【式部】名❶「式部省」の略。

❷女官の呼び名。近親者に式部省の役人がいる者にいう。「紫式部」「和泉式部」

しきぶ-きやう【式部卿】キョウ名式部省の長官。多く四品以上の親王が任ぜられた。

しきぶ-しやう【式部省】ショウ名律令制で、太政官に属する八省の一つ。宮中の儀式、文官の勤務評定や選任・叙位および大学寮の管理を担当した役所。↓八省。➡付録③「平安京大内裏図」

しきぶ-の-たいふ【式部の大夫】タユウ名式部の丞(=式部省の三等官)で六位相当で五位に叙せられたもの。

しきみ【閾・閫】名門戸の内外の区切りのために下に敷く横木。また、戸・障子の敷居。

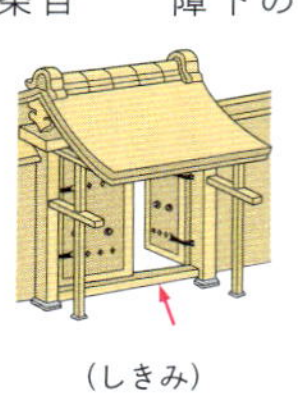
(しきみ)

しき-もく【式目】名〔「式」は法式、「目」は条目の意〕❶武家時代の箇条

書きの法規。「貞永式目」

し-きゃう【四鏡】名《文芸用語》歴史物語の、「大鏡」「今鏡」「水鏡」「増鏡」の四作品の総称。

しきり-に【頻りに】副 ❶同じことが繰り返して起こるさま。しばしば。ひっきりなしに。〈源氏・薄雲〉「天変しきりに論し、世の中静かならぬはこの故なり」訳 天空の変動がひっきりなしに(起こって)前兆を示し、世の中が穏やかでないのはこの(秘密の)せいである。

❷程度のはなはだしいさま。むやみに。〈平家・二・大納言死去〉「身にはしきりに毛生ひつつ」訳 からだにはむやみに毛が生えていて。

しき・る【頻る】自ラ四 {ら・り・る・る・れ・れ} たび重なる。繰り返して起こる。〈枕・一〇四〉「東宮の御使ひしきり用てあるほど、いとさわがし」訳 東宮からのお使いがたび重なってあるようすは、たいそう落ち着かない。

し-く【四苦】名《仏教語》人生の四つの苦悩。すなわち、生・老・病・死。→八苦

し・く【及く・若く・如く】自カ四 {か・き・く・く・け・け} ❶追いつく。至りつく。〈万葉・二・一一五〉「後れ居て恋ひつつあらずは追ひしか未む」訳 あとに残っていて恋い焦がれていないで、追いかけて行って追いつこう。

❷肩を並べる。匹敵する。及ぶ。〈万葉・五・八〇三〉「銀も金も玉も何せむにまされる宝子にしか未めやも」訳 →しろかねも… 和歌

し・く【敷く・領く】一 自カ四 {か・き・く・く・け・け} 一面に広がる。一面に散らばる。〈太平記・七〉「剣戟の日に映じて輝きける有り様は、暁の霜の枯れ草にしけ已るがごとくなり」訳 刀剣が日の光に映えて輝いたようすは、夜明け前の霜が枯れ草に一面に降りたようである。

二 他カ四 {か・き・く・く・け・け} ❶物を平らに広げる。一面に置く。〈万葉・六・一〇一三〉「あらかじめ君来まさむと知らませば門に屋戸にも珠しか未ましを」訳 前もってあなたがおいでになるだろうと知っていたなら、門にも戸口にも珠を一面に敷いただろうに。

❷治める。領する。〈万葉・一八・四一二二〉「天皇のしき用ます国の」訳 天皇がお治めになる国の。

❸広く及ぼす。広める。〈徒然・一七一〉「師を班して、徳をしく体には及しかざりき」訳 (武力での征伐も)軍隊を引き返して、徳政を広く施すのには及ばなかった。

し・く【頻く】自カ四 {か・き・く・く・け・け} ❶たび重なる。繰り返す。〈万葉・二〇・四五一六〉「新たしき年の始めの初春の今日降る雪のいやしけ命吉事」訳 →あらたしき… 和歌

❷(動詞の連用形に付いて)しきりに…する。〈古今・賀〉「白雪の降りしく体(=降りしきる)時は」

しく…(し)たこと。〈万葉・七・一一五三〉「住吉の名児の浜辺に馬たてて玉拾ひしく常忘らえず」訳 住吉の名児の浜辺に馬を止めて、珠を拾ったことがいつも忘れられない。

なりたち 過去の助動詞「き」のク語法

接続 動詞・助動詞の連用形に付く。

しく-しく【頻く頻く】副 うち続いて。しきりに。絶え間なく。〈万葉・八・一四四〇〉「春雨のしくしく降るに」訳 春雨がしきりに降るが。

しぐら・ふ 自ハ四 {は・ひ・ふ・ふ・へ・へ} 「しぐらむ」に同じ。

しぐら・む 自マ四 {ま・み・む・む・め・め} ❶集まる。密集する。〈平家・九・木曾最期〉「ここにしぐらう用(ウ音便)で見ゆるは、誰が手やらん」訳 ここに密集して見えるのは、だれの手勢だろうか。

❷空がしぐれるように暗くなる。立ちこめる。〈平家・一一・勝浦付大坂越〉「けあぐる塩のかすみとともにしぐらう用(ウ音便)だる中より、白旗ざっとさしあげたれば」訳 (馬の)蹴上げる海水が春霞といっしょにもうもうと立ちこめている中から、(源氏の)白旗をさっと差し上げたので。

しぐ・る【時雨る】自ラ下二 {れ・れ・る・るる・るれ・れよ} ❶しぐれが降る。冬。〈古今・雑体〉「かみな月しぐれ用しぐれ用て」訳 陰暦十月になってしぐれが降りつづいて。

❷涙にぬれる。涙でくもる。〈うつほ・国譲下〉「君によりしぐるる体袖のふかき色を折れる紅葉と里人や見む」訳 あなたのために(血の)涙にぬれる袖の深い紅色を、手折った紅葉と里人は見るだろうか。⬇咳き上ぐ「慣用表現」

しぐれ【時雨】名 ❶秋の末から冬のはじめにかけて、降ったりやんだり定めなく降る雨。冬。〈古今・哀傷〉「神無月しぐれにぬるるもみぢばは」訳 陰暦十月のしぐれにぬれて(赤く染まって)いる紅葉は。

❷涙をこぼして泣くこと。〈栄花・いはかげ〉「中宮の御袖のしぐれもながめがちにて過ぐさせ給ふ」訳 中宮(=彰子)のお袖は涙(の雨)にぬれたまま物思いに沈みがちにお過ごしになられる。(「ながめ」は「長雨」と「眺め」との掛詞)。⬇咳き上ぐ「慣用表現」

詞花和歌集(しくわわかしふ)《作品名》六番目の勅撰和歌集。平安後期、崇徳上皇の院宣を受けて藤原顕輔が撰進。仁平元年(一一五一)ごろ成立。歌数四百九首。→勅撰和歌集

しげ-き【繁木】名 枝葉の茂った木。

しげ・し【繁し・茂し】形ク ⬇次ページ 163

しげ-どう【重籐・滋籐】名 下地を黒漆塗りにし、その上に籐を幾重にも巻いた弓。

じ-げん【示現】名・自サ変 ❶神仏がその不思議な力を示し現すこと。〈著聞・三〉「この示現聞きて、いかばかりいよいよ信仰の心も深かりけん」訳 (大明神が)この不思議な力を示し現したことを聞いて、どんなにかいっそう信仰心も深かった(=深くなった)のだろう。

❷《仏教語》仏・菩薩が衆生を救うため、化身となってこの世に現れること。〈細道・仏五左衛門〉「いかなる仏の濁世塵土に示現し用て」訳 どのような仏が濁り汚れたこの世に姿を現して。

しこ【醜】名 ❶自分自身を卑下していう語。〈万葉・二〇・四三七三〉「大君のしこの御楯と出で立つわれは」訳 天皇のつたない警護役として出発するぞ、私は。

❷頑固なもの、醜いものをののしっていう語。〈万葉・八・一五〇七〉「うれたきやしこほととぎす暁のうら悲しきに追へど追へどなほし来鳴きて」訳 腹の立つことよ、ばかほととぎすが夜明け前の物悲しいときに、追っても追ってもやはり(橘の木に)来て鳴いて。

し-こう【伺候・祗候】名・自サ変 ❶貴人のそばに奉仕すること。〈徒然・二三八〉「堀川大納言殿伺候し用給ひし御曹司へ、用ありて参りたりしに」訳 堀川大納言殿が(皇太子の)おそばにお仕えしなさっていたお部屋へ、(私が)用があって参上していたときに。

最重要330
163

しげ・し【繁し・茂し】形ク{(から)・く(かり)・し・き(かる)・けれ・かれ}

ガイド 「頻く」「茂る」と同源で、②が原義かといわれる。多量を表すのが②、特に草木についてそれをいうのが①、多数回を表すのが③、多量・多数を否定的に捉えたのが④。

❶草木が生い茂っている。
例 木立しげく用森のやうなるを過ぎ給ふ〈源氏・蓬生〉
訳 木立が生い茂って森のようになっている所を(光源氏は)通過しなさる。

❷量が多い。たくさんある。
例 荒れたる庭の露しげき体に、わざとならぬ匂ひ、しめやかにうち薫りて〈徒然・三二〉
訳 荒れた庭で露がいっぱいあるところに、わざわざ焚いたとも思われない(香の)匂いが、しっとりと薫って。

❸絶え間ない。しきりである。
例 御とぶらひなどいとしげう用(ウ音便)聞こえ給ふ〈源氏・朝顔〉
訳 (光源氏は忌中の)お見舞いなどを(朝顔の斎院に)たいそうしきりに差し上げなさる。

❹(数量・度数が多くて)わずらわしい。うるさい。
例 この世には人言しげし終来む世にも逢はむわが背子今ならずとも〈万葉・四・五四一〉
訳 この世では人のうわさが多くてわずらわしい。来世にでもお逢いしよう、あなたよ。今でなくても。

❷貴人のご機嫌うかがいに参上すること。〈浄・傾城反魂香〉「四郎二郎、桜の間に伺候し用」

しーごく【至極】 一 名・自サ変 ❶このうえないこと。きわまり尽くすこと。最後にたどりついたところ。〈万葉・五・八〇二・序〉「至極の大聖すらに、尚し子を愛したまふ心あり」訳 至上の大聖人(=釈迦如来)でさえ、やはり子をいつくしみなさる心がある。❷もっともだと思うこと。道理と思うこと。〈浮・西鶴織留〉「『女の大事ここぞ…』と言へば、娘もこれを至極し用て」訳「女として大事なのはここだ…」と言うと、娘もこれを道理と思って。

二 形動ナリ{なら・なり(に)・なり・なる・なれ・なれ}もっともである。理にかなっているさま。〈去来抄・故実〉「『名月に明の字書くは未練』と言へり。この論至極なり終」訳(許六は)「(中秋の)名月に明の字を書くのは未熟である」と言った。この論はもっともである。

三 副 このうえなく。きわめて。〈沙石集〉「食後の菓子まで、至極せめ食ひて」訳 食後の果物まで、このうえなく十分に食べて。

しこーな【醜名】 名 ❶自分の名をへりくだっていう語。❷あだな。

しーこ・む【仕込む・為籠む】 他マ下二{め・め・む・むる・むれ・めよ}囲いを作って中にこめる。また、垣などをめぐらす。〈竹取・蓬萊の玉の枝〉「たはやすく人寄り来まじき家を作りて、かまどを三重にしこめ用て」訳 容易に人が近寄れそうもない家を造って、かまどを三重に囲んだ中にこめて。

しころ【錏・錣・鞍】 名 兜の鉢の左右とうしろに垂らし、首の部分をおおうもの。革あるいは鉄板をとじ合わせて作る。⬇鎧「古文常識」

じーこん【自今】 名(「自」は、から・よりの意)今から。今後。〈浮・本朝二十不孝〉「自今これを止めて、よき友にまじはり」訳 今後はこれ(=相撲)をやめて、よい友人と交わり。

しーさい【子細・仔細】 名 ❶詳しい事情。事のわけ。いわれ。〈平家・七・忠度都落〉「別の子細候はず」訳 特別のわけはございません。❷さしつかえとなる事柄。支障。異議。〈平家・十一・那須与一〉「少しも子細を存ぜん人は、とうとうこれより帰らるべし」訳 少しでも異議を感じる人がいるならその人は、さっさとここからお帰りになるがよい。

フレーズ
子細に及ばず かれこれ事情を言い立てるまでもない。〈平家・七・忠度都落〉「その身朝敵となりにし上は、子細に及ばず終といひながら」訳 その身が朝廷にそむく敵となってしまったからには、とやかく言うこともないというものの。⬇是非無し「慣用表現」

しさいーにーおよばーず【子細に及ばず】 ⬇子細「フレーズ」

しさ・る【退る】 自ラ四{ら・り・る・る・れ・れ}「しざる」とも。しりぞく。あとずさりする。

じーさん【自賛・自讃】 名・自サ変 自分で自分のことをほめること。自慢。

しし【肉・宍】 名 肉。

しし【獣】 名 ❶野獣。食用となる獣。多く、猪や鹿をさし、両者を区別するときは「ゐのしし」「かのしし」と言った。❷「獣狩り」の略。山野で獣をとること。〈曽我物語〉「殊に獣の上手にて」訳特に山野での猟の名人で。

しし【獅子】名 ❶動物の名。ライオンの和名。❷神社などの前に、狛犬と一対にして置く魔よけの像。⇒狛犬 ❸「獅子頭」の略。木製の獅子の頭。また、それをかぶって行う獅子舞。〈枕・三二〉「かへらせ給ふ御輿のさきに、獅子・狛犬など舞ひ」訳（天皇が）お帰りになられる御輿の前で、獅子舞や狛犬舞などを舞い。

しじ【榻】⇒しぢ

しし‐こらか・す 他サ四 病気をこじらせる。治しそこなう。〈源氏・若紫〉「ししこらかしつる時はうたて侍るを」訳病気をこじらせてしまったときはやっかいですから。

しじ‐に【繁に】副 すきまなくいっぱいに。数多く。ぎっしりと。〈万葉・三・三二四〉「五百枝さししじに生ひたるつがの木の」訳たくさんの枝が萌え出てこんもりと生い茂っているつがの木のように。

しじふく‐にち【四十九日】名《仏教語》❶人の死後四十九日間。今生の死と未来の生との中間で、霊魂がさまよう期間。中有。中陰。❷人の死後四十九日目。また、その日に行う仏事。七七日。

しじふ‐の‐が【四十の賀】四十歳になって行う、長寿を願う祝賀。

しじま 名 口をつぐんでいること。無言。沈黙。〈源氏・末摘花〉「幾そたび君がしじまに負けぬらむ」訳何度あなたの沈黙に負けてしまったことであろう。

しじま・る【蹙まる】自ラ四 ちぢまる。かがまる。〈今昔・三・一五〉「肝、身しじまりておそろしと思ひ居たる程に」訳（男はうめき声を聞いて）心も身もちぢこまって恐ろしいと思っていたところ。

しし‐むら【肉叢】名 肉のかたまり。肉塊。〈宇治・一〇・六〉「そのししむらを食ひなどするものは」訳その（人間の）肉のかたまりを食ったりするものは。

じ‐じゅう【侍従】名 ❶律令制で、中務省に属し、天皇のそば近くで補佐・雑事にあたった職。多くは大・中納言、参議などが兼任する。❷薫き物の名。沈香・丁子香・麝香などを練り合わせて作る。

じじゅう‐でん【仁寿殿】名「じんじゅでん」とも。内裏の中央にある殿舎の名。清涼殿が御座所となるまで、常の御座所となっていたが、のちに宴遊などの行われる所となった。⇒付録③「平安京内裏図」

じじょう【治定】⇒ぢぢゃう

ししん‐でん【紫宸殿】名「ししいでん」とも。内裏の正殿。即位・朝賀など公式の儀式を行う。正面階段の下の左右に桜と橘が植えられている。南殿。⇒付録③「平安京内裏図」

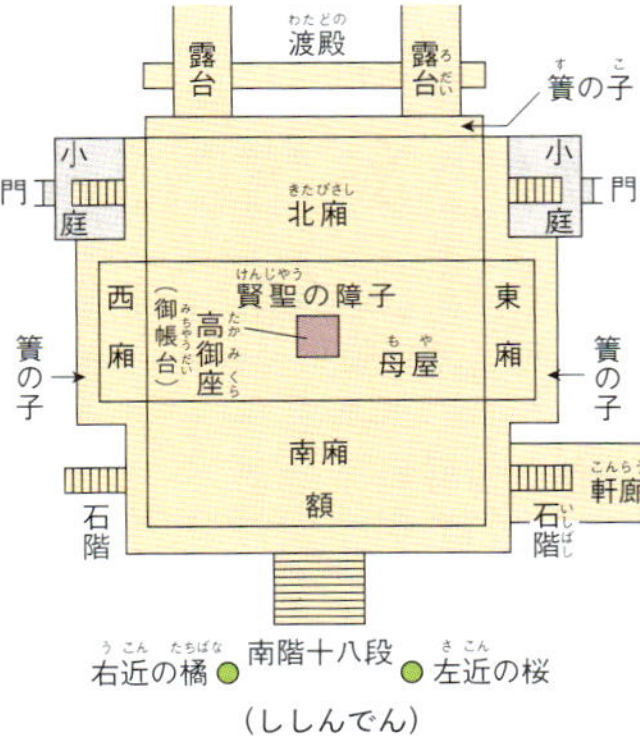

（ししんでん）

しず【賤・倭文】⇒しづ

じ・す【辞す】一 自サ変 辞去する。引きさがる。〈枕・春曙抄本・六〉「『今しずかに御局にさぶらはむ』と辞して」訳「あとでゆっくりとお部屋に参上しよう」と（言って）辞去して。二 他サ変 辞退する。辞職する。〈大鏡・兼通〉「御病も重くて、大将も辞し給ひてしこそ、口惜しかりしか」訳ご病気も重くて、大将も辞職しなさってしまったのは、残念だった。

じす【治す】⇒ぢす

し‐す・う【為据う】他ワ下二 そこに居させる。その位置に置く。〈源氏・若紫〉「大事にして絵に書きたるものの姫君のやうにしすゑられて」訳（葵の上は）まるで絵に描いてある何か（＝物語）の姫君のようにそこに座らせられて。

しずえ【下枝】⇒しづえ

しずむ【沈む・静む・鎮む】⇒しづむ

し‐せき【咫尺】「咫」は中国周代の尺（＝長さの単位）で八寸、「尺」は十寸の意。一 名 距離がきわめて近いこと。〈平家・七・木曾山門牒状〉「勝つことを咫尺のもとに得たり」訳勝利を目の前の地でおさめた。二 名・自サ変 貴人などに近づくこと。〈平家・六・葵前〉「思はざる外、竜顔に咫尺する体ことありけり」訳（女童が）思いのほか、天皇に近づくことがあった。

し‐ぜん【自然】一 名・形動ナリ 物の本来の性質であること。また、そのさま。〈太平記・三〉「物の相感ずること、皆自然なれ已ば」訳世の中の物事が相互に感応し合うのは、すべて物の本来の性質であるから。二 名・副 万一。もしも。〈平家・九・生ずきの沙汰〉「自然の事のあらん時…頼朝が乗るべき馬なり」訳（名馬いけずきは）万一のことが起こるようなときは…（私）頼朝が乗るはずの馬である。〈伽・一寸法師〉「都へ上らばやと思ひしが、自然舟なくてはいかがあるべき」訳都へ上りたいと思ったが、もしも舟がないときはどうしたらよかろうか（どうしようもない）。

し‐そく【紙燭・脂燭】名「ししょく」とも。照明用具の一つ。長さ五〇センチメートル、直径一センチメートルぐらいの棒状の松の木の、先をこがして油をぬり、手に持つ部分を紙で巻いたもの。

（しそく）

し‐ぞ・く【退く】自カ四 しりぞく。後方へさがる。〈土佐〉「漕げども漕げども、後へしぞきにしぞきて」訳漕いでも漕いでも、（船は）後方へさがりにさがって。

し‐そ・す【為過す】他サ四〔「そす」は接尾語〕うまくやる。なしとげる。〈源氏・総角〉「老人どもは、しそし用つと思ひて」訳老いた侍女たちは、(企てを)うまくなしとげたと思って。

した【下】名
❶下方。下位。対上。
❷目上の人の恩恵や庇護を受ける立場。もと。〈源氏・須磨〉「ありがたき御顧みの下なりつるを」訳(光源氏の)世に珍しいお世話(=ご恩恵)のもとにあったのに。
❸内側。内部。裏。〈万葉・三・三八五二〉「吾妹子が形見の衣下に着ましを」訳いとしいあの子が着物であったら、(肌につけて人目にふれぬよう)内に着ようものを。
❹心の中。内心。〈源氏・須磨〉「下には思ひ砕くべかめれど、ほこりかにもてなして」訳(前の右近の将監は)心の中ではいろいろ思い悩んでいるにちがいないようだが、(表面は)得意そうにふるまって。

しだ【時】名《上代語》とき。ころ。〈万葉・一四・三五一五〉「吾が面の忘れむしだは」訳私の顔を忘れるようなときには。
参考 東歌および「肥前国風土記」のみに例がある。

し-だい【四大】名《仏教語》❶万物を構成する四つの元素。地・水・火・風をいう。四大種。
❷(①を人体の元素と考えて)人の肉体。身体。
❸「四大天王」の略。「してんわう①」に同じ。

し-だい【次第】名 ❶順序。序列。〈枕・二七八〉「車の次第もなく、『まづ、まづ』と乗りさわぐがにくければ」訳牛車に乗り込む順序もなく、(皆が)「まず(私が)、まず(私が)」と騒いで乗るのが腹立たしいので。
❷事情。由来。〈平家・三・大納言死去〉「北の方の仰せ蒙つし次第、こまごまと申して」訳奥方様のおことばをいただいた事情を、こまかに申し上げて。
❸能楽で、役者が舞台に現れ登場の由来を七五調三句で唱える詞章。また、その前に奏せられる囃子。

しだい-しゅ【四大種】名「しだい(四大)①」に同じ。

したう〘慕う〙⬇したふ

した-うづ【下沓・襪】名〔「したぐつ」の転〕沓をはくときにつける靴下に似たはきもの。束帯のときは白平絹のものを用いる。足袋と違って指が分かれていない。

したがう〘従う・随う〙⬇したがふ

した-がさね【下襲】名 束帯のとき、袍・半臂の下に着た衣。背後の裾を長くして袍の下に出し、引いたまま歩いたり、また、人に持たせたりする。地紋と色目は、職階や季節によって異なる。〈枕・三九〉「下襲の裾ながく引き、所せくてさぶらひ給ふ」訳(伊周は)下襲の裾を長く引いて、あたりも狭いほど堂々と伺候していらっしゃる。

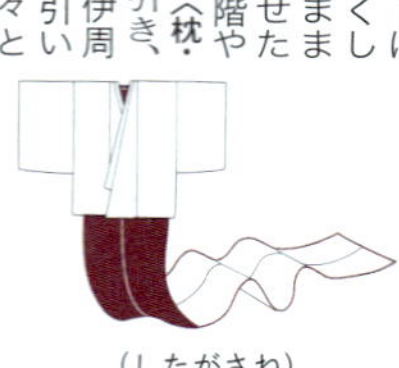
(したがさね)　(したうづ)

したが・ふ【従ふ・随ふ】
一 自八四〔は・ひ・ふ・ふ・へ・へ〕❶服従する。負ける。相手の意のままになる。〈徒然・一二〉「奴したがへりとて頼むべからず。そむき走ることあり」訳奴僕が従っている(から)といって頼みにできない。そむいて逃げ去ることがある。
❷あとからついて行く。〈源氏・蓬生〉「皆次々にしたがひて行き散りぬ」訳(女房たちは)みんなつぎつぎに続いて(暇をとって)離散してしまった。
❸応じる。まかせる。〈更級・春秋のさだめ〉「時にしたがひ見ることには、春霞おもしろく」訳その時々に応じて見ることとしては、(春には)春霞が趣があり。
二 他八下二〔へ・へ・ふ・ふる・ふれ・へよ〕❶服従させる。意に従わせる。〈平家・二・能登殿最期〉「たとひたけ十丈の鬼なりとも、などかしたがへざるべき」訳たとえ背丈十丈(=約三〇メートル)の鬼であっても、どうして服従させられないことがあろうか(いや、服従させられるはずだ)。
❷連れて行く。率いる。〈源氏・玉鬘〉「人をしたがへ、事行ふ身となれるは」訳(豊後の介が)供人を率いて、事務を処理する身分になったのは。

した-ぎえ【下消え】名 積もった雪の下のほうがとけて消えること。

し-たく【支度・仕度】名 ❶あらかじめ計画すること。用意。準備。〈竹取・仏の御石の鉢〉「石つくりの皇子は、心のしたくある人にて」訳石つくりの皇子は、(先を見通す)心の用意のある人なので。
❷食事。腹ごしらえ。

しだ・く 一 自力四〔か・き・く・く・け・け〕荒れる。乱れ散る。〈夫木・秋三〉「野風にしだく刈萱の」訳野原を吹く風のために乱れる刈萱(=草の名)が。
二 他力四〔か・き・く・く・け・け〕(多く、「踏む」「噛む」など動詞の連用形に付いて)荒らす。乱す。また、砕く。〈古今・物名〉「わが宿の花踏みしだく鳥うたむ」訳私の家の庭の花を踏み荒らす鳥をうちこらしめよう。

した-ぐみ【下組み】名 準備。用意。計画。〈竹取・かぐや姫の昇天〉「さしこめて、守り戦ふべき下組みをしたりとも」訳(私=かぐや姫を)閉じ込めて、守り戦おうとする準備をしたとしても。

した-ごころ【下心】名 ❶内心。心底。表面に表さない気持ち。〈万葉・七・一三〇四〉「天雲のたなびく山の隠りたるあが下心木の葉知るらむ」訳空の雲がたなびいて(隠して)いる山のように、隠れている私の心の底は木の葉が知っているだろう。(第二句までは「隠り」を導きだす序詞)
❷あらかじめ心に期すること。かねてからのたくらみ。〈狂・子盗人〉「先度下心あって」訳このあいだかねてからの思案があって。

した・し【親し】形シク〔しから・しく(しかり)・し・しき(しかる)・しけれ・しかれ〕❶関係が近い。近親である。〈徒然・五三〉「親しき者、老いたる母など、枕上に寄りゐて泣き悲しめども」訳近親の者や年老いた母などが、枕もとに近寄り座って泣き悲しむけれども。
❷交情が厚い。むつまじい。懇意である。〈源氏・須磨〉「国の守も親しき殿人となれば」訳国守も(光源氏の)親しい家来であるから。

し-だ・す【仕出す】他サ四〔さ・し・す・す・せ・せ〕❶新たに作り出す。考え出す。〈浮・世間胸算用〉「草履のうらに木をつけてはくことしだし用けれども」訳草履の裏に木を打ち付けてはくことを考案したけれども。
❷用意する。準備する。〈平家・三・法皇被流〉「かたのごとく御湯しだい用(イ音便)て参らせたり」訳(信業のぶなりは)形式どおりお湯を用意して差し上げた。
❸しでかす。りっぱなことをする。〈古活字本平治物語〉「この殿は大剛の人かな。…しだし用たることよ」訳この殿はすぐれて強い人だな。…たいしたことをしたものよ。
❹身なりを装う。〈浮・好色五人女〉「二十七、八の女、さりとは花車きゃしゃにしだし用ぬ」訳二十七、八歳の女、これはまたなんとも優雅に装い。
❺かせぎだす。身代を大きくする。〈浮・日本永代蔵〉「これにて二百貫目しだし用ぬ」訳これ(=金平糖こんぺいとう売り)で二百貫目かせいでしまった。

した-すだれ【下簾】名 牛車ぎっしゃの前後の、すだれの内側にかける帳とばり。女性や貴人が乗る際、外から見えなくするためのもので、多く生絹すずしを用い、長さ約三メートル、二筋を並べかけて長く外へ垂らした。

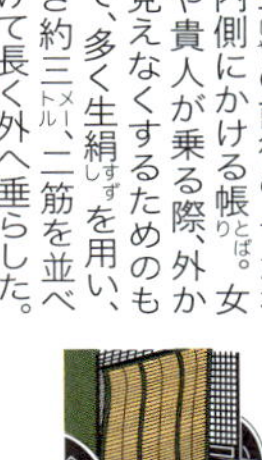
(したすだれ)

したた-か 形動ナリ {なら・なり(に)・なり・なる・なれ・なれ} ❶はなはだ強いさま。てごわいさま。頑丈なさま。〈著聞・三六五〉「したたかなる体者ども六人してとりとどめけるに」訳頑丈な者たちが六人で捕らえ止めたが。
❷しっかりしているさま。確かなさま。〈枕・八三〉「帯いとしたたかに用結ひ果てて」訳帯をたいそうしっかりと結び終わって。
❸程度のはなはだしいさま。おおげさなさま。〈源氏・初音〉「いとしたたかなる体みづからの祝ひごとどもかな」訳たいそうおおげさな各自めいめいの祝いのことばであるなあ。
❹多いさま。たくさん。じゅうぶん。〈夜の寝覚〉「国のことなどしたたかに用申し居ゐたるさま見るに」訳任国のことなどをたくさん申し上げていたようすを見ると。

したた・む【認む】他マ下二 {め・め・む・むる・むれ・めよ} ❶整理する。処理する。きちんとまとめる。〈源氏・須磨〉「よろづの事どもしたため未させ給ふ」訳(離京にあたり光源氏は)すべてのことをあれこれ整理させなさる。
❷治める。支配する。〈宇治・九・六〉「大隅守おほすみのかみなる人、国の政まつりごとをしたため用おこなひ給ふあひだ」訳大隅の守である人が、国の政務を執りおこないなさる間に。
❸用意する。支度する。〈源氏・玉鬘〉「日暮れぬと急ぎ立ちて、御灯明みあかしのことどもしたため用果てて」訳(案内の者が)日が暮れてしまうと急いでしたくして、お灯明とうみょうのことをあれこれすっかり用意して。
❹食事をする。食べる。〈義経記〉「菓子ども引き寄せて…したため用て居ゐたるところに」訳菓子をいろいろ引き寄せて…食べていたところに。
❺書きしるす。〈細道・市振〉「あすは古郷ふるさとにかへす文ふみしたため用て」訳明日は(連れの男を)故郷へ帰す(ので持たせてやる)手紙を書いて。

したため-まう・く【認め設く】モウク 他カ下二 {け・け・く・くる・くれ・けよ} 前もって処置しておく。〈徒然・五九〉「行く末難なくしたためまうけ用て」訳将来(人から)非難されることのないように前もって処置しておいて。

し-た・つ【仕立つ】一 他タ四 {た・ち・つ・つ・て・て} すっかり…し終わる。〈枕・九〇〉「みな装束さうぞくしたち用て」訳みんな衣装を着終わって。
二 他タ下二 {て・て・つ・つる・つれ・てよ} ❶こしらえる。飾りたてる。つくろいたてる。〈枕・三〉「里人は車きよげにしたて用て見に行く」訳宮仕えしていない人々は牛車ぎっしゃを美しい感じに飾りたてて(白馬あおうまの節会せちえを)見物に行く。
❷布を裁って縫う。仕立てる。〈源氏・少女〉「いと清らにしたて用給へるを」訳(大宮が、正月の装束を)たいそう美しく仕立てなさったのを。
❸教え込んで育て上げる。仕込む。しつける。〈源氏・行幸〉「中宮の御たぐひにしたて用給はむとやおぼすらむ」訳(秋好あきこのむ)中宮とご同類に(玉鬘たまかずらを)育て上げなさろうと(光源氏は)お思いになっているのだろうか。

した-で・る【下照る】自ラ四 {ら・り・る・る・れ・れ} 花の色などでその下の物が美しく照り映える。〈万葉・一九・四一三九〉「春の苑その紅くれなゐにほふ桃の花下照る体道に出いで立つをとめ」訳→はるのその… 和歌

した-ど・し【舌疾し】形ク {から・く(かり)・し・き(かる)・けれ・かれ} 早口である。〈源氏・常夏〉「『小賽せうさい(=さいころの小さい目)、小賽』とこふ声ぞ、いと舌どき体や」訳「小賽(出よ)、小賽(出よ)」と祈る声が、たいへん早口であるよ。

した-は・ふ【下延ふ】(ホ)ウ 自ハ下二 {へ・へ・ふ・ふる・ふれ・へよ} 人知れず思う。心中深く思う。〈万葉・一八・四一一五〉「さ百合花ゆりばな後ゆりも逢あはむと下はふる体心しなくは今日も経へめやも」訳後にも逢いたいと人知れず思う心がないならば、今日一日でも過ごすことができようか(いや、できはしない)。(「さ百合花」は「後ゆり」にかかる枕詞)

した-ひも【下紐】名〔上代は「したびも」〕下裳したも・下袴したばかまなどの紐。〈万葉・一二・三一四五〉「吾妹子わぎもこし吾あを偲しのふらし草枕旅の丸寝まろねに下紐したびも解けぬ」訳私のいとしい人は、私を恋い慕っているらしい。旅のごろ寝で下紐が解けたことだ。(「草枕」は「旅」にかかる枕詞)
参考 人に恋されたり、恋人に会えたりする前兆として、下紐が解けるという俗信があった。

した・ふ【慕ふ】シタ(ト)ウ 他ハ四 {は・ひ・ふ・ふ・へ・へ} ❶心がひかれてあとを追う。ついてゆく。〈細道・那須〉「小さき者ふたり、馬の跡慕ひ用て走る」訳小さい子供が二人、馬のあとを追って走ってくる。
❷恋しく思う。懐かしく思う。愛惜する。〈徒然・一三七〉「花の散り、月の傾かたぶくを慕ふ体ならひはさることなれど」訳(桜の)花が散り、月が(西に)沈みかけるのを惜しんで慕う(世間の)習慣はもっともなことであるが。
❸手本とすべき人物について学ぶ。師事する。〈浮・西鶴織留〉「有職いうそくの道者みちしゃに慕ひ用」訳有職故実の専門家について学び。

した-へ【下方・下辺】名 死者の行く地下の世界。黄泉よみの国。〈万葉・五・九〇五〉「若ければ道行き知らじ幣まひはせむしたへの使ひ負ひて通らせ」訳(亡き子は)幼いので(あの世への)道の行き方も知らないだろう。

礼はしよう、**黄泉の国**の使者よ、(この子を)背負って通られよ。⬇果つ「慣用表現」

した-もえ【下萌え】名 早春、雪や土の下から草の芽が生え出ること。また、その芽。春

した-もえ【下燃え】名 燃えあがらず、物の下でくすぶること。人知れず思いこがれることのたとえ。

した-もひ【下思ひ】名〔「したおもひ」の転〕心中に秘めて表に出さない思い。秘めた恋心。

した-も・ゆ【下萌ゆ】自ヤ下二{え・え・ゆ・ゆる・ゆれ・えよ}地中から草の芽が出はじめる。**芽ぶく**。〈新古・春上〉「春日野の**下萌え**用わたる草の上に」訳 春日野の、一面に**芽ぶいている**その草の上に。

した-も・ゆ【下燃ゆ】自ヤ下二{え・え・ゆ・ゆる・ゆれ・えよ}物の下で燃えくすぶる。人知れず思いこがれることにたとえる。〈栄花・根あはせ〉「**下燃ゆる**体嘆きをだにも知らせばや」訳 **人知れず思いこがれている**嘆きだけでも知らせたいものだ。

したり-がほ【したり顔】名・形動ナリ **得意顔**。思いどおりになったという表情。〈枕・二六〉「我はなど思ひて**したり顔なる**体人謀り得たる」訳 われこそはなどと思って**得意顔である**人をだますことができたとき(もうれしい)。

しだり-を【し垂り尾】名 **長く垂れさがっている尾**。〈拾遺・恋三〉「あしひきの山鳥の尾の**しだり尾**のながながし夜をひとりかも寝む」訳 ⬇付録◇1「小倉百人一首」3

し-だ・る【し垂る】自ラ四・下二{ら・り・る・る・れ・れ}{れ・れ・る・るる・るれ・れよ}垂れさがる。長く下に垂れる。〈源氏・蓬生〉「柳もいたう**し垂り**用(四段)て」訳 柳の枝もたいそう**垂れさがって**。

参考 中古までは四段活用。後世、下二段に転じた。

し-たん【紫檀】名 インド原産の木の名。材は暗赤色を帯びて堅く、器具調度用に珍重される。

しち【質】名 ❶約束の保証として預けておく品物。借金の抵当。❷人質。〈今昔・二三・二四〉「その妹を**質**に取りて」訳 (男は)その(=光遠の)妹を**人質**にとって。

しぢ【榻】名 牛車の牛をとりはずしたとき、轅の軛を支える机形の台。乗り降りの踏み台としても使った。⬇車「古文常識」

じち【実】名「じつ」とも。実際の物事。真実。事実。〈源氏・常夏〉「ようせずは、**じち**の御子にもあらじかし」訳 もしかすると、(玉鬘は光源氏の)**実**のお子様でもないだろうよ。

し-ちく【糸竹】名〔「糸」は琴・琵琶の類、「竹」は笙・笛の類〕楽器の総称。また、音楽。管弦。「いとたけ」とも。

しち-だいじ【七大寺】名 奈良にある七つの大寺。東大寺・興福寺・西大寺・元興寺・大安寺・薬師寺・法隆寺の総称。南都七大寺。

しち-だう【七道】名 律令制下の地方行政区画。東海道・東山道・北陸道・山陰道・山陽道・南海道・西海道の総称。畿内五か国と合わせて五畿七道という。

しちだう-がらん【七堂伽藍】名《仏教語》寺院の建物の総称。七堂とはふつう金堂・講堂・塔・鐘楼・経蔵・僧坊・食堂をいうが、時代・宗派によって異なる。〈泊船集・芭蕉〉「奈良七重**七堂伽藍**八重桜」訳 奈良に多くある立派な古寺の**七堂伽藍**を(かつて伊勢大輔が和歌に詠んだ)八重桜が、今を盛りと幾重にもとりまいて咲いていることだ。

しち-ふくじん【七福神】名 福徳の神として信仰される七柱の神。恵比須・大黒天・毘沙門天・弁財天・福禄寿・寿老人・布袋の総称。

(しちふくじん)

しち-ほう【七宝】名「しっぽう」に同じ。

し-ちゃう【使庁】名「検非違使庁」の略。検非違使の役所。

じ-ちゃう【仕丁】名 諸国から徴集されて、諸官庁の労役や雑役に使われた者。のちには、貴族の家や寺社などで雑役に使われた下男。

じち-よう【実用】名・形動ナリ 実直。律義。まじめ。〈伊勢・一〇三〉「いとまめに**じちように**用て、あだなる心なかりけり」訳 (その男は)たいそうまじめで**実直であって**、軽薄な心がなかった。

慈鎮(じちん)《人名》→慈円

しつ【失】名 ❶失敗。あやまち。〈徒然・一八七〉「巧みにしてほしきままなるは、**失**の本なり」訳 器用で(はあるが)勝手気ままなのは、**失敗**のもとである。❷欠点。きず。〈著聞・三九六〉「いかにもして**失**を見出ださんと思ひ給ふところに」訳 (鳥羽僧正は)なんとしても(侍法師の絵の)**欠点**を見つけようと思っていらっしゃるときに。❸弊害。〈徒然・一三〇〉「これみな、争ひを好む**失**なり」訳 以上はすべて、勝負事を好む**弊害**である。❹損失。〈徒然・一六四〉「世間の浮説、人の是非、自他のために**失**多く、得少なし」訳 世間のうわさや、他人の批評は、自分のためにも他人のためにも**損失**が多くて、得るものが少ない。

しづ【賤】名 身分の低いこと。また、**身分の低い者**。〈徒然・一四〉「あやしの**しづ**・山がつのしわざも、言ひ出でつればおもしろく」訳 いやしい**身分の低い者**や山中に住む樵の所業も、(歌に)言い表してしまうと興趣があって。

フレーズ
賤の女 身分の低い女。
賤の屋(家) 身分の低い者の家。
賤の男 身分の低い男。「しづを」とも。

しづ【倭文】名〔上代は「しつ」〕唐から輸入された「綾」に対して、日本古来の織物の名。楮・麻などの繊維から作った横糸を青・赤などに染めて、乱れ模様に織りあげたもの。

フレーズ
倭文の苧環 「倭文」を織るのに用いる苧環(=糸を中を空洞にして球状に巻いたもの)。和歌で「繰る」などの序詞として用いられる。〈伊勢・三二〉「いにしへの**しづのをだまき**くりかへし昔を今になす

よしもがな」訳 遠い昔の、倭文を織るための苧環をたぐるように、もう一度(昔を)たぐりもどして、(仲むつまじかった)昔を今にする方法があればなあ。(第二句までは「くりかへし」を導きだす序詞)

じつ【実】名 ❶「じち」とも。実際の物事。真実。〈雨月・菊花の約〉「欺くに詞なければ、実をもて告ぐるなり」訳 だますのに(言い表す)ことばがないので、真実をもって話すのである。
❷本性。実体。〈細道・仙台〉「風流のしれもの、ここに至りてその実を顕す」訳 風流の道に徹する者は、ここに至ってその本性を発揮する。
❸まごころ。誠意。誠実さ。

しづ-え シズ【下枝】名 下のほうの枝。したえだ。対 上枝

じっ-かい【十戒】名《仏教語》沙弥(=未熟な僧)が修行上守るべき十の戒律。また、在俗の人が犯してはならないとされる「十悪」に対する戒律。

しづかさや… 俳句

閑かさや 岩にしみ入る 蟬の声 (切れ字・夏)〈細道・立石寺・芭蕉〉

訳 何という静けさであろう(この山寺の境内は)。(この静寂の中に)鳴く蟬の声も、あたりを圧する岩肌にしみ入るように感じられる(さらに深い静寂が心に迫るようだ)。
解説「山寺や石にしみつく蟬の声」が初案。

じっ-かん【十干】名 ものの順序などを示す甲・乙・丙・丁・戊・己・庚・辛・壬・癸のこと。陰陽道と結びついて、木・火・土・金・水の五行に配当し、それぞれを「兄弟」(陽と陰)に分ける。木兄(=甲)・木弟(=乙)・火兄(=丙)・火弟(=丁)・土兄(=戊)・土弟(=己)・金兄(=庚)・金弟(=辛)・水兄(=壬)・水弟(=癸)。十二支と組み合わせ、干支を「えと」と称して、年・月・日を表すのに用いられた。→干支・十二支

十訓抄《作品名》鎌倉中期の説話集。編者は六波羅二﨟左衛門入道といわれる。建長四年(一二五二)に成立。年少者のために教訓的説話約二百八十話を十項目に分け集成したもの。

し-つ・く【為付く・仕付く】■ 他カ四 {か・き・く・く・け・け} やりつける。し慣れる。〈枕・三〇〉「犬防ぎに簾さらさらとうちかくる、いみじうしつき(用)たり」訳 (小坊主たちが)犬防ぎ(=背の低い格子の柵)にすだれをさらさらと掛けるのが、実にし慣れている。
■ 他カ下二 {け・け・く・くる・くれ・けよ} ❶作りつける。仕掛ける。〈堤・虫めづる姫君〉「くちなはの形をいみじく似せて、動くべきさまなどしつけ(用)て」訳 (帯を)蛇の形にそっくり似せて、動くことができる(ような)趣向などを仕掛けて。
❷礼儀・作法を教え習わせる。しつける。
❸嫁入りさせる。奉公させる。〈浮・好色一代女〉「衣類諸道具美をつくしてしつけ(用)ける」訳 着物や道具類など華美の限りをつくして嫁入りさせた。

しづ・く シズク【沈く】自カ四 {か・き・く・く・け・け} ❶水底に沈んでいる。〈万葉・七・一三二〇〉「水底にしづく(体)白玉」訳 (海の)水の底に沈んでいる真珠(のようなあなた)よ。
❷水面に映って見える。〈古今・哀傷〉「水の面にしづく(体)花の色さやかにも君が御影の思ほゆるかな」訳 水面に映って見える花の色が鮮やかなように、ありありと亡き天皇の御面影がしのばれることだ。(第二句までは「さやかに」を導きだす序詞)

しづ-け・し シズ【静けし】形ク {から・く(かり)・し・き(かる)・けれ・かれ} 静かだ。〈万葉・七・一二三七〉「静けく(用)も岸には波は寄せけるか」訳 静かにも岸辺には波は寄せたことだなあ。

じつ-げつ【日月】名 ❶太陽と月。❷月日。歳月。

しっ-けん【執権】名 ❶政権を握ること。また、その人。
❷「院の庁(=上皇の政務、または女院に関する事務を執る役所)」の別当(=長官)。
❸鎌倉幕府の職名。はじめは政所の長官をいったが、のちに幕政の最高職となり、政務を統轄した。
❹室町時代、管領の異称。

しづ-ごころ シズ【静心】名 静かな心。落ち着いた心。〈古今・春下〉「久方の光のどけき春の日にしづ心なく花の散るらむ」訳 ➡付録①「小倉百人一首」33

しっ・す【執す】他サ変 {せ・し・す・する・すれ・せよ}「しふす」とも。執着する。執心する。深く心にかける。〈平家・五・都遷〉「先祖の御門のさしも執し(用)おぼしめされたる都を」訳 (平家の)先祖の帝(=桓武天皇)があれほど深く心にかけてお思いになっていた都(=平安京)を。

しっちん-まんぼう【七珍万宝】名「しっちんまんぽう」とも。あらゆる種類の宝物。

しづ-の-め シズ【賤の女】➡賤「フレーズ」

しづ-の-や シズ【賤の屋・賤の家】➡賤「フレーズ」

しづ-の-を シズノオ【賤の男】➡賤「フレーズ」

しづ-の-をだまき シズノオダマキ【倭文の苧環】➡倭文「フレーズ」

じっ-ぱう ポウ【十方】名 東西南北の四方と、その間の艮(=北東)・巽(=南東)・坤(=南西)・乾(=北西)の四隅と上下とを加えた称。あらゆる所。

じっ-ぷ【実否】名 真実と偽り。真偽。

十返舎一九《人名》(一七六五〜一八三一)江戸後期の戯作者。本名重田貞一。駿河(静岡県)の人。大坂で浄瑠璃作者となったが、のち江戸に出て戯作に従事し、式亭三馬とともに滑稽本の全盛時代をつくった。主著「東海道中膝栗毛」

しっ-ぽう【七宝】名《仏教語》「しちほう」とも。七種の宝物。無量寿経では金・銀・瑠璃・玻璃・硨磲・珊瑚・瑪瑙、法華経では金・銀・瑠璃・瑪瑙・硨磲・真珠・玫瑰をいう。七珍。

しづま・る シズマル【鎮まる・静まる】自ラ四 {ら・り・る・る・れ・れ} ❶神が鎮座する。〈万葉・二・一九九〉「神ながらしづまり(用)ましぬ」訳 (高市皇子は)神として(そこに)鎮座しなさった。
❷騒ぎや戦乱がおさまる。静かになる。〈平家・七・忠度都落〉「その後、世しづまっ(用)(促音便)て」訳 その後、世の中は騒ぎがおさまって。
❸気性や態度が落ち着く。〈源氏・胡蝶〉「いとしづまり(用)たる人なり」訳 (柏木は)とても落ち着いている人である。
❹寝静まる。〈徒然・二九〉「人しづまりて後、長き夜の

し-て

〔サ変動詞「為(す)」用＋接続助詞「て」〕 一格助 二接助 三副助

意味・用法	用例
一 格助詞 **❶使役の対象** …に命じて。…に。	例 人して惟光(これみつ)召させて〈源氏・夕顔〉 訳 (光源氏は)人に命じて惟光を呼ばせなさって。
❷手段・方法 …で。…でもって。	例 そこなりける岩に、指(および)の血して書きつけける〈伊勢・二四〉 訳 そこにあった岩に、指の血で書きつけた歌。
❸人数・範囲 …で。…とともに。	例 もとより友とする人、ひとりふたりして行きけり〈伊勢・九〉 訳 以前から友人とする人、一人二人とともに行った。
二 接続助詞 **単純接続** 「状態が…であって」の意で、下文に続ける。…て。…で。	例 ゆく河の流れは絶えずして、しかも、もとの水にあらず〈方丈・一〉 訳 (いつも滔々(とうとう)と)行く川の流れは絶えなくて、それでいて、(そこにある水は)もとの水ではない。 例 おほかたのふるまひ・心づかひも、愚かにしてつつしめるは得の本(もと)なり〈徒然・一八七〉 訳 一般のふるまいや心の持ち方も、愚鈍で(はあるが)用心深くしているのは成功のもとである。
三 副助詞 意味を強めたり、はっきりさせたりする。	例 やがてこの殿よりしていまの閑院大臣(かんゐんのおとど)まで、太政(だいじやう)大臣十一人続き給へり〈大鏡・後一条院〉 訳 そのままこの殿(＝藤原良房(よしふさ))より現在の閑院の大臣(＝藤原公季(きんすゑ))まで、太政大臣が十一人続いていらっしゃる。

接続
一 体言および活用語の連体形など体言に準じたものに付く。
二 活用語の連用形に付く。
三 副詞・格助詞「を」「に」「より」「から」に付く。

⬇下段「まぎらわしい『して』の識別」

まぎらわしい「して」の識別

❶ 動詞(サ変)「す」の連用形＋接続助詞「て」
例 男もすなる日記(にき)といふものを、女もしてみむとてするなり〈土佐〉
訳 男もすると聞いている日記というものを、女(である私)もしてみようと思ってしたためるのである。
▽「し」が自立語で、動作を表す。文脈を離れると、「して」を「…(を)する」に置き換えて不自然でなくいえる(女もして→女もする)。

❷ 格助詞
例 もとより友とする人、ひとりふたりして行きけり〈伊勢・九〉
訳 以前から友人とする人、一人二人とともに行った。
▽上に名詞、活用語の連体形がくる。

❸ 接続助詞
例 愚かにしてつつしめるは得の本(もと)なり〈徒然・一八七〉
訳 愚鈍で(はあるが)用心深くしているのは成功のもとである。
▽上に活用語の連用形がくる。例の「愚かに」は形容動詞「愚かなり」の連用形。

すさびに」訳 家人が寝静まって後、長い夜の慰みに。❺勢力が衰える。しおれる。〈源氏・野分〉「所狭(ところせ)かりし御勢ひのしづまり用て」訳 あたりも狭しと盛んだった(大宮の)御権勢が衰えて。

じつ-みやう【実名】(ミヨウ) 名 本名。対 仮名(けみやう)

しづ-む【沈む】(シズム) 一 自マ四〔ま・み・む・む・め・め〕❶水中に没する。水中に沈む。〈平家・七・忠度都落〉「今は西海の浪(なみ)

[参考] [二]は、中古には和歌あるいは漢文訓読文以外には用いられず、和文ではふつう「て」「で」が用いられる。[三]は、中古の漢文訓読文や中世以降の作品に用いられる。「をして」「にして」「よりして」「からして」を格助詞とみる説、「して」を格助詞または接続助詞とみる説もある。

の底に沈ま(未)ば沈め(命)」[訳]今となっては(この身が)西海の波の底に沈むのならば沈んでもよい。[対]浮かぶ・浮く

❷身分・官位が下がる。落ちぶれる。〈源氏・帚木〉「もとの品高く生まれながら、身は沈み(用)」[訳]本来の家柄は高貴に生まれながら、身は落ちぶれ。[対]浮かぶ

❸罪・苦界などに陥る。また、死者の霊が成仏できない。悪道に沈む。〈源氏・澪標〉「いかでかの沈み(用)給ふらむ罪救ひ奉ることをせむ」[訳]どうにかしてあの(亡き桐壺院の)成仏できないでいらっしゃるであろう罪をお救い申しあげること(=仏事)をしよう。[対]浮かぶ

❹気がふさぐ。うちしおれる。〈源氏・明石〉「いみじき憂へに沈む(体)を見るにたへがたくて」[訳](あなたが)ひどい悲嘆にうちしおれているのを見るに忍びなくて。

❺重い病気にかかる。わずらう。〈源氏・澪標〉「病に沈み(用)て返し申し給ひける位を」[訳](左大臣が)病にかかってお返し申しあげなさった官位を。

[二][他マ下二]{め・め・む・むる・むれ・めよ}❶水中に沈める。〈平家・一一・先帝身投〉「分段の荒き浪、玉体を沈め(用)奉る」[訳]六道をめぐる人間の生死の(ような)荒波が、天皇の御身を水中にお沈め申しあげる。[対]浮かぶ・浮く

❷身分・地位などを下げる。没落させる。落ちぶれさせる。〈源氏・明石〉「かう身を沈め(用)たるほど」[訳]こんなに身を落としている間(=謹慎中)。[対]浮かぶ

しづ・む(シズム)【鎮む・静む】[他マ下二]{め・め・む・むる・むれ・めよ}❶神を鎮座させる。〈紀・神功〉「神の教のまにまにしづめ(用)坐ゑまつる」[訳]神のおことばに従って鎮座させ、お据え申しあげる。

❷乱れをおさえる。鎮定する。〈源氏・明石〉「住吉の神、近き境をしづめ(用)守り給ふ」[訳]住吉の神よ、(あなたは)この近くの地域を鎮め守りなさる。

❸気持ちを落ち着かせる。感情の高ぶりを抑える。〈万葉・五・八一三〉「御心をしづめ(用)給ふと」[訳]お気持ちを落ち着かせなさるといって。

❹静かにさせる。寝静まらせる。〈源氏・夕顔〉「夜深きほどに、人をしづめ(用)て」[訳](光源氏は)夜の更けた時分に、家人を寝静まらせて。

しづめ(シズメ)【鎮め】[名]乱れを鎮定すること。また、しずめるための神など。鎮護。

しづ-やか(シズ)【静やか】[形動ナリ]{なら・なり(に)・なり・なる・なれ・なれ}〔「やか」は接尾語〕もの静かなさま。穏やかで落ち着いているさま。〈更級・春秋のさだめ〉「おとなしく静やかなる(体)けはひにて、ものなど言ふ」[訳]おとなびてもの静かなようすで、話などをする。

しづ-やまがつ(シズ)【賤山賤】[名]山里に住む身分の低い者。樵などをさしていう。

しつら・ふ(シツラ(ロ)ウ)[他ハ四]{は・ひ・ふ・ふ・へ・へ}部屋などに調度類を飾りつける。設ける。設備する。〈枕・九九〉「塗籠の前の二間なる所をことにしつらひ(用)たれば、例ざまならぬもをかし」[訳]塗籠(=周囲を壁で塗りこめた部屋)の前の二間の所を特別に飾りつけたので、いつものようすでないのもおもしろい。

し-つる(思わぬもうけものだという気持ちで)うまくやった。〈宇治・三・六〉「あはれ、しつる所得かな」[訳]ああ、うまくやったもうけものだなあ。

[なりたち]サ変動詞「為」(用)+完了の助動詞「つ」(体)

しづ-わ(シズ)【後輪】[名]「しつわ」とも。鞍の後方の山形に高くなった部分。しりわ。→鞍

しづ-を(シズオ)【賤男】[名]身分の低い男。「しづのを」とも。

し-て【仕手・為手】[名]❶する人。やりて。〈浮・西鶴諸国ばなし〉「たれ返事のしてもなく」[訳]誰も返事をする人がいなくて。

❷能・狂言で、曲の主役。シテ。→脇・連れ・あど(名)。➡能楽「古文常識」(六五〇ページ)

し-て[格助][接助][副助]➡右助詞「して」

し-で【垂・四手】[名]神前に供える幣の一種。玉串または注連縄などにつけて垂らすもの。古くは木綿、のちには紙を用いた。

(しで)

しで-の-たをさ(タオサ)【死出の田長】[名]「ほととぎす」の異称。[夏]。〈伊勢・四三〉「名のみたつ死出の田長は今朝ぞなく庵あまたとうとまれぬれば」[訳](浮気だという)評判ばかりがたつほととぎす(=私)は今朝泣いている。住む家が多い(=恋人が多い)と(あなたから)うとまれてしまったので。

[参考]もとは「賤の田長」で田植えの時期を告げる鳥の意であったが、「しづ」が「しで」の音に転じて死出の山を越えて来る冥途の鳥の意になったという説もある。

しで-の-やま【死出の山】冥途にあるという険しい山。〈平家・一一・能登殿最期〉「さらばおれら死出の山の供せよ」[訳]それなら、きさまらは死出の山への供をしろ。

しで-の-やまぢ(ヤマジ)【死出の山路】「死出の山」の山道。〈方丈・三〉「夏はほととぎすを聞く。語らふごとに死出の山路を契る」[訳]夏はほととぎす(が鳴くの)を聞く。(ほととぎすと)語り合うたびに死出の山の山道を(案内してくれるように)約束する。

してん-わう(ノウ)【四天王】[名]❶《仏教語》帝釈天の四人の家来。須弥山に住み、四方をかためて仏法を守るという、持国天王(=東)・増長天王(=南)・広目天王(=西)・多聞天王(=北)の四神。四大天王。

❷家来・門弟、またはある分野で最も秀でた四人。

しと【尿】[名]小便。〈紫式部日記〉「あはれ、この宮の御しとに濡るるはうれしきわざかな」[訳]ああ、この(幼い)宮のお小水で濡れるのはうれしいことだなあ。

じとう〔地頭〕➡ぢとう

持統天皇(じとうてんのう)➡持統天皇(ぢとうてんわう) 164

しどけ-な・し[形ク]➡次ページ

しとど[副]びっしょり濡れるさま。〈源氏・夕顔〉「汗もしとどになりて、われかの気色なり」[訳](夕顔は)汗もび

っしょりとかいて、正体を失った状態である。

しとね【茵・褥】名 座るときや寝るときに、畳またはむしろの上に敷く敷物。

しとみ【蔀】名 寝殿造りなどで用いる建具で、**柱の間に入れる戸**。格子組みの裏に板を張り、日光をさえぎったり、風雨を防いだりする。ふつう、上下二枚からなり、開くときは上一枚を外側につりあげて止める。これを上げ蔀(釣り蔀)・半蔀という。また庭に立てたり室内のついたて用としたりした立て蔀もある。

↓格子・半蔀・立て蔀。⬇寝殿造り「古文常識」(四二四ページ)

しと・む 自マ四 {ま・み・む・む・め・め} 水などに浸る。ぬれる。〈平家・四・橋合戦〉「水しとまば、三頭の上に乗りかかれ」訳 (川が深くて)水に浸るなら、馬の尻の上に乗りかかれ。

しどろ 形動ナリ {なら・なり(に)・なり・なる・なれ・なれ} 秩序なく乱れているさま。ばらばらで整わないさま。〈玉葉・夏〉「風過ぎてしどろに用おつる村雨の露」訳 (軒先を)風が吹きすぎて、取りとめもなく散り落ちるにわか雨の(ような)露であるよ。

しな【品・級・科】名 ⬇次ページ 165

しな-かたち【品形・品貌】名 家柄と容貌。品位と容姿。〈徒然・一〉「しなかたちこそ生まれつきたらめ」訳 家柄や容貌は生まれつきで(どうにもならないで)あろうが。

しな-さだめ【品定め】名 優劣を批評し評価すること。品評。〈源氏・夕顔〉「ありし雨夜の品定めののち」訳 いつかの雨の夜の(女性についての)品評以来。

(しとみ)

(しとね)

最重要330

164 ガイド

しど-け-な・し 形ク {から・く(かり)・し・き(かる)・けれ・かれ}

つくろわず乱れたさまを表す語。それを批判的にいうのが①、好意的にいうのが②。

❶ 雑然としている。乱れている。しまりがない。だらしない。

例 郡司のしどけなかり用ければ、「召しにやりていましめん」と言ひて〈宇治・九・六〉

訳 郡司がだらしなかったので、「お呼び出しに(人を)行かせて注意しよう」と(大隅の守が)言って。(「召し」は会話主である大隅の守自身に対する自敬敬語)

❷ 無造作である。ゆったりしている。うちとけたようすだ。

例 白き御衣どものなよよかなるに、直衣ばかりをしどけなく用着なし給ひて〈源氏・帚木〉

訳 (光源氏は)何枚か重ねた白いお召し物(＝下着)で柔らかなのに、直衣だけをことさら無造作におはおりになって。

しな-じな【品品】一 名 ❶さまざまな階級。**それぞれの身分や家柄**。〈源氏・帚木〉「その品々やいかに」訳 その(女性の)それぞれの身分とはどうなのか。❷**いろいろな種類**。さまざまなもの。〈花鏡〉「中楽の物まねの品々なり」訳 能楽の芸の(基本である)物まねの演技の各種(についての心得)なのである。

二 副 **いろいろに**。さまざまに。それぞれに。〈源氏・若菜上〉「白き物どもをしなじなかづきて」訳 (楽器の演奏者たちが禄としていただいた)白い衣の数々をいろいろに肩にかけて。

しなじな・し【品品し】形シク {しから・しく(しかり)・し・しき(しかる)・しけれ・しかれ} いかにも品格が高い。上品である。〈源氏・浮舟〉「品々しから未ぬけはひ、さへづりつつ入り来たれば」訳 (男どもが)上品でないようすで、しゃべりたてながら入って来たので。

し-な・す【為成す・為做す】他サ四 {さ・し・す・す・せ・せ} (ある状態に)する。作りあげる。仕立てる。〈源氏・蛍〉「さやうのことをも由ありてしなし用給ひて」訳 (明石の御方は)そのようなこと(＝絵や物語を書き写したりすること)をも趣あるようにお仕立てになって。

しなぬぢは… 和歌

信濃路は　今の墾道　刈株に
足踏ましむな　履はけわが背
〈万葉・一四・三三九九・東歌・作者未詳〉

訳 信濃路は新しく切り開いた道。切り株に(馬の)足を踏みつけさせるな(＝足をけがさせるな)。くつを履かせなさい、わが夫よ。(「踏ましむな」の「しむ」は、使役の助動詞。「はけ」は、「履かせる」意の下二段動詞「はく」の、上代の命令形)

解説 信濃路は大宝二年(七〇二)に着工し、和銅六年(七一三)に開通した。遠く旅立つ夫を気づかう妻の歌。「踏ましむな」を「踏ましなむ」とする説もある。この場合、「し」は上代の尊敬の助動詞「す」の連用形、「な」は助動詞「ぬ」の未然形で、確述の用法。「きっと足を踏みつけなさるでしょう」の意となる。

最重要330

165

しな 【品・級・科】名

ガイド 「しな」は本来、高低差のある地形、階段状の地形をいう語で、「信濃(しなの)」「山科(やましな)」などの「しな」もその意であるという。そこから、**序列・階層の高低、優劣**を表すようになった。

❶ **種類。たぐい。**

例 **品**ふたつにして用一(いっ)なること感ずべきにや〈許六離別の詞〉

訳 (学ぶことの)**種類**が二つであって、(その)効用が一つであることは感心すべきことであろうか。

❷ **地位。身分。家柄。素性(すじょう)。**

例 **品**の高さにても、才芸のすぐれたるにても、先祖の誉れにても、人にまされりと思へる人は〈徒然・一六七〉

訳 **家柄**の高さでも、学問・芸能がすぐれていることでも、先祖の名誉あることでも、(自分が)他人よりすぐれていると思っている人は。

❸ **階段。きざはし。**

例 御階(みはし)の中の**品**のほどに居(ゐ)給ひぬ〈源氏・若菜上〉

訳 (夕霧は)御階段(=寝殿の南階段)の中**段**のあたりに腰をおかけになった。

❹ **品位。人柄。**

例 をかしきことを言ひてもいたく興ぜぬと、興なきことを言ひてもよく笑ふにぞ、**品**のほど計られぬべき〈徒然・五六〉

訳 おかしいことを言ってもたいしておもしろがらないのと、おもしろくもないことを言ってもよく笑うのとで、(その人の)**品位**の程度がきっと自然に推測されるにちがいない。

❺ **味わい。趣。**

例 すこし残るは国なまり、それも、ことばの**品**ならし〈浄・用明天王職人鑑〉

訳 少し残っているのはお国なまりで、それもまた、ことばの**味わい**であろう。

❻ **事情。立場。理由。**

例 この上は徳様も死なねばならぬ**品**なるが〈浄・曽根崎心中〉

訳 こうなった以上は徳様(=徳兵衛)も死ななければならない**立場**であるが。

信濃(しなの)《地名》旧国名。東山道八か国の一つ。今の長野県。信州(しんしゅう)。

信濃前司行長(しなののぜんじゆきなが)《人名》(生没年未詳)鎌倉前期の貴族。中山行隆(ゆきたか)の子。詳しい経歴は不明。「平家物語」の作者かといわれている。

しなひ(イシナ)【撓ひ】名 しなやかにたわんでいるようす。柳の枝や藤の花などがしなやかに曲がり垂れているのをいう。〈枕・三七〉「藤の花は、**しなひ**長く、色濃く咲きたる、いとめでたし」訳 藤の花は、**しなやかに垂れている**(花房の)**さま**が長く、色が濃く咲いているのが、とても魅力的である。

しな・ふ(シナ(ノ)ウ)【撓ふ】自ハ四〔は・ひ・ふ・ふ・へ・へ〕❶しなやかにたわむ。たおやかに美しい曲線をなす。〈万葉・二〇・四四四一〉「立ちしなふ体君が姿を忘れずは世の限りにや恋ひ渡りなむ」訳 **たおやかに**立つあなたの姿を忘れずに、この命のある限りに恋い続けてしまうのだろうか。❷逆らわずに従う。〈平家・四・橋合戦〉「水に**しなう**用(ウ音便)て渡せや渡せ」訳 (川の)水の流れに**従っ**て(馬を)渡せよ渡せ。

しな・ゆ【撓ゆ・萎ゆ】自ヤ下二〔え・え・ゆ・ゆる・ゆれ・えよ〕しおれる。しぼむ。〈万葉・一〇・二二九八〉「君に恋ひ**しなえ**用うらぶれあが居(を)れば」訳 あなたに恋いこがれて、**うちしおれ**わびしく思って私がいると。

し-なん【指南】名 ❶教え導くこと。指導すること。また、その人。〈浮・世間胸算用〉「数(す)百人子供を預かりて**指南**いたして」❷標準。基準。

しに-い・る【死に入る】自ラ四〔ら・り・る・る・れ・れ〕❶死んだようになる。気絶する。〈伊勢・五九〉「ものいたく病みて、**死に入り**用たりければ」訳 ひどい病気になって、**死んだようになっ**てしまったので。❷死んでしまう。〈源氏・御法〉「**死に入る**体たましひのやがてこの御骸(から)にとまらなむ」訳 **死んでしまう**魂がそのままこのご遺骸(いがい)に留まってほしい。

しに-かへ・る(カエル)【死に返る】自ラ四〔ら・り・る・る・れ・れ〕❶くりかえし死ぬ。幾度も死ぬ。〈万葉・四・六〇三〉「思ひにし死にするものにあらませば千(ち)たびそあれは**死に返ら**未まし」訳 恋しい人を思うことで死ぬものであったなら、千回も私はくりかえし死んだだろうに。

❷疲れて死にそうになる。死に瀕する。〈蜻蛉・中〉「関うちこえて、打出の浜に、死に返り(用)到りたれば」訳（逢坂の）関を越えて、打出の浜に、死ぬほど疲れて到着したところ。

❸（連用形を副詞的に用いて）死ぬほど強く。〈源氏・夕顔〉「死に返り(用)思ふ心は知り給へりや」訳死ぬほど強く（あなたを）恋い慕う（私の）気持ちはおわかりになっているか。

しにもせぬ… (俳句)

> 死にもせぬ　旅寝の果てよ　秋の暮れ　〈野ざらし紀行・芭蕉〉
> 切れ字　秋

訳どうやら死にもしないで（ここ大垣までたどり着き）江戸から重ねてきた旅寝の暮らしも終わることだ。折から秋も終わろうとしている。

解説　この紀行の最初の句「野ざらしを心に風のしむ身かな」（訳→のざらしを…(俳句)）に呼応した句。死を覚悟の旅であったが、「死にもせぬ」にほっと安堵の響きがある。「秋の暮れ」は「晩秋」のこと。

し-ぬ【死ぬ】自ナ変　**命を失う**。息が絶える。死ぬ。〈徒然・四七〉「鼻ひたる時、かくまじなはねば死ぬる(体)なりと申せば」訳くしゃみをしたときは、このようにまじないをしないと**命を失うの**だと申すので。➡果つ「慣用表現」

活用

未然	連用	終止	連体	已然	命令
な（ズ）	に（タリ）	ぬ（。）	ぬる（コト）	ぬれ（ドモ）	ね（。）

参考　ナ行変格活用の動詞は「死ぬ」「往ぬ」の二語だけ。

しぬは-ゆ【偲はゆ】《上代語》「しのはゆ」に同じ。

なりたち　上代の四段動詞「偲ふ」(未)＋上代の自発の助動詞「ゆ」

じ-ねん【自然】（「自然」の呉音）一 名　おのずからそうであること。**人為を加えず天然のままであること**。〈今昔・五・二四〉「極楽界の七宝の池の自然の荘厳美をも我みな見る」訳極楽浄土の七宝の池の天然の美をも私は全部見る。

二 副　ひとりでに。**自然に**。〈平家・五・奈良炎上〉「西金堂におはします自然涌出の観世音」訳（興福寺の）西金堂においでになる、（地中から）自然にわき出た観音像。

しの-ぐ【凌ぐ】他ガ四｛が・ぎ・ぐ・ぐ・げ・げ｝❶押さえつける。**押しふせる**。踏みわけて進む。〈万葉・八・一六〇九〉「宇陀の野の秋萩しのぎ(用)鳴く鹿も」訳宇陀の野の秋萩を押しふせて鳴く鹿も。

❷**障害・困難を耐えしのぶ**。また、それを乗り越える。〈細道・平泉〉「四面新たに囲みて、甍を覆ひて風雨をしのぐ(終)」訳（中尊寺金色堂の）四方を新しく囲んで、かわらぶきの屋根でおおって風雨を防ぐ。

❸（相手を）**凌駕する**。押しのけて上に立つ。〈古活字本平治物語〉「下として上をしのぐ(体)がゆゑに身を滅ぼし終はんぬ」訳臣下であって天皇を凌駕することが原因で身を滅ぼしてしまった。

❹あなどる。**いやしめる**。〈霊異記〉「皆心を同じくして、しのぎ(用)あなづりていはく」訳皆気持ちを一つにして、いやしめばかにして言うことには。

しの-に 副　❶なよなよとなびいて。**しおれて**。また、心がしんみりとするさま。〈万葉・三・二六六〉「近江の海夕波千鳥汝が鳴けば心もしのに古へ思ほゆ」訳→あふみのうみ…(和歌)

❷**しきりに**。しげく。〈新古・恋三〉「逢ふことはかたのの里のささの庵しのに露散る夜半の床かな」訳（恋しい人に）逢うことはむずかしい、この交野の里の笹ぶきの庵にいると、篠竹に散る露とともにしきりに涙の散りこぼれる夜ふけの（一人寝の）床であることだ。（「かたの」は「難し」と「交野」との、「しのに」は「篠に」との掛詞）

しののめ【東雲】名　**夜明け方**。〈古今・夏〉「ほととぎす鳴く一声に明くるしののめ」訳ほととぎすの鳴く一声で（もう白々と）明ける夜明け方よ。

参考　和歌用語。類義語として「あかつき」「あけぼの」「あさぼらけ」などがあるが、時間的にはそれぞれ差異がある。➡暁「古文常識」

しのは-ゆ【偲はゆ】《上代語》「しぬはゆ」とも。しのばれる。自然に思い出される。〈万葉・六・九四〇〉「浅茅おしなべさ寝る夜の日長くしあれば家ししのはゆ(終)」訳短い茅を押しふせて寝る夜が何日も続くので、わが家がしのばれる。

なりたち　上代の四段動詞「偲ふ」(未)＋上代の自発の助動詞「ゆ」

しの-はら【篠原】名　篠竹の生い茂っている野原。

しのび【忍び】名　❶人目を避けること。秘密。〈古今・恋二〉「いつはりの涙なりせば唐衣しのびに袖はしぼらざらまし」訳（これが）偽りの涙であったならば、人目を避けて美しい着物の袖を絞るようなことはしなかっただろうに。

❷「忍びの術（＝忍術）」「忍びの者（＝忍者）」の略。

しのび-あへ-ず【忍び敢へず】こらえきれない。隠しきれない。〈平家・灌頂・女院死去〉「忍びあへぬ(体)御涙に、袖のしがらみせきあへさせ給はず」訳（建礼門院は）こらえきれない御涙のために、袖のしがらみで（涙を）せき止めることがおできになられない。

なりたち　四段動詞「忍ぶ」(用)＋下二段補助動詞「敢ふ」(未)＋打消の助動詞「ず」

しのび-がへし【忍び返し】名　門や塀の上にとがった竹・木・くぎなどを取りつけ、盗賊などの不審者が忍び込むのを防ぐもの。

（しのびがへし）

しのび-ごと【忍び言】名　ひそひそ話。内緒話。

しのび-ごと【忍び事】名　隠しごと。内緒ごと。

しのび-ね【忍び音】名　❶ひそひそ声。小声。

❷人知れず声をおさえて泣くこと。また、その声。〈山家集〉「忍び音の涙たたふる袖のうらになづまず宿る秋の夜の月」訳しのび泣きの涙をたたえる袖の裏に、（私の物思いには）こだわらずに宿る（ここ袖の浦の）秋の夜の月であるよ。（「袖のうら」に「袖の裏」と地名「袖の浦」とをかける）

❸（陰暦四月ごろの）ほととぎすの初音。本格的な季節になる前に鳴く声をいう。〈大鏡・道長下〉「四月

二日なりしかば、まだ忍び音のころにて」訳 陰暦四月二日だったので、まだほととぎすの初音の時分で。

しのび-やか【忍びやか】形動ナリ{なら・なり(に)・なり・なる・なれ・なれ}「やか」は接尾語】人目につかないようにしているさま。ひそやかなさま。〈枕・二五〉「忍びやかに用 門(かど)たたけば、むね少しつぶれて」訳 ひそやかに門をたたくので、胸が少しどきっとして。

しのび-やつ・す【忍び窶す】他サ四{さ・し・す・す・せ・せ}人目につかないように目立たない姿をする。〈源氏・玉鬘〉「いみじく忍びやつし用たれど、清げなる男どもなどあり」訳 (一行の中には)たいそう人目につかないように目立たない姿をしているけれど、いかにもこざっぱりした男たちなどがいる。

最重要330

166

しの・ぶ

【忍ぶ】一 他バ上二・四{び・び・ぶ・ぶる・ぶれ・びよ}{ば・び・ぶ・ぶ・べ・べ} 二 自バ上二・四{び・び・ぶ・ぶる・ぶれ・びよ}{ば・び・ぶ・ぶ・べ・べ}

ガイド こらえる、耐えるが原義。そこから「隠す、隠れる」の意が派生した。上二段活用だったが、「思い慕う」意の四段活用の動詞「偲(しの)ふ」(中古に濁音化して「偲ぶ」)と混乱が生じ、四段活用にも用いられるようになった。

一 他バ上二・四

❶ **こらえる。たえる。**

例 万代(よろづよ)に心は解けてわが背子(せこ)がつみし手見つつ忍び用(上二段)かねつも〈万葉・一七・三九四〇〉

訳 いつまでもと(互いの)心は打ち解けて、あなたがつねった手を何度も見て、(恋しさを)こらえかねたことよ。

❷ **つつみ隠す。秘密にする。**

例 忍ぶる体(上二段)やうこそはと、あながちにも問ひ出(い)で給はず〈源氏・夕顔〉

訳 (女が自分の素性を)隠すわけは(あるのだろう)と思って、(光源氏は)むりに聞き出そうともなさらない。

二 自バ上二・四

❶ **隠れる。人目を避ける。**

例 明けはなれぬほど、忍び用て寄する車どものゆかしきを〈徒然・一三七〉

訳 夜の明けきらないころ、人目を避けて(桟敷(さじき)へ)寄せてくる多くの牛車(ぎっしゃ)(の主)が知りたいので。

❷ **感情をおさえる。こらえる。がまんする。**

例 もの思う給へ知らぬ心地にも、げにこそいと忍び用がたう侍りけれ〈源氏・桐壺〉

訳 (私＝靫負(ゆげい)の命婦(みょうぶ)のような)ものの分別もわきまえておりません者の気持ちにも、いかにもそのとおり(気の毒で)、ほんとうに(悲しさを)こらえがたいのでございました。

しのぶ【忍】名 ❶「忍草(しのぶぐさ)」の略。❷「忍摺(しのぶずり)」の略。

しの・ぶ【忍ぶ】他バ上二・四 自バ上二・四 ⬇上 166

しの・ぶ【偲ぶ】他バ四・上二 ⬇次ページ 167

しのぶ-ぐさ【忍草】名 ❶植物の名。しだ植物の一種。のきしのぶ。❷植物の名。わすれぐさ。❸(「偲ぶ」と同音であることから)昔をなつかしむ原因となるもの。思い出のよすが。〈狭衣物語〉「この忍草のありなしをだに聞くわざもがな」訳 せめてこの(＝女君の)忘れ形見の有無だけでも聞く方法があればなあ。

しのぶ-ずり【忍摺り・信夫摺り】名 摺(す)り衣の一種。忍草(しのぶぐさ)の茎や葉で、乱れた模様を布に摺りつけたもの。信夫(しのぶ)郡(福島市南部)に産したというが未詳。「しのぶもぢずり」とも。

しのぶ-の-みだれ【忍ぶの乱れ】人目を忍んで、ひたすら恋する気持ちの乱れ。〈伊勢・一〉「春日野(かすがの)の若紫のすり衣しのぶの乱れ限り知られず」訳 ↓かすがのの…和歌

しのぶ-もぢずり(—モジズリ)【忍振摺り・信夫振摺り】名「しのぶずり」に同じ。

しのぶれど… 和歌《百人一首》【忍ぶれど 色(いろ)に出(い)でにけり わが恋(こひ)は 物(もの)や思(おも)ふと 人(ひと)の問(と)ふまで】〈拾遺・恋一・平兼盛(たひらのかねもり)〉⬇付録①「小倉百人一首」40

しば【柴】名 山野に生える小さな雑木。また、その枝を切って、たきぎにしたり垣根を作ったりするもの。

フレーズ

柴の庵(いほり) 柴で屋根をふいた庵。また、粗末な小屋。

柴の戸(と) 柴で作った粗末な戸。また、粗末な家。柴の編み戸。柴の枢(とぼそ)。

しば【屢】副 しばしば。たびたび。しきりに。〈万葉・二〇・四四六〇〉「音しば立ちぬ水脈(みを)早みかも」訳 (船を漕(こ)

最重要330

167

しの・ぶ【偲ぶ】

他バ四・上二｛ば・び・ぶ・ぶ・べ・べ｝｛び・び・ぶ・ぶる・ぶれ・びよ｝〔上代は「しのふ」〕

ガイド **思い慕う**の意。上代には「しのふ」で四段活用。思い慕うのはたいてい気持ちをこらえて、隠れてすることだから、こらえる、隠れる意の動詞「忍ぶ」（上二段活用）と混乱が生じ、中古以降は「しのぶ」と濁音化して、四段活用でも上二段活用でも用いられるようになった。

❶ **思い慕う。恋う。なつかしむ。**

例 亡きにつけていとど**しのば**㊍（四段）るること多く〈源氏・鈴虫〉

訳 亡くなったことにつけて、（柏木を）ますます自然に**なつかしく思い慕わ**れることが多く。

例 浅茅が宿に昔を**しのぶ**㊍（四段）こそ、色好むとは言はめ〈徒然・一三七〉

訳 たけの低い茅萱のしげった荒れ果てた家で（恋人に逢った）昔を**なつかしむの**こそ、恋の情趣を解するとは言うのだろう。

❷ **賞美する。**

例 秋山の木の葉を見ては黄葉をば取りてそ**しのふ**㊍（四段）〈万葉・一・一六〉

訳 秋の山の木の葉を見ては、黄色く色づいた葉を手に取って**賞美する**。

ぐ櫓の）音が**しばしば**高く響いた。水脈の流れが速いからであろうか。

参考 「しば鳴く」「しば立つ」「しば見る」などのように、動詞に冠して用いられることが多い。

しはう-はい —シホウ【四方拝】名 陰暦一月一日の早朝に宮廷で行われる儀式。天皇が束帯で、清涼殿の東庭に出て、天地・四方・山陵などの神霊を拝し、天下太平や五穀豊穣を祈った。春

しはうより… 俳句

> 四方より　花吹き入れて　鳰の海　春
> 〈卯辰集・芭蕉〉

訳 四方（の山々）から桜の花吹雪を琵琶湖の上に吹き入れて匂い立つばかりの眺めである。

解説 「鳰の海」は琵琶湖の異称。琵琶湖畔にあった門人浜田珍夕の庵、洒落堂での句。下五を「にほの波」とする句形も伝わる。

しばし【暫し】副〔「しまし」の転〕少しの間。ちょっとの間。〈竹取・かぐや姫の昇天〉「かぐや姫『**しばし**待て』と言ふ」

しはす シワス【師走・十二月】名 陰暦十二月の称。冬

しば-な・く【屢鳴く】自カ四｛か・き・く・く・け・け｝しきりに鳴く。〈万葉・六・九二五〉「ぬばたまの夜のふけゆけば久木生ふる清き川原に千鳥**しば鳴く**㊍」訳 →ぬばたまの… 和歌

しば-の-いほり —イオリ【柴の庵】➡柴「フレーズ」

しば-の-と【柴の戸】➡柴「フレーズ」

しはぶかーふ シワブカ（コウ）【咳かふ】《上代語》しきりにせきをする。〈万葉・五・八九二〉「糟湯酒うちすすろひて**しはぶかひ**㊍鼻びしびしに」訳 →かぜまじり… 和歌

なりたち 四段動詞「咳く」㊍＋上代の反復・継続の助動詞「ふ」

しは-ぶ・く —シワ【咳く】自カ四｛か・き・く・く・け・け｝❶せきをする。〈源氏・手習〉「ここかしこうち**しはぶき**㊍」訳 （母尼は話の）あちこちでちょっと**せきをし**。❷（訪問などの合図に）せきばらいをする。〈源氏・若紫〉「妻戸を鳴らして**しはぶけ**㊍ば、少納言聞き知りて出で来たり」訳 （惟光が）妻戸をたたいて**せきばらいをする**と、少納言は聞いてそれとわかって出て来た。

しは-ぶ・る —シワ【咳る】自ラ下二｛れ・れ・る・るる・るれ・れよ｝せきをする。〈万葉・一七・四〇一一〉「翔り去にきと帰り来て**しはぶれ**㊍告ぐれ」訳 （その老人は、鷹が）大空を飛んで行ってしまったと、帰って来て、**ごほごほせきをして**告げるけれども。

しはぶ・る シワブル 他ラ四｛ら・り・る・る・れ・れ｝しゃぶる。〈猿蓑・芭蕉〉「魚の骨**しはぶる**㊍までの老いを見て」訳 （歯もだめになり、今では）魚の骨を**しゃぶる**ほどの老い（をむさぼり生きる人）を見て。

しばら-く【暫く】副〔「しまらく」の転〕❶少しの間。一時。当分。〈細道・平泉〉「**しばらく**千歳の記念とはなれり」訳 （経堂と光堂は）**当分**遠い昔をしのぶ記念物とはなっている。❷かりそめに。一時的に。〈徒然・八〉「**しばらく**衣裳に薫き物すと知りながら」訳 **一時的に**衣裳に香をたきしめているのだと知っているにもかかわらず。

しばらくは… 俳句

> しばらくは　滝に籠るや　夏の初め　切れ字　夏
> 〈細道・日光・芭蕉〉

訳 （裏見の滝の滝裏の岩屋に身をひそめると）しばしの夏籠りの気になり、身も引き締まる。（折から僧たちの夏籠りが始まる）この夏の初めの時期に。

解説 「夏」は陰暦四月中旬から七月中旬の三か月

間のこと。「夏籠り」は僧侶が夏の九十日間一室に籠り勤行・精進すること。

しひ【椎】名ブナ科の常緑高木。果実は食用となる。

じ-ひ【慈悲】名❶《仏教語》仏・菩薩が衆生に楽しみを与え(=慈)、その苦しみを除く(=悲)こと。❷あわれみ。なさけ。いつくしみ。〈徒然・一二八〉「一切の有情を見て慈悲の心なからんは、人倫にあらず」訳すべての生き物を見ていつくしみの心がないような人は、人間ではない。

しひ-がたり【強ひ語り】名むりに話を聞かせること。また、その話。

しひ-しば【椎柴】名❶(群生する)椎の木。(薪などにする)椎の枝。❷(椎は喪服を染めるのに用いたので)喪服。喪服の色。また、喪に服していること。〈枕・一三八〉「これをだにかたみと思ふに都には葉がへやしつる椎柴の袖」訳せめてこれ(=喪服)だけでも(故円融院の)形見と思って(脱ぎかねて)いるのに、都ではもう、葉が生え変わるように喪服の袖を脱いで(花の衣に)着かえてしまったのであろうか。

しひ-て【強ひて】副〔上二段動詞「強ふ」用+接続助詞「て」〕❶むりに。むりやりに。〈伊勢・八三〉「しひて御室にまうでてをがみ奉るに」訳むりに(惟喬親王の)御庵室に参上してお目にかかると。❷むやみに。むしょうに。〈徒然・三八〉「しひて智をもとめ賢を願ふ人のために言はば」訳むやみに知恵を欲し、賢くなることを願う人のために言うならば。

参考 類義語に「せめて」があるが、「せめて」は事態が差し迫ったために余裕がなくなって相手・対象に強く迫るさまを言い、「しひて」は相手の意向や道理に逆らって無理にことを行うさまを言う。

しびら【褶】名衣服の上から腰につける簡略な裳。下級の女房が着用した。

しふ【執】名あることに深くとらわれ、忘れないこと。執念。執着心。〈方丈・三〉「身に官禄あらず、何に付けてか執を留めん」訳自分には官位も俸禄もなく、何に対して執着を残そうか(いや、残すまい)。

しふ【集】名詩・歌・文章などを集めた書物。〈枕・一七五〉「物語・集など書き写すに(=書き写すときに)」

し・ふ【強ふ】他ハ上二〔ひ・ひ・ふ・ふる・ふれ・ひよ〕むり強いをする。強いる。〈徒然・一七五〉「人に酒をすすむるとて…人に強ひ奉らんとするは」訳人に酒をすすめるというので…他人にむり強いし申しあげようとするのは。

じふ-あく【十悪】名❶上代の十種の重罪。謀反・謀大逆・謀叛・悪逆・不道・大不敬・不孝・不睦・不義・内乱。隋・唐の制による。❷《仏教語》身・口・意の三業がつくる十の罪悪。殺生・偸盗・邪淫・妄語・両舌・悪口・綺語・貪欲・瞋恚・邪見。

じふご-や【十五夜】名❶陰暦で、毎月の十五日の夜。満月の夜。⬇月「古文常識」❷(特に)陰暦八月十五日の夜。古来、すすき・芋などを供えて月を賞美し、酒宴などを催して、詩歌を詠み、管弦を行う風習があった。その夜の月を、「中秋の名月」「芋名月」などという。秋

じふさん-や【十三夜】名❶陰暦で、毎月の十三日の夜。⬇月「古文常識」❷(特に)陰暦九月十三日の夜。陰暦八月十五日の夜に次いで月見によいとされ、その夜の月を「のちの月」「栗名月」「豆名月」などという。秋

しふ-しん【執心】名《仏教語》深く心にかけること。執着心。〈方丈・一五〉「仏の教へ給ふおもむきは、事にふれて執心なかれとなり」訳仏がお教えになる趣意は、何事につけても執着心があってはいけないということである。

しふ・す【執す】自サ変〔せ・し・す・する・すれ・せよ〕「しっす」に同じ。

じふ-ぜん【十善】名❶《仏教語》「十戒」を守り、「十悪」を犯さないこと。❷(前世に「十善①」を行った果報によって、この世で天子の位を受けるということから)天子の位。天皇。

じぶつ【持仏】⬇ぢぶつ

じふに-し【十二支】名十二の周期・順序を表す、子・丑・寅・卯・辰・巳・午・未・申・酉・戌・亥の称。後世これにそれぞれ、ねずみ(子)・牛(丑)・虎(寅)・兎(卯)・竜(辰)・蛇(巳)・馬(午)・羊(未)・猿(申)・鶏(酉)・犬(戌)・猪(亥)と動物を配した。方位および時刻に割り当ててその名とする。また、十干と組み合わせて、「えと」と称し、暦法に用いた。→干支・十干。⬇次ページ「古文常識」

じふに-ひとへ【十二単】名女官・女房の正装の俗称。白小袖に紅の袴をはき、その上に単・五つ衣・打ち衣・表着を重ね、さらに唐衣を着て、腰に裳をつける。

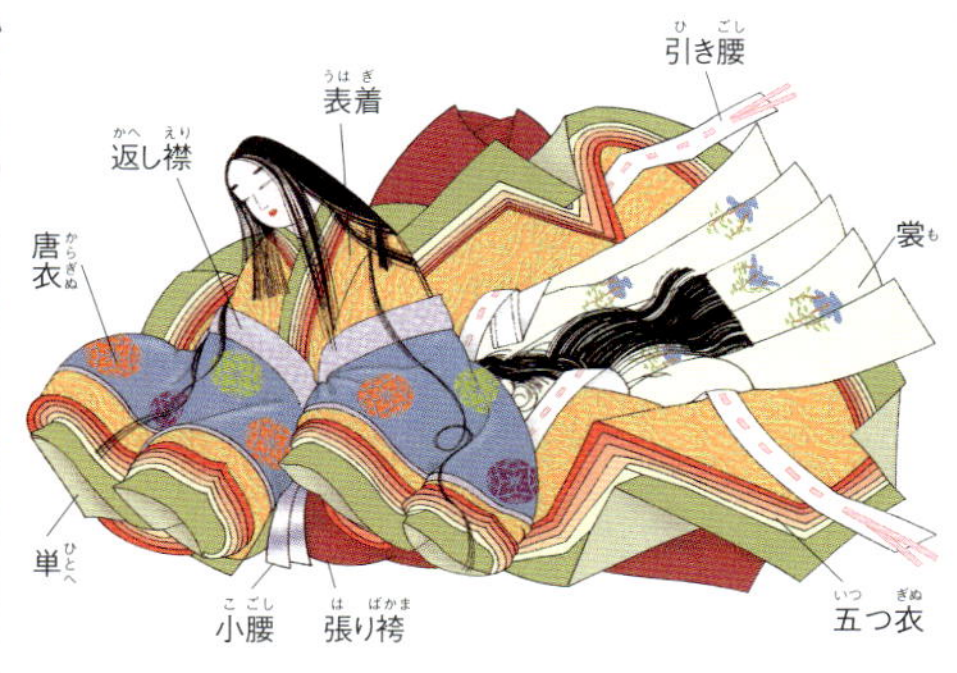

(じふにひとへ)

じふに-りつ【十二律】名「じふじりつ」とも。雅楽で用いる十二段階の音。その十二音によって、一オクターブの音域を形成する。わが国では、低い音から順に壱越・断金・平調・勝絶・下無・双調・鳧鐘・黄鐘・鸞鏡・盤渉

神仙・上無という。

しふね・し【執念し】形ク{から・く(かり)・し・き(かる)・けれ・かれ}〔漢語「執念」の形容詞化したもの〕❶執念深い。しつこい。〈源氏・葵〉「例の**しふねき**(体)御物の怪一つさらに動かず」訳いつもの**しつこい**御物の怪一つが(葵の上にとりついて)まったく動かず。
❷意志や意地を立てとおすさま。強情である。〈源氏・空蝉〉「かく**しふねき**(体)人はありがたきものを、とおぼすにしも」訳このように**強情な**人(=女)はめったにいないものなのになあと(光源氏は)お思いになるにつけても。

じふ-ねん【十念】名《仏教語》南無阿弥陀仏の名号を十度唱えること。また、僧が信者のためにこれを行い、仏と縁を結ばせること。

じふ-もんじ【十文字】名❶「十」の字の形。❷からだや武器を前後・左右にすばやく動かすさまにいう語。〈平家・八・法住寺合戦〉「縦様・横様・蜘蛛手・**十文字**にかけ破り」訳縦・横・四方八方・**十文字**に馬を駆け入れて敵を突破し。❸「十文字槍」の略。穂先が十文字になった槍。

(じふもんじ③)

しぶ・る【渋る】自ラ四{ら・り・る・る・れ・れ}❶なめらかに通らない。つかえる。〈去来抄・修行〉「なほ好句あらんとすれば、かへって句**しぶり**(用)」訳それでもなおよい句を作ろうとすると、かえって句が**なめらかに進まず**。❷ためらう。いやがる。〈枕・一四〉「『今宵はえなむ』など**しぶら**(未)せ給ふに」訳(中宮は)「今夜はどうも(参上できない)」などと**ためらい**なされると。

拾遺和歌集(しふゐわかしふ)《作品名》三番目の勅撰和歌集。撰者は花山院など諸説あるが、未詳。平安中期の寛弘二年―四年(一〇〇五―一〇〇七)ごろ成立。「古今集」「後撰集」にもれた歌約千三百五十首を収める。→勅撰和歌集

じぶん-の-はな【時分の花】能楽で、役者の若さからくる一時的な芸の美しさ・魅力。〈風姿花伝〉「この花はまことの花にはあらず。ただ**時分の花**なり」訳この(=少年期の)芸の魅力は真実の芸の魅力ではない。単に**若さからくる一時的な芸の魅力**である。

しべ【稭】名「すべ」とも。稲の穂の芯。わらしべ。〈徒然・五三〉「藁の**しべ**を〔首の〕まはりにさし入れて」

古文常識 「じふにし」—年(月日)、方位・時刻の表し方

昔は「十干」と「十二支」とを組み合わせた「**干支**(えと)」で年月や物事の順序を表していた。六十一番目で一巡して最初に還るため、数えで六十一歳を「**還暦**」というのはここに由来する。

●十干・十二支表

五行	木(モク・き)		火(クヮ・ひ)		土(ド・つち)		金(ゴン・か)		水(スイ・みづ)	
十干	兄 甲(きのえ カフ・カツ)	弟 乙(きのと オツ・イツ)	兄 丙(ひのえ ヘイ)	弟 丁(ひのと テイ)	兄 戊(つちのえ ボ)	弟 己(つちのと キ)	兄 庚(かのえ カウ)	弟 辛(かのと シン)	兄 壬(みづのえ ジン)	弟 癸(みづのと キ)

十二支(動物名)	子	丑	寅	卯	辰	巳	午	未	申	酉	戌	亥
読み	ね シ	うし チウ	とら イン	う バウ	たつ シン	み シ	うま ゴ	ひつじ ビ・ミ	さる シン	とり イウ	いぬ ジュツ	ゐ ガイ
動物名	(鼠)	(牛)	(虎)	(兎)	(竜)	(蛇)	(馬)	(羊)	(猿)	(鶏)	(犬)	(猪)

干支										
	①甲子 きのえね カフシ・カッシ	②乙丑 きのとうし イッチウ	③丙寅 ひのえとら ヘイイン	④丁卯 ひのとう テイバウ	⑤戊辰 つちのえたつ ボシン	⑥己巳 つちのとみ キシ	⑦庚午 かのえうま カウゴ	⑧辛未 かのとひつじ シンビ	⑨壬申 みづのえさる ジンシン	⑩癸酉 みづのととり キイウ
	⑪甲戌 きのえいぬ カフジュツ	⑫乙亥 きのとゐ イツガイ	⑬丙子 ひのえね ヘイシ	⑭丁丑 ひのとうし テイチウ	⑮戊寅 つちのえとら ボイン	⑯己卯 つちのとう キバウ	⑰庚辰 かのえたつ カウシン	⑱辛巳 かのとみ シンシ	⑲壬午 みづのえうま ジンゴ	⑳癸未 みづのとひつじ キビ
	㉑甲申 きのえさる カフシン	㉒乙酉 きのととり イツイウ	㉓丙戌 ひのえいぬ ヘイジュツ	㉔丁亥 ひのとゐ テイガイ	㉕戊子 つちのえね ボシ	㉖己丑 つちのとうし キチウ	㉗庚寅 かのえとら カウイン	㉘辛卯 かのとう シンバウ	㉙壬辰 みづのえたつ ジンシン	㉚癸巳 みづのとみ キシ
	㉛甲午 きのえうま カフゴ	㉜乙未 きのとひつじ イツビ	㉝丙申 ひのえさる ヘイシン	㉞丁酉 ひのととり テイイウ	㉟戊戌 つちのえいぬ ボジュツ	㊱己亥 つちのとゐ キガイ	㊲庚子 かのえね カウシ	㊳辛丑 かのとうし シンチウ	㊴壬寅 みづのえとら ジンイン	㊵癸卯 みづのとう キバウ
	㊶甲辰 きのえたつ カフシン	㊷乙巳 きのとみ イツシ	㊸丙午 ひのえうま ヘイゴ	㊹丁未 ひのとひつじ テイビ	㊺戊申 つちのえさる ボシン	㊻己酉 つちのととり キイウ	㊼庚戌 かのえいぬ カウジュツ	㊽辛亥 かのとゐ シンガイ	㊾壬子 みづのえね ジンシ	㊿癸丑 みづのとうし キチウ
	(51)甲寅 きのえとら カフイン	(52)乙卯 きのとう イツバウ	(53)丙辰 ひのえたつ ヘイシン	(54)丁巳 ひのとみ テイシ	(55)戊午 つちのえうま ボゴ	(56)己未 つちのとひつじ キビ	(57)庚申 かのえさる カウシン	(58)辛酉 かのととり シンイウ	(59)壬戌 みづのえいぬ ジンジュツ	(60)癸亥 みづのとゐ キガイ

「十二支」は方位・時刻を表すのにも用いられた。

●方位・時刻表

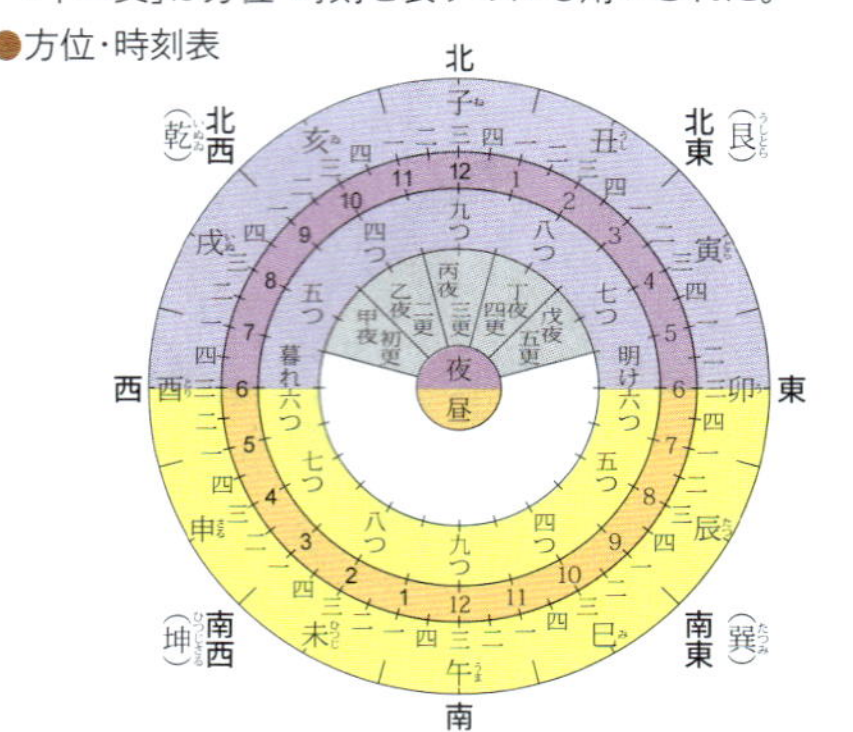

しへた・ぐ タグエ【虐ぐ】他ガ下二〔げ・げ・ぐ・ぐる・ぐれ・げよ〕❶むごく扱う。つらく当たる。〈徒然・一二九〉「すべて、人を苦しめ、物をしへたぐる㊍こと、賤いやしき民の志をも奪ふべからず」訳総じて、人を苦しめ、生き物をむごく扱うこと（があるが）、身分の低い人民の意志をも奪ってはならない。
❷征服する。〈平家・一二・六代被斬〉「毎度に御方みかた追ひおとされて、敵かたきをしへたぐる㊍に及ばず」訳（攻め寄せる）そのたびごとに味方は追い落とされて、敵を征服することができない。

-しほ シオ【入】接尾 染色の際、布を染料にひたす回数を表す語。〈万葉・一五・三七〇三〉「紅くれなゐの八しほの色に」訳紅を何度も染めたような濃い色に。→一入ひとしほ

しほ シオ【潮・汐】名❶海水。海水の干満。〈万葉・六・九一九〉「若の浦に潮満ち来れば潟かたを無み葦辺あしへをさして鶴たづ鳴き渡る」訳→わかのうらに…和歌
❷よい機会。よいころあい。しおどき。〈浄・出世景清〉「東大寺再興の奉行にのぼるをよきしほと」訳（畠山重忠しげただが）東大寺を再興する差配役に昇進するのをよい機会と考え。
❸あいきょう。愛らしさ。〈浄・丹波与作待夜小室節〉「目元にしほがこぼれる」

しほうはい〔四方拝〕⇒しはうはい

しほ-うみ シオ—【潮海】名（「淡海あはうみ」「湖みづうみ」に対して、塩分を含んでいる海。〈土佐〉「潮海のほとりにてあざれ合へり」訳（物の腐るはずのない塩のきいた）海のほとりでふざけ合っている。（「あざれ」に「戯あざる（=ふざける）」「鯘あざる（=魚肉などが腐る）」の二つの意をかけたしゃれ）

しほ-ぎ シオ—【塩木】名「しほき」とも。製塩の際、海水を煮詰めるのに用いる薪たき。

しほごしや… 俳句

汐越や　鶴つるはぎぬれて　海うみ涼すずし（切れ字「や」・「し」　夏）〈細道・象潟きさかた・芭蕉〉

訳ここ汐越の風光よ。（浅瀬に下り立っている）鶴の長い脚がひたひたと寄せる波に濡ぬれて、いかにも涼しげな海である。（切れ字の「し」は、形容詞の終止形活用語尾）
解説「汐越」は象潟の入り江の口にある浅瀬の名。「鶴脛つるはぎ」は衣の丈が短く、脛すねが長く出ていることをいうが、ここは文字どおり鶴の脛を指して興じている。

しほ-さゐ シオサイ【潮騒】名 潮の満ちてくるとき、波が立ち騒ぐこと。

しほ-じ・む シオ—【潮染む】自マ四〔ま・み・む・む・め・め〕❶潮水や潮気がしみこむ。潮気になじむ。〈源氏・明石〉「世をうみにここらしほじむ㊍身となりてなほこの岸をえこそ離れね」訳俗世間をいやに思い、長年海辺にのがれ住んで潮気がしみこむような（生活を送る）身となったのに、やはり（解脱げだつできずに）、この（穢土えどである）此岸しがん（の明石あかしの浦）の海岸を、（私=明石の入道は）どうも離れることができないでいる。（「うみ」は「倦うみ」と「海」との、「この岸（=明石の海岸）」は「此岸（=現世）」との掛詞）
❷物事になれる。なじむ。〈源氏・薄雲〉「かかる住まひにしほじま㊏ざらましかば、珍かにおぼえまし」訳（私=光源氏が明石で）このような住まいになじんでいなかったならば、（こういう山里の風情も）さぞ珍しく思われただろうに。

しほ-じり シオ—【塩尻】名 塩田で、砂をまるく高く塚のように積み上げたもの。これに海水をくみかけ日にさらして塩分を固着させる。〈伊勢・九〉「なりは塩尻のやうになむありける」訳（富士山の）形は塩尻のようであった。

しほだひの… 俳句

塩鯛の　歯はぐきも寒さむし　魚うをの店たな（切れ字「し」　冬）〈薦獅子集こもじしふ・芭蕉〉

訳（店先の）塩鯛がむき出している歯ぐきの白さまでが、寒さをつのらせていることだ。冬の魚屋のあたりは。（切れ字の「し」は、形容詞の終止形活用語尾）
解説「三冊子さんぞうし」に、其角きかくの「声かれて猿の歯白し峰の月」の句に対して、自身のこの句を「ただ言ひたる（=ありのままを句にした）」と述べた芭蕉の言を伝える。

しほ-た・る シオ【潮垂る】自ラ下二〔れ・れ・る・るる・るれ・れよ〕❶海水に濡ぬれてしずくが垂れる。また、雨や露などに濡れてぐっしょりとなる。〈徒然・三〉「露霜にしほたれ㊊て、所さだめずまどひありき」訳露や霜にぐっしょり濡れて、どこということなくさまよい歩き。
❷（涙を海水にたとえて）涙を流す。涙で袖が濡れる。悲嘆に沈む。〈源氏・澪標〉「いと悲しうて、人知れずしほたれ㊊けり」訳（明石あかしの君は）たいそう悲しくて、ひそかに涙で袖が濡れたことだ。⇒咳せき上あぐ「慣用表現」

しほたれ-がち シオタレ—【潮垂れがち】形動ナリ〔なら・なり（に）・なり・なる・なれ・なれ〕涙で袖を濡ぬらすことが多いさま。（「がち」は接尾語）悲しみ嘆きがちなさま。〈源氏・桐壺〉「御しほたれがちに㊊のみおはします」訳（桐壺帝は）ただもう御涙にひたっていらっしゃる。

しほ-ぢ シオジ【潮路】名❶潮が流れる道。潮流。
❷船の通る道。海路。航路。〈太平記・六〉「海辺の眺望をながめて、潮路はるかに見渡せば」訳海辺の眺めをじっと見て、航路遠くまで見渡すと。

しほ-ひ シオ—【潮干】名 潮の引くこと。また、潮の引いた海岸。

じ-ほふ ホウ—【実法】名・形動ナリ（「じっぽふ」の促音「っ」の表記されない形）まじめなさま。素直なさま。〈源氏・蛍〉「まろがやうにじほふなる㊍痴しれ者の物語はありや」訳（昔物語の中に）私のようにまじめ一方なおろか者の話はあるか（いや、ありはしない）。

しほふる-たま シオフル—【潮干る珠】名（のち「しほひるたま」とも）海水につけると潮を引かせる効力があるという玉。対潮満つ珠

しほみつ-たま シオミツ—【潮満つ珠】名 海水につけると潮を満ちさせる効力があるという玉。対潮干ふる珠

しほ-や シオ—【塩屋】名 海水を煮詰めて塩を作る小屋。

しほ-やき シオ—【塩焼き】名 海水を煮詰めて塩を作

ること。また、その人。

しほら・し 形シク {しから・しく(しかり)・し・しき(しかる)・しけれ・しかれ} ➡しをらし

しほらしき… 俳句

> しほらしき　名や小松吹く　萩すすき　〈細道・太田神社・芭蕉〉
> 切れ字　秋

訳 愛らしい地名であるなあ、小松とは。その名のとおりの小松に吹く秋風が萩やすすきをもそよがせて可憐な風情であるよ。(「しほらしき」は本来「しをらしき」とあるべきところ。「小松」は地名の「小松」(石川県小松市)と植物の「小松」との掛詞)

しほり 【撓り】 名 ➡しをり(撓り)

しぼ・る 【絞る・搾る】 他ラ四 {ら・り・る・る・れ・れ} ❶強く圧したり、ねじったりして水気を出す。しぼる。〈狭衣物語〉「人知れずおそふる袖もしぼる体まで時雨とともにふる涙かな」 訳 (流す涙を)人に知られないようにとおさえる袖も、しぼるほど(ぬれ)、時雨とともに降る涙であることよ。(「時雨」と「ふる」とは縁語)

❷声などをむりに出す。ふりしぼる。〈枕・三〇〉「せめてしぼり用出でたる声々の、さすがにまたまぎれずなむ」 訳 (僧が)しいてふりしぼって出している声々が、そうはいうものの、やはり(他の人の声に)まぎれない(で聞こえる)。

❸弓を強く引く。引きしぼる。〈曽我物語〉「この矢をつがひ、しぼり用返して」 訳 (弓に)この矢をつがえ、ぐっと引きしぼって。

しま 【島】 名 ❶周囲を水に囲まれた陸地。島。

❷「山斎」とも書く)庭の泉水の中の築山。また、築山・泉水のある庭園。〈万葉・三・四五二〉「妹として二人作りしわが山斎は木高く繁くなりにけるかも」 訳 妻とともに二人で作ったわが家の庭園は、(久しぶりにみると)木々のこずえが高く盛んに茂ったことだなあ(その妻も今はいない)。

❸《近世語》特定の地域。特に、遊郭・色町。

志摩 (しま)《地名》旧国名。東海道十五か国の一つ。今の三重県志摩半島の地域。志州。

しま-がく・る 【島隠る】 自ラ四・下二 {ら・り・る・る・れ・れ} {れ・れ・る・るる・るれ・れよ} 島陰に隠れる。〈万葉・六・九四四〉「島がくり用わが漕ぎ来れば」 訳 島陰に隠れ私が漕いで来ると。〈古今・羇旅〉「朝霧に島がくれ用(下二段)ゆく舟をしぞ思ふ」 訳 朝霧の中に、島陰に見えなくなっていく舟を(しみじみと)思うことだ。

しまし 【暫し】 副 《上代語》「しばし」の古形)少しの間。ちょっとの間。〈万葉・一五・三七八五〉「霍公鳥間しまし置け」 訳 ほととぎすよ、間をしばらくお(いて鳴)け。

参考 上代は四段活用、中古以降は下二段活用。

しまし-く 【暫しく】 副 《上代語》しばらくの間。〈万葉・一二・二九一二〉「手弱女は同じ心にしましくも止む時も無く見てむとそ思ふ」 訳 かよわい女(である私)は、(あなたと)同じ気持ちで、しばらくの間もとだえることもなく(あなたと)逢っていたいと思う。

し-まつ 【始末】 名 ❶事の次第。一部始終。事情。

❷物をたいせつにすること。倹約。節約。〈浮・日本永代蔵〉「日来は始末第一の人なれど」 訳 日頃は倹約を第一に重んじる人であるが。

しま-ね 【島根】 名 「ね」は接尾語)島。また、島国。〈万葉・一五・三五八八〉「石が根の荒き島根に宿りする君」 訳 根を下ろしたような岩石が広がる荒涼とした島に、(いつまでも)宿っている君よ。

し-まひ 【仕舞ひ】 名 ❶物事の終わり。最後。

❷総決算。清算。〈浮・世間胸算用〉「毎年のしまひには少しづつたらず」 訳 毎年の(年末の)総決算では少しずつ足りない。

❸したく。準備。化粧などの身づくろい。

しま-み 【島回・島曲・島廻】 一 名 島のまわり。島の周囲。〈万葉・一七・三九九一〉「島廻には木末花咲き」 訳 島の周囲では梢に花が咲き。

二 名・自サ変 島のまわりをめぐること。島めぐり。〈万葉・七・一一一七〉「島廻す終と磯に見し花風吹きて波は寄すとも取らずは止まじ」 訳 島めぐりをしようとして、磯で見た花を、風が吹いて波は寄せて来ても、取らずにはおくまい。

しま-もり 【島守】 名 島を守る人。島の番人。

しみ 【紙魚・衣魚】 名 和紙・衣類などの糊気を食害する虫。夏

しみら-に 副 「しめらに」とも。間もなくびっしりと。その間ずっと。終日。〈万葉・一三・三二七〇〉「あかねさす昼はしみらにぬばたまの夜はすがらにこの床のひしと鳴るまで嘆きつるかも」 訳 昼は昼じゅう、夜は一晩じゅう、この床がみしみしと音を立てるほどに嘆いたことよ。(「あかねさす」は「昼」に、「ぬばたまの」は「夜」にかかる枕詞)

し・む 【染む・浸む】

一 自マ四 {ま・み・む・む・め・め} ❶(色に)染まる。色・香りがしみつく。〈古今・夏〉「はちす葉の濁りにしま未ぬ心もてなにかは露を玉とあざむく」 訳 蓮の葉は(泥水の中で育って、しかもその)濁りに染まらない(清い)心をもちながら、どうして(葉に置く)露を玉と見せかけて(人を)だますのか。

❷ひたる。うるおう。しみ込む。〈万葉・三・三四三〉「なかなかに人とあらずは酒壺に成りにてしかも酒にしみ用なむ」 訳 中途半端に人間でいないで、酒壺になってしまいたいものだ。(そうしたら)きっと酒にひたっていられるだろう。

❸深く感じる。心にしみる。〈源氏・葵〉「深き秋のあはれまさりゆく風の音身にしみ用けるかな」 訳 晩秋の、悲哀の深まりゆく風の音が身に深く感じたことだなあ。

❹熱心になる。関心をもつ。執着する。〈栄花・月の宴〉「和歌の方にも、いみじうしま未せ給へり」 訳 (村上天皇は)和歌の方面にも、ひどくご熱心になられていらっしゃる。

二 他マ下二 {め・め・む・むる・むれ・めよ} ❶染まるようにする。染める。色・香りをしみ込ませる。〈源氏・明石〉「浅からずしめ用たる紫の紙に、墨つき濃く薄くまぎらはして」 訳 淡くなく香をたきしめた紫の紙に、墨の付きぐあいを濃く薄く書きまぎらわして。

❷深く心にとめる。深く思いつめる。〈更級・夫の死〉「よしなき物語、歌のことをのみ心にしめ未で、夜昼思ひて、行ひをせましかば」 訳 つまらない物語や歌のことばかりを心に深く思いつめないで、日夜心にかけて、勤

行をしていたならば。

し・む【凍む】 自マ上二 {み・み・む・むる・むれ・みよ} 冷気がしみる。こおる。冬。〈源氏・若菜下〉「恥づかしく、かたじけなく、かたはらいたきに、…身も**しむる**体心地して」訳（柏木は光源氏に対して）恥ずかしく、畏れ多く、きまりが悪いので、…（夏なのに）身も**こおる**気持ちがして。

しむ 助動下二型

意味・用法

❶使役
…せる。…させる。

例 身をやぶるよりも、心をいたましむる体は、人をそこなふことなほ甚だし〈徒然・一二九〉
訳 肉体を傷つけることよりも、精神を苦しませることは、人を害することではいっそうはなはだしい。

❷尊敬
「給ふ」とともに用いて、程度の高い尊敬の意を表す。
お…になられる。…なされる。

例 御衣賜り給へりしを、筑紫にもて下らしめ用給へりければ〈大鏡・時平〉
訳（道真はほうびとして天皇から）お召し物をいただきなさったのを、筑紫（福岡県）に持ってお下りになられていたので。

接続

用言の未然形に付く。

活用

未然	連用	終止	連体	已然	命令
（ズ）	（タリ）	（。）	（コト）	（ドモ）	（。）
しめ	しめ	しむ	しむる	しむれ	しめよ（しめ）

文法ノート

1「しむ」の語史
「しむ」は「す・さす」の発達していなかった上代に多く用いられたが、中古になると、もっぱら漢文を訓読する際に用いられ、仮名書きの日記・物語などではほとんど用いられなくなった。中世の説話や軍記物語になると、「しむ」は再びよく用いられるようになった。

2 謙譲の「しむ」
「聞こゆ」「申す」「奉る」「啓す」などの謙譲語に付いて、より高い謙譲の意を表す用法がある。
例 皇太后宮にいかで啓せしめむと思ひ侍れど〈大鏡・道長上〉
訳 皇太后宮になんとかして申し上げようと思いますが。

し・む【占む・標む】 他マ下二 {め・め・む・むる・むれ・めよ} ❶自分のものとする。自分の領地であることを示すしるしをつける。〈万葉・八・一四二七〉「明日よりは春菜摘まむとしめ用し野に昨日も今日も雪は降りつつ」訳 明日からは若菜を摘もうと**しるしの標をつけた**野に、昨日も今日も雪は降り続いている。❷敷地とする。その土地に住む。〈徒然・二〇七〉「ふるくよりこの地をしめ用たる物ならば、さうなく掘りすてられがたし」訳（蛇が）古くからこの地を**居所として**いるものならば、（蛇が密集する塚を）無造作に掘って（蛇を）お捨てになることはむずかしい。❸身に備える。心に持つ。〈源氏・浮舟〉「いとあはれと人の思ひぬべきさまをしめ用給へる人がらなり」訳 たいそうみごとだと、人がきっと思うにちがいない趣を**身に備え**ていらっしゃる（薫の）人柄である。

し・む【締む】 他マ下二 {め・め・む・むる・むれ・めよ} ❶（紐などを）固く結ぶ。締める。〈平家・九・木曽最期〉「鍬形打ったる（＝角形の飾りをつけた）甲の緒締め用」❷合計する。〈伎・助六〉「いかさま締め用て三百ぐらゐ」訳 なるほど**合計して**三百文くらいだ。❸物事をまとめる。また、物事の決着を祝って、皆で手打ちの式をする。❹こらしめる。とっちめる。

しむ 助動下二型 ➡上助動詞「しむ」

しむる 助動詞「しむ」の連体形。

しむれ 助動詞「しむ」の已然形。

しめ【標】 名 ❶〔「占め」の意〕土地の領有や場所の区画を示し、人の立ち入りを禁じるための標識。木を立てたり縄を張ったりする。また、山道などの道しるべの標識。❷「標縄」の略。区域を限ったり、出入り禁止を示したりする縄。特に、不浄や災いを避けるため、神前・神事の場に張りめぐらす縄。

しめ 助動詞「しむ」の未然形・連用形、古い命令形。

しめ-じめ(-と) 副 ❶ひっそりと心沈んださま。しんみり。しめやか。〈紫式部日記〉「世の物語しめじめとしておはするけはひ」訳（殿の三位の君＝頼通が）

最重要330

168 しも【下】名

ガイド 類義語「した」が空間的な下側、物事の裏側や内面を示す傾向が強いのに対し、「しも」は時間や序列の下位といった連続する事物の下方を示す意識が強い。

❶位置の低い所。下のほう。対上(かみ)
例 腰よりかみは人にて、下は蛇(くちなは)なる女の〈宇治・四・五〉 訳 腰より上は人間(のからだ)であって、下半身は蛇(へび)である女で。

❷川の下流。川下。対上(かみ)
例 下つ瀬に小網(さで)さし渡す〈万葉・一・三八〉 訳 下流の瀬には小網(=魚をすくいとる網)を張り設ける。

❸官位や身分の低い者。また、(君主・朝廷に対して)臣下。人民。対上(かみ)
例 上(かみ)・中・下みな歌よみけり〈伊勢・八二〉 訳 (供人の)官位の高い者、中ほどの者、低い者、みなが歌を詠んだ。

❹和歌の下の句。七・七の二句。対上(かみ)

❺年下の人。年少者。対上(かみ)
例 あて宮、小君たち…、年十三歳より下なり〈うつほ・藤原の君〉 訳 あて宮や(妹の)小君たちなど…、年は十三歳より年下である。

❻あとの部分。終わりのほう。対上(かみ)
例 下の十巻(まき)を〈枕・二三〉 訳 (「古今集」の)後半の十巻を。

❼のちの時代。後世。対上(かみ)
例 かみ正暦(しやうりやく)のころほひより、下文治(ぶんぢ)の今に至るまでのやまと歌を〈千載・序〉 訳 先の時代は正暦のころから、のちの時代は文治の現在に至るまでの和歌を。

❽宮中や貴人の家で、女房の詰め所。局(つぼね)。
例 一昨日(をとひ)より腹を病みて、いとわりなければ下に侍りつるを〈源氏・空蟬〉 訳 一昨日から腹をこわして、たいそう苦しいので、下屋にいましたのに。

❾京都の町の南部、下京(しもぎやう)のこと。対上(かみ)

世間話をしんみりとしていらっしゃるようすは。❷深く心をうち込むさま。つくづく。〈十訓・一〉「この侍従の君を、年ごろしめじめと懸想(けさう)しけれど、つれなかりけり」訳 この侍従の君に、長年深く思いをかけていたけれど、なんの反応もなかった。❸雨が静かに降るさま。うちしめったさま。しとしと。〈愚管抄〉「雨しめじめとめでたくふりて」訳 雨がしとしととけっこうなぐあいに降って。

しめ・す【示す】 他サ四 {さ・し・す・す・せ・せ} ❶**表して見せる。** さし示す。〈万葉・四・七二五〉「にほ鳥の潜(かづ)く池水情(こころ)あらば君にあが恋ふる情示さ未ね」訳 にお鳥(=かいつぶり)の潜る池の水よ。(おまえにも)心があるならば、わが君に私の恋しく思う心を示しておくれ。❷(神仏などが)**告げ知らせる。**(夢などで)教え告げる。〈徒然・五〇〉「かの鬼の虚言(そらごと)は、このしるしを示す体なりけり」訳 あの鬼についての流言は、この(=病気の流行の)前兆を告げ知らせることだったのだ。

しめ-たま・ふ【しめ給ふ】 ❶(「しむ」が尊敬の場合)高い尊敬の意を表す。お…になられる。**…なされる。**〈大鏡・時平〉「かの筑紫(つくし)にて作り集めさせ給へりけるを書きて一巻(ひとまき)とせしめ給ひ用て、後集(ごしふ)と名づけられたり」訳 (道真(みちざね)は)あの筑紫(の国)で作り集めなされていたもの(=漢詩)を書いて一巻としなされて、後集(=「菅家後集(かんけこうしゆう)」)とお名づけになった。❷(「しむ」が使役の場合)使役する人を敬った表現。**お…(さ)せになる。**…(さ)せなさる。〈土佐〉「御船(みふね)すみやかに漕(こ)がしめ給へ命」訳 (神よ、どうか)お船を速くお漕がせください(=漕ぐようにさせてください)。

なりたち 使役・尊敬の助動詞「しむ」用＋尊敬の補助動詞「給ふ」

接続 用言の未然形に付く。

しめ-の【標野】 名 上代、皇室などが領有し、一般の人の立ち入りを禁じた原野。狩り場などにされた。禁野(きんや)。〈万葉・一・二〇〉「あかねさす紫野(むらさきの)行き標野行き」訳 →あかねさす… 和歌

しめ-やか 形動ナリ {なら・なり(に)・なり・なる・なれ・なれ}〔「やか」は接尾語〕❶**もの静かに落ち着いたさま。** ひっそりと静か

⑩**裏手。裏側。**
⑪**月の下旬。** 対 上

例 五間ばかりなる檜皮屋の**下**に、土屋倉などあれど〈大和・一七三〉
訳 五間四方ほどである檜皮葺きの家の**裏手**に、土蔵などがあるが。

なさま。〈源氏・夕顔〉「皆行ひはてていと**しめやかなり**終」訳 (お勤めも)みなすっかりすんで、たいそう**もの静かである**。❷しみじみとしたさま。しんみり。〈徒然・一二〉「同じ心ならん人と**しめやかに**用物語して」訳 気の合っているような人と**しみじみと**話をして。

しめよ 助動詞「しむ」の命令形。

しめ・る【湿る】 自ラ四〔ら・り・る・る・れ・れ〕❶水にぬれる。しめっぽくなる。〈枕・三六〉「霧にいたう**しめり**用たるを脱ぎ」訳 朝霧でひどく**しめっ**ている衣服を脱ぎ。❷(雨風などが)静まる。火勢が衰える。おさまる。〈源氏・野分〉「暁がたに(＝夜明け前ごろには)風少し**しめり**用て」❸もの思いに沈む。しんみりと考える。〈源氏・野分〉「例よりも**しめり**用て居給へり」訳 (夕霧は)ふだんよりも**もの思いに沈ん**でいらっしゃった。❹落ち着きがある。もの静かである。〈源氏・絵合〉「これは人ざまもいたう**しめり**用恥づかしげに」訳 この方(＝斎宮の女御)は人柄もたいそう**落ち着いていて**、こちらが遠慮されるほどりっぱな感じで。

しも【下】 名 ➡右 168

しも【霜】 名 霜。また、白髪をたとえていう語。冬。〈万葉・五・八〇四〉「蜷の腸か黒き髪にいつの間か**霜**の降りけむ」訳 まっ黒い髪に、いつの間に**白髪**が生えたのだろうか。(「蜷の腸」は「か黒き」にかかる枕詞)

しも 副助 ➡次ページ助詞「しも」

しも-うど【下人】 名〔「しもびと」のウ音便〕召使。下役人。しもべ。

しも-ぎゃう【下京】 名 今の京都市の二条通り以南の土地の称。ただし、時代によって多少区域は異なる。中小の商人・職人などが住んだ。

しもぎゃうや… 俳句

下京や　雪つむ上の　夜の雨〈猿蓑・凡兆〉
(切れ字: や／冬: 雪)

訳 小さな家や店が身を寄せ合っている(京都の下町の)下京。その下京の降り積もった雪の上に、夜になって雨が降り出したことだ。

解説 この句は冠(上五)が決まらなかったのを、「下京や」と芭蕉が付けた。これ以上の冠がもしあったら、二度と俳諧を語らないと言い切ったという話が「去来抄」の「先師評」にある。

じもく【除目】 ➡ぢもく

しも-ざま【下様】 名 ❶下のほう。❷身分・教養などの低い者。また、その社会。〈徒然・七三〉「**下ざま**の人の物語は、耳驚くことのみあり」訳 **身分が低く教養のない階層**の人の世間話は、聞いて驚くことばかりである。(対 上様)

しも-つ-かた【下つ方】 名〔「つ」は「の」の意の上代の格助詞〕❶(身体の)下のほう。〈源氏・夕顔〉「立ちさまよふらむ**下つ方**思ひやるに、あながちに丈高き心地ぞする」訳 (檜垣の陰で)あちこち歩いているらしい(女たちの)**下半身**を想像すると、むやみと背が高い感じがする。❷地位や身分の低いこと。また、その者。しもじも。〈徒然・一〉「**下つ方**は、ほどにつけつつ時にあひ、したり顔なるも」訳 **地位や身分の低い者**は、家の格に応じて出世し、得意顔なのも。

しも-つき【霜月】 名 陰暦十一月の称。冬

下野(しもつけ)《地名》旧国名。東山道八か国の一つ。今の栃木県。野州。

しも-つ-やみ【下つ闇】 名〔「つ」は「の」の意の上代の格助詞〕陰暦で、月の下旬の闇夜。〈大鏡・道長上〉「五月**下つ闇**に、さみだれもすぎて、いとおどろおどろしくかきたれ雨のふる夜」訳 陰暦五月**下旬の闇夜**に、梅雨の時期も過ぎて、たいそう気味悪く激しく雨の降る夜。

しもと【笞】 名 罪人を打つのに用いる道具の一つ。木の枝で作ったむちや杖。

しもと【楉・細枝】 名 長く伸びた若い枝。

-じもの 接尾《上代語》(名詞に付いて)「…のようなもの」の意の名詞をつくる。多く連用修飾語になり、「まるで…のように」の意で用いられるので、副詞をつくるともみられる。〈万葉・五・八八六〉「犬**じもの**道に臥してや命過ぎなむ」訳 **まるで犬のように**道に倒れ臥して、命が終わってしまうのだろうか。

例語 馬じもの・床(＝寝床)じもの・雪じもの・男じもの

しも-の-や【下の屋】 名 寝殿造りの母屋のうしろに設けた建物。召使など身分の低い者が住む。「下屋」とも。

しも-びと【下人】 名 ❶召使。下男や下女。〈源氏・夕顔〉「くはしきことは、**下人**のえ知り侍らぬにやあらむ」訳 くわしいことは、**召使**が知ることのできないことでありましょうか。❷身分の低い者。〈源氏・常夏〉「いと鄙び、あやしき**下人**の中に生ひ出で給へれば」訳 (近江の君は)たいそう田舎くさく、みすぼらしい**身分の低い者**の間でお育ちになったので。

下総(しもふさ)《地名》〔古くは「しもつふさ」とも〕旧国名。東海道十五か国の一つ。今の千葉県北部と茨城県南西部。総州。

しも-べ【下部】 名 ❶身分の低い者。〈徒然・一二九〉「鰹の頭は**下部**も食はず」❷雑事に使う者。召使。下男。〈徒然・一三七〉「牛飼ひ、下

部などの見知れるもあり」訳(物見車の中には)牛車の牛を扱う者や、召使などで顔を見知っている者もいる。

しゃ-【接頭】(相手の身体の一部や持ち物を表す名詞に付いて)いやしめ、ののしる気持ちを表す。「しゃ頭」「しゃ首」「しゃ冠」

しも

副助〔副助詞「し」+係助詞「も」〕

意味・用法	用例
❶強意 …それそのもの。	例 旅にいにし君しも継ぎて夢に見ゆあが片恋の繁ければかも〈万葉・一七・三九二九〉 訳 旅に出ていったあなたが続けて夢に見える。私ひとりの思いが絶え間なくしきりであるからだろうかなあ。
❷とりたて 特にその事柄をとりたてて示す。よりによって。…に限って。	例 今日しも端におはしましけるかな〈源氏・若紫〉 訳 (光源氏一行が来ている)今日に限って端近なところにいらっしゃったものだなあ。
❸「かえって」 (…にもかかわらず)かえって。 活用語の連体形に付く。	例 殊更に田舎びもてなし給へるしもいみじう、見るに笑まれて清らなり〈源氏・須磨〉 訳 (光源氏の)わざと田舎風によそおっていらっしゃるの(=姿)がかえってすばらしく、見るからにほほえまずにいられなくて美しい。
❹「かならずしも」 かならずしも(…ではない)。 打消の語と呼応する。	例 死は前よりしも来らず、かねて後ろに迫れり〈徒然・一五五〉 訳 死はかならずしも前からやって来ず、あらかじめ背後に迫っている。

接続 体言・格助詞など種々の語に付く。用法上は、主語、連用修飾語、接続助詞に付く。

参考 本書では副助詞として扱うが、係助詞とする説もある。

じゃ-いん【邪淫・邪婬】名《仏教語》五悪または十悪の一つ。妻または夫でない者とのみだらな行為。

しゃう-【正】接頭「じゃう」とも。同一の位階を正と従の二つに分けたとき、その上位を表す。「正一位」「正三位」対従

しゃう【生】名❶生き物。〈徒然・一二八〉「生を苦しめて目を喜ばしむるは、桀・紂が心なり」訳 生き物を苦しめて(自分の)目を楽しませるのは、(中国の暴君)桀・紂(のごとき残虐な人)の心持ちである。❷命。生命。〈徒然・九三〉「生あるもの、死の近きことを知らざること、牛、すでにしかなり」訳 命あるものが、(自分の)死が近くに迫っていることを知らないことでは、(この)牛が、現にそうである。❸生きていること。命あること。〈徒然・七四〉「生をむさぼり、利を求めて止む時なし」訳(人は)長生きすることに執着し、利益を求めてとどまるときがない。

しゃう【性】名❶本来の性質。生まれつき。性分。〈徒然・一〇七〉「女の性は皆ひがめり」訳 女の本来の性質はみんなねじけている。❷魂。性根。精神。〈曽我物語〉「馬も性あるものなれば、人々の別れをや惜しみけん」訳 馬も魂のあるものであるので、人々との別れを惜しんだのであろうか。

しゃう【省】名 律令制で、太政官の統轄した中央行政官庁。中務・式部・治部・民部・兵部・刑部・大蔵・宮内の八省があった。

しゃう【荘・庄】名「さう」とも。❶「荘園」の略。❷荘園制廃止後も、なおその名を残している村の名。〈細道・須賀川〉「右に岩城・相馬・三春の庄」訳 右手には岩城・相馬・三春という村々(があり)。

しゃう【笙】名「さう」とも。雅楽に用いる管楽器。匏という壺状のものの上に、長短十七本の竹管を環状に立て、各管に簧(=リード)をつけ、吹き口を装置したもの。笙の笛。

(笙)

じゃう【情】名❶なさけ。情愛。

❷感情。心のはたらき。〈去来抄・先師評〉「行く春丹波に居まさば、もとよりこの情浮かぶまじ」訳春の終わりの(芭蕉が)丹波の国にいらっしゃったら、当然この(春を惜しむという)感情は起こらないであろう。❸意味。条理。〈去来抄・修行〉「蕉門の付け句は前句の情を引き来るを嫌ふ」訳蕉門における付け句は前句で、前句に続けて詠む句(=連句)は、前句の意味をとって付けるのを避ける。

じゃう-え【浄衣】名 ❶白地の狩衣。神事・祭礼に着用する。❷僧の着用する清浄な衣。ふつうは白色。

しゃう-が【唱歌】名・自サ変「さうが」とも。❶琴・笛などの曲の旋律をうたうこと。〈竹取・貴公子たちの求婚〉「あるいは歌をうたひ、あるいは唱歌をし」訳ある者は歌をうたい、ある者は琴・笛の旋律をうたうことをし。❷音楽に合わせて歌をうたうこと。〈源氏・若菜上〉「唱歌の人々御階に召して」訳(光源氏は)楽器に合わせてうたう人たちを御階段にお呼びになって。

しゃう-がい【生害】［一］名・自サ変 自殺すること。自害。〈曾我物語〉「ここは、五郎殿の御生害の所」［二］名・他サ変 殺すこと。〈天草本伊曾保〉「まづ犬どもを生害し用て」

しゃう-がく【正覚】名《仏教語》邪念を断って悟りを得ること。正しい悟り。仏の悟り。

しゃう-かん【傷寒】名 激しい熱病。今のチフスの類。

しゃう-ぎ【床机・床几・将机】名 陣中や狩り場などで用いた腰掛けの一種。革を張り、脚を斜交いに組み、折りたたんで携帯できるように作ったもの。

(しゃうぎ)

じゃう-くゎ【上果】名 能楽で、理想的な境地や芸位。

じゃう-ぐゎい【城外】［一］名 城の外。町の郊外。町はずれ。［二］名・自サ変 城の外へ出て行くこと。また、都から外へ出て行くこと。〈大鏡・道長下〉「ある人、『城外やし給へりし』と言へば」訳ある人が、「地方への外出をしなさったか」と言うと。

じゃう-くゎう【上皇】名〔古くは「しゃうくゎう」〕天皇の譲位後の尊称。太上天皇。→法皇

じゃう-くゎく【城郭】名 城とその周囲に築いた囲い。とりで。要害。

しゃう-くゎつ【生活】名 暮らし向き。生活。〈徒然・七五〉「生活・人事・技能・学問等の諸縁をやめよとこそ、摩訶止観にも侍れ」訳生計・社交・技能・学問などとのかかわりを持つなと、「摩訶止観(=中国天台宗の根本聖典)」にもあります。

しゃう-くゎん【賞翫】名・他サ変〔近世には「しゃうぐゎん」〕❶めでてもてはやすこと。珍重すること。〈花鏡〉「これをのみ見所の人も賞翫すれ巳ども」訳これ(=なみひと通りの幽玄の風体)ばかりを見物の人も、めでもてはやすけれども。❷重んずること。尊重すること。〈狂・福の神〉「別しては松の尾の大明神と御賞翫なされまするは、いかようなことでござる」訳特には、松の尾の大明神とご尊重なさいますのは、どういうご事情でございますか。

じゃう-げ【上下】名 ❶上と下。かみとしも。また、身分の高い人と低い人。〈徒然・五〇〉「上下、ただ鬼のことのみ言ひやまず」訳身分の高い人も低い人も、ただもう鬼のことばかりうわさしてやまない。❷街道の上り下り。上京と下向。

しゃう-けい【上卿】名 朝廷の行事や評議の際に、その執行の責任者として選ばれた上席の公卿。

しゃう-げう【聖教】名 仏の教え。また、それを記した経文。仏典。〈徒然・一四一〉「聖教の細やかなる理、いと弁へずもやと思ひしに」訳(この聖は)仏の教えの精細な道理をあまり心得てもいないのだろうかと思ったが。

じゃう-げん【上弦】名 満月以前の半月。陰暦七、八日ごろの月。対下弦。↓月「古文常識」

じゃう-ご【上戸】名 酒好き。対下戸

しゃう-こく【相国】名〔国政を相けるの意〕大臣(=太政大臣・左大臣・右大臣)の唐名。

しゃう-こつ【性骨】名「せいこつ」とも。(技芸などの)天性の素質。性根。〈徒然・二二九〉「穴毎に口伝の上に、性骨を加へて心を入るること、五の穴のみに限らず」訳(笛は)穴ごとに口伝えの教えがある上に、(吹き手の)天性の素質を加えて精神を集中することは、五の穴だけに限らない。

しゃう-ごん【荘厳】名・他サ変《仏教語》「さうごん」とも。仏像・仏殿・仏具などを厳かに美しく飾りつけること。また、その飾り。〈曾我物語〉「壇を立て、荘厳し用て、伊東を調伏せられけるこそ、おそろしけれ」訳(別当が修法のための)壇を造り、(そこを)厳かに美しく飾りつけて、伊東(二郎祐親)をのろい殺されたのは、おそろしいことである。

しゃう-じ【生死】名 ❶生き死に。〈徒然・九三〉「生死の相にあづからずといはば、実の理を得たりといふべし」訳生死の状態にかかわらない(=生死を超越している)というならば、(それは仏法の)真髄を悟っているといえよう。❷「死」を強調していう語。〈徒然・四一〉「我等が生死の到来、ただ今にもやあらん」訳われわれの死がやって来ることは、今すぐのことでもあろうか。❸《仏教語》生・老・病・死の四苦のはじめから終わりまで。**生まれかわり死にかわりして、尽きることのない迷いの世界。**〈徒然・五八〉「げにはこの世をはかなみ、必ず生死を出でんと思はんに」訳ほんとうにこの世をはかなく思い、どうしても生死の迷いの世界から離脱しようと思うならばそのときに。

しゃう-じ【障子】名「さうじ」とも。室内の仕切りに立てる建具の総称。衝立障子・襖障子・明かり障子など種類が多い。
参考 現在では紙を一重に張った明かり障子をさすが、古くは衝立や襖をさすことが多い。

しゃう-じ【精進】名「しゃうじん(精進)」に同じ。

じゃう-し【上巳】名 五節句の一つ。陰暦三月の最初の巳の日、のちには陰暦三月三日。平安時代の貴族はこの日水辺に出て禊の祓え(=「上巳の祓え」)を行い、「曲水の宴」を催した。後世、

民間では女子の節日として「ひな祭り」を行う。桃の節句。春

フレーズ **上巳の祓へ** 上巳の日に水辺で行われた禊の祓え。

しゃうじ-い・る ショウジ—【請じ入る】他ラ下二 {れ・れ・る・るる・るれ・れよ}（客などを）招き入れる。座敷へ案内する。〈竹取・御門の求婚〉「竹取の家にかしこまりて請じ入れ用て、会へり」訳竹取の翁の家では謹んで（帝の使いを）招き入れて、会った。

じゃうしき ジョウ—【情識】名 強情。わがまま。〈風姿花伝〉「稽古は強かれ、情識はなかれとなり」訳稽古はきびしくやれ、強情はなくせということだ。

じゃうし-の-はらへ ジョウシノハラエ【上巳の祓へ】➡上巳「フレーズ」

しゃう-じゃ ショウ—【精舎】名《仏教語》仏道を修行する所。寺院。寺。

じゃうしゃ-ひっすい ジョウシャ—【盛者必衰】名《仏教語》〔「じゃうしゃ」は「しゃうじゃ」「しゃうしゃ」とも〕この世は無常であるから、勢いの盛んな者も必ず衰えるということ。〈平家・一・祇園精舎〉「娑羅双樹の花の色、盛者必衰の理をあらはす」訳（釈迦入滅とともに白く変じたという）娑羅双樹の花の色は、勢いの盛んな者も必ず衰えるものだという道理を表している。

しゃうじゃ-ひつめつ ショウジャ—【生者必滅】名《仏教語》この世は無常であるから、生命あるものは必ず死ぬということ。〈平家・一〇・維盛入水〉「生者必滅・会者定離はうき世の習ひにて候ふなり」訳生命ある者は必ず死ぬということ、会う者は必ず別れるということは、この世のさだめなのでございます。

しゃう-じゅ ショウ—【聖衆】名《仏教語》仏の弟子たち。特に、極楽浄土にいる諸菩薩。

しゃう-じん ショウ—【生身・正身】名《仏教語》❶仏・菩薩が衆生を救うため、人間となってこの世に現れたもの。❷生きている身。なまみ。肉体。

しゃう-じん ショウ—【精進】名・自サ変《仏教語》「しゃうじ」「さうじん」「さうじ」とも。❶一心に仏道修行に励むこと。〈徒然・八六〉「一生精進にて、読経うちして」訳（惟継の中納言は）生涯仏道修行に励んで、読経をずっと行って。❷身を清め、不浄をさけること。潔斎すること。〈宇治・六・四〉「その日より精進し用て」訳その日から身を清め不浄をさけて。❸肉食をさけて菜食すること。〈浮・好色五人女〉「朝は精進し用て暮れは魚類になして」訳朝は肉食をさけて夕方は魚の料理にして。

しゃうじん-けっさい ショウジン—【精進潔斎】名・自サ変 身を清めて行いを慎むこと。

しゃう・す ショウス【賞す】他サ変 {せ・し・す・する・すれ・せよ} ほめる。たたえる。〈去来抄・同門評〉「先師にも賞せ未られ、世上にも沙汰ありし句なり」訳先師（＝芭蕉）にもほめられ、世間でもあれこれ話題となった句である。

しゃう・ず ショウズ【請ず】他サ変 {ぜ・じ・ず・ずる・ずれ・ぜよ}「さうず」とも。招く。招待する。〈今昔・三・一〉「もろもろのやむごとなき多くの僧を請じ用」訳さまざまの尊い数多くの僧を招き。

じゃう-ず ジョウ—【上手】名・形動ナリ ❶物事に巧みなこと。また、その人。名人。〈徒然・一五〇〉「天下の物の上手といへども、はじめは不堪の聞こえもあり」訳世の中の（有名な）芸能の名人といっても、はじめはへただという評判もあり。❷お世辞のうまいこと。愛想のいいさま。

じゃう-ず ジョウ—【上衆・上種】名 身分の高い人。貴人。対下衆

じゃう・ず ジョウズ【成ず】一 自サ変 {ぜ・じ・ず・ずる・ずれ・ぜよ} 成る。二 他サ変 {ぜ・じ・ず・ずる・ずれ・ぜよ} 成し遂げる。達成する。〈徒然・二一七〉「そもそも人は、所願を成ぜ未んがために、財を求む」訳だいたい人間は、願いごとを達成しようとするために、財産を求める。

じゃうず-めか・し ジョウズ—【上衆めかし】形シク {しから・しく(しかり)・し・しき(しかる)・しけれ・しかれ}〔動詞「上衆めく」に対応する形容詞〕貴人らしいようすである。貴人らしくふるまっている。〈源氏・桐壺〉「おぼえいとやむごとなく、上衆めかしけれ已ど」訳（桐壺の更衣は世間の）評判も実に格別で、貴人らしいようすであるが。

じゃうず-め・く ジョウズ—【上手めく】自カ四 {か・き・く・く・け・け}〔「めく」は接尾語〕上手そうにふるまう。上手なように見える。〈徒然・二三三〉「馴れたるさまに上手めき用、所得たるけしきして」訳ものなれたようすで上手そうにふるまい、得意になっているようすをして。

じゃうず-め・く ジョウズ—【上衆めく】自カ四 {か・き・く・く・け・け}〔「めく」は接尾語〕「ざうずめく」とも。貴人らしくふるまう。貴人らしく見える。〈源氏・明石〉「やむごとなき人にいたう劣るまじう上衆めき用たり」訳高貴な人にそれほど劣りそうもなく、上流の人らしく見えた。

しゃう-ぞく ショウ—【装束】名・自サ変「さうぞく（装束）」に同じ。

しゃうぞ・く ショウゾク【装束く】自カ四 {か・き・く・く・け・け}〔名詞「装束」を動詞化した語〕「さうぞく（装束く）」に同じ。〈宇治・一五・四〉「うるはしく装束き用て」訳きちんと装束をつけて。

じゃう-ぢゅう ジョウジュウ【常住】名・形動ナリ ❶《仏教語》生滅変化することなく、常に存在すること。永久不変であること。〈今昔・一六・一一〉「菩薩の御身は常住に用して、滅することなし」訳菩薩のおからだは永久不変であって、消滅することはない。対無常 ❷いつも。ふだん。副詞的に用いることが多い。〈平家・六・慈心房〉「常住の仏前にいたり、例のごとく脇息によりかかって念仏読経す」訳いつもの仏前に行き、ふだんと同様に脇息によりかかって念仏読経をする。

しゃうぢゅう-い-めつ ショウジュウ—【生住異滅】名《仏教語》生じ（＝生）、とどまり（＝住）、変化し（＝異）、滅する（＝滅）という、万物に普遍の四つの現象。四相。一切が無常である事物の変化してゆくすがた。〈徒然・一五五〉「生住異滅の移りかはるまことの大事は、たけき河のみなぎり流るるがごとし」訳万物が生じ、とどまり、変化して衰え、滅するといった、（物が）転変するという真実の重大事は、水勢の激しい川があふれるばかりに流れるようなものだ。

じゃう-ど ジョウ—【浄土】名《仏教語》❶煩悩を離れた清浄な国。仏・菩薩の住む所。特に、極楽浄土。〈今昔・六・一五〉「専らに浄土を願ふ心深くして」訳も

っぱら極楽浄土を願う心が深くて。対穢土。➡果つ「慣用表現」

❷「浄土宗」の略。法然を宗祖とする仏教の一派。一心に念仏を唱え、極楽往生を願う。

じゃう-とう【常灯】名 神仏の前に常にともしておく灯火。常灯明。

じゃう-とうしゃうがく【成等正覚】名《仏教語》〔等正覚(=仏の悟り)を成就することの意〕修行を成就して、悟りを完成すること。成仏。

上東門院(じやうとうもんゐん)《人名》(九八八～一〇七四)藤原彰子。藤原道長の娘。一条天皇の中宮。後一条・後朱雀天皇の母。女房に紫式部・和泉式部・赤染衛門らの才女を集め、藤原氏全盛期の華やかな宮廷生活を過ごした。

しゃう-にん【聖人・上人】名 ❶知徳を兼ね備えたすぐれた僧。有徳の僧。〈今昔・二・八〉「鑑真和尚といふ聖人ましましけり(=いらっしゃった)」

❷僧の敬称。〈徒然・一四一〉「悲田院の尭蓮上人は、俗姓は三浦の某とかや、双なき武者なり」訳 悲田院の尭蓮上人は、在俗の時の姓は三浦の某とかいう、並ぶもののない武士である。

しゃう-ね【性根】名 ❶心の持ち方。根性。〈浮・日本永代蔵〉「おのれが性根によって、長者にもなる事ぞかし」訳 自分の心の持ち方によって、金持ちにもなることであるよ。

❷根底。根本。

しゃう-ねん【生年】名 生まれてからの年。年齢。

しゃう-の-こと【箏の琴】名「さう(箏)」に同じ。

じゃう-び【状日】名 書状の届くことが決まっている日。

しゃう-ぶ【菖蒲】名「さうぶ」とも。水辺に生じる植物の名。葉は剣状で、よい香りがある。邪気を払うものとして、端午の節句に菖蒲湯とし て用いたり、軒に挿したりした。あやめ草。夏

(しゃうぶ)

じゃう-ぼん【上品】名 ❶《仏教語》九品(=極楽往生のときの九つの段階)のうちの上品上生・上品中生・上品下生の総称。極楽浄土の最上級。→九品

❷上等のもの。一級品。

しゃう-みゃう【声明】名《仏教語》法会などのときにうたう、仏徳をたたえた声楽。

しゃう-や【庄屋・荘屋】名 江戸時代の村落の長。代官・郡代のもとに村内の政務をあずかり、納税や治安維持その他の雑務にあたる。

参考 多く、関西で「庄屋」、関東では「名主」という。藩によっては「肝煎り」ともいう。

しゃう-らく【上洛】名・自サ変〔近世には「じゃうらく」〕地方から京へ上ること。上京。対下向

じゃう-らふ【上臈】名〔「臈」は僧が受戒後、修行を積んだ年数〕❶《仏教語》年功を積んだ高僧。〈宇治・二・二〉「上に僧都・僧正、上臈どもおはしけれども」訳 上位には僧都とか僧正とか、年功を積んだ僧たちがいらっしゃったけれども。

❷地位や身分の高い人。上流階級の人。〈平家・九・敦盛最期〉「上臈はなほもやさしかりけり」訳 身分の高い人はやはり風流なものだなあ。

❸「上臈女房」の略。身分の高い女房。〈枕・三〉「上臈ふたつみつばかり書きて」訳 上臈女房が(古歌を)二つ三つほど書いて。

❹身分の高い女性。ご婦人。

❺美しい遊女。

しゃうりゃう-ゑ【聖霊会】名 ❶【聖霊会】陰暦二月二十二日の聖徳太子の忌日に行う法会。四天王寺・法隆寺などのものが名高い。

❷【精霊会】「うらぼんゑ」に同じ。春

じゃう-るり【浄瑠璃】名 ❶三味線に合わせて語る、語り物の総称。室町時代の末にできた牛若丸と浄瑠璃姫との恋物語「浄瑠璃物語」を語ったのに始まるという。江戸初期、三味線と操り人形が結合して人形浄瑠璃が成立し、元禄時代(一六八八－一七〇四)、竹本義太夫が従来の長所を集大成し、

古文常識　「じゃうるり」— 日本の伝統芸能 ～人形浄瑠璃～

人形は人形遣いが三人がかりで動かす。

胴体を支え頭部と人形の右手を動かすのが①「主遣い」。人形の左手を動かすのが②「左遣い」。かがんだ姿勢で人形の足を動かすのが③「足遣い」。

人形遣いは黒い衣裳で顔も隠すが、「主遣い」が紋付・袴姿で人形を扱うことも多くある。

近松門左衛門と組んで完成させた。義太夫節・常磐津節・富本節・清元節・新内節など、多くの流派がある。➡前ページ「古文常識」
❷特に、義太夫節の称。

しゃう-ゑん【荘園・庄園】名「さうゑん」とも。奈良時代から室町時代にかけて、貴族・権勢家・社寺などが領有した私有地。「荘」・「しゃう」とも。

釈迦《人名》(前五六五?～前四八五??)「さか」とも。仏教の開祖。釈迦牟尼・釈迦牟尼仏・釈迦如来・釈尊などとも呼ばれる。カピラ城浄飯王の長子。母は摩耶。姓は喬荅摩、名は悉達多。二十九歳で出家し、三十五歳で悟りを開く。以後、各地で法を説き、八十歳で娑羅双樹の下で入滅。

釈迦牟尼《人名》➡釈迦

しゃく【尺】名長さの単位。「寸」の十倍、「丈」の十分の一。曲尺の一尺は約三〇・三センチメートル、鯨尺の一尺は約三七・九センチメートル。

しゃく【笏】名「さく」とも。礼服または朝服のとき右手に持つ薄い板。もとはメモなどを書きつけたものだが、のちには威儀を整えるために用いた。長さ約三六センチメートル、幅約六センチメートルで、木・象牙などでつくる。➡束帯(四七二ページ図)
参考「笏」の音はコツであるが「骨」に通じるのを忌み、長さが一尺ほどであることから「尺」の音を借り用いたという。

しゃくぜつ-にち【赤舌日】名陰陽道で、万事に凶である日。赤舌神の部下の六鬼神のうち極悪な羅刹鬼の当番する日。六日周期にこの日がある。

しゃくせん-こひ【借銭乞ひ】名借金取り。

しゃく-ぢゃう【錫杖】名「さくぢゃう」とも。僧や修験者が行脚のときに持つ杖。頭部の円環に数個の輪がついていて、突いたり振ったりすると鳴る。

(錫杖)

しゃ-くび【しゃ首】名〔「しゃ」は接頭語〕首をののしっていう語。〈今昔・三・二五〉「しゃ首取らむと思ひ給へて候ふなり」訳あいつの首を取ろうと存じておるのでございます。

じゃく-まく【寂寞】名・形動タリ「せきばく」とも。もの寂しくひっそりとしていること。〈細道・立石寺〉「佳景寂寞と用して心すみゆくのみおぼゆ」訳(あたりの)すばらしい景色が静まりかえっていてただもう心が澄んでいくように感じられる。

じゃく-めつ【寂滅】名❶《仏教語》煩悩の境界を離れ、悟りの境地に入ること。涅槃。
❷死ぬこと。消えてなくなること。〈太平記・八〉「一時に灰燼となって、…たちまちに寂滅の煙と立ちのぼる」訳(寺や堂が)一ぺんに灰や燃えかすとなって、…(仏像や経文などが)たちまちに(燃えて)消失(してその煙としてたちのぼる。

しゃくや-うけじゃう【借家請け状】名江戸時代、家屋の貸借にあたって、請け人(=保証人)が借家人と連判して家主に提供した証文。借家人の身元や家賃の支払い、家屋の明け渡しなどを保証した。

寂蓮《人名》(一一三九?～一二〇二)平安末期・鎌倉初期の歌人。本名は藤原定長。伯父藤原俊成の養子となったが、のち出家。「新古今集」の撰者の一人。歌風は繊細で技巧的。「小倉百人一首」に入集。家集「寂蓮法師集」

しゃ-しょく【社稷】名国。国家。朝廷。

しゃ-しん【捨身】名《仏教語》❶身を捨てること。わが身を投げ出して布施すること。
❷俗身を捨てて仏門にはいること。出家。〈細道・飯坂〉「捨身無常の観念、道路に死なむ、これ天の命なりと」訳俗身を捨てて無常の理を覚悟しているから、(旅の途中)路傍で死ぬようなことも、これは天命であると。
❸自ら命を絶つこと。死ぬこと。

沙石集《作品名》「させきしふ」とも。鎌倉後期の仏教説話集。無住著。弘安六年(一二八三)成立。十巻。仏教を広める目的のもと、多彩な題材の説話が収められている。中世の庶民生活を知る上でも重要。

しゃつ【奴】代他称の人代名詞。他人をののしっていう語。あいつ。きゃつ。そいつ。〈平家・二・西光被斬〉「しゃつが口を裂け」訳そいつの口を引き裂け。

しゃば【娑婆】名《梵語の音訳》「さば」とも。人間界。俗世間。現世。

しゃみ【沙弥】名《梵語の音訳》「さみ」とも。仏門にはいり、剃髪・得度したばかりの未熟な僧。

しゃ-めん【赦免】名・他サ変罪を許すこと。過失を許すこと。

しゃもん【沙門】名《梵語の音訳》「さもん」とも。出家して仏道修行する人。僧侶。

しゃら-さうじゅ【娑羅双樹・沙羅双樹】名「さらさうじゅ」とも。釈迦が入滅した場所の四方に二株ずつ生えていたという娑羅の木。釈迦入滅とともに、すべて白色に変じたとも、一株ずつが枯れたとも伝えられる。娑羅はインド原産の常緑樹で、淡黄色の花をつける。〈平家・一・祇園精舎〉「娑羅双樹の花の色、盛者必衰の理をあらはす」訳娑羅双樹の花の(白く変じた)色は、盛んな者も必ず衰えるものだという道理を表す。

しゃり【舎利】名❶《梵語の音訳》「さり」とも。釈迦の遺骨。仏舎利。また、聖者や善行を積んだ人の遺骨。
❷(形が①に似ることから)米粒。米。

し-や・る【為遣る】他ラ四〔ら・り・る・る・れ・れ〕とどこおりなく事をすませる。すっかりし終える。〈源氏・浮舟〉「この人々も、はかなきことなどえしやる㊑まじく」訳この人々(=侍女たち)も、(京に移るための)ちょっとした準備などとどこおりなくすませることはできないだろうし。

しゃる 助動下二・四型《近世語》〔尊敬の助動詞「す」+「らる」=「せらる」→「せらるる」の転〕尊敬の意を表す。…なさる。〈浄・心中天の網島〉「ひょんなこと言ひ出してまた泣かしゃる㊑」訳思いがけないことを言い出してまた泣きなさる。〈浮・日本永代蔵〉「暇とらしゃれ㊎」訳暇をとりなさい(=離婚しなさい)。
接続 四段・ナ変の動詞の未然形に付く。その他の動

詞には「さっしゃる」「さしゃる」が付く。↓さっしゃる(助動下二・四型)

活用

未然	連用	終止	連体	已然	命令
しゃら(ズ)	しゃり(ケリ)	しゃる(。)	しゃる(コト)	しゃれ(ドモ)	しゃれ(。)
しゃれ(ズ)	しゃっ				しゃい
	しゃれ(テ)				しゃれい

[参考]「しゃる」は本来下二段型活用であるが、のちに四段型活用も生じ、両活用形が見られる。

しゃれ-ぼん【洒落本】[名] 江戸中期から後期にかけて、江戸で発達した小説の一つ。遊里を題材にした短編小説で、会話を主とした風俗描写の中に「通」や「うがち」を表現しようとした。代表作に、田舎老人多田爺の「遊子方言」、山東京伝の「通言総籬」など。

しゃんす [助動特殊型]《近世語》〔尊敬の助動詞「しゃる」＋丁寧の助動詞「ます」＝「しゃります」の転〕尊敬と丁寧の意を表す。…**なさいます**。〈浄・心中天の網島〉「父様今日は寒いによう歩かしゃんす(終)」[訳] 父様、今日は寒いのによく歩きなさいます。〈浄・今宮心中〉「由兵衛殿か、あがらしゃんせ(命)」[訳] 由兵衛殿か、おあがりなさいませ。

[接続] 四段・ナ変の動詞の未然形に付く。その他の動詞には「さしゃんす」が付く。↓さしゃんす(助動特殊型)

活用

未然	連用	終止	連体	已然	命令
しゃんせ(ズ)	しゃんし(テ)	しゃんす(。)	しゃんす(コト)	しゃんすれ(ドモ)	しゃんせ(。)

-しゅ【首】[接尾] 和歌や漢詩を数えるのに用いる。「歌一首」

しゅ【朱・銖】[名] ❶江戸時代の貨幣の単位。「両」の十六分の一、「歩」の四分の一、銀貨では三匁七分五厘に当たる。❷律令制で、重量の単位。「両」の二十四分の一。

じゅ-【従】[接頭] 同一の位階を正と従の二つに分けたとき、その下位を表す。「従三位」「従五位」[対]正

しゅう【主】[名] 主君。主人。〈枕・一五五〉「ありがたきもの…主そしらぬ従者」[訳] めったにないもの、…主人を悪く言わない召使。

しゅう【宗】[名] 仏教の各流派の根本教義。宗旨。また、宗派。宗門。

-しゅう【衆】[接尾]「しゅ」とも。人を表す名詞に付いて、複数の人に対する親愛・尊敬の意を表す。たち。がた。「旦那衆」「女房衆」

しゅう【衆】[名]「しゅ」とも。多くの人。人々。〈徒然・一五二〉「衆に交はりたるも、あいなく、見苦し」[訳] (老人が)多くの人と交際しているのも、不似合いで、みっともない。

しゅう【秀】↓しう

しゅう【拾・執・集】↓しふ

じゅう【十】↓じふ

じゅう【住】↓ぢゅう

拾遺和歌集(しゅういわかしゅう)↓拾遺和歌集(しふゐわかしふ)

しゅう-えん【終焉】[名] 死にぎわ。臨終。

じゅう-わう【縦横】[名・形動ナリ] ❶縦と横。南北と東西。〈細道・象潟〉「江の縦横一里ばかり」[訳] 入り江のたてよこ(の距離)は一里(＝約四キロメートル)ぐらいで。❷自由自在。勝手気まま。〈細道・飯坂〉「道縦横に(用)踏んで伊達の大木戸をこす」[訳] 道を勝手気ままに踏んで(勇ましい伊達な足取りで、その名も)伊達の大木戸(＝地名)を越える。

じゅ-かい【受戒】[名・自サ変]《仏教語》仏門にはいる者が戒を受けること。また、これを守ることを誓う儀式。[対]授戒

しゅ-かう【趣向】[名] 趣やおもしろみなどが出るように工夫すること。また、その工夫や考え。〈去来抄・修行〉「句案に二品あり。趣向より入るとなり」[訳] 句を考えるのに二通りの立場がある。趣向から入る(＝構想からはいる)のと、詞(＝ことばや題材からはいる)道具より入るのとである。

じゅ-がく【儒学】[名] 中国の孔子が主張した政治道徳思想を体系化した学問。四書五経を重要な経書とする。日本には「論語」が応神朝に伝来したとされ、多大な影響を与えたが、教学として体系化されたのは江戸時代になってからである。↓儒教

しゅぎ-はん【衆議判】[名]「しゅうぎはん」とも。歌合わせのとき、判者をおかず、左右の方人(＝歌の作者)全員の衆議によって、歌の優劣を判定する方法。

しゅ-ぎゃう【修行】[名・自サ変]「すぎゃう」とも。❶《仏教語》**仏道を修め実践すること。**〈平家・一〇・戒文〉「ひとへに仏道修行し(用)たう候へども」[訳] ひたすらに仏道を修行しとうございますけれども。❷《仏教語》仏道を修めるために諸国をめぐり歩くこと。**巡礼。**托鉢。**行脚。**〈平家・三・卒都婆流〉「西国修行に出でたりけるが」[訳] 西国行脚に出たが。❸**学問・技芸などを熱心に学びとること。**〈徒然・二一七〉「徳をつかんと思はば、すべからく、まづその心づかひを修行す(終)べし」[訳] 富を得ようと思うならば、当然、まずその心がけを熱心に学びとらなければならない。

しゅ-ぎゃう【執行】㊀[名・他サ変]「しぎゃう」「しっかう」とも。事をとり行うこと。〈大鏡・道隆〉「帥殿に天下執行の宣旨下し奉りに」[訳] 帥殿(＝藤原伊周)に天下の大政を執行することを命じる宣旨をおくだし申しあげるために。㊁[名] 寺の庶務や法会などの実務を統括する僧職。

しゅぎゃう-じゃ【修行者】[名]《仏教語》「すぎゃうざ」とも。仏道の修行をする人。また、仏道修行のため諸国を托鉢・巡礼する僧。

じゅ-ぎょ【入御】[名]「にふぎょ」とも。天皇・三后(＝太皇太后・皇太后・皇后)が内裏に入ることを敬っていう語。のちには貴人にも用い、内裏に限らなくなった。[対]出御

しゅく【宿】[名] ❶宿場。宿駅。❷宿屋。旅館。❸星座。星宿。〈徒然・二三九〉「この宿、清明なるゆゑに、月をもてあそぶに良夜とす」[訳] この(婁宿という)星座は、清く明らかであるので、月を賞美するのによい夜

だとする。

しゅく-い【宿意】名 ❶かねてからの考え・望み。宿志。〈平家・七・木曽山門牒状〉「宿意を達せんがために、旗を挙げ剣を取って信州を出でし日」訳（私＝義仲が）かねてからの志を達成しようということのために、旗を挙げ剣を取って信州（長野県）を出た日。❷かねてからの恨み。宿怨。〈太平記・一八〉「その時の宿意相残って、…確執の心を挿しはさめり」訳その時の年来の恨みが互いに残って、…争いいがみ合う心を抱いている。

しゅく-ごふ【宿業】名《仏教語》前世の報い。現世で報いを受ける原因となった前世での善悪の行い。〈平家・二・座主流〉「かかるたっとき人なれども、前世の宿業をばまぬかれ給はず」訳このような尊い方であるけれども、前世の報いはまぬがれなさらない。

しゅく-しょ【宿所】名 宿泊する所。住居。住まい。

しゅくすい-の-つぶね【菽水の奴】〔「菽水」は豆と水。粗末な食事、貧しい暮らしの意。「奴」は奉仕の意〕貧しい生活の中でも一心につとめること。〈雨月・菊花の約〉「菽水の奴に御恩を返し奉るべし」訳貧しい生活の中でも一心につとめることで御恩をお返し申しあげるつもりである。

しゅく-らう【宿老】名 ❶年功を積んだ老人。❷鎌倉・室町幕府の評定衆。また、江戸幕府の老中、諸藩の家老。❸江戸時代の町内の年寄役。

じゅ-けう【儒教】名 中国の孔子を祖とする政治道徳思想。儒学の教え。四書五経を重要な経書とし、「仁」を最高の徳とした。→儒学

しゅ-げん【修験】名 ❶山中で修行して霊験のある法を修めること。❷「修験者」の略。〈細道・出羽三山〉「僧坊棟をならべ、修験行法をはげまし」訳僧坊は軒をつらね、山伏は仏法に精励して。❸「修験道」の略。〈今昔・一七・一八〉「天性として修験を好みて諸の山を回り海を渡りて、難行苦行す」訳生まれつきとして修験道を好んであちこちの山をめぐり海を渡って、苦痛や困難にたえて修行をする。

しゅげん-じゃ【修験者】名 修験道を修める行者。多く、髪を結わず兜巾をかぶり、篠懸けを着け、笈を背負い、金剛杖をつき、法螺を吹き鳴らして山野を渡り歩いて修行する。験者。山伏。修験。

兜巾
篠懸け

（しゅげんじゃ）

しゅげん-だう【修験道】名 奈良時代の役小角を祖とする密教の一派。山中において難行・苦行をして験力・呪力を体得しようとするもの。修験。

しゅ-ご【守護】〘一〙名・他サ変 守ること。警固。〈平家・二・烽火之沙汰〉「院の御所法住寺殿を守護しまゐらせ候ふべし」訳（後白河）法皇の御所法住寺殿をお守り申しあげるつもりです。〘二〙名 鎌倉・室町幕府の職名。源頼朝が文治元年（一一八五）治安維持のために、地頭とともに諸国に設置したもの。

しゅ-しやう【主上】名〔近世以降「しゅじゃう」〕「天皇」の尊称。かみ。〈平家・一一・先帝身投〉「主上今年は八歳にならせ給へども」訳（安徳）天皇は今年は八歳におなりになられるが。⬇御門「慣用表現」

しゅ-じやう【衆生】名《仏教語》「すじゃう」とも。仏の救済の対象となる、いっさいの生き物。特に、すべての人間。〈万葉・五・八〇二・序〉「衆生を等しく思ふこと、羅睺羅の如し」訳（釈迦如来が）衆生を平等に思うことは、（我が子）羅睺羅（を思うこと）と同じだ。

しゅ-じやく【朱雀】名「すざく」に同じ。

しゅじやく-おほち【朱雀大路】名「すざくおほち」に同じ。

しゅじやく-もん【朱雀門】名「すざくもん」に同じ。

しゅ-しょう【殊勝】名・形動ナリ ❶特にすぐれたさま。格別よいさま。〈徒然・二三〉「元日の奏賀の声、はなはだ殊勝にして」訳元日の朝拝の賀詞を読み上げ申しあげる声が特にすぐれていて。❷神々しいさま。ありがたく思い、心うたれるさま。〈徒然・二三六〉「いかに殿ばら、殊勝のことは御覧じとがめずや」訳なんと皆さん、（この）心うたれることは、ご覧になって気にとめなさらないのか。❸けなげであるさま。感心なさま。〈細道・末の松山〉「さすがに辺土の遺風忘れざるものから、殊勝に覚えらる」訳（語られた奥浄瑠璃は）やはり片田舎に残っている風流を忘れずに伝えているから、自然と感心なことだと思われる。

しゅ・す【修す】他サ変{せ・し・す・する・すれ・せよ}修める。身につける。行う。〈徒然・九二〉「道を学する人、…かさねてねんごろに修せんことを期す」訳仏道を修行する人は、…もう一度念を入れて修行しよう（という）ことを予定する。

じゅ・す【誦す】他サ変{せ・し・す・する・すれ・せよ}「ずす」「ずず」「ずんず」「ずうず」とも。（経文や詩歌などを）声を出して読む。口ずさむ。唱える。〈今昔・三・三五〉「法華経を誦して、掌を合はせて入滅せり」訳法華経を唱えて、手のひらを合わせて亡くなった。

じゅ-ず【数珠】名「ずず（数珠）」に同じ。

じゅ-すい【入水】名・自サ変 水中に身を投げて死ぬこと。身投げ。

じゅ-ぜん【受禅】名〔「禅」は、帝位を譲る意〕前帝の譲位を受けて即位すること。

じゅ-そ【呪詛】名・他サ変「しゅそ」「ずそ」とも。恨みのある人にわざわいがあるように神仏に祈ること。のろい。

じゅ-だい【入内】名・自サ変 皇后・中宮・女御などに決まった女性が、正式に内裏（＝宮中）に入ること。〈大鏡・頼忠〉「后に立ち給ひて、初めて入内し給ふに」訳后におなりになって、初めて宮中に入りなさるときに。

しゅつ-ぎょ【出御】名 天皇・三后（＝太皇太后・皇太后・皇后）が外出または臣下の前に出ることを敬っていう語。おでまし。のちに将軍にもいう。〈平家・六・小督〉「夜は南殿に出御なって」訳（天皇は）夜は紫宸

殿におでましになって。対入御

しゅっ‐くわい（カイ）【述懐】名・自サ変〔近世以降は「じゅっくわい」〕❶心中の思いを述べること。〈著聞・四二〉「述懐のことばを書き過ぐせるによりて、御気色悪しかりけり」訳（帝は、申し文が）心中の思いを述べることばを（直截に）書きすぎているために、ご機嫌が悪かった。
❷不平。不満。愚痴。また、それを述べること。〈平家・二・腰越〉「事あたらしき申し状、述懐に似たりといへども」訳今更改まった（この）願い出は、愚痴をこぼしているのに似ているとはいえ。

しゅっ‐け【出家】名・自サ変《仏教語》「すけ」とも。世俗の生活を捨てて仏門に入ること。また、その人。〈大鏡・時平〉「かしこくおぼしなげきて、やがて山崎にて出家せ(未)しめ給ひて」訳（道真は）たいそうお嘆きになって、そのまま（途中の）山崎で出家しなされて。対在家。↓背く「慣用表現」

しゅっ‐し【出仕】名・自サ変❶官職につくこと。官に仕えること。仕官。〈平家・一〇・横笛〉「世にあらん者の婿になして、出仕なんどをも心やすうせさせんとすれば」訳世に時めいているような者の婿にして、出仕などをも気楽にさせてやろうとすると。宮仕えなど
❷勤めに出ること。また、ある席などに出ること。〈徒然・六〇〉「出仕し(用)て、饗膳などにつく時も」訳（法要の）席に出て、御馳走の膳などに座るときも。

しゅっ‐せ【出世】名❶《仏教語》諸仏が人々を救済するために、仮にこの世に現れること。
❷出家すること。また、その人。

しゅっ‐たい【出来】名・自サ変〔「しゅつらい」の転〕❶出て来ること。事が起こること。〈花鏡〉「そもそも、舞歌といっぱ、根本、如来蔵より出来せ(未)りと、云々」訳いったい、舞や歌というのは、もともと、生命の根源（＝仏性をかくし持つ内臓）から生じたと、しかじか。
❷物事ができあがること。完成。

じゅつ‐な・し【術無し】形ク〔（から）く・（かり）・し・き（かる）・けれ・（かれ）〕「ずちなし」とも。なすべき方法がない。どうしようもない。また、つらい。切ない。〈今昔・四・一五〉「我ら飢ゑ疲れて術無し(終)」訳私たちは飢え疲れてどうしようもない。

しゅつ‐り【出離】名・自サ変《仏教語》迷いの世界を離れること。出家すること。〈今昔・七・三〉「仏法を修行して皆出離の計を求む（＝方法を求める）」

しゅ‐と【衆徒】名「しゅうと」とも。諸大寺で使う下級の僧。平安末期ごろから特に武技をおさめ、寺院の武力の中心となった。僧兵。

しゅ‐び【首尾】名❶始めと終わり。一部始終。〈著聞・七〇二〉「首尾あひかなひて果てけり」訳（牛の声と人の阿弥陀経を読む声とが）始めから終わりまでともにぴったり合って終わった。
❷事のなりゆき。事の次第。ようす。
❸都合。工面。

しゅ‐ひつ【執筆】名❶文書などを書くこと。記録すること。また、その役。書記。
❷連歌・俳諧の席で句を記録すること。また、記録する人。

じゅ‐ぶつ【儒仏】名儒教と仏教。〈源氏物語玉の小櫛〉「儒仏の教へには、背けることも多きぞかし」訳儒教や仏教の教えには、反していることも多いのだよ。

しゅ‐ほふ（ホウ）【修法】名《仏教語》「すほふ」とも。密教で、国家や個人のために加持祈禱する式。本尊を安置し、護摩をたき、真言（＝仏のことば）を唱え、印を結ぶ。

しゅみ‐せん【須弥山】名《仏教語》〔「須弥」は梵語の音訳〕「すみせん」とも。仏教で、世界の中心にそびえ立つという高山。金・銀・瑠璃・玻璃（＝水晶）の四宝からなり、七山・七海が周囲をかこみ、日月がこれをめぐって、頂上には帝釈天、中腹には四天王が住むという。

しゅら【修羅】名《仏教語》「阿修羅」の略。

しゅり‐しき【修理職】名「すりしき」とも。令外の官の一つ。平安時代、内裏（＝皇居）の修理・造営をつかさどった役所。

じゅ‐りゃう（リョウ）【受領】名「ずりゃう」に同じ。

じゅん‐えん【順縁】名《仏教語》❶善行が仏道に入る因縁となること。
❷老いた者から順に死ぬこと。〈対逆縁〉

しゅん‐じう（ジュウ）【春秋】名「しゅんしう」とも。❶（春と秋とで一年を代表させて）年月。歳月。〈方丈・二〉「四十あまりの春秋をおくれるあひだに」訳四十年あまりの年月を過ごしてきた間に。

春色梅児誉美（しゅんしょくうめごよみ）《作品名》江戸後期の人情本。四編十二冊。為永春水作。天保三―四年（一八三二―一八三三）刊。唐琴屋丹次郎という色男と三人の女性の恋のもつれを描き、下町情緒が巧みに表現されている。

俊成（しゅんぜい）《人名》↓藤原俊成

俊成の女（しゅんぜいのむすめ）《人名》↓藤原俊成の女

しゅん‐め【駿馬】名すぐれてよく走る馬。駿足。竜馬。

しょ【書】名❶文字を書くこと。書法。書道。
❷文書。書物。書類。
❸手紙。書簡。

じ‐よ【自余・爾余】名そのほか。それ以外。〈歎異抄〉「自余の行もはげみて、仏になるべかりける身が」訳それ以外（＝念仏以外）の修行にも励んで、仏になるはずであった身が。

じょ【序】名❶はしがき。序文。
❷和歌などの前に置かれて、成立の由来を記した文。詞書。〈万葉・五・八〇二・題詞〉「子等を思ふ歌一首 并せて序」
❸「じょことば」に同じ。
❹舞楽曲を構成する三部（＝序・破・急）のうち、ゆるい調子の導入部。↓序破急
❺人の出立する際、感想を述べてこれを送る文。
❻「序幕」の略。歌舞伎や浄瑠璃の最初の幕。

しょう【上・正・生・庄・声・床・性・省・相・荘・将・唱・笙・菖・装・傷・聖・箏・精・障・請・賞】↓しゃう

しょう【小・少・抄・消・笑・逍・鈔・蕉・蕭】↓せう

じょう【尉】名❶兵衛府・衛門府および検非違使の三等官。↓判官「古文常識」
❷能楽で、翁。老翁。また、その能面。

（尉②）

じょう【判官】 名「ぞう」とも。律令制で、四等官の第三位。→長官(かみ)・次官(すけ)・主典(さくわん)

古文常識 「じょう(判官)」―「判官」の表記

「じょう」は、役所によって字が異なる。

太政官(だいじょうかん)……少納言・弁
省……丞
職(しき)・坊……進
寮……允
弾正台(だんじょうだい)……忠
近衛府(このえふ)……将監
兵衛府(ひょうえふ)・衛門府(えもんふ)・検非違使庁(けびいしちょう)……尉
国司……掾
勘解由使(かげゆし)……判官
内侍司(ないしのつかさ)……掌侍

じょう【上・成・状・城・浄・常・情・盛】 →じゃう

じょう【丈・定・諚】 →ぢゃう

じょう【条】 →でう

しょう-か【証歌】 名 歌論などで、用語や語法の正しさを示す、証拠となる歌。典拠として引用する歌。

しょう-し【勝事】 名「しょうじ」とも。(よい意味でも悪い意味でも)人の耳目をひくようなこと。大変なこと。珍しいこと。〈平家・三・公卿揃〉「今度の御産に勝事あまたあり」訳 このたびの御産について人の耳目をひくようなことがたくさんある。

じょう-しゃう【縄床】(ショウ—) 名 縄または木綿を張ってつくった粗末ないす。禅僧が座禅に用いた。

じょう・ず【乗ず】 自サ変(ぜ・じ・ず・ずる・ずれ・ぜよ) うまく利用する。相手のようすにうまく応ずる。〈徒然・八〇〉「運に乗じて敵(あた)を砕く時」訳 好運をうまく利用して敵軍を打ち破るときに。

しょう-そこ【消息】 →せうそこ

しょう-でん【昇殿】 名・自サ変 平安時代以降、五位以上および六位の蔵人(くろうど)で、清涼殿(せいりょうでん)の殿上の間(ま)にのぼることを許されること。許された人を殿上人(てんじょうびと)、許されない人を地下(じげ)といった。〈平家・四・鵼〉「大内(おほうち)守護にて年久しうありしかども、昇殿をば許されず」訳 宮中守護職として永年勤めていたが、殿上人に列せられることを許されない。→殿上人(てんじゃうびと)「古文常識」

しょう-と【兄人】 →せうと

しょうもんじってつ【蕉門十哲】 →せうもんじってつ

しょう-り【勝利】 名《仏教語》すぐれた利益(りやく)。〈徒然・一三三〉「亡者(まうじゃ)の追善(ついぜん)には、何事か勝利多きや」訳 死者の冥福を祈る供養には、どういうこと(をする)の)が御利益が多いのか。

しょ-かう【初更】(—コウ) 名 時刻の名。一夜を五つに分けた一番目。今の午後八時ごろ、およびその前後約二時間(午後七時ごろから午後九時ごろ)。戌(いぬ)の刻。→更(かう)

しょ-ぎゃう【所行】(—ギョウ) 名 行い。ふるまい。しわざ。

しょぎゃう-むじゃう【諸行無常】(ショギョウムジョウ) 名《仏教語》万物は常に移り変わり、絶えず生滅して、一時もとどまらないということ。仏教の根本思想。〈平家・一・祇園精舎〉「祇園精舎(ぎをんしやうじや)の鐘(かね)の声、諸行無常の響きあり」訳 (釈迦(しゃか)が説法をした)祇園精舎の鐘の音は、すべてのものは絶えず変化してとどまることがないという響きがある。

じょく【濁】 →ぢょく

式子内親王(しきしないしんわう)(しょくしないしんわう)(ショクシナイシンノウ)《人名》→式子内親王

しょ-くわ【所課】(—カ) 名 課せられること。また、課せられたもの。負担。〈徒然・一二六〉「大納言入道、負けになりて、所課いかめしくせられたりけるとぞ」訳 大納言入道は、(賭けが)負けになって、罰として課せられたごちそうを盛大になさったということだ。

しょ-ぐわん【所願】(—ガン) 名 願うところ。願いごと。〈徒然・二一七〉「人の世にある、自他につけて所願無量なり」訳 人間でこの世に生きている者は、自分についても他人に対しても願望は無限である。

しょ-け【所化】 名《仏教語》教化(きょうげ)される者の意。修行中の僧。

じょ-ことば【序詞】 名 おもに和歌で用いられる修辞の一つ。序詞(じょし)。序。→付録◇1「和歌の修辞」

しょ-さ【所作】 名 ❶行い。ふるまい。しわざ。特に、読経や念仏。〈今昔・一五・一八〉「化人(けにん)の所作と知りて、寺の人、皆、貴びけりとなむ語り伝へたるとや」訳 (念仏は)化人(=この世に人の姿で仮に現れた仏)の行いと知って、寺の人は、皆、貴んだと語り伝えているとさ。
❷仕事。なりわい。生業。〈今昔・三・二六〉「漁捕(すなど)りを以(もっ)て所作とする国なり」訳 魚を捕ることをもって生業とする国である。
❸踊りなどの身のこなし。演技。また、歌舞・音曲などを演じること。〈戴恩記〉「今日の所作御褒美(ほうび)なされ」訳 (太鼓打ちの)今日の演技をおほめになって。

しょ-ざい【所在】 名 ❶ありか。すみか。❷しわざ。ふるまい。動作。❸身分。職業。

しょ-し【所司】 名 ❶鎌倉幕府の侍所(さぶらいどころ)の次官。室町幕府では、侍所の長官。→侍所(さぶらひどころ) ❷僧の職名。別当の下で寺務をつかさどる。

じょ-し【序詞】 名「じょことば」に同じ。

しょ-じゅう【所従】 名 家来。従者。

しょ-しん【初心】 名・形動ナリ ❶学問・芸道などで、まだ学びはじめであること。初学。また、その人。未熟者。〈徒然・九二〉「初心の人、二つの矢を持つことなかれ」訳 (弓を)学びはじめの人は、二本の矢を持って(的に向かって)はならない。
❷(世阿弥(ぜあみ)の能楽論で)芸が未完成の時期に習得した境地や、未熟であることの自覚。また、修業のそれぞれの時期に得た境地。〈花鏡〉「初心忘るべからず」訳 初心を忘れてはいけない。
❸物慣れないこと。世慣れていないこと。うぶなこと。〈浮・好色一代男〉「初心なる体(てい)女郎は、脇(わき)からも赤面してゐられしに」訳 物慣れない遊女は、わきで(どうしたものかと)顔を赤らめていらっしゃったが。

しょ-せん【所詮】 一 名 結果として行きつくところ。究極。〈一遍上人語録〉「一代聖教(しゃうげう)の所詮はただ名号(みゃうがう)(=南無阿弥陀仏(なむあみだぶつ))なり」訳 仏の生涯をかけた教えの究極はただ名号である。
二 副 結局。つまるところ。〈源平盛衰記〉「所詮身を全(まっ)たうして君に仕ふるは忠臣の法といふことあり」訳 結局最後まで生き残って主君に仕えるのは忠臣の定めということがある。

しょ‐たい【所帯】名 ❶身に帯びているもの。官職・地位・財産・領地など。〈平家・三・御産〉「**所帯**・所職を帯(たい)するほどの人の」訳**領地**・官職をもっているほどの人で。
❷一家を構えて独立した生計を営むこと。世帯。

じょ‐は‐きふ【序破急】キュウ 名 舞楽で曲を構成する三区分。「序」は一曲の最初の部分で、テンポはゆるく、「急」は終わりで、急速な調子をもつ。この三つの部分を合わせて一曲が成り立つ。のちに能楽の演出作法や文章作法にも応用された。

しょ‐や【初夜】名「そや」とも。❶「六時(ろくじ)」の一つで、一夜を初夜・中夜・後夜(ごや)の三つに区分した最初の称。おおよそ午後七時ごろから午後九時ごろまで。〈今昔・三・二〉「**初夜**の程に、にはかに微風(こかぜ)吹きて」訳**初夜**のころに、急にそよ風が吹いて。→中夜(ちゅうや)・後夜(ごや)
❷〔仏教語〕「初夜①」に行う仏前での勤行(ごんぎょう)。
❸漏刻(ろうこく)(=水時計)で、亥(い)の二刻から子(ね)の二刻までのこと。

しょ‐らう【所労】ロウ 名 病気。わずらい。〈平治物語〉「**所労**とて常は伏見(ふしみ)にこもりゐて」訳**病気**だといっていつもは伏見にこもっていて。⬇篤(あつ)し「慣用表現」

しょ‐りゃう【所領】リョウ 名 領地。

しょ‐ゐ【所為】イ 名 しわざ。行い。〈平家・九・坂落〉「ただ鬼神の**所為**とぞ見えたりける」訳ただもう鬼神の**しわざ**と思われたのだった。

じょ‐ゐ【叙位】イ 名 ❶位を授けること。
❷平安時代以降、陰暦正月五日・六日または七日に、宮中で五位以上の位を授ける儀式。

しらうめに… 俳句

春
しら梅に　明(あ)くる夜(よ)ばかりと　なりにけり（切れ字）
〈から檜葉(ひば)・蕪村〉

訳庭の白梅が咲いて(闇の中にも清らかな香りが漂う)、そのあたりからほのかに夜が明けそめるばかりの初春の日になったことだ。
解説「初春」と前書き。天明三年(一七八三)十二月二十五日の未明吟。辞世三句中の最後の句。

白河の関(しらかはのせき)シラカワノセキ《地名》歌枕 今の福島県白河市旗宿付近にあった古関。蝦夷(えぞ)に備えるため五世紀ごろ設けられた。奥羽三関の一つ。→三関(さんかん)②

‐しら‐が・ふ シラガ(ゴ)ウ 接尾ハ四型 ❶(目立つように)わざと…する。〈源氏・竹河〉「若き男の心づかひせぬなう、見え**しらがひ**用さまよふ中に」訳若い男で、(姫君たちに)心配りしない者はなく、**わざと**人目に**つくようにして**(玉鬘(たまかずら)邸あたりを)うろうろする中で。
❷争って…する。〈宇治・六・九〉「羅刹(らせつ)奪(ば)ひ**しらがひ**用て、これを破り食ひけり」訳鬼は**争って**奪って、これ(=海に落ちた商人)を引き裂いて食った。

しら・く【白く】■自カ下二{け・け・く・くる・くれ・けよ} ❶白くなる。〈土佐〉「海のまた恐ろしければ、頭(かしら)もみな**白け**用ぬ」訳海(の風波)がまた恐ろしいので、頭髪もすっかり**白くなって**しまった。
❷ぐあいが悪くなる。気まずくなる。興がさめる。〈十訓・八〉「実方(さねかた)は**白け**用て逃げにけり」訳実方は**きまり悪くなって**逃げてしまった。
■他カ下二{け・け・く・くる・くれ・けよ} うちあける。あきらかにする。〈浮・好色一代男〉「かしらから物毎(ものごと)に**白け**用て語りぬ」訳はじめからそれぞれの物事を**うちあけて**語った。

しら・ぐ【精ぐ・白ぐ】他ガ下二{げ・げ・ぐ・ぐる・ぐれ・げよ} ❶玄米をついて白くする。精米する。〈うつほ・吹上上〉「米(よね)**しらげ**用たり」訳(女たちが臼で)米を**ついて**いる。
❷磨きをかける。白く仕上げる。精製する。〈浮・日本永代蔵〉「あれは、よごれし時**白げ**用て、一膳にて一年中あるように」訳あれ(=正月の太箸)は、よごれたとき**白く削って**、一膳の箸で一年じゅう使えるように。

しらし‐め・す【知らし召す・領らし召す】他サ四{さ・し・す・す・せ・せ}〔四段動詞「知る」未+上代の尊敬の助動詞「す」=「しらす」の連用形「しらし」に尊敬の補助動詞「召す」が付いて一語となったもの〕「知る」の尊敬語。**お治めになる。統治なさる。**〈万葉・一八・四〇九八〉「天(あめ)の下**しらしめし**用ける皇祖(すめろき)の神の命(みこと)の」訳天下を**統治なさって**きた皇祖の天皇が。→知らす・知ろし召す

しら‐じら・し【白白し】形シク{(しから)・しく(しかり)・し・しき(しかる)・しけれ・しかれ} ❶白く見える。いかにも白い。〈和漢朗詠集〉「**白々し**終しらけたるとし月光(つきかげ)に雪かきわけて梅(むめ)の花折る」訳**いかにも白くて**あじけない。白髪になった(この)年齢で、(白い)月光(の中)に雪をかきわけて(白)梅の花を折ることは。(「しらじらし」は②の意もかける)
❷興ざめの感じがする。あじけない。期待はずれだ。〈枕・四六〉「随身(ずいじん)なきはいと**白々し**終」訳(風采(ふうさい)よくりっぱな君達(きんだち)も)護衛の従者がついていないのはたいそう**あじけない**。
❸そらぞらしい。知らぬふりをする。

しら‐す【白州・白洲】名 ❶白い砂の州。
❷玄関前や庭などの白い砂の敷いてある所。転じて、玄関前。
❸奉行所で、罪人を取り調べる、白砂を敷いた場所。
❹(能で)舞台と客席の間の白い小石を敷いた所。⬇能楽(のうがく)「古文常識」(六五〇ページ)

しら‐す【知らす・領らす】〔上代語〕「知る」の尊敬語。**お治めになる。統治なさる。**〈万葉・一九・四二六六〉「あをによし奈良の都に万代(よろづよ)に国**しらさ**未むと」訳奈良の都で万代までも国を**お治めになろ**うと。(「あをによし」は「奈良」にかかる枕詞)
なりたち 四段動詞「知る」未+上代の尊敬の助動詞「す」

しら‐ず【知らず】❶(「…は知らず」の形で)…(は)さておき。…(は)ともかく。〈平家・二・西光被斬〉「他人の前は**しらず**用、西光が聞かん所にさやうの事をば、えこそのたまふまじけれ」訳他人の前では**さておき**、(この)西光が聞くような所でそのようなことを、おっしゃることはできないだろう。
❷(文頭にあって、以下のことは)さあ、どうだか(わからない)。はてさて。〈方丈・一〉「**しらず**終、生まれ死ぬる人、いづかたより来(きた)りて、いづかたへか去る」訳**はてさて**、(この世に)生まれ(そして)死ぬ人(というもの)は、どこからやって来て、どこへ去るのか。
なりたち 四段動詞「知る」未+打消の助動詞「ず」

最重要330 169

し・る【知る】

一 他ラ四 {ら・り・る・る・れ・れ} 二 自ラ四 {ら・り・る・る・れ・れ} 三 自ラ下二 {れ・れ・る・るる・れ・れよ}

ガイド 対象を認識し理解する意。古文では、現代語にはない一①④⑤が重要。三は多く「人知れず」の形で用いられる。

一 他ラ四

① 〔「領る」「治る」とも書く〕

㋐ 治める。統治する。

例 世のなかをしり(用)給ふべき右の大臣(おとど)の御勢ひは、ものにもあらずおされ給へり〈源氏・桐壺〉

訳 天下をお治めになるはずの右大臣のご権勢は、問題にならないまでに(左大臣に)圧倒されなさってしまった。

㋑ 領有する。占める。

例 平城(なら)の京、春日(かすが)の里にしる(体)よしして、狩りに往(い)にけり〈伊勢・一〉

訳 (男は)奈良の都の、春日の里に領地を持っている縁故があって、狩りに出かけた。

② 理解する。認識する。

例 かくばかり恋ひむものそと知ら(未)ませば遠くも見べくありけるものを〈万葉・一一・二三七二〉

訳 これほど恋しくなるようなものだと知っていたならば、遠く(から)でも見ていればよかったのに。

③ 経験する。体験する。

例 みづからかかること知り(用)給はず〈源氏・若菜上〉

訳 (紫の上)自身はこのようなこと(=出産)を経験していらっしゃらないで。

④ 世話する。めんどうをみる。

例 また知る(体)人もなくて漂はむことのあはれに〈源氏・柏木〉

訳 (自分=朱雀(すざく)院よりほかに)また世話する人もなくて、(女三の宮が)あてもなく途方にくれるとしたらそのことがかわいそうで。

⑤ 交際する。付き合う。

例 かれこれ、知る(体)、知ら(未)ぬ、送りす〈土佐〉

訳 あの人この人、交際している人も交際していない人も(だれかれなく)、見送りをする。

しら-たま【白玉・白珠】名 ①白色の美しい玉。真珠。露・涙などにもたとえる。②たいせつな人・愛人・愛児などのたとえ。〈万葉・五・九〇四〉「わが中の生まれ出(い)でたる白玉のあが子古日(ふるひ)は」

訳 私たちの中に生まれ出た白玉のようなわが子古日(=人名)は。

しらたまか… 和歌

白玉か 何(なに)ぞと人(ひと)の 問(と)ひしとき 露(つゆ)と答(こた)へて 消(き)えなましものを〈伊勢・六〉〈新古・八・哀傷・八五一・在原業平(ありはらのなりひら)〉

訳 「真珠ですか、何ですか」とあの人がたずねたときに、「露です」と答えて、(その露のように)消えて(死んで)しまっていたらよかったのになあ。(「消えなまし」の「な」は、助動詞「ぬ」の未然形で、ここは確述の用法)

解説 「伊勢物語」には、男が、盗み出した恋人を鬼に食われてしまい、嘆き悲しんで詠んだ歌とある。女は草の露も見たことのない高貴な人なので、露のその形状を見て白玉(=真珠)を連想した。「新古今集」では、第五句が「消(け)なましものを」。

しら-つゆ【白露】名(草木に降りた露が白く光って見えるところから)露。秋

しらつゆに… 和歌 《百人一首》【白露に 風(かぜ)の吹きしく 秋(あき)の野(の)は つらぬきとめぬ 玉(たま)ぞ散(ち)りける】〈後撰・秋中・文屋朝康(ふんやのあさやす)〉➡付録①「小倉百人一首」37

しらつゆの【白露の】《枕詞》露の縁で「おく(置く・起く)」「消(け)」「たま」にかかる。〈古今・恋二〉「しらつゆのおくとは嘆き」

しらつゆや… 俳句

秋 切れ字

白露や 茨(いばら)の刺(はり)に ひとつづつ〈蕪村句集・蕪村〉

訳 (秋冷の朝の)なんと透明な露であることか。(しかも)鋭い茨の刺(とげ)の一つ一つに、(きらきらと光りながら)宿っていることだ。

二 自ラ四 **わかる。**
例 石戸破る手力もがも手弱き女にしあれば術の知ら㊍なく〈万葉・三・四一九〉 訳 (お墓の)岩戸を破る手の力があったらなあ。(私は)か弱い女であるので、(どうしてよいか)手だてがわからないことだ。

三 自ラ下二 **知られる。**
例 恋すてふわが名はまだき立ちにけり人知れ㊍ずこそ思ひそめしか〈拾遺・恋二〉 訳 恋をしているという私のうわさが、もう立ってしまったことだ。人に知られないように、(ひそかに)慕いはじめたのに。

しら-なみ【白波・白浪】名 ❶白く立つ波。❷(「後漢書」に見える賊の名「白波賊」から)盗賊の異称。〈方丈・三〉「所、河原近ければ水の難も深く、白波のおそれもさわがし」訳 (私の住む)所は、河原が近いので、水害も多く、盗賊の心配も(あって)不穏である。

しら-に【知らに】《上代語》知らないで。知らないので。〈万葉・一・五〉「思ひ遣るたづきを知らに」訳 憂いを晴らす術を知らないので。
なりたち 四段動詞「知る」㊍+打消の助動詞「ず」の上代の連用形「に」

しらぬひ《枕詞》「筑紫」にかかる。〈万葉・五・七九四〉「しらぬひ筑紫の国に」

しら-びゃうし【白拍子】名 平安末期に起こった歌舞。また、それを舞う遊女。男装して今様を歌いながら舞った。

-しら・ふ 接尾ハ四型「互いに…し合う」の意を表す。→しろふ

(しらびゃうし)

しら・ぶ【調ぶ】他バ下二{べ・べ・ぶ・ぶる・ぶれ・べよ} ❶**楽器の調子を合わせる。**音律を整える。〈源氏・橋姫〉「黄鐘調に調べ㊐て」訳 (琵琶を)黄鐘調(=雅楽の調子の一つ)に音律を整えて。
❷**音楽を演奏する。**ひく。かなでる。〈方丈・三〉「ひとり調べ㊐、ひとり詠じて」訳 ひとりで(琵琶を)ひき、ひとりで(歌を)歌って。
❸調子にのる。図にのる。〈枕・二八〉「わづかに聞き得たることをば、我もとより知りたることのやうに、こと人にも語り調ぶる㊑もいとにくし」訳 ほんの少し聞き知ったことを、自分がはじめから知っていたことのように、他人にも調子にのって話すのもたいそう不快だ。

しらべ【調べ】名 ❶音律。**調子。**音律を整えること。また、楽曲。〈源氏・少女〉「琴笛の調べにも、音たへず及ばぬところの多くなむ侍りける」訳 琴や笛の調子(を学ぶ)にしても、音色がしっかりとしておらず至らないところが多くございました。
❷「調べの緒」の略。鼓の、革を胴に締めつけ、調子を整えるひも。

しら-ぼし【素干し・白乾し】名 魚肉・野菜などを塩につけずに干した食物。すぼし。

しら・む【白む】自マ四{ま・み・む・む・め・め} ❶白くなる。明るくなる。〈著聞・六〇七〉「庭には雪ふりてしらみ㊐わたりたるに」訳 庭には雪が降って一面に白くなっているところに。
❷衰える。弱まる。〈うつほ・俊蔭〉「手触れで久しくなりにけるに、声もしらま㊍ず」訳 (琴は)手を触れないで長い時間がたってしまったのに、音色も衰えないで。

しり【尻】名 腰のうしろ下の部分。臀部。

しり【後】名 ❶うしろのほう。あと。〈源氏・空蟬〉「小君、御車のしりにて、二条院におはしましぬ」訳 小君が御牛車のうしろ(の座席)に乗って、(光源氏は自邸の)二条院にいらっしゃった(=お帰りになった)。
❷末。端。底。〈源氏・梅枝〉「筆のしりくはへて、思ひめぐらし給へるさま」訳 筆の端をくわえて思いめぐらしていらっしゃる(光源氏の)ようすは。
❸下襲の裾。裾。〈枕・八八〉「下襲のしりひきちらして」訳 下襲の裾を長く引きずって。

フレーズ
後に立・つ うしろについて行く。あとを追う。〈伊勢・二四〉「女、いと悲しくてしりに立ち㊐て追ひ行けど、え追ひつかで」訳 女は、とても悲しくて(男の)あとについて追って行くが、追いつくことができなくて。

じ-り【事理】名《仏教語》因縁によってあらわれるすべての事象・現象(=事)と、その根本にある絶対的真理(=理)。現象と本体。〈徒然・一五七〉「事理もとより二つならず」訳 現象と本体は元来別々のものでない。

しり-あし【後足】名 あと足。うしろ足。

しりう-ごと【後う言】名 **陰口。**陰で悪口を言うこと。〈紫式部日記〉「え知り侍らぬ心憂きしりうごとの、多う聞こえ侍りし」訳 知るよしもありません不愉快な陰口が、たくさん耳に入りました。

しりえ〔後方〕➡しりへ

しり-がい【鞦】名(「しりがき」のイ音便)馬具の名。馬の頭・胸・尾にかけるひも。特に、尾から鞍にかけ渡すひも。また、牛車の牛の尻にかけるひも。→鞍

じ-りき【自力】名《仏教語》自分自身の力によって

最重要330

170

しるし 名

ガイド 動詞形は「記(しる)す」。ほかと区別をつけるための符号の意が②㋐と③、形となって現れるものの意が①と②㋒、証明するものの意が②㋑。

❶【徴・験】

㋐前兆。

例 かの鬼のそらごとは、このしるしを示すなりけりと言ふ人も侍りし〈徒然・五〇〉

訳 あの鬼についての流言は、この(病気の流行する)前兆を告げ知らせるものであったのだと言う人もございました。

㋑霊験。ききめ。効能。かい。

例 よろづにまじなひ、加持などまゐらせ給へどしるしなくて〈源氏・若紫〉

訳 (光源氏は)いろいろとまじないや加持祈禱(とう)などをおさせになるが、効き目がなくて。

❷【標・印・証】

㋐他と区別のつく目じるし。

例 いたう荒れて、松ばかりぞしるしなる〈源氏・須磨〉

訳 (難波(なには)の大江殿は)ひどく荒れて、(昔と変わらぬ)松だけが目じるしである。

㋑証拠。

例 なき人のすみか尋ね出(い)でたりけむしるしの釵(かんざし)ならましかばと思ほすもいとかひなし〈源氏・桐壺〉

訳 (桐壺帝は)故人(=楊貴妃(ようきひ))の魂のありかを捜し出したとかいう証拠のかんざしであったなら(よかったろうに)、とお思いになるのも、まことにかいがない。

㋒合図。

例 かかるしるしを見せ給はずは、いかでか、見奉り給ふらむとも知らまし〈大鏡・師輔〉

訳 このような合図をお見せにならなかったなら、どうして、(斎院が親王方を)拝見していらっしゃるだろうともわかろうか(いや、わかるはずもない)。

悟りを得ようとすること。対 他力(たりき)

しりくめ-なは ナワ【尻久米縄・注連】名「しりくべなは」とも。入ることを禁じるしるしとして張り渡した縄。しめなわ。

しり-さき【尻前・後前】名 あとさき。うしろや前。〈枕・一五一〉「鶏(にはとり)のひなの…人のしりさきに立ちてありくもをかし」訳 鶏のひなが…人のあとさきに立って動きまわるのもかわいらしい。

しり-ぞ・く【退く】一 自カ四{か・き・く・く・け・け} ❶うしろにさがる。引きさがる。〈源氏・藤袴〉「近く侍(さぶら)ふ人も、少し退き用つつ」訳 (玉鬘(たまかずら)の)近くにお仕え申しあげる女房も少し引きさがり引きさがりして。❷帰る。退出する。〈徒然・六六〉「禄(ろく)を出(い)ださるれば、肩にかけて、拝して退く終」訳 祝儀(の衣)をお出しになると必ず、肩にかけて、拝舞の礼をして退出する。❸(官職・地位などから)身を引く。引退する。〈徒然・一三四〉「拙(つた)なきを知らば、なんぞやがて退か未ざる」訳 (芸の)へたなのを知るならば、どうしてすぐに引退しないのか。❹ひかえめにする。へりくだる。〈源氏・明石〉「退き用て咎(とが)なし」訳 ひかえめにしていると非難を受けることはない。
二 他カ下二{け・け・く・くる・くれ・けよ} 引きさがらせる。遠ざける。追いやる。〈徒然・一八〉「奢(おご)りを退け用て、財(たから)を持たず」訳 贅沢(ぜいたく)を退けて、財産を持たず。

しり-に-た・つ【後に立つ】➡後(しり)「フレーズ」

しり-へ エ【後方】名 ❶うしろ。うしろのほう。〈源氏・若紫〉「しりへの山に立ち出(い)でて京の方(かた)を見給ふ」訳 (聖(ひじり)の庵室(あんしつ)の)うしろの山に出かけて、(光源氏は)京の方角をご覧になる。❷競技や物合わせの時の右方の組。〈蜻蛉・中〉「しりへのかたにとられて出(い)でにたり」訳 右方の組のほう(の射手)に選ばれて出場した。

し-りやう リョウ【死霊】名 死人の怨霊(おんりょう)。

し・る【痴る】自ラ下二{れ・れ・る・るる・るれ・れよ} ❶ばかのようになる。ぼける。ぼんやりとなる。〈竹取・かぐや姫の昇天〉「心地ただしれ用にしれ用て、まもり合へり」訳 (警護の者は)気持ちがただもうぼんやりするばかりで、(皆)

③【璽】**三種の神器の一つ。神璽(しんじ)。八尺瓊(やさかに)の曲玉(まがたま)。** 例 内侍所(ないしどころ)・**しるし**の御箱、鳥羽(とば)につかせ給ふと聞こえしかば〈平家・一一・内侍所都入〉 訳 神鏡・**神璽**の御箱が、鳥羽へお着きになられると耳に入ったので。

じっと見つめ合っていた。

②(多く「しれたる」の形で)いたずら好きである。〈徒然・一〇七〉「**しれ**(用)たる女房ども」訳 **いたずら好きな**女房たち。

し・る【知る】他ラ四 自ラ四 自ラ下二 ➡四一六ページ 169

しるし 名 ➡右 170

しる・し【著し】形ク ➡次ページ 171

しるしなき… 和歌

験なき 物(もの)を思(おも)はずは 一坏(ひとつき)の
濁(にご)れる酒(さけ)を 飲(の)むべくあるらし
〈万葉・三・三三八・大伴旅人(おほとものたびと)〉

訳 してもかいのない物思いなどしないで、一杯の濁り酒を飲むのがよさそうだなあ。(「思はずは」の「ずは」は連用修飾となって、「…ないで」「…ずに」の意となる)

解説 「酒を讃(ほ)むる歌十三首」の冒頭歌。「讃酒」という題材は「万葉集」にこの一連の歌のほかに例を見ないが、中国の詩には広くうたわれている。

しる・す 他サ四 {さ・し・す・す・せ・せ} ①【記す】書きとどめる。記録する。〈源氏・蛍〉「神世より世にあることを**しるし**(用)おきけるななり」訳 (物語というものは)神代以来この世にある事実を**書きとどめて**おいたのだということだ。

②【徴す】前兆を示す。〈万葉・一七・三九二五〉「新(あら)たしき年のはじめに豊(とよ)の年**しるす**(終)とならし雪の降れるは」訳 新しい年のはじめに、実り豊かな年の**前兆を示す**ということであるに違いない。(こんなに)雪が降っているのは。

しる‐べ【導・知る辺】名 ①**導き。**手引き。案内すること。また、その人。〈源氏・若菜上〉「しほたるるあまを波路(なみぢ)の**しるべ**にてたづねもみばや」訳 (うれし涙に)泣きぬれている尼を海路の**道案内**にして、(生まれ故郷の家を)訪ねもしてみたいものだ。

②知り合い。ゆかりのある人。

しれ‐がま・し【痴れがまし】形シク {しから・しく(しかり)・し・しき(しかる)・しけれ・しかれ}(「がまし」は接尾語)ばかげている。ばかばかしい。愚かである。〈源氏・夕霧〉「世の中の**しれがましき**(体)名を取りしかど」訳 世の中の**愚か**(者)**である**(という)評判を取ったけれども。

しれ‐ごと【痴れ言】名 **ばかげた話。**たわごと。〈宇治・一三・二〉「**しれごと**な言ひそ」訳 **ばかなこと**を言うな。

しれ‐ごと【痴れ事】名 ばかげたこと。愚かなこと。〈今昔・二八・一〉「嗚呼(をこ)をさがして人に咲(わら)はるるは、いみじき**しれごと**にはあらずや」訳 ばかさ加減を露呈して人に笑われるのは、たいそう**愚かなこと**ではないのか(いや、愚かなことである)。

しれじれ・し【痴れ痴れし】形シク {しから・しく(しかり)・し・しき(しかる)・しけれ・しかれ} ①**いかにも無知だ。愚かである。**〈源氏・行幸〉「思ひ寄らざりける事よと、**しれじれしき**(体)心地(ここち)す」訳 (夕霧は玉鬘(たまかずら)が恋の対象としてもよい他人だったとは)思いもよらなかったことだよと、(我ながら)**愚かな**気がする。

②**わざと知らないふりをしている。**そらぞらしい。〈枕・一三八〉「ともかくも言はで、**しれじれしう**(用)(ウ音便)笑(ゑ)みて走りにけり」訳 なんとも答えないで、**わざと知らないふりをして**笑って走って(行って)しまった。

しれ‐もの【痴れ者】名 ①**ばか者。**愚か者。〈徒然・四一〉「世の**しれ者**かな。かく危ふき枝の上にて、安き心ありてねぶるらんよ」訳 天下の**ばか者**だなあ。こんなに危ない枝の上で、どうして安らかな気持ちで眠っているのだろうよ。

②(転じて、ただ者ではないとほめる意で)**あることに心をうち込んでいる人。**達人。〈細道・仙台〉「さればこそ風流の**しれ者**、ここに至りてその実(じつ)を顕(あらは)す」訳 思ったとおり風流の**道に徹する者**は、ここに至ってその本性を発揮する。

しろ【代】名 ①代わり。代用。〈万葉・八・一六四二〉「たな霧(ぎ)らひ雪も降らぬか梅の花咲かぬが**代**に擬(そ)へてだに見む」訳 空一面に曇って雪でも降らないかなあ。梅の花が咲かないのの**代わり**に、せめて(梅に)なぞらえて見たいものだ。

②ある物の代わりに支払ったり受け取ったりする金品。代物。代価。〈浮・世間胸算用〉「草履(ざうり)雪踏(せきだ)を盗み取りて、酒の**代**にせんと」訳 草履や雪駄(せった)を盗み取って、酒の**代金**にしようと。

しろい‐もの【白い物】名(「しろきもの」のイ音便)白粉(おしろい)。

‐しろう ➡‐しろふ

しろ‐かね【銀】名(近世以降は「しろがね」)①銀(ぎん)。〈万葉・五・八〇三〉「**銀**も金(くがね)も玉も何せむにまされる宝子にしかめやも」訳 ➡しろかねも… 和歌

②銀貨。

しろかねも… 和歌

銀も 金(くがね)も玉(たま)も 何(なに)せむに
まされる宝(たから) 子(こ)にしかめやも
〈万葉・五・八〇三・山上憶良(やまのうへのおくら)〉

訳 銀も金も宝玉も、どうしてすぐれた宝であろうか。すぐれた宝は子供に及ぼうか(いや、及びはしない)。(「やも」は、反語の終助詞)

解説 「子らを思ふ歌」(➡うりはめば… 和歌)の反歌。

しろき‐もの【白き物】名「しろいもの」とも。白粉(おしろい)。

しろ・し【白し】形ク {から・く(かり)・し・き(かる)・けれ・かれ} ①**色が白い。**〈土佐〉「黒鳥(くろとり)のもとに、**白き**(体)波を寄す」訳 黒鳥の下に、**白い**波がね、寄せているよ。(「波を」の「を」は、間投

最重要330

171 **しる・し**【著し】形ク{から・く(かり)・し・き(かる)・けれ・かれ}

ガイド 明白だの意で「白(しろ)し」と同源。現代語でも用いる「著(いちじる)しい」は、これに程度がはなはだしい意の接頭語「いち」が付いて語頭が濁音化したもの。②の「…もしるく」の句型にも注意。

❶**きわだっている。はっきりしている。明白である。**

例 六位の中にも蔵人(くらうど)は青色しるく(用)見えて〈源氏・澪標〉

訳 六位の中でも蔵人は(天皇より賜った袍(ほう)の)青色がきわだって見えて。

❷**(多く上に「も」を伴って「…もしるく」の形で)予想どおりだ。そのとおりだ。**

例 世の乱るる瑞相(ずいさう)とか聞けるもしるく(用)、日を経つつ世の中浮き立ちて〈方丈・三〉

訳 (福原遷都は)世の中が乱れる前兆だとか聞いていたのもそのとおりで、日がたつにつれて世間がざわついて。

助詞)
❷生地のままで、色がついていない。〈紫式部日記〉「白き(体)御厨子(みづし)一よろひに」訳 生地のまま(=白木)の御厨子一そろいに。

しろ・し【著し】形ク{から・く(かり)・し・き(かる)・けれ・かれ}**はっきりしている。明るい。**〈徒然・三〉「『主殿寮(とのもれう)人数(にんじゆ)たてて』と言ふべきを、『立ち明かししろく(用)せよ』と言ひ」訳「主殿寮の官人よ、人員配備(して式場を照ら)せよ」と(昔なら)言うはずのところを、(当世の人は)「たいまつで明るく照らせ」と言い。

参考「枕草子」の、「春はあけぼの。やうやうしろくなりゆく、山ぎはすこしあかりて」の「しろく」は「白く」のほかに「著(しろ)く」と解釈する説がある。その場合、「だんだんはっきりしてくる、その山ぎわ(の空)が少し明るくなって」の意になる。

しろし-め・す【知ろし召す】他サ四{さ・し・す・す・せ・せ}「しらしめす」の転。「知る」の尊敬語。❶(「領ろし召す」とも書く)**お治めになる。治めていらっしゃる。**〈古今・仮名序〉「いま、すべらぎの、あめのしたしろしめす(体)こと、よつのとき、ここのかへりになむなりぬる」訳 現在、天皇が天下をお治めになることは、四季が(くり返すこと)、九回(=九年)になった。

❷**知っていらっしゃる。ご存じである。**〈平家・九・木曽最期〉「さるものありとは鎌倉殿(かまくらどの)までもしろしめさ(未)れたるらんぞ」訳 そういう者がいるとは鎌倉殿(=源頼朝(よりとも))までもお知りになっていらっしゃるであろうぞ。

参考「知り給ふ」より尊敬の程度が高い。

しろ-たへ タエ【白栲・白妙】名 ❶**こうぞ(=木の名)の繊維で織った白い布。**〈万葉・一・二八〉「春過ぎて夏来(きた)るらし白栲の衣ほしたり天(あめ)の香具山(かぐやま)」訳→はるすぎて…和歌

❷**白い色。白いこと。**〈万葉・一〇・一八四〇〉「鶯(うぐひす)の翼(はね)に白妙に沫雪(あわゆき)ぞ降る」訳 鶯の羽にまっ白に沫雪が降ることだ。

しろたへの シロタエノ【白栲の・白妙の】《枕詞》白栲で衣服をつくることから「衣」「袂(たもと)」「袖」「紐(ひも)」「帯」などに、また、その白いことから「雲」「雪」「波」などにかかる。〈万葉・一二・二八四六〉「しろたへの衣も脱かじ」

-しろ・ふ ウシロ 接尾ハ四型(動詞の連用形に付いて)「互いに…し合う」の意を表す。〈源氏・夕顔〉「つきしろひ(用)目くはす」訳(乳母(めのと)の子供たちは)互いに突っつき合い、目くばせをする。

例語 言ひしろふ・引きしろふ

しろ・む【白む】一 自マ四{ま・み・む・む・め・め}❶**白みを帯びる。白くなる。**〈枕・三六〉「まだ暗うてよくも見えざりつるを、白み(用)たる者の侍りければ」訳 まだ暗くてよくも見えなかったけれども、白みを帯びている(服装の)者がおりましたので。

❷**勢いがくじける。たじろぐ。ひるむ。**〈太平記・三〉「山名が兵ども進みかねて、少し白う(用)(ウ音便)てぞ見えたりける」訳 山名(=人名)の兵士たちは進むことができなくて、少しひるんで見えた。

二 他マ下二{め・め・む・むる・むれ・めよ}**白くする。**〈枕・八七〉「衣(きぬ)も白め(未)ず、おなじすすけにてあれば」訳 着物も白くしないで(=白いのに着替えないで)、(前と)同じすすけた状態であるので。

しろ-らか【白らか】形動ナリ{なら・なり(に)・なり・なる・なれ・なれ}(「-らか」は接尾語)**白っぽいさま。しろじろとしたさま。**〈堤・虫めづる姫君〉「いと白らかに(用)笑(ゑ)みつつ」訳(姫君はお歯黒(はぐろ)をしないで)たいそうしろじろと(歯を見せて)にっこり笑いながら。

しわ・し【吝し】形ク{から・く(かり)・し・き(かる)・けれ・かれ}(「しはし」とも表記)**けちである。しみったれだ。**

しわす〖師走・十二月〗⇒しはす

し-わた・す【為渡す】他サ四{さ・し・す・す・せ・せ}**一面に作り備える。作り渡す。**〈源氏・若紫〉「同じ小柴(こしば)なれど、うるはしうしわたし(用)て」訳(他と)同じ小柴垣(=細い枝で作った垣根)であるけれど、きちんと整えて作りめぐらして。

し-わ・ぶ【為侘ぶ】他バ上二{び・び・ぶ・ぶる・ぶれ・びよ}**処置に困る。途方にくれる。もてあます。**〈宇治・四・二〉「ものもおぼえぬやうにてありければ、しわび(用)て法師になりてけり」訳(ぼけて)分別もつかないありさまであったので、途方にくれて法師になってしまった。

しわぶく〖咳く〗⇒しはぶく

慈円(じゑん)ジエン《人名》(一一五五)平安末期・鎌倉初期の僧・歌人。諡(おくりな)は慈鎮(じちん)。関白藤原忠通(ただみち)の第六子。

九条兼実の弟。天台座主を務め、歌壇の中心人物の一人でもあった。「小倉百人一首」に入集。史論書「愚管抄」、家集「拾玉集」がある。

し-をに【紫苑】名〔字音「しをん」の転〕「しをん」に同じ。

しをら・し 形シク{しから・しく(しかり)・し・しき(しかる)・しけれ・しかれ} ❶優美だ。奥ゆかしい。上品だ。〈狂・茫々頭〉「見れば田舎人さうなが、しをらし終や、菊の花を挿いてゐる」訳 見ると田舎者のようだが、奥ゆかしいことよ、(頭に)菊の花を挿している。❷可憐である。かわいらしい。〈細道・芭蕉〉「しをらしき体名や小松吹く萩すすき」訳→しほらしき… 俳句 ❸けなげだ。殊勝だ。〈浮・日本永代蔵〉「この娘しをらしく用かしこまり」訳 この娘は殊勝にも(親のいいつけを)守り。参考 仮名遣いを「しほらし」とする説もある。

しをり【撓り】名《文芸用語》「さび」「ほそみ」とともに蕉風俳諧の重要な理念の一つ。作者の繊細で情趣をもった心が、句の余情としてかもしだされることをいう。単に「あはれ」な句ではなく、「あはれ」と思う心のはたらきが句に表れるのをいう。〈去来抄・同門評〉「しをりは自然のことなり。求めて作すべからず」訳 しおりは自然に表れるものである。求めて作り出してはならない。→寂・細み 参考「十団子も小粒になりぬ秋の風」(訳→とをだごも… 俳句)〈韻塞・許六〉の句を、芭蕉は「しをり」があると評したと「去来抄」の「修行」にある。なお、仮名遣いを「しほり」とする説もある。

し-をり【枝折り・栞】名 山道などで、木の枝を折って道しるべとしたもの。

しをり-ど【枝折り戸】名 竹または木の枝などで作った、簡単な開き戸。

しを・る【萎る】一 自ラ下二{れ・れ・る・るる・るれ・れよ} ❶(草木などが)しおれる。〈古今・秋下〉「吹くからに秋の草木のしをるれ已ばむべ山風をあらしといふらむ」訳➡付録①「小倉百人一首」22 ❷気落ちしてぐったりする。しょんぼりする。〈源氏・真木柱〉「すくよかなる折もなくしをれ用給へるを」訳 元気な折もなくしょんぼりとしていらっしゃるが。二 他ラ四{ら・り・る・る・れ・れ} (草や木などを)しおれさせる。たわませる。〈増鏡・新島守〉「木枯らしの隠岐のそま山を吹きしをり用」訳 木枯らしが隠岐のそま山(の木々)を吹きたわめ。

しを・る【責る】他ラ四{ら・り・る・る・れ・れ} 戒め懲らす。折檻する。〈伊勢・六五〉「蔵にこめてしをり用給うければ」訳(御息所は女を)蔵にとじこめて折檻しなさったので。

し-を・る【枝折る・栞る】他ラ四{ら・り・る・る・れ・れ} 木の枝を折って道しるべとする。転じて、道案内する。〈浜松中納言物語〉「よのうさにしをら未で入りし奥山に何とて人の尋ね来つらむ」訳 世の憂さゆえに、道しるべも残さず入った奥山に、どうして人が尋ねて来たのであろう。

し-をん【紫苑】名「しをに」とも。❶植物の名。茎の高さが一、二メートルあり、秋、淡紫色の花をつける。鬼の醜草。秋 ❷「紫苑色」の略。〈枕・一九〇〉「紫苑の衣のいとあてやかなるをひきかけて」訳 紫苑襲の袿でたいそう上品なのをちょっと(肩に)かけて。

しをん-いろ【紫苑色】名 襲の色目の名。表は薄紫、裏は青色。また、表は紫、裏は蘇芳(=紫がかった赤色)とも。秋に用いる。➡襲の色目「古文常識」(三一〇ページ)

しん【信】名 ❶いつわらないこと。信義。信実。❷信用すること。信じること。〈徒然・七三〉「道知れる人は、さらに信も起こさず」訳 芸道に通じている人は、(達人と騒がれている人の芸を)いっこうに信じる気も起こさない。❸信仰すること。帰依する心。〈徒然・二三六〉「おのおの拝みて、ゆゆしく信起こしたり」訳 それぞれ(出雲神社を)拝んで、並々ならず信仰心を起こした。

しん【神】名 ❶神。神明。神霊。❷精神。心。〈宇治・二・一〇〉「鬼に神とられたるやうにて」訳 鬼に心を取られたようで。

しん【真】名 ❶真実。真理。❷漢字の書体の一つ。楷書。真書。〈大鏡・伊尹〉「おもてのかたには、楽府をうるはしく真に書き」訳(紙の)表のほうには、楽府(=漢詩の一体)を端正に楷書で書き。→行・草

じん【仁】名 ❶儒教で説く五常(=仁・義・礼・智・信)の一つ。すべての徳の根本となる博愛の心。また、広く、いつくしみ・慈愛の心。❷人。人物。〈平家・一一・那須与一〉「射つべき仁はみかたに誰かある」訳(あの扇を)必ず射落とすことのできそうな人物は味方の中にだれかいるか。

じん〔沈・陣〕➡ぢん

しん-い【瞋恚・嗔恚】名《仏教語》「しんに」とも。貪欲・愚痴とともに、人間の善心を害する三つの煩悩(=三毒)の一つ。怒り恨むこと。

じん-ぎ【仁義】名 仁と義。博愛と道理を重んずる心。孟子が強調した儒教の徳目。また、転じて、広く人の守るべき道。

じん-ぎ【神祇】名 天神と地祇。天の神と国の神。天と地の神々。

じん-く【神供】名「じんぐ」とも。神への供え物。供物。

じん-ぐゎん【神官】名「しんくゎん」とも。神社に奉仕して神事にたずさわる人。神主。神職。

心敬(しんけい)《人名》(一四〇六〜一四七五)室町中期の歌人・連歌師。権大僧都。正徹に和歌を学び、幽玄を理想とし、歌道と仏道の一致を説いた。連歌論書「ささめごと」「老のくりごと」など。

しん-げつ【新月】名 ❶陰暦で月の最初に見える細い月。❷昇りはじめた月。十五夜の月にいう。

新古今和歌集(しんこきんわかしふ)《作品名》八番目の勅撰和歌集。鎌倉初期、後鳥羽院の院宣により、源通具・藤原有家・藤原定家・藤原家隆・藤原雅経・寂蓮らが撰進。元久二年(一二〇五)成立。歌数約千九百八十首。「仮名序」と「真名序」がある。初句切れ・三句切れ・本歌取り・体言止めなどの技巧と洗練されたことばを用いて、幽玄・妖艶の情趣を表現し、万葉風・古今風に対する新古

今風を創造した。おもな歌人は西行・慈円・藤原良経・藤原俊成・式子内親王・藤原定家・藤原家隆・寂蓮など。→勅撰和歌集。⬇巻頭口絵28ページ・付録◇1◇九六ページ

しん-し【神璽】名「しんじ」とも。❶三種の神器の一つ。八尺瓊の曲玉。→三種の神器
❷三種の神器の総称。
❸天皇の印。御璽。

しん-じ【進士】名 律令制で、式部省で行った省試(=文官登用試験)に合格した者。文章生。

じん-じつ【人日】名 五節句の一つ。陰暦正月七日の称。七草粥で祝う。人の日。ななくさ。春
参考 中国の文人、東方朔の「占書」に、この日に一年間の人事を占ったとあるのによる。

しん-じゃう【進上】名・他サ変 ❶奉ること。差し上げること。献上。〈枕・一三〉「進上餅餤一包み」訳 献上(いたします)。餅餤(=食品の名)を一包み。
❷目上の人に対する書状のあて名の上に書き、敬意を表す語。謹上。

じん-じゃう【尋常】形動ナリ〔なら・なり(に)・なり・なる・なれ・なれ〕❶ふつう。あたりまえ。まとも。〈今昔・二六・四〉「一人として尋常なる体者なし」訳 一人としてまともな者はいない。
❷殊勝なさま。いさぎよいさま。けなげ。〈太平記・三〉「敵ながらも弓矢取って尋常に用死したる者かな」訳 敵ではあるが弓矢を取っていさぎよく死んだ者だなあ。
❸地味で品がよいさま。しとやか。〈花鏡〉「姿の幽玄ならんためには、尋常なる体仕立ての風体を習ひ」訳 姿が優雅で美しくあるためには、品のよい扮装のしかたを学び。
❹すぐれているさま。りっぱ。〈平家・一一・那須与一〉「沖の方より尋常に用かざったる小舟一艘、みぎはへ向いてこぎよせけり」訳 沖のほうからりっぱに飾った小舟が一艘、水際に向かってこぎ寄せた。
❺おとなしい。すなおだ。〈狂・武悪〉「尋常に用討たれい」訳 おとなしく討たれよ。

しんじゃう-ゑ【新嘗会】名「にひなめまつり」

古文常識 「しんでんづくり」― 寝殿造りの邸宅と内部の様子

寝殿造りとは、母屋と廂に濡れ縁をめぐらせ、部屋の内部は柱だけで壁がほとんどないという建物。この図の邸宅は中心に寝殿があり、北と東・東北に対の屋があり、東西から南に廊が伸びている。南庭には池がある。

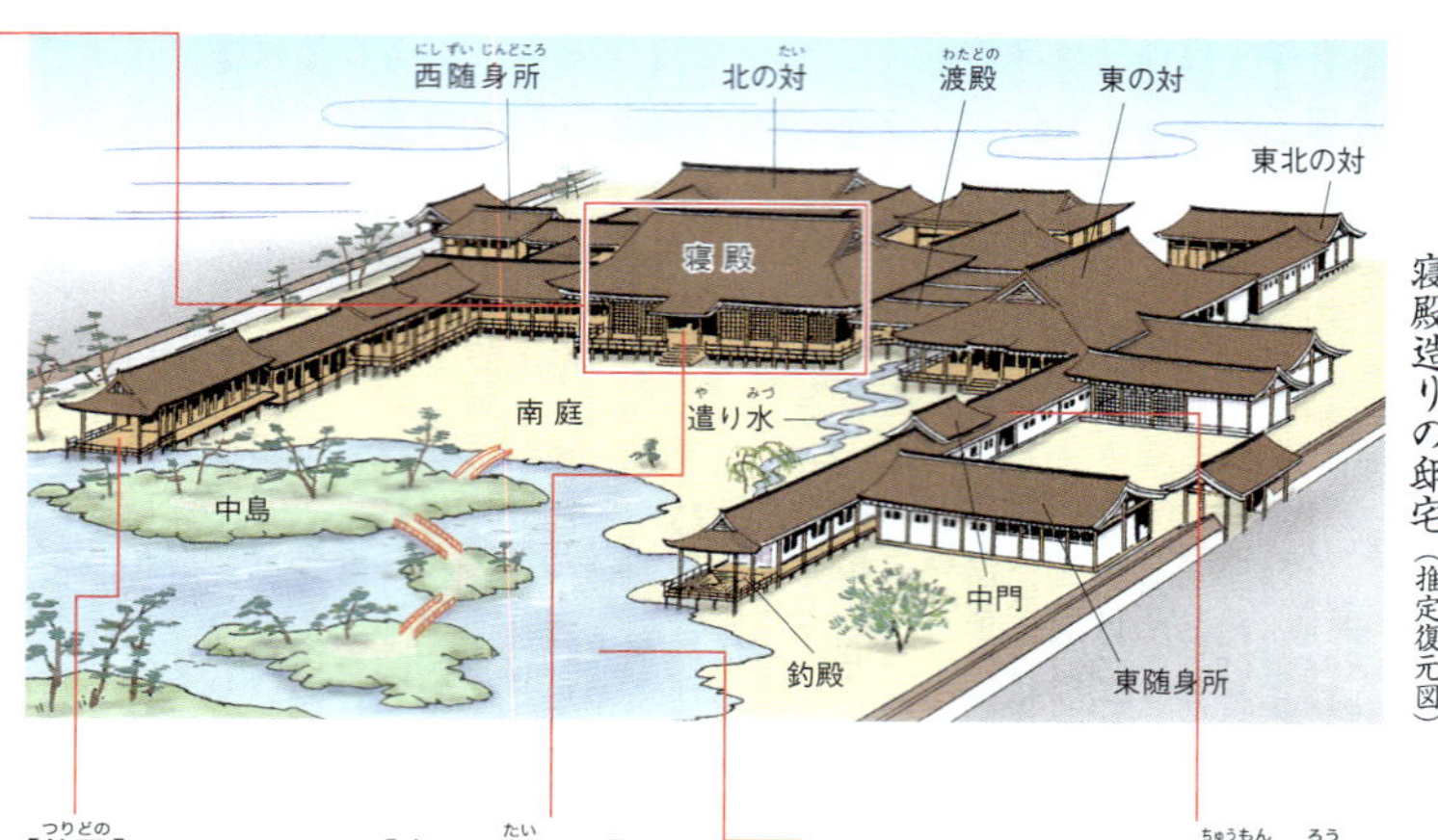

寝殿造りの邸宅(推定復元図)

【釣殿】
釣りをしたり、月見や納涼の宴をしたりした。
池に舟を浮かべる際は、舟の発着場にもなった。

【寝殿と対の屋】
一般に寝殿が主人の起居する表座敷で、対の屋をそれぞれ妻子や一族の住居とする。寝殿を儀礼の場とし、対の屋を日常の部屋とする場合もある。

【池】
龍頭鷁首の船を浮かべたり、詩歌管弦の遊びに興じたりしたようすが『紫式部日記』や『源氏物語』の「胡蝶」の巻に描かれている。

【中門の廊】
公卿や殿上人など高位の人々の出入り口、つまり玄関。それ以下の身分の人は「侍廊」から出入りした。

に同じ。

しん‐しゃく【斟酌】名・自他サ変 ❶事情をよくくみ取ること。推察すること。〈**連理秘抄**〉「一向物も知らぬ輩(ともがら)は、俗に混じてきたなきことをする也(なり)。それをばことに**斟酌す**(終)べし」訳まったく物も知らない連中は、俗に交じって汚いことをするものだ。それを特に**心にとめ**なければならない。❷控えめにすること。遠慮すること。辞退すること。〈**正徹物語**〉「初心にて本歌を取ること、**斟酌**あるべきことなり」訳学びはじめで本歌取りをすることは、**控えめ**にしなければならないことなのだ。

じん‐しん【人臣】名 臣下。家来。〈**平家・一・祇園精舎**〉「忽(たちま)ちに王氏を出(い)でて**人臣**に連なる」訳(高望(たかもち)の王は)にわかに皇族を離れて**臣下**に連なる。

しん・ず【進ず】㊀他サ変{ぜ・じ・ず・ずる・ずれ・ぜよ}差し上げる。奉る。〈**平家・三・西光被斬**〉「海賊(かいぞく)の張本(ちやうぼん)三十余人からめ**進ぜ**(未)られし賞に」訳海賊の張本人三十余人を捕らえて**差し出さ**れたほうびに。
㊁補動サ変{ぜ・じ・ず・ずる・ずれ・ぜよ}(動詞の連用形に助詞「て」「で」の付いたものに付いて)…(て)あげる。…(て)さしあげる。〈**浄・女殺油地獄**〉「茶屋の内借って、ふり濯(すす)いで**進ぜ**(用)ましょ」訳茶屋の内を借りて、(着物を)振り動かし洗って**あげ**ましょう。
参考 活用は本来サ変であったが、室町時代以降は、連用形に「進ぜ」の形も多く認められる。

しん‐すい【薪水】名(薪(たきぎ)を拾い、水をくむ意から)炊事。家事。

しん‐ぜ【信施】名《仏教語》「しんせ」とも。信者が三宝(=仏・法・僧)にささげる布施(ふせ)。

しん‐せつ【深切・親切】名・形動ナリ ❶心入れが深く、ねんごろなこと。〈**許六離別の詞**〉「ことし五月(さつき)の初め、**深切に**(用)(=**ねんごろに**)別れを惜しむ」❷思いやりがあること。親切。

しん‐せん【神仙】名 ❶神通力を持った人。仙人。❷十二律(=雅楽の音階)の第十一音。→十二律(じふにりつ)

新撰犬筑波集(しんせんいぬつくばしふ)シンセンイヌツクバシュウ《作品名》室町後期の俳諧集。山崎宗鑑(そうかん)編。大永三年(一五二三)から天文八年(一五三九)の間に成立。四季の付け句と発句、恋

【廂(ひさし)】

母屋の周りの、床が一段低くなった空間。

障子などで区切って女房の部屋として使ったり、儀式や宴(うたげ)では客の座にしたりした。


【母屋(もや)と塗籠(ぬりごめ)】

主人の生活空間。

東側を「母屋」といい、帳台などがある昼間の居場所。

西側を「塗籠」といい、土壁で囲まれ、宝物を収納したり寝所としたりした。

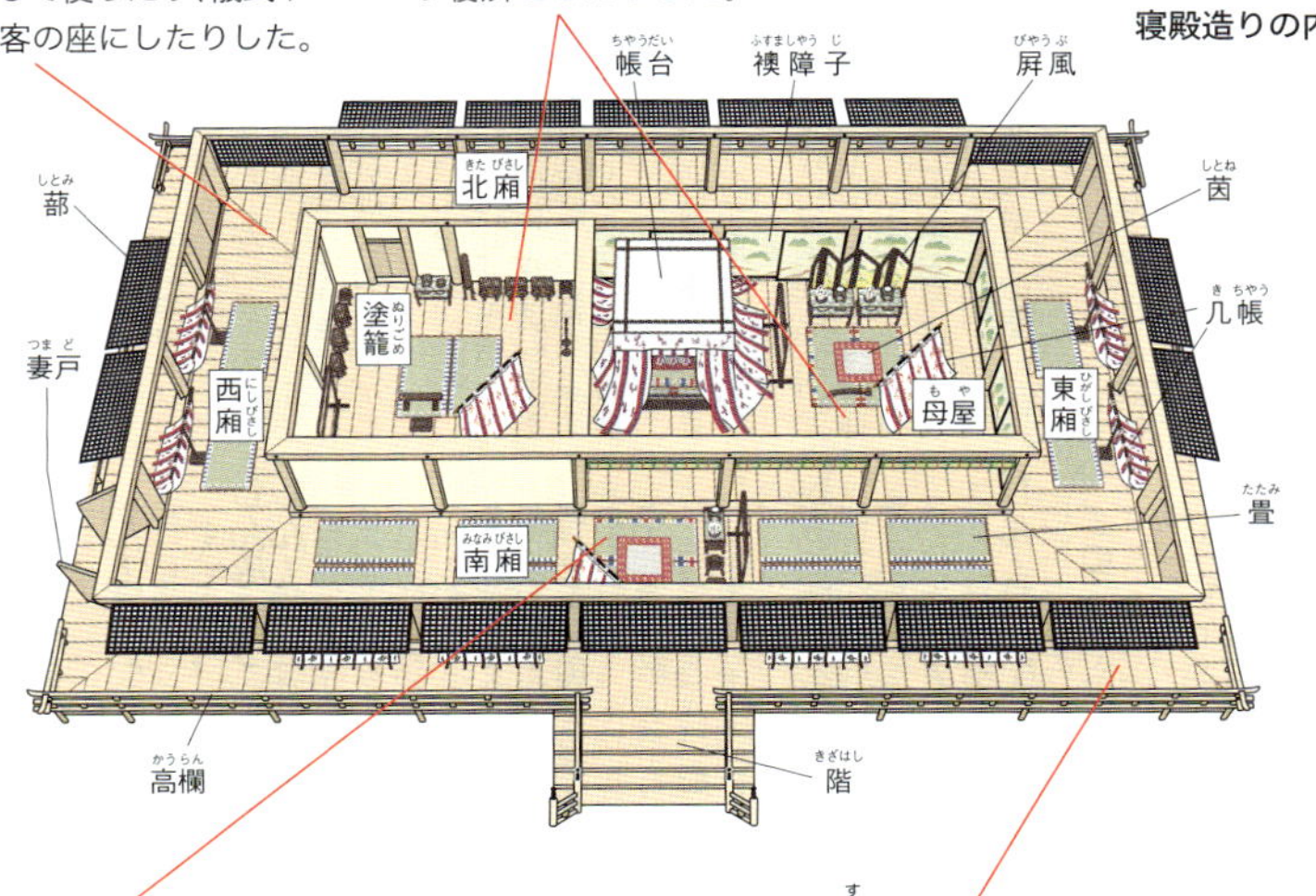

【階隠(はしがく)しの間】

建物の階に面した廂の間のこと。

牛車や輿(こし)を寄せて乗り降りした。

「階隠し」は、正面の階段の上に柱を二本立てて突出させ、屋根をつけたものを指す。

「階(はし)の間」「日隠しの間」ともいう。


【縁・簀(す)の子】

廂よりも床がさらに一段低くなった空間。

通路として使う。

また、訪問者はふつう、ここで寝殿内の主と応対した。廂や母屋に入れるのはよほど親しい人に限られる。

の付け句などから成る。近世俳諧の先駆けとなり、文芸としての俳諧の独立に寄与した。「犬筑波集」とも。

新撰菟玖波集（しんせんつくばしふ）シンセンツクバシユウ《作品名》室町中期の連歌撰集。飯尾宗祇ら撰。明応四年（一四九五）成立。高山宗砌が連歌道の中興をはかった永享元年（一四二九）以後、六十余年間の作品を集めたもの。付け句・発句など約二千句。作者は心敬・宗砌・宗祇・肖柏など。のち勅撰集に準じられた。

しん-ぞく【真俗】 名 ❶《仏教語》真諦（＝絶対不変・究極の真理）と俗諦（＝俗世間の道理）。また、仏道のことと世俗のこと。〈徒然・一五五〉「真俗につけて、必ず果たし遂げんと思はんことは、機嫌をいふべからず」訳 仏道の修行や俗世間の処世に関して、必ずやりとげようと思うようなことは、時機（がよい、わるい）を言ってはならない。
❷僧と俗人。僧俗。

しん-だい【身代】 名 ❶財産。身上。〈浮・日本永代蔵〉「身代ほど高下の有る物はなしと」訳（人の）財産ほど高下（の差）のあるものはないと。
❷身分。地位。身の上。〈浮・武道伝来記〉「身代は軽けれども」訳 身分は低いけれども。

しん-だい【進退】 一 名 ❶進んだり退いたりすること。進退。〈古活字本保元物語〉「進退さらに自在ならず（＝まったく思うようにならず）」
❷立ち居ふるまい。動作。一挙一動。〈方丈・三〇〉「進退やすからず、起ち居につけて、恐れをののくさま」訳 一挙一動が気楽でなく、ちょっとした日常の動作をするにつけて、恐れてびくびく震えるようすは。
二 名・他サ変 心のままに扱うこと。また、自由に支配すること。〈平家・四・南都牒状〉「百司を進退し用て、奴婢みな僕従となす」訳 百官（の任免）を意のままにして、（国家所有の）下男下女をみな個人の召使にする。

じん-たい【人体・仁体】 名 人のようす。ひとがら。人品。

しん-だん【震旦・振旦】 名「しんたん」とも。中国の異称。

しん-ぢつ ジツ **【親昵】** 名 親しみなじむこと。昵懇。また、親しい人。〈方丈・四〉「あるいは妻子・眷属のために作り、あるいは親昵・朋友のために作る」訳 ある者は（家を）妻子や一族のために造り、ある者は（家を）親しい人や友人のために造る。

しん-ぢゅう ジユウ **【心中】** 名・自サ変 ❶心。心の中。
❷真心を尽くすこと。誠意。〈浄・心中宵庚申〉「ここで死なねば心中が見えまらせぬ」訳 ここで死ななければ真心のほどが見えません。
❸相愛の男女が、その愛情の変わらないことの誓いとして相手に示すあかし。指や髪を切ったり、爪を抜いたり、誓紙を書いたりする。〈浮・好色一代男〉「女郎の心中に髪を切り爪をはなち」訳 女郎が愛情のあかしとして髪を切り爪をはがして。
❹相愛の男女が、いっしょに自殺すること。情死。

心中天の網島（しんぢゅうてんのあみじま）シンジユウテンノアミジマ《作品名》江戸中期の浄瑠璃。世話物。近松門左衛門作。享保五年（一七二〇）大坂竹本座初演。大坂天満の紙屋治兵衛が遊女小春と網島の大長寺で心中した実際の事件を脚色したもの。

じん-でう ジヨウ **【晨朝】** 名 ❶「六時」の一つ。早朝。夜明け。特に、明け六つ（＝今の午前六時ごろ）。
❷《仏教語》朝の勤行。

しん-でん【寝殿】 名「寝殿造り」の中央南面の建物。主人が起居し、表座敷とするところ。⬇寝殿造り「古文常識」

しんでん-づくり【寝殿造り】 名 平安時代の貴族の邸宅に用いられた建築様式。中央に南面して「寝殿」があり、その東西および北に「対の屋」がある。⬇四四ページ「古文常識」

しん-とう【心頭】 名 心。心の中。

じん-どう【神頭】 名 鏑の一種。中をくりぬかず、先端を平たく切ったもの。⬇矢

しん-にょ【真如】 名《仏教語》事物の真実の姿。永久不変の真理。

神皇正統記（じんのうしやうとうき）⬇神皇正統記

しんばし【暫し】 副「しばし」を強めた言い方。

新花摘（しんはなつみ）《作品名》江戸後期の俳諧句文集。与謝蕪村著。安永六年（一七七七）成立、寛政九年（一七九七）刊。前半は発句、後半は俳文・俳論などを随筆ふうにまとめたもの。

しん-ぴつ【宸筆】 名 天皇の直筆。

しん-べう ビヨウ **【神妙】** 名・形動ナリ「しんめう」に同じ。

しん-ぼち【新発意】 名《仏教語》（「しんぼつい」の転）「しぼち」とも。出家したばかりの人。新たに仏門に入った人。

しんみょう【神妙】 ⬇しんめう

しん-めい【神明】 名 ❶神。〈平家・六・入道死去〉「神明三宝の威光も消え、諸天も擁護し給はず」訳 神や仏の威光もなくなり、天の神々も加護なさらない。
❷天照大御神の称。また、それを祭った神社。

しん-めう ミヨウ **【神妙】** 名・形動ナリ「しんべう」とも。
❶人知を超えたはたらき。不可思議。〈雨月・夢応の鯉魚〉「その弟子成光なるもの、興義が神妙をつたへて時に名あり」訳 その弟子で成光という人は、興義（＝僧の名）のすぐれた技を受け継ぎ、当時評判である。
❷けなげ。感心なようす。〈浮・武家義理物語〉「あっぱれ神妙なる体心入れ」訳 あっぱれ殊勝な心構え。

しん-よ【神輿】 名「じんよ」とも。神霊を安置する輿。みこし。

親鸞（しんらん）《人名》（一一七三―一二六二）鎌倉前期の僧。浄土真宗の開祖。法然に浄土宗を学び、その他力信仰をより深め、また僧侶の肉食妻帯を認め、みずからも結婚した。主著に法語「教行信証」。「歎異抄」は親鸞の言行を弟子の唯円が記したもの。

じん-りん【人倫】 名 ❶人間。人類。〈徒然・一二八〉「一切の有情を見て、慈悲の心なからんは、人倫にあらず」訳 すべての生き物を見て、慈悲の心がないような者は、人間ではない。
❷人として守るべき道。人道。

しん-れい【神霊】 名 ❶神。
❷霊妙な神徳。〈細道・塩釜明神〉「神霊あらたにましますこそ、吾が国の風俗なれといと貴けれ」訳 霊妙な神徳あらたかでおありになることこそ、わが国の風俗だ（と思う）とたいそう貴い。

しん-わう〔ノウ〕【親王】名 天皇の兄弟・姉妹および皇子・皇女の称号。
参考 奈良時代末期以降は、天皇の兄弟・皇子であっても、宣下がなければ「親王」になれなかった。また、天皇の姉妹・皇女は「内親王」という。

神皇正統記（じんわうしやうとうき）〔ジンノウショウトウキ〕《作品名》南北朝時代の歴史書。北畠親房著。延元四年（一三三九）成立、興国四年（一三四三）修訂。神代から後村上天皇までの天皇の事蹟と歴史を記し、南朝が正統であることを述べたもの。後世の史観に大きな影響を与えた。

しん-ゐん〔イン〕【新院】名 上皇が同時に二人以上いるとき、新たに上皇となったほうをいう。対 本院

す　ス

す-【素】接頭 ❶（名詞に付いて）他の物をつけ加えない、ありのままの、ただそれだけの、の意を表す。「素手」「素顔」
❷（人を表す名詞に付いて）平凡な、みすぼらしいなどの意を表す。「素町人」「素浪人」

す【州・洲】名 海・川・湖などで、土砂が積もって水面に現れた所。

す【簀】名 篠竹や葦で粗く編んだ敷物。

す【簾】名 すだれ。〈源氏・帚木〉「簾の内より聞こえたるも、今めきたるものの声なれば」訳（琴が）すだれの内から聞こえてくるのも、当世風の楽の音であるから。

す【為】
一 自サ変 ❶ある動作・状態が起こる。ある行為がなされる。〈古今・夏〉「声はし用て涙は見えぬほととぎすわが衣手のひつを借らなむ」訳 鳴き声はしているが、涙は見えないほととぎすよ、私の袖が（涙で）ぬれているのを（おまえの涙として）借りてほしいな。
❷さまざまの他の自動詞の代用とする。〈源氏・総角〉「時雨いたくし用て」訳 時雨がひどく降って。
二 他サ変 ❶ある動作を行う。ある行為をする。〈源氏・総角〉「忍び給ふとすれ已ど、おのづから事ひろごりて」訳（匂宮は）いつものように）人目をお避けになる（＝お避けになる）けれども、自然とそのうわさが広まって。
❷さまざまの他の他動詞の代用とする。〈土佐〉「男もす終なる日記といふものを、女もし用てみむとてする体なり」訳 男も書くと聞いている日記というものを、（私のような）女も書いてみようと思ってしたためるのである。

活用	未然	連用	終止	連体	已然	命令
	せ（ズ）	し（タリ）	す（。）	する（コト）	すれ（ドモ）	せよ（。）

参考 サ行変格活用の動詞には「す」「おはす」がある。「す」は体言に付いてさまざまな複合動詞をつくる。

す 助動四型《上代語》

意味・用法 **尊敬**（お…になる。…なさる。）

接続 四段・サ変の動詞の未然形に付く。

活用	未然	連用	終止	連体	已然	命令
	さ（ネ）	し（テ）	す（。）	す（コト）	せ（ド）	せ（。）

軽い尊敬、親愛の意を表す。**お…になる。…なさる。**〈万葉・一・一〉「この岡に菜摘ます体児家告らせ命名告らさ未ね」訳 ➡こもよ…和歌。〈万葉・二〇・四四四四〉「わが背子が屋戸なる萩の花咲かむ秋の夕へはわれを偲はせ命」訳 わが君の家の庭にある萩の花が咲くであろう秋の夕べは私を思い出して**ください**。

す 助動下二型 ➡次ページ助動詞「す」

す 上代の助動詞「す」の終止形・連体形。

ず 助動特殊型 ➡四四〇ページ助動詞「ず」

ず 助動詞「ず」の連用形・終止形。

ず〔厨〕➡づ

す-あを〔オウ〕【素襖】名「すあう」「すわう」とも。直垂の一種。室町時代は主として下級武士のふだん着であったが、江戸時代には御目見得以上で無位無官の武士の礼服となった。生地は麻地で、背・袖などに家紋をいれ、胸紐や菊綴じ（＝菊形の飾り）には革を用いる。袴も同生地同色で、腰紐は共切れ。「素袍」とも。

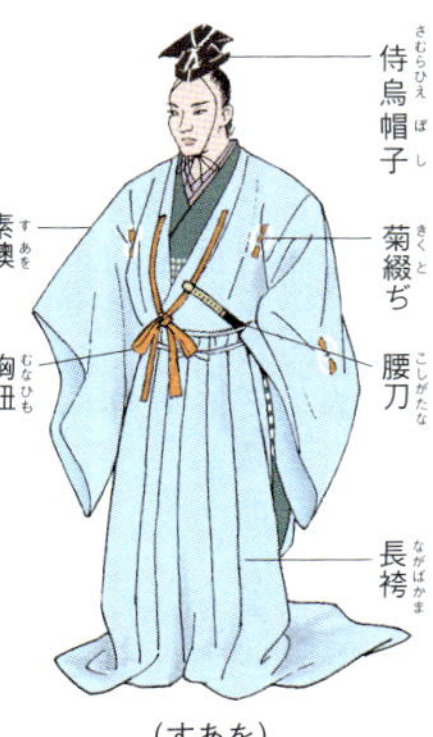

（すあを）

すい【粋】名・形動ナリ 世事・人情、特に遊里の事情に通じ、姿や態度が洗練されていること。また、その人。
参考 遊里を背景に、近世前期の上方で発達した美的理念が「粋」である。人情の機微に通じ、都会的であかぬけた姿や態度をいう。浮世草子・浄瑠璃などに登場する「粋人」はその理想像とされる。江戸の洒落本・黄表紙などに描かれる「通」に相当する。➡粋 参考・通 参考

すい-がい【透垣】名〔「すきがき」のイ音便〕「すいがき」とも。**板や竹で間を少し透かしてつくった垣根。**〈徒然・一〇〉「わざとならぬ庭の草も心あるさまに、簀の子・透垣のたよりをかしく」訳 特に手を加えたというのではない庭の草も趣のあるようすで、簀の子縁と透垣のつくりぐあいが趣深

（すいがい）

す 助動下二型

意味・用法

❶使役 …せる。

例 妻の嫗にあづけて養はす終〈竹取・かぐや姫の生ひ立ち〉
訳 (翁はかぐや姫を)妻の嫗にあずけて養わせる。

❷尊敬 尊敬語に付いて、最高の尊敬の意を表す。 お…になられる。…なされる。

例 皇子、「いと忍びて」とのたまはせ用て〈竹取・蓬莱の玉の枝〉
訳 皇子は、「たいそうこっそりと(行くのだ)」とおっしゃられて。

例 夜の御殿に入らせ用給ひても、まどろませ用給ふことかたし〈源氏・桐壺〉
訳 (桐壺帝は)御寝所にお入りになられても、うとうとお眠りになられることも難しい。

❸受身の「る」の代用 …れる。

例 監物太郎討たせ用候ひぬ〈平家・九・知章最期〉
訳 監物太郎も討たれてしまいました。

接続

四段・ナ変・ラ変の動詞の未然形に付く。上一・上二・下一・下二・カ変・サ変に接続する「さす」と対応する。→さす(助動下二型)

活用

未然	連用	終止	連体	已然	命令
(ズ)	(タリ)	(。)	(コト)	(ドモ)	(。)
せ	せ	す	する	すれ	せよ

文法ノート

1 使役の「す」「さす」
使役の「す」「さす」は、中古以降用いられ、上代には「しむ」が用いられた。

2 尊敬の「す」「さす」
尊敬の「す」「さす」は、他の尊敬語とともに用いられる。②の用例の「のたまはせて」は、「のたまひて」でも十分に敬意を表せるのだが、貴人は直接に行為することなく、常に近臣に命じてその行為をさせるのがふつうだったので、その習慣をそのままことばに表したものである。したがって、人を介して「言わせなさる」のように解釈することもある。なお、②の第二例は、尊敬の「給ふ」の前に用いて、「給ふ」の尊敬の意をさらに強めている。このような用法を最高敬語という。

3 謙譲の「す」

く。

すい-かん【水干】 名〔糊を用いず、水張りにして干した布で仕立てた衣の意〕菊綴じ(=菊形の飾り)と胸紐をつけた簡便な衣服。色は白が多く、袴は直垂の袴に似たものを使った。庶民のふだん着だったが、のち、公家・武家の私服、元服および元服以前の少年の晴れ着となった。また、白拍子はこれを着て舞った。

(すいかん)

ずい-き【随喜】 名・自サ変《仏教語》喜んで仏を信仰すること。また、他人の善行を見て喜ぶこと。転じて、心からありがたく思うこと。

ずい-さう[ソウ]**【瑞相】** 名 ❶めでたいきざし。吉兆。〈平家・一・二代后〉「愚老も外祖とあふがるべき瑞相にてもや候ふらん」訳 年寄りの私めも(天皇の)外祖(=母方の祖父)として仰ぎ見られるようになるめでたいしるしででもありましょうか。 ❷(よしあしに関係なく)前兆。前ぶれ。〈方丈・三〉「世の乱るる瑞相とか聞けるもしるく」訳 (福原遷都は)世の乱れる前兆だとか聞いていたのもそのとおりで。

すい-さん【推参】 一 名・自サ変 一方的におしかけること。〈平家・一・祇王〉「遊び者の推参は、常の習ひでこそ候へ」訳 遊女のおしかけて参上することは、いつもの世の常です。 二 名・形動ナリ 差し出がましいさま。〈太平記・一六〉「いかなる推参の婆伽者にてかありけん」訳 なんというでしゃばりのばか者であったろうか。

すい-じゃく【垂迹】 名《仏教語》「すいしゃく」とも。仏が衆生を救うために、神の姿に形をかえて

「参らす」「奉らす」のように、他の謙譲の動詞に付いて、謙譲の意を強める用法もある。

4 武者詞（むしゃことば）

③は、軍記物特有の使役表現で、「敵に討たれた」と受動態でいうべきところを使役でいったものである。攻撃を尊び受け身になることを忌む、いわゆる武者詞である。

現れること。本地垂迹。

すい‐しゅ【水手・水主】名 舟乗り。水夫。

ずい‐じん【随身】名 ❶平安時代、貴人が外出するとき、勅命によって剣や弓矢を持って警護の役をした近衛の舎人。貴人の身分に応じて人数が定められていた。〈枕・四八〉「いみじう美々しうてをかしき君たちも、**随身**なきはいとしらじらし」訳 とても美しく(着飾って)すばらしい貴公子たちでも、**随身**がついていないのはひどく興ざめである。
❷つき従うこと。また、その人。お供。〈太平記・一八〉「秦武文と申す**随身**を、御迎ひに京へ上せらる」訳 秦武文と申す**従者**を、(御息所の)お迎えに京に上らせなさる。

すい・す【推す】他サ変{せ・し・す・する・すれ・せよ} おしはかる。推察する。思いやる。〈徒然・一九四〉「さまざまに**推し**用、心得たるよしして」訳 さまざまに**推測し**、わかったふりをして。

ずいそう〖瑞相〗➡ずいさう

すい‐たい【翠黛】名 ❶緑色のまゆずみ。また、そのまゆずみで描いた美しいまゆ。
❷緑色の山。また、緑色にかすんだ山の色。

ずい‐なう【髄脳】名 ❶髄と脳。また、脳髄。
❷和歌の法則・奥義を述べた書物。〈源氏・玉鬘〉「和歌の**髄脳**いと所せう」訳 和歌の**法則や奥義**がとてもぎっしりと(書かれていて)。

すい‐はん【水飯】名 乾し飯や飯を、冷水につけて食べる夏の食べ物。夏

すい‐び【翠微】名(「翠」は緑、「微」はかすかの意) ❶山の頂に近い所。山の中腹。〈幻住庵記〉「**翠微**に登ること三曲二百歩にして、八幡宮たたせ給ふ」訳 **中腹**に登ること三曲がりし二百歩ほど進んだ所に、八幡宮が建っておられる。
❷うす緑色にかすむ遠くの山。〈蕪村句集・蕪村〉「蚊屋つりて**翠微**つくらん家の内」訳 (山に登れない私は)蚊屋をつって家の中に**うす緑色の山**を作(り、諸君と行をともにした気分にな)ろう。

ずい‐ぶん【随分】━名 分相応。身分に相応していること。〈宇治・一一・一三〉「出家**随分**の功徳とは、今にはじめたることにはあらねども」訳 出家すれば**分相応**の功徳があるとは、今に始まったことではないが。
━副 ❶分に応じて。分相応(に)。〈源氏・手習〉「**ずいぶん**にいたはりかしづき侍りけるを」訳 (妹尼は浮舟を)**分相応**に大切にし世話をしておりましたのに。
❷はなはだ。大いに。〈古活字本平治物語〉「忠宗・景宗も、**ずいぶん**血気の(＝血気盛んな)勇者にて」
❸できるだけ。極力。〈平家・三・法印問答〉「入道**ずいぶん**悲涙をおさへてこそまかり過ぎ候へ」訳 (私)入道は**できるだけ**悲涙をおさえて過ごしております。
❹(下に打消の語を伴って)なかなか。容易には。〈狂・仁王〉「**ずいぶん**見あらはさるる(＝見破られる)ことではござりませぬ」

すい‐めん【睡眠】名(「めん」は呉音)眠ること。眠り。睡眠。〈徒然・一〇八〉「一日のうちに、飲食・便利・**睡眠**・言語・行歩、やむ事を得ずして、多くの時を失ふ」訳 (人は)一日の間に、食事や用便や**睡眠**や談話や歩行などに、やむを得ずに、多くの時間を費やす。

すい‐れん【水練】名 水泳。また、水泳の巧みな人。〈平家・一一・能登殿最期〉「究竟の**水練**にておはしければ、沈みもやり給はず」訳 (平宗盛・清宗親子は)すぐれた**水泳の達人**でいらっしゃったので、沈みきってしまいにもならない。

す・う【据う】他ワ下二{ゑ・ゑ・う・うる・うれ・ゑよ} ❶置く。(物を)供える。(鳥などを)とまらせる。(種などを)植えつける。〈枕・二三〉「高欄のもとに青き瓶の大きなるを**すゑ**用て」訳 欄干のもとに青い瓶で大きいのを**置い**て。
❷(人を)座らせる。〈源氏・須磨〉「ひざに**すゑ**用給へる御気色、忍び難げなり」訳 (光源氏が若君＝夕霧を)ひざにお**座らせ**になったごようすは、(この若君と別れる悲しさを)こらえられない感じである。
❸地位につける。〈大鏡・道長上〉「女御子を、聖武天皇の、女帝に**すゑ**用奉り給ひてけり」訳 女の御子(＝孝謙天皇)を、聖武天皇が、女帝の**地位におつけ**申しあげなさったのであった。
❹設ける。設置する。〈源氏・常夏〉「勿来の関を**やすゑ**未させ給へらむ」訳 (私に)勿来の関(＝来るなという隔て)を**設け**なされているのだろうか。
❺(動詞の連用形に付く場合)→次項「＝すう」参照

＝す・う【据う】他ワ下二{ゑ・ゑ・う・うる・うれ・ゑよ}(動詞の連用形の下に付いて)「…て動かないようにする」「…て安定させる」「…て座らせる」の意を表す。〈万葉・一七・三九九一〉「布勢の海に船浮け**すゑ**用て」訳 布勢の湖に船を浮かべ**て動かないようにし**て。〈源氏・真木柱〉「母君みな呼び**すゑ**用給ひて」訳 母君が(子供たちを)みんな呼ん**で座らせ**なさって。

例語 上げ据う(＝高い所に上げて、そこに置く)・出だし据う(＝出してそこに置く)・隠し据う(＝隠して別の場所に置く)・傅き据う(＝大切にあつかう)・籠め据う・為据う・取り据う(＝一定の場所に、人や物などを据え置く)・並べ据う・揺り据う(＝揺り動かして、ある位置に落ち着かせる)

参考 ワ行下二段活用の動詞には「据う」「植う」「飢う」がある。「据う」は室町時代ごろから、ヤ行にも活用した。→据ゆ

ずう・ず【誦ず】他サ変{ぜ・じ・ず・ずる・ずれ・ぜよ}「ずんず」「ずず」

ず 助動特殊型

意味・用法	用例
打消 …ない。	例 荒津の海潮干潮満ち時はあれどいづれの時かあが恋ひざら未む〈万葉・一七・三八九一〉 訳 荒津の海の潮の満ち干には定まった時があるが、どの時に私が恋しく思わないだろうか(いや、いつも恋しく思う)。 例 京には見えぬ体鳥なれば、皆人見知らず終〈伊勢・九〉 訳 京では見られない鳥なので、だれも見知らない。

接続 活用語の未然形に付く。

活用

未然	連用	終止	連体	已然	命令
○	(シテ)〔に〕	(。)〔ぬ〕	(コト)ぬ	(ドモ)ね	○
○	(シテ)ず	(。)ず	○	○	○
(ム)ざら	(ケリ)ざり	(。)〔ざり〕	(コト)ざる	(ドモ)ざれ	(。)ざれ

文法ノート

1 連体形「ざる」＋「なり」「めり」
連体形「ざる」に助動詞「なり」「めり」が続くときは、「ざんなり」「ざんめり」のように撥音便となったが、「ん」を表記しないで「ざなり」「ざめり」と書かれることが多い。

2 連体形「ぬ」＋「か」「かも」
連体形「ぬ」に係助詞が付いて「ぬか」または「ぬかも」となると願望を表す表現になる。↓ぬか・ぬかも
例 わが命も常にあらぬか昔見し象の小河を行きて見むため〈万葉・三・三三二〉
訳 私の命も永久であってくれないかなあ。昔見た象の小河を、行って見たいから。

とも。「じゅす」に同じ。

すえ【末・陶・須恵】⬇すゑ

すが-ごも【菅薦・菅菰】名 菅(=植物の名)で編んだむしろ。古くは、広く奥羽地方で作られたが、のちに、特に陸前(宮城県)の名産となる。

すか・す【賺す】他サ四〔さ・し・す・す・せ・せ〕❶だます。あざむく。〈徒然・一二九〉「いときなき子をすかし用、おどし、言ひはづかしめて興ずることあり」訳 (大人が)幼い子供をだまし、おどし、からかっておもしろがることがある。
❷おだてる。調子にのせる。〈枕・一二四〉「うちすかし用て思はぬことをもいひ頼むるこそ、はづかしきわざなれ」訳 (男が女を)おだてて思ってもいないことをも言い、(自分を)あてにさせるのが、(女にとっては)気おくれを感じることである。
❸慰めなだめる。〈源氏・早蕨〉「御様のをかしきにすかさ未れ奉りて」訳 (匂宮の)ごようすがおもしろいせいで、(薫は)慰めなだめられ申しあげて。

すか・す【透かす】他サ四〔さ・し・す・す・せ・せ〕❶まばらにする。間をあける。〈枕・九〇〉「五節の局を、日も暮れぬほどに、みなこぼちすかし用て」訳 五節の舞姫の控え室を、(その)日も暮れないうちに、(簾や几帳などを)全部取りはらいすきまを作って。
❷透けて下のものが見えるようにする。〈枕・一三六〉「二藍の指貫、直衣、浅葱の帷子どもぞすかし用給へる」訳 (若い上達部たちは)二藍色の指貫に、直衣(を着て)、薄青色の帷子などを(その下に)透けて見えるようにしていらっしゃる。
❸減らす。少なくする。〈太平記・九〉「京中の勢をば、さのみすかす終まじかりしものをと」訳 (そうと知っていれば)京中の兵力を、そんなに減らさなかっただろうにと。
❹油断する。

すがすが(-と)【清清(と)】副 ❶とどこおりのないようす。すらすら。〈更級・富士川〉「ぬまじりといふ所もすがすがと(=とどこおりなく)過ぎて」
❷こだわりや未練のないようす。あっさり。さっぱり。〈源氏・桐壺〉「すがすがともえ参らせ奉り給はぬなりけり」訳 (祖母は若宮=光源氏を)あっさりとも、とても参内させ申しあげることがおできにならないのであった。

すがすが・し【清清し】形シク〔しから・しく(しかり)・し・しき(しかる)・しけれ・しかれ〕❶気分がさわやかでこころよい。〈記・上〉「『吾ここに来て、我が御心すがすがし終』とのり給ひて」訳 「私はここに来て、わが御心はさわやかだ」とおっしゃっ

て。❷あっさりしていて思い切りがよい。〈源氏・玉鬘〉「すがすがしく㊊も出でたたぬ程に、おもき病して」訳（上京をためらい）思い切りよくも出発しないでいるうちに、重い病気にかかって。❸とどこおりない。〈源氏・少女〉「すがすがしう㊊（ウ音便）はて給へれば」訳（夕霧は他の試験も）とどこおりなくおすみになった（＝及第された）ので。

すがた【姿】名

❶衣服を身につけたようす。**身なり。容姿。**服装。〈源氏・葵〉「壺装束などいふ姿にて（＝身なりで）」

❷物の形。**ありさま。**また、趣のあるようす。〈枕・四〇〉「姿なけれど、すろの木、唐めきて、わるき家の物とは見えず」訳 趣のあるようすはないけれど、しゅろの木は、中国風で、貧しい家のものとは見えない。➡有り様「類語の整理」

❸歌論や俳論で、ことば（＝表現）と意味（＝内容）とにわたる全体的な表現様態。**歌体。句体。歌・句の格調。**〈無名抄〉「させる風情もなけれど、詞よく続けば、おのづから姿に飾られてこの徳を具することもあるべし」訳 これといった趣向がなくても、ことばがうまく連なると、おのずと歌の風体によって美的に整えられてこの徳（＝幽玄の美点）を備えることもあるのだろう。

すがた-かたち【姿形】名 身なりと顔かたち。容姿。〈枕・三〉「世にありとある人は、みなすがたかたち心ことにつくろひ」訳（元日は）世の中のすべての人は、みな身なりと顔つきを格別に装って。

参考「すがた」はおもに衣服を着けたからだ全体をいい、「かたち」は顔つきをいう。

すかな・し 形ク｛から・く（かり）・し・き（かる）・けれ・かれ｝ひとりで楽しくない。つまらない。不愉快だ。

最重要330

172

すき【好き・数寄】名［「数寄」はあて字］

ガイド 対象に対して深く愛着することが原義。その対象が異性であるのが①、文芸・芸道であるのが②。動詞形は「好く」。

❶**色好み。好色。**

例 いにしへのすきは、思ひやり少なきほどのあやまちに仏神も許し給ひけむ〈源氏・薄雲〉

訳（光源氏の）昔の好色は、（まだ）分別の少ない（若い）ころの過失として、仏や神もお許しくださったであろう。

❷**風流の道に心を寄せること。**風雅の道。芸道一般にうちこむ心。

例 人のすきと情けとは、年月に添へて衰へゆく故なり〈無名抄〉

訳 人の風流を求める心と情けとは、年月（の経つの）にしたがって衰えてゆくからである。

❸**物好きであること。**好みがうるさいこと。

例 馳走も常にかはりてすき、合点か〈浮・世間胸算用〉

訳 料理もふつう（のもの）とちがって好みがうるさいが、承知か。

菅原伝授手習鑑（すがはらでんじゅてならひかがみ）スガワラデンジュテナライカガミ《作品名》江戸中期の浄瑠璃。時代物。竹田出雲・並木宗輔（千柳）・三好松洛・竹田小出雲の合作。延享三年（一七四六）大坂竹本座初演。菅原道真配流の伝説と「北野天満宮縁起」を骨子に脚色。

菅原孝標の女（すがはらのたかすゑのむすめ）スガワラノタカスエノムスメ《人名》（一〇〇八？―）平安中期の歌人・物語作者。父孝標は菅原道真の玄孫。母は藤原倫寧の娘。「蜻蛉日記」の作者である道綱の母は伯母。「源氏物語」にあこがれる少女時代から夫橘俊通と死別した晩年までの回想を「更級日記」に記した。「夜の寝覚」「浜松中納言物語」の作者ともいわれる。➡女房「古文常識」

菅原道真（すがはらのみちざね）スガワラノミチザネ《人名》（八四五―九〇三）平安前期の政治家・学者・漢詩人。宇多・醍醐天皇に仕えた。右大臣にまで任ぜられたが、藤原時平の中傷によって大宰権帥に左遷され、九州の配所で没した。のち天神として祭られ、学問の神様とされている。「小倉百人一首」に入集。漢詩文集「菅家文草」「菅家後集」。史書「日本三代実録」「類聚国史」の撰修に参画。

すが-やか【清やか】形動ナリ｛なら・なり（に）・なり・なる・なれ・なれ｝［「やか」は接尾語］❶さっぱりして思い切りのよいさま。〈源氏・柏木〉「おどろおどろしき御悩みにもあらで、すがやかに㊊おぼし立ちける程よ」訳（女三の宮は）大変な御病気でもなくて、思い切りよく（出家を）決心なさったことよ。❷すらすらと事が運ぶさま。〈大鏡・道長上〉「大臣までかくすがやかに㊊なり給へりしを」訳（伊周が）内大臣までこんなにすらすらと昇進なさったことを。

-すがら 接尾（名詞に付いて）❶初めから終わりまでずっと。その間じゅうずっと。〈蜻蛉・中〉「長き夜すがら（＝夜どおし）鳴く虫の」❷途中。ついで。〈徒然・二〇九〉「道すがらの田」訳 道の途中の田。❸ただそれだけ。〈細道・草加〉「ただ身すがらにと出で立ち侍るを」訳（荷物を持たず）ただからだだけで（行こう）と思って出立しますが。

最重要330
173

すきずき・し【好き好きし】形シク〔しから・しく(しかり)・し・しき(しかる)・しけれ・しかれ〕

ガイド　名詞「好き」を重ねて形容詞化した語。異性を愛する気持ちが①、風流を愛する気持ちが②。

❶色好みらしい。好色めいている。

例 すきずきしく用てひとり住みする人の、夜はいづくにかありつらむ〈枕・一九一〉
訳 色好みで一人暮らしをする男が、(昨)夜はどこに泊まったのだろうか。

❷風流である。風雅なことに夢中である。凝っている。物好きである。

例 月ごろいつしかと思ほえたりしだに、わが心ながらすきずきし終とおぼえしに〈枕・一六一〉
訳 数か月来(七夕が)早く(来てほしい)と思われたことでさえ、自分の心ながら物好きだと思われたのに。

すがる【蜾蠃】名 ❶似我蜂(=虫の名)の古名。腰が細くくびれているので、女性の細腰にたとえる。〈万葉・一六・三七九一〉「飛び翔るすがるのごとき腰細に取り飾らひ」訳 飛びまわる似我蜂のような細い腰に(帯を)装い飾り。
❷(中世以降)鹿の異名。

す-が・る【酸がる】自ラ四〔ら・り・る・る・れ・れ〕酸味を感じる。すっぱがる。〈枕・四五〉「にげなきもの　…歯もなき女の、梅くひてすがり用たる」訳 似つかわしくないもの、…歯もない女が、梅を食ってすっぱがっている顔。

すき【好き・数寄】名 ➡前ページ 172

すき-かげ【透き影】名 ❶物のすきまや物を通して漏れる光。〈源氏・帚木〉「火ともしたる透き影、障子の上より漏りたるに」訳 灯火をともした、透き影が、襖障子の上から漏れているところに。
❷物を通して透けて見えること。また、その姿や形。〈枕・一八四〉「下簾ひきふたぎて、透き影もやと扇をさしかくすに」訳 (牛車の)下簾を引きふさいで、(それでも)透き影も見られはしないだろうかと扇で顔をかくすけれども。

すぎ-がて-に【過ぎがてに】通り過ぎることができそうもなくて。通過しかねて。〈源氏・夕顔〉「前栽のいろいろ乱れたるを、過ぎがてにやすらひ給へるさま」訳 庭の植え込みの色さまざまに咲き乱れているのを、(そのまま)行き過ぎ難くためらっていらっしゃる(光源氏の)ようすは。
なりたち 上二段動詞「過ぐ」用＋上代の下二段補助動詞「かつ」未＋打消の助動詞「ず」の上代の連用形「に」＝「すぎかてに」の濁音化したもの。

すき-がま・し【好きがまし】形シク〔しから・しく(しかり)・し・しき(しかる)・しけれ・しかれ〕〔「がまし」は接尾語〕好色らしい。浮気っぽい。〈源氏・帚木〉「すきがましき体あだ人なり」訳 (頭の中将は)好色めいた浮気者である。

すき-ごと【好き事】名 ❶物好きな行為。
❷色事。好色なこと。〈源氏・帚木〉「かかる好き事どもを末の世にも聞き伝へて」訳 (光源氏の)このような好色ごとの数々を後世にも聞き伝えて。

すきずき・し【好き好きし】形シク ➡右 173

すき-もの【好き者】名 ❶物好きな人。好事家。風流な人。〈源氏・若紫〉「例の、篳篥吹く随身、笙の笛持たせたるすき者などあり」訳 (迎えの人々の中には)いつものように、篳篥を吹く随身や、笙の笛を(供の者に)持たせている風流人などもいる。
❷恋の情趣を解する人。好色な人。〈伊勢・六一〉「これは色好むといふすき者」訳 この男は色を好むという(評判の高い)好色者よ。

す-ぎやう【修行】名・自サ変「しゅぎゃう(修行)」に同じ。

ず-きやう【誦経】名 ❶経文を声を出して読むこと。また、僧に経を読ませること。〈源氏・夕顔〉「かかるとみのことには誦経などをこそはすなれとて」訳 このような(夕顔の変死という)急な出来事には、僧に経を読ませることなどをするそうだということで。
❷①の礼として僧におくる金品。布施物。〈枕・一二〇〉「きよげなる立て文もたせたる男などの、誦経の物うち置きて」訳 清浄で美しい感じの立て文を(供の者に)持たせた男などが、経をあげてもらうための礼の物を(そこに)置いて。

すぎやう-ざ【修行者】名「しゅぎゃうじゃ」に同じ。

ずきょう〔誦経〕➡ずきやう

す-く【秀句】名「しうく」に同じ。

す・く【好く】

一 自力四〔か・き・く・く・け・け〕❶好色である。多情である。〈源氏・若紫〉「いと好き用たる者なれば、かの入道の遺言破りつべき心はあらむかし」訳 (良清は)たいへん好色の者だから、その(明石の)入道の遺言をきっと破るに相違ない心(=娘を手に入れる気持ち)はあるのだろうよ。
❷風流の道に打ち込む。風流である。物好きである。〈徒然・一三七〉「よき人は、ひとへに好け已るさまにも見えず」訳 身分教養のある人は、やたらに風流を好もしがっているようすにも見えないで。

二 他力四〔か・き・く・く・け・け〕好む。〈狂・伯母酒〉「甘いを好い用(イ音便)て参るお方もあり、また辛いを好く体衆もござる」訳 甘いのを好んでお飲みになるお方もおり、また辛いのを好む人々もおります。

す・く【透く・空く】自カ四{か・き・く・く・け・け} ❶**すき間ができる。まばらになる。**〈源氏・総角〉「歯うちすき(用)て愛敬なげに言ひなす女あり」訳 歯は(抜けて)すき間ができて、無愛想なようすで言いたてる女がいる。❷**物を通して見える。透けて見える。**〈源氏・常夏〉「すき(用)給へる肌つきなど」訳 (薄い衣服を通して)透けて見えなさっている肌のようすなど。❸**物の間を通りぬける。**〈更級・太井川〉「風すく(終)まじくひきわたしなどしたるに」訳 風が(小屋の中を吹いて)通りぬけないように(幕を)引きまわしなどしてあるのに。

す・く【食く・飲く】他カ四{か・き・く・く・け・け} 食う。飲みこむ。〈今昔・三〇・一九〉「我、道にしてすか(未)むがために干飯少しあり」訳 私は、道中で食うために干飯を少し持っている。

す・く【梳く】他カ四{か・き・く・く・け・け} 髪の毛を櫛でとかす。〈浮・日本永代蔵〉「毎日、髪かしらも自らすき(用)て、丸曲に結ひて」

す・く【漉く】他カ四{か・き・く・く・け・け} 水にとかした原料を簀の上にうすく平らに広げて、紙などを作る。〈源氏・鈴虫〉「紙屋の人を召して…心ことに清らにすか(未)せ給へるに」訳 紙屋院(＝官営の製紙所)の役人をお呼びになって…格別にきれいに作らせなさった紙に。

す・ぐ【過ぐ】自ガ上二{ぎ・ぎ・ぐ・ぐる・ぐれ・ぎよ} ❶**通り過ぎる。通過する。**〈記・中〉「新治筑波を過ぎ(用)て幾夜か寝つる日日なべて夜には九夜日には十日を」訳 →にひばり… 歌謡 ❷**時が過ぎる。経過する。**〈万葉・一・二八〉「春過ぎ(用)て夏来るらし白栲の衣ほしたり天の香具山」訳 →はるすぎて… 和歌 ❸**世を渡る。生活する。**〈宇治・六・五〉「今は昔、鷹を役にて過ぐる(体)者ありけり」訳 今では昔のことだが、鷹を(とって売るのを)仕事として生活する者がいたそうだ。❹**度を越える。まさる。**〈徒然・五二〉「聞きしにも過ぎ(用)て、尊くこそおはしけれ」訳 (石清水八幡宮は)聞いていたのよりもまさって、神々しくいらっしゃった。❺**盛りが過ぎる。**終わりになる。死ぬ。〈源氏・若紫〉「京の花、盛りは皆過ぎ(用)にけり」訳 京の花(＝桜)は、盛り(の時期)は皆過ぎてしまった。⬇果つ「慣用表現」

す・ぐ【挿ぐ】他ガ下二{げ・げ・ぐ・ぐる・ぐれ・げよ} ❶(糸・ひもなどを)差し通す。すげる。〈枕・一六〇〉「とみのもの縫ふに、なま暗うて針に糸すぐる(体)」訳 急ぎのものを縫うのに、うす暗い中で針に糸を差し通すの(はじれったい)。❷柄、鏃などをすえつける。はめこむ。〈義経記〉「大の雁股すげ(用)て」訳 (弓矢に)大きな雁股(＝鏃の一種)をはめこんで。

すぐ【直】形動ナリ{なら・なり(に)・なり・なる・なれ・なれ} ❶**まっすぐなさま。**〈風姿花伝〉「腰膝はすぐに(用)、身はたをやかなるべし」訳 (女に扮する際は)腰や膝はまっすぐで、からだはしなやかでなければならない。❷**実直なさま。正直なさま。**〈謡・安宅〉「すぐなる(体)人は苦しみて、讒臣はいや増しに、世にありて」訳 正直な人(＝義経)は苦しんで、うその告げ口をして主君におもねる家来(＝景時)はいよいよ栄えて。❸**ありのまま。**〈平家・三・阿古屋之松〉「すぐに(用)知らせ奉っては悪しかりなん」訳 ありのままにお知らせ申しあげてはきっとぐあいが悪いだろう。

すく-えう【宿曜】名 「しゅくえう」とも。星(＝二十八宿・九曜または七曜)の運行に当てて運勢や吉凶などを占う術。占星術。

すぐ・す【過ぐす】他サ四{さ・し・す・す・せ・せ} ❶**年月をおくる。時を過ごす。暮らす。**〈徒然・七〉「千年を過ぐす(終)とも、一夜の夢のここちこそせめ」訳 たとえ千年を過ごしても、一晩の夢のような気持ちがすることであろう。❷**すます。**(物事を)終わらせる。〈源氏・若紫〉「初夜いまだ勤め侍らず。過ぐし(用)てさぶらはむ」訳 初夜の勤行をまだ勤めておりません。すませて参りましょう。❸**そのままにする。ほうりっぱなしにする。**〈枕・一四三〉「『参れ』など、たびたびある仰せ言をも過ぐし(用)て」訳 「参上せよ」などという、(中宮から)たびたびあるご命令をもそのままにして。❹**度を過ごす。**ものの程度を越える。〈宇治・一〇・一〉「左の大臣は、過ぐし(用)たることもなきに、かかるよこざまの罪にあたるを、思し嘆きて」訳 左大臣(＝源信)は、度を過ごしたあやまちもないのに、このような不当な罪に当たるのを、嘆き悲しみなさって。❺年長である。ふける。〈源氏・桐壺〉「女君は、すこし過ぐし(用)給へるほどに」訳 女君(＝葵の上)は少し(光源氏より)年長でいらっしゃる年齢に比べて。❻(動詞の連用形の下に付く場合)→次項「＝すぐす」参照

＝すぐ・す【過ぐす】他サ四{さ・し・す・す・せ・せ} (動詞の連用形の下に付いて)❶「心にとめず…」「…流す」の意を表す。〈大鏡・師輔〉「いかなる折も、必ず見過ぐし(用)聞き放たせ給はず」訳 どんなときにも、決して見過ごしなさったり聞き流しなさったりせず。

例語 聞き過ぐす

❷「…て時を過ごす」の意を表す。〈方丈・三〉「あられぬ世を念じ過ぐし(用)つつ」訳 住みにくい世の中を耐え忍んで月日を過ごしては。

例語 待ち過ぐす(＝待ちながら月日を過ごす)

すくすく・し 形シク{しから・しく(しかり)・し・しき(しかる)・しけれ・しかれ} 「すぐすぐし」「すくずくし」とも。いかにもきまじめだ。愛想がない。〈枕・七七〉「いかなるまめ人にかあらむ、すくずくしう(用)(ウ音便)さし歩みて往ぬるもあれば」訳 どういうきまじめな人なのであろうか、(そのまま)無愛想に歩いて行ってしまう人もいるので。

すく-せ【宿世】名 ⬇次ページ 174

すく-ね【宿禰】名 ❶上代、貴人を親しみ尊んでその名の下に付けた語。❷天武天皇のときに定められた八色の姓の第三位の称。↓八色の姓

すく・ふ【掬ふ】他ハ四{は・ひ・ふ・ふ・へ・へ} ❶(手やひしゃくで液体を)くみとる。〈竹取・燕の子安貝〉「人々、水をすくひ(用)入れ奉る(＝お入れ申しあげる)」❷(不意に)下から上へ払うように持ち上げる。〈曽我

最重要330 174

すく-せ【宿世】名《仏教語》〔「しゅくせ」の転〕

ガイド 仏教には輪廻(りんね)という考えがあり、現世の幸・不幸や運・不運はすべて、前世の行いによってすでに決まっているとする。**目には見えないが、現世を拘束している不思議な力**は「宿世」と考えられた。

❶**前世。先の世。過去の世。**

例 さて仏、五十人の沙弥(しゃみ)のために、扇提羅(せんだら)が**宿世**の罪報を説き給ふ〈今昔・一・一七〉

訳 さて仏は、五十人の未熟な僧のために、扇提羅（＝インドの最下層の階級）の**前世**の罪業のむくいを説きなさる。

❷**前世からの因縁(いんねん)。宿命。**

例 これも先の世にこの国に跡をたるべき**宿世**こそありけめ〈更級・竹芝寺〉

訳 こうなるのも前世でこの国（＝武蔵(むさし)）に（都から）移り住むはずの**因縁**があったのであろう。

物語〉「乗りたる馬を主(ぬし)ともに中に**すくう**用（ウ音便）て投げ上げ」訳（猪(いのしし)は新田四郎忠綱の）乗っている馬を主人もろともに空中に**足をすくっ**て投げ上げ。

すぐ-みち【直道・直路】名 まっすぐな道。また、近道。

すく・む【竦む】一 自マ四{ま・み・む・む・め・め} ❶恐れなどのため、からだが硬直して動けなくなる。〈蜻蛉・上〉「足手など、ただ**すくみ**用に**すくみ**用て絶えいるやうにす」訳 手足などが、ただもう**硬直し動けなくなっ**て死ぬようになる。

❷縮んで、こわばる。〈紫式部日記〉「憂(う)きことを語らひつつ、**すくみ**用たる衣(きぬ)どもおしやり」訳（宮仕え生活が）つらいことを語らっては、**縮んで皺(しわ)になっ**た衣などを押しやり。

❸（性質や態度などが）かたくなである。〈源氏・藤裏葉〉「おとどの御おきてのあまり**すくみ**用て」訳（内）大臣のお心ばえがあまりに**頑固であっ**て。

二 他マ下二{め・め・む・むる・むれ・めよ} 縮ませる。固くする。すくめる。〈落窪〉「白き色紙に、小指さして口**すくめ**用たるかたを書き給ひて」訳（少将は）白い色紙に、小指をくわえて口を**すぼめ**ているようすをお書きになって。

すく-よか【健よか】形動ナリ{なら・なり(に)・なり・なる・なれ・なれ} ❶**からだが強くてしっかりしているさま。**頑丈なさま。〈うつほ・蔵開上〉「大宮見給へば、いと大きにて、首も**すくよかなり**終」訳 大宮がご覧になると、（赤ん坊は）たいそう大きくて、首も**しっかりしている**。

❷**心がしっかりしているさま。**気丈なさま。〈宇治・三・一五〉「ただの人は、その大臣(おとど)にあひて、さやうに**すくよかに**用は言ひてんや」訳 ふつうの人は、その大臣（＝源融(とおる)の亡霊）に会って、そのように**気丈に**は言うだろうか（いや、言えないだろう）。

❸**きまじめでそっけないさま。**無愛想だ。ぶこつだ。〈徒然・一四一〉「情けおくれ、ひとへに**すくよかなる**体ものなれば」訳（東国の人は）人情味にとぼしく、ただただ**ぶこつな**ものなので。

❹（紙や着物などに）柔らかみがないさま。

すぐ・る【勝る】自ラ下二{れ・れ・る・るる・るれ・れよ} 他よりもまさる。**すぐれる。**〈徒然・一〉「人は、かたち・ありさまの**すぐれ**用たらんこそ、あらまほしかるべけれ」訳 人は、容貌や容姿が**すぐれ**ているとしたらそのほうが、望ましいことであろう。

すぐ・る【選る】他ラ四{ら・り・る・る・れ・れ} 選び出す。えりぬく。〈細道・平泉〉「義臣**すぐっ**用（促音便）てこの城にこもり」訳（義経(よしつね)が）義勇の臣を**えりすぐっ**てこの城に立てこもり。

すぐれ-て 副 特に。きわだって。ひどく。〈方丈・二〉「宝を費やし、心を悩ますことは、**すぐれて**あぢきなくぞ侍る」訳 財を使い、心を悩ますことは、**特に**つまらないことでございます。

すぐ-ろく【双六】名「すごろく」に同じ。

す-け【出家】名〔「しゅっけ」の転〕仏門に入ること。〈源氏・手習〉「泣く泣く、**出家**の本意(ほい)深きよし、ねむごろに語らひ侍りしかば」訳（浮舟(うきふね)が）泣きながら、**出家**の意向が深いわけを、熱心に語り続けましたから。

すけ【次官】名 律令制で、四等官の第二位。→長官(かみ)・判官(じょう)・主典(さかん)

古文常識 「すけ（次官）」―「次官」の表記

「すけ」は、役所によって字が異なる。

太政官(だいじょうかん)	大納言
省	大輔
職(しき)・坊	亮
寮	助
兵衛府(ひょうえふ)・衛門府・検非違使(けびいし)庁	佐
国司	介
内侍司(ないしのつかさ)	典侍

すげ【菅】名「すが」とも。植物の名。種類が多く山野に自生する。葉で笠(かさ)や蓑(みの)をつくる。

すげ-な-し 形ク{から・く(かり)・し・き(かる)・けれ・かれ} **愛敬がない。そっけない。**冷淡だ。〈大和・一六〇〉「男をも女をも**すげなく**用いみじういひて」訳（二人の仲を聞きつけた親が）男に対しても女に対しても**冷淡に**ひどくののしって。⬇おいらか「類語の整理」

すこし【少し】副 いささか。**わずか。**〈枕・一〉「やうやうしろくなりゆく、山ぎは**少し**あかりて」訳 だんだんと白くなっていく、山に接するあたりの空が**少し**明るくなって。（「あかりて」は「赤みを帯びて」と解釈する説もある）

すご・し【凄し】形ク ↓左175

すご・す【過ごす】他サ四{さ・し・す・す・せ・せ}〔「すぐす」の転〕
❶暮らしてゆく。月日をおくる。〈平家・一・祇王〉「いかならん岩木のはざまにても、過ごさ(未)んことやすかるべし」訳(あなたたちはまだ若いので)どのような岩や木の間ででも、暮らしてゆくようなことは容易だろう。
❷そのままにしておく。ほうりっぱなしにする。〈夜の寝覚〉「ふり離れてながめ侍りつる月影の過ごし(用)難さを」訳(皆を)振り捨て離れて眺めていました月の光がそのままにしておけない(ほど美しい)ので。
❸度を過ごす。〈浮・世間胸算用〉「酒ひとつ過ごし(用)ましていふでは御座らぬ」訳酒を一杯飲み過ぎましていうのではありません。
❹生計をたてる。養う。〈浮・日本永代蔵〉「一人のはたらきにて大勢を過ごす(体)は、町人にても大かたならぬ出世」訳一人の働きで大勢を養うのは、町人であっても大変な出世(である)。

すこ-ぶる【頗る】副 ❶いささか。少しばかり。ちょっと。〈大鏡・時平〉「みなこそわすれ侍りにけれ。これはただすこぶるおぼえ侍るなり」訳(老いぼれて)みな忘れてしまいました。これはただほんの少々思い出されることなのです。
❷ずいぶん。はなはだ。相当。〈平家・一・殿下乗合〉「侍ども皆、馬よりとって引きおとし、すこぶる恥辱に及びけり」訳武士どもを皆、馬からつかんで引きずりおろし、相当恥辱を与えた。

すご-ろく【双六】名〔「すぐろく」の転〕奈良時代、中国から伝わった遊戯の一種。中央部をあけて敵・味方各十二に区分した盤の上に、黒白十五個ずつの馬とよぶ石をならべ、二つの賽を振り、目の数だけ自分の石を進めるもの。先にすべての馬が敵陣に入ったものを勝ちとする。ばくちにも使われた。

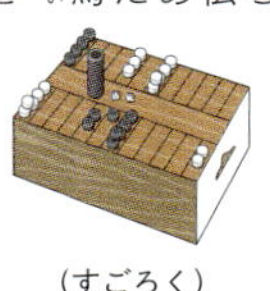
(すごろく)

最重要330

175 ガイド

すご・し【凄し】形ク{から・く(かり)・し・き(かる)・けれ・かれ}

ぞっとする気持ちを表す語。恐ろしいの意にも、恐ろしいくらいすばらしいの意にも用いる。古文では「もの寂しい」の意にも注意。

❶**恐ろしい。ぞっとする。もの寂しい。** ↓おいらか「類語の整理」

例 日の入りぎはの、いとすごく(用)霧りわたりたるに〈更級・かどで〉
訳 太陽が今にも沈もうとするときで、たいそうもの寂しく霧が一面に立ちこめているときに。

❷**恐ろしいくらいすぐれている。すばらしい。**

例 なまめかしくすごう(用)(ウ音便)おもしろく、所がらはまして聞こえけり〈源氏・若菜下〉
訳 (舞楽の東遊びは)優雅ですばらしく興味深く、(住吉神社の社前という)場所がらではいっそう(趣深く)聞こえるのであった。

語感実感 常人ばなれしたすばらしいピアノの演奏を聞き、ぞっとするほどの感動と衝撃で鳥肌が立つ感じ。

ずーさ【従者】名〔「じゅうしゃ」の転〕「ずんざ」とも。**供の者。**召使。〈枕・二五〉「主そしらぬ従者」訳(めったにないものは)主人を悪く言わない召使。

すーさき【州崎・洲崎】名 川や海の土砂が盛り上がって、岬のように川や海に突き出た所。

すーざく【朱雀】名「すじゃく」「しゅじゃく」とも。四神の一。南方の守護神で、鳥の形をしている。

すざく-おほち【朱雀大路】名「しゅじゃくおほち」とも。平安京を東西に二分して、南北に通じる大路。大内裏の南にある朱雀門から羅城門にいたる。この大路の東を左京、西を右京と称する。↓付録③「平安京図」

(すざく)

すざく-もん【朱雀門】名「しゅじゃくもん」とも。平安京の、大内裏の正門。南面の中央に位置する。↓付録③「平安京図」・「平安京大内裏図」

須佐之男命(すさのをのみこと)《人名》〔「素戔嗚尊」とも書く〕日本神話の神。「建速須佐之男命」とも。天照大御神の弟。その悪行をはばかり、天照大御神が天の岩戸に隠れてしまった事態をとがめられて、神々により高天原を追放された。出雲(島根県)で八俣大蛇を退治して「草薙の剣」を得た。出雲系神話の祖神とされる。

すさび【荒び・進び・遊び】名「すさみ」とも。❶(ある特定の方向に)**心がひかれること。**乗り気になること。気まぐれ。〈源氏・帚木〉「すきずきしき心のすさびにて」訳好色めいた心のおもむくままに。
❷(心のおもむくままに)**慰み半分にすること。**もてあそび。〈徒然・一九〉「あぢきなきすさびにて、かつ破りすつべきものなれば」訳つまらない慰みごとであって、(書いていく)一方では破り捨ててよいものだから。

すさび-ごと【遊び事】名 慰みごと。気まぐれな遊び。

最重要330

176

すさ・ぶ

【荒ぶ・進ぶ・遊ぶ】 一 自バ四・上二 {ば・び・ぶ・ぶ・べ・べ}{び・び・ぶ・ぶる・ぶれ・びよ} 二 他バ四 {ば・び・ぶ・ぶ・べ・べ}

ガイド とどめようのない状態で事態が進むの意。激しくなる意を表すが、③の物事の進行の終局として衰える意を表すこともあるから注意。一は中古までは上二段活用・四段活用両方の例がみえるが、のち多く四段活用となる。

一 自バ四・上二

❶ **盛んな勢いで事が起こる。状態がはなはだしくなる。** いよいよ進む。

例 朝露に咲きすさび用(上二段)たる鴨頭草(つきくさ)の日くたつなへに消(け)ぬべく思ほゆ〈万葉・一〇・二二八一〉

訳 朝露を受けて盛んに咲いているつゆ草が日暮れとともにしおれるように、日が傾くにつれて(私はあなたを待ちかねて)身も消え入ってしまいそうに思われる。(第二句までは「日くたつなへに消ぬ」を導きだす序詞)

❷ **気の向くままに事を行う。興じる。慰む。**

例 笛をえならず吹きすさび用(四段)たる、あはれと聞き知るべき人もあらじと思ふに〈徒然・四四〉

訳 笛をなんともいえず(巧みに)吹き興じているのを、(こんな所では)情趣深い(音色だ)と聞き分けられる人もあるまいと思うにつけても。

❸ **断続的に事が起こる。また、進んだ果てに衰えやむ。**

例 思ひかねうち寝(ぬ)る宵もありなまし吹きだにすさべ命(四段)庭の松風〈新古・恋四〉

訳 恋しさに耐えかねて、つい寝る宵もきっとあるであろう。(眠りを妨げないように)せめて吹き衰えてくれ、庭の松風よ。

二 他バ四

心のままに興じる。慰む。もてあそぶ。興にまかせて…する。

例 亡き人の手習ひ、絵描(か)きすさび用たる見出(い)でたるこそ〈徒然・二九〉

訳 (今は)亡き人が何気なく字を書いたり、絵を描き興じたりしたのを見つけ出したときは。

参考 多く他の動詞の連用形に付いて、複合動詞の形で用いられ、「言ひすさぶ」「歌ひすさぶ」「書きすさぶ」「弾きすさぶ」「吹きすさぶ」などの語がある。

すさ・ぶ【荒ぶ・進ぶ・遊ぶ】自バ四・上二 他バ四 ⬇上 176

すさま・じ【凄じ】形シク ⬇次ページ 177

すさまじ-げ【凄じげ】形動ナリ {なら・なり(に)・なり・なる・なれ・なれ} 興ざめのようすだ。殺風景だ。不愉快そうだ。

「げ」は接尾語〕つまらなそうだ。〈枕・二五〉「手を折りてうちかぞへなどして、ゆるぎありきたるも、いとほしうすさまじげなり終」訳 (来年国司が交替する国を)指を折って数えたりして、からだをゆすって歩き回っているのも、気の毒で興ざめのする感じである。

すさみ【荒み・進み・遊み】名「すさび」に同じ。

すさ・む【荒む・進む・遊む】一 自マ四 {ま・み・む・む・め・め}「すさぶ一」に同じ。〈新古・雑中〉「山里の雨降りすさむ体夕暮れの空」訳 山里の、雨が盛んに降っている夕暮れの空よ。

二 他マ下二 {め・め・む・むる・むれ・めよ} ❶心がひかれて愛する。**気に入ってもてはやす。** 顧みる。〈古今・春上〉「山高み人もすさめ未ぬさくら花」訳 山が高いので、(訪れる人もなく)だれももてはやさない桜の花よ。❷やめる。**嫌って避ける。**〈源氏・紅梅〉「我をばすさめ用たりと、気色(けしき)とり」訳 (若君は)私(＝東宮)を嫌って寄りつかないでいると、(東宮が)ようすを察して(うらみ言をおっしゃったのは)。

すじ〖筋〗⬇すぢ(四五〇ページ)

ず-して …ないで。…なくて。〈竹取・蓬莱の玉の枝〉「わが御家へも寄り給はずしておはしたり」訳 (くらもちの皇子(みこ)は)自分のお屋敷へもお寄りにならないで(翁(おきな)の家に)いらっしゃった。⬇して(接助)

なりたち 打消の助動詞「ず」用＋接続助詞「して」

参考 おもに漢文訓読文や和歌に用いられた。

す・す【煤す】自サ四 {さ・し・す・す・せ・せ} 《上代語》**すすける。**〈万葉・一一・二六五一〉「葦火(あしび)焚(た)く屋(や)のすし用てあれど」訳 葦で火を焚く家のようにすすけているけれども。

ず-ず【数珠】名「じゅず」とも。仏を拝むとき、両手でもんだり、つめで珠(たま)をくって数をかぞえたりするのに用いる仏具。珠は水晶や菩提樹(ぼだいじゅ)の実で作り、ふつう百八個つなげて輪とする。

ず・ず【誦ず】他サ変 {ぜ・じ・ず・ずる・ずれ・ぜよ}「ずす」「ずんず」「ず

うず」とも。「じゅす」に同じ。

すず‐かけ【篠懸け】名 修験者(しゅげんじゃ)が服の上に着た麻の衣。素襖(すおう)のような形で露を防ぐために用いた。↓修験者(しゅげんじゃ)

すずかぜの… 俳句

夏
涼風の　曲(ま)がりくねって　来(き)たりけり　切れ字
〈七番日記・一茶〉

訳（裏長屋の奥に住んでいるので）涼風までが（入り組んだ路地のままに）曲がりくねってやっとのことで届いたことだ。

解説「裏店(うらだな)に住居(すまひ)して」という前書きがある。一茶の自嘲癖がよく出ている句。

最重要330

177

すさま・じ【凄じ】形シク{じから・じく(じかり)・じ・じき(じかる)・じけれ・じかれ}「すさまし」とも。

ガイド 動詞「すさむ」に対応する形容詞で、**寒々とした殺風景な感じや、不調和な状態から受ける不快な気持ち**を表す。現代語では多く③の意で用いられるが、古文では①②の意が重要。

❶**その場にそぐわずおもしろくない。つまらない。興ざめだ。**

例 **すさまじき**体もの　昼ほゆる犬、春の網代(あじろ)〈枕・二五〉

訳 **不調和で興ざめな**もの、昼ほえる犬、(時機を逸した)春の(＝春にしかけてある)網代。

❷**さむざむとしている。荒涼としている。**

例 風吹き、雨降りて、**すさまじかり**用けるに、大路に、「諸行無常」と詠じて過ぐる者あり〈宇治・三・二四〉

訳 風が吹き、雨が降って、**さむざむとしていた**ときに、大路に、「諸行無常」と唱えて通り過ぎる者がある。

❸**程度がはなはだしい。ひどい。**

例 はひ出(い)づる蛙(かへる)幾千万、数も限りもあらおびただし、**すさまじ**終や〈浄・傾城島原蛙合戦〉

訳 はい出る蛙幾千万、数限りもなく、ああ非常に多い、**はなはだしい**ことだ。

❹《近世語》**あきれたことだ。とんでもない。**

例 あれがお屋敷に奉公してゐた「の」も**すさまじい**終(口語)(＝**あきれたことだ**)〈東海道中膝栗毛〉

語感実感

一月も半ばを過ぎたのに、まだ片付けられていない正月飾りを見かけ、時季はずれで興ざめに思う感じ。

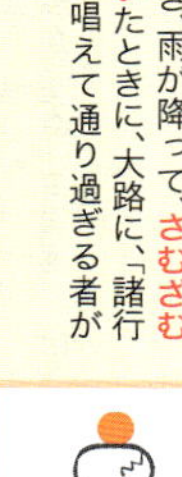

すすき【薄・芒】名 植物の名。秋の七草の一つ。山野に群生して、秋に大きな花穂(かすい)を出す。茎・葉は屋根を葺(ふ)くのに用いる。おばな。秋。⬇七草(ななくさ)「古文常識」(六〇四ページ)

すす・く【煤く】自カ下二{け・け・く・くる・くれ・けよ}❶すすで黒くなる。すすける。〈徒然・一七六〉「御薪(みかまぎ)に**すすけ**用たれば、黒戸(くろど)といふとぞ」訳(黒戸の御所は)御薪(たきぎ)(を焚(た)くため)に**すすけ**ているので、黒戸というとのことだ。

❷古びてよごれ黒ずむ。〈源氏・蓬生〉「あさましう**すすけ**用たる几帳(きちやう)さし出(い)でて」訳 あきれるほどに**古びて黒ずん**でいる几帳を差し出して。

すす・ぐ【濯ぐ・漱ぐ・滌ぐ・雪ぐ】他ガ四{が・ぎ・ぐ・ぐ・げ・げ}❶水で洗い清める。〈徒然・一五八〉「流れを残して、口のつきたる所を**すすぐ**体なり」訳(杯の底にたまった)酒のしずくを残して、(それで自分の)口のついた所を**洗い清める**のである。

❷(罪や恥、けがれを)清める。汚名を除き払う。そそぐ。〈平家・一一・腰越〉「朝敵(てうてき)をかたむけ、会稽(くわいけい)の恥辱を**すすぐ**終」訳 朝敵(となった平家)を滅ぼし、会稽の恥辱(＝これまでの敗戦の恥)を**そそぐ**。

すずし【生絹】名 練らない(＝灰汁(あく)などで煮ていない)生(き)のままの絹糸。また、それで織った織物。ごわごわしているが薄くて軽いので、主として夏の衣服に用いた。対 練(ね)り絹(ぎぬ)

すず・し【涼し】形シク{しから・しく(しかり)・し・しき(しかる)・しけれ・しかれ}❶**暑気が少なくひややかで快い。**涼しい。夏。〈徒然・五五〉「浅くて流れたる、遥(はる)かに**涼し**終」訳 浅くて流れているのが(＝水が)、(深い水より)ずっと**涼しい**。

❷**澄んで清い。**〈源氏・常夏〉「秋の夜の月影**涼しき**体ほど」訳 秋の夜の月光が**澄んで清らかな**とき。

❸**心がさっぱりする。**すがすがしい。〈徒然・一八〉「いかばかり心のうち**涼しかり**用けん」訳 どんなに心の中が**すがすがしかっ**たことだろう。

最重要330

178 すずろ【漫ろ】形動ナリ {なら・なり(に)・なり・なる・なれ・なれ}

ガイド **事がある方向にひたすら進んでいくさま**を表す。連用形「すずろに」が②の「むやみやたらに」の意で用いられることが多い。

❶なんとなく心が動くさま。漫然とそうなるさま。あてもないさま。なんとなく…だ。

例 むかし、をとこ、みちの国に**すずろに**用行き至りにけり〈伊勢・一四〉 訳 昔、ある男が陸奥(奥州地方)に**あてもなく**行き着いたのだった。

❷むやみやたらである。

例 **すずろに**用飲ませつれば、うるはしき人も、たちまちに狂人となりて〈徒然・一七五〉 訳 (酒を)**むやみやたらに**飲ませてしまうと、きちんとした人も、たちまちに狂人となって。

❸予期しないさま。思いがけないさま。

例 蔦楓は茂り、物心細く**すずろなる**体目をみることと思ふに〈伊勢・九〉 訳 蔦や楓は茂り、なんとなく心細く**思いがけない**目にあうことだと思っていると。

❹理由のないさま。何の関係もないさま。用のないさま。

例 ぬしある家には、**すずろなる**体人、心のままに入りくることなし〈徒然・二三五〉 訳 住む人のいる家には、**何の関係もない**人が、勝手に入ってくることはない。

❹**潔白だ。いさぎよい。**〈太平記・二五〉「実に思ひ切ったる体かなと、先づ、**涼しく**用ぞ見えたりける」訳 まことに思い切ったようすであるなあと、実に、**いさぎよく**見えた。

すずしき-かた【涼しき方】極楽。西方浄土。

すず-しろ【清白・蘿蔔】名 だいこんの異称。特に、春の七草の一つとしていう場合の呼び名。春。↓七草「古文常識」(六〇四ページ)

すす-ど・し【鋭し】形ク {から・く(かり)・し・き(かる)・けれ・かれ} ❶**勇敢で機敏だ。**〈平家・一一・勝浦付大坂越〉「九郎は**すすどき**体をのこにてさぶらふなれば」訳 九郎(=源義経)は、**勇敢で機敏な**男であるそうですので。❷**抜け目がない。悪がしこい。**〈浮・世間胸算用〉「若年の時より**すすどく**用」訳 若い時から**抜け目がなく**。

すずな【菘】名 蕪の異称。春の七草の一つ。春。↓七草「古文常識」(六〇四ページ)

すす-はき【煤掃き】名 年中行事の一つ。年末に、新年の準備のために家内のすすを払い清める大掃除。江戸時代には陰暦十二月十三日に行われた。煤払い。冬

すす-ばな【洟】名 鼻水をすすること。また、鼻水。冬

すす-はらひ【煤払ひ】名「すすはき」に同じ。冬

すす・む【進む】自マ四 {ま・み・む・む・め・め} ❶**前に出る。前進する。進む。**〈平家・四・橋合戦〉「われ先にと**進む**体ほどに」訳 われ先にと**進む**うちに。❷**すぐれる。まさる。上達する。進歩する。**〈源氏・絵合〉「いたう**進み**用ぬる人の、命、幸ひと並びぬるは」訳 (学識の)たいそう**すぐれ**た人で、寿命と幸運とがそろった人は。❸**程度がはなはだしくなる。つのる。高ぶる。**〈源氏・帚木〉「あはれ**進み**用ぬればやがて尼になりぬかし」訳 感情が**高ぶっ**てしまうときっと、そのまま尼になってしまうよ。

すす・む【勧む・薦む】他マ下二 {め・め・む・むる・むれ・めよ} ❶**(飲食物などを)すすめる。献じる。**〈源氏・宿木〉「中納言のいたく**すすめ**用給へるに」訳 中納言が(杯を)しきりにお**すすめ**になったので。❷**勧誘する。いざなう。**〈細道・立石寺〉「一見すべきよし、人々の**すすむる**体によって」訳 (立石寺を)一度は見ておくがよいと、人々が**いざなう**ので。❸**推薦する。奨励する。**〈徒然・一四二〉「民を撫で、農を**すすめ**未ば、下に利あらんこと、疑ひあるべからず」訳 人民をいつくしみ、農業を**奨励する**ならば、下々の者に利益のあろうことは、疑いのあるはずがない。

すず-むし【鈴虫】名 松虫の古名。秋。↓松虫 参考

(すずむし)

すずめのこ… 俳句

雀の子 そこのけそこのけ 御馬が通る〈おらが春・一茶〉

春 切れ字 切れ字

訳 (ほら危ないぞ)雀の子よ。そこをどいた、そこをどいた。お馬さんが通るぞよ。(切れ字の「のけ」は、動詞「退く」の命令形)

すずり【硯】 名 ❶石などで作った、墨をする道具。すずり石。

❷すずり箱。〈蜻蛉・上〉「ここなるすずりに、文(ふみ)をおしまきてうちいれて」訳 身辺にあるすずり箱(のふた)に、手紙を巻いて入れて。

すずろ【漫ろ】 形動ナリ ➡前ページ 178

すずろ-ごころ【漫ろ心】 名 そわそわした心。うわついた心。〈更級・宮仕へ〉「いとよしなかりけるすずろ心にても、ことのほかにたがひぬるありさまなりかし」訳 (私の)ほんとうにたわいもなかったうわついた心でも、(結婚生活というものは)思いのほか予想に反したありさまであるよ。

すずろ-ごと【漫ろ言】 名「そぞろごと」とも。**とりとめのないことば。**くだらない話。〈源氏・柏木〉「例は…すずろごとをさへ言はせまほしうし給ふを」訳 いつもは…むだ話まで言わせたがりなさるのに。

すずろ-ごと【漫ろ事】 名「そぞろごと」とも。とりとめのないこと。くだらないこと。〈源氏・蛍〉「かかるすずろごとに心を移し、はかられ給ひて」訳 (あなた=玉鬘(たまかずら)は)こんな(絵や物語のような)とりとめのないことに気持ちを移し、だまされなさって。

すずろ-は・し(ワシ)【漫ろはし】 形シク {しから・しく(しかり)・し・しき(しかる)・しけれ・しかれ}「そぞろはし」とも。❶心がうきうきしている。心が浮き立つようである。〈源氏・若菜下〉「すずろはしき体まで愛敬(あいぎやう)づき」訳 (紫の上の箏(そう)の音は聞く人の)心が浮き立つようなほどまで愛らしい魅力がそなわっていて。

❷**不安で落ち着かない。**なんとなく気にそまない。〈源氏・若菜下〉「なまもの憂(う)くすずろはしけれ已ど」訳 (柏木(かしわぎ)は)なんとなく気が進まず不安で落ち着かないけれども。

すそ【裾】 名 ❶衣服の下の端の部分。

❷細長いものの先端。特に、髪の毛の先。〈大鏡・師尹〉「御髪(みぐし)のすそは、母屋(もや)の柱のもとにぞおはしける」訳 (芳子(ほうし)は牛車(ぎっしゃ)にお乗りになられたが)御髪の毛の末は、(まだ)母屋の柱のもとにおありだったという。

❸山のふもと。

❹足。特に、馬の脚。

ず-そ【呪詛】 名・他サ変「じゅそ」に同じ。

すそ-がち【裾がち】 形動ナリ {なら・なり(に)・なり・なる・なれ・なれ}(「がち」は接尾語)着物の裾を長く引いているさま。小柄な女性のようすをいう。〈源氏・若菜上〉「御衣(ぞ)の裾がちに、いと細くささやかにて」訳 お召し物が裾を長々と引いたようすで、とても細く小柄で。

すそ-ご【裾濃・末濃】 名 衣または鎧(よろい)の袖などを、上のほうを薄く、裾のほうをだんだん濃い色に染めたもの。鎧の緘(おどし)の糸などにも用いる。

参考 裾のほうを薄くしたものは「匂ひ」といい、同色で濃淡がまだら模様になっているものは「斑濃(むらご)」という。➡緘(おどし)「古文常識」

すそ-み【裾回・裾廻】 名 ふもとのめぐり。ふもとの周囲。「すそわ」とも。

すぞろ【漫ろ】 形動ナリ {なら・なり(に)・なり・なる・なれ・なれ}「すずろ」に同じ。

すだ・く【集く】 自カ四 {か・き・く・く・け・け} ❶**集まる。群がる。**〈万葉・一九・四二六〇〉「大君は神にし坐(ま)せば水鳥のすだく体水沼(みぬま)を都となしつ」訳 天皇は神でいらっしゃるから、水鳥の群がり集まる沼地を、(りっぱな)都にしたことだ。

❷(後世①の意が誤用されて)**鳥・虫などが鳴く。**〈雨月・吉備津の釜〉「秋の虫の叢(くさむら)にすだく体ばかり(=ほどの声もなし」

す-だれ【簾】 名 細く削った竹や葦(あし)などを編み、掛け垂らして外界との隔てや日よけに用いたもの。夏〈万葉・四・四八八〉「君待つと吾(あ)が恋ひ居(を)ればわが宿の簾動かし秋の風吹く」訳 ➡きみまつと… 和歌

すぢ(スジ)【筋】 名 ➡次ページ 179

すぢ-か・ふ(スジカ コウ)【筋違ふ・筋交ふ】 一 自ハ四 {は・ひ・ふ・ふ・へ・へ} ❶**斜めに交差する。**はすかいになる。〈枕・二〇一〉「箸のいときはやかにつやめきて筋かひ用立てるもいとをかし」訳 火箸がたいそうきわだってつやつやとして、(火桶(ひおけ)の中に)斜めに交差して立っているのもたいそう趣が深い。

❷**斜めに向かい合う。**〈枕・一八四〉「いかでかは筋かひ用御覧ぜられむとて」訳 どうして(真正面はむろんのこと)斜めに向かい合って(でも醜い私の顔を中宮に)ご覧いただけようか(いや、できない)と思って。

❸**そむく。**〈浜松中納言物語〉「あまり世に筋かひ用て、すずろなる山籠(ごも)りがちに物せさせ給ひ」訳 ひどく世間にそむいて、むやみな山籠りが多くていらっしゃられて。

二 他ハ下二 {へ・へ・ふ・ふる・ふれ・へよ} 斜めにする。はすかいにする。〈中務内侍日記〉「太刀(たち)を横ざまに筋かへ用たるやうにつけて」訳 (錦の御帳(みちょう)に)太刀を横向きに斜めにした状態につけて。

ずち-な・し【術無し】 形ク {から・く(かり)・し・き(かる)・けれ・かれ}「じゅつなし」に同じ。〈大鏡・時平〉「今日は術無し終。右のおとどにまかせ申す」訳 今日はどうにもしようがない。(政務は)右大臣(=菅原道真(みちざね))におまかせ申しあげる。

すぢ・る(スジ ル)【捩る】 他ラ四 {ら・り・る・る・れ・れ} 身をくねらす。よじる。〈徒然・一七五〉「目もあてられずすぢり用たるを、興じ見る人さへ、うとましく憎し」訳 (酒に酔った老法師が)見ていられないくらい身をくねらせて(舞って)いるのを、おもしろがって見物する人までも、いとわしく憎らしい。

す・つ【捨つ・棄つ】 他タ下二 {て・て・つ・つる・つれ・てよ} ❶**不用として投げやる。**〈枕・八七〉「築土(ついぢ)などに、みなすて用てけり」訳 土塀(の外)などに、(とけ残った雪を)すべて捨ててしまった。

❷**見捨てる。**かえりみない。〈竹取・かぐや姫の昇天〉「我をいかにせよとてすて用ては昇り給ふぞ」訳 私(=翁(おきな))をどうしろと思って見捨てて昇天なさるのか。

❸**世を捨てる。出家する。**〈源氏・夕顔〉「惜しげなき身なれど、すて用難く思ひ給へつることは」訳 惜しげのないわが身であるが、出家しがたく存じましたことは。

❹**気にとめないでする。**無造作にする。〈今昔・二六・一四〉「木戸を急(き)と閉(た)てて、すて用て入りぬれば」訳 木戸をばたんと閉じて、(男を)気にもとめずに入っていったので。

❺(動詞の連用形や助詞「て」に付いて)…(て)しまう。…(て)のける。〈平家・二・泊瀬六代〉「言はずは斬ってすて未ん」訳 言わねば斬ってのけよう。

ず-て …ないで。…なくて。〈万葉・二〇・四四三九〉「降る雪を

最重要330

179 すぢ（スジ）【筋】名

ガイド 一続きの線状のものをいうのが原義。これを血筋の意に用いたのが②③、空間的に用いたのが⑤、抽象的に物事の論理的な流れに用いたのが④、物事の関係する方面、物事に内在するものの意で用いたのが⑥⑦。

❶細長い線状のもの。また、それらを数える語。
例 髪の筋なども、なかなか昼よりも顕証（けそう）にみえてまばゆけれど〈枕・一八四〉
訳 髪の毛の筋なども、かえって昼よりもはっきり見えて恥ずかしいけれど。

❷血統。家柄。素性。
例 やむごとなき筋ながらも、かうまで落つべき宿世（すくせ）ありければにや〈源氏・蓬生〉
訳 高貴な家柄でありながらも、これほどまで零落しなければならない宿命があったからであろうか。

❸素質。性分。気だて。
例 女もえをさめぬ筋にて〈源氏・帚木〉
訳 女もこらえきれない性分であって。

❹物事の道理。すじみち。意味あい。
例 深き筋思ひ得ぬほどの、打ち聞きには〈源氏・常夏〉
訳 （内容の）深い意味あいを味わい得ない程度の、ちょっとした聞き方では。

❺方向。方角。
例 二条院にも同じ筋にて、いづくにか違（たが）へむ〈源氏・帚木〉
訳 二条院においても（内裏（だいり）からは左大臣邸と）同じ方角なので（行けないから）、どちらに方違えをしようか。

❻その方面。その物事に関したこと。
例 かかる筋は、まめ人の乱るる折もあるを〈源氏・夕顔〉
訳 こういう（恋の）方面のことは、まじめな人がとり乱す折もあるが。

❼物事の趣。芸風。趣向。
例 御小袿（こうちき）の袂（たもと）に、例の同じ筋の歌ありけり〈源氏・行幸〉
訳 （贈り物の）御小袿の袂に、例によって、いつもと同じ趣向の歌があった。

見ずてや妹（いも）が籠（こも）り居（を）るらむ」訳 降る雪を見ないで、あなたは閉じこもっているのだろうか。
なりたち 打消の助動詞「ず」用＋接続助詞「て」
参考 おもに上代に用いられ、平安時代以降は和歌の用語として残った。

すで‐に【已に・既に】副 ⬇次ページ 180

ず‐とも 打消の意の逆接仮定条件を表す。…なくても。たとえ…なくても。〈万葉・六・一〇一八〉「白珠（しらたま）は人に知らえず知らずともよし知らずとも吾（あれ）し知れらば知らずともよし」訳 白玉（にもひとしい自分の才能）は、人に知られていない。（人が）知らなくても、（しかし、人は）知らなくてもよい。（人が）知らなくても、自分だけが知っていたならよい。
なりたち 打消の助動詞「ず」用＋接続助詞「とも」

すな‐ご【砂子】名 ❶砂。❷蒔絵（まきえ）や色紙、短冊、襖紙（ふすまがみ）などに吹きつけた、金銀箔（はく）の粉末。また、それをほどこしたもの。

すな‐ど・る【漁る】他ラ四〔ら・り・る・る・れ・れ〕魚貝類をとる。漁をする。〈万葉・四・六二五〉「妹（いも）がためわがすなどれ巳る藻臥（もふし）束鮒（つかふな）」訳 （ようやく今）あなたのために私がとった藻の中にひそんでいる小鮒だ（これは）。

すなはち（スナワチ）【即ち・乃ち・則ち】名 接 副 ⬇四五二ページ 181

す‐なほ（ナオ）【素直】形動ナリ〔なら・なり（に）・なり・なる・なれ・なれ〕❶ありのままで飾らない。素朴だ。〈古今・仮名序〉「神世には、うたのもじもさだまらず、すなほに用して」訳 神代の昔には、歌の字数も定ま（ってお）らず、ありのままで飾らないので。❷心がまっすぐである。正直だ。〈徒然・八五〉「人の心すなほなら未ねば、偽（いつは）りなきにしもあらず」訳 人間の心は正直でないから、虚偽がないわけでもない。❸人に逆らわず、従順だ。〈徒然・一九四〉「すなほに用まことと思ひて…謀（はか）らるる人あり」訳 （うそを）疑うことなく真実と思って…だまされる人がいる。

すなわち〔即ち・乃ち・則ち〕⬇すなはち

す‐の‐こ【簀の子】名 ❶竹などを編んで作った敷き物。また、その床。〈方丈・三〉「南〔には〕、竹の簀の子を敷き」

❷寝殿造りで、廂の外側にある板敷きの縁側。雨露がはけるように間を少し透かしてある。今の濡れ縁にあたる。⬇寝殿造り「古文常識」（四四ページ）

すは スワ 感 ❶相手の注意をうながしたり、驚かしたりするときに発する声。そら。〈更級・初瀬〉「すは、稲荷より賜るしるしの杉よ」訳そら、稲荷（神社）からくださる霊験の（あらたかな）杉（の枝）だよ。❷突然の出来事に驚いたときに発する声。あっ。やっ。それ。〈平家・四・競〉「すは、きゃつを手延べにして、たばかられぬるは」訳やっ、あいつ（＝競）を処置せぬままにして、だまされてしまったぞ。

ずーは

❶《上代語》…ないで。…せずに。〈万葉・二・八六〉「かくばかり恋ひつつあらずは高山の磐根し枕きて死なましものを」訳これほどまで恋いこがれていないで、高い山の岩を枕にして死んでしまえばよかったものを。❷打消の順接の仮定条件を表す。もし…でないならば。〈竹取・火鼠の皮衣〉「この皮衣は、火に焼かむに、焼けずはこそ、まことならめと思ひて」訳この皮衣は火に焼こうとするときに、もし焼けなければ、本物であるだろうと思って。

なりたち 打消の助動詞「ず」用＋係助詞「は」

参考 近世には仮定条件からの類推で「ずば」という形も生まれた。→ずば

最重要330

180 ガイド

すでに【已に・既に】副

漢文訓読文・和漢混交文で用い、中古の和文では用いられない。現代語の「すでに」が、多くは遠い過去を表すのに対して、古語では、あることが実現した瞬間やその直後を示すことが多い。

❶すっかり。すべて。残らず。

例天の下すでに覆ひて降る雪の光を見れば貴くもあるか〈万葉・一七・三九二三〉

訳この地上をすっかり覆って降る雪の光を見ると、尊く思われるなあ。

❷もはや。もう。とっくに。その時までに。

例古京はすでに荒れて、新都はいまだ成らず〈方丈・二〉

訳古い都（＝京都）はもはや荒廃して、新しい都（＝福原）はまだできあがらない。

❸いよいよ。まさに。もう少しで。

例仏御前はすげなういはれ奉って、すでに出でんとしけるを〈平家・一・祇王〉

訳仏御前は（清盛に）そっけなく言われ申して、もう少しで（清盛邸から）退出しようとしたところへ。

❹まぎれもなく。確かに。現に。

例生あるもの、死の近きことを知らざること、牛、すでにしかなり〈徒然・九三〉

訳命のあるものが、（自分の）死の間近に迫っていることを知らないことでは、（この）牛が現にそうである。

ずーば （「ずは」の転）…ないで。…なかったら。〈去来抄・玄梅〉「取られずば名もなかるらん紅葉鮒」訳人にとらえられなかったら、紅葉鮒（＝秋にひれが紅色になる鮒）という優雅な名もつかなかったであろう。

なりたち 打消の助動詞「ず」用＋係助詞「は」＝「ずは」を、「ず」未＋接続助詞「ば」＝「ずば」と誤認したもの。近世から用いられた。一説に、「ずは」を強めるために撥音の入った「ずんば」の「ん」の脱落したものともいう。→ずは・ずんば

すーはう スオウ【素袍】名「すあを」に同じ。

すーはう スオウ【蘇芳】名 ❶植物の名。マメ科の落葉低木。樹幹の削り屑などを煎じて染色に用いる。❷「蘇芳色」の略。①の煎汁で染めた色。紫がかった赤色。❸襲の色目の名。表は薄い蘇芳色、裏は濃い蘇芳色という。蘇芳襲。四季を通じて用いる。⬇襲の色目「古文常識」（三一〇ページ）

（蘇芳②）

周防 すはう スオウ《地名》旧国名。山陽道八か国の一つ。今の山口県東部。防州。

すはーえ スワエ【楚・楉】名（後世「ずはえ」とも）❶木の枝や幹から細長くまっすぐにのびた若枝。❷むち。

すーはま【州浜・洲浜】名 ❶州が海中に突き出し、入り組んでいる海岸。❷①の形に似せて作った台の上に、その時節の趣向をこらした草木・花鳥などを置き、晴れの席の飾りとするもの。後世の島台。州浜台。

（すはま②）

最重要330

181

すなはち（スナワチ）【即ち・乃ち・則ち】 一名 二接 三副

ガイド 「その時」の意の名詞が本来の用法とみられる。そこから「即座」の意の名詞(一)、副詞(三)として用いられ、漢文の訓読において「即・乃・則・便」などの訓として用いられたことで(二)の意が生じたと考えられる。

一 名

❶ **その時。即座。**

例 ほととぎす鳴きし**すなはち**君が家に行けと追ひしは至るらむかも〈万葉・八・一五〇五〉

訳 ほととぎすが鳴いた**その時**、あなたの家に行けと追いやったが、それは(あなたの家に)着いているだろうか。

❷ **そのころ。当時。その当座。**

例 **すなはち**は、人みなあぢきなきことをのべて、いささか心の濁(にご)りもうすらぐと見えしかど〈方丈・二〉

訳 (地震があった)**当座**は、人々はみな、(この世が)はかなくつまらない(という)ことを話して、少しばかり心のけがれも薄らぐと見えたけれども。

二 接

❶ **言いかえれば。つまり。とりもなおさず。**

例 近き世にその名聞こえたる人は、**すなはち**僧正遍昭(そうじやうへんぜう)は〈古今・仮名序〉

訳 近い時代にその名が世に知られている人としては、**とりもなおさず**僧正遍昭は。

❷ **そこで。それゆえ。その時に。**

例 おのづから短き運を悟りぬ。**すなはち**、五十(いそ)の春を迎へて、家を出(い)で、世に背(そむ)けり〈方丈・三〉

訳 自然と(自分の)乏しい運を悟った。**そこで**、五十歳の春を迎えて、出家して、世間に背を向けた。

❸ **(おもに漢文訓読文に用いて)そのような時は。**

三 副

例 その人にあらずは、**すなはち**かけよ〈平家・一・鱸〉

訳 (太政(だいじやう)大臣の)適任者でないならば、**その時は**空席にせよ。

すは‐や〔スワ〕感 驚いて発する声。あっ。やっ。それ。〈平家・四・橋合戦〉「**すはや**、宮こそ南都(なん)へおちさせ給ふなれ」訳 **それ**、宮(=高倉宮)は南都(=興福寺)に落ちのびなされるようだ。

すばる【昴】名 牡牛(おうし)座にある散開(さんかい)星団プレアデスの和名。数個ないし、数十、数百の星が集まってひとまとまりになっている(=統(す)ばる)ように見えるので、この名がある。すばるぼし。むつらぼし。

す‐びつ【炭櫃】名 角(かく)火鉢。〈枕・二九九〉「**炭櫃**に火おこして、物語などして集まりさぶらふに」訳 **角火鉢**に火をおこして、話などをして(女房たちが)集まって(中宮のおそばに)お仕えしていると。

(すびつ)

す・ぶ【統ぶ】他バ下二〔べ・べ・ぶ・ぶる・ぶれ・べよ〕❶ばらばらのものを一つに集める。まとめる。〈紀・神代〉「海神(わたつみ)、ここに海の魚を**すべ**用集(つど)へて(=**まとめ**集めて)」❷支配する。統治する。〈記・上〉「乾符(けんぷ)を握(と)りて六合(りくがふ)を**すべ**用」訳 天皇であるしるし(=三種の神器)を持って天下を**統治し**。

すべ【術】名 **手段。方法。**仕方。〈万葉・三・三〇七〉「言はむ**すべ**為(せ)む**すべ**知らに」訳 (何か)言おうにもその**方法**(=ことば)が、しようにもその**方法**(=どうしたらよいか)がわからず。

す‐べか‐めり【為べかめり】…するにちがいないようだ。〈竹取・竜の頸の玉〉「すずろなる死にを**すべかめる**体かな」訳 不慮の死に方を**するにちがいないようだ**なあ。

なりたち サ変動詞「為(す)」終＋推量の助動詞「べし」体＋推量の助動詞「めり」＝「すべかるめり」の撥音便「すべかんめり」の撥音「ん」の表記されない形

す‐べからく【須く】副 (サ変動詞「為(す)」終＋助動詞「べし」のク語法「べからく」)(多く、下に推量の助動詞「べし」を伴って)なすべきこととして。当然。〈徒然・二一七〉「徳をつかんと思はば、**すべからく**、まづその心づかひを修行すべし」訳 富を身につけようと思うなら、**当然**、第一にその心構えを学びとらなければならな

すぐに。たちまち。

例 立て籠めたるところの戸、**すなはち**、ただ開きに開きぬ〈竹取・かぐや姫の昇天〉

訳 (かぐや姫を中に入れて)閉めきっておいた場所(=塗籠)の戸は、**即座に**、ただもうすっかり開いてしまった。

い。

参考 漢文訓読から生じた語。

すべ-て【総て】 副 ❶全部合わせて。**全部で。**〈古今・仮名序〉「**すべて**千歌、二十巻、名づけて古今和歌集といふ」(=**全部で**千首)、

❷総じて。**おしなべて。だいたい。**〈方丈・四〉「**すべて**世の人の住家をつくるならひ、必ずしも身のためにせず」訳 **おしなべて**世間の人が住居を構える習慣は、必ずしも自分自身のためにしない。

❸(下に打消の語を伴って)全然。**まったく。**まるで。〈枕・八八〉「法師の才ある、**すべて**いふべくもあらず」訳 僧侶で漢学の才能があるのは、**まったく**言うまでもない(=すばらしいことだ)。

定型表現 副詞の呼応

すべて…打消

例 **すべて** 音もせず。〈打消〉

(=**まったく**便りもない)

すべ-な・し【術無し】 形ク {から・く(かり)・し・き(かる)・けれ・かれ} なすべき手段がない。どうしようもない。〈万葉・五・八九二〉「かくばかり**すべなき**体ものか世の中の道」訳 →かぜまじり…

すべら-がみ【皇神】 名 皇室の先祖とされる神。 和歌

すべら-き【天皇】 名「すめらぎ」の転」「すべらぎ」とも。「すめろき」に同じ。

すべり-い・づ【滑り出づ】 自ダ下二 {で・で・づ・づる・づれ・でよ} ❶すべるようにして退き出る。そっと退出する。〈枕・二五〉「ひまなく居をりつる者ども、ひとりふたり**すべりいで**用て往ぬ」訳 すきまなく控えていた大勢の者が、一人二人と**そっと退出し**て行ってしまう。

❷すべるように前に進む。にじり出る。〈蜻蛉・下〉「簀の子に**すべりいで**用て」訳 縁側に**にじり出**て。

すべ・る【滑る・辷る】 自ラ四 {ら・り・る・る・れ・れ} ❶なめらかに移動する。すべる。〈狭衣物語〉「取る手も**すべる**体やうなる筋の美しさなど」訳 持つ手も**すべる**ような(髪の)毛筋の美しさなどは。

❷(天皇の)位を下りる。位を譲る。〈平家・四・厳島御幸〉「帝王位を**すべら**未せ給ひて」訳 天皇は皇位をお**譲り**になられて。

❸そっと退出する。静かに座をはずす。〈徒然・一九一〉「夜ふくるほどに**すべり**用つつ、…顔などつくろひて出づるこそをかしけれ」訳 (女が)夜がふけるころに**静かに座をはずし**ては、…顔などを化粧して(もとの席に)出るのはよいものだ。

すほう〖修法〗➡すほふ

すぼ・し【窄し】 形ク {から・く(かり)・し・き(かる)・けれ・かれ} ❶すぼんでいて細い。狭い。〈謡・清経〉「眼裏に塵あって三界**すぼく**用」訳 眼のなかに(迷妄という)塵があって(広い)全世界が**すぼんで細く**(見え)。

❷みすぼらしい。肩身が狭い。〈方丈・二〉「富める家の隣に居る者は、朝夕**すぼき**体姿を恥ぢて」訳 (財産に)富んでいる家の隣に住んでいる(貧乏な)者は、朝に夕に(自分の)**みすぼらしい**姿を恥ずかしく思って。

す-ほふ【修法】 名《仏教語》「ずほふ」「しゅほふ」とも。密教で行う加持・祈禱の法。〈源氏・賢木〉「**修法**など始めて、おこたり給ひぬれば」訳 **加持・祈禱**などを始めて、病がよくおなりになったので。

すぼ・る【窄る】 自ラ四 {ら・り・る・る・れ・れ} ❶すぼむ。ちぢむ。細る。せばまる。〈浮・西鶴織留〉「何とやら(=なんとなく)肩身**すぼり**用て」

❷不景気になる。〈浮・世間胸算用〉「世の**すぼり**用たる物語して」訳 世の**不景気になっ**た話をして。

須磨(すま)《地名》 歌枕 今の兵庫県神戸市須磨区。その海岸「須磨の浦」は、「明石の浦」とともに白砂青松の美景で名高い。月の名所としても有名。

すまう〖争う・辞う・住まう〗➡すまふ

すま・す【澄ます・清ます】 一 他サ四 {さ・し・す・す・せ・せ} ❶「「洗ます」とも書く」**洗い清める。**洗ってきれいにする。〈落窪〉「『まづ水』とて、御足**すまさ**未す」訳「まず水(を持ってこい)」と言って、おみ足を**洗い清め**させる。

❷(水・音・心などを)澄むようにする。**しずめる。**〈源氏・夕霧〉「今少し思ひしづめ心**すまし**用てこそともかうも」訳 もう少し気をしずめて心を**冷静にし**てから、(出家するかどうか)どのようにでも(決めればよい)。

❸(「目・耳をすます」の形で)**目をみはる。**聞き耳をたてる。〈著聞・五四五〉「目を**すまし**用て見ゐたる所に」訳 目を**凝らし**て見ていたところに。

❹**人の気配がなくなるのを待つ。**〈今昔・二八・二〉「大路をすまし用て、歩より行くべきなり」訳 大路に**人の気配がなくなるのを待っ**て、歩いて行くべきである。

❺**世をしずめる。**平定する。〈平家・三・土佐房被斬〉「一天を鎮め、四海を**すます**終」訳 天下を平定し、国内を**しずめる**。

二 補動サ四 {さ・し・す・す・せ・せ} (動詞の連用形に付いて) ❶**心をこめて…する。**〈平家・一・祇王〉「三辺歌ひ**すまし**用たりければ」訳 三回**心をこめてみごとに**歌ったので。

❷**うまく…する。**完全に…する。…おおせる。〈平家・九・生ずきの沙汰〉「さしも御秘蔵候ふいけずきをぬすみ**すまい**用(イ音便)て」訳 あれほど大切にしていらっしゃいます(愛馬)いけずきを盗み**おおせ**て。

すまひ【相撲】 名「すまう」とも。❶二人が組み合って力や技を争う競技。すもう。 秋

❷「相撲の節」の略。

❸「相撲人」の略。すもうとり。力士。

すまひ-の-せち【相撲の節】 名「すまうのせち」とも。平安時代に行われた宮中の年中行事。国々から召集した相撲人(=力士)に天皇の前で

勝負を競わせたもの。陰暦七月下旬に行われた。秋

すま・ふ（スマ(モ)ウ）自八四{は・ひ・ふ・ふ・へ・へ} ❶【争ふ】**張り合う。抵抗する。**〈伊勢・四〇〉「女も卑しければすまふ㊍力なし」訳 女も身分が低いので張り合う力がない。❷【辞ふ】**辞退する。ことわる。**〈枕・三〉「いみじう書きにくう、すまひ㊊申す人々ありけるに」訳（和歌が）ひどく書きにくくて、辞退し申しあげる人々もあったけれども。

すま・ふ（スマ(モ)ウ）【住まふ】自八四{は・ひ・ふ・ふ・へ・へ}〔動詞「住む」の未然形「すま」に上代の反復・継続の助動詞「ふ」が付いて一語化したもの〕**住み続ける。暮らしていく。**〈源氏・橋姫〉「世の中に住まひ㊊給ふ人の数にもあらぬ御有り様にて」訳（八の宮は）世の中に住み続けなさる人の仲間にも入らない（ような）ごようすで。

すみ-あか・る【住み離る】自ラ下二{れ・れ・る・るる・るれ・れよ} **散り散りに分かれて住む。**〈更級・後の頼み〉「人々はみなほかに住みあかれ㊊て」訳 人々は皆よそ（の土地）に分かれて住んで。

すみ-う・し【住み憂し】形ク{から・く(かり)・し・き(かる)・けれ・かれ} **住みにくい。住みづらい。**〈伊勢・八〉「京や住み憂かり㊊けむ、あづまの方に行きて住み所求むとて」訳 都が住みづらかったのだろうか、東国のほうへ行って（新しく）住む所を探すということで。

すみ-か【住み処・栖】名 **住む所。住まい。住居。**〈方丈・一〉「世の中にある人と栖と、またかくのごとし」訳 世の中に存在している人と（その）住居とは、やはりこの（川の流れや水の泡の）ようなものである。

すみ-がき【墨書き】名 墨で絵の下書きや彩色後のふちどりを描くこと。また、その絵や、その役の人。

参考 中世の「水墨画」は墨の濃淡によって色彩以上の効果を表現したもので、「墨書き」とは異なる。平安時代は墨絵に彩色した「作り絵」が中心であった。

すみ-ぞめ【墨染め】名 ❶**黒く染めること。**また、墨のような黒色。僧衣・喪服の色。〈古今・哀傷〉「深草の野辺の桜し心あらば今年ばかりは墨染めに咲け」訳 深草（=今の京都市伏見区の地名）の野辺の桜に心があるならば、今年だけは（喪服の）墨色に咲いてくれ。❷「墨染め衣」の略。↓背く「慣用表現」

すみぞめ-ごろも【墨染め衣】名 黒く染めた僧衣、または喪服。墨染めの衣。墨染め。

炭俵（すみだはら）（スミダワラ）《作品名》江戸前期の俳諧集。志太野坡・池田利牛・小泉孤屋の撰。元禄七年（一六九四）刊。「芭蕉七部集」の一つ。芭蕉が晩年に到達した「軽み」の句風を代表する撰集。↓芭蕉七部集・軽み

すみ-つき【墨付き】名 ❶墨のつきぐあい。筆跡。〈源氏・帚木〉「墨つきほのかに心もとなく思はせつつ」訳（女の手紙が）墨のつきぐあいもかすかで（よく読めず）、（相手の男に）じれったく思わせては。❷将軍・諸大名が、黒印を押してのちの証拠として臣下に与えた文書。また、その黒印。おすみつき。

すみ-な・す【住み成す】自サ四{さ・し・す・す・せ・せ}（連用修飾語を受けて）…のようにして住む。〈徒然・一一〉「心ぼそく住みなし㊊たる庵あり」訳 もの寂しいようすで住んでいる草庵がある。

すみのえの… 和歌《百人一首》【住江の岸に寄る波夜さへや夢の通ひ路人目よくらむ】〈古今・恋二・藤原敏行〉↓付録◇1「小倉百人一首」18

すみ-は・つ【住み果つ】自タ下二{て・て・つ・つる・つれ・てよ} ❶いつまでも住む。一生住み通す。〈源氏・夕霧〉「この山里に住みはて㊊なむ」訳 この（小野の）山里に一生住み通してしまおう。❷夫婦仲が安定する。添いとげる。〈源氏・若菜上〉「年月に添へて、かく世に住みはて㊊給ふにつけても」訳 年月がたつにつれて、このように（玉鬘が鬚黒と）世間で夫婦として落ち着きなさるにつけても。

すみ-はな・る【住み離る】他ラ下二{れ・れ・る・るる・るれ・れよ} ❶住居を離れる。世間から離れて住む。〈源氏・橋姫〉「いまはと住み離れ㊊なむをあはれに思さる」訳 今となってはと、（京を）離れてしまおうとするのを、（八の宮は）しみじみ悲しいとお思いにならずにはいられない。❷男女の愛情がさめて、互いに寄りつかなくなる。〈とりかへばや物語〉「さばかり住み離れ㊊たる所ある御心に」訳 それほど愛情がさめたところがあるお心に。

すみ-やか【速やか】形動ナリ{なら・なり(に)・なり・なる・なれ・なれ} ❶**速いさま。**〈土佐〉「み船速やかに㊊こがしめ給へ」訳（神よ、どうか）お船を速くお漕がせください。〔「や」は接尾語〕❷すぐさま。たちまち。〈徒然・四九〉「速やかに㊊すべきことを緩くし」訳 すぐさましなければならないことを（=仏道修行）をゆっくりとやり。

住吉（すみよし）《地名》歌枕 今の大阪市住吉区のあたり。海岸に松原の続く景勝地であった。海の守護神、和歌の神として信仰を集める住吉神社がある。古くは「すみのえ」といい、平安時代以降「すみよし」と称した。

住吉物語（すみよしものがたり）《作品名》鎌倉前期の物語。作者未詳。継子いじめの物語。同名の古本が平安前期に成立したと思われるが、現存本は鎌倉時代の改作。

すみ-わた・る【住み渡る】自ラ四{ら・り・る・る・れ・れ} ❶**住み続ける。**〈万葉・九・一七五五〉「遠くな行きそわが屋戸の花橘に住みわたれ㊍鳥」訳 遠くへ行かないでくれ。私の家の花橘に住み続けよ、鳥（=ほととぎす）よ。❷男が女のもとへ通い続ける。〈古今・哀傷・詞書〉「式部卿のみこ、閑院の五のみこに住みわたり㊊けるを」訳 式部卿の親王が、閑院の第五皇女のもとへ通い続けていたが。

すみ-わた・る【澄み渡る】自ラ四{ら・り・る・る・れ・れ}（月や空が）一面に澄む。〈源氏・夕霧〉「月隈なう澄みわたり㊊て」訳 月がくもりなく澄みきって。

すみ-わ・ぶ【住み侘ぶ】自バ上二{び・び・ぶ・ぶる・ぶれ・びよ} 住みにくく思う。住むことをいとわしく思う。〈源氏・夕顔〉「住みわび㊊給ひて、山里に移ろひなむと思したりしを」訳 住みにくくお思いになって、山里に移ってしまおうとお思いになったが。

す・む【住む】自マ四{ま・み・む・む・め・め} ❶**居所と定めて居つく。居住する。**〈伊勢・九〉「京にはあらじ、あづまの方に住む㊎べき国求めにとて行きけり」訳（男は）京にはおるまい、東国のほうに住むにふさ

わしい地を探しに(行こう)ということで出かけて行った。
❷夫として女のもとに通う。結婚生活をいとなむ。〈竹取・火鼠の皮衣〉「あべの大臣、火ねずみの皮衣もていまして、かぐや姫に住み(用)給ふとな」訳 あべの右大臣は火ねずみの皮衣を持っておいでになって、かぐや姫(の所)に夫として通いなさるというのだね。

す・む【澄む・清む】自マ四{ま・み・む・む・め・め}
❶くもりがなく清らかになる。濁りがなく透明になる。〈徒然・一九〉「すさまじきものにして見る人もなき月の、寒けく澄め(已)る二十日あまりの空」訳 興ざめなものとして見る人もない月が、寒々とくもりなく澄んで見える、二十日過ぎの空。
❷物の音がさえる。ひびきとおる。〈源氏・若菜下〉「琴笛の音もあきらかに、すめ(已)るここちはし侍れど」訳 琴や笛の音もはっきりと、ひびきとおっている気はしますが。
❸心の濁りがなくなる。迷いが去る。〈源氏・松風〉「入道は、心すみ(用)はつまじくあくがれ眺めゐたり」訳 (明石の)入道は、(俗世を捨てた)心も澄みとおせそうもなく、放心状態で(明石の君一行の舟の行方を)眺めていた。
❹(人柄・書体・あたりのようすなどが)落ち着いてすっきりする。ひっそりとなる。〈源氏・梅枝〉「筆のおきてすま(未)ぬ心地して」訳 筆運びがあかぬけしない感じがして。〈今昔・二八・二〉「人すみ(用)て後、三人ながら車より降りぬれば」訳 (あたりに)人がいなくなってから、三人とも牛車から降りてしまったので。
❺(濁音に対し)清音で発音する。

すむ-やけ-し【速やけし】形ク{から・く(かり)・し・き(かる)・けれ・かれ}はやい。すみやかだ。〈万葉・一五・三七四八〉「すむやけく(用)早帰りませ恋ひ死なぬとに」訳 すみやかに、はやくお帰りなさい、(私が)恋しさに死んでしまわないうちに。

すめ-かみ【皇神】名「すべがみ」とも。❶皇室の祖先の神。皇祖神。❷神々を敬っていう語。

す-め・く 自カ四{か・き・く・く・け・け}〔「めく」は接尾語〕(多く「うめきすめく」の形で)荒い息づかいをする。一般に、詩歌を作るのに苦しむさまをいう。

すめら【皇】名「すべら」とも。天皇の尊称。〈万葉・六・九七三〉「すめら朕うづの御手以ちかき撫でぞ労ぎ給ふ」訳 天皇である私は貴く美しい御手で、かき撫でて、ねぎらいなさる。➡御門「慣用表現」

すめら-き【天皇】名「すめらぎ」とも。「すめろき」に同じ。

すめら-みこと【皇尊・天皇】名「すべらみこと」とも。天皇の尊称。

すめろ-き【天皇】名「すべらき」「すめらき」「すめろぎ」とも。天皇。〈万葉・一・二九〉「大津の宮に天の下知らしめしけむすめろきの神の尊の大宮は」訳 (近江の国の)大津の宮に(移って)、天下をお治めになったという(天智)天皇の皇居は。

ず-もん【誦文】名・自サ変 まじないの文句を唱えること。じゅもん。〈枕・二八〉「はなひて誦文する(体)」訳 くしゃみをしてじゅもんを唱えるの(は不快だ)。

ず-や ❶(下に推量の表現を伴って)打消の疑問の意を表す。…ないで…だろうか。…ないで…か。〈徒然・九八〉「しやせまし、せずやあらましと思ふことは、おほやうは、せぬはよきなり」訳 しようかしら、しないですませようかと思うことは、だいたいは、しないほうがよいのである。
❷(文末に用いて)打消の疑問、反語の意を表す。…ではないか。〈万葉・一・二〇〉「あかねさす紫野行き標野行き野守は見ずや君が袖振る」訳 ➡あかねさす…〔和歌〕
なりたち 打消の助動詞「ず」(終)＋係助詞「や」

す-やつ【其奴】代 他称の人代名詞。ののしっていう語。そいつ。〈落窪〉「すやつは、いづち行くとも、よくありなむや」訳 そいつ(＝落窪の姫君)は、どこへ行くにせよ、よいことがあろうか(いや、ありはしまい)。

す・ゆ【据ゆ】他ヤ下二{え・え・ゆ・ゆる・ゆれ・えよ}すえる。〈細道・出発まで〉「三里に灸すゆる(体)より」訳 (旅立ちに備えて)三里(＝膝の、灸点の名)に灸をすえるとすぐに。
参考 ワ行下二段活用の「据う」が、中世以降ヤ行に変化したもの。

すら 副助 ➡次ページ助詞「すら」

ず-らう【受領】名「ずりゃう」に同じ。

す-り【修理】❶名・他サ変〔「しゅり」の転〕修理・修繕をすること。❷名「修理職」の略。➡しゅりしき

すり-こ【磨り粉】名 米をすりつぶして粉にしたもの。湯でといて、母乳の代わりに用いた。

すり-ごろも【摺り衣】名 山藍・月草(＝露草)などの汁を染料として草木花鳥の模様をすり出した衣服。摺り衣。

すり-しき【修理職】名「しゅりしき」に同じ。

すり-な・す【擦りなす】他サ四{さ・し・す・す・せ・せ}こすって…にする。むやみにこする。〈源氏・若紫〉「顔はいと赤くすりなし(用)て立てり」訳 (若紫は)顔は(手で)こすってひどく赤くして立っている。

ず-りゃう【受領】名〔前任者から事務を受け継ぐ意〕「じゅりゃう」「ずらう」とも。地方長官。実際に任地に赴いて政治を行う国守。遥任(＝任地へ行かずに都にいた名目だけの国守)に対していう。

す・る 他ラ四{ら・り・る・る・れ・れ}❶【刷る・摺る】㋐模様をほった型木の上に染料をつけ、布を上にあてて模様を染め出す。〈万葉・七・一三五五〉「君がため深色衣すら(未)むと思ひて」訳 あなたのために濃い色の着物をすろうと思って。
㋑版木で印刷する。〈浄・心中天の網島〉「根掘り葉掘りを絵草紙の、版する(体)紙のその中に」訳 一部始終を絵草紙の、版を印刷する紙のその中に。
❷【磨る・擦る・摩る・擂る】㋐物をこすりあわせる。〈今昔・一九・四二〉「手をすり(用)て、『観音助け給へ』となむ迷ひける」訳 手をすりあわせて、「観音さまお助けください」と途方に暮れた。
㋑とぐ。みがく。すりおろす。〈枕・三三〉「御硯の墨すれ(命)」

する サ行変格活用の動詞「為す」の連体形。

する 助動詞「す」(使役・尊敬)の連体形。

駿河《地名》旧国名。東海道十五か国の一つ。今の静岡県の中央部。駿州。

すら 副助

意味・用法	用例
❶類推 ある事を特に強調して、他のものを類推させる意を表す。…でさえ。…だって。	例 聖などすら、前の世のこと夢に見るは、いと難かなるを〈更級・宮仕へ〉 訳 高徳の僧などだって、前世のことを夢に見るのは、たいそうむずかしいとかいうことなのに。
❷強調 ある一事を特に強調する。…までも。…でさえも。	例 大空ゆ通ふわれすら汝がゆゑに天の河路をなづみてそ来し〈万葉・一〇・二〇〇一〉 訳 大空を(自由に)行き通う私(=彦星)でさえも、あなた(=織女星)のために天の川の道を難渋してやってきたのだ。

接続 体言、活用語の連体形、副詞、助詞などに付く。

参考 上代に多く用いられたが、中古に「だに」にとって代わられ、和歌や漢文訓読文に残る程度になった。→だに

するがなる… 和歌

駿河なる　宇津の山べの　うつつにも
夢にも人に　逢はぬなりけり
〈伊勢・九〉〈新古・一〇・羇旅・九〇四・在原業平〉

（序詞）

訳 駿河(静岡県)にある宇津の山のほとり、そのうつつ(=現実)でも、夢でもあなたにお逢いしなかったのでした。

解説 「伊勢物語」によると、京を捨てて東国へ行こうとした男が、静岡県の宇津の山のあたりで、京に残してきた女に詠んで贈った歌ということになっている。夢の中にその人が現れるのは、相手が自分を思っていてくれるからだという俗信があったので、第四・五句は、あなたはもう私を忘れてしまったのですね、という意を含む。

するすーみ【匹如身】名・形動ナリ「するつみ」とも。身寄りがなく、資産も蓄えもないこと。無一物。〈徒然・一四二〉「世をすてたる人の、万にするすみなる体が」訳 出家した人で、すべてに無一物である人が。

すれ サ行変格活用の動詞「為」の已然形。

すれ 助動詞「す」(使役・尊敬)の已然形。

すわえ〔楚・楉〕➡すはえ

すゑ【末】名

❶**物のはし。**しも。**終わり。**終末。〈枕・七五〉「女どちも、契り深くて語らふ人の、末までなかよき人かたし」訳 女どうしでも、関係が深くて親しくつきあっている人で、終わりまで仲のよい人はめったにない。

❷**木の枝先。こずえ。**〈源氏・若菜上〉「うぐひすの若やかに、近き紅梅の末にうち鳴きたるを」訳 鶯が初々しく、そばの紅梅のこずえで鳴いているのを。

❸**晩年。**〈源氏・柏木〉「五十八を十とりすてたる御齢なれど、末になりたるここち給ひて」訳 (光源氏は)五十八から十をとって捨てたご年齢(=四十八歳)であるけれども、(すっかり)晩年になった気がなさって。

❹**のち。ゆくさき。将来。未来。**〈徒然・七〉「さかゆく末を見んまでの命をあらまし」訳 (子や孫が)さかえていく将来を見とどけるまでの長命を予定し。

❺**子孫。あとつぎ。**〈徒然・六〉「末のおくれ給へるはわろきことなり」訳 子孫が(先人より)劣っていらっしゃるのはみっともないことだ。

❻**結果。あげく。**〈増鏡・新島守〉「そのうらみの末などより、事起こるなりけり」訳 そうした怨みの結果などから、事件が起こるのであった。

❼**和歌の下の句。**〈伊勢・六九〉「かち人の渡れど濡れぬえにしあれば、と書きて、末はなし」訳 歩いて行く人が渡っても裾が濡れない入り江ほどの浅い縁であるので、と書いて、下の句はない。(「えにし」は「江にし」と「縁」との掛詞)

フレーズ

末の世 ❶**後世。**のちの時代。〈枕・八三〉「いとわろき名の、末の世まであらむこそ、くちをしかなれ」訳 たいそうみっともない名前が、後世まで残るとしたらそれは、残念なことであるようだ。(「くちをしかるなれ」は「くちをしかるなれ」の撥音便「くちをしかんなれ」の「ん」の表記されない形)

❷**晩年。**〈源氏・藤裏葉〉「のこり少なくなりゆく末の世に」訳 (余命が)残り少なくなっていく晩年に。

❸**道徳が乱れ、人情がなくなった世。**末世。**末法の世。**〈徒然・二三〉「衰へたる末の世とはいへど、なほ九重の神さびたる有り様こそ、世づかず、めでたきものなれ」訳 衰えた末世とはいうが、やはり皇居の神々しいありさまは、世俗の風に染まらず、りっぱなものだ。

すゑ【陶・須恵】名 上代の、釉薬をかけない黒

みをおびた焼き物。須恵器。陶物。

すゑ-ずゑ【末末】名 ❶先のほう。**先端**。〈源氏・蜻蛉〉「心もとなき花の末々手折りて」訳（何の花とも）はっきりしない花の（枝の）先を折って。❷**将来**。のちのち。〈源氏・末摘花〉「かかる人々の末々いかなりけむ」訳 このような人々（＝空蟬や末摘花たち）の行く末はどうなったであろう。❸**年下の者**。〈源氏・柏木〉「弟の君たちも、まだ、末々の若きは、親とのみ頼み聞こえ給へるに」訳 弟君たちも、まだ、年下の幼い人は、（柏木を）親とばかりお頼り申していらっしゃるのに。❹**子孫**。〈枕・九九〉「歌よむと言はれし末々は、すこし人よりまさりて」訳 歌を詠む人（＝歌人）と言われた（者の）子孫は、多少（歌が）他人よりすぐれていて。❺**身分の低い者**。しもじも。〈徒然・一三七〉「若く末々なるは、宮仕へに立ち居」訳 若くて身分の低い者は、主人の用事で立ったり座ったりし。

すゑ-つ-かた【末つ方】名〔「つ」は「の」の意の上代の格助詞〕❶末のころ。**終わりになろうとするころ**。〈源氏・橋姫〉「秋の末つ方（＝終わりごろ）」❷末の部分。**終わりの部分**。〈源氏・横笛〉「ただ末つ方をいささかひき給ふ」訳（落葉の宮は）わずかに（曲の）終わりの部分をちょっと（和琴で）お弾きになる。❸**晩年**。〈源氏・若菜上〉「故院の末つ方」訳 亡き院（＝桐壺院）の晩年。❹末席のほう。〈宇治・一・三〉「末つ方より鬼出いで来て」

すゑつむ-はな【末摘花】名 植物の名。紅花の異称。茎の先端から咲きはじめる花を順々に摘み取って紅の染料にするところから、この名がある。夏

(すゑつむはな)

すゑとほき… 和歌

末遠き　二葉の松に　引きわかれ
　いつか木高き　かげを見るべき
〈源氏・薄雲〉

訳（大きく成長するのは）ずっと遠い先の二葉の松（＝幼いわが子）に別れて、いったいいつ高く生い茂った（＝成長した）姿を見ることができるだろうか。

解説 紫の上の養女となる明石の姫君を送り出す、母の明石の君が詠んだ歌。「二葉の松」は芽を出したばかりの小松のことで、幼い姫君をさす。「引き」は、正月子の日に小松を引いて長寿を願う習俗をふまえて、わが子の無事を願う気持ちをこめたもの。

すゑ-な・む【据ゑ並む】他マ下二〔め・め・む・むる・むれ・めよ〕位置をきめて並べて置く。並べて座らせる。〈枕・二七八〉「こころめでたき人々をすゑなめて御覧ずるこそはうらやましけれ」訳 大勢の美しい人たちを並べて座らせてご覧になるのはうらやましい。

すゑ-の-よ【末の世】➡末「フレーズ」

すゑ-ば【末葉】名 ❶草木の先端の葉。うら葉。〈新古・秋上〉「下をぎの末葉の露に秋風ぞ吹く」訳 物陰の荻の枝先の葉の露に、（立秋の今日は）秋風が吹いて（散らして）いることよ。❷子孫。末裔。〈徒然・一〉「竹の園生の末葉まで、人間の種ならぬぞやんごとなき」訳 皇族の子孫（に至る）まで、人間の血統でないのは尊いことだ。

フレーズ

末葉の宿り 晩年の住居。〈方丈・三〉「ここに六十の露消え方に及びて、更に末葉の宿りを結べることあり」訳 さて六十歳という露（のようなはかない命）の消えようとするころになって、改めて晩年を過ごす住居を造ったことがある。

すゑば-の-やどり【末葉の宿り】➡末葉「フレーズ」

すゑ-ひろ【末広】名「すゑひろがり」とも。❶末のほうがしだいに広がっていること。〈方丈・三〉「扇を広げたるがごとく末広になりぬ」訳（火は）扇を広げた形のように末広がりになった。❷（開くと先端が広がることから）扇の異称。

すゑ-ひろがり【末広がり】名「すゑひろ」に同じ。

すゑ-へ【末辺・末方】名 ❶末のほう。先端。❷山の頂のほう。〈万葉・一三・三二二二〉「本辺には馬酔木花咲き末辺には椿花咲く」訳 ふもとのほうには馬酔木の花が咲き、山頂のほうには椿の花が咲く。対本辺

すん【寸】名 ❶長さの単位。尺の十分の一。一寸は約三・〇三センチメートル。〈竹取・かぐや姫の生ひ立ち〉「それを見れば三寸ばかりなる人、いとうつくしうてゐたり」訳 それ（＝竹の切り株）を見ると三寸ほどの人が、たいそうかわいらしいようすで座っていた。❷寸法。長さ。〈曽我物語〉「十郎が太刀は、すこし寸のびければ」訳 十郎の太刀は、少し寸法が長かったので。❸少し。わずか。〈父の終焉日記〉「父の寸のゆがみをとがめて」訳（母は）父のちょっとしたまちがいを叱って。

ずん【順】名 順番。順番にめぐること。〈紫式部日記〉「さかづきの順のくるを、大将は恐れていらっしゃるが。

すん-いん【寸陰】名 ほんのわずかな時間。寸暇。〈徒然・一〇八〉「寸陰惜しむ人なし」

ずん-ざ【従者】名〔「ずさ」の転〕供の者。家来。

ずん・ず【誦ず】他サ変〔ぜ・じ・ず・ずる・ずれ・ぜよ〕「ずうず」「ずず」とも。「じゅす」に同じ。

ずん-ば …ないなら。…なかったら。〈平家・二・康頼祝言〉「利益の地を頼まずんば、いかんが歩みを険難の路に運ばん」訳（衆生に）利益を与える大地（＝菩薩のたとえ）を頼みとしないなら、どうして歩みを険しい道に進めようか（いや、進めないだろう）。

↓ずは・ずば 参考

なりたち 打消の助動詞「ず」用＋係助詞「は」＝「ずは」を強調するために撥音が入り、その影響で「は」が濁音化して「ずんば」となったもの。

せ

セ

せ【兄・夫・背】名 女性から、夫・愛人・兄・弟などを呼ぶ語。また、親しい男性を呼ぶ語。〈万葉・二〇・四四二五〉「防人に行くは誰が背と問ふ人を見るが羨しさ物思ひもせず」訳 ↓さきもりに… 和歌。対妹

せ【瀬】 名 ❶川の水が浅い所。**浅瀬。**〈更級・太井川〉「太井川といふが上の瀬、まつさとの渡りの津に泊まりて」訳 太井川という川の上流の浅瀬(にある)、まつさとの渡しの舟着き場に泊まって。対 淵。❷**川の流れ。**〈万葉・七・一〇八八〉「あしひきの山川の瀬の響るなへに」訳 山中の川の流れが激しくなるにつれて。(「あしひきの」は「山」にかかる枕詞) ❸物事に出あう時節。**機会。**〈源氏・葵〉「いかなりともかならず逢ふ瀬あなれば」訳 どんなことがあっても、(夫婦の縁で結ばれた者は、来世でも)必ず出あう機会があるそうだから。❹**場所。**〈新古・夏〉「聞かずともここを瀬にせん郭公」訳 (おまえの声を)聞かないにしてもここを(聞く)場所にしよう。ほととぎすよ。❺その節。**その点。**〈源氏・柏木〉「憂きにもうれしき瀬はまじり侍りける」訳 つらい中にもうれしい点はまじっておりました。

古文常識 「せ(瀬)」—「せ」と「ふち」

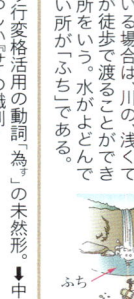

「せ」は多義語であるが、「世の中は何かつねなるあすか川きのふの淵ぞ今日は瀬になる」(訳↓よのなかは…和歌)〈古今・雑下〉のように「淵」に対して用いる場合は、川の、浅くて人が徒歩で渡ることができる所をいう。水がよどんで深い所が「ふち」である。

せ サ行変格活用の動詞「為」の未然形。↓中段「まぎらわしい『せ』の識別」

せ 助動詞「き」の未然形。つねに接続助詞「ば」を伴って「せば」の形で用いられる。↓中段「まぎらわしい『せ』の識別」

せ 助動詞「す」(使役・尊敬)の未然形・連用形。↓中段「まぎらわしい『せ』の識別」

せ 上代の助動詞「す」の已然形・命令形。

まぎらわしい「せ」の識別

❶ **動詞(サ変)「す」の未然形**
例 いらへもせでゐたるを〈伊勢・六三〉
訳 返事もしないですわっていたので。
▽自立語で、動作を表す。「する」の意。

❷ **動詞(サ下二)の連用形語尾**
例 物語のおほく候ふなる、あるかぎり見せ給へ〈更級・かどで〉
訳 物語がたくさんあると聞いておりますのを、あるだけお見せください。
▽「見せ」で一語の下二段動詞。終止形は「見す」。上一段動詞「見る」に使役の助動詞が付く場合「見さす」になることに注意。同類の語には「着す」「似す」などがある。

❸ **動詞(サ四)の已然形語尾**
例 わが背子が著せる衣の〈万葉・四・五一七〉
訳 私の夫がお召しになっている着物の。
▽「著(着)せ」で一語の四段動詞。終止形は「著(着)す」。同類の語に「寝す」「見す」などがある。

❹ **助動詞「き」の未然形**
例 世の中にたえて桜のなかりせば春の心はのどけからまし〈古今・春上〉
訳 世の中にまったく桜がなかったとしたら、春を過ごす人の心はのんびりと落ち着いていられるだろうに。
▽上が活用語の連用形で、常に接続助詞「ば」を伴って「せば」の形で用いられる。例の「なかり」は形容詞「なし」の連用形。

❺ **助動詞「す」の未然形**
例 ある天人包ませず〈竹取・かぐや姫の昇天〉
訳 その場にいる天人は(壺の薬を着物に)包ませない。
▽上が四段・ナ変・ラ変の動詞の未然形で、下に未然形接続の助詞・助動詞がくる。例の「包ま」は四段動詞「包む」の未然形で、下の「ず」は未然形接続の助動詞。

❻ **助動詞「す」の連用形**
例 夜ごとに人をすゑて守らせければ〈伊勢・五〉
訳 毎夜人を置いて見張らせたので。
▽上が四段・ナ変・ラ変の動詞の未然形で、下に連用形接続の助詞・助動詞がくるか、「…せ」で文が一時的に中止される。例の「守ら」は四段動詞「守る」の未然形で、下の「けれ」は連用形接続の助動詞(終止形は「けり」)。

世阿弥(ぜあみ)《人名》(一三六三?〜一四四三?)室町前期の能役者・謡曲作者。姓は結崎、名は元清。観阿弥の子。足利義満の庇護を受け、父の死後、観世座を継いで、能楽を幽玄な芸へと大成した。謡曲「高砂」「敦盛」、能楽論書に「風姿花伝(花伝書)」「花鏡」「申楽談儀」などがある。↓能楽

せい【勢】 名 ❶いきおい。力。勢力。〈今昔・三・三四〉「火の勢いよいよ高く(=激しく)なりて」❷軍勢。兵力。〈平家・九・木曽最期〉「義仲が勢は敵におしへだてられ」訳 義仲の軍勢は敵に間をむりにさえぎられ。❸姿かたち。かっこう。背たけ。〈平治物語〉「中に勢鞠ばかりにして音ある物あり」訳 (箱の)中にはかたちが鞠ぐらいで音のするものがある。

せい-たいしゃうぐん【征夷大将軍】名 ❶上代・中古に、東国の蝦夷征討のために任命された臨時の官職。「征夷将軍」「征夷使」「征東使」ともいう。❷源頼朝が任ぜられて以降、幕府の首長の職名で、武門の棟梁の地位を表す。

せい-うん【青雲】名 ❶青空。また、非常に高い所のたとえ。❷高位高官。立身出世。〈平家・四・南都牒状〉「忠盛青雲の翅をかいつくろふといへども」訳 忠盛は高位高官にのぼり威儀を整えているけれども。

せい-かん【清閑】名・形動ナリ 清らかでもの静かなさま。俗事にかかわらないで静かに暮らしていること。〈細道・立石寺〉「慈覚大師の開基にして、ことに清閑の地なり」訳 (立石寺は)慈覚大師の創建で、とりわけ清らかでもの静かな土地である。

せい-ざう【星霜】名「せいさう」とも。(星は一年に天を一周し、霜は年ごとに降ることから)年月。歳月。

清少納言(せいしょうなごん) ➡清少納言

せい-しょく【晴色・霽色】名 (雨が上がって)空が晴れあがった風景。

せい・す【制す】他サ変{せ・し・す・する・すれ・せよ} ❶定める。きめる。〈神皇正統記〉「文字を制する体にも『日月を明とす』といへり」訳 (太陽と月ほど明るいものはないので)文字を定めるのについても「日と月とで(=日と月を組み合わせて)明とする」と言っている。❷おさえとどめる。制止する。禁止する。〈大鏡・道長上〉「『なにか射る。な射そ、な射そ』と制し用給ひて、ことさめにけり」訳 (道隆が)「どうして射るのか。射るな、射るな」とおとめになって、座がしらけてしまった。

せい・す【征す】他サ変{せ・し・す・する・すれ・せよ} 攻めて従わせる。征伐する。〈徒然・一七〉「三苗征せ未しも」訳 三苗(という蛮族)を征伐したことも。

醒睡笑(せいすいしょう)《作品名》江戸前期の笑話集。安楽庵策伝作。元和九年(一六二三)成立。笑話千余話を集め、四十二項に分類したもの。

清少納言(せいしょうなごん)《人名》(生没年未詳)平安中期の女流文学者。父は清原元輔、曽祖父は清原深養父と、すぐれた歌人の家系に生まれた。和漢の学に通じ、一条天皇の中宮定子に仕えて寵遇を得、紫式部と並び称された才女。定子没後の晩年は不遇であったという。「小倉百人一首」に入集。随筆「枕草子」、家集「清少納言集」がある。➡女房「古文常識」

せい-ばい【成敗】名・自他サ変 ❶政治を行うこと。政務。〈太平記・二〉「九州の成敗を司らしめ」訳 (探題(=政務・軍事担当の幕府の職に)九州の政治を行わせ。❷処置すること。とりはからうこと。計画。〈平家・一〇・千手前〉「南都炎上の事、故入道の成敗にもあらず」訳 奈良(の寺)を焼亡したことは、亡き入道(=平清盛)のとりはからいでもない。❸裁決。裁き。また、処罰。特に、死罪や斬罪に処すること。〈戴恩記〉「見せしめのためとて御成敗ありき」訳 見せしめのためというのでおしおきがあった。

せい-びゃう【精兵】名 ❶すぐれた強い武士。❷強い弓の射手。〈平家・一一・鶏合 壇浦合戦〉「兵藤次秀遠は(西海道)九国一番の精兵にてありけるが」(=強い弓の射手であったが)」対 小兵

せい-めい【清明】一 名・形動ナリ・タリ 清く明らかなさま。曇りのないこと。〈徒然・二三九〉「この宿、清明なる体故に、月をもてあそぶに良夜とす」訳 この星座は、清く明らかであるために、月を賞美するのによい夜だとする。
二 名 二十四気の一つ。陰暦三月の節で、冬至から百

古文常識 「せいりゃうでん」— 清涼殿の平面図

清涼殿は天皇にとって生活の拠点であった。紫宸殿では儀式が行われたのに対して、清涼殿は日常の政務の場であり、また四方拝・除目などの行事も行われた。孫廂から東側が儀式空間、西側の母屋は生活空間であった。母屋の北には寝室である夜の御殿があり、北西には天皇が食事をとる朝餉の間、西には食事の準備をする台盤所があった。

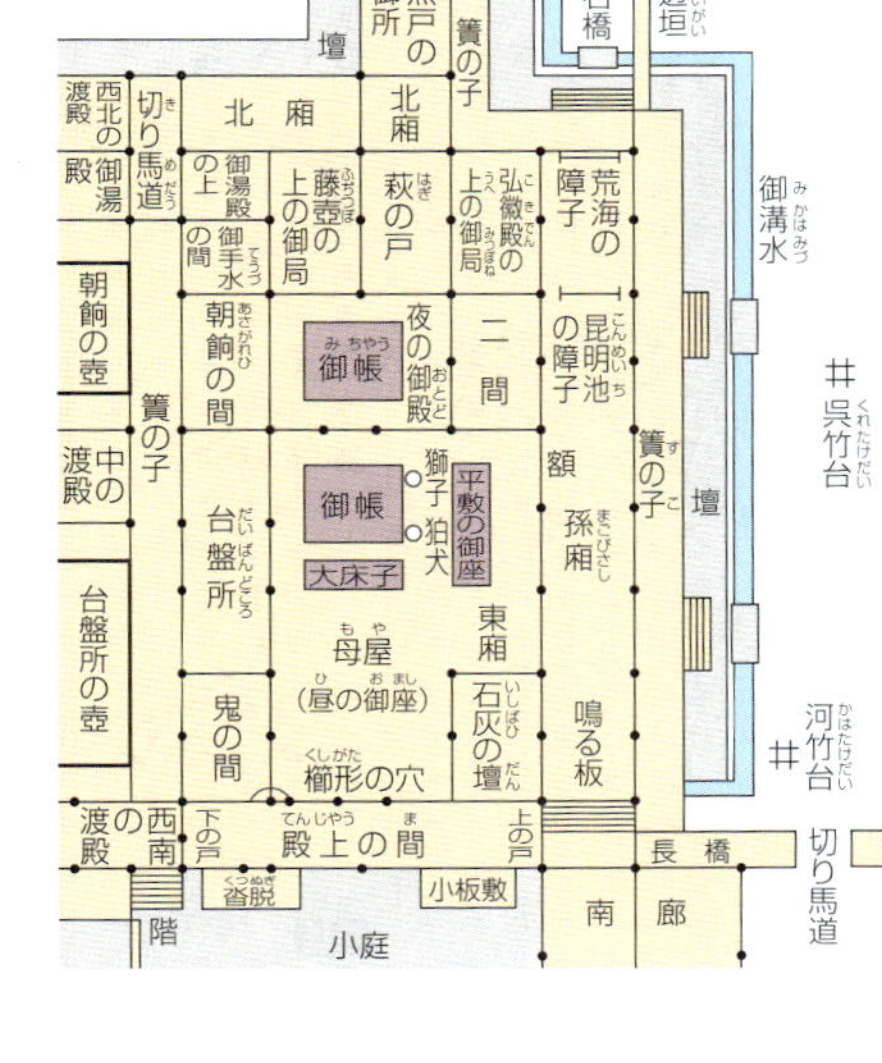

最重要330 182

せう-そこ（シヨウ）【消息】名・自サ変

ガイド 「消息（せうそく）」の転。「消」は死、「息」は生の意で、**生き死にの状態、安否**をいうのが原義。古文では①の手紙の意が重要。

❶ **手紙。便り。伝言。**

例 **消息**をだに言ふべくもあらぬ女のあたりを思ひける〈伊勢・七三〉

訳 (男が)**便り**をさえすることができそうにない女のことを思った歌。

❷ **訪れること。案内を請うこと。とりつぎを頼むこと。**

例 殿のおはしましたりけるに、かどをおそくあけければ、たびたび御**消息**言ひ入れさせ給ふに〈大鏡・兼家〉

訳 殿(=兼家)がおいでになったおりに、(道綱の母が)門をなかなかあけなかったので、たびたび(早くあけてくれと、従者を通じて)ご**案内**を内に伝えさせなさると。

五日目、春分から十五日目。今の四月五日ごろ。清明節。春

せい-らん【晴嵐・青嵐】名 ❶晴れた日に立ちのぼる山気。晴れた日のかすみ。❷初夏、青葉を吹きわたる風。〈平家・一〇・高野巻〉「**青嵐**梢を鳴らして」訳 (高野山は)**青葉を吹きわたる山風**がこずえを吹き鳴らして。

せいりやう-でん（セイリヨウ—）【清涼殿】名「せいらうでん」とも。内裏の殿舎の名。紫宸殿の北西、校書殿の北にある。天皇の常の御座所。四方拝・小朝拝・叙位・除目・官奏などの公事も行った。➡前ページ「古文常識」・付録③「平安京内裏図」

参考 平安初期は仁寿殿が天皇の日常生活の御殿であったが、中期ごろに清涼殿に移った。室町時代以降は儀式専用となる。

せう（シヨウ）【小】名 小さいこと。少ないこと。短いこと。細いこと。軽いこと。狭いこと。また、そういうもの。〈徒然・一七四〉「大につき**小**を捨つる理、誠にしかなり」訳 大きいことに従い**小さいこと**を捨てる(という)道理は、ほんとうにそのとおりである。対 大

せ-う（シヨ—）…しよう。〈平家・七・篠原合戦〉「実盛はこの度の戦に討ち死に**せう**終ど思ひきって候ふぞ」訳 (私)実盛は今回の合戦で討ち死に**しよう**と覚悟しておりますよ。

なりたち サ変動詞「為」未＋意志の助動詞「む」＝「せむ」の転

せう-えう（シヨウヨウ）【逍遥】名・自サ変 気ままにあちらこちらをぶらぶら歩くこと。散策。〈伊勢・六七〉「昔、男、**逍遥し**用に、思ふどちかいつらねて」訳 昔、(ある)男が、**散策をする**ために、気のあった連中をさそいあわせて。

せう-し（シヨウ—）【笑止】名・形動ナリ〔「勝事」の転。「笑止」は当て字という〕❶気の毒なこと。かわいそうなこと。〈閑吟集〉「わが恋は、…、もの言はで**笑止**の蛍」訳 私の恋は、…、ものも言わずに**気の毒**な蛍(のようなもの)。❷困ったこと。〈謡・蟻通〉「あら**笑止**や。にはかに日暮れ大雨降りて」訳 あれ**困ったこと**だ。急に日が暮れ大雨が降って。❸笑うべきこと。

せう-しやう（シヨウシヨウ）【少将】名 近衛府の次官で、中将の下に位する者。定員は左右各二名。正五位下相当官。

せう-じん（シヨウ—）【小人・少人】名 ❶少年。子供。❷小人物。心の狭い品性のいやしい人。〈徒然・九七〉「**小人**に財あり、君子に仁義あり」訳 **品性のいやしい者**には財産があり、君子には仁と義があり。❸身分の低い者。

せう・す（シヨウス）【抄す・鈔す】他サ変〔せ・し・す・する・すれ・せよ〕❶書き写す。抜き書きする。❷抜き集めて書物を作る。編纂する。〈大鏡・道長下〉「延喜の御時に古今**抄せ**未られしをり」訳 醍醐天皇の御代に「古今和歌集」を**編纂さ**れたとき。

せう-そく（シヨウ—）【消息】名・自サ変「せうそこ」に同じ。➡右上 182

せう-そこ（シヨウ—）【消息】名・自サ変 ➡右上 182

せうそこ-ぶみ（シヨウソコ—）【消息文】名 手紙。手紙の文。

せう-でう（シヨウジヨウ）【蕭条】名・形動タリ もの寂しいさま。ひっそりしているさま。〈蕪村句集・蕪村〉「**蕭条と**用して石に日の入る枯れ野かな」訳 ➡せうでうとして…

俳句

慣用表現 せうそこ —「筆跡・手紙」に関する表現

筆跡 跡・手・鳥の跡・筆の跡・水茎

手紙 消息（せうそこ・せうそく）・玉梓・便宜・文・水茎

せうでうとして… 〈俳句〉

> 蕭条として 石に日の入る 枯れ野かな　冬　切れ字
> 〈蕪村句集・蕪村〉

訳 もの寂しくも(草木が枯れてあらわになった)石の向こうに、冬の赤い夕日が(少しずつ)沈み、陰って行く枯れ野の荒涼たる風景よ。

せうと シヨウト【兄人】名〔「せひと」のウ音便〕❶女性から男の兄弟を呼ぶ語。兄でも弟でもいう。〈伊勢・五〉「二条の后に忍びて参りけるを、世の聞こえありければ、兄人たちの守らせ給ひけるとぞ」訳(男が)二条の后のもとに忍んで参上したのを、世評が立ったので、(后の)兄たちが、(番人に)守らせなさったということだ。対妹
❷一般に、男の兄弟。後世はもっぱら兄をさす。〈徒然・四五〉「公世の二位の兄人に、良覚僧正と聞こえしは、極めて腹あしき人なりけり」訳 公世の二位(=藤原公世)の兄弟で、良覚僧正と申し上げた方は、非常に怒りっぽい人だったということだ。

せう-とく シヨウ―【所得】名・自サ変 得をすること。うまいことをすること。〈宇治・三・六〉「あはれ、しつる所得かな。」訳 ああ、うまくやったもうけものだなあ。

せう-なごん シヨウ―【少納言】名 律令制で、太政官の判官。詔勅・御璽(=天皇の印)・太政官印を管理し、侍従を兼ねる重職だったが、蔵人所が設置されて以降は職権が縮小され、小事の奏上や官印を管理するだけの職となった。

せう-ふう シヨウ―【蕉風】名 俳諧の一派の名。松尾芭蕉とその門人・門流の俳諧の作風。その精神は寂・撓り・細み・軽みを重んじる。また、連句の付け方に、うつり・ひびき・匂い・位を重んじる点で、談林風の斬新奇抜な俳諧とは対照的である。

せう-もつ シヨウ―【抄物】名「せうもち」とも。抜き書きしたもの。写しとったもの。転じて、注釈書。

せう-もん シヨウ―【蕉門】名 松尾芭蕉の門人やその門流。

せうもん-じってつ シヨウモン―【蕉門十哲】名 松尾芭蕉門下のすぐれた俳人十人をいう。一般には、榎本其角・服部嵐雪・各務支考・森川許六・向井去来・内藤丈草・志太野坡・越智越人・立花北枝・杉山杉風をいうが、異説もある。

せ-おはしま・す ―オワシマス【せ御座します】最も強い尊敬の意を表す。お…になられる。…なされる。〈枕・三八〉「など、かくは謀らせおはしまし用しぞ」訳 どうして、このようにはおだましになられたのか。
なりたち 尊敬の助動詞「す」用＋尊敬の補助動詞「おはします」

せ-かい【世界】名
❶地上界。人間界。〈竹取・かぐや姫の昇天〉「昔の契りありけるによりなむ、この世界にはまうで来たりける」訳 昔の約束があったので、(私=かぐや姫は)この地上界には参りました。
❷世の中。世間。〈源氏・少女〉「世界の栄華にのみたはぶれ給ふべき御身をもちて」訳(夕霧は)世の中の栄華にただもう遊び戯れなさることのできるご身分をもって。
❸国。国土。また、土地。地方。特に、田舎。〈源氏・東屋〉「若うより、さるあづまの方のはるかなる世界にうづもれて」訳(常陸の介は)若いときから、あのような東国地方の(都から)ずっと遠い土地に引っ込んで。
❹あたり一帯。そこらじゅう。〈大和・一六八〉「もてこし人を世界にもとむれど、なし」訳(和歌を)持って来た人をあたり一帯に探すけれども、いない。

せき【関】名 ❶物事をせき止めること。また、その物。へだて。
❷国境や要所に設けて、通行人または通行物を検査した所。関所。〈枕・一一一〉「関は　逢坂。須磨の関。鈴鹿の関〔などが趣がある〕」

せき-あ・ぐ【咳き上ぐ】自ガ下二〔げ・げ・ぐ・ぐる・ぐれ・げよ〕❶むせかえる。息が詰まる。〈源氏・葵〉「にはかに、例の御胸をせきあげ用ていといたう惑ひ給ふ」訳 急に、いつものように御胸がむせかえって、たいそうひどく惑い(苦

慣用表現　せきあぐ―「感情・心情」に関する表現

驚く

- 意外だ：あさまし(=驚きあきれるばかりだ)／思ほえず(=思いがけなく。意外にも)
- 恐れる：恐る／怖づ／魂消る(=肝を潰す。気絶するほど驚く)
- どきどきする：胸潰る・胸拉ぐ(=驚きや不安、悲しみで心がひどく乱れる。ハラハラする)

泣く

- 涙を流す：溺ほる(=涙にくれる)／時雨る／潮垂る／袖を絞る／袖を濡らす
- べそをかく：顰む(=泣き顔になる)　涙：時雨／袖の雫／袖の露　露
- しゃくりあげて泣く：嗄り上ぐ
- 涙がこみ上げる：咳き上ぐ

- しかたがない：敢へ無し／如何にせむ／言ふ甲斐無し／詮無し／遣らむ方無し／わりなし
- 正気を失う(さま)：吾か人か・吾にもあらず・我かの気色・我か人か・我にもあらず(=自分か他人か分からない→正体を失っている)
- 大笑いする：腸を断つ／笑壺に入る

しみ)なさる。

❷(悲しみや怒り、また涙などが)こみあげる。〈源氏・夕顔〉「御胸せきあぐる㊤ここちし給ふ」訳(光源氏の)御胸は(悲しみが)こみあげてくる気持ちがしなさる。⬇前ページ「慣用表現」

せき-あ・ふ〔(オ)ウ―ア〕【塞き敢ふ】他八下二{へ・へ・ふ・ふる・ふれ・へよ}(涙などを)せき止めてこらえる。抑えてがまんする。〈増鏡・月草の花〉「御涙もせきあへ㊍ず」訳(後醍醐天皇は)御涙もせき止められず。

せき-ぢ〔ジ〕【関路】名 関所のある街道。関所へ通じる道。〈平家・四・大衆揃〉「時剋おしうつって、関路のにはとり鳴きあへり」訳 時間は経過して、(逢坂の)関に通じる道の鶏が鳴きあった。

せき-ふ【隻鳧】名〔「隻」は片一方、「鳧」は鴨の意〕つがいであったものがはぐれて一羽となった鴨。親しい人と別れて一人行くことにたとえられる。〈細道・山中〉「行く者の悲しみ、残る者のうらみ、隻鳧の別れて雲に迷ふがごとし」訳 先に行く者の悲しみ、残る者の嘆き、(それは)はぐれた鴨が(仲間と)別れて雲間に迷うようなものだ。

参考 中国で前漢の武帝のころ、蘇武と李陵が匈奴と戦って捕らえられたのち、蘇武だけが帰国するときに、李陵に贈った惜別の詩が典拠といわれる。

せき-もり【関守】名 関所を守る役人。関所の番人。多く、男が女のもとに通うのを妨げるものにたとえる。〈伊勢・五〉「人知れぬわが通ひ路の関守はよひよひごとにうちも寝ななむ」訳 ⬇ひとしれぬ…

和歌

せき-や【関屋】名 関守の住む家。関所の番小屋。〈新古・雑中〉「人住まぬ不破の関屋の板びさし荒れにしのちはただ秋の風」訳 ⬇ひとすまぬ… 和歌

せ-く【節供・節句】名〔「せちく」の促音便「せっく」の促音「っ」の表記されない形。もとは節の日に供えるものの意〕季節の変わり目の祝いをする日。また、その日に供える食べ物。陰暦正月七日(人日)の七草の粥、三月三日(上巳)の草餅、五月五日(端午)の粽、七月七日(七夕)の索餅

せ・く【咳く】自カ四{か・き・く・く・け・け}感情がこみあげて胸がつまる。また、せきをする。のどがふさがって、息がつかえる。〈平家・一〇・請文〉「いとど胸せき㊥て、湯水ものどへ入れられず」訳 ますますひどく胸がつかえて、湯や水さえのどへ入れることができない。

せ・く【塞く・堰く】他カ四{か・き・く・く・け・け}❶流れをせき止める。さえぎり隔てる。〈源氏・藤袴〉「吉野の滝を堰かむよりも難きことなれば」訳 吉野の滝をせき止めるようなことよりも難しいことなので。

❷さえぎって会わせない。妨害する。〈枕・二九〉「せく㊤方ありて心にもまかせぬ」訳(愛し合う二人に)さえぎるものがあって思うようにならないの(は、しみじみと心打たれる)。

せ-けん【世間】名 ❶《仏教語》万物がつねに変化しながら存在する所。〈今昔・五・二三〉「世間の受楽を厭ひて出家し給ふなり」訳 (俗)世間の楽しみを嫌って出家しなさるのだ。

❷世の中。人の世。〈源氏・常夏〉「なにとなく翁びたるここちして、世間の事もおぼつかなしや」訳 なんだか年寄りじみた気持ちがして、世の中の出来事も不案内なことだよ。

❸世の中の人。〈平家・三・法印問答〉「世間も落居せぬさまに成り行くこと」訳 世の中の人も落ち着かないようすになっていくことを。

❹あたり。周囲。〈大鏡・道長下〉「にはかに霧たち、世間もかい暗がりて侍りしに」訳 突然霧が立ちこめ、あたりもまっ暗になっておりましたが。

❺暮らし。財産。〈沙石集〉「武州(=武蔵の国)に世間ゆたかなる、所(=ある荘園)の地頭あり」

せけん-だましひ〔―ダマシイ〕【世間魂】名 世渡りや暮らし向きの才能。

世間胸算用(せけんむねさんよう)《作品名》江戸前期の浮世草子。井原西鶴作。元禄五年(一六九二)刊。大晦日を背景に町人生活の悲喜劇を描いた町人物の傑作。⬇巻頭口絵38ページ・付録①九七六ページ

せ-こ【兄子・夫子・背子】名〔「せ」はもと女性が兄弟・夫などを親しんで呼んだ語。「こ」は親愛の情を表す接尾語〕❶女性が兄弟を呼ぶ語。〈万葉・二・一〇五〉「わが背子を大和へやると」訳 ⬇わがせこを… 和歌

❷妻が夫を、また、女性が恋人を呼ぶ語。〈万葉・一・四三〉「わが背子は何処行くらむ」訳 私の夫は今ごろどこを旅しているだろう。

❸男性どうしが親しんで呼ぶ語。〈万葉・三・二四七〉「わが背子が御船の泊まり波立ためやも」訳 あなたの御船の泊まる港に波が立つことがあろうか(いや、立つはずがない)。

せ-さす ❶(「さす」が使役の意の場合)…させる。〈平家・一一・那須与一〉「あの扇の真ん中射て、平家に見物させよ㊎かし」訳 あの扇のまん中を射て、平家に見物させてやれよ。

❷(「さす」が尊敬の意の場合。「せさせ給ふ」「せさせらる」の形で、いわゆる最高敬語として用いられて)なされる。あそばす。〈源氏・桐壺〉「かうやうの折は、御遊びなどせさせ㊥給ひしに」訳 このような(夕月の美しい)ときには、(桐壺帝は)管弦の御遊びなどをなされた(ものだ)が。

なりたち サ変動詞「為」㊍+使役・尊敬の助動詞「さす」

せ-させ-たま・ふ〔―タマ(モ)ウ〕【せさせ給ふ】❶〔せ+させ使役+たまふ尊敬〕させなさる。〈源氏・須磨〉「この国に通ひける陰陽師召して、はらへせさせ給ふ㊚」訳(光源氏は都から)この国(=摂津)に通ってきた陰陽師をお呼びになって、祓えをさせなさる。

❷〔せ+させ尊敬+たまふ尊敬〕なされる。あそばす。〈竹取・燕の子安貝〉「せさせ給ふ㊚べきやうは、このあななひをこぼちて、人みな退きて」訳 (燕の子安貝を取るために)なされなければならない方法は、この足場を壊して、人間がみな退いて。

なりたち サ変動詞「為」㊍+使役・尊敬の助動詞「さす」㊥+尊敬の補助動詞「たまふ」

せ-させ-たま・ふ〔―タマ(モ)ウ〕【せさせ給ふ】〔せ使役+させ尊敬+たまふ尊敬〕お…せになられる。…せなされる。…せあそばす。〈枕・九〉「御鏡を持たせさせ給ひ㊥て御覧ずれば」訳 お鏡を(私に)お持た

せになられて、（定子皇后が）ご覧になるので。↓す（助動下二型）「文法ノート」2

なりたち 使役の助動詞「す」㊀＋尊敬の補助動詞「たまふ」

ぜ-じゃう（ジョウ）【軟障】名〔「ぜんじゃう」の撥音「ん」の表記されない形〕「ぜざう」とも。幔幕(まんまく)の一種。白絹に紫などで縁(ふち)どりをし、草花や風景などを描いた。屋内では仕切りとして用いたが、行事の際は、屋外でも用いた。

（ぜじゃう）

せ-ぜ【瀬瀬】名 ❶多くの瀬。あちこちの瀬。あの瀬この瀬。❷その時その時。おりおり。〈源氏・東屋〉「見し人の形代(かたしろ)ならば身に添へて恋しき**瀬々**の撫(な)で物にせむ」訳 昔会った人（＝大君(おおいぎみ)）の身代わりであるならば、いつもそばに置いて、（大君の）恋しい**おりおり**に（それをなでて恋しさを移し、水に流す）なで物にしよう。（「瀬瀬」と「撫で物」は縁語）

せせ・る【挵る】他ラ四〔ら・り・る・る・れ・れ〕❶つっつく。いじる。もてあそぶ。〈今昔・二七・四二〉「続松(ついまつ)の火を以(も)って毛も無く**せせる**㊍**せせる**㊍焼きて」訳 たいまつの火で（きつねの）毛もなくなるほどに**つつき回しながら**焼いて。

❷虫などが刺す。〈細道・飯坂〉「のみ、蚊(か)に**せせら**㊀れて眠らず」訳 のみや蚊に**刺さ**れて眠らない。

せ-ぞく【世俗】名 ❶世のならわし。世間の風俗。〈徒然・一二三〉「**世俗**の黙(もだ)しがたきに随(したが)ひて、これを必ずとせば」訳 **世の習慣**を黙って見過ごすことのできないままに、これ（＝社交的儀礼）を必ず（やろう）とすると。

❷世の中。世間。〈徒然・七三〉「**世俗**の虚言(そらごと)をねんごろに信じたるもをこがましく」訳 **世間**のうそをまともに信じているのもばかばかしく。

せ-たま・ふ（タマ（モ）ウ）【せ給ふ】❶〔せ使役＋たまふ尊敬〕お…せになる。…せなさる。〈源氏・桐壺〉「さるべき御遊びの折々、何事にも故(ゆゑ)あることのふしぶしには、まづまうのぼら**せ給ふ**㊇」訳（桐壺帝は）しかるべき管弦の御遊びの折々や、何事でも趣のあることの（催される）機会があるごとに、まっ先に（桐壺の更衣を）参上**おさせになる**。❷〔せ尊敬＋たまふ尊敬〕最も強い尊敬の気持ちを表す。**お…になられる。…なされる。**お…あそばす。〈源氏・桐壺〉「人目をおぼして夜の御殿(おとど)に入ら**せ給ひ**㊀ても、まどろま**せ給ふ**㊍ことかたし」訳（桐壺帝は）人目をお思いになってご寝所に**お**入り**になられ**ても、うとうと**お**眠り**になられる**こともむずかしい。

なりたち 使役・尊敬の助動詞「す」㊀＋尊敬の補助動詞「たまふ」

せた・む【責む】他マ下二〔め・め・む・むる・むれ・めよ〕ひどく責める。責めさいなむ。〈山家集〉「何の報いのかへりきて心**せたむる**㊍あたとなるらん」訳 何の報いが（わが身に）返ってきて、心を**責めさいなむ**敵となるのだろう。

せち【節】名「せつ」とも。❶時節。季節。❷季節の変わり目の祝いをする日。節日(せちにち)。元日（陰暦正月一日）、人日(じんじつ)（正月七日）、上巳(じょうし)（三月三日）、端午(たんご)（五月五日）、七夕(たなばた)（七月七日）、重陽(ちょうよう)（九月九日）などがある。節供(せっく)。節会(せちえ)。❸「節振る舞い」の略。節日のごちそう。特に、正月に酒食を振る舞うこと。

せち【切】形動ナリ ➡左 183

最重要330

183 ガイド

せち【切】形動ナリ〔なら・なり（に）・なり・なる・なれ・なれ〕「せつ」とも。

「せち」は「切」の呉音で、事物の度合いの強く深いさまをいう語。心の状態にいったのが②。

❶ ひたすらである。しきりである。

❷ 深く感にうたれるさま。すばらしい。おもしろい。

❸ たいせつである。重要だ。

例 よき人にあはせむと思ひはかれど、**せちに**㊀いなといふことなれば〈竹取・火鼠の皮衣〉

訳（翁(おきな)は）よい人と結婚させようと考えめぐらすけれども、**どうしても**いやだということなので。

例 ものの興**せちなる**㊍ほどに、御前(ごぜん)にみな御琴どもまゐれり〈源氏・藤裏葉〉

訳 音楽の興が**盛り上がっている**ときに、（冷泉(れいぜい)帝・朱雀(すざく)院・光源氏の）御前にみなそれぞれお琴を用意し申しあげた。

例 大納言、宰相もろともに、忍びてものし給へ。**せちなる**㊍こと聞こえむ〈うつほ・国譲下〉

訳 大納言や宰相もいっしょに、こっそりおいでください。**重大な**ことを申し上げよう。（「ものす」は、ここは「来る」の意の婉曲(えんきょく)表現）

せちえ〘節会〙⇒せちゑ

せち‐にち【節日】名「せつじつ」とも。季節の変わり目などに、祝いを行う日。元日・白馬・踏歌・端午・相撲・重陽・豊の明かりなど。

せち‐ぶん【節分】名「せちぶ」「せつぶん」とも。季節の移り変わる時。立春・立夏・立秋・立冬の前日。中世以降では、特に、立春の前日をいう。

参考 立春前日の節分の夜、煎った大豆をまいて厄払いをする習慣は、南北朝ごろから行われた。のちには追儺(＝鬼やらい)と同じものになった。

せちぶん‐たがへ【節分違へ】名 節分の日の方違え。平安時代は節分に方違えをする風習があった。

せち‐み【節忌】名〔「せちいみ」の転〕斎日(＝在家信者が斎戒をする日)に精進すること。また、精進すべき一定の日。

せち‐ゑ【節会】名〔もとは節日の集まりの意〕「節日」や公事のある日に、天皇が群臣に酒食を振る舞う行事。大節として即位・拝賀など、中節として白馬・豊の明かりなど、小節として元日・踏歌などがある。臨時の節会には、大嘗会、立后・立太子・任大臣・相撲などがある。

せっ‐き【節季】名 ❶陰暦十二月。年の暮れ。年末。歳末。冬 ❷盆・暮れ、または、各節句前などの決算期。

せっき‐じまひ【節季仕舞ひ】名 決算期の総決算。特に、大晦日の支払いをすますこと。

せっ‐きゃう【説経】名・自サ変「せきゃう」とも。経文の意味や仏教の教えを説き聞かせること。説法。〈徒然・一八八〉「説経などして世渡るたづきともせよ」訳 説法などをして生活する手段ともせよ。

せっきゃう‐し【説経師】名「せっきゃうじ」とも。経文の意味や仏の教えを説き聞かせる人。

せっ‐く【節供・節句】名「せく(節供)」に同じ。

せっ‐しゃう【殺生】一 名・自サ変《仏教語》生き物を殺すこと。狩猟・漁労などをもいう。二 名 ❶むごいこと。残酷なこと。❷《仏教語》「殺生戒」の略。五戒の一つ。殺生を禁じる戒め。

せっ‐しゃう【摂政】名 幼帝または女帝のとき、天皇に代わって政治を行う職。もと皇族に限って任ぜられたが、平安時代からは、もっぱら藤原氏の一族が任ぜられるようになった。⇒関白 参考

せっ‐しゅ【摂取】名・他サ変《仏教語》阿弥陀仏が慈悲によって、衆生を救いとって極楽浄土に連れて行くこと。

せっ‐た【雪駄・雪踏】名 竹の皮のぞうりの裏に、牛馬の革をはりつけたはきもの。「せきだ」とも。

ぜっちゃうの… 俳句

絶頂の　城たのもしき　若葉かな　〈蕪村句集・蕪村〉
夏　切れ字

訳 新緑の山の頂上にそびえ立つ(重厚な白壁の)城の頼もしい姿は、まばゆいばかりの若葉の波を従えていることだ。

摂津(せっつ)《地名》旧国名。畿内五か国の一つ。今の大阪府北部と兵庫県東部。津の国。摂州。

せつど‐し【節度使】名 ❶奈良時代の地方軍政官の一つ。東海道・東山道・山陰道・西海道などに置かれ、兵士の訓練や軍事施設の整備などにあたった。❷中世以降、朝敵討伐の命を受けた大将。

せつな【刹那】名《梵語の音訳》きわめて短い時間。瞬間。〈徒然・一〇八〉「刹那覚えずといへども、これを運びて止まざれば、命を終ふる期、たちまちに至る」訳 一瞬(の短い時間)は意識されないといっても、この一瞬を(次々に)経過させて止めないときっと、生涯を終える時(＝死期)は、たちまちやってくる。対 劫

せつ‐ぶん【節分】名「せちぶん」に同じ。

せっ‐ぽふ【説法】名・自サ変 仏教の教義を説き聞かせること。説教。

せ‐と【瀬戸・迫門】名 ❶海峡。また、川幅が狭くなっている所。❷「瀬戸際」の略。勝敗や成否の分かれ目。機会。

せ‐ど【背戸】名 裏門。裏口。勝手口。〈宇治・三・六〉「背戸のかたに、米の散りたるを食ふとて、すずめの躍りありくを」訳 裏口のあたりに、米つぶが散っているのを食うということで、すずめが飛びまわるのを。

せどう‐か【旋頭歌】名 和歌の一形式。五七七・五七七の六句から成る。旋頭とは、頭の三句を下三句でくり返すという意。五七七の片歌を二人で唱和したことから起こった形式という。内容も民謡的な色彩の濃いものが多い。上代に盛んに行われた。

せ‐な【夫な・兄な】名「な」は接尾語。❶夫、また男性を女性から親しんでいう語。〈万葉・二〇・四四二六〉「草枕旅行くせなが丸寝せば家なるわれは紐解かず寝む」訳 (つらい)旅をする夫がごろ寝をするなら、家にいる私は(約束どおり腰に結んだ)紐を解かずに寝よう。(「草枕」は「旅」にかかる枕詞)❷《近世東国方言》兄。

せな‐な【夫なな・兄なな】名「な」は愛称か「せな❶」に同じ。

せな‐の【夫なの・兄なの】名「の」は接尾語「せな❶」に同じ。

せ‐に【狭に】〔「…もせに」の形で〕狭いほどに。いっぱいになるくらいに。〈千載・春下〉「吹く風を勿来の関と思へども道もせに散る山桜かな」訳 (ここは)吹く風を、来るなとせきとどめる勿来の関だと思うが、(その名のかいもなく)道もいっぱいに散っている山桜よ。(「勿来の関」に「な来そ」の意をかける)

なりたち 形容詞「狭し」の語幹「せ」＋助詞「に」

ぜに【銭】名〔字音「銭」の転〕銅・鉄などの金属でつくられた通貨。円形で中央に穴があいている。また、貨幣。江戸時代ではふつう一文銭をいう。

ぜに‐さし【銭差し・銭緡】名「ぜにざし」とも。銭の穴に通して一束とする細い縄。

せ‐の‐きみ【兄の君・背の君】名「せ(兄)」の敬称。男性を敬愛していう語。〈万葉・一七・四〇一〇〉「うら恋し我が背の君はなでしこが花にもがもな朝な朝な見む」訳 心恋しいあなたは、なでしこの花であってほしいなあ。(そうすれば)毎朝見よう。

(ぜにさし)

せは・し【忙し】形シク〔しから・しく(しかり)・し・しき(しかる)・しけれ・しかれ〕❶いそがしい。ゆとりがない。
❷(水の流れなどが)激しい。急である。〈堀河百首〉「山里の筧の水のせはしき㊍になほ有り明けの月ぞやどれる」訳 山里の筧の水(の流れ)が激しいが、それでもやはり有り明けの月が水面に映っていることよ。
❸落ち着きがない。せかせかしている。〈浮・好色一代男〉「道ありくにも大足にせはしく㊊」訳 道を歩くにも大股でせかせかとし。
❹(経済的に)余裕がない。

せば・し【狭し】形ク〔から・く(かり)・し・き(かる)・けれ・かれ〕せまい。〈方丈・四〉「ほどせばし㊎といへども、夜臥す床あり」訳 面積がせまいといっても、夜に寝る床があり。

せ-ば…まし 反実仮想。事実に反することや、実現しそうにないことを仮に想定し、その仮定の上に立って推量・想像する意を表す。もし…(だっ)たら、…だろう(に)。〈伊勢・八二〉「世の中にたえて桜のなかりせば春の心はのどけからまし㊎」訳 →よのなかに…

和歌

定型表現
せば…まし（反実仮想を表す）
例 夢と知りせば、覚めざらましを。
(＝夢とわかっていたら、目を覚まさなかっただろうに)

なりたち 過去の助動詞「き」㊍(一説にサ変動詞「為」㊍)＋接続助詞「ば」＋…＋反実仮想の助動詞「まし」

ぜ-ひ【是非】㊀名 **道理のあることとないこと。善悪。**〈平家・二・烽火之沙汰〉「進退これきはまれり、是非いかにも弁へがたし」訳 進むのも退くのもどうしようもなく行きづまったし、道理の有無をどうにも決めにくい。
㊁名・他サ変 よしあしの判断。また、批評をすること。〈徒然・一六四〉「世間の浮説、人の是非、自他のために失多く、得少なし」訳 世間の根拠のないうわさや他人の批評は、自分のためにも他人のためにも失うものが多く、得るものが少ない。
㊂副 なんとしても。必ず。〈浮・世間胸算用〉「百目に三十目わたすにも、是非悪銀二粒はまぜてわたしける」訳 百匁の中で三十匁を渡す場合でも、必ず悪質の銀貨二粒は交ぜて渡すのであった。

フレーズ
是非に及ばず しかたがない。やむを得ない。

ぜひ-な・し【是非無し】形ク〔から・く(かり)・し・き(かる)・けれ・かれ〕❶是非・善悪を考えない。強引である。遠慮しない。〈平家・五・勧進帳〉「是非なく㊊御坪のうちへやぶり入り」訳 遠慮なく御中庭の中へ乱入し。
❷やむを得ない。どうにもならない。〈浮・日本永代蔵〉「浪人売れがたき世なれば、いづれも是非なく㊊里の月日を重ねぬ」訳 浪人が再仕官しにくい時代なので、どの人もやむを得ず田舎ずまいの歳月を重ねてしまった。
❸当然である。言うまでもない。〈風姿花伝〉「物狂ひの出で立ち、似合ひたるやうに出で立つべき事、是非なし㊎」訳 物狂いの扮装は、(役に)似合っているように扮装しなければならないことは、言うまでもない。

慣用表現
ぜひなし―「言うまでもない」を表す表現
言ふ＋□ 言ふに足らず・言ふべきにも有らず(＝言ふべくも有らず)・言ふもおろかなり(＝言へばおろかなり)
更＋□ 更なり・更にも言はず
子細＋□ 子細に及ばず
□＋無し 左右無し・是非無し
その他 理なり

ぜひ-に-およば-ず【是非に及ばず】→是非「フレーズ」

せ-ぶみ【瀬踏み】名 川の瀬の深さを、足を踏み入れて測ること。〈平家・九・宇治川先陣〉「[私]重忠瀬踏み仕らん(＝いたそう)」

せ-まほし【為まほし】…したい。…したいと思う。〈源氏・賢木〉「遊びなどもせまほしき㊍ほどかな」訳 管弦の遊びなどもしたいと思う(美しい)時分であることよ。

せま・る【迫る・逼る】自ラ四〔ら・り・る・る・れ・れ〕❶近づく。〈徒然・四九〉「無常の身にせまり㊊ぬることを心にひしとかけて」訳 (人は)死がわが身に近づいてしまったことを心にしっかりととどめて。
❷貧しくて生活に困る。貧乏する。窮迫する。〈源氏・少女〉「せまり㊊たる大学の衆とて」訳 貧乏している大学寮の学生と言って。
❸狭くなる。また、不足する。〈太平記・一五〉「道せまり㊊て、而も敵の行前難所なる山路にては」訳 道が狭くなって、その上、敵の行く先が難所である山道では。
❹(胸が)いっぱいになる。

なりたち サ変動詞「為」㊍＋希望の助動詞「まほし」

せみ-ごゑ【せみ声】名 絞り出すような苦しげな声。読経の声などにいう。
参考 「蟬声」の意とも、「迫め声」の転ともいう。

せ・む【迫む・逼む】㊀自マ下二〔め・め・む・むる・むれ・めよ〕近づく。さしせまる。〈宇治・三・六〉「家の隣より火出で来て、風おしおほひてせめ㊊ければ」訳 家の隣から火事が起こって、風が(火を)すっぽりとおおって(火が)せまってきたので。
㊁他マ下二〔め・め・む・むる・むれ・めよ〕ぴったりと身につける。〈平家・二・教訓状〉「黒糸縅の腹巻の、白金物うったる胸板せめ㊊て」訳 黒糸縅の腹巻(＝略式の鎧)の、銀の金具を打ちつけた胸板をぴったりと身につけて。

せ・む【責む】他マ下二〔め・め・む・むる・むれ・めよ〕❶悩ます。苦しめる。〈古今・雑体〉「冬は霜にぞ責め㊍らるる」訳 冬は霜に苦しめられる。
❷罪過をとがめる。なじる。〈万葉・一一・二七六〇〉「あしひきの山沢ゑぐを採みに行かむ日だにも逢はせ母は責むとも」訳 せめて山の沢のえぐ(＝植物の名。黒くわい、一説に芹とも)を摘みに行くような日だけでも(私に)逢ってください。たとえ母親はとがめても。(「あしひきの」は「山」にかかる枕詞)
❸せきたてる。せがむ。ねだる。〈更級・梅の立枝〉「『物語もとめて見せよ、見せよ』と母を責むれ㊈ば」訳 「物語

最重要330

184

ガイド

せ-め-て

副〔下二段動詞「迫(せ)む」用＋接続助詞「て」〕

①が原義で語源としての動詞「迫(せ)む」の意を残しているが、やがてその義を離れて②のような程度を表す副詞の用法をもつようになった。④は現代語でも「せめて…だけでも」のように用いる。

❶つとめて。むりに。しいて。

例いみじうねぶたしと思ふに、いとしもおぼえぬ人の、押し起こしてせめて物いふこそいみじうすさまじけれ〈枕・二五〉

訳ひどく眠いと思っているときに、それほどにも（親しく）思われない人が、ゆさぶり起こしてむりに話しかけるのはひどく興ざめだ。

❷非常に。はなはだしく。きわめて。

例せめておそろしきもの　夜鳴る神。近き隣に盗人の入りたる〈枕・二六四〉

訳きわめて恐ろしいもの、夜鳴り響く雷鳴。近い隣家に盗人が入ったの。

❸続けて。なおも。

例人やあるともおぼしたらで、せめて弾き給ふを聞こしめせば〈大鏡・道長下〉

訳（徽子(きし)女王は）人がいるかともお思いにならないで、なおも（琴を）お弾きになるのを（村上天皇が）お聞きになると。

❹少なくとも。…だけでも。

例「せめて今宵(こよひ)はな参り給ひそ」ととどめけり〈大和・七七〉

訳「少なくとも、今夜は参上なさるな」とひきとめた。

を探して読ませて、読ませて」と母にねだるので。❹追究する。求める。〈三冊子〉「責め未ず心をこらさざる者、誠の変化を知るといふことなし」訳（風雅の誠を）追究せず、心を集中しない者は、本当の変化を理解するということがない。

せ-む-かた【為む方】名〔サ変動詞「為(す)」未＋推量の助動詞「む」体＋名詞「方(かた)」〕なすべき方法。とるべき手段。しかた。てだて。〈伊勢・四一〉「せむ方もなくて、ただ泣きに泣きけり」訳（夫の着物を破ってしまった女は）なすべき方法もなくて、ただ泣くばかりであった。

せむかた-な・し【為む方無し】形ク〔（から）・く（かり）・し・き（かる）・けれ・かれ〕なすべき方法がない。どうしてよいかわからない。しかたない。〈更級・梅の立枝〉「せむ方なく用思ひ嘆くに」訳（乳母(うば)も亡くなり）どうしてよいかわからずに嘆き悲しんでいると。

せ-む-すべ【為む術】名〔サ変動詞「為(す)」未＋推量の助動詞「む」体＋名詞「術(すべ)」〕なすべきてだて。対処のしかた。〈万葉・三・四七五〉「こいまろびひづち泣けどもせむすべも無し」訳ころげまわり泥にまみれて泣くが、なすべきてだてもない。

せめ【責め】名❶責めること。とがめ。〈源氏・夢浮橋〉「かへりては、仏の責め添ふべきことなるをなむ、承り驚き侍る」訳（出家の功徳(くどく)どころか）かえっては、仏のとがめが加わるはずのことであるのを、うかがって驚いております。❷責任。〈平家・一〇・戒文〉「責め一人(いちにん)に帰(き)すとかや申し候ふなれば」訳責任は（大将軍）一人に帰するとか申すそうですので。❸舞などで、曲の終わり近くの急な調子になる部分。

せめ・ぐ【鬩ぐ】他ガ四〔が・ぎ・ぐ・ぐ・げ・げ〕〔古くは「せめく」〕責めさいなむ。恨み嘆く。〈古今・雑上〉「老いぬとてなどかわが身をせめき用けむ」訳年を取ったといって、どうしてわが身を責めさいなんでいたのだろうか。

せめ-て 副 ➡上 184

せよ サ行変格活用の動詞「為(す)」の命令形。

せよ 助動詞「す」（使役・尊敬）の命令形。

せわし〖忙し〗➡せはし

せをはやみ… 和歌《百人一首》【瀬をはやみ　岩(いは)にせかるる　滝川(たきがは)の　われても末(すゑ)に　あはむとぞ思(おも)ふ】〈詞花・恋上・崇徳(すとく)院〉➡付録①「小倉百人一首」77

せん【詮】名❶なすべき方法。手段。てだて。〈著聞・四四〇〉「さほどにせんつきん時は、はばからず来(きた)りて言へ」訳それほどに（生活の）てだてが尽きるとしたらその時は、遠慮せずに（私の家に）来て言え。❷かい。ききめ。しるし。〈保元物語〉「生きても今はまた何のせんかはあるべき」訳生きながらえても今となってはまた何のかいがあるだろうか（いや、何のかいもない）。❸つまるところ。結局。〈愚管抄〉「ただせんは仏法にて王法をば守らんずるぞ」訳ただ結局は仏の教えによって国王の政治を守ろうとするのであるよ。❹大事なところ。眼目。〈無名抄〉「そのことばをこそ、この歌のせんとは思う給ふるに」訳そのことばこそを、この歌の眼目と存じているのに。

せん【銭】名貨幣の最小単位。一銭は一貫の千分の一。文。

せん-かう【遷幸】名・自サ変 天皇が他の地に都を移すこと。また、天皇が新都に移ること。

せん-かた【為ん方】名「せむかた」に同じ。

せんかた-な・し【為ん方無し】形ク {(から)・く(かり)・し・き(かる)・けれ・かれ}「せむかたなし」に同じ。

せん-ぎ【僉議】名・自サ変 〔「僉」は皆の意〕全員で評議すること。また、その評議。〈平家・一・内裏炎上〉「殿上にてにはかに公卿僉議あり」訳 殿上の間で緊急に公卿の評議がある。

せん-ぎ【詮議】名・自サ変 〔「詮」は道理を明らかにする意〕❶よく吟味・評議して物事を明らかにすること。また、その意見。
❷罪人などを取り調べること。〈浮・好色五人女〉「清十郎めし出されて、思ひもよらぬ詮議にあひぬ」訳 清十郎は呼び出されて、予想外の取り調べにあった。

せんき-ものがたり【戦記物語】名「ぐんきものがたり」に同じ。

せん-ぐ【前駆・先駆】名・自サ変「せんく」「ぜんく」「ぜんぐ」とも。馬に乗って先導すること。また、その者。

せん-げ【宣下】名・自サ変 天皇・上皇がことばを宣べ下すこと。宣旨が下ること。〈平家・一・願立〉「『非をもって理とす』とこそ宣下せ㊍られて」訳（鳥羽院は）「不正をもって道理とする」と宣べ下しなさって。

せん-げ【遷化】名・自サ変 〔この世の教化を終えてあの世に遷るの意から〕**高僧・隠者などが死ぬこと**。入寂。〈野ざらし紀行〉「大顚和尚、今年睦月（＝陰暦正月）の初め、遷化し㊀給ふ由（＝お亡くなりになっているとのこと）」➡果つ「慣用表現」

千五百番歌合（せんごひやくばんうたあはせ）センゴヒヤクバンウタアワセ《作品名》鎌倉前期の歌合わせ。建仁三年（一二〇三）ごろ成立。後鳥羽院以下三十人の歌人が、おのおの百首詠み、千五百番とした大規模なもの。「仙洞百番歌合」とも。

ぜん-ごん【善根】名《仏教語》「ぜんこん」とも。よい果報を得るもととなるよい行い。善業。〈今昔・二・三〉「前世にいかなる善根を植ゑて、かくのごときの果報を得たるぞ」訳 この世に生まれ出る前にどのようなよい行いを積んで、このようなよい結果を得たのか。

せん-ざい【千載・千歳】名 千年。また、長い年月。〈細道・平泉〉「しばらく千歳の記念とはなれり」訳（経堂と光堂は）当分長い年月の記念とはなった。

せん-ざい【前栽】名

「せざい」とも。❶庭先に植えた草木。また、植え込むための草木。〈枕・二三〇〉「前栽の露こぼるばかりぬれかかりたるも、いとをかし」訳 庭先に植えた草木の露がこぼれるほどにぐっしょりと濡れているのも、たいそう趣がある。
❷庭の植え込み。草木を植えた庭園。〈徒然・一〇〉「前栽の草木まで心のままならず作りなせるは、見る目も苦しく、いとわびし」訳 庭の植え込みの草木まで自然の（趣の）ままでなく作りあげてあるのは、見た感じも不快で、まことにやりきれない。

千載和歌集（せんざいわかしふ）センザイワカシュウ《作品名》七番目の勅撰和歌集。平安末期、後白河院の院宣により、藤原俊成が撰進。文治四年（一一八八）成立。歌数約千二百八十余首。おもな歌人は源俊頼・藤原俊成・藤原基俊・崇徳院・俊恵・和泉式部など。余情・幽玄を重んじて「新古今集」への道を開いた。→勅撰和歌集

せん-し【先師】名「せんじ」とも。すでに亡くなった先生・師匠。〈去来抄・修行〉「先師は門人に教へ給ふに、あるいは大いに変はりたることあり」訳 亡き先生（＝芭蕉）は門人を指導しなさる場合に、ときには（人によって教え方が）たいそう変わっていたことがある。

せん-じ【宣旨】名

❶**勅命の趣旨を述べ伝えること**。また、その文書。詔勅が表向きであるのに対し、うちわのもの。〈枕・二六〉「宣旨の使ひにて、斉信の宰相の中将の、御桟敷へまゐり給ひしこそ、いとをかしう見えしか」訳 天皇のことばを伝える使いとして、（藤原）斉信の宰相の中将が、御桟敷へ参上なさったようすは、実にりっぱに見えたことだった。
❷天皇のことばや命令を蔵人に伝える役の宮中の女官。のちに、中宮・東宮・斎宮・関白などの家で、それに相当する役をつとめる女房にもいう。〈源氏・澪標〉「故院にさぶらひし宣旨のむすめ」訳 故院（＝桐壺院）にお仕えしていた天皇のことばを伝える役の女官の娘で。

ぜん-じ【前司】名「せんじ」とも。前任の国司。

ぜん-じ【禅師】名「ぜじ」とも。❶禅定（＝心を統一して、悟りの境地にはいること）に達した高僧。また、一般に、法師・僧侶。
❷知徳の高い僧に、朝廷から賜る称号。また、知徳の高い禅僧のこと。

せんしう-らく【千秋楽】センシュウ―名❶雅楽の曲名。唐楽の一種。盤渉調の小曲で、舞はない。
❷（雅楽の終わりに①を演奏するところから）芝居・相撲などの興行の最終日。また、物事の終わり。

せん-じふ【撰集】ジュウ―名 詩歌や文章などを選定して編集すること。また、その詩集・歌集・文集のこと。多く勅撰集をいう。〈平家・七・忠度都落〉「撰集のあるべき由承り候ひしかば」訳 勅撰集の編纂があるであろうことをうかがいましたので。

せん-しゃう【僭上】ショウ―名・自サ変「せんじゃう」とも。身のほどを超えておごりたかぶること。また、見栄をはったりぜいたくをしたりすること。〈浮・好色一代女〉「若い時には遣ひたき金銀はままならず、僭上はしたし」訳 若い時には使いたいお金は思いどおりにならず、（それでいて）身分不相応なおごりはしたくて。

ぜん-しゃう【前生】ショウ―名《仏教語》「せんじゃう」とも。この世に生まれてくる前の世。先の世。前世。対今生・後生

せん-じょう【先蹤】名「せんしょう」とも。**先人の事跡。先例**。前例。〈平家・二・大臣殿被斬〉「わが朝にはいまだ先蹤を聞かず」訳 わが国にはこれまでに先例を聞いたことがない。

ぜんじょう〔禅定〕➡ぜんぢゃう

せんずる-ところ【詮ずる所】副 要するに。結局。つまり。〈平家・二・座主流〉「山門には、せんずるところ、我らが敵は西光父子に過ぎたる者なしとて」

訳 延暦寺では、要するに、我々の敵は西光親子にまさる者はないと言って。

ぜん-ぜ【前世】名《仏教語》「ぜんせ」とも。三世の一つ。この世に生まれ出る前の世。先の世。前生。〈今昔・一・二七〉「衆生の善悪の果報、皆、前世の業因に依りてなり」訳 すべての人の(現世の)善悪の報いは、皆、前の世に行った善行・悪行によってもたらされるものである。対 現世・来世

せん-せき【仙籍】名〔「仙」は殿上、「籍」は簡の意〕清涼殿の殿上の間に出仕する者の官位・氏名を表示した木のふだ。「日給の簡」とも。

フレーズ

仙籍を許ゆ・す 昇殿を許す。殿上人とする。〈平家・一・祇園精舎〉「殿上の仙籍をばいまだゆるさ(未)れず」訳 (平国香から正盛の代まで)殿上の間に昇殿する資格をいまだ許されない。

せんせき-を-ゆる・す【仙籍を許す】➡仙籍「フレーズ」

せん-そ【践祚】名・自サ変〔「践」は踏む、「祚」は天子の位の意〕皇位を継承すること。即位。

せん-だい【先帝】名「せんてい」とも。先代の天皇。

ぜん-だい【前代】名 ❶前の時代。先代。❷「前代未聞」の略。今まで聞いたことがないほど変わったこと。

せん-だち【先達】名「せんだつ」に同じ。

せん-だつ【先達】名「せんだち」とも。❶自分より先にその道に達した人。先輩。〈うひ山ぶみ〉「世々の先達の立ておかれたる、くさぐさの法度」訳 代々のその道の先輩が定められた、さまざまな法則。❷修験道で、勤行を積み、峰入り(=奈良県の大峰山に入って修行すること)のときなど、同行の先導となる修験者。〈謡・安宅〉「弁慶は先達の姿となりて」訳 弁慶は先導の山伏の姿となって。❸指導者。案内者。〈徒然・五二〉「すこしのことにも、先達はあらまほしきことなり」訳 ちょっとしたことにも、(その道の)案内者はあってほしいものである。

せん-だん【栴檀】名《梵語の音訳》❶白檀(=木の名)の異称。❷木の名。古名は「あふち(楝)」。→楝 ❸「栴檀の板」の略。鎧の右肩から胸に垂らして付ける小さい板。高紐(=胴のつりひも)を切られるのを防ぐもの。➡鎧「古文常識」

ぜん-ちしき【善知識】名《仏教語》「ぜんぢしき」とも。❶人を仏道に導く高徳の僧。名僧。高僧。〈太平記・二三〉「夢窓(=夢窓疎石)はこのころ天下の大善知識にて(=このうえなくりっぱな高徳の僧で)」❷人を仏道に導く機縁。また、機縁となる人や事物。〈平家・一〇・横笛〉「これ善知識なり。しかじ、うき世をいとひ、まことの道に入りなん」訳 これは仏道に入る機縁である。越したことはない、つらい世をきらい、仏の道に入ってしまうのに。(「まことの道に入りなん(には)しかじ」の倒置した形)

ぜん-ぢゃう【禅定】名 ❶《仏教語》煩悩のために散乱している考えを静め、心を統一して、真理を悟ろうとすること。また、その悟り。禅。定。〈徒然・一五七〉「縄床に座せば、おぼえずして禅定成るべし」訳 (座禅用の)縄を張った椅子に腰掛ければ、知らず知らずに心の統一による悟りが得られるにちがいない。❷修験道で、駿河(静岡県)の富士山、加賀(石川県)の白山、越中(富山県)の立山などの高山に登って修行すること。❸霊山の頂上。

せん-ぢん【先陣】名 ❶陣立てで、本陣の前を進む部隊。先備え。先鋒。対 後陣 ❷さきがけ。一番乗り。〈平家・九・宇治川先陣〉「佐々木四郎高綱、宇治河の先陣ぞや(=一番乗りだぞ)」

せん-てい【先帝】名「せんだい」に同じ。

せん-ど【先途・前途】名「せんと」とも。❶(のちに「ぜんと」とも)これから先。行く先。前途。〈細道・旅立〉「前途三千里の思ひ胸にふさがりて」訳 前途三千里の(はるかな道のりへの)思いが胸にいっぱいになって。❷終わり。終局。最期。〈徒然・七四〉「名利に溺れて、先途の近きことをかへり見ねばなり」訳 (老・死を恐れないのは)名誉や利益に心を奪われて、最期が近いことを顧みないからである。➡果つ「慣用表現」❸大事の決まるとき。勝敗の決する局面。せとぎわ。〈宇治・一一・七〉「必ず先途と思ふことの折にぞ、取り出でて着ける」訳 きっと大事の決まるときだと思うことのおりには、(その着物を)取り出して着たのだが。❹家柄によって定まった、昇進できる最高の官職。極官。〈古活字本平治物語〉「執柄の息、英才の輩も、この職を先途とす」訳 摂政・関白の子、英才の人々も、この職(=大将)を昇進できる最高の官職とする。

せん-とう【仙洞】名 ❶仙人の住まい。❷仙人の住居にたとえて、上皇の御所をいう。仙洞御所。❸上皇の尊称。

せん-な・し【詮無し】形ク {から・く(かり)・し・き(かる)・けれ・かれ} しかたがない。かいがない。無益である。無意味である。〈徒然・七三〉「皆人の興ずる虚言は、ひとり、『さもなかりしものを』と言はんもせんなく(用)て」訳 だれもがおもしろがるうそは、自分ひとりが、「(本当は)そうではなかったのに」と言ったとしても、しかたがないので。➡咳き上ぐ「慣用表現」

ぜん-に【禅尼】名《仏教語》在家のまま剃髪して仏門にはいった女子。

せん-ばう【先坊・前坊】名「ぜんばう」とも。「先東宮坊」の略。前の皇太子。

せん-ばん【千万】一 名「せんまん」とも。数のきわめて多いこと。非常に大きな数量。たくさん。二 形動ナリ {なら・なり(に)・なり・なる・なれ・なれ}(接尾語的に用いて)程度のはなはだしいさま。…この上もない。〈平家・一一・重衡被斬〉「後悔せんばん(語幹)悲しんでもあまりあり」訳 後悔この上もなく悲しんでも余りある。三 副 ❶状態のさまざまなことにいう。いろいろ。さまざま。〈浄・生玉心中〉「せんばん砕く気の働き、胸のふいごに怒りの火焔(=送風器)」訳 いろいろと思い悩む心の動き、胸のふいごによる怒りの炎。❷万一。もしも。〈太平記・一八〉「これはせんばんかけ合ひ

の戦に打ち負くることあらば、たてこもらんための用意なり」訳 これ(=兵糧を蓄えたこと)はもしも両軍の主力戦に負けることがあったら、たてこもるための用意である。

せん-みゃう【宣命】名 (勅命を宣べ伝える意)(漢文で書かれた「詔勅」に対して)**国語で書かれた、天皇の命令を宣布する文書。** その書き表し方を「宣命体」「宣命書き」という。参考 奈良時代には朝賀・即位・改元・立后・立太子などに用いたが、平安時代からは、神社・山陵(=歴代天皇の墓)への告文や、即位・大嘗祭や任大臣・贈位などの儀式に用いた。

ぜん-もん【禅門】名《仏教語》❶禅宗。❷在家のまま剃髪して仏門にはいった男子。入道。〈平家・一・禿髪〉「この禅門世ざかりの程は、聊かいるかせにも申す者なし」訳 この入道(=清盛)が全盛の間は、少しも(入道のことを)おろそかにも申し上げる者はない。

せん-りう【川柳】名 江戸時代、前句付けから付け句の部分が独立した十七音の短詩。字数は俳句と同じだが、季語や切れ字などの制約はない。内容は、人情の機微をうがち、社会や政治の矛盾を皮肉るなど、庶民の笑いを表現した。前句付けの点者柄井川柳が創始した。↓前句付け・雑俳

川柳《人名》↓柄井川柳

そ ソ

そ【十】名(接尾語的に用いて)とお。じゅう。「三十」から九十までの数で、十の位にいう。「三十(みそ)・四十(よそ)・五十(いそ)・六十(むそ)・七十(ななそ)・八十(やそ)・九十(ここのそ)」「三十一文字(みそひともじ)」「八十氏人(やそうじびと)(=多くの氏族の人)」などと用いる。

そ【衣】名 着物。ころも。多くは「御衣(みそ・おんぞ・おほんぞ)」の形で用いる。↓御衣(おんぞ)・御衣(みそ)

そ【其・夫】代 ❶中称の指示代名詞。**それ。その人。そのこと。**〈万葉・三・四六六〉「わが屋前に花ぞ咲きたるそを見れど情も行かず」訳 わが家の前庭に花が咲いている。(しかし)それを見ても心も満たされない。〈徒然・三〇〉「思ひ出でてしのぶ人あらん程こそあらめ、そもまたほどなくうせて」訳 (故人を)思い出してなつかしがる人がいるようなうちはよいであろうが、その人もまた間もなく亡くなって。❷特定の人やあるものをそれと明示しないで示すこと。**ある人。**なにがし。〈伊勢・九〉「京に、その人の御もとにとて、文書きてつく」訳 都に(あてて)、ある人の御もとにといって、手紙を書いて(修行者に)託す。

そ 終助

意味・用法 禁止(…な。どうか…てくれるな。)→❶、❷

接続 動詞および助動詞「す」「さす」「しむ」「る」「らる」の連用形に付く。ただし、カ変・サ変の動詞には未然形に付く。

❶副詞「な」と呼応し、おもに動詞の連用形(カ変・サ変は未然形)に付いて、「な＋連用形(未然形)＋そ」の形で禁止の意を表す。**…な。どうか…てくれるな。**〈万葉・一四・三四五二〉「おもしろき野をばな焼きそ古草に新草まじり生ひは生ふるがに」訳 眺めのよい野をどうか焼かないでくれ。古い草に新しい草がまじって生えるように。

❷「な…そ」の「な」がなく、「そ」だけで禁止の意を表す。**…な。**〈夫木・雑一〉「散りぬともほかへはやりそ色々の木の葉めぐらす谷の辻風」訳 仮に散ってしまうにしても、他の場所へは移さないでくれ。色とりどりの木の葉をあちこちにめぐらす谷のつむじ風よ。(↓そね)

参考 禁止の意を表す終助詞「な」を用いた「動詞の終止形＋な」の形にくらべて、やわらかくおだやかに禁止する言い方であるという。中古では、女性は、禁止を言うのに「な…そ」の形を用いるのがふつうであった。②のような「な」を用いない言い方は、平安時代の後期から見られるようになる。↓な(終助)〈禁止〉

ぞ 係助 ↓次ページ「ぞ」(五六九ページ)

そう【証】名「しょう」とも。**証拠。確かなしるし。**〈大鏡・道長上〉「ただにて帰り参りて侍らむは、証さぶらふまじきにより」訳 何も持たずに帰って参りましたならそれは、(肝試しの)証拠がございませんでしょうから。

そう【僧】名《仏教語》世を捨てて仏の道にはいった人。出家。**僧侶。**対 俗

そう【双・相・草・荘・桑・装・箏・糟・薔・騒・左右】↓さう

そう【障う】↓さふ

そう【添う・副う】↓そふ

ぞう【族】名「ぞく」のウ音便。一族。一門。子孫。〈徒然・二五〉「我が御族のみ、御門の御後見、世のかためにて」訳 自分のご子孫だけが、天皇のご後見(=摂政・関白)で、この世の中の守り役として。

ぞう【判官】名「じょう(判官)」に同じ。

ぞう【造・蔵】↓ざう

ぞう【雑】↓ざふ

そうかく【騒客】↓さうかく

宗鑑《人名》↓山崎宗鑑

宗祇《人名》↓飯尾宗祇

そうし【冊子・草子・草紙・双紙】↓さうし

そうじ【障子・精進】↓さうじ

ぞうしき【雑色】↓ざふしき

そうじ-て【総じて・惣じて】副 ❶**すべて。全部で。**〈平家・一・祇王〉「そうじて四人、ひとつ車にとりのって」訳 全部で四人(の白拍子)が一台の車に乗って。❷**一般に。概して。**〈浮・日本永代蔵〉「そうじて北浜の米市は、日本第一の津なればこそ(=港であるので)」

そうじみ【正身】↓さうじみ

僧正遍昭《人名》↓遍昭

そうじん【精進】↓さうじん

そう・す【奏す】他サ変{せ・し・す・する・すれ・せよ}

ぞ

係助〔上代には「そ」とも〕

意味・用法	用例
❶強調 文中にある場合。他の何物でもなく、まさにそのものであるという意味での強調を表す。係り結びによって、「ぞ」を受ける文末の活用語は連体形となる。	例 右近(うこん)ぞ見知りたる〈枕・九〉 訳 (ほかならぬ)右近が見知っている。 例 杏(すもも)のやうなる玉をぞ添へていましたる〈竹取・竜の頸の玉〉 訳 (大納言は目に)すもものような玉をつけ加えていらっしゃった。 例 ただ月を見てぞ、西東(にしひむがし)をば知りける〈土佐〉 訳 ただ月を見てこそ、西東(の方向)を知った。 定型表現 係り結び ぞ…連体形 〈強意〉　(連体形) 例 花ぞ咲きたる。(=花が咲いている)
❷文末の用法 ㋐断定 …だ。	例 さのみやはとて、うち出で侍りぬるぞ〈竹取・かぐや姫の昇天〉 訳 そうばかりもしていられようか(いや、いられない)と思って、うちあけてしまうのでございます。
㋑問いただす …か。	例 かばかりになりては、跳びおるともおりなん。いかにかく言ふぞ〈徒然・一〇九〉 訳 これほど(の高さ)になっては、跳び降りてもきっと降りられるだろう。どうしてこのように(注意しろと)言うのか。

接続 体言、活用語の連体形、種々の助詞などに付く。

文法ノート

1 結びの消滅
「ぞ」を受けて連体形で結ばれるはずの語に、「に・を・とも・ども・ど・ば」などの接続助詞が付くと、接続助詞の支配を受けて結びが消滅し、条件句となって下文に続いていく。
例 別納(べちなふ)のかたにぞ曹司(ざうし)などして人住むべかめれど、こなたは離れたり〈源氏・夕顔〉 訳 別棟のほうに部屋などをしつらえて人が住んでいるに違いないようだが、こちら(=西の対)は離れている。

---

❶「言ふ」の謙譲語。**天皇または上皇・法皇に申し上げる。奏上する。**〈更級・竹芝寺〉「はや帰りておほやけにこのよしを奏せよ㊎」訳 早く(都に)帰って、天皇にこの旨(むね)を奏上しろ。
❷**音楽を演奏する。**かなでる。〈源氏・少女〉「楽(がく)の舟ども漕ぎまひて、調子ども奏する㊍ほどの」訳 雅楽の舟が何艘(そう)も漕ぎ回って、管弦のしらべをいろいろと演奏するときの。
参考 天皇または上皇・法皇には「奏す」を用いることが多いが、「申す」「聞こえさす」なども用いる。皇后・皇太后・皇太子などに言上するときは「啓す」を用いる(上皇に「啓す」を用いることもある)。

そうぞうし ⬇さうざうし

そう-ぞく【僧俗】名 僧侶と俗人。出家と在家。

そうぞく〘装束・装束く〙⬇さうぞく

ぞう-ちゃう(ジョウ)【増長】名・自サ変〔「増」は横に広がる、「長」は縦に伸びる意〕増大すること。しだいにはなはだしくなること。〈徒然・三八〉「才能は煩悩(ぼんなう)の増長せ㊌るなり」訳 才能は煩悩(=欲望)が増大したものである。

そうなし〘双無し・左右無し〙⬇さうなし

そう-ばう(ボウ)【僧坊・僧房】名 寺院に付属して建てられている僧尼の起居する建物。僧の住む家。

そうび〘薔薇〙⬇さうび

そう-もん【奏聞】名・自サ変 天皇に申し上げること。奏上。〈太平記・一三〉「奏聞す㊋べきことあり」訳 (天皇に)申し上げなければならないことがある。

そう-もん【総門・惣門】名 外構えの正門。城や砦(とりで)の外郭の門。

そう-らん【奏覧】名・他サ変 天皇のご覧に入れること。

そうらう〘候う〙⬇さうらふ

ぞ-かし (文末に用いて)念を押して強く言う意を表す。…であるよ。…だよ。…だぞ。〈土佐〉「この住吉(すみよし)の明神は、例の神ぞかし」訳 この住吉の明神は、例の(欲ばりの)神様であるよ。〈更級・物語〉「われはこのごろわろきぞかし」訳 私は今は(まだ)美しくないことだよ。

2 結びの省略
「とぞ」の形で文末にある場合は、「ぞ」を受ける連体形の結びが省略されている。多くは「言ふ」または「聞く」を補う。
例 たびたび強盗にあひたるゆゑに、この名をつけにけるとぞ〈徒然・四六〉
訳 何度も強盗に遭ったので、この(強盗法印という)名をつけたのだと(いう)。

3 文末の用法の「ぞ」
文末にある用法は、終助詞とする考え方もある。

4 懸念・不安の「もぞ」
「もぞ…連体形」の形は、悪い事態を予測し、そうなっては困るという不安や懸念の気持ちを表すことが多い。→もぞ
例 雨もぞ降る、御車は門の下に、御供の人はそこそこに〈徒然・一〇四〉
訳 雨が降るといけない(から)、御車は門の下に、お供の人はどこそこに。

5 「そ」「誰そ」
上代では、「そ」と清音で発音されたものと考えられる。そのなごりで、「誰そ」の場合にはふつう「そ」を濁らずに読む。

そ-がひ ガイ【背向】名 うしろのほう。背後。背中あわせ。
なりたち 係助詞「ぞ」＋終助詞「かし」

曽我物語(そがものがたり)《作品名》室町前期の軍記物語。作者・成立年代未詳。曽我十郎・五郎の兄弟が父の敵工藤祐経を討つまでを描く。後世の謡曲・浄瑠璃・歌舞伎などに多くの素材を提供した。

-そく【束】接尾 ❶たばねたものを数える語。たば。〈宇治・一三・一〉「[葦を]四、五束、十束、二、三十束など刈りて取らす(=刈って与える)」
❷矢の長さの単位。親指を除いた指四本の幅。〈平家・一一・遠矢〉「十五束ありけるをうちくはせ」訳 十五束あった矢をつがえ。→伏せ

そ・く【退く】一 自カ四{か・き・く・く・け・け}離れる。遠ざかる。〈記・下〉「雲離れ退き居りとも我忘れめや」訳 雲が離れるように離れていても、私が(あなたを)忘れるだろうか(いや、忘れはしない)。
二 他カ下二{け・け・く・くる・くれ・けよ}離す。取り除く。〈記・中〉「向かひ火をつけて焼きそけて」訳 (野原に)向かい火をつけて(燃え迫ってくる火を)焼き退けて。

そ・ぐ【削ぐ・殺ぐ】他ガ四{が・ぎ・ぐ・ぐ・げ・げ}❶(髪の毛などの)末端を切りおとす。切りそろえる。けずりとる。〈源氏・若紫〉「髪のうつくしげにそがれたる末も」訳 髪のいかにも美しいようすに切りそろえてある端も。
❷省く。省略する。簡略にする。〈源氏・夕霧〉「事の俄かになれば、そぐやうなりつることども」訳 事が急であるので、(何かと)省略するようだったことのあれこれも。

ぞく【俗】一 名 ❶世のならわし。その土地の習慣。時代の風習。〈徒然・一六五〉「すべてわが俗にあらずして人に交はれる、見ぐるし」訳 総じて自分本来の習慣によらないで(外部の)人と交際しているのは、みっともない。
❷(僧に対して)一般の人。俗人。〈大和・一六八〉「俗にいますがりける時の子どももありけり」訳 (僧には)俗人でいらっしゃったときの子供がいた。対 僧
❸世間一般の人。世の中の人。また、世俗。〈風姿花伝〉「もとより俗の身なれば」訳 (能役者は)そもそも世俗の身であるので。
二 名・形動ナリ 風流でないこと。日常的・世俗的であること。〈古今・真名序〉「文琳は巧みに物を詠ず。然れども、その体俗に近し」訳 文琳(=文屋康秀の字)は巧みに物事を(歌に)詠む。しかし、その(歌の)風体は世俗的なものに近い。

ぞく【粟】名 もみごめ。あわ。転じて、穀物。食糧。

そくけつ-の-くゎん ソクケツノカン【則闕の官】名 太政大臣の異称。養老令の「職員令」に「太政大臣一人…其の人無ければ則ち闕く(=適任者がいなければ欠員とする)」とあることによる。

そく-さい【息災】一 名《仏教語》仏の力で災いを防ぎとめること。平穏であること。〈枕・二七七〉「いみじうやすき息災の祈りななり」訳 ひどく簡単な災難防止の(ための)おまじないであるようだ。
二 名・形動ナリ 身にさわりのないこと。健康。無事。〈徒然・一七五〉「息災なる人も、目の前に大事の病者となりて」訳 健康である人も、見るまに重症の病人になって。

ぞく-しゃう ショウ【俗姓】名 ❶氏姓。家柄。素性。
❷僧が俗人であったときの姓。〈徒然・一四二〉「悲田院の尭蓮上人は、俗姓は三浦の某とかや(=在俗のときの姓は三浦の某とかいって)」

そく-たい【束帯】名 平安時代以降、朝廷の公事の際、天皇以下文武百官が着用した男子の正式の装束。宿直の用の略装に対し、昼の装束ともいう。冠・袍・半臂・下襲・衵・単・上の袴・大口・石帯(=袍の腰を結ぶ飾りのついた帯)・平緒・笏・沓などで装う。➡次ページ図

そくば-く【許多・若干】副「「そこばく」の転」「そこばく」に同じ。

そく-ひ イ【続飯】名「「そくいひ」の転」飯粒を練って作った糊。〈枕・一六〇〉「固く封じたる続飯などあくるほど、いと心もとなし」訳 (恋しく思う人の手紙を受けとって)しっかりと封をしてある糊などを開く間は、ほんとうにじれったい。

そ-くゎい カイ【素懐】名 ❶前々からの願い。宿願。素志。〈平家・六・廻文〉「平家末になる折を得て、源氏の年来の素懐を遂げんとす」訳 平家が衰退する機会を得て、源氏が数年来の念願を遂げようとする。
❷特に、出家・往生しようとする、前々からの願い。

そこ【底】名 ❶くぼんだもののいちばん下の部分。また、極まるところ。果て。
❷奥深い所。心の奥底。〈源氏・若菜下〉「心の底ゆかしき

（そくたい）

さまして」訳（明石の君は）心の奥底をのぞいてみたい（ような）ようすをして。

❸そのもののもつ真の力量。底力。〈源平盛衰記〉「薄墨にも底はまさりてこそあるらめ」訳（名馬の）薄墨に比べても真の力量はよりすぐれているだろう。

そ-こ【其処・其所】代

❶中称の指示代名詞。場所を示す。そのところ。その場所。**そこ**。〈源氏・朝顔〉「女五の宮のそこにおはすれば」訳女五の宮がそこにおいでになるので。

❷中称の指示代名詞。事物をさす。**それ**。**そのこと**。〈万葉・三・四六六〉「入り日なす隠りにしかばそこ思ふに胸こそ痛き」訳（妻は）夕日のように隠れてしまった（＝死んでしまった）ので、そのことを思うと胸が痛むが。

❸対称の人代名詞。親しい目下の者や友人に対して用いる。**あなた**。**きみ**。そこもと。〈今昔・二六・一六〉「そこぞ盗人にも増さりたりける心にておはしける」訳あなたは実に盗人にも勝った（したたかな）心（の持ち主）でいらっしゃったことよ。

フレーズ

其処とも知らず どこともわからない。あてもない。〈新古・春上〉「思ふどちそことも知らず(用)行き暮れぬ」訳親しい者どうしがどこというあてもなく行くうちに日が暮れてしまった。

そこ-そこ【其処其処】■一 代 ❶特定の場所をそれと明示しないで示す。どこそこ。〈大鏡・道長下〉「西の京のそこそこなる家に」訳西の京のどこそこにある家に。

❷なにもかも。そこもここも。〈浄・心中刃は氷の朔日〉「そこそこ気のつく職人の、銀出来す気ぞ、格別なる」訳なにもかも気のつく職人の、金をこしらえる気構えが特別である。

■二 副 ❶あわただしく落ち着かないようす。そそくさ。

❷いいかげんに。中途半端に。〈浮・世間胸算用〉「銀集まればみなわがものと思ふから、そこそこに催促せず」訳金が集まると全部自分のものだと思うので、いいかげんに（貸した金の）催促はしない。

そこ-と-も-しら-ず【其処とも知らず】➡其処「フレーズ」

そこな-ふ【損なふ・害ふ】他ハ四〔は・ひ・ふ・ふ・へ・へ〕❶（心身を）傷つける。痛める。殺傷する。〈土佐〉「二十日、三十日とかぞふれば、およびもそこなは(未)れぬべし」訳二十日、三十日と（指を折って）数えるので、指も傷つけられて（＝痛めて）しまうだろう。

❷（物を）傷つける。こわす。〈源氏・末摘花〉「几帳など、いたくそこなは(未)れたるものから」訳几帳などがひど

最重要330

185

そこはかと-な・し

ガイド はっきりとの意の副詞「そこはかと」を形容詞「なし」で打ち消した連語。**物事や事情、理由がはっきりとしない**の意を表す。

❶**どういうこともない。それとはっきりしない。**

例 風涼しくて、**そこはかとなき**(体)虫の声々聞こえ〈源氏・帚木〉

訳 風が涼しくて、（どこで鳴いているとも）**はっきりしない**虫の声がいろいろ聞こえ。

❷**はっきりとした理由がない。とりとめもない。**

例 心にうつりゆくよしなしごとを、**そこはかとなく**(用)書きつくれば〈徒然・序〉

訳 心の中に次々と浮かんでは消えるたわいもないことを、**とりとめもなく**書きつけると。

なりたち 副詞「そこはかと」＋形容詞「なし」

くこわされているけれども。❸悪い状態にさせる。衰弱させる。〈源氏・手習〉「いかなる違ひ目にてかくそこなは(未)れ給ひけむ」訳（この女（＝浮舟は）どのような間違い（＝不運）で、このように衰弱させられなさったのだろう。❹（動詞の連用形に付いて）…しそんじる。…しくじる。〈宇治・一五・一二〉「それが飛びそこなひ(用)て、この溝に落ち入りたるなり」訳ところが飛びそこなって、この溝に落ち込んだのだ。

そこはか-と 副
（多く下に打消の表現を伴って）それとはっきりしているようすを表す。あきらかにそれはそれと。**はっきりとどこそこと。**〈更級・野辺の笹原〉「そこはかと知りてゆかねど先に立つ涙ぞ道のしるべなりける」訳そこが墓だとはっきりと知って行くのではないけれども、まず出る涙（すなわち先に立つ涙）が道の案内者であったのだ。（「そこはかと」は「そこ墓と（＝そこが墓だと）」との掛詞）

そこはかと-な-し ↓前ページ 185

そこば-く【幾許・若干】副
「そくばく」とも。❶（数量について）**たくさん。**あれこれと。〈伊勢・七七〉「そこばくのささげ物を木の枝につけて、堂の前に立てたれば」訳たくさんのお供え物を木の枝につけて、堂の前に立てたので。
❷（程度について）**たいそう。非常に。**〈狭衣物語〉「そこばく広き大路、ゆすり満ちて」訳たいそう広い大通りに、（見物の人々が）いっせいにざわめいて。

そこ-ひ【底ひ】名 **物事の至りきわまる所。**きわみ。果て。〈今昔・二〇・一二〉「池の内そこひ無く深ければ」訳池の中は果てがなく深いので。

フレーズ **底ひも知らず** 果てもわからない。限りもわからない。〈土佐〉「棹させど底ひも知らぬ(体)わたつみの深き心を君に見るかな」訳棹を突き立てても、（深さの）果てもわからない海のように深い心をあなたに感じることだ。（第三句までは「深き」を導き出す序詞）

最重要330

186 そこ-ら 副

ガイド 数量・程度がはなはだしいの意を表す。数量が多い意が①、程度がはなはだしい意が②。類義語に「ここら」（→135）「あまた」（→24）がある。現代語で「その辺り」の意を表す「其処ら」は別語で、中世後期に現れた。

❶（多く、下に助詞「の」を伴って）（数量について）**たくさん。多く。**
例 そこらの年ごろ、そこらの金給ひて〈竹取・かぐや姫の昇天〉
訳 多くの年月の間に、たくさんの金をくださって。

❷（程度について）**たいそう。非常に。**
例 こなたかなたの御送りの人ども、寺々の念仏僧など、そこら広き野に所もなし〈源氏・葵〉
訳 あちこちの御野辺送りの人たち、寺々の念仏僧など、たいそう広々とした野（＝鳥辺野）に（会葬者が満ちて）すきまもない。

そこひ-も-しら-ず【底ひも知らず】↓底ひ「フレーズ」

そこ-もと【其処許】代 ❶**中称の指示代名詞。そのあたり。**そこの所。〈枕・一三〇〉「そこもとは、落ちたる所侍り」訳そのあたりは、低くなっている所があります。
❷対称の人代名詞。同輩以下に用いる。**そなた。**あなた。〈反故集〉「其元万事ご苦労の段、察し入り候」訳そなたのあらゆるご苦労のこと、推察します。

そこ-ら 副 ↓左上 186

そし・る【誹る・謗る・譏る】他ラ四｛ら・り・る・る・れ・れ｝人のことを悪く言う。非難する。〈枕・七五〉「ありがたきもの…主そしら(未)ぬ従者」訳めったにないもの、…主人を悪く言わない召使。

-そ・す【過す】接尾サ四型（動詞の連用形に付いて）度を越すという意を添える。…**しすぎる。**しきりに…する。熱心に…する。〈源氏・帚木〉「我たけく言ひそし(用)侍るに」訳得意になって言いすぎますと。

素性（そせい）《人名》（生没年未詳）平安前期の歌人。俗名、良岑玄利。遍昭の子。三十六歌仙の一人。「古今集」の代表的歌人で、歌風は軽妙で力強い。「小倉百人一首」に入集。家集「素性集」

そそ・く 自カ四｛か・き・く・く・け・け｝せかせか動きまわる。忙しそうにする。そわそわする。〈堤・貝あはせ〉「明日のこと思ひ侍るに、…そそき(用)はんべるぞ」訳明日のことを思いますと…、そわそわしているのですよ。

そそ・く【注く・灌く】〔近世以降は「そそぐ」〕一 自カ四｛か・き・く・く・け・け｝❶水が流れこむ。❷（雨・雪などが）降る。降りかかる。〈源氏・蓬生〉「日頃降りつる名残の雨少しそそき(用)て」訳何日も降った（長雨の）名残の雨が少し降ってきて。❸（涙が）しきりに落ちる。〈源氏・須磨〉「酔ひの悲しび涙そそく(終)春の盃のうち」訳酔いの悲しみよ、涙が落ちる、春の（酒の）杯の中に。
二 他カ四｛か・き・く・く・け・け｝かける。流しかける。ふりかける。〈伊勢・五九〉「死に入りたりければ、おもてに水そそき(用)などして」訳（男は）死んだようになってしまったので、

最重要330

187 そぞろ 【漫ろ】 形動ナリ {なら・なり(に)・なり・なる・なれ・なれ}

ガイド ①②③の意は「すずろ」と同じで、中古の女流文学作品では「すずろ」の方が多い。中世になると「そぞろ」が多くなる。なお④の意は「すずろ」にはない。

❶**なんという理由もない。これという当てがない。**
例 ただざめざめと泣き居(ゐ)たるばかりにて、**そぞろに**(用)時をぞ移されける〈太平記・二七〉 訳 ただざめざめと泣いているだけで、**なんということもなく**時をお過ごしになった。

❷**なんの関係もないさま。つながりがない。**
例 **そぞろなる**(体)古いかうべを白い布に包んで奉(また)ったりけるに〈平家・三・紺掻之沙汰〉 訳 (頼朝(よりとも)に、父義朝とは)**関係のない**古い頭(＝頭蓋骨)を白い布に包んで差し上げたところ。

❸**いわれがない。むやみやたらである。**
例 かたくななる人の、その道知らぬは、**そぞろに**(用)神のごとくにいへども〈徒然・七三〉 訳 教養がない人で、その道を知らない人は、(名人と騒がれる人の芸を)**むやみやたらに**神様のように言うけれども。

❹**心が落ち着かない。そわそわしている。**
例 富士・筑波(つくば)の嶺々(みねみね)を心にしむるぞ**そぞろなる**(体)かな〈雨月・仏法僧〉 訳 富士山・筑波山の峰々を心に深く感じるのは**気が落ち着かないこと**だなあ。

(人々が)顔に水を**注ぎかけ**たりして。

そそ・く ㊀ 他カ四 {か・き・く・く・け・け} (紙・織物などを)けばだたせる。(綿などを)ほぐす。〈大鏡・道長上〉「これかれ**そそき**(用)侍らむもうるさきに」 訳 あれこれ(綿を)**ほぐし**ますなら、それもめんどうなので。 ㊁ 自カ下二 {け・け・く・くる・くれ・けよ} (髪・紙・織物などが)けばだつ。ほつれ乱れる。〈徒然・一一八〉「鯉(こひ)の羹(あつもの)食ひたる日は、鬢(びん)**そそけ**(未)ずとなん」 訳 鯉の吸い物を食った日は、耳ぎわの髪が**ほつれ乱れ**ないと(いう)。

そそのか・す 【唆かす】 他サ四 {さ・し・す・す・せ・せ} **その気になるように勧める。**さそう。せきたてる。〈源氏・桐壺〉「とく参り給はむことを**そそのかし**(用)聞こゆれど」 訳 (女房たちは若宮＝光源氏が)早く参内(さんだい)なさるようにとのことを(祖母君に)お**勧め**申しあげるが。 参考 おだてて悪いほうへさそう意は、近世以降の用法。

そそ-め・く 自カ四 {か・き・く・く・け・け} (「めく」は接尾語) ❶ざわめく。ざわざわ騒がしい音がする。〈枕・五六〉「滝口の弓鳴らし、沓(くつ)の音し、**そそめき**(用)出(い)づると」 訳 滝口の武士が弓弦(ゆづる)を鳴らし、沓の音がし、**ざわめいて**(清涼殿(せいりょうでん)の前庭に)出てくると。 ❷そわそわする。落ち着きなくふるまう。〈源氏・東屋〉「心のどかにゐられたらず、**そそめき**(用)歩(あり)くに」 訳 のんびりと落ち着いていられたものではなく、**そわそわと**動きまわっていると。

そそ-や 感 (感動詞「そそ」＋間投助詞「や」)注意をうながしたり、驚いたりするときに発する語。それそれ。そら。さあ。あれまあ。〈源氏・少女〉「御さきの声に、人々『**そそや**』などおぢ騒げば」 訳 御前駆(ぜんく)の(人々の)声に、(邸内の)人々(＝女房たち)が「**それそれ**(内大臣のお帰りだ)」などと恐れ騒ぐので。

そそ・る ㊀ 自ラ四 {ら・り・る・る・れ・れ} ❶高くそびえる。そそり立つ。〈万葉・一七・四〇〇三〉「天(あま)**そそり**(用)高き立山(たちやま)」 訳 天に**そそり立つ**高き立山よ。 ❷心がうきうきする。浮かれ騒ぐ。〈浄・女殺油地獄〉「まだ肌寒き川風を、酒に凌(しの)ぎて**そそり**(用)行く」 訳 まだ肌寒い川風を、酒で(からだを温め)しのいで**浮かれ騒いで**行く。 ㊁ 他ラ四 {ら・り・る・る・れ・れ} 揺り動かす。また、あおる。おだてる。〈神楽歌〉「ゆすり上げよ**そそり**(用)上げ」 訳 揺すって(高く)上げろ、**あおって**(高く)上げ。

そぞろ 【漫ろ】 形動ナリ ⇩上 187

そぞろ-がみ 【漫ろ神】 名 人の心を落ち着かなくさせる神。

そぞろ・く 【漫ろく】 自カ四 {か・き・く・く・け・け} 妙に落ち着かない。心がはやる。そわそわする。「すずろく」とも。〈風姿花伝〉「**そぞろか**(未)で、しとやかに立ち振る舞ふべし」 訳 (老人を演じるには)**そわそわし**ないで、もの静かにふるまうのがよい。

そぞろ-ごと 【漫ろ言】 名 「すずろごと(漫ろ言)」に同じ。〈徒然・一三八〉「ふるき女房の、**そぞろごと**言はれしついでに」 訳 古参の女房が、**とりとめのない話**をなさった折に。

そぞろ-ごと 【漫ろ事】 名 「すずろごと(漫ろ事)」に同じ。〈徒然・一三五〉「これは**そぞろごと**なれば、言ふにも足らず」 訳 これは**つまらないこと**だから、(取り上げて)

言うにも及ばない。

そぞろ-さむ・し【漫ろ寒し】形ク{から・く(かり)・し・き(かる)・けれ・かれ}❶なんとなく寒い。うすら寒い。〈源氏・初音〉「ほのぼのと明けゆくに、雪やや散りてそぞろ寒き㊌に」訳(夜が)ほのかに明けてゆくころに、雪が少し降って、うすら寒いときに。
❷ぞくぞくするほどすばらしい。〈源氏・紅葉賀〉「入り綾のほど、そぞろ寒く㊊」訳舞いながら(楽屋へと)舞台を退くようすがぞくぞくするほどすばらしく。

そぞろ-は・し【漫ろはし】形シク{しから・しく(しかり)・し・しき(しかる)・しけれ・しかれ}「すずろはし」に同じ。

そち【帥】名「そつ」とも。大宰府の長官。正と権(=定員外に任ずる官位)とがある。平安時代以降、多くは親王が任命されたが、実際には赴任せず、権帥または二等官である大弐が現地で政務を執った。

そ-ち【其方】代❶中称の指示代名詞。方角をさす。そこ。そちら。そっち。〈万葉・二・一九九〉「霰なすそちより来れば」訳(矢が)霰のようにそこから来るので。
❷対称の人代名詞。目下の者に対して用いる。おまえ。なんじ。〈浄・丹波与作待夜小室節〉「まあまあそちは異な者ぢや」訳まずまずおまえは殊勝な人間だ。
参考②は、中世以降に用いられる。

そつ【帥】名「そち(帥)」に同じ。

そつ-じ【卒爾・率爾】名・形動ナリ❶にわかなさま。だしぬけのこと。突然なさま。〈徒然・一五七〉「卒爾に㊊して多年の非を改むることもあり」訳(経文を読み)たちまちにして長年の間違いを改めることもある。
❷軽率なさま。軽はずみ。〈謡・望月〉「卒爾のふるまひとやおぼしめしけん」訳軽はずみなふるまいだと思いなさっただろうか。
❸失礼。無礼。〈浄・仮名手本忠臣蔵〉「卒爾いたさんやうもなし」訳無礼をいたそう(という)気もない(のです)。

そで【袖】名❶着物の、両腕をおおう部分。古くは筒袖であったが、袖の形が変わるにつれ、たもとをいうようになった。
❷牛車や輿などの前後の出入り口の左右の張り出した部分。前のほうを前袖、うしろのを後袖といい、袖の内面を裏または内、外面を袖表という。⬇車「古文常識」
❸鎧の、肩からひじをおおう部分。

フレーズ

袖の柵 涙を押さえる袖を、流れをせき止める柵に見たてた語。〈源氏・幻〉「袖のしがらみせきあへぬまであはれに」訳袖のしがらみも(涙を)せき止めることができないほどしみじみと悲しく。

袖の雫 袖にかかる涙。〈和泉式部日記〉「袖のしづくさへあはれに、めづらかなり」訳袖にかかる涙までがしみじみとして、(いつもの涙とは)違う感じである。⬇咳き上ぐ「慣用表現」

袖の露 (袖に置く露の意から)袖にかかる悲しみの涙。⬇咳き上ぐ「慣用表現」

袖触り合ふも他生の縁 《仏教語》道行く見知らぬ人と袖が触れ合う程度のわずかなつながりも、みな前世からの因縁によるものである、の意。どんなに小さな出来事もそれぞれ宿縁があってのことであるということ。
参考「触り合ふ」は「振り合ふ」とも書く。「他生」は「多生」の誤用ともいう。

袖を絞・る 涙に濡れた袖をしぼる。涙をひどく流す。〈後拾遺・恋四〉「契りきなかたみに袖をしぼり㊊つつ末の松山波越さじとは」訳⬇付録◇1「小倉百人一首」42・咳き上ぐ「慣用表現」

袖を濡ら・す (涙で袖を濡らす意から)泣く。⬇咳き上ぐ「慣用表現」

そで-がち【袖がち】形動ナリ{なら・なり(に)・なり・なる・なれ・なれ}袖が大きく目立つさま。〈枕・一五二〉「みじかきが袖がちなる㊌着てありくも、みなうつくし」訳(赤ん坊が)たけの短い着物で袖ばかり目立っているのを着て這いまわるのも、みなかわいらしい。

そで-かへ・す【袖返す】他サ四{さ・し・す・す・せ・せ}❶袖を裏返しにする。寝るときに行えば、思う人を夢に見ると信じられた。〈万葉・一七・三九七八〉「敷栲の袖かへし㊊つつ寝る夜落ちず夢には見れど」訳袖を折り返しては寝る夜ごとに、欠かさず(妻を)夢には見るが。(「敷栲の」は「袖」にかかる枕詞)
❷袖をひるがえす。〈源氏・花宴〉「袖かへす㊌所を一をれ気色ばかり舞ひ給へるに」訳(光源氏が舞の)袖をひるがえすところを一段、ほんの形だけお舞いになったところ。

そで-の-しがらみ【袖の柵】⬇袖「フレーズ」

そで-の-しづく【袖の雫】⬇袖「フレーズ」

そで-の-つゆ【袖の露】⬇袖「フレーズ」

そでひちて… 和歌

袖ひちて　むすびし水の　こほれるを
春立つけふの　風やとくらむ
〈古今・一・春上・二・紀貫之〉

訳(夏には)袖が濡れて、(そんなふうにして)手ですくった水が(冬になって)凍っていたのを、立春の今日の風がとかしているだろうか。
解説「ひちて」は「水に濡れる状態で」の意。「礼記」の「孟春の月、東風氷を解く」をふまえ、水の変化に季節の推移をとらえて立春の喜びを歌ったもの。

そで-ふくりん【袖覆輪】名(着物の)袖口がすり切れるのを防ぐために、別の布でくるんだり裏地を表に縫い返したりした部分。

そで-ふり-あふ-も-たしゃう-の-えん【袖触り合ふも他生の縁】⬇袖「フレーズ」

そで-を-しぼ・る【袖を絞る】⬇袖「フレーズ」

そで-を-ぬら・す【袖を濡らす】⬇袖「フレーズ」

そと【外】名❶外部。戸外。〈枕・三六〉「外のかたに髪のうちたたなはりてゆるらかなる程」訳(かぶった着物の)外のほうに髪の毛が重なり合ってゆったりと出ているようすで。
❷(仏教を「内」というのに対して)儒教。
参考「そと」は、中古以前にはほとんど用例がなく、多く「と」が用いられた。

そとば【卒塔婆・卒都婆】名《梵語の音訳》❶仏

舎利(=仏骨)の安置や、供養・報恩のために建てる五輪の塔や石塔。塔婆。❷死者を供養するため墓のうしろに立てる塔形の細長い板。表に梵字や経文などを記す。塔婆。

そ-とも 名 ❶【背面】〔「背つ面」の転。日光のさす南面に対して、その背面の意〕北。北側。〈万葉・一・五二〉「耳成の青菅山は背面の大き御門に宜しなへ神さび立てり」訳 耳成の青々とした菅の山は、北側のりっぱなご門のほうによいぐあいに(=よい姿で)神々しく立っている。❷【外面】外側。家の外。〈新古・夏〉「我が宿の外面に立てる楢の葉の」訳 わが家の外側に立っている楢の木の葉の。

そなた【其方】代 ❶中称の指示代名詞。そちら。そっち。その方面。〈源氏・空蟬〉「戸放ちつる童もそなたに入りて臥しぬれば」訳 (小君のために)妻戸を開けた(女の)子も、そちら(=東廂)に入って寝てしまったので。❷対称の人代名詞。あなた。おまえ。〈浄・冥途の飛脚〉「我もそなたのおふくろに、聟ごぢゃというて逢ひたい」訳 私もおまえの母親に、(私が)婿だと言って会いたい。

参考 ②は①から派生。中世では軽い敬意のある語であったが、近世中期以降は敬意を失って、対等以下の相手に用いられた。

そなは・る ソナワル【備はる・具はる】一 自ラ四〔ら・り・る・る・れ・れ〕❶十分にそろい、整っている。具備する。〈狭衣物語〉「三十二相も、よくそなはり用給ひて」訳 (源氏の宮は)三十二相(=仏が身に備えているという三十二種のすぐれた姿・形)も、よく備わっていらっしゃって。❷その地位につく。〈平家・六・入道死去〉「武官にそなはり用、弓箭に携はらん人々は」訳 武官の地位につき、いくさにかかわるような人々は。

二 自ラ下二〔れ・れ・る・るる・るれ・れよ〕一①に同じ。〈後拾遺・哀傷〉「そなはれ用し玉の小櫛をさしながら」訳 十分に整った美しい櫛をさしたままで。

そな・ふ ソナ(ノ)ウ 他ハ下二〔へ・へ・ふ・ふる・ふれ・へよ〕❶【備ふ・具ふ】㋐十分にそろえ、整える。人員をそろえる。〈紀・神代〉「夫の品の物悉にそなへ用て」訳 それらのいろいろな物を全部そろえて。㋑身につける。〈拾遺・哀傷〉「三十余り二つの姿そなへ用たる昔の人の踏める跡ぞこれ」訳 三十二相(=仏が備えているという三十二種のすぐれた姿・形)を身に備えた昔の人(=釈迦)の踏んだ跡なのだ、これ(=仏足石)は。❷【供ふ】神仏や貴人などに、物を調えて差し上げる。〈祝詞〉「御年の皇神の前に、…種々の色物をそなへ用まつりて」訳 御みのりをつかさどる皇祖神の前に、…いろいろな色の織物を供え申しあげて。

そ-ね 終助《上代語》〔禁止の終助詞「そ」+他に対する願望の終助詞「ね」〕「な…そね」の形で、懇願する気持ちをこめた禁止を表す。…してほしくない。…しないでほしい。〈万葉・二・二三三〉「高円の野辺の秋萩な散りそね」訳 高円山の野辺の秋萩の花よ、どうか散らないでおくれ。→そ(終助)

曾根崎心中 ソネザキシンジュウ《作品名》江戸中期の世話物浄瑠璃。近松門左衛門作。元禄十六年(一七〇三)、大坂竹本座初演。大坂の醬油屋平野屋の手代徳兵衛と天満屋の遊女お初が、曾根崎天神の森で情死した事件を脚色したもの。近松の世話物・心中物の第一作。

曾禰好忠 (そねのよしただ)《人名》(生没年未詳)平安中期の歌人。丹後の掾だったので、曽丹後または曽丹と呼ばれた。「古今集」以来の型を破った清新な歌風で、和歌史上に特異な地位を占める。「小倉百人一首」に入集。家集「好忠集」

そね・む【嫉む・妬む】他マ四〔ま・み・む・む・め・め〕うらやんで憎く思う。ねたむ。〈源氏・桐壺〉「めざましき者におとしめそねみ用給ふ」訳 (女御の方々は桐壺の更衣を)気にくわない者として軽蔑しねたみなさる。

その【園・苑】名 野菜・果樹・草花などを植えるためのひと囲いの土地。庭園。「そのふ」とも。

そ-の【其の】❶話し手から少し離れた事物・人をさしていう語。〈記・上〉「八雲立つ出雲八重垣妻ごみに八重垣つくるその八重垣を」訳 →やくもたつ… 歌謡 ❷すでに話題にのぼった事物・人をさしていう語。〈万葉・一・二五〉「時なくそ雪は降りける間なくそ雨は降りけるその雪の時なきがごとその雨の間なきがごとく」訳 いつも雪が降っていた。絶え間なく雨が降っていた。その雪がいつも降るように、その雨が絶え間なく降るように。❸(多く下に打消の表現を伴って)不定の事物・人をさし示す語。なんの。どの。〈新古・春下〉「花は散りその色となくながむればむなしき空に春雨ぞ降る」訳 桜の花は散り、なんのようすを見るということもなくながめていると、何もない空に春雨が降っている。❹わざとはっきりその名を言わずに事物・人をさし示す語。なになにの。〈枕・二三〉「その月、何の折、その人のよみたる歌はいかに」訳 なん月、なにの折、なにの時に、だれそれの人が詠んだ歌はどう(いう歌)か。

なりたち 代名詞「其」+格助詞「の」

フレーズ

其の事と無・し ❶別になんということもない。これという理由や目的もない。〈徒然・三二〉「ただそのこととなく用て取り出でたる、いとよし」訳 (客人のもてなしは)ただなんということもなく(ごちそうを)持ち出したのが、実によい。❷特定のことに限らない。何事につけても。〈徒然・九九〉「そのこととなく用過差を好み給ひけり」訳 (堀川の太政大臣は)何事につけても分に過ぎたことをお好みになった。

其の物と無・し 取り立てていうほどのものではない。〈枕・四〇〉「そのものとなけれ已ど、やどり木といふ名、いとあはれなり」訳 取り立てていうほどのものではないが、寄生木という名前は、たいそうしみじみとした趣がある。

其の物とも無・し なんともえたいが知れない。〈大鏡・道長上〉「宴の松原のほどにそのものともなき体声どもの聞こゆるに」訳 (大内裏にある)宴の松原(という広場)のあたりになんともえたいの知れない声がいろいろ聞こえるので。

そ-の-かみ【其の上】名 ↓左 188

そ-の-こと-と-な・し【其の事と無し】↓其の「フレーズ」

その-ふ【園生】名「その(園)」に同じ。

そ-の-もの-と-な・し【其の物と無し】↓其の「フレーズ」

そ-の-もの-と-も-な・し【其の物とも無し】↓其の「フレーズ」

そは【岨】名〔近世以降は「そば」とも〕山の険しい所。がけ。

そば【稜】名 ❶物のかど。〈宇治・六・五〉「石のそばの、折敷の広さにて、さし出でたるかたそばに尻をかけて」訳 石のかどが、盆(ほど)の広さで、突き出ている片端に(男は)尻をかけて。
❷袴の左右の脇のあいている部分。ももだち。〈平家・二・先帝身投〉「練り袴のそば高くはさみ」訳 練り絹の袴のももだちを高く(帯に)はさみ。

そば-ざま【側方】名 かたわら。側面。横のほう。〈宇治・三・七〉「そばざまに向きて鼻をひるほどに」訳 (童が)横のほうに向いてくしゃみをしたところ。

そば-そば【側側・端端】名 はしばし。所々。〈源氏・行幸〉「そのころほひ聞きしことの、そばそば思ひ出でらるるは」訳 その時分に聞いたことのはしばしが自然に思い出されるのは。

そばそば・し【稜稜し】形シク〔しから・しく(しかり)・し・しき(しかる)・しけれ・しかれ〕❶かどばっている。かどかどしい。〈うつほ・菊の宴〉「椎がもとあなそばそばし終床にしあらねば」訳 椎の木の下は、ああ、かどばっているよ、寝床ではないから。
❷よそよそしい。親しくない。〈源氏・桐壺〉「この宮とも御なかそばそばしき体ゆゑ」訳 この宮とも御仲が親しくないため。

そば-だ・つ【峙つ・敧つ】「そばたつ」とも。一 自タ四〔た・ち・つ・つ・て・て〕❶そびえ立つ。高くそびえる。〈今昔・二・三〉「さまざまのそばたて巳る石どもあり」訳 いろいろな(形で)そびえ立っている岩々がある。
❷(恐れや怒りのため髪の毛が)上向きに立つ。さか立つ。〈雨月・吉備津の釜〉「髪も生毛もことごとくそばたち用て」訳 (恐ろしさに)髪の毛もうぶ毛もみなさか立って。
二 他タ下二〔て・て・つ・つる・つれ・てよ〕❶そびえ立たせる。また、一方の端をもちあげる。斜めにする。〈源氏・須磨〉「枕をそばだて用て四方の嵐を聞き給ふに」訳 枕を斜めに高くして辺りを吹きすさぶ風(の音)をお聞きになると。
❷(聞き耳を)立てる。(耳を)すます。〈著聞・一四〇〉「人々耳をそばたて用て」訳 人々は聞き耳を立てて。

そば-つき【側付き】名 はたから見たようす。外観。〈源氏・帚木〉「そばつきされぱみたるも、げにかうもしつべかりけりと」訳 (細工の)外観がしゃれているのも、なるほどこんなふうにも作れたのだなあと。

そば-ひら【側平】名 そば。かたわら。

そば・ふ【戯ふ】自ハ下二〔へ・へ・ふ・ふる・ふれ・へよ〕〔後世「そばゆ」とも〕ふざける。戯れる。〈枕・一二九〉「そばへ用たる小舎人童などに、ひきはられて泣くもをかし」訳 ふざけあっている召使の少年などに、(女の子たちが袂を)引っぱられて泣くのもおもしろい。

そば・む【側む】一 自マ四〔ま・み・む・む・め・め〕❶横向きになる。わきに寄る。〈源氏・野分〉「柱がくれに少しそばみ用給へりつるを」訳 (玉鬘が)柱の陰に隠れて少し横を向いていらっしゃったのを。
❷ひがむ。すねる。〈源氏・蛍〉「何やかやともそばみ用聞こえ給はで」訳 (花散里は)なにやかやともおすね申しあげなさらないで。
❸かたよる。また、本筋をはずれる。〈源氏・梅枝〉「そばみ用たる古言どもを選えりて」訳 かたよった古歌のいくつかを選んで。
二 他マ下二〔め・め・む・むる・むれ・めよ〕❶片寄せる。わきに寄せる。〈古活字本平治物語〉「弓をひらめ、矢をそばめ用て」訳 弓を伏せ、矢をわきに寄せて。
❷(目を)そらせる。〈源氏・桐壺〉「上達部、上人などもあいなく目をそばめ用つつ」訳 公卿や殿上人なども、それぞれ困ったことだと目をそらして。

そば-め【側目】名 ❶横から見ること。横目。〈源氏・末摘花〉「端に手習ひすさび給ふを、そばめに見れば」訳

最重要330

188 **そ-の-かみ**【其の上】名

ガイド 「上」は「昔」の意。「その」によってほかから区別される特定の過去を指示すれば①、「その」を曖昧な指示として用いたのが②。

❶**その当時。** その折。

例 そのかみはほかほかに侍りて、くはしくも見給へ馴れざりき〈源氏・宿木〉

訳 その当時は(中将の君と私=弁の尼は)別々におりまして、親しくもお付き合いさせていただくことはなかった。

❷**過去。昔。**

例 そのかみこの御山を二荒山と書きしを、空海大師開基の時、日光と改め給ふ〈細道・日光〉

訳 昔この御山を二荒山と書いたのを、空海大師が寺創建のとき、日光と改めなさる。(実際には二荒山の開基は勝道上人)

(光源氏が手紙の)端に気ままに落書きなさるのを、(命婦が)**横目**で見ると。

❷横から見える姿やかたち。横顔。〈源氏・若菜上〉「髪のかかり給へる**そばめ**、言ひ知らずあてにらうたげなり」訳 髪(女三の宮の)髪のかかっていらっしゃる**横顔**は、言いようもなく上品でかわいらしい感じである。

そひ-ふ・す ソイ【添ひ臥す】自サ四 {さ・し・す・す・せ・せ} ❶寄り添って寝る。添い寝する。〈源氏・夕顔〉「**添ひふし**用て、『やや』とおどろかし給へど」訳 (夕顔に)**寄り添って寝**て、「これこれ」とお起こしになるけれども。

❷物に寄りかかる。〈源氏・澪標〉「帳の東面に**添ひふし**用給へるぞ宮ならむかし」訳 帳台の東側に**寄りかかっ**ていらっしゃるのがきっと前斎宮であろうよ。

そび-やか【聳やか】形動ナリ {なら・なり(に)・なり・なる・なれ・なれ} 〔「やか」は接尾語〕体つきが細く、**すらりとしたさま**。〈源氏・竹河〉「いと**そびやかに**用なまめかしう」訳 たいそう**すらりとして**優美で。

そび・ゆ【聳ゆ】自ヤ下二 {え・え・ゆ・ゆる・ゆれ・えよ} ❶高く立つ。そびえる。〈平家・一〇・熊野参詣〉「巌松たかく**そびえ**用て」訳 巨岩の上に生えた松が高く**そびえ**て。

❷背が高くすらりとしている。〈源氏・明石〉「人ざまいとあてに**そびえ**用て」訳 (明石の君の)人柄はたいそう上品で**背が高くすらりとしてい**て。

そ-びら【背】名 〔「背平」の意〕背中。うしろ。

そ・ふ ソウ【添ふ・副ふ】

一 自ハ四 {は・ひ・ふ・ふ・へ・へ} ❶**つけ加わる**。さらに備わる。〈源氏・桐壺〉「あさましうつくしげさ**そひ**用給へり」訳 (元服した光源氏は)驚くほど愛らしい感じが**加わり**なさった。

❷**そばに寄りついている。つき従う**。つき添う。〈源氏・桐壺〉「かくいまいましき身の**そひ**用奉らむもいと人聞き憂かるべし」訳 このように(娘に先立たれた)不吉な私が(若宮＝光源氏に)お**つき添い**申しあげるならそれも、はなはだ外聞が悪いにちがいない。

❸**夫婦として連れ添う**。

二 自ハ下二 {へ・へ・ふ・ふる・ふれ・へよ} (「年(月・日)にそへて」の形で)**伴う**。〈源氏・橋姫〉「年月に**そへ**用て宮の内ものさびしくのみなりまさる」訳 年月(の経つの)に**伴っ**て、(八の宮の)邸内はますますうらさびしくなるばかりである。

三 他ハ下二 {へ・へ・ふ・ふる・ふれ・へよ} ❶**つけ加える**。さらに備える。〈徒然・一七五〉「月の夜、雪の朝、花の本にても、心のどかに物語して、杯出だしたる、万の興を**そふる**体わざなり」訳 (秋の)月の夜、(冬の)雪の朝、(春の)花の下でも、心もゆったりと話をして、杯をとり出して(飲んで)いるのは、いろいろの感興を**つけ加える**行為である。

❷**つき従わせる**。〈大鏡・花山院〉「いみじき源氏の武者たちをこそ、御送りに**そへ**未られたりけれ」訳 (兼家は)優れた源氏の武士たちを、(花山天皇の)お見送りに(警護として)**つき従わせ**なさったのであった。

❸なぞらえる。たとえる。〈万葉・八・一六四二〉「たな霧らひ雪も降らぬか梅の花咲かぬが代に**そへ**用てだに見む」訳 空一面に曇って雪でも降らないかなあ。梅の花が咲かないのの代わりに、せめて梅に**なぞらえ**て見たいものだ。

そほ ソオ【赭・朱】名《上代語》塗料に用いた赤い粘土。また、その色。

そほ-づ ソオズ【案山子】名「そほど」とも。かかし。

そぼ・つ【濡つ】自タ四・上二 {た・ち・つ・つ・て・て}{ち・ち・つ・つる・つれ・ちよ} ❶**ぬれる**。びしょびしょになる。〈古今・離別〉「かぎりなく思ふ涙に**そぼち**用ぬる袖は乾かじ」訳 (あなたを)どこまでも思って流す涙で**ぬれ**てしまったこの袖は、乾くまい。

❷**雨などがしきりに降る**。〈蜻蛉・上〉「初時雨曇りもあへず降り**そぼち**用」訳 初時雨が空を一面にくもらせることもなく**しめやかに**降り**そそぎ**。

そぼ-ふ・る【そぼ降る】自ラ四 {ら・り・る・る・れ・れ} 「そほふる」とも。**雨がしとしとと降る**。〈伊勢・八〇〉「三月のつごもりに、その日雨**そぼふる**体に」訳 陰暦三月の月末に、その日は雨が**しとしとと降るところ**に。

そぼ・る【戯る】自ラ下二 {れ・れ・る・るる・るれ・れよ} ❶たわむれる。ふざける。〈源氏・空蟬〉「いよいよ誇りかにうちとけて、笑ひなど**そぼるれ**已ば」訳 ますます得意そうに気を許して、笑ったりして**ふざける**ので。

❷しゃれる。〈源氏・梅枝〉「あまり**そぼれ**用て癖ぞ添ひためる」訳 (朧月夜は書の名手だが)あまりに**しゃれていて**、(筆跡に)癖もつけ加わっているようだ。

そま【杣】名 ❶「杣山」の略。植林し、材木を切り出す山。〈万葉・一一・二六四五〉「宮材引く泉の**杣**に立つ民の」訳 宮殿造営用の材木を引き出す泉(＝地名)の**杣山**で立ち働く民の。

❷「杣木」の略。①から切り出した材木。

❸「杣人」の略。

そま-びと【杣人】名 **きこり**。杣。〈万葉・七・一三五五〉「真木柱つくる**杣人**」訳 りっぱな柱をつくる**きこり**は。

-そ・む【初む】接尾マ下二型 (動詞の連用形に付いて)「…しはじめる」「はじめて…する」の意を表す動詞をつくる。〈後撰・秋上〉「秋風は音羽山から吹き**そめ**用にけり」訳 秋風は(ほととぎすで有名な)音羽山から吹き**はじめ**たことよ。

例語 相見初む(＝互いに恋心をいだきはじめる)・言ひ初む(＝はじめてことばをかける)・思ひ初む・聞き初む・来初む・恋ひ初む・知り初む・悩み初む(＝病みつく)・馴れ初む(＝親しくなりはじめる)・開け初む(＝咲きはじめる)・見初む・見馴れ初む(＝馴れ親しみはじめる)・もみぢ初む(＝葉が色づきはじめる)

見初む

そ・む【染む】

一 自マ四 {ま・み・む・む・め・め} ❶**染まる。色づく**。しみ込んで色を出す。〈古今・雑体〉「きみがさす三笠の山のもみぢ葉の色神無月時雨の雨の**染め**已るなりけり」訳 三笠山の紅葉の色は陰暦十月の時雨の雨が**しみ込んで色を出し**ているのだったよ。(「きみがさす」は「三笠」にかかる枕詞。「笠」と「時雨」とは縁語)

❷影響を受けて、感化される。なじむ。感染する。〈源氏・若菜上〉「この世に**染み**用たるほどの濁り深きにやあらむ」訳 この俗世に**染まっ**ている間の濁り(＝煩悩)

最重要330

189

そ-む・く【背く】

〔「背向く」の意〕 一 自力四 {か・き・く・く・け・け} 二 他力下二 {け・け・く・くる・くれ・けよ}

ガイド 「背+向く」で「背を向ける」「うしろを向く」が原義。背を向ける→従わないの意が一②、別れるの意が③、この世に背を向けるのが④。対義語は「面向く」。

一 自力四

❶ **うしろを向く。** 背中を向ける。

例 獅子・狛犬、そむき(用)て、うしろさまに立ちたりければ〈徒然・二三六〉

訳 (拝殿の前に)獅子と狛犬が、背中を向け(合っ)て、うしろ向きに立っていたので。

❷ **従わない。反対する。** さからう。

例 この京を他国へ移さんとせさせ給ひしを、大臣公卿、諸国の人民そむき(用)申ししかば〈平家・五・都遷〉

訳 (平城天皇が)この都を他国へ移そうとなされたのを、大臣や公卿(をはじめ)、諸国の人民が反対し申しあげたので。

❸ **別れる。離れる。**

例 御心ざし深かりける御仲をそむき(用)給ひて〈源氏・夢浮橋〉

訳 (薫との)御情愛の深かった御仲(だったの)を(あなた=浮舟は)お別れになって。

❹ **世を捨てる。出家する。**

例 さして厭はしきこともなき人の、さはやかにそむき(用)離るるもありがたう〈源氏・鈴虫〉

訳 これといって(この世に)いやなこともない人が、きれいさっぱりと出家して(俗世を)離れることもしにくく。

二 他力下二

❶ **うしろを向かせる。** 横のほうを向かせる。

例 火ほのかに壁にそむけ(用)〈源氏・帚木〉

訳 (灯台の)火を薄暗く壁(ぎわ)にうしろ向きにし(て置き)。

❷ **離反する。**

例 督は日にそへて人にもそむけ(未)られゆくに〈増鏡・新島守〉

訳 (左衛門府の)督(=源頼家)は日のたつにつれて人にも離反されていくが。

慣用表現 そむく―「出家・僧」に関する表現

出家する

《俗世間を離れる》

〔世を〕厭ふ(=世俗を嫌って避ける)・背く(=世俗を捨てる)・世を捨つ・世を背く・世を遁る

《姿・形を変える》

頭下ろす・形を変ふ・髪を下ろす・様変はる・様変ふ・御髪下ろす・身を捨つ・俏す

僧衣

苔の衣・苔の袂・墨染め

や迷い)が深いせいであろうか。❸ **(心に)深く感じる。**(心に)深くしみこむ。〈詞花・春〉「白雲は立ちへだつれどくれなゐのうすはな桜こころにぞ染む(体)」訳 白雲は立ってへだてているが、紅の色の薄い桜の花が心に深くしみることだ。

二 他マ下二 {め・め・む・むる・むれ・めよ} ❶ **染める。**〈万葉・一〇・一八四七〉「浅緑染め(用)かけたりと見るまでに春の柳は萌えにけるかも」訳 浅緑の色に(糸を)染めて掛けてあると見えるほどに、春の柳は芽吹いたことよ。❷ **思い込む。心を深く寄せる。** 傾ける。〈古今・春上〉「心ざし深く染め(用)てし居りければ消えあへぬ雪の花と見ゆらむ」訳 心を深く寄せて(待って)いたので、消えきらない雪が花に見えているのであろう。

そ-む・く【背く】 自力四 他力下二 ➡上189

ぞめき【騒き】 名〔古くは「そめき」〕❶ **浮かれ騒ぐこと。** にぎわい。〈方丈・二〉「秋刈り冬収むるぞめきはなし」訳 (旱魃・洪水などのため)秋に(稲を)刈り冬に収穫するというにぎわいはない。❷ **遊里をひやかしながら騒ぎ歩くこと。** また、その人。

ぞ-め・く【騒く】 自力四 {か・き・く・く・け・け}〔古くは「そめく」〕**群がり、浮かれ騒ぐ。** また、遊里をひやかして歩く。

〈浄・心中天の網島〉「桜橋から中町下りぞめい用（イ音便）たら」訳 桜橋から中町くんだりをひやかして歩いたなら。

そ-も【其も・抑】一（前の語句を受けて）**それも**。〈徒然・三〇〉「思ひ出でてしのぶ人あらん程こそあらめ、そもまたほどなくうせて」訳（故人を）思い出してなつかしむ人がいるような間はよいであろうが、そんな人もまた間もなく世を去って。

なりたち 代名詞「其」＋係助詞「も」

二 接 今まで述べた所を受け、次を説き起こす語。そもそも。**それにしても**。いったい。〈徒然・五二〉「聞きしにも過ぎて、尊くこそおはしけれ。そも、参りたる人ごとに山へ登りしは、何事かありけん」訳（石清水八幡宮は）話に聞いていたのにもまさって、尊くいらっしゃった。それにしても、お参りに来ていた人々がみな山へ登ったのは、どんなことがあったのだろうか。

ぞ-も〔上代は「そも」〕（疑問の語とともに用いられて）**いったい…なのだろうか**。〈古今・雑体〉「そのそこに白く咲けるは何の花ぞも」訳 その、そこに白く咲いているのは、いったい何の花か。

なりたち 係助詞「ぞ」＋終助詞「も」

接続 体言、活用語の連体形、助詞などに付く。

ぞ-も〔上代は「そも」〕感動の気持ちをこめて強調する意を表す。「ぞ」に感動の加わったもの。〈万葉・一三・三二六四〉「いつの間にそもあが恋ひにける」訳 いつの間に、ああ、私はこんなに恋いこがれるようになってしまったことよ。

なりたち 係助詞「ぞ」＋係助詞「も」

接続 体言、活用語の連体形、助詞などに付く。

そも-そも【抑】

一 接 物事を説き起こすときや、文の初めに用いる語。**さて**。**いったい**。ところで。〈平家・九・敦盛最期〉「そもそもいかなる人にてましまし候ふぞ」訳（あなたは）いったいどのような人でいらっしゃいますか。

二 名 〔一〕の接続詞の転〕初め。起こり。〈浮・好色一代女〉「みづからそもそもは賤しからず」訳 私は本来（の素性）は下賤でない。

そ-や【征矢・征箭】名 戦場で用いるふつうの矢。

ぞ-や 疑問の語とともに用いる。❶自問する意を表す。…**であろうか**。〈源氏・花宴〉「父大臣など聞きて、ことごとしうもてなされむもいかにぞや」訳 父親の大臣などが聞いて、（私＝光源氏が）おおげさに待遇されるとしたらそれも、どんなものであろうか。

❷相手に質問する意を表す。…**であるか**。…**か**。〈源氏・若紫〉「何事ぞや。童べと腹立ち給へるか」訳 どうしたのか。子供たちとけんかをなさったのか。

なりたち 係助詞「ぞ」＋係助詞「や」

接続 体言、活用語の連体形、助詞などに付く。

ぞ-や

❶思いをこめて言っている意を表す。…**だなあ**。…**ことだ**。…**だよ**。〈平家・九・木曽最期〉「日ごろはなにともおぼえぬ鎧が、今日は重うなったるぞや」訳 常日ごろはなんとも思われない鎧が、今日は重くなった（と感じられる）ことだ。

❷相手にやさしく言いふくめる意を表す。…**だよ**。〈源氏・帚木〉「その際々をまだ知らぬ初事ぞや」訳 その身のほど（に応じた恋のふるまい）をまだわきまえない初めての経験だよ。

なりたち 係助詞「ぞ」＋間投助詞「や」

接続 体言、活用語の連体形、助詞などに付く。

そ-よ【其よ】一 それだよ。〈躬恒集〉「荻の葉のそよと告げずは秋風を今日から吹くと誰か知らまし」訳 荻の葉がそよそよと音をたててそれだよと告げないならば、秋風が今日から吹くとだれが知るだろうか（いや、だれも知らない）。（「其よ」はかすかな物音を表す副詞「そよ」との掛詞）

なりたち 代名詞「其」＋間投助詞「よ」

二 感 ふと思い出したり、相づちを打ったり、何かを言い出したりするときに発する語。そうそう。それそれ。〈源氏・宿木〉「そよ。その工匠も絵師も、いかでか心にはかなふべきわざならむ」訳 そうそう。その職人も絵かきも、どうして（私の）心には願ったとおりにな

ぞ-よ るものができるであろうか（いや、できはしない）。

ぞ-よ（文末に用いて）感動をこめて強く指示する意を表す。…だぞ。…だなあ。…だよ。〈堤・貝あはせ〉「人に勝たせ奉らむ、勝たせ奉らじは、心ぞよ」訳 あなた（＝姫君）に勝たせてさしあげよう（か）、勝たせてさしあげまい（か）は、（私の）気持ち（次第）だよ。

なりたち 係助詞「ぞ」＋間投助詞「よ」

接続 体言、活用語の連体形、助詞などに付く。

そよ-め・く 自カ四〔か・き・く・く・け・け〕〔「めく」は接尾語〕❶**そよそよ、さやさやと音がする**。〈源氏・少女〉「風の音の竹に待ち取られてうちそよめくに」訳 風の音が竹に迎え取られてさやさやと鳴るときに。

❷にぎやかである。**ざわめく**。〈源氏・野分〉「わたらせ給ふとて、人々うちそよめき用、几帳ひき直しなどす」訳（明石の姫君が）お戻りになられるというので、女房たちがざわめき、几帳を引き直したりする。

そよ-ろ 副「そより」とも。物に触れて軽く鳴る音の形容。かさっ。こそっ。〈枕・一三七〉「ものは言はで、御簾をもたげてそよろとさし入るる、呉竹なりけり」訳 何も言わないで、御簾を持ち上げてかさっと中にさし入れるのは、呉竹（＝竹の一種）であった。

そら-【空・虚】接頭 ❶「偽りの」「うその」などの意を表す。「そら言」「そら泣き」「そら寝」

❷「かいのない」「むだな」の意を表す。「そら頼め」

❸「なんとなく」の意を表す。「そら恐ろし」

そら【空】

一 名 ❶天空。天。〈源氏・桐壺〉「月は入り方の、空清う澄み渡れるに」訳 月は没しようとするころで、空はくもりなく一面に澄んでいるうえに。

❷空模様。天候。〈源氏・明石〉「雨など降り、空乱れたる夜は」訳 雨などが降って、空模様が荒れている夜は。

❸あたり一帯の**情景や雰囲気**。〈徒然・四三〉「春の暮れつかた、のどやかに艶なる空に」訳 春の終わりに近いころ、のどかで優雅な雰囲気の中に。

❹**方向**。**場所**。また、境遇。あてのない、不安定な感じを伴って用いられることが多い。〈源氏・藤裏葉〉「乱り心地いと堪へがたうて、まかでむ空もほとほとしうこそ侍

りぬべけれ」訳（私＝夕霧は）気分が悪く、とても我慢できなくて、（これから）退出するとしてもその方向（＝帰る道中）も、きっと危険にちがいありません。❺気持ち。心境。〈万葉・四・五三四〉「思ふそら安けなくに嘆くそら苦しきものを」訳思う心も安らかでないなあ、嘆く心も苦しいのになあ。

二 形動ナリ {なら・なり（に）・なり・なる・なれ・なれ} ❶**うわのそらだ。**気もそぞろである。〈源氏・真木柱〉「暮れぬれば、心もそらに用浮きたちて」訳日が暮れてしまうと、（鬚黒は）心もうわのそらでうきうきして。❷**根拠がない。いいかげんだ。**また、はかない。〈源氏・帚木〉「それ然あらじと、そらに用いかがは推しはかり思ひくたさむ」訳その話はそうではないだろうと、（本人を）実際に見ないで、どうして推量して悪く考えようか（いや、考えはしない）。❸（連用形「そらに」の形で）**暗記して。そらで覚えて。**〈更級・かどで〉「わが思ふままに、そらに用いかでかおぼえ語らむ」訳（大人たちだって）私の思うとおりに、（物語の一部始終を）そらでどうして覚えていて話せようか（いや、話せはしない）。

曽良《人名》→河合曽良

そら 副助 …**でさえ。**…までも。〈今昔・二八・六〉「心ばせ有る人そら物に躓きて倒るること常のことなり」訳思慮深い人でさえ物につまずいて転ぶことはふつうのことである。

参考「そら」は「すら」の変化したものといわれる。「すら」と意味は同じだが、多く、漢文訓読体の文章に使われた。→すら（四五六ページ）

そら-ごと【空言・虚言】名 ⬇左 190

そら-ざま【空様・空方】名「そらさま」とも。**上のほう。**上向き。〈宇治・八・三〉「この鉢に倉乗りて、ただ上に一、二丈ばかり上る」訳この鉢の上に倉が乗って、ひたすら上に、空ざまに一、二丈ぐらい（＝三メートルから六メートルほど）上る。

そらさむみ… 和歌

空寒み　花にまがへて　散る雪に
すこし春ある　心地こそすれ
〈枕・一〇六〉

訳空が寒いので、花が散るのかと見まちがえるように降る雪のため、少し春めいた気分がすることだ。（「空寒み」の「み」は、原因・理由を表す接尾語）解説陰暦二月の終わりごろ、藤原公任が「白氏文集」の詩「南秦の雪」の「三時雲冷ややかにして多く雪を飛ばし、二月山寒うして少しく春有り」に拠って下の句を詠みかけた。これに対して清少納言が、同じ詩の「多く雪を飛ばし」をとって上の句をあざやかに詠み返し、一首の歌にしたもの。

最重要330

190 **そら-ごと**【空言・虚言】名

ガイド「空」は実体が感知できない広々とした空間だから、実体がない、空虚だ、うその意になる。それにことばを表す「言」を付けた語。対義語は「真＋言」。

うそ。偽り。

例まさしく見たりといふ人もなく、虚言といふ人もなし〈徒然・五〇〉
訳（鬼を）ほんとうに見たという人もないし、（それは）うそという人もない。

そら・す【逸らす】他サ四 {さ・し・す・す・せ・せ} ❶**のがす。**にがす。〈大和・一五二〉「取り飼ひ給ふほどに、いかがし給ひけむ、そらし用給ひてけり」訳（大納言は帝からあずかった鷹を）飼い養いなさるうちに、どうなさったのだろうか、にがしなさってしまった。❷人の機嫌をそこなう。❸（打消の語とともに用いて）そしらぬふりをする。何くわぬ顔をする。

そら-だき【空薫き】名**どこからともなく匂ってくるように香をたくこと。**香を、来客前にたきしめたり、隣室でたいたりすること。また、その香り。〈とはずがたり〉「空薫きなどするさまもなべてならず」訳香の空薫きなどをするようすもなみなみでなく。

そらだき-もの【空薫き物】名どこからともなく匂ってくるようにたく香。

そら-だのめ【空頼め】名「そら」は接頭語）**あてにならないことを頼りにさせること。**〈蜻蛉・上〉「さだめなく消えかへりつる露よりも空頼めする我は何なり」訳はかなく消え失せてしまう露よりも（もっと誠意のないあなたが私に）あてにならない期待をさせている、（そんなあなたを頼りにしている）私は（いったい）何だ。

そらにみつ《枕詞》「そらみつ」に同じ。

そら-ね【空音】名「そら」は接頭語）❶偽ってまねる鳴き声。**鳴きまね。**〈後拾遺・雑二〉「夜をこめて鳥の空音ははかるともよに逢坂の関はゆるさじ」訳⬇付録①「小倉百人一首」62 ❷聞きまちがい。**そら耳。**幻聴。〈枕・五〉「しのびたる郭公の、遠く空音かとおぼゆばかり、たどたどしきをききつけたらむは、なに心地かせむ」訳忍び音に鳴くほととぎすの、遠くそら耳かと思われるくらいに、はっきりしない鳴き声を聞きつけたようなときは、どんな気持ちがしようか（すばらしいにちがいない）。

そら-ね【空寝】名「そら」は接頭語）寝たふりをすること。たぬき寝入り。

そらみつ《枕詞》「そらにみつ」とも。「やまと（大和・倭）」にかかる。〈万葉・一・一〉「そらみつ大和の国は」

そら-みみ【空耳】名「そら」は接頭語）実際は音が

していないのに聞こえるように感じること。空音。幻聴。〈和泉式部日記〉「空耳をこそ聞きおはさうじて」訳 幻聴をお聞きになって。

そら-め【空目】名「そら」は接頭語 ❶**見まちがうこと。見そこない。**〈源氏・夕顔〉「光ありと見し夕顔の上露はたそがれどきの空目なりけり」訳 光り輝いていると見た夕顔の上の露(=光源氏の顔)は、夕暮れ時の(私=夕顔の)見まちがいであったのだ。❷**見て見ぬふりをすること。**〈浄・曽我会稽山〉「空目して死なせてたも、刃物たもれ」訳 見ぬふりをして死なせてください、刃物をください。

そりすてて… 俳句

剃り捨てて　黒髪山に　衣更へ　夏
〈細道・日光・曽良〉

訳 髪を剃り捨てて墨染めの衣(=僧衣)に着がえて江戸をたち、今この(黒髪にゆかりのある)黒髪山まで来たが、折しもここで衣更えの日を迎えたことだ。
解説 黒髪山は男体山のこと。剃り捨てた黒髪と黒髪山、衣更えと墨染めの衣に着替えることをかけている。

そ-りゃく【疎略・粗略】名・形動ナリ「そらく」とも。おろそかに扱うこと。いいかげんなこと。〈平家・七・忠度都落〉「疎略を存ぜずといへども、常に参り寄ることも候はず」訳 (私=忠度は歌道を)いいかげんなものと考え申しあげないけれども、いつも(師=俊成の)おそばに参上することもありません(でした)。

そ・る【逸る】自ラ四・下二{ら・り・る・る・れ・れ}{れ・れ・る・るる・るれ・れよ} ❶思わぬ方向へゆく。**他のほうにそれてゆく。**〈続猿蓑・許六〉「蚊遣り火の烟にそるる(体)(下二段)ほたるかな」訳 蚊を追い払うためにいぶす煙に(おどろいて)よそのほうへ飛んでゆく蛍であるよ。❷**心・気持ちなどがほかのほうに向かう。**気がそれる。〈落窪〉「この頃御心そり(用)(四段)出でて、化粧ばやりたりとは見ゆや」訳 このごろはお気持ちがほかのほうにそれて出て、おしゃれに夢中になっていると見えるね。

それ【其れ】代 ❶中称の指示代名詞。やや離れた事物・場所・人物などをさしていう。また、前に述べた事物・場所・人物などをさしていう。**そのこと。そのもの。そこ。その人。**〈伊勢・七七〉「多賀幾子と申すみまそがりけり。それうせ給ひて」訳 多賀幾子と申し上げる方がおいでになった。その人がお亡くなりになって。❷不定称の指示代名詞。不明の事物や明示したくない事物をさしていう。**なに。なにがし。**ある。〈土佐〉「それの年の十二月の二十日あまり一日の日の戌のときに、門出す」訳 ある年の陰暦十二月の二十一日の日の戌の時(=午後八時ごろ)に、出発する。❸対称の人代名詞。**あなた。**〈徒然・二三八〉「あなわびし。それ、もとめておはせよ」訳 ああ困ったことだ。あなた、探していらっしゃい。

フレーズ
其れかあらぬか はたしてそれか、あるいはそうでないのか。〈古今・夏〉「去年の夏なきふるしてし郭公それかあらぬか声のかはらぬ」訳 去年の夏、聞きあきるほど声を聞かせていたほととぎすよ、(今鳴いているのは)それなのだろうか、別の(ほととぎす)なのだろうか、声が変わらないことよ。

それ【夫】接 文の初めに用いて、改まった感じで新しい事柄を言い出す語。そもそも。いったい。〈方丈・四〉「それ、三界はただ心ひとつなり」訳 そもそも、三界(=欲界・色界・無色界の迷いの世界)はただ(人の)心一つ(によって存在するの)である。

それ-か-あら-ぬ-か【其れかあらぬか】➡其れ「フレーズ」

それ-がし【某】代 ❶不定称の指示代名詞。名を知らない、または明示したくない人や事物をぼかしてさす語。**だれそれ。某。**なに。なにがし。〈蜻蛉・中〉「ただいま、殿より御ふみもて、それがしなむ、まゐりたりつる」訳 たった今、お屋敷からお手紙を持って、なにがしが参上していた。❷自称の人代名詞。**わたくし。**男性が用いる。〈宇治・四・二〉「それがし、多くの丈六を作り奉れり」訳 私は、多くの一丈六尺(=約四・八五メートル)の仏像をお造り申しあげた。

それ-それ【其れ其れ】一 代 不定称の人代名詞。その人あの人。だれかれ。〈枕・一〇六〉「『誰々か』と問へば、『それそれ』と言ふ」訳「(同席しているのは)どなた方か」と尋ねると、「その人あの人」と言う。
二 感 ❶人に注意をうながすときに用いる語。それだそれだ。そらそら。〈宇治・一・六〉「よげになりにたり。ただ さすれ、それそれ」訳 (法師は)気持ちよさそうになってしまっている。ひたすらさすれ、そらそら。❷ふと思いついたときにいう語。ああそうだ。そうそう。〈大鏡・道長下〉「『曽禰好忠いかに侍りけることぞ』と言へば、『それそれ、いと興に侍りしことなり…』といふ」訳 (若侍が)「曽禰好忠はどんなふうでございましたことか」と言うと、(繁樹は)「そうそう、とても興味深いことでございました…」と言う。❸同意を表す語。そうだそうだ。そのとおりだ。

それ-に 接 (代名詞「其れ」+格助詞「に」) ❶逆接を表す。それなのに。ところが。〈宇治・一・四〉「汝やんごとなき高相の夢見てけり。それに、よしなき人に語りてけり」訳 おまえは格別に高貴な相の夢(=将来高位に昇るという夢)を見たのだ。それなのに、(それを)つまらぬ人(=妻)に語ってしまった。❷添加を表す。その上に。さらに。〈大鏡・道長上〉「それにまた、大臣もおうせ給ひにしかば」訳 さらにまた、大臣(=道隆)もお亡くなりになってしまったので。❸順接を表す。そのために。それゆえに。その結果。〈源氏・早蕨〉「などかかるさまにもなし奉らざりけむ、それに延ぶるやうもやあらまし」訳 どうして(大君を)このような(尼の)姿にでもしてさしあげなかったのだろう、(尼になっていたならば)そのために(=その功徳で)、(寿命が)延びることもあっただろうか。

そん-じゃ【尊者】名「そんざ」とも。❶身分の高い人。目上の人。❷大臣の大饗に正客(=第一の客)として上座に座る人。親王または位の高い人を選んだ。❸裳着の儀式(=女子の成人式)のさい、腰のひもを結ぶ役をする人。

❹仏教で、智徳の備わった人。高僧の尊称。

そん・ず【損ず】㊀ 自サ変〔ぜ・じ・ず・ずる・ずれ・ぜよ〕損害が生じる。**いたむ。こわれる。**〈徒然・八二〉「羅の表紙は、とく損ずる㊍がわびしき」訳 薄い絹の（織物で装丁した）表紙は、すぐにいたむのが困ることだ。

㊁ 他サ変〔ぜ・じ・ず・ずる・ずれ・ぜよ〕❶**傷つける。**こわす。〈徒然・八一〉「損ぜ㊍ざらんためとて、品なく見にくきさまにしなし」訳 （道具類をただ）傷つけないためといって、わざと下品にみっともないようにこしらえ。

❷悪くする。**やりそこなう。**〈平家・一・祇王〉「なじかは舞ひも損ず㊎べき」訳 どうして舞も失敗することがあろうか（いや、失敗しはしない）。

ぞん・ず【存ず】㊀ 自サ変〔ぜ・じ・ず・ずる・ずれ・ぜよ〕**生きながらえる。**生存する。存在する。〈徒然・九三〉「はからざるに牛は死し、はからざるに主は存ぜ㊍り」訳 思いがけずに牛は死に、思いがけずに（牛の）持ち主は生きながらえている。

㊁ 他サ変〔ぜ・じ・ず・ずる・ずれ・ぜよ〕❶有する。**持つ。**保つ。〈太平記・一七〉「佐々木とても今はいかなる野心か存ず㊎らん」訳 佐々木（時信）だって今はどんな謀反の下心を持っているだろうか。

❷「思ふ」「考ふ」の謙譲語。**存ずる。**〈平家・七・忠度都落〉「一首なりとも御恩をかうぶらうど存じ㊋て候ひしに」訳 一首だけでも御恩をいただこう（＝勅撰集に入れていただこう）と存じておりましたのに。

❸「知る」の謙譲語。**存ずる。**〈狂・末広がり〉「存じ㊋てをればつっかけて参れども、存ぜ㊍ぬによってかやうに呼ばはって歩きまする」訳 （末広がりとは何か）存じていれば（売っている所へ）一気に参りますが、存じないのでこのように（買いたいと）大声をあげて歩くのです。

ぞん-ぢ【存知】名・他サ変「ぞんち」とも。知っていること。承知。心得。覚悟。〈平家・五・富士川〉「朝敵をほろぼさんとて都を出づる将軍は、三つの存知あり」訳 朝廷に敵対する者を滅ぼそうとして都を出発する将軍には、三つの覚悟がある。

そん-ぢゃう 連体《中世語》「その」「それ」「そこ」「たれ」などの上に付け、具体的な名を出さないで、人・事物・場所などをさす語。しかじかの。どこそこの。〈平家・二・康頼祝言〉「この峰は本宮、かれは新宮、これはそんぢゃうその王子、かの王子なんど、王子王子の名を申して」訳 この峰は（熊野の）本宮、あれは新宮、これはどこそこのその王子（＝熊野の末社）、あの王子などと、王子王子の名を申し上げて。

参考 「其の定」の変化した語という。のち、「そんぢゃう」「そんじゃう」「そんじょう」「そんでう」「そんぜう」、また「そんぢょ」とも表記される。

そん-まう【損亡】名・自サ変 こわれたり、なくなったりすること。〈方丈・二〉「家の損亡せ㊍るのみにあらず、これを取りつくろふ間に、身を損なひ」訳 （つむじ風で）家がこわれたりなくなったりしただけでなく、これ（＝こわれた家）を修理する間に、（自分の）からだを傷つけ。

た　タ

た- 接頭（動詞・形容詞に付いて）意味を強めたり、語調を整えたりする。「たばかる」「たばしる」「たやすし」

た【手】名 手。複合語の一部として用いられる。「手力」「手な裏（＝掌。手のひら）」「手な心（＝掌。手のひら）」「手末（＝手の末。指先）」「手馴れ（＝手になれていること）」「手放れ（＝手から離れること。別れ）」「手挟む」「手枕」「手向く」「手抱く（＝手をこまぬく）」「手本（＝袂。二の腕）」「手折る」

た【他】名 ほか。べつ。また、ほかの人。他人。〈方丈・四〉「他の俗塵に馳することをあはれむ」訳 他の人が世間の名利に（とらわれて）あくせくすることを気の毒に思う。

た【誰】代 不定称の人代名詞。（多く「たが」「たそ」の形で）**だれ。**〈源氏・空蟬〉「ふと人の影見えければ、『またおはするはたそ』と問ふ」訳 ちらと人影が見えたので、「もう一人いらっしゃるのはだれか」と（老いた女房が）問う。

た〔係助詞「は」が字音語の入声音ツ・チに付いて、連声で「た」と発音されるもの〕…は。〈狂・附子〉「こんにった所用あって山一つあなたへ参りまする」訳 今日は用事があって山ひとつ向こうのほうへ参ります。

参考 中世から、能・狂言や仏教の声明、和讃の読誦などに現れた音韻変化で、表記するときは多く「は」と書く。能・狂言や仏教の世界では、現代でも伝承されている。「を」が「と」になるのも同じ現象。

だ【攤】名 さいころを振って、出た目で優劣を決める賭け事の一種。また、投げた銭の表・裏の現れ方で勝負するものもいう。「大念仏を（＝ダイネンブット）」〈謡・隅田川〉

たい【体】名 ❶からだ。身体。

❷「てい」とも。姿。ありさま。〈毎月抄〉「ひとへにただ有心の体をのみよむべしとおぼえて候ふ」訳 ひたすらただ有心の体（＝情趣をこらした最高の歌の姿）だけを詠むのがよいと思われます。

❸本質。本性。〈至花道〉「能に体・用のことを知るべし。体は花、用は匂ひのごとし」訳 能に（能の）本体とはたらきの（ある）ことを知らなくてはならない。体は花、用は（その）においのようなものだ。対 用

たい【対】名 ❶**対等であること。**優劣のないこと。〈今昔・二四・二六〉「まことには御製と文時が詩と対におはします」訳 ほんとうのところでは（村上）天皇の詩と（菅原）文時の詩とは、（できばえが）同等でいらっしゃる。

❷「対の屋」の略。〈源氏・若紫〉「［光源氏は］西の対に御車寄せており給ふ（＝お降りになる）」

たい〖田居〗➡たゐ

だい【大】名 大きいこと。多いこと。太いこと。広いこと。〈徒然・一七四〉「大につき小を捨つる理、誠にしかなり」訳 大きなことに従い、小さいことを捨てる（という）道理は、ほんとうにそのとおりである。対 小

-だい【代】接尾 位や家督を継いだ順序を数える単位。〈大鏡・後一条院〉「神武天皇より四十一代［目］にあたり給ふ（＝あたりなさる）持統天皇」

だい【代】名 ❶位や家督を受け継いで、その地位

にある期間。
❷特に、天皇の御代(みよ)。治世。
❸代わり。代償。また、代理。〈浮・西鶴織留〉「四十あまりの男、かさの代に円座を被(かづ)き」訳四十過ぎの男が、傘の代わりにわらで編んだまるい敷物をかぶって。
❹代金。あたい。

だい【台】名❶高殿。高楼(かうろう)。〈源氏・東屋〉「楚王(そわう)の台の上の夜の琴(きん)の声」訳楚の王が高楼のほとりで、夜ひいた琴の音(のように)。
❷殿舎と殿舎との間にある、屋根のない床張りの部分。**露台**(ろだい)。〈枕・一四二〉「台の前に植ゑられたりける牡丹(ぼうたん)などのをかしきこと」訳露台の前に植えられていた牡丹などのすばらしいこと。
❸物をのせるものの総称。特に、**食物をのせる台。**
❹(転じて)食物。**食事。**〈源氏・夕霧〉「たれもたれも御台参りなどして」訳だれもがみなお食事を召し上がったりして。

だい-えい【題詠】名先に決めてある題によって和歌を詠むこと。万葉後期からあったようで、平安時代に流行し、のちには贈答歌以外はほとんど題詠になった。

だい-おんじゃう【大音声】(ジョウ/オン)名大きな声。大声。〈平家・四・橋合戦〉「大音声をあげて名のりけるは」訳大声をあげて名のったことには。

だいがく-れう【大学寮】(リョウ)名律令制によって設置された、中央の官吏養成機関。式部省に属する。おもに、五位以上の貴族の子弟を教育した。平安時代には、明経(=儒学)・明法(=法学)・紀伝(=文学・史学)・算道(=数学)などを教科とした。

たい-かふ【太閤】(コウ)名❶摂政または太政(だいじゃう)大臣の敬称。のちに、関白の位を辞してからも政務を行う資格を持つ人、または関白の位をその子に譲った人の称。
❷特に、豊臣秀吉(とよとみひでよし)の称。

だいかん〖代官〗⇒だいくゎん

たい-ぎ【大儀】一名❶(宮中における即位・拝賀などの)重大な儀式。大典。
❷重大なこと。大事。〈太平記・九〉「大儀の前の少事にて候へば」訳大事の前の小事でございますので。
二名・形動ナリ❶面倒で、手間のかかること。また、費用のかかること。〈浮・好色一代男〉「大儀なれ(已)ど、百の餅舟(もちぶね)はとどがするぞ」訳費用がかかるが、(安産のお礼にする)百のお供え餅は親父(おやじ)が工面するぞ。
❷他人の骨折りをなぐさめいたわる語。ご苦労。

だい-きゃう【大饗】(キョウ)名「たいきゃう」とも。平安時代、正月に宮中で行われた盛大な宴会。「二宮(にぐう)(=中宮と東宮)の大饗」と「大臣の大饗」があり、臨時として大臣に任ぜられたときにも催した。

たい-くつ【退屈】名・自サ変❶うんざりすること。疲れて気落ちすること。〈太平記・一五〉「将軍もはや退屈の体(てい)に見え給ひける所へ」訳(味方の劣勢を見て)将軍(=足利尊氏(あしかがたかうじ))もすでに疲れて気落ちしているようすが見えなさったところへ。
❷暇をもてあますこと。

たい-くゎうたいこう【太皇太后】(タイコウ/コウ)名先々代の天皇の皇后。

だい-くゎん【代官】(カン)名❶代理として務める官職。
❷江戸時代、幕府の直轄地を支配する役人。年貢・公事(くじ)(=訴訟)・戸籍などをつかさどる。

だい-くゎん-しょ【代官所】(ダイカン/ショ)名「代官②」が事務を執る役所。

たい-こう〖太閤〗⇒たいかふ

だいごく-でん【大極殿】名「だいこくでん」とも。大内裏(だいだいり)の朝堂院(=八省院)の北部中央にある正殿。中央に高御座(たかみくら)がある。天皇が政務を執り、また、元旦朝賀・即位・大嘗会(だいじゃうえ)などの大礼を行ったが、安元三年(一一七七)焼失後は再建されなかった。⇒付録③「平安京大内裏図」

たい-さい【大才】名非常にすぐれた才能。また、それを持っている人。〈徒然・一四四〉「無智(むち)にして大才に交はり」訳無学でありながらすぐれた才能を持っている人と交際し。

だい-さん【第三】名連歌・俳諧で、発句・脇句の次に付ける三句目の五七五の句。主題や趣向などを一転させる。〈細道・須賀川〉「脇・第三とつづけて、三巻となしぬ」訳(「風流(ふうりう)の…」の句を発句として)脇句、第三と続けて(詠み)、(やがて)三巻(の連句)とした。

だい-じ【大事】
一名❶**重大な事柄。重大事。大事件。**〈平家・二・小教訓〉「大事とは天下(てんが)の大事をこそいへ」訳大事とは天下の重大事をいう。
❷仏道に入り悟りをひらくこと。**出家すること。**〈徒然・五九〉「大事を思ひ立たん人は、去りがたく、心にかからんことの本意(ほい)を遂げずして、さながら捨つべきなり」訳出家することを思い立つような人は、捨て去りにくく、気がかりなことがあったとしても、その目的をしとげないで、そのまま捨てなければならないのである。また、病気や傷が重いこと。
二名・形動ナリ❶たやすくないこと。〈平家・四・橋合戦〉「されども大事の手ならねば」訳しかし重い傷でないので。
❷**たいせつなこと。**丁寧なこと。〈大鏡・師尹〉「やむごとなき親王(みこ)の大事に(用)し給ふことなれば」訳身分の尊い親王(=永平(ながひら)親王)が手厚く行いなさる催しなので。

だい-しゃう【大将】(ショウ)名「たいしゃう」とも。❶近衛府(このゑふ)の長官。天皇を護衛し、皇居を警固する役。左大将と右大将がある。〈徒然・一二八〉「才(ざえ)賢く、よき人にて、大将にもなさばや」訳学識がすぐれ、りっぱな人なので、近衛の大将にもしたいものだ。
❷軍の指揮官。司令官。〈平家・七・倶梨迦羅落〉「平氏(へいじ)の大将維盛(これもり)・通盛(みちもり)」

だいじゃう-くゎん【太政官】(ダイジョウ/カン)名「だじゃうくゎん」とも。律令制で、中央の八省、諸司や諸国を総括した、行政の最高機関。長官は太政大臣で、これを三公といい、その下に大納言・中納言・参議があって政務を分担した。

たい-しゃうぐん【大将軍】(ショウ/グン)名「だいしゃうぐん」とも。❶朝廷の命により賊軍の征伐に派遣された官軍の総大将。
❷全軍の指揮・統率をする人。総大将。〈平家・九・敦盛最期〉「あはれ、よからう大将軍にくまばや」訳ああ、身分

の高いような大将軍に組みつきたいものだ。❸かしら。頭領。❹「征夷大将軍」の略。❺陰陽道でいう八将神の一つ。この神のいる方角は三年間はふさがるとされ、万事に嫌われた。

だい-しゃう-こく【大相国】名 太政大臣の唐名。

だい-じゃう-さい【大嘗祭】名 天皇即位の儀式後、はじめて行う新嘗祭りの称。一代一度の儀式で、陰暦十一月の中の卯の日に行われた。即位が七月以前ならば、その年に、八月以降ならば翌年に行われる。大嘗会。大嘗祭り。冬。↓新嘗祭

だい-しゃうじ-の-おもの【大床子の御膳】「大床子(=天皇が腰をかける四脚の台)」に着座してとる天皇の正式の食事。〈源氏・桐壺〉「大床子の御膳などは、いとはるかに思し召したれば」訳(桐壺帝は)大床子での正式なお食事などは、たいそう気が進まないとお思いになっているので。

だい-じゃう-だいじん【太政大臣】名「だじゃうだいじん」とも。太政官の最高の長官。ただし、実際の政務は、左大臣・右大臣が執った。また、適任者のないときには欠員にした。「おほきおとど」「おほきおほいどの」「おほきおほいまうちぎみ」「則闕の官」とも。

だい-じゃう-てんわう【太上天皇】名「だじゃうてんわう」とも。天皇の譲位後の尊称。太上皇。上皇。

だい-じゃう-ゑ【大嘗会】名 大嘗祭を節会としていう語。↓大嘗祭

フレーズ
大嘗会の御禊 天皇が大嘗祭に先立って、陰暦十月の下旬に賀茂川で身を清める儀式。

だい-じゃうゑ-の-ごけい【大嘗会の御禊】↓大嘗会「フレーズ」

たい-しゃく-てん【帝釈天】名《仏教語》梵天とともに仏教を守護する神。十二天の一。須弥山の山頂にある喜見城に住み、四天王を従えて阿修羅を征服するという。

たい-しゅ【太守】名 ❶親王の任国と定められていた上総(千葉県)・常陸(茨城県)・上野(群馬県)の三か国の守の称。実際には親王は任地に赴かず、介が代わって守の仕事を行った。❷江戸時代、国主。一国の領主。

だい-しゅ【大衆】名《仏教語》多くの僧たち。貴族の出身でない僧にいう。衆徒。

だい-じん【大臣】名 太政官の上官。太政大臣・左大臣・右大臣・内大臣などをいう。「おほいまうちぎみ」「おほいどの」「おとど」とも。

だい-じん【大進】名 律令制で、大膳職・修理職・左右京職・中宮職・東宮坊などの判官の一つ。少進の上に位する者。

たい・す【帯す】他サ変{せ・し・す・する・すれ・せよ}身につける。帯びる。持つ。〈竹取・かぐや姫の昇天〉「この(かぐや姫を)守る人々も、弓矢を帯し用て(=身につけて)」

たい-せつ【大切】名・形動ナリ「たいせち」とも。❶大事なこと。貴重なこと。〈平家・三・足摺〉「なんとしても[人の]命は大切のことなれば」❷緊急なこと。切迫したようす。〈今昔・二四・二八〉「某が大切に用申すべき事ありて参りたるなり」訳 私が緊急に申し上げなければならないことがあって参上したのだ。

たい-だい・し【怠怠し】形シク{しから・しく(しかり)・し・しき(しかる)・しけれ・しかれ}不都合だ。もってのほかだ。あるまじきことである。〈源氏・桐壺〉「かく世の中のことをも思ほし捨てたるやうになりゆくは、いとたいだいしき体わざなり」訳(桐壺帝が)このように政務までも見捨てなさったようになっていくのは、まったく不都合なことだ。

だい-だいり【大内裏】名 皇居および諸官庁のある区域。一般に、平城京・平安京の宮城をさす。↓付録③「平安京大内裏図」

たいちまい… 俳句

夏 田一枚 植ゑて立ち去る 柳かな 切れ字 〈細道・蘆野・芭蕉〉

訳(ほんのしばらくのつもりが)西行が立ち寄り和歌に詠んだという柳の木陰で感慨にふけり、(早乙女たちが)田を一枚植え終わるまで時を過ごしてしまった。現実にもどった私は、無量の思いを残しつつ立ち去ることだ。

解説 この「柳」は西行ゆかりの遊行柳と称された。「田一枚植ゑて」を神への奉仕の気持ちを捧げる芭蕉の行為とする解もある。西行の和歌は「道のべに清水流るる柳かげしばしとてこそ立ちとまりつれ」(訳↓みちのべに…和歌)〈新古・夏〉

たい-てん【退転】名・自サ変 ❶《仏教語》修行によって得た境地を失い、転落すること。❷衰えていくこと。中絶すること。中止。〈平家・四・源氏揃〉「矢さけびの声の退転もなく」訳 矢が命中したときに射手のあげる声が衰えることもなく。❸家が破産したり断絶したりすること。また、そのためによそへ立ち退くこと。

だい-とく【大徳】名「だいとこ」に同じ。

だい-とこ【大徳】名〔「だいとく」の転〕徳の高い僧。高僧。のち一般に、僧の敬称。〈源氏・若紫〉「いとたふとき大徳なりけり」訳(聖は)実に品位のあるすぐれた高徳の僧であった。

だい-なごん【大納言】名 太政官の次官。大臣に次いで政治に参与し、宣旨の伝達をつかさどる。〈源氏・桐壺〉「父の大納言は亡くなりて」

たい-の-うへ【対の上】「対の屋」に住んでいる人。対の方。〈源氏・蓬生〉「忍びて、対の上に御いとま聞こえて出で給ふ」訳(光源氏は)こっそりと、対の屋にいる方(=紫の上)においとまごいを申し上げて、お出かけになる。

たい-の-や【対の屋】名 平安時代、寝殿造りの建築で、寝殿(=正殿)の左右(=東西)や背後(=北)につくった別棟の建物。寝殿とは渡殿(=渡り廊下)でつながれ、寝殿から見た位置によって「東の対」「西の対」「北の対」のように呼ぶ。東西には子女などが、北には夫人が住む。略して「たい」とも。↓寝殿造り「古文常識」(四三四ページ)

だい-ばん【台盤】名「だいはん」とも。宮中や貴族の家などで、食器などを載せる台。四脚の食卓のようなもの。朱または黒の漆塗りで、縁が中より高い。

だいばん-どころ【台盤所】名 ❶台盤を置く所。宮中では清涼殿の一室で女房の詰め所。貴族の邸では食物を調理する台所。❷貴人の妻の敬称。北の方。御台所。

（だいばん）

だい-ひ【大悲】名《仏教語》❶人々を苦しみから救う仏の大きな慈悲。❷「大悲菩薩」の略。観世音菩薩の異称。→観世音

たい-ふ タイ・タユ【大夫】名 ❶【大夫】律令制で、五位の者の総称。〈枕・一四〉「大夫は　式部の大夫。左衛門の大夫。右衛門の大夫[がよい]」 ❷【大夫・太夫】㋐能・狂言・浄瑠璃・歌舞伎などの芸能を業とする者で、技芸がすぐれている者の称。㋑歌舞伎の女形の最上位。立て女形。㋒最上位の遊女。〈浮・好色一代女〉「これより美しきはこの里(=遊里)にまたとなきといふ大夫」 ㋓伊勢神宮の下級の神官。御師。また、その神官が営む参詣者用の宿屋。参考 ふつう、①は「たいふ」、②は「たゆう」と読む。なお、職の長官の場合は「だいぶ」と読み、別語。

たい-ふ タイフ【大輔】名 律令制で、八省の次官。少輔の上位。

だい-ふ【内府】名「ないふ」とも。内大臣の唐名。

だい-ぶ【大夫】名 律令制で、中宮職・東宮坊・大膳職・修理職などの長官。〈源氏・行幸〉「春宮(=東宮)の大夫」→長官 参考 五位の人をさす「大夫」とまぎらわしいので濁って読むのが通例。

だいふく-ちゃう チヨウ【大福帳】名 商家の収入・支出の元帳。売買の記帳をした帳簿。

太平記《作品名》室町時代の軍記物語。小島法師の作と伝えられるが、未詳。応安四年(一三七一)ごろ成立か。後醍醐天皇の討幕計画、建武の新政から五十余年にわたる南北朝期の動乱の様態を、華麗な和漢混交文で記述。

たい-まつ【松明】名[「焚き松」のイ音便]松やにの多い部分、または、竹・葦などを束ねて火をつけ、照明具としたもの。略して「まつ」とも。

たいまつ・る【奉る】他ラ四{ら・り・る・る・れ・れ}[「たてまつる」の転]「与ふ」「やる」の謙譲語。**差し上げる。献上する。**〈土佐〉「言ふにしたがひて、幣たいまつる㊦」訳 (船頭が)言うのにしたがって、幣(=ささげ物)を献上する。→奉る(他ラ四)

たいまつ・る【奉る】補動ラ四{ら・り・る・る・れ・れ}[四段動詞「たいまつる」から](動詞の連用形に付いて)謙譲の意を表す。**お…申しあげる。**〈春雨物語〉「ただただひらかに都へと、朝夕海の神に幣散らして、ねぎたいまつる㊦」訳 ただただ無事に都へと、朝夕、海神に幣(=ささげ物)を散らしてお祈り申しあげる。→奉る(補動ラ四)

たい-め【対面】名・自サ変「たいめん」の撥音「ん」の表記されない形「たいめん」に同じ。〈源氏・紅葉賀〉「この君おはすと聞き給ひて、対面し㊊給へり」訳 (兵部卿の宮は)この君(=光源氏)がいらっしゃるとお聞きになって、対面しなさった。

たい-めん【対面】名・自サ変「たいめ」とも。顔を合わせること。**会って話すこと。**〈枕・八〉「いかでさるべからむをりに、心のどかに対面し㊊て申しうけたまはらむ」訳 どうか適当なおりに、ゆっくりと会ってお話を申し上げもし、お伺いもしたい(ものだ)。

たい-や【逮夜】名 火葬の前夜。また、命日・忌日の前夜。

たい-よう【大用】名 大きな効用。〈風姿花伝〉「その家々に秘事と申すは、秘するによりて大用あるが故なり」訳 その家々で秘密にしている大事な事柄と申すもの(があるの)は、(それを)秘密にすることによって、大きな効用があるからである。

だい-り【内裏】名 ❶天皇の住む御殿。**皇居。**⬇付録③「平安京内裏図」 ❷**天皇。帝。**〈源氏・明石〉「内裏に奏すべきことあるによりなむ急ぎ上りぬる」訳 天皇(=朱雀帝)に奏上しなければならないことがあるので、急いで必ず都にのぼる。(⬇御門「慣用表現」)

たう- トウ【唐】接頭 ❶中国渡来の…、外国渡来の…の意を添える。「唐船」「唐模様」 ❷ふつうの物とは違った…、の意を添える。「唐臼」「唐鍬」

たう トウ【唐】名 ❶中国の統一王朝(六一八—九〇七)の名。隋を受けて中央集権を確立、当時世界最大の文明国で、日本からも遣唐使を派遣した。安史の乱以後衰え、のち、朱全忠に滅ぼされた。都は長安。❷中国の称。唐土。から。もろこし。震旦。

たう トウ【党】名 集団。徒党。特に、中世、地方の武士が結成した軍事集団。〈平家・九・樋口被討罰〉「党も豪家も、七条・朱雀・四塚さまへ馳せ向かふ」訳 (樋口の次郎を討つため)党も豪家(=由緒ある家柄の者)も、七条・朱雀・四塚のほうへ急いで向かう。

たう-か トウ【堂下】名「だうか」とも。❶建物の前面などの地上。建物の外。〈平家・六・入道死去〉「数万の軍旅は、堂上堂下になみゐたれども」訳 数万の軍勢は、屋敷の内や外に並んで座っていたけれども。❷昇殿を許されない、身分の低い者。地下。〈平家・三・御産〉「すべて堂上堂下、一同にあっと悦びあへる声、門外までどよみて」訳 (皇子誕生の知らせに)すべての殿上人や地下人が、全員そろってわっと喜びあっている声が、門外まで響きわたって。㊍堂上

たう-ぎん トウ【当今】名 今の天皇。今上天皇。

道元《人名》(一二〇〇—一二五三)鎌倉前期の僧。日本の曹洞宗の開祖。初め比叡山で天台宗を学び、のち栄西に師事。貞応二年(一二二三)宋に渡り、曹洞宗を修めて帰国。寛元二年(一二四四)越前(福井県)に永平寺を建立した。主著「正法眼蔵」

たう-ざ トウ【当座】名 ❶**その場。**その席上。〈太平記・一〇〉「当座の一族三十余人、皆この議にぞ同じける」訳 その席上の一族三十余人が、皆この提案に賛同した。❷すぐそのとき。**即座。**即刻。〈浮・新色五巻書〉「なぜ当

座には(=即座には)見せなんだ」

❸当分の間。**さしあたり。**〈狂・千鳥〉「当座の代はりは持って参りました」訳さしあたっての代金は持ってまいりました。

❹その場で出す和歌・俳句の題。また、その場で和歌や俳句を詠むこと。即題。即詠。〈平家・一・御輿振〉「近衛院御在位の時、当座の御会ありしに」訳近衛院がご在位の時、即詠のお歌会があったときに。

たう-じ トウ【当時】名❶**現在。**ただいま。〈平家・九・敦盛最期〉「当時みかたに東国の勢何万騎かあるらめども、いくさの陣へ笛持つ人はよもあらじ」訳現在味方に東国の兵が何万騎かいるだろうけれども、戦陣へ笛を持ってきている人はまさかいないだろう。

❷**その時。**そのころ。〈宇治・一五・二〉「心のほしきままに、悪しきことをのみ事とするは、当時は心にかなふやうなれども、終はり悪しきものなり」訳勝手気ままに、悪いことばかりに専念するのは、その時は満足するようであるけれども、最後は不都合なものだ。

だう-し ドウ【導師】名《仏教語》〔衆生を仏道に導き入れる者の意〕❶仏・菩薩の称。

❷法会・供養などのとき、多くの僧の中心となって仏事を行う僧。

❸葬儀の際に主となり、死者に引導を渡す僧。

だう-しゃ ドウ【道者】名❶仏道を修める者。僧。

❷連れ立って神社・仏閣を参拝・遍歴する旅人。巡礼。

たう-しゃう シヨウ【堂上】「だうしゃう」「だうじゃう」とも。一名❶建物の床の上。**御殿の内。**

❷昇殿を許された(四位以上の)公卿の称。**殿上人。**〈平家・三・御産〉「すべて堂上堂下、一同にあっと悦びあへる声、門外までどよみて」訳(皇子誕生の知らせに)すべての殿上人や地下人が、全員そろってわっと喜びあっている声が、門外まで響きわたって。(対)堂下

二名・自サ変**昇殿すること。**〈徒然・一〇二〉「ある人…内記の持ちたる宣命を取らずして、堂上せ(未)られにけり」訳ある人が…内記(=宣命を作る役人)の持っている宣命(=国語で書かれた天皇の命令)を受けとらずに、昇殿しなさってしまった。

だう-じゅ ドウ【堂衆】名「だうしゅ」とも。寺院の諸堂に属して雑役に従事した身分の低い僧。平安中期以降武力を持ち、僧兵の性格を帯びるようになった。

たう-じん トウ【唐人】名❶中国人。

❷外国人。異人。

❸ものの道理のわからない人をあざけっていう語。

だう-しん ドウ【道心】名《仏教語》❶**仏教を深く信仰する心。**菩提心。また、慈悲心。〈枕・四三〉「さる心地に道心おこしてつきありくらむよ」訳(米つき虫は)そんな(虫の)心でも仏を信仰する心をおこしてお辞儀をし(=拝むようにし)て歩きまわっているようだねえ。

❷十三歳または十五歳以上で**仏道に入った人。**また、一般に**仏道修行をする人。**〈細道・福井〉「いづくよりわたり給ふ道心の御坊にや」訳どこからおいでになった仏道修行のお坊様だろうか。

だうしん-じゃ ドウシン【道心者】名「だうしんざ」とも。仏道に精進する人。

桃青 (たうせい)トウセイ《人名》→松尾芭蕉

だうそ-じん ドウソ【道祖神】名道中の悪霊を防いで旅人の安全を守る神。村境・峠・辻・橋のたもとなどに祭られた。さえの神。手向けの神。〈細道・出発まで〉「道祖神の招きにあひて、取るもの手につかず」訳道祖神の(旅への)誘いにあって、取るものも手につかないで。

たう-だい トウ【当代】名❶**今の世。**当世。現代。〈浄・源平布引滝〉「当代用ゐぬめづらしき鏑矢と」訳今の時代では用いない珍しい鏑矢だと。

❷**今の天皇。**今上天皇。〈源氏・澪標〉「当代のかく位にかなひ給ひぬることを思ひのごとうれしとおぼす」訳今の天皇(=冷泉帝)がこのように位におつきになったことを、(光源氏は)望みどおりでうれしいとお思いになる。

だう-ぢゃう ドウジョウ【道場】名《仏教語》僧が仏道を修行し、説法などをする場所。寺院。

たう-ど トウ【唐土】名中国。唐。もろこし。

だう-にん ドウ【道人】名「だうじん」とも。仏門に入って悟りを開いた人。また、仏道を修行する人。

たうば・る トウバル【賜ばる】他ラ四{ら・り・る・る・れ・れ}〔「たまはる」の転〕「もらふ」の謙譲語。いただく。たまわる。〈うつほ・藤原の君〉「御返りは必ずあらむ。たうばり(用)てまうでこむ」訳ご返事は必ずあるだろう。(私=嫗が)いただいてまいりましょう。

たう・ぶ トウブ【給ぶ・賜ぶ】他バ四{ば・び・ぶ・ぶ・べ・べ}〔「たまふ」の転〕「与ふ」「授く」の尊敬語。**お与えになる。くださる。**〈枕・能因本・九七〉「それは隆円にたうべ(命)」訳それ(=笙の笛)は(私)隆円にお与えください。

参考「たまふ」よりややくだけた言い方で、男性の会話に多く用いられている。

たう・ぶ トウブ【給ぶ・賜ぶ】補動バ四{ば・び・ぶ・ぶ・べ・べ}〔四段動詞「たうぶ(給ぶ)」から〕(動詞の連用形に付いて)尊敬の気持ちを表す。**お…になる。…て(で)くださる。**〈大和・一五六〉「もていまして、深き山に捨てたうび(用)てよ」訳(おばを)連れていらっしゃって、山奥深くに必ずお捨てになってください。

参考「侍り」に付いて用いられることが多い。→侍り給ぶ

たう・ぶ トウブ【食ぶ】他バ下二{べ・べ・ぶ・ぶる・ぶれ・べよ}〔「たまふ」の転〕❶「飲む」「食ふ」の謙譲語。いただく。〈後撰・春下・詞書〉「大御酒たうべ(用)けるついでに」訳お酒をいただいた折に。

❷「飲む」「食ふ」の丁寧語。飲みます。食べます。〈徒然・二三五〉「この酒を一人たうべ(未)んがさうざうしければ」訳この酒を一人で飲みますとしたら、それがさびしいので。

たう-め トウ【専女】名❶老女。〈土佐〉「淡路のたうめといふ人の詠める歌」

❷老いた狐の異称。

たえ【妙・栲】➡たへ

たえ-い・る【絶え入る】自ラ四{ら・り・る・る・れ・れ}❶**気を失う。**気絶する。〈大鏡・道長上〉「やがて絶え入り(用)て、な

最重要330

191 たえ‐て【絶えて】副

ガイド 動詞「絶ゆ」の連用形「たえ」に接続助詞「て」が付いて副詞化した語。絶えるの意から打消を強調して「まったく…ない」の意で、また肯定文中で用いられて②の意を表す。③は②を強調の意に拡張したもの。

❶（下に打消の語を伴って）いっこうに。まったく。少しも。

例 世の中にたえて桜のなかりせば春の心はのどけからまし〈古今・春上〉

訳 世の中にまったく桜がなかったならば、春を過ごす人の心はのんびりと落ち着いていられるだろうに。

定型表現 副詞の呼応 たえて…打消

例 絶えて 訪ふ人なし。〈打消〉（＝まったく 訪ねる人がない）

❷すっかり。残らず。

例 過ぎにし方のことは、たえて忘れ侍りにしを〈源氏・手習〉

訳 過ぎてしまったころのことは、すっかり忘れてしまいましたが。

❸特に。はなはだしく。

例 玉の緒のたえて短き命もて年月長き恋もするかな〈後撰・恋三〉

訳 はなはだしく短い命でもって、長い年月にわたる恋もすることであるよ。（「玉の緒の」は「絶えて」にかかる枕詞）

き人のやうにておはしけるを」訳（乳母は）そのまま気を失って、死んだ人のようでいらっしゃったので。❷息が絶える。死ぬ。〈今昔・二六・二〇〉「もし絶え入り㊊なば、寺に穢れ出で来たりなむとす」訳 もし（ここで）死んでしまったら、寺に汚れが生じてしまうだろう。

たえ・す【絶えす】㊀自サ変{せ・し・す・する・すれ・せよ} 絶える。尽きる。〈源氏・篝火〉「篝火に立ちそふ恋の煙こそ世には絶えせ㊍ぬ炎なりけれ」訳 篝火といっしょに立ち昇る（私＝光源氏の）恋の煙は、決して途絶えることのない炎であったことよ。㊁他サ四{さ・し・す・す・せ・せ} 絶えるようにする。絶やす。〈浮・西鶴織留〉「紙入れ（＝財布）に金銀を絶えさ㊍ず」

たえ‐ず【絶えず】副 絶えることなく。つねに。いつも。〈土佐〉「海賊追ひ来といふこと、たえず聞こゆ」訳 海賊が追いかけて来るといううわさが、いつも耳にはいってくる。

たえ‐て【絶えて】副 ➡右 191

たえ‐ま【絶え間】名 ❶途絶えた間。切れ目。〈新古・春上〉「春風の霞吹きとく絶え間よりみだれてなびく青柳の糸」訳 春風が吹いて霞を散らす切れ目から、乱れてなびく（のが見える）青柳の細い枝よ。❷人との交わりの途絶え。無沙汰。〈源氏・若菜下〉「久しくなりぬる絶え間を恨めしくおぼすにや」訳（女三の宮は）長くなってしまった（光源氏の訪問の）途絶えを恨めしくお思いになるであろうか。

たおやか〔嫋やか〕➡たをやか

たおやぐ〔嫋やぐ〕➡たをやぐ

たおやめ〔手弱女〕➡たをやめ

たおる〔倒る〕➡たふる

たか【高】名 ❶知行・扶持などの額。禄高。❷行きつくところ。とどのつまり。〈浄・冥途の飛脚〉「生きらるるだけ添はるるだけ、たかは死ぬものと覚悟しや」訳 生きられるだけ（生き）、連れ添えるだけ（連れ添うが）、とどのつまりは死ぬものと覚悟してくれ。

た‐が【誰が】❶（連体修飾語として）だれの。〈方丈〉「仮の宿り、たがためにか心を悩まし」訳（この世の）仮の住まいについて、だれのために心を悩まし。❷（主語として）だれが。〈宇治・九・五〉「仏師知らずは、たが知らんぞ」訳 仏像を造る人が（何の仏か）知らないなら、だれが知ろうか。

たがいめ〔違い目〕➡たがひめ

たがう〔違う〕➡たがふ（四八九ページ）

たか‐がり【鷹狩り】名 飼いならした鷹・はやぶさなどを放して、他の鳥やけものを捕らえさせる狩猟。冬に行うのを「大鷹狩り」、秋に行うのを「小鷹狩り」という。冬

たかさごの… 和歌《百人一首》【高砂の 尾上の桜 咲きにけり 外山の霞 立たずもあらなむ】〈後拾遺・春上・大江匡房〉➡付録①「小倉百人一首」73

たかさご‐の‐まつ【高砂の松】今の兵庫県高砂市の高砂神社境内にある松。黒松と赤松とが根元で一つになった、相生いの松として名高い。

たか・し【高し】形ク{から・く(かり)・し・き(かる)・けれ・かれ}

❶ずっと上のほうにある。高い。〈徒然・五五〉「天井の高きは、冬寒く、灯暗し」訳 天井が高いのは、冬

最重要330

192

たが・ふ【違ふ】

ガイド 一①④、二①は「ちがふ」と同じだが、中古では「たがふ」の方が多い。時代が下ると「ちがふ」の使用が増え、現代に至る。同源の語に「互ひに」がある。

一 自ハ四 {は・ひ・ふ・ふ・へ・へ} 二 他ハ下二 {へ・へ・ふ・ふる・ふれ・へよ}

一 自ハ四

❶ くいちがう。一致しない。予期に反する。
例 かぐや姫のたまふやうに違は㊍ず作り出でつ〈竹取・蓬莱の玉の枝〉 訳 かぐや姫がおっしゃるとおりにくいちがわずに(玉の枝を)作り出した。

❷ そむく。さからう。従わない。
例 仏の御教へに違ふ㊎らんとぞおぼゆる〈徒然・二〉 訳 仏の御教えにそむいているだろうと思われる。

❸ 変わる。ふつうでなくなる。
例 御心地も違ひ㊊たるやうにて、その日は参り給はず〈源氏・浮舟〉 訳 (匂宮は)ご気分もふつうでなくなったようなので、その日は参内なさらない。

❹ 行きちがいになる。入れちがう。
例 さやうのことつかうまつる若者、ただ今、皆違ひ㊊候ひて〈著聞・五四五〉 訳 そのようなこと(=水練)をいたす若者が、ただ今、みんな行きちがいになりまして(=留守にしておりまして)。

二 他ハ下二

❶ ちがうようにさせる。そむく。
例 ただかの遺言を違へ㊍じとばかりに〈源氏・桐壺〉 訳 ただあの(夫の)遺言にそむくまいとだけ思って。

❷ まちがえる。とりちがえる。
例 きこえさせ違ふる㊍ことども侍りなむ〈源氏・夕霧〉 訳 (とり乱しているので)まちがって申し上げることどももございましょう。

❸ 「方違へ」をする。
例 二条院にも同じ筋にて、いづくにか違へ㊍む〈源氏・帚木〉 訳 二条院においても(内裏からは左大臣邸と)同じ方角なので(行けないから)、どちらに方違えをしようか。

は寒く、(夜は)灯火が暗い。❷身分・地位・家柄が上である。高貴である。〈方丈・二〉「高き㊍、いやしき、人の住まひは、世々を経て尽きせぬものなれど」訳 身分の高い人や低い人の住居は幾世代を経てもなくならないものだが。❸すぐれている。高尚だ。自尊心がある。〈源氏・少女〉「男は、くちをしき際の人だに心を高う㊊(ウ音便)こそつかふなれ」訳 男(というもの)は、いやしい身分の人でさえも、気位を高く保つということだ。❹(音や声が)大きい。〈源氏・若紫〉「滝のよどみもまさりて音高う㊊(ウ音便)聞こゆ」訳 滝のよどみ(の水かさ)も増して、(滝の響きの)音が高く聞こえる。❺広く世に知られている。評判である。〈源氏・桐壺〉「御かたちすぐれ給へる聞こえ高く㊊おはします」訳 ご器量がすぐれていらっしゃる(という)評判が高くておいでになる(お方)。❻(時間的に)遠い。老いている。〈宇治・二・六〉「年高く㊊なりて、西の京に住みけり」訳 (下野厚行は)年老いるようになってから、西の京に住んだそうだ。

たか-し・く【高敷く】 他カ四 {か・き・く・く・け・け} ❶りっぱに造る。〈万葉・六・九二八〉「績み麻なす長柄の宮に真木柱太高敷き㊊て」訳 長柄の宮にひのきの柱を太くりっぱに立てて。(「績み麻なす」は「長柄」にかかる枕詞) ❷りっぱに治める。〈万葉・六・一〇四七〉「やすみししわが大君の高敷か㊍す大和の国は」訳 わが天皇がりっぱにお治めになる大和の国(=日本)は。(「やすみしし」は「わが大君」にかかる枕詞)

たか-し・る【高知る】 他ラ四 {ら・り・る・る・れ・れ} ❶(宮殿などを)りっぱに建てる。りっぱに造る。〈万葉・一・三八〉「吉野川たぎつ河内に高殿を高知り㊊まして」訳 吉野川の激しく流れるほとりに高殿をりっぱに建てなさって。❷(国などを)りっぱに治める。〈万葉・六・九三八〉「やすみししわが大君の神ながら高知ら㊍せる印南野の」訳 わが天皇が神そのままにりっぱにお治めになっている印南野(=地名)の。(「やすみしし」は「わが大君」にかかる枕詞)

たか-つき【高坏】名 ❶食物を盛る、高い脚のついた器。物を盛る台の部分は、方形または円形。古くは土製、後世は木製で、漆塗り。〈源氏・宿木〉「高坏どもにて、粉熟参らせ給へり」訳 幾つかの高坏に盛って、粉熟(=もち菓子の一種)を差し上げなさった。❷「高坏灯台」の略。①をさかさにして、台底に灯明皿を置いたもの。通常の灯台より低い所を照らす。〈枕・一八四〉「高坏にまゐらせたる御殿油なれば」訳 高坏灯台におともし申しあげた灯火なので。

(たかつき①)

たかてらす【高照らす】《枕詞》天高く照らす意から「日」にかかる。〈万葉・一・四五〉「たかてらす日の皇子」

たか-どの【高殿】名 高く造った建物。高楼。また、二階以上重ねて造った家。

高橋虫麻呂(たかはしのむしまろ)《人名》(生没年未詳)奈良時代の歌人。姓は連。「常陸国風土記」の編集に関与したといわれるが、伝未詳。旅と伝説の歌人で、特に伝説を叙事的に歌ったところに特色がみられる。

たかひかる【高光る】《枕詞》天に高く輝く意から「日」にかかる。〈万葉・二・二〇四〉「たかひかる日の皇子」

たがひ-に【互ひに】副 かわるがわる。入れちがいに。〈土佐〉「これかれたがひに、国の境のうちはとて、見送りに来る人あまたが中に」訳 この人もあの人もかわるがわる、(この)国の境界の内(まで)は(送りたい)ということで、見送りに来る人が多くいる中で。

参考 「違ひ」から派生。中古に、漢文訓読文で使用した語で、和文では「かたみに」が用いられた。

たがひ-め【違ひ目】名 予想や期待などとのくいちがい。〈方丈・三〉「折々の違ひ目、おのづから短き運を悟りぬ」訳 その時々の不本意な事態(によって)、自然と(自分の)不幸な運命を悟った。

たが・ふ【違ふ】自八四 他八下二 ➡前ページ 192

たかま-の-はら【高天原】名「たかまがはら」とも。❶日本神話で、天照大御神をはじめ神々の住む天上の国。❷そら。天空。〈風雅・賀〉「曇りなく高天原に出でし月」訳 かげりなく天空に出た月。

たか-みくら【高御座】名 天皇の座席。即位・朝賀などの重要な儀式のとき、大極殿または紫宸殿の中央に設けた。

(たかみくら)

たか-むな【笋・筍】名「たかうな」「たかんな」とも。たけのこ。

たか-むら【竹叢・篁】名 竹の林。竹やぶ。

たから 助動詞「たし」の未然形。

たかり 助動詞「たし」の連用形。

たか・る 自ラ四・下二{ら・り・る・る・れ・れ}{れ・れ・る・るる・るれ・れよ} 群がり集まる。まといつく。〈土佐〉「子たかり用(四段)てののしる」訳 子供が群がり集まって大騒ぎをする。

参考 平安初期まで下二段、以降は四段活用。

たかる 助動詞「たし」の連体形。

たき【滝】名〔上代は「たぎ」とも〕❶急流。早瀬。夏。〈万葉・三・二四二〉「滝の上の三船の山に居る雲の」訳 急流のほとりにある三船の山にかかっている雲の。➡下段「古文常識」

❷崖から流れ落ちる水。滝。垂水。夏。〈伊勢・七八〉「その山科の宮に、滝落とし、水走らせなどして」訳 その山科の御殿に、滝を落とし、水の流れをつくるなどして。

たき 助動詞「たし」の連体形。

たき-ぐち【滝口】名 ❶滝の水の落ちる所。❷清涼殿の北東にある御溝水の落ちる所。「滝口の陣」があった。❸蔵人所に属し、宮中の警備に当たった武士。詰め所が②にあったのでこう呼ぶ。

たきぐち-の-ぢん【滝口の陣】名 滝口の武士(=宮中の警備に当たる武士)の詰め所。清涼殿の北東にある。滝口所。➡付録③「平安京内裏図」

古文常識 「たき(滝)」—「たき」と「たるみ」

「たき」は上代「たぎ」ともいい、水が激しい勢いで流れる意の動詞「たぎつ」と関連があり、急流をいう。現代語の「滝」にあたるのは「たるみ」である。「石走る垂水の上のさわらびの萌え出づる春になりにけるかも」(訳➡いはばしる…)和歌〈万葉・八・一四一八〉

滝沢馬琴(たきざはばきん)《人名》(一七六七〜一八四八)江戸後期の読本作者。別号、曲亭馬琴・著作堂主人など。江戸の人。山東京伝に学んで黄表紙を書き、のち読本に転じた。雄大な構想で勧善懲悪の世界を描いた作品が多い。代表作は「椿説弓張月」「南総里見八犬伝」など。

たぎ・つ【激つ・滾つ】自タ四{た・ち・つ・つ・て・て} ❶水が激しく流れる。水がわき上がる。〈万葉・六・九六〉「み吉野の清き河内のたぎつ体白波」訳 吉野の清らかな渓谷のさか巻き流れる白波。

❷(比喩的に)心が騒ぐ。感情が高ぶる。〈古今・恋一〉「たぎつ体心をせきぞかねつる」訳 (激しく流れる水のように)心中にわきたつ恋心をおさえかねたことだ。

たぎつ-せ【激つ瀬・滾つ瀬】名「たきつせ」とも。水が激しく流れる瀬。急流。

たきのおとは… 和歌《百人一首》【滝の音は 絶えて久しく なりぬれど 名こそ流れて なほ聞こえけれ】〈千載・雑上・藤原公任〉➡付録① 「小倉百人一首」55

たき-もの【薫き物】名 いろいろの香をまぜ合わせて作った練り香。合わせ香。

たぎ・る【滾る・激る】自ラ四{ら・り・る・る・れ・れ} ❶水がわき上がる。さかまく。〈更級・初瀬〉「たぎり用て流れゆく水、水晶を散らすやうに湧きかへるなど、いづれにもすぐれたり」訳 さかまいて流れて行く水が、水晶をまき散らすようにわきかえったりしているのは、どこ(の景色)にもまさっている。

❷**煮えたつ**。沸騰する。〈大和・一四九〉「この水、熱湯にたぎり㊀ぬれば、湯ふてつ」訳この水が熱湯に(なって)煮えたったので、(その)湯を捨てた。

❸気持ちが高ぶる。

た・く【長く・闌く】自カ下二〔け・け・く・くる・くれ・けよ〕❶**盛りになる。ある方面に長じる**。円熟する。〈徒然・一五〇〉「徳たけ㊀、人に許されて、ならびなき名を得ることなり」訳徳も十分そなわり、人に許されて、ならびなき名を得ることとなり」訳徳も十分そなわり、世間の人に認められて、並ぶ者のない名声を得ること(となるの)である。

❷**盛りが過ぎる。末になる**。〈新古・羇旅〉「年たけ㊀てまた越ゆべしと思ひきや」訳→としたけて…和歌

❸(日や月が)**高くなる**。〈源氏・夕顔〉「日たくる㊓ほどに起き給ひて」訳日が高くなるころに(光源氏は)お起きになって。

た・く【焚く】他カ四〔か・き・く・く・け・け〕❶燃やす。〈徒然・五四〉「あはれ紅葉をたか㊍ん人もがな」訳ああ、紅葉を燃やすような(風流な)人がいればよいのになあ。

❷(「薫く」とも書く)香をくゆらす。〈枕・二九〉「よき薫き物たき㊀てひとり臥したる」訳(胸がときめくのは)上等の練り香をたいて一人で横になっているとき。

た・く【綰く】他カ四〔か・き・く・く・け・け〕《上代語》❶髪をかき上げる。髪を束ね上げる。〈万葉・二・一二三〇〉「青草を髪にたく㊇らむ妹をしぞ思ふ」訳青草を髪に添えて束ね上げているであろう妻を恋しく思う。

❷手綱をあやつる。〈万葉・一九・四一五四〉「石瀬野に馬たき㊀行きて」訳石瀬野に馬をあやつって行って。

❸舟をこぐ。〈万葉・七・一二六六〉「大船を荒海に漕ぎ出で弥船たけ㊁」訳大船を荒海にこぎ出し、船をいよいよこぐが。(「たけ」は、已然形だけで「たけど」の意になる上代の用法)

たく 助動詞「たし」の連用形。

たぐい〖類・比〗➡たぐひ

たぐう〖類う・比う・副う〗➡たぐふ

たく-なは【栲縄】名楮(=木の名)の繊維で作った白色の縄。

たぐひ【類・比】名❶**相並ぶもの。同等の物事**。匹敵するもの。同類。〈徒然・八五〉「驥を学ぶは驥の類、舜を学ぶは舜の徒なり」訳驥(=一日に千里を走る馬)をまねる馬は驥の同類であり、舜(=古代中国の聖天子)をまねる者は舜(のような聖人)の仲間である。

❷**いっしょにいる者。仲間**。〈源氏・若紫〉「同じさまにものし給ふなるを、たぐひになさせ給へ」訳同じ境遇でいらっしゃるそうだから、仲間にしてください。(「ものす」は婉曲表現で、ここは「いる」の意)

❸(境遇や性質の似た)**人々**。〈蜻蛉・中〉「袖をぬらさぬといふたぐひなし」訳(人情のわかる人で)袖を(涙で)ぬらさないという人はいない。

たくひれの【栲領巾の】《枕詞》栲領巾(=楮の木の繊維で織った布で作った装飾用の布)は色が白く、また、肩に掛けるところから「白」「鷺」「かけ」にかかる。〈万葉・二・二八三〉「たくひれの白浜波の」

たぐ・ふ【類ふ・比ふ・副ふ】㊀自ハ四〔は・ひ・ふ・ふ・へ・へ〕❶**同じところにいる。並ぶ。添う**。〈万葉・四・五三〇〉「君にたぐひ㊀てこの日暮らさむ」訳あなたに寄り添って、今日この一日を過ごそう。

❷**いっしょに行動する**。連れ立つ。〈源氏・夕顔〉「けぶりにたぐひ㊀て慕ひ参りなむ」訳(火葬の)煙といっしょになって(私=右近も夕顔の)あとをきっと追いかけて参ろう。

❸**似合う**。つり合う。〈源氏・帚木〉「いかばかりの人かはたぐひ㊀給はむ」訳(若君たちの奥方選びには)どれほどの人がお似合いになるだろうか。

㊁他ハ下二〔へ・へ・ふ・ふる・ふれ・へよ〕❶**添わせる。連れ立たせる**。〈古今・離別〉「目に見えぬ心を君にたぐへ㊀てぞやる」訳人の目には見えない(私の)心を(旅立つ)あなたに連れ添わせて行かせることだ。

❷**まねる**。なぞらえる。〈謡・白楽天〉「鳥類・畜類の、人にたぐへ㊀て(=人をまねて)歌を詠む例しは多く」

たくみ【工・匠・巧み】㊀名❶**職人**。細工師。〈源氏・宿木〉「近き世に花降らせたるたくみも侍りけるを」訳近い世に(造った像の霊妙さゆえに天が蓮華の)花を降らせた(ほど巧妙な)職人もございましたが。

❷**大工**。〈徒然・一〇〉「おほくのたくみの心をつくしてみがきたて」訳多くの大工が心を打ちこんで(家を)りっぱに飾りたて。

❸**たくらみ**。はかりごと。また、**工夫**。〈風姿花伝〉「ただたくみによりて、よき能にはなるものなり」訳ただ工夫によって、よい能にはなるものである。

㊁形動ナリ〔なら・なり(に)・なり・なる・なれ・なれ〕**手ぎわのよいさま。器用だ**。〈徒然・一八七〉「巧みに㊀してほしきままなるは、失の本なり」訳器用であって勝手気ままなのは、あやまちのもとである。

たく・む【工む・巧む】他マ四〔ま・み・む・む・め・め〕❶**考えをめぐらす。たくらむ**。くわだてる。〈徒然・五四〉「いかで誘ひ出だして遊ばんとたくむ㊓法師どもありて」訳(稚児を)なんとかして誘い出して遊ぼうとたくらむ法師たちがいて。

❷**工夫する。趣向をこらす**。〈幻住庵記〉「ことに心高く住みなし侍りて、たくみ㊀置ける物ずきもなし」訳(昔の住人が)とりわけ心高潔にして住んでおりまして、趣向をこらしてのこした風流めいたものもない。

たけ【丈・長】名❶**背たけ**。身長。

❷**物の長さ・高さ**。〈枕・八七〉「二十日のほどに雨降れど、消ゆべきやうもなし。少し丈ぞ劣りもて行く」訳二十日のころに雨が降るけれど、(雪で作った山は)消えそうなようすもない。(ただ)少し高さが低くなっていく。

❸**程度。深さ**。また、**あるかぎり。すべて**。〈正法眼蔵随聞記〉「先達の心中のたけ、今の学人も思ふべし」訳先人の心奥の深さを、今の修行者も思案しなければならない。

❹馬の、足もとから肩までの高さ。四尺(=約一二〇センチメートル)以上五尺(=約一五〇センチメートル)未満をいい、その間は十等分して「寸」で表した。〈宇治・七・六〉「丈八寸」訳馬の肩までの高さが四尺八寸(=約一四五センチメートル)。

❺**勢い**。〈今昔・一〇・一〉「軍のたけ劣りたるに依りて支へ難し」訳軍勢の勢いが劣っていることによって持ちこたえるのがむずかしい。

たけ【岳・嶽】名(中世は「だけ」とも)高くて険しい山。また、その山頂。

たけ・し【猛し】形ク｛から・く(かり)・し・き(かる)・けれ・かれ｝
❶勢いが激しい。**勢いが盛んだ。**〈徒然・一五五〉「生・住・異・滅の移りかはる実の大事は、たけき㊍河のみなぎり流るるがごとし」訳万物が生じ、存続し、変化し、衰滅するといった現象の変移し続ける(という)真の重大事は、勢いの激しい河があふれんばかりに流れるようなものだ。
❷強い。**勇ましい。**気丈である。**強気である。**〈徒然・一一七〉「友とするにわろき者、七つあり。…五つには、たけく㊊勇める兵」訳友とするのによくない者が、七つある。…第五には、勇ましく気負いたっている武士。
❸まさっている。すぐれている。たいしたものである。〈源氏・若菜上〉「わが宿世はいとたけく㊊ぞおぼえ給ひける」訳(明石の君は)自分の宿運はまことにたいしたものだと思われなさるのであった。
❹**精いっぱいである。**できるかぎりである。〈源氏・明石〉「面影添ひて忘れがたきに、たけき㊍こととはただ涙にしづめり」訳(光源氏の)面影が目先にちらついて忘れることができないので、(明石の君は)精いっぱいのことと言ってはただもう涙に沈んでいる(ばかりである)。

竹田出雲(二世)(タケダイズモ)《人名》(一六九一〜一七五六)江戸中期の浄瑠璃作者。名は清定。別号、千前軒など。大坂の人。竹本座の座元。近松門左衛門に師事。舞台技巧の改良にも努め、浄瑠璃の全盛期を築いた。並木宗輔らとの合作が多く、代表作は「義経千本桜」「仮名手本忠臣蔵」など。「菅原伝授手習鑑」は初世による作。

たけ‐だち【丈立ち】名 背たけ。身長。

高市黒人(たけちのくろひと)《人名》(生没年未詳)飛鳥時代の歌人。持統・文武両天皇に仕えた下級官吏で、各地を旅してすぐれた叙景歌を残した。その客観的な自然描写は山部赤人の先駆をなす。

竹取物語(たけとりものがたり)《作品名》平安前期の物語。作者未詳。九世紀末の成立か。竹取の翁が竹の中から見つけて育てたかぐや姫が、五人の貴公子の求婚をしりぞけ、時の帝の求婚にも応じず、ついに陰暦八月十五日の夜、天人の迎えを受けて月の世界に帰るという物語。羽衣伝説を中心に求婚難題説話・地名起源伝説などを付加しながら、貴族社会の現実を、風刺をまじえて描く。「竹取の翁」「かぐや姫の物語」ともいう。⬇巻頭口絵12ページ・付録①九三ページ
冒頭文 いまは昔、竹取の翁といふ者ありけり。野山にまじりて竹を取りつつ、よろづのことに使ひけり。名をば、さかきの造となむいひける。訳今ではもう昔の話であるが、竹取の翁という者がいた。野や山に分け入って竹を切り取っては、いろいろなことに使った。(その翁の)名をさかきの造というのだった。

たけ‐の‐そのふ【竹の園生】ソノウ (中国の漢代、文帝の子、梁の孝王が御苑に竹を植えて「修竹苑」と名付けたことから)皇族の異称。「竹の園」とも。〈徒然・一〉「竹の園生の末葉まで、人間の種ならぬぞやんごとなき」訳皇族の子孫(に至る)まで、人間の血筋でないのが尊い。

たけ・ぶ【猛ぶ】自バ上二｛び・び・ぶ・ぶる・ぶれ・びよ｝勇ましくふるまう。荒々しくふるい立つ。〈万葉・九・一八〇九〉「天仰ぎ叫びおらび地を踏み牙喫みたけび㊊て」訳天を仰ぎ、叫びわめいてじだんだを踏み、歯ぎしりをして荒々しくふるまって。

竹本義太夫(タケモトギダユウ)《人名》(一六五一〜一七一四)江戸中期の浄瑠璃太夫。本名五郎兵衛。摂津(大阪府)の人。義太夫節の開祖。大坂に竹本座を創設し、近松門左衛門の作を語って上方浄瑠璃の中心となった。

たけれ 助動詞「たし」の已然形。

た‐ご【田子】名 田を耕す人。農民。農夫。

た‐ごし【手輿】名「てごし」とも。二人、あるいは六人で、轅を腰の高さに持ち上げて運ぶ乗り物。「腰輿」とも。

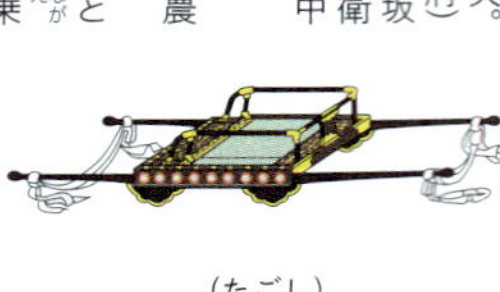
(たごし)

たこつぼや… 俳句

蛸壺や 切れ字 **はかなき夢を** 切れ字 **夏の月** 夏
〈笈の小文・芭蕉〉

訳この明石の海に蛸壺が沈められている。短夜が明けると引き上げられることも知らずに、蛸はその中ではかない夢を結んでいるのだろう。空には明けやすい夏の月が照りわたっている。
解説「明石夜泊」と前書きがある。芭蕉が実際に泊まったのは須磨で、文学的な虚構である。

たごのうらに… 和歌《百人一首》【田子の浦に うち出でて見れば 白妙の 富士の高嶺に 雪は降りつつ】〈新古・冬・山部赤人〉
⬇付録①「小倉百人一首」4

たごのうらゆ… 和歌

田子の浦ゆ うち出でて見れば 真白にそ
富士の高嶺に 雪は降りける
〈万葉・三・三一八・山部赤人〉

訳田子の浦を通って出て(はるか遠くを)見ると、真っ白に富士の高い峰に、雪が降り積もっていることだ。(「ゆ」は、通過点を示す上代の格助詞。「見れば」は、已然形＋「ば」で確定条件を表す)
解説崇高・荘厳な富士山の偉容をうたった叙景歌である。「新古今集」および「小倉百人一首」では「田子の浦にうち出でて見れば白妙の富士の高嶺に雪は降りつつ」の形でとられているが、この形では、実景による現実感はうすれ、優雅流麗で絵画的となっている。

ださい‐の‐ごんのそち【大宰の権帥】名「ださい」はのちに「だざい」とも」「ださいのごんのそつ」とも。大宰府の次官で、「帥」の次位。
参考 平安時代以降、長官である「大宰の帥」には多く親王が任命されたが、実際は任地に赴かなかったので、大宰の権帥か二等官である大弐が政務を代行した。ただし、大臣が左遷されて大宰の権帥に就いたときは、政務に関与しなかった。

ださい‐の‐そち【大宰の帥】名「ださい」はのち

に「だざい」とも」「ださいのそつ」とも。大宰府の長官。平安時代以降、親王が任命されることが多く、実務は権帥のか二等官である大弐が代行した。

ださい-ふ【大宰府】 名〔のちに「だざいふ」とも〕律令制で、筑前の国(福岡県)に置かれた役所。九州・壱岐・対馬を治め、外交・国防にあたった。鎮西府。

たし 助動ク型 ⬇左助動詞「たし」

たしな・む【嗜む】 他マ四〔ま・み・む・む・め・め〕❶好む。好んで精を出す。〈徒然・一五〇〉「堪能のたしなま㊍ざるよりは、つひに上手の位にいたり」訳(稽古に励む人は)芸達者でもうちこんで努力しない人よりは、しまいに名手の芸位に達し。
❷用意しておく。心がけて修行する。〈太平記・三〉「弓馬は武家のたしなむ㊍道なれば」訳弓術・馬術(の武芸)は武家が心がけて修行する道であるので。
❸慎む。がまんする。〈浄・鑓の権三重帷子〉「涙たしなむ(=こらえる)㊍顔つきは泣き叫ぶより哀れにて」

だじゃう-くわん【太政官】 名「だいじゃうくわん」に同じ。

だじゃう-だいじん【太政大臣】 名「だいじゃうだいじん」に同じ。

たしゃう-の-えん【多生の縁】《仏教語》何度も生死を重ねる間に結ばれた因縁。〈平家・七・福原落〉「同じ流れをむすぶも多生の縁なほ深し」訳同じ流れ(の水)を手ですくって飲むのも、何度も生死を重ねる間に結ばれた因縁がやはり深い。

たじろく ⬇たぢろく

たず【鶴・田鶴】 ⬇たづ

たずき【方便】 ⬇たづき

たす・く【助く・輔く・扶く】 他カ下二〔け・け・く・くる・くれ・けよ〕❶手伝い・補佐・後見などをして助ける。〈源氏・帚木〉「上は下に助け㊍られ、下は上になびきて」訳(地位が)上の者は下の者に助けられ、下の者は上の者に従って。
❷危難・病苦などから救う。〈徒然・八九〉「『助けよ㊍や、猫また、よやよや』と叫べば」訳「助けてくれよ、猫また(=猫の怪獣)だ、おおい、おおい」と叫ぶと。
❸力を添える。倒れるのを支える。〈源氏・蓬生〉「左右の戸もみなよろぼひ倒れにければ、男どもも助け㊊て」訳(末摘花邸は正門の)左右の戸も全部くずれ倒れてしまったので、下男たちが支えて。

たずさわる【携わる】 ⬇たづさはる

た-そ【誰そ】 だれか。だれだ。〈源氏・空蝉〉「『あれは誰そ』とおどろおどろしく問ふ」訳「あれはだれだ」とおおげさに尋ねる。
なりたち 代名詞「誰」+係助詞「そ」
参考「そ」は係助詞「ぞ」の古い形。

た-そ-かれ【黄昏・誰そ彼】 名〔のちに「たそがれ」〕「黄昏時」の略。

たそかれ-どき【黄昏時・誰そ彼時】 名〔「誰そ彼」(=だれだ、あれは)」と人の顔が見分けにくくなる時刻の意。のちに「たそがれどき」〕夕方の薄暗い時。夕暮れ時。「たそかれ」とも。↓彼は誰時 参考

ただ 形動ナリ 副 ⬇次ページ 193

ただ-いま【只今】 一 名 現在。今。〈枕・三三〉「ただいまの関白殿、三位の中将と聞こえけるとき」訳今の関白様が、(まだ)三位の中将と申し上げたころ。
二 副 ❶今すぐ。すぐさま。〈徒然・四一〉「我らが生死の到来、ただいまにもやあらん」訳われわれの死がやってくるのは、今すぐ(のこと)でもあろうか。
❷たった今。つい今しがた。〈源氏・夕霧〉「よべより六条院に侍ひて、ただいまなむまかでつると言へ」訳(私=夕霧は)昨夜から六条院に伺候して、たった今退出

たし 助動ク型

意味・用法	用例
❶動作主の希望 …たい。	例 父のおはしまさん所へぞ参りたき㊍〈平家・三・六代〉 訳 父がいらっしゃるならその場所へ参りたい。
❷他に対する希望 …てほしい。	例 家にありたき㊍木は、松・桜〈徒然・一三九〉 訳 家にあってほしい木は、松と桜だ。

接続 動詞および、完了の「つ」「ぬ」を除く動詞型活用の助動詞の連用形に付く。

活用

未然	連用	終止	連体	已然	命令
(ズ)	(シテ) たく (ケリ)	(。)	(コト)	(ドモ)	
たから	〈たから〉	たし	たき 〈たかる〉	たけれ	○

参考「たし」は院政時代に現れ、鎌倉時代になると、同じ意味の「まほし」にとって代わるようになる。しかし、「たし」は俗語として避けられていたので、和歌や文章ではもっぱら「まほし」が用いられた。室町時代には、この「たし」も「たい」にとって代わられる。

最重要330

193

ただ

一 形動ナリ{なら・なり(に)・なり・なる・なれ・なれ} 二 副

ガイド 一①、二①が原義で、**間にほかのものを入れず直接的であるさま**。ほかのものがないことから二②の意となり、ほかのものがない→特に変わったことがないことから一②の意となる。

一 形動ナリ

❶【直】

㋐ **まっすぐなさま。**

例 春霞井の上ゆただに㊊道はあれど君に逢はむとたもとほり来も〈万葉・七・一二五六〉 訳 水をくむ泉のほとりを通ってまっすぐに(行ける)道はあるが、あなたに逢おうと思って遠まわりして来ることだ。(「春霞」は「井」にかかる枕詞)

㋑ **直接であるさま。じか。**
→ただに

例 み熊野の浦の浜木綿百重なす心は思へどただに㊊逢はぬかも〈万葉・四・四九六〉 訳 熊野の浦の浜木綿の葉が幾重にも重なっているように、(あなたのことを)心では幾重にも思っているけれども、直接に逢わないことだよ。

❷【徒・只】

㋐ **ほかと変わらない。あたりまえだ。ふつうだ。**

例 ただなる㊍所には目にもとまるまじきに〈枕・一五六〉 訳 ふつうの所では気づきもしないだろうけれども。

㋑ **むなしい。むだである。**
→ただに

例 朝露のおくる思ひにくらぶればただに㊊帰らむ宵はまされり〈和泉式部日記〉 訳 朝露の置くころ、起きて別れる思いに比べると、(逢わないで)むなしく帰るような宵は(悲しさが)まさっている。(「おくる」は「起くる」に「置く」をかける)

二 副

❶【直】

㋐ **直接。まっすぐ。じかに。**

例 ただ言ふことばも、口惜しうこそなりもてゆくなれ〈徒然・二二〉

したと言え。

たたう-がみ〔タトウ〕【畳紙】名〔「たたみがみ」のウ音便〕折りたたんで懐中に入れておき、鼻紙、または歌などを書くのに用いた紙。懐紙。→束帯（四七三ページ図）

ただ-うど〔タダ(ド)ウド〕【直人・徒人】名〔「ただびと」のウ音便〕「ただびと」に同じ。

たた・く【叩く・敲く】一 自力四{か・き・く・く・け・け} 水鶏（=水鳥の名）が戸をたたくような声で鳴く。〈徒然・一九〉「水鶏のたたく㊍など、心ぼそからぬかは」訳 水鶏が戸をたたくような声で鳴くのなどは、ものさびしくないか（いや、ものさびしい）。
二 他力四{か・き・く・く・け・け} ❶打って音をたてる。つづけざまに打つ。門戸をたたいて来訪を告げる。〈源氏・若紫〉「門うちたたか㊌せ給へど、聞きつくる人なし」訳 門をたたかせなさるが、聞きつける人もいない。❷なぐる。ぶつ。

ただ-こと【直言・徒言】名 比喩や技巧を用いないありのままのことばや表現。ふつうのことば。〈古今・仮名序〉「これはただことに言ひて、ものにたとへなどもせぬものなり」訳 これは(物事を)ありのままに詠んで、何かにたとえることなどもしない歌である。

ただ-ごと【徒事】名 ふつうの事。世の常の事。〈方丈・三〉「ただ事にあらず、さるべきもののさとしか」訳（このような大風は）ふつうの事ではない、しかるべきもの（=神や仏）のお告げか。

たた-さま【縦様】形動ナリ{なら・なり(に)・なり・なる・なれ・なれ}「たたざま」とも。❶縦であるさま。垂直。〈枕・九四〉「琵琶の御琴をたたざまに㊊持たせ給へり」訳（中宮が）琵琶の御琴を縦にしてお持ちになられていた。❷まっすぐ。〈枕・一三三〉「草生ひ茂りたるを、ながながとたたざまに㊊行けば」訳 草が生い茂っている所を、ずっと続けてまっすぐに行くと。

ただ-し【但し】接〔副詞「ただ」＋副助詞「し」〕❶前の文に添えて、条件や例外などを言い出す語。もっとも。とはいうものの。しかしながら。〈竹取・竜の頸の玉〉「仰せのことはいともたふとし。ただし、この玉たはやすくえ取らじを」訳 お言いつけのことはまったく畏れ

㋑**すぐに。じきに。**

㋒**両者が似ていることを表す。あたかも。まるで。まさしく。**

訳直接言うことばも、だんだん情けなくなっていくようだ。

例ただ今日も君には逢はめど人言を繁み逢はずて恋ひ渡るかも〈万葉・一二・二九二三〉

訳すぐに今日にもあなたに逢いたいけれど、人のうわさがひどいので、逢わずに恋しく思い続けていることだ。

例おごれる人も久しからず、ただ春の夜の夢のごとし〈平家・一・祇園精舎〉

訳驕り高ぶっている人もいつまでも続くものではなく、（それは）まるで春の夜の夢のような（はかない）ものだ。

❷【唯・只】

㋐**限定する意を表す。単に…ばかり。…だけ。**

例人住まぬ不破の関屋の板びさし荒れにしのちはただ秋の風〈新古・雑中〉

訳人の住んでいない不破の関の番小屋の板びさしよ。荒れはててしまった後は、秋風が吹きぬけるばかりだ。

㋑**ほんの。たった。**

例日々におもり給ひて、ただ五六日のほどにいと弱うなれば〈源氏・桐壺〉

訳（桐壺の更衣は）日に日に病気が重くなられて、ほんの五、六日の間にたいそう衰弱するので。

㋒**ひたすら。むやみに。ただもう。**

例立て籠めたるところの戸、すなはち、ただ開きに開きぬ〈竹取・かぐや姫の昇天〉

訳（かぐや姫を入れて）閉め切っておいた場所（＝塗籠）の戸は、即座に、ただもうすっかり開いてしまった。

㋓**（命令や意志の表現と呼応して）ともかく。まあ、かまわずに。**

例ただみな掘り捨つべし〈徒然・二〇七〉

訳まあ、かまわずに（蛇の塚を）全部掘って捨てるがよい。

多い。しかしながら、この玉は容易に取れそうにないだろうに。❷前の文を受け、推量や疑問の内容を説くのに用いる語。**あるいは。もしくは。ひょっとしたら。**〈徒然・二〇二〉「本文も見えず。ただし、当月、諸社の祭りなき故に、この名あるか」訳典拠となるべき文章も見あたらない。ひょっとしたら、この月（＝陰暦十月）には、あちこちの神社の祭礼がないために、この（神無月という）名があるのか。

たたずまひ タタズマイ【佇まひ】名 **ようす。ありさま。**〈源氏・胡蝶〉「はかなき石のたたずまひも、ただ絵に描いたらむやうなり」訳（六条院の春の御殿の庭の）ちょっとした立石のようすも、まるで絵に描いてあるかのようである。

たたずま・ふ タタズマ(モ)ウ【佇まふ】自ハ四｛は・ひ・ふ・ふ・へ・へ｝〔四段動詞「佇む」㊍＋上代の反復・継続の助動詞「ふ」〕じっと立ち止まっている。〈枕・三〉「のぞきけしきばみ、奥の方にたたずまふ㊍を」訳（すきをうかがう女房が）のぞき（込み）、意気ごんで、奥のほうにじっと立ち止まっているのを。

たたず・む【佇む・彳む】自マ四｛ま・み・む・む・め・め｝❶**しばらく立ち止まる。じっと立っている。**〈蜻蛉・下〉「礼堂に、たたずむ㊍法師ありき」訳礼堂（＝礼拝・読経する仏堂）の前に立ち止まっている法師がいた。❷**ぶらつく。歩き回る。**〈堤・貝あはせ〉「まだ暁に門のわたりをたたずめ㊐ば、昨日の子しも走る」訳まだ夜明け前に門のあたりをぶらつくと、まさに昨日の子が走ってくる。

ただ-ち【直路】名「ただぢ」とも。まっすぐな道。〈古今・恋三〉「行きかよふ夢の直路はうつつならなむ」訳（あの人のもとに）行き通った夢の中のまっすぐな道は、どうか現実のものであってほしい。

ただち-に【直ちに】副 ❶じかに。直接に。〈徒然・二一三〉「御前の火炉に火を置く時は、火箸してはさむことなし。土器より直ちに移すべし」訳（天皇・上皇の）御前の火鉢に火種を入れるときは、火箸ではさむことはない。土器からじかに移さなくてはならない。

❷すぐに。〈徒然・一五五〉「しばしもとどこほらず、直ちに行ひゆくものなり」訳（あらゆる現象の移り変わりは）少しの間も停滞することなく、すぐに実現していくものである。

たたな-づ・く ズク【畳なづく】自カ四｛か・き・く・く・け・け｝《上代語》重なり合う。幾重にもうねり重なる。〈記・中〉「倭は国のまほろばたたなづく㊍青垣山ごもれる倭しうるはし」訳→やまとは… 歌謡

たたなは・る【畳なはる】自ラ四〔ら・り・る・る・れ・れ〕重なり合う。うねり重なる。〈枕・三六〉「髪のうちたたなはり㊊てゆるらかなる程」訳 髪が重なり合ってゆったりと出ているようす。

ただなら-ず【徒ならず】❶ふつうでない。いわくありげである。〈源氏・若紫〉「いみじう霧りわたれる空もただならぬ㊍に」訳 ひどく霧が一面に立ちこめている空もふつうではないようすであるのに。
❷心が穏やかではない。〈源氏・花宴〉「人の目移しもただならず㊊思ゆべかめれど」訳（頭の中将は）人が（それまで光源氏に向けていた）目を自分に移して見るのも、落ち着かなく感じるに違いないようだけれども。
❸並々でない。すぐれている。〈源氏・夕顔〉「清げにて、ただならず㊊気色よしづきてなどぞありける」訳（伊予の介は）さっぱりとこぎれいで、並々でなく態度は風格などがあるようすであった。
❹妊娠している。〈平家・九・小宰相身投〉「ただならず㊊なりたることをも、日ごろは隠して言はざりしかども」訳 妊娠したからだになっていることをも、平素は隠して言わなかったが。⬇篤し「慣用表現」
なりたち 形容動詞「徒なり」㊌＋打消の助動詞「ず」

ただ-に【直に】副〔形容動詞「ただなり」の連用形から〕❶【直に】㋐まっすぐに。〈記・中〉「尾張にただに向かへる尾津の崎なる一つ松吾兄を」訳 尾張の国（愛知県）にまっすぐに向かって（立って）いる、尾津の岬にある一本松、あなたよ。
㋑直接に。ずばりと。〈万葉・三・三〇六九〉「何の伝言ただにし良けむ」訳 どうして人に伝言などするのか、直接に言えばよいだろうに。
❷【徒に】むなしく。何もしないで。〈竹取・燕の子安貝〉「ただに病み死ぬるよりも、人聞き恥づかしく覚え給ふなりけり」訳（石上の中納言は）ただむなしく病気で死ぬことよりも、人の評判（のほう）が恥ずかしいと思われなさるのであった。
❸【唯に・啻に】（下に打消・反語を表す語を伴って）ただ単に。〈続日本紀〉「大保をばただに卿とのみは思ほさず」訳 右大臣をただ単に卿（＝宮廷に仕える高官）とばかりはお思いにならず。

たたは・し ワタタシ 形シク〔しから・しく（しかり）・し・しき（しかる）・しけれ・しかれ〕❶満ち足りている。完全無欠だ。〈万葉・三・三二四〉「もち月のたたはしけ㊌むとあが思ふ皇子の命は」訳 満月のように満ち足りて完全であろうと、私が思っているその皇子様は。（「たたはしけ」は上代の未然形）
❷いかめしくおごそかである。堂々としている。〈土佐〉「これぞたたはしき㊍やうにて、餞したる」訳 この人（＝八木のやすのり）がいかめしくおごそかな態度で、（私に）餞別をした。

ただ-びと【直人・徒人】名「ただうど」とも。❶（神や仏などに対して）ふつうの人間。一般の人。〈竹取・御門の求婚〉「げにただ人にはあらざりけりと思して」訳 なるほど（かぐや姫は）ふつうの人間ではなかったのだなあと（帝が）お思いになって。
❷（天皇・皇族に対して）臣下。人臣。〈伊勢・三〉「二条の后のまだ帝にも仕うまつり給はで、ただ人にておはしましける時のことなり」訳 二条の后（＝藤原高子）がまだ帝（＝清和天皇）にも（女御として）お仕え申しあげなさらずに、臣下の身分でいらっしゃったときのことである。
❸（摂政・関白などに対して）一般の貴族。官位の低い人。〈徒然・一〉「ただ人も、舎人など給はるきはゆゆしと見ゆ」訳 一般の貴族でも、（朝廷から）護衛の官人などをいただく身分の者はすばらしいと思われる。

たた・ふ タタ(トウ)【湛ふ】㊀自ハ四〔は・ひ・ふ・ふ・へ・へ〕満ちる。いっぱいになる。〈新古・雑下〉「海ならずたたへ㊋る水の底までに清き心は月ぞ照らさん」訳 海（どころ）ではなく（さらに深く）満ちている水の底までも清らかな、そんなやましいところのない私の心は、月が照らしてくれるだろう。
㊁他ハ下二〔へ・へ・ふ・ふる・ふれ・へよ〕満たす。いっぱいにする。〈栄花・こまくらべの行幸〉「山を畳み、池をたたへ㊊しめ給へるを」訳 築山を築き連ね、池を（水で）いっぱいにさせなさったのを。

たたみ【畳】名 敷物の総称。むしろ・こも・毛皮などの類。平安時代には主として薄縁（＝布の縁をつけたむしろ）・ござの類をいう。
参考 平安時代の床は板張りで、必要に応じて薄縁を敷いた。中世以降、現在のような畳が使用されるようになった。

たたみこも【畳薦】《枕詞》まこも（＝草の名）で編んだ敷物を幾重にも重ねる意から「へ（重）」の音にかかる。〈記・中〉「たたみこも平群の山の」

たたみ-な・す【畳なす】他サ四〔さ・し・す・す・せ・せ〕たたんで作りあげる。幾重にも重なるようにする。〈源氏・帚木〉「すくよかならぬ山の気色、木深く世離れてたたみなし㊊」訳（名人は）険しくない山のようすを、木々が茂って奥深く人里離れて幾重にも重なるようにし（て描き）。

たた・む【畳む】㊀他マ四〔ま・み・む・む・め・め〕❶折りたたむ。積み重ねる。〈うつほ・忠こそ〉「冬の装束一領を、いと小さくたたみ㊊て」訳 冬の衣服ひとそろいを、たいそう小さく折りたたんで。
❷まとめて取り払う。かたづける。〈鶉衣〉「赤裸に、身代たたみ㊊て」訳 すっかり、財産を整理して。
❸いじめる。〈浮・好色一代女〉「この男、次第にたたま㊌れて（＝いじめられて）」
㊁自マ四〔ま・み・む・む・め・め〕重なる。積み重なる。〈細道・松島〉「ある〔島〕は二重にかさなり、三重にたたみ㊊て」

ただむき【腕・臂】名 うで。ひじから手首までの間。

ただよは・し ワタダヨシ【漂はし】形シク〔しから・しく（しかり）・し・しき（しかる）・しけれ・しかれ〕〔動詞「漂ふ」に対応する形容詞〕不安定である。落ち着かない。〈源氏・玉鬘〉「ただ心の筋を、漂はしから㊌ずもてしづめおきて」訳 ひたすら自分の信念を、不安定でなく落ち着けておいて。

ただよは・す ワタダヨス【漂はす】他サ四〔さ・し・す・す・せ・せ〕❶ただよわせる。〈万葉・一〇・二〇四一〉「秋風の吹き漂はす㊍白雲は織女の天つ領巾かも」訳 秋風が吹きただよわせる白雲は、織女星の天上でかけている領巾（＝女性の肩にかける白布）だろうか。
❷不安定な境遇におく。〈源氏・桐壺〉「無品の親王の外戚の寄せなきにては漂はさ㊌じ」訳（光源氏を）位のない親王で、母方の親戚の後見もない者として、不安定な境遇のままおくまい。

ただよ・ふ【漂ふ】自ハ四〔は・ひ・ふ・ふ・へ・へ〕❶(空中や水面に)浮かんで揺れ動く。漂う。〈竹取・蓬萊の玉の枝〉「船の行くにまかせて海に漂ひ用て」訳船の進むままに海上をただよって。
❷あてもなくさまよう。〈更級・夫の死〉「功徳もつくらずなどして漂ふ終」訳功徳を積むことなどもしないで(救いの)あてもなくさまよう。
❸落ち着かない。不安定だ。〈源氏・常夏〉「その筋とも見えず漂ひ用たる書きざまも」訳だれの手筋(=書風)とも見わけがつかず、不安定な書きぶりも。

たたら【踏鞴】名足で踏んで空気を送る大きなふいご(=送風器)。

たち-接頭(動詞に付いて)意味を強める。「たち隠る」「たち騒ぐ」「たち添ふ」「たち別る」
参考 動詞「立つ」の意味が残る時は接頭語としない。

-たち【達】接尾「だち」とも。(神や人を表す名詞・代名詞に付いて)尊敬の意を含む複数の意を表す。「君達」「神達」「男達」「友達」

類語の整理 たち—「複数」を表す語
たち…神や人を表す語に付く
ども…生物・無生物を問わずに付く
ばら…人に関する語に付く(軽蔑の意をもつようになる)
敬意

たち【館】名❶貴人や役人の官舎。また、貴人の邸宅。〈土佐〉「守の館より、よびに文もてきたなり」訳(後任の)国守の官舎から、招待に手紙を持ってきたそうだ。
❷「たて」とも。備えを厳重にした屋敷。規模の小さな城。〈徒然・六八〉「館のうちに人もなかりける隙をはかりて」訳屋敷の中に人もいなかった隙を見はからって。

たち【太刀・大刀】名❶上代、刀剣の総称。〈記・中〉「一つ松人にありせば大刀佩けましを」訳一本松が人であったなら、太刀を身に帯びさせようものを。
❷平安時代以降、儀礼用または戦闘用の、そりのある大きな刀。

衛府の太刀(毛抜形の太刀)
毛抜形
尻鞘
飾り太刀
柄
七つ金
(太刀②)

たち-あかし【立ち明かし】名地上に立てて火をともすたいまつ。人が掲げ持つ場合にもいった。「たてあかし」とも。

たち-い・づ【立ち出づ】自ダ下二〔で・で・づ・づる・づれ・でよ〕❶立って出ていく。立ち去る。外出する。〈徒然・五六〉「あからさまに立ち出で用ても、今日ありつることとて、息もつぎあへず語り興ずるぞかし」訳ちょっと外出しても、今日あったことだといって、息をつくひまもなく話しておもしろがるものであるよ。
❷立って来る。その場所に来る。〈源氏・行幸〉「西の対の姫君も立ち出で用給へり」訳西の対の屋の姫君(=玉鬘)も(物見に)その場所に出て来られた。
❸出る。表面に出る。〈源氏・桐壺〉「もとよりの憎さも立ち出で用て」訳昔からの(光源氏への)憎さも表面に出て。

たち-おく・る【立ち後る】自ラ下二〔れ・れ・る・るる・るれ・れよ〕(「たち」は接頭語)❶遅れる。遅れて後につく。〈源氏・藤裏葉〉「この花のひとりたちおくれ用て、夏に咲きかかるほどなむ」訳この花(=藤の花)が唯一(春の花に)遅れて、夏まで咲き続くようすが。
❷死に後れる。先立たれる。〈源氏・若紫〉「むつましかるべき人にも立ち後れ用侍りにければ」訳親しくあるはずの人にも先立たれてしまいましたので。
❸劣る。ひけをとる。〈源氏・花宴〉「心にくく奥まりたるけはひはたちおくれ用」訳(右大臣家は)上品でおくゆかしいようすは劣っていて。

たち-かく・る【立ち隠る】自ラ四・下二〔ら・り・る・る・れ・れ／れ・れ・る・るる・るれ・れよ〕(「たち」は接頭語。上代はおもに四段活用)隠れる。〈万葉・四・五二九〉「柴な刈りそね在りつつも春し来たらばたち隠る体(四段)がね」訳柴を刈らないでおくれ。このままにしておいて春がきたなら、(あなたに逢うときに)隠れるために。〈源氏・末摘花〉「かげにつきてたち隠れ用(下二段)給へば」訳陰のほうに身を寄せてお隠れになると。

たち-かへり【立ち返り】副❶(多く返事の場合に用いて)折り返し。すぐに。〈蜻蛉・上〉「たちかへり、かへりごと(=返事)」
❷くり返し。再び。〈古今・恋二〉「たちかへりあはれとぞ思ふ」訳くり返しつくづく恋しいと思うことだ。
❸反対に。今までとは逆に。

たち-かへ・る【立ち返る】自ラ四〔ら・り・る・る・れ・れ〕❶(もとの場所に)引き返す。(昔に)立ちもどる。〈徒然・二九〉「いにしへのことも立ち返り用恋しう思ひ出でらる」訳昔のことも(その当時に)立ちもどってなつかしく思い出される。
❷くり返す。〈更級・初瀬〉「初瀬川立ち返り用つつたづぬれば」訳初瀬川(の川波)が寄せては返すように(私は)くり返しお参りをしたのだから。
❸年が改まる。〈拾遺・春〉「あらたまの年立ち返る体朝より待たるるものは鶯の声」訳年が改まる(その)朝から、しきりに待たれるものは鶯の声だよ。(「あらたまの」は「年」にかかる枕詞)

た-ぢから【手力】名手の力。腕力。

たち-こ・む【立ち込む・立ち籠む】■一自マ四〔ま・み・む・む・め・め〕(「たち」は接頭語)混雑する。こみあう。〈徒然・四一〉「埒のきはに寄りたれど、ことに人多くたちこみ用て」訳馬場の柵のそばに近寄ったが、(そこは)とりわけ人が多くこみあっていて。
■二自マ下二〔め・め・む・むる・むれ・めよ〕(煙・霧などが)たちこめる。〈平家・九・宇治川先陣〉「夜はすでにほのぼのと明けゆけど、川霧ふかく**たちこめ**㊊て」訳 夜はすでにほんのりと明けていくが、川霧が濃く**たちこめ**て。

㊁他マ下二〔め・め・む・むる・むれ・めよ〕（立ちふさがって）取り囲む。〈宇治・七・四〉「忠明を**立ちこめ**㊊て殺さんとしければ」訳（無頼の若者たちが）忠明を**取り囲ん**で殺そうとしたので。

たち-さ・ふ【立ち塞ふ・立ち障ふ】他ハ下二〔へ・へ・ふ・ふる・ふれ・へよ〕立ってさえぎりとめる。立ちふさぐ。〈土佐〉「波**立ちさへ**㊊て入れずもあらなむ」訳 波が**立ってさえぎりとめ**て（月を海に）入れないでほしい。

たち-そ・ふ【立ち添ふ】自ハ四〔は・ひ・ふ・ふ・へ・へ〕❶〔「たち」は接頭語〕**加わる。**〈源氏・蛍〉「いとどしき御匂ひの**立ち添ひ**㊊たれば」訳（風に）ますます強い（光源氏の衣服の）御匂いが**加わっ**たので。

❷**付き添う。**寄り添う。〈枕・一八七〉「男児をのこごはつと**立ち添ひ**㊊てうしろ見」訳 男の子（の場合）は（乳母めのとの夫が）ぴったり**付き添っ**て世話をし。

❸**他人のあとを追って死ぬ。**〈源氏・夕顔〉「**立ち添ひ**㊊ぬべきが口惜しくもあるべきかな」訳 **あとを追って死ん**でしまいそうなことが残念でもあるにちがいないことよ。

たち-ど【立ち処・立ち所】名 立つところ。足場。立っている足もと。〈方丈・三〉「道行く馬は足の**立ちど**をまどはす」訳 道を行く馬は足の**踏み場**に迷う。

たち-なら・す【立ち均す】他サ四〔さ・し・す・す・せ・せ〕（立って地を踏みつけ、平らにするほど）**しばしば行き来する。**〈万葉・九・一八〇八〉「**立ちならし**㊊水汲くましけむ手児奈てごなし思ほゆ」訳（昔ここに）**しばしば行き来して**水をお汲みになったという手児奈（という少女のこと）がしのばれる。

たち-なら・す【立ち馴らす】他サ四〔さ・し・す・す・せ・せ〕〔「たち」は接頭語〕**なれ親しませる。**なじませる。〈源氏・賢木〉「などて今まで**たち馴らさ**㊍ざりつらむ」訳 どうして今まで（六条御息所みやすどころを自分に）**なれ親しませ**なかった（＝頻繁に通わなかった）のだろう。

たち-なら・ぶ【立ち並ぶ】㊀自バ四〔ば・び・ぶ・ぶ・べ・べ〕❶立って並ぶ。いっしょに並ぶ。〈源氏・紅葉賀〉「**立ち並び**㊊ては、なほ花のかたはらの深山木みやまぎなり」訳（頭の中将ほどの者でも光源氏と）**いっしょに並ん**では、やはり桜の花のそばの（見ばえのしない）深山に生える木（のよう）である。

❷同じほどである。肩を並べる。〈竹取・かぐや姫の昇天〉「我がたけ**立ち並ぶ**㊍まで養ひ奉りたる我が子を」訳 私の背丈と**同じほどになる**までお育て申しあげた我が子（＝かぐや姫）を。

㊁他バ下二〔べ・べ・ぶ・ぶる・ぶれ・べよ〕同じ程度のものと考える。同等に扱う。〈源氏・玉鬘〉「明石あかしの並なみには、**立ち並べ**㊊給はざらまし」訳（光源氏は）明石の君並みには（夕顔を）**同等に扱い**なさらなかっただろうに。

たち-な・る【立ち馴る】自ラ下二〔れ・れ・る・るる・るれ・れよ〕（いつも出入りして）なれ親しむ。なじむ。〈更級・宮仕へ〉「さても、宮仕への方かたにも**立ちなれ**㊊」訳 そのまま、宮仕えのほう（＝生活）にも**なじみ**。

たち-ぬ・る【立ち濡る】自ラ下二〔れ・れ・る・るる・るれ・れよ〕（雨や露に）立ったまま濡れる。〈万葉・二・一〇七〉「あしひきの山の雫しづくに妹いも待つとあれ**立ち濡れ**㊊ぬ山の雫に」訳 →あしひきの…和歌

たち-はき【帯刀】名〔「太刀佩たちはき」の意〕「たてはき」とも。「帯刀舎人たちはきとねり」の略。東宮坊とうぐうぼう舎人監とねりづかさの役人で、刀を帯びて皇太子を護衛する役。舎人の中から武芸にすぐれた者を選んで任じた。

たち-ばな【橘】名 植物の名。こうじみかん。常緑樹で、香りの高い白い花をつける。果実はみかんに似て小さく、酸味が強い。秋。（橘飾る春・橘の花夏）

参考「ほととぎす」とともに和歌に詠みこまれることが多い。また、「五月さつき待つ花たちばなの香かをかげば昔の人の袖の香ぞする」（訳 →さつきまつ…和歌〈古今・夏〉）から、昔を思い出すよすがとして象徴的に使われた。

橘曙覧（たちばなのあけみ）《人名》（一八一二〜一八六八）江戸末期の歌人・国学者。別姓は井手。号は志濃夫廼舎しのぶのや。越前えちぜん（福井県）の人。本居宣長もとおりのりながの学風を慕い、その門下の田中大秀おおひでについて国学を修め、また生活に即した万葉調の歌を詠んだ。家集「志濃夫廼舎歌集」

橘成季（たちばなのなりすゑ）タチバナノナリスエ《人名》（生没年未詳）鎌倉中期の学者。博学多芸の人で、説話集「古今著聞集ここんちょもんじゅう」の編者。くわしい伝記は不明。

但馬（たじま）タジマ《地名》旧国名。山陰道八か国の一つ。今の兵庫県北部。但州たんしゅう。

たち-まさ・る【立ち勝る】自ラ四〔ら・り・る・る・れ・れ〕〔「たち」は接頭語〕（人柄・心・程度などが）まさる。すぐれる。〈源氏・帚木〉「まかり通ひし所は、人も**たちまさり**㊊」訳（私が）通っておりました所は、（女の）人柄も**まさり**。

たち-まじ・る【立ち交じる】自ラ四〔ら・り・る・る・れ・れ〕〔「たち」は接頭語〕**入りまじる。**中にはいる。加わる。〈徒然・一〉「才ざえなくなりぬれば、しなくだり、顔憎さげなる人にも**たちまじり**㊊て」訳（容貌や気だてがよい人でも）教養がなくなってしまうと（＝ないとなると）、身分も劣り、顔が憎らしげな人にも**入りまじっ**て。

たち-まち（-に）【忽ち（に）】副 ❶**突然。にわかに。**〈今昔・三一・三〉「**たちまちに**大きなる牛、深き山の奥より出いで来たりて」

❷**実際に。**現に。〈今昔・一四・九〉「**たちまちに**今、この難に会へり」訳（法華ほけ経を書写する願を果たさぬうちに）**現に**今、この災難に遭った。

❸**すぐさま。一瞬の間に。**〈方丈・三〉「或あるいは焔ほのにまぐれて**たちまちに**死ぬ」訳 ある者は炎に気を失って**一瞬の間に**死ぬ。

たちまち-づき【立ち待ち月】名「たちまちのつき」に同じ。秋

たちまち-の-つき【立ち待ちの月】〔立って待つうちにほどなく出てくる月の意〕陰暦十七日の夜の月。立ち待ち月。秋。⬇月「古文常識」

たち-もとほ・る【立ち徘徊る】自ラ四〔ら・り・る・る・れ・れ〕あちこち歩き回る。行ったり来たりする。〈万葉・一一・二八二一〉「木こ の間より移ろふ月の影を惜しみ**立ちもとほる**㊍にさ夜ふけにけり」訳 木の間を移り行く月の光が惜しいので、**あちこち歩き回る**うちに、夜が更けてしまったことよ。

たち-やすら・ふ【立ち休らふ】自ハ四〔は・ひ・ふ・ふ・へ・へ〕（ためらって）立ち止まる。たたずむ。また、近くを歩きさまよう。〈源氏・幻〉「雪降りたりしあかつきに**立ちやすらひ**㊊て、我が身も冷え入るやうにおぼえて」訳 雪が降っていた夜明け前に（格子こうしの外に）**たた**

ずんで、（光源氏は）自分のからだも冷えきるように思われて。

たち-よそ・ふ【立ち装ふ】他ハ四｛は・ひ・ふ・ふ・へ・へ｝（「たち」は接頭語）飾る。装う。〈万葉・二・一五八〉「山吹の**たちよそひ**(用)たる山清水」訳 山吹が（まわりを）**美しく飾っ**ている山の清水。

たち-よ・る【立ち寄る】自ラ四｛ら・り・る・る・れ・れ｝❶**波が立って打ち寄せる。**〈竹取・燕の子安貝〉「年を経て浪**立ち寄ら**(未)ぬ住吉の松かひなしと聞くはまことか」訳 いつまでも波が**立って打ち寄せ**ない住吉の松のように、（あなたは）長いこと（わが家に）立ち寄らず、待つかいもないと聞くが、それは本当か。（「立ち寄る」に③の意をかける。「松」は「待つ」との、「かひ」は「甲斐」と「貝」との掛詞）
❷**近寄る。**寄り添う。〈徒然・一三七〉「花の本には、ねぢ寄り**立ち寄り**(用)」訳 （片田舎の人は桜の）花のもとには、にじり寄って**近寄り**。
❸**訪れる。**〈源氏・須磨〉「かくかずまへ給ひて、**立ち寄ら**(未)せ給へること」訳 このように人並みにお扱いくださって、**訪れ**なさられたこと（はうれしい）。

たぢろ・く【タジロク】自カ四｛か・き・く・く・け・け｝（のち「たぢろぐ」）❶しりごみする。ひるむ。〈浜松中納言物語〉「筑紫へ放たれおはせしに、いとよろづ**たぢろき**(用)」訳 筑紫の国（福岡県）へ追放されていらっしゃったので、ますますすべてにおいて**しりごみし**。
❷劣る。後れをとる。衰える。〈うつほ・俊蔭〉「文の道は少し**たぢろく**(終)とも」訳 学問の道では少し（俊蔭に）**劣る**にしても。
❸傾く。少し動く。〈著聞・三六二〉「弘光、引きぬかんと身を動かしけれども、**たぢろか**(未)ざりければ」訳 弘光は（相手の手から自分の手を）引きぬこうとからだを動かしたが、**少しも動か**なかったので。

たち-わか・る【立ち別る】自ラ下二｛れ・れ・る・るる・るれ・れよ｝（「たち」は接頭語）別れて行く。別れて旅立つ。〈古今・離別〉「かへる山ありとはきけど春がすみ**たち別れ**(用)なば恋しかるべし」訳 （北陸には）かえる山という山があると聞いている（ので、あなたもすぐ帰ってこられると思う）が、それでも春霞が立つ中を**別れて旅立**っていったら、恋しいだろう。（「かへる」は「かへる山」と「帰る」との掛詞。「春がすみ」は「立つ」にかかる枕詞だが、ここは実景も伴っている）

たちわかれ… 和歌 《百人一首》【立ち別れ　いなばの山の　峰に生ふる　まつとし聞かば　今帰りこむ】〈古今・離別・在原行平〉⬇付録◇①「小倉百人一首」16

たち-わづら・ふ【立ち煩ふ】自ハ四｛は・ひ・ふ・ふ・へ・へ｝❶**つらい思いで立つ。**立ちくたびれる。〈大和・七六〉「門をささせ給うければ、夜一夜**立ちわづらひ**(用)て」訳 （母御息所が）門を閉じさせなさったので、（源嘉種は）一晩じゅう**つらい思いで立っていて**。
❷**立ち去りにくく思う。**〈源氏・夕霧〉「**立ちわづらひ**(用)給ふも軽々しう」訳 （一条御息所の葬儀の場を）**立ち去りにくく思い**なさるのも（夕霧の身分では）軽々しくもあり。
❸**車などを置くのに困る。**〈源氏・葵〉「隙もなうたちわたりたるに、よそほしう引きつづきて**立ちわづらふ**(終)」訳 （物見の牛車が）隙間もなくずらりと立ち並んでいるので、（葵の上一行は）美しくりっぱに列をなしたまま、**車を置くのに困る**。

たち-ゐ【立ち居】名 ❶**立つことと座ること。**ちょっとした日常の動作。〈源氏・夕顔〉「**立ち居**のけはひ堪へ難げにおこなふ」訳 （老人が）**立ったり座ったりする動作**のようすもつらそうに（礼拝の）お勤めをするのが。
❷（雲などが）**浮かんでいること。**〈雨月・菊花の約〉「この日や天晴れて、千里に雲の**立ち居**もなく」訳 この日は空が晴れて、はるか遠くまで雲が**浮かんでいること**もなく。

たち・ゐる【立ち居る】自ワ上一｛ゐ・ゐ・ゐる・ゐる・ゐれ・ゐよ｝❶立ったり座ったりする。〈源氏・東屋〉「手一つ弾き取れば、師を**立ちゐ**(用)拝みて喜び」訳 （常陸の介は）（実の娘が琴や琵琶などの）曲を一曲、弾き方を習得すると必ず、師匠を**立ったり座ったりして**拝んで喜び。
❷（雲などが）浮かんでいる。立っている。〈伊勢・六七〉「曇りみ晴れみ、**立ちゐる**(体)雲やまず」訳 曇ったり晴れたりして、**浮かんでいる雲**は絶えない。

たつ【辰】名 ❶十二支の五番目。→十二支 ❷方角の名。東南東。❸時刻の名。今の午前八時ごろ、およびその前後約二時間（午前七時ごろから午前九時ごろ）。

たつ【竜】名「りゅう」に同じ。〈竹取・竜の頸の玉〉「**竜**の頸に、五色にひかる玉あなり（＝あるそうだ）」

た・つ【立つ】

一 自タ四｛た・ち・つ・つ・て・て｝（縦になる、縦の状態である、という意味から）❶（人や動物が）起立する。立ち止まっている。起きあがる。〈伊勢・四〉「**立ち**(用)て見、居て見、見れど、去年に似るべくもあらず」訳 **立ちあがって**は見、座っては見して、（あたりを）見るけれども、去年（のありさま）に似るはずもない。
❷（植物が）生える。生えている。〈竹取・蓬莱の玉の枝〉「その山のそばひらを巡れば、世の中になき花の木ども**立て**(已)り」訳 その山のかたわらを回ると、この世の中にないたくさんの花の木が**生え**ている。
❸（馬・車などが）**置いてある。駐車する。**〈枕・三五〉「後に来たる車の、ひまもなかりければ、池にひきよせて**立ち**(用)たるを見給ひて」訳 後からやってきた車が、（車を置く）隙間もなかったので、池のほうに引き寄せて**とまっ**ているのを（中納言が）ご覧になって。
❹立ち去る。（旅などに）出発する。（鳥などが）飛び立つ。〈古今・春下〉「今日のみと春を思はぬ時だにも**立つ**(体)ことやすき花のかげかは」訳 今日かぎり（で終わりだ）と春を思わない時でさえも、**立ち去る**ことがたやすい花の陰だろうか（いや、そんな時でも立ち去りがたいものだ）。
❺（風・波・雲・霧・霞・煙などが）**生じる。起こる。立ちこめる。**〈伊勢・八〉「信濃なる浅間の嶽に**立つ**(体)煙をちこち人の見やはとがめぬ」（新古・羇旅にも所収）訳 信濃（長野県）にある浅間山に**立つ**煙を、あちこちの人が見ていぶかりはしないだろうか（いや、いぶかるはずだ）。
❻（年月や季節などが）**始まる。**〈万葉・一〇・一八一三〉「久方

の天の香具山このゆふへ霞たなびく春立つ(終)らしも」訳 天の香具山に、今宵霞がたなびいている。春になったらしいなあ。(「久方の」は「天」にかかる枕詞)

❼(音が)高く響く。〈万葉・二〇・四四六〇〉「堀江漕ぐ伊豆手の船の楫つくめ音しば立ち(用)ぬ水脈早みかも」訳 堀江を漕ぐ伊豆手の船(=伊豆(静岡県)で造られる型の船)の櫓を強く握って(漕ぐので)、櫓の音がしばしば高く響いた。水脈の流れが速いからであろうか。

❽(名前・うわさなどが)ひろがる。評判になる。〈拾遺・恋一〉「恋すてふわが名はまだき立ち(用)にけり人知れずこそ思ひそめしか」訳 ⬇付録①「小倉百人一首」41

❾位につく。位置を占める。〈大鏡・道長上〉「道長が家より帝・后立ち(用)給ふべきものならば、この矢あたれ」訳 (私)道長の家から帝・后が位におつきになるはずであるものならば、この矢当たれ。

❿(刃物が)切れる。ささる。〈徒然・二二九〉「妙観が刀はいたく立た(未)ず」訳 妙観(=奈良時代の名工)の小刀はたいして切れない。

⓫(「目立つ」の形で)注意を引く。〈枕・二七二〉「絵など、あまたたび見れば目も立た(未)ずかし」訳 絵などは、(どんなにすばらしいものでも)何度も見ると注意を引かないものだ。

⓬(「腹立つ」の形で)怒りを覚える。腹が立つ。〈落窪〉「人のはかりけるなめりとおぼすに、ただ腹立ち(用)に腹立た(未)れ給へど」訳 (中納言は)だれかがたくらんだのであるようだとお思いになるにつけ、ただもうむやみに腹が立ってきなさるが。

⓭(動詞の連用形に付いて)その動詞の語意を強める。ひどく…する。さかんに…する。〈源氏・夕霧〉「律師もさわぎ立ち(用)給うて」訳 律師(=僧都に次ぐ僧官)もひどくあわてなさって。

二 他タ下二〔て・て・つ・つる・つれ・てよ〕(縦にする、という意味から)❶(人や動物を)立たせる。起きあがらせる。〈万葉・一四・三三八六〉「その愛しきを外に立て(未)めやも」訳 あのいとしい人を外に立たせておけようか(いや、立たせてはおけない)。

❷(道具や車などを)置く。並べる。とめる。〈枕・四二〉「雲林院・知足院などの前に車を立て(用)たれば」訳 雲林院・知足院などの前に車をとめていると。

❸出発させる。旅立たせる。〈平家・一・祇王〉「あるいは文をつかはす人もあり、あるいは使ひを立つる(体)者もあり」訳 あるいは手紙をやる人もあり、あるいは使いの者を旅立たせる者もある。

❹(風・波・煙などを)生じさせる。起こす。のぼらせる。〈土佐〉「海をさへおどろかして、波立て(用)つべし」訳 海(の神)をまで驚かして、きっと波を起こしてしまうだろう。

❺(音などを)響かせる。〈徒然・一五七〉「楽器を〔手に〕取れば音を立て(未)ん(=響かせよう)と思ふ」

❻表面に出す。広く知らせる。〈徒然・八五〉「偽りて名を立て(未)んとす」訳 偽ってうわべをとりつくろって名声を広く知れ渡らせようとする。

❼位や位置につかせる。(身を)なりたたせる。〈大鏡・師尹〉「三条院の御時に、后に立て(用)奉らむとおぼしける」訳 三条院のご在位中に、后に(娍子を)お立て申しあげようとお思いになった。

❽(目や耳を)とめる。注目する。〈源氏・蛍〉「若やかなる殿上人などは、目を立て(用)つけしきばむ」訳 若々しい殿上人(=昇殿を許された者)などは、(美しく着飾った少女に)目をとめては気のあるようすを見せる。

❾思いをおし通す。最後までつらぬく。〈源氏・蓬生〉「いかにおぼしてかく立て(用)たる御心ならむ」訳 (末摘花は)どのようにお思いになって、このように意地をおし通しているお気持ち(なの)であろう。

❿(「立てて」の形で)もっぱら。特に。おもに。取り立てて。〈源氏・絵合〉「立て(用)て好ませ給へばにや、二なく描かせ給ふ」訳 (冷泉帝は)特に(絵が)お好きでいらっしゃるからであろうか、比べるものもないほど上手に(絵を)お描きになられる。

⓫(誓いや願を)たてる。〈竹取・貴公子たちの求婚〉「かかればこの人々、家に帰りて物を思ひ、祈りをし、願を立つ(終)」訳 こういうわけでこの人たちは、家に帰って(かぐや姫への)思慕にふけり、(神仏に)祈りをし、願をたてる。

⓬(刃物を)突きさす。〈平家・九・敦盛最期〉「熊谷あまりにいとほしくて、いづくに刀を立つ(終)べしともおぼえず」訳 熊谷(直実)は(平敦盛が)あまりにふびんで、どこに刀を突きさせばよいともわからず。

⓭建てる。〈徒然・二〇七〉「亀山殿建て(未)られんとて、地をひかれけるに」訳 亀山殿(=後嵯峨上皇の離宮)をお建てになろうとして、地ならしをなさったところが。

⓮(門や戸などを)しめる。〈万葉・一二・三一一七〉「門立て(用)て戸も閉したるをいづくゆか妹が入り来て夢に見えつる」訳 門をしめて戸もとじてあるのに、どこからあなたが入ってきて(私の)夢に現れたのか。

⓯(力を)こめる。ふりしぼる。〈徒然・五三〉「ただ力を立て(用)て引き給へ」訳 ただ、力をふりしぼって(鼎を)お引きなさい。

⓰(動詞の連用形に付いて)その動詞の語意を強める。ひどく…する。しきりに…する。〈万葉・二〇・四三二〇〉「大夫の呼び立て(用)しかばさを鹿の胸分け行かむ秋野萩原」訳 勇ましい男たちがしきりに呼んだので、雄鹿が胸で押し分けて行くであろう、秋の野の萩原よ。

た・つ 他タ四〔た・ち・つ・つ・て・て〕❶【断つ・絶つ】㋐**切りはなす。**断ち切る。〈徒然・二一七〉「このおきては、ただ人間の望みを断ち(用)て、貧を憂ふべからずと聞こえたり」訳 この(大金持ちの)いましめは、ただ世間の欲望を断ち切って、貧乏を悲しんではならないと理解された。

㋑**習慣になっているものをやめる。**特に、祈願のために穀物や塩などをとるのをやめる。〈竹取・蓬莱の玉の枝〉「五穀断ち(用)て、千余日に力を尽くしたること少なからず」訳 いっさいの穀物を断って、千日以上の間努力したことはひと通りではない。

㋒**休止する。**〈今昔・一五・一二〉「自ら法華経を誦して断つ(体)ことなし」訳 自分から法華経を唱えて休止することがない。

❷【裁つ】**布を切る。**裁断する。〈万葉・七・一二七八〉「衣に裁つ(体)吾妹裏設けてあがため裁た(未)ばやや大きに裁て(命)」訳 布を裁っている妻よ、心づもりして私のために裁つのならば少し大きめに裁て。

たづ（タズ）【鶴・田鶴】名 鶴。多く、歌語として用いられた。〈万葉・三・二七一〉「桜田へ**鶴**鳴き渡る」訳 桜田の方へ、**鶴**が鳴きながら飛んでいく。

-だ・つ 接尾タ四型（名詞、形容動詞の語幹（シク活用は終止形）、形容詞の語幹などに付いて）「…のようになる」「…らしく見える」「…ふうをする」「…ぶる」の意の動詞をつくる。〈枕・一〉「紫**だち**用たる雲のほそくたなびきたる」訳 紫**がかっ**た雲がほそくたなびいているの（が趣がある）。〈紫式部日記〉「さばかりさかし**だち**用、真字書きちらして侍るほども」訳（清少納言は）あれほど利口**ぶって**、漢字を書きちらしております程度も。

例語 あやにくだつ（＝身勝手にふるまう）・後ろ見だつ（＝後見人のようにふるまう）・うるはしだつ（＝きまじめにふるまう）・艶だつ・大人だつ・懸想だつ（＝色恋めく）・気色だつ・旅だつ（＝いかにも旅らしいようすである）・野分だつ・はかなだつ・聖だつ（＝高僧らしく見える）・田舎だつ

た-づき（ズキ）【方便】名 ➡下 194

たづき-な・し（タズキ）【方便無し】形ク｛から・く（かり）・し・き（かる）・けれ・かれ｝頼りとするものがない。よるべがない。手段がない。〈源氏・夕顔〉「この人の**たづきなし**終と思ひたるをもてなし助けつつさぶらはす」訳（惟光は）この人（＝右近）が（主人の夕顔の死後）**頼りとする人がない**と思っているので、世話をし力になってやっては、（光源氏のそばに）お仕え申しあげさせる。

たづさは・る（タズサワル）【携はる】自ラ四｛ら・り・る・る・れ・れ｝❶互いに手を取る。連れ立つ。〈万葉・九・一七九六〉「黄葉の過ぎにし子らと**携はり**用遊びし磯を見れば悲しも」訳 色づいた木の葉が散るように亡くなってしまった妻と、**互いに手を取って**遊んだ磯を見ると悲しくなることだ。❷関係する。かかわる。〈徒然・一五一〉「世俗のことに**携はり**用て生涯を暮らすは、下愚の人なり」訳 俗世間のことに**かかわって**一生を過ごすのは、きわめて愚かな人だ。

たづさ・ふ（タズサ（ソ）ウ）【携ふ】一 自ハ四｛は・ひ・ふ・ふ・へ・へ｝❶互いに手を取る。伴う。連れ立つ。〈万葉・四・七二八〉「人もなき国もあらぬか吾妹子と**携ひ**用行きて副ひてをらむ」訳 人のいない国でもないかなあ。あなたと**連れ立って**行って、寄り添っていたい。❷かかわる。関係する。

二 他ハ下二｛へ・へ・ふ・ふる・ふれ・へよ｝（物を）手に持つ。携帯する。〈細道・尿前の関〉「樫の杖を**携へ**用て、我々が先に立ちて行く」訳（案内の若者が）樫の杖を**手に持って**、我々の先頭に立って行く。

たっ-しゃ【達者】名・形動ナリ ❶才学・芸能などによく通じていること。また、その人。❷からだが丈夫であること。

たづたづ・し（タズタズシ）形シク｛しから・しく（しかり）・し・しき（しかる）・しけれ・しかれ｝「たどたどし」に同じ。〈万葉・四・七〇九〉「夕闇は道**たづたづし**終」訳 夕闇は道が**確かでない**。

たつた-ひめ【竜田姫・立田姫】名 秋をつかさどる女神。竜田山は平城京の西方にあり、五行説で西は秋に通じるので、神格化して秋の女神とした。竜田山の紅葉は、その女神が織りなすとされた。秋。↓佐保姫

竜田山（たつたやま）《地名》歌枕（「立田山」とも書く）今の奈良県生駒郡三郷町の西方、信貴山の南にある山。紅葉の名所。和歌では、多く「たつ」「たち」を導きだす序詞となる。

たっと・し【尊し・貴し】形ク｛から・く（かり）・し・き（かる）・けれ・かれ｝（「たふとし」の転）「たふとし」に同じ。

たづ・ぬ（タズヌ）【尋ぬ・訪ぬ】他ナ下二｛ね・ね・ぬ・ぬる・ぬれ・ねよ｝❶（所在のはっきりしないものを）さがし求める。〈源氏・若紫〉「京の御住みか**尋ね**用て」訳 京のお住まいを**さがし**

最重要330

194

た-づき（ズキ）【方便】名〔上代は「たどき」とも。のち、「たつき」「たづぎ」とも〕

ガイド 語源は「手＋付き」という。古くは、下に「なし」「知らず」などの打消の語を伴ったが、のちには伴わなくても用いられた。

❶ **手段。方法。手がかり。**

例 せむすべの**たづき**を知らに〈万葉・一三・三二七四〉

訳 なすべき方法の**手だて**がわからなくて。

例 学問して因果の理をも知り、説経などして世渡る**たづき**ともせよ〈徒然・一八八〉

訳（仏教の）学問をして因果応報の道理をも知り、説経などをして生活する**手段**ともせよ。

❷ **ようす。ありさま。見当。**

例 をちこちの**たづき**も知らぬ山中におぼつかなくも喚子鳥かな〈古今・春上〉

訳 あちらとこちらの**見当**もつかない山の中で、心もとなくも（人を）呼ぶように鳴く呼子鳥だよ。（「喚子鳥」は「呼ぶ」との掛詞）

求めて。

❷(物事のわけを)究明する。詳しく調べる。〈方丈・二〉「これを真実かと尋ぬれ已ば」訳このことを本当であるかと調べてみると。

❸問いただす。質問する。〈源氏・夢浮橋〉「御有り様尋ね用問ひ給ふに」訳(あなた=浮舟の)ごようすを(薫が)問いただしなさるので。

❹訪れる。訪問する。〈徒然・三四〉「有宗入道、鎌倉より上りて、尋ね用まうで来たりしが」訳有宗入道が、鎌倉から(京へ)上って、(私を)訪れてまいりましたが。

たつ‐み【辰巳・巽】名❶方角の名。辰と巳の間。南東。〈古今・雑下〉「我が庵は都のたつみしかぞ住む世をうぢ山と人はいふなり」訳➡付録〈1〉「小倉百人一首」8

❷(江戸の南東にあたることから)江戸深川にあった遊里。また、そこの芸妓。

たて【経・縦・竪】名❶上下の方向。垂直の方向。対横

❷織物の縦糸。対緯

たて【楯・盾】名❶敵の矢・剣・弾丸などを防ぐ板状の武具。儀式の装飾としても用いる。

❷比喩的に、防ぎ守ること。また、そのもの。

たて‐えぼし【立て烏帽子】名頭頂部を立てたままで、折らない烏帽子。折り烏帽子などに対していう。→烏帽子

たて‐こ・む【立て込む・閉て込む・立て籠む】他マ下二〔め・め・む・むる・むれ・めよ〕❶戸や障子などを閉め切る。〈竹取・かぐや姫の昇天〉「立て籠め用たるところの戸、すなはち、ただ開きに開きぬ」訳(かぐや姫を入れて)閉め切っておいた場所(=塗籠)の戸は、即座に、ただもうすっかり開いてしまった。

❷閉じこめる。取り囲む。〈今昔・二九・四〇〉「忠明を立て籠め用て殺さむとしければ」訳忠明を取り囲んで殺そうとしたので。

たて‐さま【縦様】名・形動ナリ「たてざま」とも。縦の方向。縦。また、そのさま。〈徒然・三七〉「柳宮に据うるものは、縦様、横様、物によるべきにや」訳柳箱(=柳の小枝で作った箱)の上に載せるものは、縦の方向(に置く)か、横の方向(に置く)か、(それは)置く物によるのがよいのであろうか。対横様

たて‐じとみ【立て蔀】名細い木を縦横に組んで格子とし、その裏に板を張った、ついたてのようなもの。目かくしとして、多くは庭に立てるが、室内用のものもある。〈枕・一〇〇〉「立て蔀・透垣などのみだれたるに、前栽どもいと心ぐるしげなり」訳立て蔀や透垣(=竹や板などで間をすかして作った垣)などが(野分で倒れて)乱雑になっているので、庭に植え込んだいろいろな草や木もひどくいたいたしいようすである。→蔀

(たてじとみ)

たて‐ぬき【経緯】名機の縦糸と横糸。

たて‐ぶみ【立て文】名正式の書状の形式。書状を礼紙で巻き、その上をさらに白紙で縦長に包み、上下を折ったもの。

(たてぶみ)

たてまつら‐す【奉らす】❶〔たてまつら謙譲＋す使役〕差し上げさせる。〈源氏・夕顔〉「門あけて惟光の朝臣出で来たるして、奉らす終」訳(随身は)門を開けて惟光の朝臣が出てきたのを仲介として、(光源氏に扇に乗せた花を)差し上げさせる。

❷〔たてまつら謙譲＋す謙譲〕差し上げる。〈枕・三八〉「白き木に立て文をつけて『これ奉らせ未む』と言ひければ」訳(少年が)白い木(の枝)に立て文をつけて、「これを差し上げよう」と言ったので。

なりたち 謙譲の四段動詞「奉る」未＋助動詞「す」

たてまつら‐せ‐たま・ふ【奉らせ給ふ】

一(「奉る」が本動詞の場合)

❶〔たてまつら謙譲＋せ尊敬＋たまふ尊敬〕お差し上げになられる。お差し上げあそばす。〈源氏・絵合〉「梅壺に御絵ども奉らせ給へ已り」訳(朱雀院は)梅壺(の女御)にいろいろな絵をお差し上げになられた。

❷〔たてまつら謙譲＋せ謙譲＋たまふ尊敬〕差し上げなさる。〈枕・一〇三〉「中納言参り給ひて、御扇奉らせ給ふ体に」訳中納言(=藤原隆家)が参上なさって、(中宮に)御扇を差し上げなさるときに。

二(「奉る」が補助動詞の場合)

❶〔たてまつら謙譲＋せ尊敬＋たまふ尊敬〕お…申しあげになられる。お…申しあげあそばす。〈源氏・宿木〉「日々に渡らせ給ひつつ見奉らせ給ふ終」訳(今上帝は)毎日お越しになられては(女二の宮を)お世話し申しあげになられる。

❷〔たてまつら謙譲＋せ謙譲＋たまふ尊敬〕お…申しあげになる。〈枕・二七八〉「おはするかぎり、もてかしづきわたし奉らせ給ふ体さま、いみじくめでたし」訳その場にいらっしゃる方すべてが、(女院の行列を)たいせつにお世話をしお通し申しあげになるようすは、実にすばらしい。

なりたち 謙譲の四段動詞、または補助動詞「奉る」未＋助動詞「す」用＋尊敬の補助動詞「給ふ」

参考 いずれも、ふたりの人物を同時に敬う言い方で、現代語ではふつう使われない。一二それぞれの敬意の対象は次の通りで、「たてまつら」「たてまつらせ」で動作の対象となる人物(=Ⓐ)を敬う気持ちを表し、「せ給ふ」「給ふ」で動作をする人(=Ⓑ)を敬う気持ちを表す。一①・二①はⒷを敬う気持ちが強く、一②・二②はⒶを敬う気持ちが強い。

一
① たてまつら せ給ふ（Ⓐを敬う／Ⓑを敬う）
② たてまつらせ 給ふ（Ⓐを敬う／Ⓑを敬う）

二
① …たてまつら せ給ふ（Ⓐを敬う／Ⓑを敬う）
② …たてまつらせ 給ふ（Ⓐを敬う／Ⓑを敬う）

たてまつり‐もの【奉り物】名❶奉る品物。みつぎもの。

❷お召し物。貴人の衣服。

敬語ガイド

たてまつる(1)〜(4)

(1) 一 他ラ四 ①「与ふ」の謙譲語。②「(人を)遣(や)る」の謙譲語。③「飲む」「食ふ」の尊敬語。④「着る」の尊敬語。

二 自ラ四 「乗る」の尊敬語を表す。

(2) 補動ラ四 謙譲の意を表す。

(3) 他ラ下二 ①「与ふ」「贈る」の謙譲語。②「(人を)遣る」の謙譲語。

(4) 補動ラ下二 謙譲の意を表す。

たてまつ・る(1)【奉る】

一 他ラ四 {ら・り・る・る・れ・れ} ❶「与ふ」の謙譲語。差し上げる。〈竹取・かぐや姫の昇天〉★「いみじく静かに、公(おほやけ)に御文(ふみ)奉り(用)給ふ」訳(かぐや姫は)はなはだ静かに、帝(みかど)にお手紙を差し上げなさる。

敬意の対象(地の文)
★〈竹取〉の例
書き手
かぐや姫 が
公=帝 に
御文奉り給ふ
(謙譲)(尊敬)
敬意
敬意

❷「(人を)遣る」の謙譲語。参上させる。〈源氏・藤袴〉「なにがしを選びて奉り(用)給へるは、人づてならぬ御消息(せうそこ)にこそ侍らめ」訳(父の内大臣が)私(=柏木(かしはぎ))を選んで(使者として)参上させなさったのは、取り次ぎではいけないご伝言(だから)でございましょう。

❸「飲む」「食ふ」の尊敬語。召し上がる。〈竹取・かぐや姫の昇天〉「壺(つぼ)なる御薬奉れ(命)」訳壺の中にあるお薬をお飲みなさい。

❹「着る」の尊敬語。お召しになる。〈源氏・蜻蛉〉「いと暑しや。これより薄き御衣(ぞ)奉れ(命)」訳とても暑いな。これ(=今着ている衣)よりも薄いお着物をお召しなさい。

二 自ラ四 {ら・り・る・る・れ・れ} 「乗る」の尊敬語。お乗りになる。〈源氏・若菜上〉「ことごとしからぬ御車に奉り(用)て」訳(光源氏は)おおげさでない(=人目につかない)お車にお乗りになって。

たてまつ・る(2)【奉る】

補動ラ四 {ら・り・る・る・れ・れ} (動詞・助動詞「る」「らる」「す」「さす」「しむ」の連用形に付いて)謙譲の意を表す。お…申しあげる。〈竹取・蓬莱の玉の枝〉★「宮司(みやづかさ)、さぶらふ人々、みな手をわかちて、求め奉れ(已)ども」訳(くらもちの皇子の邸(やしき)で)諸事をつかさどる役人や、お仕えする人々が、みなで手分けして、(皇子を)お探し申しあげるけれども。

敬意の対象(地の文)
★〈竹取〉の例
書き手
宮司、さぶらふ人々 が
くらもちの皇子 を
求め奉れども
(謙譲)
敬意

〈源氏・若菜上〉「妻戸押しあけて出(い)で給ふを、見奉り(用)送る」訳(光源氏が)妻戸(=出入り口の板戸)を押しあけてお出になるのを、(乳母(めのと)たちは)お見送り申しあげる。〈源氏・桐壺〉「右大弁の子のやうに思はせて率(ゐ)て奉る(体)に」訳(若宮=光源氏を)右大弁の子のように見せかけてお連れ申しあげると。

参考 上に上一段動詞「率(ゐ)る」がくる場合は、「ゐて奉る」の形で用いられる。

たてまつ・る(3)【奉る】

他ラ下二 {れ・れ・〇・〇・〇・〇} ❶「与ふ」「贈る」の謙譲語。差し上げる。〈源氏・若紫〉「またの日、御文(ふみ)奉れ(用)給へり」訳(光源氏は)次の日、お手紙を差し上げなさった。❷「(人を)遣る」の謙譲語。参上させる。〈源氏・若紫〉「君の御もとよりは、惟光(これみつ)を奉れ(用)給へり」訳君(=光源氏)のお邸(やしき)からは、惟光を参上させなさった。

参考 下には「給ふ」のくることが多く、未然形・連用形の用例しか見られない。

たてまつ・る(4)【奉る】

補動ラ下二 {れ・れ・〇・〇・〇・〇} (動詞の連用形に付いて)謙譲の意を表す。お…申しあげる。〈源氏・梅枝〉「御けはひいとめでたしと宮は見奉れ(用)給ふ」訳(明石(あかし)の姫君の)御ようすはたいそうすばらしいと、宮(=秋好(あきこのむ)中宮)はお見受け申しあげなさる。→奉(たてまつ)る(他ラ下二) 参考

たとうがみ【畳紙】

→たたうがみ

たどうど【直人・徒人】

→ただうど

たーどき【方便】

名「たづき」に同じ。

たとしへ-な・し【譬へ無し】

形ク {から・く(かり)・し・き(かる)・けれ・かれ} たとえようがない。比較しようがない。似ても似つかない。〈更級・野辺の笹原〉「たとしへなく(用)せばき所の」訳たとえようがなく狭い所で。〈枕・七〉「たとしへなき(体)もの 夏と冬と。夜と昼と」訳(違いを)比較しようがないもの、(それは)夏と冬と。夜と昼と。

たどたど・し

形シク {しから・しく(しかり)・し・しき(しかる)・しけれ・しかれ} 「たづたづし」の転か ❶(主観的に)おぼつかない。確かでない。〈枕・八三〉「これが末(すゑ)を知り顔に、たどたどしき(体)真名(まんな)に書きたらむも、いと見ぐるしと」訳これのあと(=この詩句のあとの句)をもの知り顔に、おぼつかない漢字で書いたとしたらそれも、ひどくみっともないと。❷(客観的に)はっきりしない。ぼんやりしている。〈源氏・若菜下〉「春の空のたどたどしき(体)霞(かすみ)の間(ま)より」訳春の空のぼんやりとしている霞の間から。

たとひ【譬ひ・喩ひ】

名「たとへ」とも。たとえること。たとえとして引かれる話や事柄。

たとひ【縦ひ・仮令】

副 ❶(下に「ば」などを伴って順接の仮定条件となり)もし…(ならば)。〈紀・神代〉「たとひ汝(いまし)この国を治(し)らば、必ず残(そこな)ひ傷(やぶ)るところ多けむ」訳もしおまえがこの国を治めれば、きっと破壊し傷つけるところが多いだろう。❷(下に「とも」「ども」などを伴って逆接の仮定条件となり)たとえ…(しても)。かりに…(しても)。万一…(しても)。〈方丈・四〉「たとひ広くつくれりとも、誰(たれ)を宿し、誰をか据(す)ゑん」訳かりに(家を)広く造ったとしても、(その家に)だれを住まわせ、だれを置くのだろ

うか(だれもいないではないか)。

定型表現 副詞の呼応

たとひ…ば
例 たとひ 雨降らば…。〈順接仮定〉
(＝もしも雨が降るなら…)

たとひ…とも(ども)
例 たとひ 雨降るとも…。〈逆接仮定〉
(＝かりに雨が降っても…)

たと・ふ【譬ふ・喩ふ】他ハ下二 {へ・へ・ふ・ふる・ふれ・へよ} たとえる。他の物事になぞらえていう。〈伊勢・九〉「ここにたとへ㊄ば、比叡の山を二十ばかり重ね上げたらむほどして」訳 (富士の山は)ここ(＝都)でたとえるなら、比叡山を二十ほど重ね上げたような高さで。

たとへ-ば【例へば】副 ❶物にたとえていえば。〈古今・仮名序〉「たとへば、絵にかける女を見て、いたづらに心を動かすがごとし」訳 (遍昭の歌は)物にたとえていえば、絵に描いてある女性を見て、無益に心をときめかすようなものである。❷例をあげていえば。その内容を具体的にいうなら。〈平家・三・無文〉「四月七日の夢に、見給ひけるこそ不思議なれ。たとへば、いづくとも知らぬ浜路をはるばると歩み行き給ふほどに」訳 四月七日の夢に、ご覧になったことは不思議である。その内容を具体的にいうなら、どこともわからない海辺の道をはるばると歩いてお行きになるうちに。❸(下に「とも」などを伴って逆接の仮定条件となり)たとえ…(しても)。よしんば…(であっても)。〈千載・雑下〉「たとへば独りながらへて過ぎにしばかり過ぐすとも」訳 たとえ自分一人生きながらえて、(これまで)過ごしてきた程度に過ごしても。

たど・る【辿る】

一 他ラ四 {ら・り・る・る・れ・れ} ❶探り求める。尋ねさがす。〈源氏・空蟬〉「あながちにかかづらひたどり㊊よらむも人わろかるべく」訳 むりに(空蟬に)かかわりあい、(その隠れている所にまで)探り求めて近寄るとしたら、それも外聞が悪いであろうし。❷探りあてる。探しあてる。〈源氏・夕霧〉「北の御障子の外にゐざり出でさせ給ふを、いとようたどり㊊て、ひきとどめ奉りつ」訳 (落葉の宮が)北側の御襖の外ににじり出なされるのを、(夕霧は)たいそううまく探りあてて、お引き止め申しあげてしまった。❸あれこれと推量する。あれこれと考慮する。〈源氏・紅葉賀〉「さばかりのことたどら㊄ぬ程にはあらじを、などか情けなくはもてなすなるらむ」訳 それぐらいのことを推量しない年ではあるまいに、どうして(おまえ＝光源氏は)薄情にもまあ(葵の上を)扱うのであろうか。

二 自ラ四 {ら・り・る・る・れ・れ} 思いまよう。途方にくれる。〈源氏・桐壺〉「しばしは夢かとのみたどら㊄れしを」訳 (桐壺の更衣の死後)しばらくの間はただもう夢(ではない)かと思いまよわないではいられなかったが。

たな【店】名 ❶みせ。商店。〈蕉獅子集・芭蕉〉「塩鯛の歯ぐきも寒し魚の店」訳 →しほだひの… 俳句 ❷奉公先の店。出入りの店。❸貸家。借家。

たな-ぎら・ふ【棚霧らふ】自ハ四 {は・ひ・ふ・ふ・へ・へ} 「たな」は接頭語。「霧らふ」は四段動詞「霧る」㊄＋上代の反復・継続の助動詞「ふ」一面に霧がかかる。また、一面に曇る。〈万葉・八・一六四三〉「たな霧らひ㊊雪も降らぬか」訳 空一面に曇って雪でも降らないかなあ。

た-な-ごころ【掌】名 「た」は手、「な」は「の」の意の上代の格助詞。「手の心」の意) 手のひら。〈徒然・一九四〉「あきらかならん人の、まどへる我等を見んこと、掌の上の物を見んが如し」訳 道理に明るい人が、思い悩んでいるわれわれを見ることは、手のひらの上の物を見ることのよう(に容易)だ。

たな-し・る【たな知る】他ラ四 {ら・り・る・る・れ・れ} (上代語)「たな」は接頭語) よく知る。十分わきまえる。〈万葉・九・一七三九〉「夜中にも身はたな知ら㊄ず出でてそ逢ひける」訳 (家の門口に人が立つと)夜中でも自分の身はまったく考えずに出て逢ったということだ。

た-な-すゑ【手末】名 「た」は手、「な」は「の」の意の上代の格助詞。「手の末」の意) 手の先。指先。

たなし-をぶね【棚無し小舟】名 左右の船ばたの内側に踏み板のない小さな舟。

たな-はし【棚橋】名 板を棚のように渡しただけの橋。

たな-ばた【棚機・七夕】名 ❶織機。はた。❷「織女」とも書く)「棚機つ女」の略。〈万葉・一〇・二〇八〇〉「織女の今夜逢ひなば」訳 織女が、今夜(彦星に)逢ったなら。❸五節句の一つ。陰暦七月七日の夕べに牽牛・織女の二星を祭る行事。たなばた祭り。秋

参考 「棚機」と書くのは、川辺に棚を設け、女性が機を織って神を迎える習慣が古く日本にあったことによるという。盆を前にした儀礼とする説もある。この「たなばたつめ」の信仰に、奈良時代に中国から伝わった牽牛・織女の伝説と「乞巧奠」の風習とが結びついたと考えられている。→乞巧奠

たなばた-つ-め【棚機つ女・織女】名 「つ」は「の」の意の上代の格助詞) ❶機を織る女。〈万葉・一〇・二〇二七〉「あがためと織女のその屋戸に織る白たへは織りてけむかも」訳 私のためにと織女が、その家で織る白い布は、もう織り上げたことであろうか。❷織女星を人にみたてたもの。秋。〈伊勢・八二〉「狩り暮らしたなばたつめに宿からむ天の河原に我は来にけり」訳 →かりくらし… 和歌

たな-び・く【棚引く】一 自カ四 {か・き・く・く・け・け} 雲や霞などが横に長く引く。〈万葉・一〇・一八一二〉「このゆふへ霞たなびく㊇春立つらしも」訳 この夕方、霞が横に長く引いている。春になったにちがいないよ。二 他カ四 {か・き・く・く・け・け} たなびかせる。長く集め連ねる。〈平家・三・法印問答〉「数千騎の軍兵をたなびい㊊(イ音便)て、都へ入り給ふよし聞こえしかば」訳 (清盛が)数千騎の軍兵を従え連ねて、都へおはいりになる(との)うわさが聞こえてきたので。

た-なり …たということだ。…たそうだ。…ているそうだ。…たようだ。〈源氏・若紫〉「この寺にありし源氏の

だに 〔副助〕

意味・用法 / **用例**

❶最小限 最小限の一事を挙げ強調する。せめて…だけでも。…だけなりと。

〔例〕散りぬとも香をだに残せ梅の花恋しき時の思ひ出でにせむ〈古今・春上〉
〔訳〕散ってしまっても、せめて香りだけでも残してくれ、梅の花よ。恋しいときの思い出すよすがにしよう。

❷類推 極端な事物を挙げて、他を類推させる。…だって。…でさえ。

〔例〕梨の花、よにすさまじきものにして、近うもてなさず、はかなき文つけなどだにせず〈枕・三七〉
〔訳〕梨の花はまったく興ざめなものとして、身近に愛玩せず、ちょっとした手紙を結びつけることなどだってしない。

❸添加 …までも。

〔例〕今生でこそあらめ、後生でだに悪道へおもむかんずることの悲しさよ〈平家・一・祇王〉
〔訳〕この世でこそどうでもよいが、来世でまでも地獄道などに行くであろうことの悲しさよ。

接続 体言・活用語・副詞・助詞に付く。複合語の間に用いられることもある。

文法ノート

1「だに」と「さへ」「すら」 奈良時代は①の用法だけで、まだ起こっていない未来の事柄に関して用いられた。②は平安時代以降の用法で、「すら」とほぼ同じ意味に使われている。③は「さへ」が広く使われるようになったために、逆に「だに」が「さへ」の意味で使われたもの。→さへ・すら

2「だに」を受ける語 ①の「だに」を受ける語句は打消・反語・命令・意志・願望・仮定の表現である。②の「だに」を受ける語句は、打消・反語の表現が多い。

君こそおはしたなれ(已)」〔訳〕あの（北山の）寺にいた光源氏の君がいらっしゃったそうだ。
〔なりたち〕完了の助動詞「たり」(体)＋伝聞・推定の助動詞「なり」＝「たるなり」の撥音便「たんなり」の撥音「ん」の表記されない形。ふつう「たんなり」と読む。

だに 〔副助〕➡上助詞「だに」

だに-あ・り …でさえ…だ。〈古今・春下〉「雪とのみ降るだにある(体)を桜花いかに散れとか風の吹くらむ」〔訳〕ただもう雪（が降るか）のように散ることでさえ惜しいのに、（その上）桜の花はどのように散れといって風が吹くのであろうか。
〔なりたち〕副助詞「だに」＋ラ変動詞「有り」
〔参考〕「あり」は代用語なので、訳すときは文脈に合わせて適切な形容詞または形容動詞を補う必要がある。多くは、下に接続助詞「を」「に」などを伴う。また「だに」の前の連体形は、体言に準じて使われているので、「…すること」のように訳すとよい。

谷口蕪村（たにぐちぶそん）《人名》→与謝蕪村

だに-も ❶最小限の一事をあげて強調する意を表す。せめて…だけでも。〈万葉・一・一八〉「三輪山をしかも隠すか雲だにも心あらなも隠さふべしや」〔訳〕→みわやまを…〔和歌〕
❷軽いものをあげて、他のより重いものを類推させる。…さえも。〈土佐〉「日をだにも天雲近く見るものを都へと思ふ道のはるけさ」〔訳〕（遠いはずの）太陽をさえも空の雲近くに見る（ことができる）のに、都へ（早く帰りたい）と思う旅路の、なんと遠いことよ。
〔なりたち〕副助詞「だに」＋係助詞「も」

たね【種】〔名〕❶植物の種子。❷（「胤」とも書く）血筋。血統。子孫。〈大鏡・序〉「言ひもていけば、同じたね、一つすぢにぞおはしあれど」〔訳〕（摂政・関白や大臣・公卿は）せんじつめると、同じ血筋の、同一の家系でいらっしゃるが。❸物事の発生する原因。根源。〈古今・仮名序〉「やまと歌は、人の心をたねとして、よろづの言の葉とぞなれりける」〔訳〕和歌は、人の心を根源として、多くの（ことばの葉すなわち）歌となった（ものである）。

たの・し【楽し】〔形シク〕{しから・しく(しかり)・し・しき(しかる)・しけれ・しかれ} ❶愉快

最重要330

195 たの・む

【頼む】一他マ四{ま・み・む・む・め・め} 二他マ下二{め・め・む・むる・むれ・めよ}

ガイド 一の四段活用は、「(誰かが)相手を頼みにする」の意、二の下二段活用は、「相手に(誰かを)頼みにさせる」の意。この両者の識別は重要である。

一他マ四

❶**頼みにする。あてにする。**

例 まことに頼み㊊ける者は、いと嘆かしと思へり〈枕・二五〉

訳 (主人の任官を)ほんとうにあてにしていた者は、たいそう残念だと思っている。

例 後の矢を頼み㊊て、はじめの矢になほざりの心あり〈徒然・九二〉

訳 (矢を二本持つと)あとの矢を頼みにして、最初の矢(を射るの)におろそかにする気持ちがある。

❷**信用する。信頼する。**

例 吾妻人こそ、言ひつることは頼ま㊍るれ〈徒然・一四一〉

訳 東国の人こそ、言ったことは信頼することができるが。

二他マ下二

頼みに思わせる。あてにさせる。

例 頼め㊊しをなほや待つべき霜枯れし梅をも春は忘れざりけり〈更級・梅の立枝〉

訳 (梅が咲いたら帰ってくるとあなたが)頼みに思わせたのに、さらに待たなければならないのか。霜枯れていた梅も春は忘れないで(花を咲かせた)ことだ。

だ。楽しい。〈万葉・五・八一五〉「正月立ち春の来らばかくしこそ梅を招きつつ楽しき㊓終へめ」訳 陰暦正月になり春がやってきたなら、このようにして、梅の花を招き寄せ招き寄せして楽しいことをし尽くそう。❷(物質面で)豊かである。富裕だ。〈徒然・九九〉「堀川の相国は、美男の楽しき㊓人にて」訳 堀川の太政大臣は、美男子で富裕な人であって。

たのし・ぶ【楽しぶ】自バ四{ば・び・ぶ・ぶ・べ・べ}「楽しむ」一①に同じ。〈徒然・一七四〉「道を楽しぶ㊓より気味深きはなし」訳 仏道(への精進)を楽しむことより味わい深いものはない。

たのし・む【楽しむ】一自マ四{ま・み・む・む・め・め}❶「たのしぶ」とも。愉快に感じる。〈方丈・三〉「深くよろこぶことあれども、大きに楽しむ㊓に能はず」訳 (権力者の隣に住んでいる者は)おおいによろこぶことがあっても、(気がねして)思いきり楽しむことができない。❷(物質面で)豊かになる。〈平家・一・祇王〉「仏御前がゆかりの者どもぞ、始めて楽しみ㊊栄えける」訳 仏御前の多くの縁者が、はじめて富み栄えたそうだ。二他マ四{ま・み・む・む・め・め}愉快に思う。〈徒然・九三〉「人皆生を楽しま㊍ざるは、死を恐れざる故なり」訳 人がみな生を愉快に思わないのは、死を恐れないからである。

たのみ【頼み】名 頼ること。あてにすること。また、頼りとする人や物。〈更級・後の頼み〉「この夢ばかりぞ、後の頼みとしける」訳 この(仏がのちに迎えに来ようとおっしゃった)夢だけを、死後の頼みとした。

たーのーむ【田の面】名(「たのも」の転)田の表面。田。和歌で「頼む」にかけていうことが多い。〈伊勢・一〇〉「みよし野のたのむの雁もひたぶるに君が方にぞよると鳴くなる」訳 三芳野(=地名)の里の田の面に飛来している雁も、ただひたすらに、信頼してあなたのほうに心を寄せるといって鳴いているようだ。(「たのむ」は「田の面」に「頼む」の意をかける)

たの・む【頼む】他マ四 他マ下二 ⇒上 195

たーのーも【田の面】名(「たのおも」の転)「たのむ」とも。田の表面。田。

たのも・し

【頼もし】形シク{しから・しく(しかり)・し・しき(しかる)・しけれ・しかれ}

❶**頼りに思われる。**〈源氏・夕顔〉「法師などをこそはかかる方の頼もしき㊓ものにはおぼすべけれど」訳 法師などをこそこうした(人が亡くなった)折の頼みになるものとはお思いになるはずだけれども。

❷**心強い。気強い。**〈徒然・八七〉「太刀うちはきて、かひがひしげなれば、頼もしく㊊おぼえて」訳 太刀をちょっと腰に帯びて、いかにも勇ましいようすなので、心強く思われて。

❸**楽しみに思われる。**期待される。〈細道・象潟〉「雨もまた奇なりとせば、雨後の晴色また頼もしき㊓と」訳 雨(で見えない景色を想像するの)もまた一風変わっておもしろいとするならば、雨あがりの晴れた風景もまた期待されると。

❹**富裕だ。**〈沙石集〉「子息なども出で来て、頼もしく㊊栄えて」訳 男の子などもできて、富裕に(なり)繁栄して。

たのもしげ-な・し【頼もしげ無し】形ク{から・く(かり)・し・き(かる)・けれ・かれ}頼りにできそうにない。心細い。不安だ。〈竹取・竜の頸の玉〉などかく頼もしげなく㊊申すぞ」訳どうしてこのように頼りなさそうに申すのか。

たのもし-びと【頼もし人】名 頼みに思う人。〈源氏・玉鬘〉「豊後の介といふ頼もし人も、ただ水鳥の陸にまどへる心地して」訳 豊後の介という(みんなが)頼みに思う人も、まったく水鳥が陸で途方に暮れている(ような)気がして。

た-ばか・る【謀る】他ラ四 ⬇左 196

た-ばさ・む【手挟む】他マ四{ま・み・む・む・め・め}手にはさみ持つ。わきに抱え持つ。〈徒然・九二〉「諸矢をたばさみて的に向かふ」訳 二本の矢を手にはさみ持って的に向かう。

た-ばし・る【た走る】自ラ四{ら・り・る・る・れ・れ}〔「た」は接頭語〕激しい勢いでとび散る。ほとばしる。〈金槐集〉「もののふの矢並みつくろふ籠手の上に霰たばしる㊍那須の篠原」訳 武士が(箙の)矢並びを整えている(その手首の)籠手のあたりに、霰が(当たって)激しくとび散る那須の篠原よ。

たば-せ-たま・ふ【賜ばせ給ふ】お…になってくださる。〈平家・一一・那須与一〉「願はくはあの扇のまんなか射させてたばせ給へ㊔」訳 (神よ)どうかあの扇の真ん中を(私=那須与一に)お射させになってください。

なりたち 補助動詞「賜ぶ」㊍＋尊敬の助動詞「す」㊊＋補助動詞「給ふ」

参考 命令形の「たばせたまへ」の形で用いられることが多い。

たはぶ・る【戯る】自ラ下二{れ・れ・る・るる・るれ・れよ} ❶ふざける。からかう。遊び興じる。〈徒然・一七五〉「人にたはぶれかかったり、物に争ひ」訳 (俗世間に順応すると)人にふざけ㊊、物について争ったり(して)。❷みだらなふるまいをする。たわむれる。

たはぶれ-ごと【戯れ言】名「たはれごと」とも。ふざけて言うことば。冗談。〈枕・一八四〉「女房とものを言ひ、たはぶれごとなどし給ふ」訳 (大納言=伊周は)女房と口をきき、冗談などをおっしゃる。

たは-やす・し【たは易し】形ク{から・く(かり)・し・き(かる)・けれ・かれ} ❶容易である。気軽である。〈竹取・竜の頸の玉〉「この玉たはやすく㊊え取らじを」訳 この(五色の)玉は容易には取れないだろうに。❷かるはずみである。軽率である。〈源氏・藤袴〉「たはやすく㊊軽らかにうち出でては聞こえかかり給はず」訳 (夕霧は)かるはずみに無造作に(思いを)口に出して(玉鬘に)言い寄り申しあげたりはなさらないで。

参考 連用修飾語として、下に打消の語を伴って使われることが多い。

たば・る【賜ばる・給ばる】他ラ四{ら・り・る・る・れ・れ}「受く」「もらふ」の謙譲語。いただく。〈万葉・一八・四一三三〉「針袋これはたばりぬすり袋今は得てしか」訳 針袋、これはいただいた。すり袋(=旅行用の竹細工の箱か)を今度は得たいものだ。

たはれ-ごと【戯れ言】名「たはぶれごと」に同じ。

たび【度】名 ❶おり。時。際。〈方丈・二〉「そのたび、公卿の家十六焼けたり」訳 その(火災の)おり、公卿の家は十六戸焼失した。❷度数。回数。〈徒然・八〇〉「百たび戦ひて百たび勝つとも、いまだ武勇の名を定めがたし」訳 百回戦って百回勝っても、まだ武勇の(士という)名声を定めるのはむずかしい。

たび【旅】名 家を離れて、一時他の場所へ行くこと。旅行。遠くへ行くことだけでなく、住居を離れることすべてにいう。

だび【茶毘・茶毗】名《梵語の音訳》〔焚焼・焼身の意〕火葬。

最重要330 196

た-ばか・る【謀る】

他ラ四{ら・り・る・る・れ・れ}〔「た」は接頭語〕

ガイド 「計る」に接頭語「た」が付いた語。現代語ではもっぱら③の悪い意にしか用いないが、古文では①②の意味もあることに注意。

❶考えをめぐらす。思案する。くふうする。

例 子安貝取らむとおぼし召さば、たばかり㊊申さむ〈竹取・燕の子安貝〉

訳 (中納言様が)子安貝を取ろうとお思いになるならば、(よい)くふうをめぐらし申しあげよう。

❷相談する。

例「かかることなむあるを、いかがすべき」とたばかり㊊給ひけり〈大和・一七一〉

訳「このようなことがあるのを、どうしたらよかろうか」と相談しなさった。

❸あざむく。だます。ごまかす。

例 梶原たばから㊍れぬとや思ひけん、やがて続いてうち入れたり〈平家・九・宇治川先陣〉

訳 梶原(景季)はだまされたと思ったのだろうか、そのまま続いて(馬を川に)乗り入れた。

たび-たま・ふ ―タマ(モ)ウ【賜び給ふ】❶(「賜ぶ」が本動詞の場合)お与えくださる。〈曽我物語〉「男子にてましませば、わらはにたび給へ(命)」訳(生まれた子が)男の子でいらっしゃるので、私にお与えください。❷(「賜ぶ」が補助動詞の場合。動詞の連用形、またはそれに「て」の付いた形に付いて)…てくださる。〈謡・熊坂〉「末の世助けたび給へ(命)」訳(どうか私の)後世の成仏を弔ってください。
なりたち 四段動詞「賜ぶ」(用)＋四段補助動詞「給ふ」
参考 中世以降の用法で、謡曲などでは命令形「たびたまへ」の形で、慣用句的に用いられる。

旅人(たびと)《人名》→大伴旅人

たびにして… 和歌

旅にして　物恋しきに　山下の　赤のそほ船　沖を漕ぐ見ゆ〈万葉・三・二七〇・高市黒人〉

訳 旅にあって(なんとなく)もの恋しいときに、山裾にいた朱塗りの船が沖の辺りを漕いでいくのが見える。
解説「そほ(＝丹の土)」を船体に塗るのは、官船であることを示す目じるしとも魔除けのためともいう。「こひしき」を「こほしき」、「やまもと」を「やました」、「沖を」を「沖へ」「沖べ」などと訓む説もある。

たびにやんで… 俳句

旅に病んで　夢は枯野を　かけ廻る〈笈日記・芭蕉〉（冬／切れ字）

訳 旅の途中で病み臥して、うとうとする眠りの中で、(なおも風雅を求める旅に憑かれて)ひとり寂しい枯れ野をかけめぐっている夢をみることだ。(切れ字の「めぐる」は、動詞の終止形)
解説「病中吟」と前書き。元禄七年(一六九四)十月八日(死の四日前)芭蕉最後の句。享年五十一歳。

たび-ね【旅寝】名 旅先で寝ること。外泊。旅宿り。また、「旅枕」とも。〈源氏・夕顔〉「まだ知らぬことなる御旅寝に」訳(光源氏は)まだ経験したことのないご外泊に。

たびびとと… 俳句

旅人と　我が名呼ばれん　初しぐれ〈笈の小文・芭蕉〉（切れ字／冬）

訳(旅に生涯をかけた昔の詩人たちのように)私も旅人という名で呼ばれるようになりたい。折からの初しぐれの中を旅立つことによって。
解説「笈の小文」の旅に出発する送別会での吟で、紀行の冒頭の句。「旅人と」には、能因・西行ら漂泊の詩人に列なりたいという決意がこめられている。「初しぐれ」は、その季節初の時雨で珍重する気持ちがある。

たひら-か タイラ【平らか】形動ナリ{なら・なり(に)・なり・なる・なれ・なれ} ❶平らなさま。❷穏やかなさま。安らかなさま。〈源氏・若菜上〉「昔は人の心平らかに(用)て(＝穏やかであって)」❸つつがない。無事だ。〈土佐〉「和泉の国までと、平らかに(用)願立つ」訳 和泉の国(大阪府南部)までは、平穏無事であるように願をかける。

たひら・ぐ タイラグ【平らぐ】一 自ガ四{が・ぎ・ぐ・ぐ・げ・げ} ❶平らになる。〈更級・足柄山〉「山の頂のすこし平らぎ(用)たるより、煙は立ちのぼる」訳 山の頂上の少し平らになっているあたりから、煙は立ちのぼる。❷おさまる。静まる。〈栄花・たまのかざり〉「御物の怪も平らぎ(用)たるさまなれば」訳 御物の怪も静まったようすなので。❸治る。回復する。〈源氏・若菜上〉「朱雀院の御薬のこと、なほ平らぎ(用)果て給はぬにより」訳 朱雀院のご病気がやはり回復しきっていらっしゃらないので。
↓篤し「慣用表現」
二 他ガ下二{げ・げ・ぐ・ぐる・ぐれ・げよ} ❶平らにする。ならす。〈万葉・一七・三九五七〉「朝庭に出で立ちならし夕庭に踏み平らげ(未)ず」訳 朝、庭に出て歩きまわることもなく、夕方、庭を踏みならすこともなく。(「出で立ちならし」には、下の打消「ず」の意が及ぶ(＝対偶中止法))❷おさめる。鎮める。平定する。〈平家・一・殿下乗合〉「昔より代々の朝敵を平らぐる(体)(＝平定する)もの多しといへども」

たひら-け・し タイラ【平らけし】形ク{から・く(かり)・し・き(かる)・けれ・かれ} 穏やかである。無事である。〈万葉・二〇・四四〇八〉「あり廻り我が来るまでに平らけく(用)親はいまさね」訳 めぐりめぐって私が帰ってくるまで、無事で両親はいらっしゃってほしい。

平敦盛(たひらの あつもり)タイラノアツモリ《人名》(一一六九〜一一八四)平安末期の武将。参議経盛の子。一の谷の合戦で熊谷直実に討たれた。笛の名手であったという。謡曲・幸若舞などの題材となっている。

平清盛(たひらの きよもり)タイラノキヨモリ《人名》(一一一八〜一一八一)平安末期の武将。忠盛の長男。法名、浄海。保元・平治の乱に功をあげ、太政大臣となる。また安徳天皇の外戚として権勢をふるい、平家の全盛期をもたらした。

平貞文(たひらの さだふん)タイラノサダフン《人名》(?〜九二三)平安前期の歌人。名は「定文」とも書き、「さだぶみ」とも。桓武天皇の玄孫。平中(平仲)と呼ばれた。好色の名を流し、歌物語「平中物語」のモデルといわれる。

平忠度(たひらの ただのり)タイラノタダノリ《人名》(一一四四〜一一八四)平安末期の武将。清盛の弟。正四位下薩摩の守。一の谷の合戦で戦死。歌を藤原俊成に学ぶ。家集「忠度集」

平徳子(たひらの とくこ)タイラノトクコ《人名》→建礼門院

平将門(たひらの まさかど)タイラノマサカド《人名》(?〜九四〇)平安中期の武将。良将の三男。承平・天慶の乱の首謀者。

たふ トウ【塔】名「卒塔婆」の略。納骨や供養のため、または仏跡・霊地を表すために建てた建造物。塔婆。

たふ トウ【答】名 返事。返礼。また、返報。仕返し。〈枕・二七六〉「これが答はかならずせむと思ふらむと」訳 この仕返しはきっとしようと(相手は)思っているだろうと。

た・ふ タ(ト)ウ【堪ふ・耐ふ】自ハ下二{へ・へ・ふ・ふる・ふれ・へよ} ❶こらえる。がまんする。また、もちこたえる。〈新古・冬〉「寂しさに堪へ(用)たる人のまたもあれな」訳(この山里の)寂しさにじっと耐えている人が、(自分のほかに)もう一人あってほしいなあ。❷そのことをする能力がある。することができる。〈紫式部日記〉「よく見れば、まだいと堪へ(未)ぬこと多かり」

訳（清少納言には）よく見ると、まだたいして能力があるとはいえない点が多い。

たぶ【食ぶ】他バ下二{べ・べ・ぶ・ぶる・ぶれ・べよ}「食ふ」「飲む」の謙譲語。また、丁寧語。（飲食物を）いただく。〈枕・八七〉「御仏供のおろしたべ未む」訳お供え物のお下がりをいただこう。

たぶ【賜ぶ・給ぶ】他バ四{ば・び・ぶ・ぶ・べ・べ}「与ふ」「授く」の尊敬語。**お与えになる。くださる。**〈竹取・貴公子たちの求婚〉「『娘をわれにたべ命』と、ふし拝み」訳「娘さんを私にください」と、伏して嘆願し。〈源氏・賢木〉「そのわたりの山がつまで物たび用、尊きことのかぎりをつくして出で給ふ」訳その付近の身分の低い者にまで物をお与えになり、尊い功徳のありったけを尽くして（光源氏は雲林院を）お出になる。

たぶ【賜ぶ・給ぶ】補動バ四{ば・び・ぶ・ぶ・べ・べ}（動詞の連用形、助詞「て」に付いて）尊敬の気持ちを表す。**お…になる。…てくださる。**〈竹取・火鼠の皮衣〉「もし金給はぬものならば、かの衣の質返したべ命」訳もし（残りの）代金をくださらないものならば、あの預けておいた衣（＝皮衣）をお返しください。

たふ-か【踏歌】名 ❶足を踏みならして歌い舞うこと。
❷平安時代、宮中で行われた年始めの行事。京中で歌の巧みな男女を召して、祝詞を歌い舞を舞わせたもの。陰暦正月十四日か十五日には男踏歌、十六日には女踏歌が行われた。春
参考 ②は歌舞の終わりに、「よろづよ、あられ（＝万年もあられよ）」とくり返しはやして、走りながら退出することから、「あらればしり」ともいう。

た-ぶさ【髻】名 髪の毛を頭の頂に集めて束ねたところ。もとどり。

たふと・し【尊し・貴し】形ク{から・く(かり)・し・き(かる)・けれ・かれ} ❶あがめ敬うべきである。**尊い。**〈万葉・五・八〇〇〉「父母を見れば尊し終妻子見ればめぐし愛し」訳父母を見ると、尊い、妻子を見ると、いとおしくかわいい。
❷**品位が高くすぐれている。**高貴である。〈源氏・若紫〉「いと尊き体大徳なりけり」訳（聖は）実に品位のあるすぐれた高徳の僧であった。
❸**すぐれて価値がある。**貴重である。〈記・上〉「白玉の君が装ひし貴く用ありけり」訳白い玉のようなあなたの姿は、すぐれていてりっぱであったよ。

たふと・ぶ【尊ぶ・貴ぶ】他バ上二・四{び・び・ぶ・ぶる・ぶれ・びよ／ば・び・ぶ・ぶ・べ・べ}「たふとむ」に同じ。〈新古・仮名序〉「目を卑しみ、耳を尊ぶる体（上二段）あまり」訳目（にする現在）を軽んじ、耳（に聞く昔）を尊重する結果。

たふと・む【尊む・貴む】他マ四{ま・み・む・む・め・め}尊び重んじる。あがめて大切にする。「たふとぶ」とも。〈徒然・二一七〉「君のごとく、神のごとく恐れ尊み用て」訳（金銭を）君主のように、神のようにおそれあがめて大切にして。

たふ-ば【塔婆】名「卒塔婆」の略。

たふ・る【倒る】自ラ下二{れ・れ・る・るる・るれ・れよ}❶（立っているものが）**横になる。倒れる。**ころぶ。〈方丈・三〉「さながら平に倒れ用たるもあり」訳（つむじ風で）そのままぺしゃんこに倒れた家もあり。
❷**我を折る。気がくじける。**屈する。〈紫式部日記〉「今様の君達といふもの、倒るる体かたにて」訳当世風の若者といった人々は、（周囲の風潮に）我を折って順応する傾向であって。
❸**滅びる。**くつがえる。**死ぬ。**〈平家・一・鹿谷〉「『平氏倒れ用候ひぬ』とぞ申されける」訳（瓶子（＝徳利）が）「（瓶子つまり）平氏が倒れました」と申された。

たへ【栲】名 こうぞの木の繊維で織った布。また、布類の総称。

たへ【妙】形動ナリ{なら・なり(に)・なり・なる・なれ・なれ}❶神々しいほどにすぐれている。**霊妙だ。**〈細道・松島〉「風雲の中に旅寝するこそ、あやしきまで妙なる体ここちはせらるれ」訳（宿屋の造りによって）大自然の風光の中に旅寝する（ような気分になる）のは、不思議なほど霊妙な気持ちがせずにはいられない。
❷上手だ。巧妙だ。〈徒然・一二二〉「詩歌に巧みに、糸竹に妙なる体は、幽玄の道」訳漢詩や和歌にすぐれ、音楽が上手なのは、深い趣のある風流の道であって。

たま-【玉】接頭（名詞に付いて）美しいもの、すぐれているものをほめたたえる意を表す。「玉垣」「玉葛」「玉櫛笥」「玉簾」「玉裳」

たま【玉・珠】名 ❶**美しい石。宝石。**〈万葉・五・八〇三〉「銀も金も玉も何せむにまされる宝子にしかめやも」訳→しろかねも…
❷**真珠。** 和歌〈万葉・一・一二〉「底深き阿胡根の浦の珠そ拾はぬ」訳（あなたは）底の深い阿胡根の浦の珠は拾わないことである（それが残念だ）。
❸（多く「玉の」の形で）美しいものの形容。〈源氏・桐壺〉「世になく清らなる玉の男御子さへ生まれ給ひぬ」訳この世に類例がないほど気品があって美しい玉のような皇子（＝光源氏）までもお生まれになった。
❹（涙・露など）丸い形をしたものの総称。〈源氏・御法〉「数珠の数にまぎらはしてぞ、涙の玉をばもて消ち給ひける」訳（夕霧は）数珠の（玉の）数（を数えること）に紛らわして、涙の玉を払いなさるのだった。

フレーズ **玉の台** 美しい御殿。りっぱな建物。

たま【魂・霊】名 人や動植物に宿って心のはたらきを営むもの。死後も存在すると考えられていた。たましい。**霊魂。**〈源氏・桐壺〉「たづね行くまぼろしもがな伝にても魂のありかをそこと知るべく」訳（亡き人の魂を）探したずねていく幻術師でもいればいいがなあ。たとえ人づてでも、（亡き桐壺の更衣の）魂のあり場所を、どこだと知ることができるように。

たまう〔賜う・給う〕➡たまふ

たま-がき【玉垣】名「「たま」は接頭語で美称」「たまかき」とも。神社の周囲にめぐらした

（たまがき）

垣。「斎垣(いがき)」「瑞垣(みづがき)」とも。

玉勝間(たまかつま)《作品名》江戸後期の随筆。本居宣長(もとおりのりなが)著。寛政五年(一七九三)から宣長の没年である享和元年(一八〇一)にかけて執筆。宣長の文学・人生観などがうかがえる。

たま-かづら カズラ【玉葛・玉蔓】名〔「たま」は接頭語で美称〕葛の美称。つる草の総称。

たま-かづら カズラ【玉鬘】名 上代、多くの玉に緒を通し、髪にかけ垂らして飾りとしたもの。〈記・下〉「押木(おしき)の玉鬘を持たしめて奉りき」訳(贈り物として)押木(未詳)の玉鬘を持たせて献上した。

玉鬘(たまかづら) タマカズラ《人名》「源氏物語」中の人物。鬚黒(ひげくろ)の大臣の北の方。父は頭(とう)の中将。母は夕顔。

たまがはに… 和歌

序詞
多摩川に　さらす手作(てづく)り　さらさらに
なにそこの児(こ)の　ここだ愛(かな)しき
〈万葉・一四・三三七三・東歌〉

訳 多摩川にさらす(＝洗い漂白する)手織りの布のように、さらにさらにどうしてこの娘がこんなにいとしいのだろう。

たまきはる タマキワル《枕詞》「うち」「世」「命」「吾(わ)」などにかかる。〈万葉・一・四〉「たまきはる宇智(うち)の大野に」

たま-ぎ・る【魂消る】自ラ四{ら・り・る・る・れ・れ}肝(きも)をつぶす。気絶するほど驚く。たまげる。〈平家・四・鵼〉「主上(しゅしゃう)夜な夜なおびえたまぎら未せ給ふことありけり」訳 帝(みかど)(＝近衛(このえ)天皇)は毎夜おびえ、肝をつぶしなされることがあった。⬇咳(せ)き上(あ)ぐ「慣用表現」

たま-ぐし【玉串】名 絹・糸・紙などをつけて神前に供える榊(さかき)の枝。転じて、榊をいう。

(たまぐし)

たま-くしげ【玉櫛笥・玉匣】名〔「たま」は接頭語で美称〕櫛(くし)を入れる箱。

たま-くしろ【玉釧】名〔「たま」は接頭語で美称〕玉をつらねて作った、腕に巻く装身具。

た-まくら【手枕】名 腕を枕にすること。てまくら。〈千載・雑上〉「春の夜の夢ばかりなる手枕にかひなく立たむ名こそ惜しけれ」訳 ⬇付録①「小倉百人一首」67

たま-さか【偶】形動ナリ{なら・なり(に)・なり・なる・なれ・なれ}❶思いがけないさま。偶然。〈万葉・一一・二三九六〉「たまさかに用わが見し人をいかにあらむよしをもちてかまた一目(ひとめ)見む」訳 偶然に私が見た(あの)人を、どのような機縁でまた一目見る(ことができる)だろうか。

❷まれなさま。ときたま。〈枕・九九〉「あやしき法師、下衆(げす)の、いふかひなきのみ、たまさかに用見ゆるに」訳 身分の低い法師や下僕で、とるに足りない者ばかりが、まれに見えるぐらいで。

❸もしも。万一。〈蜻蛉・中〉「もしたまさかに用出(い)づべき日あらば、告げよ」訳 もし万一にも下山することになっている日があれば、知らせよ。

たま-さか・る【魂離る】自ラ四{ら・り・る・る・れ・れ}〔名詞「魂(たま)」＋四段動詞「離(さか)る」〕魂がその身から抜ける。魂が抜けたようにぼんやりする。〈竹取・蓬萊の玉の枝〉「年ごろ見え給はざりけるなりけり。これをなむたまさかる終とは言ひはじめける」訳 (玉の枝での失敗を恥じた皇子は)何年も現れなさらなかったのであった。こういうことをたまさかる(＝魂が抜ける)とは言い始めたということだ。

参考 用例としては「終止形」しか見当たらない。

たま-しき【玉敷き】名 玉を敷きつめたように美しいこと。また、その場所。〈方丈・一〉「たましきの都のうちに、棟(むね)を並べ」訳 美しくりっぱな都の中に、棟を並べ。

たましひ タマシイ【魂】名 ❶霊魂。〈源氏・葵〉「物思ふ人の魂はげにあくがるるものになむありける」訳 物思いをする人の霊魂は、なるほどからだから離れ出るものであったなあ。

❷精神。思慮。〈大鏡・伊尹〉「少しいたらぬことにも、御魂の深くおはして」訳 少々得意でないことにも、(行成(ゆきなり)は)ご思慮が深くていらっしゃって。

❸素質。才気。〈源氏・絵合〉「筆とる道と碁うつこととぞ、あやしう魂のほど見ゆるを」訳 筆をとる(＝書画の)道と碁を打つこととは、不思議と素質のほどが現れるもので。

たまずさ〘玉梓・玉章〙⬇たまづさ

たま-たま【偶・適】副 ❶まれに。たまに。〈徒然・八五〉「至りて愚かなる人は、たまたま賢なる人を見て、これを憎む」訳 きわめて愚かな人は、たまに賢い人を見て、この人を憎む。

❷偶然に。ふと。〈枕・八〉「たまたまこの道にまかり入りにければ、からだにわきまへ知られ侍る」訳 (私は)偶然にこの(文章の)道に入らせていただいたので、やっとこれぐらいのことは理解し知っているのです。

たま-づさ ズサ【玉梓・玉章】名〔「たまあづさ」の転〕手紙。消息。便り。また、その使者。〈古今・秋上〉「秋風に初雁(はつかり)がねぞ聞こゆなるたが玉づさをかけて来(き)つらむ」訳 秋風の中に、初雁の声が聞こえるようだ。誰の手紙を携えて、(雁は)飛んで来たのだろう。⬇消息(せうそこ)「慣用表現」

参考 便りを運ぶ使者は、そのしるしに梓(あづさ)の杖(つえ)を持ったという。

たまづさの タマズサノ【玉梓の・玉章の】《枕詞》便りの使者が梓(あづさ)の杖(つえ)を持ったことから「使ひ」「人」「妹(いも)」などにかかる。〈万葉・三・二〇九〉「たまづさの使ひを見れば」

たま-の-うてな【玉の台】⬇玉「フレーズ」

たま-の-を オ【玉の緒】名 ❶玉を貫くひも。〈源氏・野分〉「くさむらの露の玉の緒みだるるままに」訳 (野分(のわき)の風に)草むらの露が、玉を貫くひもが(切れたように)乱れ散るにつけても。

❷期間の短いことのたとえ。少し。しばらく。〈古今・恋三〉「死ぬる命生きもやするとこころみに玉の緒ばかり逢(あ)はむといはなむ」訳 (恋の苦しみに)いまにも死にそうな(この私の)命が、死なずに生きてゆくことがあるかと、ためしに、ほんの少しだけ逢おうと言ってほしい。

❸(「魂(たま)の緒」の意から)命。〈新古・恋一〉「玉の緒よ絶えなば絶えねながらへば忍ぶることの弱りもぞする」訳 ⬇付録①「小倉百人一首」89

たまのをの タマノオノ【玉の緒の】《枕詞》玉を貫く緒の状態に関連した「長し」「短し」「絶ゆ」「乱る」「継ぐ」

などに、また「現し心」にかかる。〈万葉・三・三〇八二〉「たまのをの長き命の」。〈古今・雑体〉「たまのをの現し心や」

たまのをよ… 和歌《百人一首》【玉の緒よ　絶えなば絶えね　ながらへば　忍ぶることの　弱りもぞする】〈新古・恋一・式子内親王〉➡付録①「小倉百人一首」89

たまは・す（タマワス）【賜はす】他サ下二｛せ・せ・す・する・すれ・せよ｝〔四段動詞「賜ふ」㊀＋尊敬の助動詞「す」〕**お与えになる。くださる。**下賜される。〈竹取・ふじの山〉「壺具して、御使ひに**賜はす**㊇」訳（帝は）お使いに**お渡しになる。**（不死の薬に）壺を添えて、〈源氏・桐壺〉「後涼殿にもとよりさぶらひ給ふ更衣の曹司を他に移させ給ひて、上局に**賜はす**㊇」訳 後涼殿に以前からお仕えなさる更衣の部屋を（桐壺帝は）ほかにお移しになられて、（桐壺の更衣に）上の御局（＝天皇の御座所近くの控えの部屋）として**お与えになる。**

参考「たまふ」に比べて、尊敬の気持ちが強い。

たまは・る（タマワル）【賜る・給はる】他ラ四｛ら・り・る・る・れ・れ｝

❶「受く」「もらふ」の謙譲語。**いただく。ちょうだいする。**〈竹取・かぐや姫の昇天〉「人々**賜り**㊊て、月の都の人まうで来ば捕らへさせむ」訳 大勢の人を**おつかわしいただい**て、月の都の人がやって来たらつかまえさせよう。

❷「与ふ」「授く」の尊敬語。**お与えになる。くださる。**〈平家・一〇・藤戸〉「備前の児島を佐々木に**給はり**㊊ける」訳 備前の国（岡山県）の児島を佐々木（盛綱）に**お与えになっ**たことだ。（➡賜ふ(1)「古文常識」）

たまは・る（タマワル）【賜る・給はる】補動ラ四｛ら・り・る・る・れ・れ｝（動詞の連用形、助詞「て」に付いて）❶謙譲の気持ちを表す。**…て（で）いただく。**〈徒然・八七〉「現し心なく酔ひたる者に候ふ。まげて許し**給はら**㊀ん」訳 正気もなく酔っている者でございます。ぜひとも**お許しいただき**たい。

❷尊敬の気持ちを表す。**…て（で）くださる。**〈謡・隅田川〉「われをも舟に乗せて**給はり**㊊候へ」訳 私も舟に乗せて**ください**ませ。

敬語ガイド **たまふ**(1)〜(4)

(1) 他ハ四　①「与ふ」「授く」の**尊敬語**。②**尊敬の気持ちを含んだ命令**の意を表す。

(2) 補動ハ四　①**尊敬**の気持ちを表す。②**最も強い尊敬**の気持ちを表す。

(3) 他ハ下二

(4) 補動ハ下二　「受く」また「飲む」「食ふ」の**謙譲語**。**謙譲**の意を表す。

たま・ふ（タマ（モ）ウ）(1)【賜ふ・給ふ】他ハ四

❶「与ふ」「授く」の尊敬語。**お与えになる。くださる。**〈源氏・夕顔〉★「かの右近を召し寄せて、局など近く**たまひ**㊊てさぶらはせ給ふ」訳（光源氏は）あの右近をお呼び寄せになって、部屋などを近くに**お与えになっ**てお仕えさせなさる。➡下段「古文常識」

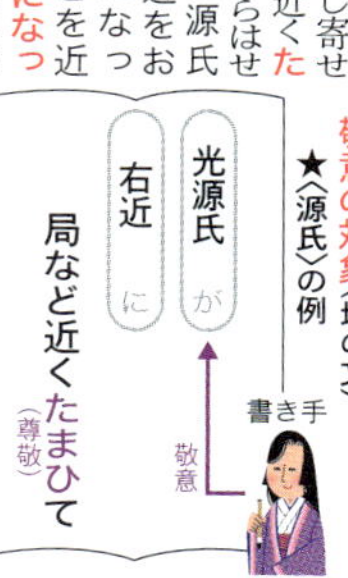

❷（命令形「たまへ」が他の動詞のかわりに用いられて）尊敬の気持ちを含んだ命令の意を表す。**…てください。…なさい。**〈源氏・玉鬘〉「あなかま、**たまへ**㊍」訳 ああやかましい。**黙りなさい。**〈源氏・若紫〉「いざ**たまへ**㊍よ、をかしき絵など多く、雛遊びなどする所に」訳 さあ**おいでなさい**よ。美しい絵なども多くあって、雛遊びなどをする（私＝光源氏の）ところに。

活用	未然	連用	終止	連体	已然	命令
	は（ズ）	ひ（タリ）	ふ（。）	ふ（コト）	へ（ドモ）	へ（。）

古文常識　「たまふ(1)」—「たまふ」と「たまはる」

尊敬語動詞「たまふ」（ハ四）は上位者が下位者に「与ふ」、くださる意、謙譲語動詞「たまはる」（ラ四）は下位者が上位者から「受く」、いただく意を表す。なお、ハ行下二段活用の「たまふ」は上代に、いただく意の謙譲語として用いられ、「たまはる」は中世以降、くださる意の尊敬語としても用いられた。

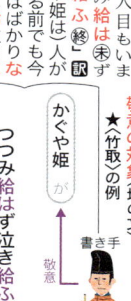

たまふ
たまはる

たま・ふ（タマ（モ）ウ）(2)【賜ふ・給ふ】補動ハ四｛は・ひ・ふ・ふ・へ・へ｝

❶（動詞・受身の助動詞「る」「らる」・使役の助動詞「す」「さす」「しむ」の連用形に付いて）尊敬の気持ちを表す。**お…になる。…なさる。…て（で）くださる。**〈竹取・かぐや姫の昇天〉★「人目もいまはつつみ**給は**㊀ず泣き**給ふ**㊇」訳（かぐや姫は）人が見ている前でも今はもうはばかり**なさら**ずに**お泣きになる。**

敬意の対象（地の文）
★〈竹取〉の例
かぐや姫が
つつみ給はず泣き給ふ
（尊敬）（尊敬）
書き手
敬意

❷（尊敬の助動詞「す」「さす」「しむ」の連用形に付いた「せたまふ」「させたまふ」「しめたまふ」の形で）最も強い尊敬の気持ちを表す。**お…になられる。…なされる。**お…あそばす。〈源氏・桐壺〉「いとこまやかにありさまを問はせ**給ふ**㊇」訳（桐壺帝は）たいそうこまごまと（桐壺の更衣の里の）ようすを**お尋ねになられる。**〈大鏡・時平〉「明石の駅といふところに御宿りせしめ**給ひ**㊊て」訳（道真

（…ざみちが）明石の駅というところにお泊まりになられて。

たま・ふ③（タマ(モ)ウ）【賜ふ・給ふ】（↓せ給ふ・させ給ふ・しめ給ふ）他ハ下二「受く」また「飲む」「食ふ」の謙譲語。いただく。〈万葉・一四・三四三九〉「鈴が音（ね）の早馬駅家（はゆまうまや）の堤井（つつみゐ）の水をたまへ（未）な妹（いも）が直手（ただて）よ」訳 早馬（を置く）駅舎の堤井（＝石などで囲った泉）の水をいただきたい。あなたの手でじかに。（「鈴が音の」は「早馬駅家」にかかる枕詞）

活用	未然	連用	終止	連体	已然	命令
	へ（ズ）	へ（タリ）	ふ（。）	ふる（コト）	ふれ（ドモ）	へよ（。）

たま・ふ④（タマ(モ)ウ）【賜ふ・給ふ】補動ハ下二｛へ・へ・ふ・ふる・ふれ・○｝（動詞「見る」「聞く」「思ふ」「知る」などの連用形に付いて）謙譲の意を表す。…せ（させ）ていただく。拝見する。拝聴する。存じあげる。〈源氏・帚木〉「主人（あるじ）の女（むすめ）ども多かりと聞き給へ（用）て」訳 主人の娘たちが大勢いると聞かせていただいて（＝拝聴して）。〈源氏・若紫〉「かしこにいと切（せち）に見るべきことの侍るを、思ひ給へ（用）出（い）でてなむ」訳 あそこ（＝二条院）に、ぜひどうしてもしておかなければならない用件がございますのを、いま思い出させていただいてね。

参考 主として中古の会話文や手紙文に用いられ、丁寧語とする説もある。終止形はきわめてまれで、命令形はない。複合動詞に付く場合は、第二例の「思ひたまへ出で」のように、二つの動詞の間に挟まれて用いられる。

たま-ほこ【玉桙・玉矛】名「たまぼこ」とも。「たまほこの」が「道」にかかる枕詞であることから、転じて、道。〈新古・春下〉「このほどは知るも知らぬも玉ぼこの行きかよふ袖は花の香（か）ぞする」訳 このごろは、（私の）知っている人も知らない人も、道を行き来する（人の）袖は、桜の花の香りがすることだ。

たまほこの【玉桙の・玉矛の】《枕詞》「たまぼこの」とも。「道」「里」にかかる。〈万葉・一一・二五九八〉「たまほこの里人皆に我（あれ）恋ひめやも」

たま-まつり【魂祭り・霊祭り】名 祖先など、死者の霊を祭ること。平安時代には陰暦十二月の晦日に行われたが、後世は七月十五日に行う。精霊会（しやうりやうゑ）。盂蘭盆（うらぼん）。秋

たま-みづ（ミズ）【玉水】名 ❶（「たま」は接頭語で美称）清らかな水。〈伊勢・一二二〉「山城（やましろ）の井手（ゐで）の玉水手にむすび」訳 山城の国（京都府）の井手（＝地名）の清らかな水を手ですくって。
❷雨だれ・しずくなどの美称。〈新古・春上〉「山ふかみ春とも知らぬ松の戸にたえだえかかる雪の玉水」訳 →やまふかみ… 和歌

たま-も【玉裳】名（「たま」は接頭語で美称）美しい裳（＝女性が腰から下にまとう衣服）。〈万葉・二〇・四四五二〉「をとめらが玉裳裾びくこの庭に」訳 おとめたちが、美しい裳の裾を引きずる（ようにして歩む）この庭に。

たま-も【玉藻】名（「たま」は接頭語で美称）美しい藻。

たまもかる【玉藻刈る】《枕詞》玉藻は沖にあるところから「沖」に、また地名「敏馬（みぬめ）」「をとめ」などにかかる。一説に、実景とも。〈万葉・一・七二〉「たまもかる沖へは漕（こ）がじ」

たまもなす【玉藻なす】《枕詞》玉藻のようにの意から「浮かぶ」「寄る」「なびく」などにかかる。一説に、比喩とも。〈万葉・一・五〇〉「たまもなす浮かべ流せれ」

たま-もひ（モイ）【玉盌】名（「たま」は接頭語で美称）「もひ（＝水を盛る器）」の美称。美しい椀（わん）。

たま-ゆら【玉響】副 ほんのしばらくの間。ちょっとの間。〈方丈・三〉「いかなるわざをしてか、しばしもこの身を宿し、たまゆらも心を休むべき」訳 どんなことをして、しばらくでもこの身を落ち着かせ、ちょっとの間でも心を安らかにさせることができるのだろうか。

たま・る【溜まる】自ラ四｛ら・り・る・る・れ・れ｝❶水が一か所に集まる。〈万葉・一三・三二八九〉「蓮葉（はちすば）にたまれ（已）る水の行方（ゆくへ）無（な）み」訳 蓮（はす）の葉にたまっている水のように、行く先もわからなくて。
❷寄り集まる。積もる。〈古今・恋一〉「淡雪（あはゆき）のたまれ（已）ばかてに砕けつつ」訳 淡雪が積もるとその重みに耐えられずに砕け散るように、私の心も千々に砕けて。（第二句までは「砕け」を導きだす序詞）
❸とどまる。静止する。〈宇治・九・三〉「男あはせけれど、男もたまら（未）ざりければ」訳 男と結婚させたけれど、男もとどまらなかった（＝長続きしなかった）ので。
❹（多く下に打消または反語の表現を伴って）こらえ保つ。ささえる。〈平家・四・橋合戦〉「鎧（よろひ）もかけず、楯（たて）もたまら（未）ず通りける」訳（矢は）鎧もとめず、楯もこらえ保てずに貫き通った。

たまわす【賜わす】➡たまはす

たまわる【賜わる・給わる】➡たまはる

たみ【民】名 人民。臣民。〈徒然・一四二〉「上（かみ）の奢（おご）り費やす所をやめ、民を撫（な）で農を勧めば」訳 上に立つ者がぜいたくをし浪費をすることをやめ、人民をかわいがり農業を奨励するならば。

た・む【訛む】自マ四｛ま・み・む・む・め・め｝（のちには「だむ」とも）ことばつきがなまる。〈源氏・橋姫〉「けはひいやしく言葉たみ（用）て」訳 人柄が下品で言葉遣いがなまっていて。

参考 活用はもと、上二段ともいう。

た・む【回む・廻む】自マ上二｛み・み・む・むる・むれ・みよ｝めぐる。まわる。〈万葉・三・二七三〉「磯（いそ）の崎漕（こ）ぎたみ（用）行けば」訳 磯の崎を漕ぎめぐって行くと。

た・む【溜む】他マ下二｛め・め・む・むる・むれ・めよ｝❶とどめる。とめる。〈太平記・八〉「討っ手をだに下したらば、敵、足をたむ（終）まじかりしを」訳 せめて討っ手だけでもつかわしていたならば、敵は足をとどめなかったはずなのに。
❷集める。ためる。〈後撰・秋中〉「朝ごとに置く露袖に受けため（用）て世の憂（う）き時の涙にぞ借る」訳 毎朝（草木に）おく露を、衣の袖に受けてため（ておき）、この世がつらいときの涙として借りることだ。

た・む【矯む・揉む】他マ下二｛め・め・む・むる・むれ・めよ｝❶木・竹などを伸ばしたり曲げたりして、形を整え改める。〈細道・松島〉「枝葉（えふ）潮風に吹きたわめて、屈曲おのづからため（用）たるがごとし」訳（松の）枝葉は潮風に吹きたわめられて、その曲がりぐあいは自然と（人が）形を整えたかのようだ。
❷いつわる。こじつける。〈春雨物語〉「妖僧（えうそう）道鏡きほひて、宇佐の神勅をため（未）さするに」訳 妖僧道鏡は勢いにのって、宇佐八幡宮（うさはちまんぐう）のお告げを、まげ（て奏上）させるが。

❸弓を引きしぼる。ねらいをつける。〈後拾遺・雑五〉「みちのくの安達の真弓君にこそ思ひため㊞たることも語らめ」訳 陸奥の安達(=福島県の地名)の檀で作った弓を引きしぼるように、あなたにこそ心にためた(私の)思いをも語りたいものだ。(「矯め」は「溜め」との掛詞。「真弓」と「矯め」は縁語)

たーむ・く【手向く】 他カ下二 {け・け・く・くる・くれ・けよ} ❶神仏に、幣帛・花・香などを供える。〈古今・秋下〉「竜田姫たむくる㊍神のあればこそ秋の木の葉の幣と散るらめ」訳 (秋をつかさどる)竜田姫が(帰途につき、その道中で幣を)供える神(=道祖神)があるから、秋の木の葉が幣となって散っているのだろう。❷旅をしようとする人に、餞別を贈る。はなむけとして贈る。〈新古・雑上〉「老いぬともまたも逢はんとゆく年に涙の玉をたむけ㊞つるかな」訳 (私は)年をとったが、またも(新年に)逢おうと、過ぎゆく年に、涙という玉を、はなむけとして贈ったことであるよ。(行く年を擬人化して、別れ行く人にたとえている)

たーむけ 名 ❶【手向け】㋐神仏に、幣帛・花・香などを供えること。また、その供え物。〈土佐〉「わたつみのちふりの神にたむけする幣の追ひ風やまず吹かなむ」訳 大海の船旅の守護神に供え物として捧げる幣帛を(東のほうに)吹き散らした追い風よ、(早く東の都に着くように)ずっと吹き続けてほしい。㋑旅の餞別。はなむけ。〈源氏・夕顔〉「たむけ心ことにせさせ給ふ」訳 (光源氏は伊予の介に)餞別を格別に贈らせなさる。❷【峠】(そこで道祖神に「たむけ①㋐」をすることから)山道を登りつめた所。とうげ。〈万葉・一五・三七三〇〉「み越路のたむけに立ちて妹が名告りつ」訳 この越前(福井県東部)への道の峠に立って、(口に出さずにいた)いとしいあなたの名を言ってしまったことだ。

ため【為】 名 ❶目的を果たそうとしてすること。…のため。〈徒然・一三〇〉「勝負を好む人は、勝ちて興あらんためなり」訳 勝負事を好む人は、勝っておもしろがるため(にするの)である。❷原因。理由。…のせい。〈源氏・蓬生〉「かなしかりしをりのうれはしさは、ただわが身一つのためになれるとおぼえし」訳 悲しかったときの(あの)嘆かわしさは、ただ自分一人のせいで生じたことであると(かつては)思われたことよ。❸利益。たすけ。たより。…のため。〈徒然・一四二〉「かなしからん親のため、妻子のためには、恥をも忘れ」訳 いとしい親のため、妻子のためには、恥をも忘れて。❹…の身にとって。…にとって。〈徒然・七三〉「わがため面目あるやうに言はれぬる虚言は、人いたくあらがはず」訳 自分の身にとって名誉なように言われたうそには、人はそれほど抗弁しない。

最重要330

197 ためし【例】 名

ガイド 物事を判断するための事例の意。過去の事例の意が①、規範となる事例の意が③。上代からある語で、中世に現れる動詞「試す」の名詞形ではない。

❶例。先例。

例 楊貴妃のためしも引き出でつべくなりゆくに〈源氏・桐壺〉

訳 楊貴妃(=唐の玄宗皇帝の妃)の先例もきっと引き合いに出すにちがいないようになっていくので。

❷話の種。

例 世のためしにもなりぬべき御もてなしなり〈源氏・桐壺〉

訳 世間の話の種にもなってしまいそうな(桐壺帝の桐壺の更衣に対する)もてなされ方である。

❸手本。模範。

例 かの御教へこそ、長きためしにはありけれ〈源氏・梅枝〉

訳 (父、桐壺帝の)あのご教訓こそ、のちのちまでの規範ではあったのだ。

ためし【例】 名 ➡左上 197

ためら・ふ【躊躇ふ】 ━ 自ハ四 {は・ひ・ふ・ふ・へ・へ} 心や態度がはっきりしないでぐずぐずする。躊躇する。━ 他ハ四 {は・ひ・ふ・ふ・へ・へ} ❶心を静める。気持ちをおさえる。〈源氏・桐壺〉「ややためらひ㊞ておほせ言伝へ聞こゆ」訳 (靫負の命婦は)少し心を静めて、(桐壺帝の)おっしゃったことばを(母君に)お伝え申しあげる。❷養生する。静養する。〈源氏・真木柱〉「風邪おこりて、ためらひ㊞侍るほどにて」訳 風邪をひいて、養生しておりますところで(お会いできない)。

たーめり …たようだ。…ているようだ。…ているように見える。〈源氏・朝顔〉「おとなび給ひためれ㊇ど、まだいと思ひやりもなく」訳 (あなた=紫の上は)大人らしくなられたようだが、まだそれほど思慮もなく。

なりたち 完了の助動詞「たり」㊍＋推量の助動詞「めり」＝「たるめり」の撥音便「たんめり」の撥音「ん」の表記されない形。ふつう「たッめり」と読む。

だも 副助 軽いものをあげて、他の重いものを類推させる意を表す。…さえ。…だって。〈和泉式部集〉「夢にだも逢ふと見るこそうれしけれ残りの頼み少なけれども」訳 夢にでも逢うと見るのはうれしいことだ。(目覚めたあとの)残りの期待は少ないけれども。

接続 種々の語に付く。

最重要330

198

ガイド

たゆ・む

【弛む】**一** 自マ四〔ま・み・む・む・め・め〕 **二** 他マ四〔ま・み・む・む・め・め〕 **三** 他マ下二〔め・め・む・むる・むれ・めよ〕

一①が原義。意図的にそうなるようにするのが二。形容詞形は「弛(たゆ)し」。

一 自マ四

❶ **心がゆるむ。油断する。**

例 みな人も**たゆみ**(用)給へるに、俄(には)かに御気色(けしき)ありて〈源氏・葵〉

訳 まわりの人もみな**油断して**いらっしゃったときに、急に(葵(あおい)の上はお産の)ご兆候があって。

❷ **疲れる。だるくなる。**

例 三日まで口中(くちゅう)の食(じき)を断ちければ、足**たゆみ**(用)〈太平記・三〉

訳 三日間も口の中に入れる食物を取らなかったので、足は**だるくなり**。

❸ **弱まる。おとろえる。**

例 さ夜ふけて砧(きぬた)の音ぞ**たゆむ**(終)なる月を見つつや衣うつらん〈千載・秋下〉

訳 夜が更けて砧の音が**弱まる**ようだ。月を見ては衣を打っているのであろうか。

二 他マ四

怠る。なまける。

例 御行ひを時の間も**たゆま**(未)せ給はずせさせ給ふつもりの〈源氏・薄雲〉

訳 (藤壺(ふじつぼ)が)仏道のお勤めをほんの少しの間も**怠り**なさらずおやりになられる(その無理の)積み重ねが。

三 他マ下二

心をゆるませる。油断させる。

例 いとつれなく、何とも思ひたらぬさまにて**たゆめ**(用)過ぐすも、またをかし〈枕・二七六〉

訳 (相手が)たいそうさりげなく、なんとも思っていないようすで(こちらを)**油断させ**とおすのも、またおもしろい。

参考 平安時代以降に現れた。副助詞「だに」に係助詞「も」が付いて、「だにも」→「だンも」→「だも」と変化したといわれ、漢文訓読調の文章に多用される。

た-もと【袂】名 ❶〔「手(た)本(もと)」の意〕ひじから肩までの部分。二の腕。〈万葉・三・四三九〉「京師(みやこ)にて誰(た)が**たもと**をかあが枕(まくら)かむ」訳 都(=奈良)では、だれの**腕**を私は枕にして寝ようか。❷袖。衣服の袖のたれた袋状の部分。

た-もとほ・る【徘徊る】トオル—モ 自ラ四〔ら・り・る・る・れ・れ〕《上代語》〔「た」は接頭語〕❶同じ所を行ったり来たりする。**さまよう。**〈万葉・三・四五八〉「みどり子の這(は)ひ**たもとほり**(用)」訳 幼児のようにはい**まわって**。❷回り道をする。**遠回りをする。**〈万葉・七・一二四三〉「見渡せば近き里廻(みさと)を**たもとほり**(用)今そわが来る」訳 見渡すと近い人里のあたりであるのに、**遠回りをして**、今やっと私は来たことだ。

た・ゆ

【絶ゆ】自ヤ下二〔え・え・ゆ・ゆる・ゆれ・えよ〕

❶**絶える。とだえる。切れる。**〈万葉・一・三七〉「見れど飽かぬ吉野の川の常滑(とこなめ)の**絶ゆる**(体)ことなくまた還(かへ)り見む」訳 いくら見ても見飽きない吉野川、その川の岩にいつも生えている水苔(みずごけ)のように、**絶える**ことなく、(この吉野の宮を)また何度も来てはながめよう。(第三句までは「絶ゆることなく」を導きだす序詞)

❷**息が絶える。死ぬ。**〈万葉・五・九〇四〉「たまきはる命**絶え**(用)ぬれ」訳 (わが子の)命は**絶え**てしまった。(「たまきはる」は「命」にかかる枕詞)。

❸**縁が切れる。**〈詞花・雑上・詞書〉「**絶え**(用)にける男の、五月ばかり、思ひかけずまうで来たりければ」訳 (すっかり)**縁が切れ**てしまっていた男が、陰暦五月ごろに思いがけなくやってきましたので。➡果(は)つ「慣用表現」

❹**人の往来がとだえる。**人里はなれる。〈源氏・若菜上〉「かの**絶え**(用)たる峰に移ろひ給ひにし」訳 (明石(あかし)の入道は)あの**人跡の絶え**た(山の奥の)峰にお移りになってしまった。

たゆう〖大夫・太夫・大輔〗➡たいふ

たゆ-げ【弛げ・懈げ】形動ナリ〔なら・なり(に)・なり・なる・なれ・なれ〕〔形容詞「たゆし」の語幹＋接尾語「げ」〕だるそうなさま。疲れて気力のないさま。〈源氏・桐壺〉「聞こえまほしげなることはありげなれど、いと苦しげに**たゆげなれ**(已)ば」訳 (桐壺の更衣は、桐壺帝に)申し上げたそうな事柄は(まだまだ)ありそうなようすであるが、たいそう苦しそうで**だるそうな**ので。

最重要330

199

たより【便り・頼り】名

ガイド 頼れるものの意で、①が原義。生活上頼りになるものが②③、事柄が④、時が⑤、構造物についていったのが⑥。動詞形は「頼る」だが、中古での用例はわずかである。

❶ 頼みにできるもの。よりどころ。

例 山陰に片そへて、大きやかなる巌(いはほ)のそばだてるをたよりにて〈増鏡・新島守〉

訳 (後鳥羽院の御座所は)山かげに片寄せて、いかにも大きそうな岩がそびえ立っているのを頼みにして。

❷ 縁。ゆかり。手づる。

例 さるべきたよりをたづねて、七月(ふみづき)七日(なぬか)言ひやる〈更級・大納言殿の姫君〉

訳 適当なつてをさがして、陰暦七月七日に(次の歌を)言いおくる。

❸ おとずれ。手紙。

例 時鳥(ほととぎす)しばしば過ぐるほど、宿かし鳥の便りさへあるを〈幻住庵記〉

訳 ほととぎすがしばしば飛んで過ぎる間には、樫鳥(かしどり)(=かけす)のおとずれまでもあるので。

❹ 便宜。便利。また、手がかり。

例 手書くこと、むねとすることはなくとも、これを習ふべし。学問に便りあらんためなり〈徒然・一二二〉

訳 文字を書くことは、専門とすることはなくても、これを習っておくのがよい。学問のうえで便宜があるからである。

❺ ついで。機会。

例 その時おのづからことの便りありて、津の国の今の京に至れり〈方丈・三〉

訳 そのころたまたま用事のついでがあって、摂津(せっつ)の国(大阪府北部と兵庫県東部)の新しい都(=福原)に行き着いた。

❻ できぐあい。

例 わざとならぬ庭の草もこころあるさまに、簀(す)の子・透垣(すいがい)のたよりをかしく〈徒然・一〇〉

訳 特に手をかけたようには見えない庭の草も趣のあるようすで、簀の子や透垣のつくりぐあいが趣深く。

たゆ・し【弛し・懈し】形ク{から・く(かり)・し・き(かる)・けれ・かれ} ❶気力がない。だるい。〈宇治・一〇・一〇〉「捧(ささ)げ奉りしに、腕(かひな)たゆく用もあらず」訳 (経を)高く持ち上げ申していたのに、腕はだるくもなく。❷心のはたらきがにぶい。のんきだ。気がゆるんでぼんやりしている。〈源氏・若菜下〉「あやしくたゆく用おろかなる本性にて」訳 (私=柏木(かしわぎ)は)妙にぼんやりして愚かな性質なので。

たゆた・ふ(タユタ(トウ))【揺蕩ふ】自ハ四{は・ひ・ふ・ふ・へ・へ} ❶あちこち揺れ漂う。漂って定まらない。〈万葉・一五・三七一六〉「天雲(あまくも)のたゆたひ用来れば」訳 (私が)あちらこちら漂いながらやって来ると。(「天雲の」は「たゆたふ」にかかる枕詞)❷思い迷って定まらない。ためらう。〈源氏・玉鬘〉「殊(こと)なるいきほひなき人はたゆたひ用つつ」訳 格別な勢力もない(この)人(=少弐(しょうに))は、(姫君を連れての上京を)ためらい続けては。

たゆ・む【弛む】自マ四 他マ四 他マ下二 ⬇前ページ

たゆら 198 形動ナリ{なら・なり(に)・なり・なる・なれ・なれ}「たよら」とも。(心などが)ゆれ動いて定まらないさま。〈万葉・一四・三三九二〉「筑波嶺(つくはね)の岩もとどろに落つる水世にもたゆらに用わが思はなくに」訳 筑波山の岩もとどろかして落ちる水のように、決してゆれ動いて(=ゆらいだ気持ちで)私は(あなたを)思わないことなのに。(第三句までは「世にもたゆらに」を導きだす序詞)

たより【便り・頼り】名 ⬇上 199

たら 助動詞「たり」(完了)の未然形。

たら 助動詞「たり」(断定)の未然形。

た-らう(ーロウ)【太郎】名 ❶長男。❷物事の初めをいう語。「太郎月(=正月)」など。❸いちばん大きな、またはすぐれたものに付ける語。「坂東太郎(=利根(とね)川)」など。

たらう〖足らう〗⬇たらふ

たらう-くわじゃ(タロウカジャ)【太郎冠者】名 狂言で、大名や侍に仕える従者の役のうち、筆頭格の者。

たら-ず …ていない。…なかった。〈源氏・帚木〉「かうた

たり

助動ラ変型〔接続助詞「て」＋ラ変動詞「有り」＝「てあり」の転〕

➡下段「まぎらわしい『たり』の識別」

意味・用法	用例
❶完了 動作・作用が完了した意を表す。…た。	例 女の兄人(せうと)、にはかに迎へに来たり終〈伊勢・六〉 訳 女の兄が急に迎えに来た。
❷存続 動作・作用の結果が存続している意を表す。…ている。	例 かきつばたいとおもしろく咲きたり終〈伊勢・九〉 訳 かきつばたがたいそう趣深く咲いている。
❸継続 動作・作用が継続している意を表す。…ている。	例 紫だちたる体雲のほそくたなびきたる体〈枕・一〉 訳 紫がかっている雲が細くたなびいているの(が趣がある)。
❹状態 その状態であること、その性状をそなえていることの意を表す。…ている。…た。	例 えもいはず大きなる石の、四方(よほう)なる中に、穴のあきたる体中より出(い)づる水の、清くつめたきことかぎりなし〈更級・足柄山〉 訳 言いようもなく大きな石で、四角である(石の)中に、穴があいている、その中から出る水が、澄んで冷たいことはこの上もない。
❺並立 終止形を重ね用いた「…たり…たり」の形で、二つの動作・作用が並立している意を表す。…たり…たり。	例 掃いたり終拭(のご)うたり終、塵(ちり)拾ひ、手づから掃除せられけり〈平家・二・先帝身投〉 訳 (知盛(とももり)は天皇のいらっしゃる御船を)掃いたりぬぐったり、塵を拾い、自分の手で掃除しなさった。

まぎらわしい「たり」の識別

識別ナビ 接続を見る。上が主語になり得ない漢語なら❶、主語になり得る語なら❸、活用語(連用形)なら❷。

❶ 形容動詞(タリ活用)の活用語尾
例 涼風颯々(さつさつ)たりし夜なか半(ば)に〈平家・七・青山之沙汰〉
訳 涼風がさあっと吹いた夜半に。
▽上が主語になり得ない漢語。多く状態性の漢語で、「…たり」全体で一語の形容動詞となる。

❷ 完了の助動詞
例 かきつばたいとおもしろく咲きたり〈伊勢・九〉
訳 かきつばたがたいそう趣深く咲いている。
▽上が動詞・助動詞の連用形。

❸ 断定の助動詞
例 六代は諸国の受領(ずりやう)たりしかども〈平家・一・祇園精舎〉
訳 (平氏の初期の)六代(までの人々)は諸国の受領(＝国守)であったけれども。
▽上が名詞(主語になり得る語)。

まさかなる人とも思ひたらず用 訳 このようにたまにしか訪ねて来ない(冷たい)男とも思っていなく。

なりたち 完了の助動詞「たり」未＋打消の助動詞「ず」

たら-ず …でない。〈平家・二・烽火之沙汰〉「父、父たらず終といふとも、子もって子たらず用んばあるべからず」訳 たとえ父が(父らしい)父でないといっても、子はそ

接続

ラ変を除く動詞の連用形、および「つ」を除く動詞型活用の助動詞の連用形に付く。

活用

未然	連用	終止	連体	已然	命令
(ズ)	(ケリ)	(。)	(コト)	(ドモ)	(。)
たら	たり	たり	たる	たれ	たれ

文法ノート

1 「り」と「たり」のちがい

「あり」を語源とする「り」は動作・作用が継続していることを表し、「てあり」を語源とする「たり」は動作・作用の結果が存続していることを表すとして、語源から区別する考えもあるが、実際の用例から証明することはできない。ふつういわれているように、四段とサ変にしか付かない「り」の用法の狭さを補うために「たり」が生まれ、ついには「り」を圧倒するようになったと考えるのが妥当である。

2 並立の「たり」

⑤は中世以降の用法。

れゆえに(よく親に仕える)子でないということがあってはならない(=子はどんな親にも孝行すべきだ)。

なりたち 断定の助動詞「たり」未＋打消の助動詞「ず」

たらち-ね【垂乳根】名 ❶母。垂乳女。〈増鏡・新島守〉「たらちねの消えやらで待つ露の身を風よりさきにいかで問はまし」訳 母君の、死ぬに死なれずに(私の行くのを)待っている露のようにはかない身を、(無常の)風が吹き散らす前に、なんとかして訪ね(ることができ)たらよかった(なあ)。

❷両親。〈新古・雑下〉「昔だに昔と思ひしたらちねのなほ恋しきぞはかなかりける」訳 (若かった)昔でさえ、昔の人と(なつかしく)思っていた両親が、(老年の)今でも恋しく思われるなんて、はかないことだよ。

❸父。垂乳男。〈うつほ・国譲中〉「忘るなと契りおきけむたらちねも笑みて見るらむ雲のうへにて」訳 (あなたのことを)忘れてくれるなと(私に)遺言をしたという父君も、ほほえんで見ていることだろう、雲の上で。

参考 「母」「親」にかかる枕詞「たらちねの」から転じた語。のち、「母」を「たらちめ」といったことから、父を「たらちね」「たらちを」というようになった。

たらちねの【垂乳根の】《枕詞》「母」「親」などにかかる。〈万葉・一一・二三六八〉「たらちねの母が手はなれ」

だらに【陀羅尼】名《梵語の音訳》(善法を保ち、悪法をさえぎるの意)梵語で唱える長文の呪文。漢訳しないで原語のまま読みあげる。

たらひ【盥】名(「手洗ひ」の転)手や顔を洗う湯水を入れるための平たい器。角のような柄のある角盥や耳のような柄のついた耳盥がある。

(たらひ)

たら・ふ【足らふ】自ハ四 {は・ひ・ふ・へ・へ} [四段動詞「足る」の未然形「たら」に上代の反復・継続の助動詞「ふ」が付いて一語化したもの] ❶すべてが備わる。不足ない。〈源氏・若菜下〉「かく足らひ用ぬる人は必ずえ長からぬことなり」訳 このようにすべてが備わった人(=紫の上)は、必ず長生きできないものである。

❷十分その資格がある。〈源氏・紅梅〉「あだ人とせむに、足らひ用給へる御様を」訳 (匂宮を)浮気者扱いにするとしてもその場合に、(宮は)十分その資格を備えていらっしゃるごようすなのに。

たら-まし (「たらましかば…まし」の形で)もし…ていたなら(…ていただろうに)。〈竹取・竜の頸の玉〉「竜を捕らへたらましか未ば、またこともなく、我は害せられなまし」訳 もし竜を捕らえていたなら、またあっさりと、私はきっと殺されてしまっていただろうに。

なりたち 完了の助動詞「たり」未＋反実仮想の助動詞「まし」

たら-む ― ❶動作・作用の存続・完了について推量する意を表す。…ているだろう。…ただろう。〈源氏・夕顔〉「おのづからもの言ひ漏らしつべき眷族もたち交じりたらむ終」訳 (夕顔が急死したことについて)自然に何かと言い漏らしてしまいそうな縁者もまじっているだろう。

❷動作の存続についての意志を表す。…ていよう。〈源氏・空蟬〉「この障子口にまろは寝たらむ終」訳 この障子を立てた出入り口に私は寝ていよう。

❸(多く連体修飾や準体言の用法で)動作・作用の存続・完了を仮定する、または婉曲に言う意を表す。…ているような。たとえば…たような。(仮に)…としたら、その。〈伊勢・九〉「比叡の山を二十ばかり重ねあげたらむ体ほどして」訳 (富士山は)比叡山を二十ほど重ねあげたような高さで。〈徒然・一三五〉「負けたらん体人は、供御をまうけらるべし」訳 もし負けたならば、その人は、ごちそうを用意なさらなければならない。

なりたち 完了の助動詞「たり」未＋推量の助動詞「む」

たり 助動ラ変型 ➡右上助動詞「たり」

たり 助動タリ型 ➡次ページ助動詞「たり」

たり 助動詞「たり」(完了)の連用形・終止形。➡前ページ「まぎらわしい『たり』の識別」

たり 助動詞「たり」(断定)の連用形・終止形。➡前ページ「まぎらわしい『たり』の識別」

た-りき【他力】名《仏教語》人々を救おうとする阿弥陀仏の本願の力。また、その力によって成仏すること。対自力

たり-き …た。…ていた。〈源氏・夕顔〉「はかなきついで作り出でて、消息などつかはしたりき終」訳 ちょっとしたきっかけを作り出して、(私=惟光は女房の

たり

助動タリ型

〔格助詞「と」＋ラ変動詞「有り」＝「とあり」の転〕

⬇五一六ページ「まぎらわしい『たり』の識別」

意味・用法

断定 …だ。…である。

用例

例 仏、太子と用おはせし時、われに娶(とつ)ぎて御妻(みめ)たり用き〈今昔・一・一七〉訳 釈迦(しゃか)仏が太子でいらっしゃったとき、私と結婚して（私が太子の）妃(きさき)であった。

接続

体言に付く。

活用

未然	連用	終止	連体	已然	命令
たら（ズ）	たり（ケリ） と（シテ）	たり（。）	たる（コト）	たれ（ドモ）	たれ（。）

文法ノート

1 和漢混交文などで使用される

平安時代の初期に漢文の訓読文で用いられるようになったもので、平安時代を通じて仮名の日記や物語では用いられなかった。ひろく用いられるようになるのは軍記物など中世の和漢混交文の中であるが、口語としては用いられなかった。

2 「たり」と「なり」のちがい

「なり」のように連体形から続くことはなく、「たり」はもっぱら名詞に接続する。

一人に）手紙などをやった。

〈なりたち〉完了の助動詞「たり」用＋過去の助動詞「き」

たり-き …だった。…であった。「六代は諸国の受領(ずりやう)たりしか已ども」〈平家・一・祇園精舎〉訳（平氏の初期の）六代（までの人々）は諸国の受領（＝国守）であったけれども。

〈なりたち〉断定の助動詞「たり」用＋過去の助動詞「き」

たり-けむ ケン 過去における動作の完了・継続などを想像したり疑ったりする意を表す。…たのだろう。…ていたのだろう。〈平家・七・忠度都落〉「薩摩守(さつまのかみ)忠度(ただのり)は、いづくよりや帰られたりけん体」訳 薩摩守忠度は、どこからお帰りになったのだろうか。

〈なりたち〉完了の助動詞「たり」用＋過去推量の助動詞「けむ」

たり-けり ❶（「けり」が過去を表す場合）…た。…ていた。〈今昔・一五・一〉「学問をもせず、もの言ふこともなくて、常に寝たりけり終」訳 学問をもせず、もの言うこともなくて、いつも寝ていた。❷（「けり」が何かに気づいたことや詠嘆を表す場合）…ていた（のだった）。…たことだ。〈万葉・一九・四二六八〉「夏の野にわが見し草はもみちたりけり終」訳 夏の野に私が見た草は色づいたことだ。

〈なりたち〉完了の助動詞「たり」用＋過去の助動詞「けり」

たり-けり …であった。〈著聞・三九〉「具平(ともひら)親王家の作文(さくもん)の序者たりける体に」訳（橘正通(たちばなのまさみち)が）具平親王家の漢詩（の会）の序詩の作者であったときに。

〈なりたち〉断定の助動詞「たり」用＋過去の助動詞「けり」

たり-し …た。…ていた。〈枕・九〉「ふるひなき出(い)でたりしこそ、世に知らず、をかしくあはれなりしか」訳 身を震わせて鳴きながら出て来た（犬の）ようすこそ、この世に類がなく、おもしろくしみじみと心を動かされたことであったよ。

〈なりたち〉完了の助動詞「たり」用＋過去の助動詞「き」の連体形「し」

たり-し …であった。〈平家・一・殿上闇討〉「もとは一門たりし木工助(もくのすけ)平貞光(さだみつ)が孫」訳 もとは（平家の）一門であった木工寮の次官平貞光の孫で。

〈なりたち〉断定の助動詞「たり」用＋過去の助動詞「き」の連体形「し」

たり-つ 動作が直前まで存続・継続していたことを確信をもって述べる意を表す。…ていた。確かに…た。〈枕・二五〉「上に引きたりつる体墨など消えて」訳（手紙の封じ目の）上に引いてあった墨などが消えて。

〈なりたち〉完了の助動詞「たり」用＋完了の助動詞「つ」

た・る【足る】 自ラ四〔ら・り・る・る・れ・れ〕❶十分である。**不足がない。**満ち整っている。〈古今・羇旅〉「北へゆく雁(かり)ぞ鳴くなる連れて来(こ)し数は足ら未でぞ帰るべらなる」訳 北国へ帰る雁が鳴く声が聞こえる。（秋に）連れだって来た（仲間の）数は足りなくなって帰っていくようだ。❷相応している。**ふさわしい。**また、価値がある。〈源氏・松風〉「たをやぎたるけはひ、皇女(みこ)たちといはむにも足り用ぬべし」訳（明石(あかし)の君の）しとやかなようすは、内親王（＝皇女）と言おうともきっとふさわしいにちがいない。❸**満足する。**〈**仮名・浮世物語**〉「**足る**㊍ことを知る者は、貧しといへども富めるが如し」訳**満足する**ことを知る者は、貧しいといっても裕福であるのと同じである。

た・る【垂る】**一**自ラ四{ら・り・る・る・れ・れ}❶**垂れさがる。**ぶらさがる。〈**源氏・末摘花**〉「さきの方すこし**垂り**㊊て色づきたること、ことの外にうたてあり」訳(末摘花の鼻は)先の方が少し**垂れさがっ**て(赤く)色づいていることは、格別に不快である。

❷**したたる。**〈**徒然・五三**〉「首のまはり欠けて、血**垂り**㊊」訳首の周囲(の肉)が傷ついて、血が**したたり**。

二他ラ下二{れ・れ・る・るる・るれ・れよ}❶**垂らす。**さげる。〈**源氏・胡蝶**〉「色をましたる柳枝を**垂れ**㊊たる」訳緑色が増した柳が枝を**垂らし**ているの(があり)。

❷**したたらす。**流し落とす。〈**宇治・七・一**〉「涙を**垂れ**㊊て泣く」訳涙を**したたらし**て泣く。

❸(恩恵などを)**現し示す。**〈**今昔・七・一七**〉「願はくは聖人、慈悲を**垂れ**㊊給ひて、我がこの苦を救ひ給へ」訳どうか聖人よ、情けを**示し**なさって、私のこの苦しみを救ってください。

たる 助動詞「たり」(完了)の連体形。

たる 助動詞「たり」(断定)の連体形。

たる-ひ【垂氷】名 つらら。

たる-み【垂水】名 **滝。**〈**万葉・八・一四一八**〉「石走る**垂水**の上のさわらびの萌え出づる春になりにけるかも」訳↓いはばしる…和歌。↓滝「古文常識」

たれ【誰】代〔近世以降は「だれ」とも〕不定称の人代名詞。**だれ。**〈**徒然・三八**〉「**誰**をか恥ぢ、**誰**にか知られんことを願はん」訳(自己の評判を)**だれ**に対して恥じ、**だれ**に認められるようなことを願おうか(いや、恥じも願いもしない)。

たれ 助動詞「たり」(完了)の已然形・命令形。

たれ 助動詞「たり」(断定)の已然形・命令形。

たれ-がし【誰某】代 不定称の人代名詞。はっきり、その人と指さないでいう。なにがし。だれそれ。〈**著聞・三三**〉「**たれがし**を御使ひにて召されてさぶらひしは」訳(後白河天皇が)**だれそれ**をお使いとして(私を)お召しになりましたのは。

たれ-こ・む【垂れ籠む】自マ下二{め・め・む・むる・むれ・めよ}**帳を垂れて、室内に閉じこもる。**戸などを閉めて家の中にこもる。〈**徒然・一三七**〉「**たれこめ**㊊て春のゆくへ知らぬも、なほあはれに情けふかし」訳**すだれを垂れて家にひきこもっ**て春が暮れてゆくのを知らないのも、やはりしみじみとして趣深い。

たれをかも…和歌《百人一首》【誰をかも 知る人にせむ 高砂の 松も昔の 友ならなくに】〈**古今・雑上・藤原興風**〉↓付録◇1「小倉百人一首」34

たわ【撓】**一**名❶山の尾根のくぼんで低くなっている所。鞍部。「たをり」とも。

❷枕に押されてついた、髪のくせ。

二形動ナリ{なら・なり(に)・なり・なる・なれ・なれ}しなうさま。ゆがむさま。たわわ。〈**賀茂翁家集**〉「信濃なる須賀の荒野を飛ぶ鷲のつばさも**たわに**㊊ふく嵐かな」訳信濃(長野県)にある須賀の荒野を飛んで行く鷲の、翼も**たわむほどに**、激しく吹く嵐であることよ。

たわぶる〖戯る〗↓たはぶる

たわ・む【撓む】**一**自マ四{ま・み・む・む・め・め}❶押されて曲がる。しなう。たわむ。〈**源氏・若菜下**〉「花は、…枝も**たわむ**㊇ばかり咲き乱れたり」訳(梅の)花は、…枝も**しなう**ほど咲き乱れている。

❷あきて疲れる。心が弱る。〈**源氏・総角**〉「わかき御心ども乱れ給ひぬべきこと多く侍るめれど、**たわむ**㊇べくもものし給はず」訳若い二人(=大君と中の君)の御心はお迷いになるにちがいないことが多くございましょうが、(それでも大君は)**心がくじけ**そうでもいらっしゃらず。

二他マ下二{め・め・む・むる・むれ・めよ}たわませる。押して曲げる。〈**徒然・六六**〉「藤の先は、…牛の角のやうに**たわむ**㊇べし」訳(贈り物の鳥を付ける)藤(のつる)の先端は、…牛の角のように**曲げる**のがよい。

たわや-め【手弱女】名「たをやめ」に同じ。

たわ-わ【撓】形動ナリ{なら・なり(に)・なり・なる・なれ・なれ}〔「たわたわ」の転〕たわむさま。**しなうさま。**〈**徒然・一〇**〉「大きなる柑子の木の、枝も**たわわに**㊊なりたるがまはりを」訳大きなみかんの木で、枝も**しなうほどに**(実が)なっている木の周囲を。

た-ゐ【田居】名❶田のある所。田。たんぼ。

❷田のあるような田舎。

た-をさ【田長】名❶農夫のかしら。

❷「しでのたをさ」の略。「ほととぎす」の異称。

たを-たを(-と)副 しなやかなさま。しとやかなさま。〈**源氏・夕顔**〉「細やかに**たをたをと**して、ものうち言ひたるけはひ」訳ほっそりとして**しとやかな**感じがして、何かちょっと口に出したものごしは。

たを-やか【嫋やか】形動ナリ{なら・なり(に)・なり・なる・なれ・なれ}〔「やか」は接尾語〕❶**物の姿・形がしなやかである。**やわらかい感じである。〈**枕・六七**〉「萩、いと色ふかう、枝**たをやかに**㊊咲きたるが」訳萩は、たいへん色が濃く、枝が**しなやかに**咲いているのが。

❷**立ち居ふるまいがしとやかで、やさしい。**性格が穏やかである。〈**浜松中納言物語**〉「さぶらふ人も、宮の御ありさまに似つつ**たをやかなれ**㊋ば」訳お仕えする侍女も、后のごようすに似ていて**しとやかな**ので。

たを-や・ぐ【嫋やぐ】自ガ四{が・ぎ・ぐ・ぐ・げ・げ}しなやかになる。**しとやかになる。**〈**源氏・玉鬘**〉「ただいと若やかにおほどかにて、やはやはとぞ**たをやぎ**㊊給へりし」訳ただもう、ほんとうに若々しくおっとりとして、ものやわらかに**なよなよとして**いらっしゃった。

たをや-め【手弱女】名「たわやめ」とも。かよわい女性。しとやかなやさしい女性。対益荒男

たをやめ-ぶり【手弱女振り】名《文芸用語》しとやかで女性らしいさま。「古今集」に代表される、平安時代の和歌の優美で繊細な歌風をいう。江戸時代、国学者賀茂真淵が最初に用いた。対益荒男振り

た-を・る【手折る】他ラ四{ら・り・る・る・れ・れ}手で折る。〈**万葉・五・八八六**〉「玉桙の道の隈廻に草**手折り**㊊」訳道の曲がり角に草を**手で折り**。(「玉桙の」は「道」にかかる枕詞)

たん【段・反】名❶長さの単位。一段は六間(=約一一メートル)。〈**平家・一一・那須与一**〉「海へ一**段**ばかりうち入れたれども」訳海へ一**段**ほど(馬を)乗り入れたが。

❷田畑の面積の単位。一段は三百六十歩であったが、のち、三百歩(=約九九二平方メートル)となった。❸布の長さの単位。成人の着物一着分に要する量。

たん-か【短歌】名 ❶和歌の一形式。五・七・五・七・七の五句三十一音から成る。短歌。三十一文字。❷特に、「反歌」のこと。対長歌

参考 短歌の初めの三句(五・七・五)を上の句、あとの二句(七・七)を下の句という。

だん-か【檀家】名 一定の寺に墓地をもっていて、その寺に布施をする家。

だん-ぎ【談義】名 ❶話しあうこと。相談。談合。❷物事の意義・内容を説き話すこと。講義。❸《仏教語》説経。説法。〈徒然・六〇〉「談義の座にても…食ひながら文をも読みけり」訳(盛親僧都は)仏典の講義の席でも…(親芋を)食いながら仏典をも読んだ。

だん-きん【断金】名 きわめて友情のあついこと。「易経」に「二人心を同じうすれば、その利き(=鋭い)こと金(=金属)を断つ」とあるのによる。

たん-ご【端午】名 五節句の一つ。陰暦五月五日の男子の節句。菖蒲や蓬を軒にさし、粽や柏餅を食べて邪気を払う。後世、男の子のある家では、鯉幟・甲冑・刀・武者人形などを飾る。夏。〈太平記・二四〉「五日は端午の祭り」

丹後(たんご)《地名》旧国名。山陰道八か国の一つ。今の京都府北部。丹州。

たん-ざく【短冊・短尺】名「たんじゃく」とも。❶字を書いたり、物の印に付けたりする細長い紙。❷和歌などを書く細長い料紙。ふつうの寸法は縦約三五センチメートル、幅約六センチメートル。

だん-し【弾指】名《仏教語》❶人差し指の先を親指の腹に当ててはじき、音を出すこと。喜びや不浄を払う合図などを示す。つまはじき。❷きわめて短い時間を表す単位。

だん-じゃう【弾正】名 弾正台の役人の総称。

だんじゃう-だい【弾正台】名 律令制で、役人の不正や内外の非行を問いただし、風俗を取り締まることをつかさどる官庁。のちにその職掌は検非違使に移り、京都市内の巡検をつかさどるだけとなった。⬇付録③「平安京大内裏図」

だん・ず【弾ず】他サ変{ぜ・じ・ず・ずる・ずれ・ぜよ}「たんず」とも。楽器の弦をかき鳴らす。かなでる。弾く。〈徒然・七〇〉「菊亭の大臣、牧馬を弾じ用給ひけるに」訳菊亭の大臣(=藤原兼季)が、(琵琶の名器の)牧馬をお弾きになったときに。

だん-だん【段段】一名 ことの次第。箇条箇条。一部始終。〈浄・冥途の飛脚〉「おやぢ様の話で段々を聞いて来た」訳お父さまの話で一部始終を聞いて来た。二副 ❶しだいに。順を追って。〈狂・萩大名〉「だんだんできまする。あとを承りとうござる」訳しだいに(和歌が)できあがります。続きを承りとうございます。❷いろいろ。あれやこれや。〈浄・堀川波鼓〉「これには言ひ訳だんだんあり」

だんな【檀那・旦那】名 ❶《梵語の音訳》(本来は布施の意。施主の意の「檀越」と混用されて、布施を施す人の意で用いられる)寺に金品を施す信者を、僧の側から見ていう語。施主。また、檀家。〈徒然・一八〇〉「法師のむげに能なきは、檀那すさまじく思ふべしとて」訳僧侶でまったく無芸なのは、施主が興ざめに思うにちがいないと考えて。❷主人。召使や出入りの者からその主人をいう。❸商売人が客を、また役者や芸者などがひいき筋を敬っていう語。

だんな-でら【檀那寺・旦那寺】名 その家が帰依して、その家の墓や過去帳(=死者の戒名・俗名・死亡年月日などを記す帳簿)などのある寺。菩提寺。

たん-なり…たということだ。…たそうだ。…ているそうだ。…たようだ。〈平家・二・西光被斬〉「謀反の輩ともがら、京中に満ち満ちたんなり終」訳謀反の者どもが、京都中に満ち満ちているそうだ。⬇たなり

なりたち 完了の助動詞「たり」体＋伝聞・推定の助動詞「なり」=「たるなり」の撥音便。中古では、ふつう「たなり」と表記される。

たん-のう【堪能】名・自サ変(「足りぬ」の撥音便「たんぬ」の転。「堪能」は当て字)❶十分足りること。満足。〈浮・日本永代蔵〉「つひにこの乞食のたんのうする体ほど、銭とらせし人なかりき」訳とうとうこの乞食が満足するほど、お金を与えた人はいなかった。❷気が済むこと。納得すること。〈浄・雪女五枚羽子板〉「せめてのことに様子を語り、たんのうさ未(口語)せて給べかし」訳せめてものことに事情を話して、納得させてくださいよ。❸技芸などのすぐれていること。

参考 ③は「かんのう」が正しいが、後世、混同された。

丹波(たんば)《地名》旧国名。山陰道八か国の一つ。今の京都府中部と兵庫県北東部に属する。丹州。

たん-めり…たようだ。…ているようだ。…ているように見える。⬇ためり

なりたち 完了の助動詞「たり」体＋推量の助動詞「めり」=「たるめり」の撥音便。中古では、ふつう「ためり」と表記される。

談林十百韻(だんりんとっぴゃくいん)《作品名》江戸前期の俳諧集。田代松意編。延宝三年(一六七五)刊。江戸の談林派の俳諧百韻を十巻集めたもの。

だんりん-ふう【談林風・檀林風】名 西山宗因を祖とする、談林派の俳諧の詠みぶり。また、その傾向。貞門の古風に対する反動として起こり、複雑な法式にとらわれず、故事をもじったり、漢語・俗語などを使ったりして、軽妙で自由な作風のもと、斬新・奇抜・滑稽を特色とした。

たん-れんが【短連歌】名 連歌の様式の一つ。上の句と下の句の唱和で終わるもの。⬇連歌

ち
チ

-ち 接尾(代名詞に付いて)方角・場所を表す。「いづち」「こち」「遠ち方」

-ち【箇・個】接尾 物を数えるとき、数詞に添える語。「五百ち」「はたち(二十)」

参考「七十ぢ」「八十ぢ」のように連濁を起こすこと

が多い。

ち【千】名 千。また、数の多いことを表す。多数。〈万葉・一二・三〇五九〉「百に千に人は言ふとも」訳 あれこれと人はうわさを立てても。

ち【乳】名 ❶乳ぶさ。乳首。また、母乳。〈方丈・三〉「いとけなき子の、なほ乳を吸ひつつ臥せるなどもありけり」訳 幼い子が、(母親の死を知らないで)依然として乳首を吸ったまま横たわっていることなどもあった。

❷(形が乳首に似ていることから)旗・幕・わらじなどのへりにつけた、ひもや竿を通すための輪。

ち【茅】名 植物の名。路傍などに自生するイネ科の多年草。ちがや。穂を「つばな」「ちばな」という。茎は屋根を葺くのに用いた。秋。(つばな 春)

-ぢ【路】接尾 ❶(地名などに付いて)その土地・場所へ通じる道や、その地方を表す。「東路」「家路」「海路」「木曽路」

❷(日数に付いて)それだけの日数がかかる道のりであることを表す。「六日路」

❸(心に関する語に付いて)その語の表す動き・状態を表す。「夢路」「恋路」

-ぢ【箇・個】接尾「-ち(箇)」の連濁したもの。→箇

参考 接尾語「路」と混同されて、たとえば「みそぢ」を「三十路」と書くこともある。

ぢ【地】名 ❶大地。地面。土地。〈方丈・三〉「家はこぼれて淀河に浮かび、地は目の前に畑となる」訳 家はこわされて(筏に組まれ)淀川に浮かび、土地は見ている前で畑となる。

❷根底。基礎。本性。〈無名抄〉「地には人の心の底まで好かずして」訳 根底では(新風に属する)人は心の底まで(歌を)好んでいるのではなくて。

❸布や紙の生地。

❹文章中の会話以外の部分。地の文。

❺連歌・俳諧で、技巧のないすなおな句。

❻謡曲の「地謡」の略。

❼舞踊で、伴奏の音曲。

❽現実。実際。

❾他の語に冠して、本来の、その土地産の、素人の、などの意を添える。「地酒」「地女」

ぢ【持】名 歌合わせ・囲碁などの勝負事で、優劣のないこと。引き分け。持ち。

ち-いん【知音】名 ❶親友。心の友。❷知り合い。知人。

参考 中国の春秋時代、琴の名手伯牙が、よくその音を理解していた(=音ヲ知ル)友人の鍾子期の死後は、琴の弦を断って二度と弾かなかったという故事による。

ちうせい【小せい】連体〔形容詞「ちひさし」の連体形「ちひさき」の変化したものか〕小さい。小形の。一説に漢語の「中勢(=少し背の低い)」とも。〈枕・一〇〉「ちうせい折敷に、ちうせい高坏などこそよく侍らめ」訳 小さい折敷(=食物をのせる角盆)に、小さい高坏(=食物をのせる足のついた器)などがようございましょう。

ぢ-うたひ【地謡】名 謡曲の地の部分(=会話以外の部分)を、舞台一隅の地謡座でうたうこと。また、その謡をうたう人。「地」とも。⬇能楽「古文常識」(六五〇ページ)

ちえ〖千重〗⬇ちへ

ちがう〖違う・交う〗⬇ちがふ

ちか-おとり【近劣り】名 近くで見ると、遠くで見るよりも劣って見えること。〈源氏・総角〉「心ばせの近おとりするやうもや」訳 (中の君の)気だてが近寄って見ると見劣りするようなことでも(ありはしないか)。対 近勝り

ちか-ごろ【近頃】一 名 このごろ。近来。最近。〈平家・四・永僉議〉「ちかごろは源氏の運傾き」訳 このごろは源氏の運が傾き。

二 副 (「このごろめったにない」の気持ちで)はなはだ。たいへんに。〈謡・鞍馬天狗〉「これはちかごろ狼藉なる者にて候ふ」訳 これははなはだけしからんやつでございます。

ちか・し【近し】形ク〔から・く(かり)・し・き(かる)・けれ・かれ〕❶(時間的・空間的・数量的・心理的に)へだたりが小さい。近い。〈竹取・ふじの山〉「『いづれの山か天に近き体』と問はせ給ふに」訳「どの山が天に近いか」と(帝が)お聞きになられると。

❷血縁関係が近い。近親である。〈源氏・夢浮橋〉「これなむ、その人の近き体ゆかりなるを」訳 これ(=小君)は、その人(=浮舟)の近い縁者であるので。

❸物事の内容・性質の似ているさま。近い。〈徒然・八〇〉「人倫に遠く、禽獣に近き体振る舞ひ」訳 (武術は)人間に縁遠く、鳥や獣に近い行為で。

ちが・ふ【違ふ・交ふ】一 自ハ四〔は・ひ・ふ・ふ・へ・へ〕❶異なる。相違する。〈保元物語〉「御夢想に御覧ぜられつるに少しもちがは未ねば」訳 夢で神仏のお告げをご覧になったのと少しも異ならないので。

❷行きかう。すれちがう。〈枕・一〉「蛍のおほく飛びちがひ用たる」訳 蛍がたくさん飛びかっているの(は趣がある)。

❸はずれる。それる。〈太平記・七〉「これにちがは未んとしどろになって騒ぐところを」訳 (軍勢は)これ(=落ちてくる大木)からのがれようと秩序なく乱れて騒ぐところを。

二 他ハ下二〔へ・へ・ふ・ふる・ふれ・へよ〕❶違わせる。変える。〈保元物語〉「朝日に向かって弓引かんこと便なかるべし。いささか方をちがふ終べし」訳 朝日に向かって弓を引くようなことは不都合にちがいない。少し方向を変えるがよい。

❷悪い夢を見たとき、禍を避けるため夢ちがえ(=まじない)をする。〈蜻蛉・上〉「しばしば夢の諭しありければ、『ちがふる体わざもがな』とて」訳 しばしば(悪い)夢のお告げがあったので、「悪夢を違えて禍を避ける手段があったらなあ」と言って。

❸交わるようにする。交差させる。〈徒然・二〇八〉「上下よりたすきにちがへ用て」訳 (紐を)上下からたすきがけに交差させて。

ちか-まさり【近勝り】名 近づいて見ると、離れて見るよりもすぐれて見えること。〈うつほ・蔵開中〉「見る目よりも、近まさりする人にぞありける」訳 見かけよりも、近づいて見るほうがすぐれて見える人であったよ。対 近劣り

近松門左衛門(ちかまつもんざゑもん)《人名》(一六五三〜一七二四)江戸前・中期の歌舞伎・浄瑠璃作者。本名は杉森信盛。号は平安堂・巣林子など。越前(福井県)藩士

最重要330

200

ちぎり【契り】名

ガイド 動詞「契る」の連用形が名詞となった語。単なる「約束」ではなく「固い約束」の意を表し、これが成立するのは前世からの因縁があるためだと考えられた。

❶**約束。取り決め。前世からの約束。宿縁。**

例 昔の契りありけるによりなむ、この世界にはまうで来たりける〈竹取・かぐや姫の昇天〉

訳 昔の約束があったので、この地上界には参りました。

❷**結びつき。因縁。男女・夫婦の縁。**

例 見そめつる契りばかりを捨てがたく思ひとまる人はものまめやかなりと見え〈源氏・帚木〉

訳 (二人が)馴れそめ(て夫婦関係を結ぶに至っ)た因縁だけを捨てかねて、(他の女に)心移りしない男は誠実だと見られ。

の子。坂田藤十郎のために歌舞伎脚本を書き、また、竹本義太夫と組んで浄瑠璃の名作を多数残した。その本領は浄瑠璃にあり、世話物、特に心中物にすぐれ、封建社会における義理と人情に悩む人間関係を巧みに描いた。代表作は世話物浄瑠璃に「曽根崎心中」「冥途の飛脚」「心中天の網島」「女殺油地獄」、時代物浄瑠璃に「国性爺合戦」、歌舞伎に「傾城仏の原」などがある。

ちから【力】名 ❶体力。力。❷いきごみ。気力。精神力。〈伊勢・四〇〉「女もいやしければ、すまふ力なし」訳 女(のほう)も身分が低いので、張り合う気力がない。❸効力。ききめ。おかげ。〈源氏・須磨〉「多く立てつる願の力なるべし」訳 (天候が回復したのは、お供の人たちが)多く立てた願のおかげであろう。❹頼み。たより。よりどころ。〈源氏・夕霧〉「こなたに力ある心地して慰めしだに、世には心もゆかざりしを」訳 こちらには(本妻としての)よりどころがある気がして、心を慰めていたことさえ、決して満足はしなかったのに。❺能力。力量。〈徒然・一八六〉「馬ごとにこはきものなり。人の力争ふべからずと知るべし」訳 馬はどの馬も手ごわいものである。人間の力量では争うことができないと知るがよい。

ち-ぎ【千木】名 古代の建築で、屋根の棟の両端に、交差させて、突き出させた長い二本の木。今でも神社建築にその形を残している。

鰹木

(千木)

ちぎ【杠秤・扛秤】名「ちき」とも。桿秤の一種。一貫目(=約三・七五キログラム)以上の重さの物を量る。

ぢき【直】名・形動ナリ じか。直接。〈平家・六・小督〉「直の御返事を承らんことこそ、よに口惜しう候へ」訳 直接のご返事を承らないで帰参するようなことは、たいそう残念でございます。

ち-ぎやう【知行】一 名・他サ変 ❶土地を領有して支配すること。また、その支配地。〈平家・一一・能登殿最期〉「安芸郷を知行し用ける安芸大領実康が子に」訳 安芸郷(高知県安芸郡のあたり)を領有して支配していた安芸の大領実康の子に。❷中世、領主が所領を私的に支配すること。また、その領地。二 名 江戸時代、武士が幕府や藩から与えられた土地の称。知行所。転じて、俸禄・扶持をもいう。

ぢ-きやう【持経】名《仏教語》つねに大切に手もとに置いて読誦する経文。多く法華経をさす。

ちぎよう〔知行〕➡ちぎやう

ちぎり【契り】名 ➡上200

ちぎりおきし… 和歌《百人一首》【契りおきし させもが露を 命にて あはれ今年の 秋もいぬめり】〈千載・雑上・藤原基俊〉➡付録①「小倉百人一首」75

ちぎりきな… 和歌《百人一首》【契りきな かたみに袖を しぼりつつ 末の松山 波越さじとは】〈後拾遺・恋四・清原元輔〉➡付録①「小倉百人一首」42

ちぎ・る【契る】他ラ四〔ら・り・る・る・れ・れ〕

約束する。将来を誓う。愛を誓う。夫婦の関係を結ぶ。〈伊勢・二四〉「いとねむごろに言ひける人に今宵逢はむと契り用たりけるに」訳 たいそう心をこめて言い寄った男に今宵逢おう(=結婚しよう)と約束していたところ。

ち-ぐ【値遇】名・自サ変「ちぐう」とも。めぐり合うこと。出会うこと。〈今昔・一二・七〉「文殊に値遇し用奉らむと祈願し給ひける程に」訳 文殊菩薩にお会い申しあげようと祈願しなさったときに。

筑後(ちくご)《地名》旧国名。西海道十二か国の一つ。今の福岡県南部。筑州。

ち-くさ【千種】名・形動ナリ「ちぐさ」とも。種類の多いこと。いろいろ。さまざま。とりどり。〈古今・春下〉「春霞色のちぐさに用見えつるはたなびく山の花のかげかも」訳 春霞の色がさまざまに見えたのは、(霞の)たなびく山に咲く花の色が映っているからだろうか。

ちくしゃう-だう【畜生道】名《仏教語》六道の一つ。死者が生前の悪業によって、畜生(=けだもの)に生まれ変わり、苦しみを受けるという世界。➡六道

筑前《地名》旧国名。西海道十二か国の一つ。今の福岡県北部。筑州。

ぢ-くわろ【地火炉】名「ちくわろ」とも。いろり。〈枕・三五〉「すさまじきもの…火おこさぬ炭櫃、地火炉」訳(不調和で)興ざめなもの、…火をおこしていない角火鉢や、いろり。

ぢ-げ【地下】名 ❶清涼殿の殿上の間に昇殿を許されない官人。また、その家格。ふつうは六位以下。五位以上でも代々昇殿を許されない家柄のものもあった。地下人。土。〈枕・八〉「殿上人、地下なるも、陣に立ちそひて見るも、いとねたし」訳昇殿を許された人や、昇殿を許されない官人である者も、警護の役人に加わって(自分たちを)見るのも、たいそういまいましい。対殿上人。➡殿上人「古文常識」
❷宮中に仕える者から見て、それ以外の人々。一般の庶民。地下人。〈去来抄・同門評〉「湖春(=人名)は地下の歌道者なり」訳湖春は民間の歌人である。

ち-ご【児・稚児】名「乳子」の意。❶乳児。あかご。また、幼児。子供。〈枕・三五〉「すさまじきもの…ちご亡くなりたる産屋」訳(不調和で)興ざめなもの、…あかごの死んでしまったお産の部屋。〈更級・梅の立枝〉「いつつばかりなるちごどもなどして」訳五歳ほどである幼児たちなどとともに。
❷寺で召し使う少年の称。〈宇治・一・一三〉「比叡の山に児ありけり」訳比叡山(の延暦寺)に稚児がいた。
❸大法会などで、美しく着飾って行列に立つ子供。

ちご-おひ【児生ひ・稚児生ひ】名幼児の成長してゆくようす。また、幼いときのようす。

ぢ-ごく【地獄】名《仏教語》六道の一つ。この世で悪業をなした人間が死後に堕ちる世界。閻魔大王が生前の罪を裁き、さまざまな罰が与えられるという。叫喚地獄・焦熱地獄・無間(阿鼻)地獄などがある。地獄道。➡六道

ぢ-ざう【地蔵】名《仏教語》「地蔵菩薩」の略。釈迦如来の死後、弥勒仏が現れるまでの仏のいない世界で、衆生を救済するという菩薩。ふつう僧形で、俗信では、子供を守り、救うとされる。

ち-さと【千里】名 ❶多くの村里。❷〔「千里」を訓読したもの〕長い道のり。はるか遠い距離。〈徒然・一三七〉「望月のくまなきを千里の外まで眺めたるよりも」訳満月がかげりもなく輝くのを、はるか遠くのかなたまで見渡しているのよりも。

ち-じ【致仕】名 ❶官職をやめること。退職。辞職。「致仕の大臣(=退官した大臣)」
❷(昔の中国で、七十歳になると、退官を許したことから)七十歳の別称。

ち-しき【知識・智識】名《仏教語》❶人を仏道に導く、正しい道理と知識を備えた名僧。善知識。〈義経記〉「勧修坊といふは…広大慈悲の知識なり」訳勧修坊というのは…大きな慈悲心をもった名僧である。
❷結縁のため、寺に私財を寄進すること。また、その人。

ぢ-す【治す】他サ変〔せ・し・す・する・すれ・せよ〕❶病気をなおす。治療する。〈蜻蛉・中〉「わが腹の中なる蛇ありきて肝を食む、これを治せ(未)むやうは」訳私の腹の中にいる蛇が動きまわって内臓を食べる、これをなおすような方法は。
❷治める。統治する。〈平家・九・樋口被討罰〉「やうやうに敵をほろぼして、天下を治する(体)ことを得たりき」訳(漢の高祖劉邦は)だんだんと敵をほろぼして、天下を治めることができた。

ち-ぢ【千ぢ・千千】名・形動ナリ〔「ぢ」は接尾語〕❶数が多いこと。たくさん。〈源氏・絵合〉「千々の黄金を捨てて」訳たくさんの黄金を捨てて。
❷いろいろなさま。さまざま。〈古今・秋上〉「月見れば千々に(用)ものこそ悲しけれ」訳➡付録◇1「小倉百人一首」23

ちちはは-が…【和歌】

父母が 頭かきなで 幸くあれて
いひし言葉ぜ 忘れかねつる

〈万葉・二〇・四三四六・防人歌・丈部稲麻呂〉

訳(防人として旅立つ際)父母が(私の)頭をなでて、無事でいなさいと言ったことばが、忘れられなかったことだ。

解説「幸くあれて」は「幸くあれと」、「けとばぜ」は「ことばぞ」の東国方言。旅立ちの際に頭をなでるのは、無事を祈る呪術的な行為であるとともに、愛情表現でもある。

ぢ-ぢゃう【治定】一名・自サ変定まること。きまりをつけること。決定。〈太平記・三〉「明日必ず配所へ赴き給ふべしと治定ありけるその夜」訳明日は必ず配所に向かわれよと決定のあったその夜。
二名・形動ナリ決まっているさま。必定である。確実である。〈風姿花伝〉「もし能よく出で来れば、勝つことは治定あるべし」訳もし能がよくできれば、(競演で)勝つことは必定であろう。
三副きっと。必ず。〈太平記・一〇〉「今日の軍には治定勝つべきいはれ候ふ」訳今日の戦いにはきっと勝つにちがいない理由がございます。

ち-と【些と】副量や程度がわずかなさま。ちょっと。少し。〈徒然・二三六〉「この御社の獅子の立てられやう、定めてならひあることに侍らん。ちと承らばや」訳この(出雲の)お社の獅子の立てなさり方は、きっと由緒があることでございましょう。ちょっとお聞きしたいものだ。

ぢ-とう【地頭】名 ❶平安時代、荘園の領主との契約で、現地の管理にあたる職。また、その土地。
❷鎌倉時代、幕府が公領や荘園に置いてこれを管理させた職名。租税を徴収して領家に納めた。また、京都・鎌倉の警備、罪人の裁判などをつかさどり、非常のときは軍役に従った。室町時代以降は小領主をいう。

持統天皇(ぢとう てんわう)《人名》(六四五〜七〇二)第四十一代の天皇。天智天皇の第二皇女、天武天皇の皇后。和歌にすぐれていた。「小倉百人一首」に入集。

ち-どり【千鳥】名 ❶多くの鳥。❷チドリ科の鳥の総称。海辺や川瀬などに群れすむ。冬。〈万葉・六・九二五〉「ぬばたまの夜のふけゆけば久木生ふる清き川原に**千鳥**しば鳴く」訳 ↓ぬばたまの…和歌

ちなみ【因み】名 ❶ゆかり。因縁。関係。〈細道・汐越の松〉「丸岡天竜寺の長老、古き**因み**あればたづぬ」訳 丸岡の天竜寺の住職は、旧知の**間柄**なので訪ねる。❷婚約すること。かたい契りを結ぶこと。

ち-の-なみだ【血の涙】〔漢語「血涙」から〕激しい悲しみや苦しみによって流す涙。〈竹取・ふじの山〉「翁、嫗、**血の涙**を流して惑へどかひなし」訳 (竹取の)翁と嫗は、**血の涙**を流して思い乱れるがどうしようもない。

ちはや-ぶる【千早振る】勢いの強い。荒々しい。〈記・中〉「この沼の中に住める神いと**ちはやぶる**神なり」訳 この沼の中に住んでいる神は、たいそう**荒々しい**神である。

ちはやぶる【千早振る】《枕詞》強大な力を持つ意から「神」「うぢ」にかかる。〈万葉・三・一〇一〉「**ちはやぶる**神そ着くといふ」。〈記・中〉「**ちはやぶる**うぢの渡りに」

参考 神の威力を表す「ち」に形容詞「疾し」の語幹「はや」の付いたものに、接尾語「ぶ」が付いた上二段動詞「ちはやぶ」の連体形と考えられている。

ちはやぶる… 和歌《百人一首》【ちはやぶる　神代もきかず　竜田川　からくれなゐに　水くくるとは】〈古今・秋下・在原業平〉↓付録①「小倉百人一首」17

ち-ひろ【千尋】名〔「ひろ」は長さの単位で、両手を左右に広げた長さ。中世では「ちいろ」とも〕一尋の千倍。非常に長いこと。また、非常に深いこと。

ぢぶ-しゃう【治部省】名 律令制で、太政官に属する八省の一つ。家々の姓氏を正し、五位以上の家の跡継ぎや婚姻・国忌・喪葬・雅楽・陵墓・僧尼関係の事務や外国使臣の接待などをつかさどる役所。↓八省。↓付録③「平安京大内裏図」

ぢ-ぶつ【持仏】名 ❶自分の居室につねに安置し、また、いつでも身から離さず信仰している仏像。〈源氏・若紫〉「ただこの西面にしも、**持仏**据ゑ奉りて行ふ、尼なりけり」訳 すぐ目の前のこの西向きの座敷にちょうど、**つねに安置している仏像**をお据え申しあげて勤行する人は、尼なのであった。❷「持仏堂」の略。

ぢぶつ-だう【持仏堂】名 持仏または、先祖の位牌などを安置しておく場所。

ちぶり-の-かみ【道触りの神】「ちふりのかみ」とも。旅人を守護し、陸路や海路の安全を守る神。行路の神。

ち-へ【千重】名 **幾重にも重なっていること。**〈万葉・五・八六六〉「はろはろに思ほゆるかも白雲の**千重**に隔てる筑紫の国は」訳 はるか遠くに思われることよ。白雲が**幾重にも重なっ**て隔たっている筑紫の国(九州地方)は。

ち-また【巷・岐】名〔「道股」の意〕❶**道の分かれる所。**つじ。追分。〈万葉・三・二九五二〉「八十の**ちまた**に立ち平し」訳 いくつにも**道の分かれる所**で、地を踏んで平らにして。❷**道。町通り。**街路。転じて、**世間。**この世。〈今昔・七・四三〉「門の内の南北に大きなる一つの**ちまた**(=町通り)あり」❸ある物事の行われている所。**場所。**〈太平記・七〉「冥途までも同じ**ちまた**に伴ふべし」訳 あの世までも同じ**場所**に連れだって行こう。

ぢ-もく【除目】名〔「除」は前の官を除く、「目」は新任者を目録に記載する意〕**大臣以外の諸官職を任命する行事。**京および宮中の官吏を任ずる秋の「司召しの除目」と、地方官を任ずる春の「県召しの除目」などがあり、他に「臨時の除目」もあった。〈枕・二五〉「すさまじきもの…**除目**に司得ぬ人の家」訳 興ざめなもの、…**官吏任命式**で官職を手に入れ(ることができ)ない人の家。

ぢゃ 助動特殊型〔「である」の略「であ」の転〕断定の意を表す。❶(体言、活用語の連体形に付いて)断定の意を表す。…である。…だ。〈天草本平家・三〉「日の入る方は極楽**ぢゃ**㊇と聞くが」訳 日が沈む方角は極楽**である**と聞くが。〈浄・曾根崎心中〉「ここで晩まで日暮らしに酒にする**ぢゃ**㊇と贅言うて」訳 ここで晩まで一日じゅう酒を飲むの**だ**と贅沢を言って。❷(「親・父・母・兄・姉」など親族関係を表す語を受ける連体形の用法)資格を示す。…である。…**にあたる。**〈浄・心中天の網島〉「姑は叔母**ぢゃ**㊍人、親同然」訳 姑は叔母**にあたる**人で、親と同じようなもの。❸(疑問・不定を表す語を受けて)㋐疑問の意を表す。…か。…**なのか。**〈浄・曾根崎心中〉「今のは何**ぢゃ**㊍」訳 今の(物音)は何**なのか**。㋑反語の意を表す。…(である)か(いや、そうではない)。〈狂・素袍落〉「こなたの舞を誰が誉むるもの**ぢゃ**㊍」訳 あなたの舞をだれがほめるもの**か**(いや、だれもほめない)。❹(「…て」「…に」を受けて)軽い敬意を表す。…おいでだ。〈浄・冥途の飛脚〉「親仁さまは…狂乱になって**ぢゃ**㊇」訳 お父さまは…狂乱になって**おいでだ**。

接続 名詞および用言の連体形、助詞「の」などに付く。

活用					
未然	連用	終止	連体	已然	命令
ぢゃら(ウ)	〈で〉(アル) ぢゃっ(タ)	ぢゃ(。)	〈な〉(コト) ぢゃ ぢゃる	○	○

文法 (1) 「ぢゃ」は室町時代に「である→であ→であ→ぢゃ」という変化で生じたものらしい。未然形の「ぢゃら」、連用形の「ぢゃっ」、連体形の「ぢゃる」は、「ぢゃある」の融合形かといわれる。
　連体形の「な」は「なり」の連体形「なる」から生じたもので系統は異なる。
(2) 「おのれ(=おまえ)がやうに友達を騙って倒す男**ぢゃない**」〈浄・曾根崎心中〉とある「ぢゃない」は、「ありゃ徳さま**ではない**かいの」〈同〉とある「ではない」

(「で」は「ぢゃ」の連用形、「は」は係助詞)の転じたもので、一語の助動詞の「ぢゃ」に「ない」の付いた形ではない。

ちゃう(チョウ)【庁】名 ❶役所。官庁。❷特に、検非違使の役所。

ちゃう(チョウ)【帳】名 ❶部屋をくぎったり、人目をさえぎったりするために垂れ下げる布。**とばり。垂れ絹。**〈竹取・かぐや姫の生ひ立ち〉「帳のうちよりも出ださず、いつき養ふ」訳(竹取の翁はかぐや姫を)とばりの内からも出さず、たいせつに養い育てる。❷「帳台①」の略。❸収入・支出などを記入する帳面。大福帳。

ぢゃう(ジョウ)【丈】名 ❶長さの単位。一丈は一尺の十倍で、約三メートル。❷(「杖」とも書く)中世の土地の面積の単位。一丈は一段の五分の一。七十二歩。

ぢゃう(ジョウ)【定】名 ❶それと決まったこと。**きまり。**必定。〈宇治・一五・四〉「うるはしく装束きて、冠、老い懸けなど、あるべき定にしければ」訳端正に衣装を身につけて、冠・老い懸け(=冠の緒に付ける飾り)など、当然のきまりどおりにしたので。❷《仏教語》精神を統一し、沈思して真理に達すること。禅定。❸**そのとおり。**真実。〈宇治・一・三〉「その里の人の夢にも、この定に見えたりとて」訳その里の(他の)人の夢にも、このとおりに見えたということで。❹**ようす。**程度。〈平家・一・祇王〉「この定では、舞も定めて良かるらん」訳このようすでは、舞もきっと上手だろう。❺(接続詞のように用いて)…とはいうものの。…であるが。〈平家・一一・那須与一〉「小兵といふぢゃう十二束三ぶせ」訳(与一は)からだが小さいとはいうものの(矢の長さは)十二束三伏せ(の大矢であり)。(「束」は指四本を並べた幅、「伏せ」は指一本の幅。ふつうの矢は十二束)

ぢゃう(ジョウ)【諚】名 貴人の仰せ。命令。〈平家・一一・那須与一〉「御諚で候へば、仕つってこそ見候はめ」訳ご命令でございますから、いたしてみましょう。

ちゃう-か(チョウ-)【長歌】名「ながうた」とも。和歌の一形式。五・七の句を三回以上繰り返し、終わりを七・七で結ぶ。あとに反歌をつけるのがふつうである。「万葉集」には約二百六十首収められているが、平安時代以降衰微し、「古今集」ではわずか五首になった。対短歌

長恨歌(ちゃうごんか/チョウゴンカ)《作品名》中国、唐の詩人白居易(=白楽天)作の長編の叙事詩。八〇六年成立。七言古詩百二十句から成る。唐の玄宗皇帝が愛妃の楊貴妃を亡くした悲恋の情をうたったもの。

ちゃう-じゃ(チョウ-)【長者】名 ❶**氏族の長。**〈平家・四・南都牒状〉「罪なき長者を配流せらる」訳(清盛は)罪もない氏族の長(=関白基房)を流罪になさる。❷**金持ち。**富豪。❸駅家の長。駅長。また、駅長を兼ねた遊女屋の主人。❹京都の東寺の長の称。

ぢゃう-じゃ(ジョウ-)【定者】名《仏教語》「ぢゃうざ」とも。大法会の行道(=僧が列を作って仏像・仏堂の周囲をめぐる儀式)のとき、香炉を持って行列の先頭に立つ二人の僧。

ちゃう・ず(チョウズ)【長ず】自サ変{ぜ・じ・ず・ずる・ずれ・ぜよ}❶**成長する。**そだつ。〈今昔・二・三〇〉「皆、勢長じて、おのおの夫妻をあひ具せり」訳(長者の七人の子供は)みな、からだも大きくなって、それぞれ夫や妻を伴って(=結婚して)いた。❷**すぐれる。**上手になる。〈徒然・一六七〉「一道にもまことに長じぬる人は」訳(ある)一つの芸道でもほんとうに熟達した人は。❸**年上である。**年長である。〈太平記・五〉「年長ぜるを先達に作り立て」訳年の長じている者を先導の山伏に仕立てて。

ちゃう・ず(チョウズ)【打ず】他サ変{ぜ・じ・ず・ずる・ずれ・ぜよ}打ちたたく。なぐる。〈宇治・九・六〉「見るに、打ぜんこといとほしくおぼえければ」訳(年老いた郡司を)見ると、(むちで)打ちたたくようなことがふびんに思われたので。

ちゃう-だい(チョウ-)【帳台】名 ❶寝殿造りの母屋の中に床を一段高く作り、四すみに柱を立て四方に帳(=幕)をたらし、天井をつけたもの。貴人の座所・寝所。帳。❷「帳台の試み」の略。陰暦十一月の中の丑の日、天皇が常寧殿の「帳台①」で、五節の舞の下稽古を見ること。また、その下稽古。

(ちゃうだい①)

ちゃう-ど(チョウ-)【丁ど】副(「ちゃうと」の転)❶物が激しく打ち当たる音にいう語。**がちんと。**はっしと。〈平家・四・橋合戦〉「あまりに強う打ち当てて、目貫のもとよりちゃうど折れ」訳(敵のかぶとに)あまりに強く(太刀を)打ち当てて、目貫(=柄と刀身を固定する釘)のところからがちんと折れて。❷強く、また鋭くにらむさま。**はたと。**はったと。〈平家・五・物怪之沙汰〉「入道相国をちゃうどにらまへて、まだたきもせず」訳(しゃれこうべの目が)入道相国(=平清盛)をはったとにらみつけて、またたきもしない。

長明(ちゃうめい/チョウメイ)《人名》→鴨長明

ちゃう-もん(チョウ-)【聴聞】名・他サ変 説法や法話などを聴くこと。

ちゃう-り(チョウ-)【長吏】名 ❶地方役人の長。おもだった役人。❷《仏教語》勧修寺・園城寺(=三井寺)・延暦寺などの寺務をつかさどる、地位の高い僧。

ちゃう-れんが(チョウ-)【長連歌】名 連歌様式の一つ。鎖連歌。→連歌

ぢゃう-ろく(ジョウ-)【丈六】名 ❶「一丈六尺(=約四・八五メートル)」の略。仏像の標準的な高さ。〈今昔・六・一〉「釈迦如来、丈六の姿に紫磨黄金の光を放ちて」訳釈迦如来は、一丈六尺の姿で紫色を帯びた黄金の光を放って。❷「丈六の仏」の略。立った高さが①の高さの仏像。座像では八尺余りとなる。丈六仏。

ちゃく-し【嫡子】名 正妻の生んだ、家を継ぐ男子。

世継ぎ。嫡男。

ちゃく・す【着す・著す】㊀ 自サ変 {せ・し・す・する・すれ・せよ} 届く。到着する。〈著聞・四九〉「天童十人出現して、船をになひて岸に**着し**㊥けり」訳 天童(=仏法を守護する神が少年の姿となって人間界に現れたもの)が十人現れて、船をかついで岸に**到着した**。

㊁ 他サ変 {せ・し・す・する・すれ・せよ} 着る。身につける。持つ。〈謡・羽衣〉「少女は衣を**着し**㊥つつ」訳 天女は羽衣を**身につけ**ながら。

ちゅう【誅】名 罪ある者を討伐すること。〈徒然・二二〉「君の寵をも頼むべからず。**誅**を受くることすみやかなり」訳 主君の寵愛をも頼りにできない。(主君の怒りにあえば)**罪を負って殺さ**れることがたちまち(に起こるから)である。

ちゅう‐いん【中陰】名《仏教語》「ちゅうう」に同じ。

ちゅう‐う【中有】名《仏教語》人の死んだのち、まだ未来の生をうけない、四十九日の間。霊魂が生と死の中間にあって迷っている間。七七日。中陰。

ちゅう‐ぐう【中宮】名 ❶律令制で、三宮(=皇后・皇太后・太皇太后)の総称。❷(醍醐天皇の時代以降)皇后の別称。❸(一条天皇の代に、定子を皇后、彰子を中宮としてから)皇后と同資格の后の称。この後、二人の后がおかれるときは、多く、もとの后を皇后、新しい后を中宮と称した。身分や待遇に違いはない。❹中宮の御所の称。

↓後宮「古文常識」

ちゅうぐう‐しき【中宮職】名 律令制の官司の一つ。中務省に属し、皇后・皇太后・太皇太后の三宮の文書事務や庶務を取り扱った。のちには、「中宮③」に関する事務を扱った。

ちゅう‐げん【中間】㊀ 名 ❶二つの物事の中間。ちゅうかん。あいだ。〈徒然・二二〇〉「二月涅槃会より聖霊会までの**中間**を指南とす」訳 陰暦二月(十五日)の涅槃会から(同月二十二日の)聖霊会までの**あいだ**(の鐘の音)を(楽器の調律の)標準とする。❷「中間男」の略。侍と小者との間に位する武家の召使。また、武家奉公の下男。

㊁ 形動ナリ {なら・なり(に)・なり・なる・なれ・なれ} どっちつかずだ。中途半端だ。〈枕・八〉「**中間なる**㊍折に、『大進、まづもの聞こえむとあり』と言ふを」訳 **中途半端な**時に、「大進(の生昌)が、(清少納言に)ともかくもお話し申しあげたいと言っている」と言うのを。

ちゅう‐ごく【中国】名 ❶山陽道の称。山陰道と南海道の中間にあるのでいう。のち、山陰道も含めていう。

❷律令制で、都からの遠近で全国を遠国・中国・近国に分けたものの一つ。延喜式では、遠江(静岡県)・信濃(長野県)・甲斐(山梨県)・出雲(島根県)など十六か国。↓遠国②

❸平安時代、面積・人口などで国の等級を四種に分けた、その第三位。大国・上国・下国に対する。安房(千葉県)・丹波(京都府・兵庫県)・土佐(高知県)など十一か国。

ちゅう‐しう【仲秋】名 ❶【仲秋】陰暦八月の称。七・八・九月の秋の三か月の、中の月。秋

❷【中秋】陰暦八月十五日の称。秋

ちゅう‐じゃう【中将】名 近衛府の次官。左右に分かれ、正と権とがある。↓次官

> **古文常識 「ちゅうじゃう」―中将のさまざま**
>
> 古典文学では「中将」として登場する若者が主人公格であることが多い。特に、次の二つの職は有力貴族の子弟が十代で就任する出世コースだった。
>
> **頭の中将**…宮廷事務の一切をつかさどる蔵人の頭を兼任。
>
> **宰相の中将**…国政を審議する参議(=宰相)を兼任。
>
> また、中将は本来四位の職だが、出世して三位になった人を**三位の中将**という。
>
> 中将 ← 大将 ← 中納言 大納言 ← 大臣
>
> 出世コース

ちゅう‐しん【注進】名・他サ変 事変や事情を主君などに急いで報告すること。

ちゅう・す【誅す】他サ変 {せ・し・す・する・すれ・せよ} 罪のあるものを殺す。死刑にする。〈平家・二・西光被斬〉「獄より引き出だされ、六条河原にて**誅せ**㊤らる」訳 (西光の次男は)牢獄から引き出され、六条河原で**死刑にさ**れる。

ぢゅう・す【住す】自サ変 {せ・し・す・する・すれ・せよ} ❶住む。〈今昔・一〇・二七〉「二人ともに一つの家に**住し**㊥て世を過ごす」訳 (兄弟)二人は共に一軒の家に**住ん**で生活する。❷停滞する。**とどまる**。〈徒然・二四一〉「望月のまどかなることは、しばらくも**住せ**㊤ず、やがてかけぬ」訳 満月のまるい状態は、しばらくの間も**とどまら**ないで、すぐに欠けてしまう。❸安定する。落ち着く。〈平家・七・返牒〉「源氏合力の心に**住す**㊦べき由」訳 源氏に味方する意向に**落ち着く**のがよい旨(を評議して)。

ちゅう‐ぞん【中尊】名《仏教語》「ちゅうそん」とも。中央にある尊像。三尊仏のうちの阿弥陀仏、密教の五仏のうちの大日如来、五大明王のうちの不動明王などの称。

ちゅう‐たう【偸盗】名 ❶《仏教語》五悪の一つ。人の物を盗みとること。❷ぬすびと。どろぼう。

ちゅう‐だう【中堂】名《仏教語》本尊を安置する堂。本堂。多く、比叡山延暦寺の根本中堂をいう。

ぢゅう‐ぢ【住持】名・他サ変 (世に安住して仏法を保持する意) ❶住職として寺を管理すること。また、その人。住職。❷とどめもつこと。仏法を守り保つこと。

ちゅう‐なごん【中納言】名 太政官の次官。大納言につぐ令外の官で、従三位に相当。職務は大納言と同じ。正と権とがある。定員三名、のち八名から十名。唐名は、黄門。

ちゅう‐ぼん【中品】名《仏教語》九品(=極楽往生のときの九つの段階)のうちの中位にある、中品上生・中品中生・中品下生の総称。↓九品

ちゅう‐もん【中門】名❶寝殿造りの、表門と寝殿との間に設けた門。東西の長廊下の中ほどを切り通して開き、屋根はあるが、車が通行できるよう冠木(=上部の横木)も闕(=下部の横木)もない。⬇寝殿造り「古文常識」(四四ページ)
❷神社や寺院の、楼門と拝殿・本堂との間にある門。

ちゅう‐や【中夜】名「六時」の一つで、一夜を初夜・中夜・後夜の三つに区分した、中の夜の称。夜半。だいたい午後九時ごろから午前三時ごろまで。↓初夜・後夜

ちゅう‐らふ ロウ【中﨟】名❶後宮などに仕えた女官で、中位のもの。上﨟と下﨟の間に位する。〈紫式部日記〉「上﨟・中﨟のほどぞ、あまりひき入り上衆めきてのみ侍るめる」訳上﨟や中﨟の方々は、ひかえめすぎて上品ぶってばかりいるようです。❷江戸時代、大奥または大名の女中で、上﨟・年寄などの下にあった者。

ち‐よ【千代・千世】名**千年**。また、**非常に長い年月**。永久。〈伊勢・八四〉「世の中にさらぬ別れのなくもがな千代もといのる人の子のため」訳⬇よのなかに…和歌

ちょう【寵】名特別に愛すること。また、愛されること。特別の愛情。寵愛。〈徒然・二一一〉「君の寵をも頼むべからず」訳主君の寵愛をも頼りにできない。

ちょう【丁・庁・打・長・帳・聴】⬇ちゃう

ちょう【朝・銚・調】⬇てう

ちょう【蝶】⬇てふ

ちょう‐ず【懲ず】他サ変{ぜ・じ・ず・ずる・ずれ・ぜよ}こらしめる。罰を与えてこりさせる。〈落窪〉「今少しちょうぜ未むと思ふ心あり」訳もう少しこらしめようと思う考えがある。

ちょうず【手水】⬇てうづ

ちょうず【調ず】⬇てうず(五六ページ)

ちょうど【調度】⬇てうど

ちょう‐やう ヨウ【重陽】名(易で陽の数である九が重なるところから)**陰暦九月九日の節句**。五節句の一つで、「菊の節句」ともいい、天皇は紫宸殿に出て、群臣と詩をつくり、菊酒(=杯に菊の花を浮かべた酒)を賜って宴(=菊の宴)を開いた。秋

ちょく【勅・敕】名天皇の仰せ、命令。みことのり。〈大鏡・道長下〉「勅なればいともかしこし鶯の宿はと問はばいかが答へむ」訳⬇ちょくなれば…和歌

ぢょく‐あく ジョク【濁悪】名《仏教語》五濁と十悪。さまざまなけがれや罪悪。〈方丈・三〉「濁悪の世にしも生まれ合ひて」訳さまざまなけがれや罪悪の(多い)時代にちょうど生まれ合わせて。

ちょっ‐かん チョッ【勅勘】名勅命(=天皇の仰せ)によって勘当されること。天皇のとがめ。〈平家・七・忠度都落〉「勅勘の人なれば、名字をばあらはされず」訳(平忠度は)勅命によって勘当された人であるので、(俊成はその)姓名を明らかになさらないで。

ちょく‐し【勅使】名勅命(=天皇の仰せ)を伝える使者。

ちょく‐しょ【勅書】名勅命(=天皇の仰せ)を記した公文書。

ぢょく‐せ ジョク【濁世】名《仏教語》「五濁悪世」の略。五濁の現れた悪い世の中。

ちょく‐せん【勅撰】名天皇・上皇みずから、または天皇・上皇の命令によって詩歌・文章を選び、書物を編集すること。

ちょくせん‐わかしふ ワカシュウ【勅撰和歌集】名勅命または院宣によって編纂した和歌集。「古今集」から「新続古今集」まで二十一集ある。↓三代集・八代集・二十一代集

ちょく‐ぢゃう ジョウ【勅諚】名**天皇の仰せ**。みことのり。勅命。

ちょくなれば… 和歌

勅なれば　いともかしこし　鶯の
宿はと問はば　いかが答へむ
〈大鏡・道長下・紀内侍〉
〈拾遺・九・雑下・五三一・よみ人しらず〉

訳天皇の御命令なので、はなはだ畏れ多いことです。(梅の木は差し上げますが、いつもこの木に来る)鶯が、(自分の)宿は(どうなったのか)と尋ねたら、どのように答えましょうか。

解説「大鏡」によれば、清涼殿の前にあった梅の木が枯れてしまい、村上天皇が代わりの木をさがさせたとき、ある家の庭にあった梅の木を掘り取ったところ、その家の女主人がその枝に結びつけた歌である。女主人は紀貫之の娘の紀内侍であったという。「拾遺集」では、女主人がまずこの歌を奏上したところ、梅の木を掘り取るのをやめたとある。鶯宿梅の故事となった歌。

千代女【人名】(一七〇三〜一七七五)江戸中期の女流俳人。千代尼とも。加賀(石川県)松任の生まれで「加賀の千代」とよばれた。号は素園。各務支考らの北陸行脚の際にその才を見いだされた。句集「千代尼句集」「松の声」

ちょっかん【勅勘】⬇ちょくかん

ち‐よろづ ヨロズ【千万】名限りなく多いこと。無数。

ちら‐す【散らす】一他サ四{さ・し・す・す・せ・せ}❶**ちりぢりにする**。ちるようにする。ふりまく。〈更級・初瀬〉「たぎりて流れゆく水、水晶を散らすやうに湧きかへるなど、いづれにもすぐれたり」訳さかまいて流れてゆく水が、水晶を飛びちらすようにわき返っているのなどは、どこ(の景色)と比べてもまさっている。
❷**落とす。紛失する**。〈源氏・夕霧〉「見ぬさまならむも、散らし用てけるとおし量り給ふべし」訳(手紙を)見ていないようす(の返事)であるとしたらそれも、なくしてしまったのだと、(落葉の宮の母君は)推測なさるにちがいない。
❸**言いふらす**。他言する。〈源氏・橋姫〉「返す返すも散らさ未ぬ由を誓ひつる」訳重ね重ね(秘密を)他人に言いふらさないことを約束したのを。
二補動サ四{さ・し・す・す・せ・せ}(動詞の連用形に付いて)その動作を荒々しく、また、したいほうだいにする意を添える。**むやみに…する**。〈徒然・三五〉「手のわろき人の、はばからず文書き散らす体は、よし」訳字のへたな人が、遠慮せず手紙をむやみに書いたりするのは、よい。

ちり【塵】名❶**ほこり**。小さなごみ。〈平家・一・祇園精舎〉「猛き者も遂には滅びぬ。ひとへに風の前の塵に同じ」訳勢いの盛んな者もついには滅びてしまう。まったく風の前にあるほこりと同じである。
❷わずかなことのたとえ。**ほんの少し**。〈源氏・椎本〉

「末まで塵のまよひなく、つやつやとこちたうつくしげなり」訳（中の君の髪は）先端までほんの少しの乱れもなく、つやつやとして量も多くいかにもみごとなようすである。
❸少しの汚れ。わずかな欠点。〈源氏・帚木〉「おのがじしは塵もつかじと身をもてなし」訳めいめいはわずかな欠点も（身に）つけまいと（行儀よく）ふるまって。
❹仏の教えの立場から俗世間を低く見ていう語。濁った世。また、この世の汚れ。〈徒然・一七五〉「世にしたがへば、心、外の塵に奪はれて惑ひやすく」訳世の中に順応すると、心は、外界の汚れにとらわれて迷いがちで。

ちり-あか・る【散り別る】自ラ下二{れ・れ・る・るる・るれ・れよ} ちりぢりになる。離れ離れになる。離散する。〈源氏・蓬生〉「さまざまに競ひ散りあかれ用し上下の人々」訳それぞれに先を争って（末摘花のもとを）離れ去って行った上の者や下の者たちは。

ちり-か・ふ【散り交ふ】自ハ四{は・ひ・ふ・ふ・へ・へ} あちらこちらに飛びちがう。互いに乱れ散る。〈古今・春下〉「春の野に若菜摘まむと来しものを散りかふ体花に道はまどひぬ」訳春の野で若菜を摘もうとやって来たのに、散り乱れる花のせいで道に迷ってしまった。

ちり-す・ぐ【散り過ぐ】自ガ上二{ぎ・ぎ・ぐ・ぐる・ぐれ・ぎよ} すっかり散ってしまう。

ちり-づか【塵塚】名 ごみ捨て場。ごみため。

ちり-ひぢ【塵泥】名 ❶塵と泥。
❷つまらないもののたとえ。とるにたりないもの。

ち・る【散る】自ラ四{ら・り・る・る・れ・れ}
❶（花や葉などが）散る。〈古今・春下〉「やどりして春の山辺に寝たる夜は夢のうちにも花ぞ散り用ける」訳（旅先で）宿を借りて春の山のほとりで寝た夜は、（折から桜の花盛りで）夢の中でまで桜の花が散っていたよ。
❷散らばる。離れ離れになる。〈源氏・蛍〉「こなたかなたにかかる物どもの散り用つつ」訳あちらこちらにこうした多くのもの（＝絵や物語）が散らばり散らばりしていて。
❸世間にひろまる。外へもれ聞こえる。〈枕・一三六〉「見苦しきこと散る体がわびしければ」訳（あなたの）みっともないことばが世間にひろまるのがつらいので。
❹心がまとまらない。落ち着かない。〈源氏・若菜下〉「花の露もいろいろ目移ろひ心散り用て」訳花においた露にもいろいろと目移りがし気が散って。

ちればこそ…（和歌）

散ればこそ　いとど桜は　めでたけれ
うき世になにか　久しかるべき
〈伊勢・八二〉

訳散るからこそ、いっそう桜はすばらしいのだ。このつらい世の中で、何か変わらないままでいられるものがあるだろうか（いや、そのようなものはない）。
解説 惟喬親王の一行が桜を見ながら酒宴を開いたときに、「世の中にたえて桜のなかりせば春の心はのどけからまし」（訳→よのなかに…（和歌））〈伊勢・八二〉の歌とともに詠まれたもの。無常の世であるからこそ、移ろいやすいものがなつかしく、またいとおしく感じられるのだとする。

ぢん【陣】名 ❶戦争で、兵士を並べて、隊列をつくること。また、その隊列。
❷軍勢の集まっている所。陣営。兵営。〈平家・五・富士川〉「あなおびたたしの源氏の陣の遠火の多さよ」訳ああ、ものすごい数の源氏の陣営の遠火（＝遠くに見えるかがり火）の多いことよ。
❸宮中で、警護の衛士などの詰めている所。また、その者。〈枕・三〉「左衛門の陣のもとに、殿上人などあまた立ちて」訳左衛門府の警備の役人の詰め所のあたりに、殿上人などが大勢立って。
❹宮中で、公事のときに公卿が列座する所。陣の座。
❺いくさ。合戦。〈常山紀談拾遺〉「大坂夏の陣」

ぢん-かう【沈香】名 ジンチョウゲ科の常緑高木。熱帯地方に産し、芯はかたくて重く、水に沈む。花は白く、材は香料に用いる。また、その香料。ごく上等のものを「伽羅」という。かおりぎ。沈。沈水。沈水香。

ちんじゅ-ふ【鎮守府】名 奈良・平安時代、陸奥・出羽両国（青森・岩手・山形・秋田の各県）の蝦夷を鎮圧するために置かれた役所。はじめ、今の宮城県の多賀城に設けられ、のち、今の岩手県の胆沢城、平泉などに移った。

ちん・ず【陳ず】他サ変{ぜ・じ・ず・ずる・ずれ・ぜよ} ❶弁明する。釈明する。〈平家・一・殿上闇討〉「忠盛を召して御尋ねあり。陳じ用申しけるは」訳（鳥羽上皇は）忠盛をお呼び出しになって（殿上での無礼について）お尋ねになる。（忠盛が）釈明して申し上げたことには。
❷うそをつく。作りごとを言う。〈浄・出世景清〉「真直ぐに申せ。少しも陳ぜ未ば、拷問せん」訳正直に申せ。少しでもうそをつくなら、拷問にかけよう。

ちん-ぜい【鎮西】名（上代、大宰府を一時、鎮西府と称したことから）九州の異称。

椿説弓張月（ちんせつゆみはりづき）《作品名》江戸後期の読本。滝沢馬琴作。文化四―八年（一八〇七―一八一一）刊。保元の乱に敗れて伊豆大島へ流された源為朝が、九州・琉球へ渡り活躍する物語。

ちん-ちょう【珍重】名・他サ変・形動ナリ ❶珍しく貴重なものとして大切にすること。
❷めでたいこと。祝うべきこと。結構なこと。〈浄・鑓の権三重帷子〉「お留守（中）何事なく、珍重に用（＝結構に）存じまする」

ぢん-や【陣屋】名 ❶宮中の警護の人の詰め所。また、その人。
❷いくさで軍勢が集まっている所。兵士の仮宿泊所。
❸郡代・代官などの役所。

つ【津】名 船着き場。渡し場。港。〈万葉・九・一七八〇〉「海上のその津を指して君が漕ぎ行かば」訳海辺のその港を目指してあなたが漕いで行くならば。

つ 助動下二型 ➡五三〇ページ助動詞「つ」

つつ 格助《上代語》位置・所在などの意を表し、連体修飾語をつくる。…の。…にある。〈万葉・七・一一五八〉「住吉の沖つ白波風吹けば」訳 住吉の沖の白波は風が吹くと。〈更級・かどで〉「あづまぢの道のはてよりも、猶おくつかたに生ひいでたる人」訳 東国路の終点(である常陸の国)よりも、もっと奥のほう(である上総の国)で育った人。

参考 上代に用いられ、平安時代以降は慣用的な複合語としてしか用いられない。接続する体言は、方角・場所・時などを表す語が多い。現代語の中にも、「目つ毛」「遠つ日(=一昨日)」のような形で残っている。

づ ズ【出】自他ダ下二 {で・で・づ・づる・づれ・でよ}〔「いづ」の転〕出る。〈万葉・一四・三三七六〉「武蔵野のうけらが花の色にづ終なゆめ」訳 武蔵野のおけらの花の色ではないが、(私への思いを)顔色に出してはいけない、決して。(「武蔵野のうけらが花の」は「色に出づ」を導きだす序詞)

つい- 接頭〔「突き」のイ音便〕(動詞に付いて)そのまま、ちょっと、突然に、などの意を添える。「ついくぐる」「つい挿す」「つい立つ」「つい平がる(=ひれふす)」

つい〘終〙⬇つひ

ついいる〘突い居る〙⬇ついゐる

ついえ〘弊え・費え〙⬇つひえ

つい-がき【築垣・築牆】名〔「つきかき」のイ音便。古くは「ついかき」〕「ついぢ①」に同じ。

ついじ〘築地〙⬇ついぢ

つい-しょう【追従】名・自サ変「ついそう」とも。❶人のあとにつき従うこと。〈うつほ・蔵開下〉「女はさるべき人の追従する体につけてこそ、やむごとなくも」訳 女(というもの)はしかるべき人(=父親や兄弟)がお供することによって、(世間から)尊くも(思われるので)。
❷こびへつらうこと。〈源氏・須磨〉「かの鹿を馬と言ひけむ人のひがめるやうに追従する体」訳 あの、鹿を馬と言ったとかいう(昔の中国の)人がよこしまな(のと同じ)ように、(光源氏に)へつらうことよ。

つい-ぜん【追善】名 死者の年忌などに仏事供養を営み、冥福を祈ること。

つい-たち【朔日】名〔「月立ち」のイ音便〕❶陰暦で月の初め。上旬。〈更級・春秋のさだめ〉「十月朔日ごろ(=陰暦十月上旬ごろ)の、いと暗き夜」
❷陰暦で月の一日目。〈細道・日光〉「卯月朔日、御山に詣拝す」訳 陰暦四月一日、御山(=日光東照宮)に参拝する。(対晦日。→晦日 参考)

つい-ぢ ジ【築地】名〔「築泥」のイ音便「ついひぢ」の転〕❶土塀。柱を立て、板をしんにして、どろで塗り固め、屋根を瓦でふいたかきね。古くはどろ土だけで築いた。「ついがき」とも。
❷(①は四位以上の貴族の家に用いたことから)公卿。上流貴族。

(ついぢ①)

ついで【序】名 ❶物事の順序。次第。〈徒然・一五五〉「四季はなほ定まれるついであり。死期はついでをまたず」訳 四季(の推移)にはそれでもやはりきまった順序がある。(しかし人の)死の時期は順序を待たない。
❷おり。機会。〈古今・秋上・詞書〉「みな歌よみけるついでによめる」訳 皆が歌を詠んだおりに詠んだ歌。

ついで-に【序に】副 そのおりに。その機会に。〈徒然・二三六〉「有房ついでに物習ひ侍らん」訳 (私)有房もこの機会に学問を習いましょう。

つい-な【追儺】名 疫病や災難などを払うため、大晦日に宮中で行われた鬼を追い払う儀式。のち寺社・民間でも行われ、節分の行事となった。鬼やらい。儺。冬

(ついな)

参考 中国の民俗を移入したもので、面と朱色の衣装をつけて方相(=悪鬼を追う役)に扮した大舎人が、舎人の扮した疫病の鬼(=儺)を大声で追い、寮の官人・群臣も葦でつくった矢を放ってそれを手伝うという行事。

ついに〘終に・遂に〙⬇つひに

つい-ひぢ ヒジ【築泥】名〔「つきひぢ」のイ音便〕「ついぢ①」に同じ。

つい-ぶ【追捕】名・他サ変「ついふ」「ついほ」「ついぶく」とも。❶(役人を派遣して)罪人を追い捕らえること。
❷奪い取ること。没収すること。〈平家・一・禿髪〉「その家に乱入し、資財雑具を追捕し用(=没収し)」

つい-ぶ-し【追捕使】名「ついふし」とも。賊徒を逮捕・鎮圧するために国々におかれた職。おもに国司・郡司の中から任命した。

つい-まつ【続松】名〔「つぎまつ」のイ音便〕❶松明。〈伊勢・六九〉「続松の炭して歌の末を書きつぐ」訳 松明の炭で歌の下の句を書き継ぐ。
❷(①の用例の「伊勢物語」の故事から)歌がるたの類をいう。

ついやす〘費やす・弊やす〙⬇つひやす

つい-ゐる イル【突い居る】自ワ上一 {ゐ・ゐ・ゐる・ゐる・ゐれ・ゐよ}〔「つきゐる」のイ音便〕❶かしこまって座る。ひざまずく。〈源氏・若紫〉「『こちや』と言へばついゐ用たり」訳 (尼君が)「こちらへ」と言うと、(若紫は)かしこまって座った。
❷ちょっと腰をおろす。〈徒然・四一〉「法師の、登りて木の股についゐ用て物見るあり」訳 法師で、(楝の木に)登って木の股にちょこんと座って見物をしている者がいる。

つう【通】名・形動ナリ ❶何事も自由自在にできる不思議な力。神通力。通力。〈徒然・八〉「久米の仙人の、物あらふ女の脛の白きを見て、通を失ひけんは」訳 久米の仙人が、洗濯する女のすねが白いのを見て、(空を飛ぶ)神通力を失ったというのは。
❷世事、人情の機微を知りつくしていて、遊興・芸道などにくわしいこと。特に、花柳界に通じているこ

つ 助動下二型

意味・用法	用例
❶完了 動作・作用が実現し、完了した意を表す。…た。…てしまう。…てしまった。	例 雀(すずめ)の子を犬君(いぬき)が逃がしつる(体)。伏せ籠(ご)のうちにこめたりつる(体)ものを〈源氏・若紫〉 訳 雀の子を、犬君(=童女の名)が逃がしてしまったの。伏せ籠の中に閉じこめておいたのに。
❷確述(強意) 動作・作用の実現を確信したり、確認したりする意を表す。必ず…。確かに…。…てしまう。	例 春日野(かすがの)の飛ぶ火の野守(のもり)出(い)でて見よ今(いま)幾日(いくか)ありて若菜(わかな)摘みて(未)む〈古今・春上〉 訳 春日野の飛火野(とぶひの)の番人よ、外へ出て(野のようすを)見よ。もう何日したら確かに若菜を摘むことができるだろうか(と)。
❸並立 終止形を重ね用いた「…つ…つ」の形で、二つの動作・作用が並立している意を表す。…たり…たり。	例 僧都(そうづ)乗っては下(お)りつ(終)、下りては乗っつ(終)、あらまし事をぞし給ひける〈平家・三・足摺〉 訳 (俊寛(しゅんかん))僧都は、(船に)乗っては下りたり、下りては乗ったり、自分も乗って行きたいというようすをしなさった。

接続 用言および助動詞の連用形に付く。

活用

未然	連用	終止	連体	已然	命令
(ム)	(ケリ)	(。)	(コト)	(ドモ)	(。)
て	て	つ	つる	つれ	てよ

1 現在にも過去にも使われる

「つ」は完了の助動詞であるから、その動作が現在のものであるか過去のものであるかには無関係である。たとえば、次の例 例 この後(のち)も讒奏(ざんそう)する者あらば、当家追討の院宣下されつとおぼゆるぞ〈平家・二・教訓〉

と。また、その人。参考 ②は江戸中期ごろから、人情、特に遊里での事情に通じていることをいう、江戸町人の美的理念を表す語となった。その世界は洒落本(しゃれぼん)・黄表紙(きびょうし)などに描かれ、上方の浮世草子に描かれる「粋(すい)」に相当する。→粋(いき) 参考・粋(すい) 参考

つう-りき【通力】 名「つう①」に同じ。

つか【束】 名 ❶長さの単位。握った手の、親指を除いた指四本の幅ぐらいの長さ。「十束(とつか)の剣(つるぎ)」❷ひとまとめに束ねたものを数える単位。稲については、十把を一束といった。「稲二十二束(はたちあまりふたつか)」

フレーズ **束の間(ま)** ちょっとの間。「つかのあひだ」とも。

つか【塚】 名 ❶土を小高く盛り上げた所。❷上代、土を盛り上げて築いた墓。転じて、一般に墓をいう。

つかい【使い・遣い】 ⬇つかひ

つか-う-まつ-る(ツコウ)【仕う奉る】 「つかへまつる」のウ音便 一 自ラ四 {ら・り・る・る・れ・れ}「仕ふ」の謙譲語。お仕え申しあげる。お仕えする。〈伊勢・一六〉★「むかし紀有常(きのありつね)といふ人ありけり。三世(みよ)の帝(みかど)につかうまつり(用)て、時に遇(あ)ひけれど」訳 昔、紀有常という人がいた。三代の天皇にお仕え申しあげて、時めき栄えたが。

敬意の対象(地の文) ★〈伊勢〉の例

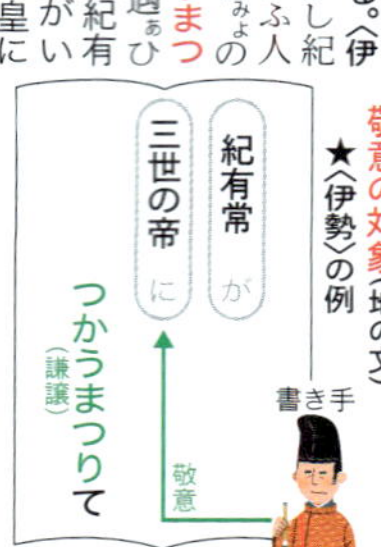

二 他ラ四 {ら・り・る・る・れ・れ}(「す」「なす」「作る」「行ふ」などの動詞のかわりに用いられて)謙譲の気持ちを表す。お…申しあげる。お…する。〈源氏・藤裏葉〉「笛つかうまつり(用)給ふ、いとおもしろし」訳 (夕霧が)笛をお吹き申しあげなさるさまは、たいへん趣がある。〈源氏・葵〉「さても子(ね)の子はいくつかつかうまつら(未)すべう侍らむ」訳 それにしても、子の子(の餅)はいくつお作り申

文法ノート

状》

訳この後も悪口を奏上する人がいたら、当家追討の院宣が下されてしまうと思われる。

では、「この後」のことだから、「院宣が下されてしまう」と現在に訳さなくてはならない。

一方、次の例

例君が名も我が名も立てじ難波なる見つともいふな会ひきともいはじ〈古今・恋三〉

訳あなたのうわさも私のうわさも立てまい。難波にある御津では網引きをしてその声は響き渡るだろうが、「見てしまった」とも言わないでくれ。私も「会った」とも言うまい。

(「見つ」は地名「御津」との、「会ひき」は「網引」との掛詞)

では、過去の「会ひき」と並列されているから、「見つ」は「見てしまった」と過去に訳さなくてはならない。なお、先の「平家物語」の例のように、動作が未実現の場合は、②の確述の意と捉えることができる。

2 「てむ」「てまし」「つべし」

推量の助動詞とともに用いて、「てむ」「てまし」「つべし」などの形で用いられる「つ」は②の意で、推量の意を強めて「きっと…てしまう(にちがいない)」の意を表す。

3 並立の「つ」

③は中世以降の用法。

しあげさせるとよろしゅうございましょうか。

注意 ⊟は、他の動詞のかわりに用いられる用法なので、その場に応じた訳語をあてる。

つかう-まつ・る【仕う奉る】補動ラ四{ら・り・る・る・れ・れ}

〔四段動詞「つかうまつる」から〕(動詞の連用形に付いて)謙譲の気持ちを添える。**お…申しあげる。お…する。**〈源氏・薄雲〉「真言の深き道をだに、隠しとどむることなくひろめつかうまつり用侍り」訳(仏が他に漏らすことを禁じた)真言の深い道さえをも、隠しとどめることなく(冷泉帝に)ご伝授申しあげております。

つかえまつる〔仕え奉る〕⬇つかへまつる

つかさ【官・司】名❶**役所。**官庁。〈竹取・燕の子安貝〉「日暮れぬれば、かのつかさにおはして見給ふに」訳日が暮れてしまったので、(中納言は)その役所にいらっしゃってご覧になると。

❷**官職。**職務。役目。〈枕・二五〉「すさまじきもの　…除目に司得ぬ人の家」訳興ざめなもの、…官吏任命式で官職を手に入れ(ることができ)ない人の家。

❸**役人。**官吏。〈源氏・須磨〉「御庄のつかさ召して」訳御荘園の役人をお呼び出しになって。

つかさ-かうぶり【官冠】❶官職と位階。官位。

❷「年官」と「年爵」。平安時代以降、天皇・皇族・貴族などに与えられた俸禄の一種。除目の際、一定数の国司や従五位下を授けるべき者を推薦して、その任料や叙位料を収入とすることができた。

つかさ-くらゐ【官位】官職と位階。官位。

つかさ-びと【官人】名官職についている人。役人。官吏。

つかさ-めし【司召し】名「司召しの除目」の略。〈枕・八二〉「司召しなども聞こえぬを、何になり給へるぞ」訳司召しの除目(がある)などとも聞こえないのに、何(の役)になりなさったのか。

フレーズ **司召しの除目** 在京の官職を任命する行事。本来は春に行われたが、のち秋に行われるようになった。秋の除目。秋。⬇除目

つかさめし-の-ぢもく【司召しの除目】⬇司召し「フレーズ」

つか・ぬ【束ぬ】他ナ下二{ね・ね・ぬ・ぬる・ぬれ・ねよ}❶一つにまとめてくくる。束ねる。〈万葉・一六・三七九一〉「か黒し髪をま櫛もちここにかき垂れとりつかね用」訳まっ黒な髪を櫛でこの辺までかき垂らし、(それを)まとめ束ねて。

❷両手を合わせる。また、腕を組む。〈宇治・一・一〇〉「このおこなひ人に会ひて、手をつかね用て泣くこと限りなし」訳(鬼は)この修行者に会って、手を合わせて泣くことこの上もない。

つか-の-ま【束の間】⬇束「フレーズ」

つか-は・す【遣はす】他サ四{さ・し・す・す・せ・せ}

❶「行かせる」「派遣する」の意の尊敬語。(使いとして人を)**おやりになる。派遣なさる。**〈源氏・桐壺〉「親しき女房、御乳母などを遣はし用つつありさまを聞こし召す」訳(桐壺帝は)親しく召し使う女房や御乳母などを(母君の家に)おやりになっては、(光源氏の)ようすをお聞きになる。

❷「授く」「与ふ」の尊敬語。(物を)**おやりになる。お与えになる。**〈竹取・御門の求婚〉「おもしろく木草につけても御歌をよみて遣はす終」訳(帝はかぐや姫に)趣深く木や草につけてもお歌を詠んでお与えになる。

❸(尊敬の意を失って)**行かせる。派遣する。**〈徒然・二〇九〉「『その田を刈りてとれ』とて、人を遣はし用けるに」訳「その田(の稲)を刈って取れ」と言って、人をやったところ。

つかは-す【使はす】**お使いになる。**〈万葉・一三・三三二六〉「朝には召して使ひ夕へには召して使ひつかはし用し舎人の子らは」訳朝には召して使い、夕べには召して使い、お使いになった舎人の者たちは。

なりたち 四段動詞「使ふ」未＋上代の尊敬の助動詞「す」

つかひ【使ひ・遣ひ】名❶**使者。**〈徒然・二三六〉「まづ使ひをつかはして、立ちいられたりけるに」訳まず使者を派遣して、(その後)お立ち寄りになったときに。

❷**召使。**また、**側女。**〈竹取・蓬莱の玉の枝〉「御使ひとおはしますべきかぐや姫」訳(くらもちの皇子の)御側女でいらっしゃるはずのかぐや姫。

❸**神仏の使い。**特に、神仏の使いをするという動物。

稲荷の狐、春日の鹿など。

つか・ふ【仕ふ】自八下二｛へ・へ・ふ・ふる・ふれ・へよ｝❶目上の人のそばにいて、その用をする。**仕える。**〈徒然・五八〉「なにの興ありてか、朝夕君に**仕へ**用、家を顧みる営みのいさましからん」訳何の興味があって、朝夕主君に**仕え**、家のことを心配する仕事に乗り気になろうか（いや、なるはずがない）。

❷**役人として勤める。**仕官する。〈方丈・二〉「世に**仕ふる**体ほどの人、たれか一人ふるさとに残りをらん」訳（福原遷都により）朝廷に**勤める**身分の人は、だれが一人で旧都（＝京都）に残っているだろうか（いや、だれ一人残っていない）。

つか・ふ【使ふ・遣ふ】他八四｛は・ひ・ふ・ふ・へ・へ｝❶**使用する。働かせる。**用事をさせる。〈竹取・燕の子安貝〉「家に**使は**未るる男どものもとに」訳家に**使われ**ている男たちのところに。

❷**役立てる。**用いる。消費する。〈竹取・かぐや姫の生ひ立ち〉「野山にまじりて竹を取りつつ、よろづのことに**使ひ**用けり」訳野や山に分け入って竹を切り取っては、いろいろなことに**用い**ていた。

❸**あやつる。追い立てる。**〈徒然・三八〉「名利に**使は**未れて、閑かなる暇なく」訳名誉や利益に**追い立て**られて、心安らかな時間もなく。

❹（心を）働かせる。ふるう。保つ。〈竹取・かぐや姫の昇天〉「かの国の人来なば、猛き心**つかふ**体人もよもあらじ」訳あの国（＝月の世界）の人が来たら、勇猛心を**ふるう**人もまさかあるまい。

❺ある手段をとる。〈徒然・一一〇〉「いづれの手か疾く負けぬべきと案じて、その手を**使は**未ずして」訳（双六で）どのやり方が確かに早く負けてしまうだろうかと考えて、そのやり方を**とら**ないで。

つが・ふ【番ふ】㊀自八四｛は・ひ・ふ・ふ・へ・へ｝二つのものが組み合う。対になる。〈著聞・一六六〉「二条の中納言実綱卿左大弁のとき、宰相教長入道に〔歌合わせで〕**つがひ**用て（＝**組んで**）」

㊁他八四｛は・ひ・ふ・ふ・へ・へ｝❶二つのものを組み合わせる。

❷**矢を弓の弦に当てる。**つがえる。〈平家・一一・那須与一〉「与一鏑を取って**つがひ**用、よっぴいてひゃうどはなつ」訳与一は鏑矢を取って**弓につがえ**、よくひきしぼってひゅうっと射る。

❸**かたく約束する。**〈浄・心中宵庚申〉「**つがひ**用し詞違へぬ武士の性根を見せる」訳**かたく約束した**ことばにそむかない武士の心構えを見せる。

つ-がふ【都合】副すべてを合わせて。総計。〈平家・四・橋合戦〉「悪七兵衛景清を先として（＝先頭にして）、**都合**その勢二万八千余騎」

つかへ-まつ・る【仕へ奉る】《上代語》〔下二段動詞「仕ふ」用＋謙譲の補助動詞「まつる」〕㊀自ラ四｛ら・り・る・る・れ・れ｝「仕ふ」の謙譲語。**お仕え申しあげる。**〈万葉・一七・三九二二〉「降る雪の白髪までに大君に**仕へまつれ**已ば貴くもあるか」訳降る雪のように白髪になるまで大君に**お仕え申しあげている**ので、貴いことよ。

㊁他ラ四｛ら・り・る・る・れ・れ｝（「す」「なす」「作る」「行ふ」などの動詞のかわりに用いられて）謙譲の気持ちを表す。**お…申しあげる。お…する。**〈万葉・一三・三三二六〉「城上の宮に大殿を**仕へまつり**用て」訳城上（＝地名）の宮に御殿を**お造り申しあげ**て。

注意㊁は、他の動詞のかわりに用いられる用法なので、その場に応じた訳語をあてる。

つか-まつ・る【仕る】〔「つかへまつる」のウ音便「つかうまつる」の転〕㊀自ラ四｛ら・り・る・る・れ・れ｝「仕ふ」の謙譲語。**お仕え申しあげる。**〈うつほ・嵯峨の院〉「男も女も集ひて**仕り**用給ふ」訳男も女も集まって**お仕え申しあげ**なさる。

㊁他ラ四｛ら・り・る・る・れ・れ｝❶（「す」「なす」「作る」「行ふ」などの動詞のかわりに用いられて）謙譲の気持ちを表す。**お…申しあげる。お…する。**〈平家・一一・逆櫓〉「とくとく**仕れ**命。舟**仕ら**未ずは、一々に射殺さんずるぞ」訳早く早く（舟を）**お出し申しあげろ**。もし舟を**お出し申しあげ**ないならば、ひとりひとり射殺そうぞ。

❷（「す」「行ふ」などの動詞のかわりに用いられて）丁寧の気持ちを表す。**します。いたす。**〈徒然・一〇九〉「あやまちは、やすき所になりて、必ず**仕る**体ことに候ふ」訳失敗（＝けが）は、（かえって）たやすい所になって、きっと**いたす**ものでございます。

注意㊁は、他の動詞のかわりに用いられる用法なので、その場に応じた訳語をあてる。

つか-まつ・る【仕る】補動ラ四｛ら・り・る・る・れ・れ｝〔四段動詞「つかまつる」から〕（多く、漢語サ変動詞の語幹に付いて）謙譲の気持ちを表す。…いたす。お…する。お…申しあげる。〈平家・一〇・千手前〉「奉公**仕り**用候ふべし」訳奉公**いたす**つもりでございます。

つかもうごけ… 俳句

塚も動け 我が泣く声は 秋の風 〈細道・金沢・芭蕉〉

切れ字 ＝け　秋 ＝秋の風

訳（小杉一笑の）塚よ、鳴動せよ。（君の死を惜しんで）私の魂が泣く声は秋風となって、君の墓標を吹きめぐる。（切れ字の「け」は、命令形語尾）

解説 小杉一笑は金沢の俳人。芭蕉の来訪を待ちながら、前年の冬三十六歳で没した。その追悼の句。

-づから接尾〔上代の格助詞「つ」に名詞「から」が付いて濁音化したもの〕❶（名詞に付いて）…から、…でもって、…のままで、などの意を添える。「手**づから**」「心**づから**」

❷（人とのかかわりを示す名詞に付いて）…の関係にある、の意を表す。「隣**づから**」「従弟**づから**」

つかわす〖使わす・遣わす〗➡つかはす

つき【月】名

❶月。特に、秋の澄んだ月。秋。〈徒然・一三七〉「花はさかりに、**月**はくまなきをのみ、見るものかは」訳桜の花は盛りに（咲いているのだけを）、**月**はくもりのないのだけを、見るものだろうか（いや、そうとはかぎらない）。

❷時間の単位。陰暦で、月がまったく見えない夜から、次の見えない夜までの期間をいう。二十九日または三十日で一か月となり、十二か月または十三か月で一年となる。〈源氏・澪標〉「同じ**月**の二十余日」訳（東宮の元服が行われたのと）同じ**月**（＝陰暦二月）の二十日過ぎに。

➡次ページ「古文常識」

フレーズ

月立・つ ❶月が変わる。月が改まる。〈万葉・一七・

古文常識　「つき」— 月①の形と名称／月②の異名

月①の形と名称

- 旧暦では、月の満ち欠けの１周期(平均29.53日)を１か月とする。⇨ 旧暦の１か月＝29または30日
- 月①の見え方(=形)で、月②の何日かがわかる。
- １日約50分ずつ月の出が遅くなり、そのことが名称の由来に関係する。

月の形	名称	
１日ごろ	朔(さく)	月と太陽が同方向にあること。
３日ごろ	三日月(みかづき)	細い弓形の月。
７日ごろ	上弦の月(じょうげん)	月の入りのとき、半円の弦の部分が上に見える。
11日ごろ	十日余りの月(とおかあま)	
13日ごろ	十三夜の月(じゅうさんや)	
15日ごろ	望月(もちづき)(満月)	日の入りのころ昇りはじめ、日の出のころ沈む。
16日ごろ	十六夜の月(いざよい)	満月より50分ほど遅れて出る。「いさよふ(=ためらう)」ように姿を現すことからいう。
17日ごろ	立ち待ちの月(たま)	満月より100分ほど遅れて出る。それを立って待つことからいう。
18日ごろ	居待ちの月(いま)	月の出が少し遅く、立って待つのは疲れるので座って待つことからいう。
19日ごろ	寝待ちの月(ねま)	月の出が遅いので寝て待つことからいう。臥(ふ)し待ちの月とも。
22日ごろ	下弦の月(かげん)	月の入りのとき、半円の弦の部分が下に見える。
23日ごろ	二十三夜の月(にじゅうさんや)	

月②の異名

季節	月	異名	
春	1月	睦月(むつき)	孟春・初春
	2月	如月(きさらぎ)	仲春
	3月	弥生(やよい)	季春・晩春
夏	4月	卯月(うづき)	孟夏・初夏
	5月	皐月(さつき)	仲夏
	6月	水無月(みなづき)	季夏・晩夏

季節	月	異名	
秋	7月	文月(ふみづき)	孟秋・初秋
	8月	葉月(はづき)	仲秋
	9月	長月(ながつき)	季秋・晩秋
冬	10月	神無月(かみなづき)	孟冬・初冬
	11月	霜月(しもつき)	仲冬
	12月	師走(しわす)	季冬・晩冬

四〇〇八〉「月立た㊍ば時もかはさず(=直ちに)。」訳 月が変わるならば時も移さず(=直ちに)。

❷月が出る。月がのぼる。〈万葉・一〇・三三四〉「雁(かり)が音(ね)の聞こゆる空ゆ月立ち㊊渡る」訳 雁の鳴き声が聞こえる空を月が出て渡って行く。

月に異(け)に 月ごとに。毎月。

月の桂(かつら) 中国古代の伝説で、月に生えているという高さ五百丈(=約一五〇〇メートル)の桂の木。

月の都(みやこ) ❶月にあると想像される都。また、その宮殿。〈竹取・かぐや姫の昇天〉「おのが身はこの国の人にもあらず。月の都の人なり」訳 私の身はこの人間世界の人でもない。月にある都の人である。
❷都の美しさのたとえ。〈源氏・須磨〉「見る程ぞしばし慰むめぐりあはむ月の都ははるかなれども」訳 →みるほどぞ…和歌

-つき【杯・坏】 接尾 器に盛った飲食物の数量を数える語。杯(はい)。〈万葉・三・三三八〉「一坏の濁れる酒」

つき【杯・坏】 名 飲食物を盛る器。椀(わん)よりは浅い。上代は土製、のちには木・金属などでも作られた。

つぎ【次】 名 ❶あとに続くこと。また、そのもの。〈徒然・三八〉「ひとへに高き官(つかさ)・位を望むも、次に愚かなり」訳 いちずに高い官職と位階を望む人も、(利益に迷う人に)続いて愚かである。
❷あるものより一段低い地位。また、劣ること。〈風姿花伝〉「たとひ能は少し次なりとも、祝言ならば、苦しかるまじ」訳 たとえ能としては少し劣ったものであっても、(内容が)めでたいものであれば、(脇能としては)差し支えないだろう。
❸次の間(ま)。控えの間。
❹江戸時代、馬や駕籠(かご)を乗り換える所。宿場。「東海道五十三次」など。

つぎ【継ぎ】 名 ❶あとに続くこと。続きぐあい。〈万葉・七・一〇九三〉「巻向山(まきむくやま)は継ぎのよろしも」訳 巻向山は(山並みの)続きぐあいが好ましいことよ。
❷跡継ぎ。世継ぎ。

つき-あり・く【突き歩く】 自カ四 {か・き・く・く・け・け} 頭をさげて歩きまわる。ぬかずきながら歩きまわる。〈枕・四三〉「さる心地に道心おこしてつきありく㊎らむよ」訳

最重要330

201

つきづき・し【付き付きし】形シク{しから・しく(しかり)・し・しき(しかる)・しけれ・しかれ}

ガイド ぴったりと合う意の動詞「付く」の連用形「つき」を重ねて形容詞化した「付き付きし」が原義と考えられる語。いかにもぴったりしているさまをいう。反対語は「つきなし」(→202)。

似つかわしい。ふさわしい。調和がとれている。

例 いと寒きに、火など急ぎおこして、炭もてわたるも、いとつきづきし終〈枕・一〉

訳 ひどく寒い朝に、火などを急いでおこして、炭を持って(廊下を)運んで行くのも、(冬の早朝に)たいそうふさわしい。

例 家居のつきづきしく用あらまほしきこそ、仮のやどりとは思へど、興あるものなれ〈徒然・一〇〉

訳 住まいが(住む人に)似つかわしく理想的なのは、仮の世における一時の住居(にすぎない)とは思うけれども、趣深いものである。

(ぬかずき虫は)あんな虫の心に信仰心をおこして頭をさげて(=礼拝して)歩きまわっているのだろうよ。

つき-かげ【月影】名 ❶月の光。月明かり。秋。〈源氏・桐壺〉「月影ばかりぞ、八重葎にもさはらずさし入りたる」訳 (邸には)月の光だけが、幾重にも茂った蔓草にもさまたげられずさし込んでいる。❷月の光に照らし出された人や物の姿。〈更級・梅の立枝〉「まつさとのわたりの月影あはれに見し乳母も」訳 松里の渡し場で月の光に照らし出された姿をしみじみと見た乳母も。❸月の形。目にうつる月の姿。〈方丈・五〉「一期の月影かたぶきて、余算、山の端に近し」訳 (私の)一生も、月が傾いて、余命は、山の端に近い(=少ない)。

つき-くさ【月草】名 ❶植物の名。露草の古名。藍色の花から染料をとる。秋 ❷襲の色目の名。表裏とも縹色(=薄い藍色)。また、裏は薄縹色()。秋に用いる。

(つきくさ①)

参考「月草」の花はすぐにしおれ、花の色もあせやすい。また、この花の汁で染めた色は水で落ちやすいところから、多く人の心の移ろいやすいことのたとえに用いられる。

つき-ごろ【月頃】名 数か月来。数か月このかた。〈源氏・浮舟〉「月ごろに、こよなう物の心知り」訳 ここ数か月の間に、(浮舟は)ずいぶんと物事の情趣もわかり。

つぎ-ざま【次様】名「つぎさま」とも。一段劣っていること。二流。〈徒然・五六〉「つぎさまの人は…息もつぎあへず語り興ずるぞかし」訳 (教養の)一段劣っている人は…息をつく暇もなく話をしておもしろがるものであるよ。

つき-しろ・ふシロウ【突きしろふ】自ハ四{は・ひ・ふ・ふ・へ・へ}「「しろふ」は接尾語」互いに肩や膝などをそっとつつき合う。〈源氏・花宴〉「『さもたゆみなき御忍び歩きかな』とつきしろひ用つつ」訳「まったく熱心なお忍び歩きであることよ」と(女房たちは)互いに膝などをつつき合っては。

つき・す【尽きす】自サ変{せ・し・す・する・すれ・せよ}(下に打消の語を伴って)なくなる。尽きる。〈方丈・二〉「人の住まひは、世々を経て尽きせ未ぬものなれど」訳 人の住まいは、幾世代を経てもなくならないものであるが。

つき-た・つ【月立つ】⬇月「フレーズ」

つぎ-つぎ【次次・継継】一 名 ❶それより下の程度のもの。一流に次ぐ物事。〈源氏・若菜上〉「その次々をなむ…御処分どもありける」訳 (朱雀院の貴重品の)その二流以下のものを…あれこれ御分配なさったのであった。❷子孫。〈源氏・橋姫〉「いよいよかの御次々になり果てぬる世にて」訳 いよいよあの(光源氏の)ご子孫(の代)にすっかりなってしまった世なので。二 副 順を追って。次から次へと。〈枕・一四三〉「次々出づるに、足踏みを拍子にあはせて」訳 (舞人が)次から次へと出て来るときに、足踏みを拍子に合わせて(舞い)。

つきづき・し【付き付きし】形シク ⬇上201

つきてんしん… 俳句

秋 月天心　貧しき町を　通りけり　切れ字 けり　〈蕪村句集・蕪村〉

訳 (夜も更けて)月が天の中心にかかっている。(ひっそりと寝静まった)貧しい町を通ったことだ。

解説 初案は「名月や貧しき町を通りけり」〈落日庵句集〉であった。

つき-な・し【付き無し】形ク ⬇次ページ202

つき-なみ【月並み・月次】名 ❶月ごと。毎月。〈枕・二九七〉「月次の御屏風もをかし」訳 月ごとの(行事を描いた)御屏風も趣がある。❷「月次の祭り」の略。陰暦六月および十二月の十一日に、神祇官が全国三百四座の神に幣帛を奉り、国家の平安、五穀の豊作などを祈った行事。本来、毎月行うべきところを、略して二季にした。

つき-に-け-に【月に異に】⬇月「フレーズ」

つき-の-かつら【月の桂】⬇月「フレーズ」

つき-の-みやこ【月の都】⬇月「フレーズ」

つき-ひ【月日】名 ❶月と太陽。❷時間。歳月。〈徒然・一八八〉「目の前のことにのみまぎれて月日を送れば」訳 目前のことにばかり心をとらわれて歳月を送ると。

つきみれば… 和歌《百人一首》【月見れば　千々(ちぢ)にものこそ　悲(かな)しけれ　わが身(み)一(ひと)つの　秋(あき)にはあらねど】〈古今・秋上・大江千里(おほえのちさと)〉⬇付録①「小倉百人一首」23

つきやあらぬ… 和歌

月やあらぬ　春(はる)や昔(むかし)の　春(はる)ならぬ
わが身(み)ひとつは　もとの身(み)にして
〈伊勢・四〉〈古今・一五・恋五・七四七・在原業平(ありはらのなりひら)〉

訳 月はあの時の月ではないのだろうか。春はあの時の春ではないのだろうか。私だけが以前のままの自分で。

解説「月やあらぬ」は「月や昔の月にあらぬ」の意。「昔」は一年前、愛する人とともに春の月をながめた時をいう。第四・五句は倒置法で、意味上はこれが初句の前にある。あの時と同じ自分なのに、月も春の光景もどこかちがうように感じられるのは、愛する人を失ってしまったからである。「月や」「春や」の「や」を疑問の意にとるか反語の意にとるかで解釈が分かれ、それぞれの説の範囲内でも幾つかの解釈がなされている。ここは疑問で解した。

つき-ゆみ【槻弓】名「つくゆみ」とも。槻(つき)(=けやき)の木で作った丸木の弓。

つき-よ【月夜】名 ❶月の明るい夜。❷月。月の光。❸秋の名月の夜。また、秋の月。秋

つき-よみ【月夜見・月読み】名「つくよみ」に同じ。

最重要330 202

つき-な・し【付き無し】形ク {から・く(かり)・し・き(かる)・けれ・かれ}

ガイド 動詞「付く」の連用形「つき」を「無し」で否定した語。「接する所が無い」の意で①、「ぴったりと合う所が無い」の意で②となる。反対語は「つきづきし」(→201)。

❶とりつきようがない。手がかりがない。

例 あふことの今ははつかになりぬれば夜深からではつきなかり(用)けり〈古今・雑体〉

訳(人目がうるさくて、あの人と)会うことが今はわずかになってしまったので、月の二十日になって夜が更けてからでないと空に月が出ないように、夜更けでないと会う手がかりがないことだ。(「はつか」にわずかと二十日の意を、「つきなかり」に手がかりがないと月が出ないの意をかける)

❷似つかわしくない。ふさわしくない。

例 女、身のありさまを思ふに、いとつきなく(用)まばゆき心地して〈源氏・帚木〉

訳 女(=空蟬(うつせみ))は、(自分の)身の上を思うにつけて、(光源氏とは)まったく似つかわしくなく恥ずかしい気がして。

つ・く【付く・着く・就く・即く】

一 自カ四 {か・き・く・く・け・け} ❶接する。付着する。〈徒然・二一五〉「小土器(こかはらけ)に味噌(みそ)の少しつき(用)たるを見出(い)でて」訳(棚に)小さな素焼きの土器に味噌が少しついたのを見つけ出して。

❷(「心につく」の形で)気にいる。ぴったり合う。〈源氏・若紫〉「御心につく(体)ことどもをし給ふ」訳(光源氏は若紫の)お気にいることをいろいろとしなさる。

❸つき従う。寄り添う。また、妻になる。〈伊勢・六〇〉「まめに思はむといふ人につき(用)て人の国へいにけり」訳 誠実に愛そうという人につき従って他国へ去ってしまった。

❹味方する。くみする。〈平家・九・六ケ度軍〉「平家をそむいて源氏につか(未)んとしけるが」訳 平家を裏切って源氏に味方しようとしたが。

❺(態度が)決まる。はっきりする。〈蜻蛉・上〉「とにもかくにもつか(未)で、世にふる人ありけり」訳 どうこうとも(身の振り方も)はっきりしないで、この世に暮らしている人がいた。

❻加わる。添う。生じる。〈源氏・帚木〉「かかる傷さへつき(用)ぬれば、いよいよ交(まじ)じらひをすべきにもあらず」訳(指に、女にかまれた)こんな傷までもついてしまったので、いよいよ宮仕えのできるものでもない。

❼[多く「憑く」と書く]神や物の怪(け)などがとりつく。のり移る。〈枕・二五〉「いささかさりげもなく、護法もつか(未)ねば」訳(物の怪は)まったく去るようすもなく、(「よりまし」に)護法童子ものり移らないので。

❽身につく。そなわる。〈源氏・帚木〉「才(ざえ)なども つき(用)侍りぬべく、けしうは侍らぬを」訳 学問なども きっと身につきましょうし、(人柄も)たいして悪くはございませんので。

❾火がつく。燃え移る。〈万葉・二・一九九〉「野ごとにつき(用)てある火の」訳 野原ごとに燃え移っている火が。

❿届く。到着する。〈源氏・須磨〉「まだ申(さる)の時ばかりに、かの浦につき(用)給ひぬ」訳 まだ申の時ごろ(=午後四時ごろ)に、(光源氏は)あの(須磨(すま)の)浦に到着しなさった。

⓫**即位する。** ある身分になる。〈古今・仮名序〉「東宮をたがひにゆづりて、位につき㊊給はで」訳 皇太子の位を互いに譲りあって、位におつきにならないで。

二 他カ四〔か・き・く・く・け・け〕❶(知識・能力などを)**身につける。** 自分のものとする。〈徒然・一八〇〉「大きなる道をも成じ、能をもつき㊊、学問をもせんと」訳 大きな(専門の)道をも成しとげ、芸能をも身につけ、学問をもしようと。

❷**名前をつける。** 命名する。〈徒然・一一六〉「人の名も、目慣れぬ文字をつか㊍んとする、益なきことなり」訳 人の名も、読み慣れない文字をつけようとするのは、何の益もないことである。

三 他カ下二〔け・け・く・くる・くれ・けよ〕❶接触させる。付着させる。つける。〈徒然・七〇〉「御ふところにそくひを持ち給ひたるにてつけ㊍られにければ」訳 御懐に飯で作った糊を持っていらっしゃったので、(琵琶の柱を)くっつけてしまわれたところ。

❷**従わせる。** つき添わせる。尾行させる。〈源氏・花宴〉「良清、惟光をつけ㊊てうかがはせ給ひければ」訳 (光源氏は)良清と惟光をつき添わせて、(有り明けの女=朧月夜の)見張りをさせなさったので。

❸**託す。** ことづける。〈伊勢・九〉「京に、その人の御もとにとて、文書きてつく㊎」訳 都に、あの人の御もとに(届けよう)と思って、手紙を書いて託す。

❹加える。添える。〈源氏・末摘花〉「少しけぢかう、今めきたる気をつけ㊍ばや」訳 (末摘花に)もう少し親しみやすく、現代的な感じを加えたいものだ。

❺命名する。〈源氏・桐壺〉「光る君といふ名は、高麗人の愛でて聞こえてつけ㊊奉りける」訳 光る君という名は、高麗人がおほめして名付け申しあげたことだ。

❻点火する。燃えつかせる。〈竹取・ふじの山〉「火をつけ㊊て燃やすべきよし仰せ給ふ」訳 火をつけて燃やすのがよいとのことをご命令なさる。

❼心や目を向ける。関心を払う。〈源氏・蓬生〉「この宮の木立を心につけ㊊て」訳 この(常陸の)宮邸の(りっぱな)木立を心にかけて。

❽あとを残す。記す。書きつける。〈徒然・六六〉「大砌の石をつたひて、雪に跡をつけ㊍ず」訳 寝殿の軒下の石だたみの石を伝わって(歩いて)、雪に足跡を残さず。

❾和歌・俳諧などで、上の句または下の句を詠み添える。〈枕・八二〉「これが本つけよ㊌」訳 この歌の上の句を詠み添えて届けよう。源中将つけよ㊌」訳 この歌の上の句を詠み添えて届けよう。源中将詠み添えよ。

❿別な事柄と結びつける。関連させる。応じる。〈徒然・一〉「それより下つかたは、ほどにつけ㊊つつ、時にあひ、したり顔なるも」訳 それより下級の身分の人は、それぞれの身分に応じて、栄達し、得意顔であるのも。

⓫(他の動詞の連用形に付いて)習慣になっている状態をいう。いつも…する。…しなれる。…しつける。〈落窪〉「使ひつけ㊊て侍れば、なきはいと悪し」訳 使いなれていますから、(あこぎという童が)いないのは大変困る。

つ・く【漬く】自カ四〔か・き・く・く・け・け〕**水にひたる。水につかる。**〈万葉・七・一三八一〉「広瀬川袖つく㊎ばかり浅きをや」訳 広瀬川は袖が水につかるくらい浅いのに。

つ・く【尽く】自カ上二〔き・き・く・くる・くれ・きよ〕❶終わる。消えてなくなる。果てる。〈平家・七・忠度都落〉「一門の運命はや尽き㊊候ひぬ」訳 (平家)一門の運命はすでに尽きてしまいました。

❷極限に達する。極まる。〈源氏・紅葉賀〉「これらにおもしろさの尽き㊊にければ、他事に目もうつらず」訳 これら(=青海波と秋風楽の舞)に興趣が極まってしまったので、ほかのことには目も移らず。

つ・く【吐く】他カ四〔か・き・く・く・け・け〕❶息をする。呼吸する。〈記・中〉「みほ鳥のかづき息つき㊊」訳 かいつぶり(=鳥の名)が(水に)潜り(また水面に出て)息をして。

❷へどを吐く。

❸(うそを)言う。

つ・く【突く・衝く・撞く】他カ四〔か・き・く・く・け・け〕❶**先の鋭いもので刺す。**〈平家・九・忠度最期〉「三刀までぞ突か㊍れたる」訳 (敵を)三刀までお突きになった。

❷**打って鳴らす。**〈太平記・一五〉「この鐘を山門へ取り寄せて、朝夕これをつき㊊けるに(=打って鳴らしたが)」

❸**杖などで支える。**〈徒然・五三〉「[僧の]手をひき杖をつか㊍せて」

❹**頭・額などを地面や床に押し当てる。** ぬかずく。〈更級・かどで〉「額をつき㊊し薬師仏の立ち給へるを」訳 額をつい(て礼拝し)た薬師仏が立っていらっしゃるのを。

つ・く【舂く・搗く】他カ四〔か・き・く・く・け・け〕杵や棒の先などで打つ。また、打って押しつぶす。〈万葉・一四・三四五九〉「稲つけ㊐ばかかる吾が手を今夜もか殿の若子が取りて嘆かむ」訳 →いねつけば…（和歌）

つ・く【築く】他カ四〔か・き・く・く・け・け〕土・石を突き固めて積み上げる。築く。〈記・下〉「御諸につく㊍や玉垣」訳 神の鎮座する社に築く玉垣。

つ・ぐ【継ぐ・続ぐ】他ガ四〔が・ぎ・ぐ・ぐ・げ・げ〕❶**続ける。** 継続する。〈万葉・二・九一〉「妹が家も継ぎ㊊て見ましを」訳 あなたの家も続けて見ていたいのになあ。

❷つなぐ。継ぎ足す。〈源氏・須磨〉「いろいろの紙を継ぎ㊊つつ手習ひをし給ひ」訳 (光源氏は)さまざまな色の紙をつないではすさび書きをしなさり。

❸**保つ。** 持ち続ける。〈竹取・蓬萊の玉の枝〉「ある時には、海の貝を取りて命を継ぐ㊎(=保つ)」

❹**受け伝える。** 跡を受ける。〈万葉・三・三一七〉「語り継ぎ言ひ継ぎ㊊行かむ」訳 →あめつちの…（和歌）

つ・ぐ【告ぐ】他ガ下二〔げ・げ・ぐ・ぐる・ぐれ・げよ〕知らせる。伝える。〈古今・羇旅〉「わたの原八十島かけてこぎ出でぬと人には告げよ㊌あまの釣舟」訳 ⬇付録◇1「小倉百人一首」11

-づ・く 接尾四型(名詞に付いて動詞をつくり)(そういう状態に)なってゆく、…の趣がある、などの意味を添える。「秋づく」「愛敬づく」

筑紫(つくし)《地名》筑前・筑後(ともに今の福岡県)の古称。古くは、九州地方全体をさす。

つく・す【尽くす】他サ四〔さ・し・す・す・せ・せ〕❶**なくす。** 終わりにする。また、**ある限りを出しきる。**〈土佐〉「忘れがたく、口惜しきこと多かれど、え尽くさ㊍ず」訳 忘れられず、心残りなことが多くあるけれど、書き尽くすことができない。

❷**きわめる。** そのことの極限にまで到達する。〈徒然・二〉「よろづにきよらを尽くし㊊ていみじと思ひ」訳 さまざまに華美をきわめて(それを)りっぱだと思い。

つく-づく(-と)【熟く(と)】副 ➡左 203

菟玖波集（つくばシュウ）《作品名》南北朝時代の連歌集。延文元年(一三五六)成立。準勅撰集。二十巻。連歌作者救済(きゅうせい/ぐさい)と二条良基の共撰で、上代からの二千百九十句を収めた最初の連歌集。

つくはねに… 和歌

筑波嶺に 雪かも降らる 否をかも
かなしき児ろが 布干さるかも
〈万葉・一四・三三五一・東歌〉

訳 筑波の嶺に雪が降っているのかなあ。違うのかなあ。いとしいあの娘が(白い)布を干しているのかなあ。(「降らる」は「降れる」、「にの」は「ぬの」、「干さる」は「干せる」の東国方言。「児ろ」の「ろ」は、接尾語)

解説 筑波山一帯に雪が降っているのかと思うまでに、水にさらした白い布を干し並べた情景である。

つくばねの… 和歌《百人一首》【筑波嶺の 峰より落つる みなの川 恋ぞつもりて 淵となりぬる】〈後撰・恋三・陽成院〉➡付録①「小倉百人一首」13

つくば-の-みち【筑波の道】名 連歌の異称。

参考 倭建命(やまとたけるのみこと)が筑波地方からの帰途、御火焼の翁(みひたきのおきな)(=警護のために夜、火をたく役の老人)との間に交わした歌「新治筑波を過ぎて幾夜か寝つる日日なべて夜には九夜日には十日を」(訳 ➡にひばり… 歌謡)〈記・中〉を連歌の初めとするところからいう。

つくも-がみ【江浦草髪・九十九髪】名 老女の白髪。転じて、老女。

参考「つくも」という海藻が、老女の白髪の短く乱れたさまに似ていることからいう。「九十九」を当てるのは、「白」が百から一を除いた字形だからである。

つく-よ【月夜】名 ❶月。月の光。〈万葉・一・一五〉「わたつみの豊旗雲に入り日見しこよひの月夜さやけかりこそ」訳 ➡わたつみの… 和歌

❷月夜。月の明るい夜。〈万葉・四・七三〉「月夜には門に出で立ち」訳 月の明るい夜には門のところに出て立って。

つく-よみ【月夜見・月読み】名「つきよみ」とも。月。また、月の神。〈万葉・一五・三六二二〉「月よみの光を清み」訳 月の光が澄んでいるので。

つくり-い・づ【作り出づ】他ダ下二 {で・で・づ・づる・づれ・でよ} こしらえる。製作する。〈竹取・蓬萊の玉の枝〉「かぐや姫のたまふやうに、たがはず作り出で用つ」訳 かぐや姫がおっしゃるように、寸分違わず(玉の枝を)作り上げた。

つくり-えだ【作り枝】名 ❶金や銀などで草木の枝の形に作ったもの。ささげ物・贈り物や歌を付けて贈るのに用いた。❷手入れをしていろいろな形に作った木の枝。

つくり-ごと【作り事】名 ❶作り物。人工的に作ったもの。〈源氏・少女〉「この岩根の松も、こまかに見れば、えならぬ作りごとどもなりけり」訳 この岩に生えた松も、よく見ると、言いようもなくすばらしい作り物どもであった。

❷(「作り言」とも書く)作り話。うそ。〈源氏・夕顔〉「作りごとめきてとりなす人ものし給ひければなむ」訳 (この「源氏物語」を)作り話めいていると取りざたする人がいらっしゃったので(こうして書いたのだ)。

つくり-た・つ【作り立つ】他タ下二 {て・て・つ・つる・つれ・てよ} ❶作り上げる。〈源氏・絵合〉「ただ筆の飾り、人の心に作りたて未られて」訳 もっぱら、筆の技巧や人(=絵師)の趣向で作り上げられて。

❷飾り立てる。念入りに化粧する。〈徒然・二三八〉「さぶらふ女房をつくりたて用て出いだし給ひて」訳 お側に控えている女房を飾り立ててお出しになって。

つくり-な・す【作り成す】他サ四 {さ・し・す・す・せ・せ} ある状態に作り上げる。ことさらに作る。〈徒然・一〇〉「前栽

最重要330

つく-づく(-と)【熟く(と)】副

ガイド 動詞「尽く」を重ねた語かという。それによれば、力を尽くしているさまが③、物思いを尽くしているさまが①、力を尽くし果てて気力を失っているさまが②と考えられる。

❶物思いにふけるさま。じっと。しみじみ。しんみり。

例 つくづくと臥したるにも、やる方なき心地すれば〈源氏・紅葉賀〉

訳 (光源氏は)しみじみと(物思いに沈んで)横になっている時にも、心を晴らす方法がない気持ちがするので。

❷することがなくもの寂しいさま。ぼんやり。

例 つくづく暇のあるままに、物縫ふことを習ひければ〈落窪〉

訳 ぼんやりと時間があるのにまかせて、物を縫うことを習ったので。

❸念を入れるさま。よくよく。つらつら。

例 仲国つくづくとものを案ずるに、誠や、小督の殿は琴ひき給ひしぞかし…と思ひければ〈平家・六・小督〉

訳 仲国はよくよくものを考えてみると、そういえばたしか、小督殿は琴をお弾きになったことであるよ…と思ったので。

前栽の草木まで心のままならず作りなせ㋑るは」訳 庭の植え込みの草木まで自然のままでなくことさらに作り上げてあるのは。

つくり-もの【作り物】名 ❶物の形に似せて作った飾りもの。❷まがいもの。にせもの。また、つくりごと。❸農作物。❹能楽で、舞台に据える舟・家・車・鐘など、象徴的に作られた小道具。歌舞伎の場合は大道具のこと。

つく・る【作る・造る】他ラ四〔ら・り・る・る・れ・れ〕❶(建物・器物などを)こしらえる。建造する。〈徒然・五一〉「大井の土民に仰せて、水車を造ら㋯せられけり」訳 (後嵯峨上皇が)大井の土地(＝大井川に沿った土地)の住民にお言いつけになって、水車をお作らせになったそうだ。❷罪や功徳をなす。行う。〈竹取・かぐや姫の昇天〉「かぐや姫は罪を作り㋺給へりければ」訳 かぐや姫は(天上界で)罪を犯しなさっていたので。❸育てる。栽培する。耕作する。〈落窪〉「この年ごろ作り㋺つる草木を」訳 この数年来育ててきた草木なのに。❹料理する。〈うつほ・吹上上〉「俎立てて魚、鳥つくる㋸」訳 俎を置いて、魚や鳥を料理する。❺(文章や詩歌などを)書く。創作する。〈大鏡・時平〉「この大臣の作ら㋯せ給ひける詩を帝かしこく感じ給ひて」訳 この大臣(＝菅原道真)のお作りになられた漢詩を帝(＝醍醐天皇)が非常に感心なさって。❻似せる。よそおう。とりつくろう。〈枕・一二七〉「泣き顔つくり㋺、けしき異になせど」訳 泣き顔をよそおい、表情をいつもと違うように(悲しそうに)するけれども。

つくろ・ふ【繕ふ】他ハ四〔は・ひ・ふ・ふ・へ・へ〕〔四段動詞「作る」㋯＋上代の反復・継続の助動詞「ふ」＝「つくらふ」の転〕❶修繕する。なおす。〈源氏・紅葉賀〉「犬君がこれをこぼち侍りにければ、つくろひ㋺侍るぞ」訳 犬君(＝童女の名)がこれ(＝人形)をこわしてしまいましたので、なおしておりますの。❷着飾る。化粧する。〈徒然・一九一〉「顔などつくろひ㋺て出づるこそをかしけれ」訳 (女性が退座して)顔などを化粧して(もとの席に)出てくるのは趣がある。❸とりつくろう。言いつくろう。〈源氏・薄雲〉「人のもり聞かむことは、なかなかにやつくろひ㋺がたくおぼされむ」訳 人がもれ聞くようなうわさは、かえってとりつくろいにくく(紫の上は)自然とお思いになるの(ではない)だろうか。❹治療する。〈大鏡・三条院〉「この御目のためには、よろづにつくろひ㋺おはしましけれど」訳 (三条院は)このお目(の病気)のためには、さまざまに治療していらっしゃったが。

つけ-あひ【付け合ひ】名 連歌・俳諧で、句を付け合うこと。先に示されている句を前句といい、これに付ける句を付け句という。前句が五七五なら付け句は七七、前句が七七なら付け句は五七五。多くは七七を出して、五七五を付ける。

つけ-く【付け句】名 連歌・俳諧の付け合いで、前句に付ける句。↓付け合ひ

つけ-もの【付け物】名 ❶飾り物。特に、京都の賀茂の祭りで、放免(＝検非違使の庁の下部)が水干の袖や袴に付ける飾り物。❷俳諧の付け合いで、前句に詠まれている物やことばの縁で「付け句」を付けること。

つこうまつる〖仕う奉る〗➡つかうまつる

つ-ごもり【晦日】名〔「月籠り」の転〕❶陰暦で、月の下旬。〈源氏・若紫〉「三月のつごもりなれば、京の花、盛りはみな過ぎにけり」訳 陰暦三月の下旬なので、京の(桜の)花は、盛りは皆過ぎてしまった。❷陰暦で、月の最終日。みそか。〈徒然・一九〉「晦日の夜、いたうくらきに」訳 (陰暦十二月の)みそか(＝大晦日)の夜、たいそう暗い時に。《対 朔日》

参考 約二十九・五三日で一巡する月の満ち欠けを基準とする太陰暦では、月の第一日は新月の「月立ち」であり、月末はその日のうちには月が見られない「月籠り」になる。月の最終日は二十九日(小の月)か三十日(大の月)、一年の最終日が「おほつごもり」である。

づ-し【厨子】名 ❶調度や書画などをのせる置き戸棚。棚は二段で、上段には物をのせられるようになっており、下段には戸がついている。❷仏像・経典などを安置する両開きの扉のある入れ物。❸平安時代の、両扉のついた作りつけの棚。

（づし①）

（づし②）

つじ-かぜ【辻風・旋風】名 つむじ風。

対馬《地名》旧国名。西海道十二か国の一つ。今の長崎県に属する。大陸渡航の要衝の島。対州。

づし-やか 形動ナリ〔なら・なり(に)・なり・なる・なれ・なれ〕〔「やか」は接尾語〕ずっしりとしているさま。重々しく落ち着きがあるさま。〈源氏・柏木〉「御心本性の、強くづしやかなる㋵にはあらねど」訳 (女三の宮の)ご意志やご気性が、しっかりとして落ち着いているのではないけれども。

つた【蔦】名 つる性植物の名。紅葉が美しい。秋

つたうゑて… 俳句

秋 蔦植ゑて 竹四五本の あらし哉 切れ字
〈野ざらし紀行・芭蕉〉

訳 (盧牧亭の庭は)植えてある蔦が紅葉して、四、五本生えている竹に秋風が吹き渡っている(ばかりの簡素で風雅なたたずまいである)ことだ。

解説 「閑人の茅舎(＝かやぶきの家)を訪ひて」と前書きがある。挨拶の句。

つたな・し【拙し】形ク ➡次ページ 204

つたは・る【伝はる】自ラ四〔ら・り・る・る・れ・れ〕❶昔から受

け継がれて現在に至る。〈徒然・九九〉「この唐櫃は、上古より**伝はり**㊊て」訳 この唐櫃は、遠い昔から**受け継がれ**て（いる物で）。
❷世に知られて残る。語り継がれる。〈源氏・若菜下〉「**伝はら**㊍む名こそ惜しけれ」訳（不名誉な噂が）**世に広まる**としたら、その評判は残念だ。
❸ある物に沿って他の所へ移っていく。〈源氏・橋姫〉「はるかなる世界より**伝はり**㊊まうで来て」訳 遠く離れた地方から（縁故を）**つたって移り**（都に）やって来まして。

つた・ふ【伝ふ】一 自ハ四｛は・ひ・ふ・ふ・へ・へ｝何かに沿って移動する。伝わる。〈徒然・六六〉「大砌の石を**伝ひ**㊊て、雪に跡をつけず」訳 寝殿の軒下の石だたみの石を**伝わって**（歩いて）、雪に足跡を残さず。
二 他ハ下二｛へ・へ・ふ・ふる・ふれ・へよ｝❶**さずける。**教える。**伝授する。**〈徒然・五三〉「かかることは文にも見えず、**伝へ**㊊たる教へもなし」訳 こんなことは書物（＝医書）にも見あたらず、（口伝えに）**伝授し**ている教えもない。
❷**受け継ぐ。**譲り受ける。〈方丈・三〉「わが身、父方の祖母の家を**伝へ**㊊て、久しくかの所に住む」訳 わが身は、父方の祖母の家を**受け継い**で、長くその所に住む。
❸**ことづける。**言い知らせる。〈源氏・夕顔〉「かの中将にも**伝ふ**㊎べけれど」訳 あの（頭の）中将にも（子供のことを）**言い知らせる**のがよいけれども。

つたへ【伝へ】名 ❶言い伝え。伝説。〈源氏・横笛〉「夜語らずとか女ばらの**伝へ**に言ふなり」訳（夢の話は）夜は話さないとか、女たちが**言い伝え**で言うそうだ。
❷伝え授けること。伝授。〈源氏・横笛〉「女の御**伝へ**はかひなきをや」訳 女のご**伝授**ではたいしたことはないなあ。
❸伝言。たより。〈万葉・一〇・二〇〇八〉「遠くとも妹が**伝へ**は早く告げこそ」訳 遠くても、あの人（＝恋人）の**伝言**は早く告げてほしい。

つち【土・地】名 ❶**大地。地上。**土の上。〈竹取・かぐや姫の昇天〉「**土**より五尺ばかり上がりたる程に、立ち列ねたり」訳（月から来た使者は）**地上**から五尺（＝約一・五メートル）ほどあがった所に、立ち並んだ。対 天
❷**土くれ。泥。**また、人の顔の醜いことのたとえ。〈源氏・蜻蛉〉「御前なる人は、まことに**土**などの心地ぞするを」訳（女一の宮の）御前にいる女房は、まったく**土くれ**かなんかのような感じがするのを。
❸「ぢげ①」に同じ。〈落窪〉「六位といへど、蔵人とにだにあらず、**地**の帯刀の歳二十ばかり」訳 六位といっても、蔵人というのでさえもなく、**地下**の帯刀（＝武官）で年は二十歳ぐらい。

つちい〖土居〗➡つちゐ

つち-いみ【土忌み】名 陰陽道で、地の神である土公神のいる方角を犯して工事するのを避けること。やむを得ないときは、家人はしばらく他へ居を移した。

つち-おほね【土大根】名 大根。

つち-か・ふ【培ふ】他ハ四｛は・ひ・ふ・ふ・へ・へ｝〔「土養ふ」の意〕草木の根元に土をかぶせて育てる。栽培する。また、育成する。〈蕪村句集・蕪村〉「人なき日藤に**つちかふ**㊍法師かな」訳 訪れる人もないひまな一日、藤

最重要330 204

つたな・し【拙し】形ク｛から・く（かり）・し・き（かる）・けれ・かれ｝

ガイド 劣っているさまをいう語。技芸が劣っているのが②、精神力が劣っているのが③、運が劣っているのが④。現代語にはない④の「運が拙い」という言い方に注意。

❶**劣っている。おろかだ。**
例 **つたなき**㊍人の、碁うつことばかりにさとく、たくみなるは〈徒然・一九三〉
訳 **つまらない**人間で、碁をうつことだけに頭がはたらき、上手な人間は。

❷**へたである。**未熟だ。
例 芸の**つたなき**㊍をも知らず、身の数ならぬをも知らず〈徒然・一三四〉
訳 芸能の**へたなの**をも知らず、身分がとるに足りないのをも知らず。

❸**いくじがない。ひきょうである。**
例 吾は、これ乃の兄なれども、**つたなく**㊊弱くして〈紀・綏靖〉
訳 私は、おまえの兄であるけれども、**いくじがなく**弱くて。

❹**運が悪い。**
例 かかる君に仕うまつらで、宿世**つたなく**㊊悲しきこと〈伊勢・六五〉
訳 このような（りっぱな）帝にお仕え申しあげないで（他の男とかかわってしまうなんて）、前世からの因縁に**恵まれず**悲しいこと（である）。

つつ 接助

意味・用法	用例
❶反復 同じ動作・作用がくり返し行われる意を表す。 …し、また…して。 …ては…して。	例 野山にまじりて竹を取りつつ、よろづのことに使ひけり〈竹取・かぐや姫の生ひ立ち〉 訳 (竹取の翁(おきな)は)野や山に分け入って竹を切り取っては、いろいろなことに使っていた。
❷継続 動作・作用が引き続いて行われる意を表す。 …しつづけて。	例 女はこの男をと思ひつつ、親のあはすれども、聞かでなむありける〈伊勢・二三〉 訳 女はこの男を(夫にしよう)と思いつづけて、親が(他の人と)結婚させようとするが、聞き入れないでいた。
❸並行 二つの動作・作用が同時に行われる意を表す。 …とともに。…ながら。	例 吾妹子(わぎもこ)が植ゑし梅の木見るごとにこころむせつつ涙し流る〈万葉・三・四五三〉 訳 (亡くなった)私の妻が植えた梅の木を見るたびに、胸がいっぱいになるとともに涙が流れることだ。
❹複数の反復 複数のものが同時にその動作を反復する意を表す。 それぞれ…(し)て。 みんなが…(し)ながら。	例 上達部(かんだちめ)、上人(うへびと)などもあいなく目をそばめつつ〈源氏・桐壺〉 訳 公卿(くぎょう)や殿上人(てんじょうびと)などもそれぞれおもしろくなく目をそらして。
❺単純接続 前文と後文を単純に接続する。 …て。	例 程(ほど)につけつつ、時にあひ、したり顔なるも〈徒然・一〉 訳 それぞれの身分に応じて、栄達し、得意顔であるのも。

の根元に土をかぶせて育てる(手入れに余念のない)法師だよ。

つち-の-え【戊】名〔「土の兄(え)」の意〕十干(じっかん)の五番目。→十干

つち-の-と【己】名〔「土の弟(と)」の意〕十干(じっかん)の六番目。→十干

つち-ゐイ【土居】名 ❶家の柱を立てる土台。〈方丈・三〉「土居を組み、うちおほひを葺(ふ)きて」訳 (方丈の庵(いおり)は)土台を組み、簡単な屋根を葺いて。❷帳台(=貴人の寝所)や几帳(きちょう)などの柱をささえる土台。

つ・つ【伝つ】他タ下二〔て・て・○・○・てよ〕伝える。参考 未然形・連用形・命令形しかない。→伝って

つつ 接助 ➡上助詞「つつ」

-づつズッ 接尾 ❶(分量を示す語に付いて)等量を配分することを示す。〈枕・三〉「これに、ただ今おぼえむ古き言(こと)ひとつづつ書け」訳 これ(=紙)に、今すぐ思い浮かぶなら、その古い和歌を一首ずつ書け。❷同一量をくり返すことを示す。〈源氏・帚木〉「かたはしづつ見るに」訳 (頭の中将が多くの手紙を)一部分ずつ読む際に。

参考 副助詞とする説もある。

つつお-ごめ【筒落米】名 米の品質を調べるために俵にさす竹筒からこぼれ落ちた米。

つつが-な・し【恙無し】形ク〔(から)・く(かり)・し・き(かる)・けれ・かれ〕無事である。「つつみなし」とも。〈源氏・東屋〉「つつがなく用て思ふごと見なさむと思ひ」訳 無事なようすで願いどおりに(娘の)世話をしたい(=縁づけたい)と思い。

つづ・く【続く】〔古くは「つつく」〕❶ 自カ四〔か・き・く・く・け・け〕❶連続する。つながる。〈源氏・明石〉「おはしますに続き用たる廊(らう)に落ちかかりぬ」訳 (光源氏の)いらっしゃる所とつながっている渡り廊下に(雷が)落ちかかった。❷あとに従う。あとに連なる。〈枕・一四三〉「上達部(かんだちめ)なども、みな続き用て出(い)で給ひぬれば」訳 公卿(くぎょう)なども、みな(舞人たちの)あとに連なって退出しなさったので。❷ 他カ下二〔け・け・く・くる・くれ・けよ〕❶連続させる。続ける。つな

文法ノート 接続

動詞・助動詞の連用形に付く。

1「つつ」のおもな用法の特徴

反復 上の動作・作用がくり返される。途中で休んだり他の動作・作用が入ったりしてもよい。

継続 上の動作・作用が続行される。途中で休んだり他の動作・作用が入ったりすることがない。

並行 二つの動作・作用が同時に行われる。口語の「ながら」にあたる。

反復・継続の意が基本であるから、現代語の感覚で安易に「ながら」と訳さないように注意したい。①②に挙げた訳語のほか、「何度も…して」のような訳出法もある。

2 逆接・余剰の意

①の反復の用法であるが、「つつ」が逆接のような意になることがある。

例 あがここだ待てど来鳴かぬほととぎすひとり聞きつつ告げぬ君かも〈万葉・一九・四二〇八〉

訳 私がこんなにまで待っていても来て鳴かないほととぎすを、自分ひとりで聞いていながら、(私に)知らせてくれないあなたであるよ。

また、和歌の文末に用いて、後文を言いさして余剰をこめる意を表すことがある。

例 君がため春の野に出でて若菜つむわが衣手(ころもで)に雪は降りつつ〈古今・春上〉

訳 ↓付録①「小倉百人一首」15

げる。〈源氏・若紫〉「清げなる屋、廊など続け用て、木立いとよしあるは」訳 こざっぱりした建物や渡り廊下などをつなげて、(植え込みの)木立もたいそう風情があるのは。

❷ことばを連ねる。述べ続ける。

つつしみ【慎み】名 ❶**物忌み。**物忌みの祈禱(きとう)。潔斎(けっさい)。〈源氏・葵〉「さまざまの御つつしみせさせ奉り給ふ」訳 (左大臣家では)いろいろの御物忌みを(葵(あおい)の上に)おさせ申しあげなさる。

❷過ちのないように気をつけること。用心。

❸身を慎むこと。謹慎。

つつし・む【慎む・謹む】他マ四{ま・み・む・む・め・め} ❶**注意する。**用心する。〈徒然・一四五〉「落馬の相ある人なり。よくよくつつしみ用給へ」訳 (あなたは)馬から落ちる相のある人だ。十分に用心しなさい。

❷**物忌みする。**斎戒(さいかい)(＝潔斎)する。〈源氏・夕顔〉「むつかしうつつしま未せ奉り給ふ」訳 (左大臣は光源氏に)うるさいほどに斎戒おさせ申しあげなさる。

つづし・る【嘰る】他ラ四{ら・り・る・る・れ・れ} ❶少しずつ口ずさむ。〈源氏・帚木〉「影もよしなどつづしり用うたふほどに」訳 「月影もよし」などと、少しずつ口ずさみ歌ううちに。

❷少しずつ食う。〈今昔・二六・五〉「塩辛(から)きものどもをつづしる体に」訳 塩辛い食べ物をいろいろ少しずつ食うので。

つづしろ・ふ(ツヅシロウ)【嘰ろふ】他ハ四{は・ひ・ふ・ふ・へ・へ} [四段動詞「嘰(つづ)る」未＋上代の反復・継続の助動詞「ふ」＝「つづしらふ」の転]少しずつ食べ続ける。〈万葉・五・八九二〉「堅塩(かたしほ)を取りつづしろひ用」訳 ↓かぜまじり…和歌

つつま・し【慎まし】形シク{しから・しく(しかり)・し・しき(しかる)・しけれ・しかれ} ❶**気がひける。**遠慮される。〈和泉式部日記〉「なれなれしきさまにやとつつましう用(ウ音便)候ふうちに」訳 なれなれしいようで(あろうか)と、遠慮されておりますうちに。

❷気恥ずかしい。〈源氏・夢浮橋〉「ふと言ひ寄らむもつつましけれ已ど」訳 (小君は姉の浮舟(うきふね)に)唐突にことばを掛けるようなことも気恥ずかしいけれども。

つつまし-げ【慎ましげ】形動ナリ{なら・なり(に)・なり・なる・なれ・なれ} [「げ」は接尾語]気がひけるさま。遠慮がちなさま。〈源氏・帚木〉「いと恥づかしくつつましげに用まぎらはし隠して」訳 (女は)ひどく恥ずかしくきまりわるそうにとりつくろい隠して。

つづま-やか【約まやか】形動ナリ{なら・なり(に)・なり・なる・なれ・なれ} [「やか」は接尾語]ひかえめにするさま。**倹約するさま。**〈徒然・一八〉「おのれをつづまやかに用し、おごりを退けて」訳 わが身をつつましくし、ぜいたくをやめて。

つづま・る【約まる】自ラ四{ら・り・る・る・れ・れ} ❶小さくなる。縮まる。〈宇治・三・七〉「虎、つづまり用ゐて、物をうかがふ」訳 虎が縮まりすわって、何かをうかがう。

❷短くなる。〈今昔・二六・七〉「月日の過ぐるにしたがひて、命のつづまる体を」訳 月日がたつにつれて、命が短くなるのを。

つつみ【慎み】名 はばかりつつしむこと。遠慮。〈枕・九七〉「人のために恥づかしう、悪(あ)しきことを、つつみもなく言ひゐたる」訳 (ある)人にとっては恥ずかしく、具合が悪いことを、遠慮もなく言っているの(はあきれたものだ)。

つづみ【鼓】名 ❶胴に革を張って打ち鳴らす楽器の総称。太鼓の類。

❷中世以降、特に胴の中央が細くなっている鼓をいう。

(つづみ②)

堤中納言物語(つつみちゅうなごんものがたり)《作品名》平安後期から鎌倉初期の短編物語集。一部を除き、作者・成立年代とも未詳。「虫めづる姫君」など十編の短編からなり、いずれも奇抜な構想で、人生の断片を巧みにとらえる。

つつみ-な・し【恙み無し】形ク{(から)・く(かり)・し・き(かる)・けれ・かれ} 「つつがなし」に同じ。〈万葉・五・八九四〉「つつみなく用幸(さき)

最重要330

205 つつ・む【慎む】❶ 自マ四{ま・み・む・む・め・め} ❷ 他マ四{ま・み・む・む・め・め}

ガイド 動詞「包む」と同源で、**感情を外に出さず秘める**の意。そこから❶❷の意が生じた。形容詞形は「慎まし」。

❶ 自マ四 **気がひける。気おくれする。**

例 あぢきなうみな**つつま**(未)れて、書きけがしなどしたるあり〈枕・二三〉

訳 (ふだんは上手に書く人も)あいにく(その場では)みな自然と**気おくれがし**て、書き損じなどした人もいる。

❷ 他マ四 **気がねをする。はばかる。遠慮する。**

例 人目も今は**つつみ**(用)給はず泣き給ふ〈竹取・かぐや姫の昇天〉

訳 (かぐや姫は)人目も今は**はばかり**なさらずにお泣きになる。

く坐(いま)してはや帰りませ」訳 何事もなくご無事でいらっしゃって早くお帰りください。

つつ・む【慎む】自マ四 他マ四 ➡右 205

つつ・む【障む・恙む】自マ四{ま・み・む・む・め・め}障害にあう。妨げられる。病気になる。〈万葉・二〇・四五一四〉「行くさ来(く)さ**つつむ**(体)ことなく船は早けむ」訳 行くときも帰るときも**障害にあう**ことなく、船は速く進むだろう。

つつ・む【包む・裹む】他マ四{ま・み・む・む・め・め}❶中に入れる。おおい囲む。くるむ。〈竹取・かぐや姫の昇天〉「脱ぎおく衣(きぬ)に**包ま**(未)むとすれば、ある天人**包ま**(未)せず」訳 (壺(つぼ)の薬を)脱いでおく着物に**包も**うとすると、その場にいる天人は**包ま**せない。

❷隠す。秘める。〈万葉・一三・三二八五〉「たらちねの母にも告(の)らず**包め**(已)りし心はよしゑ君がまにまに」訳 母にも言わずに**隠し**ていた心はどうにでもなれ。どうぞあなたの心のままに。(「たらちねの」は「母」にかかる枕詞)

つつ‐やみ【つつ闇】名 まっくら闇。

つづら 名 ❶【葛】植物の名。つる草の総称。

❷【葛籠】衣服などを入れるかご。つる草または竹を編んで作る。つづらこ。

つづら‐をり(オリ)【葛折り】名 いくつにも曲がりくねった坂道。〈源氏・若紫〉「ただこの**つづら折り**の下(しも)に」訳 ちょうどこの**曲がりくねった坂道**の下に。

つづり【綴り】名 継ぎ合わせること。また、継ぎ合わせた粗末な布や衣。転じて、僧衣。〈無名草子〉「**つづり**といふもの帽子にしてはべりけるこそ、いとあはれなれ」訳 (清少納言が)**つぎはぎをした布**というものをかぶり物にしていましたのは、たいそう気の毒だ。

つづ・る【綴る】他ラ四{ら・り・る・る・れ・れ}❶継ぎ合わせる。つなぎ合わせる。〈細道・出発まで〉「股引(ももひき)の破れを**つづり**(用)(=**つなぎ合わせ**)、笠(かさ)の緒つけかへて」

❷詩歌・文章を作る。

つつ‐ゐ(イ)【筒井】名 筒のように円形に掘り下げた井戸。〈義経記〉「**筒井**の水も絶えて(=なくなって)」

つつゐ‐づつ(ツツイ)【筒井筒】名「筒井」の、地上に設けた囲いの部分。

つつゐつの… 和歌

筒井つの　井筒(ゐづつ)にかけし　まろがたけ
すぎにけらしな　妹(いも)見(み)ざるまに
〈伊勢・二三〉

訳 (子供のころ)筒井戸を囲う井筒と背くらべした私の背たけは、(その井筒よりも)高くなってしまったようだよ。あなたと顔を合わせないでいる間に。(「けらし」は「けるらし」の転、「らし」は根拠のある推定の助動詞)

解説 幼友達であった女性への求婚の歌。「筒井つ」の「つ」の意味が不明であるが、語調を整えるために添えたとも、「ゐづつ」を導くための序の役割をもつともいわれる。第四句までで、自分がすでに少年の時代を脱し、大人になったことをいった。「筒井筒(つつゐづつ)井筒(ゐづつ)にかけし…」とする本もある。「くらべこし振り分け髪も肩すぎぬ君ならずして誰(たれ)かあぐべき」(訳 →くらべこし… 和歌)〈伊勢・二三〉の歌は、この歌の返歌として詠まれたもの。

つて【伝】名 ❶**人づて。**〈源氏・若菜上〉「**つて**に承れば、若君は、春宮(とうぐう)に参り給ひて」訳 **人づて**に承ると、若君は皇太子のもとに入内(じゅだい)なさって。

❷**物のついで。**〈源氏・椎本〉「**つて**に見し宿の桜を」訳 (去年)**物のついで**に見た山荘の桜を。

つ・て【伝て】下二段動詞「伝(つ)つ」の未然形・連用形。伝える。ことづける。〈源氏・幻〉「ほととぎす君に**つて**(未)なむ」訳 (あの世に通うという)ほととぎすよ、君(=亡き紫の上)に**ことづてをし**てほしい。→伝(つ)つ

つと【苞・苴】名 ❶食品などをわらに包んで持ち運びやすくしたもの。わらづと。

❷その土地の産物。みやげ。〈徒然・二三六〉「都の**つと**に語らむ」訳 都への**みやげ**(=みやげ話)に語ろう。

つ‐と 副 ❶じっと。**そのままずっと。**〈源氏・桐壺〉「けはひかたちの、面影に**つと**そひて思(おぼ)さるるにも」訳 (桐壺の更衣の)ようすや顔つきが、幻となって**そのままずっと**寄りそっているように(桐壺帝は)自然に思われなさるにつけても。

❷急に。**さっと。**〈枕・二二七〉「げにいとあはれなりなど聞き

ながら、涙のつと出でで来こぬ、いとほしたなし」訳ほんとうにとても気の毒だなどと聞くものの、涙がさっと出てこないのは、たいそう間が悪い。

つどう〘集う〙⬇つどふ

つと-に【夙に】副 朝早く。早朝から。〈紀・仁徳〉「天皇すめらみこと、つとに興おき、夜おそく寝いねまして」訳天皇は、朝早く起き、夜遅くお休みになって。

つど・ふ【集ふ】一 自八四{は・ひ・ふ・ふ・へ・へ} 集まる。寄り合う。〈細道・旅立〉「むつましきかぎりは宵よりつどひ用て、舟に乗りて送る」訳親しい者は皆宵の口から集まって、(翌朝は)舟に乗って送る。

二 他八下二{へ・へ・ふ・ふる・ふれ・へよ} 集める。寄せ集める。〈竹取・かぐや姫の生ひ立ち〉「をとこはうけきらはず呼びつどへ用て」訳男はだれかれかまわず(宴うたげに)呼び集めて。

古文常識 「つどふ」と「あふ」

多くのものが一か所に集まる意を原義とするのが「つどふ」であり、二つのものが寄りついて一つになる意を原義とするのが「あふ」である。軍団のように、あるまとまりが単位となって「つどふ」あるいは「あふ」ことがある。「つどふ」の対義語は「あかる」、「あふ」の対義語は「わかる」である。

つと・む【勤む・勉む・務む】他マ下二{め・め・む・むる・むれ・めよ} ❶努力する。また、勤務する。〈徒然・一三四〉「道を知る者は、植うることをつとむ終」訳道理を知る者は、(役立つ草木を)植えることに努力する。

❷仏道を修行する。勤行ごんぎょうする。〈源氏・若紫〉「初夜いまだ勤め用侍らず」訳初夜の勤行をまだ勤めておりません。

つとめ【勤め・務め】名 ❶《仏教語》毎日一定の時刻に、仏前で経をあげ礼拝すること。仏道の修行。勤行。〈源氏・若紫〉「後の世のつとめもいとよくして」訳後世のための勤行もたいそうよくして。

❷職務。任務。〈徒然・一二一〉「犬は守り防ぐつとめ、人にも勝まさりたれば」訳犬は(家を)守り(盗人を)防ぐ役目が、人間よりもすぐれているから。

つとめて 名 ⬇左206

つな・ぐ【繋ぐ・踵ぐ】他ガ四{が・ぎ・ぐ・ぐ・げ・げ} ❶物を綱などで結びとめる。

❷(足跡などを頼りに)跡を追う。跡をつける。〈万葉・一六・三八七四〉「射ゆ鹿ししをつなぐ体川辺かはへの和草にこぐさの」訳射られた鹿の跡をつける川辺のやわらかい草のように。

❸長く続け保つ。絶えないようにする。

つな-で【綱手】名〔古くは「つなて」とも〕船につないで陸から引く綱。引き船の綱。綱手縄つなでなわ。

つね【常・恒】

一 名 ❶ふだん。通例。〈源氏・桐壺〉「野分のわきだちて、にはかに肌寒き夕暮れの程、常よりも思おぼし出いづること多くて」訳野分の風が吹きだして、急に冷え冷えとする夕暮れのころ、ふだんよりも(桐壺帝は桐壺の更衣を)お思い出しになることが多くて。

❷ふつう。あたりまえ。なみ。いつも。〈伊勢・一六〉「世の常の人のごともあらず」訳(落ちぶれて)世間のなみの人のようでもない。

二 名・形動ナリ 永久。同じ状態にあること。変わらないこと。〈古今・雑下〉「世の中は何かつねなる体あすか川きのふの淵ふちぞ今日けふは瀬になる」訳⬇よのなかは…　和歌

フレーズ

常無な・し 変わりやすい。無常だ。一定していない。〈万葉・三・四六五〉「うつせみの世は常なし終と知るものを」訳現実の世は変わりやすいと知るものの。

常なら-ず 無常で変わりやすい。はかない。〈徒然・二五〉「飛鳥あすか川の淵瀬ふちせつねならぬ体世にしあれば」訳飛鳥川の淵と瀬が変わりやすいように、無常ではかないこの世であるので。

なりたち 形容動詞「常なり」未＋打消の助動詞「ず」

最重要330

206

つとめて 名

ガイド 朝早くの意の副詞「夙つとに」と関連の深い語。上代には見られず、中古の和文に用いられた。「ひる」の生活の始まりのもっとも早い時間帯、早朝をいう。新しい一日の始まりという意識から、②の意にも用いる。

❶**早朝。**

例 冬はつとめて。雪の降りたるはいふべきにもあらず〈枕・一〉

訳 冬は早朝(が趣がある)。雪が降っているのは言うまでもなく。

❷**(前夜、何か事があった)その翌朝。**

例 その夜、南の風吹きて波いと高し。つとめてその家の女めの子ども出いでて〈伊勢・八七〉

訳 その夜、南の風が吹いて波がひどく高い。翌朝その家の女の子供たちが(浜に)出て。

恒の産(さん)【「恒産(こうさん)」の訓読】一定した収入をもたらす職業、または資産。〈徒然・一四二〉「人、恒の産なき時は、恒の心なし」訳 人は、一定の資産がないときは、定まった心もない。

つね-な-し【常無し】⇒常(つね)「フレーズ」

つね-なら-ず【常ならず】⇒常(つね)「フレーズ」

つね-の-さん【恒の産】⇒常(つね)「フレーズ」

つの-ぐ-む【角ぐむ】自マ四{ま・み・む・む・め・め}〔「ぐむ」は接尾語〕草木の芽が角のように出始める。〈新古・春上〉「あしの葉につのぐむ(体)ほどの春風ぞ吹く」訳 葦(あし)の枯れ葉に、芽が角のように出始めるほどの春風が吹くことよ。

つ-は-く【唾吐く】自カ四{か・き・く・く・け・け}つばを吐く。また、口の中のものを吐く。〈記・上〉「口にふくみて、その玉器(たまもひ)につはき(用)入れ給ひき」訳 (玉を)口に含んで、その美しい器に吐き入れなさった。

つばくら-め【燕】名「つばくら」とも。鳥の名。つばめ。春

つは-もの【兵】ツワ― 名 ❶武士。兵士。また、勇士。〈細道・芭蕉〉「夏草や兵どもが夢の跡」訳 ⇒なつくさや…俳句

❷戦争に使う道具。武器。〈徒然・八〇〉「兵尽き、矢きはまりて、つひに敵に降(くだ)らず」訳 武器が尽き、矢がなくなっても、最後まで敵に降服せず。

つばら【委曲】形動ナリ{なら・なり(に)・なり・なる・なれ・なれ}「つばらか」に同じ。〈万葉・一・一七〉「道の隈(くま)い積もるまでにつばらにも見つつ行かむを」訳 道の曲がり角がいくつも積もり重なるまで、十分に見ながら行きたいのに。

つばら-か【委曲か】形動ナリ{なら・なり(に)・なり・なる・なれ・なれ}「つばら」とも。❶詳しいさま。詳細なさま。〈万葉・九・一七五三〉「国のまほらをつばらかに(用)示し給へば」訳 国のよいところをこまかにお示しになるので。

❷思い残すことのないさま。十分だ。〈万葉・一九・四二五二〉「つばらかに(用)今日は暮らさね大夫(ますらを)の徒(とも)」訳 思い残すことなく今日を暮らしてほしい。ますらおたちよ。

つばらつばら-に【委曲委曲に】副 くわしく。つくづくと。しみじみと。〈万葉・一八・四〇六五〉「朝びらき入り江漕(こ)ぐなる楫(かぢ)の音のつばらつばらに吾家(わぎへ)し思ほゆ」訳 早朝船を出して入り江を漕いでいるらしい楫の音のように、しみじみと故郷の家が思われることだ。〔第三句までは「つばらつばらに」を導きだす序詞〕

つは-る ツワル 自ラ四{ら・り・る・る・れ・れ}❶内部のものが外に突き出ようとする。芽ぐむ。きざす。〈徒然・一五五〉「下よりきざしつはる(体)に堪へずして落つるなり」訳 (葉の)内部から芽ぐんで外に突き出ようとするのにたえられなくて(古い葉が)落ちるのである。

❷つわりが起こる。妊娠のきざしが現れる。〈落窪〉「いつしかとつはり(用)給へば」訳 いつのまにか早くも妊娠のきざしが現れなさるので。

つひ【終】ツイ 名 終わり。最後。〈源氏・幻〉「泣く泣くも帰りにしかな仮の世はいづこもつひの常世(とこよ)ならぬに」訳 (雁(かり)が鳴きながら巣に帰るように)私(=光源氏)も泣く泣く(泊まらずに)帰ってしまったよ。仮の世はどこも(同じで)最後の永久不変の世ではないのだから。〔「泣く」は「鳴く」との、「仮」は「雁」との掛詞〕

フレーズ

終(つひ)の住(す)み処(か) 最後に住む所。また、死後に落ち着く所。

終の別(わか)れ 最後の別れ。死別。⇒果(は)つ「慣用表現」

つひえ ツイエ 名 ❶【弊え】疲れること。疲労。衰え弱ること。〈太平記・二〉「政道正しからずして民のつひえを思はず」訳 政治が正しく行われないで人民の疲労を考えず。

❷【費え】費用がかかること。むだな出費。損害。〈方丈・三〉「七珍万宝(しっちんまんぼう)さながら灰燼(かいじん)となりにき。その費えいくそばくぞ」訳 (大火で)あらゆる種類の宝物はすべて灰や燃えがらとなってしまった。その損害はどれほどか。

つひ-に【終に・遂に】ツイ 副 ❶終わりに。最後に。〈伊勢・二三〉「つひに本意(ほい)のごとく合ひにけり」訳 (幼なじみの二人は)とうとうかねての望みどおり結婚したのだった。

❷(多く、下に打消の語を伴って)最後まで。とうとう。結局。〈徒然・五一〉「とかく直しけれども、つひに回らで、いたづらに立てりけり」訳 (水車を)あれこれと修理したけれども、結局回らないで、むだに立っていたのだった。

❸(下に打消の語を伴って)いまもって。まだ一度も。決して。〈狂・末広がり〉「末広がりと申すものは、つひに見たこともござらぬ」訳 末広がり(=扇)と申す物は、いまだかつて見たこともございません。

つひにゆく… 和歌

つひにゆく　道とはかねて　聞(き)きしかど
きのふけふとは　思(おも)はざりしを
〈伊勢・一二五〉〈古今・一六・哀傷・八六一・在原業平(ありはらのなりひら)〉

訳 (だれもが)最後には行く(死の)道だとはかねがね聞いていたが、(それが私の身に起こるのが)昨日今日のことだとは、思いもしなかったなあ。

解説 男が病気になり、死を覚悟して詠んだ歌という。「古今集」詞書(ことばがき)も同内容である。

つひ-の-すみか【終の住み処】ツイ― ⇒終(つひ)「フレーズ」

つひ-の-わかれ【終の別れ】ツイ― ⇒終(つひ)「フレーズ」

つひや-す ツイヤス 他サ四{さ・し・す・す・せ・せ}❶【費やす】使ってなくす。浪費する。〈方丈・二〉「さしも危ふき京中の家をつくるとて、宝を費やし(用)」訳 あれほど危険な京の都の中の家をつくるというので、財産を浪費し。

❷【弊やす】疲れ弱らせる。衰えさせる。〈徒然・九七〉「その物につきて、その物をつひやし(用)そこなふ物、数を知らずあり」訳 その物にとりついて、その物を弱らせ害する物が、数えきれないほどある。

つひ-ゆ ツイユ 自ヤ下二{え・え・ゆ・ゆる・ゆれ・えよ}❶【費ゆ】使ってだんだん減る。〈紀・皇極〉「損(おと)り費ゆる(体)こときはめてはなはだし」訳 (財宝を投げ出して常世(とこよ)の神をまつったが)損して減ることがとてもはなはだしい。

❷【弊ゆ】弱る。衰える。疲労する。〈源氏・蓬生〉「年ごろいたうつひえ(用)たれど」訳 (侍従は)この数年来とてもやつれているけれども。

つぶさ【具さ・備さ】形動ナリ{なら・なり(に)・なり・なる・なれ・なれ} ❶全部備わっているさま。完全であるさま。〈記・上〉「教へのままに少し行きましに、**つぶさに**用その言(こと)の如(ごと)くなりしかば」訳 教えのとおりに少しお行きになったところ、**完全に**その言葉のとおりであったので。
❷詳しくていねいなさま。こまかく詳しいさま。

つぶ-つぶ(-と) 副 ⬇左 207

つぶ-て【飛礫・礫】名 小石を投げつけること。また、その小石。

つぶ-と 副 ❶すっかり。すべて。〈大鏡・道長上〉「ほど経(へ)ぬれば、色どもの**つぶと**忘れ侍りにけるよ」訳 時がたったので、(宮さま方の衣の)それぞれの色を**すっかり**忘れてしまいましたことよ。
❷(下に打消の語を伴って)少しも。全然。〈今昔・二七・三八〉「顔を**つぶと**見せぬがあやしきにと思ひて」訳 (安高(やすたか)=人名は女が)顔を**少しも**見せないのがあやしいのでと思って。
❸一面に。びっしりと。〈大鏡・伊尹〉「陸奥紙(みちのくにがみ)を**つぶと**押させ給へりけるが」訳 陸奥紙(=東北地方で産した上質の和紙)を(壁)**一面に**はらせなさったのが。

最重要330

207 つぶ-つぶ(-と) 副

ガイド **まるまるとしているさま**、また、**点々と途切れながら続くさま**を表す語。①は「つぶらなひとみ」などというときの「つぶ」、②③④は「粒粒」で点々と途切れながら続くようす、⑤⑥は擬声語。

❶**豊満なさま。魅力的なさま。ふっくら。**
例 **つぶつぶと**をかしげなる胸をあけて乳(ち)などくくめ給ふ〈源氏・横笛〉
訳 (雲居(くもい)の雁(かり)は)**ふっくらと**して美しい感じの胸をあけて、乳などを(若君の)口の中に含ませなさる。

❷**文字を一つ一つ離して書くさま。**
例 陸奥紙(みちのくにがみ)五、六枚に、**つぶつぶと**あやしき鳥の跡のやうに書きて〈源氏・橋姫〉
訳 (柏木(かしわぎ)は)陸奥紙(=東北地方で産した上質の和紙)五、六枚に、**ぽつぽつと一字ずつ放ち書きに**、へんな鳥の足跡のように(乱れた筆跡で)書いて。

❸**(水などが)粒のようになって出るさま。ぽたぽた。**
例 涙の**つぶつぶと**落ち給ふを〈うつほ・楼の上上〉
訳 涙が**ぽたぽたと**落ちなさるのを。

❹**こまごましたさま。くわしく。つぶさに。**
例 いかで**つぶつぶと**言ひ知らするものにもがな〈蜻蛉・上〉
訳 なんとかして**こまごまと**言い知らせることができたらなあ。

❺**思いが胸に迫って激しい動悸(どうき)がするさま。胸騒ぎするさま。どきどき。**
例 いといみじく胸**つぶつぶと**鳴る心地(ここち)す〈源氏・若菜下〉
訳 (小侍従は)たいそう激しく胸が**どきどきと**鳴る気持ちがする。

❻**口の中でぶつぶつ言うさま。ぶつぶつ。**
例 口のうち**つぶつぶと**念じ給ひつつ〈雨月・蛇性の婬〉
訳 口の中で、**ぶつぶつと**(呪文を)お唱えになっては。

つぶ-らか【円らか】形動ナリ{なら・なり(に)・なり・なる・なれ・なれ} 丸くふっくらしているさま。〈うつほ・国譲下〉「いと**つぶらかに**用白く肥え給へり」訳 (赤ん坊は)とても**丸くふっくらとして**白く太っていらっしゃる。

つぶ・る【潰る】自ラ下二{れ・れ・る・るる・るれ・れよ} ❶力が加わってこわれる。つぶれる。〈源氏・玉鬘〉「天下(てんげ)に目**つぶれ**用、足折れ給へりとも」訳 どんなに(玉鬘(たまかずら)の)目が**つぶれ**、足が折れなさっていても。
❷(不安や驚きで)胸がどきどきする。心が痛む。〈大和・一〇三〉「胸**つぶれ**用て『こち来(こ)』といひて文(ふみ)をとりて見れば」訳 胸が**どきどきして**「こちらへ来なさい」と言って手紙をとって見ると。

つ-べし ❶事の成り行きの当然性・必然性を推量する意を表す。…してしまうだろう。**きっと…にちがいない。**〈源氏・桐壺〉「楊貴妃(やうきひ)の例(ため)も引き出(い)でつ**べく**用なりゆくに」訳 楊貴妃(=唐の玄宗(げんそう)皇帝の妃)の先例も**きっと**引き合いに出す**にちがいないように**なっていくので。〈徒然・一四二〉「かなしからん親のため、妻子のためには、恥をも忘れ、盗みもし**つべき**体ことなり」訳 いとしく思うような親のため、妻子のためには、恥をも忘れて、盗みも**してしまうにちがいない**ことである。
❷可能な事柄に対する推量を表す。きっと…できるだろう。**…することができそうだ。**〈太平記・七〉「この水を以(もっ)て、たとひ五、六十日雨降らずともこらへ**つべし**終」訳 (籠城(ろうじょう)するのに)この水で、たとえ五、六十日雨が降らなくても持ちこたえる**ことができるだろう。**

なりたち 完了（確述）の助動詞「つ」㊥＋推量の助動詞「べし」

接続 活用語の連用形に付く。

参考 この場合「つ」は確述の意を強める。ここにはおもな場合をあげたが、「べし」の表している意味によって訳語を決めることになる。↓つ（助動下二型）（五三〇ページ）・べし（七三三ページ）

つぼ 名 ❶【坪・壺】㋐建物のあいだや垣根の中などにある一区画の土地。中庭。転じて、宮中の部屋。つぼね。〈枕・二四五〉「前は**壺**なれば、前栽（せんざい）植ゑ」訳（廊下の）前は**中庭**なので、草木を植え。

㋑格子のますめの一つ一つ。〈枕・二〇〇〉「格子の**壺**などに、木の葉を…吹き入れたるこそ」訳格子の**一ます一ます**などに、木の葉を…吹き入れてあるのは（風のしわざとは思えない）。

❷【坪】㋐条里制で、土地の区画の単位。一坪は一町（＝約一〇九メートル）平方。

㋑近世、面積の単位。一坪は一間（いっけん）平方（＝約三・三平方メートル）。

つぼ【壺】名 ❶深くくぼんだ所。

❷口がつぼみ、腹のふくれた形の器。

❸掛け金を受ける止め金。壺金（つぼがね）。

❹ねらう所。見込みをつけている所。〈太平記・一六〉「同じ**つぼ**に射返し候はんずる者」訳同じ**ねらい所**に射返すでありましょう者は。

つぼ-さうぞく（ウソク）【壺装束】名「つぼしゃうぞく」とも。平安時代、女性が物詣でや旅行に徒歩で外出するときの服装。市女笠（いちめがさ）をかぶり、うしろに垂らした髪を小袖の中に入れ、衣の前の両褄（つま）を折って前腰帯にはさんだ。

（つぼさうぞく）

つぼ-せんざい【坪前栽・壺前栽】名 中庭に植え込んだ草木。

つぼね【局】名

❶宮中や貴人の邸宅内で、それぞれ別に仕切られている部屋。上級の女官・女房が起居する部屋。〈更級・春秋のさだめ〉「逃げ入りて、**局**なる人々呼びあげなどせむも見苦し」訳（奥に）逃げこんで、**局**にいる女房たちを呼び寄せたりするのもみっともない。

❷①を持つ女官・女房の称。〈紫式部日記〉「日本紀の御**局**とぞつけたりける、いとをかしくぞ侍る」訳（私に）「日本紀の御**局**」と（あだなを）つけたのは、たいそう笑止なことです。

参考 部屋として仕切られたものもあるが、屏風（びょうぶ）や几帳（きちょう）などで簡便に囲っただけのものをいうことが多い。

つぼ・む【蕾む】自マ四｛ま・み・む・む・め・め｝つぼみをつける。〈徒然・一五五〉「草も青くなり、梅も**つぼみ**㊥ぬ」訳（暖かい天気で）草も青くなり、梅も**つぼみをつけ**てしまう。

つぼ-を・る（オル）【壺折る】他ラ四｛ら・り・る・る・れ・れ｝衣の褄（つま）を折って帯にはさむ。裾をつまんではしょる。〈今昔・二五・一二〉「衣を引き、**壺折り**㊥て胡簶（やなぐひ）をかき負ひて」訳**裾をはしょって**胡簶を背負って。

つま 名 ❶【夫】妻から夫を呼ぶ称。また、恋人である男性を呼ぶ称。〈新古・秋上〉「いかばかり身にしみぬらん七夕の**夫**待つ宵の天の川風」訳どんなにか身にしみているだろう。織女星が**夫**を待つ宵の天の川の川風は。

❷【妻】夫から妻を呼ぶ称。また、恋人である女性を呼ぶ称。〈万葉・二〇・四三二二〉「わが**妻**はいたく恋ひらし」訳↓わがつまは…和歌

❸動物のつがいの一方をいう語。〈万葉・一七・四〇一八〉「奈呉（なご）の江に**つま**呼び交（か）はし鶴（たづ）さはに鳴く」訳奈呉の入り江に**夫・妻**が互いに呼び合って鶴（つる）がたくさん鳴いている。

つま【爪】名 爪（つめ）。指先。他の語と合し、複合語として用いられる。「**爪**音」「**爪**木」「**爪**繰（つまぐ）る」「**爪**印（つまじるし）」「**爪**弾（つまはじ）き」「**爪**む（＝摘（つ）む）」「**爪**縒（つまよ）る（＝矢のゆがみ・硬軟などを調べる）」

つま【端】名

❶はし。へり。きわ。〈紫式部日記〉「殿の三位の君、簾

最重要330 208

つゆ【露】㊀名 ㊁副

ガイド ㊀①が原義。現代語でも「そんなこととはつゆ知らず」のように用いる㊁の副詞は上代にはみられず、中古になって㊀②の用法から転じたものとみられる。

㊀名

❶草木の葉などにできる水滴。露。秋

例 前栽（せんざい）の**露**こぼるばかりぬれかかりたるも、いとをかし〈枕・一三〇〉

訳 庭先に植えた草木の**露**がこぼれるほどにぐっしょりと濡（ぬ）れているのも、たいそう趣がある。

❷わずかなこと。少しであること。

例 **つゆ**にても心に違（たが）ふことはなくもがな〈源氏・帚木〉

訳 **少し**でも（左の馬頭（うまのかみ）の）気持ちにそむくことはないようにし

❸ はかなく消えやすいこと。もろいこと。

例 ありがたきもの　…つゆの癖なき〈枕・七五〉訳 めったにないもの、…ほんの少しの癖もない人。

例 ただ今も消えぬべき露のわが身ぞあやふく〈和泉式部日記〉訳 今にも消えてしまいそうなはかないわが身が不安で。

❹ 涙のしずくをたとえていう。➡咳き上ぐ「慣用表現」

例 初草の若葉の上を見つるより旅寝の袖も露ぞかわかぬ〈源氏・若紫〉訳 春にもえ出る若葉(=若紫)の身の上を見たときから、(私=光源氏の)旅寝の衣の袖も(慕わしさに)涙のしずくがいっこうに乾かないことよ。(「露」は二の副詞の「つゆ」との掛詞)

❺ 狩衣・水干・直垂などの袖くくりの紐の垂れ下がった部分。

二 副 (下に打消の語を伴って)少しも。いっこうに。全然。

例 御胸のみつとふたがりて、つゆまどろまれず〈源氏・桐壺〉訳 (桐壺帝は)ただもう御胸がぐっとつまって、少しもうとうとすることができず。

例 人の心にはつゆをかしからじと思ふこそ、またをかしけれ〈枕・一三〇〉訳 私以外の人の心には少しもおもしろくあるまいと思うのが、またおもしろい。

定型表現　副詞の呼応

つゆ…打消

例 つゆ　をかしからじ。〈打消推量〉
(＝少しもおもしろくあるまい)

フレーズ

露の命 露のようにはかなく消えやすい命。

露の間 ほんの少しの間。わずかな間。

露の身 露のようにはかなく消えやすい身。

露の世 露のようにはかないこの世。無常な世。

露も ❶(下に打消の語を伴って)少しも。まったく。〈更級・宮仕へ〉「思ひしことのつゆもかなはぬ」訳 (私の)望んだことは何一つかなわない。❷少しでも。ちょっとでも。〈竹取・かぐや姫の昇天〉「つゆも、物空にかけらば、ふと射殺し給へ」訳 少しでも、何かが空に飛んだならば、さっと射殺してください。

のつまひきあげて居給ふ」訳 殿の三位の君が、簾のはしをひきあげてお座りになる。❷軒のはし。軒ば。〈更級・梅の立枝〉「梅の木の、つま近くて、いと大きなるを」訳 梅の木で、軒ばに近くて、たいそう大きな木を(指して)。❸いとぐち。きっかけ。手がかり。〈源氏・蜻蛉〉「この人ぞ、また、例の、かの御心乱るべきつまなめる」訳 この女性(＝宮の君)が、また、いつものように、あの(匂宮の)お心を乱すにちがいないきっかけであるようだ。

つま-おと【爪音】名 ❶琴爪で琴をひく音。❷馬のひづめの音。

つま-ぎ【爪木】名 たきぎにする小枝。たきぎ。

つま-ごひ【妻恋ひ・夫恋ひ】名 夫が妻を、または妻が夫を恋しく思うこと。雌雄が互いに恋い慕うこと。

つま-ごみ【妻籠み】名「つまごめ」とも。妻をこもり住まわせること。妻といっしょになること。〈記・上〉「八雲立つ出雲八重垣妻ごみに八重垣つくるその八重垣を」訳 ➡やくもたつ…歌謡

つま-づま【端端】名 物事のはしばし。〈徒然・七三〉「つまづま合はせて語る虚言は、恐ろしきことなり」訳 物事のはしばし(＝つじつま)を合わせて話すうそは、(だまされやすく)恐ろしいことである。

つま-ど【妻戸】名 〔「端戸」の意〕寝殿造りで、寝殿や対の屋の四隅にある出入り口に設けた、外側へ開く、両開きの板戸。夜間など、廂と簀子の境は蔀で閉ざしてしまうので、妻戸によって出入りした。

（つまど）

つま-ど・ふ【妻問ふ】自ハ四〔は・ひ・ふ・ふ・へ・へ〕異性を恋い慕って言い寄る。求婚する。また、妻または恋人の

もとへ通う。〈新古・秋下〉「夜もすがら妻どふ(体)鹿の鳴くなへに」訳 夜どおし妻を慕っている雄鹿が鳴くにつれて。

つま‐はじき【爪弾き】 名 人差し指または中指の爪先を親指の腹にかけてはじくこと。気にくわないときや、忌み嫌うときなどにするしぐさ。〈土佐〉「日ひとひ、風やまず。爪弾きして寝ぬ」訳 一日じゅう、風がやまない。（気にくわないので）爪弾きをして寝てしまった。

つまびら‐か【詳らか・審らか】 形動ナリ {なら・なり(に)・なり・なる・なれ・なれ} 〔古くは「つまひらか」「つばひらか」とも。〕事細かなさま。詳しいさま。明瞭なさま。〈著聞・四三〉「大納言つまびらかに(用)申す旨なし」訳 大納言は詳しく申し上げる内容（＝典拠）もない。

つま・る【詰まる】 自ラ四 {ら・り・る・る・れ・れ} ❶いっぱいになってふさがる。つかえる。〈徒然・五三〉「傍らなる足鼎を取りて、頭に被きたれば、つまる(体)やうにするを」訳 そばにある足のついた鼎を取って、頭にかぶったところ、つかえるようになるのを。❷行きづまる。進退きわまる。〈徒然・八三〉「万のこと、先のつまり(用)たるは、破れに近き道なり」訳 何事も、先が行きづまっているのは、破綻に近い（という）道理である。❸景気が悪くなる。生活が苦しくなる。〈浮・世間胸算用〉「在郷（＝田舎）もつまり(用)まして」

つみ【罪】 名 ❶道徳・習慣・法律などに反する行為。また、その結果として受ける罰。〈竹取・かぐや姫の昇天〉「かぐや姫は罪をつくり給へりければ」訳 かぐや姫は（天上界で）罪を犯しなさっていたので。❷仏法の戒めを破る行為。また、その結果として受ける罰。〈源氏・若紫〉「罪得ることぞと常に聞こゆるを」訳（生き物を捕らえるのは）仏罰をこうむることだと、（あなた＝若紫に）いつも申し上げているのに。❸非難すべき点。欠点。〈源氏・帚木〉「さても、らうたき方に罪許し見るべきを」訳 そのままでも、かわいらしいということで欠点も許して世話をしていられようが。〔→咎 参考〕

つみ・す【罪す】 他サ変 {せ・し・す・する・すれ・せよ} 罪をとがめ罰する。〈徒然・一四二〉「僻事をのみ罪せ(未)んよりは」訳 悪事ばかりを罰するようなことよりは。

つみ‐な・ふ【罪なふ】 (ノ)ウナ 他ハ四 {は・ひ・ふ・ふ・へ・へ} 罪をとがめ罰する。処罰する。〈徒然・一四二〉「人を苦しめ、法を犯さしめて、それを罪なは(未)んこと、不便のわざなり」訳 人を苦しめ、（その結果）法律を犯させて、それを処罰するようなことは、気の毒なことである。

つ・む【積む】 一 自マ四 {ま・み・む・む・め・め} 積もる。たまる。〈枕・八七〉「雪のいと多く降りたるを、うれしうもまた積み(用)つるかなと見るに」訳 雪がとても多く降ったのを、うれしいことにまたも積もったことだなあと見ていると。
二 他マ四 {ま・み・む・む・め・め} ❶積み重ねる。重ねる。〈源氏・浮舟〉「こなたなる厨子に積む(終)べきことなどのたまはせて」訳（数々の漢詩集を）こちらにある厨子に積み重ねておくべきことなど（匂宮は）おっしゃって。❷（船や車などに荷を）載せる。〈徒然・一一七〉「鋸のくづ（＝おがくず）を車に積み(用)て」

つ・む【詰む】 一 自マ下二 {め・め・む・むる・むれ・めよ} 役目のため、一定の場所に控えている。出仕する。〈浄・冥途の飛脚〉「これのは今朝から庄屋様へ出向き、控えつめ(未)られ」訳 うちの人は今朝から庄屋殿へ出向き、控えていらっしゃり。
二 他マ下二 {め・め・む・むる・むれ・めよ} ❶物をいっぱいに入れる。ふさぐ。満たす。〈落窪〉「内外につめ(用)てければ、ゆるぎだにせず」訳（戸の）内と外に物をいっぱいに入れてしまったので、びくともしない。❷対処できない状態に追い込む。〈徒然・二四三〉「問ひつめ(未)られて、え答へずなり侍りつ」訳 問いつめられて、答えられなくなってしまいました。❸倹約する。〈浄・夕霧阿波鳴渡〉「ずいぶんわしが身をつめ(用)、三度つける油も一度つけ」訳 できるだけ私自身のことは倹約し、三度つける髪油も一度つけ。

つ・む【抓む】 他マ四 {ま・み・む・む・め・め} ❶指先でつまむ。〈万葉・二〇・四四〇八〉「御裳の裾つみ(用)上げかきなで」訳（母上は）お着物の裾をつまみ上げ（私を）かきなでて。❷つねる。〈源氏・紅葉賀〉「太刀抜きたる腕をとらへていといたうつみ(用)給へれば」訳 太刀を抜いた（頭の中将の）腕をつかまえて、（光源氏が）たいそうひどくつねりなさったので。❸〔「摘む」とも書く〕（植物などを）つみとる。〈古今・春上〉「君がため春の野に出でて若菜つむ(体)わが衣手に雪は降りつつ」訳 ➡付録①「小倉百人一首」15

つ・む【集む】 他マ下二 {め・め・む・むる・むれ・めよ} 集める。〈万葉・三・三六〇〉「潮干なば玉藻刈りつめ(命)」訳 潮が引いてしまったならば玉藻を刈って集めよ。（「つめ」は「よ」を伴わない、上代の命令形）

つめ【詰め】 名 ❶端。きわ。〈平家・四・橋合戦〉「宇治橋のつめにぞおしよせたる」訳（二万八千余騎が）宇治橋の端におしよせた。❷すきまに詰めこむ物。詰め物。❸（振り袖に対して）脇を縫いあわせた短い袖。詰め袖。また、それを着る年配の女性。

つ‐めり …たようだ。…たと見える。〈更級・春秋のさだめ〉「人はみな春に心を寄せつめり(終)我のみや見む秋の夜の月」訳 他の人はみな春に心を寄せたと見える。自分だけが（心を寄せて）見るのだろうか、秋の夜の月を。
なりたち 完了の助動詞「つ」(終)＋推量の助動詞「めり」

つもり【積もり】 名 ❶積み重なること。また、積もった結果。〈源氏・桐壺〉「恨みを負ふつもりにやありけむ、いと篤しくなりゆき」訳（他の女御や更衣の）恨みを背負うことの積み重なった結果であったのだろうか、たいそう病弱になってゆき。
接続 活用語の連用形に付く。
❷見積もり。また、推測。❸限界。限度。

つも・る【積もる】 一 自ラ四 {ら・り・る・る・れ・れ} ❶積み重なる。かさむ。〈源氏・賢木〉「用なきふるまひの積もり(用)て」訳 つまらないふるまいが積み重なって。❷量がふえる。たまる。〈平家・灌頂・大原入〉「岩間に積もる(体)水をば」訳 岩の間にたまる水を。
二 他ラ四 {ら・り・る・る・れ・れ}（近世語）❶あらかじめ計算する。見積もる。また、推測する。〈浮・世間胸算用〉「年中入り帳の銀高積もり(用)て」訳 一年間の収入帳簿の金額を見積もって。❷見すかしてだます。また、見くびる。

つや-つや 副 ❶（下に打消の語を伴って）**少しも。まったく。いっこうに。**〈徒然・一六四〉「賢（かしこ）げにうちうなづき、ほほ笑みてゐたれど、**つやつや**知らぬ人あり」訳 利口そうにちょっとうなずき、ほほえんでいるけれど、**少しも**（うそだと）わからない人がいる。

定型表現 副詞の呼応

つやつや…打消

例 **つやつや** 見えず。〈打消〉
（＝**まったく**見えない）

❷つくづく。**よくよく。**〈浄・源氏供養〉「源氏物語を［手に］とり開き、**つやつや**これを見て」

❸完全に。**すっかり。**〈十訓・一〉「かの持ちたる烏帽子（えぼし）のこと、**つやつや**忘れてけり」訳 その持っている烏帽子のことを、**すっかり**忘れてしまっていた。

つや-つや【艶艶】副 光沢の美しいさま。〈源氏・若紫〉「［着なれて］なよよかなる御衣（ぞ）に（＝やわらかなお召し物に）、髪は**つやつや**とかかりて」

つや-め・く【艶めく】自カ四｛か・き・く・く・け・け｝［「めく」は接尾語］つやつやとして見える。また、つやつやと光る。〈枕・四〇〉「いみじうふさやかに**つやめき**用」訳（ゆずり葉が）たいそうふさふさとして**つやつやと光り**。

つや-やか【艶やか】形動ナリ｛なら・なり（に）・なり・なる・なれ・なれ｝［「やか」は接尾語］光沢のあるさま。**うるおいがあり美しいさま。**〈源氏・蓬生〉「**つややかに**用かい掃（は）きなどする人もなし」訳（末摘花（すえつむはな）の邸（やしき）は）**つやつやと光るように**掃除などする人もいない。

つゆ【露】名 副 ➡五四六ページ 208

つゆ-け・し【露けし】形ク｛から・く（かり）・し・き（かる）・けれ・かれ｝**露に濡（ぬ）れてしめっぽい。**和歌などで、涙がちである意を含めていう。秋。〈源氏・夕顔〉「霧も深く**露けき**体に」訳 霧も深く**しめっぽい**のに。〈源氏・桐壺〉「ただ涙にひちて明かし暮らさせ給へば、見奉る人さへ**露けき**体秋なり」訳（桐壺帝は）ただ涙に濡れて、日をお送りになられているので、（桐壺帝を）拝見する人までも**しめっぽく涙がちな**秋である。

つゆ-しも【露霜】名［中世以降に「つゆじも」とも］❶**露と霜。**あるいは、単に**露。**また、露が凍って薄い霜のようになったもの。秋 ❷**年月。**〈新古・仮名序〉「**露霜**は改まるとも、松吹く風の散り失（う）せず」訳 **年月**は改まっても、（「新古今集」は）松に吹く風に散り失せることなく。

つゆ-ちり【露塵】㊀名 きわめてわずかなことのたとえ。〈枕・二八〉「人のうへ言ひ、**つゆちり**のこともゆかしがり、聞かまほしうして」訳 他人の身の上話をし、**ほんのちょっと**のことも知りたがり、聞きたそうにして。㊁副（下に打消の語を伴って）少しも。まったく。〈うつほ・忠こそ〉「**つゆちり**物とらせむの心なし」訳 **少しも**物を与えようという気持ちがない。

つゆとくとく… 俳句

露とくとく　こころみに浮（う）き世（よ）すすがばや
〈野ざらし紀行・芭蕉〉
秋　切れ字

訳（西行庵（あん）の苔（こけ）の間から流れる清水は）雫（しずく）がとくとくと今もなおしたたり落ちている。試みにこの雫で、俗世間の塵（ちり）（＝名利）を洗い清め（西行の境地に近づき）たいものだ。

解説 西行作と伝えられる「とくとくと落つる岩間の苔清水くみほすほどもなき住まひかな（＝くみつくすこともないささやかな山住まいであるよ）」をふまえる。

つゆ-の-いのち【露の命】➡露（つゆ）「フレーズ」

つゆ-の-ま【露の間】➡露（つゆ）「フレーズ」

つゆ-の-み【露の身】➡露（つゆ）「フレーズ」

つゆ-の-よ【露の世】➡露（つゆ）「フレーズ」

つゆ-も【露も】➡露（つゆ）「フレーズ」

つよ・る【強る】㊀自ラ四｛ら・り・る・る・れ・れ｝強くなる。奮起す

最重要330　209

つら・し【辛し】形ク｛から・く（かり）・し・き（かる）・けれ・かれ｝

ガイド 相手が薄情である意の①が原義。②は①であることによって生じる自分の気持ちを表す。

❶**薄情だ。思いやりがない。**不人情でいやだ。
例 いとは**つらく**用見ゆれど、こころざしはせむとす〈土佐〉
訳（隣人の仕打ちは）実に**薄情だと**は思われるが、（お礼の）贈り物はしようと思う。

❷**耐えがたい。心苦しい。**
例 命長さのいと**つらう**用（ウ音便）思ひ給へ知らるるに〈源氏・桐壺〉
訳 長寿であることがたいそう**耐えがたく**身にしみて存ぜられますので。

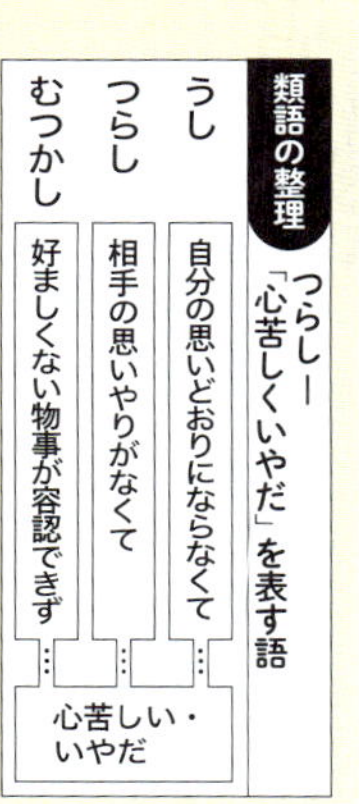

類語の整理
つらし ―「心苦しくいやだ」を表す語
うし
自分の思いどおりにならなくて…
つらし
相手の思いやりがなくて…
むつかし
好ましくない物事が容認できず…
心苦しい・いやだ

最重要330

210

つれ-づれ

【徒然】 一 名・形動ナリ 二 副

ガイド 動詞「連る」を重ねてできた語で、物事が単調に続く意が原義という。一①の意でも同時に一②の意を含むことが多い。

一 名・形動ナリ

❶ **何もすることがなく、手持ちぶさたなさま。退屈なさま。**

➡さうざうし「類語の整理」

例 僧たち、宵のつれづれに、「いざ、かいもちひせん」といひけるを〈宇治・一・一二〉

訳 僧たちが、宵の所在なさに、「さあ、ぼた餅をつくろう」と言ったのを。

例 つれづれなる㊍ままに、日暮らし硯に向かひて〈徒然・序〉

訳 何もすることがなく、手持ちぶさたであるのにまかせて、一日じゅう硯に向かって。

❷ **どうしようもなくひとり物思いに沈むさま。しんみりと寂しいこと。**

例 つれづれも慰めがたう、心細さまさりてなむ〈源氏・賢木〉

訳 どうしようもない物思いに沈む心も慰めにくく、心細さがつのって(おります)。

二 副

《近世語》**つくづく。よくよく。**

例 顔をつれづれ眺むれば〈浄・冥途の飛脚〉

訳 顔をつくづくながめると。

語感実感

体調を崩して静養しているときの、時間はあるのにできることがなく、手持ちぶさたで気が晴れない感じ。

る。〈平家・三・吉田大納言の沙汰〉「源氏の世の強り㊐し後は」訳 源氏の世が強くなった後は。

二 他ラ四〔ら・り・る・る・れ・れ〕心を強くひき立てる。精神を奮い起こす。〈源氏・若菜上〉「苦しき御心地をおぼし強り㊐て御対面あり」訳 (朱雀院は)苦しくつらいご気分を強くひき立てなさって、(光源氏に)ご対面になる。

つら【列・連】名 **連なること。列**。また、同列。**同類。仲間**。〈源氏・桐壺〉「ただ、わが女御子たちの同じ列に思ひ聞こえむ」訳 ただ自分(=桐壺帝)の皇女たちの同列に思い申しあげよう。

つら【面・頬】名 ❶顔。ほお。〈大鏡・道長上〉「影をば踏まで、面をやは踏まぬ」訳 (私=道長は、公任の)影は踏まないが、(その)顔を踏まないことがあろうか(いや、踏んでやろう)。❷物の表面。❸そば。わき。ほとり。また、通りに面した側。〈方丈・三〉「築地のつら、道のほとりに飢ゑ死ぬるもののたぐひ数も知らず」訳 土塀の外側や道ばたで飢えて死ぬ者の類は数もわからない(ほど多い)。

つら・し【辛し】形ク ➡前ページ 209

つら-つき【面付き・頬付き】名 顔つき。ほおのあたりのようす。

つら-つら 副 念を入れて思案するさま。よくよく。つくづく。〈徒然・三八〉「つらつら思へば、誉れを愛するは、人の聞きをよろこぶなり」訳 よくよく考えると、名声をたいせつにするのは、世人の評判を喜ぶことである。

つら-づゑツエ【頬杖】名 ほおづえ。

つら-な・る【連なる・列なる】自ラ四〔ら・り・る・る・れ・れ〕❶**並ぶ。列をなす**。〈平家・一・祇園精舎〉「王氏を出でて人臣につらなる㊑」訳 皇族から離れて臣下として並ぶ。❷**連れ立つ**。〈今昔・一七・三〉「同じ郷の者三人とつらなり㊐て、水銀を掘る所に行きぬ」

つら・ぬ【連ぬ・列ぬ】一 自ナ下二〔ね・ね・ぬ・ぬる・ぬれ・ねよ〕❶ **一列に並ぶ。連なる**。〈枕・一〉「雁などのつらね㊐たるが、いとちひさく見ゆるはいとをかし」訳 雁などが一列に並んで(飛んで)いるのが、とても小さく見えるのはほんとうに趣がある。❷**連れ立つ**。いっしょに行く。〈竹取・蓬萊の玉の枝〉「男ども六人つらね㊐て庭に出できたり」訳 男たちが六人連れ立って庭にやってきた。

二 他ナ下二〔ね・ね・ぬ・ぬる・ぬれ・ねよ〕❶ **一列に並べる**。〈紀・斉明〉「船を齶田浦につらぬ㊑」❷**伴う。ひき連れる**。〈源氏・空蟬〉「これをつらね㊐て歩きけると思ひて」訳 (小君が)この人をひき連れて歩きまわっていたのだなあと思って。

つらぬか・る【貫かる】自ラ四〔ら・り・る・る・れ・れ〕自分自身を貫く。〈平家・九・木曽最期〉「太刀のさきを口に含み、馬よりさかさまにとび落ち、貫かっ㊐(促音便)てぞ失せにける」訳 (今井四郎兼平は)太刀の先を口にくわえ、馬からさかさまに飛び下り、自らを貫いて死んでしまった。

つらぬ・く【貫く】 他カ四{か・き・く・く・け・け} 突き通す。〈源氏・賢木〉「白虹日を貫け㋑り」訳 白い虹が日を貫いた。

つ-らむ ラン …ただろう。…たのだろう。〈古今・恋三〉「思ひつつ寝ればや人の見えつらむ㊍夢と知りせば覚めざらましを」訳→おもひつつ… 和歌

なりたち 完了(確述)の助動詞「つ」㊟＋推量の助動詞「らむ」

貫之(つらゆき)《人名》→紀貫之(きのつらゆき)

つらら【氷・氷柱】 名 ❶こおり。冬。〈源氏・末摘花〉「朝日さす軒の垂氷は解けながらなどかつららのむすぼほるらむ」訳 朝日のさす軒のつららは解けているのに、どうして(池の)こおりが固く張っているように、あなた(＝末摘花)はうちとけないのだろうか。(「むすぼほる」に「こおりが張る」の意と「心にわだかまりをもつ」の意とをかける) ❷岩や軒などから棒状に垂れ下がっているこおり。つらら。冬

参考 古文では多く「つらら」がこおりの意を表し、今日の「つらら」は「垂氷」といった。

つる【鶴】 名 鳥の名。古来、亀とともに長寿を保つめでたい動物とされる。

参考 「万葉集」以来、和歌では「鶴(たづ)」という。

つ・る【連る】 一 自ラ下二{れ・れ・る・るる・るれ・れよ} ❶並び続く。つらなる。〈源氏・須磨〉「雁が連れ㊊て渡る」訳 雁がつらなって飛んでいく。❷いっしょに行く。連れ立つ。〈源氏・竹河〉「藤侍従と連れ㊊て歩(あり)くに」訳 (薫は)藤侍従と連れ立ってあちらこちら歩いていると。

二 他ラ下二{れ・れ・る・るる・るれ・れよ} 従えて行く。伴って行く。

つる 助動詞「つ」の連体形。

つる-うち【弦打ち】 名・自サ変 まじないの一種。物の怪(け)や邪気などを払うために、弓の弦をはじき鳴らすこと。また、それを行う人。鳴弦(めいげん)。

つる-かめ【鶴亀】 一 名 鶴と亀。ともに寿命が長いとされることから、長寿やめでたいものの象徴。

二 感 (鶴・亀ともにめでたい意から)不吉を避けるまじないのことば。

つるばみ【橡】 名 [上代は「つるはみ」] ❶どんぐりの古名。❷染め色の名。どんぐりのかさを煎じた汁で染めた、濃いねずみ色。奈良時代は身分の低い者の衣服、平安時代には四位以上の袍(ほう)や喪服に用いられた。にび色。

(つるばみ②)

つる-まき【弦巻】 名 予備の弓のつるを入れる道具。太刀(たち)や箙(えびら)の腰帯にさげる。弦袋。→箙(えびら)

つれ【連れ】 名 ❶いっしょに行く者。同伴者。❷能で、シテ・ワキの補佐として演ずる者の称。ツレ。シテに伴って補佐する者をシテツレ、ワキに伴って補佐する者をワキツレというが、単にツレといえ

最重要330 211

つれ-な・し

形ク{から・く(かり)・し・き(かる)・けれ・かれ}

ゆかり・関係の意の「連(つ)れ」がない意を表す「連れ無し」が原義。

ガイド 周囲のものと何の関連もなく、無縁であるさまを表す。

❶ 冷淡だ。ひややかだ。よそよそしい。⬇おいらか「類語の整理」

例 むかし、男、つれなかり㊊ける女に言ひやりける〈伊勢・五四〉

訳 昔、(ある)男が、(自分に対して)冷淡だった女に言い送った歌。

❷ そしらぬ顔だ。さりげない。

例 いとつれなく㊊、なにとも思ひたらぬさまにて、たゆめ過ぐすも、またをかし〈枕・二七六〉

訳 (相手が)たいそうさりげなく、なんとも思っていないようすで、(こちらを)油断させとおすのも、またおもしろい。

❸ 関心が深くない。平気だ。

例 恥ある者は討ち死にし、つれなき㊍者は落ちぞ行く〈平家・八・鼓判官〉

訳 恥を知る者は討ち死にし、(それを)気にしない者は逃げて行く。

❹ 何の変化もない。もとのままだ。

例 さて、雪の山つれなく㊊て年もかへりぬ〈枕・八七〉

訳 ところで、雪の山はそのまま変化もなくて新しい年になった。

語感実感

欲しかったおもちゃをもらった子供が、うれしさを顔に出さず、そっけなく振る舞っている感じ。

ばシテツレをさす。↓仕手(して)・脇(わき)・あど(名)

つれ 助動詞「つ」の已然形。

つれ‐づれ【徒然】名・形動ナリ 副 ↓五五〇ページ 210

徒然草(つれづれぐさ)《作品名》鎌倉末期の随筆。兼好(けんこう)法師作。元徳二年(一三三〇)から翌年にかけての成立と推測される。序段のほかに二百四十三段から成る。仏教的無常観に基づき、自然・人生・社会のさまざまな事象を豊富な学識をもって自由に記したもの。↓巻頭口絵34ページ・付録①九七四ページ

冒頭文 つれづれなるままに、日暮らし硯(すずり)に向かひて、心に移りゆくよしなしごとを、そこはかとなく書きつくれば、あやしうこそものぐるほしけれ。訳 何もすることがなく、手持ちぶさたであるのにまかせて、一日じゅう硯に向かって、心の中につぎつぎと浮かんでは消えるたわいもないことを、とりとめもなく書きつけると、妙に気が変になるような感じがする。

つれづれ‐と【徒然と】副 ❶することもなく手持ちぶさたで。しみじみともの寂しく。〈伊勢・八三〉「つれづれといともの悲しくておはしましければ」訳 (惟喬(これたか)親王は)することがなくたいそうもの悲しいようすでいらっしゃったので。
❷長々と。〈源氏・帚木〉「つれづれと降りくらして、しめやかなる宵の雨に」訳 長々と一日じゅう降り続いて、しめやかな宵の雨のために。

つれ‐な・し 形ク ↓前ページ 211

つれなし‐づく・る【つれなし作る】自ラ四 {ら・り・る・る・れ・れ} 平気なふりをする。そしらぬふりをする。〈源氏・葵〉「つれなしづくれ已ど、おのづから見知りぬ」訳 (素性を隠して)そしらぬふりをするけれど、(六条の御息所(みやすどころ)の一行だと)自然に見てわかった。

つわもの〖兵〗↓つはもの

て テ

て‐【手】接頭 ❶(名詞に付いて)それが手に関するもの、手で扱うもの、手で作ったものであることを表

最重要330

212 て【手】名

ガイド ②は①の延長、③は物の形を①に見立てたもの、④は手中の物の意。手を使って様々なことをするところから⑤以下の意味が生じた。

❶ 手。腕。手首。てのひら。
例 あが恋ふる君玉ならば手に巻き持ちて〈万葉・二・一五〇〉
訳 私が恋しく思う大君が玉であるならば手に巻き持って。

❷ 手の指。
例 手を折りてあひ見しことをかぞふれば十(とを)といひつつ四つは経(へ)にけり〈伊勢・一六〉
訳 指を折って妻と連れ添った年月を数えると、もう四十年(一説に十四年)は経ってしまったことよ。

❸ 器具の取っ手。柄(え)。
例 手もなき盥(たらひ)などあり〈枕・一二〇〉
訳 取っ手もないたらいなどがある。

❹ 部下。手下。
例 己(おの)れが手の者を呼び寄せて申しけるは〈太平記・七〉
訳 自分の部下の者を呼び寄せて申したことには。

❺ 文字。筆跡。
↓消息(せうそこ)「慣用表現」
例 手よく書き、歌よく詠みて、もののをりごとにもまづとり出(い)でらるる、うらやまし〈枕・一五六〉
訳 字をうまく書き、和歌を上手に詠んで、何かの時にはいつも第一に取りあげられるのは、うらやましい。

❻ 芸能の型。手ぶり。所作。
例 舞をも手を定めて、大事にして稽古すべし〈風姿花伝〉
訳 舞についても型を厳守して、念入りに稽古しなければならない。

❼ 腕前。技量。
例 たなばたの手にも劣るまじく、その方(かた)も具して、うるさくなむ侍りし〈源氏・帚木〉
訳 棚機(たなばた)姫の腕前にも劣りそうもなく、その(裁縫の)方面(の技能)も備えていて、巧みでございました。

❽ 手だて。方法。手段。
例 いづれの手か疾(と)く負けぬべきと案じて〈徒然・一一〇〉
訳 (双六(すごろく)で)どのやり方が早く負けてしまうだろうかと考えて。

す。「手斧(てをの)」「手織りもめん」

❷(形容詞に付いて)方法・手段などの状態を強めるのに用いる。「手堅し」「手ぬるし」

-て【手】接尾 ❶矢二本を一組として数えるのに用いる。「的矢(まとや)一手(ひとて)」

❷碁・将棋などで、手数を数えるのに用いる。〈**徒然・一八八**〉「碁を打つ人、一手も徒(いたづ)らにせず」訳 碁を打つ人は、一手もむだにせず。

て【手】名 ➡右下 212

て 助動詞「つ」の未然形・連用形。

て 接助 ➡次ページ助詞「て」

で 格助 ➡五五六ページ助詞「で」

で 接助 ➡五五七ページ助詞「で」

-てい【体】接尾(体言や用言の終止形に付いて)同類・同程度のものの意を表す。…ふう。…の類。…などのようなもの。〈**沙石集**〉「これ体のことあまた侍れども」訳 この程度のことは多くありますけれども。

てい【体】名 ❶姿。**ようす。**ありさま。〈**平家・七・忠度都落**〉「事の体何となうあはれなり」訳 そのようすはすべてにわたってしみじみとした感じがする。

❷和歌・連歌などの表現方法。**風体。**風姿。〈**毎月抄**〉「つねに心ある体(=表現様式)の歌を御心にかけて」

てい【亭】名 ❶屋敷。住居。

❷庭園の中にある休憩所。あずまや。ちん。

❸一家の主人。亭主。

定家(ていか)《人名》➡藤原定家(ふぢはらのさだいへ)

てい-きん【庭訓】名 父が子に授ける教訓。家庭の教訓。〈**風姿花伝**〉「ただ子孫の庭訓を残すのみなり」訳 ただ子孫のための教訓を書き残すだけである。

参考 孔子がその子伯魚(はくぎょ)に、庭で学問の必要なことを教えたという「論語」季氏篇(へん)の故事から出た語。

てい-け【天気】名〔「てんけ」の撥音「ん」を「い」で表記した形〕空模様。天候。〈**土佐**〉「天気のことにつけて祈る」訳 天候のことに関して祈願する。

定子(ていし)《人名》➡藤原定子(ふぢはらのていし)

貞徳(ていとく)《人名》➡松永貞徳(まつながていとく)

てい-もん【貞門】名 松永貞徳(ていとく)を祖とする江戸初期の俳諧の一派。のちの談林・蕉門(しょうもん)に対していう。俳風は、内容よりことばの滑稽をねらった。

てう(チョウ)【朝】名 ❶朝廷。〈**平家・三・城南之離宮**〉「朝に仕(つか)へ身をたて」訳 朝廷に仕えて出世し。

❷一人または、同じ系統の君主が治めている期間。御代(みよ)。

❸国。君主の治下。

❹市中。町なか。

てう(チョウ)【調】名 ❶上代の税制の一つ。律令制では、絹・綿など、穀物以外のその土地の産物を納めるもの。

❷「でう」とも。音楽の調子。

❸双六(すごろく)で、二つの賽(さい)に同じ目の出ること。〈**枕・三**〉「調半(てうばみ)に、調おほく打ち出(い)でたる」訳 (双六の)調半の遊びで、調の目を多く打ち出したとき(は満足する)。

でう(ジョウ)【条】名 ❶平城京・平安京で、市内を区画した行政上の名称。左京・右京をそれぞれ北から南へ九つに分けたもの。

❷…のくだり。…のこと。…の段。〈**平家・七・忠度都落**〉「世の乱れ出(い)できて、その沙汰なく候ふ条、ただ一身の嘆きと存じ候ふ」訳 世間の騒動が起きて、その(=勅撰(ちょくせん)集の)命令がございませんこと、ただもう我が身の悲嘆と思っております。

てう-おん(チョウ)【朝恩】名 朝廷のご恩。天皇のめぐみ。

てう-か(チョウ)【朝家】名 皇室。また、天皇。

てう-がく(チョウ)【調楽】名「でうがく」とも。公の行事や宴席で行う舞楽の予行演習。試楽。特に、賀茂(かも)・石清水(いわしみず)両神社の臨時の祭りで行う舞楽を宮中で練習すること。

てう-し(チョウ)【銚子】名 酒を入れて杯

(てうし)

---

❾奏法。調子。また、演奏される曲。

例 あまたの手をかたときのまに弾きとりつ〈**夜の寝覚**〉

訳 たくさんの曲をちょっとの間に弾きおぼえてしまった。

❿手しおにかけること。世話。手数。

例 などか、翁(おきな)の手におほし立てたらむものを、心にまかせざらむ〈**竹取・御門の求婚**〉

訳 どうして、翁が手しおにかけて育てあげたであろうのに、(かぐや姫は)思いどおりにならないことがあろうか(いや、思いどおりになるはずだ)。

⓫方角。方面。

例 この手はこはい方(かた)とて、教経(のりつね)を向けられて候ふなり〈**平家・九・老馬**〉

訳 こちらの方面は(敵が)強い方面だということで、(私)教経をおさしむけになっているのです。

⓬手傷。負傷。

例 やにはに十二人射殺(いころ)して、十一人に手おほせたれば〈**平家・四・橋合戦**〉

訳 いきなり十二人を矢で射殺して、十一人に手傷を負わせたので。

て 接助

意味・用法	用例
❶単純接続 前の事態にあとの事態が順に続くことを示す。…て。そして。	例 春過ぎて夏来るらし白栲の衣ほしたり天の香具山〈万葉・一・二八〉 訳 春が過ぎて、夏がやって来たらしい。真っ白な衣がほしてある。天の香具山に。
❷並立 前の事態とあとの事態が並立の関係にあることを示す。…て。	例 六月のころ、あやしき家に夕顔の白く見えて、蚊遣り火ふすぶるもあはれなり〈徒然・一九〉 訳 陰暦六月のころ、みすぼらしい家に夕顔(の花)が白く見えて、蚊遣り火がくすぶっているのもしみじみと趣深い。
❸確定条件 前の事態が確定の条件となって、あとの事態に続くことを示す。前後の文意によって順接にも逆接にもなる。	
㋐原因・理由(順接) …ので。	例 八日。さはることありて、なほ同じところなり〈土佐〉 訳 八日。さしつかえることがあるので、やはり同じ所にいる。
㋑逆接 …のに。…ても。	例 勢ひ猛に、ののしりたるにつけて、いみじとは見えず〈徒然・一〉 訳 権勢が盛んで、世間で評判を立てているにつけても、りっぱだとは思われない。
❹補足 動作の行われ方や状態を表す。…て。…ようにして。	例 こなたかなた心を合はせてはしたなめ煩はせ給ふ時も多かり〈源氏・桐壺〉 訳 こちら側とあちら側でしめし合わせて、(桐壺の更衣を)きまり悪い

につぐための器。金属製で、長い柄がついている。

てう・す【朝す】自サ変〔せ・し・す・する・すれ・せよ〕❶**朝廷に出仕する。**参内する。〈太平記・三〉「天下の士を朝せ㊍しめんずる処を」訳 国中のすぐれた男を朝廷に仕えさせようとするのを。❷**朝廷に貢ぎ物をする。**朝貢する。〈太平記・四〉「斉・楚・秦・趙もことごとく朝せ㊍ずといふこと有るべからず」訳 斉・楚・秦・趙(という国々)もまったく朝貢しないということがあるはずはない。

てう・ず【調ず】他サ変 ➡五六ページ 213

てうづ【手水】名(「てみづ」のウ音便)**手や顔などを洗い清めること。**また、それに使う水。〈枕・九〉「つとめて、御けづり髪、御手水などまゐりて」訳 (定子皇后は)翌朝、髪のお手入れ、ご洗顔などをなさって。

てう-てき【朝敵】名 朝廷にそむく敵。天皇に反逆する者。

てう-ど【調度】名 ❶**手回りの道具。日常使う手道具。**〈徒然・一〇〉「うちある調度も昔覚えてやすらかなるこそ、心にくしと見ゆれ」訳 何気なく備えてある道具も古風な感じがして落ち着きがあるのは、奥ゆかしいと思われる。❷(武具の第一としたことから)弓矢。〈宇治・三・一九〉「調度負ひて去ぬ」訳 (男は)弓矢を背負って立ち去る。

てう-ぶく【調伏】名・他サ変《仏教語》❶身・口・意の三業を制御して種々の悪行をとりのぞくこと。❷真言宗・天台宗などの密教で、仏力を頼み祈って、怨敵・邪鬼などを押さえしずめること。〈平家・六・横田河原合戦〉「平家もっぱら朝敵と見え給へり。よってこれを調伏す㊎」訳 平家がもっぱら朝敵と見えなさっている。そこでこれを押さえしずめる。❸人をのろい殺すこと。呪詛。

て-おひ【手負ひ】名 合戦などで傷を受けること。負傷。また、負傷者。

て-か・く【手書く】文字を書く。特に、上手に文字を書く。〈徒然・一二二〉「手書く㊏こと、むねとすることはなく…のさまで。…の状態で。

目にあわせ、困らせなさるときも多い。

例 三寸ばかりなる人、いとうつくしうて居たり〈竹取・かぐや姫の生ひ立ち〉
訳 三寸(=約九センチメートル)ほどの人が、たいそうかわいらしいさまで座っている。

❺添加 …て。
活用語を受けて、あとの補助動詞に続ける。

例 寺法師の円伊僧正と同宿して侍りけるに〈徒然・八六〉
訳 (惟継の中納言が)三井寺の僧の円伊僧正と同じ僧坊に住んでおりましたところ。

接続 活用語の連用形に付く。

とも、これを習ふべし」訳 文字を書くことは、専門とすることはなくても、これを習っておくのがよい。

て-か・く【手掻く】手を振って合図する。〈源氏・常夏〉「御供の人のさき追ふをも、手かき(用)制し給うて」訳 (内大臣は)お供の人が先払いの声を出すのをも、手を振って制止なさって。

て-がた【手形】名 ❶牛車の入り口や、馬の鞍の前輪の左右などの一部をえぐって、乗り降りのとき手を掛けるようにしたもの。↓鞍。⬇車「古文常識」
❷後日の証拠として文書に押した手の形。
❸証拠とする書類。証文・証券の類。

て-き …てしまった。確かに…した。…た。〈古今・恋二〉「うたた寝に恋しき人を見てし(体)より夢てふものは頼みそめてき(終)」訳 →うたたねに…(和歌)
なりたち 完了の助動詞「つ」(用)+過去の助動詞「き」

て-きき【手利き】名 腕前や技術がすぐれていること。また、その人。〈平家・一一・那須与一〉「与一宗高は小兵で候へども、手利きで候へ」訳 与一宗高は小柄でございますが、(弓の)腕前のすぐれた者でございます。

て-き・く【手利く】器用である。技術がすぐれている。〈大鏡・道長下〉「いと手利き(用)たる御心ばへなりな」訳 たいそうすぐれたお心がけであるな。

てぐすね-ひ・く【手薬練引く】(手に「薬練(=松脂に油をまぜて煮たもの)」を塗り、すべりを防ぐ意) ❶手に薬練やつばをつけて弓を持つ。〈保元物語〉「てぐすね引き(用)、そぞろ引いてぞ向かひたる」訳 手につばをつけて弓を持ち、ただなんとなく(弓を)引いて向かっている。
❷十分に準備して機会を待つ。〈浄・女殺油地獄〉「そりゃそりゃ来たぞと三人が、てぐすね引い(用)(イ音便)たる顔色」訳 そらそら来たぞと三人が、十分に準備して機会を待っていた顔つきを。

て-ぐるま【手車・輦・輦車】名 輿の形をした屋形に車輪をつけ、人が手で前後の轅を引いて動かす車。東宮・親王・内親王・女御・大臣・大僧正などのうち、特に天皇から許された者だけが乗車できた。「腰車」「輦車」とも。⬇車「古文常識」

て-け【天気】名〔「てんけ」の撥音「ん」の表記されない形〕空模様。天候。〈土佐〉「西東も見えずして、天気のこと、楫取りの心にまかせつ」訳 西も東も見えなくて、天候のことは、船頭の心にまかせてしまった。

て-けむ ケン …(きっと)…ただろう。…てしまっただろう。〈万葉・一〇・二〇三七〉「あがためと織女のその屋戸に織る白たへは織りてけむ(体)かも」訳 私のためにと棚機姫がその家で織る白い布は、織りあげただろうかなあ。
なりたち 完了の助動詞「つ」(用)+過去推量の助動詞「けむ」

て-けり ❶(「けり」が過去を表す場合)…てしまった。…た。…たということだ。〈伊勢・一〉「その里に、いとなまめいたる女はらから住みけり。この男かいまみてけり(終)」訳 その里に、たいそう若々しく美しい姉妹が住んでいた。この男は(二人の姿を)物のすきまからこっそりのぞき見てしまった。
❷(「けり」が何かに気づいたことや詠嘆を表す場合)…てしまったことだ。…たことだ。…たのだった。〈更級・東山なる所〉「わたりし時は水ばかり見えし田どもも、みな刈りはててけり(終)」訳 (こちらへ)来たときは水だけが見えたどの田も、すっかり(稲を)刈り終わってしまっていたのだった。
なりたち 完了の助動詞「つ」(用)+過去の助動詞「けり」
参考 平安末期ごろから「てんげり」という形でも用いられるようになった。→てんげり

て-ご【手児】名《上代東国方言》「てこ」とも。❶父母の手に養われる幼児。おさな子。
❷おとめ。少女。

て-ご-な【手児名】名《上代東国方言》「てこな」とも。かわいいおとめ。少女。〈万葉・三・四三二〉「われも見つ人にも告げむ葛飾の真間の手児名が奥津城処」訳 私も見た。人にも語って告げよう。葛飾の真間(=地名)のおとめのお墓の場所を。

て-しか 終助《上代語》〔完了の助動詞「つ」(用)+願望の終助詞「しか」。平安時代以降は「てしが」〕自己の願望を表す。…たいものだなあ。〈万葉・二〇・四四三三〉「朝なさなあがる雲雀になりてしか都に行きてはや帰り来む」訳 朝ごとにあがるひばりになりたいものだなあ。(そうしたら)都に行ってすぐに帰って来よう。→し

で 格助〔格助詞「にて」の転〕

意味・用法	用例
❶場所・時 動作・作用が行われる場所・時を表す。 …で。…において。	例 後生でだに悪道へおもむかんずることのかなしさよ〈平家・一・祇王〉 訳 来世においてさえも地獄道に(おまえが)おもむくであろうことの悲しさよ。
❷手段・方法 …で。	例 左の手で蛇の尾をおさへ、右の手で頭をとり〈平家・四・競〉 訳 左の手で蛇の尾をおさえ、右の手で(蛇の)頭をつかみ。
❸原因・理由・動機 動作・作用の原因・理由・動機などを表す。 …だから。…のために。…によって。	例 その御心でこそ、かかる御目にもあはせ給へ〈平家・三・一行阿闍梨之沙汰〉 訳 (あなたは)そんなお心がけだから、このような御目にもお遭いになられるのだ。
❹状態・事情 …で。…の状態で。	例 兵衛の佐木曽追討のために、その勢十万余騎で信濃の国へ発向す〈平家・七・清水冠者〉 訳 兵衛の佐(=頼朝)は木曽(義仲)を討ちとるために、その軍勢十万余騎でもって信濃の国(長野県)に出発する。

接続 体言および体言に準ずる語に付く。

参考 平安末期以降の用法。

か(終助)・てしがな

接続 活用語の連用形に付く。

て-しが 終助〔「てしか」が平安時代以降濁音化したもの〕「てしか」に同じ。

てしか-な 終助〔願望の終助詞「てしか」+詠嘆の終助詞「な」。平安時代以降は「てしがな」〕「てしがな」に同じ。

てしが-な 終助〔願望の終助詞「てしが」+詠嘆の終助詞「な」〕自己の願望を表す。…たいものだなあ。〈竹取・貴公子たちの求婚〉「いかでこのかぐや姫を得てしがな、見てしがなと、音に聞きめでてまどふ」訳 どうにかしてこのかぐや姫を手に入れたいものだなあ、妻にしたいものだなあと、うわさに聞いて恋い慕い思い乱れる。→てしか・しがな

接続 活用語の連用形に付く。

てしか-も 終助《上代語》〔願望の終助詞「てしか」+詠嘆の終助詞「も」〕自己の願望を表す。…たいものだなあ。〈万葉・三・三四三〉「なかなかに人とあらずは酒壺に成りにてしかも酒に染みなむ」訳 中途半端に人でいないで、酒壺になってしまいたいものだなあ。(そうしたら)酒に浸っていられるだろう。

接続 活用語の連用形に付く。

て-すさび【手遊び】名 手でする慰み。手慰み。

てずつ〘手ずつ〙⇒てづつ

て-ぜい【手勢】名 手下の軍勢。部下の兵隊。

て-だい【手代】名 ❶江戸時代、郡代・代官および諸奉行の下に属して、雑務を扱った役人。❷商家で、番頭と丁稚との間の地位にある使用人。

て-だて【手立て】名 手段。方法。〈徒然・一一〇〉「双六の上手といひし人に、その手立てを問ひ侍りしかば」訳 双六の名人と(世間の人が)いった人に、その(必ず勝つ)方法を尋ねましたところ。

で-ちが-ふ【出違ふ】自ハ四〔は・ひ・ふ・ふ・へ・へ〕入れ違いに外出する。特に、借金取りを避けて外出する。〈浮・世間胸算用〉「数年負ひつけたるものは大晦日にも出違はず」訳 何年も借金なれしている者は大晦日でも(借金取りを避けて)外出しない。

て-づから【手づから】副 ❶自分の手で。〈源氏・夕顔〉「日たくるほどに起き給ひて、格子手づから上げ給ふ」訳 日が高くなるころに(光源氏は)お起きになって、格子を自分の手でお上げになる。❷自分で。自ら。〈宇治・一・一八〉「手づから仰せさぶらふやう」訳 (奥方が)自らおっしゃいますことには。

て-づくり【手作り】名 ❶自分の手で作ること。また、そのもの。手製。

❷手織りの布。

でっ-ち【丁稚】名 ❶商人や職人の家に年季奉公する少年。❷子供をののしっていう語。こぞう。

て-づつ（ズツ）【手づつ】名・形動ナリ へたなさま。不器用。不調法。〈紫式部日記〉「一といふ文字をだに書きわたし侍(はべ)らず、いと**てづつに**用あさましく侍り」訳 一という文字をさえ書ききりもしませんで、たいそう**不調法で**あきれるばかりです。

てて【父】名 ちち。「ちち」よりも親愛感を含んでいる。〈宇治・一・三〉「わが**父**(てて)の作りたる麦の花散りて、実の入(い)らざらん、思ふがわびしき」訳 私の**父**が作っている麦の花が(この風で)散って、実が入らないだろうことを思うのがつらいのだ。

てて-はは【父母】名 父と母。両親。

て-なが【手長】名 ❶腕が非常に長いという、想像上の人間。→足長(あしなが)・荒海(あらうみ)の障子(さうじ) ❷宮中や貴族の家で、酒宴のとき、膳を運び給仕を勤める役。

て-なら・ふ（ナラ(ロ)ウ）【手習ふ】自ハ四｛は・ひ・ふ・ふ・へ・へ｝❶文字を書くことを習う。習字をする。❷心に浮かぶままに文字などを書く。〈徒然・二九〉「亡き人の**手習ひ**用、絵かきすさびたる見出(い)でたるこそ」訳 亡くなった人が**無造作に文字を書き散らし**、絵をなぐさみにかいたのを見つけ出したときは。

て-な・る【手馴る・手慣る】自ラ下二｛れ・れ・る・るる・るれ・れよ｝❶手に扱いなれる。**使いなれる。**〈徒然・二九〉「**手なれ**用し具足なども、心もなくて変はらず久しき、いと悲し」訳 (故人が)**使いなれていた**道具なども、非情で(昔に)変わらずいつまでも残っているのは、とても悲しい。❷仕事などになれて巧みになる。**熟練する。**〈源氏・手習〉「鈍色(にびいろ)は**手馴れ**用にしことなれば」訳 ねずみ色の法衣は(仕立てるのも)**なれ**てしまっていたことだから。

てにとらばきえん… 俳句

手に取らば消えん（切れ字） なみだぞあつき（切れ字） 秋(あき)の霜(しも)（秋）〈野ざらし紀行・芭蕉〉

訳 (霜のように白い母の遺髪は)手に取ったらすぐに消えてしまいそうだ。そんなにも私の涙は熱い(＝悲しみは深い)ことだ。秋の霜を強い日ざしが消し去るように。(切れ字は「ん」と「き」。「あつき」は、詠嘆を強めるための結びで連体形。ここで切れて、「秋の霜」にはかからない)

解説 母は前年陰暦六月に死去。上五の三字の字余りが激情を伝えている。

て-に-を-は【弖爾乎波・手爾於葉】名「てには」とも。(「乎古止点(をことてん)」(＝漢文を訓読するために漢字の周りに付けた符号)」の四隅の点が、テ・ニ・ヲ・ハを表すものであったことから) ❶助詞の類の古称。❷漢文を訓読するのに補足して読む語で、今の付属語に相当する類。助詞・助動詞・活用語尾など。❸語法。文法。

てのかふへ… 川柳

手の甲へ 餅(もち)を受(う)けとる 煤(すす)払(はら)い〈柳多留(やなぎだる)・一〉

訳 (手のひらは汚れてまっ黒なので)手の甲のほうで祝いのあんころ餅を受けとることだ。今日(陰暦十二月十三日)は大江戸の煤払い(＝大掃除)の日。

て-のべ【手延べ】名「てのび」とも。処理・処置が遅れて時機を逸すること。手遅れ。〈平家・四・競〉「すは、きやつを**手延べ**にして、たばかられぬるは」訳 やっ、あいつを**処置せぬまま**にして、だまされてしまったぞ。

て-は ❶仮定の意を表す。…たらば。…**たら。**〈宇治・三・一七〉「おのれはなち**ては**、たれか書かん」訳 (無悪善という立て札の字は)おまえを除い**たら**、だれが書くだろうか(いや、書く者はおるまい)。❷ある事実のもとで、必然的に別の事態が導かれることを表す。…**たからには。**…た以上は。〈徒然・一〉「いでや、この世に生まれ**ては**、願はしかるべきことこそ多かめれ」訳 さてまあ、この世に生まれ**たからには**、(こうありたいと)願うはずのことがたくさんあるようだ。❸ある事実のもとでは、つねに同じ結果の起こることを表す。…**ときはいつも。**…と。〈徒然・八三〉「月満ち**ては**欠け、物盛りにし**ては**衰ふ」訳 月は満月になる**と**欠け、物事は盛りに達する**と**衰える。❹動作・作用の反復を表す。…**たかと思うと。**…と。〈謡・松風〉「寄せ**ては**返る片男波(かたをなみ)」訳 寄せ**たかと思**

で 接助

意味・用法	用例
打消接続 前の語を打ち消してあとの語句に続ける。 …なくて。…ないで。…ずに。	例 さては、扇のにはあら**で**、海月(くらげ)のななり〈枕・一〇三〉 訳 それでは、扇の(骨)では**なくて**、くらげの(骨)であるらしい。 例 行けどもえあは**で**帰りけり〈伊勢・五〉 訳 (男は女のもとへ通って)行ったが逢(あ)うことができ**ずに**帰った。

接続 活用語の**未然形**に付く。

最重要330

213 **てう・ず** チョウズ 【調ず】 他サ変 {ぜ・じ・ず・ずる・ずれ・ぜよ}

ガイド 漢語「調」を動詞化した語。漢語の意味によって①②③に分かれる。④は③の転とも、「懲ず」との混同かともいわれる。

❶ととのえる。つくる。調達する。

例 忍びて調ぜ㊌させ給へりける装束の袴を取り寄せさせ給ひて〈源氏・夕顔〉 訳 (光源氏は)内々に調製させなさっていた装束の袴を取り寄せさせなさって。

❷調理する。料理する。

例 近き河のいしぶしやうのもの、御前にて調じ㊊てまゐらす〈源氏・常夏〉 訳 近くの川の石伏(=川魚の名)のようなものを、(光源氏たちの)御前で料理して差し上げる。

❸(妖怪・憑き物などを)祈って退散させる。調伏する。

例 験者のもののけ調ず㊎とて〈枕・二五〉 訳 修験者が物の怪を調伏するというので。

❹こらしめる。痛めつける。

例 犬をながさせ給ひけるが、かへり参りたるとててうじ㊊給ふ〈枕・九〉 訳 (帝が)犬を流罪にさせなさったが、(その犬が内裏に)帰参したことだというので、(蔵人二人が)こらしめなさる。

うと返る高い波よ。

❺特にとり立てて言う。口語の「ては」に同じ。〈更級・東山なる所〉「暮れぬるに山路を深くたづねては来む」 訳 もう暮れてしまっているのに、いったいだれが山道を奥深くまで訪ねて来るだろうか(いや、だれも来てはくれない)。

なりたち 接続助詞「て」+係助詞「は」

接続 活用語の連用形に付く。

参考 「ては」を一語とみる考え方もある。

て-ば まだ実現していない事柄を、もし現実になったならばと仮定する意を表す。…たならば。…ているならば。〈万葉・一四・三四〇〇〉「信濃なる千曲の川の細れ石も君し踏みてば玉と拾はむ」 訳 信濃(長野県)にある千曲川の小石も、あなたが踏んだのなら玉と思って拾おう。

なりたち 完了の助動詞「つ」㊌+接続助詞「ば」

語法 「…てば…む」「…てば…まし」の反実仮想の形で、推量の助動詞と合わせて用いられることが多い。

出羽 (では)デワ《地名》旧国名。東山道八か国の一つ。今の山形・秋田の二県にあたる。明治元年(一八六八)に羽前・羽後の二か国に分かれた。羽州。

で-は …なくては。…以外には。〈徒然・一一〉「木の葉に埋もるる懸樋の雫ならでは、つゆおとなふものなし」 訳 木の葉に埋もれている懸樋の雫よりほかには、まったく音を立てるものがない。

なりたち 打消の接続助詞「で」+係助詞「は」

てふ チョウ【蝶】名 虫の名。蝶。春

てふ チョウ〔「といふ」の転〕…という。〈古今・恋四〉「月夜よし夜よしと人につげやらば来てふに似たり待たずしもあらず」 訳 月が美しい、夜がすばらしいとあの人に告げてやるならば、(まるで)来いというようなものだ。(私だってあの人を)待っていないわけでもない(けれど)。

参考 上代では「とふ」「ちふ」が多く用いられた。

て-ぶり 【手振り】名 ❶(「手風」とも書く)ならわし。風俗。風習。〈万葉・五・八八〇〉「天ざかる鄙に五年住まひつつ都のてぶり忘らえにけり」 訳 田舎に五年住みつづけていて、都の風習が自然に忘れられてしまった。(「天ざかる」は「鄙」にかかる枕詞)

❷供の人。従者。〈蜻蛉・上〉「下仕へ、てぶりなど具し行けば」 訳 下仕えの女房や、供の人などがついて行くので。

❸手に何も持たないこと。手ぶら。

❹元手がないこと。無一文。

てへ テエ〔格助詞「と」+四段動詞「言ふ」㊁・㊍=「といへ」の転〕❶(命令形の場合)…と言え。〈古今・雑下〉「今さらにとふべき人も思ほえず八重葎して門させりてへ」 訳 今さら(私を)訪ねて来そうな人も思い浮かばない。雑草を茂らせて門を閉ざしてあると言ってくれ。

❷(已然形の場合)「てへば」「てへり」などの形となる。〈古今和歌六帖〉「恋てへば知らぬ道にもあらなくにあやしくまどふわが心かな」 訳 恋というと知らない道でもないのに、不思議と迷ってしまう自分の心であることよ。

てへ-り テエ【者】…というわけである。…という次第である。詔勅・上奏文・書簡・記録文などで、文末に用いた語。

なりたち 格助詞「と」+四段動詞「言ふ」㊁+完了の助動詞「り」=「と言へり」の転

て-まさぐり【手弄り】 名 手先でもてあそぶこと。手慰み。〈源氏・橋姫〉「撥を手まさぐりにしつつ居たるに」訳 (中の君が)撥(＝琵琶)などを鳴らす道具)を手先でもてあそびながら座っていたときに。

て-まし ❶(反実仮想を強調して表し)きっと…だろうに。…だったろうに。…しておけばよかったのに。〈源氏・帚木〉「昼ならましかば、のぞきて見奉りてまし終」訳 (今は夜でむりだが)もし昼間であったとしたら、(光源氏を)きっとのぞいて拝見するだろうに。
❷(上に疑問表現を伴って、迷いためらう気持ちを表し)…たものだろうか。〈源氏・明石〉「いかにせまし、たはぶれにくくもあるかな、しのびてや迎へ奉りてまし体」訳 どうしたものだろう、(もう)たわむれなどではすまされないほど恋しくつらくもあることだ、(いっそ紫の上を)こっそりとお迎え申しあげたものだろうか。
(→まし(助動)(七五四ページ))
なりたち 完了(確述)の助動詞「つ」未＋反実仮想の助動詞「まし」

て-まへ マエ【手前】一 名 ❶自分の目の前。自分の領分。
❷人に気がねする立場。人前。体面。〈春色辰巳園〉「近所の手前ばかりも、御かくし下され候ふやうに」訳 近所への体裁からも、お隠しくださいますように。
❸その場所よりもこちら側。
❹腕前。技量。〈浮・武道伝来記〉「三手(＝六本)の矢〔のうち〕五本当たり、ことさら手前見事なるに」
❺〔多く、「点前」と書く〕(茶道で)点茶・炭置きの作法様式。
❻暮らし向き。生活。〈浮・日本永代蔵〉「惣じて大坂の手前よろしき人、代々つづきしにはあらず」訳 一般に大坂の暮らし向きのよい人は、代々続いていたのではない。
二 代 ❶自称の人代名詞。謙譲語。わたくし。自分。〈浮世風呂〉「すべて手前の子に利をつけてはすみません」訳 だいたい自分の子に都合のいいようにしてはいけません。
❷対称の人代名詞。目下の者にいう。おまえ。てめえ。

て-む ン〔「てん」とも表記される〕

意味・用法
強い意志(…てしまおう。(きっと)…しよう。)→❶
強い推量(…にちがいない。(きっと)…だろう。)→❷
適当・当然(…するのがよい。…すべきだ。)→❸
可能推量(…することができるだろう。)→❹
勧誘(…てくれないか。)→❺

接続 活用語の連用形に付く。

❶強い意志を表す。…てしまおう。(きっと)…しよう。〈土佐〉「黒き雲にはかに出で来ぬ。風吹きぬべし。御船返してむ終」訳 黒い雲が急に出てきた。風がきっと吹くにちがいない。お船をもどしてしまおう。
❷強い推量を表す。…にちがいない。(きっと)…だろう。〈徒然・六〇〉「もしあらましかば、この僧の顔に似てん終」訳 (「しろうるり」というものが)もしあったとしたら、きっとこの僧の顔に似ているだろう。
❸適当・当然の意を表す。…するのがよい。…すべきだ。〈徒然・一七〇〉「心づきなきことあらん折は、なかなかそのよしをも言ひてん終」訳 (客に対して)気のりがしないことがあるようなときは、かえってそのわけをも言ってしまうのがよい。
❹可能なことがらに対する推量を表す。…することができるだろう。〈古今・春上〉「春日野の飛ぶ火の野守出でて見よ今幾日ありて若菜摘みてむ終」訳 春日野の飛火野の番人よ、外に出て(野のようすを)見よ。もう何日したら、若菜を摘むことができるだろうかと。
❺(助詞「や」を伴って)相手に同意を求め、または勧誘する意を表す。…てくれないか。→てむや①
なりたち 完了(確述)の助動詞「つ」未＋推量の助動詞「む」

て-む-や ―ン〔「てんや」とも表記される〕❶(「や」が疑問を表す場合)相手に同意を求めたり勧誘したりする意を表す。…たらどうか。…てくれないか。〈竹取・貴公子たちの求婚〉「翁の申さむことは聞き給ひてむや」訳 (この)じじいの申し上げるようなことは承諾なさってくれないか。
❷(「や」が反語を表す場合)反語を表す。…(た)だろうか(いや、…ではないだろう)。〈徒然・二五〉「いかならん世にも、かばかりあせ果てんとはおぼしてむや」訳 (道長は)どのような世においても、これほど(法成寺が)すっかり荒廃しようとはお思いになったろうか(いや、お思いにはならなかっただろう)。
なりたち 完了の助動詞「つ」未＋推量の助動詞「む」終＋終助詞「や」

て-も ❶「て」で受けた語句の意味を「も」で強めながら下に続ける。…ても。…て。…てまあ。〈土佐〉「あやしく歌めきても言ひつるかなとて、書き出だせれば、げに三十文字余りなりけり」訳 奇妙なことに(船頭のことばはまるで)和歌みたいにして言ったものだなと思って、書き出したところ、ほんとうに三十字あまりであった。
❷「も」の働きで、上の語句を逆接的に下に続ける。…ても。…のに。…にもかかわらず。〈源氏・夕顔〉「清水の観音を念じ奉りても、すべなく思ひまどふ」訳 清水の観音をお祈り申しあげても、(惟光は)どうしようもなく当惑する。
❸逆接の仮定条件を表す。たとえ…しても。…たとしても。〈詞花・恋上〉「瀬をはやみ岩にせかるる滝川のわれても末にあはむとぞ思ふ」訳 ⬇付録◇1「小倉百人一首」77
なりたち 接続助詞「て」＋係助詞「も」
接続 活用語の連用形に付く。

て-や …て…か。〈古今・恋五〉「今はとて君が離れなばわが宿の花をばひとり見てやしのばむ」訳 今は(もうこれかぎりだ)と言って、あなたが去って行ってしまうならば、わが家の花を(私)一人で眺めて(あなたのことを)なつかしく思い出すことにしようか。
なりたち 接続助詞「て」＋係助詞「や」
接続 活用語の連用形に付く。

てよ 助動詞「つ」の命令形。

参考 活用語の連用形に付き、命令の意を強調する。また、尊敬語に付いて懇願の意を表す。

てら【寺】名 ❶**寺院。**❷(比叡山延暦寺を「山」というのに対して)**特に三井寺**(=園城寺)**をいう。**〈平家・四・橋合戦〉「宮は宇治と寺とのあひだにて、六度まで御落馬ありけり」訳 (高倉の)宮は宇治と三井寺との間で、六度まで落馬なさった。❸「寺子屋」の略。

てらこ-や【寺子屋】名 近世、特に江戸中期以降、町人の子弟に初歩の読み方、習字、そろばんなどを教えた所。もとは主として僧が寺院で行い、後に浪人・医師・神官なども自宅で教えるようになった。
参考 寺で学ぶ子供が「寺子」。したがって「寺子屋」と書いたが、のちに「寺小屋」とも書かれた。

てら-ほふし【寺法師】ホウシ 名 三井寺の僧。比叡山延暦寺の「山法師」、東大寺や興福寺などの「奈良法師」などとともに僧兵として恐れられた。

てり-はたた・く【照り霹靂く】自カ四{か・き・く・く・け・け} 日光が強く照りつけたり、雷鳴がとどろいたりする。〈竹取・貴公子たちの求婚〉「水無月の照りはたたく体にも、障らず来たり」訳 (貴公子たちは)陰暦六月の(真夏の)太陽が照りつけ雷が鳴りとどろくのにも、さまたげられずにやって来た。

て・る【照る】自ラ四{ら・り・る・る・れ・れ} ❶**光を放つ。**輝く。〈枕・四〉「うらうらとのどかに照り用たる」訳 うららかで穏やかに日が照っているの(が趣がある)。❷(容貌や姿が)**美しく輝く。**〈万葉・二・三五二〉「玉のごと照り用たる君を」訳 玉のように美しく輝いているお方を。

で-ゐイ【出居】名「いでゐ②」に同じ。

てん【天】名 ❶**空。**❷中国の古代思想で、万物支配の神。造物主。**天帝。**〈太平記・四〉「天、勾践を空しうすることなかれ」訳 天帝よ、勾践(=中国の春秋時代の国王。ここは、流される後醍醐帝をさす)を空しく死なせるな。❸中国の古代思想で、自然の道。自然の法則。**天命。**運命。〈野ざらし紀行〉「唯これ天にして、汝が性のつたなきを泣け」訳 ただこれ(=捨て子となったこと)は天命であって、おまえの生まれついた運が悪いことを泣け。❹《仏教語》六道の一つ。人間界の上にあり、優れた果報を受ける者が住む所。神・天人などがいる、清浄な理想世界。天上界。また、そこに住む神々。→六道

てん【点】名 ❶漢文を訓読するために漢字の傍らに付けるしるし。訓点。乎古止点・返り点などの総称。❷漢字の字画の一つで、点のように打つもの。❸和歌・連歌・俳諧などを批判・添削すること。〈三冊子〉「老翁に点を乞ふ」訳 老翁(=芭蕉)に批判・添削を所望する。❹時刻。刻限。

て-ん 平安時代の中ごろから「てむ」の「む」が「ん」と発音されるようになったために「てん」と表記されるようになったもの。→てむ
なりたち 完了(確述)の助動詞「つ」未＋推量の助動詞「ん(む)」

-でん【殿】接尾「てん」とも。(建物の名称に付けて)大きな建物であることを示す。「紫宸殿」「清涼殿」

でん【殿】名 大きな建物。貴人の邸宅や社寺など。

てん-が【天下】名「てんか」「てんげ」とも。❶地上界。**世界。**❷**その国全体。**全国。〈平家・一・祇園精舎〉「天下の乱れんことを悟らずして」訳 国中が乱れるだろうことを気づかないで。❸**全国土を支配すること。**また、**その国を支配する政治や権力。**〈徒然・一八四〉「天下を保つ程の人を、子にて持たれける、誠に、ただ人にはあらざりけるとぞ」訳 (松下禅尼が)一国の政治を治めるほどの人を、子としてお持ちになったのは、ほんとうに、並みの人ではなかったのだと(いうことである)。❹**世間。**世の人々。〈風姿花伝〉「堪能になれば、定めて天下に許され、名望を得べし」訳 (芸道に)熟達すると、きっと世間に(名人と)認められ、名声と人望を獲得するはずである。❺江戸時代、将軍の称。

フレーズ
天下に「てんかに」「てんげに」とも。❶世に比類なく。この上もなく。〈源氏・宿木〉「天下にいみじきことおぼしたりしかど」訳 (自分の腕前を)世にも比類がないくらいすぐれたものとお思いになっていたけれど。❷(下に「とも」「ども」などを伴って)どんなに。いかに。〈源氏・玉鬘〉「天下に目つぶれ、足折れ給へりとも」訳 どんなに(玉鬘の)目がつぶれ、足が折れなさっていても。

てん-が【殿下】名〔近世以降は「でんか」とも〕皇族・摂政・関白・将軍などに対する敬称。

てん-がうゴウ 名・形動ナリ《近世語》ふざけること。また、そのさま。冗談。いたずら。〈浄・冥途の飛脚〉「てんがうな体(口語)手形を書き無筆の母御をなだめしが」訳 ふざけた証文を書いて字の読めない母御をなだめたが。

でん-がく【田楽】名 ❶民間舞楽の一つ。もと、田植えのときに農夫の労苦を慰め、あるいは田の神を祭るために行った歌舞が遊芸化したもの。平安末期から室町初期までがその最盛期で、猿楽と影響しあった。❷①に用いる鼓や太鼓。

(でんがく①)

てんが-に【天下に】→天下「フレーズ」

てん-き【天気】名「てんけ」とも。❶空模様。天候。〈徒然・一五五〉「十月は小春の天気」訳 (冬の初めの)陰暦十月は小春日和の空模様で。❷(「天機」とも書く)天皇のご機嫌。天皇の御意向。〈平家・六・紅葉〉「天気ことに御心よげにうち笑ませ給ひて」訳 天皇のご機嫌は格別によく、ご気分もよさそうにちょっとほほえみなさされて。

てん-ぐ【天狗】名 ❶深山に住むという想像上の怪物。姿は人に似て、鼻が高く、翼があって、うちわを持ち、飛行自在で神通力を持つ。怨霊の化身と解されることもある。❷(深山で宗教的生活を営んだことから)中世、山伏・修験者の異称。❸(鼻を高くすることから)高慢なこと。また、その人。❹古代中国の天文で流星の一種。天狗星。「てんげ」とも。

(てんぐ①)

てん-け【天気】名「ていけ」「てけ」「てんき」に同じ。

伝教大師(でんげうだいし)《人名》→最澄

てん-げり〔「てけり」の語勢を強めた形〕…てしまった。〈平家・四・橋合戦〉「一来法師討ち死にしてんげり㊇」訳 一来法師は討ち死にしてしまった。→てけり

なりたち 完了の助動詞「つ」㊊＋過去の助動詞「けり」＝「てけり」に、撥音「ん」が挿入され、「け」が濁音化したもの。

参考 中世、軍記物語や説話集に多く用いられた。

てん-こつ【天骨】名 生まれつき。天性。また、生まれつき備わった才能。

てんじく〖天竺〗→てんぢく

てん-じや【点者】名 連歌・俳諧などで、作品の優劣を判定し、評点をつける人。判者。

てん-じやう【殿上】名 ❶「殿上の間」の略。〈源氏・帚木〉「殿上にもをさをさ人ずくなに」訳 殿上の間にもほとんど人影がなく。❷清涼殿の殿上の間や紫宸殿に昇ること。昇殿。〈大鏡・兼家〉「源宰相(＝源頼定)は、三条院の御時は、殿上もし給はで」訳 源宰相、三条院のご治世の時は、昇殿もなされないで。❸「殿上人」の略。

フレーズ

殿上の簡 清涼殿の殿上の間に掛けてある札。昇殿を許された者の官職・姓名を書いた。「日給の簡」とも。

殿上の間 清涼殿の南廂にあって、「昼の御座」に隣接する殿上人の詰め所。殿上。→清涼殿「古文常識」(四九ページ)

てんじやう-の-ふだ【殿上の簡】→殿上「フレーズ」

てんじやう-の-ま【殿上の間】→殿上「フレーズ」

てんじやう-びと【殿上人】名 清涼殿の殿上の間に**昇殿を許された人**。四位・五位で昇殿を許された人、および六位の蔵人。「殿上」「雲の上人」「上人」「上の男」「雲客」とも。〈徒然・三〇〉「殿上人ども、黒戸にて碁を打ちけるに」訳 殿上人たちが(清涼殿の)黒戸の御所で碁を打っていた時に。対 地下。→下段「古文常識」

てんじやう-わらは【殿上童】名 公卿の殿上の間に出仕することを許され、そこで奉仕する子弟で、元服前に見習いのために清涼殿の殿上の間に出仕することを許され、そこで奉仕する者。「上童」とも。なお、その出仕を「童殿上」という。〈枕・二五〉「大きにはあらぬ殿上童の、さうぞきたてられて歩くもうつくし」訳 (からだが)大きくはない殿上童が、りっぱな装束を着せられて歩きまわるのもかわいらしい。

てんじやうびと〖殿上人〗→てんじやうびと

てん-しん【天心】名 ❶空のまん中。中天。なかぞら。〈蕪村句集・蕪村〉「月天心貧しき町を通りけり」訳 →つきてんしん… 俳句 ❷天帝の心。天子の心。〈平家・三・法印問答〉「およそ天心は蒼々として、計りがたし」訳 だいたい天帝の心は青空のように深く広くて、推察しにくい。

てん・ず【点ず】他サ変〔ぜ・じ・ず・ずる・ずれ・ぜよ〕❶漢詩文に訓点をつける。〈正徹物語〉「昔から、『雨と聞く』と点じ㊊たるを見て」訳 (この漢詩は)昔から「雨と聞く」と訓点をつけて(読んで)いるのを見て。❷調べる。点検する。〈太平記・一四〉「近日宇多津(＝地名)に於いて兵船を点じ㊊(＝点検し)」❸取り除く。けずる。〈宇治・三・一四〉「『しらん所ども点ぜよ㊄』などいふ時に」訳 (国司が)「(熱田の神宮の大宮司が)支配しているようなあちこちの領地を没収せよ」などと言うときに。❹場所や時間を指定する。選定する。〈平家・五・都遷〉「うねびの山を点じ㊊て帝都を建て」訳 (神武天皇は)畝傍山の地を選定して帝都を造り。

てんだい-ざす【天台座主】名《仏教語》天台宗の

古文常識 「てんじやうびと」—位階と官職

位階とは、朝廷や地方官庁で働く官人の序列を示す等級のこと。一位から初位までの九等級があり、その中がさらに正・従、上・下、大・少などに細別されて、全部で三十等級あった。各々の位には相当する官職が決まっていた(例えば、正一位なら太政大臣)が、大臣の子弟などは、官職に比べて位階が高い場合も多かった。

摂政・関白や大臣・大納言・参議などの高官を「上達部」という。また、四、五位で清涼殿の殿上の間に昇殿を許された人を「殿上人」といい、昇殿を許されない人を「地下人」といって、両者の格差は大きかった。六位の人はふつう「地下人」だが、「蔵人」は御膳の給仕などの職務上、昇殿を許されたので、晴れやかで名誉ある職とされた。

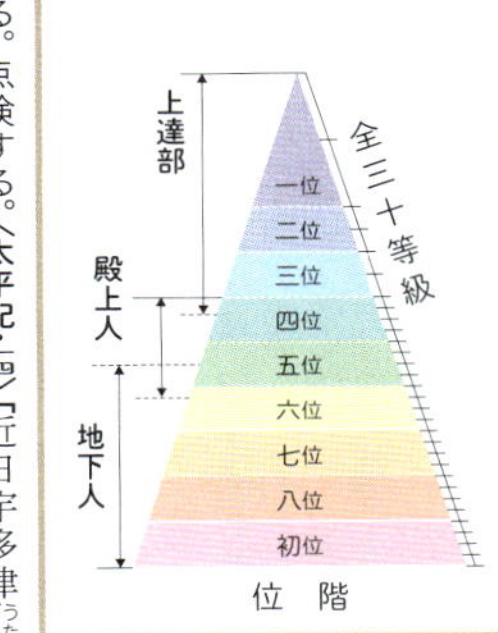

総本山、比叡山延暦寺の貫主(=最高位の僧職)。座主。

てん‐たう【天道】名「てんだう」とも。❶天地を支配する神。天帝。〈今昔・二・二六〉「これ、**天道**の給へる子なり」訳この子は、**天帝**がお授けくださった子だ。❷太陽。おてんとさま。

てん‐ぢく【天竺】名 日本や中国で、「インド」の古称。〈今昔・六・一〉「今は昔、震旦の秦の始皇の時に、**天竺**より僧渡れり」訳今となっては昔の話だが、中国の秦の始皇帝の時代に、**インド**から僧がやってきた。

天智天皇(てんぢてんわう)テンジテンノウ《人名》(六二六‐六七一)飛鳥時代、第三十八代の天皇。即位前の名は中大兄皇子。父は舒明天皇、母は皇極天皇。中臣鎌足らと蘇我氏を倒し、大化の改新を断行した。近江(滋賀県)大津の宮に遷都。六六八年即位し、「近江令」の公布、戸籍の作成などを行った。「小倉百人一首」に入集。

てんで‐に【手手に】副(「手に手に」の転)めいめい。それぞれ。〈平家・二・嗣信最期〉「内裏に乱れ入り、**てんでに**火を放って片時の煙と焼き払ふ」訳内裏に乱入し、**めいめい**が火をつけて一瞬の煙となして焼き払う。

てん‐にん【天人】名《仏教語》天上界に住むという想像上の人。多く、天女をさす。羽衣を着て天上を飛行し、歌舞音楽を奏するという。

てん‐びん【天秤】名 はかりの一種。中央を支点とする竿の両端に皿をつるし、片方にはかりたいもの、もう片方に分銅などをのせて重さをはかるもの。

でん‐ぶ【田夫】名「でんぷ」とも。農夫。いなか者。転じて、風流味のわからない無骨な人。

てん‐ま【天魔】名《仏教語》欲界第六天の魔王。名を「波旬」といい、仏の正しい教えを妨害し、人の知恵・善根を失わせるという。「天魔波旬」とも。

天武天皇(てんむてんわう)テンムテンノウ《人名》(六三一?‐六八六)飛鳥時代、第四十代の天皇。即位前の名は大海人皇子。天智天皇の弟。壬申の乱(六七二)後、飛鳥浄御原宮で即位。律令の改定、八色の姓の制定など、律令体制の強化につとめた。

てんめい‐てう【天明調】名 江戸中期、天明のころ、蕪村・暁台らによって起こされた新俳風。蕉風の復興を目標として、→蕉風

て‐ん‐や 平安時代の中ごろから「てむや」の「む」が「ん」と発音されるようになったために「てんや」と表記されるようになったもの。→てむや

なりたち 完了の助動詞「つ」㊍＋推量の助動詞「ん(む)」㊎＋終助詞「や」

てん‐やく【典薬】名 宮中・幕府・国府の役所などで、医薬のことをつかさどる職。

てんやく‐れう【典薬寮】名 律令制で、宮内省に属し、医薬のことをつかさどる役所。学生の養成にも当たった。➡付録③「平安京大内裏図」

と ト

と 名(連体修飾語を受け、多く「とに」の形で用いる)❶…するときに。…するところに。〈万葉・二〇・四三九五〉「竜田山見つつ越え来し桜花散りか過ぎなむわが帰る**とに**」訳竜田山で何度も見て越えて来た桜の花は、すっかり散ってしまうのだろうか、私が帰る**とき**には。❷(否定表現を受けて)…うちに。〈万葉・一五・三七四八〉「すむやけく早帰りませ恋ひ死なぬ**とに**」訳すみやかに早くお帰りなさい、(私が)恋いこがれて死なない**うち**に。

と【外】名 そと。**戸外**。ほか。〈竹取・かぐや姫の昇天〉「嫗抱きてゐたるかぐや姫、**外**に出でぬ」訳嫗が抱いていたかぐや姫は、**戸外**に出てしまった。対内

参考 室町期以降「と」に代わって「そと」が用いられるようになった。

と【門・戸】名 ❶**出入り口**。かど。もん。❷出入り口や窓に立てて、内と外を隔てるもの。**戸**。〈竹取・かぐや姫の昇天〉「立て籠めたるところの**戸**、すなはち、ただ開きに開きぬ」訳(かぐや姫を中に入れて)閉めきっておいた場所(=塗籠)の**戸**が、即座に、ただもうすっかり開いてしまった。❸水流の出入りする所。瀬戸。**海峡**。〈万葉・三・二五五〉「明石の**門**より大和島見ゆ」訳明石**海峡**から大和の山々が見える。

参考 ①②は同じように用いられたが、「万葉集」のころから、①は「かど」、②は「と」と使い分けられる。

と【音】名(「おと」の転)おと。響き。声。→音 参考

と 副(副詞「かく(かう)」と対で用いられることが多い)そのように。**あのように**。〈源氏・東屋〉「**と**言ひかく言ひ恨み給ふ」訳(匂宮は)**ああ**言いこう言いして(浮舟を)恨みなさる。

と 助動詞「たり」(断定)の連用形。➡五六四ページ「まぎらわしい『と』の識別」

と 格助 ➡五六四ページ助詞「と」

と 接助

意味・用法 **逆接の仮定条件**(…ても。たとえ…ても。)

接続 動詞・形容動詞・助動詞(動詞・形容動詞型活用)の**終止形**、形容詞・助動詞(形容詞型活用・打消の「ず」)の**連用形**に付く。

逆接の仮定条件を表す。**…ても。たとえ…ても。**〈山家集〉「風吹く**と**枝をはなれて落つまじく花とぢつけよ青柳の糸」訳風が吹い**ても**枝を離れて落ちないように、花を縫いつけてくれよ、青柳の糸よ。

参考 「とも」と同義だが、用例は少ない。「とも」は上代から現れるが、「と」の確かな用例は中古以降に現れる。→とも(接助)・ば(接助)「文法ノート」③

ど 接助 ➡五六六ページ助詞「ど」

と‐あ・り …である。…という職にある。〈今昔・二一・三〉「大納言坂上の田村麻呂といふ人、近衛の将監**とあり**用ける時」訳大納言坂上田村麻呂という人が、近衛の将監(=近衛府の三等官)**であっ**

た時。

なりたち 断定の助動詞「たり」用＋ラ変補助動詞「あり」

と-あ・り …という。…と決まっている。…になっている。〈徒然・八三〉「一部とある体草子などの」訳 一部になっている書物などで。

なりたち 格助詞「と」＋ラ変動詞「有り」

と-あり-かかり ああだこうだ。なんだかんだ。〈徒然・一三七〉「『とありかかり』と物ごとに言ひて」訳「ああだこうだ」と（祭りの行列の）見る物ごとに言って。

なりたち 副詞「と」＋ラ変動詞「有り」終＋ラ変動詞「斯かり」終

-とう【等】 接尾（名詞に付いて）❶一部をあげて、他を省略する場合に用いる。など。〈申楽談儀〉「出役人等のことは」訳（祝言に演じる能の式三番に）出仕する役人などのことは。

❷段階・順位・等級などを表す。〈去来抄・先師評〉「予が趣向は、なほ二、三等もくだり侍りなん」訳 私の構想は、（先師＝芭蕉の考えに比べて）やはり二、三段階もきっと劣るでしょう。

とう【頭】 名 ❶中心になる人。かしら。頭領。

❷「蔵人の頭」の略。

とう【疾う】［形容詞「疾し」の連用形「とく」のウ音便］早く。すぐに。〈枕・三一〉「とう書きてまゐらせ給へ」訳 早く書いて差し上げなさい。

とう〖当・唐・党・堂〗➡たう

とう〖塔・答・踏〗➡たふ

とう〖問う・訪う〗➡とふ

どう〖堂・道・導〗➡だう

とうかい-だう【東海道】 名 ❶五畿七道の一つ。京都から東の太平洋沿岸の、伊賀・伊勢・志摩（三重県）、尾張・三河（愛知県）、遠江・駿河・伊豆（静岡県）、甲斐（山梨県）、相模（神奈川県）、武蔵（東京都・神奈川県・埼玉県）、安房・上総（千葉県）、下総（千葉県・茨城県）、常陸（茨城県）の十五か国の称。

❷江戸時代の五街道の一つ。江戸から京都へ至る百二十余里（＝約五〇〇キロメートル）の街道。江戸幕府は五十三の宿駅（東海道五十三次）を設けた。海道。

東海道中膝栗毛（とうかいだうちゅうひざくりげ）《作品名》江戸後期の滑稽本。十返舎一九作。享和二年—文化十一年（一八〇二—一八一四）刊。江戸の町人弥次郎兵衛と喜多八が失敗・滑稽をくり返し、東海道を京都・大坂へ行くまでを記す。「道中膝栗毛」とも。

東海道四谷怪談（とうかいだうよつやかいだん）《作品名》江戸後期の歌舞伎。世話物。四世鶴屋南北作。文政八年（一八二五）、江戸中村座初演。浪人民谷伊右衛門が、殺した妻お岩の亡霊に悩まされ、ついには狂死するという筋。

どう-ぎやう【同行】 名 ❶心を同じくしていっしょに修行する人。特に、浄土真宗で信徒のこと。また、神仏参詣にいっしょに行く人。

❷連れ。道連れ。

どう-ぎやう【童形】 名「とうぎゃう」とも。まだ結髪をしていないおかっぱ髪の子供の姿。稚児姿。〈風姿花伝〉「まづ、童形なれば、何としたるも、幽玄なり」訳 まず、（愛らしい）子供の姿なので、どう演じても、美しい。

とう-ぐう【東宮・春宮】 名 ❶皇太子のいる御殿。

❷皇太子の敬称。「春の宮」とも。〈源氏・紅葉賀〉「春宮の御代、いと近うなりぬれば」訳 皇太子（＝後の朱雀帝）のご時世が、たいそう間近になったので。

参考 皇太子の宮殿が皇居の東にあることから「東宮」といい、五行説で東は春にあたるので「春宮」とも書く。

道元（どうげん）➡道元

とう-ごく【東国】 名 都があった近畿地方からみて東方の国々。古くは遠江（静岡県）・信濃（長野県）より東方を広くさしたが、のちには足柄以東、東北地方までをさした。対 西国

とうざ〖当座〗➡たうざ

とう-ざい【東西】 一 名 ❶東と西。

❷方角。向き。

❸あちらこちら。また、周囲。〈古本説話集〉「東西に走り散る音して失せぬ」訳（鬼たちが）あちらこちらに逃げ散らばる音がして姿を消してしまった。

二 名・自サ変 身動き。からだを自由に動かすこと。〈枕・八三〉「袖をとらへて、東西せさせず」訳 袖をつかまえて、身動きさせないで（＝有無を言わせないで）。

三 感 興行物などで、観衆をしずめたり、口上を述べたりするときに冒頭に言う語。

とうさん-だう【東山道】 名「とうせんだう」とも。❶五畿七道の一つ。畿内の東にはじまり、東海道・北陸道の間の山地を東国へつらなる地帯の国々。近江（滋賀県）、美濃・飛驒（岐阜県）、信濃（長野県）、上野（群馬県）、下野（栃木県）、陸奥（福島県・宮城県・岩手県・青森県）、出羽（山形県・秋田県）の八か国。明治元年（一八六八）に陸奥が磐城・岩代・陸前・陸中・陸奥に、出羽が羽前・羽後に分割され、十三か国となった。

❷①の国々を結ぶ街道。

とう-じみ【灯心】 名「とうしみ」「とうすみ」とも。「とうしん」に同じ。

とう-じやう【闘諍】 名 争い戦うこと。闘争。けんか。〈徒然・五〇〉「果ては闘諍おこりて、浅ましきことどもありけり」訳 しまいにはけんかが始まって、あきれかえったことがいろいろあった。

とう-しゅ【東首】 名 頭を東に向けて寝ること。東枕。

参考 中国では、太陽が昇る東を陽気（＝万物が動き、生まれ育とうとするきざし）が発するところと考え、東枕で寝る習慣があった。

とう-しん【灯心】 名「とうじみ」「とうしみ」「とうすみ」とも。油に浸して芯として火をともすもの。細藺（＝草の名）の白い芯や綿糸などを用いる。

とう-じん【等身】 名「とうしん」とも。仏像などの高さが人間の身長と等しいこと。〈更級・かどで〉「等身に薬師仏をつくりて」訳（自分の）身長と同じ高さに薬師如来像をつくって。

どう-しん【同心】 一 名・自サ変 ❶心を一つにすること。協力すること。味方をすること。〈平家・四・競〉「いかが朝敵となれる人に同心をばし候ふべき」訳 どうして朝廷に背く敵となっている人に味方をすることができましょうか（いや、できません）。

 格助

⬇下段「まぎらわしい『と』の識別」

意味・用法	用例
❶共同作業者 動作を共同して行う者を表す。 …と。…とともに。…といっしょに。	例 妹(いも)と来(こ)し敏馬(みぬめ)の崎を帰るさに独(ひと)りし見れば涙ぐましも〈万葉・三・四四九〉 訳（京からは）妻といっしょに来た敏馬の崎を、（今、京へ）帰るときに一人で見ると涙ぐまれることだよ。
❷動作の相手 …と。…を相手にして。	例 何事ぞや。童(わら)べと腹立ち給へるか〈源氏・若紫〉 訳 どうしたのか。子供たちとけんかをしなさったのか。
❸比較の基準 …と。…とくらべて。	例 少しかこつかたも、我とひとしからざらん人は〈徒然・一二〉 訳 少し不平を言う点でも、自分と同じ心でないような人は。
❹引用 人のことばや思うことなどを直接受けて、引用を表す。 …と。…と思って。…と言って。	例「いかなる所ぞ」と問へば〈更級・竹芝寺〉 訳「（ここは）どういう所か」とたずねると。 例 勝たんとうつべからず、負けじとうつべきなり〈徒然・一一〇〉 訳（双六(すごろく)は）勝とうと思って打ってはならず、負けまいと思って打つのがよいのである。
❺変化の結果 変化した結果、ある状態になる意を表す。 …に。	例 白頭の人となりし例(ため)しなきにあらず〈徒然・一二九〉 訳 白髪の人になった例がないわけではない。
❻比喩 …のように。…として。	例 笛の音(ね)のただ秋風と聞こゆるに〈更級・大納言殿の姫君〉 訳 笛の音がまるで秋風のように（しみじみと）聞こえるのに。

まぎらわしい「と」の識別

1 形容動詞（タリ活用）の連用形語尾

例 北には青山(せいざん)峨々(がが)[と]して〈平家・一〇・海道下〉

訳 北には青山が険しくそびえ立っていて。

▽上が主語になり得ない漢語で、「…と」全体で一語の形容動詞となる。多く状態性の漢語。

2 断定の助動詞「たり」の連用形

例 人の親の身[と]して、かやうのことを申せば〈平家・三・無文〉

訳 人（たるもの）の親の身であって、このようなことを申し上げると。

▽上が名詞（主語になり得る語）。多く「とあり」「として」の形で用いられ、「と」（または「とあり」「として」全体）が「であって」と言い換えられる（親の身として→親の身であって）。

3 格助詞

例 童(わら)べ[と]腹立ち給へるか〈源氏・若紫〉

訳 子供たちとけんかをしなさったのか。

▽上に名詞、活用語の連体形（準体言）、引用文がくる。

❷納得すること。同意すること。〈浮・西鶴織留〉「親仁(おやぢ)（＝親父(おやじ)）なかなか同心せ㊍ず」

二 名 ❶中世、武家に付属した兵卒のこと。のちには騎馬のものを与力(よりき)、徒歩のものを同心といった。❷江戸幕府の諸奉行の下に属し、与力の下で雑務や警察業務にあたった職。

とう-そ【屠蘇】 名「とそ」に同じ。

とう-たい【凍餒】 名 凍え、飢えること。〈徒然・一四二〉「世治まらずして凍餒の苦しみあらば、咎(とが)の者絶ゆべか

❼並列 体言またはそれに準ずるものを並列する。…と。

例 わが髪の雪と磯辺の白波といづれまされり沖つ島守〈土佐〉

訳 私の髪の雪(のような白さ)と磯辺にうち寄せる白波と、どちらが(白さで)まさっているか、沖の島の番人よ。

❽強意 同じ動詞の間に置いて、意味を強める。上にくる動詞は連用形。…と。

例 わが家にありとある人召し集めてのたまはく〈竹取・竜の頸の玉〉

訳 (大伴の大納言が)自分の家に(仕えて)いる人を残らずお呼び集めになっておっしゃることには。

接続 体言、体言に準ずる語、⑧の場合は動詞の連用形、④の引用の場合には文の言い切りの形に付く。

らず」訳 世の中が治まらないで凍えや飢えの苦しみがあるならば、罪を犯す者がなくなるはずがない。

とう‐だい【灯台】名 木製の室内照明具。上に油皿を置き火をともす。

(とうだい)

とう・づ ズトウ【取う出】他ダ下二〔で・で・づ・づる・づれ・でよ〕〔「取り出づ」の転〕取り出す。〈枕・二四〉「いささか物もとうで用侍らず」訳 (火事がすぐ近くだったので)まったく家財道具も取り出しておりません。

参考 未然形・連用形の「とうで」だけが用いられる。

とう‐とう【疾う疾う】副〔「とくとく」のウ音便〕早く早く。さっさと。〈平家・九・木曽最期〉「おのれはとうとう、女なれば、いづちへも行け」訳 おまえ(=巴御前)は早く早く、女(の身)であるから、どこへでも(落ちのびて)行け。

とう‐の‐ちゅうじゃう —チュウジョウ【頭の中将】名 近衛の中将で、蔵人の頭を兼ねている者。→蔵人の頭。⬇中将「古文常識」

頭の中将(とうのちゅうじゃう) トウノチュウジョウ《人名》「源氏物語」中の人物。左大臣の嫡男で、光源氏の妻葵の上の兄。光源氏と親しく、のち太政大臣になる。玉鬘・柏木の父。

とう‐の‐べん【頭の弁】名 弁官で、蔵人の頭を兼ねている者。→蔵人の頭

とう・ぶ『食ぶ・給ぶ・賜ぶ』⬇たうぶ

どう‐よく【胴欲・胴慾】名・形動ナリ〔「貪欲」の転〕❶欲の深いこと。❷薄情なこと。〈伎・助六〉「兄もったと思ふな、弟もったと思はぬとは胴欲な体(口語)ことおっしゃりましたな」訳 (おまえは)兄をもったと思うな、(私も)弟をもったと思わないとは薄情なことをおっしゃいましたね。

とう‐りやう —リョウ【棟梁】名 ❶建物の棟と梁。❷おもだった人。かしら。❸大工のかしら。

とお『遠』⬇とほ

とお『十』⬇とを

とおる『通る』⬇とほる

とが【咎・科】名 ❶とがめなければならない行為。あやまち。過失。〈幻住庵記〉「つらつら年月の移り来し拙なき身のとがをおもふに」訳 つくづくと年月の移り来た愚かな自分のあやまちをふり返ると。❷非難すべき欠点。短所。〈源氏・手習〉「うつくしきに、よろづのとが見許して」訳 (浮舟が)かわいらしいので、いろいろの不満な点も見とがめないことにして。❸罪。罪科。責めを負うこと。〈徒然・一四二〉「世治まらずして凍餒の苦しみあらば、とがの者絶ゆべからず」訳 世の中が治まらないで凍えや飢えの苦しみがあるならば、罪を犯す者がなくなるはずがない。

参考 元来「つみ」は道徳・法律などに反する行為をいい、罪を犯した結果としての「罰」をも意味した。これに対して「とが」は生まれつきの欠点や不注意からくるあやまちをいう。

と‐かう —コウ 副〔「とかく」のウ音便〕❶あれやこれやと。〈蜻蛉・上〉「問ひさして、とかうこしらへてあるに」訳 尋ねるのを途中でやめて、あれこれとなだめすかしていると。❷なんとかかんとか。なんにせよ。〈源氏・若紫〉「とかうまぎらはさせ給ひて、おぼし入れぬなむよく侍る」訳 なんとか気をお紛らわしになられて、(病気のことを)気にお掛けにならないのがようございます。❸(下に打消の語を伴って)どうにもこうにも。

と‐かく 副〔副詞「と」＋副詞「かく」〕❶あれやこれやと。なにやかやと。いろいろ。〈徒然・五一〉「大方廻らざりければ、とかく直しけれども」訳 (水車が)いっこうに回らなかったので、いろいろ直したけれども。❷ややもすれば。ともすれば。〈狂・抜殻〉「とかく人といふものは、このやうなことをば、えて例にしたがるものぢや」訳 ともすれば人というものは、このようなことを、えてして例にしたがるものだ。❸なんにしても。いずれにせよ。〈浮・西鶴織留〉「とかく年々積もりておそろしきものは、質屋の利銀ぞかし(=利息であるよ)」❹(下に打消の語を伴って)どうにもこうにも。まったく。〈謡・丹後物狂〉「さてもさても命は惜しいものかな。

ど 接助

意味・用法	用例
❶逆接の確定条件 …けれども。…のに。…だが。	例 男も女も恥ぢかはしてありけれど、男はこの女をこそ得めと思ふ〈伊勢・二三〉 訳 男も女も互いにはにかみ合っていたけれども、男はぜひこの女を妻にしようと思う。
❷逆接の恒常条件 あることがあっても、いつも同じように次に述べる事柄が起きることを表す。 たとえ…ても(やはり)。…ときでも。	例 その子、孫までは、はふれにたれど、なほなまめかし〈徒然・一〉 訳 その(ような人たちの)子供や孫までは、たとえ落ちぶれてしまっていても、やはり上品である。

接続 活用語の已然形に付く。

参考 「ども」とほぼ同義だが、平安時代では女性の書いた文章に「ど」が圧倒的に多く使われる。ところが鎌倉時代に入ると、むしろ「ども」が一般的に使われるようになり、「ど」が減少する。→ども(接助)・ば(接助)「文法ノート」3

とかく投げられぬ」訳 なんとまあ命は惜しいものよ。どうも(身を)投げられない。

とがとが・し 形シク {しから・しく(しかり)・し・しき(しかる)・しけれ・しかれ} たいへんに非難がましい。口うるさい。〈堤・虫めづる姫君〉「『衣など着ずともありなむかし』など言ひ合へるを、とがとがしき㊍女聞きて」訳 (女房たちが)「着物など着なくてもよいだろうよ」などと言い合っているのを、口うるさい女が聞いて。

とが・む【咎む】他マ下二 {め・め・む・むる・むれ・めよ} ❶**非難する。** 責める。〈源氏・夕顔〉「人のとがめ㊐聞こゆべき振る舞ひはし給はざりつるを」訳 (以前は)世間の人が非難し申しあげなければならない振る舞いはなさらなかったのに。
❷**怪しむ。** 気にかける。**心にとめる。**〈土佐〉「ひとのほどに合はねば、とがむる㊍なり」訳 (そのことばがしゃれていて、船頭という)身分に似合わないので、気にとめるのである。
❸**問いただす。** 尋問する。〈枕・四五〉「『嫌疑の者やある』ととがむ㊎」訳 (人を見るとすぐに)「疑わしい者はいるか」と問いただす。

と-か-や 不確実な伝聞を表す。❶(文中にあって)…とかいう。〈徒然・二三六〉「しだのなにがしとかやしる所なれば」訳 (出雲という地は)志太の某とかいう者が治めている所なので。
❷(文末にあって)…とかいうことだ。〈徒然・二七〉「新院のおりゐさせ給ひての春、詠ませ給ひけるとかや」訳 新院(=花園上皇)が位をお退きになられて(その年)の春、(次の歌を)お詠みになられたとかいうことだ。
なりたち 格助詞「と」+係助詞「か」+間投助詞「や」

とき【時】名

❶月日の移り行く間。**時間。**〈万葉・三・四六九〉「妹が見し屋前に花咲き時は経ぬ」訳 (亡き)妻が見た前庭に花が咲いて、(はやくも)時はたってしまった。
❷一昼夜を区分した時間の単位。一昼夜を二時間ずつに十二等分して一時とし、そのそれぞれに十二支を配した。また江戸時代、民間では日の出・日の入りを基準として昼夜にわけ、それぞれを六等分する実用的な時法も行われた。〈竹取・かぐや姫の昇天〉「宵うち過ぎて、子の時ばかりに」訳 宵のころも過ぎて、子の時(=夜中の十二時ごろ)ほどに。⬇次ページ「古文常識」
❸**時代。治世。**〈大鏡・時平〉「醍醐の帝の御時、このおとど左大臣の位にて、年いと若くておはします」訳 醍醐天皇の御代、この大臣(=時平)は左大臣の位で、年齢もたいそうお若くていらっしゃる。
❹**季節。** 時候。時節。〈伊勢・九〉「時知らぬ山は富士の嶺いつとてか鹿の子まだらに雪のふるらむ」訳 →ときしらぬ…和歌
❺**場合。** おり。〈大鏡・三条院〉「いかなる折にか、時々は御覧ずる時もありけり」訳 (三条院は目が不自由であったが)どういう折にか、時々はご覧になる(ことのできる)場合もあった。
❻**時勢。** 世のなりゆき。〈伊勢・一六〉「世かはり時うつりにければ、世の常の人のごともあらず」訳 治世が変わり時勢が移ってしまったので、世間なみの人のようでもない(=落ちぶれている)。
❼**よい機会。好機。**〈万葉・一〇・二〇五三〉「天の河八十瀬

霧らへり彦星の**時**待つ船は今し漕ぎ隠らし」訳天の河のたくさんの瀬々に霧が立ちこめている。彦星が(出かける)**好機**を待っている船は、いまこそ漕ぎ出すに違いない。

❽**そのころ。当時。**〈うつほ・俊蔭〉「**時**の太政大臣、御願ありて、賀茂に詣で給ひけるを」訳**当時**の太政大臣がご祈願なさることがあって、賀茂に参詣なさったので。

❾その場。一時。当座。〈土佐〉「からうたども、**時**につかはしき言ふ」訳漢詩をいくつか、**その場**にふさわしいものを吟じる。

❿**勢いがあり、盛んな時期。はぶりのよいおり。**〈古今・雑下・詞書〉「**時**なりける人の、にはかに**時**なくなりて、嘆くを見て」訳**時勢にあって盛んな時期**であった(=はぶりをきかせていた)人が、急に**勢い**がなくなって、嘆くのを見て。

フレーズ

時しもあれ 時はいつでもあるのに。よりによって、こんな時に。〈古今・哀傷〉「**時しもあれ**秋やは人の別るべき」訳**時はいつでもあるのに**、(ただでさえ悲しみのつのる)秋に人が死に別れてよいものだろうか(いや、よくない)。

時として (下に打消の語を伴って)少しの間も。ひとときも。〈方丈・三〉「心念々に動きて、**時として**安からず」訳(自分の)気持ちが一瞬一瞬動揺して、**少しの間も**安まらない。

時に会(合・遇)ふ ちょうどその時期や時節にあう。また、好機にあたって栄える。時めく。〈枕・二六六〉「ある人の、いみじう**時にあひ**(用)たる人の婿になりて」訳ある人が、たいそう**時めき栄え**ている人の婿になって。

時にとりて ❶場合によって。時によって。〈徒然・四一〉「人、木石にあらねば、**時にとりて**、物に感ずることなきにあらず」訳人間は、木や石(のように心のないもの)ではないから、**時によって**、物事に感動することがないわけではない。

❷その時に当たって。〈著聞・二四七〉「鴨のむなそりといふ秘曲をつかうまつりける、**時にとりて**、いみじくなん侍りける」訳鴨のむなそりという秘曲を演奏し申しあげたのは、**その時に当たって**、見事でありました。

時の杭(杙) 時の簡(=時刻を示す札)を支える棒ぐい。→時の簡

時の人 ❶その当時の人。〈伊勢・七九〉「これは貞数の親王、**時の人**、中将の子となむ言ひける」訳この者は貞数の親王で、**当時の人**は、中将(=在原業平)の子だと言った。

❷時を得て栄えている人。時めく人。〈枕・二四〉「中将なりける人の、いみじう**時の人**にて(=たいそう**時めいている人**で)」

時の簡 宮中で時刻を示すため、清涼殿の殿上の間の小庭に立てた札。時の杭で支え、時刻ごとに立て替えた。

時の間 ほんの少しの間。〈徒然・二一一〉「財多しとて頼むべからず。**時の間**に失ひやすし」訳財産が多い(から)といって(それを)あてにしてはいけない。**ほんの少しの間**になくしやすい(からである)。

とき【斎】 名《仏教語》〔食すべき「時」の意〕❶**僧の食事。**正午以前にする正規の食事。→非時

❷**仏事のとき僧に出す食事。**

とき【鬨・鯨波】 名 合戦の初めに士気を高めるため、全軍であげる叫び声。ときの声。ふつうは、大将が「えい、えい」と二声言うと全軍が「おう」と合わせ、これを三度くりかえす。敵もこれに応じて叫ぶのを、「鬨を合はす」という。〈平家・四・橋合戦〉「**鬨**を作ること三ケ度、宮の御方にも、**鬨の声**をぞ合はせたる」訳(平家方では)**鬨の声**をあげることが三度(に及び)、(高倉)宮の御方(の軍勢)でも、**鬨**の声をあげて(それに)応じた。

とき-さ・く【解き放く】 他カ下二〔け・け・く・くる・くれ・けよ〕解きほどく。**解き放つ。**〈万葉・一二・二九七五〉「紐の結びも**解き放け**(未)ず斎ひて待てど」訳紐の結びも**解き放た**ずに、身を清めて待つけれど。

とき・じ【時じ】 形シク〔じから・じく(じかり)・じ・じき(じかる)・じけれ・じかれ〕《上代語》〔「じ」は形容詞をつくる接尾語で、打消の意を含む〕❶**その時節にはずれている。**その時期でない。〈万葉・八・一六二七〉「わが宿の**時じき**(体)藤のめづらしく今も見てしか妹が咲容を」訳私の家の(庭の)**季節はずれの**藤のように、めずらしく愛らしいものとして今も見たいものだ。あなたの笑顔を。(第二句までは「めづらしく」を導きだす序詞)。

古文常識 「とき」— 定時法と不定時法

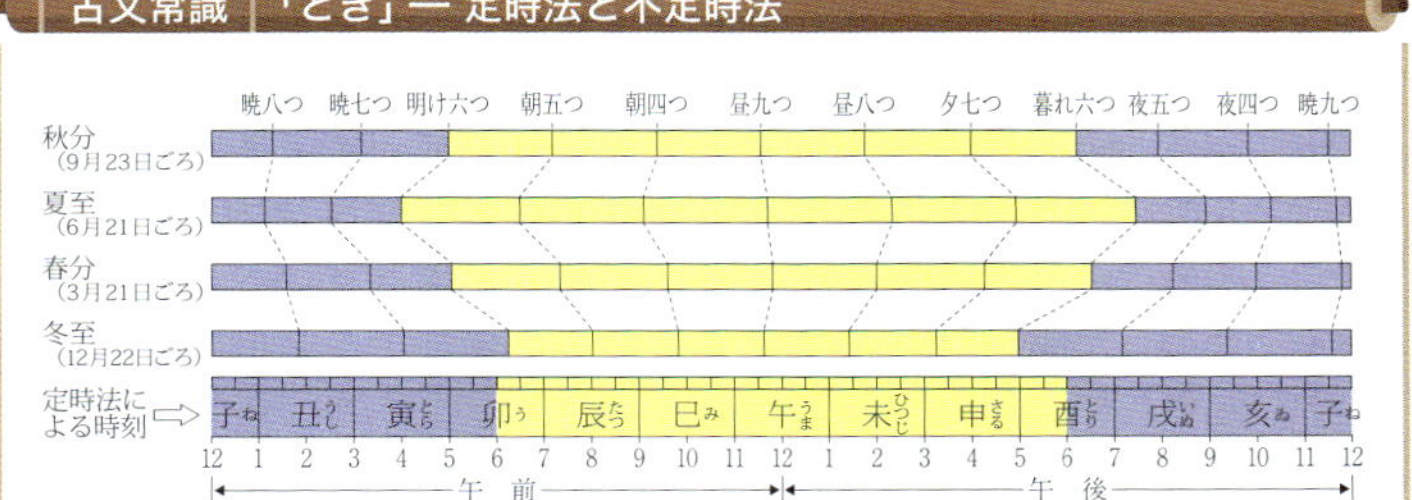

奈良・平安時代の宮中では、一昼夜を等分して時を決める「定時法」が使用された。一方、古代から江戸時代にかけて民間では「不定時法」が使用されていた。不定時法は一日の昼と夜とをそれぞれ六等分して時を決めるため、季節によって一時の長さが異なる。(上の図は不定時法を示したもの)

❷時節に関係がない。いつもある。〈万葉・三・三一七〉「時じく用そ雪は降りける」訳→あめつちの…和歌

ときじく【時じく】形動ナリ〔なら・なり(に)・なり・なる・なれ・なれ〕〔形容詞「時じ」の連用形から〕時期に関係ないさま。〈万葉・八・一四二三〉「橘は花にも実にも見つれどもいや時じくに用なほし見が欲し」訳橘は花としても実としても観賞したけれど、いよいよ時期に関係なく(=いつでも)いっそう見たいものだ。

とき-し-も-あれ【時しもあれ】⬇時「フレーズ」

ときしらぬ… 和歌

時知らぬ　山は富士の嶺　いつとてか
鹿の子まだらに　雪のふるらむ
〈伊勢・九〉〈新古・一七・雑中・一六一六・在原業平〉

訳季節をわきまえない山は富士の峰だ。(今が)いつ(の季節)と思って、鹿の子まだらに雪が降っているのだろうか。

解説 陰暦五月の末、夏の盛りに、雪をいただいている富士山を見て詠んだ歌。「鹿の子まだら」は、鹿の毛なみのように白い斑点のあるものをいう。

とき-つ-かぜ【時つ風・時津風】名〔「つ」は「の」の意の上代の格助詞〕❶潮が満ちるときに吹く風。❷その時にうまいぐあいに吹く風。

とき-と-して【時として】⬇時「フレーズ」

とき-な・し【時無し】形ク〔(から)・く(かり)・し・き(かる)・けれ・かれ〕いつと決まった時がない。いつもである。絶え間がない。〈万葉・一・二五〉「み吉野の耳我の嶺に時なく用そ雪は降りける」訳吉野の耳我の峰に、いつも雪は降っていた。

とき-に-あ・ふ【時に会ふ・時に合ふ・時に遇ふ】⬇時「フレーズ」

とき-に-とり-て【時にとりて】⬇時「フレーズ」

とき-の-くひ【時の杭・時の杙】⬇時「フレーズ」

とき-の-ひと【時の人】⬇時「フレーズ」

とき-の-ふだ【時の簡】⬇時「フレーズ」

とき-の-ま【時の間】⬇時「フレーズ」

とき-は【常磐・常盤】名・形動ナリ〔「常磐(=永遠に変わらない大岩)」の転〕❶つねに変わらないこと。**永久不変。**〈万葉・二〇・四四八一〉「常磐なる体命なれやも恋ひつつ居らむ」訳大岩のように永遠の命であるから恋し続けているのだろうか。❷樹木の葉が一年中緑であること。常緑。〈万葉・二〇・四五〇一〉「常磐なる体松のさ枝をわれは結ばな」訳常緑の松の小枝を(永遠の願いをこめて)私は結ぼう。

とき-めか・し【時めかし】形シク〔(しから)・しく(しかり)・し・しき(しかる)・しけれ・しかれ〕〔動詞「時めく」に対応する形容詞〕時勢に合って栄えている。〈枕・能因本・三三〉「さわがしう時めかしき体所に…ことなることなき歌詠みしておこせたる」訳とりこんでいて栄えている(人の)所へ…(時勢にとり残された人が)何のとりえもない歌を詠んでよこしたの(は興ざめである)。

とき-めか・す【時めかす】他サ四〔さ・し・す・す・せ・せ〕〔「めかす」は接尾語〕時勢に合って栄えるようにする。特別に目をかけ愛する。寵愛する。〈大鏡・師尹〉「御目のしりの少しさがり給へるが、いとどらうたくおはするを、帝いとかしこく時めかさ未せ給ひて」訳(宣耀殿の女御は)御目じりが少しさがっていらっしゃるのが、さらにいっそうかわいらしくていらっしゃるのを、(村上)天皇はたいそうあつく寵愛しなされて。

とき-め・く【時めく】自カ四〔か・き・く・く・け・け〕〔「めく」は接尾語〕時勢に合って栄える。**寵愛を受けて栄える。**〈源氏・桐壺〉「いとやむごとなき際にはあらぬが、すぐれて時めき用給ふありけり」訳たいして重々しい家柄の出ではない方で、格別に(桐壺帝の)寵愛を受けて栄えていらっしゃる方(=桐壺の更衣)があったそうだ。

ど-きゃう【読経】名・自サ変 声を出して経文を読むこと。

とき-よ【時世】名❶年月。時代。〈伊勢・八二〉「時世へて久しくなりにければ、その人の名忘れにけり」訳年月がたって久しくなってしまったので、その人の名前は忘れてしまった。❷時節。時世。時代の風潮。

ど-きょう〔読経〕⬇どきゃう

ときわ〔常磐・常盤〕⬇ときは

と-きん【兜巾・頭巾】名修験者がかぶる六角の小さな黒いずきん。十二因縁(=人が生死流転するありさまを説明する十二の因果関係)にちなみ十二のひだを寄せてある。→修験者

とく【徳】名❶道徳。**人の道。**〈徒然・一三〇〉「人に本意なく思はせて我が心を慰まんこと、徳に背けり」訳(勝負事で負かして)人に残念だと思わせて自分の心を楽しませるようなことは、人の道に反している。❷生まれつきのすぐれた能力。天性。また、美点。**長所。**〈徒然・一六七〉「ものと争はざるを徳とす」訳他人と競争しないのを長所とする。❸名望。**人徳。**〈徒然・六〇〉「人にいとはれず、よろづ許されけり。徳の至れりけるにや」訳人にいやがられず、すべて(気まま勝手)を許容された。人徳がこの上なくすぐれていたからであろうか。❹恩恵。**めぐみ。**〈源氏・澪標〉「神の御徳をあはれにめでたしと思ふ」訳(住吉の)神のおめぐみをしみじみすばらしいと思う。❺**おかげ。**ため。〈宇治・一・一八〉「客人殿の御徳に芋粥食ひつ」訳お客様のおかげで(われわれも)芋粥を食った。❻〔「得」とも書く〕富。**財産。**〈宇治・六・三〉「毘沙門天(=福徳をさずける神)を…持ちたる人は、必ず徳つかぬはなかりけり」訳毘沙門天を…持っている人は、必ず財産が身につかない者はなかった。❼〔「得」とも書く〕利益。もうけ。〈落窪〉「時の受領は、世に徳あるものといへば」訳はぶりのよい地方長官は、非常に利得のあるものというから。

と・く【解く】

━ 他カ四〔か・き・く・く・け・け〕❶**結び目をほどく。**〈記・上〉「大刀が緒もいまだ解か未ずて」訳大刀の下げ緒もまだ解かないで。❷(髪など)乱れもつれたものを整える。**とかす。**〈源氏・手習〉「解き用果てたれば艶々と清らなり」訳(その女=浮舟の髪を)すっかりとかしてしまうと、

光沢があって美しい。

❸知る。さとる。答えを出す。〈徒然・一〇三〉「近習の人ども、なぞなぞを作りて**解か**㋯れける所へ」訳近臣の人たちが、なぞなぞを作って**解い**ていらっしゃったところへ。

❹〔「溶く」とも書く〕固形のものを液状にする。とかす。〈古今・春上〉「袖ひちてむすびし水のこほれるを春立つけふの風や**とく**㊅らむ」訳→そでひちて…和歌

■二 自カ下二〔け・け・く・くる・くれ・けよ〕❶結び目がほどける。〈万葉・三・三四五〉「吾妹子し吾を偲ふらし草枕旅のまろ寝に下紐**解け**㊊ぬ」訳私のいとしい人は私を思い慕っているらしい。旅先で衣服を着たまま寝ていると、下紐が**解け**たことだ。(「草枕」は「旅」にかかる枕詞。人に思われると下紐が解けるという俗信があった)。

❷職をはなれる。解任になる。〈古今・雑下・詞書〉「左近の将監**解け**㊊て侍りける時に」訳(小野春風が)左近の将監(の職)を**はなれ**ておりましたときに。

❸心の隔てがなくなる。**うち解ける。安心する。**〈万葉・二・一四四〉「磐代の野中に立てる結び松情も**解け**㋯ず古思ほゆ」訳磐代(=地名)の野中に立ってい る結び松よ。(その結び目のように私の)心も**わだかまりがなくなら**ずにその昔のことが思われることだ。

❹〔「溶く」とも書く〕固形のものが液状になる。とける。〈古今・春上〉「谷風に**とくる**㊍氷のひまごとに打ち出づる波や春のはつ花」訳谷を吹く春風によって**とける**氷の裂け目のそれぞれからほとばしり出てくる波が、春の最初の花なのだろうか。(「波」を「花」に見立てたもの)

とく【疾く】副〔形容詞「疾し」の連用形から〕❶早く。すみやかに。さっそく。〈土佐〉「とまれかうまれ、**とく**破りてむ」訳ともかくも、(こんなもの=「土佐日記」は)**早く**破ってしまおう。

❷すでに。**とっくに。**〈源氏・夕顔〉「ただ冷えに冷え入りて、息は**とく**絶え果てにけり」訳(夕顔は)ひたすらどんどん冷たくなっていって、息は**とっくに**絶え果ててしまっていた。

と・ぐ【遂ぐ】他ガ下二〔げ・げ・ぐ・ぐる・ぐれ・げよ〕成し遂げる。(目的や希望などを)果たす。〈源氏・桐壺〉「この人の宮仕への本意、必ず**遂げ**㋯させ奉れ」訳この人(=桐壺の更衣)の宮仕えの宿願を、きっと**成し遂げ**させてさしあげよ。

とく-い【得意】名❶心を解する親しい友。知己。〈平家・五・文覚被流〉「さやうの要事いふべき**得意**も持たず」訳そのような重要なことを言うことができる**親しい知人**も持っていない。

❷ひいきにすること。また、その人。〈枕・八七〉「御**得意**なななり。さらによも語らひとらじ」訳(その人は皆さんの)ご**ひいき**であるようだ。決してどうあっても(私が)言いくるめて手なづけるつもりはない。

❸自分の思いどおりになること。思いどおりで満足すること。

どく-ぎん【独吟】名・他サ変❶詩歌などを一人でうたうこと。〈鶉衣〉「生前**得意**の句を石に彫り」

❷連歌や連句を一人で作ること。また、その作品。

とく-こ【独鈷】名「とこ」「とっこ」とも。仏具の名。金剛杵の一つ。鉄製または銅製で、両端が分かれないでとがっているもの。密教で、煩悩を打ち破る菩提心の表象として修法に用いる。↓金剛杵

とく-ごふ【得業】名《仏教語》「とくご」とも。僧の学問上の階級の一つ。奈良では三会(=興福寺の維摩会・法華会、薬師寺の最勝会)に参列して修行を終えた者。比叡山では横川の四季講と、定心房の三講の聴衆とをつとめた者。

とくさ【木賊】名〔砥草の意〕❶しだ植物の一種。茎はかたく、縦に多くのみぞがある。乾燥させて細工物を磨くのに用いる。秋

❷「木賊色」の略。㋐黒みがかった緑色。㋑襲の色目の名。表は萌黄(　)、または黒みをおびた青で、裏は白、または表と同色ともいう。四季を通じて用いる。

とく-しち【得失】名「とくしつ」に同じ。

とく-しつ【得失】名「とくしち」とも。❶得ることと失うこと。**利害。損得。**〈徒然・七五〉「分別みだりに起こりて、**得失**やむ時なし」訳思慮分別(の心)がむやみに起こって、**損得**(を思う心)の絶える時がない。

❷**成功と失敗。**当たりはずれ。〈徒然・九二〉「毎度ただ**得失**なく、この一矢に定むべしと思へ」訳(弓を射る)そのたびごとに、ただ(矢の)**当たりはずれ**(を考えること)なく、この一本の矢で決着をつけようと思え。

❸**長所と短所。**

どく-じゅ【読誦】名・他サ変〔「読」は文字を読む、「誦」は声に出して唱える意〕声を出して経文を読むこと。読経。

とく-つ・く【得付く・徳付く】自カ四〔か・き・く・く・け・け〕裕福になる。〈宇治・六・四〉「いとよく**徳つき**㊊て、司などなりて、たのしくてぞありける」訳(双六に勝った侍は)たいそうよく**裕福になっ**て、官職などについて、豊かに暮らしていた。

とく-ど【得度】名・自サ変《仏教語》〔「度」を得る意。「度」は生死の苦海を渡って悟りの境地に達すること〕❶**迷いを脱して悟りを得ること。**また、そのために出家して修行すること。

❷**剃髪して出家すること。**古くは、国家の許可を得て、俗人が僧や尼になること。

とく-にん【徳人】名「とくじん」とも。金持ち。富豪。

とげ-な・し形ク〔から・く(かり)・し・き(かる)・けれ・かれ〕〔「利げ無し」の意か〕しっかりしたところがない。気がきかない。一説に、「遂げなし」で、物事を果たさない意とも。〈竹取・火鼠の皮衣〉「これを聞きてぞ、**とげなき**㊍ものをばあへなしと言ひける」訳これを聞いて、**しっかりしたところがない**ことを「あえなし(=期待はずれであっけない。あべの大臣の逸話から、「あべ無し」を掛けた洒落)」と言った。

とこ-【常】接頭(名詞・形容詞に付いて)「不変」「永遠」の意を表す。「**常**世」「**常**少女」「**常**なつかし」

とこ【床】名❶寝床。

❷牛車の、人が乗る部分。車箱。

❸「床の間」の略。客間などで、床を一段高くしたところ。

❹涼み床。夕涼みのため川の上に設けた桟敷。

と-こ【独鈷】名「とくこ」に同じ。

とこしく-に【常しくに】副 いつまでも変わりなく。永遠に。〈万葉・七・一一三三〉「いや**常しくに**われかへり見む」訳 いよいよ**いつまでも変わりなく**、私は(この吉野の地に)帰って(来て)見よう。

とこし-なへ【常しなへ・長しなへ】形動ナリ{なら・なり(に)・なり・なる・なれ・なれ}長く続くさま。いつまでも変わらないさま。永久。「常しへ」とも。〈平家・七・返牒〉「四海**とこしなへに**用その安全を得ず」訳 国内は**いつまでも**その平静な状態になれない。

とこし-へ【常しへ・長しへ】形動ナリ{なら・なり(に)・なり・なる・なれ・なれ}「とこしなへ」に同じ。〈万葉・九・一六八二〉「**とこしへに**用夏冬行けやかはごろも扇放たぬ山に住む人」訳 **いつまでも**夏と冬が同時に過ぎ行くからというのだろうか(いや、そんなこともなかろうに)、(冬の)皮衣と(夏の)扇とを放さない、(この)山に住む人(=仙人)は。

と-こそ ❶(文中に用いて)「と」の受ける内容を強める。〈古今・恋五〉「思ふとも離れなむ人をいかがせむあかず散りぬる花**とこそ**見め」訳 いくら恋しく思っても、(私から)離れていくような人をどうしようか(いや、どうしようもない)。見あきないうちに散ってしまった花**と**思うことにしよう。

❷(文末に用いて)命令形を受けて命令の意を強める。…というのに。〈謡・安宅〉「いかに、これなる強力止まれ**とこそ**」訳 おい、そこの強力、止まれ**というのに**。

なりたち 格助詞「と」+係助詞「こそ」

とこ-なめ【常滑】名 川の中で水苔がついてなめらかな石。また、その水苔のこともいう。多く、永久であることにかけていう。

とこ-は【常葉】名 冬でも枯れない常緑の木の葉。

とこ-はな【常花】名 いつまでも咲き続けている花。

とこ-みや【常宮】名 永久に変わらずに栄えている宮殿。常つ御門。

とこ-やみ【常闇】名 永久に暗闇であること。常夜。

とこ-よ【常世】名 ❶(多く「常世に」の形で、副詞的に用いて)**永久に変わらないこと。**〈万葉・三・四四六〉「吾妹子が見し鞆の浦のむろの木は**常世**にあれど見し人そなき」訳 いとしいわが妻が見た鞆の浦のむろの木(=寿命をつかさどる神木)は**今もそのまま変わらず**にあるが、これを見た人(=妻)は(今は)いない。

❷「常世の国」の略。〈源氏・須磨〉「心から**常世**を捨てて鳴く雁を」訳 →こころから… 和歌

フレーズ

常世の国 ❶海のはるかかなたにあると考えられた国。異郷。
❷不老不死の国。

とこ-よ【常夜】名 昼がなく夜ばかりであること。永久に夜であること。常闇。

とこよいでて… 和歌

常世出でて　旅の空なる　雁がねも
つらにおくれぬ　ほどぞ慰む
〈源氏・須磨〉

訳 常世の国を出て旅の空にいる雁も、仲間に遅れないでいる間は、(心が)慰められるのである。

解説 光源氏の供人の歌。「常世」は不老不死の仙境で、雁はそこに住む鳥と考えられていた。第三句まで、都を後にして須磨に退居した自分たちの境遇への不安の投影がある。「つら」は「連」で仲間の意。

とこよ-の-くに【常世の国】➡常世「フレーズ」

-ところ【所・処】接尾 身分の高い人を数えるのに用いる語。方。〈源氏・桐壺〉「女御子たち二**所**」訳 皇女たちおふた**かた**。

ところ【所・処】名

❶場所。地点。また、土地。区域。〈土佐〉「舟に乗るべき**ところ**へ渡る」訳 舟に乗ることになっている**場所**へ移動する。

❷**その土地。その地方。**〈狂・通円〉「**所**の人に尋ねばやと存ずる」訳 **その土地**の人に尋ねたいと存じます。

❸その家。その邸。〈枕・三〉「**所**につけて、われはと思ひたる女房の、のぞきけしきばみ」訳 (それぞれ)**その家**ごとに、自分こそは(うまくやろう)と思っている女房が、(物陰から)のぞき、意気込んで。

❹点。箇所。こと。〈方丈・三〉「時を失ひ世に余されて期する**所**なきものは、愁へながら止まり居り」訳 出世の機会を失い、世に取り残されて、前途に期待する**こと**のない者は、悲しみながらも(旧都に)残っている。

❺**地位。位置。**〈源氏・若紫〉「京にてこそ**所**得ぬやうなりけれ」訳 (明石の入道は)京では(よい)**地位**をしめないようであったが。

❻**場合。時。**際。〈枕・二五〉「待つ人ある**所**に、夜すこしふけて、忍びやかに門たたけば」訳 待つ人がある**とき**に、夜が少し更けてから、ひそやかに門をたたく(音がする)ので。

❼(特に**蔵人所**、武者所など)**役所**をさしていう。〈平家・四・信連〉「先年**所**にありし時も…四人ふせ」訳 先年、(院の)**武者所**にいたときも…四人(の強盗)を切り倒し。

❽(下に「の」を伴って)連体修飾であることを示す。漢文の訓読から発生した言い方。〈徒然・一六二〉「殺す**所**の鳥を首に掛けさせて」訳 殺した鳥を(法師の)首に掛けさせて。

ところ-あらはし【所顕し】名(男が、通う女の家をあきらかにする意)平安時代、結婚したことを披露すること。ふつう、結婚後三日目の夜に、新婦の家で宴を開き、婿と舅たちが対面した。➡後朝「古文常識」

ところ-う【所得】他ア下二{え・え・う・うる・うれ・えよ}よい地位をしめる。また、よい地位をしめて、威をふるう。得意になる。〈徒然・二三三〉「馴れたるさまに上手めき、**所得**たる気色して」訳 物慣れたようすで上手ぶり、**得意になって**いる態度をして。

ところえ-がほ【所得顔】名・形動ナリ **よい場所・位置を得て満足そうなさま。**得意顔。わがもの顔。〈徒然・二三五〉「人げに塞かれねば、狐やふくろうが)人の気配に妨げられないから、**よい場所を得たとばかりに**入りこんで住み。

ところ-お・く【所置く】自カ四{か・き・く・く・け・け}〔場所をあけておく意〕控えめにする。遠慮する。〈**大鏡・道長下**〉「公忠(きんただ)が少し控へつつ、**所置き**㊥用申ししを」訳（随身(ずいじん)の）公忠が少し（馬の手綱を）控え控えして、**遠慮し**申しあげたのを。

ところせ-が・る【所狭がる】自ラ四{ら・り・る・る・れ・れ}〔形容詞「所狭(ところせ)し」の語幹＋接尾語「がる」〕窮屈がる。やっかいに思う。〈**大和・一五六**〉「これをなほこの嫁**ところせがり**㊥用て」訳これ（＝年老いた伯母(おば)）をやはりこの嫁は**やっかいに思っ**て。

最重要330

214

ところ-せ・し【所狭し】形ク{から・く(かり)・し・き(かる)・けれ・かれ}

ガイド　場所が狭い意の①が原義。狭苦しく感じられるということから、②④⑤の意が生じ、狭苦しく感じられるほどに物が多く、手にあまるということから、③の意が生じる。

❶**場所が狭い。**（置き所に困るほど）**いっぱいだ。**

例わが身一つならば安らかならましを、**ところせう**㊥用（ウ音便）引き具して〈**更級・子忍びの森**〉

訳もしも自分のからだ一つであるならば気楽であろうけれども、（家族を）**大勢**引き連れて。

❷（心理的に）**窮屈だ。気づまりだ。**

例**ところせき**㊥体御身にて、めづらしうおぼされけり〈**源氏・若紫**〉

訳（光源氏は勝手に出歩くことのできない）**窮屈な**ご身分なので、（北山の景色を）珍しくお思いになられた。

語感実感　責任ある地位に就いたため、思ったことを自由に発言することができなくなり、気づまりに思う感じ。

❸**やっかいだ。めんどうだ。扱いにくい。**

例この生絹(すずし)だにいと**ところせく**㊥用暑かはしく、とり捨てまほしかりしに〈**枕・一九六**〉

訳（夏の盛りは）この生絹（＝生(き)の絹糸で織った衣服）だってたいそう**扱いにくく**暑苦しく、脱ぎ捨てたかったのに。

❹**あたり狭しと振る舞っている。堂々としている。重々しい。**

例万(よろづ)にきよらを尽くしていみじと思ひ、**ところせき**㊥体さましたる人こそ、うたて、思ふところなく見ゆれ〈**徒然・二**〉

訳何ごとにも華美をきわめて（それを）りっぱだと思い、**あたり狭しと偉そうに振る舞う**ようすをしている人は、たまらなく、分別がなく見える。

❺**ぎょうぎょうしい。おおげさだ。**

例ただ近き所なれば、車は**ところせし**㊥終〈**堤・はいずみ**〉

訳ほんの近い所だから、牛車(ぎっしゃ)では**ぎょうぎょうしい**。

ところ-せ・し【所狭し】形ク ➡上 214

ところ-たがへ【所違(タガエ)へ】名（行き先など）場所をまちがえること。〈**枕・二七七**〉「**所違へ**などならば、おのづからまた言ひに来(き)なむ」訳もしも**場所違い**などであるならば、自然とまたきっと言いに来るだろう。

ところ-どころ【所所・処処】名❶あちらこちら。また、別々の場所。〈**平家・九・木曽最期**〉「**所々**で討たれんよりも、一所(ひとところ)でこそ討ち死にをもせめ」訳**別々の所**で討たれるよりも、（おまえと）同じ所で討ち死にをもしよう。❷「人々」の敬称。かたがた。〈**源氏・須磨**〉「**ところどころ**眺め給ふらむかしと、思ひやり給ふにつけても」訳（私が愛した）**かたがた**が（この月を今ごろ）眺めていらっしゃるだろうよと、思いをはせなさるにつけても。

土佐（とさ）《地名》旧国名。南海道六か国の一つ。今の高知県。土州(どしゅう)。

と-ざし【鎖し・扃し】名❶門戸を閉ざすこと。また、錠や掛け金などの門戸をさし固める道具。❷門。〈**平家・一一・先帝身投**〉「門をば不老と号(かう)して、老いせぬ**とざし**と説きたれども」訳（御殿の）門を不老門と名づけて、老いることのない**門**と説明したけれども。

土佐日記（とさにっき）《作品名》〔「土左日記」とも書く〕平安前期の日記。紀貫之(きのつらゆき)作。承平五年（九三五）ごろ成立。土佐の守(かみ)の任期を終えて、承平四年（九三四）十二月土佐を出発し、翌五年二月に帰京するまでを、女性に仮託して仮名文で記した旅日記。軽妙・簡潔な文章が特徴。最初の仮名書きの日記で、日記文学の祖。➡巻頭口絵10ページ・付録①九五〇ページ

冒頭文　男もすなる日記(にき)といふものを、女もしてみむとてするなり。それの年の、十二月(しはす)の二十日(はつか)あまり一日(ひとひ)の日の戌(いぬ)のときに門出す。そのよし、いささかにものに書きつく。訳男も書くと聞いている日記というものを、（私のような）女も書いてみようと思ってしたためるのである。某年の陰暦十

最重要330

215

としごろ【年頃】名〔古くは「としころ」とも〕

ガイド 古文で「年・月・日」に付く「頃」は長い時間の経過を表す接尾語で、「年頃」が「長年、数年来」、「月頃」は「数か月来」、「日頃」は「数日来」の意を表す。

長年。長年の間。この何年もの間。数年来。
例 さて年ごろ経(ふ)るほどに、女、親なくたよりなくなるままに〈伊勢・二三〉
訳 それから数年経(た)つうちに、女は親が亡くなり(生活の)よるべがなくなるにつれて。

二月の二十一日の日の戌の時(=午後八時ごろ)に出発する。その(旅の)次第を、少し紙に書きつける。

と-ざま【外様・外方】名 ❶外のほう。よそのほう。❷鎌倉幕府以降、将軍の一族や譜代(ふだい)でない大名や武士。❸表だった所。表向き。公の場。世間。〈うつほ・国譲上〉「とざまに交じらひても恥なかりしは」訳 公の場で交際しても恥ずかしくなかった者(=仲澄(なかずみ))は。

とざま-かうざま(―コウザマ) 副「とさまかくさま」とも。あれやこれや。ああしたりこうしたり。〈源氏・夕顔〉「とざまかうざまにつけて、育(はぐ)くまむに咎(とが)あるまじきを」訳 あれやこれやにつけて、(夕顔の子を、私=光源氏が)育てるにしてもその場合に(私には)不都合あるまいから。

とし【年・歳】名

❶一年。十二か月。〈万葉・二〇・四五一六〉「新(あら)たしき年の始めの初春の今日(けふ)降る雪のいやしけ吉事(よごと)」和歌 訳 →あらたしき…

❷多くの歳月。世。〈古今・春上〉「年経(ふ)れば齢(よはひ)は老いぬしかはあれど花をし見ればもの思ひもなし」和歌 訳 →としふれば…

❸季節。時候。〈うつほ・春日詣〉「今年はあやしく年急ぎて、遅き花疾(と)く咲き」訳 今年は不思議に(春の)季節が早く来て、(咲くのが)遅い花も早く咲き。

❹年齢。よわい。〈源氏・帚木〉「父の年老いものむつかしげにふとり過ぎ」訳 父親が年をとり、なんとなくむさくるしい感じに太り過ぎ。

❺穀物。特に、稲。また、穀物の実り。〈万葉・一八・四一二四〉「わが欲(ほ)りし雨は降り来(き)ぬかくしあらば言挙(ことあ)げせずとも年は栄えむ」訳 私が願い望んだ雨は降って来た。このようであるなら、ことばに出してはっきり言わなくても、稲の実りは豊かであろう。

フレーズ

年返(かへ)・る 新年になる。年が改まる。春。〈万葉・一七・三九七九〉「あらたまの年かへるまで相見ねば」訳 年が変わるまで(妻に)会わないので。(「あらたまの」は「年」にかかる枕詞)

年高(たか)・し 年をとっている。高齢である。〈古今・雑体〉「身はいやしくて年高きことのくるしさ」訳 身分が低くて年齢(だけ)が高くなっていることのつらさよ。

年長(た)・く 年をとる。高齢となる。〈著聞・二七二〉「元政(もとまさ)年たけ用て、いのち今日(けふ)明日(あす)とも知らず」訳 (私)元政は年をとって、命が今日(終わる)とも、明日(果てる)ともわからない。

年立(た)・つ 年が改まる。新年になる。春

年の端(は) 毎年。年ごと。

年の緒(を) 年の長く続くのを緒(=ひも)にたとえた語。年月。〈万葉・一〇・二〇八九〉「あらたまの年の緒長く思ひ来(こ)し恋尽くすらむ七月(ふみづき)の七日の宵は」訳 年月長く思い続けてきた恋心を晴らしているであろう、陰暦七月七日の夜は。(「あらたまの」は「年」にかかる枕詞)

と・し【利し・鋭し】形ク〔から・く(かり)・し・き(かる)・けれ・かれ〕

鋭利である。鋭い。〈万葉・一一・二四九八〉「剣刀(つるぎたち)諸刃(もろは)のとき体に足踏みて」訳 剣太刀の諸刃の鋭いのに足を踏みつけて。

と・し【疾し】形ク〔から・く(かり)・し・き(かる)・けれ・かれ〕

❶(時期が)早い。〈大鏡・道長上〉「さるべき人は、とう用(ウ音便)より御心魂のたけく」訳 そうなる(=後年偉くなる)はずの人は、早く(=若いころ)からご胆力が強く。

❷(速度が)速い。〈土佐〉「船とく用こげ。日のよきに」訳 船を速くこげ。天気がいいから。

と・し【敏し】形ク〔から・く(かり)・し・き(かる)・けれ・かれ〕

❶すばしこい。機敏である。〈紀・履中〉「人となり力強(こは)くして軽くとし終」訳 生まれつき力が強くて、(身が)軽く機敏だ。

❷鋭敏である。〈枕・二七五〉「大蔵卿(おほくらきやう)ばかり耳とき体人はなし」訳 大蔵卿ほど耳の鋭い人はいない。

と-じ【刀自】名

〔「戸主(とぬし)(=家の入り口を支配する者の意)」の転〕❶「とうじ」とも。家事をつかさどる女性。主婦。〈万葉・四・七二三〉「あが児(こ)の刀自をぬばたまの夜昼といはず思ふにしあが身はやせぬ」訳 わが娘で主婦である子を、夜昼の区別なく思うにつけ、わが身はやせてしまった。(「ぬばたまの」は「夜」にかかる枕詞)

❷女性の敬称。特に、老女や身分の高い女性に用いる。〈平家・一・祇王〉「母刀自これを聞くにかなしくて」訳 母君はこれを聞くと悲しくて。

❸宮中の台盤所(だいばんどころ)(=女房の詰め所)・内侍所(ないしどころ)(=神鏡を安置する所)・御厨子所(みずしどころ)(=食事を調理する所)などで雑役をつとめる女官。

とし-かへ・る(―カエル)【年返る】→年「フレーズ」

と-じきみ【戸閾】名 ❶門の柱と柱の間に敷いてある横木。しきみ。しきい。❷【軾】牛車(ぎつしや)の前後の口に張り渡した低い仕切りの横木。

としごひ-の-まつり(トシゴイ―)【祈年祭】名 毎年陰暦

二月四日、神祇官や国司の役所で、伊勢神宮以下諸社諸神を祭る行事。国家の安全や天皇の長寿、また、五穀の豊作を祈った。「祈年祭」とも。

とし-ごろ【年頃】名 ⬇前ページ 215

とし-たか・し【年高し】⬇年「フレーズ」

とし-た・く【年長く】⬇年「フレーズ」

としたけて… 和歌

年たけて　また越ゆべしと　思ひきや　命なりけり　小夜の中山　〈新古・一〇・羇旅・九八七・西行〉

訳 年老いて、再び越えられるだろうと思ってもみただろうか(いや、思いもかけなかった)。命があったからなのだなあ。小夜の中山よ。(「や」は、反語の終助詞。「命なりけり」の強い詠嘆と呼応して深い感慨を表出している。「小夜の中山」は、今の静岡県掛川市の東部にある東海道の難所で、歌枕の一つ。「さよの中山」ともいう)

解説 六十九歳で、二度目の陸奥旅行をしたときの歌。かつて若いころにこの峠を越えたことを思い、また、自分が長生きしたことへの感慨を詠んだ。

とし-た・つ【年立つ】⬇年「フレーズ」

とし-なみ【年並み・年次】名 ❶年ごと。毎年。〈新続古今・神祇〉「八百万そこらの神の年なみに夜昼守る君が御代かな」訳 きわめてたくさんの神々が、毎年夜も昼も守る天皇の御治世であるよ。❷年数。年齢。和歌では「なみ」に「波」をかけていう場合が多い。

としのうちに… 和歌

年の内に　春は来にけり　一年を　去年とやいはむ　今年とやいはむ　〈古今・一・春上・一・在原元方〉

訳 旧年のうちに春は来てしまったのだなあ。同じこの一年を、去年と言おうか、今年と言おうか。

解説 年内の立春を詠んだ歌。陰暦では旧年中に立春になることもしばしばあった。しかし立春すなわち新年という考え方からすれば、立春になった以上、過ぎ去った一年を去年と呼べばいいのか、それとも正月までは今年と呼べばいいのかということになる。なお、「一年」には「立春の今日から残りの期間」、「立春以前、昨日までの期間」、「立春の今日現在」などいろいろな解釈がある。

とし-の-は【年の端】⬇年「フレーズ」

とし-の-を(オ)【年の緒】⬇年「フレーズ」

としふれば… 和歌

年経れば　齢は老いぬ　しかはあれど　花をし見れば　もの思ひもなし　〈古今・一・春上・五二・藤原良房〉

訳 年月がたったので年老いてしまった。そうではあるけれど、この(桜の)花を見ると、何の思い悩む気持ちもなくなる。(「花をし」の「し」は、強意の副助詞)

解説 自分の娘である染殿の后(=文徳天皇中宮の明子)の局で、花瓶にさしてあった桜の花を見て詠んだ歌。みごとに咲いた桜に自分の娘の栄華をたとえる。

-とせ【年・歳】接尾 年齢・歳月など、年を数える語。「千とせ」「一とせ」「百とせ」

と-せい【渡世】名 暮らしを立てること。世渡り。生業。

と-そ【屠蘇】名「とうそ」とも。正月、邪気払いのために酒または味醂にひたして飲む薬の名。肉桂・山椒・白朮・桔梗・防風・赤小豆などを調合したもの。春

と-ぞ ❶(文中に用いて)「と」の受ける内容を強める。〈竹取・ふじの山〉「そのけぶり、いまだ雲の中へ立ちのぼるとぞ言ひ伝へたる」訳 その煙は、今でも雲の中へ立ち上っていると言い伝えている。❷(文末に用い、「言へる」などの結びが失われて)…ということだ。〈徒然・八九〉「飼ひける犬の、…主を知りて、飛びつきたりけるとぞ」訳 飼っていた犬が、…飼い主とわかって、飛びついたということだ。

と-だ・ゆ【跡絶ゆ】自ヤ下二{え・え・ゆ・ゆる・ゆれ・えよ} 往来がとぎれる。特に、男が女の所へ通わなくなる。〈源氏・総角〉「久しうとだえ給はむは、心細からむと思ひなるるも」訳 (中の君は、匂宮が)長い間通わなくなりなさるとしたら、それは心細いだろうと思わずにはいられなくなるのも。

-どち 接尾 (名詞に付いて)同類のものをまとめていう語。たち。どうし。〈今昔・二六・二〉「あるいは己らどち頬を打ち合はせてのけざまに倒れ」訳 あるいは自分たちどうし頬をぶつけ合わせてあお向けに倒れ。

どち 名 仲間。〈古今・春下〉「思ふどち春の山辺にうちむれて」訳 気の合う仲間どうしで春の山辺に連れだって(行き)。

とぢめ(トジメ)【閉ぢめ】名 ❶㋐終わり。最後。〈源氏・御法〉「琴笛の音をも、今日や見聞き給ふべきとぢめなるらむ」訳 琴や笛の音色をも、今日が見たり聞いたりなさることのできる最後であろうか。㋑死にぎわ。臨終。また、葬儀。❷(「綴ぢめ」とも書く)縫い糸の端を結ぶこと。

と・づ(トズ)【閉づ】■自ダ上二{ぢ・ぢ・づ・づる・づれ・ぢよ} ❶ふさがる。しまる。〈源氏・明石〉「をやみなきころの気色に、いとど空さへとづる(体)心地して」訳 小止みなく降り続くこのごろの空模様に、(私=紫の上の心だけでなく)ますます空までも閉じふさがる感じがして。❷こもる。閉じこもる。〈新古・雑中〉「杉の庵にとづ(終)べきものを」訳 杉葺きの粗末な仮の家にこもるのがよいのになあ。❸水が凍る。氷が張る。〈源氏・賢木〉「年暮れて岩井の水も氷とぢ(用)」訳 年は暮れて、岩井の水も氷が張り。

■他ダ上二{ぢ・ぢ・づ・づる・づれ・ぢよ} ❶しめる。閉じる。〈平家・七・忠度都落〉「門戸をとぢ(用)て開かず」❷閉じこめる。〈源氏・夕霧〉「霧にとぢ(未)られて内は暗くなりにたるほどなり」訳 霧に閉ざされて室内が暗くなってしまったころである。

と-つ-くに【外つ国】名(「つ」は「の」の意の上代の格助詞) ❶畿内以外の国。❷外国。異国。(対)内つ国

と-つ-みや【外つ宮】名(「つ」は「の」の意の上代の格助詞) ❶離宮。❷伊勢神宮の外宮。

と-て 格助〔格助詞「と」+接続助詞「て」〕

意味・用法
引用（…といって。…と思って。）→❶
理由・原因（…というので。…からといって。）→❷
目的（…として。…と思って。）→❸
物事の名（…という名で。…として。…といって。）→❹

接続 体言および体言に準ずる語・語句に付く。

❶引用の内容を示す。**…といって。…と思って。**〈**竹取・かぐや姫の生ひ立ち**〉「『子となり給ふべき人なめり』**とて**、手にうち入れて家へ持ちて来ぬ」訳「（あなたは私の）子供になられるはずの方であるようだ」**といって**、手の中に入れて家へ持って来た。

❷理由・原因を表す。**…というので。…からといって。**〈**枕・三九**〉「春ごとに咲く**とて**、桜をよろしう思ふ人やはある」訳 毎春咲く**からといって**、桜を平凡（な花）だと思う人がいるだろうか（いや、いるはずがない）。

❸目的を表す。**…として。…と思って。**〈**伊勢・四八**〉「馬のはなむけせむ**とて**、人を待ちけるに」訳 送別の宴をしよう**と思って**、（旅立とうとする）人を待っていたのに。

❹（体言に付いて）物事の名を表す。**…という名で。…として。…といって。**〈**太平記・四**〉「昔、異朝に呉越**とて**並べる二つの国あり」訳 昔、異国に呉・越**という名で**領土を接する二つの国があった。

参考 ②の用法のうち、下に打消・反語の語を伴って逆接の仮定条件を表す場合、「とて」を接続助詞と見る考え方もある。

と-て-も 副〔副詞「と」+接続助詞「て」+係助詞「も」〕❶**どうせ。**いずれにしても。結局。〈**閑吟集**〉「人買ひ舟は沖を漕ぐ**とても**売らるる身をただ静かに漕げよ船頭殿」訳 →ひとかひぶねは… 歌謡

❷（下に打消の語を伴って）**とうてい。**どうしても。〈**平家・三・行隆之沙汰**〉「**とても**のがれざらんものゆゑに」訳**とうてい**逃れられないようなことだから。

参考 本来「とてもかくても」の形で使われていたが、「かくても」が省略された。その「ああでもこうでも」の意が、「どうにでも」「どうなったところで」の意へと広がり、種々の意味・用法を生じた。

フレーズ
とてもかくても「とてもかうても」とも。❶ああであっても、こうであっても。いずれにせよ。
❷どのようにしてでも。どうあっても。〈**大和・一四八**〉「おのれは**とてもかくても**経なむ」訳 私は**どのようにしてでも**過ごしていけよう。

とて-も 一 ❶…といっても。…というにつけても。〈**蜻蛉・上**〉「かたち**とても**人にも似ず」訳 容貌**といっても**人並みでもなく。
❷…であっても。…だって。〈**源氏・蜻蛉**〉「忍びたること**とても**、御心より起こりてありしことならず」訳（匂宮との）内緒事**にしても**、（浮舟ご自身の）お心から起こって（こう）なったことではない。

なりたち 格助詞「とて」+係助詞「も」

二 接助〔格助詞「とて」+係助詞「も」〕逆接の仮定条件を表す。…としても。…ても。〈**落窪**〉「思す人あり**とても**、それをばさるものにて、御文など奉り給へ」訳 お思いになる人がいる**としても**、それはそれとして、（右大臣の姫君にも）お手紙など差し上げてください。

と-て-も-かく-て-も ➡とても（副）「フレーズ」

ど-ど【度度】 副 たびたび。毎度。〈**平家・九・木曽最期**〉「**度々**の高名肩を並ぶる者なし」訳（巴御前の）**たびたび**の（戦での）手柄は匹敵する者はない。

と-とく【都督】 名 大宰の帥の唐名。

とどこほ・る【滞る】 自ラ四〔ら・り・る・る・れ・れ〕❶つかえて進まない。停滞する。〈**万葉・二〇・四三九八**〉「群鳥の出で立ちかてにとどこほり（用）かへりみしつつ」訳 出立しかねて、（足も）**進まないで**うしろを振り返り振り返りして。（「群鳥の」は「出で立つ」にかかる枕詞）

❷ためらう。ぐずぐずする。〈**源氏・蜻蛉**〉「いと心幼く、**とどこほる**（体）ところなかりける軽々しさをば思ひながら」訳（浮舟の）たいそう思慮が浅く、（死を）**ためらう**ところがなかった軽率さを思いながら。

ととの・**ふ【調ふ・整ふ】** 一 自ハ四〔は・ひ・ふ・ふ・へ・へ〕❶不足なくそろう。**完備する。**〈**源氏・紅葉賀**〉「人がらもあるべき限り**ととのひ**（用）て」訳（頭の中将は）人品もあるべきすべて（の条件）が**そなわっていて**。

❷まとまる。調和している。（楽器などの）調子が合う。〈**源氏・澪標**〉「たけ姿**ととのひ**（用）うつくしげにて」訳（童随身は）背丈も容姿も**調和して**（＝そろって）、かわいらしいようすで。

❸できあがる。成就する。〈**うつほ・沖つ白波**〉「みな、御方々**ととのひ**（用）て住み給ふ」訳（婿君たちは）みな、それぞれ御殿が**できあがっ**てお住みになる。

二 他ハ下二〔へ・へ・ふ・ふる・ふれ・へよ〕❶**そろえる。**整頓する。〈**方丈・三**〉「殿に茅ふきて、その軒をだに**ととのへ**（未）ず」訳 宮殿に茅を葺いて、その軒先をすら**切りそろえ**ない。

❷**用意する。**工面する。また、縁組をまとめる。〈**源氏・若紫**〉「いと玉の台にみがきしつらひ、よろづを**ととのへ**（用）給へり」訳（左大臣は邸内を）いよいよ玉のように美しい御殿に磨き立てて飾り、万事を**整備し**なさっている。

❸（楽器などの）**調子を合わせる。**〈**うつほ・沖つ白波**〉「音**ととのへ**（未）ぬ琴を手まさぐりにかき鳴らししを」訳 音色の**調子を合わせていない**琴を手慰みに弾いたのを。

ととのほ・る【整ほる・調ほる】 自ラ四〔ら・り・る・る・れ・れ〕❶完備する。そろう。〈**徒然・八二**〉「すべて、何も皆、事の**ととのほり**（用）たるは悪しきことなり」訳 総じて、何事もすべて、物事の**完全にでき上がっ**ているのは悪いことである。

❷調子が合う。調和がとれている。きちんとする。〈**徒然・二二〇**〉「物の音のめでたく**ととのほり**（用）侍ること、外よりもすぐれたり」訳 楽器の音が見事に**調整されて**おりますことは、よそよりもまさっている。

とどま・る【止まる・留まる・停まる】 自ラ四〔ら・り・る・る・れ・れ〕❶同じ所に変わらずにある。**とまる。**〈**方丈・一**〉「淀

みに浮かぶうたかたは、かつ消えかつ結びて久しく**とどまり**用たる例なし」訳（流れの）よどみに浮かぶ泡は、一方では消え、一方では現れて、いつまでも（そのままの姿で）**とどまっ**ている例はない。❷**中止になる。**とりやめになる。〈大鏡・時平〉「博雅三位の、さはることありて参らざるときは、『今日の御遊び**とどまり**用ぬ』と」訳 博雅三位が、支障があって参内しないときは、「今日の管弦の御催しは**中止になっ**た」と（いった具合で）。❸**宿泊する。滞在する。**〈蜻蛉・中〉「方ふたがりたれど、『夜ふけぬるを』とて、**とどまれ**已り」訳 方角がふさがってしまったけれども、「夜が更けてしまったので」と言って、（兼家はこちらに）**泊まっ**た。❹**あとに残る。**〈徒然・二二〉「ある聖の申ししこと、耳に**とどまり**用て、いみじくおぼえ侍る」訳 ある聖人が申したことが、耳に**残っ**て、すばらしいと感じていますよ。

とど・む【止む・留む・停む】

一 他マ上二{み・み・む・むる・むれ・みよ}**とどめる。**おさえる。〈万葉・五・八七五〉「行く船を振り**とどみ**用かね」訳 去って行く船を領巾（＝首から肩にかける薄い白布）を振っても**引きとめ**られず。

二 他マ下二{め・め・む・むる・むれ・めよ}❶**とどめる。引きとめる。おさえる。**〈源氏・夕顔〉「いといたくえも**とどめ**未ず泣き給ふ」訳（光源氏は）たいそうひどく（どうにも）**おさえる**こともできずにお泣きになる。❷**やめる。中止する。**〈宇治・二・三〉「何事によりて**とどめ**用給ふぞ」訳 どういうわけで（受戒を）**中止し**なさるのか。❸**注意を向ける。関心を寄せる。**〈徒然・二四一〉「心**とどめ**未ぬ人は、一夜の中に、さまで変はるさまも見えぬにやあらん」訳（満月のようすを）関心を**寄せて見**ない人は、一晩のうちに、それほどまでに変わってゆくようすも見えないのであろうか。❹**あとに残す。**〈竹取・御門の求婚〉「御門、かぐや姫を**とどめ**用て帰り給はむことを、あかず口惜しくおぼしけれど」訳 帝はかぐや姫を**残し**てお帰りになるようなことを、心残りで残念にお思いになったけれども。

とどろ-に

副 大きな音の鳴り響くさま。**どうどう。ごうごう。**〈金槐集〉「大海の磯もとどろに寄する波われて砕けてさけて散るかも」訳 →おほうみの…（和歌）

と-な

他者のことばに対して、確かめたり、問い返したりするときに用いる。…というのだね。〈竹取・火鼠の皮衣〉「かぐや姫に住み給ふ**とな**」訳（あべの右大臣が）かぐや姫（の所）に夫として通っていらっしゃる**というのだね。**

〈なりたち〉格助詞「と」＋終助詞「な」

とな・ふ【唱ふ】

他ハ下二{へ・へ・ふ・ふる・ふれ・へよ}声をあげて呪文や経文などを言う。〈平家・九・忠度最期〉「西に向かひ、高声に十念**唱へ**用」訳（極楽浄土のあるという）西に向かい、高い声で念仏を十遍**唱え。**

とな・ふ【調ふ・整ふ】

他ハ下二{へ・へ・ふ・ふる・ふれ・へよ}ととのえる。集中させる。落ち着かせる。〈大鏡・後一条院〉「たれも心を**となへ**用て聞こし召せ」訳 どなたも心を**落ち着け**て（私の話を）お聞きになってください。

と-なむ

（文末にあって）伝聞の意を表す。…ということだ。〈徒然・二〇六〉「あへて凶事なかりける**となむ**」訳 少しも不吉なことがなかった**ということだ。**

〈なりたち〉格助詞「と」＋係助詞「なむ」

参考 あとに「言ふ」「聞く」などが省略されている。

と-に-かく-に

副 ❶あれこれと。なにやかやと。〈平家・六・小督〉「**とにかくに**かこつかたなき御涙のみぞすすみける」訳 **あれといいこれといい、**愚痴のこぼしようのないお涙ばかりがしきりと流れるのであった。❷いずれにせよ。とにかく。〈源氏・総角〉「**とにかくに**心を染めけむだに悔しく」訳 **いずれにせよ、**（大君に）心を深く寄せたということさえも残念で。

参考「と」「かく」は副詞。「に」は格助詞。

とに-に【頓に】

副 急に。にわかに。〈土佐〉「風、波**とにに**やむべくもあらず」訳 風、波は**にわかに**やみそうもない。

参考「とに」は、急にの意の「頓」の字音「とん」に、母音-iを添えて国語化したもの。類例に「らに（蘭）」「ぼに（盆）」「ぜに（銭）」などがある。

と-に-も-かく-に-も

副〔「と」「かく」は副詞。「に」は格助詞。「も」は係助詞〕❶ああも、こうも。〈蜻蛉・上〉「いとものはかなく、**とにもかくにも**つかで、世にふる人ありけり」訳（生きていくのに）とても頼りなく、（身の振り方も）はっきりしないで、この世に暮らしている人がいた。❷いずれにしても。ともかくも。〈徒然・七三〉「**とにもかくにも**、虚言多き世なり」訳 **いずれにしても、**うその多い世の中である。

とねり【舎人】

名 ❶天皇・皇族などのそば近く仕え、雑務や警護をした下級官人。貴族もかかえることを許された。内舎人・大舎人・小舎人などの別がある。「舎人男」とも。〈徒然・一〉「ただ人も、舎人など給はる際はゆゆしと見ゆ」訳（摂関家以外の）一般の貴族も、（朝廷から）**舎人**などをいただく身分の者はすばらしいと思われる。❷貴人に従う身分の低い者。牛車の牛飼いや馬の口取りなど。

舎人親王

（とねりしんわう）《人名》（六七六〜七三五）奈良時代の政治家・歌人。天武天皇の皇子。元正天皇のとき、太安万侶らと「日本書紀」を撰進した。

との【殿】

名 ❶**身分の高い人の住む邸宅。御殿。**〈源氏・葵〉「**殿**の内人少なにしめやかなるほどに」訳 **御殿**の中に人が少なくても静かであるときに。❷**身分の高い人を尊敬していうことば。**特に、摂政・関白をいう。〈枕・一四三〉「**殿**などのおはしまさで後、世の中に事出で来、さわがしうなりて」訳 **関白殿**（＝道隆）が（亡くなって）おいでにならなくなってから、世の中に事件が起こり、不穏な状態になって。❸主君。❹妻から夫をさして呼ぶことば。

とのい〔宿直〕

↓とのゐ

との-ぐも・る【との曇る】

自ラ四{ら・り・る・る・れ・れ}〔「との」は、一面に、ずっとの意〕空が一面にくもる。すっかりくもる。〈万葉・一八・四一二三〉「**との曇り**用雨も降らぬか」訳 **空が一面にくもり**雨も降らないものかなあ。

との-ごも・る【殿隠る・殿籠る】

自ラ四{ら・り・る・る・れ・れ}

❶〔寝殿にこもるの意〕「寝ぬ」「寝ぬ」の尊敬語。おやすみになる。〈うつほ・嵯峨の院〉「などかあなたにはまうで給はぬ、ここには**殿籠る**(体)」訳どうしてあちらへは参上なさらないで、ここでは**おやすみになる**のか。

❷〔殯の宮（=埋葬するまで、遺体を安置する所）にこもるの意〕「死ぬ」の尊敬語。崩御する。お隠れになる。〈万葉・三・三六〉「大殿を仕へ奉りて**殿隠り**(用)」訳御殿（=殯の宮）をお造り申しあげて、（そこに皇子は）**お隠れになり**。

との-ばら【殿ばら】名〔「ばら」は複数を表す接尾語〕複数の貴人や男性に対する敬称。殿たち。また、親しく呼びかける語。皆様方。〈平家・九・木曽最期〉「これを見給へ、東国の**殿ばら**、日本一の剛の者の自害する手本」訳これをご覧なさい、東国の（武士の）**殿たちよ**、日本一の剛勇の者の自害する手本だ。

との-びと【殿人】名貴族の家人。また、貴族の家にしばしば出入りする人。

との-も-づかさ名❶【主殿司・殿司】「とのもりづかさ」に同じ。
❷【主殿寮】「とのもれう」に同じ。

との-もり【主殿】名「殿守り」の意」「とのもりづかさ」に同じ。転じて「とのも」とも。

との-もり-づかさ名「とのもづかさ」「とのも」「とのもり」とも。❶【主殿司・殿司】後宮十二司の一つ。男子の主殿寮と同じ役目をする女子の役所。また、その女官。後宮の清掃・灯火・薪炭などをつかさどる職。
❷【主殿寮】「とのもれう」に同じ。

との-も-れう【主殿寮】名〔「とのもりれう」の転〕宮内省に属し、天皇の輿・湯あみ・灯火・薪炭・庭の清掃などをつかさどる役所。また、その職員。「とのもりづかさ」「とのもづかさ」「とのもり」「とのも」とも。↓付録③「平安京大内裏図」

との-ゐ【宿直】名〔「殿居」の意〕❶夜間、宮中・役所などに宿泊して事務や警備をすること。宿直。〈源氏・東屋〉「**宿直**にさぶらふ人、十人ばかりして参り給ふ」訳（匂宮は）**宿直・警備**にお仕えする人、十人ぐらいとともに参内しなさる。

❷夜間、天皇や身分の高い人のそばに仕えて、話などの相手をすること。〈源氏・幻〉「大将の君（=夕霧）は、やがて御**宿直**にさぶらひ給ふ」訳大将の君は、そのまま（光源氏の）お**話し相手**としてお仕え申しあげなさる。

とのゐ-まうし【宿直奏し・宿直申し】名宮中に宿直した衛府や滝口の武士が、毎夜定められた時刻に、自分の姓名を名乗ること。〈源氏・夕顔〉「滝口の**宿直奏し**今こそ」訳滝口の武士の**宿直奏し**が今ごろ（行われているだろう）。

とは【永久】形動ナリ{なら・なり(に)・なり／なる・なれ・なれ}長く変わらないさま。とこしえ。〈伊勢・一〇八〉「風吹けば**とはに**(用)浪越す岩なれや」訳風が吹くと、**いつも変わることなく**波が越える（=波でぬれる）岩であるからか。

土芳《人名》→服部土芳

と-ばかり副〔副詞「と」+限定を表す副助詞「ばかり」〕ちょっとの間。しばらく。〈源氏・帚木〉「門近き廊の簀の子だつものに尻かけて**とばかり**月を見る」訳中門に近い渡り廊下の濡れ縁風のものに腰をおろして、**しばらく**月を眺める。

と-ばかり❶「と」の受ける内容について、限定する意を表す。…とだけ。…とそれだけ。〈後拾遺・恋三〉「今はただ思ひ絶えなむ**とばかり**を人づてならでいふよしもがな」訳↓付録①「小倉百人一首」63
❷（下に存在打消の表現を伴って）並列するものを受けて、程度を表す。…とほど（…ない）。…とぐらい（…ものはない）。〈更級・富士川〉「駿河なる清見が関と、逢坂の関**とばかり**はなかりけり」訳駿河（静岡県）の清見が関と、（この）逢坂の関**とほど**（すばらしい所）はなかった。
なりたち 格助詞「と」+副助詞「ばかり」

とはず-がたり【問はず語り】名人が尋ねないのに語り出すこと。また、その話。

とはずがたり《作品名》鎌倉後期の女流日記。後深草院二条著。嘉元四年（一三〇六）から正和二年（一三一三）ごろ成立。前三巻は宮廷での愛欲生活を描き、後二巻は出家後の諸国行脚の感慨を記す。

とばどのへ… 俳句

> 鳥羽殿へ　五六騎急ぐ　野分かな　秋　切れ字
> 〈蕪村句集・蕪村〉

訳鳥羽殿の方へ五、六騎の武者があわただしく馬を走らせて行く。折からの野分が吹き荒れている中を。（風雲急を告げる光景だ）

解説「鳥羽殿」は今の京都市伏見区の鳥羽にあった白河・鳥羽両帝の離宮。保元の乱のとき崇徳上皇がここで兵を挙げた。その際の一情景を想像して創作したと考えられる、画家蕪村の面目躍如たる歴史絵巻。

と-ばり【帷・帳】名「とはり」とも。室内の仕切りや外界との隔てに鴨居から垂れ下げる布。垂れぎぬ。

（とばり）

とひ-まる【問丸】名中世、主要都市や港湾で、物資の斡旋・運送や宿所の提供を行った業者。江戸時代には、問屋に発展した。→問屋

とひ-や【問屋】名「とんや」とも。中世の問丸の発展したもの。商品を買い集めて、卸売りをする大商店。→問丸

と・ふ【問ふ・訪ふ】他ハ四{は・ひ・ふ／ふ・へ・へ}
❶尋ねる。質問する。聞く。問いただす。〈伊勢・六〉「草の上におきたりける露を、『かれは何ぞ』となむをとこに**問ひ**(用)ける」訳（女は）草の上においていた露を、「あれは何かしら」と男に**尋ねた**。
❷**安否を問う。**気づかう。〈記・中〉「さねさし相模の小野に燃ゆる火の火中に立ちて**問ひ**(用)し君はも」訳↓さねさし… 歌謡
❸**訪問する。見舞う。**〈源氏・手習〉「まめやかなるさまにおぼし忘れず**とは**(未)せ給はむ、いとうれしうこそ思ひ給へ置かめ」訳まじめな気持ちで（浮舟を）お忘れにならずにお**訪ね**くださされるならばそれは、（私=妹尼も）たい

そううれしく(ずっと)心におとどめ申しあげよう。❹とむらう。死者の霊を慰める。〈徒然・三〇〉「さるは、跡とふ㊍わざも絶えぬれば」訳 そのうえ、死後をとむらう法事も絶えてしまうと。

とふ(トウ)「「といふ」の転」…という。〈万葉・一四・三五二二〉「からすとふ大軽率鳥(おほをそどり)の」訳 からすという大あわて者の鳥が。

参考 上代は「ちふ」「とふ」、中古には多く「てふ」が用いられた。

とぶ-ひ【飛ぶ火・烽】名 上代、外敵の侵入にそなえて設けられた施設。山などに壇を築き、その上で草木を燃やして変事を知らせる合図としたもの。のろし。

(とぶひ)

フレーズ

飛ぶ火の野守(とぶひののもり) 飛火野(とぶひの)(=今の奈良市の東部、春日野(かすがの)の地)にあった「飛ぶ火」の番人。

とぶひ-の-のもり【飛ぶ火の野守】➡飛ぶ火(とぶひ)「フレーズ」

とぶらう〘訪う・弔う〙➡とぶらふ

とぶら・ふ(トブラ(ロ)ウ) 他ハ四 {は・ひ・ふ・ふ・へ・へ}

❶【訪ふ】㋐訪れる。見舞う。〈源氏・葵〉「大将殿も常にとぶらひ㊊聞こえ給へど」訳 大将殿(=光源氏)もいつも(六条御息所(みやすどころ)を)お見舞い申しあげなさるが。

㋑尋ね求める。さがす。〈平家・一・祇園精舎〉「遠く異朝をとぶらへ㊋ば」訳 遠く外国(の例)を尋ね求めると。

❷【弔ふ】㋐人の死をいたんで、その喪に服している人を慰める。悔やみを言う。弔問する。〈源氏・桐壺〉「のちのわざなどにもこまかにとぶらは㊌せ給ふ」訳 (亡き桐壺の更衣の)法事(=七日ごとの供養)などにも、(桐壺帝は)ねんごろに御弔問しなされる。

㋑死者の霊を慰め供養する。追善を営む。〈平家・一一・嗣信最期〉「手負ひのただいまおちいるに、一日経(いちにちぎやう)書いてとぶらへ㊎」訳 負傷者がたった今息を引き取ったので、一日経を書いて死者の霊を慰めよ。

とほき-まもり(トオキ—)【遠き守り】遠くからその人の身を守ること。「死」を婉曲(えんきよく)にいうことば。〈平家・七・忠度都落〉「遠き御守りでこそ候(さうら)はんずれ」訳 (私=忠度(ただのり)は)遠いあの世からの(あなた=藤原俊成(としなり)に対する)お守りでありましょう。

とほ・し(トオシ)【遠し】形ク {(から)・く(かり)・し・き(かる)・けれ・かれ} ❶距離や時間が非常に離れている。遠い。〈万葉・一九・四一六〇〉「天地(あめつち)の遠き㊍始めよ」訳 天地の(開けた)遠い始めから。

❷疎遠だ。親しくない。〈枕・一六七〉「遠くて近きもの 極楽。船の道。人の中」訳 遠く㊊て(=疎遠でいて)近いもの、極楽浄土。舟の道中。男と女との関係。

❸関心がない。気が進まない。〈源氏・少女〉「学問などに身を苦しめむことは、いと遠く㊊なむおぼゆべかめる」訳 学問などで苦労するようなことは、はなはだ気が進まなく思われるにちがいないようだ。

❹関係がない。縁がうすい。〈源氏・橋姫〉「世の常の女しくなよびたる方(かた)は遠く㊊や」訳 世間の普通の女らしくものやわらかなところには縁がうすいの(であろう)か。

類語の整理 とほし —「距離」に関する語

はるけし
〈空間的・時間的距離が非常に離れて、対象になかなか到達できない〉

とほし
〈空間的・時間的距離が非常に離れている〉

とほ-しろ・し(トオ—) 形ク {(から)・く(かり)・し・き(かる)・けれ・かれ} ❶雄大である。偉大である。〈万葉・三・三二四〉「明日香(あすか)の古き都は山高み河とほしろし㊏」訳 明日香の旧都は、山が高く川が雄大である。

❷(歌学で)気品があり奥深い。〈無名抄〉「長高(たけたか)くとほしろき㊍なり」訳 (歌の)格調も高く奥深い風情である。

とほ・す(トオス)【通す・徹す】他サ四 {さ・し・す・す・せ・せ}

❶端から端までとどかせる。通じさせる。また、通り抜けさせる。貫く。〈徒然・一三七〉「木の間(あはひ)より紙ひねりを通し㊊て結ひつく」訳 (巻物などは柳箱(やないばこ)の)木の間からこよりを通して結びつける。

❷(ある期間を)継続させる。越す。〈枕・一三六〉「夜を通し㊊て、昔物語も聞こえ明かさむとせしを」訳 夜を徹して、昔話も申し上げて夜を明かそうとしたけれども。

❸透き通す。すかす。〈万葉・七・一〇七三〉「玉垂れの小簾(こす)の間(ま)通し㊊ひとり居て見る験(しるし)なき夕月夜(ゆふづくよ)かも」訳 玉で飾った小さいすだれのすき間をすかして、ひとり座って見ていても、見るかいもない夕月であるよ。

❹(動詞の連用形に付いて)しとげる。やりとおす。〈枕・八三〉「誰(たれ)も見つれど、いとかう、縫ひたる糸、針目までやは見通し㊊つる」訳 (斉信(ただのぶ)のすばらしい姿を)みんな見たけれども、ほんとうにこのように、(衣服の)縫った糸や針目までも(細かく)見通しただろうか(いや、見通してはいない)。

と-ぼそ【枢】名「「戸臍(とほぞ)」の意」❶梁(はり)と敷居とにあけた穴。これに、とまら(=戸の突き出た部分)をさして、開き戸を回転させる。❷転じて、扉。戸。

遠江(とほたふみ)(トオトウミ)《地名》「「とほつあはうみ」→とほつあふみ」の転」旧国名。東海道十五か国の一つ。今の静岡県の西部。「近つ淡海(=都に近い淡水湖、琵琶(びわ)湖)」に対し、「遠つ淡海(=浜名湖)」のある国。遠州(えんしゅう)。

とほ-つ(トオ—)【遠つ】連体 [形容詞「遠し」の語幹「とほ」+「の」の意の上代の格助詞「つ」]遠くの。はるかな。隔たっている。〈万葉・一一・二七二九〉「霰(あられ)降り遠つ大浦に寄する波」訳 遠くの大浦に寄せる波。(「霰降り」は「遠(とほ)」にかかる枕詞)

最重要330

216

とみ【頓】名・形動ナリ

ガイド 漢語「頓」の字音「とん」を「とに」と表記したものの転。連用形「とみに」は副詞として現代語にも残っている。

急なこと。にわか。急ぎ。

➡俄(にはか)「類語の整理」

例 十二月(しはす)ばかりに、とみのこととて御文(ふみ)あり〈伊勢・八四〉

訳 陰暦十二月ごろに、急ぎの用事だといって(母から)お手紙がある。

とほつ-おや(トオツ—)【遠つ祖】名 祖先。先祖。

とほつ-くに(トオツ—)【遠つ国】名 遠方の国。特に、黄泉(よみ)の国。あの世。

とほとほ・し(トオトオシ)【遠遠し】形シク {しから・しく(しかり)・し・しき(しかる)・しけれ・しかれ} 「とほどほし」とも。❶きわめて遠い。〈記・上〉「遠々し終高志(こし)の国に賢(さか)し女(め)をありと聞かして」訳 きわめて遠い越(こし)の国(=北陸地方)に賢い女がいるとお聞きになって。

❷きわめて疎遠である。〈源氏・総角〉「うたて、遠々しく用のみもてなさせ給へば」訳 ひどく、ただもうよそよそしく(私を)お扱いになられるので。

とほ・る(トオル)【通る】自ラ四 {ら・り・る・る・れ・れ} ❶通行する。往来する。〈万葉・五・九〇五〉「若ければ道行き知らじ幣(まひ)はせむ黄泉(した)への使ひ負ひて通ら未せ」訳 (死んだわが子は)まだ年若いので、(あの世への)道の行き方も知るまい。礼はしよう。黄泉(よみ)の国の使者よ、(この子を)背負って通られよ。

❷(「徹る」とも書く)つきぬける。通じる。〈紀・神代〉「すなはち矢、きじの胸より通り用て」訳 その時矢は、きじの胸からつきぬけて。

❸達せられる。やりとげられる。〈徒然・九一〉「この日あること、末とほら未ずと言ひて」訳 この日(=赤舌日(しやくぜつにち))に起こることは、終わりまでうまく運ばないと言って。

❹(「透る」とも書く)透きとおる。〈紀・允恭〉「そのうるはしき色、衣(そ)よりとほり用て晃(て)れり」訳 その(弟姫(おとひめ)の)美しい容色は、衣(ころも)を透きとおって(外に)輝き現れていた。

❺察知する。理解する。〈三冊子〉「俳諧は教へてならざるところあり。能(よ)く通る体に有り」訳 俳諧は教えても教えきれないところがある。(俳諧の真髄は)よく(自分で)悟ることにある。

とま【苫】名 菅(すげ)や茅(かや)を菰(こも)(=敷物)のように編んだもの。船の覆いや屋根を葺(ふ)くのに用いる。

とま-や【苫屋】名 苫(とま)で屋根を葺(ふ)いた粗末な家。〈新古・秋上〉「見渡せば花も紅葉(もみぢ)もなかりけり浦の苫屋の秋の夕暮れ」訳 ➡みわたせば… 和歌

とまり 名 ❶【止まり・留まり】ア**最後。果て。**〈古今・秋下〉「年ごとにもみぢ葉ながす竜田川水門(みなと)や秋のとまりなるらむ」訳 毎年(秋には)、もみじの葉を浮かべて流す竜田川では、(そのもみじが流れ着く)河口が、秋の(行き着く)果てなのであろうか。

イ終生連れ添う人。**本妻。**〈源氏・帚木〉「この人をとまりにとも思ひとどめ侍らず」訳 この人を本妻に(しよう)とも心にとめませず。

❷【泊まり】ア船着き場。港。

イ泊まること。宿。また、その客。

とま・る 自ラ四 {ら・り・る・る・れ・れ}

❶【止まる・留まる】ア動かなくなる。立ち止まる。〈落窪〉「身をわけて君にしそふるものならば行くもとまる体も思はざらまし」訳 自分の身を二つにわけて、あなたに添って行けるものならば、(旅に)行くのも(都に)とどまるのも、なんとも思わないだろうに。

イ**取りやめになる。中止になる。**〈枕・九八〉「いとなみ、いつしかと待つことの、障(さは)りあり、にはかにとまり用ぬる」訳 準備をし、早く(その日に)と待つことが、さしつかえがあって、急に中止になってしまったのは残念だ。

ウ**あとに残る。生き残る。**〈源氏・桐壺〉「今までとまり用侍るがいと憂(う)きを」訳 現在まで生き残っておりますことがたいそうつらいのに。

エ(目や耳に)**つく。**印象づけられる。**心が強くひかれる。**〈源氏・帚木〉「公私(おほやけわたくし)の人のたたずまひ、良き悪(あ)しきことの目にも耳にもとまる体ありさまを」訳 公私につけての人のようすや、よいことや悪いことで、目にも耳にもつく状況を。

❷【泊まる】ア**船が停泊する。**〈土佐〉「十日。けふは、この奈半(なは)のとまりに泊まり用ぬ」訳 十日。今日は、この奈半の港に停泊した。

イ宿泊する。宿直する。〈源氏・末摘花〉「御とのゐ所にやがて泊まり用給ひぬるやうにて、夜ふかしておはしたり」訳 (光源氏は)御宿直所にそのままお泊まりになったようにして、夜が更けるのを待って(末摘花(すゑつむはな)の邸(やしき)に)おいでになった。

とまれ-かうまれ(—コウ—) 「とまれかくまれ」に同じ。

とまれ-かくまれ (「ともあれかくもあれ」の転。「と」「かく」は副詞)ともかく。何はともあれ。〈竹取・火鼠の皮衣〉「とまれかくまれ、まづ請(しやう)じ入れ奉らむ」訳 ともかく、まず(あべの右大臣を)お呼び入れ申しあげよう。

とみ【頓】名・形動ナリ ➡右上 216

とみ-かうみ(—コウミ)【と見かう見】(「とみかくみ」のウ音便)**あっちを見たり、こっちを見たり。**〈伊勢・二一〉「門(かど)に出(い)でて、と見かう見見けれど」訳 門に出て、あっちを見たり、こっちを見たり見渡した

が。

と・む【止む・留む・停む】他マ下二〔め・め・む・むる・むれ・めよ〕❶㋐進ませない。止める。〈竹取・ふじの山〉「かぐや姫を、え戦ひとめ未ずなりぬること、こまごまと奏す」訳 かぐや姫を、（天人と）戦って引き止めることができなくなってしまったことを、（頭の中将は）こまごまと帝に申し上げる。

㋑あとに残す。とどめる。〈源氏・椎本〉「世の中に跡とめ未む」訳 うき世に跡をとどめよう（＝生き残っていよう）。

㋒（「心をとむ」「目をとむ」の形で）心や目にとめる。関心をもつ。注目する。〈平家・灌頂・六道之沙汰〉「春は南殿の桜に心をとめ用て日をくらし」訳 春は紫宸殿の（左近の）桜に心をとめて日を送り。

❷【泊む】船を停泊させる。また、宿泊させる。〈万葉・一五・三六二七〉「明石の浦に船泊め用て」

と・む【尋む・求む・覓む】他マ下二〔め・め・む・むる・むれ・めよ〕尋ね求める。さがす。〈源氏・幻〉「香をとめ用て来つるかひなく」訳（梅の）香りを尋ね求めて（わざわざ）来たかいもなく。

とむら・ふ【訪ふ・弔ふ】他ハ四〔は・ひ・ふ・ふ・へ・へ〕「とぶらふ」に同じ。

とめ・く【尋め来】自カ変〔こ・き・く・くる・くれ・こ（こよ）〕尋ね求めて来る。〈古今・春下〉「花散れる水のまにまにとめくれ已ば」訳 花が散り落ちて（浮かんで）いる、川の流れに沿って（春を）尋ね求めて来ると。

とも【鞆】名 弓を射るとき、弓を持つ左手の手首の内側に結び付ける革製の具。弦が手首を打つのを防いだり、手首の装身具を保護したりするために用いるという。⬇鎧「古文常識」

とーも

接助〔接続助詞「と」＋係助詞「も」〕

⬇下段「まぎらわしい『とも』の識別」

意味・用法	用例
❶逆接の仮定条件 たとえ…にしても。	例 唐の物は、薬のほかは、なくとも事欠くまじ〈徒然・一二〇〉 訳 中国の物は、薬以外は、たとえなくても不自由しないだろう。
❷強意 事実そうであったり、そうなるのが確実な事柄について、仮に仮定条件で表して意味を強める。 たとえ…でも。	例 かくさしこめてありとも、かの国の人来ば、みな開きなむとす〈竹取・かぐや姫の昇天〉 訳 たとえ（私＝かぐや姫を）このように（塗籠の中に）閉じ込めてあるにしても、あの（月の）国の人が来たなら、きっとみんな開いてしまうだろう。

接続 動詞・形容動詞・助動詞（動詞・形容動詞型活用）の終止形、形容詞・助動詞（形容詞型活用・打消の「ず」）の連用形に付く。

参考「と」と「とも」のちがい⬇と（接助）参考・ば（接助）「文法ノート」3

とも【艫】名 船の後部。船尾。対 舳へ

とーも 接助 ⬇左上助詞「とも」

とーも ❶「と」の受ける部分の意味をやわらげたり、含みをもたせたりする。…とも。〈伊勢・六〉「鬼ある所とも知らで」訳 鬼がすむ所とも知らないで。〈徒然・一〇〉「時のまの煙ともなりなん」訳（りっぱな住居も火事にでもあえば）ひとときのあいだの煙ともなってしまうだろう。

❷同じ動詞・形容詞を重ねてその間に置いて、意味を強める。〈後撰・恋六〉「み山木のこりともこりぬ」訳 深山の木を「樵る」ではないが、懲りに懲りてしまった。〈源氏・玉鬘〉「あなうれしともうれし」訳 ああうれしいこと、うれしいこと。（⬇左「まぎらわしい『とも』の識別」）

なりたち 格助詞「と」＋係助詞「も」

接続 格助詞「と」に同じ。ただし、②の用法は、「と」では動詞の連用形＋「と」に限られるが、「とも」ではシク活用形容詞の終止形も受ける。

まぎらわしい「とも」の識別

識別ナビ 接続を見る。上が名詞なら❶、形容詞型活用語の連用形なら❷。それ以外は、意味で見分け、逆接の意がなく「も」を省いても意味が通じるなら❶、逆接の意を表すなら❷と判断する。

❶ 格助詞「と」＋係助詞「も」

例 鬼ある所とも知らで〈伊勢・六〉

訳 鬼が住む所とも知らないで。

例 深田ありとも知らずして、馬をざっとうち入れたれば〈平家・九・木曽最期〉

訳 泥の深い田があるとも知らないで、馬をどっと勢いよく乗り入れたところ。

▽上が名詞、活用語の連体形（準体言）、文の言い切りの形。第一例のように上が名詞なら❶、

それ以外は意味で見分け、第二例のように、逆接の意がなく「も」を省いても意味が通じるなら❶と判断する。

❷ **接続助詞**

例 唐の物は、薬のほかは、なく**とも**事欠くまじ 〈徒然・一二〇〉

訳 中国の物は、薬以外は、たとえなくても不自由しないだろう。

例 かくさしこめてあり**とも**、かの国の人来ば、みな開きなむとす 〈竹取・かぐや姫の昇天〉

訳 たとえこのように(私＝かぐや姫を)閉じ込めてあるにしても、あの(月の)国の人が来たなら、きっとみんな開いてしまうだろう。

▽上が動詞・形容動詞型活用語の終止形(鎌倉時代以降は連体形も)、形容詞型活用語・助動詞「ず」の連用形。第一例のように上が形容詞型活用語の連用形なら❷、それ以外は意味で見分け、第二例のように逆接の意を表すなら❷と判断する。

-ども 接尾 ❶(体言に付いて)同類のものの複数を表す。…ら。…のいくつか。…の多く。〈平家・一・嗣信最期〉「大臣殿、侍どもを召して(＝お呼びになって)」

❷(自称の語に付いて)謙譲の意を表す。〈狂・末広がり〉「身どもは無念なことを致いた」訳 私めはうっかりしたことをいたしました。

❸(人物を表す単数の体言に付いて)低く待遇したり親しさを示したりする意を表す。〈大和・一五六〉「嫗ども、いざ給へ(＝さあいらっしゃい)」《➡達「類語の整理」》

ど-も 接助 ➡次ページ助詞「ども」

と-も-かう-も ―コウ― 副 〔「ともかくも」のウ音便〕

「ともかくも」に同じ。

とも-がき【友垣】名 友だち。友人。

と-も-かく-も 副〔「と」「かく」は副詞。「も」は係助詞〕❶どのようにでも。とにかく。〈源氏・若菜上〉「ともかくもこの御事定まりたらば、仕うまつりよくなむあるべき」訳 (朱雀院のご存命中に)どのようにでもこの御事(＝女三の宮の結婚)が決まったならば、(私＝乳母も)お仕えしやすいにちがいない。

❷(下に打消の語を伴って)どちらとも。なんとも。〈源氏・桐壺〉「もののつつましきほどにて、ともかくもあへしらひ聞こえ給はず」訳 (光源氏は)何かと恥ずかしい年ごろで、なんとも応答し申しあげなさらない。

フレーズ

ともかくもな・る どうなるかわからないが、ある結果になる。特に、死ぬことを婉曲に言う。〈源氏・桐壺〉「かくながら、ともかくもならむを御覧じ果てむとおぼしめすに」訳 このままで、(桐壺の更衣が死ぬのか生きるのか)どうなろうとも、そのなりゆきを最後までお見届けになろうと(桐壺帝は)お思いになるが。➡果つ「慣用表現」

ともかくも… 俳句

なりたち 「ともかくも」＋四段動詞「なる」

ともかくも　あなた任せの　としの暮れ 冬 〈おらが春・一茶〉

訳 ともかくも阿弥陀様、あなたにすべてをお任せしてこの年の暮れを送ることにいたします。

解説 さまざまな出来事のあった年だが、中でも愛児さとの死は悲痛の極みであった。「ともかくも」の平易でとぼけた味の中に、かえって悲しみを通りこした哀感がにじむ。

ともかくも-な・る ➡ともかくも「フレーズ」

と-も-がな ある事の実現を願う気持ちを表す。…であってほしい。…としたいものだなあ。〈新古・恋三〉「忘れじの行く末までは難ければ今日を限りの命ともがな」訳 ➡付録①「小倉百人一首」54

なりたち 格助詞「と」＋願望の終助詞「もがな」

とも-がら【輩・儕】名 仲間。同輩。連中。〈徒然・八五〉「舜を学ぶは舜のともがらなり」訳 舜(＝中国古代の聖帝)をまねる者は舜の(ような聖人の)仲間である。

ともし 名 ❶【灯】ともしび。明かり。

❷【照射】夏の夜、山中で篝火をたいたり松明をともしたりして、おびき出した鹿を射る狩りの方法。また、その火。夏

とも・し 形シク {しから・しく(しかり)・し・しき(しかる)・しけれ・しかれ}

❶【乏し】㋐不十分である。少ない。とぼしい。〈方丈・四〉「糧ともしけれ已ば、おろそかなる報いをあまくす」訳 食糧がとぼしいので、粗末なさずかりもの(＝食べ物)をおいしく感じる。

㋑貧しい。貧乏である。〈徒然・一四二〉「ともしく用かなはぬ人のみあれば、おのづから本意通らぬ事多かるべし」訳 貧乏で思うにまかせない人ばかりいるので、自然と望みを達せられないことが多いだろう。

❷【羨し】㋐珍しくて飽きない。心がひかれる。〈万葉・九・一七二四〉「見まく欲り来しくもしるく吉野川音のさやけさ見るにともしく用」訳 見たいと思って来たことかいがあって、吉野川の川音の清らかですがすがしいことよ。見ると(ますます)心がひかれて。

㋑うらやましい。〈万葉・七・一二一〇〉「吾妹子にあが恋ひ行けばともしく用もならび居るかも妹と背の山」訳 わが妻に私が恋いこがれながら行くと、うらやましくも並んでいるのだなあ。妹山と背の山とは。

ともし-さ【羨しさ】名 うらやましさ。うらやましい気持ち。〈万葉・二〇・四四二五〉「防人に行くは誰が背と問ふ人を見るが羨しさ物思ひもせず」訳 ➡さきもりに… 和歌

ともし-び【灯】名 明かり。灯火。

とも-し・ぶ【乏しぶ・羨しぶ】自バ上二 {び・び・ぶ・ぶる・ぶれ・びよ}「ともしむ」とも。うらやましく思う。珍しく思う。〈万葉・一七・四〇〇〇〉「いまだ見ぬ人にも告げむ音のみも名のみも聞きてともしぶる体がね」訳 (立山を)まだ見ない人にも告げよう。(その)評判だけでも名前だけでも聞いて(人々が)うらやましがることだろうから。

とも-し・む【乏しむ・羨しむ】一 自マ四 {ま・み・む・む・め・め}「と

もしぶ」に同じ。

二 他マ下二 {め・め・む・むる・むれ・めよ} もの足りなく思わせる。〈万葉・二・二五七〉「今だにも目な**ともしめ**用そ」訳 せめて今だけでも(あなたを)見ることを**もの足りなく思わせ**ないでくれ(=思う存分顔を見せてくれ)。

とも-すぎ【共過ぎ】名《近世語》共働き。

と-も-すれ-ば 副〔「と」は副詞。「も」は係助詞〕ややもすると。どうかすると。〈竹取・かぐや姫の昇天〉「**ともすれば**人間にも月を見ては、いみじく泣き給ふ」訳 (かぐや姫は)**ややもすると**人のいない間にも月を見ては、ひどくお泣きになる。

とも-づな【纜】名 船尾にあって、船をつなぎとめる綱。

とも-な・ふ【伴ふ】〔「なふ」は接尾語〕**一** 自ハ四 {は・ひ・ふ・ふ・へ・へ} いっしょに行く。連れ立つ。連れ添う。〈徒然・二三八〉「賢助僧正に**伴ひ**用て、加持香水を見侍りしに」訳 賢助僧正に**連れ添って**、加持香水の儀式を見ましたときに。

二 他ハ四・下二 {は・ひ・ふ・ふ・へ・へ}{へ・へ・ふ・ふる・ふれ・へよ} 引き連れる。連れて行く。〈万葉・一九・四一八九〉「ますらをを**伴へ**用(下二段)立てて叔羅川なづさひのぼり」訳 官人たちを**引き連れ**出して、叔羅川を水にひたってさかのぼり。

とも-に【共に】(「と」「の」または名詞に付いて)…といっしょに。

ど-も

接助〔接続助詞「ど」＋係助詞「も」〕

意味・用法	用例
❶**逆接の確定条件** **…けれども。…のに。…だが。**	例 あやしき下臈なれ**ども**、聖人の戒めにかなへり〈徒然・一〇九〉 訳 いやしい身分の低い者である**けれども**、(そのことばは)聖人の教訓によく一致している。
❷**逆接の恒常条件** あることがあっても、それにかかわらず、いつも同じように次に述べる事柄が起こることを表す。 **たとえ…ても(やはり)。…ときでも。**	例 いかなる大事あれ**ども**、人の言ふこと聞き入れず〈徒然・六〇〉 訳 **たとえ**どんな大事があっ**ても**、人の言うことを聞き入れない。

接続 活用語の**已然形**に付く。

参考 「ど」と「ども」のちがい→ど 参考・ば(接助)「文法ノート」3

と-や なりたち 名詞「共」＋格助詞「に」

と-や ❶〔文中にある場合、「…といふや」の略〕疑問の意を表す。…というのか。〈万葉・一五・三七八〇〉「恋ひ死なば恋ひも死ね**とや**ほととぎすもの思ふ時に来鳴きとよむる」訳 恋いこがれて死ぬならばこがれ死にでもしろ**というのか**、ほととぎすが、(私の)もの思いをしているときにやって来て鳴きたてることだ。

❷〔文末にある場合、「…とやいふ」の略〕㋐伝聞を確かめる意を表す。…というのか。…というのだな。〈土佐〉「ある人、あざらかなる物持て来たり。米して返りごとす。男どもひそかに言ふなり。『飯粒してもつ釣る』**とや**」訳 ある人が新鮮な物(=鮮魚)を持って来た。米で返礼をする。男たちがひそひそ話しているようだ。「めしつぶでむつ(=魚の名)を釣る(ような大もうけ)」**というのだな**。

㋑(特に、物語などの文末に用いて)…ということだ。…とさ。〈伊勢・六〉「后のただにおはしける時**とや**」訳 (二条の)后が一般の人の身分でいらっしゃったときのことだ**とさ**。

なりたち 格助詞「と」＋係助詞「や」

参考 ②㋑の用法は、特に「今昔物語集」などの説話文学によく見られる。「今昔物語集」では、各話が基本的に「今は昔」で始まり「…となむ語り伝へたるとや」で終わる。

と-や-かく-や(-と) 副〔「と」「かく」は副詞。「や」は係助詞〕あれやこれや。ああしようかこうしようか。〈源氏・葵〉「**とやかくやと**おぼしあつかひ聞こえさせ給へるさま」訳 (桐壺帝が)**あれやこれやと**心を配って(光源氏を)お世話申しあげなさっているようすは。

と-やま【外山】名 人里近くにある山。端山。〈後拾遺・春上〉「高砂の尾上の桜咲きにけり**外山**の霞立たずもあらなむ」訳 ⬇付録◇1「小倉百人一首」73。

対 奥山・深山

と-よ ❶(文末に用いて)上に述べたことを強調する。…と思うよ。…ということだよ。〈万葉・二〇・四四〇五〉「我が妹子が偲ひにせよと付けし紐糸になるとも我は解かじ**とよ**」訳 いとしいわが妻が思い出の品にしてくれと付けた紐は、糸になっても私は解くまいと思うよ。

❷(上に疑問の意の係助詞「か」を伴って)不確かな事態を確認する意を表す。…だったか。…であろうか。〈方丈・三〉「去(い)んじ安元三年四月(づき)二十八日かとよ」訳(あれは)去る安元三年陰暦四月二十八日だったか。

❸(多く文末に用いて)感動を表す。…だよ。…だなあ。〈平家・九・小宰相身投〉「明日(みやうにち)の戦いには、一定(いちぢやう)討たれなんずとおぼゆるはとよ」訳明日の戦いでは、(私は)きっと討たれてしまうだろうと思われることだよ。

なりたち 格助詞「と」＋間投助詞「よ」

とよ-あしはら(—シワラ)【豊葦原】名(豊かに葦(あし)の生い茂った原野の意)日本国の美称。

フレーズ
豊葦原の中つ国(なかつくに) 〔「中つ国」は高天原(たかまのはら)と黄泉(よみ)の国との中間にある国の意〕現実の地上世界。また、日本国の美称。
豊葦原の瑞穂(みづほ)の国(くに) 〔豊葦原にあるみずみずしい稲の穂の実る国の意〕日本国の美称。

とよあしはら-の-なかつくに(トヨアシワラ—)【豊葦原の中つ国】➡豊葦原(とよあしはら)の「フレーズ」

とよあしはら-の-みづほのくに(トヨアシワラノミズホノクニ)【豊葦原の瑞穂の国】➡豊葦原(とよあしはら)の「フレーズ」

ど-よう【土用】名 陰暦で、立春・立夏・立秋・立冬の前の各十八日間の称。一般には、立秋前の夏の土用十八日間をいう。夏

とよ-の-あかり【豊の明かり】名 ❶酒を飲んで顔が赤くなること。
❷宮中での宴会。
❸「豊の明かりの節会(せちゑ)」に同じ。

フレーズ
豊の明かりの節会(せちゑ) 新嘗(にいなめ)祭りの翌日、陰暦十一月の中の辰(たつ)の日に天皇が新穀を食べ、群臣にも賜る儀式。冬

とよのあかり-の-せちゑ(—セチエ)【豊の明かりの節会】➡豊(とよ)の明かり「フレーズ」

とよ-はたくも【豊旗雲】名 旗のようにたなびく美しく大きな雲。〈万葉・一・一五〉「わたつみの豊旗雲に入り日見し」訳➡わたつみの…和歌

とよみ【響み・動み】名「どよみ」とも。鳴り響くこと。また、大声を上げて騒ぐこと。騒ぎ。〈徒然・一七五〉「どよみに成りて、まかり出(い)でにけり」訳(一座の人々の)大笑いになって、(医師篤成(あつしげ)は)いたたまれず退出してしまった。

とよ・む【響む・動む】
〔中古末期ごろから「どよむ」〕一 自マ四{ま・み・む・む・め・め} ❶鳴り響く。響きわたる。〈古今・恋二〉「秋なれば山とよむ(体)まで鳴く鹿にわれおとらめやひとり寝(ぬ)る夜は」訳(今は)秋なので、山が鳴り響くほどに鳴く鹿に、自分(の気持ち)は劣ろうか(いや、劣りはしない)。(妻を恋い)ひとり寝る夜は。
❷大声をあげて騒ぐ。騒ぎたてる。〈徒然・二三〇〉「『あれ狐(ねきつ)よ』とどよま(未)れて、まどひ逃げにけり」訳「あれ狐だ」と騒ぎたてられて、(狐は)あわてて逃げてしまった。
二 他マ下二{め・め・む・むる・むれ・めよ}鳴り響かす。〈万葉・一五・三六八〇〉「夜を長み眠(い)の寝らえぬにあしひきの山彦(やまびこ)とよめ(用)さ男鹿(しか)鳴くも」訳(秋の)夜が長いので、眠れずにいると、こだまを響かせて雄鹿が鳴くことだ。(「あしひきの」は「山」にかかる枕詞)

とよも・す【響もす】他サ四{さ・し・す・す・せ・せ}大きな声や音をたてる。鳴り響かす。〈万葉・一五・三七八二〉「ほととぎすわが住む里に来鳴きとよもす(終)」訳ほととぎすは、私が住む里にやって来て鳴きたてる。

とら【寅】名 ❶十二支の三番目。→十二支(じふにし)
❷方角の名。東北東。
❸時刻の名。今の午前四時ごろ、およびその前後約二時間(午前三時ごろから午前五時ごろ)。

とら・す【取らす】一 他サ下二{せ・せ・す・する・すれ・せよ}与える。やる。〈徒然・一三一〉「人に物を取らせ(用)たるも」訳人に物を与えたときも。
二 補動サ下二{せ・せ・す・する・すれ・せよ}(上に接続助詞「て」を伴って)…(て)やる。〈狂・入間川〉「国許(くにもと)へ下ったならば、くわっと取り立ててとらせ(未)うぞ」訳領地へ帰ったならば、おおいに登用してやろうぞ。

とら・ふ(トラ(ロ)ウ)【捕らふ・捉ふ・執らふ】他ハ下二{へ・へ・ふ・ふる・ふれ・へよ}❶しっかりとつかむ。にぎる。〈細道・出発まで〉「馬の口とらへ(用)て老いをむかふる者は」訳(旅人や荷物をのせる)馬の口縄をにぎって老年を迎える者(＝馬子)は。
❷とりあげる。問題にする。〈紫式部日記〉「わが心の立てつるすぢをとらへ(用)て」訳自分の心に決めた(得意な)方面のこと(ばかり)をとりあげて。
❸とり押さえる。つかまえる。〈徒然・一七五〉「逃げんとするを捕らへ(用)て、ひきとどめて」

とり-【取り】接頭(動詞に付いて)語調をととのえ、語の勢いを強める。「とり認(したた)む」「とり繕(つくろ)ふ」

とり【酉】名 ❶十二支の十番目。→十二支(じふにし)
❷方角の名。西。
❸時刻の名。今の午後六時ごろ、およびその前後約二時間(午後五時ごろから午後七時ごろ)。

とり【鳥】名 ❶鳥類の総称。
❷特に、鶏(にはとり)。〈伊勢・五三〉「むかし、をとこ、逢(あ)ひがたき女にあひて、物語などするほどに、鳥の鳴きければ」訳昔、男がなかなか逢えない女に逢って、話などをするうちに、鶏が鳴い(て夜明けを告げ)たので。
❸特に、雉(きじ)。

フレーズ
鳥の跡(あと) ❶(中国で、蒼頡(そうけつ)(＝人名)が鳥の足跡を見て漢字を作ったという伝説から)文字。筆跡。
➡消息(せうそこ)「慣用表現」
❷字のたどたどしいこと。乱れた筆跡。

とり-あつ・む【取り集む】他マ下二{め・め・む・むる・むれ・めよ}多くの物を寄せ集める。また、さまざまなことをいっしょにする。〈徒然・一九〉「早稲田(わさだ)刈り干すなど、とりあつめ(用)たることは秋のみぞ多かる」訳早稲(わせ)の田(の稲)を刈りとって干すなど、一時にいろいろな物事を合わせて行っていることは特に秋に多い。

とり-あ・ふ(—ア(オ)ウ)【取り敢ふ】他ハ下二{へ・へ・ふ・ふる・ふれ・へよ}(多く、下に打消の表現を伴う)❶取ることができる。用意する。〈伊勢・一〇七〉「蓑(みの)も笠(かさ)もとりあへ(未)で、しとどに濡(ぬ)れて惑(まど)ひ来にけり」訳蓑も笠も用意

しない(ほど急いで)で、びっしょり濡れて難儀しながらやって来たのだった。❷あり合わせる。持ち合わせる。〈源氏・竹河〉「人香(ひとが)なつかしう染みたるを、とりあへ用たるままにかづけ給ふ」訳(着物に)人の移り香が親しみ深く染みこんだのを、あり合わせたままにお与えになる。❸こらえる。〈源氏・梅枝〉「心ありて風のよくめる花の木にとりあへ未ぬまで吹きや寄るべき」訳 気をつかって、(花を散らさないように)風がよけて(吹いて)いるかと思われる梅の花の木に、(うぐいすが)いたたまれないほどに(私が)笛を吹いて近寄ってもよいだろうか(いや、よくなかろう)。

とりあへ-ず(トリアエ―)【取り敢へず】副 すぐ。急に。たちどころに。〈徒然・一〇七〉「返り事、とりあへずよきほどにする男はありがたきものぞ」訳(女のことばに対する)返事を、即座にうまいぐあいにする男はまれなものだ。

とり-い・づ(―イズ)【取り出づ】他ダ下二{で・で・づ・づる・づれ・でよ} 取り出す。選び出す。抜き出す。〈竹取・かぐや姫の昇天〉「恋しからむ折々、取り出で用て見給へ」訳(私を)恋しく思うような時々に、(この手紙を)取り出してご覧ください。

とり-い・る【取り入る】一 自ラ四{ら・り・る・る・れ・れ} ❶入り込む。とりつく。〈平家・三・赦文〉「こはき御物の怪(け)ども、とりいり用奉る」訳 手ごわい物の怪どもが、(中宮に)おとりつき申しあげる。❷こびへつらう。二 他ラ下二{れ・れ・る・るる・るれ・れよ} ❶(手紙や贈り物などを)受け取る。〈枕・一〇四〉「御文(ふみ)取り入れ用て、殿、上(うへ)、宮など御覧じわたす」訳 お手紙を受け取って、殿(=藤原道隆(みちたか))、母北の方、中宮(=定子)などがそれぞれにご覧になる。❷中に入れる。納める。〈更級・物語〉「物語ども一袋取り入れ用て」訳 いろいろな物語を一袋に納めて。❸物の怪が人にとりつき、その心身を自分に引き入れて苦しめ悩ます。〈源氏・葵〉「御物の怪の度々(たびたび)とりいれ用奉りしを」訳 御悪霊(あくりやう)が(葵(あふひ)の上に)たびたびとりついて苦しめ悩ませ申しあげたことを。

とり-お・く【取り置く】他カ四{か・き・く・く・け・け} しまっておく。保存する。片付ける。〈源氏・浮舟〉「これをとりおき用けるよなど漏(も)り聞き給はむこそ恥づかしけれ」訳(私=浮舟(うきふね)が)これ(=匂宮(にほふのみや)からの手紙)をしまっておいたことだよなどと、(薫(かをる)が)漏れ聞きなさるとすれば、それはきまりの悪いことだ。

とり-かぢ(―カジ)【取り舵】名 ❶船首を左へ向けるときの舵のとり方。❷左舷。(対)面舵(おもかぢ)

とりがなく【鳥が鳴く・鶏が鳴く】(枕詞)「東(あづま)」にかかる。〈万葉・九・一八〇七〉「とりがなく東の国に」

とり-かへし(―カエシ)【取り返し】副 初めにかえって。改めて。〈源氏・桐壺〉「おぼしまぎるる折もありつる昔のこと、とりかへし悲しくおぼさる」訳(桐壺帝は)思いまぎれなさるときもあった昔のこと(=桐壺の更衣のこと)を、改めて自然と悲しくお思いになる。

とり-ぐ・す【取り具す】他サ変{せ・し・す・する・すれ・せよ} とりそろえる。また、備える。〈大鏡・道長上〉「御刀に削られたる物をとり具し用て奉らせ給ふに」訳(道長は)御刀と削りとられた物をとりそろえて(花山(かざん)天皇に)差し上げなさるので。

とり-こ・む【取り込む】他マ四{ま・み・む・む・め・め} 取って中に入れる。〈源氏・帚木〉「をかしき古言(ふること)をもはじめよりとり込み用つつ」訳 おもしろい古歌をも(和歌の)初句から(自分の歌の中に)取り入れては。

とり-こ・む【取り籠む】他マ下二{め・め・む・むる・むれ・めよ} 閉じ込める。また、まわりをとり囲む。〈平家・九・木曽最期〉「大ぜいの中にとり籠め用て、我うっとらんとぞすすみける」訳 大軍の中に(義仲(よしなか)を)とり囲んで、自分が討ち取ろうと思って進んだ。

とり-ざた【取り沙汰】名・他サ変 ❶取りさばくこと。取り扱い。処理。❷世間のうわさ。評判。「とりさた」とも。

とり-さ・ふ(―サソウ)【取り支ふ】他ハ下二{へ・へ・ふ・ふる・ふれ・へよ}(「とり」は接頭語)仲裁する。〈宇治・一〇・一〉「いさかひをして、出納(しゅつなふ)ののしれば、出(い)でて、とりさへ未んとするに」訳(出納係の子と、舎人(とねり)の子とが)けんかをして、出納係(の子)が大声で言い騒ぐので、(舎人が)出ていって、仲裁しようとすると。

とり-したた・む【取り認む】他マ下二{め・め・む・むる・むれ・めよ}「とり」は接頭語)片付ける。処理する。〈徒然・一九〉「長き夜のすさびに、なにとなき具足(ぐそく)とりしたため用」訳 長い夜の心の慰みに、別にどうということもない身のまわりの道具を片付け。

とり-たが・ふ(―タガ(ゴ)ウ)【取り違ふ】他ハ下二{へ・へ・ふ・ふる・ふれ・へよ} 取りちがえる。まちがえる。〈枕・八四〉「人のもとに、さるもの包みておくるやうやはある。取りたがへ用たるか」訳 人の所に、そのような物を包んで贈ることがあるだろうか(いや、あるはずがない)。取りちがえたのか。

とり-た・つ【取り立つ】他タ下二{て・て・つ・つる・つれ・てよ} ❶特別にとりあげる。〈源氏・桐壺〉「とりたて用てはかばかしき後ろ見しなければ」訳(桐壺の更衣には)特にとりあげてしっかりした後ろ盾がないので。❷登用する。目をかけ世話をする。〈狂・入間川〉「国許(くにもと)へ下ったならば、くわっと取り立て用てとらせうぞ」訳 領地へ帰ったならば、おおいに登用してやろうぞ。❸準備する。仕立てる。〈うつほ・蔵開下〉「様々色々とりたて用て」訳 さまざまいろいろなものを準備して。❹取り上げる。取り扱う。〈竹取・かぐや姫の昇天〉「からうじて思ひ起こして、弓矢をとりたて未むとすれども」訳(警固の人々は)やっと気持ちをとり直して、弓矢を取り上げようとするけれども。❺建物を建てる。築く。〈徒然・二五〉「金堂はそののち倒れふしたるままにて、とりたつる体わざもなし」訳(法成寺(ほうじやう)の)金堂はその後倒れ伏したままで、築くようすもない。

とり-つ・く【取り付く】一 自カ四{か・き・く・く・け・け} ❶すがりつく。〈徒然・四一〉「とりつき用ながら、いたう睡(ねぶ)りて」訳(木の枝に)すがりついたままで、ひどく居眠りをして。❷(霊魂などが)乗り移る。〈栄花・楚王のゆめ〉「御物の怪(け)のとりつき用奉りにければ」訳 御物の怪がお乗り移り申しあげてしまったので。❸着手する。とりかかる。〈炭俵・野坡〉「家普請(やぶしん)を春のてすきにとりつい用(イ音便)て」訳 家の建築に春のひまな時期にとりかかって。

二 他カ下二 {け・け・く・くる・くれ・けよ} ❶とりつける。そこにつける。〈万葉・一七・四〇一一〉「吾が大黒に白塗りの鈴とりつけ用て」訳わが大黒(=鷹の名)に銀めっきをした鈴をとりつけて。❷(霊魂などを)乗り移らせる。〈祝詞〉「己命の和魂を八咫の鏡にとりつけ用て」訳御自分のやわらぎ静まる魂を八咫の鏡に乗り移らせて。

とり-つくろ・ふ クロウ【取り繕ふ】他ハ四 {は・ひ・ふ・ふ・へ・へ} [「とり」は接頭語] ❶**修理する。**手入れをする。〈蜻蛉・上〉「とりつくろひ用かかはる人もなければ、いと悪しくのみなりゆく」訳修理し世話をする人もいないので、(家は)たいそう荒れはててゆくばかりである。❷**着飾る。**服装や体裁を整える。〈源氏・東屋〉「頭洗はせ、とりつくろひ用て見るに」訳髪を洗わせ、服装を整えて見ると。

とり-どころ【取り所】名 ❶とりたててよいところ。**長所。**〈枕・一四二〉「とりどころなきもの かたちにくさげに、心あしき人」訳とりえのないもの、容貌が醜い感じで、気立てがよくない人。❷器物の取っ手。つまみ。

とり-どり 形動ナリ {なら・なり(に)・なり・なる・なれ・なれ} **それぞれに特徴のあるさま。いろいろ。**さまざま。思い思い。〈平家・一・祇園精舎〉「おごれる心もたけきことも、皆とりどりに用こそありしかども」訳おごった心も勢いが盛んなことも、みなそれぞれであったけれども。

とり-な・す【取り成す・執り成す】他サ四 {さ・し・す・す・せ・せ} ❶**手に取ってある状態に変化させる。**姿を変えさせる。〈枕・二五〉「ありつる文…いときたなげにとりなし用ふくだめて」訳先ほどの(持たせてやった)手紙を…ひどく汚らしくしてけばだたせて。❷うまくとりつくろう。**調子を合わせる。**〈徒然・二三一〉「客人の饗応なども、ついでをかしきやうにとりなし用たるも」訳客人のもてなしなども、その場にふさわしいように調子を合わせているのも。❸**取りざたする。**〈源氏・夕顔〉「つくりごとめきてとりなす体人ものし給ひければなむ」訳(この「源氏物語」を)作り話めいていると取りざたする人がいらっしゃったので(こうして書いたわけである)。(「ものす」は婉曲表現で、ここは「いる」の意)

とり-な・づ ナズ【取り撫づ】他ダ下二 {で・で・づ・づる・づれ・でよ} 手に取ってなでる。大事にする。〈万葉・一・三〉「朝には取り撫で用給ひ夕へにはい倚り立たしし御執らしの梓の弓の」訳(わが天皇が)朝には手に取ってなでなさり、夕方にはそばに寄ってお立ちになった、ご愛用の梓弓の。

とり-なほ・す ナオス【取り直す】他サ四 {さ・し・す・す・せ・せ} ❶持ちかえる。持ち直す。〈源氏・梅枝〉「筆とりなほし用、用意し給へるさまさへ」訳(光源氏が)筆を持ち直し、気をつけてお書きになっているごようすまでも。❷改める。変える。直す。〈源氏・末摘花〉「火とりなほし用、格子放ちて入れ奉る」訳明かりをつけ直し、格子をあけて(光源氏を)お入れ申しあげる。

とり-の-あと【鳥の跡】⬇鳥「フレーズ」

とり-の-こ【鳥の子】名 ❶卵。鶏卵。❷「鳥の子紙」の略。鳥の卵のような淡黄色で光沢がある上等の和紙。雁皮(=木の名)を原料にした書簡用紙などに用いた。

とり-は・く【取り佩く】他カ四 {か・き・く・く・け・け} 取って腰につける。帯びる。〈万葉・五・八〇四〉「ますらをの男さびすと剣太刀腰に取り佩き用」訳りっぱな男が男らしく振る舞うということで、剣太刀を腰に帯び。

とり-はづ・す ハズス【取り外す】他サ四 {さ・し・す・す・せ・せ} ❶**取りそこなう。**〈宇治・七・六〉「御前駆のとりはづし用て、遣り水に落とし入れたりけるを」訳(女性の衣服を)御前駆が取りそこなって、遣り水の中に落とし入れてしまったが。❷**うっかりして失敗する。**誤る。〈源氏・夕顔〉「女は、ただやはらかに、とりはづし用て人にあざむかれぬべきが」訳女は、ひたすらもの優しく、うっかりまちがって(男の)人にだまされてしまいそうな人で。

とり-ばみ【鳥食み・取り食み】名 宴会の料理の残りを庭に投げて、下人などに食べさせること。また、それを食べる者。

鳥部野(とりべの)《地名》歌枕 [「鳥辺野」とも書く] 今の京都市東山区の、東山の西側のふもと。平安時代から火葬場のあった所。鳥部山。

鳥部山(とりべやま)《地名》歌枕 [「鳥辺山」とも書く] ⬇鳥部野

とり-まう・す モウス【取り申す・執り申す】他サ四 {さ・し・す・す・せ・せ} ❶取り次いで申し上げる。また、取りはからって申し上げる。〈平家・三・法印問答〉「入道随分とり申し用しかども、つひに御承引なくして」訳(私)入道(=平清盛)ができる限り取り次いで申し上げたけれども、(法皇は)とうとうご承知なさらずに。❷とりたてて申し上げる。また、申し上げる。〈源氏・帚木〉「何事をとり申さ未む」訳どんなことをとりたてて申し上げよう。

とり-まかな・ふ マカナウ【取り賄ふ】他ハ四 {は・ひ・ふ・ふ・へ・へ} [「とり」は接頭語] 世話する。用意する。〈徒然・二四〇〉「すべて、余所の人のとりまかなひ用たらん、うたて、心づきなきこと多かるべし」訳一般に、他人が世話したようなの(=結婚)は、なんとも、気にくわないことが多いだろう。

とり-み・る【取り見る】他マ上一 {み・み・みる・みる・みれ・みよ} ❶手に取って見る。❷世話する。看病する。〈万葉・五・八八六〉「国に在らば父とりみ未まし家に在らば母とりみ未まし」訳もし国にいれば父が(私を)看病してくれるだろうに、もし家にいれば母が(私を)看病してくれるだろうのに。

とり-もう・す【取り申す・執り申す】⬇とりまうす

とり-も・つ【取り持つ】他タ四 {た・ち・つ・つ・て・て} ❶**手に持つ。**〈万葉・二〇・四四四九〉「なでしこが花取り持ち用て」訳なでしこの花を手に取り持って。❷(「とりもちて」の転「とりもて」の形で)**奪い取る。**いっしょに連れて行く。**さらって行く。**〈源氏・手習〉「狐、木霊やうのものの、欺きてとりもて来たるにこそ侍らめ」訳狐や木の精霊のようなものが、欺いて(ここに)さらって来た人でございましょう。❸**世話する。**責任をもって行う。**引き受けて行う。**仲立ちする。〈源氏・絵合〉「大方のことどもはとりもち用て親めき聞こえ給ふ」訳(前斎宮の入内のための)ひととおりの諸準備は(光源氏が)引き受けて、親のように(お世話)し申しあげなさる。

とり-もの【採り物】名 祭事のとき、神官が手に持つ道具。特に、神楽で舞うとき、舞人が手に持つもの。榊・幣・杖・篠・弓・剣・鉾など。

とり-よそ-ふ ヨソウ【取り装ふ】他ハ四{は・ひ・ふ・ふ・へ・へ}〔「とり」は接頭語〕よそおう。**身じたくをする。**〈万葉・二〇・四三九八〉「ますらをのこころ振り起こしとり装ひ用門出をすれば」訳 りっぱな男子としての心を奮い立たせて、(防人の)身じたくを調え門出をすると。

とり-よろ-ふ ヨロウ 自ハ四{は・ひ・ふ・へ・へ}〔上代語〕語義未詳。整い備わる意か。〈万葉・一・二〉「大和には群山あれどとりよろふ体天の香具山」訳 大和の国には、たくさんの山々があるが、(その中でもりっぱに)整い備わる天の香具山。

とり-わき【取り分き】副 特別に。とりわけ。〈源氏・桐壺〉「とりわき仰せ言ありて清らを尽くして仕うまつれり」訳 特別に(桐壺帝の)お指図があって、(儀式の係は)華美を尽くしてお勤め申しあげた。

とりわき-て【取り分きて】副「とりわき」に同じ。

とり-わ-く【取り分く】

一 自カ四{か・き・く・く・け・け} **特別である。特に目立つ。**〈源氏・早蕨〉「前の世もとりわき用たる契りもやものし給ひけむ」訳 (あなた=弁の尼は)前世も(大君と)特別であった縁でもおありになったのだろうか。(「ものす」は婉曲表現で、ここは「ある」の意)

二 他カ四{か・き・く・く・け・け} **他と区別する。特別扱いする。**〈源氏・須磨〉「人みな静まりぬるに、とりわき用てかたらひ給ふ」訳 人がみな寝しずまったので、(中納言の君を)特別に扱って(光源氏は)お話しになる。

参考 のちに他動詞は下二段にも活用するようになる。

とり-わた-す【取り渡す】他サ四{さ・し・す・す・せ・せ}〔「とり」は接頭語〕他の場所から持って来る。持って行く。運ぶ。〈枕・八〉「地獄絵の屏風とりわたし用て、宮に御覧ぜさせ奉らせ給ふ」訳 地獄絵の屏風を持って来て、(天皇が)中宮にご覧に入れ申しあげなさる。

とり-ゐる イル【取り率る】他ワ上一{ゐ・ゐ・ゐる・ゐる・ゐれ・ゐよ} 召し連れる。むりに引き連れる。〈竹取・かぐや姫の昇天〉「許さぬ迎へまうで来てとりゐ用て」訳 (この地上にとどまることを)許さない迎えがやって来まして(私を月の都へ)むりに引き連れて。

と・る【取る・執る・採る・捕る】他ラ四{ら・り・る・る・れ・れ}

❶持つ。つかむ。手にする。〈万葉・一四・三四五九〉「稲つけばかかる吾が手を今夜もか殿の若子が取り用て嘆かむ」訳 →いねつけば… 和歌

❷つかまえる。捕らえる。〈徒然・一〇〉「鳥の群れゐて池の蛙をとり用ければ」訳 鳥が(屋根に)群がりとまって池の蛙を捕ったので。

❸**手に持って扱う。**〈万葉・一七・三九六一〉「白波の寄する磯廻を漕ぐ船の楫とる体間なく思ほえし君」訳 白波の寄せてくる入り江を漕ぐ船の櫓をあやつる絶え間がないように、いつも絶えず思われていたあなたよ。(「楫とる」までは「間なく」を導きだす序詞)

❹**収穫する。採集する。**〈竹取・かぐや姫の生ひ立ち〉「野山にまじりて竹を取り用つつ、よろづのことに使ひけり」訳 野や山に分け入って竹を切り取っては、いろいろなことに使っていた。

❺自分のものにする。**支配する。**領有する。〈平家・七・聖主臨幸〉「これら百人千人が頸をきらせ給ひたりとも、世をとら未せ給はんこと難かるべし」訳 (大臣殿=平宗盛が)これら百人千人の首をお斬りになられたとしても、世を支配しなされるようなことは難しいだろう。

❻奪う。**とりあげる。**没収する。〈大和・一二六〉「家も焼けほろび、物の具もみなとら未れはてて、いといみじうなりにけり」訳 家も焼けてなくなり、道具類もみなすっかり奪われて、たいそうひどくなってしまった。

❼選び出す。採用する。〈十訓・三〉「小式部内侍、歌詠みにとら未れて詠みけるを」訳 小式部内侍が(歌合わせの)歌人に選ばれて(歌を)詠んだが。

❽推量する。〈源氏・花散里〉「声作り気色とり用て御消息聞こゆ」訳 (惟光は)わざと咳ばらいをしようすをうかがって、(光源氏の)ご伝言を申し上げる。

❾(多く、「…にとりて」「…にとって」の形で)関連させる。関する。〈徒然・四一〉「人、木石にあらねば、時にとり用て、物に感ずることなきにあらず」訳 人間は、木や石のような(非情の)ものではないから、時によって、何かに感動することがないわけではない。

とわ【永久】⇒とは

と-わた-る【門渡る】自ラ四{ら・り・る・る・れ・れ}〔「と」は水流の出入りする所の意〕川・海・瀬戸などを渡る。〈古今・雑上〉「わがうへに露ぞ置くなる天の河とわたる体舟の櫂のしづくか」(伊勢・五九にも所収)訳 私の上に露が落ちるようだ。(これは)天の川の川門を渡る(彦星の)船の櫂のしずくだろうか。

とを トオ【十】名 じゅう。とお。〈伊勢・五〇〉「鳥の子を十づつ十は重ぬとも」訳 卵を十個ずつ十回も重ね(るほどむずかしいことはできて)も。

とをだごも… 俳句

十団子も 小粒になりぬ 秋の風 〈韻塞・許六〉
（切れ字　秋）

訳 このごろは名物の十団子までも小粒になってしまったよ。(宇津谷峠の茶店には)折から秋風が吹いている。

解説 「宇津の山(=歌枕)を過ぐ」と前書きする。元禄五年(一六九二)七月、彦根から藩主の参勤に従った旅での吟。秋は東海道も人の往来の少なくなるころ。名物の十団子が「小粒になりぬ」ととらえられ、蕭々と秋風が吹くあわれさを詠んだ句。「此の句しをりあり」〈去来抄・修行〉と芭蕉が賞している。

とを-だんご トオ【十団子】名「とをだご」「とだんご」とも。駿河の国(静岡県)宇津谷峠のふもとで売った名物の団子。

とををを トオオ【撓】形動ナリ{なら・なり(に)・なり・なる・なれ・なれ} たわむさま。しなうさま。たわわ。〈万葉・一〇・二三一五〉「白橿の枝もとををに用雪の降れれば」訳 白橿の枝もたわむほどに雪が降っているので。

とん-せい【遁世】名・自サ変「とんぜい」とも。俗世間を逃れること。仏門に入ること。〈徒然・八七〉「具覚房とて、なまめきたる遁世の僧を」訳 具覚房といっ

て、上品な俗世間を離れた僧を。

とん-ばう【蜻蛉】名「とうばう」とも。虫の名。とんぼ。秋

とんばう-がへり【蜻蛉返り】名 とんぼが急に方向を変えるように、身をひるがえすこと。また、宙返り。とんぼ返り。〈平家・四・橋合戦〉「蜘蛛手、かくなわ、十文字、とんばうがへり、水車、八方すかさずきったりけり」訳（筒井の浄妙明秀は）蜘蛛手、かくなわ、十文字、とんぼ返り、水車と（秘術を尽くし）、八方にすき間なく斬りまくったのだった。

とん-よく【貪欲】名《仏教語》後に「どんよく」。むさぼり欲ばること。愚痴（＝愚かで道理に暗いこと）・瞋恚（＝怒り恨むこと）とともに、人間の善心を害する煩悩（＝三毒）の一つ。

な ナ

な【名】名

❶名前。呼び名。〈竹取・かぐや姫の生ひ立ち〉「名をば、さかきの造となむいひける」訳 名前を、さかきの造というのだった。

❷うわさ。評判。名声。〈大鏡・頼忠〉「かばかりの詩をつくりたらましかば、名のあがらむこともまさりなまし」訳（作文の船に乗り）これ（＝自分の詠んだ和歌）ぐらいの漢詩をもし作ったとしたならば、名声があがることもきっとまさっていただろうに。

❸名ばかりで実質が伴わないこと。名目。虚名。〈拾遺・雑下〉「名のみして山は三笠もなかりけり朝日夕日のさすをいふかも」訳（三笠山というのは）名目ばかりで山には御笠もなかったことよ。（この山の名は笠をさすからではなくて）朝日夕日がさすのをいうのかなあ。（「三笠」から同音の「御笠」を連想させる。「さす」は「笠をさす」と「日がさす」との掛詞）

フレーズ
名に負ふ ❶名として持つ。〈古今・雑下〉「ならのはの名に負ふ宮のふるごとぞこれ」訳 楢の葉と同じ名を持つ奈良の都の古歌の集がこれ（＝「万葉集」）である。
❷有名である。評判である。〈謡・隅田川〉「ここぞ名に負ふ（体）（＝かの有名な）隅田川」

名を立つ 名声をあげる。評判になる。また、浮き名が立つ。〈徒然・八五〉「偽り飾りて名を立て（未）んとす」訳 偽ってりっぱに見せて名声をあげようとする。

最重要330
217
ガイド
な 副
禁止を表す副詞。中古では②の「な…そ」の形で用いられるが、上代では「そ」のない「な…」だけの形もあった。中古末期以降は「な」のない「…そ」だけの形で用いられることもあった。

❶《上代語》（動詞の連用形の上に付いて）その動詞の表す動作を禁止する意を表す。…するな。…してくれるな。
例 わが背子が振り放け見つつ嘆くらむ清き月夜に雲なたなびき〈万葉・一一・二六六九〉
訳 私の夫が振り仰いで見ては今ごろ嘆いているであろう（この）澄みきっている月に、雲よ、たなびいてくれるな。

❷（活用語の連用形（カ変・サ変は未然形）の上に付いて、下に終助詞「そ」を伴い、「な…そ」の形で）その動詞の表す動作を禁止する意を表す。…するな。…してくれるな。→な…そ
例 月な見給ひそ〈竹取・かぐや姫の昇天〉
訳 月を見なさるな。
例 や、な起こし奉りそ。幼き人は、寝入り給ひにけり〈宇治・一・一二〉
訳 おい、起こし申しあげるな。幼い人は、（すっかり）寝入りなさってしまった。

な【肴】名 魚・鳥獣の肉・野菜など、酒・飯にそえて食べるもの。一般的な副食物。おかず。菜。

な【菜】名 葉・茎などを食用とする草の総称。

な【魚】名 食用とする魚。〈万葉・五・八六九〉「帯日売神の命の魚釣らすと」訳 神功皇后が魚をお釣りになるといって。

な【儺】名「ついな」に同じ。

な【汝】代 対称の人代名詞。自分より目下の者や親しい人に対して用いる。おまえ。あなた。〈万葉・三・二六六〉「近江の海夕波千鳥汝が鳴けば心もしのに古思ほゆ」訳→あふみのうみ…和歌

な 副 ➡右 217

な 助動詞「ぬ」の未然形。➡五六八ページ「まぎらわしい『な』の識別」

な 格助《上代語》連体修飾語をつくる。…の。〈万葉・五・八〇二〉「いづくより来りしものそ目な交ひにもとなかかりて安眠し寝さぬ」訳→うりはめば…和歌

参考 上代においてすでに限られた語の結合にしか使用されていなかった。それらのうち「水な門（＝港）」「水な本（＝源）」「目な子（＝眼）」「手な心（＝掌）」「海な原」など、現在では一語化した語

の中にわずかに残っているのが認められる。

な 終助《上代語》↓次ページ助詞「な」

な 終助 ↓次ページ助詞「な」

な 終助 ↓五六九ページ助詞「な」

ない【地震】↓なゐ

ない-が-しろ【蔑】形動ナリ {なら・なり(に)・なり・なる・なれ・なれ}(「無きが代」のイ音便) ❶**人を軽くあしらうようす。**無視するさま。〈**徒然・三三**〉「万の咎は、…人を**ないがしろに**用するにあり」訳 すべてのあやまちは、…人を**無視する態度で**行うことに(原因が)ある。❷(人目を気にかけず)**うちとけたようす。**無造作。〈**源氏・末摘花**〉「狩衣姿の**ないがしろに**用て来ければ」訳 狩衣姿という**無造作なようす**で来たので。

ない-き【内記】名 律令制で、中務省に属し、詔勅・宣命を起草し、叙位の辞令を書き、宮中の記録を担当する職。大内記・中内記・少内記各二名で、文才にすぐれ、達筆な人が任じられた。↓外記

ない-ぎ【内儀】名 他人の妻に対する敬称。近世には多く町人の妻に言った。奥様。奥方。

ない-ぎ【内議・内義】名 内輪で相談すること。

ない-ぐ【内供】名「内供奉」の略。宮中の内道場(=仏道修行をする道場)に奉仕する僧職。諸国から高徳の僧十人が選ばれ、御斎会(=宮中行事の一つ)の読師や清涼殿の夜居をつとめた。

ない-げ【内外】名 ❶内部に出入りすること。特に、朝廷や貴人の家、女性の部屋などについていう。〈**源氏・夕霧**〉「**内外**なども許されぬべき」訳 (部屋への)**出入り**などもきっと許されるにちがいないことよ。❷物事の内と外。奥向きと表向き。すべてのこと。〈**平家・一・東宮立**〉「**内外**につけたる執権の臣とぞ見えし」訳 (平時忠は、宮中の)**内と外**に関した権力を握っている臣下であると思われた。❸内典と外典。仏教の書と仏教以外の教えの書。

ない-し【内侍】名 ❶内侍司の女官の総称。特に、掌侍をさす。〈**源氏・桐壺**〉「御前より、**内侍**、宣旨承り伝へて」訳 (桐壺帝の)御前から、**内侍**が帝の仰せ言をお聞きし取りついで。❷伊勢の斎宮、賀茂の斎院に仕える女官。〈**源氏・澪標**〉「女別当、**内侍**などいふ人々、…心ばせある人々多かるべし」訳 (前斎宮に仕えるのは)女別当や**内侍**などという人々や、…たしなみのある人々が多いにちがいない。❸厳島神社に奉仕する巫女。〈**平家・二・徳大寺之沙汰**〉「かの社には**内侍**とて、優なる舞姫ども多く候ふ」訳 あの社(=厳島神社)には**内侍**といって、優美な舞姫たちが大勢おります。

ないし-どころ【内侍所】名 ❶三種の神器の一つである八咫の鏡を安置した所。宮中の温明殿にあり、内侍が常に奉仕する。「賢所」とも。↓付録③「平安京内裏図」❷(転じて)**八咫の鏡。**「賢所」とも。〈**徒然・二七**〉「剣・璽・**内侍所**渡し奉らるるほどこそ、限りなう心細けれ」訳 (譲位の際)草薙の剣・八尺瓊の曲玉・**八咫の鏡**(の三種の神器)を(新帝に)移し申しあげなさるときは、この上もなくさびしい感じがする。

ないし-の-かみ【尚侍】名 内侍司の長官。常に天皇のそば近くにあって、天皇への取りつぎなどをつかさどった。妃となる場合もあり、その時には更衣に次ぐ地位とされた。「しゃうじ」「かんのきみ」とも。

ないし-の-じょう【掌侍】名 内侍司の三等官。定員四人。その第一位の者を勾当内侍という。「しゃうじ」「ないし」とも。

ないし-の-すけ【典侍】名 内侍司の次官。定員四人。「すけ」「てんじ」とも。

ないし-の-つかさ【内侍司】名 後宮十二司の一つ。職員はすべて女子で、常に天皇のそば近くに仕え、天皇への取りつぎ、および後宮の礼式・雑事などをつかさどった。尚侍・典侍・掌侍の役職があり、他に女孺らがいた。

ない-しょう【内証】名 ❶《仏教語》仏教の真理を自己の心のうちで悟ること。**内心の悟り。**〈**徒然・一五七**〉「外相もし背かざれば、**内証**必ず熟す」訳 外面に現れた姿がもし(道理に)そむかなければ、**内心の悟り**は必ずできあがる。(「背かざれば」は、上の副詞「もし」と呼応して、仮定条件になっている) ❷表向きにせず内々にすること。**内密。**秘密。〈**浮・好色一代男**〉「今目の前でいただくも**内証**にて状で戴くも同じこと」訳 今(皆の)目の前で(その金を)いただくのも**内密**に(無心の)手紙でいただくのも同じこと。❸内々の事情。**内意。**〈**浮・好色一代女**〉「竹屋町の花屋角右衛門に**内証**を申しわたしぬ」❹人目の少ない場所。奥の間。奥向き。❺他人の妻、または妾の敬称。❻一家の財政。ふところぐあい。❼江戸時代の遊郭で、主人の居間。また、その主人。

ない-しんわう【内親王】名 天皇の姉妹および皇女。後には、親王宣下を受けた者。姫御子。「うちのみこ」とも。↓親王

ない-だいじん【内大臣】名 太政官の官名。令外の官で、ほぼ左右大臣と同じ権限をもち、一般政務をつかさどる。もと、左右大臣の上にあったが、のち下位となった。「うちのおとど」とも。

ない-てん【内典】名《仏教語》「ないでん」とも。仏家から見た、仏教の教典の称。対 外典

なう 感 人に呼びかけるときの語。もし。ねえ。また、感動を表す。ああ。まあ。〈**謡・隅田川**〉「**なう**、あの向かひの柳のもとに人の多く集まりて候ふは何事にて候ふぞ」訳 **もうし**、あの向こう岸の柳の木の下に人が多く集まっておりますのは何事でございますか。

なう-なう 感(感動詞「なう」を重ねた語)人に呼びかけるときに発する語。もしもし。また、軽い感動を表す語。ああ、ああ。〈**謡・隅田川**〉「**なうなう**、われをも舟に乗せて給はり候へ」訳 **もしもし**、私も舟に乗せてくださいませ。

なえ-かか・る【萎え掛かる】自ラ四 {ら・り・る・る・れ・れ}(からだから力が抜けて)立っていられず、ぐったりと物に寄りかかる。〈**竹取・かぐや姫の昇天**〉「手に力もなくなりて、**なえかかり**用たり」訳 (人々は)手に力もなくなって、**ぐったりと物に寄りかかっ**ている。

なえ-ば・む【萎えばむ】自マ四 {ま・み・む・む・め・め}(「ばむ」は接尾語)(衣服などが)着なれてよれよれになる。のりがとれて柔らかくなる。〈**源氏・橋姫**〉「直衣の**なえばめ**已るを着給ひて」訳 直衣の**柔らかくなっ**ているの

な 終助《上代語》

→下段「まぎらわしい『な』の識別」

意味・用法

❶自己の意志・希望 …(し)よう。…(し)たい。

例 今しらす久邇(くに)の都に妹(いも)に逢(あ)はず久しくなりぬ行きてはや見**な**〈万葉・四・七六八〉

訳 新たに天皇がお治めになっている久邇の都に(いるので)、妻に逢わないで長くなってしまった。(奈良の都の家に)行って早く逢い**たい**。

❷勧誘 (さあ)…(し)ようよ。

例 熟田津(にきたつ)に船乗りせむと月待てば潮(しほ)もかなひぬ今は漕(こ)ぎ出(い)で**な**〈万葉・一・八〉

訳 熟田津で、船出をしようとして月の出を待っていると、(月も出て)潮流もうまい具合になった。さあ、こぎだそ**う**。

❸他に対する願望・期待 …(し)てほしい。

例 道の中(なか)国つ御神(みかみ)は旅ゆきも為(し)知らぬ君を恵み給は**な**〈万葉・一七・三九三〇〉

訳 越中(富山県)の国の神様は旅に出ることも体験していないあなたを(どうか)おいたわりになっ**てほしい**。

接続 動詞および動詞型活用の助動詞の**未然形**に付く。

な 終助

→下段「まぎらわしい『な』の識別」

意味・用法

❶感動・詠嘆 …なあ。…たことだなあ。

例 花の色は移りにけり**な**いたづらに我が身世にふるながめせし間(ま)に〈古今・春下〉

訳 花の色は、すっかり色あせてしまっ**たことだなあ**。むなしく日を過ごし、長雨が降り続いていた間に。(私の容色はすっかり衰えてしま

まぎらわしい「な」の識別

❶動詞(ナ変)の未然形語尾

例 いづちもいづちも、足の向きたらむ方(かた)へい**な**むず〈竹取・竜の頸の玉〉

訳 どこへなりとも、足が向いているようなほうへ**行こ**う。

▽上が「い(往)」または「し(死)」。

❷助動詞「ぬ」の未然形

例 髪もいみじく長くなり**な**む〈更級・物語〉

訳 **きっと**髪もずいぶん長くなるだろう。

▽上が活用語の連用形で、すぐ下に助動詞「む」「まし」、助詞「ば」「なむ」がくる。

❸意志・希望、勧誘、他に対する願望の終助詞

例 妹(いも)に見せむにわたつみの沖つ白玉拾(ひり)ひて行か**な**〈万葉・一五・三六三六〉

訳 いとしい人に見せるために、海の沖の白玉を拾って行こ**う**。

▽上代語で、上が動詞型活用語の未然形。

❹感動・詠嘆の終助詞

例 花といはば、かくこそ匂(にほ)はまほしけれ**な**〈源氏・若菜上〉

訳 花というならば、このように匂ってほしいものだ**なあ**。

▽上が言い切りの形(終止形、命令形、係り結びによる連体形・已然形、終助詞など)または引用の格助詞「と」。例の「まほしけれ」は助動詞「まほし」の已然形で、係助詞「こそ」の結び。

ったことだなあ。むなしく恋に時を過ごし、もの思いにふけっている間に)

❷念を押す
…(だ)ね。…ぞ。

例 あべの大臣、火ねずみの皮衣もていまして、かぐや姫にすみ給ふと**な**〈竹取・火鼠の皮衣〉
訳 あべの右大臣は、(結婚の条件である)火ねずみの皮衣をもっておいでになって、かぐや姫(の所)に夫として通っていらっしゃるというのだ**ね**。

接続 活用語の終止形や命令形、また係り結びの結びである連体形や已然形、終助詞など文の言い切りの形、および引用の格助詞「と」に付く。

➡前ページ「まぎらわしい『な』の識別」

な 終助

意味・用法	用例
禁止 強い禁止の意を表す。…(する)な。	例 竜の頸の玉取り得ずは、帰り来**な**〈竹取・竜の頸の玉〉 訳 竜の首の玉を取ることができないならば、帰って来る**な**。 例 あやまちす**な**。心して降りよ〈徒然・一〇九〉 訳 失敗する**な**。気をつけて(木から)降りろ。

接続 動詞・助動詞の**終止形**に付く。ただし、ラ変型活用の語には連体形に付く。

参考 同類の禁止の表現には副詞「な」と終助詞「そ」が呼応した「な…そ」があるが、そのほうがおだやかでやわらかい言い方であるといわれる。→な(副)

をお召しになって。

なお〔直・猶・尚〕➡なほ

なおざり〔等閑〕➡なほざり

なおし〔直衣・直し〕➡なほし

なか【中・仲】名

❶内部。うち。〈竹取・かぐや姫の生ひ立ち〉「あやしがりて寄りて見るに、筒の中光りたり」訳 (竹取の翁が)不思議に思って(そばに)寄って見ると、(竹の)筒の**中**が光っている。
❷中央。まん中。〈大和・一四七〉「女の墓を**中**にて左右になむ男の塚どもいまもあなる」訳 女の墓を**まん中**にして左右に男(たち)の二つの墓が今もあるという。
❸中位。中等。中流。〈伊勢・八三〉「上**中**下みな歌よみけり」訳 (供人の)上・**中**・下(の身分)の人がみな歌を詠んだ。
❹ある(限られた)範囲。〈源氏・桐壺〉「女御・更衣あまたさぶらひ給ひける**中**に」訳 女御や更衣が大勢お仕えしていらっしゃった**中**に。
❺**兄弟・姉妹のうちの二番目。**〈源氏・東屋〉「**中**に当たるなむ、姫君とて、守はいとかなしうし給ふなる」訳 **二番目**に当たる方を姫君と呼んで、守(=常陸の介)はたいそうかわいがっていらっしゃるそうだ。
❻中旬。〈平家・三・少将都帰〉「弥生の**中**の六日なれば、花はいまだ名残あり」訳 陰暦三月**中旬**の六日(=十六日)だから、桜の花はまだ散り残っている。
❼**男女の間柄。関係。**〈伊勢・九四〉「子ある**中**なりければ…時々もの言ひおこせり」訳 子のある**間柄**であったので…(男は)時々手紙をよこした。

> ❺ **禁止の終助詞**
> 例 あやまちす**な**。心して降りよ〈徒然・一〇九〉
> 訳 失敗する**な**。気をつけて(木から)降りろ。
> ▽上が動詞・助動詞の終止形(ラ変は連体形)。上が終止形の場合、形の上で❹か❺か区別できないが、単独の動詞の終止形で文を言い切ることはほとんどなく、また過去の事態を禁止することも考えにくいため、上が単独の動詞なら❺、上が過去や完了の助動詞なら❹とみて、意味を吟味する。例は上が単独の動詞「す」の終止形。

フレーズ

中に就いて 〔「ついて」は「つきて」のイ音便〕多くの中でもとりわけ。特に。〈栄花・ゆふしで〉「**中について**、この一品の宮の御為を思う給ふれば」訳 (気掛かりなことの)**中でも特に**、この一品の宮の御ためを考えさせていただくと。

中の君 姉妹のうち、二番目の姫君。

最重要330

218

なか-なか 【中中】 一 形動ナリ {なら・なり(に)・なり・なる・なれ・なれ} 二 副 三 感

ガイド　どっちつかずの中途半端な状態で、かえってよくないという感じを表す。現代語では「なかなかできあがらない」など、二③の意で用いることが多い。

一 形動ナリ

❶ 中途半端なさま。どっちつかずだ。

例 うち出(い)でてもありにしものをなかなかに 用 苦しきまでも嘆くけふかな〈和泉式部日記〉

訳 うちあけないでも生きていられたのに、(口に出したばっかりに)中途半端の状態で、苦痛を感じるほどに嘆く今日であるよ。

語感実感　仕事中に、ゆっくり休むには足りない中途半端な空き時間ができてしまい、かえって困惑する感じ。

❷ なまじっかだ。なまはんかだ。かえって…しないほうがよい。

例 はかばかしう後ろ見思ふ人もなきまじらひは、なかなかなる 体 べきことと思ひ給へながら〈源氏・桐壺〉

訳 しっかりと心にかけて後ろ盾になってくれる人もいない宮仕えは、かえってしないほうがよいようなものと存じながらも。

二 副

❶ なまじっか。

例 なかなか恥ぢかかやかむよりは罪許されてぞ見えける〈源氏・夕顔〉

訳 なまじっか恥ずかしがって顔を赤くするようなのよりは、罪がないように見えた。

❷ かえって。むしろ。

例 心づきなきことあらん折は、なかなかそのよしをも言ひてん〈徒然・一七〇〉

訳 (他人と会うのに)気のすすまないことがあるようなときは、かえってそのわけをも言ってしまうのがよい。

❸ (下に打消の語を伴って)容易には。とうてい。とても。

例 貸せと申してもなかなか貸しはいたすまい〈浄・松風〉

訳 貸せと申してもとても貸しはしないでしょう。

なが-え【轅】名 牛車(ぎっしゃ)の前方に長くさし出した二本の棒。先端に軛(くびき)を渡し牛に引かせる。また、輿(こし)や手車の前後に添えた二本の棒。➡車(くるま)「古文常識」

なが-えぼし【長烏帽子】名 立て烏帽子のたけの長いもの。

なか-がき【中垣】名 隣家との境に作った垣根。〈土佐〉「中垣こそあれ、一つ家(いへ)のやうなれば」訳 隔ての垣はあるけれども、一軒の家のようであるので。

なか-がみ【天一神・中神】名 陰陽道(おんやうだう)で祭る神。天地八方を六十日の周期で巡り、人の吉凶禍福をつかさどり、方角の悪いほうをふさいでそれを守るという。〈源氏・手習〉「中神塞(ふた)がりて、例住み給ふ所は忌(い)むべかりけるを」訳 天一神がいて方塞がりになっているので、(横川(よかは)の僧都(そうづ)が)ふだんお住まいになる所は、忌み避けなければならなかったので。

古文常識　「なかがみ」—「天一神(なかがみ)」と「方違(かたたが)へ」

「天一神」が天地を巡る六十日の周期のうち、天上にいる十六日間はどの方角へも自由に行けるが、四十四日間は地上にいて、東西南北や北東・南東・南西・北西に数日ごとに位置をかえ、その通路に当たる者は災いを受けるとされた。やむを得ずその方角に行くときには、一度別の方角へ行き、そこから目的地に行く「方違へ」をした。

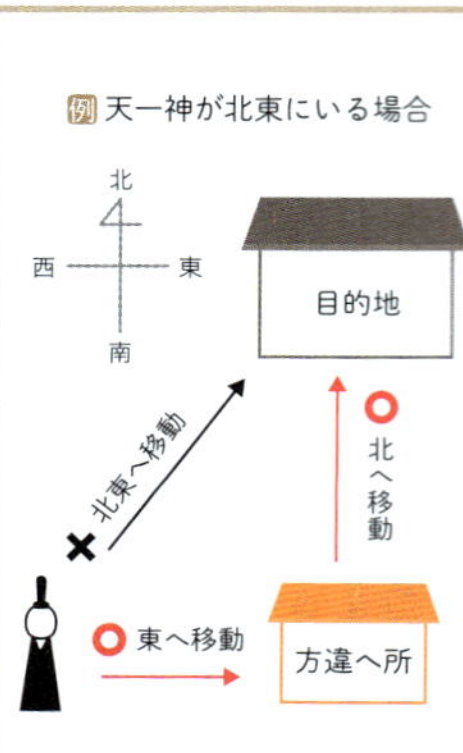

❹《近世語》ずいぶん。かなり。例なかなか足も疲れ侍り〈仮名・東海道名所記〉訳かなり足も疲れております。

二 感 謡曲・狂言などで、相手のことばを受けて肯定する語。いかにも。そのとおり。はい。例「はやござるか」「なかなか」〈狂・附子〉訳「もうお出かけになるか」「いかにも」

ながからむ… 和歌《百人一首》【長からむ　心も知らず　黒髪の　乱れてけさは　物をこそ思へ】〈千載・恋三・待賢門院堀河〉➡付録①「小倉百人一首」80

なか-ご【中子】名 ❶物の中心。中央。❷刀剣類で、刀身の柄の中に入る部分。また矢では、鏃の篦の中に入る部分。❸(堂の中央に安置するところから)仏をいう、斎宮の忌みことば。〈徒然・二四〉「経・仏など忌みて、中子・染め紙などいふなるもをかし」訳経・仏など(ということば)を避けはばかって、中子・染め紙(=経)などと言っていると聞くのもおもしろい。

なが-ごと【長言】名 長ばなし。長口上。〈枕・二八〉「にくきもの　急ぐことある折に来て、長言するまらうど」訳不快なもの、急ぎの用事があるときにやって来て、長ばなしをする客。

なか-ごろ【中頃】名 昔と今との中間の時期。そう遠くない昔。ひところ。〈方丈・三〉「これを中頃の栖にならぶれば、また百分が一に及ばず」訳これをひところの住まいと比較すると、また百分の一に及ばない。

なが・し【長し・永し】形ク〔から・く(かり)・し・き(かる)・けれ・かれ〕(空間的・時間的に)へだたりの大きなさま。〈徒然・七〉「命長ければ辱多し」訳命が長いと必ず恥をかくことが多い。

なか-じま【中島】名 寝殿造りで、庭園の池の中に築いた島。➡寝殿造り「古文常識」(四三四ページ)

なが・す【流す】他サ四〔さ・し・す・す・せ・せ〕❶流れるようにする。(涙や汗などを)こぼす。〈竹取・ふじの山〉「翁・嫗、血の涙を流し用て惑へどかひなし」訳翁と嫗は、血の涙を流して思い乱れるけれどなんにもならない。❷流罪にする。左遷する。〈平家・二・阿古屋之松〉「実方の中将が、奥州へ流さ未れたりける時」訳実方の中将が、奥州へ流罪にされたとき。❸世間にうわさを広める。流布させる。〈源氏・帚木〉「かろびたる名をや流さ未むと」訳(光源氏は)軽率である(という)評判を広めるだろうかと。

なかせん-だう【中山道・中仙道】名 江戸時代の五街道の一つ。江戸日本橋から上野(群馬県)・信濃(長野県)・美濃(岐阜県)を経て近江(滋賀県)の草津宿で東海道と合流、京都に至る。山道。

なか-ぞら【中空】一 名 ❶空の中ほど。中天。〈伊勢・二一〉「中空に立ちゐる雲のあともなく身のはかなくもなりにけるかな」訳空の中ほどに浮かんでいる雲が跡形もなく消えるように、わが身も頼りなくなってしまったことだなあ。(第二句までは「あともなく」を導きだす序詞) ❷道の途中。中途。〈笈の小文・芭蕉〉「京まではまだ半空や雪の雲」訳京までは、まだ旅の中途だ。雪をふくんだ雲があたりをおおい、心も晴れないことだ。

二 形動ナリ〔なら・なり(に)・なり・なる・なれ・なれ〕❶心の落ち着かないさま。うわのそら。〈古今・恋一〉「初雁のはつかに声を聞きしよりなかぞらに用のみものを思ふかな」訳ほんのわずかに(あなたの)声を聞いたときから、(私の心は)ただもううわのそらで思い悩んでいることだ。(「初雁の」は「はつかに」にかかる枕詞) ❷中途半端なさま。どっちつかずだ。〈源氏・若紫〉「いとむげに児ならぬ齢の、またはかばかしう人のおもむけをも見知り給はず、中空なる体御ほどにて」訳(姫君=若紫が)まったくひどく子ども(だというわけ)ではない年齢で、またはっきりと人の意向を見てもおわかりにならず、中途半端なお年頃で。

なか-たえ【中絶え】名 宮仕え・交際などのとだえること。〈紫式部日記〉「年ごろ里居したる人々の、中絶えを思ひおこしつつ」訳数年間里に退いていた女房たちが、それぞれ(長い)無沙汰を思い起こして。

なか-た・ゆ【中絶ゆ】自ヤ下二〔え・え・ゆ・ゆる・ゆれ・えよ〕中断する。男女の交際などがとだえる。〈古今・恋五〉「忘らるる身を宇治橋の中絶え用て人もかよはぬ年ぞ経にける」訳忘れられているわが身を憂し(=つらい)と思う、その「うし」ではないが、宇治橋が中ほどで途切れて渡れないように、二人の仲もとだえて、誰も通って来ないまま年月がたってしまったことよ。(「宇治」は「憂し」との掛詞。「なかたゆ」は交際がとだえる意と橋が中途で絶える意とをかける)

なが-ち【長道】名「ながぢ」とも。長い道のり。遠路。〈万葉・三・二五五〉「天離るひなの長道ゆ恋ひ来れば」訳遠く離れた田舎の長い道中を、(都を)恋しく思いながら来ると。(「天離る」は「ひな」にかかる枕詞)

なかづかさ-きゃう【中務卿】名 中務省の長官。正四位上相当官で、おもに親王が任命された。宮中の警護をも担当。「なかづかさのかみ」とも。

なかづかさ-しゃう【中務省】名 律令制で、太政官八省の一つ。宮中の政務を統括し、侍従の任免、詔勅文案の審査、宣旨・上表の取りつぎ、国史の監修、女官の位記、また諸国の戸籍などを担当した役所。のち職務は蔵人所に代わる。➡八省。➡付録③「平安京大内裏図」

なが-つき【長月・九月】名「ながづき」とも。陰暦九月の称。秋

なが-て【長手】名 長い道のり。〈万葉・一五・三七二四〉「君が行く道のながてを繰り畳ね焼き滅ぼさむ天の

最重要330

219

なが・む【眺む】他マ下二 {め・め・む・むる・むれ・めよ}

ガイド 現代語では②の意にだけ用いるが、中古には多く①「物思いにふける」の意で用いる。和歌では連用形「ながめ」を「長雨(ながめ)」にかけて用いることが多い。

❶ **物思いに沈んでぼんやりと見る。また、物思いにふける。**

例 夕月夜(ゆふづくよ)のをかしき程に出(い)だしたてさせ給ひて、やがてながめ用おはします〈源氏・桐壺〉

訳 夕方の月の趣深いころに、(靫負(ゆげい)の命婦(みやうぶ)を桐壺の更衣の里へ)出発させなされて、(桐壺帝は)そのまま物思いにふけりながらぼんやり(夕月などを)見ておいでになる。(「ながめおはします」は「物思いにふけっていらっしゃる」とも訳される)

❷ **見渡す。じっと遠くを見る。**

例 望月(もちづき)の隈(くま)なきを、千里(ちさと)の外(ほか)までながめ用たるよりも〈徒然・一三七〉

訳 満月がかげりもなく輝くのを、はるかに遠くのかなたまで見渡しているのよりも。

語感実感 悩み事があって何をしても身が入らず、上の空でぼんやりと窓の外を見ている感じ。

火もがも」訳→きみがゆく…和歌

長門(ながと)《地名》旧国名。山陽道八か国の一つ。今の山口県の北西部。長州(ちょうしゅう)。

なか-なか【中中】形動ナリ 副 感 ➡五九〇ページ 218

ながなが・し【長長し】形シク {しから・しく(しかり)・し・しき(しかる)・しけれ・しかれ} 非常に長い。久しい。〈源氏・藤裏葉〉「常にながながしう用(ウ音便)はえ添ひさぶらひ給はじ」訳 いつまでも延々と(紫の上が明石(あかし)の姫君に)付き添ってお仕えすることはおできにならないだろう。

なか-に-つい-て【中に就いて】➡中(なか)「フレーズ」

中大兄皇子(なかのおほえのわうじ)《人名》天智(てんじ)天皇の即位前の名。→天智天皇(てんちてんわう)

なか-の-きみ【中の君】➡中(なか)「フレーズ」

なか-ば【半ば】㊀名 ❶半分。〈源氏・帚木〉「女文(をんなぶみ)に、なかば過ぎて書きすすめたる」訳 女の手紙に、(漢字を)半分以上も用いて書き進めてあるのは。❷途中。中ほど。まん中。最中。〈平家・一・二代后〉「はるかに夜(よ)もふけ、さ夜もなかばになって後(のち)」訳 ずっと夜もふけ、夜も中ほどになってから。㊁副 ❶かなり。よほど。おおかた。〈古今・物名〉「さ夜ふけてなかばたけゆく久方の月ふきかへせ秋の山かぜ」訳 夜もふけて、かなり西へ傾いて行く月を、吹きもどしてくれ、秋の山風よ。(「なかばたけゆく」に「かはたけ(=竹の一種。また、きのこの一種、皮茸とも)」を詠みこむ。「久方の」は「月」にかかる枕詞) ❷いくぶん。いくらか。〈源氏・明石〉「むつごとを語り合はせむ人もがなうき世の夢もなかば覚むやと」訳 むつまじいことばを互いに語り合うような人があればなあ。(そうすれば)つらいこの世の(悲しい)夢もいくらか消え去るのではないかと(思うので)。

なが-びつ【長櫃】名 衣類や調度を納める、ふたがついた木製の長方形の大きな箱。長持の類。運ぶときは棒を通して二人でかつぐ。

なか-へだて【中隔て】名 両者の間を仕切るもの。仕切り。〈大鏡・師輔〉「中隔てのかべにあなをあけて」訳 (局(つぼね)の)仕切りの壁に穴をあけて。

なが・む【眺む】他マ下二 ➡上 219

なが・む【詠む】他マ下二 {め・め・む・むる・むれ・めよ} (息や声を長く引く意から)節をつけて、詩歌を口ずさむ。吟じる。また、詩歌をつくる。詠じる。〈無名抄〉「『桜散る木(こ)の下風は寒からで』と、末の「て」文字を長々とながめ用たるに」訳 「桜の花が散る木の下を吹く風は寒くなくて」と、(琳賢(りんけん)法師が)末尾の「て」文字を長々と吟じたところ。

なか-むかし【中昔】名 それほど古くない昔。大昔と今との中間の時期。

ながめ【眺め】名 ❶物思いにふけりながらぼんやり見やること。和歌で多く「長雨(ながめ)」にかけていう。〈古今・春下〉「花の色は移りにけりないたづらに我が身世にふるながめせし間(ま)に」訳 ➡付録①「小倉百人一首」9 ❷はるか遠くに目を向けること。眺望。〈細道・松島〉「月海にうつりて、昼のながめ又あらたむ」訳 月が海に映って、昼間の眺望がまたさま変わりする。

ながめ【詠め】名 詩歌を吟じること。吟詠。また、詩歌をつくること。詠歌。〈笈の小文〉「あるは摂政公(せっしょうこう)のながめにうばはれ」訳 あるいは摂政公(=藤原良経(よしつね))の詠歌に(心を)奪われ。

なが-め【長雨】名〔「ながあめ」の転〕長く降り続く

〕「玉の緒(を)よ絶えなば絶えねながらへ未ば忍ぶることの弱りもぞする」訳 ➡付録①「小倉百人一首」89

雨。和歌で多く「眺め」にかけていう。〈伊勢・一〇七〉「つれづれのながめにまさる涙河(なみだがは)袖のみひぢて逢(あ)ふよしもなし」訳 ひとりぼんやりと物思いにふけっているので、長雨で水かさの増した川のように、涙はいよいよ川となって流れ、袖がぬれるばかりで、思う人に逢う手だてもない。(「長雨」は「眺め」との掛詞)

ながめ-や・る【眺め遣る】 他ラ四 {ら・り・る・る・れ・れ} 物思いにふけって遠くを見やる。〈更級・東山なる所〉「山の端(は)に入り日の影は入りはてて心ぼそくぞながめやら未れし」訳 (西の)山の稜線(りょうせん)に夕日の光はすっかり沈んで、(東山のあなたのお住まいを)心細くぼんやり目をやって見ずにはいられないことだった。

なが-もち【長持】 名 衣類・夜具・調度などを入れておく、ふたのある長方形の大きな箱。

なが-やか【長やか】 形動ナリ {なら・なり(に)・なり・なる・なれ・なれ} [「やか」は接尾語] いかにも長々としているさま。〈枕・八七〉「『なほかく思ひ侍りしなり』とて、長やかに用よみ出(い)づ」訳 (女法師は)「やはり(私は)こう思ったのです」と言って、長々と声を引いて(和歌を)詠み出す。

なか-やどり【中宿り】 名 外出の途中で休息や宿泊をすること。また、その場所や宿。

なか-ら【半ら】 名・副 [「ら」は接尾語] ❶半分。なかば。〈宇治・三・四〉「足を砂子(すなご)に、脛(はぎ)のなからばかりふみ入れて」訳 足を砂に、脛(すね)の半分ほど踏み入れて。
❷中ほど。途中。〈更級・足柄山〉「山のなからばかりの、木の下のわづかなるに」訳 山の中ほど(=中腹)くらいで、木の下の狭い場所に。
❸まん中。中心。〈大鏡・道長上〉「おなじものをなからにはあたるものかは」訳 (矢が)同じ当たるのでも(なんと的の)まん中には当たるではないか。

ながら 接助 ➡次ページ助詞「ながら」

なか-らひ【仲らひ】 名 [「なからへ」とも。] ❶(血縁・夫婦・男女などの)人と人との間柄。〈今昔・一九・五〉「祖(おや)に知られて打ち解けたるなからひにもあらねど」訳 親に許されて親しくなった間柄でもないが。
❷一族。親類。

ながら・ふ【永らふ・存ふ】 自ハ下二 {へ・へ・ふ・ふる・ふれ・へよ} ❶生きながらえる。長生きする。〈新古・恋〉
❷長続きする。長くとどまる。経過する。〈源氏・若菜上〉「ながらへ用し都を捨てて」訳 (私=尼君は)長くとどまっていた(=住みなれた)都を捨てて。

ながらへば… 和歌 《百人一首》【ながらへば　また　このごろや　しのばれむ　憂(う)しと見(み)し世(よ)ぞ　今(いま)は恋(こひ)しき】〈新古・雑下・藤原清輔(きよすけ)〉 ➡付録①「小倉百人一首」84

なかり-せ-ば なかったならば。〈伊勢・八二〉「世の中にたえて桜のなかりせば春の心はのどけからまし」訳 ➡よのなかに… 和歌。 ➡き(助動)「文法ノート」3
なりたち 形容詞「無し」用+過去の助動詞「き」未+接続助詞「ば」

なが・る【流る】 自ラ下二 {れ・れ・る・るる・るれ・れよ} ❶水などが低いほうへ移り動く。(涙・汗・血などが)流れ落ちる。したたる。〈竹取・蓬萊の玉の枝〉「くらもちの皇子(みこ)、血の流るる体まで調ぜさせ給ふ」訳 くらもちの皇子は、(部下に工匠たちを)血が流れ落ちるまでこらしめさせなさる。
❷水などに運ばれて行く。漂いながら行く。〈後撰・冬〉「冬の池の水に流るる体葦鴨(あしがも)の」訳 冬の池の水に漂い行く鴨のように。
❸順に次へ及ぶ。次々にめぐる。(月日などが)しだいに移って行く。〈源氏・行幸〉「かはらけあまたたび流れ用、皆酔(ゑ)ひになりて」訳 杯が何度も次々にめぐって、みな酔った状態になって。
❹しだいに広まる。伝わる。〈徒然・一七一〉「道を正しくせば、その化(くわ)遠く流れ未んことを知らざるなり」訳 政治の道を正しくすれば必ず、その感化が遠くまで伝わり広まるであろうことを知らないのである。
❺生きながらえる。〈古今和歌六帖〉「流れ用ても見む人の心を」訳 生きながらえても見とどけよう、あの人の心を。
❻流罪に処せられる。さすらう。〈大鏡・時平〉「流れ用ゆくわれは水屑(みくづ)となりはてぬ君しがらみとなりてとどめよ」訳 ➡ながれゆく… 和歌

なかれ【勿れ・莫れ・毋れ】 [形容詞「無し」の命令形] …してはいけない。…するな。〈徒然・九二〉「初心の人、ふたつの矢を持つことなかれ」訳 初心者は、二本の矢を持って(的に向かって)はならない。

ながれ【流れ】 名 ❶流れること。また、流れるもの。〈方丈・一〉「ゆく河の流れは絶えずして、しかも、もとの水にあらず」訳 (いつも滔々(とうとう)と)行く川の流れは絶えなくて、それでいて、もとの水ではない。
❷杯に残る酒のしずく。〈徒然・一五八〉「流れを残して、口のつきたる所をすすぐなり」訳 杯の底にたまった酒のしずくを残しておいて、(それで自分の)口がついた所を洗い清めるのである。
❸血統。子孫。〈平家・一一・剣〉「石清水(いはしみづ)の御流れいまだつきざるうへに」訳 石清水八幡(はちまん)宮の(祭神である応神天皇の)ご血統がまだ尽きない(で続いている)うえに。
❹流派。系統。〈増鏡・新島守〉「源平二流れぞ、時により折に従ひて、おほやけの御守りとはなりにける」訳 源氏と平家の二つの系統が、時により折に従って、朝廷の御守護役とはなったのであった。

ながれゆく… 和歌

> **流れゆく　われは水屑(みくづ)と　なりはてぬ**
> **君(きみ)しがらみと　なりてとどめよ**
> 〈大鏡・時平・菅原道真(みちざね)〉

訳 流罪となって配所へ行く私は、水中のごみ同然となってしまいました。わが君よ、柵(しがらみ)となって、(流れて行く私を)引きとどめてください。
解説 藤原時平らの謀略によって、九州大宰府(だざいふ)に左遷させられようとしている作者が、窮状を宇多(うだ)上皇に訴えたもの。「水屑」は、自分で運命を切りひらいていく力を失った状態の比喩。

なかん-づく(ズク)**【就中】** 副 [「なかにつく」の転] とりわけ。特に。〈平家・一〇・首渡〉「なかんづくこの輩(ともがら)は、先帝の御時、戚里(せきり)の臣として久しく朝家(てうか)に仕うまつる」訳 とりわけこの人々は、先帝(=安徳天皇)の御代(みよ)に、外戚の臣として長く朝廷にお仕え申しあげている。

ながら 接助

意味・用法	用例
❶そのままの状態 そのありさまや状態を変えず、ある動作が行われることを表す。 …のままで。…のままの状態で。	例 夏の夜はまだ宵ながら明けぬるを雲のいづこに月やどるらむ〈古今・夏〉 訳 (短い)夏の夜は、まだ宵のままで明けてしまったが、雲のどこに、月は宿っているのだろう。
❷並行 二つの動作が同時に並行して行われることを表す。 …ながら。…つつ。	例 からうじて待ちつけて、喜びながら加持(かぢ)せさするに〈枕・二八〉 訳 (修験者(しゅげんじゃ)を)ようやく待ち迎えて、喜びつつ加持祈禱(きとう)をさせていると。
❸逆接 逆接的に前後をつなぐ。 …ても。…のに。…けれども。…ものの。	例 わが子の仏(ほとけ)、変化(へんげ)の人と申しながら、ここら大きさまで養ひ奉る志おろかならず〈竹取・貴公子たちの求婚〉 訳 私の大事な娘よ、(あなたが)神や仏の生まれかわりだと申しても、たいそうな大きさまでお育て申しあげる(私の)気持ちはひととおりではない。
❹本性のまま そのものの本性のままの状態である意を表す。 …のままに。…のままで。	例 神(かむ)ながらわが大君の天(あめ)の下治め給へば〈万葉・一九・四二五四〉 訳 神そのままにわが大君が世の中をお治めになるので。
❺すっかりそのまま その条件を変えず、すっかりそのままである意を表す。 …のままで。	例 萩(はぎ)の露玉にぬかむと取れば消(け)ぬよし見む人は枝ながら見よ〈古今・秋上〉 訳 萩に置いた露を玉に貫こうとして手に取ると消えてしまう。しかたがない。(この露を)見ようと思う人は枝のままで見よ。

なき-がら【亡骸】名 死んで魂のなくなった肉体。遺体。

なぎさ【渚・汀】名 (海・湖・川などの)水ぎわ。波うちぎわ。

なき-とよ・む 「なきどよむ」とも。❶ 自マ四 {ま・み・む・む・め・め} 【鳴き響む】**鳴きたてる。**〈万葉・八・一四九四〉「ほととぎす鳴きとよむ(終)なる声のはるけさ」訳 ほととぎすの鳴きたてるのが聞こえる(その)声の遠さよ。❷【泣き響む】大勢の人が泣き叫ぶ。**泣き騒ぐ。**〈源氏・明石〉「泣きどよむ(体)声、雷(いかづち)にもおとらず」訳 (人々の)泣き騒ぐ声は雷(かみなり)にも劣らない。

❷ 他マ下二 {め・め・む・むる・むれ・めよ}【鳴き響む】**鳴き声をあたりに響(ひび)かせる。** 鳴き響(とよ)もす。〈万葉・一九・四一六六〉「暁(あかとき)の月に向かひて行き帰り鳴きとよむれ(已)ど」訳 (ほととぎすが)未明の月に向かって行き来して鳴き声を響かせるが。

なき-とよも・す【鳴き響もす】他サ四 {さ・し・す・す・せ・せ} 「なきとよむ ❷」に同じ。〈万葉・八・一四八〇〉「ほととぎす心あれ今夜(こよひ)来(き)鳴きとよもせ(命)」訳 ほととぎすよ、思いやりを持て。今夜やって来て鳴きたてよ。

なき-な【無き名】根拠のないうわさ。身に覚えのない評判。

なぎ-なた【薙刀・長刀】名 長い柄に反(そ)り返った長い刃をつけた武器。平安末期から室町時代にかけて用いられた。近世、女性の武具とされた。

(なぎなた)

なき-に-しも-あら-ず【無きにしもあらず】ないわけではない。〈伊勢・九〉「京に思ふ人なきにしもあらず(終)」訳 都に恋しく思う人がいないわけではない。

なりたち 形容詞「無し」(体)+断定の助動詞「なり」(用)+強意の副助詞「しも」+ラ変動詞「有り」(未)+打消の助動詞「ず」

なき-のの・し・る 自ラ四 {ら・り・る・る・れ・れ} ❶【泣き罵る】(人が)大きな声で泣く。**泣き騒ぐ。**〈竹取・かぐや姫の昇天〉「『われこそ死なめ』とて泣きののしる(体)こと、いと耐へ

接続 体言、形容詞と形容動詞の語幹、動詞と動詞型の活用をする助動詞の連用形、助動詞「ず」の連用形、副詞に付く。活用語の連体形に付くこともある。

参考 ④⑤を接尾語とする説もある。

がたげなり」訳（竹取の翁が）「私こそ（先に）死のう」と言って泣き騒ぐことは、まったく耐えられそうもないようすである。

❷【鳴き罵る】（鳥・獣などが）**鳴き騒ぐ。** やかましく鳴く。〈更級・大納言殿の姫君〉「この猫を北面にのみあらせて呼ばねば、かしがましく鳴きののしれ㊒ども」訳 この猫を北側の部屋にばかりいさせておいて呼ばないので、やかましく声をたてて鳴くけれども。

なき-ふる・す【鳴き旧るす】他サ四{さ・し・す・す・せ・せ}何回も鳴いてその声に新鮮さを感じさせなくする。〈古今・夏〉「去年の夏鳴きふるし㊥てし郭公それかあらぬか声のかはらぬ」訳 去年の夏、聞きあきるほど声を聞かせていたほととぎすよ、（今鳴いているのは）それなのだろうか、別の（ほととぎす）なのだろうか、声が変わらないことよ。

なき-まど・ふ【泣き惑ふ】自ハ四{は・ひ・ふ・ふ・へ・へ}物事の分別ができないほど泣く。泣き悲しんで取り乱す。〈源氏・桐壺〉「さぶらふ人々の泣き惑ひ㊥」訳（光源氏に）お仕えする人々が泣き悲しんで取り乱し。

なき-よ【無き世】死後。

な・く ━ 自カ四{か・き・く・く・け・け}❶【泣く・哭く】（人が）声をあげて涙を流す。〈竹取・かぐや姫の昇天〉「かぐや姫、いといたく泣き㊥給ふ」訳 かぐや姫は、たいそうひどく声をあげて泣きなさる。⬇咳き上ぐ「慣用表現」

❷【鳴く・啼く】（鳥・虫・獣が）声を出す。

━【泣く・哭く】他カ下二{け・け・く・くる・くれ・けよ}《上代東国方言》泣かせる。〈万葉・一四・三四七一〉「夢のみにもとな見えつつ吾を音し泣くる㊍」訳（あなたの姿が）夢にばかりしきりに現れては、私を泣かせることよ。

なく…ないこと。 〈万葉・一〇・二〇八四〉「天の川去年の渡り瀬荒れにけり君が来まさむ道の知らなく」訳 天の川の去年の渡り場が荒れてしまったことだ。あなたがおいでになるであろう道がわからないことよ。

なりたち 打消の助動詞「ず」のク語法

フレーズ

なくに ❶…（し）ないことだなあ。〈万葉・一一・二五九七〉「吾妹子に恋は増されど忘らえなくに」訳 いとしいあの子に恋はつのるけれど忘れられないことだなあ。

❷…（し）ないことだのに。…（し）ないのに。〈万葉・一六・三八〇七〉「安積山影さへ見ゆる山の井の浅き心を我が思はなくに」訳 安積山の影まで（映って）見える山の泉のような、（そんな）浅い心で私が思っていないのに。（第三句までは「浅き」を導き出す序詞）

❸…（し）ないことだから。…（し）ない以上は。〈古今・雑上〉「誰をかも知る人にせむ高砂の松も昔の友ならなくに」訳 ⬇付録◇①「小倉百人一首」34

なりたち 「なく」＋助詞「に」

参考 「に」は、格助詞、断定の助動詞「なり」の連用形、接続助詞などの諸説がある。

な・ぐ【和ぐ・凪ぐ】自ガ上二{ぎ・ぎ・ぐ・ぐる・ぐれ・ぎよ}❶心が静まる。心が穏やかになる。〈土佐〉「海は荒るれども、心はすこしなぎ㊥ぬ」訳 海は荒れさわぐけれど、（船乗りの歌を聞いて）心は少し静まった。

❷風がおさまり波が穏やかになる。〈万葉・九・一七八一〉「海つ路のなぎ㊥なむ時も渡らなむ」訳 海路の風波がおさまったとしたら、そのときにでも渡ってほしい。

なぐさ・む【慰む】━ 自マ四{ま・み・む・む・め・め}気持ちがおさまる。心が安まる。**気がまぎれる。**〈竹取・かぐや姫の生ひ立ち〉「この子を見れば、苦しきこともやみぬ、腹立たしきことも慰み㊥けり」訳（翁は）この子を見るといつも、苦しいこともなくなってしまい、腹立たしいことも気がまぎれた。

━ 他マ四{ま・み・む・む・め・め}❶**心を楽しませる。** 気分を晴らす。〈徒然・一三〇〉「人に本意なく思はせて、わが心を慰まん㊌こと、徳に背けり」訳（勝負事で負かして）人につまらないと思わせて、自分の心を楽しませるようなことは、道徳に反している。

❷からかう。

━ 他マ下二{め・め・む・むる・むれ・めよ}❶**気持ちをなごませる。** 心を楽しませる。〈古今・仮名序〉「猛き武士の心をも慰むる㊍は歌なり」訳 たけだけしい武士の心をもなごませるのは和歌である。

❷**なだめる。** また、ねぎらう。〈更級・物語〉「かくのみ思ひくんじたるを、心も慰め㊌むと」訳 このようにふさぎ込んでばかりいるので、（私の）心をも慰めようと。

なく-な・す【無くなす・亡くなす】他サ四{さ・し・す・す・せ・せ}❶なくす。紛失する。

❷死なせる。亡くす。〈更級・太井川〉「乳母なる人は、夫なども亡くなし㊥て」訳（私の）乳母である人は、夫なども亡くして。

❸失脚させる。〈栄花・花山たづぬる中納言〉「いかでこの大将をなくなし㊥てばや」訳 なんとかしてこの大将を失脚させてしまいたいものだ。

なく-に ⬇なく「フレーズ」

な-くは・し【名細し・名美し】形シク{しから・しく(しかり)・し・しき(しかる)・しけれ・しかれ}「なぐはし」とも。名が美しい。名高い。〈万葉・三・三〇三〉「名くはしき㊍印南の海の沖つ波」訳 名が美しい印南の海の沖の波。

なく-もがな あってほしくない。なければいい。〈伊勢・八四〉「世の中にさらぬ別れのなくもがな千代もといのる人の子のため」訳 ↓よのなかに…和歌

なりたち 形容詞「無し」㊥＋願望の終助詞「もがな」

な-げ【無げ】形動ナリ{なら・なり(に)・なり・なる・なれ・なれ}〔形容詞「無し」の語幹＋接尾語「げ」〕❶**なさそうなさま。**〈枕・一五八〉「思ふことなげに㊥て歩みありく人見るこそ、いみじううらやましけれ」訳（気分が悪く休んでいるときに）心配ごともなさそうにして歩きまわる人を見るのは、たいそううらやましい。

❷なげやりなさま。**いいかげんなさま。** かりそめな

さま。〈保元物語〉「されども今はなげ(語幹)の情けをかけ奉る者は、誰か一人もありし」訳 しかし今はいいかげんな情けをおかけ申しあげる者は、だれか一人でもいただろうか(いや、だれ一人としていなかった)。

なげか・し【嘆かし】形シク {しから・しく(しかり)・し・しき(しかる)・しけれ・しかれ} 〔動詞「嘆く」に対応する形容詞〕嘆かわしい。〈竹取・火鼠の皮衣〉「この翁は、かぐや姫のやもめなるを嘆かしけれ已ば」訳 この(竹取の)翁は、かぐや姫が独身の女性(のまま)でいるのを嘆かわしいと思うので。

なげき【嘆き・歎き】名 ❶ため息。〈万葉・七・一三八三〉「嘆きせば人知りぬべみ」訳 ため息をついたならきっと世間の人が気づくだろうから。
❷悲しみ。悲嘆。また、切実な願い。〈源氏・夕顔〉「よろづの嘆き忘れて少しうちとけゆく気色いとらうたし」訳 (夕顔が)さまざまの悲しみを忘れて少し(自分＝光源氏に)うちとけてゆくようすがたいそう愛らしい。

なげきつつ… 和歌 《百人一首》【嘆きつつ ひとりぬる夜の あくるまは いかにひさしき ものとかは知る】〈拾遺・恋四・右大将道綱の母〉➡付録◇1「小倉百人一首」53

なげき-わた・る【嘆き渡る】他ラ四 {ら・り・る・る・れ・れ} 嘆いて月日を過ごす。嘆き暮らす。〈万葉・一八・四〇七五〉「あひ思はずあるらむ君をあやしくも嘆きわたる体か人の問ふまで」訳 (私が思うほどには)私を思わないでいるであろうあなたを、不思議なことに(私は恋しく思って)嘆き暮らしていることだなあ。人が(いぶかしく感じて)尋ねるほどに。

なげ・く【嘆く・歎く】自カ四 {か・き・く・く・け・け}
❶嘆息する。ため息をつく。〈万葉・一五・三五八〇〉「君が行く海辺の宿に霧立たば吾が立ち嘆く体息と知りませ」訳 あなたの行く海辺の宿に霧が立ったなら、私の嘆息する息と思ってください。
❷悲しむ。悲しんで泣く。〈著聞・七三三〉「聞きわたる人、いかばかり嘆く終らんと思ひて、とぶらひければ」訳 前から聞いている人が、(翁は)どんなに悲しんでいるであろうと思って、見舞ったところ。
❸嘆願する。強く望む。祈る。〈古今・雑上〉「世の中にさらぬ別れのなくもがな千代もと嘆く体人の子のため」訳 世の中に(死による)避けられない別れがなければよいなあ。千年も(親に生きてほしい)と強く望む子供のために。

なげけとて… 和歌 《百人一首》【嘆けとて 月やは物を 思はする かこち顔なる わが涙かな】〈千載・恋五・西行〉➡付録◇1「小倉百人一首」86

なげし【長押】名 寝殿造りで、簀の子と廂、母屋と廂の境にある、柱と柱の間に、横に渡した材木。上部のものを上長押、下部のものを下長押という。中世以降は、かもいなどの上をおおう材木をいい、装飾化した。

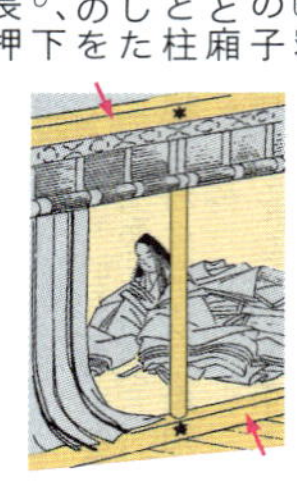
(なげし)

なご・し【和し】形ク {から・く(かり)・し・き(かる)・けれ・かれ} なごやかである。穏やかである。〈更級・大納言殿の姫君〉「猫のいとなごう用(ウ音便)鳴いたるを、おどろきて見れば」訳 猫がたいそうなごやかに鳴いたので、はっとして見ると。

なごし-の-はらへ【夏越しの祓へ】「なごしのはらひ」とも。陰暦六月三十日、宮中や各神社で半年間のけがれを取り除く厄よけに行った行事。「なごし」は邪神を和める意で、参拝者に茅萱の輪をくぐらせたり、人形を作って身体を撫でたものを川原で祓って流したりして清める。翌日の七月一日から秋になるため、「夏越し」ともいう。「水無月祓へ」とも。夏

勿来の関(なこそのせき)《地名》歌枕 今の福島県いわき市にあった古関。奥羽三関の一つ。→三関②

なご・む【和む】一 自マ四 {ま・み・む・む・め・め} なごやかになる。穏やかになる。〈源氏・夕霧〉「なほざりごととは見給ひながら、おのづからなごみ用つつものし給ふを」訳 (雲居の雁は夕霧のなぐさめを)いいかげんなことばとはお思いになりながらも、自然となごやかになっていらっしゃるのを。
二 他マ下二 {め・め・む・むる・むれ・めよ} なごやかにする。やわらげる。なだめる。〈落窪〉「さて腹立てなむ。なほなごめ未させおはしませ」訳 それではきっと腹を立てるであろう。やはり(典薬助の機嫌を)おなだめなさいませ。

なご-やか【和やか】形動ナリ {なら・なり(に)・なり・なる・なれ・なれ} 〔「やか」は接尾語〕穏やかなさま。温和なさま。〈源氏・橋姫〉「驚き顔にはあらず、なごやかに用もてなして」訳 (姫君たちは)驚いたようすではなく、穏やかにふるまって。

なごり【名残】名
❶物事が過ぎ去ったり、人と別れたりしたあと、なおその気配・余韻・影響・面影などの残ること。また、その気分・面影など。〈源氏・若紫〉「をかしかりつる人の名残恋しく」訳 かわいらしかった人(＝若紫)の面影が恋しくて。〈源氏・紅葉賀〉「夕立して、名残涼しき宵のまぎれに」訳 夕立が降って、その後が涼しい宵闇の気晴らしに。
❷残余。のこり。〈徒然・二五〉「かばかりの名残だになき所々は、おのづから礎ばかり残るもあれど」訳 これほどの跡形さえ残っていない(寺域内の)あちらこちらでは、まれに土台石だけ残る場合もあるけれど。
❸遺児。子孫。忘れ形見。〈夜の寝覚〉「ましてこれは、名残とてとどまる男などもなし」訳 ましてこの(＝故関白の)場合は、遺児として残る(成年の)男子などもない。
❹別れを惜しむこと。惜別の情。また、別れ。〈徒然・五三〉「童の法師にならんとする名残とて、おのおのあそぶことありけるに」訳 稚児が一人前の僧になろうとする惜別に(しよう)というので、めいめい芸をすることがあった折に。
❺連歌・俳諧で、連句を書きしるす懐紙の最後の一折。〈去来抄・修行〉「半ばより名残の裏にかけては、さらさらと骨折らぬやうに作すべし」訳 (懐紙の最後の一折の表の)なかばから最後の一折の裏にかけては、すらすらと苦心しないように作るのがよい。

フレーズ
名残の月 ❶夜明け方の月。残月。有り明けの月。

❷陰暦九月十三夜の月。秋

なごり【余波】名 ❶**海の潮の引いたあと、あちこちに残っている海水や海藻など。**〈万葉・六・九七六〉「難波潟潮干のなごりよく見てむ」訳 難波の海の潮の引いたあとのようすをよく見ておこう。

❷**風がやんだあとも、しばらく静まらない波。**〈催馬楽〉「風しも吹けばなごりしも立てれば水底霧りてはれその珠見えず」訳 風がほんに吹くので、(その)風がやんだあとの波がほんに立っているので、水の底がくもって、やれ(海中の)その真珠が見えないよ。(「はれ」は、はやしことば)

なごり-な・し【名残無し】形ク {から・く(かり)・し・き(かる)・けれ・かれ} あとに残るところがない。また、未練がない。〈竹取・火鼠の皮衣〉「名残なく用燃ゆと知りせば」訳 あとかたもなく燃えると知っていたならば(皮衣を火にくべなかったのに)。

なごり-の-つき【名残の月】⬇名残「フレーズ」

なさけ【情け】名 ⬇左 220

なさけ-だ・つ【情け立つ】自タ四 {た・ち・つ・つ・て・て} ❶情愛があるように振るまう。〈源氏・藤裏葉〉「情けだち用給ふ若人は、うらめしと思ふもありけり」訳(夕霧に)情愛があるように振るまいなさる若い女房(の中)には、(雲居の雁と夕霧との結婚を)恨めしいと思う者もあった。

❷風流がわかっているように振るまう。風流ぶる。〈源氏・帚木〉「よしばみ情けだた未ざらむなむ目やすかるべき」訳(時と場合をわきまえることができない女は)気取ったり風流ぶったりしないようなのが感じがよいにちがいない。

なさけなさけ・し【情け情けし】形シク {しから・しく(しかり)・し・しき(しかる)・しけれ・しかれ} いかにも情愛が深い。〈源氏・帚木〉「あはれ知らるばかり情け情けしく用のたまひ尽くすべかめれど」訳(女が)しみじみとした愛情を感じないではいられないほどに、(光源氏は)いかにも情愛深くことばの限りをお尽くしになるにちがいないようだが。

なさけ-な・し【情け無し】形ク {から・く(かり)・し・き(かる)・けれ・かれ} ❶**思いやりがない。薄情だ。**〈伊勢・六三〉「子三人を呼びて語りけり。ふたりの子は、情けなく用いらへてやみぬ」訳(母親は)子供三人を呼んで話をした。二人の子は、思いやりもなく受け答えをして終わった。

❷**無風流だ。**情趣に乏しい。〈源氏・夕顔〉「すき給はざらむも情けなく用、さうざうしかるべしかし」訳(光源氏が)色恋に打ちこみなさらないとすればそれも無風流で、物足りないだろうよ。

❸**嘆かわしい。**あきれるほどだ。〈平家・九・敦盛最期〉「情けなう用(ウ音便)も討ち奉るものかな」訳 嘆かわしくもお討ち申しあげるものだなあ。

最重要330

220 なさけ【情け】名

ガイド 対象を思いやる温かい心の意。その対象が異性だと④、自然・芸能の趣だと②になる。③は②を起こさせるその対象についていったもの。

❶**ものをあわれむ心。人間としての感情。人情。思いやり。**

例 よろづのことよりも情けあるこそ、男はさらなり、女もめでたくおぼゆれ〈枕・二六九〉

訳 どんなことよりも思いやりのあることが、男はもちろん、女もすばらしい(ことだ)と思われる。

❷**風雅を理解する心。風流心。**

例 情けある人にて、瓶に花をさせり〈伊勢・一〇一〉

訳 (主人は)風流を解する心がある人で、かめに花をさしてある。

❸**しみじみとした味わい。情趣。風情。**

例 たれこめて、春のゆくへ知らぬも、なほあはれに情けふかし〈徒然・一三七〉

訳 (簾を)垂れて(部屋に)ひきこもって、春が暮れてゆくのを知らずにいるのも、やはりしみじみとして情趣が深い。

❹**男女間の愛情。恋心。恋情。**

例 男女の情けも、ひとへに逢ひ見るをばいふものかは〈徒然・一三七〉

訳 男女の恋も、むやみに逢って契りを結ぶことをいうものであろうか(いや、そうではない)。

類語の整理 なさけ —「共感」を表す語

あはれ …主観的・情緒的な感動。同情・同感。

をかし …理知的な価値判断に基づいて、心がひかれるさま。

なさけ …大切に思いやる心。

-な・し 接尾ク型 （名詞、形容詞の語幹などに付いて）意味を強め、「…の状態である」の意の形容詞をつくる。〈伊勢・二〉「おもほえずふるさとに、いとはしたなく㊊てありければ」訳思いがけなく（さびれた）旧都に、（美しい姉妹が）たいそう不似合いなようすで住んでいたので。

むくつけなし

例語 いときなし・いとけなし・いらなし・後ろめたなし・おぼつかなし・しどけなし・むくつけなし（＝気味がわるい）

参考 「あぢきなし」「うらなし」などの「なし」は形容詞。

なし【成し・為し】 名 何かがそうさせること。…（の）せい。〈源氏・総角〉「目も鼻もなほしと覚ゆるは心のなしにやあらむ」訳（自分＝大君の）目も鼻も人並みだと思われるのは気のせいであろうか。

参考 多く、「心のなし」の形で用いられる。

な・し【無し】 一 形ク {から・く（かり）・し・き（かる）・けれ・かれ} ❶**存在しない。ない。いない。**〈伊勢・九〉「道知れる人もなく㊊て、まどひ行きけり」訳（東国への）道を知っている人もいなくて、迷いながら行った。

❷**生きていない。この世にない。**〈徒然・三〇〉「今はなき㊍人なれば、かばかりのことも忘れがたし」訳今はこの世にいない人なので、この程度のことも忘れがたい。

❸**不在である。留守だ。**〈古今・雑上〉「老いらくの来むと知りせば門鎖してなし㊎とこたへて逢はざらましを」訳老いが来るだろうとわかっていたなら、門を閉ざして、不在だと答えて、逢わなかっただろうに。

❹**またとない。比類がない。**〈竹取・かぐや姫の生ひ立ち〉「この児のかたちけうらなること世になく㊊」訳この子（＝かぐや姫）の容貌の清らかで美しいことは世に比類がなく。

❺**ないも同然である。**世間から見捨てられている。〈源氏・薄雲〉「身のなき㊍に沈み侍りしほど」訳わが身がないも同然に落ちぶれておりましたころ。

二 補形ク 形容詞型・形容動詞型活用の語の連用形、および体言に続く断定の助動詞「なり」の連用形「に」、また、これらに係助詞の付いた形に付いて、否定の意を表す。…（で）ない。〈平家・二・大納言死去〉「つきせぬもの思ひに、たへしのぶべうもなし㊎」訳つきることのない物思いのために、耐え忍ぶこともできない。

なじか-は 副 〔「なにしかは」の転〕❶疑問を表す。なぜ…か。どうして…か。〈徒然・五八〉「さばかりならば、なじかは捨てし」訳それくらいならば、どうして（世を）捨てたのか。

❷反語を表す。どうして…か（いや、…ない）。〈平家・一・祇王〉「声よく節も上手でありければ、なじかは舞も損ずべき」訳（仏御前は）声がよく節回しも上手であったので、どうして舞もし損じるはずがあろうか（いや、し損じるはずはない）。

なしつぼ-の-ごにん【梨壺の五人】 天暦五年（九五一）、村上天皇の勅命により宮中の梨壺（＝昭陽舎）で「後撰集」を撰した五歌人。坂上望城・紀時文・大中臣能宣・清原元輔・源順の。

なじょう ➡なでふ

-なす 接尾 《上代語》（名詞、まれに動詞の連体形に付いて）「…のように」「…のような」の意を表す。〈万葉・一四・三三七二〉「真砂なす児らは愛しく思はるるかも」訳（余綾の浜の）美しい砂のようなあの子はいとしく思われるなあ。（「真砂なす」は、「真砂ではないが」「真砂のように」とも訳される）。〈万葉・一四・三五四八〉「木屑の寄すなすいとのきて愛しけ背ろに人さへ寄すも」訳（川瀬に）木屑が寄せるように、とりわけいとしいあの人に他の人までが心を寄せるよ。

真砂なす

例語 巌なす・垣穂なす・木屑なす・獣なす・着くなす（＝着くように）・翼なす・常磐なす・錦なす・真珠なす・水鴨なす・水沫なす・雪なす・行くなす

参考 「玉藻なす」などの枕詞の「なす」も同類であり、「玉藻のように」の意で実景を表すともみられ、枕詞か実景か、その境界ははっきりしない。

な・す【寝す】 一 自サ四 {さ・し・す・す・せ・せ} 〔下二段動詞「寝」＋上代の尊敬の助動詞「す」の転〕「寝」の尊敬語。おやすみになる。〈万葉・二・二二〇〉「沖つ波来寄する荒磯をしきたへの枕とまきて寝せ㊋る君かも」訳沖の波が打ち寄せる岩石の多い磯を、枕にしておやすみになっているあなたであるよ。（「しきたへの」は「枕」にかかる枕詞）

二 他サ四 {さ・し・す・す・せ・せ} 〔「寝」の他動詞形〕寝かせる。眠らせる。〈万葉・五・八〇二〉「眼交にもとなかかりて安眠し寝さ㊌ぬ」訳➡うりはめば… 和歌

な・す【生す】 他サ四 {さ・し・す・す・せ・せ} 生む。出産する。〈竹取・貴公子たちの求婚〉「おのがなさ㊌ぬ子なれば、心にもしたがはずなむある」訳（かぐや姫は）私自身が生んでいない子なので、思いどおりにもならないでいる。

な・す【為す・成す】 他サ四 {さ・し・す・す・せ・せ} ❶**つくる。こしらえる。**〈枕・八〉「ひんがしの門は四足になし㊊て、それより御輿は入らせ給ふ」訳東の門は四本柱の門につくって、そこから（中宮の）御輿はお入りになられる。

❷**行う。する。**〈徒然・一〇八〉「無益のことをなし㊊」訳役にも立たないことをし。

❸（あるものを他のものの代わりに）**用いる。**〈万葉・三・三三六〉「高山を障になし㊊て沖つ藻を枕になし」訳高い山を隔てにして、沖の海藻を枕にし。

❹あるものを変えて他のものにする。〈徒然・一〇八〉「一銭軽しといへども、これを重ぬれば、貧しき人を富める人となす㊎」訳一銭はわずかであるといっても、これを積み重ねれば、貧しい人を富裕な人に変える。

❺（役・位などに）**任ずる。**〈大鏡・後一条〉「太政大臣には、おぼろけの人はなす㊎べからず」訳太政大臣には、なみひととおりの人は任じてはならない。

❻（動詞の連用形に付く場合）➡次項「＝なす」参照

=な・す【為す】 他サ四 {さ・し・す・す・せ・せ} （動詞の連用形の下に付いて）「ことさら…」「特に…」「いかにも…であるように…」の意を表す。〈源氏・夕顔〉「みな言ひなす㊍さま異に侍る」訳すべて（私が）ことさら言う内容は、（事実とは）別でございますよ。〈徒然・一〇〉「よき人の、のどやかに住みなし㊊たる所は」訳教養あ

るりっぱな人が、いかにもゆったりと住んでいる所は。

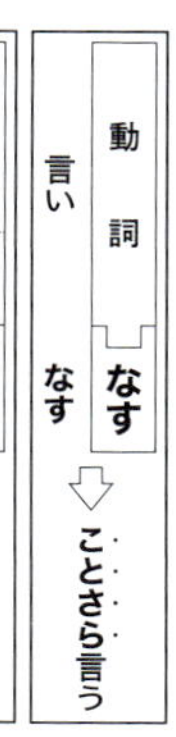

例語 負ひなす(＝…の状態に背負う)・思ひなす・書きなす(＝…のように書く)・語りなす・聞きなす・着なす(＝…のように着る)・為しなす・作りなす・取りなす・吹きなす(＝吹いてある状態にする)・見なす

参考 (1)「ことさら…」の意か「いかにも…であるように…」の意かは、上にくる動詞に内容を限定する連用修飾語が付くかどうかで決まる。右の第一例も「みな異に言ひなし侍り」であれば、「いかにもすべて別であるように言っております」と訳すことになる。
(2)語によって「成す」「做す」などをあてても書く。

な・す【鳴す】[他サ四]{さ・し・す・す・せ・せ}鳴らす。〈紀・継体〉「末方へをば笛に作り吹き**鳴す**(体)御諸が上に登り立ち」[訳](竹の)末の(細い)ほうを笛に作って吹き**鳴らす**、御諸山の上に登り立って。

なず〖撫ず〗⬇なづ

なずむ〖泥む〗⬇なづむ

なずらひ【準ひ・准ひ・擬ひ】[名]匹敵すること。また、そのもの。〈源氏・桐壺〉「**なずらひ**に思さるるだにいとかたき世かなと」[訳](亡き桐壺の更衣と)**同列**に思われなさる人さえ本当にめったにいない世の中であるなあと。

なずら・ふ【準ふ・准ふ・擬ふ】「なぞらふ」とも。
一 [自ハ四]{は・ひ・ふ・ふ・へ・へ}類する。肩を並べる。〈源氏・桐壺〉「女御子たち二所、この御腹におはしませど、**なずらひ**(用)給ふべきだにぞなかりける」[訳]内親王方お二人が、この(弘徽殿の女御が)お産みになったお子様でいらっしゃるが、(光源氏に)**肩をお並べ**になることができそうな方さえいなかった。
二 [他ハ下二]{へ・へ・ふ・ふる・ふれ・へよ}同じにみなす。準ずる。なぞらえる。〈大鏡・道隆〉「大臣に**なずらふる**(体)宣旨かぶらせ給ひて」[訳](伊周が)大臣に**準ずる**(という)天皇のご命令をお受けになられて。

参考 類義語に「よそふ」があるが、「よそふ」は二つの事物を関係づけ、その二つに関連性・類似性を見いだす意を表すのに対し、「なずらふ」は、異なる二つの事物を比べ、一方を基準として、もう一方がそれと同等であるとみなす意を表す。

な-せ【汝兄】[名]《上代語》女性から男性を親しんで呼ぶ語。あなた。〈記・上〉「愛しき我が**なせ**の命」[訳]いとしい私の**あなた**様よ。[対]汝妹

な…そ

…するな。どうか…してくれるな。(軽い嘆願の気持ちを含む)。〈竹取・貴公子たちの求婚〉「あたりよりだに**な**歩きそ」[訳](家の)付近を歩き回ることさえ**するな**。〈伊勢・二三〉「君があたり見つつを居らむ生駒山雲**な**かくし**そ**雨は降るとも」(新古・恋五にも所収)[訳]あなたの住むあたりをいつも見ていたいのだ。生駒山を雲よ、**どうか**隠し**てくれるな**。たとえ雨が降っても。

> **定型表現** 副詞の呼応
> **な…そ**(禁止を表す)
> [例] 人に**な**語り**そ**。(＝人に**どうか**語っ**てくれるな**)

語法 「な」は下にくる動詞の示す動作を禁止する意を表す副詞、「そ」は「な」に呼応して、「な＋動詞＋そ」の形で、禁止の意を表す終助詞。→な(副)・そ(終助)

参考 (1)上代には、「雲**な**たなびき」〈万葉・七・一〇八五〉のように、「そ」を欠く例が見られ、中古末期以降は、「何事なりとも隠し**そ**」〈今昔・二九・二八〉のように、「な」を欠く例が見られる。また、「もみぢ葉を吹き**な**散らし**そ**」〈古今・秋下〉の「吹き散らす」のように、複合動詞の場合は、二つの動詞の間に「な」が入る。
(2)禁止の終助詞「な」による表現に比べて、「な…そ」は穏やかで、願望をこめた禁止の意を表すと見られる。

な-ぞ【何ぞ】

[「なにぞ」の転「なんぞ」の撥音「ん」の表記されない形]
一 不明の事態を尋ねたり、理由を問うのに用いる語。**何か。何ごとか。何ものか。**また、なぜか。どうしてか。〈源氏・夕顔〉「こは**なぞ**。あなもの狂ほしのもの怖ぢや」[訳]これは**どうしたことか**。なんとも気が変になりそうなほどのこわがりようだね。
二 [副] ❶疑問を表す。**どうしてか。どうして…(の)か。**〈源氏・空蟬〉「**なぞ**、かう暑きにこの格子はおろされたる」[訳]**どうして**こう暑いのに、この格子はおろさっているの**か**。
❷反語を表す。**どうして…か(いや、そうではない)。**〈万葉・九・一七七七〉「君なくは**なぞ**身よそはむ」[訳]あなたがいなければ、**どうして**身を飾ろう**か**(いや、飾りはしない)。

参考 「なぞ」の「ぞ」は本来係助詞なので、「なぞ」を受けて結ぶ活用語は連体形になる。

> **フレーズ**
> **何ぞの** なんという。何の。どんな。〈枕・九〉「**なぞの**犬のかく久しう鳴くにかあらむ」[訳]**どんな**犬がこんなに長く鳴くのであろうか。

なぞ-の【何ぞの】⬇何ぞ「フレーズ」

なぞ・ふ【準ふ・准ふ・擬ふ】[他ハ下二]{へ・へ・ふ・ふる・ふれ・へよ}[上代は「なそふ」]他のものに見立てる。なぞらえる。〈万葉・二〇・四四五一〉「石竹花が花に**なそへ**(用)て見れど飽かぬかも」[訳](あなたは、美しい)なでしこの花に**なぞらえ**て、いくら見ても見飽きないことだなあ。

なぞら・ふ【準ふ・准ふ・擬ふ】
一 [自ハ四]{は・ひ・ふ・ふ・へ・へ}「なずらふ**一**」に同じ。
二 [他ハ下二]{へ・へ・ふ・ふる・ふれ・へよ}「なずらふ**二**」に同じ。〈方丈・三〉「今の世のありさま、昔に**なぞらへ**(用)て知りぬべし」[訳]今の世の中の(ひどい)状態は、(聖天子が善政を行った)昔に**ひき比べ**て(みると)きっとわかるだろう。

なだ【灘】[名]海洋で波が荒く航海の困難なところ。

な-だいめん【名対面】[名]❶宮中で、宿直の殿

最重要330

221

なつか・し【懐かし】形シク〔しから・しく(しかり)・し・しき(しかる)・しけれ・しかれ〕

ガイド　動詞「懐(なつ)く」に対応する形容詞。**心がひきつけられる感じ**を表す。現代語でも用いる③の意が出てくるのは、中世末から。

❶ **心がひかれる。慕わしい。離れたくない。**

例 佐保山(さほやま)をおほに見しかど今見れば山**なつかし**(終)も風吹くなゆめ〈万葉・七・一三三三〉

訳 佐保山をふつうに見ていたが、今見ると山に**心がひかれる**ことだ。(その山に登りたいから)風よ吹いてくれるな、決して。

例 まなこゐなども、うたてよろづに**なつかしから**(未)ねど〈枕・四二〉

訳 (鷺(さぎ)は)目つきなども、不快ですべてにつけて**慕わしい感じはし**ないけれども。

語感実感　ざっくばらんな人柄で、好意的な態度で接してくれる同級生に好感を抱く感じ。

❷ **親しみやすい。親しみが感じられる。**

例 御こころばへいと**なつかしう**(用)(ウ音便)、おいらかにおはしまして、世の人いみじう恋ひ申すめり〈大鏡・三条院〉

訳 (三条院は)ご性質がたいそう**親しみやすく**、おっとりとしていらっしゃって、世間の人はたいそうお慕い申しているようだ。

❸ **昔が思い出されて、慕わしい。なつかしい。**

例 もとの主(あるじ)の移し植ゑたりけん花橘(はなたちばな)の、軒近く風**なつかしう**(用)(ウ音便)かをりけるに〈平家・灌頂・女院出家〉

訳 もとの主人が移し植えておいたとかいう花橘が、軒近くに風に吹かれて(昔)**なつかしく**香気が漂っていたときに。

上人(てんじょうびと)が、夜の亥(い)の刻(=午後十時ごろ)に行われる点呼に、その氏名を名のること。また、行幸・行啓先などで、供として列に加わった親王・公卿(くぎょう)が点呼を受けて名のること。〈源氏・夕顔〉「**名対面**は過ぎぬらむ」訳 **名対面**はすんでしまっているだろう。❷戦場で、互いに声高に名のりあうこと。

なーだた・し【名立たし】形シク〔しから・しく(しかり)・し・しき(しかる)・しけれ・しかれ〕名が世に立ちそうである。評判になりそうだ。〈源氏・葵〉「いとよう言ひなしつべきたよりなりとおぼすに、いと**名立たしう**(用)(ウ音便)」訳 (自分の生き霊が葵(あおい)の上を苦しめているという噂(うわさ)は)まったく(都合)よくこしらえて(私を悪く)言うことができるだろうよりどころだと(六条の御息所(みやすどころ)が)お思いになるにつけても、たいそう**評判になりそうで**。

なだ・む【宥む】他マ下二〔め・め・む・むる・むれ・めよ〕❶人の心を穏やかにする。また、とりなし調停する。〈平家・四・厳島御幸〉「やうやうに**なだめ**(用)給へば、山門の大衆(だいしゅ)しづまりぬ」訳 (清盛が)いろいろと**とりなし**になるので、延暦寺(えんりゃくじ)の僧兵たちは静まった。❷ゆるやかに扱う。寛大に扱う。〈源氏・少女〉「**なだむる**(体)ことなく、きびしう行へ」訳 **容赦する**ことなく、厳格に(夕霧の指導を)実施せよ。

なだら-か 形動ナリ〔なら・なり(に)・なり・なる・なれ・なれ〕〔「か」は接尾語〕❶角だったところがない。なめらかだ。〈うつほ・祭の使〉「**なだらかなる**(体)石、かどある岩など」訳 **表面のなめらかな**石や、角のある岩など。❷平穏だ。無事だ。〈源氏・玉鬘〉「ひびきの灘(なだ)も**なだらかに**(用)過ぎぬ」訳 響(ひびき)の灘も**平穏に**通り過ぎた。❸(心が)穏やかだ。おとなしい。〈源氏・桐壺〉「心ばせの**なだらかに**(用)めやすく憎みがたかりしことなど」訳 (桐壺の更衣の)気だてが**温和で**感じがよく、憎めなかったことなどを。❹無難だ。体裁がよい。〈枕・一七八〉「物かしこげに、**なだらかに**(用)修理(すり)して」訳 (住まいを)気がきいたふうに、**体裁よく**手入れをして。❺流暢(りゅうちょう)だ。すらすらとしている。〈源氏・橋姫〉「わかき人々の、**なだらかに**(用)もの聞こゆべきもなく」訳 若い女房たちで、(薫(かおる)に)**すらすらと**ものを申し上げることのできる者もなく。

なつ【夏】名 四季の一つ。陰暦四月から六月までの季節。

な・づ【撫づ】他ダ下二〔で・で・づ・づる・づれ・でよ〕❶なでる。〈万葉・二〇・四三五六〉「わが母の袖もち**撫で**(用)てわがからに泣きし心を忘らえぬかも」訳 私の母が袖で(私を)**なで**て、私のために泣いた気持ちを忘れることができないことよ。❷いつくしむ。かわいがる。〈徒然・一四二〉「民を**撫で**(用)農を勧(すす)めば、下(しも)に利あらんこと、疑ひあるべからず」訳 人民を**いつくしみ**農業を奨励するなら、下々の者に利益があるだろうことは、疑いがあるはずがない。

なつか・し【懐かし】形シク ➡右上 221

なつ・く【懐く】■ 自カ四〔か・き・く・く・け・け〕なれ親しむ。なじ

最重要330

222 ガイド

なでふ(ナジョウ) 一 連体 二 副

「何(なに)といふ」→「なにてふ」→「なんでふ」の撥音「ん」の表記されない形。名詞の上にあって連体詞としても、疑問・反語を表す副詞としても用いられる。

一 連体

❶疑問を表す。なんという。どんな。

例 こは、なでふことのたまふぞ〈竹取・かぐや姫の昇天〉

訳 これは、なんということをおっしゃるのだ。

❷反語を表す。どういう…か(いや、そうではない)。どれほどの…か(いや、そうではない)。

例 下(しも)が下の中には、なでふことか聞こし召しどころ侍らむ〈源氏・帚木〉

訳 下の下の身分の者の中には、どれほどのことにお聞きばえのする話がございましょうか(いや、そのような話はございません)。

二 副

❶疑問を表す。どうして。

例 なでふかかるすきありきをして、かくわびしきめをみるらむ〈大和・一〇三〉

訳 どうしてこのようなすきありき(=色事を求めて歩き回ること)をして、こんなにつらい目にあうのだろう。

❷反語を表す。どうして…か(いや、そうではない)。

例 いまさらに、なでふさることか侍るべき〈源氏・椎本〉

訳 いまさら、どうしてそのようなこと(=八の宮の遺骸に対面すること)がありましょうか(いや、ありはしません)。

フレーズ

なでふことかあらむ どれほどのことがあろうか。どうということはない。少しもかまわない。〈源氏・花宴〉「召し寄せたりとも、なでふことかあらむ」訳 (あなた=朧月夜(おぼろづきよ)が人を)お呼び寄せになったとしても、(私=光源氏は)少しもかまわない。⬇言ふ甲斐(かひ)なし「慣用表現」

なりたち 「か」は係助詞、「む」は推量の助動詞「む」体

なでふこと無(な)・し たいしたことはない。特に取り立てて言うほどのことはない。〈枕・二八〉「なでふことなき体人の、笑(ゑ)がちにて物いたう言ひたる」訳 取り立てて言うほどのこともない人が、(やたらと)にこにこしてひどく口数多くしゃべっているの(は不快だ)。⬇言ふ甲斐(かひ)なし「慣用表現」

む。〈万葉・六・一〇四九〉「なつき用にし奈良の都が荒れ行けば」訳 なれ親しんでいた奈良の都が荒れていくので。二 他カ下二 {け・け・く・くる・くれ・けよ} なれ親しませる。なつかせる。〈源氏・若紫〉「この人をなつけ用語らひ聞こえ給ふ」訳 (光源氏は)この人(=若紫)をなつかせ(ようと)お話し相手をして差しあげなさる。

なつくさの【夏草の】《枕詞》夏草がしおれ伏す意から地名「あひね」および「思ひしなゆ」に、生い茂る意から「繁(しげ)し」「深し」に、それを刈る意から「かりそめ」などにかかる。〈万葉・二・一三一〉「なつくさの思ひ萎(しな)えて」

なつくさや… 俳句

夏 切れ字

夏草や 兵(つはもの)どもが 夢(ゆめ)の跡(あと) 〈細道・平泉・芭蕉〉

訳 眼前に茂る夏草よ。この高館(たかだち)で功名を夢みて戦った義経(よしつね)一党の勇士たちの姿が浮かぶ。しかし(現実にかえれば)それは一場の夢と消え、やはり一面の夏草があるばかりだ。

解説 夏草は生えては枯れ、枯れては生え、自然界の恒久的な流転の相を象徴する。また、「兵どもが夢」は、その「夢の跡」を訪ね、昔を回顧する人に、永劫(えいごう)の夢を呼び起こす。人生と自然とにおける流転と恒久とを示す句である。「夢」は「兵どもが夢」と「夢の跡」との掛詞になっている。

なつ-ごろも【夏衣】 名 夏に着るひとえの薄い着物。夏。〈古今・雑体〉「蝉(せみ)の羽(は)のひとへにうすき夏衣」訳 蝉の羽のように単(ひとへ)で薄い夏の着物は。

なづさ・ふ(ナズサウ(ソウ)) 自ハ四 {は・ひ・ふ・ふ・へ・へ} ❶水に浸る。水に浮き漂う。〈万葉・一五・三六二三〉「山の端(は)に月かたぶけば漁(いざ)りする海人(あま)の灯火(ともしび)沖になづさふ終」訳 山の端に月が傾くと、漁をする海人の舟の火が、沖に漂う。❷なつく。なれ親しむ。〈源氏・桐壺〉「なづさひ用見奉らばやとおぼえ給ふ」訳 なれ親しんで(お姿を)拝見したいものだとお感じになる。

なづな(ナズナ)【薺】名 植物の名。春の七草の一つ。畑地や路傍に自生し、春から夏にかけて小さな白い四弁

の花を開く。ぺんぺんぐさ。春。➡七草「古文常識」(六〇四ページ)

なつのよは… 和歌《百人一首》【夏の夜は　まだ宵ながら　明けぬるを　雲のいづくに　月やどるらむ】〈古今・夏・清原深養父〉➡付録①「小倉百人一首」36

なづ-む【泥む】自マ四〔ま・み・む・む・め・め〕❶行き悩む。進行が妨げられて苦労する。〈万葉・一〇・二〇〇一〉「汝がゆゑに天の川道をなづみ用てぞ来し」訳おまえ(=織女星)のために天の川の道を苦労してやって来たのだ。❷悩みわずらう。〈源氏・横笛〉「この君なづみ用て、泣きむつかり明かし給ひつ」訳この君(=夕霧の子)は悩み苦しがって、泣きむずかり(夜を)お明かしになった。❸こだわる。執着する。〈玉勝間〉「師の説なりとて、必ずなづみ用守るべきにもあらず」訳師匠の説であるからといって、必ずしもこだわり守るべきものでもない。❹ひたすら思いこがれる。ひたすら打ち込む。

なつ-むし【夏虫】名 夏の虫。ほたる・せみ・蚊・蛾など。夏

な-で …てしまわないで。〈竹取・蓬莱の玉の枝〉「潮に濡れたる衣をだに脱ぎかへなでなむ、こちまうで来つる」訳(私=くらもちの皇子は)海水で濡れた衣をさえ脱ぎ替えてしまわないで、こちらに参上した。
なりたち 完了の助動詞「ぬ」未＋打消の接続助詞「で」

なでし-こ【撫子・瞿麦】名❶植物の名。秋の七草の一つ。山野に自生し、初秋、淡紅色の花を開く。秋。➡七草「古文常識」(六〇四ページ)❷襲の色目の名。表は紅色、裏は薄紫。夏に用いる。➡襲の色目「古文常識」(三一〇ページ)❸なでるようにかわいがっている子の意で、多く①にかけていう。いとし子。〈源氏・夕顔〉「かのなでしこの生ひ立つありさま聞かせまほしけれど」訳あの(夕顔の忘れ形見の)いとし子の成長するようすを、(父である頭の中将に)聞かせたいけれども。

なでふ 連体 副 ➡前ページ 222

なでふ-こと-か-あら-む ➡なでふ「フレーズ」

なでふ-こと-な・し【なでふこと無し】➡なでふ「フレーズ」

な-でん【南殿】名〔「なんでん」の撥音「ん」の表記されない形〕「なんでん②」に同じ。

など 副 ➡右 223

など 副助 ➡次ページ助詞「など」

最重要330 223

など 副

ガイド 「何と」の転。疑問の係助詞がなくても文末は連体形で結び、「など…連体形。」の形になる。

❶疑問を表す。どうして。なぜ。
例「などかうつたなうはあるぞ」と言ひなげく〈枕・二三〉
訳(女房たちは)「どうしてこう(物おぼえが)悪くはあるのか」と言って嘆息する。

❷反語を表す。どうして…のか(いや、…ない)。
例 などかくうとましきものにしもおぼすべき〈源氏・帚木〉
訳 どうして(私=光源氏を)こんなにいやな男とばかりお思いになってよいだろうか(いや、そう思ってはいけない)。

など-か 副〔副詞「など」＋係助詞「か」〕(多く、下に打消の語を伴って)❶疑問を表す。どうして…か。なぜ…か。〈和泉式部日記〉「などか久しく見えざりつる。遠ざかる昔のなごりにも思ふを」訳どうして長い間来なかったの。(あなたを)遠ざかってゆく昔のことを思い出すよすがとも思っているのに。❷反語を表す。どうして…か(いや、…ない)。〈徒然・五三〉「たとひ耳鼻こそ切れ失すとも、命ばかりはなどか生きざらん」訳たとえ耳や鼻はちぎれてなくなっても、命だけはどうして助からないことがあろうか(いや、助からないことはない)。

定型表現 副詞の呼応

などか…打消

例 花、などか　咲かざらむ。〈打消推量〉
(=花がどうして咲かないことがあろうか(いや、咲くはずだ))

語法 反語で用いることが多い。「か」は係助詞なので「などか」を受けて結ぶ活用語は連体形になる。

フレーズ

などかは 「などか」を強めた言い方。どうして…か。どうして…か(いや、…ない)。〈枕・一四三〉「『などかは参らせ給はぬ』と言ひて」訳「どうして参上なさらないのか」と言って。
なりたち 「などか」＋係助詞「は」
語法 下に打消の表現を伴うことが多く、文末は連体形で結ぶ。

など-か-は ➡などか「フレーズ」

な-どころ【名所】名❶名高い所。めいしょ。❷物の各部の名称。

など-て 副〔副詞「など」＋接続助詞「て」〕疑問を表す。どうして。なぜ。〈源氏・夕顔〉「などてかくはかなき宿りは取りつるぞ」訳どうしてこのように心細い宿所を取ったのか。

など

副助 〔不定称の代名詞「なに」＋格助詞「と」＝「なにと」が「なんど」となり、さらに「ん」が省かれてできた語〕

意味・用法	用例
❶例示 一、二の例を挙げて、他にも類似のもののあることを示す。 …など。	例 日入りはてて、風の音、虫の音など、はたいふべきにあらず〈枕・一〉 訳 日がすっかり沈んで(から聞こえてくる)、風の音、虫の鳴く声などは、また言うまでもない(=たいそう趣がある)。
❷引用 (会話・心中表現などの引用句を受けて)引用の内容がおおよそであることを表す。 …など。…などと。	例「いざ、いと心やすき所にて、のどかに聞こえむ」など語らひ給へば〈源氏・夕顔〉 訳「さあ、ほんとうに気楽な所で、のんびりとお話し申しあげよう」など(光源氏が夕顔を)お誘いになると。
❸婉曲 物事を婉曲に言う意を表す。 …など。	例 雨など降るもをかし〈枕・一〉 訳 雨などが降るのも趣がある。
❹軽蔑・卑下 軽蔑したり卑下したりする気持ちを強く示す。 …など。…なんか。	例 かくのごときの優婆夷などの身にて、比丘を堀へ蹴入れさする、未曾有の悪行なり〈徒然・一〇六〉 訳 このような出家せずに仏門に帰依した女なんかの身で、僧を堀へ蹴落とさせることは、前代未聞の悪行だ。

接続 体言、活用語の連用形・連体形、助詞、引用句のあとに付く。

参考 ③は単なる一例として提示することで婉曲を表す用法である。④はその延長にあって、低評価が含意されたもの。逆に、一例として提示するに足る事物であるとして、上の語を強調する用法もある。
例 いかに、ことにふれて、我などをばかくなめげにもてなすぞ〈大鏡・伊尹〉
訳 どうして、何かにつけて、私などをこのように無礼に扱うのだ。

フレーズ

などてか どうして。どうして…か(いや、…ない)。多く、反語を表す。〈源氏・夕顔〉「などてか深く隠し聞こえ給ふことは侍らむ」訳 どうして(夕顔が、光源氏に)深く(名を)お隠し申しあげなさることがございましょうか(いや、ございません)。
なりたち 「などて」＋係助詞「か」

など-て …などと言って。〈蜻蛉・中〉「『さらば暮れにを(来よう)』などて、かへりぬ」訳 (兼家は)「それなら日暮れに」などと言って、帰ってしまった。
なりたち 副助詞「など」＋格助詞「とて」＝「などとて」の転

などて-か ➡などて(副)「フレーズ」

など-や 副〔副詞「など」＋係助詞「や」〕疑問を表す。どうして…か。なぜ…か。〈更級・竹芝寺〉「などや苦しき目を見るらむ」訳 どうして(こんなに)つらい目にあうのだろうか。

など-やう ヨウ【など様】多くの中から一つ二つを取り上げて、例として示す。…などのよう。…というよう。〈更級・かどで〉「姉、継母などやうの人びとの」訳 姉や継母などというような人たちが。

な-な 一《上代語》(連用形に付いて)強い願望の意を表す。…てしまいたい。〈万葉・三・一二四〉「君に寄りななこちたくありとも」訳 あなたに寄り添ってしまいたい。世間のうわさがうるさくとも。
なりたち 完了の助動詞「ぬ」㊍＋願望の終助詞「な」
二《上代東国方言》(未然形に付いて)…ずに。…ないで。〈万葉・二〇・四四一八〉「わが門の片山椿まこと汝わが手触れなな土に落ちもかも」訳 私の家の門の片山椿よ。ほんとうにおまえは私の手が触れないで、地面に落ちるのだろうか。
参考 二は、打消の助動詞の未然形に古く「な」の形があったとして、これに助詞「に」の方言「な」が付いたとする説もある。

なな-くさ【七種・七草】名 ❶七種類。また、いろいろ。
❷秋の七草。萩・尾花(=すすき)・葛・撫子・女郎花・藤袴・朝顔(=ききょう)。➡次ページ「古

文常識」
❸春の七草。芹・薺・御形(=ははこぐさ)・繁縷・仏の座・菘(=かぶ)・清白(=大根)。⬇下「古文常識」
❹「七種の粥」を食べて祝う陰暦正月七日の節句。人日。

フレーズ
七種(七草)の粥 陰暦正月七日に、春の七草を入れて炊いたかゆ。また、十五日に米・粟・大豆・小豆など七種類の穀物を入れて炊いたかゆ。春

ななくさ-の-かゆ【七種の粥・七草の粥】⬇七種「フレーズ」

ななそ-ぢジ—【七十】名〔「ぢ」は接尾語〕しちじゅう。七十歳。

なな-つ【七つ】名〔「つ」は接尾語〕❶七。❷七歳。❸「七つ時」の略。今の午前四時ごろ、または午後四時ごろ。

なな-なぬか【七七日】名《仏教語》「しじふくにち②」に同じ。

な-なむナン—…てしまってほしい。〈古今・恋二〉「来む世にも早くなりななむ」訳 来世に早くなってしまってほしい。
なりたち 完了の助動詞「ぬ」未＋他に対する願望の終助詞「なむ」

ななめならず【斜めならず】「なのめならず」に同じ。

な-なり ❶推定の意を表す。…であるようだ。…であるらしい。〈枕・一〇二〉「さては、扇のにはあらで、海月のななり終」訳 それでは、扇の(骨)ではなくて、くらげの(骨)であるらしい。
❷伝聞の意を表す。…だということだ。話に聞くと…だ。〈落窪〉「さるはわかうどほり腹ななり終かし」訳 (冷遇されているが)そのくせ実は皇族の血筋の方から生まれた人だそうだね。
なりたち 断定の助動詞「なり」体＋伝聞・推定の助動詞「なり」＝「なるなり」の撥音便「なんなり」の撥音「ん」の表記されない形。ふつう「なッなり」と読む。

古文常識 「ななくさ」— 春の七草と秋の七草

春の七草

せり　なづな　ごぎゃう(ハハコグサ)　はこべ　ほとけのざ　すずな(カブ)　すずしろ(ダイコン)

正月最初の子の日に雪の間から芽を出した草を摘む「若菜摘み」という風習があり、これが七草の原点といわれる。

秋の七草

はぎ　をばな(ススキ)　くず　なでしこ　をみなへし　ふぢばかま　あさがほ(キキョウ)

秋の七草は『万葉集』に収められている山上憶良の２首の歌が始まり。
「秋の野に　咲きたる花を　指折り　かき数ふれば　七種の花」
「萩の花　尾花　葛花　撫子が花　女郎花　また藤袴　朝顔が花」

なに【何】
■一 代 不定称の指示代名詞。名前や実体のわからない物事をさす。なにもの。なにごと。〈伊勢・六〉「草の上に置きたりける露を『かれは何ぞ』となむ男に問ひける」訳 (女は)草の上に置いた露を「あれは何か」と男にたずねた。
■二 副 疑問・反語を表す。なぜ(…か)。なにゆえ(…か)。〈古今・春下〉「春霞なに隠すらむさくら花散る間をだにも見るべきものを」訳 春霞はどうして(桜の花を)隠しているのだろう。せめて桜の花が散る間だけでも見ようと思っているのに。
■三 感 念をおすために問い返す語。なんだって。〈謡・鉢木〉「鎌倉へ勢ののぼると言ふはまことか。なにおびたたしうのぼるとや」訳 鎌倉へ軍勢が上るというのはほんとうか。なんだっておびただしく上っていくというのか。

な-に-お・ふ【名に負ふ】➡名「フレーズ」

なに-か【何か】感 上の語または相手のことばを軽く打ち消し、反対のことを述べるときにいう。どうしてどうして。いや、なあに。〈源氏・薄雲〉「何か、かく口惜しき身のほどならずだにもてなし給はば」訳 どうしてどうして、せめてこのように卑しい（私＝明石の君のような）身分の程度でなく（明石の姫君を）ご待遇くださるなら。

なに-か【何か】疑問にも反語にも用いる。なにが…か。なにを…か。〈古今・雑下〉「世の中は何かつねなる」訳 ➡よのなかは…〔和歌〕

なりたち 代名詞「何」＋係助詞「か」

語法 文末は連体形で結ぶ。

なに-か【何か】❶疑問を表す。なぜ…か。どうして…か。〈万葉・一七・三九八三〉「ほととぎす月立つまでになにか来鳴かぬ」訳 ほととぎすは（陰暦四月の）月が始まるまでにどうして来て鳴かないのか。

❷反語を表す。どうして…か（いや、…ない）。〈古今・離別〉「命だに心にかなふものならば何か別れの悲しからまし」訳 せめて命だけでも思いどおりにな（ってあなたのお帰りを待つことができ）るものならば、どうして別れが悲しいだろうか（いや、悲しくはない）。

なりたち 副詞「何」＋係助詞「か」

語法 文末は連体形で結ぶ。

なに-がし【何がし・某】一 名 ❶人・場所・事物の名が不明なときや省略して言うとき、また直接名指しにするのをはばかるときに用いる語。**なんとかいう。だれそれ。**どこそこ。〈源氏・夕顔〉「そのわたり近きなにがしの院におはしまし着きて」訳 そのあたりに近いなんとかいう人の邸宅に行き着きなさって。

❷だれもが知っていることを、わざとぼかして言う語。〈平家・一〇・海道下〉「かの在原のなにがしの、『唐衣きつつなれにし』とながめけん三河の国八橋にもなりぬれば」訳 あの在原のなにがしが、「唐衣きつつなれにし」と（歌を）詠じたとかいう三河の国（愛知県）の八橋にもなった（＝さしかかった）ところ。

二 代 謙譲の意をこめた男性の自称。**わたくし。**〈源氏・帚木〉「なにがしは、しれ者の物語をせむ」訳 私は、愚か者の話をしよう。

参考 二は、男性が改まった気持ちで、会話・手紙文の中で用いる。

フレーズ

何がし某 人の名がわからないときやぼかして言うときに用いる語。だれそれ。「なにがしくれがし」とも。〈大鏡・花山院〉「なにがしかがしといふいみじき源氏の武者たち」訳 だれそれというすぐれた源氏の武者たち。

何がし某 「なにがしかがし」に同じ。

なにがし-かがし【何がし某】➡何がし「フレーズ」

なにがし-くれがし【何がし某】➡何がし「フレーズ」

なに-かは【何かは】なにが…か。なにを…か。多く、反語を表す。〈徒然・二一〉「折にふれば、何かはあはれならざらん」訳 その時機にあたるなら、なにが興趣の深くないものがあろうか（いや、なんでも趣深いものだ）。

なりたち 代名詞「何」＋係助詞「かは」

語法 文末は連体形で結ぶ。

なに-かは【何かは】❶疑問を表す。どうして…か。なぜに…か。〈古今・夏〉「はちす葉の濁りにしまぬ心もて何かは露を玉とあざむく」訳 蓮の葉は（泥水の中で育って、しかもその）濁りに染まらない（清い）心をもちながら、どうして（葉に置く）露を玉と見せかけて（人を）だますのか。

❷反語を表す。どうして…か（いや、…ない）。〈徒然・一〇〉「鳶の居たらんは、何かは苦しかるべき」訳 鳶がとまっていたところで、それはどうしてさしつかえがあろうか（いや、さしつかえはないはずだ）。

❸（多く会話で、感動詞的に用いられて）**どうしてどうして。**なんの。なあに。〈枕・二九三〉「何かは、いふにもかひなし」訳 なあに、（今さら）言ってもどうにもならない。

なりたち 副詞「何」＋係助詞「かは」

語法 ①②の文末は連体形で結ぶ。

なに-かは-せ-む【何かはせむ】どうしようか（いや、どうにもならない）。なんの価値があろうか。〈徒然・七〉「住み果てぬ世に、みにくき姿を待ちえて、何かはせん」訳 いつまでも住みおおせないこの世に（生きながらえて）、（老いた）みにくい姿を待ち迎えて、なんになろうか（いや、なんにもならない）。

なりたち 代名詞「何」＋係助詞「かは」＋サ変動詞「為」㊍＋意志の助動詞「む」㊍体

なに-くれ【何くれ】代 ❶だれそれ。だれかれ。〈源氏・行幸〉「中少将、何くれの殿上人やうの人は」訳 中将・少将、だれそれという殿上人のような人々は。

❷**なにやかや。**あれやこれや。〈宇治・八・三〉「かかる所に庄など寄りぬれば、別当何くれなど出できて」訳 こんな所に荘園など寄進されてしまうと、別当（＝荘園の事務職）やなにやかやなどが必要になってきて。

なに-ごこち【何心地】名 ❶どのような気持ち。〈源氏・蓬生〉「かかる繁きなかに、なにごこちして過ぐし給ふらむ」訳 こんな草深い中に、（末摘花は）どんな気持ちで過ごしていらっしゃるのだろう。

❷どのような病気。〈源氏・東屋〉「なにごこちとも思え侍らず。ただいと苦しく侍り」訳 どんな病気ともわかりません。ただひどく（胸が）苦しゅうございます。

なに-ごころ【何心】名 どのような心。どういう考え。〈源氏・若紫〉「何心ありて、海の底まで深う思ひ入るらむ」訳 （明石の入道は）どういう考えがあって、（娘を入水させ）海の底へとまで深く思いこんでいるのだろう。

なにごころ-な・し【何心無し】形ク 〔（から）・く（かり）・し・き（かる）・けれ・かれ〕無心である。無邪気である。何気ない。〈源氏・若紫〉「何心なくうち笑みなどして居給へるがいとうつくしきに」訳 （若紫が）無心に笑ったりして座っていらっしゃるのがたいそうかわいらしいので。

なに-ごと【何事】名 ❶どんなこと。なんのこと。〈源氏・桐壺〉「何事かあらむとも思したらず」訳 （母、桐壺の更衣の死を）どんなことがあるのだろうかともお思いになっていないで。

❷（多く、下に助詞「も」を伴って）あらゆる事柄。万事。〈大鏡・道長上〉「四条大納言のかく何事もすぐれ、めでたくおはしますを」訳 四条大納言（＝藤原公任）がこ

のように**万事**にすぐれ、りっぱでいらっしゃるのを。
❸(多く下に助詞「ぞ」を伴って)とがめたり詰問したりする気持ちでいう。どうしたこと。なんたること。〈源氏・若紫〉「**何事**ぞや。童べとはらだち給へるか」訳**どうしたことか**。子供たちとけんかをなさったのか。
❹不定の事柄をさしていう。なになに。〈徒然・一六九〉「**何事**の式といふことは、後嵯峨の御代までは言はざりけるを」訳**なになに**の仕方(=慣例)ということは、後嵯峨天皇のご治世までは言わなかったのに。

なにしおはば…【和歌】《百人一首》【名にし負はば逢坂山の　さねかづら　人に知られでくるよしもがな】〈後撰・恋三・藤原定方〉⬇付録①「小倉百人一首」25

なにしおはば…【和歌】

> 名にし負はば　いざこと問はむ　都鳥
> わが思ふ人は　ありやなしやと
> 〈伊勢・九〉〈古今・九・羇旅・四一一・在原業平〉

訳都という名を持っているのならば、さあ、たずねてみよう。都鳥よ、私の愛する人は、(都で)無事で過ごしているのか、いないのかと。(「名にし負はば」の「し」は、強意の副助詞)

解説 男が東国への旅の途中、武蔵の国の隅田川のほとりに群がる鳥の名が「都鳥」だと聞いて詠んだ歌。「古今集」詞書も同様の内容。「名にし負はば」は、その名を名として持つならばの意で、名前にはそれにふさわしい実体があるはずだという意識のもとに用いられる。

なに-し-か【何しか】(原因・理由に関する疑問に用いて)どうして…か。なぜ…か。〈古今・恋三〉「なかなかに**何しか**人を思ひそめけむ」訳なまじっか**どうして**あの人を恋しはじめてしまったのだろう**か**。
なりたち 副詞「何」＋副助詞「し」＋係助詞「か」

なに-し-に【何為に】❶なんのために。なんで。〈枕・一〇八〉「**なにしに**かかる者には使はるるぞ」訳**なんで**あのような(つまらない)者には使われているのだ。
❷反語を表す。どうして…か(いや、…ない)。〈竹取・かぐや姫の昇天〉「**なにしに**悲しきに見送り奉らむ」訳**どうして**(こんなに)悲しいのにお見送り申しあげよう**か**(いや、お見送り申しあげることはできない)。
なりたち 副詞「何」＋サ変動詞「為」(用)＋格助詞「に」

なに-せ-む-に【何為むに】❶反語を表す。どうして…か(いや、…ない)。〈万葉・五・八〇三〉「銀も金も玉も**何せむに**まされる宝子にしかめやも」訳⬇しろかねも…【和歌】
❷なんのために。なにをしようとして。〈大鏡・道隆〉「いかにおぼすらむ。**何せむに**参り給へるぞ」訳どのようにお考えなのだろう。**なんのために**参上なさったのか。
なりたち 代名詞「何」＋サ変動詞「為」(未)＋推量の助動詞「む」(体)＋格助詞「に」

なに-ぞ【何ぞ】❶なんであるか。なにか。〈伊勢・六〉「白玉か**何ぞ**と人の問ひしとき露と答へて消えなましものを」訳⬇しらたまか…【和歌】
❷(「…かなにぞ」の形で)…かなにか。〈源氏・須磨〉「見やりなる倉か**なにか**にある稲取り出でて」訳向こうに見える倉か**なにか**にある稲(=わら)を取り出して。
なりたち 代名詞「何」＋係助詞「ぞ」

なに-ぞ【何ぞ】なぜ。なにゆえ。どうして。〈万葉・一四・三三七三〉「多摩川にさらす手作りさらさらに**なにそ**この児のここだ愛しき」訳⬇たまがはに…【和歌】
なりたち 副詞「何」＋係助詞「ぞ」

なに-と【何と】㊀副❶どうして。なぜ。〈続古今・雑中〉「**何と**うき世にむすぼほるらん」訳**どうして**つらいこの世に縁を結んでいるのだろう。
❷どのように。どう。〈平家・一二・六代被斬〉「維盛卿の子息は**何と**候ふやらん」訳維盛卿の息子は**どう**しているでしょうか。
㊁感❶(聞き返すときに言うことば)なんだって。なんですって。〈謡・鉢木〉「**何と**、…いかにも見苦しき武者に参れと候ふや」訳**なんですって**、…見るからに見苦しい武士に参れと言うのですか。
❷(問いかけるときに言うことば)いかに。どうだ。〈狂・烏帽子折〉「やい、して、**何と**、あしたの襟つきは、どうしたものであらうぞ」訳おい、それで、**どうだい**、明日の身なりは、どうしたものであろうかな。

なに-と-かは【何とかは】❶疑問を表す。なんと…か。どう…か。〈源氏・椎本〉「君なくて岩のかけ道絶えしより松の雪をも**何とかは**見る」訳父君が亡くなって、(山寺へ通う)岩の険しい道(の往来)が途絶えてから、松の雪を(あなたは)**どう**思って見るの**か**。
❷反語を表す。どうして…か(いや、…ない)。〈源氏・初音〉「つれなき人の御心をば、**何とかは**見奉りとがめむ」訳薄情な人(=光源氏)のお心を、**どうして**お見とがめ申しあげようか(いや、お見とがめ申しあげない)。
なりたち 代名詞「何」＋格助詞「と」＋係助詞「かは」

なに-と-し-て【何として】❶どのようにして。どうして。なぜ。〈徒然・一四三〉「人は**何として**仏には成り候ふやらん」訳人は**どのようにして**仏にはなるのでしょうか。
❷反語の意を表す。どうして…か(いや、…ない)。〈狂・鬼の継子〉「身どもがためにも継子ぢゃものを、**何として**食ふものぢゃ」訳おれにとっても継子にあたる者を、**どうして**食うもの**か**(いや、食わない)。
なりたち 代名詞「何」＋格助詞「と」＋サ変動詞「為」(用)＋接続助詞「て」

なに-と-て【何とて】どうして。なぜ。〈更級・後の頼み〉「月も出でで闇に暮れたる姨捨に**何とて**こよひ尋ね来つらむ」訳月も出ないで暗闇に沈んでいる姨捨山(=夫に先立たれて悲しみに沈んでいるこのおばの所)に、**どういうわけで**今夜(おまえは)訪れて来たのであろう。
なりたち 代名詞「何」＋格助詞「と」＋接続助詞「て」

なに-と-な-し【何と無し】❶なんということもない。これという原因もない。〈枕・五〉「空のけしきの、**何となく**(用)すずろにをかしきに」訳(初夏の澄んだ)空の景色が、**なんということもなく**むしょうに趣のあるころに。
❷とりたててどうというほどのことはない。平凡だ。〈徒然・一九〉「長き夜のすさびに、**何となき**(体)具足とりしたため」訳長い夜の心慰みに、**別にどうということのない**身のまわりの道具を整理して。⬇言ふ甲斐無し「慣用表現」

❸全般にわたっている。すべてにわたっている。〈平家・七・忠度都落〉「事の体何となう用(ウ音便)あはれなり」訳そのようすはすべてにわたってしみじみとした感じがする。

❹なんという目的もない。特に意識しない。〈浜松中納言物語〉「何となく用暮れゆく空を眺めつつ」

なりたち 代名詞「何」＋格助詞「と」＋形容詞「無し」

なに-と-に-は-な・し【何とには無し】 なんというほどのことでもない。たいしたことではない。〈土佐〉「このことば、何とにはなけれ已ども、もの言ふやうにぞ聞こえたる」訳この(船頭の)ことばは、たいしたことではないけれども、風流めいた秀句を言うように聞こえた。

なりたち 代名詞「何」＋格助詞「と」＋断定の助動詞「なり」用＋係助詞「は」＋形容詞「無し」

なに-と-は-な・し【何とは無し】「なにとにはなし」に同じ。

なりたち 代名詞「何」＋格助詞「と」＋係助詞「は」＋形容詞「無し」

なに-なら-ず【何ならず】 取るにたりない。物の数ではない。なんでもない。⬇言ふ甲斐無し「慣用表現」

なりたち 代名詞「何」＋断定の助動詞「なり」未＋打消の助動詞「ず」

なに-なり【何なり】 なんだ。多く、和歌で「それがなんになるか(いや、なんにもならない)」という自問・反語の意で用いられる。〈蜻蛉・上〉「さだめなく消えかへりつる露よりもそら頼めする我は何なり終」訳はかなく消え失せてしまう露よりも、(もっと誠意のないあなたが)あてにならない期待をさせている、(そんなあなたを頼りにしている)私は(いったい)なんだ。

なりたち 代名詞「何」＋断定の助動詞「なり」

なに-に-かは-せ-む【何にかはせむ】 なんになろうか(いや、なんにもならない)。なんの価値があろうか。〈更級・物語〉「引き出でつつ見る心地、后の位も何にかはせむ」訳(「源氏物語」を)何度も取り出して読む気持ち(の前に)は、皇后の位もなんになろうか(いや、なんの価値もない)。

なりたち 代名詞「何」＋格助詞「に」＋係助詞「かは」＋サ変動詞「為す」未＋推量の助動詞「む」体

なに-の【何の】 ❶(「の」が主格の場合)なにが。だれが。〈枕・八七〉「何の言ふにかあらむとて」訳だれが(あんなことを)言うのだろうかと思って。

❷(「の」が連体格の場合)㋐(漠然とぼかして)何々の。なにがしの。〈枕・三〉「その月、何のをり、その人の詠みたる歌はいかに」訳その月、何々の時、その人の詠んだ歌はどのようであったか。

㋑どんな。どういう。〈枕・三七〉「さることには、何のいらへをかせむ」訳そのようなこと(=みごとな応答)には、どんな返事をしようか(いや、どんな返事もできない)。

㋒(下に打消の語を伴って)なにほどの。どれだけの。〈源氏・若紫〉「聞こえさせ知らせ給ふとも、さらに何のしるしも侍らじものを」訳(あなたが)言い聞かせて差しあげなさっても、(若紫には)まったくなにほどのかいもないでしょうに。

なりたち 代名詞「何」＋格助詞「の」

難波江(なにはえ)ナニワエ《地名》歌枕 今の大阪市付近の海の古称。「難波潟」とも。

なにはえの… 和歌《百人一首》【難波江の 葦のかりねの 一よゆゑ みをつくしてや 恋ひわたるべき】〈千載・恋三・皇嘉門院別当〉⬇付録①「小倉百人一首」88

難波潟(なにはがた)ナニワガタ《地名》歌枕「なにはえ」に同じ。

なにはがた… 和歌《百人一首》【難波潟 短き葦の ふしの間も 逢はでこの世を 過ぐしてよとや】〈新古・恋一・伊勢〉⬇付録①「小倉百人一首」19

なに-ばかり【何ばかり】 ❶どれほど。なにほど。〈竹取・貴公子たちの求婚〉「何ばかりの深きをか見むと言はむ」訳どれほどの深い気持ちを見たいと言おうか。

❷(下に打消の語を伴って)さほど。たいした。〈枕・九六〉「それは、何ばかりの人ならねど」訳それは、さほどの(身分の)人でないけれども。

なりたち 副詞「何」＋副助詞「ばかり」

なにはづに… 和歌

難波津に 咲くやこの花 冬ごもり
今は春べと 咲くやこの花〈古今・仮名序〉

訳難波津に咲くよ、この花は。冬の間は芽を出さなかったけれど、今はもう春だと、この時とばかりに咲くよ、この花は。

解説 仁徳天皇の即位を、春になって花が開くことにたとえて勧めた歌とされる。「冬ごもり」を「春」にかかる枕詞とする説もある。「古今集」では「花」は梅とし、作者を王仁とする。王仁は百済から渡来した学者で、日本に「論語」「千字文」をもたらしたという。この歌は、手習いをする人がまず最初に習う歌として知られている。

難波土産(なにはみやげ)ナニワミヤゲ《作品名》江戸中期の浄瑠璃注釈書。三木貞成著。元文三年(一七三八)刊。浄瑠璃九編を解説・注釈したもの。冒頭、穂積以貫の筆録という近松門左衛門の「虚実皮膜論」を紹介していることで有名。

な-にも【汝妹】 名《上代語》男性から女性に親しみをもって呼びかける語。あなた。〈記・上〉「愛しき我がなにもの命を」訳いとしい私のあなた様を。対汝兄

なに-や-か-や【何や彼や】 あれやこれや。なんやかんや。いろいろ。〈源氏・花散里〉「何やかやと、例の、なつかしく語らひ給ふも」訳あれやこれやと、いつものように、こまやかに言いかわしなさるのも。

なりたち 代名詞「何」＋間投助詞「や」＋代名詞「彼」＋間投助詞「や」

なぬ-か【七日】 名❶七日間。仏事などでの一区切りの日数。

❷月の第七日。特に陰暦正月七日、または七月七日をいう。〈蜻蛉・上〉「天の川七日をちぎる心あらば」訳天の川で(牽牛と織女が逢う)陰暦七月七日に逢おうと約束する気持ちがあるならば。

❸子供が生まれて七日目の夜。また、その祝い。お七夜。

最重要330

224

なのめ 【斜め】 形動ナリ {なら・なり(に)・なり／なる・なれ・なれ}

ガイド 「なのめ」は傾いているさまをいう語で、現代語の「ななめ」はこれの転であろうという。きちんとしている垂直・水平に対して、斜めであるのは、いいかげんなもの、なおざりなものと考えられた。いいかげんなものは、ありふれたものでもあることから、①の意になる。

❶ **ありふれたさま。平凡なさま。**
➡疎か「類語の整理」

例 我がむすめは、なのめなら(未)む人に見せむは惜しげなるさまを〈源氏・東屋〉

訳 自分の娘(＝浮舟)は、平凡なような男と結婚させるならそれは惜しい感じの器量なのに。

❷ **いいかげんなさま。心をこめないさま。不十分なさま。**

例 事が中に、なのめなる(体)まじき人の後ろ見の方は〈源氏・帚木〉

訳 (妻としての)仕事の中で、いいかげんであってはならない夫の世話という点では。

❸ **(中世以降)「なのめならず」に同じ。並ひととおりでない。**

例 帝なのめに(用)おぼしめし、その時の御恩賞に奥陸奥の国を賜って〈謡・烏帽子折〉

訳 帝は(功績が)並ひととおりでないとお考えになって、その時のご恩賞として奥陸奥(＝陸奥)の国をくださって。

フレーズ

斜めなら-ず 「なのめならず」とも。並ひととおりでない。格別である。〈平家・六・新院崩御〉「法皇なのめならず(用)御嘆きありし程に」訳 (後白河)法皇がひととおりでなくお嘆きになっていたうちに。➡遣る方無し「慣用表現」

なりたち 「なのめなり」(未)＋打消の助動詞「ず」

なのはなや… 俳句

春 切れ字

菜の花や 月は東に 日は西に 〈蕪村句集・蕪村〉

訳 (見渡す限り)菜の花が咲いている。夕月が白く東の空に昇り、太陽は西の空に沈もうとしている。

解説 夕方の月の出は満月のころ。中七と下五が対句で、両者の下には述語の「あり」が省略され、その余韻が空間を広く感じさせる。中国の詩人陶淵明の「白日は西河に淪み、素月は東嶺に出づ」をふまえている。「東の野にかぎろひの立つ見えてかへり見すれば月かたぶきぬ」(訳➡ひむがしの…(和歌))〈万葉・一・四八〉の影響も考えられている。

なのめ【斜め】形動ナリ ➡右 224

なのめなら-ず【斜めならず】➡斜め「フレーズ」

な-のり【名告り・名乗り】名 ❶自分の姓名を言うこと。〈枕・二五〉「あらぬよしなき者の名のりして来たるも」訳 別の関係のない者が自分の姓名を言ってやって来たのも(はなはだ興ざめでおもしろくない)。❷公家や武家の男子が元服するとき、幼名にかえてつける実名。〈著聞・五六二〉「殿の御名のりをば、家隆と申す」訳 殿のお名前は、家隆と申し上げる。❸売り物の名を呼んで歩くこと。〈源氏・東屋〉「いかにとか聞きも知らぬ名のりをして」訳 何と言っているのか聞いてもわからない売り物の名を呼ぶことをして。

なのりそ【莫告藻】名 ほんだわら(＝海藻の一種)の古名。和歌では、「な告りそ(＝人に告げるな)」の意をかけて用いられる。〈万葉・四・五〇九〉「繁に生ひたるなのりそがなどかも妹に告らず来にけむ」訳 多く生い茂っているなのりそではないが、人に告げるなとでもいうように、どうして妻に別れのことばも言わずに来てしまったのだろうか。

な-の・る【名告る・名乗る】自ラ四 {ら・り・る／る・れ・れ} ❶自分の姓名を言う。〈平家・七・忠度都落〉「『忠度』と名のり(用)給へば、『落人帰りきたり』とて、その内さわぎあへり」訳 「忠度」と名のりなさると、「落ち武者が帰って来た」と言って、家の中は騒ぎあっている。❷名前に付ける。〈著聞・五六二〉「御一家は皆、隆の字を名のら(未)せ給ひ候へば」訳 ご一家は皆、隆の字を名前に付けていらっしゃいますので。❸鳥や羽虫などが自分の来たことを知らせるかのように音を立てる。鳴く。〈枕・二八〉「蚊のほそ声にわびしげに名のり(用)て、顔のほどに飛びありく」訳 蚊が細い声で力なげに音を立てて、顔のあたりを飛びまわるの(は不快だ)。

なはしろ-みづ【苗代水】名 稲の苗を育てる苗代に引く水。

なは-て【縄手・畷】名 ❶縄のすじ。❷田の間の道。あぜ道。❸まっすぐに続く長い道。〈徒然・一九五〉「ある人久我(＝地名)縄手を通りけるに」

なびか・す【靡かす】他サ四 {さ・し・す／す・せ・せ} ❶なびかせる。

〈平家・一・禿髪〉「人の従ひつくこと、吹く風の草木をなびかす体がごとし」訳 人が服従して配下となることは、吹く風が草木をなびかせるかのようだ。
❷従わせる。服従させる。〈源氏・賢木〉「時の有職と天の下をなびかし用給へるさま殊なめれば」訳 当代の識者として天下を従わせていらっしゃる(光源氏の)ようすは格別であるようなので。

なび・く【靡く】□一 自カ四{か・き・く・く・け・け}❶(風・波などの力におされて)**横に倒れ伏すように揺れる。**(煙などが)**横に流れる。**〈万葉・二・一三一〉「妹が門見むなびけ命この山」訳 妻の家の門を見よう。(平たく)なびけよ、(眼前の)この山よ。
❷**心を寄せる。**服従する。〈平家・六・小督〉「さすがなさけによわる心にや、遂にはなびき用給ひけり」訳 やはり情にほだされる(人の)心であるからか、(小督殿も)しまいには心を寄せなさった。
□二 他カ下二{け・け・く・くる・くれ・けよ}❶**横に倒れさせる。**横になびかせる。〈万葉・一一・二五三二〉「誰が見むとかもぬばたまのわが黒髪をなびけ用て居らむ」訳 だれが見るだろうと思って、私の黒髪をなびかせていようか(あなたに見てもらいたいためなのだ)。(「ぬばたまの」は「黒」にかかる枕詞)
❷**自分の意に従わせる。**服従させる。〈太平記・六〉「七百余騎にて和泉・河内の両国をなびけ用て(=従わせて)」

-な・ふウナ(フ) 接尾ハ四型・下二型 名詞・副詞・形容詞の語幹などに付いて、その行為をする意の動詞をつくる。「あきなふ(商ふ)」「うべなふ(諾ふ)」「うらなふ(占ふ)」「ともなふ(伴ふ)」

な・ふウナ(フ)【萎ふ】自ハ下二{へ・へ・ふ・ふる・ふれ・へよ}「なゆ」に同じ。

な-ふウナ(フ) 助動特殊型 《上代東国方言》打消の意を表す。…ない。〈万葉・一四・三三七五〉「武蔵野の小岫が雉立ち別れ去にし宵より夫ろにあはなふ終よ」訳 武蔵野の小岫(未詳)にいる雉のように、立ち別れ去った夜から夫に逢わないことよ。(第二句までは「立ち別れ」を導きだす序詞)

接続 動詞の未然形に付く。

活用	未然	連用	終止	連体	已然	命令
	なは	○	なふ	なへ	なへ	○
	(バ)		(。)	(コト)	(ドモ)	

参考 口語の打消の助動詞「ない」の原形かといわれる。

文法 連体形「なへ」は「寝なへ児ゆゑに(=共寝しない子のせいで)」〈万葉・一四・三五五五〉のように用いられ、まれに「のへ」の形も現れる。

な・ぶ【並ぶ】他バ下二{べ・べ・ぶ・ぶる・ぶれ・べよ}並べる。連ねる。〈記・中〉「新治筑波を過ぎて幾夜か寝つる日日かが

最重要330

225 **なべ-て**【並べて】副「なめて」とも。

ガイド 並べる意の動詞「並ぶ」の連用形に接続助詞「て」を付けて副詞化した語。一面に並べることから③の意が生じ、一面にあることから①②の意が派生する。①②と同義の語に「おしなべて」があり、これが現代語に残る。

❶**一般に。すべて。総じて。**
例 この法師のみにもあらず、世間の人、なべてこのことあり〈徒然・一八〉
訳 この法師だけでもなく、世間の人々には、一般にこれと同じことがある。

❷**並ひととおり。平凡。ふつう。**
例 ことに僧などは、なべてのは召さず…尊きかぎりを選らせ給ひければ〈源氏・蓬生〉
訳 (光源氏は)特に僧などは並ひととおりの者はお呼びにならず…尊い僧ばかりをお選びになられたので。

❸**一面に。一帯に。**
例 秋風の吹きと吹きぬる武蔵野はなべて草葉の色かはりけり〈古今・恋五〉
訳 秋風が吹きに吹いた武蔵野は、一面に草葉の色が変わってしまったなあ(あなたの心もすっかり変わってしまった)。(「秋」に「飽き」をかける)

参考「なべての」の形で連体修飾語のようにも用いる。

フレーズ
並べてなら-ず 並ひととおりでない。ふつうでない。格別だ。〈方丈・二〉「なべてならぬ体法ども行はるれど、更にそのしるしなし」訳 並ひととおりでない修法が種々なされるけれども、いっこうにそのききめがない。⬇遣る方無し「慣用表現」
なりたち「なら」は断定の助動詞「なり」未

最重要330

226

なほ(ナオ)【猶・尚】副

ガイド 現代語では「今もなお恋しく思う」、「日がたつとなお恋しくなる」のように、①②の意で用いるが、古くは、否定されかけているものを改めて肯定する気持ち、無視されがちなものを改めて取りあげる気持ちをこめて用いる③の用法が多い。

❶やはり。もとのように。依然として。

例 とり立ててはかばかしき後ろ見しなければ、事あるときは、なほ拠(よ)り所なく心細げなり〈源氏・桐壺〉

訳（桐壺の更衣には）これといってしっかりした後ろ盾がないので、いざという大事なときは、やはり頼るあてもなく心細そうである。

❷さらに。もっと。いっそう。

例 あづまぢの道のはてよりも、なほおくつかたに生(お)ひいでたる人、いかばかりかはあやしかりけむを〈更級・かどで〉

訳 東国路の終点（である常陸(ひたち)の国）よりも、もっと奥のほう（である上総(かずさ)の国）で育った人（である私）は、どんなにか田舎(いなか)じみていただろうに。

❸（否定されかけているものを、改めて肯定する気持ち）それでもやはり。なんといっても。

例 世の中になほいと心憂きものは、人ににくまれむことこそあるべけれ〈枕・二六七〉

訳 世の中でなんといってもたいそうつらいものとしては、人から憎まれるようなことがあろう。

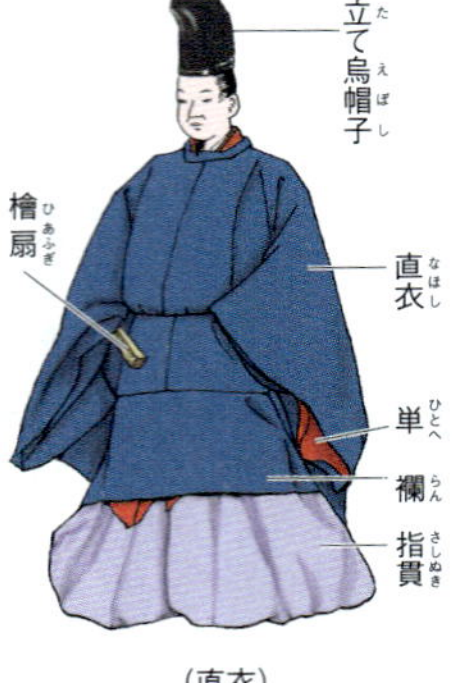

（直衣）

なべ㊖て夜には九夜(ここのよ)日には十日を」訳→にひばり…歌謡

な・ぶ【靡ぶ】他バ下二〔べ・べ・ぶ・ぶる・ぶれ・べよ〕なびかせる。〈万葉・一・四五〉「小竹(しの)をおしなべ㊖草枕旅宿(たびやどり)せす」訳 小竹をおしなびかせて、旅宿りをなさることだ。（「草枕」は「旅」にかかる枕詞）

なへ(ナエ) 接助《上代語》ある事柄と同時に他の事柄が存在・進行する意を表す。…するとともに。…するにつれて。…するちょうどそのときに。〈万葉・八・一五七五〉「雲の上に鳴きつる雁(かり)の寒きなへ萩(はぎ)の下葉はもみちぬるかも」訳 雲の上で鳴いた雁の声が寒そうに聞こえたちょうどそのころに、萩の下葉は色づいたことよ。

接続 活用語の連体形に付く。

参考「なべ」と濁音であったとする説もある。多く、格助詞「に」の付いた「なへに」の形で用いられる。↓なへに

なべ-て【並べて】副 ↓前ページ 225

なべて-なら-ず【並べてならず】↓並(な)べて「フレーズ」

なへ-に(ナエ) 接助《上代語》〔接続助詞「なへ」＋格助詞「に」〕

意味・用法 同時進行〔…するとともに。…するにつれて。…するちょうどそのときに。〕

接続 活用語の連体形に付く。

ある事柄と同時に他の事柄が存在・進行する意を表す。…するとともに。…するにつれて。…するちょうどそのときに。〈万葉・五・八四一〉「鶯(うぐひす)の声(おと)聞くなへに梅の花吾家(わぎへ)の園に咲きて散る見ゆ」訳 鶯の鳴く声を聞く折しも、梅の花がわが家の園に咲いて散るのが見える。

参考「なべに」と濁音であったとする説もある。

なほ(ナオ)【直】㊀名・形動ナリ まっすぐなこと。真実で偽りのないこと。〈万葉・七・一三九三〉「まなほに㊖しあらば何か嘆かむ」訳（あなたの心が）真実で偽りがないのであるならば、なんで嘆くことがあろうか（いや、何も嘆くことはない）。

㊁副 ❶平凡に。普通に。〈蜻蛉・上〉「なほもあらぬことありて、春夏悩み暮らして」訳 普通でもないこと（＝懐妊）があって、春夏ずっと苦しみつづけて。❷何もしないで。そのまま。〈土佐〉「このかうやうに物持て来る人に、なほしもえあらで」訳 このこういうふうに贈り物を持って来る人に、そのまま（もらいっぱなし）にもしておけないので。

なほ(ナオ)【猶・尚】副 ↓右上 226

なほざり(ナオザリ)【等閑】名・形動ナリ ↓次ページ 227

なほし（ナオシ／ノウシ）【直衣】名〔正装・礼服でない直の衣の意〕平安時代以降、天皇や高貴な人々の日常服。形は袍に似ているが、やや短い。位階に関係なく好みの色目を選んで着用できたので、雑袍ともいう。指貫を着用し、改まった時は冠、くつろいだ時は烏帽子をつけた。〈源氏・帚木〉「直衣ばかりをしどけなく着なし給ひて」訳（光源氏は）直衣だけをことさら無造作におはおりになって。⬇前ページ図

なほ・し（ナオシ）【直し】形ク〔から・く(かり)・し・き(かる)・けれ・かれ〕❶まっすぐだ。〈枕・三五〉「いとなほき体木をなむ押し折りためる」訳たいそうまっすぐな木を押し曲げたようだ。❷平らだ。整っている。〈枕・一四〉「えせ者の家の荒畠といふものの、土うるはしうもなほから未ぬ」訳身分の低い者の家の荒畠（＝荒れた畑の意か）というもので、土もきちんと平らでない所に。❸普通だ。〈源氏・総角〉「目も鼻もなほし終とおぼゆるは心のなしにやあらむ」訳（自分＝大君の）目も鼻も人並みだと思われるのは気のせいであろうか。❹正しい。素直である。〈沙石集〉「心なほけれ已ば、おのづから天の与へて、宝を得たり」訳心が正しいので、自然に天が与えて、（夫妻は）宝を手に入れた。

なほ・す（ナオス）【直す】他サ四〔さ・し・す・す・せ・せ〕❶正しくする。もとどおりにする。修繕する。〈徒然・五一〉「とかく直し用けれども、つひに回らで」訳（水車を）あれこれ修繕したけれども、とうとう回らないで。❷改める。訂正する。〈枕・三五〉「これや直し用たること」訳これは言い改めた返事か。❸とりなす。調停する。〈平家・三・医師問答〉「この人の直し用なだめられつればこそ、世も穏しかりつれ」訳この人（＝重盛）が（清盛を）とりなしなだめなさったからこそ、世間も穏やかにおさまっていたのである。

なほ-なほ（ナオナオ）【猶猶・尚尚】━副❶それでもやはり。どうしても。〈落窪〉「なほなほな憎ませ給ひそ」訳それでもやはりお憎みなされるな。❷いよいよ。なおさら。〈狂・二人大名〉「それはなほなほぢや」訳それはいよいよ（好都合）だ。━感（相手を促すときに用いて）さあさあ。ぜひぜひ。〈源氏・横笛〉「『人も見ず。まろ顔はかくさむ。なほなほ』とて」訳「だれも見ていない。まろ顔は隠してやろう。さあさあ」と言って。私（＝匂宮）が（夕霧の）顔は隠してやろう。さあさあ」と言って。

なほなほ・し（ナオナオシ）【直直し】形シク〔しから・しく(しかり)・し・しき(しかる)・しけれ・しかれ〕平凡である。ありきたりである。なんのとりえもない。〈源氏・若菜上〉「なほなほしく用下れる際のすき者どもに名を立ちあざむかれて」訳（大事に育てられた娘が、親の死後）平凡で下級の身分の好色者たちに、だまされて浮き名が立ち。

なほ-なほ-に（ナオナオニ）【直直に】副まっすぐに。また、素直に。〈万葉・五・八〇一〉「ひさかたの天路は遠しなほなほに家に帰りて業をしまさに」訳天に昇る道は遠い。（だから）素直に家に帰って家業にお励みになってほしい。（「ひさかたの」は「天」にかかる枕詞）

なほ-びと（ナオビト）【直人】名〔「なほ」は、並ひととおりの意〕（多く、貴族として）普通の家柄の人。名門でない人。〈伊勢・一〇〉「父はなほびとにて、母なむ藤原なりける」訳父は普通の家柄の人で、母は藤原（の出身）であった。

なほ・る（ナオル）【直る】自ラ四〔ら・り・る・る・れ・れ〕❶正しくなる。まっすぐになる。〈平家・九・宇治川先陣〉「投げ上げられ、ただ直っ用（促音便）て」訳（大串次郎重親は川から岸の上へ）投げ上げられ、すぐに起きなおって。❷もとの状態にもどる。もとどおりになる。回復する。〈源氏・帚木〉「今日は日のけしきも直れ已り」訳今日は天気の状態も回復した。❸（病気が）なおる。〈源氏・夕霧〉「やがて直ら未ぬさまにもありなむ、いとめやすかりぬべくこそ」訳（苦しさが）このままなおらない状態ででもあって（死んで）しまうならそれは、きっとたいそう見苦しくない（＝都合がよい）にちがいないであろう。⬇篤し「慣用表現」❹きちんと座る。正座する。〈源平盛衰記〉「座席に直り用て畏まり」

なま-【生】接頭❶（名詞に付いて）「不完全な…」「未熟な…」「若い…」などの意を表す。〈増鏡・さしぐし〉「都におはしますなま宮たち」訳都にいらっしゃる名ばかりで不遇な宮たち。

例語 なま浮かび（＝なまはんかな悟り）・なま覚え・なま学生・なま片端（＝どことなく不完全なさま）・なま片ほ（＝「なま片端」に同じ）・なま聞き（＝知ったかぶりするさま）・なま公達（＝あまり地位

最重要330

227 **なほざり**（ナオザリ）【等閑】名・形動ナリ

ガイド 特に関心を示さないさまを表す。中古の女流文学作品では、恋に対して本気でないの意で用いられることも多い。現代語では①の意が残る。

❶いいかげんだ。かりそめである。おろそかだ。

例 のちの矢を頼みて、初めの矢になほざりの心あり〈徒然・九二〉

訳 二本目の矢をあてにして、はじめの矢（を射るの）におろそかにする気持ちがある。

⬇疎か「類語の整理」

❷ちょうどよい。ほどほどだ。あっさりしている。

例 よき人は、ひとへに好けるさまにも見えず、興ずるさまもなほざりなり終〈徒然・一三七〉

訳 身分・教養の高い人は、むやみに風流を好きがっているようにも見えないし、おもしろがるようすもあっさりしている。

の高くない公達)・なま心・なま侍・なま受領(=実力のない受領)・なま孫王(=名ばかりの皇族)・なま女房(=新参の女房)・なま夕暮れ(=夕暮れに近いころ)・なま酔ひ(=少し酒に酔うこと)・なま女(=身分の低い女)

❷(用言に付いて)「なんとなく…」「少し…」「中途半端に…」などの意を添える。〈源氏・紅葉賀〉「おはしながら疾くも渡り給はぬ、なま恨めしかりければ」訳(光源氏が二条院に)いらっしゃりながらすぐにもこちらにおいでにならないことが、(紫の上は)なんとなく恨めしかったので。

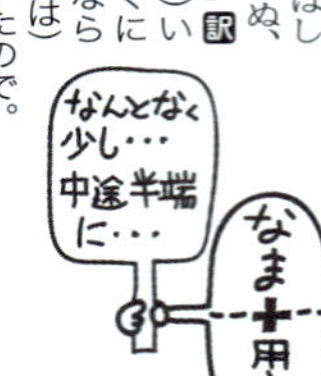

例語 なま荒々し(=なんとなく荒々しい)・なまいとほし(=なんとなく気の毒だ)・なまけやけし(=なんとなくわずらわしい)・なま賢し(=こざかしい)・なま強ひ・なま憎し・なま妬し・なまはしたなし・なま不合(=あまり暮らしが豊かでない)・なま防がしげ(=なんとなくじゃまにするさま)・なま難し・なま煩はし

なま-おぼえ【生覚え】名〔「なま」は接頭語〕❶正確に覚えていないこと。うろ覚え。❷あまり優遇されていないこと。あまり気に入られていないこと。〈源氏・宿木〉「中納言殿の御前の中に、なま覚えあざやかならぬや、暗きまぎれに立ちまじりたりけむ」訳中納言殿(=薫)の御前駆の人の中に、あまり優遇されていない、ぱっとしない者が、暗がりにまぎれて(匂宮方の従者と)いっしょに立っていたのであろうか。

なま-がくしゃう【生学生】名〔「なま」は接頭語〕年若く未熟な学生(=大学寮などで学問を修業中の者)。

なま-かたくな・し【生頑なし】形シク〔しから・しく(しかり)・し・しき(しかる)・しけれ・しかれ〕〔「なま」は接頭語〕なんとなく愚かで頑固なようす。どことなく無骨である。

なま-ごころ【生心】名〔「なま」は接頭語〕なまはんかな心。中途半端な風流心。また、淡い恋情。

なま-さぶらひ【生侍】名〔「なま」は接頭語〕未熟な侍。若くて官位の低い侍。〈宇治・六・四〉「人のもとに宮仕へしてあるなま侍ありけり」訳(ある)人のところに奉公している若くて位の低い侍がいた。

なま・し【生し】形シク〔しから・しく(しかり)・し・しき(しかる)・しけれ・しかれ〕❶なまである。なまなましい。また、生きている。〈著聞・三七〉「なましき体(=生きのいい)魚を求めて」❷未熟だ。不十分だ。〈沙石集〉「信心うすく、智解の発らざること、是れなましき体姿なり」訳信仰心がうすく、思慮分別の生じないこと、これが未熟なありさまである。

な-まし ❶反実仮想を強調して表す。きっと…てしまうだろう。きっと…だったろう。〈竹取・竜の頸の玉〉「竜を捕らへたらましかば、またこともなく、我は害せられなまし終」訳竜を捕らえていたとしたら、またたやすく、私はきっと殺されていただろう。❷(上に疑問の語を伴って)ためらいのある希望の意を表す。…てしまおうか。…のがいいのではないか。〈源氏・葵〉「幼き御有り様のうしろめたさにことつけて

最重要330

228

なま-めか・し【艶かし】形シク〔しから・しく(しかり)・し・しき(しかる)・しけれ・しかれ〕

ガイド 動詞「艶めく」に対応する形容詞。「生(=未熟な、若々しい)+めかし(=その状態である)」で、①が原義。①の上品さから②が、①のようすに対して感じられる魅力から③の意が派生する。現代語ではもっぱら③の意で用いるが、中古では①②の意が重要。

❶若々しい。みずみずしい。清新だ。⬇おいらか「類語の整理」

例 重き位と見え給はず、若うなまめかしき体御さまなり〈源氏・若菜上〉

訳 (光源氏は准太上天皇という)貴い位(にあるお方)とお見えにならず、若々しくみずみずしいごようすである。

❷優美である。優雅だ。落ち着いた趣がある。

例 おこたりはて給ひて、いといたく面やせ給へれど、なかなかいみじくなまめかしく用て〈源氏・夕顔〉

訳 (光源氏は)病気はすっかりお治りになって、たいそうひどく面やつれなさっているけれど、かえってすばらしく優美なようすで。

❸色っぽい。つやっぽい。

例 いとど昔思ひ出でつつ、ふりがたくなまめかしき体さまにもてなして〈源氏・朝顔〉

訳 (源典侍は)ますます(光源氏と逢った)昔のことを思い出しては、昔と変わらず色っぽいようすにふるまって。

語感実感 成人式に集った若者たちが、大人としては未熟ながら、若々しくみずみずしい美しさにあふれている感じ。

下（くだ）りやしなまし（終）」訳（斎宮（さいぐう）の）幼いご様子が気がかりであることを口実にして（伊勢（いせ）へ）下向してしまおうか。➡まし（助動）（七五四ページ）

なりたち 完了（確述）の助動詞「ぬ」（未）＋反実仮想の助動詞「まし」

なま-じひジイ【生強ひ・慭ひ】形動ナリ｛なら・なり（に）・なり・なる・なれ・なれ｝〔「なま」は接頭語〕「なましひ」とも。

❶（できないのに）**しいてするさま。**むりに行うさま。〈万葉・四・六一三〉「もの思ふと人に見えじとなまじひに（用）常に思へり」訳 物思いをしていると人に見られまいと、しいて普通に思っているが。

❷**しなくてもよいのにしてしまうさま。**なまじっか。〈徒然・一五〇〉「よくせざらんほどは、なまじひに（用）人に知られじ」訳（芸を身につけようとする人は）よくできないような間は、（習っていることを）なまじっか人に知られまい（とする）。

❸**しぶしぶするさま。**〈今昔・二六・一五〉「あながちに言へば、なまじひに（用）池の辺（ほとり）に具して行きぬ」訳（女が）熱心に言うので、（男は）しぶしぶ池のほとりについて行った。

❹**中途半端なさま。**〈平家・一・祇王〉「今生（こんじやう）も後生（ごしやう）もなまじひに（用）し損じたる心地にてありつるに」訳 この世のことも来世のことも中途半端にやりそこなってしまった気持ちでいたのに。

最重要330

229 なま-め・く【艶く】自カ四｛か・き・く・く・け・け｝〔「めく」は接尾語〕

ガイド 「生（なま）（＝未熟な、若々しい）＋めく（＝その状態にある）」で、①が原義。①の上品さから②③が、①のようすに対して感じられる魅力から④の意が派生する。現代語ではもっぱら④の意で用いるが、中古では①②の意が重要。

❶**みずみずしくみえる。若々しく美しい。**
例 その里に、いとなまめい（用）（イ音便）たる女はらから住みけり〈伊勢・一〉
訳 その（春日（かすが）の）里に、たいそう若々しく美しい姉妹が住んでいた。

❷**優美である。上品である。**
例 かたちいと清げになまめき（用）たるさましたる人の〈源氏・若菜上〉
訳（柏木（かしわぎ）は）容貌がたいそう美しい感じで上品であるようすをしている人で。

❸**もの静かで落ち着いている。しっとりとしている。**
例 閼伽（あか）の棚などして、その方（かた）にしなさせ給へる御しつらひなど、いとなまめき（用）たり〈源氏・鈴虫〉
訳 閼伽の棚（＝仏前に供える水や花などを置く棚）などをしつらえて、その（＝勤行（ごんぎやう））向きに作り直しなされたお部屋の御飾りつけなども、たいそうしっとりと落ち着いている。

❹**色っぽくふるまう。**
例 この車を女車と見て、寄り来てとかくなまめく（体）あひだに〈伊勢・三九〉
訳（源至（みなもとのいたる）が）この牛車（ぎつしや）を女車と見てとって、近づいて来てあれこれと（女の気を引くような）色っぽいふるまいをするうちに。

なます【膾・鱠】名 魚介や鳥獣の生肉を細く切ったもの。また、それを酢などであえた料理。さらに、大根・にんじんなどを刻んで混ぜたものや、野菜だけのものにもいう。

なま-なま【生生】形動ナリ｛なら・なり（に）・なり・なる・なれ・なれ｝❶**しぶしぶするさま。不本意なさま。**〈記・中〉「その御琴を取り依（よ）せてなまなまに（用）控（ひ）き坐（ま）しき」訳（仲哀天皇は）その御琴を引き寄せてしぶしぶお弾きになった。❷**中途半端なさま。未熟なさま。**〈源氏・帚木〉「才（ざえ）の際（きは）、なまなま（語幹）の博士（はかせ）はづかしく」訳 漢学の程度は、未熟な学者が気後れするほどで。

なま-はしたな・し【生はしたなし】形ク｛（から）・く（かり）・し・き（かる）・けれ・かれ｝〔「なま」は接頭語〕**なんとなく体裁が悪い。なんとなく興ざめだ。**〈源氏・夕顔〉「いらへ給はで程へければなまはしたなき（体）に」訳（光源氏が）返歌もなさらないで時がたったので、（女は）なんとなくきまりが悪いところに。

な-まほし 希望の意を強調する。…てしまいたい。〈源氏・紅葉賀〉「うち過ぎなまほしけれ（已）ど、あまりはしたなくやと思ひ返して」訳 そのまま通り過ぎてしまいたいが、（それも）あまりに無愛想かと思い直して。

なりたち 完了の助動詞「ぬ」（未）＋希望の助動詞「まほし」

なま-みやづかへ―ミヤヅカエ【生宮仕へ】名〔「なま」は接頭語〕名ばかりのなんということもない宮仕え。

なま-めか・し【艶かし】形シク ➡前ページ 228

なま-め・く【艶く】自カ四 ➡上 229

なま-もの【生者】名〔「なま」は接頭語〕身分の低い

なむ ナン

係助 〔「なん」とも表記される〕

⬇下段「まぎらわしい『なむ』の識別」

意味・用法

強調
まさにそれであると強調する意を表す。文中に用いられると、文末の活用形は連体形になる。

用例

例 その人かたちよりは心**なむ**まさりたりける〈伊勢・二〉
訳 その人は顔かたちよりは**とりわけ**心がすぐれていたのだった。

例 橋を八つ渡せるによりて**なむ**八橋と言ひける〈伊勢・九〉
訳 橋を八つ渡してあることで**それで**八橋というのであった。

定型表現 係り結び
なむ…連体形
〈強意〉（連体形）
例 花**なむ**咲き**たる**。（＝花が咲いている）

接続
体言、活用語の連体形、副詞、助詞に付く。連用修飾語と被修飾語との間では連用形に付く。

文法ノート

1 **結びの省略**
文の結びの「ある」「侍る」「言ふ」などを省略した形で余情を表す。
例 かかる御使ひのよもぎふの露分け入り給ふにつけても、いと恥づかしう**なむ**〔侍る〕〈源氏・桐壺〉
訳 このような（畏れ多い桐壺帝の）ご使者が雑草の生い茂った所の露をわけておいでくださるにつけても、たいそう気がひけ**まして**。

2 **結びの消滅**
「なむ」を受けて結びになるはずの用言に接続助詞が付いてさらに下に続くとき、結びが消滅する。
例 …と**なむ**いへりけるを、その返しもせで年こえにけり〈大和・三〉
訳 …と**だけ**言ったのを、その返歌もしないで年が改まってしまった。

なみ【波・浪】名 ❶水面に立つ波。❷凸凹や起伏のあるものを波にたとえていう。〈万葉・七・一〇八八〉「天の海に雲の**波**立ち」訳 空の海に、雲の**波**が立って。❸（年とって肌に生じる）しわのたとえ。〈古今・仮名序〉「鏡のかげに見ゆる、雪と**波**とを嘆き」訳 鏡に映る姿に見える、白髪と**しわ**と（が増すの）を嘆き。

フレーズ
波の花 ❶波の白い泡やしぶきを花にたとえていう語。〈古今・秋下〉「草も木も色変はれどもわたつ海の**波の花**にぞ秋なかりける」訳（秋になると）草も木も色が変わるけれども、大海の**波という花**には（その色を変える）秋はなかったことだ。

まぎらわしい「なむ」の識別

識別ナビ **接続を見る。** 上が活用しない語または活用語の連体形なら❶、未然形なら❷。上が連用形の場合、形容詞型・形容動詞型活用語の連用形「—く」「—に」なら❶、それ以外の連用形なら❸。

❶ **係助詞**
例 もと光る竹**なむ**一筋ありける〈竹取・かぐや姫の生ひ立ち〉
訳 根もとの光る竹が一本あった。
例 百敷に行きかひ侍らむことは、ましていとはばかり多く**なむ**〈源氏・桐壺〉
訳 宮中に出入りしますようなことは、なおさら、とても遠慮が多く（ございまして）。
▽上に名詞、活用語の連体形、副詞、助詞、形容詞型活用語の連用形「—(し)く」、形容動詞型活用語の連用形「—に」がくる。第一例のように文末を連体形で結ぶのが原則。上が形容詞・形容動詞型活用語の連用形の場合は、「なむ」のすぐ下に結び「ある」「侍る」がくるが、第二例のようにその結びが省略されることもある。**省いても意味が通じる。**

❷ **終助詞**
例 いつしか梅咲か**なむ**〈更級・梅の立枝〉
訳 早く梅が咲いて**ほしい**。
▽上が活用語の未然形。

❸ **助動詞「ぬ」の未然形＋助動詞「む」**

❷《女房詞》食塩。

なみ【並み】 ━ 名 ❶並び。列。続き。〈万葉・六・一〇五〇〉「山**並み**の宜しき国と」訳 山の**並び立つ姿**のよろしい国と。

❷同類。同列。同等。〈源氏・玉鬘〉「北の町にものする人の**並み**にはなどか見ざらまし」訳 (六条院の)北の一画にいる人(＝明石の君)と**同列**には、どうして世話をしないことがあろうか(いや、世話をしただろうに)。(「ものす」は婉曲表現で、ここでは「いる」の意)

❸共通の性質。共通の癖。〈大鏡・道隆〉「老いの**並み**に、言ひ過ぐしもぞし侍る」訳 老人の**癖**で、言い過ごしをするといけません。

━ 形動ナリ {なら・なり(に)・なり・なる・なれ・なれ} ふつうだ。世間なみだ。〈万葉・五・八五八〉「**並みに**用し思はばわれ恋ひめやも」訳 **並ひととおりに**(あなたを)思っているならば、私はこんなに恋しく思うだろうか。

なみこえぬ… 俳句

波こえぬ 契りありてや みさごの巣 〈細道・象潟・曾良〉

(切れ字、夏)

なむ (ナン)

終助 [「なん」とも表記される]

意味・用法	用例
他に対する願望・あつらえ …てほしい。 …てもらいたい。	例 小倉山峰のもみぢ葉心あらば今ひとたびのみゆき待た**なむ**〈拾遺・雑秋〉 訳 小倉山の峰の紅葉の葉よ、もし心があるならば、もう一度あるはずの行幸を(散らずに)待ってい**てほしい**。

接続 活用語の**未然形**に付く。

参考 上代には「なも」も用いた。

➡前ページ「まぎらわしい『なむ』の識別」

例 髪もいみじく長くなり**なむ**〈更級・物語〉

訳 **きっと**髪もずいぶん長くなる**だろう**。

▽**上が活用語の連用形**。ただし、形容詞型活用語の連用形「―(し)く」、形容動詞型活用語の連用形「―に」の形がくることはない。

訳 (夫婦の契りが固いといわれる鳥のことだから)あの岩を波が越えないという約束でもあって、あんな荒磯の岩にみさご(＝鳥の名)が巣をかけているのだろうか。

解説 「岩上に雎鳩の巣をみる」と前書き。みさごは海浜に棲息し、中国の「詩経」以来夫婦仲のよい鳥とされる。「契りきなかたみに袖をしぼりつつ末の松山波越さじとは」(訳 ➡付録①「小倉百人一首」42)〈後拾遺・恋四〉をふまえる。

なみ・す【無みす・蔑す】 他サ変 {せ・し・す・する・すれ・せよ} 軽んじる。あなどる。〈平家・三・城南之離宮〉「安元・治承の今はまた君を**なみし**用奉る」訳 (平清盛は)安元・治承の今はまた主君を**軽んじ**申しあげる。

なみだ-がは【涙川】 (ガワ) 名 涙の流れるのを川にたとえていう語。あふれる涙。〈古今・恋二〉「**涙川**なに水上をたづねけむ」訳 **あふれでる涙の川**の水源はどこかと、なぜ尋ねたのだろう。

なみ-ぢ【波路】 (ジ) 名 海上の船の通うみち。航路。潮路。〈土佐〉「**波路**はいとどはるけかりけり」訳 (都への)**航路**はますます遠くなることだ。

なみ-なみ【並並】 名・形動ナリ ❶同じ程度であること。同等。同列。〈万葉・一六・三七九八〉「否も諾も友の**並々**われも依りなむ」訳 いやもおうも友だちと**同じように**、私も(翁に)きっとなびき寄ろう。

❷ふつう。ひととおり。平凡。〈源氏・夕顔〉「かやうの**並々**までは思ほしかからざりつるを」訳 (今まで光源氏は)この(空蟬の)ような**平凡な**(身分の)**女**にまでは思いを寄せなさらなかったのに。

なみ-の-はな【波の花】 ➡波「フレーズ」

なみ-ま【波間】 名 ❶波と波との間。❷波の絶え間。

なみ-まくら【波枕】 名 船中で寝ること。枕もとに波の音を聞くこと。

なみ・ゐる【並み居る】 (ナミイル) 自ワ上一 {ゐ・ゐ・ゐる・ゐる・ゐれ・ゐよ} 並んで座る。列席する。〈徒然・一三七〉「所なく**並みゐ**用つる人も、いづかたへか行きつらん」訳 すきまなく**並んで座っていた**人々も、どこへ行ってしまったのであろうか。

なむ【南無】 ━ 名《梵語の音訳》「なも」とも。仏・菩薩・教法に帰依すること。仏・菩薩などの名の上に付け、心から帰依する意を表す。「**南無**阿弥陀仏」「**南無**八幡大菩薩」

━ 感「なも」とも。「南無三宝」の略。

な・む【並む】 ━ 自マ四 {ま・み・む・む・め・め} 並ぶ。連なる。〈万葉・二〇・四三七五〉「松の木の**並み**用たる見れば」訳 松の木の**並ん**でいるのを見ると。

━ 他マ下二 {め・め・む・むる・むれ・めよ} 並べる。〈万葉・一・四〉「馬**並め**用て朝踏ますらむ」訳 馬を**並べ**て朝の野をお踏みになっているだろう。

なむ (ナン) 助動特殊型《上代東国方言》[助動詞「らむ」に相当する]現在の事実を推量する意を表す。…**ているだろう**。〈万葉・一四・三四九六〉「橘の古婆の放髪が思ふなむ(体)心うつくしいで吾は行かな」**訳** 橘の古婆(=武蔵の国の地名)の少女が(私を)慕っているであろう(その)心がかわいい。さあ、私は出かけよう。

接続 動詞の終止形に付く。

→なも(助動)・らむ(助動)〈八九四ページ〉

活用

未然	連用	終止	連体	已然	命令
○	○	なむ(。)	なむ(コト)	○	○

参考 「万葉集」には「妹が心は揺くなめかも(=妻の心は動揺しているだろうかなあ)」〈万葉・二〇・四三九〇〉という「なめ」の用例が見られるが、「かも」が付いているところから、連体形の変化したものと考えられる。したがって、已然形「なめ」の確かな用例は見当たらない。

なむ 係助 ➡六二四ページ助詞「なむ」

なむ 終助 ➡前ページ助詞「なむ」

な-む

〔「なん」とも表記される〕

意味・用法

推量(…てしまうだろう。(きっと)…だろう。)→❶

意志(…てしまおう。(きっと)…しよう。)→❷

適当・当然(…するのがよい。…すべきだ。)→❸

可能推量(…することができるだろう。)→❹

仮定(…としたら。…てしまったなら。)→❺

勧誘(…たらどうだ。…てくれないか。)→❻

接続 活用語の連用形に付く。

❶強い推量を表す。…**てしまうだろう**。(**きっと**)…**だろう**。〈更級・物語〉「盛りにならば、容貌も限りなくよく、髪もいみじく長くなりなむ(終)」**訳** 女盛りになるならば、きっと顔だちもこの上なくすばらしく、髪もずいぶん長くなるだろう。

❷強い意志を表す。…**てしまおう**。(**きっと**)…**しよう**。〈万葉・三・三四八〉「この世にし楽しくあらば来む世には虫に鳥にもわれはなりなむ(終)」**訳** この世で楽しくある(=酒が飲める)ならば、来世では虫にでも鳥にでも私はなってしまおう。

❸適当・当然の意を表す。…**するのがよい**。…**すべきだ**。〈源氏・若紫〉「『よし、後にも人は参りなむ(終)』とて」**訳** 「まあいい、後からでもだれかは参るがよい」とおっしゃって。

❹可能な事柄に対する推量を表す。…**することができるだろう**。〈徒然・一〇九〉「かばかりになりては、飛び降るとも降りなん(終)」**訳** これくらいに(低く)なってからは、(木から)飛びおりてもおりられよう。

❺仮定の意を強める。…**としたら**。…**てしまったなら**。〈大鏡・師尹〉「さばかりになりなむ(体)には、ものの恥知らでありなむ」**訳** (落ちぶれて)それほどになった場合には、恥も外聞もかまわないのがよい。(「知らでありなむ」の「なむ」は③の用法)

❻(多く「なむや」の形で)勧誘・婉曲な命令を表す。…たらどうだ。…てくれないか。→なむや。〈➡六二四ページ「まぎらわしい『なむ』の識別」〉

なりたち 完了(確述)の助動詞「ぬ」(未)＋推量の助動詞「む」

なむ-さんぼう【南無三宝】感 ❶三宝(=仏・法・僧)に呼びかけて、仏の救いを願うことば。「南無」とも。〈謡・邯鄲〉「げに何事も一睡の夢、南無三宝」**訳** 本当にすべては一睡の夢(と同じく無価値なのだ)、南無三宝、南無三宝。❷驚いたときや失敗したときに発することば。しまった。たいへんだ。「南無三」「南無」とも。〈謡・夜討曽我〉「どれどれ、南無三宝したたかに斬られてあるは」**訳** どれどれ、たいへんだ、ひどく斬られているぞ。

な-むず 〔「なんず」とも表記される〕…てしまうだろう。…てしまおう。〈竹取・かぐや姫の昇天〉「罷りなむずる(体)ことの口惜しう侍りけり」**訳** (月の世界へ)おいとましてしまおうとすることがまことに残念でございます。

なりたち 完了(確述)の助動詞「ぬ」(未)＋推量の助動詞「むず」

な-むち【汝】代 〔古くは「なむぢ」〕「なんぢ」とも。対称の人代名詞。ふつう、目下の者に対して用いる。おまえ。〈うつほ・俊蔭〉「汝はなぞの人ぞ」**訳** おまえはどういう人か。

な-む-と-す 〔「なんとす」とも表記される〕❶(「む」が意志を表す場合)…てしまおうとする。〈伊勢・八三〉「あるじの親王、酔ひて入り給ひなむとす(終)」**訳** 主人の親王は、酔って(寝所に)お入りになってしまおうとする。

❷(「む」が推量を表す場合)(きっと)…てしまうだろ

最重要330 230

なめ・し

形ク〔から・く(かり)・し・き(かる)・けれ・かれ〕

ガイド 失礼だの意で、多く相手を軽蔑する気持ちが含まれる。現代語で対象を軽くみる意の「なめる」は、この「なめし」の動詞化かともいわれる(「嘗める」の転義という説もある)。

失礼だ。無作法だ。

例 文ことばなめき(体)人こそいとにくけれ〈枕・二六二〉

訳 手紙のことば(の使い方)が無礼な人はたいそう不快だ。

例 なめし(終)と思さで、らうたくし給へ〈源氏・桐壺〉

訳 (光源氏があなたに馴れ親しむことを)無作法だとお思いにならないで、おかわいがりください。

う。〈平家・一〇・海道下〉「弥生（やよひ）もなかば過ぎ、春もすでに暮れなんとす(終)」訳 陰暦三月も半ばを過ぎ、春ももはや暮れてしまうだろう。

なりたち 完了（確述）の助動詞「ぬ」(未)＋推量の助動詞「む」(終)＋格助詞「と」＋サ変動詞「為（す）」

なーむーや ニッ［「なんや」とも表記される］❶勧誘・婉曲（えんきょく）な命令を表す。…たらどうか。…てくれないか。〈源氏・桐壺〉「忍びては参り給ひなむや」訳 そっと宮中に参内（さんだい）なさったらどうか。

❷反語の意を表す。…であろうか（いや、…でない）。〈徒然・一四二〉「恩愛の道ならでは、かかる者の心に慈悲ありなむや」訳 親子の情愛の道でなくては、このような（荒々しい）者の心に慈悲があるであろうか（いや、あるはずがない）。

なりたち 完了の助動詞「ぬ」(未)＋推量の助動詞「む」(終)＋終助詞「や」

なめーげ 形動ナリ ｛なら・なり（に）・なり・なる・なれ・なれ｝［「げ」は接尾語］無礼だ。失礼だ。〈竹取・かぐや姫の昇天〉「なめげなる(体)ものに思（おぼ）しめし止（とど）められぬるなむ、心にとどまり侍りぬる」訳（私＝かぐや姫が）無礼な者だと（帝（みかど）の）お心にお止めになられてしまったのが、心残りでございました。

なめ・し 形ク ⬇前ページ 230

なめ-て【並めて】 副「なべて」に同じ。

なーめーり …であるようだ。…であると見える。〈竹取・かぐや姫の生ひ立ち〉「子となり給ふべき人なめり(終)」訳（かぐや姫は、私の）子供におなりになるはずの人であるようだ。

なりたち 断定の助動詞「なり」(体)＋推量の助動詞「めり」＝「なるめり」の撥音便「なんめり」の撥音「ん」の表記されない形。ふつう「なㇺめり」と読む。

なも【南無・南謨】 名・感「なむ（南無）」に同じ。

なも 助動特殊型《上代東国方言》（助動詞「らむ」に相当する）現在の事実を推量する意を表す。…ているであろう。〈万葉・一四・三四七六〉「うべ児（こ）なは吾（わぬ）に恋ふなも(終)立（た）と月（つく）のぬがなへ行けば恋（こふ）しかるなも(終)」訳 もっともだ、妻は私を恋い慕っているだろう。新しい月になって日がたってゆくので、恋しく思っていることだろう。↓なむ（助動）・らむ（助動）（八九四ページ）

接続 ラ変型の用言および助動詞には連体形、その他には終止形に付く。

活用					
未然	連用	終止	連体	已然	命令
○	○	なも（ㇺ）	なも（コト）	○	○

なも ㊀係助 ㊁終助

意味・用法
㊀係助詞 強調（…まさにそれで。）
㊁終助詞 願望（…てほしい。…てもらいたい。）

接続
㊀体言、活用語の連体形、副詞、助詞に付く。連用修飾語と被修飾語との間では連用形に付く。
㊁動詞の未然形に付く。

㊀係助《上代語》まさにそれであると強調する意を表す。〈続日本紀〉「天の下の公民（おほみたから）を恵（うつく）しび給ひ撫（な）で給はむとなも神ながら思ほしめさくと」訳 天下の臣民たちをいつくしみなさり愛撫（あいぶ）なさろうとまさに神意のままに思（おぼ）しめすことと。

参考 中古の「なむ（係助）」に相当する語。宣命（せんみょう）（＝国語で書かれた天皇の命令）に多く使われ、上から下に伝達する文章中に見られる。

㊁終助《上代語》他に対する願望（＝あつらえ）の意を表す。…てほしい。…てもらいたい。〈万葉・一・一八〉「三輪山（みわやま）をしかも隠すか雲だにも心あらなも隠さふべしや」訳 ⬇みわやまを… 和歌

なやま・し【悩まし】 形シク ｛しから・しく（しかり）・し・しき（しかる）・しけれ・しかれ｝［動詞「なやむ」に対応する形容詞］（病気、または心理的なことなどで）気分が悪い。苦しい。つらい。疲れて大儀だ。〈源氏・帚木〉「『いと悩ましき(体)に』とて、大殿籠（おほとのごも）れり」訳「ひどく疲れて大儀なので」とおっしゃって、（光源氏は）おやすみになった。⬇篤（あつ）し「慣用表現」

なやまし-げ【悩ましげ】 形動ナリ ｛なら・なり（に）・なり・なる・なれ・なれ｝［「げ」は接尾語］気分が悪そうなさま。だるそうだ。〈源氏・若紫〉「脇息（けふそく）のうへに経をおきて、いと悩ましげに(用)読みゐたる尼君、ただ人と見えず」訳 ひじかけの上に経文を置いて、たいそう苦しそうに（経を）読んで座っている尼君は、並みの身分の人と見えない。

なやま・す【悩ます】 他サ四 ｛さ・し・す・す・せ・せ｝悩ませる。困らせる。〈徒然・一九〉「ただ心をのみぞ悩ます(体)」訳（桜は）ただ（人の）心を悩ませるばかりである。

なやみ【悩み】 名 悩むこと。苦しみ。病気。〈源氏・柏木〉「おどろおどろしき御悩みにもあらで」訳（女三の宮は）大変な御病気でもなくて。⬇篤（あつ）し「慣用表現」

なや・む【悩む】 自マ四 ⬇次ページ 231

な・ゆ【萎ゆ】 自ヤ下二 ｛え・え・ゆ・ゆる・ゆれ・えよ｝❶力がなくなって、ぐったりする。なえる。〈竹取・かぐや姫の昇天〉「手に力もなくなりて、なえ(用)かかりたり」訳（弓矢を持つ）手に力もなくなって、ぐったりとして（物に）寄りかかっている。

❷（衣服などが、長く着たために糊（のり）が落ちて）やわらかになる。くたくたになる。〈徒然・二三五〉「なえ(用)たる直垂（ひたたれ）、うちうちのままにてまかりたりしに」訳 よれよれになった直垂で、ふだん着のままで参上したところ。

❸（植物が）しおれる。〈枕・能因本・二三三〉「葵（あふひ）かつらもうちなえ(用)て見ゆ」訳（牛車（ぎっしゃ）につけた）葵かつら（＝ふたばあおいの葉で作った飾り）もうちしおれて見える。

なよ-たけ【弱竹】 名 細くしなやかな竹。若竹。「萎竹（なゆたけ）」とも。〈竹取・かぐや姫の生ひ立ち〉「なよ竹のかぐや姫とつけつ（＝名づけた）」

なよたけの【弱竹の】《枕詞》なよ竹は、よくたわむので「とをよる（＝しなやかにたわむ）」に、また竹の縁から「よ（＝節・夜・世）」「ふし」にかかる。「萎竹（なゆたけ）の」とも。〈万葉・二・二一七〉「なよたけのとをよる子らは」

なよび-か 形動ナリ ｛なら・なり（に）・なり・なる・なれ・なれ｝［「か」は接尾語］❶やわらかなさま。しなやかなさま。〈源氏・総角〉「白き御衣（ぞ）どものなよびかなる(体)に」訳 何枚かの白いお召し物で、やわらかなのに。

❷（人柄などが）ものやわらかで優しいさま。また、つ

最重要330

231

なや・む【悩む】自マ四｛ま・み・む・む・め・め｝

ガイド 「萎ゆ」と同源か。現代語ではもっぱら精神的な苦悩をいうのに対し、古語では①の肉体的な苦痛にも用いられる。①では、もっぱら病気やけがを表す「病む」に対し、妊娠・出産についてもいうので注意。

❶病気で苦しむ。わずらう。
⬇篤しし「慣用表現」

❷難儀をする。困る。苦しむ。

❸うるさく非難する。

例 いはば、よき女の悩め(已)るところあるに似たり〈古今・仮名序〉 訳 (小野小町の歌は)いうなれば、美しい女性が病に苦しんでいるところがあるのに似ている。

例 こぎのぼるに、川の水ひて、悩み(用)わづらふ〈土佐〉 訳 (船が淀川を)漕ぎ上るが、川の水が干あがって、難儀をし苦労をする。

例 かく御子もおはせぬ女御の后に居給ひぬること、安からぬことに世の人悩み(用)申して〈栄花・花山たづぬる中納言〉 訳 このように皇子もいらっしゃらない女御が后の位におつきになったことは、おだやかではないことだと世間の人はとやかく非難し申しあげて。

やっぽいさま。〈源氏・帚木〉「まめだち給ひけるほど、なよびかに(用)をかしきことはなくて」訳 (光源氏は)まじめにふるまっていらっしゃったので、つやっぽくおもしろいことはなくて。

なよ・ぶ 自バ上二｛び・び・ぶ・ぶる・ぶれ・びよ｝❶なよなよとする。ものやわらかにふるまう。〈源氏・賢木〉「御心なよび(用)たる方に過ぎて」訳 (朱雀帝は)ご気性が柔和である方面に片寄り過ぎて。❷(衣服や紙などが)しなやかである。ごわごわしないでやわらかである。〈源氏・夕霧〉「なよび(用)たる御衣ども脱い給うて」訳 (夕霧は糊気の落ちて)やわらかくなったお召し物どもをお脱ぎになって。参考 連用形の例のみで、四段活用とする説もある。

なよ-よか 形動ナリ｛なら・なり(に)・なり・なる・なれ・なれ｝[「よか」は接尾語]「なよらか」とも。❶(衣服などが)やわらかく、しなやかなさま。〈源氏・帚木〉「白き御衣どものなよよかなる(体)に、直衣ばかりをしどけなく着なし給ひて」訳 何枚かの白いお召し物で、やわらかなのの上に、直衣だけをことさら無造作におはおりになって。❷(人柄や態度などが)ものやわらかなさま。しが優美なさま。〈源氏・東屋〉「限りなくあてに気高きものから、なつかしうなよよかに(用)」訳 (亡き大君は)この上なく高貴で気品があるけれども、親しみやすくものごしが優美で。

なよ-らか 形動ナリ｛なら・なり(に)・なり・なる・なれ・なれ｝[「らか」は接尾語]「なよよか」に同じ。〈枕・二三〉「桜の直衣のすこしなよらかなる(体)に」訳 桜襲の直衣の少ししなやかなのの上に。

なら 助動詞「なり」(断定)の未然形。

ならい〔習い・慣らい〕⬇ならひ

ならう〔慣らう・馴らう・習う〕⬇ならふ

ならく【奈落】名《梵語の音訳》❶《仏教語》地獄。❷最終の所。果て。どん底。

ならく ❶(「なり」が伝聞・推定の助動詞の場合)…ということ。…ことには。〈十訓・五〉「いふならく奈落の底に入りぬれば刹利も須陀もかはらざりけり」訳 (仏典の)言うことには、地獄の底に落ちてしまうと、王族も隷民も変わらないのだった。❷(「なり」が断定の助動詞の場合)…であること(には)。〈春泥句集・序〉「支考と麦林(=ともに江戸時代の俳人)とはとりもなおさず俳諧の魔物ならくのみ」訳 支考と麦林は則ち俳魔であるにすぎない。

なりたち 助動詞「なり」のク語法

参考 ①は「聞くならく」「言ふならく」などの形で用いられ、②は「ならくのみ」の形で文末に用いられる。

な-らし ❶断定して推量する意を表す。…であるらしい。…のようだ。…であるにちがいない。〈万葉・五・八〇四〉「か行けば人に厭はえかく行けば人に憎まえ老よし男はかくのみならし(終)」訳 あちらに行くと人に嫌われ、こちらに行くと人に憎まれ、年老いた男は、まったくこうしたものであるらしい。❷断定の「なり」とほとんど同じ意味を表す。中世以降の用法で、婉曲に表現して余情を含める。…である。…だなあ。〈鶉衣〉「強ひてそのまねびせんとにはあらねど、例の腹ふくるるわざなればならし(終)」訳 強いてそのまねをしようというわけではないが、(兼好法師が言うところの)例の(思うことを言わないと)腹がふくれることだから(書くの)である。

なりたち 断定の助動詞「なり」(体)＋推定の助動詞「らし」＝「なるらし」の転

なら・す【平す・均す】他サ四｛さ・し・す・す・せ・せ｝たいらにする。〈万葉・一四・三五四六〉「汝を待つと清水は汲まず立処ならす(終)も」訳 (川の渡し場で)あなたを待つというので、清水は汲まずに、立っている所を踏みならしていることよ。

ならす【馴らす・慣らす】他サ四〔さ・し・す・す・せ・せ〕❶**なれ親しませる。**なれさせる。〈**源氏・空蟬**〉「かの薄衣(うすごろも)は小袿(こうちき)のいとなつかしき人香(ひとが)にしめるを、身近く**ならし**用て見居(ゐ)給へり」訳 あの薄衣は、小袿でたいそう慕わしい人の移り香がしみついている、それを、(光源氏は)そばに置いて**なれ親しませ**て見ていらっしゃった。

❷**習わせる。**練習させる。〈**源氏・若菜下**〉「舞どもも**ならし**用、殿(との)の内(うち)ゆすりてののしる」訳 数々の舞楽を**練習させ**、邸内はどよめき騒ぐ。

ならーず…ではない。〈**徒然・一五七**〉「事(じ)・理(り)もとより二つ**ならず**終」訳（人間においては）現象と（その本体たる）真理はもともと二つのもの**ではない**。

なりたち 断定の助動詞「なり」未＋打消の助動詞「ず」

ならーで…ではなくて。…以外に。〈**後拾遺・恋三**〉「今はただ思ひ絶えなむとばかりを人づて**ならで**いふよしもがな」訳 ⬇付録①「小倉百人一首」63

なりたち 断定の助動詞「なり」未＋打消の接続助詞「で」

ならーでーは…でなくては。…以外には。〈**徒然・一一**〉「木(こ)の葉に埋(うづ)もるる懸樋(かけひ)の雫(しづく)**ならでは**、つゆおとなふものなし」訳 木の葉に埋もれている懸樋のしずく**以外には**、まったく音をたてるものがない。

なりたち 断定の助動詞「なり」未＋打消の接続助詞「で」＋係助詞「は」

ならーなくーに…ではないのに。…ではないから。〈**古今・恋四**〉「みちのくのしのぶもぢずり誰(たれ)ゆゑに乱れそめにし我**ならなくに**」訳 ⬇付録①「小倉百人一首」14。→なくに（なく「フレーズ」）

なりたち 断定の助動詞「なり」未＋打消の助動詞「ず」のク語法「なく」＋助詞「に」

参考 「に」は格助詞、断定の助動詞「なり」の連用形、接続助詞などの諸説がある。

ならはし(ナラワシ)【習はし・慣らはし】名 ❶**習わせること。**しこみ。しつけ。練習。〈**源氏・少女**〉「舞**ならはし**などは、里にていとよう仕たてて」訳 舞の**稽古**などは、実家でたいそうよく教えこんで。

❷**慣れさせること。**習慣。

ならはす(ナラワス)【習はす・慣らはす】他サ四〔さ・し・す・す・せ・せ〕❶習わせる。学ばせる。〈**源氏・桐壺**〉「いよいよ道々の才(ざえ)を**ならはさ**未せ給ふ」訳（桐壺帝は光源氏に）ますますさまざまな方面の学問を**学ばせ**なされる。

❷慣れさせる。習慣づける。〈**枕・二四**〉「さしまじらはせ、世のありさまも見せ**ならはさ**未まほしう」訳（それ相当な家の娘は）宮仕えさせ、世間のようすも見せて**慣れさせ**たいと（思い）。

❸こらしめる。ひどいめにあわせる。〈**義経記**〉「とがむる者を**ならはし**用て恥をすすぎて出(い)でばやと思ひて」訳 とがめ立てする者を**こらしめ**て（受けた）恥を除きさってから出たいものだと思って。

ならひ(ナライ)【習ひ・慣らひ】名

❶慣れること。**習慣。しきたり。**〈**徒然・一三七**〉「花の散り、月の傾(かたぶ)くを慕ふ**ならひ**はさることなれど」訳（桜の）花が散り、月が（西に）傾くのを愛惜する**ならわし**はもっともなことであるが。

❷**世の常。きまり。さだめ。**〈**方丈・一**〉「朝(あした)に死に、夕べに生まるる**ならひ**、ただ水の泡にぞ似たりける」訳 朝に死に、（また一方では）夕方に生まれる（という、人の）**世の常**（の姿）は、ちょうど（水面に消えては浮かぶ）水の泡に似ていることだ。

❸古くからの**いわれ。由緒。**〈**徒然・二三六**〉「この御社(みやしろ)

最重要330

232

ならふ(ナラ(ロ)ウ)

一 自ハ四〔は・ひ・ふ・ふ・へ・へ〕 二 他ハ四〔は・ひ・ふ・ふ・へ・へ〕

ガイド 「慣(な)る」の未然形に上代の反復・継続の助動詞「ふ」が付いて一語化したもので、一①「**慣れる**」が原義。二の結果、学芸・技能が身に付くの意が二で、現代語ではもっぱらこの意で用いられる。

一【慣らふ・馴らふ】自ハ四

❶ **慣れる。習慣となる。** 経験を重ねる。

例 春霞(はるがすみ)立つを見捨てて行く雁(かり)は花なき里に住みや**ならへ**已る〈**古今・春上**〉

訳 春霞が立つのを見捨てて（北へ）帰って行く雁は、花のない里に住み**なれ**ているのか。

❷ **慣れ親しむ。なつく。**

例 ここには、かく久しく遊び聞こえて、**ならひ**用奉れり〈**竹取・かぐや姫の昇天**〉

訳 ここ（＝地上）では、このように長い間楽しく過ごし申しあげて、（お二人にも）**慣れ親しみ**申しあげた。

二【習ふ】他ハ四

学ぶ。習得する。

例 法華経(ほけきやう)五の巻(まき)をとく**習へ**命〈**更級・物語**〉

訳 法華経の第五巻を早く**学べ**。

なり

助動ナリ型 〔格助詞「に」＋ラ変動詞「有り」＝「にあり」の転〕

⬇下段「まぎらわしい『なり』の識別」

意味・用法	用例
❶断定 …である。…だ。	例 これは竜たつのしわざに用こそありけれ。この吹く風は、よき方の風なり終〈竹取・竜の頸の玉〉 訳 これは竜のしわざであったのだ。この吹く風は、よい方角へ吹く風だ。 例 三月やよひのつごもりなれ已ば、京の花、盛りは皆過ぎにけり〈源氏・若紫〉 訳 陰暦三月の末であるので、京の桜の花は、盛りは皆過ぎてしまった。
❷存在 …にある。…にいる。	例 駿河するがなる体富士の高嶺たかねを〈万葉・三・三一七〉 訳 駿河にある富士の高嶺を。

接続

体言や活用語の連体形、副詞・助詞に付く。ただし、活用語に付く例は上代にはない。

活用

未然	連用	終止	連体	已然	命令
(ズ)	(ケリ)	(。)	(コト)	(ドモ)	(。)
なら	なり	なり	なる	なれ	なれ
	〈に〉				
	(テ)				

参考 (1)近世では、人名などを表す語を受けて、「…という」の意を表す用法がある。例 一茶なる体ものの草稿にして〈おらが春〉 訳 一茶という者の草稿であって。
(2)「たり」と「なり」のちがい⬇たり（助動タリ型）「文法ノート」2

の獅子ししの立てられやう、定めてならひあることに侍らん」 訳 このお社の獅子の立てなさり方は、きっといわれがあることでございましょう。

ならび-な・し【並び無し・双び無し】形ク 〔(から)・く(かり)・し・き(かる)・けれ・かれ〕 比べるものがない。最高だ。〈平家・四・鵺〉「弓矢を取ってならびなき体のみならず、歌道もすぐれたりけり」 訳 (頼政よりまさは)弓矢を取っては比べる者がないだけでなく、歌道もすぐれていた。

なら・ふ ナラ(ロ)ウ 自ハ四 他ハ四 ⬇前ページ 232

なら・ぶ【並ぶ】一 自バ四 〔ば・び・ぶ・ぶ・べ・べ〕 ❶一列に連なる。そろう。〈万葉・七・一二一〇〉「羨ともしくも並び用居をるかも妹いもと背の山」 訳 うらやましくも並んでいることだなあ。妹山と背の山とは。❷匹敵する。等しい。〈竹取・火鼠の皮衣〉「うるはしきこ

まぎらわしい「なり」の識別

識別ナビ **接続を見る。** 上が活用しない語なら❶。上がラ変以外の動詞型活用語の場合、連体形なら❶、終止形なら❷。上が形容詞型活用語の場合、「ーき」の形なら❶、「ーか(ん)」の形なら❷。

❶断定の助動詞

例 男もすなる日記にきといふものを、女もしてみむとてするなり〈土佐〉

訳 男もすると聞いている日記というものを、女(である私)もしてみようと思ってしたためるのである。

例 この御前まへは、のどけきなり〈源氏・野分〉

訳 こちらの御殿は穏やかなのだ。

▽上に、名詞・副詞・接続助詞など活用しない語、動詞型活用語の連体形、形容詞型活用語の連体形「ー(し)き」がくる。第一例の「する」はサ変動詞「す」の連体形、第二例「のどけき」は形容詞「のどけし」の連体形。

❷伝聞・推定の助動詞

例 ねぶたきを念じてさぶらふに、「丑うし四つ」と奏すなり〈枕・三一三〉

訳 ねむいのを我慢してお仕えしていると、「丑四つ(＝午前二時半ころ)」と奏上する声が聞こえる。

例 安らかに身をふるまふことも、いと罪重かなり〈源氏・須磨〉

訳 気楽に立ちふるまうことも、たいへん罪が重

と並ぶ(終)べきものなし」訳 りっぱなことは肩を並べられそうなものがない。

■二 他バ下二 {べ・べ・ぶ・ぶる・ぶれ・べよ} ❶並べる。連ねる。そろえる。〈平家・九・宇治川先陣〉「五百余騎ひしひしとくつばみを並ぶる(体)ところに」訳 五百余騎(の軍勢)がぎっしりと(馬の)くつわを並べるところに。

❷匹敵させる。また、比較する。〈方丈・三〉「これをありしすまひに並ぶる(体)に、十分が一なり」訳 これを以前住んでいた住居に比べると、十分の一(の大きさ)である。

なら-ほふし ホウシ【奈良法師】名 奈良の東大寺・興福寺などの僧。延暦寺の「山法師」、三井寺の「寺法師」とともに僧兵として知られた。奈良大衆。

ならわし〘習わし・慣らわし〙⬇ならはし

なり【形・態】名 ❶物のかたち。かっこう。形状。からだつき。〈伊勢・九〉「なりは塩尻のやうになむありける」訳 (富士山は)形は塩尻(=塩田で、砂を円錐形に積みあげたもの)のようであった。

❷身なり。服装。〈源氏・宿木〉「わらはべなどの、なりあざやかならぬ、折々うちまじりなどしたるをも」訳 童女などで、身なりのさっぱりときれいでない者が、ときにまじっていたりしているのをも。

❸ありさま。ようす。

なり【業】名 生活のための職業。生計の手段。生業。主として、農業にいう。

なり 助動ナリ型 ⬇前ページ助動詞「なり」

なり 助動ラ変型 ⬇次ページ助動詞「なり」

なり 助動詞「なり」(断定)の連用形・終止形。⬇前ページ「まぎらわしい『なり』の識別」

なり 助動詞「なり」(伝聞・推定)の連用形・終止形。⬇前ページ「まぎらわしい『なり』の識別」

なり-あ・ふ (オ)ウア【成り合ふ】自ハ四 {は・ひ・ふ・ふ・へ・へ} ❶できあがる。完成する。〈源氏・東屋〉「まだなりあは(未)ぬ仏の御飾り」訳 まだでき上がらない仏前の御装飾。

❷十分成長する。一人前になる。〈源氏・東屋〉「まだ幼くなりあは(未)ぬ人を、さし越えて、かくは言ひ馴るべしや」訳 まだ幼く一人前になっていない人(=浮舟の妹)に対して、(姉の浮舟を)さしおいて、このように言い寄ってはよいものだろうか(いや、言い寄ってはいけない)。

❸ひとつになる。いっしょになる。〈太平記・三七〉「平一揆の者ども畠山となりあひ(用)て、夜打ちに寄せたりと騒ぎ」訳 平一揆の者たちが畠山といっしょになって、夜襲をかけたと騒いで。

なり-い・づ イズ【生り出づ・成り出づ】自ダ下二 {で・で・づ・づる・づれ・でよ} ❶生まれ出る。生まれつく。〈源氏・匂兵部卿〉「何の契りにて、かうやすからぬ思ひ添ひたる身にしもなりいで(用)けむ」訳 どんな宿命で、このように心配のつきまとっている身に、よりによって生まれついたのであろう。

❷成長する。成人する。〈堤・虫めづる姫君〉「そのさまのなりいづる(体)を取り出でて見せ給へり」訳 (姫君は、毛虫から蝶へと)その様が成長するのを取り出してお見せになった。

❸出世する。立身する。〈源氏・少女〉「つぎつぎになりいで(用)つつ、おとらず栄えたる御家のうちなり」訳 次々にみなが出世して、(光源氏に)劣らず栄えている(内大臣家の)御一族である。

なり-けり ❶(「けり」が伝聞を表す場合)…であった。…であったということだ。〈徒然・四五〉「良覚僧正と聞こえしは、極めて腹あしき人なりけり(終)」訳 良覚僧正と申し上げた方は、たいそう怒りっぽい人であったということだ。

❷(「けり」が詠嘆を表す場合)…であったなあ。…であるなあ。〈新古・羇旅〉「年たけてまた越ゆべしと思ひきや命なりけり(終)さ夜の中山」訳 ↓としたけて… 和歌

なりたち 断定の助動詞「なり」(用)＋過去の助動詞「けり」

なり-たか・し【鳴り高し】騒がしいのをしずめるときのことば。やかましい。うるさい。〈源氏・少女〉「鳴り高し(終)。鳴りやまむ」訳 騒がしい。静かにしよう。

なり-は・つ【成り果つ】自タ下二 {て・て・つ・つる・つれ・てよ} ❶事が終わる。完了する。〈源氏・葵〉「たひらかに事なりはて(用)ぬれば」訳 つつがなく事がすんだので。

いということだ。

▽上に、動詞型活用語の終止形(ラ変は連体形)、形容詞型活用語の連体形「―(し)かる」の撥音便「―(し)かん」(または撥音便の撥音「ん」が表記されない「―(し)か」)がくる。第一例の「奏す」はサ変動詞「奏す」の終止形、第二例「重か」は形容詞「重し」の連体形「重かる」の撥音便形「重かん」の撥音「ん」の表記されない形。

参考 上の語がラ変の場合、❶❷ともに連体形につくので、形の上からは判別できない(ただし、❷は撥音便形に付く傾向がある)。終止形と連体形が同形の四段活用の語なども形の上からは判別できず、文脈から判別しなければならない。

❷(…に)なってしまう。〈源氏・桐壺〉「いと人わろうかたくなになりはつる(体)も」訳 いよいよ人聞きも悪く偏屈になってしまうのも。

❸成り下がる。落ちぶれる。〈浄・国性爺合戦〉「なりはて(用)しこの姿、恥を包まず来りしぞ」訳 落ちぶれたこの姿、恥を隠さずやって来たぞ。

なり-はひ ワイ【生業】名 ❶農業。農作。また、その作物。〈万葉・一八・四一二二〉「作りたるそのなりはひを」訳 (貢ぎ物として)作ったその農作物だが。

❷生活をしていくための仕事。家業。職業。〈源氏・夕顔〉「今年こそなりはひにも頼む所すくなく」訳 今年は商売にもあてにするところ(=儲け)が少なく。

なり-ひさご【生り瓢】名「なりびさこ」「なりひさこ」とも。ひょうたんの異称。

業平(なりひら)《人名》→在原業平

なり-まさ・る【成り増さる・成り勝る】自ラ四 {ら・り・る・る・れ・れ} しだいに…になっていく。ますます…になる。〈竹取・かぐや姫の生ひ立ち〉「この児、養ふ程に、すくすくと大きになりまさる(終)」訳 この幼児は、養い育てるうちに、すくすくとしだいに大きくなっていく。

なり 助動ラ変型

➡六二〇ページ「まぎらわしい『なり』の識別」

意味・用法	用例
❶推定 (音や声が聞こえることから)推定する意を表す。 …ようだ。…のが聞こえる。	例 秋の野に人まつ虫の声すなり(終)〈古今・秋上〉 訳 秋の野原に人を待つという松虫(=鈴虫のこと)の声がするようだ。(「まつ」は「松」と「待つ」との掛詞) 例 呼ばすれど、答へざなり(終)。呼びわづらひて、笛をいとをかしく吹きすまして過ぎぬなり(終)〈更級・大納言殿の姫君〉 訳 (男が従者に女を)呼ばせるけれども、(女は)答えないようだ。呼びあぐねて、笛をたいそうすばらしく澄んだ音色に吹いて立ち去ってしまうようだ。
❷伝聞 (世間のうわさ・人の話・故事などによる)伝聞の意を表す。 …そうだ。…ということだ。	例 また聞けば、侍従の大納言の御女(みむすめ)なくなり給ひぬなり(終)〈更級・梅の立枝〉 訳 また(うわさに)聞くと、侍従の大納言の姫君がお亡くなりになったということだ。

接続

ラ行変格活用を除く用言および助動詞の終止形に付く。平安時代以降、ラ行変格活用の語には連体形に付くが、上代には終止形に付いた。

活用

未然	連用	終止	連体	已然	命令
○	なり	なり	なる	なれ	○
	(ケリ)	(。)	(コト)	(ドモ)	

文法ノート

1 「あなり」「たなり」「ななり」

ラ行変格活用の語「あり」に接続した上代の用例には、次のようなものがあり、終止形に接続している。

例 葦原(あしはら)の中つ国はいたくさやぎてありなり(終)〈古事記・中〉

訳 葦原の中つ国はひどく騒いでいるということだ。

平安時代以降、ラ行変格活用の語の連体形に接続するが、「あんなり」「たんなり」「なんなり」のように撥音便になり、「あなり」「たなり」「ななり」と撥音「ん」は表記されないことが多い。

2 「なり」と「めり」のちがい

「なり」は、「めり」が視覚で推定する意を持つのと対照的に、聴覚で推定する意を表す。

なりわい〖生業〗➡なりはひ

な・る【生る】 自ラ四{ら・り・る・る・れ・れ} ❶生まれる。生じる。〈記・上〉「高天(たかま)の原になれ(已)る神の名は、天之御中主神(あめのみなかぬしのかみ)」訳 (天上の世界である)高天の原に生まれた神の名は、天之御中主神。❷実を結ぶ。実る。〈徒然・一一〉「大きなる柑子(かうじ)の木の、枝もたわわになり(用)たるが」訳 大きな蜜柑(みかん)の木で、枝もしなうほどに(実が)なっている木の。

な・る【成る】

一 自ラ四{ら・り・る・る・れ・れ} ❶成立する。成就する。実現する。できあがる。〈源氏・須磨〉「奏し給ふことのなら(未)ぬはなかりしかば」訳 (光源氏が帝(みかど)に)奏上なさることで、成就しないことはなかったから。〈方丈・三〉「新都はいまだなら(未)ず」訳 新しい都はまだできあがらない。❷(それまでとは違った状態やもの、地位などに)なる。変化する。成長する。〈源氏・明石〉「よろしうおはしましける御目の悩みさへこのごろ重くなら(未)せ給ひて」訳 (朱雀(すざく)帝は)だいたいよくていらっしゃったお目の病気までもがこのごろ(また)重くおなりになられて。❸することができる。可能である。〈狂・萩大名〉「これほどのこともなり(用)ませぬか(=できませんか)」❹(中世以降の用法で)貴人の動作を尊敬していう語。なさる。特に、おでましになる。〈平家・灌頂・大原御幸〉「女院はいづくへ御幸(ごかう)なり(用)ぬるぞ」訳 女院(=建礼門院)はどこへおいでなさったのか。〈中務内侍日記〉「御所になり(用)ぬるとてあれば」訳 (東宮が)御所におでましになったと言っているので。

二 補動ラ四{ら・り・る・る・れ・れ} 自然にそのような状態になる。〈源氏・桐壺〉「内裏住(うちず)みせさせ給ひて、御心も慰むべくなど思(おぼ)しなり(用)て」訳 (四の宮が)宮中でお暮らしになられて、お気持ちも紛らすのがよいなどと(兄兵部卿(ひょうぶきょう)の宮たちは)だんだんお思いになるようになって。

な・る【業る】 自ラ四{ら・り・る・る・れ・れ} 生業とする。生計を立てる。〈万葉・二〇・四三六四〉「防人(さきむり)に発(た)たむ騒きに家の妹(いむ)がなる(終)べきことを言はず来(き)ぬかも」訳 防人に出発

3 状況を判断した推定
①では、広く周囲の状況などから判断して推定する意を表すこともある。
例 明けはてぬなり㊇〈枕・一六一〉
訳 夜がすっかり明けてしまったようだ。

する騒ぎに(まぎれて)、家に残る妻が生業とするべきことを言わずに来てしまったなあ。(「防人(さきむり)」「妹(いむ)」は上代東国方言)

な・る【慣る・馴る】自ラ下二{れ・れ・る・るる・るれ・れよ}
❶**なれる。習慣になる。** たびたび経験して、珍しくなくなる。〈源氏・桐壺〉「年ごろ、常のあつしさになり給へれば、御目なれ㊥て」訳(桐壺の更衣は)数年来、いつもの病気がちになっていらっしゃったので、(桐壺帝は)お目がなれて。
❷**親しむ。うちとける。なじむ。**〈源氏・夕顔〉「年頃、…なれ㊥聞こえつる人にはかに別れ奉りて」訳長年、…お親しみ申しあげた方(=夕顔)に急にお別れ申しあげて。
❸〔「萎る」「褻る」とも書く〕(衣服の糊気(のりけ)がなくなり)よれよれになる。古びる。〈源氏・朝顔〉「なつかしきほどに馴れ㊥たる御衣(ぞ)どもを、いよいよたきしめ給ひて」訳(光源氏は)着なれた感じがする程度に柔らかくなったいろいろのお召し物に、(今日は)いっそう香のにおいをしみ込ませなさって。

なる 助動詞「なり」(断定)の連体形。

なる 助動詞「なり」(伝聞・推定)の連体形。

なる‐かみ【鳴る神】名 雷。夏

なる‐べし …であろう。…であるに違いない。…であるはずだ。〈徒然・一一〉「閼伽棚(あかだな)に菊・紅葉(もみぢ)など折り散らしたる、さすがに住む人のあればなるべし㊇」訳閼伽棚に菊や紅葉などを折って乱雑に置いてあるのは、やはり(この庵(いおり)に)住んでいる人があるからであろう。
なりたち 断定の助動詞「なり」㊍＋推量の助動詞「べし」

なる‐らむ(ランー) …であるだろう。…であるのだろう。〈古今・恋五〉「わび果つる時さへもののかなしきはいづこをしのぶ涙なるらむ㊇」訳(二人の仲が絶えて)すっかり絶望してしまった今のこの時(になって)までも、なにかしら悲しいのは、どこ(のだれ)を恋い慕っての涙であるのだろう(そんな人はいないはずなのに)。
なりたち 断定の助動詞「なり」㊍＋推量の助動詞「らむ」

なれ【汝】代 対称の人代名詞。親しい者、目下の者に対して用いる。**おまえ。なんじ。**〈万葉・八・一四九九〉「霍公鳥(ほととぎす)なれだに来鳴け」訳ほととぎすよ、せめておまえだけでも来て鳴け。

なれ 助動詞「なり」(断定)の已然形・命令形。

なれ 助動詞「なり」(伝聞・推定)の已然形。

なれ‐むつ・ぶ【馴れ睦ぶ】自バ上二{び・び・ぶ・ぶる・ぶれ・びよ}**なれ親しむ。** むつまじくする。〈源氏・桐壺〉「年ごろなれむつび㊥聞こえ給ひつるを」訳長年(祖母は光源氏に)なれ親しみ申しあげなさっていたのに。

なれ‐や ❶(「や」が疑問を表す場合)…だからなのだろうか。…なのだろうか。〈古今・恋一〉「うき草のうへはしげれる淵(ふち)なれやふかき心を知る人のなき」訳(私の心は)浮き草が表面には茂っている淵なのだろうか。深い心の底をわかってくれる人が(だれも)いない。
❷(「や」が反語を表す場合)…**であるのか(いや、そうではないのに)。**〈万葉・一・二三〉「打ち麻(そ)を麻続王(をみのおほきみ)海人(あま)なれや伊良虞(いらご)の島の玉藻(たまも)刈ります」訳麻続王は海人であるのか(いや、そうではないのに)、伊良虞の島の美しい藻を刈っていらっしゃることよ。(「打ち麻を」は「麻続(をみ)」にかかる枕詞)
❸(「や」が詠嘆を表す場合)…**であることよ。**…だなあ。〈平家・三・六代〉「二十日(はつか)の過ぐるは夢なれや」訳(六代の助命期間の)二十日間が過ぎるのは夢(のよう)であることよ。

なりたち 断定の助動詞「なり」㊁＋助詞「や」
参考 多く、和歌でみられる表現。「や」を係助詞とする説と終助詞とする説がある。

なゐ(ナイ)【地震】名〔「な(=地の意)」＋「ゐ(=居)」で、原義は大地〕**地震。**〈方丈・三〉「恐れのなかに恐るべかりけるは、ただなゐなりけりとこそ覚え侍りしか」訳恐ろしいことのなかで特に恐れなければならなかったことは、まさに地震であるなあと感じました。
参考 「なゐ震(ふ)る・なゐ揺(よ)る(=大地が揺(ゆ)れる)」の形で用いられ、のちに「なゐ」だけで地震の意になった。

な‐を‐た・つ【名を立つ】➡名(な)「フレーズ」

なん【難】名 ❶**欠点。短所。**〈著聞・三九八〉「いかによく書きたる絵にも、必ず難を見出(い)だすものなりけり」訳どんなによく描いた絵にも、必ず欠点を見いだす者であった。
❷**わざわい。災難。**〈方丈・三〉「もし、辺地にあれば…盗賊の難はなはだし」訳もし、辺鄙(へんぴ)な土地に住めば…盗賊の災難もひどい。(「あれば」は、上の副詞「もし」と呼応して、順接の仮定条件となる)
❸**むずかしいこと。困難。難儀。**〈細道・日光〉「羇旅(きりょ)の難をいたはらむと」訳(曽良(そら)は私=芭蕉(ばしょう)の)旅の苦労をいたわろうと。
❹**批判。非難。**〈去来抄・先師評〉「尚白(しゃうはく)が難に…といへり」訳尚白(=俳人の名)の批判に(よると)…と言っている。

なん【何】代〔「何(なに)」の転〕「なに一」に同じ。

なん 係助 平安時代の中ごろから「なむ」の「む」が「ん」と発音されるようになったために「なん」と表記されるようになったもの。↓なむ(係助)(六二四ページ)

なん 終助 平安時代の中ごろから「なむ」の「む」が「ん」と発音されるようになったために「なん」と表記されるようになったもの。↓なむ(終助)(六二五ページ)

な‐ん 平安時代の中ごろから「なむ」の「む」が「ん」と発音されるようになったために「なん」と表記されるようになったもの。↓なむ(連語)
なりたち 完了(確述)の助動詞「ぬ」㊎＋推量の助動詞「ん(む)」

なんかい-だう【南海道】名 五畿七道の一つ。紀伊(和歌山県・三重県)、淡路(兵庫県)、阿波(徳島県)、讃岐(香川県)、伊予(愛媛県)、土佐(高知県)の六か国の称。また、畿内から四国に至る交通路。

なんじ〖汝〗⬇なんぢ

なんじょう〖何じょう〗⬇なんでふ

なん・ず【難ず】他サ変{ぜ・じ・ず・ずる・ずれ・ぜよ}非難する。責める。そしる。〈源氏・帚木〉「難ず終べき種まぜぬ人は、いづこにかはあらむ」訳 非難すべきたねを混ぜ(て持ってい)ない人は、どこにいるだろうか(いや、どこにもいないだろう)。

なん-ぞ【何ぞ】副【「なにぞ」の転】❶反語を表す。どうして…か(いや、…ではない)。〈宇治・五・四〉「心を西方にかけんに、なんぞ志をとげざらん」訳 心を西方浄土にかけるなら、そのときに、どうして(極楽往生の)望みを遂げないことがあろうか(いや、必ず遂げられるはずだ)。
❷詠嘆を表す。なんと…ことよ。〈徒然・九二〉「なんぞ、ただ今の一念において、直ちにすることの甚だ難き」訳 なんと、たった今の一瞬間において、(なすべきことを)すぐに実行することが大変難しいことか。
❸何か。何かしら。〈浮・世間胸算用〉「なんぞいちもつなうては、富貴には成りがたきに」訳 何か胸中のもくろみがなくては、金持ちにはなるのが難しいのに。

なん-ぞ【何ぞ】なんだ。なにごとか。〈枕・八三〉「なんぞ。司召しなども聞こえぬを、何になり給へるぞ」訳 なにごとか。司召しの除目(＝官職の任命式)など(が ある)とも耳にしないのに、(あなたは)なん(の役)になりなさったのか。
なりたち 代名詞「何」＋係助詞「ぞ」＝「なにぞ」の転

南総里見八犬伝(なんそうさとみはっけんでん)《作品名》江戸後期の読本。曲亭馬琴作。文化十一年(一八一四)から天保十三年(一八四二)刊。室町時代の南総(千葉県)里見家の興亡を背景に、仁・義・礼・智・忠・信・孝・悌の玉を持った八犬士の活躍を描く、長編伝奇小説。全編を通じて勧善懲悪の思想を基調にしている。

なんぢ【汝】代「なむぢ」に同じ。

なん-つ・く【難付く】他カ下二{け・け・く・くる・くれ・けよ}欠点を見いだす。非難する。〈源氏・帚木〉「女の、これはしもと難つく終まじきは難くもあるかな」訳 女の人で、これこそは(理想的だ)と欠点を見いだすことができそうもない者はめったにもいないなあ。

なん-でふ 一 連体【何でふ】【「なにといふ」の転】なんという。なにほどの。〈竹取・かぐや姫の昇天〉「なんでふ心地すれば、かくものを思ひたるさまにて、月を見給ふぞ」訳 どういう気持ちがする(という)ので、このようにもの思わしげなようすで、月をご覧になるのか。
二 副 反語の意を表す。どうして…か(いや、…ない)。〈竹取・貴公子たちの求婚〉「なんでふさることかし侍らむ」訳 どうしてそんなこと(＝結婚)をしましょうか(いや、しません)。
三 感 相手の発言をさえぎったり否定したりするときのことば。何を言うか。とんでもない。〈平家・四・信連〉「なんでふ、この御所ならでは、いづくへか渡らせ給ふべかんなる」訳 何を言うか、(高倉の宮は)この御所でなくては、どこへお越しになられるはずだというのか。

なん-でん【南殿】名 ❶南向きの御殿。南にある御殿。
❷「なでん」とも。「紫宸殿」の異称。⬇付録③「平安京内裏図」

なん-と【南都】名 ❶(京都を北都というのに対して)奈良。
❷(比叡山延暦寺を北嶺というのに対して)奈良の興福寺。

なん-と【何と】【「なにと」の転】一 副 ❶疑問を表す。どのように。どう。〈狂・千鳥〉「たしかに持って来たはずぢやが、なんとしたか(＝どうしたか)知らぬ」
❷反語を表す。どうして…か(いや、…ない)。〈狂・附子〉「なんと食ふことがなるものか」訳 どうして食うことができるものか(いや、できはしない)。
二 感 呼びかけ、同意を求めることば。ねえ。どうだ。〈浄・冥途の飛脚〉「なんと会うても大事あるまいかい」訳 どうだろう、会ってもかまわないだろうか。

なん-ど 副助【代名詞「何」＋格助詞「と」＝「なにと」の転】「など(副助)」に同じ。〈平家・二・能登殿最期〉「恐ろしなんどもおろかなり」訳 恐ろしいなどと(いうこと)でもとても言い尽くせない。

なんと-して【何として】副 ❶疑問を表す。いかにして。どうして。何ゆえに。〈徒然・二四三〉「人はなんとして仏には成り候ふやらん」訳 人はいかにして仏にはなるのでしょうか。
❷反語を表す。どうして…か(いや、…ない)。〈狂・武悪〉「討たうとは思うたれど、なんとして身が討たうぞ」訳 討とうとは思ったが、どうして私が(おまえを)討てようか(いや、討てはしない)。

なんと-ほくれい【南都北嶺】名 ❶大和の奈良と近江の比叡山。
❷奈良の興福寺と比叡山の延暦寺。

なん-なり「ななり」に同じ。
なりたち 断定の助動詞「なり」体＋伝聞・推定の助動詞「なり」＝「なるなり」の撥音便。中古では、ふつう「ななり」と表記される。

なん-ばん【南蛮】名 ❶南方の異民族。南方の賊。
❷室町時代以降、東南アジア諸国の称。また、東南アジアを経て、日本に来た西洋人。ポルトガル人・スペイン人など。
❸東南アジア方面から渡来したもの。また、名詞に添えて珍奇・異風なものを表す語。「南蛮鉄」など。

なん-めり「なめり」に同じ。
なりたち 断定の助動詞「なり」体＋推量の助動詞「めり」＝「なるめり」の撥音便。中古では、ふつう「なめり」と表記される。

なん-めん【南面】名 ❶南向き。南側。
❷(中国で君主が臣下に対するとき、南に面して座ったところから)天子となって国を治めること。また、その位。

な-ん-や 平安時代の中ごろから「なむや」の「む」が「ん」と発音されるようになったために「なんや」と表記されるようになったもの。⬇なむや
なりたち 完了の助動詞「ぬ」未＋推量の助動詞「ん(む)」終＋終助詞「や」

に　ニ

に【丹】名 ❶赤土。❷黄味を帯びた赤色。赤色の顔料。

(丹②)

に 助動詞「なり」(断定)の連用形。⬇左「まぎらわしい『に』の識別」

に 助動詞「ぬ」の連用形。下に助動詞「き」「けり」「けむ」「たり」を伴って用いられる。⬇左「まぎらわしい『に』の識別」

まぎらわしい「に」の識別

❶ 動詞(ナ変)の連用形語尾
例 狩りに往(い)にけり〈伊勢・二〉
訳 狩りに出かけた。
▽上が「い(往)」または「し(死)」。

❷ 形容動詞の連用形語尾
例 この児(ちご)、養ふ程に、すくすくと大きになりまさる〈竹取・かぐや姫の生ひ立ち〉
訳 この幼児は、養い育てるうちに、ぐんぐんと大きくなっていく。
▽上が状態を表し、独立して主語になり得ない。文脈を離れると、「に」を「な」に置き換えて「…なもの」と不自然でなく言える(大きに→大きなもの)。「…に」全体で一語の形容動詞となる。

❸ 助動詞「なり」の連用形
例 雪の降りたるはいふべきにもあらず〈枕・一〉
訳 雪が降っているのは言うまでもなく。
▽上が名詞、活用語の連体形。下に、「あり」またはその待遇表現の「おはす」「侍り」「候ふ」などのくることが多い。

❹ 助動詞「ぬ」の連用形
例 勢ひ猛の者になりにけり〈竹取・かぐや姫の生ひ立ち〉
訳 (翁(おきな)は)富み栄える者になってしまった。
▽上が活用語の連用形。

に《上代語》助動詞「ず」の連用形。…ないで。…ないので。

に 格助 接助 ⬇次ページ助詞「に」

に《上代語》 一 終助 二 間助

意味・用法
一 終助詞　願望(…てほしい。…てもらいたい。)
二 間投助詞　感動・強調(…のであるよ。…になあ。…まあ…ことだ。)

接続
一 活用語の未然形に付く。
二 体言および体言に準ずる語、副助詞「さへ」などに付く。↓さへに

一 終助 他に対する願望を表す。…てほしい。…てもらいたい。〈万葉・五・八〇一〉「ひさかたの天路(あまぢ)は遠しなほなほに家に帰りて業(なり)を為(し)まさに」訳 天に昇る道は遠い。(だから)素直に家に帰って家業にお励みになってほしい。(「ひさかたの」は「天(あま)」にかかる枕詞)

二 間助 感動・強調を表す。…のであるよ。…になあ。…まあ…ことだ。〈万葉・三・二四二〉「滝の上の三船の山に居(ゐ)る雲の常にあらむと我が思はなくに」訳 急流のほとりにある三船の山に出ている雲がいずれは消えていくように、いつまでも生きていようと私は思わないことだ。(第三句までは「常にあらむ」を導きだす序詞)

参考 二については終助詞、接続助詞、接尾語と見る説などがある。中古以降は、歌語として用いられる。

に-あ-り …である。…だ。〈枕・一〉「日入りはてて、風の音、虫の音(ね)など、はたいふべきにあら未ず」訳 日がすっかり沈んで(から聞こえてくる)、風の音や虫の声などは、またなんとも言いようがないものである。
なりたち 断定の助動詞「なり」用＋ラ変補助動詞「あり」

に-あ-り …にある。…にいる。〈土佐〉「七十(ななそぢ)、八十(やそぢ)は海にある体ものなりけり」訳 (髪が白くなる)七十歳、八十歳(という老齢になるわけ)は(恐ろしい)海にあるものだったのだなあ。
なりたち 格助詞「に」＋ラ変動詞「有り」

にい【新】⬇にひ

にえ【贄・牲】⬇にへ

にお【鳰】⬇にほ

におい【匂い】⬇にほひ

に-おい-て【に於て】動作・作用の行われる場所・時間、また事柄をさす。…で。…にあって。〈徒然・九二〉「ただ今の一念において」訳 現在の一瞬にあって。↓於(お)いて

参考 漢文訓読語において使われはじめた。

におう【匂う】⬇にほふ(六三六ページ)

に-か ❶(連体形の結びを伴って、「にかあらむ」「にかありけむ」の形で)…で(あろう)か。…で(あっただろう)か。〈今昔・一九・四三〉「今は昔、いづれの時にかありけむ」訳 今ではもう昔の話であるが、どの帝(みかど)の時であっただろうか。❷(文末に用いられて、①の「あらむ」「ありけむ」などが省略された形で)…であろうか。…であっただろうか。〈源氏・桐壺〉「いづれの御時にか、女御(にょうご)、更衣あまたさぶらひ給ひけるなかに」訳 どの帝の御代(みよ)であっただろうか、女御や更衣が大勢お仕えしていらっしゃった中に。
なりたち 断定の助動詞「なり」用＋係助詞「か」

に-か ❶疑問の意を表す。…に…か。〈竹取・蓬萊の玉の枝〉「いかなる所にか、この木はさぶらひけむ」訳 どんな

に

一 格助 二 接助 (六二九ページまで続く)

意味・用法	用例
一 格助詞 ❶位置 ㋐(空間的な)場所 …に。…で。	例 春ごろ鞍馬(くらま)にこもりたり〈更級・初瀬〉 訳 春のころ鞍馬山にお籠もりをした。
㋑時間 …に。	例 それの年の十二月(しはす)の二十日あまり一日(ひとひ)の日の戌(いぬ)の刻(とき)に、門出(かどで)す〈土佐〉 訳 ある年の陰暦十二月の二十一日の日の戌の時(=午後八時ごろ)に、出発する。
❷動作の帰着点・方向 …に。…へ。…(のほう)へ。	例 三河(みかは)の国、八橋(やつはし)といふ所にいたりぬ〈伊勢・九〉 訳 三河の国(愛知県)、八橋という所に着いた。
❸動作の対象・使役の対象 …に。	例 つれづれなるままに、日暮らし硯(すずり)に向かひて〈徒然・序〉 訳 何もすることがなく、手持ちぶさたであるのにまかせて、一日じゅう硯に向かって。 例 下部(しもべ)に酒飲ますることは、心すべきことなり〈徒然・八七〉 訳 身分の低い者に酒を飲ませることは、注意しなくてはならないことだ。
❹比較の基準 …より。	例 昼の明(あ)かさにも過ぎて光りわたり〈竹取・かぐや姫の昇天〉 訳 昼の明るさよりもまさってあたり一面光り。
❺原因・理由 …によって。…により。	例 なほ梅のにほひにぞ、古(いにしへ)のことも立ちかへり恋しう思ひ出でらるる〈徒然・一九〉 訳 やはり梅(の花)の香りによって、過ぎ去った昔のことも、その当時

所に、この木はあったのでしょうか。

❷反語の意を表す。…に…か(いや、…ない)。〈竹取・ふじの山〉「何せむにか命も惜しからむ」訳 なんのために命も惜しかろうか(いや、命など惜しくない)。

なりたち 格助詞「に」+係助詞「か」

に-か-あら-む ｿﾝ …であろうか。〈竹取・燕の子安貝〉「『燕(つばくらめ)の巣くひたらば、告げよ』とのたまふを、うけたまはりて、『何の用にかあらむ』と申す」訳 (中納言が)「燕が巣を作ったなら、知らせよ」とおっしゃるのをお聞きして、(家来たちは)「何のためであろうか」と申し上げる。

なりたち 断定の助動詞「なり」用+係助詞「か」+ラ変補助動詞「あり」未+推量の助動詞「む」体

参考 ふつう、「何」という疑問を表す語があるときは「にかあらむ」が、疑問を表す語がなければ「にやあらむ」が用いられる。

に-かう コウ【二更】名 時刻の名。一夜を五つに分けた二番目。今の午後十時ごろ、およびその前後約二時間(午後九時ごろから午後十一時ごろ)。亥(い)の刻。乙夜(いつや)。→更(かう)

にが・し【苦し】形ク {から・く(かり)・し・き(かる)・けれ・かれ} ❶苦みがある。苦い。〈宇治・三・一六〉「おほらかに煮(に)て食ふに、にがき体こと物にも似ず」訳 (ひさごの実を)たくさん煮て食ったところ、苦いことはたとえようもない。

❷おもしろくない。気まずい。〈大鏡・道長上〉「饗応(きやうおう)しもてはやし聞こえさせ給ひつる興もさめて、ことにがう用(ウ音便)なりぬ」訳 (関白道隆(みちたか)が弟道長の)機嫌をとり、歓待し申しあげなされていた興もさめて、気まずくなってしまった。

にがにが・し【苦苦し】形シク {しから・しく(しかり)・し・しき(しかる)・しけれ・しかれ} 非常に不愉快だ。まったくおもしろくない。〈平家・一・鹿谷〉「世の中にがにがしう用(ウ音便)ぞ見えし」訳 世の中(の情勢)はまったくおもしろくなく思えた。

にが・む【苦む】一 自マ四 {ま・み・む・む・め・め} ❶顔をしかめる。いやな顔をする。〈源氏・帚木〉「『暑きに』とにがみ用給へば、人々笑ふ」訳 「(この)暑いのに」と(光源氏が)顔をしかめなさるので、女房たちは笑う。

❷しわが寄る。〈宇治・四・一七〉「あたたかなる時、酢をかけつ

にさかのぼってなつかしく思い出される。

❻手段・方法 …で。

例 などか、翁の手におほし立てたらむものを、心に任せざらむ〈竹取・御門の求婚〉
訳 どうして、翁の手で育てたであろうのに、(かぐや姫は)思いどおりにならないことがあろうか(いや、思いどおりになるはずだ)。

❼状態

㋐結果 動作・作用・変化の結果を示す。…と。…に。

例 三月ばかりになるほどに、よきほどなる人に成りぬれば〈竹取・かぐや姫の生ひ立ち〉
訳 三か月ほどがたつころに、(成人の儀式に)ふさわしいほどである(大きさの)人となったので。

㋑資格 …として。

例 火たく衛士にさし奉りたりけるに〈更級・竹芝寺〉
訳 (国司がこの人を)かがり火をたく衛士として(指名して御所に)差し上げたところ。

㋒比況 …のように。

例 山高み白木綿花に落ちたぎつ滝の河内は見れど飽かぬかも〈万葉・六・九〇九〉
訳 山が高いので、白い木綿の花(=楮の繊維で作った造花)のように(白く)しぶきをあげて流れ落ちる、この激流のあたりは、いくら見ても見飽きないなあ。

❽主体

㋐ 受身のとき、その動作主を表す。…によって。…から。

例 国の守にからめられにけり〈伊勢・一二〉
訳 (男は)国守によって捕らえられてしまった。

㋑ (尊敬語を述語に用いて)尊敬すべき動作主を表す。…におかれて。

例 御前にもいみじうおち笑はせ給ふ〈枕・九〉
訳 皇后におかれてもたいそう納得してお笑いになられる。

❾目的 …のため(に)。

例 東の方に住むべき国求めにとて行きけり〈伊勢・九〉
訳 東国のほうに住むのにふさわしい国をさがすためにということで(出かけて)行った。

れば…にがみ(用)て」訳 (豆が)温かいうちに、酢をかけてしまうと…しわが寄って。

二 他マ下二〔め・め・む・むる・むれ・めよ〕顔をしかめる。しわを寄せる。〈源平盛衰記〉「面模の下にて鼻をにがむる(体)ことに侍るなり」訳 (先王の舞を舞うときには)仮面の下で鼻にしわを寄せるものであるようです。

にが・る【苦る】 自ラ四〔ら・り・る・る・れ・れ〕不愉快な顔をする。顔をしかめる。〈十訓・一〉「帥殿はにがり(用)ておはしけり」訳 帥殿(=伊周)は不愉快な顔をしていらっしゃった。

にき-【和・柔】 接頭〔中古以降は「にぎ」〕(名詞に付いて)柔らかい、穏やかな、細かい、整った、などの意を添える。「にき栲(=やわらかい布。織り目の細かい布)」「にき膚」「にき御魂」

に-き【日記】 名〔「にっき」の促音「っ」が表記されない形〕「にっき」に同じ。

に-き …た。…てしまった。〈万葉・三・四六一〉「留め得ぬ命にしあれば敷き栲の家ゆは出でて雲隠りにき(終)」訳 引きとめることのできない寿命であるから、家からは出て雲に隠れてしまった(=お亡くなりになった)。(「敷き栲の」は「家」にかかる枕詞)

なりたち 完了の助動詞「ぬ」(用)+過去の助動詞「き」

にきたつに… 和歌

熟田津に 船乗りせむと 月待てば
潮もかなひぬ 今は漕ぎ出でな
〈万葉・一・八・額田王〉

訳 熟田津で、船出をしようとして月の出を待っていると、(月も出て)潮流(の向き)もうまいぐあいになった。さあ、漕ぎ出そう。(「漕ぎ出でな」の「な」は、勧誘を表す上代の終助詞)

解説 左注によると、斉明天皇が百済救援の軍を率いて九州博多へ向かう途中、伊予(愛媛県)の熟田津に泊まったときに額田王が詠んだ歌。第三句、四句の解釈には異説が多い。「月待てば」には、数か月待つと解す説、満月になるまで待つと解す説がある。また、「潮もかなひぬ」には、大潮になったと解す説もある。

❿添加 …の上に。…にさらに。

例 削り氷にあまづら入れて〈枕・四二〉
訳 削った氷の上に(つる草の)あまずらを煮て作った甘味料を入れて。

⓫強調 同じ動作を重ねて強調する。…に。

例 盗人泣きに泣きて、言ふこともなし〈今昔・二五・一一〉
訳 盗人はただ泣くばかりで、ことばもない。

二 接続助詞

❶逆接 逆接で下に続ける。確定した事実が続く。…けれども。…のに。

例 人も手ふれぬに、ふと上ざまへ上がりたるも〈枕・一三〇〉
訳 (萩の枝が)人も手をふれないのに、すっと上のほうへはね上がったのも。

❷単純接続 事実を述べて、下に続ける。…と。…したところが。

例 楫取りして幣たいまつらするに、幣の東へ散れば〈土佐〉
訳 船頭に命じて海神へのささげ物を差し上げさせると、(その)幣が東のほうへ散るので。

❸順接(原因・理由) 順接で下に続ける。確定した事実が続き、原因・理由を表す。…ので。…ために。

例 このことを嘆くに、ひげも白く、腰もかがまり〈竹取・かぐや姫の昇天〉
訳 (竹取の翁は)このことを嘆くので、ひげも白くなり、腰も曲がって。

❹恒常条件 …するときはいつも。

例 入り日なす隠りにしかばそこ思ふに胸こそ痛き〈万葉・三・四六〇〉
訳 夕日のように隠れて(=死んで)しまったので、そのことを思うといつも胸が痛い。

❺添加

例 見る目のいときたなげなきに、声さへ似るものなく歌ひて〈更級・足柄山〉

にぎは・し(ニギワシ)【賑はし】形シク〔しから・しく(しかり)・し・しき(しかる)・しけれ・しかれ〕〔動詞「賑はふ」に対応する形容詞〕❶富み栄える。**裕福である。**〈徒然・二四〇〉「世にありわぶる女の…あやしの吾妻人なりとも、にぎははしきにつきて」訳 この世で暮らしかねている女が…身分の低い関東人であっても、裕福なのに心ひかれて。❷**にぎやかである。**活気がある。〈更級・宮仕へ〉「内外人多く、こよなくにぎははしく用もなりたるかな」訳 (家の)内や外に人が多く、この上なくにぎやかにもなったことよ。❸**物が多い。**豊富である。〈源氏・初音〉「硯のあたりにぎははしく用、草子ども取り散らしたるを」訳 硯の近くにたくさん、冊子のあれこれを取り散らかしてあるのを。

にぎは・ふ(ニギワ(オ)ウ)【賑はふ】自八四〔は・ひ・ふ・ふ・へ・へ〕❶富み栄える。繁栄する。〈徒然・一四一〉「にぎはひ用、豊かなれば、人には頼まるるぞかし」訳 (関東の人は)富み栄え、裕福なので、他人からは信頼されるのだよ。❷にぎやかになる。盛んになる。〈今昔・二六・二〇〉「寺の内に僧坊ひまなく、住みにぎはひ用けり」訳 境内には僧坊がすきまなく(立ち並び)、(多くの僧が)住み着いてにぎわっていた。

にくから-ず【憎からず】❶好感がもてる。感じがよい。いとしい。〈枕・四九〉「声にくからざら未む人のみなむ思はしかるべき」訳 声に好感がもてるような人だけが好ましいようだ。❷情愛がこまやかである。奥ゆかしい。〈竹取・御門の求婚〉「御返りさすがににくからず用聞こえ交はし給ひて」訳 (かぐや姫からの)ご返事はそう(=帝の仰せに背いた)とはいうものの情愛こまやかにやりとり申しあげなさって。

にく-げ【憎げ】形動ナリ〔なら・なり(に)・なり・なる・なれ・なれ〕

なりたち 形容詞「憎し」未+打消の助動詞「ず」

〔「げ」は接尾語〕❶憎んでいるようなさま。憎らしく思うさま。〈和泉式部日記〉「中将などが憎げに用思ひたるむつかしさに」訳 (侍女の)中将などが(私=敦道親王を)憎らしそうに思っていることの不快さに。❷醜いさま。いやな感じだ。〈枕・三七〉「木のさまにくげその上さらに。

訳 見た目がたいそうこざっぱりしている上に、声まで比べるものもないほど(よい声で)歌って。

接続 一 体言、活用語の連体形に付く。二 活用語の連体形に付く。

参考 一②で方向を表す用法は中世以降の用法。中古までの用法では、「に」が帰着点、「へ」が方向を表し、両者には明確な区別があった。

なれ(已)ど、楝の花いとをかし」訳 木の姿は醜い感じだけれども、楝(=せんだん)の花は非常に趣深い。

にくさ-げ【憎さげ】[形動ナリ]{なら・なり(に)・なり・なる・なれ・なれ}〔形容詞「憎し」の語幹「にく」に接尾語「さ」を付け、さらに接尾語「げ」を付けて形容動詞化したもの〕憎らしいさま。醜いさま。無愛想なさま。〈徒然・一〉「品くだり、顔憎さげなる(体)人にも立ちまじりて」訳 身分が低く、顔の醜い感じの人にも立ち交じって。

-にく・し【憎し】[接尾ク型]（動詞の連用形に付いて）「…するのが困難だ」「…づらい」の意の形容詞をつくる。〈源氏・桐壺〉「いと立ち離れにくき(体)草のもとなり」訳 たいそう立ち去りがたい草の宿(=桐壺の更衣の実家)である。

例語 侮りにくし(=軽蔑しがたい)・ありにくし・応へにくし(=応じがたい)・うち出でにくし・書きにくし・聞きにくし・戯れにくし(=軽く考えてはすまされない)・離れにくし・見えにくし・見にくし・やつしにくし(=出家しがたい)

にく・し【憎し】[形ク] ➡次ページ 233

にく・む【憎む】[他マ四]{ま・み・む・む・め・め} ❶いやだと思う。きらう。〈徒然・九三〉「人、死を憎ま(未)ば、生を愛すべし」訳 人は死を憎むならば、生命をいとおしまなければならない。
❷非難する。反対する。〈徒然・一三〇〉「『われはさやは思ふ』など争ひ憎み(用)」訳「私はそうは思うか(いや、思いはしない)」などと言い争って(相手を)非難し。

にげ-な・し【似げ無し】[形ク]{から・く(かり)・し・き(かる)・けれ・かれ} つりあわない。ふさわしくない。似合わない。〈枕・四五〉「にげなき(体)もの　下衆の家に雪の降りたる」訳 似合わないもの、身分の低い者の家に雪が降り積もっているの。

に-けむ ケン…(きっと)…ただろう。…てしまったのだろう。〈源氏・夕顔〉「夜中も過ぎにけむ(終)かし、風のやや荒々しう吹きたるは」訳 夜中もきっと過ぎただろうよ、風がしだいに激しく吹いているのは。
なりたち 完了の助動詞「ぬ」(用)＋過去推量の助動詞「けむ」

に-けらし …てしまったらしい。…たらしい。〈万葉・三・二七一〉「年魚市潟潮干にけらし(終)鶴鳴き渡る」訳 年魚市潟の潮が引いたらしい。鶴が鳴きながら飛んでいく。
なりたち 完了の助動詞「ぬ」(用)＋過去の推定の助動詞「けらし」

に-けり ❶(「けり」が過去を表す場合)…てしまった。…た。…たということだ。〈大和・一七〉「男、女、あひ知りて年経にける(体)を、いささかなることによりて離れにけれ(已)ど」訳 男と女が互いに親しみ合って年がたったのに、ちょっとしたことによって別れてしまったが。
❷(「けり」が何かに気づいたことや詠嘆を表す場合)…ていた(のだった)。…てしまったことだ。〈拾遺・恋一〉「忍ぶれど色に出でにけり(終)わが恋は物や思ふと人の問ふまで」訳 ➡付録◇①「小倉百人一首」40
なりたち 完了の助動詞「ぬ」(用)＋過去の助動詞「けり」

にごり【濁り】[名] ❶濁っていること。よごれ。けがれ。〈古今・夏〉「はちす葉の濁りにしまぬ心もてなにかは露を玉とあざむく」訳 蓮の葉は(泥水の中で育って、しかもその)濁りに染まらない(清い)心をもちながら、どうして(葉に置く)露を玉と見せかけて(人を)だますのか。
❷潔白でないこと。うしろ暗いこと。〈源氏・須磨〉「濁りなき心に任せてつれなく過ぐし侍らむも」訳 うしろ暗さのない心にまかせて平気で過ごしますとすれば、それも。
❸(仏教語)俗世間の欲望や悩み。煩悩。

にご・る【濁る】[自ラ四]{ら・り・る・る・れ・れ} ❶不透明になる。〈万葉・三・三三八〉「験なき物を思はずは一坏の濁れ(已)る酒を飲むべくあるらし」訳 ➡しるしなき… 和歌
❷潔白でない。けがれる。煩悩に執着する。邪念を持つ。〈源氏・宿木〉「澄み果てたりし方の心も濁りそめにしかば」訳 悟りきっていた方面の心も(大君への恋慕のため)けがれはじめてしまったので。
❸濁音になる。濁音にする。〈徒然・一六〇〉「行法も、…(法の字を、ボウと)濁りて言ふ」訳 行法(ということば)も、…濁音にして言う(ものだ)。

に-ざり-ける …であったのだなあ。〈土佐〉「照る月の流るる見れば天の川出づるみなとは海にざりける」訳 照る月が流れるように移って(海に沈んで)いくのを見ると、天の川の流れ出る河口は(地上の川と同じように、やはりこの)海であったのだなあ。↓ざりける 文法
なりたち 断定の助動詞「なり」(用)＋係助詞「ぞ」＋ラ変補助動詞「あり」(用)＋過去の助動詞「けり」(体)＝「にぞありける」の転

にし【西】[名] ❶西の方角。
❷西から吹く風。西風。〈更級・竹芝寺〉「西吹けば東になびき」訳 西風が吹くと(ひしゃくが)東になびき。
❸西方にあるという極楽浄土。西方浄土。➡果つ「慣用表現」

に-し …で。〈古今・雑上〉「とりとむるものにしあらねば」訳(年月は)引きとどめるものではないので。

最重要330

233

にく・し【憎し】形ク{から・く(かり)・し・き(かる)・けれ・かれ}

ガイド 現代語では強い嫌悪感に用いられるが、古語では単に「気にいらない」の意で、積極的な嫌悪感は伴わない。対象が劣っていていやになる意が②③、理解できずいやになる意が④、すぐれていていやになる意が⑤。

❶いやだ。気にいらない。不快だ。 例 にくき体もの 急ぐことある折に来て長言(ながごと)するまらうど〈枕・二六〉 訳 不快なもの、急用のあるときにやって来て長話をする客。

❷醜い。みっともない。見苦しい。 例 左の大殿、あるが中に年老い、かたちもにくし終、時なし〈うつほ・あて宮〉 訳 左大臣殿(の大君(おおいぎみ))は、(多くの方々の)ある中で、年をとり、容貌も醜いし、羽振りがよくない。

❸無愛想だ。つれない。 例 をとこ君もにくから未ずうちゑみたるに、ことに驚かず〈枕・三三〉 訳 男君も無愛想でなくにこにこしているが、(女君は)格別驚いたふうもなく。

❹むずかしい。奇妙だ。 例 賀茂(かも)の奥に、なにさきとかや、…にくき体名ぞ聞こえし〈枕・九九〉 訳 賀茂の奥に、なんとか崎とかいって、…奇妙な地名が評判であった。

❺(すぐれていて、憎いほどだの意から)感心だ。あっぱれだ。 例 にくい体(イ音便)剛(かう)の者かな〈古活字本保元物語〉 訳 あっぱれな勇者だなあ。

❻(動詞の連用形に付いて)…するのが困難だ。…づらい。→にくし(接尾)

なりたち 断定の助動詞「なり」用＋副助詞「し」

に-し …た。…てしまった。〈古今・秋上〉「秋風の吹きにし日より」訳 秋風が吹いた日(＝立秋の日)から。

なりたち 完了の助動詞「ぬ」用＋過去の助動詞「き」体

にし-おもて【西面】名 ❶西の方角。〈更級・足柄山〉「わが生ひ出(い)でし国にては西面に見えし山なり」訳 私が成長した国(＝上総(かずさ))では(富士山は)西の方角に見えた山である。❷建物の西側。西向きの部屋。〈源氏・若紫〉「この西面にしも、持仏(ぢぶつ)すゑ奉りて行ふ、尼なりけり」訳 この西向きの座敷に、持仏(＝つねに安置している仏像)をお据え申しあげて勤行(ごんぎょう)する人は、尼であった。❸「西面(にしおもて)の武士」の略。後鳥羽(ごとば)上皇のとき、「北面(ほくめん)の武士」に対して、上皇の御所の西の詰め所にいて警護に当たった武士。「西面(さいめん)の武士」とも。

に-しが 終助〔完了の助動詞「ぬ」用＋終助詞「しが」〕自分の身に実現不可能なことが起こることを願う意を表す。…たいものだ。…たいなあ。〈後撰・恋五〉「伊勢(いせ)の海に遊ぶ海人(あま)ともなりにしが」訳 伊勢の海で遊ぶ海人にでもなりたいなあ。

接続 活用語の連用形に付く。

参考 中古以降に用いられた語。

にしが-な 終助〔願望の終助詞「にしが」＋詠嘆の終助詞「な」〕自分の身に実現不可能なことが起こることを願う意を表す。…たいものだなあ。〈蜻蛉・中〉「なほ、いかで心として死にもしにしがな」訳 やはり、なんとかして自分の意思で死にもしたいものだなあ。

接続 活用語の連用形に付く。

にしき【錦】名 ❶金糸・銀糸など種々の糸でいろいろな模様を織り出した、厚地の絹織物。❷美しく華麗なもののたとえ。〈古今・春上〉「見渡せば柳桜(やなぎさくら)をこきまぜて都ぞ春の錦なりける」訳 →みわたせば…和歌

に-して 格助〔格助詞「に」＋副助詞「して」〕時を表す。…で。…のときに。〈方丈・三三〉「三十(みそぢ)あまりにして、更にわが心と、一つの庵(いほり)を結ぶ」訳 三十歳過ぎで、改めて自分の心のままに、一軒の庵を構える。

に-して …で。…であって。…でありながら。〈古今・雑体〉「山吹の花色衣(ごろも)ぬしや誰(たれ)問へど答へずくちなしにして」訳 山吹の花の色をした衣、おまえの持ち主はだれかと聞いても答えない。(梔子(くちなし)の実で染めたので)口無しだから。(「くちなし」は「梔子」と「口無し」との掛詞)

なりたち 断定の助動詞「なり」用＋接続助詞「して」

に-し-て 場所を表す。…にあって。…において。…

で。〈万葉・一五・三七八二〉「旅にして物思ふ時に」訳旅にあって物思いをしているときに。
なりたち 格助詞「に」＋サ変動詞「為」用＋接続助詞「て」

にし-の-きゃう【西の京】名「うきゃう」に同じ。対東の京

にし-の-たい【西の対】名寝殿造りで、寝殿の西側にある対の屋（＝別棟の建物）。二の対。寝殿とは渡殿（＝渡り廊下）で結ばれる。対東の対

にじふいちだい-しふ【二十一代集】名勅撰和歌集の総称。古今・後撰・拾遺（以上三代集）・後拾遺・金葉・詞花・千載・新古今の八代集に、新勅撰・続後撰・続古今・続拾遺・新後撰・玉葉・続千載・続後拾遺・風雅・新千載・新拾遺・新後拾遺・新続古今の十三代集を合わせていう。

にじふし-き【二十四気】名陰暦で、五日を一候とし、三候を一気として、一年間を二十四に区分した称。立春・雨水・啓蟄・春分・清明・穀雨・立夏・小満・芒種・夏至・小暑・大暑・立秋・処暑・白露・秋分・寒露・霜降・立冬・小雪・大雪・冬至・小寒・大寒。二十四節気。➡閏「古文常識」

に-しも-あら-ず 必ずしも…ではない。〈土佐〉「これは、ものによりて褒むるにしもあらず終」訳これは、必ずしも物によって（＝餞別をもらったから）ほめるのではない。
なりたち 断定の助動詞「なり」用＋副助詞「しも」＋ラ変補助動詞「あり」未＋打消の助動詞「ず」

西山宗因（にしやまそういん）《人名》（一六〇五〜一六八二）江戸前期の連歌師・俳人。本名豊一。別号梅翁・西翁。肥後（熊本県）の人。談林俳諧の祖。貞門の形式主義を排し、自由軽妙な新風をおこした。門人に井原西鶴らがいる。「西翁十百韻」など。（宗因忌 春）

二条良基（にじょうよしもと）➡二条良基

にじ・る【躙る】一 自ラ四｛ら・り・る・る・れ・れ｝正座した状態で、ひざを床などに押し付けるようにしてじりじりと動く。貴人の前から退出するときなどの動作。〈狂・今参〉「まだお前をにじり用も致しませぬ」訳まだ御前からにじり動き（退出し）もいたしておりません。
二 他ラ四｛ら・り・る・る・れ・れ｝押し当ててすり動かす。押し付けてねじ回す。〈宇治・一三・六〉「節のもとを、指にて、板敷きに押し当ててにじれ已ば」訳（矢竹の）節の部分を、指で、板敷きに押し当ててねじ回すと。

に・す【似す】他サ下二｛せ・せ・す・する・すれ・せよ｝似るようにする。似せる。〈枕・三一七〉「楊貴妃の、帝の御使ひに会ひて泣きける顔に似せ用て」訳楊貴妃が、（玄宗）皇帝のご使者に会って泣いた顔に似せて。

に-せ【二世】名《仏教語》現世と来世。この世と死後の世。

フレーズ
二世の契り 来世まで続く夫婦の固い縁・結び付き。

にせ-の-ちぎり【二世の契り】➡二世「フレーズ」

修紫田舎源氏（にせむらさきいなかげんじ）《作品名》江戸後期の合巻。柳亭種彦作。文政十二年（一八二九）から天保十三年（一八四二）刊。「源氏物語」を、足利将軍家をめぐるお家騒動に移して翻案したもの。江戸城大奥を描いたとされ、天保の改革の際に絶版を命じられた。

に-たり …てしまっている。…ている。…てしまった。〈徒然・一九〉「みな源氏物語・枕草子などにことふりにたれ已ど」訳みな「源氏物語」や「枕草子」などに言い古されてしまっているけれども。
なりたち 完了の助動詞「ぬ」用＋完了の助動詞「たり」

日蓮（にちれん）《人名》（一二二二〜一二八二）鎌倉中期の僧。諡は立正大師。日蓮宗の開祖。安房（千葉県）の人。法華経を最高の真理とし、「南無妙法蓮華経」と唱えることによって、仏の教えにあずかることができると説いた。伊豆（静岡県）、佐渡（新潟県）への二度の流罪など、苦難の生涯であった。建白書「立正安国論」、教義書「開目抄」「観心本尊鈔」など。（日蓮忌 冬）

につかは・し【似付かはし】形シク｛しから・しく（しかり）・し・しき（しかる）・しけれ・しかれ｝似合っている。ふさわしい。〈土佐〉「からうたども、時に似つかはしき体言ふ」訳漢詩をいくつか、その場にふさわしいのを朗吟する。

にっ-き【日記】名自己の見聞を、年月日を明らかにして書きとどめた記録。奈良時代から行われた本来の日記は、男性の手による公的な政務の記録で、漢文体で書かれた。平安時代になると、個人の公私にわたる生活記録や、文学的意図による回想日記などが盛んに書かれ、文体も和文体が中心となった。紀貫之の「土佐日記」は、その端緒を開いたもの。「にき」とも。

にっ-きふ【日給】名殿上人がその日の当直として、宮中に出仕すること。

フレーズ
日給の簡 清涼殿の殿上の間に出仕する者の官位・氏名を表示した木のふだ。殿上の間の西北の壁に立てかけられた。殿上の簡。仙籍。「ひだまひのふだ」とも。

にっきふ-の-ふだ【日給の簡】➡日給「フレーズ」

にっ-しふ【入集】名・他サ変歌集や句集に作品を選び入れること。〈去来抄・先師評〉「このうち一句入集す終べし」訳（「猿蓑」に）この（二句の）中の一句を選び入れるがよい。

にっ-たう【入唐】名日本から唐へ行くこと。

日本永代蔵（にっぽんえいたいぐら）《作品名》江戸前期の浮世草子。井原西鶴作。貞享五年（一六八八）刊。知恵と才覚によって富を築き上げた町人の成功談を集め、欲に生きる人間の姿を鋭く描き出した。

に-つら・ふ【丹つらふ】自ハ四｛は・ひ・ふ・ふ・へ・へ｝《上代語》赤く照りはえる。美しい色をしている。〈万葉・一二・二五二三〉「丹つらふ体君をゆくりなく思ひ出でつつ」訳美しい顔色をしているあなたを、不意に思い出しては。

に-て 格助 ➡次ページ助詞「にて」

に-て ❶…であって。…という状態で。〈竹取・かぐや姫の昇天〉「月の都の人にて、父母あり」訳（私＝かぐや姫は）月の都の人であって、父母がある。
❷（下に「あり」「おはす」「候ふ」「侍り」など存在を表す語を伴って）断定を表す。…で（ある）。〈平家・四・宮

に-て

格助〔格助詞「に」＋接続助詞「て」〕

↓下段「まぎらわしい『にて』の識別」

意味・用法	用例
❶場所 …において。…で。	例 尾花沢**にて**清風といふ者をたづぬ〈細道・尾花沢〉 訳 尾花沢**で**清風という人を訪ねる。
❷時刻・年齢 …で。	例 十二**にて**御元服し給ふ〈源氏・桐壺〉 訳（光源氏は）十二歳**で**ご元服をしなさる。
❸状態・資格 …で。…として。	例 四位ばかり**にて**失せにし人の子なり〈増鏡・おどろのした〉 訳（宮内卿の君は）四位ぐらい**で**亡くなった人の子である。
❹手段・方法 …で。	例 夜一夜、舟**にて**かつがつ物など渡す〈更級・太井川〉 訳 一晩じゅう（かかって）、舟**で**どうにかこうにか荷物などを（対岸に）渡す。
❺材料 …で。	例 女のはける足駄**にて**作れる笛には、秋の鹿必ず寄る〈徒然・九〉 訳 女が履いた下駄**で**作った笛（の音）には、秋の（ころの）雄鹿が必ず寄ってくる。
❻理由・原因 …のために。…によって。	例 我朝ごと夕ごとに見る竹の中におはする**にて**知りぬ〈竹取・かぐや姫の生ひ立ち〉 訳 私（＝竹取の翁）が毎朝毎夕見る竹の中にいらっしゃる**ので**わかった。

接続 体言、活用語の連体形に付く。

参考 現代語の「で」と同じと考えればよい。語源的には、「にて→んで→ｎで→で」という発音の変化をたどる。「で」が用いられるのは平安末期から。

まぎらわしい「にて」の識別

識別ナビ **接続を見る。** 上が状態を表し主語になり得なければ❶、上が連用形なら❸、上が名詞または連体形の場合、「であって」の意なら❷、「で」の意なら❹。

❶形容動詞の連用形語尾＋接続助詞「て」

例 清ら[に][て]ゐたる人あり〈竹取・御門の求婚〉

訳 美しいようすですわっている人がいる。

▽上が状態を表し、独立して主語になり得ない。文脈を離れると、「にて」を「な」に置き換えて「…なもの」と不自然でなく言える（清らにて→清らなもの）。

❷助動詞「なり」の連用形＋接続助詞「て」

例 父は直人[に][て]、母なむ藤原なりける〈伊勢・一〇〉

訳 父は普通の家柄の人であって、母は藤原（の出身）であった。

▽上が名詞または活用語の連体形。「であって」の意にあたる。

❸助動詞「ぬ」の連用形＋接続助詞「て」

例 いといたう強ひられて、わび[に][て]侍り〈源氏・花宴〉

訳（酒を）まったくひどく強いられて、困ってしまっております。

▽上が活用語の連用形。

❹格助詞

例 潮海のほとり[にて]あざれあへり

御最期〉「みなし子にてありしを」訳（仲家は）みなし子であったが。（⬇前ページ「まぎらわしい『にて』の識別」）

二条良基〔にでう・よしもと〕ニジョウヨシモト《人名》（一三二〇〜一三八八）南北朝時代の歌人・連歌師。和歌を頓阿に、連歌を救済に学ぶ。特に連歌を好み、「菟玖波集」を撰し、「連歌新式（＝応安新式）」を制定。歌論書「近来風体抄」、連歌論書「連理秘抄」「筑波問答」など。

に-な・し【二無し】形ク｛から・く（かり）・し・き（かる）・けれ・かれ｝二つとない。比べるものがない。すばらしい。最高だ。〈伊勢・九三〉「男、身はいやしくて、いとになき体人を思ひかけたりけり」訳 男は身分は低いのに、とても比べるものがないほどの（高い身分の）人を恋い慕ったのであった。

になひ-いだ・すニナイ―【担ひ出だす】他サ四｛さ・し・す・す・せ・せ｝❶かつぎ出す。❷やっとのことで作り出す。〈土佐〉「かの人々の、口網も諸持ちにて、この海辺にて担ひ出だせ已る歌」訳 その人々が、皆が総がかりになって、この海辺でやっと作り出した歌。

にな・ふニナ（ノ）ウ【担ふ・荷ふ】他ハ四｛は・ひ・ふ・ふ・へ・へ｝荷をかつぐ。肩にのせて運ぶ。〈枕・二三五〉「青き草多くいとうるはしく切りて、左右ににない用て」訳 青い草（＝菖蒲）をたくさん、たいそうきちんと切って、左右の肩にかついで。

に-の-ひと【二の人】名 宮中の席次が、「一の人（＝摂政・関白）」に次ぐ人。

に-の-まち【二の町】名（「町」は区画の称で、等級の意）二番目。二流。

に-の-みや【二の宮】名 ❶天皇の第二皇子。また、第二皇女。女子の場合は「女二の宮」などともいう。❷「一の宮」に次ぐ格式を持つ神社。

にはニワ【庭】名 ❶邸内の空き地。または庭園。❷（神事・狩猟・農作業・戦争など）物事の行われる場所。〈保元物語〉「合戦の庭（＝行われる場所）に出でて」❸海面。海上。〈万葉・三・三八八〉「いざ児ども あへて漕ぎ出むにはも静けし」訳 さあ船頭たちよ。おしきって漕ぎ出そう。海面も静かだ。❹台所などの土間。

フレーズ

庭の訓へ〔「庭訓」の訓読〕家庭における教訓。親の教育。

に-は…では。〈源氏・桐壺〉「いとやむごとなき際にはあらぬが、すぐれて時めき給ふありけり」訳 たいして高貴な家柄ではない方で、格別に（桐壺帝の）ご寵愛を受けて栄えていらっしゃる方があったそうだ。

なりたち 断定の助動詞「なり」用＋係助詞「は」

参考 下に補助動詞「あり」「侍り」「候ふ」などを伴って、打消の語がくることが多い。

に-は〔格助詞「に」の意味によって、種々の意味を表す〕…には。〈更級・足柄山〉「幼きここちには…心残りに思われる。〈徒然・六〉「『…』とぞ、世継ぎの翁の物語にはいへる」訳「…」と、世継ぎの翁の物語（＝「大鏡」）には言っている。

なりたち 格助詞「に」＋係助詞「は」

にはかニワカ【俄】形動ナリ｛なら・なり（に）・なり・なる・なれ・なれ｝だしぬけ。急なさま。突然だ。〈源氏・桐壺〉「野分だちて、にはかに用肌寒き夕暮れのほど」訳 野分の風が吹きだして、急に冷え冷えとする夕暮れのころ。

類語の整理

にはか―「突発的な事態の生起」を表す語

突発的に事態が起こる	
うちつけ	前触れなくだしぬけに始まる
とみ	急を要することが起こる
にはか	急に変化が起こる

には-たづみニワタズミ【行潦・庭潦】名 雨が降って、地面にたまり流れる水。

には-つ-とりニワ―【庭つ鳥】名（「つ」は「の」の意の上代の格助詞で、庭にいる鳥の意）鶏。

には-の-をしへニワノオシエ【庭の訓へ】⬇庭「フレーズ」

〈土佐〉訳 海の近くでふざけあっている。▽上が名詞か活用語の連体形。「で」（上が連体形の場合「ので」）の意にあたる。

には-びニワ―【庭火・庭燎】名 庭でたいて明かりにする火。特に、宮中で神楽のときに、庭でたくかがり火。冬

にば・む【鈍む】自マ四｛ま・み・む・む・め・め｝鈍色（■）になる。濃いねずみ色になる。多く、喪服を着ることにいう。「鈍ぶ」とも。〈源氏・葵〉「にばめ已る御衣奉れるも、夢の心地して」訳（光源氏は）濃いねずみ色をしたお着物（＝喪服）をお召しになっているのも、（まだ）夢のような気持ちがして。

にひ-ニイ【新】接頭（名詞に付いて）新しい、はじめての、の意を表す。「新草」「新治」「新枕」「新室」

にび-いろ【鈍色】名「にぶいろ」とも。染め色の名。濃いねずみ色。喪服の色として用いられ、死者との縁故の深さによって濃淡がある。鈍。

（にびいろ）

にひ-しまもりニイ―【新島守】名「にひじまもり」とも。新しく島の番人になった者。新任の島守。

にひ-たまくらニイ―【新手枕】名（「たまくら」は腕を枕とする意）「にひまくら」に同じ。

にひ-なへニイナエ【新嘗】名「にひなめ」に同じ。→新嘗祭

にひ-なめニイ―【新嘗】名「にひなめまつり」に同じ。

にひなめ-まつりニイナメ―【新嘗祭り】名 その年の新穀を神に供えて祭る古代の神事。宮中では、陰暦十一月の、中の卯の日に新穀を神に供え、天皇自身も食する儀式。「新嘗」「新嘗」とも。新嘗会。→大嘗祭

にひ-ばりニイ―【新治・新墾】名「にひはり」とも。あらたに開墾して、田畑や道をつくること。また、その田など。〈万葉・一二・二八五五〉「新墾の今作る路」訳 あらたに開墾して今作っている道。

にひばり… 歌謡

新治　筑波を過ぎて　幾夜か寝つる
日日なべて　夜には九夜　日には十日
を
〈古事記・中・倭建命〉

訳 常陸の国(茨城県)の新治や筑波を過ぎて、幾夜寝たのだろうか。日に日を重ねて、夜では九夜、日では十日ですよ。

解説 前半を倭建命が歌い、後半(日日なべて…)はそれに答えて御火焼の翁が唱和した片歌の問答歌。後世、連歌を「筑波の道」と呼ぶのは、この歌に由来する。

にひ-まくら【新枕】名 男女がはじめて共寝すること。初夜。「にひたまくら」とも。〈伊勢・二四〉「あらたまの年の三年を待ちわびてただ今宵こそ新枕すれ」訳 →あらたまの… 和歌

にひ-むろ【新室】名 新築の家や部屋。

にぶ-いろ【鈍色】名「にびいろ」に同じ。

にぶ・し【鈍し】形ク{から・く(かり)・し・き(かる)・けれ・かれ} ❶ 切れ味が悪い。〈枕・二五九〉「紙をあまたおしかさねて、いと鈍き体刀して切るさまは」訳 紙をたくさん重ねて、たいそう切れ味の悪い刀で切るようすは。❷ 勘が悪い。(感じ方や動作が)のろい。〈徒然・一八五〉「これは鈍く用してあやまちあるべし」訳 これ(=この馬)は勘が悪いから失敗があるにちがいない。

にふ-じゃく【入寂】名・自サ変《仏教語》(「寂滅に入る」の意)高僧が死ぬこと。入滅。遷化。入定。

にふ-だう【入道】《仏教語》一 名・自サ変 仏道に入ること。〈大鏡・花山院〉「みそかに花山寺におはしまして、ご出家入道せ未させ給へりしこそ」訳 (花山天皇が)こっそりと花山寺にいらっしゃって、ご出家なさり仏道にお入りになられたのは。
二 名 剃髪して僧衣をまとってはいるが、在俗のまま寺に入らず家にいる人。〈徒然・四〇〉「何の入道とかやいふ者の娘」訳 何の入道とかいう人の娘が。

にふ-ぢゃう【入定】名・自サ変《仏教語》❶ 座禅して心を統一し、悟りの境地(=禅定)に入ること。❷ 高僧が死ぬこと。入滅。入寂。遷化。

にふ-めつ【入滅】名・自サ変《仏教語》(「滅度に入る」の意)死ぬこと。特に、釈迦や高僧の死。

にへ【贄・牲】名 神仏や朝廷へのささげ物。特に、魚・鳥などの食物。転じて、贈り物。進物。

にへ・す【贄す・饗す】他サ変{せ・し・す・する・すれ・せよ} その年の新穀を神に供え祭る。〈万葉・一四・三三八六〉「鳰鳥の葛飾早稲をにへす終とも」訳 葛飾産の早く実る稲を神に供え(新嘗祭りを行っ)ても。(「鳰鳥の」は「葛飾」にかかる枕詞)

にほ【鳰】名 水鳥の名。かいつぶり。水上に巣をつくり、水にもぐって魚をとる。「にほどり」とも。冬

にほ-どり【鳰鳥】名「にほ」に同じ。冬

にほどりの【鳰鳥の】《枕詞》鳰鳥は水に潜ることから「潜く」と同音の地名「葛飾」に、また水に浮いているので「なづさふ(=水に浮かぶ)」にかかる。〈万葉・二〇・四四五八〉「にほ鳥のなづさひ来しを」

(にほ)

鳰の海《地名》歌枕 琵琶湖の異称。

にほのうみや… 和歌

鳰の海や　月の光の　うつろへば
波の花にも　秋は見えけり
〈新古・四・秋上・三八九・藤原家隆〉

訳 鳰の海(=琵琶湖)よ。その湖面に、秋の色に変わった月の光が映るので、(季節のない)波の花にも秋(の色)は見えることだ。

解説「うつろふ」は、「色が変わる」の意と「映る」の意をもつ。「波の花」は、波を花にたとえたもの。本歌の「草も木も色変はれどもわたつ海の波の花にぞ秋なかりける(=大海の波という花には、(その色を変える)秋はなかったことだ)」〈古今・秋下〉に対して、月の光が秋になって色が変われば、それが映って波の花も秋の色になるとした。

にほは・し【匂はし】形シク{しから・しく(しかり)・し・しき(しかる)・しけれ・しかれ} つややかに美しい。〈源氏・空蝉〉「ねびれて、にほはしき体所も見えず」訳 (空蝉は年齢よりは)ふけていて、つやつやした美しいところも見えない。

にほは・す【匂はす】他サ四{さ・し・す・す・せ・せ} ❶ 染める。色づかせる。ほんのりといろどる。〈万葉・一五・三六七七〉「秋の野をにほはす体萩は咲けれども見るしるしなし」訳 秋の野をほんのりといろどる萩は咲いているけれども、見るかいもない。❷ かおらせる。香気をただよわせる。〈源氏・蛍〉「空薫き物心にくきほどににほはし用て」訳 どこからともなく匂う香を奥ゆかしいほどにかおらせて。❸ ほのめかす。暗示する。〈源氏・横笛〉「まほにはあらねど、うちにほはし用おきて出で給ふ」訳 あからさまではないが、(夕霧は心の中を)それとなくほのめかしておいて(一条の宮を)お出になる。

にほひ【匂ひ】名 ⬇次ページ 234

にほひ-やか【匂ひやか】形動ナリ{なら・なり(に)・なり・なる・なれ・なれ}(「やか」は接尾語)つやがあって美しいさま。〈源氏・桐壺〉「いとにほひやかに用うつくしげなる人の、いたう面やせて」訳 たいそうつややかに美しくかわいらしいようすの人(=桐壺の更衣)が、ひどく面やつれして。

にほ・ふ【匂ふ】自ハ四 他ハ下二 ⬇六三六ページ 235

匂宮《人名》「源氏物語」中の人物。今上帝の第三皇子で、光源氏の孫にあたる。薫とともに宇治十帖の主人公。

日本紀《作品名》❶「日本書紀」に同じ。❷「日本書紀」にはじまる漢文体の歴史書の総称。六国史。〈紫式部日記〉「この人は日本紀をこそ読み給ふべけれ」訳 この人(=紫式部)は六国史を読んでいらっしゃるにちがいない。

日本国現報善悪霊異記《作品名》→日本霊異記

日本書紀《作品名》奈良時代の歴史書。舎人親王・太安万侶ら撰。養老四年(七二〇)成立。六国史の一番目。神代から持統天皇までの歴史を、漢文編年体で記したもの。「日本紀」とも。

日本霊異記（にほんりょういき）ニホンリョウイキ《作品名》平安初期の仏教説話集。僧景戒（けいかい）（きょうかい）編。弘仁十三年（八二二）ごろ成立。日本最古の仏教説話集で、おもに奈良時代の説話を集め、因果応報の理を説く。正式書名は「日本国現報善悪霊異記」。

にーも …でも。〈竹取・蓬莱の玉の枝〉「御子は、我にもあらぬ気色にて、肝消えゐ給へり」訳（くらもちの）皇子は、自分でもない（＝茫然自失の）ようすで、肝をつぶして座っていらっしゃる。

なりたち 断定の助動詞「なり」用＋係助詞「も」

参考 下に補助動詞「あり」「侍り」「候ふ」などを伴って、打消の語がくることが多い。

最重要330

234 にほひ（ニオイ）【匂ひ】名

ガイド 動詞「匂ふ」の連用形が名詞となった語。現代語ではもっぱら②の意に用いるが、照り輝くような美しさをいう①が原義。

❶ **色が美しく映えること。はなやかな美しさ。つやのある美しさ。気品。**

例 絵に描ける楊貴妃のかたちは、いみじき絵師といへども、筆限りありければいとにほひ少なし〈源氏・桐壺〉

訳 絵にかいてある楊貴妃の顔つきは、すぐれた画家といっても、筆力に限界があったので、まったくつややかな美しさが乏しい。

❷ **かおり。香気。**

例 荒れたる庭の露しげきに、わざとならぬ匂ひ、しめやかにうち薫りて〈徒然・三二〉

訳 荒れている庭で露がいっぱいおりているところに、わざわざたいたとも思われない香のかおりが、しんみりと香って。

❸ **威光。栄華。**

例 人となりゆく齢にそへて、官位、世の中のにほひも何ともおぼえずなむ〈源氏・椎本〉

訳 だんだん成人してゆく年齢につれて、官位も世俗の栄光もなんとも思われなく（なった）。

❹ **染め色や襲の色目で、上から下へしだいに薄くぼかしていくようにしたもの。**

例 蘇枋の下簾、にほひいときよらにて〈枕・六〇〉

訳（檳榔毛の車の）蘇芳色の下簾は、色のぼかしがたいそう美しくて。

❺ **（俳諧で）情調。余情。**

例 今は、うつり・ひびき・にほひ・くらゐを以て付くるをよしとす〈去来抄・修行〉

訳 今は、（付け句は）情趣の推移・響き合い・余情・品格を考えて付けるのをよいとする。

にーも［格助詞「に」＋係助詞「も」］❶…においても。…でも。〈源氏・蓬生〉「都にも、さまざま思し嘆く人多かりしを」訳 都においても、さまざまに思い嘆きなさる人が多かったが。❷…からも。…にさえも。〈徒然・一六七〉「人にも言ひ消たれ、禍をも招くは、ただこの慢心なり」訳 他人からも非難され、災難をも招きよせるのは、もっぱらこのおごりたかぶった心である。❸…に対しても。〈徒然・七七〉「人にも語り聞かせ」訳（それを）他人に対しても話して聞かせ。❹…であろうとも。たとえ…でも。〈徒然・五五〉「冬はいかなる所にも住まる」訳 冬にはどんな所でも住むことができる。❺並列を表す。〈徒然・六〇〉「わが食ひたき時、夜中にも暁にも食ひて」訳（盛親僧都は）自分が食いたいときは、夜中にでも夜明け前にでも食って。❻尊敬の意を表す。…におかれても。〈枕・九〉「上にも聞こし召してわたりおはしましたり」訳 天皇におかれてもお聞きになってお越しになった。

なりたち 格助詞「に」＋係助詞「も」

にーもーあらーず …でもない。〈竹取・かぐや姫の昇天〉「おのが身はこの国の人にもあらず終」訳 私（＝かぐや姫）の身はこの国（＝人間界）の人でもない。

なりたち 断定の助動詞「なり」用＋係助詞「も」＋ラ変補助動詞「あり」未＋打消の助動詞「ず」

にーや ❶（連体形の結びを伴って、「にやあらむ」「にやありけむ」の形で）…で（あろう）か。…で（あったろう）か。〈源氏・桐壺〉「人の心をのみ動かし、恨みを負ふつもりにやありけむ」訳（桐壺の更衣は他の）人の気をもませてばかりいて、恨みを背負いこんだ結果であっただろうか。❷（文末に用いられて、①の結びの「あらむ」などが省略された形で）…であろうか。〈枕・二八〉「かかることは、いふかひなき者のきはにやと思へど」訳 このような（無作

最重要330

235

にほ・ふ（ニオウ）【匂ふ】 一 自八四 {は・ひ・ふ・ふ・へ・へ} 二 他八下二 {へ・へ・ふ・ふる・ふれ・へよ}

ガイド 「丹(に)(=赤い色)＋秀(ほ)(=物の先端など、抜き出て目立つところ)＋ふ(=動詞化する接尾語)」で、**赤い色が表面にあらわれ出て目立つ**の意が原義。**照り輝くような美しさ**をいう。現代語では、「匂(にお)う」と書いて④の意で、また「臭う」と書いて鼻に不快に感じる意で用いられる。

一 自八四

❶**(草木などの色に)染まる。美しく染まる。**

例 草枕旅行く人も行き触れば**にほひ**用ぬべくも咲ける萩(はぎ)かも〈万葉・八・一五三二〉

訳 旅行く人も通りすがりに、もしさわったならば、きっと**色に染まっ**てしまいそうなほどにも咲き満ちている萩の花であることよ。(「草枕」は「旅」にかかる枕詞)

語感実感 健康的で顔の血色もよく、肌もつやつやとして、明るく輝くように美しい感じ。

❷**つややかに美しい。照り輝く。**

例 紫草(むらさき)の**にほへ**已る妹(いも)を憎くあらば人妻ゆゑにあれ恋ひめやも〈万葉・一・二一〉

訳 紫草のように**美しく輝い**ているあなたを憎らしく思うなら、(あなたが)人妻なのに、私がどうして恋するでしょうか(いや、恋したりはしない)。

❸**栄える。恩恵や影響が及ぶ。**

例 わが家までは**にほひ**用来(こ)ねど、面目(めいぼく)におぼすに〈源氏・少女〉

訳 自分の家までは**恩恵は及んで**こないけれど、(式部卿(しきぶきょう)の宮は姫君(=紫の上)のご勢力を)晴れがましくお思いのところに。

❹**かおる。香気がただよう。**

例 大きなる松に藤の咲きかかりて月かげになよびたる、風につきてさと**にほふ**体がなつかしく〈源氏・蓬生〉

訳 大きな松の木に藤の花が咲きまつわって、月の光の中になよなよ揺れているのが、風にのってさっと**匂ってくるの**が慕わしくて。

二 他八下二

法な)こと(をするの)は、とるに足りない身分の者で**あろうか**と思うけれど。❸はっきりわかっていることを、わざとぼかして遠回しに言う。…**だろうか**。〈細道・草加〉「今年元禄(げんろく)二とせ**にや**、奥羽(あう)長途(ちょうと)の行脚(あんぎゃ)ただかりそめに思ひたちて」訳 今年は元禄二年**だろうか**、奥州への遠路の旅をただふと思い立って。

なりたち 断定の助動詞「なり」用＋係助詞「や」

にーや ❶疑問の意を表す。…に…か。〈竹取・火鼠の皮衣〉「かぐや姫にすみ給ふとな。ここ**にや**います」訳 (あべの右大臣は)かぐや姫(のところ)に夫として通っていらっしゃるというのだね。(もう)ここ**に**おいでになるの**か**。❷反語の意を表す。…に…だろうか(いや、…ではない)。〈竹取・御門の求婚〉「この女のたばかり**にや**負けむと思(おぼ)して」訳 (帝(みかど)は)この女の計略**に**負け**ようか**(いや、負けはしない)とお思いになって。

なりたち 格助詞「に」＋係助詞「や」

にーやーあらーむ …であろうか。〈土佐〉「おぼろけの願(ぐわん)によりて**にやあらむ**、風も吹かず、よき日出(い)できて、漕(こ)ぎゆく」訳 並々でない祈願によって**であろうか**、風も吹かないし、よい日和(ひより)になるので、(船を)漕いでいく。→にかあらむ 参考

なりたち 断定の助動詞「なり」用＋係助詞「や」＋ラ変補助動詞「あり」未＋推量の助動詞「む」体

にゅう【入】→にふ

にょうーくわん(カン)【女官】名「にょくわん」とも。宮中に奉仕する女性の官人。→後宮(こうきゅう)「古文常識」

参考 一説に、上級女官を「にょうくわん」、下級女官を「にょくわん」と呼ぶならわしがあったという。

にょうーご【女御】名「にょご」とも。天皇の寝所に侍した高位の女官。中宮の下、更衣(こうい)の上に位する。はじめは、四位・五位にすぎなかったが、しだいに地位を上げ、皇后に取り立てられる者もいた。また、上皇・皇太子の侍女をも称した。〈源氏・桐壺〉「いづれの御時にか、**女御**、更衣あまたさぶらひ給ひけるなかに」訳 どの帝(みかど)の御代(みよ)であっただろうか、**女御**や更衣が大勢お仕えしていらっしゃった中に。→後宮(こうきゅう)「古

（草木などの色で）染める。（→薫(かを)る 参考）

例 住吉(すみのえ)の岸野の榛(はり)ににほふれ㊀ど〈万葉・一六・三八〇一〉 訳 住吉の岸の野辺の榛(はん)の木で染めるけれども。

文常識」

にょう‐ばう(ボウ)【女房】名

〔「房」は部屋の意〕❶宮中や院の御所などに仕え、一室を与えられていた高位の女官。〈源氏・桐壺〉「忍びやかに、心にくき限りの女房四五人(よたりいつたり)さぶらはせ給ひて、御物語せさせ給ふなりけり」訳 （桐壺帝は）ひそやかに、奥ゆかしい女房ばかり四、五人をおそばに控えさせなさって、お話をしておいでになられるのであった。⬇下段「古文常識」・後宮(こうきゅう)「古文常識」

❷貴人の家に仕える女性の称。〈源氏・夕顔〉「かのふるさとは、女房などの悲しびに堪(た)へず泣き惑ひ侍らむに」訳 あの（夕顔の）もとの住まいは、女房などが（夕顔の死の）悲しみに堪えられずに泣き乱れましょうが、そのときに。

❸妻。

❹女性。婦人。〈浮・世間胸算用〉「さきの旦那(だんな)殿が、きれいなる女房をつかふことがすきぢゃ」訳 奉公先のご主人が、きれいな女性を使うことが好きじゃ。

にょうばう‐ぐるま(ニョウボウ―)【女房車】名「女房①」の乗る牛車(ぎっしゃ)。女車(おんなぐるま)。

にょうばう‐ことば(ニョウボウ―)【女房詞・女房言葉】名 室町時代以降、宮中に仕える女房たちが使った特殊な用語。主として飲食物や衣服などに用いた。すしを「すもじ」、髪を「かもじ」、豆腐を「おかべ」などという類。

にょう‐ゐん(―イン)【女院】名「にょゐん」とも。天皇の生母や后、内親王などで、特に朝廷から院号を贈られた者。⬇後宮(こうきゅう)「古文常識」

参考 一条天皇のとき、皇太后藤原詮子(せんし)を東三条院と称したのが初めてである。

にょう‐くらうど(―クロウド)【女蔵人】名 宮中で内侍(ないし)、命婦(みょうぶ)に次ぐ女官。雑役に従事した。

にょ‐しゃう(―シヨウ)【女性】名 女の人。婦人。

にょ‐じゅ【女嬬・女孺】名「にょうじゅ」とも。内侍司(ないしのつかさ)に属し、宮中の清掃や点灯などの雑務に従事した下級の女官。

によ・ふ(ニョウ)【呻吟ふ】自ハ四〔は・ひ・ふ・ふ・へ・へ〕「によぶ」とも。うなる。うめく。〈竹取・竜の頸の玉〉「手輿(たごし)つくらせ給ひて、によふ㊉によふ㊉担(にな)はれ給ひて家に入り給ひぬるを」訳 （大納言は）手輿をお作らせになって、うめきうめきかつがれなさって家にお入りになったのを。

にょ‐ほふ(―ホウ)【如法】■ 形動ナリ〔なら・なり（に）・なり・なる・なれ・なれ〕❶《仏教語》仏法の定めどおりだ。(また、一般的に)形式どおりだ。〈大鏡・道兼〉「如法に㊊孝(けう)じ奉り給ひけり」訳 仏法の定めどおりに追善供養をし申しあげなさった。

❷穏やかだ。〈浄・今宮心中〉「菱屋介五郎(ひしやすけごらう)は如法なる㊍気もまる額(びたひ)」訳 菱屋介五郎はおだやかな（気質で）気持ちも丸く、丸額で。

■副 まったく。文字どおり。〈平家・二・鏡〉「如法夜半(やはん)のことなれば、内侍(ないし)も女官(にょくわん)も参り合はずして」訳 まったく夜中のことであるので、内侍も女官も参会していないので。

にょ‐らい【如来】名《仏教語》仏の尊称。釈迦(しゃか)如来や薬師如来など。

にら・ぐ【焠ぐ】他ガ四〔が・ぎ・ぐ・ぐ・げ・げ〕熱した鉄を水に入れて鍛える。焼きを入れる。〈細道・出羽三山〉「かの竜泉(りょうせん)に剣(つるぎ)をにらぐ㊉とかや」訳 （刀工月山(がっさん)の話は）あの竜泉（＝中国の霊泉）の水で剣を鍛えるとかいうこと（の類）である。

に・る【似る】自ナ上一〔に・に・にる・にる・にれ・によ〕物の形や性質が同じように見える。〈万葉・三・三四四〉「あなみにく賢(さか)しらをすと酒飲まぬ人をよく見ば猿(さる)にかもにる㊍」訳 ⬇あなみにく…和歌

参考 ナ行上一段活用の動詞は「似る」「煮る」の二語

古文常識 「にょうばう」―女房とその文学

「女房」は、職掌や出身階級によって、上﨟(じょうろう)、中﨟(ちゅうろう)、下﨟(げろう)に分けられ、「局(つぼね)」と呼ばれる部屋を与えられて、出仕中はそこに起居した。時には実家（＝里）に下がることもあった。

平安時代、特に摂関政治が盛んなころの後宮(こうきゅう)には、才能ある優れた女房が仕え、日記や随筆、物語などが書かれた。そうした作品を、「女房文学」と呼ぶことがある。

左図は、女房文学を生み出した人物の関係を整理したものである。なお、女房の呼び名は、職掌名の他は、父兄や夫の官名による俗称が用いられていたといわれる。

■ 女房文学人物関係図

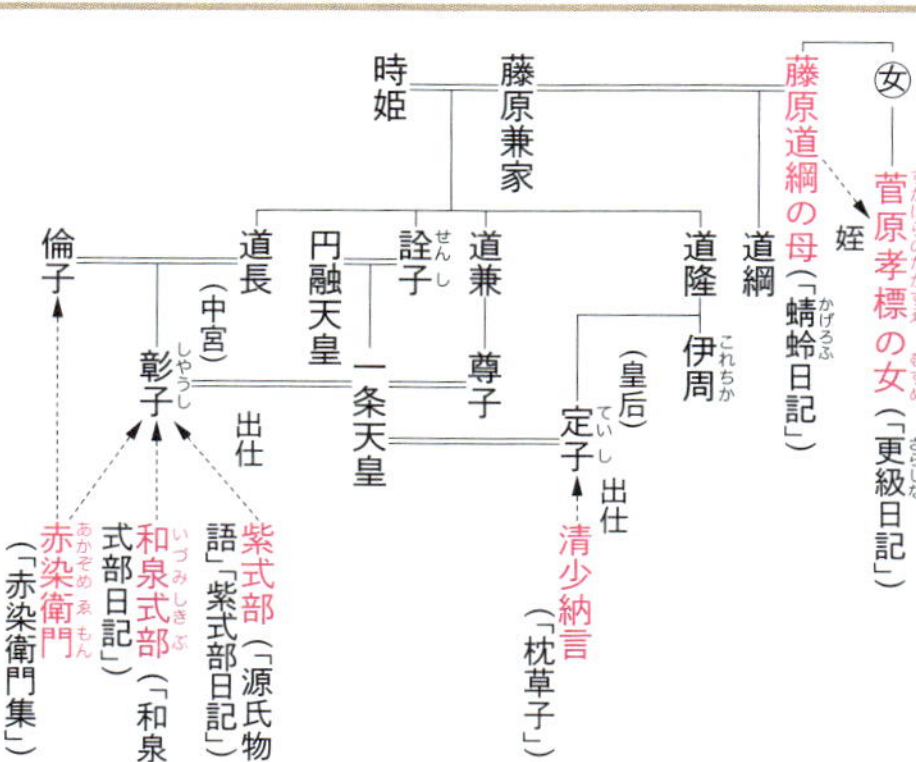

だけ。

にれ-うちか・む【齝打ち嚙む】他マ四〔ま・み・む・む・め・め〕「にれかむ」とも。(牛などが)一度のみこんだ物を口の中にもどしてかむ。反芻する。〈徒然・二〇六〉「にれうちかみ用て臥したりけり」訳(牛は検非違使の長官の席にのぼって)反芻して横になっていた。

にわ〔庭〕⬇には

に-わう【仁王・二王】名 金剛力士の異称。仏法の守護神として、寺門の両脇に安置する。密迹金剛と那羅延金剛の二神。

にわか〔俄〕⬇にはか

にわたずみ〔行潦・庭潦〕⬇にはたづみ

にん【任】名 任務。また、任期。

にんが-の-さう【人我の相】《仏教語》自分さえよければ、人はどうでもよいという利己的な考え。

にん-げん【人間】名 ❶人の住む所。世間。仏教で、人間界。〈徒然・一二三〉「人間の儀式、いづれのことか去り難からぬ」訳 世間の儀礼は、どのことが捨てさりにくくないか(いや、どれも欠くことはできない)。❷人間界に住むもの。ひと。

にん-じ【人事】名 ❶人間界のこと。人のすること。〈徒然・一七四〉「人事多かる中に、道を楽しぶより気味深きはなし」訳 人のすることが多い中で、仏道を楽しむより味わい深いことはない。❷人とのつきあい。交際。

にん-じゅ【人数】名 大勢の人。また、人の数。

にんじゅ-だて【人数立て】名 人員の配列。軍勢の手分け。〈徒然・三三〉「『主殿寮人数だて』と言ふべきを」訳「主殿寮の役人よ人員配備(をして式場を照らせよ)」と言うはずのところを。

にん-じん【人身】名「じんしん」とも。人のからだ。

ぬ ヌ

ぬ【寝】自ナ下二 眠る。**寝る。**横になる。また、場面や文脈によっては男女が共寝する意となる。〈古今・恋

ぬ 助動ナ変型

意味・用法	用例
❶完了 動作・作用が実現し、完了した意を表す。 …た。…てしまう。…てしまった。	例 わが待たぬ年は来ぬれ已ど冬草のかれに用し人はおとづれもせず〈古今・冬〉 訳 私が待っていない新年は来てしまったが、冬草が枯れるように、離れて行ってしまった人は、便りも寄こさない。(「冬草の」は、「枯れ」と同音の「離れ」にかかる枕詞)
❷確述(強意) 動作・作用の実現を確信したり、確認したりする意を表す。 必ず…。確かに…。…てしまう。	例 御舟海の底に入らずは、神落ちかかりぬ終べし〈竹取・竜の頸の玉〉 訳 お舟が海の底に沈まないなら、必ず雷が落ちかかってくるにちがいない。
❸並立 終止形を重ね用いた「…ぬ…ぬ」の形で、二つの動作・作用が並立している意を表す。 …たり…たり。	例 皆紅の扇の日出いだしたるが、白波の上に漂ひ、浮きぬ終沈みぬ終ゆられければ〈平家・一一・那須与一〉 訳 紅一色の扇で太陽を描き出してあるのが、白波の上に漂い、浮いたり沈んだりして揺られたので。

接続

動詞・形容詞・形容動詞型活用の語の**連用形**に付く。古くは、ナ変動詞に付くことはなかったが、中世以降には「死にぬ」などの例がある。

活用

未然	連用	終止	連体	已然	命令
(バ)	(ケリ)	(。)	(コト)	(ドモ)	(。)
な	に	ぬ	ぬる	ぬれ	ね

1 現在にも過去にも使われる

「ぬ」は完了の助動詞であるから、その動作が現在のものであるか、過去のものであるかには無関係である。たとえば、次の例

例 はや舟に乗れ。日も暮れぬ〈伊勢・九〉

訳 はやく舟に乗れ。日が暮れてしまう。

⬇次ページ「まぎらわしい『ぬ』の識別」

(三)「思ひつつ寝(ぬ)れ㊋ばや人の見えつらむ夢と知りせば覚(さ)めざらましを」訳→おもひつつ… 和歌

活用	未然	連用	終止	連体	已然	命令
	ね (ズ)	ね (タリ)	ぬ (。)	ぬる (コト)	ぬれ (ドモ)	ねよ (。)

ぬ **ぬ** 助動ナ変型 ↓右下助動詞「ぬ」

助動詞「ず」の連体形。↓左「まぎらわしい『ぬ』の識別」

まぎらわしい「ぬ」の識別

① 動詞(ナ変)の終止形語尾

例 ひとりふたりすべり出(い)でて往(い)ぬ〈枕・二五〉

訳 一人二人とそっと退出して行ってしまう。

▽上が「い(往)」または「し(死)」。

② 助動詞「ぬ」の終止形

例 翁(おきな)、竹を取ること久しくなりぬ〈竹取・かぐや姫の生ひ立ち〉

訳 翁は(黄金のつまった)竹を取ることが長い期間になった。

▽上が活用語の連用形。

③ 助動詞「ず」の連体形

例 もの知らぬことなのたまひそ〈竹取・かぐや姫の昇天〉

訳 物事の道理を解さぬことを言いなさるな。

例 京には見えぬ鳥なれば〈伊勢・九〉

訳 京には見かけない鳥なので。

▽上が活用語の未然形。第二例の「見え」のように、「ぬ」の上が未然形、連用形同形の動詞の場合は、「ぬ」が連体形であるか否か確かめる。第二例「ぬ」は、下に名詞「鳥」があるので連体形のはずである。

文法ノート

は、「はや舟に乗れ」とあるから「日が暮れてしまう」と現在に訳すのがよい。一方、①に挙げた例は「来てしまった」と過去に訳すとよいのであって、「ぬ」の超時間的な完了を表すという性質をよく示している。なお、

例 あはれ進みぬればやがて尼になりぬかし〈源氏・帚木〉

訳 感情が高ぶってしまうときっと、そのまま尼になってしまうよ。

のように、動作がまだ実現していない場合は、②の確述の意と捉えることができる。

2「なむ」「なまし」「ぬべし」

推量の助動詞とともに用いて、「なむ」「なまし」「ぬべし」などの形で用いられる「ぬ」は②の意で、推量の意を強めて「きっと…てしまう(にちがいない)」の意を表す。

3 並立の「ぬ」

③は中世以降の用法。

ぬい-もの〖縫ひ物〗↓ぬひもの

ぬえ【鵼・鵺】名 ❶小鳥の名。とらつぐみの異称。「ぬえどり」「ぬえこどり」とも。❷想像上の怪鳥。頭は猿、からだは狸(たぬき)、手足は虎、尾は蛇、鳴き声はとらつぐみに似るという。

(ぬえ①)

ぬえ-どり【鵼鳥・鵺鳥】名「ぬえ①」に同じ。

ぬえどりの【鵼鳥の・鵺鳥の】《枕詞》「ぬえ①」の鳴き声がもの悲しく、嘆いているように聞こえることから「うらなく」「片恋」にかかる。〈万葉・一〇・一九九七〉「ぬえどりのうら嘆(な)けましつ」〈万葉・二・一九六〉「ぬえどりの片恋嬬(かたこひづま)」

ぬか【額】名 ❶ひたい。〈更級・かどで〉「身をすてて額をつき、祈り申すほどに」訳 からだを投げ出してひたいを(床に)つけて、お祈り申しあげているうちに。❷ぬかずくこと。礼拝。〈枕・二九〉「たてへだてゐて、うち行ひたる暁(あかつき)の額など、いみじうあはれなり」訳(家族と)離れていて、勤行(ごんぎょう)している夜明け前の礼拝などは、たいそうしみじみと感じられる。

フレーズ

額を突(つ)・く ひたいを地につけて礼拝する。ぬかずく。〈更級・かどで〉「人まにはまゐりつつ、額をつき(用)し薬師仏の立ち給へるを」訳 人のいないときにお参りしては、ひたいを地につけて礼拝した薬師仏が立っていらっしゃるのを。

ぬ-か ❶《上代語》(多く「…も…ぬか」の形で)願望の意を表す。…であってほしい。…ないかなあ。〈万葉・七・一三七四〉「いつしかとあが待つ月も早も照らぬか」訳 いつ出るのかと私が待っている月も早くも照らないかなあ。❷打消の疑問を表す。…(で)ないか。〈古今・恋四〉「かげろふのそれかあらぬか春雨のふるひとなれば袖ぞ濡(ぬ)れぬる」訳 かげろうのようにはっきりしないが、あれは昔のあの人だったのか、そうでないのか。(会ったのは)昔なじみの人なので、春雨が降るように涙で袖が濡れてしまったことだ。(「ふる」に「降る」と「古人(ふるひと)」の「古」とをかける)

なりたち 打消の助動詞「ず」(体)+係助詞「か」

参考 ①は上代の用法。「万葉集」では打消の「ず」「ぬ」の漢字は多く「不」をあてているが、この「ぬか」には「不」の字をあてた例はないので、打消の意を意識せず、一語の助詞とみなしていたようである。

額田王(ぬかたのおほきみ)(ヌカタノオオキミ)《人名》(生没年未詳)「万葉集」の代表的女流歌人。鏡王(かがみのおおきみ)の娘。初め大海人皇子

（＝のちの天武天皇）に愛されて十市皇女を生む。のち天智天皇の寵愛を受けたという。歌は情熱的で風格がある。

ぬか-づき ―ズキ【酸漿】[名] ほおずき（＝草の名）の異称。

ぬかづき-むし ヌカズキ―【額突き虫】[名] こめつきむし（＝虫の名）の異称。

ぬか-づ・く ―ズク【額突く】[自カ四]〔か・き・く・く・け・け〕ひたいを地につけて礼拝する。〈源氏・夕顔〉「ただ翁びたる声に額づく(体)ぞ聞こゆる」[訳] ひたすら年寄りじみた声でひたいを地につけて礼拝するのが聞こえる。

ぬ-か-も 《上代語》願望の意を表す。…であってほしいなあ。…ないかなあ。〈万葉・五・八一六〉「梅の花今咲けるごと散り過ぎずわが家への園にありこせぬかも」[訳] 梅の花は今咲いているように散ってしまわないで、（いつまでも）私の家の庭にあってほしいものだなあ。↓ぬか（連語）

なりたち 打消の助動詞「ず」(体)＋係助詞「か」＋終助詞「も」

ぬ-か-も 《上代語》詠嘆の意を表す。…ないことよなあ。…ないなあ。〈万葉・一〇・二二八六〉「我が宿に咲きし秋萩散り過ぎて実に成るまでに君に逢はぬかも」[訳] 私の家の庭に咲いた秋萩が散ってしまって実になるまでも、あなたに逢わないことよなあ。

なりたち 打消の助動詞「ず」(体)＋終助詞「かも」

ぬか-を-つ・く【額を突く】➡額「フレーズ」

ぬき【緯】[名] 織物の横糸。[対]経

ぬぎ-か・く【脱ぎ掛く】[他カ下二]〔け・け・く・くる・くれ・けよ〕❶（着物などを）脱いで掛ける。〈古今・秋上〉「なに人か来て脱ぎ掛け(用)し藤袴ぞ」[訳] どんな人が（ここへ）来て脱いで掛けたのか、藤袴は。（「藤袴（＝植物の名）」を、香をたきしめた「袴（＝衣服）」に見立てる）

❷襟足が広くのぞくように着物を肩のあたりまで脱ぎすべらせて着る。〈堤・花桜をる少将〉「衣脱ぎかけ(用)たるやうだい、ささやかにいみじう児めいたり」[訳] 着物を肩のあたりまで脱ぎすべらせて着ているようすは、小柄でたいそう子供っぽい感じである。

❸着物を脱いで、ほうびとして人に掛けて与える。〈源氏・御法〉「皆人の脱ぎかけ(用)たる物の色々なども」[訳] すべての人々が、（舞人に）祝儀として脱いで与えた衣のさまざまな色なども。

ぬぎ-た・る【脱ぎ垂る】[他ラ下二]〔れ・れ・る・るる・るれ・れよ〕着物などの肩を脱いで、片袖を垂らす。〈枕・三三〉「女房、桜の唐衣どもくつろかに脱ぎ垂れ(用)て」[訳] 女房が、桜襲の唐衣などをゆったりと片袖を脱ぎ垂らして。

ぬき-みだ・る【貫き乱る・抜き乱る】

[一] [自ラ四・下二]〔ら・り・る・る・れ・れ〕〔れ・れ・る・るる・るれ・れよ〕貫いているひもが切れて玉が乱れ散る。〈拾遺・恋二〉「ぬき乱る(体)（四段）涙の玉もとまるやと玉の緒ばかり逢はむといはなむ」[訳] 貫いているひもが切れて乱れ散る涙の玉もとまるかと思うから、短い間だけでも逢おうと言ってほしい。

[二] [他ラ四]〔ら・り・る・る・れ・れ〕玉などを貫いたひもを抜き取って、乱れ散らす。〈伊勢・八七〉「ぬき乱る(体)人こそあるらし白玉の間なくも散るか」[訳] ひもを抜き取って、玉を散らす人がいるらしい。白玉が絶え間なしに散るよ。（「白玉」は滝の飛沫の見立て）

ぬ・く【抜く】[一] [自カ下二]〔け・け・く・くる・くれ・けよ〕❶抜ける。〈枕・七五〉「ありがたきもの …毛のよく抜くる(体)しろがねの毛抜き」[訳] めったにないもの、…毛がよく抜ける銀製の毛抜き。

❷他よりひいでる。抜きんでる。〈源氏・絵合〉「官位高くのぼり世に抜け(用)ぬる人の」[訳] 高位高官にのぼり、世に抜きんでてしまった人が。

❸逃げる。脱出する。〈古活字本平治物語〉「足にまかせて抜け(用)給ふ程に（＝お逃げになるうちに）」

[二] [他カ四]〔か・き・く・く・け・け〕❶引き抜く。〈徒然・五三〉「しばしかなでて後、抜か(未)んとするに、大方抜か(未)れず」[訳] しばらく舞を舞って後、（かぶった足鼎を）抜こうとするが、まったく抜くことができない。

❷だます。ごまかす。〈狂・墨塗〉「これまで身共（＝私）をまんまと抜き(用)居った（＝だましやがった）」

❸攻め落とす。〈紀・継体〉「五つの城を抜き(用)とる」[訳] 五つの城を攻略し奪う。

ぬ・く【貫く】[他カ四]〔か・き・く・く・け・け〕穴に通す。つらぬく。〈古今・秋上〉「秋萩の露玉にぬか(未)むと取れば消けぬ」[訳] 萩に置いた露を玉（のように糸）につらぬこうとして手に取ると、消えてしまう。

ぬさ【幣】[名] ❶神に祈るときのささげ物。古くは麻・木綿などを使ったが、のちには布や紙を棒につけて垂らした。また、旅行の折には紙または絹の細かに切ったものを道祖神にまき散らして、たむけとした。〈土佐〉「楫取りして幣たいまつらするに、幣の東へ散れば」[訳] 船頭に命じて海神へのささげ物を差し上げさせると、（その）幣が東の方へ散るので。

（ぬさ①）

❷旅立ちのときの贈り物。餞別。〈増鏡・新島守〉「さて東に帰りくだるころ、上下色々の幣多かり中に」[訳] さて東国へ下向するとき、身分の上下さまざまの人からの餞別がたくさんあった中で。

ぬし【主】

[一] [名] ❶（「…のぬし」「…ぬし」の形で）人の敬称。…さん。…様。〈土佐〉「仲麻呂の主」

❷主人の敬称。ご主人。きみ。殿。〈竹取・竜の頸の玉〉「うたてある主のみもとに仕うまつりて」[訳] 情けないご主人の御許にお仕え申しあげて。

❸所有者。持ち主。〈徒然・八九〉「飼ひける犬の、暗けれど、主を知りて（＝飼い主を見分けて）」

❹夫。

❺古くからその土地に住みつき、霊力をもつと信じられたもの。多く、蛇などの動物をいう。〈沙石集〉「この沼の主（＝蛇）に申す（＝申し上げる）」

[二] [代] 対称の人代名詞。軽い敬意をこめる。あなた。〈大鏡・序〉「さてもぬしの御名はいかにぞや」[訳] それにしてもあなたのお名前は何というのか。

ぬす・む【盗む】[他マ四]〔ま・み・む・む・め・め〕❶他人のものを、ひそかに奪い取る。〈伊勢・六〉「かたちのいとめでたくおはしければ、盗み(用)て負ひて出でたりけるを」[訳]（女の）容貌が非常に美しくていらっしゃったので、（男は）盗み出して背負って出ていったところが。

❷こっそりとする。人目をごまかす。〈徒然・二一九〉「間々に皆一律を盗め(已)るに」[訳]（横笛の）穴と穴との間にすべて一つの音律を忍ばせているのに。

❸学びとる。まねする。〈方丈・三〉「満沙弥が風情

ぜいを盗み(用)」訳（万葉歌人の）満誓沙弥の情趣をまねて（和歌を詠み）。

ぬた-め【䵷目】名 鹿の角の表面にある波紋のような模様。

ぬ-な-と【瓊音】名〔「ぬ」は玉の意、「な」は「の」の意の上代の格助詞、「と」は音の意〕玉のすれあう音。

ぬ-なり ❶（「なり」が推定の場合。多く聴覚による判断を表して）…てしまったようだ。…てしまったようだ。〈更級・大納言殿の姫君〉「笛をいとをかしく吹き澄まして過ぎぬなり(終)」訳（車の主は）笛をたいそうすばらしく澄んだ音色で吹いて立ち去ってしまうようだ。

❷（「なり」が伝聞の場合）…たそうだ。…てしまったということだ。〈更級・梅の立枝〉「侍従の大納言の御むすめなくなり給ひぬなり(終)」訳（うわさでは）侍従の大納言の姫君が亡くなりなさったということだ。

なりたち 完了の助動詞「ぬ」(終)＋伝聞・推定の助動詞「なり」

接続 活用語の連用形に付く。

ぬ-なり …ないのだ。〈伊勢・九〉「駿河なる宇津の山べのうつつにも夢にも人に逢はぬなり(用)けり」訳→するがなる…和歌

なりたち 打消の助動詞「ず」(体)＋断定の助動詞「なり」

接続 活用語の未然形に付く。

ぬの【布】名（絹に対して）麻・苧・葛などの繊維で織った織物の総称。

ぬの-かたぎぬ【布肩衣】名 布で作った袖のない衣服。身分の低い人が着た。

ぬの-こ【布子】名 木綿の綿入れの着物。古くは麻のあわせや綿入れをいう。冬

ぬばたまの【射干玉の】《枕詞》「うばたまの」「むばたまの」とも。「ぬばたま(＝ひおうぎという草の実)」の黒いことから「黒」「髪」「夜」「闇」「一夜」「夕べ」「昨夜」「今宵」に、転じて「妹」「夢」「月」にかかる。〈万葉・四・五二五〉「ぬばたまの黒馬の来夜は」。〈万葉・九・一八〇〇〉「ぬばたまの髪は乱れて」。〈万葉・六・九二五〉

ぬばたまの… 和歌

「ぬばたまの夜のふけゆけば

> 枕詞
> ぬばたまの　夜のふけゆけば　久木生ふる
> 清き川原に　千鳥しば鳴く
> 〈万葉・六・九二五・山部赤人〉

訳 夜がふけていくと、久木の生えている清らかな川原に、千鳥がしきりに鳴いている。

解説 この歌は長歌の反歌二首のうちの一首で、もう一首が「み吉野の象山の際の木末にはここだもさわく鳥の声かも」（訳→みよしのの…和歌）〈万葉・六・九二四〉。第二句を「夜のふけぬれば」と訓む説もある。「久木」は木の名であるが未詳。

ぬひ-もの【縫ひ物】名 ❶裁縫。また、その材料。❷ぬいとり。ししゅう。〈紫式部日記〉「螺鈿縫ひ物けしからぬまでして」訳 螺鈿やししゅう（の飾り）をなみなみならぬほどにして。

ぬ-べし

❶事の成り行きの当然性・必然性を推量する意を表す。…てしまうだろう。きっと…にちがいない。〈土佐〉「潮満ちぬ。風も吹きぬべし(終)」訳 潮が満ちた。風もきっと吹くだろう。〈源氏・桐壺〉「世のためしにもなりぬべき(体)御もてなしなり」訳 世間の話の種にもきっとなってしまいそうな（桐壺の更衣への）御待遇である。

❷可能な事柄に対する推量を表す。きっと…することができる。…することができそうだ。〈徒然・四一〉「ことに人多く立ちこみて、分け入りぬべき(体)やうもなし」訳 特別に人が多くこみ合っていて、分けて入ることができそうなようすもない。

なりたち 完了（確述）の助動詞「ぬ」(終)＋推量の助動詞「べし」

参考 この場合の「ぬ」は確述（強意）の用法で、「べし」の意を強める。「べし」の表している意味によって訳語を決めることになる。→ぬ（助動ナ変）・べし（七三三ページ）

ぬ-めり …てしまったようだ。…たようだ。〈更級・初瀬〉「日も暮れがたになりぬめり(終)」訳 日も暮れ時になったようだ。

なりたち 完了の助動詞「ぬ」(終)＋推量の助動詞「めり」

ぬ-らし …てしまったらしい。…てしまっているらしい。〈古今・賀〉「千鳥鳴く佐保の川霧立ちぬらし(終)」訳 千鳥の鳴く佐保川の川霧が立ちこめてしまったらしい。

なりたち 完了の助動詞「ぬ」(終)＋推定の助動詞「らし」

ぬ-らむ ―ラン― …ているだろう。…てしまっただろう。〈万葉・一・六三〉「いざ子ども早く日本へ大伴の御津の浜松待ち恋ひぬらむ(終)」訳 さあ、皆の者よ、早く日本の国へ（帰ろう）。大伴の御津の浜松が（われわれを）待ちこがれているだろう。

なりたち 完了の助動詞「ぬ」(終)＋推量の助動詞「らむ」

ぬり-ごめ【塗籠】名 ❶おもに寝殿造りで、周囲を壁で塗りこめた部屋。明かり窓をつけ、妻戸から出入りする。納戸や寝室に用いた。➡寝殿造り「古文常識」（四三四ページ）❷「塗籠籐」の略。

ぬりごめ-どう【塗籠籐】名 幹を籐ですきまなく巻き、漆で塗り固めた弓。塗籠。

ぬ・る【濡る】自ラ下二〔れ・れ・る・るる・るれ・れよ〕水などがつく。ぬれる。〈大鏡・道長上〉「御顔はあかみぬれ(用)つやめかせ給ひながら」訳（女院の）お顔は赤らみ、（涙に）ぬれつやつやと光っていらっしゃるけれども。

ぬる 助動詞「ぬ」の連体形。

ぬる・し【温し】形ク〔から・く（かり）・し・き（かる）・けれ・かれ〕❶なま暖かい。〈枕・一〉「昼になりてぬるく(用)ゆるびもていけば」訳 昼になって（寒気が）しだいに暖かくゆるんでいくと。❷にぶい。機敏でない。〈増鏡・おどろのした〉「御本性も、父御門よりは、すこしぬるく(用)おはしましけれど」訳（土御門天皇は）ご性格も、父（後鳥羽）天皇よりは、少しにぶくいらっしゃったけれども。❸情が薄い。冷淡だ。〈源氏・若菜上〉「内々の御心ざしぬるき(体)やうにはありけれと思ひあはせて」訳（光源氏の女三の宮への）内々のお気持ちは冷淡なようではあ

ったと(夕霧は)思い当たって。

ぬれ 助動詞「ぬ」の已然形。

ぬれ‐ぎぬ【濡れ衣】 名 ❶ぬれた着物。❷無実の罪。また、根拠のないうわさ。汚名。〈源氏・夕霧〉「大方はわれ**ぬれ衣**を着せずとも朽ちにし袖の名やはかくるる」訳 だいたいは、私が**汚名**を着せなくても、朽ちてしまった袖(=あなたが不幸になったこと)のうわさは隠れるだろうか(いや、隠れはしない)。

ね ネ

ね【子】 名 ❶十二支の一番目。→十二支(じふにし) ❷方角の名。北。❸時刻の名。今の午前零時ごろおよびその前後約二時間(午後十一時ごろから午前一時ごろ)。

ね【音】 名 聞く人の耳にしみじみと訴える音。**声。ひびき。**〈源氏・桐壺〉「いとどしく虫の**音**しげき浅茅生(あさぢふ)に露おきそふる雲の上人(うへびと)」訳 →いとどしく… 和歌。→音(おと)

参考 フレーズ **音を泣く** 声を出して泣く。〈源氏・夕霧〉「**音を泣き**用給ふさまの、心深くいとほしければ」訳 **声をあげて泣き**なさる姿が、慎み深くいじらしいので。

ね【根】 名 ❶植物の根。❷根源。もと。〈徒然・九〉「愛著(あいぢやく)の道、その**根**深く、源(みなもと)遠し」訳 愛欲の執着という方面のことは、その**根源**が深く、源が遠い。

ね【峰・嶺】 名 みね。山の頂上。〈万葉・一四・三五一五〉「国はふり**嶺**に立つ雲を見つつ偲(しの)はせ」訳 大地にあふれ**山の頂上**に立ちのぼる雲を見ては(私を)偲んでおくれ。

ね 助動詞「ぬ」の命令形。➡中段「まぎらわしい『ね』の識別」

参考 中古以降に用いられた。

ね 助動詞「ず」の已然形。➡中段「まぎらわしい『ね』の

識別」

ね 終助《上代語》

意味・用法 願望(…てください。…てほしい。)→❶、❷

接続 動詞と動詞型に活用する助動詞の**未然形**、および終助詞「そ」に付く。

他人が自分の願いを聞き入れてくれることを願う。❶**…てください。…てほしい。**〈万葉・一・一〉「この岡に菜摘ます児(こ)家告(の)らせ名告らさ**ね**」訳 →こもよ… 和歌 ❷(「な…そね」の形で)…てほしくない。…ないでほしい。〈万葉・二・二三三〉「高円(たかまと)の野辺(のへ)の秋萩(あきはぎ)な散りそ**ね**君が形見に見つつ偲(しぬ)はむ」訳 高円山の野辺の秋萩よ、散ら**ないでほしい**。あの方の形見として見ては偲ぼう。→な(副)・そね。《➡左「まぎらわしい『ね』の識別」》

参考 ①と同類の上代語の終助詞に「な」「に」がある。→な(終助)(五六八ページ)・に(終助)

まぎらわしい「ね」の識別

❶ 助動詞「ぬ」の命令形

例 もとの御かたちとなり給ひ**ね** 〈竹取・御門の求婚〉

訳 もとのお姿に**きっと**なってください。

▽上が活用語の連用形。

❷ 助動詞「ず」の已然形

例 風波やま**ね**ば、なほ同じ所にとまれり 〈土佐〉

訳 風や波が静まら**ない**ので、やはり(昨日と)同じ所に停泊している。

例 秋来(き)ぬと目にはさやかに見え**ね**ども 〈古今・秋上〉

訳 秋がやって来たと、目にははっきり見え**ない**けれども。

▽上が活用語の未然形。上が未然形、連用形同形の動詞の場合は、「ね」が已然形であるか否か確かめる。第二例の「ね」は、下に接続助詞「ども」があるので已然形のはずである。

❸ 他に対する願望の終助詞

例 名告(の)らさ**ね** 〈万葉・一・一〉

訳 名をおっしゃって**ください**。

▽上が活用語の未然形、または終助詞「そ」。形からは❷と区別がつかないが、上代語で用例も少ない。右例の「さ」は上代の助動詞「す」(四段型)の未然形。

ね‐おび・る【寝おびる】 自ラ下二{れ・れ・る・るる・るれ・れよ} 寝ぼける。〈枕・一三〇〉「三つばかりなるちごの**寝おびれ**用てうちしはぶきたるも、いとうつくし」訳 三歳ぐらいの幼児が**寝ぼけ**て咳(せき)をしているのも、たいそうかわいらしい。

ねがはく‐は【願はくは】(ネガワクワ) 願うことには。どうか。どうぞ。〈平家・一一・那須与一〉「**願はくは**あの扇(あふぎ)のまんなか射させて給(た)ばせ給へ」訳 **どうか**あの扇のまん中を(私に)お射させになってください。

なりたち 四段動詞「願ふ」のク語法「ねがはく」+係助詞「は」

ねがはくは… 和歌

ねがはくは　花(はな)のしたにて　春(はる)死(し)なん
そのきさらぎの　望月(もちづき)の頃(ころ)
〈山家集・上・春・西行〉

訳 (私の)願うことは、桜の花の下で、春に死にたい(ということ)。その陰暦二月の満月のころに。

解説 桜の花の下で死にたいと願うのは、桜を愛した作者として当然の願望であっただろう。一方ではまた僧として、陰暦二月十五日の釈迦(しゃか)入滅の日に臨終を迎えたいと願う。この日の死は極楽往生を保

証するものと考えられていた。作者は、その願いどおりに文治六年（一一九〇）二月十六日に没した。

ねがは・し（ネガワシ）【願はし】形シク｛しから・しく（しかり）・し・しき（しかる）・しけれ・しかれ｝望ましい。好ましい。〈徒然・一〉「この世に生まれては、**願はしかる**体べきことこそ多かめれ」訳この世に生まれたからには、（こうあるのが）**願わしい**（と思う）はずのことが多いようだ。

ねが・ふ（ネガ(ゴ)ウ）【願ふ】他ハ四｛は・ひ・ふ・ふ・へ・へ｝❶請い望む。希望する。〈方丈・三〉「西南海の領所を**願ひ**用て、東北の庄園を好まず」訳九州や四国の領地を**希望し**て、東国や北陸の荘園を好まない。❷願をかける。祈る。祈願する。〈徒然・五八〉「後世（ごせ）を**願は**未んに難（かた）かるべきかは」訳来世の極楽往生を**祈願する**ならそのときに難しいことがあろうか（いや、難しくはない）。

ねぎ【禰宜】名神職の一つ。宮司（ぐうじ）・神主（かんぬし）に次ぎ、祝（はふり）の上に位する神官。

ねぎ-ごと【祈ぎ事】名（神仏に対する）願いごと。

ね・ぐ【祈ぐ】他ガ四｛が・ぎ・ぐ・ぐ・げ・げ｝祈る。祈願する。〈好忠集〉「天（あめ）にます岩戸の神を**ねが**未ぬ日ぞなき」訳天においでになる岩戸の神を**祈ら**ない日はない。

ね・ぐ【労ぐ】他ガ上二｛ぎ・ぎ・ぐ・ぐる・ぐれ・ぎよ｝ねぎらう。いたわる。〈万葉・二〇・四三三一〉「勇みたる猛（たけ）き軍卒（いくさ）と**ねぎ**用給ひ」訳（天皇は東国の男を）勇気ある強い兵だと**ねぎらい**なさり。

ね-くた・る【寝腐る】自ラ下二｛れ・れ・る・るる・るれ・れよ｝**寝乱れ**て、しどけなくなる。〈蜻蛉・下〉「二十日ばかりに、人**寝くたれ**用たるほど見え」訳二十日ごろに、みなが**寝乱れ**ているころに（夫の兼家（かねいえ）が）姿を見せ。

ねくたれ-がみ【寝腐れ髪】名寝て乱れた髪。

ねこ-また【猫股】名想像上の怪獣。年とった猫が化けたもので、尾が二つに分かれ、人を害するという。〈徒然・八九〉「猫の経（へ）上がりて、**猫また**に成りて、人とることはあなるものを」訳猫が年をとって変化して、**猫また**になって、人（の命）を取ることはあるそうだからなあ。

ね-ごめ【根込め】名根こそぎ。根ごと。

ね-ざし【根差し】名❶地中に根をのばすこと。根の張りぐあい。❷生まれ。家柄。家筋。〈源氏・帚木〉「世のおぼえ口惜しからず、もとの**根ざし**賤（いや）しからぬ」訳世間の評判も悪くなく、本来の**家柄**もいやしくない者が。

ね-ざめ【寝覚め】名眠りから覚めること。夜、目が覚めること。〈新古・春下〉「風かよふ**寝ざめ**の袖の花の香にかをる枕の春の夜（よ）の夢」訳→かぜかよふ…和歌

ねじけがまし〖拗けがまし〗⬇ねぢけがまし

ねじよる〖捩じ寄る〗⬇ねぢよる

ねず〖捩ず・捻ず〗⬇ねづ

ねすがたの… 俳句

寝すがたの　蠅（はへ）追（お）ふも　けふがかぎりかな　夏　切れ字
〈父の終焉（しゅうえん）日記・一茶〉

訳（病み衰えた父の）寝姿を見守りつつ、こうして蠅を追うのも（＝親しく看病できるのも）、今日が最後になるかもしれないなあ。

解説 翌日の早朝に一茶の父は死んだ。

ねず-なき【鼠鳴き】名ねずみの鳴き声のまねをすること。〈枕・一五一〉「うつくしきもの　…雀（すずめ）の子の、**ねず鳴き**するにをどり来る」訳かわいらしいもの、…雀の子が、（人が）**ねずみの鳴き声のまね**をするとぴょんぴょんはねて来るの。

最重要330　236

ねた・し【妬し】形ク｛から・く（かり）・し・き（かる）・けれ・かれ｝

ガイド 「妬（ねた）む」と同源。**自分よりも相手が優（まさ）っていることがくやしくて腹立たしい**の意。敗北感を伴うことから、①の第二例のように、自分の行動の失敗に腹を立てる意にも用いられる。現代語では「ねたましい」の形で用いられる。

❶**しゃくだ。いまいましい。** 残念だ。

例いかでなほすこしひがごとみつけてをやまむと、**ねたき**体までにおぼしめしけるに〈枕・二三〉

訳なんとかしてやはり少しでも間違いを見つけ出してね、（それで質問を）やめようと、（帝（みかど）は）**しゃくな**ほどにお思いになったけれども。

例寝入りて物は見ずなりぬれば、腹立たしく**ねたく**用思ふこと限りなきに〈今昔・二六・二〉

訳寝入っていて祭りの行列は見ずじまいになってしまったので、腹立たしく**いまいましく**思うことはこの上ないが。

❷**ねたましいほどりっぱだ。**

例これは、あくまで弾きすまし、心にくく**ねたき**体音（ね）ぞまされる〈源氏・明石〉

訳この人（＝明石（あかし）の君）は、どこまでも（琴を）みごとに弾きこなし、奥ゆかしく**ねたましい**（ほどその）音色はすぐれている。

最重要330

237 ね・ぶ 自バ上二｛び・び・ぶ・ぶる・ぶれ・びよ｝

ガイド **実際の年齢ではなく、外形的に年をとったようすになる**の意を表す。外から見たようすを表すことから、これを若年者の精神・態度に比喩的に用いたのが②。類義語「老ゆ」は「衰え」の意を含むことに重点が置かれる。

❶ **年をとる。ふける。**
➡大人ぶ「類語の整理」

例 かたちなどねび㊊たれど清げにて〈源氏・夕顔〉
訳（伊予の介は）容貌などは年をとっているけれど、きちんとした感じで。

❷ **おとなびる。ませる。**

例 御年のほどよりはるかにねび㊍させ給ひて〈平家・二・先帝身投〉
訳（安徳天皇は）お年のほどよりははるかにおとなびあそばされて。

ねた‐が・る【妬がる】自ラ四｛ら・り・る・る・れ・れ｝（「がる」は接尾語）くやしがる。憎らしがる。ねたましがる。〈源氏・葵〉「人に駆り移し給へる御物の怪どもねたがり㊊惑ふけはひいとものの騒がしうて」訳よりましに（葵の上から）追い払い移しなさった御物の怪どもがくやしがり騒ぐようすが、たいそう騒々しくて。

ねた‐げ【妬げ】形動ナリ｛なら・なり(に)・なり・なる・なれ・なれ｝（「げ」は接尾語）❶ねたましいようすである。**いまいましい感じである。**〈枕・九五〉「さるべき所の下部などの来て…我をばいかがせむなど思ひたる、いとねたげなり㊎」訳それ相当の（身分の）家の下僕などが来て…（無礼をはたらいても）自分をどうするだろうか（何もできないだろう）などと思っているのは、とてもいまいましい感じである。
❷**憎らしいほどすばらしいようすである。**〈枕・四一〉「はたかくれたるも、ねたげなる㊍心ばへなり」訳（ほととぎすが花などにとまって）半分姿が隠れているのも、憎らしいほどすばらしい風情である。

ねた・し【妬し】形ク ➡前ページ 236

ねたま・し【妬まし】形シク｛しから・しく(しかり)・し・しき(しかる)・しけれ・しかれ｝（動詞「ねたむ」に対応する形容詞）憎らしい。**いまいましい。**〈著聞・三九六〉「この事を、僧正ねたましく㊊や思はれけん」訳このことを、僧正はいまいましくお思いになったのであろうか。

ねた・む【妬む・嫉む】他マ四｛ま・み・む・む・め・め｝いまいましく思う。にくむ。〈竹取・かぐや姫の昇天〉「『うるはしき姿したる使ひにも障らじ』と、ねたみ㊊居り」訳（翁は）「りっぱな姿をしている（月の世界の）使者にも（私は）さまたげられまい」と、（使者を）いまいましく思っている。

ねぢ・く【拗く】自カ下二｛け・け・く・くる・くれ・けよ｝❶曲がりくねる。ねじれる。〈徒然・一三九〉「八重桜は異様のものなり。いとこちたくねぢけ㊊たり」訳八重桜は風変わりなものである。たいそう仰々しくねじれている。
❷ひねくれる。素直でない。〈源氏・空蟬〉「すべていとねぢけ㊊たる所なく、をかしげなる人と見えたり」訳（軒端の荻は）総じてたいしてひねくれたところがなく、かわいらしい感じの人と思われた。

ねぢけ‐がま・し【拗けがまし】形シク｛しから・しく(しかり)・し・しき(しかる)・しけれ・しかれ｝（「がまし」は接尾語）❶**ひねくれている。素直でない。**〈源氏・帚木〉「いと口惜しくねぢけがましき㊍おぼえだになくは」訳（女に）ひどく残念なほどひねくれた評判さえなければ。
❷異常だ。**まともでない。**〈源氏・少女〉「ゆかり睦び、ねぢけがましき㊍様にて」訳血縁者どうしのなれあいは、まともでないようすであって。

ねぢ‐よ・る【捩ぢ寄る】自ラ四｛ら・り・る・る・れ・れ｝にじり寄る。〈徒然・一三七〉「花の本には、ねぢ寄り㊊立ち寄り、あからめもせずまもりて」訳（桜の）花のもとには、にじり寄って近寄り、わき目もふらずじっと見つめて。

ね・づ【捩づ・捻づ】他ダ上二｛ぢ・ぢ・づ・づる・づれ・ぢよ｝ねじる。ねじまげる。〈宇治・一・三〉「鬼、寄りて、『さはとるぞ』とて、ねぢ㊊て引くに」訳鬼が（翁に）近寄って、「それでは取るぞ」と言って、（こぶを）ねじって引くと。

ねった・い【妬い】形口（「ねたし」に促音「っ」を加えて意味を強めた語）いまいましい。しゃくだ。残念だ。〈平家・九・生ずきの沙汰〉「ねったい㊎、さらば景季も盗むべかりけるものを」訳しゃくだ、それならば（私）景季も（馬を）盗むべきであったのに。

ね‐な・く【音泣く・音鳴く】自カ四｛か・き・く・く・け・け｝**声をあげて泣く。**〈源氏・澪標〉「ね泣き㊊がちにてぞ過ぐし給ふ」訳（前斎宮は）声をあげて泣くことが多いありさまで（日を）お過ごしになる。

ね‐の‐くに【根の国】名 上代、死者の霊のおもむくとされた地下の国。黄泉の国。

ね‐の‐ひ【子の日】名「ねのび」とも。❶陰暦正月の最初の子の日。またこの日、人々が野に出て小松を引いたり、若菜を摘んだりした行事。子の日の遊び。〈土佐〉「むつきなれば、京の子の日のこといひいでて」訳陰暦正月なので、都の子の日の遊びのことを言い出して。
❷「子の日の松」の略。

フレーズ
子の日の松 子の日の遊びに、長寿を願って引く小松。

ねのひ‐の‐まつ【子の日の松】➡子の日「フレーズ」

ね‐ば ❶（「ば」が順接の確定条件を表す場合）原因・理由の意で用いられる。…**ないので。…ないから。**〈徒然・二五〉「桃李もの言はねば、誰とともにか昔を語らん」訳桃や李はものを言わないから、誰といっしょに昔を語ろうか(いや、誰とも語ることはできない)。

❷(「ば」が恒常条件を表す場合)…ないと。…ないときは。〈方丈・三〉「世にしたがへば、身苦し。したがはねば、狂せるに似たり」訳世間の常識に従うと、自分が苦しい。従わないと、気が狂っているのに似ている。

❸(「ば」が逆接の意を表す場合。「も…ねば」の形で)…しないのに。〈万葉・八・一五五五〉「秋立ちて幾日もあらねばこの寝ぬる朝明の風は手本寒しも」訳秋になって幾日もたたないのに、この寝て起きた夜明けの風は手首に寒く感じられることよ。

ねはみねど… 和歌 なりたち 打消の助動詞「ず」㊁＋接続助詞「ば」

【根】**ねは見ねど　あはれとぞ思ふ　武蔵野の**
【寝】**露分けわぶる　草のゆかりを**　〈源氏・若紫〉

訳まだ共寝をしないけれど、いとしい気持ちでいっぱいだ。武蔵野の露を分けて行きかねている、(その野にある)紫草に縁のある人が。

解説 光源氏が若紫に習字の手本として書いた歌で、光源氏自身が詠んだもの。「むらさきのひともとゆゑに武蔵野の草はみながらあはれとぞ見る」(訳→むらさきの…和歌)〈古今・雑上〉をふまえている。紫草が藤壺、そのゆかりとは姪である若紫をさす。「露分けわぶる」には、藤壺に逢おうとしてもなかなか逢えないという意をこめている。

ねはん【涅槃】名〈梵語の音訳〉❶いっさいの煩悩を解脱して、悟りの境地にはいること。また、その境地。
❷釈迦の入滅。また、人の死。

ねはん-ゑ【涅槃会】名 陰暦二月十五日、釈迦の入滅の日に行う追悼の法会。春

ねび-まさ・る【ねび勝る】自ラ四{ら・り・る・る・れ・れ} ❶実際の年齢よりもおとなびて見える。ふけて見える。〈源氏・蛍〉「御弟にこそものし給へど、ねびまさり用てぞ見え給ひける」訳(蛍兵部卿の宮は光源氏の)御弟でいらっしゃるが、年齢よりもふけて見えなさった。(「ものす」は婉曲表現で、ここでは「いる」の意)
❷成長するにつれてますます美しくなる。成長してますますりっぱになる。〈源氏・賢木〉「朝顔もねびまさり用給へらむかし」訳朝顔(の斎院のお顔)も成長するにつれてますます美しくなりなさっているだろうよ。

ねび-ゆ・く【ねび行く】自カ四{か・き・く・く・け・け} 成長していく。おとなびていく。〈源氏・若紫〉「ねびゆか未むさまゆかしき人かな、と目とまり給ふ」訳成長していくだろうようすを見たい人だなあ、と(光源氏は若紫に)目がとまりなさる。

ねび・る 自ラ下二{れ・れ・る・るる・るれ・れよ} 年寄りくさくなる。ふける。〈源氏・空蟬〉「ねびれ用て、にほはしき所も見えず」訳(空蟬は年齢よりは)ふけていて、つやつやした美しいところも見えない。

ねぶ【合歓】名 植物の名。ねむの木。葉は、夜になると閉じて垂れる。夏

ね・ぶ 自バ上二 ➡前ページ 237

ね-ぶか【根深】名 ねぎ(=野菜の名)の異称。冬〈蕪村句集・蕪村〉「易水にねぶか流るる寒さかな」訳(かつて中国戦国時代の荊軻が「易水寒し」と詠んだ)易水(=川の名)に白いねぎが流れてゆくが、(それを見

最重要330 238

ねんごろ【懇ろ】一 形動ナリ{なら・なり(に)・なり・なる・なれ・なれ} 二 名・自サ変

ガイド 現代語でも一①の意で「ねんごろにもてなす」「ねんごろになる」などと使う。「ねもころ」が古形であり、「ねも」は「根も」であろうといわれるが、「ころ」については諸説ある。

一 形動ナリ

❶**親切なさま。ていねいなさま。熱心なさま。**
例 親のことなりければ、いとねんごろに用いたはりけり〈伊勢・九六〉
訳(斎宮は)親のことば(=言いつけ)であったので、(勅使を)たいそう丁重にもてなした。

❷**親しみ深いさま。むつまじいさま。**
例 思ひわびて、ねんごろに用相語らひける友だちのもとに〈伊勢・一六〉
訳 思い悩んで、親密に付き合ってきた友人のところに。

❸**正直なさま。まともなさま。**
例 世俗の虚言をねんごろに用信じたるもをこがましく〈徒然・七三〉
訳 俗世間のうそをまともに信じているのもばかばかしく。

二 名・自サ変

《近世語》**男女が情交・密通すること。**

最重要330

239

ねん・ず

【念ず】他サ変{ぜ・じ・ず・ずる・ずれ・ぜよ}

ガイド　心にこめる意の漢語「念」にサ変動詞「す」を付けた複合動詞。現代語では①の意で用いるが、古くは、苦しさ・恋しさ・つらさなどの情を心にこめて、外に表さないということから、②の意でも用いる。

❶心の中で祈る。祈願する。

例 ひたぶるに仏を念じ用奉りて《更級・初瀬》
訳 ひたすら仏を心中で祈り申しあげて。

❷我慢する。耐え忍ぶ。こらえる。

例 いま一声呼ばれていらへんと、念じ用て寝たるほどに《宇治・一・一二》
訳 (児が)もう一声呼ばれて返事をしようと、我慢して寝ているうちに。

ていると)ひとしお寒さが感じられることだ。

ねぶた・し【眠たし・睡たし】形ク{から・く(かり)・し・き(かる)・けれ・かれ}ねむい。《枕・二三》「ねぶたき体を念じてさぶらふに」訳 ねむいのを我慢してお仕えしていると。

ねぶ・る【眠る・睡る】自ラ四{ら・り・る・る・れ・れ}❶ねむる。《枕・二三》「上の御前の、柱に寄りかからせ給ひて、すこしねぶら未せ給ふを」訳 主上(＝一条天皇)が、柱にお寄りかかりになられて、少しおねむりになられるのを。❷目をつぶる。《竹取・蓬莱の玉の枝》「竹取の翁、さばかり語らひつるが、さすがに覚えてねぶり用をり」訳 竹取の翁は、あれほど話し合っていたことが、やはり(気まずく)思われて目をつぶっている。

ねぶ・る【舐る】他ラ四{ら・り・る・る・れ・れ}なめる。しゃぶる。《今昔・二六・四三》「裸なる脇を掻きて、手をねぶり用て」訳(得意気に)裸である脇の下を掻いて、手につばをつけて。

ねまち-の-つき【寝待ちの月】(月の出がおそいので、寝て待つ月の意)陰暦十九日の夜の月。臥し待ちの月。秋。➡月「古文常識」

ね-まど・ふ【寝惑ふ】自ハ四{は・ひ・ふ・ふ・へ・へ}寝ぼけてまごまごする。寝ぼける。《枕・四五》「にげなきもの　…老いたるをとこの寝まどひ用たる」訳 似つかわしくないもの、…年をとった男が寝ぼけているの。

ねま・る自ラ四{ら・り・る・る・れ・れ}❶くつろぐ。寝そべる。《細道・芭蕉》「涼しさをわが宿にしてねまる体なり」訳 涼しさをわが宿のものとし、わが家にいるようにくつろぐことだ。❷平伏する。ひれ伏す。《浄・心中宵庚申》「軍右衛門がねまり用申して手をつかへる」訳 軍右衛門がひれ伏し申しあげて手をつく。

ねむごろ【懇ろ】形動ナリ{なら・なり(に)・なり・なる・なれ・なれ}「ねもころ」の転。「ねんごろ」に同じ。

ねもころ【懇ろ】(「ねんごろ」の古形)一 形動ナリ{なら・なり(に)・なり・なる・なれ・なれ}入念でこまやかなさま。《万葉・四・六八二》「思ふらむ人にあらなくにねもころに用情尽くして恋ふるあれかも」訳(あなたは私に)心を寄せているような人ではないことなのに、こまやかに心を尽くして恋しく思っている私であることよ。

二 副 心をこめて。熱心に。《万葉・九・一七二三》「ねもころ見れど飽かぬ川かも」訳 熱心に見ても見飽きない川(＝吉野川)であることよ。

ね-や【閨】名 ❶寝室。《徒然・一三七》「月の夜は閨のうちながらも思へるこそ、いとたのもしう、をかしけれ」訳 月の夜は寝室にはいったままでも(月を)思っているのが、まことに味わい豊かで、おもしろい。❷奥深い部屋。深窓。特に、女性の部屋。《源氏・帚木》「思ひやり異なることなき閨のうちに」訳 どう想像しても特別変わったこともない(家庭の)女部屋の中で。

ねや-ど【寝屋処】名 寝る所。寝室。《万葉・五・八九二》「しもと取る里長が声は寝屋処まで来立ち呼ばひぬ」訳 ➡かぜまじり… 和歌

ねり-い・づ【練り出づ】自ダ下二{で・で・づ・づる・づれ・でよ}ゆっくりと歩み出る。《平家・三・公卿揃》「束帯正しき老者が、もとどり放って練り出で用たりければ」訳 束帯を正しく着けた老人が、もとどり(＝束ねた髪)をむき出しにしてゆっくりと歩み出たので。

ねり-いろ【練り色】名 染め色の名。わずかに黄色を帯びた白色。

ねり-ぎぬ【練り絹】名 灰汁などで煮て柔らかくした絹。練り糸(＝絹糸)で織った絹布。対 生絹

ねり-ぬき【練り貫】名 縦糸を生糸、横糸を練り糸(＝絹糸)で織った絹布。

ね・る【練る】一 他ラ四{ら・り・る・る・れ・れ}❶絹を灰汁などで煮て柔らかくする。《枕・三一》「うるはしき糸の、練り用たる」訳 美しく整った糸で、灰汁で煮て柔らかくしたの。❷こねる。こねまぜる。《太平記・一八》「泥に練ら未れたる魚の如くにて」訳 泥にこねられた魚のようで。

二 自ラ四{ら・り・る・る・れ・れ}ゆっくりと歩く。《枕・二九五》「きらきらしきもの　…蔵人の式部の丞の、白馬の日大路練り用たる」訳 堂々として威厳があるもの、…蔵人で式部の丞である者が、白馬の節会の日に大路をゆっくり歩いているの。

ね-ろ【嶺ろ】名《上代東国方言》(「ろ」は接尾語)峰。

ね-を-な・く【音を泣く】➡音「フレーズ」

ねん【念】名 ❶思い。考え。思慮。《徒然・二四一》「常住平生の念に習ひて」訳 人生は永久不変であり平安に生活できるという考えに慣れきって。❷気をつけること。注意すること。❸《仏教語》一瞬。瞬間。《徒然・九二》「何ぞ、ただ今の一

念において、直ちにすることのはなはだ難き」訳なんと、現在の一瞬間において、すぐに(なすべきことを)実行することがはなはだ難しいことか。

ねん-き【年季・年期】名 ❶契約して定めた奉公の期間。一年を一季とする。❷「年季奉公」の略。一定の期間奉公すること。ふつう十年をいう。

ねんごろ【懇ろ】形動ナリ 名・自サ変 ➡六四五ページ 238

ねんじ-い・る【念じ入る】自ラ四〔ら・り・る・る・れ・れ〕一心に祈る。〈宇治・三・一三〉「『我が国の三宝、神祇助け給へ。…』と念じ入り用てゐたるほどに」訳「わが国の仏、天地の神々よ、お助けください。…」と切に祈っていたところ。

ねんじ-すぐ・す【念じ過ぐす】他サ四〔さ・し・す・す・せ・せ〕耐え忍んで月日を送る。〈方丈・三〉「あられぬ世を念じ過ぐし用つつ」訳住みにくい世を耐え忍んで月日を過ごしては。

ねん-じゅ【念誦】名・自サ変《仏教語》「ねんず(念誦)」に同じ。

ねんじ-わ・ぶ【念じ侘ぶ】自バ上二〔び・び・ぶ・ぶる・ぶれ・びよ〕耐えかねる。我慢しきれなくなる。〈伊勢・二一〉「念じわび用てにやありけむ、いひおこせたる」訳(女は)我慢しきれなくなったからであろうか、(男に)詠んでよこした歌。

ねん-ず【念誦】名・自サ変《仏教語》「ねんじゅ」の転〕心に仏を念じ、口に経文・仏名を唱えること。〈源氏・夕顔〉「念誦をいとあはれにし給ふ」訳(光源氏は)仏を念じ経文・仏名を唱えることをたいそうしみじみとなさる。

ねん・ず【念ず】他サ変 ➡前ページ 239

ねん-な・し【念無し】形ク〔から・く(かり)・し・き(かる)・けれ・かれ〕❶残念だ。悔しい。〈平家・六・祇園女御〉「これを射も殺し、斬りも殺したらんは、無下に念なかる体べし」訳これ(＝狐か狸)を射殺したり、斬り殺したりしたとすればそれは、たいそう悔やまれるにちがいない。❷容易だ。たやすい。〈太平記・七〉「夜昼三日が間に、念なく用掘り崩してけり」訳(表門の櫓を)夜昼三日の間に、たやすく掘り崩してしまった。❸意外だ。思いがけない。〈狂・末広がり〉「念なう用(ウ音便)早かった」訳意外に早かった。

ねん-ねん【念念】名 ❶《仏教語》一瞬一瞬。瞬間瞬間。〈方丈・二〉「心念々に動きて、時として安からず」訳心が一瞬一瞬動揺して、少しの間も安定しない。❷いろいろな思い。〈徒然・二三五〉「我らが心に念々のほしきままに来たり浮かぶも」訳私たちの心にいろいろな思いが勝手気ままに現れて浮かぶのも。

ねん-ぶつ【念仏】名・自サ変《仏教語》仏の相好(＝御姿)・功徳を思い、仏の名を唱えること。また、「南無阿弥陀仏」の名号を唱えること。

の【野】名 草や小低木の自生する広い平地。野原。

の【箆】名 矢の、竹の部分。矢柄。↓矢

の 格助 ➡次ページ助詞「の」

のう【能】名 ❶才能。能力。〈宇治・三・六〉「わたう達こそ、させる能もおはせねば、物をも惜しみ給へ」訳おまえさんたちは、これといった才能もおありでないので、物をも惜しみなさるのだ。❷わざ。芸能。技芸。〈徒然・一五〇〉「能をつかんとする人」訳一芸を(身に)つけようとする人。❸中世芸能の田楽・猿楽。特に、猿楽の能。能楽。↓能楽

のう 感〔感動詞「なう」の長音化にひかれて表記したもの〕人に呼びかけるときの語。もしもし。もし。ねえ。

能因(のういん)《人名》(九八八?〜?)平安中期の歌人。三十六歌仙の一人。本名は橘永愷。出家して能因。摂津(大阪府)古曽部に住んだので、古曽部入道ともいう。「小倉百人一首」に入集。歌学書「能因歌枕」、家集「能因法師集」。

のう-がく【能楽】名 楽劇の一種。室町時代、観阿弥清次、その子世阿弥元清が猿楽を主体として、田の神を祭る神事芸能の田楽や、大寺院で法会の後に行われる延年の舞などを加え、発展させ大成したもの。古くは、猿楽能・御能などと称され、「のうがく」は明治以降の呼称。単に「能」ともいう。↓散楽。➡六五〇ページ「古文常識」

のうし〔直衣〕➡なほし

のう-しょ【能書】名「のうじょ」とも。文字を上手に書くこと。また、その人。能筆。

のう-ぶたい【能舞台】名 能・狂言を演じる舞台。奥行四間半(＝約八・二メートル)、間口三間(＝約五・五メートル)、四本柱でかこまれ、床は板張りで屋根がある。舞台の後方に囃子方、向かって右側に地謡が着座し、左側に橋懸かりがある。➡能楽「古文常識」

の-おくり【野送り】名 遺体を火葬場や墓地まで見送ること。葬送。野辺の送り。

の-が・ふ【野飼ふ】他ハ四〔は・ひ・ふ・ふ・へ・へ〕(牛馬などを)放し飼いにする。〈古今・雑体〉「厭はるるわが身は春の駒なれや野飼ひ用がてらに放ち捨てつる」訳(あの人から)嫌われる私は春の馬(のようなもの)だからか。(馬を)放し飼いにするついでに(あの人は私を)放り捨ててしまった。

のが・る【逃る・遁る】自ラ下二〔れ・れ・る・るる・るれ・れよ〕❶(危険や不快なことから)逃げて遠ざかる。まぬかれる。関係を絶つ。〈方丈・五〉「世をのがれ用て山林にまじはるは、心を修めて道を行はんとなり」訳俗世を避けて遠ざかって山林の中で生活するのは、心を正しく整えて仏道を修行しようとするためである。❷言いのがれをする。断る。〈源氏・若菜上〉「人づてに気色ばませ給ひしには、とかくのがれ用聞こえしを」訳(朱雀院が女三の宮降嫁の事を)人を介してほのめかしなされた時には、何かと断り申しあげたが。

のき【軒】名 屋根の下端の、建物の外に張り出した部分。また、軒下。

フレーズ

軒を争ふ 軒と軒が接し合うほど家が建てこむ。〈方丈・二〉「軒を争ひ用し人のすまひ、日を経つつ荒れゆく」訳軒が接し合うほど建てこんでいた人々の住宅は、日がたつにつれて荒れてゆく。

の

意味・用法	用例
❶連体修飾語	
㋐所有 …の。	例 いかなる人の御馬ぞ〈徒然・一四〉 訳 どういう人の御馬か。
㋑所属・所在 …の。…のうちの。 …にある。	例 これも仁和(にんな)寺の法師〈徒然・五三〉 訳 これも仁和寺の法師(の話だが)。 例 宇治(うぢ)の京(みやこ)の仮盧(かりいほ)し思ほゆ〈万葉・一・七〉 訳 宇治の京にある仮小屋がなつかしく思い出されることだ。
㋒作者・行為者 …の。	例 淡路(あはぢ)の御(ご)の歌におとれり〈土佐〉 訳 淡路のおばあさんの歌よりも劣っている。
㋓材料 …の。	例 持ちて行く梓(あづさ)の弓の〈万葉・一四・三五六七〉 訳 (私が)持って行く梓の弓の。
㋔名称・資格 …という。…である。	例 その山を富士の山とは名づけける〈竹取・ふじの山〉 訳 その山を富士の山とは名づけたのであった。
㋕性質・状態・ようす …のような。	例 玉の男御子(をのこみこ)さへ生まれ給ひぬ〈源氏・桐壺〉 訳 玉のような男の皇子(=光源氏)までもお生まれになった。 例 蟻(あり)のごとくに集まりて〈徒然・七四〉 訳 ありのように集まって。
❷主語 …が。	例 春たてば花とや見らむ白雪のかかれる枝に鶯(うぐひす)の鳴く〈古今・春上〉 訳 春になるので、花と見まちがえているのであろうか。白雪が降りかかった枝で鶯が鳴いているよ。

「の」の文法ノート

1 「の」のおもな用法の特徴

連体修飾語 下に体言がきて「…(体言)の…(体言)」の形になる。

主語 「…(体言)の」を受ける述語が下にくる。述語が終止形になることはなく、連体修飾や連用修飾となってあとに続く形になる。

同格 「…の…(連体形)が」、「…の…(連体形)は」の形で主語になることが多い。

2 「が」と「の」のちがい

→が(格助)「文法ノート」3

のき-ば【軒端】名 軒のはし。軒下。軒先。

のき-を-あらそ・ふ【軒を争ふ】➡軒(のき)「フレーズ」

の・く【退く】一 自力四 {か・き・く・く・け・け} ❶しりぞく。立ち去る。どく。〈平家・九・忠度最期〉「しばしのけ(命)、十念(じふねん)唱へん」訳 しばらくどけ、念仏を十遍唱えよう。❷間を隔てる。離れる。〈今昔・一九・一〉「ゐたる所二間ばかりをのき(用)て、これらはゐぬ」訳 (宗貞(むねさだ)入道の)座っている所から二間ほどを隔てて、これらの者は座った。❸位を退く。地位を離れる。〈大鏡・師尹〉「小一条院、わが御心と、かくのか(未)せ給へることは、これをはじめとす」訳 小一条院がご自身のお考えで、このように(皇太子の)位を退きなされたことは、これをはじめてのこととする。

二 他力下二 {け・け・く・くる・くれ・けよ} ❶どける。どかす。取り除く。〈枕・三三七〉「立てる車どもをただのけ(用)にのけ(未)させて」訳 止まっている多くの牛車(ぎつしや)を次々どけさせて。❷離す。遠ざける。〈徒然・二二九〉「〔笛の〕この穴を吹く時は必ず〔口を〕のく(終)(=離す)」

❸同格
…で。…であって。（「名詞＋の＋…名詞」または「名詞＋の＋…準体言」の形で用いる）

例 風交(まじ)じり雨降る夜(よ)の雨交じり雪降る夜は〈万葉・五・八九二〉 訳 風に交じって雨が降る夜で、その雨に交じって雪が降る夜は。

例 白き鳥の、嘴(はし)と脚(あし)と赤き、鴫(しぎ)の大きさなる、水のうへに遊びつつ魚(いを)を食ふ〈伊勢・九〉 訳 白い鳥で、くちばしと足とが赤い鳥で、鴫の大きさである鳥(＝都鳥)が、水の上で遊びながら魚を食っている。

❹体言の代用
…のもの。

例 草の花は　なでしこ。唐(から)のはさらなり、大和(やまと)のもいとめでたし〈枕・六七〉 訳 草の花は、なでしこ(が趣がある)。中国のものは言うまでもなく、日本のものもたいそうりっぱである。

❺連用修飾語的
㋐…を。
「を」に近い意味を表す。

例 うち笑(ゑ)まれぬべき様のし給へれば〈源氏・桐壺〉 訳 思わずほほえまずにはいられないようすを(若宮＝光源氏は)していらっしゃるから。

㋑…と。…に。
「と」「に」に近い意味を表す。

例 御袴(はかま)もきのふの同じく紅(くれなゐ)なり〈源氏・蜻蛉〉 訳 御袴も昨日と同じように鮮明な赤色である。

㋒…のように。
「例の」の形や比喩的表現に用いる。また、枕詞・序詞の終わりに用いる。

例 日暮るるほど、例の集まりぬ〈竹取・貴公子たちの求婚〉 訳 日が暮れるころに、いつものように集まってきた。

例 行く水の絶ゆることなくあり通ひ見む〈万葉・一七・四〇〇二〉 訳 流れゆく水のように、(私も)絶えることなく通い続けて(この山を仰ぎ)見よう。

例 網の浦の海処女(あまをとめ)らが焼く塩の思ひそ燃ゆるあが下ごころ〈万葉・一・五〉 訳 網の浦の漁師の娘たちが焼く塩のように思い焦がれることだ、私の心の中は。(第三句までは「思ひそ燃ゆる」を導きだす序詞)

接続
体言および体言に準ずるものに付く。

三 補動カ下二 {け・け・く・くる・くれ・けよ}（動詞の連用形の下に付いて）…(て)しまう。「て」(「で」)が付いた形の下に付いて）…果たす。〈浄・丹波与作待夜小室節〉「餅が咽(のど)に詰まってつい死んでのけ用ました」訳 餅がのどに詰まってすぐに死んでしまいました。

のけざま-に【仰け様に】副 あおむけに。〈竹取・燕の子安貝〉「八島の鼎(かなへ)の上に、のけざまに落ち給へり」訳 (中納言は)八島の鼎(＝大炊寮(おおいりょう)にあった八つの足鼎)の上に、あおむけに落ちなさった。

のご・ふ(ノゴウ)【拭ふ】他ハ四 {は・ひ・ふ・ふ・へ・へ} ふく。ぬぐう。〈徒然・一四四〉「『…うれしき結縁(けちえん)をもしつるかな』とて、感涙をのごは未れけるとぞ」訳 (明恵(みょうえ)上人は)「…うれしい法縁を結んだなあ」とおっしゃって、感動の涙をおふきになったということだ。

のこり・ゐる(ノコリイル)【残り居る】自ワ上一 {ゐ・ゐ・ゐる・ゐる・ゐれ・ゐよ} ❶(他のものが去ったのに)同じ場所にとどまる。居残る。〈枕・八三〉「御供にまゐらで梅壺(うめつぼ)に残りゐ用たりし、またの日」訳 (中宮の)お供に参上しないで梅壺に居残っていた、その翌日。❷遺児として生存する。〈源氏・末摘花〉「いみじうかなしうかしづき給ひし御娘、心細くて残りゐ用たるを」訳 (亡き常陸(ひたち)の宮が)たいそういとおしく大切にお世話なさった御娘が、心細い状態で遺児として生きているのを。

のこ・る【残る】自ラ四 {ら・り・る・る・れ・れ} ❶あとにとどまる。〈万葉・五・八四九〉「残り用たる雪にまじれる梅の花早くな散りそ雪は消(け)ぬとも」訳 残っている雪に交じって(咲いて)いる梅の花よ、早く散らないでくれ、雪は消えてしまっても。❷生き残る。〈源氏・東屋〉「我ひとり残り用て、知り語らはむもいとつつましく」訳 自分(＝中の君)一人が生き残って、(浮舟(うきふね)と)親しく付き合うとしたらそれも、(亡き父八の宮に)まことに遠慮されるし。

の-さき【荷前】名 年末に諸国から奉る貢ぎの初物を朝廷から伊勢(いせ)神宮や諸神、天皇の諸陵墓に献じたこと。また、その貢ぎ物。

フレーズ
荷前の使(つか)ひ 毎年、陰暦十二月に、「荷前」のため

古文常識 「のうがく」― 日本の伝統芸能 〜能〜

能は、600年を越える歴史の中で独自の様式を磨き上げてきた。古典文学を題材とした作品が多く、「平家物語」を題材とした「忠度」、「伊勢物語」を題材とした「井筒」、「源氏物語」を題材とした「葵の上」「夕顔」など多くの曲が作られた。現在上演されるのは約240曲ほど。

能舞台

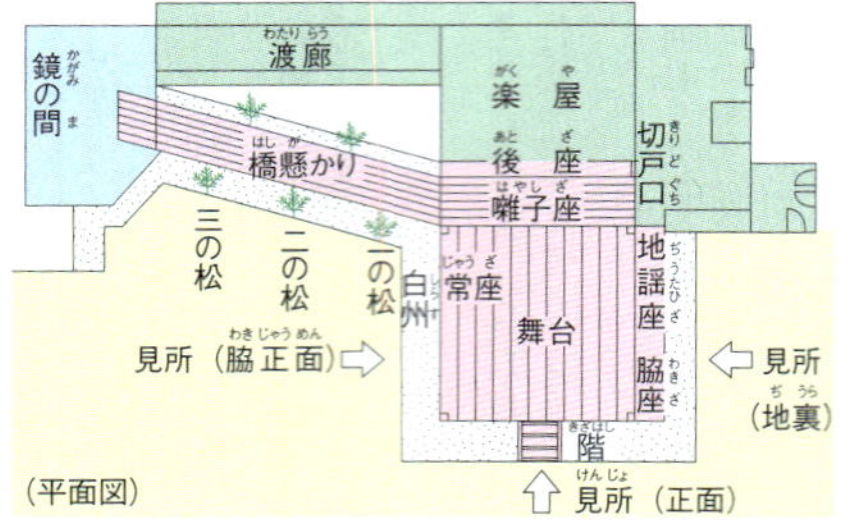

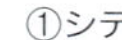
①シテ
能の主役。面をつける。神や精霊、亡霊、鬼など、この世の者ではない役柄も多い。

②ワキ
シテの相手役。面はつけない。旅の僧や神官、武士など、実際に生きている大人の男性役が多い。

③地謡
合唱隊。情景や心理描写を謡で表現する。舞台に向かって2列に座っている。

④囃子
笛、小鼓・大鼓・太鼓の楽器を用いて能の世界を作る。

演者

いろいろな面

【小面】
気品に満ちた若く美しい女性。

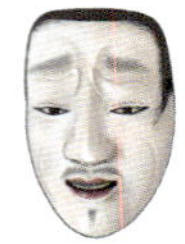

【中将】
在原業平を著した面。悲劇の主人公に使用することが多い。

【翁】
古式でおおらかな面。ほかの面と異なり、目全体がくりぬかれている。

【般若】
嫉妬がきわめて強く、鬼のような形相になった女性。

に朝廷から伊勢神宮や諸陵墓に派遣された勅使。

のさき-の-つかひ【荷前の使ひ】→荷前

「フレーズ」

野沢凡兆（のざは ぼんてう）〈人名〉（？〜一七一四）江戸前期の俳人。加賀（石川県）金沢の人。芭蕉の門人で、「猿蓑」の撰者の一人。句風は客観的で、印象鮮明。

の-ざらし【野晒し】名 ❶山野で風雨にさらされること。また、そのもの。❷風雨にさらされて白骨になった頭蓋骨。されこうべ。

野ざらし紀行（のざらし きかう）〈作品名〉江戸前期の俳諧紀行文。松尾芭蕉作。貞享四年（一六八七）ごろ成立。貞享元年（一六八四）に江戸を出発、東海道から伊勢を経て故郷伊賀に帰り、大和・山城・近江・美濃・甲斐などを行脚して、翌年四月に江戸に帰るまでの紀行。芭蕉の最初の紀行文。書名は巻頭の発句（＝次項）による。別名「甲子吟行」

のざらしを… 俳句

野ざらしを 心に風の しむ身かな 〈野ざらし紀行・芭蕉〉 秋 切れ字

訳（旅先で行き倒れになって）野ざらし（＝されこうべ）となることを覚悟で旅立つとはいえ、秋風がひとしお心にしみるわが身であることよ。

解説「野ざらし紀行」の巻頭句。「野ざらしを心に」は「心に風のしむ身」との掛詞の表現。

の・す【乗す・載す】他サ下二〔せ・せ・す・する・すれ・せよ〕❶乗せる。〈源氏・須磨〉「舟にことごとしき人形のせ(用)て流すを」訳舟に仰々しい人形を乗せて流すのを。❷記載する。記録する。〈徒然・二二六〉「九郎判官の事はくはしく知りて書きのせ(用)たり」訳（信濃の前司行長は「平家物語」に）九郎判官（＝源義経）のことはよく知っていて書き記している。

のぞ・く【臨く】自カ四〔か・き・く・く・け・け〕臨む。向かい合う。〈源氏・帚木〉「人々、渡殿より出でたる泉にのぞき(用)ゐて酒飲む」訳人々は、渡り廊下の下を通って（庭に）流れ出ている泉の水に臨んで座って酒を飲む。

のぞ・く【覗く・覘く】他カ四〔か・き・く・く・け・け〕❶物のすきまや穴などを通して見る。のぞく。〈源氏・若紫〉「惟光の朝臣とのぞき(用)給へば」訳（光源氏は）惟光の朝臣と（僧都の坊を）のぞきなさると。❷見おろす。のぞきこむ。〈源氏・手習〉「川近き所にて、水をのぞき(用)給ひて、いみじく泣き給ひき」訳川に近い所で、（ここから浮舟は身を投げたかと）流れをのぞきこみなさって、（薫は）たいそうお泣きになった。❸ちょっと立ち寄って、ようすを見る。〈源氏・花散里〉「わざとなく忍びやかにうちふるまひ給ひてのぞき(用)給へるも」訳（光源氏が）さりげなく人目につかないように行動なさって、（花散里の居所に）ちょっと立ち寄ってようすを見なさっているのも。

のぞみ【望み】名 ❶眺望。ながめ。❷願い。希望。

のぞ・む【臨む】自マ四〔ま・み・む・む・め・め〕❶対する。直面する。〈細道・最上川〉「仙人堂岸に臨み(用)て立つ」訳仙人堂は川岸に面して建っている。〈徒然・九三〉「死に臨み(用)て死を恐れば」訳死に直面して死を恐れるならば。❷出席する。臨席する。〈徒然・一六七〉「一道に携はる人、あらぬ道のむしろに臨み(用)て」訳一つの分野に従事している人が、専門外の席に出て。

のぞ・む【望む】他マ四〔ま・み・む・む・め・め〕❶遠くから見やる。ながめる。〈土佐〉「日を望め(已)ば都遠し」訳太陽を遠く見やると（遠いはずの太陽さえ見えるのに、都は見ることができないで）都は遠い（と感じられる）。❷希望する。願う。〈徒然・三八〉「ひとへに高き官・位を望む(体)も、次に愚かなり」訳いちずに高官・高位を願うのも、（利益に迷う人に）続いて愚かなことである。

のたう・ぶ【宣うぶ】他バ四〔ば・び・ぶ・ぶ・べ・べ〕〔「のたまふ」の転とも「のたぶ」の転とも〕❶「言ふ」の尊敬語。おっしゃる。〈蜻蛉・下〉「去年よりいとせちにのたうぶ(体)ことのあるを」訳（遠度が）去年からたいそう熱心におっしゃることがあるが。❷（身内や下位の者に対して）言い聞かせる。申し聞かせる。〈後撰・恋一・詞書〉「思ふ人侍りける女にものたうび(用)けれど、つれなかりければ」訳愛する人のおりました女に申し聞かせた（＝言い寄った）が、そしらぬ顔だったので、おやりになった歌。

参考 ②は、中古の一時期に見られた特殊な用法で、会話文・手紙文、勅撰集の詞書など、聞き手（読み手）を敬う場面で用いられる。

のたま・はく【宣はく】おっしゃることには。おっしゃるには。〈竹取・蓬莱の玉の枝〉「御子のたまはく、『命をすてて、かの玉の枝持ちてきたる…』と言へば」訳（くらもちの）皇子がおっしゃるには、「命がけで、例の玉の枝を持ってきたことだ…」と言うので。

なりたち 四段動詞「のたまふ」のク語法

のたま・は・す【宣はす】他サ下二〔せ・せ・す・する・すれ・せよ〕［尊敬の四段動詞「宣ふ」(未)＋尊敬の助動詞「す」］「言ふ」の尊敬語。おっしゃる。〈源氏・桐壺〉「『なほしばし心見よ』とのみのたまはする(体)に」訳（桐壺帝が）「このままでもうしばらくようすを見よ」とばかりおっしゃるうちに。

参考「のたまふ」より敬意が高く、天皇・上皇・皇后などの動作に用いる。

のたま・ふ【宣ふ】他ハ四〔は・ひ・ふ・ふ・へ・へ〕［四段動詞「告る」(用)＋尊敬の補助動詞「たまふ」＝「のりたまふ」の転］「言ふ」の尊敬語。おっしゃる。〈竹取・燕の子安貝〉★「答へてのたまふ(体)やう、『燕の持たる子安の貝を取らむ料なり』とのたまふ(終)」訳（中納言が家来たちに）答えておっしゃることには、「つばめの持っている子安貝を取ろう（とする）ためだ」とおっしゃる。

敬意の対象（地の文）
★〈竹取〉の例
中納言 が
家来たち に
答へてのたまふやう
（尊敬）
書き手
敬意

の-ため【篦撓め】名 矢の柄(=篦)のそりをなおす道具。斜めに溝を彫った細い木に、矢の柄を入れてなおす。

のち【後】名

❶あと。次。以後。〈徒然・九二〉「後の矢を頼みて、はじめの矢に等閑の心あり」訳 次(=二本目)の矢をあてにして、はじめの矢に対しておろそかにする気持ちがある。

❷**子孫。**〈枕・九九〉「元輔が後といはるる君しもや今宵の歌にはづれてはをる」訳 (和歌の名手清原)元輔の子と(世間から)言われるあなた(=清少納言)がまあ、今夜の歌会の席から外れてはいることだ。

❸**未来。将来。**〈更級・後の頼み〉「さは、この度は帰りて、後に迎へに来む」訳 それでは、今回は帰って、将来に迎えに来よう。

❹**死後。**〈徒然・三八〉「身の後には金をして北斗をささふとも、人のためにぞわづらはるべき」訳 自分の死後には黄金で北斗星を支え(るほど財産を残し)ても、(残された)人にとってやっかいなものとされるであろう。

フレーズ

後の朝 男女が逢って一夜を過ごした翌朝。「きぬぎぬ」とも。

後の事 ❶将来のこと。死後のこと。また、人の死後に営む法事。仏事。〈蜻蛉・上〉「この御後の事を、人々のものせられむうへにも、とぶらひものし給へ」訳 この(=亡き母の)ご法事を、(他の)人々がなさるであろう以上にも、お弔いになってください。

❷後産。〈枕・一六〇〉「子産みたる後の事の久しき」訳 子供を産んだ後産が長びくの(も、気がかりである)。

後の頼み 将来の頼り。来世の安楽の頼み。

後の月 **陰暦九月十三夜の月。**陰暦八月十五夜の月に対していう。名残の月。豆名月。栗名月。秋。〈笈日記・芭蕉〉「木曽の痩せもまだなほらぬに後の月」訳 木曽路の旅ですっかり痩せてしまったが、そのやつれもまだなおらないのに、十三夜の月見になり、心はまた月に奪われることだ。

後の世 ❶後世。後代。〈源氏・常夏〉「人わろき名の後の世に残らむよりは」訳 外聞の悪い評判が後世に残るようなことよりは。

❷《仏教語》死後の世。後世。〈徒然・四〉「後の世のこと、心に忘れず、仏の道うとからぬ、心にくし」訳 死後のことを、心に忘れず、仏道に無関心でないのは、奥ゆかしい。

後の業 人の死後に営む仏事。葬儀。法事。法要。

のち-の-あした【後の朝】⬇後「フレーズ」

のち-の-こと【後の事】⬇後「フレーズ」

のち-の-たのみ【後の頼み】⬇後「フレーズ」

のち-の-つき【後の月】⬇後「フレーズ」

のち-の-よ【後の世】⬇後「フレーズ」

のち-の-わざ【後の業】⬇後「フレーズ」

の-づかさ【野阜・野司】名 野の中の小高い所。

能登《地名》旧国名。北陸道七か国の一つ。今の石川県の北部、能登半島にあたる。能州。

のど-か【長閑】形動ナリ {なら・なり(に)・なり・なる・なれ・なれ}

「のどやか」とも。

❶(天候などが)**穏やかなさま。**うららか。のどか。春。〈枕・四〉「三月三日は、うらうらとのどかに照りたる」訳 陰暦三月三日(=上巳の節句)は、うららかに穏やかに(日が)照っているの(が趣がある)。

❷**心静かでのんびりしているさま。**時間的にゆとりがあり、くつろいでいるさま。〈徒然・一七〇〉「そのこととなきに人の来りて、のどかに物語して帰りぬる、いとよし」訳 これといった用件もないのに人がやって来て、のんびりと話をして帰って行ったのは、実によい。

❸**落ち着いているさま。**平気であるさま。〈堤・虫めづる姫君〉「人々心をまどはしてののしるに、君はいとのどかにて」訳 (袋から蛇が出てきたので)人々(=女房たち)は心をうろたえさせて大声で騒ぎ立てるが、姫君はまったく落ち着きはらっていて。

のど-け・し【長閑けし】形ク {から・く(かり)・し・き(かる)・けれ・かれ}

❶(天候・状態などが)静かで穏やかなさま。**うららかである。**〈古今・春下〉「久方の光のどけき春の日にしづ心なく花の散るらむ」訳 ⬇付録①「小倉百人一首」33

❷(気持ちや性質などが)**穏やかである。**ゆったりしている。〈伊勢・八二〉「世の中にたえて桜のなかりせば春の心はのどけからまし」訳 →よのなかに…和歌

❸**のんびりしたさま。**暇である。〈源氏・浮舟〉「紛るることなくのどけき春の日に」訳 気がまぎれることもなく暇でのんびりした春の日に。

のどま・る【和まる】自ラ四 {ら・り・る・る・れ・れ}

のんびりとする。静まる。落ち着く。〈源氏・須磨〉「何となく心のどまる世なくこそありけれ」訳 何となく心が落ち着くときがなかったことよ。

のど・む【和む】他マ下二 {め・め・む・むる・むれ・めよ}

❶**落ち着かせる。**静める。ゆったりさせる。〈源氏・葵〉「大将殿は、心地少しのどめ給ひて」訳 大将殿(=光源氏)は、気持ちを少し落ち着かせなさって。

❷**控えめにする。**ゆるめる。〈源氏・帚木〉「そのたなばたの裁ち縫ふ方をのどめて、長き契りにぞあえまし」訳 その織姫の裁縫の方面は控えめにして、(彦星との)長く変わらぬ(夫婦の)縁にあやかればよかっただろうに。

❸**時間をのばす。**ゆっくりさせる。猶予する。〈源氏・若菜下〉「ただ、今しばしのどめ給へ」訳 (紫の上のご寿命を)ただ、もうしばらくのばしてください。

のど-やか【長閑やか】形動ナリ {なら・なり(に)・なり・なる・なれ・なれ} 「「やか」は接尾語」「のどか」に同じ。

のど-よ・ふ 自ハ四 {は・ひ・ふ・ふ・へ・へ} 細々とした力のない声を出す。〈万葉・五・八九二〉「飯炊くことも忘れてぬえ鳥ののどよひをるに」訳 →かぜまじり…和歌

のの・し・る【罵る】自ラ四 ⬇次ページ 240

の-の-みや【野の宮】名 皇女が斎宮・斎院に立つ前に、身を清めるため一年間こもる宮。斎宮の野の宮は京都西郊の嵯峨に、斎院の野の宮は京都北郊の紫野に置かれた。

のばう〖延ばう〗⬇のばふ

のば・す【延ばす・伸ばす】他サ四 {さ・し・す・す・せ・せ}

❶逃がす。〈宇治・一・一八〉「いみじき逸物にてありければ、いくばくものばさずしてとらへたる所に」訳 (利仁が乗っていたのは)たいそうすぐれた馬であったので、それほども(遠くへ狐を)逃がさないで捕らえたところに。

最重要330

240

ののし・る 【罵る】 自ラ四 {ら・り・る・る・れ・れ}

ガイド 周囲を気にせず大声を立てるの意。現代語では、もっぱら中世末期以降広く用いられるようになった⑤の意で用いる。③④は①から転じたもの、②は主体が人間以外になったもの。

❶大声で言い騒ぐ。大騒ぎをする。わいわい言う。

例 日しきりにとかくしつつ、ののしる㊊うちに夜ふけぬ〈土佐〉

訳 （親しんだ人々と別れがたく）一日じゅうあれやこれやしては、騒いでいるうちに夜がふけてしまった。

語感実感 走っていた車が突然横転するのを目撃した人々が、驚いて大声を上げ、騒いでいる感じ。

❷やかましく音をたてる。声高く鳴く。

例 里びたる声したる犬どもの出で来てののしる㊊もいと恐ろしく〈源氏・浮舟〉

訳 田舎(いなか)くさい声をした何匹もの犬が出て来て大声でほえるのもたいそう恐ろしく。

❸盛んに評判が立つ。うわさをする。

例 この世にののしり㊐給ふ光源氏、かかるついでに見奉り給はむや〈源氏・若紫〉

訳 今世間で評判になっていらっしゃる光源氏を、こんな機会に拝見なさらないか。

❹勢力が盛んである。威勢がよくなる。時めく。

例 左の大臣(おとど)の北の方にてののしり㊐給ひける時〈大和・一二四〉

訳 左大臣の奥方として時めいていらっしゃったとき。

❺口やかましく言う。悪(あ)しざまに言う。

例 親聞きつけて、ののしり㊐てあはせざりければ〈大和・六三〉

訳 親が聞きつけて、口やかましくしかって（源宗于(むねゆき)を娘に）会わせなかったので。

❻（動詞の連用形の下に付いて）「大声をあげて…」「大騒ぎして…」の意を表す。

→下段「例語」

例 人々しりに立ちて、拝みののしる㊎〈宇治・六・七〉

訳 人々は後ろに立って、大騒ぎして拝む。

❷盛んにする。大きくする。ふやす。〈浮・日本永代蔵〉「はや年中に七石(こく)五斗のばし㊐て」訳 はや（その）年のうちに（掃き集めた米を）七石五斗にふやして。

のば・ふ(ノバ(ボ)ウ) 【延ばふ】 他ハ下二 {へ・へ・ふ・ふる・ふれ・へよ} 長くする。延ばす。〈花月草紙〉「さらば鮭(さけ)の魚(いを)にて命を延ばふる㊊ならば、それをば尊ぶべからん」訳 それなら鮭という魚で命を延ばすならば、それ（＝鮭）を尊ぶのがよいであろう。

の‐び 【野火】 名 春のはじめに、新しい草が生えやすいように野原の枯れ草を焼く火。春

のび‐らか 【伸びらか】 形動ナリ {なら・なり(に)・なり・なる・なれ・なれ} 「らか」は接尾語。❶長く伸びたさま。〈源氏・末摘花〉「あさましう高うのびらかに㊐、さきの方すこし垂りて」訳 （末摘花(すゑつむはな)の鼻は）あきれるほど高く長く伸びていて、先のほうが少し垂れ下がって。❷のんびりとしたさま。穏やかである。なごやかである。〈源氏・初音〉「人の心ものびらかに㊐ぞ見ゆるかし」訳 （元日の朝は自然だけではなく）人の心ものんびりしたように見えることよ。

の・ぶ 【延ぶ・伸ぶ】 ㊀ 自バ上二 {び・び・ぶ・ぶる・ぶれ・びよ} ❶（時間的・空間的に）のびる。長くなる。広くなる。〈源氏・若紫〉「いみじう世の憂へわすれ、齢(よはひ)のぶる㊊人の御有様なり」訳 （俗世を捨てた僧侶(そうりょ)の私でも）なみなみでなくこの世のつらさを忘れ、寿命がのびるような

＝ののし・る（上段⑥参照）

例語 遊びののしる（＝遊び騒ぐ）・言ひののしる・歌ひののしる・行ひののしる（＝大騒ぎして仏道修行する）・追ひののしる・騒ぎののしる（＝大声をあげて騒ぐ）・泣きののしる・逃げののしる・響きののしる（＝大きな音に聞こえる。大騒ぎする）・誉(ほ)めののしる・見ののしる・めでののしる・呼ばひののしる（＝大声で騒ぐ）・笑ひののしる

最重要330

241

のぼ・る 【上る・登る・昇る】 自ラ四 {ら・り・る・る・れ・れ}

ガイド 類義語「あがる」が上昇して上の所に位置するという、その結果に重点があるのに対して、「のぼる」は**上昇し続けるその経過に重点がある。**

❶ **高い所、上のほうへ行く。また、(川の)上流へ行く。のぼる。** 対 下る

例 法師の、**のぼり**用て木の股についゐて物見るあり〈徒然・四一〉 訳 法師で、(栴檀の木に)**のぼっ**て木の股にちょこんと座って見物している者がいる。

❷ **海や川から陸地に移る。**

例 海に入り、渚に**のぼり**用、いたく困じにたれど〈源氏・明石〉 訳 (私=亡き桐壺院の亡霊は)海に入り、なぎさに**上がり**、たいへん疲れてしまっているけれども。

❸ **地方から都へ行く。** 京都の町を、南から北へ行く。 対 下る

例 十三になる年、**のぼら**未むとて、九月三日門出して〈更級・かどで〉 訳 十三になる年に、(上総の国から)**京都へ行こ**うということになって、陰暦九月三日に出発して。

❹ **宮中へ参内する。貴人のもとに参上する。**

例 一品の宮の**のぼら**未せ給ひけるに〈大鏡・三条院〉 訳 一品の宮(=禎子内親王)が**宮中へ参内し**なされたときに。

❺ **官位・官職が高くなる。**

例 国の親となりて、帝王の上なき位に**のぼる**終べき相おはします人の〈源氏・桐壺〉 訳 (この子=光源氏は)天皇となって、帝王という最高の位に**のぼる**はずの人相のおありになる方で。

❻ **(「気ののぼる」の形で)のぼせる。上気する。**

《⬇上がる「古文常識」》

例 むげにはづかしと思ひたりつるに、気の**のぼり**用たらむ〈落窪〉 訳 (姫は)ひどく恥ずかしいと思っていたから、**のぼせ**ているのだろう。

古文常識 「のぼる」—「のぼる」と「くだる」

下(低)から上(高)へ行くのが「のぼる」の、上(高)から下(低)へ行くのが「くだる」の原義だが、都に対する地方、宮廷・貴人の邸に対する臣下の邸、貴人のいる場所に対する臣下の居所などを上(高)に対する下(低)と見て、その間の行き来にも、広く用いる。

貴人の邸
くだる
のぼる
臣下の邸

人(=光源氏)のごようすである。
❷逃げのびる。〈宇治・二・九〉「〔季通は〕三町(=約三三〇メートル)ばかり走り**のび**用て」
❸のびのびする。〈源氏・絵合〉「空もうららかにて、人の心も**のび**用」 訳 空もうららかで、人の心も**のびのびし**て。

二 他バ下二 {べ・べ・ぶ・ぶる・ぶれ・べよ} ❶(時間的・空間的に)長くする。広くする。のばす。〈大鏡・道長上〉「いま二度**のべ**未させ給へ」 訳 (競射の勝負を)もう二度**延長し**なさってください。
❷のびのびさせる。きままにさせる。〈万葉・一〇・一八八二〉「春の野に心**のべ**未むと思ふどち来し今日の日は暮れずもあらぬか」 訳 春の野に心を**のびのびさせ**ようと仲間どうしがやって来た今日のこの日は、暮れずにあってほしい。

の-ぶか【箆深】 形動ナリ {なら・なり(に)・なり・なる・なれ・なれ} 矢竹の部分(=箆)まで矢が深く突きささるさま。〈平家・九・宇治川先陣〉「畠山馬の額を**箆深に**用射させて」 訳 畠山は(乗っていた)馬の額を**矢竹の部分まで深々と**射られて。(「させ」は武者詞という軍記物語特有の表現で、「…られる」という受身の意)

の-べ【野辺】 名 野のあたり。野原。

のぼ・す【上す】 他サ四・下二 {さ・し・す・す・せ・せ}{せ・せ・す・する・すれ・せよ} ❶高い所にあげる。のぼらせる。〈徒然・一〇九〉「人を掟てて、高き木に**のぼせ**用(下二段)て梢を切らせしに」 訳 人を指図して、高い木に**のぼらせ**て梢を切らせた折に。
❷(川を)さかのぼらせる。〈万葉・一・五〇〉「真木の嬬手を百足らずいかだに作り**のぼす**終らむ」 訳 檜の

のみ 副助

意味・用法	用例
❶**限定** （他のものとの対比において）あるひとつのものに限定する意を表す。 …だけ。…ばかり。	例 花はさかりに、月はくまなきを**のみ**見るものかは〈徒然・一三七〉 訳 桜の花は満開のときに、月は満月のときに**だけ**見るものであろうか（いや、そうとはかぎらない）。
❷**強調** 軽く他と比較して、あるものを特に強調する意を表す。 特に。とりわけて。	例 月・花はさらなり、風**のみ**こそ、人に心はつくめれ〈徒然・二一〉 訳 月や花は言うまでもないが、風は**とりわけ**、人に気はもませるようだ。
❸**用言の強め** 「のみ」を含む文節が修飾している用言を強める。 …しているばかりである。ただもう…する。	例 青葉になり行くまで、よろづにただ心を**のみ**ぞ悩ます〈徒然・一九〉 訳（桜は）青葉になってゆくまで、万事にわたってただ（人の）心を悩ませる**ばかりである**。

接続 体言・副詞、活用語の連体形、格助詞など連用修飾語となる種々の語に付く。

文法ノート

1 **用言を強める用法**
解釈上特に留意する必要があるのは③の用法である。「のみ」が強調するのは修飾する用言であるから、③の用例は「心だけを悩ます」ではなく、「心を悩ませるばかりである」と解釈される。

2 **「のみ」と「ばかり」のちがい**
「のみ」は、ほかのいかなる事物もまじえず、ただそれだけがあることを示す。「ばかり」は、おおよその範囲や概数、物事の程度を示す。また、ある事態を、それ以上のものはない限度として示す。

や杉の角材をいかだに作って、今ごろは**川をさかのぼらせ**ているだろう。（「百足らず」は「いかだ」にかかる枕詞）❸召し寄せる。呼び寄せる。〈枕・四九〉「下(しも)なるをも呼び**のぼせ**用（下二段）」訳 局(つぼね)に下がっているのも呼んで**召し寄せ**。❹地方から都へ送る。〈平家・一〇・首渡〉「侍(さぶらひ)一人(いちにん)したてて都へ**のぼせ**未（下二段）られけり」訳 侍を一人（使者に）仕立てて都へ**送り**なさった。❺おだてる。〈浄・丹波与作待夜小室節〉「**のぼせ**已（四段）ば、こいつが**のぼさ**未（四段）れてなるほど盗んでくれうといふ」訳（大名の金を盗んでくれまいか、男と見込んで頼むと）**おだて**ると、こいつが**おだて**られていかにも盗んでやろうと言う。

のぼり【上り・登り・昇り】名 ❶（高い所へ）のぼること。❷地方から都へ行くこと。〈増鏡・さしぐし〉「都へ御**上り**こそ、いとおもしろくめでたかるべきわざなれど」訳 都へお**のぼりになること**は、たいそうおもしろくすばらしいにちがいないことであるけれど。❸京都で、南から北に向かって行くこと。〈宇治・一二・六〉「童(わらは)は、大宮を**上り**に、泣く泣く行きけるを」訳 召使の少年は、大宮大路を**北に向かい**、泣き泣き行ったのを。（対 下(くだ)り）

のぼ・る【上る・登る・昇る】自ラ四 ⬇前ページ 241

のみ 副助 ⬇上助詞「のみ」

の・む【祈む】他マ四〔ま・み・む・む・め・め〕《上代語》頭をたれて神仏に祈る。頭をさげて請い願う。〈万葉・一一・二六六二〉「吾妹子(わぎもこ)にまたも逢(あ)はむとちはやぶる神の社(やしろ)を**のま**未ぬ日はなし」訳 いとしい人にまたも逢おうと、神の社に**祈ら**ない日はない。（「ちはやぶる」は「神」にかかる枕詞）

の-も-せ【野面】名〔「野も狭(せ)」の意から〕野原一面。〈新古・夏〉「よられつる**野もせ**の草のかげろひて涼しくくもる夕立の空」訳（強い日ざしのため）縒(よ)られたようになっていた**野原一面**の夏草が、日がかげって、涼しくくもる夕立の空よ。

の-もり【野守】名（禁猟区などの）野を守る番人。

〈万葉・一・二〇〉「あかねさす紫野行き標野行き野守は見ずや君が袖振る」訳→あかねさす…〔和歌〕

のり【法・則】名❶規準。模範。手本。〈太平記・一八〉「是も古への義を守り人を法とせし故なり」訳これも昔からの義を守り、人を模範としたからである。❷規則。法律。法令。〈徒然・一四二〉「人を苦しめ、法を犯さしめて」訳人民を苦しめ、法律を犯させておいて。❸〈仏教語〉仏法。仏の教え。〈平家・二・山門滅亡〉「昔仏の法を説き給ひし竹林精舎」訳昔釈迦が仏法をお説きになった竹林精舎（＝最初の仏教寺院）。

フレーズ
法の師〔「法師」の訓読〕僧。
法の灯火〔「法灯」の訓読〕❶仏法を、現世の闇を照らす灯火にたとえていう語。〈新古・釈教〉「願はくはしばし闇路にやすらひてかかげやせまし法のともしび」訳願うことは、しばらく闇路のような現世にとどまって、（衆生のために）かかげたいものだ、法灯を。❷仏前にともす灯明。

のり-かけ【乗り掛け・乗り懸け】名江戸時代、宿駅の駄馬に、左右で二十貫（＝約七五キログラム）の荷をつけ、さらに人一人を乗せて運ぶこと。また、その馬。

のり-がへ【乗り替へ・乗り換へ】名❶途中で替えて乗るための予備の乗り物。特に、馬をいう。〈平家・九・宇治川先陣〉「畠山乗り替へに乗ってうちあがる」訳畠山（重忠）は乗り替えの馬に乗って（岸に）さっとあがる。❷大将の乗り替え用の馬をあずかる侍。

のり-こぼ・る【乗り溢る】自ラ下二〔れ・れ・る・るる・るれ・れよ〕❶あふれるほどに多くの人が乗りこむ。大勢乗る。〈宇治・二・八〉「車に乗りこぼれ用て、やりよせて見れば」訳車にあふれるほど多くの人が乗って、（そこに）進め寄せてみると。❷牛車の下簾から衣服の端が出る。〈枕・三一〉「物見のかへさに、乗りこぼれ用て」訳（行列などの）見物の帰り道に、牛車の中から衣服の端がこぼれ出て（見え）。

のり-たまひ-しく【宣り給ひしく】おっしゃったことには。〈記・上〉「天の石屋戸を細めに開きて、内よりのり給ひしく」訳（天照大御神が）天の石屋の戸を細めにあけて、中からおっしゃったことには。
なりたち 四段動詞「宣る」用＋尊敬の補助動詞「給ふ」用＋過去の助動詞「き」のク語法「しく」

のり-と【祝詞】名神を祭り祈る際に、神に申し上げることば。また、祓えに読みあげることば。

宣長《人名》→本居宣長

のり-の-し【法の師】→法「フレーズ」

のり-の-ともしび【法の灯火】→法「フレーズ」

のり-もの【賭物】名弓・馬・双六などの、勝負ごとに賭ける賞品。

のり-ゆみ【賭弓】名❶品物・金銭を賭けて弓を射ること。❷〔「賭弓の節」の略〕平安時代の、宮中の年中行事の一つ。陰暦一月十八日、弓場殿で、左右の近衛府・兵衛府の舎人が、天皇の前で弓の技を競い合う行事。

の・る【乗る】自ラ四〔ら・り・る・る・れ・れ〕❶（馬・車・船などに）乗る。〈徒然・三八〉「馬をひきたふして、乗る体人泥土の中にころび入る」訳馬をひき倒して、乗っている人はぬかるみの中にころがりこむ。❷のりうつる。取りつく。〈平家・二・一行阿闍梨之沙汰〉「われに十禅師権現のり用ゐさせ給へり」訳私に十禅師権現がのりうつりとどまっていらっしゃる。❸気乗りする。調子づく。〈平家・一一・弓流〉「源氏のつは者ども、勝つにのっ用（促音便）て…攻めたたかふ」訳源氏の兵たちは、勝利に調子づいて…攻め戦う。❹〔ふつう「載る」と書く〕記載される。

の・る【宣る・告る】他ラ四〔ら・り・る・る・れ・れ〕言う。述べる。告げる。宣言する。〈万葉・一・一〉「われこそば告ら未め家をも名をも」訳→こもよ…〔和歌〕

の・る【罵る】他ラ四〔ら・り・る・る・れ・れ〕ののしる。〈宇治・七・二〉「腹たちちらして、郡司をさへのり用て」訳むやみに腹を立てて、郡司をまでものののしって。

のろ・ふ【呪ふ】他ハ四〔は・ひ・ふ・ふ・へ・へ〕恨みのある相手に災いが起こるように神仏に祈る。〈伊勢・九六〉「かの男は、天の逆手を打ちてなむのろひ用をるなる」訳例の男は、天の逆手（＝呪術的な柏手）という）を打って相手に災いが起こるように神仏に祈っているそうだ。

の-わき【野分】名「のわけ」とも。（野の草を吹いて分けるところから）秋、二百十日、二百二十日ごろに吹くはげしい風。台風。秋。〈枕・二〇〇〉「野分のまたの日こそ、いみじうあはれにをかしけれ」訳野分の吹いた翌日（のありさま）は、たいそうしみじみとして風情がある。

のわき-だ・つ【野分だつ】自タ四〔た・ち・つ・つ・て・て〕〔「だつ」は接尾語〕野分らしい風が吹く。野分のけはいがある。〈源氏・御法〉「風野分だち用て吹く夕暮れに」訳風が野分のようになって吹く夕暮れに。

のをよこに…〔俳句〕

野を横に　馬牽きむけよ　ほととぎす　切れ字　夏
〈細道・殺生石・芭蕉〉

訳（広い那須の野を馬に乗って行くと）野を横ぎってほととぎすが（鋭く）鳴き過ぎた。（馬の口をとる男よ）馬を横に引き向けてくれ。ほととぎすの鳴き声の消えてゆく方角へ。（切れ字の「けよ」は、命令形活用語尾）

解説「この口付きの男（＝馬子）、短冊得させよ（＝ください）と乞ふ。やさしきこと（＝風流なこと）を望み侍るものかなと」の文の次にこの句がある。即興句。

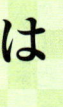

は【羽】名鳥の羽毛。鳥のつばさ。虫のはね。また、矢羽根（＝矢の端にとりつける羽根）。

は【端】名はし。ふち。輪郭。〈枕・一〉「夕日のさして山の端いと近うなりたるに」訳夕日がさして山のはしにと

ても近くなったころに。(「夕日を背に受けて山の輪郭が近づいて見えるころ」と解する説もある)

は 上代の助動詞「ふ」の未然形。

はは 係助 ➡次ページ助詞「は」

はは 終助 感動・詠嘆の意を表す。…よ。…ねえ。〈大鏡・花山院〉「粟田殿(=藤原道兼)が…そら泣きし給ひけるは」訳 粟田殿の…うそ泣きしなさったことよ。

接続 文の終わりにある体言に相当する語、用言および助動詞の連体形に付く。

ばば 接助 ➡六六〇ページ助詞「ば」

ばば 係助 係助詞「は」が格助詞「を」に付いて濁音化したもの。→をば

はい-かい【俳諧・誹諧】名 ❶滑稽。戯れ。〈去来抄・修行〉「俳諧をもって文を書くは俳諧文なり」訳 (雅でなく)戯れ(の精神)で文章を書くのは俳諧文である。
❷「俳諧歌」の略。
❸「俳諧の連歌」の略。
❹連句。また、俳句。

はいかい-か【俳諧歌】名「はいかいうた」とも。和歌の形式の一つ。滑稽味のある歌。「万葉集」巻十六の戯れの歌を源流とし、「古今集」巻十九にはこの名称のもとに歌が収められている。後世の狂歌のもとになり、近世では狂歌を指すこともある。はいかい。

俳諧七部集(はいかいしちぶしふ)《作品名》→芭蕉七部集

はいかい-の-れんが【俳諧の連歌】上品で優美な連歌に対して、機知・滑稽を主眼とする連歌。室町末期、山崎宗鑑・荒木田守武らによって盛んになり、近世、貞門(=松永貞徳を祖とする俳諧の一派)・談林(=西山宗因を祖とする俳諧の一派)と詠風が変遷。その後、幽玄・閑寂を重んじる蕉風の祖松尾芭蕉によって大成された。

はい-しょ【配所】名 罪によって流される所。配流される所。

はい・す【拝す】他サ変{せ・し・す・する・すれ・せよ} ❶頭を下げて、礼をする。また、叙位や任官などの際、庭で感謝の意を表す拝舞の礼(=舞踏を伴う礼)をする。〈徒然・六六〉「禄を出だされれば、肩に掛けて、拝し用て退く」訳 祝儀の衣をお出しになると必ず、(それを)肩にかけて、拝舞の礼をしてから退出する。
❷官に任じる。官を授ける。〈紀・天智〉「大友皇子をもって太政大臣に拝す終(=任じる)」

はい-ずみ【掃墨】名〔「はきずみ」のイ音便〕ごま油や菜種油などの油煙を掃き集めて、にかわを加えて作った墨。眉墨や塗料、薬用とした。

はい-ぜん【陪膳】名・自サ変 天皇の食事、また公家・武家の儀式のときに給仕をつとめること。また、その人。

誹風柳多留(はいふうやなぎだる)《作品名》江戸後期の川柳集。百六十七編。呉陵軒可有ら編。明和二年(一七六五)から天保九年(一八三八)刊。初編から二十四編までは初代が、以下代々の柄井川柳が撰した。前句付けから前句を省いても句意のわかりやすい付け句を集めたもの。「柳多留」とも。→柄井川柳

はう【方】名 ❶方向。方角。また、一方のがわ。
❷方法。やり方。〈今昔・四・三〉「のがるべき方なければ」訳 のがれることができる方法がないので。
❸薬の調合。処方。〈雨月・菊花の約〉「薬をえらみ、みづから方を案じ」訳 薬を選び、自身で薬の調合を考え。
❹→ほう(方)

参考 「はう」「ほう」の二つの表記があり、古くは①②の意では「はう」、③と正方形の意では「ほう」と使い分けた。

はう【袍】名 宮中で男子が、衣冠(=略装)・束帯(=正装)で公的な場に出るときに着る上着。上の衣。→衣冠・束帯

参考 官位や職掌により色・生地に違いがあり、文・武の官により型が違った。天皇・文官は両脇の下を縫いつけた縫腋を着用し、武官は動作しやすいように両脇を縫わない闕腋を行幸や節会の際などの儀式に着用した。しかし、平安中期以降は、四位以上の武官も縫腋を着用するようになった。

はう〔這う・延う〕➡はふ

ばう【坊】名 ❶奈良・平安時代の都城制で、町の区画を表す名。四方を大路で囲まれた一画をいう。
❷「東宮坊」の略。律令制で、皇太子に関するいっさいの事務をつかさどる役所。また、東宮御所。転じて、東宮。皇太子。〈源氏・桐壺〉「坊にも、ようせずは、この御子の居給ふべきなめり」訳 皇太子(の位)にも、悪くすると、この皇子(=光源氏)がおつきになるはずであるようだ。
❸〔「房」とも書く〕僧のいる所。僧坊。〈徒然・四五〉「坊のかたはらに、大きなる榎の木のありければ」訳 僧坊のわきに、大きな榎があったので。
❹〔「房」とも書く〕僧。法師。〈枕・八七〉「御仏供のおろし賜べむと申すを、この御坊たちの惜しみ給ふ」訳 仏様へのお供物のお下がりをいただこうと申し上げるのに、このお坊様たちがもの惜しみなさる。
❺寺に付属して参詣者などを泊める家。宿坊。〈細道・立石寺〉「麓の坊に宿借りおきて、山上の堂にのぼる」

伯耆(はうき)《地名》旧国名。山陰道八か国の一つ。今の鳥取県の西部。伯州。

はう-くわ【半靴】名〔「はんくゎ」の転〕上部が深沓よりも少し短く、足首までの丈の屋外用のはきもの。革などで作り、騎馬の時などに用いられた。

(はうくゎ)

はう-ぐわん【判官】名〔「はんぐゎん」の転〕❶律令制で、四等官中の三等官。尉。多くは、検非違使・衛門府・兵衛府の尉を指す。〈枕・三三〉「左右の衛門の尉を、判官といふ名つけて」訳 (世間では)左右の衛門府の三等官を、判官という名をつけて。→判官
❷(検非違使の尉であったことから)源義経の称。

はうぐわん-びいき【判官贔屓】名「はんぐわんびいき」とも。(一生を不遇に終わった九郎判官(=源義経)に同情する意から)運のない弱い立場にある者に同情したり味方したりすること。

はう-げ【放下】名・他サ変《仏教語》禅宗で、いっさいの執着をうち捨てること。〈徒然・一一二〉「諸縁を放下す終べき時なり」訳 (この世の中での)もろもろのか

は 係助

意味・用法	用例
❶とりたて ある事物を（他の物と対比して）特に強く提示する。 **㋐主語のとりたて** 題目を表す（その文は何について述べているかを示す）。 …は。	例 秋は来きぬもみぢは宿に降りしきぬ道踏み分けて訪とふ人はなし〈古今・秋下〉 訳 秋は来た。紅葉はわが家の庭に一面に降り積もった。道を踏みわけて訪れる人はいない。 例 春はあけぼの〈枕・一〉 訳 春は夜明け方（が趣がある）。 **定型表現 係り結び** **は…終止形** 〈とりたて〉（終止形） 例 花は咲きたり。 （＝花は咲いている）
㋑目的語のとりたて 目的語にあたる語句をとりたてて提示する。 特に…を。	例 つねにをかしきもてあそび物は奉り給ひけり〈うつほ・蔵開下〉 訳 いつもおもしろいおもちゃをば差し上げなさった。
㋒否定の内容のとりたて 下の否定の意を表す語と呼応して、否定の内容をはっきりさせる。 …は。	例 げにただ人にはあらざりけりとおぼして〈竹取・御門の求婚〉 訳 （帝は）なるほど（かぐや姫は）ふつうの人ではなかったのだなあとお思いになって。
❷対比・対照 他のものと対比・対照して提示する。主語、目的語、種々の連用修飾語に付く。 …は。…のほうは。	例 声はして涙は見えぬほととぎすわが衣手のひつを借らなむ〈古今・夏〉 訳 鳴き声はしているが、涙は見えないほととぎすよ、私の袖が（涙でぬれているのを（おまえの涙として）借りてほしいな。
❸順接の仮定条件	例 鶯の谷より出づる声なくは春来ることを誰か知らまし

かわりを投げ捨てなければならない時である。

ばう-ざ ボウ【病者】名〔「びゃうじゃ」の転〕「びゃうざ」とも。**病人。**〈源氏・夕顔〉「病者のことを思う給へあつかひ侍るほどに」訳 病人のことを心配しまして世話をいたしておりますので。

はう-し ホウ【拍子】名〔「はくし」のウ音便〕❶「ひゃうし①」に同じ。
❷「ひゃうし②」に同じ。

はう-じゃう ホウジョウ【放生】名《仏教語》功徳を積むため、捕らえた生き物を放すこと。

はうじゃう-ゑ ホウジョウエ【放生会】名《仏教語》捕らえた生き物を野や池に放す法会。陰暦八月十五日に行われた。石清水八幡宮のものが有名。秋

はう-じん ホウ【芳心】名・自サ変「はうしん」とも。親切を尽くすこと。また、その気持ち。〈平家・二・重衡被斬〉「事にふれてなさけ深う芳心おはしつるこそ、ありがたううれしけれ」訳 何かにつけて情け深く親切心がおありになったのは、めったにないほどうれしいことだ。

ばう-ず ボウ【坊主・房主】名 ❶大寺院の中の一つの僧坊の主である僧。住持。住職。
❷一般に、僧。
❸武家で、頭を剃り、僧衣姿で茶事をつかさどったり、雑事を勤めたりする者。茶坊主。

ばう・ず ボウズ【亡ず】自サ変〔ぜ・じ・ず・ずる・ずれ・ぜよ〕ほろびる。死ぬ。〈平家・一・祇園精舎〉「久しからずして亡じ用にし者どもなり」訳（中国の権臣四人は栄華を）長く保つこともなくてほろんでしまった者たちである。

はう-すん ホウ【方寸】名（心は、胸の中一寸（＝約三センチメートル）四方の間にあると考えたことから）心。胸の中。

ばう-ぞく ボウ 形動ナリ〔なら・なり（に）・なり・なる・なれ・なれ〕〔「放俗」または「凡俗」の転か〕無作法なさま。下品なさま。〈堤・虫めづる姫君〉「かく怖づる人をば、『けしからず、ばうぞくなり終』とて」訳 このように（虫を）こわがる人を、（姫君は）「とんでもない、無作法だ」と言って。

はう-ちゃう ホウチョウ【庖丁】名 ❶料理人。
❷料理をすること。庖丁さばき。〈徒然・二三一〉「皆人、別当入道の庖丁を見ばやと思へども」訳（その場の）人

〈古今・春上〉

…ならば。

形容詞型活用の連用形「く」「しく」または打消の助動詞「ず」の連用形に付く。

訳 鶯が谷から出てきて鳴く声がない**ならば**、春の来ることをだれが知るだろうか(いや、だれも知り得ない)。

例 竜の頸の玉取りえず**は**、帰り来くな〈竹取・竜の頸の玉〉

訳 竜の首の玉を手に入れられない**ならば**、帰ってくるな。

文法ノート　接続

名詞、助詞、活用語の連体形と連用形など種々の語に付く。

1 結びの形

①の用法で、述語が活用語で文末に来る場合には終止形で結ぶのが原則であるが、他の係助詞があると、その係助詞による結びになる。

例 水**は**その山に三所ぞ流れたる㊀〈更級・足柄山〉

訳 水**は**その山に三か所流れている。

例 をのこ**は**、また、随身こそあめれ㊁〈枕・四八〉

訳 下男**は**、また、随身こそが(すぐれて)いるようだ。

2 さまざまな語のとりたて

①は㋐㋑㋒のほかに、

例 いと**は**つらく見ゆれど〈土佐〉

訳 実に薄情だと**は**思われるが。

例 男を捨てて**は**いづちか行かむ〈大和・一四八〉

訳 夫のあなたを捨てて**は**どこへ行こうか(いや、どこへも行くまい)。

のように、さまざまな連用修飾語をとりたてて提示する。

3 「を」+「は」=「をば」

格助詞「を」に付くと「をば」と濁る。

例 秋萩の花を**ば**雨にぬらせども君を**ば**まして惜しとこそ思へ〈古今・離別〉

訳 秋萩の花を雨に濡らす(のが惜しい)けれど、あなたのことがまして名残惜しいと思う。

はみな、別当入道の庖丁さばきを見たいと思うが。❸「庖丁刀」の略。料理に使う薄刃の刃物。

参考 庖(=台所、また料理)の丁(=公用の人夫)の意からとも、また中国の古典「荘子」に出てくる庖丁という名高い料理人の名からともいう。

はう-ぢゃう【方丈】 名 ❶一丈(=約三メートル)四方の広さ。〈方丈・三〉「広さはわづかに方丈、高さは七尺がうちなり」訳 (庵の)広さはたった一丈四方、高さは七尺(=約二・一メートル)以内である。❷《仏教語》寺の長老・住職の部屋。また、寺の住職。〈細道・象潟〉「この寺の方丈に座して」訳 この寺(=干満珠寺)の住職の部屋に座って。

方丈記 (はうぢゃうき)《作品名》鎌倉初期の随筆。鴨長明作。建暦二年(一二一二)成立。人生の無常と日野山中での閑居の生活とを、流麗・簡潔な和漢混交文で記す。「徒然草」とともに中世の代表的な随筆。⬇巻頭口絵30ページ・付録①九七ページ

冒頭文 ゆく河の流れは絶えずして、しかも、もとの水にあらず。淀みに浮かぶうたかたは、かつ消えかつ結びて、久しくとどまりたる例なし。世の中にある、人と栖と、またかくのごとし。訳 (いつも滔々と)行く川の流れは絶えなくて、それでいて、(そこにある水は)もとの水ではない。(流れの)よどみに浮かぶあわは、一方では消え、一方ではあらわれて、いつまでも(そのままの姿で)とどまっている例はない。世の中に存在している、人間と(その)住まいとは、やはりこのようなものである。

古文常識　「方丈記」—「方丈記」の名称

昔、インドの維摩は富豪で学識にすぐれていたが、方丈(=約三メートル四方)の狭い家に住み、修行したという。その精神を目標としたのであろう、鴨長明は、実際に方丈の庵を建てて住んだ。その質素な住居で書き記した作品なので、「方丈記」と名づけた。

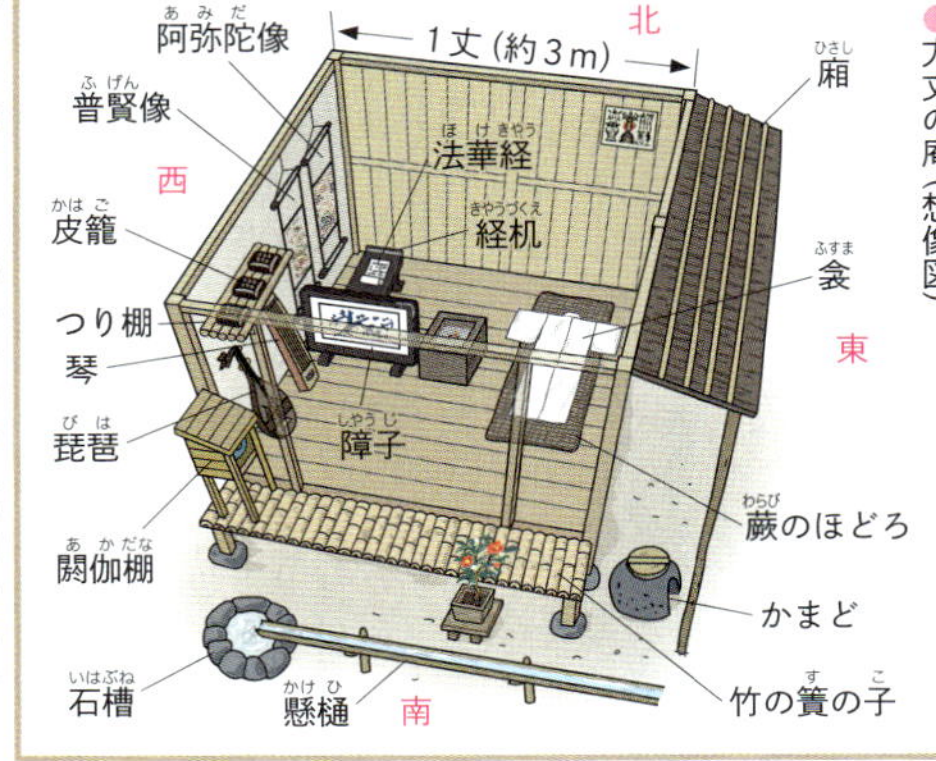

方丈の庵(想像図)

はうちゃう-じゃ【庖丁者】 名 料理人。

はう-べん【方便】 名 ❶《仏教語》仏が、衆生

ば 接助

意味・用法	用例
❶順接の仮定条件 未然形に付く。 …(する)なら。…だったら。	例 月の都の人まうで来ば捕らへさせむ〈竹取・かぐや姫の昇天〉 訳 月の都の人がやって来たら捕らえさせよう。
❷順接の確定条件 已然形に付く。 ㋐原因・理由 …ので。…だから。	例 から衣きつつなれにし…とよめりければ、皆人、乾飯の上に涙落としてほとびにけり〈伊勢・九〉 訳 から衣きつつなれにし…と(歌を)詠んだので、(そこにいた)人は皆、乾飯の上に涙を落として(乾飯が)ふやけてしまった。
㋑単純接続 (ある事柄に続いて)次の事柄が起こったことを表す。 …すると。…したところ。	例 東の野にかぎろひの立つ見えてかへり見すれば月かたぶきぬ〈万葉・一・四八〉 訳 東の野に暁の光がさし出るのが見えて、ふりかえって見ると、月は(西に)傾いている。
㋒恒常条件 その事柄が起こると必ず同じ結果になることを表す。 …するときにはいつも。 …すると必ず。	例 疑ひながらも念仏すれば、往生す〈徒然・三九〉 訳 疑いながらでも念仏を唱えると必ず、往生する。
❸並列・対照 事柄を並列的・対照的に表す。 …(し)て、一方。	例 鏑は海へ入りければ、扇は空へぞあがりける〈平家・一一・那須与一〉 訳 鏑矢は海に落ち入り、一方扇は空へ舞い上がった。

接続 ①は活用語の未然形に付く。②③は活用語の已然形に付く。

を仏の道に導くために用いる便宜上の手段。❷目的をとげるための手段。策略。〈太平記・三三〉「いかにもして南山より盗み出だし奉らんと方便をめぐらされけれども」訳 なんとでもして(三種の神器を)吉野の山から盗み出し申しあげようと策略をめぐらしなさったが。

はう-らつ【放埒】[ホウ] 名・自サ変・形動ナリ (埒＝馬場の囲い)から馬を放って勝手に走らせる意)わがままなこと。身持ちがよくないこと。〈徒然・一五〇〉「道の掟正しく、これを重くして放埒せ㊍ざれば」訳 芸道の規範を正しく守り、これを重んじて勝手なふるまいをしないときには必ず。

ばう-をく【茅屋】[ボウオク] 名 茅葺きの家。転じて、粗末な家。茅舎。

はえ【映え・栄え】名 ❶ぱっと引き立つこと。見ばえ。はなやかさ。〈枕・八三〉「あはひも見えぬうは衣など、あまたあれど、つゆのはえも見えぬに」訳 (喪中で)配色(の違い)もわからない表着などだけ、たくさん着ているけれども、少しの見ばえもしないうえに。❷光栄。面目。〈落窪〉「北の方、はえありてうれしと思ふ」訳 北の方は、面目が立ってうれしいと思う。

はえ・す【生えす】自サ変 {せ・し・す・する・すれ・せよ} 生える。生えてくる。〈万葉・一四・三四九一〉「柳こそ切れば生えすれ㊁」訳 柳の木は切るとまた生えてくるが。

はえ-な・し【映え無し】形ク {(から)・く(かり)・し・き(かる)・けれ・かれ} 見ばえがしない。ぱっと引き立ったところがない。〈源氏・葵〉「女のが並ばぬこそはえなく㊞さうざうしけれ」訳 (衣装掛けに)女の衣装が並ばないのは、見ばえがしなくてもの足りない。

はえばえ・し【映え映えし】形シク {(しから)・しく(しかり)・し・しき(しかる)・しけれ・しかれ} ❶輝いて見えるようだ。はなやかで見ばえがする。〈枕・三〉「うちあてたるは、いみじう興ありてうち笑ひたるはいとはえばえし㊂」訳 (粥の木で)うまく相手のしりを)打ち当てたときは、とてもおもしろくて、(皆が)大笑いしているのはたいそうはなやかで陽気である。❷光栄だ。はれがましい。〈枕・三三〉「講師もはえばえしく㊞おぼゆるなるべし」訳 (身分の高い人がその場

文法ノート

1 逆接を表す「ねば」

主に上代で、打消の助動詞「ず」の已然形「ね」に付いた「…ねば」の形で、逆接の確定条件「…(ない)のに」を表すことがある。

例 卯の花もいまだ咲かね**ば**ほととぎす佐保の山辺に来鳴き響もす〈万葉・八・一四七七〉
訳 卯の花もまだ咲かないのに、ほととぎすが佐保山のあたりに来て鳴きたてることだ。

2 仮定条件を表す「已然形＋ば」

「已然形＋ば」の形で仮定条件を表すようになるのは中世以降である。

例 家の内に**をれば**、忽ちにひしげなんとす〈方丈・二〉
訳 家の中にいたら、即座に(家が崩れて身が)つぶれてしまうだろう。

3 接続と用法

接続助詞をその用法でわけると次のようになる。

	順接	逆接
仮定	未然形＋ば	終止形(連用形)＋と／とも
確定・恒常	已然形＋ば	已然形＋ど／ども

にいると)説経をする僧も**はれがましく**感じるのであろう。

-はか 接尾 (名詞や形容詞の語幹などに付いて)「そのようなさまである」の意の形容詞・形容動詞の語幹をつくる。「あさ**はか**」「あて**はか**」

はか【果・計】名 ❶(多く「はかがゆく」の形で)仕事などの進度。はかどりぐあい。
❷おおよその目安。見当。〈源氏・浮舟〉「からをだに憂き世の中にとどめずはいづこを**はか**と君も恨みむ」訳 亡骸だけでもつらいこの世にとどめないならば、どこを**目当て**としてあなた(＝匂宮)も(私＝浮舟を)恨むのだろう。

フレーズ
果も行かず はかどりもしない。〈平家・三・有王〉「歩むやうにはしけれども、**はかもゆかず**用、よろよろとして出で来たり」訳 (俊寛は)歩くようにはしたけれども、**はかどりもせず**、よろよろとして出て来た。

はがい〖羽交い〗⬇はがひ

は-がき【羽掻き】名「はねがき」に同じ。

はか-せ【博士】名 ❶官名の一つ。大学寮に属するものに、明経・紀伝(のちに文章)・明法・算・音、陰陽寮に属するものに、陰陽・暦・天文・漏刻、典薬寮に属するものに、医・針などの各博士がある。その学問の教授をつかさどった。
❷**学問や諸道にひろく通じた人**。学識者。物知り。〈源氏・桐壺〉「弁も、いと才かしこき**博士**にて」訳 右大弁も非常に学才のすぐれた**博識の人**であって。
❸手本。**模範**。基準。〈徒然・一五〇〉「世の**博士**にて、万人の師となること、諸道かはるべからず」訳 (芸道の規範を正しく守れば)世間の**模範**として、多くの人の師となることは、どの道でもかわるはずがない。
❹「節博士」の略。

は-がため【歯固め】名 陰暦正月の三が日、長寿を祈って鏡餅・大根・瓜・押し鮎・猪肉・鹿肉などを食べる行事。また、その食物。春
参考 「歯」は齢のことで、年齢を固める(＝のばす)意の儀礼。一説に、堅い物をかんで歯の根を固める意とも。

はかなく-な・る【果無くなる・果敢無くなる】死ぬ。〈平家・六・葵前〉「里へ帰り、うちふすこと五、六日して、つひに**はかなくなり**用にけり」訳 (葵の前は)実家へ帰り、寝込むこと五、六日で、とうとう**死ん**でしまった。⬇果つ「慣用表現」

はかな-げ【果無げ・果敢無げ】形動ナリ〔なら・なり(に)・なり・なる・なれ・なれ〕「げ」は接尾語〕❶**頼りなさそうなさま。弱々しそうなさま。**〈枕・四三〉「ちちよ、ちちよと**はかなげに**用鳴く、いみじうあはれなり」訳 (蓑虫が)ちちよ、ちちよと**弱々しそうに**鳴くのは、たいそうしみじみと心をうつ。
❷**たいしたことでないさま**。無造作であるさま。〈源氏・帚木〉「**はかなげに**用言ひなして、まめまめしく恨みたるさまも見えず」訳 (女は)いかにも**たいしたことではないように**言って、本気で(私を)恨んでいるようすも見えず。

はか-な・し【果無し・果敢無し】形ク ⬇次ページ242

はかなし-ごと【果無し言・果敢無し言】名 つまらない話。ちょっと口にしたことば。

はかなし-ごと【果無し事・果敢無し事】名 取るに足りないこと。たわいないこと。〈源氏・蛍〉「**はかなしごと**と知りながら、いたづらに心動き」訳 **たわいもないこと**と知りながら、わけもなく心が動き。

はかな-だ・つ【果無だつ・果敢無だつ】自タ四〔た・ち・つ・つ・て・て〕「だつ」は接尾語〕頼りなく見える。心細げだ。〈枕・九九〉「屋のさまも**はかなだち**用、廊めきて」訳 建物のようすも**頼りなげに見え**、渡り廊下のような作りで。

はかな・ぶ【果無ぶ・果敢無ぶ】自バ上二〔び・び・ぶ・ぶる・ぶれ・びよ〕「ぶ」は接尾語〕頼りなさそうに見える。〈源氏・夕顔〉「**はかなび**用たるこそはらうたけれ」訳 (女が)**頼りなげにして**いるのはかわいらしい。

はかな・む【果無む・果敢無む】自マ四〔ま・み・む・む・め・め〕はかなく思う。むなしく思う。〈徒然・五八〉「げにはこの世を**はかなみ**用、必ず生死を出でんと思はんに」訳 ほんとうにこの世を**はかないものだと思い**、必ず生き死に(の迷い)を超越しようと思うならそのときに。

はかばか・し【果果し・捗捗し】形シク ⬇六六三ページ243

は-がひ【羽交ひ】名 鳥の両翼の先が重なり合っ

最重要330

242

はか-な・し

【果無し・果敢無し】形ク {から・く(かり)・し・き(かる)・けれ・かれ}

ガイド 無益で、移り変わりやすく永遠性のない、頼りない感じを表す語。仕事の進度の意の「はか」に形容詞の「無し」が付いてできた語と考えられる。

❶ はかない。あっけない。

例 行く水に数かくよりもはかなき体は思はぬ人を思ふなりけり〈古今・恋一〉

訳 流れる水に数を書きつけるのよりももっとはかないのは、いとしく思ってくれない人を恋することだったなあ。

例 桜ははかなき体ものにて、かく程なくうつろひ候ふなり〈宇治・一・一三〉

訳 桜はあっけないものであって、このように(咲いて)間もなく散っていくのです。

❷ なんにもならない。無益だ。

例 万に見ざらん世までを思ひ掟てんこそ、はかなかる体べけれ〈徒然・二五〉

訳 何事につけて(まだ)見ないような(死後の)世までを考えて計画するとしたらそれは、なんのかいもないにちがいない。

❸ たわいもない。頼りない。とりとめもない。

➡宗宗し「類語の整理」

例 いとはかなう用(ウ音便)ものし給ふこそ、あはれにうしろめたけれ〈源氏・若紫〉

訳 (あなた=若紫が)ほんとうにたわいもなくいらっしゃるのが、(私=尼君は)かわいそうで気がかりだ。(「ものす」は、ここでは「いる」の意の婉曲表現)

❹ たいしたことでない。ちょっとしたことである。

➡言ふ甲斐無し「慣用表現」

例 あすは古郷にかへす文したためて、はかなき体ことづてなどしやるなり〈細道・市振〉

訳 明日は(連れの男を)故郷に帰す(ので、そのとき持たせる)手紙を書いて、ちょっとした伝言などを託しているようである。

た部分。転じて、はね。つばさ。

はかま【袴】 名 上代、腰に直接まとった下着。のちには着物の腰から下につける衣服。もとは男子が着用、平安時代以降は女子も用いた。

はかま-ぎ【袴着】 名 幼児が初めて袴をつける祝いの儀式。古くは三歳、のちには五歳・七歳で行うこともあった。成人式に当たる男子の初冠、女子の裳着に次ぐ重要な祝い。着袴。〈源氏・桐壺〉「御袴着のこと、…いみじうさせ給ふ」訳 (光源氏の)袴着のお祝いの儀式のことを、…(桐壺帝は)盛大に執り行いあそばす。

はか-も-ゆか-ず【果も行かず】 ➡果「フレーズ」

はから-ざる-に【計らざるに】 思いがけなく。思ってもいないのに。〈徒然・九三〉「はからざるに牛は死し、はからざるに主は存ぜり」訳 思いがけなく牛は死んで、思いがけなく(牛の)持ち主は生きている。

なりたち 四段動詞「計る」未＋打消の助動詞「ず」体＋接続助詞「に」

はから-ひ【計らひ】 名 考え。判断。また、取り計らうこと。処置。

はから-ふ【計らふ】 他ハ四 {は・ひ・ふ・ふ・へ・へ} 〔四段動詞「計る」未＋上代の反復・継続の助動詞「ふ」の一語化したもの〕❶思いめぐらす。考える。〈平家・一・祇王〉「この度召さんに参らずは、計らふ体旨あり」訳 今度召し寄せよう(という)折に参上しないならば、考えることがある。

❷相談する。打ち合わせる。〈霊異記〉「衆僧聞きて計らひ用て言はく」訳 僧たちが(女の答えを)聞いて相談して言うことには。

❸適当に処置する。とりしきる。〈徒然・六〇〉「三百貫の物を貧しき身にまうけて、かく計らひ用ける、誠に有り難き道心者なり」訳 三百貫のもの(=銭)を貧乏な身で手に入れながら、このようにうまく使ったのは、まことにめったにないほど信仰心の厚い人だ。

はかり【計り・量り】 名 ❶(多く「…をはかりと」の形で)目当て。見当。〈伊勢・二一〉「いづこをはかりとも覚えざりければ」訳 (男は女を探すのに)どこを目当てと(したらよいか)もわからなかったので。

❷(多く「…をはかりに」の形で)限り。際限。〈平家・七・維盛都落〉「声をはかりにぞをめき叫び給ひける」訳 声を限りにわめき叫びなさった。

ばかり 副助 ➡六六四ページ助詞「ばかり」

はかり-こ・つ【謀りこつ】 他タ四 {た・ち・つ・つ・て・て} 〔名詞

「はかりこと」を動詞化したもの)「はかりごつ」とも。❶はかりごとをめぐらす。計画する。〈今昔・一・九〉「舎利弗に会ひて秘術をあひ競べむ事をはかりごつ㊇」訳(異教徒たちは)舎利弗(=釈迦の弟子の名)に会って秘術を比べ合うようなことについて計略をめぐらす。❷だます。あざむく。〈源氏・橋姫〉「人をはかりごち㊊」訳(よくない男が)私(=弁)をだまして、西の海の果てまで取りもてまかりにしかば」訳(よくない男が)私(=弁)をだまして、西海道(=九州)の果てまで連れて下ってしまったので。

はかり-こと【謀り事・策】名〔近世には「はかりごと」〕❶思い付き。くふう。〈平家・三・卒都婆流〉「古郷の恋しきままに、せめてのはかりことに、千本の卒都婆を作り」訳故郷が恋しいので、せいいっぱいの思い付きとして、千本の卒都婆を作り。❷計略。もくろみ。〈うつほ・菊の宴〉「さやうなるはかりごとをやせまし」訳そのような計略を実行したものだろうか。❸仕事。生活の手段。〈笈の小文〉「終に生涯のはかりごととなす」訳とうとう(俳諧を)生涯の仕事とする。

最重要330

243

はかばか・し【果果し・捗捗し】形シク〔しから・しく(しかり)・し・しき(しかる)・しけれ・しかれ〕

ガイド 仕事の進度の意の「はか」を重ねて形容詞化した語。事態が障害なく、円滑に進むさまを表す。現代語で「はかどる」などというときの「はか」である。

❶すらすらとはかどるさま。てきぱきしている。(言動が)はきはきしている。

例「とく参り給へ」など、はかばかしう㊊(ウ音便)ものたまはせやらず〈源氏・桐壺〉

訳「早く参内なさい」などと、(桐壺帝は)はきはきとも最後までおっしゃりきれず。

❷きわだっている。目立っている。はっきりしている。

例人の家に行きたれば、木どもなどのはかばかしから㊌ぬ中に〈枕・三〇二〉

訳人の家に行ったところ、いろいろな木などのこれと目立つほどでない中に。

例やうやう入りたつふもとのほどだに、空のけしき、はかばかしく㊊も見えず〈更級・足柄山〉

訳だんだん(山中に)入りこんでゆく(その)ふもとのあたりだって、空のようすは、(木々に覆われて)はっきりとも見えない。

❸頼もしい。信頼できる。しっかりしている。

例はかばかしき㊍後ろ見しなければ〈源氏・桐壺〉

訳(桐壺の更衣には)しっかりした後ろ盾もないので。

➡宗宗し「類語の整理」

はかり-な・し【計り無し・量り無し】形ク〔から・く(かり)・し・き(かる)・けれ・かれ〕限りない。並々でない。はかり知れない。〈源氏・夢浮橋〉「一日の出家の功徳ははかりなき㊍ものなれば」訳一日でも出家したことの仏の御利益ははかり知れないものなので。

参考「はかりはなし」「はかりもなし」のように、助詞「は」「も」などが間に入ることがある。

ばかり-に ❶(「ばかり」がおおよその範囲・程度を表して)…ほどに。…ころに。…あたりに。〈伊勢・八四〉「十二月ばかりに、とみのこととて御文あり」訳陰暦十二月ごろに、急ぎのことだといってお手紙が来る。❷(「ばかり」が限定を表して)…だけに。…ばっかりに。〈古今・恋四〉「今来むと言ひしばかりに長月の有り明けの月を待ち出でつるかな」訳➡付録①「小倉百人一首」21

なりたち 副助詞「ばかり」+格助詞「に」

はか・る【計る・量る】他ラ四〔ら・り・る・る・れ・れ〕

❶おしはかる。推量する。〈徒然・五六〉「興なきことを言ひてもよく笑ふにぞ、品のほどはから㊌れぬべき」訳(自分で)おもしろくないことを言ってもよく笑うことで、(その人の)品格の程度がきっと自然に推測されるだろう。❷予想する。予期する。〈土佐〉「この楫取りは、日もえはから㊌ぬかたゐなりけり」訳この船頭は、天気を予測することもできないばか者であったよ。❸(量・重さ・長さなどを)測定する。〈平家・七・願書〉「たとへば嬰児の貝をもって巨海をはかり㊊」訳たとえていうなら幼児が貝殻で大海(の水量)をはかり。❹相談する。〈雨月・夢応の鯉魚〉「葬りのことをもはかり㊊給ひぬれど」訳葬儀のことも相談しなさったが。❺計画する。たくらむ。〈平家・三・西光被斬〉「あは、これらが内々はかり㊊しことのもれにけるよ」訳ああ、この者どもが内々でくわだてたことがもれてしまったことよ。❻機をうかがう。見てとる。〈徒然・六八〉「館の内に人

ばかり

副助〔動詞「計る」の名詞形「はかり」から〕

意味・用法

❶おおよその範囲・程度

㋐範囲
…ごろ。…あたり。
時・所を表す語に付く。

用例
例 夜中ばかりに人皆寝静まりはてて〈今昔・二六・七〉
訳 夜中ごろに人が皆すっかり寝静まって。

㋑量
…ぐらい。…ほど。
数量を表す語に付く。

例 三寸ばかりなる人、いとうつくしうて居(ゐ)たり〈竹取・かぐや姫の生ひ立ち〉
訳 三寸(＝約九センチメートル)ぐらいである人が、たいへんかわいらしい姿ですわっている。

㋒程度
…ほど。…ぐらい。
おもに用言の終止形に付く。

例 頸(くび)もちぎるばかり引きたるに〈徒然・五三〉
訳 首もちぎれるほど(鼎(かなえ)を)引いたところが。
例 月ばかり面白きものはあらじ〈徒然・二一〉
訳 月ぐらい趣の深いものはないだろう。

❷限定
…だけ。…だけだ。

例 月影ばかりぞ、八重葎(やへむぐら)にもさはらずさし入りたる〈源氏・桐壺〉
訳 月の光だけが、幾重にも茂った蔓草(つるくさ)にもさまたげられずさしこんでいる。
例 名に愛(め)でて折れるばかりぞ女郎花(をみなへし) 我落ちにきと人に語るな〈古今・秋上〉
訳 (「女(おみな)」という)名に心ひかれて手折っただけなのだ、女郎花よ。私が(女に)身をもちくずしてしまったなどと、他人には語るなよ。

接続 ラ変・形容詞型活用語、助動詞「ず」「き」の連体形、それ以外の活用語の終止形、体言・準体言・副詞に付く。

参考 「のみ」と「ばかり」のちがい↓のみ「文法ノート」2

もなかりけるひまをはかり用て」訳 屋敷の中に人もいなかったすきをうかがって。❼〔「謀る」とも書く〕だます。〈大鏡・花山院〉「我をばはかる体なりけり」訳 私(＝花山(かざん)天皇)をだましたのだなあ。

はぎ【脛】 名 ひざから下、足首から上の部分。すね。

はぎ【萩】 名 ❶植物の名。秋の七草の一つ。紅紫色または白色の小さな花をつける。秋を代表する草花として和歌に多く詠まれた。秋。↓七草(ななくさ)「古文常識」(六〇四ページ)
❷襲(かさね)の色目の名。表は蘇芳(すおう)(＝紫がかった赤色)、裏は青で、秋に用いる。↓襲(かさね)の色目(いろめ)「古文常識」(三一〇ページ)

はぎのはな… 和歌《旋頭歌》

萩の花　尾花(をばな)葛花(くずばな)　なでしこが花(はな)
をみなへし　また藤袴(ふぢばかま)　朝顔(あさがほ)が花(はな)
〈万葉・八・一五三八・山上憶良(やまのうへのおくら)〉

訳 萩の花、尾花(＝すすきの花穂)、葛の花、なでしこの花、女郎花(おみなえし)、それと藤袴、朝顔の花。
解説 秋の七草を詠んだ歌。「朝顔の花」は今の朝顔とも、桔梗(ききょう)とも、また、木槿(むくげ)ともいわれている。

馬琴(ばきん)《人名》↓滝沢馬琴(たきざわばきん)

はく【箔】 名 金・銀・銅などの金属をたたいて、紙のように薄く延ばしたもの。物に張り付けて装飾にする。

は・く【佩く・帯く】 一 他カ四〔か・き・く・く・け・け〕(刀や飾りなどを)腰につける。帯びる。〈平家・一・御輿振〉「赤銅(しゃくどう)作りの(＝赤銅の金具で飾った)太刀(たち)をはき用」
二 他カ下二〔け・け・く・くる・くれ・けよ〕腰につけさせる。帯びさせる。〈記・中〉「一つ松人にありせば太刀はけ未ましを」訳 もし一本松が人であったなら、太刀を腰につけさせただろうに。

は・く【着く・著く】 他カ四・下二〔か・き・く・く・け・け〕〔け・け・く・くる・くれ・けよ〕弓に弦(つる)を張る。〈万葉・二・九九〉「梓弓(あづさゆみ)弦緒(つらを)取りはけ用(下二段)引く人は」訳 梓弓に弦を張り引く人は。

は・ぐ【矧ぐ】 一 他ガ四〔が・ぎ・ぐ・ぐ・げ・げ〕竹に鳥の羽を付けて

矢を作る。〈紀・綏靖〉「矢部をして箭をはが(未)しむ」訳 矢を作る一族に命じて矢を作らせる。二 他ガ下二{げ・げ・ぐ・ぐる・ぐれ・げよ}弓に矢をつがえる。〈著聞・四三九〉「下にこの法師かたて矢はげ(用)て立ちたるうへより、うみ柿の落ちけるが」訳 (柿の木の)下にこの法師が一本の矢を**弓につがえ**て立っている上から、熟した柿の実が落下したが。

は・ぐ【剝ぐ】 一 他ガ四{が・ぎ・ぐ・ぐ・げ・げ} ❶物の表面をむき取る。はがす。〈宇治・七・五〉「おのれも、皮をだにはが(未)ばやと思へど」訳 私も、せめて(この死んだ馬の)皮だけでも**はぎ取り**たいと思うが。❷着ているものを脱がせ取る。脱がす。〈宇治・二・一〇〉「走りかかりて、衣をはが(未)んと思ふに」訳 (盗賊の袴垂は)走りかかって、衣服を**脱がそ**うと思うが。

二 自ガ下二{げ・げ・ぐ・ぐる・ぐれ・げよ} ❶表面がはがれる。〈落窪〉「黒塗りの箱の九寸ばかりなるが…所々はげ(用)たるを」訳 黒塗りの箱で九寸(=約二七センチメートル)ほど(の大きさ)であるのが…所々**表面がはがれ**ているのを。❷〔多く「禿ぐ」と書く〕毛が抜け落ちる。はげる。〈徒然・一五二〉「むく犬のあさましく老いさらぼひて、毛はげ(用)たるを引かせて」訳 むく犬で、ひどく年老いてよぼよぼになって、毛が**抜け落ち**ているのを(人に)引かせて。

ばく‐えき【博奕】 名 さいころなどを用い、金品を賭けて勝負を争うこと。ばくち。かけごと。

は‐ぐく・む【育む】 他マ四{ま・み・む・む・め・め} ❶**親鳥が羽でつつんでひなを育てる。**〈万葉・九・一七九一〉「旅人の宿りせむ野に霜降らばあが子はぐくめ(命)天の鶴群」訳 旅人が宿りをするだろう野に霜が降りるならば、(旅に出ている)私の子を**羽で包んでやってくれ**、大空の鶴の群れよ。❷**養育する。世話をする。**〈平家・灌頂・女院出家〉「何事も変はり果てぬるうきよなれば…誰はぐくみ(用)奉るべしとも見え給はず」訳 何事も変わり果ててしまった無常の世であるから…だれが(建礼門院を)お**世話し**申しあげることができようともお見えにならない(=だれもお世話し申しあげる人はいらっしゃりそうにもない)。

❸たいせつにする。いつくしむ。かわいがる。〈万葉・一五・三五七九〉「大船に妹乗るものにあらませばはぐくみ(用)持ちて行かましものを」訳 (新羅に向かうこの)大船にもしおまえが乗っていいものだったら、**かわいがって**、いっしょに連れて行こうものを。

白氏文集(はくしもんじふ)(ハクシモンジュウ)《作品名》中国唐代の白居易(=白楽天)の詩文集。平安時代に伝来し、広く愛読されて当時の文学に影響を与えた。「文集」とも。

白石(はくせき)《人名》→新井白石

はく‐たい【百代】 名 永遠の時間。ひゃくだい。〈細道・出発まで〉「月日は百代の過客にして、行きかふ年もまた旅人なり」訳 月日は**永遠**に旅を続ける旅人(のようなもの)であり、(毎年)去っては来、来ては去ってゆく年も、また旅人(のようなもの)である。

は‐ぐろめ【歯黒め】 名 酒・酢などに鉄片を浸して酸化させた液。女子が成人のしるしに歯を黒く染めるのに用いた。また、その液で歯を黒く染めること。おはぐろ。鉄漿黒。

参考 平安時代、貴族の成人した女性の間に、歯を黒く染め、眉毛を抜いて眉墨で眉をかく習慣があった。平安中期以降、貴族の男性の間にも流行し、「平家物語」などでは、「鉄漿黒」が、武士に対して貴族の男性を指すことばとして使われている。江戸時代には、既婚女性のしるしとなった。

はげ・し【激し・烈し】 形シク{しから・しく(しかり)・し・しき(しかる)・しけれ・しかれ} ❶勢いがするどく荒々しい。また、程度がはなはだしい。〈竹取・竜の頸の玉〉「風吹き、波激しけれ(已)ども」訳 風が吹き、波が**荒々しい**が。❷険しい。〈源氏・早蕨〉「はげしき(体)山道のありさまを見給ふにぞ」訳 (中の君は宇治から都への)**険しい**山道のようすをご覧になるにつけても。

はこ【箱・筥】 名 ❶物をおさめる器。多く、蓋と身から成る。❷大便を受ける容器。便器。また、大便。

ば‐こそ ❶(活用語の已然形に付いて)確定条件の強調を表す。…**だからますます(…だ)**。〈伊勢・八二〉「散ればこそいとど桜はめでたけれうき世になにか久しかるべき」訳 →ちればこそ… 和歌

❷(活用語の未然形に付いて)仮定条件の強調を表す。**もし万一…であったならば。**〈竹取・御門の求婚〉「この国に生まれて侍らばこそ使ひ給はめ」訳 もし(私が)この国に生まれておりましたならば、(帝は私を)召し使いなさる(こともできる)だろうが。❸(文末に用いて、結びの「あらめ」が略された意味で反語的に)(…**であればよいが)…はずがない。**…どころではない。〈平家・七・一門都落〉「今は世が世にてもあらばこそ」訳 今は世が世(=自分の思いどおりになる世の中)でも(あればよいが)ある**はずがない**。

なりたち 接続助詞「ば」+係助詞「こそ」

はこねぢを… 和歌

箱根路を　わが越え来れば　伊豆の海や
沖の小島に　波の寄る見ゆ
〈金槐集・雑・源実朝〉

訳 箱根の山道を私が越えて来ると、ああ伊豆の海だ、沖の小島に白い波の打ち寄せているのが見える。

解説 伊豆・箱根両権現に参拝したときの歌。「伊豆の海」は相模湾のこと。「沖の小島」は初島のことという。山道を越えて、突然眼下に広がる青い海を見た感動が、第三句以下に力強く詠まれている。

はこ・ぶ【運ぶ】 他バ四{ば・び・ぶ・ぶ・べ・べ} ❶物を他の所へ移し送る。持って行く。運ぶ。〈源氏・若菜上〉「かの院よりも御調度など運ば(未)る」訳 あの院(=朱雀院)からも(六条院に)身の回りの御道具などが**運ば**れる。❷物事をおし進める。また、時を経過させる。〈徒然・一〇八〉「刹那覚えずといへども、これを運び(用)て止まざれば、命を終ふる期、たちまちに至る」訳 一瞬(の短い時間)は意識されないといっても、その短い時間を(次々と)**経過させ**て止めないときっと、生涯を終える(臨終の)ときは、たちまちやってくる。❸(「歩みを運ぶ」の形で)歩く。行く。〈平家・二・康頼祝言〉「いかんが歩みを嶮難の道に運ば(未)ん」訳 どうして(この)険しい道を歩いて**行け**ようか(いや、歩いて行けはしない)。

はこべ【蘩蔞・繁縷】 名 植物の名。春の七草の一つ。はこべら。春。➡七草「古文常識」(六〇四ページ)

はこや-の-やま【藐姑射の山】名 ❶中国で、仙人が住むという想像上の山。仙洞(せんとう)。❷上皇の御所を祝っていう語。

はさ-ま【狭間・迫間】名〔室町時代以降「はざま」〕❶物と物との間のせまい所。すきま。〈伊勢・一〇〇〉「むかし、をとこ、後涼殿(こうらうでん)の**はさま**を渡りければ」訳 昔、男が（清涼殿(せいりょうでん)と）後涼殿の**間**を通ったところ。❷谷。谷間。❸時間的な合間。間。〈宇治・二・九〉「時々阿弥陀仏(あみだぶつ)を申す。その**はさま**は、唇ばかりはたらくは、念仏なめりと見ゆ」訳（僧が）ときどき阿弥陀仏をお唱えする。その**合間**は、唇だけが動くのは、念仏であるようだと思われる。❹弓・鉄砲などを放つため城壁に設けた穴。

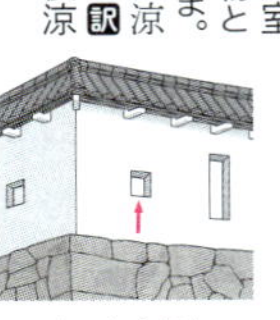
（はさま④）

はさみ-ばこ【挟み箱】名 近世、外出の際、着替えの衣服などを入れ、棒を通して、供の者にかつがせた箱。

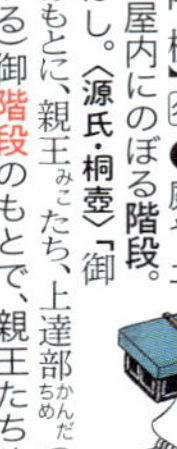
（はさみばこ）

はし【階・梯】名 ❶庭や土間から屋内にのぼる**階段**。きざはし。〈源氏・桐壺〉「御**階**(みはし)のもとに、親王(みこ)たち、上達部(かんだちめ)つらねて」訳（庭に降りる）御**階段**のもとで、親王たちや公卿(くぎょう)が列を作って。❷はしご。〈太平記・三〉「警固の者ども**梯**をさして（=かけて）軒の上に登って見れば」❸位階。〈増鏡・新島守〉「二の**階**をのぼりしも、八島(やしま)の内の大臣(おとど)宗盛(むねもり)生け捕りの賞と聞こえき」訳（頼朝が）二の**位階**（=従二位）に昇進したのも、八島の内大臣平宗盛を生け捕りにしたほうびとうわさされた。

はし【端】名 ❶へり。ふち。先端。〈枕・三七〉「花びらの**端**に、をかしき匂ひこそ、心もとなうつきためれ」訳（梨の花の）花びらの**先端**に、趣のある色つやが、はっきりわからないぐらいについているように見える。➡際(きは)「類語の整理」（三六六ページ）
❷**家の、外側に面している部分。特に、縁側。**〈大和・一四九〉「**端**に出(い)でゐて、月のいとおもしろきに、頭(かしら)かい梳(けづ)りなどしてをり」訳（女は）**縁側**に出て座って、月がとてもすばらしく趣深いので、髪をとかしなどしている。
❸**物事の端緒。発端。**きっかけ。〈千載・恋四〉「逢(あ)ひ見んと言ひわたりしはゆく末のもの思ふことの**はし**にぞありける」訳 あなたが逢いたいと言い寄ってきたことは、（逢ってみると）それから後の物思いの**はじまり**であったのだ。（「端」に「橋」をかける。「わたり」と「はし（橋）」とは縁語）
❹一部分。断片。きれはし。〈蜻蛉・上〉「世の中に多かる古物語の**はし**などを見れば」訳 世間にたくさんある（=流布している）古い物語の**端々**(はしばし)などを見ると。
❺中間。中途半端。〈古今・雑下〉「木にもあらず草にもあらぬ竹の節(よ)の**はし**にわが身はなりぬべらなり」訳 木でもないし草でもない竹の節(ふし)の間の節(よ)のように、**中途半端なもの**にわが身はなってしまいそうだ。

はし【嘴】名 くちばし。〈伊勢・九〉「白き鳥の、**嘴**と脚(あし)と赤き、鴫(しぎ)の大きさなる、水のうへに遊びつつ魚(いを)を食ふ」訳 白い鳥で、**くちばし**と脚が赤い、鴫ほどの大きさである鳥（=都鳥）が、水の上を飛びまわっては魚を食う。

は・し【愛し】形シク〔しから・しく（しかり）・し・しき（しかる）・しけれ・しかれ〕（上代語）**愛らしい**。いとおしい。なつかしい。〈万葉・一八・四一三四〉「梅の花折りて贈らむ**愛しき**体児(こ)もがも」訳 梅の花を折って贈るような**かわいい**人がいたらなあ。

はじ〔恥・辱〕➡はぢ

ば-し 副助〔係助詞「は」＋副助詞「し」＝「はし」の語頭が濁音化したものという〕区別を表し、また上の語を強める。…**でも**。…**など**。…なんか。〈著聞・四四九〉「むくろに手**ばし**負ひたりけるか」訳 胴体に手傷**でも**受けてしまったのか。
接続 体言および助詞「に」「を」「と」などに付く。
語法 多く、疑問・推量・禁止・命令・仮定などの表現を伴って用いられる。係助詞とする説もある。
参考 鎌倉・室町時代に、多く会話文で用いられた。

はし-い〔端居〕➡はしゐ

はし-がかり【橋懸かり・橋掛かり】名 能舞台で、楽屋の鏡の間から舞台後方へ斜めに渡した板張りの通路。屋根・欄干(らんかん)があり、橋のようにつくる。見物席から見て左側にある。➡能楽(のうがく)「古文常識」（六五〇ページ）

はじ-かみ【薑】名 ❶山椒(さんしょう)（=植物の名）の古名。❷生姜(しょうが)（=植物の名）の異称。秋

はしき-やし【愛しきやし】（「愛(は)し」（=いとおしい）と思う意から）愛惜・嘆息・追慕などの感動を表す。ああ。**ああ、いとしい**。**ああ、かわいそう**。**ああ、なつかしい**。〈万葉・二・一三八〉「**愛しきやし**わが嬬(つま)の児(こ)が夏草の思ひ萎(しな)えて嘆くらむ角(つの)の里見む」訳 **ああ、いとしい**、私の妻が思いしおれて嘆いていることであろう、その角の里を見よう。（「夏草の」は「思ひ萎ゆ」にかかる枕詞）
なりたち 形容詞「愛(は)し」体＋上代の間投助詞「やし」
参考「はしきよし」「はしけやし」も同義。

はしき-よし【愛しきよし】「はしきやし」に同じ。

はしけ-やし【愛しけやし】「はしきやし」に同じ。

はしけやし… 歌謡（片歌）

愛しけやし　吾家(わぎへ)の**方**(かた)**よ**　雲居(くも)**立**(た)**ち来**(く)**も**

〈古事記・中・倭建命(やまとたけるのみこと)〉

訳 ああ、なつかしい。わが家の方角から雲がわきあがってくるよ。（「よ」は起点を表す上代の格助詞）
解説 遠征からの帰途、病床にあった倭建命が望郷の思いを歌ったもの。

はし-ことば【端言葉・端詞】名 詩歌などの前に、その由来を書き付けたもの。はしがき。詞書(ことばがき)。

はした【端】

一 名・形動ナリ ❶どっちつかずで落ち着かないこと。また、そのさま。**中途半端**。〈竹取・蓬莱の玉の枝〉「御子(みこ)は立つも**はした**（語幹）、居(ゐ)るも**はしたに**用てゐ給へ

り」訳（嘘が知られて、くらもちの）皇子は立ち上がるのも落ち着かず、座っているのも（具合が悪く）落ち着かないようすで座っていらっしゃる。

❷数が半端なこと。端数。あまり。 二 名 召使の女。下女。はしため。はしたもの。

はした-な-げ【端なげ】形動ナリ {なら・なり(に)・なり・なる・なれ・なれ}［形容詞「はしたなし」の語幹＋接尾語「げ」］❶中途半端であるさま。間が悪いさま。きまり悪そうなさま。〈源氏・総角〉「さぶらふ人々も、かたほに少し飽かぬ所あるは、はしたなげなり(終)」訳 お仕えする女房たちも、（器量が）十分でなくて多少でも不満なところ（=欠点）のある者は、きまり悪そうなようすである。❷そっけないさま。ぶあいそうだ。〈蜻蛉・中〉「文もすれど、返りごともなく、はしたなげに(用)のみあめれば」訳（私=兼家は）手紙を出すけれど、返事もなく、（あなた=道綱の母は）取りつくしまもないようにしてばかりいるようだから。

最重要330

244 はした-な・し

【端なし】形ク {から・く(かり)・し・き(かる)・けれ・かれ}［「なし」は接尾語］

ガイド 中途半端な感じをいう「はした（端）」に、「いかにも…の状態だ」の意を添えて形容詞化する接尾語「なし」が付いた語。いかにも中途半端で落ち着かないさまを表す。

❶中途半端だ。どっちつかずだ。ふつりあいである。

例 思ほえずふるさとに、いとはしたなく(用)てありければ、心地まどひにけり〈伊勢・一〉

訳 思いがけなく（さびれた）旧都に、たいそう不似合いなさまで（美しい姉妹が）住んでいたので、（男は）気持ちが乱れてしまった。

語感実感 電車に飛び乗ろうとした瞬間、目の前でドアが閉まり、いかにも間が悪いといった感じ。

❷体裁が悪い。間が悪い。みっともない。

例 はしたなき(体)もの こと人を呼ぶに、我ぞとてさし出でたる〈枕・一二七〉

訳 間の悪いもの、別の人を呼んでいるときに、自分だと思って出ていった場合。

❸つれない。ぶあいそうだ。そっけない。

例 身もたびたび行きけれども、いとはしたなく(用)もてなして〈十訓・一〉

訳（道清は）自分もたびたび行ったけれど、（女は）たいそうつれなく応対して。

❹（雨・風などが）はげしい。なみなみでない。

例 雨風はしたなく(用)て、かへるに及ばで、山の中に、心にもあらずとまりぬ〈宇治・一・三〉

訳 雨風がはげしくて、帰ることができずに、山の中に、不本意ながら泊まった。

はした-な・し【端なし】形ク ⬇上244

はした-な・む【端なむ】他マ下二 {め・め・む・むる・むれ・めよ} ❶きまりの悪い思いをさせる。困らせる。〈源氏・桐壺〉「こなたかなた心を合はせてはしたなめ(用)」訳 こちら側とあちら側でしめし合わせて、（桐壺の更衣に）きまりの悪い思いをさせ。❷たしなめる。〈源氏・宿木〉「ひとへに知らぬ人ならば、あなもの狂ほしとはしたなめ(用)さし放たむにもやすかるべきを」訳 まったく知らない相手ならば、ああ狂気じみているとたしなめ突き放すようなことでも簡単であろうが。

はした-め【端女・婢女】名 召使の女。下女。

はした-もの【端者】名 召使の女。下女。

はした-わらは【端童】名 子供の召使。

はし-ぢか【端近】名・形動ナリ ❶家の中で、外に近いこと。また、その場所。あがりはな。〈源氏・賢木〉「常よりも端近なる(体)、そら恐ろしうおぼゆ」訳（光源氏を入れたのが）いつもよりも外に近いあがりはなであることが、（中納言の君には）なんとなく恐ろしく思われる。❷浅はかなさま。奥ゆかしくないさま。〈栄花・あさみどり〉「古体ならず今めかしう、さりとて端近に(用)やはおはします」訳（この方たちは）古風でなく当世風で、だからといって浅はかでいらっしゃるか（いや、いらっしゃらない）。

はし-ぢか・し【端近し】形ク {から・く(かり)・し・き(かる)・けれ・かれ} 家の中で、外に近いところである。〈枕・一〇〇〉「右近の内侍ないに琵琶ひかせて、端近く㊊おはします」訳（月が明るい夜）右近の内侍に琵琶を弾かせて、（中宮は）外に近いところにいらっしゃる。

はし-つ-かた【端つ方】名（「つ」は「の」の意の上代の格助詞）端のほう。〈源氏・蓬生〉「漏り濡れたる廂の端つ方おし拭はせて」訳（雨が）漏って濡れている廂の間の端のほうをふかせて。

はし-じとみ【半蔀】名 蔀の一種。下半分は格子または幅の広い板などで固定し、上半分を蔀として、外側へつり上げるようにしたもの。

はじとみ-ぐるま【半蔀車】名 網代車の一種。窓に半蔀をつけたもので、摂政・関白・大臣・大将・高僧・上臈女房など、身分の高い人が用いた牛車。

はし-ひめ【橋姫】名 橋を守る女神。特に、山城（京都府）の宇治橋を守っているという神。また、宇治に住む愛人をたとえていう。

はし-ぶね【端舟】名「はしふね」とも。小舟。はしけ。〈枕・三〇六〉「端舟と付けて、いみじう小さきに乗りて漕ぎありく」訳 端舟と名付けて、とても小さな舟に乗って漕ぎまわるようすは。

はじ・む【始む】他マ下二{め・め・む・むる・むれ・めよ}❶新たに事を起こす。始める。〈源氏・桐壺〉「今日始む㊐べき祈りども、さるべき人々承れる」訳 今日始めることになっているさまざまな祈禱を、しかるべき人々（＝験者たち）がおおせつかっているのを。❷（「…よりはじめ（て）」「…をはじめ（て）」などの形で）（…を）はじめとする。（…を）第一とする。〈平家・二・小教訓〉「入道をはじめ㊊奉りて、人々皆思はずげにぞ見給ひける」訳 入道（＝平清盛）をはじめとし申しあげて、人々はみな意外なようすでご覧になった。

はじめ【初め・始め】名 ❶最初。はじまり。物事の起こり。〈徒然・九二〉「後の矢を頼みて、はじめの矢に等閑の心あり」訳（二本の矢を持っていると）後の矢をあてにして、最初の矢に対しておろそかにする心が生じる。❷以前。前。〈源氏・若菜下〉「かのはじめの北の方をももて離れ果てて」訳（鬚黒は）あの前の正妻をもすっかり離別してしまって。❸序列の第一。最も主要なもの。〈保元物語〉「菊池・原田（＝ともに九州の豪族）をはじめとして、所々（＝あちこち）に城をかまへ」❹事の次第。事の一部始終。〈浮・西鶴諸国ばなし〉「恐ろしきはじめを語れば」訳（妻は亭主に）恐ろしい出来事の一部始終を語ると。

はじめ-つ-かた【初めつ方】名（「つ」は「の」の意の上代の格助詞）初めのうち。最初のころ。当初。〈源氏・須磨〉「初めつ方はとぶらひ聞こえ給ふなどありき」訳（光源氏が須磨へ退去した）初めのうちはお見舞いの手紙を差し上げなさる方などもあった。

はじめ-て【初めて・始めて】副 ❶初めて。最初に。〈枕・一八四〉「宮にはじめてまゐりたるころ、もののはづかしきことの数知らず」訳（中宮の）御所に初めて出仕したころは、なんとなく気詰まりなことが数えきれないほど多く。❷改めて。今さら。〈平家・一〇・千手前〉「近ごろ源氏の運かたぶきたりしことは、ことあたらしうはじめて申すべきにあらず」訳 最近源氏の運が傾いてきたことは、ことさら改めて申し上げるにふさわしくない。❸以前と変わって。そこでやっと。〈平家・一・祇王〉「仏御前がゆかりの者どもぞ、はじめて、楽しみ栄えける」訳（清盛の寵愛を受けた）仏御前の縁故の者どもが、以前と違って、富み栄えたそうだ。

はし-もり【橋守】名 橋の番人。

芭蕉（ばしよう）➡松尾芭蕉

-はしら【柱】接尾 神仏や貴人などを敬って数える語。「二柱の神」「十柱の賢者」

はしら【柱】名 ❶（建造物の）はしら。❷頼りとすべき中心的な人や物事。

はしら-か-す【走らかす】他サ四{さ・し・す・す・せ・せ}（「かす」は接尾語）❶走らせる。駆けさせる。また、追い使う。〈徒然・八七〉「をのこどもあまた走らかし㊊たれば」訳 下男どもを大勢駆けつけさせたところ。❷（屏風や幕などを）引きめぐらす。張る。❸調味料などをたらし入れる。また、煮立たせる。〈浮・諸艶大鑑〉「薄鍋に醤油を走らかし㊊」

はしり【走り】名 ❶走ること。速く進むこと。❷敵を倒すために高所から木をすべらせころがすこと。また、その木。走り木。〈太平記・一四〉「橋桁を渡る者あらば、走りを以つておし落とすやうにぞ構へたる」訳 橋桁を渡って来る者がいるならば、走り木を使っておし落とすように準備している。❸台所の流し。❹季節に先がけて出る魚・野菜など。初物。走り物。〈浄・心中宵庚申〉「走りの竹の子」

はしり-あり-く【走り歩く】自カ四{か・き・く・く・け・け}あちこち走り回る。〈徒然・一九〉「夜半過ぐるまで、人の門たたき走り歩き㊊て」訳 夜中すぎるころまで、他人の家の門をたたき走り回って。

はしり-か-く【走り書く】他カ四{か・き・く・く・け・け}文字を手早く書く。すらすら書き流す。〈徒然・一〉「手など拙からず走り書き㊊」訳 文字など見苦しくなくすらすらと書き。

はしり-で【走り出】名「わしりで」とも。家から走り出たところ。家の門に近い所。門口。一説に、山すそが長くのびた地形ともいう。

はしり-ゐ【走り井】名 勢いよくわき流れる泉。

はし・る【走る・奔る】自ラ四{ら・り・る・る・れ・れ}❶すばやく移動する。速く行く。駆けて行く。はしる。〈徒然・八五〉「狂人のまねとて大路を走ら㊍ば、すなはち狂人なり」訳 狂人のまねだといって大通りを駆けて行くならば、とりもなおさず狂人である。❷逃げる。〈宇治・一〇・八〉「ものおそろしかりければ、やがて向きたる方ざまに、みな走り㊊散る」訳（殿上人や蔵人たちは）うす気味悪かったので、（それぞれ）勝手な方向に、みな逃げ散る。❸とび散る。ほとばしる。また、勢いよく流れる。〈宇治・七・六〉「即ちとりあげてうち振るひければ、水は走り㊊てかわきにけり」訳（水に落ちた着物を）すぐに取り上げてちょっと振ったところ、水はとび散って乾いてしまった。❹胸騒ぎがする。わくわくする。〈蜻蛉・中〉「胸つぶつぶとはしる㊍に、引き過ぎぬれば」訳 胸がどきどきと高なっているのに、(夫兼家の車は門前を)通り過ぎてしまったので。

はし-ゐ【端居】名・自サ変 家の端近くに座っていること。特に夏、暑さを避けて縁先に出ていること。夏。〈蕪村句集・蕪村〉「端居して妻子を避くる暑さかな」訳 縁先に出て座って妻や子までを避けている(それほどの)暑さだなあ。

は・す【馳す】一 自サ下二{せ・せ・す・する・すれ・せよ}(多く「はせ…」の形で)急いで…する。走る。〈平家・一・清水寺炎上〉「平氏の一類(=一族)、皆六波羅に馳せ用集まる」二 他サ下二{せ・せ・す・する・すれ・せよ}❶走らせる。〈徒然・二三八〉「今一度馬を馳する体ものならば、馬たふれて、落つべし」訳 もう一度馬を走らせるものならば、馬は倒れて、(あの男は)きっと落馬するだろう。❷思いや気持ちを向ける。〈方丈・四〉「帰りてここに居る時は、他の俗塵に馳する体ことをあはれむ」訳 (都から)帰って来てここ(=方丈の庵)にいるときは、他の人が世俗の名利に心を向けることを気の毒に思う。

はず【筈・弭】名 ❶弓の両端の、弦をかけるところ。弓筈。→弓 ❷矢の上端の弦を受けるところ。矢筈。→矢 ❸(弦と矢筈とがよく合うことから)当然そうなること。道理。また、約束。予定。〈狂・秀句大名〉「この傘をくれうはずはないが」訳 この傘をくれるような道理はないが。

はず〔恥ず・羞ず〕→はづ

はずかし〔恥ずかし〕→はづかし(六七四ページ)

はずす〔外す〕→はづす

初瀬(はせ)《地名》歌枕 [古くは「はつせ」]今の奈良県桜井市初瀬。泊瀬とも。朝倉宮など、上代には都が置かれた。長谷寺の観音信仰で栄えた。

芭蕉(ばせう)《人名》→松尾芭蕉

芭蕉七部集(ばせうしちぶしふ)《作品名》江戸中期の俳諧集。佐久間柳居撰。享保十七年(一七三二)ごろ成立か。「冬の日」「春の日」「阿羅野」「ひさご」「猿蓑」「炭俵」「続猿蓑」で、蕉門の代表的撰集を集めたもの。「俳諧七部集」とも。

ばせうのわきして… 俳句

芭蕉野分して 盥に雨を 聞く夜かな 〈武蔵曲・芭蕉〉 秋 切れ字

訳 (戸外では)芭蕉が野分に吹き破られて騒ぎ、(家の中では)盥に雨漏りの雫がぽとんぽとんと落ちる。その音を聞いていると、わびしさのつのる夜であるよ。

解説 「茅舎の感(=草葺きのあばらやでの感想)」と前書きがある。茅舎は江戸深川にあって杉山杉風が提供した芭蕉庵のこと。この句は、中国の詩人杜甫の「茅屋秋風の破る所と為る歌」や蘇東坡の「破屋常に傘を持す」などの詩句をふまえる。

長谷寺(はせでら)名 今の奈良県桜井市初瀬にある、真言宗豊山派の総本山。本尊の十一面観世音菩薩は、長谷観音の名で有名。平安時代以来、特に女性の信仰が厚かった。桜と牡丹の名所。

芭蕉(はせを)《人名》→松尾芭蕉

はた【端】名 ❶物のへり。ふち。〈枕・二八六〉「舟のはたをおさへて放ちたる息などこそ」訳 (海女が)舟のへりに手をついて吐き出した息(のようす)などは。❷ある場所のほとり。かたわら。〈徒然・八九〉「小川のはたにて、音に聞きし猫また、あやまたず足許へふと寄り来て」訳 小川(=川の名)のほとりで、噂に聞いていた猫また(=想像上の怪獣)が、ねらいをはずさず足許にひょっと寄って来て。

はた【幡・旗】名 ❶《仏教語》仏・菩薩の威徳を示すための荘厳(=飾り付け)の道具の一つ。法要や説法のとき、境内に立てたり堂内に飾ったりする。幡。❷装飾や標識として、朝廷の儀式や軍陣にかかげる旗。

(幡②)

はた【機】名 手足で操作して布を織る道具。また、それで織った布。

はた【二十】名 十の倍。にじゅう。「二十年」

はた【将】副 ⬇次ページ 245

はだ【膚・肌】名 ❶表面。表皮。また、人などの皮膚。❷きめ。〈源氏・梅枝〉「高麗の紙の、はだ細かになごうなつかしきが」訳 高麗渡来の紙で、きめが細かくやわらかく親しみのある紙質のもので。❸気風。気性。気だて。

はた-いふ-べき-に-あら-ず【はた言ふべきにあらず】⬇将「フレーズ」

はだえ〔膚・肌〕⬇はだへ

はた-おり【機織り】名 ❶機で布を織ること。また、織る人。❷きりぎりす(=虫の名)の古名。機織り女。秋

はた-かく・る【半隠る・端隠る】自ラ下二{れ・れ・る・るる・るれ・れよ}半分隠れる。少し隠れる。〈枕・四〉「卯の花・花橘などにやどりをして、はたかくれ用たるも」訳 (ほととぎすが)卯の花や橘の花などにとまって、なかば隠れているのも。

(はたおり②)

はたけ-つ-もの【畑つ物】名 「つ」は「の」の意の上代の格助詞。「はたつもの」とも。畑にできる作物。

はた-ご【旅籠】名 ❶旅行のとき、馬の飼料を入れて持ち運ぶかご。❷旅行用の食物や日用品を入れるかご。また、その食物。〈今昔・二〇・四六〉「食物は郡に知られずして、旅籠を具したり」訳 食物は土地(の者)に世話をかけずに、かごに入れた食物を持ち歩いた。❸「旅籠屋」の略。また、そこでの食事やその料金。

はたご-うま【旅籠馬】名 旅行用の食物や手回り品を入れたものを運ぶ馬。

はたご-どころ【旅籠所】名 旅の途中で休息したり、食事をしたりするところ。

はたご-や【旅籠屋】名 近世、食事付きで旅人を宿泊させたところ。庶民向きの宿屋。はたご。

はた・す【果たす】他サ四{さ・し・す・す・せ・せ}❶なしとげる。目的を達する。〈徒然・五二〉「年ごろ思ひつること、果たし用侍りぬ」訳 長年思い続けたことを、(ようやく)なしと

最重要330 245

はた【将】副

ガイド 事態のある一面を認めつつ別の一面について判断・推量したり、別の一面を選択したりする意を表す。現代語では①の意で「はたまた」などという。

❶あるいは。もしかすると。ひょっとすると。

例 いかに老いさらぼひてあるにや、はた死にけるにやと人に尋ね侍れば〈細道・福井〉

訳 (今では)どんなに老いぼれているだろうか、あるいは死んだのだろうかと人に尋ねますと。

❷前述の意を受けて、これをひるがえす意を表す。しかしながら。そうはいうものの。それでもやはり。

例 聞き過ぐさむもいとほし、しばしやすらふべきに、はた、侍らねば〈源氏・帚木〉

訳 (女のことばを)聞き捨てるならそれも気の毒だ、(かといって)しばらくぐずぐずしているわけには、やはりいきませんので。

❸前述の意を受けて係助詞「も」と同じような意を表す。…もまた。そのうえまた。

例 皆人涙落とし給ふ。帝、はた、ましてえ忍びあへ給はず〈源氏・桐壺〉

訳 人々はみな(感激の)涙をお流しになる。帝(=桐壺帝)は、そのうえさらに、(誰にも)ましてがまんしとおすことがおできにならず。

❹(多く、下に打消の語を伴って)きっと。おそらく。

例 この浅き道はたえ知られじ、我のみこそ知りたれ〈今昔・二五・九〉

訳 この(湖の)浅いところの道はおそらくお知りになれないだろう、私だけが知っているのだ。

フレーズ はた言ふべきにあらず また言うまでもない。〈枕・一〉「日入り果てて、風の音虫の音など、はた言ふべきにあらず(終)」訳 日がすっかり沈んでから、(聞こえてくる)風の音や虫の鳴き声などは、また言うまでもない(=趣が深い)。

げました。
❷神仏への願いがかなない、願ほどきのお礼参りをする。〈源氏・若菜上〉「願ひ満ち給はむ世に、住吉の御社をはじめ、はたし(用)申し給へ」訳 (神仏への)願いがかないなさったらそのときに、住吉の神社をはじめ、(他の社寺にも)願ほどきのお礼参りをし申しあげなさい。
❸しとめる。殺す。

はた-すすき【旗薄】名「はだすすき」とも。穂が風に吹かれて旗のようになびいているすすき。秋

はたた・く【霹靂く】自カ四{か・き・く・く・け・け}雷が激しく鳴り響く。とどろく。〈竹取・貴公子たちの求婚〉「水無月の照りはたたく(体)にも障らず来たり」訳 (貴公子たちは)陰暦六月の太陽が照りつけ雷が激しく鳴りとどろくのにもさまたげられずやって来た。

はた-ち【二十】名〔「ち」は接尾語〕❶にじゅう。〈伊勢・九〉「その山は、…比叡の山を二十ばかり重ねあげたらむほどして」訳 その山(=富士山)は、…比叡山を二十ほど重ねあげたような高さであって。
❷二十歳。

はたて【果たて】名 はて。限り。〈古今・恋一〉「夕暮れは雲のはたてにものぞ思ふあまつ空なる人を恋ふとて」訳 夕暮れどきは、はるかな雲の果てに向かって物思いをすることだ。天上にいるような、手の届かない人を恋しているので。

はだ-へ【膚・肌】名 皮膚。はだ。

はた-また【将又】接 (二つの疑問文の間に置いて)あるいは。それともまた。〈方丈・五〉「若しこれ、貧賤の報いのみづから悩ますか、はたまた、妄心のいたりて狂せるか」訳 もしやこれは、貧賤(という過去の業)の報いが自分を悩ましているのか、それともまた、迷い心がきわまって(本心を)狂わせているのか。

はた-もの【機物】名 ❶布を織る道具。機。❷機で織ったもの。織物。

はた-や【将や】副〔副詞「はた」+係助詞「や」〕疑問を表す。もしや…か。あるいは…か。ひょっとすると…か。〈万葉・一・七四〉「み吉野の山の嵐の寒けくにはたや今夜もあが独り寝む」訳 吉野の山から吹きおろす風が寒いのに、ひょっとして今夜も(恋人に逢えずに)私は独り寝をするのだろうか。

はたや-はた【将や将】〔副詞「はたや」に副詞「はた」を重ねてさらに強めた言い方〕もしかして。もしや万一。ひょっとして。〈万葉・一六・三八五四〉「痩す痩すも生けらばあらむをはたやはた鰻を取ると川に流るな」訳 いくら痩せていても生きていればそれでよいだろうに、もしや万一、(夏痩せを防ごうと考え)うなぎを取ろうとして川に流れるなよ。

はだら【斑】形動ナリ{なら・なり(に)・なり・なる・なれ・なれ}「はだれ一」に同じ。〈万葉・一〇・二三一八〉「庭もはだらに(用)み雪降りたり」訳

庭にもうっすらとまだらに雪が降り積もっている。

はたらか・す【働かす】他サ四{さ・し・す/す・せ・せ}動かす。身動きさせる。〈平家・九・木曾最期〉「わが乗ったる鞍の前輪に押し付けて、ちっとも働かさ㊍ず」訳（巴御前は御田の八郎を）自分の乗っている（馬の）鞍の前輪に押し付けて、少しも身動きさせず。

はたらき【働き】名❶活動。労働。また、活躍。❷機能。効果。ききめ。❸能楽で、舞に対して、具体的な意味をもつ動作。所作。特に、器楽の伴奏による迫力ある所作。

はたら・く【働く】自カ四{か・き・く/く・け・け}❶**動く。**活動する。〈平家・九・木曾最期〉「あふれどもあふれども、打てども打てども働か㊍ず」訳（馬の腹を）けってもけっても、（むちで）打っても打っても（馬は）動かない。❷精出して仕事をする。はげむ。〈方丈・四〉「つねに歩き、つねに働く㊑は、養生なるべし」訳いつも出歩いたり、いつも働いたりするのは、健康を保つのによいはずだ。❸動揺する。（心が）動く。〈平家・一〇・横笛〉「またも慕ふことあらば、心も働き㊊候ひぬべし」訳（未練があって別れた女性が）再び慕って来ることがあれば、（私の）心もきっと動揺してしまうでしょう。❹**役に立つ。作用する。**効果を表す。〈去来抄・先師評〉「吹きちるかと、働き㊊たるあたり」訳吹きちるかと（いう表現が）、効果を出しているあたりが。

はだら-ゆき【斑雪】名「はだれゆき」に同じ。

はた・る【徴る】他ラ四{ら・り・る/る・れ・れ}責め立てる。催促する。〈万葉・一六・三八四七〉「里長が課役はたら㊍ば汝も泣かむ」訳里長が課役を強く求めたら、あなたも泣くだろう。

はだれ【斑】■形動ナリ{なら・なり(に)・なり/なる・なれ・なれ}「はだら」とも。**まだらであるさま。**雪がはらはらと薄く降り積もるさま。〈平家・一・殿下乗合〉「雪ははだれに㊊降ったりけり」訳雪はうっすらと降っていた。■名「斑雪」の略。

はだれ-ゆき【斑雪】名「はだらゆき」とも。はらはらとまだらに降る雪。また、薄く降り積もった雪。はだれ。冬

はち【鉢】名❶僧が施し物を受けるのに用いる食器。転じて、椀よりやや浅い食器の総称。❷僧尼が家々を回り施しを受けること。托鉢。また、その施し物。❸兜の頭をおおう部分。➡鎧「古文常識」❹頭蓋骨。

はぢ【恥・辱】名❶**面目を失うこと。**侮辱を受けること。〈源氏・桐壺〉「あるまじき恥もこそと心づかひして」訳あってはならない不面目なことが起こると困ると（桐壺の更衣は）心配りをして。❷恥を恥と知ること。**名誉・体面を重んじること。**〈平家・五・奈良炎上〉「恥をも思ひ、名をも惜しむ程の者は、奈良坂にて討ち死にし、般若寺にして討たれにけり」訳名誉・体面をも考え、名をも惜しむくらいの（りっぱな）者は、（ある者は）奈良坂で討ち死にし、（またある者は）般若寺で討ちとられてしまった。

フレーズ

恥を捨つ 恥を気にしない。恥を恥とも思わない。〈竹取・仏の御石の鉢〉「面なきこと(=あつかましいこと)をば、恥を捨つ㊇とは言ひける」

恥を見す 恥をかかせる。〈竹取・かぐや姫の昇天〉「ここらのおほやけ人に見せて恥を見せ㊍む」訳多くの役人たちに（このさまを）見せて恥をかかせよう。

はぢ-かかや・く【恥ぢ赫く】自カ四{か・き・く/く・け・け}恥じて顔を赤くする。赤面する。〈源氏・夕顔〉「なかなか恥ぢかかやか㊍むよりは罪ゆるされてぞ見えける」訳（女=夕顔は）なまじっか恥ずかしがって顔を赤らめるようなのよりは罪がないように見えた。

はぢ-かは・す【恥ぢ交はす】自サ四{さ・し・す/す・せ・せ}互いに相手を意識して恥ずかしがる。〈伊勢・二三〉「大人になりにければ、をとこも女も恥ぢ交はし㊊てありけれど」訳大人になってしまったので、男も女も互いに恥ずかしがっていたけれども。

はぢ-がま・し【恥ぢがまし】形シク{しから・しく(しかり)・し/しき(しかる)・しけれ・しかれ}「がまし」は接尾語）外聞が悪い。恥をさらすようである。〈徒然・一七五〉「恥ぢがましく㊊、心憂きことのみありて」訳（酒に酔うと）恥さらしで、情けないことばかりあって。

はぢ-し・む【恥ぢしむ】他マ下二{め・め・む/むる・むれ・めよ}**恥ずかしい思いをさせる。**恥ずかしめる。〈源氏・真木柱〉「みづからをほけたり、ひがひがしとのたまひ恥ぢしむる㊑は、ことわりなることになむ」訳（夫が）私のことをぼけている、ひねくれていると、おっしゃって恥ずかしい思いをさせるのは、もっともなことで（ございます）。

はちす【蓮】名（花托が蜂の巣に似ているところから）はす(=植物の名)の異名。夏

（はちす）

フレーズ

蓮の台 《仏教語》「蓮台」の訓読）極楽浄土に往生した者が座るという蓮華の台座。「はすのうてな」とも。

蓮の上 《仏教語》「蓮の台」の上。また、極楽浄土。

はちす-の-うてな【蓮の台】➡蓮「フレーズ」

はちす-の-うへ【蓮の上】➡蓮「フレーズ」

はちだい-しふ【八代集】名平安前期から鎌倉初期にかけての八つの勅撰和歌集。古今・後撰・拾遺（以上三代集）・後拾遺・金葉・詞花・千載・新古今の総称。

はちだい-りゅうわう【八大竜王】名《仏教語》雨・水をつかさどるという八体の竜神。八大竜神。

はち-たたき【鉢叩き】名ひょうたんや鉢をたたき、鉦を鳴らしながら念仏して歩くこと。また、その僧。江戸時代、空也上人の忌日、陰暦十一月十三日から除夜まで四十八日間行われた。冬

（はちたたき）

はぢ-な・し【恥無し】形ク{から・く(かり)・し/き(かる)・けれ・かれ}❶人前に出ても恥ずかしくない。ひけをとらない。〈源氏・絵合〉「今の浅はかなるも昔の跡に恥なく㊊にぎははしく」訳近ごろの浅薄な絵でも、昔の人の描いた（すばらしい）絵にひけをとらず、はなやかで。

最重要330

246 はつ【果つ】

一 自タ下二{て・て・つ・つる・つれ・てよ} 二 補動タ下二{て・て・つ・つる・つれ・てよ}

ガイド **終わりになる**の意で、そこから一②の意にも用いる。他動詞形は「果たす」。中古では二の形も広く用いられたが、現代語には「あきれ果てる」「困り果てる」「疲れ果てる」など限られた形で残っている。現代語で疲れて動けなくなることを言う俗語「ばてる」は、「はてる」の強調形であるという。

一 自タ下二

❶ **終わりになる。終わる。**

例 その事はて用なば、とく帰るべし〈徒然・一七〇〉

訳（用事があって、人の家へ行っても）その用事が終わったならば、すぐ帰るのがよい。

❷ **死ぬ。**

例 ともし火などの消え入るやうにてはて用給ひぬれば〈源氏・薄雲〉

訳 灯火などが消えゆくように（静かに、藤壺ふじつぼは）息をお引き取りになったので。

二 補動タ下二

（動詞の連用形の下に付いて）「…しおわる」「すっかり…きる」の意を表す。→左「例語」

例 日入りはて用て〈枕・一〉

訳 日がすっかり沈みきって（から）。

"はつ【果つ】

例語 明かし果つ（＝明け方まで寝ないでいる）・散ぁれ果つ（＝まったく離れてしまう）・否いなび果つ（＝ことわりきる）・言ひ果つ（＝言い切る）・移り果つ・恨み果つ（＝徹底的に恨む）・書き果つ・枯れ果つ（＝残らず枯れる）・離かれ果つ（＝すっかり縁が切れる）・消え果つ・聞き果つ（＝終わりまで聞く）・暮れ果つ（＝日がすっかり暮れる)・季節や年がすっかり終わる)・住み果つ（＝いつまでも住む）・背そむき果つ・絶え果つ（＝すっかり絶える。死ぬ）・散り果つ・成り果つ・乗り果つ・隔へだて果つ（＝すっかり疎遠になる）・侘び果つ（＝困惑しきる）

❷ 恥ずかしがらない。あつかましい。〈源氏・少女〉「うち合はずかたくなしき姿などをも恥なく用」訳（衣装が）身に合わず見苦しい姿（であること）などをも恥とも思わず。

はち-ぶ・く【蜂吹く】 自カ四{か・き・く・く・け・け} 口をとがらせて文句を言う。ふくれっ面をする。〈源氏・若菜下〉

慣用表現 はつ―「死」に関する表現

死後の世・あの世
後生ごしやう・後世ごせ・下方したへ・冥途めいど・来世らいせ
西方浄土さいはうじやうど・浄土・西にし

死出の旅
限りある道（＝限りの道）

死ぬ
如何いかにも成る・徒いたづらに成る・往いぬ・言ふ甲斐かひ無くなる・失うす・落ち入る・隠かくる・消きゆ・朽くつ・雲隠くもがくる・薨こうず・過ぐ・絶たゆ・ともかくもなる・果はか無くなる・果はつ・引き入る・罷まかる・身罷みまかる・止やむ・行ゆく

死別
限りある別れ・避さらぬ別れ・終つひの別れ

死 煙けぶり・遷化せんげ・無常むじやう・往生わうじやう

臨終 今は・今はの際きは・限り・最後・最期・先途せんど

「『何しにまゐりつらむ』とはちぶく㊫」訳（小侍従は）「（私は）何のために参上したのだろう」と口をとがらせて言いたてる。

はち-まん【八幡】■一 名 応神天皇を主神とする神社の名。八幡宮。また、その祭神。源氏の氏神、また弓矢の神として有名。

■二 副（八幡の神に誓って、の意から）❶まったく。ほんとうに。〈浮・好色一代男〉「八幡気に入り申し候ふ」訳（硯箱は）ほんとうに気に入り申しております。

❷（下に打消の語を伴って）断じて。決して。〈浄・鑓の権三重帷子〉「八幡、我らも心底変はらぬ」訳 断じて、私も本心は変わらない。

はちまん-だいぼさつ【八幡大菩薩】■一 名 八幡の神の敬称。仏教の立場で、その本地（＝本来の姿）が菩薩であるとするところからいう語。

■二 副（八幡大菩薩に祈誓する意から）断じて。決して。〈仮名・難波鉦〉「八幡大菩薩、ぜひにもらはねばきかぬ」訳 断じて、なんとしてももらわなければ納得しない。

はぢ-を-す・つ ハジ―【恥を捨つ】➡恥「フレーズ」

はぢ-を-み・す ハジ―【恥を見す】➡恥「フレーズ」

はつ-【初】接頭（名詞または動詞の連用形に付いて）はじめての、新しい、などの意を添える。「初午」「初鰹」「初時雨」「初音」

は・つ【泊つ】自タ下二{て・て・つ・つる・つれ・てよ}船が港に着いて泊まる。停泊する。〈万葉・三・二七四〉「わが船は比良の湊にこぎ泊て㊎む」訳 私の船は比良の港に漕ぎ着いて停泊しよう。

は・つ【果つ】自タ下二 補動タ下二 ➡前ページ 246

は・づ ハズ【恥づ・羞づ】自ダ上二{ぢ・ぢ・づ・づる・づれ・ぢよ}

❶恥ずかしく思う。きまり悪く思う。恥じる。〈徒然・七〉「そのほど過ぎぬれば、かたちを恥づる㊍心もなく」訳（四十歳ぐらいの）その年ごろを過ぎてしまうと、（醜くなった）容貌を恥ずかしく思う気持ちもなくなり。

❷遠慮する。気がねする。〈方丈・三〉「さまたぐる人もなく、また恥づ㊫べき人もなし」訳（隠居生活を）妨げる人もなく、また気がねをしなければならない人もいない。

❸ひけをとる。劣る。〈細道・松島〉「松島は扶桑第一の好風にして、およそ洞庭・西湖を恥ぢ㊎ず」訳 松島は日本第一のよい風景であって、まずもって（中国の）洞庭湖や西湖にひけをとらない。

はつ-うま【初午】名 陰暦二月の最初の午の日。各地の稲荷神社で祭礼が行われる。春

はつか【僅か】形動ナリ ➡左 247

はっ-かう コウ【八講】名《仏教語》「法華八講会」の略。

最重要330 247

はつか【僅か】形動ナリ{なら・なり(に)・なり・なる・なれ・なれ}

ガイド 「はつか」は見聞きする分量が少ないさま、「わづか」は数量が少ない、程度・規模が小さいさまを表すが、中世以降混同され、やがて「はつか」のほうが消滅した。

わずかなさま。かすか。ほんの少し。

➡仄か「類語の整理」

例 初雁のはつかに㊊声を聞きしより中空にのみものを思ふかな〈古今・恋一〉

訳 ほんのわずかに（あなたの）声を聞いたとき以来、（私の心は）ただもううわのそらで思い悩んでいることだ。（「初雁の」は「はつかに」にかかる枕詞。「雁」と「中空」は縁語）

はづか・し ハズカシ【恥づかし】形シク ➡次ページ 248

はづかし-げ ハズカシ―【恥づかしげ】形動ナリ{なら・なり(に)・なり・なる・なれ・なれ}（「げ」は接尾語）❶恥ずかしそうなさま。〈大鏡・道長上〉「はづかしげなる㊍御けしきにて、ものものたまはぬに」訳（道隆や道兼は）恥ずかしそうなごようすで、ものもおっしゃらないのに。

❷こちらが恥ずかしくなるほどすぐれているさま。りっぱだ。〈枕・二七八〉「車のもとに、はづかしげに㊊きよげなる御さまどもして」訳（大納言と三位の中将が）牛車のそばに、それぞれこちらが恥ずかしくなるほどりっぱで美しいごようすで。

フレーズ

恥づかしげ無・し 気がねするようなようすがない。遠慮する気配がない。〈源氏・総角〉「宮などのはづかしげなく㊊聞こえ給ふめるを」訳 宮（＝匂宮）なんかが恥ずかしいと思うようすもなく（手紙で中の君を）口説き申しあげなさっているようなのを。

はづかしげ-な・し ハズカシゲ―【恥づかしげ無し】➡恥づかしげ「フレーズ」

はづかし・む ハズカシム【辱む】他マ下二{め・め・む・むる・むれ・めよ}❶恥をかかせる。侮辱する。〈徒然・一三四〉「貪る心にひかれて、みづから身をはづかしむる㊍なり」訳（自分の）欲張る心にひかれて、自分で自分の身に恥をかかせるのである。

❷地位・名誉などを汚す。面目をつぶす。〈源氏・松風〉「親の御亡きかげをはづかしめ㊎むことのいみじさになむ」訳 お亡くなりになった親の魂の名誉を汚すようなことの恐ろしさに。

はつ-かり【初雁】名 その年の秋に、はじめて北方から渡ってくる雁。秋

はつかりは… 和歌

初雁は　恋しき人の　つらなれや
旅の空とぶ　声の悲しき
〈源氏・須磨〉

訳 初雁は恋しい人の仲間なのだろうか。旅の空を飛

最重要330

248

はづか・し【恥づかし】 形シク 〔しから・しく(しかり)・し・しき(しかる)・しけれ・しかれ〕

ガイド 現代語では、こちらの気持ちをいう①③の意で用いることが多いが、古くは②の「こちらが気恥ずかしくなるほどりっぱだ」の意で用いることが多い。

❶ 気がひける。気おくれする。きまりが悪い。

例 女君は、すこし過ぐし給へるほどに、いと若うおはすれば、似げなくはづかし㊦とおぼいたり〈源氏・桐壺〉

訳 女君(=葵の上)は、少し(光源氏より)年長でいらっしゃるのに対して、(夫の光源氏が)たいそう若くていらっしゃるので、似つかわしくなくきまりが悪いとお思いになっている。

語感実感 グループ討論の相手が実によく準備していて、自分が恥ずかしくなるほど立派であると思う感じ。

❷ こちらが気恥ずかしくなるほどりっぱだ。すぐれている。

例 はづかしき㊤人の、歌の本末問ひたるに、ふとおぼえたる、われながらうれし〈枕・二七六〉

訳 こちらが気恥ずかしくなるほどりっぱな人が、(私に、ある)和歌の上の句や下の句をたずねたときに、(それを)とっさに思い出したのは、われながらうれしい。

❸ 気づまりだ。気がねを感じる。

例 隔てなく慣れぬる人も、ほど経て見るは、はづかしから㊦ぬかは〈徒然・五六〉

訳 わけ隔てなく親しんだ人でも、時がたってから会うときは、気がねを感じないことがあろうか(いや、感じるにちがいない)。

んでいく声が悲しく聞こえることだ。

解説 須磨の秋の夕暮れ、初雁の群れが、北、つまり都の方角から鳴きながら空を渡ってきた。その声に触発されて、須磨に退居していた光源氏が詠んだ歌。「恋しき人」は、京に残してきた恋しい人たちのこと。

は-づき【葉月・八月】 名 〔古くは「はつき」〕陰暦八月の称。 秋

はっ-く【八苦】 名 《仏教語》この世における八種の苦しみ。生・老・病・死の四苦に、愛別離苦(=愛する人と別れる苦)・怨憎会苦(=怨み憎む者と会う苦)・求不得苦(=求めても得られない苦)・五陰盛苦(=心身から欲望が生じる苦)を加えた八種の称。

はつくさの… 和歌

> 初草の　生ひゆく末も　知らぬまに
> いかでか露の　消えむとすらむ
> 〈源氏・若紫〉

訳 萌え出たばかりの若草が育っていく、その将来のこともわからないうちに、どうして露が消えようとするのでしょうか。(幼い姫君のこれから先のこともおわかりにならないうちに、どうしてあなた様が先立たれることなどお考えになるのでしょうか)。

解説 祖母の尼君が、幼い孫娘(のちの紫の上)の将来を案じながら詠んだ「生ひたたむありかも知らぬ若草をおくらす露ぞ消えむ空なき」(訳→おひたたむ…和歌)の歌に対して、女房の一人が答えたもの。「初草」が孫の姫君、「露」が祖母である尼君をさす。

はつくに-しらす-すめらみこと【初国知らす天皇】国をはじめて統治したと伝える天皇をたたえて呼ぶ称。初代神武天皇・十代崇神天皇をさす。

はっ-くわう【八荒】 名 〔「荒」は国の遠い果ての意〕国の八方の遠い果て。国のすみずみ。全天下。八方。〈細道・日光〉「恩沢八荒にあふれ」 訳 (東照宮の)めぐみが国のすみずみまで行き渡って。

はつ-しぐれ【初時雨】 名 その年の冬にはじめて降るしぐれ。 冬

はつしぐれ… 俳句

> 初しぐれ　猿も小蓑を　ほしげなり
> 〈猿蓑・芭蕉〉

冬　切れ字

訳 ああ、初時雨だと(旅の情趣にひたりながら)山路を行くと、濡れてこちらを見ている猿がいる。いかにも小さい蓑があったらほしいと言いたげなようすで。

解説 蕉風の代表的撰集「猿蓑」の巻頭句で、集の名はこの句に基づく。巻頭の時雨十三句は「この集の眉目」と評される(去来抄)。この年初めての時雨に濡れ興じ、伝統的な詩歌の世界では「哀猿断

腸」とされた猿を初時雨に興じる猿ととらえた。郷里の伊賀(いが)へ向かう山中で得た句。

はっ‐しゃう【八省】(ハッショウ) 名 律令制で、太政官(だいじょうかん)の中に置かれた八つの中央行政官庁。中務(なかつかさ)・式部・治部(じぶ)・民部・兵部(ひょうぶ)・刑部(ぎょうぶ)・大蔵(おおくら)・宮内(くない)の八省の称。↓付録③「平安京大内裏図」

はづ・す【外す】(ハズス) 他サ四 {さ・し・す・す・せ・せ} ❶**取り除く。**のける。〈徒然・一七五〉「烏帽子(えぼし)ゆがみ、紐(ひも)**はづし**用」訳 烏帽子がゆがみ、(衣服の)ひもを**ほどき**。

❷**のがす。**取りそこなう。〈枕・一四五〉「賽(さい)いみじく呪ふとも、うち**はづし**用てむや」訳 さいころをどんなに呪っても、打ち**そこなっ**てしまおうか(いや、決してうちそこなわない)。

❸**外へそらす。**ねらいをそらす。〈平家・一一・那須与一〉「この矢**はづさ**未せ給ふな」訳 この矢を**外さ**せなさるな。

はっ‐と【法度】 名「はふと」の転。❶おきて。さだめ。法律。

❷禁じられていること。禁制。

初瀬(はつせ)《地名》歌枕「泊瀬」とも書く。↓初瀬(はせ)

服部土芳(はっとりどほう)(ハットリドホウ)《人名》(一六五七―一七三〇)江戸前期の俳人。本名保英(やすひで)。別号蓑虫庵(みのむしあん)。伊賀(いが)(三重県)上野の人。芭蕉(ばしょう)の弟子。俳論書「三冊子(さんぞうし)」、句集「蓑虫庵集」など。(土芳忌 春)

はつ‐ね【初子】 名 月の最初の子(ね)の日。特に、正月の最初の子の日をいう。宮中では饗宴(きょうえん)や行幸が行われ、民間では、野外に出て小松を引いたり、若菜を摘んだりして祝った。

はつ‐ね【初音】 名 鳥・虫などの、その年、その季節にはじめて鳴く声。特に、鶯(うぐいす)やほととぎすの鳴く声をいう。初声(はつこえ)。春。〈源氏・初音〉「年月を待つにひかれて経(ふ)る人に今日うぐひすの**初音**聞かせよ」訳(長い)年月を(あなた=明石(あかし)の姫君の成長を)待つ心にひかれて過ごしている私(=明石の君)に、今日は鶯の**初声**(ともいうべきあなたのはじめての声)を聞かせよ。(「待つ」は「松(=小松で、姫君の意)」との、「経る」は「古」との掛詞)

はつ‐はな【初花】 名 ❶その年、その季節、またその草木にはじめて咲く花。

❷若い年ごろの女性をたとえていう語。

はつ‐ほ【初穂】(ホ(オ)) 名 ❶その年はじめて実った稲などの穂。また、その年はじめて収穫した穀物・野菜・果物など。

❷その年はじめて実った穀物を神仏や朝廷にささげること。また、その穀物。

❸神仏に供える金銀・米穀など。

参考 中世・近世には「はつほ」は「はつお」と発音され、「はつを」「初尾」などとも書かれた。

はつ・る 自ラ下二 {れ・れ・る・るる・るれ・れよ} ほどける。ほつれる。〈古今・哀傷〉「ふぢ衣**はつるる**体糸はわび人の涙の玉の緒とぞなりける」訳 喪服の**ほつれる**糸は、悲しみに沈む私の涙の玉をつなぐ糸となったことよ。

はづ・る【外る】(ハズル) 自ラ下二 {れ・れ・る・るる・るれ・れよ} ❶**位置がそれる。はみ出る。**〈平家・二・教訓状〉「胸板の金物のすこし**はづれ**用て見えけるを」訳(鎧(よろい)の)胸板の金具が少々(着物から)**はみ出**て見えたのを。

❷**その場から離れる。**のく。〈浜松中納言物語〉「おのづから**はづれ**用たる女房などのけはひありさまをだにもり聞かず」訳 たまたま(尼姫君のもとから)**離れて出**た女房などの気配やようすさえもれ聞かず。

❸**及ばない。**〈源氏・野分〉「髪のまだ丈(たけ)には**はづれ**用たる末の」訳(明石(あかし)の姫君の)髪の、まだ背丈には**及ばない**でいる先端が。

❹**その中に入らない。**もれる。〈著聞・三〇〉「社家(しゃけ)推挙しければ、**はづる**終べきやうもなかりけるに」訳 神職を務める家が推挙したので、(除目(じもく)に)**もれる**はずのこともなかったのに。

❺**目標からそれる。**〈平家・一一・那須与一〉「**はづれ**未んは知り候はず、御諚(ごじょう)で候へば、仕(つかまつ)ってこそ見候はめ」訳(矢が)**それる**か(どうか)はわかりませんが、ご命令でございますので、いたしてみましょう。

はつれ‐はつれ 副「はづれはづれ」とも。はしばし。ところどころ。〈徒然・一〇五〉「けはひなど、**はづれはづれ**聞こえたるも、ゆかし」訳(話の)ようすなどが、**ところどころ**聞こえているのも、(その内容をもっと)知りたい気がする。

はて【果て】名

❶**終わり。最後。結末。**〈方丈・三〉「**はて**には(=**しまい**には)朱雀(すざく)門・大極(だいごく)殿・大学寮・民部省などまで(火が)移りて」

❷遠いかなた。さいはて。きわみ。終着点。〈更級・かどで〉「あづまぢの道の**はて**よりも、なほ奥つかたに生ひいでたる人」訳 東国路の**終点**(である常陸(ひたち)の国)よりも、もっと奥のほう(である上総(かずさ)の国)で育った人。

❸**喪の終わり。**四十九日にも、一周忌にもいう。〈大和・一六八〉「御**はて**になりぬ。御服(ぶく)ぬぎに、よろづの殿上人(てんじょうびと)河原に出(い)でたるに」訳(天皇の)御**喪の終わり**になった。御服ぬぎ(=喪服を平服に替える儀式)に、大勢の殿上人が(禊(みそぎ)に)河原に出ているときに。

❹**落ちぶれること。**なれの果て。〈狂・柿山伏〉「総じて山伏の**はて**は、鳶(とび)にもなるといふによって」訳 およそ山伏の**なれの果て**は、鳶にもなるということだから。

はな【花】名

❶**植物の花。**〈枕・三七〉「木の**花**は 濃きも薄きも紅梅」訳 木の**花**は、(色の)濃いのでも薄いのでも紅梅(が趣がある)。

❷ア特に、**梅の花。**〈古今・春上〉「人はいさ心も知らずふるさとは**花**ぞ昔の香ににほひける」訳 ↓付録①「小倉百人一首」35

イ特に、**桜の花。**〈古今・春下〉「久方の光のどけき春の日にしづ心なく**花**の散るらむ」訳 ↓付録①「小倉百人一首」33

❸**栄えること。栄誉。**また、はなやかなこと。〈増鏡・おどろのした〉「平家の一族のみ、いよいよ時の**花**をかざしそへて」訳 平家の一族だけが、ますます時の**栄誉**を飾り添えて(=時運に乗って栄え)。

❹**露草**(つゆくさ)の花の汁からとった、薄い藍色。縹(はなだ)色( )。花色。〈枕・二〇〇〉「生絹(すずし)の単(ひとへ)のいみじうほころびたえ、**花**もかへりぬれなどしたる」訳 生絹(=練らない絹糸で織った織物)の単衣がひどくほころびくず

れて、**縹色**もあせて(雨に)ぬれたりしているのに。❺芸人などに与える祝儀。心づけ。〈**浮・世間胸算用**〉「近づきの芸者に**花**をとらせ」**訳** ひいきの役者に**祝儀**を与え。❻能楽で、**芸の美しさ・魅力。はなやかさ。**〈**風姿花伝**〉「秘すれば**花**なり。秘せずは**花**なるべからず」**訳** 人にわからないように隠すから(こそ)**芸の魅力**(となるの)である。隠さなければ**芸の魅力**であるはずがない。

フレーズ

花の宴 季節の花を見ながら催す宴会。特に桜観賞の宴会。

花の衣 ❶はなやかな衣服。〈**古今・哀傷**〉「みな人は**花の衣**になりぬなり」**訳** 人々は皆(喪服をぬいで)**はなやかな衣服**に着替えたそうだ。❷梅や桜の花を鳥の着る衣に見たてていう語。

はな【鼻】 名 ❶(人間や動物の)鼻。また、鼻水。❷くしゃみ。〈**枕・一八四**〉「**はな**をいと高うひたれば」**訳** **くしゃみ**をたいそう音高くしたので。❸《近世語》男が、自分自身をさしていう語。おれ。〈**浄・傾城男升屋**〉「そなたばかりが飲み込んでも(=承知しても)、この**鼻**が飲み込まぬ(=承知しない)」❹かぜ。感冒。

はないろ-ごろも【花色衣】 名 ❶花を衣に見たてていう語。また、その花の色の衣。〈**古今・雑体**〉「山吹の**花色衣**ぬしや誰問へど答へずくちなしにして」**訳** 山吹の**花の色の衣**、(おまえの)持ち主はだれかと尋ねても答えない。(くちなしの実で染めたものだけに)口無しなので。(「くちなし」は「梔子」と「口無し」との掛詞) ❷縹色(■=薄い藍色)に染めた衣。

はな-がたみ【花筐】 名 花や若菜をつみ入れるかご。花かご。

はな-がつみ【花がつみ】 名「はなかつみ」とも。水辺に生える草の名。野生の花菖蒲など、諸説がある。和歌では同音の「かつ」「かつて」を導きだす序詞として用いる。夏。〈**古今・恋四**〉「陸奥の安積の沼の**花かつみ**かつ見る人に恋ひやわたらむ」**訳** 陸奥の安積の沼の**花かつみ**の「かつ」ではないが、一方では(こうして)逢っている人を、(また一方では恋しさが満たされずに)恋い続けるのであろうか。(第三句までは「かつ」を導きだす序詞)

はなさそふ… 和歌《百人一首》【花さそふ 嵐の庭の 雪ならで ふりゆくものは わが身なりけり】〈**新勅撰・雑一・藤原公経**〉➡付録①「小倉百人一首」96

はなさそふ… 和歌

花さそふ 比良の山風 吹きにけり
こぎゆく舟の 跡見ゆるまで
〈**新古・二・春下・一二八・宮内卿**〉

訳 花を誘って散らす比良の山風が吹いたのだなあ。(桜の落花が湖面をおおっているので)漕いでいく舟の跡が(はっきり)見えるほどに。

解説 本歌は、「世の中を何にたとへむ朝ぼらけ漕ぎゆく舟の跡の白波」〈**拾遺・哀傷**〉。「花」は桜の花。「比良の山」は、琵琶湖西岸に連なる山。舟が通るとそのあとに一筋の航跡が残るほど、落花のいちじるしいようすを表している。

はな-じろ・む【鼻白む】 自マ四{ま・み・む・む・め・め} **きまり悪そうな、ためらったようすをする。**気おくれした顔をする。〈**源氏・花宴**〉「さての人々は、皆臆しがちに**はなじろめ**(已)る多かり」**訳** その他の人々はみんな気おくれしがちで、**きまり悪そうにし**ている者が多い。

はなだ【縹】 名 ❶「縹色」の略。薄い藍色。❷襲の色目の名。表裏とも縹色。

はな-たちばな【花橘】 名 ❶橘の花。花の咲いている橘。〈**古今・夏**〉「五月待つ**花たちばな**の香をかげば昔の人の袖の香ぞする」**訳** ➡さつきまつ… 和歌 ❷襲の色目の名。表は朽ち葉(■)、裏は青。陰暦四、五月ごろ着用。➡襲の色目「古文常識」(三〇ページ)

(はなだ①)

(はなたちばな①)

はなち-いで【放ち出で】 名 寝殿造りで、母屋から続けて、外へ建て増しした建物。遣り戸・障子などで隔て、客間などに使った。一説に、廂を几帳や障子で仕切って設けた部屋ともいう。

はなち-がき【放ち書き】 名 文字を続けず、一字一字離して書くこと。稚拙な書き方にいう。

はな・つ【放つ】 他タ四{た・ち・つ・つ・て・て}

❶離す。手放す。解き放す。〈**源氏・鈴虫**〉「この野に虫ども**放た**(未)せ給ひて」**訳** (光源氏は、庭に造った)この(秋の)野に数々の虫を**放さ**せなさって。❷(戸・障子などを)**あける。開く。**また、あらわに出す。〈**枕・一八四**〉「女房の**放つ**(体)を、『まな』と仰せらるれば」**訳** 女房が(格子を)**あけるの**を、(中宮が)「いけない」と仰せになるので。❸人手にわたす。手放す。売る。〈**宇治・七・五**〉「価も限らず買はんと申しつるをも、惜しみて**放ち**(用)給はずして」**訳** (人々が)値段に糸目もつけずに(馬を)買おうと申したのをも、惜しんでお**売り**にならないで。❹(光や声などを)発する。(火を)つける。〈**竹取・竜の頸の玉**〉「寿言を**放ち**(用)て立ち居、泣く泣くよばひ給ふこと千度ばかり」**訳** 誓願のことばを**唱え**て立ったり座ったりして、泣きながら(神様を)呼び続けなさること千度ばかり。❺(矢などを)射る。〈**平家・一一・那須与一**〉「与一鏑を取ってつがひ、よっぴいてひゃうど**放つ**(終)」**訳** (那須の)与一は鏑矢を取って(弓に)つがえ、十分に引きしぼってびゅうんと**射放つ**。❻**除外する。さしおく。**〈**宇治・三・一七**〉「おのれ**放ち**(用)ては、たれか書かん」**訳** おまえを**さしおい**ては、だれが書こうか(いや、書く者はいない)。❼**追放する。**流す。捨てる。**解任する。**〈**平家・三・足摺**〉「昔、早離・速離が海岳山へ**はなた**(未)れけん悲しみも」**訳** 昔、(南天竺の)早離・速離(の兄弟)が(継母に)海岳山へ**捨て**られたという悲しみも。〈**徒然・九四**〉「北面を**放た**(未)れにけり」**訳** (院は)北面(=御所を守る武士)を**解任し**なさった。

はな-つき【鼻突き】 形動ナリ{なら・なり(に)・なり・なる・なれ・なれ}(鼻と

鼻とを突き合わせる意から）ばったり出あうさま。出あいがしらであるさま。〈平家・一・殿下乗合〉「殿下の御出に鼻つきに㊞参りあふ」訳（平資盛は）殿下（＝摂政藤原基房）のお出ましに、出あいがしらに参りあわせる。

はなのいろは… 和歌《百人一首》【花の色は　移りにけりな　いたづらに　我が身世にふる　ながめせし間に】〈古今・春下・小野小町〉⇒付録①「小倉百人一首」9

はな-の-えん【花の宴】⇒花「フレーズ」

はな-の-ころも【花の衣】⇒花「フレーズ」

はなはだ【甚だ】副 非常に。とても。〈徒然・九二〉「何ぞ、ただ今の一念において、直ちにすることの甚だかたき」訳 なんと、たった今のこの一瞬の間において、すぐに実行することがとてもむずかしいことか。

参考 おもに漢文訓読調の文章に用いられる。

塙保己一（はなわほきいち）《人名》（一七四六―一八二一）江戸後期の国学者。名は「ほきのいち」とも。七歳で失明したが、賀茂真淵らに学んで和漢の学に通じ、江戸番町に和学講談所をたてて国学を講じた。千二百点以上の国書を収めた「群書類従」の編纂刊行は古典研究に大きく寄与した。

はな-ひ・る【嚔る】自ハ上一〔ひ・ひ・ひる・ひる・ひれ・ひよ〕くしゃみをする。〈枕・二八〉「人の家の男主ならでは、高くはなひ㊞たる、いとにくし」訳 一家の男主人でなくては、音高くくしゃみをしたのは、とても不快だ。

はな-むけ【餞・贐】名「餞（うまのはなむけ）」の略。〈細道・草加〉「さりがたき餞などしたるは、さすがに打ち捨てがたくて」訳 断りにくい餞別などを（友人たちが私＝芭蕉に）してくれたのは、（道中の重荷となっても）やはり捨てにくくて。

はな-め・く【花めく・華めく】自カ四〔か・き・く・く・け・け〕（「めく」は接尾語）はなやかに見える。また、栄える。時めく。〈風姿花伝〉「二つの便りあれば、悪きことは隠れ、よきことはいよいよ花めけ㊁り」訳（十二、三歳のころは）愛らしい子供姿とよく通る声という二つの利点があるので、悪いこと（＝欠点）は隠れ、よいこと（＝長所）はますますみごとに見えている。

はなもりや… 俳句

花守や　白きかしらを　つき合はせ〈鷹獅子集・去来〉　春　切れ字

訳 花守（＝花の番人）の老人が二人、咲きほこる桜の下で何か話をしている。白髪の頭をつき合わせて。

解説「去来抄」の「修行」で、芭蕉はこの句を「さび」の色がよく出ていると評している。桜花のはなやかな白と白髪の落ちついた白の対照に調和をみたもの。謡曲「嵐山」に登場する花守の老夫婦を典拠としたとする説もある。

はな-やか【花やか・華やか】形動ナリ〔なら・なり(に)・なり・なる・なれ・なれ〕（「やか」は接尾語）❶きらびやかなさま。美しいさま。〈源氏・賢木〉「はなやかに㊞さし出でたる夕月夜に」訳 美しくさし昇った夕方の月に（映えて）。

❷にぎやかなさま。〈徒然・一九〉「大路のさま、松立てわたしてはなやかに㊞うれしげなるこそ、またあはれなれ」訳（元旦の）都大路のようすは、門松を立て並べてにぎやかでよろこばしい感じであるのが、また趣が深い。

❸きわだっているさま。はっきりしているさま。〈枕・八三〉「『なにがしさぶらふ』と、いとはなやかに㊞いふ」訳「だれそれが参上しております」と、（使いの者が）とてもはっきりと言う。

❹栄えるさま。勢いが盛んなさま。はなばなしいさま。〈源氏・桐壺〉「世のおぼえはなやかなる㊍御方々にもいたう劣らず」訳（桐壺の更衣は）世間の評判がはなばなしい御方々（＝他の女御や更衣たち）にもそれほどひけをとらずに。

❺陽気なさま。快活なさま。〈枕・一六三〉「『ほとほり出で給ふ、やうこそはあらめ』とて、はなやかに㊞笑ふに」訳「（源中将が）お怒り出しになるのは、わけはあるのだろう」と言って、陽気に笑うので。

はな-や・ぐ【花やぐ・華やぐ】自ガ四〔が・ぎ・ぐ・ぐ・げ・げ〕❶はなやかになる。陽気にふるまう。〈枕・一八四〉「これはいますこしはなやぎ㊞、さるがう言などし給ふを」訳 この方は（大納言＝伊周よりも）もう少し陽気にふるまい、冗談などおっしゃるのを。

❷栄える。時めく。〈大鏡・頼忠〉「時の一の人の御孫にて、えもいはずはなやぎ㊞給ひしに」訳（藤原隆家は）時の最高位の人の御孫であって、言いようもないほど栄えていらっしゃったが。

はな・る【離る・放る】自ラ下二〔れ・れ・る・るる・るれ・れよ〕❶はなれる。遠ざかる。隔たる。〈大鏡・道長下〉「都離れ㊞たる所なれば」訳 都から離れている所なので。

❷別れる。縁が切れる。関係がなくなる。〈竹取・竜の頸の玉〉「これを聞きて、離れ㊞給ひしもとの上は、腹をきりて笑ひ給ふ」訳 これを聞いて、（大納言が）離縁しなさったもとの夫人は、腹をかかえてお笑いになる。

❸逃げる。〈徒然・二〇六〉「官人章兼が牛はなれ㊞て、庁のうちへ入りて」訳 官人章兼の牛が逃げて、役所の中へとび込んで。

❹官職を辞任する。免官となる。〈拾遺・雑下・詞書〉「大将離れ㊞侍りてのち、久しく参らで」訳 大将を免官となりまして、その後長いこと参上しないで。

はに【埴】名 きめが細かい黄赤色の粘土。焼き物や染料などの原料として用いる。

はに-ふ【埴生】名（「生」は それを産する所の意）❶「埴」のある土地。また、埴。〈万葉・一・六九〉「草枕旅ゆく君と知らませば岸の埴生ににほはさましを」訳 もし旅行く方だと知っていたなら、（この住吉の）岸の赤土で衣を染めただろうに。（「草枕」は「旅」にかかる枕詞）

❷「埴生の小屋」の略。土で塗っただけの粗末な家。

はにゅう〔埴生〕⇒はにふ

は・ぬ【跳ぬ・撥ぬ】一 自ナ下二〔ね・ね・ぬ・ぬる・ぬれ・ねよ〕❶とび上がる。おどり上がる。〈平家・九・二之懸〉「馬の太腹射させてはぬれ㊁ば」訳 馬が腹の肥えて太ったところを射られてとび上がるので。

❷はじける。とび散る。

❸その日の興行が終わる。

二 他ナ下二〔ね・ね・ぬ・ぬる・ぬれ・ねよ〕❶はね上げる。〈万葉・二・一五三〉「沖つ櫂いたくなはね㊞そ」訳 沖のほうをこぐ舟の櫂をひどくはね上げないでくれ。❷〔ふつう「刎ぬ」と書く〕(首などを)切り落とす。〈平家・二・小教訓〉「やがて首をはね㊌られんこと、いかが候ふべからん」訳ただちに首をおはねになるようなことは、どんなものでしょうか。❸一部分をかすめとる。上前をはねる。

はね-がき【羽掻き】名「はがき」とも。鳥がくちばしで自分の羽をしごくこと。一説に、鳥が翼をはばたかせること。

はね-を-かは・す【羽を交はす】(鳥が羽を互いに重ね合わせて離れずにいる意から)男女の愛情が深いことにたとえていう。比翼の鳥となる。「羽を並ぶ」とも。〈大鏡・師尹〉「後の世も羽を交はせ㊐る鳥となりなむ」訳来世でもきっと比翼の鳥となろう(=仲よく暮らそう)。→比翼の鳥

はね-を-なら・ぶ【羽を並ぶ】❶「はねをかはす」に同じ。〈源氏・桐壺〉「朝夕の言種に、羽を並べ㊊、枝を交はさむと契らせ給ひしに」訳(桐壺帝は桐壺の更衣に)朝夕の口ぐせに、比翼の鳥となり、連理の枝となろうとお約束になられたのに。❷臣下の者が協力して、主君を助ける。〈源氏・行幸〉「羽を並ぶる㊍やうにて、おほやけの御後ろ見をもつかうまつるとなむ思う給へしを」訳(あなた=内大臣と)羽を並べるようにして(助け合い)、朝廷の御後ろ盾をもおつとめ申しあげる(ことにしよう)と存じましたが。

はばかり【憚り】名❶恐れ慎むこと。さしひかえ。遠慮。❷さしさわり。支障。

はばか・る【憚る】㊀自ラ四〔ら・り・る・る・れ・れ〕❶障害があって、行き悩む。進めないでいる。〈万葉・三・三一七〉「照る月の光も見えず白雲もい行きはばかり㊊」訳→あめつちの…〔和歌〕❷はびこる。いっぱいになる。〈平家・五・物怪之沙汰〉「ある夜入道の臥し給へるところに、ひと間にはばかる㊍程の物の面いできて、のぞき奉る」訳ある夜、入道(=平清盛)が寝ていらっしゃる所に、一間の間にいっぱいになるほどの何かの顔が出て来て、のぞき申しあげる。

㊁他ラ四〔ら・り・る・る・れ・れ〕恐れ慎む。遠慮する。気がねする。〈源氏・桐壺〉「人のそしりをもえはばから㊌せ給はず」訳(桐壺帝は)人々の非難をも気がねすることがおできになられず。

ははき【帚・箒】名ほうき。〈蜻蛉・下〉「庭はくとてははきを持ちて」

はばき【脛巾・行纏・半履】名旅などのときに脛にまきつけるもの。藁や布製で、後世の脚絆にあたる。➡鎧「古文常識」

ははき-ぎ【帚木】名❶ほうきぐさ(=植物の名)の古名。〔夏〕❷伝説上の木の名。信濃の(長野県)の園原にあって、遠くからはほうきのような梢が見えるが、近寄ると見えなくなるという。情があるようでないようすをたとえていう。〈源氏・帚木〉「帚木の心を知らで園原の道にあやなくまどひぬるかな」訳(近づくと消えてしまう)帚木のような情のないあなた(=空蟬)の心を知らずに、園原の道(=恋の道)にわけもなく迷ってしまったことだなあ。❸「母」にかけていう語。〈栄花・こまくらべの行幸〉「日の本には、帚木とたち栄えおはしましてより」訳(大后の宮が)この日本国に、母君として栄えていらっしゃって以来。

ははそ【柞】名樹木の楢や櫟などの総称。〔秋〕(柞紅葉〔秋〕)

ばひ-と・る【奪ひ取る】他ラ四〔ら・り・る・る・れ・れ〕〔「うばひとる」の頭母音「う」が脱落した形〕うばい取る。ひったくる。〈今昔・二九・一八〉「盗人、死にし人の着たる衣と嫗の着たる衣と、抜き取りてある髪とをばひとり㊊て」訳盗人は、死んだ人が着ている着物と老婆が着ている着物と、(老婆が死者から)抜き取ってある髪とをひったくって。

はひ-まつは・る【這ひ纏はる】自ラ下二〔れ・れ・る・るる・るれ・れよ〕はい伸びてからみつく。〈源氏・夕顔〉「軒の端などにはひまつはれ㊊たるを」訳(夕顔のつるが)軒の端などにはい伸びてからみついているのを。

はひ-もとほ・る【這ひ徘徊る】自ラ四〔ら・り・る・る・れ・れ〕はい回る。〈万葉・三・一九九〉「鶉なすいはひもとほり㊊侍らへど」訳うずらのようにはい回ってお仕えするが。

はひ-わた・る【這ひ渡る】自ラ四〔ら・り・る・る・れ・れ〕❶はい伸びる。はい広がる。〈後撰・雑三〉「下にのみはひわたり㊊つる蘆の根の」訳地下にばかり(隠れて)はい広がった蘆の根が。❷(近い距離を)歩いて行く。また、忍んで行く。〈蜻蛉・上〉「乗り物なきほどにはひわたる㊍ほどなれば」訳(移り住んだ家は)乗り物がないときに歩いて行く(程度の)距離なので。

はふ【法】名法律。きまり。また、方法。しかた。〔参考〕「法」には、漢音「はふ」と呉音「ほふ」の仮名遣いがある。仏教語は、多く呉音を用いる。→法

は・ふ【這ふ】自ハ四〔は・ひ・ふ・ふ・へ・へ〕❶腹ばう。はうようにして進む。〈枕・一五一〉「二つ三つばかりなるちごの、いそぎてはひ㊊くる道に」訳二歳、三歳くらいの幼児が、急いではって来る途中で。❷植物のつるなどが伸びてゆく。はびこる。〈古今・秋下〉「ちはやぶる神のいがきにはふ㊍葛も秋にはあへずうつろひにけり」訳(神の威光に守られた)神社の垣にからみつく葛も、秋にはこらえきれずに色が変わってしまったことだ。(「ちはやぶる」は「神」にかかる枕詞)

は・ふ【延ふ】他ハ下二〔へ・へ・ふ・ふる・ふれ・へよ〕❶引きのばす。張りわたす。〈万葉・五・八九四〉「墨縄をはへ㊊たる如く」訳墨縄を張りわたしたように。❷思いをかける。心を寄せる。〈万葉・一二・三〇六七〉「はへ㊊てしあらば年に来ずとも」訳(私に)心を寄せているならば一年に(一回)来なくても(不安はないが)。

ば・ふ【奪ふ】他ハ四〔は・ひ・ふ・ふ・へ・へ〕〔「うばふ」の頭母音「う」が脱落した形〕うばう。〈源氏・夕霧〉「いと心づきなしとおぼせど、ありしやうにもばひ㊊給はず」訳(雲居の雁は)実に気にくわないとお思いになるが、以前のようにも(手紙を)うばい取りなさらない。

は-ぶ・く【羽振く】自カ四〔か・き・く・く・け・け〕羽ばたきをする。〈更級・宮仕へ〉「池の鳥どもの、夜もすがら、声々羽ぶき㊊さわぐ音のするに」訳池の鳥たちが、一晩じゅう、(それぞれ)鳴き声(をたて)羽ばたきをし騒ぐ音がするので。

はふ-はふ ハ(ホ)ウ【這ふ這ふ】[副] ❶はうようにして。やっとのことで。〈徒然・八九〉「希有にして助かりたるさまにて、**はふはふ**家に入りにけり」訳（法師は）やっとのことで助かったようすで、**はうようにして**家に入ってしまった。

❷あわてふためいて。ほうほうのていで。〈平家・八・鼓判官〉「馬をすてて、**はふはふ**逃ぐる者もあり」訳 馬を捨てて、**ほうほうのていで**逃げる者もいて。

はふら-か・す【放らかす】[他サ四]{さ・し・す・す・せ・せ}（「かす」は接尾語）うち捨てる。**ほうり出す**。落ちぶれさせる。「はふらす」とも。〈細道・市振〉「白波の寄する汀に身を**はふらかし**(用)」訳 白波が寄せるなぎさに身を**ほうり出し**。

はふら・す【放らす】[他サ四]{さ・し・す・す・せ・せ}「はふらかす」に同じ。〈古今・雑体〉「身はすてつ心をだにも**はふらさ**(未)じ」訳 この身は捨ててしまった。（しかし）せめて心だけでも**うち捨て**ないでおこう。

はふり【祝】[名] 神に仕えるのを職とする人。多く、神主・禰宜より下級の神職をいう。「祝り子」とも。

はぶり【葬り】[名]「はふり」とも。ほうむること。葬送。

はふ・る【溢る】[自ラ四]{ら・り・る・る・れ・れ}あふれる。〈万葉・一八・四一〇六〉「射水川雪消**はふり**(用)て逝く水の」訳 射水川の雪解け水が**あふれ**て流れる水のように。

は-ふ・る【羽振る】[自ラ四]{ら・り・る・る・れ・れ}「はぶる」とも。❶羽ばたく。飛び立つ。〈霊異記〉「鷲とりて空に上がりて、東をさして**羽ふり**(用)いぬ」訳 鷲が（幼児を）さらって空に舞い上がって、東をさして**羽ばたいて**去っていく。

❷（鳥が羽ばたくように）風や波が立つ。〈万葉・二・一三一〉「朝**はふる**(体)風こそ寄せめ夕**はふる**(体)波こそ来寄れ」訳 朝**立つ**風が（藻を）寄せるだろうし、夕方**立つ**波が（藻を）うち寄せるだろう。

はふ・る【放る】{れ・れ・る・るる・るれ・れよ}一[自ラ下二]❶**さまよう**。さすらう。〈源氏・玉鬘〉「我さへうち捨て奉りて、いかなる様に**はふれ**(用)給はむとすらむ」訳 私（＝大宰の少弐）までが（玉鬘を）お見捨て申しあげて（しまったなら）、どんなありさまで**さまよい**なさろうとするだろう。

❷**落ちぶれる**。零落する。〈徒然・一〉「その子・孫までは、**はふれ**(用)にたれど、なほなまめかし」訳 その子供や孫までは、**落ちぶれ**てしまっていても、やはり上品である。

二[他ラ四]{ら・り・る・る・れ・れ}捨て去る。**散らす**。また、**さまよわせる**。〈記・上〉「その蛇を切り**はふり**(用)給ひしかば」訳（須佐之男命は）その蛇を切り**散らし**なさったので。

はぶ・る【葬る】[他ラ四]{ら・り・る・る・れ・れ}「はふる」とも。❶埋葬する。ほうむる。〈宇治・四・七〉「疎む心出できて、泣く泣く**葬り**(用)てける」訳（妻の遺体から悪臭が漂い）いとわしく思う気持ちが生じて、泣く泣く**ほうむっ**た。

❷火葬にする。〈著聞・四六六〉「薪を積みて、**葬り**(用)て、上に石の卒塔婆を建ててけり」訳 薪を積んで、**火葬にし**て、上に石の卒塔婆を立てたそうだ。

はべ-めり【侍めり】「あめり」の丁寧語。（…で）あるようです。…ようでございます。〈源氏・薄雲〉「唐土には、春の花の錦にしくものなしと言ひ**はべめり**(用)」訳 中国（の漢詩）では、春の花の錦に及ぶものはないと言っ**ているようですし**。

なりたち ラ変動詞「侍り」(体)＋推量の助動詞「めり」＝「はべるめり」の撥音便「はべんめり」の撥音「ん」の表記されない形。ふつう「はべ(ン)めり」と読む。

はべ・り【侍り】[自ラ変]

❶貴人や目上の人のそばに**ひかえている**。**おそばにいる**。**お仕えする**。〈枕・五六〉「御前のかたに向かひて、うしろざまに『誰々か**侍る**(体)』と問ふこそをかしけれ」訳（蔵人が）主上の御前の方に向かって、後ろ向きに（後方の滝口の武士に）「誰々が**ひかえているか**」とたずねるのもおもしろい。

❷動詞「あり」「居り」の丁寧語。**ございます**。**あります**。**おります**。〈源氏・薄雲〉「かかる老法師の身には、たとひ憂へ**侍り**(終)ともなにの悔いか**侍ら**(未)む」訳 この ような老法師の身には、たとえ災難が**ございまして**も、なんの後悔が**ございましょう**か（いや、なんの後悔もございません）。〈源氏・若紫〉★「『ここに**侍り**(用)ながら御とぶらひにもまうでざりける』とのたまへば」訳「（私＝僧都が）ここ（＝北山）に**おります**のに、（光源氏の）お見舞いにも参上しなかったことよ」と（尼君に）おっしゃるので。

敬意の対象（会話文）
★〈源氏〉の例

活用	未然	連用	終止	連体	已然	命令
	(ズ)	(タリ)	(。)	(コト)	(ドモ)	(。)
	ら	り	り	る	れ	れ

参考 (1) 中古には丁寧語として「侍り」が会話や手紙文で多用されたが、中古の終わりから中世にかけては、「さぶらふ」が代わって使われ、「侍り」は擬古的な文章語として残った。(2)ラ行変格活用の動詞には、「あり」「居り」「侍り」「います(そ)がり」がある。

はべ・り【侍り】[補動ラ変]{ら・り・り・る・れ・れ}

❶補助動詞「あり」の丁寧語。…(で)**ございます**。…(で)**あります**。…**です**。〈源氏・明石〉「いとはばかり多く**侍れ**(已)ど、このよし申し給へ」訳 たいそうおそれ多く**ございます**が、この旨（＝夢のお告げに従って船で参上したこと）を（光源氏に）申し上げてください。〈源氏・帚木〉「心もけしうはあらず**侍り**(用)しかど、ただこの憎きかたひとつなむ心をさめず**侍り**(用)し」訳（女は）気だても悪くはなく**ありました**（＝悪くはありませんでした）が、ただこの憎らしい（嫉妬の）点一つはがまんできずに**ありました**（＝がまんできませんでした）。

❷（活用語の連用形に付いて）丁寧の意を表す。…**ます**。…**ております**。〈源氏・夕顔〉「かの白く咲けるをなむ、夕顔と申し**侍る**(体)。花の名は人めきて、かうあやしき垣根になむ咲き**侍り**(用)ける」訳 あの白く咲いている花を夕顔と申し**ます**。花の名は人間のようで、（そのくせ）

このようにみすぼらしい垣根に咲いておりました(=咲くものでございました)。(➡侍り(自ラ変)〔参考〕)》

〔接続〕①は、形容詞、形容動詞、助動詞「ず」の連用形「ず」、助動詞「なり」の連用形「に」、またはそれに係助詞や副助詞の付いたもの、助詞「て」などに付く。②は、動詞・助動詞「る」「らる」「す」「さす」「しむ」の連用形に付く。

はべり-たう・ぶ【侍り給ぶ】「はべりたぶ」とも。■一〔はべり〔謙譲〕+たうぶ〔尊敬〕〕お仕え申しあげていらっしゃる。おそばにおひかえ申していらっしゃる。〈うつほ・国譲下〉「大将は下臈なれど、行く末ただ今ものの固めと侍りたうぶ(体)人なり」〔訳〕大将は位の低い方であるが、将来も現在も国家の柱石としてお仕え申しあげていらっしゃる人だ。

〔なりたち〕ラ変動詞「侍り」(用)+尊敬の補助動詞「給ぶ」

■二〔はべり〔丁寧〕+たうぶ〔尊敬〕〕(用言の連用形に付いて)…なさいます。お…になります。…ていらっしゃいます。〈源氏・常夏〉「妙法寺の別当大徳の産屋に侍りける、あえものとなむなげき侍りたうび(用)し」〔訳〕妙法寺の別当の高僧で、産屋に(祈禱のために)おりました僧の、あやかりもの(として私=近江の君は早口になったの)だと、(母は)嘆いていらっしゃいました。

〔なりたち〕ラ変補助動詞「侍り」(用)+尊敬の補助動詞「給ぶ」

〔参考〕「はべりたうぶ」「はべりたまふ」は、自分よりも身分の高い人の行為を、いっそう身分の高い人に向かって話す場合に用いられる敬語表現である。「はべり」で、話題の人物のうち、■一では動作を受ける者に対する敬意、■二では話し相手(聞き手)に対する敬意を表し、「たうぶ」「たまふ」で話題の人物のうち、動作をする者(動作主)に対する敬意を表す。用例は「源氏物語」「うつほ物語」などに数例見られ、男性が用いた慣用化した表現である。

はべり-たま・ふ【侍り給ふ】〔はべり〔謙譲〕+たまふ〔尊敬〕〕「はべりたうぶ■一」に同じ。〈うつほ・国譲下〉「左衛門の督の君、宰相の中将、左大弁など侍り給ひ(用)て」〔訳〕左衛門の督の君や宰相の中将、左大弁などがおそばにお仕え申しあげていらっしゃって。➡侍り給ぶ〔参考〕

〔なりたち〕ラ変動詞「侍り」(用)+尊敬の補助動詞「給ふ」

はへわらへ…〔俳句〕

這へ笑へ 二つになるぞ けさからは 〈おらが春・一茶〉

〔訳〕さあ、はいはいしてごらん。笑ってごらん。(元日を迎えた)今朝からは二歳になったのだよ。(切れ字の「へ」は、動詞の命令形活用語尾)

〔解説〕「こぞの五月生まれたる娘に一人前の雑煮膳をすゑて」と前書きがある。一茶五十六歳の時の、長女さとを詠んだ句。最初の子も亡くなっていたが、このさともこの年の六月に病死した。(江戸時代には元日を迎えるごとに年齢を一つ加算した)

はま【浜】〔名〕❶海や湖に沿った平地。浜辺。➡磯「古文常識」❷《近世上方語》河岸。

はまぐりの…〔俳句〕

蛤の ふたみにわかれ 行く秋ぞ 〈細道・大垣・芭蕉〉

〔訳〕蛤のふたと身とがはがれるように(つらい)別れをして、これから伊勢(三重県)の二見の浦(=蛤の名産地)を見に行こうとしているが、折から晩秋のこととて寂しさが身にしみることだ。(「ふたみ」は蛤の「ふたと身」と、地名の「二見」とをかける。「蛤の」を二見の名産にちなんで枕詞的に用い、「行く」は「わかれ行く」と「行く秋(=晩秋)」とをかける)

〔解説〕「おくのほそ道」の旅を大垣(今の岐阜県大垣市)で終え、伊勢の遷宮を拝観するため同地を発つ際の句。

ば…まし 反実仮想を表す。事実に反することや、実現しそうにないことを仮に想定し、その仮定の上に立って推量、想像する意を表す。もし…(だった)ら、…だろう(に)。〈新古・春上〉「心あらば問はまし(体)ものを梅が香に誰が里よりか匂ひ来つらん」〔訳〕もし心があ(るものだ)ったら、問いかけるだろうに、梅の花の香に。だれの里から匂って来たのであろうか(と)。

〔定型表現〕**ば…まし(反実仮想を表す)**
〔例〕国にあらば父取り見まし。(=もし国にいたら父が看病してくれるであろうに)

〔なりたち〕接続助詞「ば」+…+反実仮想の助動詞「まし」

浜松中納言物語(はままつちゅうなごんものがたり)《作品名》平安後期の物語。作者は菅原孝標の女と伝えられるが未詳。天喜年間(一〇五三—一〇五八)ごろ成立。浜松中納言がとげられぬ恋に悩む物語で、舞台を中国にまで広げ、十三の夢と三つの転生を織り込んで複雑な筋を展開している。「御津の浜松」「浜松物語」とも。

はま-ゆか【浜床】〔名〕帳台の台として置く方形の床。上に畳をしき、貴人の御座所として用いた。

はま-ゆふ【浜木綿】〔名〕植物の名。「はまおもと」の異称。葉が幾重にも茎を包むところから、「百重」「幾重」などを導きだす序詞として用いられる。また、葉が重なり茎を隔てていることから、幾重にも隔てるものにたとえる。(浜木綿の花〔夏〕)

(はまゆか)

はみ-かへ・る【食み返る】〔自ラ四〕〔ら・り・る・る・れ・れ〕❶水面に出て呼吸した魚などが、水中に戻る。〈平家・一一・遠矢〉「このいるかはみかへり(用)候ふは、源氏ほろび候ふべし」〔訳〕このいるかが呼吸をして水中に戻りますなら、源氏はほろびるでしょう。❷病気が再び悪化する。ぶり返す。

は・む【食む】〔他マ四〕〔ま・み・む・む・め・め〕❶食べる。飲む。〈万葉・

五・八〇三〉「瓜食め㊁ば子ども思ほゆ栗食め㊁ばまして偲はゆ」訳→うりはめば…和歌

❷（俸禄などを）受ける。〈浄・源平布引滝〉「清盛の禄を食む㊗といへども旧恩は忘れず」訳清盛の俸禄を受けるといっても、（源氏への）昔の恩は忘れない。

は・む【塡む・嵌む】他マ下二｛め・め・む・むる・むれ・めよ｝❶投げ込む。落とし入れる。〈今昔・一〇・三三〉「頸を突きて、海にはめ㊊つ」訳（王は巫の）首を突いて、海に投げ込んだ。

❷だます。いっぱい食わせる。〈東海道中膝栗毛〉「よくもよくもこのやろうめと馴れ合って（＝共謀して）、おれをはめ㊊たなはめ㊊たな」

-ば・む 接尾マ四型（名詞、動詞の連用形、形容詞の語幹（シク活用は終止形）に付いて）「…**の性質・状態がそなわる**」「…**の状態になる**」の意の動詞をつくる。〈源氏・橋姫〉「またさし続きけしきばみ㊊給ひて」訳（八の宮の北の方は）また引き続き（懐妊の）きざしが現れなさって。

例語 貴ばむ（＝高貴に見える）・怪しばむ（＝怪しいようすをする）・老いばむ・黄ばむ・黒ばむ・心ばむ（＝気どる。気をつかう）・戯ればむ・萎えばむ・情けばむ（＝情けが深いようにふるまう）・生ばむ（＝怪しく見える）・濡ればむ（＝ぬれているように見える）・優ばむ・由ばむ・をかしばむ

は-も《上代語》文中に用いて、上の語を取り立てて示す。…**は**。〈万葉・三・三二四〉「昼はも日のことごと夜はも夜のことごと」訳昼は終日、夜は夜通し。

なりたち 係助詞「は」＋係助詞「も」

は-も《上代語》文末に用いて、回想や愛惜の気持ちを込めた感動・詠嘆の意を表す。…**よ。**…なあ。〈記・中〉「さねさし相模の小野に燃ゆる火の火中に立ちて問ひし君はも」訳→さねさし…歌謡

なりたち 終助詞「は」＋終助詞「も」

は-や【甲矢】名弓術で、一手に二本持った矢のうち、初めに射る矢。対乙矢。

はや【早】副❶早く。すみやかに。〈伊勢・九〉「はや舟に乗れ、日も暮れぬ（＝暮れてしまう）」

❷早くも。すでに。〈伊勢・六〉「鬼はや一口に食ひてけり」訳鬼がすでに（女を）一口に食ってしまっていたのだった。

❸（多く、助動詞「けり」を文末に伴って）実は。元来。ほかでもない。〈平家・六・祇園女御〉「変化のものにてはなかりけり。はや人にてぞありける」訳化け物ではなかったのだ。実は人であったのだ。

は-や 感動・詠嘆の意を表す。…よ。…よなあ。〈記・中〉「三たび歎かして、『あづまはや』と詔云り給ひき」訳（倭建命は）三度もため息をおつきになって、「わが妻よ、ああ」と仰せになった。〈源氏・東屋〉「用意の浅からずものし給ひしはや」訳（亡き大君は）心づかいが行き届いていらっしゃったよなあ。

なりたち 終助詞「は」＋間投助詞「や」

接続 上代は体言に、平安時代以降は活用語の連体形に付く。

ば-や 終助 ➡次ページ助詞「ばや」

ば-や ❶仮定条件の疑問を表す。（もし）…**だとしたら**…（だろう）**か**。〈伊勢・二二〉「秋の夜の千夜を一夜になずらへて八千夜し寝ばやあく時のあらむ」訳秋の長夜の千夜を一夜になぞらえて、八千夜もともに寝たとしたら、満足するときがあるだろうか。

❷確定条件の疑問を表す。…**ので**…（なのだろう）**か**。〈古今・秋上〉「久方の月の桂も秋はなほもみぢすればや照りまさるらむ」訳月に生えている桂の木も、秋にはやはり紅葉するので、（月が）いっそう照り輝いているのだろうか。（「久方の」は「月」にかかる枕詞）。（➡次ページ「まぎらわしい『ばや』の識別」）

なりたち 接続助詞「ば」＋係助詞「や」

接続 ①は動詞の未然形に付き、②は動詞の已然形に付く。→ば（接助）

はやう【早う】副「はやく」のウ音便」「はやく」に同じ。〈枕・二五〉「はやうありし者どもの、ほかほかなりつる」訳以前（この家に奉公して）いた者たちで、（今は）離れ離れになっている者たちや。

はや-うた【早歌】名❶神楽歌の一種。歌詞が短く、拍子の速い歌曲。

❷鎌倉・室町時代に、武家・貴族・僧侶などの間で流行した歌謡。調子が速いのでこの名があるという。早歌。宴曲。

はやく【早く】副（形容詞「早し」の連用形から）❶すでに。とっくに。〈徒然・一三七〉「花見にまかれりけるに、はやく散り過ぎにければ」訳花見に参りましたところ、すでに（花は）すっかり散ってしまっていたので。

❷昔。以前。〈古今・夏・詞書〉「はやくすみける所にてほととぎすのなきけるを聞きてよめる」訳以前住んでいた所でほととぎすの鳴いたのを聞いて詠んだ歌。

❸もともと。元来。〈徒然・五〇〉「はやく跡なきことにはあらざめりとて」訳（鬼がいるといううわさは）もともと事実でないことではないようだと思って。

❹（多く助動詞「けり」を文末に伴って）驚いたことには。なんと実は。〈枕・九五〉「かしこう縫ひつと思ふに針を引き抜きつれば、はやくしりを結ばざりけり」訳うまく縫いあげたと思うのに、針を引き抜いたところ、なんと糸の端を結んでいなかったのだ。

はや・し【早し・速し】形ク｛から・く（かり）・し・き（かる）・けれ・かれ｝

❶**速度が速い。**すばやい。〈徒然・四四〉「都の空よりは雲の往き来も速き㊍心地して」訳都の空よりは雲の行き来も速い気がして。

❷（時期的・時間的に）早い。〈万葉・一二・三〇九五〉「朝烏早く㊊な鳴きそ」訳朝烏よ、早くから鳴かないでくれ。

❸**激しい。急である。**〈古今・恋三〉「たぎつ瀬のはやき㊍心を何しかも人目つつみのせきとどむらむ」訳流れの速い浅瀬のような激しい（恋）心を、どうして人目をはばかって堤がせきとめているのだろうか。（「人目つつみ」に「堤」をかける）。

❹（香りが）鋭い。強い。〈源氏・梅枝〉「すこしはやき㊍心しらひを添へて、めづらしき薫り加はれり」訳（薫き物の梅花香には）やや香りが鋭く強い配慮を添えて、すばらしい香りが加わっている。

はや・す【栄やす・映やす】他サ四｛さ・し・す・す・せ・せ｝引き立てる。また、ほめそやす。〈源氏・初音〉「何ごとも、さしらへし給ふ御光にはやさ㊄れて」訳どんなこと（＝曲）も、

ばや

終助〔接続助詞「ば」＋係助詞「や」〕

⬇下段「まぎらわしい『ばや』の識別」

意味・用法	用例
❶希望 自分の身に起こってほしい希望を表す。 …たいものだ。	例 世の中に物語といふもののあんなるを、いかで見ばやと思ひつつ〈更級・かどで〉 訳 世の中に物語というものがあるとか聞いているが、それをなんとかして見たいものだと思いつづけ。
❷《中世語》意志 …(し)よう。	例 今日は舟を急ぎ、人びとを渡さばやと存じ候ふ〈謡・隅田川〉 訳 今日は舟を急いでこぎ、人々を(対岸に)渡そうと思います。
❸《中世語》打消 …どころかまったく…(で)ない。 多く「あらばや」の形となる。	例 宮仕ひをしやうにも衣裳有らばや〈田植草紙〉 訳 宮仕えをしようにも衣装がまったくない。

接続 動詞・動詞型活用の助動詞の**未然形**に付く。

（光源氏が）演奏のお相手をしなさるすばらしさに引き立てられて。

はや・す【囃す】他サ四(さ・し・す・す・せ・せ)声を出して調子をとる。また、口々にはやし立てる。〈平家・一・殿上闇討〉「人々拍子をかへて、『伊勢平氏はすがめなりけり』とぞはやさ㊍れける」訳 (忠盛が舞を舞ったところ)殿上人たちは(楽の)拍子を変えて、「伊勢の平氏(＝忠盛)は斜視であったよ(伊勢産の瓶子(＝徳利)は酢瓶であったよ)」と調子をとってうたいなさった。(「平氏」は「瓶子」との、「すがめ」は「眇」と「酢瓶」との掛詞)

はや-せ【早瀬】名 流れの速い瀬。急流。

はや-ち【疾風】名〔「ち」は風の意〕「はやて」とも。急に激しく吹く風。暴風。

はや-て【疾風】名〔「はやち」の転〕「はやち」に同じ。

は-やま【端山】名 人里に近い山。端の山。外山。対 奥山・深山

はや-み【早み・速み】早いので。(速度が)速いので。〈詞花・恋上〉「瀬をはやみ岩にせかるる滝川のわれても末にあはむとぞ思ふ」訳 ⬇付録①「小倉百人一首」77

なりたち 形容詞「はやし」の語幹「はや」＋接尾語「み」

はやり-か【逸りか】形動ナリ(なら・なり(に)・なり・なる・なれ・なれ)〔「か」は接尾語〕❶調子が速いさま。軽快なさま。〈源氏・東屋〉「はやりかなる㊍曲物など教へて」訳 (師匠が娘に)調子の速い器楽曲などを教えて。❷気の早いさま。軽率なさま。〈源氏・末摘花〉「侍従とて、はやりかなる㊍若人」訳 侍従といって、気の早い若い女房が。❸はしゃいでいるさま。〈源氏・竹河〉「『高麗の乱声おそしや』などはやりかに㊊いふもあり」訳 「高麗の乱声(＝競べ馬で右方が勝つと奏される楽)がおそいわね」などとはしゃいで言う女房もいる。❹勇敢なさま。〈増鏡・むら時雨〉「弓ひく道にもたけく、おほかた御本性はやりかに㊊おはして」訳 弓矢の道にも勇猛で、およそ御性質が勇敢でいらっしゃって。

まぎらわしい「ばや」の識別

❶ **接続助詞「ば」＋係助詞「や」**

例 心あてに折ら**ば**や折らむ〈古今・秋下〉

訳 あて推量に折るとするならば折ってみようか。

例 思ひつつ寝れ**ば**や人の見えつらむ〈古今・恋二〉

訳 (あの人のことを)思い続けて寝るので、あの人が(夢に)見えたのだろうか。

▽文中にあって、上に未然形か已然形がくる。文末を連体形で結ぶのが原則。第一例の「折ら」は四段動詞「折る」の未然形、第二例「寝れ」は下二段動詞「寝(ぬ)」の已然形。

❷ **終助詞**

例 定めてならひあることに侍らん。ちと承ら**ばや**〈徒然・二三六〉

訳 きっとわけがあることでしょう。ちょっとお聞きしたいものだ。

▽文末にあって、上に未然形がくる。

はや・る【逸る・早る】自ラ四〔ら・り・る・る・れ・れ〕❶心が進む。夢中になる。〈落窪〉「この頃御心そり出でて、化粧はやり用たりとは見ゆや」訳 このごろ(あなたの)お心がほかのほうにそれて出て、おしゃれに夢中になっていると見えるね。❷勇み立つ。調子にのる。〈大鏡・頼忠〉「いみじうはやる体馬にて」訳 たいそう勇み立つ馬で。❸あせり、いらだつ。〈平家・五・富士川〉「坂東にていくさをせんとはやら未れけるを」訳 関東でいくさをしようと(平維盛は)あせり、いらだちなさったが。

は・ゆ【映ゆ・栄ゆ】自ヤ下二〔え・え・ゆ・ゆる・ゆれ・えよ〕❶うつりあって美しく見える。調和していっそうあざやかに見える。映える。〈枕・一八四〉「御直衣、指貫の紫の色、雪にはえ用ていみじうをかし」訳 (お召しになっている)御直衣や指貫の紫の色が、雪にうつりあってとてもすばらしい。❷いっそう盛んになる。調子にのる。〈大鏡・時平〉「外目せず見聞くけしきどもを見て、いよいよはえ用て」訳 よそ見しないで見聞きする(聴衆の)さまざまなようすを(世継の翁は)見て、ますます調子にのって。

はゆ・し【映ゆし】形ク〔から・く(かり)・し・き(かる)・けれ・かれ〕まばゆい。転じて、きまりが悪い。〈和泉式部集〉「おほんかへし聞こえむもはゆけれ已ば」訳 お返事を差し上げるとして、それもきまりが悪いので。

はゆ-ま【駅・駅馬】名〔「はやうま」の転〕上代、役人の旅行用に、諸道の各駅に備えてあった公用の馬。

はら【腹】名 ❶腹部。おなか。❷その女性の腹から生まれたこと。また、その生まれた子。〈源氏・桐壺〉「一の御子は、右大臣の女御の御腹にて」訳 第一皇子は、右大臣の(娘の)女御の御腹から生まれた方で。❸考え。心中。度量。〈伊勢・四四〉「心とどめてよまず、腹にあぢはひて」訳 (この歌は)心にとどめて(声を出しては)詠まず、心中で味わって(みるのがよい)。❹物の中央の部分。また、広い部分。〈著聞・四一〇〉「築地のはら、もしは檜垣のはらなどをも走られけり」訳 (大納言は)土塀の側面、あるいは檜垣の側面などをも走られたということだ。

フレーズ

腹が-居る 怒りがおさまる。気が晴れる。〈平家・九・生ずきの沙汰〉「この詞に腹がゐ用て」訳 このことばで怒りもおさまって。

腹を切る ❶切腹する。❷おかしさに耐えられないさまの形容。腹をかかえて笑う。〈竹取・竜の頸の玉〉「これを聞きて…、腹を切り用て笑ひ給ふ」訳 これを聞いて…、腹をかかえてお笑いになる。

腹を据う ❶がまんする。怒りをしずめる。〈平家・二・小教訓〉「入道、なほ腹を据ゑ用かねて」訳 入道(=平清盛)は、それでもまだ怒りをしずめかねて。❷覚悟をきめる。決意する。〈三冊子〉「『すみ俵』は、門しめて、の一句に腹を据ゑ用たり」訳 「炭俵」は、「門しめて」の一句に(作風の方向性の)覚悟をきめている。

-ばら 接尾 (人に関する名詞に付いて)複数を表す。…たち。…ども。「官人ばら」「殿ばら」「法師ばら」「女ばら」➡達「類語の整理」

参考 「殿ばら」「宮ばら」「遊女ばら」など広い対象に用いられたが、時代が下るにつれ軽蔑の意が加わった。

はら-あ・し【腹悪し】形シク〔しから・しく(しかり)・し・しき(しかる)・しけれ・しかれ〕❶意地が悪い。ひねくれている。〈義経記〉「腹あしき体えせものの名を得候ひて」訳 意地の悪いしたたか者という評判を得まして。❷おこりっぽい。短気である。〈徒然・四五〉「良覚僧正と聞こえしは、極めて腹あしき体人なりけり」訳 良覚僧正と申し上げた方は、非常におこりっぽい人であった。

はら-いた・し【腹痛し】形ク〔から・く(かり)・し・き(かる)・けれ・かれ〕ひどく滑稽だ。笑止千万だ。〈去来抄・先師評〉「このこと、他門の人聞き侍らば、腹痛く用いくつも冠置かるべし」訳 このこと(=「下京や」に勝る上の五文字はないと先生=芭蕉が言ったこと)を、他門の人が聞きますなら、笑止千万に(思って)いくつも上の五文字を置きなさるだろう。

はら-から【同胞】名 ➡上 249

はら-が-ゐる【腹が居る】➡腹「フレーズ」

はら-だ・つ【腹立つ】━ 自タ四〔た・ち・つ・つ・て・て〕❶腹を立てる。おこる。〈徒然・四五〉「いよいよ腹立ち用て、きりくひを

最重要330

249

はら-から【同胞】名〔上代は「はらがら」とも〕

ガイド 「はら」は「腹」、「から」は「うから」などの「から」で親族を表す語であるという。はじめ同母の子をいったが、やがて同母に限定せず用いるようになった。

母を同じくする兄弟姉妹。転じて、一般に兄弟姉妹。

例 その里にいとなまめいたる女はらから住みけり〈伊勢・一〉
訳 その(春日の)里にたいそう若くて美しい姉妹が住んでいた。

例 親・はらからの中にても、思はるる思はれぬがあるぞいとわびしきや〈枕・二六七〉
訳 親や兄弟姉妹の間でも、愛される者と愛されない者とがあるのはまことに情けないことであるよ。

掘り捨てたりければ」訳（良覚僧正は）ますます**腹を立て**て、（その）切り株を掘りおこして捨ててしまったところ。

❷けんかする。〈源氏・若紫〉「何事ぞや。童べと**腹立ち**用給へるか」訳どうしたのか。子供たちと**けんかし**なさったのか。

□二 自タ下二 {て・て・つ・つる・つれ・てよ} 腹を立てる。おこる。〈大和・一五六〉「言ひ**腹立て**用ける折は、腹立ちてかくしつれど」訳（妻がおばの悪口を）言って**腹を立て**た時は、（自分も）立腹してこのように（＝おばを山の中に置き去りに）してしまったが。

はら-はら（-と） 副 ❶物が乱れ落ちるさま。（木の葉・雨・涙などが）**落ちるさま。**〈平家・七・一門都落〉「涙を**はらはらと**ながいて（＝流して）」

❷**物のふれ合う音。**〈源氏・帚木〉「衣のおとなひ**はらはらと**して」訳衣ずれの音が**さらさらと**して。

❸物の壊れたり砕けたりする音。〈今昔・二〇・一〇〉「（猪が）石を**はらはらと**（＝ばりばりと）食へば」

❹物の焼けてはぜる音。〈徒然・六九〉「焚かるる豆殻の**はらはらと**鳴る音は」訳燃やされる豆殻が**ぱちぱちと**鳴る音は。

❺**髪などがきれいにそろって垂れかかるさま。**〈源氏・若菜下〉「紅梅の御衣に、御髪のかかり**はらはらと**清らにて」訳（明石の女御は）紅梅襲のお召し物に、御髪のかかり具合が**はらはらと**気品のある美しさで。

❻気をもむさま。〈浮世風呂〉「手をあてて、**はらはら**する体」訳手をあてて、**はらはら**するようす。

はらひ【祓ひ】名「はらへ①」に同じ。

はら・ふ【払ふ・掃ふ】他ハ四 {は・ひ・ふ・ふ・へ・へ} ❶とり除く。**除き去る。はたいて除く。**掃除する。〈細道・出発まで〉「去年の秋、江上の破屋にくもの古巣を**はらひ**用て」訳去年の秋、（隅田）川のほとりのあばら家に（帰り）、くもの古い巣を**はたき除い**て。

❷**追い払う。**先払いをする。〈落窪〉「帯刀さきに立ちて、道なる人々**はらふ**終」訳帯刀は先頭に立って、路傍にいる人々を**追い払う**。

❸**賊を討伐する。**平定する。〈万葉・一九・四二五四〉「天降り坐し**はらひ**用平げ」訳天下りなされ（国中の）**賊を討伐して**平定し。

はら・ふ【祓ふ】他ハ下二 {へ・へ・ふ・ふる・ふれ・へよ} 神に祈って、罪・けがれ・災いなどを取り除く。おはらいをする。〈万葉・一七・四〇三一〉「中臣の太祝詞言ひ**祓へ**用贖ふ命も誰がために汝」訳中臣（＝祭祀をつかさどる氏族）のりっぱな祝詞を言って**不浄を祓い**、酒を捧げて長い命を願うのも誰のためであろうか、あなたのためである。

はらへ【祓へ】名 ❶「はらひ」とも。神に祈って罪・けがれを清め、災いを除くこと。また、その行事。〈源氏・賢木〉「桂川にて、御**祓へ**し給ふ」訳桂川で、（斎宮は出立前の）お**祓い**をしなさる。

❷罪ある者につぐないとして品物を出させたり、刑を科したりすること。また、その品物や刑。

はら-まき【腹巻】名 歩兵が用いた軽便な鎧。腹に巻き、背で合わせるようにしたもの。中世以降、上級武士も用いた。➡鎧「古文常識」

はら・む【孕む】自マ四 {ま・み・む・む・め・め} ❶みごもる。妊娠する。〈落窪〉「いつしかといふやうに**はらみ**用給へれば」訳（北の方が）早くもというように**妊娠し**なさったので。

❷草木の穂が出ようとしてふくらむ。〈蜻蛉・中〉「屋の軒にあててうゑさせしが、いとをかしう**はらみ**用て」訳（早苗を）家の軒下にあたるようにして植えさせたのが、たいそう趣深く（穂先が）**ふくらんできて**。

はら-め・く 自カ四 {か・き・く・く・け・け} 〔「めく」は接尾語〕❶ばらばらと音を立てる。〈蜻蛉・中〉「雨いといたう**はらめき**用て、あはれにつれづれと降る」訳雨がたいそうひどく**ばらばらと音を立て**て、しみじみともの寂しく降る。

❷ぼろぼろに破れ裂ける。〈発心集〉「紙衣なんどのいふばかりなくゆゆしげに破れ**はらめき**用たるを」訳紙で作った衣服などが言いようもなくひどい感じに破れ**ぼろぼろになっ**ているのを。

はら-わた【腸】名 腸。また、内臓。

フレーズ

腸を切・る 大笑いする。〈著聞・一三〉「満座興に入りて**腸を切り**用けるとぞ」訳その場にいた者は皆おもしろがって**大笑いし**たということだ。

腸を断・つ 〔漢語「断腸」の訓読〕**感無量である。**❶悲しさに耐えられないさまをいう。〈細道・須賀川〉「懐旧に**腸を断ち**用て、はかばかしう思ひめぐらさず」訳昔のこと（＝故事や古歌）を思う心で**感無量であっ**て、思うように（句を）工夫することができない。

❷おかしさに耐えられないさまをいう。**大笑いする。**〈著聞・二四六〉「主上・群臣も笑ひ給ひて**腸を断ち**用けり」訳天皇やおそばの者たちも笑いなさって**おかしさに耐えられなかっ**た。➡咳き上ぐ「慣用表現」

はらわた-を-き・る【腸を切る】➡腸「フレーズ」

はらわた-を-た・つ【腸を断つ】➡腸「フレーズ」

はら-を-き・る【腹を切る】➡腹「フレーズ」

はら-を-す・う【腹を据う】➡腹「フレーズ」

はり【針】名 ❶（裁縫などに使う）針。

❷「鍼」とも書く）はり治療。また、それに用いる器具。

はり-はら【榛原】名 榛の木（＝木の名）の生えている原。

播磨（はりま）《地名》旧国名。山陽道八か国の一つ。今の兵庫県南西部。播州。

はり-みち【墾道】名 新しく切り開いた道。新道。〈万葉・一四・三三九九〉「信濃路は今の**墾道**刈株に足踏ましむな履はけわが背」訳➡しなぬぢは… 和歌

はる【春】名 ❶四季の一つ。陰暦一月から三月までの季節。〈古今・春上〉「**春**たてば花とや見らむ白雪のかかれる枝に鶯の鳴く」訳**春**になるので、花と見まちがえているのであろうか。白雪が降りかかった枝で、鶯が鳴いているよ。

❷新年。〈徒然・一九〉「公事ども繁く、**春**の急ぎにとり重ねて催し行はるるさまぞ、いみじきや」訳さまざまな朝廷の政務・儀式が頻繁で、（それが）**新年**の準備と併せて挙行し行われるようすは、すばらしいものだよ。

フレーズ

春立・つ 春になる。立春になる。〈古今・春上〉「袖ひ

ちてむすびし水のこほれるを**春立つ**㊍けふの風やとくらむ」訳→そでひちて…和歌

春の七草→ななくさ③

は・る【張る】

一 自ラ四〔ら・り・る・る・れ・れ〕❶一面に広がる。〈平家・九・木曽最期〉「正月二十一日、入り相ばかりのことなるに、薄氷は**はっ**㊊(促音便)たりけり」訳陰暦正月二十一日の夕暮れごろのことであるうえに、(田には)薄い氷が**一面に張っ**ていた。

❷**芽が出る。**芽ぐむ。〈万葉・九・一七〇七〉「山背の久世の鷺坂神代より春は**はり**㊊つつ秋は散りけり」訳山背の国(京都府)の久世の鷺坂では神代の昔から、春は(草木が)**芽を出し**ては、秋は散ってきた。

❸**気負う。張り合う。**〈源氏・真木柱〉「いとさがなげににらみて**はり**㊊居たれば、わづらはしくて」訳(近江の君は)いかにも意地悪そうににらみつけて**がんばっ**ていたので、(女房たちは)困って。

二 他ラ四〔ら・り・る・る・れ・れ〕❶**広げる。**のべわたす。**ひっぱる。**〈万葉・三・二八九〉「天の原ふりさけ見れば白真弓**張り**㊊てかけたり夜路は吉けむ」訳大空をふり仰いで見ると、白木の真弓(=檀の木で作った弓)を**張っ**て(空に)かけ(たように月が白くかかっ)ている。(この状態ならば)夜道はよいことだろう。

❷紙や布をのりなどでとり付ける。洗い張りをする。〈枕・三六〉「朴(=朴の木の骨)に紫の紙**はり**㊊たる扇」

❸設ける。しかける。〈記・中〉「宇陀の高城に鴫罠**張る**㊎」訳宇陀(=大和の国の地名)の山城に鴫を取るわなを**しかける**。

❹(気持ちを)緊張させる。〈太平記・一七〉「おのおの気を**張り**㊊心を専らにして、攻め戦ふこと片時もたゆまず」訳めいめいが気を**引きしめ**心を集中して、攻め戦うことはちょっとの間も油断がない。

❺うつ。なぐる。

❻金をかけて勝負する。

は・る【晴る】

自ラ下二〔れ・れ・る・るる・るれ・れよ〕❶天気がよくなる。晴れる。〈伊勢・六七〉「あしたより曇りて、昼**晴れ**㊊たり」訳朝から曇って、昼に**天気がよくなっ**た。

❷**心が晴れる。**〈源氏・松風〉「思ひむせべる心の闇も**晴るる**㊍やうなり」訳(今まで)物思いで胸がつまっていた心の闇も**晴れる**ようである。

❸ひらけている。広々となる。〈方丈・三〉「谷しげけれど、西**晴れ**㊊たり」訳谷は草木が茂っているけれども、西のほうは**ひらけ**ている。

は・る【墾る】

他ラ四〔ら・り・る・る・れ・れ〕田・畑・道などを新しく作る。開墾する。〈万葉・一〇・二二四四〉「住吉の岸を田に**墾り**㊊蒔きし稲」訳住吉の岸を田に**開墾して**蒔いた稲。

はる【遥】

形動ナリ〔なら・なり(に)・なり・なる・なれ・なれ〕はるかに遠いさま。はるばると開けているさま。〈古今・雑上〉「紫の色こき時はめも**はるに**㊊野なる草木ぞわかれざりける」訳→むらさきの…和歌

はる-あき【春秋】

名❶春と秋。

❷年月。また、年齢。〈方丈・三〉「また五かへりの**春秋**をなん経にける」訳また五年の**歳月**を経てしまった。

はる-か【遥か】

形動ナリ〔なら・なり(に)・なり・なる・なれ・なれ〕❶時間的・空間的に**隔たっているさま。**〈枕・一〇七〉「ゆくすゑ**はるかなる**㊍もの　…産まれたるちごの大人になるほど」訳これから先が**はるかに遠い**もの、…生まれた(ばかりの)あかごが大人になる(までの)間。

❷**気持ちがそのことから離れているさま。気が進まないさま。**疎遠である。〈源氏・桐壺〉「大床子の御膳などは、いと**はるかに**㊊おぼしめしたれば」訳(桐壺帝は)大床子の御膳(=天皇の正式の食事)などは、まったく**食べる気のおこらないものと**お思いになっているので。

❸程度がはなはだしいさま。〈徒然・六五〉「この比の冠は、昔より**はるかに**㊊高くなりたるなり」訳最近のかんむりは、昔より**はなはだしく**(丈が)高くなっているのである。

はるか・す【晴るかす】

他サ四〔さ・し・す・す・せ・せ〕(思いを)晴らす。晴れ晴れとさせる。〈伊勢・九五〉「おぼつかなく思ひつめたること、すこし**はるかさ**㊌む」訳もどかしく思いつめている気持ちを、少し**晴らそ**う。

はる・く【晴るく】

他カ下二〔け・け・く・くる・くれ・けよ〕❶**晴らす。**さっぱりさせる。〈更級・初瀬〉「いと恐ろしう深き霧をも少し**はるけ**㊌むとて」訳ひどく恐ろしく深い霧をも少し**晴らそう**(=晴れるのを待とう)と思って。

❷**払いのぞく。**掃除する。〈源氏・総角〉「岩がくれに積もれる紅葉の朽ち葉すこし**はるけ**㊊」訳岩陰に積もっている紅葉の腐った落ち葉を少し**払いのぞき**。

はる-け・し【遥けし】

形ク〔(から)・く(かり)・し・き(かる)・けれ・かれ〕❶(空間的に)非常に遠い。ひどく離れている。〈源氏・玉鬘〉「少弐、任はてて上りなむとするに、**はるけき**㊍ほどに」訳少弐(=大宰府の次官)は任期が終わって(京に)なんとか上ろうとするが、(京までは)**非常に遠い**道のりのうえに。

❷(時間的に)ずっと遠い。ひさしい。はるかである。〈古今・物名〉「人目ゆゑのちにあふ日の**はるけく**㊊はわがつらきにや思ひなされむ」訳人目をはばかるために、この後に逢う日が**はるか先になっ**たら、私が薄情なためだと思いこまれるのであろうか。(「あふ日」に「葵」、「わがつらき」に「桂」を詠みこむ)

❸(心理的に)遠く隔たっている。心が遠く離れている。〈古今・恋五〉「もろこしも夢にみしかば近かりき思はぬ仲ぞ**はるけかり**㊊ける」訳(遠い)唐土(=中国)も夢に見たので近かった。愛し合わない(二人の)仲は(はるかに)**遠く離れ**たものだったよ。

はるさめや…俳句

春(切れ字)

春雨や　小磯の小貝　ぬるるほど　〈蕪村句集・蕪村〉

訳(絹糸のような)春雨が音もなく降りだした。小さな磯の砂浜に散らばっている小貝が(つつましくもあでやかに)濡れるほどに。

はる-さ・る【春さる】

自ラ四〔ら・り・る・る・れ・れ〕(「さる」はその時が近づく、くるの意)春になる。春がやってくる。〈万葉・一・一六〉「冬ごもり**春さり**㊊来れば鳴かざりし鳥も来鳴きぬ」訳**春がやってて**くると、(今まで)鳴かなかった鳥も来て鳴いた。(「冬ごもり」は「春」にかかる枕詞)

はるすぎて… 和歌

春過ぎて　夏来たるらし　白栲の　衣ほしたり　天の香具山
〈万葉・一・二八・持統天皇〉

訳 春が過ぎて、夏がやって来たらしい。真っ白な衣がほしてある。天の香具山に。（「来るらし」の「らし」は、確かな根拠に基づいて推定する助動詞。ここでは「白栲の衣ほしたり」がその根拠。「来る」は、「来至る」の転）

解説 新しい季節の到来を詠んだ歌で、山の新緑と白い衣の色彩の対比があざやかである。「白栲の」は、ふつう枕詞として用いられるが、もともと白栲は楮類の繊維で織った純白の布のこと。ここは本来の意で使っている。「小倉百人一首」「新古今集」では、次項「はるすぎて…和歌」の形でとられている。「白栲の衣」を白雲の比喩と見る説もある。

はるすぎて… 和歌《百人一首》【春過ぎて　夏来にけらし　白妙の　衣ほすてふ　天の香具山】〈新古・夏・持統天皇〉➡付録①「小倉百人一首」2

はる-た・つ【春立つ】➡春「フレーズ」

はるのうみ… 俳句

春　**春の海　終日のたり　のたりかな**　切れ字
〈蕪村句集・蕪村〉

訳 のどかな春の海。波は一日じゅうものうげに、のたりのたりとうねっていることだ。

解説 「平淡ニシテ逸ツ（＝あっさりしていてすぐれている）」と友人に賞され、蕪村自身も自信作と認めた。「のたり」の擬態語がすぐれ、太古から存在する海のイメージが出ているとの評もある。

はるのその… 和歌

春の苑　紅にほふ　桃の花　下照る道に　出で立つをとめ
〈万葉・一九・四一三九・大伴家持〉

訳 春の庭園の紅に美しく輝いている桃の花、その花の色が美しく照り映えている道に出で立つ乙女よ。

解説 「下照る」は、花の色などであたりが美しく照り映える意。明るい色彩に満ちた夢幻的な情景である。

はる-の-ななくさ【春の七草】➡ななくさ③

はるののに… 和歌

春の野に　霞たなびき　うら悲し　この夕かげに　うぐひす鳴くも
〈万葉・一九・四二九〇・大伴家持〉

訳 春の野に霞がたなびいていて、（私の）心はもの悲しい。この夕暮れの光の中で、うぐいすが鳴いているよ。

解説 「うら悲し」を「この夕かげ」にかかるとみる説もある。「たなびき」は、春の野の実景であろうが、作者の思い沈んでいる心理を暗示しているとみる。

はるののに… 和歌

春の野に　すみれ摘みにと　来し我れぞ　野をなつかしみ　一夜寝にける
〈万葉・八・一四二四・山部赤人〉

訳 春の野にすみれを摘みにとやって来た私は、野が去りがたいので、一晩泊まってしまったことだ。（「野をなつかしみ」の「み」は原因・理由を表す接尾語。「…を…み」の形で「…が…ので」の意）

解説 「すみれ」は、その花を春の菜として食用に供するために摘む。「なつかし」は、そのものに心がひかれて離れがたい気持ちをいうのが原義。

はるのよの… 和歌

春の夜の　やみはあやなし　梅の花　色こそ見えね　香やはかくるる
〈古今・一・春上・四一・凡河内躬恒〉

訳 春の夜の闇というものは、道理をわきまえないものだ。梅の花は、花の色こそ見えないけれども、その香りは隠れようか（いや、隠れはしない）。（「こそ…ね」は係り結びで、ここは強調逆接となって下に続いていく。「ね」は、打消の助動詞「ず」の已然形。「やは」は、反語の係助詞）

解説 春の夜を擬人化して、筋のたたない意地悪をしているとたとえた。夜の闇によってたしかに花の姿は見えなくなるが、香りは隠れないのだから、それでは梅を隠したことにならないというのである。

はるのよの… 和歌

春の夜の　夢の浮き橋　とだえして　嶺にわかるる　横雲の空
〈新古・一・春上・三八・藤原定家〉

訳 春の夜のはかない夢がふととぎれて、（目がさめてみると）たなびく雲が山の峰からわかれ、ただよいはじめている曙の空だよ。

解説 「夢の浮き橋」は「源氏物語」の最終巻の名に着想を得たもの。「浮き橋」には頼りなく揺れ動く不安定なイメージがある。雲が山の峰からわかれるのは、明け方の空のようすをいうが、「風吹けば嶺にわかるる白雲のたえてつれなき君が心か（＝全く薄情なあなたの心であるよ）」〈古今・恋二〉や、「文選」の朝雲暮雨の故事をふまえ、恋の雰囲気をかもし出す。あやうさと美しさが微妙に交錯した「新古今集」を代表する名歌。また、定家の妖艶美の理念の見本ともされる。

はるのよの… 和歌《百人一首》【春の夜の　夢ばかりなる　手枕に　かひなく立たむ　名こそ惜しけれ】〈千載・雑上・周防内侍〉➡付録①「小倉百人一首」67

はる-ばる【遥遥】一 副 道のりの遠いさま。はるかに遠くまで。〈伊勢・九〉「唐衣きつつなれにし妻しあれば**はるばる**きぬる旅をしぞ思ふ」訳➡からころも…和歌
二 形動ナリ｛なら・なり（に）・なり・なる・なれ・なれ｝遠く広く続いているさま。はるかにずっと。広々と。〈土佐〉「松原、目も**はるばるなり**終」訳 松原が目の届く限り**はるかにずっと続いている**。

はる-ひ【春日】名 春の日。春の一日。春

はる-び【腹帯】名「「はらおび」の転」「はろび」とも。鞍を固定させるために、馬の腹にする帯。➡鞍

はる-べ【春べ】名〔古くは「はるへ」〕春。春のころ。〈古今・仮名序〉「難波津に咲くやこの花冬ごもり今は春べと咲くやこの花」訳→なにはづに…（和歌）

はれ【晴れ】名❶晴れること。晴天。❷広々とした場所。〈源氏・須磨〉「ゐ給へる御さま、さる晴れに出でて、言ふよしなく見え給ふ」訳（座に）座っていらっしゃる（光源氏の）ごようすは、そのような（海辺の）広々とした場所に出て、言いようもなく（美しく）お見えになる。❸晴れがましいこと。表向き。正式。〈徒然・一九一〉「ことにうち解けぬべき折節ぞ、褻・晴れなくひきつくろはまほしき」訳ことに気を許してしまいそうなときには、ふだんと正式との区別なくきちんと身だしなみを整えていたいものである。対褻

はれ 感❶驚き、また感嘆した時に発する語。ああ。やれ。まあ。〈浄・八百屋お七〉「はれいたいけな発明な、娘の子ぢゃ」訳やれかわいらしい賢い、娘子（＝娘）だ。❷歌謡などの中間や終わりに、調子をとるためさし入れるはやしことば。〈催馬楽〉「あな尊と今日の尊さや昔もはれ昔も斯くやありけむや」訳ああ尊いことよ。今日の尊さよ。昔も、ああ、昔もこのようであったのだろうかよ。

はろ-ばろ【遥遥】形動ナリ〔なら・なり(に)・なり・なる・なれ・なれ〕「はろはろ」とも。遠く隔たっているさま。はるばる。〈万葉・一二・三一七一〉「難波潟漕ぎづる舟のはろばろに別れ来ぬれど忘れかねつも」訳難波潟を漕ぎ出る舟のように、はるばると別れて来たけれど、（妻のことを）忘れることができないことよ。（第二句までは「はろばろ」を導き出す序詞）

は-をく【破屋】名こわれかけた家。あばら家。〈細道・出発まで〉「江上の破屋に蜘の古巣をはらひて」訳（隅田）川のほとりのあばら家に（帰り）、くもの古い巣をはたき除いて。

はん【判】名❶判断。特に、歌合わせなどの勝負の判定。〈源氏・絵合〉「この判つかうまつり給ふ」訳この（絵合わせの勝負の）判定を（蛍兵部卿の宮が）お務め申しあげなさる。❷書き判。花押。

-ばん【番】接尾（数詞に付いて）順序・等級、勝負の組み合わせなどを表す語。〈源氏・宿木〉「三番に数一つ負けさせ給ひぬ」訳（今上帝は薫との）三番勝負に一番お負け越し（＝二敗）になられた。

ばん【番】名❶順番。また、当番。❷警護。番人。〈竹取・かぐや姫の昇天〉「母屋の内には、嫗どもを番にをりて守らす」訳母屋の中では、嫗たちを見張り番において守らせる。❸勝負を争う組。

ばん【盤】名❶皿などの食器類。❷食器などをのせる台。膳。❸すごろく・碁・将棋などの台。

はん-か【反歌】名長歌の終わりに詠み添える短歌。長歌の意を要約したり、またその意を補ったりするもの。「万葉集」に例が多い。返し歌。

ばん-か【挽歌】名❶葬送のとき、棺をのせた車を挽く者が歌う歌。❷「万葉集」の部立ての一つ。人の死を悲しみ悼む歌。「古今集」以降の「哀傷」にあたる。

はん-ぎ【板木・版木】名印刷するために、文字や絵などを彫った木の板。

ばん-き【万機】名政治上の、多くの重要な事柄。天下の政治。

はんごん-かう【反魂香】名たくと、死者の魂を呼び返してその姿を煙の中に現すという想像上の香。
参考 漢の武帝が、李夫人の死後に魂を呼び返そうとして香をたき、その面影を見たという故事による。

はん-ざ【判者】名「はんじゃ」に同じ。

はん-ざふ【半挿】名湯や水をつぐのに用いる器具。注ぎ口の柄が半分、器の中に挿しこまれているのでいう。

（はんざふ）

はん-し【判詞】名歌合わせ・句合わせなどで、判者が優劣を判定することば。

はん-じゃ【判者】名「はんざ」とも。歌合わせ・句合わせなどで、作品の優劣を判定する人。審判。

ばん-じょう【万乗】名（中国周代、天子は戦時に乗（＝兵車）一万を出す制であったことから）天子の位。天皇。〈平家・灌頂・六道之沙汰〉「いま万乗のあるじと生まれさせ給へども」訳今（この世に）天皇という主君としてはお生まれになられているが。

ばん-ぜい【万歳】一名❶万年。また、いつまでも生きること。めでたいこと。〈平家・六・紅葉〉「ただこの君千秋万歳の宝算をぞ祈り奉る」訳ただこの君（＝高倉天皇）の千年万年もの御寿命をお祈り申しあげる。❷貴人の死をいう語。〈太平記・三〉「万歳の後の御事、よろづ叡慮に懸かり候はんことをば」訳ご逝去の後の御ことで、何かと御心にかかっていますようなことを。
二感めでたいことを祝って叫ぶ声。ばんざい。〈曽我物語〉「勝鬨をつくりて、万歳のよろこびをぞとなへける」訳かちどきの声をあげて、ばんざいの歓声をあげた。

ばん-そう【伴僧】名法会・葬式・修法などで導師に従う僧。また、葬儀の列に従う僧。

ばんだい-ふえき【万代不易】名永遠に変化しないこと。〈三冊子〉「師の風雅に万代不易あり」訳先生（＝芭蕉）の俳諧には永遠に変化しない理念がある。

はん-てん【半天】名空の中ほど。中空。〈銀河の序〉「銀河半天（＝中空）にかかりて、星きらきらと冴えたるに（＝冴えている上に）」

ばん-どう【坂東】名（今の静岡県と神奈川県の境にある足柄の坂の東という意から）関東地方。東国。

はん-ぴ【半臂】名束帯のとき、袍の下に着た、袖のない短い衣。

はんべ・り【侍り】自ラ変〔ら・り・り・る・れ・れ〕「はべり」（自ラ変）に同じ。「はむべり」とも表記。参考「はべり」の「べ」の前にあった鼻音mが表記されたものという。

はんべ・り【侍り】補動ラ変〔ら・り・り・る・れ・れ〕「はむべり」とも表記。「はべり」（補動ラ変）に同じ。→侍り（自ラ変）参考

ひ ヒ

ひ【日】名〔原義は太陽〕❶太陽。また、(太陽のある)日中。日光。〈新古・春上〉「なごの海の霞のまよりながむれば入る日をあらふ沖つ白波」訳なごの海(＝地名)の(上にたなびいている)霞の切れ間からながめると、今沈もうとする太陽を洗っている(ように見える)沖の白波よ。❷(時間の単位としての)日。一日。一昼夜。〈万葉・一八・四一二三〉「雨降らず日の重なれば」訳雨が降らずに日が重なるので。❸時期。おり。時代。〈万葉・二・二〇九〉「黄葉の散りゆくなへに玉梓の使ひを見れば逢ひし日思ほゆ」訳→もみちばの…和歌 ❹天候。天気。空模様。〈土佐〉「日悪しければ、船出ださず」訳天候が悪いので、船を出さない。❺太陽の神としての天照大御神。また、その子孫と考えられた天皇・皇子。〈万葉・一・四五〉「やすみしし吾が大王高照らす日の皇子」訳わが大君、天照大御神の子孫である皇子(＝軽皇子)は。(「やすみしし」は「吾が大王」に、「高照らす」は「日」にかかる枕詞)

フレーズ

日に異に 日ましに。日ごとに。〈万葉・一〇・二二九五〉「わが屋戸の葛葉日にけに色づきぬ」訳わが家の庭先の葛の葉が日ましに色づいてきた。

日に添へて 日ましに。日ごとに。〈竹取・燕の子安貝〉「人の聞き笑はむことを日に添へて思ひ給ひければ」訳(中納言は)人が(この話を)聞いて笑うであろうことを日ましにお思いになったので。

日の経 東。また、東西とも。対日の緯

日の初め ❶事件の最初の日。当初。❷元日。

日の御子 天皇、また、皇子を敬って言う語。⬇

日の緯 西。また、南北とも。対日の経

御門「慣用表現」

ひ【火】名❶燃える火。ほのお。火炎。〈記・中〉「さねさし相模の小野に燃ゆる火の火中に立ちて問ひし君はも」訳→さねさし…歌謡 ❷あかり。ともしび。灯火。〈徒然・一〇四〉「火はあなたにほのかなれど」訳ともしびは(部屋の)向こうのほうにほんのり明るい(程度である)が。❸炭火。〈枕・一〉「いと寒きに、火などいそぎおこして、炭もてわたるもいとつきづきし」訳ひどく寒い朝に、火などを急いでおこして、炭火を持って(廊下を)通っていくのも(冬の早朝に)とても似つかわしい。❹火災。火事。〈徒然・五九〉「近き火などに逃ぐる人は『しばし』とや言ふ」訳近所の火事などで逃げ出す人は「しばらく(待ってみよう)」と言うか(いや、言いはしない)。❺のろし。〈太平記・一五〉「城の中へ懸け入って、先づ合図の火をぞあげたりける」訳(新田の軍勢は)城の中へ攻め入って、まず合図ののろしをあげたのだった。

フレーズ

火危ふ・し 宮中や貴族の家で、夜番が巡回するときに警戒を呼びかける語。火の用心の意。〈源氏・夕顔〉「弓弦いとつきづきしく打ち鳴らして、『火危ふし㊎』といふ」訳(滝口の武士が、鳴弦のための)弓の弦をたいそう似つかわしく打ち鳴らして、「火の用心」と言いながら。

ひ【氷】名❶こおり。「氷水」「氷室」「薄氷」❷雹。氷雨。〈うつほ・吹上下〉「礫(＝小石)のやうなる氷降り」

ひ【非】名❶道理に合っていないこと。あやまり。不正。〈徒然・一五七〉「卒爾にして多年の非をあらたむることもあり」訳突然長年のあやまりを改めることもある。❷欠点。短所。〈徒然・一六七〉「一道にも誠に長じぬる人は、みづから明らかにその非を知る故に」訳一つの専門の道にも真に熟達した人は、自分ではっきりと自分の欠点を知っているために。❸不利な立場にあること。〈浄・曽根崎心中〉「言ふほどおれが非に落ちる」訳(ものを言えば)言うほどおれが不利な立場におちいる。❹価値がないこと。実在しないもの。〈徒然・三八〉「万事は皆非なり」訳すべてのことは皆実在しないものである。

ひ 上代の助動詞「ふ」の連用形。

ひ-あふぎ【檜扇】名 檜や杉の薄い板をつづって作った扇。とじ糸は白い絹糸。公卿が衣冠や直衣を着けたとき、笏(しゃく)に代えて持った。のちには、貴婦人用の衵扇をもいった。

(ひあふぎ)

ひ-あやふ・し【火危ふし】⬇火「フレーズ」

ひいきめに… 俳句

ひいき目に　見てさへ寒し　影法師　〈七番日記・一茶〉

冬　切れ字

訳どんなにひいき目に見ても、われながら寒々として貧相であることよ。私の影法師は。(切れ字の「し」は、形容詞の終止形活用語尾)

解説「自像」と前書き。「見てさへ寒きそぶりかな」「見てさへ寒き天窓哉」などの別案もある。

日向(ひうが)《地名》旧国名。西海道十二か国の一つ。今の宮崎県。向州。日州。

ひ-うち【火打ち・燧】名 火打ち石と火打ち金とを打ち合わせて、火を出すこと。また、その道具。

ひうち-げ【火打ち笥】名 火打ち石など、発火用具を入れておく箱。火打ち箱。

ひえ 名❶【比叡】「比叡山」の略。❷【日吉】比叡山の東麓、今の滋賀県大津市坂本にある日吉神社。比叡山の守護神として朝廷の尊崇が厚かった。院政時代、延暦寺の法師は、しばしば、この社の御輿をかつぎ出して朝廷に強訴した。

比叡山(ひえいざん)❶《地名》今の京都府と滋賀県との境にある山。山上に天台宗の総本山、最澄の開山し

た延暦寺がある。古くから王城鎮護の霊山とされた。比叡。叡山。山。北嶺。

❷延暦寺の山号。

稗田阿礼（ひえだのあれ）《人名》(生没年未詳)飛鳥時代の語り部の舎人。記憶力にすぐれ、天武天皇の命で「帝紀」や「旧辞」を誦習し、和銅五年(七一二)、太安万侶はこれによって「古事記」を編んだ。

ひお〖氷魚〗⬇ひを

ひおけ〖火桶〗⬇ひをけ

ひおどし〖緋縅〗⬇ひをどし

ひおむし〖蜉〗⬇ひをむし

ひ-か【非家】名「ひけ」とも。その道の専門家でない人。しろうと。〈徒然・一八七〉「万の道の人、たとひ不堪なりといへども、堪能の非家の人に並ぶ時、必ずまさることは」訳あらゆる方面の専門家が、たとえへたであるといっても、器用であるがその道の専門家でない人と並んで行うときに、必ずすぐれていることは。

ひが-【僻】接頭(名詞に付いて)道理に合わない、まちがっている、また、ひねくれている、の意を表す。

「ひが覚え」「ひが聞き」「ひが事」

ひが-おぼえ【僻覚え】名 事実とちがって覚えること。**記憶ちがい。**〈枕・二三〉「ひが覚えをもし、忘れたるところもあらばいみじかるべきことと」訳(「古今集」の歌について)記憶ちがいをしていたり、忘れたところでもあったりしたらたいへんなことだろうと。

ひ-がき【檜垣】名 檜の薄い板を、網代のように斜めに編んで作った垣根。身分の低い人の家の外構えなどに用いられた。

ひが-ぎき【僻聞き】名「ひがきき」とも。聞きちがい。〈著聞・七二〉「もしひが聞きかと人をかへて聞かするに」訳もしや聞きちがいかと人を替えて聞かせると。

ひ-かげ【日陰・日蔭】名 ❶日光の当たらない所。❷世間から顧みられない境遇。世に埋もれていること。〈後撰・雑二〉「日陰に生ふる身をいかにせむ」訳世間から顧みられない境遇に生きる(わが)身をどうしたらよいのだろう。

❸「日蔭の蔓」の略。

ひ-かげ【日影】名 ❶**日の光。**ひざし。陽光。〈徒然・一九〉「のどやかなる日影に、垣根の草萌え出づるころより」訳のどかな日の光のもとで、垣根の草が芽を出すころから(だんだん春めいてくる)。

❷**太陽。**〈細道・象潟〉「日影ややかたぶくころ」訳太陽もようやく西に傾くころ。

最重要330 250

ひが-こと【僻事】名

ガイド 「ひが」は、「僻耳」「僻目」「僻む」「僻僻し」など、間違えている、道理に合わないの意。

❶**まちがい。あやまり。あやまち。**

例いかでなほ少しひがこと見つけてを止まむ〈枕・二三〉

訳なんとかしてやはり少しでもまちがいを見つけてね、(そこで)終わりにしよう。

例鶴をかひ給ひけるゆゑにと申すはひがことなり〈徒然・二三三〉

訳鶴をお飼いになったために(田鶴の大臣殿)と申し上げる(という)のはあやまりである。

❷**道理にはずれた行為。不都合なこと。悪事。**

例盗人を縛しめ、ひがことをのみ罪せんよりは〈徒然・一四二〉

訳どろぼうを捕らえてしばり、悪事だけを処罰するようなことよりは(よい政治を行いたいものだ)。

ひかげ-の-かづらカズラ【日蔭の蔓・日蔭の鬘・日蔭の葛】名 ❶しだ植物の名。茎はつる状で常緑。神事に用いられた。

❷大嘗祭・新嘗祭りなどの神事のとき、冠の左右に掛けて垂らすもの。青または白の組み糸で作る。もとは、①を用いたという。

心葉

(ひかげのかづら②)

ひが-ごころ【僻心】名 **思いちがいした心。**誤解した心。また、**ひねくれた心。**〈源氏・行幸〉「『またいかなる御譲りあるべきにか』など、ひが心を得つつ」訳「(実権を内大臣に譲った光源氏から)またどのようなお譲りがあることだろうか」などと、思いちがいの想像を皆が心に抱いて。

ひが-こと【僻事】名 ⬇上 250

ひ-がさ【檜笠】名 檜を薄くはいで作った網代笠。晴雨兼用した。檜笠。

ひが-ざま【僻様】形動ナリ{なら・なり(に)・なり・なる・なれ・なれ}事実とちがっているさま。道理にそむくさま。〈源氏・藤袴〉「御心ざしを、ひがざまに用こそ人は申すなれ」訳(玉鬘を数年来育ててきた光源氏の)御情愛に対して、変なふうに、(世間の)人は(あれこれうわさし)申し上げているそうだ。

ひかさ・る【引かさる】自ラ下二{れ・れ・る・るる・るれ・れよ}心が引かれる。ほだされる。〈源氏・夕顔〉「あやしう短かりける御契りに引かされ用て、我も世にえあるまじきなめり」訳不思議に短かった(亡き夕顔との)御縁に引かれて、私(=光源氏)もこの世に生きていられそうもないようである。

ひがし【東】名 ❶方角の名。東。

❷東から吹く風。東風。こち。〈更級・竹芝寺〉「東ふけば

西になびくを見て」訳 東風が吹くと(ひしゃくが)西になびくのを見て。❸(京都や大坂に対して)鎌倉や江戸。関東。
参考「ひむがし」→「ひんがし」→「ひがし」と転じた語。

ひがし-の-きゃう(キヨウ)【東の京】名「さきゃう」に同じ。対 西の京

ひがし-の-たい【東の対】名「ひんがしのたい」に同じ。対 西の対

ひがひが・し【僻僻し】形シク ➡右 251

最重要330

251

ひがひが・し

【僻僻し】形シク{しから・しく(しかり)・し・しき(しかる)・しけれ・しかれ}

ガイド 間違えている、道理に合わないの意の「ひが」を重ねて形容詞化した語。語幹に繰り返しをもつ形容詞は必ずシク活用になる。

❶ **ひねくれている。素直でない。**
情趣を解さない。

例 君のかうまめやかにのたまふに、聞き入れざらむも**ひがひがしかる**㊍べし〈源氏・末摘花〉
訳 君(=光源氏)がこのように誠実におっしゃるのに、聞き入れないとしたら、それも**ひねくれている**(ようにみえる)にちがいない。

例 この雪いかが見ると、一筆(ひとふで)のたまはせぬほどの、**ひがひがしから**㊍ん人の仰(おほ)せらるること、聞き入るべきかは〈徒然・三一〉
訳 (今朝の)この雪をどのように見るかと、(手紙に)一言もおっしゃらない程度の、**情趣を解さない**ような人のお命じになることを、聞き入れることができようか(いや、できはしない)。

❷ **ふつうでない。調子がおかしい。**
変だ。

例 年ごろかく埋(む)もれて過ぐすに、耳なども少し**ひがひがしく**㊊なりにたるにやあらむ〈源氏・若菜下〉
訳 (私=光源氏は)長年このように世間から引きこもって暮らしているので、(音楽を聴く)耳などもいくらか**変に**なってしまっているのであろうか。

語感実感
誰もが足をとめる美しい桜の木の前を、見向きもせずに素通りしてしまうような、情緒のない感じ。

ひか・ふ(ヒカ(コ)ウ)【控ふ】━ 自ハ下二{へ・へ・ふ・ふる・ふれ・へよ} ❶**とどまり待っている。待機する。**〈平家・九・木曾最期〉「『最後のいくさしてみせ奉らん』とて、**控へ**㊊たるところに」訳 (巴御前(ともえごぜん)が)「最後の戦いをしてお見せ申しあげよう」と言って、(馬をとめて)**待っ**ているところに。❷**そばにいる。**傍らに控える。〈落窪〉「かの物縫ひし夜**控へ**㊊たりけるはこの君なりけり」訳 あの縫い物をした夜**そばにい**たのはこの君だったのだなあ。➡次ページ「古文常識」
━ 他ハ下二{へ・へ・ふ・ふる・ふれ・へよ} ❶**引きとめる。**おさえる。〈十訓・三〉「御簾(みす)より半(なか)らばかり出(い)でて、わづかに直衣(なほし)の袖を**控へ**㊊て」訳 (小式部内侍(こしきぶのないし)は)御簾から(からだ)半分ぐらい出て、ちょっと(定頼(さだより)中納言の)直衣の袖を**引きとめ**て。❷**控えめにする。見あわせる。**やめておく。〈宇治・一四・一二〉「その一事をば**控へ**㊊て、教へざりけり」訳 (唐人は)その一つのこと(=人を殺す術)は**見あわせ**て、教えなかった。

ひが-みみ【僻耳】名 **聞きちがい。**〈源氏・明石〉「山ぶしの**ひが耳**に松風を聞きわたし侍るにやあらむ」訳 山伏(のごとき私=明石(あかし)の入道)の**聞きちがい**で、松風(の音)を(娘の琴の音かと)ずっと聞いているのでございましょうか。

ひが・む【僻む】━ 自マ四{ま・み・む・む・め・め} ひねくれる。ねじける。すねる。〈源氏・蜻蛉〉「まゐらざらむも**ひがみ**㊊たるべしとおぼして」訳 (匂宮(にほうのみや)の病気見舞いに)うかがわないとしたら、それも**すね**ている(とみられる)にちがいない、と(薫(かおる)は)お思いになって。
━ 他マ下二{め・め・む・むる・むれ・めよ} 曲げる。(事実を)ゆがめる。〈源氏・少女〉「おはせましかば、かくもて**ひがむる**㊍こともなからまし」訳 (亡き太政大臣がこの世に)もしいらっしゃったとしたら、このような**筋を通さない**こともなかったであろうに。
参考 下二段活用は中世以降は用いられない。

ひが-め【僻目】名 ❶**よそ見。**わき見。〈枕・三三〉「**ひが目**しつればふと忘るるに、にくげなるは罪や得(う)らむとおぼゆ」訳 (説経は)**よそ見**をしてしまうとふっと忘れるので、(よそ見をしやすい)醜い(講師(こうじ)の)場合は

(聴聞の人々が)仏罰を受けるだろうかと思われる。❷見誤り。**見まちがい。**〈今昔・三・三〉「一人見たることならばこそひが目とも疑ふべきに」訳 一人(だけ)が見たことならば、見まちがいとも疑って当然だが。

ひが-もの【僻者】名 ひねくれ者。変わり者。

ひかり【光】名 ❶光ること。輝き。〈細道・旅立〉「月は有り明けにて光をさまれるものから」訳 月は有り明けの月で光は薄らいでいるので。(「ものから」を逆接の「ものの」の意とする説もある)❷**栄え。光栄。花形。**誉れ。〈源氏・花宴〉「かうやうの折にも、まづこの君を光にし給へれば」訳 このような(催しの)際にも(桐壺帝は)まずこの(光源氏の)君を(宮中の)花形になさっているので。❸**勢い。威光。**〈源氏・匂兵部卿〉「並びなき御光をまばゆからずもてしづめ給ひ」訳 (光源氏は)比べるものがないご威光をきわ立たないように控えめになさり。

古文常識 「ひかふ」—女房の立ち聞き

「枕草子」を書いた清少納言のような女房は、主人とその家族らの身のまわりの世話、子供たちの教育、家の中の雑用などを担当した。主人に来客があれば、主人のそばに几帳や屏風を隔ててひかえていた。主人たちの会話はよく聞こえるが、几帳や屏風を立ててあることで「聞こえていない」という暗黙の了解があり、だからこそ、清少納言は「枕草子」に周辺の出来事や人々の事情について詳しく記すことができたのである。

ひか・る【光る】自ラ四 {ら・り・る・る・れ・れ} ❶光を放つ。照る。輝く。〈竹取・かぐや姫の生ひ立ち〉「その竹の中に、もと光る㊍竹なむ一筋ありける」訳 その竹の中に、根もとが光る竹が一本あった。❷容姿や才能がすぐれて見える。光り輝く。〈源氏・紅葉賀〉「顔の色あひまさりて、常よりも光る㊠と見え給ふ」訳 (光源氏は)顔の色つやもいちだんとすぐれて、いつもよりも光り輝くと見えなさる。

光源氏(ひかるげんじ)《人名》「源氏物語」の主人公。桐壺帝と桐壺の更衣との間に生まれ、その美しさのため「光る君」と呼ばれる。源の姓を賜って臣下となるが、のち太政大臣となり、太上天皇に準ぜられる。

ひが-わざ【僻業】名 道理にはずれたこと。あやまち。まちがい。

ひ-がん【彼岸】名 ❶《仏教語》(「此岸(=この世)」に対して煩悩を川とし、その向こう岸という意から)悟りの境地。❷春分・秋分を中日とした前後七日間。また、この間に行う仏事。彼岸会。

-ひき【匹・疋】接尾 ❶獣などを数えるのに用いる語。転じて、鳥・魚・虫などにも用いる。〈今昔・二九・三六〉「馬百余疋に」訳 馬百頭余りに。❷古くは銭十文の称。のちには銭二十五文の称。〈徒然・六〇〉「かれこれ二万疋(の銭)を親芋の代金と決めて。❸布の長さの単位。一ぴきは二反。古くは四丈(=約一二メートル)、のち鯨尺五丈二尺(=約二〇メートル)の称。

訳 おおよそ二万疋を芋頭の銭と定めて」

ひき【蟇】名 ひきがえる。がまがえる。夏

ひき-【引き】接頭 (動詞に付いて)意味を強める。「引き忍ぶ」「引き違ふ」「引き繕ふ」

ひき【引き】名 ❶引くこと。率いて行くこと。導き。〈万葉・六・一〇四七〉「大君の引きのまにまに春花のうつろひ易り」訳 天皇の導きのままに、(都を)移りかわり。(「春花の」は「うつろふ」にかかる枕詞)❷特に目をかけること。引き立て。また、つて。縁故。

ひき-あはせ【引き合はせ】名 ❶鎧の右わきで胴の前とうしろとを引き合わせる所。❷手引き。仲介。紹介。導き。

ひき-い・づ【引き出づ】他ダ下二 {で・で・づ・づる・づれ・でよ} ❶引き出す。**取り出す。**〈宇治・三・一〇〉「ふところより名簿を引き出で㊞て、奉る」訳 (阿闍梨は僧正に)ふところから名札を取り出して差し上げる。❷**例として引き合いに出す。**引用する。〈源氏・桐壺〉「楊貴妃の例も引き出で㊞つべくなりゆくに」訳 楊貴妃の先例もきっと引き合いに出すにちがいなくなってゆくので。❸**事を引きおこす。**しでかす。〈源氏・澪標〉「若くいはけなきにまかせて、さるさわぎをさへ引き出で㊞て」訳 (自分=朧月夜が)未熟で幼稚であるのにまかせて、あのような騒ぎ(=光源氏の須磨退去)までも引きおこして。❹引き出物(=祝宴などで主人から客に出す贈り物)として贈る。

ひき-い・る【引き入る】━ 自ラ四 {ら・り・る・る・れ・れ} ❶引きさがる。**引っこむ。**〈枕・三〉「馬のあがりさわぐなどもいと恐ろしう見ゆれば、引き入ら㊌れてよくも見えず」訳 馬がはねあがってあばれるのなどもたいそう恐ろしく思われるので、自然と(牛車の中にからだが)引っこんでよくも見えない。❷**引きこもる。**隠遁する。〈源氏・夕霧〉「もののあはれ、をりをかしきことをも見知らぬさまにひき入り㊞」訳 (女というものは)物事の情趣や、折々の趣あることをも、(まるで)見知らぬように引きこもり。❸**控えめにする。**でしゃばらない。〈枕・八四〉「いと有心に、引き入り㊞たるおぼえはたなければ」訳 (私としては)ひどく気にかけて、控えめにしている覚えもまたないので。

❹**息が絶える。**死ぬ。〈十訓・一〇〉「死なんとしけるとき、…と、度々うたひて引き入り用にけり」訳死のうとしたときに、…と何度も歌って息が絶えたのだった。➡果つ「慣用表現」

二 他ラ下二 {れ・れ・る・るる・るれ・れよ} ❶**引きこむ。**引いて中に入れる。〈源氏・桐壺〉「門引き入るる体よりけはひあはれなり」訳(桐壺の更衣の里邸の)門内に(牛車を)引き入れるとすぐに、(邸内の)ようすは身にしみるほどしめやかである(と感じられる)。

❷(物の怪などが)**人をとりこむ。**死なせる。〈源氏・夕霧〉「例の御物の怪の引き入れ用奉る」訳いつもの御物の怪が(一条御息所を)とりこみ申しあげる。

❸(冠・烏帽子などを)かぶる。引きかぶる。〈徒然・二二五〉「白き水干に、鞘巻を差させ、烏帽子を引き入れ用たりければ、男舞とぞいひける」訳白い水干に、鍔のない短刀を(腰に)差させ、烏帽子をかぶっていたので、男舞といった。

ひき-か・く【引き掛く】 他カ下二 {け・け・く・くる・くれ・けよ} ❶掛ける。掛けてつりさげる。〈更級・竹芝寺〉「いと香ばしき物を首にひきかけ用て」訳たいそうよい香りがするものを首に掛けて。

❷おおう。かぶる。〈源氏・柏木〉「衾ひきかけ用て臥し給へり」訳(病気の柏木は)夜具をかぶって横になっていらっしゃる。

❸関係をつける。引き合いに出す。〈徒然・五六〉「己が身をひきかけ用て言ひ出でたる、いとわびし」訳(批評し合うときに)自分自身を引き合いに出して話し出したのは、実に興ざめである。

ひき-かづ・く【引き被く】カズク 他カ四 {か・き・く・く・け・け} 引きかぶる。頭からかぶる。〈今昔・二六・四三〉「衣を引きかづき用て臥しにければ(=横になってしまったので)」

ひき-かなぐ・る 他ラ四 {ら・り・る・る・れ・れ} 手荒くひきのける。勢いよくはねのける。〈源氏・帚木〉「並々の人ならばこそ荒らかにもひきかなぐら未め」訳(相手が光源氏でなく)普通の身分の者ならば、(空蟬から)手荒にもひき離すであろうが。

ひき-か・ふ【引き替ふ】カ(コ)ウ 他ハ下二 {へ・へ・ふ・ふる・ふれ・へよ} とり替える。すっかり変える。〈源氏・竹河〉「大方の有り様ひきかへ用たるやうに殿の内しめやかになり行く」訳(鬚黒亡き後)おおよそのようすをすっかり変えたように屋敷の中はひっそりとなっていく。

ひき-かへ・す【引き返す】カエス 一 他サ四 {さ・し・す・す・せ・せ} ❶**もとの状態にもどす。**〈源氏・真木柱〉「ひき返し用許さぬ気色を見せむも、人のためいとほしう」訳(話を)もとにもどし(玉鬘との結婚を)承知しないそぶりを見せるならそれも、その人(=鬚黒)のために気の毒だし。

❷反対にする。裏返す。〈源氏・須磨〉「畳ところどころひき返し用たり」訳薄縁(=ござに縁を付けた敷物)をところどころ裏返してある。

❸**くり返す。**〈源氏・宿木〉「ひき返し用ひき返し用見居給へり」訳(お手紙を)くり返しくり返しご覧になっていらっしゃる。

❹とって返す。来た方向へもどす。〈徒然・一〇六〉「馬ひきかへし用て逃げられにけり」訳(上人は)馬をとって返してお逃げになってしまった。

二 自サ四 {さ・し・す・す・せ・せ} もとの場所や状態にもどる。

ひき-きり【引き切り】 形動ナリ {なら・なり(に)・なり・なる・なれ・なれ} 性急なさま。せっかちなさま。〈源氏・夕霧〉「女のかくひききりなる体も、かへりては軽く思ゆるわざなり」訳女がこのようにせっかちなのも、かえって軽く思われることである。

ひき-ぐ・す【引き具す】 他サ変 {せ・し・す・する・すれ・せよ} ❶引き連れる。伴う。〈竹取・ふじの山〉「中将、人々引き具し用て帰りまゐりて」訳中将は、人々を引き連れて(帝のもとに)帰参して。

❷(才能などを)身に備える。〈源氏・薄雲〉「いかでかうのみひき具し用けむとおぼさる」訳(明石の君が)どうしてこれほどばかりに(琵琶の技を)身につけたのだろうと、(光源氏は)お思いにならないではいられない。

ひき-こ・す【引き越す】 他サ四 {さ・し・す・す・せ・せ} ❶上位のものをさしおいて、その上にのぼらせる。先に昇進させる。とび越えさせる。〈源氏・桐壺〉「坊定まり給ふにも、いとひき越さ未まほしう思せど」訳皇太子がお決まりになるときにも、(桐壺帝は)たいそう(第二皇子の光源氏を)先にのぼらせたいとお思いになるが。

❷うしろから前へ肩を越えさせる。〈枕・二四八〉「纓ひき越し用て顔にふたぎて往ぬるもをかし」訳纓(=冠のうしろに垂らす薄絹)を肩越しに前へまわして顔をおおって行ってしまうのもおもしろい。

ひき-こ・む【引き籠む・引き込む】 一 自マ四 {ま・み・む・む・め・め} 家に引きこもる。〈仮名・浮世物語〉「作病して引きこみ用ければ、主君大いに憎み給ひ」訳仮病を使って家に引きこもったので、主君はたいへん憎みなさり。

二 他マ下二 {め・め・む・むる・むれ・めよ} 閉じこめる。家にこもらせる。〈源氏・椎本〉「かかる山ふところに引きこめ用てはやまずもがな」訳このような(宇治の)山奥に(姫君たちを)こもらせては終わらせたくないものだなあ。

ひき-さ・す【弾き止す】 他サ四 {さ・し・す・す・せ・せ} 〔「さす」は接尾語〕(弦楽器を)途中で弾くのをやめる。〈源氏・須磨〉「われながらいとすごう聞こゆれば、弾きさし用給ひて」訳(琴の音が)われながらほんとうにもの寂しく聞こえるので、(光源氏は)途中で弾くのをおやめになって。

ひき-したた・む【引き認む】 他マ下二 {め・め・む・むる・むれ・めよ} 取りまとめる。かたづける。〈徒然・三〇〉「物ひきしたため用、散り散りに行きあかれぬ」訳荷物を取りまとめ、散り散りに別れて行ってしまう。

ひき-しの・ぶ【引き忍ぶ】 自バ四・上二 {ば・び・ぶ・ぶ・べ・べ / び・び・ぶ・ぶる・ぶれ・びよ} 〔「ひき」は接頭語〕人目を避ける。隠れる。〈源氏・葵〉「おのがどちひきしのび用て見侍らむこそ栄えなかるべけれ」訳仲間どうしで隠れて(行列を)見物しますようなことは見栄えもしないにちがいない。

ひき-しろ・ふ【引きしろふ】シロウ 他ハ四 {は・ひ・ふ・ふ・へ・へ} 〔「しろふ」は接尾語〕❶(互いに)引っぱり合う。また、強く引っぱる。〈今昔・二七・二九〉「左右の手足を取りて引きしろふ終」訳(乳母の二人が子の)左右の手足をつかんで引っぱり合う。

❷引きずる。〈徒然・一七五〉「物も着あへず抱き持ち、引きしろひ用て逃ぐる、かいとり姿のうしろ手」訳(寝坊して)着物も着終わらずに抱え持って、引きずって逃げ

る、(その)裾をつまみあげたうしろ姿や。❸引き連れる。〈平家・七・福原落〉「つぎざまの人どもはさのみ**引きしろふ**㊎に及ばねば」訳 (それより)身分の低い人たちはそれほどまで(大勢)**引き連れていくこと**もできないので。

ひき-す・う【引き据う】他ワ下二 {ゑ・ゑ・う・うる・うれ・ゑよ} 据える。**座らせる。**〈源氏・夕顔〉「隅の間の高欄にしばし**ひき据ゑ**用給へり」訳 (光源氏は)隅の間の手すりの所に(侍女の中将の君を)しばらく**座らせ**なさった。

ひき-すさ・ぶ【弾き遊ぶ】他バ四 {ば・び・ぶ・ぶ・べ・べ} (弦楽器を)気の向くままに弾く。弾き興ずる。〈源氏・須磨〉「琴を**弾きすさび**用給ひて、良清に歌うたはせ」訳 (光源氏は)琴(=七弦の琴)を**気の向くままに弾き**なさって、良清に歌を歌わせ。

ひき-すま・す【弾き澄ます】他サ四 {さ・し・す・す・せ・せ} (弦楽器などを)**みごとに弾く。**弾きこなす。〈源氏・明石〉「これは、あくまで**弾きすまし**用、心にくくねたき音ぞまされる」訳 この人(=明石の君)は、どこまでも(琴を)**みごとに弾きこなし**、奥ゆかしくねたましい(ほどその)音色はすぐれている。

ひき-たが・ふ【引き違ふ】他ハ下二 {へ・へ・ふ・ふる・ふれ・へよ} [「ひき」は接頭語] ❶違わせる。**予想・期待に反するようにする。**〈源氏・少女〉「あまり**ひきたがへ**用たる御事なり」訳 (四位の位階にすべき夕霧を六位にするとは)あまりにも**予想を裏切っ**たなさりかたである。

❷**すっかり変える。**〈紫式部日記〉「うつし心をばひきたがへ用」訳 平常の心持ちを**すっかり変え**(=平常の心持ちとはうって変わって)。

ひき-た・つ【引き立つ】他タ下二 {て・て・つ・つる・つれ・てよ} ❶**引き起こす。**立たせる。〈源氏・明石〉「御手を取りて**引き立て**用給ふ」訳 (夢の中で故桐壺院が光源氏の)御手をとって**引き起こし**なさる。

❷引いて閉じる。**しめる。**〈源氏・帚木〉「障子を**引き立て**用て」訳 (光源氏は)障子を**しめ**て。

❸(人を)**取りたてる。**目をかける。〈著聞・二九〉「重代稽古のものなりけれども、**引き立つる**体人もなかりけるに」訳 代々学問の家柄の者であったが、**取りたてる**人もなかったところに。

❹**むりに連れて行く。**〈続猿蓑・芭蕉〉「**引き立て**用てむりに舞はするたをやかさ」訳 **連れて行っ**て、むりやりに舞をさせる(=舞わされる)姿のしとやかでやさしいことよ。

ひき-つくろ・ふ【引き繕ふ】他ハ四 {は・ひ・ふ・ふ・へ・へ} [「ひき」は接頭語] ❶身だしなみを整える。物の配置などを整える。〈徒然・一九一〉「褻・晴れなく**ひきつくろは**未まほしき」訳 ふだんの時と正式の時との区別なく**身なりをきちんと整え**たいものである。

❷欠点を直す。注意をはらう。〈蜻蛉・上〉「例よりは**ひきつくろひ**用て書きて、うつろひたる菊にさしたり」訳 (和歌を)いつもよりは**注意をはらっ**て書いて、色がわりした菊にさし結んだ。

ひき-の・く【引き退く】**一** 自カ四 {か・き・く・く・け・け} しりぞく。退散する。〈保元物語〉「義朝・清盛色を失ひて**引きのき**用、所々にひかへたり」訳 (敵の勢いに)源義朝と平清盛は顔色も青ざめて**退却し**、別々に待機している。

二 他カ下二 {け・け・く・くる・くれ・けよ} しりぞかせる。引き離す。遠ざける。〈平家・三・足摺〉「取りつき給へる手を**引きのけ**用て、船をば遂に漕ぎ出だす」訳 (船に)取りつきなさっている(俊寛の)手を**引き離し**て、船をとうとう(沖へ)漕ぎ出す。

ひき-はこ・ゆ【引きはこゆ】他ヤ下二 {え・え・ゆ・ゆる・ゆれ・えよ} 着物の裾をたくし上げる。〈枕・一四四〉「**引きはこえ**用たる男児」訳 **着物の裾をたくし上げ**ている男の子。

参考 一説に、「引きはこふ」(八行下二段活用)という。

ひき-は・る【引き張る】他ラ四 {ら・り・る・る・れ・れ} 引っぱる。〈今昔・一四・二九〉「われを搦めて**引きはり**用て将て行けば」訳 私をとらえてしばって**引っぱっ**て連れて行くので。

ひき-ひき【引き引き】名・形動ナリ 「ひきびき」とも。各自が自分のしたいようにすること。思い思い。好き好き。〈山家集〉「**ひきひきに**用わがめでつると思ひける人の心やせばまくの衣」訳 **思い思いに**自分こそが(釈迦を)愛し敬ったことだと思った人の心の狭いことよ。(釈迦の没後その)衣をそれぞれが引っぱっている。(「引き引きに」は「思い思いに」の意と、「それぞれが引っぱって」の意とをかける)

ひき-むす・ぶ【引き結ぶ】他バ四 {ば・び・ぶ・ぶ・べ・べ} ❶引き寄せて結び合わせる。結ぶ。〈伊勢・八三〉「枕とて草**引き結ぶ**体こともせじ」訳 枕として草を**引き寄せて結び合わせる**こと(=旅寝)もしまい。

❷(草庵を)構える。

ひき-め【蟇目・引き目】名 矢の先に付ける鏑の一種。木製・空洞で、表面に数個の穴をあける。また、それを付けた矢。犬追物・笠懸(=馬に乗って遠くの的を射る競技)などで、射るものを傷つけないために用いた。射ると空気が穴にはいって高い音をたてるので魔よけにも用いた。

(ひきめ)

ひき-もの【引き物】名 ❶祝宴・饗応などで、主人から客へ出す贈り物。ひきでもの。

❷壁代・帳・几帳など、引きわたして、屋内の隔てにするものの総称。

ひき-もの【弾き物】名 弦楽器。琴・琵琶など。

ひき-やか【低やか】形動ナリ {なら・なり(に)・なり・なる・なれ・なれ} [「やか」は接尾語] (身分・身長・声などが)低いさま。〈今昔・三一・二二〉「その中に長**ひきやかに**用て、中にすぐれて『鳴り制せむ』といひて立ち塞がりつる男ありつ」訳 その(学生たちの)中に身長が**低く**て、中でもとりわけ(大きな声で)、「静かにしよう」と言って立ちふさがった男がいた。

ひ-きゃく【飛脚】名 ❶急ぎの知らせを遠方に届ける使い。

❷近世、手紙や金銭・貨物などを送り届けることを職業とする者。

ひき-や・る【引き破る】他ラ四 {ら・り・る・る・れ・れ} 引きやぶる。引き裂く。〈大鏡・道兼〉「御装束はらはらと**引きやり**用給ふに」訳 (福足君は)御衣装をびりびりと**引き裂き**なさるので。

ひき-や・る【引き遣る】他ラ四 {ら・り・る・る・れ・れ} 引きのける。おしやる。〈落窪〉「この向かひなる車、少し**引きやら**未せよ」訳 この向こう側にある牛車を、少し引きのけさせよ。

ひ‐きょう【比興】 名・形動ナリ ❶興味があること。おもしろいこと。〈著聞・五九〉「その由を申し上げければ、比興のさたにてやみにけり」訳その事情を申し上げたところ、おもしろいことだということで(事件の)けりがついた。❷「非興」とも書く)不合理なこと。不都合なこと。〈歎異抄〉「この条、不可説なり不可説なり。比興のことなり」訳この箇条は、とんでもないことだ、とんでもないことだ。不合理なことである。

ひき‐よ・く【引き避く】 他カ上二{き・き・く・くる・くれ・きよ}よける。さける。〈更級・初瀬〉「ひきよき用て行き過ぐるを」訳(私たちが見物に向かう群衆を)よけて通り過ぎて(初瀬の方へ)行くのを。

ひき‐わた・す【引き渡す】 他サ四{さ・し・す・す・せ・せ}❶長く引く。〈枕・二四〉「上に引きわたし用ける墨のふと凍りにければ」訳(結び文の)上に長く引いた(封じ目の)墨が(書くと)すぐに凍ってしまったので。❷一面に引き広げる。張りめぐらす。〈源氏・胡蝶〉「こなたかなた霞みあひたる梢ども、錦を引きわたせ已るに」訳こちらあちらどれも霞んでいる木々の梢は、錦を張りめぐらしたように(見えるが)。❸引っぱって、ある場所から他の場所へ行かせる。〈宇治・三・四〉「手をとりて引きわたし用つ」訳(女の)手を取って(川岸に)引っぱって渡してやった。

ひき‐ゐ・る【率ゐる】 ヒキイル 他ワ上一{ゐ・ゐ・ゐる・ゐる・ゐれ・ゐよ}❶引き連れる。〈枕・九九〉「そのわたりの家の娘など、ひきゐ用て来て」訳そのあたりの家の娘などを、引き連れて来て。❷(軍勢を)統率する。〈今昔・二・三〉「ともに軍をひきゐ用て」訳ともに軍勢を指揮して。

ひ・く【退く】 自カ四{か・き・く・く・け・け}退く。退却する。〈平家・二・逆櫓〉「よき大将軍と申すは、駆くべき所をば駆け、ひく終べき所をばひい用(イ音便)て」訳すぐれた大将軍と申すのは、進むべき場合は進み、退くべき場合は退いて。

ひ・く【引く】 他カ四{か・き・く・く・け・け}❶自分のほうへ引き寄せる。引っぱる。引きずる。引き連れる。〈徒然・五三〉「頸もちぎるばかり引き用たるに、耳鼻欠けうげながら抜けにけり」訳(かぶった鼎を)首もちぎれるほど引っぱったところ、耳や鼻は欠けて穴があくものの(とにかく法師の頭から)抜けたのだった。❷引き抜く。抜きとる。とりはずす。〈源氏・初音〉「童、下仕へなど御前の山の小松引き用遊ぶ」訳女の童(=召使の少女)や下仕えの女などが、お庭の築山の小松を引き抜いて遊ぶ。❸線をかく。〈枕・三五〉「上に引き用たりつる墨など消えて」訳(手紙の封じ目の)上に引いてあった墨(の線)などが消えて。❹長くのばして張る。張り渡す。〈徒然・一〇〉「小坂殿の棟に、いつぞや縄を引か未れたりしかば」訳(綾小路の宮が、住んでいらっしゃる)小坂殿の屋根の棟に、いつだったか縄を張り渡しなさっていたので。❺平らにならす。〈徒然・二〇七〉「亀山殿建てられんとて、地を引か未れけるに」訳亀山殿(=後嵯峨・亀山二上皇の離宮)をお建てになろうというので、土地を平らにならしなさったところ。❻(弓を)射る。〈源氏・東屋〉「琴笛の道は遠う、弓をなむいとよく引き用ける」訳(常陸の介は)琴や笛の方面にはうといが、弓をたいそう巧みに射たのであった。❼引用する。例としてあげる。〈徒然・二三二〉「父の前にて、人ともの言ふとて、史書の文を引き用たりし」訳父親の前で、人と何か話をするということで、歴史書の文句を引用していたのは。❽誘う。いざなう。〈徒然・二四〉「むさぼる心に引か未れて、自ら身をはづかしむるなり」訳しきりに執着する気持ちに誘われて、自分で自分に恥をかかせるのである。❾物を与える。贈り物・引き出物とする。〈著聞・五九〉「あるいは針、あるいは餅四、五枚などを引き用けり」訳あるいは針、あるいは餅四、五枚などを引き出物にした。❿湯を浴びる。入浴する。〈平家・一〇・千手前〉「湯殿しつらひなんどして、御湯引か未せ奉る」訳(狩野の介宗茂は)浴室を整えなどして、(平重衡に)御湯を浴びさせ申しあげる。

ひ・く【弾く】 他カ四{か・き・く・く・け・け}(弦楽器を)演奏する。〈平家・六・小督〉「この月のあかさに、君の御事おもひいでまゐらせて、琴ひき用給はぬことはよもあらじ」訳今夜の月の明るさに、君(=高倉天皇)の御事を思い出し申しあげて、琴をお弾きにならないことはよもやあるまい。

びく【比丘】 名(梵語の音訳)出家して、具足戒(=僧尼が守るべきおきて)を受けた男子。僧。対比丘尼

びくに【比丘尼】 名(梵語の音訳)出家して、具足戒(=僧尼が守るべきおきて)を受けた女子。尼。対比丘

ひ‐ぐらし【日暮らし】 名・副 一日を過ごすこと。一日じゅう。終日。〈徒然・序〉「つれづれなるままに、日暮らし硯に向かひて」訳何もすることがなく、手持ちぶさたであるのにまかせて、一日じゅう硯に向かって。

ひ‐げ【卑下】 名・自サ変・形動ナリ へりくだること。謙遜すること。〈平家・一〇・戒文〉「罪ふかければとて、卑下し用給ふべからず」訳罪が深いからといって、(自らを卑しめて)へりくだりなさってはいけない。

ひげ‐こ【鬚籠】 名 竹で編み、編み残しの端を、ひげのようにして飾りとしたかご。贈り物を入れたり、五月の節句に立てる幟に付けたりする。

(ひげこ)

ひこ【彦】 名 男子の美称。〈紀・神代〉「海幸彦」対姫

肥後(ひご)《地名》旧国名。西海道十二か国の一つ。今の熊本県。肥州。

ひこ‐じろ・ふ【引こじろふ】 ジロウ 他ハ四{は・ひ・ふ・ふ・へ・へ}「ひこしろふ」とも。強く引っぱる。引っぱって取る。〈源氏・若菜上〉「物にひきかけまつはれにけるを、逃げむと引こじろふ体ほどに」訳(猫が首の綱を)何かに引っかけからまってしまったので、逃げようとむりに引っ

ぱるうちに。

ひーごふ【非業】名《仏教語》前世の業因によらないこと。特に、寿命を全うせずに災難によって早死にすることなど。〈平家・八・法住寺合戦〉「明雲は非業の死にすべきものとはおぼしめさざりつるものを」訳 明雲（大僧正）は非業の死を遂げるはずのものとは（私＝後白河法皇は）お思いにならなかったのに。

ひこーぼし【彦星】名〔上代は「ひこほし」。男性の星の意〕七夕伝説の牽牛星にあたり、織女星の夫といわれる星。秋。〈万葉・一〇・二〇二九〉「天の河楫の音聞こゆ彦星と織女と今夕逢ふらしも」訳 天の川に（舟をこぐ）楫の音が聞こえる。彦星と織女が今夜逢うにちがいないことよ。

ひーごろ【日頃】名・副 ➡左 252

ひさ【久】形動ナリ｛なら・なり(に)・なり・なる・なれ・なれ｝時間の長いさま。久しいさま。〈万葉・三・三三一〉「月も日も変はらひぬとも久に経る三諸の山の離宮地」訳 月も日も移り変わっていったとしても、長く（変わらずに）時を経ている三諸の山の離宮の地よ。

ひーさう【秘蔵】名・他サ変〔近世には「ひざう」〕たいせつにしまっておくこと。また、そのもの。〈徒然・八八〉「『世にありがたき物には侍りけれ』とて、いよいよ秘蔵し用けり」訳「世にも珍しい物ではございますことよ」と言って、ますますたいせつにしまっておいた。

ひーざう【非常】名・形動ナリ「ひじゃう（非常）」に同じ。

びーさう【美相】名 美しい容貌。美しい姿。

ひさーかた【久方】名（枕詞「ひさかたの」から転じて）月・日をさす語。〈古今・雑下〉「ひさかたの中におひたる里なれば光をのみぞたのむべらなる」訳（ここは）月の中に生じた（木である桂という名を持った）里なので、（中宮にお仕えする私は）ただ月の光（のような中宮のお引きたて）だけを頼みにしているようだ。

ひさかたの【久方の】《枕詞》天に関係のある「天」「雨」「月」「雲」「空」「光」「夜」「都」などにかかる。〈万葉・二・一六七〉「ひさかたの天の河原に」。〈万葉・一五・三六七三〉「ひさかたの月は照りたり」。〈土佐〉「ひさかたの空こぎ渡る」

ひさかたの… 和歌《百人一首》【久方の 光のどけき 春の日に しづ心なく 花の散るらむ】〈古今・春下・紀友則〉➡付録①「小倉百人一首」33

ひさーぎ【楸・久木】名 木の名。きささげ。一説に、あかめがしわとも。

ひーさく【杓・柄杓】名〔「ひさこ」の転〕ひしゃく。

ひさ・く【販く・鬻く】他カ四｛か・き・く・く・け・け｝〔近世には「ひさぐ」〕売る。あきなう。〈徒然・一三七〉「棺をひさく体もの、作りてうち置くほどなし」訳（毎日多くの人が死ぬので）棺を売る者は、作ってそのまま置いておく間がない。

ひさ・ぐ【提ぐ】他ガ下二｛げ・げ・ぐ・ぐる・ぐれ・げよ｝〔「引き下ぐ」の転〕手にさげて持つ。引っさげる。〈今昔・二七・二九〉「大刀を提げ用て走り行きて見ければ」訳（中将が）大刀を引っさげて走って行って見たところ。

ひざーくりげ【膝栗毛】名〔膝を栗毛の馬の代用とする意〕徒歩で旅行すること。

ひさげ【提・提子】名 鉉と注ぎ口のある、なべに似た金属製の容器。水や酒などを入れてさげたり、温めたりするもの。

（ひさげ）

ひさご【瓠・匏・瓢】名〔古くは「ひさこ」〕❶植物の名。ゆうがお・ひょうたん・とうがんなどの総称。また、その果実。なりひさご。秋 ❷水などを汲む道具。ひしゃく。もと、ひょうたんの実を二つに割って用いた。

ひさし【廂・庇】名 ❶寝殿造りで、母屋の外、簀の子の縁の内側にある細長い部屋。廂の間。

最重要330

252

ひーごろ【日頃】名・副

ガイド 古文で「年・月・日」に付く「頃」は長い時間の経過を表す接尾語で①が原義。そこから、②の「近ごろ」の意や、③の「ふだん」の意も生じた。

❶ 何日かの間。数日。多くの日。

例 日ごろ経て、宮にかへり給うけり〈伊勢・八三〉

訳（惟喬親王は）幾日かたって、（京の）御殿にお帰りになった。

❷ この数日。近ごろ。このところ。

例 日ごろおこたり難くものせらるるを、やすからず嘆き渡りつるに〈源氏・夕顔〉

訳（あなた＝乳母が）このところ病気がなおりにくくいらっしゃるのを、心配して嘆き続けていたが。（「ものす」は、ここでは「いる」の意の婉曲表現）

❸ 平生。ふだん。平常。

例 日ごろ詠みおかれたる歌どものなかに、秀歌とおぼしきを百余首書きあつめられたる巻物を〈平家・七・忠度都落〉

訳 平生（忠度卿が）詠みおかれた数々の歌のなかで、すぐれた歌と思われるものを百余首書いてまとめなさった巻物を。

〈枕・一〇二〉「廂の柱によりかかりて、女房と物語などしてゐたるに」訳 廂の間の柱によりかかって、女房ととりとめのない話などをしてすわっていると。⬇寝殿造り「古文常識」(四四ページ)
❷窓・出入り口・縁側などの上に、作り添えて突き出させた小屋根。

ひさ・し【久し】形シク{しから・しく(しかり)・し・しき(しかる)・しけれ・しかれ}
❶長い時間がたったさま。**長い間である。**〈伊勢・八二〉「時世へて久しく用なりにければ、その人の名忘れにけり」訳 年月がたって長くなってしまったので、その人の名は忘れてしまった。
❷ある状態が長く続くさま。〈徒然・七〉「命あるものを見るに、人ばかり久しき体はなし」訳 命あるものを見ると、人間ほど長生きするものはない。
❸久しぶりだ。

ひ-さめ【氷雨】名 雹。霰。みぞれ。

ひ-さんぎ【非参議】名 ❶以前、参議以上の官にあって、今は退官している人。
❷三位以上で、まだ参議にならない人。
❸四位であるが、年功があって参議になる資格のある人。

ひし【菱】名 ❶水草の名。池・沼に自生し、果実は菱形でとげがある。(菱の花夏・菱の実秋)
❷武器の一種。鉄で菱形または数本に分かれた股の形に作り、その柄を地上にさして敵を防ぐもの。

ひ-じ【非時】名《仏教語》❶僧が食事をとってはならない時。日中(=正午)から後夜(=午前四時ごろ)までの称。
❷「非時食」の略。僧が、正午を過ぎて食事をすること。また、その食事。→斎

ひ-じ【秘事】名 秘密にしていること。特に、学芸などの秘密にしている大事な事柄。奥義。

ひじ〔泥〕⬇ひぢ

ひし・ぐ【拉ぐ】一 自ガ下二{げ・げ・ぐ・ぐる・ぐれ・げよ}つぶれる。ひしゃげる。〈宇治・二・三〉「蛙、まひらにひしげ用て、死にたりけり」訳 蛙は、まったいらにつぶれて、死んでしまった。
二 他ガ四{が・ぎ・ぐ・ぐ・げ・げ}❶押しつぶす。〈枕・三三三〉「蓬の、車に押しひしが未れたりけるが」訳 蓬で、(牛車の)車輪に押しつぶされていたのが。
❷なびかせる。風靡する。〈風来六部集〉「梅幸、浪花をひしげ已ば、富三、東都に名を顕はし」訳 梅幸(=江戸の歌舞伎役者尾上菊五郎)が大坂(の人たち)をなびかせると、(大坂出身の)富三(=瀬川富三郎)は江戸で有名になり。

ひし-と副 ❶物の、押されて鳴る音。ぎしぎしと。みしみしと。〈万葉・三・三七〇〉「ぬばたまの夜はすがらにこの床のひしと鳴るまで嘆きつるかも」訳 夜は一晩じゅう、この寝床がみしみしと鳴るほどに(身もだえして)嘆いたことよ。(「ぬばたまの」は「夜」にかかる枕詞)
❷すき間のないさま。びっしりと。ぴったりと。〈平家・二・教訓状〉「庭にもひしとなみゐたり」訳 (受領・役人などは)庭にもびっしりと並んで座っていた。
❸しっかりと。強く。〈徒然・四九〉「人はただ無常の身に迫りぬることを心にひしとかけて」訳 人はひたすら死が(自分の)身に確かに迫っていることを心にしっかりととめて。
❹急に中断するさま。ぴたりと。ぱったりと。〈讃岐典侍日記〉「そこらののしりつる久住者ども、ひしとやみぬ」訳 たいそう大声を上げていた久住者(=比叡山で長く修行している僧)たち(の読経の声)も、ぴたりとやんだ。

びしびし副《上代語》鼻水をすすりあげる音の形容。ぐすぐすと。〈万葉・五・八九二〉「咳かひ鼻びしびしに」訳 ↓かぜまじり… 和歌

ひしひし-と副 ❶物が強く押されて鳴る音。みしみしと。〈源氏・夕顔〉「物の足音ひしひしと踏み鳴らしつつ後ろより寄り来る心地す」訳 何かが足音をみしみしと踏み鳴らしては、うしろから近づいて来る感じがする。
❷少しのすき間もないさま。**びっしりと。**ぴったりと。〈平家・九・宇治川先陣〉「五百余騎、ひしひしと轡を並ぶるところに」訳 五百余騎(の軍勢)がぎっしりと(馬の)くつわを並べている所に。
❸心に隔てのないさま。**しっくりと。**ぴったりと。〈徒然・一七五〉「近づかまほしき人の、上戸にて、ひしひしと馴れぬる、またうれし」訳 親しくなりたい人が、酒飲みであって、しっくりとうちとけたのは、またうれしい。
❹きびしく迫るさま。手きびしく。**びしびしと。てきぱきと。**〈平家・四・源氏揃〉「ひしひしとおぼしめしたたせ給ひけり」訳 (高倉の宮は)てきぱきと(謀反の計画を)ご決心なされた。
❺物を食べる音。**むしゃむしゃと。**〈宇治・一・一二〉「ひしひしと、ただ食ひに食ふ音のしければ」訳 (僧たちが)むしゃむしゃと、ひたすらに(ぼた餅を)食う音がしたので。

ひし-め・く【犇く】自カ四{か・き・く・く・け・け}(「めく」は接尾語)❶**ぎしぎしと鳴る。**きしる。〈枕・二五〉「もののひしめき用鳴るもいとおそろしくて」訳 何かがぎしぎし鳴るのもひどく恐ろしいので。
❷**押しあいへしあいして騒ぎ立てる。**〈宇治・一・三〉「百人ばかりひしめき用集まりて」訳 百人ほど押しあいへしあい騒ぎ立てて集まって。

ひ-じゃう【非常】名・形動ナリ「ひざう」とも。❶尋常でないこと。ふつうでないこと。〈今昔・一九・九〉「『かかる非常の者を我が年来かなしくして養ひけること』とて」訳「こんな尋常でない者を私が長年の間かわいがって養ってきたことだ」と言って。
❷予期しないこと。不測の事態。〈太平記・一〉「関所は、国の大禁を知らしめ、時の非常を誡めんが為なり」訳 関所は、国の厳しい法度を知らせ、その時その時の不測の事態を警戒しようとするためのものである。

ひ-じゃう【非情】名《仏教語》感情や意識を持たないこと。また、その物。木や石の類。対有情

びしゃもん【毘沙門】名《梵語の音訳》「毘沙門天王」の略。四天王の一。甲冑をまとい仏法を守護し、福徳を授ける神。日本では七福神の一。多聞天。毘沙門天。

ひしゅ-ひがく【非修非学】名《仏教語》仏道の修行も学問もしないこと。

ひじり【聖】名 ❶**徳の高いりっぱな人。**儒教でいう

聖人。〈徒然・三二〉「人の才能は、文(ふみ)あきらかにして、聖の教へを知れるを第一とす」訳 人の才能は、書物に通じていて、聖人の教えを知っているのを第一とする。❷高い徳で天下を治める人。天皇。〈万葉・一・二九〉「橿原(かしはら)のひじりの御代(みよ)ゆ」訳 橿原の天皇(=神武天皇)の御代以来。❸その道にすぐれた人。達人。〈古今・仮名序〉「柿本人麻呂(かきのもとのひとまろ)なむ歌の聖なりける」訳 柿本人麻呂はまさに和歌の達人であるよ。❹徳の高い僧。聖僧。〈源氏・薄雲〉「法師は聖といへども、あるまじき横さまのそねみ深く」訳 法師(というもの)は聖僧といっても、とんでもない異常な嫉妬心が深く。❺(一般に)僧。法師。特に山中にこもり、また、諸国をめぐって厳しい修行をする僧。〈方丈・五〉「なんぢ、すがたは聖にて、心は濁りに染(し)めり」訳 おまえは、姿は僧であるが、心は煩悩(ぼんのう)で染まっている。

ひじり-ほふし【聖法師】(ホウシ) 名 仏道修行に専念する僧。

ひず『秀ず』⇩ひづ

ひ-すがら【終日・日すがら】名・副 朝から晩まで。一日じゅう。対 夜(よ)すがら

ひ-すまし【樋洗し】名 宮中で、便器の掃除などをした身分の低い女性。「御厠人(みかはやうど)」とも。

肥前(ひぜん)《地名》旧国名。西海道十二か国の一つ。今の佐賀県の一部と長崎県の一部。肥州(ひしゅう)。

備前(びぜん)《地名》旧国名。山陽道八か国の一つ。今の岡山県南東部。備州(びしゅう)。

ひそか【密か・窃か】形動ナリ {なら・なり(に)・なり・なる・なれ・なれ} ❶表立たず、内密なさま。こっそり。〈土佐〉「なほ悲しきにたへずして、ひそかに(用)心知れる人と言へりける歌」訳 やはり悲しい思いに耐えられなくて、こっそりと事情を知っている人と詠んでいた歌。❷私物化するさま。〈平家・四・南都牒状〉「ほしいままに国威(こくゐ)をひそかに(用)し」訳 (清盛公は)好き勝手に国の威力を我が物のようにし。参考 中古では、漢文訓読に用いる。和文の「みそか」に対応する。

ひそま・る【潜まる】自ラ四 {ら・り・る・る・れ・れ} ❶静かになる。ひっそりする。落ち着く。〈鶉衣〉「蜘蛛(くも)はたくみに網をむすんで、ひそまっ(用)(促音便)て物を害せんとす」訳 蜘蛛は巧みに網を作って、ひっそりとして(網にかかる)物を殺そうとする。❷眠りにつく。寝込む。〈土佐〉「ものもものしたばで、ひそまり(用)ぬ」訳 (気分を悪くして)何も召しあがらないで、寝込んでしまった。(「ものす」は婉曲(えんきょく)表現で、ここでは「食う」の意)

ひそ・む【顰む】一 自マ四 {ま・み・む・む・め・め} ❶しかめつらになる。べそをかく。泣き顔になる。〈源氏・若菜上〉「まみのわたりうちしぐれてひそみ(用)居(ゐ)たり」訳 目もとのあたりが涙にぬれて、べそをかいている。⇩咳(せき)上(あ)ぐ「慣用表現」❷(口もとが)ゆがむ。〈源氏・総角〉「もどき口ひそみ(用)聞こゆ」訳 (老女房たちは)非難して、口がゆがんで申し上げる。二 他マ下二 {め・め・む・むる・むれ・めよ} 眉をひそめる。眉をしかめる。〈徒然・一七五〉「いと堪へがたげに眉をひそめ(用)」訳 たいへんつらそうに眉をしかめ。

ひた-【直】接頭 (名詞に付いて)ひたすら、まったくの、いちずな、一面の、直接の、じかに、むやみな、などの意を添える。「直青(=一面に青いこと)」「直面(ひたおもて)」「直趣(ひたおもむき)」「直兜(ひたかぶと)」「直切り(=むやみに切ること)」「直さ麻(を)」「直土」

ひ-た【引板】名 「ひきた」の転 板をひもでつるし、それを引き鳴らして、田畑の鳥獣を追い払う道具。鳴子(なるこ)。「引き板(いた)」「引き板(た)」とも。

飛驒(ひだ)《地名》旧国名。東山道八か国の一つ。今の岐阜県北部。飛州(ひしゅう)。驒州(たんしゅう)。

ひたい【額】⇩ひたひ

ひ-だう【非道】(ドウ) 名・形動ナリ 道理にはずれること。無理。〈大鏡・時平〉「北野と世をまつりごたせ給ふあひだ、非道なる(体)ことをおほせられければ」訳 北野(=菅原道真(みちざね))とともに天下の政治をとっていらっしゃられるあいだ、(時平が)道理に合わないことをおっしゃられたので。

ひた-おもて【直面】名・形動ナリ 「ひた」は接頭語 直接、顔を見せて向かい合うこと。面と向かうこと。〈源氏・橋姫〉「あかうなりゆけば、さすがにひたおもてなる(体)心地して」訳 (あたりが)明るくなってゆくので、(薫(かおる)も)なんといってもやはり直接(=あらわに)顔を見られる感じがして。

ひた-おもむき【直趣】名・形動ナリ 「ひた」は接頭語 ひたすら一つのことに向かうこと。いちずなこと。〈源氏・東屋〉「様あしき人なれど、ひたおもむきに(用)二心(ふたごころ)なきを見れば、心やすくて」訳 (常陸(ひたち)の介(すけ)は)容姿の悪い人だけれども、いちずに浮気心がないのを見ると安心で。

ひた-かぶと【直兜・直冑・直甲】名 「ひた」は接頭語 一同そろって鎧(よろい)・兜(かぶと)に身をかためること。また、その人々。

ひ-たき【火焚き・火焼き】名 照明や警護のため、夜間にかがり火などをたくこと。また、その役目。

ひたき-や【火焼き屋】名 宮中などを警護する衛士(えじ)が、かがり火などをたいて見張る小屋。

ひ-た・く【日闌く】自カ下二 {け・け・く・くる・くれ・けよ} 日が高くなる。日盛りになる。〈紫式部日記〉「日たけ(用)て参上(まうのぼ)る」訳 日が高くなって(中宮の御前へ)参上する。

ひた-さ-を【直さ麻】(オ) 名 「ひた」「さ」は接頭語 他の糸の混じらない麻糸。

ひた・す【浸す・漬す】他サ四 {さ・し・す・す・せ・せ} 水につける。〈平家・三・大地震〉「山くづれて河をうづみ、海ただよひて浜をひたす(終)」訳 山が崩れて川を埋め、海水がゆれ動いて浜を(水が)おおう。

ひた-すら【一向・只管】副・形動ナリ ❶もっぱら。いちずに。ただもう。〈方丈・三〉「遠き家は煙(けぶり)に咽(むせ)び、近きあたりはひたすら焰(ほのほ)を地に吹きつけたり」訳 (火災から)遠くの家は煙にむせび、近いあたりはただもう火炎を地に吹きつけていた。❷すっかり。まったく。〈増鏡・新島守〉「さてかの維時(これとき)がなごりは、ひたすら民と成りて」訳 さてあの維時の子孫は、すっかり民間の人となって。

ひた-たれ【直垂】名 ❶衣服の名。もとは庶民の服だったが、のちには公家(くげ)や武士の平服となった。室町時代以降はもっぱら武士が用い、出仕の服とな

り、江戸時代には最上の礼服になった。地質は自由で、袖括りの紐があり、胸紐・菊綴じが付いている。鎧の下に着るのを「鎧直垂」と称した。⬇下「古文常識」

❷「直垂衾」の略。①の形をした夜具の一種。

（ひたたれ①）

常陸（ひたち）《地名》旧国名。東海道十五か国の一つ。今の茨城県の大部分。常州。

ひた-つち【直土】名・形動ナリ〔「ひた」は接頭語〕地面にじかに接していること。地べた。〈万葉・三・三九五〉「直土に足踏み貫き夏草を腰になづみ」訳 地べたに足を踏み込み、夏草を腰にからませて。

ひた-と【直と・専と】副 ❶じかに。直接。ぴったりと。〈今昔・二七・三五〉「ひたと抱きつきて」 ❷ひたすら。いちずに。〈詩学逢原〉「この心得よく心得、兼ねてひたと稽古すべし」訳 この心得をよく心得て、早くからひたすら稽古しなければならない。 ❸急に。突然。ばったりと。〈鹿の子餅〉「両国橋の上で、ひたと出っくはした(=出会った)ところ」

ひたひ【額】名 ❶ひたい。 ❷「額髪」の略。 ❸女官が正装の際つける髪飾り。 ❹冠・烏帽子の額に当たる部分の称。厚額・薄額・透き額などがある。〈源氏・若菜上〉「冠の額すこしくつろぎたり」訳 冠の額ぎわが少しゆるんで（あみだかぶりになって）いる。→烏帽子。⬇冠「古文常識」 ❺物のつき出た部分。〈枕・六六〉「あやふ草は、岸の額に生ふらむも、げにたのもしからず」訳 あやう草は、崖の出っ張った端に生えるとかいうのも、（その名のとおり）なるほど頼りなく危なっかしい。

ひたひ-がみ【額髪】名 女性の、額から左右に分けて頬のあたりに長く垂らした髪。

ひたひ-つき【額付き】名 額のようす。額の形。〈源氏・若紫〉「いはけなくかいやりたる額つき、髪ざしいみじううつくし」訳（若紫が）あどけなく（髪を）手でかき上げた額の形や髪のようすはたいそうかわいらしい。

ひた-ぶる【頓・一向】形動ナリ ⬇次ページ 253

ひだまひ-の-ふだ【日給ひの簡】「にっきふのふだ」に同じ。⬇日給「フレーズ」

ひた-みち【直路】形動ナリ｛なら・なり(に)・なり・なる・なれ・なれ｝いちずであるさま。ひたすら。〈源氏・若菜上〉「いといはけなき気色して、ひたみちに若び給へり」訳（女三の宮は）たいそう幼稚なようすで、ひたすら子供っぽくいらっしゃる。

ひた-めん【直面】名 能楽で、面をつけずに素顔の

古文常識 「ひたたれ」— 武士と貴族の格差

武士が歴史に姿を現すのは平安時代末期だが、その頃はまだ力不足で、朝廷や貴族に使役されていた。主従関係は装束で明確に示され、武士には礼装として水干、さらに正装として直垂の着用が規定された。皇族や貴族は束帯や冠直衣をもっとも公式性の高い正装として身にまとっていたが、武士が着用を許された水干は、朝廷や貴族社会の最下位の人々の服装だった。

ままで演じること。また、素顔。

ひた-もの【直物】副 むやみと。ひたすら。〈浮・西鶴諸国ばなし〉「この金子、ひたもの数多くなること、めでたし」訳 このお金が、むやみと数多くなることは、めでたい。

ひだり【左】名 ❶左側。左方。❷左右ある官職で、左の職。日本では、右よりも上位におかれた。〈源氏・竹河〉「左大臣うせ給ひて、右は左に」訳 左大臣がお亡くなりになって、右大臣は左大臣に(おなりになり)。❸歌合わせなど、左右二組に分かれて行う勝負事の左方。

ひだり-の-うまづかさ【左の馬寮】名 ↓めれう

ひだり-の-おとど【左の大臣】名「さだいじん」に同じ。

ひだり-の-おほいまうちぎみ【左の大臣】名「さだいじん」に同じ。

ひだり-みぎ-に【左右に】副 あれこれ。とやかく。〈源氏・空蟬〉「〔小君は〕左右に苦しく思へど」

ひ-だる・し 形ク〔から・く(かり)・し・き(かる)・けれ・かれ〕空腹である。ひもじい。〈著聞・四〇〉「この一両日食物たえて、術なくひだるく用候ふままに」訳 この一両日食物がなくなって、どうしようもなくひもじゅうございますので。

ひぢ【泥】名 どろ。

ひぢかさ-あめ【肘笠雨】名〔笠をかぶる暇もなく、肘をかざして防がなければならないほどの急な雨の意〕にわか雨。

ひち-りき【篳篥】名 管楽器の一種。雅楽に用いる竹製のたて笛。表に七つ、裏に二つの穴がある。

(篳篥)

ひつ【櫃】名 ふたのついた大形の木箱。長櫃・唐櫃・折り櫃・小櫃などがある。

ひ・つ【漬つ・沾つ】〔近世以降「ひづ」とも〕━ 自タ四・上二〔た・ち・つ・つ・て・て〕〔ち・ち・つ・つる・つれ・ちよ〕水につかる。ぬれる。浸る。〈古今・夏〉「声はして涙は見えぬほととぎすわが衣手のひつ体(四段)を借らなむ」訳 鳴き声はしているが、涙は見えないほととぎすよ、私の袖が(涙で)ぬれているのを(おまえの涙として)借りてほしいな。
二 他タ下二〔て・て・つ・つる・つれ・てよ〕水につける。ぬらす。浸す。〈土佐〉「手をひて用て寒さも知らぬいづみにぞくむとはなしに日ごろ経にける」訳 手をぬらして冷たさも感じない(この名ばかりの)泉、その和泉の国(大阪府南部)に水をくむというわけではなく、むだに数日を過ごしてしまったことだ。(「いづみ」は、「泉」と地名「和泉」との掛詞)

ひ・づ【秀づ】自ダ下二〔で・で・づ・づる・づれ・でよ〕〔「秀出づ」の転〕穂が出る。〈万葉・七・一三五三〉「石上布留の早稲田を秀で未ずとも縄だに延へよ」訳 石上の布留(=地名)の早稲田にまだ穂が出なくとも、せめて縄だけでも張っておけよ。

ひつぎ【棺・柩】名〔古くは「ひつき」〕遺体を入れる箱。棺。

ひ-つぎ【日嗣ぎ】名 天皇の位を継承すること。また、皇位。

ひつぎ-の-みこ【日嗣ぎの御子】名 皇太子に対する敬称。

ひつじ【未】名 ❶十二支の八番目。↓十二支 ❷方角の名。南南西。

最重要330

253

ひた-ぶる【頓・一向】形動ナリ〔なら・なり(に)・なり・なる・なれ・なれ〕

ガイド「ひた」は、「ひたすら」「ひたみち」などの「ひた」と同じく、まっすぐである、一つのことに徹しているの意を表す語根。「一」が転じたものかという。また、「直趣」「直心」のように接頭語としても用いられる。

❶いちずである。ひたすら。むやみである。むしょうに。

例 親ののたまふことをひたぶるに用辞び申さむことのいとほしさに〈竹取・蓬萊の玉の枝〉
訳 親のおっしゃることをむやみにおことわり申しあげるようなことが気の毒なので。

例 今は亡き人とひたぶるに用思ひなりなむ〈源氏・桐壺〉
訳 (娘の桐壺の更衣を)今はもうこの世にいない人だといちずに思い定めてしまおう。

❷向こう見ずである。乱暴である。

例 海賊のひたぶるなら未むよりも、かの恐ろしき人の追ひ来るにやと思ふに〈源氏・玉鬘〉
訳 海賊で、向こう見ずであるような者よりも、あの恐ろしい人(=大夫の監)が追って来るのではないかと思うと。

❸(下に打消の語を伴って)まったく。いっこうに。

例 ひたぶるに用見も入れ給はぬなりけり〈源氏・末摘花〉
訳 (末摘花は光源氏からの手紙に)まったく見向きもなさらないのであった。

❸時刻の名。今の午後二時ごろ、およびその前後約二時間(午後一時ごろから午後三時ごろ)。

ひつじ‐さる【未申・坤】名 方角の名。未と申との間。南西。

ひつ‐ぢゃう【必定】一 名・形動ナリ 必ずそのようになること。〈平家・三・法印問答〉「入道相国朝家を恨み奉るべきこと必定と聞こえしかば」訳 入道相国(=清盛)が朝廷をお恨み申しあげるであろうことはまちがいないとうわさがたったので。

二 副 きっと。必ず。確かに。〈浄・源平布引滝〉「必定源氏の残党ならん」訳 きっと源氏の残党であろう。

備中(びっちゅう)《地名》旧国名。山陽道八か国の一つ。今の岡山県西部。備州。

びづら【角髪】名「「みづら」の転」「びんづら」とも。中古、少年の髪の結い方の一つ。髪を頭頂で左右に分け、耳のあたりで輪形に束ねたもの。〈大鏡・道兼〉「『あれは舞はじ』とて、びづらひきみだり」訳 (福足君は)「私は舞うまい」と言って、(結いあげた)びずらを引っぱって乱し。

ひと‐【一】接頭 ❶一つの、一度の、一回の、の意を表す。「一枝」「一度」

❷ある、の意を表す。「一年」「一夜」

❸全部、全体、…じゅう、の意を表す。「日一日(=一日じゅう)」「一京」「一山」

❹少しの、わずかな、の意を表す。「一時」「一筆」

ひと【人】

一 名 ❶人間。〈方丈・四〉「みさごは荒磯に居る。すなはち、人をおそるるがゆゑなり」訳 みさご(=鳥の名)は波の荒い磯に住んでいる。これはつまり、人間を恐れていることのためである。

❷世間の人。世の人。〈徒然・一〉「『人には木の端のやうに思はるるよ』と清少納言が書けるも」訳「(法師は)世間の人には木の切れ端のように思われるよ」と清少納言が書いているのも。

❸自分以外の人。他の人。〈徒然・一三〇〉「人に勝らんことを思はば、ただ学問して、その智を人に勝らんと思ふべし」訳 他の人に勝ろう(という)ことを思うなら、ひたすら学問をして、自分の知識を他の人より勝ったものにしようと思うのがよい。

❹おとな。成人。また、りっぱな人。すぐれた人。〈源氏・夕顔〉「人となりて後は、限りあれば、朝夕にしもえ見奉らず」訳 おとなとなってから後は、(身分の)制約があるので、朝晩(=常に)というようには、お目にかかることもできず。

❺(特定の人をさして)あの人。意中の人。〈古今・羇旅〉「わたの原八十島かけてこぎ出でぬと人には告げよあまの釣舟」訳 ➡付録⟨1⟩「小倉百人一首」11

❻身分。家柄。〈源氏・夕顔〉「人も賤しからぬすぢに」訳 (伊予の介は)身分もいやしくない血筋で。

❼人柄。性質。〈源氏・帚木〉「人もたちまさり、心ばせまことにゆゑありとみえぬべく」訳 人柄もまさり、たしなみもほんとうに風情があると思われるに相違なく。

二 代 対称の人代名詞。夫婦の間などで、相手をさしていう語。あなた。〈平家・七・維盛都落〉「前世の契りありければ、人こそ憐れみ給ふとも」訳 前世からの約束があったので、あなた(=維盛)は愛してくださっても。

フレーズ

人と成る ❶一人前になる。おとなになる。〈発心集〉「二人の子やうやう人となり用て」訳 二人の子がしだいに成人して。➡人立つ「慣用表現」

❷人ごこちがつく。正気にもどる。〈源氏・夢浮橋〉「やうやう生き出でて人となり用給へりけれど」訳 (浮舟は)だんだん息を吹き返して正気にもどりなさっていたが。

人の上 人間の身の上。また、他人の身の上。〈枕・二八〉「身のうへなげき、人の上いひ」訳 自分の身の上を嘆き、他人の身の上を(あれこれ)言い。

人のがり 「「がり」は「…のもとへ」の意の接尾語」人のもとへ。その人のいる所へ。〈徒然・三一〉「人のがり言ふべき事ありて文をやるとて」訳 人のもとへ言ってやらねばならない用事があって手紙を送り届けるということで。

人の国 ❶日本以外の国。外国。

❷都以外の地方。田舎。〈枕・二五六〉「遠き所の人の国などより、家の主の上りたる、いとさわがし」訳 遠方の田舎などから、一家の主人が上京したのは、たいそう騒がしい。

人の程 その人物に備わっている品格。人品骨柄。身分。〈土佐〉「人のほどにあはねば、とがむるなり」訳 (そのことばがしゃれていて、船頭という)身分に似合わないので、気にとめるのである。

人の様 人並みなようす・ありさま。

ひとえに【偏に】➡ひとへに

ひと‐おと【人音】名 人のいるけはい。人の来る音。ひとけ。

ひと‐かず【人数】名 ❶人の数。

❷人並みな者として数えられること。〈紫式部日記〉「世にあるべき人数とは思はずながら」訳 (自分などが)この世に存在するのが適当な人並みの者とは思わないものの。

ひと‐かた【一方】一 名 一人のほう。また、一つのほう。片方。〈源氏・夕顔〉「今一方は、主強くなるとも」訳 もう一人のほう(=軒端の荻)は、たとえ夫がしっかり定まっても。

二 形動ナリ {なら・なり(に)・なり・なる・なれ・なれ} 一通りなさま。ふつうである。〈源氏・須磨〉「知らざりし大海の原に流れきてひとかたに用やはものは悲しき」訳 (私=光源氏は)まだ知らなかった大海原に(祈禱に使われる人形のように)流れてきて、一通りにもの悲しいのか(いや、悲しみは並一通りではない)。(「ひとかた」は「一方」と「人形」との掛詞)

ひと‐がた【人形】名「ひとかた」とも。❶にんぎょう。

❷祈禱などの際、自分の災いやけがれを移すための人形。かたしろ。これで身体をなで、川や海に流した。〈源氏・須磨〉「舟にことごとしき人形のせて流すを見給ふにも」訳 (光源氏は)舟に大げさなかたしろをのせて流すのをご覧になるにつけても。

❸身代わり。〈源氏・東屋〉「かの人形求め給ふ人に見せたてまつらばや」訳 あの(大君の)身代わりを求めなさる人(=薫)に(浮舟を)お見せ申しあげたいものだ。

ひと-かたらひ【人語らひ】名 人に相談すること。〈更級・物語〉「続きの見まほしくおぼゆれど、**人語らひ**などもえせず」訳（「源氏物語」の若紫の巻を見て）その続きが見たいと思わずにはいられないけれども、**人に相談すること**などもできない。

ひと-がち【人勝ち】形動ナリ｛なら・なり（に）・なり・なる・なれ・なれ｝人がたくさんいるさま。〈大鏡・道長上〉「かく**人がちなる**体にだに、けしきおぼゆ」訳 こんなに**人がたくさんいるの**でさえも、不気味な感じがする。

ひとかひぶねは… 歌謡《小歌》

> **人買ひ舟は沖を漕ぐ　とても売らるる身を　ただ静かに漕げよ　船頭殿**
> 〈閑吟集〉

訳 人買い舟は沖を漕いでゆく。どうせ売られる身なのよ、せめて静かに漕いでよ、船頭さん。

解説 配列から、琵琶湖の光景であろう。人買いは女性・子供を売買する者で、中世に広く存在し、各種の作品に見られる。「人買ひ舟」は、売られていく者を乗せた舟で、この歌はそうした女性を歌った。

ひと-かへり【一返り】副 一度。一回。〈更級・竹芝寺〉「いひつること、いま**ひとかへり**われにいひて聞かせよ」訳（今おまえが）言ったことを、もう**一度**私に言って聞かせろ。

ひと-ぎき【人聞き】名 世間への聞こえ。外聞。世評。〈竹取・御門の求婚〉「昨日今日御門ののたまはむことにつかむ、**人聞き**やさし」訳 昨日今日御門になって（今さら）帝のおっしゃるようなことに従うとしたら、それは**世間への聞こえ**が恥ずかしい。

ひと-きざみ【一刻み】名 ❶一段。一階級。〈源氏・桐壺〉「いま**ひときざみ**の位をだにと贈らせ給ふなりけり」訳（桐壺帝は桐壺の更衣に）さらにせめて**一階級**（上）の位だけでも（差し上げたい）とお思いになって、お贈りになられるのであった。
❷第一流。第一の列。〈源氏・若菜下〉「その御前の御遊びなどに、**ひときざみ**に選ばるる人々」訳 その帝の御前の管弦のお遊びなどに、**第一流**として選ばれる人たち。

ひと-きは【一際】━名 一階級。〈源氏・薄雲〉「いま**ひときは**あがりなむに、何事もゆづりてむ」訳（大納言が）もう**一階級**昇進したならそのときに、万事を譲ってしまおう。
━副 ❶いちだんと。いっそう。さらに。〈徒然・二〇〉「さし入りたる月の色も、**ひときは**しみじみと見ゆるぞかし」訳 さし込んでいる月の光も、**いちだんと**深く心にしみて感じられるものだよ。
❷ひとすじに。いちずに。〈源氏・若菜下〉「世の中はいと常なきものを、**ひときは**に思ひ定めて」訳 男女の縁はまったく定めないものなのに、**一方的**に（縁がないと）決めてかかって。

ひと-きやう【一京】名［「ひと」は接頭語］京じゅう。都全体。〈大鏡・道長下〉「**一京**まかりありきしかども」訳（私は）**都じゅう**を歩き回ったけれども。

ひと-くさ【一種】名 一種類。ひといろ。〈源氏・梅枝〉「ただ荷葉を**一種**あはせ給へり」訳 ただ荷葉（＝薫き物の名）を**一種類**調合なさった。

ひと-くだり【一行】名 ❶【一行】文章の一行。
❷【一領・一下り】衣類などの一そろい。〈蜻蛉・上〉「装束**一くだり**ばかり」訳 装束**一そろい**ほど。

ひと-げ【人気】名 人の気配。人のいるようす。〈徒然・二三五〉「狐・ふくろふやうのものも、**人げ**に塞かれねば、所得顔に入りすみ」訳（住む人のいない家には）狐やふくろうのようなものも、**人の気配**に妨げられないので、わがもの顔に入りこんですみつき。

ひとげ-な・し【人気無し】形ク｛から・く（かり）・し・き（かる）・けれ・かれ｝人並みでない。人の数に入らない。〈枕・八二〉「『ここに、草の庵やある』と、おどろおどろしくいへば、『あやし。などて、**人げなき**体ものはあらむ』」訳「このあたりに草の庵（さん）はいるか」と、仰々しくいうので、「不思議だ。どうして、（「草の庵」なんて）**人らしくない**ものが（ここに）いようか（いや、いるはずがない）」。

ひと-ごころ【人心】名 ❶人の心。人の情愛。
❷正気。人心地。〈宇治・一三・九〉「聖は、**人心**もなくて、二日三日ばかりありて死にけり」訳（魔物にたぶらかされた）聖は、**正気**も失って、二日、三日ほどして死んだのであった。

ひと-ごと【人言】名 他人の言うことば。世間のうわさ。〈源氏・須磨〉「かばかりに憂き世の**人言**なれど」訳 これほどにわずらわしい世間の**うわさ**であるが。

ひと-ごと【人事】名 他人のこと。よそごと。〈徒然・一七五〉「これらになき**人事**にて伝へ聞きたらんは、あやしく不思議に覚えぬべし」訳（人に酒を無理強いする習慣を）わが国にない**よそごと**として伝え聞いたらそれは、異常で不思議なことときっと思われるにちがいない。

ひと-ざま【人様・人状】名 人柄。人の品位。〈源氏・少女〉「子ながら恥づかしげにおはする御**人ざま**なれば」訳 わが子でありながら、こちらが気のひけるくらいりっぱでいらっしゃるお**人柄**なので。

ひと-しほ【一入】━名 染め物を染め汁に一度浸して染めること。
━副 いちだんと。いっそう。ひときわ。〈平家・二・重衡被斬〉「日来おぼつかなくおぼしけるより、いま**ひとしほ**かなしみの色をぞまし給ふ」訳（北の方は）日ごろ不安にお思いになっていたときよりも、なお**いっそう**悲しみのようすを増しなさる。

ひとしれぬ… 和歌

> **人知れぬ　わが通ひ路の　関守は　よひよひごとに　うちも寝ななむ**
> 〈伊勢・五〉〈古今・一三・恋三・六三二・在原業平〉

訳 人に知られていない、私の通い路にいる番人は、毎晩毎晩ちょっとの間だけでも眠ってしまってほしい。（「寝ななむ」の「ななむ」は、完了の助動詞「ぬ」の未然形「な」に、他に対する願望の終助詞「なむ」が付いたもの）

解説 「伊勢物語」には、男が垣のくずれたところからこっそり女のもとに通っていたが、その家の主人（＝女の親）が聞きつけて通り道に番人を置いたために、女に逢えないまま帰ってきて詠んだとある。「古今集」の詞書もほぼ同じ内容。

ひと-すぢ【一筋】━名 ❶（細長いものの）一本。〈竹取・かぐや姫の生ひ立ち〉「その竹の中に、もと光る竹なむ**一筋**ありける」訳 その（竹取の翁がとる）竹の中に、根元が光る竹が**一本**あった。❷一つの血統。**一族。一門。**〈大鏡・師輔〉「おほくはただこの九条殿(=師輔)の御**一筋**なり」

二【形動ナリ】{なら・なり(に)・なり・なる・なれ・なれ}❶**一様なさま。**一通りなさま。〈源氏・梅枝〉「**ひとすぢに**用かよひてなむありける」訳(昔の人の筆法は)**一様に**似通っていることだ。❷**いちずなさま。**ひたすら。〈更級・夫の死〉「宮仕へとても、もとは**ひとすぢに**用仕うまつりつかばや、いかがあらむ」訳宮仕えにしても、もともと**それいちずに**落ち着いてお仕え申しあげたならば、(今ごろは)どう(なっていた)だろうか。(「ばや」を、願望の終助詞とする説もある)

ひとすまぬ… 和歌

> 人住まぬ　不破の関屋の　板びさし
> 荒れにしのちは　ただ秋の風
> 〈新古・一七・雑中・一六〇一・藤原良経〉

訳人の住んでいない不破の関の番小屋の板びさしよ。荒れはててしまった後は、ただ秋の風が吹きぬけるばかりだ。

解説「不破の関」は今の岐阜県不破郡関ケ原町にあった、東山道の関所。延暦八年(七八九)に廃止された。関所にはいかめしい印象がある。さらに「不破」の名から受ける堅固なものとしてのイメージもある。それが荒廃してしまったようすは、いっそうわびしさがつのる。

ひと-たがへ【人違へ】タガエ 名 人ちがい。〈源氏・玉鬘〉「**人違へ**にや侍らむ」訳**人ちがい**でございましょうか。

ひと-だ・つ【人立つ】自タ四{た・ち・つ・つ・て・て}一人前になる。成人する。〈源氏・玉鬘〉「さて**人だち**用給ひなば」訳そのようにして(=玉鬘が六条院に移り住んで)**一人前になり**なさったならば。⬇中段「慣用表現」

ひと-だのめ【人頼め】名・形動ナリ **人に頼もしく思わせること。**和歌などでは、期待させるだけで、その効果のない意に用いられることが多い。〈古今・離別〉「逢坂は**人頼めなる**体名にこそありけれ」訳この逢坂の関は、(人に逢うということで)**頼もしく思わせる**(のに、あてにするかいのない)名前であったことだ。

慣用表現 ひとだつ ―「成人」に関する表現

一人前になる 人立つ・人と成る

(元服して)姿かたちが変わる

様変はる・様変ふ

成人(女) 髪上げ・裳着

成人(男) 初冠・加冠・元服

ひと-だま【人魂】名 夜、空中を浮遊する青白い鬼火。死んだ人の魂が抜け出たものと信じられた。

ひと-だまひ【人給ひ】ダマイ 名 ❶人々に物をお与えになること。また、その物。❷随行者に貸し与えられた牛車。お供の人の車。〈枕・三七〉「よきところの御車、**人だまひ**ひきつづきて、おほく来るを」訳貴い方のお車、(さらに)**お供の人の車**が引き続いて、たくさん来るのを。

ひと-つ【一つ】**一**名 ❶ひとつ。一個。一歳。❷そのものだけであること。**単一。唯一。**〈源氏・帚木〉「ただこの憎き方**一つ**なむ心をさめず侍りし」訳ただ(女の)この憎らしい(嫉妬深い)点**だけ**は、がまんできずにいました。❸**同じ物。同じこと。同じ所。同時。**いっしょ。〈更級・宮仕へ〉「母なくなりにし姪どもも、生まれしより**一つ**にて」訳母親が亡くなってしまった姪たちも、生まれたときから**いっしょ**に(暮らして)いて。❹**第一。**一番目。〈徒然・一一七〉「友とするにわろき者七つあり。**一つ**には、高くやんごとなき人」訳友とするのによくない者に七つある。**第一**には、身分が高く重んずべき人。❺時刻の数え方。一刻(=約二時間)を四つに分けた最初の一区分。〈伊勢・六九〉「子**一つ**ばかりに、をとこのもとに来たりけり」訳(女は)子**一つ**ごろ(=午後十一時から十一時半ごろ)に、男のもとに来たのだった。❻**一方。**一面。〈徒然・九二〉「わづかに二つの矢、師の前にて**一つ**をおろかにせんと思はんや」訳たった二本の矢で、師匠の前で(その)**一方**をいいかげんに扱おうと思うだろうか(いや、思いはしない)。

二副 ❶(下に打消の表現を伴って)**少しも。**まったく。〈更級・富士川〉「かへる年の司召しに、この文に書かれたりし、**一つ**たがはず」訳翌年の司召し(=官吏を任命する儀式)では、この書類に書かれていたこと(=名前)が、**少しも**違わなくて。❷少し。ちょっと。〈狂・素袍落〉「さあさあ、[酒を]**一つ**飲うで行け」

ひとつ-ご【一つ子】名 ❶一人っ子。〈伊勢・八四〉「**一つ子**にさへありければ、いとかなしうし給ひけり」訳(たまにしか会えないうえに)**一人っ子**でもあったので、(母は)たいそうかわいがりなさった。❷一歳の子。

ひとつ-はら【一つ腹】名 母親を同じくすること。同母きょうだい。同腹。

ひと-づま 名 ❶【人妻・他妻】他人の妻。〈万葉・一・二一〉「紫草のにほへる妹を憎くあらば**人妻**ゆゑにあれ恋ひめやも」訳→むらさきの… 和歌 ❷【他夫】他人の夫。〈万葉・一三・三三一四〉「**他夫**の馬より行くに己夫し歩より行けば」訳**他人の夫**が馬で行くのに、私の夫は徒歩で行くので。

ひとつ-や【一つ家】名 山野の一軒家。また、一つ屋根の下。同じ家。〈細道・芭蕉〉「**一つ家**に遊女も寝たり萩と月」訳**一つ屋根の下**に遊女も泊まり合わせることになった。折しも、庭には萩が咲き、月が照らしている。

ひと-て【一手】名 ❶一組。一隊。〈太平記・一五〉「二万三千余騎を三手(=三隊)に分けて、**一手**をば将軍塚の上へ挙げ(=登らせ)」❷一回のわざ。一番。一手。〈徒然・一八八〉「碁を打つ人、**一手**も徒らにせず(=むだにしないで)」

❸弓を射るとき、手に持つ二本一組の矢。〈平家・四・競〉「鷹の羽にてはいだりける的矢一手ぞさしそへたる」訳 鷹の羽でつくった的矢二本をさし加えた。

ひと-とき【一時】名 ❶ほんの少しの間。しばらくの間。〈更級・初瀬〉「一時が目をこやして何にかはせむ」訳（御禊見物などに）ほんの少しの間の目を楽しませて何になろうか（いや、何にもならない）。❷一日を十二に分けた、その一つ。今の約二時間。

ひと-ところ【一所】名 ❶〔「ところ」は高貴の人を数えるのに用いる接尾語〕おひとり。〈竹取・蓬莱の玉の枝〉「ただ一ところ、深き山へ入り給ひぬ」訳（くらもちの皇子は）ただおひとりで、深い山へお入りになった。❷同じ所。〈源氏・賢木〉「后の宮も一ところにおはする頃なれば」訳 后の宮（＝弘徽殿の大后）も（朧月夜の尚侍と）同じ所においでになるころであるから。

ひと-とせ【一年】名 ❶いちねん。また、一年間。❷ある年。先年。〈平家・七・実盛〉「一年東国へむかひ候ひし時」訳 先年東国へ向かいましたとき。

ひととせに… 和歌

一年に　ひとたび来ます　君待てば
宿かす人も　あらじとぞ思ふ
〈伊勢・八二〉〈古今・九・羇旅・四一九・紀有常〉

訳（織女は）一年に一度おいでになる方（＝彦星）を待っているので、（その方以外に）宿を貸す人もいないだろうと思う。

解説「狩り暮らしたなばたつめに宿からむ天の河原に我は来にけり」（訳→かりくらし… 和歌）〈伊勢・八二〉〈古今・羇旅〉の返歌として詠まれたもの。その名も「天の河原」というところに来たので、織女に宿を借りようとしゃれた在原業平の贈歌に対して、切り返した。

ひと-と-なり【為人】名 ❶生まれつき。天性。〈霊異記〉「人となり邪見にして三宝を信けず」訳 天性はよこしまで三宝（＝仏・法・僧）を信じない。❷体つき。

ひと-と-な・る【人と成る・人と為る】➡人「フレーズ」

ひと-どほ・し【人遠し】形ク〔から・く（かり）・し・き（かる）・けれ・かれ〕人里が遠い。人が近くにいない。〈徒然・二一〉「人遠く(用)、水草清き所にさまよひありきたるばかり心なぐさむことはあらじ」訳 人里遠く、水や草の清らかな所をさまよい歩きまわっていることほど心の安まることはないだろう。

ひとなみ-なみ【人並み並み】形動ナリ〔なら・なり（に）・なり・なる・なれ・なれ〕〔「人並み」を強めた語〕世間並みである。人並みである。〈枕・四〇〉「ねずもちの木、人なみなみに(用)なるべきにもあらねど」訳 ねずみもちの木は、（ねずみという名からして）人並みに扱うことはできそうでもないけれど。

ひと-な・る【人馴る】自ラ下二〔れ・れ・る・るる・るれ・れよ〕❶つき合いになれる。人ずれしている。〈源氏・花宴〉「男の御をしへなれば、少し人なれ(用)たることやまじらむ」訳 男（である私＝光源氏）のご教育であるので、（紫の上には）少し人ずれした点がまじるであろうか。❷（動物などが）人になつく。〈更級・大納言殿の姫君〉「いみじう人なれ(用)つつ、傍らにうちふしたり」訳（猫は）たいそう人になついていて、（私たちの）そばに横たわった。

ひと-には【一庭】名〔「ひと」は接頭語〕庭全体。庭じゅう。

ひと-の-うへ【人の上】➡人「フレーズ」

ひと-の-がり【人のがり】➡人「フレーズ」

ひと-の-くに【人の国】➡人「フレーズ」

ひと-の-ほど【人の程】➡人「フレーズ」

ひと-の-やう【人の様】➡人「フレーズ」

ひとはいさ… 和歌《百人一首》【人はいさ　心も知らず　ふるさとは　花ぞ昔の　香ににほひける】〈古今・春上・紀貫之〉➡付録①「小倉百人一首」35

ひと-ばしら【人柱】名 橋・堤防・城などを築く際に、神の心をやわらげるために、人を生きたまま水底や地中に埋めること。また、埋められる人。

ひと-ばな・る【人離る】自ラ下二〔れ・れ・る・るる・るれ・れよ〕人里から遠く離れる。ひとけがない。〈更級・富士川〉「あはれに、人離れ(用)て、いづこともなくておはする仏かなと」訳 しみじみとさびしげに、人里から遠く離れて、（ここが）どことも知らない（という）ようすで（立って）いらっしゃる仏だなあと。

ひとはぶし… 川柳

人は武士　なぜ町人に　成って来る
〈柳多留・五〉

訳「花は桜木、人は武士」と、（武士は）いつもは威張っているくせに、なぜ町人風に変装して（刀や裃をつけないで）来るのかね。この遊里へ来るときだけは。

解説「花は桜木、人は武士」は、花の中では桜が最もすぐれ、人の中では武士がすぐれているの意。また両者とも、散り方（死に方）が潔いの意もある。

ひと-ばへ【人ばへ】名・自サ変 人前で調子に乗った行動をすること。〈枕・一五三〉「人ばへする(体)もの　ことなることなき人の子の、さすがにかなしうしならはしたる」訳 人前で調子づくもの、格別なこともない他人の子どもで、それでもやはり（親が）かわいがりつけているの。

ひと-ひ【一日】名 ❶いちにち。❷一日じゅう。終日。〈蜻蛉・上〉「つとめて、一日ありて暮るればまゐりなどするを、あやしうと思ふに」訳（夫兼家の訪問が）早朝で、昼間は一日じゅう（家に）いて（日が）暮れると参内などするのを、不審だと思っていると。❸ある日。先日。〈許六離別の詞〉「一日草扉をたたいて、終日閑談をなす」訳 ある日（わが）草庵を訪れて（くれて）、一日じゅうゆっくりと話をする。❹月の最初の日。ついたち。〈今昔・二六・二〉「今日は卯月の一日かは」訳 今日は陰暦四月の一日（＝衣更えの日）か（いや、そうではない）。

ひとびと・し【人人し】形シク〔しから・しく（しかり）・し・しき（しかる）・しけれ・しかれ〕人並みである。いかにも一人前だ。〈枕・八三〉「頭の中将の宿直所に、すこし人々しき(体)かぎり、六位まであつまりて」訳 頭の中将の宿直所に、多少**人並みな人**ばかり、(さらに)六位(の蔵人)までが集まって。

ひと-ふし【一節】名 ❶ **一つの目立つ点。** 一点。一部分。〈枕・四〇〉「**一ふし**あはれともをかしとも聞きおきつるものは、草・木・鳥・虫もおろかにこそおぼえね」訳 **いつもと違った一点**で、しみじみとした情趣があるとも風情があるとも聞いて(心にとめて)おいたものは、草や木、鳥や虫でもおろそかには思われない。
❷ **一つの事。** 一つの事件。〈源氏・夕顔〉「ただはかなき**一ふし**に御心とまりて」訳 ただほんのちょっとした(＝夕顔が和歌をよこした)**一件**に(光源氏の)お心がとまって。
❸ 音楽の一調子。一曲。

ひと-へ【一重】名 ❶ ㋐ それだけで他に重なるものがないこと。一枚。㋑ 花びらの重なっていないもの。単弁。
❷【単】「単衣」の略。→十二単

ひとへ-がさね【単襲】名 平安時代、女性が表着の下に「単衣」を二枚重ねて着るもの。夏秋に用いる。

ひとへ-ぎぬ【単衣】名 装束のいちばん下に着た裏地のない着物。「ひとへ」とも。

ひとへ-に【偏に】副 ❶ **ひたすらに。むやみに。** 〈徒然・一三七〉「よき人は、ひとへに好けるさまにも見えず」訳 身分教養のある人は、**むやみに**風流を好きもしがっているようすにも見えず。
❷ **まったく。** まるで。〈平家・一・祇園精舎〉「たけき者も遂にはほろびぬ、ひとへに風の前の塵に同じ」訳 勇猛な者も結局は滅んでしまう、**まったく**風の前の塵に等しい。

ひと-ま【一間】名 ❶ 建物・橋などの、柱と柱の間一つ。また、その長さ。〈更級・竹芝寺〉「勢多の橋を**一間**ばかりこぼちて(＝**一間の長さ**ほどこわして)」
❷ 四辺がそれぞれ柱と柱の間一つしかない小さな部屋。転じて、一部屋・一室の意。〈枕・二九三〉「一条の院に造らせ給ひたる一間のところには」訳 一条院にお造りになられた**一部屋**の所には。
❸ 障子などの、桟でしきられた部分の一区切り。

ひと-ま【人間】名 ❶ **人の見ていない間。** 人のいないすき。〈更級・かどで〉「等身に薬師仏を造りて、手洗ひなどして、**人ま**にみそかに入りつつ」訳 等身大に薬師如来像を造って、手を洗い清めたりして、**人の見ていないとき**にひそかに(その仏間に)入っては。
❷ 人の訪れがまれになること。疎遠になること。

人麻呂(ひとまろ)《人名》→柿本人麻呂

ひと-みな【人皆】名 すべての人。人はみな。〈土佐〉「**人皆**まだ寝たれば、海のありやうも見えず」訳 (船の中の)**人はみな**まだ寝ているので、海のようすも見えない。

ひと-むら【一叢・一群】名 ひとかたまり。ひと群れ。

ひと-め【一目】名 ❶ (「一目見る」の形で)ちらっと見ること。〈源氏・須磨〉「**一目**も見奉れる人は」訳 (光源氏を)**ちらっと**でも拝見した(ことのある)者は。
❷ 目の中いっぱい。〈源氏・須磨〉「涙を**一目**浮けて見おこせ給へる、いと忍びがたし」訳 (紫の上が)涙を**目にいっぱい**浮かべてこちら(＝光源氏)を見ていらっしゃるようすは、(あまりのいじらしさに)とてもこらえがたい。

ひと-め【人目】名
❶ **他人の見る目。はため。** よそめ。〈古今・恋二〉「住江の岸に寄る波夜さへや夢のかよひ路**人目**よくらむ」訳 ⬇付録◇1「小倉百人一首」18
❷ **人の出入り。人の往来。** 人の訪れ。〈古今・冬〉「山里は冬ぞさびしさまさりける**人目**も草もかれぬと思へば」訳 ⬇付録◇1「小倉百人一首」28

フレーズ
人目を謀る 他人の目を盗んで物事をする。〈徒然・一七五〉「**人目をはかり**用て捨てんとし」訳 (強いられて酒を飲む人は)**人目を盗んで**(その酒を)捨てようとし。

ひと-めか・す【人めかす】他サ四〔さ・し・す・す・せ・せ〕(「めかす」は接尾語)人並みに扱う。一人前の人として待遇する。〈枕・六七〉「わざととりたてて**人めかす**終べくもあらぬさまなれど、かまつかの花らうたげなり」訳 わざわざとりあげて**一人前**(の花)**に扱う**ことができそうにもないようすだけれど、かまつか(＝葉鶏頭、一説に露草)の花はかわいらしい感じである。

ひと-め・く【人めく】自カ四〔か・き・く・く・け・け〕(「めく」は接尾語) ❶ **一人前らしくなる。** 人並みに見える。〈源氏・橋姫〉「けはひいたう**人めき**用て」訳 (弁の)態度がたいそう**一人前らしく**て。
❷ **人間らしく見える。** 〈源氏・夕顔〉「花の名は**人めき**用て、かう賤しき垣根になむ咲き侍りける」訳 (夕顔という)花の名前は**人間らしく思われ**て、(そのくせ)こうしてみすぼらしい(家の)垣根に咲くのでございましたよ。

ひとめ-を-はか・る【人目を謀る】⬇人目「フレーズ」

ひと-もの【一物】副 容器に満ちているさま。いっぱい。また、一面に。〈宇治・一二・七〉「童の顔にも、粥とばしりて、**ひとものかかり**ぬ」訳 童子(＝寺で召し使う少年)の顔にも、粥が飛び散って、**一面に**かかった。

ひともをし… 和歌 《百人一首》【人もをし 人もうらめし あぢきなく 世を思ふゆゑに もの思ふ身は】〈続後撰・雑中・後鳥羽院〉⬇付録◇1「小倉百人一首」99

ひと-や【人屋・獄】名 牢屋。牢獄。

ひと-やう【一様】名・形動ナリ 同様だ。同じ調子だ。〈源氏・蛍〉「しわざも女しき所なかめるぞ、**ひとやう**なめる」訳 振る舞いも女らしいところがないようなのは、(思慮が浅く人まねする女と、よくないという点で)**同様**であるようだ。

ひと-やり【人遣り】名 自分の意志からでなく、他人に強制されてすること。多く、下に打消の語を伴って、「人やりにもあらず」「人やりならず」などの形で用いられる。〈古今・離別〉「**人やり**の道ならなくに」訳 **人から命じられて行く**旅ではないのだから。→人遣りならず

254 **ひとやり-なら-ず**【人遣りならず】⬇次ページ

ひと-よ【一夜】名 ❶ 一晩。
❷ ある夜。また、先日の夜。〈和泉式部日記〉「**一夜**見し

月ぞと思へばながむれど心もゆかず目は空にして」訳あの夜見た月だと思うと、いくら眺めていても、心もはればれとしない。目はうつろに空を見るだけで。

❸夜じゅう。一晩じゅう。〈和泉式部日記〉「まどろまで一夜ながめし月見ると」訳うとうとと眠りもしないで、(私が)一晩じゅう眺めていた月を(あなたは)見るというので。

ひとり【一人・独り】 一名 ❶ひとり。単身。❷独身。〈源氏・若菜上〉「この衛門の督の、今までひとりのみありて」訳この衛門の督(=柏木)が今までずっと独身でいて。

二副 自然に。ひとりでに。〈三冊子〉「『むつかしくもぢれたるもの、ひとりさばくる』といへり」訳「むずかしくからまっているもの(=鵜飼いの縄)は、ひとりでにほどける」と(鵜匠が)言った。

ひ-とり【火取り】 名 ❶香を焚きしめるのに用いる香炉。外側は木、内側は銅または陶器で作り、上を銅の籠でおおう。→泔坏

❷「火取りの童」の略。五節の舞姫が参入するとき、①を持って先に立つ童女。

ひとり-ご・つ【独りごつ】 自タ四{た・ち・つ・つ・て・て}〔名詞「ひとりごと」を動詞化したもの〕ひとりごとを言う。〈更級・竹芝寺〉「この男の、かくひとりごつ体を」訳この男が、このようにひとりごとを言うのを。→ごつ参考

ひとり-びとり【一人一人】 名 いずれかひとり。だれかひとり。〈竹取・貴公子たちの求婚〉「思ひ定めて、一人一人にあひ奉り給ひね」訳(あなた=かぐや姫は)よく考えて決めて、だれかひとりとご結婚してさしあげなさい。

ひと-わらはれ【人笑はれ】 形動ナリ{なら・なり(に)・なり・なる・なれ・なれ}世の物笑いになるさま。人の笑いぐさとなるさま。「人笑へ」とも。〈大鏡・道隆〉「おのれ死なば、いかなるふるまひ・ありさまをし給はむずらむと思ふが悲しく、人笑はれなる体べきこと」訳私(=伊周)が死んだならば、(おまえたち子供が)どんな身の振り方や生活ぶりをなさるのだろうと思う(と、その)ことが悲しく、(また)世間の物笑いになるにちがいない(と思うと、情けない)ことだ。

ひと-わらへ【人笑へ】 形動ナリ{なら・なり(に)・なり・なる・なれ・なれ}「ひとわらはれ」に同じ。

ひと-わろ・し【人悪し】 形ク{(から)・く(かり)・し・き(かる)・けれ・かれ}外聞が悪い。みっともない。体裁が悪い。〈枕・二六二〉「『あまり見えそ』などいふも、人わろき体なるべし」訳「(あなたは)あまりに世話を焼きすぎる」などと言うのも、(注意されて)体裁が悪いのであろう。

最重要330 254

ひとやり-なら-ず【人遣りならず】

ガイド 「人遣り」とは、自分の意志からでなく、他人に強制されてすることをいう。その否定であるから、自分の意志ですることの意になる。

他がさせることでなく、自分の心からすることである。自分の心ながらどうにもならないくらいである。

例 えしも思ひ離れず、折々人やりならぬ体胸こがるる夕べもあらむとおぼえ侍り〈源氏・帚木〉訳(女のほうでも)思い切ることができずに、(私=頭の中将を思い出しては)ときどきだれのせいでもなくどうにも抑えきれない(恋しさに)胸が焼けこがれる夕暮れもあるだろうと思われます。

なりたち 名詞「人遣り」+断定の助動詞「なり」未+打消の助動詞「ず」

ひな【鄙】 名 田舎。都から遠い地方。〈万葉・三・二五五〉「天離るひなの長道ゆ恋ひ来れば明石の門より大和島見ゆ」訳都から遠く離れた田舎の長い道中を、(都を)恋しく思いながら来ると、明石海峡から大和の山々が見える。(「天離る」は「ひな」にかかる枕詞)

ひな-さか・る【鄙離る】 自ラ四{ら・り・る・る・れ・れ}都から遠く離れている。遠い田舎にある。〈万葉・三・三九一〉「ひなさかる体国治めにと」訳都から遠く離れている国を治めにと。

びな・し【便無し】 形ク{(から)・く(かり)・し・き(かる)・けれ・かれ}〔「びんなし」の撥音「ん」の表記されない形〕「びんなし」に同じ。〈和泉式部日記〉「女いとびなき体心地すれど」訳女はひどく都合が悪い気がするけれど。

ひな・ぶ【鄙ぶ】 自バ上二{び・び・ぶ・ぶる・ぶれ・びよ}〔「ぶ」は接尾語〕田舎風になる。田舎めく。田舎じみる。〈方丈・三〉「ただひなびた武士に異ならず」訳(貴人も)ただもう田舎じみた武士と変わらない。対雅ぶ

ひ-なみ【日次み・日並み】 名 ❶毎日行うこと。〈夫木・冬三〉「今日いくか日なみの御狩りか暮らし」訳今日で何日か、日ごとのご狩猟で日暮れになるまで過ごし。

❷日のよしあし。日柄。また、日和。

ひ-にく【皮肉】 名 ❶皮と肉。転じて、からだ。❷あてこすり。いやみ。

ひ-にく【皮膜】 名 境目の微妙なところ。区別のむずかしい微妙な違い。「ひまく」とも。〈難波土産〉「芸といふものは、実と虚との皮膜の間にあるものなり」訳演技というものは、事実と虚構との境目の微妙なところにある(=成り立つ)ものである。→虚実皮膜

ひ-に-けに【日に異に】 ⬇日「フレーズ」

ひ-に-そへ-て【日に添へて】 ⬇日「フレーズ」

最重要330

255 ひねもす【終日】副「ひめもす」とも。

ガイド 「一日じゅう」の意で、類義語に「日暮らし」「日一日」「日(も)すがら」、対義語に「夜(も)すがら」「夜一夜」がある。

朝から晩まで。一日じゅう。

例 雪こぼすがごと降りて、**ひねもす**にやまず〈伊勢・八五〉

訳 雪が(器の水を)こぼすように降って、**一日じゅう**やまない。

例 春の海**終日**のたりのたりかな〈蕪村句集・蕪村〉

訳 のどかな春の海。波は**一日じゅう**ものうげに、のたりのたりとうねっていることだ。

ひ-にん【非人】名 ❶《仏教語》人間でない者。夜叉・悪鬼の類。❷世捨て人。出家。❸罪人。❹貧しい人。窮民。❺江戸時代、差別を受けて士農工商の下に位置づけられた身分の者。

ひ-ねずみ【火鼠】名 中国の想像上の動物。南海の火山の火中にすむ鼠で、その毛で織った火浣布は火に燃えないとされる。

ひねもす【終日】副 ➡右 255

ひね・る【捻る・撚る・拈る】㊀自ラ四{ら・り・る・る・れ・れ}いっぷう変わったことをする。しゃれたことをする。〈浮世風呂〉「ぐっとひねっ用(促音便)て俗物なる跋」訳 ぐっと**風変わりなことをし**て通俗的な後書き。㊁他ラ四{ら・り・る・る・れ・れ}❶ねじる。よじる。〈落窪〉「錠**ひねり**用見給ふに、さらに動かねば」訳 (部屋の)錠前を**ねじって**ご覧になるけれど、まったく動かないので。❷やってみる。試みる。考え工夫する。考案する。

ひ-の-え【丙】名〔「火の兄」の意〕十干の三番目。➡十干

ひのえ-うま【丙午】名 干支の四十三番目。十干の丙と十二支の午とにあたる年と日。この年は火災が多いとされ、また、この年生まれの女性は夫を殺すという俗信があった。➡干支

ひ-の-おまし【昼の御座】名 清涼殿にある天皇の昼間の御座所。「ひるのおまし」「ひのござ」とも。対 夜の御座。➡清涼殿「古文常識」(四五九ページ)

ひ-の-さうぞく【昼の装束】名 正式の服装。男性は束帯、女性は裳と唐衣を身につける。「昼の装ひ」とも。

ひ-の-たて【日の経】➡日「フレーズ」

ひ-の-と【丁】名〔「火の弟」の意〕十干の四番目。➡十干

ひ-の-はじめ【日の初め】➡日「フレーズ」

ひ-の-みこ【日の御子】➡日「フレーズ」

ひ-の-もと【日の本】名「日の本の国」の略。日出ずるもとの国の意で、日本の美称。

ひのもとの【日の本の】《枕詞》「大和」にかかる。〈万葉・三・三一九〉「**ひのもとの**大和の国の」

ひ-の-よこ【日の緯】➡日「フレーズ」

ひ-の-よそひ【昼の装ひ】名「ひのさうぞく」に同じ。

び-は【琵琶】名 弦楽器の名。木製、長円形の平たい胴で、四本または五本の弦を張り、撥で弾き鳴らす。日本には、インド・中国を経て、奈良時代に伝えられた。➡琵琶法師

ひ-はぎ【引剝ぎ】名〔「ひきはぎ」の転〕追いはぎ。

ひ-はだ【檜皮】名 ❶檜の皮。屋根を葺くのに用いる。❷「檜皮葺き」の略。❸「檜皮色」の略。

ひはだ-いろ【檜皮色】名 染め色の名。蘇芳(=紫がかった赤色)の黒みがかった色。

ひはだ-ぶき【檜皮葺き】名 檜の皮で屋根を葺くこと。また、その屋根。

(ひはだいろ)

ひは-づ【繊弱】形動ナリ{なら・なり(に)・なり・なる・なれ・なれ}弱々しく、か細いさま。ひよわ。きゃしゃ。〈宇治・一〇・一〇〉「**ひはづなる**体僧の、経袋くびにかけて、よるひる経よみつるをとりて」訳 **弱々しくきゃしゃな**僧で、経袋を首にかけて、夜昼経を読んでいた者をつかまえて。

びは-ほふし【琵琶法師】名 琵琶を弾き、「平家物語」などの物語を語った盲目の法師。

(びはほふし)

ひびか・す【響かす】他サ四{さ・し・す・す・せ・せ}❶響くようにさせる。とどろかせる。〈枕・三三〉「ほととぎすの、あまたさへあるにやと鳴き**響かす**体は、いみじうめでたしと思ふに」訳 ほととぎすが、数多くいるのであろうかと思うまでに鳴いて(声を)**響かせるの**は、たいそうすばらしいと思っていると。❷評判を立てさせる。〈源氏・桐壺〉「琴笛の音にも雲井を**響かし**用」訳 (若宮=光源氏は)琴や笛の音によっても宮中での**評判を立てさせ**。

ひび・く【響く】自カ四{か・き・く・く・け・け}❶鳴り渡る。音がとどろき渡る。〈枕・二〇〉「鐘の声**響き**用まさりて」訳 鐘の音が一段と高く**鳴り渡っ**て。

❷世間の評判になる。知れ渡る。〈源氏・若菜上〉「よからぬ世の騒ぎに、軽々しき御名さへ響き(用)て」訳よくない世間の騒ぎ(＝光源氏の須磨退去)に、(そのうえ朧月夜との)軽率な御うわさまでも世に聞こえ渡って。
❸騒ぎたてる。騒動になる。〈増鏡・新島守〉「世の中の響き(用)ののしるさま、言の葉も及ばず」訳世の中が騒ぎたて盛んにうわさをするようすは、ことばで表現することもできず。

びび・し【美美し】形シク{しから・しく(しかり)・し・しき(しかる)・しけれ・しかれ}美しい。はなやかだ。見事だ。〈枕・四八〉「いみじう美々しう(用)(ウ音便)てをかしき君たちも、随身なきはいとしらじらし」訳とても美しく(着飾っ)てすばらしい貴公子たちでも、護衛の随身がついていないのはひどく興ざめである。

ひ-ひとひ【日一日】名朝から晩まで。一日じゅう。終日。〈土佐〉「日一日、よひとよ、とかく遊ぶやうにて明けにけり」訳終日、終夜、あれこれ詩歌管弦を楽しむ(といった)ぐあいで(夜が)明けてしまった。

ひひな【雛】名女の子の遊ぶ、紙などで作った小さな人形。「ひいな」「ひな」とも。春。〈枕・一五一〉「うつくしきもの…雛の調度」訳かわいらしいもの、…人形(遊び)の道具。

ひひら・く 自カ四{か・き・く・く・け・け}❶べらべらとしゃべり続ける。〈源氏・帚木〉「馬の頭、物定めの博士になりて、ひひらき(用)ゐたり」訳(左の)馬頭は、(女性の)品定めの博士になって、しゃべりまくり座っていた。
❷馬がいななく。

ひ-ほふ【秘法】名(仏教語)密教で行う秘密の祈禱。

ひま【隙・暇】名
❶すきま。物と物との間。〈源氏・夕顔〉「くまなき月かげ、ひま多かる板屋残りなく漏りきて」訳曇る所もない月の光が、すきまの多い板で葺いた屋根の(すきまの)すべてから(室内に)漏れて来て。
❷物事の起こらない間。絶え間。〈源氏・桐壺〉「御涙のひまなく流れおはしますを」訳(桐壺帝も)お涙が絶え間なく流れておいでになるのを。
❸時間のゆとり。余暇。よい機会。〈徒然・一八八〉「説経習ふべきひまなくて、年よりにけり」訳説経を習うはずの時間のゆとりがなくて、年をとってしまった。
❹人と人との間にある心の隔たり。仲たがい。不和。〈源氏・澪標〉「ひまある仲にて、いかがもてなし給はむと心苦しくおぼす」訳(光源氏が、兵部卿の宮と)隔たりがある間柄で、どういう態度をおとりになるであろうかと(藤壺は)気がかりにお思いになる。
❺休暇。いとま。

ひ-まぜ【日交ぜ】名一日おき。隔日。「ひまぜ」とも。〈蜻蛉・中〉「わざときらきらしくて、ひまぜなどにうち通ひたれば」訳(夫の兼家は)ことさら美しく(行列を)ととのえて、一日おきなどに通って来ているので。

ひま-な・し【隙なし・暇なし】形ク{から・く(かり)・し・き(かる)・けれ・かれ}
❶すきまがない。〈枕・二五〉「出で入る車の轅もひまなく(用)見え」訳出入りする牛車の轅もすきまがなく見え。
❷絶え間がない。ひっきりなしだ。〈源氏・桐壺〉「ひまなき(体)御前渡りに、人の御心を尽くし給ふもげにことわりと見えたり」訳(桐壺帝の)ひっきりなしの(局の前の)ご通過に、人(＝他の女御・更衣たち)がお心を悩ませなさるのもなるほどもっともだと思われた。
❸油断がない。心にすきがない。〈枕・七五〉「いささかのひまなく(用)用意したりと思ふが」訳ほんの少しのすきもなく気くばりしていると思う人が。

ひま-ひま【隙隙】名あちこちのすきま。あいだあいだ。〈源氏・夕顔〉「ひまひまより見ゆる火の光」訳(半蔀の)あちこちのすきまから見える灯火の光は。

ひ-みづ【氷水】名氷をとかした水。こおりみず。夏

ひ・む【秘む】他マ下二{め・め・む・むる・むれ・めよ}隠す。秘密にする。〈源氏・絵合〉「心やすくも取り出で給はず、いといたく秘め(用)て」訳(権中納言は)気安くも(絵を)お取り出しにならないで、たいそう厳重に隠して。

ひむがし【東】名(古くは「ひむかし」)ひがし。〈万葉・一・四八〉「東の野にかぎろひの立つ見えてかへり見すれば月かたぶきぬ」訳→ひむがしの…和歌

ひむがし-おもて【東面】名東側。また、東向きの部屋。

ひむがしの… 和歌

東の　野にかぎろひの　立つ見えて
かへり見すれば　月かたぶきぬ
〈万葉・一・四八・柿本人麻呂〉

訳東の野に暁の光がさし出るのが見えて、ふりかえって見ると、月は(西に)傾いている。
解説軽皇子(＝後の文武天皇)にお供して、安騎野(＝今の奈良県宇陀市の野。上代の狩猟地)に野営したときの歌。「かぎろひ」は原文の「炎」を訓読みしたもので、陽炎の意とする説もある。

ひ-むろ【氷室】名冬の氷を夏までたくわえておくために、山かげに穴をあけてつくった室。夏

ひめ-【姫・媛】接頭(名詞に付いて)小さく愛らしい、の意を表す。「姫垣」「姫松」「姫百合」

ひめ【姫・媛】名❶女子の美称。対彦
❷貴人の娘。

ひめ-ぎみ【姫君】名貴人の娘の敬称。娘のうち、妹を「若君」というのに対して、姉をさすこともある。〈源氏・若紫〉「故姫君は、十ばかりにて殿に後れ給ひしほど」訳亡き姫君は、十歳ばかりで父君に先立たれなさったころ。

ひめ-まつ【姫松】名(「ひめ」は接頭語)小さい松。また、松の美称。

ひめ-みこ【姫御子】名内親王。皇女。姫宮。〈万葉・一・二二・題詞〉「十市皇女」

ひめ-みや【姫宮】名「ひめみこ」に同じ。

ひめもす【終日】副「ひねもす」に同じ。

ひ-も-すがら【終日】副朝から晩まで。一日じゅう。

ひも-と・く【紐解く】❶自カ四{か・き・く・く・け・け}花のつぼみが開く。ほころぶ。〈源氏・初音〉「御前の梅やうやうひもとき(用)て」訳御前の梅がだんだんほころんできて。
❷他カ四{か・き・く・く・け・け}下ひもを解く。多く、男女が親しみ合う意に用いられる。〈万葉・二〇・四四二〇〉「草枕旅行く背

なが丸寝せば家なる我は紐解か(未)ず寝む」訳 旅行くあなたが服を着たまま寝るなら、家にいる私は下ひもを解かないで寝よう。（「草枕」は「旅」にかかる枕詞。「家」は「いへ」の東国方言）

ひもろき【神籬】名〔後世「ひもろぎ」「ひぼろき」とも〕上代、神を祭るとき、清浄の地を選び、周囲に常磐木（＝常緑樹）を植え、神座としたもの。のち、広く神社をいう。また、室内や庭にしめ縄を張り、その中央に榊を立てたもの。

びゃうがんの… 俳句

病雁の　夜寒に落ちて　旅寝かな　〈猿蓑・芭蕉〉

（秋）（秋）（切れ字）

訳 病んでいるらしい雁の声がする。この寒夜に列を離れて湖畔で一夜を明かすのであろう雁をしのびながら、私も旅の空に病を得て、夜寒の床に眠れぬ夜を過ごしていることだ。（「の」は、主格を表す格助詞）

解説 「堅田にて」と前書きがある。堅田は琵琶湖畔にあって、近江八景「堅田の落雁」で有名。「病雁の」を「やむかりの」と読む説もある。

ひゃう-ぐ【兵具】名 いくさに用いる道具や武器。甲冑・太刀・弓矢の類。

ひゃう-し【拍子】名「はうし」とも。❶音楽・歌舞に合わせて調子をとること。

❷「笏拍子」の略。神楽・催馬楽・東遊びなどに用いる楽器の一つ。笏のような、細長く平たい板二枚を打ち合わせて音を出すもの。

❸警戒や合図のために、太鼓や拍子木を打つこと。

❹もののはずみ。おり。

ひゃう-ぢゃう【兵仗】名 ❶武器。〈今昔・二三・一〇〉「六衛府の陣も、おのおの兵仗を帯して仕まつること、行幸に異ならず」訳 六衛府の武官たちも、それぞれ武器を身につけてお仕え申しあげることは、行幸の場合と違わない。

❷武器をもった護衛兵。また、随身・内舎人の称。〈平家・一・殿上闇討〉「兵仗を賜りて、宮中を出入するは、みな格式の礼を守る」訳 随身をいただいて（＝召し連れることを許されて）、宮中を出入りするときには、すべて公に定められたきまりの作法を守る。

ひゃう-ぢゃう【評定】名・自サ変 大勢で相談して決定すること。〈平家・七・木曽山門牒状〉「家の子・郎等召し集めて評定す(終)」訳（義仲は）血縁のある家来や血縁のない家来をお呼び集めになって相談する。

ひゃう-ど 副 ❶「ひゃうと」とも。ひょいと。いきなり。突然。〈蜻蛉・中〉「ここにある人、ひゃうど寄り来て言ふ」訳 ここにいる人（＝留守番の侍女）が、ひょいと近寄って来て言うことには。

❷矢が弦を離れて飛んで行く音の形容。ひゅうっと。〈平家・一一・那須与一〉「与一、鏑を取ってつがひ、よっぴいてひゃうど放つ」訳 与一は、鏑矢を取って（弓に）つがえ、よく引きしぼってひゅうっと射放つ。

ひゃう-はふ【兵法】名「へいはふ」とも。❶いくさのしかた。兵学。軍学。

❷剣術・槍術などの武術。

ひゃう-ぶ【兵部】名「兵部省」の略。

びゃう-ぶ【屛風】名 室内に立てて風をさえぎり、しきりや装飾に用いる家具。古くは衝立障子のようなものであったが、のち、ふすまのようなものを何枚か連ねて折りたたむようになった。冬

ひゃうぶ-きゃう【兵部卿】名 兵部省の長官。正四位下相当。

ひゃうぶ-しゃう【兵部省】名 律令制で、太政官に属する八省の一つ。諸国の兵士・兵馬・城郭・兵器など、軍事一般に関することをつかさどる役所。→八省。➡付録③「平安京大内裏図」

（びゃうぶ）

ひゃう-ふっ(-と) 副 矢が風を切って飛んでゆき、勢いよく射抜く音の形容。〈平家・九・木曽最期〉「三浦の石田次郎為久、追っかかって、よっぴいてひゃうふっと射る」訳 三浦の石田次郎為久が追いついて、（弓を）十分に引きしぼって（矢を）ひゅうふっと射る。

ひゃうらう-まい【兵糧米】名 戦陣で将兵に供する米。また、それにあてるものとして諸国に割り当てて徴発した米。

ひゃう-ゑ【兵衛】名 ❶「兵衛府」の略。

❷兵衛府に属する兵士。

ひゃうゑ-の-かみ【兵衛の督】名 兵衛府の長官。左右各一人。従四位下相当。

ひゃうゑ-の-すけ【兵衛の佐】名 兵衛府の次官。左右各一人。従五位上相当。

ひゃうゑ-ふ【兵衛府】名 六衛府の一つ。内裏を守り、行幸などにお供した武官の役所。左右二府に分かれ、督・佐・尉・志の四等官が置かれた。→六衛府

ひゃくがい-きうけう【百骸九竅】名 多くの骨と九つの穴（＝両眼・両耳・両鼻孔・口・両便孔）。人体を構成するもの。肉体。からだ。

ひゃく-くゎん【百官】名 多くの官。数多くの役人。

ひゃくしゅ-の-うた【百首の歌】名 四季や恋など、いくつかの歌の題について、各題ごとに一定数の歌を詠み、計百首とする題詠の方式。一人あるいは数人で詠む。百首歌。

ひゃく-だい【百代】名「はくたい」に同じ。

びゃく-ち【躄地】名・自サ変「びゃくぢ」とも。地に倒れのたうち回ること。〈平家・六・入道死去〉「悶絶躄地し(用)て、遂にあっち死にぞし給ひける」訳（平清盛は）苦しみもだえ地に倒れのたうち回って、とうとう悶死をしなさった。

ひゃくやく-の-ちゃう【百薬の長】多くの薬の中で最上のもの。酒をほめていう語。

ひゃく-ゐん【百韻】名 連歌・俳諧の一形式。発句から挙げ句まで百句を連ねて一巻とするもの。折った懐紙四枚（＝八面）に記され、初折りの表に八句（＝表八句）、その裏から各面に十四句、最後の名残の折の裏に八句書いて、合計百句とする。

ひややひやと… 俳句

> 秋　ひやひやと　壁をふまへて　昼寝哉　切れ字
> 〈笈日記・芭蕉〉

訳 ひんやりとした壁に足の裏をあてて、（初秋の気配を楽しんで）昼寝をしていることだ。

ひ・ゆ【冷ゆ】 自ヤ下二{え・え・ゆ・ゆる・ゆれ・えよ} 温度が下がって冷たくなる。冷える。〈源氏・若菜上〉「こよなく久しかりつるに、身も**冷え**(用)にけるは」訳（待たされた時間が）この上なく長かったので、からだも**冷え**てしまったことよ。

ひょう【兵・拍・評】 ⬇ひゃう

ひょう【表】 ⬇へう

びょう【病・屏】 ⬇びゃう

びょう【廟】 ⬇べう

ひょう-りん【氷輪】 名 凍ったように、冷たく輝く月。

ひよく-の-とり【比翼の鳥】 中国の想像上の鳥。雌雄それぞれ一目一翼で、常に一体となって飛ぶという。男女間の契りの深いことにたとえていう。〈平家・六・小督〉「天に住まば**比翼の鳥**、地に住まば連理の枝とならん」訳（死後）天に住むならば**比翼の鳥**に、地上に住むならば連理の枝となろう（＝あの世まで固く添いとげよう）。

参考 唐の詩人白居易作である「長恨歌」の「天に在りては願はくは比翼の鳥となり、地に在りては願はくは連理の枝とならむと」から出たことば。この玄宗皇帝と楊貴妃との契りのことばは、「源氏物語」をはじめ多くの日本古典に引用された。

ひよく-れんり【比翼連理】 名「比翼の鳥」と「連理の枝」。男女間の契りの深いことのたとえ。→比翼の鳥 参考

ひ-より【日和】 名 ❶晴天。〈細道・最上川〉「最上川乗らむと、大石田といふ所に**日和**を待つ」訳 最上川を船に乗（って下）ろうと、大石田という所で**晴天**（になるの）を待つ。❷空模様。天気。〈浮・日本永代蔵〉「夕べの嵐朝の雨、**日和**を見合はせ（＝**空模様**を見はからい）」❸事のなりゆき。形勢。その場のようす。〈浮・日本永代蔵〉「**日和**を見ても、どれを一人出て行けといふものもなし」訳 **その場のようす**を見ても、だれ一人として出て行けと言う者もいない。

ひら【枚・片】 名 薄く平たい物をいう語。紙や木の葉など。〈源氏・梅枝〉「好み書き給へる**ひら**もあめり」訳 趣向をこらしてお書きになった**紙面**もあるようだ。

ひら-【平】 接頭 ❶なみの、ふつうの、の意を表す。「**平**殿上人」「**平**侍」❷ひたすら、一気に、の意を表す。「**平**討ち」

ひら【平】 形動ナリ{なら・なり(に)・なり・なる・なれ・なれ} 平らなさま。〈方丈・二〉「さながら**平に**(用)倒れたるもあり」訳（つむじ風に巻きこまれた家々は）そっくり**ぺしゃんこに**つぶれたものもあり。

びらう-げ ビロウゲ【檳榔毛】名「びりゃうげ」とも。「檳榔毛の車」の略。

> フレーズ
> **檳榔毛の車** 「びりゃうげのくるま」とも。牛車の一種。白く晒した檳榔（＝植物の名）の葉を細く裂いて編んだもので車の屋根、および左右をおおったもの。上皇・親王・大臣・公卿、また上級の女房・僧などが乗用した。⬇車「古文常識」

びらうげ-の-くるま ビロウゲ【檳榔毛の車】⬇檳榔毛の車「フレーズ」

ひら・く【開く】 ■ 自カ下二{け・け・く・くる・くれ・けよ} ❶**咲く**。ほころびる。〈源氏・宿木〉「この花の**ひらくる**(体)ほどをも、ただ一人のみぞ見給ひける」訳 この花（＝朝顔）が**咲く**ようすをも、ただ一人だけでご覧になったのであった。❷**始まる**。起こる。〈古今・仮名序〉「天地の**ひらけ**(用)はじまりける時より出できにけり」訳（和歌は）天と地が**生まれ**（この世界が）はじまったときから詠みだされたということだ。❸晴ればれとさわやかになる。〈源氏・夕顔〉「白き花ぞ、おのれひとり笑みの眉**ひらけ**(用)たる」訳 白い花が、自分ひとりだけ花を開いて**晴ればれとし**ている。❹文明が進む。

■ 他カ四{か・き・く・く・け・け} ❶ひらく。あける。〈万葉・二〇・四四六五〉「ひさかたの天の戸**ひらき**(用)」訳 天の岩戸を**開き**。（「ひさかたの」は「天」にかかる枕詞）❷（疑いを）解く。取り去る。〈太平記・三五〉「不審を**ひらか**(未)んために尋ね申しつるなり」訳 疑問を**解く**ようなために尋ね申したのだ。❸**新しく始める**。切り開いて盛んにする。〈大鏡・道長下〉「栄花を**ひらか**(未)せ給へば」訳（忠平は藤原一門の）繁栄（のもと）を**切り開き盛んにし**なされるので。

■ 自カ四{か・き・く・く・け・け} ❶あく。広がる。ひらく。〈細道・出羽三山〉「三尺ばかりなる桜の、つぼみ半ば**ひらけ**(已)るあり」訳（丈が）三尺（＝約九〇センチメートル）ほどである桜の木で、つぼみが半ば**ひらい**ているのがある。❷幸運になる。盛んになる。〈浄・鎌倉三代記〉「**ひらく**(体)御運が定ならば」訳 **盛んになる**御運が必定ならば。❸合戦や婚礼のときに、「退く」「帰る」「退散する」などの語を忌み避け、その代わりに用いる語。〈古活字本保元物語〉「急ぎいづ方へも御**ひらき**(用)候ふべし」訳 急いでどこへでもご**退散し**なさるべきです。

ひら-に【平に】 副 ❶切に。ひたすら。熱心に。〈平家・一・鹿谷〉「新大納言成親卿も**平に**申されけり」訳 新大納言成親卿も**熱心に**（左大将の職を）所望申しあげなさった。❷無事に。容易に。〈源平盛衰記〉「直実だにも**平に**渡りつくこと難かるべし」訳（熊谷）直実でさえも（対岸に）**無事に**渡りつくことはむずかしそうだ。❸ぜひとも。なにとぞ。〈謡・松風〉「**平に**一夜を明かさせて賜り候へと」訳 **ぜひとも**一夜を過ごさせてくださいませと。

ひら・む【平む】 ■ 自マ四{ま・み・む・む・め・め} ❶平たくなる。〈竹取・燕の子安貝〉「手に**平め**(已)る物さはる時に」訳 手に**平たくなっ**ている物がさわるときに。❷ひれ伏す。はいつくばう。〈今昔・二六・四〉「**平み**(用)居る蝦蟆を踊り越ゆるほどに」訳 **はいつくばっ**ているがま（＝ひきがえる）を躍り越えるときに。

■ 他マ下二{め・め・む・むる・むれ・めよ} 平たくする。平らにする。〈平治物語〉「兵どものども、…弓を**平め**(用)、矢を引きそばめて通

し奉る」訳兵士たちは、…弓を平らにし(=伏せ)、矢をからだのそばに引きよせてお通し申しあげる。

ひら-め・く【閃く】 自カ四 {か・き・く・く・け・け}〔「めく」は接尾語〕❶ぴかぴかと光る。きらめく。〈竹取・竜の頸の玉〉「神は、落ちかかるやうに、ひらめく㊑」訳雷は、落ちかぶさるようにぴかぴかと光る。
❷ひらひらする。ひるがえる。〈平家・一一・那須与一〉「しばしは虚空にひらめき㊊けるが、春風に一もみ二もみもまれて、海へさっとぞ散ったりける」訳(扇は)しばらくは大空にひらひらとひるがえったが、春風に一もみ二もみもまれて、海へさっと散ったのであった。

ひら-を【平緒】 名 束帯のとき身に帯びる儀礼用の太刀の緒。平たい組み緒で、後世は飾りとして、腰から袴の前に垂らした。→束帯

ひり・ふ【拾ふ】 他ハ四 {は・ひ・ふ・ふ・へ・へ}《上代語》拾う。〈万葉・一五・三七〇九〉「家づとに貝をひりふ㊑と」訳家へのみやげに貝を拾うということで(=拾おうと思って)。

ひる【蒜・葫】 名 野蒜やにんにくなどの総称。においが強く、食用や薬用として用いる。

ひる【干る・乾る】 自ハ上一 {ひ・ひ・ひる・ひる・ひれ・ひよ} ❶かわく。〈新古・秋下〉「村雨の露もまだひ㊌ぬ槙の葉に霧立ちのぼる秋の夕暮れ」訳➡付録①「小倉百人一首」87
❷潮が引く。水が少なくなる。〈平家・九・宇治川先陣〉「この河は近江の水海の末なれば、待つとも待つとも水ひ㊌まじ」訳この川(=宇治川)は近江の湖(=琵琶湖)の下流なので、いくら待っても水が引くはずがない。
参考 上代は上二段活用。→干

ひ・る【放る・痢る】 他ラ四 {ら・り・る・る・れ・れ} 糞・屁などを排泄する。〈宇治・三・九〉「穀糞をおほくひり㊊置きたり」訳(穀断ちした上人が)穀類がまじった糞をいっぱいたれ残している。

ひる【嚔る】 他ハ上一 {ひ・ひ・ひる・ひる・ひれ・ひよ}(多く「はなをひる」の形で)くしゃみをする。〈枕・一八四〉「鼻をいと高うひ㊊たれば」訳たいそう大きくくしゃみをしたので。
参考 上代は「ふ(嚔)」で上二段活用。

ひる-げ【昼食・昼餉】 名〔「け」は食事の意〕昼の食事。昼めし。

びるしゃな-ぶつ【毘盧遮那仏】 名〔「毘盧遮那」は梵語の音訳〕華厳宗の本尊。その光明が天地万物をあまねく照らすという仏。密教では大日如来と同体。盧遮那仏。遮那。

ひる-つ-かた【昼つ方】 名〔「つ」は「の」の意の上代の格助詞〕昼のころ。昼時分。

ひる-の-おまし【昼の御座】 名「ひのおまし」に同じ。

ひれ【領巾・肩巾】 名 上代、おもに女性が首から肩にかけて長く垂らした薄い白布。呪力をもつと考えられ、魔よけや、人との別れを惜しむときなどにこれを振った。のちには、単なる装飾品となった。

ひろ【尋】 名 両手を左右に広げた長さ。一尋は、ふつう六尺(=約一・八メートル)ぐらい。布・縄・糸の長さや水深などをはかる単位として用いる。

び-ろう【尾籠】 名・形動ナリ ❶礼を失すること。無礼。無作法。〈平家・一・殿下乗合〉「殿の御出に参り逢ひて、乗り物より降り候はぬこそ尾籠に㊊候へ」訳(摂政)殿下のお出ましに参りあわせて、乗り物から降りませぬのは無作法でございます。
❷きたないこと。けがらわしいこと。〈浮世風呂〉「食べると、尾籠ながら、吐きまする」訳食べると、きたないことだが、吐きます。
参考「をこ」に「尾籠」の字をあて、音読したもの。

ひろ・ぐ【広ぐ・拡ぐ】 ㊀ 他ガ下二 {げ・げ・ぐ・ぐる・ぐれ・げよ} ❶広くする。のべ広げる。〈枕・三三〉「扇ひろう広げ㊊て、口にあててわらひ」訳扇を大きく広げて、口にあてて笑い。
❷繁栄させる。〈源氏・薄雲〉「なほこの門ひろげ㊊させ給ひて」訳やはり(あなた=斎宮の女御のお力で)この一門を繁栄させなされて。
㊁ 他ガ四 {が・ぎ・ぐ・ぐ・げ・げ}「する」「行う」の意で、他人の行為をののしっていう語。しやがる。〈浄・女殺油地獄〉「よい年をしてばかひろぐ㊑な」訳いい年をして、ばかな真似をしやがるな。

ひろ-ご・る【広ごる】 自ラ四 {ら・り・る・る・れ・れ} ❶広がる。拡大する。〈枕・四〉「広ごり㊊たるは、うたてぞみゆる」訳(柳の葉が)広がったのは、見苦しく見える。
❷(うわさなどが)広まる。行き渡る。また、勢力が増す。〈源氏・若菜上〉「うちうちにのたまはする御ささめきごとどもの、おのづから広ごり㊊て」訳こっそりおっしゃる御内緒話のあれこれが、自然に広まって。

ひろ・し【広し】 形ク {から・く(かり)・し・き(かる)・けれ・かれ} ❶広大である。広々としている。〈万葉・五・八九二〉「天地は広し㊑といへど我がためは狭くやなりぬる」訳→かぜまじり…和歌
❷すみずみまで行き渡る。〈古今・仮名序〉「広き㊍おほむめぐみのかげ」訳すみずみまで行き渡る(天皇の)お恵みは。
❸心が広い。寛容だ。おおようだ。〈大鏡・師輔〉「御心はいと広く㊊、人の御ためなどにも思ひやりおはしまし」訳(村上天皇の中宮安子は)お心はたいへん寛容で、人の御ためなどにも思いやりがおありになり。
❹数が多い。〈源氏・玉鬘〉「族広く㊊て…勢ひいかめしきつは者ありけり」訳一族が多くて…威勢も強大な武士がいた。

ひろ・ふ【拾ふ】 他ハ四 {は・ひ・ふ・ふ・へ・へ} ❶拾う。〈土佐〉「寄する波うちも寄せなむわが恋ふる人忘れ貝おりて拾は㊌む」訳→よするなみ…和歌
❷(ぬかるみでない所を拾って歩く意から)徒歩で行く。歩く。〈浄・傾城反魂香〉「こちはこれから腰元つれて拾う㊊(ウ音便)てもどる」訳私はこれから侍女を連れて歩いて戻る。

ひろ-まへ【広前】 名 神前を敬っていう語。御前。

ひろ・む【広む】 他マ下二 {め・め・む・むる・むれ・めよ} 広く知らせる。広く行き渡らせる。〈大鏡・兼家〉「歌などかき集めて、かげろふの日記と名づけて、世に広め㊊給へり」訳(道綱の母は贈答の)和歌などを書き集めて、「蜻蛉の日記」と名付けて、世の中に広く行き渡らせなさった。

ひろ-め・く 自カ四 {か・き・く・く・け・け}〔「めく」は接尾語〕落ち着きなく動きまわる。ふらふらする。また、こきざみに震え動く。〈枕・二八〉「居も定まらずひろめき㊊て」訳いずまいも落ち着かずふらふらして。

ひろ-め・く【閃く】 自カ四 {か・き・く・く・け・け}「ひらめく」に同じ。

ひろ-らか【広らか】形動ナリ{なら・なり(に)・なり・なる・なれ・なれ}〔「らか」は接尾語〕幅広いさま。広々としたさま。〈今昔・二六・一三〉「鮨鮎(すしあゆ)の、大きに広らかなる(体)を」訳 鮨鮎(=塩漬けにして、酸味の生じた鮎)で、大きくて幅が広いのを。

びわ【琵琶】⇒びは

ひわだ【檜皮】⇒ひはだ

ひ-わりご【檜破子】名 檜(ひのき)の白い薄板で作ったわりご(=食物を入れる器)。上等なものとされた。

ひ-ゐ〔イ〕【非違】名「検非違使(けびゐし)」の略。

ひ-を〔オ〕【氷魚】名 鮎(あゆ)の稚魚。からだは氷のようにすきとおっている。琵琶(びわ)湖や宇治(うじ)川に多く産し、秋の末から冬にかけてとれる。朝廷にも献上された。冬

ひ-をけ〔オケ〕【火桶】名 木製の丸い火鉢。桐(きり)の木などをくりぬいて作り、内側に真鍮(しんちゅう)を張り、胴に彩色する。冬〈枕・一〉「昼になりて、ぬるくゆるびもていけば、火桶の火も白き灰がちになりてわろし」訳 昼になって、(寒気が)しだいにあたたかくゆるんでいくと、火鉢の火も白い灰が多くなって感心しない。

(ひをけ)

ひ-をどし〔オドシ〕【緋縅】名 鎧(よろい)の縅(おどし)の一種。緋色(ひいろ)の組み糸や革で鎧の札(さね)をつづりあわせたもの。

ひを-むし〔ヒオ〕【蜉蝣】名 虫の名。かげろうの類か。短命で、朝に生まれて夕方に死ぬという。

びん【便】名 便宜。都合。てづる。⇒便悪(びんあ)し・便無(びんな)し・便良(びんよ)し

びん【鬢】名 頭の左右側面の耳の上あたりの髪。〈源氏・須磨〉「御鬢かき給ふとて、鏡台に寄り給へるに」訳 (光源氏は)御耳ぎわの髪(の乱れ)を(櫛(くし)で)かき上げなさるというので、鏡台に近寄りなさったときに。

びん-あ・し【便悪し】形シク{しから・しく(しかり)・し・しき(しかる)・しけれ・しかれ}都合が悪い。条件がよくない。〈徒然・三〇〉「山里などに移ろひて、便あしく(用)狭(せば)き所にあまたあひ居(ゐ)て」訳 山里などに移り住んで、条件が悪く狭い所に大勢で雑居して。対 便良(びんよ)し

ひんがし【東】名〔「ひむがし」の転〕ひがし。

ひんがし-の-たい【東の対】名 寝殿造りで、寝殿の東側にある対(たい)の屋(=別棟の建物)。一の対。寝殿とは渡殿(わたどの)(=渡り廊下)で結ばれる。対 西の対。⇒寝殿造(しんでんづく)り「古文常識」(四二四ページ)

びん-ぎ【便宜】名 ❶便利なこと。**都合のよいこと。**〈今昔・二〇・三五〉「国の内に居たるは、極めたる便宜なり」訳 (講師にふさわしい人が、この)国の中にいたのは、この上なく都合のよいことだ。❷よい機会。**よいついで。**〈徒然・一五〉「その事かの事便宜に忘るな」訳 そのことやあのことをよいついでに(やっておくのを)忘れるな。❸(何かのついでに送る)**便り。**音信。手紙。〈浄・冥途の飛脚〉「ひそかに便宜もするならば」訳 こっそり便りでもするならば。⇒消息(せうそこ)「慣用表現」

備後(びんご)《地名》旧国名。山陽道八か国の一つ。今の広島県東部。備州(びしゅう)。

びん-づら〔ズラ〕【鬢頬】名〔「みづら」の転〕❶「びづら」に同じ。❷髪。髪の毛。

びん-な・し【便無し】形ク ⇒左 256

びん-よ・し【便良し】形ク{から・く(かり)・し・き(かる)・けれ・かれ}都合がよい。条件がよい。〈徒然・五四〉「双(なら)びの岡の便よき(体)所に埋(うづ)みおきて」訳 双の岡(=地名)の都合のよい所に(重箱を)埋めて置いて。対 便悪(びんあ)し

最重要330 256

びん-な・し【便無し】形ク{から・く(かり)・し・き(かる)・けれ・かれ}

ガイド「便悪(あ)し」「便良し」の形で用いられる「便宜」「都合」の意の「便」に形容詞「無し」が付いた語。形容動詞「ふびんなり」は類義語で、中古の用例では、③の意には「ふびんなり」を用いることが多い。

❶**都合が悪い。具合が悪い。**おりが悪い。

例 人目多くて便なけれ(已)ば〈源氏・夢浮橋〉

訳 (供の者たちの)見る目が多くて具合が悪いから。

❷**感心しない。よくない。**

例 よその君たちは、便なき(体)ことをも奏してけるかなと思ふ〈大鏡・道長上〉

訳 他の君達(きんだち)は、(道長は)つまらないことをも奏上したものよと思う。

❸**気の毒だ。**かわいそうだ。いたわしい。

例 きのふの価(あたひ)、返しくれたびてんやと侘(わ)ぶ。いと便なけれ(已)ば、ゆるしやりぬ〈風俗文選・落柿舎の記〉

訳 (商人が)昨日の(柿の)代金を、返してくださるだろうかと泣きごとを言う。たいそう気の毒なので、願いを聞き入れて(代金を返し)与えた。

ふ　フ

ふ【生】 名（多く接尾語的に用いられて）草木の生い茂っている所。「よもぎふ」「たけふ」

ふ【府】 名 ❶役所。「大宰府(だざいふ)」「近衛府(このゑふ)」❷特に、地方の国々の役所。国府。また、その所在地。「加賀の府（＝金沢）」❸（近世、幕府のある所の意から）江戸の称。

ふ【封】 名「ふご」に同じ。

ふ【符】 名 ❶（太政官(だいじょうかん)などの）上級官庁から所轄の官庁に命令を下す公文書。❷（神仏などの）守り札。お札。護符。

ふ【干・乾】 自ハ上二｛ひ・ひ・ふ・ふる・ふれ・ひよ｝《上代語》「ひる（干る・乾る）」に同じ。〈万葉・二・一五九〉「荒栲(あらたへ)の衣(ころも)の袖はふる体時もなし」訳 織り目のあらい喪服の袖は（涙で）かわくときもない。
参考 中古以降は上一段活用「干(ひ)る」となる。

ふ【経】 自ハ下二 ❶**時がたつ。年月が過ぎる。**〈源氏・桐壺〉「時の間もおぼつかなかりしを、かくても月日はへ用にけり」訳（桐壺帝は）ほんの少しの間でも（桐壺の更衣を見ないと）気がかりであったのに、（更衣の死後は）こうして（一人で）いても月日は過ぎてしまったのだった。
❷（場所や段階を）**通って行く。通り過ぎる。**経験する。〈土佐〉「黒崎の松原をへ用てゆく」訳 黒崎の松原を通り過ぎて行く。

活用

未然	連用	終止	連体	已然	命令
へ（ズ）	へ（タリ）	ふ（。）	ふる（コト）	ふれ（ドモ）	へよ（。）

ふ【綜】 他ハ下二｛へ・へ・ふ・ふる・ふれ・へよ｝織機に縦糸をひきのばしてかける。〈古今・物名〉「ささがにの花にも葉にも糸を皆へ用し」訳 蜘蛛(くも)が花にも葉にも（巣の）糸を皆かけた。（「糸を皆へし」に「女郎花(をみなへし)」を詠み込む）

ふ 助動ハ四型《上代語》

意味・用法
反復（何度も…する。しきりに…する。）→❶
継続（…しつづける。）→❷

接続
四段動詞の未然形に付く。

活用

未然	連用	終止	連体	已然	命令
は（ム）	ひ（テ）	ふ（。）	ふ（コト）	へ（ドモ）	［へ］（。）

❶動作の反復の意を表す。**何度も…する。しきりに…する。**〈万葉・五・八九二〉「糟湯酒(かすゆざけ)うちすすろひて咳(しは)ぶかひ用鼻びしびしに」訳→かぜまじり… 和歌

❷動作の継続の意を表す。…**しつづける。**〈万葉・一七・三九七五〉「わが背子(せこ)に恋ひすべながり葦垣(あしかき)の外(ほか)に嘆かふ体吾(あれ)し悲しも」訳 あなたが恋しくてなんとも仕方がなく、外に離れて嘆きつづける私は悲しいことよ。（「すべながり」は「すべなし（＝仕方がない）」から派生した動詞「すべながる」の連用形。「葦垣の」は「外」にかかる枕詞）

文法 (1) 四段動詞の未然形に「ふ」が付くとき、上の動詞の活用語尾がオ段に転じることがある。「うつらふ→うつろふ」、「すすらふ→すすろふ」、「つづしらふ→つづしろふ」など、音韻変化を生じたものは一語になり、ハ行四段活用動詞として扱われる。
(2) まれに下二段活用動詞に付き、下二段型に活用した例がある。
「沫雪(あわゆき)かはだれに降ると見るまでに流らへ散るは何の花そも」訳 泡のような雪がはらはらと降るのかと見るほどに、流れつづけるように地上に散るのは何の花であろうか。〈万葉・八・一四二〇〉

参考 助動詞として種々の語に付いたのは上代だけで、中古以降に用いられる「語らふ」「住まふ」「慣らふ」「計らふ」「向かふ」「呼ばふ」などの「ふ」は、一語の動詞の活用語尾として扱うのが適当である。「住まひ」「よそほひ」「語らひ」などは、その連用形が名詞になったものである。
なお、平安時代になって、「いまさふ」「おはさふ」「おはしまさふ」などの語が現れるが、これらの語は、「います」「おはす」「おはします」の連用形「いまし」「おはし」「おはしまし」に「あふ（合ふ）」が付いて変化したものと考えられる。

ふ 上代の助動詞「ふ」の終止形・連体形。

-ぶ 接尾バ上二型（名詞、形容詞の語幹（シク活用は終止形）、形容動詞の語幹に付いて）「…**のような状態になる**」「…**のようにふるまう**」の意の動詞をつくる。〈源氏・桐壺〉「相人(さうにん)驚きて、あまたたびかたぶきあやしぶ終」訳 人相見は（若宮＝光源氏を見て）驚いて、何度も首をかしげ変だと思うようすをする。

例語 貴(あて)ぶ・荒ぶ・いつくしぶ（＝かわいがる）・うつくしぶ（＝かわいがる）・翁(おきな)ぶ（＝老人めく）・大人ぶ・愛(かな)しぶ・悲しぶ・言無(ことな)しぶ・里ぶ・はかなぶ・鄙(ひな)ぶ・都(みやこ)ぶ・雅(みや)ぶ・故(ゆゑ)ぶ・田舎(ゐなか)ぶ・礼(ゐや)ぶ（＝敬う）・痴(をこ)ぶ（＝ばかばかしく見える）・幼(をさな)ぶ・女(をんな)ぶ（＝女めく）

ぶ【分・歩】 名 ❶長さの単位。一尺の百分の一。約三ミリメートル。❷重さの単位。一匁(もんめ)の十分の一。約〇・三七五グラム。❸長さの単位。六尺。約一・八メートル。❹土地面積の単位。六尺四方。約三・三平方メートル。❺貨幣の単位。一両の四分の一。❻歩合。割合。

ぶ【夫】 名 公用のために、強制的に徴発された人夫。

ぶ【武】 名 ❶たけだけしいこと。雄々しいこと。勇敢な行為。〈徒然・八〇〉「生けらんほどは、武に誇るべからず」訳 生きているとしたら、その間は、武勇を誇ってはならない。❷武術。武芸。武力。いくさ。

ふう【風】 一 名 ❶ならわし。風俗。〈神皇正統記〉「風を移し、俗を変ふるには、楽(がく)よりよきはなしと言へり」訳

（民の悪い）**ならわし**を教化し、俗心を変えるのには、音楽よりよい方法はないと言っている。❷なり。姿。ようす。〈**浄・鑓の権三重帷子**〉「**風**偲しのばしくゆかしくの三十七とは見えざりし」訳 **物腰**が慕わしくなつかしく、三十七歳には見えなかった。❸漢詩の六義りくぎの一つ。世俗を風刺した民謡風のもの。→六義①

二 形動ナリ {なら・なり(に)・なり・なる・なれ・なれ} 趣のあるさま。風流なさま。〈**浮・傾城禁短気**〉「女郎に**風なる**㊍仕出しして見せて」訳 （客が）女郎に**風流な**格好をして見せて。

ふう-うん【風雲】 名 ❶風と雲。転じて、大自然。〈**細道・松島**〉「**風雲**の中に旅寝するこそ、あやしきまで妙たへなる心地はせらるれ」訳 （宿屋の造りによって）**大自然**の中で旅寝する（ような気分になる）のは、不思議なほど霊妙な気持ちがせずにはいられない。❷竜が風や雲に乗って天に昇るように、功名を立て世に出る機会。❸風や雲のようにさまよう旅。漂泊の旅。〈**幻住庵記**〉「たどりなき**風雲**に身をせめ」訳 定めのない**漂泊の旅**に（我が）身を苦しめて。

フレーズ
風雲の思ひ （竜が風や雲に乗って天に昇るように）機会を得て出世しようとする野望。

ふううん-の-おもひ オモイ【風雲の思ひ】→風雲「フレーズ」

ふう-が【風雅】 名 ❶漢詩の六義りくぎの中の風（＝民謡風の歌）と雅（＝政治をほめたたえる歌）。❷詩文。詩歌。**文芸の道**。〈**三冊子**〉「詩・歌・連・俳は、ともに**風雅**なり」訳 漢詩・和歌・連歌・俳諧は、みな**文芸の道**である。❸蕉門しょうもんにおいて、**俳諧**のこと。〈**去来抄・先師評**〉「汝なんぢは去来きょらい、ともに**風雅**を語るべき者なり」訳 去来よ、おまえこそはともに**俳諧**を語るにふさわしい者だ。❹**みやびやかなこと**。風流。

フレーズ
風雅の誠まこと（文芸用語）（特に蕉門しょうもんで）俳諧の真髄。〈**三冊子**〉「常に**風雅の誠**を責め語りて、今なすところの俳諧に帰るべし」訳 いつも**俳諧の本質**を追究して語って、現在作っている俳諧（の作品）に帰着させなければならない。

ふうが-の-まこと【風雅の誠】→風雅ふうが「フレーズ」

風雅和歌集（ふうがわかしふ）フウガワカシュウ《作品名》十七番目の勅撰ちょくせん和歌集。花園院監修。光厳こうごん院撰。南北朝時代、貞和じょうわ五年（一三四九）ごろ成立。歌数二千二百十一首。「玉葉集」を継承し、京極派の影響が強い。→勅撰和歌集ちょくせんわかしふ

ふう-き【富貴】 名・形動ナリ 「ふっき」とも。金持ちで地位もあること。〈**浮・日本永代蔵**〉「下人・下女を置き添へて**富貴に**㊊見せかけ」訳 下男や下女を増やし置いて**裕福に**見せかけ。

ふう-ぎ【風儀】 名 ❶風習。ならわし。しきたり。〈**神皇正統記**〉「ありし世の東国の**風儀**も変はりはてぬ」訳 （頼朝よりともの）生前の関東（武士）の（りっぱな）**しきたり**も変わりはててしまった。❷姿格好。身のこなし。〈**浮・好色一代男**〉「この太夫たいふ**風儀**を、よろづにつけて今に女郎の鏡にすることぞかし」訳 この太夫たゆうの**身のこなし**を、すべてにつけて今に女郎の手本にすることだよ。❸能楽で、演技の様式。芸風。風体ふうてい。

ふう-きゃう キョウ【風狂】 名 風流なことに徹すること。風雅に心を奪われること。

ふう-げつ【風月】 名 「ふげつ」に同じ。

ふう-こつ【風骨】 名 姿。風格。特に詩歌などで、作風と精神。

ふう-さう ソウ【風騒】 名 （「風」は「詩経しきょう」の国風（＝部立ての一つ）、「騒」は「楚辞そじ」の巻頭にある詩「離騒」の意。どちらも詩文の模範）詩文を作り楽しむこと。風流。風雅。〈**細道・白川の関**〉「中にもこの関は三関さんかんの一にして、**風騒**の人、心をとどむ」訳 中でもこの（白河の）関は三関の一つであって、**風雅**の人（たち）が心をとどめる。

ふう-し【風姿】 名 （和歌・連歌・能楽などで）表現上の趣。表現のしかたによって生じる趣。

風姿花伝（ふうしくわでん）フウシカデン《作品名》室町前期の能楽論書。通称「花伝書」。世阿弥元清ぜあみもときよ作。応永七—九年（一四〇〇—一四〇二）ごろ成立。父観阿弥かんあみから受け継いだ、能の稽古・演出の心得、能の本質である「花」などについて述べたもの。→巻頭口絵36ページ・付録◇1 九七六ページ

ふう・ず【封ず】 他サ変 {ぜ・じ・ず・ずる・ずれ・ぜよ} ❶封をする。封じる。〈**著聞・一四九**〉「歌を書きて**封じ**㊊おきて退出せられにけり」訳 （藤原泰憲のりやすは）和歌を書いて**封をして**（それを）置いて退出なさってしまった。❷神仏の力などによって、閉じこめる。抑えこむ。〈**十訓・一〇**〉「心に竜の声、とどむる符を作りて、これを**封じ**㊊てけり」訳 心の中で竜の（鳴く）声をやめさせる護符を作って、これを**抑えこん**でしまった。❸禁止する。

ふう-ぞく【風俗】 名 ❶世間のならわし。しきたり。風習。〈**細道・塩釜明神**〉「神霊あらたにましますこそ、吾わが国の**風俗**なれ」訳 神の霊験があらたかでいらっしゃることこそ、わが国の（よい）**風習**なのだ。❷**身なり**。服装。**容姿**。〈**浮・好色一代男**〉「**風俗**太夫たいふ職にそなはって」訳 **容姿**が太夫たゆう職にふさわしく整っていて。❸「風俗歌」の略。**諸国に伝わっている歌謡**。特に、平安時代に貴族の宴遊に歌われた東国地方などの歌謡。

風俗文選（ふうぞくもんぜん）《作品名》江戸中期の俳文集。森川許六きょりく編。宝永三年（一七〇六）刊。芭蕉ばしょうおよびその門人の俳文約百二十編を集めたもの。俳文集の先駆的作品。はじめ「本朝文選」と題した。

ふう-てい【風体】 名 ❶姿かたち。外見。❷文芸や芸能で、その表現様式。歌風や芸風。〈**風姿花伝**〉「この頃の能の稽古、必ずそのもの自然とし出いだすことに、得たる**風体**あるべし」訳 この（七歳の）段階の能の稽古では、必ずその子がひとりでにやり出すことに、生まれつき身についている**芸風**があるはずだ。

ふう-てう チョウ【風調】 名 趣。ようす。特に、詩歌の趣や調子。

ふう-りう リュウ【風流】 名・形動ナリ 「ふりう」とも。❶みやびやかなこと。俗っぽくないこと。〈**細道・芭蕉**〉

「風流の初めやおくの田植ゑうた」訳→ふうりうの… 俳句

❷美しく飾りたてること。**趣向をこらすこと。**〈徒然・五四〉「風流の破子やうのもの、ねんごろにいとなみ出でて」訳趣向をこらした破子(=白木の折り箱のような弁当箱)のようなものを、念入りにこしらえ上げて。❸祭事の歌舞の一種。華美な装束をつけ、囃子物を伴って踊る。また、その囃子物。

ふうりうの… 俳句

風流の　初めや　おくの　田植ゑうた　〈細道・須賀川・芭蕉〉（切れ字：や　季：夏）

訳(この地に足を踏み入れて)これこそが最初に出会った風流であるよ。(鄙びて懐かしい)この奥羽の地の田植え歌が。

解説 須賀川で世話になった等躬への挨拶の句。田植え歌に「風流」を観じるところに、和歌の伝統的「風雅」を超えて新しい詩境を求める姿勢と、今後の旅への期待が見える。「初めや」が句切れ。

ふえ【笛】名 横笛・笙・篳篥・尺八など、管楽器の総称。特に、横笛のこと。

ふ-えき【不易】名 ❶変わらないこと。不変。❷蕉門俳諧で、構想・表現が時代の変化に影響されないことをいう。〈去来抄・同門評〉「この句、不易にして流行のただ中を得たり」訳この句は、永久不変の価値をもつもので、(しかも)今の時代の最も新しい境地の中心をつかんでいる。→不易流行

ふえき-りうかう【不易流行】名《文芸用語》蕉門俳諧の理念。「不易」は、構想・表現が時代の変化に影響されない意で、永遠に変わりなく人を感動させる詩の本然の姿をいい、「流行」は、常に新しい境地を求めて変化を重ねていく意で、時代に応じて進展変化する清新な表現をいう。服部土芳の「三冊子」によれば、「風雅の誠」を追究する上で両者は「不易」となるので、両者は矛盾しないとする。すなわち、「不易」の作品は、生み出されたときは常に「流行」の作品たりうる資格をもっているわけである。

ぶ-えん【無塩】名 ❶保存のための塩を用いていない新鮮な魚介類。❷人ずれしていないこと。うぶなこと。

ふかがはや… 俳句

深川や　芭蕉を富士に　預け行く　〈野ざらし紀行・千里〉（切れ字：や　季：秋）

訳深川の芭蕉庵よ。(今私は箱根の関を越える旅にあるので、気がかりな先生の庭に植えられた)芭蕉を、(目の前の頼もしげな)富士山に見守ってくれるよう頼んで行こう。

解説 江戸の芭蕉庵からは西に富士山が見えた。

ふ-かく【不覚】名・形動ナリ ❶**精神がしっかりしていないこと。意識がなくなること。**〈大鏡・道兼〉「ことのほかに不覚に(用)なり給ひにけり」訳(道兼は)意外なことに(重病で)意識不明になってしまわれたなあ。❷**油断して失敗すること。**また、不注意。〈平家・九・木曽最期〉「最期の時不覚しつれば、長き疵にて候ふなり」訳(武士は)最期のときに油断してしまうと、末永い不名誉なのでございます。❸ひきょうなこと。臆病なこと。〈曽我物語〉「己らを不覚なり(終)とて召し具せぬ儀にあらず」訳おまえたちを臆病だというので召し連れないわけではない。❹**思わず知らずすること。**無意識。〈平家・七・実盛〉「あまり哀れで不覚の涙のこぼれ候ふぞや」訳あまりにあわれで思わず涙がこぼれますぞよ。❺思慮の浅いこと。愚かなこと。〈今昔・二八・三〉「好忠、和歌は詠みけれども、心の不覚に(用)て」訳(曽禰)好忠は、和歌は(うまく)詠んだが、心が愚かであって。

ふか・し【深し】形ク {から・く(かり)・し・き(かる)・けれ・かれ}

❶水面や物の上部などから底までの距離が長い。深い。〈更級・かどで〉「深き(体)河を舟にて渡る」

❷**奥深い。奥まっている。**〈源氏・帚木〉「深き(体)山里、世離れたる海づらなどにはひ隠れぬるをり」訳奥深い山里や人里離れた海辺などにひそみ隠れてしまう者がいる。

❸(心や動作が)**落ち着いている。**(思慮・愛情などが)**深い。**〈源氏・帚木〉「志深から(未)む男をおきて」訳(女が)愛情の深いような男を見捨てて。

❹**色や香りが濃い。**〈源氏・末摘花〉「匂ひばかりは深う(用)(ウ音便)しめ給へり」訳(末摘花は手紙に薫き物の)香りだけは深くたきしめていらっしゃる。

❺**間柄が親しい。親密だ。**〈源氏・玉鬘〉「この御師は、まだ深から(未)ねばにや」訳この御祈禱師とは、まだなじみが深くないからであろうか。

❻時・季節などがかなり経過している。夜がふけている。〈源氏・葵〉「深き(体)秋のあはれまさりゆく風の音身にしみけるかな」訳晩秋の、悲哀の深まりゆく風の音が身に深く感じるものであったなあ。

❼多い。〈方丈・三〉「所、河原近ければ、水の難も深く(用)、白波の恐れも騒がし」訳(その家の)場所は河原が近いので、水難も多く、盗賊の心配も(あって)不穏である。

❽程度がはなはだしい。はげしい。〈徒然・二一一〉「おろかなる人は、深く(用)物を頼むゆゑに、うらみいかることあり」訳愚かな人は、あまりに物を頼みにするために、(あてがはずれて人を)恨んだり怒ったりすることがある。

ふか・す【更かす・深す】他サ四 {さ・し・す・す・せ・せ}夜がふけるまで起きている。夜ふかしをする。〈源氏・賢木〉「御前に候ひて、今までふかし(用)侍りにける」訳(朱雀帝の)御前にお仕えして、今まで夜ふかしをしてしまいましたよ。

ふ-がふ【不合】名・形動ナリ ❶豊かでないさま。貧乏。〈今昔・一六・五〉「身不合に(用)して与ふべき物なし」訳身の上が豊かでなくて、(仏師に)与えるのに適当な品物がない。❷気の合わないさま。折り合いの悪いさま。

ふか・む【深む】他マ下二 {め・め・む・むる・むれ・めよ}深くする。深く思う。〈古今・恋五〉「あひ見ねば恋こそまされ水無瀬川なにに深め(用)て思ひそめけむ」訳逢わないので恋しさ

はますますつのる。(地中深くを流れる)水無瀬川のように、どうして(心を)深めて恋い慕い始めたのだろうか。

ふ-かん【不堪】名・形動ナリ (わざや芸の)へたなこと。未熟なこと。〈徒然・一五〇〉「天下のものの上手といへども、はじめは不堪の聞こえもあり」訳 世の中で第一流の芸能の名人といっても、はじめはへたといううわさもあり。

ふ-ぎ【不義】名 ❶人としての道にはずれること。〈雨月・菊花の約〉「汝(なんぢ)はまた、不義のために汚名をのこせ」訳 おまえはまた、人の道にはずれたことで汚名を残すがいい。❷男女が道にはずれた関係を結ぶこと。姦通(かんつう)。密通。〈浄・女殺油地獄〉「不義したと疑はれ」

ふき-あは・す(アワス)【吹き合はす】他サ下二{せ・せ・す・する・すれ・せよ} ❶管楽器を他の楽器に合わせて吹く。(笛などを)調子を合わせて吹く。〈源氏・篝火〉「おもしろき笛の音(ね)、箏(さう)に吹き合はせ用たり」訳 すばらしい笛の音を、箏の琴に調子を合わせて吹いている。❷(風が)他の音に調子を合わせるように吹く。〈源氏・賢木〉「浅茅(あさぢ)が原もかれがれなる虫の音(ね)に、松風すごく吹き合はせ用て」訳 浅茅が原も枯れそうな中で、とぎれとぎれの虫の声に、松を吹く風がもの寂しく調子を合わせて吹いて。(「かれがれ」は「枯れ枯れ」と「嗄(か)れ嗄れ」との掛詞)

ふき-かへ・す(カエス)【吹き返す】他サ四{さ・し・す・す・せ・せ} ❶風が吹いて元の状態にもどす。〈古今・物名〉「さ夜ふけてなかばたけゆく久方の月吹き返せ命秋の山かぜ」訳 夜も更けて、かなり西へ傾いてゆく月を、(もう一度)吹きもどしてくれ、秋の山風よ。(「なかばたけゆく」に「かはたけ」を詠みこむ。「久方の」は「月」にかかる枕詞) ❷風が吹いて着物の袖や裾などをひるがえす。〈万葉・一・五一〉「采女(うねめ)の袖吹き返す体明日香風(あすかかぜ)」訳 采女(=天皇に仕える女官)の(はなやかな)袖を吹きひるがえす(かつての都の)明日香の風。

ふき-すさ・ぶ 一【吹き荒ぶ】自バ四{ば・び・ぶ・ぶ・べ・べ} (風が)吹き荒れる。〈玉葉・夏〉「五月雨(さみだれ)の雲吹きすさぶ体夕風に露さへかをる軒の橘(たちばな)」訳 梅雨の雲に吹き荒れる夕風で、露さえも香る軒先の橘だなあ。二【吹き遊ぶ】他バ四{ば・び・ぶ・ぶ・べ・べ} (笛などを)慰みに吹く。〈徒然・四四〉「笛をえならず吹きすさび用たる」訳 笛を言いようもないほど巧みに吹き興じているのを。

ふき-すま・す【吹き澄ます】他サ四{さ・し・す・す・せ・せ} (笛などを)澄んだ音色で吹く。〈更級・大納言殿の姫君〉「笛をいとをかしく吹き澄まし用て、過ぎぬなり」訳 笛をたいそうすばらしく澄んだ音色に吹いて、通り過ぎてしまうようだ。

ふき-た・つ【吹き立つ】一 自タ四{た・ち・つ・つ・て・て} (風が)吹き始める。〈伊勢・九六〉「すこし秋風吹き立ち用なむ時、必ず逢(あ)はむ」訳 少し秋風が吹き始めたら、そのときに、必ず逢おう。二 他タ下二{て・て・つ・つる・つれ・てよ} ❶吹いて空中に舞い上がらせる。〈方丈・三〉「塵(ちり)を煙(けぶり)のごとく吹き立て用たれば、すべて目も見えず」訳 塵を煙のように吹き上がらせたので、まったく目も見えない。❷(笛などを)高らかに吹き鳴らす。〈源氏・宿木〉「大将の御笛は、今日ぞ世になき音(ね)の限りは吹き立て用給ひける」訳 大将(=薫(かおる))の御笛は、今日は世にまたとない(美しい)音色のありったけを高らかに吹き鳴らしなさった。

ふき-たわ・む【吹き撓む】他マ下二{め・め・む・むる・むれ・めよ} 風が吹いて木の枝などを曲げる。〈細道・松島〉「枝葉(えだは)潮風(しほかぜ)に吹き撓め用て、屈曲おのづから矯(た)めたるがごとし」訳 (松の)枝葉は潮風で吹き曲げられて、(その)曲がり具合は自然と(人が)形を整えたようだ。(他動詞を自動詞のように用いた特殊な用例。「潮風枝葉を吹き撓めて→枝葉潮風に吹き撓められて」)

ふきとばす… 俳句

吹きとばす　石(いし)はあさまの　野分(のわき)哉(かな)　〈更科(さらしな)紀行・芭蕉〉

秋　切れ字

訳 (山の斜面に激しく吹きおろす野分が)小石を激しく吹きとばしている。さすがに浅間山麓のすさまじい野分であることよ。

解説 「野分」は野の草を分け吹くことからその名がある。それがこの地では石を吹きとばすと強調している。

ふき-ま・く【吹き捲く】他カ四{か・き・く・く・け・け} 風が吹いて物を巻き上げる。吹きまくる。〈古今・離別〉「山風に桜吹きまき用乱れなむ」訳 山風に桜の花が吹きまくられて、散り乱れてほしい。(文脈上「吹きまくられて」の意に解釈される)

ふき-まど・ふ(マドウ)【吹き惑ふ】自ハ四{は・ひ・ふ・ふ・へ・へ} 風がひどく吹く。吹き荒れる。〈更級・初瀬〉「浪(なみ)のたちくるおとなひ、風の吹きまどひ用たるさま」訳 波がおし寄せてくるひびきや、風が吹き荒れているようすが。

ふき-まよ・ふ(マヨウ)【吹き迷ふ】自ハ四{は・ひ・ふ・ふ・へ・へ} 風が方向を定めずに激しく吹く。吹き乱れる。〈方丈・三〉「吹き迷ふ体風に、とかく移りゆくほどに」訳 吹き乱れる風に、(火が)あちこちに(燃え)移っていくうちに。

ふき-め【葺き目】名 屋根を葺(ふ)いた板・瓦・茅(かや)などの継ぎ目。

ぶ-ぎゃう(ギョウ)【奉行】一 名・他サ変 上の命によって事を行うこと。また、その人。〈徒然・一七七〉「庭の儀を奉行する体人」訳 庭の整備を命によって行う人。二 名 武家時代の職名。一部局の長官。鎌倉・室町時代は「評定衆(ひょうじょうしゅう)」「引き付け衆」を「公事(くじ)奉行人」といい、桃山時代には大老の下に五奉行があり、江戸時代には「寺社奉行」「勘定奉行」「町奉行」「伏見(ふしみ)奉行」「長崎奉行」などがあった。

ふきょう【不孝】→ふけう

ぶ-きょう【無興・不興】名・自サ変 (のちに「ふきょう」とも) ❶興のさめること。不愉快。〈笈の小文〉「おもひ立ちたる風流、いかめしく侍れども、ここに至りて無興のことなり」訳 (よい句をと)思い立って出てきた風流は、ものものしいことですが、こうなっては(=句ができなくては)興ざめなことだ。❷(主君や父母の)機嫌をそこなうこと。〈仮名・伊曽保〉「御門(みかど)御無興の御事とぞ聞こえける」訳 帝(みかど)がご機嫌をそこなっているごようすだとうわさされた。

ぶぎょう【奉行】→ぶぎゃう

ふ・く【吹く】一 自カ四{か・き・く・く・け・け} 風が起こる。吹く。〈万葉・四・四八八〉「君待つと吾(あ)が恋ひ居(を)ればわが宿の簾(すだれ)動かし秋の風**吹く**(終)」訳→きみまつと…和歌

二 他カ四{か・き・く・く・け・け} ❶(息や水などを)**口から吐き出す**。〈記・上〉「**吹き**(用)棄(う)つる気吹(いぶき)の狭霧(さぎり)に成れる神の御名は、多紀理毘売命(たきりびめのみこと)」訳 **吐き**棄(す)てた息の霧から現れた神のお名前は、多紀理毘売命(である)。

❷(笛などを)吹き鳴らす。〈徒然・二一九〉「この穴を**吹く**(体)時は、必ずのく」訳 この(横笛の五の)穴を**吹き鳴らす**ときは、必ず(口を)離す。

❸吹き出す。〈万葉・五・八九二〉「かまどには火気(ほけ)**吹き**(用)立てず」訳→かぜまじり…和歌

❹鉱石から金属を溶かしわける。**精錬する**。〈万葉・一四・三五六〇〉「真金(まかね)**吹く**(体)丹生(にふ)の真朱(まそほ)の色に出て言はなくのみぞ」訳 金を**精錬する**丹生(=地名)の赤土のように、顔色に出して言わないだけのことだ。(第二句までは、「色に出て」を導きだす序詞)

ふ・く【更く】自カ下二{け・け・く・くる・くれ・けよ} ❶**時がたつ**。(夜が)更ける。(季節が)深まる。〈更級・初瀬〉「夜いたう**更け**(用)て、舟のかぢの音聞こゆ」訳 夜がすっかり**更けて**、舟をこぐ楫(かじ)の音が聞こえる。

❷年をとる。**老いる**。〈新古・雑上〉「**ふけ**(用)にけるわが身の影を思ふまにはるかに月のかたぶきにける」訳 **老いて**しまったわが身のありさまを思っている間に、はるか西のかなたに月が傾いてしまったことだ。(「影」は「月」の縁語)

ふ・く【葺く】他カ四{か・き・く・く・け・け} ❶(瓦・板・茅(かや)などで)屋根をおおう。

❷草木を屋根や軒にさして飾る。〈徒然・一九〉「五月(さつき)、あやめ**ふく**(体)ころ」訳 陰暦五月の、菖蒲(しょうぶ)を**屋根にさして飾る**ころ。

ぶく【服】名 ❶喪服。〈源氏・藤袴〉「御**服**もこの月には脱がせ給ふべきを」訳 御**喪服**も今月(=陰暦八月)にはお脱ぎになられるはずだが。

❷喪に服すること。また、その期間。喪中。〈大和・九八〉「御**服**果て給ひにけるころ」訳 御**服喪の期間**がお明けになったころ。

ふくからに…和歌〈百人一首〉【吹くからに 秋(あき)の草木(くさき)の しをるれば むべ山風(やまかぜ)を あらしといふらむ】〈古今・秋下・文屋康秀(ふんやのやすひで)〉⬇付録①「小倉百人一首」22

ふ‐ぐし【掘串】名(後世「ふぐし」とも)竹や木の先をとがらせて作った、土を掘るへら。〈万葉・一・一〉「籠(こ)もよみ籠持ち**掘串**もよみ**掘串**持ち」訳→こもよ…和歌

ふく・す【伏す】自サ変{せ・し・す・する・すれ・せよ} 従う。屈伏する。降伏する。〈徒然・二一四〉「その夷(えびす)、漢に**伏し**(用)て後に来(きた)りて」訳 その蛮族が、漢(の国)に**降伏して**のちに(漢の都に)やって来て。

ふく・す【服す】自サ変{せ・し・す・する・すれ・せよ} 服従する。納得して従う。〈太平記・一九〉「今は再び皇威に**服せ**(未)んこと、近き世にはあらじ」訳 今となっては再び朝廷の威光に**服従する**ようなことは、近い時代にはないだろう。

ぶく・す【服す】一 自サ変{せ・し・す・する・すれ・せよ} 喪に服す。〈赤染衛門集・詞書〉「娘の亡くなりたりしに**服す**(終)とて」訳 娘が亡くなったときに**喪に服す**ということで。

二 他サ変{せ・し・す・する・すれ・せよ} (茶・薬などを)飲む。また、物を食う。〈源氏・帚木〉「極熱(ごくねち)の草薬(さうやく)を**服し**(用)て」訳 熱病の煎じ薬(=にんにく)を**服用して**。

ふくだ・む一 自マ四{ま・み・む・む・め・め} けばだつ。(髪の毛や和紙が)けばだってぼさぼさになる。〈枕・二〇〇〉「髪は風に吹きまよはされて、少しうち**ふくだみ**(用)たるが」訳 髪は(昨夜の)風に吹き乱されて、少し**ぼさぼさになって**いるのが。

二 他マ下二{め・め・む・むる・むれ・めよ} けばだたせる。〈枕・三五〉「立て文(ぶみ)をも結びたるをも、いときたなげにとりなし**ふくだめ**(用)て」訳 正式の書状にしろ(略式の)結び文にしろ、ひどく汚らしく扱って**けばだたせて**。

ふくつけ・し形ク{から・く(かり)・し・き(かる)・けれ・かれ} 欲深い。貪欲だ。〈宇治・八・三〉「例の鉢、来にたり。ゆゆしく、**ふくつけき**(体)鉢よ」訳 いつもの鉢が来ている。気味が悪く、**欲深い**鉢よ。

ふく・む【含む】一 自マ四{ま・み・む・む・め・め} ふくらむ。〈源氏・若菜上〉「指貫(さしぬき)の裾つ方(かた)少し**ふくみ**(用)て」訳 指貫の裾のほうが少し**ふくらんでいて**。

二 他マ四{ま・み・む・む・め・め} ❶中に物を入れて持つ。口の中に入れる。〈平家・九・木曽最期〉「太刀(たち)のさきを口に**含み**(用)」訳 太刀の先を口の**中に入れて**(くわえ)。

❷心に抱く。心にとどめておく。〈平家・七・平家山門連署〉「いやしくも勅命を**ふくん**(用)(撥音便)で、しきりに征罰(せいばつ)を企(くはだ)つ」訳 もったいなくも天皇のご命令を**心に抱いて**、何度も征伐を企てる。

三 他マ下二{め・め・む・むる・むれ・めよ} ❶ふくませる。口に入れる。❷言いきかせる。納得させる。

ふく‐よか【脹よか】形動ナリ{なら・なり(に)・なり・なる・なれ・なれ} (「よか」は接尾語)ふっくらとしたさま。〈源氏・若紫〉「いと若けれど、生(お)ひ先見えて**ふくよかに**(用)書い給へり」訳 (若紫の書きぶりは)まことに幼いけれども、将来の上達が目に見えて**ふっくらと**お書きになっている。

ふくら‐か【脹らか】形動ナリ{なら・なり(に)・なり・なる・なれ・なれ} (「か」は接尾語。「ほこらか」とも)ふっくらとしたさま。〈源氏・若紫〉「少し**ふくらかに**(用)なり給ひて」訳 (藤壺(ふじつぼ)は)お腹が少し**ふっくらと**おなりになって。

ふく‐りふ【腹立】リフ 名・自サ変 腹を立てること。立腹(りっぷく)。〈平家・三・法印問答〉「かつうは**腹立し**(用)、かつうは落涙し給へば」訳 (平清盛は)一方では**怒り**、もう一方では涙を落としなさるので。

ふ‐ぐるま【文車】名(「ふみぐるま」の転)書物をのせて運ぶ、板張りで屋形の付いた小型の車。

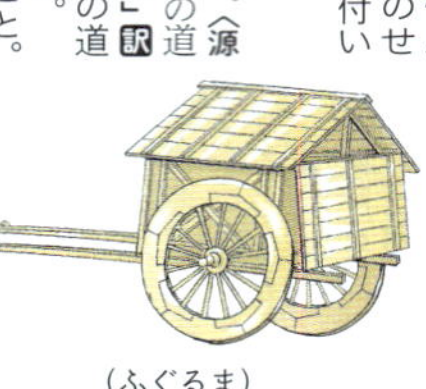
(ふぐるま)

ふ‐けう【不孝】キョウ 一 名・形動ナリ 親不孝。〈源氏・蛍〉「**不孝なる**(体)は、仏の道にもいみじくこそ言ひたれ」訳 **親不孝であること**は、仏の道でもきびしく戒めている。

二 名・他サ変 勘当すること。〈今昔・二九・一一〉「父、その瓜(うり)取りたる児(ちご)を永く**不孝し**(用)て」訳 父親は、その瓜を取った子を長く**勘当して**。

ふ‐げつ【風月】名(「ふうげつ」とも)❶清風と明月。自然の景。❷自然の風物。また、自然の風物に親しんで詩歌・文章を作ること。

ふ-げん【普賢】名「普賢菩薩（ふげんぼさつ）」の略。

ぶ-げん【分限】名「「ぶんげん」の転」❶身分。身のほど。分際（ぶんざい）。〈雨月・貧福論〉「なんぢ賤（いや）しき身の分限に過ぎたる財（たから）を得たるは嗚呼（をこ）の事（わざ）なり」訳おまえがいやしい身で、分際に過ぎた財貨を手に入れたのはばかげた（＝りっぱな）ことだ。
❷金持ち。富豪。〈浮・世間胸算用〉「弐千貫（にせんぐわん）目より内の分限壱人（いちにん）もなし」訳二千貫目より少ない金持ちは一人もいない。
参考 もともと身分・分際（ぶんざい）という意味であったが、江戸時代になると、町人階級の中の富裕な者をいうようになった。なお、「分限」よりさらに資力に富むものを「長者」という。

ぶげん-しゃ【分限者】名《近世語》金持ち。富豪。

ふげん-ぼさつ【普賢菩薩】名《仏教語》「ふげんぼさち」とも。仏の理・定（じょう）・行（ぎょう）の徳をつかさどり、延命を祈るときの対象とされる菩薩。像は、ふつう白い象に乗る。釈迦（しゃか）の右に侍し、左方には文殊（もんじゅ）菩薩が侍する。ふげん。

ふ-ご【封戸】名「ふこ」とも。律令制で、親王・諸王や諸臣などに朝廷から与えられた戸（こ）（＝税などを負担する、行政単位上の家）。その戸からの租の半額、庸・調の全額が支給された。位階による位封（いふ）、官職による職封（しきふ）、勲功による功封（こうふ）の三種がある。封（ふ）。

ぶ-こう【無功】名・形動ナリ じょうずでないこと。不器用。へた。未熟。〈難波土産〉「無功なる㊍作者は文句をかならず和歌あるいは俳諧などのごとく心得て」訳未熟な作者は、（浄瑠璃（じょうるり）の）文句を常に和歌または俳諧などのように心得て。

ぶ-こつ【無骨】名・形動ナリ ❶無作法なこと。失礼。ぶしつけ。〈平家・八・猫間〉「立ち居（ゐ）の振る舞ひの無骨さ」訳立ち居のふるまいの無作法さ。
❷具合の悪いこと。不都合。〈曾我物語〉「すでに二、三千人の客人を一人にあづくること、無骨なり㊕」訳まさに二、三千人もの客を一人にまかせることは、具合が悪いことだ。
❸役に立たないこと。才能がないこと。〈曾我物語〉「われ無骨なり㊕といへども、呉王（ごわう）をあざむきて君王（くんわう）の死をすくひ」訳自分は役に立たないといっても、呉王をだまして主君の死ぬところを救い。

ふさ ━ 副 多く。たくさん。〈万葉・一七・三九四三〉「わが背子がふさ手折（たを）りける女郎花（をみなへし）かも」訳私の親愛なるあの方がたくさん手で折った女郎花であるなあ。
━ 形動ナリ {なら・なり（に）・なり・なる・なれ・なれ} 多いさま。たくさんである。〈蜻蛉・中〉「うちも笑ひぬべき事どもを、ふさに㊊あれど」訳ちょっと吹き出してしまいそうなことをあれこれ、たくさん言うけれど。

ふ-さう（ソウ）【扶桑】名 ❶中国で、太陽の出る所にあるという神木。また、その地。
❷日本の異称。〈細道・松島〉「松島は扶桑第一の好風（かうふう）にして」訳松島は日本第一のよい風景であって。

ふさう〔相応う〕➡ふさふ

ぶ-さう（ソウ）【無双】名・形動ナリ 並ぶもののないこと。二つとないこと。〈太平記・六〉「赤松の次郎入道円心とて弓矢取って〔は〕無双の（＝並ぶもののない）勇士あり」

ふさが・る【塞がる】自ラ四 {ら・り・る・る・れ・れ} ❶胸がいっぱいになる。胸が詰まる。〈細道・旅立〉「前途三千里の思ひ胸にふさがり㊊て」訳前途三千里の（はるかな道のりへの）思いが胸にいっぱいになって。
❷立ちふさがって、通行をさまたげる。〈保元物語〉「馬の前に下りふさがっ㊊（促音便）て」訳馬の前に降りて立ちふさがって。
❸つまる。つかえる。閉ざされる。〈今昔・一四・九〉「俄（にはか）に穴の口崩れてふさがる㊍に」訳急に穴の口が崩れて（入り口が）閉ざされるので。
❹陰陽道（おんようどう）で、凶の方角となる「塞（ふさ）がり」の方向に当たる。〈平家・九・三草勢揃〉「五日は、西ふさがり㊊」訳五日は、西が凶の方角に当たり。

ふさ・ふ（フサ（ソ）ウ）【相応ふ】自ハ四 {は・ひ・ふ・ふ・へ・へ} つりあう。似合う。調和する。〈堤・逢坂越えぬ権中納言〉「いみじうふさは㊎ぬ御けしきの候（さぶら）ふは」訳（宮中に参内（さんだい）するのに）ひどくふさわしくない（＝気乗りしない）ごようすがございますのは。

ふし【節】名 ❶竹・葦（あし）などの茎にあるつなぎ目。ふし。また、骨のつなぎ目。関節。〈竹取・かぐや姫の生ひ立ち〉「節を隔ててよごとに金（こがね）ある竹を見つくること重なりぬ」訳（竹取の翁（おきな）は）節をへだてて空洞ごとに黄金の入った竹を見つけることがたび重なった。
❷（糸・布などの）ところどころにこぶのように太くかたまっているもの。〈枕・一六三〉「繧繝縁（うげんばし）の畳のふし出（い）できたる」訳（高級な）繧繝べりの畳のこぶのような太糸が（古くなって）出てきているの。
❸箇所。点。また、根拠。理由。〈更級・春秋のさだめ〉「春秋（はるあき）をしらせ給ひけむことのふしなむ、いみじう承らまほしき」訳（あなたが）春と秋（の優劣）をお見分けになられたであろうその理由を、どうしてもお聞きしたいものだ。
❹おり。機会。きっかけ。〈源氏・明石〉「さるべきふしの御いらへなど浅からず聞こゆ」訳しかるべきおりのご返事など十分な心配りをもって申し上げる。
❺歌の調子の高低。曲節。節回し。〈平家・一・祇王〉「仏御前（ほとけごぜん）は、…声よくふしも上手でありければ」
❻（歌の）一くぎり。段落。

フレーズ
節の間（ま） 節と節とのあいだ。転じて、ちょっとの時間。〈新古・恋一〉「難波潟（なにはがた）短き葦（あし）のふしの間も逢（あ）はでこの世を過ぐしてよとや」訳➡付録◇1「小倉百人一首」19

古文常識 「ふし」―「ふし」と「よ」

竹・葦（あし）などの茎にあるふくらんだつなぎ目が「ふし」の原義。その節（ふし）と節の間が「よ」である。歌などでは「よ」を「節の間（ま）」ということがあり、きわめて短い時間をいう比喩に用いた。「難波潟（なにはがた）短き葦のふしの間も逢（あ）はでこの世を過ぐしてよとや」（訳➡付録◇1「小倉百人一首」19）〈新古・恋一〉

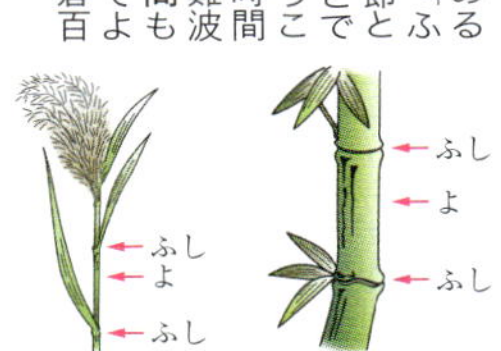

ふじ〔藤〕➡ふぢ

ふし-ど【臥し所】名 夜寝る所。寝室。寝床。ねや。

ふし-の-ま【節の間】⬇節「フレーズ」

ふし-はかせ【節博士】名 声明・平曲・謡曲・浄瑠璃などの音曲の歌詞のかたわらに、その節の高低・長短を墨でしるした音譜。

ふし-ぶし【節節】名 ❶あれこれ。ところどころ。〈源氏・明石〉「疎まれ奉りしふしぶしを、思ひ出づるさへ胸いたきに」訳（あなたに）憎まれ申した（浮気の）あれこれを思い出すのまでも胸が痛いのに。
❷おりおり。〈源氏・桐壺〉「何事にも故ある事のふしぶしには、まづまうのぼらせ給ふ」訳（桐壺帝は）何事でも、趣向をこらした行事のおりおりには、まっ先に（桐壺の更衣を）参上させなさる。

ふしまち-の-つき【臥し待ちの月】〔出がおそく、臥して待つ月の意〕陰暦十九日の夜の月。宵待ちの月。寝待ちの月。秋。⬇月「古文常識」

ふ-しゃう【不祥】シヨウ 名・形動ナリ ❶縁起のよくないこと。不吉。〈蜻蛉・中〉「さきざきの御不祥は、いかでことなかるべく、いのり聞こえむ」訳 将来のご災難は、どうか無事であるように、加持祈禱してさしあげよう。
❷不運。不幸。〈太平記・三〉「兼好が不祥、公義が高運、栄枯一時に地をかへたり」訳 兼好の不運、公義の運のよさ、盛衰はあっという間に所を変えた。

ふじょう〔不定〕⬇ふぢゃう

ふ-しん【普請】名・他サ変〔「しん」は唐音〕❶禅寺で、多くの人々に清掃などの労役に従事してもらうこと。
❷多くの人々からの寄付を受けて寺の堂や塔を建築・修理すること。
❸土木・建築など一般の工事をすること。

ふ-しん【不審】名・形動ナリ ❶疑わしいこと。よくわからないこと。
❷疑いをかけること。嫌疑。〈平家・三・土佐房被斬〉「内々御不審をかうぶり給ふ由、聞こえしかば」訳（義経が頼朝から）内々にご嫌疑を受けていらっしゃることが、うわさされたので。

ふ・す【伏す・臥す】一 自サ四〔さ・し・す・す・せ・せ〕❶横になる。寝る。〈枕・九〉「はしに出でてふし(用)たるに」訳（猫が）縁先に出て横になっているので。
❷うつぶす。うつむく。〈竹取・かぐや姫の昇天〉「『具して出でておはせね』と泣きてふせ(已)れば」訳「（この翁を）連れてご出発ください」と泣きふしているので。
❸隠れる。ひそむ。〈後拾遺・恋二〉「鴫のふす(体)刈田に立てる稲茎の否とは人のいはずもあらなむ」訳 鴫がひそむ刈り取った田に立っている稲株の「いな」ではないが、いな（＝いや）とはあの人が言わないでほしい。（第三句までは「否」を導きだす序詞）
二 他サ下二〔せ・せ・す・する・すれ・せよ〕❶横にする。寝かせる。〈源氏・総角〉「身もなきひひなをふせ(用)たらむ心地して」訳（大君の、ひどく細ったさまは）中身のない人形を寝かせたような感じがして。
❷うつむかせる。顔などを下へ向かせる。〈源氏・若菜上〉「亡き親の面をふせ(用)、影をはづかしむるたぐひ多く聞こゆる」訳 亡くなった親の顔をうつむかせ（＝名誉を傷つけ）、魂を辱める例が多く聞こえるのも。
❸おし倒す。おさえつける。〈平家・一一・能登殿最期〉「堀の弥太郎乗りうつって、三郎左衛門に組んでふす(終)」訳 堀の弥太郎は（義盛の船に）乗り移って、三郎左衛門に組みついておさえつける。
❹隠す。ひそませる。〈古今・恋三・詞書〉「かの道に夜ごとに人をふせ(用)て守らすれば」訳 その（男が通ってくる）道に毎夜番人をひそませて警戒させるので。

ぶ-す【附子】名「ぶし」とも。毒物の一種。とりかぶと（＝植物の名）の根を乾燥させて作る。

ふす・ぶ【燻ぶ】一 自バ下二〔べ・べ・ぶ・ぶる・ぶれ・べよ〕❶くすぶる。いぶる。〈徒然・一九〉「蚊遣り火ふすぶる(体)もあはれなり」訳 蚊遣り火がくすぶるのもしみじみと趣深い。
❷嫉妬する。また、すねる。〈枕・一五七〉「思ふ人二人もちて、こなたかなたふすべ(未)らるる男」訳 恋する人を二人もって、こちらからもあちらからも嫉妬される男。
二 他バ下二〔べ・べ・ぶ・ぶる・ぶれ・べよ〕いぶす。くすぶらせる。〈源氏・須磨〉「おはしますうしろの山に、柴といふものふすぶる(体)なりけり」訳（光源氏が住んで）いらっしゃるうしろの山で、柴というものをいぶすのであった。

ふすま【衾・被】名 夜寝るとき上に掛ける夜具。掛け布団・かいまきなど。〈方丈・四〉「藤の衣、麻のふすま、得るにしたがひて、肌をかくし」訳 藤や葛の繊維で織った粗末な着物や、麻で作った夜具など、手にはいるのにまかせて、（それらを）身にまとい。

-ふせ【伏せ】接尾〔ふつう「ぶせ」と濁る〕矢の長さをはかる単位。指一本のはば。〈平家・一一・那須与一〉「十二束三伏、弓は強し」訳（矢は）十二束三伏せ（の大矢）で、弓は強弓だ。⬇束

-ふぜい【風情】接尾 ❶（名詞に付いて）…のような（もの）、…などの（もの）の意を表す。〈徒然・五四〉「箱風情の物にしたため入れて」訳 箱のようなものに整理して入れて。
❷（人名や代名詞に付いて）いやしめる意を表す。…みたい（な者）。〈浄・用明天王職人鑑〉「あいら風情を相手にして」訳 あいつらみたいな連中を相手にして。

ふ-ぜい【風情】名 ❶風流や風雅の趣。情趣。〈方丈・三〉「岡の屋にゆきかふ船をながめて、満沙弥が風情を盗み」訳 岡の屋（＝宇治川東岸の地名）を行き来する船をながめて、（万葉歌人の）沙弥満誓の情趣をまねて（和歌を詠み）。
❷ようす。ありさま。姿。〈浄・国性爺合戦〉「立ちゐ苦しきその風情、甘輝見る目も痛はしく」訳（義母の）立ち居の動作の苦しそうなそのありさまを、甘輝将軍は見るだけでも気の毒で。
❸能楽で、身ぶり。所作。〈風姿花伝〉「為手の言葉にも風情にもかかはらざらん所には、肝要の言葉をば載すべからず」訳（能の台本を書くときは）主役のせりふにも所作にも関係のないような所には、大事な文句を書き入れてはいけない。

ふせ-いほ【伏せ庵・伏せ廬】イオ 名〔地に伏せたように〕屋根の低いみすぼらしい家。「伏せ屋」とも。〈万葉・五・八九二〉「伏せ廬の曲げ廬の内に直土に藁解き敷きて」訳 ⬇かぜまじり… 和歌

ふ-せう【不肖】シヨウ 名・形動ナリ ❶親に似ないで愚かなこと。〈神皇正統記〉「尭げうの子丹朱たんしゆ不肖なり用しかば」訳 尭(＝中国古代の聖人)の子供の丹朱は親に似ないで愚かであったので。❷劣っていること。また、未熟なこと。〈古活字本保元物語〉「身不肖に用候へども、形のごとく系図なきにしも候はず」訳 私(＝源親治ちかはる)は劣っておりますが、形の上では由緒がないわけでもございません。❸不遇であること。〈ささめごと〉「慶運きやううんは身の程や不肖なり用けん」訳 慶運法師は身の上が不遇であったのであろうか。

ふせき-や【防き矢】名〔後に「ふせぎや」とも〕敵の攻撃を防ぐために矢を射ること。また、その矢。

ふせ・く【防く】他カ四〔か・き・く・く・け・け〕〔後に「ふせぐ」とも〕くいとめる。さえぎる。〈徒然・八九〉「肝心きもこころも失うせて、ふせがん未とするに力もなく」訳 (法師は)正気も失って、防ごうとするが力も(抜けて)なく。

ふせ-ご【伏せ籠】名 伏せて、その上に衣服をかけるための籠。火桶ひおけや香炉を中に置いて、衣服を暖めたり、香の匂いをしみこませたりするのに使う。籠こ。〈源氏・若紫〉「伏せ籠のうちにこめたりつるものを」訳 (雀すずめの子を)伏せ籠の中に閉じこめておいたのになあ。

(ふせご)

ふ-せつ【浮説】名 うわさ。流言。評判。

ふせ-や【伏せ屋】名「ふせいほ」に同じ。

豊前(ぶぜん)《地名》旧国名。西海道十二か国の一つ。今の福岡県東部と大分県北部。豊州ほうしゅう。

蕪村(ぶそん)《人名》↓与謝蕪村よさぶそん

ふだ【簡・札】名 ❶「にっきふのふだ」に同じ。⬇日給につきふ「フレーズ」❷立て札。高札。また、守り札。

ふた-あゐ【二藍】アイ 名 ❶染め色の名。紅花べにばなと藍で染めた色で、紅色がかった青色。❷襲かさねの色目の名。表は濃い縹はなだの赤みがかった色、裏は縹色(■)。

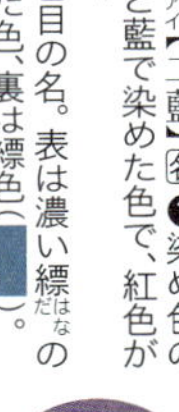

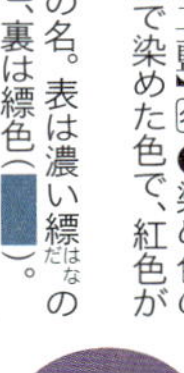
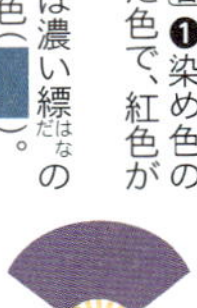

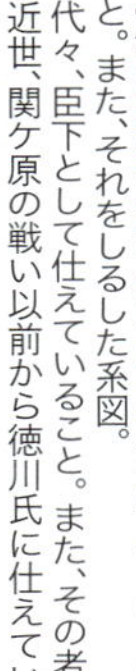

(ふたあゐ①)

ふ-だい【譜第・譜代】名 ❶氏族の家系を代々継ぐこと。また、それをしるした系図。❷代々、臣下として仕えていること。また、その者。❸近世、関ケ原の戦い以前から徳川氏に仕えている大名。譜代大名。

ぶ-だう【無道】ドウ 名・形動ナリ「むだう」「ぶだう」とも。人の道にそむくこと。非道。無法。〈太平記・九〉「ただ天に代はって無道を誅ちゆうし」訳 ひたすら天に代わって人の道にそむく者を征伐し。

ふたが・る【塞がる】自ラ四〔ら・り・る・る・れ・れ〕❶ふさがる。つまる。〈源氏・桐壺〉「御胸のみつとふたがり用て、つゆまどろまれず」訳 (桐壺帝は)ただもうお胸がぐっとつまって、少しもうとうとすることができず。❷陰陽道おんようで、凶の方角となる「塞ふさがり」の方向にあたる。方塞かたがりになる。〈源氏・帚木〉「こよひ、中神、内裏うちよりはふたがり用て侍りけり」訳 今夜は、天一神なかがみの巡行で、宮中から(左大臣邸への方角)は方塞がりになっておりました。

ふた・ぐ【塞ぐ】**一** 他ガ四〔が・ぎ・ぐ・ぐ・げ・げ〕❶ふさぐ。おおう。〈徒然・四九〉「耳をふたぎ用て念仏して、つひに往生わうじやうを遂とげけり」訳 (聖ひじりは他人のことばに)耳をふさいで念仏を唱えて、とうとう極楽往生をとげた。❷韻塞いんふたぎ(＝隠された漢詩の韻字いんじを言い当てる遊戯)をする。**二** 他ガ下二〔げ・げ・ぐ・ぐる・ぐれ・げよ〕❶ふさぐ。さまたげる。〈源氏・蜻蛉〉「今まうのぼりける道に、ふたげ未られて」訳 今参上(しようと)した(途中の)道をふさがれて。❷陰陽道おんようでの悪い方向にあたるようにする。方塞かたふたがりにする。〈源氏・帚木〉「久しく程経へるに、方かたふたげ用て」訳 (光源氏は)長い時間がたって(＝久しぶりに)(左大臣邸に)おいでになったのに、(わざと)方塞がりにして。

ふた-ごころ【二心】名 ❶浮気心。❷主君にそむく心。裏切りの気持ち。〈金槐集〉「山はさけ海はあせなん世なりとも君に二心わがあらめやも」訳 山が裂け、海がかれてしまうような世であっても、大君(＝後鳥羽ごとば上皇)に対して裏切りの気持ちを私が抱くだろうか(いや、決してそんなことはない)。

ふだ-さし【札差し】名 江戸時代、旗本や御家人ごけにんの代理として蔵米くらまい(＝給与として与えられる米)の受け取り、販売を行い、手数料を取った商人。その米を抵当に金融も行った。「札」は蔵米の受取手形で、割竹にはさんで米俵に差したことからいう。

ふたつ-な・し【二つ無し】形ク〔から・く(かり)・し・き(かる)・けれ・かれ〕比べるものがない。この上ない。たぐいない。〈土佐〉「みな人々、嫗おんな、翁おきな、額ひたに手を当てて喜ぶこと二つなし終」訳 人々はみな、おばあさんもおじいさんも、額に手をあてて喜ぶことがこの上ない。

ふたつもじ… 和歌

ふたつ文字 牛うしの角つのの文字もじ 直すぐな文字もじ 歪ゆがみ文字もじとぞ 君きみはおぼゆる 〈徒然・六二・延政門院〉

訳 二つ文字、牛の角文字、すぐな文字、ゆがみ文字と父君のことが恋しく思われます。

解説 延政門院が小さかったころ、父の後嵯峨ごさが院にあてた歌。この歌の後に記された「恋しく思ひ参らせ給ふとなり」という、兼好の説明に従ってこの歌の謎解きをすれば、「ふたつ文字」が「こ」を、「牛の角文字」が「い」を、「直ぐな文字」が「し」を、「歪み文字」が「く」をそれぞれ意味して「恋しく」となる。しかし「恋しく」の仮名遣いは「こひしく」である。作者がこれをまちがえたのは、仮名遣いをよく知らないくらい幼かったためとも、当時の発音どおりの表記であったためともされる。

ふた-なぬか【二七日】名 ❶十四日間。❷人の死後十四日目の忌日。

ふた-ば【二葉】名 ❶草木が芽を出したときの最初の葉。❷物事の初めや幼少のときをたとえる語。

ふた-へ【二重】エ 名 ❶二つ重なっていること。にじゅう。〈紫式部日記〉「女房二重三重づつゐわたされたり」訳女房は二重三重ずつに(列になって)ずらっと座らされている。

❷(腰などが)二つに折れ曲がること。〈大和・一五六〉「このをば、いといたう老いて、二重にてゐたり」訳このおばは、たいそうひどく年をとって、腰が折れ曲がった状態でいた。

ふた-めか・す【他サ四】{さ・し・す・す・せ・せ}〔「めかす」は接尾語〕ばたばたさせる。〈宇治・三・一六〉「羽をふためかし(用)てまどふほどに」訳(すずめが)羽をばたばたさせてうろたえているときに。

ふた-め・く【自カ四】{か・き・く・く・け・け}〔「めく」は接尾語〕❶ばたばた音をたてる。〈宇治・二・四〉「大きなる屎鳶の羽折れたる、土に落ちて、まどひふためく(体)を」訳大きなくそとび(=鷹の一種)で羽の折れたのが、地面に落ちて、うろたえばたばたと音をたてているのを。

❷ばたばたと騒ぎうろたえる。〈太平記・一七〉「われ先にとふためき(用)て、また本の陣へ引き返す」

ふたりゆけど…【和歌】

> 二人行けど　行き過ぎがたき　秋山を
> いかにか君が　ひとり越ゆらむ
> 〈万葉・二・一〇六・大伯皇女〉

訳二人で行っても、なかなか越えられない(さびしい)秋の山を、どのようにしてあなたがたった一人で越えているのでしょうか。

【解説】作者は大津皇子の姉。大津皇子は皇位継承をめぐって謀反の嫌疑を受け、捕らえられて殺された。この歌はその直前に、ひそかに伊勢神宮に下向した大津皇子が都に帰る際、時の斎宮であった作者が詠んだものである。「わが背子を大和へやるとさ夜ふけてあかとき露にあが立ち濡れし」(訳→わがせこを…【和歌】)〈万葉・二・一〇五〉の歌も、このとき詠まれた。

ふ-だん【不断】【名・形動ナリ】❶絶え間のないこと。〈著聞・五三〉「日夜不断に(用)もっぱら称念して」訳(良忍上人は)昼も夜も絶え間なくひたすら口に仏名を唱え心に仏を念じて。

❷日常。いつも。

ふだん-ぎゃう【不断経】(ギョウ)【名】《仏教語》死者の追善・冥福や、安産を祈るため、一定の期間中、大般若経・法華経・最勝王経などを昼夜絶え間なく読むこと。不断の御読経。

ふち【淵】【名】水のよどんで深い所。〈古今・雑下〉「世の中は何かつねなるあすか川きのふの淵ぞ今日は瀬になる」訳→よのなかは…【和歌】【対】瀬。⬇瀬「古文常識」

ふ-ち【扶持】■【名・他サ変】❶世話をすること。力を貸すこと。助力。〈著聞・九六〉「弟子にてありければ、前後に相従ひて扶持し(用)たりけり」訳弟子であったので、前後につき従って手を貸したのだった。

❷(扶持米などの)俸禄を与えて臣下として召しかかえること。〈徒然・二二六〉「〔慈鎮和尚は〕この信濃の入道を扶持し(用)給ひけり(=臣下として召しかかえなさった)」

■【名】「扶持米」の略。主君から家臣に給与として支給される米。

ふぢ【藤】(フジ)【名】❶植物の名。ふじ。また、その花。【春】

❷染め色の名。薄紫。藤色。

❸「藤襲」の略。襲の色目の名。表は薄紫、裏は萌黄(　)。陰暦三、四月ごろ着用する。⬇襲の色目「古文常識」(一三〇ページ)

❹「藤衣」の略。

ふぢ-ごろも【藤衣】(フジ)【名】❶藤や葛の繊維で織った着物。身分の低い者が着用する、丈夫だが粗末な衣服。「藤の衣」「藤」とも。

❷喪服。「藤の衣」「藤」とも。

【参考】和歌で①は、織り目が粗いことから「間遠」を、衣を着なれる意から「馴る」を、衣を織る意から「おる」を導く序詞を構成することがある。

(ふぢ①)

(ふぢ②)

ふち-せ【淵瀬】【名】❶淵と瀬。川の深い所と浅く流れの速い所。〈平家・四・橋合戦〉「河を隔つるいくさに、淵瀬嫌ふやうやある」訳川を隔てた戦いで、淵や瀬(があろうともその深浅)をえり好みすることがあるか(いや、そんなことは決してない)。

❷(「世の中は何かつねなるあすか川きのふの淵ぞ今日は瀬になる」(訳→よのなかは…【和歌】)〈古今・雑下〉の歌から)世の中や人事の変わりやすいこと。無常。〈徒然・二五〉「飛鳥川の淵瀬常ならぬ世にしあれば」訳飛鳥川の淵と瀬がずっとそのままではないように、変わりやすい世の中であるので。

藤壺(ふぢつぼ)(フジツボ)《人名》「源氏物語」中の女性。先帝の四宮。亡き桐壺の更衣に似ているので、桐壺帝に召され入内したが、光源氏とあやまちを犯し、皇子(=後の冷泉帝)を出産する。自責の念にかられて帝の崩御後、尼となった。

ふぢ-なみ【藤波・藤浪】(フジ)【名】❶藤の花房が風になびくさまを波にみたてていう語。また、藤の花。【春】〈古今・夏〉「わが宿の池の藤波咲きにけり山郭公いつか来鳴かむ」訳わが家の池の(ほとりの)藤の花が咲いたことだ。山ほととぎすがいつになったら来て鳴くのだろうか。

❷(「藤原」の「藤」にかけて)藤原氏、またその一門の称。

ふぢ-ばかま【藤袴】(フジ)【名】❶植物の名。キク科の多年草。秋、淡紫色の花を開く。秋の七草の一つ。【秋】。⬇七草「古文常識」(六四ページ)

❷襲の色目の名。表裏とも紫色。

藤原顕輔(ふぢはらのあきすけ)(フジワラノアキスケ)《人名》(一〇九〇〜一一五五)平安後期の歌人。清輔の父。温雅な歌風で、叙景歌にすぐれる。「詞花集」の撰者。「小倉百人一首」に入集。家集「左京大夫顕輔卿集」

藤原家隆(ふぢはらのいへたか)(フジワラノイエタカ)《人名》(一一五八〜一二三七)鎌倉前期の歌人。「かりゅう」とも読む。壬生二品とも呼ばれた。宮内卿。「新古今集」の撰者の一人。俊成の門人で定家と並称され、自由で技巧にとらわれない歌風が特色。「小倉百人一首」に入集。家集「壬二集」

藤原兼家(ふぢはらのかねいへ)(フジワラノカネイエ)《人名》(九二九〜九九〇)平安中期の政治家。「蜻蛉日記」の著者の夫。娘詮子の生んだ懐仁親王(=一条天皇)を帝位につけ、摂政・関白・太政大臣となって権勢をふるった。

藤原兼輔（ふぢはらのかねすけ）フジワラノカネスケ《人名》（八七七〜九三三）平安前期の歌人。三十六歌仙の一人。賀茂川の堤に住み、堤中納言と呼ばれた。「小倉百人一首」に入集。家集「兼輔集」

藤原清輔（ふぢはらのきよすけ）フジワラノキヨスケ《人名》（一一〇四〜一一七七）平安後期の歌人。顕輔の子。歌学にすぐれ、歌論書に「奥義抄」「袋草紙」などがある。「小倉百人一首」に入集。家集「清輔朝臣集」

藤原公任（ふぢはらのきんたふ）フジワラノキントウ《人名》（九六六〜一〇四一）平安中期の歌人。関白頼忠の長子。四条大納言と呼ばれた。詩・歌・管弦の「三船の才」を兼備し、有職故実にも通じていた。「小倉百人一首」に入集。家集「公任卿集」、歌論書「新撰髄脳」「和歌九品」、撰集「和漢朗詠集」「拾遺抄」、故実書「北山抄」

藤原定家（ふぢはらのさだいへ）フジワラノサダイエ《人名》（一一六二〜一二四一）鎌倉前期の歌人・歌学者。「ていか」とも読む。俊成の子。「新古今集」の撰者の一人。また「新勅撰集」を撰進。「小倉百人一首」もその撰になるといわれ、自身の歌も入集。新古今時代の代表歌人で、俊成の幽玄をさらにおし進めた有心を唱え、華麗・妖艶な歌風。また多数の古典の書写・校合に力をそそぎ、その業績は後代に継承されている。家集「拾遺愚草」、歌論書「詠歌之大概」「近代秀歌」「毎月抄」、日記「明月記」

藤原彰子（ふぢはらのしやうし）フジワラノショウシ《人名》→上東門院

藤原俊成（ふぢはらのしゆんぜい）フジワラノシュンゼイ《人名》→藤原俊成

藤原為家（ふぢはらのためいへ）フジワラノタメイエ《人名》（一一九八〜一二七五）鎌倉中期の歌人。定家の長子。阿仏尼の夫。父の歌学をつぎ、二条家歌学のもとをなした。平淡・温雅な歌風。「続後撰集」「続古今集」の撰者。家集「為家集」「中院詠草」、歌論書「詠歌一体」など。

藤原定家（ふぢはらのていか）フジワラノテイカ《人名》→藤原定家

藤原定子（ふぢはらのていし）フジワラノテイシ《人名》（九七七〜一〇〇〇）平安中期、一条天皇の皇后。「さだこ」とも読む。関白道隆の娘。十四歳で入内し、中宮、のちに皇后となる。当時、道長の娘彰子が中宮として入内したので、二后並立の例がつくられた。女房として清少納言が仕えた。

藤原俊成（ふぢはらのとしなり）フジワラノトシナリ《人名》（一一一四〜一二〇四）平安後期・鎌倉前期の歌人。「しゅんぜい」とも読む。法号釈阿。定家の父。正三位・皇太后宮大夫。五条三位と呼ばれた。「千載集」の撰者。幽玄を理想とし、中世和歌の方向を示した。「小倉百人一首」に入集。家集「長秋詠藻」、歌論書「古来風体抄」

藤原俊成の女（ふぢはらのとしなりのむすめ）フジワラノトシナリノムスメ《人名》（一一七一?〜一二五四?）鎌倉前・中期の女流歌人。祖父である俊成の養女。源通具の妻。承久の乱後出家して、嵯峨禅尼・越部禅尼などと呼ばれた。新古今時代を代表する歌人。家集「俊成卿女集」

藤原敏行（ふぢはらのとしゆき）フジワラノトシユキ《人名》（?〜九〇七?）平安前期の歌人。三十六歌仙の一人。書家としても名高い。「小倉百人一首」に入集。家集「敏行集」

藤原倫寧の女（ふぢはらのともやすのむすめ）フジワラノトモヤスノムスメ《人名》→藤原道綱の母

藤原冬嗣（ふぢはらのふゆつぐ）フジワラノフユツグ《人名》（七七五〜八二六）平安前期の政治家。内麻呂の次男。左大臣。閑院大臣と呼ばれた。勧学院（＝藤原氏の教育機関）をつくり、また「日本後紀」の編纂や、「弘仁格式」「内裏式」の撰にも関与した。

藤原道綱の母（ふぢはらのみちつなのはは）フジワラノミチツナノハハ《人名》（九三六?〜九九五?）平安中期の女流歌人。倫寧の娘。藤原兼家と結婚し、道綱を生む。「小倉百人一首」に入集。その著「蜻蛉日記」は女流日記文学の代表作。⬇女房「古文常識」

藤原道長（ふぢはらのみちなが）フジワラノミチナガ《人名》（九六六〜一〇二七）平安中期の政治家。兼家の第五子。藤原氏全盛期の氏の長者。摂政・太政大臣。娘を次々と后に立て、天皇の外戚となって栄華を極めた。法成寺を造営、御堂関白・法成寺摂政と呼ばれた。日記「御堂関白記」

藤原良経（ふぢはらのよしつね）フジワラノヨシツネ《人名》（一一六九〜一二〇六）鎌倉前期の歌人・政治家。後京極殿と呼ばれ、秋篠月清などと号した。関白九条兼実の子。摂政・太政大臣。当代歌壇の保護者であった。和歌を俊成・定家に学び、歌風は気品と風格に富む。漢詩・書画にもすぐれ、書においては後京極流を創始した。「新古今集」の代表的歌人。「小倉百人一首」に入集。家集「秋篠月清集」

ふ-ぢゃう【不定】ジョウ 名・形動ナリ 定まらないこと。不確かなこと。〈徒然・一八九〉「不定と心得ぬるのみ、誠にて違はず」訳（物事は）不確かなものと悟ってしまうことだけが、真実であってはずれがない。

ふ・つ【捨つ・棄つ】他タ下二{て・て・つ・つる・つれ・てよ}捨てる。〈大和・一四九〉「熱湯にたぎりぬれば、湯ふて(用)つ」訳 熱湯に（なって）煮えたったので、湯を捨てた。

ふ-づき【文月・七月】名「ふみづき」に同じ。

ふ-づくえ【文机】名〔「ふみづくえ」の転〕書物をのせて読書をするための机。

ふつく・む【憤む・恚む】自マ四{ま・み・む・む・め・め}怒る。いきどおる。〈紀・神代〉「性悪くして、常に哭きふつくむ(体)ことを好む」訳（素戔嗚尊は）性格が悪くて、いつも泣いたり怒ったりすることを好む。

ぶっ-くゎ【仏果】カ 名《仏教語》仏道修行によって得られる成仏という結果。

ぶっ-し【仏師】名「ぶし」とも。仏像をつくる人。

ぶつ-じ【仏事】名 仏教の儀式。法会。法要。法事。

ぶっ-しゃう【仏性】ショウ 名《仏教語》衆生が本来もっている、仏になることのできる性質。

ぶっしゃう-ゑ【仏生会】ブッショウエ 名「くゎんぶつゑ」に同じ。

ぶっそくせき-か【仏足石歌】名 奈良の薬師寺の仏足石歌碑に刻まれた二十一首の歌。仏足石（＝釈迦の足の裏の形を彫った石）を賛美し、無常や生死を詠んでいる。五七五七七七の形からなり、この歌体の歌が「古事記」「万葉集」にも一首ずつみえる。

ぶっ-だ【仏陀】名《梵語の音訳》「ぶつだ」とも。正しい悟りを得た者。ほとけ。特に、釈迦のこと。

ふつつか【不束】形動ナリ ⬇次ページ 257

ふっ-と 副 ❶勢いよく物を切るさまの形容。ぷっつ

最重要330

257

ふつつか

【不束】形動ナリ｛なら・なり（に）・なり・なる・なれ・なれ｝

ガイド　現代語では「ふつつか者」など③に近い「不十分だ」の意に用いるが、本来は**太くしっかりしていて野性味のある感じ**をいう。

❶ **太くしっかりしているさま。**

例 御声、むかしよりもいみじくおもしろく、少し**ふつつかに**用ものものしき気添ひて聞こゆ〈源氏・若菜下〉訳（光源氏の）お声は昔よりもたいそう趣深く、いくらか**太く**重々しい感じが加わって聞こえる。

❷ **ぶかっこうだ。やぼったい。ごつい。**

例 布衣のふつつかなる体を着て、下には紙衣を着たり〈今昔・一四・二九〉訳 布衣（＝平常の衣服である狩衣）で**やぼったいの**を着て、下には紙衣（＝紙で作った衣服）を着ている。

❸ **考えの浅いさま。軽はずみなさま。**あさはかだ。

例 不幸にうれへに沈める人の、頭おろしなど、**ふつつかに**用思ひとりたるにはあらで〈徒然・五〉訳 不幸にも悲しみに沈んでいる人が、剃髪して出家することなどを、**軽々しく**決心したのではなくて。

りと。すっぱりと。〈平家・九・忠度最期〉「薩摩守の右のかひなを、肘のもとより**ふっと**切り落とす」訳（六野太の童は）薩摩の守（＝平忠度）の右腕を、ひじのつけ根から**すぱっと**切り落とす。❷ふと。突然。〈仮名・仁勢物語〉「**ふっと**駆け出て、え追ひつかで」訳（馬が）**突然**走り出して、追いつくことができなくて。

ふつ-ふつ 副 ❶物を勢いよく断ち切る音を表す。ぶつぶつ。〈平家・九・宇治川先陣〉「馬の足にかかりける大綱どもをば**ふつふつ**と打ち切り打ち切り」訳 馬の足にひっかかったたくさんの大綱を**ぶつぶつ**と切ってはまた切って。❷鳥の羽ばたく音にいう。ぱたぱた。〈沙石集〉「**ふつふつ**飛びて帰るを見れば、鴛の雌なりけり」訳 **ぱたぱた**飛んで帰るのを見ると、おしどりのめすであった。❸すっかり思い切るさま。まったく。きっぱり。ふっつり。〈浮・好色一代女〉「身のいたづら**ふつふつ**とやめて」訳 自分のふしだらを**きっぱり**とやめて。

ぶっ-ぽふ-そう【仏法僧】名 ❶《仏教語》仏教で宝とする三つのもの。仏と、その教えである経典と、その教えをひろめる僧。三宝。❷ブッポウソウ科の鳥の名。鳴き声が「ぶっぽうそう」と聞こえるとされて、この名があったが、近年「このはずく」の声と判明してから「姿の仏法僧」とも呼ばれる。

ぶつり-そしつ【仏籬祖室】名〔仏陀の籬（＝垣根）の中と、祖師（＝達磨大師）の室の意〕仏門。禅門。仏の道。

ふで【筆】名〔「文手」の転〕❶文字や絵をかくための筆記具。❷筆で書いたもの。筆跡。筆法。筆力。筆勢。〈源氏・梅枝〉「いといたう**筆**澄みたる気色ありて」訳 まことにたいそう**筆法**がすっきりと物静かな感じがあって。

フレーズ

筆の跡　**筆跡。**また、**書かれた文字。**⬇消息

「慣用表現」

筆のすさび　「ふでのすさみ」とも。**気の向くままに書くこと。**また、その書いたもの。

ふ-でう【不調】名・形動ナリ ととのわないこと。思わしくないこと。欠点の多いこと。また、そのさま。〈源氏・野分〉「いと**不調なる**体娘まうけ侍りて、もてわづらひ侍りぬ」訳 たいへん**不出来な**娘（＝近江の君）を持ちまして、もてあましておりました。

ふで-の-あと【筆の跡】⬇筆「フレーズ」

ふで-の-すさび【筆のすさび】⬇筆「フレーズ」

ふと-【太】接頭（名詞・動詞に付いて）大きく尊い、荘重な、りっぱな、の意を添える。「**太**祝詞」「**太**敷く」

ふと【浮屠・浮図】名《梵語の音訳》「ふど」とも。❶仏陀。ほとけ。❷僧。〈野ざらし紀行〉「髻なきものは、**浮屠**の属にたぐへて」訳（伊勢神宮では）髪をたばねていない者は、**僧侶**の仲間と同じに考えて。❸塔。卒塔婆。〈今昔・九・三〇〉「すみやかに我が教へのごとく**浮図**（＝**卒塔婆**）を造れ」

ふ-と 副 ❶たやすく。簡単に。〈竹取・竜の頸の玉〉「わが弓の力は、竜あらば**ふと**射殺して」訳 私の弓の力は（すばらしいから）、もし竜がいたら**たやすく**射殺して。❷動作のすばやいさま。さっと。〈竹取・かぐや姫の昇天〉「**ふと**天の羽衣うち着せ奉りつれば」訳（かぐや姫に）**さっと**天の羽衣をお着せ申しあげてしまったので。❸不意に。思いがけず。急に。〈徒然・八九〉「音に聞きし

猫また、あやまたず足許へふと寄り来て」訳うわさに聞いていた猫また(=想像上の怪獣)が、ねらいをはずさず足もとへ不意に寄って来て。

ふ-どう【不動】名「不動明王ふどうみやうわう」の略。

ふどう-そん【不動尊】名「ふどうみやうわう」に同じ。

ふどう-みやうわう ―ミョウオウ【不動明王】名 五大尊明王の一。怒りの相をし、右手に降魔の剣、左手に捕縛の縄を持ち、火炎を背にして座す。いっさいの煩悩・悪魔を降伏ごうぶくするという。不動尊。

(ふどうみゃうわう)

風土記(ふどき)《作品名》奈良時代初期の地誌。和銅六年(七一三)、元明天皇の勅命により諸国から撰進された地方誌。産物・地名の起源・古伝説などを記す。現存する完本は「出雲国風土記」だけで、ほかに播磨・常陸・豊後・肥前のものが部分的に伝わる。

ふところ【懐】名 ❶着物と胸との間。懐中。❷まわりを囲まれて奥深くなっている所。《蜻蛉・中》「山めぐりて、ふところのやうなるに、木立いとしげくおもしろけれど」訳山が(周囲を)取り囲んで、奥まった所のようであるうえに、木立がたいそうおい茂って興趣があるが。

ふところ-がみ【懐紙】名「たたうがみ」に同じ。

ふと-し【太し】形ク{から・く(かり)・し・き(かる)・けれ・かれ} ❶太い。太っている。肥えている。《平家・九・宇治川先陣》「黒栗毛なる馬の、きはめて太う用(ウ音便)たくましいが」訳黒栗毛である馬で、非常に太ってたくましいのが。対細し ❷肝が太い。動じないでしっかりしている。《万葉・二・一九〇》「真木柱太き体心はありしかどこのあが心鎮めかねつも」訳(物事に)動じないしっかりした心は持っていたけれど、この私の心(の悲しみ)はなんとしてもおさえきれないことよ。(「真木柱」は「太し」にかかる枕詞)

ふと-し-く【太敷く】他カ四{か・き・く・く・け・け}「「ふと」は接頭語」❶りっぱに立てる。「太知る」とも。《万葉・一・三六》「秋津の野辺に宮柱太敷き用ませば」訳秋津の野辺に宮殿の柱をりっぱにお立てになっているので。❷天皇の徳を天下にしきほどこす。りっぱに世を治める。《万葉・二・一九九》「瑞穂の国を神ながら太敷き用まして」訳日本の国を神であるままに(天皇は)お治めになって。

ふ-どの【文殿】名「「ふみどの」の転」❶書籍や文書類を保管する所。書庫。❷院の庁(=上皇や女院に付属し、その事務を執る役所)・摂関家などで、文書類を保管した所。のちには、所領関係の訴訟の決裁も行った。

ふな-ぎほ-ふ ―ギオウ【船競ふ】自ハ四{は・ひ・ふ・ふ・へ・へ} 船をこぎ競う。《万葉・二〇・四四六二》「船競ふ体堀江の川の水際に来居つつ鳴くは都鳥かも」訳船がこぎ競ってゆく堀江の川の水ぎわに来てはとまって鳴くのは都鳥だろうか。

ふな-ぎみ【船君】名 船客の中で中心である人。《土佐》「船君例のやまひおこりて、いたく悩む」訳船客の長はいつもの病気が起こって、ひどく苦しむ。

ふな-こ【船子・舟子】名 船頭の指揮で船をあやつる人。水夫。船方。

ふなずしや… 俳句

夏　切れ字

鮒ずしや　彦根の城に　雲かかる　〈新花摘・蕪村〉

訳(琵琶湖のほとりの茶店で)近江名物の鮒ずしを味わっている。見上げると、彦根城に一片の雲がかかっている。

解説「鮒ずし」は、塩漬けの鮒を飯と交互に桶の中に敷き並べ、重石でおしてできる発酵食品。

ふな-ぢ ―ジ【船路】名 船の通る道。転じて、船旅。「ふなみち」とも。《土佐》「藤原のときざね、船路なれど、馬のはなむけす」訳藤原のときざねが、(馬に乗るわけではなく)船の旅だけれど、馬のはなむけ(=送別の宴)をする。

ふな-つ【船津】名 船着き場。船の泊まる所。

ふな-はし【船橋】名「ふなばし」とも。船を横に並べてつなぎ、その上に板を渡して橋としたもの。浮き橋。

(ふなはし)

ふな-ばた【船端・舷】名 船べり。船の側面。

ふな-はて【船泊て】名・自サ変 船が港に停泊すること。《万葉・一・五八》「何処にか船泊てす終らむ安礼の崎漕ぎ廻み行きし棚無し小舟」訳(今ごろ)どこに舟泊まりしているのだろうか。安礼の崎を漕ぎめぐって行った、あの船棚のない小さな舟は。

ふな-びと【船人】名 ❶船に乗りあわせている人。船客。《土佐》「船人も、みな子たかりてののしる」訳(同乗した)船客にも皆、子供が寄り集まって騒ぐ。❷船頭。船員。《新古・恋一》「由良の門を渡る舟人梶を絶えゆくへも知らぬ恋の道かな」訳⬇付録①「小倉百人一首」46

ふな-やかた【船屋形】名 船上に設けた屋根のある部屋。

ふな-よそ-ふ ―ヨソウ【船装ふ】他ハ四{は・ひ・ふ・ふ・へ・へ} 出船の用意をする。《万葉・二〇・四三六五》「船装ひ用吾は漕ぎぬと妹に告ぎこそ」訳出船の用意をととのえて私は漕いで行ったと、いとしい人に告げてほしい。

ふね 名 ❶【舟・船】ふね。❷【槽】㋐水などを入れる器。水槽。《平家・六・入道死去》「千手井(=清水の名)の水をくみくだし、石のふねにたたへて」訳千手井の水を汲みおろし、石の水槽に満たして。㋑馬のかいば桶。

ぶ-ねう ―ニョウ【豊饒】名・形動ナリ「「ねう」は呉音」豊かなこと。物の多いこと。《今昔・五・一八》「国の内に病なく、五穀豊饒に用して、貧しき人なかりけり」訳国の中に病

最重要330

258

ふみ【文・書】名

ガイド 漢語「文」の字音「フン」の転かといわれる。文字を書いたものの意で①②、文字・書物といえば特に漢字・漢籍を指したから③④の意が生じた。

❶文書。書物。本。
❷手紙。⬇消息「慣用表現」
❸学問。特に、漢学。
❹漢詩。

例 かかることは文にも見えず、伝へたる教へもなし〈徒然・五三〉
訳 こういうこと(=鼎が頭から抜けないこと)は(医学の)書物にも見当たらないし、伝授している教えもない。

例 文を書きおきてまからむ。恋しからむ折々、とり出でて見給へ〈竹取・かぐや姫の昇天〉
訳 手紙を書き置いておいとましよう。恋しい折があればその折々には、取り出してご覧ください。

例 ありたきことは、まことしき文の道〈徒然・一〉
訳 (人間にとって)身につけておきたいことは、本格的な学問の道。

例 もろこしには限りなきものにて、ふみにも作る〈枕・三七〉
訳 (梨の花は)中国ではこのうえな(くすばらし)いものとして、漢詩にも作る。

気がなく、五穀が豊かであって、貧しい人はいなかった。

ふ-ばこ【文箱】名〔「ふみばこ」の転〕手紙を入れ、保管ややりとりに用いる箱。〈伊勢・一〇七〉「男いといたうめでて、今まで巻きて、文箱に入れてありとなむいふなる」訳 男はたいそうひどく感心して、今でも(その手紙を)巻いて、文箱に入れてあるということだ。

ふ-ばさみ【文挟み】名「ふみばさみ」に同じ。

不破の関(ふはのせき) フワノセキ《地名》歌枕 今の岐阜県不破郡関ケ原町松尾にあった関所。三関の一つ。壬申の乱後の天武二年(六七三)に創設され、延暦八年(七八九)に廃せられた。⬇三関①

ふ-びゃう ビョウ【風病】名 かぜ。感冒。

ふ-びん【不便・不憫】名・形動ナリ ❶都合が悪く困るさま。不都合。〈枕・一〇三〉「かかる雨にのぼり侍らば、足形つきて、いと不便に用きたなくなり侍りなむ」訳 このような雨(の日)に(敷物に)上がりましたならば、足跡がついて、たいそう不都合できっと汚くなってしまいましょう。❷かわいそうなさま。気の毒。〈徒然・一四二〉「人を苦しめ、法を犯さしめて、それを罪なはんこと、不便のわざなり」訳 人々を苦しめ、(その結果)法律を犯させて、それを処罰するようなことは、気の毒な行為である。❸(多く「ふびんにす」の形で)かわいがる。

ふぶ・く 自力四{か・き・く・く・け・け}風が激しく吹く。また、雨や雪が激しく降る。〈源氏・賢木〉「風はげしう吹きふぶき用て」訳 風が激しく吹きすさんで。

ふふ・む【含む】㊀ 自マ四{ま・み・む・む・め・め}花や葉がつぼんでいて開ききらずにいる。〈万葉・七・一二八八〉「山越えて遠津の浜の石つつじわが来るまでにふふみ用てあり待て」訳 遠津の浜の岩つつじよ、私が来るまで、つぼみのままでいて待ってくれ。(「山越えて」は「遠」にかかる枕詞)
㊁ 他マ四{ま・み・む・む・め・め}口にふくむ。〈霊異記〉「雄の鳥は食物をふふみ用持ち来りて」

ふま・ふ フマ(モ)ウ【踏まふ】他ハ下二{へ・へ・ふ・ふる・ふれ・へよ}❶踏みつけておさえる。〈今昔・二八・三八〉「下に大きなる木の枝の障へつれば、それを踏まへ用て」訳 (谷底へ落ちるのを)下に大きな木の枝が(あって落ちるとき)さえぎった(=防ぎ止めた)ので、それをふみつけて。❷おさえる。支配する。根拠としてかまえる。〈太平記・二七〉「石川の城をふまへ未させて」訳 石川の城をおさえさせて。❸思案する。考慮する。〈浮・世間胸算用〉「後先ふまへ用て、たしかなることばかりにかかれば」訳 前後の事情をよく考えて、確実なことだけにかかわるので。

ふみ【文・書】名 ⬇上258

ふみ-あ・く【踏み開く】他カ下二{け・け・く・くる・くれ・けよ}踏んで道をつける。〈伊勢・五〉「童べの踏みあけ用たる築地の崩れより通ひけり」訳 (男は)子供たちが踏んで道をつけた土塀の崩れた所を通って(女のもとに)通っていた。

ふみ-ことば【文言葉・文詞】名 手紙や文章に用いることば。

ふみ-しだ・く【踏みしだく】他カ四{か・き・く・く・け・け}「ふみしたく」とも。踏み荒らす。踏みにじる。強く乱暴に踏む。〈源氏・橋姫〉「そこはかとなき水の流れどもを踏みしだく体駒の足音も」訳 どこということなく流れるいくつもの水の流れを踏み荒らす馬の足音も。

ふみ-すか・す【踏み透かす】他サ四{さ・し・す・す・せ・せ}鐙(=馬具の名)に置いた両足を開いてふんばり、鐙と馬の腹との間をあける。〈平家・九・宇治川先陣〉「左右のあぶみを踏みすかし用」訳 (梶原景季は)左右の鐙を足をふんばって馬の腹から離し。

ふみ-たが・ふ【踏み違ふ】他ハ下二｛へ・へ・ふ・ふる・ふれ・へよ｝歩く所を間違える。道を間違える。〈細道・石の巻〉「終ひに路ふみたがへ用て、石の巻といふ湊に出づ」訳とうとう道を間違えて、石の巻という港に出る。

ふみ-づき【文月・七月】名「ふづき」「ふんづき」とも。陰暦七月の称。秋

ふみ-つくり【文作り】名 **漢詩をつくること。**また、その人。

ふみ-ばさみ【文挟み】名「ふばさみ」とも。文書を挟んで、貴人に差し出す白木のつえ。長さは約一五〇センチメートルで、先端の金具に文書を挟む。

ふみ-はじめ【書始め】名 天皇・皇太子などの皇族が七、八歳になったとき、はじめて漢籍の読み方を習う儀式。読書始め。

ふ・む【踏む・践む】他マ四｛ま・み・む・む・め・め｝❶足でおさえる。踏みつける。〈枕・一〇八〉「灯台の打ち敷きを踏み用て立てるに」訳灯台の敷物を踏んで立ったときに。❷**踏み歩く。行く。**訪れる。〈万葉・一七・四〇〇六〉「白雲のたなびく山を岩根踏み用越え隔りなば」訳白雲のたなびく山を、岩を踏み歩いて越えてへだたってしまったら。❸(多く「位をふむ」の形で)**その地位につく。**〈平家・四・厳島御幸〉「天子位をふむ体先蹤、和漢かくのごとし」訳天子が(幼くして)位につく先例は、日本と中国ではこのようである。❹舞う。技芸を演ずる。❺値段を見積もる。値ぶみする。〈黄・艶気樺焼〉「どうやすくふん用(撥音便)でも、五、六百両がもの(=五、六百両程度の値打ち)はあるのさ」❻日を過ごす。

ぶ-やう【無恙】ヨウ 名「むやう」に同じ。

ふゆ【冬】名 四季の一つ。陰暦十月から十二月までの季節。

ふゆ-がれ【冬枯れ】名 冬に草木の枯れること。また、すべてが枯れた寂しい冬の景色。冬。〈徒然・一九〉「さて、冬枯れのけしきこそ、秋にはをさをさ劣るまじけれ」訳さて、冬枯れの情景こそ、秋にはほとんど劣らないだろう。

ふゆ-ごもり【冬籠り】《枕詞》「春」にかかる。〈万葉・一〇・一八九一〉「ふゆごもり春咲く花を手折り持ち」

ふゆ-ざれ【冬ざれ】名 冬の、荒れはてて寂しい情景。また、そのころ。冬

冬の日（ふゆのひ）《作品名》江戸前期の俳諧集。山本荷兮撰。貞享元年(一六八四)成立。「芭蕉七部集」の第一集。芭蕉と、荷兮ら尾張(愛知県)の門人による冬の連句を集めたもの。蕉風のはじめとされる記念碑的作品。→芭蕉七部集

ふ-よう【不用】名・形動ナリ ❶用のないこと。いらないこと。〈土佐〉「けふ、節忌すれば、魚不用」訳今日は、精進しているので、(せっかくもらった)魚も用がない。❷役に立たないこと。むだ。無益。〈枕・一六三〉「むかしおぼえて不用なる体もの 繧繝縁の畳のふし出できたる」訳(りっぱだった)昔が思い出されて(今は)役に立たないもの、(高級な)繧繝べりの畳のこぶのような太糸が(古くなって)出てきているの。❸乱暴で手におえないこと。〈古活字本保元物語〉「あまりに不用に用候ひしかば、幼少より西国の方へ追ひ下して候ふ」訳あまりに乱暴者でございましたので、幼いころから西国の方へ追いやっております。

ふ-よう【芙蓉】名 ❶蓮の花の異称。❷植物の名。アオイ科の落葉低木。初秋に淡紅色の花をつける。秋

(芙蓉②)

ぶ-よう【武勇】名・形動ナリ「ぶゆう」とも。強く勇ましいこと。〈徒然・八〇〉「いまだ武勇の名を定めがたし」訳(百戦百勝しても、それだけでは)まだ武勇(の士)という名声を決定的なものとするわけにはいかない。

ぶらく-ゐん【豊楽院】イン 名 大内裏の内、朝堂院の西にあり、節会・儀式などを行う所。正殿を「豊楽殿」という。→付録③「平安京大内裏図」

-ふり【振り】接尾 刀剣を数えるときに用いる語。「太刀千振り」

ふり【振り・風】名 ❶**姿。姿かたち。**なりふり。態度。ふるまい。〈浄・鑓の権三重帷子〉「人のふり見て、わがふりの」訳人のふり見て、わがふり(直せ)の(諺)のように。❷それらしいようすをすること。**そぶり。**〈浮・日本永代蔵〉「聞かぬふりして」訳聞かないそぶりをして。❸音楽の曲の調子。曲。❹歌舞伎や舞踊で、音楽に合わせて行う動作や所作。❺「振り袖」の略。近世、元服前の男女が着用した着物。袖丈が長く、脇を縫い合わせないもの。また、振り袖を着る年ごろの若い女性。❻やりくり。〈浮・日本永代蔵〉「たとへば借銀(=借金)かさみ、次第にふりにつまり」

-ぶり【振り】接尾 ❶(名詞に付いて)…風、…のようす、の意を添える。「夷ぶり(=田舎風)」「万葉ぶり」「ますらをぶり」「浪花ぶり」❷(時間を表す語に付いて)それだけ経過したことを表す。「一年ぶり」

ふり-あか・す【降り明かす】自サ四｛さ・し・す・す・せ・せ｝**明け方まで、夜通し降り続く。**〈大和・一七三〉「雨は夜一夜降り明かし用て」訳雨は一晩じゅう明け方まで降り続いて。

ふり-あふ・ぐ【振り仰ぐ】アオグ 他ガ四｛が・ぎ・ぐ・ぐ・げ・げ｝顔を振ってあげる。ぐっと上を見る。〈平家・九・木曽最期〉「今井が行方のおぼつかなさに、振り仰ぎ用給へる内甲を」訳今井(四郎兼平)の行方が気がかりなので、(木曽義仲が)仰ぎ見なさった甲の内側を。

ふり-い・づ【振り出づ】イズ「ふりづ」とも。一 自ダ下二｛で・で・づ・づる・づれ・でよ｝振り切って出て行く。出発する。思いきって出て行く。〈更級・初瀬〉「その日しも京を振りいで用て行かむも、いともの狂ほしく」訳(大嘗会の御禊の行われる)ちょうどその日に京の都を振り捨てて(物詣でに)行くとしたらそれも、たいそう狂気じみていて。二 他ダ下二｛で・で・づ・づる・づれ・でよ｝❶声高く鳴き出す。〈源氏・鈴虫〉「鈴虫のふりいで用たるほど、はなやかにをかし」訳鈴

虫(=松虫のこと)が声高く鳴き出したようすは、にぎやかで風情がある。❷紅の染料を水にとかして染める。〈古今・恋二〉「紅のふりいで用つつ泣く涙には袂のみこそ色まさりけれ」訳紅色を水にとかして染めるように、声をふりしぼっては泣いて流す(血のような)涙で、袂だけがいちだんと色鮮やかになることよ。(①の意をかける)

ふり-おこ・す【振り起こす】 他サ四{さ・し・す・す・せ・せ} ❶振り動かして起こす。振り立てる。〈万葉・三・三六四〉「大夫の弓上振り起こし用射つる矢を」訳りっぱな男子たる者が、弓の上部を振り立てて射た矢のことを。❷気持ちを奮い立たせる。鼓舞する。〈万葉・二〇・四三九八〉「大夫の心振り起こし用とり装ひ門出をすれば」訳りっぱな男子の心を奮い立たせて旅装を調え門出をすると。

ふり-がた・し【旧り難し】 形ク{(から)・く(かり)・し・き(かる)・けれ・かれ} ❶昔と変わらない。〈源氏・葵〉「あさましう、ふりがたく用も今めくかな」訳(源典侍は)あきれるほど、昔と変わらずに今風にして(若い気で)いるなあ。❷忘れがたい。いつまでも心から離れない。〈蜻蛉・中〉「ふりがたく用あはれと見つつ、行きすぎて」訳忘れがたくしみじみ趣があると(あたりを)見ては、通り過ぎて。

ふり-くら・す【降り暮らす】 自サ四{さ・し・す・す・せ・せ} 雨や雪などが日暮れまで降り続く。〈源氏・帚木〉「つれづれと降り暮らし用て、しめやかなる宵の雨に」訳長々と一日じゅう降り続いて、ひっそりと静かな宵の雨のために。

ふり-さ・く【振り放く】 他カ下二{け・け・く・くる・くれ・けよ} はるか遠方を仰ぐ。ふり仰ぐ。〈万葉・六・九九四〉「振りさけ用て若月見れば一目見し人の眉引き思ほゆるかも」訳ふり仰いで三日月を見ると、一目見た(だけの)あの人の(美しい)眉が思い出されるなあ。

ふり-さけ-・みる【振り放け見る】 他マ上一{み・み・みる・みる・みれ・みよ} はるかに仰ぎ見る。ふり仰いで遠くを見る。〈古今・羇旅〉「天の原ふりさけみれ已ば」訳➡付録①「小倉百人一首」7

ふり-し・く【降り敷く】 自カ四{か・き・く・く・け・け} 一面に降る。降って地面をおおう。〈古今・秋下〉「秋は来ぬ紅葉は宿に降り敷き用ぬ道ふみわけてとふ人はなし」訳秋は来た。紅葉はわが家の庭に一面に降り積もった。道を踏みわけて訪れる人はいない。

ふり-し・く【降り頻く】 自カ四{か・き・く・く・け・け} しきりに降る。絶え間なく降る。〈源氏・椎本〉「雪、霰降りしく体頃は」訳雪や霰がしきりに降るころは。

ふり・す【旧りす】 自サ変{せ・し・す・する・すれ・せよ} (多く下に打消の語を伴って)古くなる。過去のものとなる。〈源氏・若菜上〉「そのふりせ未ぬあだ気こそは、いとうしろめたけれ」訳その(年をとっても)過去のものとならない(光源氏の)浮気心こそは、たいそう心配だ。

ふり-そぼ・つ【降り濡つ】 自タ四{た・ち・つ・つ・て・て}〔「そぼつ」は「そほつ」「そほづ」とも〕(雨などが)ぐっしょりぬれるほど降る。〈古今・恋三〉「明けぬとて帰る道にはこきたれて雨も涙もふりそぼち用つつ」訳夜が明けたというので(女のもとから)帰る道では、雨も涙もはらはらとしきりにこぼれて、(私の衣が)ぐっしょりぬれるほど降っていることよ。

ふり-た・つ【振り立つ】 他タ下二{て・て・つ・つる・つれ・てよ} ❶勢いよく立てる。〈万葉・七・一一九〇〉「舟泊てて かし振り立て用て廬せむ」訳舟を停泊させて、かし(=舟をつなぐための杭)を立てて一夜の宿りをしよう。❷声をはりあげる。大きな音をたてる。〈古今・夏〉「声ふり立て用て鳴くほととぎす」

ふり-は・ふ【振り延ふ】 自ハ下二{へ・へ・ふ・ふる・ふれ・へよ} わざわざ…する。ことさらに…する。〈源氏・薄雲〉「かやうにふりはへ用給へるこそ、たけき心地すれ」訳(光源氏が)このようにわざわざお訪ねくださっているのは、心強い気持ちがする。

ふり-はへ【振り延へ】 副〔下二段動詞「振り延ふ」の連用形から〕わざわざ。ことさらに。「ふりはへて」とも。〈大和・一四八〉「ふりはへ来たれど、わが睦ましき従者もなし」訳(昔の夫をさがして)わざわざ来たが、自分の親しい召使もいない。

ふり-ふ-もんじ【不立文字】 名《仏教語》悟りの道は心から心へと伝えるもので、文字やことばでは伝えることが不可能であるとする禅宗の教義。以心伝心。

ふり-まさ・る【旧り増さる】 自ラ四{ら・り・る・る・れ・れ} ますます古くなる。いっそう年をとる。〈古今・冬〉「あらたまの年の終はりになるごとに雪もわが身もふりまさり用つつ」訳一年の終わりになるたびに、雪もますます降り積もり、私もますます年をとることだ。(「あらたまの」は「年」にかかる枕詞。「ふりまさり」は雪が「降り増さる」と、年をとる意の「旧り増さる」との掛詞)

ふりみ-ふらずみ【降りみ降らずみ】〔「み」は動作が交互にくり返して行われることを表す接尾語〕降ったり、やんだり。〈後撰・冬〉「神無月降りみ降らずみ定めなき時雨ぞ冬の始めなりける」訳陰暦十月の、降ったりやんだり安定しない時雨こそ、冬のはじめ(の景物)なのだなあ。

ふり-ゆ・く【旧り行く】 自カ四{か・き・く・く・け・け} 古くなっていく。年老いていく。〈万葉・一〇・一八八四〉「冬過ぎて春し来たれば年月は新たなれども人は旧りゆく終」訳冬が過ぎて春がやって来ると、年月は新しくなるけれども、人は(しだいに)年老いていく。

ふり-わけ【振り分け】 名 ❶二つに分けること。中間点。❷「振り分け髪」の略。

ふりわけ-がみ【振り分け髪】 名 八歳ぐらいまでの子供の髪形。まん中から左右に振り分けて、肩のあたりで切りそろえる。〈伊勢・二三〉「くらべこし振り分け髪も肩すぎぬ君ならずして誰かあぐべき」訳➡くらべこし…

和歌

(ふりわけがみ)

ふ・る【旧る・古る】 自ラ上二{り・り・る・るる・るれ・りよ} ❶古くなる。年月を経る。古くさくなる。〈枕・八三〉「垣などもみなふり用て、苔生ひてなむ」訳(西の京は)垣根などもみな古くなって、苔が生えていて。❷年をとる。老いる。〈源氏・少女〉「いまはかくふり用ぬる齢に、よろづのことを忘れ侍りにけるを」訳(私は)

今はこのように老いた年齢で、自然とすべてのことを忘れてしまいましたのに。

ふ・る【降る】 自ラ四{ら・り・る・る・れ・れ}雨・雪などが降る。また、比喩的に、涙が流れ落ちる。〈古今・春上〉「君がため春の野に出(い)でて若菜(わかな)つむわが衣手(ころもで)に雪は降り㊊つつ」訳➡付録①「小倉百人一首」15

参考 和歌では、多く「旧(ふ)る」にかけて用いられる。

ふ・る【触る】 一 自ラ四{ら・り・る・る・れ・れ}さわる。触れる。〈万葉・三・三六三〉「吾妹子(わぎもこ)に触る㊍とはなしに」訳いとしい人に触れるということはなくて。

二 自ラ下二{れ・れ・る・るる・るれ・れよ}❶さわる。触れる。〈蜻蛉・上〉「手触れ㊌ねど花は盛りになりにけり」訳手も触れない(=手入れもしない)のに、花は盛りになってしまった。

❷出会う。関係する。〈源氏・桐壺〉「事にふれ㊊て、数知らず苦しきことのみまされば」訳何かにつけて、数えきれないほどつらいことばかりふえるので。

❸箸(はし)をつける。食べる。〈源氏・桐壺〉「朝餉(あさがれひ)のけしきばかり触れ㊌させ給ひて」訳(桐壺帝は)お食事には、ほんの少しだけ箸をおつけになられて。

❹(多く「肌触る」の形で)男女が親しみ合う。契る。〈万葉・一四・三五三七・或る本の歌〉「はつはつに新膚(にひはだ)触れ㊊し児(こ)ろし愛(かな)しも」訳ほんのちょっとはじめてその肌に触れたあの子がいとしいことよ。

三 他ラ下二{れ・れ・る・るる・るれ・れよ}広く知らせる。告げ知らせる。〈平家・四・源氏揃〉「美濃(みの)(=岐阜県南部)・尾張(をはり)(=愛知県北西部)の源氏どもに、次第にふれ㊊て行くほどに(=だんだんと告げ知らせていくうちに)」

ふ・る【震る】 自ラ四{ら・り・る・る・れ・れ}大地が揺れ動く。震動する。〈方丈・三〉「かく、おびたたしくふる㊍ことは、しばしにて止(や)みにしかども」訳(地震の)このように、激しく震動することは、しばらくの間でやんだけれども。

ふ・る【振る】 他ラ四{ら・り・る・る・れ・れ}❶揺り動かす。ふる。〈万葉・一・二〇〉「あかねさす紫野(むらさきの)行(ゆ)き標野(しめの)行き野守(のもり)は見ずや君が袖振る㊍」訳➡あかねさす… 和歌

❷神体などを移す。遷座(せんざ)する。〈大鏡・道長上〉「大和(やまと)の国三笠(みかさ)山にふり㊊奉りて」訳(神体を)大和の国(奈良県)の三笠山にお移し申しあげて。

❸男女の間で、相手をふり捨てる。

❹入れ替える。置き替える。〈去来抄・先師評〉「近江(あふみ)は丹波(たんば)にも、行く歳(とし)にもふる㊎べし」訳(句に用いた)近江(という地名)は丹波とでも、行く春は行く歳とでも置き替えることができる。

ふるいけや… 俳句

古池や(切れ字) 蛙(かはづ)(春)飛(と)びこむ 水(みづ)のおと 〈春の日・芭蕉〉

訳静まりかえった古池。(その静寂を破って)蛙が飛び込んだ水音。(あとにはまた静寂があるばかりだ)。

解説 蛙の「鳴き声」を対象としてきた和歌の伝統に対し、「飛び込む水の音」を、しかも「古池」とともに取りあげた、平俗の中に詩境を開拓した芭蕉の面目を示す句。

ふる-うた【古歌】 名 古人の詠んだ歌。古い時代の歌。古歌(こか)。

ふる-こと【古言】 名「ふるごと」とも。❶古いことば。古い言い伝え。昔話。〈大鏡・道長下〉「かやうなる女・翁(おきな)なんどのふるごとするは、いとうるさく」訳こういう嫗(おうな)や翁などが昔話をするのは、たいそうわずらわしくて。

❷古い詩や歌。古歌(こか)。〈枕・二四三〉「おなじふるごとといひながら、知らぬ人やはある」訳同じ古歌といっても、(この歌を)知らない人がいるか(いや、いない)。

ふる-こと【故事】 名「ふるごと」とも。昔あったこと。故事(こじ)。〈源氏・初音〉「かのあさましかりし世のふることを、聞き置き給へるなめり」訳あのいやだった当時の昔のことを、(光源氏は)聞き覚えていらっしゃるのであるようだ。

ふる-さと【古里・故郷】 名 ➡次ページ 259

ふる・し【古し・故し・旧し】 形ク{(から)・く(かり)・し・き(かる)・けれ・かれ}❶遠い昔のことである。〈万葉・一・三三〉「ささなみのふるき㊍京(みやこ)を見れば悲しき」訳楽浪(ささなみ)(=琵琶(びわ)湖の南西部沿岸)の遠い昔の都(のあと)を見ると悲しいことだ。

❷年を経ている。年功を積んでいる。年老いている。〈源氏・蓬生〉「ふるき㊍女ばらなどは」訳古くから仕えている女房たちなどは。

❸古びている。また、珍しくない。〈万葉・一七・三九二〇〉「鶉(うづら)鳴くふるし㊎と人は思へれど花橘(はなたちばな)のにほふこの宿」訳(都は)古びていると人々は思っているけれど、橘の花が匂うこの(わが)家であるよ。(「鶉鳴く」は「古し」にかかる枕詞。実景とする説もある)

ふる・す【旧す・古す】 他サ四{さ・し・す・す・せ・せ}❶古くする。使って古くさせる。〈蜻蛉・上〉「語らはむ人なき里にほととぎすかひなかるべき声なふるし㊊そ」訳話し相手になるような人もいないこの里で、ほととぎすよ、鳴いてもかいがないにちがいない声を古びさせるな(=くり返して鳴くな)。

❷飽きて見捨てる。忘れる。〈後撰・恋四〉「ふるさ㊌るる人の心はそれぞ世の常」訳(恋人に)飽きて見捨てられる人の心は、それこそ男女の間ではよくあること(だよ)。

ふる-とし【旧年】 名 ❶新年から見て、去った年をいう。去年。春

❷まだ年が明けていない年内。暮れていく年。〈古今・春上・詞書〉「ふるとしに春立ちける日よめる」訳年内に立春になった日に詠んだ歌。

ふる-ひと【古人・旧人】 名「ふるびと」とも。❶昔の人。また、故人。〈雨月・吉備津の釜〉「そも古人は何人(なにびと)にて」訳そもそも亡くなった方はどんな方で。

❷年老いた人。老人。〈源氏・明石〉「ふる人は涙もとどめあへず」訳老人(=明石(あかし)の入道)は涙もおさえきれないで。

❸以前からいる人。古参の人。〈源氏・玉鬘〉「右近(うこん)は…ふる人のかずに仕(つか)うまつり馴(な)れたり」訳右近は…古参の女房の一人で、(光源氏に)お仕えし慣れている。

❹昔なじみの人。〈古今・恋四〉「春雨のふる人なれば袖ぞ濡(ぬ)れぬる」訳(会ったのは)昔なじみの人なので、春雨が降るように涙で袖が濡れてしまったことだ。(「古人(ふるひと)」に「降る」をかける)

ふる・ふ(フルウ)【震ふ】 自ハ四{は・ひ・ふ・ふ・へ・へ}❶揺れ動く。〈記・上〉「六師(りくし)雷(いかづち)のごとくふるひ㊊、三軍電(いなづま)のごとく

最重要330 259

ふる-さと【古里・故郷】名

ガイド 「古い里」の意。現代語ではもっぱら②の意で用いられるが、古文では①③の意にも注意。

❶昔、都などがあって今は荒れ果てた所。旧都。
例 み吉野の山の秋風さ夜ふけてふるさと寒く衣打つなり〈新古・秋下〉
訳 吉野の山の秋風が吹き渡ってきて夜も更けて、古都の里では、寒々と衣を打つ音が聞こえてくる。

❷自分の生まれた土地。生まれ故郷。
例 ふるさとの人の来たりて物語すとて〈徒然・一四一〉
訳 生まれ故郷の人がやって来て話をするということで。

❸以前に住んでいた土地。よく訪れたことのある土地。古いなじみの地。
例 人はいさ心も知らずふるさとは花ぞ昔の香ににほひける〈古今・春上〉
訳 人は、さあ、どうですか、心の中はわかりません。（でも）昔なじみのこの里は、梅の花が以前のままの香りで咲いているのでした。

❹（旅先や奉公先に対しての）実家。
例 このふるさとの女の前にてだに、つつみはべるものを〈紫式部日記〉
訳 この実家の（召し使いの）女の前でさえ、（漢籍を読むことを）はばかっておりますのに。

ゆきぎ」訳 天子の軍隊は雷のように揺れ動き、諸侯の軍隊は稲妻のように進んだ。
❷わななく。（恐怖や寒さで）ふるえる。〈今昔・二八・四二〉「持たりつる太刀をも落としつばかりこそふるひ用つれ」訳 持っていた刀をも落としてしまうほどにふるえてしまった。

ふる・ふ【振るふ】他ハ四〔は・ひ・ふ・ふ・へ・へ〕❶振る。揺り動かす。〈今昔・二九・三三〉「鷲また目を見開きて顔をとかくふるへ已るに」訳 鷲がまた目を見開いて顔をあちこち振り動かしたが。
❷勢いよく動かす。思うままに扱う。〈細道・松島〉「造化の天工、いづれの人か筆をふるひ用詞を尽くさむ」訳 造物主の神わざは、どんな人が絵筆を思うままに扱って（描き、また）詩文で言い尽くすことができようか（いや、だれにもできまい）。
❸存分に発揮する。〈太平記・六〉「その威やうやく近国にふるひ用ければ」訳 その威力をだんだん近くの国に対して発揮したので。
❹すべて出し尽くす。全部はたき出す。〈栄花・あさみどり〉「よろづこのたびは我が宝ふるひ用てむ」訳 すべて今度は私（＝道長）の宝を出し尽くしてしまおう。

ふる・ぶ【旧ぶ・古ぶ】自バ上二〔び・び・ぶ・ぶる・ぶれ・びよ〕古風になる。古くさくなる。〈源氏・蓬生〉「心ばせなどの古び用たる方こそあれ」訳（末摘花は）気だてなどが古風になっているところはあるが。

ふる-まひ【振る舞ひ】名 ❶行動。動作。行為。〈徒然・一八七〉「大方のふるまひ・心づかひも、愚かにしてつつしめるは得の本なり」訳 一般の行動や心がけも、愚かではあるが用心深くしているのは利益を得るもとである。
❷もてなし。ごちそう。饗応。

ふる-ま・ふ【振る舞ふ】■一 自ハ四〔は・ひ・ふ・ふ・へ・へ〕❶行動する。〈源氏・帚木〉「人よりは心やすくなれなれしくふるまひ用たり」訳（頭の中将は光源氏に対して）他の人よりは気軽に親しくふるまっている。
❷ことさらに趣向をこらす。また、威儀をつくろう。〈徒然・二三一〉「大方、ふるまひ用て興あるよりも、興なくてやすらかなるが、まさりたることなり」訳 一般に、ことさらに趣向をこらしておもしろみがあるのよりも、おもしろみがなくても自然でわざとらしくないのが、まさっていることである。
■二 他ハ四〔は・ひ・ふ・ふ・へ・へ〕もてなす。ごちそうする。〈著聞・六三五〉「今夜、新蔵人ふるまは未れて候ふ」訳 今夜は、新しい蔵人がもてなされております。

ふる-めか・し【古めかし】形シク〔しから・しく（しかり）・し・しき（しかる）・しけれ・しかれ〕〔動詞「古めく」に対応する形容詞〕❶古びている。古風である。古くさい。〈源氏・若菜上〉「いと涙がちに、古めかしき体ことどもをわななきいでつつ語り聞こゆ」訳 ひどく涙をしじゅう流しては、古めかしい（昔の）出来事をあれこれ、声をふるわせながらお話し申しあげる。
❷老人くさい。年寄りじみている。〈源氏・朝顔〉「いと古めかしき体しはぶき打ちして参りたる人あり」訳 たいそう年寄りじみた咳をして参上した人がいる。

ふる-め・く【古めく】自カ四〔か・き・く・く・け・け〕〔「めく」は接尾語〕❶古風に見える。古びて見える。〈源氏・末摘花〉「わりなう古めき用たる鏡台」訳 はなはだ古びている鏡台。
❷年寄りじみて見える。〈源氏・朝顔〉「いと古めき用たる御けはひ、しはぶきがちにおはす」訳 非常に年とっているごようすで、始終咳をしていらっしゃる。

ふる-ものがたり【古物語】名 昔に作られた物

語。また、昔話。思い出話。

ぶん【分】名 ❶**割り当て。**分け前。〈宇治・七・五〉「おのれが分とてつくりたるは」訳 自分の割り当てとして耕した田は。
❷**身のほど。**分際(ぶんざい)。〈徒然・一三一〉「おのが分を知りて、及ばざる時は速やかにやむを智(ち)といふべし」訳 自分の身のほどを知って、(能力の)及ばないときはすぐにやめるのを賢さというべきである。
❸仮にそう決めた扱い。**ふり。**名義。〈東海道中膝栗毛〉「おや子の分に(＝ふりを)、しようぢゃあねえか」
❹**程度。**くらい。〈浮・世間胸算用〉「口喰(く)うて一盃(いっぱい)に、雑煮(ざふに)祝うた分なり」訳 食うのに精一杯で、(正月も)雑煮を祝った程度である。

ぶん-げん【分限】名 ❶**身分。**身のほど。分際(ざいぶん)。〈浮・日本永代蔵〉「我が分限に応じいろいろ魚鳥(ぎょてう)を調(とと)のへ」訳 (えびす講の日は)自分の分際に応じさまざまに魚や鳥を用意し。
❷**物事を行うのに可能な限度・範囲。**また、その能力。〈平家・八・太宰府落〉「ここに内裏(だいり)つくるべきよし、沙汰ありしかども、分限なかりければつくられず」訳 ここに内裏を造営するようにとの命令があったけれども、それだけの面積がなかったので造ることができず。
❸**金持ち。**財産家。〈浮・日本永代蔵〉「十五年たたぬうちに、三万両の分限になって」

豊後(ぶんご)《地名》旧国名。西海道十二か国の一つ。今の大分県の北部をのぞいた大部分。豊州(ほうしゅう)。

ぶん-ざい【分際】名 ❶限り。程度。〈太平記・七〉「敵に勢の分際を見えじと、木陰にぬはれ伏して」訳 敵に軍勢の程度を見られまいと、木陰に隠れひそんで。
❷身のほど。身分。〈仮名・浮世物語〉「己(おの)れが分際に過ぎて知行をば多く欲しがり」訳 自分の身のほどを越えて俸禄(ほうろく)を多く欲しがり。

ふん・ず【封ず】他サ変 {ぜ・じ・ず・ずる・ずれ・ぜよ}「ふうず」の転。封をする。〈枕・一六〇〉「遠き所より思ふ人の文(ふみ)を得て、かたくふんじ用たる続飯(そくひ)などあくるほど、いと心もとなし」訳 遠い所から恋しく思う人の手紙が届いて、固く封をしてあるのりなどを開ける間は、たいそうじれったい。

ふん-べつ【分別】名 善悪を判別する理性。思慮。〈徒然・一二八〉「牛に分別なし」訳 牛に思慮はない。

ふん-みゃう ミョウ【分明】名・形動ナリ はっきりしていること。明瞭。〈平家・八・征夷将軍院宣〉「言語(げんぎょ)分明なり終」訳 (源頼朝(よりとも)の)ことばづかいは(なまりがなく)はっきりしている。

文屋康秀(ふんやのやすひで)《人名》(生没年未詳)平安前期の歌人。六歌仙の一人。技巧的な歌風で、歌は「古今集」「後撰(ごせん)集」および「小倉百人一首」に入集。

へ

-へ エ【重】接尾 重なっている数を示す。「八重垣(やへがき)」「千重(ちへ)」「一重」

へ エ【上】名 (ふつう「…のへ」の形で)うえ。〈紀・欽明〉「韓国(からくに)の城(き)の上に立ちて」

へ【戸】名 (戸籍上の一戸としての)いえ。民家。また、それを数える語。〈紀・欽明〉「秦人(はたびと)の戸の数、総(す)べて七千五十三戸(ななちへあまりいそへあまりみへ)」訳 秦人(＝秦氏に従う渡来人)の戸の数、合計七千五十三戸。

-へ【辺】接尾「べ」とも。…のあたり、…のほう、…のころなどの意を添える。「沖辺」「末辺」「春辺」「山辺」

へ【辺】名 ❶**ほとり。あたり。**〈蜻蛉・上〉「日悪(あ)しければ、門出ばかり、法性寺の辺にして」訳 (出発の)日が悪いので、門出だけを、法性寺のあたりにして。
❷(沖に対して)**海辺。**岸辺。〈万葉・五・八九四〉「海原(うなはら)の辺にも沖にも神(かむ)留(づ)まり」訳 大海原の海辺にも沖にも神が鎮座し。

へ【家】名 いえ。〈万葉・五・八四四〉「妹(いも)が家に雪かも降ると見るまでに」訳 いとしい人の家に雪が降るのかと見るほどに。

へ【舳】名 船の前部。船首。へさき。対 艫(とも)

へ 上代の助動詞「ふ」の已然形・命令形。

へ 格助 ⬇次ページ助詞「へ」

-べ【辺】接尾「へ(辺)」(接尾)に同じ。

べ【部】名 大化の改新前、朝廷や豪族に世襲的に隷属していた農民・漁民や特定の技能者の集団。

へ-あが・る【経上がる】自ラ四 {ら・り・る・る・れ・れ} ❶下からしだいに地位が上がる。昇進する。〈平家・一・俊寛沙汰 鵜川軍〉「師高(もろたか)は検非違使(けびゐし)五位の尉(じょう)に経上がっ用(促音便)て(＝昇進して)」
❷年をとって変化する。〈徒然・八九〉「猫の経上がり用て、猫またに成りて、人とることはあなるものを」訳 猫が年をとって変化して、猫また(＝想像上の怪獣)になって、人(の命)をとることがあるそうだからなあ。

べい 一 助動詞「べし」の連体形「べき」のイ音便。〈源氏・澪標〉「おとなしき御後ろ見はいとうれしかべいこと」訳 大人びたお世話役はたいそううれしく思うにちがいないことよ。
二 助動特殊型 {〇・〇・べい・べい・〇・〇} (近世語)(一から)推量・適当・勧誘・可能・意志の意を表す。〈東海道中膝栗毛〉「いまの銭で蕎麦(そば)でも食うべい終」訳 今手に入れた銭で蕎麦でも食おうよ。〈東海道中膝栗毛〉「猫どもが打ち殺されべい体から」訳 猫どもが打ち殺されるだろうから。

接続 一は、用言の終止形(ラ変型は連体形)に付く。特にラ変動詞・形容詞の連体形活用語尾「る」が撥音化して表記されない形に付く。二は、用言および助動詞の終止形・連体形に付く。未然形・連用形に付くこともある。

語法 一は中古・中世に多い。二は関東方言であり、特に作品では田舎者のことばとして用いられる。

へいあん-きゃう キョウ【平安京】名 今の京都が帝都であったときの称。桓武(かんむ)天皇の延暦(えんりゃく)十三年(七九四)から明治二年(一八六九)に至るまでの都。平安城。⬇付録③「平安京図」

へい-きょく【平曲】名「平家物語」を琵琶(びわ)に合わせて語る音曲。盲目の法師生仏(しょうぶつ)によって始められたと伝えられている。平家琵琶。

へい-け【平家】名 ❶「へいじ(平氏)」に同じ。❷「平家物語」の略。❸「平家琵琶(へいけびは)」の略」「へいきょく」に同じ。

平家物語(へいけものがたり)《作品名》鎌倉時代の軍記物語。はじめ三巻であったらしいが、語り広められる中で増

へ 格助

意味・用法	用例
❶方向 動作・作用の進行する方向を示す。…に向かって。…のほうへ。	例 桜田へ鶴鳴き渡る年魚市潟潮干にけらし鶴鳴き渡る〈万葉・三・二七一〉 訳 桜田のほうへ、鶴が鳴きながら飛んでいく。年魚市潟の潮が引いたらしい。鶴が鳴きながら飛んでいく。
❷帰着点 動作・作用の帰着点を表す。…に。	例 この月、万の神たち太神宮へ集まり給ふなどいふ説あれども〈徒然・二〇二〉 訳 この月(=陰暦十月)は、すべての神たちが(伊勢の)皇大神宮に集まりになるなどという説があるけれども。
❸対象・相手 動作・作用の行われる対象・相手を示す。…に(対して)。	例 わが心ひとつにてはかなはじ。このよしを院へ申してこそは〈宇治・三・三〉 訳 私の一存で(決めること)はできないだろう。この事情を院(=陽成院)に申し上げて(祭るなら祭ろう)。

接続 体言に付く。

参考 「に」と「へ」のちがい➡に(格助)参考

補され、六巻・十二巻・二十巻・四十八巻(源平盛衰記)などの諸本が成立した。ふつうは十二巻に灌頂巻を加えたものをいう。鎌倉中期までには原型が成立したと考えられ、作者は信濃前司行長(=中山行長)説などがあるが、未詳。平家一門の栄華と滅亡を中心に、貴族社会から武家社会へと変革していく動向と、そこに生きる人間のたくましさが描かれている。和漢混交文を巧みに用い、全編を仏教的無常観で貫いた雄大な叙事詩的物語。琵琶法師が語る「平曲」として語り広められた。➡巻頭口絵32ページ・付録①九七三ページ 冒頭文 祇園精舎の鐘の声、諸行無常の響きあり。娑羅双樹の花の色、盛者必衰のことわりをあらはす。おごれる人も久しからず、ただ春の夜の夢のごとし。訳 (釈迦が説法をした)祇園精舎の鐘の音は、諸行無常すなわち、すべてのものは絶えず変化してとどまることがないという響きがある。(釈迦入滅とともに白く変じたという)娑羅双樹の花の色は、盛んな者も必ず衰えるものだという道理を表している。驕り高ぶった人もいくらも続くものではなく、(それは)まるで春の夜の夢のような(はかない)ものだ。

へい‐こう【閉口】 名・自サ変 ❶口を閉じて黙っていること。〈太平記・二四〉「満座閉口のところに」訳 一座の人々が黙っているところに。❷困りきること。

へい‐じ【平氏】 名 「へいし」とも。平の姓を名のる一族。皇族が臣籍に降下した際に与えられた姓の一つ。桓武天皇を祖とする桓武平氏は清和源氏と並んで勢力を振るい、武士団の棟梁となった。平家。

へい‐じ【瓶子】 名 酒を入れて注ぐのに使う器。徳利。

へい‐しょく【秉燭】 名 〔灯火を手にとる意〕灯火をともすころ。夕方。

平治物語(へいぢものがたり)《作品名》軍記物語。作者未詳。鎌倉前期までに成立か。悪源太(=源義平)を中心に、平治の乱の顛末、源平武士団の争闘を描いたもの。簡潔な和漢混交文で、「保元物語」とともに軍記物語の先駆となった。

平中物語(へいちゅうものがたり)《作品名》〔「平仲物語」とも書く〕平安中期の歌物語。作者未詳。天徳四年(九六〇)から康保二年(九六五)ごろ成立か。平中と呼ばれた平貞文を主人公とする恋愛説話三十九段からなる。「平中日記」「貞文日記」とも。

へう【表】 名 臣下から君主や官に奉る文書。

べう【廟】 名 死者の霊を祭る所。

べう 助動詞「べし」の連用形「べく」のウ音便。接続 活用語の終止形(ラ変は連体形)に付く。

べう‐も‐あら‐ず ―〔「べくもあらず」のウ音便〕「べくもあらず」に同じ。〈源氏・若紫〉「走りきたる女子、あまた見えつる子どもに似るべうもあらず用、いみじくおひさき見えて美しげなるかたちなり」訳 走って来た女の子(=若紫)は、大勢見えていた子供たちと比べられそうもなく、なみなみでなく将来(の美しさ)が思われていかにもかわいらしい感じの顔だちである。

べかし 助動シク型 ［助動詞「べし」の補助活用「べかり」の語幹相当部分を、形容詞シク活用型に活用させたものとも、「べくあるらし」の変化したものともいわれる］当然・適当・義務などの意を表す。〈源氏・玉鬘〉「ものまめやかに、あるべかしく書き給ひて」訳（光源氏は手紙を）まじめに、もっともらしくお書きになって。〈源氏・総角〉「大方のあるべかしきことどもは、中納言殿、阿闍梨などぞ仕うまつり給ひける」訳だいたいの（法要に）当然あるはずの準備のあれこれは、中納言殿（＝薫）や阿闍梨などがしてさしあげなさった。→べし（七三二ページ）

接続 ラ変動詞「有り」の連体形「ある」に付いて、「あるべかしく」「あるべかしき」という形で用いられる。

活用	未然	連用	終止	連体	已然	命令
	○	べかしく (シテ)	○	べかしき (コト)	○	○

べか-なり …はずだそうだ。…(し)そうなようすだ。〈源氏・若紫〉「宮へ渡らせ給ふべかなるを」訳（若紫は父兵部卿の）宮の所へお移りになられるはずだそうなので。

なりたち 助動詞「べし」＋伝聞・推定の助動詞「なり」＝「べかるなり」の撥音便「べかんなり」の撥音「ん」の表記されない形。ふつう「べかンなり」と読む。

べか-めり …にちがいないようだ。…はずのようだ。〈竹取・竜の頸の玉〉「すずろなる死にをすべかめるかな」訳思いもかけない死に方をするにちがいないようだなあ。

なりたち 助動詞「べし」＋推量の助動詞「めり」＝「べかるめり」の撥音便「べかんめり」の撥音「ん」の表記されない形。ふつう「べかンめり」と読む。

べから 助動詞「べし」の未然形。

べから-ず …(し)てはならない。…できない。…はずがない。〈源氏・手習〉「残りの命一、二日をも惜しまずはあるべからず」訳残りの命が一、二日でもそれを惜しまずには過ごしてはならない。〈方丈・三〉「羽なければ、空をも飛ぶべからず」訳羽がないので、空を飛ぶこともできない。〈徒然・一八八〉「万事にかへずしては、一つの大事なるべからず」訳多くのことと引き換えにしなくては、一つの大きな仕事が完成するはずもない。

なりたち 助動詞「べし」＋打消の助動詞「ず」

参考 中古では漢文訓読に用いられ、ふつう和文では「べくもあらず」の形で用いられる。

べから-む …だろう。…べきだろう。…できるだろう。〈源氏・玉鬘〉「いかがは仕うまつるべからむ」訳どのように（玉鬘の上京を）とりはからって差しあげるべきだろうか。

なりたち 助動詞「べし」＋推量の助動詞「む」

べかり 助動詞「べし」の連用形。

べかり-けり …べきだったのだ。…にちがいないのだ。〈宇治・一〇・一〉「横ざまの罪出で来ぬべかりける」訳無実の罪が生じてしまうにちがいないのだよ。

なりたち 助動詞「べし」＋過去の助動詞「けり」

べかる 助動詞「べし」の連体形。

参考 連体形「べかる」の確かな用例はまれで、多くは「べかめり」「べかなり」など「べか」の形になる。

べかん-なり 「べかなり」に同じ。〈平家・四・信連〉「この御所ならではいづくへか渡らせ給ふべかんなる」訳（高倉宮は）この御所でなくてはどこへお渡りになられるはずがあるというのか。

なりたち 助動詞「べし」＋伝聞・推定の助動詞「なり」＝「べかるなり」の撥音便。中古では、ふつう「べかなり」と表記される。

べかん-めり 「べかめり」に同じ。〈大鏡・道長上〉「いまいまも、さこそは侍るべかんめれ」訳これからも、そのような（＝道長の子孫のみが摂政・関白となるような）状態ではあるにちがいないようです。

なりたち 助動詞「べし」＋推量の助動詞「めり」＝「べかるめり」の撥音便。中古では、ふつう「べかめり」と表記される。

べき 助動詞「べし」の連体形。

へき-たん【碧潭】名 青々と澄んだ深い淵。

へ・ぐ【剥ぐ・折ぐ】他ガ四｛が・ぎ・ぐ・ぐ・げ・げ｝薄く削り取る。はがす。また、減らす。〈嵯峨日記・芭蕉〉「五月雨や色紙へぎたる壁のあと」訳外は五月雨が降り続いている。（出立前に家の中を見まわすと）この家も古びて、壁には色紙をはがしたあとが見える。

べく 助動詞「べし」の連用形。

べく-も-あら-ず …できそうもない。…はずもない。…(し)そうにもない。〈源氏・帚木〉「違ふべくもあらぬ心のしるべを、思はずにもおぼめい給ふかな」訳人違いするはずもない心の導き（であなたのもとに来た）というのに、意外にも（人違いだと）そらとぼけなさるのだなあ。〈徒然・九〉「堪ふべくもあらぬわざにもよく堪へしのぶは、ただ色を思ふがゆゑなり」訳（女が）堪えられそうもないことにもよく堪えしのぶのは、ひとえに恋愛のことを心にかけているからである。

なりたち 助動詞「べし」＋係助詞「も」＋ラ変動詞「有り」＋打消の助動詞「ず」

べけ-む …だろう。…はずであろう。〈今昔・九・三〉「なんぞたちまちに死ぬべけむやと」訳どうしてすぐさま死ぬはずがあるであろうか（いや、死ぬはずはない）と。

なりたち 助動詞「べし」（一説に、助動詞「べし」の古い未然形）＋推量の助動詞「む」

参考 漢文訓読語。「べけむや」の形で反語になることが多い。

べけれ 助動詞「べし」の已然形。

べし 助動ク型 ⇒次ページ助動詞「べし」

へ・す【圧す】他サ四｛さ・し・す・す・せ・せ｝❶強く押しつぶす。〈枕・三〇〉「さいでの、おしへされて草子の中などにありける見つけたる」訳布の切れ端が、押しつぶされて綴じ本の中などにあったのを見つけたの。❷圧倒する。へこませる。〈枕・一三六〉「さて、逢坂の歌はへされて、返しもえせずなりにき」訳さて、逢坂の歌は（相手の歌に）圧倒されて、返歌をすることができなくなってしまった。

へだた・る【隔たる】自ラ四｛ら・り・る・る・れ・れ｝❶（空間的・精神的に）離れる。遠ざかる。距離がある。〈徒然・一三〉「まめやかの心の友には、はるかにへだたるところのありぬべきぞ、わびしきや」訳（自分と気持ちのぴったりしない友は）真の心の友よりは、はるかにかけ離れたところがあるにちがいないのが、やりきれないことである

意味・用法	用例
❶推量 確実な推測を表す。 きっと…だろう。…にちがいない。…らしい。	例 男、わづらひて、心地死ぬべく用おぼえければ〈伊勢・一二五〉 訳 男が病気になって、気分が(悪くて)死ぬにちがいないと思われたので。
❷予定 …ことになっている。	例 舟に乗るべき体所へ渡る〈土佐〉 訳 舟に乗ることになっている所へ移動する。
❸当然 …はずだ。…にちがいない。	例 竹の中におはするにて知りぬ。子となり給ふべき体人なめり〈竹取・かぐや姫の生ひ立ち〉 訳 竹の中にいらっしゃるのでわかった。(あなたは私の)子とおなりになるはずの人であるようだ。
❹適当 …のがよい。…のが適当だ。	例 家の作りやうは、夏をむねとすべし終〈徒然・五五〉 訳 家の作りかたは、夏(に適すること)を主とするのがよい。
❺義務 …なければならない。	例 「もの一こと言ひおくべき体ことありけり」と言ひて、文書く〈竹取・かぐや姫の昇天〉 訳 (かぐや姫は)「何か一こと言い残しておかなければならないことがあった」と言って、手紙を書く。
❻可能 可能、または可能性を推定する意を表す。 …ことができる。…ことができそうだ。	例 さりぬべき折見て対面すべく用たばかれ〈源氏・空蟬〉 訳 適当な機会を見つけて、(私＝光源氏が空蟬に)逢うことができるように工夫しろ。

よ。
❷時間の間隔がある。年月がたつ。〈源氏・賢木〉「おぼつかなくて月日もへだたり用ぬるに」訳 気がかりなまま(訪ねもせずに)月日もたってしまったうえに。
❸物で間がさえぎられている。〈更級・後の頼み〉「霧ひとへへだたれ已るやうに、透きて見え給ふを」訳 (夢で見た阿弥陀仏は)一重の霧にさえぎられているように、透けて見えなさるのを。

へだ・つ【隔つ】 一 他タ下二 {て・て・つ・つる・つれ・てよ} ❶間に物を置いてさえぎる。仕切る。〈源氏・帚木〉「御几帳へだて用ておはしまして、御物語聞こえ給ふを」訳 (左大臣は)御几帳を間に置いて(座って)いらっしゃって、(光源氏に)お話を申し上げなさるのを。
❷時間的に間を置く。〈源氏・須磨〉「一二日たまさかにへだつる体折だに、あやしういぶせき心地するものを」訳 一日、二日、たまに(紫の上に逢わないで)間を置く場合でさえ、妙に気が晴れない気持ちがするのに。
❸うとみ遠ざける。うちとけない。〈源氏・夕顔〉「さばかりに思ふを知らでへだて用給ひしかばなむつらかりし」訳 あれほどまでに(私が)思うのを知らずに、(夕顔は)うちとけなさらなかったから、耐えがたかった。
二 自タ四 {た・ち・つ・つ・て・て} 隔たる。〈万葉・五・八六六〉「白雲の千重にへだて已る筑紫の国は」訳 白雲が幾重にも重なって隔たっている筑紫の国(九州地方)は。

へだて【隔て】 名 ❶隔てること。仕切り。障害。〈枕・二三〉「清涼殿の丑寅のすみの、北のへだてなる御障子は」訳 清涼殿の北東の隅の、北の仕切りにしてある御衝立障子には。
❷心を隔てること。うちとけないこと。〈源氏・夕顔〉「なほ心のうちのへだて残し給へるなむつらき」訳 (あなたが)まだ心の中に隔てを残していらっしゃるのが耐えがたい。
❸時間的に間をあけること。〈源氏・夕顔〉「人目を思してへだて置き給ふ夜な夜ななどは、いと忍びがたく」訳 人目をはばかりなさって(通うことの)間をお置きになる夜々などは、とてもこらえにくく。
❹区別。違い。差別。〈源氏・玉鬘〉「さいはひのなきとあるとはへだてあるべきわざかな」訳 幸運のない人とある人

	…ことができよう。
❼意志 …う。…よう。…つもりだ。	例 宮仕へに出だし立てば死ぬべし㊚と申す〈竹取・御門の求婚〉 訳（かぐや姫は）宮仕えに差し出すならば死ぬつもりだと申します。

接続

活用語の終止形に付く。ただし、ラ変型に活用する語には連体形に付く。

活用

未然	連用	終止	連体	已然	命令
(ズ) べから	(シテ) べく 〈べかり〉 (ケリ)	(。) べし	(コト) べき 〈べかる〉	(ドモ) べけれ	○

文法ノート

1 未然形「べけ」

古くは未然形に「べけ」があったといわれる。助動詞「む」が付いた「べけむ」が漢文調の文章ではしばしば用いられた。

例 なんぞたちまちに死ぬべけむや〈今昔・九・三三〉

訳 どうしてすぐに死ぬはずがあるであろうか。

2 音便形「べう」「べい」

連用形「べく」は「べう」とウ音便になり、連体形「べき」は「べい」とイ音便になることがある。「べい」は軍記物語に多くみられる。

3 「べかめり」「べかなり」

「べし」の連体形「べかる」に「めり」「なり」が付くと、「べかるめり」「べかるなり」となり、これが撥音便となって「べかんめり」「べかんなり」となる。この「ん」は表記されず「べかめり」「べかなり」と書かれることが多い。

とは（こうも）違いのあるはずのものだなあ。

べち【別】名・形動ナリ 同じでないこと。べつ。〈平家・七・忠度都落〉「別の子細候はず」訳 特別なこと。特別のわけはございません。

べつ-げふ【別業】名〔「業」は屋敷の意〕別荘。別邸。

べっ-して【別して】副 とりわけ。格別に。〈平家・一・殿下乗合〉「平家もまた別して、朝家を恨み奉ることもなかりしほどに」訳 平家もまた格別に、皇室をお恨み申しあげることもなかったところが。

べっ-しょ【別墅】名〔「墅」は作物を入れるための小屋の意〕別荘。別宅。〈細道・出発まで〉「住める方は人に譲り杉風が別墅に移るに」訳 住んでいた家（＝芭蕉庵）は人に譲り、杉風（＝芭蕉の門人）の別宅に移るときに。

べっ-たう【別当】名〔もと、本官のほかに別の職を兼任する意〕「べたう」とも。❶令外の官である検非違使庁・蔵人所などの長官。また、院・親王家・摂関家などの政所の長官。特に、検非違使庁の長官をさすことが多い。❷鎌倉幕府で、政所・侍所などの長官。❸僧官の一つ。東大寺・興福寺・仁和寺・四天王寺など諸大寺の長。❹神宮寺（＝神社に付属する寺）の僧官の一つ。検校に次ぐ位。❺院の厩の長官。転じて、馬丁。❻盲人の官名の一つ。検校に次ぐ位。

へ-つ-なみ【辺つ波】名〔「つ」は「の」の意の上代の格助詞〕岸辺に寄せる波。へなみ。対 沖つ波

へ-つ-ひ【竈】名〔「つ」は「の」の意の上代の格助詞。「竈つ霊」の意〕❶かまどを守る神。❷かまど。へっつい。

へつら・ふ【諂ふ】自ハ四〔は・ひ・ふ・ふ・へ・へ〕相手に気に入られるようにふるまう。追従する。〈平家・七・主上都落〉「一門にはあたまれて平家にへつらひ用けるが」訳（源氏の）一門には憎まれて平家に追従したが。

へ-なみ【辺波】名 岸辺または舟べりに寄せる波。へつなみ。対 沖つ波

べに-ばな【紅花・紅藍花】名 植物の名。夏、紅黄色の花をつける。花弁をとって紅の材料とする。くれない。すえつむはな。夏

へみ【蛇】名 へび。

べ-み（上代語）…そうなので。…にちがいないので。〈万葉・一〇・二二九〇〉「秋萩を散り過ぎぬべみ手折り持ち見れどもさぶし君にしあらねば」訳 秋萩が散り去ってしまいそうなので、折って手に持って見るが、心が楽しまない。あなたではないから。

なりたち 助動詞「べし」の語幹相当部分「べ」＋原因・理由を表す接尾語「み」

語法 多く「ぬべみ」の形で用いられ、中古では和歌に少々残存するだけである。

べらなり 助動ナリ型

意味・用法

推量（…ようだ。）

接続

動詞および動詞型に活用する助動詞の終止形に付く。ただし、ラ変型に活用する語には、連体形に付く。

活用

未然	連用	終止	連体	已然	命令
○	(シテ) べらに	(。) べらなり	《結ビ》 べらなる	《結ビ》 べらなれ	○

〔助動詞「べし」の語幹相当部分「べ」＋接尾語「ら」＋形容動詞型の語尾「なり」〕…ようだ。〈古今・春下〉「山高み見つつ我が来こし桜花風は心にまかすべらなり(終)」訳山が高いので(遠くから)何度も見ては私が帰って来た桜の花を、風は思いのままに(散ら)しているようだ。〈土佐〉「立つ波を雪か花かと吹く風ぞ寄せつつ人を謀はかるべらなる(体)」訳立つ波を、雪か花かと(見まがわせるように)吹く風が、(その波を磯いそに)うち寄せうち寄せして、人をあざむいているようだ。

文法 形容詞「うまし」から「うまらに」ができ、「清し」から「清らに・清らなり」ができたのと同じようにして「べし」から派生したものである。

へん【辺】 名 ❶あたり。付近。〈源氏・夕顔〉「東山の辺に移し奉らむ」訳東山のあたりに(夕顔の遺骸を)お移し申しあげよう。

❷くにざかい。国境。

❸ほど。程度。

べん【弁】 名 太政官だいじょうかんに属する官名。左右にわかれ、おのおの大・中・少がある。八省を分担し、太政官内の庶務をつかさどる。「弁官べんかん」とも。

参考 中弁のうち蔵人くろうどの頭とうを兼ねる者を「頭の弁」と呼ぶ。

へん-うん【片雲】 名 ちぎれ雲。〈細道・出発まで〉「片雲の風に誘はれて、漂泊の思ひやまず」訳ちぎれ雲を吹き漂わせている風に誘われて、旅に出てさすらうことへの願いがやまず。

へん-げ【変化】 名・自サ変「へげ」「へんぐゑ」とも。

❶神仏が仮に人間の姿になって現れること。また、そうして現れたもの。権化ごんげ。〈源氏・蓬生〉「仏ほとけ菩薩ぼさつの変化の身にこそものし給ふめれ」訳(光源氏は)仏や菩薩の権化の身でいらっしゃるようだ。

❷動物などが仮に姿を変えて現れること。また、そうして現れたもの。化け物。〈源氏・蓬生〉「もし狐きつねなどの変化にやとおぼゆれど」訳もしかして狐などの化けた姿であろうかと(老女房には)思われるけれど。

❸たえず移り変わること。〈徒然・七四〉「常住じやうぢゆうならんことを思ひて、変化の理ことわりを知らねばなり」訳(現実の人生が)永久不変なものであろうことを願って、たえず移り変わっていくものだということの道理を知らないからである。

へん-さい【辺際】 名「へんざい」とも。果て。限り。〈方丈・二〉「男女なんによ死ぬるもの数十人、馬・牛のたぐひ辺際を知らず」訳(都の大火で)男女で死ぬものは数十人、馬・牛の類は(どのくらい死んだか、その)限りもわからない。

へん-し【片時】 名 かたとき。少しの間。

へん-しふ【偏執】 シュウ 名・自サ変「へんじふ」「へんしゅ」とも。❶偏った意見に固執して他と折り合わないこと。片意地をはること。〈義経記〉「人の笑ふに笑はずは、弁慶偏執に似ると思ひ」訳人が笑うのに笑わないならば、弁慶は片意地をはっているのに似ていると思って。

❷ねたましく思うこと。不愉快に思うこと。〈太平記・一七〉「傍若無人ぼうじやくぶじんに申せば、聞く人見る人いづれも偏執の思ひをなしにけり」訳人前もはばからず自分勝手に申すので、(それを)聞く人も見る人も、どちらも不愉快な思いをしたのであった。

遍昭(へんぜう)ヘンジョウ《人名》(八一六〜八九〇)平安前期の歌人・僧。「遍照」とも書く。六歌仙・三十六歌仙の一人。桓武かんむ天皇の孫で、俗名は良岑宗貞よしみねのむねさだ。素性そせい法師の父。仁明にんみょう天皇の寵ちょうを受けたが、その崩御により出家し、僧正の位に至った。「小倉百人一首」に入集。家集「遍昭集」。

へん-ぢ【辺地】 ジ 名 都から遠く離れたへんぴな土地。辺土。

へんねん-たい【編年体】 名 歴史書を記述する形式の一つ。年代の順に史実を叙述するもの。中国における「春秋しゆんじゆう」「資治通鑑しじつがん」、日本における「六国史りつこくし」などがこの形式によっている。→紀伝体きでんたい

べん-り【便利】 名 便通。大・小便を出すこと。〈徒然・一〇八〉「一日のうちに、飲食おんじき・便利・睡眠すいめん・言語ごんご・行歩ぎやうぶ、止やむことを得ずして、多くの時を失ふ」訳(人間は)一日のうちに、飲み食い・用便・睡眠・会話・(外出のための)歩行などで、やむを得ずに、たくさんの時間を費やす。

ほ ホ

ほ【火】 名 火ひ。複合語の一部として用いられる。「火影ほかげ」「火気ほけ」「火垂る(＝蛍)」「火照る」「火とほる(＝熱る)」「火中ほなか」「火の秀ほ(＝炎)」「火群ほむら(＝焔)」

ほ【帆】 名 風を受けて船を進ませるために、帆柱に張る布。

ほ【百】 名 百ひゃく。〈記・上〉「八百万やほよろづ(＝無数)の神」

参考「五百いほ」「八百やほ」のように複合語として用いられる。単独で「百」を表す場合は、「もも」が用いられる。

ほ【秀】 名 ❶高くひいでていること。他よりすぐれていること。ぬきんでて目立っていること。また、そのもの。〈記・中〉「千葉の葛野かづのを見れば百千足ももちだる家庭やにはも見ゆ国の秀も見ゆ」訳葛野(＝地名)を見ると、豊かに満ち足りている村落も見える、国の最もすぐれた所も見える。(「千葉の」は「葛野」にかかる枕詞)

❷表面に出ること。はっきり目立つこと。また、そのもの。〈古今・恋二〉「秋の田のほにこそ人を恋ひざらめ」訳秋の田の穂のように、表面に出してあなたを恋することはないだろうけれど。(「ほ」は「穂」との掛詞)

ほ【穂】 名「秀ほ」と同語源。❶稲・すすきなどの、花や実の付いた茎の先。

❷やり・刀などの先。

フレーズ **穂に出いづ** ❶穂となって出る。〈枕・三七〉「穂に出でたる田を人いと多く見さわぐは、稲刈るなりけり」訳穂の実った田を、人がたいそう大勢見て騒いでいるのは、稲を刈り取っているのであった。

❷(多く、①の意にかけて)表面に出る。人目につくようになる。〈古今・秋上〉「秋の野の草のたもとか花すすき穂に出でてまねく袖と見ゆらむ」訳秋の野の草でできた着物のたもとなのか、花すすきは。(だから)穂が出て(恋しさを)あらわにして(恋人を)招く袖と見えるのだろう。

ほ-い【布衣】名「ほうい」とも。❶布製の狩衣。特に六位以下の人が着る無紋の狩衣。また、それを着る身分の人。❷江戸時代、将軍に謁見できる身分の武士が着る無紋の狩衣。また、それを着る身分の人。

ほ-い【本意】名 ➡左 260

ほい-な・し【本意無し】形ク ➡左 261

ほう【方】名 正方形。四角。また、正方形の一辺。〈今昔・七・四五〉「方なる石を磨きて」訳 四角である岩を磨いて。→方 参考

ほう〔方・芳・庖・放・袍〕➡はう

ほう〔法〕➡はふ

ほう〔法〕➡ほふ

ぼう〔亡・坊・房・茅〕➡ばう

ほうか〔半靴〕➡はうくわ

ほう-が【奉加】名・自サ変 神仏に金品などを寄進すること。また、その金品。

ほうがん〔判官〕➡はうぐゎん

ほう-ぐ【反古・反故】名「ほぐ」に同じ。

ほう-くゎ【烽火】名 のろし。

ほう-けん【宝剣】名 貴重な剣。特に、三種の神器の一つ、草薙の剣。

保元物語《作品名》軍記物語。作者未詳。鎌倉前期までに成立か。源為朝を中心に、保元の乱とその前後の経緯を、簡潔な和漢混交文で述べたもの。「平治物語」とともに軍記物語の先駆的作品。

最重要330 260 ガイド

ほ-い【本意】名〔「ほんい」の撥音「ん」の表記されない形〕

長年心に秘めていた願い、悲願をいう。出家の意を表すことも多い。

本来の志、目的。かねてからの望み。

例 神へ参るこそ本意なれと思ひて、山までは見ず〈徒然・五二〉

訳 神(=石清水八幡宮)に参拝することこそ本来の目的であると思って、(参拝者がみな登っていく)山までは見ない。

最重要330 261 ガイド

ほい-な・し【本意無し】形ク{(から)・く(かり)・し・き(かる)・けれ・かれ}

「ほい(=本来の志)」が実現しないの意で、不本意だ、残念だの意を表す。

不本意だ。残念だ。もの足りない。

例 秋になりて待ち出でたるやうなれど、思ひしにはあらず、いと本意なく用くちをし〈更級・夫の死〉

訳 秋になって(やっと)待って(いた任官が)かなったようであるけれど、思い望んでいた国ではなく、まことに不本意で残念だ。

ほう-こ【布袴】名 束帯に次ぐ正装。袍に下襲・指貫を着用した姿。朝廷の公式ではない儀式に用いられた。

ほう-ご【反古・反故】名「ほぐ」に同じ。

ほう-こう【奉公】名・自サ変 ❶天皇に仕えること。公のために尽くすこと。〈著聞・四四〉「一向に御とのゐして、奉公を致しければ」訳 いちずに御宿直をして、天皇へのお仕えをいたしたので。❷貴人や主人に仕えること。〈平家・四・競〉「当家に奉公いたさんとや思ふ」訳 当家(=平家)にお仕えをいたそうと思うのか。

ぼうざ〔病者〕➡ばうざ

ほう-さん【宝算】名 天皇の年齢の尊称。御年。御齢。宝寿。

ほうし〔法師〕➡ほふし

方丈記(ほうぢやうき) ➡方丈記(はうぢやうき)

ほう-じん【封人】名 国境を守る人。〈細道・尿前の関〉「封人の家を見かけてやどりを求む(=宿泊を頼む)」

ほう-ぜん【宝前】名 神前・仏前を敬っていう語。神仏の御前。

ほう-と 副 物を投げたり打ち当てたりするさま。ぽんと。〈枕・二五〉「車宿りにさらにひき入れて、轅ほうとうちおろすを」訳 車宿りに(牛車を)そのまま引き入れて、轅をぽんと下ろすので。

ほう-とう【宝灯】名 神仏に奉る灯火。神灯。

法然(ほうねん) ➡法然(ほふねん)

ほう-ほう(-と) 副 物を投げたりたたいたりする音を表す。ぽんぽん。〈落窪〉「傘をほうほうと打てば」訳 (従者が)傘をぽんぽんと打つので。

ほう-らい【蓬萊】名 ❶「蓬萊山」の略。❷蓬萊山になぞらえた台に松竹梅や鶴亀を飾り、祝事の飾り物としたもの。❸「蓬萊飾り」の略。新年に三方の上に、米・あわび・かずのこ・田作り・かちぐり・串柿・だいだい・野老・

(ほうらい②)

えびなどを飾ったもの。春

ほうらい-さん【蓬萊山】名 中国の伝説上の理想郷。はるか東方海上にあり、不老不死の仙人が住むという霊山。「蓬萊の山」「蓬萊」とも。

ほう-れん【鳳輦】名 屋根に金の鳳凰を飾り付けてある輿。天皇が即位・大嘗会・御禊・節会などの際に乗用した。転じて、天皇の乗り物の総称。➡下「古文常識」・車「古文常識」

ほう-わう【鳳凰】名 中国の想像上の鳥。めでたい鳥で、天下に正しい道が行われていると現れるという。

（ほうわう）

ほか【外】名 ❶そと。おもて。〈万葉・一七・三九七七〉「葦垣の外にも君が寄り立たし恋ひけれこそば夢に見えけれ」訳 葦の垣根の外からも、あなたが寄り立ちなさって(私を)恋い慕ったからこそ、夢に(あなたが)見えたのだ。❷よそ。別の所。関係のない所。〈源氏・桐壺〉「後涼殿にもとよりさぶらひ給ふ更衣の曹司をほかにうつさせ給ひて」訳 後涼殿に以前からお仕えなさる更衣の部屋を、(桐壺帝は)別の所にお移しになられて。❸外界。世間。〈徒然・七五〉「世にしたがへば、心、外の塵に奪はれて惑ひやすく」訳 世の中(の流れ)に従っていくと、心が外界のけがれにとらわれて迷いやすく。❹そのほか。以外。〈方丈・三〉「公卿の家十六焼けたり。まして、その外、数へ知るに及ばず」訳 公卿の家が十六軒焼失した。まして、それ以外(の焼けた家)は、数を数えて知ることもできない。

ほ-かげ【火影】名 ❶ともしびの光。〈源氏・常夏〉「うち傾き給へるさま、火影にいとうつくしげなり」訳 (玉鬘が頭を)かしげていらっしゃるようすは、ともしびの光に(照らされ)とてもかわいらしい感じである。❷灯火で見える物の形や姿。〈源氏・帚木〉「添ひ臥し給へる御火影いとめでたく」訳 脇息に寄りかかって横になっていらっしゃる灯火に照らされたお姿はたいへんすばらしくて。

ほか-ざま【外方・外様】名「ほかさま」とも。ほかのほう。よそのほう。関係のないほう。〈竹取・かぐや姫の昇天〉「心さかしき者、念じて射むとすれども、外ざまへ行きければ」訳 気丈な者がこらえて射ようとするけれども、(矢は天人のほうではなく)ほかのほうへ飛んで行ったので。

ほか-ほか【外外】一 名 別々の所。ほか。よそ。〈源氏・藤裏葉〉「ほかほかにては、同じ顔を写しとりたると見ゆるを」訳 (光源氏と息子の夕霧は)別々の所においては、(光源氏が若いので)同じ顔を写しとっている(=生き写しだ)なあと見えるが。
二 形動ナリ {なら・なり(に)・なり・なる・なれ・なれ} 別々に別れているさま。離れ離れ。〈枕・二五〉「はやうありし者どもの、ほかほかなり(用)つる」訳 以前奉公していた者たちで、(今は)離れ離れになってしまった者や。

ほか-め【外目】名・自サ変 ほかに目を移すこと。よそ見。

ほがら-か【朗らか】形動ナリ {なら・なり(に)・なり・なる・なれ・なれ}〔「か」は接尾語〕❶(光がさして)明るいさま。明るく広々としたさま。〈曾我物語〉「真如の月ほがらかなり(終)といへども、五障の闇を照らすことなし」訳 (一乗の法という)永久不変の真理の月が(衆生の迷妄を破るように)明るいと言っても、女人に課せられた五つの障害の闇を照らすことはない。❷さわやかなさま。晴れやかなさま。〈蜻蛉・下〉「いとほがらかに(用)うち笑ふ」訳 たいそう晴れやかに笑う。❸はっきり認識しているさま。物事に通じているさま。〈栄花・うたがひ〉「顕密ともにほがらかなる(体)をば」訳 顕教と密教(=仏教の教学の全体)にともに通じている者を。

ほがら-ほがら(-と)【朗ら朗ら(と)】副 朝日が昇りはじめ、空がほのぼのと明るくなるようす。〈古今・恋三〉「しののめのほがらほがらと明けゆけば」訳 夜明け方の空がほのぼのと明けてゆくと。

ほ・く【惚く・呆く】自カ四・下二 {か・き・く・く・け・け}{け・け・く・くる・くれ・けよ}

古文常識　「ほうれん」—乗り物と乗る人の視点

かつて乗り物が乗り手の身分や立場を示した時代があった。皇族や貴族の乗り物は乗る人の身分やその優位性を周囲に誇示した。乗り手の視点の高さがこれを示している。例えば鳳輦に乗る天皇は視点が一番高い。一般の貴族らは鳳輦よりも視点の低い牛車や輿に乗った。しかし、地方庶民などを出自とする武士らは乗り手の視点の高さなどほとんど気にしなかった。

鳳輦：天皇が乗る

牛車：貴族が乗る

輿　：貴族が乗る

駕籠：武士・庶民が乗る

知覚が鈍くなる。ぼんやりする。ぼける。〈源氏・常夏〉「世にもほき㊊(四段)たることとそしり聞こゆ」訳(近江の君のことを)世間でもぼけていることだと非難し申しあげる。

ほ・く【祝く・寿く】他カ四{か・き・く・く・け・け}〔後世は「ほぐ」〕祝福する。祝う。ことほぐ。〈万葉・六・九八九〉「ますらをのほく㊍豊御酒にわれ酔ひにけり」訳りっぱな男子が祝うすばらしいお酒に私は酔ってしまったことよ。

ほ-ぐ【反古・反故】名「ほご」「ほうぐ」「ほうご」「ほんご」とも。❶**文字や絵などを書き損じて不用となった紙。**〈更級・富士川〉「河上の方より黄なる物流れ来て、物につきてとどまりたるを見れば、ほぐなり」訳上流のほうから黄色い物が流れて来て、何かにつきあってひっかかっているのを見ると、反古である。❷**いらなくなった物。むだ。**古い手紙を指す場合もある。〈浄・仮名手本忠臣蔵〉「反古(＝むだ)にはならぬこの金」

ぼく-せき【木石】名 木と石。非情なもの。また、人情を解さない人をたとえていう。〈徒然・四一〉「人、木石にあらねば、時にとりて、物に感ずることなきにあらず」訳人間は、木や石のような(非情の)ものではないので、時によって、何かの物事に感動することがないわけではない。

ぼく-とつ【朴訥・木訥】名・形動ナリ 無口で飾り気がないこと。

ほく-めん【北面】名❶院の御所の北方にあって、警護の武士の詰めている所。〈平家・二・内侍所都入〉「北面に候ひける藤判官信盛を西国へ差し遣はさる」訳(後白河院は)北面の侍所にお仕えしていた藤判官信盛を西国へ派遣なさる。❷「北面の武士」の略。

フレーズ

北面の武士 院の御所を警護する武士。院の御所の北面に詰めるところからいう。白河院のときにはじめて置かれた。「北面」とも。

ほくめん-の-ぶし【北面の武士】⬇北面「フレーズ」

ほ-くら【神庫・宝倉】名❶神宝を納めておく倉。❷小さい神社。やしろ。ほこら。

ほく-れい【北嶺】名(奈良の興福寺を南都というのに対して)比叡山延暦寺のこと。

ほくろく-だう【北陸道】名「ほくりくだう」とも。五畿七道の一つ。若狭・越前(福井県)、加賀・能登(石川県)、越中(富山県)、越後・佐渡(新潟県)の七か国の称。また、その国々を通る道。越路。

ほけ-きゃう【法華経】名「妙法蓮華経」の略。大乗経典の一つ。はじめ七巻、のち八巻二十八品。釈迦の所説中、最も高尚な教理とされて、天台・華厳・法相・日蓮の各宗で尊ぶ。

ほけほけ・し【惚け惚けし】形シク{しから・しく(しかり)・し・しき(しかる)・しけれ・しかれ}ひどくぼけている。ぼんやりしている。「ほれぼれし」とも。〈源氏・葵〉「ただあやしうほけほけしう㊊(ウ音便)て、つくづくと臥し悩み給ふを」訳(六条御息所は)ただ妙にぼんやりしていて、物思わしげに横になって(病気で)苦しんでいらっしゃるので。

ほこ【矛・鉾・戈・鋒・桙・戟】名❶両刃の剣に長い柄をつけた武器。❷弓の幹。上下に弭があって、弦を張る。❸矛状の飾りを立てた山車。矛山車。

ほこら【叢祠・祠】名〔「神庫」の転〕神を祭った小さなやしろ。

ほこら・し【誇らし】形シク{しから・しく(しかり)・し・しき(しかる)・しけれ・しかれ}**誇りに思うさま。得意である。**〈古今・雑体〉「ちぢの情けもおもほえずひとつ心ぞ誇らしき㊍」訳さまざまな雑念にも心が向かず、(和歌)一筋の心こそ誇りたい気持ちだ。

ほこり-か【誇りか】形動ナリ{なら・なり(に)・なり・なる・なれ・なれ}〔「か」は接尾語〕誇らしいさま。得意そうなさま。〈源氏・空蝉〉「いよいよ誇りかに㊊うちとけて、笑ひなどそぼるれば」訳(軒端の荻は)ますます得意そうに気を許して、笑ったりしてふざけるので。

ほこ・る【誇る】自ラ四{ら・り・る・る・れ・れ}得意になる。自慢する。〈土佐〉「風のよければ、楫取りいたく誇り㊊て」訳風がおあつらえむきなので、船頭はひどく得意になって。

ほころ・ふ【誇ろふ】自ハ四{は・ひ・ふ・ふ・へ・へ}《上代語》〔四段動詞「誇る」㊌＋上代の反復・継続の助動詞「ふ」＝「ほこらふ」の転〕自慢する。得意になっている。〈万葉・五・八九二〉「我をおきて人はあらじと誇ろへ㊐ど」訳⬇かぜまじり…和歌

ほころ・ぶ【綻ぶ】自バ上二{び・び・ぶ・ぶる・ぶれ・びよ}❶**縫い目がとける。**ほつれる。〈枕・二四八〉「なえたる直衣・指貫の、いみじうほころび㊊たれば」訳着なれてやわらかくなった直衣や指貫が、ひどく縫い目がとけているので。❷**つぼみが少し開く。**〈古今・春上〉「春しもぞ乱れて花のほころび㊊にける」訳まさに春には、(風に青柳の糸が)乱れて、花(もつぼみ)が開いたことだ。❸口を開く。**口をあけて笑う。**〈源氏・少女〉「人々みなほころび㊊て笑ひぬれば」訳人々はみな口をあけて笑ったので。❹(鳥などが)**鳴く。**さえずる。〈源氏・梅枝〉「ねぐらの鳥もほころび㊊なまし」訳(月の明るさに、梅を)ねぐらにしている鳥もきっと鳴き出しただろうに。❺(隠していたものが)**外に現れる。**露見する。〈源氏・若菜上〉「いかならむ折にか、その御心ばへほころぶ㊮べからむ」訳どのようなときに、その(恨みを晴らそうとする)お気持ちが外に現れるのだろうか。
参考 平安時代には四段活用の例もまれに見られる。

ぼ-さつ【菩薩】名《梵語の音訳》〔「菩提薩埵」の略〕「ぼさち」とも。❶《仏教語》仏に次ぐ位のもの。悟りを求めて修行し、大慈悲の心をもって衆生を救う者。❷朝廷から高徳の僧に賜った称号。❸(日本の神々は諸仏が仮の姿で現れたものとする本地垂迹説の考えから)神の尊号。❹米の異称。人の糧となる米を尊んでいう。

ほし【星】名❶(天の)星。❷兜の鉢に並べて打ちつけた鋲の頭。⬇鎧「古文常識」

❸九星のうち、その人の生まれ年にあたるもの。また、その年々の吉凶。運勢。

ほ・し【欲し】 形シク｛(しから)・しく(しかり)・し・しき(しかる)・しけれ・しかれ｝❶自分のものにしたい。ほしい。〈土佐〉「この住吉の明神は例の神ぞかし。欲しき㊍ものぞおはすらむ」訳この住吉の明神は(欲しいものがあると海を荒らす)例の神であるよ。自分のものにしたいものがおありなのだろう。❷そうありたい。望ましい。〈万葉・二〇・四四四九〉「なでしこが花取り持ちてうつらうつら見まくの欲しき㊍君にもあるかも」訳なでしこの花を(手に)とり持って、まのあたりに見たいように、よくよく逢いたいと思うあなたであることよ。(第二句までは「うつらうつら見まく」を導きだす序詞)

ほし‐あひ【星合ひ】 名 七夕の夜、牽牛・織女の二つの星が会うこと。秋

ほし‐いひ【乾し飯・糒】 名「ほしひ」とも。蒸して乾燥させ、蓄えておく飯。水や湯で戻して食べる。旅行用・軍用の食糧とした。乾飯。夏

ほしき‐まま【恣・縦・擅】 形動ナリ｛なら・なり(に)・なり・なる・なれ・なれ｝「ほしいまま」とも。自分の欲するままに行うさま。心のまま。勝手気まま。〈徒然・一八七〉「巧みにしてほしきままなる㊍は、失のもとなり」訳器用であるが勝手気ままなのは、失敗を招くもとである。

ほし‐づきよ【星月夜】 名「ほしづくよ」とも。星明かりだけで月夜のように明るい夜。星夜。秋

ほぞ【臍】 名〔平安末期ごろまでは「ほそ」〕へそ。

ほそ・し【細し】 形ク｛から・く(かり)・し・き(かる)・けれ・かれ｝❶細い。幅が狭い。やせている。〈枕・一三〉「戸口の前なる細き㊍板敷きに居給ひて」訳(伊周は)戸口の前にある幅の狭い板敷きに座りなさって。対太し
❷量がとぼしい。また、声や音が小さく低い。力が弱い。〈源氏・明石〉「あやしき風細う㊊(ウ音便)吹きて」訳不思議な風がわずかに吹いて。〈宇治・九・七〉「細く㊊らうたげなる声をさしあげて」訳(女は)弱々しくかわいらしい感じの声をあげて。
❸和歌・連歌などで、作風が繊細で洗練されているさま。

ほそ‐どの【細殿】 名 細長い渡り廊下。また、殿舎などの細長い廂の間を区切って女房の局などにあてた所。

ほそ‐なが【細長】 名 貴族の男女の子供が着た衣服。身幅のせまい細長い形からいうという。襟は方形のものと、丸く仕立てたものがある。

ほそ‐み【細み】 名《文芸用語》〔「み」は接尾語〕「さび」「しをり」とならび称された蕉風俳諧の重要な美的理念の一つ。句が、内容的に深まり、繊細でしみじみとした趣が表現されたものをいう。藤原俊成が歌において「心細し」といったその理念が、中世を経て芭蕉に伝わったもの。→寂・撓り

ほそ‐やか【細やか】 形動ナリ｛なら・なり(に)・なり・なる・なれ・なれ｝〔「やか」は接尾語〕(姿が)ほっそりしてきゃしゃなさま。(声が)か細いさま。〈源氏・空蟬〉「頭つき細やかに㊊小さき人のものげなき姿ぞしたる」訳(空蟬は)頭の形がほっそりして、小柄な人で、目立たない姿をしている。

ほそ・る【細る】 自ラ四｛ら・り・る・る・れ・れ｝❶細くなる。やせてほっそりする。〈源氏・柏木〉「いとど小さう細り㊊給ひて」訳(女三の宮は)いっそう小さくほっそりとなりなさって。
❷身をすぼめて隠れる。人目を忍ぶ。〈源氏・少女〉「やをらかい細り㊊て出で給ふ道に」訳(内大臣が)そっと人目を忍んでお出になる途中で。

ほた【榾】 名「ほだ」とも。たきぎにする木の切れ端。冬

ぼだい【菩提】 名《梵語の音訳》❶煩悩を断ち切って悟りの境地に入ること。また、その境地。〈徒然・五八〉「ひとへに貪ることをつとめて、菩提におもむかざらんは」訳もっぱら利益を得ることにはげんで、悟りの境地を志さないような者は。
❷成仏すること。極楽往生すること。〈蜻蛉・中〉「疾くしなさせ給ひて、菩提かなへ給へ」訳早く仏道を成就させなさって、極楽往生をおかなえください。

ぼだい‐かう【菩提講】 名《仏教語》極楽往生を求めて、法華経を講説する法会。〈大鏡・序〉「雲林院の菩提講にまうでて侍りしかば」訳雲林院の菩提講に参詣しておりましたところ。

ほだし【絆】 名 ➡次ページ 262

ほだ・す【絆す】 他サ四｛さ・し・す・す・せ・せ｝つなぎとめる。束縛する。また、情に訴えて心の自由を縛る。〈伊勢・六五〉「『宿世つたなく悲しきこと、この男にほださ㊍れて』となむ泣きける」訳「前世の因縁に恵まれず悲しいことだ、この男に情にしばられて」と言って(女は)泣いた。

ぼたんちりて… 俳句

夏 牡丹散りて　打ちかさなりぬ　二三片 切れ字

〈蕪村句集・蕪村〉

訳(盛りを過ぎた)牡丹の花びらが(それ自体の重みによって)はらはらと崩れ散り、地面に静かに重なったことだ。二片、三片と順を追うように。(「打ちかさなりぬ」の「ぬ」は完了の助動詞。「二三片」と倒置)

解説「散って」と読む説もある。眼前で散ったさまの描写か、すでに散り重なっていたさまの描写かで解釈にも違いが出る。

ほ‐つ‐え【上枝】 名〔「ほ」は「秀」で、高く突き出ている意。「つ」は「の」の意の上代の格助詞〕上のほうの枝。こずえ。〈古今・恋二〉「わがそのの梅のほつえに」訳私の庭の梅の木の上のほうの枝で。対下枝

ほっ‐き【発起・発企】 名・自サ変 ❶《仏教語》「ほっしん」に同じ。
❷思い立つこと。新しく事を起こすこと。〈細道・敦賀〉「往昔遊行二世の上人、大願発起のことありて」訳その昔遊行二世の(他阿)上人が、大願を思い立つことがあって。

ほっ‐く【発句】 名「ほく」とも。❶和歌・漢詩の初句。
❷連歌・連句の第一句目の五・七・五の句。原則として、「切れ字」「季語」を必要とする。対挙げ句
❸②が独立したもの。俳句。〈野ざらし紀行〉「てふといひける女、『あが名に発句せよ』と言ひて」訳(名を)蝶といった女が、「私の名にちなんで俳句を詠め」と言って。

ほっ‐け【法華】 名《仏教語》❶「法華経」の略。

❷「法華宗」の略。古くは天台宗、鎌倉時代以降は日蓮宗をいう。

ほっけ-はっかうゑ（—ハッコウエ）【法華八講会】名《仏教語》法華経八巻を朝夕に一巻ずつ講読して、四日間で行う法会。法華八講。八講。

ほっ-しん【発心】名・自サ変《仏教語》**仏の悟りを得ようとする心を起こすこと。出家すること。**発起。〈平家・九・敦盛最期〉「それよりしてこそ、熊谷が発心の思ひはすすみけれ」訳 そのこと（＝敦盛をしかたなしに殺したこと）から、熊谷（次郎直実）の出家して仏道修行しようという思いはつのった。

ほっ・す【欲す】他サ変｛せ・し・す・する・すれ・せよ｝〔「ほりす」の促音便〕❶欲しいと思う。
❷（「…む（ん）とほっす」の形で）…したいと思う。また、…しそうな状態である。〈平家・一一・腰越〉「年来の宿望をとげんと欲する体ほか他事なし」訳 長年持ち続けてきた望みを遂げようと望む以外に他のことはない。

ほっ-たい【法体】名・自サ変《仏教語》僧の姿。僧形。また、出家すること。

ほど【程】名 ⬇次ページ 263

ほとおる〔熱る〕⬇ほとほる

ほとぎ【缶・瓮】名〔古くは「ほとき」〕湯・水・酒などを入れる素焼きの土器。胴が太く、口が小さい。

ほとけ【仏】名 ❶悟りを開いて解脱した人。仏教上の真理を悟った人。特に、釈迦。釈迦牟尼仏。
❷**仏像。**〈徒然・二五〉「丈六の仏九体、いと尊くてならびおはします」訳 一丈六尺（＝約四・八五メートル）の仏像九体が、まことに尊いようすでならんでいらっしゃる。
❸**仏法。**仏教。〈大鏡・序〉「さても、うれしく対面したるかな。仏の御しるしなめり」訳 さてさて、うれしくもお目にかかったことよ。（これも）仏法のご利益であるようだ。
❹死者の霊。死者。
❺**たいせつに思う人。**〈竹取・かぐや姫の昇天〉「あが仏、何事思ひ給ふぞ」訳 私のたいせつな人よ、何を思い悩んでいらっしゃるのか。

最重要330

262

ほだし【絆】名

ガイド ①が原義で、③の意に転じた。中古・中世では③の意で、特に仏道のさまたげの意に用いることが多い。「ほだす」という動詞の形もある。

❶**馬の足にからませて、歩けないようにする綱。「ふもだし」とも。**

❷**手足の自由を奪う道具。手かせや足かせ。**
例 弟の弥若はほだしの足に抱きつき〈浄・出世景清〉
訳 弟の弥若は（父の）足かせをかけられた足に抱きつき。

❸**自由を束縛するもの。何かをするときに障害・さまたげとなるもの。**
例 なべてほだし多かる人の、よろづにへつらひ、望み深きを見て〈徒然・一四二〉
訳 総じて（妻子などの）係累の多い人が、何かにつけて追従し、欲が深いのを見て。

❻やさしく情け深い人。転じて、お人好し。

ほとけ-の-ざ【仏の座】名 植物の名。春の七草の一つ。キク科の田平子の異称。葉のつきかたが、仏の蓮華座に似るのでこの名があるという。春。⬇七草「古文常識」（六〇四ページ）

ほとけはつねにいませども… 歌謡

仏は常に在せども　現ならぬぞあはれなる
人の音せぬ暁に　ほのかに夢に
見え給ふ
〈梁塵秘抄・二・法文歌・二六〉

訳 仏はいつでも（私たちの近くに）いらっしゃるけれども、目に見えるお姿でないのがしみじみと尊く思われる。人の物音のしない（静かな）夜明けごろに、ちらっと夢の中に（お姿が）見えなさる。

解説 法華経にいう、仏の常住不滅をふまえている。「あはれなる」を悲しいの意にとる説もある。

ほどこ・す【施す】他サ四｛さ・し・す・す・せ・せ｝❶広く行き渡らせる。一般に広める。〈うつほ・あて宮〉「世界に名をほどこし用て」訳 世間に（けちだという）評判を広く行き渡らせて。
❷付け加える。飾り付ける。〈著聞・六五八〉「透長櫃に丹青をほどこし用て、作り花をもてかざりたりけり」訳 透長櫃（＝透かしのある長櫃か）に彩色を付け加えて、造花で飾ってあったのだった。
❸（同情して）与える。もたらす。〈徒然・一七一〉「目の前なる人の憂へをやめ、恵みをほどこし用」訳 目の前にいる人の心配を解消し、恩恵を与え。
❹（他の人のために）用いる。行う。〈著聞・二六五〉「もろもろのことほどこし用て聞かせ奉りぬ」訳 いろいろなことを行って（＝曲を演奏して）お聞かせ申しあげた。

ほど-こそ-あら-め【程こそあらめ】⬇程 「フレーズ」

ほとど【殆ど・幾ど】副「ほとほと（殆）」に同じ。〈枕・二三〉「ほとどつぎめもはなちつべし」訳（帝の姿に見とれて）もう少しで（墨挟みの）継ぎ目（から墨）も放してしまいそうである。

ほととぎす【時鳥・杜鵑・郭公・子規】名 鳥の名。

最重要330

263

ほど

【程】名〔古くは「ほと」〕

ガイド ②が原義で、空間的な幅を表す③の意が派生し、さらにはあらゆる事物の程度や範囲を表すようになった。**尺度のある事物に対して、その一点ではなく、幅をもったある範囲**をいう。

❶(広く一般的に)**限度。ようす。ありさま。**具合。程度。ころあい。

例 入道の宮の、「霧や隔つる」とのたまはせし**ほど**いはむ方(かた)なく恋しく〈源氏・須磨〉

訳 入道の宮(=藤壺(ふじつぼ))が「霧が間を隔てるのか」とおっしゃった**ようす**が、(光源氏には)言いようもなく恋しくて。

例 うちつけに、深からぬ心の**ほど**と見給ふらむ、ことわりなれど〈源氏・帚木〉

訳 だしぬけで、深くもない恋心の**程度**だと(空蝉(うつせみ)が)お思いになっているとすればそれは、もっともだが。

❷(主として時間的に)**ころ。おり。時分。あいだ。時間。とき。**

例 月の**ほど**になりぬれば〈竹取・かぐや姫の昇天〉

訳 月の(出る)**ころ**になってしまうと。

例 **ほど**経(へ)ば少しうちまぎるることもやと〈源氏・桐壺〉

訳 **時**がたてば、少し(悲しさが)まぎれることもあろうかと。

❸(主として空間的に)**広さ。距離。**あたり。付近。長さ。高さ。深さ。

例 比叡(ひえ)の山を二十(はた)ばかり重ね上げたらむ**ほど**して〈伊勢・九〉

訳 (富士山は)比叡山(ひえいざん)を二十ぐらい積み重ねたような**高さ**で。

❹(主として人事に関して)**身分。年齢。**格。分際。

例 かるらかならぬ人の御**ほど**を心苦しとぞ思(おぼ)しける〈源氏・末摘花〉

訳 軽く考えられない人(=末摘花(すえつむはな))のご**身分**を(光源氏は)気の毒だとお思いになった。

フレーズ

程こそあらめ …の程度ならよいだろうが。…の間ならよいだろうが。〈徒然・三〉「我と等しからざらん人は、大方(おほかた)のよしなしごと言はん**ほどこそあらめ**」訳 自分と(気持ちが)同じでないような人は、ふつうのとりとめもないことを話している**ような間はよいだろうが**。

なりたち 「こそ」は係助詞、「め」は推量の助動詞「む」㊀

(ほととぎす)

初夏に渡来し、秋に南方に去る。巣をつくらず、うぐいすなどの巣に卵を生み、ひなを育てさせる。夏を知らせる鳥として親しまれ、多くの詩歌に詠まれた。「死出の田長(たをさ)」という異称から、冥途から来る鳥ともされた。卯月鳥(うづきどり)。夏

ほととぎす… 俳句

夏
ほととぎす　大竹藪(おほたけやぶ)を　もる月夜(つきよ)〈嵯峨日記・芭蕉〉

訳 (静寂を破って)ほととぎすが鳴いて過ぎた。(そのあたりをふり仰ぐと)うっそうと茂る大竹やぶのすき間から、漏れこぼれたように月の光がさしこんでいる。

解説 竹林で名高い嵯峨(さが)に続く小倉山のふもとにあった、去来(きょらい)の別荘の落柿舎(らくししゃ)に滞在中の句。

ほととぎす… 和歌〈百人一首〉【ほととぎす　鳴きつるかたを　ながむれば　ただありあけの　月ぞ残(のこ)れる】〈千載・夏・藤原実定(さねさだ)〉⬇付録①「小倉百人一首」81

ほととぎす… 和歌

序詞
ほととぎす　鳴(な)くや五月(さつき)の　あやめ草(ぐさ)
あやめも知(し)らぬ　恋(こひ)もするかな
〈古今・一一・恋一・四六九・よみ人しらず〉

訳 ほととぎすが鳴く陰暦五月の菖蒲(あやめ)、その「文目(あやめ)」(=物の道理)ということばのように、物の道理の区別もつかなくなる夢中の恋をすることよ。

解説 ほととぎすの声は、「ほととぎす人まつ山に鳴くなれば我うちつけに(=にわかに)恋まさりけり」〈古今・夏〉のように、恋心をつのらせるものであった。

ほど-な・し【程無し】形ク〔(から)・く(かり)・し・き(かる)・けれ・かれ〕❶(空間的に)広さがない。狭い。小さい。低い。〈源氏・夕顔〉「**ほどなき**(体)庭に、されたる呉竹(くれたけ)、前栽(せんざい)の露はなほか

かる所も同じごときらめきたり」訳狭い庭に、風流な呉竹（が見え）、植えこみの（草木に置く）露は、やはりこんな（場末の）場所でも（大邸宅と）同じようにきらきらと光っている。

❷（時間的に）間もない。年若い。〈徒然・三〉「その人、ほどなく用失せにけりと聞き侍りし」訳その人は、間もなく亡くなってしまったと聞きました。

❸身分が低い。〈古今和歌六帖〉「ほどなき体身」

ほと・ぶ【潤ぶ】自バ上二｛び・び・ぶ・ぶる・ぶれ・びよ｝水分をふくんでふやける。〈伊勢・九〉「皆人、乾飯の上に涙おとしてほとびにけり」訳そこにいた人はみな、乾飯（＝干した飯）の上に涙を落として（そのため乾飯は）ふやけてしまった。

ほと-ほと（-と）副戸をたたく音や、斧で木を切る音などにいう。とんとん。こつこつ。〈平家・六・小督〉「門をほとほととたたけば、やがて弾きやみ給ひぬ」訳（源仲国が）門の戸をとんとんとたたくと、（小督は）すぐに（琴を）弾くのをおやめになった。

ほと-ほと【殆・幾】副「ほとど」とも。❶もう少しで。すんでのことに。〈万葉・一五・三七七二〉「帰りける人来れりと言ひしかばほとほと死にき君かと思ひて」訳（罪を許され）帰った人が来ていると人が言ったので、（私はうれしさと驚きで）もう少しで死ぬところだった。あなたかと思って。

❷おおかた。ほとんど。〈増鏡・おどろのした〉「ほとほと古きにも立ちまさりてや侍らん」訳（藤原秀能は）ほとんど昔の歌人にもまさっているでしょうか。

ほど-ほど【程程】名それぞれの身分・分際。身分相応。〈大鏡・時平〉「男君達はみな、ほどほどにつけて位どもおはせしを」訳（道真の）男君たちはみな、それぞれの年齢・身分に応じてさまざまな位がおありになったが。

ほとほと・し【殆し・幾し】形シク｛しから・しく（しかり）・し・しき（しかる）・しけれ・しかれ｝❶さし迫っているさま。ほとんど…しそうだ。〈土佐〉「漕げども漕げども、後へしぞきにしぞきて、ほとほとしく用うちはめつべし」訳漕いでも漕いでも、（船は）うしろのほうへ下がりに下がって、（風が船を）ほとんどもう沈めてしまいそうだ。

❷今にも死にそうである。危険がさし迫っている。〈宇治・七・五〉「ほとほとしき体さまに見ゆれば、誠にさわぎまどひて」訳（その女は）今にも死にそうなようすに見えるので、（供の者は）ほんとうに騒ぎあわてて。

ほとほ・る【熱る】自ラ四｛ら・り・る・る・れ・れ｝❶熱を出す。ほてる。〈発心集〉「身もほとほり用て堪へ忍ぶべくもあらねば」訳からだも熱を出してがまんできそうにもないので。

❷怒る。腹を立てる。〈枕・一六三〉「さるべきこともなきを、ほとほり用出で給ふ、やうこそはあらめ」訳そうするはずのこともないのに、怒りだしなさるのは、訳があるのだろう。

ほと-め・く自カ四｛か・き・く・く・け・け｝［「ほと」は擬声語、「めく」は接尾語］ことことと音を立てる。〈枕・四三〉「くらき所などに、ほとめき用ありきたるこそをかしけれ」訳（米つき虫は）暗い所などで、ことことと音を立てて歩き回っているのがおもしろい。

ほとり【辺】名❶近く。そば。〈伊勢・九〉「その河のほとりに群れ居て、思ひやれば」訳その川（＝隅田川）のほとりに（一行の者が）集まって座って、（都に）思いをはせると。

❷近くの人。近親者。〈源氏・真木柱〉「人ひとりを思ひかしづき給はむゆゑは、ほとりまでも匂ふ例こそあれ」訳一人の人を大切にお世話なさるならそのことによっては、近親者までも恩恵をこうむる例がある。

❸端のほう。果て。辺境。〈今昔・三一・一二〉「かしこよりも広く、ほとり無き国にて」訳（この国は）あちら（の国）よりも広く、果てのない国で。

ほどろ名わらびの穂が伸びすぎてほおけたもの。〈方丈・三〉「東の際にわらびのほどろを敷きて、夜の床とす」訳（住まいの）東の端にわらびの穂が伸びてほおけたものを敷いて、夜の寝床とする。

ほど-ろ名（「夜のほどろ」の形で）❶《上代語》明け方。夜明けのころ。〈万葉・四・七五四〉「夜のほどろあが出でて来れば吾妹子が思へりしくし面影に見ゆ」訳夜の明け方に私が（あなたの家から）出て来ると、いとしいあなたが思いに沈んでいたさまが、面影にはっきりと見える。

❷（①を「程」の意に誤解したもの）ころ。ほど。〈和泉式部日記〉「夜のほどろにまどはかさるる、騒がしの殿のおもとたちや」訳（幻聴を聞いて）夜のころに（私＝下男を）うろたえさせなさる、人騒がせなお屋敷の女房方だよ。

ほどろ【斑】形動ナリ｛なら・なり（に）・なり・なる・なれ・なれ｝雪などがまだらに降り積もるさま。〈万葉・一〇・二三二三〉「沫雪降れり庭もほどろに用」訳あわ雪が降っている。庭もまだらに。

ほ-なか【火中】名火の中。火の燃える中。〈記・中〉「さねさし相模の小野に燃ゆる火の火中に立ちて問ひし君はも」訳→さねさし…歌謡

ほ-に-い・づ【穂に出づ】⬇穂「フレーズ」

ほね【骨】名❶人間や動物の骨。特に、遺骨。

❷家屋・道具などを支えるしんになるもの。

ほの-【仄】接頭（動詞・形容詞などに付いて）ほのか、うっすら、かすか、明らかでない、などの意を添える。「ほの聞く」「ほの暗し」「ほの見ゆ」

ほの-か【仄か】形動ナリ｛なら・なり（に）・なり・なる・なれ・なれ｝❶音・形などがかすかに聞こえたり、ぼんやり見えたりするさま。色・光などがはっきりしないさま。〈梁塵秘抄〉「仏は常に在せども現ならぬぞあはれなる人の音せぬ暁にほのかに用夢に見え給ふ」訳→ほとけはつねにいませども…歌謡。〈枕・一〉「ただ一つ二つなど、ほのかに用うちひかりて行くもをかし」訳（蛍が）たった一つか二つ、ぼんやりと光って飛んで行くのも趣がある。

❷わずかである。ほんの少しだ。〈源氏・若菜上〉「入り綾をほのかに用舞ひて」訳（柏木が）入り綾（＝舞楽が終わって退くときに舞う入り舞）をほんの少し舞って。

類語の整理　ほのか —「微量」を表す語

微量
- はつか：見聞きする分量（少）・時間（短）
- ほのか：光・色・形・音の規模、量（ぼんやり）
- わづか：数量（少）、程度・規模（小）

ほの-ぼの【仄仄】副 ❶ほのかに。ほんのりと。〈伊勢・四〉「夜の**ほのぼの**と明くるに、泣く泣く帰りにけり」訳（男は）夜が**ほんのり**と明けるころに、泣きながら帰ってしまった。
❷少し。うすうす。それとなく。〈細道・金沢〉「一笑といふものは、この道にすける名の**ほのぼの**聞こえて」訳 一笑という人は、この（俳諧の）道に熱心であるという評判が**それとなく**知れわたって。

ほのぼのと… 和歌

ほのぼのと　春こそ空に　来にけらし
天の香具山　霞たなびく
〈新古・一・春上・二・後鳥羽院〉

訳 ほんのりと春はまず空にやって来たらしい。天の香具山にはほんのりと霞がたなびいている。（「らし」は「こそ」の結びで已然形）

解説 本歌は「久方の天の香具山この夕へ霞たなびく春立つらしも」〈万葉・一〇・一八一二〉。立春の歌。春の訪れをまず霞に感じている。「天の香具山」は大和三山の一つで、「万葉集」以来多くの歌に詠まれた。初句は第二・三句と下句の両方にかかると解した。

ほの-めか・す【仄めかす】他サ四〔さ・し・す・す・せ・せ〕〔「めかす」は接尾語〕**それとなく言う。**それとなく示す。〈源氏・宿木〉「かの母君に、おぼし召したるさまは**ほのめかし**用侍りしかば」訳 あの（浮舟の）母君に、（あなた＝薫の）お考えになっている事柄は**それとなく示し**ましたところ。

ほの-め・く【仄めく】自カ四〔か・き・く・く・け・け〕〔「めく」は接尾語〕❶**ほのかに見える。かすかに聞こえる。かすかにかおる。**そぶりがちらつく。〈源氏・蛍〉「うちより**ほのめく**体追ひ風も」訳 部屋の中より**かすかにかおる**香をただよわせる風も。
❷**ちょっと…する。**〈源氏・橋姫〉「をりをり**ほのめく**体箏の琴の音こそ」訳 ときおり（弾くともなく）**ほのかに弾く**（姫君たちの）箏の琴の音は。
❸**顔出しをする。ちょっと立ち寄る。**〈源氏・幻〉「せめてさうざうしき時は、かやうにただ大方に、うち**ほのめき**用給ふをりをりもあり」訳（光源氏は）はなはだしく寂しいときには、このようにただあっさりと、**顔出しし**なさる折々もある。
❹**ほのめかして言う。**遠回しに言う。〈源氏・夕霧〉「いろいろ聞きにくきことども**ほのめく**終めり」訳 いろいろ聞きづらいこと（＝夕霧と落葉の宮とのうわさ）をあれこれ**ほのめかして言う**ようだ。

ほふ【法】名《仏教語》❶有形・無形の宇宙のすべての事物。また、それらすべてに通じる真理。
❷仏の教え。仏法。〈徒然・九七〉「君子に仁義あり、僧に法あり」訳 君子には仁と義があり、僧侶には**仏法**がある。
❸祈禱。修法。〈方丈・二〉「なべてならぬ**法**ども行はるれど、更にそのしるしなし」訳 格別尊い**修法**が数々行われるが、少しもそのききめがない。

参考「法」には漢音「はふ」と呉音「ほふ」の仮名遣いがある。仏教語は、多く呉音を用いる。→法

ほふ-し【法師】名 ❶《仏教語》仏教によく通じて、その教えの師となる者。僧。出家。
❷男の子。坊や。

ほふし-まさり【法師勝り】名 法師になってから、人柄などが前よりりっぱに見えること。

ほふ-とう【法灯】名《仏教語》「ほっとう」とも。❶仏法が世の闇を照らすことを灯火にたとえていう語。人々の心の迷いや苦しみを救う仏法。
❷宗派の中で特にすぐれた僧。僧の中の重鎮。〈徒然・六〇〉「宗の**法灯**なれば、寺中にも重く思はれたりけれど も」訳（盛親僧都は）一宗の**重鎮**なので、寺の中でもたいせつに思われていたけれども。

法然《人名》（一一三三〜一二一二）平安末期・鎌倉初期の僧。浄土宗の開祖。法名は源空。黒谷上人とも呼ばれた。美作（岡山県）の人。比叡山で天台宗を学び、のち専修念仏の道を悟り、浄土宗を開いた。著書に「選択本願念仏集」など。

ほふ-みゃう【法名】名《仏教語》❶僧になった者に授ける名。
❷死者におくる名。戒名。

ほふ-もん【法文】名《仏教語》仏の教えを記した文章。経・論（＝教義の解釈など）・釈（＝経典などの注釈）など。経典の文。

ほふ-わう【法皇】名 仏門に入った上皇の称。

ほふ-ゑ【法会】名《仏教語》仏の教えを説いたり、死者の追善供養をしたりするための集会。

ほ・む【誉む・褒む】他マ下二〔め・め・む・むる・むれ・めよ〕❶たたえる。ほめる。〈土佐〉「これは、ものによりて**ほむる**体にしもあらず」訳 これは、必ずしも物によって（＝餞別をもらったからといって）**ほめるわけ**でもない。
❷祝う。祝福する。〈万葉・三〇・四二七二〉「真木柱**ほめ**用て造れる殿のごと」訳 りっぱな柱を**祝福して**建てた宮殿のように（堅固に）。

ほ-むら【炎・焰】名〔「火群」の意〕❶ほのお。火炎。
❷うらみ・怒り・嫉妬など、心の中に燃えあがる感情をたとえていう語。〈蜻蛉・中〉「思ひせく胸の**ほむら**はつれなくて涙をわかすものにざりける」訳 思いをこらえている胸中の（くやしい思いの）**ほのお**は、うわべはそれと見えないのに（激しく燃えて）、（夫の訪れないいらだちゆえの）涙を沸きたぎらせるものであったのだなあ。（「思ひ」の「ひ」は「火」との掛詞）

ほめ-ののし・る【誉め喧る】他ラ四〔ら・り・る・る・れ・れ〕ほめ騒ぐ。さかんにほめ立てる。〈著聞・二九〉「この句ことなる秀句にて、世の人**ほめののしり**用けり」訳 この句はとりわけすぐれた句で、世の中の人が**さかんにほめ立て**た。

ほ・ゆ【吠ゆ】自ヤ下二〔え・え・ゆ・ゆる・ゆれ・えよ〕❶（獣などが）声を立てて鳴く。ほえる。〈枕・二五〉「すさまじきもの　昼**ほゆる**体犬」訳 興ざめなもの、昼**ほえる**犬。
❷声をあげて泣くようすをののしっていう語。泣きわめく。〈狂・二千石〉「討って棄すてうといふのに**ほゆる**体は」訳 討ちすてようというのに**泣きわめくの**は。

ほり・す【欲りす】他サ変〔せ・し・す・する・すれ・せよ〕〔「ほっす」の古形〕ほしがる。望む。〈万葉・三・三四〇〉「古の七の賢しき人たちも**欲りせ**未しものは酒にしあるらし」訳 昔の竹林の七賢人たちも**ほしがっ**たものは、酒であるにちがいない。

ほ・る【惚る】自ラ下二〔れ・れ・る・るる・るれ・れよ〕❶**本心を失う。ぼんやりする。**また、**ぼける。**〈徒然・一七五〉「走りて急がはし

く、**ほれ**㊥て忘れたること、人皆かくのごとし」訳 走りまわってせわしなく(生き)、人はすべてこのよう(な状態)である。

❷心を失うまでに思いをかける。**ほれる。**

ほ・る【欲る】他ラ四〔ら・り・る・る・れ・れ〕**願い望む。ほしがる。**〈万葉・一八・四一二四〉「わが**欲り**㊥し雨は降り来ぬ」訳 私が**願い望ん**だ雨は降って来た。

ほれ-ぼれ【惚れ惚れ】副「ほれほれ」とも。放心したさま。ぼんやり。また、うっとりするさま。〈夜の寝覚〉「心地も**ほれぼれ**として、行ひもせられずなむ」訳 気持ちも**ぼんやり**として、仏道のお勤めもできずに(おります)。

ほろ【母衣・幌】名 矢を防ぐために鎧の背に背負う袋状の布。敵に向かって進むときは兜の上から馬の頭部にかけておおった。後世は竹などで骨を入れ、ふくらみを保った。

(ほろ)

ぼろ【梵論・暮露】名 有髪の乞食僧。物乞いをして諸国を歩いた。虚無僧。ぼろぼろ。

ほろ・ぶ【亡ぶ・滅ぶ】自バ上二〔び・び・ぶ・ぶる・ぶれ・びよ〕**❶なくなる。絶える。消え去る。**〈大和・一三六〉「純友が騒ぎにあひて、家も焼け**ほろび**㊥」訳 (藤原)純友の乱にあって、家も焼けて**なくなり**。

❷滅亡する。〈平家・一・祇園精舎〉「猛き者も遂には**ほろび**㊥ぬ」訳 勇猛な者も結局は**滅亡し**てしまう。

❸落ちぶれる。すたれる。〈枕・一八五〉「『なにかは。いと異様に**ほろび**㊥て侍るなれば』など言ふも、いとしたり顔なり」訳「なあに。(私が国司に任じられた国は)たいそう異様なほど**すたれ**ておりますそうだから」などと言うのも、たいそう得意顔である。

ほろぼ・す【亡ぼす・滅ぼす】他サ四〔さ・し・す・す・せ・せ〕**❶なくす。絶やす。**〈万葉・一五・三七二四〉「君が行く道のながてを繰り畳ね焼き**滅ぼさ**㊤む天の火もがも」訳 →きみがゆく…（和歌）

❷滅亡させる。〈平家・一・鹿谷〉「平家**滅ぼさ**㊤んずる謀略をめぐらした。」訳 平家を**滅亡させ**ようとする計略をめぐらした。

ほろ-ほろ副 **❶木の葉などが散るさま。はらはら。**〈枕・一九九〉「黄なる葉どもの**ほろほろ**とこぼれ落つる、いとあはれなり」訳 黄色に色づいたたくさんの木の葉が**はらはら**と(枝から)こぼれ落ちるさまは、たいそうしみじみと趣深い。

❷人などが分かれ散るさま。**ばらばら。**〈源氏・夕霧〉「修法の壇こぼちて**ほろほろ**と出づるに」訳 加持祈禱のための壇をこわして、(僧たちが)**ばらばら**と退出するので。

❸物が裂け破れるさま。**ぼろぼろ。**〈源氏・紅葉賀〉「とかくひこしろふほどに、ほころびは**ほろほろ**と絶えぬ」訳 何やかやと(直衣を)強く引っぱるうちに、(下に着た中の衣の)ほころびは**ぼろぼろ**と切れてしまった。

❹涙がこぼれ落ちるさま。はらはら。〈更級・子忍びの森〉「うち見合はせて涙を**ほろほろ**と落として」訳 顔を見合わせて涙を**はらはら**とこぼして。

❺雉・山鳥などの鳴き声にいう語。〈大鏡・兼通〉「**ほろほろ**と飛びてこそ往にしか」訳 (雉が)**ほろほろ**と(鳴きながら)飛んで行った。

ほろほろと… 俳句

ほろほろと　山吹ちるか　滝の音
〈笈の小文・芭蕉〉

(春)(切れ字)

訳 はらはらと岸の山吹の花が静かに散っていくよ。ごうごうととどろき落ちる滝の音の中を。(切れ字の「か」は、詠嘆を表す終助詞)

解説「西河」と前書きがある。「西河」は吉野川上流の激流。紀貫之の「吉野川岸の山吹ふく風に底の影さへうつろひにけり」〈古今・春下〉をふまえる。吉野川と山吹は古来和歌・俳諧に詠まれてきた。

ほろろ副 雉・山鳥などの鳴き声にいう語。ほろほろ。〈古今・雑体〉「つまごひに飛び立つ雉の**ほろろ**とぞ鳴く」訳 妻恋しさに飛び立つ雉が**ほろほろ**と鳴く(ように、私も妻恋しさに、涙をぽろぽろ流して泣いている)。

ほん【本】名 **❶原本。書物。**〈枕・七五〉「物語・集など書き写すに、**本**に墨つけぬ」訳 物語や歌集などを書き写すときに、**原本**に墨をつけないこと(はめったにない)。

❷模範。手本。亀鑑。〈源氏・若紫〉「やがて**本**にと思すにや、手習ひ、絵などさまざまにかきつつ見せ奉り給ふ」訳 (光源氏は)そのまま**手本**に(しよう)とお思いになるのであろうか、手習いや絵などあれこれと書いては(若紫に)お見せ申しあげなさる。

❸もと。根本。また、本当。〈浮・世間胸算用〉「『**本**の正月をする』とて、この祖母ひとり寝をせられける」訳「**本当**の正月をする」と言って、この祖母は一人寝をなさったことだ。

ほん【品】名 **❶**親王の位の名。一品から四品まであり、位のない人を無品という。〈源氏・若菜下〉「二**品**になり給ひて、御封などまさる」訳 (女三の宮は)二**品**におなりになって、所領の封戸(=朝廷から与えられる民戸)などがふえる。

❷身分。分際。〈平家・四・信連〉「侍**品**の者の、申さじと思ひ切ってんこと」訳 武士の**身分**の者が、申すまいと決心したようなこと。

❸仏典の編や章のひとまとまり。

ほん-い【本意】名「ほい(本意)」に同じ。

ほん-えん【本縁】名「ほんねん」とも。物事の起こり。由来や縁起。

ほん-か【本歌】名 **❶**狂歌・俳諧などに対して、和歌をさす。

❷先人の歌をもとにして和歌・連歌などを作った場合のもとの歌。もとうた。

ほんか-どり【本歌取り】名 和歌などで用いられる修辞の一つ。意識的に先人の歌をもとにして別の新しい歌を作ること。⬇付録◇1「和歌の修辞」

ほん-ぐわん【本願】名 **❶**本来の願望。

❷《仏教語》仏・菩薩が過去世において立てた衆生救済の誓願。阿弥陀仏の四十八願など。**❸**寺院・塔・像などの建造の発願者。

ぼん-げ【凡下】名 **❶**平凡なこと。平凡な人。

❷身分の低い人。庶民。

ほん-ご【反古・反故】名「ほぐ」に同じ。

ほん-ざう【本草】名 薬用になる植物・動物・鉱物などの総称。また、それに関する書物。

ぼん-じ【梵字】名 梵語(=古代インドのサンスクリット)を書き表す文字。母音十二、子音三十五、計四十七文字がある。経文・卒塔婆などの文字に用いる。

ほん-しゃう【本性】名「ほんじゃう」とも。本来の性質。生まれつき。〈徒然・一〉「めでたしと見る人の、こころ劣りせらるる本性みえんこそ口惜しかるべけれ」訳 りっぱだと思う人が、期待はずれだと感じられる本来の性質を(人に)見られるようなのは、残念であろう。

ほん-ぜつ【本説】名 ❶根拠となるべき確かな説。典拠。〈徒然・二〇二〉「この月、万の神たち太神宮へ集まり給ふなどいふ説あれども、その本説なし」訳 この月(=陰暦十月)は、すべての神々が(伊勢の)皇大神宮へお集まりになるなどという説があるけれども、その根拠となるべき説はない。
❷特に、和歌や連歌を作るとき、よりどころとなる物語や故事・詩など。

ぼん-ぞく【凡俗】名・形動ナリ 俗なさま。平凡なこと。また、その人。俗人。凡夫。

ほん-ぢ【本地】名 ❶《仏教語》仏・菩薩の本来の姿。〈沙石集〉「わが本地は阿弥陀なり」
❷物の本源。本質。本体。〈堤・虫めづる姫君〉「人はまことあり、本地尋ねたるこそ、心ばへをかしけれ」訳 人間は誠実さがあって、物の本質をつきとめようとしているのこそ、心のありようがすぐれているのだ。

ほんぢ-すいじゃく【本地垂迹】名《仏教語》「ほんぢすいしゃく」とも。日本の神々は、仏や菩薩が衆生を悟りに導くために形を変えて仮に現れたものであるとする考え。仏と神はもともと一つであるという神仏習合思想。天照大御神は大日如来の化身であるとするなど。

ほん-てう【本朝】名 日本の朝廷。また、日本。〈平家・一・祇園精舎〉「近く本朝をうかがふに」訳 近く日本(の例)を見てみると。対 異朝

凡兆(ぼんてう)《人名》→野沢凡兆

ぼん-てん【梵天】名《梵語の音訳》「ぼんでん」とも。❶欲界(=欲心をもつ人間の住む世界)の上にある静かで清らかな天。
❷①にいて、欲界を支配する最高神。大梵天王。
❸修験道で、祈禱に使う御幣(=裂いた麻や細長く切った紙を細長い木にはさんで垂らしたもの)の称。

ぼん-なう【煩悩】名《仏教語》情欲・欲望・愚痴・怒りなど、人間の心身を悩ませ迷わせるもの。〈徒然・三八〉「才能は煩悩の増長せるなり」訳 才能は人間を迷わせる欲望が増大したものである。

ほん-ばう【本坊】名 寺で、住職の住む建物。

ぼん-ぶ【凡夫】名 ❶《仏教語》おろかで悟りの境地に入ることができない人。〈栄花・楚王のゆめ〉「仏だに凡夫におはせし時」訳 仏でさえ凡夫でいらっしゃったとき。
❷ありきたりの人。凡人。

ほん-もん【本文】名 古書にあって典拠となる漢詩文の句。また、古歌の文句。

ほん-ゐん【本院】名 上皇または法皇が同時に二人以上いるとき、第一の上皇または法皇の称。一院。対 新院

ま　マ

ま-【真】接頭(名詞・形容詞などに付いて)真実・正確・純粋・称賛・強調などの意を添える。「まかなし(=いとしい)」「真木」「真心」「真清水」

-ま 接尾(動詞の未然形、打消の助動詞「ず」、接尾語「ら」などに付いて)そういう状態である、の意を表す。多く、助詞「に」を伴って副詞句となる。〈万葉・一五・三七六九〉「ぬばたまの夜見し君を明くる朝逢はずまにして今ぞ悔しき」訳 夜逢ったあなたに、翌朝逢わないままで(別れて)、今になって後悔されることだ。(「ぬばたまの」は「夜」にかかる枕詞)。「かへらまに(=反対に)」「懲りずまに」

ま【目】名 目。他の語と合した複合語の中に用いられる。「目細し」「目合ひ」「目前」「目尻(=まなじり)」「目叩く(=瞬く。まばたきをする)」「目交ひ」「目な子(=眼。まなこ。瞳)」「目映ゆし」「目庇」「目伏し(=目つき。まなざし)」「目守る(=守る)」「目見」

ま【間】名
❶(時間的に)あいだ。ひま。〈古今・春下〉「たれこめて春の行方も知らぬまに待ちし桜もうつろひにけり」訳 すだれを垂れて家の中にとじこもっていて春の進みようも知らない間に、(花盛りになるのを)待っていた桜も散ってしまったことだ。
❷(空間的に)あるものが位置するところ。また、物と物とのあいだ。すきま。〈万葉・六・九二四〉「み吉野の象山のまの木末にはここだもさわく鳥の声かも」訳 →みよしのの… 和歌
❸柱と柱とのあいだ。〈竹取・竜の頸の玉〉「絵をかきて、間ごとにはりたり」訳 (華麗な綾織物に)絵をかいて、どの柱と柱とのあいだにも張ってある。
❹家の内で、ふすま・屏風などで仕切られた所。部屋。〈源氏・総角〉「火はこなたの南の間にともして」訳 灯火はこちらの南の部屋にともして(あって)。

ま【魔】名《仏教語》仏道修行を妨げる悪神。悪魔。

まい 助動特殊型

意味・用法
打消の推量(…ないだろう。)→❶
打消の意志(…(し)ない。…ないようにしよう。)→❷
禁止(…(する)な。…(し)てはいけない。)→❸
打消の当然・適当(…べきでない。…はずがない。…(し)ないほうがよい。)→❹

接続
一般に、四段・ナ変型活用の語には終止形、それ以外の語には未然形に付く。

活用

未然	連用	終止	連体	已然	命令
○	○	まい(。)	まい(コト)	まいけれ(ドモ)	○

〔助動詞「まじ」の連体形「まじき」のイ音便「まじい」が変化してできた語〕❶打消の推量を表す。…ないだろう。〈狂・武悪〉「見えぬ国へ行たならば、また会ふこともなる**まい**(体)ぞ」訳 他国へ行ったならば、再び会うこともでき**ないだろう**よ。❷打消の意志を表す。…(し)ない。…ないようにしよう。〈狂・佐渡狐〉「やる**まい**(体)ぞ。やる**まい**(体)ぞ」訳 逃がさ**ない**ぞ。逃がさ**ない**ぞ。❸禁止の意を表す。…(する)な。…(し)てはいけない。〈浄・冥途の飛脚〉「私が二階にゐることを、かならず言ふ**まい**(体)ぞ」訳 私が二階にいることを、決して言っ**てはいけない**よ。❹打消の当然・適当の意を表す。…べきでない。…はずがない。…(し)ないほうがよい。〈浄・山崎与次兵衛寿門松〉「ああ貧乏はせ**まい**(体)もの」訳 ああ貧乏はし**ないほうがよい**ものだ。

参考 室町時代以降の口語で、現代語でも用いる。

まい【幣】⇩まひ

毎月抄(まいげつせう) マイゲッショウ《作品名》鎌倉初期の歌論書。藤原定家著。承久元年(一二一九)成立。別名「和歌庭訓」。ある貴人(藤原家良か)が、毎月、定家に百首歌の添削を請うたのにこたえた書簡体の歌論。特に有心体について詳述している。

まい-て【況いて】副〔「まして」のイ音便〕「まして」に同じ。〈枕・一〉「**まいて**雁などの連ねたるが、いと小さく見ゆるはいとをかし」訳 (ねぐらに帰る鳥さえ趣が深い。)**いうまでもなく**雁などが一列に並んで(飛んで)いるのが、たいそう小さく見えるのはとても風情がある。

最重要330 264

まうけ モウケ【設け・儲け】名

ガイド 動詞「設く」の連用形が名詞となった語。現代語でも「設置する、用意する」の意で「設ける」という。人を待ち受けて準備する中心は②であり、やがて③の意も表すようになった。

❶**用意。準備。したく。**

❷**ごちそうの用意。また、ごちそう。もてなし。**

❸**食物。食事。**

例 夜の御座の**まうけ**せさせ給ふ〈伊勢・六九〉
訳 (親王は)御寝所(一説に夜の祝宴)の**用意**をおさせになる。

例 入道、今日の御**まうけ**、いといかめしう仕うまつれり〈源氏・明石〉
訳 (明石の)入道は(光源氏送別の)今日(という日)の御**宴**をじつに盛大に行い申しあげた。

例 紙の衾、麻の衣、一鉢の**まうけ**、あかざの羹、いくばくか人の費えをなさん〈徒然・九八〉
訳 紙の夜具、麻の衣、一鉢の**食物**、あかざ(=野草の名)の熱い吸い物、(これだけのものが)どれだけ人に出費(=負担)をかけるだろうか(いや、ごくわずかなものである)。

まいる【参る】⇩まゐる

まう モウ【猛】名・形動ナリ 勢いの盛んなこと。いかめしいさま。〈徒然・一〉「勢ひ**まうに**(用)、ののしりたるにつけて」訳 権勢が**盛んで**、評判になっているのにつけても。

まう-く モウ【設く・儲く】他カ下二〔け/け/く/くる/くれ/けよ〕❶前もって用意する。**準備する。**〈平家・四・橋合戦〉「杉の渡しより寄せんとて**設け**(用)たる舟どもを」訳 杉の渡し場から攻め寄せようとして**準備し**た舟々を。❷**持つ。身に備える。**〈大和・一五七〉「男、妻**まうけ**(用)て心かはりはてて」訳 男は、(別の)女を**持って**(もとの妻に対する)心がすっかり変わって。❸(思いがけず)**拾い取る。**利益を得る。〈徒然・九三〉「からき命**まうけ**(用)て」訳 あぶない命を**拾い取っ**て(=命拾いして)。❹病を得る。**病気になる。**〈徒然・一七五〉「この世にはあやまち多く、財を失ひ、病を**まうく**(終)」訳 現世では(酒のために)失敗することが多く、財産を失い、**病気になる。**

まうけ モウケ【設け・儲け】名 ⇩上 264

まうけ-の-きみ モウケ【儲けの君】名〔「儲君」の訓読〕世継ぎの皇子。皇太子。〈源氏・桐壺〉「疑ひなき**まうけの君**と、世にもてかしづき聞こゆれど」訳 (第一皇子は)疑いもない**皇太子**として、世間ではたいせつにお世話申しあげるけれども。

まう-ご モウ【妄語】名《仏教語》❶うそをつくこと。❷「妄語戒」の略。五戒および十戒の一つで、うそをつくことを禁じた戒め。

まう-ざう モウゾウ【妄想】名《仏教語》迷いの心による正しくない考え。邪念。

まうさく モウサク【申さく】〔古くは「まをさく」。奈良末期に「まうさく」に転じた〕申すことには。〈竹取・竜の頸の玉〉「男ども、仰せのことを承りて**申さく**」訳 家来たちが、ご命令をお受けして**申すことには。**

なりたち 四段動詞「申す」のク語法

まうさ-す モウサ【申さす】

❶〔まうさ[謙譲] + す[使役]〕申し上げさせる。〈源氏・明石〉「住吉にも、…御使ひしてまうさせ(用)給ふ」[訳](光源氏は)住吉神社にも、…(お礼参りするむねを)お使いをやって申し上げさせなさる。

❷〔まうさ[謙譲] + す[謙譲]〕「言ふ」「告ぐ」の謙譲語。申し上げる。〈源氏・少女〉「『典侍あきたるに』とまうさせ(用)たれば」[訳]「典侍の欠員のあるところに(娘を任命していただきたい)」と(惟光が光源氏に)申し上げたので。

まうさ-せ-たま・ふ【申させ給ふ】

〈なりたち〉謙譲の四段動詞「申す」(未)+助動詞「す」

一（「申す」が動詞の場合）

❶〔まうさ[謙譲] + せ[使役] + たまふ[尊敬]〕申し上げさせなさる。〈源氏・柏木〉「うちやすみたると人々して申させ給へ(已)ば」[訳]寝ていることだと(柏木が父大臣に)女房たちを介して申し上げさせなさるので。

❷〔まうさ[謙譲] + せ[尊敬] + たまふ[尊敬]〕お申し上げになられる。お申し上げあそばす。〈枕・一四〉「『いとあしきこと。はやのぼらせ給へ』と申させ給ふ(体)に」[訳](関白道隆が中宮定子に)「たいそう不都合なこと。早く参内くださいませ」とお申し上げになられるときに。

❸〔まうさ[謙譲] + せ[謙譲] + たまふ[尊敬]〕申し上げなさる。〈枕・三三〉「『今は明けぬるに、かう大殿ごもるべきかは』と申させ給へ(已)ば」[訳](大納言殿＝伊周は、中宮定子に)「もう(夜が)明けてしまったのに、(一条天皇が)このようにおやすみになられてよいものだろうか(いや、おやすみになられてはいけない)」と申し上げなさると。

二（「申す」が補助動詞の場合）

❶〔まうさ[謙譲] + せ[尊敬] + たまふ[尊敬]〕お…申しあげになられる。お…申しあげあそばす。〈狭衣物語〉「『院のさばかりおろかならずおぼし申させ給ふ(体)をば、おぢ聞こえさせ給ひて』など、聞こゆれば」[訳]「(父の嵯峨院が(若宮を)それほど並一通りでなくお思い申しあげなされるのを、(若宮は)おびえ申しあげになられて(いらっしゃる)」などと、(乳母が狭衣に)申し上げると。

❷〔まうさ[謙譲] + せ[謙譲] + たまふ[尊敬]〕お…申しあげなさる。〈大鏡・三条院〉「『まさなくも申させ給ふかな』とて、御乳母たちは笑ひ申させ給う(用)(ウ音便)ける」[訳]「(入道殿＝道長は)人聞き悪くもお申し上げあそばすことね」と言って、御乳母たちはお笑い申しあげなさったことだ。

〈なりたち〉謙譲の四段動詞、または補助動詞「申す」(未)+助動詞「す」(用)+尊敬の補助動詞「たまふ」

〈参考〉いずれも、ふたりの人物を同時に敬う言い方で、現代語ではふつうは使われない。一二それぞれの敬意の対象は次の通りで、「まうさ」「まうさせ」で動作の対象となる人物(＝Ⓐ)を敬う気持ちを表し、「給ふ」「せ給ふ」で動作をする人(＝Ⓑ)を敬う気持ちを表す。

一
① まうさ(Ⓐを敬う) せ給ふ(Ⓑを敬う)
② まうさせ(Ⓐを敬う) せ給ふ(Ⓑを敬う)
③ まうさせ(Ⓐを敬う) 給ふ(Ⓑを敬う)

二
① …まうさ(Ⓐを敬う) せ給ふ(Ⓑを敬う)
② …まうさせ(Ⓐを敬う) 給ふ(Ⓑを敬う)

まうし【申し】

一 [名]〔四段動詞「まうす」の連用形から〕願い出ること。請願。〈謡・春栄〉「若宮の別当の御申しにより囚人七人の免状なり」[訳]若宮の別当の御願い出により囚人七人の赦免状である。

二 [感]呼びかけの語。もし。もしもし。〈狂・武悪〉「まうし、頼うだお方、ござるかござりまするか」[訳]もしもし、ご主人さま、おいでかおいででございますか。

まうし [助動ク型]

…たくない。…ことがつらい。〈源氏・桐壺〉「この君の御童姿、いと変へまうく(用)おぼせど」[訳]この君(＝光源氏)の御子供姿を(桐壺帝は)あまり変えたくなくお思いになるが。〈新古・雑下〉「情けありし昔のみなほ忍ばれてながらへまうき(体)世にも経るかな」[訳]情愛のあった昔のことばかりがやはり思い出されて、生き長らえることがつらい世にも(いつまでも)生きていることだ。

〈接続〉動詞の未然形に付く。

活用					
未然	連用	終止	連体	已然	命令
○	まうく(テ)〈まうかり〉(キ)	○	まうき(コト)	まうけれ(ドモ)	○

〈参考〉(1)助動詞「む」のク語法「まく」に形容詞「憂し」の付いた、「まくうし」の転とも、希望の助動詞「まほし」からの類推で反対の意の「ま憂し」が作られたともいわれる。(2)中古にわずかに用いられただけで、中世以降は、擬古的に和歌で用いられるだけとなる。

まうし-い・づ【申し出づ】[他ダ下二]

｛で・で・づ・づる・づれ・でよ｝「言ひ出づ」の謙譲語。ことばに出して申し上げる。申し出る。〈枕・三三〉「すべて夜昼心にかかりておぼゆるもあるが、けぎよう申し出で(未)られぬはいかなるぞ」[訳](一首の)全体がいつも気になって(＝忘れずに)覚えている歌もあるが、(それを)すらすらと口に出して申し上げられないのはどういうことなのか。

まうし-う・く【申し受く】[他カ下二]

｛け・け・く・くる・くれ・けよ｝「言ひ受く」の謙譲語。❶(許可を)お願い申しあげる。〈平家・二・烽火之沙汰〉「申し受くる(体)ところの詮は、ただ重盛が首を召され候へ」[訳]お願い申しあげるところの要点(として)は、ただ(私)重盛の首をお取りください。

❷お願いして引き受ける。請い受ける。〈大鏡・頼忠〉「申し受け(用)給へるかひありてあそばしたりな」[訳](和歌の船に乗ることを)お願いして引き受けなさったかいがあって(公任は上手に和歌を)お詠みになったなあ。

まうし-ごと【申し言・申し事】[名]

❶申すべきこと。申し分。

❷願いごと。祈願。

まうし‐じゃう【申し状】名 ❶願い出。主張。❷朝廷などに申し上げる文書。上申書。

まうし‐しふ【妄執】名《仏教語》心の迷いから、物事に執着すること。執念。

まうし‐ぶみ【申し文】名 ❶公卿などが、叙位・任官、または官位の昇進などを朝廷に申請する文書。申請書。《枕・三》「除目のころなど、…申し文もて歩きく」訳 除目（=官職を任命する儀式）のころなどは、…申請書を持って歩きまわる。
❷事情を朝廷へ申し上げる文書。陳情書。

まうし‐むつ・ぶ【申し睦ぶ】自バ上二｛び・び・ぶ・ぶる・ぶれ・びよ｝「言ひ睦ぶ」の謙譲語。親しくお付き合いする。《徒然・八七》「小舅になりければ、常に申し睦び用けり」訳 妻の兄弟であったので、いつも親しくお付き合いした。

まう‐じゃ【亡者】名《仏教語》死者。また、死後霊魂が成仏できずに冥途で迷っている者。

まう‐しん【妄心】名《仏教語》迷いの心。誤った心。

まう・す【申す】他サ四｛さ・し・す・す・せ・せ｝

［上代語「まをす」のウ音便］❶「言ふ」「告ぐ」の謙譲語。申し上げる。《竹取・燕の子安貝》「燕の巣に手をさし入れさせて探るに、『物もなし』と申す体に」訳（中納言は家来に命じて）燕の巣（の中）に手を入れさせて探るが、「何もない」と申し上げるので。
❷「願ふ」「請ふ」の謙譲語。お願い申しあげる。お頼み申しあげる。《更級・物語》「親の太秦に籠もり給へるにも、異事なく、この事を申し用て」訳 親が広隆寺にこもりなさっているときにも、（私は）ほかのことではなく、この（物語の）ことをお願い申しあげて。
❸「…（と）いう」「…（と）よぶ」の謙譲語。…と申し上げる。《伊勢・三九》「昔、西院の帝と申す体帝おはしましけり」訳 昔、西院の帝と申し上げる帝がおいでになった。
❹「す」「なす」の謙譲語。（何かを）し申しあげる。してさしあげる。《万葉・一八・四〇八二》「御船さす賤男の徒は川の瀬申せ命」訳 お船を進めていく身分の低い男たちは、川の瀬を（注意してご案内）し申しあげよ。
❺「言ふ」の丁寧語。申します。言います。《更級・子忍びの森》「ここはいづことかいふと問へば、子忍びの森となむ申す体と答へたりしが」訳 ここはどこというのかと尋ねると、子忍びの森と申しますと答えたのが。

まう・す【申す】補動サ四｛さ・し・す・す・せ・せ｝

［四段動詞「まうす」から］（動詞・助動詞「る」「らる」「す」「さす」「しむ」の連用形に付いて）謙譲の意を表す。お…申しあげる。お…する。《竹取・蓬萊の玉の枝》★「この度はいかでか辞び申さ未む」訳（かぐや姫は）くらもちの皇子の求婚を）今度はどうしてお断り申しあげられようか（いや、お断りすることはできない）。

敬意の対象（会話文）
★《竹取》の例
かぐや姫 が
くらもちの皇子 を
いかでか辞び申さむ（謙譲）
敬意
話し手

まうち‐ぎみ【公卿】名［「まへつきみ」の転］天皇の御前に伺候する人を尊敬していう語。

まう・づ【参づ・詣づ】自ダ下二｛で・で・づ・づる・づれ・でよ｝

［上代に用いられた「行く」意の謙譲語「参う」用＋下二段動詞「出づ」＝「まゐいづ」がつづまった「まゐづ」の転か］❶「行く」「来」の謙譲語。うかがう。参上する。《伊勢・八四》「子は京に宮仕へしければ、まうづ終としけれど、しばしばえまうで未ず」訳 子は京で宮仕えをしていたので、（母の内親王のもとに心にかけて）参上するとしたけれど、そうたびたびは参上することができない。
❷神社・仏閣にお参りに行く。参詣する。《古今・春上・詞書》「初瀬にまうづる体ごとに宿りける人の家に久しく宿らで」訳 初瀬（=長谷寺）に参詣するたびに泊まっていた人の家に長らく泊まらないで。

まうで・く【参で来・詣で来】自カ変｛こ・き・く・くる・くれ・こ（こよ）｝❶「来」の謙譲語。参上する。うかがう。《源氏・常夏》「少将、侍従など率てまうでき用たり」訳 少将や侍従などを連れて（ここに）参上した。
❷「来」「出で来」の丁寧語。やってきます。参ります。おとずれます。《古今・春上・詞書》「桜の花の咲けりけるを見にまうできたりける人に」訳 桜の花が咲いていたのを見に参りました人に。

ま‐うと【真人】［「まひと」のウ音便］━名 貴人。また、人に対する敬称。お方。
━代 対称の人代名詞。あなた。おまえ。《源氏・浮舟》「まうとは、何しにここにはたびたびは参るぞ」訳 あなたは、なぜここにはたびたび参上するのか。

まう‐のぼ・る【参上る】自ラ四｛ら・り・る・る・れ・れ｝［「まゐのぼる」のウ音便］貴人の所へうかがう。参上する。《源氏・桐壺》「まうのぼり用給ふにも、あまりうちしきる折々は、…あやしき業をしつつ」訳（桐壺の更衣が桐壺帝のもとに）参上しなさる場合にも、はなはだしくたび重なる時々は、…（他の女御や更衣たちが通り道に）けしからぬことをしかけては。

まう‐りゃう【罔両】名 影のまわりに生じる薄い影。また、影法師。

まう‐りゃう【魍魎】名 山や川、また、木石に宿り人を害するという精霊。

まえ〔前〕➡まへ

まえつきみ〔公卿〕➡まへつきみ

ま‐えん【魔縁】名 人の心を迷わせ、仏道修行のじゃまをする悪魔。

まおす〔申す・白す〕➡まをす

まがう〔紛う〕➡まがふ

ま‐がき【籬】名 柴や竹などで、目を粗く編んで作った垣根。籬。籬垣。

ま‐かげ【目陰・目蔭】名 ❶遠くを見るとき、光線をさえぎるため、額に手をかざすこと。《源平盛衰記》「高き峰にあがり、目かげをさして（=額に手を

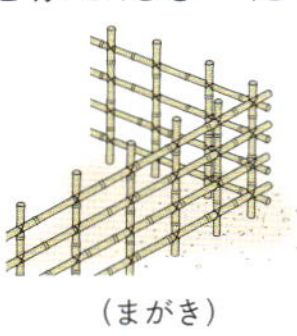
（まがき）

かざして)見渡せば」

❷疑わしく思っているような目付きをすること。〈源氏・東屋〉「後ろめたげに気色ばみたる御目かげこそわづらはしけれ」訳 何か心配そうに、気持ちをほのめかした疑いの御まなざしが気にかかるのだ。

まが-こと【禍事】名「まがごと」とも。❶【禍事】悪いこと。わざわい。凶事。対善事よごと ❷【禍言】悪いことば。不吉なことば。

まか・す【引す】他サ下二{せ・せ・す・する・すれ・せよ}田や池などに水を引く。水を注ぎ入れる。〈徒然・五一〉「御池に、大井川の水をまかせ未られんとて(=お引き入れになろうとして)」

まか・す【任す・委す】他サ下二{せ・せ・す・する・すれ・せよ}❶そのもののするがままにさせる。自由にさせる。ゆだねる。〈徒然・一七三〉「かつあらはるるをもかへり見ず、口にまかせ用て言ひ散らすは」訳 (話している)そばから(うそが)発覚するのをも気にしないで、口の勢いのままにさせてしゃべり散らすのは。❷従う。〈平家・一・鹿谷〉「ただ法にまかせ用て追出せよ」訳 ただ法(=神社の規則)に従って追放せよ。

まかず〖罷ず〗➡まかづ

まが-たま【曲玉・勾玉】名 上代の装身具。宝石・金・粘土などを巴形に作り、一端に穴をあけてひもを通し、首飾りやえり飾りにした。➡鎧ひ「古文常識」

ま-かぢ【真楫】名〔「ま」は接頭語〕楫(=櫓や櫂など)の美称。一説に、大型の船の左右に数対そろった楫とも。

まか・づ【罷づ】自ダ下二{で・で・づ・づる・づれ・でよ}〔四段動詞「罷る」用＋下二段動詞「出づ」＝「まかりいづ」の転〕❶身分の高い人、目上の人のもとから離れる意の謙譲語。**退出する。おいとまする。**〈源氏・桐壺〉「かかるほどにさぶらひ給ふ例なきことなれば、まかで用給ひなむとす」訳 (皇子が)このような場合(=母の喪中)に(宮中に)控えていらっしゃるのは前例のないことであるから、(光源氏は母の里に)退出しておしまいになろうとする。❷身分の高い人、目上の人のもとから離れて、こちらへ来る場合の「来く」の謙譲語。**ひきさがって来る。**〈源氏・桐壺〉「わたくしにも心のどかにまかで用給へ」訳 (勅使としてではなく)個人的にものんびりおいでください。❸「行く」「出づ」の丁寧語。**参ります。出かけます。**〈源氏・若紫〉「このごろわづらふこと侍るにより、かく京にもまかで未ねば」訳 (尼君が)このごろ病気にかかっておりますために、(私＝僧都は)このように京にも出かけませんので。

参考 主として中古に用いられた。対義語の関係として、ふつう「まゐる↔まかる」、「まうづ↔まかづ」の対応があるとされるが、中古ではむしろ「まゐる↔まかづ」、「まうづ・まうでく↔まかる」の対応と見るのがよい。③は、老人や僧を話し手として用いられるが、用例は少ない。

まかな・ふ【賄ふ】他ハ四{は・ひ・ふ・ふ・へ・へ}❶ととのえ備える。**準備する。**〈源氏・柏木〉「御硯などまかなひ用て責め聞こゆれば」訳 御硯などを準備して(返事を書くように)せき立て申しあげるので。❷**食事をととのえて与える。**饗応する。〈源氏・若菜上〉「御くだものなど近くまかなひ用なし」訳 (明石の君は)御果物などをそば近くにことさらととのえて差し出し。❸とりあつかう。処理する。↓取り賄ふ

ま-かね【真金】名〔「ま」は接頭語〕「まがね」とも。鉄。くろがね。

まがひ【紛ひ】名 ❶入り乱れて、見分けのつかないこと。❷見まちがえるほど似せてあること。にせ物。

まが・ふ【紛ふ】自ハ四 他ハ下二 ➡次ページ 265

まがまが・し【禍禍し】形シク{しから・しく(しかり)・し・しき(しかる)・しけれ・しかれ}〔よくないことを表す「禍」を重ねて形容詞化した語〕❶**縁起が悪い。不吉である。**〈枕・二八〉「犬のもろ声にながながとなきあげたる、まがまがしく用さへにくし」訳 犬が何匹かいっしょの声で長く声を引いて吠えたてたのは、不吉な感じまでもがして不快だ。❷**いまいましい。にくらしい。**〈宇治・三・七〉「おのれはまがまがしかり用ける心持ちたる者かな」訳 おまえは実ににくらしい心を持っているやつだなあ。

まかり【罷り】名〔四段動詞「まかる」の連用形から〕貴人の食膳などを下げること。また、下げた食膳。〈宇治・九・四〉「御まかりに候ひ給へば、御まかりたべ候ひなん」訳 御膳を下げること(をする役目)でございますので、お下がりをいただきましょう。

まかり＝【罷り】自ラ四連用形(動詞の上に付いて)❶「行き」の謙譲の意、または単に「…(さ)せていただく」の意にあたる謙譲の意を表す。〈竹取・竜の頸の玉〉「ここら舟に乗りてまかりありく体に」訳 長い間舟に乗って動きまわっておりますが。〈源氏・帚木〉「まかり通ひ用し所は」訳 (私が)行き通っておりました所は。

例語 まかり散る(=散り散りに退出する)・まかり出づ・まかり入る(=入らせていただく)・まかり帰る・まかり下る(=都から地方へ行く)・まかり越す(=参上する)・まかり過ぐ・まかり着く・まかり逃ぐ

❷主に中世以降の用法で、丁寧の意を表す。…ます。〈平家・九・木曽最期〉「木曽殿の御めのと子(=御後見役の子)、今井四郎兼平、生年三十三にまかりなる終(=なります)」

例語 まかり散る(=別れます)・まかり出づ・まかり越す(=参ります)

まがり【鋺】名 水や酒を入れる椀などの器。

まかり-あり・く【罷り歩く】自カ四{か・き・く・く・け・け}「あり く」の謙譲語。出歩く。歩く。動きまわる。〈大鏡・道長下〉「ひと京まかりありき用しかども、侍らざりしに」訳 都じゅうを歩きまわっておりましたけれども、(適当な木が)ありませんでしたが。

まかり-い・づ【罷り出づ】自ダ下二{で・で・づ・づる・づれ・でよ}❶「出づ」の謙譲語。退出する。さがる。〈伊勢・一二〉「むかし、男、梅壺より雨にぬれて、人のまかり出づる体を(=退出するのを)見て」

最重要330

265 まが・ふ（マガ(ゴ)・ウ）【紛ふ】一 自八四 {は・ひ・ふ・ふ・へ・へ} 二 他八下二 {へ・へ・ふ・ふる・ふれ・へよ}

ガイド 入り乱れて区別できなくなるの意。現代語でも「見まがう」などと使う。「まがい物」というのは、区別ができないほど本物によく似せてある物の意。類義語「紛まぎる」は、ある物がよく似たほかの物の中に入って区別ができなくなるの意。

一 自八四

❶ **入り乱れて区別できなくなる。入りまじる。**

例 妹いもが家へに雪かも降ると見るまでにここだも**まがふ**(体)梅の花かも〈万葉・五・八四四〉

訳 いとしい人の家に雪が降るのかと見るほどに、しきりに**散り乱れて区別できない**(ほどの)梅の花であるよ。

❷ **まちがえるほどによく似ている。**

例 草むらの蛍は遠くまきの島のかがり火に**まがひ**(用)〈方丈・三〉

訳 草むらの蛍は、遠く(に見える)まきの島(=地名)の(氷魚ひおをとるためにたく)かがり火と**見まがうほどで**。

❸ **見分けがつかなくなる。まちがえる。**

例 桜花散りかひくもれ老いらくの来こむといふなる道**まがふ**(体)がに〈古今・賀〉

訳 桜の花よ、散り乱れて(あたり一帯を)曇らせてくれ。老いがやってくるだろうと言われている道が、**まぎれてわからなくなる**ように。

二 他八下二

❶ **入り乱れさせて区別できないようにする。見失う。**

例 世に知らぬ心地こそすれ有り明けの月のゆくへを空に**まがへ**(用)て〈源氏・花宴〉

訳 まったく経験したことがない(ほど悲しくさびしい)気持ちがすることだ。有り明けの月(=昨夜逢あった女)のゆくえを空の中途で**見失って**。(「空」は「月」の縁語)

❷ **見まちがえる。聞きちがえる。思いちがえる。**

例 「空さむみ花に**まがへ**(用)て散る雪に」と、わななくわななく書きて取らせて〈枕・一〇六〉

訳 「空が寒いので花と**見まちがえる**ように降る雪に」と、ふるえふるえ書いて受け取らせて。

❷「出づ」の丁寧語。出て参ります。参上します。〈狂・佐渡狐〉「**まかり出で**(用)たる(=**出て参りまし**た)者は、越後ごえち(新潟県)のお百姓でござる」

まかり-まうし（モウシ）【罷り申し】名 地方官が任地におもむくとき、参内さんだいして辞去のあいさつを申し上げること。また、身分の高い人にいとまごいをすること。

まか・る【罷る】自ラ四 {ら・り・る・る・れ・れ}

❶**身分の高い人、目上の人のもとから離れる意の謙譲語。退出する。おいとまする。**〈万葉・三・三三七〉「憶良おくららは今は**まから**(未)む子泣くらむそれその母も吾あを待つらむそ」訳→おくららは…(和歌)。〈枕・二九八〉★「あなたに**まかり**(用)て、禄ろくのこともし侍らむ」訳 (私=道隆は、中宮の御前から)あちら(=自邸)に**退出し**て、祝儀の用意をいたしましょう。(「ものす」は婉曲えんきょく表現で、ある動作をする」意)

★〈枕〉の例 敬意の対象(会話文)

話し手

私=道隆が

中宮の御前から

あなたにまかりて (謙譲)

敬意

❷**都から地方に下る。**おもむく。出向く。〈万葉・一五・三七二五〉「わが背子せこしけだし**まから**(未)ば白栲しろたへの袖を振らさね見つつ偲しのはむ」訳 あなたがもし(都から越前(福井県)の方へ)**下る**ならば、袖を振ってください。(それを)見ては(あなたを)恋いしのぼう。(「白栲の」は「袖」にかかる枕詞)

❸身分の高い人、目上の人のもとに行く意の謙譲語。**参る。参上する。**〈徒然・二三五〉「なえたる直垂ひたたれ、うちうちのままにて**まかり**(用)たりしに」訳 よれよれになっている直垂で、ふだん着のままで**参上し**たところが。

❹「行く」「来く」の丁寧語。**参ります。**〈徒然・一三七〉「花見に**まかれ**(已)りけるに、はやく散り過ぎにければ」訳 花見に**参りまし**たところ、すでに散り終わってしまったので。

❺死ぬ。みまかる。〈雨月・浅茅が宿〉「妻なる者もまかり(用)しと見えて、壠のまうけも見えつるが」訳 妻である人も死んだとみえて、土の墓が築いてあるのも見えたが。➡果つ「慣用表現」
❻(他の動詞の上に付いて)丁寧な改まった言い方にする。→「まかり＝」の項参照。(➡参る「古文常識」)

-まき【巻】 接尾 書物や巻物などを数える語。「一巻」「二十巻」

まき【牧】 名 牧場。

まーき【真木・槙】 名(「ま」は接頭語)りっぱな、良質の木。檜・杉・松などの常緑樹、特に檜。

まーぎ【間木】 名「まき」とも。長押の上などに作った棚のようなもの。〈枕・三三〉「犬見つけて追ひければ、[にわとりは]廊の間木に逃げ入りて」

まきーばしら【真木柱】 名 杉や檜で作った柱。宮殿などのりっぱな柱。

まぎらは・し【紛らはし】 形シク {しから・しく(しかり)・し・しき(しかる)・しけれ・しかれ}〔上代は「まきらはし」〕❶まぶしい。まばゆい。〈万葉・一四・三四〇七〉「朝日さしまきらはし(終)もなありつつ見れば」訳 朝日がさしたようにまぶしいことよ。(いとしいあなたを)ずっと見ていると。
❷区別がつきにくい。まちがえやすい。〈源氏・花宴〉「煩はしう尋ねむ程もまぎらはし(終)」訳 (相手が右大臣家では)めんどうで、(だれであったのか)詮索しようにも(五の君か六の君か)区別がつきにくい。
❸心が他のことに移っていくさま。また、忙しくて他のことにとりまぎれているさま。〈更級・宮仕へ〉「その後は何となくまぎらはしき(体)に、物語のことも、うち絶え忘られて」訳 その後はなんということもなく他のことにとりまぎれているので、物語のことも、ぷっつりと自然に忘れて。

まぎらは・す【紛らはす】 他サ四 {さ・し・す・す・せ・せ} ❶物事がはっきりわからないようにする。隠す。ごまかす。〈源氏・須磨〉「柱がくれに居隠れて、涙をまぎらはし(用)給へるさま」訳 (母屋の)柱の陰に隠れて座って、(紫の上が)涙を見せないようにしていらっしゃるようすは。

❷心を他に向かわせて気持ちを晴らす。〈源氏・若紫〉「また西国のおもしろき浦々、磯の上を言ひ続くるもありて、よろづにまぎらはし(用)聞こゆ」訳 また西国の興味深い浦々や磯に関することを話し続ける者もあって、何かにつけて(光源氏の)気持ちをお晴らし申しあげる。

まぎ・る【紛る】 自ラ下二 {れ・れ・る・るる・るれ・れよ}

❶入りまじって見分けられなくなる。混同する。見まちがえる。〈源氏・蓬生〉「塵はつもれど、まぎるる(体)ことなきうるはしき御すまひにて」訳 (末摘花邸は)塵は積もっても、見まちがえることがないきちんとしたお住まいで。
❷忍び隠れる。目立たないようにする。〈平家・二・西光被斬〉「夜にまぎれ(用)て参って候ふ」訳 夜(の闇)に隠れ目立たないようにして参上しております。
❸他のものに心がひかれ、そのことを忘れる。心移りがする。〈徒然・七五〉「まぎるる方なく、ただ一人あるのみこそよけれ」訳 他に心がひかれる(体)かたなく、ただ一人でいるのが何よりもよいのだ。
❹忙しく混雑する。他のことでごたごたする。〈平家・一・祇王〉「さては舞も見たけれども、今日はまぎるる(体)こと出できたり」訳 それでは舞も見たいけれども、今日は他のことで忙しくなる用事ができた。

まぎれ【紛れ】 名 ❶はっきり物が見分けにくいこと。他の物にまぎれること。〈源氏・夕顔〉「明け離るるほどのまぎれに、御車寄す」訳 夜が明けきるころのはっきり見分けがつかない状態のうちに、お車を寄せる。
❷気分がまぎれること。気晴らし。〈源氏・明石〉「昔物語などせさせて聞き給ふに、少しつれづれのまぎれなり」訳 (光源氏は)昔の話などを(人に)させてお聞きになると、少し所在なさの気晴らし(となるの)である。
❸とりこんでごたごたすること。とりこみごと。〈源氏・澪標〉「公私いそがしきまぎれに」訳 (光源氏は)公私に(わたって)忙しいごたごたのために。

まぎれーくら・す【紛れ暮らす】 他サ四 {さ・し・す・す・せ・せ} 他のことに気を取られて日を過ごす。〈徒然・一八九〉「今日はそのことをなさんと思へど、あらぬ急ぎまづ出で来てまぎれ暮らし(用)」訳 今日はそのことをしようと思うけれども、意外な急用が先にできて、(それに)気を取られて日を過ごし。

まきーゑ【蒔絵】 名 器物の表面に漆で文様を描き、金銀の粉や貝などを蒔きつけてみがいたもの。

ま・く【負く】 自カ下二 {け・け・く・くる・くれ・けよ} ❶負ける。敗れる。〈徒然・一一〇〉「勝たんと打つべからず、負けじと打つべきなり」訳 (双六は)勝とうと思って打ってはならない、負けまいと思って打つべきである。
❷圧倒される。負い目を感じる。〈土佐〉「賑はしきやうなれど、負くる(体)心地す」訳 景気がよいようであるが、(贈り物のお返しができず)負い目を感じる気持ちがする。
❸相手の主張に従う。譲る。〈竹取・火鼠の皮衣〉「焼けずはこそ、まことならめと思ひて、人の言ふことにも負け(未)め」訳 (皮衣が)もし焼けなかったなら、(そのときこそ)本物だろうと思って、あの方(＝あべの右大臣)の言うことにも従おう。

ま・く【枕く】 他カ四 {か・き・く・く・け・け} ❶枕とする。枕にして寝る。〈万葉・二・八六〉「かくばかり恋ひつつあらずは高山の磐根し枕き(用)て死なましものを」訳 こんなにも恋いこがれつづけていないで、高い山の大きな岩を枕として、死んでしまったらよかったものを。
❷いっしょに寝る。結婚する。〈万葉・二〇・四四三二〉「若草の妻をも枕か(未)ず」訳 妻をも抱いて寝ないで。(「若草の」は「妻」にかかる枕詞)

ま・く【巻く・捲く・纏く】 他カ四 {か・き・く・く・け・け} ❶長い物をぐるぐると巻く。巻き付ける。丸める。〈細道・象潟〉「この寺の方丈に座して簾をまけ(已)ば」訳 この寺(＝干満珠寺)の住職の部屋に座ってすだれを巻き上げると。
❷取り囲む。

ま・く【蒔く・撒く】 他カ四 {か・き・く・く・け・け} ❶植物の種などを浅くうめる。また、まき散らす。〈記・下〉「山がたにまけ(已)る青菜も吉備人とともにし摘めば楽しくもあるか」訳 山の畑に(種を)まいた青菜も、吉備人といっしょに摘むと楽しいことだなあ。
❷蒔絵をする。〈大鏡・伊尹〉「海賦に蓬莱山・

手長・足長、金してまか㊅せ給へりし」訳（硯箱は）海辺の模様に蓬萊山・手長・足長を、金を使って**蒔絵にさせ**なさってあったのが。

ま・く【任く・罷く】他カ下二〔け・け・く・くる・くれ・けよ〕❶**官職に任ずる。**赴任させる。〈紀・垂仁〉「土部の職にま**け**㊊給ふ」訳 土部職という役職に**任じ**なさる。

❷**命じて去らせる。**退出させる。〈紀・神代〉「時に皇孫、姉は醜しとおもほして、御さずしてまけ㊊給ふ」訳 時に皇孫（＝瓊瓊杵尊）は、（大山祇神の娘のうち）姉は醜いとお思いになって、お招きにならないで**去らせ**なさる。

参考「万葉集」には四段活用とみられる例がある。

ま・く【設く】他カ下二〔け・け・く・くる・くれ・けよ〕《上代語》〔中古以降「まうく」〕❶**前もって用意する。したくする。**〈万葉・四・七四四〉「夕さらば屋戸開け設け㊊てあれ待たむ」訳 夕方になったなら、家の戸を開けて**したくし**て私は待とう。

❷**時期を待ち受ける。**心待ちにする。また、**待っていた時になる。**〈万葉・八・一四八五〉「夏まけ㊊て咲きたるはねずひさかたの雨うち降らば移ろひなむか」訳 夏**になっ**て咲いたはねず（＝植物の名）の花は、雨が少し降れば色あせてしまうだろうか。（「ひさかたの」は「雨」にかかる枕詞）

まく《上代語》未来の推量を表す。…**だろうこと。**…であろうようなこと。〈万葉・五・八二四〉「梅の花散らまく惜しみ」訳 梅の花が散る**だろうこと**が惜しいので。

なりたち 推量の助動詞「む」のク語法

接続 活用語の未然形に付く。

ま・ぐ【覓ぐ・求ぐ】他ガ四〔が・ぎ・ぐ・ぐ・げ・げ〕《上代語》求める。探す。たずねる。〈記・上〉「宮造るべき地を出雲の国に**まぎ**㊊給ひき」訳 宮殿を造営するのにふさわしい場所を出雲の国（島根県）に**求め**なさった。

ま・ぐ【曲ぐ・枉ぐ】他ガ下二〔げ・げ・ぐ・ぐる・ぐれ・げよ〕❶（物を）曲げる。〈紀・神功〉「皇后、針を**まげ**㊊て鉤をつくり」訳 皇后は、針を**曲げ**て釣針をつくり。

❷人の心を悪い方向へねじ曲げる。ゆがめる。〈源氏・桐壺〉「世にいささかも人の心を**まげ**㊊たることはあらじと思ふを」訳 決して少しも人の心を**ねじ曲げ**たことはあるまいと思っているが。

❸気持ちをおさえつける。自制する。抑圧する。〈徒然・一三〇〉「物に争はず、己を**まげ**㊊て人にしたがひ」訳 物事について（他人と）争わず、自分を**おさえ**て他人（の意見）に従って。

まくず-はら【真葛原】名〔「ま」は接頭語〕葛の生えている野原。

ま-ぐは・し【目細し】形シク〔しから・しく（しかり）・し・しき（しかる）・しけれ・しかれ〕見た目に美しい。うるわしい。〈万葉・一四・三四二四〉「**まぐはし**㊎児ろは誰が笥か持たむ」訳 **うるわしい**娘は、だれの食器を持つ（＝だれの妻になる）のだろうか。

ま-ぐはひ【目合ひ】名 ❶目を見合わせて、愛情を通わせること。〈記・上〉「出で見て、すなはち見感でて、**まぐはひ**して」訳（豊玉毘売命は）外に出て（男を）見て、たちまちほれぼれとして、**目くばせ**をして。

❷男女が肉体的に結ばれること。結婚。〈著聞・六八二〉「さまざまに語らひ契りて、**まぐはひ**をなさんとすれば」訳（男は美女と）いろいろと言いかわし結婚の約束をして、**肉体関係**を結ぼうとすると。

まく-ほ・し【まく欲し】…（し）たい。…でありたい。〈伊勢・八四〉「老いぬればさらぬ別れのありといへばいよいよ見**まくほしき**㊍君かな」訳 →おいぬれば…和歌

なりたち 推量の助動詞「む」のク語法「まく」＋形容詞「欲し」

参考「まくほし」が変化して平安時代の希望の助動詞「まほし」になったといわれるが、和歌では、平安時代に入っても用いられることがある。→まほし

まくら【枕】名 ❶寝るとき、頭を支えるもの。まくら。

❷寝ること。宿ること。「草**枕**」「旅**枕**」「新**枕**」

❸枕もと。頭のほう。〈古今・雑体〉「**枕**よりあとより恋のせめくればせむかたなみぞ床なかに居る」訳 **枕もと**から、（また）足もとから恋しい思いがせまってくるので、どうしようもないから、寝床のまん中にいることだ。

フレーズ

枕を欹つ 枕を斜めに高くし、または頭を上げて耳をすまして聞く。〈源氏・須磨〉「**枕をそばだて**㊊て四方の嵐を聞き給ふに」訳（光源氏は）あたりを吹きすさぶ嵐（の音）をお聞きになると。

まくら-ごと【枕言】名 いつも口に出して言うことば。口ぐせのことば。〈源氏・桐壺〉「ただその筋をぞ**枕言**にせさせ給ふ」訳（桐壺帝は桐壺の更衣をしのび）ただそう（＝妻に先立たれたと）いう方面のもの（＝和歌や漢詩）を**口ぐせ**にしなされる。

まくら-ことば【枕詞・枕言葉】名 和歌・文の修辞の一つ。➡付録①「和歌の修辞」

枕草子（まくらのさうし）《作品名》平安中期の随筆。清少納言作。長保二年（一〇〇〇）以降の成立か。中宮定子に仕えた宮廷生活での見聞や体験を中心に、自然や人生についての随想などを、約三百段につづる。内容は、「…は」「…もの」という形式の類聚的部分と日記回想的部分・随筆的部分の三つに分類することができる。「源氏物語」と並んで平安朝女流文学の傑作。➡巻頭口絵18ページ・付録①九六ページ

冒頭文 春はあけぼの。やうやうしろくなり行く山ぎはすこしあかりて、むらさきだちたる雲のほそくたなびきたる。夏は夜。月のころはさらなり、……。訳 春は夜明け方（が趣がある）。だんだんと白くなっていく、山に接するあたりの空が少し明るくなって、紫がかっている雲がほそくたなびいているの（が趣がある）。夏は夜（が趣がある）。月の（明るい）ころはいうまでもなく、……。

まくら-を-そばだ・つ【枕を欹つ】➡枕「フレーズ」

ま-く・る【眩る】自ラ下二〔れ・れ・る・るる・るれ・れよ〕〔「目暗る」の意〕「まぐる」とも。目がくらむ。めまいがする。失神する。〈方丈・二〉「あるいは、焔にまぐれ㊊てたちまちに死ぬ」訳 あるものは、炎に**目がくらんで**、そのまますぐに死ぬ。

まけ【任】名〔下二段動詞「任く」の連用形から〕官職に任ずること。特に、地方官に任命すること。

参考 多く「大君のまけのまにまに」の形で使われる。

まげ-いほ【曲げ庵・曲げ廬】名 ゆがみ曲がって

倒れそうな家。

まげ-て【枉げて】副 ぜひとも。しいて。むりにも。〈徒然・三二〉「まげて申し請けん」訳 ぜひとも請い受けよう。

まけ-わざ【負け業】名 歌合わせ・碁などの勝負ごとで、負けたほうが勝ったほうにごちそうや贈り物をすること。

まこと【真・実・誠】〔原義は「真事」〕

━ 名 ❶ほんとうのこと。事実。真実。真理。〈竹取・かぐや姫の昇天〉「いと心苦しくもの思ふなるは、まことか」訳 はなはだ気の毒なほど思い悩んでいるというのは、ほんとうか。〈徒然・七三〉「世に語り伝ふること、まことはあいなきにや、多くはみな虚言なり」訳 世間で語り伝えることは、事実(の話)ではおもしろみがないのだろうか、多くはみなつくり話である。

❷いつわりのないこと。まごころ。誠実さ。誠意。〈徒然・一四一〉「都の人は、ことうけのみよくて、まことなし」訳 都の人は、受け答えだけがよくて、誠実さがない。

━ 副 ほんとうに。じっさい。〈万葉・二〇・四三四八〉「たらちねの母を別れてまことわれ旅の仮廬に安く寝むかも」訳 母に別れてきて、ほんとうに私は旅の仮小屋で安らかに寝られるだろうか(いや、とても寝られはしまい)。(「たらちねの」は「母」にかかる枕詞)

━ 感 ふと思い出したことを言うときのことば。ああ、そうそう。そういえば。〈うつほ・あて宮〉「まこと、これは、夜居の人々の目覚ましに賜へとてなむ」訳 そうそう、これは、宿直の人々の眠気ざましにお与えになってほしいと思って(お届けするのです)。

まこと・し【真し・実し】形シク〔しから・しく(しかり)・し・しき(しかる)・しけれ・しかれ〕❶まことらしい。ほんとうらしい。〈徒然・七三〉「大方はまことしく用あひしらひて、ひとへに信ぜず、また疑ひ嘲るべからず」訳 (神や仏の話は)たいがいはほんとうらしく受け答えして、いちずに信じたりせず、また疑ってばかにしたりするのもよくない。
❷まじめだ。実直だ。〈枕・二〇〇〉「まことしう用(ウ音便)清げなる人の」訳 実直で美しい感じの女が。
❸正式である。本格的だ。〈源氏・少女〉「まことしう用(ウ音便)伝へたる人をさをさ侍らずなりにたり」訳 (琵琶の奏法を)正式に伝えている人はほとんどいなくなってしまいました。

まこと-に【誠に・実に】副 ほんとうに。まったく。実に。〈徒然・四一〉「まことにさにこそ候ひけれ」訳 ほんとうにそのとおりでした。

まこと-や【誠や】感〔感動詞「まこと」＋間投助詞「や」〕ふと思い出したことを言うときのことば。ああ、そうそう。たしか。ほんとにまあ。〈源氏・須磨〉「まことや、騒がしかりしほどの紛れに漏らしてけり」訳 ああ、そうそう、騒がしかった間のごたごたのために(書き)もらしてしまった。

まごーびさし【孫廂・孫庇】名 母屋の廂の外側に、さらに小さく張り出した部屋。「又廂」とも。

まーこも【真菰・真薦】名〔「ま」は接頭語〕草の名。水辺に生え、秋に淡緑色の穂を生じる。丈は約二メートルに達する。実は食用。葉でむしろを編む。こも。

まーさか【目前】名 まのあたり。今。現在。〈万葉・一二・二九八五〉「梓弓末は知らずしかれどもまさかは君に寄りにしものを」訳 将来は分からない。しかし、今はあなたに寄り添ってしまったことだ。(「梓弓」は「末」にかかる枕詞)

まさき【柾木・真拆】名「まさきのかづら」に同じ。

まーさきく【真幸く】副〔「ま」は接頭語〕幸せに。無事に。〈万葉・二・一四一〉「磐代の浜松が枝を引き結びま幸くあらばまたかへり見む」訳 →いはしろの…和歌

まさき-の-かづら【柾木の葛・真拆の葛】名 植物の名。葛の一種。古代、つるを割いて鬘とし、神事に用いた。「ていかかづら」または「つるまさき」の古名かという。まさき。秋

まーさぐ・る【弄る】他ラ四〔ら・り・る・る・れ・れ〕〔「ま」は接頭語〕もてあそぶ。いじる。〈落窪〉「琴を臥しながらまさぐり用て」訳 (女君は)琴を横になったままでもてあそんで。

まーさご【真砂】名〔「ま」は接頭語。上代は「まなご」〕細かい砂。

まさ-ざま形動ナリ〔なら・なり(に)・なり・なる・なれ・なれ〕❶【勝様】〔「まさりざま」の転〕(他より)まさっているさま。〈大鏡・時平〉「これは、文集の、白居易の「…」といふ詩にまさざまに用作らしめ給へりとこそ」訳 この(道真の)詩は、「白氏文集」にある、白居易の「…」という詩よりいっそうすぐれたようにお作りになられていると。
❷【増様】いっそうはなはだしいさま。〈方丈・三〉「あまりさへ疫癘うち添ひて、まさざまに用あとかたなし」訳 おまけに流行病まで加わって、いっそうはなはだしくなって(立ち直った)形跡もない。

まさ・し【正し】形シク〔しから・しく(しかり)・し・しき(しかる)・しけれ・しかれ〕❶正しい。間違いない。〈平家・四・通乗之沙汰〉「まさしい体(イ音便)太上法皇の王子を討ち奉るだにあるに」訳 間違いない太上法皇(＝後白河法皇)の皇子(＝以仁王)をお討ちするのでさえ畏れ多いことなのに。
❷確かだ。現実に起こるさま。〈徒然・五〇〉「まさしく用見たりといふ人もなく、そらごとといふ人もなし」訳 確かに(鬼を)見たと言う人もなく、うそだと言う人もいない。

まさな-ごと【正無事】名 たわいもないこと。遊びごと。いたずら。〈徒然・一七六〉「昔ただ人におはしまし時、まさなごとせさせ給ひしを忘れ給はで」訳 (光孝天皇が)以前臣下でおいでになったときに、(料理の)遊びごとをなされたのをお忘れにならないで。

まさーな・し【正無し】形ク〔から・く(かり)・し・き(かる)・けれ・かれ〕❶よくない。みっともない。不都合である。〈竹取・かぐや姫の昇天〉「声高になのたまひそ。屋の上に居る人どもの聞くに、いとまさなし終」訳 大声でおっしゃるな。屋根の上にいる人たちが聞くと、ひどくみっともない。
❷思いがけない。予想外だ。〈源氏・絵合〉「いとかうまさなき体まで、いにしへの墨書きの上手ども跡をくらうなしつべかめるは」訳 (絵が)たいそうこうも予想外なほど(上手で)、昔の墨書きの名人たちも(恥ずかしくて)ゆくえをくらましてしまうにちがいないようであるのは。

まさーに【正に】副 ❶確かに。まさしく。〈源氏・夕顔〉「『まさに長き夜』とうち誦じて臥し給へり」訳「確かに長い夜だ」と(漢詩の一節を)口ずさんで、(光源氏は)横になっていらっしゃる。

❷さしあたって。**ちょうど今。**現に。〈平家・延慶本・二本〉「夜まさに明けんとし候ふほどに」訳夜がちょうど今明けようとしていますころに。

❸(下に反語の助詞を伴って)**どうして…(か)。**〈伊勢・四〇〉「今の翁まさにしなむや」訳今の老人は、どうして(こんな真剣な恋愛を)するであろうか(いや、しない)。

> **定型表現 副詞の呼応**
> **まさに…反語の助詞**
> 例 まさに 許さむや。〈反語〉
> (＝どうして許すことができようか(いや、許せない))

❹(下に助動詞「べし」を伴って)きっと。**必ず。…するのが当然。**〈今昔・三・二六〉「汝、まさに知るべし」訳そなたは、必ず知らなければならない。

> **定型表現 副詞の呼応**
> **まさに…べし**
> 例 まさに すべし。〈当然〉
> (＝必ずしなければならない)

ま-さやか 形動ナリ {なら・なり(に)・なり・なる・なれ・なれ}〔「ま」は接頭語〕はっきりしているさま。〈万葉・二〇・四四二四〉「色深く背なが衣は染めましを御坂たばらばまさやかに用見む」訳色濃く夫の衣服は染めればよかったなあ。(足柄の山の)御坂を通らせていただくならば、はっきりと見えるだろうに。

まさり-ざま【勝り様】 形動ナリ {なら・なり(に)・なり・なる・なれ・なれ}他と比べてまさっているさま。〈源氏・明石〉「艶にまばゆきさまはまさりざまに用ぞ見ゆる」訳(明石の入道の館の)優美できらびやかなありさまは、(都の諸邸宅より)まさっているようすに見える。

まさ・る 自ラ四 {ら・り・る・る・れ・れ} ❶【増さる】(数量や程度が)ふえる。強まる。〈平家・九・宇治川先陣〉「水はをりふしまさり用たり」訳(谷々の氷がとけ、宇治川の)水かさは折しもふえている。

❷【勝る・優る】すぐれる。ひいでる。〈徒然・一八八〉「いづれかまさる体と、よく思ひくらべて」訳どちらがすぐれているかと、よく考え比較して。対劣る

まし【汝】 代 対称の人代名詞。おまえ。同等以下の者に対して用いる。〈源氏・少女〉「ましが常に見るらむもうらやましきを」訳そなたがいつも(五節と)会っているようなのもうらやましいが。

まし 助動特殊型 ➡次ページ助動詞「まし」

まし 助動詞「まし」の終止形・連体形。

まじ 助動シク型 ➡七五六ページ助動詞「まじ」

ましか 助動詞「まし」の未然形・已然形。

ましか-ば…まし 反実仮想を表す。事実に反することや、実現しそうにないことを仮に想定し、その仮定の上に立って推量する意を表す。もし…(た)なら、…(た)だろう(に)。〈源氏・帚木〉「昼ならましかばのぞきて見奉りてまし終」訳日中だったなら、きっとのぞいて(光源氏を)拝見しただろうに。

> **定型表現**
> **ましかば…まし (反実仮想を表す)**
> 例 鏡に色あらましかば、映らざらまし。
> (＝鏡に色があったならば、映らないだろうに)

なりたち 反実仮想の助動詞「まし」未＋接続助詞「ば」＋…＋反実仮想の助動詞「まし」

まじから 助動詞「まじ」の未然形。

まじかり 助動詞「まじ」の連用形。

まじかる 助動詞「まじ」の連体形。

まじき 助動詞「まじ」の連体形。

まじく 助動詞「まじ」の連用形。

まじけれ 助動詞「まじ」の已然形。

ましじ 助動特殊型《上代語》(助動詞「まじ」の古形)…ないだろう。…まい。…はずがない。〈万葉・二〇・四四八二〉「堀江越え遠き里まで送り来ける君が心は忘らゆましじ終」訳堀江を越えて遠い里まで見送りにきたあなたの心は忘れることができないだろう。

接続 活用語の終止形に付く。ただし、ラ変型に活用する語には連体形に付く。

活用					
未然	連用	終止	連体	已然	命令
○	○	ましじ (。)	ましじき (コト)	○	○

語法 「敢ふ」「得」「堪ふ」「克つ」など、可能の意をもつ下二段動詞、あるいは可能の助動詞「ゆ」に付くことが多い。

まし-て【況して】 副 ❶**いっそう。もっと。**〈源氏・桐壺〉「同じほど、それより下臈の更衣たちはましてやすからず」訳(桐壺の更衣と)同じ身分、またそれより低い地位の更衣たちは、いっそう心おだやかでない。

❷いわんや。**いうまでもなく。**〈徒然・一三四〉「身の上の非を知らねば、ましてほかの誹りを知らず」訳自分の欠点を知らないから、いうまでもなく(自分に対する)他人の批判を知らない。

まじな・ふ【呪ふ】 他ハ四 {は・ひ・ふ・ふ・へ・へ}災いや病気を除くため**神仏などに祈る。**〈徒然・四七〉「鼻ひたる時、かくまじなは未ねば死ぬるなりと申せば」訳くしゃみをしたときに、このようにおまじないをしないと必ず死ぬものだと(世間で)申すので。

まじは・る【交はる】 自ラ四 {ら・り・る・る・れ・れ} ❶**いりまじる。**まぎれこむ。〈方丈・五〉「世を遁れて、山林にまじはる体は、心を修めて道を行はんとなり」訳俗世間から逃れて、山林にいりまじって住むのは、心を正しく整えて仏道を修めようとするからである。

❷交際する。**つきあう。**〈徒然・一三四〉「すべて、人に愛楽せられずして衆にまじはる体は恥なり」訳総じて、人々に親しみ愛されないで、多くの人々とつきあうのは恥ずかしいことである。

❸男女が関係する。**情を交わす。**〈著聞・三五〉「二神まなびてまじはる体ことをえたり」訳二人の神は(せきれいを)まねて情を交わすことを会得した。

まじ・ふ【交じふ・雑じふ】 他ハ下二 {へ・へ・ふ・ふる・ふれ・へよ}まぜ合わせる。混合させる。〈万葉・一〇・一九三九〉「ほととぎす汝が初声はわれにこせ五月の玉にまじへ用て貫かむ」訳ほととぎすよ。おまえの初声は私におくれ。

陰暦五月の薬玉に**まぜ**て(緒に)貫きとどめよう。

まし 助動特殊型

意味・用法

❶反実仮想

㋐(「ませば…まし」「ましかば…まし」の形で)事実に反することを仮に想像し、その仮定の上に立って推量する意を表す。

もし…(た)なら…(た)だろう(に)。

㋑(「未然形＋ば」など仮定条件句を受けて)仮定の上に立って仮想する意を表す。

…(た)だろう(に)。

用例

例 わが背子(せこ)と二人見**ませ**(未)ばいくばくかこの降る雪のうれしから**まし**(体)〈万葉・八・一六五八〉

訳 **もし**私の夫と二人で見る**なら**、どんなにかこの降る雪がうれしく感じられる**だろうに**。

例 鏡に色・形あら**ましか**(未)ば、映らざら**まし**(終)〈徒然・二三五〉

訳 **もし**鏡に色や形があっ**たとしたら**、(何も)映らない**だろうに**。

例 思ひつつ寝(ぬ)ればや人の見えつらむ夢と知りせば覚めざら**まし**(終)を〈古今・恋二〉

訳 (あの人のことを)思い続けて寝るので、あの人が(夢に)見えたのだろうか。夢だとわかっていたら、目を覚まさなかっ**ただろうに**なあ。

❷不可能な事態への希望

…たらよかった。

例 君が家の花橘(はなたちばな)はなりにけり花なる時に逢(あ)は**まし**(体)ものを〈万葉・八・一四九二〉

訳 あなたの家の花橘は実がなってしまった。花であるときに逢っ**たらよかった**のに。

❸ためらい

…たらよいだろう。
…たものだろう。

例 いかにせ**まし**(体)、迎へやせ**まし**(体)、とおぼし乱る〈源氏・松風〉

訳 どうし**たらよかろう**、(明石(あかし)の姫君を)引き取っ**たものだろう**かと、(光源氏は)お悩みになる。

接続

活用語の**未然形**に付く。

活用

未然	連用	終止	連体	已然	命令
(バ) (ませ) ましか	○	(。) まし	(コト) まし	《結ビ》 ましか	○

まし‐ま‐す【坐します】自サ四{さ・し・す・す・せ・せ}「あり」の尊敬語。**いらっしゃる。おいでになる。おありになる。**〈平家・五・月見〉「福原の新都に**まします**(体)人々、名所の月を見んとて」訳 福原の新都に**いらっしゃる**人々は、名所の月を見ようというので。

参考 中古では、「まします」はまれに神仏や皇族について用いられる程度で、「おはします」「おはす」が普通に使われたが、中世に入ると盛んに用いられるようになった。

まし‐ま‐す【坐します】補動サ四{さ・し・す・す・せ・せ}(動詞・形容詞・形容動詞・助動詞「る」「らる」「す」「さす」「なり」の連用形、助詞「て」に付いて)尊敬の気持ちを表す。**…ていらっしゃる。…て(で)おいでになる。お…になる。**〈大鏡・道長上〉「不比等(ふひと)の大臣(おとど)の御女(むすめ)、二人ながら后(きさき)に**まします**(終)めれど」訳 (藤原)不比等の大臣様の御娘は、二人とも后で**いらっしゃる**ようだが。〈平家・灌頂・大原御幸〉「御涙にむせばせ給ひ、あきれてたたせ**ましまし**(用)たる所に」訳 (女院は)御涙にむせびなされ、途方にくれてお立ちになっ**ていらっしゃっ**たところに。→「まします」(自サ四)

参考

ましら【猿】名 猿(さる)。「まし」とも。

まじらひ マジライ【交じらひ】名 交際。つきあい。特に、宮仕え。〈源氏・桐壺〉「はかばかしう後ろ見思ふ人もなき**まじらひ**は、なかなかなるべきことと思ひ給へながら」訳 しっかりと後ろ盾になって心にかけてくれる人もいない**宮仕え**は、かえってしないほうがよいようなものと存じながらも。

まじら・ふ マジラ(ロ)ウ【交じらふ】自ハ四{は・ひ・ふ・ふ・へ・へ}(四段動詞「まじる」(未)＋上代の反復・継続の助動詞「ふ」)❶**まじり合う。**まざる。〈枕・四〇〉「楠(くす)の木は、木立(こだち)多かる所にも、ことに**まじらひ**(用)立てらず」訳 楠の木は、木が多く生えている所でも、格別(他の木に)**まじって**立っていることはなく。❷**仲間にはいる。**交際する。また、**宮仕えする。**〈源

文法ノート

1 「まし」の使われ方

①は「ませば…まし」、「ましかば…まし」、「未然形＋ば…まし」の形で用いる。②は「まし」を単独で用いる。③は「いかに」「なに」「や」など疑問の意を表す語とともに用いる。

2 単なる推量を表す「まし」

中世以降、「む」と同意の単なる推量を表す例も見られる。

氏・桐壺〉「かたじけなき御心ばへのたぐひなきを頼みにて**まじらひ**㊐給ふ」訳（桐壺の更衣は）おそれ多い（桐壺帝の）御愛情のまたとないことを頼りにして**宮仕え**しなさる。

まじ・る【交じる・混じる・雑じる】自ラ四〔ら・り・る・る・れ・れ〕❶あるものの中に他のものがはいりこむ。**まざる**。〈万葉・五・八四九〉「残りたる雪に**まじれ**㊎る梅の花早くな散りそ」訳残っている雪に**まじって**（咲いて）いる梅の花よ、早く散らないでくれ。❷**人に立ちまじる**。仲間にはいる。また、**宮仕えする**。〈徒然・一七六〉「人おほく行きとぶらふ中に、ひじり法師の**まじり**㊐て」訳人が多く訪問する中に、修行僧が**立ちまじって**。❸（山や野に）**分け入る**。〈竹取・かぐや姫の生ひ立ち〉「野山に**まじり**㊐て竹を取りつつ、万(よろづ)のことに使ひけり」訳（竹取の翁(おきな)は）野や山に**分け入って**竹を切り取っては、いろいろなことに使った。

ま-じろ・く【瞬く】自カ四〔か・き・く・く・け・け〕**まばたきをする**。またたく。〈今昔・一・二〉「天人は眼(め)**まじろく**㊑こと無きに眼**まじろく**㊒」訳（天人が死ぬときに現れるという五種の衰えの相＝五衰(ごすい)の第一は）天界に住む者は目を**またたく**ことはないのに、目を**またたく**。

ま・す【座す・坐す】自サ四〔さ・し・す・す・せ・せ〕❶「あり」の尊敬語。**いらっしゃる。おいでになる。おありになる**。〈源氏・明石〉「海に**ます**㊒神の助けにかからずは潮のやほあひにさすらへなまし」訳海に**おいでになる**神の助けにすがらなかったならば、潮流の寄り集まる所（＝沖合はるか）に漂ってしまったであろうに。❷「行く」「来(く)」の尊敬語。**いらっしゃる。おいでになる**。〈万葉・一七・三九九六〉「わが背子(せこ)が国へ**まし**㊐なばほととぎす鳴かむ五月(さつき)はさぶしけむかも」訳あなたが故郷へ**おいでになって**しまったなら、ほととぎすの鳴くであろう陰暦五月は寂しいだろうなあ。

ま・す【座す・坐す】補動サ四〔さ・し・す・す・せ・せ〕（動詞の連用形に付いて）尊敬の意を表す。**お…になる。…て（で）いらっしゃる**。〈伊勢・八二〉「一年(ひとせ)にひとたび来(き)**ます**㊒君待てば」訳→ひととせに…和歌

参考 おもに上代に用いられ、中古以降は和歌にのみみられる。

ま・す㊀自サ四〔さ・し・す・す・せ・せ〕❶【増す】数や量が多くなる。増加する。ふえる。〈万葉・六・一〇一〇〉「奥山の真木(まき)の葉凌(しの)ぎ降る雪の降りは**ます**㊑とも」訳奥山のりっぱな木の葉を押さえつけて降る雪が、どんなに降り**積もる**にしても。❷【勝す・優す】まさる。いっそうすぐれる。〈万葉・三・三四五〉「価(あたひ)なき宝といふとも一坏(ひとつき)の濁れる酒にあに**まさ**㊍めやも」訳（仏の教えは）値のつけられない尊い宝といっても、一杯の濁り酒になんの**まさる**ことがあろうか（いや、まさりはしない）。

㊁他サ四〔さ・し・す・す・せ・せ〕❶【増す】数や量を多くする。増加させる。ふやす。〈徒然・一七五〉「悪を**まし**㊐、よろづの戒(かい)を破りて」訳悪行を**重ね**、あらゆる戒律を破って。❷【勝す・優す】まさるようにする。すぐれるようにする。〈源氏・初音〉「色をも音(ね)をも**ます**㊒けぢめ、殊になむ分かれける」訳（光源氏のすばらしさが、梅の花の）色をも（音楽の）音色をも**すぐれたものにさせる**（という）変化が、格別にはっきりわかるのであった。

ま・す【申す】他サ四〔さ・し・す・す・せ・せ〕〔謙譲の四段動詞「まうす」の転か〕「言ふ」の謙譲語。申し上げる。〈栄花・みはてぬゆめ〉「これを公(おほやけ)にも殿にも、いとよう**まさ**㊍せ給ひつべけれど」訳これ（＝不敬事件）を朝廷にも関白殿（＝道長）にも、たいそうくわしく（訴え）**申し上げ**なされることはきっとできただろうが。

ま・す【申す】補動サ四〔さ・し・す・す・せ・せ〕〔四段動詞「ます（申す）」から〕（動詞の連用形に付いて）謙譲の意を表す。お…申しあげる。〈更級・物語〉「天照御神(あまてるおほんかみ)を念じ**ませ**㊔」訳天照大御神(あまてらすおおみかみ)を**お**祈り**申しあげよ**。

ます 助動特殊型 ❶謙譲語。動作の及ぶ相手に対する敬意を表す。お…申しあげる。…てさしあげる。**お…する**。〈浄・夕霧阿波鳴渡〉「この吉田屋の喜左衛門が着せ**まする**㊒（＝お着せ**する**）小袖」❷丁寧語。聞き手に対する敬意を表す。**…ます**。〈狂・末広がり〉「撫(な)づればこのごとくすべすべ致し**まする**㊑」訳なでるとこのようにすべすべいたし**ます**。

接続 動詞・助動詞の連用形に付く。

活用

未然	連用	終止	連体	已然	命令
ませ (ズ)	まし (テ)	ます (。)	ます (コト)	ませ (ドモ)	ませ (。)
		まする	まする	ますれ	ませい

参考 室町末期以降の語。「参らす」の連体形「まゐらする」が「まらする」→「まっする」→「まっす」→「ます」と転じたもの。

ま・ず【交ず・混ず・雑ず】他ザ下二〔ぜ・ぜ・ず・ずる・ずれ・ぜよ〕❶まぜる。加え入れる。〈源氏・少女〉「秋の前栽(せんざい)をばむらむらほのかに**まぜ**㊐たり」訳（植え込みの春の花々の中に）秋の草花をひとむらずつ少しばかり**まぜ**てある。❷ことばを加える。口をさしはさむ。〈源氏・帚木〉「君のうちねぶりて言葉**まぜ**㊐給はぬを」訳君（＝光源氏）が居眠りしていてことばを**さしはさみ**なさらないのを。

まず〘先ず〙➡まづ

ます-おとし【枡落とし】名 ねずみを捕る仕掛け。枡を棒で支えて立てかけ、その下に餌を置き、ねずみが触れると枡が落ちる仕組みのもの。

まじ 助動シク型

意味・用法

❶ **打消の推量** …そうもない。…ないだろう。

❷ **打消の当然** …はずがない。

❸ **不適当** …ないほうがよい。…のはふさわしくない。

❹ **禁止** …てはならない。

❺ **不可能の予測** …(ことが)できそうもない。

❻ **打消の意志** …まい。…ないつもりだ。

用例

❶ 例 冬枯れのけしきこそ、秋にはをさをさ劣る**まじけれ**(已)〈徒然・一九〉
訳 冬枯れのようすは、秋にはほとんど劣り**そうもない**。

❷ 例 顔むげに知る**まじき**(体)童一人ばかりぞ率ておはしける〈源氏・夕顔〉
訳 (光源氏は)顔を(だれも)まったく知ら**ないはずの**童一人だけを連れていらっしゃった。

❸ 例 さる**まじき**(体)人のもとに、あまりかしこまりたるも、げにわろきことなり〈枕・二六二〉
訳 そうする**のはふさわしくない**人の所に、あまりかしこまった(手紙を書く)のも、なるほどよくないことだ。

❹ 例 童よりほかには、すべて入る**まじ**(終)〈枕・九二〉
訳 (係の女房と)童女以外には、(五節の局には)だれも入っ**てはならない**。

❺ 例 えとどむ**まじけれ**(已)ば、たださし仰ぎて泣きをり〈竹取・かぐや姫の昇天〉
訳 (かぐや姫を)とどめることが**できそうもない**ので、(嫗は)ただ仰ぎ見て泣いている。

❻ 例 わが身は女なりとも、敵の手にはかかる**まじ**(終)〈平家・一一・先帝身投〉
訳 わが身は女であっても、敵の手にはかから**ないつもりだ**。

ます-かがみ【真澄鏡】名「まそかがみ」とも。「真澄の鏡」の略。

増鏡(ますかがみ)《作品名》南北朝時代の歴史物語。成立は応安年間(一三六八—一三七五)、作者は二条良基と推定される。治承四年(一一八〇)後鳥羽天皇の生誕から、元弘三年(一三三三)後醍醐天皇の隠岐からの還幸まで、約百五十年の歴史を流麗な和文の編年体で記す。「大鏡」「今鏡」「水鏡」とともに「四鏡」という。

ま-すほ スオ【真赭】名〔「まそほ」の転〕「まそほ」に同じ。

ますみ-の-かがみ【真澄の鏡】きれいに澄み、はっきり映る鏡。真澄鏡。

ますら-たけを タケオ【益荒猛男・大夫建男】名「ますらを」に同じ。

ますら-を オ【益荒男・丈夫・大夫】名 **勇ましくりっぱな男子**。勇士。ますらたけお。〈万葉・一〇・一九三七〉「**ますらを**の出で立ち向かふ故郷の神奈備山に」訳 **りっぱな男子**が出て立ち向かう旧都の(明日香の)神奈備山で。対 手弱女

ますらを-ぶり マスラオ—【益荒男振り・丈夫振り】名《文芸用語》賀茂真淵など近世国学系の人々が理想とした、力強い男性的な歌風のこと。「万葉集」の歌がその典型とされる。対 手弱女振り

ませ【籬・笆】名 竹や木で作った、目が粗く低い垣根。籬。籬垣。

ませ 助動詞「まし」の未然形。

ませ-ば…まし 反実仮想を表す。事実に反することや、実現しそうにないことを仮に想定し、その仮定の上に立って推量する意を表す。もし…(た)なら、…(た)だろう(に)。〈万葉・八・一六五八〉「わが背子と二人見**ませば**いくばくかこの降る雪のうれしから**まし**(体)」訳 **もし**私の夫と二人で見る**なら**、どんなにかこの降る雪がうれしく感じられる**だろうに**。

なりたち 反実仮想の助動詞「まし」(未)＋接続助詞「ば」＋…＋反実仮想の助動詞「まし」

参考 主として上代に用いられ、中古以降は多く「ましかば…まし」が用いられた。

接続

活用語の**終止形**に付く。ただし、ラ変型に活用する語には連体形に付く。

活用

未然	連用	終止	連体	已然	命令
(ム)	(シテ)	(。)	(コト)	(ドモ)	
まじから	まじく	まじ	まじき	まじけれ	○
	〈まじかり〉(ケリ)		〈まじかる〉(メリ)		

文法ノート

1 「まじ」は「べし」の打消

次の例で明らかなように、「まじ」は「べし」の打消にあたる語である。

例 夢をも仏をも用ゐる**べし**や用ゐる**まじ**や、定めよとなり〈蜻蛉・中〉

訳 夢をも仏をも信じる**ほうがよい**だろうか信じ**ないほうがよい**だろうか、判断しろと(思ってのこと)である。

2 「まじかめり」「まじかなり」

「まじ」の連体形「まじかる」の用例はほとんど見当たらない。「めり」「なり」に接続して「まじかんめり」「まじかんなり」と音便化し、撥音が表記されず「まじかめり」「まじかなり」となることが多い。

まそ-かがみ【真澄鏡】名「ますかがみ」とも。「ますみのかがみ」に同じ。

ま-そほ【真赭・真朱】名〔「ま」は接頭語〕「ますほ」とも。❶朱色の顔料にする赤色の土。辰砂(しんしゃ)。❷赤い色。多く、「真赭の糸」「真赭の薄(すすき)」の形で、すすきの穂が赤みを帯びたものをいう。

また【又・亦・復】

一 副 ❶**もう一度。再び。かさねて。**〈徒然・一九〉「同じこと、**また**今さらに言はじとにもあらず」訳(源氏物語や枕草子で言いふるされたことと)同じことを、**もう一度**こと新しく言うまいというわけでもない。

❷**同じように。やはり。**〈方丈・一〉「世の中にある、人と栖と、**また**かくのごとし」訳 世の中に存在している、人とその住居とは、**やはり**この(=川の流れや水の泡の)ようなものである。

❸**そのほかに。別に。**〈万葉・一七・四〇二二〉「これを除きて**また**はあり難し」訳 これ以外に**ほかに**はありそうもない。

二 接 ❶**ならびに。および。**〈大鏡・道長上〉「中の関白殿、**また**御前に候ふ人々も」訳 中の関白殿(=藤原道隆)、**ならびに**御前にひかえている人々も。

❷**そして。それに。そのうえ。**〈枕・九〉「**また**『翁丸か』とだにいへば、よろこびてまうで来るものを、呼べど寄りこず」訳(犬はひどい姿をしていて)**そのうえ**、(これまでは)「翁丸か」とさえ呼べば必ず、喜んで(こっちへ)参りますのに、呼んでも近づいて来ない。

❸**あるいは。もしくは。**そうかと思うと。〈徒然・一九四〉「なほわづらはしく虚言を心得そふる人あり。**また**、何とも思はで、心をつけぬ人あり」訳(人のうそを深く信じて)さらに口やかましくうそを承知でつけ加える人がいる。**あるいは**、なんとも思わないで、心をとめない人がいる。

❹**しかし。そうかといって。**〈源氏・若紫〉「宮にはあらねど、**また**思し放つべうもあらず」訳(あなたの父である)宮ではないが、**そうかといって**、(私を)見捨てなさって(=他人扱いなさって)よいはずもない。

❺話題を変えるときにいう語。**そして。それから。そこで。**〈今昔・一一・一五〉「この珠を取り給ひつ。**また**、本の国の王、珠を失ひたる咎を以って、我らが頸を切られなむとす」訳(あなた=竜王は)この珠をお取りになった。**そこで**、本国の王は珠をなくした罪によって、われわれの首をきっとお切りになるだろう。

フレーズ

又の (名詞の上に付いて)「つぎの」の意を表す。「**またの**朝」「**またの**つとめて」「**またの**年」「**またの**世」

又の朝 つぎの日の朝。翌朝。

又のつとめて つぎの日の早朝。翌朝早く。

参考「つとめて」だけで「翌朝」「早朝」の意味がある。

又の年 つぎの年。翌年。

又は (多く、下に打消の語を伴って)二度とは。再びは。〈伊勢・三〉「この度行きては、**または**来じ」訳 今度(男が帰って)行ったら、**二度とは**(通って)来ないだろう。

まだき【夙・未だき】副(多く、「に」「も」などの助詞を伴って)まだその時期の来ないうちに。**早くも。**もう。〈源氏・帚木〉「**まだき**にやむごとなきよすが定まり給へるこそ、さうざうしかめれ」訳(光源氏は)**まだ若いのに**もう身分の高い本妻がお決まりになったのは、(浮気もできず)物足りないことだろう。

またく【全く】副 完全に。まったく。〈徒然・二一七〉「銭あれども用ゐざらんは、**またく**貧者と同じ」訳 金があっても使わないならそれは、**まったく**貧しい者と同じである。

またく・す【全くす】他サ変〔せ・し・す・する・すれ・せよ〕完全に保ちつづける。まっとうする。〈徒然・二四一〉「もし立ち直りて命を**またくせ**(未)ば」訳 もし(病気が)治って命を**まっとうする**ならば。

また・し【全し】形ク〔から・く(かり)・し・き(かる)・けれ・かれ〕「まったし」とも。❶**完全である。**整っている。〈枕・一七八〉「女のひとりすむ所は、いたくあばれて築土なども**またから**(未)ず」訳 女が一人で住んでいる所は、ひどく荒れ果てて土塀なども**完全で**なく。

❷無事である。安全だ。〈万葉・一二・二八九二〉「まことわが命またからろうかも」訳 ほんとうに私の命は無事であろうか(いや、無事ではないだろう)。

まだ・し【未だし】形シク {しから・しく(しかり)・し・しき(しかる)・しけれ・しかれ} ❶まだその時期が来ない。まだ早い。〈蜻蛉・上〉「紅葉もまだし(終)」訳 紅葉もまだその時期が来ない。
❷不十分である。未熟である。〈源氏・匂兵部卿〉「この君(=薫)は、まだしき(体)に世のおぼえいと過ぎて」訳 この君は、未熟なのに世間の声望がたいそう度を越えていて。

また-な・し【又無し】形ク {から・く(かり)・し・き(かる)・けれ・かれ} またとない。二つとない。〈徒然・一三七〉「うちしぐれたるむら雲がくれのほど、またなく(用)あはれなり」訳 時おりさっと雨が降った、むら雲に隠れているころ(の月)は、またとなく情趣が深い。

また-の【又の】➡又「フレーズ」

また-の-あした【又の朝】➡又「フレーズ」

また-の-つとめて【又のつとめて】➡又「フレーズ」

また-の-とし【又の年】➡又「フレーズ」

また-は【又は】➡又「フレーズ」

また-びさし【又廂・又庇】名「まごびさし」に同じ。

またやみん… 和歌

またや見ん　交野のみ野の　桜がり
花の雪散る　春のあけぼの
〈新古・二・春下・一一四・藤原俊成〉

訳 再び見ることがあるだろうか。交野の御狩り場の桜狩り(=花見)で、花が雪のように散っているこの春のあけぼのを。(「交野」は歌枕で、今の大阪府枚方市付近の野。桜の名所で皇室の狩り場があった)

解説 惟喬親王が在原業平らと狩りをして遊び、交野の別荘で桜を観賞したという、「伊勢物語」八二段の場面をふまえる。

まち【町】名 ❶(田地の区画の単位から)市街地を道路で区分した一区画。また、宮殿や邸宅内の一区画。
❷等級。階級。〈源氏・帚木〉「二の町の心やすきなるべし」訳 (これは)二流(の相手からの手紙)で、(人が見ても)心配のないものに違いない。
❸商店。また、店の立ち並ぶ所。

まち-い・づ【待ち出づ】他ダ下二 {で・で・づ・づる・づれ・でよ} 待ち受けて出会う。出てくるのを待つ。〈枕・一六〇〉「いつしかと待ち出で(用)たるちごの、五十日・百日などのほどになりたる、行く末いと心もとなし」訳 早く(生まれないか)と待ち受けていた赤ん坊で、五十日や百日などの(祝いをする)ころになったのは、将来が実に待ち遠しい。

まち・う【待ち得】他ア下二 {え・え・う・うる・うれ・えよ} 待ち迎える。長く待って手に入れる。〈徒然・七〉「住み果てぬ世に、みにくき姿を待ちえ(用)て、何かはせん」訳 いつまでも住みおおせないこの世で、(生きながらえて)醜い姿を待ち迎えて、なんになろうか(いや、なんにもなりはしない)。

まち-か・く【待ち掛く】他カ下二 {け・け・く・くる・くれ・けよ} 待ちかまえる。待ち受ける。〈義経記〉「よき太刀持ちたる人をぞ待ちかけ(用)たる」訳 (弁慶は参詣者の中に)よい太刀を持っている人を待ちかまえている。

ま-ぢか・し【間近し】形ク {から・く(かり)・し・き(かる)・けれ・かれ} 「まちかし」とも。(空間的に)すぐ近くだ。(時間的に)ごく最近だ。〈平家・一・祇園精舎〉「まぢかく(用)は、六波羅の入道、前の太政大臣平朝臣清盛公と申しし人のありさま」訳 最近では、六波羅の入道、前の太政大臣平朝臣清盛公と申し上げた方のようすは。対 間遠し

まち-つ・く【待ち付く】他カ下二 {け・け・く・くる・くれ・けよ} 待っていて、その人に会ったり、その時になったりする。待ち迎える。〈枕・二八〉「からうじて待ちつけ(用)て、喜びながら加持せさするに」訳 (探していた修験者を)やっとのことで待ち迎えて、喜びながら加持祈禱をさせていると。

まち-と・る【待ち取る】他ラ四 {ら・り・る・る・れ・れ} ❶待ち受けて捕らえる。〈記・上〉「汝待ちとれ(命)」訳 (赤い猪を)おまえは待ち受けて捕らえよ。
❷待ち受けて迎える。〈源氏・澪標〉「入道待ちとり(用)、喜びかしこまり聞こゆること限りなし」訳 (明石の)入道は(乳母を)待ち受けて迎え、喜び(光源氏の心遣いに)感謝し申しあげることはこの上ない。

まち-なげ・く【待ち嘆く】他カ四 {か・き・く・く・け・け} 早くそうならないかと待ちわびる。〈更級・夫の死〉「よろこびのほどを心もとなく待ちなげか(未)るるに」訳 (夫の任官の)喜びの時を、じれったいほど早くそうならないかと待ちわびずにはいられないでいると。

まち-わた・る【待ち渡る】他ラ四 {ら・り・る・る・れ・れ} 長い間待つ。待ち続ける。〈更級・梅の立枝〉「来むとありしを、さやあると、目をかけて待ちわたる(体)に」訳 (継母が梅の咲くころには)来ようと言っていたけれども、そう(=来てくれる)だろうかと、(梅の木を)見守って待ち続けると。

まち-わ・ぶ【待ち侘ぶ】他バ上二 {び・び・ぶ・ぶる・ぶれ・びよ} 待ちくたびれてつらい思いをする。待ちあぐむ。〈伊勢・二四〉「三年来ざりければ、待ちわび(用)たりけるに」訳 三年間(帰って)来なかったので、(女が)待ちくたびれていたときに。

まつ【松】名 ❶マツ科の常緑高木。古くから神の宿る木とされ、長寿・繁栄・慶事・節操を表すものとして尊ばれた。〈万葉・二〇・四五〇一〉「常磐なる松のさ枝をわれは結ばな」訳 永遠に緑で変わらない松の小枝を私は結ぼう(=御繁栄を祈ろう)。
❷「松明」の略。〈徒然・一九〉「いたう暗きに(=たいそう暗いときに)、松どもともして」
❸「門松」の略。新年を祝って家の門に立てる松。松飾り。〈徒然・一九〉「大路のさま、松立てわたして」訳 都大路のようすは、門松を立てつらねて。

まづ【先づ】副 ❶はじめに。先に。〈源氏・桐壺〉「何事にも故ある事のふしぶしには、まづ参う上らせ給ふ」訳 (桐壺帝は)何事でも趣向をこらした行事のあるおりおりには、(桐壺の更衣を)まっ先に参上させなさる。
❷ともかくも。何はともあれ。ちょっと。〈徒然・一五五〉「世に従はん人は、まづ機嫌を知るべし」訳 世間にさからわずに生きて行こうとする人は、何はともあれ(物事の)しおどきを知らなければならない。
❸実に。なんといっても。〈更級・物語〉「浮舟の女君のやうにこそあらめと思ひける心、まづいとはかなくあさ

まし」訳（「源氏物語」の）浮舟の女君のようにきっとなるだろうと思っていた心は、（今思うと）なんといってもまったくたわいもなく浅はかである。

まっ-かう コウ【真っ向】名 ❶額の まん中。まっ正面。❷兜の鉢の正面。〈平家・九・木曽最期〉「痛手なれば、真っ向を馬のかしらにあててうつぶし給へるところに」訳 致命傷なので、兜の正面を馬の頭に押しあててうつぶせにおなりになったところに。

まつ-ご【末期】名 死にぎわ。臨終。

まつ-じ【末寺】名 本山に対して、その支配下にある寺。また、本寺に属する寺。対 本山・本寺

松島（まつしま）《地名》歌枕 今の宮城県、松島湾一帯の称。大小二百六十あまりの島が点在する景勝地。天の橋立・安芸の宮島とともに日本三景の一つ。

まつしまや… 俳句

松島や（切れ字） 鶴に身をかれ（切れ字） ほととぎす（夏）〈細道・松島・曽良〉

訳 松島のなんとすばらしい眺めよ。できるなら（松に似合う）鶴の姿を借りて鳴き渡ってくれ、ほととぎすよ。（切れ字の「かれ」は、動詞「借る」の命令形）

解説 「無名抄」が伝える和歌の一部「千鳥も着けり鶴の毛衣」の趣向をふまえている。古来、松に鶴は取り合わせ。ほととぎすの声と鶴の高雅な姿の両者を、同時に享受しようとの趣向。

まっ-せ【末世】名《仏教語》末法の世。仏法が衰えた世。末代。

まつ-だい【末代】名 ❶「まっせ」に同じ。❷のちの世。後世。

まったう・す マットウス【全うす】他サ変｛せ・し・す・する・すれ・せよ｝完璧に保つ。完全に果たす。〈平家・一・禿髪〉「宿病たちどころに癒えて、天命をまったうす㊤」訳 長年の病気がただちに治って、天寿をまっとうする。

まった・し【全し】形ク｛から・く(かり)・し・き(かる)・けれ・かれ｝「またし」に同じ。

松平定信（まつだいら さだのぶ）マツダイラサダノブ《人名》（一七五八〜一八二九）江戸後期の政治家・文人。田安宗武の子。老中として寛政の改革を断行。学問・文芸を好んだ。歌集「三草集」、随筆「花月草紙」など。

松永貞徳（まつなが ていとく）《人名》（一五七一〜一六五三）江戸前期の歌人・歌学者・俳人。京都の人。里村紹巴に連歌を、細川幽斎に和歌を学び、また貞門派を開いて近世俳諧の祖となった。俳論書「新増犬筑波集」、俳諧式目書「御傘」など。（貞徳忌 冬）

まつは・す マツワス【纏はす】㊀ 自サ四｛さ・し・す・す・せ・せ｝まといつく。つきまとう。〈源氏・明石〉「御夢にも、ただ同じさまなるもののみ来つつ、まつはし㊥聞こゆ」訳 御夢にも、（先夜と）そっくり同じようすをしたものばかり現れては、つきまとい申しあげる。「まとはす」とも。

㊁ 他サ四｛さ・し・す・す・せ・せ｝まといつかせる。絶えずそばに付き添わせる。〈源氏・桐壺〉「わりなくまつはさ㊍せ給ふあまりに」訳（桐壺帝が桐壺の更衣を）分別なく絶えずそばに付き添わせなされるあまりに。

まつは・る マツワル【纏はる】自ラ四・下二｛ら・り・る・る・れ・れ／れ・れ・る・るる・るれ・れよ｝「まとはる」とも。❶からみつく。からまる。〈源氏・若菜上〉「物にひきかけまつはれ㊥（下二段）にけるを」訳（猫は、首の綱を）何かにひっかけて（からだに）からまってしまったので。

❷ついて離れない。つきまとう。また、物事に執着する。〈源氏・帚木〉「いづくにてもまつはれ㊥（下二段）聞こえ給ふほどに」訳（頭の中将は）どこにおいても（光源氏に）ぴったりとつき従い申しあげなさるうちに。

まっ-ぽふ ボウ【末法】名《仏教語》仏法が衰えた悪い世。末世。釈迦の死後五百年（一説に千年）を正法の時、次の千年を像法の時、のちの一万年を末法の時という。日本では、永承七年（一〇五二）から末法の時代にはいったとされ、折からの天災・戦乱とあいまって無常観が強まった。

まつ-むし【松虫】名 鈴虫の古名。秋

参考 現在の「松虫」と「鈴虫」は、古くはその名が反対であったとされている。和歌では、「松虫」は「（人を）待つ」の意をかけて用いられ、「鈴虫」は「鈴」の縁語の「振る」とともに用いられることが多い。

（まつむし）

まつ-よひ ヨイ【待つ宵】名 ❶来るはずの恋人を待っている宵。〈新古・恋三〉「待つ宵に更けゆく鐘の声聞けば飽かぬ別れの鳥はものかは」訳 来るはずの恋人を待つ宵に（待つ人は来ないまま）夜更けを告げる鐘の音を聞くと、名残つきない別れ（の夜明け）を知らせる鶏の声（を聞くつらさ）などは問題ではないことだ。

❷（翌日の十五夜の月を待つ意から）陰暦八月十四日の夜。また、その夜の月。秋

まつり【祭り】名 ❶神をまつること。祭礼。祭祀。❷特に、京都の賀茂神社の祭礼のこと。陰暦四月の、中の酉の日に行われた。葵祭り。夏。〈徒然・一九〉「祭りのころ、若葉の梢涼しげに茂りゆくほどこそ」訳 賀茂神社の祭礼のころ、若葉の梢がいかにもすがすがしく茂っていくころは。→賀茂の祭り（賀茂「フレーズ」）

まつり-ご・つ【政ごつ】他タ四｛た・ち・つ・つ・て・て｝［名詞「まつりごと」を動詞化したもの］❶政治を行う。世の中を治める。〈大鏡・時平〉「北野と世をまつりごた㊍せ給ふあひだ」訳（時平が）北野（＝菅原道真）と世の中を治めていらっしゃる間。

❷世話をする。とりはからう。〈今昔・二六・五〉「押して家の事どもまつりごち㊥てありければ」訳（夫を失った女性が）むりにいろいろな家事を世話していたので。

まつり-ごと【政】名［「祭り事」の意］政治。行政。〈徒然・二〉「いにしへの聖の御代の政をも忘れ」訳 昔の聖天子のご治世の政治をも忘れ。

まつ・る【奉る】他ラ四｛ら・り・る・る・れ・れ｝《上代語》❶「与ふ」「やる」などの謙譲語。差し上げる。たてまつる。〈万葉・一二・二六〇三〉「心をし君にまつる㊤と思へればよしこのころは恋ひつつをあらむ」訳 心をあなたに差し上げていると思っているから、（あなたが来なくても）まあよい、しばらくは恋い慕い続けてね、いよう。

❷「飲む」「食ふ」などの尊敬語。召し上がる。〈続日本紀〉「やすみしし わご大君は平らけく長くいまして豊御酒

まで 副助

意味・用法	用例
❶限度 動作・作用の及ぶ時間的・空間的な限度を表す。…まで。	例 明くるより暮るるまで、東の山際をながめて過ぐす〈更級・子忍びの森〉 訳 （夜が）明けてから（日が）暮れるまで、（父の旅立って行った）東の山の稜線近くの空を眺めて過ごす。
❷程度 動作・状態の及ぶ程度を表す。…ほど。…くらいに。	例 わが宿は道もなきまで荒れにけりつれなき人を待つとせし間に〈古今・恋五〉 訳 私の家は、（草が生い茂り）道も見えなくなるほどに荒れてしまったことだ。（あの）冷淡な人を待つということをしていた間に。
❸範囲 動作・状態の及ぶ範囲を示す。…までも。…さえ。	例 あやしの法師ばらまで喜びあへり〈源氏・賢木〉 訳 身分の低い法師どもさえ喜びあっている。
❹限定・強調 …だけ。	例 亭主が所望ならば、一つや二つは、謡はうまでよ〈狂・萩大名〉 訳 主人の望みならば、（歌の）一つや二つは、謡おう（という）だけよ。

接続 体言および体言に準ずる語、動詞・助動詞の連体形、副詞や助詞など種々の語に付く。

参考 ④は中世以降の用法。打消の助動詞に付いた「…（ぬ）までも」の形は、「…（ない）としても」「…（ない）にしても」という逆接の仮定条件を表す。↓までも

まつる㊎」訳 わがご主君は平穏でご長寿でいらっしゃってお酒を召し上がる。（「やすみしし」は「わご大君」にかかる枕詞）

まつ・る【奉る】 補動ラ四 《上代語》（動詞の連用形に付いて）謙譲の意を表す。お…申しあげる。お…する。〈万葉・四・五七九〉「見まつり㊥ていまだ時だに変はらねば年月のごと思ほゆる君」訳 お会い申しあげてまだどれほどの時もたっていないのに、長い年月がたったように思われるあなたよ。

まつろ・ふ【服ふ・順ふ】 自ハ四 〔四段動詞「奉る」㊤＋上代の反復・継続の助動詞「ふ」＝「まつらふ」の転〕従う。服従する。〈記・中〉「荒ぶる神、またまつろは㊤ぬ人どもを言向け和平せ」訳 荒れすさぶ神、また服従しない者たちを意に従わせ平定せよ。

まつわる〖纏わる〗↓まつはる

松尾芭蕉（まつをばせう）《人名》（一六四四〜一六九四）江戸前期の俳人。本名宗房。別号桃青・風羅坊など。「はせを」とも自署。伊賀（三重県）上野の人。貞門の俳諧を学び、のち談林の俳風に移ったが、やがてそれを脱して、閑寂の美を重んじる独自の俳風（＝蕉風）を確立した。俳諧を真の芸術に高め、後世、俳聖と称される。句集「芭蕉七部集」、紀行文「おくのほそ道」「野ざらし紀行」「笈の小文」「更科紀行」など。（芭蕉忌・桃青忌 冬）

まで 副助 ↓上助詞「まで」

まで・く【詣で来】 自力変 「まうでく」の転。〈後撰・夏・詞書〉「友達の訪ひまでこ㊤ぬことを恨み遣はすとて」訳 友達が訪ね参らないことを恨んで（使いを）おやりになると言って。

まで-に ❶程度をはっきり表す。…くらいに。…ほどに。〈古今・冬〉「朝ぼらけ有り明けの月と見るまでに吉野の里に降れる白雪」訳 ↓付録①「小倉百人一首」31 ❷限度をはっきり表す。…までも。〈万葉・一一・二七五九〉「わが屋戸の穂蓼古幹摘み生ほし実になるまでに君をし待たむ」訳 私の家の庭の穂を出した蓼の古い茎を摘んで（新しいのを）生やし、（それが）実になる（時）までもあなたを待とう。

なりたち 副助詞「まで」＋格助詞「に」

まで-も （「…ぬまでも」の形で）…（ない）としても。…（ない）にしても。〈新古・春下〉「来ぬまでも花ゆゑ人の待たれつる」訳 （訪ねては）来ないとしても、桜の花のせいで（花見に来はしないかと）自然と人を待ってしまう。

なりたち 副助詞「まで」＋係助詞「も」

まとい〖円居・団居〗↓まとゐ

まとう〖纏う〗↓まとふ

まどう〖惑う〗➡まどふ

まと-か【円か】形動ナリ〔なら・なり(に)・なり・なる・なれ・なれ〕〔のちに「まどか」とも〕❶(形が)まるいさま。〈徒然・二四二〉「望月(もちづき)の**まどかなる**㊍ことは、しばらくも住(ぢゅう)せず、やがて欠けぬ」訳 満月が**まるい**ことは、わずかの間もそのままではなく、すぐに欠けてしまう。
❷円満なさま。安らかなさま。

まーどころ【政所】名〔「まんどころ」の撥音「ん」の表記されない形〕「まんどころ」に同じ。

まど・し【貧し】形シク〔しから・しく(しかり)・し・しき(しかる)・しけれ・しかれ〕❶まずしい。貧乏である。〈細道・石の巻〉「やうやう**まどしき**㊍小家(こいへ)に一夜をあかして」訳 かろうじて、**まずしい**粗末な家で一晩を明かして。
❷不十分である。おろそかである。〈徒然・三八〉「財(たから)多ければ、身を守るに**まどし**㊐」訳 財産が多いと、(それに気をとられ)我が身を守ることに**不十分である**。

まとは・す(マトワス)【纏はす】他サ四〔さ・し・す・す・せ・せ〕「まつはす二」に同じ。〈源氏・紅葉賀〉「何心もなく睦(むつ)れ**まとはし**㊊聞こえ給ふ」訳 (紫の上は)無邪気になついて(光源氏を)**絶えずそばにつき添わせ**申しあげなさる。

まどは・す(マドワス)【惑はす】他サ四〔さ・し・す・す・せ・せ〕〔上代は「まとはす」〕「まどはかす」とも。❶**迷わす。悩ませる。心を動揺させる。**〈竹取・かぐや姫の昇天〉「御心(みこころ)をのみ**まどはし**㊊て去りなむことの、悲しく耐へがたく侍るなり」訳 お心を**迷わせ**てばかりいて(月へ)去ってしまうだろうことが、悲しく耐えがたいのでございます。
❷**混乱させる。区別をつかなくさせる。まごつかせる。**〈万葉・二・一九九〉「神風(かむかぜ)にい吹き**まとはし**㊊」訳 神風で強く吹きつけ(敵を)**混乱させ**。
❸**ゆくえの知れないようにする。**〈源氏・夕顔〉「幼き人**まどはし**㊊たりと中将の憂(うれ)へしは」訳 幼い子供を**行方不明にし**てしまったと(頭の)中将が嘆いていたのは。

まとは・る(マトワル)【纏はる】自ラ下二〔れ・れ・る・るる・るれ・れよ〕「まつはる」に同じ。〈更級・大納言殿の姫君〉「姉おととの中につと**まとはれ**㊊て」訳 (猫は)姉と妹との間にぴったりと**まとわりつい**て。

まどひ(マドイ)【惑ひ】名〔上代は「まとひ」〕迷うこと。**迷い。**また、**あわてること。**〈徒然・九〉「恐るべくつつしむべきは、この**惑ひ**なり」訳 恐れなければならず慎まなければならないのは、この(女色に対する)**迷い**である。

まどひ-ありく(マドイ—)【惑ひ歩く】自カ四〔か・き・く・く・け・け〕さまよい歩く。途方にくれて歩きまわる。〈大和・一五二〉「みづからも深き山に入(い)りて、**まどひありき**㊊給へど」訳 (逃げた鷹(たか)を求めて、大納言)自身も深い山に入って、**さまよい歩き**なさるが。

まと・ふ(マトウ)【纏ふ】「まつふ」とも。
㊀自ハ四〔は・ひ・ふ・ふ・へ・へ〕巻き付く。からみつく。〈拾玉集〉「身に**まとふ**㊍秋の夕霧とく晴れよ」訳 身に**まといつく**秋の夕霧よ、はやく晴れよ。
㊁他ハ四〔は・ひ・ふ・ふ・へ・へ〕**巻き付ける。**からみつかせる。〈宇治・一四・三〉「足に**まとひ**㊊たる尾をひきほどきて」訳 (蛇が)足に**巻き付け**た尾をひきほどいて。

まど・ふ(マドウ)【惑ふ】自ハ四 ➡上266

まとわす〖纏わす〗➡まとはす

まどわす〖惑わす〗➡まどはす

まと-ゐ(—イ)【円居・団居】名・自サ変〔「まどゐ」とも〕❶大勢がまるく並んですわること。**車座。団欒(だんらん)。**〈古今・雑上〉「思ふどち**まとゐせ**㊌る夜は」訳 気の合った者どうしが**団欒し**ている夜は。

最重要330 266

まど・ふ(マドウ)【惑ふ】自ハ四〔は・ひ・ふ・ふ・へ・へ〕〔上代は「まとふ」〕

ガイド どうしてよいかわからず困惑した心理状態にあることを表す(現代語の「戸惑う」の中に残っている)。混乱した状態、判断のつかない状態にある意を表す「迷ふ」に対し、困惑した心理状態に主眼があったが、鎌倉時代以降、両者の区別ははっきりしなくなった。

❶ **心が乱れる。思い悩む。分別を失う。**
例 いかでこのかぐや姫を得てしがな、見てしがなと、おとに聞きめでて**まどふ**㊐〈竹取・貴公子たちの求婚〉
訳 どうにかしてこのかぐや姫を手に入れたいものだ、妻にしたいものだと、うわさに聞いて心ひかれ**思い乱れる**。

❷ **迷う。さまよう。途方にくれる。**
例 酒宴ことさめて、いかがはせんと**まどひ**㊊けり〈徒然・五三〉
訳 酒宴は興がさめて、どうしようかと**途方にくれ**た。

❸ **あわてる。うろたえる。**
例 ことことしくののしりて、足を空に**まどふ**㊍が〈徒然・一九〉
訳 おおげさにわめいて、足も地につかないほど**あわてて走りまわるの**が。

❹ **(動詞の連用形に付いて)ひどく…する。**
例 はかばかしうあひ継ぐ人もなくて、年頃荒れ**まどふ**㊍を思ひ出(い)でて〈源氏・松風〉
訳 (大堰(おおい)川のほとりの領地は)しっかりと跡を継ぐ人もなくて、長年**ひどく**荒れ**ているの**を(明石(あかし)の入道は)思い出して。

最重要330

267 ガイド

まね・ぶ【学ぶ】他バ四{ば・び・ぶ・ぶ・べ・べ}

名詞「まね」に接尾語「ぶ」が付いて動詞化したもので、①が原義。師・先達を手本としてまねするところから③の意が生じた。現代語では①は「まねる」、③は「まなぶ」という。

❶**まねをする。口まねをする。**

例 鸚鵡(あうむ)、いとあはれなり。人のいふらむことをまねぶ(終)らむよ〈枕・四一〉

訳 鸚鵡はとてもしみじみとした趣がある。人の言うようなことをまねるとかいうことだよ。

❷**見たり聞いたりしたことをそのまま人に伝える。**

例 かの御車の所争ひをまねび(用)聞こゆる人ありければ〈源氏・葵〉

訳 あのお車の場所取り争いのことをあったまま(光源氏に)お話し申しあげる者があったので。

❸**習得する。勉強する。**

例 はかばかしきことは、かたはしもまねび(用)知り侍らねば〈徒然・一三五〉

訳 本格的な学問上のことは、少しも習い知っておりませんので。

❷会合。集会。宴会。〈源氏・若菜下〉「この院にかかるまとゐあるべしと聞き伝へて」訳 この院でこうした集まりがあることになっていると人づてに聞いて。

まーな【真名・真字】 名〔「ま」は正式、「な」は字の意〕❶漢字。〈紫式部日記〉「さばかりさかしだち、真名書き散らして侍るほども」訳 (清少納言が)あれほどりこうぶって、漢字を書き散らしています(その)程度も。↓仮名(かな)。❷漢字の楷書。〈源氏・葵〉「草(さう)にも真名にも、さまざま珍しきさまに書きまぜ給へり」訳 (光源氏は漢字を)草書でも楷書でも、あれこれ目新しい書体で書きまぜていらっしゃる。

まな【勿・莫】 副 禁止または制止する意を表す。…するな。だめだ。〈枕・一八四〉「女房のはなつを、『まな』と仰せらるれば」訳 女房が(格子を)あけるのを、(中宮定子が)「いけない」と仰せになるので。

参考 中古に、主に漢文訓読で用いられた。和文では右の用例のように感動詞的に用いられることもあった。

まーなーかひ【眼間・目交ひ】 名〔「目(ま)な間(かひ)」の意。「な」は「の」の意の上代の格助詞〕目と目の間。目の前。まのあたり。〈万葉・五・八〇二〉「いづくより来(きた)りしものそ眼交(まなかひ)にもとなかかりて安眠(やすい)し寝(な)さぬ」訳 →うりはめば…(和歌)

まーなーこ【眼】 名〔「目(ま)な子」の意。「な」は「の」の意の上代の格助詞〕❶目。目玉。ひとみ。❷物事を見定める力。眼力。〈徒然・一九四〉「達人の人を見る眼は、少しも誤るところあるべからず」訳 道理に達した人が人を見定める眼力は、少しも間違えるところがあるはずがない。

まなーご【真砂】 名「まさご」に同じ。

まなーご【愛子】 名 かわいがっている子。最愛の子。〈万葉・六・一〇二〇〉「父君に〔とって〕われは愛子ぞ」

まなこーゐ【眼居】 名 目つき。まなざし。〈枕・四一〉「まなこゐなども、うたてよろづになつかしからねど」訳 (鷺(さぎ)は)目つきなども、不快ですべてにつけて慕わしい感じはしないけれども。

まーな・し【間無し】 形ク{から・く(かり)・し・き(かる)・けれ・かれ} ❶すき間がない。〈万葉・三・四〇〇〉「竹玉(たかたま)を間なく(用)貫(ぬ)き垂れ」訳 竹の玉をすき間なく(ひもに)通して垂れかけて。❷絶え間がない。暇がない。〈万葉・一・二五〉「間なく(用)そ雨は降りける」訳 絶え間なく雨は降っていた。❸時間をおかない。すぐだ。即座である。〈浮・好色一代男〉「『〔破れた着物を〕まなく(用)もとのごとくに〔して〕ください』と申す程に」

まな・ぶ【学ぶ】他バ四{ば・び・ぶ・ぶ・べ・べ}・上二{び・び・ぶ・ぶる・ぶれ・びよ}

❶**人を見習い、それを行う。まねる。**〈徒然・八五〉「偽りても賢(けん)を学ば(未)ん(四段)を、賢といふべし」訳 たとえいつわってでも賢人(の行い)をまねるような人を、賢人というべきである。

❷学問する。勉強する。〈源氏・橋姫〉「年ごろ学び(用)(四段)知り給へることどもの、深き心を説き聞かせ奉り」訳 (阿闍梨(あざり)は)年来学んで習得なさったことごとの深い道理を、(八の宮に)説いてお聞かせ申しあげ。

参考 上二段は、主に漢文訓読で用いられた。

まにーまーに【随に】 副 事のなりゆきにまかせるさま。…ままに。…に従って。…につれて。〈土佐〉「かくて漕(こ)ぎゆくまにまに、海のほとりにとまれる人も遠くなりぬ」訳 このようにして(船を)漕いでゆくのにつれて、海辺に残っている人も遠くなってしまった。

まね・く【招く】他カ四{か・き・く・く・け・け}

❶**手招きする。手で合図して呼ぶ。**〈古今・秋上〉「秋の野の草のたもとか花すすきほにいでて招く(体)袖と見ゆらむ」訳 秋の野の草のたもとなのか、花すすきは。(だから)穂が出て(恋しさを)あらわにして(恋人を)招く袖と見えるのだろう。

❷**招き寄せる。**(身に)受ける。〈徒然・一六七〉「をこにも見

え、人にも言ひ消たれ、禍をも**招く**(体)は、ただこの慢心なり」訳 ばかにも見え、人にも非難され、災難をも**招き寄せるの**は、ただこの慢心(のため)である。

まね・し【形ク】{から・く(かり)・し・き(かる)・けれ・かれ}《上代語》たび重なる。数が多い。〈万葉・九・一七九二〉「逢はぬ日の**まねく**(用)過ぐれば」訳 逢わない日が**数多く**過ぎると。

まねび-た・つ【学び立つ】他タ下二{て・て・つ・つる・つれ・てよ}見聞きしたようすを詳しく語る。〈源氏・初音〉「**まねびたて**(未)むも言の葉足るまじくなむ」訳 (住居のすばらしいようすを)**そのまま詳しく語ろ**うにもことばが足りそうになくて。

まね・ぶ【学ぶ】他バ四 ➡前ページ 267

最重要330

268

まーばゆ・し【目映ゆし・眩し】形ク{から・く(かり)・し・き(かる)・けれ・かれ}

ガイド 目を表す「ま」に光が照り輝く意の形容詞「映ゆし」が付いた語。目が照り輝くように感じられるさまが①②、直視できないさまから③④の意が生じた。

❶ **まぶしい。** 光が強くて見にくい。

例 日のかげも暑く、車にさし入りたるも**まばゆけれ**(已)ば、扇して隠し〈枕・三三〉

訳 日差しも暑く、牛車に差し込んでいる光も**まぶしい**ので、扇で(顔を)隠し。

❷ **光り輝くほど美しい。** きわ立った存在である。

例 いと**まばゆき**(体)までねびゆく人のかたちかな〈源氏・葵〉

訳 まことに**光り輝く**までに立派になってゆく人(=光源氏)の容貌だなあ。

❸ **恥ずかしい。きまりが悪い。**

例 女は、額髪はれらかに掻きやり、**まばゆから**(未)ず、顔うちささげて笑ひ〈徒然・一七五〉

訳 (酔った)女は、額から肩のあたりに垂らした前髪をすっきりと払いのけ、**恥ずかしさも感じ**ないで、顔を少しあお向けて笑い。

❹ **目をそむけたいほど程度がはなはだしい。**

例 いと**まばゆき**(体)人の御おぼえなり〈源氏・桐壺〉

訳 実に**見るにたえないほどの**、人(=桐壺の更衣)のご寵愛の受けようである。

例 今めかしくかい弾きたる爪音、才なきにはあらねど、**まばゆき**(体)心地なむし侍りし〈源氏・帚木〉

訳 現代ふうに(琴を)弾いている爪音は、才気がないわけではないが、(その光景は)**見るにたえないような**気持ちがしました。

まーの-あたり【目の当たり】一 名・形動ナリ ❶ **目の前。眼前。**〈平家・五・奈良炎上〉「**まのあたりに**(用)見奉る者、さらに眼をあてず」訳 (大仏炎上のさまを)**眼前に**見申しあげる者は、決して直視しない。❷ **向き合うこと。直接。**〈源氏・帚木〉「**まのあたりなら**(未)ずとも、さるべからむ雑事などは承らむ」訳 **直接**(顔を合わせて)**で**なくても、しかるべき用事などはお引き受け申しあげよう。❸ **明らかなこと。明白。当然。**〈雨月・貧福論〉「ここにあつまる事**まのあたりなる**(体)ことわりなり」訳 ここ(=強欲で残酷な人の所)に(お金が)集まることは**当然の**道理である。

二 副 **目の前で見て。実際に見て。** 現に。〈方丈・二〉「**まのあたり**めづらかなりしことなり」訳 **実際に見て**(その光景は)めったになかったことである。

まは・す【回す・廻す】他サ四{さ・し・す・す・せ・せ} ❶ 回転させる。❷ まわりを取りまくようにする。**めぐらす。**〈蜻蛉・中〉「幕引き**まはし**(用)て」訳 幕を引き**めぐらし**て。❸ **広く行き渡らせる。**〈源氏・賢木〉「いと急に、のどめたる所おはせぬ大臣の、おぼしも**まはさ**(未)ずなりて」訳 たいそうせっかちで、ゆったりとしたところがおありにならない大臣(=右大臣)が、**あれこれ**お考えも**めぐらさ**なくなって。❹ **差し向ける。** 手配する。〈うつほ・蔵開上〉「それより車**まはさ**(未)せ給ひて」訳 そこから牛車をお**差し向け**になられて。❺ 運用する。

まーばゆ・し【目映ゆし・眩し】形ク ➡上 268

まは・る【回る・廻る】自ラ四{ら・り・る・る・れ・れ} ❶ 回転する。〈徒然・五一〉「直しけれども、つひに**回ら**(未)で、いたづらに立てりけり」訳 (水車を)修繕したけれども、とうとう**回転し**ないで、むだに立っていたということだ。❷ **回り道をする。** また、めぐり歩く。〈狂・薩摩守〉「それならば上へなりとも下へなりとも**回り**(用)ませう」訳 それならば上流へなりとも下流へなりとも**回り道をし**ましょう。❸ (金が運用されて)**利益をうむ。**〈浮・好色一代男〉「小判貸しの利は何ほどにまはる(体)ものぞ」(訳)小判貸しの利息はどのくらいに利益をうむものか。

まひ マイ【幣】(名)謝礼の品として神にささげたり、人に贈ったりするもの。

まーびき【目引き】(名)目くばせ。〈著聞・三九〉「女房どもも、みな御前(=奥方)の目引きに従ひて」

まーびさし【目庇・眉庇】(名)兜の鉢の前面に庇のように突き出て額をおおうもの。⬇鎧「古文常識」

まひーなひ マイナイ【賂・賄・幣】(名)謝礼や賄賂を贈ること。また、その品物。

まーびろ・く【真広く】(他カ下二)〔け・け・く・くる・くれ・けよ〕「ま」は接頭語「まひろぐ」とも。衣服をしまりなく広げる。はだける。〈うつほ・蔵開上〉「指貫、直衣などを引きぶら下げて、ま広け(用)て出で来たり」(訳)指貫や直衣などを下げて、しまりなく広げた状態で現れた。

ま・ふ マウ【舞ふ】(自ハ四)〔は・ひ・ふ・ふ・へ・へ〕❶舞を演じる。〈徒然・一一五〉「声の限り出だして、おのおのうたひ舞ひ(用)」(訳)ありったけの声を出して、めいめい歌ったり舞ったりして。❷まわる。旋回する。〈古本説話集〉「臥したる牛、立ち走りて御堂ざまに参りて三廻りまふ(終)」(訳)寝ていた牛が、起き上がって走って御堂の方へ参って三周まわる。

古文常識 「まふ」と「をどる」

上下動を伴わずに旋回する意が「まふ」の原義、上下にとびはねる意が「をどる」の原義である。転義の「目がまふ」は「眩ふ」、「胸がをどる」は「躍る」と書くことが多いが、「眩ふ」には本来のまわる意が、「躍る」には本来のとびはねる意が生きている。

真淵 まぶち《人名》→賀茂真淵

まへ マエ【前】(名)❶表のほう。正面。〈大鏡・花山院〉「晴明が家の前をわたらせ給へば」(訳)(花山天皇が、安倍)晴明の家の前をお通りになられると。❷昔。過去。以前。〈更級・夫の死〉「初瀬にて、前のたび、『稲荷より賜ふしるしの杉よ』とて、投げ出でられしを」(訳)初瀬で、以前の(参詣の)とき、「稲荷からくださるしるしの杉だ」といって、(杉の枝を)投げ出された(夢を見た)けれども。❸前庭。〈大和・一四八〉「前に荻・薄いとおほかる所になむありける」(訳)庭先に荻や薄がたいそう多い所であった。❹神や身分の高い人をさすのに、直接その名をさすのをはばかっていう語。多く「み」「お」「おん」などの敬称の接頭語を付けて用いる。〈枕・一八四〉「御前近くは、例の炭櫃に火こちたくおこして」(訳)御前(=中宮)の近くは、いつものとおり角火鉢に火を盛大におこして。❺貴人の近くに出ること。〈枕・一八四〉「あへなきまで御前ゆるされたるは」(訳)はりあいがないほど(簡単)に(中宮の)御前に伺候することを許されたのは。❻女性の名に付けて尊敬の意を表す語。〈平家・一〇・千手前〉「名をば千手の前と申し候ふ(=申します)」❼(僧などの)食事。〈宇治・九・四〉「講師の前、人に誂へさせなどして」(訳)講師(=法会などのとき講説をする僧)の食事を、人に注文させなどして。

まへーいた マエ【前板】(名)牛車の前面の入り口に横に渡した板。踏み板。〈徒然・一一四〉「あがきの水、前板までささとかかりけるを」(訳)(牛が)足でかいてはね返した水が前板までざっとかかったので。⬇車「古文常識」

まへーく マエ【前句】(名)連歌・俳諧の付け合いで、付け句のすぐ前の句。→付け合ひ

まへくーづけ マエク【前句付け】(名)雑俳の一種。出された七・七の句に、それに合う五・七・五の句を付け、滑稽さや機知の巧拙をきそう遊戯的な俳諧。近世中期に流行し、川柳のもとになった。→雑俳

まへーつーきみ マエ【公卿】(名)〔「前つ君」の意。「つ」は「の」の意の上代の格助詞〕「まうちぎみ」とも。天皇の御前に伺候する人を尊敬していう語。

まへまへかたつぶり… 歌謡

舞へ舞へ蝸牛 舞はぬものならば 馬の子や牛の子に蹴ゑさせてん 踏み破らせてん 真に愛しく舞うたらば 華の園まで遊ばせん 〈梁塵秘抄・三・四句神歌・四〇八〉

(訳)舞え、舞え、かたつむり。舞わないものならば、馬の子や牛の子に蹴らせてしまうぞ、踏みわらせてしまうぞ。本当にかわいらしく舞ったならば、花の園にも遊ばせてやろう。

解説 子供たちの遊びの歌。「蹴ゑ」は、ワ行下二段動詞「蹴う」の未然形で、「蹴る」の古形。

まーほ【真帆】(名)〔「ま」は接頭語〕広げた船の帆が、その全面に追い風を受けている状態。また、その帆。

まーほ【真秀・真面】(名・形動ナリ)〔「ま」は接頭語〕❶よく整っているさま。完全だ。十分。〈源氏・総角〉「女君の御かたちのまほに(用)うつくしげにて」(訳)女君のお顔がよく整っていかにもかわいらしいようすで。対偏 ❷直接であるさま。あからさま。まとも。〈源氏・初音〉「いとほしとおぼせば、まほに(用)も向かひ給はず」(訳)(光源氏は)気の毒だとお思いになるので、まともにも対面しなさらない。❸正式。ほんとう。〈源氏・絵合〉「まほのくはしき日記にはあらず」(訳)(漢文で書かれた)正式の詳しい日記ではなく。

まほし 助動シク型 ⬇次ページ助動詞「まほし」

まほしから 助動詞「まほし」の未然形。

まほしかり 助動詞「まほし」の連用形。

まほしかる 助動詞「まほし」の連体形。

まほしき 助動詞「まほし」の連体形。

まほしく 助動詞「まほし」の連用形。

まほしーげ …たそうである。…たいようだ。〈源氏・桐壺〉「息も絶えつつ、聞こえまほしげなることはありげなれど」(訳)(桐壺の更衣は)息も絶え絶えに、(桐壺帝に対

して）申し上げたそうな事柄は（まだまだ）ありそうであるが。

なりたち 希望の助動詞「まほし」＋接尾語「げ」

まほしけれ 助動詞「まほし」の已然形。

ま-ほ-ら 名《上代語》〔「ま」は接頭語。「ほ」は非常にすぐれている物・所の意。「ら」は場所を表す接尾語〕すぐれたよい所。「まほろば」「まほらま」とも。〈万葉・五・八〇〇〉「谷蟆（たにぐく）のさ渡る極み聞こし食（を）す国のまほらぞ」訳 ひきがえるが渡り歩く（陸の）果てまで、（天皇が）お治めになる、国のすぐれた所だ。

まぼ・る【守る】他ラ四〔ら・り・る・る・れ・れ〕〔「まもる」の転〕❶見守る。見つめる。〈徒然・一三七〉「一事（ひとこと）も見もらさじとまぼり用て」訳 （祭りの行列が通過するようすを）一事も見落とすまいと見守って。

まほし
助動シク型〔推量の助動詞「む」のク語法「まく」＋形容詞「欲（ほ）し」＝「まくほし」の転〕

意味・用法	用例
❶動作主の希望 …たい。	例 いかなる人なりけん、尋ね聞かまほし終〈徒然・四三〉 訳 どのような人であったのだろう、尋ねて聞きたい。
❷他に対する希望 …てほしい。	例 げに千年（ちとせ）もあらまほしき体御有り様なるや〈枕・三〉 訳 なるほど（古歌にもあるとおり）千年も（このままで）あってほしい（定子様の）ごようすであるよ。

接続

動詞および動詞型活用の助動詞の未然形に付く。

活用

未然	連用	終止	連体	已然	命令
（ズ） まほし から	（シテ） まほしく 〈まほしかり〉 （ケリ）	まほし （。）	（コト） まほしき 〈まほしかる〉 （ベシ）	（ドモ） まほしけれ	○

文法ノート

1「まほし」の語史
「まほし」は中世まではしばしば用いられたが、近世以降は「たし」およびその後身の「たい」にとってかわられた。

2 形容詞「あらまほし」
「まほし」は基本的に①の意を表す語で、②は「あらまほし」の形を除いてはまれである。「あらまほし」はのちに一語化して「あることが望ましい」の意の形容詞となった。

❷守（まも）る。保護する。〈三宝絵〉「誦経（じゅきゃう）の力に三宝のまぼり用給へるなり」訳 誦経の効験で仏法僧の三宝がお守りになっているのだ。

まほろ-ば 名〔「まほら」の転〕「まほら」に同じ。〈記・中〉「倭（やま）とは国のまほろばたたなづく青垣（あをかき）山ごもれる倭しうるはし」訳→やまとは…歌謡

まま【儘・随】名 ❶そのまま。**そのとおり。**〈徒然・七一〉「かねて思ひつるままの顔したる人こそなけれ」訳 （実際に会った時）あらかじめ想像していたとおりの顔をしている人はいない。

❷**心のまま。**思いどおり。自由。勝手。〈源氏・澪標〉「世の中のこと、ただなかばをわけて、太政大臣（おほきおとど）、この大臣（おとど）の御ままなり」訳 世の中の（政治的な）ことは、ただ半分ずつに分けて、太政大臣と、この大臣（＝光源氏）のお心のままである。

❸ある行為のあと何もしないこと。**それきり。そのまま。**〈源氏・末摘花〉「しか。まかで侍るままなり」訳 そうです。（内裏から）退出しましてのそのまま（うかがったの）です。

ま-ま【乳母】名 うば。めのと。

まま-に【儘に・随に】❶成り行きにまかせるさま。…**にまかせて。**心のままに。〈徒然・七三〉「言ひたきままに語りなして、筆にも書きとどめぬれば」訳 言いたい気持ちにまかせて語りこしらえて、（それを）文字にも書きとめてしまうと。

❷事態の進行につれて次の事態が起こるさま。…**に従って。**…**につれて。**〈源氏・若紫〉「入りもておはするままに、霞（かすみ）のたたずまひもをかしう見ゆれば」訳 （山の中へ）だんだん入ってゆかれるにつれて、霞のようすも趣深く見えるので。

❸ある状態・動作のとおりであるさま。…**のとおりに。**…と同じに。〈更級・かどで〉「わが思ふままに、そらにいかでかおぼえ語らむ」訳 （大人たちだって物語の一部始終を）私が思うとおりに、そらでどうして覚えていて語れようか（いや、語れはしない）。

❹原因・理由を表す。…**ので。**…のために。〈更級・かどで〉「いみじく心もとなきままに、等身に薬師仏（やくしぼとけ）を造りて」訳 とてもじれったいので、（自分の）身長と等

最重要330

269 まめまめ・し【忠実忠実し】形シク {しから・しく(しかり)・し・しき(しかる)・しけれ・しかれ}

ガイド 「忠実（まめ）」を重ねて形容詞化した語。人についていう①が本義だが、これを物についていうと、実際に役に立つという②の意になる。

❶実直だ。誠実だ。まじめだ。本気だ。

例 はかなげに言ひなして、まめまめしく㊊恨みたるさまも見えず〈源氏・帚木〉

訳 (女は)たいしたことではないようにあえて言って、本気で(私＝頭の中将を)恨んでいるようすも見えず。

例 まめまめしく㊊過ぐすとならば、さてもありはてず〈更級・宮仕へ〉

訳 まじめに暮らすというならば(それはそれでよいが)、そのようになりきることもなく。

❷実用的だ。

例 何をか奉らむ。まめまめしき㊍物はまさなかりなむ〈更級・物語〉

訳 何を差し上げようか。実用的なものはきっとつまらないだろう。

しい高さに薬師如来の仏像を造って。❺ある事態が起こると同時に次の事態の起こるさま。…やいなや。…と同時に。〈宇治・七・五〉「布をとるまに、見だにもかへらず走り去ぬ」訳 (男は)布を取るやいなや、ふり返りさえもしないで走り去る。

真間の手児奈(ままのてこな)《人名》〔「てこな」は少女の意。「てごな」とも〕「万葉集」に歌われた伝説上の美女。下総の国葛飾郡真間(今の千葉県市川市真間)に住み、多くの男性に求婚されたことを悩んで入水したという。

なりたち 名詞「儘」＋格助詞「に」

ま-み【目見】名 ❶目つき。まなざし。〈源氏・桐壺〉「まみなどもいとたゆげにて」訳 (桐壺の更衣は)目つきなどもひどくだるそうで。❷目もと。〈源氏・若紫〉「まみの程、髪の美しげにそがれたる末も」訳 (尼君の)目もとの感じや、髪のいかにも美しいようすに切りそろえられてある端も。

ま-み・ゆ【見ゆ】自ヤ下二 {え・え・ゆ・ゆる・ゆれ・えよ}〔「目見ゆ」の意〕「会ふ」の謙譲語。お目にかかる。〈雨月・菊花の約〉「利害を説きて吾を経久にまみえ㊌しむ」訳 利害を説いて私を経久にお目にかからせる。

まめ【忠実】形動ナリ {なら・なり(に)・なり・なる・なれ・なれ} ❶まじめなさま。誠実なさま。〈伊勢・六〇〉「まめに㊊思はむといふ人につきて、人の国へいにけり」訳 (妻は)誠実に愛そうという(別の)人につき従って、他国へ行ってしまった。❷よく働くさま。勤勉なさま。熱心なさま。〈方丈・三〉「読経まめなら㊌ぬ時は、みづから休み、みづから怠る」訳 経を読むことに身が入らないときは、自分から休み、自分から怠ける。❸丈夫なさま。健康なさま。〈方丈・四〉「苦しむ時は休めつ、まめなれ㊁ば使ふ」訳 苦しいときは(からだを)休めてしまうし、元気であれば使う。❹実用的である。〈大和・一七三〉「車にて、まめなる㊍ものの、さまざまに持て来たり」訳 牛車で、直接生活に必要なものを、さまざま持ってきた。

まめ-ごと【忠実事】名 まじめなこと。実生活や政治などに関すること。〈源氏・若菜下〉「年ごろ、まめごとにもあだごとにも召しまつはし」訳 (光源氏は)長年、政治むきのことにも遊びごとにも、(私を)お招きになって絶えずつき添わせ。対 徒事

まめ-だ・つ【忠実立つ】自タ四 {た・ち・つ・つ・て・て}〔「だつ」は接尾語〕まじめにふるまう。本気になる。〈源氏・須磨〉「幼き御心地にも、まめだち㊊ておはします」訳 (春宮は)御子供心にも、まじめになって(便りを見て)いらっしゃる。

まめ-びと【忠実人】名 まじめな人。実直な人。対 徒人

まめまめ・し【忠実忠実し】形シク ➡上 269

まめ-やか【忠実やか】形動ナリ {なら・なり(に)・なり・なる・なれ・なれ}〔「やか」は接尾語〕❶まじめなさま。忠実であるさま。誠実だ。〈源氏・若紫〉「すきずきしき方にはあらで、まめやかに㊊聞こゆるなり」訳 うわついた気持ちからではなくて、まじめに申し上げるのである。❷本格的なさま。本式だ。〈源氏・幻〉「雪いたう降りて、まめやかに㊊積もりにけり」訳 雪がひどく降って、本格的に積もったことだ。❸実用的だ。現実的だ。〈うつほ・国譲中〉「仕うまつる受領なども、まめやかなる㊍物、菓物など奉れば」訳 お仕え申しあげる受領なども、実用的な品物や酒のさかななどを差し上げるので。

まめ-をとこ【忠実男】名 ❶誠実な男。実意のある男。〈伊勢・二〉「それをかのまめ男、うち物語らひて」訳 その女に例の誠実な男が、しみじみ情を通わして。❷(「伊勢物語」第二段「まめをとこ」から)好色な男。

まもら・ふ【守らふ】■《上代語》見つめる。見守りつづける。〈記・中〉「楯並めて伊那佐の山の樹の間よも い行きまもらひ㊊戦へば」訳 伊那佐の山

の木の間を通って行き、見守りつづけ戦っていると。（「楯並めて」は「伊那佐」の「い」にかかる枕詞）

なりたち 四段動詞「守る」㊍＋上代の反復・継続の助動詞「ふ」

二 他ハ下二{へ・へ・ふ・ふる・ふれ・へよ}「まぼらふ」とも。❶ 一 に同じ。〈枕・三三〉「講師の顔をつとまもらへ㊊たるこそ、その説くことの尊さもおぼゆれ」訳 仏の教えを説く僧の顔をじっと見つめているときは、その説くことの尊さも自然と感じられる。❷守る。保護する。〈源氏・夕霧〉「よろしうなりぬる男の、かくまがふかたなく一つ所をまもらへ㊊て」訳 まあまあの地位になった男が、こうして他にまぎれる所（＝他の女）もなく一人の女を守って。

参考 二は一の一語化したもの。→ふ（助動）

まもり【守り・護り】名 ❶守ること。守護。また、守る人。護衛。❷神仏の加護。また、守り神。お守り。

まもり-ゐる【守り居る】他ワ上一{ゐ・ゐ・ゐる・ゐる・ゐれ・ゐよ} じっと見守っている。たいせつにしている。〈徒然・一九〇〉「よき女ならば、らうたくして、吾が仏と守りゐ㊊ため」訳 すばらしい女ならば、かわいがって、私の守り本尊よとたいせつにしているだろう。

まも・る【守る・護る】他ラ四 ⬇上270

まゆ【眉】名 ❶〔古くは「まよ」〕まゆげ。❷「眉墨③」の略。❸牛車の屋形の前後にある軒。

フレーズ **眉を開く** 心配事がなくなって、ほっとする。愁眉を開く。〈増鏡・月草の花〉「今はさらに眉を開く㊍時になりて」訳 今また新たにほっとするときを迎えて。

まゆ-ずみ【眉墨・黛】名 ❶眉を描く化粧用の墨。❷①を使って眉を描くこと。また、その眉。❸連山の遠くに見える姿のたとえ。「まゆ」とも。

ま-ゆみ 名 ❶【檀】山野に自生する落葉樹。木質は強く、弓をつくるのに適する。また、紙をつくる。❷【真弓・檀弓】①でつくった丸木の弓。〈伊勢・二四〉「梓弓ま弓槻弓年を経てわがせしがごとうるはしみせよ」訳 →あづさゆみ… 和歌

まゆ-を-ひら・く【眉を開く】⬇眉「フレーズ」

まよひ【迷ひ】名 ❶迷うこと。思い悩むこと。〈徒然・三八〉「まよひの心をもちて名利の要を求むるに、かくのごとし」訳 迷いの心でもって名誉や利益の欲望を追求すると、このようなものである。❷まぎれること。混雑。〈源氏・少女〉「夕まぐれの人のまよひに対面させ給へり」訳（大宮は）夕暮れの人ごみ

最重要330

270 **まも・る**【守る・護る】他ラ四{ら・り・る・る・れ・れ}

ガイド 「目守る」の意。現代語では③④の意で用いるが、古くは原義どおり①「目を離さず見る」の意で用いることが多い。

語感実感 双眼鏡越しに見える野鳥の様子を、一瞬たりとも見逃すまいと、目を離さずにじっと見つめる感じ。

❶目を離さずに見る。見つめる。

例 いとよう似奉れるが、まもら㊍るるなりけり〈源氏・若紫〉

訳（若紫が藤壺に）たいそうよくお似申しあげているのが、見つめないではいられないのであった。

❷ようすをうかがう。見定める。

例 淡海の海波かしこみと風まもり㊊年はや経なむ漕ぐとはなしに〈万葉・七・一三九〇〉

訳 琵琶湖の波が恐ろしいからといって、風の具合をうかがって、（むなしく）年は過ぎてしまうのだろうか。漕ぎ出すことはなくて。

❸警戒する。気をつける。

例 わらはべなどに踏み散らさせず、こぼたせで、よくまもり㊊て〈枕・八七〉

訳（雪の山を）子供たちなどに踏み荒らさせないで、（また）こわさせないで、しっかり見張って。

❹防ぐ。守護する。

例 一尺ばかりの刀どもを抜きかけてぞまもり㊊申しける〈大鏡・花山院〉

訳（武者たちは）一尺（＝約三〇センチメートル）ばかりの刀を手に手に抜きかけて（道兼を）お守り申しあげたということだ。

のまぎれに(夕霧を雲居の雁にひそかに)お会わせなさった。❸〔「紕ひ」とも書く〕(織り糸が)ほつれ片寄ること。(髪の毛や糸・布などが)乱れること。〈万葉・七・一二六五〉「今年行く新島守が麻衣肩のまよひは誰か取り見む」訳今年出かけて行く、新しい島守の麻衣の肩の糸のほつれは、だれが世話をする(=つくろう)のだろうか。❹騒ぐこと。騒ぎ。〈源氏・総角〉「人のまよひすこし鎮めておはせむ」訳(詩歌・管弦を楽しむ)人々の騒ぎを少し鎮めてから、おでかけになるだろう。

まよ・ふ（マヨウ）【迷ふ】自八四〔は・ひ・ふ・ふ・へ・へ〕❶思い悩む。思い迷う。〈続拾遺・釈教〉「尋ね来てまことの道にあひぬるもまよふ㊍心ぞしるべなりける」訳さがし求め来て、仏の道に出会ったのも、(私の)思い悩む心が道しるべであったのだなあ。❷入り乱れてまぎれる。混乱する。〈源氏・花宴〉「上の御局にまゐりちがふ気色ども繁くまよへ㊁ば」訳(弘徽殿の)上の御局に(女房たちが)参上したり退出したりする気配のあれこれがしきりで混雑しているので。❸さまよう。行ったり来たりする。〈細道・石の巻〉「明くればまた知らぬ道まよひ㊊行く」訳夜が明けるとまた知らない道を迷いながら行く。❹〔「紕ふ」とも書く〕布の縦糸と横糸が乱れて片寄る。(髪の毛や糸などが)ほつれる。ゆるむ。〈万葉・一四・三四五三〉「風の音の遠き我妹が着せし衣手本のくだりまよひ㊊来にけり」訳遠くにいる妻が着せてくれた衣は、袖口のあたりがほつれてきてしまった。(「風の音の」は「遠し」にかかる枕詞)

まら-うと（マロウト）【客人・賓】名〔「まらひと」のウ音便。「まれうと」「まれびと」とも〕よそから訪れて来た人。客。訪問者。〈枕・二六〉「にくきもの　いそぐことある折に来て長話をするまらうど」訳不快なもの、急ぐことがあるときに来て長話をする客。

まらうと-ざね（マロウト―）【客人ざね】名〔「ざね」は接尾語〕「まらうどざね」とも。主となる客。正客。〈伊勢・一〇一〉「左中弁藤原の良近といふをなむまらうどざねにて、その日はあるじまうけしたりける」訳左中弁藤原良近という人を正客として、その日はご馳走したのだった。

まら・する《中世語》〔「参らす」の連体形「まゐらする」の転〕━一他サ下二〔せ・せ・す(する)・すれ・せよ〕「やる」の謙譲語。差し上げる。献上する。〈狂・張蛸〉「みやげをまらせ㊌う」訳みやげを差し上げよう。━二補動下二・サ変〔せ・せ・す(する)・すれ・せよ／せ・し・す(する)・すれ・せよ〕❶上位者のためにする動作について、謙譲の意を表す。…てさしあげる。〈天草本伊曽保〉「われこの難儀を遁れさせらるるうずることを教へまらせ㊌うず」訳私がこの難儀をお逃れになれるようなことを教えてさしあげよう。❷上位者に関係する動作について、謙譲の意を表す。お…申しあげる。〈天草本伊曽保〉「お姿を見まらすれ㊁ば、手足もすっかり軽げに」訳お姿を拝見すると、手足もすっかり軽そうで。❸自己の動作であるために、謙譲する意を表す。…申す。〈天草本伊曽保〉「これに居まらする㊎」訳ここに居申す。❹単なる丁寧の意を表す。…ます。〈天草本平家・三〉「それがしも子供を引き具してやがて参りまらせ㊌うずる」訳私も子供を引き連れてすぐに参りましょう。参考 もと下二段活用であったが、のち、サ変型となった。また、「まっする」の形を経て、現在の丁寧の助動詞「ます」の源の一つとなった。

-まり【余り】接尾〔接尾語「あまり」の「あ」が脱落した形〕「あまり(接尾)」に同じ。〈続日本後紀〉「百ちまり十(=百十歳)の翁」

まる-わげ【丸髷】名 女性の髪形の一つ。近世、多く既婚の女性が結った。頭頂にやや平たい楕円形の髷をつけたもの。まるまげ。

(まるわげ)

まれ …であっても。…でも。〈源氏・蜻蛉〉「あが君を取り奉りたらむ、人にまれ鬼にまれ、返し奉れ」訳わが君を奪い申しあげた(ものがいる)としたらそのものは、人であっても鬼であっても、お返し申しあげよ。なりたち 係助詞「も」＋ラ変動詞「有り」㊔＝「もあれ」の転

まれ-びと【客人・賓】名「まらうと」に同じ。

まれ-まれ【稀稀】副 時たま。めずらしく。〈伊勢・二三〉「まれまれかの高安に来て見れば」訳時たまあの高安(=地名)(の女の所)に来てみると。

まろ【丸・円】名・形動ナリ 丸い形。また、丸々と太ったさま。〈枕・二四四〉「つやつやとまろに㊊うつくしげに削りたる木の、二尺ばかりあるを」訳つややかに丸くきれいな感じに削ってある木で、二尺(=約六〇センチメートル)くらいある木を。

-まろ【麻呂・麿・丸】接尾❶男子の名につける。〈竹取・燕の子安貝〉「くらつまろと申す翁」❷鳥獣・刀・船などの名に添える。〈枕・九〉「翁まろ、いづら」訳翁まろ(=犬の名)よ、どこに(いるの)。

まろ【麻呂・麿】代 自称の人代名詞。私。中古では、男女・貴賤を問わず用いた。〈源氏・夕顔〉「まろあれば、さやうのものにはおどされじ」訳私(=光源氏)がいるから、そんなもの(=狐のようなもの)にはおどされまい。

まろうと〔客人・賓〕➡まらうと

まろ-か・す【丸かす・円かす】他サ四〔さ・し・す・す・せ・せ〕「まろがす」とも。丸める。〈今昔・五・一四〉「わが股のししむらをつかみ取りて、猿の子二つが大きさにまろかし㊊て鷲に与へつ」訳(獅子が爪で)自分のももの肉のかたまりをつかみ取って、子猿二ひきの大きさに丸めて鷲に与えた。

まろ-ね【丸寝】名「まるね」とも。帯も解かず、衣服を着たままで寝ること。ごろね。丸臥し。〈万葉・一二・三一四五〉「吾妹子し吾を偲ふらし草枕旅の丸寝に下紐解けぬ」訳私の妻は私を恋い慕っているようだ。旅のごろねで下紐が解けてしまったよ。(「草枕」は「旅」にかかる枕詞。人に思われると下紐が解けるという俗信があった)

まろば・す【転ばす】他サ四〔さ・し・す・す・せ・せ〕ころがす。「まろばかす」とも。〈枕・一五五〉「ねずみの子の毛も

まだ生ひぬを、巣の中より**まろばし**㊊出でたる」訳（むさくるしく思えるものは）ねずみの子で毛もまだ生えていないのを、巣の中から**ころがし**出したの。

まろ・ぶ【転ぶ】自バ四｛ば・び・ぶ・ぶ・べ・べ｝ころがる。ころぶ。倒れる。〈平家・三・大地震〉「大地裂けて水わきいで、磐石も、われて谷へ**まろぶ**㊎」訳大地は裂けて水が湧き出し、大きな石は割れて谷底へ**ころがる**。

まろ・む【丸む・円む】他マ下二｛め・め・む・むる・むれ・めよ｝❶丸くする。丸い形にする。〈紫式部日記〉「筥のふたに広げて、日蔭を**まろめ**㊊て」訳箱のふたに（扇を）広げて、日蔭の蔓を**まるめ**て（のせ）。❷頭をそる。剃髪する。❸全体をそのもので作り固める。〈平家・四・競〉「たとひ黄金を**まろめ**㊊たる馬なりとも」訳たとえ黄金を**固めて作っ**た馬であっても。

まろ-や【丸屋】名茅や葦で屋根を葺いた粗末な家。

まわる〖回る・廻る〗⬇まはる

まゐ・づ【参出】自ダ下二｛で・で・づ・づる・づれ・でよ｝《上代語》〔「まゐいづ」の転〕「出づ」の謙譲語。うかがう。参る。〈万葉・六・九七〉「桜花咲きなむ時に山たづの迎へ**まゐで**㊌む君が来まさば」訳桜の花が咲いてしまうであろう、そのときに（私は）迎えに**うかがおう**、あなたが（帰って）おいでになるならば。（「山たづの」は「迎へ」にかかる枕詞）

参考 中古の「行く」「来く」の謙譲語「まうづ」にあたる。

まゐで・く【参出来】自カ変｛こ・き・く・くる・くれ・こ（こよ）｝「来く」の謙譲語。参り来る。参上して来る。〈万葉・一八・四一二〉「田道間守常世に渡り八矛持ち**まゐでこ**㊌し時」訳田道間守（＝人名）が常世の国（＝異郷）に渡り、たくさんの（橘の）枝を持ち、**参り来**った（＝帰朝した）ときに。

まゐ-のぼ・る【参上る】自ラ四｛ら・り・る・る・れ・れ｝「上る」の謙譲語。高貴な人のもとに参る。参上する。〈万葉・六・一〇二二〉「**まゐのぼる**㊍八十氏人の手向けする恐の坂に幣まつり」訳（都に）**参上する**多くの氏族の人々が手向けをする恐の坂に幣を奉って。

> **敬語ガイド**
> **まゐらす**(1)～(3)
> (1)他サ下二 「与ふ」「やる」の**謙譲語**。
> (2)補動サ下二 **謙譲**の意を表す。
> (3)**謙譲**の動詞「参る」㊌＋使役の助動詞「す」。

まゐら・す(1)【参らす】他サ下二｛せ・せ・す・する・すれ・せよ｝〔四段動詞「参る」㊌＋使役の助動詞「す」が一語になったもの〕「与ふ」「やる」の謙譲語。**差し上げる。献上する。**〈竹取・ふじの山〉「薬の壺に御文そへ、**まゐらす**㊎」訳薬の壺に（かぐや姫の）お手紙を添えて、（帝に）**差し上げる**。

注意 同じ「まゐらす」の形でも、「す」が使役の助動詞の場合もある。その場合には、「まゐる」と「す」の二語に分けて訳出する。→参らす(3)

参考 「まゐる」よりも、謙譲の気持ちが強い。中古から用いられた。

まゐら・す(2)【参らす】補動サ下二｛せ・せ・す・する・すれ・せよ｝〔下二段動詞「参らす」から〕（動詞・助動詞「る」「らる」「す」「さす」「しむ」の連用形に付いて）謙譲の気持ちを表す。**お…申しあげる。お…する。…してさしあげる。**〈枕・一八四〉「かかる人こそは世におはしましけれと、おどろかるるまでぞまもり**参らする**㊍」訳このような（すばらしい）人がこの世にはいらっしゃったのだなあと、はっと驚かずにはいられないほど（の気持ち）でお見つめ**申しあげる**。〈平家・二・徳大寺之沙汰〉「めづらしう思ひ**参らせ**㊊て、もてなし**参らせ**㊊候はんずらん」訳（厳島神社の内侍たちが）めずらしくお思い**申しあげ**て、おもてなし**申しあげる**でしょう。

参考 中古半ばごろから用いられはじめたが、当時は、同じ意味・用法で「奉る」「聞こゆ」「申す」のほうが主で、中古の末ごろから「まゐらす」が盛んに用いられるようになった。中世以降にもよく用いられ、やがて「まらする」「まっする」を生じ、現代語の「ます」の源流となる。

まゐら-す(3)【参らす】❶参上させる。うかがわせる。〈源氏・桐壺〉「急ぎ**まゐらせ**㊊て御覧ずるに」訳（桐壺帝が若宮を）急いで**参内させ**てご覧になると。❷（何かを）**してさしあげさせる。**（何かを）奉仕させる。〈源氏・夕霧〉「大殿油など急ぎ**まゐらせ**㊊て、御台などこなたにて**まゐらせ**㊊給ふ」訳（母一条御息所は落葉の宮のために、女房に）大殿油など急いで**ともしてさしあげさせ**て、御膳などこちらの部屋で**ご用意させ**なさる。

なりたち 謙譲の四段動詞「参る」㊌＋使役の助動詞「す」

注意 一語の動詞「まゐらす」と混同しないこと。使役の意を表現できる場合は二語の扱いである。

まゐら-せ-たま・ふ【参らせ給ふ】❶〔まゐら 謙譲 ＋せ 使役 ＋たまふ 尊敬〕㋐参上させなさる。〈源氏・桐壺〉「慰むやと、さるべき人々を**参らせ**給へ㊋ど」訳（桐壺帝は悲嘆が）慰められるかと、しかるべき人々を**参上**（＝入内）**させなさる**けれど。㋑（何かを）**してさしあげさせなさる。**（何かを）奉仕おさせになる。〈源氏・朝顔〉「とく御格子**参らせ給ひ**㊊て、朝霧をながめ給ふ」訳（光源氏は朝）早く御格子を**あげてさしあげさせなさっ**て、朝霧をご覧になる。❷〔まゐら 謙譲 ＋せ 尊敬 ＋たまふ 尊敬〕**ご参上あそばす。**〈源氏・幻〉「后の宮は、内裏に**参らせ給ひ**㊊て」訳（明石の）中宮は、皇居に**ご参上あそばし**て。

なりたち 謙譲の四段動詞「参る」㊌＋助動詞「す」㊊＋尊敬の四段補助動詞「たまふ」

参考 ①②とも、ふたりの人物を同時に敬う言い方で、現代語ではふつうは使われない。それぞれの敬意の対象は次の通りで、「まゐら」で**動作の対象となる人物**（＝Ⓐ）**を敬う**気持ちを表し、「給ふ」「せ給ふ」で**動作をする人**（＝Ⓑ）**を敬う**気持ちを表す。

① まゐらせ給ふ（まゐら：Ⓐを敬う／せ給ふ：Ⓑを敬う）

② まゐらせ給ふ（まゐら：Ⓐを敬う／給ふ：Ⓑを敬う）

まゐらせ-たま・ふ マイラセ タマ(モ)ウ【参らせ給ふ】〔まゐらせ 謙譲 ＋たまふ 尊敬〕お差し上げになる。**差し上げなさる。**〈源氏・玉鬘〉「折敷を手づから取りて、『これは御前に参らせ給へ命。…』といふを聞くに」訳（豊後の介が）盆を自分の手で取って、「これは御主人に差し上げてください。…」と言うのを聞くと。

Ⓐを敬う　まゐらせ給ふ　Ⓑを敬う

なりたち 下二段動詞「参らす」用＋尊敬の四段補助動詞「たまふ」

参考 ふたりの人物を同時に敬う言い方で、現代語ではふつうは使われない。敬意の対象は次の通りで、「まゐらせ」で動作の対象となる人物（＝Ⓐ）を敬う気持ちを表し、「給ふ」で動作をする人（＝Ⓑ）を敬う気持ちを表す。

まゐらせ-たま・ふ マイラセ タマ(モ)ウ【参らせ給ふ】〔まゐらせ 謙譲 ＋たまふ 尊敬〕…**申しあげなさる。**〈平家・三・烽火之沙汰〉「たとひいかなる僻事出で来候ふとも、君をば何とかし参らせ給ふ終べき」訳 たとえどんな間違いが起こりましても、（臣下のあなたが）君主をどうにかし申しあげなさってよいだろうか（いや、どのようにも申しあげなさってはならない）。

なりたち 謙譲の下二段補助動詞「参らす」用＋尊敬の四段補助動詞「たまふ」

参考 ふたりの人物を同時に敬う言い方で、現代語ではふつうは使われない。敬意の対象は次の通りで、「まゐらせ」で動作の対象となる人物（＝Ⓐ）を敬う気持ちを表し、「給ふ」で動作をする人（＝Ⓑ）を敬う気持ちを表す。

…Ⓐを敬う　まゐらせ給ふ　Ⓑを敬う

まゐり・く マイリクル【参り来】自カ変〔こ・き・く・くる・くれ・こ（こよ）〕「来く」の謙譲語。参上する。うかがう。〈伊勢・二八〉『忘るる心もなし。参りこ未む』といへりければ」訳「（会わなくても、あなたのことを）忘れる気持ちもない。（あなたの所へ）参上しよう」と（男が）言っていたので。

まゐり-もの マイリ【参り物】名 召し上がり物。お食事。

まゐ・る マイル【参る】〔「参まゐ入いる」の転〕

一 自ラ四〔ら・り・る・る・れ・れ〕❶「行く」「来く」の謙譲語。**参上する。**㋐（神社や寺に）**参詣する。参拝に行く。**〈更級・春秋のさだめ〉「霜月の二十余日、石山に参る終」訳 陰暦十一月の二十日過ぎに、石山寺に参詣する。

㋑（身分の高い人、目上の人の所へ）**参上する。うかがう。**〈源氏・若紫〉「君は二三日内裏へも参り用給はで」訳 君（＝光源氏）は二、三日、宮中にも参上しなさらないで。

㋒（身分の高い人、目上の人の所へ）**お仕えする。出仕する。**〈枕・一八四〉★「宮にはじめて参り用たるころ、もののはづかしきことの数知らず」訳（私＝清少納言が）中宮（＝定子）の御殿にはじめて出仕したころ、わけもなく恥ずかしいことがたくさんあって。

敬意の対象（地の文）
★〈枕〉の例
書き手
私＝清少納言が
宮＝定子の御殿に
はじめて参りたるころ（謙譲）
敬意

㋓（天皇・皇太子などの后として）**入内する。**〈源氏・桐壺〉「人より先に参り用給ひて、やむごとなき御思ひなべてならず」訳（弘徽殿の女御は）他の方より先に入内しなさって、尊い（桐壺帝の）御寵愛は一通りでなく。

❷「行く」「来く」の丁寧語。**参ります。**〈更級・物語〉「『今、参り用つる道に、紅葉のいとおもしろきところのありつる』と言ふに」訳「今、（ここへ）参りました途中に、紅葉のたいそう美しい所があったの」と（外から来た人が）言うので。〈徒然・一一五〉「前の河原へ参り用あはん」訳 前の河原へ参りまして戦おう。

二 他ラ四〔ら・り・る・る・れ・れ〕❶「す」「仕ふ」の謙譲語。（何かを）**してさしあげる。奉仕する。**〈伊勢・八三〉「親王に大御酒まゐる終」訳 親王に（右の）馬の頭が、御酒をおすすめする。〈源氏・紅葉賀〉「御髪まゐる体ほどをだに、もの憂くせさせ給ふ」訳 御髪をとかしてさしあげるあいだでさえ、（紫の上は）おいやがりになられる。

❷「飲む」「食ふ」「す」などの尊敬語。**召し上がる。**（何かを）**させなさる。**〈源氏・総角〉「心地もまことに苦しければ、物もつゆばかりまゐら未ず」訳 気分もほんとうに苦しいので、（大君は）食物も少しも召し上がらず。〈源氏・若紫〉「今宵はなほ静かに加持などまゐり用て、出でさせ給へ」訳 今夜はやはり静かに加持（＝仏教で、災いなどをはらうために行う祈禱）などをさせなさって（＝お受けになって）、（明日）お立ちください。

参考「まゐる」の対義語は、上代では「まかる」だが、中古になると、「まゐる」に対しては「まかづ」が用いられるようになった。一②の場合は、身分の高い人、目上の人の所へではなく、必ずしも敬う必要がない場所に「行く」「来」の場合で、丁寧語と見る。

古文常識「まゐる」―「まゐる」と「まかる」

身分の高い人、目上の人など、上位と見られる人の所へ「行く」意の謙譲語が「まゐる」、そこから「退く」意の謙譲語が「まかる」の原義である。この関係は「のぼる」と「くだる」の関係に似ている。なお、中古に下ると、「まゐる」と「まかづ」、「まうづ」「まうでく」と「まかる」とが、それぞれ対応するようになる。

まかる
まゐる

まを・す マ(モ)オス【申す・白す】他サ四〔さ・し・す・す・せ・せ〕（上代語）〔「まうす」の古形〕「言ふ」の謙譲語。申し上げる。〈万葉・二〇・四三七〉「諸は幸くと**申す**(終)帰り来までに」[訳] 皆が達者でいるようにと(神に)**申し上げる**。帰って来るまで。

まを・す【申す・白す】[補動サ四]{さ・し・す・す・せ・せ}《上代語》(「まうす」の古形)(動詞の連用形に付いて)謙譲の意を表す。…申しあげる。〈万葉・五・八七六〉「天飛ぶや鳥にもがもや都まで送り**申し**(用)て飛び帰るもの」[訳] 空を飛ぶ鳥であったらいいなあ。都まで(あなたを)送り**申しあげ**て飛んで帰ってくるのになあ。(「天飛ぶや」は「鳥」にかかる枕詞)

まんえふ-がな【万葉仮名】[名] 国語を表記するため、その字の意味とは関係なく表音文字として用いられた漢字をいう。真仮名。たとえば、「なつかし」を「夏樫」と訓仮名を用いて示したり、「奈都可之」と音仮名を用いて示したりするもの。掛け算の九九から、「憎く」を「二八十一」と戯訓を用いて示すものもある。「古事記」「日本書紀」などにも見られるが、「万葉集」の歌の表記として多用されたので、この名がある。

万葉集(まんえふしふ)《作品名》現存する最古の歌集。成立事情は不明であるが、集成には大伴家持が関与したらしい。奈良時代末期に成立か。二十巻。歌体は、長歌・短歌・旋頭歌・仏足石歌などで、合わせて約四千五百首。部立ては、雑歌・相聞・挽歌を主とする。その素朴・雄健な歌風は「万葉調」「ますらをぶり」などと称される。表記には、漢字の音訓を組み合わせた万葉仮名が多用されている。代表歌人は天智天皇・額田王・柿本人麻呂・山上憶良・大伴旅人・山部赤人・大伴家持・大伴坂上郎女など。他に東歌・防人歌など庶民の歌を多く収める。➡巻頭口絵6ページ・付録◇1◇一四九六ページ

まん-ざ【満座】[名] その座にいる人全部。〈徒然・五三〉「顔をさし入れて舞ひ出でたるに、**満座**興に入る事かぎりなし」[訳] 顔を(鼎に)さしこんで舞い出たところ、**その座にいる人全部**がおもしろがることとこの上もない。

まん-ざい【万歳】[名] ❶「ばんぜい[一]①」に同じ。❷ 近世、正月に、人家の門前でその年の繁栄を祝うことばを述べ、腰鼓を打ちながら滑稽な踊りをして金品をもらい受けた芸人。春

(まんざい②)

まん-どころ【政所】[名](政治を執り行う所の意)❶ 親王・摂政・関白・大臣の荘園の事務や家政をつかさどる所。❷ 神社や寺院の事務を取り扱う機関。❸ 鎌倉・室町時代、幕府の役所の名。財政などを主として取り扱う。❹「北の政所」の略。

まん-な【真名・真字】[名](「まな」の撥音化)漢字。

まん-まん【漫漫】[形動タリ]{たら・たり(と)・たり・たる・たれ・たれ}広々としたさま。遠く果てしないさま。〈平家・九・小宰相身投〉「**漫々たる**(体)海上なれば、いづちを西とは知らねども」[訳] **広々とした**海の上なので、どちらが西の方角だとはわからないが。

万葉集(まんえふしふ) ➡万葉集(まんえふしふ)

み- [接頭](名詞に付いて)❶【御】尊敬の意を表す。「**御**格子」「**御**国」「**御**位」「**御**世」❷【御・美・深】美称、または、語調を整えるときに用いる。「**み**草」「**み**冬」「**み**雪」「**み**吉野」

-み [接尾] ❶(形容詞の語幹(シク活用には終止形)に付いて)㋐後に続く動詞「思ふ」「為」の内容を表す連用修飾語をつくる。〈万葉・二・一九六〉「望月のいやめづらし**み**思ほしし君と時々幸して」[訳] いよいよいとおしいとお思いになっていた夫君と時々お出かけになって。(「望月の」は「めづらし」にかかる枕詞)。〈伊勢・二四〉「梓弓ま弓槻弓年を経てわがせしがごとうるはし**み**せよ」[訳] ➡あづさゆみ… (和歌) [例語] 懐かしみす・侘しみす・惜しみす ㋑述語を並立するのに用いる(中止法)。〈万葉・三・三二四〉「明日香の古き京師は山高**み**河雄大し」[訳] 明日香の旧都は山が高**く**、河が雄大だ。❷(形容詞および形容詞型活用の助動詞の語幹相当部分(シク活用には終止形)に付いて)多くは「…(名詞)を…み」の形で、原因・理由を表す。…**ので**。…**から**。〈万葉・一・四四〉「吾妹子をいざみの山を高**み**かも大和の見えぬ国遠**み**かも」[訳] さあ見ようと思う、そのいざみの山が高い**から**だろうか、大和の国(奈良県)が見えないことよ、国が遠い**から**だろうか。(「吾妹子を」は「いざみの山」に「さあ見よう」の意をかける枕詞)。〈万葉・八・一四二四〉「春の野にすみれ摘みにと来し我れそ野をなつかし**み**一夜寝にける」[訳] ➡はるののに… (和歌) ❸(形容詞の語幹に付いて)その状態の所の意を表す名詞をつくる。〈万葉・一九・四二〇七〉「夕されば藤の繁**み**にはろはろに鳴くほととぎす」[訳] 夕方になると藤の茂っている**ところ**ではるかに鳴くほととぎす。[例語] 浅み・高み・広み・深み ❹(動詞、または助動詞「ず」の連用形に付いて重ねて用いられ)対照的な動作・状態が交互にくり返して行われることを表す。…**たり**…**たり**。〈伊勢・六七〉「生駒の山を見れば、曇り**み**晴れ**み**、たちゐる雲やまず」[訳] 生駒の山を見ると、曇っ**たり**晴れ**たり**、現れ浮かぶ雲がたえない。〈後撰・冬〉「神無月降り**み**降らず**み**定めなき時雨ぞ冬の始めなりける」[訳] 陰暦十月、降っ**たり**降らなかっ**たり**定めなく降る時雨こそ、冬のはじめ(の景物)なのだなあ。

[例語] 生けみ殺しみ(＝生かしたり殺したり)・負ひみ抱きみ・照りみ曇りみ・泣きみ笑ひみ・引きみ引か

ずみ・引きみ弛(ゆる)べみ(＝引いたり弛めたり)・見えみ見えずみ・笑(ゑ)みみ怒(いか)りみ(＝笑ったり怒ったり)

参考 ②の原因・理由を表す用法は上代の語法であるが、平安時代以降も和歌には用いられる。「…を…み」の「を」は間投助詞で、「山高(だか)み(＝山が高いので)白木綿花(しらゆふばな)に落ち激(たぎ)つ滝の河内(かふち)は見れど飽かぬかも」〈万葉・六・九〇九〉「君に恋ひいたも術(すべ)無み(＝何ともしかたがないので)奈良山の小松が下(もと)に立ち嘆くかも」〈万葉・四・五九三〉のように、「を」が省かれることもある。

また、「逢(あ)ふことも涙に(＝逢うこともないので、その悲しみの涙に)浮かぶ我が身には死なぬ薬も何にかはせむ」〈竹取・ふじの山〉のように、「を」の省かれたところに係助詞の「も」が入り、「涙」の「なみ」に「無み」をかけて「…も…み」の形になるような見分けにくい例もある。

み【巳】 名 ❶十二支(じふにし)の六番目。→十二支

❷方角の名。南南東。

❸時刻の名。今の午前十時ごろ、およびその前後約二時間(午前九時ごろから午前十一時ごろ)。

フレーズ

巳の時(とき) 「みのこく」とも。❶「み(巳)③」に同じ。

❷(①が、日中の中ほどにあたる「午(うま)の時」より早いところから)物が新しく、色あざやかなこと。〈源平盛衰記〉「鎧(よろひ)は緋縅(ひをどし)に金物を打ち、未(いま)だ巳の時とぞ見えし」訳 鎧は緋色の染め革でつづり合わせたものに金具を打ち付け、まだ新しく色あざやかと見えた。

巳の日(ひ)**の祓**(はら)**へ** 「みのひのはらひ」とも。陰暦三月上旬の巳の日(＝上巳(じやうし))に行った祓え。人形(ひとがた)をなでてそれに罪・けがれ・わざわいなどの厄害を移して、川や海に流した。→上巳(じやうし)

み【水】 名 水(みづ)。他の語と合した複合語の中に用いられる。「垂水(たるみ)」「水隠(みがく)る(＝水中に隠れる)」「水嵩(みかさ)」「水際(みぎは)(＝汀(みぎわ))」「水草(みくさ)」「水屑(みくづ)」「水隈(みぐま)(＝流れが曲がって岸に入り込んだ所)」「水籠(みごもり)」「水漬(みづ)く」「水上(みなかみ)」「水際(みなぎは)」「水底(みなそこ)」「水門(みなと)(＝水の門(と)。港)」「水面(みなも)」「源(みなもと)(＝水(み)の本(もと)。水源)」「水馴(みな)る(＝水になれる)」「水泡(みなわ)」「水脈(みを)(＝澪(みお))」

み【身】

一 名 ❶からだ。身体。〈徒然・九〉「身を惜しとも思ひたらず」訳 (自分の)からだを惜しいとも思っていないで。

❷身分。また、身の上。身のほど。〈枕・八〉「家のほど、身のほどにあはせて侍るなり」訳 (門の大きさは)家の程度、身分の程度に合わせて(作って)いるのです。

❸自分。わが身。〈枕・八三〉「これは、身のため人の御ためにも、よろこびには侍らずや」訳 これは、私自身のためにもあなたの御ためにも、喜ばしいことではありませんか。

❹命。〈大鏡・道長〉「身のさぶらはばこそ、仰せ言もうけたまはらめ」訳 命がありますならばこそ、ご命令もお受け申しあげましょう。

❺刀の鞘(さや)の中の刃。刀身(たうしん)。〈平家・四・信連〉「衛府の太刀(たち)なれども、身をば心得てつくらせたるを抜き合はせて」訳 衛府の太刀(＝六衛府の官人がつける、装飾用の太刀)であるが、刀身を特に念を入れて作らせておいたものを抜き合わせて。

❻中身。内容。〈古今・仮名序〉「文屋康秀(ふんやのやすひで)は、言葉はたくみにて、そのさま身におはず」訳 文屋康秀(の歌)は、ことば(の使い方)は巧みであって、その(＝歌の)姿が内容と似つかわしくない。

二 代 自称の人代名詞。わたくし。われ。男性が用いた。〈狂・末広がり〉「身が道具のうちに末広がりがあるか」訳 わしの道具の中に末広がり(＝扇)があるか。

フレーズ

身の後(のち) 死んだ後。死後。〈徒然・三八〉「身の後には金(こがね)をして北斗をささふとも、人のためにぞわづらはるべき」訳 死んだ後には黄金で北斗星を支え(るほど財産を残し)ても、(残された)人にとっては迷惑がられるだろう。

身の程(ほど) ❶そのからだや身分の程度。身分相応。〈枕・二六〉「羽風(はかぜ)さへその身のほどにあるこそいとにくけれ」訳 (蚊が)羽風までそのからだ相応にあるのはひどくしゃくにさわる。

❷身の上。〈宇治・二・七〉「身のほどの思ひ知られて」訳 (不幸が続く自分の)身の上が思い知られて。

身を沈(しづ)**・む** ❶身投げする。〈源氏・蜻蛉〉「水の底に身を沈め(用)ても、もどかしからぬわざにこそ」訳 水の底に身投げしても、非難を受けないことであろう。

❷不幸な状態に身をおく。落ちぶれる。〈源氏・明石〉「なほかう身を沈め(用)たるほどは、行ひよりほかのことは思はじ」訳 やはりこんなに身を落としている間(＝謹慎中)は、仏道修行よりほかのことは考えまい。

身を捨(す)**・つ** ❶神仏にすべてを捧(ささ)げて祈る。身を投げ出す。また、夢中になる。〈更級・かどで〉「ある限り見せ給へと、身を捨て(用)て額(ぬか)をつき、祈り申すほどに」訳 (物語を)あるだけ全部お見せくださいと、身を投げ出して(床に)額をすりつけて、お祈り申しあげるうちに。

❷世間から身を引く。出家する。〈源氏・若菜下〉「もろともに身を捨て(未)むも惜しかるまじき齢(よはひ)どもになりにたるを」訳 (女君たちはどなたも私と)一緒に出家したとしても、惜しくはないだろう年齢にそれぞれなってしまっているのだから。⬇背(そむ)く「慣用表現」

身を立(た)**・つ** 立身出世する。また、生計を立てる。〈笈の小文〉「しばらく身を立て(未)んことをねがへども、これがために障(さ)へられ」訳 一時は立身出世しようと思い、そのことを願うけれども、これ(＝俳諧好き)のために妨げられて。

身を辿(たど)**・る** 自分の身の上をあれこれ思い悩む。

身を尽(つ)**く・す** 命をかけて尽くす。真心を尽くす。〈後撰・恋五〉「わびぬれば今はた同じ難波(なには)なるみをつくし(用)ても逢(あ)はむとぞ思ふ」訳 ⬇付録◇①「小倉百人一首」20

参考 和歌では多く「澪標(みをつくし)」とかけて用いられる。

身を投(な)**・ぐ** ❶身投げをする。

❷一身をかえりみず夢中になる。熱中する。〈源氏・若菜上〉「鞠(まり)に身を投ぐる(体)若君達(わかきんだち)の」訳 蹴鞠(けまり)に夢中になっている若い貴公子たちの。

みーあかし【御明かし】名〔「み」は接頭語〕神仏に供える明かり。お灯明(とうみょう)。

みーあらか【御舎・御殿】名〔「み」は接頭語〕宮殿。御殿(ごてん)。

みーあらは・す【見顕す】他サ四{さ・し・す・す・せ・せ}隠れている物や事柄を明らかにする。見破る。〈源氏・手習〉「狐(きつね)の変化(へんげ)したる。憎し。見あらはさ㊀む」訳 狐が化けているのだ。憎い。化けの皮をはがそう。

みーいだ・す【見出だす】他サ四{さ・し・す・す・せ・せ}❶中から外のほうを見る。見やる。〈更級・梅の立枝〉「いみじく泣き暮らして見出だし㊅たれば」訳 ひどく泣き暮らして(部屋から庭を)見やったところ。対 見入る
❷見つける。さがし出す。〈宇治・五・一〉「この地蔵を納めて置き奉りたりけるを思ひ出(い)でて、見出だし㊅たりけり」訳 この地蔵を(奥の部屋に)納めてお置き申しあげてあったことを思い出して、さがし出したのだった。
❸目をみはる。目をむく。〈曽我物語〉「持ちたる扇(あふぎ)をさっと開き、大きに目を見出だし㊅」訳 持っていた扇をさっと開き、大きく目をむいて。

みーいつ【御稜威】名〔「み」は接頭語〕天皇や神などの強い御威光。

みーい・づ【見出づ】他ダ下二{で・で・づ・づる・づれ・でよ}見つける。発見する。〈枕・二七六〉「いみじうゆかしとのみ思ふが、残り見出で㊅たる」訳 (うれしいものは、物語の続きを)たいそう読みたいとばかり思うのが、(その)残り(の巻)を見つけたの。

みーい・る【見入る】他ラ下二{れ・れ・る・るる・るれ・れよ}❶外から中を見る。のぞく。〈枕・一八四〉「御几帳(きちゃう)のほころびよりはつかに見入れ㊅たり」訳 御几帳の縫い合わせていない部分から少しばかりのぞきこんだ。対 見出(い)だす
❷気をつけて見る。注視する。〈枕・四一〉「鳶(とび)烏(からす)などのうへは、見入れ㊅聞き入れなどする人、世になしかし」訳 鳶や鳥などのことについては、気をつけて見たり聞いたりなどする人は、世の中にいないよ。
❸目をかける。世話する。〈枕・二八〉「あからさまに来たる子ども・わらはべを、見入れ㊅らうたがりて」訳 ちょっとやって来た幼児や子供を、目をかけかわいがって。
❹心にとりつく。たたる。〈源氏・夕顔〉「荒れたりし所に住みけむ物のわれに見入れ㊅けむ便りに」訳 荒れた家に住んでいたであろう物の怪(け)が、私にとりついたのであったろうそのついでに。

みーうち【身内】名 ❶からだじゅう。❷一族。一門。

みーうち【御内】〔「み」は接頭語〕一 名 ❶貴人の屋敷や邸内。〈平家・一二・土佐房被斬〉「『御内に夜討ちいったり』とて」訳 (侍たちが)「お屋敷内に夜討ちがはいった」と言って。
❷貴人。殿様。また、その奥方。
❸将軍に直属する武士。
❹家臣。家来。譜代。
二 代 対称の人代名詞。敬意を表す。あなた様。貴下。〈狂・鱸庖丁〉「御内の親は包丁人(=料理人)」

みえーありく【見え歩く】他カ四{か・き・く・く・け・け}人目につくように、歩き回る。見せて歩く。〈竹取・貴公子たちの求婚〉「あながちに心ざし見えありく㊄」訳 いちずに(自分の)志を(姫に)見せるようにして歩き回る。

みえ・く【見え来】自カ変{こ・き・く・くる・くれ・こ(こよ)}現れる。やってくる。〈万葉・三・三〇二〉「何かも君が見えこ㊀ざらむ」訳 どうしてあなたはやってこないのだろう。

みえーしらが・ふ【見えしらがふ】自ハ四{は・ひ・ふ・ふ・へ・へ}わざと目立つようにする。目に触れさせる。〈枕・八七〉「つねに見えしらがひ㊅ありく」訳 (女法師は)いつもわざと目立つようにして歩き回る。

みえ・ぬ【見えぬ】❶見えない。思われない。〈更級・梅の立枝〉「都の内とも見えぬ所のさまなり」訳 都の中とも思われない場所のありさまである。
❷見かけない。見ることができない。〈更級・足柄山〉「その山のさま、いと世に見えぬさまなり」訳 その山(=富士山)の姿は、まったく世間で見かけない形である。
なりたち 下二段動詞「見ゆ」㊀＋打消の助動詞「ず」㊃

みえーまが・ふ【見え紛ふ】自ハ四{は・ひ・ふ・ふ・へ・へ}見まちがえる。見誤る。〈後撰・春上〉「わが宿の梅のはつ花昼は雪夜は月とも見えまがふ㊃かな」訳 私の家の梅の初花は、昼は雪、夜は月とも見まちがえることだなあ。

みえーわ・く【見え分く】自カ四{か・き・く・く・け・け}見分けがつく。はっきり見える。〈平家・灌頂・大原御幸〉「外面(そとも)の小田(をだ)も水越えて、鴫(しぎ)たつひまも見え分か㊀ず」訳 (垣根の)外の田にも水があふれて、鴫のおり立つすきまも見分けがつかない。

みえーわた・る【見え渡る】自ラ四{ら・り・る・る・れ・れ}全体が見える。ずっと一面に見える。〈枕・二三三〉「草葉も水もいと青く見えわたり㊅たるに」訳 草の葉も水もたいそう青々と一面に見えているが。

みお〖澪・水脈〗➡みを

みーお・く【見置く】他カ四{か・き・く・く・け・け}❶前もってようすを見ておく。見届けておく。〈徒然・五四〉「埋(うづ)みけるを人の見おき㊅て、御所へ参りたる間(ま)に盗めるなりけり」訳 (箱を)埋めたのを人が見届けておいて、(法師たちが仁和(にんな)寺の)御所へ参上している間に盗んだのであった。
❷とりはからっておく。処置を講じておく。〈更級・夫の死〉「幼き人々を、いかにもいかにもわがあらむ世に見おく㊃こともがな」訳 幼い子供たち(の行く末)を、どうにかしてぜひ自分が生きている間にとりはからっておくことをしたいものだなあ。
❸見捨てる。放置する。〈枕・二四〇〉「さる君を見おき㊅奉りてこそ、え行くまじけれ」訳 そのような(慈愛深い)主君(=中宮定子)をお見捨て申しあげて、(遠方へ)行くことはできないだろうよ。

みーおこ・す【見遣す】他サ下二{せ・せ・す・する・すれ・せよ}こちらを見る。〈竹取・かぐや姫の昇天〉「月の出(い)でたらむ夜は、見おこせ㊅給へ」訳 月が出ているような夜は、こちら(=私のいる月のほう)を見てください。対 見遣(みや)る

みおつくし〖澪標〗➡みをつくし

みーおと・す【見貶す】他サ四{さ・し・す・す・せ・せ}見下す。軽蔑する。〈徒然・三八〉「無下(むげ)に色なき人におはしけりと、見おとし㊅奉ることなんありし」訳 むやみに無粋な人でいらっしゃったのだなあと、(あなたを)お見下し申しあげることがあった。

みーか【甕】名〔「み」は接頭語。「か」は容器の意〕酒を醸造したり蓄えたりするのに用いる大きなかめ。

み-かうし コウシ【御格子】名〔「み」は接頭語〕格子の敬称。

フレーズ
御格子参る 格子の操作についての謙譲語。格子をお上げ申しあげる。また、お下げ申しあげる。〈枕・二九九〉「雪のいと高う降りたるを、例ならず御格子まゐり用て」訳 雪がたいそう高く降り積もっているのに、いつもと違って御格子をお下げ申しあげて。

み-かうし-まゐ・る ミコウシマイル【御格子参る】➡御格子

み-かき【御垣】名〔「み」は接頭語〕宮中や神社のまわりにある垣根。

みかきもり… 和歌《百人一首》【御垣守 衛士の焚く火の 夜は燃え 昼は消えつつ 物をこそ思へ】〈詞花・恋上・大中臣能宣〉➡付録①「小倉百人一首」49

みが・く【磨く・研く】他カ四〔か・き・く・く・け・け〕❶みがいて光らせる。
❷美しく装う。飾りたてる。映えを増す。〈枕・一〇四〉「常よりも御しつらひ心ことにみがき用つくろひ」訳 ふだんよりも(中宮定子のお部屋の)お飾りつけを特に気を入れて美しく装い手入れし。
❸いよいよ輝かせる。映えを増す。〈新古・冬〉「雪降れば峰のま榊埋もれて月にみがけ已る天の香具山」訳 雪が降るので、峰の常緑の木々は埋もれて、月の光でいよいよ輝きを増して(そびえて)いる天の香具山よ。

み-かさ【水嵩】名 水かさ。水量。

み-かど【御門】名〔「み」は接頭語〕
❶貴人の家の門の敬称。ご門。〈源氏・胡蝶〉「御門のわたりひまなき馬、車の立ちどにまじりて」訳 ご門のあたりにすきまもなく馬や牛車が立ち並んでいるところにまじって。
❷皇居。朝廷。〈万葉・五・八七九〉「天の下奏したまはね御門去らずて」訳 天下の政治をお執りください。朝廷を去らないで。
❸〔「帝」とも書く〕天皇に対する尊称。〈徒然・一〉「御門の御位はいともかしこし」訳 天皇の御位は(申すのも)まことにおそれ多い。
❹天皇の治める国。〈伊勢・八〉「わが御門六十余国の中に」訳 わが天皇の治める国(=日本)六十余国の中に。

慣用表現 みかど ―「天皇」に関する表現

宮中・皇居・御所
内・大内・雲の上・雲居・九重・内裏・御門・宮・百敷

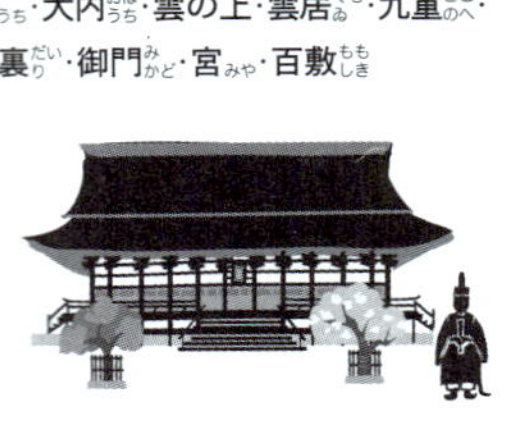

天皇
内・上・公・御前・上・君・主上・内裏・日の御子
[天皇の尊称] 神・皇・御門(帝)

みかのはら… 和歌《百人一首》【みかの原 わきて流るる いづみ川 いつみきとてか 恋しかるらむ】〈新古・恋一・藤原兼輔〉➡付録①「小倉百人一首」27

みか-の-よ-の-もちひ モチイ【三日の夜の餅】平安時代、結婚後三日目の夜、新郎新婦が祝って食べる餅。また、その儀式。通い婚時代は、これをもって結婚成立として盛大に祝った。「三日の餅」とも。

三河 (みかは)ミカワ《地名》旧国名。東海道十五か国の一つ。今の愛知県東部。三州。

みかはや-うど ミカワヤード【御厠人】名〔「みかはやびと」の転〕宮中で便器などの清掃にあたった身分の低い女性。「樋洗し」とも。

み-かまぎ【御薪】名〔「み」は接頭語。「御竈木」の意〕毎年陰暦正月十五日に、役人たちが宮中に献上する薪。また、その献上の儀式。春

みかわやうど【御厠人】➡みかはやうど

み-き【御酒】名〔「み」は接頭語。「き」は酒の古名〕神聖な酒。また、酒の敬称。

みぎ【右】名 ❶右側。右方。
❷左右ある官職で、右の職。日本では左を上位とした。〈源氏・竹河〉「左大臣うせ給ひて、右は左に」訳 左大臣がお亡くなりになって、右大臣は左大臣に(おなりになり)。

みぎ-の-うまづかさ【右の馬寮】名 ➡めれう

みぎ-の-おとど【右の大臣】名「うだいじん」に同じ。

みぎ-の-おほいまうちぎみ オオイモウチギミ【右の大臣】名「うだいじん」に同じ。

み-ぎは ギワ【汀】名 水ぎわ。〈平家・灌頂・大原御幸〉「池の水にみぎはの桜散りしきて」訳 池の水面に水ぎわの桜の花が(一面に)散り敷いて。

みぎやうしょ【御教書】➡みげうしょ

み-ぎり【砌】名〔「水限り」「水切り」の意〕❶軒下や階段の下などに、雨だれを受けるために敷いた石だたみ。〈大鏡・道長上〉「仁寿殿の東面のみぎりのほど(=あたり)に」
❷庭。〈太平記・三九〉「みぎりをめぐる山川」訳 (寺の)庭をとりまく山や川。
❸ところ。場所。〈平家・七・聖主臨幸〉「后妃遊宴のみぎりなり」訳 (ここは)后が遊宴をした場所である。
❹時節。おり。機会。〈平家・一〇・高野御幸〉「釈尊説法のみぎりに」訳 釈迦が説法をしたおりに。

みぎわ【汀】➡みぎは

み-くさ【水草】名 水中または水辺に生える草。みずくさ。

み-くさ【御軍・皇軍】名〔「み」は接頭語。「みいくさ」の転〕天皇の軍隊の尊称。

み-ぐし 名〔「み」は接頭語〕❶【御首・御頭】頭や首の敬称。〈方丈・三〉「東大寺の仏の御首落ちなど、いみじきことども侍りけれど」訳 (地震で)東大寺の大仏のお首が落ちるなど、たいへんなことがいろいろありましたが。

❷【御髪】髪の敬称。〈源氏・若紫〉「けづることをうるさがり給へど、をかしの御髪や」訳 櫛ですくのをわずらわしがりなさるが、美しいおぐしだこと。

フレーズ

御髪下ろ・す 貴人が髪を剃って出家する。〈伊勢・八五〉「童より仕うまつりける君、御髪下ろし用給うてけり」訳（男が）子供のときからお仕えしていた主君が、髪を剃って出家してしまわれたそうだ。

⬇背く「慣用表現」

みぐし-あげ【御髪上げ】名 貴人の髪を結うこと。また、それをつとめる人。

みぐし-おろ・す【御髪下ろす】⬇御髪「フレーズ」

み-くづ [クズ]【水屑】名 水の中のごみ。〈大鏡・時平〉「流れゆくわれは水屑となりはてぬ君しがらみとなりてとどめよ」訳 →ながれゆく… 和歌

み-ぐる・し【見苦し】形シク｛しから・しく（しかり）・し・しき（しかる）・しけれ・しかれ｝❶見るのがつらい。見るに忍びない。〈大和・一四七〉「かく見苦しく用歳月を経て」訳 このように見るのもつらく（なるようすで）年月を過ごして。
❷みにくい。みっともない。〈枕・四一〉「鷺は、いとみめも見苦し終」訳 鷺は、たいそう見た目もみにくい。

み-け【御食・御饌】名（「み」は接頭語。「け」は食物の意）神または天皇に差し上げる食べ物。

み-げうしょ [ギョウショ]【御教書】名（「み」は接頭語）「下し文」の敬称。天皇・上皇の命令で出される綸旨・院宣などの公文書や、三位以上の公卿から出した公文書。鎌倉・室町時代には、将軍家から出した文書についてもいう。

み-けし【御衣】名（「み」は接頭語。「けし」は動詞「着る」の尊敬語「着す」の連用形の名詞化）着物の敬称。お召し物。

み-こ【巫女・神子】名 神に仕え、神楽・祈禱を行い、神託を告げる女性。

み-こ【御子・皇子・親王】名（「み」は接頭語）❶貴人の子供の敬称。**お子様。**〈源氏・若紫〉「かの人の御子になりておはしませよ」訳 あの人（＝光源氏）のお子様になっていらっしゃいよ。
❷**天皇の子、または孫。**〈源氏・桐壺〉「玉の男御子さへ生まれ給ひぬ」訳（桐壺の更衣には）玉のような（美しい）男の御子（＝光源氏）までもお生まれになった。
❸親王。親王宣下を受けた皇子。〈源氏・賢木〉「親王にもなさず、ただ人にて、朝廷の御後ろ見をせさせむ」訳（光源氏を）親王にもせず、臣下として朝廷のお世話役をさせよう。

み-こし【御輿・神輿】名（「み」は接頭語）❶「輿」の敬称。**天皇や貴人の乗る輿。**
❷神が乗っている輿。神輿。おみこし。

み-こと【命・尊】（「み」は接頭語）一 名 神や人を敬っていうときに付ける語。〈記・上〉「八千矛の神の命」訳 八千矛の神様。〈万葉・三・四四三〉「たらちねの母の命は」訳 母上は。（「たらちねの」は「母」にかかる枕詞）
二 代 対称の人代名詞。あなた。おまえ。〈今昔・一六・八〉「われと尊と争ひをせむ」訳 私とあなたと争いをしよう。

み-こと【御言・命】名（「み」は接頭語）神や天皇、貴人のおことば。仰せ。〈万葉・二〇・四三二一〉「大君の命のまにま」訳 天皇の仰せのままに。

み-ごと【見事】一 名 見るべきもの。見もの。〈徒然・一三七〉「見事いとおそし」訳 見もの（＝賀茂の祭りの行列）がたいへん遅れている。
二 形動ナリ｛なら・なり（に）・なり・なる・なれ・なれ｝りっぱなさま。すばらしいさま。〈狂・布施無経〉「さてもさても（＝いやはやまったく）見事な体（口語）菊でござる」

みこと-のり【詔・勅】名（「御言宣り」の意）天皇のおことば。また、ご命令。詔勅。

みこ-ばら【皇女腹】名 皇女から生まれること。また、その子。内親王の子。「宮腹」とも。

み-ごもり【水籠り・水隠り】名「みこもり」とも。❶水中に隠れること。
❷胸に秘めて人に語らないこと。〈千載・恋二〉「みごもりに言はでふる屋の忍ぶ草忍ぶとだにも知らせてしがな」訳 胸に秘めたままで（私の）思いも言わず年月を経ている、その古い家の（庭に生えている）忍ぶ草ではないが、「忍ぶ」（＝思いをこらえている）とだけでも知らせたいものだ。（「ふる」は「経る」と「古る」との掛詞）

み-さう [ソウ]【御荘・御庄】名（「み」は接頭語）荘園の敬称。貴人の荘園。

みさお【操】⬇みさを

み-さき【御先・御前】名（「み」は接頭語）❶貴人の行列に先立って前方にいる人々を追い払うこと。また、その人。〈大鏡・時平〉「御随身の御さき参るも制し給ひて」訳 御随身がお先払いをし申し上げるのもお止めになって。
❷神の使者とされる動物。狐・猿など。

み-さ・く【見放く】他カ下二｛け・け・く・くる・くれ・けよ｝❶遠くをながめる。遠くを見やる。〈万葉・一・一七〉「しばしばも見放け未む山を情なく雲の隠さふべしや」訳 何度も何度も遠く望み見ようと思うその山を、無情にも、雲がくり返し隠してよいものだろうか（とても承服できないことだ）。
❷会って心中の思いをはらす。〈万葉・一九・四一五四〉「語り放け見放くる体人目乏しみと思ひし繁し」訳 語り合って心をはらし、顔を合わせて心をはらす人が少ないからと、物思いのやむときがない。

みさご【鶚・雎鳩】名 鳥の名。猛禽類で、海辺にすみ、水中の魚をとる。

みささぎ【陵】名（上代・中古は「みさざき」）天皇・后妃などの墓。御陵。山陵。

み-ざま【見様】名 はたから見たようす。姿かっこう。容姿。〈徒然・五六〉「人のみざまの良し悪し」

み-ざま【身様】名 身のありさま。からだつき。〈源氏・若菜下〉「古めかしき御みざまにて」訳（女三の宮が懐妊のため）年寄りじみたおからだつきで。

み-ざめ【見醒め・見覚め】名 見ているうちに興味がなくなること。〈源氏・初音〉「われならざらむ人は見ざめしぬべき御ありさまを」訳 自分（＝光源氏）でないような人は、見飽きてくる感じがしてしまうにちがいない（花散里の）お姿を。

みさを [オミサ]【操】一 名 ❶行いや心が清らかで上品なこと。美しい心ばえ。〈霊異記〉「そのみさをあたかも天上の客のごとし」訳 その（女性の生活ぶりが）清らかで上品なことはまるで天からきた仙人のようである。
❷心を変えないで堅く志を守ること。貞節。〈雨月・吉

備津の釜〉「御許の誠あるみさをを見て、今はおのれが身の罪を悔ゆるばかりなり」訳 あなたの誠実な貞節を見て、今はわが身の罪を悔いるだけである。

二 形動ナリ {なら・なり(に)・なり/なる・なれ・なれ} ❶心を堅く守って意志を変えないさま。〈源氏・東屋〉「深き山の本意は、みさをに(用)なむ侍るべきを」訳 (浮舟を尼になして)深い山に(隠そう)という(私の)本来の願いは、いつまでも変わることもないはずでございますから。

❷がまん強いさま。平気なさま。〈山家集〉「みさをなる(体)涙なりせば唐衣かけても人に知られましやは」訳 (心の苦しさにも)平気でいられる涙であったならば、唐衣を掛けるの「かけ」ではないが、(わが恋が)かけても(＝少しでも)人に知られることがあっただろうか(いや、決して知られなかっただろう)。

フレーズ

操作つく・る 平気なようすをする。〈方丈・三〉「絶えて上るものなければ、さのみやはみさをもつくり(用)あへん」訳 (京に)まったく上る者がいないので(食糧などが運ばれなくて)、そう(がまん)ばかり(して)平気なようすをもしていられようか(いや、いられないだろう)。

みさを-つく・る【操作る】⬇操「フレーズ」

みじか・し【短し】形ク {から・く(かり)・し・き(かる)・けれ・かれ} ❶空間的に、二点間の距離が短いさま。㋐長さが少ない。〈枕・七〉「髪ながき人と短き(体)人と」訳 (違いすぎて比べようもないのは)髪の長い人と短い人と(の場合)。

㋑たけが低い。〈枕・一四五〉「短き(体)灯台(＝室内照明具)に火をともして」

❷時間の短いさま。㋐時間が十分にない。わずかである。〈落窪〉「夜短き(体)心地して」訳 夜の時間が短い気持ちがして。

㋑(愛情などが)長続きしない。〈源氏・末摘花〉「さりとも、短き(体)心ばへ使はぬものを」訳 そうである(＝末摘花が私＝光源氏の真心を疑う)にしても、(私は)長続きしない愛情は抱かないのに。

❸(思慮・分別などが)足りない。劣る。〈古今・雑体〉「玉の緒を短き(体)心思ひあへず」訳 思慮の至らない(私の)心には考え及ばず。(「玉の緒の」は「みじかし」にかかる枕詞)

❹せっかちだ。短気だ。〈源氏・藤裏葉〉「心短く(用)うち捨てて散りぬるが、うらめしうおぼゆる頃ほひ」訳 (春の花が)心もせっかちに(散るのを惜しむ人をも)かえりみず散ってしまうのが、残念に感じる時期に。

❺位が低い。身分が低い。〈源氏・帚木〉「もとの品高く生まれながら、身は沈み、位みじかく(用)て」訳 本来の家柄は高く生まれながら、身は落ちぶれ、位が低くて。

みしひとの… 和歌

見し人の 松の千年に 見ましかば
遠く悲しき 別れせましや 〈土佐〉

訳 (この家で元気な姿を)見ていたあの子が、この松にある千年もの齢のように(ずっと生き長らえているのを)見ることができたなら、遠く(土佐(高知県)での)悲しい死の別れをしたであろうか(いや、しなかっただろう)。

解説 京に帰ってきた作者が、庭の松の木々を見て、土佐の国で亡くなった幼い娘を思い出し、松ほどの齢をもって生きてほしかったという親の気持ちを詠んだもの。

み-し・る【見知る】他ラ四 {ら・り・る・る・れ・れ} ❶(物などを)見て知っている。見てわかる。〈伊勢・九〉「京には見えぬ鳥なれば、皆人見知ら(未)ず」訳 京では見かけない鳥なので、だれも見知っていない。

❷(人と)面識がある。顔見知りである。交際がある。〈徒然・八九〉「走り寄りて見れば、このわたりに見知れ(已)る僧なり」訳 走り寄って見ると、この付近で顔を見知っている僧である。

❸見て気がつく。認める。〈平家・九・木曽最期〉「互ひに中一町ばかりより、それと見知っ(用)て、主従駒を速めて寄り合うたり」訳 互いに間が一町(＝約一一〇メートル)ほどのところから、それと気づいて、主従(＝木曽義仲と今井兼平の二人)は馬を速めて寄りあった。

❹(物事を)理解している。わかっている。〈源氏・末摘花〉「見知ら(未)む人にこそ見せめ」訳 (光源氏の容姿はものの美しさを)理解しているような人にこそ見せたい。

❺経験がある。〈源氏・賢木〉「見知り(用)給はぬ世の憂さに、立ちまふべくもおぼされず」訳 (光源氏は)経験がおありにならない世の中のつらさに、人と交際することができようともお思いになれない。

み-じろ・く【身動く】自カ四 {か・き・く・く・け・け} からだを動かす。〈枕・一八四〉「さらにえふとも身じろか(未)ねば」訳 まったく急にも身動きすることができないので。

み-す【御簾】名 (「み」は接頭語。「す」はすだれの意)貴人のいる部屋のすだれ。宮中の母屋や廂の周囲に長押から垂らした。通常、その内側に壁代をそえる。〈枕・二九九〉「御格子上げさせて、御簾を高く上げたれば、笑はせ給ふ」訳 (女房に)御格子を上げさせて、(私が)御簾を高く巻き上げたところ、(中宮は)お笑いになられる。⬇次ページ「古文常識」

(御簾)

み・す【見す】

一 他サ四 {さ・し・す・す・せ・せ} 〔上一段動詞「見る」(未)＋上代の尊敬の助動詞「す」〕「見る」の尊敬語。ご覧になる。〈紀・継体〉「御諸が上に登り立ち我が見せ(已)ば」訳 御諸山の上に登り立って私(＝春日皇女)がご覧になると。

二 他サ下二 {せ・せ・す・する・すれ・せよ} ❶見せる。見るようにさせる。〈更級・かどで〉「物語の多く候ふなる、あるかぎり見せ(用)給へ」訳 物語がたくさんございますとか聞いているのを、あるだけ見せてください。

❷とつがせる。結婚させる。〈源氏・若菜下〉「宮仕へにつぎては、親王たちにこそは見せ(用)奉らめ」訳 (娘を)宮仕え(させる)のが最も望ましいが、それに次いで

は、親王たちにとつがせ申しあげるのがよい。❸経験させる。〈大和・一四六〉「すべてかれにわびしき目な見せ用そ」訳いっさいあの人(=女)につらい目を経験させるな。

みず〘水・瑞〙⬇みづ

み-ずいじん【御随身】名〔「み」は接頭語〕「随身」の敬称。貴人をうやまって、その随身をいう語。

み-すがら【身すがら】名・形動ナリ《近世語》〔「すがら」は接尾語〕❶からだ一つで何も持たないこと。〈細道・草加〉「ただ身すがらに用と出で立ち侍るを」訳(何も持たず)ただからだ一つで(よい)と思って出立しますが。

❷係累のないこと。ひとり身。〈浄・心中天の網島〉「女房子なければ…身すがらの太兵衛と名を取った男」

みずから〘自ら〙⬇みづから

み-すぎ【身過ぎ】名 生活の手段。生計。また、境遇。

みずし〘御厨子〙⬇みづし

み-す・つ【見捨つ】他タ下二{て・て・つ・つる・つれ・てよ}❶見捨てる。見ながらそのままにする。〈竹取・かぐや姫の昇天〉「見捨て用奉りてまかる空よりも落ちぬべき心地する」訳(両親を)お見捨て申しあげておいとまする空からも落ちてしまいそうな気持ちがすることだ。

❷あとに残して去る。あとに残して死ぬ。〈源氏・若紫〉「ただ今おのれ見捨て用奉らば、いかで世におはせむとすらむ」訳たった今、私(=尼君)が(あなた=若紫を)あとに残して死に申しあげたなら、どのようにしてこの世に生きていらっしゃろうとするのだろう。

み-すほふ【御修法】名〔「み」は接頭語〕「みずほふ」「みしほ」とも。「修法」の敬称。密教で行う加持・祈禱の法。

み-すまる【御統】名〔「み」は接頭語〕上代、多くの玉を糸で貫いて作った飾り。首にかけたり、腕にまいたりした。

みずら〘鬟・角髪・角子〙⬇みづら

みせばやな… 和歌《百人一首》【見せばやな 小島のあまの 袖だにも ぬれにぞぬれし 色は変はらず】〈千載・恋四・殷富門院大輔〉⬇付録①「小倉百人一首」90

み-そ【三十】名〔「そ」は十の意〕さんじゅう。

み-そ【御衣】名〔「み」は接頭語。後世は「みぞ」〕貴人の衣服の敬称。お召し物。〈竹取・かぐや姫の昇天〉「御衣を取り出でて着せむとす」訳(天人が)お召し物(=天の羽衣)を取り出して着せようとする。

み-ぞ-う【未曽有】名 いまだかつてないこと。前代未聞。〈徒然・一〇六〉「比丘を堀へ蹴入れさする、未曽有の悪行なり」訳僧を堀へ蹴り入れさせることは、前代未聞の悪行である。

参考「未だ曽て有らず」と訓読する漢語の音読。

みそ-か【三十日】名❶三十日。三十日間。❷〔「晦日」とも書く〕月の三十日目。月末。つごもり。

参考 陰暦十二月の末日は特に「おほみそか」「おほつごもり」という。また、二十九日で終わる陰暦の小の月の末日は、「九日晦日」ともいう。

みそか【密か】形動ナリ⬇次ページ

みそかつきなし… 俳句

みそか月なし 千とせの杉を 抱くあらし 〈野ざらし紀行・芭蕉〉（秋 切れ字）

訳三十日のこととて月影もない。(その闇夜の中を)千年を経た神木の杉を抱くように強い風が吹きめぐっている(しみじみと神域の荘厳の気に浸ることだ)。(切れ字の「し」は、形容詞の終止形活用語尾)

解説 伊勢神宮参拝時の句。西行の「深く入りて神路の奥をたづぬればまた上もなき峰の松風(=このうえなく尊い峰=霊鷲山に吹くのと同じ松風が吹いている)」〈千載・神祇〉をふまえる。なお、神路山の「月」は、宗教的な清浄感の象徴として和歌に詠まれるが、陰暦の三十日は月末で月が見えない。

みそぎ【禊】名

けがれや罪があるとき、また、神事を行う前に、川原

古文常識 「みす(御簾)」―御簾を隔てて逢う男女

御簾は貴人の部屋を仕切り、内部を遮蔽するために設けられたもので、御簾越しの対面では内部の者の姿は見にくいが、内部から外側はよく見えた。女性が他人に顔を見せない、平安時代の妻問い婚では、男性は、夜の闇のなか女性のもとをたずねる。御簾越しでは、男性のいる廂の側から御簾の内側の女性は影くらいしか見えない。しかし御簾の内側の女性からは、取次の召使のかざす手燭の灯で照らし出された男性の姿をはっきり見ることができた。

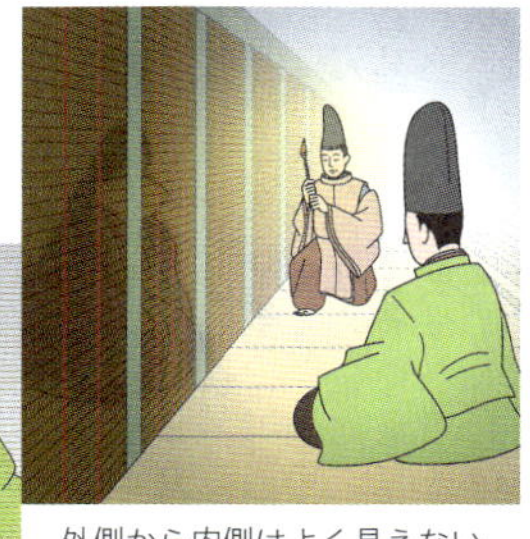

内側から外側ははっきり見える

外側から内側はよく見えない

最重要330

271

みそか

ガイド

人目につかないようにひそかにするさま。こっそり。

ひそかの意。和文では「みそか」、漢文訓読では「ひそか」が用いられ、後者が現代語につながった。

【密か】形動ナリ｛なら・なり(に)・なり・なる・なれ・なれ｝

例 等身に薬師仏をつくりて、手洗ひなどして、人まに**みそかに**用入りつつ〈更級・かどで〉

訳 身長と等しい高さに薬師如来の像を造って、手を洗い清めなどして、人のいないときに**こっそりと**(仏間に)入っては。

などに出て水で心身を清めること。夏。〈新勅撰・夏〉「風そよぐならの小川の夕暮れは**みそぎ**ぞ夏のしるしなりける」訳 ⬇付録①「小倉百人一首」98

みそ・ぐ【禊ぐ】自ガ四｛が・ぎ・ぐ・ぐ・げ・げ｝禊をする。〈万葉・三・四二〇〉「ひさかたの天の川原に出で立ちて**みそぎ**用てましを」訳 天の川原に出て行って、**禊をし**ておけばよかったのに。(「ひさかたの」は「天」にかかる枕詞)

み-そ・す【見過す】他サ四｛さ・し・す・す・せ・せ｝〔「そす」は接尾語〕世話をやきすぎる。〈枕・二六二〉「『あまり**見そす**終』など言ふも、人わろきなるべし」訳 「(あなたは)あまり**世話をやきすぎる**」などと言うのも、(注意されて)体裁が悪いのであろう。

みそ-ぢ【三十】名〔「ぢ」は接尾語〕❶さんじゅう。❷三十歳。三十年。

み-そなは・す【見そなはす】他サ四｛さ・し・す・す・せ・せ｝「見る」の尊敬語。**ご覧になる。**〈記・中〉「ここにその神を**見そなはし**用に、その野に入りましき」訳 そこでその神を**ご覧になる**ために、(倭建命は)その野にお入りになった。

み-そな・ふ【見そなふ】他ハ四｛は・ひ・ふ・ふ・へ・へ｝「見る」の尊敬語。ご覧になる。〈新古・釈教〉「もろもろの神も仏も我を**見そなへ**命」訳 諸々の神も仏も私を**ご覧あれ**(＝お守りください)。

み-そのふ【御園生】名〔「み」は接頭語〕「園生」の敬称。お庭。

みぞ-びつ【御衣櫃】名「みそびつ」とも。衣類を入れておく、ふたの付いた大きな箱。ころもばこ。

みそひと-もじ【三十一文字】名(仮名三十一字からなるところから)短歌。三十文字余り一文字。

み-そ・む【見初む】他マ下二｛め・め・む・むる・むれ・めよ｝❶初めて見る。初めて会う。〈源氏・胡蝶〉「**見そめ**用奉りしは、いとかうしもおぼえ給はずと思ひしを」訳 **初めて**お**会い**申しあげたときは、まったくこれほどには(母の夕顔に)似ていらっしゃらないと思ったけれども。❷見て恋しはじめる。**初めて契りを結ぶ。**〈平家・六・小督〉「冷泉大納言隆房卿、いまだ少将なりし時、**見そめ**用たりし女房なり」訳 (小督という女性は)冷泉大納言隆房卿が、まだ少将であったとき、**初めて契りを結ん**だ女房である。

みだ【弥陀】名《仏教語》「阿弥陀」の略。

み-だい【御台】名〔「み」は接頭語〕❶食物を載せる台の敬称。お膳。❷食物の敬称。お食事。〈源氏・夕霧〉「とかくまぎらはして、**御台**は参る」訳 (女房の衣服を)あれこれと(喪中とわからないようにして、**お食事**は差し上げる。❸「御台所」の略。

み-だいどころ【御台所】名〔「み」は接頭語〕「みだいばんどころ」に同じ。

み-だいばんどころ【御台盤所】名〔「み」は接頭語〕大臣・大将・将軍家などの妻に対する敬称。奥方様。御台所。御台。

み-だう【御堂】名〔「み」は接頭語〕❶寺院または仏堂の敬称。❷特に、藤原道長の建立した法成寺。また転じて、藤原道長をいう。

みたけ-さうじ【御嶽精進】名 御嶽(＝今の奈良県吉野にある金峰山)に参拝する前に五十日から百日の間精進して、身を清めること。

み-たち【御館】名〔「み」は接頭語〕国府の庁や領主の邸宅を敬っていう語。

み-た・つ【見立つ】他タ下二｛て・て・つ・つる・つれ・てよ｝❶注意して見る。目をとめる。〈方丈・三〉「さまざまの財物、かたはしより捨つるがごとくすれども、更に目**見立つる**体人なし」訳 (食糧を得ようと)さまざまの財物をかたっぱしから捨てるように(処分)するけれども、まったく目を**とめて見る**人はいない。❷世話をする。〈浄・生玉心中〉「せめて三十二、三まで、とっくと**見立て**用」訳 せめて(おまえが)三十二、三歳(になる)まで、じっくりと**世話をして**。❸見定める。診断する。〈浮・西鶴織留〉「最前のくすしも病人をこまかに**見立つる**体ことはなりがたし」訳 先ほどの医者も病人をこまかに**診断する**ことはできにくい。❹見くびる。馬鹿にする。〈浮・好色一代男〉「さても(＝なんと)人を**見立つる**体やつかな」❺(旅立ちなどを)**見送る。**〈万葉・一四・三五三四〉「赤駒が門出をしつつ出でかてにせしを**見立て**用し家の子らはも」訳 (私の乗った)赤毛の馬が門を出ながら出発しかねていたのを、**見送ってい**た家の妻は、ああ(どうしているだろう)。❻(事物や人などを)選び定める。〈浮・本朝二十不孝〉「同じ所(＝同じ里)の美なる娘を**見立て**用て〔嫁にして〕」

みだて-な・し【見立て無し】形ク｛から・く(かり)・し・き(かる)・けれ・かれ｝見ばえがしない。〈源氏・朝顔〉「あまり目なれ、**見だてなく**用おぼさるるにや」訳 (紫の上は)あまりいつも(私

=光源氏を)見馴(みな)れ、見ばえがしないと自然にお思いになるのだろうか。

み-たま【御霊】名〔「み」は接頭語〕❶神や人の霊魂を敬っていう語。❷おかげ。ご恩。〈万葉・五・八八二〉「吾(あ)が主(ぬし)の御霊賜(たま)ひて春さらば奈良の都に召上(めさ)げ給はね」訳あなた様のおかげを(授け)くださって、春が来たなら、(私を)奈良の都にきっとお呼び寄せください。

み-たみ【御民】名〔「み」は接頭語〕(人民は天皇のものという考えから)天皇の民。

み-たらし【御手洗】名〔「み」は接頭語〕神社のそばにあり、参拝者が神を拝む前に手や口を清める流れ、または、水ばち。

みだり【濫り・猥り・妄り】形動ナリ〔なら・なり(に)・なり・なる・なれ・なれ〕秩序がなく、乱雑なさま。勝手気ままなさま。〈徒然・二三五〉「あるじなき所には、道行き人みだりに用立ち入り」訳持ち主のいない家には、通行人が勝手気ままに侵入し。

みだり-がは・し【濫りがはし・猥りがはし】形シク〔しから・しく(しかり)・し・しき(しかる)・しけれ・しかれ〕ガワシ〔「がはし」は接尾語〕「みだれがはし」とも。❶秩序がない。入り乱れている。乱雑だ。〈源氏・夕顔〉「虫の声々みだりがはしく用」訳虫の声々が入り乱れて。❷無作法だ。ぶしつけだ。礼儀知らずだ。〈源氏・桐壺〉「みだりがはしき体を、心収めざりける程と御覧じ許すべし」訳(手紙の文面が)無作法であるのを、(母君が)心を乱していた時(だから)と、(桐壺帝は)お見のがしになるはずだ。❸好色がましい。〈源氏・葵〉「また例のみだりがはしき体ことをも聞こえ出(い)でつつなぐさめ聞こえ給ふに」訳(三位(みさん)の中将は)またいつもの色めかしい話をも言い出し申しあげては、(光源氏を)おなぐさめ申しあげなさるが。

みだり-ごこち【乱り心地】名「みだれごこち」とも。❶心をとり乱した状態。〈源氏・桐壺〉「かかる仰せごとにつけても、搔(か)き暗(くら)す乱りごこちになむ」訳このような(桐壺帝のありがたい)おことばにつけても、悲しみにくれるとり乱した気持ちでございます。❷気分のすぐれないこと。病気。〈大和・一〇二〉「乱りごこちはまだおこたり果てねど」訳病気はまだ治りきっていないが。➡篤(あつ)し「慣用表現」

みだり-ごと【漫り言・乱り言】名いいかげんなことば。でたらめなことば。

みだ・る【乱る】

■一 自ラ下二〔れ・れ・る・るる・るれ・れよ〕❶入りまじる。ばらばらになる。〈方丈・二〉「檜皮(ひはだ)・葺(ふ)き板のたぐひ、冬の木の葉の風に乱るる体がごとし」訳檜皮(=屋根に葺いた檜(ひのき)の皮)や屋根板のようなものは、冬の木の葉が風に乱れ飛ぶよう(なありさま)である。❷あれこれ思い悩む。平静さを失う。〈万葉・一二・三一七六〉「草枕(くさまくら)旅にしをれば刈り菰(こも)の乱れ用て妹(いも)に恋ひぬ日はなし」訳旅に出ているので、思い乱れて妻を恋しく思わない日はない。(「草枕」は「旅」に、「刈り菰の」は「乱る」にかかる枕詞)❸礼儀がくずれる。だらしなくなる。うちとける。〈枕・一三〉「内裏(うち)わたりなどのやむごとなきも、けふはみな乱れ用てかしこまりなし」訳宮中あたりなどの尊い所でも、(望粥(もちがゆ)の)今日はみなうちとけて遠慮がない。❹(世の中が)落ち着かなくなる。騒動が起こる。〈源氏・桐壺〉「唐土(もろこし)にも、かかる事の起こりにこそ、世も乱れ用あしかりけれ」訳中国でもこのような原因によってこそ、世の中も乱れて不都合であったのだ。

■二 他ラ四〔ら・り・る・る・れ・れ〕❶乱す。心を乱れさせる。思い悩ませる。〈源氏・明石〉「今更に心を乱る体も、いといとほしげなり」訳(明石(あかし)の入道が)今改めて(娘の結婚で)心を乱すのも、まことに気の毒なようすだ。❷騒ぎを起こす。秩序を乱す。〈平家・一・鱸〉「宇治(うぢ)の左府、代(よ)を乱り用給ひし時」訳宇治の左大臣(=藤原頼長(よりなが))が、世を乱しなさったとき。

みだれ【乱れ】名❶乱雑であること。❷心の乱れ。悩み。〈伊勢・一〉「春日野(かすがの)の若紫のすり衣しのぶの乱れ限り知られず」訳➡かすがのの…和歌 ❸戦乱。騒動。❹雨風などの、荒れ模様。❺能の舞の一つ。緩急の激しい特殊なもの。

みだれ-がは・し【濫れがはし・猥れがはし】形シク〔しから・しく(しかり)・し・しき(しかる)・しけれ・しかれ〕ガワシ「みだりがはし」に同じ。

みち【道・路】名➡次ページ 272

みち-かひ【道交ひ】カイ名道を行き来すること。すれ違うこと。〈大鏡・師尹〉「世の中のもの恐ろしく、大路の道かひもいかがとのみわづらはしく」訳世の中がなんとなく物騒で、大路の行き来もどうかとただもう気がねされ。

道綱の母(みちつなのはは)《人名》➡藤原道綱(ふぢはらのみちつな)の母(はは)

みち-の-き【道の記】名旅行の記録。道中記。紀行。

陸奥(みちのく)《地名》〔「道(みち)の奥(おく)」の転〕奥州(おうしゅう)五か国(=陸奥(むつ)・陸中・陸前・岩代(いわしろ)・磐城(いわき))の異称。今の青森・岩手・宮城・福島の四県にあたる。東北地方全体をさすこともある。陸奥(むつ)。「みちのくに」とも。

みちのく-がみ【陸奥紙】名陸奥(みちのく)(=東北地方)で産した良質の厚手の和紙。「みちのくにがみ」とも。

みちのくの…和歌《百人一首》【みちのくの　しのぶもぢずり　誰(たれ)ゆゑに　乱(みだ)れそめにし　我(われ)ならなくに】〈古今・恋四・源融(みなもとのとほる)〉➡付録◇1「小倉百人一首」14

みち-の-そら【道の空】➡道「フレーズ」

みち-の-べ【道の辺】名〔古くは「みちのへ」〕道ばた。道のほとり。「みちべ」とも。

みちのべに…和歌

道のべに　清水(しみづ)流(なが)るる　柳(やなぎ)かげ
しばしとてこそ　立(た)ちとまりつれ
〈新古・三・夏・二六二・西行〉

訳道のほとりに清水が流れている、この柳の木陰よ。ほんのしばらく(涼もう)と思って(そこに)立ちどまったのだが。

解説「こそ…つれ」は係り結びだが、下に「そのままずっと過ごしてしまった」などの意のことばが省略されているものとみて、逆接的に下にかかっていく

最重要330

272

みち【道・路】名

ガイド 「ち」は「巷(ちまた)(＝道(ち)股(また))」などの「ち」で①の意。それに接頭語「み」が付いてできた語。①を原義として、到達する道筋から②③④が、人として進む方向から⑤⑥⑦が、困難な所への到達から⑧の意が生じた。

❶ **人や舟などの通路。**
例 河原などには、馬・車の行き交ふ道だになし〈方丈・三〉
訳 河原などには、馬や車が行き来する道さえもない。
例 夜中ばかりより船を出(い)だして漕(こ)ぎくる道に、手向(たむ)けするところあり〈土佐〉
訳 夜中ごろから船を出して漕いでくる途中に、手向けをする(＝航海の安全を祈って神に捧(ささ)げ物をする)所がある。

❷ **途中。道中。旅路。**

❸ **ある方面のことがら。**
例 頼みたる方のことは違(たが)ひて、思ひよらぬ道ばかりはかなひぬ〈徒然・一八九〉
訳 期待していた方面のことは当てがはずれて、思いがけない方面のことだけはうまくいってしまう。

❹ **やり方。方法。てだて。**
例 世を治むる道、倹約を本(もと)とす〈徒然・一八四〉
訳 世の中を治める方法は、倹約を根本とする。

❺ **道理。わけ。すじみち。秩序。**
例 これをも捨てず、かれをも取らんと思ふ心に、かれをも得ず、これをも失ふべき道なり〈徒然・一八八〉
訳 これをも捨てず、あれをも取ろうと思う心によって、あれをも取れず、これをも失うにちがいない道理である。

❻ **人として行うべきこと。人の道。道徳。しきたり。**
例 孔子・顔回(がんくわい)は支那(しな)震旦(しんだん)に出(い)でて忠孝の道をはじめ給ふ〈平家・五・咸陽宮〉
訳 孔子や顔回は中国に現れて、忠孝の道をお始めになる。

❼ **宗教などの教え。特に、仏の教え。**
例 世を遁(のが)れて、山林にまじはるは、心を修めて道を行はんとなり〈方丈・五〉

用法と解す。そのことによって、柳の木陰の涼しさを言外に表したもの。

みちのべの… 俳句

道のべの　木槿(むくげ)は馬(うま)に　くはれけり
〈野ざらし紀行・芭蕉〉
(秋)(切れ字)

訳 道ばたに咲いていたむくげの花は、(愛(め)でる間もなく)私の乗っている馬にぱくりと食われたことだ(はっとした驚きの中に、はかなさが入りまじる)。(切れ字の「けり」には、詠嘆の意も含まれている)

解説 「眼前」とあった前書きは、のちに「馬上吟」と改められた。眼前の事実を事実のままに、しかし「槿花(きんか)一日(いちじつ)の栄」のはかなさも意識の底にあって詠まれた。

みち-の-ほど【道の程】➡道「フレーズ」

みち-び・く【導く】他カ四 {か・き・く・く・け・け} ❶**案内する。**先導する。また、手引きをする。仲立ちをする。〈万葉・五・八九四〉「もろもろの大御神(おほみかみ)たち船(ふな)の舳(へ)に導き用(まを)し」訳 多くの大御神たちが船のへさきで(唐の国までの海路を)案内し申しあげ。❷**教え示す。**〈源氏・玉鬘〉「神仏こそは、さるべき方(かた)にも導き用知らせ奉り給はめ」訳 神や仏こそは、しかるべき方面にも、(玉鬘(たまかづら)を)導き知らせ申しあげなさるだろう。

みち-みち【道道】一 名 ❶あちらこちらの道。❷(学問や芸能などの)さまざまな方面。諸道。〈源氏・桐壺〉「いよいよ道々の才(ざえ)を習はさせ給ふ」訳 (桐壺帝は光源氏に)ますますさまざまな方面の学問を学ばせなさる。
二 副 道の途中で。道すがら。

みちみち・し【道道し】形シク {しから・しく(しかり)・し・しき(しかる)・しけれ・しかれ} ❶道理にかなっている。真理を含んでいる。〈源氏・蛍〉「これら(＝物語の中)にこそ道々しく用詳(くは)しきことはあらめ」訳 これらにこそ、(人の世の)真理を含んで いて詳細な事柄はあるのだろう。❷学問的だ。理屈っぽい。〈源氏・帚木〉「三史五経、道々しき体方(かた)を明らかにさとりあかさむこそ愛敬(あいぎやう)

訳 俗世をのがれて、山林に入ることは、心を修めて仏道を修行しようとするためである。

⑧(学問・芸術・武術などの)専門の分野。あるひとつの専門の学芸・技術。例 ありたきことは、まことしき文の道、作文・和歌・管弦の道〈徒然・一〉訳 身につけたいことは、本格的な学問の道、漢詩・和歌・音楽の道。

フレーズ

道の空 道の途中。

道の程 ❶道のり。道程。❷道の途中。〈源氏・明石〉「道のほども四方の浦々見渡し給ひて」訳 (光源氏は)道の途中でも四方の海岸を見渡しなさって。

なからめ」訳 (女が)三史(=史記・漢書・後漢書)や五経(=詩経・書経・易経・春秋・礼記)といった、学問的な方面を明確に会得して明らかにするとすればそれは、かわいらしさに欠けるだろうが。

み-ちゃう 【御帳】名 (「み」は接頭語)「帳」の敬称。貴人の御座所・御寝所。また、「帳台」の敬称。〈源氏・明石〉「御帳の帷子などよしあるさまにし出づ」訳 御寝所の垂れ布などを風情あるようすに調える。

みち-ゆき 【道行き】名 ❶道を行くこと。旅行。道中。また、道の行き方。〈万葉・五・九〇五〉「若ければ道行き知らじ」訳 (死んだわが子は)まだ幼いので、(あの世への)道の行き方も知るまい。❷文体の一種。軍記物・謡曲・浄瑠璃などで、旅して行く道の叙景と叙情を記した韻文体の文章。縁語・序詞・掛詞などの技巧をこらし、通常七五調をとる。❸歌舞伎・浄瑠璃などで、心中・駆け落ちをする場面。転じて、一般に男女が連れだって旅をすること。

みちゆき-ぶり 【道行き触り】名 ❶道の途中で出会うこと。ゆきずり。〈古今・春上〉「春来れば雁帰るなり白雲の道行きぶりに事や伝てまし」訳 春が来ると、雁が(北の空へ)帰って行く(鳴き)声が聞こえる。白い雲の中の道を行くついでに、(北国の友人への)伝言を頼もうかしら。❷旅の日記。紀行。

み-つ 【三つ】名 三。みっつ。

フレーズ

三つの道 ❶天・地・人の総称。三才。❷地獄・餓鬼・畜生の三悪道。三途。❸庭内の三本の道。転じて、隠遁者の庭。

み・つ 【満つ・充つ】一 自タ四〔た・ち・つ・つ・て・て〕❶いっぱいになる。〈万葉・二〇・四三三一〉「四方の国には人さはに(=多く)満ち用てはあれど」❷(願いや思いが)かなう。〈源氏・東屋〉「年ごろの願ひの満つ体心地して」訳 長年の願いがかなう気持ちがして。❸(世の中に)ひろがる。知れ渡る。〈源氏・若菜下〉「かく、亡せ給ひにけりといふこと世の中に満ち用て」訳 (紫の上が)このようにお亡くなりになってしまったということが、世間に知れ渡って。❹満潮になる。また、満月になる。〈万葉・一五・三六二七〉「玉敷ける清き渚を潮満て已ば」訳 玉を敷きつめた(ような)清らかな渚を、潮が満ちるので。

二 他タ下二〔て・て・つ・つる・つれ・てよ〕❶満たす。いっぱいにする。〈今昔・三一・三三〉「大きなる桶に木の葉を入れ満て用て」訳 大きな桶に木の葉を入れ満たして。❷じゅうぶんにする。かなえる。〈平家・二・康頼祝言〉「衆生の所願を満て用給へり」訳 衆生の願いごとをかなえなさった。

参考 一は、中世以降上二段にも活用する。

みづ 【瑞】名 ❶みずみずしく美しいこと。「瑞枝」「瑞穂」など、複合語として用いられることが多い。❷めでたいしるし。〈紀・皇極〉「これ蘇我の臣が栄えむとする瑞なり」訳 これは蘇我の臣が栄えようとするめでたいしるしである。

みづ-うみ 【湖・水海】名 (「塩海」に対して、淡水の海の意)淡水湖。〈万葉・一七・三九九三〉「うらぐはし(=美しい)布勢の水海に」

みづ-え 【瑞枝】名 みずみずしい枝。

水鏡 《作品名》鎌倉初期の歴史物語。作者は中山忠親といわれる。成立年代未詳。神武天皇から仁明天皇(九世紀中ごろ)までの、五十四代の歴史を編年体・仮名文で記したもの。「大鏡」「今鏡」「増鏡」とともに「四鏡」という。

みづ-がき 【瑞垣・瑞籬】名 〔古くは「みづかき」〕神社などの周囲に設けた生け垣。

みづ-か・ふ 【水飼ふ】馬や牛などに水を飲ませる。〈新古・春下〉「駒とめてなほ水飼は未ん」訳 馬をとめてもうしばらくの間水を飲ませよう。

みづから 【自ら】

一 名 **自分。その人自身。**〈方丈・三〉「頼むかたなき人は、みづからが家をこぼちて、市に出でて売る」訳 生活のあてのない人は、自分の家をこわして(薪にして)、市に出して売る。

二 代 自称の人代名詞。**私。** 古くは男性が用いる場合もあるが、後世、特に室町時代以降は女性のみが用いるようになった。〈大鏡・序〉「みづからが小童にてありし時」訳 私が(まだ)ほんの子供であった時分に。

三 副 **自分から。自分自身で。**〈平家・七・忠度都落〉「薩摩守馬よりおり、みづから高らかにのたまひけるは」訳 薩摩の守(=平忠度)は馬から下り、自分から声を張り上げておっしゃったことには。

み-つき 【貢・調】名 (「み」は接頭語。のちに「みつぎ」)租・庸・調などの租税の総称。また、献上物。

み-つ・く 【見付く】一 自カ四〔か・き・く・く・け・け〕**見なれ、親し**

む。見て好ましく思う。〈源氏・手習〉「さだ過ぎたる尼額(あまびたひ)の見つか㊤ぬに」訳盛りの年を過ぎた尼削ぎの額の見た感じも好ましく思わないのに。

二 他カ下二{け・け・く・くる・くれ・けよ} 見つける。発見する。〈竹取・かぐや姫の生ひ立ち〉「節(ふし)をへだててよごとに金(こがね)ある竹を見つくる㊍こと重なりぬ」訳（翁(おきな)が）竹の節の間の空洞ごとに黄金の入っている竹を見つけることが重なった。

み-つ・ぐ【見継ぐ】 他ガ四{が・ぎ・ぐ・ぐ・げ・げ} ❶見守り続ける。見届ける。〈万葉・一〇・二〇七五〉「人さへや見継が㊤ずあるらむ彦星(ひこぼし)の妻呼ぶ舟の近づき行くを」訳（織女星(しょくじょ)ばかりでなく）地上の人々までもが見守り続けないでいようか（いや、見守り続けるだろう）、彦星が妻問いをするその舟が近づいて行くのを。❷助ける。援助する。〈徒然・一二五〉「いづかたをもみつぎ㊅給ふな」訳どちらのほうをも加勢しなさるな。

み-づ・く【水漬く】 自カ四{か・き・く・く・け・け} 水にひたる。水につかる。〈万葉・一八・四〇九四〉「海行かば水漬く㊍屍(かばね)山行かば草むす屍」訳（天皇を守るこの身は）海に行くなら水につかる屍、山に行くなら草が生える屍（となろうとも）。

みづ-ぐき【水茎】 名［古くは「みづくき」］筆。筆跡。手紙。〈源氏・梅枝〉「見給ふ人の涙さへ水茎に流れそふ心地して」訳（光源氏が書いた草子を）ご覧になる人の涙までが、筆跡にそって流れていく（ような）気がして。⬇消息(せうそこ)「慣用表現」

み-づし【御厨子】 名［「み」は接頭語］❶「厨子」の敬称。❷「御厨子所(どころ)」の女官。❸貴人の家の台所で働く女。

みづし-どころ【御厨子所】 名 宮中で食事をととのえる所。内膳司(ないぜんし)に属する。転じて、貴人の家の台所。

みつせ-がは【三つ瀬川】 名《仏教語》「さんづのかは」に同じ。⬇三途(さんづ)「フレーズ」

みづち【蛟・虬・虯】 名 想像上の動物。竜の一種で水中にすみ、毒気を吐いて人を害するという。

みづとりの【水鳥の】《枕詞》水鳥が水に浮くことから「うき」に、飛び立つことから「立つ」に、また、水鳥の一種である「鴨(かも)」に、鴨の羽の青いことから「青葉」にかかる。一説に、比喩とも。〈万葉・七・一三五〉「みづとりの浮き寝やすべき」

躬恒(みつね)《人名》⬇凡河内躬恒(おほしかふちのみつね)

みづ-の-え【壬】 名［「水の兄(え)」の意］十干(じっかん)の九番目。⬇十干

みづ-の-と【癸】 名［「水の弟(と)」の意］十干(じっかん)の十番目。⬇十干

みつ-の-みち【三つの道】 ⬇三(み)つ「フレーズ」

みづ-は-ぐ・む【瑞歯ぐむ】 自マ四{ま・み・む・む・め・め} 非常に年をとる。「みづはさす」とも。〈源氏・夕顔〉「惟光(これみつ)が父の朝臣(あそん)の乳母(めのと)に侍りし者のみづはぐみ㊅て住み侍るなり」訳（私）惟光の父の朝臣の乳母でございました者が、非常に年老いて（そこに）住んでいるのでございます。

みづほ-の-くに【瑞穂の国】 名［みずみずしい稲穂の実る国の意］日本の美称。〈万葉・二・一九九〉「定めてし瑞穂の国を神(かむ)ながら太敷(ふとし)きまして」訳（以前）平定したこの日本の国を、神であるままにりっぱにお治めになって。

みづ-むけ【水向け】 名 霊前に水を供えること。また、その水。

みづら【鬟・角髪・角子】 名 上代の成人男子の髪形の一つ。髪を左右に分け、両耳のあたりで丸く巻いて束ねる。平安時代には少年の髪の結い方となった。

み-て【見手】 名 見る人。見物人。観客。

み-てぐら【幣】 名 神にささげるものの総称。特に、幣(ぬさ)の類をいう。

み-と【水門】 名 川や海などの水の出入り口。河口。海峡。〈土佐〉「夜中ばかりに船を出(い)だして阿波(あは)の水門（＝鳴門(なると)海峡）を渡る」

み-と・く【見解く】 他カ四{か・き・く・く・け・け} 見て理解する。読み解く。〈源氏・夕霧〉「鳥の跡のやうなれば、とみにも見解き㊅給はで」訳鳥の足跡のよう（に乱れた筆跡）なので、すぐにも読み解きなさらないで。

み-とらし【御執らし】 名［「み」は接頭語。「とらし」は四段動詞「とる」の尊敬語「とらす」の連用形から］「みたらし」とも。手にお取りになるもの。転じて、貴人の弓の敬称。〈万葉・一・三〉「みとらしの梓(あづさ)の弓の中弭(なかはず)の音すなり」訳ご愛用の弓である梓弓の中弭（未詳）の音が聞こえる。

みどり【緑・翠】 名 みどり色。青色などにも通じて用いられた。また、新芽。若葉。

みどり-こ【嬰児】 名［後世「みどりご」とも］三歳くらいまでの子供。幼子(をさなご)。乳児。

みな【皆】 一 名 すべての事。すべての人。すべての物。〈竹取・蓬莱の玉の枝〉「仕うまつるべき人々みな難波(なには)まで御送りしける」訳お供するはずの人々はみな（くらもちの皇子を）難波までお見送りした。二 副 すべて。ことごとく。〈方丈・三〉「人の営み、みな愚かなるなかに」訳人間の行為は、すべて愚かである中で。

みな【蜷】 名 淡水にすむ貝の名。かわにな。

み-な-かみ【水上】 名［「な」は「の」の意の上代の格助詞］❶上流。川上。また、水源。❷事物の起源。はじまり。

みな-がら【皆がら】 副［「皆ながら」の転］残らず。ことごとく。〈古今・雑上〉「むらさきのひともとゆゑに武蔵野(むさしの)の草はみながらあはれとぞ見る」訳⬇むらさきの… 和歌

み-ながら【身ながら】 ❶身のまま。〈古今・雑体〉「かかるわびしき身ながらにつもれる年をしるせれば」訳このような情けない身のままに積もった年を書き記したところ。❷われながら。わが身ながら。〈源氏・空蝉〉「身ながら心にもえ任すまじくなむありける」訳わが身ながら自分の思いどおりにすることができそうにもなかったのだった。

み-な-きは【水際】 名［「な」は「の」の意の上代の格助詞］水のほとり。みぎわ。

みなぎら・ふ【漲らふ】《上代語》水が満ちあふれている。水勢が盛んになる。〈紀・斉明〉「飛鳥川(あすかがは)みなぎらひ㊅つつ行く水の」訳飛鳥川の満ちあふれて流れ続けて行く水のように。

なりたち 四段動詞「漲(みな)る」(未)＋上代の反復・継続の助動詞「ふ」

みなぎ・る【漲る】 自ラ四〔ら・り・る・る・れ・れ〕❶水が満ちあふれるほどになる。水勢が盛んになる。〈平家・九・宇治川先陣〉「白浪(しらなみ)おびたたしうみなぎり(用)落ち」訳(宇治(うぢ)川は)白波がはげしく(立って)勢いよく流れ落ち。❷心に満ち広がる。

みな-ぐれなゐ【皆紅】(ミナグレナイ) 名 全部紅色であること。また、そのもの。紅一色。〈平家・一一・那須与一〉「みな紅の扇(あふぎ)の日出(いだ)したるを」訳紅一色の(中に金色の)日の丸を描き出してあるものを。

虚栗(みなしぐり)《作品名》江戸前期の俳諧集。榎本其角(えのもときかく)編。天和(てんな)三年(一六八三)刊。発句(ほっく)と連句とを、四季の順に収める。漢詩文調をとり入れ、幽玄閑寂の新境地を開拓しようとする蕉風(しょうふう)確立への過渡的作品。

み-な・す【見做す】 他サ四〔さ・し・す・す・せ・せ〕❶(…と)思って見る。見立てる。みなす。〈源氏・総角〉「木草のなびきざまもことに見なさ(未)れて」訳木や草のなびくようすも、特別に見受けられて。❷見届ける。〈源氏・夕顔〉「命長くて、なほ位(くらゐ)高くなども見なし(用)給へ」訳長生きをして、そのうえ(私の)位が高くなるようすなどもお見届けください。❸世話をして育ててあげる。めんどうを見る。〈源氏・少女〉「この君をだに、いかで思ふさまにみなし(用)侍らむ」訳せめてこの姫君だけでも、なんとかして(私の)思うとおりに育てあげましょう。

水無瀬(みなせ)《地名》今の大阪府三島郡島本町広瀬の地。後鳥羽(ごとば)院の離宮のあった所。

みなせ-がは【水無瀬川】(ミナセガワ) 名 水のない川。また、砂の下を水が流れて、表面には見えない川。

水無瀬川(みなせがは)(ミナセガワ)《地名》歌枕 今の大阪府三島郡を流れる川。川の南に後鳥羽(ごとば)院の離宮があった。

水無瀬三吟百韻(みなせさんぎんひゃくいん)(ミナセサンギンヒャクイン)《作品名》室町中期の連歌。長享(ちょうきょう)二年(一四八八)成立。飯尾宗祇(そうぎ)が弟子の肖柏(しょうはく)・宗長(そうちょう)とともに水無瀬宮に奉納した百韻連歌。以後の連歌の模範とされた。

み-な-そこ【水底】 名〔「な」は「の」の意の上代の格助詞〕水の底。

みな-づき【水無月・六月】 名 陰暦六月の称。夏

みなづき-ばらへ【水無月祓へ】(バラエ) 名「なごしのはらへ」に同じ。

み-な-と【水門・湊】 名〔「水(み)の門(と)(＝出入り口)」の意。「な」は「の」の意の上代の格助詞〕❶河口など、川や海などの水の出入り口。転じて、船の停泊する所。〈万葉・七・一二八八〉「水門の葦(あし)の末葉(うらば)を誰(たれ)か手折(たを)りし」訳河口の葦の先のほうの葉をだれが手折ったのか。⬇源(みなもと)「古文常識」❷行き着くところ。〈新古・春下〉「暮れてゆく春の湊は知らねども」訳暮れてゆく春(という季節)の行き着くみなとはどこか知らないけれども。

みな-ひと【皆人】 名 すべての人。全員。〈伊勢・九〉「京には見えぬ鳥なれば、皆人見知らず」訳京では見かけない鳥なので、全員(その鳥を)見知っていない。

みなみ【南】 名❶「みんなみ」とも。方角の名。南。❷南から吹く風。南風。

みなみ-おもて【南面】 名❶南側。南に面した方角。〈大鏡・道長上〉「高御座(たかみくら)の南面の柱のもとをけづりてさぶらふなり」訳(大極殿(だいごくでん)の)高御座の南側の柱の下のところを削って(持ってまいっ)たのでございます。❷殿舎の南に面した正座敷。寝殿造りで、南向きの正殿。〈源氏・桐壺〉「南面におろして」訳(桐壺帝の使者を)寝殿正面の表座敷に(牛車(ぎっしゃ)から)降ろして。

みなみ-まつり【南祭り】 名 陰暦三月、第二または第三の午(うま)の日、京都石清水八幡宮(いわしみずはちまんぐう)で行われた臨時の祭り。また、八月十五日の石清水放生会(ほうじょうえ)。北祭り(＝賀茂(かも)の祭り)と対になって言われる。春

み-な-もと【源】 名〔「水(み)の本(もと)」の意。「な」は「の」の意の上代の格助詞〕❶川の水源。❷物事の起こり始まるもと。起源。根源。〈徒然・九〉「愛著(あいぢゃく)の道、その根ふかく、源とほし」訳男女が愛欲に執着するという方面のことは、その根はふかく、起源は遠い。

古文常識 「みなもと」と「みなと」

川水の流れ出るもと、水源をいう「みなもと」は「水な本」、川や海などの水の出入り口、河口をいう「みなと」は「水な門」である。「な」は「の」にあたる上代の格助詞で、「手(た)な心(＝掌)」「瓊(ぬ)な音(と)(＝玉の音)」「目(ま)な交(かひ)(＝眼間)」などの「な」と同じ。

みなもと

みなと

源実朝(みなもとのさねとも)《人名》(一一九二〜一二一九)鎌倉幕府三代将軍。歌人。頼朝(よりとも)の第二子。十二歳で将軍となり、右大臣に進んだが、兄頼家(よりいえ)の子公暁(くぎょう)により鎌倉鶴岡八幡宮(つるがおかはちまんぐう)で暗殺された。和歌を藤原定家(さだいえ)に学び、万葉調の名歌を残した。「小倉百人一首」に入集。家集「金槐(きんかい)和歌集」

源順(みなもとのしたがふ)(ミナモトノシタゴウ)《人名》(九一一〜九八三)平安中期の歌人・漢学者。三十六歌仙の一人。梨壺(なしつぼ)の五人の一人として「後撰(ごせん)集」の撰集に参加。和漢の学問に通じ、和歌・詩文にもすぐれていた。著「倭名類聚抄(わみょうるいじゅしょう)」はわが国最初の分類体の漢和辞書。家集「源順集」

源隆国(みなもとのたかくに)《人名》(一〇〇四〜一〇七七)平安中期の文学者。後一条天皇から白河天皇までの五朝に仕え、皇后宮大夫、権(ごん)大納言になる。晩年は宇治(うぢ)に隠退し、宇治大納言と呼ばれた。「今昔物語集」のもとになったといわれる「宇治大納言物語」を編んだとされるが、未詳。

源俊頼(みなもとのとしより)《人名》(一〇五五?〜一一二九?)平安後期の歌人。経信(つねのぶ)の子。官位には恵まれなかったが、当代歌壇の権威として自由で素直な歌を詠んだ。「金葉集」を撰進(せんしん)。「小倉百人一首」に入集。家集「散木奇歌集(さんぼくきかしゅう)」、歌論書「俊頼髄脳(ずいのう)」

源義経(みなもとのよしつね)《人名》(一一五九〜一一八九)平安後期の武将。幼名は義朝(よしとも)の第九子。九郎判官(ほうがん)と呼ばれた。

牛若丸。奥州の藤原秀衡のもとに身を寄せていたが、兄頼朝が平氏討伐の兵をおこすと、これに加わり、屋島・壇の浦の戦いなどに活躍。のち頼朝と不和となり、再び藤原氏に身を寄せたが、秀衡の子泰衡に討たれた。その悲劇的な生涯は、いわゆる「判官贔屓」の風潮を生み、後世多くの文芸作品に取材されている。

源義仲（みなもとのよしなか）《人名》→木曽義仲

源頼朝（みなもとのよりとも）《人名》（一一四七〜一一九九）鎌倉幕府の初代将軍。源義朝の第三子。平治の乱の時、伊豆に流されたが、治承四年（一一八〇）に挙兵。平氏を追討し、木曽義仲を討って天下を平定、建久三年（一一九二）征夷大将軍に任ぜられて武家政治を創始した。

源頼政（みなもとのよりまさ）《人名》（一一〇四〜一一八〇）平安後期の武将・歌人。従三位に進み、出家後は源三位入道と呼ばれた。治承四年（一一八〇）以仁王を奉じて平氏を滅ぼそうとしたが失敗し、宇治の平等院で自害した。家集「源三位頼政集」

み-なら・ふ【見慣らふ・見馴らふ】〔他ハ四〕{は・ひ・ふ・ふ・へ・へ}常々見てなじむ。見なれる。〈竹取・かぐや姫の昇天〉「心ばへなど貴やかにうつくしかりつることを見ならひ㊐て」㊊（かぐや姫の）気だてなどが上品で愛らしかったことをいつも見なれていて。

み-な・る【見慣る・見馴る】〔自ラ下二〕{れ・れ・る・るる・るれ・れよ}❶見なれる。〈徒然・一三九〉「花も見なれ㊍ぬなど、いとなつかしからず」㊊花も見なれないの（＝草）などは、あまり親しみがもてない。❷なじむ。親しく交わる。〈竹取・かぐや姫の昇天〉「明け暮れ見なれ㊐たるかぐや姫をやりては、いかが思ふべき」㊊明け暮れなじみ暮らしたかぐや姫を行かせては、（翁たちは）どんな気持ちがするだろうか。

み-な-わ【水泡】〔名〕（「水な泡」の転。「な」は「の」の意の上代の格助詞）水のあわ。あぶく。はかないものにたとえる。〈万葉・一八・四一〇六〉「射水川流る水沫の寄るべなみ」㊊射水川に流れる水の泡のように、頼りとする所がないので。

み-にく・し【見悪し・醜し】〔形ク〕{（から）・く（かり）・し・き（かる）・けれ・かれ}（ようすが）見苦しい。みっともない。顔かたちがよくない。〈徒然・七〉「住み果てぬ世に、みにくき㊓姿を待ちえて何かはせん」㊊いつまでも住みおおせないこの世に（生きながらえて）、（老年の）見苦しい姿を待ち迎えても何になろうか（いや、何にもならない）。

み-ぬけ【身抜け】〔名〕ある事件・境遇から関係を絶つこと。責任をのがれること。〈浮・世間胸算用〉「この節季の身抜け、何とも分別あたはず」㊊この決算期の支払いをのがれる方法を、なんとも考えつくことができない。

みね【峰・峯・嶺】〔名〕❶山のいただき。❷ものの高くなったところ。〈うつほ・俊蔭〉「耳のはた、鼻のみね」㊊耳のはし（＝耳たぶ）と、鼻の高くなったところ（＝鼻の頭）。❸刀の背。刃の反対の側。

みの【蓑】〔名〕わら・すげなどで編んで作った雨具。肩から羽織り、からだをおおう。

美濃（みの）《地名》旧国名。東山道八か国の一つ。今の岐阜県南部。濃州。

み-の-とき【巳の時】→巳「フレーズ」

み-の-のち【身の後】→身「フレーズ」

みのひ-の-はらへ【巳の日の祓へ】→巳「フレーズ」

み-の-ほど【身の程】→身「フレーズ」

み-のり【御法】〔名〕（「み」は接頭語）❶仏法の敬称。仏のみ教え。❷法律・法令の敬称。

み-はかし【御佩刀】〔名〕（「み」は接頭語）「佩刀」の敬称。貴人の腰に帯びる刀。お刀。〈記・中〉「（倭建命は）その御佩刀の草那芸の剣を」

み-はし【御階】〔名〕（「み」は接頭語）神社・宮中などの階段の敬称。特に、紫宸殿の南階段。

み-は・つ【見果つ】〔他タ下二〕{て・て・つ・つる・つれ・てよ}❶残らず見る。最後まで見る。〈更級・物語〉「出でむままにこの物語見はて㊍むと思へど、見えず」㊊（寺から）出たらすぐにこの物語（＝「源氏物語」）を最後まで見ようと思うけれど、見ることができない。❷最後まで世話をする。〈源氏・蓬生〉「かひなき身なりとも見はて㊐てむとこそ思ひつれ」㊊（私が）ふがいない身であっても、（あなたは、私のことを）きっと最後まで世話をするだろうと思ったのに。

み-はな・つ【見放つ】〔他タ四〕{た・ち・つ・つ・て・て}見捨てる。見放す。〈源氏・帚木〉「あまりむげにうちゆるべ見はなち㊐たるも、心安くらうたきやうなれど」㊊（女が男を）度を越してむやみに自由にさせほったらかしておくのも、（男としては）気楽でかわいいようだが。

み-はや・す【見栄やす】〔他サ四〕{さ・し・す・す・せ・せ}見てもてはやす。見てほめそやす。〈古今・春上〉「山高み人もすさめぬさくら花いたくなわびそ我見はやさ㊍む」㊊山が高いので、（訪れる人もなく）だれもてはやさない桜の花よ。そんなに悲しむな、私が見てほめたてよう。

み-はるか・す【見晴るかす】〔他サ四〕{さ・し・す・す・せ・せ}はるかに見わたす。見はらす。〈祝詞〉「皇神の見はるかし㊐ます四方の国は」㊊神々が見はらしなさる四方の国は。

み-ふだ【御簡】〔名〕（「み」は接頭語）「日給の簡」の敬称。→日給「フレーズ」

壬生忠岑（みぶのただみね）《人名》（生没年未詳）平安前期の歌人。忠見の父。三十六歌仙の一人。延喜年間（九〇一〜九二三）、師の紀貫之らと「古今集」を撰した。澄明な叙景歌をもって知られる。「小倉百人一首」に入集。家集「忠岑集」、歌論書「和歌体十種（別名「忠岑十体」）」

み-へ【三重】〔名〕三つ重なっていること。折れたり曲がったりして三重になっていること。また、そうしたもの。

み-まが・ふ【見紛ふ】〔他ハ下二〕{へ・へ・ふ・ふる・ふれ・へよ}見まちがえる。〈枕・四〇〉「白樫といふものは、…雪の降りおきたるに見まがへ㊍られ」㊊白樫という木は、…雪が降り積もった景色と見まちがえられ。

み-まか・る【身罷る】〔自ラ四〕{ら・り・る・る・れ・れ}この世から去る。死ぬ。〈古今・哀傷・詞書〉「紀友則が見まかり㊐にけるときよめる」㊊紀友則が亡くなったときに詠んだ歌。→果つ「慣用表現」

み-まく【見まく】見ること。見るであろうこと。〈万葉・二・二二九〉「沈みにし妹が光儀を見まく苦しも」㊊入水したおとめの姿を**見ること**はつらいことだ。
〈なりたち〉上一段動詞「見る」㊍＋推量の助動詞「む」のク語法「まく」

フレーズ
見まく欲し 見たい。会いたい。〈伊勢・八四〉「老いぬればさらぬ別れのありといへばいよいよ**見まくほしき**㊍君かな」訳→おいぬれば…和歌

み-まく-ほ・し【見まく欲し】➡見まく「フレーズ」

美作（みまさか）《地名》旧国名。山陽道八か国の一つ。今の岡山県北部。作州。

み-まし【汝】代 対称の人代名詞。「汝」の敬称。あなた。〈記・上〉「吾と**汝**と作れる国、未だ作り竟へず」訳（伊邪那美命よ、）私（＝伊邪那岐命）と**あなた**とでつくった国を、まだつくり終えない。

みまそが・り 自ラ変 {ら・り・り・る・れ・れ}「みまそかり」とも。「あり」の尊敬語。いらっしゃる。おいでになる。〈伊勢・七七〉「その時の女御、多賀幾子と申す**みまそがり**㊊けり」訳その時の女御に、多賀幾子と申し上げる方が**おいでになっ**た。
参考 用例は「伊勢物語」に少数例あるだけである。

みみ【耳】名 ❶聴覚の器官。みみ。❷聞くこと。聞く能力。また、うわさ。〈源氏・若菜上〉「もうもうに**耳**もおぼおぼしかりければ」訳（明石の尼君は老いて）もうろくして**聴力**もたどたどしかったので。❸（耳に穴があることから）針の穴。

み-み【身身】名 ❶それぞれの身。その身その身。各人。〈源氏・蓬生〉「おのが**身々**につけたるたよりども思ひ出でて」訳自分の**その身その身**に応じたあれこれの縁故関係を思い出して。❷（多く、「身身となる」の形で）身二つになること。子を産むこと。〈平家・九・小宰相身投〉「しづかに**身々**となってのち」訳無事に（子供を産んで）**身二つ**となってのち。

みみ-おどろ・く【耳驚く】自カ四 {か・き・く・く・け・け}聞いて驚く。〈徒然・七三〉「下ざまの人の物語は、**耳驚く**㊍ことのみあり」訳身分・教養などの低い人の話は、**聞いて驚く**ことばかりである。

みみ-かしがま・し【耳喧し】形シク {しから・しく(しかり)・し・しき(しかる)・しけれ・しかれ}耳にうるさい。やかましい。〈源氏・橋姫〉「網代の波もこのごろはいと**耳かしがましく**㊊静かならぬをとて」訳網代（＝魚をとる仕掛け）に打ち寄せる波も、このごろはますます**耳にうるさく**落ち着かないからということで。

みみ-た・つ【耳立つ】一 自タ四 {た・ち・つ・つ・て・て}耳にとまる。聞いて注意が向く。〈狭衣物語〉「月ごろ、怪し怪しと目とまる事も**耳立つ**㊍事も多かりつれど」訳ここ数か月、（狭衣大将のようすが）変だ変だと目が引かれることも**耳にとまる**ことも多かったが。
二 他タ下二 {て・て・つ・つる・つれ・てよ}注意して聞く。聞き耳を立てる。〈枕・二六七〉「親などのかなしうする子は、目立て**耳立て**㊍られて」訳親などがかわいがる子は、（周囲の人からも）注目され**聞き耳を立て**られて。（「目立て」には、下の受身「られ」の意が及ぶ（＝対偶中止法））

みみ-ぢか・し【耳近し】形ク {から・く(かり)・し・き(かる)・けれ・かれ}「みみちかし」とも。❶近くで聞こえるさま。〈更級・鏡のかげ〉「南はならびの岡の松風、いと**耳近う**㊊（ウ音便）心細く聞こえて」訳南（の方角に）は双の岡の松に吹く風の音が、たいそう**耳に近く**心細く聞こえて。
❷聞きなれていて理解しやすい。卑近である。〈源氏・橋姫〉「おなじ仏の御教へをも、**耳近き**㊍たとひにひきまぜ」訳同じ仏の教えをも、**卑近な**たとえを取りまぜて（説き）。

みみ-と・し【耳疾し】形ク {から・く(かり)・し・き(かる)・けれ・かれ}聴覚が鋭い。耳がさとい。〈枕・二七五〉「大蔵卿ばかり**耳とき**㊍人はなし。まことに、蚊のまつげの落つるをも聞きつけ給ひつべうこそありしか」訳大蔵卿ほど**耳ざとい**人はない。ほんとうに、蚊のまつげが落ちる音でもきっと聞きつけなさることができそうであった。

みみ-とど・む【耳留む】他マ下二 {め・め・む・むる・むれ・めよ}注意して聞く。聞き耳を立てる。〈大鏡・序〉「ものはかばかしく、**耳とどむる**㊍もあらめど」訳（多くの人の中には話を）はっきりと理解し、**注意して聞く者**もいるだろうが。

耳成山（みみなしやま）《地名》歌枕「「耳梨山」とも書く」今の奈良県橿原市にある山。香具山・畝傍山とともに大和三山といわれる。

みみ-な・る【耳馴る】自ラ下二 {れ・れ・る・るる・るれ・れよ}聞きなれる。しばしば聞いて珍しくなくなる。〈枕・三三〉「つねに聞くことなれば、**耳なれ**㊊てめづらしうもあらぬにこそは」訳（説経をよく聞かないのは、）いつも聞くことだから、**聞きなれ**てめずらしくもないからであろう。

みみ-はさみ【耳挟み】名 女性が額髪を左右の耳の後ろへかきやってはさむこと。忙しく立ち働くときなどにするものであるが、品のないこととされていた。

（みみはさみ）

みみ-やす・し【耳安し・耳易し】形ク {から・く(かり)・し・き(かる)・けれ・かれ}聞いて安心である。〈源氏・若菜上〉「**耳やすき**㊍ものから、さすがに、ねたく思ふことこそあれ」訳**聞いて安心である**ものの、それでもやはり、残念に思うことがあるのだ。

み-むろ【御室】名〔「み」は接頭語〕❶「みもろ」に同じ。❷貴人の住まいの敬称。お住まい。庵室・僧房をもいう。〈伊勢・八三〉「しひて**御室**にまうでて拝み奉るに」訳（雪の中を）困難をおして（惟喬親王の）**ご庵室**に参上して拝顔申しあげると。

み-め【見目・眉目】名 ❶見たようす。**見た目**。〈枕・四二〉「鷺は、いと**みめ**も見ぐるし」訳鷺は、たいそう**見た目**もみにくい。❷**顔かたち**。容貌。〈枕・一八六〉「経たふとくよみ、**みめ**きよげなるにつけても」訳（法師が）経をりっぱに読み、**顔だち**がけがれなく美しい感じであるにつけても。❸**名誉**。面目。**ほまれ**。〈去来抄・先師評〉「時雨はこの集の**みめ**なるに、この句しそこなひ侍る」訳時雨（の句）はこの集（＝「猿蓑」）の**ほまれ**である（べきな）のに、この句は失敗しています。

み-めう【微妙】名・形動ナリ 非常にすばらしいこと。たとえようもないほど美しいこと。また、その

さま。〈今昔・二六・一七〉「菓子・食物など儲けたるさま、微妙なり㊈」訳果物や食べ物などを並べたてたようすは、非常にすばらしい。

みめ‐かたち【見目形・眉目形】名 顔だちと姿。容姿。

み‐め・づ【見愛づ】他ダ下二 {で・で・づ・づる・づれ・でよ} 見てほめる。感心して見る。〈大鏡・基経〉「いみじうもせさせ給ふかなと、いよいよ見めで用奉らせ給ひて」訳（基経は光孝天皇が）実にすばらしくもなされるなあと、ますます感心して見申しあげなさって。

みめ‐よ・し【見目好し・眉目佳し】形ク {から・く(かり)・し・き(かる)・けれ・かれ} 顔かたちが美しい。器量がよい。〈徒然・六〇〉「この僧都、みめよく用、力強く、大食にて」

み‐もち【身持ち】名 ❶平生の行い。品行。〈浮・日本永代蔵〉「不断の身持ち、肌に単襦袢、大布子綿三百目入れて、ひとつより外に着ることなし」訳（藤市の）日常の生活態度は（たいそう質素で）、素肌に単の襦袢、（上には）木綿の綿入れに綿を三百目入れて、これ一枚よりほかに着ることがない。❷妊娠すること。⬇篤し「慣用表現」

み‐もの【見物】名 ❶見てりっぱだと感じるもの。見る価値のあるもの。〈更級・初瀬〉「一代に一度の見物にて、田舎世界の人だに見るものを」訳（大嘗会の御禊は）天皇一代に一度の見る価値のある行事であって、地方の人だって（わざわざ上京して）見るものなのに。❷見物すること。また、見物する人。

み‐もら・す【見漏らす】他サ四 {さ・し・す・す・せ・せ} 見落とす。見のがす。〈徒然・一三七〉「一事も見もらさ未じとまぼりて」訳（祭りの行列を）一つの事も見落とすまいと見守って。

み‐もろ【御諸・三諸・御室】名（「み」は接頭語）「みむろ」とも。神の降臨して鎮座する所。神をまつる森や山や神座。のちには、神社。

み‐や【宮】名（「御屋」の意）❶伊勢神宮をはじめ、特別な神をまつる神社。また、一般に神社。〈平家・七・願書〉「あれはいづれの宮と申すぞ。いかなる神を崇め奉るぞ」訳あれは何神社と申すか。どのような神をお祭り申しているのか。❷皇居。御所。〈万葉・一・二九〉「ささなみの大津の宮に」訳（近江の国の）楽浪の大津の宮（＝皇居）で。⬇御門「慣用表現」❸皇后・中宮・皇子・皇女など皇族の住居。御殿。〈伊勢・八三〉「日ごろ経て、宮に帰り給うけり」訳幾日かたって、（惟喬親王は京の）御殿にお帰りになった。❹皇族の敬称。〈伊勢・八四〉「身はいやしながら、母なむ宮なりける」訳（男は）官位の低い身ではあるが、母君は宮様であったそうだ。

みゃう‐が【冥加】名 ❶（仏教語）知らず知らずのうちに受ける神仏の加護。〈平家・四・宮御最期〉「弓も矢も冥加のほども、平家の御身の上にこそ候ふらめ」訳弓も矢も神仏の加護の程度も、平家（一門）の御身の上にあるのでしょう。❷報恩。お礼。〈浮・日本永代蔵〉「今日吉日なれば、薬代を冥加のためにつかはしたし（＝差し上げたい）」

みゃう‐がう【名号】名 仏や菩薩の名。また、念仏として唱える「南無阿弥陀仏」の六字。名字。

みゃう‐くわ【猛火】名（「みゃう」は呉音）激しく燃える火。

みゃう‐じ【名字】名 ❶古代の氏の名。また、氏と姓の総称。❷同一の氏から出た家の名。源氏から分かれた新田・足利など。苗字。また、姓名。〈平家・七・忠度都落〉「名字をばあらはされず、…よみ人しらずと入れられける」訳（俊成卿は平忠度の）姓名を明らかになさらないで、…（忠度の歌を）よみ人しらずとして（『千載集』に）お入れになったのだった。❸「みゃうがう（名号）」に同じ。

みゃう‐じん【名神・明神】名 歴史が古く、由緒ある神社。また、霊験あらたかな神に対する敬称。

みゃう‐ぶ【名簿・名符】名 自分の官職・姓名などを書きつけた名札。家臣や門弟になるときなどに差し出した。「名付き」とも。

みゃう‐ぶ【命婦】名 ❶平安時代の後宮の女官。本人が五位以上の位階の人を内命婦、五位以上の官人の妻の場合を外命婦と呼ぶ。また天皇のそば近く仕えている命婦は、特に上の命婦という。❷稲荷の神の使いである狐の異称。

みゃう‐もん【名聞】一名 名声。名誉。評判。〈宇治・三・九〉「四年があひだ、名聞にも思ひたらず」訳（任期の）四年の間、（姪たちは叔母が国守の妻であることを）名誉とも思っていないし。二形動ナリ {なら・なり(に)・なり・なる・なれ・なれ} 名声を得るために行動するさま。見栄っぱりである。〈大鏡・師尹〉「くせぐせしくおぼえまさりて、名聞に用などぞおはせし」訳（藤原済時は父師尹より）ひねくれているという評判が上回って、見栄っぱりでなどいらっしゃった。

みゃうもん‐ぐる・し【名聞苦し】形シク {しから・しく(しかり)・し・しき(しかる)・しけれ・しかれ} 名誉を得ようと、また名誉を傷つけまいとあくせくしているさま。〈徒然・一〉「名聞ぐるしく用、仏の御教へに違ふらんとぞおぼゆる」訳（法師で権勢が盛んな者は）名誉を得ようとあくせくしていて、仏のみ教えにそむいているのだろうと思われる。

みゃう‐り【名利】名 名誉と利益。〈徒然・三八〉「名利に使はれて、閑かなる暇なく」訳名誉や利益に追い立てられて、ゆっくりした時間もなく。

みゃう‐り【冥利】名 人知れず神仏が人に与える恵み。

みゃう‐わう【明王】名（仏教語）大日如来の命を受け、激しい怒りの相を表し、人々を教化する諸仏。特に、五大明王の中の不動明王をいう。

みや‐ぎ【宮木】名「みやき」とも。宮殿造営用の材木。

みやぎのの… 和歌

宮城野の　露吹きむすぶ　風の音に
小萩がもとを　思ひこそやれ
〈源氏・桐壺〉

訳宮城野に吹きつけて露を結ばせる秋の風の音を聞くにつけて、小萩のある場所を思いやることです(宮中で秋風の音を聞くにつけ涙があふれ、わが子のことに思いはいくのです)。(「宮城野」は歌枕。今の宮城県仙台市にある平野で、萩の名所。ここは宮中の意をこめる)

解説 桐壺帝が、亡き桐壺の更衣の里に贈った歌。そこで幼い光源氏とその祖母が喪に服している。「露」は帝の涙を、「小萩」は幼い光源氏を暗示する。

みや-こ【都・京】名〔「宮処(みやこ)」の意〕皇居のあるところ。京(きやう)。転じて、首府。〈万葉・八・一六三九〉「沫雪(あわゆき)のほどろほどろに降り敷けば奈良の都し思ほゆるかも」訳→あわゆきの… 和歌

フレーズ

都の苞(つと) 都へのみやげ。〈徒然・二三六〉「都のつとに語らん」訳(このようすを)都へのみやげとして話そう。

みやこ-うつり【都移り・都遷り】名 都がほかの土地へ移ること。遷都。〈方丈・二〉「また、治承(ぢしよう)四年水無月(みなづき)のころ、にはかに都移り侍りき」訳また、治承四年陰暦六月のころ、突然、遷都がございました。

みやこ-どり【都鳥】名 水鳥の名。全身が白く、海に近い河川にすむ。くちばしと脚は赤い。今の「ゆりかもめ」という。冬。〈伊勢・九〉「名にし負はばいざこと問はむ都鳥わが思ふ人はありやなしやと」訳→なにしおはば… 和歌

(みやこどり)

みやこ-の-つと【都の苞】⬇都(みやこ)「フレーズ」

みやこ・ぶ【都ぶ】自バ上二{び・び・ぶ・ぶる・ぶれ・びよ}〔「ぶ」は接尾語〕都らしくなる。都のふうをする。〈万葉・三・三一二〉「昔こそ難波田舎(なにはゐなか)と言はれけめ今は京(みやこ)引き都び用にけり」訳昔は難波田舎と言われただろうが、今はもう都を移して都らしくなったことよ。対田舎(ゐなか)ぶ

みやこをば… 和歌

都をば　かすみとともに　たちしかど 〔春霞が立つ〕〔旅立つ〕
秋風(あきかぜ)ぞ吹く　白河(しらかは)の関(せき)
〈後拾遺・九・羇旅・五一八・能因(のういん)〉

訳都を霞(かすみ)の立つ春に旅立ったけれど、(長い旅路だったので)もう秋風が吹いているよ、この白河の関は。(「白河の関」は今の福島県白河市に置かれた関所で、歌枕)

解説「後拾遺集」では実際に東国へ下向した際に詠んだ歌となっているが、藤原清輔(きよすけ)の「袋草紙」では、実際には東国へ下向したのではなく、この歌を詠むためにひそかに自宅にこもっていたと伝える。

みやす-どころ【御息所】名〔「みやすんどころ」の撥音「ん」の表記されない形〕❶(天皇の御休息所の意から転じて)天皇のご寝所に仕える女官。女御(にようご)・更衣など。〈源氏・桐壺〉「その年の夏、御息所、はかなき心地にわづらひて」訳その年の夏、(桐壺の)更衣は、ちょっとした病気にかかって。⬇後宮(こうきゆう)「古文常識」
❷皇太子・親王の妃(きさき)。〈源氏・葵〉「かの六条御息所の御腹の前坊(ぜんばう)の姫宮」訳あの六条の妃のお生みになった、前皇太子の姫宮が。

みやすん-どころ【御息所】名〔「みやすみどころ」の撥音便〕「みやすどころ」に同じ。

みや-づかさ【宮司】名❶中宮職(ちゆうぐうしき)・春宮坊(とうぐうばう)・斎院・斎宮の職員。〈枕・九八〉「宮司に車の案内(あない)いひて」訳中宮職の職員に牛車(ぎつしや)の用意を言いつけて。
❷神官。宮司(ぐうじ)。〈徒然・六七〉「老いたる宮司の過ぎしを呼びとどめて」訳年老いた神官が通り過ぎたのを呼びとめて。

みや-づか・ふ カ(コ)ウ―ツ【宮仕ふ】一 自ハ下二{へ・へ・ふ・ふる・ふれ・へよ}❶宮殿の造営に奉仕する。〈万葉・六・一〇三五〉「田跡川(たどかは)の滝を清みか古(いにしへ)ゆ宮仕へ用けむ多芸(たぎ)の野の上に」訳田跡川の急流が清らかであるからか、昔から宮を造営し奉仕したのだろう。この多芸の野のほとりに。
❷宮中、または貴人の家に奉公する。〈著聞・五三五〉「下太友正といふ随身(ずいじん)、幼くより宮仕へ用けり」訳下太友正という随身が幼いときから宮仕えしていた。
二 自ハ四{は・ひ・ふ・ふ・へ・へ}宮中、または貴人の家に奉公する。〈著聞・五六二〉「ある夜、参り宮仕ひ用ける公卿(くぎやう)の家近く、焼亡(ぜうまう)のありけるに」訳ある夜、(そこに)参上し奉公していた公卿の家近くに、火事があったときに。

最重要330

273 **みやび**【雅び】名

ガイド 原義。「宮」に接尾語「ぶ」を付けて動詞化した「みやぶ」の連用形が名詞になった語。「宮廷風である」が原義。

上品で優雅なこと。風雅。風流。都会風であること。

例いかめしくめづらしきみやびを尽くし給ふ〈源氏・若菜上〉
訳(朱雀(すざく)院も光源氏も)盛大でまたとない優雅を尽くし(た贈答を)なさる。

例昔人は、かくいちはやきみやびをなむしける〈伊勢・一〉
訳昔の人は、このように情熱的な風雅なふるまいをしたのであった。

最重要330

274
み・ゆ

【見ゆ】自ヤ下二〔え・え・ゆ・ゆる・ゆれ・えよ〕

ガイド 「見る」の自発・可能・受身形（「見る」の未然形「み」＋助動詞「ゆ」と説明される）。自発にあたるのが①、受身にあたるのが④。意図的に見られようとするのは見せることであるから、⑤の意にもなる。

❶目に映る。見える。

例 家にいたりて、門に入るに、月明かければ、いとよくありさま見ゆ㊇〈土佐〉

訳 わが家に着いて、門を入ると、月が明るいので、とてもよく（庭の）ありさまが見える。

❷会う。対面する。

例 ものも言はで籠り居て、使ふ人にも見え㊍で〈大和・一〇三〉

訳 何も言わずに（家に）こもっていて、召し使う人にも会わないで。

❸来る。やって来る。

例 国人の心の常として、「いまは」とて見え㊍ざなるを、心ある者は恥ぢずぞなむ来ける〈土佐〉

訳 その土地に住む人の人情の常として、「（離任して帰京するのだから）今はもう（用はない）」と言って、（あいさつにも）やって来ないというが、誠意のある者は、（世間体を）気にせずに来た。

❹（人に）見られる。

例 物思ふと人に見え㊍じと〈万葉・四・六一三〉

訳 物思いをしていると人に見られまいと思って。

❺人に見せる。

例 はかなき花紅葉につけても志を見え㊊奉る〈源氏・桐壺〉

訳 （光源氏は）ちょっとした（春の）花、（秋の）紅葉につけても、思慕の情を（藤壺に）お見せ申しあげる。

❻（女が）結婚する。妻となる。

例 いかならん人にも見え㊊て、身をも助け、幼き者どもをも育み給ふべし〈平家・七・維盛都落〉

訳 どのような人とでも結婚して、自分をも生かし、幼い子供らをもお育てになるがいい。

❼思われる。感じられる。

例 ただ人も、舎人など賜るきははゆゆしと見ゆ㊇〈徒然・一〉

訳 （摂政・関白以外の）一般の貴族でも、（朝廷から）舎人（＝護衛の官

三 他八四〔は・ひ・ふ・ふ・へ・へ〕奉公させて召し使う。〈著聞・五二一〉「さて宮仕ふ㊍に、かひがひしくまめにて」訳 そこで奉公させて召し使うと、（この女は）きびきびとよく働いて。

みや-づかへ【宮仕へ】名 ❶宮中に仕えること。〈竹取・御門の求婚〉「もはら、さやうの宮仕へ仕うまつらじと思ふを」訳 決して、そのような宮仕えはいたすまいと思うのに。❷貴人の家に仕えること。奉公。〈大和・一四八〉「この宮仕へする所の北の方うせ給うて」訳 この奉公している屋敷の奥方がお亡くなりになって。❸主人や目上の人に仕えて、その用をつとめること。〈浄・冥途の飛脚〉「宮仕へは嫁の役」訳 （舅に）仕えるのは嫁の役目。❹神仏に奉仕すること。

みやづかへ-どころ【宮仕へ所】名 宮仕えをする所。奉公先。〈枕・二六七〉「自然に宮仕へ所にも、親・はらからの中にても、思はるる思はれぬがあるぞいとわびしきや」訳 自然に、奉公先でも、親や兄弟姉妹の間柄でも、（人から大事に）思われる人と思われない人とがあるのは、とてもつらいものだ。

みや-つこ【造】名 上代の姓の一つ。宮中または地方にいて、その「部」を統率する氏族の姓。また、その氏族。→姓①

みや-ばしら【宮柱】名 皇居の柱。神社や宮殿の柱。

みや-ばら【宮腹】名 皇女から生まれること。また、その子。「皇女腹」とも。〈源氏・帚木〉「宮腹の中将は、なかに親しく馴れ聞こえ給ひて」訳 皇女を母宮とする中将は、なかでも（特に光源氏に）親しくうちとけ申しあげなさって。

みや-ばら【宮ばら】名〔「ばら」は複数を表す接尾語〕宮様たち。

みやび【雅び】名 ➡前ページ 273

みやび-か【雅びか】形動ナリ〔なら・なり（に）・なり・なる・なれ・なれ〕〔「か」は接尾語〕「みやびやか」に同じ。〈源氏・蓬生〉「昔に変はらぬ御しつらひのさまなど、…みやびかに㊊見ゆるを」訳 昔と変わらぬお部屋の飾りつけのようすなどは、

❽見かける。見ることができる。
人〉などをいただく身分の者はすばらしいと思われる。
例 その山のさま、いと世に見え(未)ぬさまなり〈更級・足柄山〉
訳 その山(=富士山)の姿は、まったく世間で見かけない形である。

…上品で優雅であるように見えるので。

みや-びと【宮人】名〔古くは「みやひと」〕❶宮仕えをする人。宮中に仕える人。対里人
❷神に仕える人。神主。

みやび-やか【雅びやか】形動ナリ〔なら・なり(に)・なり・なる・なれ・なれ〕上品で優雅なさま。風流なさま。「みやびか」とも。〈雨月・吉備津の釜〉「吉備津の神主香央造酒が女子は、生まれだちみやびやかにて」訳 吉備津神社の神官の香央造酒の娘は、生まれつき上品で優雅であって。

みやび-を【雅び男】名 風流を解する男。

みや・ぶ【雅ぶ】自バ上二〔び・び・ぶ・ぶる・ぶれ・びよ〕〔「ぶ」は接尾語〕上品である。優雅である。〈万葉・五・八五二〉「梅の花夢に語らくみやび(用)たる花とあれ思ふ酒に浮かべこそ」訳➡うめのはな… 和歌。対里ぶ・鄙ぶ

み-やま 名 ❶【み山】〔「み」は接頭語〕山の美称。〈万葉・二・一三三〉「小竹の葉はみ山もさやにさやげども我は妹思ふ別れ来ぬれば」訳➡ささのはは… 和歌
❷【深山】奥深い山。奥山。〈源氏・薄雲〉「雪深み深山の道は晴れずともなほふみ通へ跡絶えずして」訳➡ゆきふかみ… 和歌。対外山・端山
❸【御山】〔「み」は接頭語〕天皇の墓。御陵。みささぎ。また、一般の墓の敬称。お墓。

みやま-おろし【深山颪】名 深山から吹きおろす風。〈源氏・若紫〉「吹きまよふ深山おろしに夢さめて」訳(法華経を読む声をのせて)吹きめぐる深山からの風によって、(煩悩の)夢がさめて。

みやま-ぎ【深山木】名 奥山に生い茂る木。

みや-もり【宮守】名 神社の番をすること。また、その人。

み-や・る【見遣る】他ラ四〔ら・り・る・る・れ・れ〕❶遠くを望み見る。はるかに眺めやる。〈源氏・須磨〉「海見やら(未)るる廊に出で給ひて」訳(光源氏は)海を自然にはるかに眺めやられる廊にお出ましになって。
❷そのほうを見る。目を向ける。〈枕・九五〉「もの憂げに取り寄せて縫ひ給ひしを、見やり(用)てゐたりしこそをかしかりしか」訳(他の人が)おっくうそうに手元に引き寄せて縫い(直し)なさったのを、(縫いまちがった乳母が)そのほうを見ていたのはおもしろいことだった。(対見遣す)

みや-ゐ【宮居】名・自サ変 ❶神が鎮座すること。また、その場所。
❷天皇が住むこと。また、その場所。皇居。〈平家・五・都遷〉「泊瀬朝倉に宮居し(用)給ふ」訳(大和の国の)泊瀬朝倉に(雄略天皇は)皇居をお定めになる。

み・ゆ【見ゆ】自ヤ下二 ➡右 274

み-ゆき 名 ❶【み雪】〔「み」は接頭語〕雪の美称。
❷【深雪】深く降り積もった雪。冬

み-ゆき【行幸・御幸】名〔「み」は接頭語〕天皇・上皇・法皇・女院のおでかけ。〈源氏・行幸〉「忍びやかにふるまひ給へど、行幸に劣らずよそほしく」訳(光源氏は)控えめに行動なさるけれども、天皇のおでかけに劣らないほど整ってりっぱで。➡行幸「類語の整理」

み-ゆづ・る【見譲る】ユズル 他ラ四〔ら・り・る・る・れ・れ〕他人に世話をまかせる。世話をたのむ。〈平家・七・維盛都落〉「幼き者どもをば、誰に見ゆづり(用)、いかにせよとかおぼしめす」訳 幼い子供たちを、だれに世話をたのみ、どのようにせよと(あなたは)お考えになるのか。

み-よ【御代・御世】名〔「み」は接頭語〕天皇の治世の敬称。ご治世。

みょう【名・命・明・冥・猛】➡みゃう

みょう【妙】➡めう

みょうおう【明王】➡みゃうわう

みよしのの… 和歌

み吉野の　象山の際の　木末には
ここだもさわく　鳥の声かも
〈万葉・六・九二四・山部赤人〉

訳 吉野の象山の山あいの梢で、なんとたくさんの鳴き騒いでいる鳥の声だこと。
解説 この歌は長歌の反歌二首のうちの一首で、もう一首が「ぬばたまの夜のふけゆけば久木生ふる清き川原に千鳥しば鳴く」(訳➡ぬばたまの… 和歌)〈万葉・六・九二五〉。

みよしのの… 和歌

み吉野の　山かき曇り　雪降れば
ふもとの里は　うちしぐれつつ
〈新古・六・冬・五八八・俊恵〉

訳 吉野の山が急に曇って雪が降ると、そのふもとの里ではしきりに時雨が降ることだ。
解説 山と里、雪と時雨を対照する構成。作者自賛の一首と伝えられる。

みよしのの… 和歌《百人一首》【み吉野の　山の　秋風　さ夜ふけて　ふるさと寒く　衣打つなり】〈新古・秋下・藤原雅経〉➡付録①「小倉百人一首」94

みる【海松】名 海藻の名。浅い海の岩の上に生え、食用とする。「うみまつ」「海松藻」とも。夏

みる【見る】他マ上一 ➡次ページ 275

みるほどぞ… 和歌

見る程ぞ　しばし慰さむ　めぐりあはむ
月の都は　はるかなれども
〈源氏・須磨〉

訳 (月を)見る間だけしばらく(心が)慰められる。(この次にまた)めぐりあうであろう月の都ははるかに遠いけれども(再び京に帰れる日ははるかに先であるけれども)。
解説 陰暦八月十五夜の須磨。退居中の光源氏

最重要330

みる【見る】他マ上一｛み・み・みる・みる・みれ・みよ｝

ガイド 「み」は「目」と同源で、①が原義。見て判断することから②③④、見て経験することから⑤、人を見ることから⑥⑦⑧の意が生じた。古文では⑦「夫婦となる」、⑧「世話をする」の意が重要。

❶目にとめる。目にする。眺める。

例 あかねさす紫野行き標野行き野守はみ㊍ずや君が袖振る〈万葉・一・二〇〉

訳 紫草を栽培している御料地の野をあちらこちらに行き来して、(そんなことをなさったら)野の見張り番が見るではありませんか。あなたが袖をお振りになっているのを。(「あかねさす」は「紫」にかかる枕詞)

❷見て判断する。理解する。わかる。

例 命あるものをみる㊍に、人ばかり久しきはなし〈徒然・七〉

訳 命のあるものを見て判断すると、人間ほど長生きするものはない。

❸処理する。取り扱う。

例 かしこにいとせちにみる㊎べきことの侍るを、思ひ給へ出でてなむ〈源氏・若紫〉

訳 あそこ(＝二条院)に、ぜひどうしても処理しなければならない用件がございますのを、(今)思い出させていただいてね。

❹試みる。ためす。

例 男もすなる日記といふものを、女もしてみ㊍むとてするなり〈土佐〉

訳 男も書くと聞いている日記というものを、(私のような)女も書いてみようと思ってしたためるのである。

❺経験する。(事件などに)出あう。

例 またかかるわびしき目み㊍ず〈竹取・竜の頸の玉〉

訳 また、こんなつらい目にあったことがない。

❻会う。顔を合わせる。

例 老いぬればさらぬ別れもありといへばいよいよみ㊍まくほしき君かな〈伊勢・八四〉

訳 年をとってしまうと、(だれもが)避けることのできない(死の)別れもあるというので、ますます会いたいあなたですよ。

は、宮中での観月の宴や都の恋しい人たちを思いやる。「月の都」は、月世界にある都で、京の都を暗示する。

みる-みる【見る見る】➡見る「フレーズ」

みる-め【海松藻・海松布】名「みる(海松)」に同じ。〈更級・初瀬〉「みるめおふる浦にあらずは荒磯の浪間かぞふるあまもあらじを」訳 みるめが生える浦でないならば、荒磯の波の絶え間を見はからってもぐる海女もいないであろうよ(あなたにお目にかかれる機会がないならば、私もつらい宮仕えに耐えることはできないだろう)。

参考 和歌では多く「見る目」とかけて用いられる。

みる-め【見る目】➡見る「フレーズ」

み-れん【未練】名・形動ナリ ❶まだ熟練していないこと。未熟なこと。〈徒然・三〇〉「未練の狐、ばけそんじけるにこそ」訳 未熟な狐が、化けそこなったのであろう。

❷あきらめきれないこと。思い切りの悪いこと。〈狂・武悪〉「日ごろの口ほどにもない未練な㊍(口語)者ぢゃ」訳 つね日ごろの広言ほどにもない思い切りの悪い人だ。

みろく【弥勒】名《梵語の音訳》釈迦の入滅後、五十六億七千万年を経て、人間世界に現れ、民衆を救うという菩薩。弥勒菩薩。

みわたせば… 和歌

見渡せば　花も紅葉も　なかりけり
浦の苫屋の　秋の夕暮れ
〈新古・四・秋上・三六三・藤原定家〉

訳 見渡すと、(春の)花も(秋の)紅葉もないことだよ。この海辺の漁師の小屋のあたりの秋の夕暮れは。

解説 華やかな色彩をまったくもたない秋の夕暮れの景。花と紅葉は、歌では重要な題材であるが、それをすべて消去したところに無彩色の美の世界が創造されている。「源氏物語」の明石の巻の世界を背景に置く。「三夕の歌」のうちの一首。↓三夕の歌

❼異性と関係を持つ。**夫婦となる。妻とする。** 例 さやうならむ人をこそみ㊍め〈源氏・桐壺〉 訳 そのような（＝藤壺のような）人がいるならそういう人を**妻にする**つもりだ。

❽**世話をする。**面倒をみる。 例 この雀みよ㊎。もの食はせよ〈宇治・三・一六〉 訳 この雀の**世話をせよ**。餌を食わせよ。

⬇大人ぶ「類語の整理」

フレーズ

見る見る 見ながら。〈源氏・桐壺〉「むなしき御骸を見る見る、なほおはするものと思ふが」 訳 魂の抜けた（桐壺の更衣の）御なきがらを**見ながら**、やはりまだ生きていらっしゃるものと思うのが。

見る目 ❶見ている目。人目。❷見かけ。外見。〈更級・足柄山〉「**見る目**のいときたなげなきに、声さへ似るものなく歌ひて」 訳（遊女たちは）**見かけ**がまことにこぎれいなうえに、声までたぐいないほどに歌って。❸（おもに男女が）会う機会。会うこと。〈古今・恋四〉「伊勢の海人の朝な夕なにかづくてふ**みるめ**に人を飽くよしもがな」 訳 伊勢の漁師が朝夕海にもぐって採るという海松藻ではないが、あの人に**会う機会**に満ち足りる（＝満ち足りるほど会える）方法があればいいのだがなあ。（「見る目」は「海松藻」との掛詞。第三句までは「みるめ」を導きだす序詞）

みわたせば… 和歌

見渡せば　柳桜を　こきまぜて
都ぞ春の　錦なりける
〈古今・一・春上・五六・素性〉

訳 見渡すと、柳と桜をまぜ合わせて、この都が春の錦だったのだなあ。

解説 詞書に、「花ざかりに、京を見やりてよめる」とある。柳の淡い緑と桜の花の色をかきまぜて合わせたようなようすが、「こきまぜて」である。それを見て、山の紅葉をいう「秋の錦」に対し、もし「春の錦」があるとしたら、京の都がそれなのだったと気づいたのである。

みわたせば… 和歌

見渡せば　山もと霞む　水無瀬川
夕べは秋と　なに思ひけん
〈新古・一・春上・三六・後鳥羽院〉

訳 見渡すと、山のふもとに（春の）霞がかかり、水無瀬川（＝今の大阪府三島郡を流れる川）が流れている。夕暮れ（のすばらしい季節）は秋だと、どうして思っていたのだろう。

解説「枕草子」の「秋は夕暮れ」に代表される伝統的な美意識に対して、春の夕暮れの美しさを発見した。

み-わづら・ふ【見煩ふ】自八四｛は・ひ・ふ・ふ・へ・へ｝❶見て、どうしてよいか困る。〈伊勢・一〇七〉「雨の降りぬべきになむ**見わづらひ**㊊侍る」 訳 雨がきっと降りそうなので、（空模様を）**見てどうしてよいか困っています**。❷世話がしにくくて困る。〈源氏・夢浮橋〉「いと世づかぬ御ありさまかなと**見わづらひ**㊊ぬ」 訳（僧都の妹尼は浮舟を）まったく男女間の情を解さない御ようすであるなあと、**扱いかねて困って**しまった。

三輪山（みわやま）《地名》歌枕〔「三和山」とも書く〕今の奈良県桜井市三輪の東部にある山。古代人の信仰の対象とされ、ふもとにこの山を神体とする大神神社がある。「三諸の神奈備」と称せられ、崇められてきた。

みわやまを… 和歌

三輪山を　しかも隠すか　雲だにも
心あらなも　隠さふべしや
〈万葉・一・一八・額田王〉

訳 三輪山をそんなにも隠すのか。せめて雲だけでも（思いやりの）心があってほしい。（三輪山を）隠し続けることがあってよいものか。（「ふ」は、反復・継続を表す上代の助動詞）

解説 作者が近江の国（滋賀県）に下ったときに詠んだ長歌の反歌。奈良を離れる作者は、なつかしい三輪山を振り返り振り返り行くのだが、折から雲が隠してしまった。歌のあとの注では、近江遷都に際して、天智天皇が詠んだものという。

み-を【澪・水脈】名 川や河口や海で、底がみぞのように深くなっている、水の流れる筋。船の往来する水路になる。〈万葉・七・一一〇八〉「泊瀬川流るる**水脈**の瀬を早み」 訳 初瀬川の流れる**水脈**の瀬が速いので。

み-を-しづ・む【身を沈む】⬇身「フレーズ」

み-を-す・つ【身を捨つ】⬇身「フレーズ」

み-を-た・つ【身を立つ】⬇身「フレーズ」

み-を-たど・る【身を辿る】⬇身「フレーズ」

みを-つ-くし【澪標】名〔「水脈つ串」の意。「つ」は「の」の意の上代の格助詞〕川や河口や海で、船の通う水路を示すために並べて立てた杭。〈土佐〉「**みをつくし**のもとより出でて、難波に着きて、河尻に入る」 訳 **みおつくし**の所から（船で）出発して、難波に着いて、（淀川の）河口に入る。

参考 和歌では多く「身を尽くし」とかけて用いられる。

（みをつくし）

み-を-つく・す【身を尽くす】⬇身「フレーズ」

み-を-な・ぐ【身を投ぐ】⬇身「フレーズ」

みん-かん【民間】名 世間。一般大衆の社会。世間の人々。〈平家・一・祇園精舎〉「天下の乱れんことを悟らずして、**民間**の愁ふる所を知らざっしかば」 訳 天下が

(しだいに)乱れるであろうことを理解しないで、世間の人々が嘆き苦しむことを知らなかったので。

みんぶ-しゃう【民部省】—シヨウ 名 律令制で、太政官(だいじょうかん)に属する八省の一つ。人口調査・戸籍・租税などをつかさどる役所。「民部」とも。→八省(はっしゃう)。⬇付録③「平安京大内裏図」

-む ㊀ 接尾マ四型 (名詞や形容詞の語幹(シク活用は終止形)、擬声語に付いて)「**…のような状態になる**」「**…のようにふるまう**」「**…という音をたてる**」の意の動詞をつくる。〈源氏・若紫〉「うちそばみ(用)て書い給ふ手つき」訳 (若紫が)ちょっと横を向いてお書きになる手つきや。〈枕・九六〉「おのが心地(ここち)のかなしきままに、うつくしみ(用)、かなしがり」訳 (赤ん坊を)自分の気持ちがいとしく思うのにまかせて、いつくしみ、かわいがり。

例語 赤む・浅む・仇(あた)む・あはれむ・怪しむ・危(あや)ぶむ・青む・痛む・いつくしむ・いとほしむ(=気の毒に思う)・賤(いや)しむ(=軽んじる)・疎(うと)む・うるはしむ(=かわいがる)・嬉(うれ)しむ(=うれしく思う)・畏(かしこ)む・愛(かな)しむ・軽(かろ)む・軋(きし)む・汚(きたな)む(=きたないと思う)・暗む(=暗くなる)・黒む・響(とよ)む・和(なご)む・苦(にが)む・憎む・妬(ねた)む・はかなむ・僻(ひが)む・愛(を)しむ

㊁ 接尾マ下二型 (名詞や形容詞の語幹(シク活用は終止形)に付いて)「**…のような状態にする**」の意の動詞をつくる。〈源氏・帚木〉「顔うち赤め(用)てゐたり」訳 顔を赤くして座っている。〈徒然・一三四〉「自(みづか)ら身を恥づかしむる(体)なり」訳 自分で自分を恥ずかしく思わせるのである。

例語 淡(あは)む(=うとんじる)・危ぶ

む ン

助動四型 「ん」とも表記される

意味・用法	用例
❶推量 …(の)だろう。	例 わが宿の池の藤(ふぢ)なみ咲きにけり山郭公(やまほととぎす)いつか来(き)鳴かむ(体)〈古今・夏〉 訳 わが家の池の(ほとりの)藤の花が咲いたことだ。山ほととぎすはいつになったら来て鳴くのだろうか。
❷意志・意向 …う。…よう。…つもりだ。	例 男はこの女をこそ得め(已)と思ふ〈伊勢・二三〉 訳 男はこの女を妻にしようと思う。
❸仮定・婉曲(えんきょく) …とすれば、その。…ような。 連体形を用いる。	例 思はむ(体)子を法師になしたらむ(体)こそ心苦しけれ〈枕・七〉 訳 愛する子がいるとして、その子を法師にしているとしたら、それは気の毒だ。
❹適当・当然 …のがよい。…はずだ。 多く「こそ」の結びとして已然形を用いる。	例 とくこそ試みさせ給はめ(已)〈源氏・若紫〉 訳 早くお試しになられるのがよい。
❺勧誘 …う。…よう。…ない(か)。	例 いざ、かいもちひせん(終)〈宇治・一・一二〉 訳 さあ、ぼた餅を作ろう。

接続 活用語の未然形に付く。

活用

未然	連用	終止	連体	已然	命令
○	○	む(ん) (。)	む(ん) (コト)	め (ドモ)	○

む・痛む・疎む・固む・軽む・暗む(=暗くする)・黒む・和む・苦む・端(はし)たなむ・僻む・広む・深む・侘(わ)びしむ

む ン 助動四型 ➡右下助動詞「む」

む ン 助動詞「む」の終止形・連体形。

む-え【無依】 名《仏教語》何物にも頼らず、何物にも執着しない、悟りの境地。

む-えん【無縁】 名《仏教語》❶仏と結ぶ縁を持たないこと。仏道に入る因縁(いんねん)のないこと。対有縁(うえん) ❷世間に頼る所のないこと。また、死後を弔う縁者のないこと。❸だれのためと特に限った縁でないこと。平等で差別しないこと。

むかい-ばら〖向かい腹〗〖当腹〗➡むかひばら

むか-う〖向かう・対う・迎う〗➡むかふ

むかう-ざま ムコウ—【向かう様】形動ナリ {なら・なり(に)・なり・なる・なれ・なれ}「向かひ様」のウ音便」「むかうさま」とも。面と向かうさま。〈平家・九・生ずきの沙汰〉「梶原(かぢはら)思ひけるが、押し並べてや組む、**むかうさまに**用や当て落とすと思ひけるが」訳梶原は(自分の馬を佐々木の馬に)押し並べて組むか、(それとも)**面と向かうように**ぶつけて落とすかと思ったが。

むかし【昔】 名 ❶過ぎ去った時。ずっと以前。〈徒然・二五〉「桃李(たうり)もの言はねば、誰(たれ)とともにか**昔**を語らん」訳桃や李(すもも)は(昔のままに咲いてはいるが)物を言わないから、だれといっしょに**昔のこと**を語ろうか(いや、昔を語る者はだれもいない)。❷(「ひと昔」の形で)過去の二十一年、三十三年、また、十年を一期としていう語。〈山家集〉「吉野(よしの)山ほきぢ伝ひに尋ね入りて花見し春はひと**昔**かも」訳吉野山の険しい山道沿いに尋ね入って桜の花を見た、あの春は、ひと**昔**前のことだなあ。❸前世。〈竹取・かぐや姫の昇天〉「**昔**の契(ちぎ)りありけるによりなむ」訳**前世**の宿縁があったことによって。

フレーズ

昔覚(おぼ)ゆ ❶昔が思い出される。〈源氏・紅梅〉「時々うけたまはる御琵琶(びは)の音なむ**昔おぼえ**用侍る」訳時々お聞きする琵琶の御音色に**昔が思い出され**ます。❷古風に思われる。〈徒然・一〇〉「うちある調度も**昔おぼえ**用て安らかなるこそ、心にくしと見ゆれ」訳何気なく置いてある道具類も**古風な感じがし**て落ち着きがあるのは、奥ゆかしいと思われる。

昔の人(ひと) ❶昔の時代に生きた人。故人。古人。❷亡くなった人。故人。〈更級・野辺の笹原〉「**昔の人**の必ず求めておこせよとありしかば、求めしに」訳**故人**(=あなたの姉)が、きっとさがしてよこしてくれと言ったので、(物語を)さがしたけれども。❸昔なじみの人。〈古今・夏〉「五月(さつき)待つ花たちばなの香(か)をかげば**昔の人**の袖の香ぞする」訳➡さつきまつ…和歌

むが・し 形シク {しから・しく(しかり)・し・しき(しかる)・しけれ・しかれ} 喜ばしい。ありがたい。〈万葉・一八・四一〇五〉「白玉(しらたま)の五百箇集(いほつつど)ひを手に結びおこせむ海人(あま)は**むがしく**用もあるか」訳真珠をたくさん紐(ひも)に通したものを手に結びつけて、(それを)よこしてくれるような海人は**ありがたく**もあることよ。

むかし-おぼ・ゆ【昔覚ゆ】 ➡昔(むかし)「フレーズ」

文法ノート

1「む」の用法の特徴

推量	主語が三人称であるのがふつう。上に「いかに」「など」などの副詞、係助詞「や」「か」のあることが多い。
意志・意向	主語が一人称であるのがふつう。
仮定・婉曲	連体形の用法。下に体言か助詞がくる。適切な現代語がないので、訳出しない場合が多い。
適当・当然	主語が二人称であるのがふつう。「こそ…め」の形になることが多い。
勧誘	主語が二人称であるのがふつう。「てむや」「なむや」の形になることが多い。

2 希望の「む」

②の例は「妻にしたい」と口語訳することがある。意志の強調表現に「希望」の意をあてたものである。

3 已然形「め」+「や」「か」

已然形「め」が疑問の助詞「や」「か」を伴って反語の意を表す。➡めや

例 古(いにしへ)を仰ぎて、今を恋ひざら**め**已かも〈古今・仮名序〉

訳 過去を仰ぎ見て、現代を恋しがらない**だろう**か(いや、きっと恋しがるだろう)。

むかしおもふ… 和歌

昔思ふ　草(くさ)の庵(いほ)りの　夜(よる)の雨(あめ)に
涙(なみだ)な添(そ)へそ　山(やま)ほととぎす
〈新古・三・夏・二〇一・藤原俊成(としなり)〉

訳しみじみと昔のことを思い出しているわび住まいに降る夜の雨に、(これ以上、鳴いて)涙を加えてくれるな、山ほととぎすよ。(「な(副詞)…そ(終助詞)」の形で禁止の意を表す)

解説「白氏文集」の「蘭省(らんしやう)の花の時錦帳(きんちやう)の下(もと)、廬山(ろざん)の雨の夜草庵(さうあん)の中(うち)」が典拠。この詩句が、宮中で時めいている友と流罪になってさびしい境遇にある自分とを対照させていることや、この和歌の成立が作者の出家の二年後に当たることなどから、「昔思ふ」は華やかだった宮中生活を回顧しているものと思われる。

むかし-がたり【昔語り】 名 昔ばなし。また、昔の物語。

むかし-ざま【昔様】 名 昔風。昔のようす。〈源氏・胡

蝶〉「まろを、昔ざまになずらへて、母君と思ひない給へ」訳私を、(亡き母君の)昔のようすになぞらえて、母君だとあえてお考えなさい。

むかし-の-ひと【昔の人】⬇昔「フレーズ」

むかし-びと【昔人】名 ❶昔の世の人。古人。〈伊勢・二〉「昔人は、かくいちはやき雅をなむしける」訳昔の世の人は、このように情熱的な風雅なふるまいをしたのであった。

❷亡くなった人。故人。〈源氏・早蕨〉「昔人にもおぼえ給へり」訳(中の君は)亡くなった人(=姉の大君)にも(面ざしが)似ていらっしゃる。

❸昔なじみの人。〈源氏・玉鬘〉「昔人もかたへは変はらで侍りければ」訳昔なじみの人も一部は変わらずに(残って)いましたから。

❹昔風な人。年寄り。

むかし-へ【昔へ】名(「へ」は方向の意)過去。昔。〈古今・夏〉「昔へや今も恋しきほととぎす」訳昔のことが今になっても恋しいのか、あのほととぎすは。

むかしへ-びと【昔へ人】名 故人。〈土佐〉「この羽根といふ所問ふ童のついでにぞ、またむかしへびとを思ひ出でて」訳この羽根という所について質問する子供の、そのおりに、また故人(=土佐で亡くした娘)を思い出して。

むかし-ものがたり【昔物語】名 昔から伝わった物語。昔ばなし。昔語り。

むかし-をとこ【昔男】名(「伊勢物語」の各段のはじまりに「昔、男ありけり」とあるところから、モデルとされた)在原業平のこと。

むか-つ-を【向かつ峰・向かつ丘】名(「つ」は「の」の意の上代の格助詞)向かいにある峰。向かいの丘。

むか-はぎ【向か脛】名 むこうずね。

むか-ばき【行縢】名 鹿・熊などの毛皮でつくり、腰につけて垂らし、袴の前面にあてるおおい。騎馬や狩猟のときに用いる。→狩装束

むかはり 名 一年、または一月がめぐって来ること。一周年。特に、一周忌。〈浮・世間胸算用〉「明日はその(=お年玉が盗まれたことの)むかはりになるが、惜しいことをしました」

むかは・る 自ラ四 (因果が)めぐって来る。報いが現れる。〈源氏・柏木〉「この世にて、かく思ひかけぬことにむかはり用ぬれば」訳現世でこのように思いがけないことで報いが現れたから。

むかひ-ばら【当腹】名 正妻から生まれること。また、その子。

むかひ-び【向かひ火】名 ❶燃えて来る火に向かって、こちらから火をつけて、先方の火の勢いを弱めること。〈記・中〉「その火打ちもちて、火をうち出でて向かひ火をつけて焼き退けて」訳(倭建命は)その火打ち石で、火をうち出して向かい火をつけて(迫る火を)焼きしりぞけて。

❷(多く「向かひ火つくる」の形で)他人が怒ったとき、こちらも対抗して怒り、相手の勢いを抑えること。

むか・ふ【向かふ・対ふ】

一 自ハ四 ❶向き合う。向かい合ってすわる。対座する。〈徒然・一七〇〉「人と向かひ用たれば、ことば多く、身もくたびれ、心も閑かならず」訳人と対座していると、きっと、ことば(を発すること)が多く(なり)、からだもくたびれ、心も落ち着かない。

❷出むく。おもむく。〈平家・六・小督〉「御書を給はって向かひ用候はん」訳(帝の)お手紙をいただいて(小督のいる嵯峨へ)出むきましょう。

❸その時や状態に近づく。〈風雅・秋中〉「打ちむれて天とぶ雁のつばさまで夕べに向かふ体色ぞかなしき」訳群れをなして空を飛ぶ雁の翼まで、夕方(の色)になってゆく、その色がせつないことだ。

❹相当する。匹敵する。〈万葉・四・六七八〉「直に逢ひて見てばのみこそたまきはる命に向かふ体あが恋止まめ」訳(あなたに)直接会って見たならその時だけ、命に等しい(=命を賭けた)私の恋の思いは静まるだろう。(「たまきはる」は「命」にかかる枕詞)

❺はむかう。敵対する。〈太平記・三〉「向かふ体敵に走りかかり走りかかり」訳はむかう敵に次から次へと走りかかり。

二 他ハ下二 ❶向かい合わせる。対座させる。対面させる。〈蜻蛉・上〉「川に向かへ用てすだれまきあげて見れば、網代どもをしわたしたり」訳(牛車を)川の方に向かい合わせてすだれを巻きあげて見ると、(氷魚をとる)網代をいくつもずらっと作ってある。

❷出むかせる。おもむかせる。〈平家・二・烽火之沙汰〉「入道がもとへ射手なんどやむかへ未んずらん」訳(内大臣は、私)入道(=清盛)のところへ討っ手などをさし向けるのだろうか。

❸はむかわせる。敵対させる。〈平家・一・額打論〉「北京には、興福寺にむかへ用て延暦寺の額を打つ」訳京都側では、(奈良の)興福寺に対抗させて(比叡山)延暦寺の額を掲げる。

むか・ふ【迎ふ】他ハ下二 待ち受ける。出迎える。招く。〈平家・三・医師問答〉「良医を迎へ用て見せしむるに」訳良医を招いて診察させると。

むか-ぶ・す【向か伏す】自サ四 はるか向こうのほうに伏す。〈万葉・三・四四三〉「天雲の向か伏す体国の」訳雲が遠く地平につらなる(=遠い)国の。

むかへ-び【迎へ火】名「むかひび」とも。盂蘭盆の初日の陰暦七月十三日の夕方、門前におがら(=麻の茎)を焚いて、亡き人の霊を迎える火。秋

向井去来《人名》(一六五一〜一七〇四)江戸前期の俳人。別号、落柿舎。長崎の人。蕉門十哲の一人。「猿蓑」の撰者の一人。俳論書「去来抄」「旅寝論」、句集「去来発句集」など。(去来忌秋)

むぎ-あき【麦秋】名(「麦秋」の訓読)麦を取り入れる初夏のころ。陰暦五月。麦の秋。夏

むき-むき【向き向き】名 おのおのの好みで、いろいろな方向を向いていること。思い思い。めいめい。〈万葉・九・一八〇四〉「遠つ国黄泉の界にはふ蔦のおのが向き向き天雲の別れし行けば」訳(亡くなった弟は)遠い果ての国、黄泉の世界に自分の思うまま(=勝手に)に別れて行くので。(「はふ蔦の」は「おのが向き向き」に、「天雲の」は「別る」にかかる枕詞)

む・く【向く】一 自カ四 ❶その方向に向かう。面する。対する。〈徒然・五六〉「よき人の物語するは、人あ

またあれど、一人に**向き**㊊て言ふを」訳 教養のあるりっぱな人が話をするときは、人が多勢いても、(その中の)一人に**向かっ**て言うのを。

❷**そのほうに進む。その傾向になる。**〈風雅・恋四〉「わが心恨みに**向き**㊊て恨み果てよあはれになれば忍び難きを」訳 私の心は(あの方を)恨みに思う気持ちに**傾い**て、いっそ恨み尽くせ。情愛にとらわれてしまうと(恋のつらさを)しのびかねるから。

❸適する。ふさわしい。

二 他カ下二 {け・け・く・くる・くれ・けよ} ❶向くようにする。向ける。〈更級・大納言殿の姫君〉「物もきたなげなるは、ほかざまに顔を**向け**㊊て食はず」訳 (猫は)食べ物もきたならしいのは、ほかのほうに顔を**向け**て食わない。

❷(神仏に)供え物をする。たむける。〈万葉・一・六二〉「幣取り**向け**㊊てはや帰り来ね」訳 幣を手にとり(海神に)**たむけ**て早く帰って来てほしい。

❸服従させる。従わせる。〈万葉・五・八一三〉「韓国を**向け**㊊平らげて」訳 新羅の国を**服従させ**平定して。

むくい【報い】 名 ❶仕返し。返報。〈土佐〉「海賊**報い**せむといふなることを思ふうへに」訳 海賊が(私に対する)**仕返し**をするだろうと言っているといううわさ(があるの)を心配するうえに。

❷ある行為の結果として身に受けるもの。応報。果報。〈方丈・五〉「貧賤の**報い**のみづからなやますか」訳 貧賤(という形で)の**応報**が自分を悩ますのか。

❸手にはいったもの。さずかったもの。〈方丈・四〉「糧乏しければ、おろそかなる**報い**をあまくす」訳 食糧が乏しいので、粗末な**さずかりもの**(=食べ物)をおいしく感じる。

むくつけ・し 形ク ➡左上276

むく・ふ【報ふ・酬ふ】(ムクウ) 一 他ハ四 {は・ひ・ふ・ふ・へ・へ} 〔鎌倉時代以降に「むくゆ」から転じた語〕❶恩返しや仕返しをする。〈平家・七・福原落〉「あやしの鳥けだものも、恩を報じ、徳を**報ふ**㊍心は候ふなり」訳 いやしい鳥や獣でも、恩を返し、徳に**報いる**心はあるものです。

❷報酬を支払う。〈方丈・三〉「車の力を**報ふ**㊍ほかには、さらに他の用途いらず」訳 車の力(を借りたこと)に**報酬を支払う**以外には、まったくほかの費用はかからない。

二 自ハ四 {は・ひ・ふ・ふ・へ・へ} 報いが現れる。〈平家・灌頂・女院死去〉「父祖の罪業は子孫に**報ふ**㊎」訳 父祖の罪業は子孫に**応報する**。

むくむく・し 形シク {しから・しく(しかり)・し・しき(しかる)・しけれ・しかれ} 恐ろしい。気味がわるい。〈更級・初瀬〉「聞くに、いと**むくむくしく**㊊をかし」訳 (話を)聞くと、ひどく**恐ろしく**(同時に)おかしい。

むく・ゆ【報ゆ・酬ゆ】 他ヤ上二 {い・い・ゆ・ゆる・ゆれ・いよ} 受けた恩や仇に相応する行為をして返す。〈今昔・二九・三六〉「人の恩をかうむりなば、必ず**報ゆ**㊎べきなり」訳 人の恩を受けたなら、必ず**恩返しをし**なければならないのである。

むぐら【葎】 名 つる草の総称。荒れはてた家や貧しい家の描写に用いる。夏。〈万葉・一九・四二七〇〉「**むぐら**はふ賤しき屋戸も」訳 **むぐら**のはい茂るむさくるしい家も。

フレーズ **葎の宿** 「むぐら」の生えからんだ家。荒れはてた家や貧しい家にいう。

むぐら-の-やど【葎の宿】 ➡葎「フレーズ」

むぐら-ふ【葎生】(ムグラ(ロ)ウ) 名 むぐら(=つる草の総称)が一面に生えている所。

むくろ【身・軀】 名 ❶からだ。また、胴体。❷死骸。なきがら。特に、首を切られた胴体だけの死体。

最重要330

276 **むくつけ・し** 形ク {から・く(かり)・し・き(かる)・けれ・かれ}

ガイド 「むく」は「むくむくし」の「むく」同様、不気味さや不快感を表す語根と思われる。その感情を起こさせる対象の評価に用いたものが②。

❶**恐ろしい。気味がわるい。** ➡おいらか「類語の整理」

例 昔物語などにこそかかることは聞け、といとめづらかに**むくつけけれ**㊒ど〈源氏・夕顔〉
訳 昔の物語などでこのような(物の怪が出現するという)ことは聞くけれどと、(光源氏には)たいへんめったにないことで**気味がわるい**が。

❷**無骨である。無風流だ。**

例 **むくつけき**㊍心の中に、いささか好きたる心まじりて〈源氏・玉鬘〉
訳 (大夫の監は武士の)**荒々しく無骨な**気性の中に、少し好色な心も混じっていて。

語感実感
雨の日の、人通りの少ない暗い夜道の、闇の中から何か恐ろしいものが現れてきそうな、不気味な感じ。

最重要330

むーげ【無下】名・形動ナリ

ガイド 「むげ」は漢語「無下」で、**それ以下が無いさま**をいう。それ以下が無い→最低だの意が①②、それ以下が無い→これで完全だの意が③。転じて④の意でも用いられる。

❶ **まったくひどいこと。最悪。最低。**
❷ **ひどく身分が低いこと。**
❸ **それ以外の何ものでもないさま。完全。**
❹ **程度のはなはだしいさま。**

例 **無下**のことをも仰せらるるものかな〈徒然・一〇八〉 訳 **とんでもない**ことをもおっしゃるものだなあ。

例 **無下**の民と争ひて、君の滅び給へるためし、この国には、いとあまたも聞こえざめり〈増鏡・新島守〉 訳 **ひどく身分の低い**人民と争って、帝が滅びなさった例は、この国(=日本)では、それほど多くは知られていないようだ。

例 今は、**無下**の親ざまにもてなしてあつかひ聞こえ給ふ〈源氏・薄雲〉 訳 (光源氏は)今では**まったく**の(斎宮の女御の)親代わりとしてふるまってお世話し申しあげなさる。

例 **無下**の末に参り給へりし入道の宮に、しばしは圧され給ひにきかし〈源氏・若菜上〉 訳 **ずっと**あとに入内なさった入道の宮(=藤壺)に、しばらくは圧倒されておしまいになったよ。

むくろーごめ【軀籠め】名〔「ごめ」は接尾語〕からだごと。全身。〈枕・一〇八〉「**むくろごめ**に寄り給へ」訳 **からだごと**で(こちらへ)近づき(=おいで)なさい。

むーくわん【無官】名 官職のないこと。官職についていないこと。

むくわんーのーたいふ【無官の大夫】名 位は四位・五位であるが官職のない者。多くは、公卿の子で元服前に五位に叙せられた者をいう。

むーげ【無下】名・形動ナリ ⬇右277

むげーに【無下に】副 ❶**むやみに。ひどく。**はなはだ。〈枕・八〉「わが家におはしましたりとて、**むげに**心にまかするなめり」訳 (大進生昌は中宮定子が)自分の家においでになったというので、(気が大きくなって)**ひどく**心のままに振る舞うのであるようだ。❷(下に打消の語を伴って)**全然**。まるで。いっこうに。〈源氏・夕顔〉「顔**むげに**知るまじき童一人ばかりぞ率ておはしける」訳 (光源氏は)顔を(だれも)**まったく**知らないはずの童一人だけを連れていらっしゃった。

むーけん【無間】名「無間地獄」の略。八大地獄の一つ。五逆罪を犯した者が落ち、もっとも重い責め苦を受けるという。阿鼻地獄。

むーご【無期】名・形動ナリ ❶期限や際限のないこと。終わりがいつとわからないこと。〈枕・三三〉「『事成りぬや』と言へば、『まだ、**無期**』などいらへ」訳「そのことが始まった(=行列が通った)か」と言うと、「まだ、**いつのことだか**」などと答え。❷時間・期間の長いこと。久しいこと。〈宇治・一・一二〉「**無期**ののちに、『えい』といらへたりければ」訳 **ずいぶん時間がたった**あとで、「はい」と(稚児が)答えたので。

むこーがね【婿がね】名〔「がね」は接尾語〕やがて婿になる人。婿の候補者。

むーごん【無言】名 ❶ものを言わないこと。❷《仏教語》「無言の行」の略。一定期間、無言でいる修行。

武蔵(むさし)《地名》〔古くは「むざし」〕旧国名。東海道十五か国の一つ。今の東京都・埼玉県、および神奈川県の一部を含む。武州。

武蔵野(むさしの)《地名》歌枕 〔古くは「むざしの」〕今の東京都と埼玉県にわたる荒川と多摩川の間の平野。紫(=草の名)・すすきとともに歌によく詠まれた。また、武蔵の国全体をさすこともある。

むーざね【実】名〔「身実」の意〕そのもの。その身。実体。正体。〈紀・景行〉「形は我が子、**むざね**は神人にますことを」訳 姿はわが子(であるが)、**実体**は神であられることを。

むーざん【無慙・無慚・無惨】名・形動ナリ ❶《仏教語》**罪を犯しても、恥じないこと。**〈徒然・一二五〉「放逸**無慙**のありさまなれど」訳 (虚無僧というものは)気まま勝手で**恥知らず**のありさまであるが。❷**恥知らずなこと。**乱暴なさま。残酷であること。〈平家・九・重衡生捕〉「あな**むざん**の盛長や、さしも不便にし給ひしに、一所でいかにもならずして」訳 ああ、**恥知らず**の盛長だ、(主人の重衡が)あれほどかわいがっておられたのに、同じ場所で命を捨てることもしないで。❸**痛ましいさま。**気の毒である。〈平家・三・卒都婆流〉「あな**むざん**や。されば今までこの者どもは、命の生きてあるにこそ」訳 ああ**痛ましいこと**だ。それでは今までこの(鬼界が島に流された)者たちは、生きながらえているのだろう。

むざんやな… 俳句

むざんやな（切れ字）　甲の下の　きりぎりす（秋）　〈細道・太田神社・芭蕉〉

訳 ああ、なんと痛ましいことだ。（斎藤別当実盛が白髪を染めて奮戦し、討ち死にした際にかぶっていた）兜の下で、今、こおろぎがか細い声で鳴いている。（「むざんやな」の「や」は間投助詞、「な」は終助詞。どちらも詠嘆を表す）

解説 実盛の旧友樋口次郎兼光が、今は敵となった実盛の首実検に立ち会い、「あなむざんやな…」と涙を流した旨が謡曲「実盛」や「平家物語」などに見える。「きりぎりす」は今のこおろぎ。

むし【虫】 名 昆虫類の総称。特に、秋鳴く虫をいう。

秋

むし-の-たれぎぬ【枲の垂れ衣・帔】 名〔「むし」は「苧（＝草の名。茎から繊維をとる）」の略〕平安・鎌倉時代に、女性が外出するとき、市女笠のまわりに縫いつけて長く垂らし、頭・からだをおおった薄い布。

（むしのたれぎぬ）

む-じゃう ジョウ【無常】名 ❶《仏教語》すべてのものは変化しつづけて、永久不変ではないということ。〈方丈・一〉「その、主と栖と、無常を争ふさま」訳 そのように（はかない世の中にある）主人と住居とが、生滅変化を競いあうようすは。対 常住 ❷人生のはかないこと。また、人間の死をいう。〈徒然・四九〉「人はただ、無常の身に迫りぬる事を心にひしとかけて」訳 人は、ただ、死が（自分の）身に確かに迫っていることを心にしっかりとどめて。➡果つ「慣用表現」

むしゃ-どころ【武者所】 名 院の御所を警護する北面の武士の詰め所。また、その武士。

むじょう〔無常〕➡むじゃう

むしろ【筵・蓆・席】 名 ❶藺・竹・藁・蒲などを編んで作った敷物の総称。❷（集まりなどの）席。場所。〈徒然・一六七〉「一道に携はる人、あらぬ道のむしろにのぞみて」訳 一つの分野に従事している人が、専門外の分野の席に出て。

む-しん【無心】

一 名・形動ナリ 心ないこと。考えの浅いこと。また、無心のこと。〈大鏡・頼忠〉「この大納言殿、無心のこと一度ぞのたまへるや」訳 この大納言殿（＝公任）が、思慮のないことを一度（だけ）おっしゃったよ。

二 名 ❶和歌・連歌で、卑俗で滑稽な表現をねらったもの。〈筑波問答〉「有心無心とて、うるはしき連歌と狂句とをまぜまぜにせられしことも常に侍り」訳 有心無心（の連歌）といって、きちんとした連歌と滑稽な句とを交互におりまぜなさったことも常にございます。❷「無心連歌」の略。（和歌的で優雅な有心連歌に対して）卑俗で滑稽な表現をねらった連歌。《対 有心》

三 名・他サ変 金銭・物品などを人にねだること。〈浮・西鶴諸国ばなし〉「このもとへ無心の状を遣はしけるに」訳 この（医者の）もとへ借金の手紙をやったところ。

むしん-しょぢゃく ジャク【無心所着】名 歌論で、まとまりのない歌。意味をなさない歌。

む・す【生す・産す】 自サ四〔さ・し・す・す・せ・せ〕はえる。生じる。〈方丈・四〉「軒に朽ち葉深く、土居に苔むせ（已）り」訳（仮の庵も今では）軒には朽ち葉が深く（積もり）、土台には苔がはえている。

む・す【噎す・咽す】 自サ下二〔せ・せ・す・する・すれ・せよ〕❶（物や煙などがのどにつまって）むせる。〈著聞・二四六〉「むせ（用）ては吐きまどひけるほどに」訳（蜘蛛を飲み込んで）むせては吐きあわてたので。❷悲しみで胸がいっぱいになる。〈万葉・三・四五三〉「吾妹子が植ゑし梅の木見るごとにこころむせ（用）つつ涙し流る」訳（今は亡き）私の妻が植えた梅の木を見るたびに、胸が悲しみでいっぱいになるとともに涙が流れることだ。

むず ンズ 助動サ変型 ➡次ページ助動詞「むず」

むず-と 副 ❶急に力をこめて。むんずと。〈平家・九・宇治川先陣〉「上がらんとすれば、うしろに物こそむずとひかへたれ」訳（畠山庄司次郎が川から）上がろうとすると、背後で何かがむんずと引き止めた。❷おし切ってするさま。遠慮せず大胆に。〈平治物語〉「信頼の上にむずと着き給ふ」訳（左大弁宰相長方は末席の参議なのに）信頼の上座に遠慮せず大胆にお座りになる。

むすび-い・づ イズ【結び出づ】他ダ下二〔で・で・づ・づる・づれ・でよ〕両手の指を組み合わせていろいろな形を作る。〈徒然・五四〉「印ことごとしく結び出で（用）などして」訳（僧たちが）印形を大げさに指で形作りなどして。

むすび-こ・む【結び込む】 他マ下二〔め・め・む・むる・むれ・めよ〕とじこめる。〈和泉式部日記〉「玉の緒の絶えむものかは契りおきしなかに心は結びこめ（用）てき」訳（あなたの）命は絶えるものだろうか（いや、絶えるものではない）。（末永くと）約束しておいた（二人の）仲に、心は（しっかりと）とじこめてしまった（から）。

むすび-まつ【結び松】 名 誓いや願をかけたしるしに、松の小枝を結び合わせること。また、その松。

むす・ぶ【結ぶ】

一 自バ四〔ば・び・ぶ・ぶ・べ・べ〕固まる。まとまる。ある形になる。〈方丈・一〉「淀みに浮かぶうたかたは、かつ消えかつ結び（用）て、久しくとどまりたる例なし」訳（川の流れの）よどみに浮かぶあわは、一方では消え、一方ではあらわれて、いつまでも（そのままの姿で）とどまっている例はない。

二 他バ四〔ば・び・ぶ・ぶ・べ・べ〕❶端と端とをつなぎ合わせる。結び合わせる。また、結び目をつくる。〈枕・九五〉「針をひき抜きつれば、はやくしりを結ば（未）ざりけり」訳 針を引き抜

むず（ンズ）

助動サ変型 〔推量の助動詞「む」＋格助詞「と」＋サ変動詞「為(す)」＝「むとす」の転。「んず」とも表記される〕

意味・用法	用例
❶推量 …だろう。	例 迎へに人々まうで来(こ)むず㊄〈竹取・かぐや姫の昇天〉 訳 (私＝かぐや姫を)迎えに人々がやって来るだろう。
❷意志 …う。…よう。	例 いづちもいづちも、足の向きたらむ方(かた)へ往(い)なむず㊄〈竹取・竜の頸の玉〉 訳 どこへなりとも、足が向いたら、そのほうへ行こう。
❸適当・当然 …のがよいだろう。…べきだ。	例 暗さは暗し、いかがせんずる㊍〈平家・九・三草合戦〉 訳 暗さはまっ暗だ、どうするのがよいだろうか。
❹仮定・婉曲(えんきょく) …とすれば、その。…ような。	例 さる所へまからむずる㊍も、いみじくも侍らず〈竹取・かぐや姫の昇天〉 訳 そのような所(＝月の都)へ参りますようなことも、うれしくもございません。

接続

活用語の未然形に付く。

連体形を用いる。

活用

未然	連用	終止	連体	已然	命令
○	○	(。) むず (んず)	(コト) むずる (んずる)	(ドモ) むずれ (んずれ)	○

いたところ、なんと(糸の)端を玉に結んでいなかったのだった。

❷**編んで作る。構え造る。**〈方丈・三〉「六十(むそぢ)の露消えがたに及びて、更に末葉(はずゑ)の宿りを結べ㊁ることあり」訳 六十歳という露(のようにはかない命)が消えようとするころになって、新たに晩年の住まいを構えたことがある。

❸**生じさせる。**かたちづくる。〈徒然・一三〇〉「はじめ興宴より起こりて、長き恨みを結ぶ㊍類(たぐひ)多し」訳 最初は宴会の戯れから始まって、長い(間続く)恨みを(心に)生じさせる例が多い。

❹**約束する。言いかわす。**〈万葉・三・四八一〉「絶えじい妹(いも)と結び㊊てし言(こと)は果たさず」訳 (二人の仲は)絶えまい、おまえよと、確かに約束したことばは果たさないで。

むす・ぶ【掬ぶ】他バ四 ➡次ページ 278

むすぼ・る(ムスボオル)【結ぼる】自ラ下二〔れ・れ・る・るる・るれ・れよ〕

❶からみ合って解けなくなる。**結ばれる。**〈源氏・胡蝶〉「これはいかなれば、かくむすぼほれ㊊たるにか」訳 これ(＝手紙)はどうして、このように結ばれ(たままに)してあるのだろうか。

❷**露や霜ができる。**かたまる。〈源氏・藤袴〉「初霜むすぼほれ㊊、艶なる朝(あした)に」訳 初霜がおりて、美しい朝に。

❸**気がふさぐ。**心が鬱屈する。〈源氏・須磨〉「ただにむすぼほれ㊊侍るほど推しはからせ給へ」訳 ただもう(悲しみに)ふさいでいます(私の気持ちの)ほどを、お察しなさいませ。

❹縁故をもつ。**関係を結ぶ。**〈平家・一・禿髪〉「いかなる人も、相構へて、そのゆかりにむすぼほれ㊌んとぞしける」訳 どんな人も、なんとか工夫をして、その(＝平家の)縁者に関係を結ぼうとした。

むすぼ・る【結ぼる】自ラ下二〔れ・れ・る・るる・るれ・れよ〕「むすぼほる」に同じ。

むず-らむ(ンズラン)〔「んずらん」とも表記される〕…うとするだろう。…だろう。〈宇治・一・一二〉「この児(ちご)、定めておどろかさんずらん㊄と、待ちゐたるに」訳 この稚児(ちご)は、(僧たちが自分を)きっと起こそうとするだろうと、待っていると。➡むず・らむ(助動)(八四ページ)

なりたち 推量の助動詞「むず」㊄＋推量の助動詞「らむ」

むずる(ンズル)〔「んずる」とも表記される〕助動詞「むず」の連体形。

むずれ(ンズレ)〔「んずれ」とも表記される〕助動詞「むず」の已然形。

むせ-かへ・る(カエル)【噎せ返る・咽せ返る】自ラ四

〔ら・り・る・る・れ・れ〕息をつまらせてひどく泣く。むせび泣く。〈源氏・桐壺〉「はかばかしうものたまはせやらず**むせかへら**㊎せ給ひつつ」**訳**（桐壺帝は）はきはきとも最後までおっしゃれず、（何度も）**むせび泣き**なされては。

むせ・ぶ【噎ぶ・咽ぶ】自バ四〔ば・び・ぶ・ぶ・べ・べ〕❶（飲食物・煙などで）**むせる。**〈方丈・三〉「遠き家は煙(けぶり)に**むせび**㊥」**訳**（火災から）遠くの家は煙に**むせ**。

❷のどをつまらせた声で泣く。**むせび泣く。**〈万葉・二〇・四三九八〉「はや帰り来(こ)と真袖(まそで)持ち涙をのごひ**むせひ**㊥つつ言問(ことど)ひすれば」**訳**（無事に）早く帰って来てと両袖を持ち、涙をぬぐい、**むせび泣い**ては言うので。❸**むせび泣くような音や声をたてる。**〈徒然・三〇〉「嵐に**むせび**㊥し松も千年(ちとせ)を待たで薪(たきぎ)にくだかれ」**訳** 嵐に（吹かれて）**むせぶような音をたててい**た松も千年（の寿命）を待たないで薪にうちくだかれ。❹つかえる。**とどこおる。**〈栄花・月の宴〉「御前の池・遣(や)り水も、水草(みくさ)ゐ**むせび**㊥て」**訳** お庭先の池、遣り水も、水草が生え（流れが）**とどこおっ**て。

むそ-ぢ【六十・六十路】名〔「ぢ」は接尾語〕❶ろくじゅう。❷六十歳。六十年。

むた【共】名（助詞「の」「が」の下に付いて）…とともに。〈万葉・二・一三一〉「波の**むた**か寄りかく寄る玉藻(たまも)なす寄り寝し妹(いも)を」**訳** 波**とともに**、あのように寄りこのように寄る美しい藻のように、寄り添って寝た妻を。

む-たい【無体・無代・無台】名・形動ナリ ❶ないがしろにすること。無視すること。〈源平盛衰記〉「起請(きしやう)に恐れば、日ごろの本意**無代なる**㊍べし」**訳** 起請文を恐れると、日ごろの本懐が**ないがしろになる**であろう。❷むり。無法。〈平家・四・競〉「よもその者、**無台に**㊥捕らへ搦(から)められはせじ」**訳** まさかその者が**無法に**捕らえられ、縛られはしないだろう。（「捕らへ」には、下の受身「られ」の意が及ぶ（＝対偶中止法））

む-だう【無道】名・形動ナリ「ぶたう」とも。道理にそむくこと。人の道に反すること。〈落窪〉「**無道なる**㊍やうなれども、さりともあるやう侍らむ」**訳** **人の道に反している**ようであるが、それにしても（何か）わけがあるのでございましょう。

むだ・く【抱く】他カ四〔か・き・く・く・け・け〕両手でかかえこむ。だく。いだく。〈万葉・一四・三四〇四〉「かき**むだき**㊥寝(ぬ)れど飽かぬを何(あ)どか吾(あ)がせむ」**訳**（あの子を）かき**抱いて**寝ても満ち足りないのに、（これ以上）私はどうしようか。

無住(むぢゆう)《人名》（一二二六〜一三一二）鎌倉後期の臨済(りんざい)宗の僧。俗姓、梶原(かじわら)。号は一円。鎌倉の人。はじめ天台・真言などの諸宗を学び、のち臨済禅を修めた。著書に説話集「沙石(しやせき)集」「雑談(ぞうたん)集」など。

む-つ【六つ】名 ❶六(ろく)。むっつ。また、六歳。❷「六つ時」の略。今の午前六時ごろ、または午後六時ごろ。「明け六つ」「暮れ六つ」と言いわけた。

陸奥(むつ)《地名》❶旧国名。東山道八か国の一つ。今の青森・岩手・宮城・福島の四県と秋田県の一部。みちのく。奥州(おうしゆう)。❷旧国名。明治元年（一八六八）に①を五か国に分割したうちの一国。今の岩手県北部と青森県。

むつか・し【難し】形シク ➡次ページ 279

むつかし-げ【難しげ】形動ナリ〔なら・なり（に）・なり・なる・なれ・なれ〕〔「げ」は接尾語〕**不快なようすである。気味がわるい。わずらわしい。**むさくるしい感じである。〈大鏡・道長上〉「今宵(こよひ)こそいと**むつかしげなる**㊍夜なめれ」**訳** 今夜は特に、たいそう**気味の悪い感じのする**夜であるようだ。

むつか・る【憤る】自ラ四〔ら・り・る・る・れ・れ〕❶不快に思う。**腹を立てる。**不平を言う。〈枕・一四三〉「『さば、いさ知らず。な頼まれそ』など**むつかり**㊥ければ」**訳**「そうならば、もう知らない。頼みなさるな」などと**腹を立て**たので。❷幼児が、機嫌を悪くして泣く。だだをこねる。〈狂・縄綯〉「ずいぶん（＝できるだけ）御**むつから**㊎ぬ（＝お**泣き**にならない）やうに御守りをいたしまするが」

む-つき【睦月・正月】名 陰暦正月の称。**春**。〈万葉・一八・四一三七〉「**正月**(むつき)たつ（＝**正月**になる）春のはじめに」

最重要330

278

むす・ぶ

【掬ぶ】他バ四〔ば・び・ぶ・ぶ・べ・べ〕

ガイド **様々なものを合わせてまとまりを作る**意の「むすぶ（結ぶ）」と同源。水などを手ですくうとき、両手の掌(てのひら)を組み合わせた形を作ることからいう。

（水などを）手ですくう。

例 袖ひちて**むすび**㊥し水のこほれるを春立つけふの風やとくらむ〈古今・春上〉

訳（夏には）袖が濡(ぬ)れて、（そんなふうにして）**手ですくっ**た水が（冬になって）凍っていたのを立春の今日の風がとかしているだろうか。

例 **むすぶ**㊍手に濁る心をすすぎなばうき世の夢やさめが井(ゐ)の水〈十六夜日記〉

訳 この醒(さめ)が井の清水を**すくう**手で、けがれた心を洗い清めたならば、はかないこの世の夢のような迷いもさめるだろうか。（「さめ」は「醒が井」と「夢がさめる」との掛詞）

最重要330

279

むつか・し【難し】形シク{しから・しく(しかり)・し・しき(しかる)・しけれ・しかれ}

ガイド 不快に思う意の動詞「憤る」に対応する形容詞。近世には②から困難だ、容易ではないの意が生じ、現代語の「難しい」に至った。

❶ **うっとうしい。不快である。いやだ。がまんできない。**
➡辛し「類語の整理」(五四九ページ)

例 勝負の負けわざにことつけなどしたる、むつかし(終)〈徒然・一三〇〉
訳 勝負ごとに負けたときの賭け物にかこつけ(て人に物をやったり)などしたのは、いやなものだ。

語感実感 雨の日の外出の際、かばんや靴が濡れるのを、うっとうしく不快に思う感じ。

❷ **わずらわしい。めんどうである。**

例 急ぐことある折に来て長言するまらうど。…さすがに心はづかしき人、いとにくくむつかし(終)〈枕・二六〉
訳 急用があるときにやって来て長話をする客人(は不快だ)。…なんといっても(相手がりっぱでこちらが)気おくれするような人(の場合)は、(いいかげんにも扱えないので)たいそう不快でわずらわしい。

❸ **気味がわるい。恐ろしい。**

例 右近は、ただあなむつかし(終)と思ひける心地みなさめて、泣きまどふさまいといみじ〈源氏・夕顔〉
訳 (夕顔は死んで冷たくなり)右近(=夕顔の侍女)は、ひたすらああ恐ろしいと思っていた気持ちがすっかり消えうせて、泣き乱れるようすはたいそうはなはだしい。

むつき【襁褓】名 ❶産着。❷おしめ。おむつ。

むつ・ぶ【睦ぶ】自バ上二{び・び・ぶ・ぶる・ぶれ・びよ} 親しくする。仲よくする。〈源氏・澪標〉「昔のやうにもむつび(用)聞こえ給はず」訳 (光源氏は)昔のようにも(兵部卿の宮と)親しくし申しあげなさらない。

むつま・し【睦まし】形シク{しから・しく(しかり)・し・しき(しかる)・しけれ・しかれ} 〔近世には「むつまじ」とも〕❶親しい。親密である。〈細道・旅立〉「むつましき(体)限りは宵より集ひて、舟に乗りて送る」訳 親しい者はみな宵の口から集まって、(翌朝は)舟に乗って見送る。❷慕わしい。なつかしい。〈源氏・夕顔〉「見し人のけぶりを雲と眺むれば夕べの空もむつましき(体)かな」訳 (私が)世話をしたあの人の(遺骸を焼いた)煙を(あの)雲かと思って眺めると、この夕べの空もなつかしいなあ。

むつ・る【睦る】自ラ下二{れ・れ・る・るる・るれ・れよ} うち解けて親しむ。親しみなつく。〈源氏・帚木〉「心のうちに思ふことをも隠しあへずなむ、むつれ(用)聞こえ給ひける」訳 (頭の中将は光源氏に)心の中で思うことをも隠しきれないほど、うち解けて親しみ申しあげなさった。

む-とく【無徳】形動ナリ{なら・なり(に)・なり・なる・なれ・なれ} ❶財産が少ない。貧しい。〈うつほ・嵯峨の院〉「わろき人の、むとくなる(体)官にて年頃経ければ」訳 (娘の父は)身分の低い人で、収入の少ない官職で長年が過ぎたので。❷役に立たない。何の効果もない。〈源氏・常夏〉「水のうへむとくなる(体)今日の暑かはしさかな」訳 (涼むために釣殿に出たが)水の上(にいて)も何の効果もない、今日の暑苦しさだなあ。❸見ばえがしない。不体裁だ。〈源氏・蓬生〉「中門など、ましてかたもなくなりて、入り給ふにつけてもいとむとくなる(体)を」訳 (末摘花邸の)中門などは、いよいよ跡形もなくなって、(光源氏が)お入りになるにつけても、ひどく不体裁であるが。

む-と-す 〔推量の助動詞「むず」のもとの形。「んとす」とも表記される〕意志や推量などの意を表す。…ようとする。…ことだろう。〈竹取・かぐや姫の昇天〉「かく鎖し籠めてありとも、かの国の人来ば、みな開きなむとす(終)」訳 このように(塗籠の中に)閉じこめていても、あの国(=月の都)の人が来たら、きっとみんな開いてしまうことだろう。→むず(七六ページ)
なりたち 推量の助動詞「む」(終)+格助詞「と」+サ変動詞「為」

むな-がい【胸繋・鞅】名〔「むなかき」のイ音便〕馬具の一つ。馬や牛の胸から鞍にかけわたす組緒。→鞍

むなぎ【鰻】名「うなぎ(=魚の名)」の古名。

むな-ぐるま【空車】名 ❶人の乗っていない車。からぐるま。❷車台だけで、屋形や屋根のない車。

むな-こと【空言・虚言】名 実のないことば。うそ。いつわり。

むな-ざんよう【胸算用】名 心の中で見積もること。心づもり。〈浮・世間胸算用〉「今年の大晦日(おほつごもり)は、この銀(かね)の見えぬゆゑ**胸算用**ちがひて」訳 今年の大みそかは、この金が見あたらないので、**心づもり**がはずれて。

参考 江戸中期ごろまでは「むねざんよう」または「むねさんよう」が多く、のち「むなざんよう」となる。

むな・し【空し・虚し】形シク ➡左 280

むな-づはら・し【胸づはらし】(ワラシズ) 形シク {しから・しく(しかり)・し・しき(しかる)・しけれ・しかれ} (心配ごとなどで)胸がつまるようである。〈浄・冥途の飛脚〉「顔をつれづれ眺(なが)むれば、梅川いとど**胸づはらしく**(用)」訳 (孫右衛門が)顔をつくづくとながめると、梅川(=遊女の名)はいよいよ**胸がいっぱいで**。

むな-で【空手・徒手】名 ❶手に何も持たないこと。素手(すで)。❷何もしないこと。〈山家集〉「水たたふ岩間の真菰(まこも)かりかねて**むな手**にすぐる五月雨(さみだれ)のころ」訳 水をたたえている岩の間の真菰を刈ることができずに、**何もしないで**過ぎる、この五月雨のころであることよ。

むね【旨】名 事の意味・内容。趣旨。

むね【宗】名 主とすること。中心とすること。第一。〈徒然・五五〉「家の作りやうは、夏を**むね**とすべし」訳 家の作りかたは、夏(に適すること)を**主**とするのがよい。

むね【胸】名 ❶胸部。❷心。思い。〈伊勢・三四〉「言へばえに言はねば**胸**に騒がれて」訳 口に出して言おうとすると言えず、言わないでいると**心**が自然とさわいで。

フレーズ

胸開(あ)・く 気持ちが晴れる。心がすっきりする。〈源氏・桐壺〉「亡きあとまで、人の**胸開く**(終)まじかりける、人の御覚えかな」訳 亡くなった後までも人の**心が晴れ**そうになかった、(あの)人(=桐壺の更衣)のご寵愛(ちょうあい)の受けようだこと。

胸痛(いた)・し 心が痛む。つらく悲しい。〈竹取・かぐや姫の昇天〉「**胸痛き**(体)ことなし給ひそ」訳 **心が痛む**ことをしなさるな。

胸潰(つぶ)らは・し 胸がつぶれるほど、心配したり驚いたりするさま。〈蜻蛉・上〉「かやうに**胸つぶらはしき**(体)をりのみあるが」訳 こんなふうに(夫兼家(かねいえ)のことで)**不安で胸がつぶれそうな**ときばかりがあるが。

胸潰(つぶ)・る 驚きや不安・悲しみなどで、**心がひどく乱れる。どきどきする。**はらはらする。「胸ひしぐ」とも。〈枕・一四三〉「**胸つぶれ**(用)て、とく開けたれば」訳 **どきどきして**、(手紙の封を)急いで開けたところ。➡咳(せ)き上(あ)ぐ「慣用表現」

最重要330

280 **むな・し**【空し・虚し】形シク {しから・しく(しかり)・し・しき(しかる)・しけれ・しかれ}

ガイド ①の「**中に何もない**」の意を原義として、実がないことから②〜⑤の意が派生する。語源を「実(み)+無し」とする説もある。

❶**中に何もない。からである。**

例 人もなき**空しき**(体)家は草枕(くさまくら)旅にまさりて苦しかりけり〈万葉・三・四五一〉

訳 (妻が死んで)人けもない**からっぽの**家は、旅をするのにもまして苦しいことだ。(「草枕」は「旅」にかかる枕詞)

❷**事実無根である。**

例 相人(さうにん)の言(こと)**空しから**(未)ず〈源氏・澪標〉

訳 人相見の言ったことは**事実無根で**ない。

❸**むだである。無益だ。**

➡甲斐(かひ)無し「類語の整理」

例 あまたの人の、心ざしおろかならざりしを、**空しく**(用)しなしてしこそあれ〈竹取・御門の求婚〉

訳 多くの人の、(私に対する)好意がなみたいていではなかったのを、**むだに**してしまったのだ。

❹**はかない。無常である。**頼りない。

例 世の中は**空しき**(体)ものと知る時しいよよますます悲しかりけり〈万葉・五・七九三〉

訳 世の中は**はかない**ものだと悟るとき、さらにいっそう悲しみがこみあげてくることだ。

❺**魂がなくなっている。死んでいる。**

例 **空しき**(体)御骸(から)を見る見る〈源氏・桐壺〉

訳 (母君は)**魂がなくなっている**(桐壺の更衣の)御なきがらを見ながら。

胸に当(あ)た・る 思いあたる。心に響く。〈徒然・四〉「折からの、思ひかけぬ心地(ここち)して、胸にあたり(用)けるにや」訳 (私の発したことばが)ちょうどよい折であったので、思いがけない気持ちがして、(人々の)心に響いたのであろうか。

胸拉(ひし)・ぐ 「むねつぶる」に同じ。

むね【棟】 名 ❶屋根の中央の最も高い所。〈方丈・一〉「棟を並べ、甍(いらか)を争へる、高き、いやしき、人の住まひは」訳 棟を並べ、屋根の棟(むな)がわら(の高さ)を競っている、身分の高い人や低い人の住居は。❷牛車(ぎっしゃ)の屋形の上に前後に渡した木。⬇車(くるま)「古文常識」

むね-あ・く【胸開く】 ⬇胸(むね)「フレーズ」

むね-いた・し【胸痛し】 ⬇胸(むね)「フレーズ」

むね-かど【棟門】 名 「むなかど」とも。門の一種。二本の柱に、切り妻破風(はふ)造りの屋根をつけ、棟を高くあげた門。むねもん。

(むねかど)

むね-ざんよう【胸算用】 名 「むなざんよう」に同じ。

むね-つぶらは・し ―ツブラワシ **【胸潰らはし】** ⬇胸(むね)「フレーズ」

むね-つぶ・る【胸潰る】 ⬇胸(むね)「フレーズ」

むね-と【宗徒】 名 (副詞「むねと」の転。「宗とあるもの」の意)多くの人々の中で中心となる者。おもだった者。〈平家・九・河原合戦〉「範頼(のりより)・義経(よしつね)をはじめとして、宗徒の兵(つはもの)(=武士)三十余人」

むね-と【宗と】 副 主として。もっぱら。第一に。〈徒然・一八六〉「一生のうち、むねとあらまほしからんことの中に」訳 一生涯で、第一にこうありたいと思うようなことの中で。

むね-に-あた・る【胸に当たる】 ⬇胸(むね)「フレーズ」

むね-ひし・ぐ【胸拉ぐ】 ⬇胸(むね)「フレーズ」

むねむね・し【宗宗し】 形シク {しから・しく(しかり)・し・しき(しかる)・しけれ・しかれ}
❶おもだっている。すぐれた力量がある。〈源氏・橋姫〉「家司(けいし)などもむねむねしき(体)人もなかりければ」訳 家政を取りしきる人なども、おもだった人もいなかったので。❷しっかりしている。堂々としている。確かである。〈源氏・夕顔〉「あやしくうちよろぼひて、むねむねしから(未)ぬ軒のつまなどに」訳 妙にくずれ傾いて、しっかりしていない軒先などに。

類語の整理 むねむねし ―「頼りになる・ならない」を表す語

しっかりして頼もしいさま	⟷	不安定で頼りないさま
はかばかし 着実に成果が現れて頼もしい		**あだ** 不誠実で移ろいやすく頼りない
むねむねし 優れた力量を有し堂々としている		**はかなし** はっきりせず弱々しくて頼りない

むばたまの 《枕詞》「うばたまの」とも。「ぬばたまの」に同じ。〈古今・恋三〉「むばたまの夜の衣を」

むばら【茨・荊】 名 「いばら」に同じ。夏

むべ【宜】 副・形動ナリ 「うべ」に同じ。〈古今・秋下〉「吹くからに秋の草木のしをるればむべ山風をあらしといふらむ」訳 ⬇付録〈1〉「小倉百人一首」22

むべ-こそ【宜こそ】 「うべこそ」に同じ。〈源氏・空蝉〉「むべこそ親の世になくは思ふらめ」訳 なるほど、親が(娘を)世に比類ないとは思っているのだろう。⬇宜(うべ)「フレーズ」

むべむべ・し【宜宜し】 形シク {しから・しく(しかり)・し・しき(しかる)・しけれ・しかれ} 「うべうべし」に同じ。〈枕・一六〉「花のきはやかにふさなりて咲きたる、むべむべしき(体)所の前栽(せんざい)にはいとよし」訳 (萱草(かんぞう)の)花がはっきりと房になって咲いているのは、格式ばった所の植え込みにはまことによい。

むへん-せかい【無辺世界】 名 ❶《仏教語》無限の世界。虚空(こくう)。❷あてもない所。見当もつかない所。とんでもない、でたらめの方向。〈大鏡・道長上〉「的(まと)のあたりにだに近くよらず、無辺世界を射給へるに」訳 (伊周(これちか)の射た矢は)的のあたりにさえ近く寄らず、とんでもない方向を射なさったので。

む-ほん【謀反・謀叛】 名・自サ変 君主や為政者にそむき兵を挙げること。反乱。

むほん-しんわう ―シンノウ **【無品親王】** 名 「むぼんしんわう」とも。親王で品(ほん)(=一品から四品まである親王の位階の区分)の位を持たない人。

むま【馬】 名 「うま(馬)」に同じ。

むま-ご【孫】 名 「うまご」に同じ。

むま-の-はなむけ【餞】 名 「うまのはなむけ」に同じ。

むま-や【駅】 名 「うまや」に同じ。

むまれしも… 和歌

生まれしも　帰(かへ)らぬものを　わが宿(やど)に
小松(こまつ)のあるを　見(み)るが悲(かな)しさ　〈土佐〉

訳 (この家で)生まれた子も(土佐で死んで)帰ってこないのに、わが家の庭に(留守中に生えた)小松のあるのを見るのが悲しいことよ。

解説 任が果てて土佐の国(高知県)から京のわが家に帰ると、荒れはてた庭に新しく小さな松が生えていた。その姿に土佐で死んだ子の面影をしのび、詠んだもの。「小松」の「こ」に「子」を連想した。

む-みゃう ―ミョウ **【無明】** 名 《仏教語》煩悩(ぼんのう)にとらわれていて、仏の理法を知らないこと。無知であること。

無名草子(むみやうざうし) ムミョウゾウシ 《作品名》鎌倉前期の物語評論。藤原俊成(としなり)の女(むすめ)の作ともいわれるが、未詳。建久七年(一一九六)から建仁二年(一二〇二)までの間に成立。女房たちの会話を老尼が聞いているという形式で、「源氏物語」「狭衣(さごろも)物語」などの物語論のほか歌集論・人物論が展開される。現存最古の物語評論。

無名抄(むみやうせう) ムミョウショウ 《作品名》鎌倉前期の歌論書。鴨長明(かものちょうめい)の作。建暦(けんりゃく)元年(一二一一)ごろ成立か。歌論・

歌話・歌人の逸話などをつづった約八十段からなる。「無名秘抄」とも。

むめいちりん… (俳句)

冬
むめ一輪　一りんほどの　あたたかさ
〈玄峯集・嵐雪〉

訳 寒梅が一輪寒気の中に花開いた。その一輪の花にはつつましくもわずかな暖かさを感じることだ。(季語は「寒梅」で冬の句)

解説 「寒梅」と前書きがある。

むめがかに… (俳句)

春
むめがかに　のっと日の出る　山路かな 切れ字
〈炭俵・芭蕉〉

訳 (まだ余寒のきびしい)早朝の山路を梅の香りを感じて歩いていると、(行く手の山かげから思いがけず)ぬうっと太陽が姿を現したことだ。

解説 「のっと」や「日の出る(口語)」など、平易な日常語を用い、しかも品格を保つ「軽み」の代表的な句。

む-もん【無文・無紋】 名 ❶布などの地に、模様や紋のないこと。無地。〈源氏・須磨〉「**無紋**の直衣」
❷(和歌・連歌などで)趣向をこらさない地味で平淡な表現。また、そのような歌や句。
❸(能楽で)外面的な趣向はこらしていないが、味わい深いこと。《対有文》

む-やう〘ヨウ〙【無恙】名「ぶやう」とも。無事であること。つつがないこと。〈夜半楽〉「茶店の老婆子儂を見て慇懃に**無恙**を賀し」訳 茶店の老婆が私を見て、丁重に**無事であること**を祝い。

む-やく【無益】 名・形動ナリ 利益のないこと。役に立たないこと。むだ。〈徒然・一〇八〉「**無益**のことをなし、**無益**のことを言ひ、**無益**のことを思惟して」訳 **むだ**なことをやり、**むだ**なことを言い、**むだ**なことを考えて。

むやく・し【無益し】 形シク〔しから・しく(しかり)・し・しき(しかる)・しけれ・しかれ〕くやしい。いまいましい。〈浮・好色一代男〉「大方は機嫌取りて、**むやくしき**体ことも程すぎて」訳 たいていは(女主人のほうが手代の)機嫌をとって、(それを)**くやしいと思う**ことも時間がたって(なくなる時分には)。

む-よう【無用】 名・形動ナリ ❶役に立たないこと。無益。〈徒然・一二〇〉「**無用**の物どものみ取り積みて、所狭く渡しもて来る、いと愚かなり」訳 (唐船が)**無益**な品々ばかり積み込んで、(船)いっぱいに輸送してくるのは、たいそう愚かである。
❷禁止の意を表す。してはいけないこと。〈浮・日本永代蔵〉「自今は大分にかすこと**無用**」訳 今後は多額に貸すことを**してはいけない**。

-むら【匹・疋】 接尾 二反分を一巻きにした布・絹を数える語。〈うつほ・蔵開下〉「絹一**むら**」

む-らい【無礼】 名・形動ナリ 無作法。ぶれい。〈源氏・常夏〉「『**無礼**の罪は許されなむや』とて、寄り臥し給へり」訳「(とても暑いので)**無作法**の罪は許してくださらないか」とおっしゃって、(光源氏は)物に寄りかかって横になっていらっしゃる。

むら-ぎえ【斑消え】 名(雪などが)まだらに消え残ること。〈新古・春上〉「薄く濃き野辺の緑の若草に跡まで見ゆる雪の**むら消え**」訳 →うすくこき… (和歌)

むらきもの【群肝の・村肝の】《枕詞》「むらぎもの」とも。臓器に、心が宿っていると考えたことから、「心」にかかる。〈万葉・四・七二〇〉「**むらきもの**情くだけて」

むら-くも【群雲・叢雲】 名 集まり群がっている雲。一群の雲。

むら-ご【斑濃・村濃】 名 染め方の一種。同色で、ところどころに濃淡の差のあるもの。色の種類により「紺斑濃」「紫斑濃」などという。

むらさき【紫】 名 ❶草の名。もと、武蔵野に多く自生し、根は赤紫色の染料とした。紫草。〈古今・雑上〉「**むらさき**のひともとゆゑに武蔵野の草はみながらあはれとぞ見る」訳 →むらさきの… (和歌)
❷染め色の名。①の根で染めた赤紫色。

フレーズ
紫の縁 ❶「古今集」の「むらさきのひともとゆゑに武蔵野の草はみながらあはれとぞ見る」(訳 →むらさきの… (和歌))から出た語。いとしいと思う人や親しい人に縁のある人や物。〈源氏・末摘花〉「かの**紫のゆかり**たづねとり給ひては、そのうつくしみに心入り給ひて」訳 (光源氏は)あの(藤壺の)**縁者**(である紫の上)を捜し出しお引き取りになってからは、その方をかわいがることに熱中なさって。
❷「源氏物語」若紫の巻の別名。

紫式部(むらさきしきぶ)《人名》(一〇一六??)平安中期の女流文学者。藤原為時の娘。「源氏物語」の作者。藤原宣孝に嫁して一女(＝大弐三位)を生み、夫の死後、上東門院(＝藤原彰子)に仕えた。「小倉百人一首」に入集。著に「紫式部日記」、家集「紫式部集」がある。⬇女房「古文常識」

紫式部日記(むらさきしきぶにっき)《作品名》平安中期の日記。紫式部作。寛弘七年(一〇一〇)ごろの成立。寛弘五年(一〇〇八)七月から同七年正月までの、中宮彰子の皇子出産の記事を中心とする宮廷生活の日記。和泉式部・清少納言らに対する人物評や、処世上の感想も述べられている。

むらさき-だ・つ【紫立つ】 自タ四〔た・ち・つ・つ・て・て〕(「だつ」は接尾語)紫がかる。紫色になる。〈枕・一〉「やうやうしろくなり行く、山ぎはすこしあかりて、**紫だち**用たる雲の細くたなびきたる」訳 だんだんと白くなっていく、その山に接するあたりの空が少し明るくなって、**紫がかっ**ている雲が細くたなびいているの(が趣がある)。(「あかりて」は「赤みを帯びて」と解釈する説もある)

むらさき-の【紫野】 名 紫草を栽培する御料地。〈万葉・一・二〇〉「あかねさす**紫野**行き標野行き野守は見ずや君が袖振る」訳 →あかねさす… (和歌)

紫野(むらさきの)《地名》歌枕 今の京都市北区、大徳寺付近一帯。朝廷の狩猟地であった。

むらさきの… (和歌)

紫の　色こき時は　めもはるに　野なる草木ぞ　わかれざりける
〔目も遥〕〔芽も張る〕
〈古今・一七・雑上・八六八・在原業平〉〈伊勢・四一〉

訳 紫草の色が濃いときには、はるかに目の届くかぎり芽を張っている野の草木が（紫草と）区別がつけられないことよ。（妻への愛情が深いときには、その血縁にあたる人も同様にいとおしく思われるのだ）。

解説 「古今集」の詞書に、妻の妹の夫に束帯の上衣を贈ったときに詠んだ歌とある。「むらさきのひともとゆゑに武蔵野の草はみながらあはれとぞ見る」（訳 →むらさきの… 和歌）〈古今・雑上〉をふまえたもの。

むらさきの… 和歌

> 紫草の　にほへる妹を　憎くあらば
> 人妻ゆゑに　あれ恋ひめやも
> 〈万葉・一・二一・天武天皇〉

訳 紫草のように美しいあなたを憎らしく思うなら、（あなたが）人妻なのに、私がどうして恋するでしょうか（いや、恋したりはしない）。

解説 天智天皇が蒲生野で薬草狩りをしたときに、額田王が詠んだ歌「あかねさす紫野行き標野行き野守は見ずや君が袖振る」（訳 →あかねさす… 和歌）〈万葉・一・二〇〉への返歌。額田王は天智天皇の妻。このとき皇太子であり大海人皇子といった天武天皇は、額田王の前夫であった。

むらさきの… 和歌

> むらさきの　ひともとゆゑに　武蔵野の
> 草はみながら　あはれとぞ見る
> 〈古今・一七・雑上・八六七・よみ人しらず〉

訳 紫草のただ一本のために、武蔵野の草は残らずすべていとしいものと見ることだ。

解説 この歌は雑歌で、自然の景物を詠んだものとは思われないから、紫草を愛する女性にたとえて、そのゆかりの人々すべてをいとしく思う、と詠んだものであろう。

紫の上（むらさきのうへ）ムラサキノウエ《人名》「源氏物語」中の女主人公。幼少のころ光源氏に見いだされ、やがて引き取られて妻となる。作中、最も理想的な女性として描かれる。

むらさき-の-ゆかり【紫の縁】⬇紫「フレーズ」

むら-さめ【村雨・叢雨】名 急に激しく降り、さっと通り過ぎる雨。にわか雨。

むらさめの… 和歌《百人一首》【村雨の　露もまだひぬ　槙の葉に　霧立ちのぼる　秋の夕暮れ】〈新古・秋下・寂蓮〉⬇付録◇1「小倉百人一首」87

むらじ【連】名 上代の姓の一つ。臣と並んで朝政にたずさわる家柄であった。天武天皇のときに八色の姓が定められて第七位となった。↓八色の姓

むら-しぐれ【村時雨・叢時雨】名 ひとしきり降ってはやみ、また降る初冬の小雨。冬

むら-たけ【叢竹・群竹】名 群がって生えている竹。竹の茂み。〈万葉・一九・四二九一〉「わが宿のいささ群竹吹く風の音のかそけきこの夕へかも」訳 →わがやどの… 和歌

むら-だ・つ【叢立つ・群立つ】自タ四〔た・ち・つ・つ・て・て〕群がり立つ。群れをなして立つ。〈太平記・九〉「ただあきれたるばかりにて、ここかしこにむらだっ用（促音便）て」訳（精兵も弓を引かず）ただあっけにとられているばかりで、あちらこちらに群がり立って。

むら-とり【群鳥】名 群がっている鳥。鳥の一群。

むら-むら【斑斑・叢叢】副 あちこちに群がって。まだらに。〈枕・三〉「まことにくろきに、しろき物いきつかぬ所は、雪のむらむら消え残りたるここちして」訳（舎人の顔は）実に黒くて、おしろいがゆきわたらない所は、雪がまだらに消え残っている感じがして。

むら-やま【群山】名 群がって連なり続いている山。多くの山々。〈万葉・一・二〉「大和には群山あれど」

む-りゃう【無量】リョウ 名・形動ナリ 量のはかり知れないこと。限りなく多いこと。また、そのさま。〈徒然・二一七〉「人の世にある、自他につけて所願無量なり終」訳 人間で、この世に生きているものは、自分についても他人に対しても欲望ははかり知れない。

む・る【群る】自ラ下二〔れ・れ・る・るる・るれ・れよ〕一か所に多くのものが集まる。群がる。〈蜻蛉・中〉「家の前の浜面（=浜辺）に松原あり、鶴群れ用てあそぶ」

むれ・ゐる【群れ居る】ムレイル 自ワ上一〔ゐ・ゐ・ゐる・ゐる・ゐれ・ゐよ〕群がってすわる。〈伊勢・九〉「その河のほとりに群れゐ用て、思ひやれば」訳 その川（=隅田川）のほとりに（一行の者が）集まりすわって、（都のほうに）思いをはせると。

むろ【室】名 ❶上代、家の奥に別に造った部屋。土で塗りこめ、寝所・産室などにした。❷山腹などに掘って造った岩屋。❸僧の住居。僧房。〈源氏・若紫〉「老いかがまりて室の外にもまかでず」訳 年老いて腰が曲がって僧房の外にも出かけません。❹保存のために、物を外気に当てないよう特に構えた部屋。氷室・麹室など。

む-ゐ【無為】ムイ 名《仏教語》因縁による生滅・変化を離れ、永遠に存在し続けるもの。絶対的な真理。対 有為

-め【奴】接尾（人に関する名詞に付いて）❶人をののしる意を表す。〈浄・丹波与作待夜小室節〉「馬方の与作めは、博奕打ちの大将ぢゃ」❷自身や身内を謙遜・卑下する意を表す。〈浮・好色一代女〉「君の御事ならば、それがしめが命惜しからず」訳 あなた様のためならば、私めの命は惜しくない。

め【女・妻】名 ❶おんな。女性。〈記・上〉「吾はもよ女にしあれば汝を除きて男は無し」訳 私はね、女であるから、あなた以外に男はいない。❷妻。〈竹取・かぐや姫の生ひ立ち〉「妻の嫗にあづけて養はす」訳（かぐや姫を）妻の嫗にまかせて養育させる。❸「牝」「雌」とも書く）（動物の）めす。（植物の）雌花。

参考 「め」は「男」に対する語で、複合語の一部として「賢し女（=賢くしっかりした女）」「麗し女（=容姿の美しい女）」のようにも用いられる。また、

「雌鹿」「雌花」のように動植物についても用いる。「めぎみ」には二つの用法があり、一つは「女君」で高貴な家の姫君、もう一つは「妻君」で他人の妻に対する敬称である。

め【目・眼】名 ❶目。まなこ。〈古今・秋上〉「秋来ぬと目にはさやかに見えねども風の音にぞおどろかれぬる」訳→あききぬと…和歌

❷まなざし。目つき。視線。〈蜻蛉・上〉「目も見あはせず、思ひ入りてあれば」訳（夫の兼家と）視線も合わせないで、（私が）深く思い込んでいると。

❸顔。目にうつる姿。〈万葉・四・七六六〉「路遠み来じとは知れるものからにしかそ待つらむ君が目を欲り」訳道が遠いので、（あなたは）来ないだろうと知ってはいるけれど、そのようにして（門口に出て）待っているであろう。あなたの顔が見たくて。

❹物と物とのすきま。網目・編み目など。また、物のふちとふちとのあう部分。〈枕・二五一〉「瓦の目ごとに入りて、黒うまろに見えたる、いとをかし」訳（雪が）瓦のすきまごとに吹きこんで、（瓦の露出した部分が）黒く丸い形に見えているのは、たいそう趣がある。

❺出会い。境遇。状況。体験。〈枕・二七六〉「にくき者のあしき目見るも、…またうれし」訳気にくわない人が悪い状況にあうのも、…またうれしい。

フレーズ

目合ふ （両まぶたが合う意から）眠る。〈源氏・明石〉「ことさらに寝入り給へど、さらに御目もあは未で」訳わざと寝入ろうとなさるが、いっこうにお眠りにもなれず。

目のうちつけ ちょっと見ること。ふと見た感じ。〈更級・大納言殿の姫君〉「心のなし、目のうちつけに、例の猫にはあらず」訳気のせいか、ふと見た感じで、ふつうの猫ではなくて。参考 下に打消の語を伴って用いることが多い。

目もあや・なり ❶はなやかで、正視できないさま。まぶしいほどりっぱなさま。〈源氏・若紫〉「目もあやに用好ましう見ゆ」訳（光源氏のお手紙は）まぶしいほどりっぱに好ましく見えるさま。❷意外で驚きあきれるさま。はなはだしくひどいさま。〈枕・三〇六〉「落とし入れてただよひありく男は、目もあやに用あさましかし」訳（海女を海に）落とし入れて（＝海中で漁をさせて）（自分は海上を）漂いまわる男は、見るにたえないほどひどくあきれ果てるよ。

目も眩・る 目がくらむ。目の前が暗くなる。〈源氏・賢木〉「目もくるる体心地すれば」訳（右大臣は）目もくらむ気持ちがするので。

目も遥に 目の届く限り。はるかに。〈古今・雑上〉「紫の色こき時はめもはるに野なる草木ぞわかれざりける」訳→むらさきの…和歌 参考 和歌では多く、「春」「芽も張る」にかけて用いる。

目を側・む 正視せず横目で見る。目をそらす。〈源氏・桐壺〉「上達部、上人などもあいなく目をそばめ用つつ」訳公卿や殿上人なども、おもしろくなくそれぞれ目をそらして。

目を見・す …という目にあわせる。…という境遇にさせる。〈徒然・一七五〉「人をしてかかる目を見する体こと、慈悲もなく、礼儀にも背けり」訳人をこのような目にあわせる（＝酒をむりに飲ませる）ことは、情けもなく、礼儀にも反している。

目を見る ❶…という体験をする。…の目にあう。〈伊勢・九〉「もの心ぼそくすずろなる目をみる体ことと思ふに」訳なんとなく心細く思いがけない目にあうことだと思っていると。

❷文字が読める。〈大鏡・序〉「下﨟なれども、…目をみ用給へて」訳（父は）身分の低い者であるが、…文字が読めまして。

め【海布・海藻】名 食用になる海藻の総称。若布・荒布・海松布など。

め 助動詞「む」の已然形。

め-あは・す【妻合はす】他サ下二｛せ・せ・す・する・すれ・せよ｝妻として連れ添わせる。嫁入りさせる。〈狂・賽目〉「こなたと妻合はせ用まするによって、千年も万年も仲よう添うてくだされい」訳（私の娘を）あなたと連れ添わせますので、千年も万年も仲よく夫婦でいてください。

め-あ・ふ【目合ふ】⬇目「フレーズ」

めい【命】名 ❶いのち。生命。寿命。〈うつほ・祭の使〉「兵のために命終はり」訳兵乱のために命も果て。

❷命令。〈平家・一一・那須与一〉「義経が命をそむくべからず」訳（私）義経の命令にそむいてはならない。

❸運命。〈十訓・九〉「命を知れる者は天を恨みず」訳運命を知っている者は天を恨まない。

めい【銘】名 ❶金石・器物などに彫り、功績をたたえ、また事物の由来を述べる文。多くは漢文体で、四字一句で韻を踏む。〈徒然・二三八〉「常在光院のつき鐘の銘は、在兼卿の草なり（＝文章博士菅原在兼卿の草稿である）」

❷器物や作品に、製作者が名を刻むこと。また、その名前。

めい-げつ【名月】名 陰暦八月十五夜の月。また、陰暦九月十三夜の月。秋。〈孤松・芭蕉〉「名月や池をめぐりて夜もすがら」訳→めいげつや…俳句

めいげつや… 俳句

秋｜切れ字
名月や　池をめぐりて　夜もすがら
〈孤松・芭蕉〉

訳空には名月（＝陰暦八月十五夜の月）。その名月を映す池のほとりを（句を案じて）巡りつつ、夜どおしさまよったことだ。

解説 江戸深川、芭蕉庵での月見の句。

めいげつや… 俳句

秋｜切れ字
名月や　畳の上に　松の影
〈雑談集・其角〉

訳空には中秋の名月が澄みわたっている。畳の上には（軒端からさしこむ）月光が鮮やかに松の枝を投影している。

解説「閑二月ヲ見ル　更くる夜の人をしづめてみる月に思ふくまなる松風のこゑ」（「耳底記」）と前書き。

めい-げん【鳴弦】 名・自サ変 物の怪を払うために、矢をつがえずに弓の弦を引き鳴らすこと。天皇の病気・入浴、貴人の出産のときなどに行った魔除けの行為。弦打ち。〈平家・四・鵺〉「御悩の刻限に及んで**鳴弦する**(体)事三度の後」訳（天皇のご病気の）ご発作の（起こる）時刻になって**弓の弦を鳴らす**ことを三回したあと。

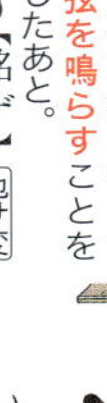

（めいげん）

めい・ず【銘ず】{ぜ・じ・ず・ずる・ずれ・ぜよ} 他サ変 ❶金石などに、刻み付ける。❷（「心に銘ず」「肝に銘ず」の形で）心に刻み付ける。〈平家・二・大納言死去〉「諫められ参らせし御詞も肝に**銘じ**(用)て、片時も忘れ参らせ候はず」訳 叱られ申しあげた（＝お叱りをいただいた）おことばも心に**刻み付け**て、片時もお忘れ申しあげません。

めい-ど【冥途・冥土】 名《仏教語》死者の霊魂が行くという所。死後の世界。黄泉。⬇果つ「慣用表現」

冥途の飛脚《作品名》江戸中期の浄瑠璃。世話物。近松門左衛門作。正徳元年（一七一一）大坂竹本座初演。飛脚宿の養子忠兵衛は預り金三百両を着服し、遊女梅川を身請けして駆け落ちするが、捕らえられるという筋。「恋飛脚大和往来」と改題されて、歌舞伎でも上演された。

めい-ぼく【面目】 名（「めんぼく」の撥音「ん」を「い」で表記したもの）「めんぼく」に同じ。

めい-めい【銘銘】 名（「面面」の転）各自。おのおの。別々。〈浮・西鶴諸国ばなし〉「とかくは**銘々**の身晴れと」訳 とにかくは**おのおの**の身の潔白（を示すために）と。

めい-よ【名誉】 一 名・形動ナリ ❶名高いこと。評判の高いこと。〈古活字本平治物語〉「隠れなき強盗、**名誉**の大剛の者にて候ふ」訳（玄光は）世に知れ渡っている強盗で、**評判**の大力の者でございます。❷（のちに「めいよう」「めんよう」とも）不思議なこと。奇妙なこと。〈浮・西鶴諸国ばなし〉「ただ今までたしかに十両見えしに**めいよ**の事ぞかし」訳 たった今まで確かに十両あったのに、（足りないのは）**奇妙**なことだよ。二 名・自サ変 評判になること。有名になること。〈宇治・一五・二〉「それより『後の千金』といふこと**名誉せ**(未)り」訳 それから「後の千金（＝時機をはずした援助は役に立たないというたとえ）」ということが**有名になった**。

めう【妙】ミョウ 名・形動ナリ ❶非常にすぐれていること。非常に上手なこと。巧妙。〈平家・三・大臣流罪〉「物の**妙**を究むる時には、自然に感を催すものなれば」訳 物事が、（その）**巧妙であること**を（極限まで）きわめるときには、自然に感動をひき起こすものなので。❷非常に不思議なこと。奇妙なこと。〈仮名・仁勢物語〉「夜も又昼も**妙な**(体)（口語）顔とて眺め暮らしつ」訳 夜もまた昼も**奇妙な**顔だと思って眺め暮らした。

め-うつし【目移し】 名 一つのものを見なれた目でほかのものを見ること。〈源氏・花宴〉「次に頭の中将、人の**目移し**もただならず思ゆべかめれど」訳 次に頭の中将は、人が（それまで光源氏に向けていた）**目を自分に移して見るの**も、落ち着かなく感じるに違いないようだけれども。

めう-もん【妙文】ミョウ 名 巧妙な文章。すぐれた文。特に、「法華経」の称。

-めか・し 接尾シク型（名詞や形容詞・形容動詞の語幹に付いて）「…のようである」「…らしい」「…風だ」などの意の形容詞をつくる。〈源氏・宿木〉「児**めかしく**(用)言少ななるものから」訳 子供**らしいようすで**ことば少ないながら。〈徒然・一〇〉「今**めかしく**(用)、きららかならねど」訳 当世**風で**はなく、きらびやかでないけれども。（「今めかしく」には、下の打消「ね」の意が及ぶ（＝対偶中止法））

-めか・す 接尾サ四型（名詞、形容詞の語幹、擬声語・擬態語などに付いて）「…**のようにする**」「…**らしくする**」「…**という音を出させる**」などの意の動詞をつくる。〈枕・六七〉「人**めかす**(終)べくもあらぬさまなれど」訳 一人前**として取り扱う**こともできそうにないようすであるけれど。〈枕・五六〉「いみじく高く踏みごほ**めかし**(用)て」訳 たいそう音高く（沓を）どしんどしん**と踏み鳴らして**。

例語 がらめかす（＝がらがらと音をたてさせる）・くつめかす（＝喉をくっくっと鳴らす）・転めかす（＝回転させる）・さざめかす（＝ざわつかせる）・さらめかす・ざんざめかす（＝にぎやかに騒ぎたてる）・時めかす・閃めかす（＝ひらひらさせる）・ふためかす・仄めかす・群めかす（＝群れをなす）・物めかす・態とめかす（＝わざとらしくする）

め-かり【海布刈り・和布刈り】 名 わかめ（＝海藻の名）を刈ること。春

め-か・る【目離る】 自ラ下二{れ・れ・る・るる・るれ・れよ} 目が離れる。しだいに見なくなる。**離れていて会わなくなる**。疎遠になる。〈伊勢・四六〉「世の中の人の心は**目かるれ**(已)ば、忘れぬべきものにこそあめれ」訳 世の中の人の心というものは、**離れていて会わなくなる**と、忘れてしまうのが当然のもののようだ。

め-かれ【目離れ】 名・自サ変 目が離れること。会わないでいること。男女の関係が疎遠になること。〈伊勢・八五〉「思へども身をし分けねば**目かれせ**(未)ぬ雪の積もるぞわが心なる」訳（ずっと親王のそばでお仕えしたいとは）思っているが（朝廷に出仕しなければならず）、わが身を二つには分けられないので、（今）この**目を離すこともできない**（ほど降りしきる）雪が積も（って都に帰れなくな）るのが、私の望むところである。

め-きき【目利き】 名 目が利くこと。物事のよしあしや刀剣・書画・骨董などの真偽を見分けること。また、その人。

-め・く 接尾カ四型（名詞、形容詞・形容動詞の語幹、副詞、擬声語・擬態語などに付いて）「…**のようになる**」「…**らしくなる**」「…**という音を出す**」などの意の動詞をつくる。〈源

氏・少女〉「木深くおもしろく、山里めき(用)て」訳（森のように）木が茂って趣が深く、山里のようであって。〈枕・二七五〉「『この中将に扇の絵のこと言へ』とささめけ(已)ば」訳「この中将（＝源成信）に扇の絵のことを言え」と小声で言う（＝ささやく）ので。

例語 婀娜めく（＝浮気っぽくふるまう）・あめく・池めく・急めく・苛めく（＝忙しそうにする）・今めく・焦りめく（＝ひしめき騒ぐ）・色めく・呻きすめく（＝苦しい息づかいをする）・呻く・蠢く・朧めく・親めく・かかめく（＝鳥獣がかかと鳴く）・才めく（＝才気が感じられる）・からめく・唐めく・乾めく（＝かさかさして骨ばって見える）・がらめく（＝がらがらと鳴り響く）・軋めく（＝きしきしと鳴る）・煌めく・転めく・こそめく（＝かさこそ音をたてる。こっそりとする）・ごほめく（＝ごとごと音がする）・子めく・ざざめく・侍めく（＝侍のようにふるまう）・さらめく・ざんざめく（＝騒ぎたてる）・しじめく（＝やかましく声をたてる）・上手めく・上衆めく・すめく（＝荒い息づかいをする）・そそめく・そめく（＝騒ぐ）・ぞめく・そよめく・ぞろめく（＝ぞろぞろと続いて行く）・だくめく（＝胸がどきどきする）・つつめく（＝ひそひそささやく）・艶めく・時めく・どしめく（＝大声でどなりちらす）・とちめく（＝うろたえる）・轟めく（＝とどろく。どよめく）・轟めく（＝とどろく）・動めく（＝大声をあげて騒ぐ）・艶めく・ののめく（＝大声で騒ぐ）・花めく・はらめく・春めく（＝春らしくなる）・犇めく・密めく（＝ひそひそと語る）・人めく・ひひめく（＝ぴいぴい声をたてて鳴く）・閃く・ひろめく・閃く・武左めく（＝田舎武士のようにふるまう）・ふためく・ぶめく（＝ぶんぶん羽音をたてる）・古めく・ほとめく・仄めく・蠢く（＝うごめく）・目眩めく・由めく・態とめく（＝ことさらめいて見える）・痴めく・喚く

めぐ・し【愛し】 形ク〔から・く（かり）・し・き（かる）・けれ・かれ〕《上代語》❶いたわしい。あわれだ。かわいそうだ。〈万葉・一一・二五六〇〉「人もなき古りにし里にある人をめぐく(用)や君が恋に死なせむ」訳人もいない古びた里に（ひっそりと）住む人（＝私）を、かわいそうにも、あなたは焦がれ死にさせようとするのか。❷かわいらしい。いとおしい。〈万葉・五・八〇〇〉「妻子見ればめぐし(終)うつくし」訳妻子を見るといとおしい、（また）かわいい。

め-くは・す【目くはす】 自サ下二〔せ・せ・す・する・すれ・せよ〕目くばせする。〈源氏・若菜上〉「あなかたはらいた、と目くはすれ(已)ど」訳ああ、見苦しいことだと目くばせするけれども。

めぐみ【恵み】 名 恵むこと。情けをかけること。恩恵。いつくしみ。〈土佐〉「神仏の恵みかうぶれるに似たり」訳神仏の恩恵を受けているのに似ている。

め-ぐ・む【芽ぐむ・萌む】 自マ四〔ま・み・む・む・め・め〕〔「ぐむ」は接尾語〕芽を出す。芽を出し始める。〈徒然・一五五〉「木の葉の落つるも、まづ落ちて芽ぐむ(体)にはあらず」訳木の葉が落ちるのも、まず落ちて（そのあとから）芽を出し始めるのではない。

古文常識 「めぐむ（芽ぐむ）」―「めぐむ」と「もゆ」

草木の芽がふくらみ、葉などの先端の出る寸前までが「めぐむ」、葉などの先端が出るのが「もゆ」の原義とみられる。なお、涙が浮かび、あふれ出る寸前までを「涙ぐむ」（マ四）といい、そうなるさまをいうのが形容詞「涙ぐまし」である。

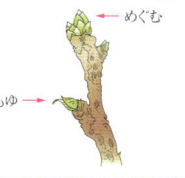

めぐ・む【恵む・恤む】 他マ四〔ま・み・む・む・め・め〕❶人に情けをかける。あわれむ。〈徒然・一四二〉「いかがして人を恵む(終)べきとならば」訳どのようにして人民に情けをかければよいかというならば。❷物をほどこす。あわれんで金品を与える。〈大鏡・道長上〉「持ちて参る果物をさへ恵み(用)賜び」訳（人々が御堂に献上のため）持参する果物や菓子をまでも（道長は人夫を）あわれんでお与えくださり。

めぐら・す【回らす・廻らす・巡らす】 他サ四〔さ・し・す・す・せ・せ〕❶まわす。まわりを囲む。〈源氏・須磨〉「いとおろそかに、軟障ばかりを引きめぐらし(用)て」訳（海岸に）たいそう粗略に幕だけを張りめぐらして。❷工夫する。思いめぐらす。〈平家・一・鹿谷〉「平家ほろぼさんずる謀をぞめぐらし(用)ける」訳平家を滅ぼそうとする計略を思いめぐらした。❸手紙・文書などで順に知らせる。ふれまわす。〈今昔・三一・一五〉「花の逍遥であるべしとめぐらす(終)」訳花見の宴を催すであろうと文書を回して知らせる。

めぐら・ふ メグラ（ロ）ウ【回らふ・廻らふ・巡らふ】 自ハ四〔は・ひ・ふ・ふ・へ・へ〕❶世の中に立ちまじる。俗世に生き続ける。〈源氏・椎本〉「めぐらひ(用)侍らむ限りは、かはらぬ心ざしを御覧じ知らせむとなむ思ひ給ふる」訳（私が）生き続けていきます限りは、変わらぬ（私の）気持ちを（姫君たちも）ご覧になってご理解いただきたいと存じます。❷ためらう。逡巡する。〈紀・皇極〉「めぐらひ(用)て進まざるを見て」訳（蘇我入鹿の勢いに恐れ）ためらって進まないのを見て。

めぐり【回り・廻り・巡り】 名 ❶周囲をめぐること。まわること。〈栄花・もとのしづく〉「ちごものめぐりするとも見えたり」訳稚児たちが（仏像の）まわりをぐるぐるめぐりしているようにも見えた。❷周囲。あたり。また、周囲の垣根や塀など。〈更級・かどで〉「門出したる所は、めぐりなどもなくて」訳（上京のために）門出をし（て移っ）た所は、周囲の垣などもなくて。

めぐりあひて… 和歌《百人一首》【めぐりあひて　見しやそれとも　わかぬまに　雲がくれにし　夜半の月かな】〈新古・雑上・紫式部〉➡付録

最重要330

め-ざま・し【目覚まし】形シク{しから・しく(しかり)・し・しき(しかる)・しけれ・しかれ}

ガイド 目がさめる意の動詞「目覚む」に対応する形容詞。よいにつけ悪いにつけ、目がさめるような驚嘆する気持ちを表す。①はよい意に、②は悪い意に用いたもの。

❶（目がさめるほど）すばらしい。りっぱだ。

例 いとよしよししう気高きさまして、めざましう（用）（ウ音便）もありけるかなと〈源氏・明石〉

訳（明石の君は）たいへん品があって高貴なようすをしているので、（光源氏は）目がさめるほどすばらしくもあったのだなあと（思い）。

語感実感 あまり練習熱心ではないのに、思いがけず好成績を残した後輩を、すばらしいとも思うにくわないとも思う感じ。

❷心外だ。気にくわない。あきれるほどだ。（⬇あさまし「類語の整理」）

例 はじめより我はと思ひあがり給へる御方々、めざましき（体）者におとしめそねみ給ふ〈源氏・桐壺〉

訳（入内の）当初から、私こそは（天皇のご寵愛を得ることができるのだ）と自負していらっしゃった（女御の）御方々は、（桐壺の更衣を）気にくわない者として軽蔑しねたみなさる。

①「小倉百人一首」57

めぐ・る【回る・廻る・巡る】自ラ四{ら・り・る・る・れ・れ} ❶周囲をまわる。また、回転する。〈徒然・五一〉「大方めぐら（未）ざりければ」訳（水車が）いっこうに回転しなかったので。
❷まわりを取り囲む。〈源氏・葵〉「宿直の人々は近うめぐり（用）てさぶらへど」訳宿直の女房たちは（御帳台の）近くにまわりを囲んでお控えするが。
❸あちこちを歩きまわる。巡回する。〈万葉・一六・三七九一〉「春さりて野辺をめぐれ（已）ばおもしろみわれを思へかさ野つ鳥来鳴き翔らふ」訳春になって野原を歩きまわると、風流であると私を思うからか、野の鳥も来て鳴いて飛びまわる。
❹行って、もとへもどる。帰る。〈源氏・若菜下〉「盃のめぐり（用）くるも頭いたくおぼゆれば」訳（柏木は）杯が一巡してくるのも頭が痛く思われるので。
❺時が次々に移る。時が経過する。〈宇治・一二・二二〉「めぐり（用）くる春々ごとに桜花いくたびちりき人に問はばや」訳移りめぐってくる毎春ごとに、桜の花はいく度散っていったことか。だれかに問いたい。（「いくたびちりき」に「ひちりき（＝管楽器）」が詠みこまれた隠し題の歌）
❻世の中に交わる。生きながらえる。〈源氏・手習〉「われかくて憂き世の中にめぐる（終）とも誰かは知らむ月の都に」訳私（＝浮舟）がこうしてつらいこの世の中に生きながらえていても、だれが（それを）知っているだろうか、月の（照らしている）都で（いや、だれも知らない）。
❼生まれ変わり死に変わりする。〈源氏・葵〉「深き契りある仲は、めぐり（用）ても絶えざなれば」訳（親子という）深いつながりのある間柄は、生まれ変わり死に変わりしても絶えない（ものである）というから。

め-くるめ・く【目眩く】自カ四{か・き・く・く・け・け} 目がくらむ。目がまわる。〈徒然・一〇九〉「目くるめき（用）、枝あやふきほどは」訳（高い木に登って）目がくらみ、枝が（折れそうで）危ない間は。

めくわす〔目くわす〕⬇めくはす

め-こ 名 ❶【妻子】㋐妻と子。妻子。〈万葉・五・八九二〉「父母は飢ゑ寒ゆらむ妻子どもは乞ふ乞ふ泣くらむ」⬇かぜまじり…（和歌） ㋑（「こ」は接尾語）妻。〈うつほ・嵯峨の院〉「天の下には、わが妻子にすべき人なし」訳この世には、私の妻にするにふさわしい人はいない。
❷【女子】女の子。娘。

め-ざし【目刺し】名 ❶子供の額髪を眉のあたりで切りそろえた髪形。髪が目を刺すような形なのでいう。
❷①の髪形をしている子供。

め-ざと【目敏】形動ナリ{なら・なり(に)・なり・なる・なれ・なれ} 目ざといさま。見つけるのが早いさま。〈枕・一五一〉「いとちひさき塵のありけるを目ざとに（用）見つけて」訳たいそう小さな塵があったのを目ざとく見つけて。

め-ざま・し【目覚まし】形シク ⬇右上281

め-さ・む【目覚む】自マ下二{め・め・む・むる・むれ・めよ} ❶眠りからさめる。目をさます。〈源氏・末摘花〉「命婦は、いかならむと目ざめ（用）て聞き臥せりけれど」訳命婦は、（光源氏と末摘花とが）どうなっているのだろうと目をさまして聞き耳を立てて横になっていたが。
❷見て驚く。目がさめるような新鮮な感じがする。〈徒然・一五〉「しばし旅立ちたるこそ、目さむる（体）心地すれ」訳しばらくの間旅に出ているのは、目がさめるような新鮮な感じがするものだ。

めさ・る【召さる】他ラ下二{れ・れ・る・るる・るれ・れよ}〔尊敬語「召す」（未）＋尊敬の助動詞「る」が一語となったもの〕「呼び寄す」「食ふ」「着る」「乗る」「為す」などの尊敬語。なさる。〈隆達小歌集〉「忍ぶ身にさへ恪気をめさる（終）」

訳 人目をはばかる(恋をする)立場であってもやきもちをなさる。

めさ・る【召さる】補動ラ下二{れ・れ・る・るる・るれ・れよ}(動詞の連用形に付いて)尊敬の意を表す。お…になる。…なさる。〈浄・心中宵庚申〉「死んだ母があの世から恨みめされ未う(=恨みなさるだろう)」

めし【召し】名(身分の高い人が)人を呼ぶこと。お呼び。〈源氏・明石〉「召しありて、内裏に参り給ふ」訳(朱雀帝の)お呼び出しがあって、(光源氏は)宮中に参上なさる。

めし=【召し】他サ四連用形(動詞の上に付いて)「呼び」の尊敬の意を表す。お呼び…になる。呼んで…なさる。〈伊勢・七七〉「歌よむ人々を召し集めて」訳 歌を詠む人々をお呼び集めになって。

めし＋動詞
「呼び」の尊敬

例語 召し合はす・召し出だす・召し出づ・召し入る(=お呼び入れになる)・召し返す(=お呼び戻しになる)・召し具す・召し籠む(=呼び寄せて押しこめなさる)・召し使ふ・召し集ふ・召し取る・召し放つ(=大勢の中からその人だけお呼び寄せになる)・召し寄す

めし-あ・ぐ【召し上ぐ】他ガ下二{げ・げ・ぐ・ぐる・ぐれ・げよ}❶お呼び出しになる。召し出す。〈大鏡・道長下〉「大江玉淵が女の、声よくかたちをかしげなれば、あはれがらせ給ひて、うへに召し上げ用て」訳 大江玉淵の娘が、声もよく容姿も美しい感じなので、(宇多法皇は)いとしくお思いになられて、殿上に召し出して。
❷官が私有物を取りあげる。没収する。

めし-あつ・む【召し集む】他マ下二{め・め・む・むる・むれ・めよ}「呼び集む」の尊敬語。お呼び集めになる。

めし-あは・す【召し合はす】他サ下二{せ・せ・す・する・すれ・せよ}お呼び出しになって立ち合わせる。対決させる。〈徒然・一三五〉「御前にて召し合はせ未られたりけるに」訳(帝の)御前にお呼びになって対決させなさったところ。

めし-い・づ【召し出づ】他ダ下二{で・で・づ・づる・づれ・でよ}「呼び出づ」の尊敬語。❶お呼び出しになる。〈枕・三〉「そのかたにおぼめかしからぬ人、二、三人ばかり召し出で用て」訳 その(=和歌の)方面に不案内でない女房を、二、三人ほどお呼び出しになって。
❷お取り寄せになる。〈源氏・松風〉「御直衣召し出で用て奉る」訳(光源氏は)御直衣をお取り寄せになってお召しになる。

めし-うと【召人】名(「めしひと」の転)「めしゅうど」とも。❶舞楽などをするために召し出された人。
❷「寄人②」の異称。
❸平安時代、貴族の邸に仕え、主人と関係をもつ女。側女。
❹(「囚人」とも書く)捕らえられた人。囚人。

めし-ぐ・す【召し具す】他サ変{せ・し・す・する・すれ・せよ}「呼び具す」の尊敬語。そばに呼び寄せてお連れになる。連れていらっしゃる。〈徒然・八七〉「たのもしくおぼえて、召し具し用て行くほどに」訳(その男が勇ましそうなので)心強く思われて、お連れになって行くうちに。

めし-つか・ふ【召し使ふ】他ハ四{は・ひ・ふ・ふ・へ・へ}「呼び使ふ」の尊敬語。そばに呼び寄せて、用をおさせになる。〈平家・一・殿下乗合〉「院中にちかく召し使は未るる公卿・殿上人、上下の北面にいたるまで」訳 院の御所で近く召し使われる公卿や殿上人、上下の北面の武士にいたるまで。

めし-つぎ【召し次ぎ】名 ❶取り次ぐこと。また、取り次ぐ人。従者。
❷院の庁(=上皇の政務、または女院に関する事務を執る役所)・東宮などで、雑事を勤めたり時刻を知らせたりした下級役人。

めし-と・る【召し取る】他ラ四{ら・り・る・る・れ・れ}❶「呼び取る」の尊敬語。お呼び寄せになる。〈竹取・蓬萊の玉の枝〉「ひとつの宝なりける鍛冶匠六人を召し取り用て」訳 随一の宝(ともいうべき存在)であった金属細工の職人六人をお呼び寄せになって。
❷(「召し捕る」とも書く)官命で、罪人を捕らえる。〈徒然・一五三〉「為兼大納言入道召し捕ら未れて」訳 為兼の大納言入道が官命で捕らえられて。

めし-よ・す【召し寄す】他サ下二{せ・せ・す・する・すれ・せよ}❶「呼び寄す」の尊敬語。そばにお呼び寄せになる。〈源氏・若紫〉「参りたれば、召し寄せ用てありさま問ひ給ふ」訳(惟光が)参上したので、(光源氏は)そばにお呼び寄せになって、(若紫の)ようすをおたずねになる。
❷「取り寄す」の尊敬語。お取り寄せになる。〈徒然・二三二〉「琵琶法師の物語を聞かんとて、琵琶を召し寄せ用たるに」訳(ある人が)琵琶法師の物語を聞こうとして、琵琶をお取り寄せになったところ。

め・す

一 他サ四{さ・し・す・す・せ・せ}❶【見す・看す】ア「見る」の尊敬語。ご覧になる。〈万葉・一・五二〉「埴安の堤の上にあり立たし見し用給へば」訳 埴安の池の堤の上にいつもお立ちになって、ご覧になられると。
イその場に臨まれる。〈万葉・六・一〇〇五〉「やすみしし わが大君の見し用給ふ吉野の宮は」訳 わが大君(である天皇)がお出ましになっていらっしゃる吉野の宮は。(「やすみしし」は「わが大君」にかかる枕詞)
❷【召す】ア「呼ぶ」「招く」の尊敬語。お呼びになる。お招きになる。〈源氏・若紫〉★「惟光召し用て、御帳、御屏風など、あたりあたりしてさせ給ふ」訳(光源氏は)惟光をお呼びになって、(若紫のために)御帳台や御屏風などを、あそこここと配置させなさる。

イ「取り寄す」の尊敬語。お取り寄せになる。〈源氏・橋姫〉「琵琶召し用て、客人にそそのかし給ふ」訳(八の宮は)琵琶をお取り寄せになって、客(の薫)に(弾くように)すすめなさる。
ウ「飲む」「食ふ」「着る」の尊敬語。召し上がる。お召しになる。〈徒然・六八〉「年ごろ頼みて、朝な朝な召し用つる土大根らに候ふ」訳 長年の間信頼して、毎朝

最重要330

282

め・づ（メズ）【愛づ】

一 他ダ下二｛で・で・づ・づる・づれ・でよ｝ 二 自ダ下二｛で・で・づ・づる・づれ・でよ｝

ガイド 対象を愛し、賛美する意。派生語に「珍(めづ)らし」(→283)、「めでたし」(→284)がある。「堤中納言物語」に載る「虫めづる姫君」は虫をかわいがる姫君の話である。

一 他ダ下二

❶ かわいがる。愛する。

例 いかでこのかぐや姫を得てしがな、見てしがなと、音に聞きめで(用)てまどふ〈竹取・貴公子たちの求婚〉

訳 どうにかしてこのかぐや姫を手に入れたいものだ、結婚したいものだ、とうわさに聞いて恋い慕って思い乱れる。

❷ ほめる。賛美する。賞美する。

例 月をめで(用)花をながめし古(いにしへ)のやさしき人はここにありはら〈徒然・六七〉

訳 月を賞美し、花を眺めた、あの昔の風流な人である在原業平(ありわらのなりひら)(の霊)はここにいるのだよ。(「ありはら」は業平の姓「在原」と「(ここに)あり」の意とをかける)

❸ 好む。気に入る。

例 さすがに物の音(ね)めづる(体)阿闍梨(あざり)にて〈源氏・橋姫〉

訳 (出家の身ではあるが)そうはいってもやはり音楽を好む阿闍梨(＝高徳の僧)であって。

二 自ダ下二

感じ入る。心がひきつけられる。

例 名にめで(用)て折れるばかりぞ女郎花(をみなへし)我落ちにきと人に語るな〈古今・秋上〉

訳 (「女(おみな)」という)名に心ひかれて手折っただけなのだ、女郎花よ。私が(女に)身をもちくずしてしまったと、他人には語るなよ。

(あなたが)召し上がった大根でございます。

二【召す】自サ四｛さ・し・す・す・せ・せ｝「乗る」の尊敬語。(乗り物に)お乗りになる。〈平家・四・還御〉「それより御輿(みこし)に召し(用)て福原へ入らせおはします」訳 (高倉上皇は)そこ(＝播磨(はりま)の国山田の浦)から御輿にお乗りになって福原へお入りになられる。

め・す【召す】補動サ四｛さ・し・す・す・せ・せ｝(他の尊敬の動詞の連用形に付いて)尊敬の意を強める。お…になる。…なさる。〈万葉・一五・三七三六〉「遠くあれば一日一夜(ひとひひとよ)も思はずてあるらむものと思ほしめす(終)な」訳 遠くにいるので、一日一晩ぐらい(私があなたのことを)思わないでいるであろうことだと、お思いになるな。

めず〘愛ず〙➡めづ

めずらし〘珍し〙➡めづらし

め-だう(ドウ)【馬道】名「めんだう」とも。❶二つの建物の間に厚板を渡し、廊下のようにした通路。馬を中庭に引き入れるときには板をとりはずした。❷殿舎の中を貫通している長廊下の称。〈源氏・桐壺〉「えさらぬ馬道の戸をさしこめ」訳 どうしても通らねばならない長廊下の戸を閉ざし。

め-ぢか・し【目近し】形ク｛から・く(かり)・し・き(かる)・けれ・かれ｝間近に見慣れている。いつも見ている。〈枕・三〉「青やかに、例はさしもさるもの目近から(未)ぬ所に、もてさわぎたるこそをかしけれ」訳 (摘みとった若菜は)青々としていて、ふだんはそれほどそんな物を間近に見慣れていない場所(＝宮中)で、大騒ぎをしてもてはやしているのがおもしろい。

めつ【滅】名 死ぬこと。滅びること。〈徒然・一五五〉「生(しゃう)・住・異・滅の移りかはる実(まこと)の大事は」訳 (万物が)生成・存続・変化・死滅と変移するという真の重大事は。

め・づ(メズ)【愛づ】他ダ下二 自ダ下二 ➡上282

めっ-きゃく【滅却】名・自他サ変 滅ぼすこと。滅びること。つぶすこと。なくなること。死ぬこと。

めづら-か(メズラ)【珍か】形動ナリ｛なら・なり(に)・なり・なる・なれ・なれ｝めずらしいさま。よくも悪くも、ふつうと違っているさま。〈枕・二六二〉「『あのおもと』『君(きみ)』など言へば、めづらかに(用)うれしと思ひて」訳「あのお方(かた)」とか「(…の)君」などと言うと、(言われた人は)めずらしくうれしいと思って。〈源氏・桐壺〉「急ぎ参らせて御覧ずるに、めづらかなる(体)児(ちご)の御かたちなり」訳 (桐壺帝が若宮を)急いで参内(さんだい)させてご覧になると、(この世に)めったにない赤子のご容貌である。

めづら・し(メズラシ)【珍し】形シク ➡次ページ283

めづらし-が・る(メズラシ)【珍しがる】自ラ四｛ら・り・る・る・れ・れ｝「「がる」は接尾語」めずらしく思う。めずらしそうにする。〈更級・物語〉「『いとうつくしう、生(お)ひ成りにけり』など、あはれがりめづらしがり(用)て」訳「たいそうかわい

最重要330

めづら・し（メズラシ）【珍し】形シク {しから・しく(しかり)・し・しき(しかる)・しけれ・しかれ}

ガイド 愛する、賛美する意の動詞「愛(め)づ」(→282)に対応する形容詞。①はめったにないことなので、そこから④の意が生じ、現代語ではもっぱら④の意に用いている。

❶ **賛美すべきである。すばらしい。**

例 人ごとに折り挿頭(かざ)しつつ遊べどもいやめづらしき㊍梅の花かも〈万葉・五・八二八〉

訳 だれもかれもみな(梅の花を)折って髪に挿しては遊んでいるが、ますます賞美すべき梅の花であることよ。

❷ **愛らしい。かわいい。**

例 難波人(なにはひと)葦火(あしび)焚(た)く屋の煤(す)してあれどおのが妻こそ常(とこ)めづらしき㊍〈万葉・一一・二六五一〉

訳 難波の人が葦で火を焚く家のようにすすけてはいるけれども、自分の妻こそはいつまでもかわいいことよ。(第二句までは「煤して」を導きだす序詞)

❸ **目新しい。清新である。**

例 かくて明けゆく空の気色(けしき)、昨日にかはりたりとは見えねど、ひきかへめづらしき㊍心地(ここち)ぞする〈徒然・一九〉

訳 このようにして夜が明けてゆく(元日の)空のようすは、昨日と変わっているとは見えないけれども、うって変わって新鮮な気分がするものだ。

❹ **めずらしい。めったにない。**

例 あなめでたや。この獅子(しし)の立ちやう、いとめづらし㊎〈徒然・二三六〉

訳 ああ、すばらしいことだ。この獅子の立ち方は、たいへんめずらしい。

語感実感 絵画展で入選した作品のできばえが斬新ですばらしく、称賛に値する様子である感じ。

らしく、(いつのまにか)成長してしまったね」などと(言って)、かわいがり目新しそうにして。

めづらし-げ（メズラシ―）【珍しげ】形動ナリ {なら・なり(に)・なり・なる・なれ・なれ}（「げ」は接尾語）❶賛美するに値するさま。すばらしいさま。〈源氏・少女〉「きらきらしうめづらしげ(語幹)あるあたりに、今めかしうもてなさるるこそをかしけれ」訳 りっぱで美しく賛美するに値するようすのある家で、(婿として)現代風ではなやかに待遇されるのがすばらしいことだ。❷まれにしかないさま。めったにないさま。〈古今・恋四〉「富士の嶺(ね)のまれでなくめづらしげ(語幹)なく燃ゆる我が恋」訳 富士山がまれではなく(=いつも)煙をはいて燃えているように、燃え上がる私の恋心であるよ。(「恋(こひ)」の「ひ」に「火」をかけ、「燃ゆ」の縁語)

参考 多く、「珍しげなし」の形で用いられる。

め-て【馬手・右手】名(馬の手綱を取るほうの手の意)❶右の手。〈平家・一一・能登殿最期〉「弟の次郎をば馬手の脇にかいはさみ」訳 (教経(のりつね)は、安芸(あき)の太郎の)弟の次郎を右の手の脇にかかえるようにはさみ。❷右のほう。右側。〈平家・一一・逆櫓〉「馬(むま)はかけんと思へば、弓手(ゆんで)へも馬手へも回しやすし」訳 馬は進ませようと思うと、左のほうへも右のほうへも回しやすい。(対 弓手(ゆんで))

めで-くつがへ・る（―クツガエル）【愛で覆る】他ラ四 {ら・り・る・る・れ・れ} たいそう感心する。大いに賞美する。〈大和・三三〉「…となむ言へりければ、監(げん)の命婦(みやうぶ)、めでくつがへり㊊て」訳 (良岑(よしみね)少将が)…と(歌を)詠んだので、監の命婦はたいそう感心して。

めでたさも… 俳句

目出度さも　ちう位(くらゐ)なり　おらが春(はる)　〈おらが春・一茶〉
切れ字 なり　春

訳 (世間並みに正月を迎えたけれど)めでたさも、いってみればめでたいようなめでたくないような、どっちつかずのものであるよ。おれの迎えた新春は。

解説 「ちう位」は「いいかげん」の意の信濃(しなの)(長野県)方言。貧乏と不運続きの一茶にとって、妻と長女と二人そろったこの正月は、めずらしく家庭の味がする正月であった。それを「ちう位」としたところに、「あなた任せ(=他力本願)」の自分にふさわしいとする姿がみえる。

最重要330

めで・た・し 形ク〔から・く(かり)・し・き(かる)・けれ・かれ〕

ガイド 愛する、賛美する意の動詞「愛(め)づ」(➡282)の連用形に、程度がはなはだしい意の形容詞「いたし」の付いた「愛(め)で甚(いた)し」の転とみられる形容詞。はなはだ愛すべきだの意を表す。

❶ **魅力的だ。心ひかれる。**

例 藤の花は、しなひ長く、色濃く咲きたる、いとめでたし㊦〈枕・三七〉

訳 藤の花は、しなやかに垂れている花房のさまが長く、色が濃く咲いているのが、とても魅力的である。

例 この男宮(をとこみや)をいとめでたし㊦と思ひかけ奉りたりけるをも〈大和・四〇〉

訳 この男宮をたいへん慕わしい(お方だ)と、あこがれの情をお寄せ申しあげていたことをも。

語感実感
美しく咲いた満開の桜が実に見事で、ほめたたえたいほど心ひかれる感じ。

❷ **りっぱだ。みごとだ。すばらしい。**

例 宮のめでたく㊥盛りに時めかせ給ひしことばかりを、身の毛も立つばかり書き出(い)でて〈無名草子〉

訳 宮様(=中宮定子)がすばらしく(栄華の)盛りで(天皇の)ご寵愛(ちょうあい)を受けてお栄えになられていたことだけを、恐ろしいぐらいに(まざまざと)書き出して。

❸ **祝う価値がある。慶賀すべきだ。**

例 その年、風静かにて、農業のためにめでたし㊦〈十訓・七〉

訳 その年は、風が静かで、農業のためによろこばしい。

めで・た・し 形ク ➡右 284

めで-まど・ふ【愛で惑ふ】(マドウ) 自ハ四〔は・ひ・ふ・ふ・へ・へ〕非常にほめる。ひどく感心する。〈伊勢・一〇七〉「案を書きて、書かせてやりけり。めでまどひ㊥にけり」訳 (女の家の主人が、手紙の)下書きを書いて、(それを女に)書きうつさせて送った。(相手の男は)ひどく感心した。

参考 動詞の下に「まどふ」が付くと、ひどく、ひたすら、夢中でなどと、その意味を強める。➡惑(まど)ふ④

めどう〔馬道〕➡めだう

め-とま・る【目止まる】自ラ四〔ら・り・る・る・れ・れ〕目につく。目を引きつけられる。〈源氏・若紫〉「ねびゆかむさまゆかしき人かな、と目とまり㊥給ふ」訳 大人になってゆくようなようすを見たい人だなあと、(光源氏は若紫に)目を引きつけられなさる。

め-と・る【娶る】他ラ四〔ら・り・る・る・れ・れ〕〔「妻(め)取る」の意〕妻として迎える。〈雨月・菊花の約〉「娘子(めをと)をめとり㊥て〔その実家の者たちと〕親族となり」

め-なら・ぶ【目並ぶ】㊀ 他バ下二〔べ・べ・ぶ・ぶる・ぶれ・べよ〕多くの人の目で見定める。〈万葉・七・一二六四〉「西の市にただひとり出(い)でて目並べ㊤ず買ひてし絹の商(あき)じこりかも」訳 西の市にたった一人で出かけて、よく見定めないで買ってしまった絹の買いそこないであることよ。㊁ 自バ四〔ば・び・ぶ・ぶ・べ・べ〕見比べる。一説に、親しくする意とも。〈古今・恋五〉「花がたみ目並ぶ㊨人のあまたあれば忘られぬらむ数ならぬ身は」訳 花かごのぎっしりつまった編み目のように(あの人には)見比べる人が大勢いるので、忘れられてしまっているのだろう、物の数でもない私は。

め-な・る【目馴る】自ラ下二〔れ・れ・る・るる・るれ・れよ〕見なれる。〈徒然・一五〉「ゐなかびたる所、山里などは、いと目なれ㊤ぬことのみぞ多かる」訳 田舎びた土地や山里などには、まったく見なれないことばかりが多い。

めにはあをば… 俳句

目には青葉　山(やま)ほととぎす　初松魚(はつがつを)
夏　夏　夏
〈素堂(そだう)家集・素堂〉

訳 目には青葉の輝きがまぶしい。(その青葉の中から耳に)ほととぎすのみずみずしい声がこだまする。そしてまた(口には)初がつおのおいしい季節である(鎌倉の初夏のすばらしさよ)。

解説 「かまくらにて」の前書きがある。鎌倉はかつおが名物であった。

め-ぬき【目貫き】名 刀剣の柄(つか)と刀身とを固定す

るための留め釘。目釘。また、その頭部につける金具。→鞘巻

め-の-うちつけ【目のうちつけ】➡目「フレーズ」

め-の-こ【女の子】名 女性。婦女。また、女の子。対男子。➡大人ぶ「類語の整理」

め-の-と名 ❶【乳母】**母親の代わりに、子に乳を飲ませ養育する女。**うば。〈**更級・梅の立枝**〉「まつさとのわたりの月影あはれに見し**乳母**も、三月朔日になくなりぬ」訳 松里の渡し場で月光に照らし出された姿をしみじみと見た**うば**も、陰暦三月一日に亡くなってしまった。

❷【傅】**幼い主君を守り育てる役の男。**守り役。後見役。養育係。〈**増鏡・春の別れ**〉「その宮の御**傅**、師賢大納言うけたまはりて」訳 その若宮のお**守り役**は、師賢大納言がお引き受け申しあげて。

めのと-ご名 ❶【乳母子】乳母の子。乳兄弟。〈**源氏・若紫**〉「何事の御気色をもしるく見奉り知れる御**乳母子**の弁、命婦などぞ」訳 万事のごようすをもはっきりと、見て存じあげている御**乳母子**の弁や命婦などは。

❷【傅子】守り役の子。後見役の子。〈**平家・九・木曽最期**〉「木曽殿の御**傅子**、今井四郎兼平」訳 (われこそは)木曽殿のご**後見役の子**、今井四郎兼平である。

め-の-わらは【女の童】名 ❶**女の子。**少女。〈**土佐**〉「これを聞きて、ある**女の童**のよめる」訳 このことばを聞いて、ある**女の子**が詠んだ歌。

❷**召使の少女。**〈**平家・三・法皇被流**〉「上下の女房・**女の童**、物をだにうちかづかず」訳 身分の高い女房、低い女房、**召使の少女**は、物をちょっとかぶることさえせず。(対男の童)

め-ぶ【馬部】名 左右の馬寮に属する下級役人。→馬寮

めめ・し【女女し】形シク {しから・しく(しかり)・し・しき(しかる)・しけれ・しかれ} まるで女のようだ。また、弱々しい。柔弱だ。〈**源氏・幻**〉「今ひときはの御心まどひも、**めめしく**用 人わろくなりぬべければ」訳 さらにいっそうのお気持ちの乱れ(があるの)も、**柔弱で**きっと見苦しくなるにちがいないので。対雄雄し

め-も-あや・なり【目もあやなり】➡目「フレーズ」

最重要330

285

め-やす・し

【目安し・目易し】形ク {から・く(かり)・し・き(かる)・けれ・かれ}

ガイド 「目＋安し」で、**見た目に好感がもてる**の意。ただし容姿や外見だけでなく、精神的な面で「感じがよい」という意でも用いる。反対語は「見苦し」。

見苦しくない。感じがよい。

例 髪ゆるるかにいと長く、**めやすき**体 人なめり〈**源氏・若紫**〉

訳 (少納言の乳母は)髪の毛がふさふさとして非常に長く、**感じのよい**人のようだ。

例 長くとも、四十にたらぬほどにて死なんこそ、**めやすかる**体 べけれ〈**徒然・七**〉

訳 長く(生き)ても、四十歳に満たない年齢で死ぬようなのが、**見苦しくない**であろう。

め-も-く・る【目も眩る】➡目「フレーズ」

め-も-はるに【目も遥に】➡目「フレーズ」

め-や 反語の意を表す。…だろうか(いや、…ない)。〈**古今・恋三**〉「秋なれば山とよむまで鳴く鹿にわれおとら**めや**ひとり寝る夜は」訳 (今は)秋なので、山が鳴り響くほどに鳴く鹿に、自分(の気持ち)は劣る**だろう**か(いや、劣りはしない)。(妻を恋い)ひとり寝る夜は。

なりたち 推量の助動詞「む」已＋反語の終助詞「や」

め-やす【目安】名 箇条書きにした文書。また、中世には箇条書きにした訴状と陳状を、近世には原告の訴状をいう。

め-やす・し【目安し・目易し】形ク ➡左上 285

め-やも 反語の意を表す。…だろうか(いや、…でないなあ)。〈**万葉・一・二一**〉「紫草のにほへる妹を憎くあらば人妻ゆゑにあれ恋ひ**めやも**」訳 →むらさきの…

和歌

なりたち 推量の助動詞「む」已＋反語の終助詞「やも」

めり 助動ラ変型 ➡次ページ助動詞「めり」

めり 助動詞「めり」の連用形・終止形。

めり-き ❶(「めり」が推量の意の場合)…ように見えた。…ようであった。〈**源氏・夕顔**〉「我が身の程の心もとなさを思す**めりし**体に」訳 自分の地位の不安さをお思いになる**ようであった**が。

❷(「めり」が婉曲の意の場合)…ようであった。〈**大鏡・頼忠**〉「大姫君は、円融院の御時の女御にて、…四条宮とぞ申す**めりし**体」訳 (頼忠の)長女の姫君(＝遵子)は、円融院の御代の女御で、…四条の宮と申し上げる**ようであった**。

なりたち 推量・婉曲の助動詞「めり」用＋過去の助動詞「き」

めり-つ 自分の目で見たことや人から聞いたことなどをもとに、推測する意を表す。…ように見えた。…ようであった。…らしかった。〈**源氏・宿木**〉「いと目安くもてなし給ふ**めりつる**体かな」訳 (匂宮は)たいそう感じよくおふるまいなさる**ようであった**なあ。

なりたち 推量の助動詞「めり」用＋完了の助動詞「つ」

めり 助動ラ変型

意味・用法

❶**推量** 目の前の事実について推量する意を表す。…ように見える。…ようだ。

❷**婉曲** 断定を避けて婉曲に言う意を表す。…ようだ。

用例

例 皮衣を見ていはく、「うるはしき皮なめり㊦」〈竹取・火鼠の皮衣〉
訳 皮衣を見て言うことには、「りっぱな皮であるように見える」。

例 惟光の朝臣とのぞき給へば…花奉るめり㊦〈源氏・若紫〉
訳 (光源氏が)惟光朝臣と(僧都の坊を)のぞきなさると…(尼君が仏に)花をお供えしているようだ。

例 うたてある主のみもとに仕うまつりて、すずろなる死にをすべかめる㊍かな〈竹取・竜の頸の玉〉
訳 情けない主人のおそばにお仕え申しあげて、思いがけない死に方をするにちがいないようだなあ。

接続

動詞型活用の語の終止形に付く。ただし、ラ行変格活用の語(形容詞カリ活用、形容動詞を含む)には、連体形に付く。

活用

未然	連用	終止	連体	已然	命令
	(キ)	(。)	(コト)	(ドモ)	
○	めり	めり	める	めれ	○

文法ノート

1 「めり」の語源

「めり」の語源は、「見あり」または「見えあり」のつづまったものといわれる。他の人はどうかわからないが、自分には「…ように見える」の意を表すものであったらしい。この用法から、確信のもてない事態について、自分には「…と思われる」と推量の形式で言う表現が生まれ、やがて②の断定を避け婉曲に言う表現が生じたものと考えられている。

2 「あめり」「なめり」「べかめり」

ラ行変格活用の語に付くときは、「あるめり」「なるめり」「べかるめり」のようにならず、「あんめり」「なんめり」「べかんめり」のように撥音便になるのがふつうである。なお、「あめり」「なめり」「べかめり」のように撥音「ん」は表記されないことが多い。

3 「なり」と「めり」のちがい

→なり(助動ラ変型)「文法ノート」2

メリヤス【莫大小】名〔medias(スペイン語)・meias(ポルトガル語)の転〕❶編み物の名。伸縮性に富むので、「大小莫し」という字をあてたもの。❷三味線唄の一種。歌舞伎などに用いられ、曲が伸縮自在にうたわれるための称かという。

める 助動詞「めり」の連体形。

めれ 助動詞「めり」の已然形。

め-れう【馬寮】名 宮中で、飼育・調練・馬具など馬に関することをつかさどる役所。左馬寮・右馬寮に分かれ、長官を頭と称した。「うまづかさ」「うまのつかさ」「うまれう」とも。

め-を-そば-む【目を側む】➡目「フレーズ」

め-を-み-す【目を見す】➡目「フレーズ」

め-を-み-る【目を見る】➡目「フレーズ」

めん-ず【免ず】他サ変〔ぜ・じ・ず・ずる・ずれ・ぜよ〕許す。〈平家・三・足摺〉「重科は遠流に免ず㊦」訳 重い罪は(これまでの)遠流(=遠国に流罪にすること)によって許す。

めん-ぼく【面目】名「めいぼく」「めんもく」とも。世間の人への顔向け。世間に対する名誉。〈平家・七・忠度都落〉「生涯の面目に、一首なりとも御恩をかうぶらうど存じて候ひしに」訳 一生の名誉として、たとえ一首であっても、御恩をこうむろう(=私の歌を勅撰集に採っていただこう)と存じておりましたのに。

めん-めん【面面】名「めいめい」に同じ。

めん-もく【面目】名 ❶顔かたち。容貌。❷「めんぼく」に同じ。

も モ

も【面】名〔「おも」の転〕表面。おもて。方面。〈古今・東歌〉「筑波嶺のこのもかのもに影はあれど」訳 筑波山のこちらの面あちらの面に(=こちら側にもあちら側にも)木陰は(いくらも)あるが。

も【喪】名 ❶人の死後、親族が一定期間家にこもって死者をいたみ、身をつつしんで過ごすこと。❷わざわい。凶事。

も【裳】 名 ❶上代、女性が腰から下にまとった衣服。❷平安時代、女性が正装のとき、表着の上に、腰部から下の後方にまとった衣。ひだが多く種々の縫い取りを施し、裾を長く引く。→十二単 ❸僧が腰につける衣服。

も 助動特殊型 〔○・○・も・も・○・○〕《上代東国方言》推量の助動詞「む」にあたる方言。推量・意志などの意を表す。〈万葉・二〇・四四一八〉「わが門の片山椿まこと汝わが手触れなな土に落ちも㊍かも」訳 私の家の門の片山椿よ。ほんとうにおまえは私の手が触れないで、地面に落ちる**のだろう**か。〈万葉・一四・三五一八〉「可牟の嶺にたなびく雲を見つつ偲はも㊚」訳 可牟の山にたなびく雲を見ては(おまえを)恋い慕お**う**。

も 係助 終助 接助 ⬇次ページ助詞「も」
接続 動詞の未然形に付く。

もう【亡・妄・罔・猛・魍】⬇まう

もう【思う】⬇もふ

もう-く【設く・儲く】⬇まうく

もう-け【設け・儲け】⬇まうけ

もう-さく【申さく】⬇まうさく

もう-す【申す】⬇まうす

もう-ず【参ず・詣ず】⬇まうづ

もう-まい【蒙昧】名 物事の道理に暗いこと。また、物事の判断ができないこと。

もう-ろう【朦朧】形動タリ 〔たら・たり(と)・たり・たる・たれ・たれ〕雨や霧にかすんでぼんやりしているさま。おぼろげなさま。〈細道・象潟〉「汐風真砂を吹き上げ、雨朦朧と㊊して鳥海の山かくる」訳 潮風が細かい砂を吹き上げ、雨で**あたりがぼうっと煙っ**て鳥海山が隠れる。

もえ-い・づ【萌え出づ】自ダ下二 〔で・で・づ・づる・づれ・でよ〕(草木の)芽が出る。生じる。きざす。〈万葉・八・一四一八〉「石走る垂水の上のさわらびの**萌え出づる**㊍春になりにけるかも」訳 →いはばしる… 和歌

もえ-ぎ【萌黄・萌葱】名 ❶「もよぎ」とも。黄と青の中間の色。薄緑色。❷襲の色目の名。表・裏ともに①の萌黄(＝薄緑)色。一説に、表は薄青、裏は縹色(　)とも。

(もえぎ①)

もえぎ-にほひ【萌黄匂ひ】名「もよぎにほひ」とも。鎧の縅の一種。萌黄色(　)の縅糸を、上から下に向かって濃い色から薄い色にぼかしたもの。⬇縅「古文常識」

もえぎ-をどし【萌黄縅】名「もよぎをどし」とも。鎧の縅の一種。鎧の札を萌黄色(　)の糸で綴ったもの。

も-が 終助《上代語》

意味・用法
願望(…があればなあ。…であればなあ。)

接続 体言および体言に準ずる語、形容詞と助動詞の連用形、副詞、助詞「に」などに付く。

願望の意を表す。…**があればなあ**。…**であればなあ**。〈万葉・一五・三六四〇〉「都辺に行かむ船**もが**刈り薦の乱れて思ふ言告げやらむ」訳 都のほうへ行く船**があったらいいのになあ**。(こんなに)思い乱れていることを伝言してやろうに。(「刈り薦の」は「乱る」にかかる枕詞)

参考 係助詞「も」+終助詞「が」＝「もが」、係助詞「も」+係助詞「か」＝「もか」の変化したもの、などの説がある。上代では、多く「も」を伴って「もがも」の形で用いられた。平安時代以降は「もがな」の形か、「も」の落ちた「がな」の形で使用された。→もがも・もがな・がな(三三一ページ)

も-かう【帽額】名 御帳や御簾の上部、また、上長押などに、横に長く引き渡した布。後世の水引き幕の類。窠(＝瓜を輪切りにしたような紋)の模様)と蝶の紋を染め出す。

(もかう)

も-がさ【疱瘡】名 天然痘の感染症の一つで、高熱・発疹が出る。ほうそう。

もが-な 終助〔終助詞「もが」+終助詞「な」〕願望の意を表す。…**があればなあ**。…**であればなあ**。〈伊勢・八四〉「世の中にさらぬ別れのなく**もがな**千代もといのる人の子のため」訳 →よのなかに… 和歌

接続 体言、形容詞の連用形、打消や断定の助動詞の連用形、助詞「に」「と」などに付く。

参考 上代の「もがも」に代わって、中古以降に用いられた。「も」の落ちた「がな」も並用された。→もが・もがも・がな(三三一ページ)

もが-も 終助《上代語》〔終助詞「もが」+終助詞「も」〕願望の意を表す。…**があったらなあ**。…**であったらなあ**。〈万葉・三・四一九〉「石戸破る手力**もが**も手弱き女にしあれば術の知らなく」訳 (お墓の)岩の戸を破る手の力**があったらなあ**。力の弱い女であるので、どうしたらよいかわからないことだ。

接続 体言および体言に準ずる語、形容詞の連用形、副詞、断定の助動詞「なり」の連用形、助詞などに付く。

参考 上代に「もが」と併用され、「もがもな」「もがもや」「もがもよ」の形になることが多い。中古以降は、「もがな」の形にとって代わられた。→もが・もがな

もがも-な 願望の意を表す。…であったらなあ。…があったらなあ。〈万葉・一・二二〉「常に**もがもな**常処女にて」訳 いつまでも**あってほしいものだ**。永遠のおとめで。→もが・もがも

なりたち 終助詞「もがも」+終助詞「な」

もがも-や 願望の意を表す。…だといいなあ。…であったらなあ。〈万葉・二〇・四三二五〉「父母も花に**もがもや**草枕旅は行くとも捧ごて行かむ」訳 父母も花で**あったらなあ**。旅には行くにしても、ささげ持って行こうに。(「草枕」は「旅」にかかる枕詞。「捧ごて」は「捧げて」の東国方言)。→もが・もがも

なりたち 終助詞「もがも」+間投助詞「や」

もがも-よ 願望の意を表す。…だといいなあ。…であったらなあ。〈万葉・一四・三五五四〉「妹が寝る床のあたりに石ぐくる水に**もがもよ**入りて寝まくも」訳 あの娘が寝る床のあたりで、岩間をくぐる水で**あったらなあ**。(水のように)しみ入って(いっしょに)寝る

も 一係助 二終助 三接助

意味・用法 / 用例

一 係助詞

❶並立 複数の事柄をあわせ述べる。…も。

例 武蔵野(むさしの)はけふはな焼きそ若草のつまもこもれり我もこもれり〈伊勢・一二〉

訳 武蔵野は今日は焼いてくれるな。夫も隠れているし、私も隠れている(のだから)。(「若草の」は「つま」にかかる枕詞)。

❷添加 同じ類のものを一つ付け加える。…もまた。

例 潮(しほ)満ちぬ。風も吹きぬべし〈土佐〉

訳 潮が満ちた。順風もまた吹くにちがいない。

定型表現 係り結び
も…終止形
〈添加〉(終止形)
例 花も咲きたり。(=花も咲いている)

❸言外暗示 程度の軽いものをあげて言外の重いものを暗に示す。…さえも。…でも。

例 夏は夜。月のころはさらなり、闇もなほ、蛍の多く飛びちがひたる〈枕・一〉

訳 夏は夜(が趣がある)。月の出ているころは言うまでもなく、闇夜でもやはり、蛍が数多く飛びかっているの(は趣深い)。

❹仮定希望 せめて…だけでも。…なりとも。

例 家に行きて何を語らむあしひきの山ほととぎす一声も鳴け〈万葉・一九・四二〇三〉

訳 家に帰って何を(みやげに)語ろう。山のほととぎすよ、一声だけでも鳴いてくれ。(「あしひきの」は「山」にかかる枕詞)

❺やわらげ (他のものを暗示するような形にして)やわらげて表現する。…も。

例 かかる人も世に出(い)でおはするものなりけり〈源氏・桐壺〉

訳 このような(すばらしい)人もこの世に生まれていらっしゃるものだったのだ。

「も」の文法ノート

1 言外の事柄と並べて述べる

一①は、次の例のように、言外のある事柄と並べて述べられることがある。

例 家に預けたりつる人の心も荒れたるなりけり〈土佐〉

訳 (留守中)家に預けておいた人(=家を預かってもらっていた人)の心も(この家と同様に)荒れているのであるなあ。

2 不安・危惧の「も」

「もこそ」「もぞ」の形は、「…するといけない」「…したら大変だ」という不安・危惧の意を表す。→もこそ・もぞ

だろうになあ。→もが・もがも
なりたち 終助詞「もが」+間投助詞「よ」

もがり【虎落】 名 ❶枝を落とした竹を筋交(かすじ)いに組み合わせ、縄で結び付けた柵。家の囲いやとりでに用いた。竹矢来(たけやらい)。❷枝の付いた竹を立てて並べた物干し。染め物屋などが用いた。

(もがり②)

もが・る【強請る・虎落る】 他ラ四(ら・り・る・る・れ・れ)《近世語》言いがかりをつけて、金品をむりにねだる。ゆする。

も-ぎ【裳着】 名 女子が成人のしるしに初めて裳を着る儀式。十二、三、四歳のころ、結婚前に「髪上げ」の儀式と同時に行った。男子の「元服」にあたる。⬇人立つ「慣用表現」

黙阿弥(もくあみ) 《人名》→河竹黙阿弥(かはたけもくあみ)

もく-だい【目代】 名 平安・鎌倉時代、国司が私的に任命し、任国での政務を代行させた代官。室町時代

❻**強意**
…も。
下に打消の語を伴う。
例 暑きほどはいとど起きも**あがり**給はず〈源氏・若紫〉
訳 (藤壺は)暑いうちはますます起き上がりもなさらない。

❼**全体**
(不定の意を表す語に付いて)その全体をさす。
…もみな。
例 いづれも木はものふり、大きなるよし〈徒然・一三九〉
訳 どれもみな木はどことなく古びて、大きいのがよい。

❽**感動・詠嘆**
…もまあ。
間投助詞のように使う。
例 うれしくものたまふものかな〈竹取・貴公子たちの求婚〉
訳 うれしいことにもまあおっしゃるものだなあ。

二 終助詞
感動・詠嘆
…よ。…なあ。
例 春の野に霞たなびきうら悲しこの夕かげにうぐひす鳴くも〈万葉・一九・四二九〇〉
訳 春の野に霞がたなびいていて、(私の)心はもの悲しい。この夕暮れの光の中で、うぐいすが鳴いているよ。

三 接続助詞
❶**逆接の確定条件**
…のに。
例 内裏へ参らむとおぼしつるも出で立たれず〈源氏・橋姫〉
訳 (薫は)宮中へ参上しようとお思いになったのに、出かけられない。

❷**逆接の仮定条件**
…ても。…としても。
例 来むといふも来ぬ時あるを来じといふを来むとは待たじ来じといふものを〈万葉・四・五二七〉
訳 来ようと言っても来ないときがあるのに、来ないつもりだと言うのを来るだろうと待つことはしまい。来ないつもりだと言うのに。

接続
一 名詞、助詞、用言や助動詞の連体形と連用形など、種々の語に付く。
二 文末、文節末の種々の語に付く。
三 動詞と動詞型活用助動詞の連体形に付く。

以降は広く代官の称。

も-くづ【藻屑】名 海や川の中にある藻などのくず。また、そのようにはかなくつまらないもの。

も-く-ろく【目録】名 ❶書物や文書中の題目だけを集めて書いたもの。❷進物の品物の名や金銀の額などを記した文書。

も-こそ

❶悪い事態を予測し、あやぶんだり、心配したりする意を表す。…**するといけない**。…**したら大変だ**。〈源氏・若紫〉「いづかたへかまかりぬる、…烏などもこそ見つくれ」訳 (雀の子は)どこへ行ってしまったのか、…烏などが見つけたら大変だ。〈金葉・恋下〉「音に聞く高師の浜のあだ浪はかけじや袖の濡れもこそすれ」訳 ➡付録①「小倉百人一首」72

定型表現 係り結び
もこそ…已然形
〈懸念〉 (已然形)
例 風もこそ 吹け。
(=風が吹くかもしれない。そうなると困る)

❷「も」の意味を「こそ」で強めた言い方。…だって。〈土佐〉「眼もこそ二つあれ、ただ一つある鏡をたいまつる」訳 (たいせつな)眼でさえも二つあるのに、たった一つある鏡を奉納する。

なりたち 係助詞「も」+係助詞「こそ」

参考 中古以降の用法。「末の代に清くさかふることもこそあれ(=栄えることもある)」〈平家・六・祇園女御〉のように、よい事態を期待する意の用例もあるが、数は少ない。➡もぞ

文法 「もこそ」を受ける文末の活用語は、係り結びの法則によって已然形で結ぶ。

も-さく【模索】名・他サ変 手さぐりで探すこと。〈細道・象潟〉「闇中に模索して、雨もまた奇なりとせば」訳 暗がりに手さぐりでものを探す(すように雨中の見えない風景を推測)して、雨(の景色)もまた一風変

わっておもしろいとするならば。

もし【若し】副 ❶(仮定表現に用いて)かりに。もしも。〈平家・九・木曽最期〉「もし人手にかからば自害をせんずれば」訳 もし人手にかかったなら、自害をするつもりなので。 ❷(疑問または推量表現に用いて)もしかしたら。あるいは。もしや。〈大和・一六八〉「もし少将大徳(=遍昭)にやあらむと思ひにけり」訳 もしかしたら少将大徳であろうかと(小野小町は)思ったのだった。

‐もじ【文字】接尾(語の下部を省略した形に添えて)その語を婉曲・上品にいうときに用いる。女房詞から始まった。〈浄・菅原伝授手習鑑〉「イヤおはもじながら」訳 いやお恥ずかしいけれど。「そもじ(=そなた)」「髪もじ(=髪、添え髪)」

も‐じ【文字】名〔「もんじ」の撥音「ん」の表記されない形〕❶字。❷ことば。〈枕・一九五〉「ただ文字一つにあやしう、あてにもいやしうもなるは」訳 たったことば一つで不思議と、上品にも下品にもなるのは。❸音節を表す仮名。また、音節の数。〈古今・仮名序〉「うたの文字もさだまらず」訳 歌の文字の数も定まらず。❹学問。文章。

もしお〔藻塩〕➡もしほ

もし‐は【若しは】接 もしくは。あるいは。または。〈蜻蛉・上〉「案内するたより、もしはなま女などして、いはすることこそあれ」訳 取り次ぎをする縁故者、または身分の低い女房などを介して、(意のあるところを)言わせることが(例で)あるのに。

参考 漢文訓読体では「若しくは」が用いられた。

も‐しほ【藻塩】名 ❶海藻から採る塩。海水をかけて塩分を多く含ませた海藻を焼いて水に溶かし、その上澄みを釜で煮つめてつくる。〈万葉・六・九三五〉「朝なぎに玉藻刈りつつ夕なぎに藻塩焼きつつ」訳 朝なぎのときにはそれぞれ玉藻を刈り、夕なぎのときにはそれぞれ藻塩を焼いて。 ❷「藻塩①」を製するために海藻にかける海水。

フレーズ
藻塩垂る 藻塩を採取するために、海水を海藻にかける。和歌では、多く「しほたる(=泣く)」とかけて「悲しみの涙を流す」意に用いられる。〈古今・雑下〉「わくらばに問ふ人あらば須磨の浦にもしほたれ用つつわぶとこたへよ」訳 たまたま(私のことを)聞く人がいたら、須磨の浦で藻に海水をかけ(=悲しみの涙を流し)てはわびしく暮らしていると答えてくれ。

もしほ‐ぐさ【藻塩草】名 藻塩を採るのに用いる海藻。かき集めるものであるから、和歌では多く「書く」「書き集む」にかけて用いられる。また、書き集めたもの(=手紙や随筆など)を比喩的に表す。〈源氏・幻〉「かきつめて見るもかひなしもしほぐさ同じ雲井の煙となれ」訳 かき集めてみたところで(今では)なんの甲斐もない。この手紙よ、(亡き人=紫の上と)同じ大空の煙とまあなれ。(「かひ」「煙」は「もしほぐさ」の縁語)

もしほ‐た・る【藻塩垂る】➡藻塩「フレーズ」

もしほ‐び【藻塩火】名 藻塩を焼く火。製塩のために塩釜にたく火。

もし‐や【若しや】副「もし②」に同じ。

も‐すそ【裳裾】名 裳のすそ。また、衣のすそ。

も‐ぞ

❶悪い事態を予測し、あやぶんだり、心配したりする意を表す。…するといけない。…したら大変だ。〈徒然・一〇四〉「雨もぞ降る、御車は門の下に、御供の人はそこそこに」訳 雨が降るといけない(から)、お車は門の下に(引き入れて)、お供の人はどこそこに(休んでください)。

定型表現 係り結び
もぞ…連体形
〈懸念〉(連体形)
例 雨もぞ 降る。
(=雨が降るかもしれない。そうなると困る)

❷「も」の意味を「ぞ」で強めた言い方。…も。〈万葉・一一・二五五〇〉「立ちて思ひ居てもぞ思ふ紅の赤裳裾引き去にし姿を」訳 立って思い、座っても思う。紅の赤い裳の裾を引いて去って行った(あなたの)姿を。

なりたち 係助詞「も」+係助詞「ぞ」

参考 ①は中古以降の用法。「忘れぬ人のかりにもぞ訪ふ(=私のことを忘れない人が仮にも訪ねてくるかもしれない)」〈正治二年百首〉のように、よい事態を予測する意の用例もあるが、数は少ない。➡もこそ・ぞ(四七〇ページ)

文法 「もぞ」を受ける文末の活用語は、係り結びの法則によって連体形で結ぶ。

もだ【黙】名 何もしないでいること。沈黙。〈万葉・四・五四三〉「あそそにはかつは知れどもしかすがにもだもえあらねば」訳 うすうすは一方では知っているが、だからといってじっとしていることもできないので。

もた・ぐ【擡ぐ】他ガ下二{げ・げ・ぐ・ぐる・ぐれ・げよ}〔「持ち上ぐ」の転〕持ち上げる。〈枕・二八〉「老いばみたる者こそ、火桶のはたに足をさへもたげ用て」訳 年寄りめいた人にかぎって、火鉢のふちに足までも持ち上げて。

もだ・す【黙す】自サ変{せ・し・す・する・すれ・せよ}❶黙る。口をつぐむ。〈万葉・一六・三七九五〉「辱を忍び辱をもだし用て」訳 恥を忍び恥を(知りつつ)黙って。 ❷そのまま捨てておく。黙って見過ごす。〈徒然・一一二〉「世俗のもだしがたきに随ひて」訳 俗事を黙って見過ごすことのできないのにまかせて。

もだ・ゆ【悶ゆ】自ヤ下二{え・え・ゆ・ゆる・ゆれ・えよ}思い悩んで苦しむ。もがき苦しむ。〈平家・三・足摺〉「人目もしらず泣きもだえ用けり」訳 人目もはばからず泣きもだえ苦しんだ。

もた・り【持たり】他ラ変{ら・り・り・る・れ・れ}〔「持てあり」の転。一説に、「持ちたり」の転とも〕持っている。〈竹取・貴公子たちの求婚〉「燕のもたる体子安の貝ひとつ取りて給へ」訳 燕の持っている子安貝(=安産のお守り)を一つ取ってお与えください。

もち【望】名 ❶「望月」の略。❷陰暦で、十五日の称。望の日。

もち-がゆ【望粥】名 陰暦正月十五日の望の日に、年中の邪気を払うために食べるかゆ。米・粟・黍・小豆など七種の穀類を煮たもの。春

もち-づき【望月】名 陰暦で、十五日の夜の月。**満月。望。**〈竹取・かぐや姫の昇天〉「望月の明かさを十あはせたるばかりにて」訳 満月の明るさを十も合わせたほど(の明るさ)で。⬇月「古文常識」

もち-て【以て】(「…をもちて」の形で)…をもって。…によって。…で。〈竹取・蓬萊の玉の枝〉「何をもちてとかく申すべき」訳 どういう理由であれこれ申し上げられよう。〈徒然・三八〉「迷ひの心をもちて名利の要を求むるに、かくのごとし」訳 迷いの心でもって名誉や利益の欲望を追求すると、このようになる。

なりたち 四段動詞「持つ」用＋接続助詞「て」

参考 動詞本来の意味はしだいに薄れ、「…をもちて」の形で一語の格助詞のように用いられた。「銀の金鋺をもちて水を汲みありく」〈竹取・蓬萊の玉の枝〉の例などは、「…を持って」の意にも「…で」の意にも解せる。

もちひ【餅】名(「餅飯」の転)もち。

もぢ・る【捩る】他ラ四{ら・り・る・る・れ・れ}ねじる。よじる。〈宇治・一・三〉「すぢりもぢり用、…一庭を走りまはり舞ふ」訳 (翁は)身をくねらせよじり、…(宴会の)場一面を走り回り舞う。

もち・ゐる【用ゐる】他ワ上一{ゐ・ゐ・ゐる・ゐる・ゐれ・ゐよ}

❶使う。役立てる。〈徒然・二一七〉「銭あれども用ゐ未ざらんは、全く貧者とおなじ」訳 金銭があっても使用しないでいるとすればそれは、まったく貧乏人と同じである。

❷登用する。任につかせる。〈源氏・蓬生〉「世に用ゐ未らるまじき老人さへ」訳 世間で使われそうもない老女房までもが。

❸(意見などを)採り入れる。信頼する。尊重する。〈平家・一〇・横笛〉「親しき者どもみな用ゐ用て、高野の聖とぞ申しける」訳 親しい人たちも皆(滝口入道を)信頼して、高野の聖(＝聖僧)とお呼び申し上げた。

参考 (1)「もちゐる」は「持ち率る」で、持って身につける意が本義。したがって「率る」と同じくワ行上一段活用が本来の用法であるが、後世八行上二段「もちふ」、ヤ行上二段「もちゆ」と誤用される例も生まれた。

(2) ワ行上一段活用の動詞には、「居る」「率る」「用ゐる」「率ゐる」がある。

も・つ【持つ】他タ四{た・ち・つ・つ・て・て}

❶手に取る。所持する。**所有する。**〈徒然・一八〉「財を持た未ず、世をむさぼらざらんぞ、いみじかるべき」訳 財産を所有しないで、世俗(の名誉や利益)を欲ばらないような生き方が、りっぱであろう。

❷(連用形の形で)**用いる。使う。**〈万葉・八・一六三八〉「あをによし奈良の山なる黒木もち用造れる室は座せど飽かぬかも」訳 奈良の山にある皮のついたままの木を使って造ってある室は、(いつまで)いらっしゃっても飽きないことだ。(「あをによし」は「奈良」にかかる枕詞)

❸**心にいだく。心に思う。**〈万葉・一五・三七二三〉「あしひきの山路越えむとする君を心に持ち用て安けくもなし」訳 山路を越えようとするあなたを、胸の奥にいだいて(私は)心安らかなこと(が少し)もない。(「あしひきの」は「山」にかかる枕詞)

❹保つ。維持する。〈万葉・五・八九四〉「勅旨いただき持ち用て唐の遠き境につかはされ」訳 天皇の勅旨を捧げ保って、唐という遠い異境に(使者として)派遣され。

もっ-け【物怪・勿怪】名・形動ナリ(「もののけ」の転)

❶けしからぬこと。不吉なこと。異変。〈今昔・一四・四五〉「様々の物怪ありければ、占はするに」訳 さまざまな異変があったので、(占い師に)占わせたところ。

❷予期しないこと。意外なこと。〈浄・女殺油地獄〉「たった今飛脚の状に、もっけな体(口語)ことが言うて来ました」訳 たった今飛脚が届けた手紙に、思いもよらぬことを言って来ました。

もっ-て【以て】(「もちて」の促音便)❶(接続詞のように用いて)それゆえに。そのために。〈平家・二・卒都婆流〉「千手の二十八部衆のその一つなれば、もって御納受こそ頼もしけれ」訳 (竜神は)千手観音の二十八部衆の、その一つであるから、それゆえに(願いを)お聞き入れくださるのは頼もしいことだ。

❷(「…をもって」の形で、格助詞のように用いて)…をもって。…によって。〈平家・三・御産〉「天をもって父とし、地をもって母と定め給へ」訳 天をもって父とし、地をもって母とお定めください。

フレーズ

以ての外 思いもよらないこと。とんでもないこと。

もって-の-ほか【以ての外】⬇以て「フレーズ」

もっとも【尤も・最も】「もとも」とも。

一 副 ❶いかにも。なるほど。本当に。〈徒然・四二〉「誠にさにこそ候ひけれ。もっとも愚かに候ふ」訳 本当にそうでしたよ。いかにも愚かでございます。

❷第一に。とりわけ。非常に。〈平家・二・教訓状〉「まづ世に四恩候ふ。…その中にもっとも重きは朝恩なり」訳 まず世に四つの恩があります。…その中でもとりわけ重いのは朝廷のご恩である。

❸(下に打消の語を伴って)少しも。全然。〈竹取・燕の子安貝〉「をかしきことにもあるかな。もっともえ知らざりつる」訳 おもしろいことでもあるなあ。少しも知ることができなかったことよ。

二 形動ナリ{なら・なり(に)・なり・なる・なれ・なれ}そのとおりだ。当然だ。〈古活字本保元物語〉「今夜の発向(＝出兵)もっともなり終」

もて- 接頭(動詞に付いて)意味を強め、また語調を整える。「もて扱ふ」「もてかしづく」「もて興ず」「もて騒ぐ」

も-て【以て】(「もちて」の転)❶(体言および活用語の連体形、またはそれに格助詞「を」の付いたものに接続して)格助詞のようなはたらきをする。㋐手段・材料となるものを示す。…によって。…で。〈万葉・一五・三七三三〉「吾妹子が形見の衣なかりせば何物もてか命継がまし」訳 もしあなたの形見の衣がなかったなら、何によって命を保ち続けたものだろうか。

㋑動作のきっかけを示す。…から。…がもとで。〈源氏・行幸〉「心もて宮づかひ思ひたらむこそ、いとさし過ぎたる心ならめ」訳自分の心から(=自発的に)宮仕えを考えているとしたら、それは、まったく出過ぎた心であろう。㋒特にある一つのことを強調して示す。…(を)もって。〈徒然・二〉「おほやけの奉り物は、おろそかなるをもてよしとす」訳天皇のお召し物は、粗末なものをもってよいとする。

❷(活用語の連用形に付いて)接続助詞のようなはたらきをする。その動作が継続して行われることを示す。…し続けて。〈源氏・須磨〉「言ひもて行けば、ただ身づからの怠りになむ侍る」訳(この不運は)だんだん話していくと(=煎じつめると)、ただ私自身のいたらなさゆえでございます。

も-て【持て】[「持ちて」の促音便「もって」の促音「っ」の表記されない形](手に)持って。〈枕・二五〉「『御物忌みとて取り入れず』と言ひて持て帰りたる、いとわびしくすさまじ」訳「御物忌みだということで受け取らない」と言って(持たせてやった手紙を)持って帰ったのは、ほんとうに情けなく興ざめである。

もて-あそび【弄び・玩び・翫び】名 心を慰めるもの。遊び相手。〈源氏・幻〉「この宮ばかりをぞもてあそびに見奉り給ふ」訳(光源氏は)この宮(=匂宮)だけを遊び相手に見申しあげなさる。

もて-あそ・ぶ【弄ぶ・玩ぶ・翫ぶ】他バ四{ば・び・ぶ・ぶ・べ・べ}[「持て遊ぶ」の意]❶興じ楽しむ。慰みとする。(慰みとして)かわいがる。〈徒然・一三七〉「世を背ける草の庵には、閑かに水石をもてあそびて」訳俗世間を隠遁した草庵(の生活)では、閑居して水や石(=自然の風光)を慰みとして。❷大事に扱う。〈今昔・三一・二〉「その宗の法文を学び、もてあそびし間に」訳その宗(=法相宗)の経論を学び、たいせつに扱っていたときに。

もてあつかひ-ぐさ【もて扱ひ種】名 取り扱う事柄。うわさの種。話題。〈徒然・七七〉「世の中に、その比人のもてあつかひぐさに言ひ合へること」訳世の中で、そのころ人々がうわさの種として言い合っていることを。

もて-あつか・ふ【もて扱ふ】他ハ四{は・ひ・ふ・ふ・へ・へ}[「もて」は接頭語]❶たいせつに取り扱う。世話をする。〈枕・一五五〉「ことなることなき人の、子などあまたもてあつかひたる」訳これということもない人が、子供などをたくさん(もって)世話を焼いているの(はうっとうしい)。❷扱いに困る。もて余す。〈保元物語〉「思ふさまにふるまひければ、…もてあつかひて」訳(為朝は配流の地でも)好き勝手にふるまったので、…(管理の役人は)もて余して。

もて-あり・く【持て歩く】他カ四{か・き・く・く・け・け}持って歩き回る。〈枕・三〉「申し文もてありく」訳(除目が近づくと)申し文(=叙位・任官などを申請する文書)を持って(あちこち)歩き回る。

もて-い・く【もて行く】自カ四{か・き・く・く・け・け}「もてゆく」に同じ。〈枕・一〉「昼になりて、ぬるくゆるびもていけば」訳昼になって、(寒気が)だんだん暖かくゆるんでいくと。

もて-い・づ【持て出づ】他ダ下二{で・で・づ・づる・づれ・でよ}❶持って出る。持ち出す。〈徒然・二一五〉「銚子に土器とりそへて、持て出でて」訳銚子(=酒をつぐための器)に素焼きの杯をとりそえて、持って出て。❷人目につくよう外部に表す。表面に出す。〈源氏・藤袴〉「もて出でず、しのびやかに御消息なども聞こえ交はし給ひければ」訳(姉弟であることを)表立って公にせず、人目につかないようにお便りなども差し上げ合っていらっしゃったので。

もて-かく・す【もて隠す】他サ四{さ・し・す・す・せ・せ}[「もて」は接頭語]人にわからないようにそっと隠す。隠す。〈源氏・東屋〉「顔を外ざまにもて隠して」訳(匂宮は)顔をほかのほうに(向けて)隠して。

もて-かしづ・く【もて傅く】他カ四{か・き・く・く・け・け}[「もて」は接頭語]たいせつに世話をする。たいせつに育てる。〈源氏・帚木〉「人の品高く生まれぬれば、人にもてかしづかれて」訳人(=女性)が身分高く生まれてしまうと、(周囲の)人にたいせつに世話をされて。

もて-きょう・ず【もて興ず】自サ変{ぜ・じ・ず・ずる・ずれ・ぜよ}[「もて」は接頭語]おもしろがる。興味をいだく。〈徒然・一三七〉「片田舎の人こそ、色こく万はもて興ずれ」訳片田舎の人にかぎって、しつこく万事に興味を持つものだ。

もて-く【持て来】他カ変{こ・き・く・くる・くれ・こ(こよ)}持って来る。〈土佐〉「酒・よき物ども持て来て、船に入れたり」訳酒やうまいものをいろいろ持って来て、船に差し入れた。

もて-くだ・る【持て下る】自ラ四{ら・り・る・る・れ・れ}物を持って都から地方へ行く。〈大鏡・時平〉「御衣賜り給へりしを、筑紫に持て下らしめ給へりければ」訳(道真は)ほうびとして天皇からお召し物をいただきなさったのを、筑紫(福岡県)に持ってお下りになられていたので。

もて-さわ・ぐ【もて騒ぐ】自ガ四{が・ぎ・ぐ・ぐ・げ・げ}[「もて」は接頭語]大騒ぎする。もてはやす。〈源氏・松風〉「うつくしげなりと世人もてさわぐは」訳(夕霧を)かわいらしいようすだと、世間の人がもてはやすのは。

もて-しづ・む【もて鎮む】他マ下二{め・め・む・むる・むれ・めよ}[「もて」は接頭語]落ち着かせる。目立たないようにする。〈源氏・匂兵部卿〉「並びなき御光をまばゆからずもてしづめ給ひ」訳比べるもののないご威光をきわ立たないように控えめになさり。

もて-つ・く【もて付く】他カ下二{け・け・く・くる・くれ・けよ}[「もて」は接頭語]❶身に備える。身につける。〈源氏・帚木〉「うはべの情けはおのづからもてつけつべきわざをや」訳表面的な情趣はきっと自然に身につけることができるものであるよ。❷とりつくろう。〈堤・虫めづる姫君〉「ひとざま、けはひもてつけぬるは、口惜しうやはある」訳人柄や雰囲気をとりつくろったのは、(女として)期待はずれだろうか(いや、期待はずれではない)。

もて-なし【もて成し】名❶ふるまい。態度。〈源氏・夕顔〉「わがもてなしありさまは、いとあてはかに子めかしくて」訳その人自身(=夕顔)のふるまいやようすは、とても上品でおっとりとしていて。❷とりはからい。待遇。〈源氏・

葵〉「少納言が**もてなし**心もとなきところなう」訳 少納言の**はからい**はゆき届かないところがなく。〈源氏・桐壺〉「世の例にもなりぬべき御**もてなし**なり」訳 世間の話の種にもきっとなってしまいそうな(桐壺帝の桐壺の更衣に対する)御**待遇**である。

❸ごちそう。饗応。

もて-な・す【もて成す】他サ四 ⬇左 286

最重要330

286

もて-な・す【もて成す】他サ四 {さ・し・す・す・せ・せ}［「もて」は接頭語］

ガイド 現代語では中世以降の⑤の意で用いるが、古くは**ある対象に積極的にはたらきかけ、あることをなす**の意として広く用いられる。対象が事である場合が①、自分自身である場合が②、他人である場合が③、物または事である場合が④の意になる。

❶ **処置する。とり行う。**

例 何事の儀式をも**もてなし**(用)給ひけれど〈源氏・桐壺〉

訳 (母北の方は)どのような宮中のしきたりをも**処置し**なさったけれども。

❷ **ふるまう。**

例 涙もつつみあへず出づれど、つれなく**もてなし**(用)て〈落窪〉

訳 涙も隠しきれず流れ出るけれども、さりげなく**ふるまっ**て。

❸ **世話をする。待遇する。**

例 あながちに御前去らず**もてなさ**(未)せ給ひし程に〈源氏・桐壺〉

訳 (桐壺帝は桐壺の更衣を)むりやりに御前から離さないようにお**世話をし**なされた間に。

❹ **もてはやす。愛玩する。**

例 梨の花、よにすさまじきものにして、近う**もてなさ**(未)ず〈枕・三七〉

訳 梨の花は、まったく興ざめなものとして、身近に**愛玩せ**ず。

❺ **ごちそうする。饗応する。**

例 日比とどめて、長途のいたはり、さまざまに**もてなし**(用)侍る〈細道・尾花沢〉

訳 いく日も引きとめて、長い旅の苦労のねぎらいとして、いろいろと(私たちのために)**ごちそうし**ます。

もてなやみ-ぐさ【もて悩み種】名 取り扱いに困るもの。悩みの種。〈源氏・桐壺〉「やうやう、天の下にも、あぢきなう人の**もて悩みぐさ**になりて」訳 だんだん世間でも、苦々しく人々の**悩みの種**になって。

もて-なや・む【もて悩む】他マ四 {ま・み・む・む・め・め}［「もて」は接頭語］処置に困る。もて余す。〈源氏・葵〉「やむごとなき験者ども、珍かなりと**もて悩む**(終)」訳 尊い修験者たちも、(この物の怪の執念深さは)めったにないことであると、**処置に困ってもて余す**。

もて-なら・す【持て馴らす】他サ四 {さ・し・す・す・せ・せ} 使いならす。〈源氏・夕顔〉「**もて馴らし**(用)たる移り香いとしみ深うなつかしくて」訳 (女が)**使いならし**ている(その)移り香が(扇に)たいそう深くしみ込み心ひかれて。

もて-はな・る【もて離る】■一 自ラ下二 {れ・れ・る・るる・るれ・れよ}［「もて」は接頭語］❶遠く離れる。かけ離れる。〈枕・能因本・一〇三〉「はづしたる矢の、**もて離れ**(用)て、異方へ行きたる」訳 はずした矢が、(的から)**かけ離れ**て、別のほうへ行ったの(はあきれる)。❷隔たりを置く。とりあわない。〈源氏・末摘花〉「なびき聞こえず**もて離れ**(用)たるはをさをさあるまじきぞ」訳 (光源氏に手紙をもらって)心をお寄せ申しあげず、**とりあわない**でいる女はめったにいそうもない(という)のは。

■二 他ラ下二 {れ・れ・る・るる・るれ・れよ} 遠ざける。かかわりを断ち切る。〈源氏・若菜上〉「愛敬なく、人を**もて離るる**(体)心あるは、いとうち解けがたく」訳 かわいげがなく、他人を**遠ざける**心のある人は、たいそうなれ親しみにくく。

もて-はや・す【もて映やす・もて囃す】他サ四 {さ・し・す・す・せ・せ}［「もて」は接頭語］❶**とりたててほめそやす。**〈源氏・幻〉「わが宿は花**もてはやす**(体)人もなし何にか春のたづね来つらむ」訳 (紫の上が死んでしまって)私(=光源氏)の家には花を**賞美する**人もいない。(それなのに)どうして春が訪れて来たのだろうか。❷**引きたたせる。美しく見せる。**〈紫式部日記〉「おほかたの空も艶なるに**もてはやさ**(未)れて、不断の御読経の声々、あはれまさりけり」訳 一帯の空も美しく風情があるのに**引きたて**られて、不断の御読経(=一定期間、昼夜絶え間なく経を読むこと)を唱える声々は、しみじみとした情趣もつのるのであった。❸**歓待する。たいせつに扱う。**喜び迎える。〈大鏡・道長上〉「饗応し、**もてはやし**(用)聞こえさせ給ひつる興もさめて、ことにがうなりぬ」訳 (関白道隆は弟道長の)機嫌をとり、**歓待し**申しあげなさっていた興もうすらいで、気まずくなってしまった。

もて-まゐ・る【持て参る】他ラ四 〔ら・り・る・る・れ・れ〕持って参上する。持参する。〈徒然・二三八〉「『九の巻のそこそこの程に侍る』と申したりしかば、『あなうれし』とて、持て参らせ給ひき」訳「（お探しの文句は『論語』の）九巻のどこそこのあたりにございますよ」と申したところ、（大納言殿は）「ああ、うれしい」と言って、（それを）持って（東宮のところに）参上しなさられた。

もて-ゆ・く【もて行く】自カ四 〔か・き・く・く・け・け〕〔「もて」は接頭語〕「もていく」とも。（動詞の連用形に付いて）しだいに…してゆく。だんだん…してゆく。〈和泉式部日記〉「四月十余日にもなりぬれば、木のした暗がりもて行く」訳 陰暦四月十日過ぎにもなったので、（葉が茂って）木の下がしだいに暗くなってゆく。

もて-よ・る【持て寄る】自ラ四 〔ら・り・る・る・れ・れ〕持って近づく。〈竹取・かぐや姫の昇天〉「『壺なる御薬奉れ。…』と、持て寄りたれば」訳「壺の中にあるお薬をお飲みなさい。…」と言って、持って近づいたので。

もて-わた・る【持て渡る】自ラ四 〔ら・り・る・る・れ・れ〕持って行く。持って来る。〈枕・一〉「火など急ぎおこして、炭持て渡るも、いとつきづきし」訳 火などを大急ぎでおこして、炭火を（御殿から御殿へ）持って行くのも、（冬の早朝に）まことにふさわしい。

もて-わづら・ふ【もて煩ふ】自ハ四 〔は・ひ・ふ・ふ・へ・へ〕〔「もて」は接頭語〕処置に困る。もて余す。〈竹取・御門の求婚〉「この女の童は、たえて宮仕へつかうまつるべくもあらず侍るを、もてわづらひ侍り」訳 この女の子は、まったく宮仕えいたしそうにもありませんので、もて余しております。

-もと【本】接尾 ❶草木を数えるのに用いる。…本。〈古今・秋下〉「ひともとと思ひし花を」訳 一本（だけ）と思っていた（菊の）花を。
❷鷹狩り用の鷹を数えるのに用いる。…羽。

もと【本・元・原・旧・故・許】
一 名 ❶根本。よりどころ。主とするところ。〈源氏・少女〉「才を本としてこそ、大和魂の世に用ゐらるる方も強う侍らめ」訳 漢学を根本にしてはじめて、政治・実務の才能が世間に受け入れられることも確実になるでしょう。
❷物事の起こるところ。原因。はじまり。〈徒然・一八七〉「大方のふるまひ・心づかひも、愚かにしてつつしめるは得の本なり」訳 一般の行為や心の用い方も、愚かで（はあるが）注意深くするのは成功の第一歩である。
❸根もと。〈竹取・かぐや姫の生ひ立ち〉「その竹の中に、もと光る竹なむ一筋ありける」訳 その竹の中に、根もとの光る竹が一本あった。
❹あたり。そば。〈伊勢・二三〉「田舎わたらひしける人の子ども、井のもとに出でてあそびけるを」訳 田舎回りをしていた人の子供たちが、井戸のそばに出て遊んでいたが。
❺ところ。住居。〈枕・九三〉「まろがもとに、いとをかしげなる笙の笛こそあれ」訳 私のところに、たいそう趣深い感じの笙の笛がある。
❻（「末」に対して）和歌の上の句。〈枕・二三〉「歌どもの本を仰せられて、『これが末いかに』と問はせ給ふに」訳（中宮定子が）いろいろな歌の上の句をおっしゃって、「これの下の句はどのようであるか」とお尋ねになられるときに。
❼以前。昔。〈伊勢・四〉「月やあらぬ春や昔の春ならぬわが身ひとつはもとの身にして」訳 →つきやあらぬ…（和歌）
二 副 以前に。さきに。〈古今・哀傷・詞書〉「もとありし前栽もいとしげく荒れたりけるを見て」訳 以前にあった庭木もたいそう生い茂り荒れてしまったのを見て。

もと-あら【本荒・本疎】名 根もとのほうの枝や葉がまばらなこと。一説に、木のまばらに生えていること。

もどか・し 形シク 〔しから・しく(しかり)・し・しき(しかる)・しけれ・しかれ〕〔動詞「もどく」に対応する形容詞〕❶非難すべきさまである。気にくわない。〈枕・二三七〉「わびしげなる車に装束わるくて物見る人、いともどかし」訳 みすぼらしい感じの牛車に服装が粗末なようすで（祭りなどを）見物する人は、まったく気にくわない。
❷思うようにならず、心がいらだつ。はがゆい。〈枕・二七〇〉「さばかりもどかしく言はまほしきものやはある」訳 それ（＝他人の噂）ほどじれったく（なるぐらい）しゃべりたいものがあるか（いや、ほかにはない）。

もど・く【抵牾く・牴牾く】他カ四 ⬇次ページ 287

もと-すゑ【本末】名 ❶草木の根もとと枝葉。
❷根もとと先端。上と下。先とあと。
❸和歌の上の句と下の句。〈枕・二七六〉「はづかしき人の、歌の本末問ひたるに、ふとおぼえたる、我ながらうれし」訳 こちらが気恥ずかしくなるほどりっぱな人が、和歌の上の句や下の句を尋ねたときに、（それを）とっさに思い出したのは、われながらうれしい。
❹神楽歌で、先に歌う本方の歌と、あとに歌う末方の歌。

もと-つ-くに【本つ国】名 〔「つ」は「の」の意の上代の格助詞〕郷里。また、本国。

もと-どり【髻】名 〔「本取り」の意〕髪を頭の上に集めて束ねた所。また、束ねた髪。たぶさ。元結い。

もとな 副 ❶根拠なく。理由なく。〈万葉・二・二三〇〉「何しかももとな言ふ」訳 何だって理由なく尋ねるのか。
❷しきりに。やたらに。〈万葉・一二・二九〇〇〉「吾妹子が笑まひ眉引き面影にかかりてもとな思ほゆるかも」訳 いとしい人の笑顔や眉が面影にちらついてしきりに恋しく思われることだ。

もと-へ【本辺・本方】名 ❶もとのほう。下のほう。〈紀・継体〉「本辺をば琴に作り末方をば笛に作り」訳（竹の）根もと（の太いところ）を琴に作り、末のほう（の細いところ）を笛に作って。
❷山のふもとのあたり。〈万葉・一三・三二二二〉「本辺には馬酔木花咲き末辺には椿花咲く」訳 ふもとのほうには馬酔木の花が咲き、山頂のほうには椿の花が咲く。《対 末辺》

もとほ・す【回す・徘徊す】他サ四 〔さ・し・す・す・せ・せ〕巡らす。回す。〈記・上〉「垣を作りもとほし、その垣に八門を作り」訳 垣を作って巡らし、その垣に八つの門を作り。

もとほ・る【回る・徘徊る】自ラ四 〔ら・り・る・る・れ・れ〕〔多く、動詞「立つ」「這ふ」「行く」などの連用形に付いて〕巡る。回る。徘徊する。〈万葉・四・五〇九〉「波の上をい行きさぐくみ岩の間をい行きもとほり」訳 波の上を縫うようにして進み行き、岩の間を行き巡り。

もとほろ・ふ【回ろふ・徘徊ろふ】自ハ四｛は・ひ・ふ・ふ・へ・へ｝〔四段動詞「回る」㊍＋上代の反復・継続の助動詞「ふ」＝「もとほらふ」の転〕「もとほる」に同じ。〈記・中〉「稲幹に匍ひもとほろふ㊍野老蔓」訳 稲の茎に、はい回っているところ芋のつるよ。

もと・む【求む】他マ下二｛め・め・む・むる・むれ・めよ｝❶手に入れようと探す。〈竹取・蓬莱の玉の枝〉「これやわが求むる㊍山ならむと思ひて」訳 これこそ私(＝くらもちの皇子)の探す山だろうと思って。
❷欲しいと願う。〈徒然・三八〉「しひて智を求め㊊、賢を願ふ人のために言はば」訳 ただただ智を得たいと願い、賢を念願する人のために言うならば。
❸買う。〈狂・末広がり〉「今から都へ上って、末広がり(＝扇)を求め㊊てこい」
❹招く。誘い出す。〈徒然・二九〉「薬を飲みて汗を求むる㊍には、験なきことあれども」訳 薬を飲んで汗を出す場合には、効き目のないことがあるが。

もとめ-いとな・む【求め営む】他マ四｛ま・み・む・む・め・め｝手に入れようと、いろいろ力を尽くす。〈徒然・一二三〉「この四つの外を求め営む㊍を、驕りとす」訳 この四つ(＝食物・衣服・住居・薬)以外のものを手に入れようと力を尽くすのを、ぜいたくだとする。

もとめ-か・ふ【求め飼ふ】他ハ四｛は・ひ・ふ・ふ・へ・へ｝手に入れて飼う。〈徒然・一二一〉「家ごとにあるものなれば、ことさらに求め飼は㊌ずともありなん」訳 (犬は)どの家にもいるものだから、わざわざ手に入れて飼わなくてもよいだろう。

もと-ゆひ【元結ひ】名「もとひ」とも。❶「もとどり」に同じ。
❷髪の髻を束ねて結ぶ糸や紐。古くは麻糸や組み糸を用い、後にはこよりを用いた。

もと-より【元より・固より】副❶以前から。昔から。〈伊勢・九〉「もとより友とする人ひとりふたりして行きけり」訳 (男は)以前から友とする人一人、二人とともに(東国へ)行った。
❷初めから。もともと。〈土佐〉「船君の病者、もとより こちごちしき人にて」訳 船の主である病人は、もともと風流心のない人なので。
❸もちろん。いうまでもなく。〈雨月・浅茅が宿〉「この里人はもとより、京の防人たち、国の隣の人までも」訳 この土地の人はもちろん、京から来た防人たちや隣国の人々までも。

最重要330 287

もど・く【抵牾く・牴牾く】他カ四｛か・き・く・く・け・け｝

ガイド ①は現代語でも「○○もどき」などと使う。②はまねをして批評するところからの意ともいわれるが、①②の関係は捉えにくい。「もどかし」は②の意の形容詞形。

❶まねる。似せる。
例 この七歳なる子、父をもどき㊊て、高麗人と文を作りかはしければ〈うつほ・俊蔭〉
訳 この七歳になる子供(＝俊蔭)は、父をまねて、高麗の人と漢詩を作って交換したので。

❷非難する。批判する。
例 おとなしく、もどき㊊ぬべくもあらぬ人の言ひ聞かするを、さもあらずと思ひながら聞きゐたる、いとわびし〈徒然・一六八〉
訳 年配で、批判することができそうもない人が言い聞かせるのを、(内心)そうでもないと思いながらじっと聞いているのは、まったくやりきれない。

本居宣長(もとをりのりなが)《人名》(一七三〇〜一八〇一)江戸中期の国学者。鈴屋と号した。伊勢(三重県)松坂の人。国学四大人の一人。初め医学を修業し、のち国学に志した。賀茂真淵に師事して古道研究に専念し、三十余年を費やして「古事記伝」を完成。また、「源氏物語玉の小櫛」に「もののあはれ」の文学論を展開するなど国学上多くの業績を残した。著書はほかに、随筆「玉勝間」、注釈書「古今和歌集遠鏡」「初山踏」、歌論書「石上私淑言」、家集「鈴屋集」など。

も-なか【最中】名❶まん中。中央。事物の中心。〈今昔・二五・三〉「良文、充が最中に箭を押し当てて射るに」訳 良文(＝人名)が充(＝人名)のまん中に矢をねらいさだめて射ると。
❷物事のたけなわなとき。まっ盛り。

もの-【物】接頭(感情・心情を表す形容詞や形容動詞などに付いて)なんとなくの意を表す。「ものあはれ」「ものうらめし」「もの恐ろし」「もの悲し」「ものさびし」

もの【物・者】名

❶物事。もの。対象を明示しないで漠然という。〈竹取・かぐや姫の昇天〉「もの知らぬことなのたまひそ」訳 物事の情を解さぬことを言いなさるな。
❷一般のもの。ふつうのもの。他のもの。〈竹取・かぐや姫の昇天〉「立てる人どもは、装束の清らなること、ものにも似ず」訳 (空中に)立っている人たちは、衣装が華麗であることは、他のものにも似ない(＝たとえようもない)。
❸飲食物・衣服・調度品・楽器など、前後の関係から言わなくてもわかる事物。〈源氏・桐壺〉「物なども聞こし召さず」訳 (桐壺帝は)食事なども召し上がらず。

〈大鏡・道兼〉「物の音ね、調子ふき出いづるほどに」訳 楽器の音が、調子を合わせはじめるときに。

❹ことば。言うべきこと。考えていること。〈土佐〉「今宵こよひ、『かかること』と、声高にものも言はせず」訳 今夜は、(従者たちに)「こんな(ひどい)こと」と、大声でことば(=文句)も言わせない。

❺人。動物。〈徒然・三〇〉「去るものは日々にうとしと言へることなれば」訳 死んだ者には日がたつにつれて関心がうすれると(世の諺ことわざにも)言っていることであるから。

❻ある場所。出かけていく所。〈更級・富士川〉「一年ひととせごろ、ものにまかりたりしに」訳 ある年のころ、ある所へ出かけましたところ。

❼超自然的な恐ろしいもの。物の怪け・怨霊おんりょう・鬼神など。〈源氏・夕顔〉「物におそはれたる人のなやましげなるを」訳 物の怪にとりつかれている人(=夕顔)が苦しそうなようすだから。〈宇治・一・三〉「この翁おきな、物のつきたりけるにや」訳 この老人は何かの霊が乗り移ったのであろうか。

参考 対象を個別的・具体的にとらえず、一般化して婉曲えんきょくに指示する場合に用いる語。人間をさす⑤の「者」も、この用法から出ている。

フレーズ

物ならず たいしたことではない。問題にならない。⬇言ふ甲斐かひ無し「慣用表現」

なりたち 「なら」は断定の助動詞「なり」㊍

物につ・く 神や怨霊おんりょうなどがとりつく。〈細道・出発まで〉「そぞろ神のものにつき㊊て心を狂はせ」訳 そぞろ神(=気持ちを落ち着かなくさせる神)がとりついて心を浮き立たせ。

物にもあら・ず 問題にもならない。取り立てて言うほどのこともない。〈源氏・桐壺〉「右の大臣おとどの御勢ひは、ものにもあらず㊊おされ給へり」訳 右大臣のご権勢は、問題にもならないまでに(左大臣方に)圧倒されていらっしゃる。⬇言ふ甲斐かひ無し「慣用表現」

なりたち 「に」は断定の助動詞「なり」㊊、「も」は係助詞

物の聞きこえ 世間のうわさ。世間の評判。

物の心ここ 物事の真の意味。道理。また、物事の情趣。〈更級・初瀬〉「物の心知りげもなきあやしの童わらはべまで」訳 物の道理をわかりそうにもない卑しい子供たちまでが。

物の音ね 楽器の音。音楽。

物も覚おぼえ・ず ❶どうしてよいかわからない。無我夢中である。正気を失っている。〈源氏・若紫〉「乳母めのとはうちも臥ふされず、ものもおぼえず㊊起きゐたり」訳 (少納言の)乳母は横にもなれず、どうしてよいかもわからず起きていた。

❷道理をわきまえない。分別がつかない。〈平家・四・信連〉「物もおぼえぬ㊍官人どもが申しやうかな」訳 道理をわきまえない役人どもの申しようだなあ。

もの ㊀接助 ㊁終助

意味・用法

㊀接続助詞 順接の確定条件(…のゆえに。…(だ)から。)

㊁終助詞 逆接的な詠嘆(…のになあ。…のだがなあ。)→❶

詠嘆(…(だ)からなあ。)→❷

接続

㊀活用語の連体形に付く。

㊁文末に付く。

㊀接助 順接の確定条件を表す。…のゆえに。…(だ)から。〈伎・五道冥官〉「大事の孫ぢゃもの、何しに悪う思ひませう」訳 大事な孫だから、どうして悪く思いましょう。

㊁終助 ❶《上代語》逆接的な詠嘆を表す。…のになあ。…のだがなあ。〈万葉・五・八七六〉「天あま飛ぶや鳥にもがもや都まで送り申まをして飛び帰るもの」訳 鳥であったらいいなあ。都まで(あなたを)送り申しあげて飛んで帰ってくるのになあ。(「天飛ぶや」は「鳥」にかかる枕詞)

❷《近世語》詠嘆を表す。…(だ)からなあ。〈浮・好色五人女〉「うれしや、命にかへての男ぢゃもの」訳 うれしいね、命をかけて思いこんだ男だからなあ。

もの-あはせ アワセ【物合はせ】名 物を比べ合わせて、優劣を競う遊び。絵合わせ・香合わせ・花合わせ・根合わせ・貝合わせ・扇合わせなど。

もの-あはれ アワレ【物哀れ】形動ナリ {なら・なり(に)・なり・なる・なれ・なれ}(「もの」は接頭語)なんとなく感慨深いさま。なんとなくしみじみとした趣のあるさま。〈徒然・三二〉「しめやかにうち薫かをりて、しのびたるけはひ、いとものあはれなり㊇」訳 (香の匂いが)しんみりと香って、人目を避けて(ひそやかに住んで)いるようすは、まことにしみじみとして趣深い。

もの-いひ イイ【物言ひ】名 ❶ものの言い方。ことばづかい。〈源氏・宿木〉「げに、あが君や、幼をさなの御もの言ひやな」訳 いかにも、あなた(=中の君)は、子供っぽい御言い様だね。

❷うわさ。とりざた。〈大和・一〇五〉「しのびてあり経て、人のもの言ひなどもうたてあり」訳 人目をしのんで日を送っていて、人のうわさなどもいとわしい(ほどである)。

❸口の達者な人。〈源氏・帚木〉「隈くまなきもの言ひも定めかねていたくうち嘆く」訳 (女性のことでは)なんでも知っている弁舌家(=左の馬頭うまのかみ)も、結論を出せずに深くため息をつく。

❹異議をはさむこと。また、言い合い。

もの-い・ふ イウ【物言ふ】自ハ四 {は・ひ・ふ・ふ・へ・へ} ❶口をきく。口に出して言う。〈徒然・二五〉「桃李たうり もの言は㊍ねば、誰たれとともにか昔を語らん」訳 桃や李すももの花は(昔のとおりに咲いているが)ものを言わないから、だれといっしょに昔のことを語ろうか(いや、昔を語る者はだれもいない)。

❷気のきいたことを言う。秀句・しゃれなどを言う。〈土佐〉「このことば、何とにはなけれども、もの言ふ㊍やうにぞ聞こえたる」訳 このことばは、たいしたことではないけれども、何か風流めいた秀句を言うように聞こえた。

❸男女が情を通わせる。〈伊勢・四五〉「いかでこの男にもの言は㊍むと思ひけり」訳 なんとかしてこの男に情を通じようと思った。

もの-いみ【物忌み】名
❶**神事に奉仕するに当たって、一定期間、飲食・行為などを慎み、心身を清めること。**〈紀・神武〉「みづから物忌みして諸もろの神たちを祭り給ふ」訳（神武天皇は）ご自身から身を清めた生活をして多くの神々をお祭りになる。
❷陰陽道で、天一神・太白神（＝戦争や凶事をつかさどる神）のふさがりを犯すのを避けるため、また暦に記された凶日や、悪い夢を見たり、けがれに触れたりしたときに、それらを避けるため、一定期間身を清めて家にこもること。〈枕・二五〉「『御物忌みとて取り入れず』と言ひて持て帰りたる、いとわびしくすさまじ」訳「御物忌みだということで受け取らない」と言って（持たせてやった手紙を）持って帰ったのは、ほんとうに情けなく興ざめである。
❸「物忌み②」のときのしるしに、「物忌」の二字を書いた柳の木の札や細い紙の札。男子の冠・烏帽子、女子の頭髪、簾などに下げた。〈大鏡・兼家〉「紅の袴に赤き色紙の物忌みいとひろきつけて」訳紅色の袴に赤い色紙の物忌みの札でたいそう幅の広いのを付けて。

ものう-げ【物憂げ】形動ナリ｛なら・なり(に)・なり・なる・なれ・なれ｝〔形容詞「物憂し」の語幹「ものう」＋接尾語「げ」〕なんとなく気が進まないようす。おっくうそうなさま。〈枕・二五〉「宵より寒がりわななきをりける下衆男、いとものうげに用歩みくるを」訳宵から寒がって震えておった下男が、とても憂鬱そうに歩いて来るのを（見て）。

もの-う・し【物憂し】形ク｛から・く(かり)・し・き(かる)・けれ・かれ｝〔「もの」は接頭語〕❶**なんとなく気が晴れ晴れしない。なんとなく心が重い。**〈太平記・三〉「一夜を明かすほどだにも、旅宿となればものうき体に」訳一晩だけ夜を明かすときでさえも、旅寝となるとなんとなく気が晴れないのに。
❷おっくうだ。めんどうくさい。〈方丈・三〉「もし、念仏ものうく用読経まめならぬときは、みづから休み、みづから怠る」訳もし、念仏（を唱えること）がおっくうで、読経に身が入らないときは、自分から休み、自分から怠ける。
❸**つらい。いやだ。**苦しい。〈謡・黒塚〉「草の庵のせはしなき、旅寝の床ぞものうき体」訳草ぶきの小屋で落ち着かない、旅の寝床はつらいものだ。

もの-うと・し【物疎し】形ク｛から・く(かり)・し・き(かる)・けれ・かれ｝〔「もの」は接頭語〕なんとなく親しみにくい。なんとなくいとわしい。〈源氏・夕顔〉「冷え入りにたれば、けはひものうとく用なり行く」訳（夕顔のからだは）すっかり冷たくなってしまったので、ようすがなんとなくいとわしくなってゆく。

もの-うらやみ【物羨み】名・自サ変 うらやむこと。ねたむこと。〈枕・二八〉「ものうらやみし用、身のうへ嘆き、人のうへ言ひ」訳（他人を）うらやましがり、自分の身の上を嘆き、他人の身の上を（あれこれ）言い。

もの-おそろ・し【物恐ろし】形シク｛しから・しく(しかり)・し・しき(しかる)・しけれ・しかれ｝〔「もの」は接頭語〕なんとなく恐ろしい。うす気味悪い。〈源氏・帚木〉「人げ遠き心地してもの恐ろし終」訳人の気配が遠い感じがして、なんだかこわい。

もの-おもひオモイ【物思ひ】名「ものもひ」とも。思い悩むこと。心配。〈竹取・かぐや姫の昇天〉「この衣着つる人は、物思ひなくなりにければ」訳この着物（＝天の羽衣）を着た人は、思い悩むことがなくなってしまったので。

もの-おも・ふオモウ【物思ふ】自ハ四｛は・ひ・ふ・ふ・へ・へ｝「ものもふ」とも。思い悩む。〈竹取・かぐや姫の昇天〉「かぐや姫、月のおもしろく出でたるを見て、常よりも物思ひ用たるさまなり」訳かぐや姫は月が趣深く出ているのを見て、ふだんよりも物思いにふけっているようすである。

ものおもへば… 和歌

物思へば　沢の蛍も　我が身より
あくがれ出づる　たまかとぞ見る
〈後拾遺・二〇・雑六・一一六二・和泉式部〉

訳物思いに沈んでいると、沢に飛ぶ蛍も、私のからだからさまよい出ている魂ではないかと思って見ることだ。
解説 詞書に、男に忘れられてしまったときに、貴船神社に参詣して、そこを流れる御手洗川に蛍の飛ぶのを見て詠んだとある。「たま」は「魂」で、深く物思いをすると、魂が肉体から遊離するという俗信があった。

もの-か 終助〔形式名詞「もの」＋係助詞（終助詞的用法）「か」〕

意味・用法
感動（…ではないか。…ことよ。）→❶
反問（…ものであろうか。…ことがあろうか。）→❷

接続 活用語の連体形に付く。

❶強い感動を表す。**…ではないか。…ことよ。**〈万葉・七・一三三二〉「世間は数なきものか春花の散りのまがひに死ぬべき思へば」訳この世は、はかないことよ。春の花が散り乱れる中に死ぬにちがいないことを思うと。
❷非難を含む反問の意を表す。**…ものであろうか。…ことがあろうか。**〈源氏・花宴〉「こなたざまには来るものか」訳（女性が一人）こちらのほうには来るではないか。〈源氏・夕顔〉「人離れたる所に心とけて寝ぬるものか」訳人の気配のない所で気を許して寝込むことがあろうか。

もの-かず【物数】名❶物の数。品物の数。
❷多くの数。多くのもの。〈風姿花伝〉「次第次第に、物数をも教ふべし」訳順序どおりに、多くの能の曲目をも教えるのがよい。
❸ことば数。口数。

もの-がたり【物語】名 ⬇次ページ 288

もの-かな 終助〔形式名詞「もの」＋終助詞「かな」〕感動の意を表す。…ものだなあ。〈徒然・一八〇〉「無下のことをもおほせらるるものかな」訳とんでもないことをもおっしゃるものだなあ。
接続 活用語の連体形に付く。

もの-がな・し【物悲し】形シク｛しから・しく(しかり)・し・しき(しかる)・しけれ・しかれ｝〔「もの」は接頭語〕なんとなく悲

最重要330

ものがたり【物語】名

ガイド 首尾一貫した話に限らず、単なるおしゃべりの意でも用いる。「源氏物語」宿木の巻の「白くうつくしくて、高やかに物語し(=色白でかわいらしく、大きな声でおしゃべりし)」というのは、生後五十日頃の赤子の描写である。

❶話すこと。話。世間話。

例 炭櫃に火おこして、物語などして集まりさぶらふに〈枕・二九九〉
訳 角火鉢に火をおこして、話などをして(女房たちが)集まり(中宮定子のおそばに)お控え申しあげていると。

❷散文の作品で、小説・伝記などの類。作者の見聞・想像などにもとづいて、人物・事件について述べた文学作品。

例 世の中に物語といふもののあんなるを、いかで見ばやと思ひつつ〈更級・かどで〉
訳 世の中に物語というものがあると聞いているけれども、(それを)なんとかして見たいものだと思い続けて。

しい。〈伊勢・八三〉「つれづれといともの悲しく(用)ておはしましければ」訳 (惟喬親王は)所在なげにたいそううら悲しいようすでいらっしゃったので。

もの-かは 終助

〔形式名詞「もの」+係助詞「かは」〕

意味・用法
感動(…ではないか。…ことよ。)→❶
反語(…ものであろうか(いや、そうではない)。)→❷

接続 活用語の連体形に付く。

❶強い感動を表す。…ではないか。…ことよ。〈大鏡・道長上〉「『この矢当たれ』とおほせらるるに、同じものを中心には当たるものかは」訳 (道長が)「この矢当たれ」とおっしゃると、(射た矢は)同じ当たるのでも(的の)中心には当たるではないか。

❷反語の意を表す。…ものであろうか(いや、そうではない)。〈徒然・一三七〉「花は盛りに、月はくまなきをのみ見るものかは」訳 桜の花は盛りに(咲いているのだけを)、月はくもりもなく照っているのをばかり見るものであろうか(いや、そうとはかぎらない)。

もの-かは 問題ではない。物の数ではない。〈新古・恋三〉「待つ宵に更けゆく鐘の声聞けば飽かぬ別れの鳥はものかは」訳 来るはずの恋人を待つ宵に(待つ人は来ないまま)夜更けを告げる鐘の音を聞くと、名残つきない別れ(の夜明け)を知らせる鶏の声(を聞くつらさ)などは問題ではないことだ。

なりたち 形式名詞「もの」+係助詞「かは」

参考 「もの(=とりたてて言うべきもの)であろうか、いやそうではない」という意味の反語的表現。

もの-から 接助

〔形式名詞「もの」+格助詞「から」〕

意味・用法
逆接の確定条件(…けれども。…ものの。)→❶
順接の確定条件(…だから。…ので。)→❷

接続 活用語の連体形に付く。

❶逆接の確定条件を表す。…けれども。…ものの。〈源氏・帚木〉「月は有り明けにて光をさまれるものから、影さやかに見えて」訳 月は有り明けの月で、光は薄らいでいるものの、月の形ははっきりと見えて。

❷順接の確定条件(原因・理由)を表す。…だから。…ので。〈細道・末の松山〉「さすがに辺土の遺風忘れざるものから、殊勝に覚えらる」訳 (語られた奥浄瑠璃は)やはり片田舎に残っている風流を忘れずに伝えているから、感心なことだと思われる。

参考 ①の用法が本来のもので、②は原因・理由を表す接続助詞「から」との混同で生じた、中世以降の用法。近世の用例はほとんど②の用法だが、本居宣長などは①の用法で文章を書いている。

もの-がら【物柄】名 物の品質。物の体裁。

もの-きよげ【物清げ】形動ナリ〔なら・なり(に)・なり・なる・なれ・なれ〕〔「もの」は接頭語〕すっきりと清らかで美しいさま。なんとなくさっぱりしているさま。〈源氏・若菜上〉「ものきよげなる(体)うちとけ姿に、花の雪のやうに降りかかれば」訳 (夕霧の)なんとなくさっぱりしたくつろぎ姿に、桜の花が雪のように降りかかるので。

ものぐるおし〖物狂おし〗⇒ものぐるほし

もの-ぐるひ【物狂ひ】名 ❶正気を失うこと。乱心。また、神がのり移ること。また、その人。〈徒然・一一二〉「この心を得ざらん人は、物狂ひとも言へ」訳 この気持ちがわからないような人は、(私=兼好を)正気でない人とでも言うがよい。

❷能や狂言で、亡くした夫・妻や子供のことを思って狂乱状態になった人。また、その芸を演じること。

もの-ぐるほ・し【物狂ほし】形シク ⇒次ページ 289

もの-げ-な・し【物げ無し】形ク〔(から)・く(かり)・し・き(かる)・けれ・かれ〕そ

れと認めるほどでもない。たいしたこともない。目立たない。一人前でない。〈源氏・空蝉〉「頭(かし)つき細(ほそ)やかに小さき人のものげなき㊍姿ぞしたる」訳（空蝉(うつせみ)は）頭の形がほっそりして小柄な人で、目立たない姿をしている。⬇言ふ甲斐(かひ)無し「慣用表現」

もの-こころぼそ・し【物心細し】形ク〔(から)・く(かり)・し・き(かる)・けれ・かれ〕〔「もの」は接頭語〕なんとなく心細い。頼りなく不安である。〈伊勢・九〉「蔦(つた)楓(かへで)は茂り、もの心細く㊊すずろなるめをみることと思ふに」訳（自分が入ろうとする道は）蔦や楓は茂り、なんとなく心細く思いがけない目にあうことだと思っていると。

もの-ごし【物越し】名 物を隔てていること。特に、几帳(きちゃう)・簾(すだれ)などが間を隔てていること。〈伊勢・九五〉「女、いとしのびて、物越しに逢(あ)ひにけり」訳 女はごくこっそりと、物を隔てて逢ったのだった。

もの-ごのみ【物好み】名・自サ変 ❶風変わりなことを好むこと。物好き。
❷選(え)り好みをすること。

もの-さわが・し【物騒がし】形シク〔しから・しく(しかり)・し・しき(しかる)・しけれ・しかれ〕〔「もの」は接頭語〕❶なんとなく騒がしい。穏やかでない。〈更級・大納言殿の姫君〉「姉のなやむことあるに、もの騒がしく㊊て」訳 姉が病気になることがあって、（家の中が）なんとなく騒がしくて。
❷気が早い。せっかちだ。〈徒然・一八八〉「あまりにものさわがし㊧。雨やみてこそ」と人の言ひければ」訳「あまりにもせっかちだ。雨がやんでから（おでかけなさい）」と人が言ったところ。

もの・し【物し】形シク〔しから・しく(しかり)・し・しき(しかる)・しけれ・しかれ〕❶気にくわない。目ざわりだ。不快だ。〈源氏・桐壺〉「いとすさまじうものし㊧と聞こし召す」訳（桐壺帝は管弦の遊びの音を）実に興ざめで不愉快であるとお聞きになる。
❷不吉だ。あやしい。

もの-しげ【物しげ】形動ナリ〔なら・なり(に)・なり・なる・なれ・なれ〕〔「げ」は接尾語〕不快そうである。いかにも不機嫌だ。〈枕・九八〉「ものしげなる㊍御気色(けしき)なるも、いとをかし」訳（中宮が）不機嫌そうなごようすであるのも、たいそうおもしろい。

もの・す【物す】自サ変 他サ変 補動サ変 ⬇次ページ

最重要330

289 **もの-ぐるほ・し**（グルオシ）【物狂ほし】形シク〔しから・しく(しかり)・し・しき(しかる)・しけれ・しかれ〕〔「もの」は接頭語〕「ものぐるはし」とも。

ガイド 正気を失う、心が乱れる意の動詞「狂(くる)ふ」の形容詞形に接頭語「もの」が付いた語。「もの」は何となくの意を添える。

気が変になりそうだ。ばかげている。どうかしている。

例「白山(しらやま)の観音(くわんおん)、これ消えさせ給ふな」と祈るも、ものぐるほし㊧〈枕・八七〉
訳「白山の観音様よ、これ（＝雪の山）を消えさせないでください」と祈るのも、（考えてみれば）ばかげている。
例 心に移りゆくよしなしごとを、そこはかとなく書きつくれば、あやしうこそものぐるほしけれ㊐〈徒然・序〉
訳 心の中につぎつぎと浮かんでは消えるたわいもないことを、とりとめもなく書きつけると、妙に気が変になるような感じがする。

290 **もの-ぞ**〔上代では「ものそ」とも〕❶強い断定の意を表す。…ものである。〈万葉・一八・四一〇九〉「紅(くれなゐ)は移ろふものぞ」訳 紅の色はあせやすいものである。
❷（助動詞「む」の下に付いて）強意を表す。…にちがいない。〈竹取・かぐや姫の昇天〉「かならず心惑ひ給はむものぞと思ひて」訳（竹取の翁(おきな)と嫗(おうな)とが）きっと心を乱しなさるにちがいないと思って。
なりたち 形式名詞「もの」＋係助詞（終助詞的用法）「ぞ」

もの-ぞこなひ（―ゾコナイ）【物損なひ】名 物事のおもしろみや興趣を損なうこと。

もの-つつま・し【物慎まし】形シク〔しから・しく(しかり)・し・しき(しかる)・しけれ・しかれ〕〔「もの」は接頭語〕なんとなく遠慮される。気がひける。〈更級・宮仕へ〉「たち聞き、かいまむ人のけはひして、いといみじくものつつまし㊧」訳（私のようすを）立ち聞きしたり、のぞき見したりする人の気配がして、たいそうひどく気がひける。

もの-づつみ【物慎み】名 物事をつつみ隠して言わないこと。遠慮深いこと。〈源氏・蓬生〉「ひたぶるにものづつみしたるけはひの、さすがにあてやかなるも」訳 一途(いちず)に遠慮深くしている（末摘花(すゑつむはな)の）ようすが、なんといっても気品があるのも。

もの-ども【者共】代 複数の対称の人代名詞。多くは身分の低い者、目下の者に対して用いる。おまえたち。みなの者。〈平家・九・木曽最期〉「只今(ただいま)名のるは大将軍ぞ。あますな、者ども」訳 ただいま名乗るのは大将軍だぞ。（討ち）もらすな、みなの者。

もの-なら-ず【物ならず】⬇物(もの)「フレーズ」

もの-な・る【物馴る】自ラ下二〔れ・れ・る・るる・るれ・れよ〕❶物事に馴れる。熟達する。習熟する。〈徒然・二三四〉「かやうのことは、ものなれ㊌ぬ人のあることなり」訳 こういうこと（＝不明瞭な返答や思わせぶりな手紙を書くこと）は、世間なれしない人がすることである。
❷なれなれしくする。〈源氏・橋姫〉「つつみなくものなれ㊊たるもなまにくきものから」訳（弁が）遠慮せずなれなれしくしているのも、（薫(かおる)には）こにくらしいが。

もの-に-つ・く【物につく】⬇物(もの)「フレーズ」

最重要330

290 もの・す【物す】

一 自サ変 {せ・し・す・する・すれ・せよ} 二 他サ変 {せ・し・す・する・すれ・せよ} 三 補動サ変 {せ・し・す・する・すれ・せよ}

ガイド 動詞の代わりで、「ある・いる」「行く・来る」をはじめ、広く、何かを「する」の意で用いる。ある動作を、はっきり言わず、遠回しに表現する(＝婉曲(えんきょく)表現)のに用いられるため、用例ごとに訳を検討する必要がある。

一 自サ変

❶ ある。いる。

例 まだ中将などにものし(用)給ひし時は、内裏(うち)にのみさぶらひようし給ひて〈源氏・帚木〉
訳 (光源氏が)まだ中将などでいなさったときは、宮中にばかり忠実に勤めなさって。

例 日ごろここにものし(用)給ふとも見ぬ人々の、かく戦ひし給ふは、いかなる人ぞ〈徒然・六八〉
訳 ふだんここに住んでいらっしゃるとも思わない人々が、このように戦いをしてくださるのは、どんな人か。

❷ 行く。来る。

例 いかがはせむ。いと忍(しの)びてものせ(未)む〈源氏・若紫〉
訳 仕方がない。たいそう人目につかないようにして出かけよう。

例 この上(かみ)の聖(ひじり)の方に、源氏の中将の、わらは病(やみ)まじないにものし(用)給ひけるを〈源氏・若紫〉
訳 この山の上の聖僧の(僧坊の)方に、源氏の中将がおこり(＝病気の名)のまじないに来なさったことを。

❸ 生まれる。

例 御子ものし(用)給はで心もとなかりければ〈源氏・橋姫〉
訳 (北の方に)お子様がお生まれにならないで、(八の宮は)気がかりであったので。

二 他サ変

いろいろな動詞の代わりに用いて、ある動作をする意を表す。
…をする。

例 これ、かの桂(かつら)の家にものし(用)て、内の方(かた)に取らせよ〈うつほ・春日詣〉
訳 これ(＝手紙)を、あの桂の家に持って行って、奥方に渡せ。

もの-に-も-あら-ず【物にもあらず】➡物(もの)「フレーズ」

もの-の 接助

［形式名詞「もの」＋格助詞「の」］

意味・用法 逆接の確定条件(…けれども。…とはいうものの。)

接続 活用語の連体形に付く。

逆接の確定条件を表す。…けれども。…とはいうものの。〈源氏・夕顔〉「つれなくねたきものの、忘れ難(がた)きにおぼす」訳 (光源氏は空蝉(うつせみ)が)冷淡で恨めしいけれども、忘れがたい人とお思いになる。

もの-の-あはれ(アワレ)【物のあはれ】

しみじみとした趣。物事にふれて起こる、歓喜・詠嘆・憐情(れんじょう)・哀愁・称賛などの感動。また、その情趣。自然や人生をありのままに見つめることによって得た優美・繊細な美的理念。〈土佐〉「楫(かぢ)取り、もののあはれも知らで、おのれし酒をくらひつれば」訳 船頭は、もののあはれも知らないで、自分だけが酒を飲んでしまったので。〈徒然・七〉「ひたすら世をむさぼる心のみ深く、もののあはれも知らずなりゆくなんあさましき」訳 ただもう世俗的な名誉や利益に執着する心ばかりが強く、物事の情趣も解さなくなってゆくのは嘆かわしいことである。

もの-の-きこえ【物の聞こえ】➡物(もの)「フレーズ」

もの-の-ぐ【物の具】名 ❶道具。調度。❷武具。武器。特に、鎧(よろい)・兜(かぶと)などをいう。❸女性の礼装。

もの-の-け【物の怪・物の気】名 人にとりついて悩ませ、病気にしたり、死なせたりする死霊(しりょう)・生き霊など。〈枕・二五〉「験者(げんざ)の物の怪調(てう)ずとて」訳 修験者が物の怪を調伏するということで。

もの-の-こころ【物の心】➡物(もの)「フレーズ」

もの-の-な【物の名】名 和歌などで、一首・一句の

例 走り井(ゐ)にて、破子(わりご)などものす(終)とて〈蜻蛉・中〉訳 (逢坂(おうさか)の関の)湧(わ)き水(のほとり)で、弁当などを食べるということで。

三 補動サ変 **(形容詞型・形容動詞型の活用語の連用形に付いて)…(で)ある。…(て)いる。**

例 いとはかなしうものし(用)給ふこそ、あはれにうしろめたけれ〈源氏・若紫〉訳 (あなた＝若紫が)ほんとうにたわいもなくいなさるのが、(私＝尼君は)かわいそうで気がかりだ。

中に、内容とは無関係に事物の名前を隠して詠みこむこと。「古今集」以降、部立て(＝歌の分類)の一つとなった。たとえば、「あしひきの山たちはなれゆく雲の宿りさだめぬ世にこそ有りけれ」〈古今・物名〉の「たちはなれ(＝立ち離れ)」に歌の題「たちばな(＝橘)」を詠みこむ類。隠し題。⬇付録◇1「和歌の修辞」

もの-の-ね【物の音】⬇物(もの)「フレーズ」

もの-の-ふ【物部・武士】名 ❶上代、朝廷に仕えるすべての者。**文武百官。**
❷**武士。**さむらい。つわもの。〈古今・仮名序〉「猛(たけ)き**もののふ**の心をもなぐさむるは歌なり」訳 たけだけしい**武士**の心をもなごませるのは和歌である。

もののふの【物部の・武士の】《枕詞》「もののふ(＝文武百官)」は数が多いことから、「八十(やそ)」に、また「もののふ(＝武士)」の持つ「矢」から地名の「矢野」「矢田」、また「岩瀬(いはせ)」にかかる。〈万葉・一三・三二七六〉「**もののふの**八十の心を」。〈万葉・一三・三二三七〉「**もののふの**宇治川渡り」

もののふの… 和歌

枕詞 もののふの　八十氏河(やそうぢがは)の　網代木(あじろき)に
いさよふ波(なみ)の　ゆくへ知(し)らずも
〈万葉・三・二六四・柿本人麻呂〉

訳 宇治川(うぢがは)の網代木(＝魚をとる簀(す)を支えるために打つ杭(くひ))にただよっている波のように、行く末のわからないことだよ。(「もののふのやそ」までを「八十氏(うぢ)」の「氏」にかけて、「宇治」を導きだす序詞とする説もある)

解説 無常観を詠んだとも、実景を詠んだだけともいわれているが、網代木のまわりで渦を巻く水に、作者の不安げな心理を読みとることは可能だろう。

もののふの… 和歌

枕詞 もののふの　八十少女(やそをとめ)らが　汲(く)みまがふ
寺井(てらゐ)の上(うへ)の　堅香子(かたかご)の花(はな)
〈万葉・一九・四一四三・大伴家持(おほとものやかもち)〉

訳 たくさんの少女たちが入り乱れて水を汲む寺の井戸のほとりに咲くかたくりの花よ。

もの-は (多く文末を「けり」で結ぶ)…ところが、なんとまあ。〈源氏・明石〉「月夜に出(い)でて行道(ぎやう)する**ものは**、遣(や)り水に倒れ入りにけり」訳 月の明るい夜に(戸外へ)出て読経しながら歩いていた**ところが、なんとまあ**、遣り水にころげ落ちてしまった。

なりたち 形式名詞「もの」＋係助詞「は」

もの-はかな・し【物はかなし】形ク {から・く(かり)・し・き(かる)・けれ・かれ} (「もの」は接頭語) ❶どことなく頼りない。〈源氏・桐壺〉「わが身はかよわく**ものはかなき**(体)ありさまにて」訳 (桐壺の更衣)自身は弱々しく**なんとなく頼りない**ありさまで。

❷とりとめもない。たわいない。〈和泉式部日記〉「例の**ものはかなき**(体)御物がたりせさせ給ひても」訳 (宮様は)いつものように**とりとめもない**お話をなされても。

もの-はづか・し(―ハズカシ)【物恥づかし】形シク {しから・しく(しかり)・し・しき(しかる)・しけれ・しかれ} (「もの」は接頭語) なんとなく恥ずかしい。なんとなくきまりが悪い。〈源氏・少女〉「かたみに**もの恥づかしく**(用)胸つぶれて」訳 (夕霧と雲居(くも)いの雁(かり)の二人は)互いに**なんとなく恥ずかしく**胸がどきどきして。

ものは-づくし【物は尽くし】名 歌謡の形式の一つ。国名や事物を列挙して歌いこんだもの。「ものづくし」「ものは」ともいう。

もの-ふか・し【物深し】形ク {から・く(かり)・し・き(かる)・けれ・かれ} (「もの」は接頭語)「ものぶかし」とも。❶奥深い。奥まっている。〈更級・野辺の笹原〉「広々と**もの深き**(体)み山のやうにはありながら」訳 (焼けた家は)広々として**奥深い**深山(みやま)のようではあるけれども。
❷思慮深い。重々しい。〈源氏・夕顔〉「**もの深く**(用)重きかたはおくれて」訳 (夕顔は)**思慮深く**重々しいという面では劣っていて。
❸奥ゆかしい。品位がある。趣が深い。〈源氏・賢木〉「御簾(みす)の中(うち)の匂(にほ)ひ、いと**もの深き**(体)黒方(くろばう)にしみて」訳 (藤壺(ふぢつぼ)の)御簾の内の匂いは、とても**奥ゆかしい**黒方(＝薫(た)き物の一つ)の香にしみて。

もの-ふ・る【物旧る】自ラ上二 {り・り・る・るる・るれ・りよ} (「もの」は接頭語) ❶なんとなく古くなる。古びる。〈徒然・一〇〉「木だち**ものふり**(用)て、わざとならぬ庭の草も心あるさまに」訳 木立が**なんとなく古びて**、ことさら手をかけたようではない庭の草も趣のあるようすで。
❷年をとる。〈源氏・蓬生〉「寄りて声(こわ)づくれば、いと**ものふり**(用)たる声にて」訳 近寄って咳(せき)払いをすると、いかにも**年をとった**声で。

もの-まう(モウ)【物申】感 (「物申(ものまう)す」の転)他人の家を訪問して案内を請うときの語。ごめんください。たのもう。〈狂・福の神〉「まづ案内を乞はう。**ものまう**、案内申(まう)」訳 まず案内を願おう。**ごめんください**、案内願います。

ものゆゑ（ユエ）

接助〔形式名詞「もの」＋形式名詞「ゆゑ」〕

意味・用法	用例
❶逆接の確定条件 …のに。	例 誰(た)が秋にあらぬものゆゑ女郎花(をみなへし)なぞ色に出(い)でてまだき移ろふ〈古今・秋上〉 訳 だれか(一人のため)の秋では(なく、女郎花(＝植物の名)だけが特に飽きられたわけでも)ないのに、女郎花よ、どうして目立って、早くも色あせるのか。(「秋」は「飽き」との掛詞)
❷順接の確定条件(原因・理由) …ので。…だから。	例 ことゆかぬものゆゑ、大納言をそしりあひたり〈竹取・竜の頸の玉〉 訳 らちのあかないことなので、(家来たちは)大納言を非難しあっている。

接続 活用語の連体形に付く。

参考 ①は、多く「ぬ」「まじき」「ざらむ」など打消の語に付く。

もの-まう・す(モウス)【物申す】自サ四{さ・し・す・す・せ・せ}〔「ものまをす」の転〕❶「物言ふ」の謙譲語。ものを申し上げる。お話し申しあげる。〈古今・雑体〉「うちわたす遠方(をちかた)人にもの申す(終)われ」訳 ずっと見渡す(かなたの)遠くにいる人にお尋ね申しあげる、私は。❷願いごとを神仏に申し上げる。〈枕・三〉「神・寺などにまうでてもの申さ(未)するに」訳 神社や仏閣などに参詣して願いごとを申し上げさせるときに。❸(多く、助動詞「む(ん)」「う」を伴って)案内を請うときの語。もしもし。ごめんください。〈平家・三・有王〉「『もの申さ(未)う』と言へば、『何事』とこたふ」訳「もしもし」と言うと、「何の用か」と答える。

もの-まうで(モウデ)【物詣で】名 神社・寺院に参ること。参拝。参詣。〈枕・二五〉「物詣でする供に、我も我もとまゐりつかうまつり」訳 参詣する供に、われもわれもとつき従い申しあげ。

もの-まめやか 形動ナリ{なら・なり(に)・なり・なる・なれ・なれ}〔「もの」は接頭語〕誠実そうである。まじめそうである。〈更級・宮仕へ〉「物語のことも、うち絶え忘られて、ものまめやかなる(体)さまに、心もなりはててぞ」訳 物語のことも、自然とすっかり忘れて、まじめそうなようすに、心もなりきって。

もの-み【物見】㊀名 ❶見物すること。〈枕・一六〇〉「物見・寺詣でなどに、もろともにあるべき人を乗せにいきたるに」訳 見物やお寺参りなどに、いっしょに行くはずの人を(自分の車に)乗せに行ったときに。❷戦場で、敵の状況を探ること。また、その人。❸城・邸宅などで、外部のようすを見るために設けた小窓。物見窓。物見台。❹牛車(ぎっしゃ)の屋形の左右の立て板にある窓。➡車(くるま)「古文常識」 ㊁形動ナリ{なら・なり(に)・なり・なる・なれ・なれ}見る価値のあるさま。みごとなさま。りっぱなさま。〈謡・百万〉「物見なり(終)、物見なり(終)」訳 みごとだよ、みごとだよ(この見せ物は)。

ものみ-ぐるま【物見車】名 祭礼などを見物するときに乗る牛車(ぎっしゃ)。

もの-むつか・し【物難し】形シク{しから・しく(しかり)・し・しき(しかる)・しけれ・しかれ}〔「もの」は接頭語〕❶なんとなくいやだ。なんとなくうっとうしい。〈紫式部日記〉「見所もなきふるさとの木立を見るにも、ものむつかしう(用)(ウ音便)思ひ乱れて」訳 見るべきところもないふるさと(＝実家)の木立を見るにつけても、なんとなくうっとうしく心が乱れて。❷なんとなく気味が悪い。〈源氏・夕顔〉「奥の方(かた)は暗うものむつかし(終)と、女は思ひたれば」訳 (建物の)奥のほうは暗くてうす気味悪いと、女(＝夕顔)は思っているので。

もの-めか・し【物めかし】形シク{しから・しく(しかり)・し・しき(しかる)・しけれ・しかれ}〔「めかし」は接尾語〕一人前に見える。りっぱである。ものものしい。〈源氏・若菜上〉「位などいま少しものめかしき(体)ほどになりなば」訳 位などがもう少しりっぱに見える程度になったならば。

もの-めか・す【物めかす】他サ四{さ・し・す・す・せ・せ}〔「めかす」は接尾語〕重んじて扱う。一人前に扱う。〈源氏・紅葉賀〉「はかなく見給ひけむ人をものめかし(用)給ひて」訳 (光源氏は)ちょっと関係を持たれたような人をものものしく扱いなさって。

もの-も-おぼえ-ず【物も覚えず】➡物(もの)「フレーズ」

ものもの・し【物物し】形シク{しから・しく(しかり)・し・しき(しかる)・しけれ・しかれ}❶重々しい。おごそかだ。りっぱだ。〈枕・三九〉「いとものものしく(用)、きよげに、よそほしげに、下襲(したがさね)の裾(しり)ながく引き」訳 (権大納言伊周(これちか)は)たいそう重々しく、美しい感じで、装いをこらしたようすで、下襲の裾を長く引いて。➡こちたし「類語の整理」

❷おおげさだ。また、なまいきだ。こしゃくだ。〈謡・景清〉「**もののし**㊚やと夕日影に、打ち物ひらめかいて」**訳**(景清は)**こしゃくなことだ**よと言って夕日に太刀をひらめかして。

もの‐も・ふ【物思ふ】自八四〔は・ひ・ふ・ふ・へ・へ〕〔「ものおもふ」の転〕思い悩む。〈万葉・一五・三七六〇〉「**物思は**㊍ず安く寝る夜は実なきものを」**訳** **物思いもせ**ず安らかに寝る夜はまるでないものだ。

もの‐ゆか・し【物ゆかし】形シク〔しから・しく(しかり)・し・しき(しかる)・しけれ・しかれ〕〔「もの」は接頭語〕なんとなく心ひかれる。なんとなく慕わしい。〈笈日記・芭蕉〉「暖簾の奥**ものゆかし**㊚北の梅」**訳** のれんの間から奥の間がのぞき、梅の花が見える。**なんとなく心ひかれる**ことだ。(「北の梅」は、北の間すなわち奥の間の方に咲いている梅)

ものゆかし‐げ【物ゆかしげ】形動ナリ〔なら・なり(に)・なり・なる・なれ・なれ〕〔「げ」は接尾語〕なんとなく心ひかれるようすであるさま。〈更級・初瀬〉「ともに行く人々も、いといみじく**ものゆかしげなる**㊍は、いとほしけれど」**訳** いっしょに(初瀬参籠へ)行く人々も、(出立の日に行われる大嘗会の御禊を)たいそうなみなみでなく**見たそうであるの**は、気の毒であるけれど。

もの‐を

〔形式名詞「もの」＋間投助詞「を」〕一接助 二終助

意味・用法	用例
一 接続助詞 ❶逆接の確定条件 …のに。	例 都出でて君にあはむと来しものを来しかひもなく別れぬるかな〈土佐〉 訳 都を出て、あなたに会おうとやって来たのに、来たかいもなく、(あっけなく)別れてしまうことよ。
❷順接の確定条件(原因・理由) …ので。…だから。	例 日がな一日ゐたり立ったりするものを、腹もへらうぢゃあねえか〈浮世風呂〉 訳 朝から晩まですわったり立ったりするのだから、腹も減ろうというものさ。
二 終助詞 詠嘆 …のになあ。…のだがなあ。	例 雀の子を犬君が逃がしつる。伏せ籠のうちに籠めたりつるものを〈源氏・若紫〉 訳 雀の子を犬君(=童女の名)が逃がしてしまったの。伏せ籠の中にとじこめておいたのになあ。

接続 一 活用語の**連体形**に付く。二 活用語の**連体形**に付く。

参考 一①と二の識別はつきにくいが、省略も倒置もない文章末に「ものを」がくれば、終助詞とすればよい。一①は「ものの」「ものから」「ものゆゑ」と意味・用法が似ているが、「を」が間投助詞であることから、感動・詠嘆を表す場合が多く、そこから二の用法も生じている。

もの‐ゆゑ・**ものゆゑ‐に** 接助 ⬇前ページ助詞「ものゆゑ」接助〔接続助詞「ものゆゑ」＋格助詞「に」〕❶逆接の確定条件を表す。…のに。〈古今・恋三〉「いたづらに行きては来ぬる**ものゆゑに**見まくほしさにいざなはれつつ」**訳**(あなたを)訪ねて行っても(会えずに)むなしく帰ってきてしまう(だけな)**の**に、会いたさに誘われるようにまた出かけてしまうことだ。

❷順接の確定条件(原因・理由)を表す。…ので。…だから。〈平家・一・祇王〉「参らざらん**ものゆゑに**、何と御返事を申すべしともおぼえず」**訳**(私は)参上しないつもり**だから**、なんとご返事を申し上げてよいともわからない。

接続 活用語の連体形に付く。

もの‐わび・し【物侘びし】形シク〔しから・しく(しかり)・し・しき(しかる)・しけれ・しかれ〕〔「もの」は接頭語〕なんとなくさびしい。なんとなくつらい。〈伊勢・九〉「皆人**ものわびしく**㊊て、京に思ふ人なきにしもあらず」**訳** 人々は皆**なんとなくさびしく**て、京に恋しく思う人がいないわけでもない。

もの‐ゑんじ【物怨じ】名・自サ変 物事や人をうらむこと。嫉妬。

もの‐を 接助 終助 ⬇上助詞「ものを」

もはら【専ら】副 ❶もっぱら。ひたすら。徹底的に。〈古今・恋五〉「あふことの**もはら**絶えぬる時にこそ人の恋しきことも知りけれ」**訳** 逢うことが**まったく**絶えてしまった今この時になってはじめて、あの人が恋しいということもわかったよ。

❷(下に打消の語を伴って)全然。いっこうに。少しも。〈土佐〉「かくたいまつれども、**もはら**風やまで」**訳** こうして(幣を)奉納したけれども、**全然**風はやまないで。

も・ふ【思ふ】他ハ四〔は・ひ・ふ・ふ・へ・へ〕〔「おもふ」の頭母音「お」の脱落した形〕思う。〈万葉・一五・三七五五〉「うるはしと吾が**思も**ふ㊍妹を山川を中に隔りて安けくもなし」訳 美しいと私が**思う**あなたを、山や川を中に隔て(た遠くにおい)て、心安らかなこともない。

もみ-えぼし【揉み烏帽子】名 漆をうすくぬり、柔らかにもんだ烏帽子。多く、兜の下に用いる。兜などを脱いで、頭頂部を引き立て儀容をととのえたのが「引き立て烏帽子」。なえた形から「萎え烏帽子」ともいう。→烏帽子・水干

もみず〖紅葉ず・黄葉ず〗⬇もみづ

もみぢ【紅葉・黄葉】名〔上代は「もみち」〕❶秋、草木の葉が赤、または黄に色づくこと。また、その葉。こうよう。秋。〈新古・秋上〉「見渡せば花も**紅葉**もなかりけり浦の苫屋の秋の夕暮れ」訳 →みわたせば… 和歌

❷「紅葉襲」の略。襲の色目の名。表は紅、裏は濃い赤(または青)。秋に用いる。⬇襲の色目「古文常識」(三二〇ページ)

フレーズ

紅葉の賀 紅葉の季節に行う祝いの宴会。秋

紅葉の錦 紅葉の美しさを錦に見立てていう語。秋。〈大鏡・頼忠〉「小倉山あらしの風の寒ければ**紅葉の錦**着ぬ人ぞなき」訳 →をぐらやま… 和歌

もみぢ-がり【紅葉狩り】名 秋、山野に紅葉を観賞しに行くこと。秋

もみぢ-の-が【紅葉の賀】⬇紅葉「フレーズ」

もみぢ-の-にしき【紅葉の錦】⬇紅葉「フレーズ」

もみちばの… 和歌

黄葉の　散りゆくなへに　玉梓の（枕詞）
使ひを見れば　逢ひし日思ほゆ
〈万葉・二・二〇九・柿本人麻呂〉

訳 黄葉が散っていくときに、(妻との連絡役をつとめた)使い(が通るの)を見ると、(妻と)逢った日が思い出される。

解説 妻の死を悲しんで詠んだ長歌の反歌二首のうちの一首。もう一首は「秋山の黄葉を茂み迷ひぬる妹を求めむ山道知らずも」(訳 →あきやまの… 和歌)〈万葉・二・二〇八〉。「なへに」は「…のときに」の意。黄葉が散る中、妻との仲をとりもった連絡役の者を見かけた。以前には二人の間を手紙が行き来して、妻と逢っていたのだと回想している。

もみぢばの【紅葉の・黄葉の】《枕詞》〔上代は「もみちばの」〕紅葉の散りゆくようすから、「移る」「過ぐ」に、その色から「朱」にかかる。〈万葉・一・四七〉「**もみちばの**過ぎにし君の」

もみ・つ【紅葉つ・黄葉つ】自タ四〔た・ち・つ・つ・て・て〕《上代語》「もみづ」に同じ。〈万葉・八・一五一六〉「秋山に**もみつ**㊍木の葉の移りなば」訳 秋の山に**色づく**木の葉が散ってしまったなら。

参考 上代は夕行四段活用であったが、中古以降、「もみづ」と濁音化し、ダ行上二段活用となる。

もみ・づ【紅葉づ・黄葉づ】自ダ上二〔ぢ・ぢ・づ・づる・づれ・ぢよ〕秋になって草木の葉が赤または黄に色づく。紅葉する。〈古今・冬〉「雪ふりて年のくれぬる時にこそつひに**もみぢ**㊌ぬ松も見えけれ」訳 雪が降って年が暮れてしまうときに特に、最後まで**紅葉し**ない松も目に映えることだ。→紅葉つ 参考

も・む【揉む】他マ四〔ま・み・む・む・め・め〕❶両手にはさんでこする。手で擦り合わせて柔らかにし、また、しわにする。〈徒然・九六〉「くちばみにさされたる人、かの草を**もみ**㊊て付けぬれば、則ち癒ゆとなん」訳 まむしにかまれた人は、あの(「めなもみ」という)草を**もん**で(傷口に)つけたときにはいつも、すぐに治るということだ。

❷入り乱れて押しあう。激しく攻める。〈平家・七・倶梨迦羅落〉「**もみ**㊊に**もう**㊊(ウ音便)で火出づる程にぞ攻めたりける」訳 (敵陣で)どんどん**入り乱れて押しあっ**て火の出るほどに(激しく)攻めたのであった。

❸むちで馬を打って急がせる。〈平家・九・一二之懸〉「一もみ**もう**㊊(ウ音便)で追っついて」訳 (馬を)ひと打ち**打って急がせ**て追いついて。

❹鍛える。指導する。

もも-【百】接頭 百の意から、数の多いことを表す。

例語 百枝(=たくさんの枝)・百日・百草(=いろいろの草)・百種(=多くの種類)・百隈・百箇(=百。また、数の多いこと)・百年・百鳥(=いろいろの鳥)・百重・百世(=長い年月)・百夜

もも【百】名 百。また、数の多いことを表す。〈万葉・三・三〇五九〉「**百**に千に人は言ふとも」訳 **あれこれ**とさまざまに人はうわさを立てようとも。

フレーズ

百の官 多くの役人。百官。

もも【桃】名 ❶植物の名。春に、淡紅または白色の五弁花を開く。実は食用。古来、邪気を払う力があるとされた。(桃の花 春・桃の節句 春・桃の実 秋)

❷襲の色目の名。表は薄い紅、裏は萌黄(　)。一説に表は紅、裏は紅梅。春に用いる。

もも-か【百日】名 ❶百日。また、日数の多いこと。

❷子供が生まれて百日目。また、その祝い。〈枕・一六〇〉「いつしかと待ち出でたるちごの、五十日・**百日**などのほどになりたる、行く末いと心もとなし」訳 早く(生まれないか)と待ち受けていた赤ん坊で、五十日や**百日**など(の祝いの)ころになったのは、生い先がたいそう待ち遠しい。

もも-くま【百隈】名 多くの曲がりかど。

もも-しき【百敷・百磯城】名〔枕詞「百敷の」がかかる「大宮」から意味が転じて〕皇居。宮中。〈源氏・桐壺〉「**ももしき**に行きかひ侍らむことは、まして、いとはばかり多くなむ」訳 **宮中**に出入りしますようなことは、なおさら、とても遠慮が多く(ございまして)。⬇御門「慣用表現」

ももしきの【百敷の・百磯城の】《枕詞》多くの石や木で造ってある意から、「大宮」にかかる。〈万葉・一・二九〉「**ももしきの**大宮処見れば悲しも」

ももしきや… 〔和歌〕《百人一首》【ももしきや　古き軒端の　しのぶにも　なほあまりある　昔なりけり】〈続後撰・雑下・順徳院〉⬇付録◇1「小倉百人一首」100

もも-じり【桃尻】〔名〕馬に乗るのがへたで、鞍の上に尻が落ち着かないこと。桃の実の、すわりが悪いのにたとえていう。〈徒然・一八八〉「馬など迎へにおこせたらんに、桃尻にて落ちなんは、心憂かるべし」〔訳〕馬などを迎えによこしたようなときに、すわりの悪い尻つきで落ちてしまったらそれは、つらいことだろう。

ももち-だ・る【百千足る】〔自ラ四〕{ら・り・る・る・れ・れ}満ち足りている。十分に備わっている。「ももだる」とも。〈記・中〉「千葉の葛野を見れば百千足る〔体〕家庭も見ゆ」〔訳〕葛野(=地名)を見ると、豊かに満ち足りている村落も見える。(「千葉の」は「葛野」にかかる枕詞)

ももち-どり【百千鳥】〔名〕❶多くの鳥。さまざまの鳥。百鳥。❷鶯の異称。❸千鳥の異称。

ももづたふ【百伝ふ】《枕詞》数えて百に至る意から、「八十」や、「五十」の音をもつ地名「磐余」にかかる。また、多くの地を伝わって行く意から、「鐸(=駅馬に用いる鈴)」、地名「角鹿」「度会」にかかる。〈万葉・七・一三九九〉「ももづたふ八十の島回を」。〈万葉・三・四一六〉「ももづたふ磐余の池に」

ももづたふ… 〔和歌〕

〔枕詞〕
ももづたふ　磐余の池に　鳴く鴨を
今日のみ見てや　雲隠りなむ
〈万葉・三・四一六・大津皇子〉

〔訳〕磐余の池に鳴く鴨を見るのも今日を限りとして、(私は)死んでいくのだろうか。

〔解説〕大津皇子が処刑されるときに詠んだ辞世の歌。「雲隠る」は貴人の死を間接的にいう語。後人が皇子の立場を借りて詠んだとする説もある。

もも-とせ【百年・百歳】〔名〕百年。また、多くの年。

もも-の-つかさ【百の官】〔名〕数多く重なっていること。⬇百「フレーズ」

もも-へ【百重】〔名〕多くの夜。

もも-よ【百夜】〔名〕多くの夜。

も-や【母屋】〔名〕家屋の中で中心となる所。また、寝殿造りで、廂(=簀の子の縁の内側にある細長い部屋)の内側にある中央の部屋。⬇寝殿造り「古文常識」(四三四ページ)

も-や〔間助〕〔係助詞「も」+間投助詞「や」〕詠嘆・感動の意を表す。…まあ。〈万葉・二・九五〉「我はもや安見児得たり皆人の得かてにすといふ安見児得たり」〔訳〕私は、おお、安見児(=女性の名)を手に入れた。(宮中の)人々が皆手に入れがたいという、安見児を手に入れた。

も-や〔接続〕文節末・文末の種々の語に付く。…だろうか。…も…だろうか。〈徒然・一四一〉「聖教のこまやかなる理、いとわきまへずもやと思ひしに」〔訳〕仏教の細かい道理は、あまり心得ていないだろうかと思ったのに。

〔なりたち〕係助詞「も」+係助詞「や」

も・ゆ【萌ゆ】〔自ヤ下二〕{え・え・ゆ・ゆる・ゆれ・えよ}草木などの芽が出る。芽ぐむ。〈万葉・一〇・二一七七〉「春は萌え〔用〕夏は緑に紅の斑に見ゆる秋の山かも」〔訳〕春は草木が芽ぶき、夏は緑に、紅が濃淡さまざまに見える秋の山だなあ。⬇芽ぐむ「古文常識」

も・ゆ【燃ゆ】〔自ヤ下二〕{え・え・ゆ・ゆる・ゆれ・えよ}❶火が燃える。火がついて炎や煙がたつ。〈記・中〉「さねさし相模の小野に燃ゆる〔体〕火の火中に立ちて問ひし君はも」〔訳〕↓さねさし… 〔歌謡〕

❷(陽炎や蛍などが)炎のようにゆらめき光を放つ。〈記・下〉「かぎろひの燃ゆる〔体〕家群妻が家のあたり」〔訳〕かげろうがゆらめき光っているたくさんの家が見えるが、あそこが(いとしい)妻の家のあたりだ。

❸情熱が高まる。〈万葉・一二・二九三二〉「心には燃え〔用〕て思へどうつせみの人目を繁み妹に逢はぬかも」〔訳〕心では激しく燃えて思うけれど、人目がうるさいので、あの娘に逢わないことよ。(「うつせみの」は「人」にかかる枕詞)

も-ゆらに〔副〕〔「も」は接頭語〕玉の触れ合って鳴るさま。ゆらゆらと。〈記・上〉「ぬなとももゆらに、天の真名井に振りすすぎて」〔訳〕玉の音もゆらゆらと(たてながら)、天の真名井(の水)で振って洗い清めて。

も-よ〔間助〕《上代語》〔係助詞「も」+間投助詞「よ」〕感動の意を表す。ねえ。ああ…よ。〈万葉・一・一〉「籠もよみ籠持ち掘串もよみ掘串持ち」〔訳〕↓こもよ… 〔和歌〕

もよおす【催す】⬇もよほす

〔接続〕種々の語に付く。

もよひ【催ひ】〔名〕準備すること。用意。〈徒然・一五五〉「とかくのもよひなく、足を踏み止むまじきなり」〔訳〕あれこれの準備もなく、足を踏みとどめてはならないのである。

もよほし【催し】〔名〕❶うながすこと。催促。勧誘。〈うつほ・蔵開下〉「殿の御心と思し立ちたるか。御もよほしか」〔訳〕殿(ご自身)のお心からお思い立ちになったのか。(それともあなたの)お勧めか。❷きざし。もと。たね。❸くわだて。はからい。手まわし。

もよほ・す (モヨオス)【催す】〔他サ四〕{さ・し・す・す・せ・せ}❶**うながす。せきたてる。催促する。**〈土佐〉「『船疾く漕げ。日のよきに』ともよほせ〔已〕ば」〔訳〕「船を早く漕げ。天気がよいから」とせきたてると。❷物事や感情をひき起こす。誘い出す。〈徒然・一五五〉「春はやがて夏の気をもよほし〔用〕」〔訳〕春はそのまま時をおかず夏の気配をひき起こし。❸**集める。召集する。**〈平治物語〉「朝長は信濃へくだり、甲斐・信濃の源氏どもをもよほし〔用〕てのぼるべし」〔訳〕朝長は信濃(長野県)に下り、甲斐(山梨県)と信濃の源氏たちを召し集めて上京せよ。❹**とりおこなう。挙行する。**〈徒然・一九〉「公事ども繁く、春の急ぎにとり重ねてもよほし〔用〕おこなはるるさまぞ、いみじきや」〔訳〕朝廷の政務や儀式がいろいろと頻繁で、新春の準備と併せて挙行し行われるようすは、すばらしいことだなあ。❺準備して待つ。〈雨月・浅茅が宿〉「絹あまた買ひ積みて、京に行く日をもよほし㊥ける」訳 絹をたくさん買い集めて、都へ行く日を待ちかまえていた。

もら・す【漏らす・洩らす】他サ四{さ・し・す・す・せ・せ} ❶もれるようにする。こぼす。〈源氏・帚木〉「涙を漏らし㊥落としても、いと恥づかしくつつましげにまぎらはし隠して」訳（女は）涙をこぼし落としても、ひどく恥ずかしくきまりわるそうにとりつくろい隠して。❷隠していたことをひそかに知らせる。〈源氏・夕顔〉「さらに心よりほかにもらす㊇な」訳 決して（おまえの）心以外（の者）に知らせるな。❸抜かす。省く。〈源氏・夕顔〉「この程のことくだくだしければ、例のもらし㊥つ」訳 この間のことは話が長たらしくなるから、いつものように省いた。❹とり逃がす。〈平家・九・木曽最期〉「あますな、者ども、もらす㊇な、若党、うてや」訳（討ち）もらすな、みなの者、とり逃がすな、若者ども、討てよ。

もり【森・杜】名 ❶樹木の茂った所。❷神社のある地で、神霊の宿る樹木が高く茂った所。

もり【守り】名 ❶監視し守ること。また、その人。番人。多く、複合語として用いられる。「関守」「野守」❷子供を守り養育すること。また、その人。子守。

森川許六（もりかわきょりく）モリカワキヨリク《人名》（一六五六～一七一五）江戸前期の俳人。「きょろく」とも。名は百仲。近江（滋賀県）彦根藩士。蕉門十哲の一人。俳文・俳論にすぐれ、また画もよくした。俳論書「俳諧問答」、編著「風俗文選」など。（許六忌 秋）

もり・く【漏り来】自カ変{こ・き・く・くる・くれ・こ(こよ)}もれてくる。〈古今・秋上〉「木の間よりもりくる㊍月の影見れば心づくしの秋は来にけり」訳 木の間からもれてくる月の光を見ると、あれこれと物思いをして心をくだく秋は来たのだなあ。

もり・べ【守部】名「もりへ」とも。番人。特に、山・原野・陵墓・関所などの番人。

も・る【漏る・洩る】自ラ四・下二{ら・り・る・る・れ・れ}{れ・れ・る・るる・るれ・れよ} ❶（水・光・音などが）すき間を通って、外へ出る。こぼれる。〈枕・三八〉「夜ふけて、月の窓より洩り㊥（四段）たりしに」訳 夜がふけて、月の光が窓から漏れていたが。❷秘密が他に知られる。〈平家・三・西光被斬〉「これらが内々はかりしことのもれ㊥（下二段）にけるよ」訳 この者どもの内々くわだてたことが他に知られてしまったなあ。❸省かれる。除外される。〈源氏・賢木〉「このたびの司召（=官職の任命式）にももれ㊥（下二段）ぬれど」訳 今回の司召しにも外れてしまったが。

も・る【守る】他ラ四{ら・り・る・る・れ・れ} ❶見張る。番をする。〈古今・秋下〉「山田守る㊍秋の仮庵に置く露は稲負鳥の涙なりけり」訳 山間の田の番をする秋の仮小屋に降りる露は、稲負鳥（未詳）の涙だったのだ。❷（人の目を）はばかる。すきをうかがう。〈万葉・一二・三〇〇〇〉「心無き雨にもあるか人目守る㊍乏しき妹に今日だに逢はむを」訳 無情な雨であることよ。人目をはばかっている、めったに逢えないあなたにせめて今日だけでも逢いたいのに。

もろ‐【諸・両】接頭（名詞に付いて）❶二つそろっている意を表す。両方の。「諸手」「諸刃」❷いっしょの、の意を表す。「諸声」「諸寝」❸多くある意を表す。さまざまの。「諸人」「諸色」

もろ‐こし【唐土・唐】名 わが国で中国をさして呼んだ称。〈竹取・火鼠の皮衣〉「この皮は、唐にもなかりけるを」訳 この皮は、中国にもなかったが。

もろこし‐ぶね【唐土船】名 中国からの船。また、中国へ派遣した船。

もろ‐ごゑ（ゴエ）【諸声】名 いっしょに声を出すこと。互いに声を合わせること。〈枕・六〉「犬のもろ声にながながとなきあげたる、まがまがしくさへにくし」訳 犬が何匹かいっしょの声で長く声を引いてほえたてたのは、不吉な感じまでして不快だ。

もろ‐て【諸手】名 両手。

もろとも‐に【諸共に】副 いっしょに同じ行動をするさま。そろって。〈竹取・かぐや姫の昇天〉「『されどおのが心ならず、まかりなむとする』と言ひて、もろともにいみじう泣く」訳「けれども（私＝かぐや姫は）自分自身の本心とは違って、（月の都へ）おいとましてしまおうとする」と言って、（翁や嫗と）いっしょにひどく泣く。

もろともに… 和歌《百人一首》【もろともにあはれと思へ山桜花よりほかに知る人もなし】〈金葉・雑上・行尊〉➡付録①「小倉百人一首」66

もろ‐ひと【諸人】名「もろびと」とも。多くの人々。たくさんの人。

もろ‐もろ【諸諸】名 多くのもの。すべてのもの。また、多くの人。〈万葉・二〇・四三七二〉「諸々は幸くと申す帰り来までに」訳 人々は無事に（いてくれるように）と（私は神に）祈る。（私が）帰って来るまでは。

もろ‐や【諸矢】名 対になった二本の矢。初めに射るのを「甲矢」、あとに射るのを「乙矢」という。〈徒然・九二〉「諸矢をたばさみて的に向かふ」訳 二本の矢を手にはさみ持って的に向かう。

もろ‐をりど（オリド）【諸折り戸】名 両開きの扉。左右に開く折り戸。

もん【文】名 ❶文字。また、文句。文章。〈徒然・二三二〉「父の前にて、人ともの言ふとて、史書の文を引きたりし」訳 父の面前で、人と話をするということで、（中国の）歴史の本の文章を引用していたのは。❷「呪文（=まじないに唱える文句）」「経文（=仏教の経典の文句）」の略。〈太平記・二四〉「口に文を呪したるに」訳 口に呪文を唱えたところ。❸貨幣の単位。穴あき銭一個。貫の千分の一。❹（一文銭を並べてはかったところから）足袋の大きさの単位。一文は八分（=約二・四センチメートル）。

もん【紋・文】名 ❶あや。模様。❷家の紋章。紋所。家紋。

もん‐ざい【文才】名 学問、特に、漢学・漢文の才。

もんざう‐はかせ（モンゾウ）【文章博士】名「もんじゃうはかせ」に同じ。

もんじ‐の‐ほふし（ホウシ）【文字の法師】経典の注釈や教理の学問的な研究ばかりをして、実践面の修行を怠る僧。禅僧が学問僧をあざけっていう語。

文集（もんじふ）モンジュウ《作品名》➡白氏文集

もんじゃう‐の‐しゃう（モンジョウノショウ）【文章の生】名 大学寮で文章道（=歴史と漢詩文）を学ぶ

学生で、式部省の試験に及第した者の称。文章生。進士。

もんじゃう-はかせ【文章博士】モンジョウ 名「もんざうはかせ」とも。大学寮において文章道(=歴史と漢詩文)を教授した者。

もん-じゅ【文殊・文珠】名《梵語の音訳》「文殊師利菩薩」の略。知恵をつかさどる菩薩。像は、ふつう獅子に乗る。釈迦如来の左に侍し、右方には普賢菩薩が侍する。

もん-ぜき【門跡】名「一門派の跡」の意) ❶一つの門派の教義を伝え、法統を継承する寺・僧。❷皇族・上級貴族、またその子弟が出家して、その法統を伝えている寺院。また、その住職。

もんちゅう-じょ【問注所・問註所】名「もんぢゅうしょ」とも。❶鎌倉・室町幕府の役所の名。政所に属し、主として訴訟・裁判をつかさどる。❷「問注所執事」の略。①の長官。

もん-と【門徒】名 ❶門人。門弟。また、仏教で、同じ宗門の信徒。❷「門徒宗」の略。浄土真宗の俗称。また、その信徒。

もんめ【匁・文目】名 ❶重さの単位。貫の千分の一。一匁は約三・七五グラム。❷江戸時代の銀貨の単位。時代によって異なるが、元禄十三年(一七〇〇)の公定交換比率によれば、銀六十匁を金一両とする。

もん-ゐん【門院】イン 名 (皇居の門の名をつけたところから)朝廷から天皇の生母・内親王などに与えられた称号。後一条・後朱雀天皇の生母藤原彰子を、上東門院と称したのに始まる。

や ヤ

や【八】名 ❶はち。やっつ。❷数・量の多いことを表す。「八雲」「八重」

や【矢・箭】名 武具の一つ。一方の端に羽を、他の端に鏃を付け、弓の弦につがえて射るもの。

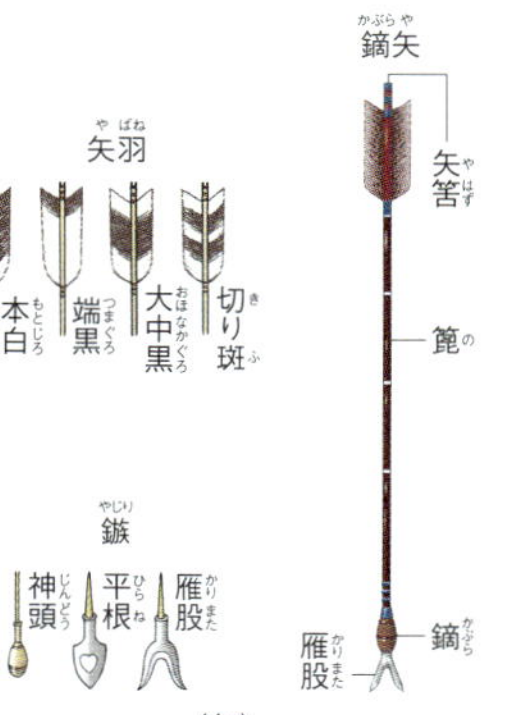

(矢)

や【屋・家】名 ❶家。家屋。部屋。❷屋根。〈竹取・竜の頸の玉〉「屋の上に糸を染めて色々に葺かせて」訳 屋根の上には糸を染めていろいろな色に(美しく)葺かせて。

や【輻】名 車輪の部分の名。車軸と周囲の輪とをつなぐ放射状に並んだ棒をいう。⬇車「古文常識」

や 感 ❶呼びかけのことば。やい。おい。もしもし。〈宇治・一・三〉「や、な起こし奉りそ」訳 おい、お起こし申すな。❷驚いたときや思い付いたときに発することば。あっ。ああ。〈源氏・帚木〉「物におそはるる心地して、『や』とおびゆれど」訳 (空蟬は)何かの霊に襲われる感じがして、「あっ」とおびえる(ように叫んだ)が。❸はやしことば。また、掛け声。❹呼びかけに答えることば。おう。はい。

や 係助 終助 間助 ⬇次ページ助詞「や」

やい-ば【刃】名「やきば」のイ音便) ❶焼き入れをして硬くした刃。また、刀の刃にある波状の模様。❷刃物。刀剣類の総称。❸鋭いもの、威力あるものをたとえていう語。〈平家・五・文覚荒行〉「およそ飛ぶ鳥も祈り落とす程の刃の験者とぞ聞こえし」訳 (文覚は)総じて飛ぶ鳥も祈禱によって落とすほどの刃のように威力のある修験者と評判があった。

やう ヨウ【益】名「やく(益)」のウ音便) 利益。甲斐。効果。〈竹取・ふじの山〉「『たがためにか。何事もやうもなし』とて、薬も食はず」訳「だれのために(命を惜しむの)か。何事も甲斐もない」と言って、薬も飲まず。

-やう ヨウ【様】接尾 ❶(名詞に付いて)それらしく思われるもの。…のよう。…のふう。…の流儀。〈源氏・常夏〉「近き河の石伏やうのもの、御前にて調じてまゐらす」訳 近くの川の石伏(=川魚の名)のようなものを、(光源氏たちの)御前で料理して差し上げる。❷(動詞や助動詞の連用形に付いて)…のしかた。…のぐあい。〈徒然・二三六〉「この御社の獅子の立てられやう、定めてならひあることに侍らん」訳 この御社の獅子像の立てなさり方は、きっといわれがあることでございましょう。

やう ヨウ【様】名 ⬇八三六ページ 291

やう-き ヨウ【様器・楊器】名 語義未詳。儀式に用いる食器とも、食器を載せる台ともいう。〈枕・八三〉「雪のいみじう降りたりけるを、様器に盛らせ給ひて」訳 雪がとてもたくさん降ったのを、(村上天皇は)様器に高くお積みあげになられて。

やう-じゃう ヨウジョウ【養生】名 健康を保つこと。摂生。また、療養すること。〈方丈・四〉「つねに歩き、つねに働くは養生なるべし」訳 いつも出歩き、いつもからだを動かすのは健康を保つもとであるはずだ。

やう-す ヨウ【様子】名 ❶ありさま。状態。❷みなり。姿かたち。体裁。❸しさい。わけ。事情。〈浮・好色五人女〉「様子あってのにはか坊主」訳 わけがあって急に出家した僧。❹けはい。きざし。

やう-だい ヨウ【様体・様態】━ 名 ❶姿。形。なりふり。容姿。〈蜻蛉・下〉「かしらつきをかしげにて、やうだいいとあてはかなり」訳 (女の子は)髪の形もいかにも美しいようすで、容姿がとても上品である。❷ありさま。状況。事情。〈大鏡・師尹〉「事のやうだいは、三条院のおはしましけるかぎりこそあれ」訳 事の真相は(こうです)、三条院が生きていらっしゃった間はともかく。❸病気のありさま。病状。❹手段。方法。

や　一係助　二終助　三間助

意味・用法 ／ **用例**

一 係助詞

文中にある場合、係り結びによって、「や」を受ける文末の活用語は連体形となる。

❶疑問

…か。

㋐自己の疑いの気持ちを表す。

例 これやわが求むる山ならむ〈竹取・蓬萊の玉の枝〉

訳 これが私のさがしている山なのだろうか。

㋑相手に問いかける意を表す。

例「さることやありし」と問はせ給へば〈枕・一三七〉

訳（中宮が）「そういうことがあったのか」とお尋ねになられたので。

> **定型表現** 係り結び
>
> **や…連体形**
>
> 例 花や咲きたる。〈疑問〉（連体形）
> （＝花が咲いているか）
>
> 例 われや言ひたる。〈反語〉（連体形）
> （＝私が言ったか（いや、言うはずがない））

❷反語

…（だろう）か（いや、…ない）。

例 見てのみや人に語らむ桜花手ごとに折りて家づとにせむ〈古今・春上〉

訳（この美しさを）見て人に語るだけでよいだろうか（いや、よくない）。（さあ）桜の花をめいめいが手折って、家へのみやげにしよう。

二 終助詞

❶疑問

…か。

例 すこし立ち隠れて聞くべき物の隈（くま）ありや〈源氏・橋姫〉

訳 ちょっと隠れて聞くことのできる物陰はあるか。

❷反語

…（だろう）か（いや、…ない）。

例 妹（いも）が袖別れて久（ひさ）になりぬれど一日（ひとひ）も妹を忘れて思へや〈万葉・一五・三六〇四〉

訳 妻の袖と別れて長くたったけれど、一日でも妻を忘れることがあろうか（いや、忘れはしない）。

「や」の文法ノート

1 結びの省略

一で、「ありけむ」「あらむ」などが文末にくる場合に、結びの語が省略されることもある。

例 まさしく有りし心地のするは、我ばかりかく思ふにや〈徒然・七一〉

訳（いつだったか、こんなことが）間違いなくあった気持ちがするのは、私だけがこのように感じるのだろうか。（下に「あらん」が省略されている）

2 反語の「や」

一②の反語の場合は「やは」の形になることが多い。

例 もろともに言ふ甲斐（かひ）なくてあらむやはとて〈伊勢・二三〉

訳（男は、この女と）ともにみじめな暮らしをしていられようか（いや、そうはありたくない）と思って。

3 「や」と「か」の違い

疑問の意を表す助詞には、ほかに「か」がある。「や」は、疑問とする点がそのあとに、「か」はその前にくるという違いがある。疑問の意を表す語（「いづこ」「なぞ」「たれ」など）との位置関係は次のようになる。

例 春霞（はるがすみ）たてるやいづこ〈古今・春上〉

訳 春霞が立っているのはどこか。

例 いづれの山か天に近き〈竹取・ふじの山〉

訳 どの山が天に近いか。

中古の用法では、「や」には疑問語がない場合があるが、「か」は必ず疑問語とともに用いられる。

4 終助詞・間投助詞の「や」

③詠嘆 …かなあ。…なあ。
例 津の国の難波(なには)の春は夢なれや葦(あし)の枯れ葉に風渡るなり〈新古・冬〉
訳 摂津(せっつ)の国(大阪府北部と兵庫県東部)の難波の春の景色は(はかない)夢なのだろうかなあ。葦の枯れ葉に風が吹き渡る音がする。

三 間投助詞
①感動・詠嘆 …だなあ。
例 あはれ、いと寒しや〈源氏・夕顔〉
訳 ほんにまあ、ひどく寒いなあ。

②呼びかけ …よ。
例 朝臣(あそん)や、さやうの落ち葉をだに拾へ〈源氏・常夏〉
訳 朝臣(＝夕霧)よ、せめてそういう落ち葉をでも拾えよ。

③並列 並べ立てて列挙する。…やら…やら。
例 御修法(みずほふ)や何やなど、わが御方にて多く行はせ給ふ〈源氏・葵〉
訳 (光源氏は葵(あおい)の上の安産の)ご祈禱(きとう)やら何やらなど、ご自分のお部屋でいろいろ行わせなさる。

接続 一 種々の語に付く。活用語には連体形・連用形に付く。上代では活用語の已然形にも付く。 二 活用語の終止形・已然形に付く。已然形に付くのは「万葉集」に多く、中古でも和歌のみにみられる。 三 文節の切れめ、体言、活用語の連体形に付く。

二 名・形動ナリ もったいぶること。〈浮・好色五人女〉「我が家(いへ)の裏なる草花見るさへ、かくやうだいなり(終)」訳 自分の家の裏にある草花を見るのにさえ、このようにもったいぶって大げさなのである。

やう-でう ヨウジョウ【横笛】名 よこぶえ。
参考 「横笛」の字音「わうてき」が「王敵」と通じるので、避けて読み替えたものという。

(やうでう)

やう-なり ヨウ 助動ナリ型 〔名詞「やう(様)」＋断定の助動詞「なり」〕

意味・用法
比況(まるで…ようだ。)→①
同一(…とおりだ。…まま だ。)→②
例示(たとえば…ようだ。)→③
不確かな断定(…みたいだ。…ようだ。)→④
願望(…ように。)→⑤

接続 活用語の連体形、格助詞「の」、まれに「が」に付く。

二 の終助詞は、係助詞「や」の文末用法とする説もある。また、三 の間投助詞「や」の文末用法を終助詞とする説もある。

5 切れ字
三 ①には、和歌・連歌・俳諧などで、語調を整えたり、表現を切って余情を持たせたりする用法がある。連歌・俳諧の場合はこれを切れ字という。➡付録①「俳句をよむ」
例 荒海や佐渡によこたふ天(あま)の河〈細道・芭蕉〉
訳 →あらうみや…(俳句)

活用

未然	連用	終止	連体	已然	命令
やうなら (ム)	やうなり (ケリ) やうに (テ)	やうなり (。)	やうなる (コト)	やうなれ (ドモ)	○

①他の事物に似ている意を表す。(まるで)…ようだ。〈源氏・若紫〉「髪は扇をひろげたるやうに(用)ゆらゆらとして」訳 (若紫の)髪はまるで扇を広げたようで、(動くたびに)ゆらゆらと揺れて。
②他の事物と同じである意を表す。…とおりだ。…ままだ。〈大鏡・道長下〉「思ふやうなる(体)木持て参りたりとて」訳 望むとおりの(梅の)木を持って参ったということで。
③例示の意を表す。(たとえば)…ようだ。〈竹取・蓬萊の玉の枝〉「鬼のやうなる(体)もの出(い)で来て殺さむとしき」訳 鬼のようなものが出て来て殺そうとした。
④不確かな断定、または婉曲(えんきょく)な断定の意を表す。…みたいだ。…ようだ。〈源氏・若菜上〉「中納言などは、年若くかろがろしきやうなれ(已)ど」訳 中納言(＝夕霧)などは年も若く重みがないようであるけれども。
⑤(「やうに」の形で)願望の意をこめて「…ように」の

最重要330 291

やう ヨウ 【様】 名

ガイド ふつう、修飾語を伴って用いられる。③「わけ」の意に注意。③は「やうあらむ(=何かわけがあるのだろう)」の形で用いられることが多い。

❶ **様式。形式。手本。**

例 定まれるやうある物を難なくし出づることなむ〈源氏・帚木〉 訳 (道具類で)定まった型のある品物を欠点がないようにつくりあげることは。

❷ **形。姿。ようす。状態。**

例 こぼちわたせりし家どもは、いかになりにけるにか、ことごともとのやうにしも作らず〈方丈・三〉 訳 一面に取りこわしてしまった家々は、どうなってしまったのであろうか、すべてもとどおりの姿には作らない。

❸ **わけ。事情。理由。**

例 いかにかくはあつまる、何かあらんやうのあるにこそ〈宇治・一・六〉 訳 どうしてこうは(人が)集まるのか、何か格別のわけがあるのであろうか。

❹ **方法。手段。やり方。**

例 すべきやうなくて〈徒然・五三〉 訳 (鼎から頭を抜こうとするが)とるべき手段もなくて。

❺ **(見ること・思うこと・言うこと・あることなどの、その内容を表す)こと。…ことには。**

例 かぐや姫に言ふやう、「なんでふ心地すれば、かくものを思ひたるさまにて、月を見給ふぞ」〈竹取・かぐや姫の昇天〉 訳 (翁が)かぐや姫に言うことには、「どんな気持ちがする(という)ので、このように物思いに沈んだようすで、月をご覧になるのか」。

意を表す。〈徒然・一〇七〉「すべて男をば、女に笑はれぬやうに 用 おほしたつべしとぞ」 訳 一般に男を、女に笑われないように養育するのがよいということだ。

文法 平安時代に、漢文調の文章で用いられた「ごとし」に対するものとして、和文で用いられた。

やうめい-の-すけ ヨウメイ― 【揚名の介】 名 平安時代以降、名目だけで職務も俸禄もない国司の次官。

やう-やう ヨウヨウ 【様様】 名・形動ナリ いろいろ。さまざま。種々。〈著聞・三四七〉「季武負けて、約束のままに、やうやうの物ども取らす」 訳 季武は(弓争いに)負けて、約束どおりに、種々の物をあれこれ与える。

やう-やう ヨウヨウ 【漸う】 副 ➡次ページ 292

やう-やく ヨウ― 【漸く】 副「やうやう(漸う)」に同じ。

やう-りう ヨウリュウ 【楊柳】 名「楊」はかわやなぎ、「柳」はしだれやなぎの意)広く、やなぎをいう。 春

や-うれ 感「やおれ」とも。(目下の)人に呼びかけるときにいう語。やあ。やい。おい。〈宇治・五・三〉「やうれ、おれらよ、召されて参るぞ」 訳 おい、おまえたちよ、(自分は)召されて参上するぞ。

やえ 〖八重〗 ➡やへ

やお 〖八百〗 ➡やほ

や-おもて 【矢面】 名 矢の飛んで来る正面。敵に面した最前線。矢先。

やおよろず 〖八百万〗 ➡やほよろづ

やおら ➡やをら

-やか 接尾 (名詞、形容詞の語幹、形容動詞の語幹などに付いて)「いかにも…と感じられるさまである」の意の形容動詞の語幹をつくる。〈竹取・かぐや姫の昇天〉「心ばへなど貴やかにうつくしかりつることを」 訳 (かぐや姫は)気立てなども高貴でかわいらしかったことを。

例語 青やか・大人しやか・大きやか・軽びやか・際やか・きらびやか(=はなやかで美しいさま。また、きっぱりしたさま)・けざやか・細やか・細やか・爽やか・静やか・嫋やか(=たおやかなさま)・忍びやか・しめやか・清やか・速やか・聳やか・高やか(=いかにも高いさま)・たぶやか(=たっぷりあるさま)・嫋やか・づしやか・約まやか・艶やか・和やか・なびやか(=しなやかなさま)・生やか(=若く美しいさま)・なよやか(=しなやかで美しいさま)・匂ひやか・匂やか(=つやつやと美しいさま)・のどやか・花やか・密やか(=ひっそりしているさま)・ひはやか(=弱々しく細いさま)・ひよやか(=ひ弱に見えるさま)・細やか・忠実やか・短やか(=いかにも短いと感じられるさま)・雅びやか・豊やか(=ゆったりしているさま)・若やか・礼やか・をかしやか

や‐かげ【家陰・屋陰】名 家のかげ。家によってかげになる所。

や‐かず【矢数】名 ❶矢の数。特に一人の射手が射た矢の、的に当たった数。〈大鏡・道長上〉「帥殿の矢数いま二つ劣り給ひぬ」訳 帥殿(＝藤原伊周)の当たり矢の数がもう二本(道長に)ひけをとりなさった。❷射手が競って力の続く限り矢を射ること。特に、陰暦四、五月ごろ京都の三十三間堂(＝蓮華王院本堂)で行うものが有名。通し矢。夏 ❸「矢数俳諧」の略。一昼夜に一人で吟作した句数を競う俳諧の興行。井原西鶴の二万三千五百句を最高とする。「おほやかず」とも。

や‐かた【屋形・館】名 ❶仮に建てた家。**仮の宿所。**〈平家・九・坂落〉「火を出だし、平家の屋形、仮屋をみな焼き払ふ」訳 火を放って、平家の(身分のある人の)仮の宿所や(侍たちの)仮小屋をみな焼き払う。❷貴人の宿所・**邸宅**。また、そこに住む身分の高い人を敬っていう語。❸牛車で屋根のある部分。車箱。〈枕・三三〉「ものの枝などの、車の屋形などにさし入るを」訳 木の枝などが、牛車の屋形などに入り込むのを。❹船の上にしつらえた、屋根のある部屋。船屋形。❺「屋形船」の略。

やかた‐ぶね【屋形船】名 中央に「屋形④」をしつらえた大型の船。江戸時代になると、川遊びなどに用いる遊覧用のものが流行した。

（やかたぶね）

やがて【軈て】副 ⬇次ページ 293

家持（やかもち）《人 名》→大伴家持

や‐から【族】名 ❶一族。一門。〈紀・舒明〉「蘇我氏の諸族等悉くに集ひて」訳 蘇我氏の一族の者どもがすべて集まって。❷友。仲間。連中。

や‐かん【射干・野干】名 ❶中国で、狐に似た伝説上の獣をいう。❷日本で、狐の異称。❸能面の名。鬼畜面の一種。

や‐き【八寸】名 馬の丈に用いる語。丈が四尺八寸(＝約一四五センチメートル)であること。丈の高いりっぱな馬にいう。

参考 馬の丈は前足の先から肩までの高さ四尺(＝約一二一センチメートル)を標準とし、それ以上は寸だけで表した。一寸は約三センチメートル。

やく【役】名 ❶公用のために人民に課せられる労役。夫役。〈宇治・四・一〇〉「かやうの役に催し給ふは、いかなることぞ」訳 このような労役に(私を)召し出しなさるのは、どういうことだ。❷役目。職務。❸唯一の仕事。それだけに専念するつとめ。〈更級・子忍びの森〉「かやうに、そこはかなきことを思ひつづくるを役にて」訳 このように、とりとめもないことを思い続けるのを唯一の仕事にして。

やく【約】名 約束。契約。〈徒然・二二〉「約をも頼むべからず。信あることすくなし」訳 (他人の)約束をも頼みにすることはできない。(そのことに)信実のあることは稀である。

やく【益】名 **利益。**また、**ききめ。**効果。〈徒然・一二三〉「金はすぐれたれども、鉄の益多きにしかざるがごとし」訳 金はすぐれているけれども、鉄の効用の多いのには及ばないようなものである。

や・く【焼く】■ 他カ四 {か・き・く・く・け・け} ❶火をつけて燃やす。〈伊勢・一二〉「武蔵野は、今日はな焼きそ」訳 武蔵野は、今日は焼かないでくれ。❷**思いをこがす。**心を悩ます。〈万葉・一三・三二七一〉「あがこ

最重要330

292 **やうやう**（ヨウヨウ）【漸う】副 〔「やうやく」のウ音便〕

ガイド 漢文訓読体の文で用いられる「やうやく」に対して、「やうやう」は和文で用いられた。②は中世以後の用法で、現代語ではこの意味で、「ようやく」が用いられる。

❶ **だんだん。しだいに。**

例 春はあけぼの。やうやうしろくなりゆく、山ぎはすこしあかりて〈枕・一〉

訳 春は夜明け方(が趣がある)。だんだんと白くなっていく、山に接するあたりの空が少し明るくなって。(「あかりて」は「赤みを帯びて」と解釈する説もある)

語感実感 台風による交通機関の乱れが、天候の回復とともに、だんだんと解消されてゆく感じ。

❷ **かろうじて。やっと。**

例 やうやうとして、穴の口までは出でたれども、え出でずして、たへがたきことかぎりなし〈宇治・一三・一二〉

訳 (僧は)やっとのことで、穴の口までは出たけれども、(外へは)出ることができないで、苦しいことはこの上ない。

最重要330

293 やがて【軈て】副

ガイド 時間的にも状態的にも隔たりがなく、前に引き続くさまを表す。現代語では中世以降に生じた④の意で用いるが、状態が連続するさまをいう①、時間が連続するさまをいう②の意で用いることが多い。もっぱら連体修飾語として二つの事象が連続するさまをいうのが③の用法。

❶ **そのまま。引き続いて。**

例 薬も食はず、やがて起きもあがらで病みふせり〈竹取・ふじの山〉

訳 薬も飲まず、そのまま起きあがることもなく病の床にふせっている。

❷ **すぐに。さっそく。**

例 名を聞くより、やがて面影は推しはからるる心地するを〈徒然・七一〉

訳 名前を聞くやいなや、すぐに(その人の)顔つきは推測できる感じがするが。

❸ **ほかならぬ。とりもなおさず。すなわち。**

例 やがてこの邦綱の先祖に、山陰中納言といふ人おはしき〈平家・六・祇園女御〉

訳 ほかならぬこの(藤原)邦綱の先祖に、山陰中納言という人がいらっしゃった。

❹ **まもなく。そのうち。**

例 やがて人里に至れば、あたひを鞍つぼに結びつけて馬を返しぬ〈細道・那須〉

訳 まもなく人里に着いたので、(馬の)借り賃を鞍の腰をおろすところに結びつけて馬を返した。

語感実感 急病人の知らせを受けて、間髪を入れずに救急隊が出動し、現場に駆けつける感じ。

ころ焼く体もわれなり愛しきやし君に恋ふるもわが心から」訳 自分の胸をこがすのも私だし、ああ、いとしい、あなたに恋いこがれるのも私の心のせいだ。

❸人をだます。おだてる。〈浮・好色一代女〉「人をよく焼く体とて野墓のるりと名に呼ばれて」訳 (私は)人をうまく焼く(=おだてる)というので、野墓(=火葬場兼墓地)のるりという名で呼ばれて。

■二 自力下二〔け・け・く・くる・くれ・けよ〕❶火がついて燃える。〈方丈・一〉「あるいは去年焼けて今年作れり」訳 あるもの(=家)は去年焼け用て今年(新たに)建てている。❷心が乱れる。思いこがれる。〈古今・雑体〉「胸走り火に心焼け用をり」訳 胸の中を落ち着かず駆けめぐる火で、心の中は思いこがれている。(「胸走り」と「走り火」をかける)

-や・ぐ 接尾ガ四型〔が・ぎ・ぐ・ぐ・げ・げ〕(名詞、形容詞・形容動詞の語幹などに付いて)「…のような状態になる」「…のようにふるまう」の意の動詞をつくる。〈源氏・御法〉「御心地もいささかはやぐ体やうなれど」訳 (紫の上は)ご気分もわずかばかりさわやかになる様子であるが。

例語 けざやぐ・聳やぐ(=すらりと伸びる)・嫋やぐ・花やぐ・細やぐ(=やせてほっそりする)・若やぐ

やくさ-の-かばね【八色の姓・八種の姓】 名 天武天皇が六八四年に、各氏の家格を整理統一するために制定した八等級の姓。上位から順に、真人・朝臣・宿禰・忌寸・道師・臣・連・稲置の称。「八姓」とも。

やく-し【薬師】 名《仏教語》「薬師瑠璃光如来」の略。東方浄瑠璃世界の教主。十二の誓願を立てて、衆生の病苦を救う仏として信仰された。右手で印を結び、左手に薬壺を持っている。薬師仏。薬師如来。

(やくし)

やく-しゅ【薬種】 名 漢方薬の原料となる草や木。薬品。生薬。

やく-と【役と】 副 それだけに専念するさまを表す語。もっぱら。ひたすら。余念なく。〈宇治・七・三〉「水飯をやくと召すとも、この定に召さば、さらに御太り直るべきにあらず」訳 水にひたした飯(だけ)をもっぱら召し上がっても、この調子で召し上がったら、決してご肥満がおさまるはずはない。

やく-な・し【益無し】形ク{(から)・く(かり)・し・き(かる)・けれ・かれ}❶利益がない。むだである。くだらない。〈徒然・一二七〉「改めて益なき体ことは、改めぬをよしとするなり」訳 改めても利益のないことは、改めないのをよいとするのである。
❷困ったことだ。感心できない。〈大鏡・道長上〉「御けしき変はりて、益なし終と思したるに」訳(勅命を受けた殿たちは)お顔色が変わって、困ったことだと思っていらっしゃるのに。

やく-にん【役人】名❶役目を持っている人。係の者。
❷公務に就いている人。
❸役者。俳優。芸人。

やくにんの… 川柳

役人の　子はにぎにぎを　能く覚え
〈柳多留・一〉

訳 いつもわいろを握らされている役人の子は、親にならって、赤ん坊のときからにぎにぎ(=手を握ったり広げたりする赤ん坊のしぐさ)をよく覚えることだ。

解説 町人の立場から役人の収賄を風刺した句。

やく-はらひ【厄払ひ・厄祓ひ】名❶神仏に祈って身の厄・けがれなどを払い落とすこと。厄落とし。厄よけ。
❷大晦日や節分の夜などに、「御厄払いましょう」と災難よけの文句を言って町を歩き回り、金銭をもらい受けた物もらいの一種。冬

や-くも【八雲】名❶幾重にも重なっている雲。八重雲。〈記・上〉「八雲立つ出雲八重垣妻ごみに八重垣つくるその八重垣を」訳→やくもたつ… 歌謡
❷(①の用例の須佐之男命の歌を和歌の最初のものとすることから)和歌のこと。

やくも-たつ【八雲立つ】《枕詞》雲が幾重にも立ちのぼる意から「出雲」にかかる。〈紀・崇神〉「やくもたつ出雲建が」

やくもたつ… 歌謡

枕詞
八雲立つ　出雲八重垣　妻ごみに
八重垣つくる　その八重垣を
〈古事記・上・須佐之男命〉

訳 (盛んに雲がわき立つ)出雲の八重垣(=幾重にもめぐらした垣根)。妻をこもらせるために八重の垣を作る、その美しい八重垣を。

解説 須佐之男命が新婚のための宮殿を造ったときの歌で、五・七・五・七・七の短歌形式の最初の歌とされる。「八雲立つ」は雲が盛んにわき立つ意で出雲をほめたたえる枕詞。雲が立ちのぼるのは、古代ではめでたいことのきざしとされていた。

や-ぐら【櫓・矢倉】名❶武器をおさめておく倉庫。兵器庫。
❷敵情を見たり、矢を射たりするために、城門・城壁などの上に作った高楼。〈今昔・二五・五〉「少々を櫓に登せて遠見をせさせて」訳(家来の)数人を櫓に登らせて遠見をさせて。
❸近世、芝居の座で、興行の公認を得たしるしとして、正面入り口の屋根に座元の定紋(=家紋)の付いた幕を張りめぐらした所。
❹一般に、材木を組んで作った塔や台状のもの。

(やぐら②)

やごと-な・し 形ク{(から)・く(かり)・し・き(かる)・けれ・かれ}(「やんごとなし」の撥音「ん」の表記されない形)「やむごとなし」に同じ。

や-ごろ【矢比・矢頃】名 矢を射当てるのに適した距離。

やさかに-の-まがたま【八尺瓊の勾玉】名❶大きな曲玉(=上代の装身用の玉)。八尺瓊の曲玉・八尺瓊勾玉。一説に、多くの曲玉を長い緒に貫き通して輪にしたもの。
❷皇位の象徴として、歴代天皇が継承する「三種の神器」の一つ。ほかに、八咫の鏡、天の叢雲の剣(=草薙の剣)がある。

や-さき【矢先】名❶矢の先端。鏃。
❷矢の飛んで来る前面。矢面。〈平家・一一・能登殿最期〉「およそ能登の守教経の矢先にまはる者こそなかりけれ」訳 おおかた能登の守教経の(射る)矢の正面に立ちまわる者はなかった。
❸目あて。ねらい。
❹物事がまさに始まろうとするとき。まぎわ。とたん。

やさ・し【優し】形シク →次ページ 294

やさ-ば・む【優ばむ】自マ四{ま・み・む・む・め・め}(「ばむ」は接尾語)やさしいようすに見える。情趣ありげに見える。〈ささめごと〉「ひとへに句の姿・言葉のやさばみ用たるにはあるべからず」訳(艶なる歌といっても)むやみに句の姿やことばが優美に見えていることではなかろう。

や-し 間助《上代語》(間投助詞「や」＋副助詞「し」)語調を整え、詠嘆の意を表す。…よ。…だなあ。〈万葉・二・一三一〉「よしゑやし浦はなくともよしゑやし潟はなくとも」訳 ええ、ままよ。よい浦はなくても。ええ、ままよ。よい潟はなくても。

参考 この語が付くと感動の意を表す独立語となる。「はしけやし」「よしゑやし」などのような限られた言い方でしか使用されない。

やしおおり〔八塩折り〕→やしほをり

やしおじ〔八潮路〕→やしほぢ

やしなひ【養ひ】名❶養うこと。養育。扶養。
❷「養ひ子」の略。養子。
❸食事。また、食物。

やしなひ-ぎみ【養ひ君】名 自分が後見人や乳母となって養育する貴人の子。守り育てる主君。

やしな・ふ【養ふ】他ハ四{は・ひ・ふ・ふ・へ・へ}❶はぐくみ育てる。養育する。扶養する。〈竹取・かぐや姫の生ひ立ち〉「いとをさなければ、籠に入れて養ふ終」訳(かぐや姫は)たいへん小さいので、籠に入れて養育する。
❷力が衰えないように保たせる。養生する。〈徒然・

最重要330

294

やさ・し【優し】形シク〔しから・しく(しかり)・し・しき(しかる)・しけれ・しかれ〕

ガイド やせる意の動詞「痩(や)す」に対応する形容詞。身がやせ細るような思いだ、の意が原義。①②が原義に近く、③は中古以降、④は中世以降に転じてできた語義。

❶身がやせ細るようだ。たえがたい。つらい。

例世の中を憂(う)しとやさし㊚と思へども飛び立ちかねつ鳥にしあらねば〈万葉・五・八九三〉

訳この世の中をつらい、身も細るようだと思うけれど、(どこかへ)飛び立つこともできない。鳥ではないので。

❷恥ずかしい。きまりが悪い。肩身がせまい。

例昨日今日御門(みかど)ののたまはむことにつかむ、人聞きやさし㊚〈竹取・御門の求婚〉

訳昨日今日になって(今さら)帝(みかど)のおっしゃるようなことに従うとすれば、世間への聞こえが恥ずかしい。

❸優美である。上品だ。風流である。

例上臈(じやうらふ)は猶(なほ)もやさしかり㊜けり〈平家・九・敦盛最期〉

訳身分の高い人はやはり風流であるなあ。

例蝶(てふ)の花に飛びかひたる、やさしき㊍もののかぎりなるべし〈鶉衣〉

訳蝶が花のまわりを飛びかっているのは、優美なものの極致であろう。

❹けなげである。感心だ。殊勝である。

例あなやさし㊚。いかなる人にてましませば、み方(かた)の御勢は皆落ち候ふに、ただ一騎残らせ給ひたるこそ優なれ〈平家・七・実盛〉

訳ああ、けなげなことだ。どんなお方でいらっしゃるから(なのか)、味方の御軍勢はみんな落ちのびますのに、ただ一騎だけお残りになられているのはりっぱである。

七四〉「身を養ひ㊜て何事をか待つ」訳身を養生し(長生きし)てどんなことを待つのか(いや、何も待つことはない)。

や-しほ(シオ)【八入】名〔「八(や)」は多数、「入(しほ)」は布を染料に浸す回数を表す接尾語〕染め汁に幾度も浸してよく染めること。また、その染めた布や糸。

や-しほぢ(シオジ)【八潮路】名多くの潮路、潮流。

やしほ-をり(ヤシオオリ)【八塩折り】名❶幾度もくり返して酒などを醸造すること。❷刀などを幾度もくり返して鍛えあげること。

や-しま【八州・八洲・八島】名(多くの島の意から)日本国の異称。大八州(おおやしま)。

やしろ【社】名❶神が来臨する所。古代では、地を清め臨時に小屋などを設けて、神を迎えたという。❷神社。〈徒然・一五〉「寺・社などに、しのびてこもりたるもをかし」訳寺院や神社などに、人に知られないようにこもっているのも興趣がある。

や・す【痩す】自サ下二〔せ・せ・す・する・すれ・せよ〕やせる。〈源氏・末摘花〉「やせ㊜給へること、いとほしげにさらぼひて」訳(末摘花(すゑつむはな)の)おやせになっていることは、気の毒なほどにやせ細り骨ばっていて。

やす-い【安寝】名〔「い」は睡眠の意〕心安らかに眠ること。安眠。〈万葉・五・八〇二〉「眼交(まなかひ)にもとなかかりて安眠(やす)し寝(な)さぬ」訳→うりはめば… 和歌

やすから-ず【安からず】心が落ち着かない。不安だ。妬ましく思う。〈源氏・桐壺〉「同じほど、それより下臈(げらふ)の更衣たちはましてやすからず㊚」訳(桐壺の更衣と)同じ身分の、(または)それよりも低い地位の更衣たちは、(身分の高い女御(にようご)よりも)いっそう心穏やかでない。

なりたち 形容詞「安し」㊍＋打消の助動詞「ず」

やす-げ【安げ】形動ナリ〔なら・なり(に)・なり・なる・なれ・なれ〕〔「げ」は接尾語〕❶安らかなさま。気楽そうである。〈源氏・賢木〉「何事も、人にもどきあつかはれぬ際(きは)はやすげなり㊚」訳万事、(世間の)人から非難してあれこれ言われない(下層の)身分の者は気楽そうである。

❷【易げ】いかにもたやすそうである。〈枕・三七〉「本(もと)を切るさまぞ、やすげに㊜」訳(稲の)根もとを切るようすは、いかにもたやすそうで。

やすけく【安けく】心が安らかなこと。心が穏やかなこと。〈万葉・一五・三七二三〉「あしひきの山路越えむとする君を心に持ちて安けくもなし」訳山道を越えて行こうとするあなたを胸の底に抱いて、(私は)心安らかなこと(が少し)もない。(「あしひきの」は「山」にかかる枕詞)

なりたち 形容詞「安し」のク語法

やす・し 形ク {から・く(かり)・し・き(かる)・けれ・かれ}
❶【易し】㋐やさしい。容易である。たやすい。〈徒然・一〇九〉「あやまちは、やすき(体)所になりて、必ず仕ること候ふ」訳 失敗は、やさしい所になって(から)、必ずいたすものでございます。対 難し
㋑簡単である。無造作である。〈徒然・一一六〉「名をつくること、昔の人は少しも求めず、ただありのままにやすく(用)つけけるなり」訳 名前をつけるのに、昔の人は少しも尋ね探る(=思案をこらす)ことなく、ただありのままに無造作につけたものである。
㋒(動詞の連用形に付いて)…しがちである。…する傾向がある。〈古今・恋五〉「世の中の人の心は花染めの移ろひやすき(体)色にぞありける」訳 世の中の人の心は、露草の花で染めた染め物のようにさめやすい色のものだったのだなあ。
❷【安し】㋐安らかである。心が穏やかである。心がのどかだ。〈徒然・四一〉「かく危ふき枝の上にて、安き(体)心ありて睡るらんよ」訳 こんなに危ない枝の上で、(どうして)安らかな気持ちで眠っているのだろうよ。
㋑軽々しい。安っぽい。〈源氏・橋姫〉「心にまかせて身を安く(用)もふるまはれず」訳 (宿直人は)気分にまかせて(その)身を軽々しくふるまうこともできず。
㋒値段が安い。安価である。〈浮・好色三代男〉「ただやすき(体)物を専らと求む」訳 ただ安価な品物をひたすら求める。

やすみしし【八隅知し・安見知し】《枕詞》「わが大君」「わご大君」にかかる。〈記・中〉「やすみししわが大君」

やす・む【休む】一 自マ四 {ま・み・む・む・め・め} ❶休息する。〈更級・富士川〉「いと暑かりしかば、この水の面に休み(用)つつ見れば」訳 たいそう暑かったので、この(富士川の)水のほとりで休みながら見ると。
❷安らかになる。平穏になる。〈風雅・雑下〉「時として民に心の休む(体)間もなし」訳 いかなるときも庶民には心が平穏になる暇もない。
❸寝る。臥して寝る。〈源氏・空蟬〉「しばしうち休み(用)給へど、寝られ給はず」訳 (光源氏は)しばらく横になりなさるが、お眠りになれない。
二 他マ下二 {め・め・む・むる・むれ・めよ} ❶休ませる。安らかにさせる。〈土佐〉「恋しき心地しばし休め(用)て、またも恋ふる力にせむとなるべし」訳 (亡き子を)恋しく思う気持ちをしばらく休ませて、(さらに)またも恋い慕う力にしようというのであろう。
❷ゆるやかにする。緊張をほぐす。〈源氏・葵〉「身の上のいと苦しきを、しばしやすめ(用)給へ」訳 (私=物の怪の)身体がとても苦しいので、しばらくの間(祈禱を)ゆるやかにしてください。

やす-らか【安らか】形動ナリ {なら・なり(に)・なり・なる・なれ・なれ}〔「らか」は接尾語〕❶穏やかなさま。無事なさま。気楽なさま。〈更級・子忍びの森〉「わが身一つならば、安らかなら(未)ましを、ところせう引き具して」訳 自分一人であるならば、気楽であろうけれども、(家族を)大勢引き連れて。
❷容易なさま。簡単なさま。〈徒然・五一〉「やすらかに(用)結ひて参らせたりけるが、思ふやうに廻りて」訳 (宇治の村人は)やすやすと(水車を)組み立てて差しあげたが、(その水車が)思うように回って。
❸自然であるさま。あっさりしてわざとらしさのないさま。〈徒然・二三一〉「振る舞ひて興あるよりも、興なくてやすらかなる(体)が、まさりたることなり」訳 趣向をこらしておもしろいのよりも、おもしろみはなくても自然でわざとらしくないのが、まさっていることである。

やすら-け・し【安らけし】形ク {から・く(かり)・し・き(かる)・けれ・かれ} 安らかである。穏やかである。〈栄花・ひかげのかづら〉「諸人の願ふ心の近江なる安良の里の安らけく(用)して」訳 すべての人が心に願っていることは、近江の国(滋賀県)にある安良の里の名のように、(この世が)安らかであって(ほしい)ということだ。

やすらはで… 和歌 《百人一首》【やすらはで 寝なましものを 小夜ふけて かたぶくまでの 月を見しかな】〈後拾遺・恋二・赤染衛門〉↓付録①「小倉百人一首」59

やすら・ふ【休らふ】一 自ハ四 {は・ひ・ふ・ふ・へ・へ} ❶ためらう。ちゅうちょする。〈新古・冬〉「おのづからいはぬを慕ふ人やあるとやすらふ(体)ほどに年の暮れぬる」訳 こちらから(訪ねてほしいとは)言わないが、(この山里を)慕って訪ねてくれる人があるかと思ってぐずぐずするうちに、年が暮れてしまったことだ。
❷とどまる。滞在する。〈平家・三・医師問答〉「宋朝よりすぐれたる名医渡って、本朝にやすらふ(体)ことあり」訳 宋の国(=中国)からすぐれた名医が渡ってきて、日本に滞在することがある。
❸休む。立ち止まる。休憩する。〈細道・出羽三山〉「岩に腰かけてしばしやすらふ(体)ほど(=休憩しているうちに)」
二 他ハ下二 {へ・へ・ふ・ふる・ふれ・へよ} 休ませる。休息させる。ゆるめる。〈著聞・三六〉「貞任、くつばみをやすらへ(用)」訳 貞任は、轡(=馬の口にかませる金具)をゆるめ。

やせがへる… 俳句

痩せ蛙 春 まけるな一茶 是に有り 切れ字
〈七番日記・一茶〉

訳 (蛙たたかいに引き出された)痩せ蛙よ、負けるんじゃない。この一茶がここについているぞ。
解説 「蛙たたかひ見にまかる、四月二十日なりけり」の前書きがある。「蛙たたかひ」は、一匹の雌蛙を何匹もの雄蛙が争う習性を利用し、金品を賭けて争わせたもの。弱者・小さなものへの作者の心の投影が見える。「是に有り」は、戦場で武者が名乗りをあげるときのことば。

やせ-さらぼ・ふ【痩せさらぼふ】自ハ四 {は・ひ・ふ・ふ・へ・へ} やせこけて、骨と皮ばかりになる。痛ましいほどやせ細る。〈宇治・六・五〉「物も食はず過ごしたれば、影のやうにやせさらぼひ(用)つつ」訳 (鷹飼いは)何も食わないで過ごしていたので、影のようにやせ細りながらも。

や-ぜん【夜前】名 昨夜。ゆうべ。

や-そ【八十】名〔「そ」は十の意〕はちじゅう。また、数の多いことにいう。〈万葉・三・二七三〉「近江の海八十の湊に鶴多に鳴く」訳 近江の海(=琵琶湖)のたくさんの船着き場に鶴が数多く鳴いている

ことだ。

や-ぞ 疑問・反語の意を強める。…か。…か(いや、決して…でない)。〈蜻蛉・中〉「宿見れば蓬の門もさしながら荒るべきものと思ひけむやぞ」訳(左大臣＝源高明が流罪となった後の)邸を見ると、よもぎ草のはびこるにまかせた門も閉ざしたままで、(このように)荒れ果てようものとは思ったであろうか(いや、決して思いはしなかった)。

なりたち 係助詞「や」＋係助詞「ぞ」

参考 中古、特に「後撰集」「拾遺集」のころに例が見える。推量の意を含む助動詞「む」「らむ」「けむ」「まし」に付き、和歌にかぎって用いられた。

やそ-くに【八十国】名 多くの国々。また、多くの国の人々。

やそ-くま【八十隈】名 非常にたくさんの曲がり角。

やそ-しま【八十島】名 多くの島々。〈古今・羇旅〉「わたの原八十島かけてこぎ出でぬと人には告げよあまの釣舟」訳 ⇒付録①「小倉百人一首」11

やそ-ぢ【八十ぢ】名「ぢ」は接尾語 ❶はちじゅう。❷八十歳。八十年。

やそ-とものを【八十伴の緒】名 多くの部族の長。また、上代、朝廷に仕えた多くの役人たち。

や-たけ【弥猛】形動ナリ{なら・なり(に)・なり・なる・なれ・なれ}「いやたけ」の転」いよいよ激しく勇み立つさま。〈太平記・七〉「岸高うして切り立ったれば、やたけに用思へどものぼり得ず」訳 岸が高くて切り立っているので、いよいよ勇み立って(登ろうと)思うけれども登ることができない。

や-たて【矢立て】名 ❶矢を入れる道具。「胡籙」などの類。❷「矢立ての硯」の略。陣中で、箙(＝矢を入れて背負う道具)の中などに入れて携帯した小さな硯箱。❸墨つぼに、筆を入れる筒のついた、携帯用の筆記用具。〈細道・旅立〉「これを矢立ての初めとして、行く道なほ進まず」訳 これ(＝「行く春や鳥啼き魚の目は泪」(訳→ゆくはるや…(俳句))の句)を矢立ての使いはじめ(＝旅の記の書きはじめ)として(出発したが)、行く道はやはりはかどらない。

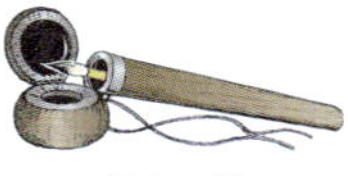

(やたて③)

や-だね【矢種】名 箙(＝矢を入れて背負う道具)などに入れて身につけている矢。射るべき手持ちの矢。また、単に矢。〈平家・一一・能登殿最期〉「矢だねのあるほど射尽くして、今日を最後とや思はれけん」訳(能登の守教経は)所持している矢のあるだけ射尽くして、今日を命の終わりとお思いになったのであろうか。

やた-の-かがみ【八咫の鏡】名 ❶大きな鏡。❷皇位の象徴として、歴代天皇が継承する「三種の神器」の一つ。ほかに、八尺瓊の曲玉、天の叢雲の剣(＝草薙の剣)がある。

やち-くさ【八千種・八千草】名「やちぐさ」とも。多くの種類。種々。また、たくさんの草。

や-ちまた【八衢】名 道がいくつにも分かれている所。迷いやすいたとえにもいう。

やち-よ【八千代】名 八千年。また、きわめて多くの年代・年数。〈古今・賀〉「しほの山さしでの磯にすむ千鳥君が御代をば八千代とぞなく」訳 しおの山のさしでの磯(＝地名。所在未詳)に住む千鳥は、君のご寿命が八千年(も続くよ)とばかり「ちよちよ」と鳴く。(「八千代」の「千代」は鳴き声の「ちよ」との掛詞)

やつ【奴】一 名 ❶人または鳥獣などをいやしめていう語。〈竹取・竜の頸の玉〉「かぐや姫てふ大盗人の奴が、人を殺さむとするなりけり」訳 かぐや姫という大悪党のやつが、(難題を出して)人を殺そうとするのであったことよ。❷(近世語)「こと」「もの」などの意のくだけた言い方。〈浮世床〉「〔お金を〕一歩(＝一両の四分の一)出しゃあ、すてきなやつが買へらあな」

二 代 他称の人代名詞。軽蔑、または親しみをこめていう。あいつ。こやつ。〈平家・四・競〉「親しい奴めに盗まれて候ふ」訳(馬を)親しいあいつめに盗まれました。

や-つ【八つ】名 ❶八。やっつ。また、数の多いこと。❷八歳。❸「八つ時」の略。今の午前二時ごろ、または午後二時ごろ。

や-つか【八束】名 束(＝こぶし一握り)の八つ分の長さ。また、物の長さの長いことにいう。〈紀・神代〉「八束の剣を帯き」訳 八束の剣(＝長い刀)を腰に着け。

や-つか【矢束】名「やづか」とも。矢の長さ。

参考 矢の長さは、束(＝こぶし一握りの長さ)と伏せ(＝指一本の幅)で測る。普通の矢の長さは十二束。

やつがれ【僕】代〔「奴吾」の転。鎌倉時代まで「やつかれ」〕自称の人代名詞。自己の謙譲語。私。わたくしめ。〈松の葉〉「やつがれ年ごろ閑暇の茶菓子(＝慰み)にこれをもてあそびて」訳 私は長年、退屈の茶菓子(＝慰み)にこれ(＝三味線)を楽しんで。

参考 中古までは男女を通じて用いられた。近世以降は男性の、やや気取った文語的な言い方に用いられる。

やつぎ-ばや【矢継ぎ早】名・形動ナリ 矢継ぎの速いこと。矢を続けて射る技の速いこと。また、その者。〈平家・四・競〉「もとよりすぐれたる強弓精兵、矢継ぎ早の手きき」訳 もともとすぐれた、強弓を引くえりぬきの兵士で、矢を続けて速く射ることの名人。

や-つ-こ【臣・奴】一 名〔「つ」は「の」の意の上代の格助詞。「家つ子」の意〕❶神、または主君などに仕える者。家来。臣下。召使。下僕。〈方丈・四〉「伴ふべき人もなく、頼むべき奴もなし」訳 ともに生活できる人もいないし、頼りにできる召使もいない。❷人に使われる身分の低い者。奴婢。❸相手をののしっていう語。やつ。〈万葉・一一・二五七四〉「手に握りて打てども懲りず恋といふ奴」訳 手を握って(＝げんこつで)打っても懲りない。恋というやつは。

二 代 自称の人代名詞。自己の謙譲語。私。わたくしめ。〈万葉・一八・四〇八二〉「天ざかる鄙の奴に天人しかく恋すらば生ける験あり」訳 遠い田舎のわたくしめに都の人がこのように恋しているとすれば、生きている甲斐がある。(「天ざかる」は「鄙」にかかる枕詞。「恋すらば」は、サ変動詞「恋す」終＋存続の

助動詞「り」㊍＋接続助詞「ば」と見られるもので、他に類例はない。「恋すらむは」の意とする説もある）

やっこ【奴】名〔「やつこ」の転〕❶江戸時代、武家に仕えた下男。中間（ちゅうげん）。行列の先頭に立って、槍（やり）・挟（はさ）み箱などを持ち歩く役目の者。❷江戸時代初期の侠客（きょうかく）（＝任侠をたてまえとしていた人）。男だて。旗本奴と町奴があった。

最重要330

295

やつ・す【俏す・窶す】他サ四〔さ・し・す・す・せ・せ〕

ガイド ①が原義で、物語では貴人が①のようにして女性のもとを訪れると描写されることが多い。転じて②の意にも用いる。③〜⑥は後世に転じてできた語義で、現代語では④の意で用いられる。

❶**目立たないように姿を変える。みすぼらしく姿を変える。**

例 かくまで**やつし**用たれど、みにくくなどはあらで〈堤・虫めづる姫君〉

訳（姫君は）これほどまでに**みすぼらしく姿を変え**ているが、見苦しくなどはなくて。

❷**出家して姿を変える。剃髪（ていはつ）する。**⬇背く「慣用表現」

例 心もなく、たちまちにかたちを**やつし**用てけること、と胸つぶれて〈源氏・夢浮橋〉

訳 思慮分別もなく、即座に（浮舟（うきふね）の）容貌を**尼の姿に変え**てしまったことよ、と（僧都（そうず）は）心が乱れて。

❸**形を変えてまねる。形を似せて作る。**

例 玄宗（げんそう）の花軍（はないくさ）を**やつし**用、扇軍（あふぎいくさ）とてあまたの美女を左右に分けて〈浮・日本永代蔵〉

訳 玄宗皇帝の花軍（＝花の枝で打ち合う遊び）を**まねて**、扇軍だといってたくさんの美女を左右に分けて。

❹**（おもに「身をやつす」の形で）やせる思いをするほど、そのことにうち込む。**

例 傾城（けいせい）狂ひに身を**やつし**用などするを〈仮名・身の鏡〉

訳 遊女あそびに、身も**やせるほどうち込ん**だりすることを。

❺**行儀をくずす。くつろぐ。**

例 事過ぎて、後は**やつし**用て乱れ酒〈浮・好色一代男〉

訳（ちゃんとした）事が終わって、後は**くつろい**で無礼講の酒宴。

❻**字形をくずす。字画を省略する。**

例 **やつし**用て書けば〈浄・三世相〉

訳（文字を）**くずし**て書くと。

やつ・す【俏す・窶す】他サ四 ⬇左上 295

やつ‐はし【八つ橋】名 池や小川に、数枚の橋板を稲妻形につなぎ合わせてかけた橋。三河（みかわ）（愛知県）にあったものが有名。

（やつはし）

やつ‐ばら【奴ばら】名〔「ばら」は複数を示す接尾語〕複数の人をいやしめていう語。やつら。〈平家・四・競〉「三井寺法師（みゐでら ぼふし）、さては渡辺（わたなべ）の親しい**奴ばら**こそ候ふらめ」訳（敵方には）三井寺の法師、さらには渡辺党の親しい**やつら**がおりましょう。

や‐つぼ【矢壺・矢坪】名 矢を射るとき、ねらいを定める目標。矢どころ。的。

やつ・る【俏る・窶る】自ラ下二〔れ・れ・る・るる・るれ・れよ〕❶**地味で目立たない服装・姿になる。**〈源氏・若紫〉「いといたう**やつれ**用給へれど、しるき御さまなれば」訳 たいそうひどく**簡素な身なりをし**ていらっしゃるが、（高貴な方だと）はっきりわかるごようすなので。❷（病気などで）容色が衰える。**みすぼらしくなる。**〈平家・六・小督〉「心ならず尼になされて、年二十三、濃き墨染めに**やつれ**用果てて」訳 不本意にも尼にされて、二十三歳で、濃い墨染めの衣（＝僧衣）によってすっかり**みすぼらしい姿になっ**て。

や‐ど【屋戸・宿】名

❶**家の敷地。**屋敷のうち。**庭先。**〈万葉・一九・四二九一〉「わが**宿**のいささ群竹（むらたけ）吹く風の音のかそけきこの夕へかも」訳 ↓わがやどの…（和歌）

❷家の戸。〈万葉・四・七四四〉「夕（ゆふ）さらば**屋戸**開けまけてあれ待たむ夢（いめ）に相見（あひみ）に来むといふ人を」訳 夕方になったなら、**家の戸**を開け用意して私は待とう。夢で私に逢（あ）いに来ようという人を。

❸**住む所。家。自宅。**〈和泉式部日記〉「わが**やど**にたづねて来ませ文（ふみ）つくる道も教へむあひも見るべく」訳 私の**家**に訪ねていらっしゃい。漢詩文を作る方法も教え

よう、また逢って親しく接することもできるように。

❹**宿るところ。**一時泊まるところ。**旅宿。**〈**古今・羇旅**〉「狩り暮らしたなばたつめに宿からむ天の河原に我は来にけり」訳→かりくらし…和歌

❺主人。あるじ。他人に対して、多く妻が夫をさして言う語。

やど・す【宿す】他サ四{さ・し・す・す・せ・せ}❶宿を貸す。**宿泊させる。**〈**方丈・三**〉「舞人を宿せ已る仮屋より出で来たりけるとなん」訳舞を舞う人を泊めている仮小屋から(火が)出てきたということである。

❷**とどめる。**とどまらせる。〈**方丈・四**〉「夜臥す床あり、昼ゐる座あり。一身をやどす体に不足なし」訳夜寝る床があるし、昼すわる場所もある。自分一人の身を置くのに不足はない。

❸**妊娠する。**➡篤し「慣用表現」

やど-もり【宿守り】名家の番をすること。また、その人。留守番。

やどり【宿り】名❶**旅先で泊まること。**また、その宿泊所。〈**源氏・夕顔**〉「などてかくはかなき宿りは取りつるぞ」訳どうしてこのように心細い宿所をとったのか。

❷**住まい。**仮の住居。〈**徒然・一〇**〉「家居のつきづきしく、あらまほしきこそ、仮の宿りとは思へど、興あるものなれ」訳住居が(住む人に)似つかわしく、理想的なのは、(この無常の世では)仮の住まい(にすぎない)とは思うが、(やはり)趣深いものである。

❸**とどまること。**また、その場所。〈**枕・四一**〉「卯の花・花橘などにやどりをして」訳(ほととぎすが)卯の花や橘の花などにとどまることをして。

やど・る【宿る】自ラ四{ら・り・る・る・れ・れ}❶**旅先で泊まる。**宿泊する。〈**万葉・一・四六**〉「阿騎の野に宿る体旅人」訳阿騎の野に宿泊する旅人は。

❷**住む。**仮の住みかとする。〈**源氏・夕顔**〉「ただ今惟光の朝臣の宿る体所にまかりて、いそぎ参るべきよしいへ」訳今すぐに惟光の朝臣が住んでいる所へ参って、急いで(ここに)参上するように言え。

❸**とどまる。**〈**源氏・東屋**〉「亡き魂や宿り用て見給ふらむ」訳亡き(大君の)霊魂がとどまって(私=薫を)ご覧になっているだろうか。

❹**映る。**〈**古今・恋五**〉「あひにあひてもの思ふころの我が袖にやどる体月さへぬるる顔なる」訳(私の心に)ちょうどぴったりと合って、もの思いに沈んでいるころの私の(涙でいっぱいの)袖に映る月までも、(私と同じように涙に)濡れた(ような)顔であるよ。

❺**寄生する。**〈**源氏・宿木**〉「いと気色ある深山木に宿り用たる蔦の色ぞまだ残りたる」訳たいそう風情のある深山の木に寄生している蔦の(紅葉の)色がまだ(あせずに)残っている。

❻母の胎内にこもり、胎児となる。

やな【梁・簗】名魚を捕るための仕掛け。川の瀬などに、杭を打ち並べて流れをせき止め、一か所だけあけてそこに簀(=葦や竹などを粗く編んだもの)を張り、流れ込む魚を捕らえるもの。夏

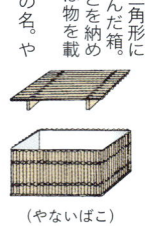

(梁)

や-な終助〔間投助詞「や」＋終助詞「な」〕感動の意を表す。**…だなあ。**〈**浄・曽根崎心中**〉「口惜しや無念やな」訳くやしいなあ、無念だなあ。

接続 名詞、形容詞の終止形、形容動詞の語幹などに付く。

参考 中古の用例の場合は、一語とみるより「や」と「な」に分けて考えたほうがよい。

やない-ばこ【柳筥・柳箱】名〔「やなぎばこ」のイ音便〕柳の枝を細長く三角形に削り、寄せ並べて編んだ箱。硯・墨・短冊・冠などを納めた。後世、そのふたは物を載せる台として用いた。

(やないばこ)

やなぎ【柳】名❶木の名。やなぎ。春 ❷「柳襲」の略。襲の色目の名。表は白、裏は萌黄(■)。春に用いる。➡襲の色目「古文常識」(三二〇ページ)

フレーズ

柳の眉〔「まゆ」は「まよ」とも〕柳の萌え出た葉を眉にたとえていう語。また、美人の細長い眉をいう。

柳多留(やなぎだる)《作品名》➡誹風柳多留

やなぎちり… 俳句

秋

柳ちり 清水かれ 石ところどこ〈反古衾・蕪村〉

訳(芭蕉が詠んだ)遊行柳の葉も散ってまばらになり、(西行が和歌に詠んだ)清水もかれ、川床の石がところどころに露出して(秋風に)白くかわいていることだよ。

解説「ところどこ」は「ところどころ」とよむ説もある。「神無月はじめの頃ほひ下野の国に執行して、遊行柳とかいへる古木の影に目前の景色を申し出で侍る」と前書きがある。西行がこの柳の下で「道のべに清水流るる柳かげしばしとてこそ立ちとまりつれ」(訳➡みちのべに…和歌)〈新古・夏〉と詠み、芭蕉が「田一枚植ゑて立ち去る柳かな」(訳➡たいちまい…俳句)〈細道・蘆野〉と詠んだ。

やなぎ-の-まゆ【柳の眉】➡柳の「フレーズ」

や-な-ぐひ【胡籙・胡簶】名矢を入れて背に負う武具。壺胡籙・平胡籙・狩り胡籙などの種類がある。〈**伊勢・六**〉「男、弓胡籙を負ひて戸口に居り」訳(女を守ろうとして)男は、弓(を持ち)胡籙を背負って(倉の)戸

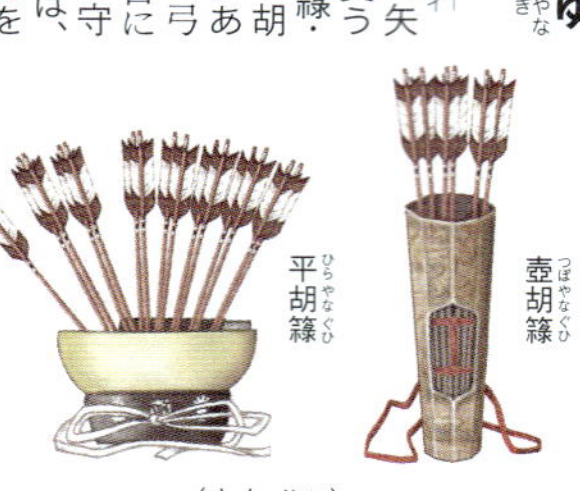

(やなぐひ)

口に(立って)いる。

やには-に ヤニワ【矢庭に】副〔「矢庭」は、矢を射ている場所の意〕その場ですぐ。ただちに。いきなり。〈平家・四・橋合戦〉「**やにはに**十二人射殺して、十一人に手負ほせたれば」訳 **いきなり**十二人を射殺して、十一人に手傷を負わせたので。

やは ヤワ 副〔係助詞「やは」が副詞化した語〕反語の意を表す。どうして…(であろう)か(いや、…ない)。〈源平盛衰記〉「中に取り籠め戦ひ候はんには、**やは**一人も遁れ出づべき」訳 中におしこめて戦いますとしたら、そのときには**どうして**一人でも逃げ出せるであろう**か**(いや、逃げ出すことはできない)。

参考 この語に呼応する活用語は連体形になる。

や-は 一 係助 二 終助

意味・用法

一 係助詞
反語〔…(であろう)か(いや、…ない)。〕→❶
疑問〔…だろうか。…のか。…か。〕→❷
勧誘〔…しないか。…してくれたらいいのに。〕→❸

二 終助詞
反語〔…(であろう)か(いや、…ない)。〕

接続
一 種々の語に付く。
二 文末の活用語の終止形・已然形に付く。已然形に付く場合は、推量の助動詞「む」であることが多い。

一 係助〔係助詞「や」+係助詞「は」〕❶反語の意を表す。…**(であろう)か(いや、…ない)**。〈古今・春上〉「春の夜のやみはあやなし梅の花色こそ見えね香や**は**かくるる」訳 →はるのよの…(和歌)。〈徒然・二三五〉「さる導師のほめやう**やは**あるべき」訳 そんな導師のほめ方はあってよいだろう**か**(いや、よくないだろう)。

❷疑いや問いかけの意を表す。…**だろうか**。…**のか**。…**か**。〈枕・九〉「この頃かかる犬**やは**歩く」訳 近ごろ、こんな犬が歩きまわっている**だろうか**。

> **定型表現** 係り結び
>
> **やは…連体形**
>
> 〈反語〉
>
> 例 雨**やは**降りし。(連体形)
> (＝雨が降ったか(いや、降るはずがない))
>
> 〈疑問〉
>
> 例 かかる猫**やは**ありし。(連体形)
> (＝こんな猫がいたか)

❸(②より転じて、「やは…ぬ」の形で)勧誘や希望の意を表す。…**しないか**。…**してくれたらいいのに**。〈源氏・葵〉「ここに**やは**立たせ給はぬ」訳 ここに(牛車を)おとめに**ならないか**。

二 終助〔終助詞「や」+係助詞「は」〕反語の意を表す。…**(であろう)か(いや、…ない)**。〈竹取・燕の子安貝〉「そこらの燕、子産まざらむ**やは**」訳 たくさんのつばめが、卵を産まないだろう**か**(いや、産むだろう)。

文法 (1) 一 の用法は、活用語が文末になる場合は連体形で結ぶ「係り結び」になり、多くが①の反語である。また、結びが省略されることもある。
(2) 二 を係助詞の文末用法とみる説もある。→や(係助)(八三六ページ)
(3) 一 二 とも、上代では「やも」の形で示された。→やも

やは・す ヤワス【和す】他サ四〔さ・し・す・す・せ・せ〕やわらげる。平和にさせる。服従させる。〈万葉・二・一九九〉「吾妻の国の御軍士を召し給ひてちはやぶる人を**やはせ**命と」訳 東国の御兵士を召集なさって、凶暴な人を**帰順させよ**と。

や-はず【矢筈】名 矢の末端の、弓の弦を受ける所。たんに、筈ともいう。→矢

やはら ヤワラ 副 そっと。静かに。やおら。〈宇治・六・五〉「腰の刀を**やはら**(＝**そっと**)ぬきて」

やはら-か ヤワラ【柔らか・和らか】形動ナリ〔なら・なり(に)・なり・なる・なれ・なれ〕〔「か」は接尾語〕❶しなやかなさま。やわらかいさま。〈源氏・空蟬〉「御衣のけはひ、**やはらかなる**体しもいとしるかりけり」訳 (光源氏の)お召し物のようす(＝衣ずれの音)は、(布地の質が)**やわらかであるため**かえって、たいそうはっきりしているのだった。

❷性格や言動などがおだやかなさま。柔和なさま。〈徒然・一四一〉「なべて心**やはらかに**用、情けある故に」訳 (都の人々は)一般に気持ちが**柔和で**、思いやりがあるので。

やはら・ぐ ヤワラグ【和らぐ】一 自ガ四〔が・ぎ・ぐ・ぐ・げ・げ〕❶やわらかになる。しなやかになる。〈謡・高砂〉「春の日の光**和らぐ**体西の海の」

❷**心が素直になる。気持ちがおだやかになる**。〈徒然・一四一〉「かく**やはらぎ**用たるところありて、その益もあるにこそ」訳 (尭蓮上人は)このように**心がやわらい**でいるところがあって、その徳もあるのだろう。

❸**親しくなる**。むつまじくなる。〈紀・顕宗〉「兄弟よろこび**やはらぎ**用て、天下徳に帰る」訳 兄と弟が喜んで**仲むつまじくなっ**て、国中はその威に従う。

二 他ガ下二〔げ・げ・ぐ・ぐる・ぐれ・げよ〕❶**やわらげる**。おだやかにする。〈源氏・若菜下〉「鬼神の心を**やはらげ**用」

❷**親しくさせる**。むつまじくさせる。〈古今・仮名序〉「男女のなかをも**やはらげ**用、猛きもののふの心をもなぐさむるは歌なり」訳 男女の仲をも**親しくさせ**、たけだけしい武士の心をもなごませるのは和歌である。

❸**わかりやすくする**。平易にする。〈狂・布施無経〉「これをちと(＝少し)**やはらげ**用て説いて聞かせませう」

やぶ-いり【藪入り】名(藪の多い故郷に帰る意から)陰暦の正月と七月の十六日前後に、奉公人が主人から暇を許されて、一日ほど実家へ帰ること。また、その日。春。〈蕪村句集・蕪村〉「**やぶ入り**の夢や小豆の煮えるうち」訳 **やぶ入り**で久しぶりに家に帰ってきた子が(くつろいだのか)ぐっすり眠って夢を見ている。(母が煮る)小豆が煮えあがるまでの間。

参考 正月のものをさすことが多く、七月のものは「後の藪入り」といって区別した。

やぶさ-め【流鏑馬】名 綾藺笠(あやいがさ)に、箙(えびら)を背負った狩装束姿で馬に乗り、走りながら矢で的を射る競技。矢は鏑矢(かぶらや)を用いる。鎌倉時代に最も盛んで、もとは騎射戦のための練習だったが、のち、多くは神事に行われた。夏

(やぶさめ)

やぶ・る【破る】

一 自ラ下二{れ・れ・る・るる・るれ・れよ} ❶**形がくずれる。こわれる。砕ける。破れる。**〈徒然・一八四〉「物は破れ用たる所ばかりを修理(しゅり)して用ゐることぞ」訳 物はこわれている所だけを修繕して用いるものだ。❷**物事が成り立たないで終わる。だめになる。**〈徒然・一八八〉「一事を必ずなさんと思はば、他の事の破るる体をもいたむべからず」訳 一つのことを必ず成し遂げようと思うならば、他のことがだめになることをも嘆いてはならない。❸**戦いに負ける。**〈平家・九・河原合戦〉「いくさ破れ用にければ」訳 (木曽義仲(きそよしなか)の)軍が負けてしまったので。

二 他ラ四{ら・り・る・る・れ・れ} ❶**こわす。砕く。傷つける。害する。**〈宇治・二・六〉「へだての垣(かき)を破り用て」訳 仕切りの垣根をこわして。〈徒然・一二九〉「身をやぶる体よりも、心を傷(いた)ましむるは、人を害(そこな)ふことなほ甚(はなは)だし」訳 肉体を傷つけることよりも、精神を苦しませることは、人を害することではいっそうはなはだしい。❷**乱す。犯す。**守らない。〈徒然・一七五〉「万(よろづ)の戒(かい)を破り用て、地獄に堕(お)つべし」訳 (酒を飲むと)あらゆる戒律(=仏道の規則)を犯して、地獄に落ちるにちがいない。❸**敵を負かす。**突破する。〈平家・九・木曽最期〉「そこを破つ用(促音便)てゆくほどに、土肥次郎実平(とひのじらうさねひら)二千余騎でささへたり」訳 そこをうち破って進んでいったところ、土肥次郎実平が二千余騎で防ぎとめている。

や-へヱ【八重】名 **八つに重なっていること。**転じて、**幾重にも重なっていること。**また、そのようなもの。〈古今・離別〉「白雲の八重に重なる遠(をち)にても」訳 白雲が幾重にも重なる遠方にあっても。

フレーズ **八重の潮路(しほぢ)** はるかに遠い海路。

やへ-がきヤエ【八重垣】名 家の周りに幾重にも作りめぐらした垣根。〈記・上〉「八雲立つ出雲(いづも)八重垣妻ごみに八重垣つくるその八重垣を」訳 →やくもたつ…歌謡

やへ-ぐもヤエ【八重雲】名 幾重にも重なってわき立つ雲。八重棚雲(たなぐも)。八雲(やくも)。

やへ-の-しほぢヤエノシオジ【八重の潮路】⬇八重(やへ)「フレーズ」

やへ-むぐらヤエ【八重葎】名 幾重にも茂っている蔓草(つるくさ)。多く、雑草が生い茂って荒れた屋敷や庭を形容するときにいう。〈万葉・一一・二八二四〉「八重葎おほへる庭に」訳 幾重にも茂る雑草が覆っている庭に。

やへむぐら… 和歌 〔百人一首〕「八重葎 茂(しげ)れる宿(やど)の さびしきに 人(ひと)こそ見(み)えね 秋(あき)は来(き)にけり」〈拾遺・秋・恵慶(ゑぎやう)〉⬇付録①「小倉百人一首」47

やへ-やまヤエ【八重山】名 幾重にも重なり合っている山。

や-ほオ【八百】名 八百(はつぴやく)。また、数の多いこと。多く名詞に付いて、接頭語的に用いる。「八百会ひ(=多くのものが集まる所)」「八百日(やほか)」

やほ-よろづヤオヨロズ【八百万】名 きわめて数の多いこと。〈記・上〉「八百万の神、共に咲(わら)ひき」訳 無数の神が、一同に笑った。

やま【山】名 ❶土地の高く隆起した所。山岳。また、そのように物が多く積み重なったもの。〈徒然・三〇〉「からは、けうとき山の中にをさめて」訳 亡骸(なきがら)は、人けのない山の中に埋葬して。❷**比叡山(ひえいざん)**の称。また、そこにある**延暦寺(えんりやくじ)**の称。〈発心集〉「山に、正算僧都(そうづ)といふ人ありけり」訳 比叡山延暦寺に、正算僧都という人がいた。❸庭に山をかたどって土を積みあげた所。**築山(つきやま)**。〈源氏・桐壺〉「もとの木立、山のたたずまひおもしろき所なりけるを」訳 以前からの木立や、築山のようすが趣ある所であったのを。❹高くすばらしく、あこがれの対象となるようなもの。仰ぎみて、頼りにするもの。〈後撰・離別〉「笠取(かさとり)の山とたのみし君を置きて涙の雨に濡(ぬ)れつつぞゆく」訳 笠取の山のように頼みに思っていたあなたを後に残して、(私は)雨のような涙に濡れながら旅立つことだ。(「笠取の山」の「笠」を雨笠に取りなす) ❺天皇の墓。御陵。みささぎ。〈源氏・須磨〉「御山に参り侍るを、御言伝(ことづて)や」訳 (桐壺院の)御みささぎにお参りしますが、(院の霊への)ご伝言がございますか。❻「山鉾(やまぼこ)」の略。祭礼の山車(だし)の一つ。山形の上に鉾などを立てる。

フレーズ **山の端(は)** 山を遠くながめたとき、山の上部の空に接する境目のあたり。稜線(りようせん)。〈伊勢・八二〉「あかなくにまだきも月のかくるるか山の端にげて入れずもあらなむ」訳 →あかなくに…和歌。⬇山際(やまぎは)「古文常識」

やま-あらし【山嵐】名 山から吹きおろす激しい風。山颪(やまおろし)。

やま-うどヤモウド【山人】名(「やまびと」のウ音便)「やまびと」に同じ。

やま-おろし【山颪】名 **山から吹きおろす激しい風。**山嵐。〈源氏・夕霧〉「山おろしいと烈(はげ)しう、木の葉の隠ろへなくなりて」訳 山から吹きおろす風がたいそう荒々しく、木の葉のさえぎりがなくなって。

やま-が【山家】名 山里にある家。山中の家。

やま-がくれ【山隠れ】名 山に隠れていること。また、山に隔てられて見えないこと。また、そのような所。山陰。〈源氏・総角〉「人の御うへは、かかる山隠れなれど、おのづから聞こゆるものなれば」訳 人(=宇治(うぢ)の姫君たち)の御身の上のことは、このような人里遠い山奥であっても、ひとりでに(噂(うわさ)となって)聞こえてくるも

のであるから。

やま-がつ【山賤】名 ❶きこりや猟師など、山里に住む身分の低い人。〈源氏・夕顔〉「物のなさけ知らぬ山がつも、花の陰にはなほやすらはまほしきにや」訳 物の風情もわからない山に住む者でも、花の陰にはやはり休みたいのだろうか。
❷きこりや猟師の住む家。粗末な家。

やま-かづら【山鬘・山蔓】名 ❶ひかげのかずら(=つる性植物の名)の異称。冠や髪に巻きつけて髪飾りとした。
❷暁に、山の端にかかる雲。

やま-かは【山川】名 山と川。また、山の神と川の神。〈万葉・一・三九〉「山川もよりて仕ふる神ながらたぎつ河内に船出せすかも」訳 山や川の神も心服してお仕えする、その神であるままに、(持統天皇は)激しく流れる谷川に船出なさることよ。→山川

注意 **やま-がは**【山川】名 山にある川。山あいを流れる川。〈古今・恋四〉「底ひなき淵やは騒ぐ山川の浅き瀬にこそあだ浪は立て」訳 果てしなく深い淵は(波が立って)騒ぐだろうか(いや、騒ぎはしない)。山あいを流れる川の浅い瀬にこそむやみに立ち騒ぐ波が立つのであるよ(=いいかげんな人ほど、愛しているなどとすぐに言ったりするのだ)。
注意「やまかは」と濁って読むと「山」と「川」が並列であるが、「やまがは」は「山」は下の「川」を修飾する。

やまがはに… 和歌〈百人一首〉【山川に 風のかけたる しがらみは 流れもあへぬ 紅葉なりけり】〈古今・秋下・春道列樹〉→付録①「小倉百人一首」32

やま-かひ【山峡】名「やまがひ」とも。山と山との間。山と山との間の低くなった所。山間。

やま-ぎは【山際】名 ❶空の、山に接する境目のあたり。〈枕・一〉「やうやうしろくなりゆく、山ぎはすこしあかりて」訳 だんだんと白くなっていく、その山に接するあたりの空が少し明るくなって。(「あかりて」は「赤みを帯びて」と解釈する説もある)。→中段「古文常識」
❷山のほとり。山すそ。ふもと。山に近い所。〈源氏・胡蝶〉「南の御前の山ぎはより漕ぎ出でて」訳 南の御前の(築山の)山すそから(船を)漕ぎ出して。

古文常識 「やまぎは」と「やまのは」

「春はあけぼの。やうやうしろくなりゆく、山ぎはすこしあかりて、むらさきだちたる雲のほそくたなびきたる。…秋は夕暮れ。夕日のさして山の端いと近うなりたるに」〈枕・一〉のように、対照的に用いられた場合の「山ぎは」は「山の稜線に接するあたりの空の部分」、「山の端」は「山の、空に接するあたり」をいう。

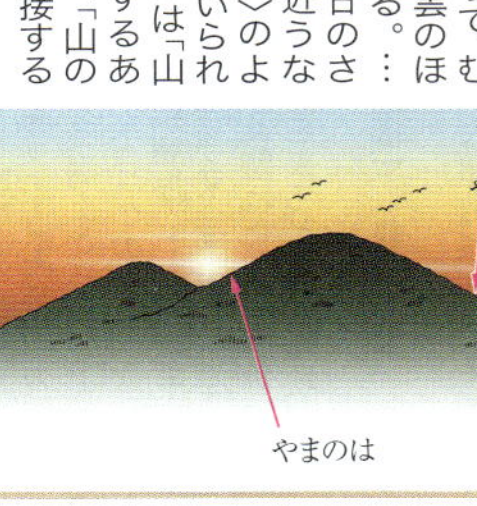

やま-ぐち【山口】名 ❶山の入り口。山の登り口。
❷鷹狩りで、狩り場に入ること。また、狩り場の入り口。
❸(猟師が山の入り口で、早くも獲物の有無を直感するということから)物事の初め。また、きざし。前兆。〈源氏・松風〉「勝れたる人の山口はしるかりけれ」訳 すぐれている人(=美人)のきざしは、(幼いころから)はっきりしているのだなあ。

やま-ごもり【山籠り】名 山中に隠れ住むこと。また、山寺などにこもって仏道を修行すること。

山崎(やまざき)《地名》今の京都府乙訓郡大山崎町あたりの地名。ふもとで桂川・宇治川・木津川が合流し淀川となる地で、古来、京都と大坂を結ぶ水陸交通の要地。「山崎の戦い」の古戦場として名高い。

山崎宗鑑(やまざきそうかん)《人名》(生没年未詳)室町後期の連歌師・俳人。近江(滋賀県)の人。足利義尚に仕えたが、のち出家して京都山崎に隠棲。滑稽を主とする俳諧の連歌を始め、俳諧の祖とされる。編著「新撰犬筑波集」。(宗鑑忌 冬)

やま-さち【山幸】名 山でとれる獲物。鳥や獣。また、それをとる道具。弓矢など。〈記・上〉「山幸も己がさちさち、海幸も己がさちさち」訳 山の獲物をとる道具もめいめいの道具、海の獲物をとる道具もめいめいの道具。対海幸

やま-ざと【山里】名 ❶山中の村里。都から離れた村里。〈徒然・一五〉「ゐなかびたる所、山里などは、いと目なれぬことのみぞ多かる」訳 田舎じみた所や、山中の村里などには、(都では)あまり見慣れないことばかりが多い。
❷山里にある別荘。山荘。〈源氏・橋姫〉「宇治といふ所によしある山里持ち給へりけるに」訳 (八の宮は)宇治という所に風情のある山荘を持っていらっしゃったが(そこに)。

やまざとは… 和歌〈百人一首〉【山里は 冬ぞさびしさ まさりける 人目も草も かれぬと思へば】〈古今・冬・源宗于〉→付録①「小倉百人一首」28

やま-した【山下】名 山の下のほう。山のふもと。また、山の茂みの下陰。

やました-かぜ【山下風】名 山からふもとへ吹きおろす風。山颪。

やました-つゆ【山下露】名 山の木の枝葉から落ちかかる露。また、山の下草に置く露。

やました-みづ【山下水】名 山のふもとを流れる水。〈古今・恋一〉「あしひきの山下水の木隠れてたぎつ心をせきぞかねつる」訳 山のふもとを流れる水が木の間に隠れて激しく流れるように、(私も人に知られず)心中にわき立つ恋心をおさえかねたことだ。(「あしひきの」は「山」にかかる枕詞。第三句までは「たぎつ」を導きだす序詞)

山城(やましろ)《地名》旧国名。畿内五か国の一つ。今の京都府南部。古くは「山背」「山代」と書いたが、桓武天皇の遷都のおり「山城」と改められた。城州。

やま-ずみ【山住み】名 山中や山里に住むこと。山寺に住むこと。また、そこに住む人。〈源氏・御法〉「尼

になり、この世のほかの山住みなどに思ひ立つもありけり」訳（女房たちの中には）尼になり、俗世を離れての山住まいなどを思い立つ者もあった。対 里住さとずみ

やま-だ【山田】名 山を切り開いて作った田。山間にある田。

やま-だち【山立ち】名 山賊。〈徒然・八七〉「『我こそ山立ちよ』と言ひて、走りかかりつつ斬りまはりけるを」訳「おれこそ山賊だぞ」と言って、（里人に）走りかかりつつ斬りまわったのを。

やま-たちばな【山橘】名 藪柑子やぶこうじ（＝木の名）の異称。夏に白い花をつけ、秋に赤い球状の実を結ぶ。冬

（やまたちばな）

やま-ぢ【山路】ジ 名 山の道。山道。

やまぢきて… 俳句

山路来て　何なにやらゆかし　すみれ草ぐさ　〈野ざらし紀行・芭蕉〉　切れ字　春

訳 山路を歩いて来て（ふと気づくと）路傍ろぼうにかれんなすみれ草が咲いている。（こんな山中で）咲いている姿に、どこか心ひかれることだ。（切れ字の「し」は、形容詞の終止形活用語尾）

解説「大津に出ぃづる道、山路を越えて」の前書きがある。

やま-づと【山苞】名 山里からのみやげ。〈源氏・賢木〉「山づとにもたせ給へりし紅葉もみぢ」訳 山からのみやげに（供の者に）持たせなさった紅葉は。

やま-つ-み【山神・山祇】名（「山つ霊み」の意。「つ」は「の」の意の上代の格助詞）山の神。山の霊。山を支配する神。対 海神わたつみ

大和（やまと）名「倭」とも書く ❶《地名》旧国名。畿内五か国の一つ。今の奈良県。和州。倭州わしゅう。❷日本国の称。

やまと-うた【大和歌】名 ❶日本固有の歌。和歌。「大和言ことの葉」「大和言葉ことば」とも。〈古今・仮名序〉「やまと歌は、人の心を種として、よろづの言ことの葉とぞなれりける」訳 和歌は、人の心を種として（生い茂り）、多くの（ことばの葉すなわち）歌となった（ものである）。対 唐歌からうた ❷上代の大和地方の風俗歌。大和舞（＝古代の風俗舞踊の一種）に用いられる歌。

やまと-ごころ【大和心】名「やまとだましひ①」に同じ。

やまと-ことのは【大和言の葉】名 ❶「やまとことば①」に同じ。❷「やまとうた①」に同じ。

やまと-ことば【大和言葉・大和詞】名 ❶日本の言語。日本語。「大和言ことの葉」とも。❷「やまとうた①」に同じ。

やまと-さう【大和相】ソウ 名 日本流の観相。また、その人相見。〈源氏・桐壺〉「帝みかど、かしこき御心に、倭相やまとさうをおほせて」訳 帝（＝桐壺帝）は、畏れ多い御心から、日本流の観相をお命じになって（光源氏の人相を見させて）。

やまと-さんざん【大和三山】名 今の奈良盆地の南部にある耳成みみなし山・香具かぐ山・畝傍うねび山の総称。

やまと-しま【大和島】名（海上から島のように見えることから）大和の国（奈良県）の山々を中心とした地域。「大和島根」とも。〈万葉・三・二五五〉「天離あまざかるひなの長道ながぢゆ恋ひ来れば明石あかしの門とより大和島見ゆ」訳 都から遠く離れた田舎の長い道中を、（都を）恋しく思いながら来ると、明石海峡から大和の山々が見える。

やまと-しまね【大和島根】名 ❶日本国。❷「やまとしま」に同じ。

やまと-だましひ【大和魂】ダマシイ 名 ❶（漢学の素養である才ざえに対して）日常的な知恵や処世上の才覚。政治的・実務的な能力。また、日本人の生来の知恵・才能。「大和心やまとごころ」とも。〈大鏡・時平〉「大和魂などは、いみじくおはしましたるものを」訳 物事を処理する才覚などは、すばらしくていらっしゃったが。❷日本人固有の精神。

やまと-なでしこ【大和撫子】名 ❶草の名。かわらなでしこの異称。秋 ❷日本女性の美称。

やまとは… 歌謡

倭やまとは　国くにのまほろば　たたなづく　青垣あをかき　山やまごもれる　倭やまとしうるはし　〈古事記・中・倭建命やまとたけるのみこと〉

訳 大和やまとの国（奈良県）は、国々の中で最もよい所だ。重なりあう青い垣根のような山、その山々の中にこもっている大和は美しい。

解説 倭建命が、鈴鹿すずか山脈の野登山ののぼりやまのふもとといわれる能褒野のぼので病を得て、故郷大和をしのんだ歌。「国思しのひ歌」という。「たたなづく青垣」は、大和のほめことばとして慣用的な表現。

大和物語（やまとものがたり）《作品名》平安中期の歌物語。作者未詳。原形の成立は天暦てんりゃく年間（九四七―九五七）と推定される。百七十三編の説話からなり、前半には「後撰ごせん集」時代の歌人の贈答歌を中心とした物語、後半には古伝承に取材した歌物語が収められている。

やま-どり【山鳥】名 鳥の名。キジ科の野鳥。尾が長い。〈拾遺・恋三〉「あしひきの山鳥の尾のしだり尾のながながし夜よをひとりかも寝む」訳 ⬇付録◇①「小倉百人一首」3

参考 雌雄が夜に峰を隔てて寝るという言い伝えから「独り寝をすること」、また、尾の長いことから「長いこと」、特に「夜が長いこと」の比喩として用いられる。

（やまどり）

山上憶良（やまのうへのおくら）ヤマノウエノオクラ《人名》（六六〇―七三三?）奈良時代の歌人。遣唐使として唐に渡り、帰国後は地方官を歴任した。晩年の筑前ちくぜんの守かみ時代に大宰だざいの帥そちであった大伴旅人おおとものたびとと交遊があった。優れた知識人で、「子らを思ふ歌」「貧窮問答歌」など、現実的な人生問題や社会問題を詠み、独自の歌境を示した。「万葉集」に多くの歌が収められている。

やま-の-は【山の端】⬇山「フレーズ」

やまはくれて… 〔俳句〕

山は暮れて　野は黄昏の　薄哉（秋・切れ字）〈蕪村句集・蕪村〉

訳（背景の）山は日が暮れて黒い影となり、（眼前の）野は黄昏の残光に透けて薄の穂が揺れていることだ。

解説 山と野、暮れと黄昏との対比で、空間的にも時間的にも遠近法で構成された、画家でもある作者ならではの言語による風景画。

やまひ ヤマイ【病】名 ❶病気。❷欠点。短所。また、詩歌・文章などの難点。〈源氏・玉鬘〉「和歌の髄脳いと所せう、やまひ避さるべきところ多かりしかば」訳 和歌の法則や奥義がとてもぎっしりと（書かれていて）、和歌の難点を避けなければならないところが多かったので。❸気がかり。苦労の種。〈万葉・七・一三九五〉「心のうちにやまひとなれり」訳（私の）心の中で苦労の種となっている。

やまひ‐づ‐く ヤマイ—【病づく】自カ四〔か・き・く・く・け・け〕病気になる。病みつく。〈平家・六・入道死去〉「入道相国、病づき給ひし日よりして、水をだにのどへも入れ給はず」訳 入道相国（＝平清盛）は病気になられた日からずっと、水をさえのどにもお入れにならない。

やま‐びと【山人】名「やまうど」とも。❶山に住む人。きこり・炭焼きなど、山で働く人。❷仙人。

やまふかみ… 〔和歌〕

山ふかみ　春とも知らぬ　松の戸に　たえだえかかる　雪の玉水〈新古・一・春上・三・式子内親王〉

訳 山が深いので、春（になった）とも気づかない（わび住まいの）松で作った粗末な戸に、とぎれとぎれに落ちかかる、玉のような雪どけのしずくよ。（「山ふかみ」の「み」は、原因・理由を表す接尾語）

解説「山ふかみ」と「松の戸」によって、山中深くわび住まいをしていることを示す。長い冬ごもりの生活も終わり、春の到来を実感した喜びを詠む。

やま‐ぶき【山吹】名 ❶植物の名。落葉小低木。晩春に黄色の花を開く。春 ❷襲の色目の名。表は朽ち葉（＝赤みをおびた黄色）、裏は黄色。春に用いる。〈源氏・若紫〉「白き衣、山吹などのなえたる着て走り来たる女子」訳 白い下着に山吹襲などの着なれて糊が落ち、やわらかになったのを着て、走って来た女の子は。➡襲の色目「古文常識」（三〇ページ）❸「山吹色」の略。こがね色。❹黄金のこと。大判や小判。

（やまぶき①）　（やまぶき③）

やま‐ぶし【山伏・山臥】名 ❶山中に宿ること。また、世をのがれて山中に住むこと。❷野山に起き伏しして修行する僧。山ごもりの僧。また、修験者。

やまぶしの… 〔歌謡〕

山伏の腰につけたる法螺貝の　ちゃうと落ち　ていと割れ　砕けてものを思ふころかな（序詞）〈梁塵秘抄・二・二句神歌・四六八〉

訳 山伏が腰につけている法螺貝が、ちょうと落ち、ていと割れて砕けるように、あれこれと心が乱れてもの思いをする今日このごろだよ。

解説「ちゃう」「てい」は、ともに擬声語。

やま‐ぶみ【山踏み】名 山を歩くこと。山歩き。山越え。また、その人。〈大和・二〉「ところどころ山踏みし給ひておこなひ給ひけり」訳（宇多天皇は）あちらこちら山歩きをしなさって仏道の修行をしなさった。

やま‐べ【山辺】名〔古くは「やまへ」〕山のほとり。「山の辺」とも。

山部赤人（やまべのあかひと）《人名》（生没年未詳）奈良時代の歌人。三十六歌仙の一人。聖武天皇に仕えた下級官吏であったらしい。客観的で清澄な叙景歌に優れ、柿本人麻呂と並んで歌聖といわれる。「万葉集」に多くの歌が収められている。

やま‐ほととぎす【山時鳥・山霍公鳥】名 山にいるほととぎす。また、単に、ほととぎす。〈古今・夏〉「わが宿の池の藤なみ咲きにけり山ほととぎすいつか来鳴かむ」訳 わが家の池の（ほとりの）藤の花が咲いたことだ。山ほととぎすはいつになったら来て鳴くのだろうか。

やま‐ぼふし ボウシ【山法師】名 比叡山延暦寺の僧。三井寺の「寺法師」、東大寺や興福寺などの「奈良法師」などとともに僧兵として恐れられた。〈平家・一・願立〉「賀茂川の水、双六の賽、山法師、これぞわが心にかなはぬもの」訳 賀茂川の水、すごろくのさいころの目、（そして）延暦寺の僧兵、これが私の思いどおりにならないもの。

やま‐もと【山本】名 山のふもと。〈新古・春上〉「見渡せば山もと霞む水無瀬川夕べは秋となに思ひけん」訳➡みわたせば…〔和歌〕

やま‐もり【山守】名 山を守ること。山の番をすること。また、その人。

やまわけ‐ごろも【山分け衣】名 山道を踏み分けて行くときに着る衣。特に、山伏などが修行のときに着るものをいう。

やみ【闇】名 ❶光がささないこと。暗闇。闇夜。〈古今・春上〉「春の夜のやみはあやなし梅の花色こそ見えね香やはかくるる」訳➡はるのよの…〔和歌〕❷**心が乱れ迷うこと。道理がわからなくなること。**〈伊勢・六九〉「かきくらす心の闇にまどひにき夢うつつとは今宵定めよ」（古今・恋三には、第五句を「世人さだめよ」として所収）訳 目の前をまっ暗にする心の乱れで、何が何やらわからなくなってしまった。（あの逢瀬が）夢だったのか現実だったのかは、今夜（逢って）はっきりさせよ。

最重要330

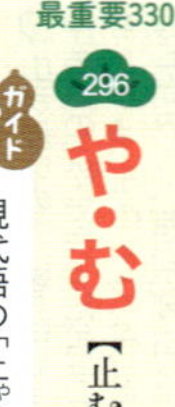

や・む【止む】 一 自マ四{ま・み・む・む・め・め} 二 他マ下二{め・め・む・むる・むれ・めよ}

ガイド 現代語の「止ゃむ」(自動詞)、「止ゃめる」(他動詞)よりも意味が広く、現代語にない一③④、二②の意に注意。

一 自マ四

❶続いたものが終わりになる。止まる。絶える。

例 雨のわりなく侍りつれば、やむ体までは かくてなむ〈大和・一三三〉 訳 雨がひどく降っておりましたので、やむまでは、こうして(雨宿りしているのです)。

❷物事が中止になる。途中で行われなくなる。

例 国のため、君のために、やむ体ことを得ずしてなすべきこと多し〈徒然・一二三〉 訳 (人は)国のため、主君のために、やめるわけにゆかなくて、しなければならないことが多い。

❸病気が治る。苦痛や怒りなどがおさまる。 ⇒篤ぁっし「慣用表現」

例 翁おきな、心地悪ぁしく苦しきときも、この子を見れば苦しきこともやみ用ぬ〈竹取・かぐや姫の生ひ立ち〉 訳 翁は気分が悪くつらいときも、この子(=かぐや姫)を見ると必ずつらいこともおさまってしまう。

❹命が終わる。死ぬ。 ⇒果はつ「慣用表現」

例 朽ち木などのやうにて、人に見捨てられてやみ用なむ〈源氏・手習〉 訳 (私=浮舟うきふねは)くさった木などのような状態で、人に見捨てられて死んでしまおう。

二 他マ下二

❶続いていたことを終わりにする。やめる。

例 上かみの奢おごり費やす所をやめ用、民を撫なで、農を勧すすめば〈徒然・一四二〉 訳 上に立つ為政者がぜいたくをして浪費することをやめ、人民をいつくしみ、農業を奨励するならば。

❷病気や癖などを治す。

例 御病ひやまもふとやめ用奉りてむ〈落窪〉 訳 ご病気も即座にきっとお治し申しあげよう。

---

❸仏教で、迷いの世界であるこの世。現世。〈千載・釈教〉「夢さめんその暁を待つほどの闇をも照らせ法のりのともしび」訳 (現世での迷いの)夢がさめるであろう、その夜明けを待つ間(=弥勒菩薩みろくぼさつが出現するまで)の迷いの世をも照らしてくれ、仏法(=法華経ほけきょう)による光明で。❹文字の読めないこと。また、その人。〈醒睡笑〉「その余ょの文字は闇なる男」訳 (「南無なむ」の二字の)そのほかの文字はまったく読めない男。

フレーズ

闇の現うつつ 暗闇の中の現実。〈古今・恋三〉「むばたまの闇のうつつはさだかなる夢にいくらもまさらざりけり」訳 暗闇の中の現実(の逢瀬おうせ)は、はっきりとした夢(の中の逢瀬)にたいしてまさっていなかったことよ。(「むばたまの」は「闇」にかかる枕詞)

やみ-ぢ ジ【闇路】名 ❶闇夜の道。❷心の迷い、思慮分別のないことをたとえていう語。〈黄・敵討義女英〉「そなたの母御の悲しむも、子ゆゑにまよふ親心、おなじ闇路にまどふべし」訳 あなたの母上が悲しむのも、子供のために迷う親心(からで)、(私と)同じ闇路(=心の迷い)にまどうにちがいない。❸死出の旅路。

やみ-の-うつつ【闇の現】⇒闇やみ「フレーズ」

や・む【止む】⇒上 296

や・む【病む】一 自マ四{ま・み・む・む・め・め} 病気になる。わずらう。〈徒然・一三三〉「からき命まうけて、久しく病み用たりけり」訳 (僧は)あぶない命を拾い取って、長い間わずらっていたということだ。二 他マ四{ま・み・む・む・め・め} ❶病気におかされる。〈源氏・空蝉〉「一昨日をとといより腹を病み用て、いとわりなければ」訳 一昨日から腹をこわして、まったく耐えがたいので。❷心配する。心を痛める。〈伊勢・五〉「いといたう心病み用けり」訳 (女は)たいそうひどく心を痛めた。

やむごと-な・し ヤンゴトー【形ク】⇒次ページ 297

や-め【矢目】名 矢の当たった所。矢傷。〈平家・四・橋合戦〉「鎧よろひに立ったる矢目を数へたりければ六十三、うらかく矢五所」訳 鎧に立った矢傷を数えたところ、六十三か所、裏まで通った矢が五か所(ある)。

やーも《上代語》㊀係助 ㊁終助

意味・用法

㊀係助詞
反語(…(であろう)か(いや、…ない)。)→❶
疑問(…だろうか。…か。)→❷

㊁終助詞
反語(…(であろう)か(いや、…ない)。)→❶
疑問(…か。)→❷

接続

㊀種々の語に付く。
㊁活用語の終止形・已然形に付く。①の反語の場合は、已然形に付く。

㊀係助〔係助詞「や」+係助詞「も」〕❶反語の意を表す。…(であろう)か(いや、…ない)。〈万葉・六・九七八〉「をのこやもむなしくあるべき万代に語りつぐべき名は立てずして」訳男子たるものは空しく朽ち果ててよいものであろうか(いや、よくはない)。万代に語り継ぐにふさわしい(りっぱな)名を立てないで。
❷疑問の意を表す。…だろうか。…か。〈万葉・三・二八七〉「ここにして家やもいづち白雲のたなびく山を越えて来にけり」訳ここからだと(私の)家はどの方角になるだろうか。白雲のたなびく山を越えて(はるばる)来てしまったことだ。

㊁終助〔係助詞「や」+終助詞「も」〕❶反語の意を表す。…(であろう)か(いや、…ない)。〈万葉・一・三一〉「ささなみの志賀の大わだ淀むとも昔の人にまたも逢はめやも」訳→ささなみの…和歌
❷疑問の意を表す。…か。〈万葉・三・四二四〉「隠口の泊瀬少女が手にまける玉は乱れてありといはずやも」訳泊瀬の少女が手にまいている玉は乱れてありといはずやも」訳泊瀬の少女が手にまいている玉は(緒が切れて)乱れているというではないか。(「隠口の」は「泊瀬」にかかる枕詞)

文法 (1) ㊀の用法は、活用語が文末になる場合は連体形で結ぶ「係り結び」になる。㊁を係助詞の文末用法とみる説もある。
(2) 中古以降は、「やは」の形が用いられた。

やーも-め【寡・寡婦】名 ❶独身の女性。未婚の者にも夫を失った者にもいう。〈竹取・火鼠の皮衣〉「この翁は、かぐや姫のやもめなるを嘆かしければ、よき人にあはせむと思ひはかれど」訳この翁は、かぐや姫が独身の女性(のまま)でいるのを嘆かわしいと思うので、よい人と結婚させようと思案するけれど。
❷転じて、独身の男性。

やーや【稍・漸】副 ❶物事が少しずつ進行することを示す語。しだいに。だんだんと。ようやく。〈方丈・四〉「仮の庵もややふるさととなりて」訳仮住まいの小屋もだんだんと住みなれた所となって。〈細道・出発まで〉「やや年も暮れ、春立てる霞の空に、白河の関越えむと」訳しだいに年も暮れ、春になって霞が立ちこめる空に(目をやるにつけても)、白河の関を越えようと。
❷物事の程度をいう語。大小・長短・上下などのどれにもいう。㋐いくらか。少し。〈源氏・桐壺〉「ややためらひて仰せ言伝へ聞こゆ」訳(靫負の命婦は)ちょっと心を静めて、(亡き桐壺の更衣の母君に桐壺帝の)おことばをお伝え申しあげる。
㋑かなり。だいぶ。〈平家・三・大地震〉「大地おびただしく動いて、やや久し」訳大地が激しく揺れ動いて、(その震動が)かなり長く続く。

やーや 感 ❶呼びかけるときに発する語。これこれ。

最重要330 297

やむごと-なし〔ヤンゴト〕形ク〔から・く(かり)・し・き(かる)・けれ・かれ〕〔「やんごとなし」とも表記〕「やうごとなし」「やごとなし」とも。

ガイド 原義は「止む事無し」で、捨てておくことができない、放置しておけないの意。ほうっておけないような大切なもの、尊重すべきもののさまであることから、②③の意が生じた。

❶捨ててはおけない。のっぴきならない。やむを得ない。
例「内裏にしもやむごとなき㊐ことあり」とて、出でむとするに〈蜻蛉・上〉
訳「宮中にちょうどのっぴきならない用事がある」と言って、(夫の兼家が)出ようとするときに。

❷並々ではない。ひととおりではない。格別だ。貴重だ。
➡遣る方無し「慣用表現」
例まことにやむごとなき㊐誉れありて、人の口にある歌多し〈徒然・六七〉
訳(今出川院の近衛という女性は)ほんとうに並々ではない名声があって、世の人が愛誦する和歌が多い。
例万にその道を知れる者は、やむごとなき㊐ものなり〈徒然・五一〉
訳何事につけてもその道を心得ている者は、貴重なものである。

❸尊い。高貴である。おそれ多い。
➡気高し「類語の整理」
例やむごとなき㊐人の隠れ給へるも、あまた聞こゆ〈方丈・四〉
訳高貴な人がお亡くなりになったことも、数多く耳にする。

最重要330

298
や・る

【遣る】一 他ラ四 {ら・り・る・る・れ・れ} 二 補動ラ四 {ら・り・る・る・れ・れ}

ガイド こちらから相手に送ってやるの意で、「遣(おこ)す」(→71)と逆向きの動作。こちらから離れるの意から一③の意も生じた。現代語の「やる」からは類推しにくい一③⑤、二②の意に注意。

一 他ラ四

❶ 行かせる。進ませる。

例 人をやり(用)て見するに、おほかた逢(あ)へる者なし〈徒然・五〇〉

訳 人を行かせて(ようすを)見させるが、いっこうに(女の鬼に)会った者がない。

❷ 送る。届ける。

例 人のがり言ふべきことありて、文(ふみ)をやる(終)とて〈徒然・三一〉

訳 ある人のところに言わねばならないことがあって、手紙を送り届けるということで。

❸ 不快な気持ちを晴らす。なぐさめる。

例 かやうのことにのみ心をやり(用)て明かし暮らさせ給ふほどに〈増鏡・あすか川〉

訳 (後嵯峨(ごさが)法皇は)このようなことにばかり心をなぐさめて(夜昼を)お過ごしになられるうちに。

❹ 逃がす。

例 やあやあ、者ども、六郎やる(終)な逃がすな〈狂・魚説経〉

訳 やあやあ、者ども、六郎を逃がすな逃がすな。

❺ 導き入れる。

例 水深うやり(用)なし、植木どもなどして〈源氏・須磨〉

訳 (庭に)水(=遣り水)を深くなるようにわざわざ導き入れ、いろいろな植木などを植えて。

❻ 与える。とらせる。金を払う。

例 買ふ人、明日その値(あたひ)をやり(用)て牛を取らんと言ふ〈徒然・九三〉

訳 買う人が、明日その代金を支払って牛を受け取ろうと言う。

二 補動ラ四 (動詞の連用形に付いて)

❶ その動作が遠くまで及ぶことを表す。遠く…する。はる

例 丈六(ぢやうろく)の仏の、いまだ荒造りにおはするが、顔ばかり見やら(未)れたり〈更級・富士川〉

おいおい。もしもし。〈大和・一五六〉「『やや』と言へど、答(いら)へもせで逃げて」訳「これこれ」と(おばあさんは)言うが、(男は)返事もしないで逃げて。❷驚いたときや、ふと思いついたとき、また、腹を立てたときなどに発する語。おやおや。おやまあ。ええい。〈徒然・四七〉「やや、鼻ひたる時、かくまじなはねば死ぬるなり」訳ええい(うるさい)、くしゃみをしたときは、このようにまじないを唱えないと必ず死ぬのだ。

やや・む 自マ四 {ま・み・む・む・め・め} 心悩む。思いわずらう。難儀する。〈源氏・宿木〉「いと苦しげにややみ(用)て、久しくおりてゐざり入る」訳 たいそう苦しそうに難儀して、長い間かかって(牛車(ぎつしや)から)降りて(奥のほうに)にじりながら入る。

やや-も-すれ-ば【動もすれば】副 どうかすると。ひょっとすると。ともすれば。「ややもせば」とも。〈源氏・若菜上〉「いといたく思ひしめりて、ややもすれば、花の木に目をつけてながめやる」訳 たいそうひどく沈みこんで、どうかすると、桜の木を見つめてぼんやりともの思いにふける。

や-よ 感 ❶呼びかけるときに発する語。やあ。おい。〈新古・冬〉「やよ時雨(しぐれ)物思ふ袖のなかりせば木の葉ののちに何を染めまし」訳 おい時雨よ、物思う(私の血のような涙で染める)袖がなかったなら、(おまえは)木の葉を染めたあとは何を染めるつもりなのか。❷はやしことばとして発する語。やれ。

やよひ(ヤヨイ)【弥生・三月】名 陰暦三月の称。春。〈細道・旅立〉「弥生も末の七日、あけぼのの空朧々(ろうろう)として」訳 陰暦三月も下旬の七日(=二十七日)、明け方の空はおぼろにかすんで。

やらう【遣らう】➡やらふ

やら-ず【遣らず】(動詞の連用形に付いて)十分に…しきらない。完全に…してしまわない。〈源氏・桐壺〉「えも乗りやらず(終)」訳 (靫負(ゆげい)の命婦(みやうぶ)は牛車(ぎつしや)に)とても乗りこんでしまうことができない。→遣(や)る二②

なりたち 四段補助動詞「遣(や)る」(未)+打消の助動詞「ず」

やら・ふ(ヤラ(ロ)ウ)【遣らふ】他ハ四 {は・ひ・ふ・ふ・へ・へ}〔四段動詞「遣

かに…する。

❷(多く、下に打消の語を伴って)その動作を完全に行う意を表す。**すっかり…する。(最後まで)…しきる。**

フレーズ

遣るまいぞ 逃がしはしないぞ。逃がすまいぞ。〈狂・附子〉「あの横着者(わうちやくもの)、捕らへてくれい。**やるまいぞ、やるまいぞ**」訳 あの不届き者(め)、つかまえてくれ。**逃がさないぞ、逃がさないぞ**。

る」㊍+上代の反復・継続の助動詞「ふ」が一語化したもの〕追いのける。追い払う。追放する。〈枕・一七九〉「さあ早く」など何度も**追い払わ**れるけれど。『はや』などあまたたび**やらは**㊍るれど」訳(女に)「さあ

やら-む-かた-な・し【遣らむ方無し】形ク〔(から)・く(かり)・し・き(かる)・けれ・かれ〕心を晴らす方法がない。どうしようもない。〈源氏・桐壺〉「その恨みましてやらむかたなし㊎」訳(局(つぼね)を移された更衣の)その恨みはなおさら**晴らしようがない**。⇒咳(せ)き上(あ)ぐ「慣用表現」

や-ら-ん ❶疑いの意をもった推量を表す。…であろうか。〈平家・七・主上都落〉「法皇のにはかに見えさせ給はぬは。いづ方へ御幸(ごかう)**やらん**」訳(後白河)法皇が急にお見えになられないよ。どちらへお出ましで**あろうか**。

❷断定しないでやわらかく言う婉曲(えんきょく)表現として用いる。**…ということだ**。〈徒然・一〇九〉「鞠(まり)も、難(かた)き所を蹴出(けいだ)してのち、やすく思へば、必ず落つと侍る**やらん**」訳 蹴鞠(けまり)も、むずかしい所を蹴り当ててのち、安心だと思うと、必ず(蹴りそこなって鞠が)落ちると(その道の戒めに)あります**とか**。

なりたち 断定の助動詞「なり」㊍+推量の助動詞「む」㊍=「にやあらむ」の転

やり-す・つ【破り捨つ】他タ下二〔て・て・つ・つる・つれ・てよ〕やぶり捨てる。〈徒然・二九〉「残しおかじと思ふ反古(ほうご)など**破り捨つる**㊍中に」訳(あとに)残しておくまいと思う書き損じの紙などを**やぶり捨てる**、その中に。

やり-て【遣り手】名 ❶牛を使う人。牛車(ぎっしゃ)を動かす人。また、それをうまくやる人。❷遊郭で、遊女の監督・采配をする年配の女。やりてばば。

やり-ど【遣り戸】名 左右に引いて開閉する戸。引き戸。〈源氏・夕顔〉「**遣戸**を引きあけて、もろともに見出(い)だし給ふ」訳(光源氏は)**遣り戸**を引き開けて、(夕顔と)いっしょに外をご覧になる。

(やりど)

やり-みづ【遣り水】ミズ 名 庭に水を導き入れてつくった細い流れ。〈徒然・一九〉「霜いと白うおける朝(あした)、**遣り水**より烟(けぶり)の立つこそをかしけれ」訳 霜がたいそう白くおりている朝、**遣り水**から煙のような水蒸気が立つのは趣深い。⇒寝殿造

り「古文常識」(四三四ページ)

や・る【破る】㊀自ラ下二〔れ・れ・る・るる・るれ・れよ〕破(やぶ)れる。こわれる。裂ける。〈太平記・二〉「**破れ**用たる草鞋(わらぢ)に編み笠(がさ)着て」訳 **破れ**た草鞋をはき、編み笠をつけて。

㊁他ラ四〔ら・り・る・る・れ・れ〕破る。こわす。裂く。〈土佐〉「とまれかうまれ、とく**破り**用てむ」訳 何はともあれ、(こんなもの(=「土佐日記」)は)早く**破っ**てしまおう。

やる【遣る】⇒右上 298

や・る 助動四型〔やら・やり(やつ)・やる・やる・やれ・やれ(や)〕(近世語)(「ある」の転)尊敬の意を表す。**お…になる。…なさる**。〈浮・西鶴織留〉「そなたがいやしい人で、源氏物語を見**やら**㊍ぬによって」訳 あなたが無教養な人で、「源氏物語」を見**なさら**ないから。〈浄・冥途の飛脚〉「忠兵(ちゅうびょう)宿にゐ**やる**㊍か」訳 忠兵衛は家にい**なさる**か。

接続 動詞の連用形に付く。

文法 (1) 中世の尊敬表現「お…ある」の変化した「お…やる」の「やる」が助動詞化したもの。(2) 命令形の「やれ」の「れ」を略して、単に「や」としても使われる。

「お藤(ふぢ)、必ずお主(しゅう)の気に入っていつまでも奉公し**や**(=奉公し**なされよ**)」〈浄・堀川波鼓〉

やる-かた-な・し【遣る方無し】形ク〔(から)・く(かり)・し・き(かる)・けれ・かれ〕❶心を晴らす方法がない。心のなぐさめようがない。〈源氏・夕顔〉「なほ悲しさの**やるかたなく**用」訳(光源氏は)やはり悲しさの**晴らしようもなく**。

❷程度がなみひととおりでない。はなはだしい。〈宇治・一・二〉「年ごろ、平茸(ひらたけ)**やるかたなく**用多かりけり」訳 長年、(篠村(しのむら)という所に)平茸(=きのこの名)が**はなはだしく**たくさん生えた。

慣用表現

やるかたなし—「なみひととおりでない」を表す表現

□+ならず　斜(なの)(なな)めならず・並(な)べてならず

□+なし　やむごとなし・遣(や)る方(かた)無し

その他　おぼろけ

やる-まい-ぞ【遣るまいぞ】⇒遣(や)る「フレーズ」

訳 一丈六尺(=約四・八五メートル)の仏像で、まだ粗造りでいらっしゃるのが、顔だけは**はるか遠くに**自然と目に入った。

例 えも言ひ**やら**㊍ずいみじう泣けば〈源氏・薄雲〉訳(明石(あかし)の君は)**最後まで**言い**きる**ことができずにひどく泣くので。

なりたち 「まい」は、打消意志の助動詞「まじ」の連体形「まじき」のイ音便「まじい」が変化した「まい」の連体形

参考 狂言で、終わりに人を追いかけるときに言う。

最重要330

299

やをら（ヤオラ） 副

ガイド 「静かに、そっと」の意。現代語で「突然」の意に用いるのは誤用である。

静かに。そっと。 **おもむろに。そろそろと。**

例 日もやうやう暮れぬれば、**やをら**すべり入りて〈大和・一七三〉 訳 日もだんだん暮れてきたので、(男は女のいる御簾(みす)の中に)**そっと**すべるように入って。

やれ 感 呼びかけたり、物事にふと気がついたりしたときなどに発する語。やあ。まあ。おや。あれ。〈八番日記・一茶〉「**やれ**打つな蝿(はへ)が手を摺(す)り足をする」 訳 (**それ**打つな。(打たないでくれと頼んでいるかのように)はえが手をすり合わせたり、足をすり合わせたりしている(じゃないか)。

やわらか〘柔らか・和らか〙⬇やはらか

やわらぐ〘和らぐ〙⬇やはらぐ

やをら（ラヤオ） 副 ⬇右 299

やんごと-な・し 形ク {から・く(かり)・し・き(かる)・けれ・かれ}「やむごとなし」に同じ。

ゆ【湯】 名 ❶湯(ゆ)。❷入浴すること。また、その場所。湯殿。〈源氏・帚木〉「下(しも)に**湯**におりて」 訳 下屋(しもや)(=召使などのいる建物)に**入浴**におりて。❸温泉。いで湯。❹薬湯。せんじ薬。〈源氏・手習〉「試みに、暫(しば)し**湯**を飲ませなどして助け試みむ」 訳 ためしに、しばらくの間**薬湯**を飲ませなどして助けてみよう。❺船中に浸(し)み入ってたまった水をいう忌み詞(ことば)。ふなゆ。あか。

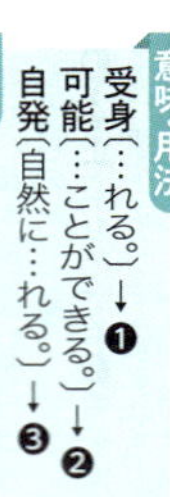

ゆ 助動ヤ下二型《上代語》

意味・用法

受身(…れる。)→❶
可能(…ことができる。)→❷
自発(自然に…れる。)→❸

接続

四段・ナ変・ラ変動詞の**未然形**に付く。

活 用

未然	連用	終止	連体	已然	命令
え (ズ)	え (テ)	ゆ (。)	ゆる (コト)	ゆれ (ド)	○

❶受身の意を表す。…**れる。**〈万葉・五・八〇四〉「か行けば人に厭(いと)は**え**㊊かく行けば人に憎ま**え**㊊」 訳 あちらに行くと人にきらわ**れ**、こちらに行くと人に憎ま**れ**。

❷可能の意を表す。…**ことができる。**〈万葉・二〇・四四八二〉「堀江越え遠き里まで送り来(け)る君が心は忘ら**ゆ**㊎まじ」 訳 堀江を越えて遠い里まで送って来たあなたの心は忘れる**ことができ**ないだろう。

❸自発の意を表す。**自然に…れる。**〈万葉・五・八八〇〉「天(あま)ざかる鄙(ひな)に五年(いつとせ)住まひつつ都の手ぶり忘ら**え**㊊にけり」 訳 田舎(いなか)に五年住み続けていて、都の風習が**自然に**忘れ**られ**てしまった。(「天ざかる」は「鄙」にかかる枕詞)

参考 「ゆ」は、上代では「る」よりは用例が多く、「る」より古い。中古になると「る」にとってかわられ、わずかに「聞こゆ」「おぼゆ」「あらゆる」「いはゆる」などの語の一部分として残るだけとなる。また、「ゆ」が「思ふ」「聞く」などに付く場合に、「思ほゆ」「聞こゆ」などのように、未然形のア段音がオ段音になることがあり、一語の動詞として扱う。

ゆ 格助《上代語》

意味・用法

起点(…から。…以来。)→❶
経由点(…から。…を通って。)→❷
手段(…で。…によって。)→❸
比較の基準(…よりも。)→❹

接続

体言、体言に準ずる語、活用語の**連体形**などに付く。

❶動作の時間的・空間的な起点を表す。…**から。…以来。**〈万葉・三・三一七〉「天地(あめつち)の分かれし時**ゆ**神(かむ)さびて高く貴(たふと)き駿河(するが)なる富士の高嶺(たかね)を」 訳 →あめつちの… 和歌

❷移動する動作の経由点を表す。…**から。…を通って。**〈万葉・三・三一八〉「田子(たご)の浦**ゆ**うち出(い)でて見れば真白にそ富士の高嶺に雪は降りける」 訳 →たごのうらゆ… 和歌

❸動作の手段を表す。…**で。…によって。**〈万葉・一四・三三九六〉「小筑波(をづくは)の繁(しげ)き木(こ)の間よ立つ鳥の目**ゆ**か汝(な)を見むさ寝(ね)ざらなくに」 訳 筑波(つくば)の山の茂った木の間から飛び立つ鳥の目ではないが、目**で**おまえを見る(だけ)だろうか。共寝しなかったわけでもないのに。(第三句までは、「目」を導きだす序詞)

❹比較の基準を表す。…**よりも。**〈万葉・一一・二四三八〉「人言(ひとごと)は暫(しま)しそ吾妹(わぎも)縄手(つなて)引く海**ゆ**まさりて深くしそ思ふ」 訳 人のうわさはしばらくの間だ、おまえよ。舟の綱手を引く(ほど深い)海**よりも**いっそう深く思っているよ。

参考 同義の助詞に「ゆり」「よ」「より」があるが、用例が少なく意味の違いは不詳。中古に入ると「より」だ

けが用いられた。↓ゆり(格助)・よ(格助)・より(格助)(八四ページ)

ゆ-あみ【湯浴み】名 ❶湯や水でからだを洗うこと。入浴。
❷温泉にはいって病気などを治すこと。湯治(とうじ)。

ゆい-かい【遺戒・遺誡】名 子孫や後人のために残す訓戒。遺訓。

ゆう【用】名「よう(用)③」に同じ。

ゆう【有・幽・遊・優】↓いう

ゆう【夕・木綿・結う】↓ゆふ

ゆう-けん【雄剣】名 りっぱな剣。

ゆう-げん【幽玄】↓いうげん

ゆう-そく【有識・有職】↓いうそく

ゆう-べ【夕べ】↓ゆふべ

ゆう-みゃう(ミョウ)【勇猛】名・形動ナリ《仏教語》「ゆみゃう」とも。勇ましく強いこと。

ゆえ【故】↓ゆゑ

ゆか【床・牀】名 ❶家の中で一段高く作り、寝所などにする所。中古では、帳台(ちょうだい)などをいう。〈源氏・蛍〉「床をば譲り聞こえ給ひて」訳 (花散里(はなちるさと)は光源氏に)帳台をお譲り申しあげなさって。
❷家の中で、地面から一段高くして板を張った所。
❸劇場・寄席で、浄瑠璃太夫(たゆう)などの座る高座。

ゆか・し 形シク ↓左 300

ゆかし-が・る 他ラ四 {ら・り・る・る・れ・れ}「「がる」は接尾語」…たいと思う。見たがる。聞きたがる。知りたがる。〈枕・二六〉「つゆちりのこともゆかしがり用、聞かまほしうして」訳 (他人のうわさは)ほんのちょっとしたことでも知りたがり、聞きたそうにして。

ゆかし-げ 一 形動ナリ {なら・なり(に)・なり・なる・なれ・なれ}「げ」は接尾語 心ひかれているようす。見たそう、聞きたそう、知りたそうなさま。〈源氏・紅葉賀〉「上(うへ)の、いつしかとゆかしげに用思(おぼ)し召したること限りなし」訳 帝(みかど)が、(若宮と)早く(会いたい)と対面したそうにお思いになっていることはこの上もない。
二 名 心ひかれるような深みや趣。〈源氏・少女〉「少しゆかしげあることをまぜてこそ侍らめ」訳 少しは(世間が)心ひかれるような趣のあることを加えるのがよいでしょうが。

ゆかし-さ 名「さ」は接尾語 ❶心ひかれること。見たいこと、聞きたいこと、知りたいことなど。また、それらの程度。〈更級・かどで〉「ところどころ語るを聞くに、いとどゆかしさまされど」訳 (大人たちが、「源氏物語」の)ところどころを話すのを聞くと、ますます読みたい気持ちがつのるけれど。
❷なつかしいこと。なんとなく恋しいこと。〈うつほ・楼上下〉「昔見給へしゆかしさにまうで来て」訳 昔拝見したなつかしさに参上して。

ゆが・む【歪む】一 自マ四 {ま・み・む・む・め・め} ❶形がねじれて曲がる。まっすぐでなくなる。〈徒然・一七五〉「思ふ所なく笑ひののしり、詞(ことば)多く、烏帽子(えぼうし)ゆがみ用」訳 (酒を飲むと)思慮もなく笑い騒ぎ、多弁になり、烏帽子は曲がって。
❷心や行いが正しくなくなる。よこしまになる。〈源氏・若菜上〉「ゆがめ已る事なむ、いにしへだに多かりける」訳 よこしまな事件が、(聖代の)昔でさえ多かった。
❸発音がなまる。〈徒然・一四一〉「この聖(ひじり)、声うちゆがみ用あらあらしくて」訳 この高僧(=尭蓮上人(ぎょうれんしょうにん))は、発音がちょっとなまり(ことばつきが)荒っぽくて。
二 他マ下二 {め・め・む・むる・むれ・めよ} ❶形などをねじ曲げる。ゆがめる。〈枕・一八三〉「直衣(なほし)・狩衣(かりぎぬ)などゆがめ用たりとも」訳 直衣や狩衣などをゆがめて(着て)いても。
❷心や行いなどを正しくなくする。

ゆかり【縁】名 なんらかのつながりや関係のあること。また、その

最重要330

300 ゆか・し 形シク {しから・しく(しかり)・し・しき(しかる)・しけれ・しかれ}

ガイド 動詞「行く」に対応する形容詞で、心が進んで行く思いだの意。対象によって、見たい、聞きたい、知りたい、読みたいなどの意になる。②は中世以降の用法。

❶ **好奇心がもたれ、心がひきつけられる状態。(直接に)見たい。聞きたい。知りたい。**

例 ねびゆかむさまゆかしき体人かな、と目とまり給ふ〈源氏・若紫〉
訳 大人になってゆくようなようすを見たい人だなあと、(光源氏は若紫に)目を引きつけられなさる。

例 いみじく心もとなく、ゆかしく用おぼゆるままに〈更級・物語〉
訳 たいそうじれったく、(「源氏物語」を)読みたいと思われるので。

語感実感 連続ドラマの第一話がとてもおもしろく、早く続きが見たいと思う感じ。

❷ **なんとなく慕わしい。なつかしい。**

例 山路(やまぢ)来て何やらゆかし終すみれ草〈野ざらし紀行・芭蕉〉
訳 山路を歩いて来て(ふと気づくと)路傍にかれんなすみれ草が咲いている。(こんな山中で)咲いている姿に、どこか心ひかれることだ。

人。えん。縁故。血縁。親戚。〈細道・山中〉「曽良(そら)は腹を病みて、伊勢(いせ)の国長島といふ所にゆかりあれば、先立ちて行くに」訳 曽良(=芭蕉(ばしょう)と同行した弟子)は腹をこわして、伊勢の国(三重県)の長島という所に親戚がいるので、先に出発するにあたり。

ゆき【雪】 名 ❶雪。冬 ❷白いもののたとえ。特に、白髪。〈土佐〉「わが髪の雪と磯辺(いそべ)の白波といづれまされり沖つ島守(しまもり)」訳→わがかみの…和歌

ゆ‐き【靫・靭】 名「ゆぎ」とも。上代の武具。細長い箱形で、矢を入れて背に負う。

(靫)

ゆき‐あか・る【行き別る】 自ラ下二{れ・れ・る・るる・るれ・れよ} 互いに別れて行く。解散してひきあげる。〈徒然・三〇〉「我賢(われかしこ)げに物ひきしたため、ちりぢりに行きあかれ(用)ぬ」訳 自分こそ分別があるというふうに荷物を整理し、ちりぢりに互いに別れて行ってしまう。

ゆき‐あひ【行き合ひ・行き逢ひ】(アイ) 名 ❶出会うこと。また、その所・時。〈新古・雑下〉「彦星(ひこぼし)のゆきあひを待つかささぎのと渡る橋を我にかさなん」訳 彦星が(織女星に)会う時を待って渡る川門(かわと)(=渡り場)にかささぎのかけた橋を、私に貸してほしい。❷季節の変わり目。特に、夏と秋の変わり目。〈新古・夏〉「夏衣かたへ涼しくなりぬなり夜や深(ふ)けぬらんゆきあひの空」訳 夏衣の片側が涼しくなったようだ。夜が更けてしまったのだろうか、夏から秋への変わり目の空は。

ゆき‐あ・ふ【行き合ふ・行き逢ふ】(アウ/オウ) 一 自ハ四{は・ひ・ふ・ふ・へ・へ} 偶然に出会う。出くわす。〈徒然・一〇六〉「細道にて、馬に乗りたる女の行きあひ(用)たりけるが」訳 細い道で、馬に乗った女が(証空上人(しょうくうしょうにん)と)出くわしたが。
二 他ハ下二{へ・へ・ふ・ふる・ふれ・へよ} 行きあわせる。並べ連ねる。交差させる。〈記・下〉「鶺鴒(まなばしら)尾を行きあへ(用)」訳 せきれい(=鳥の名)が尾を交差させて。

ゆき‐いた・る【行き至る】 自ラ四{ら・り・る・る・れ・れ} 行き着く。〈伊勢・一四〉「むかし、をとこ、みちの国にすずろに行きいたり(用)にけり」訳 昔、ある男が、陸奥(むつ)の国(奥羽地方)にあてもなく行き着いた。

ゆき‐か・ふ【行き交ふ】(コウ) 自ハ四{は・ひ・ふ・ふ・へ・へ} ❶行き来する。往来する。〈源氏・桐壺〉「百敷(ももしき)に行きかひ(用)侍らむことは、まして、いとはばかり多くなむ」訳 宮中に出入りしますようなことは、なおさら、とても遠慮が多く(ございます)。❷かわるがわるやってくる。来ては過ぎて行く。つぎつぎと移って行く。〈細道・出発まで〉「月日は百代(はくたい)の過客(かかく)にして、行きかふ(体)年もまた旅人なり」訳 月日は永遠に旅を続ける旅人(のようなもの)であり、(毎年)去っては来、来ては去ってゆく年も、また旅人(のようなもの)である。

ゆき‐かへ・る【行き返る・往き返る】(カエル) 自ラ四{ら・り・る・る・れ・れ} ❶行って帰る。往来する。往復する。〈万葉・一九・四二四二〉「天雲(あまくも)のゆきかへり(用)なむもの故(ゆゑ)に思ひぞあがする別れ悲しみ」訳 きっと行っては帰って来るであろうものなのに、私は思いに沈むことだ。別れが悲しくて。(「天雲の」は「行く」にかかる枕詞) ❷年が改まる。〈万葉・二〇・四四九〇〉「あらたまの年行きかへり(用)春立たば」訳 年が改まり春になったなら。(「あらたまの」は「年」にかかる枕詞)

ゆき‐かよ・ふ【行き通ふ】(カヨウ) 自ハ四{は・ひ・ふ・ふ・へ・へ} 行き来する。通って行く。〈伊勢・四〉「あり所は聞けど、人の行き通ふ(終)べき所にもあらざりければ」訳 (その人の)居場所は(人づてに)聞くが、(普通の身分の)人が行き来することのできそうな所でもなかったので。

ゆき‐く【行き来・往き来】 自カ変{こ・き・く・くる・くれ・こ(こよ)} 行ったり来たりする。往来する。〈万葉・九・一八一〇〉「葦屋(あしのや)の菟原処女(うなひをとめ)の奥津城(おくつき)を往きく(終)と見れば」訳 葦屋(あしや)(=地名)の菟原処女の墓を、行き来するたびに見ると。

ゆき‐くら・す【行き暮らす】 他サ四{さ・し・す・す・せ・せ} 日の暮れるまで歩き続ける。旅の途中で日暮れを迎える。〈万葉・七・一二四二〉「あしひきの山行き暮らし(用)宿借らば」訳 山路を行く途中で日が暮れて、宿を借りるなら。(「あしひきの」は「山」にかかる枕詞)

ゆき‐く・る【行き暮る】 自ラ下二{れ・れ・る・るる・るれ・れよ} 行くうちに日が暮れる。旅の途中で日暮れとなる。〈新古・春上〉「思ふどちそこともしらず行き暮れ(用)ぬ」訳 親しい者どうしがどこというあてもなく行くうちに日が暮れてしまった。

ゆき‐げ【雪気】 名 雪が降り出しそうなけはい。雪もよう。〈新古・春上〉「風寒(さ)えて雪げに曇る春の夜の月」訳 風が寒くて、雪が降りそうなようすに曇って(見える)春の夜の月よ。

ゆき‐げ【雪消・雪解】 名 雪が消えること。雪解け。また、雪解け水。春。〈古今・冬〉「奥山の雪げの水ぞ今増さるらし」訳 奥山の雪解けの水がいま増えて(もみじの葉を流し出して)いるらしい。

ゆき‐げた【行き桁】 名 橋のかけられた方向に沿って、橋を支えるために渡した木材。

ゆきちるや… 俳句

冬 切れ字
雪ちるや　穂屋(ほや)の薄(すすき)の　刈(か)り残(のこ)し　〈猿蓑(さるみの)・芭蕉〉

訳 (底冷えのする曇天から)ちらちらと雪が散りかかるよ。穂屋の神事のために刈られて疎(まば)らに残った枯れすすきのあたりに。
解説 陰暦七月の諏訪(すわ)大明神の御射山(みさやま)祭りには、すすきの穂を刈って小屋の屋根を葺(ふ)く神事があり、その小屋を「穂屋」といった。「信濃路(しなのぢ)を過ぐるに」の前書きがあるが、虚構の句とされる。

ゆき‐つ・る【行き連る】 自ラ下二{れ・れ・る・るる・るれ・れよ} 連れだって行く。同行する。道づれになる。〈徒然・四七〉「ある人、清水(きよみづ)へ参りけるに、老いたる尼の行きつれ(用)たりけるが」訳 ある人が清水(の観音)へ参詣したときに、年老いた尼で、道づれになった人が。

ゆきとけて… 俳句

春 切れ字
雪とけて　村(むら)一(いっ)ぱいの　子(こ)ども哉(かな)　〈七番日記・一茶〉

訳（春めいた日ざしに山国の）雪が徐々にとけて、（屋外に出るのを待ちかねていたように）村のあちこちは（楽しげに遊ぶ）子どもたちであふれんばかりであるよ。

ゆき-とぶら・ふ ラ(ロ)ウ—トブ【行き訪ふ】自ハ四〔は・ひ・ふ・ふ・へ・へ〕訪問する。見舞いに行く。〈徒然・七六〉「嘆きも喜びもありて、人多く行きとぶらふ(体)中に」訳 不幸なことも祝いごともあって、人が多く訪問する（その人の）中に。

ゆきふかみ… 和歌

雪深み　深山(みやま)の道(みち)は　晴(は)れずとも
なほふみ通(かよ)へ　跡(あと)絶(た)えずして
〈源氏・薄雲〉

〔踏み〕
〔文〕

訳 雪が深いので、この奥深い山の道は（雪が）晴れなく（て通って来られそうになく）ても、やはり（雪を）踏んで通って来てください。足跡が絶えることなく（＝いつも手紙をよこしてください）。

解説 姫君を紫の上の養女にする決意をした明石(あかし)の君が、姫君に同行する乳母(めのと)に対して詠んだ歌。「深山」は、今住んでいる大井のこと。姫君が住むことになる京との心理的な距離感もある。

ゆき-ぼとけ【雪仏】名 雪でつくった仏。雪だるまの類。冬

ゆき-ま【雪間】名 ❶積もっていた雪の消えた所。春。〈枕・三〉「七日、雪間の若菜(わかな)摘み」訳（陰暦一月）七日は、雪の消えた所での若菜摘み。❷雪の降りやんでいる間。雪の晴れ間。〈源氏・薄雲〉「雪間なき吉野(よしの)の山をたづねても心の通ふ跡(あと)絶えめやは」訳 →ゆきまなき… 和歌

ゆきまなき… 和歌

雪間なき　吉野(よしの)の山(やま)を　たづねても
心(こころ)の通(かよ)ふ　跡(あと)絶(た)えめやは
〈源氏・薄雲〉

訳 たとえ雪の晴れ間がない吉野の山を訪ねてでも、（私の）真心の通って行く足跡（＝手紙）が途絶えることがありましょうか（いや、途絶えることはありません）。（「吉野の山」は、今の奈良県の吉野山で歌枕）

解説 明石(あかし)の君の歌「雪深み深山(みやま)の道は晴れずともなほふみ通へ跡(あと)絶えずして」（訳 →ゆきふかみ… 和歌）に対して答えた姫君の乳母(めのと)の歌。明石の君の「深山」に対して、雪深い所であるためさらに通うことの困難な吉野山をもちだして、自分の真心を示した。

ゆき-むか・ふ カ(コ)ウ—ム【行き向かふ】自ハ四〔は・ひ・ふ・ふ・へ・へ〕❶出かけて行く。向かって行く。〈宇治・一三・二〉「西天竺(さいてんぢく)に行きむかひ(用)て」訳（提婆菩薩(だいばぼさつ)が）西天竺（＝インド西部）に出かけて行って。❷次々と過ぎ去ってはやって来る。〈万葉・一三・三三二四〉「行きむかふ(体)年の緒(を)長く仕へ来(こ)し君の御門(みかど)を」訳 次々とめぐって来る年月長く仕えてきた君の御殿を。

ゆき-めぐ・る【行き廻る・行き巡る】自ラ四〔ら・り・る・る・れ・れ〕❶あちこちめぐり歩く。〈万葉・一七・三九四四〉「女郎花(をみなへし)咲きたる野辺を行きめぐり(用)」訳 女郎花が咲いている野原をめぐり歩き。❷再びめぐってくる。運行を繰り返す。〈古今・離別〉「道はかたがた別るとも行きめぐり(用)てもあはむとぞ思ふ」訳 道はあちこちに別れても、再びめぐってきて会おうと思う。

ゆ-ぎゃう ギョウ—【遊行】名・自サ変 ❶僧が、修行や説法のために諸国をめぐり歩くこと。行脚(あんぎゃ)。〈今昔・二・八〉「諸(もろもろ)の比丘(びく)ありて遊行し(用)て」訳 多くの僧がいて諸国をめぐり歩いて。❷ぶらぶら歩くこと。散歩すること。〈方丈・三〉「つれづれなる時は、これを友として遊行す(終)」訳 することがなく手もちぶさたなときには、これ（＝山の番人の子供）を相手としてぶらぶら歩く。

ゆき-や・る【行き遣る】自ラ四〔ら・り・る・る・れ・れ〕（多く、下に打消の語を伴って）思いきって行く。とどこおりなく進む。〈源氏・桐壺〉「さりともうち捨ててはえ行きやら(未)じ」訳 そのよう（にあなた＝桐壺帝を）残しては行くことができないだろう。

ゆ・く【行く・往く】自カ四〔か・き・く・く・け・け〕❶進み行く。通り行く。通り過ぎる。〈万葉・一八・四〇四一〉「梅の花咲き散る園(その)にわれ行か(未)む」訳 梅の花の咲いては散る園に、私は進んで行こう。❷去る。立ち退く。〈古今・春上〉「春霞(はるがすみ)立つを見捨てて行く(体)雁(かり)は花なき里に住みやならへる」訳 春霞が立つのを見捨てて（北へ）帰って行く雁は、花のない里に住みなれているのか。❸年月が過ぎ去る。時が移り行く。〈猿蓑・芭蕉〉「行く(体)春を近江(あふみ)の人とおしみける」訳 →ゆくはるを… 俳句 ❹雲や水が流れ行く。流れ去る。〈方丈・一〉「ゆく(体)河の流れは絶えずして、しかも、もとの水にあらず」訳（いつも滔々(とうとう)と）流れ行く川の流れは絶えなくて、それでいて、（そこにある水は）もとの水ではない。❺死ぬ。逝去(せいきょ)する。〈伊勢・一二五〉「つひにゆく(体)道とはかねて聞きしかどきのふけふとは思はざりしを」訳 →つひにゆく… 和歌。⬇果(は)つ「慣用表現」❻満足する。心が晴れる。〈万葉・三・四六六〉「わが屋前(やど)に花そ咲きたるそを見れど情(こころ)もゆか(未)ず」訳 わが家の前庭に花が咲いている。（しかし）それを見ても心も晴れ晴れしない。❼（動詞の連用形に付いて）その動作が継続し、進行する意を表す。いつまでも…し続ける。ずっと…する。だんだん…てゆく。〈源氏・桐壺〉「いとあつしくなりゆき(用)」訳（桐壺の更衣は）しだいにたいそう病弱になってゆき。（→行(い)く 参考）

フレーズ

行く秋(あき) 暮れて行く秋。過ぎ行く秋。秋
行く春(はる) 暮れて行く春。過ぎ行く春。春

ゆく-あき【行く秋】⬇行(ゆ)く「フレーズ」

ゆく-かた【行く方】名 ❶行く先。行くべき方向。〈源氏・玉鬘〉「行く方やいづく泊まりと知らずもあるかな」訳 これから行く先はどこが港（＝落ち着く場所）であるとわからないことだなあ。❷（下に「無し」を伴って）心を晴らす方法。〈源氏・椎本〉「行く方もなく、いぶせう思(おぼ)え侍り」訳 心を晴らす

方法もなく、気がかりに思われます。

ゆく-さ【行くさ】名〔「さ」は時の意の接尾語〕行く時。行く途中。〈**万葉・三・四五〇**〉「**行くさ**には二人わが見しこの崎を独り過ぐればこころ悲しも」訳 **行く時**には（妻と）二人で私が見たこの崎（＝敏馬の崎）を、（今は）一人で通るので心悲しいことよ。対来さ

フレーズ
行くさ来さ 行く時と来る時と。行き帰り。

ゆく-さき【行く先】名 ❶（空間的に）行く手の道のり。進んで行く前方。〈**伊勢・六**〉「**行く先**多く、夜もふけにければ」訳 **行く手の道のり**が遠く、夜もふけてしまったので。
❷（時間的に）将来。未来。〈**源氏・賢木**〉「来しかた**行く先**おぼし続けられて、心よわく泣き給ひぬ」訳（光源氏は）過去・**将来**を思い続けなさらずにはいられなくて、心弱くお泣きになった。
❸余命。〈**源氏・帚木**〉「このたのもし人は**行く先**みじかかりなむ」訳 この頼りにしている人（＝伊予の介）は**余命**もきっと短いであろう。

ゆくさ-くさ【行くさ来さ】⬇行くさ「フレーズ」

ゆく-するスヱ【行く末】名 ❶進んで行く先。行く手。〈**新古・離別**〉「**行く末**に阿武隈川のなかりせばいかにかせまし今日の別れを」訳（私が旅立つ）**行く手**に（人に逢うという）阿武隈川がなかったとしたら、どうしたらよいだろうか、今日の別れ（のつらさ）を（再び逢えると思うから、今日別れられるのだ）。（「阿武隈川」に「逢ふ」をかける）
❷**将来。前途。**〈**枕・一六〇**〉「いつしかと待ち出でたるちごの、五十日・百日などのほどになりたる、**行く末**いと心もとなし」訳 早く（生まれないか）と待ち受けていた赤ん坊で、五十日・百日などの（祝いの）ころになったのは、**前途**（＝生い先）がたいそう待ち遠しい。
❸余命。〈**源氏・柏木**〉「**行く末**短う、もの心細うて」訳（私＝光源氏は）**余命**が短く、なんとなく心細くて。

ゆく-て【行く手】名 ❶行く方向。前途。
❷行くついで。行きがけ。〈**源氏・若紫**〉「**行く手**の御事は、なほざりにも思ひ給へなされしを」訳（光源氏が）**行きがけ**（におっしゃった若紫所望）の御事は、いかにもいいかげん（なお気持でおっしゃったこと）だとも存ぜずにはいられなかったのに。

ゆく-はる【行く春】⬇行く「フレーズ」

ゆくはるや… 俳句

春　切れ字
ゆく春や　おもたき琵琶の　抱きごころ
〈**五車反古・蕪村**〉

訳 ああ春も過ぎ去ろうとしている。（春を惜しむ心の慰めにと）抱いてみる琵琶までが重たく感じられる（けだるい）このもの憂さよ。

ゆくはるや… 俳句

春　切れ字　春
ゆく春や　逡巡として　遅ざくら
〈**蕪村句集・蕪村**〉

訳 春も過ぎ行こうとしている。その春自身も（名残惜しそうに）ためらいがちで、遅桜もそれにあわせてためらいがちに咲いているよ。
解説「逡巡」はためらうこと。ためらうのは「遅ざくら」とする解釈もある。ここでは「ゆく春」「遅ざくら」双方の擬人化とした。

ゆくはるや… 俳句

春　切れ字
行く春や　同車の君の　ささめごと
〈**蕪村遺稿・蕪村**〉

訳（惜春の情やみがたい）まさに過ぎ行く春の日、牛車に主と同乗している若い女性が、（簾の中で）なにごとかひそひそと語り続けている（艶なる風景）よ。
解説 初五が「春雨や」の句形も伝わる。実景の描写ではなく、王朝絵巻あたりからの取材とみられる。

ゆくはるや… 俳句

春　切れ字
行く春や　鳥啼き魚の　目は泪
〈**細道・旅立・芭蕉**〉

訳 過ぎて行こうとしている春。（折しも私にとっても旅立ちの別れの春でもある）。（その名残を惜しむかのように）鳥は愁いをこめて鳴き、魚の目にまで涙があふれている（ように感じられる）ことだ。
解説「おくのほそ道」への旅立ちの際、千住で、見送りに来た親しい人々と別れる折の句。「鳥」「魚」は芭蕉の漂泊の旅での自然の風物を代表するものでもある。初案は「鮎の子の白魚送る別れかな」。

ゆくはるを… 俳句

春　切れ字
行く春を　近江の人と　おしみける
〈**猿蓑・芭蕉**〉

訳（晩春の一日、古人も春を惜しんだここ琵琶湖のほとりの）まさに過ぎ行こうとしている春を、近江の国（滋賀県）の風流な人々とともに惜しんだことだ。（結句の連体形止めは「ことよ」などの体言の省略を暗示して詠嘆を強調する手法）
解説「おしみける」は「をしみける」が正しい。弟子の尚白が「近江は丹波にも、春は歳にも置きかえられる」と評したが、去来は「湖水の霞む眼前の風景がたいせつで、近江でなければならない」とし、芭蕉がその理解の深さを喜んだと「去来抄」の「先師評」にある。

ゆく-へエ【行方】名 ❶**進んで行く先。**行くべき方向。また、**行った先。**〈**笈の小文**〉「草庵に酒肴携へ来りて行方を祝し」訳 草庵に酒と肴を持ってやって来て**旅の前途**を（無事であるようにと）祝福し。
❷**将来。なりゆき。**〈**万葉・一一・二七二三**〉「埋もれ木の下ゆそ恋ふる**行方**知らずて」訳 人知れず心の中で恋しく思っている。（この恋の）**なりゆき**もわからないままに。（「埋もれ木の」は「下」にかかる枕詞）

ゆくへ-な・しユクエ【行方無し】形ク〔から・く(かり)・し・き(かる)・けれ・かれ〕
❶行った先がわからない。ゆくえが知れない。〈**更級・大納言殿の姫君**〉「ただ今**行方なく**飛び失せなば、いかが思ふべき」訳 たった今（私が）**ゆくえも知れず**飛んで

行って消えてしまったら、(あなたは)どう思うだろうか。
❷途方にくれる。あてどがない。〈万葉・一八・四〇九〇〉「行方なく用あり渡るとも霍公鳥鳴きし渡らばかくやしのはむ」訳 あてどなくずっと過ごしていても、ほととぎすが鳴き渡(って心を慰めてくれ)るならば、これほどまでに(亡き人を)思い慕うことがあるだろうか。
❸はてしがない。〈増鏡・新島守〉「行方なき体御涙のみぞとどまらぬ」訳 はてしない(ほどに流れる)御涙だけがとまらない。

ゆくり-か 形動ナリ {なら・なり(に)・なり・なる・なれ・なれ} 思いがけないさま。にわかなさま。不用意なさま。〈源氏・明石〉「ゆくりかに用見せ奉りて」訳 (娘＝明石の君を光源氏に)不用意にお逢わせ申しあげて。

ゆくり-な・し 形ク ➡左 301

ゆ-げ【遊戯】 名・自サ変 〔古くは「ゆけ」〕楽しく遊ぶこと。愉快がること。〈大鏡・後一条院〉「いたく遊戯する体を、見聞く人々、をこがましくをかしけれども」訳 (繁樹が)たいそう愉快がるのを、見聞きする人々は、ばかばかしく笑いたくなるけれども。

ゆげひ【靫負】 名 〔上代は「ゆけひ」。「靫負ひ」の転〕❶上代、靫(＝矢を入れて背負う武具)を背負って宮中を守護した者。律令制では、六衛府の武官の総称。
❷「靫負の尉」の略。

ゆげひ-の-じょう【靫負の尉】 名 左右の衛門府の三等官。→判官

ゆげひ-の-すけ【靫負の佐】 名 「衛門の佐」の別称。→次官

ゆげひ-の-つかさ【靫負の司】 名 ❶靫負(＝宮中守護の武官)を管理する役所。六衛府。
❷六衛府のうち、特に衛門府の称。

ゆげひ-の-みゃうぶ【靫負の命婦】 名 父か兄または夫に靫負の尉を持つ命婦(＝五位以上の女官)。

ゆ-さん【遊山】 名・自サ変 〔もとは禅宗の語で、自然に接し、心を爽快にする意〕山野に遊ぶこと。行楽。

ゆじゅん【由旬】 名 《梵語の音訳》古代インドの距離測定の単位。帝王の一日の行軍の行程をいい、六町(＝約六五五メートル)を一里として、一由旬は十六里とも三十里とも四十里ともいう。

ゆすり-み・つ【揺すり満つ】 自タ四 {た・ち・つ・つ・て・て} 皆で騒ぎ立てる。ざわめく。その場にいるすべての者が動揺する。〈堤・はいずみ〉「『いかになりたるぞや』とて泣けば、家の内の人もゆすりみち用て」訳 (姫君が)「どうなっているのかしら」と言って泣くので、家じゅうの人も皆大騒ぎして。

最重要330

301 ゆくり-な・し 形ク {から・く(かり)・し・き(かる)・けれ・かれ}

ガイド 突然の意の「ゆくりかなり」と同源で、「なし」は程度がはなはだしいの意の接尾語。「ゆくり」は「突然」の意を表す語根で、現代語の「ゆっくり」とは無関係である。

思いがけない。突然である。不意である。不用意である。

例 ゆくりなく用風吹きて、漕げども漕げども、後へ退きに退きて〈土佐〉

訳 不意に風が吹いて、漕いでも漕いでも、(船は)後方へさがりにさがって。

ゆする【泔】 名 ❶頭髪を洗ったり整髪したりするのに用いる湯水。米のとぎ汁、または強飯を蒸して作ったあとの湯を用いた。
❷①で髪を洗ったり整えたりすること。〈徒然・一九〉「よき男の日暮れてゆするし」訳 りっぱな男が日が暮れてから水で髪をなでつけることをし。

ゆす・る【揺する】 一 自ラ四 {ら・り・る・る・れ・れ} ❶揺れ動く。〈うつほ・吹上下〉「掻きならすに、天地ゆすり用て響く」訳 (琴を)かき鳴らすと、天地が揺れ動いて音がとどろき渡る。
❷驚き騒ぐ。大騒ぎする。〈源氏・少女〉「おほかた世ゆすり用て、所せき御いそぎの勢ひなり」訳 (夕霧の元服について)世間一般が大騒ぎして、仰々しいご準備のようすである。
二 他ラ四 {ら・り・る・る・れ・れ} ❶揺り動かす。〈万葉・七・一二三九〉「大き海の磯もとゆすり用立つ波の寄せむと思へる浜の清けく」訳 大海の磯の底を揺り動かして立つ波が寄せようと思っている浜の清らかなことよ。
❷《近世語》金銭などをおどしとる。

ゆする-つき【泔坏】 名 泔(＝洗髪・整髪に用いる湯水)を入れる器。古くは土器、のちには漆器・銀器などを用いた。びんだらい。

火取り
泔坏
唾壺
打ち乱りの箱
二階棚

(ゆするつき)

ゆ-ずゑ【弓末・弓上】 名 弓の上端。

ゆた【寛】 形動ナリ {なら・なり(に)・なり・なる・なれ・なれ} ゆったりしたさま。〈万葉・一二・二三六七〉「かくばかり恋ひむものそと知らませばその夜はゆたに用あらましものを」訳 これほど恋しくなるようなものだと知っていたなら、あの夜はゆっくりとした気持ちでいればよかったのに。

ゆた-か【豊か】 形動ナリ {なら・なり(に)・なり・なる・なれ・なれ} ❶満ち足り

たさま。富裕なさま。〈竹取・かぐや姫の生ひ立ち〉「かくて翁やうやう豊かに用なり行く」訳こうして(竹取の)翁はしだいに裕福になっていく。
❷ゆったりとしたさま。おおようでのびのびしているさま。〈源氏・若菜下〉「高き身となりても、ゆたかに用ゆるべき方はおくれ」訳(心の狭い人は)高い身分になっても、ゆったりとしてくつろいでいる面では劣り。

ゆたーけ・し【豊けし】形ク{から・く(かり)・し・き(かる)・けれ・かれ}❶豊かである。富み栄えている。盛大である。〈源氏・若菜上〉「いとゆたけき体御祈りなり」訳(薬師仏の供養の儀式は)たいそう盛大なご祈願である。
❷ゆったりしている。広々している。〈万葉・三・二九六〉「三保の浦のゆたけき体見つつもの思ひもなし」訳三保の浦のゆったりとした眺めを見つづけて、物思いもないことだ。

ゆた・ふ (ユタ(トウ)) 自八四{は・ひ・ふ・ふ・へ・へ}ゆるむ。たるむ。〈平家・三・有王〉「つぎ目あらはれて、皮ゆたひ用」訳関節があらわに見えて、皮膚はたるみ。

ゆーたん【油単】名ひとえの布や紙に油を引いて防水したもの。家具などの覆いや敷物として用いた。

ゆーつー【斎つ】接頭「「斎ゆ」は、清らかな、神聖な、の意。「つ」は「の」の意の上代の格助詞」神聖・清浄の意を表す。植物の名につくことが多い。一説に、「五百箇いほつ」の転で、数が多いの意とする。「ゆつ岩群」「ゆつ桂」「ゆつ爪櫛」「ゆつ真椿」

ゆづりーは (ユズリ)【譲り葉・交譲木】名「ゆづるは」とも。木の名。新しい葉が生長してから古い葉が落ちるのを新旧交替の象徴として、新年などの祝い事の飾り物に用いる。春

ゆーづる【弓弦】名弓のつる。ゆみづる。

ゆーづゑ (ツエ)【弓杖】名「ゆんづゑ①」に同じ。

ゆーどの【湯殿】名❶浴室。ふろば。
❷入浴すること。〈源氏・若紫〉「御湯殿などにも親しう仕うまつりて」訳(藤壺の)お湯あみなどにも、そば近くお世話申しあげて。
❸貴人の入浴に奉仕すること。また、その役の女性。(→御湯殿)

ゆーはず【弓筈・弓弭】名「ゆみはず」とも。弓の両端の弓弦をかける部分。上端を末弭、下端を本弭という。→弓

ゆばーどの【弓場殿】名❶内裏の校書殿のこと。特に、その北端、紫宸殿寄りに設けられた所。ここで天皇が弓術を観覧する。⬇付録③「平安京内裏図」
❷「武徳殿」の別名。大内裏の建物の名。宜秋門の西にあり、その東側で武術・競べ馬などを行った。⬇付録③「平安京大内裏図」

ゆひ (ユイ)【結ひ】名❶結うこと。標(=標識)を結うこと。
❷農作業の際に助け合うこと。また、その人々。

ゆふ (ユウ)【夕】名夕暮れのころ。夕方。
参考「ゆふ」は「朝夕」「夕さりつ方」など、多く複合語中に用いられ、単独には「ゆふべ」が使われた。

ゆふ (ユウ)【木綿】名楮(=木の名)の皮の繊維を蒸して水でさらし、細かく裂いて糸状にしたもの。幣として榊などにかけた。

ゆ・ふ (ユウ)【結ふ】他八四{は・ひ・ふ・ふ・へ・へ}
❶むすぶ。ゆわえる。しばる。〈大鏡・道長下〉「『木にこれ結ひ用つけてもて参れ』といはせ給ひしかば」訳「木にこれ(=手紙)をむすびつけて(宮中に)持参せよ」と(家の主人が召使を通じて)言わせなさったので。
❷髪をむすぶ。〈源氏・桐壺〉「みづら結ひ用給へるつらつき、顔のにほひ、さまかへ給はむことをしげなり」訳(少年の髪形である)みずらに髪を結っていらっしゃる(光源氏の)ほおのあたりや、顔のつややかな美しさは、(元服して)姿を変えなさるようなことが惜しいようすである。
❸作り構える。組み立てる。〈徒然・五一〉「宇治の里人を召して、こしらへさせられければ、やすらかに結ひ用て参らせたりけるが」訳(後嵯峨上皇が)宇治の村民を召し寄せて、(水車を)お作らせになったところ、やすやすと組み立てて差しあげたの(=水車)が。

ゆふーかげ (ユウ)【夕影】名❶夕暮れ時の日の光。〈万葉・一九・四二九〇〉「春の野に霞たなびきうら悲しこの夕かげにうぐひす鳴くも」訳→はるののに…和歌。対朝影
❷夕日に映える姿。〈源氏・紅葉賀〉「源氏の御夕影ゆゆしう思されて」訳(桐壺帝が)光源氏の夕日に映えるお姿を(美しすぎてかえって)不吉にお思いにならずにはいられなくて。

ゆふーがほ (ガオ)【夕顔】名草の名。夏、白い花が夕方開き、朝しぼむ。夏

夕顔 (ゆふがほ)(ガオ)《人名》『源氏物語』中の女性。頭の中将との間に玉鬘をもうける。のち光源氏の寵を受けたが、物の怪に襲われて急死する。

夕霧 (ゆふぎり)(ギリ)《人名》『源氏物語』中の人物。光源氏の長男で、母は葵の上。左大臣まで昇進する。雲居の雁を妻とするが、亡友柏木の妻である落葉の宮に心を奪われる。

ゆふーけ (ユウ)【夕占】名夕方、道ばたに立ち、通行人の話を聞いて吉凶を占うこと。また、その占い。「ゆふうら」とも。

ゆふーけ (ユウ)【夕食】名(後世は「ゆふげ」。「け」は食事の意)夕方の食事。ゆうめし。対朝食

ゆふーさり (ユウ)【夕さり】名夕方になること。また、夕方。〈伊勢・六九〉「朝には狩りに出だしたてやり、夕さりは帰りつつ、そこに来させけり」訳(斎宮は男を)朝には準備をととのえて狩りに送り出し、夕方は帰って来るたびごとに、そこ(=斎宮の御殿)に来させた。

ゆふさりーつーかた (ユウサリ)【夕さりつ方】名「「つ」は「の」の意の上代の格助詞」夕方ごろ。夕方。〈古今・離別・詞書〉「夕さりつ方帰りなむとしける時に詠める」訳夕方帰ってしまおうとしたときに詠んだ歌。

ゆ・ふーさ・る (ユウ)【夕さる】自ラ四{ら・り・る・る・れ・れ}「「さる」はその時が来るの意」夕方になる。夕べが来る。〈古今・冬〉「夕されば衣手寒しみ吉野の吉野の山にみ雪降るらし」訳夕方になると袖のあたりが寒い。(この寒さだと)吉野地方の吉野の山では雪が降っているらしい。対朝さる
参考四段動詞「さる」の原意は「進行する、移動する」意で、「行く」意にも「来る」意にも用いる。「来る」意のときは季節や時を表す語につき、「夕されば」「春

されば」「秋されば」など、「已然形＋ば」の形となることが多い。また「来」と重ねて「春さり来れば」と用いることもある。

ゆふされば… 和歌 《百人一首》【夕されば 門田の稲葉 おとづれて 葦のまろやに 秋風ぞ吹く】〈金葉・秋・源経信〉➡付録①「小倉百人一首」71

ゆふされば… 和歌

夕されば 野辺の秋風 身にしみて うづら鳴くなり 深草の里
〈千載・四・秋上・二五九・藤原俊成〉

訳 夕方になると、野辺を吹きわたる秋風（の冷たさ）が身にしみて感じられ、うずらのさびしい鳴き声が聞こえてくる。この深草の里は。

解説 「深草の里」は今の京都市伏見区深草一帯で、歌枕。「伊勢物語」一二三段の、男に飽きぎみに思われていた深草の里に住む女が詠んだ「野とならばうづらとなりて鳴きをらむ狩りにだにやは君は来ざらむ（＝あなたの訪れがなくここが荒れて野となるなら、私はうずらとなって鳴いているだろう。せめて鷹狩りぐらいにはあなたは来るだろうから）」の歌をふまえる。

ゆふされば… 和歌

夕されば 小倉の山に 鳴く鹿は 今夜は鳴かず 寝ねにけらしも
〈万葉・八・一五一一・舒明天皇〉

訳 夕方になるといつも小倉の山で鳴く鹿は、今夜は鳴かない。（妻を得て）寝てしまったらしいなあ。

解説 「小倉の山」は、今の奈良県桜井市にある山か。毎夜妻をもとめて悲しげに鳴く雄鹿を詠む。なお、この歌は、巻九の一六六四番に第三句を「伏す鹿し」、作者を雄略天皇として重出する。

ゆふ-だすき ユウ【木綿襷】名「木綿」で作ったたすき。神事に用いる。

ゆふ-だ・つ ユウ【夕立つ】自タ四〔た・ち・つ・つ・て・て〕❶夕方に風・雪・雲・波などが起こり立つ。〈玉葉・夏〉「夏山のみどりの木々を吹きかへしゆふだつ体風の袖に涼しき」訳 夏山の緑の木々を吹きかえして、夕方に起こり立つ風が袖に涼しく吹くことだ。❷夕立が降る。

ゆふ-つ-かた ユウ【夕つ方】名〔「つ」は「の」の意の上代の格助詞〕夕方。

ゆふ-づきよ ユウ【夕月夜】名「ゆふづくよ」に同じ。

ゆふ-づ・く ユウ【夕づく】自カ下二〔け・け・く・くる・くれ・けよ〕夕方になる。日暮れになる。〈源氏・若紫〉「さるべき人々、夕づけ用てこそは迎へさせ給はめ」訳 適当な人々（＝女房たち）を、夕方になってからはお迎えになられるのがよい。

ゆふ-づくよ ユウ【夕月夜】名「ゆふづきよ」とも。夕方の月。夕月。また、月の出ている夕方。秋。〈古今・恋一〉「夕月夜さすや岡辺の松の葉のいつともわかぬ恋もするかな」訳 夕月が照らしている岡辺の松の葉は、いつも緑で色が変わらない。そのように、いつという区別のない（いちずな）恋をすることだ。（第三句までは「いつともわかぬ」を導きだす序詞）

ゆふづくよ ユウヅクヨ【夕月夜】《枕詞》「暁闇」「をぐら」「入る」にかかる。一説に、実景とも。〈万葉・一二・三〇〇三〉「ゆふづくよ暁闇の」

ゆふつけ-どり ユウツケ【木綿付け鳥】名（世の中の騒乱の際に、にわとりに「木綿」を付けて都の四つの関所で鳴かせて祓えをしたところから）にわとり。

参考 後世、「ゆふ」を「夕」、「つけ」を「告げ」と誤り、「夕告げ鳥」とも呼ばれた。

ゆふ-つづ ユウ【長庚・夕星】名 夕暮れに、西の空に見える金星。宵の明星。対 明星

ゆふ-なぎ ユウ【夕凪】名 夕方、風がやんで海上の波が穏やかになること。また、そのとき。対 朝凪

ゆふなみ-ちどり ユウナミ【夕波千鳥】名 夕方、うち寄せる波の上を群れ飛ぶ千鳥。〈万葉・三・二六六〉「近江の海夕波千鳥汝が鳴けば心もしのに古へ思ほゆ」訳 ➡あふみのうみ… 和歌

ゆふ-ばえ ユウ【夕映え】名 あたりが薄暗くなる夕方、物の色や形がかえってくっきりと美しく見えること。また、その姿。

ゆふ-べ ユウ【夕べ】名〔上代は「ゆふへ」〕夕方。暮れ方。宵。日没のころ。〈方丈・一〉「朝に死に、夕べに生まるるならひ、ただ水の泡にぞ似たりける」訳 朝に死に、（また一方では）夕方に生まれるという（人の）世の常（の姿）は、ちょうど（水面に消えては現れる）水の泡に似ていることだ。対 朝

参考 「ゆふべ」は、一日を昼と夜に分けたときの、夜の時間の始まりで、「ゆふべ→よひ→よなか→あかつき→あけぼの→あした（朝）」と続く。「ゆふ」が「朝夕」「夕さりつ方」「夕されば」など、多く複合語中に用いられるのに対して、「ゆふべ」は単独で用いられる。➡暁「古文常識」

ゆふ-まぐれ ユウ【夕間暮れ】名〔「まぐれ」は「目暗れ」の意〕夕方の薄暗いこと。また、そのとき。夕暮れ。〈源氏・若紫〉「夕まぐれほのかに花の色を見て今朝は霞の立ちぞわづらふ」訳 夕暮れにかすかに（かわいい）花の色（＝若紫の姿）を見て、今朝は霞の立つのとともにここを立ち去るにも、出発しかねている。

ゆふ-やみ ユウ【夕闇】名 陰暦二十日前後の、夕方まだ月が出なくて暗いころ。また、その時刻。

ゆほ-びか ユオ 形動ナリ〔なら・なり(に)・なり・なる・なれ・なれ〕ゆったりして穏やかなさま。広々としたさま。〈源氏・若紫〉「海の面を見渡したるほどなむ、あやしく異所に似ずゆほびかなる体所に侍る」訳（明石の浦の）海面を見渡したようす（＝その風景）は、不思議にほかと違って、ゆったりとした所でございます。

ゆみ【弓】名❶武具の一つ。矢をつがえて射る道具。❷弓を射ること。弓術。競射。〈大鏡・道長上〉「帥殿の南院にて、人々あつめて弓あそばしし」訳 帥殿（＝伊周）が南院で、人々を集めて競射をなさったときに。➡次ページ「フレーズ」

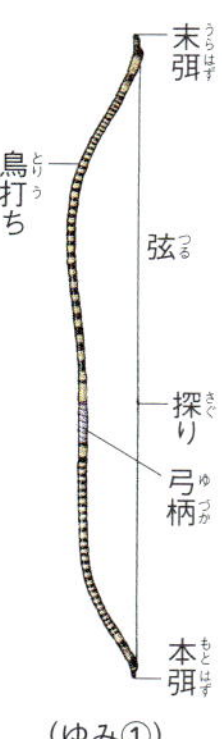

（ゆみ①）

フレーズ

弓鳴らす 邪気を払うまじないとして、矢をつがえずに、手で弓の弦をはじいて鳴らす。弦打ちをする。「弓引く」とも。〈枕・五六〉「果てぬなりと聞くほどに、滝口の弓鳴らし(用)」訳(名対面(=点呼)に応じて名のることが)終わったようだと聞いているうちに、(宮中警護の)滝口の武士が弓の弦を鳴らし。

弓引く ❶「ゆみならす」に同じ。❷弓に矢をつがえて射る。❸反抗する。盾つく。手向かう。〈古活字本保元物語〉「兄に向かって弓引か(未)んこと、冥加なきにあらずや」訳兄に向かって手向かうようなことは、神仏の加護がないのではないか。

ゆみ-とり【弓取り】名 ❶弓を用いること。また、弓を射る人。❷弓術の上手なこと。また、その人。❸武士。〈平治物語〉「弓取りのならひほどあはれにやさしきことはなし」訳武士の掟ほどりっぱで殊勝なものはない。

ゆみ-なら・す【弓鳴らす】➡弓「フレーズ」

ゆみ-はり【弓張り】名 ❶弓の弦を張ること。また、その人。❷「弓張り月」の略。

ゆみはり-づき【弓張り月】名弓に弦を張ったような形をした月。上弦または下弦の月。弦月。(秋)

ゆみ-ひ・く【弓引く】➡弓「フレーズ」

ゆみ-や【弓矢】名 ❶弓と矢。転じて、武器。❷武芸。武道。〈宇治・三・一九〉「弓矢にたづさはらん者、なにしかは、わが身を思はんことは候はん」訳武道にたずさわるような者が、どうして、わが身を案じる(=惜しむ)ようなことがありましょうか(いや、案じることはありません)。❸弓矢を取る身。また、その家。武士。武門。

ゆめ【夢】名〔上代は「いめ」。「寝目」の転〕❶睡眠中の幻覚。ゆめ。〈古今・恋二〉「思ひつつ寝ればや人の見えつらむ夢と知りせば覚めざらましを」訳➡おもひつつ…(和歌)

❷**夢のように思われる事実。**夢のようにはかない出来事。〈源氏・花宴〉「かの有り明けの君は、はかなかりし夢を思し出でて」訳例の有り明けの君(=朧月夜)は、あっけなく終わった(光源氏との)夢のようにはかない契りをお思い出しになって。

❸**迷い。煩悩。**苦しみ。〈十六夜日記〉「むすぶ手に濁る心をすすぎなばうき世の夢やさめが井の水」訳この醒が井の水をすくう手で、けがれた心を洗い清めたならば、はかないこの世の夢のような迷いもさめるであろうか。(「さめ」は「醒が井」と「夢がさめる」との掛詞)

フレーズ

夢の浮き橋 夢の中で行き通う道。また、はかない夢。転じて、はかないこと。〈新古・春上〉「春の夜の夢の浮き橋とだえして嶺にわかるる横雲の空」訳➡はるのよの…(和歌)

夢の通ひ路 「ゆめぢ」に同じ。

夢の世 夢のようにはかない世の中。はかない男女の仲。

古文常識 「ゆめ(夢)」—夢を信じる心

夢は、古くから予兆を示す神秘的なものと考えられていた。「夢が合う(=夢に見たことが実現する)」ことが信じられた一方、「夢解き・夢合わせ(=夢による吉兆の判断)」も行われた。悪い夢を見たときには「夢違え(=災いをはらう祈禱)」を行い、吉夢を求めて「夢を取る(=譲り受ける)・買う(=買い取る)」行為も生じた。

夢を見る
↓
夢解き・夢合わせ
(吉) 判断 (凶)
↙ ↘
内密にする　夢違え
↑
取る・買う

ゆめ【努・勤】副(禁止・打消の語と呼応して)強く禁止する意を表す。**決して。**必ず。〈大和・一三九〉「ゆめこの雪落とすな」訳決してこの雪を(松の葉から)落とすな。

定型表現 副詞の呼応

ゆめ…禁止

例 ゆめ 花散るな。〈禁止〉
(=決して花よ散るな)

ゆめ-うつつ【夢現】名夢と現実。また、夢か現実か判然としないこと。おぼろげなこと。〈伊勢・六九〉「かきくらす心の闇にまどひにき夢うつつとは今宵定めよ」(古今・恋三には、第五句を「世人さだめよ」として所収)訳目の前をまっ暗にする心の乱れで、何もかもわからなくなってしまった。(あの逢瀬が)夢であるのか現実であるのかは、今夜(逢って)はっきりさせよ。

ゆめ-がたり【夢語り】名 ❶夢に見たことを、覚めてから人に語ること。また、その話。〈伊勢・六三〉「言ひ出でむもたよりなさに、まことならぬ夢語りをす」訳(情愛の深い男に逢って結ばれたいと思うが、それを)言い出そうにもきっかけがないので、本当ではない(=作りごとの)夢物語をする。

❷夢のようにはかない物語。〈源氏・夢浮橋〉「あさましかりし世の夢語りをだにと」訳驚きあきれた昔の夢のような出来事(=浮舟の失踪事件)の話だけでも(したいものである)と。

ゆめ-ぢ【夢路】名**夢の中で行き通う道。**また、夢に見ること。「夢の通ひ路」とも。〈更級・夫の死〉「すべてたとへむ方なきままに、やがて夢路にまどひてぞ思ふに」訳(夫の死は)まったくたとえようもないので、そのまま(嘆きに沈んで)夢の中の道に迷うように(ものを)思うけれども。

ゆめ-とき【夢解き】名夢の吉凶を占い判断すること。また、その人。夢占い。夢合わせ。夢占。〈宇治・三・五〉「夢を見たりければ、合はせさせんとて、夢ときの女のもとに行きて」訳夢を見たので、夢の吉凶を判断させようと思って、夢占いをする女のところに行って。

⬇夢「古文常識」

ゆめ‐に【夢に】副（下に打消の語を伴って）少しも。決して。ゆめにも。〈枕・八〉「さらにかやうのすきずきしきわざ、ゆめにせぬものを」訳（大進生昌は）まったくこのような好色めいた行為は、決してしないのに。

ゆめ‐の‐うきはし【夢の浮き橋】⬇夢「フレーズ」

ゆめ‐の‐かよひぢ【夢の通ひ路】⬇夢「フレーズ」

ゆめ‐の‐よ【夢の世】⬇夢「フレーズ」

ゆめ‐ゆめ【努努・勤勤】副（副詞「ゆめ」を重ねて意味を強めた語）❶（下に禁止の語を伴って）強い禁止の意を表す。**決して**。断じて。〈宇治・七・二〉「この山に、我ありといふことを、ゆめゆめ人に語るべからず」訳この山に、私（＝五色の鹿）がいるということを、決して他人に話してはならない。

定型表現 副詞の呼応
ゆめゆめ…禁止
例 ゆめゆめ 知らすべからず。〈禁止〉
（＝決して知らせてはならない）

❷（下に打消の語を伴って）強い否定の意を表す。**少しも**。まったく。〈平家・六・小督〉「ゆめゆめ知り参らせず候ふ」訳（小督殿のゆくえは）まったく知り申しあげません。

❸強く注意をうながす意を表す。**つとめて**。**心して**。〈今昔・三・二八〉「汝、なほゆめゆめ仏を念じ奉り」訳おまえは、よりいっそう心して仏を念じ申しあげ。

ゆ‐や【斎屋】名 寺社に参籠するときなどに、斎戒沐浴（＝飲食・行動を慎み、からだを清めること）のためにこもる建物。

ゆ‐や【湯屋】名 ❶湯殿。浴室。❷銭湯。

ゆゆ・し 形シク ⬇次ページ 302

ゆゆし‐げ 形動ナリ {なら・なり(に)・なり・なる・なれ・なれ}（「げ」は接尾語）❶縁起が悪くて不吉そうなさま。〈更級・夫の死〉「いと黒き衣の上に、ゆゆしげなる(体)ものを着て」訳たいそう黒い衣（＝喪服）の上に、不吉そうな（白い）着物を着て。❷いかにもりっぱなさま。いかにもみごとなさま。〈平家・六・入道死去〉「入道相国、さしも日ごろはゆゆしげに(用)おはせしかども」訳入道相国（＝平清盛）は、あれほどふだんはいかにもりっぱでいらっしゃったが。❸ひどくて、いやになるようなさま。〈枕・九〉「似ては侍れど、これはゆゆしげに(用)こそ侍るめれ」訳（翁丸という犬に）似てはおりますけれども、この犬はひどいようすに見えます。

ゆら・く【揺らく】自カ四{か・き・く・く・け・け}玉や鈴などが揺れ動き、触れ合って音を立てる。〈万葉・二〇・四四九三〉「始春の初子の今日の玉箒手に執るからにゆらく(体)玉の緒」訳初春の初子の今日に賜る玉箒（＝玉飾りの付いたほうき）は、手に取っただけでゆらゆらと揺れて音を立てる玉を貫くひもであるよ。

由良の門《地名》歌枕 ❶今の京都府宮津市、由良川の河口。❷今の紀淡海峡（＝紀伊半島と淡路島との間の海峡）の雅称。

ゆらのとを… 和歌《百人一首》【由良の門を 渡る舟人 梶を絶え ゆくへも知らぬ 恋の道かな】〈新古・恋一・曽禰好忠〉⬇付録①「小倉百人一首」46

ゆら・ふ 一 自ハ下二{へ・へ・ふ・ふる・ふれ・へよ}とどこおる。ためらう。控える。〈平家・四・宮御最期〉「後陣はいまだ興福寺の南大門にゆらへ(用)たり（＝とどこおっている）」二 他ハ下二{へ・へ・ふ・ふる・ふれ・へよ}控えとどめる。ささえもつ。〈今昔・二五・一三〉「守、兵等をゆらへ(未)むがため責め討たず」訳国守は、兵士たちを（休息のため）とどめようとするために追撃しない。

ゆり【後】名《上代語》のち。あと。後日。将来。〈万葉・一八・四〇八七〉「灯火の光に見ゆるさゆり花ゆりも逢はむと思ひそめてき」訳灯火の光に映えて見える百合の花の「ゆり」ではないが、のちにも逢おうと思いはじめたことだ。（第三句までは「ゆり」を導きだす序詞）

ゆり【百合】名 ❶ユリ科の植物の総称。山野に自生し、また、栽培される。夏 ❷襲の色目の名。表は赤、裏は朽ち葉（＝赤みをおびた黄色）。夏に用いる。⬇襲の色目「古文常識」（三〇ページ）

ゆり 格助《上代語》動作の時間的・空間的な起点を表す。…から。〈万葉・二〇・四三六五〉「押し照るや難波の津ゆり船装ひ吾は漕ぎぬと妹に告ぎこそ」訳難波の港から出船の用意をして、私は漕ぎ出て行ったと、いとしい人に告げてほしい。（「押し照るや」は、「難波」にかかる枕詞。「告ぎ」は「告げ」の訛り。「こそ」は上代の他に対する希望の終助詞）。〈万葉・二〇・四三二一〉「畏きや命被り明日ゆりや草がむた寝む妹なしにして」訳畏れ多い天皇のご命令をいただいて、明日からは、草とともに寝るのだろうか。妻がいないままで。

接続 体言に付く。

参考 格助詞「ゆ」「よ」「より」などとほぼ同義に用いられたが、用例が少ないため意味の違いは不詳。⬇ゆ（格助）・よ（格助）・より（格助）（八八四ページ）

ゆ・る【許る】自ラ上二{り・り・る・るる・るれ・りよ}❶（罪や罰が）許される。また、許可される。〈宇治・三・三〉「ほどなく大赦のありければ、法師もゆり(用)にけり」訳間もなく大赦（＝天皇が罪人を釈放したり減刑したりする恩典）があったので、（その）法師も（罪を）許された。❷公認される。認められる。〈増鏡・おどろのした〉「こたみは皆世にゆり(用)たる古き道のものどもなり」訳今回（の参加者）は皆世間に認められた老練な（歌の）道の大家たちである。

ゆ・る【揺る】一 自ラ四{ら・り・る・る・れ・れ}❶震え動く。揺れる。〈浄・鎌倉三代記〉「小ゆりの花が、ゆる(終)わいな」訳ゆりの花が揺れるよね。❷あれこれ考える。ためらう。〈愚管抄〉「ひしひしと論じてゆり(用)ゆくほどに」訳きびしく議論して（事理の正否を）あれこれ考えてゆくうちに。二 他ラ四{ら・り・る・る・れ・れ}揺さぶる。揺り動かす。〈平家・一一・那須与一〉「白波の上にただよひ、浮きぬ沈みぬゆら(未)れければ」訳（日の丸の扇が）白波の上に漂って、浮いたり沈んだり揺り動かされたので。

最重要330

302

ゆゆ・し 形シク｛しから・しく(しかり)・し・しき(しかる)・しけれ・しかれ｝

ガイド 宗教上の禁忌(きき ん)を示す「斎(ゆ)」を重ねて形容詞化した語と考えられる。①②が原義で、転じて、③のよいにつけ悪いにつけ、程度のはなはだしいさまをいう。④⑦は中世以降に多く見られる用法。

❶ 畏れ多く慎まれる。忌みはばかられる。

例 かけまくもゆゆしき㊍かも言はまくもあやに畏(かしこ)き〈万葉・三・一九九〉

訳 心にかけて思うことも忌み慎まれることだ。ことばに出して言うこともまことに畏れ多い。

❷ 忌まわしい。不吉だ。縁起が悪い。

例 あな、ゆゆし㊑。さらに、さるもののなし〈枕・九〉

訳 ああ、忌まわしい。まったく、そんなもの(=翁丸(おきなまろ)という犬など)はいない。

❸ 程度のはなはだしいのにいう。たいそうである。容易でない。

例 おのおの拝みて、ゆゆしく㊊信おこしたり〈徒然・二三六〉

訳 それぞれ(出雲(いずも)神社を)拝んで、並々ならず信仰心をおこした。

例 もし遅く退治せば、…ゆゆしき㊍大事なるべし〈太平記・一八〉

訳 もし追討が遅れたら、…大変な一大事(となる)であろう。

❹ すばらしい。りっぱだ。恐ろしいほど美しい。

例 ただ人も、舎人(とねり)など給はるきははゆゆし㊑と見ゆ〈徒然・一〉

訳 一般の貴族でも、(朝廷から)護衛の官人などをいただく身分の者はすばらしいと思われる。

❺ よろしくない。ひどい。

例 さまでゆゆしき㊍所へ行くらむとこそ思はざりつれ〈堤・はいずみ〉

訳 そんなにまでひどい所へ行くだろうとは思わなかったよ。

語感実感 由緒ある仏像が、あまりにも美しく神聖な雰囲気で、近寄るのも畏れ多くためらわれる感じ。

ゆる【緩】 形動ナリ｛なら・なり(に)・なり・なる・なれ・なれ｝❶ゆるいさま。ゆるやか。〈源氏・若菜上〉「琴の緒もいとゆるに㊊張りて」訳 和琴(わごん)の弦もたいそうゆるく張って。❷厳格でないさま。寛大なさま。また、いい加減なさま。〈今昔・一七・三三〉「法を説きて人を教化(けう)すといへども、自らの勤めはゆるなり㊊けり」訳 仏法を説いて人を教化するといっても、自分自身の修行はなおざりだった。

ゆる 上代の助動詞「ゆ」の連体形。

ゆるが・す【揺るがす】 他サ四｛さ・し・す・す・せ・せ｝揺り動かす。揺する。〈枕・二九〉「雨の音、風の吹きゆるがす㊍も、ふとおどろかる」訳 雨の音や、風が吹いて(物を)揺り動かすのにも、はっと驚かずにはいられない。

ゆるかせ【忽】 形動ナリ｛なら・なり(に)・なり・なる・なれ・なれ｝〔室町時代以降「ゆるがせ」〕「いるかせ」とも。❶いいかげんなさま。おろそかなさま。なげやりなさま。〈源平盛衰記〉「この入道の世の間は、いささかもゆるかせに㊊申す者なかりけり」訳 この入道の治世の間は、少しもいいかげんに申す者はなかった。❷ゆるやかなさま。寛大なさま。〈浮・日本永代蔵〉「親の子にゆるがせなる㊍は、家を乱すのもとゐなり」訳 親が子に寛大なのは、家を乱れさせることの原因である。

ゆるぎ-あり・く【揺るぎ歩く】 自カ四｛か・き・く・く・け・け｝からだを揺り動かして歩き回る。得意げな場合にも、不安げな場合にも用いられる。〈枕・九〉「あはれ、いみじうゆるぎありき㊊つるものを」訳 ああ、(あの犬は)たいそうからだを揺すって得意そうに歩き回っていたのになあ。〈枕・二五〉「来年の国々、手を折りてうち数へなどして、ゆるぎありき㊊たるも」訳 来年の(国司交替がある)国々を、指を折って数えたりして、(主人が任官できるかどうか)不安そうにうろうろ歩き回っているのも。

ゆる・ぐ【揺るぐ】 自ガ四｛が・ぎ・ぐ・ぐ・げ・げ｝❶揺れ動く。揺れる。〈宇治・八・三〉「この倉、すずろに、ゆさゆさとゆるぐ㊑」訳 この倉は、思いがけず、ゆらゆらと揺れ動く。❷心が動く。気が変わる。〈源氏・若菜上〉「その思ひかなひては、いとどゆるぐ㊍かた侍らじ」訳 その(恋の)思い

❻ **そら恐ろしい。気味が悪い。**

❼ **勇ましい。勇敢だ。**

《⬇忌ま忌まし「類語の整理」》

例 海はなほいとゆゆし㊦と思ふに〈枕・三〇六〉 訳 海はなんと言ってもやはりひどく気味が悪いと思うのに。

例 為朝すでに参りて候ふ。まことにまことにゆゆしく㊀候ふ〈保元物語〉 訳 為朝はすでに参着しております。実にまったく勇敢であります。

が実現した以上は、ますます(ほかに)心が動く女性はいないでしょう。

❸**くつろぐ。**ゆったりとする。〈大鏡・道長下〉「ゆるぎ㊀たるところのおはしまさざりしなり」訳 (雅信は)くつろいだところがおありにならなかった方である。

ゆるさ-れ【許され】 名 〔四段動詞「許す」㊅＋受身の助動詞「る」＝「ゆるさる」の連用形から〕許されること。認められること。赦免。

ゆる・し【緩し】 形ク {から・く(かり)・し・き(かる)・けれ・かれ} ❶**ゆっくりしている。ゆったりとしている。**〈徒然・四九〉「速やかにすべきことをゆるく㊀し、ゆるく㊀すべきことを急ぎて」訳 すぐさましなければならないこと(＝仏道の修行)をゆっくりとし、ゆっくりとしなければならないこと(＝俗事)を急いでやって。

❷**勢いが弱い。ゆるやかである。**〈枕・一九七〉「三月ばかりの夕暮れにゆるく㊀吹きたる雨風」訳 陰暦三月ごろの夕暮れ時にゆるやかに吹いている雨を降らせそうな風(も趣がある)。

❸**寛大である。おおらかだ。**〈徒然・二一一〉「ゆるく㊀してやはらかなるときは、一毛も損ぜず」訳 (心が)寛大でおだやかなときは、ほんの少しも(身を)そこなわない。

ゆるし-いろ【許し色・聴し色】 名 だれでも自由に着用することのできた衣服の色。紅・紫などの薄い色。対 禁色。

ゆるし-ぶみ【赦し文】 名 罪を許す旨を記した文書。赦免状。

ゆる・す【許す・赦す・緩す】 他サ四 {さ・し・す・す・せ・せ} ❶**ゆるめる。ゆるやかにする。**〈源氏・若菜上〉「猫の綱ゆるし㊀つれば心にもあらずうち嘆かる」訳 (女三の宮が)猫の綱をゆるめたので、(綱のひっかかっていた御簾が下りてしまい、夕霧は)思わず自然にため息が出る。

❷**禁を解く。禁色を許す。**〈源氏・少女〉「直衣など、さまかはれる色許さ㊅れて参り給ふ」訳 (夕霧は)直衣など、普通とちがっている色(＝六位が着る浅葱色以外の着用)を許されて参内なさる。

❸**願いを聞き入れる。承諾する。**〈竹取・かぐや姫の昇天〉「今年ばかりの暇を申しつれど、さらに許さ㊅れぬによりてなむ、かく思ひ嘆き侍る」訳 (月世界の王に)今年一年だけのお暇を(いただいて地上にいられるよう)お願い申しあげたが、どうしても聞き入れられないために、このように嘆き悲しんでおります。

❹**相手の才能・技量を認める。公認する。**〈大鏡・道長下〉「躬恒が和歌の道にゆるさ㊅れたるとこそ、思ひ給へしか」訳 (天皇がじきじきにほうびを与えたのも、凡河内)躬恒が和歌の道において認められているからだと、存じました。

❺**罪・咎・義務などを免じる。赦免する。**また、逃がす。自由にする。〈源氏・常夏〉「『無礼の罪はゆるさ㊅れなむや』とて、より臥し給へり」訳 「(暑いので)無作法の罪は許してくださらないか」とおっしゃって、物に寄りかかって横になっていらっしゃる。

ゆる・ぶ【緩ぶ・弛ぶ】〔古くは「ゆるふ」〕 一 自バ四 {ば・び・ぶ・ぶ・べ・べ} ❶**ゆるくなる。ゆるやかになる。**しまりがなくなる。〈枕・一〉「昼になりて、ぬるくゆるび㊀もていけば、火桶の火も白き灰がちになりてわろし」訳 昼になって、(寒気が)だんだん暖かくゆるんでいくと、火鉢の火も白い灰が多くなって感心しない。

❷**心がたるむ。油断する。**怠る。〈万葉・一七・四〇一五〉「情にはゆるふ㊃ことなく須加の山すかなくのみや恋ひ渡りなむ」訳 心では思いがゆるむことなく、不愉快に思ってばかりいて(逃がした鷹を)いつまでも恋い続けてしまうであろうか。(「須加の山」は「すかなく」にかかる枕詞)

❸**くつろぐ。**気持ちにゆとりができる。〈源氏・若菜下〉「高き身となりても、ゆたかにゆるべ㊁る方はおくれ」訳 (心の狭い人は)高い身分になっても、ゆったりとしてくつろいでいる面では劣り。

二 他バ下二 {べ・べ・ぶ・ぶる・ぶれ・べよ} ❶**ゆるくする。たるませる。**〈万葉・一二・二九八六〉「梓弓引きみゆるへ㊀み思ひ見て」訳 梓弓を引いたり、ゆるくしたりするように(あれこれ)思案してみて。

❷**気を許す。自由にさせる。**手加減する。〈源氏・帚木〉「あまりむげにうちゆるべ㊀見放ちたるも、心安くらうたきやうなれど」訳 (女が)あまりやたらに(男を)自由にさせ放任しているのも、(男としては)気楽でかわいいようだが。

ゆる-ゆる(-と)【緩緩(と)】 副 ❶**急がないさま。のんびり。ゆっくり。**

❷**くつろいださま。ゆったり。**〈源氏・行幸〉「ゆるゆるとことさらびたる御もてなし」訳 ゆったりと気取ったようすにしている(内大臣の)御態度は。

❸**柔らかなさま。**〈沙石集〉「かの堅かりける物、ゆるゆるとなりて、跡形なくとけて失せにけり」訳 あの(腹の中の)堅かった物は、柔らかくなって、跡形もなく溶けてなくなってしまった。

ゆる-らか【緩らか】 形動ナリ {なら・なり(に)・なり・なる・なれ・なれ} 〔「らか」は接尾語〕「ゆるるか」とも。❶**ゆるいさま。ゆるやかなさま。**〈増鏡・久米のさら山〉「ゆるらかに㊀吹く春風に」訳 ゆったりと吹く春風に。

❷**ゆとりのあるさま。**たっぷりと豊かなさま。〈枕・三六〉「髪のうちたたなはりてゆるらかなる㊃程、長さおしはかられたるに」訳 (着物の外のほうに)髪が重なり合ってたっぷりと出ているようすから、(その)長さが推測されたが。

最重要330

303

ゆゑ（ユエ）【故】名

ガイド **結果をもたらすもの**の意の①が原義で、よい結果をもたらすものとして②③が、悪い結果をもたらすものとして④が、関連のあるものとして⑤の意が生じた。⑥㋑の意にも注意。

❶**原因。理由。事情。わけ。**
例 この獅子の立ちやう、いとめづらし。ふかき**ゆゑ**あらん〈徒然・二三六〉
訳 この獅子(の像)の立ち方は、たいそう珍しい。深い**わけ**があるのだろう。

❷**趣。風情。**
例 前栽などもをかしく、**ゆゑ**をつくしたり〈源氏・手習〉
訳 庭の植え込みなどもみごとで、**風情**をつくしていた。

❸**由緒。来歴。身分。**
例 **ゆゑ**ある人の忍びて参るよと見えて、侍などあまた具してかちより参る女房の〈宇治・七・五〉
訳 **身分**のある人が忍んで参詣するのだなと見えて、供の者などをたくさん連れて徒歩で参詣する女房で。

❹**故障。さしつかえ。**
例 何のつつましき御さまなければ、**ゆゑ**もなく入り給ひにけり〈堤・思はぬ方にとまりする少将〉
訳 (その家には)なんの遠慮されるごようすもないので、**さしつかえ**もなくお入りになってしまった。

❺**縁故。ゆかり。**
例 童よりまゐり通ふ**ゆゑ**侍りしかば〈源氏・橋姫〉
訳 (私は)子供のころからお出入りする**縁故**がございましたので。

❻(体言または用言の連体形に付いて)
㋐順接的に原因・理由を表す。**…のために。**…が原因で。…によって。
例 子**ゆゑ**にこそ、万のあはれは思ひ知らるれ〈徒然・一四二〉
訳 子供(を持つこと)**によって**はじめて、さまざまな人情の機微は理解することができるのだ。
㋑逆接的に原因・理由を表す。…**なのに。**…にかかわらず。
例 紫草のにほへる妹を憎くあらば人妻**ゆゑ**にあれ恋ひめやも〈万葉・一・二一〉

❸急がないさま。ゆっくりしたさま。〈狭衣物語〉「『即往兜率天上』と言ふわたりを、**ゆるらかに**㊊うち出だして」訳 (法華経の)「即往兜率天上」というあたりを、**ゆっくりと**声に出して吟誦して。

ゆる-るか【緩るか】形動ナリ{なら・なり(に)・なり・なる・なれ・なれ}「ゆるらか」に同じ。

ゆれ 上代の助動詞「ゆ」の已然形。

ゆゑ（ユエ）【故】名 ⬇上303

ゆゑ-づ-く（ユエ）【故付く】■一 自カ四{か・き・く・く・け・け}(物事が並々でなく)由緒ありげである。趣がある。〈徒然・四四〉「つややかなる狩衣に、濃き指貫、いと**ゆゑづき**㊊たるさまにて」訳 (若い男が)つやのある狩衣に、濃い紫色の指貫で、たいそう**由緒ありげ**であるようすで。
■二 他カ下二{け・け・く・くる・くれ・けよ}情趣を備える。子細ありげにする。〈源氏・蛍〉「手を今少し**ゆゑづけ**㊊たらばと」訳 (玉鬘は)筆跡をもう少し**趣あるようにし**たならば(よかったのに)と。

ゆゑ-ぶ（ユエブ）【故ぶ】自バ上二{び・び・ぶ・ぶる・ぶれ・びよ}(「ぶ」は接尾語)「ゆゑづく■一」に同じ。〈平家・灌頂・大原御幸〉「落ちくる水の音さへ、**ゆゑび**㊊よしある所なり」訳 (岩の切れ目から)流れ落ちて来る水の音までも、**いわれがありそうで**趣のある所である。

ゆゑゆゑ-し（ユエユエシ）【故故し】形シク{しから・しく(しかり)・し・しき(しかる)・しけれ・しかれ}いわれがありそうだ。品格があって重々しい。優雅である。〈大鏡・時平〉「いとなだらかに**ゆゑゆゑしう**㊊(ウ音便)言ひつづけまねぶに」訳 (和歌や漢詩などを)たいそう流暢に**格調高く重々しく**再現して話し続けるので。

ゆゑ-よし（ユエ）【故由】名 ❶いわれ。理由。〈万葉・九・一八〇九〉「壮士墓此方彼方に造り置けるゆゑよし聞きて」訳 壮士墓を(処女墓の)左と右に造って置いてある(その)**いわれ**を聞いて。
❷情趣のあるさま。情趣を解する教養。〈源氏・横笛〉「女は、なほ人の心うつるばかりの**ゆゑよし**をも、おぼろけにては漏らすまじうこそありけれ」訳 女(というもの)は、やはり、男の心が揺れ動くほどの**教養あるようす**を、なみひととおりには(他人に)示してはならない

らず。

訳 紫草のように美しいあなたを憎らしく思うなら、(あなたが)人妻なのに、私がどうして恋するでしょうか(いや、恋したりはしない)。

のであった。

ゆゑん【所以】名 理由。わけ。いわれ。

ゆん-ぜい【弓勢】名(「ゆみせい」の撥音便)弓を引きしぼる力の強さ。また、弓を射当てる力量。

ゆん-だけ【弓丈】名(「ゆみだけ」の撥音便)「ゆだけ」とも。一張りの弓の長さ。七尺五寸(=約二・二七メートル)を標準とした。「弓杖ゆんづゑ」とも。〈平家・九・忠度最期〉「六野太をつかうで弓丈ばかり投げのけられたり」訳 (忠度は)六野太(=人名)をつかんで、弓の長さほど放り投げなさった。

ゆん-づゑ【弓杖】名(「ゆみづゑ」の撥音便)❶「ゆづゑ」とも。**弓を杖とすること。**また、その弓。〈平家・九・宇治川先陣〉「河中より弓杖をついておりたったり」訳 (畠山は)川の中間から弓を杖としてついて(馬から)下り立った。❷「ゆんだけ」に同じ。

ゆん-で【弓手】名(「ゆみて」の撥音便)❶弓を持つほうの手。**左手。**〈平家・九・一二之懸〉「弓手のかひなを射させて馬よりとびおり」訳 (熊谷小次郎は)左手の腕を射られて馬からとび下り。(「させ」は、武者詞という軍記物語特有の用法で、受身の意)❷左のほう。**左側。**《対馬手》

よ ヨ

よ【世・代】名 ⬇次ページ 304

よ【余】名 ❶(数を表す語に付いて)それより少し多いことを示す。〈枕・二七八〉「一尺余、二尺ばかりの長押の上におはします」訳 (中宮定子は)一尺余り(か)、二尺ぐらい(高い位置)の長押の上にいらっしゃる。❷その他。それ以外。〈平家・九・木曽最期〉「兼平一人候ふとも、余の武者千騎とおぼしめせ」訳 兼平は(たった)一人おりましても、ほかの武者千騎とお思いになってください。

よ【夜】名 日没から日の出までの間。**よる。**〈後拾遺・雑二〉「夜をこめて鳥の空音ははかるともよに逢坂の関はゆるさじ」訳 ⬇付録①「小倉百人一首」62

フレーズ

夜を籠む (まだ夜を含んでいる意から)夜明けにならない時をいう。夜がまだ深い。まだ夜が明けない。〈平家・灌頂・大原御幸〉「法皇夜をこめ(用)て大原の奥へぞ御幸なる」訳 (後白河)法皇は夜まだ深いうちに大原の奥へお出かけになる。

夜を日に継っ・ぐ (夜を昼につぎたすことから)昼夜兼行する。昼も夜も区別なく行う。「夜を昼になす」とも。〈徒然・二四一〉「夜を日につぎ(用)て、この事かの事、おこたらず成じてんと」訳 昼夜兼行して、このことやあのことを、なまけずにやりとげてしまおうと。

よ【節】名 ❶竹や葦などの茎の、**節と節との間。**〈竹取・かぐや姫の生ひ立ち〉「節を隔ててよごとに金ある竹を見つくることかさなりぬ」訳 (竹取の翁は)節を隔てた空洞ごとに黄金の入っている竹を見つけることがたび重なった。❷**節**のこと。〈平治物語〉「大きなる竹のよを通して入道の口にあて」訳 大きな竹の節をくりぬき通して入道の口に当て。《⬇節「古文常識」》 参考 和歌では、多く「世」や「夜」との掛詞として用いられる。

よ【余・予】代 自称の人代名詞。男子が用いる。私。おのれ。自分。〈細道・出発まで〉「予もいづれの年よりか、片雲の風に誘はれて、漂泊の思ひやまず」訳 私もいつの年からか、ちぎれ雲を吹きただよわせている風に誘われて、あてのない旅に出ることへの願いがやまず。

よ 格助《上代語》

意味・用法
- 起点(…から。…より。)→❶
- 経由点(…を通って。)→❷
- 手段(…で。…によって。)→❸
- 比較の基準(…より。)→❹

接続 体言、活用語の連体形に付く。

❶動作・作用の時間的・空間的な起点を表す。**…から。…より。**〈万葉・一七・三八九〇〉「わが背子を吾が松原よ見渡せば海人少女ども玉藻刈る見ゆ」訳 いとしい方を私が待つではないが、その松原から見渡すと、海人の娘たちが玉藻を刈るのが見える。(「わが背子を吾が」は「待つ」と同音の「松原」を導きだす序詞)

❷動作・作用の経由する地点を表す。**…を通って。**〈万葉・一五・三七八三〉「旅にして妹に恋ふればほととぎす我が住む里にこよ鳴き渡る」訳 家から離れていて妻を恋しく思っていると、ほととぎすが私の住む里に、(まさに)ここを通って鳴きながら飛んで行く。

❸動作・作用の手段を表す。**…で。…によって。**〈万葉・一四・三四三九〉「堤井の水をたまへな妹が直手よ」訳 堤井(=石などで囲った泉)の水をいただきたい。直接あなたの手で。

❹比較の基準を表す。**…より。**〈万葉・一四・三四一七〉「上毛野伊奈良の沼の大藺草よそに見しよは今こそまされ」訳 上野(群馬県)の伊奈良の沼の大藺草のように、遠くで見たときよりは、今のほうが(恋しさが)まさることよ。(第三句までは「よそに見し」を導きだす序詞)

参考 同義の助詞に「より」「ゆ」「ゆり」があるが、「よ」「ゆ」は和歌のみに用例が認められる。中古では、「より」だけが用いられた。→より(格助)(八八四ページ)・

最重要330

304

よ【世・代】名 (八七二ページまで続く)

ガイド 竹などの節(ふし)と節の間をいう「節(よ)」と同源で、区切られた時間(①③⑤⑥)の意が原義。③から④が派生し、①から派生した②の意からは、さらに⑦〜⑩のような意も表すようになった。中古の女流文学作品では⑩の意に注意。

❶《仏教語》過去(前世)・現在(現世)・未来(来世)の三世(さんぜ)のそれぞれをいう。特に、現世。

例 この世にし楽しくあらば来(こ)む世には虫に鳥にもわれはなりなむ〈万葉・三・三四八〉

訳 この現世でも楽しくある(=酒が飲める)ならば、未来の世では虫にでも鳥にでも私はなってしまおう。

❷世間。世の中。

例 かげろふの日記と名づけて、世にひろめ給へり〈大鏡・兼家〉

訳 (道綱(みちつな)の母は)「蜻蛉(かげろう)の日記」と命名して、世間にお広めになった。

❸統治者がその国を治める期間。また、家長が相続してその家を治める期間。代(だい)。時代。

例 春宮(とうぐう)の御世、いと近うなりぬれば〈源氏・紅葉賀〉

訳 皇太子(=後の朱雀(すざく)帝)の(帝(みかど)として天下を治める)ご時世が、たいそう間近になったので。

❹国を治めること。国政。政権。国家。

例 世の人の飢ゑず、寒からぬやうに、世をば行はまほしきなり〈徒然・一四二〉

訳 世の中の人が飢えず、寒くないように、政治を行いたいものである。

❺個人の一生涯。一期(いちご)。一生。寿命。

例 いざここにわが世は経(へ)なむ菅原(すがはら)や伏見(ふしみ)の里の荒れまくも惜(を)し〈古今・雑下〉

訳 さあここで私の生涯は過ごそう。菅原よ、その伏見の里が荒れるだろうことも惜しい(から)。

❻ある時期。折。時。

例 山はさけ海はあせなん世なりとも君にふた心わがあらめやも〈金槐集〉

訳 山は裂け、海は干上がってしまうような時であっても、私が大君(=後鳥羽(ごとば)上皇)に裏切りの心をいだくようなことがあろうか

ゆ(格助)・ゆり(格助)

よ 間助

意味・用法
詠嘆・感動(…よ。)→❶
呼びかけ(…よ。)→❷
強意(…よ。)→❸
とりたて(…は。…というものは。…よ。)→❹
告示(…だよ。…だぞ。)→❺

接続 種々の語に付く。③は活用語の命令形に付く。

❶詠嘆・感動を表す。…よ。〈枕・四一〉「人のいふらむことをまねぶらむよ」訳 人が(何か)言うようなことばを(鸚鵡(おうむ)は)真似(まね)をするとかいうよ。

❷呼びかけを表す。…よ。〈枕・二九九〉「少納言よ、香炉峰(かうろほう)の雪いかならむ」訳 少納言よ、香炉峰の雪はどうであろう。

❸禁止・命令の意を強める。…よ。〈枕・四三〉「今、秋風吹かむ折ぞ来(こ)むとする。待てよ」訳 やがて、秋風が吹いてきたらそのときに(迎えに)来よう。待っていろよ。

❹主題となる語をとりたてて強調する。…は。…というものは。…よ。〈千載・雑中〉「世の中よ道こそなけれ思ひ入(い)る山の奥にも鹿ぞ鳴くなる」訳 ➡付録①「小倉百人一首」83

❺告示の気持ちを表す。…だよ。…だぞ。〈徒然・八七〉「我こそ山だちよ」訳 自分こそ山賊(さんぞく)だぞ。

文法 ③の用法は、四段・ナ変・ラ変の動詞に付く場合に限られ、それ以外の動詞の命令形末尾「よ」と混同しないよう注意する。語源的にはどちらの「よ」も同じものと考えられる。

よ-あう(オウ)【余殃】名 重ねた悪事の報いとして受ける災難。先祖の悪業の報いとして子孫にめぐってくる災い。対 余慶(よけい)

よい【宵】➡よひ

よ-いち【世一】名 世の中で最もすぐれていること。世間で第一。天下一。〈平家・九・宇治川先陣〉「いけずきと

（いや、決してありはしない）。

❼ **俗世間。浮き世。世間の流行。時流。**
例 世に従へば、心、外(ほか)の塵(ちり)に奪はれて惑ひやすく〈徒然・七五〉
訳 世間の風潮に従うときっと、心は、外界の汚れにとらわれて迷いやすく。

❽ **世俗的な欲望。俗世での権勢・名誉・利益など。**
例 奢(おご)りを退けて財(たから)をもたず、世をむさぼらざらんぞ、いみじかるべき〈徒然・一八〉
訳 ぜいたくを退けて財産を所有せず、世俗の名誉や利益をむやみにほしがらないようなのが、りっぱであろう。

❾ **経済生活。家業。暮らし。**
例 子ゆゑに世のたたぬこととなり果て〈浮・西鶴織留〉
訳 子供がいるために暮らしがなりたたないことになってしまって。

❿ **男女の仲。夫婦の関係。**
例 まだ世になれぬは五六の君ならむかし〈源氏・花宴〉
訳 まだ男女の仲に慣れないのは、五番目か六番目の姫君であろうよ。

フレーズ

世に合(あ)・ふ 時世にうまく合う。**時めく。栄える。**世間で人気がある。〈源氏・賢木〉「世にあひ用花やかなる若人にて」訳（頭の弁は）世に時めき勢いが盛んな若者で。

世に有(あ)・り ❶**生きている。**この世にいる。〈平家・九・二度之懸〉「世にあら未んと思ふも子どもがため」訳この世に生きながらえようと思うのも子供のため（であり）。
❷世間に認められる。**評判が高い。**栄える。〈宇治・一五・六〉「世にある体僧どもの、参らぬはなし」訳評判の高い僧たちで、（祈禱(きとう)に）参上しない者はいない。

世に知(し)ら-ず 世間に比類がない（ほどすぐれている）。並々でない。〈源氏・桐壺〉「世に知らず用敏(さと)うかしこくおはすれば」訳（若宮＝光源氏は）世間に比類がないほど聡明で賢くいらっしゃるので。

世に無(な)・し ❶この世に存在しない。〈枕・四一〉「鳶(とび)・烏(からす)などの上は、見入れ聞き入れなどする人、世になし終かし」訳鳶や烏などについては、心をとめて見たり聞いたりなどする人は、この世にはいないのだよ。
❷世に比類がない。またとない。〈源氏・桐壺〉「世になく用清らなる玉のをのこ御子(みこ)さへ生まれ給ひぬ」訳（桐壺の更衣には）この世に例がないほどに気品があって美しい、玉のような皇子（＝光源氏）までもお生まれになった。

世に似(に)-ず **世間に類がない。**この上なくすばらしい。〈竹取・御門の求婚〉「かぐや姫、かたちの世に似ず用めでたきことを、御門(みかど)聞こしめして」訳かぐや姫の、容姿が世間に類がないほど美しいことを、帝(みかど)がお聞きになって。

世に-経(ふ) **この世に生き続ける。**〈新古・冬〉「世にふる体は苦しきものを真木(まき)の屋(や)に安くも過ぐる初時雨(はつしぐれ)かな」訳世の中に生き続けてゆくのは苦しいものなのに、真木の板で葺(ふ)いた粗末な小屋の屋根に、（同じふるものでありなが

いふ世一の馬にはのったりけり」訳いけずき（＝馬の名）という世間で第一の馬には乗っていた（ので）。

よう【用】名 ❶用事。❷必要。入用。役に立つこと。また、その物。用途。〈徒然・五五〉「造作(ざうさく)は、用なき所をつくりたる、見るも面白く、万(よろづ)の用にも立ちてよしとぞ、人の定めあひ侍りし」訳建物は、使い道の決まっていない所を造ってあるのが、見るのもおもしろく、いろいろな場合の役にも立ってよいと、（ある）人々が（論じ）定め合いました。❸「ゆう」とも。連歌・能などで、はたらき。作用。対体(たい)

よう【良う・善う・能う】副〔「よく」のウ音便〕「よく（良く）」に同じ。

よう〖要・窅〗⇒えう

よう〖揚・楊・様・養〗⇒やう

よう-い【用意】名・自サ変 ❶**心づかい。注意。**用心。〈枕・七五〉「いささかのひまなく用意し用たりと思ふが、つひに見えぬこそ難(かた)けれ」訳ほんの少しのすきもなく心くばりしていると思う人が、最後まで（心の底を相手に）見られないことはめったにないものだ。〈徒然・一八六〉「この用意を忘れざるを、馬乗りとは申すなり」訳この用心（＝自分の乗る馬を観察し、馬具を点検すること）を忘れない人を、馬術にすぐれた人とは言うのです。
❷**前もって準備すること。**支度。〈徒然・一七七〉「吉田(よしだ)中納言の、『乾き砂子(すなご)の用意やはなかりける』とのたまひたりしかば、恥づかしかりき」訳吉田の中納言が、「乾いた砂の準備はなかったのか」とおっしゃったので、恥ずかしかった。

よう-がん【容顔】名 顔かたち。顔だち。

よう-ぎ【容儀】名 ❶礼儀にかなった態度。ととのった姿・形。❷顔だち。容貌。

ようさ-つ-かた【夜さつ方】名〔「ようさりつかた」の促音便「ようさっつかた」の促音「っ」の表記されない形。「つ」は「の」の意の上代の格助詞〕たそがれどき。夕方ころ。晩方。〈土佐〉「今日の夜さつかた、京へのぼるついでに見れば」訳今日の晩方、京へのぼ

ら)いともたやすく通り過ぎてゆく初時雨であるなあ。(「ふる」は「経る」と「降る」との掛詞で、「降る」は「時雨」の縁語)

世の ❶世間の。❷この上ない。天下の。世にも珍しい。〈徒然・四二〉「**世の**しれ者かな。かく危ふき枝の上にて、安き心ありて睡るらんよ」訳**この上ない**ばか者だなあ。こんなに危ない枝の上で、どうして安心して眠っているのだろうよ。

世の覚え 世間のうわさ。**世間の評判。**〈源氏・桐壺〉「親うち具し、さし当たりて**世のおぼえ**はなやかなる御かたがたにもいたう劣らず」訳両親がそろい、当面**世間の評判**がきわだってよい御方々(=女御・更衣たち)にもそれほどひけをとらずに。

世の聞こえ **世間の評判。**世人のとりざた。〈伊勢・五〉「二条の后に忍びてまゐりけるを、**世の聞こえ**ありければ」訳二条の后(=藤原高子)のところに(男が)忍んで参上したのを、**世間の評判**が立ったので。

世の末 ❶のちの時代。後世。〈大鏡・基経〉「**世の末**になるままに、まさることのみいでまうでくるなり」訳**後世**になるにしたがって、すぐれたものばかりが出てまいるものです。❷晩年。老年。〈源氏・行幸〉「さべき人々にも立ちおくれ、**世の末**に残りとまれる類を」訳しかるべき人々(=親しい縁者たち)にも先立たれ、**老年**になって生き残っている例を。❸道徳的に衰え、人情の薄くなった世。仏法の衰えた世。末世。

世の例 ❶人の話のたね。世の人の語りぐさ。〈源氏・桐壺〉「**世のためし**にもなりぬべき御もてなしなり」訳**世間の話のたね**にもきっとなってしまいそうな(桐壺帝の桐壺の更衣に対する)御待遇である。❷世の中によくある事柄。世のならわし。〈徒然・二三七〉「**世のためし**も思ひ知られて、哀れなれ」訳(栄枯盛衰の)**世のならわし**も思い知られて、感慨深い。

世の常 ❶世間なみ。普通。〈徒然・一四三〉「衣食**世の常**なる上に僻事せん人をぞ、まことの盗人とはいふべき」訳衣食が**世間なみ**であるうえに悪事をするような人をこそ、ほんとうの盗人とは言ってよい。❷表現が平凡すぎて不十分なこと。言うもおろか。〈枕・二四五〉「なほいみじうめでたしといふも**世の常なり**」訳(主上が笛で高砂をお吹きになるのは)なんといってもほんとうにすばらしいと言うのも**平凡すぎる表現**である。

世を捨つ 隠遁する。出家する。⬇背く「慣用表現」

世を背く 俗世間からのがれ離れる。隠遁する。出家する。〈方丈・三〉「すなはち、五十の春を迎へて、家を出で、**世を背け**㊁り」訳そこで、五十歳の春を迎えて、家を出て、**隠遁した**。⬇背く「慣用表現」

世を保つ 国を治める。統治する。

世を遁る 俗世間を避け隠れる。出家する。〈新古・春下〉「桜散る春の山べはうかりけり**世をのがれ**㊊にと来しかひもなく」訳桜の散る春の山のほとりは(花が惜しくて)つらいことだ。**俗世間をのがれて出家する**ためと思って来たかいもなく。⬇背く「慣用表現」

世を憚る 世間に気がねをする。世間体を気にして遠慮する。〈源氏・帚木〉「いといたく**世をはばかり**㊊まめだち給ひけるほど」訳(光源氏は)たいそうひどく**世間に気がねをし**、まじめそうなようすをしていらっしゃったあいだは。

世を貪る 俗世間の名誉や利益に執着する。〈徒然・七〉「ひたすら**世をむさぼる**㊍心のみ深く」訳ただもう**世間の名利に執着する**心だけが深く。

よう-さり【夜さり】㊔〔「よさり」の転〕夜。夜になるころ。今夜。

ようじょう〘横笛〙⬇やうでう

よう-じん【用心】㊔心づかいをすること。心を用いること。

よう-せ-ず-は 悪くすると。ひょっとすると。もしかすると。〈源氏・桐壺〉「坊にも、**ようせずは**、この皇子の居給ふべきなめり」訳皇太子(の位)にも、**悪くすると**、この皇子(=光源氏)がおつきになるはずであるようだ。

なりたち 形容詞「よし」㊊のウ音便「よう」+サ変動詞「為」㊌+打消の助動詞「ず」㊊+係助詞「は」

よう-だい【容体・容態】㊔「ようたい」「ようてい」とも。姿かたち。からだつき。ようす。身体の状態。

よう-どう【用途】㊔「ようとう」「ようど」とも。必要な費用。〈方丈・三〉「車の力を報ふほかには、さらに他の**用途**いらず」訳車の力(を借りたこと)に報酬を支払う以外には、まったくほかの**費用**はいらない。

ようやく〘漸く〙⬇やうやく

ようよう〘様様・漸う〙⬇やうやう

-よか 接尾〔「やか」の転〕「…と感じられるさまである」の意を表し、形容動詞の語幹をつくる。「なよよか」「にこよか」「ふくよか」

よ-がたり【世語り】㊔世間の語り草。世間ばなし。世間の評判。〈徒然・一七三〉「好けるかたに心ひきて、ながき**世語り**ともなる」訳(若いころは)好きこのむ方向に心が動いて、(そのために)長い間の**世間の語り草**ともなる。

横川(よかは) ㊔今の滋賀県大津市にある、比叡山延暦寺の三塔(=東塔・西塔・横川)の一つ。東塔の根本中堂の北方、奥比叡、横川谷にある。

よ-がれ【夜離れ】㊔男性が女性のもとへ通ってこなくなること。男女の仲が絶えること。〈枕・一六四〉「たのもしげなきもの　心みじかく、人忘れがちなる婿の、つねに**夜離れ**する」訳頼りなさそうなもの、移り気で、相手を忘れやすい婿が、しょっちゅう**夜離れ**するの。

よき【斧】㊔斧の小型のもの。手斧。

よきひとの… 和歌
よき人の　よしとよく見て　よしと言ひし
よし野よく見よ　よき人よく見
〈万葉・一・二七・天武天皇〉

訳 (昔の)りっぱな人が、よい所だとよく見て、「よい」と言った。この吉野をよく見なさい、(今の)りっぱな人よ、よく見なさい。

解説 吉野の離宮に行幸したときの歌。天皇の皇子たちに対して詠みかけたものであろう。初句の「よき人」と第五句の「よき人」に、昔と今の対比がある。

よぎ・る【過ぎる】 自ラ四{ら・り・る・る・れ・れ}〔鎌倉時代まで「よきる」〕❶立ち寄らずに行き過ぎる。素通りする。❷立ち寄る。訪れる。〈紀・欽明〉「のちに、津守連遂にここに来りよぎる㊦」訳 その後、津守の連はとうとうここにやって来て立ち寄る。

よ・く【避く】 他カ四・上二・下二{か・き・く・く・け・け}{き・き・く・くる・くれ・きよ}{け・け・く・くる・くれ・けよ}よける。さける。〈古今・春下〉「吹く風にあつらへつくるものならばこの一本はよきよ㊀(上二段)と言はまし」訳 吹く風に注文を付ける(ことができる)ものならば、この(満開の桜の)一本は避けてくれと言うだろうに。〈後撰・秋下〉「秋風に誘はれわたる雁がねは物思ふ人の宿をよか㊀(四段)なむ」訳 秋風に誘われて渡ってくる雁は、物思いにふける人の家をよけて通ってほしい。

参考 上代では上二段、中古では上二段と四段、中世以降は下二段活用が用いられた。

よく【良く・善く・能く】 副〔形容詞「よし」の連用形から〕「よう」とも。❶くわしく。十分に。念入りに。〈万葉・六・九七六〉「難波潟潮干の余波よく見てむ」訳 難波潟の潮の引いたあとのようすを念入りに見ておこう。
❷上手に。巧みに。〈宇治・三・九〉「木のぼりよくする法師、のぼりて見れば」訳 木のぼりを上手にする法師が、(木に)のぼって見ると。
❸ふつうではできないことをした場合にいう。よくまあ。よくぞ。〈竹取・竜の頸の玉〉「汝らよくも来ずなりぬ」訳 おまえたちはよくぞ(竜の首の玉を)持って来なかった。
❹たいそう。はなはだしく。
❺たびたび。ともすると。

よく・す【善くす・能くす】 他サ変{せ・し・す・する・すれ・せよ}❶十分にする。手ぬかりのないようにする。〈万葉・四・五六七〉「周防なる磐国山を越えむ日は手向けよくせよ㊀」訳 周防(山口県東部)にある磐国山を越えようとする日は、道の神への安全祈願を十分にせよ。
❷巧みにする。上手にする。〈万葉・一二・二九四三〉「わが命の長く欲しけく偽りをよくする㊍人を執らふばかりを」訳 私の命が長くあってほしいことだ。うそを巧みにつく人をつかまえることができるほどに。

よく-よく【良く良く・善く善く・能く能く】 一 副 念には念を入れて。十分に注意して。また、はなはだしく。十分に。〈竹取・かぐや姫の昇天〉「よくよく見奉らせ給へ」訳 念を入れて見守り申しあげなさい。
二 形動ナリ{なら・なり(に)・なり・なる・なれ・なれ}やむを得ずするさま。よほどのことであるさま。〈浄・丹波与作待夜小室節〉「見れば見る程よい子ぢゃに、馬方させる親の身はよくよく(語幹)であらう」訳 見れば見るほどよい子なのに、馬方をさせる親の身はよほどのことであろう。

よ-けい【余慶】 名 ❶善行の報いとして受ける幸福。先祖の善行が子孫に及ぼす吉事。対 余殃
❷おかげ。余光。

よこ【横】 名 ❶左右の方向。水平の方向。対 縦
❷正当でないこと。不正。よこしま。〈浮・好色一代女〉「[相場取引をする商人は]年中偽りと横と欲とを元手にして世をわたり」

フレーズ **横に渡・る** むりを押し通す。横に出る。〈浮・西鶴諸国ばなし〉「すぐなる(=まっすぐな)今の世を横に渡る㊍(=むりを通して暮らす)男あり」

よこ-ぐも【横雲】 名 横にたなびく雲。多く、明け方に東の空にたなびく雲についていう。〈新古・春上〉「春の夜の夢の浮き橋とだえして嶺にわかるる横雲の空」訳 →はるのよの…和歌

よ-ごころ【世心】 名 男女の情を解する心。異性を慕い求める心。〈伊勢・六三〉「むかし、世心つける女、いかで心なさけあらむ男に逢ひ得てしがなと思へど」訳 昔、異性を慕い求める心が起きた女が、どうにかして愛情深いような男に逢って結ばれたいものだなあと思うけれども。

よこ-ざ【横座】 名 ❶(正面の座は横向きに敷物を敷くことから)上座。正面の座席。
❷横側にある座席。

よこ-さま【横様】 名・形動ナリ〔のちに「よこざま」とも〕❶横の方向。横向き。また、そのさま。〈枕・一八八〉「雨の脚横さまに㊊さわがしう吹きたるに」訳 雨脚が横向きに(なるほどに、風が)騒がしく吹いているときに。対 縦様
❷ふつうでないさま。異常なさま。正しくないさま。〈源氏・桐壺〉「横さまなる㊍やうにて、遂にかくなり侍りぬれば」訳 (桐壺の更衣は)異常な(=横死のような)状態で、とうとうこのようになって(死んで)しまいましたので。

フレーズ **横様の死に** 〔「横死」の訓読〕災害や殺害などによる死。非業の死。

よこさま-の-しに【横様の死に】 →横様「フレーズ」

よこ-しま【横しま・邪】 名・形動ナリ ❶横の方向。横向き。
❷ねじけていて正しくないこと。道にはずれていること。非道。〈徒然・二〇七〉「鬼神はよこしまなし」訳 鬼神は邪道の行いをしない。

よこ-た・ふ【横たふ】 一 他ハ下二{へ・へ・ふ・ふる・ふれ・へよ}❶横にする。横たえる。〈紀・雄略〉「琴を横たへ㊊て弾きて曰はく」訳 琴を横にして弾きながら言うことには。
❷横にして帯びる。横にさす。〈平家・一・殿上闇討〉「腰の刀を横たへ㊊さいて、節会の座につらなる」訳 腰の刀を横にして差して、節会の座に列席する。
二 自ハ四{は・ひ・ふ・ふ・へ・へ}横になる。横たわる。〈細道・芭蕉〉「荒海や佐渡によこたふ㊍天の河」訳 →あらうみや…俳句

よ-ごと【寿詞】 名 ❶天皇の御代の長久・繁栄を

最重要330

305 **よし**【由】名

ガイド 動詞「寄す」と同源で、**関連づけるもの**の意が原義。そこから①②③⑥の意が生じ、由緒ありげなものの意から④⑦の意が生じた。

❶ **物事のいわれ。由緒。由来。**

例 よしある人と目とどめられしに〈琴後集〉

訳 由緒ある人だと思って自然と注目していたところ。

❷ **理由。わけ。**

例 心づきなきことあらん折は、なかなかそのよしをも言ひてん〈徒然・一七〇〉

訳 (他人と会うのに)気のりしないことがあるようなときには、かえってそのわけをも言ってしまうのがよい。

❸ **手段。方法。**

例 遠き山関も越え来ぬ今さらに逢ふべきよしのなきがさぶしさ〈万葉・一五・三七三四〉

訳 遠い山や関所も越えてやって来た。(それなのに)今となってはもう逢うことのできる手だてのないのはさびしいことだ。

❹ **趣。風流。優雅。奥ゆかしさ。**

例 清げなる屋、廊などつづけて、木立いとよしあるは〈源氏・若紫〉

訳 小ぎれいな建物や渡り廊下などを連ねて、木立が非常に趣のある場所(=僧坊)は。

❺ **話のおおむね。次第。趣旨。**

例 そのよしいささかに物に書きつく〈土佐〉

訳 その(旅中の)次第を(以下に)少し紙に書き記す。

❻ **縁。ゆかり。**

例 平城の京、春日の里にしるよしして、狩りに往にけり〈伊勢・一〉

訳 (男は)奈良の都の、春日の里に領地を持っている縁で、狩りに出かけた。

❼ **そぶり。ようす。**

例 よく知らぬよしして、さりながら、つまづま合はせて語る虚言は、おそろしきことなり〈徒然・七三〉

祝うことば。❷祈ることば。祝詞。

よ-ごと【善事・吉事】名 よいこと。めでたいこと。〈万葉・二〇・四五一六〉「新たしき年の始めの初春の今日降る雪のいやしけ吉事」訳→あらたしき… 和歌。対 禍事

よこ-ほ・る【横ほる】自ラ四{ら・り・る・る・れ・れ}横になる。横たわる。〈土佐〉「ひんがしのかたに、山の横ほれるを見て」訳 東のほうに、山が横たわっているのを見て。

よこ-に-わた・る【横に渡る】→横「フレーズ」

よ-ごも・る【世籠る】自ラ四{ら・り・る・る・れ・れ}世間や男女の仲のことを知らないでいる。また、年が若く将来性がある。〈大鏡・陽成院〉「いまだよごもりておはしける時」訳 (母后高子が)まだ年若く世に出ないでいらっしゃったころ。

与謝蕪村(よさぶそん)《人名》(一七一六〜一七八三)江戸中期の俳人・画家。姓は谷口。別号、宰鳥・夜半亭など。摂津(大阪府)の人。江戸で俳諧を学び、諸国を放浪後、丹後(京都府)の与謝に住み絵画に精進し、また俳人としても絵画的浪漫的作風で、天明中興俳壇に活躍した。文人画では池大雅と並び称される。編著「新花摘」「蕪村句集」「蕪村翁文集」「蕪村七部集」「夜半楽」など。(蕪村忌 冬)

よ-ざま【善様】形動ナリ{なら・なり(に)・なり・なる・なれ・なれ}「よさま」とも。よいようすである。よいさまである。〈源氏・夕霧〉「人の御名をよざまに言ひなほす人は難きものなり」訳 人のおうわさをよいように言い改める人はめったにないものである。対 悪し様

よ-さむ【夜寒】名 **秋が深くなって夜の寒さの感じられること。** また、その寒さ。または、その季節。秋。〈徒然・四四〉「夜寒の風に誘はれくるそらだきものの匂ひも、身にしむ心地す」訳 秋の夜の寒い風に誘われてただよってくる空薫き物(=どこからともなく匂ってくるようにたく香)の香りも、身にしみる感じがする。対 朝寒

よ-さり【夜さり】名「さり」は「やってくる」の意の動詞「去る」の連用形の名詞化したもの〕夜になるころ。夜。今夜。〈竹取・燕の子安貝〉「『さらに、夜さりこ

訳 よく知らないふりをして、それでいて、辻褄(つじつま)を合わせて語ろうそは、(だまされやすく)おそろしいものである。

フレーズ

由有(あ)・り ❶由緒がある。また、教養がある。〈源氏・桐壺〉「母北の方なむいにしへの人の**よしある**㊍にて」訳(桐壺の更衣の)母である(亡き大納言の)正妻は、旧家の出身者で、**教養がある人**であって。

❷奥ゆかしく趣が深い。風情(ふぜい)に富む。〈平家・灌頂・大原御幸〉「ふるう作りなせる前水(せんずい)木立、**よしある**㊍さまの所なり」訳古びて見えるように作ってある庭の前の池や木立は、**風情がある**ようすの所である。

の寮(つかさ)にまうで来(こ)』とのたまひて」訳(中納言は)「あらためて、**夜になるころ**この役所に参上せよ」とおっしゃって。

よ-さん【余算】 名 残された寿命。余命。

よし【由】 名 ⬇右 305

よし【葦・蘆・葭】 名「あし(葦)」に同じ。「アシ」の音が「悪(あ)し」に通じるのを嫌って言ったもの。

よ・し【好し・良し・善し】 形ク ⬇次ページ 306

よし【縦し】 副 ❶(「よし」と言って仮に許す意から)不満足ではあるが、**しかたがない**。ままよ。どうなろうとも。〈万葉・一〇・二二一〇〉「人皆(ひとみな)は萩(はぎ)を秋と言ふ**よし**われは尾花が末(うれ)を秋とは言はむ」訳人は皆、萩が秋(で一番いい花だ)と言う。**それはそれでしかたがない**、私は尾花の穂先を秋(で一番のもの)とは言おう。❷(下に逆接の仮定条件を伴って)**たとえ**。仮に。よしんば。万一。〈万葉・二・一四九〉「人は**よし**思ひ止(や)むとも玉鬘(たまかづら)影(かげ)に見えつつ忘らえぬかも」訳ほかの人は**たとえ**お慕いすることをやめても、(私は天皇が)面影にいつも見えていて忘れられないことだ。(「玉鬘」は「影」にかかる枕詞)

> **定型表現** 副詞の呼応
> **よし…逆接の仮定条件**
> 例 行け、**よし** 雨は降る**とも**。〈逆接仮定〉
> (=行け。**たとえ**雨が降っ**ても**)

よし-あ・り【由有り】 ⬇由(よし)「フレーズ」

吉田兼好(よしだけんかう)(ケンコウ)《人名》→兼好法師(けんかうほふし)

よし-づ・く【由付く】 自カ四{か・き・く・く・け・け}由緒ありげに見える。奥ゆかしい風情(ふぜい)がある。風雅のたしなみがある。〈源氏・橋姫〉「うち笑ひたるけはひ、いま少しおもりかに**よしづき**㊐たり」訳にっこり笑っている(大君(おほいぎみ)の)ようすは、(中の君よりも)もう少し重々しく落ち着いて**奥ゆかしい風情があるように見え**た。

よしとも の… 俳句

> **義朝の 心(こころ)に似たり 秋(あき)の風(かぜ)** 〈野ざらし紀行・芭蕉〉
> 切れ字 秋

訳あの義朝の悲痛な心境にも似ていることだ。(常盤(ときわ)の墓のあたりに吹く)この(寂しく痛ましいまでの)秋風は。

解説「義朝」は源義朝、「常盤」はその愛妾(あいしょう)。義朝は父と弟を討ち、後には平氏に都を追われ、敗走中に家臣の手で殺されている。その痛恨の心が秋風となって常盤の塚に通うと見た。荒木田守武(もりたけ)の付句「義朝殿に似たる秋風」を改作した即興句。

よし-な・し【由無し】 形ク ⬇八七六ページ 307

よしなし-ごころ【由無し心】 名 つまらない考え。たわいもないことを考える心。

よしなし-ごと【由無し事】 名 **とりとめもないこと**。つまらないこと。〈徒然・序〉「つれづれなるままに、日暮らし硯(すずり)に向かひて、心にうつりゆく**よしなし事**を、そこはかとなく書きつくれば」訳何もすることがなく、手持ちぶさたであるのにまかせて、一日じゅう硯に向かって、心の中に次々と浮かんでは消える**たわいもないこと**を、とりとめもなく書きつけると。

吉野(よしの)《地名》今の奈良県吉野郡、吉野川流域の地。修験道の霊場があり、桜と南朝の史跡で知られる。

吉野山(よしのやま)《地名》歌枕 今の奈良県吉野郡吉野町にある山。修験道の霊場、桜と南朝の史跡で知られる。

よし-ば・む【由ばむ】 自マ四{ま・み・む・む・め・め}〔「ばむ」は接尾語〕由緒ありげなようすをしている。気取っている。〈浜松中納言物語〉「もてなし**よしばむ**㊍こともなくて」訳ふるまいが**気取る**こともなくて。

よし-み【好み・誼】 名 ❶親しい交わり。親しみ。好意。〈平家・四・競〉「相伝(さうでん)の**よしみ**はさることにて候へども、いかが朝敵(てうてき)となれる人に同心をばし候ふべき」訳先祖代々の**親しい交わり**はもっともなことですが、どうして朝敵となった人に味方をすることができましょうか(いや、味方をすることはできません)。❷ゆかり。縁故。〈平家・六・廻文〉「故(こ)帯刀先生義賢(たてはきのせんじゃうよしかた)が**よしみ**にて、田子(たご)の郡(こほり)の兵(つはもの)ども、皆したがひつきにけり」訳故帯刀先生義賢の**縁故**で、田子郡の多くの武士が、みんな(木曽義仲(きそよしなか)に)つき従った。

良岑宗貞(よしみねのむねさだ)《人名》→遍昭(へんぜう)

よし-め・く【由めく】 自カ四{か・き・く・く・け・け}〔「めく」は接尾語〕由緒ありそうに見える。わけがありそうにふるまう。たしなみがありそうに見える。〈源氏・玉鬘〉「もてなしなど恥づかしげに、**よしめき**㊐給へり」訳(玉鬘(たまかづら)は)立ち居ふるまいなどはこちらの気がひけるほどりっぱな感じで、**由緒ありそうなようすにし**ていらっしゃる。

よし-や【縦しや】 副〔副詞「縦(よ)し」+間投助詞「や」〕❶ままよ。どうなろうとも。まあまあ。〈栖去之弁〉「風雅も**よしや**是(これ)までにして、口をとぢんとすれば」訳俳諧も**まあまあ**これまでにして、口を閉じよう(=句を詠むことをやめよう)とすると。

最重要330

306

よ・し【好し・良し・善し】形ク{から・く(かり)・し・き(かる)・けれ・かれ}

ガイド 本質的によいさま、最高度にすぐれているさまを表す。対象によって①から⑨の意になる。⑩は補助形容詞。

❶**すぐれている。価値がある。**よい。⬇悪あし「類語の整理」

例 いたましうするものから、下戸げこならぬこそ男をのこは**よけれ**巳〈徒然・一〉

訳 (酒をすすめられて)迷惑であるようにするものの、まったく飲めなくもないのが、男としては**よいものだ**。

❷(心がけが)**正しい。善良である。**

例 かの親なりし人は、心なむあり難きまで**よかり**用し〈源氏・玉鬘〉

訳 あの(=玉鬘たまかずらの)親であった人(=夕顔)は、気だてが類がないほど**善良であっ**た。

❸**美しい。**きれいだ。

例 **よき**体かたちにもあらず。いかでか見ゆべき〈竹取・御門の求婚〉

訳 (私は)**美しい**容姿でもない。どうして(勅使に)対面できようか(いや、できない)。

❹**身分が高い。**教養があり、上品である。

例 **よき**体人の、のどやかに住みなしたる所は、さし入りたる月の色も、ひときはしみじみと見ゆるぞかし〈徒然・一〇〉

訳 **教養のあるりっぱな**人が、いかにもゆったりと住んでいる家は、さし込んでいる月の光も、一段としんみりと感じられるものであるよ。

❺快い。楽しい。好ましい。

例 梅の花散らすあらしの音のみに聞きし吾妹わぎもを見らくし**よし**終も〈万葉・八・一六六〇〉

訳 梅の花を散らす嵐の音のように、(今まで)評判にだけ聞いていたあなたに逢あうことは、**楽しい**ことだよ。(第二句までは「音」を導きだす序詞)

❻上手である。巧みである。

例 この歌**よし**終とにはあらねど〈土佐〉

❷たとえ。よしんば。かりに。〈古今・恋五〉「吉野よしの川**よしや**人こそつらからめはやく言ひてしことは忘れじ」訳 吉野川よ、**たとえ**あの人がつれなくなろうとも、(私は)以前に言ってくれたことばは忘れまい。(「吉野川」は「よしや」にかかる枕詞。「吉野川」と「はやく」は縁語)

よしよし・し【由由し】形シク{(しから)・しく(しかり)・し・しき(しかる)・しけれ・しかれ}[名詞「由よし」を重ねて形容詞化した語]由緒ありげである。趣ありげである。風情ふぜいがある。〈源氏・東屋〉「しつらひなど**よしよししう**用(ウ音便)し給ふ」訳 (娘の結婚の準備のために)部屋の飾りつけなども**趣のあるように**しなさる。

よしゑ-やしヨシエ【縦しゑやし】副(上代語)ええ、ままよ。たとえどうあろうとも。〈万葉・二・一三一〉「**よしゑやし**浦はなくとも**よしゑやし**潟かたはなくとも」訳 (この入り江には)**たとえ**(よい)浦はなくとも、**たとえ**(よい)潟はなくとも。

なりたち 副詞「縦よしゑ」+上代の間投助詞「やし」

よ・す【寄す】

一 自サ下二{せ・せ・す・する・すれ・せよ} ❶**寄る。**せまる。〈土佐〉「**寄する**体波うちも寄せなむわが恋ふる人忘れ貝おりて拾はむ」訳→よするなみ… 和歌

❷**攻め寄せる。**近づく。〈平家・八・水島合戦〉「備中国びっちゅうのくに水島が門とに舟をうかべて、八島やしまへすでに**寄せ**未んとす」訳 備中の国(岡山県西部)水島の海峡に舟を浮かべて、屋島へいよいよ**押し寄せ**ようとする。

二 他サ下二{せ・せ・す・する・すれ・せよ} ❶近づける。寄せる。〈竹取・かぐや姫の昇天〉「屋やの上に飛ぶ車を**寄せ**用て」訳 (天人は)屋根の上に空飛ぶ車を**近づけ**て。

❷まかせる。任ずる。ゆだねる。〈平家・七・聖主臨幸〉「泣く泣く無智むちの境ひさかに身を**寄せ**未んと」訳 泣く泣く知らない土地に身を**まかせ**よう(=放浪しよう)とは。

❸**かこつける。関係づける。**思いくらべる。〈源氏・手習〉「横川よかはに通ふ道のたよりに**寄せ**用て、中将、ここにおはしたり」訳 横川へ通う道中のついでに**かこつけ**て、中将はここ(=小野)においでになった。

❹心をかたむける。向ける。〈更級・春秋のさだめ〉「人

❼道理にかなって適切である。ふさわしい。好都合だ。
訳この歌が上手だというわけではないが。
例この酒を飲みてむとて、よき㊍所を求めゆくに、天の河といふ所にいたりぬ〈伊勢・八二〉
訳この酒を飲んでしまおうと言って、ふさわしい場所をさがして行くうちに、天の河という所に着いた。
❽めでたい。縁起がよい。
例今日はよき㊍日ならむかし〈源氏・葵〉
訳今日は(髪を切るのに)縁起のよい日であろうよ。
❾効果がある。ききめがある。
例上書きに、貧病の妙薬、金用丸、よろづによし㊇としるして〈浮・西鶴諸国ばなし〉
訳上書きに、貧乏という病気によくきく薬、金用丸(=お金)、なんにでもききめがあると書いて。
❿(動詞の連用形に付いて)…しやすい。
例山里はもののわびしきことこそあれ世の憂きよりは住みよかり㊊けり〈古今・雑下〉
訳山里はものさびしくてつらいことはあるけれども、いやな俗世間よりは暮らしやすいことだよ。

はみな春に心を寄せ㊊つめり我のみや見む秋の夜の月」訳ほかの人はみんな春に関心を向けてしまったようだ。私だけが見るのだろうか、秋の夜の月は。
❺贈る。寄付する。〈徒然・二五〉「御堂殿の作りみがかせ給ひて、庄園多く寄せ㊍られ」訳御堂殿(=藤原道長)が(法成寺を)美しくお造りになられて、荘園を多く寄進しなさって。

よ-すが【縁・因・便】名 ⬇八七九ページ 308

よ-すがら【夜すがら】副(「すがら」は接尾語)夜通し。終夜。一晩中。〈蜻蛉・中〉「長き夜すがらなく虫のおなじ声にやたへざらむ」訳長い(秋の)夜通し鳴く虫と同じ声で、(奥方さまは悲しみに)耐えかねて泣いているのだろうか。対終日

よ-すぎ【世過ぎ】名世渡り。なりわい。生活。

よすて-びと【世捨て人】名俗世間を捨てて僧や隠者になった人。隠遁者。

よするなみ…和歌

寄する波　うちも寄せなむ　わが恋ふる
人忘れ貝　おりて拾はむ〈土佐〉
【人(を)忘れ】【忘れ貝】

訳寄せ来る波よ、うち寄せてほしい。私の恋しく思う人を忘れさせてくれるという忘れ貝を、(浜辺に)おりて拾おう。(「なむ」は、他に対する願望の終助詞)
解説浜辺の美しい貝や石を見て、土佐(高知県)で死んだ自分の娘を思い出して詠んだ歌。当時、忘れ貝を拾うと、つらいことを忘れられるという俗信があった。

よせ【寄せ】名❶人が心を寄せること。人望。信望。〈源氏・藤裏葉〉「おほかたの寄せおぼえよりはじめ、なべてならぬ御ありさま容貌なるに」訳(世間)一般の人望・評判をはじめ、格別なご容姿・お顔だちであるので。
❷後見。うしろだて。世話をする人。〈源氏・桐壺〉「一の御子は、右大臣の女御の御腹にて、寄せおもく」訳一番目の皇子は、右大臣の(娘である弘徽殿の)女御からのご出生なので、後見役がしっかりしていて。
❸ゆかり。縁故。〈徒然・一五六〉「させることの寄せなけれども、女院の御所など借り申す、故実なりとぞ」訳(大臣の大饗を催す際は)これというほどの縁故がなくても、女院の御所などをお借り申しあげるのが、古いしきたりだということだ。
❹わけ。いわれ。口実。〈増鏡・新島守〉「それもみな、一ふし二ふしの寄せはありけむ」訳それ(=戦い)にもすべて、一つや二つの理由はあったのであろう。

よ-せい【余情】(「せい」は漢音)㊀名言外にただよう情趣。余韻。余情。風情。〈無名抄〉「姿に花麗極まりぬれば、又自ら余情となる」訳歌の姿に華やかなうるわしさが出尽くしてしまうと、また自然と余韻(をかもし出すこと)となる。
㊁形動ナリ{なら・なり(に)・なり/なる・なれ・なれ}体裁をつくろうさま。みえを張るさま。また、景気のよいさま。〈浮・諸艶大鑑〉「けふ、出雲・加賀の入れ札に行きて、それからこれへ参ったと余情なる㊍商ひばなし」訳今日、出雲(島根県東部)・加賀(石川県南部)の(蔵米の)入札に行って、それからこっちへ参ったと景気のよい商売のはなし。

よ-そ【四十】名(「そ」は十の意)しじゅう。

よ-そ【余所】
㊀名❶ほかの場所。遠い場所。〈枕・一八四〉「御几帳へだてて、よそに見やり奉りつるだにはづかしかりつるに」訳(中宮定子を)御几帳をへだてて、遠くにながめ申しあげていたのだって気おくれしていたのに。〈徒然・一六七〉「あはれ、我が道ならましかば、かくよそに見侍らじものを」訳ああ、自分の専門の道であったならば、このようにわきで見て(=傍観して)いないでしょうに。
❷直接関係のないこと。他人のこと。別。他人。〈大鏡・道長上〉「よその君たちは、びんなきことをも奏してけ

最重要330 307

よし-な・し【由無し】形ク {から・く(かり)・し・き(かる)・けれ・かれ}

ガイド 理由・根拠・由縁の意の「由(よし)」に形容詞「無し」が付いてできた語。根拠や理由に納得がいかず、不満に感じるさまを表す。

❶**理由がない。根拠がない。**

例 天道(てんたう)もこれをぞめぐみ給ふらん。よしなき㊍こと、な言ひあひそ〈宇治・二・六〉 訳 天の神もこうした人(=恩を知り人のために尽くす人)をお恵みになるであろう。根拠もないことを言い合うな。

❷**手段・方法がない。しようがない。**

例 今さらによしなし㊎。これぞめでたきこと〈大鏡・道長上〉 訳 今となってはどうにもできない。(むしろ)これは結構なことだ。

❸**関係がない。ゆかりがない。**

例 忍びやかに門(かど)たたけば、胸少しつぶれて、人出(い)だして問はするに、あらぬよしなき㊍者の、名のりして来たるも〈枕・二五〉 訳 ひそやかに門をたたくので、胸が少しどきどきして、召使を出して取り次ぎをさせると、(待っていた人とは)別の関係のない者が、名のって来たのも(ひどく興ざめだ)。

❹**無用だ。無益である。無駄である。甲斐(かひ)がない。**

例 よしなく㊐猛(たけ)き心を見えむとて死ぬる、きはめてかひなきことなりとなむ語り伝へたるとや〈今昔・二七・四〉 訳 無益に勇気(のあるところ)を見せようとして死ぬのは、まことにむだなことであると語り伝えているとかいうことだ。

❺**よくない。くだらない。つまらない。風情(ふぜい)がない。**

例 よしなき㊍物語、歌のことをのみ心にしめで、夜昼思ひて、おこなひをせましかば、いとかかる夢の世をば見ずもやあらまし〈更級・夫の死〉 訳 くだらない物語や、和歌のことにばかり熱中しないで、日夜心にかけて、勤行(ごんぎょう)をしていたなら、ほんとうにこんな夢のようにはかない運命(=夫の死)を見ないでもすんだであろうか。

るかなと思ふ」訳 ほかの君達(きんだち)は、(道長は)つまらないことをも奏上したものよと思う。

二 形動ナリ {なら・なり(に)・なり・なる・なれ・なれ} **うちとけないさま。疎遠で冷淡なさま。**〈古今・春下〉「よそに㊐見て帰らむ人に藤の花はひまつはれよ枝は折るとも」訳 よそよそしく見ただけで帰るような人に、藤の花よ、はい伸びてからまりつけよ、枝は折れても(よいから)。

よそう〖装う・寄そう・比う〗⬇よそふ

よそおう〖装う〗⬇よそほふ

よそ-ぢ(ジ)【四十】名〔「ぢ」は接尾語〕❶**しじゅう。**❷**四十歳。四十年。**

よそ-ながら【余所ながら】副 ❶**他の所にいながら。遠く離れていながら。**〈徒然・一三七〉「万(よろづ)の物、よそながら見ることなし」訳 (片田舎(かたいなか)の人は)あらゆるものを、遠く離れて(=離れたまま)見ることがない。❷**直接ではないけれど。それとなく。間接的に。**〈源氏・手習〉「ありし御様を、よそながらだに、いつかは見むずるとうち思ふ」訳 昔のままの(薫(かおる)の)お姿を、せめてそれとなくであっても、いつかは見る(ことができる)だろうと(浮舟(うきふね)は)ふと思うのを。

-よそひ(ヨソイ)【装ひ】接尾 ❶衣服・調度など、そろったものを数える語。そろい。〈宇治・一三・七〉「髪に、玉のかんざし一よそひをさして来たり(=やって来た)」❷器に盛った飲食物を数える語。〈浄・心中宵庚申〉「今朝も粥(かゆ)を中蓋(ちゅうがさ)(=中ぐらいの椀(わん)のふた)に三よそひ」

よそひ(ヨソイ)【装ひ】名 ❶取りそろえること。準備。したく。〈万葉・一四・三五二八〉「水鳥の立たむよそひに妹(いも)のらにもの言はず来にて思ひかねつも」訳 出発しようとするしたくで(忙しく)、妻にものも言わずに来たので、恋しさにたえかねることだ。(「水鳥の」は「立つ」にかかる枕詞。「妹のら」の「ら」は親愛の意の接尾語)❷装飾。飾り。〈源氏・須磨〉「かの山里の御住み処(か)の具は、…殊更よそひもなくことそぎて」訳 あの(須磨(すま)の)山里のお住まいの(光源氏が使う)道具は、…特別に飾りもなく簡略にして。❸衣服。装束。また、晴れ着。〈源氏・須磨〉「旅の御よそひいたくやつし給ひて」訳 (光源氏は)旅のご装束をたいそう質素になさって。

よそ・ふ(ヨソウ)【装ふ】他ハ四 {は・ひ・ふ・ふ・へ・へ}「よそほふ」とも。❶**取りそろえる。準備する。**〈万葉・一〇・二〇五八〉「年によそふ㊍わが舟漕(こ)がむ」訳 年に一度準備する私の舟を漕ぎ出そう。❷**身づくろいをする。飾る。**〈万葉・九・一七七七〉「君なくは何そ身よそは㊍む」訳 あなたがいなければどうしてこの身を飾ろうか(いや、飾りはしない)。❸食器に食物を盛る。〈宇治・三・七〉「この羊を調じ侍りて、よそは㊍んとするに」訳 この羊を調理しまして、器に盛ろうとすると。

309 **よそ・ふ**【寄そふ・比ふ】他ハ下二 ⬇次ページ

よそほ・し【装ほし】形シク〔しから・しく(しかり)・し・しき(しかる)・しけれ・しかれ〕〔動詞「装ふ」に対応する形容詞〕整っていてりっぱである。いかめしく美しい。〈源氏・行幸〉「忍びやかに振る舞ひ給へど、行幸におとらずよそほしく㊞」訳 (光源氏は)控えめに行動なさるけれども、(冷泉帝の)おでかけに負けないほどいかめしくりっぱで。

よそほひ【装ひ】名 ❶取りそろえること。準備。したく。〈芭蕉を移す詞〉「名月のよそほひにとて、先づ芭蕉を移す」訳 中秋の名月を見る準備にということで、最初に芭蕉(=植物の名)を移し植える。❷身の飾り。装束。服装。〈竹取・蓬萊の玉の枝〉「天人のよそほひしたる女、山の中より出で来て」訳 天人の服装をしている女が、山の中から出て来て。❸ようす。ありさま。〈徒然・一六二〉「捕らへつつ殺しけるよそほひ、おどろおどろしく聞こえけるを」訳 (池の鳥を)つかまえては殺していたありさまが、騒々しく聞こえたのを。

よそほ・ふ【装ふ】他ハ四〔は・ひ・ふ・ふ・へ・へ〕「よそふ(装ふ)」に同じ。〈細道・松島〉「その気色窅然として美人の顔をよそほふ㊚」訳 その(松島の)ようすは深みのある美しさで、美人が顔を化粧している(ようだ)。

よそ-め【余所目】名 ❶よそながら見ること。それとなく見ること。〈細道・石の巻〉「袖のわたり・尾ぶちの牧・まのの萱はらなどよそ目に見て、遥かなる堤を行く」訳 袖の渡り・尾駮の牧・真野の萱原などを遠目に見て、(北上川の)長い堤を行く。❷他人の見る目。はため。人目。〈風姿花伝〉「やうやう年闌け行けば、身の花も、よそ目の花も、失するなり」訳 しだいに年をとっていくので、身体的な魅力も、他人(=観客)の目に映る美しさも、なくなるのである。

よそ-よそ【余所余所】形動ナリ〔なら・なり(に)・なり・なる・なれ・なれ〕❶離れ離れである。別々。❷血縁関係のないさま。無関係。〈源氏・浮舟〉「よそよそに㊞て、あしくもよくも、あらむは、いかがはせむ」訳 縁故もないので、(仲が)悪く(なっ)てもよく(なっ)ても、(そう)あるならそれは、しかたがない。❸よそよそしいさま。疎遠。〈今昔・一七・四四〉「僧よそよそに㊞て衣などを隔て、寝けれども」訳 僧は(女に対して)よそよそしくて着物などを間において、寝たけれども。

よそ・る【寄そる】自ラ四〔ら・り・る・る・れ・れ〕❶自然に引き寄せられる。なびき従う。〈万葉・一三・三三〇五〉「荒山も人し寄すれば寄そる㊚とぞいふ」訳 あの荒山でも、人が心を通わせるとなびき従うという。❷(波が)寄せる。打ち寄せる。〈万葉・二〇・四三七九〉「白波の寄そる㊍浜辺に別れなば」訳 白波が寄せる浜辺で別れてしまったならば。❸恋愛関係があるとうわささされる。〈万葉・一一・二三六七〉「逢はぬものゆゑ我に寄そる㊍児ら」訳 逢わないのに私との恋のうわさが立つあの子よ。

よ-だけ・し【弥猛し】形ク〔(から)・く(かり)・し・き(かる)・けれ・かれ〕❶ものものしい。大げさである。仰々しい。〈源氏・行幸〉「おのづからよだけく㊞いかめしくなるを」訳 (六条院ではどんな儀式でも)自然に仰々しくおごそかになるが。❷めんどうだ。おっくうだ。〈源氏・行幸〉「こもり侍れば、よろづうひうひしう、よだけく㊞なりにて侍り」訳 (邸に)こもっておりますので、万事に物慣れず、(何をするにも)おっくうになってしまっています。

よ-つ【四つ】名 ❶四。よっつ。また、四番目。

最重要330

308 **よす-が**【縁・因・便】名〔上代は「よすか」〕

ガイド 「寄す処」で、頼りとする所の意が原義。方法についていうのが①、所・物についていうのが②、人についていうのが③。

❶**頼りとする方法。手段。**
例 餓ゑを助け、嵐を防ぐよすがなくてはあられぬわざなれば〈徒然・五八〉
訳 飢えをしのぎ、嵐を防ぐ手段(としての家屋)がなくては生きていられないことであるから。

❷**頼りとするもの。ゆかり。身を寄せる所。より所。**
例 ほととぎすのよすがとさへ思へばにや、なほさらにいふべうもあらず〈枕・三七〉
訳 (橘は)ほととぎすの身を寄せる所とまで思うからであろうか、なんといってもまったく言いようもない(ほどすばらしい)。

❸**夫・妻・子・縁者など、頼りとする相手。**
例 もとより妻子なければ、捨てがたきよすがもなし〈方丈・三〉
訳 (私には)もともと妻子はないから、(出家するにあたって)捨てにくく心残りとなる縁者もない。

最重要330 309

よそ・ふ（ヨソウ）【寄そふ・比ふ】他ハ下二｛へ・へ・ふ・ふる・ふれ・へよ｝

ガイド 動詞「寄す」と同源で、関連づけるの意が原義。四段活用の「よそふ」は「装ふ」で別語。

❶ なぞらえる。たとえる。比べる。

例 花鳥の色にも音にもよそふ㊇べき方ぞなき〈源氏・桐壺〉

訳 （桐壺の更衣の美しさは）花の色にも鳥の声にもなぞらえることのできる方法がない。

❷ かこつける。ことよせる。関係づける。

例 思ふどちひとりひとりが恋ひ死なば誰によそへ㊊て藤衣着む〈古今・恋三〉

訳 （人知れず）思い合っている私たち二人のうち、どちらか一人が恋い焦がれて死んだなら、だれにことよせて（＝だれが死んだことにして）喪服を着たらよいだろう。

《→準ふ 参考》

❷四歳。❸「四つ時」の略。今の午前十時ごろ、または午後十時ごろ。

よ・づ（ヨズ）【攀づ・捩づ】━ 自ダ上二｛ぢ・ぢ・づ・づる・づれ・ぢよ｝すがりつくように登る。〈平家・三・有王〉「はるかに分け入り、峰によぢ㊊、谷に下れども」訳 はるか遠くに分け入り、峰によじ登り、谷に下りるが。━ 他ダ上二｛ぢ・ぢ・づ・づる・づれ・ぢよ｝手もとに引き寄せる。一説に、ねじる、ひねる意とも。〈万葉・八・一五〇七〉「術を無みよぢ㊊て手折りつ見ませ吾妹子」訳 （橘の花を、ほととぎすが散らしてしまい）しかたがないので、引き寄せて折った。ご覧なさい、あなた。

よ-つぎ【世継ぎ】名 ❶天皇として世を受け継ぐこと。❷天皇の代々のことを次々に語り続けること。また、それを書きしるした書物。「大鏡」「栄花物語」などの歴史物語。❸家の跡目を相続すること。また、その人。

よ-づ・く【世付く】自カ四｛か・き・く・く・け・け｝❶世慣れる。世間のことに通じる。〈源氏・玉鬘〉「うち笑みたるも、世づか㊌ずうひうひしや」訳 （大夫の監が）ほほえんでいるのも、（恋の情趣には）世慣れていなくてうぶなことよ。❷世間なみになる。ふつうである。〈源氏・蓬生〉「なかなかすこし世づき㊊てならひにける年月に」訳 なまじっか、（光源氏のおかげで）少し世間なみになって（暮らし）なれてしまった年月のために。❸男女の情を解する。人情を知る。〈源氏・若紫〉「この君や世づい㊊（イ音便）たる程におはするとぞおぼすらむ」訳 この姫君（＝若紫）がまあ、男女の情を解している年ごろでいらっしゃることだと、（光源氏は）お考えなのであろう。❹世俗の風に染まる。俗化する。〈徒然・二三〉「なほ九重の神さびたる有り様こそ、世づか㊌ず、めでたきものなれ」訳 やはり皇居の神々しくてあるありさまは、世俗の風に染まらないで、りっぱなものだ。

よっ-て【因って・依って・仍って】接 「よりて」の促音便「よて」とも。それゆえ。だから。ゆえに。〈平家・五・福原院宣〉「院宣かくの如し。よって執達件の如し」訳 院の宣旨はこのとおりである。ゆえにこれを取り次ぐこと以上のとおりである。

よっ-ぴ・く【能っ引く】他カ四｛か・き・く・く・け・け｝「よくひく」の促音便）弓を十分に引きしぼる。〈平家・二・那須与一〉「与一鏑をとってつがひ、よっぴい㊊（イ音便）てひゃうどはなつ」訳 与一は鏑矢をとって弓につがえ、弓を十分に引きしぼってひゅうっと射放つ。

よ-て【因て・依て・仍て】接 「よりて」の促音便「よって」の促音「っ」の表記されない形）「よって」に同じ。

よど【淀・澱】名「よどみ」に同じ。

よ-とぎ【夜伽】名 夜、寝ないでそばに付き添うこと。また、その人。〈去来抄・先師評〉「先師難波の病床に、人々に夜伽の句をすすめて」訳 先師（＝芭蕉）が難波（今の大阪市一帯）で病床につかれたとき、人々に夜伽の句を（作ることを）すすめて。

よ-どの【夜殿】名「よとの」とも。夜、寝る部屋。寝所。寝室。

よどみ【淀み・澱み】名 流れのとどこおること。また、その場所。淀。〈方丈・一〉「淀みに浮かぶうたかたは、かつ消えかつ結びて、久しくとどまりたる例なし」訳 （流れの）よどみに浮かぶ泡は、一方では消え、一方ではあらわれて、いつまでも（そのままの姿で）とどまっている例はない。

よど・む【淀む・澱む】自マ四｛ま・み・む・む・め・め｝❶水の流れがとまってとどこおる。〈万葉・一・三一〉「ささなみの志賀の大わだ淀む㊇とも昔の人にまたも逢はめやも」訳 →さざなみの… 和歌 ❷物事がうまくはこばない。また、ためらう。〈万葉・三・三〇九〉「ねもころに思ふ吾妹を人言の繁きによりてよどむ㊍頃かも」訳 （私が）心から愛するあなただが、人のうわさが激しいので、恋がうまく進まない（＝親しく往来しない）でいるこのごろであるよ。

よ-な ❶感動の意を表す。…だな。〈栄花・かがやく藤壺〉「七十の翁のいふことをかくのたまふよな」訳 七十歳の年寄りの言うことをこんなに（やりこめて）おっしゃることだな。❷念をおして確かめる意を表す。…だね。〈徒然・一〇六〉「四部の弟子はよな、比丘よりは比丘尼は劣り」

訳 仏の四種の弟子の中ではだな、男の僧より尼僧は劣り。

よな-よな【夜な夜な】名・副 毎晩。夜ごと。〈源氏・若菜下〉「ひとり大殿籠る夜な夜な多く」訳（女三の宮は）一人でおやすみになる夜々が多く。対 朝な朝な

なりたち 間投助詞「よ」＋終助詞「な」

よ-な・る【世慣る・世馴る】自ラ下二｛れ・れ・る・るる・るれ・れよ｝❶世間に慣れる。世事に通じる。〈徒然・七八〉「心知らぬ人に心得ず思はすること、世なれ未ず、よからぬ人の、必ずあることなり」訳（仲間うちだけで理解し）事情を知らない人に理解できないと思わせることは、世間に慣れず、教養のない人が、必ずすることである。❷男女の交際に慣れる。**男女間の情愛を解する。**〈源氏・夕顔〉「世なれ用たる人ともおぼえねば」訳（夕顔は）男女の情愛を解している人だとも（光源氏には）考えられないので。

よ-に【世に】副 ⬇左 310

よ-に-あ・ふ【世に合ふ】⬇世ょ「フレーズ」

よ-に-あ・り【世に有り】⬇世ょ「フレーズ」

よ-に-しら-ず【世に知らず】⬇世ょ「フレーズ」

よ-に-な・し【世に無し】⬇世ょ「フレーズ」

よ-に-に-ず【世に似ず】⬇世ょ「フレーズ」

よ-に-ふ【世に経】⬇世ょ「フレーズ」

よに-も【世にも】副〔副詞「世に」を強めた語〕❶きわめて。いかにも。さも。〈平家・二・少将乞請〉「宰相よにも心くるしげにて」訳 宰相はいかにもつらそうで。❷（下に打消の語を伴って）断じて。決して。〈万葉・一二・三〇八四〉「よにも忘れじ妹が姿は」訳 決して忘れないだろう。あの娘の姿は。

最重要330

310 よ-に【世に】副

ガイド 下にくる形容詞・形容動詞に続くのが①、下にくる打消の表現に続くのが②。「世の中に」「世の中で」の意を表す「世（名詞）＋に（格助詞）」との区別に注意。

❶**実に。非常に。はなはだ。**

例 梨の花、よにすさまじきものにして、ちかうもてなさず〈枕・三七〉

訳 梨の花は、まことに興ざめなものとして、身近に愛玩せず。

❷**（下に打消の語を伴って）決して。全然。どうにも。断じて。**

例 夜をこめて鳥の空音にはかるともよに逢坂の関はゆるさじ〈後拾遺・雑二〉

訳 まだ夜が明けないうちに、鶏の鳴きまねをしてだまそうとしても、（ここは中国の函谷関ではないのですから）逢坂の関の番人は（門を開け、二人が逢うことなど）決して許さないでしょうよ。（「逢坂の関」の「逢」に「逢ふ」をかける）

定型表現 副詞の呼応

よに…打消

例 よに 忘られず。〈打消〉

（＝決して忘れられない）

よね【米】名 ❶稲。米。❷（「八十八」を一字にまとめると「米」の字になるところから）八十八歳。米寿。

よ-の【世の】⬇世ょ「フレーズ」

よ-の-おぼえ【世の覚え】⬇世ょ「フレーズ」

よ-の-きこえ【世の聞こえ】⬇世ょ「フレーズ」

よ-の-すゑ【世の末】⬇世ょ「フレーズ」

よ-の-ためし【世の例】⬇世ょ「フレーズ」

よ-の-つね【世の常】⬇世ょ「フレーズ」

よ-の-なか【世の中】名 ⬇次ページ 311

よのなかに… 和歌

世の中に　さらぬ別れの　なくもがな
千代もといのる　人の子のため
〈伊勢・八四〉〈古今・一七・雑上・九〇一・在原業平〉

訳 この世に（死による）避けられない別れがなければよいなあ。親に千年も（生きていてほしい）と祈る子供のために。

解説 離れて暮らす母親からの、死期が近づいたと思うとあなたに会いたい、という手紙の返事として詠んだもの。母親の歌は「老いぬればさらぬ別れのありといへばいよいよ見まくほしき君かな」（訳 ⬇おいぬれば… 和歌）〈伊勢・八四〉〈古今・雑上〉。「古今集」は第四句を「千代もと嘆く」とするが、詞書は「伊勢物語」とほぼ同じ内容である。

よのなかに… 和歌

世の中に　たえて桜の　なかりせば
春の心は　のどけからまし
〈伊勢・八二〉〈古今・一・春上・五三・在原業平〉

訳 世の中にまったく桜がなかったならば、春を過ごす人の心はのんびりと落ち着いていられるだろうに。

解説 春になれば桜の開花を待ちのぞみ、花が開けば雨や風で散ってしまわないかと心配する、桜に寄せる愛着を逆説的に表現した。現実には桜の花が存在するのであるから、人の心はのどかではないのである。

311

よ-の-なか【世の中】名

ガイド 現在と同様、①世間、②現世、④世間一般、また③御代の意があるが、その世の中を極端に狭くした、二人だけの社会としての⑥の意、さらに漠然とただ一人の身辺を指す⑤の意でも用いられる。

❶世間。社会。

例 日を経つつ**世の中**浮き立ちて人の心もをさまらず〈方丈・三〉

訳 日が経つにつれて、**世間**は浮き足だって人の心も安定せず。

❷現世。この世。

例 **世の中**にさらぬ別れのなくもがな千代もといのる人の子のため〈伊勢・八四〉

訳 **この世**に(死による)避けられない別れがなければよいなあ。(親に)千年も(生きてほしい)と祈る子供のために。

❸天皇の治める世。御代。

例 そののち程なく**世の中**変はりにけり〈十訓・一〉

訳 その後まもなく**天皇の御代**が変わってしまった。

❹世の常。世間一般。世間なみ。

例 **世の中**の女にしあらばあが渡る痛背の河を渡りかねめや〈万葉・四・六四三〉

訳 **世の常**の女であるなら、私が渡る痛背川を渡りかねることがあろうか(いや、渡ることができるだろう)。

❺身の上。運命。境遇。

例 もしは親なくて**世の中**かたほにありとも〈源氏・梅枝〉

訳 あるいは親がなくて**身の上**が不十分(=不運)であるとしても。

❻男女の間柄。夫婦仲。

例 夢よりもはかなき**世の中**を嘆きわびつつ明かし暮らすほどに〈和泉式部日記〉

訳 夢よりもはかない(亡き宮=為尊親王との)**間柄**を嘆きせつなく思っては日々を過ごすうちに。

❼世間の評判。名声。

例 父殿うせ給ひにしかば、**世の中**衰へなどして〈大鏡・兼通〉

訳 父君(=兼通)がお亡くなりになったので、(朝光は)**名声**が衰えるなどして。

❽あたり。外界。自然界。

例 秋待ちつけて、**世の中**少し涼しくなりては〈源氏・御法〉

よのなかは… 和歌

《百人一首》【世の中は 常にもがもな なぎさこぐ あまの小舟の 綱手かなしも】〈新勅撰・羇旅・源実朝〉⬇付録①「小倉百人一首」93

よのなかは… 和歌

世の中は 何かつねなる あすか川 きのふの淵ぞ 今日は瀬になる〈古今・一八・雑下・九三三・よみ人しらず〉

訳 世の中は、いったい何が不変であるのか(いや、不変なものなどない)。明日という名をもつ明日香川(=飛鳥川)も、昨日の淵が今日は浅瀬になっている。

解説 世の無常を詠んだもの。「あすか川」は昨日と今日とでは淵瀬が変転するような川なのだから、「あす」から「明日」を連想し、いかにも明日に希望をつながせるような名をもっていても、その名と実体がちがうのでは、あてにすることはできないといったのである。

よのなかは… 和歌

世の中は 空しきものと 知る時し いよよますます 悲しかりけり〈万葉・五・七九三・大伴旅人〉

訳 世の中はむなしいものだと悟るとき、さらにいっそう悲しみがこみあげてくることだ。

解説 凶事の報に接して詠んだ歌。この歌が詠まれた二か月ほど前に、作者は妻の大伴郎女を失い、身辺に悲しい出来事が重なった時期であった。

よのなかよ… 和歌

《百人一首》【世の中よ 道こそなけれ 思ひ入る 山の奥にも 鹿ぞ鳴くなる】〈千載・雑中・藤原俊成〉⬇付録①「小倉百人一首」83

よのなかを… 和歌

世の中を 憂しとやさしと 思へども 飛び立ちかねつ 鳥にしあらねば〈万葉・五・八九三・山上憶良〉

❾（「世の中の」「世の中に」の形で）この上ない。まれに見る。

訳 待ちつづけた秋になって、あたりが少し涼しくなってからは。

例 世の中の色好みになむありける〈うつほ・嵯峨院〉訳（源仲頼は）この上ない風流人であった。

訳 この世の中をつらい、身も細るようだと思うけれど、（どこかへ）飛び立つこともできない。鳥ではないので。

解説 貧窮問答歌（→かぜまじり…和歌）の反歌。第二句が貧窮に対する感慨。束縛から自由である鳥と、そうでない人間を対置させることで、逃れるすべのない現実生活をいっそう強調している。

よ-は ワ【夜半】名 夜。夜中。夜更け。〈伊勢・二三〉「風吹けば沖つ白波たつた山夜半にや君がひとり越ゆらむ」訳 →かぜふけば…和歌

よ-はう ホウ【四方】名 四つの方向・方角。前後左右。東西南北。→よほう・方 参考

よばう【呼ばう】→よばふ

よ-ばな・る【世離る】自ラ下二{れ・れ・る・るる・るれ・れよ} 世間から遠ざかる。人里を遠く離れて住む。〈更級・足柄山〉「世離れ用てかかる山中にしも生ひけむよと、人々あはれがる」訳 人里離れてこんな山中によりによって（どうして葵が）生えたのだろうよと、人々が感心する。

夜半の寝覚（よはのねざめ）ヨワノネザメ《作品名》→夜の寝覚

よはひ ヨワイ【齢】名 ❶年齢。とし。〈源氏・行幸〉「齢などこれよりまさる人、腰堪へぬまでかがまり歩くためし、昔も今も侍めれど」訳 年齢など私（＝光源氏）より上の人が、腰が折れそうなほどかがんで動き回る例が、昔も今もあるようですが。

❷年ごろ。年配。〈平家・九・敦盛最期〉「我が子の小次郎が齢程にて、容顔まことに美麗なりければ」訳（敵の武者＝敦盛は）自分の子供の小次郎の年ごろくらいで、顔かたちが非常に美しかったので。

❸寿命。〈源氏・若紫〉「いみじう世の憂へ忘れ、齢のぶる人の御有り様なり」訳 並々でなくこの世のつらさを忘れ、寿命が延びる（ような）人（＝光源氏）のごようすである。

よばひ ヨバイ【呼ばひ・婚ひ】名 ❶結婚を求めて名を呼びかけること。求婚すること。〈万葉・一二・二九〇六〉「他国によばひに行きて大刀が緒もいまだ解かねばさ夜ぞ明けにける」訳 よその地に求婚に行って、太刀の緒もまだ解かないのに、もう夜が明けてしまったことだ。

❷（「夜這ひ」とも書く）夜、男が女の寝所へしのびこむこと。〈源氏・玉鬘〉「懸想人は夜に隠れたるをこそよばひとは言ひけれ」訳 恋をしている人は夜の闇に隠れている（＝女の所にしのびこむ）のをよばいとは言ったが。

よば・ふ ヨバ(ボウ)【呼ばふ】他ハ四{は・ひ・ふ・ふ・へ・へ}〔四段動詞「呼ぶ」未＋上代の反復・継続の助動詞「ふ」〕❶何度も呼ぶ。呼び続ける。〈今昔・二六・三〉「遥かの底に呼ばふ体音、ほのかに聞こゆ」訳 はるかな谷底から（人の）何度も呼ぶ声が、かすかに聞こえる。

❷言い寄る。求婚する。〈伊勢・一〇七〉「そのをとこのもとなりける人を、…藤原の敏行といふ人よばひ用けり」訳 その男の家に（仕えて）いた人（＝女）に、…藤原敏行という人が言い寄った。

よひ ヨイ【宵】名 日没から夜中までをいう語。夜。また、夜に入って間もないころ。〈竹取・かぐや姫の昇天〉「宵うち過ぎて、子の時ばかりに、家のあたり昼の明かさにも過ぎて光りわたり」訳 宵も過ぎて、子の刻ごろ（＝夜中の十二時ごろ）に、家のまわりが昼の明るさ以上にも一面に明るく光って。↓暁「古文常識」

よび-あ・ぐ【呼び上ぐ】他ガ下二{げ・げ・ぐ・ぐる・ぐれ・げよ}（私室にさがっている人を）呼び寄せる。〈更級・春秋のさだめ〉「局なる人々、呼びあげ用などせむも、見苦し」訳 私室にいる女房たちを、（源資通との応対のために）呼びつけなどするとしたらそれも、みっともない。

よび-おろ・す【呼び下ろす】他サ四{さ・し・す・す・せ・せ}（主人の所から）呼び寄せる。呼んで退出させる。〈更級・宮仕へ〉「語らふ人の、上にものし給ふを、たびたび呼びおろす体に」訳 親しい人が宮の御前に（控えて）いらっしゃるのを、たびたび呼び寄せるときに。

よび-す・う【呼び据う】他ワ下二{ゑ・ゑ・う・うる・うれ・ゑよ} 呼び寄せて座らせる。〈竹取・蓬萊の玉の枝〉「うれへをしたる匠らを、かぐや姫呼びすゑ用て」訳 嘆き訴えてきた職人を、かぐや姫は呼び寄せて座らせて。

よ-ひと【世人】名 世の中の人。世間の人。〈古今・恋三〉「かきくらす心の闇にまどひにき夢うつつとは世人さだめよ」（伊勢・六九では、第五句を「今宵定めよ」として所収）訳 目の前をまっ暗にする心の乱れで、何が何やらわからなくなってしまった。（あの逢瀬が）夢だったのか現実だったのかは、世間の人よ、決めてくれ。

よ-ひとよ【夜一夜】名 夜通し。一晩じゅう。〈大和・一五六〉「この山の上より、月もいとかぎりなく明かくていでたるをながめて、夜一夜ねられず」訳 この山の上から、月もたいそうこのうえもなく明るくて出てきたのを物思いにふけってぼんやりと見て、一晩じゅう寝られず。

よび-とよ・む【呼び響む】一 自マ四{ま・み・む・む・め・め} 呼び声があたりに響きとどろく。〈古今・墨滅歌〉「そま人は宮木ひくらしあしひきの山の山びこ呼びとよむ終なり」訳 きこりは宮殿を造るための山の木を伐り出しているらしい。山のこだまがあたりに響きとどろくのが聞こえる。（「あしひきの」は「山」にかかる枕詞）

二 他マ下二{め・め・む・むる・むれ・めよ} 呼び声を響きとどろかせる。〈万葉・一九・四一八〇〉「あしひきの山呼びとよめ用さ夜中に鳴く霍公鳥初声を聞けばなつかし」訳 山じゅうに声を響きわたらせ、夜中に鳴くほととぎすは、その初声を聞くと心がひかれる。（「あしひきの」は「山」にかかる枕詞）

よひ-よひ ヨイヨイ【宵宵】名 宵ごと。毎夜。

よひ-ゐ イイ【宵居】名 夜おそくまで起きていること。また、その折。〈更級・かどで〉「つれづれなるひるま、宵居など」訳 手もちぶさたな昼間や、夜起きているときな

より 格助

意味・用法	用例
❶起点 動作・作用の時間的・空間的な起点を表す。 …から。	例 この歌、天地(あめつち)のひらけはじまりける時より出(い)できにけり〈古今・仮名序〉 訳 この和歌は、天と地が生まれ(この世界が)はじまったときから詠み出されたということだ。 例 大津より浦戸(うらど)をさして漕(こ)ぎ出(い)づ〈土佐〉 訳 大津から浦戸を目ざして漕ぎ出す。
❷経由点 動作・作用の経由点を表す。 …を通って。	例 門(かど)よりもえ入(い)らで、童(わらは)べの踏みあけたる築地(ついひぢ)のくづれより通ひけり〈伊勢・五〉 訳 門を通っても入ることができないで、子供たちが踏みあけた土塀の崩れた所を通って(女のもとに)通っていた。
❸手段・方法 動作・作用の手段・方法を表す。 …で。…によって。	例 他夫(ひとづま)の馬より行くに己夫(おのづま)し歩(かち)より行けば〈万葉・一三・三三一四〉 訳 他人の夫は馬で行くのに、自分の夫は徒歩で行くので。
❹比較の基準 …よりも。	例 その人かたちよりは心なむまさりたりける〈伊勢・二〉 訳 その人は容貌よりは心がすぐれているのであった。
❺限定 (「よりほか」「よりのち」「よりうち」などの形で)一定の範囲を限定する意を表す。 …以外。…より。	例 ひぐらしの鳴く山里の夕暮れは風よりほかにとふ人もなし〈古今・秋上〉 訳 ひぐらし(=蟬(せみ)の一種)が鳴く山里の(秋の)夕暮れは、風よりほかに訪れてくる人もいない。
❻原因・理由	例 「あな、かひなのわざや」とのたまひけるよりぞ、思ふに違(たが)

どに。

よ・ぶ【呼ぶ】 ■一 自バ四 {ば・び・ぶ・ぶ・べ・べ} 声が響く。〈万葉・一五・三六二三〉「夕凪(ゆふなぎ)に水手(かこ)の声呼び(用)」訳 夕凪の海に水夫の声が響き。■二 他バ四 {ば・び・ぶ・ぶ・べ・べ} ❶声をあげて名前などを言う。呼びかける。〈更級・大納言殿の姫君〉「『荻(をぎ)の葉、荻の葉』と呼ば(未)すれど、答へざなり」訳「荻の葉、荻の葉」と(従者に女の名前を)呼ばせるけれど、(隣の家では)答えないようだ。❷招く。招待する。〈徒然・二一五〉「最明寺入道(さいみやうじのにふだう)、ある宵の間(ま)に呼ば(未)るることありしに」訳 最明寺入道(=北条時頼)が、ある宵の口に(平宣時(のぶとき)を)お招きになることがあったが。❸名づける。称する。〈芭蕉を移す詞〉「人、呼び(用)て草庵(さうあん)の名となす」訳 人が(芭蕉庵(ばせうあん)と)名づけて(この)草庵の名前とする。

よ-ぶか・し【夜深し】 形ク {から・く(かり)・し・き(かる)・けれ・かれ}「よふかし」とも。夜が深く、夜明けまでには間がある。深夜である。〈更級・東山なる所〉「思ひ知る人に見せばや山里の秋の夜深き(体)有明の月」訳 風流を知る人に見せたいものだ。山里の秋の、夜明けまでには間がある(時分の)有明けの月を。

よぶこ-どり【呼子鳥】 名 鳥の名。今の郭公(かっこう)とも、ほととぎすともいわれ、諸説がある。(春)

よ-べ【昨夜】 名「よんべ」とも。ゆうべ。昨夜。昨日の晩。〈枕・九〉「よべは隠れしのびてあるなりけり」訳(翁丸(おきなまろ)は)ゆうべは隠れて人目を避けているのであったよ。

よ-ほう【四方】 名 四角(しかく)。方形。〈更級・足柄山〉「えもいはず大きなる石のよほうなる中に」訳 言いようもなく大きな石で、四角である石の中に。→よはう・方(はう)

参考

よほろ【丁】 名(後世「よぼろ」とも)上代、公用の労働に徴発された成年男子。公用の人夫。

よほろ【膕】 名(後世「よぼろ」とも)膝のうしろ側の、座るとくぼむ所。ひかがみ。

よみ【黄泉】 名 死者の魂が行きとどまると考えられた所。あの世。「よみぢ」とも。

…のために。…だから。…ので。

ふことをば、かひなしとは言ひける〈竹取・燕の子安貝〉 訳 (中納言は)「ああ、(子安貝が)なく苦心した)甲斐がないことだ」とおっしゃったので、期待に反することを、かいなしとは言ったのであった。(「かひなし」に「甲斐無し」と「貝無し」とをかける)

❼即時
動作・作用が即時に相次いで行われることを表す。
…やいなや。…するとすぐに。

例 名を聞くより、やがて面影は推しはからるる心地するを〈徒然・七一〉 訳 名を聞くやいなや、すぐに(その人の)顔つきは推測できる感じがするが。

接続 体言、活用語の連体形に付く。

よみ-がへ・る ガエル【蘇る】自ラ四{ら・り・る・る・れ・れ}〔黄泉から帰るの意〕死んだ人が生き返る。蘇生する。〈万葉・三・三七〉「大海の沖に持ち行きて放つともうれむぞこれのよみがへり用なむ」訳 大海の沖に持って行って放っても、どうしてこれ(=乾鮑)が生き返ることがあろう。

よみ-ぢ ジ【黄泉・黄泉路】名〔黄泉へ行く路の意〕冥途へ行く道。また、冥途。よみ。

よみ-ほん【読本】名 江戸後期の小説の一種。絵を主とした絵草紙に対して、読むことを主とした本の意から出た名。同じ体裁の浮世草子・滑稽本・人情本とは異なり、歴史的伝奇小説で、儒教・仏教的要素が強い。代表作品は「雨月物語」「南総里見八犬伝」など。

よ・む 他マ四{ま・み・む・む・め・め}
❶【読む】㋐数を数える。〈古今・神あそびのうた〉「君が代は限りもあらじ長浜の真砂の数はよみ用尽くすとも」訳 わが君の御治世は(数えきれないほど)限りなく続くことだろう。たとえ長浜の砂の数は数え尽くす(ことができる)としても。
㋑文章・詩歌・経文などを声を出して唱える。〈更級・初瀬〉「経少しよみ用奉りて、うちやすみたる夢に」訳 経文を少しお唱え申しあげて、ちょっと寝た(夜の)夢に。
❷【詠む】詩歌を作る。〈枕・九九〉「など、歌はよま未で、むげに離れゐたる」訳 どうして、和歌は作らないで、まったく離れて座っているのか。

よ-も【四方】名 ❶東西南北。前後左右。四方。〈祝詞〉「四方の国を安国と平らけく知ろしめすが故に」訳 四方の国を平安な国として穏やかにお治めになるがゆえに。
❷あちらこちら。いたるところ。あたり一帯。〈源氏・若紫〉「四方の梢そこはかとなうけぶりわたれるほど」訳 周囲の木々の梢は(新芽が萌え出て)どことということもなく一面に煙っているありさまを。

フレーズ
四方の嵐 あたりを吹きすさぶ嵐。転じて、世間の強い風当たり。
四方の海 四方の海。四海。転じて、国じゅう。天下。

よも 副(多く、下に打消推量の助動詞「じ」を伴って)まさか。よもや。〈十訓・六〉「いまだ遠くはよも行かじ」訳 (強盗は)まだ遠くへはまさか行かないだろう。

定型表現 副詞の呼応
よも…じ
例 よも おはせじ。〈打消推量〉
(＝まさかいらっしゃらないだろう)

フレーズ
よもあら-じ まさか、あるまい。よもや、そうではあるまい。〈竹取・かぐや姫の昇天〉「かの国の人来なば、猛き心つかふ人も、よもあらじ終」訳 あの国(＝月世界)の人が来たならば、勇猛心をふるう人も、まさかあるまい。

よも-あら-じ ➡よも(副)「フレーズ」
なりたち 「じ」は打消推量の助動詞

よもぎ【蓬】名 ❶草の名。若葉は草餅の材料となり、生長した葉は「もぐさ」とする。もちぐさ。春。〈源氏・蓬生〉「浅茅は庭の面も見えず、しげき蓬は軒を争ひて生ひのぼる」訳 ちがやは(のびて)庭の表面も見えず、茂った蓬は軒(と高さ)を争うまでに生えのぼる。
❷襲の色目の名。表は萌黄、裏は濃い萌黄。一説に、表は白、裏は青とも。
参考 ①は、荒れはてた家を描写する際に、「浅茅」「葎」などとともに雑草の代表として用いられる。

フレーズ
蓬が杣 蓬が、杣山(＝植林した山)のように生い茂っている所。転じて、自分の家を謙遜していう。あばらや。

よもぎ-が-そま【蓬が杣】➡蓬「フレーズ」

よもぎ-ふ ウ【蓬生】名 蓬などの雑草が生い茂った、荒れた所。〈源氏・桐壺〉「かかる御使ひの蓬生の露分け入り給ふにつけても」訳 このような(おそれ多い桐壺帝の)ご使者が、雑草の生い茂った所の露を分けておいでくださるにつけても。

よ-も-すがら【夜もすがら】副〔「すがら」は接尾

語〕夜通し。一晩じゅう。終夜。〈和泉式部日記〉「夜もすがらなにごとをかは思ひつる窓うつ雨の音を聞きつつ」訳 一晩じゅう、(あなたのことのほかに)何を考えたことか、窓を打つ雨の音を聞きながら。

よもすがら… 和歌《百人一首》【夜もすがら　もの思ふころは　明けやらで　閨のひまさへ　つれなかりけり】〈千載・恋三・俊恵〉⬇付録◇1「小倉百人一首」85

よも-つ-ひらさか【黄泉つ平坂】名〔「よも」は「よみ」の転。「つ」は「の」の意の上代の格助詞〕黄泉(=死後の世界)と現世との境にあるという坂。

よも-の-あらし【四方の嵐】⬇四方「フレーズ」

よも-の-うみ【四方の海】⬇四方「フレーズ」

よも-やま【四方山】名 ❶四方の山々。

❷天下。世間。〈栄花・花山たづぬる中納言〉「四方山の人上下の者みんな病みのしるに」訳 天下の人々が身分の上の者下の者みんな病気(=天然痘)になって大騒ぎをするので。

❸種々雑多なこと。いろいろ。

よ-や 感〔間投助詞「よ」+間投助詞「や」〕強く他人に呼びかける語。よう。おおい。〈徒然・八九〉「助けよや、猫また、よやよや」訳 助けてくれい、猫また(=怪獣)だ、おおい、おおい。

参考 中世の会話文で用いられた。

よ-よ【世世・代代】名 ❶世代を重ねること。多くの世代。代々。また、長い年月。〈方丈・一〉「高き、いやしき、人の住まひは、世々を経て尽きせぬものなれど」訳 身分の高い人や低い人の住居は、幾世代を経てもなくならないものだが。

❷男女が離別して別々に世を送ること。〈伊勢・二一〉「おのが世々になりにければ、うとくなりにけり」訳 (他に妻や夫を持って)それぞれが別々の生活を送ることになってしまったので、疎遠になってしまった。

❸《仏教語》過去・現在・未来の三世。生まれてくるその時その時の世。

よよ(-と) 副 ❶しゃくりあげて激しく泣くさま。おいおい。〈宇治・一・一三〉「さくりあげて、よよと泣きければ」訳 (児が)しゃくりあげて、おいおいと泣いたので。

❷よだれ・水などが垂れ落ちるさま。だらだら。〈源氏・横笛〉「筍をつと握り持ちて、雫もよよと食ひ濡らし給へば」訳 (若君=薫は)筍をしっかりにぎり持って、よだれの雫もだらだらと食いぬらしなさるので。

❸勢いよく飲むさま。ぐいぐい。〈徒然・八七〉「酒を出だしたれば、さしうけさしうけ、よよと飲みぬ」訳 酒を出したところ、(男は)何杯も受けて、ぐいぐいと飲んだ。

より 格助 ⬇八八四ページ助詞「より」

より-あひ【寄り合ひ】名 ❶寄り集まること。互いに接して一つになること。また、その所。〈万葉・二・一六七〉「天地の寄り合ひの極み知らしめす神の命と」訳 天と地が接して一つになる果てまでお治めになる神様として。

❷多くの人が一堂に会すること。会合。集会。

❸連歌・俳諧で、前句と付け句とを結び付けるはたらきをする詞や素材。また、前句に付け句を付けること。

より-うど【寄人】名〔「よりびと」の転〕❶宮中の記録所・御書所などで、庶務・執筆をつかさどる職員。

❷宮中の和歌所で、和歌の選定にあたる職員。「召人」とも。

❸鎌倉・室町幕府の職名。政所・問注所・侍所の職員。

よ-りき【与力】 一 名 ❶室町時代、大名や有力武将などに従属する武士。

❷江戸幕府の職名。奉行・所司代・城代・大番頭などのもとで同心を指揮し、上役を補佐した。

二 名・自サ変 加勢すること。助力。また、その勢力。

より-て【因りて・依りて・仍りて】接「よって」に同じ。

より-どころ【拠り所】名「よんどころ」とも。❶頼る所。頼りとして身を寄せる所。よるべ。〈源氏・桐壺〉「とりたててはかばかしき後ろ見しなければ、事あるときは、なほ拠り所なく心細げなり」訳 (桐壺の更衣は)これといってしっかりした後ろ盾がないので、いざという大事なときには、やはり頼るあてもなく心細そうなようすである。

❷根拠。基づくところ。〈保元物語〉「事の拠り所なきによって、先帝弱年にして崩じぬ」訳 (私=崇徳院から位を奪って皇位についた)ことの、(しかるべき)根拠もないので、先帝は弱年でお亡くなりになった。

より-まし【寄りまし】名 修験者などが祈禱するとき、物の怪や悪霊を一時的に乗り移らせるため、そばに置く子供や人形。「寄り人」とも。

よりゅうど〔寄人〕⬇よりうど

より・ゐる【寄り居る】自ワ上一〔ゐ・ゐ・ゐる・ゐる・ゐれ・ゐよ〕寄りかかって座る。近寄って座る。〈源氏・若紫〉「中の柱に寄りゐ用て」訳 (部屋の)中央の柱に身を寄せて座って。

よる【夜】名 一日のうち、日没から日の出までの間。

フレーズ

夜にな・す 夜になるのを待つ。夜になるのを見計らう。〈土佐〉「夜になし用て京には入らむと思へば」訳 夜になるのを待って京には入ろうと思うので。

夜の錦 (夜、美しい錦の着物を着ても目立たないことから)甲斐のないこと、むだなことのたとえ。闇の夜の錦。

夜の物 夜、寝るときに用いるもの。夜着・ふとんなど。夜具。

夜を昼にな・す 夜を昼と同じようにする。昼夜の別なく事を急ぐ。「夜を日に継ぐ」とも。〈竹取・燕の子安貝〉「男どもの中に交じりて、夜を昼になし用て取らしめ給ふ」訳 (中納言は)家来たちの中にまじって、昼夜の別なくして(子安貝を)取らせなさる。

よ・る【因る・由る・依る】自ラ四〔ら・り・る・る・れ・れ〕❶基づく。由来する。原因となる。〈徒然・九一〉「吉凶は人により用て、日によら未ず」訳 吉凶は人に基づいて、日に基づかない。

❷従う。応じる。〈万葉・一四・三三七七〉「君がまにまに吾はより用にしを」訳 あなたの言うままに私は応じたのに。

❸それと限る。定める。〈狂・賽の目〉「何者によら未ず、

算勘に達した者を聟に取らうと存ずる」訳 何者に**限ら**ず、そろばん勘定に達者な者を婿に取ろうと思う。

よ・る【寄る】自ラ四｛ら・り・る・る・れ・れ｝

❶**近寄る。**接近する。立ち寄る。また、寄り集まる。〈竹取・かぐや姫の生ひ立ち〉「あやしがりて**寄り**用て見るに、筒の中光りたり」訳（翁が）不思議に思って**近づい**て見ると、（竹の）筒の中が光っている。

❷**心が傾く。**好意を寄せる。〈万葉・四・五〇五〉「今更に何をか思はむうちなびく心は君に**寄り**用にしものを」訳 今さら何を思い迷うことがあろうか。ひき寄せられる（私の）心はあなたに**傾い**てしまったのだから。

❸**頼る。**依頼する。〈古今・雑体〉「伊勢の海人も舟ながしたる心地して**寄ら**未む方なく」訳 伊勢の漁師も（波に）舟をさらわれてしまった気持ちがして、**頼りすがる**ようなところもなく。

❹もたれかかる。寄りかかる。〈源氏・帚木〉「『あなかま』とて、脇息に**寄り**用おはす」訳（光源氏が）「ああ、やかましい」と言って、脇息（＝肘かけ）に**もたれかかっ**ていらっしゃるのは。

❺（物の怪・霊などが）乗り移る。〈今昔・三一・七〉「弁いくばくもなくて病つきて、日ごろを経てつひに失せにけり。その女の**寄り**用たるにやとぞ」訳 弁（＝右少弁師家）はまもなく病気になって、数日を経てとうとう死んでしまった。その女が**乗り移っ**（て殺し）たのであろうかという評判であった。

❻寄進される。寄付される。〈宇治・八・三〉「かかる所に庄など**寄り**用ぬれば…なかなかむつかしく」訳 こんな所に荘園などを**寄進され**てしまうと…かえってわずらわしく。

よ・る【縒る・搓る・撚る】**一** 他ラ四｛ら・り・る・る・れ・れ｝（糸などを）何本かねじり合わせて一本にする。よじる。〈伊勢・三五〉「玉の緒をあわ緒に**より**用て結べれば絶えての後もあはむとぞ思ふ」訳 玉を貫く（＝魂をつなぐ）緒（＝ひも）を沫緒（＝緒の縒り方の名という）に**より合わせ**て結んであるので、（仲が）絶えてしまったあとでも（また）逢おうと思う。

二 自ラ四｛ら・り・る・る・れ・れ｝しわがよる。〈古今・雑体〉「蟬の羽のひとへにうすき夏衣なれば**より**用なむものにやはあらぬ」訳 蟬の羽のように単衣で薄い夏の着物は、着なれると**しわがよっ**てしまうが、ひたすら薄情な人でもなれ親しむと、寄り添ってしまうものではないのか。（「ひとへ」は「単衣」とひたすらにの意の副詞「ひとへに」との掛詞。「なればよりなむ」に「着なれてしわがよる」意と「なれ親しんで寄り添う」意とをかける）

三 自ラ下二｛れ・れ・る・るる・るれ・れよ｝よじれる。しわになる。〈うつほ・蔵開上〉「**よれ**用たる御裳にうち畳なはれたる、いとめでたし」訳 **よじれ**ている御裳にたたみ重なっているの（＝髪）が、たいそう美しい。

よる-に-な・す【夜になす】➡夜「フレーズ」

よる-の-おとど【夜の御殿】名「よんのおとど」とも。清涼殿にある天皇の御寝所。また、東宮や中宮の御寝所、貴人の寝所にもいう。「夜の御座」とも。➡清涼殿「古文常識」（四五九ページ）

よる-の-おまし【夜の御座】名「よるのおとど」に

最重要330 312

よろ・し【宜し】形シク｛しから・しく（しかり）・し・しき（しかる）・しけれ・しかれ｝

ガイド 悪くない、まあまあの程度だの意を表す。特に、②の意味に注意。

❶**だいたいよい。まあよい。**
➡悪し「類語の整理」

例 **よろしく**用詠みたり。ただし「けれ」「けり」「ける」などいふことは、いとしもなきことばなり〈宇治・一・一〇〉
訳 **まあまあうまく**詠んでいる。ただし「けれ」「けり」「ける」など（を重ねて用いる）ということは、あまりよくないことばづかいである。

❷**ふつうである。平凡である。**あたりまえである。

例 春ごとに咲くとて、桜を**よろしう**用（ウ音便）思ふ人やはある〈枕・三九〉
訳 春が来るたびに咲くからといって、桜を**平凡だと**思う人はあるだろうか（いや、あるはずはない）。

❸**適当である。ふさわしい。似つかわしい。**

例 ゆあみなどせむとて、あたりの**よろしき**体ところに下りてゆく〈土佐〉
訳 水浴びなどをしようとして、近辺の**適当な**所に（船から）下りて行く。

❹**結構である。すぐれている。**好ましい。

例 物皆は新しきよしただしくも人は旧りゆく**よろしかる**体べし〈万葉・一〇・一八八五〉
訳 すべての物は新しいのがよい。ただし、人間だけは年とってゆくのが**好ましい**であろう。

同じ。対昼の御座

よる-の-にしき【夜の錦】⬇夜「フレーズ」

夜の寝覚（よるのねざめ）《作品名》平安後期の物語。成立は十一世紀後半か。菅原孝標の女の作とされるが、未詳。姉の夫と契ってしまった、太政大臣の次女、中の君の数奇な運命を描く。「源氏物語」の影響が著しい。「夜半の寝覚」「寝覚」とも。

よる-の-もの【夜の物】⬇夜「フレーズ」

よる-べ【寄る辺】名〔上代は「よるへ」〕❶**頼りとする所。**〈万葉・一八・四一〇六〉「射水川流る水沫の寄る辺無み」訳 射水川に流れる水の泡のように、頼りとする所がないので。（「流るる」（体）水沫」を、音調の上から「流る水沫」としたとみられる）❷**頼みとする人。**特に、**夫または妻**を遠まわしにいう。〈源氏・帚木〉「ものまめやかに静かなる心のおもむきならむ寄る辺をぞ、終の頼み所には思ひおくべかりける」訳 まじめで心の落ち着いた性格であるような伴侶を、生涯の頼みとする人（＝妻）としては考えておくのがよいのだった。

よる-を-ひる-に-な・す【夜を昼になす】⬇夜「フレーズ」

よろこび【喜び・悦び・慶び】名

❶喜ぶこと。うれしく思うこと。〈土佐〉「都近くなりぬるよろこびにたへずして」訳 都が近くなったうれしさにがまんできずに。❷**祝いごと。**また、**祝辞。**〈十訓・九〉「新法眼の御よろこびにまかりて侍る」訳（大殿のご子息が）新しく法眼（＝僧の位）になったお祝いに出かけております。❸**任官したり昇進したりすること。**〈更級・初瀬〉「たのむ人だに、人のやうなるよろこびしてば、とのみ思ひわたる心地、たのもしかし」訳 頼みとする人（＝夫）だけでも、人並みの任官をとげたならば（よいが）、とばかり思い続ける気持ちは、頼もしいことであるよ。❹**礼を言うこと。**特に、任官や昇進などのお礼。〈枕・三〉「八日、人のよろこびして走らする車の音、ことに聞こえてをかし」訳（陰暦一月）八日は、人が（任官の）お礼回りをするために走らせる車の音が、格別（晴れや

古文常識 「よろひ」―古代～戦国時代の戦装束

奈良時代以前

冑・短甲

短甲は「みじかよろひ」ともいう。肩から腰の胴体を保護する胴甲で、木製・革製・鉄製のものがある。

平安時代

大鎧

平安時代以来、上級の騎馬武者が着用する甲冑。重量があり、弓矢への防御力は高い。

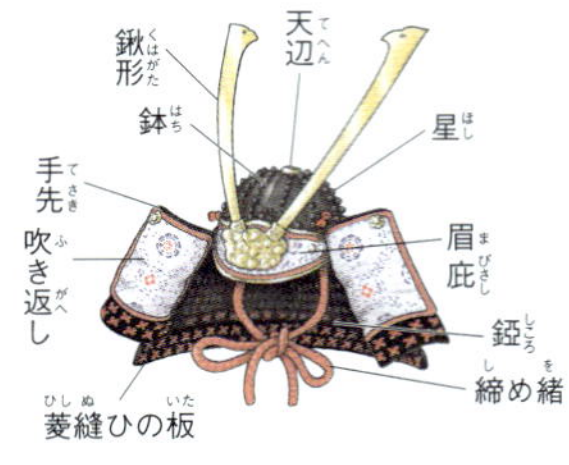

星兜

平安時代以来の古い形式で、鉢に突起が数多くみられるもの。突起の頭を「星」と呼ぶところから、「星兜」という。

か)に聞こえて趣が深い。

よろこび-まうし【慶び申し・慶び奏し】名 叙位・任官などのお礼を申し上げること。また、その儀式。

よろこ・ぶ【喜ぶ・悦ぶ】自バ上二・四 {ば・び・ぶ・ぶ・べ・べ}{び・び・ぶ・ぶる・ぶれ・びよ} うれしく思う。楽しく思う。〈万葉・一〇・二二六四〉「こほろぎの待ちよろこぶる体(上二段)秋の夜を」訳 こおろぎが訪れを待って喜んでいる秋の夜だが。参考 上代は上二段、中古以降、四段活用になった。

よろこぼ・ふ【喜ぼふ・悦ぼふ】自ハ四 {は・ひ・ふ・ふ・へ・へ}[四段動詞「喜ぶ」未＋上代の反復・継続の助動詞「ふ」＝「よろこばふ」の転]しきりに喜ぶ。うれしがる。〈伊勢・一四〉「よろこぼひ用て、『思ひけらし』とぞ言ひ居りける」訳 (女は)しきりに喜んで、「(男は私を)思っていたらしい」と(歌の意をとりちがえて)言っていたのだった。

よろ・し【宜し】形シク ➡八八七ページ 312

よろづ【万】

一 名 ❶千の十倍。万。また、**数の多いこと**。〈古今・仮名序〉「やまと歌は、人の心を種として、よろづの言の葉とぞなれりける」訳 和歌は、人の心を種として(生い茂り)、多くの(ことば の葉すなわち)歌となった(ものである)。

❷**すべての事。万事**。〈徒然・二一七〉「人はよろづをさしおきて、ひたふるに徳をつくべきなり」訳 人は万事を二の次にして、いちずに財産を身につけなければいけないのである。

二 副 **すべてにつけて。何事につけても**。〈徒然・六〇〉「よろづ自由にして、大方、人に従ふといふことなし」訳 何事につけても気ままで、いっこうに、他人の言いなりになるということがない。

よろひ【鎧・甲】名 武具の一つ。広義では、戦場でからだを保護するために身につける甲冑の総称。狭義では胴部につける武具だけをいう。多くは、革または鉄板を糸でとじ合わせて作る。大鎧・胴丸・腹巻・具足などの種類がある。➡下「古文常識」

小具足

武将が陣中でくつろぐ時の略武装。

胴丸

古くは下級武者用の甲冑で、軽量。右脇から体を入れて引き合わせる形式。

当世具足

槍の集団戦や鉄砲戦に対応し、より頑丈かつ軽快に動ける。

腹巻

中・下級の徒歩武者の甲冑。大鎧と比べると軽量。

よろひ-ひたたれヨロイ【鎧直垂】名「よろひびたたれ」とも。直垂の一種で、鎧の下に着るもの。袖口と袴はかまの裾にくくり紐ひもが付いている。地は綾あや・錦などを用い、色・柄は自由。➡鎧よろひ「古文常識」

よろ・ふヨロウ【鎧ふ】他ハ四{は・ひ・ふ・ふ・へ・へ}鎧よろいを着る。甲冑かっちゅうを身につける。〈平家・二・教訓状〉「太政だいじゃう大臣の官に至る人の甲冑をよろふ㊍こと、礼義を背くにあらずや」訳太政大臣の官に達する人が甲冑を身につけることは、礼儀に反するのではないか。

よろぼ・ふヨロボウ【蹌踉ふ】自ハ四{は・ひ・ふ・ふ・へ・へ}〔上代は「よろほふ」〕❶よろめく。よろよろ歩く。〈源氏・明石〉「立ち居もあさましうよろぼふ㊋」訳立ったりすわったりするにもあきれるほどよろめく。
❷くずれかかる。〈源氏・蓬生〉「左右の戸もみなよろぼひ㊊倒れにければ」訳(正門の)左の戸も右の戸もみんなくずれ倒れてしまったので。

よわ【夜半】➡よは

よわい【齢】➡よはひ

よわ-げ【弱げ】形動ナリ{なら・なり(に)・なり・なる・なれ・なれ}〔「げ」は接尾語〕弱々しいさま。衰弱しているさま。〈源氏・夕顔〉「わづらひ侍る人、なほ弱げに㊊侍れば」訳病んでおります人が、やはり弱々しいようすでございますので。

よわ・し【弱し】形ク{(から)・く(かり)・し・き(かる)・けれ・かれ}❶力や勢いがない。劣っている。弱い。〈徒然・一八六〉「乗るべき馬をば、まづよく見て、強き所、弱き㊍所を知るべし」訳乗ろうとする馬を、まず念入りに見て、(馬の)強い所と、弱い所を知らなければならない。
❷衰弱している。〈源氏・桐壺〉「日々におもり給ひて、ただ五六日いつかむゆかの程にいと弱う㊊(ウ音便)なれば」訳(桐壺の更衣は)日に日に病気が重くなられて、ほんの五、六日の間にたいそう衰弱した状態になるので。

よ-ゐヨイ【夜居】名❶夜間、寝ないで控えていること。宿直。
❷僧が、一晩じゅう、加持かじ・修法ずほうのために詰めていること。

よ-を-こ・む【夜を籠む】➡夜よ「フレーズ」

よをこめて…【夜をこめて】和歌〈百人一首〉「夜をこめて　鳥とりの空音ねそらは　はかるとも　よに逢坂あふさかの　関せきは　ゆるさじ」〈後拾遺・雑二・清少納言せいせうなごん〉➡付録①「小倉百人一首」62

よ-を-す・つ【世を捨つ】➡世よ「フレーズ」

よ-を-そむ・く【世を背く】➡世よ「フレーズ」

よ-を-たも・つ【世を保つ】➡世よ「フレーズ」

よ-を-のが・る【世を遁る】➡世よ「フレーズ」

よ-を-はばか・る【世を憚る】➡世よ「フレーズ」

よ-を-ひ-に-つ・ぐ【夜を日に継ぐ】➡夜よ「フレーズ」

よ-を-むさぼ・る【世を貪る】➡世よ「フレーズ」

よ-をりオリ【節折り】名宮中の行事の一つ。陰暦六月と十二月の晦日みそかに、女蔵人にょくろうどが天皇・中宮・東宮の身長に合わせて竹を折り、祓はらえをさせること。

ら　ラ

-ら【等】接尾❶(名詞・代名詞に付いて)㋐**複数・親しみの気持ち**などを表す。〈万葉・一・四〇〉「嗚呼見あみの浦に船乗りすらむ少女をとめらが珠裳たまもの裾に潮満つらむか」訳あみの浦で船に乗って遊んでいるであろう若い娘たちの美しい裳の裾に、今ごろ満ち潮が寄せているであろうか。
㋑**謙譲の意を表す。**〈万葉・三・三三七〉「憶良らは今は罷まからむ子泣くらむそれその母も吾あを待つらむそ」訳➡おくららは…和歌
㋒方向・場所を示す。〈万葉・三・四四八〉「見し人をいづらと問はば語り告げむか」訳(かつてともに、むろの木を)見たあの人(=妻)をどちら(にいるか)と尋ねたならば、教えてくれるだろうか。
㋓語調を整える。〈万葉・一三・三三二九〉「わが寝ぬる夜らは数よみも敢あへぬかも」訳(あなたを恋しく思いながら)私の寝る夜は、数えきれないことだ。
❷(形容詞の語幹(シク活用は終止形)に付いて)状態を表す名詞、または形容動詞をつくる。〈万葉・三・三四四〉「あなみにく賢さかしらをすと酒飲まぬ人をよく見ば猿にかも似る」訳➡あなみにく…和歌。「清ら」

ら【羅】名薄く織った絹布。薄絹うすぎぬ。薄物うすもの。

ら助動詞「り」の未然形。

らい-がうゴウ【来迎】名《仏教語》〔近世前期ごろまで「らいかう」〕阿弥陀あみだを信じる者の臨終に際して、これを極楽に迎え導くために、阿弥陀仏や諸菩薩さつが迎えに来ること。〈平家・一一・先帝身投〉「西方浄土さいはうじゃうどの来迎にあづからんとおぼしめし」訳極楽浄土の仏・菩薩のお迎えをお受けしようとお思いになり。

らい-し【礼紙】名書状などを巻くのに用いる白紙。その上をさらに包み紙で包む。

らい-せ【来世】名《仏教語》三世さんぜの一つ。**死後に生まれ変わって住む世界。**未来の世。後世ごせ。対前世ぜんせ・現世げんぜ。➡果はつ「慣用表現」

-らうロウ【郎】接尾男子の生まれた順序を示す語に付けて、その子の名をつくる。「太郎」「次郎」「三郎」

らうロウ【労】名❶骨折り。苦労。〈細道・越後路〉「暑湿しょしつの労に神しんを悩まし、病やまおこりて事をしるさず」訳暑気や雨天の苦労に心を悩まし、病気にかかって(道中の)できごとを書かない。
❷功労。年功。〈今昔・一五・三五〉「式部しきぶの労に依よりて、筑前ちくぜんの守かみになりたるなり」訳(高階成順たかしなのなりよりは)式部の丞じょうを勤めた功労によって、筑前の守になった人である。
❸熟練。多くの経験。また、深い経験による行き届いた心づかい。〈大和・一二六〉「檜垣ひがきの御ごといひけるは、いと労ありをかしくて」訳檜垣の御といった人は、たいそう豊かな経験があり、風流なようすで。

らうロウ【廊】名寝殿造りなどで、建物と建物をつなぐ屋根のある細長い渡り廊下。また、建物から突き出した細長い建物。

らう-えいロウ【朗詠】名漢詩・漢文の中の名句や和歌に節をつけてうたうこと。儀式や遊宴、また管弦の遊びの際に行われた。〈平家・五・文覚被流〉「琵琶びはかきならし、朗詠めでたうせさせ給ふ(=すばらしくなされる)」

らう-がは・しロウガワシ【乱がはし】形シク➡次ページ

313 **らう-じゅう**ロウ【郎従】名家来。部下。

らう・ず（ロウズ）【領ず】〔他サ変〕〔ぜ・じ・ず・ずる・ずれ・ぜよ〕「りやうず」に同じ。

らう‐ぜき（ロウ―）【狼藉】〔名・形動ナリ〕❶乱雑なこと。多くの物が散乱していること。〈平家・六・紅葉〉「紅葉を、みな吹きちらし、落葉すこぶる**狼藉なり**㊇」〔訳〕（嵐が）紅葉をすべて吹き散らし、落ち葉が非常に**乱雑である**。❷無法なさま。無作法なふるまい。乱暴な行為。〈平家・一・殿上闇討〉「布衣の者の候ふは何者ぞ。**狼藉なり**㊇。まかり出でよ」〔訳〕無紋の狩衣の者が控えているのはだれだ。**無作法である**。退出せよ。

らう‐だう（ロウドウ）【郎党】〔名〕「らうどう①」に同じ。

らうた‐が・る（ロウタ―）〔他ラ四〕〔ら・り・る・る・れ・れ〕〔「がる」は接尾語〕かわいがる。〈枕・二六〉「あからさまにきたる子ども・わらはべを、見入れ**らうたがり**㊊て」〔訳〕ちょっとやって来た幼児や子供を、目をかけ**かわいがって**。

らうた‐げ（ロウタ―）〔形動ナリ〕〔なら・なり（に）・なり・なる・なれ・なれ〕〔「げ」は接尾語〕かわいらしいさま。〈枕・四三〉「夏虫、いとをかしう**らうたげなり**㊇」〔訳〕夏の虫は、たいそうおもしろく**かわいらしいようすである**。

らうた・し（ロウ―）〔形ク〕⬇次ページ 314

らう‐どう（ロウ―）【郎等】〔名〕❶従者。家来。「郎党」とも。〈平家・九・木曽最期〉「いふかひなき人の**郎等**に組み落とされさせ給ひて」〔訳〕とるに足りない者の**家来**に（馬から）組み落とされなさられて。

最重要330 313

らう‐がは・し（ロウガワシ）【乱がはし】〔形シク〕〔しから・しく（しかり）・し・しき（しかる）・しけれ・しかれ〕

ガイド 漢語「乱」に、「…のようだ。…らしい」の意を添えて形容詞化する接尾語「がはし」の付いた語。

乱雑で秩序のないさまを表す。

❶ むさくるしい。乱雑である。ごたごたしている。

例 **らうがはしき**㊍大路に立ちおはしまして〈源氏・夕顔〉
訳 **乱雑な**大通りに（光源氏が）立っておいでになって。

❷ やかましい。騒がしい。

⬇囂し「類語の整理」

例 皆同じく笑ひののしる、いと**らうがはし**㊇〈徒然・五六〉
訳 みんないっしょに笑い騒ぐさまが、たいへん**やかましい**。

❸ 無作法である。みだらである。乱暴だ。

例 いと**らうがはしき**㊍さまに侍る罪は、おのづからおぼし許されなむ〈源氏・柏木〉
訳 （私が横になったまま）本当に**無作法な**かっこうでおります無礼は、（病気のことゆえ、あなたは）自然ときっとお許しくださるだろう。

例 この寺の地は、人にすぐれてめでたけれど、僧なん**らうがはしかる**㊍べき〈宇治・一三・八〉
訳 この寺の土地は、ほか（の国）よりはるかに結構だが、僧が**だらしない生活をしている**であろう。

❷武士の家来で、主人と血縁関係がない者。→家の子②

らう‐め・く（ロウ―）【廊めく】〔自力四〕〔か・き・く・く・け・け〕〔「めく」は接尾語〕建物と建物とを結ぶ渡り廊下のようである。〈枕・九九〉「屋のさまもはかなだち、**廊めき**㊊て」〔訳〕建物のようすも頼りなさそうで、**渡り廊下のようであって**。

らうらう・じ（ロウロウジ）〔形シク〕〔じから・じく（じかり）・じ・じき（じかる）・じけれ・じかれ〕「りやうりやうじ」とも。❶洗練されている。そつなくたくみである。利発である。才たけている。〈大和・一四二〉「いと**らうらうじく**㊊うたよみ給ふことも、おとうとたち御息所よりもまさりてなむいますかりける」〔訳〕（御息所の姉君は）たいそう**洗練されてたくみに**歌をお詠みになることも、妹たちや御息所よりもすぐれていらっしゃった。❷けだかく美しい。上品でかわいらしい。〈枕・四一〉「夜ふかくうちいでたるこゑの、**らうらうじう**㊊（ウ音便）愛敬づきたる」〔訳〕夜更けにふいに鳴き出した（ほととぎすの）声が、**上品で美しく**魅力があるのは。⬇おいらか「類語の整理」

らえ 上代の助動詞「らゆ」の未然形。

‐らか 〔接尾〕（名詞・形容詞の語幹などに付いて）「いかにも…と感じられるさまである」の意の形容動詞の語幹をつくる。〈土佐〉「ある人、あざ**らかなる**㊍物もて来たり」〔訳〕ある人が、新鮮**な**物（＝鮮魚）を持って来た。〈徒然・一七五〉「額髪晴れ**らかに**㊊掻きやり」〔訳〕（酔った女は）額から長く垂らした髪をさっぱり**と**かきあげて。

例語 浅らか・厚らか・荒らか・粗らか・薄らか・多らか・重らか（＝重そうなさま）・軽らか・かわらか・煌らか・強らか・爽らか・高らか・円らか（＝目をまるく見開いたさま）・なよらか・憎らか・伸びらか・早らか・低らか（＝低いさま）・広らか・脹らか・丸らか（＝まるくふっくらしているさま）・短らか（＝短いさま）・群れらか（＝群

最重要330

314

らうたし(ロウ) 形ク{(から)・く(かり)・し・き(かる)・けれ・かれ}

ガイド いたわる意の漢語「労」に、程度がはなはだしい意の形容詞「甚(いた)し」が付いてできた語。世話をして、いたわってやりたいさまをいう。

かわいい。愛らしい。いとおしい。(見た目に)可憐(かれん)である。

➡おいらか「類語の整理」

例 をかしげなる児(ちご)の、あからさまにいだきて遊ばしうつくしむほどに、かいつきて寝たる、いとらうたし終〈枕・一五一〉

訳 かわいらしい感じの赤ん坊が、ちょっと抱いて遊ばせたりかわいがったりするうちに、すがりついて寝てしまったのは、たいそう愛らしい。

例 その御車副(みくるまぞひ)をば、いみじうらうたく用せさせ給ひ、御かへりみありしは〈大鏡・道長上〉

訳 (道長は)その御車副い(=牛車(ぎっしゃ)の左右につきそう従者)をたいへんおかわいがりになられ、目をかけておやりになったことであるよ。(「らうたくす」で「かわいがる」意となる)

語感実感 小さな子どもがまだおぼつかない足取りで歩いているのがいじらしく、思わず世話をしてやりたくなる感じ。

れをなすさま)・安らか・揺ららか(=ゆらゆらと揺れるさま)・緩(ゆる)らか・わららか

ら-がい【羅蓋】名 薄絹を張った日傘。貴人の頭上にさしかける。

-らく 接尾《上代語》❶…することの意を表す。〈古今・賀〉「桜花散りかひくもれ老いらくの来(こ)むといふなる道まがふがに」訳➡さくらばな…和歌

❷連用修飾語になる。…することには。〈万葉・一三・三三〇三〉「里人のわれに告ぐらく」訳 里の人が私に告げることには。

❸文末にあって詠嘆を表す。…することよ。〈万葉・一五・三七一九〉「草枕(くさまくら)旅に久しくあらめやと妹(いも)に言ひしを年の経(へ)ぬらく」訳 長い間旅に出ていようか(いや、すぐに戻るつもりだ)と妻に言ったのに、年月が過ぎてしまったことよ。(「草枕」は「旅」にかかる枕詞)

接続➡文法参照

文法 形の上では、上二段・下二段・カ行変格・サ行変格・ナ行変格活用動詞の終止形、上一段活用動詞の未然形と考えられた形に付く。また、助動詞「しむ」「つ」「ぬ」「ゆ」などの終止形と考えられた形にも付く。

上接の語を名詞化するはたらきがあり、中古以降は「おそらく」「老いらく」などの特定の語に残り、現代に至っている。接尾語「く」と補い合い、四段・ラ変の動詞、形容詞、助動詞「けり」「り」「む」「ず」などには、「く」が付いて名詞化する。この「らく」と「く」との複雑な接続を統一的に説明するため、接尾語の「あく」という語を想定して、上の語の連体形にこれが付いたとみる説があり、本書はこの説によっている。➡あく(接尾)

らく【洛】名(「洛陽(らくやう)」の略から)みやこ。特に、京都をいう。「帰洛」「上洛」

らく-きょ(ラッ—)【落居】名・自サ変 ❶物事が定まり落ち着くこと。落着。〈平家・一・二代后〉「海内(かいだい)も静かならず、世間もいまだ落居せ未ず」訳 国内も穏やかでなく、世の中もまだ落ち着いていない。

❷裁判の決まりがつくこと。

らく-しょ【落書】名 為政者や時事に対する風刺やあざけりの意を含めた匿名の文書。目につきやすい場所にはったり、道路に落としたりする。

らく-ちゅう【洛中】名 都のうち。京都の町の中。

らく-ゐ(—イ)【楽居】名・自サ変 楽な姿勢で座ること。

らし 助動特殊型 ➡次ページ助動詞「らし」

らし 助動詞「らし」の終止形・連体形・已然形。

らじゃう-もん(ラジョウ—)【羅城門・羅生門】名(「羅城」は城の外郭の意)「らしゃうもん」「らせいもん」とも。平城京、および平安京の正門。朱雀(すざく)大路の南端に建ち、北端の朱雀門と相対する。➡付録③「平安京図」

らち【埒】名 馬場の周囲の柵。〈徒然・四一〉「おのおの下りて、埒のきはに寄りたれど」訳 それぞれ(牛車(ぎっしゃ)から)降りて、馬場の柵のそばに近寄ったが。

ら-てん【螺鈿】名〔近世以降「らでん」〕あわび貝・おうむ貝などの殻の、光る部分をいろいろな形に切り、漆器などの面にはめこんで飾りとしたもの。

らふ(ロウ)【臈】名 ❶《仏教語》僧侶が受戒後、安居(あんご)(=僧の修行の一つ)の功を積んだ年を数える語。また、その年数。

らし 助動特殊型

意味・用法	用例
❶推定 ある根拠・理由に基づき、確信をもって推定する意を表す。…にちがいない。きっと…だろう。…らしい。	例 深山(みやま)には霰(あられ)降る**らし**㊤外山(とやま)なるまさきのかづら色づきにけり〈古今・神あそびのうた〉 訳 奥山ではあられが降っている**にちがいない**。里近い山にあるまさきのかずら(=植物の名)が色づいてしまったことよ。 例 春過ぎて夏来(きた)る**らし**㊤白栲(しろたへ)の衣(ころも)ほしたり天(あめ)の香具山(かぐやま)〈万葉・一・二八〉 訳 春が過ぎて、夏がやって来た**らしい**。真っ白な衣がほしてある。天の香具山に。
❷原因推定 明らかな事実・状態を表す語に付いて、その原因・理由を推定する意を表す。…(と)いうので…らしい。	例 わが背子(せこ)が挿頭(かざし)の萩(はぎ)におく露をさやかに見よと月は照る**らし**㊤〈万葉・一〇・二二二五〉 訳 私の夫が髪飾りとして挿している萩に置く露をはっきり見よと**いうので**、月は照っている**らしい**。

接続 動詞型活用の語の**終止形**に付く。ただし、ラ変型活用の語には、連体形に付く。

活用

未然	連用	終止	連体	已然	命令
○	○	らし(。)	らし《結ビ》〔らしき〕	らし《結ビ》	○

文法ノート

1 根拠が表示されない推定

次のように、根拠・理由は示さないが、確信をもって推定する意を表すこともある。

例 み雪降る冬は今日のみ鶯(うぐひす)の鳴かむ春へは明日にしある**らし**〈万葉・二〇・四四八八〉 訳 雪が降る冬は今日だけだ。鶯が鳴くような春は明日からである**にちがいない**。

2「あるらし」→「あらし」

「らし」が、ラ変型活用の用言および助動詞に付く場合、語尾の「る」が脱落して、「あらし」「けらし」「ならし」となることが多い。

❷年功を積むこと。また、それによる序列。転じて、身分。階級。〈源氏・真木柱〉「宮仕への**臈**もなくて、今年加階し給へる心にや」訳 (玉鬘(たまかずら)が)宮仕えの**功労**もなくて、(それでいながら)今年位階を上げなさった(ことへの感謝の)気持ちであろうか。

らむ(ラン) 助動四型 ⬇次ページ助動詞「らむ」

らむ(ラン)〔「らん」とも表記される〕助動詞「らむ」の終止形・連体形。

ら-む(ソ)—〔「らん」とも表記される〕…**ているであろう**。〈蜻蛉・上〉「かうてありと聞き給へ**らむ**㊥を、まうでこそすべかりけれ」訳 (私たちが)こうして(ここに来て)いると(藤原師氏(もろうじ)は)お聞きになっ**ているであろう**から、参上してあいさつすべきだった。⬇次ページ「まぎらわしい『らむ』の識別」

なりたち 完了の助動詞「り」㊎+推量の助動詞「む」

らめ 助動詞「らむ」の已然形。

ら-もん【羅文・羅門】名「らんもん」とも。板垣(いたがき)・立て蔀(じとみ)・透垣(すいがい)などの上に、細い竹や木を菱形(ひしがた)に組んで、飾りとしたもの。〈枕・一三〇〉「透垣の**羅文**、軒の上に、かいたる蜘蛛(くも)の巣のこぼれ残りたるに」訳 透垣の**羅文の飾り**や、軒の上に、張りめぐらしてある蜘蛛の巣がこわれて残っているところに。

(らもん)

らゆ 助動下二型《上代語》

意味・用法 可能〔…ことができる。…られる。〕

接続 ナ行下二段活用の**未然形**に付く。

活用

未然	連用	終止	連体	已然	命令
らえ(ヌ)	○	○	○	○	○

らむ（ラン）

助動四型 〔「らん」とも表記される〕

↓下段「まぎらわしい『らむ』の識別」

意味・用法	用例
❶現在推量 目の前にない現在の事実について推量する意を表す。 今ごろ…ているだろう。	例 憶良らは今は罷らむ子泣くらむ(終)それその母も吾を待つらむ(体)ぞ〈万葉・三・三三七〉 訳 (私)憶良めはもうこれで退出いたそう。(家では)子供が今ごろ泣いているだろう。たぶんその子の母(=私の妻)も私を待っているだろうよ。
❷原因推量 現在の事実について、その原因・理由を推量する意を表す。 (…というので)…のだろう。	例 春日野の若菜摘みにや白たへの袖ふりはへて人の行くらむ(体)〈古今・春上〉 訳 春日野の若菜を摘みに、白い袖を振りわざわざ女たちが行くのであろうか。(わざわざの意の副詞「ふりはへて」と「(袖を)振り」が掛詞)
❸伝聞 …ているという。…そうだ。	例 古に恋ふらむ(体)鳥はほととぎすけだしや鳴きしあが思へるごと〈万葉・二・一一二〉 訳 昔を恋い慕っているという鳥はほととぎすだ。たぶん鳴いたのだろう、私が(昔を)恋い慕っているように。
❹仮定・婉曲 …ているとすれば、その。…ているような。 連体形を用いる。	例 あが仏、何事思ひ給ふぞ。おぼすらむ(体)こと、何事ぞ〈竹取・かぐや姫の昇天〉 訳 私(=竹取の翁)の大切な方(=かぐや姫)よ、何事をお思い悩みになっているのか。お思いになっていらっしゃるようなことは、何事だ。

接続

動詞型活用の語の終止形に付く。ただし、ラ行変格活用の語(形容詞カリ活用、形容動詞を含む)には、連体形に付く。

活用

未然	連用	終止	連体	已然	命令
○	○	らむ(らん) (。)	らむ(らん) (コト)	らめ (ド)	○

まぎらわしい「らむ」の識別

識別ナビ 接続を見る。上がエ段音なら❹。その他の場合、上がウ段音なら❺、「か」なら❷、「た」なら❸とまず考えて、❶でないか吟味する。

❶ 動詞(ラ四)の未然形語尾＋助動詞「む」

例 打ち割らんとすれど、たやすく割れず〈徒然・五三〉

訳 (かぶっている鼎を)たたき割ろうとするけれども、容易に割れない。

▽上が動詞の語幹。「らむ」を「る」に替えると動詞の終止形が現れる(割らむ→割る)。

❷ 形容詞の未然形語尾の一部＋助動詞「む」

例 いかに心もとなからむ〈枕・五五〉

訳 どんなに気がかりだろう。

例 ひがひがしからむ人の仰せらるること〈徒然・三一〉

訳 情趣を解さないような人のお命じになることを。

▽上が「か」で、「からむ」(または「しからむ」)の上が形容詞の語幹。第一例では「からむ」の上の「心もとな」が形容詞「心もとなし」の語幹、第二例では「しからむ」の上の「ひがひが」が形容詞「ひがひがし」の語幹。「罷らむ」のように、「(し)からむ」の上が形容詞の語幹でない場合は❶。

❸ 助動詞「たり」の未然形語尾＋助動詞「む」

例 鳶のゐたらんは、何かは苦しかるべき〈徒然・一〇〉

訳 鳶がとまっているにしても、それはどうして不都合であろうか(いや、不都合ではないはずだ)。

▽上が「た」で、「たらむ」の上が動詞型活用語の連用形。例の「ゐ」は動詞「ゐる」の連用形。「渡らむ」のように、「たらむ」の上が連用形でない場合は❶。

❹ **助動詞「り」の未然形＋助動詞「む」**

例 生け[ら][む]世のかぎり〈更級・竹芝寺〉

訳 生きているであろう間は。

▽上が四段動詞の已然形、サ変動詞の未然形(すなわち上がエ段音)。

❺ **助動詞「らむ」**

例 夜半にや君がひとり越ゆ[らむ]〈古今・雑下〉

訳 この夜中にあなたが一人で(竜田山を)越えているのだろうか。

▽上が動詞型活用語(ラ変を除く)の終止形、ラ変型活用語(形容詞カリ活用、形容動詞を含む)の連体形。すなわち、上がウ段音の場合は❺と考えて、「らむ」の上が用言の終止形または連体形であるか吟味する。「たてまつらむ」のように、「らむ」の上が終止形または連体形でない場合は❶。

文法ノート

1 「らむ」の用法の特徴

現在推量 主語が三人称であるのがふつう。

原因推量 上に原因・理由を表す表現や、「など」などの疑問を表す語のあることが多い。

例 久方の光のどけき春の日にしづ心なく花の散るらむ〈古今・春下〉

訳 日の光がのどかな春の日に、どうして落ち着いた心もなく桜の花が散るのだろう。(「久方の」は「光」にかかる枕詞)

仮定・婉曲 連体形の用法。下に体言か助詞がくる。

2 原因推量の「らむ」

②では、現在の事実について、その原因・理由を疑問を持って推量する用法がある。その場合、「どうして…ているのだろう」「…ているのはなぜだろう」と訳される。

3 已然形「らめ」＋「や」

已然形「らめ」が疑問の助詞「や」を伴って反語の意を表す。

例 しげきわが恋人知るらめ(已)や〈古今・恋二〉

訳 しきりに恋い慕っている私の思いをあの人は知っているだろうか(いや、知らないだろう)。

可能の意を表す。…ことができる。…られる。〈万葉・一五・三六七八〉「妹を思ひ寝の寝らえ(未)ぬに秋の野にさを鹿鳴きつ妻思ひかねて」訳 (故郷の)妻を思って寝られないでいると、秋の野で雄鹿が鳴いた。妻を思う心に耐えかねて。

文法 中古の「らる」と意味用法は同じく、受身・可能・自発の意が考えられるが、「万葉集」など仮名書きのものでは「寝」「寝ぬ」に接続した可能の用例しか見当たらない。平安時代には、漢文訓読語にまれに用いられた。

らる 助動下二型 ➡次ページ助動詞「らる」

らるる 助動詞「らる」の連体形。

らるれ 助動詞「らる」の已然形。

られ 助動詞「らる」の未然形・連用形。

られよ 助動詞「らる」の命令形。

らん 助動四型 平安時代の中ごろから「らむ」の「む」が「ん」と発音されるようになったために「らん」と表記されるようになったもの。➡らむ(助動)

蘭学事始(らんがくことはじめ)《作品名》江戸後期の回想記。文化十二年(一八一五)成立。杉田玄白著。前野良沢らとともに「解体新書」を翻訳したときの苦心談を中心に、蘭学創始のころの回想をつづったもの。「蘭東事始」「和蘭事始」とも呼ばれた。

らん-ぐひ【乱杙・乱杭】名 道や川・堀などに数多く不規則に打ち込んだ杭。これに縄を張りめぐらして敵の攻撃の妨げとした。〈平家・九・宇治川先陣〉「宇治も勢田も橋をひき、水の底には乱杙打って、大綱張り」訳 宇治橋も勢田橋も橋板をひきはがし、川の底には乱杙を打って、(それに)大綱を張り。

らん-じゃう【乱声】名 ❶「らんざう」「らざう」とも。舞楽の始めや行幸、また競べ馬・相撲などの勝負の決まったときなどに行う、笛・鼓・太鼓などの合奏。〈源氏・若菜上〉「高麗の乱声して、落蹲の舞ひ出でたるほど」訳 高麗楽(＝舞楽の曲名)の乱声を奏して、落蹲(＝舞楽の曲名)が舞い出たようすは。❷軍陣で、鉦や太鼓を乱打し、鬨の声をあげること。〈平家・九・樋口被討罰〉「[四国・九州の兵士たちは]つねに大鼓を打って乱声をす」

らんのかや… 俳句

秋 蘭の香や(切れ字) てふの翅に たき物す 〈野ざらし紀行・芭蕉〉

訳 蘭の花の芳香よ。(とまって羽を休めている)あでやかな蝶の羽にまで(まるで美しい着物に香を薫きしめるように)その芳香をしみこませていることだ。

解説 「てふ」という名の女性から「あが名に発句せよ」と請われて即興で詠んだ挨拶の句。女性のあでやかさを蘭と蝶に託した。蝶は秋の蝶。擬人法。

らん-もん【羅文・羅門】名「らもん」に同じ。

らる 助動下二型

意味・用法	用例
❶受身 …られる。	例 大納言、南海の浜に吹きよせられ(用)たるにやあらむと、いきづき伏し給へり〈竹取・竜の頸の玉〉 訳 大納言は、南海の浜に吹き寄せられたのであろうかと思って、ため息をつき伏していらっしゃる。
❷自発 自然に…られる。…ないではいられない。	例 住みなれしふるさと、限りなく思ひ出(い)でらる(終)〈更級・野辺の笹原〉 訳 住みなれたもとの家を、この上なく思い出さずにはいられない。
❸可能 …ことができる。	例 男はた寝られ(未)ざりければ、外(と)のかたを見出(い)だして臥(ふ)せるに〈伊勢・六九〉 訳 男もまた寝ることができなかったので、外のほうを見やって横になっていると。
❹尊敬 お…になる。…なさる。	例 かう絵ども集めらる(終)と聞き給ひて〈源氏・絵合〉 訳 このように（光源氏が）たくさんの絵をお集めになると（権中納言が）お聞きになって。

接続

四段・ナ変・ラ変以外の動詞および使役の助動詞の未然形に付く。

活用

未然	連用	終止	連体	已然	命令
(ズ)	(タリ)	(。)	(コト)	(ドモ)	(。)
られ	られ	らる	らるる	らるれ	られよ

1 **受身** **対象「…に」がポイント**
「…に」などで示された受身の対象を読み取る。受身の対象が文中に示されていない場合は、前後から読み取る。平安時代には、無生物が主語になることは少ない。

2 **自発** **心情を示す動詞に付く**

り

り【里】 名 ❶律令制で、地方行政区画の呼称の一つ。五十戸をもって一里とした。霊亀(れいき)元年(七一五)、里を郷(ごう)と改め、郷の下に新たに里を置き、国・郡・郷・里の四段階とした。❷田地の面積の単位。一里は、三十六町歩(=約三五ヘクタール)。❸距離の単位。平安時代には約六町(=約六五〇メートル)を一里、後世には三十六町(=約四キロメートル)を一里とした。

り【理】 名 ❶物事のみちすじ。道理。ことわり。〈平家・一・願立〉「『非をもって理とす』とこそ宣下(せんげ)せられて」訳（鳥羽(とば)院は）「不正をもって道理とする」と宣旨(せんじ)をお下しになって。❷正しいと思う信念。また、理性。〈平家・一・願立〉「御心のたけさ、理のつよさ、さしもゆゆしき人にてましましけれども」訳（藤原師通(もろみち)は）お心の勇猛さも、信念の強さも、あれほどすばらしい人でいらっしゃったけれども。

り 助動ラ変型 ➡八九八ページ助動詞「り」

り 助動詞「り」の連用形・終止形。

りう-かう【流行】(リュウコウ) 名・自サ変 ❶世間に広まること。はやること。❷蕉門(しょうもん)俳諧の用語で、つねに新しい境地を求めて変化を重ねて進んでいくこと。また、その新しさを発揮していく句体。➡不易流行(ふえきりうかう)

琉球(りうきう/リュウキュウ)《地名》旧国名。西海道十二か国の一つ。今の沖縄県。

り-うん【理運・利運】 名 ❶道理にかなっていること。合理。〈平家・一・御輿振〉「今度山門の御訴訟、理運の条勿論(もちろん)に候ふ」訳 今度の山門(=延暦寺(えんりゃくじ))の方々のご訴訟が、道理にかなっていることはもちろんでございます。❷すばらしいめぐりあわせ。幸運。

文法ノート

「思ひ出づ」「思ひ比ぶ」「心づかひす」など心の動きを表す動詞、「ながむ」など感情の表れを表す動詞に付くことが多い。

3 可能　「らる」+打消=不可能

平安時代までは、「…られず」など、打消の語を伴って不可能の意になるのがふつう。

4 尊敬　敬意は低い

「給ふ」に比べると敬意の度合いが低いので、天皇などに対しては用いられない。「…られ給ふ」のように「給ふ」とともに用いる場合の「られ」は受身。「ご覧ぜらる」の「らる」が尊敬になるのは中世以降で、平安時代の「ご覧ぜらる」の「らる」は自発か受身。

❸運のよいのに乗じて、勝手なことをすること。

りーかん【利勘】 名《近世語》計算ずくであること。〈浮・日本永代蔵〉「これも利勘にて、…壱貫目に付き何程と極めける」訳これも計算ずくであって、…(餅)一貫目につき(代金)いくらと決め(て餅をつかせ)た。

りーき …ていた。〈方丈・三〉「ものの心を知れりし体より、四十あまりの春秋を送れるあいだに」訳物事の道理を理解するようになっていたときから(=理解してから)、四十年あまりの年月を過ごしてきた間に。

なりたち 完了の助動詞「り」用+過去の助動詞「き」

りーぎん【利銀】 名 利息。利子。

りくーぎ【六義】 名 ❶古代中国の漢詩における六種の体。風(=地方の民謡に類するもので、各国の国ぶりを歌う歌)・雅(=政治をほめたたえる歌)・頌(=徳をほめる歌)・賦(=物事をありのままにのべる歌)・比(=物事になぞらえて心を述べる歌)・興(=物事に感じてつくる歌)の六種。「詩経」の大序に見える。❷和歌で、漢詩の六義に基づいて立てられた六種の体。そえ歌(=風)・かぞえ歌(=賦)・なずらえ歌(=比)・たとえ歌(=興)・ただこと歌(=雅)・いわい歌(=頌)の六種。「古今集」の仮名序に見える。転じて、和歌。❸物事の道理。筋道。

りくーげい【六芸】 名 昔、中国で、士以上の身分の者が必ず学修すべきものとされた六種の技芸。礼・楽・射・御(=馬術)・書・数のこと。

陸前(りくぜん)《地名》旧国名。東山道十三か国の一つ。今の宮城県と岩手県南部。明治元年(一八六八)に陸奥の国から分かれた。

陸中(りくちゅう)《地名》旧国名。東山道十三か国の一つ。今の岩手県と秋田県東部。明治元年(一八六八)に陸奥の国から分かれた。

りーけり ❶(「けり」が過去を表す場合)…ていた。…た。〈伊勢・八五〉「『…』と詠めりければ、親王いといたうあはれがり給うて、御衣脱ぎて賜へりけり終」訳(男が)「…」と詠んだので、親王はたいそうはなはだしく感嘆なさって、お召し物を脱いでお与えになった。❷(「けり」が何かに気づいたことや詠嘆を表す場合)…ていた(のだった)。…たことだ。〈古今・春下・詞書〉「折れる桜の散りがたになれりけるを見てよめる」訳折って(活けて)ある桜が散りかかるころになっていたのを見て詠んだ歌。

なりたち 完了の助動詞「り」用+過去の助動詞「けり」

りーこう【利口】 一 名・自サ変・形動ナリ ❶上手に口をきくこと。話し上手。巧言。〈今昔・二六・四〉「まことに吾君行きて利口に用言ひ聞かせよ」訳実際にあなたが行ってことば巧みに説き聞かせよ。❷滑稽なことを言うこと。冗談。〈宇治・序〉「少々は、空物語もあり、利口なる体こともあり」訳少々は、つくり話もあり、滑稽なことを言って人を笑わせることもあり。

二 名・形動ナリ 賢いこと。利発。〈浄・丹波与作待夜小室節〉「さてさて利口な体(口語)野郎ぢゃな」

りーし【律師】 名「りっし」の促音「っ」の表記されない形。「りっし」に同じ。

りーしゃう【利生】 名《仏教語》「利益衆生」の略。仏・菩薩が衆生に利益を与えること。また、その恵み。

りーぞく【離俗】 名 蕪村の俳諧理念で、俗世間の考え方から離れて、より高尚な美の境地をめざすこと。

りち【律】 名「りつ①」に同じ。

りちーぎ【律義・律儀】 名・形動ナリ「りつぎ」とも。義理堅く、実直なこと。

りつ【律】 名 ❶「りち」とも。雅楽で用いる「六調子」のうち、平調・黄鐘調・盤渉調の三つのこと。律旋法。対呂。→六調子 ❷雅楽で用いる「十二律」のうち陽に属する六音。壱越・平調・下無・鳧鐘・鸞鏡・神仙。対呂。→十二律 ❸律令制で、刑罰に関する法。❹漢詩の一体。八句の詩。五言のものと七言のものがある。律詩。❺《仏教語》仏法の禁戒。戒律。

りっーし【律師】 名《仏教語》「りし」とも。僧綱(=僧尼を取り締まる僧官)の一つ。僧正・僧都に次ぐ僧官。正と権がある。官吏の五位に準ぜられた。

りつーりゃう【律令】 名 律と令。「律」は刑罰の制、「令」は一般の法令。

りつーりょ【律呂】 名「りょりつ」に同じ。

りーやう【利養】 名 利益をむさぼって、私腹を肥やすこと。

-りゃう【両】 接尾 ❶対になっているものを数える語。❷車などを数える語。〈方丈・三〉「積むところ、わづかに二両」訳(車に)積むと、たった二台(分であり)。

りゃう【両】 名 ❶重さの単位。二十四朱で一両(=約三七・五グラム)。十六両で一斤となる。❷薬の量目の単位。一両は約四匁(=一五グラム)。❸近世の貨幣の単位。金貨で小判一枚の価格。一両

り 助動ラ変型

意味・用法	用例
❶継続　動作・作用が継続している意を表す。 …ている。	例 上・中・下、酔ひ飽きて、いとあやしく潮海のほとりにてあざれ合へり(終)〈土佐〉 訳 上・中・下の身分の者が十分に酔って、たいそう不思議にも、(物が腐るはずのない塩辛い)海のほとりでふざけあっている。(「あざれ」は、「ふざける」「(魚肉などが)腐る」の二つの意があることをふまえたしゃれ)
❷存続　動作・作用の結果が存続している意を表す。 …ている。…てある。	例 袖ひちてむすびし水のこほれる(体)を春立つけふの風やとくらむ〈古今・春上〉 訳 (夏には)袖が濡れて、(そんなふうにして)手ですくった水が(冬になって凍り、その)凍っているのを、立春の今日の風がとかしているだろうか。
❸完了　動作・作用が完了した意を表す。 …てしまった。…た。	例 大納言殿の参り給へる(体)なりけり〈枕・一八四〉 訳 大納言殿(=藤原伊周)が参上なさったのであった。

接続

四段動詞の已然形、およびサ変動詞の未然形に付く。

活用

未然	連用	終止	連体	已然	命令
(ズ)	(ケリ)	(。)	(コト)	(ドモ)	(。)
ら	り	り	る	れ	れ

1「り」の由来

「り」は、四段・サ変動詞の連用形に「あり」の付いたものの語尾を、便宜上、助動詞として扱ったものである。たとえば、「泣きあり」から生じた「泣けり」や、「しあり」から生じた「せり」から「り」を分離して助動詞としたということである。

は一分の四倍。

-りやう(リヨウ)【領】接尾 装束・鎧などを数えるのに用いる語。〈平家・九・木曽最期〉「なにによってか一領の御着背長を重うはおぼしめし候ふべき」訳 どういうわけで一領の御着背長(=大将の鎧)を重いとはお思いになることがありましょうか。

りやう(リヨウ)【領】名 ❶領地。また、領有物。〈細道・立石寺〉「山形領に立石寺といふ山寺あり」訳 山形藩の領地に立石寺という山寺がある。❷郡司の官職名。長官を大領、次官を少領という。

りやう-あん(リヨウ—)【諒闇】名「「諒に闇し」の意」「らうあん」とも。天皇が、その父母の喪に服す期間。この期間中は臣下も喪服を着用する。満一年とされる。

良寛(りやうくわん)(リヨウカン)《人名》(一七五八〜一八三一)江戸後期の禅僧・歌人。俗名山本栄蔵。越後(新潟県)出雲崎の人。十八歳で出家し、諸国を行脚・漂泊した。高潔純真な人柄で、人々に敬慕された。漢詩・和歌にすぐれ、歌集「はちすの露」などがある。

りやう-け(リヨウ—)【領家】名 荘園の実際上の領主。平安中期以降、荘園を開発した者が名目的に土地を中央の権力者に寄進して税負担を逃れたり一定の支配権を確保したりしていたが、その寄進を受けた有力者をいう。鎌倉時代になって地頭がこれと並んで置かれ、やがてその勢力にとって代わられた。

りやうげ-の-くわん(リヨウゲノカン)【令外の官】名 大宝令、養老令に定められたもの以外の、後に追加された官職や官庁。内大臣・中納言・参議・蔵人所・検非違使・勘解由使・摂政・近衛府・関白など。

りやう-じ(リヨウ—)【令旨】名「れいし」とも。皇太子・三后(=太皇太后・皇太后・皇后)から出された命令の文書。のちには、親王・女院など皇族からのものもいった。

りやう・ず(リヨウズ)【領ず】他サ変{ぜ・じ・ず・ずる・ずれ・ぜよ}「らうず」とも。❶自分の所有にする。手に入れる。〈源氏・横笛〉「おほやけの御近きまもりを、わたくしの随身に領ぜ(未)む

文法ノート

2「り」の接続

上代の仮名遣いの研究から、「り」は、四段動詞の場合、命令形に付くといったほうがよいことがわかっているが、上代にあった已然形と命令形の仮名遣いの区別が平安時代には消失したので、従来どおり四段動詞の已然形に接続するといっても、歴史的仮名遣いの上では矛盾をきたさない。それで、便宜上、四段動詞の已然形に接続すると説明しているのである。

3「り」と「たり」のちがい

→たり(助動ラ変型)「文法ノート」1

と争ひ給ふよ」訳 天皇のおそば近くの護衛(＝夕霧)を、(三の宮と二の宮は)私的な随身として**自分のものにし**ようと争いなさるよ。❷**領有する。**領地とする。〈源氏・須磨〉「**領じ**用給ふ御庄、御牧よりはじめて、さるべき所々の券など皆奉りおき給ふ」訳(光源氏は)**領有し**なさる御荘園や御料牧場をはじめとして、しかるべきあちこちの(土地の所有権を示す)書付などを(紫の上に)すべて差し上げておおきになる。❸(魔物などが)**とりつく。**乗り移る。〈今昔・一四・三〉「遂に、その毒蛇のために**領ぜ**未られて、我、その夫となれり」訳とうとう、その毒蛇のために**とりつか**れて、私は、その夫になった。

梁塵秘抄(りやうぢんひせう)リヨウジンヒシヨウ《作品名》平安末期の歌謡集。後白河院撰。治承三年(一一七九)ごろに完成か。平安末期に流行した今様・法文歌・神歌などを集めたもの。当時の民衆の生活や信仰などが生き生きとうたいこまれている。

り-やく【利益】名《仏教語》〔「やく」は呉音〕仏・菩薩などが衆生を救うために恵みをさずけること。また、その恵み。〈今昔・一六・三〉「偏にこれ、観音の**利益**なりと知りて、いよいよ共に心を至して仕りけり」訳ひとえにこれは、観音の**恵み**であると悟って、ますますともに心をこめて(観音に)お仕えした。

りゅう【竜】名「りょう」とも。想像上の動物。水中にすみ、空を飛んで雲を起こし、雨を降らせるという。インドでは仏法の守護神、中国では天子になぞらえる。竜。

りゅう〖流・琉〗➡りう

りゅう-がん【竜顔】名「りょうがん」とも。天子の顔の尊称。

りゅうこう〖流行〗➡りうかう

りゅうとう-げきしゅ【竜頭鷁首】名「りょうとうげきす」に同じ。

りょ【呂】名❶雅楽で用いる「六調子」のうち、壱越調・双調・太食調の三つのこと。呂旋法。対律。→六調子 ❷雅楽で用いる「十二律」のうち陰に属する六音。断金・勝絶・双調・黄鐘・盤渉・上無。対律。→十二律

りょう〖令・両・良・梁・領・諒〗➡りゃう

りょう〖了・料・寮〗➡れう

良寛(りょうかん)➡良寛

りょう-がん【竜顔】名「りゅうがん」に同じ。

梁塵秘抄(りょうじんひしょう)➡梁塵秘抄

りょう・ず【凌ず・掕ず】他サ変{ぜ・じ・ず・ずる・ずれ・ぜよ}「れうず」とも。こらしめる。いじめる。ひどい目に合わせる。〈更級・竹芝寺〉「この男の罪しれうぜ未られば、われはいかであれと」訳この男が処罰され**ひどい目にあわせ**られるならば、私はどうなれと(いうのであろう)。(「罪し」には、下の受身「られ」の意が及ぶ(＝対偶中止法))

りょうとう-げきす【竜頭鷁首】名「りゅうとうげきしゅ」「りゅうとうげきす」とも。平安時代、貴人が遊宴などに用いた船。池などに浮かべ、船遊びをしたり楽人を乗せて音楽を奏したりした。二隻を一対とし、それぞれ船首には竜、鷁(＝中国の想像上の水鳥)の彫りものがついていた。

竜頭の船

鷁首の船

(りょうとうげきす)

りょう-ら【綾羅】名あや絹(＝模様を織り出した絹)と、うす絹。ぜいたくな美しい衣装をいう。

りょがい〖慮外〗➡りょぐわい

りょく-い【緑衣】名「ろうさう」に同じ。

りょく-ら【緑蘿】名緑色の蔦(＝植物の名)。

りょ-ぐわい【慮外】名・形動ナリ❶思いのほかであること。意外なこと。だしぬけ。〈狂・餅酒〉「『みどもが酌をしてとらせう』『これは**慮外に**用ござる』」訳「私が酌をしてやろう」「これは**思いがけないことで**ございます」。❷ぶしつけなこと。無礼。〈浄・丹波与作待夜小室節〉「あこは**慮外な**体(口語)。おのれが母様とは」訳ああ、これは**無礼な**。(私が)おまえの母様とは。

りょ-りつ【呂律】名雅楽で、呂の音と律の音。また、音楽の調子。律呂。

りん-げん【綸言】名天子のおことば。詔。勅命。「綸命」とも。〈平家・三・頼豪〉「天子には戯れの詞なし。**綸言**汗のごとしとこそ承れ」訳天子には冗談のことばはない。**天子のおことば**は汗のよう(なもの)だとうかがっている。

参考「綸言汗のごとし」は、「漢書」の「号令汗のごとし。汗は出でて反らず」から出た成句で、いったん出た汗が再び体内にはもどらないように、天子の

ことばは、一度発せられたら取り消すことができないという意。

りん-し【綸旨】名「綸言の旨」の略。「りんじ」とも。天皇の命令を受けて、蔵人の出す文書。勅書。

りん-ぜつ【輪説】名 雅楽の箏の変則的な奏法。転じて、正統でない勝手な意見。自己流のやり方。〈風姿花伝〉「はや、中楽に側みたる輪説とし」訳 早くも、申楽の本道からわきへそれた勝手な見解をもち。

りん-だう【竜胆】名「りうたん」とも。❶草の名。秋、紫色の鐘状の花を開く。根は健胃剤。秋 ❷襲の色目の名。表は蘇芳(＝紫がかった赤色)、裏は青色。秋に用いる。➡襲の色目「古文常識」(三〇ページ)

(りんだう①)

りん-と副 ❶【厘と】(計量が)きちんと正確に。かっきりと。〈浮・日本永代蔵〉「才覚らしき若い者、杠秤の目りんと請け取ってかへしぬ」訳 賢そうな若い使用人が、秤の目方をきちんと(量って餅を)受け取って(餅屋を)帰した。❷【凜と】姿・態度などのきちんとしているようす。きりっと。〈狂・佐渡狐〉「目はたつにりんと立って、口はくわっと耳せせまで裂けてある」訳 目は縦にぴんと切り立って、口はくわっと耳のつけねまで裂けている。

りん-ね【輪廻・輪回】名・自サ変「りんゑ」に同じ。

りん-めい【綸命】名「りんげん」に同じ。

りん-ゑ【輪廻・輪回】名・自サ変〔連声で「りんね」という〕❶《仏教語》車輪が無限に回転するように、衆生の霊魂が成仏できないで転々と他の生をうけ、永久に流転すること。転生。〈今昔・六・三〉「天の楽しびなほ久しからずして遂に輪廻に堕す」訳 天上界での楽しみはやはり永遠のものではなくて、ついに輪廻転生の世界に堕ちる。❷執念深いこと。くどいこと。〈浄・出世景清〉「輪廻し用たる女かな」訳 執念深くつきまとっている女だな。❸連歌・俳諧の付け合いで、一句を隔てて三句目に、同じ内容の語句を繰り返すこと。堂々めぐりになるので避けるべきものとされる。

る
ル

る助動下二型 ➡左助動詞「る」

る助動詞「り」の連体形。➡次ページ「まぎらわしい『る』の識別」

るい【類】名 ❶仲間。同類。同種。〈竹取・竜の頸の玉〉「竜は鳴る神の類にこそありけれ」訳 竜は雷の仲間だったのだ。❷親類。一族。一門。〈更級・子忍びの森〉「京とても、たのもしう迎へとりてむと思ふ類、親族もなし」訳 京の都であっても、(おまえを)安心できるようすできっと引きとってくれるだろうと思う一族や親族もない。

る 助動下二型

意味・用法	用例
❶受身 …れる。	例 すべて男をば、女に笑はれ未ぬやうにおほしたつべしとぞ〈徒然・一〇七〉 訳 一般に男を、女に笑われないように養育するのがいいということである。

➡次ページ「まぎらわしい『る』の識別」

るい・す【類す】自サ変〔せ・し・す・する・すれ・せよ〕❶一緒に行く。連れ立つ。〈大和・二九〉「故式部卿の宮に、三条の右のおとど、異上達部など、類し用てまゐり給ひて」訳 故式部卿の宮のお屋敷に、三条の右大臣(＝藤原定方)や、ほかの公卿などが、連れ立って参上なさって。❷同類のものになる。似る。〈笈の小文〉「心花にあらざる時は鳥獣に類す終」訳 心(に思うところ)が花(のように優雅)でないときは(人は風雅を解さぬ)鳥や獣と同類のものになる。

るい-だい【累代】名「るいたい」とも。代を次々と重ねること。代々。〈徒然・九九〉「累代の公物、古弊をもちて規模とす」訳 代々伝えられてきた朝廷の器物は、古くて破損していることをもってよい手本とする。

る-ざい【流罪】名 ❶律(＝刑法)に定められた五刑の一つ。罪人を辺境の地に流す刑。死罪についで重く、近流、中流、遠流の三種があった。〈平家・三・大臣流罪〉「されども摂政・関白流罪の例は、これ始めとぞ承る」訳 (大臣が流罪になった前例はある。)けれども摂政・関白が流刑になる例は、これが最初とうかがっている。❷江戸時代の刑罰の一つ。追放より重く、死罪より軽い。島流し。遠島。

るしゃな-ぶつ【盧遮那仏・盧舎那仏】名《仏教語》「毘盧遮那仏」の略。

る-てん【流転】名・自サ変《仏教語》衆生が生死をくり返し、迷いの世界をさまようこと。〈今昔・一七・一七〉「汝、流転生死の業縁の引く所に依りて、今、召されたるなり」訳 おまえは、迷いの世界に転変し生死をくり返すという前世からの因縁が招くことのために、今、(ここ冥界に)召されたのだ。

る-にん【流人】名 流罪にされた人。〈平家・三・有王〉「鬼界が島へ三人ながされたりし流人、二人は召しかへされて」訳 鬼界が島へ三人流されていた流人(のうち)、二人は召し返されて。

るり【瑠璃・琉璃】名 ❶《梵語の音訳》「吠瑠璃」

❷**自発** 自然に…れる。…ないではいられない。

例 筆を執(と)ればもの書かれ㊜、楽器を取れば音(ね)を立てんと思ふ〈徒然・一五七〉

訳 筆をとるといつも何か書かないではいられなくなり、楽器をとるといつも音を立てようと思う。

❸**可能** …ことができる。

例 御胸のみつとふたがりて、つゆまどろまれ㊤ず、明かしかねさせ給ふ〈源氏・桐壺〉

訳 (桐壺帝は)ただもうお胸がぐっとつまって、少しもうとうとすることができず、(夏の短夜(みじかよ)を)明かすことができずにいらっしゃる。

❹**尊敬** お…になる。…なさる。

例 人々近うさぶらはれよ㊔かし〈源氏・若紫〉

訳 お付きの人はみな(若紫の)そば近くお控えなさいよ。

接続 四段・ナ変・ラ変の動詞の未然形に付く。

活用

未然	連用	終止	連体	已然	命令
(ズ)	(ケリ)	(。)	(コト)	(ドモ)	(。)
れ	れ	る	るる	るれ	れよ

文法ノート

1 **受身** 対象「…に」がポイント
「…に」などで示された受身の対象を読み取る。受身の対象が文中に示されていない場合は、前後から読み取る。平安時代には、無生物が主語になることは少ない。

2 **自発** 心情を示す動詞に付く
「推し量る」「驚く」「思ふ」「思ひ惑ふ」など心の動きを表す動詞、「ほほ笑む」「泣く」「見やる」など感情の表れを表す動詞に付くことが多い。

3 **可能** 「る」＋打消＝不可能
平安時代までは、「…れず」など、打消の語を伴って不可能の意になるのがふつう。中世以降に単独の可能の例がみられるようになる。

4 **尊敬** 敬意は低い
「給ふ」に比べると敬意の度合いが低いので、天皇などに対しては用いられない。「…れ給ふ」のように「給ふ」とともに用いる場合の「れ」は受身。「おぼす」「おぼしめす」に付いた「る」が尊敬になるのは中世以降で、平安時代の「おぼさる」「おぼしめさる」の「る」は自発。

の略。七宝(しっぽう)の一つ。青色の宝石。〈枕・一五一〉「うつくしきもの …かりのこ。瑠璃(るり)の壺(つぼ)」訳 かわいらしいもの、…雁(かり)の卵。青色の宝石でできている壺。→七宝(しっぽう)
❷「瑠璃色」の略。紫を帯びた紺色。
❸ガラスの古名。

るる 助動詞「る」の連体形。

るれ 助動詞「る」の已然形。

まぎらわしい「る」の識別

識別ナビ▶接続を見る。上がア段音なら❶、エ段音なら❷、ウ段音なら❸。

❶**助動詞「る」の終止形**
例 冬はいかなる所にも住まる〈徒然・五五〉
訳 冬はどんな所でも住むことができる。
▽上に四段・ナ変・ラ変の動詞の未然形がくる。「る」の上がア段音。

❷**助動詞「り」の連体形**
例 限りなく遠くも来にけるかなとわびあへるに〈伊勢・九〉
訳 限りなく遠くまで来てしまったものだなあと、一同嘆いていると。
▽上に四段動詞の已然形、サ変動詞の未然形がくる。「る」の上がエ段音。

❸**上二段型・下二段型活用語の連体形語尾の一部**
例 世に語り伝ふること〈徒然・七三〉
訳 世間で語り伝えることは。
▽「る」の上がウ段音。例の「伝ふる」は下二段動詞「伝ふ」の連体形。「伝ふ」と「る」とに分解してはならない。

れ レ

れ 助動詞「り」の已然形・命令形。

れ 助動詞「る」の未然形・連用形。

れい【例】名 ⬇下 315

れい-げん【霊験】名 ❶神仏などが示す不思議なしるし。霊妙な効験。❷①のしるしや効き目がいちじるしい地。霊場。

れい-ざま【例様】名・形動ナリ **いつものようす。**ふだんどおり。ふつうの状態。〈枕・九九〉「塗籠の前の二間なる所をことにしつらひたれば、例ざまなら㊍ぬもをかし」訳 塗籠(=四方を壁で塗りこめた小部屋)の前の二間の所を特別に(精進のために)ととのえたので、いつものようすでないのもおもしろい。

れい-しゃ【霊社】名 霊験いちじるしい神社。

れい-じん【伶人】名 音楽を奏する人。特に、雅楽を奏する人。楽人。〈平家・一・内裏炎上〉「文人詩を奉り、伶人楽を奏して還幸なし奉る」訳 文人は詩を献上し、楽人は音楽を奏して天皇を(大極殿に)お移し申しあげる。

れい-ち【霊地】名 神社や仏閣のある神聖な土地。神仏などの霊が宿っていると考えられる土地。

れい-なら-ず【例ならず】⬇例「フレーズ」

れい-の【例の】⬇例「フレーズ」

れい-ぶつ【霊仏】名 霊験いちじるしい仏や寺。

れう【料】名 ❶**それに用いるための物。材料。**〈平家・二・西光被斬〉「弓袋の料におくられたりける布どもをば、直垂かたびらに裁ちぬはせて」訳 弓袋(を作るため)の材料として贈られていたさまざまな布を、直垂や帷子に裁ち縫わせて。❷**費用。代金。**〈笈の小文〉「あるは詩歌文章をもて訪ひ、或は草鞋の料を包みて志を見す」訳 ある人は詩歌や文章を持って訪ね、ある人は草鞋を買う費用を包んで餞別の気持ちを示す。❸**ため。**せい。**わけ。**〈竹取・燕の子安貝〉「燕のもた

最重要330

315

れい【例】名

ガイド 漢語「例」の字音。①が原義。派生義③④は、「例の」「例ならず」の形や、下の用言を修飾する用法で用いられることが多い。

❶ **ためし。先例。典例。故事。**

例 すこし老いて、物の例知り、おもなきさまなるも〈枕・四七〉

訳 少し年取って、物事の先例を知り、あつかましいようすであるのも(主殿司にふさわしい)。

❷ **習わし。習慣。慣例。通例。**

例 世の中の例として、思ふをば思ひ、思はぬをば思はぬものを、この人は…けぢめ見せぬ心なむありける〈伊勢・六三〉

訳 男女の仲の通例として、恋しく思う女を心にかけ、恋しく思わない女を心にかけないものなのに、この人は…わけ隔てをしない心を持っていたのであった。

❸ **普通。ありきたり。**

例 童べの名は、例のやうなるはわびしとて、虫の名をなむつけ給ひたりける〈堤・虫めづる姫君〉

訳 子供の召使の名は、普通のようなのは物足りないと(姫君は)思って、虫の名をおつけになっていた。

❹ **いつものこと。ふだん。**

例 俄にわづらふ人のあるに、験者求むるに、例ある所にはなくて、ほかに尋ねありくほど、いと待ち遠に久しきに〈枕・二八〉

訳 急に病気で苦しむ人がいるときに、(祈禱のために)修験者を探すと、いつもいる所にはいないので、ほかの所を尋ね回る間は、ひどく待ち遠しく長く感じられるのに。

参考 ④の用例の「れい」は、用言「ある」を修飾するはたらきをしているので、副詞とする説もある。

フレーズ

例なら-ず ❶いつもと違っている。ふだんとようすが異なる。〈枕・二九九〉「雪のいと高う降りたるを、例ならず㊊御格子まゐりて」訳 雪がたいそう高く降り積もっているのに、いつもと違って御格子をお下げ申しあげて。❷からだの調子が悪い。病気である。〈平家・灌頂・女院死去〉「女院御心地例ならず㊊わたらせ給ひしかば」訳 女院(=建礼門院)はご気分が悪くなり病気にかかっていらっしゃったので。

なりたち 「なら」は断定の助動詞「なり」㊍、⬇篤し「慣用表現」

る子安貝をとらむ料なり」訳 つばめが持っている子安貝を取ろう(とする)ためである。

れう【寮】名 律令制で、省に属する役所。中務省に属する図書寮、式部省に属する大学寮など。頭・助・允・属の四等官がある。

れう-ぐわい【料外】名 思いがけないこと。意外。〈更級・初瀬〉「料外のことあらむに、あなかしこ、おびえ騒がせ給ふな」訳 思いがけないことがあるとしてもそのときに、決して、怖がってお騒ぎなされるな。

れう-けん【料簡・了簡】名・他サ変 ❶考えること。思慮分別。〈徒然・三九〉「料簡の至り、誠に興あり」訳 思慮が深く及んでいること、実におもしろい。❷納得すること。がまんすること。こらえて許すこと。〈浮・世間胸算用〉「男盛りの者どもさへ了簡して帰るに、おのれ一人跡に残り」訳 男盛りの者たちさえ納得して帰るのに、おまえ(=丁稚)一人があとに残って。

れう・ず【凌ず・掕ず】他サ変 {ぜ・じ・ず・ずる・ずれ・ぜよ}「りょうず」に同じ。

れう-り【料理】名・他サ変 ❶物事をいろいろに取りはからって処理すること。〈太平記・三〉「とかく料理に滞って」訳 なにかと処理にとどこおって。❷食べる材料を調理すること。また、その食べ物。

れきし-ものがたり【歴史物語】名《文芸用語》漢文で書かれた「六国史」などに対し、ある時代の歴史を題材に仮名文で書かれた物語。半歴史的・半文学的性格をもつ。「栄花物語」「大鏡」「今鏡」「水鏡」「増鏡」など。

れよ 助動詞「る」の命令形。

れん-が【連歌】名 詩歌の一体。初めは和歌の上の句(五・七・五)と下の句(七・七)を二人が詠んで応答し一首とする形式で、平安時代に多く行われた。これを短連歌という。院政時代以降、短連歌を三十六句(=歌仙)、五十句(=五十韻)、百句(=百韻)、千句などと続ける長連歌(=鎖連歌)が行われ、室町時代に最盛期を迎えると、二条良基・心敬・宗祇などのすぐれた連歌師が出て、文学の一様式として完成した。ふつうは数人で作るが、独吟や両吟(=二人)もある。

れん-く【連句】名「れんぐ」とも。江戸時代に流行した俳諧で、二人以上の人が、長句(五・七・五)と短句(七・七)を交互につけ進み、三十六句(=歌仙)、五十句(=五十韻)、百句(=百韻)、千句などにまとめるもの。

れん-じ【櫺子・連子】名 窓などに設けた格子。また、その窓。

れんぜん-あしげ【連銭葦毛】名 馬の毛色の名。葦毛(=白色に黒または濃褐色のさし毛のあるもの)に灰色の丸い銭のような斑紋のあるもの。

れん-だい【蓮台】名 (仏は蓮の花の上にすわると考えられたことから)蓮の花の形に作った仏像の台座。「蓮華座」「蓮座」とも。

(れんだい)

れん-ぱい【連俳】名 ❶連歌と俳諧。❷俳諧の連句。〈浮・日本永代蔵〉「連誹は西山宗因の門下となり」→連句

れん-り【連理】名 二本の木の枝が連なって、木目が通じあうこと。男女・夫婦の契りの深いことのたとえ。〈太平記・三〉「連理の契り浅からずして、十年余りになりぬるに」訳 夫婦の契りも浅くなくて、(その生活も)十年余りになったので。→枝を交はす(枝「フレーズ」)

れんり-の-えだ【連理の枝】「連理」になっている枝。男女・夫婦の契りの深いことのたとえ。「比翼の鳥」と対にして用いられることが多い。〈平家・六・小督〉「天に住まば比翼の鳥、地に住まば連理の枝とならん」訳 (死後)もし天に住むならば比翼の鳥(となり)、地上に住むならば連理の枝となろう(=あの世まで固く添いとげよう)。→比翼の鳥 参考

「ず」は打消の助動詞

例の ❶(連体修飾語として)いつもの。ふつうの。〈源氏・夕顔〉「むつましくつかひ給ふ若き男、また上童一人、例の随身ばかりぞありける」訳 (光源氏が)親しく召し使っていらっしゃる若い男と、ほかに殿上童一人と、いつもの随身だけが(そこに)いた。

❷(連用修飾語として)例によって。いつものように。〈伊勢・八三〉「例の狩りしにおはします供に、うまの頭なる翁つかうまつれり」訳 (惟喬親王が)いつものように狩りをしにいらっしゃる供に、馬寮の長官である翁がお仕え申しあげた。

ろ
ロ

-ろ 接尾《上代東国方言》親しみの気持ちをこめたり、語調をととのえたりするのに用いる。「子ろ」「夫ろ」「嶺ろ」

ろ 間助《上代語》❶感動・詠嘆を表す。…よ。〈万葉・一六・三八六五〉「荒雄らは妻子が産業をば思はずろ年の八歳を待てど来まさず」訳 荒雄(=人名)は妻子の生活を考えないよ。八年もの長い年月をいくら待っていても帰っていらっしゃらない。❷(「ろかも」の形で)感動を表す。…よ。…なあ。〈万葉・三・四七八〉「常なりし咲まひ振る舞ひいや日異に変はらふ見れば悲しきろかも」訳 いつものことであった笑顔やふるまいも、日ごとに変わっていくのを見ると、悲しいことだなあ。

接続 ①は文末の活用語の終止形や命令形に付く。②は体言または形容詞の連体形に付く。

参考 ①は終助詞とする説もある。また「万葉集」の東歌に多く見られ、東国方言とも考えられる。現代語の「起きろ」などの命令形活用語尾の「ろ」は、この「ろ」が残ったものと考えられる。②は接尾語・終助

詞とする説、「ろかも」で終助詞とする説もある。

ろう【楼】名 高く構えた建物。たかどの。

ろう〖労・郎・朗・狼・廊〗➡らう

ろう〖臈〗➡らふ

ろう‐かく【楼閣】名〔「楼」も「閣」も高い建物の意〕高い建物。たかどの。

ろうがわし〖乱がわし〗➡らうがはし

ろう‐きょ【籠居】名・自サ変（謹慎や物忌みなどのために）家にとじこもっていること。〈平家・一・鹿谷〉「大納言を辞し申して、籠居とぞ聞こえし」訳（徳大寺実定は）大納言の位を辞退申しあげて、家にとじこもるとうわさされた。

ろう‐こく【漏刻・漏剋】名 水時計。容器の水が漏れ落ちるにしたがって、それを受ける容器に立てた矢につけた目盛りが時を示すように装置されたもの。

（ろうこく）

ろう‐さう【緑衫】名〔「ろくさん」の転〕六位の官人の着る緑色の袍（＝上着）。「緑衣」とも。

ろう・ず【弄ず】他サ変｛ぜ・じ・ず・ずる・ずれ・ぜよ｝からかう。あざける。なぶる。〈伊勢・九四〉「『猶人をば恨みつべきものになむありける』とて、弄じ用てよみてやれりける」訳「やはりあなたを恨んでしまいそうな（気持ちになった）ことであったよ」と言って、からかって詠んでやったことだ。

ろうたし➡らうたし（八九二ページ）

ろうどう〖郎等〗➡らうどう

ろう‐ろう【朧朧】形動タリ｛たら・たり（と）・たり・たる・たれ・たれ｝おぼろにかすむさま。ぼんやりうす明るいさま。〈細道・旅立〉「あけぼのの空朧々と用して」訳 明け方の空はおぼろにかすんで。

ろうろうじ➡らうらうじ

ろ‐ぎん【路銀】名 旅行の費用。旅費。路銭。

ろく【陸】名・形動ナリ ❶水平な状態。土地の平らなこと。〈仮名・仁勢物語〉「ろくなら未ん所までとて、乗り打ちをせざりけり」訳 平らな土地まではと思って、馬に乗ったまま通り過ぎることをしなかった。❷正常なこと。まとも。〈浄・伽羅先代萩〉「人にお隠しなさるるは、どうでろくな体（口語）ことではあるまい」訳 人にお隠しなさるのは、どうせまともなことではないだろう。

ろく【禄】名 ❶仕官する者が受ける給与。**俸禄**。**扶持**。〈浄・源平布引滝〉「清盛の禄を喰むといへども旧恩は忘れず」訳（今は）清盛の俸禄を受けるといっても、（源氏の）昔の恩は忘れない。❷人の労をねぎらい、あるいは芸能などを賞して与える物。**当座のほうび**。**祝儀**。〈枕・二五〉「産養ひ、むまのはなむけなどの使ひに、禄とらせぬ」訳 出産の祝いや、旅立ちの餞別などを持参した使いに、祝儀を与えないの（は、興ざめである）。

ろくいのくろうど〖六位の蔵人〗➡ろくゐのくらうど

ろくえふ〖六衛府〗➡ろくゑふ

ろく‐かせん【六歌仙】名「古今和歌集」の序に名を挙げられた平安初期の歌道の名人六人の称。在原業平・僧正遍昭・小野小町・大友黒主・文屋康秀・喜撰法師。

ろっ‐こん【六根】名《仏教語》人間の迷いを生ずる六つの根源。眼・耳・鼻・舌・身・意（＝心）の称。

ろく‐じ【六時】名《仏教語》一昼夜のうちで、念仏・誦経などを勤める六つの時刻。晨朝（＝早朝）・日中・日没・初夜・中夜・後夜の六つ。

ろく‐しん【六親】名 父・母・兄・弟・妻・子、または父・子・兄・弟・夫・婦（＝妻）などの六種の親族。

ろくじん〖六塵〗➡ろくぢん

ろく‐だう【六道】名《仏教語》「りくだう」とも。死後におもむくという六つの迷いの世界。地獄・餓鬼・畜生（＝以上三悪道）・修羅・人間・天上（＝以上三善道）の六つをいう。衆生が、生前の行いの報いに応じて、この六つの世界で生死をくり返す（＝輪廻）という。六趣。

ろく‐ぢん【六塵】名《仏教語》六根（＝眼・耳・鼻・舌・身・意）を通して感じる六種の刺激。色・声・香・味・触・法をいう。煩悩を起こし、人間が本来持っている仏心を汚すものとされる。

ろく‐てうし【六調子】名「りくてうし」とも。雅楽で用いる六種の調子（旋律法）。

参考 六調子は大きく壱越調・双調・太食調の呂と、平調・黄鐘調・盤渉調の律に分けられる。それぞれ基音とする音や音階、節回しがちがい、趣も異なる。↓十二律

六条御息所（ろくでうのみやすどころ）《人名》「源氏物語」中の人物。前東宮の妃となり、娘（＝のちの秋好中宮）を生む。夫と死別後、光源氏と交渉をもつが、源氏のつれなさを恨み、その生き霊が葵の上を苦しめる。のちに娘に従い伊勢に下ったが、晩年は六条の宮に住み、尼となった。

ろくどう〖六道〗➡ろくだう

ろく‐はら【六波羅】名「六波羅探題」の略。鎌倉幕府が承久の乱（一二二一）後、朝廷や公家の監視、および西国の政務を統轄するために、京都六波羅に置いた役所、およびその長官。北条氏一門がその任にあたった。

六波羅（ろくはら）《地名》今の京都市東山区、鴨川の東、五条と七条の間一帯。六波羅蜜寺で知られ、平家の居館や鎌倉幕府の六波羅探題があった。

ろく‐ゐ【六位】名 ❶律令制で、位階の六番目。また、その位の人。この位では蔵人の職にある者以外は昇殿を許されない。❷「六位の蔵人」の略。

ろく‐ゐ‐の‐くらうど【六位の蔵人】名 六位で、五位相当の蔵人所の職員である者。定員四名。毎日交代で、宮中の雑事や天皇の食事の給仕にあたった。六位ではこの職だけが昇殿を許された。

ろく‐ゑふ【六衛府】名「りくゑふ」とも。宮中の衛府の総称。左右の近衛府・衛門府・兵衛府をいう。

ろ‐し【路次】名 道筋。途次。途中。〈細道・草加〉「さりがたき餞などしたるは、さすがに打ち捨てがたくて路次

の煩ひとなれるこそわりなけれ」訳 辞退しにくい餞別などをしてくれたのは、やはり捨てにくいことである。道中の重荷となったのはしかたのないことである。

ろ-だい【露台】名 納涼・演舞などの行われる屋根のない床張りの台。特に、紫宸殿と仁寿殿との間にある、屋根のない板敷きの所。節会のとき、乱舞が行われた。

ろ-ぢジ【露地・露路】名 ❶屋根などのない、むきだしの地面。野天の地。
❷茶室に付属している庭。また、茶室に通じる通路。

ろん-ぎ【論議・論義】名・自サ変 ❶議論。討論。
❷(法会などで)僧が教義について問答すること。

ろん-ず【論ず】他サ変{ぜ・じ・ず・ずる・ずれ・ぜよ} ❶物事の道理を説く。〈平家・一・鱸〉「国を治め道を論じ用、陰陽をやはらげ治む」訳 (太政大臣は)国を治め、(人の行うべき)道を説き、(相反する)陰陽を和合させ治める。
❷訴訟で争う。また、議論する。〈徒然・二〇九〉「これは論じ用給ふ所にあらず」訳 これは(あなた方の主人が)訴訟で争っていらっしゃる場所(=田)ではない。

ろん-なし【論無し】形ク{から・く(かり)・し・き(かる)・けれ・かれ}「ろなし」とも。言うまでもない。もちろんだ。〈更級・竹芝寺〉「論なく用もとの国にこそ行くらめ」訳 (姫君を連れて逃げた男は)言うまでもなくもとの国(=武蔵)に(逃げて)行くだろう。

わ ワ

わ-【倭・和】接頭 さまざまの語に付いて、日本のものであることを表す。「和琴」「和書」

わ【倭・和】名 もと中国で、日本を呼んだ称。日本。

わ-【我・吾・和】接頭 さまざまな名詞に付いて、相手に対する親愛または軽蔑の意を表す。「わ僧」「わ殿」「わ主」

わ【我・吾】代 自称の人代名詞。私。われ。〈万葉・二〇・四四〇八〉「水手整へて朝開き我は漕ぎ出ぬと家に告げこそ」訳 船頭をそろえて朝早く港から私は漕ぎ出したと家人に告げてほしい。
参考 上代には「が」「を」「に」「は」などを伴って用いられ、中古以降、格助詞「が」を伴って、多く「わが」の形で用いられた。→我が・吾 参考

わ 一 間助 《上代語》呼びかけに用いる。…よ。…や。〈万葉・三・三四六〉「童ども いざわ出で見む」訳 童たちよ、いざよ出て見よう。
接続 文節の切れめに付く。
二 終助 感動の意を表す。…よ。…や。〈浄・大経師昔暦〉「拝ませいで無念なわい、口惜しいわと、歯ぎしみし」訳 拝ませ(ることができ)ないで無念なことよ、くやしいよと、歯ぎしりし。
接続 文末に付く。
参考 一は、上代にわずかな例が見られる。二は本来、終助詞「は」であったが、中世ごろから発音どおり「わ」と表記され、感動の意を表すようになった。

わい-だて【脇楯】名 (「わきだて」のイ音便)鎧に付属する防具。胴の右脇のすきまをふさぐもの。⬇鎧「古文常識」

わい-だめ【弁別】名 (「わきだめ」のイ音便。古くは「わいため」)区別。けじめ。

わうオウ【王】名 ❶一国の君主の称号。国王。
❷天皇の子や孫で、親王の称号を許す宣下もなく、また、臣下としての姓をも賜らない男子の称。女子の場合は「女王」。

わう-しオウ【王氏】名 天皇の子孫で、臣下としての姓を賜らない者。皇族。〈平家・一・祇園精舎〉「王氏を出でて人臣につらなる」訳 (高望の王は)皇族の籍を離れて臣下に列する。

わう-しオウ【横死】名・自サ変 殺害・災害・事故などで死ぬこと。非業の死。

わうしき-でうオウシキジョウ【黄鐘調】名 雅楽の六調子の一つ。十二律のうち、第八音の黄鐘の音を基音とするもの。→六調子

わう-じゃうオウジョウ【往生】名・自サ変 ❶《仏教語》死んでのち浄土に生まれかわること。特に、阿弥陀如来のいる極楽浄土へ生まれること。〈歎異抄〉「善人なほもちて往生をとぐ、いはんや悪人をや」訳 善人でさえやはり極楽浄土への生まれ変わりを果たす、まして悪人はなおさらである。
❷死ぬこと。〈浄・心中天の網島〉「いとしや光誉道清(=治兵衛の父の戒名)往生の枕を上げ」訳 かわいそうに、光誉道清(=治兵衛の父の戒名)が臨終の枕から頭を上げ。
⬇果つ「慣用表現」

往生要集(わうじやうえうしふ)オウジョウヨウシュウ《作品名》平安中期の仏教書。源信(=恵心僧都)著。寛和元年(九八五)成立。多くの経典から往生の要文を抜きだして問答体でつづり、念仏の功徳を説く。浄土教を確立した書で、後世の文学・思想に大きな影響を与えた。

わう-じゃくオウ【尫弱】名・形動タリ ❶かよわいこと。ひよわなこと。〈平家・一一・弓流〉「尫弱たる体弓をかたきのとりもって」訳 弱々とした弓を敵が(手に)取り持って。
❷貧乏なこと。〈徒然・一〇六〉「尫弱の官人」訳 貧乏な役人。

わう-ばんオウ【往反】名・自サ変 「わうへん」とも。行きと帰り。往復。〈今昔・二三・一二〉「人並びに牛馬、これを踏みて渡り往反す終」訳 人並びに牛馬が、これ(=梨の木のかけ橋)を踏んで(川を)渡り往復する。

わう-ばんオウ【椀飯・埦飯】名 (「わんはん」の転) ❶食器に盛った飯。
❷食膳を設けてもてなすこと。饗応。平安時代には、貴族の殿上での集会の時の饗応を、鎌倉・室町時代には、陰暦正月や祝日に臣下が将軍に対して行った盛大な饗応をいう。

わう-ぼふオウボウ【王法】名 (仏教の立場から)国王の法令・政治をいう語。

わう-らいオウ【往来】名 ❶行き帰り。行き来。
❷手紙。手紙のやりとり。あいさつ。また、贈答品。〈平家・四・南都牒状〉「北国の織延絹三千疋、往来によせらる」訳 北国の織延絹(=絹織物の一種)三千疋を、(訪問の)手みやげとして贈りなさる。
❸「往来物」の略。

わうらい-ものオウライ【往来物】名《文芸用語》鎌倉時代から江戸末期にかけて、初学者用に編まれた書物の総称。初めは手紙の文例集(「庭訓往来」な

ど)だったが、近世では、日常生活に必要な事項や、商工業の用語や心得を説いたもの(「商売往来」など)になり、主に寺子屋の教科書として使われた。

わう-ゐ(イオウ)【王威】名 帝王の威光。王者の威厳。〈大鏡・時平〉「王威の限りなくおはしますによりて、理非を示させ給へるなり」訳 天皇の威光がこの上なくていらっしゃるがゆえに、(道真(みちざね)の神霊は)道理にかなうことかなわないこと(の分別)をお示しになられたのだ。

わ-が【我が・吾が】❶(「が」が連体格を示す場合)㋐私の。〈万葉・三・三三二〉「わが命も常にあらぬか昔見し象(きさ)の小河を行きて見むため」訳 私の命は永遠に続いてくれないかなあ。昔見た象の小川を(また)行って見るために。㋑その人自身の。自分の。〈竹取・蓬萊の玉の枝〉「わが御家へも寄り給はずしておはしたり」訳 (くらもちの皇子(みこ)は)自分のお屋敷へもお寄りにならないで(ここに)いらっしゃった。❷(「が」が主格を示す場合)私が。〈万葉・一六・三八六〉「明(あき)らけくわが知ることを」訳 はっきりと私が知っていることなのに。《→我(わ)(代)》

わがいほは… 和歌 《百人一首》【我が庵は 都(みやこ)の たつみ しかぞ住(す)む 世(よ)をうぢ山(やま)と 人(ひと)は いふなり】〈古今・雑下・喜撰(きせん)〉➡付録①「小倉百人一首」8

なりたち 代名詞「我(わ)」+格助詞「が」

わか-うど(ワコウド)【若人】名 (「わかびと」のウ音便)❶若い人。若者。❷新参で不慣れな者。若い女房。〈更級・宮仕へ〉「我はいと若人にあるべきにもあらず、またおとなにせらるべきおぼえもなく」訳 私はそれほど新参の女房であるはずでもなく、またおもだった女房とされるはずの信望もなく。

わがかみの… 和歌

> わが髪の　雪(ゆき)と磯辺(いそべ)の　白波(しらなみ)と
> いづれまされり　沖(おき)つ島守(しまもり)
> 〈土佐〉

訳 私の髪の雪(のような白さ)と磯辺にうち寄せる白波と、どちらが(白さで)まさっているか、沖の島の番人よ。

解説 海賊の来襲を心配し、また海も恐ろしいものだから、髪がすっかり白くなってしまったと言って詠んだ歌。

わか-ぎみ【若君】名 ❶貴人の幼い子に対する敬称。古くは男女いずれにもいう。❷貴人の娘のうち、姉を「姫君」というのに対して妹をさす語。〈源氏・橋姫〉「(父宮は)姫君(=大君(おおいぎみ))に琵琶(びは)、若君(=中の君)に箏(さう)の御琴を(お教えになる)」

わがきみは… 和歌

> わが君は　千代(ちよ)に八千代(やちよ)に　さざれ石(いし)の
> 巌(いはほ)となりて　苔(こけ)のむすまで
> 〈古今・七・賀・三四三・よみ人しらず〉

訳 あなた様はいつまでもいつまでも、小さな石が大きな岩となって(そこに)苔が生えるまで(長寿であってください)。

解説 「君が代」の基になった歌。「代」は人の一生の意で、「千代に八千代に」は「人間の定められた寿命の千倍も八千倍もに」の意となる。この下に「ましませ」などの語を補うべきところ。第三句から第五句まで、永劫(えいごう)の時間の経過を漸層的に表現した。

わか-くさ【若草】名 ❶春、新しく芽を出した草。若い女性や幼女をたとえることが多い。春。〈源氏・若紫〉「生(お)ひたたむありかも知らぬ若草をおくらす露ぞ消えむ空なき」訳 →おひたたむ… 和歌 ❷襲(かさね)の色目の名。表は薄い青、裏は濃い青。春に用いる。➡襲(かさね)の色目(いろめ)「古文常識」(三一〇ページ)

わがこころ… 和歌

> わが心　なぐさめかねつ　更級(さらしな)や
> 姨捨山(をばすてやま)に　照(て)る月(つき)を見(み)て
> 〈大和・一五六〉〈古今・一七・雑上・八七八・よみ人しらず〉

訳 私の心は(慰めようとしても)どうしても慰められない。この更級の姨捨山に照る月を見て。(「なぐさめかねつ」の「つ」は、助動詞「つ」の終止形で、ここは確述の用法)

解説 「姨捨山」は長野県にある山。この山に、老いたおばを捨てた男が悲しみのあまりに詠んだ歌。その後、男はおばを再び迎えに行ったが、このことから「姨捨山」の名が付いたとされる。

わがこ-の-ほとけ【我が子の仏】自分の子供に対して、かわいがり大切にしている気持ちをこめて言う、呼びかけの語。〈竹取・貴公子たちの求婚〉「我が子の仏、変化(へげ)の人と申しながら」訳 愛するわが子よ、(そなた=かぐや姫は)化身(けしん)の人とは申しても。

若狭(わかさ)《地名》旧国名。北陸道七か国の一つ。今の福井県西部。若州(じゃくしゅう)。

わか・し【若し】形ク {から・く(かり)・し・き(かる)・けれ・かれ}

❶年をあまり経ていない。幼い。〈源氏・野分〉「老いもていきて、また若う用(ウ音便)なること、世にあるまじきことなれど」訳 だんだんと年をとっていってから、再び子供のようになることは、世にありそうもないことであるが。❷若々しい。みずみずしい。活気がある。〈万葉・九・一七四〇〉「若かり用し膚(はだ)も皺(しわ)みぬ黒かりし髪も白(しら)けぬ」訳 若々しかった肌もしわだらけになってしまった。黒かった髪も白くなってしまった。❸未熟である。〈源氏・若菜下〉「琴(きん)は、なほ若き体方(かた)なれど、ならひ給ふさかりなれば、たどたどしからず」訳 (女三の宮の)琴(きん)の琴(こと)(=七弦の琴)は、まだ未熟なほうであるが、盛んに稽古なさる最中なので、あぶなげなく。

わがせこを… 和歌

> わが背子を　大和(やまと)へやると　さ夜(よ)ふけて
> あかとき露(つゆ)に　あが立(た)ち濡(ぬ)れし
> 〈万葉・二・一〇五・大伯皇女(おほくのひめみこ)〉

訳 私の弟を大和(奈良県)へ帰すということで(見送って、たたずむうちに)、夜が更けて、夜明け前の露に私は立ち濡れたことだ。

解説 作者の弟の大津皇子(おおつのみこ)は、謀反の嫌疑を受け、殺されたが、これはその直前に、ひそかに伊勢神宮に下った大津皇子が、都に帰る際、斎宮であった作者が詠んだ歌。弟を大和へ帰すのは作者の意志ではなく、帰したくないという気持ちが第二句の「やる」という表現をとらせた。第三句・四句に時間の経過がある。「二人行けど行き過ぎがたき秋山をいかにか君がひとり越ゆらむ」（訳→ふたりゆけど…）〈万葉・二・一〇六〉の歌も、この時詠まれた。

わがそでは… 和歌 《百人一首》【我が袖は　潮干に見えぬ　沖の石の　人こそ知らね　かわく間もなし】〈千載・恋二・二条院讃岐〉➡付録 ①「小倉百人一首」92

わがそのに… 和歌

わが園に　梅の花散る　ひさかたの（枕詞）
天より雪の　流れくるかも
〈万葉・五・八二二・大伴旅人〉

訳 わが家の庭に梅の花が散る。（いやこれははるかな）天から雪が流れてくるのかなあ。

わか-たう【若党】 名 若い郎党。若い侍。〈平家・九・木曽最期〉「只今名乗るは大将軍ぞ。あますな、者ども、もらすな、若党、うてや」訳 たった今名乗るのは大将軍だぞ。討ち損ずるな、皆の者、とり逃がすな、若い者ども、討てよ。

わか-つ【分かつ・別つ】 他タ四 {た・ち・つ・つ・て・て} ❶区別する。判別する。分割する。〈新古・仮名序〉「むかしいま時を分かた(未)ず、たかきいやしき人をきらはず」訳 昔とか今とかの時を区別せず、（身分の）高いことや低いことで人を分け隔てせず。〈大鏡・頼忠〉「作文の舟・管弦の舟・和歌の舟と分かた(未)せ給ひて」訳（道長は）漢詩文（を作る人）の舟・管弦（の演奏をする人）の船・和歌（を詠む人）の船とお分けになられて。
❷分配する。〈源氏・若菜上〉「この近き都の四十寺に、絹四百疋を分かち(用)てせさせ給ふ」訳（秋好中宮は）この近い京の都の四十の寺に、絹四百疋を分けてご奉納になられる。

わがつまは… 和歌

わが妻は　いたく恋ひらし　飲む水に
影さへ見えて　よに忘られず
〈万葉・二〇・四三二二・防人歌・若倭部身麻呂〉

訳（故郷に残してきた）私の妻は（私を）ひどく恋しく思っているらしい。（私が）飲む水に面影まで（映って）見えて、けっして忘れられない。

解説「恋ひらし」「かご」は、それぞれ「恋ふらし」「かげ」の東国方言。作者は、遠江（静岡県）あたりの人。面影があらわれるのは、相手が自分を恋しく思っているからだという俗信による。

わか-どころ【和歌所】 名 和歌の撰集をつかさどる所。村上天皇の天暦五年（九五一）、「後撰集」の撰定と「万葉集」の訓読のためにはじめて設置され、以後勅撰集の編纂のとき臨時に宮中に置かれた。別当・開闔・寄人などの職員がいた。

わか-な【若菜】 名 ❶初春に生え出た食用になる野草。春。〈古今・春上〉「春日野の飛ぶ火の野守出でて見よ今幾日ありて若菜摘みてむ」訳 春日野の飛火野の番人よ、外に出て（野のようすを）見よ。もう何日したら若菜を摘むことができるだろうかと。
❷陰暦正月の初めの子の日（のち正月七日）に、吸い物として食べる新菜。七草。邪気を除くという。宮中では、内膳司から天皇に奉った。〈枕・三〉「七日の日の若菜を、六日、人の持て来、さわぎとり散らしなどするに」訳（陰暦正月）七日の日に食べる若菜を、（前日の）六日に、ある人が持って来て、あれこれ騒いでとり散らかしたりしているときに。

わかな-つみ【若菜摘み】 名 陰暦正月の初めの子の日に、野に出て新菜を摘む行事。

わが-ぬ【綰ぬ】 他ナ下二 {ね・ね・ぬ・ぬる・ぬれ・ねよ} 曲げたわめて輪にする。〈枕・三三〉「上の衣の長くところせきをわがね(用)かけたる、いとつきなし」訳 上着の、長くてもてあましているのを輪のように曲げてかけてあるのは、（場所がら）まったく不似合いだ。

わかのうらに… 和歌

若の浦に　潮満ち来れば　潟を無み
葦辺をさして　鶴鳴き渡る
〈万葉・六・九一九・山部赤人〉

訳 和歌の浦に潮が満ちてくると、干潟がなくなるので、葦の生えている岸辺をめざして、鶴が鳴きながら飛んでゆく。（「潟を無み」の「み」は、原因・理由を表す接尾語。「…を…み」の形で「…が…ので」の意）

解説 聖武天皇の紀伊の国（和歌山県）への行幸にお供をして詠んだ長歌の反歌のうちの一首。

わかばして… 俳句

若葉して　御めの雫　ぬぐはばや（切れ字）
〈笈の小文・芭蕉〉

訳（寺の境内をおおうみずみずしい）この若葉をもって、（盲目の鑑真和上の）御目の涙をぬぐってさしあげたいものだ。（「して」を、サ変動詞「為」の連用形「し」＋接続助詞「て」とし、「（あたりは）若葉になって」の意ととる説もある）

解説 奈良唐招提寺で鑑真和上像を拝しての句。鑑真は中国からの渡来に何回も失敗して失明したが、志を貫いて来日、布教に努めた。和上像の御目に涙を感じ、「若葉」の縁で「雫」といった。

わか・ぶ【若ぶ】 自バ上二 {び・び・ぶ・ぶる・ぶれ・びよ} 若々しくする。子供っぽくふるまう。〈源氏・夕顔〉「いといたく若び(用)たる人にて、物にけどられぬるなめり」訳（夕顔は）たいそうひどく子供じみた人なので、物の怪に魂を奪われてしまったのであるようだ。

わ-が-まま【我が儘】 一 名 自分の思いどおり。意のまま。〈源氏・賢木〉「故院の御世にはわがままにおはせしを」訳 故院（＝亡き桐壺院）の御世には（左大臣の）思いどおりでいらっしゃったのに。
なりたち 代名詞「我」＋格助詞「が」＋名詞「儘」
二 名・形動ナリ ❶勝手気ままにふるまうこと。〈狂・右近左近〉「例のわがままが出まするほどに」訳 いつもの勝手気ままが出ますので。

❷思いどおりにぜいたくをすること。〈浮・西鶴織留〉「金拵への大脇差し、わがままに(用)見ゆる所、長崎でないか」訳 金で装飾された腰刀がぜいたくに見えるところから、長崎(の出身)ではないか。

わ-が-み【我が身】一 名 私の身。自分自身。〈竹取・ふじの山〉「逢ふこともなみだに浮かぶわが身には死なぬ薬も何にかはせむ」訳→あふことも… 和歌
二 代 ❶自称の人代名詞。私。われ。❷対称の人代名詞。目下の者に対して用いる。おまえ。なんじ。〈源平盛衰記〉「わが身(=おまえ)はこの国の者かと御尋ねありけれども」

わか-みづ ミズ【若水】名 宮中で立春の日の早朝に、主水司が汲んで天皇に奉った水。一年の邪気を除き、人を若返らせるという。後世では、元旦に汲んで用いる水をいう。春

わか-みや【若宮】名 ❶幼い皇子・皇女。また、皇族の子。❷本宮の祭神の子を、その境内に祭る社。また、本宮に対し、新たにその神霊を分けて祭った宮。新宮。

わか-やか【若やか】形動ナリ {なら・なり(に)・なり・なる・なれ・なれ}〔「やか」は接尾語〕若々しいさま。〈源氏・玉鬘〉「母君は、ただいと若やかに(用)おほどかにて」訳 母君(=夕顔)は、ただもうほんとうに若々しくおっとりとして。

わか-や・ぐ【若やぐ】自ガ四 {が・ぎ・ぐ・ぐ・げ・げ}〔「やぐ」は接尾語〕若々しくふるまう。若返る。〈紫式部日記〉「すきずきしくももてなし、若やぎ(用)て、つねなき世をもすぐしてまし」訳 (こんな時は)風流な態度をもとり、若々しくふるまって、無常な世をもきっと過ごしもしように。

わがやどの… 和歌

わが宿の　いささ群竹　吹く風の
音のかそけき　この夕へかも
〈万葉・一九・四二九一・大伴家持〉

訳 わが家のわずかな群竹(=群がり生えた竹)を(そよがせて)吹く風の、その音のかすかなこの夕べよ。

解説「いささ群竹」は「いささか」の語根「いささ」と「群竹」を合成した語。「斎笹」つまり清浄な笹とする説もある。聴覚だけに集中しきった作品世界をつくりあげた、家持屈指の名歌。

わか・る【別る・分かる】自ラ下二 {れ・れ・る・るる・るれ・れよ}
❶分離する。別々になる。〈万葉・三・三一七〉「天地の分かれ(用)し時ゆ神さびて高く貴き駿河なる富士の高嶺を」訳→あめつちの… 和歌
❷遠く離れて会いにくくなる。死に別れる。または、生き別れになる。〈伊勢・四六〉「人の国へ行きけるを、いとあはれと思ひて別れ(用)にけり」訳 (男は友が)他国へ行ったので、たいへん悲しいと思って別れたのだった。〈源氏・夕顔〉「馴れ聞こえつる人にはかに別れ(用)奉りて」訳 お親しみ申しあげた方(=夕顔)に急にお別れ(=死別し)申しあげて。(➡別る「古文常識」)

参考 区別がつく、識別できる意の「わかる」は、四段活用の「わく(分く)」の未然形に、可能・受身・自発の助動詞「る」が付いたものとして、二語に分けたほうがよい。「その琴とも聞きわかれぬ(=聞き分けることのできない)物の音ども、いとすごげに聞こゆ」〈源氏・橋姫〉。→別く

わかれ-ぢ ジ【別れ路】名 ❶人と別れてゆく道。また、別れ。〈古今・羇旅〉「糸によるものならなくに別れ路の心ぼそくもおもほゆるかな」訳 (道というものは)糸によりあわせるものではないのに、(糸が細いように)この別れゆく道が心細くも思われるものだ。❷死に別れゆく道。死出の旅路。〈大和・一二〉「別れ路の淵瀬に誰をとひてわたらむ」訳 死出の旅路の淵瀬(=三途の川)を(渡るときは)、だれに尋ねて渡ろう。

わかわか・し【若若し】形シク {しから・しく(しかり)・し・しき(しかる)・しけれ・しかれ}
❶いかにも若く見える。若くて世間知らずである。〈源氏・藤裏葉〉「さぶらふ人とても、若々しき(体)のみこそ多かれ」訳 (明石の姫君に)お仕えする女房といっても、若くて世間知らずな者ばかりが多い。❷子供っぽい。幼稚だ。〈源氏・夕顔〉「『あな若々し(終)』とうち笑ひ給ひて」訳 (光源氏は)「ああ子供っぽい」とお笑いになって。

わかん-どほり ドオリ 名 皇室の血統。皇族。

和漢朗詠集(わかんらうえいしふ) ワカンロウエイシュウ《作品名》平安中期の詩歌集。藤原公任撰。寛仁二年(一〇一八)ごろ成立か。朗詠に適する日本・中国の詩歌を集めたもので、漢詩文五百八十八首、和歌二百十六首を収める。当時から貴族社会で愛唱され、後世の「平家物語」や謡曲・俳諧などに大きな影響を与えた。

わき【別き・分き】名 区別。けじめ。また、分別。思慮。〈平家・灌頂・大原御幸〉「きぬ布のわきも見えぬ物を結びあつめてぞ着たりける」訳 (尼は)絹と布(=麻や葛などの織物)の区別もわからない物を結び集めて着ていた。

わき【脇・腋・掖】名 ❶腕のつけ根の下の部分。わきの下。また、衣服の脇にあたる部分。❷かたわら。よこ。〈今昔・一四・三五〉「中門のわきの廊に居て仁王経を誦する(=読んでいる)間」❸能で、シテ(=主役)の相手役。ワキ。→仕手・連れ・あど(名)。➡能楽「古文常識」(六五〇ページ) ❹「脇句」の略。❺二のつぎ。のけもの。〈浮・好色一代女〉「本妻をわきになして、おもふままなる長枕」訳 本妻をのけものにして、勝手気ままの(二人寝の)長枕(に寝ている)。

わぎえ〘吾家・我家〙➡わぎへ

わき-く【脇句】名 連歌・俳諧で、発句の次に付ける七七の句。脇の句。脇。

わき-ざ【脇座】名 能舞台で、ワキ(=主役の相手役)の座る場所。観客席から舞台に向かって右のほう、脇柱の後方。➡能楽「古文常識」(六五〇ページ)

わき-さし【脇さし】名「わきざし」とも。そばに連れ添う人。従者。侍者。〈徒然・一一五〉「あなかしこ、わきさしたち、いづかたをもみつぎ給ふな」訳 決して、付き添いの方たち、どちらをも加勢しなさるな。

わき-ざし【脇差し】名 ❶(腰に差して退出したことから)祝儀の引き出物として用いる、絹の巻物。❷太刀のほかに懐中に入れたり、脇に差したりした刀。腰刀。また、江戸時代、武士の差した大・小両刀のうちの小刀。

わき-て【別きて】副 とりわけ。特に。〈古今・秋下〉「わび人のわきて立ち寄る木の下は頼むかげなくもみ

最重要330

316

わ・く【別く・分く】 一 他カ四{か・き・く・く・け・け} 二 他カ下二{け・け・く・くる・くれ・けよ}

ガイド 古くから四段活用と下二段活用とがあるが、もとは区別して判断するという心の働きに四段活用、物を別々にするという物理的な動作に下二段活用が用いられたとする説がある。現代語の「分ける」は二が下一段活用になったもの。自動詞形は「わかる」。他動詞形には「わかつ」もある。

一 他カ四

❶ **区別する。分け隔てする。**

例 何事にもまことありて、人を**分か**㊍ずうやうやしく、ことば少なからんにはしかじ〈徒然・二三三〉

訳 (あらゆる欠点をなくそうと思うならば)何事にも誠意があって、人を**差別せ**ず礼儀正しく、口数が少ないようなのにはこしたことはないだろう。

❷ **判断する。理解する。**

例 めぐりあひて見しやそれともわか㊍ぬまに雲がくれにし夜半(よは)の月かげ〈新古・雑上〉

訳 久しぶりにめぐりあって、見たのが確かにその月かとも**見分けがつか**ない(くらい短い)間に、雲間に隠れてしまった夜の月よ。

二 他カ下二

❶ **別々にする。区切る。**

例 宮の御桟敷(さじき)の、ひとつづきにて、二間ありけるを**分け**㊞て〈蜻蛉・上〉

訳 宮(=章明(のりあきら)親王)の御見物席が(兼家(かねいえ)の見物席と)一続きで、二間あったのを**別々にし**て。

❷ **草などを分けて行く。道をひらいて進んで行く。**

例 野山、蘆(あし)荻(をぎ)の中を**分くる**㊍よりほかのことなくて〈更級・竹芝寺〉

訳 野や山、蘆や荻の(生えている)中を**分けて行く**よりほかのことはなくて。

❸ **物を分ける。分配する。**

例 おのおの物**分け**㊞て、この男にもあたへてけり〈著聞・四三三〉

訳 (強盗たちは)それぞれ(盗んだ)物を**分配し**て、この男にも与えたのだった。

ぢ散りけり」訳 世をはかなむ人(である私)が**とりわけ**(頼みにして)立ち寄る木の下は、頼りにする木陰もなく、紅葉が散っていたよ。

わぎへ(ワギエ)【吾家・我家】名〔「わがいへ」の転〕わが家。自分の家。〈記・中〉「愛(は)しけやし**吾家**のかたよ雲居(くも)立ちくも」訳→はしけやし… 歌謡

わきま・ふ(ワキマ(モ)ウ)【弁ふ】他ハ下二{へ・へ・ふ・ふる・ふれ・へよ} ❶**ものの道理を理解する。心得る。**〈徒然・一四一〉「聖教(しやうげう)の細(こま)やかなる理(ことわり)、いと**わきまへ**㊍ずもやと思ひしに」訳 (尭蓮上人(ぎようれんしようにん)は)仏教の詳細な道理をそれほど**心得てもい**ないのだろうかと思ったのに。❷**見分ける。ものの区別をする。**判別する。〈源氏・薄雲〉「えこそ花鳥の色をも音(ね)をも**わきまへ**㊞侍らね」訳 とても花の色や鳥の声(の優劣)をも**区別する**ことができません。❸**つぐなう。**弁償する。返済する。〈今昔・二〇・三二〉「彼(か)の母の借れる所の稲を員(かず)の如く**わきまへ**㊞て」訳 その母が借りている稲を(借りた)数のとおりに**弁済し**て。

わきまへ(ワキマエ)【弁へ】名 ❶**よしあしを見分けること。**識別。判別。〈源氏・紅梅〉「聞き知るばかりの**わきまへ**は、何事にもいとつきなうは侍らざりしを」訳 (音のよしあしを)聞き分けるくらいの**分別**は、どんな楽器にかけても、それほど不案内ではありませんでしたので。❷**つぐない。**弁償。返済。〈宇治・一・八〉「おのれは金(こがね)千両負ひ給へり。その**わきまへ**してこそ出(い)で給はめ」訳 おまえは金千両を借りていらっしゃる。その**返済**をしてからご出発になるがよい。

わぎも【吾妹・我妹】名〔「わがいも」の転〕男性から妻・恋人などの親しい女性をいう語。「わぎもこ」とも。〈万葉・八・一五七三〉「賤(いや)しけど**吾妹**が屋戸(やど)し思ほゆるかも」訳 粗末(な家)であるが、**わが妻**の家が思われることだ。

わぎも-こ【吾妹子・我妹子】名〔「こ」は接尾語〕「わぎも」に同じ。〈万葉・二〇・四三五七〉「**吾妹子**が袖もしほほに泣きしぞ思(も)はゆ」訳 **かわいいおまえ**が袖を涙でぐっしょりぬらして泣いた姿が思われる。

わ・く【別く・分く】他カ四 他カ下二 ⬇上 316

わく‐ご【若子】名 年の若い男の美称。若君。〈**万葉・一四・三四五九**〉「稲つけばかかる吾(あ)が手を今夜(こよひ)もか殿(との)の**若子**が取りて嘆(なげ)かむ」訳→いねつけば…　和歌

わぐ・む【綰む】他マ四 {ま・み・む・む・め・め} 曲げたわめる。くるくる丸める。〈**枕・三〇一**〉「緑衫(さうう)はしも、あとのかたにかい**わぐみ**用て、暁にもえ探りつけで、まどはせこそせめ」訳 緑衫(=六位の人の着る緑色の袍(はう))だけは、うしろのほうに**丸めて**、明け方になっても(持ち主が)探しあてることができず、まごつかせるようにしてやりたい。

わくら‐ば【病葉】名 夏、青葉にまじって、赤や黄色に変色した葉。朽(く)ち葉。夏

わくら‐ば【邂逅】名・形動ナリ たまたま。偶然。まれ。〈**古今・雑下**〉「**わくらばに**用問ふ人あらば須磨(すま)の浦に藻塩(もしほ)たれつつわぶとこたへよ」訳 **たまたま**(私のことを)聞く人がいたら、須磨の浦で藻に海水をかけ(=悲しみの涙を流し)てはわびしく暮らしていると答えてくれ。

わ‐ごぜ【我御前】代 (「わ」は接頭語) 対称の人代名詞。女性を親しんで呼ぶ語。そなた。おまえ。〈**平家・一・祇王**〉「いでいで**わごぜ**があまりに言ふことなれば、見参(げんざん)してかへさん」訳 どれどれ、**おまえ**(=祇王(ぎおう))があんまり言うことであるから、(仏御前に)会ってやって帰そう。

わ‐ごりょ【吾御寮・我御料】代 (「わごれう」の転。「わ」は接頭語) 対称の人代名詞。男女ともに相手を親しんで呼ぶ語。あなた。おまえ。〈**狂・煎じ物**〉「それならば太郎冠者(くわじゃ)、**わごりょ**参れ(=召し上がれ)」

わ‐ごれう【吾御寮・我御料】(リョウゴ) 代 「わごりょ」に同じ。

わ‐ごん【和琴】名 楽器の名。日本固有の六弦の琴で、雅楽や神楽(かぐら)に用いる。「東琴(あづまごと)」「大和琴(やまとごと)」とも。

(わごん)

わざ【業・態・技】名 ❶**おこない。動作。**しわざ。〈**大鏡・道長下**〉「『遺恨の**わざ**をもしたりけるかな』とて、あまえおはしましける」訳「遺憾な**ふるまい**をもしたものだなあ」とおっしゃって、(村上天皇は)恥ずかしがっていらっしゃった。

❷**仕事。つとめ。**〈**伊勢・四一**〉「さるいやしき**わざ**もならはざりければ、上の衣(きぬ)の肩を張り破(や)りてけり」訳 そのような下賤(げせん)な**仕事**に慣れてもいなかったので、上衣の肩の布を強く張りすぎて破ってしまった。

❸**技術。**技芸。演技。〈**今昔・二四・五**〉「この工(たくみ)、かの川成(かはなり)となむおのおの**わざ**を挑(いど)みにける」訳 この工匠(=飛騨(ひだ)の工)は、あの(百済(くだら)の絵師)川成と、それぞれ**腕前**を競い合った。

❹**仏事。法要。**〈**徒然・三〇**〉「さるは、跡(あと)とふ**わざ**も絶えぬれば、いづれの人と名をだに知らず」訳 そのうえ、死後をとむらう**仏事**も絶えてしまうと、(墓の主が)どこの人かと名前をさえわからず。

❺**ありさま。ようす。**事態。物事。〈**徒然・一九**〉「おぼしきこと言はぬは腹ふくるる**わざ**なれば」訳 言いたいと思っていることを言わないのは腹がふくれる(ような)**こと**なので。

❻わざわい。たたり。害悪。〈**浮・武道伝来記**〉「向後(きやうこう)悪心さって、世の人に**わざ**を致さじ」訳 今後は悪い心を遠ざけて、世間の人に**害悪**を及ぼしますまい。

わざ‐おき〔俳優〕➡わざをき

わさ‐だ【早稲田】名 早稲(わせ)(=早く実る稲)を作る田。秋

わざ‐と【態と】副 ➡右 317

最重要330

317

わざ‐と【態と】副

ガイド 現代語にない②「本格的に」、③「特に」の意に注意。②は多く「わざとの＋名詞」の形で用いる。

❶**わざわざ。特に心を用いて。意図的に。故意に。**

❷**正式に。本格的に。**

❸**とりわけ。特に。格別に。**

例「かやうのことに権(ごん)中納言のなきこそ、なほさうざうしけれ」とのたまはせて、**わざと**御消息(せうそく)聞こえさせ給ふほど〈**大鏡・道隆**〉

訳「このようなこと(=遊宴)に権中納言(=隆家(たかいへ))がいないのは、やはりもの足りない」とおっしゃって、(道長は)**わざわざ**(招待の)お手紙を差し上げなされる間に。

例 **わざとの**御学問はさるものにて、琴笛の音(ね)にも雲井(くもゐ)を響かし〈**源氏・桐壺**〉

訳(若宮=光源氏は)**本格的**な御学問(=漢学)は言うまでもないこととして、琴や笛の音によっても宮中に評判を高くして。

例 人のもとに、**わざと**きよげに書きてやりつる文(ふみ)の返りごと〈**枕・二五**〉

訳 ある人のところへ、**格別に**きちんとした感じに書いて届けた手紙の返事を。

わざと-がま・し【態とがまし】形シク {しから・しく(しかり)・し・しき(しかる)・しけれ・しかれ}〔「がまし」は接尾語〕❶いかにもわざとらしい。意図的な感じがする。〈源氏・末摘花〉「かくわざとがましう用(ウ音便)のたまひわたれば、なまわづらはしく」訳(光源氏が)このようにわざとらしく(末摘花への手引きを)おっしゃり続けるので、(大輔の命婦は)なんとなくめんどうくさくて。❷ことさらに心を用いたようすだ。入念である。〈源氏・若菜下〉「屏風、几帳などのことも、…わざとがましく用いそがせ給ひけり」訳屏風や几帳などの(贈り物の)ことも、…入念に(用意をさせ)急がせなさった。

わざと-なら-ず【態とならず】ことさらではない。なにげない。〈徒然・三二〉「わざとならぬ体匂ひ、しめやかにうちかをりて」訳わざわざ(薫いた)というのではない(香の)匂いが、しっとりとかすかにかおって。

なりたち 副詞「わざと」＋断定の助動詞「なり」未＋打消の助動詞「ず」

わざはひ【災ひ・禍】名 ❶災難。不幸。凶事。❷(下に「や」「かな」などを伴って)不快の気持ちを表す。いやなこと。〈大鏡・道長上〉「この殿は不運にはおはするぞかし。わざはひや、わざはひや」訳この殿様(＝道長)は不運でいらっしゃることよ。いやなことだ、いやなことだ。

わざ-をき【俳優】名〔「業招き」の意〕「わざをぎ」とも。滑稽な歌や舞をして神や人を楽しませる技。また、それをする人。

わ-さん【和讃】名(仏教語)仏教歌謡の一つ。和語で仏の徳を賛美してうたう七五調の律文。七五調四句で一段をなし、数十段に及ぶものもある。今様の成立に影響を与えた。

わし・る【走る】自ラ四 {ら・り・る・る・れ・れ} はしる。また、あくせくする。〈徒然・七四〉「〔人々は〕蟻のごとくに集まりて、東西に急ぎ、南北にわしる終」

わ・す【座す】一 自サ四・下二 {さ・し・す・す・せ・せ}{せ・せ・す・する・すれ・せよ}「あり」「来」の尊敬語。いらっしゃる。おいでになる。〈狂・粟田口〉「藤右馬の允はわする体(下二段)か」訳藤右馬の允はおいでになるか。二 補動サ四・下二 {さ・し・す・す・せ・せ}{せ・せ・す・する・すれ・せよ} 接続詞「て」に付いて、尊敬の意を表す。…でいらっしゃる。〈平家・延慶本・四〉「猫殿は天性小食にてわし用(四段)けるにや」訳猫間中納言殿は生まれつき小食でいらっしゃったのであるか。

参考 尊敬語の「おはす」が「オワス」と発音されるようになり、その「オ」が略されたもの。中世の説話集や軍記物語などから使われている。

わずか【僅か】⇩わづか

わずらう【煩う】⇩わづらふ(九一五ページ)

わすらるる… 和歌《百人一首》【忘らるる 身をば思はず 誓ひてし 人の命の 惜しくもあるかな】〈拾遺・恋四・右近〉⇩付録①「小倉百人一首」38

わずらわし【煩わし】⇩わづらはし(九一四ページ)

わす・る【忘る】他ラ四・下二 {ら・り・る・る・れ・れ}{れ・れ・る・るる・るれ・れよ} 忘れる。記憶をなくす。〈万葉・二〇・四三四四〉「忘ら未(四段)むて野行き山行きわれ来れど我が父母は忘れせぬかも」訳忘れようと、野を行き山を行き、私は来るけれども、自分の父母のことは忘れられないことだ。(「忘らむて」は「忘らむと」の東国方言。「忘れせぬかも」の「忘れ」は名詞)。〈徒然・四一〉「それを忘れ用(下二段)て、物見て日を暮らす」訳そのこと(＝死の来ること)を忘れて、(競べ馬を)見物して日を暮らすのは。

参考 四段活用はおもに上代に用いられた。また、上代、四段活用の場合は「意識的に忘れる」、下二段活用の場合は「自然に忘れる」「つい忘れる」の意味に用いられたという。

わすれ-がたみ【忘れ形見】名 ❶忘れることのできない記念の物。亡くなった人の形見の品。〈平家・一・祇王〉「なからん跡の忘れ形見にもとや思ひけん、…一首の歌をぞ書きつけける」訳(邸から出て)いなくなるであろう跡の忘れがたい記念にでもと思ったのであろうか、…(襖に)一首の歌を書きつけた。❷親の死後に、残された子。遺児。〈源氏・手習〉「など忘れ形見をだにとどめ給はずなりにけむ」訳どうしてせめて亡き人をしのぶよすがとしての子供だけでも、(中将は)残してくださらなかったのだろう。

わすれ-がひ【忘れ貝】名 離れ離れになった二枚貝の片方。これを拾うと恋しい人を忘れられるという。

わすれがひ… 和歌

忘れ貝 拾ひしもせじ 白玉を
恋ふるをだにも かたみと思はむ
〈土佐〉

訳(あの子を忘れるために)忘れ貝を拾いはすまい。白玉のようなあの子を、せめて恋しく思う気持ちだけでも、(あの子の)形見と思おう。

解説 港の浜辺にある美しい貝や石を見て、土佐国(高知県)で死んだ娘を思い出して詠んだ歌。「寄する波うちも寄せなむわが恋ふる人忘れ貝おりて拾はむ」(訳⇩よするなみ…和歌)〈土佐〉に応えるようにして詠んだ歌。「忘れ貝」は、それを拾うと、恋しい人を忘れられるという貝。「白玉」は、死んだ子をたとえたものであるが、眼前の浜辺にある石の印象にもとづく。

わすれ-ぐさ【忘れ草】名 萱草(＝草の名)の別名。憂いや恋しい人を忘れるために、下着のひもにつけたり、垣根に植えたりした。「忘るる草」とも。夏

(わすれぐさ)

わすれじの… 和歌《百人一首》【忘れじの 行く末までは 難ければ 今日を限りの 命ともがな】〈新古・恋三・儀同三司の母〉⇩付録①「小倉百人一首」54

わすれては… 和歌

忘れては 夢かとぞ思ふ 思ひきや
雪ふみ分けて 君を見むとは
〈伊勢・八三〉〈古今・一八・雑下・九七〇・在原業平〉

訳(この現実を)ふと忘れて、夢ではないかと思います。思ってもみたでしょうか(いや、予想もしませんでした)。雪を踏み分けて、(出家なさって山里にお

最重要330

318 **わた・る**【渡る】自ラ四{ら・り・る・る・れ・れ}

ガイド ①が原義で、転じて**空間・時間をこえて他に及ぶ**意に広く用いる。空間についてが②④⑤、時間についてが③。古文では、補助動詞としての⑦も現代語よりも広く活発に用いられるので注意。中世には⑥の意も生じた。他動詞形は「わたす」。

❶ **海や川などを越えて行く。**
例 竜田川紅葉乱れて流るめり渡ら㊍ば錦中や絶えなむ〈古今・秋下〉
訳 竜田川には紅葉が(一面に)散り乱れて流れているようだ。この川を渡るならば、紅葉の織りなした(美しい)錦が途中で切れてしまうだろうか。

❷ **過ぎる。通る。**行く。来る。**移る。**
例 むかし、宮の内にて、ある御達の局の前を渡り㊊けるに〈伊勢・三一〉
訳 昔、宮中で、(男が)ある高貴な女房の局(＝部屋)の前を通ったときに。

❸ **年月が過ぎる。年月を送る。**
例 無益のことを思惟して時を移すのみならず、日を消し、月をわたり㊊て一生を送る、尤も愚かなり〈徒然・一〇八〉
訳 むだなことを考えて時間を過ごすだけでなく、(さらに)日を過ごし、月を経過させて一生を送るのは、いかにも愚かなことである。

❹ **一方から他方につながる。またがる。岸から岸に架かる。**
例 入り江にわたり㊊し橋なり〈更級・富士川〉
訳 (浜名の橋はかつて浜名湖の)入り江に架かっていた橋である。

❺ **広く通じる。広い範囲に及ぶ。**
例 このいましめ、万事にわたる㊎べし〈徒然・九二〉
訳 この訓戒は、(弓道だけでなく)あらゆることに広く通じるにちがいない。

❻ (「候ふ」「せ給ふ」とともに用いられて)「あり」の尊敬語。**いらっしゃる。**おいでになる。→渡らせ給ふ②

❼ (動詞の連用形の下に付いて)

－わた・る(上段⑦参照)
例語 ㋐逢ひわたる(＝長いこと会い続ける)・在りわたる(＝そのままの状態で過ごす)・言ひわたる(＝言い続けて過ごす)。また、求婚し続ける)・倦みわたる(＝世の中をいやだと思いながら過ごす)・恨みわたる(＝恨んで月日を過ごす)・思ひわたる(＝思い続けて月日を送る)・聞きわたる・恋ひわたる・咲きわたる・偲びわたる(＝ずっと恋い慕い続ける)・住みわたる・解けわたる(＝何度も解ける)・嘆きわたる・悩みわたる(＝苦しみながら過ごす)・念じわたる(＝念じ続ける)・待ちわたる・呼ばひわたる(＝求婚し続ける)
例語 ㋑明けわたる(＝すっかり夜が明ける)・青みわたる(＝一面に青くなる)・霞みわたる(＝一面にかすむ)・凍りわたる(＝一面に凍る)・冴えわたる・咲きわたる・澄みわたる・立ちわたる(＝一面におおう。また、ずらりと立ち並ぶ)・這ひわたる・見えわたる・萌えわたる(＝一面に芽が出る)・燃えわたる(＝一面に燃える)・行きわたる(＝あまねく及ぶ)

暮らしの)あなたさまにお目にかかろうとは。(「や」は、反語の係助詞。意味上は四句以下を倒置)
解説 仕えていた惟喬親王が出家して、比叡山のふもとに隠棲していたのを訪問したときの歌。「古今集」詞書もほぼ似た内容。

わすれ-みづ【忘れ水】名 野中の物陰などを、人

㋐時間的に「ずっと…続ける」の意を表す。

→前ページ下段「例語」㋐

㋑空間的に「一面に…」の意を表す。

→前ページ下段「例語」㋑

例 岩ね踏み重なる山にあらねども逢はぬ日多く恋ひわたる㊍かな〈伊勢・七四〉

訳 (あなたとの間を隔てているのは)岩を踏んで登る重なり続いた険しい山ではない(から逢うのはたやすいはずな)のに、逢わない日が多くて恋しく思い続けていることだ。

語感実感 初恋の人をいつまでも忘れず、大人になってもずっと思い続けている感じ。

例 有り明けのいみじう霧りわたり㊊たる庭に〈枕・一六八〉

訳 有り明けの(月のころの)あたり一面にひどく霧が立ちこめている庭に。

に忘れられたように、絶え絶えに流れている水。

わせ【早稲】名 早く実る稲。秋。対 奥手

わ-そう【我僧・和僧】代〔「わ」は接頭語〕対称の人代名詞。僧を親しんで、また、少し軽んじて呼ぶ語。お坊さん。〈宇治・一〇・一〇〉「わ僧の頭やかひなに取りつきたりつる児どもは、誰ぞ」訳 坊さんの頭や腕に取りついていた子供たちは、だれだ。

わた【海】名〔後世「わだ」とも〕海。〈万葉・七・一三一七〉「海の底しづく白玉」訳 海の底に沈んでいる真珠は。

わだ【曲】名「わた」とも。湾曲した地形。入り江などをいう。〈万葉・一・三一〉「ささなみの志賀の大わだ淀むとも昔の人にまたも逢はめやも」訳 →ささなみの…和歌

わ-たう【我党・和党】代〔「わ」は接頭語〕対称の人代名詞。おまえ。おまえら。親しみをこめて、また、やや卑しめて呼ぶ語。〈宇治・三・六〉「わたうたちこそ、さ せる能もおはせねば、物をも惜しみ給へ」訳 おまえさんたちは、これといった才能もおありでないので、物をも惜しみなさるのだ。

わだかま・る【蟠る】一 自ラ四〔ら・り・る・る・れ・れ〕曲がりくねる。(蛇などが)とぐろをまく。〈宇治・四・五〉「この蛇ものぼりて、かたはらにわだかまり㊊伏したれど」訳 この蛇も(板の間に)上って、(女の)脇でとぐろをまいてうずくまっていたが。

二 他ラ四〔ら・り・る・る・れ・れ〕盗む。横領する。〈浄・五十年忌歌念仏〉「主人の金子をわだかまり㊊」訳 主人の金を盗み。

わた-ぎぬ【綿衣】名 綿を縫いこんだ衣服。綿入れ。

わたくし【私】

一 名 ❶自分の一身上のこと。個人的なこと。〈源氏・賢木〉「殿上人どもも、私の別れ惜しむ多かり」訳 殿上人たちも、(女房たちに)個人としての別れを惜しむ者が多い。対 公

❷私心をもつこと。自己の利益をはかること。〈雨月・白峯〉「天下は神器なり。人の私をもて奪ふとも得べからぬことわりなるを」訳 天子の位は神聖で尊いものである。人が私欲をもって奪おうとしても得られない道理であるから。

二 代 自称の人代名詞。わたし。〈狂・神鳴〉「『おのれはなんぢや』『私は医師でござる』」訳「おまえは何者だ」「私は医者でございます」。

わたくし-ごと【私事】名 私的な事柄。公的でないこと。対 公事

わたくし-ざま【私様】名 私事に関する方面のこと。公的でない、うちうちのこと。〈源氏・少女〉「これは御私様に、うちうちのことなれば」訳 これ(＝今日の催し)は非公式で、うちうちのことなので。対 公様

わたくし-もの【私物】名 個人の所有物として大切にするもの。表向きでなく、うちうちで大事にするもの。〈源氏・桐壺〉「この君をば、私ものに思ほしかしづき給ふこと限りなし」訳 この君(＝光源氏)を(桐壺帝は)秘蔵っ子にお思いになり、大切に養育なさることはこの上もない。

わた-こ【綿子】名 真綿で作った防寒着。

わたし-もり【渡し守】名 渡し舟の船頭。「渡り守」とも。

わた・す【渡す】

一 他サ四〔さ・し・す・す・せ・せ〕❶ある場所から他の場所に移す。〈源氏・若紫〉「今日明日渡し㊊奉らむ」訳 今日か明日のうちに、(若紫を私＝光源氏の邸に)お移し申しあげよう。

❷(川や海などを)越えさせる。また、橋などを岸から岸に架ける。〈平家・四・橋合戦〉「三百余騎、一騎も流さず、むかへの岸へざっと渡す㊎」訳 (足利忠綱の指図して)三百余騎(の騎馬武者)を、一騎も流さず、向かいの岸へざっと渡らせる。

❸(此岸から煩悩の川を渡らせ彼岸に導くことから)浄土に行かせる。神仏の力で救う。〈仏足石歌〉「もろもろ救ひ渡し㊊給はな」訳 多くの人を救って、浄土へ渡してください。

❹与える。授ける。〈宇治・六・四〉「双六をうちけるが、多く負けて、渡す㊎べき物なかりけるに」訳 (若侍は)双六で賭け事をしたが、さんざんに負けて、(相手に)与えることのできる物がなかったので。

❺見せしめに、罪人に大路を通らせる。引き回す。〈平家・三・大地震〉「大臣・公卿大路をわたし㊊てその頸を獄門にかけらる」訳 大臣や公卿は(罪人として)大路を引き回してその首を獄門にかけられる。

二 補動サ四〔さ・し・す・す・せ・せ〕(動詞の連用形に付いて)ある動作・行為がずっと及ぶ。広く…する。めいめい…する。〈源氏・須磨〉「鼻を忍びやかにかみわたす㊎」訳 鼻(水)をめいめいがそっとかむ。〈徒然・一九〉「松立てわた

最重要330

319 **わづら・は・し**【煩はし】形シク〔しから・しく(しかり)・し・しき(しかる)・しけれ・しかれ〕

ガイド あれこれ気をつかって苦しむ意の動詞「煩ふ」(→320)に対応する形容詞。そのようになる状態として、①②③の事態がある。からだの苦痛についていうのが④。

❶ **複雑であるさま。めんどうなさま。いとわしい。いやだ。**

例 宮仕へ仕うまつらずなりぬるも、かくわづらはしき㊀身にて侍れば〈竹取・かぐや姫の昇天〉 訳 宮仕えをいたさないようになったのも、(私が)このように複雑な身の上でございますので。

❷ **気づかいされるさま。気がおける。**

例 やむごとなくわづらはしき㊀ものにおぼえ給へりし大殿の君も失せ給ひて後〈源氏・賢木〉 訳 (六条御息所が)高貴な身分で気がおける方とお感じになっていらっしゃった大殿の君(=葵の上)もお亡くなりになってのち。

❸ **口やかましい。うるさい。**

例 大将殿のつねにわづらはしく㊊聞こえ給へば〈堤・花桜をる少将〉 訳 大将殿がいつも口やかましく(小言を)申し上げなさるので。

❹ **病気が重い。**

例 年久しくありて、なほわづらはしく㊊なりて死ににけり〈徒然・四二〉 訳 長年たった後に、(行雅僧都は)いっそう病気が重くなって死んでしまった。

し㊊て、はなやかにうれしげなるこそ、またあはれなれ」訳 (元旦の大路の光景は、家々に)ずらりと門松を立てつらねて、晴れやかで喜ばしそうなのは、またしみじみとした趣がある。

わた-つ-うみ【わたつ海】名〔「わたつみ」の転。「つ」は「の」の意の上代の格助詞〕海。大海。〈古今・秋下〉「草も木も色変はれどもわたつ海の波の花にぞ秋なかりける」訳 (秋になると)草も木も色が変わるけれども、大海の波という花には、(その色を変える)秋はなかったことだ。

わた-つ-み【海神】名〔「海つ霊」の意。「つ」は「の」の意の上代の格助詞。後に「わだつみ」「わたづみ」などとも〕❶**海の神。**〈万葉・九・一七八四〉「わたつみのいづれの神を祈らばか行くさも来さも船の早けむ」訳 海神のいづれの神を祈らばか行くさも来さも船の早けむ」訳 海神の中のどの神に祈ったなら、行きも帰りも船が速いのだろうか。対 山神 ❷(海神のいる所の意から)**海。**大海。〈万葉・一・一五〉「わたつみの豊旗雲に入り日見しこよひの月夜さやけかりこそ」訳 →わたつみの… 和歌

わたつみの… 和歌

わたつみの　豊旗雲に　入り日見し
　こよひの月夜　さやけかりこそ
　　〈万葉・一・一五・天智天皇〉

訳 海上はるかにたなびいている雲にさしこむ落日を見た、今夜の月は清く明るくあってほしい。(「こそ」は、上代の、他に対する希望の終助詞)

解説 第三句までは雄大な落日の光景。第四句以下は、その光景にふさわしい月夜であってほしいとの願い。第五句の原文は「清明己曽」で、「アキラケクコソ」「マサヤカニコソ」「サヤニテリコソ」などの訓も考えられる。

わた-どの【渡殿】名 寝殿造りなどで、建物と建物とをつなぐ屋根のある板敷きの廊下。渡り廊下。細殿。〈源氏・桐壺〉「打ち橋、渡殿のここかしこの道にあやしき業をしつつ」訳 打ち橋(=建物と建物との間に渡した橋)や渡り廊下のあちこちの通り道に、たびたびけしからぬことをしかけては。➡寝殿造り「古文常識」(四三四ページ)

(わたどの)

わた-なか【海中】名 海の中。海上。

わた-の-はら【海の原】名「わだのはら」とも。うなばら。**大海。**〈古今・羇旅〉「わたの原八十島かけてこぎ出でぬと人には告げよあまの釣舟」訳 ➡付録①「小倉百人一首」11

わたのはら… 和歌《百人一首》【わたの原　こぎ出でて見れば　久方の　雲居にまがふ　沖つ白波】〈詞花・雑下・藤原忠通〉➡付録①「小倉百人一首」76

わたのはら… 和歌《百人一首》【わたの原　八十島かけて　こぎ出でぬと　人には告げよ　あ

まの釣舟(つりぶね)】〈古今・羇旅・小野篁(をののたかむら)〉⬇付録①「小倉百人一首」11

わたら-せ-たま・ふ(ワタラセタマ(モ)ウ)【渡らせ給ふ】❶「渡る」の尊敬表現。また、「行く」「来(く)」の尊敬語。お渡りになる。お通りになる。いらっしゃる。〈大鏡・花山院〉「晴明が家の前をわたらせ給へ(已)ば」訳(花山(かざん)天皇が安倍)晴明の家の前をお通りになられると。〈平家・七・維盛都落〉「これはされば いづちへとて、わたらせ給ふ(体)ぞ」訳 これは一体全体(父上は)どこへ(行こう)と思って、いらっしゃるのか。

❷「あり」の尊敬語。㋐(本動詞として)いらっしゃる。〈平家・四・若宮出家〉「この宮は方々に御子の宮たちあまたわたらせ給ひ(用)けり」訳 この(高倉の)宮にはあちこちに御子の宮たちが数多くいらっしゃった。㋑(用言・助動詞の連用形、接続助詞「て」などに付いて)…(て)いらっしゃる。…(で)いらっしゃる。〈平家・灌頂・女院死去〉「女院(にようゐん)御心地例ならずわたらせ給ひ(用)しかば」訳 女院(=建礼門院)はご気分が悪くなり病気にかかっていらっしゃったので。〈平家・二・能登殿最期〉「あなあさまし。あれは女院にてわたらせ給ふ(体)ぞ」訳 ああ驚きあきれたことだ。あれは女院(=建礼門院)でいらっしゃるぞ。

なりたち 四段動詞「渡る」(未)＋尊敬の助動詞「す」(用)＋尊敬の補助動詞「たまふ」

参考 ②は中世以降の用法。

わたらひ(ワタライ)【渡らひ】名 生活するための仕事。なりわい。また、暮らし向き。生計。

わたり【辺り】名 ❶ほとり。あたり。〈徒然・八九〉「このわたりに見知れる僧なり」訳(走り寄ると)この近辺で(以前から)顔を見知っている僧である。〈徒然・一五三〉「資朝卿(すけとものきやう)、一条わたりにてこれを見て」訳 資朝卿が、一条大路のあたりでこれを見て。❷(間接的な言い方で)人。人々。方(かた)。〈源氏・末摘花〉「少しゆゑづきて聞こゆるわたりは、御耳とどめ給はぬ隈(くま)なきに」訳 少しでも風情があるとうわさされる人(=女)には、(光源氏が)聞き耳をおたてにならないところがない中で。

わたり【渡り】名 ❶移動すること。移転。〈源氏・澪標〉「御渡りのことを急ぎ給ふ」訳(前斎宮の)お移りのことの準備をなさる。❷来訪すること。向こうからこちらへ来ること。〈平家・七・忠度都落〉「さてもただ今の御渡りこそ情けもすぐれて深う」訳 それにしてもただ今の(忠度(ただのり)の)お越しは風情(を解する心)も非常に深く。❸川や海を渡ること。また、渡し場。渡船場。〈万葉・三・二六五〉「苦しくも降りくる雨か神(みわ)の崎狭野(さの)の渡りに家もあらなくに」訳 困ったことに降ってくる雨だなあ。神の崎の佐野の渡し場には(雨宿りする)家もないのに。❹品物が外国から来ること。また、その品物。舶来。❺「渡り者」の略。あちこちを渡り歩いて奉公をする者。❻交渉。かけあい。❼物の端から端までの長さ。差し渡し。直径。❽(接尾語的に用いて)物事が全体にいきわたる回数を表す。〈源氏・鈴虫〉「御かはらけ二わたりばかり参るほどに」訳(皆が順に)御杯を二まわりほど召し上がる時分に。

わたり-あ・ふ(ワタリア(オ)ウ)【渡り合ふ】自ハ四{は・ひ・ふ・ふ・へ・へ} 相手になって戦う。斬り合う。〈謡・熊坂〉「すこし恐るる気色(けしき)なく、小太刀(こだち)を抜いて渡り合ひ(用)」訳 少しも恐れるようすもなく、小太刀を抜いて応戦し。

わたり-がは(ワタリガワ)【渡り川】名 三途(さんず)の川。

わた・る【渡る】自ラ四 ⬇九一三ページ 318

わづか(ワズカ)【僅か】形動ナリ{なら・なり(に)・なり・なる・なれ・なれ} ❶数量が少ないさま。程度・規模が小さいさま。少し。ささやか。〈源氏・帚木〉「わろ者は、わづかに(用)知れる方(かた)のことを残りなく見せ尽くさむと思へるこそ、いとほしけれ」訳

最重要330 320

わづら・ふ(ワズラ(ロ)ウ)【煩ふ】一 自ハ四{は・ひ・ふ・ふ・へ・へ} 二 補動ハ四{は・ひ・ふ・ふ・へ・へ}

ガイド 苦しむ、悩むの意。精神的にいうのが①、肉体的にいうのが②。②は現代語でも「患(わずら)う」として残る。二の補助動詞の用法にも注意。

一 自ハ四

❶あれこれ気をつかって、苦しむ。悩む。苦労する。
例 かにかくに思ひわづらひ(用)哭(ね)のみし泣かゆ〈万葉・五・八九七〉
訳 あれやこれやと思い悩み、ただもう泣かれるばかりである(よ)。

❷病気になる。病(や)む。
⬇篤(あつ)し「慣用表現」
例 にはかにわづらふ(体)人のあるに、験者(げんざ)求むるに〈枕・二八〉
訳 急に病気で苦しむ人がいるときに、修験者をさがしたところ。

二 補動ハ四

(動詞の連用形に付いて)…しかねる。
例 いかにして過ぎにしかたを過ぐしけむ暮らしわづらふ(体)昨日今日(けふ)かな〈枕・三〇一〉
訳 いったいどのようにして過去の月日を過ごしたのだろう。(あなたがいないので)一日を送りかねる昨今であることだ。

最重要330

321 わび・し

【侘びし】 形シク {しから・しく(しかり)・し・しき(しかる)・しけれ・しかれ}

ガイド 思いわずらう意の動詞「侘(わ)ぶ」(→322)に対応する形容詞。思うように物事がはかどらず、つらくてやりきれない感じを表す。

❶ 苦しい。つらい。

例 やうやう暑くさへなりて、まことにわびしく(用)て〈枕・一五八〉

訳 その上だんだんと暑くまでもなってきて、(坂を上るのが)ほんとうに苦しくて。

❷ さびしい。もの悲しい。

例 山里は秋こそことにわびしけれ(已)鹿の鳴く音(ね)に目をさましつつ〈古今・秋上〉

訳 山里(の住まい)は秋が特にもの悲しい。(夜は)鹿の鳴く声にしばしば目をさまして。

❸ 貧しい。みすぼらしい。

例 とかくして、身ひとつばかり、わびしから(未)で過ぐしけり〈宇治・九・三〉

訳 あれこれ(努力工夫)して、自分一人(の生活)だけは、不自由でないようすで過ごしていた。

❹ おもしろくない。興ざめだ。もの足りない。

(→さうざうし「類語の整理」)

例 前栽(ぜんざい)の草木まで心のままならず作りなせるは、見る目もくるしく、いとわびし(終)〈徒然・一〇〉

訳 庭の植え込みの草木まで自然(の趣)のままでなく手を加えて作りあげてあるのは、見た目も不愉快で、まったく興ざめである。

最重要330

322 わ・ぶ

【侘ぶ】 自バ上二 {び・び・ぶ・ぶる・ぶれ・びよ}

ガイド ①「思いわずらう」が原義で、そうなる感情として②③が、そうなる境遇として④が派生した。のちに②④の状態に価値を見いだし、進んでその状態に身を置くという⑤の意も生じた。

❶ 思いわずらう。つらく思う。 思

例 限りなく遠くも来にけるかなとわび(用)あへるに〈伊勢・九〉

(総じて)未熟な者は、ほんの少し知っている方面のことを、すっかり見せつくそう(＝ひけらかそう)と考えているのは、不快なことだ。→仄(ほの)か「類語の整理」

❷ **貧弱なさま。とるに足りないさま。**〈浄・傾城反魂香〉「下拙(げせつ)ことは狩野ノ四郎二郎元信と申すわづか(語幹)の絵かき」訳 拙者は狩野の四郎二郎元信と申すつまらぬ絵かき(である)。

❸ (副詞的に用いて)**やっと。**かろうじて。〈源氏・蓬生〉「わづかに(用)見つけたる心地、恐ろしくさへおぼゆれど」訳 (惟光(これみつ)が)やっと(人影を)見つけた気持ちは、恐ろしいとまで感じるけれど。

わづらは・し 【煩はし】(ワズラワシ) 形シク →九一四ページ 319

わづらひ 【煩ひ】(ワズライ・ワズラヒ) 名 ❶めんどう。苦労。迷惑。心配。❷病気。→篤(あつ)し「慣用表現」

わづら・ふ 【煩ふ】(ワズラウ・ワズラ(ロ)ウ) 自ハ四 補動ハ四 →前ページ 320

わ-どの 【我殿・和殿】 代 (「わ」は接頭語)「わとの」とも。対称の人代名詞。同等またはそれ以下の者に対して、親しみをこめて呼ぶ語。あなた。おまえ。〈平家・七・実盛〉「かういふわどのは誰(た)ぞ」訳 こういうおまえはだれだ。

わなな・く 【戦慄く】 自カ四 {か・き・く・く・け・け} ❶**わなわなとふるえる。**また、笛の音や声がふるえる。〈大鏡・道長上〉「御手もわななく(体)けにや、的のあたりにだに近くよらず」訳 お手もふるえるせいであろうか、(伊周(これちか)が射た矢は)的のあたりにさえ近く寄らないで。❷**ざわざわと動く。**ざわめく。〈落窪〉「下臈(げらふ)の物見むとわななき(用)騒ぎ笑ふこと限りなし」訳 身分の低い庶民たちが見物しようとざわめき騒いで笑うことはこの上ない。❸**髪の毛がほつれる。**ぼさぼさになる。〈枕・八三〉「髪なども我がにはあらねばにや、所々わななき(用)ちりぼひて」訳 髪の毛なども自分のではないからであろうか、ところどころぼさぼさになったりまばらになったりして。

わ-ぬし 【吾主】 代 (「わ」は接頭語)対称の人代名詞。対等またはそれ以下の者を親しんで、また、軽んじてい悩む。

❷**さびしく思う。心細く過ごす。**

❸**困る。当惑する。**

❹**落ちぶれる。みすぼらしくなる。**

❺**閑寂な境地を楽しむ。**

❻**(動詞の連用形の下に付いて)**

㋐**「…て思い悩む」「どうしようもなく…」の意を表す。**
→下段「例語」㋐

㋑**「…かねる」「…にくくなる」の意を表す。**
→下段「例語」㋑

訳 果てしもなく遠くまで来てしまったものだなあと、互いに嘆いていると。

例 ひとりしていかにせましとわび(用)つればそよとも前の荻(をぎ)ぞこたふる〈大和・一四八〉

訳 一人ぼっちでどうしたらよいだろうと心細く思っていたところ、庭前の荻がそよそよと音をたてて、「そうね」と答える(ように思われる)ことだ。(「そよ」は荻のそよぐ音と応答のことばとの掛詞)

例 つれづれわぶる(体)人は、いかなる心ならん〈徒然・七五〉

訳 することがない所在なさを(もて余して)困る人は、どんな気持ちなのだろう。

例 あるは、昨日は栄えおごりて、時を失ひ、世にわび(用)〈古今・仮名序〉

訳 あるいは、昨日(まで)は栄えおごって、(今日はたちまち)権勢を失い、世間で落ちぶれ。

例 ことさらこの須磨(すま)の浦に心あらむ人は、わざともわび(用)てこそ住むべけれ〈謡・松風〉

訳 特にこの須磨の海岸では風雅の心のあるような人は、わざわざでも閑寂な生活を楽しんで住むはずである。

例 我(われ)のみや世をうぐひすとなきわび(未)む人の心の花と散りなば〈古今・恋五〉

訳 私だけが夫婦仲がつらいと鶯(うぐいす)のように泣いて思い悩むのだろうか。あの人の心が花のように散って私から離れてしまったならば。(「うぐひす」の「うく」に「憂(う)く」をかける)

例 住みわび(用)ぬ今は限りと山里に身を隠すべき宿求めてむ〈伊勢・五九〉

訳 都には住みにくくなってしまった。今はこれまでと、山里に身を隠せそうな宿をきっとさがそう。

呼ぶ語。そなた。きみ。おまえ。〈徒然・一三五〉「わぬしの問はれんほどのこと、何事なりとも答へ申さざらんや」訳 おぬしが尋ねなさるくらいのことは、何事であってもお答え申しあげないことがあろうか(いや、お答え申しあげよう)。

わび【侘び】 名 ❶思いわずらうこと。落胆。❷中世以降、茶道・俳諧などでの美的理念を表す用語。簡素でわびしく、落ち着いた風趣。

わび-うた【侘び歌】 名 思いの苦しさや悩みの気持ちを訴える歌。

わび・し【侘びし】 形シク →前ページ 321

わびし-げ【侘びしげ】 形動ナリ {なら・なり(に)・なり・なる・なれ・なれ} (「げ」は接尾語)いかにもつらく苦しそうに見えるさま。心細くさびしそうなさま。みすぼらしそうなさま。〈枕・九〉「あさましげなる犬のわびしげなる(体)が、わななきありければ」訳 (打たれて)あきれるほどひどい感じの犬で、つらく苦しそうなのが、ふるえながら歩きまわるので。

わびし・む【侘びしむ】 他マ下二 {め・め・む・むる・むれ・めよ} ❶わびしい思いをさせる。〈山家集〉「寝覚めする人の心をわびしめ(用)て時雨(しぐ)るる音は悲しかりけり」訳 夜、目を覚ます私の心をわびしくさせて時雨(しぐれ)が降る音は、悲しいものだなあ。

わ・ぶ (上段⑥参照)

例語 ㋐怖(お)ぢ侘ぶ(=どうしようもなく恐れる)・思ひ侘ぶ・消え侘ぶ・恋ひ侘ぶ・眺め侘ぶ(=物思いに沈んでつらく思う)・嘆き侘ぶ(=思い悩んで嘆息する)

例語 ㋑在り侘ぶ(=いづらくなる。生きるのがつらくなる)・言ひ侘ぶ(=言いにくく思う)・為(し)侘ぶ・塞(せ)き侘ぶ(=せきとめかねる)・尋ね侘ぶ(=さがしあぐむ)・念じ侘ぶ・待ち侘ぶ・忘れ侘ぶ(=忘れようにも忘れられずに嘆く)

❷困らせる。〈宇治・一四・二〉「よくわびしめ用で後に、置きたる算をさらさらと押しこぼちたりければ、笑ひさめにけり」訳十分困らせてのちに、置いた算木をさらさらと押しこわしたので、笑いからさめた(=笑いが止まった)のだった。

わびし-ら-に【侘びしらに】副 わびしそうに。つらそうに。〈古今・雑体〉「わびしらに猿(ましら)な鳴きそ」訳わびしげに猿よ鳴いてくれるな。

わ-ひと【吾人】代〔「わ」は接頭語〕対称の人代名詞。目下の者に対して用いる。おまえ。汝(なんじ)。〈平家・一一・嗣信最期〉「さてわ人どもは砺浪山(となみやま)のいくさに追ひ落とされ」訳ところでおまえたちは砺浪山の戦いで追い落とされて。

わびぬれば… 和歌《百人一首》【わびぬれば 今(いま)はた同(おな)じ 難波(なには)なる みをつくしても 逢(あ)はむとぞ思(おも)ふ】〈後撰・恋五・元良(もとよし)親王〉⬇付録①「小倉百人一首」20

わび-びと【侘び人】名「わびひと」とも。❶世をかなんで、さびしく暮らす人。失意の人。〈古今・雑下〉「わび人の住むべき宿と見るなへに嘆き加はる琴の音(ね)ぞする」訳失意の人が住みそうな家だと思って見るその時に、嘆きが加わるような琴の音がすることだ。❷生活に困窮している人。貧しい人。〈今昔・二六・一五〉「わび人など名乗れば、いとほしさに少しをも奉らまほしけれども」訳生活に困窮している者などと名のるので、気の毒さに(食糧などの)少しをも差し上げたいけれども。

わ・ぶ【侘ぶ】自バ上二 ⬇九一六ページ 322

わら-うづ【藁沓】名〔「わらぐつ」の転〕わらで編んだくつ。

わらぢくひ… 川柳

わらぢくひ までは能因(のういん) 気(き)がつかず〈柳多留(やなぎだる)・六〉

訳(しばらく家にこもり、日光浴で顔をやき、いかにも奥州に旅をしたようなふりをして名歌を残したが)足にわらじずれを作っておくことまでは、さすがの能因法師も気がつかなかったようだわい。

解説「都をばかすみとともにたちしかど秋風ぞ吹く白河(しらかは)の関」(訳⬇みやこをば…和歌)〈後拾遺・羇旅〉の歌は、能因が現地に行かずに詠み、風流者の面目を保つため、行ったふりをしたという言い伝えをふまえている。

わらは【童】名 ❶元服前の子供。十歳前後の子供。男女ともにいう。〈枕・六〉「すべてさしいでは、わらはもおとなもいとにくし」訳総じて出しゃばりは、子供でも大人でもたいそう不快だ。❷子供の召使。男女ともにいう。〈徒然・四四〉「ささやかなる童ひとりを具(ぐ)して」訳小柄な召使の少年一人を連れて。❸五節(ごせち)の舞姫につき従う少女。❹髪を垂らし、肩のあたりで切りそろえている、子供の髪形。❺天台宗・真言宗などの寺の、召使の少年。稚児(ちご)。〈徒然・五三〉「童の法師にならんとするなごりとて」訳稚児が一人前の僧になろうとする惜別にというので。

わらは【妾】代〔「童(わらは)」の意。鎌倉時代以降の用法〕自称の人代名詞。女性が謙遜していう。わたし。〈平家・一・祇王〉「さらずはわらはにいとまを給(た)べ」訳さもなければ私に暇をください。

わらは-おひ【童生ひ】名 幼少時の生い立ち。子供のときの成長のようす。〈枕・三六〉「仲忠(なかただ)が童生ひ言ひおとす人と」訳仲忠(=「うつほ物語」の主人公)の(不遇な)幼少時の生い立ちを悪く言う人と。

わらは・ぐ【童ぐ】自ガ下二〔げ・げ・ぐ・ぐる・ぐれ・げよ〕子供らしいようすをする。子供っぽく見える。〈源氏・朝顔〉「ちひさきは、わらはげ用てよろこび走るに」訳(雪の庭を)小さな女の子は、子供らしいようすをして喜んで走るうちに。

わらは-てんじゃう【童殿上】名 宮中の作法見習いのために、貴族の子弟が、昇殿を許されて殿上に奉仕すること。また、その子供。

わらは-な【童名】名 元服する前の名。幼名。

わらは-べ【童部】名「わらべ」「わらんべ」とも。❶元服前の子供たち。また、子供。転じて、思慮の足りない若い連中。〈源氏・夕顔〉「よからぬ童べの口ずさびになるべきなめり」訳口さがない若い連中の話の種になりそうであるようだ。❷貴人の家や寺に使われている子供。〈枕・八〉「姫宮の御方(かた)のわらはべの装束(さうぞく)、つかうまつるべきよし仰せらるるに」訳(中宮定子が)姫宮様(=脩子(しゅうし)内親王)のおつきの女の子たちの着物を、お作り申しあげるようにとおっしゃると。❸自分の妻のことを謙遜していう語。愚妻。〈うつほ・嵯峨の院〉「かの大将の、九つにあたる娘は、(私)頼明(よりあきら)が童部にてなむ侍る」訳あの大将の九番目にあたる娘は、(私)頼明の愚妻でございます。

わらは-め【童女】名 女の子。少女。

わらは-やみ【瘧】名 病気の名。子供がよくかかるマラリアに似た病気。おこり。

わら-ふだ【藁蓋・円座】名「わらうだ」とも。「ゑんざ」に同じ。

わらべ【童】名〔「わらはべ」の転「わらんべ」の撥音「ん」の表記されない形〕「わらはべ」に同じ。

わら-らか【笑らか】形動ナリ〔なら・なり(に)・なり・なる・なれ・なれ〕〔「ら」は接尾語〕陽気なさま。にこやかなさま。〈源氏・蛍〉「人ざまのわららかに用け近くものし給へば」訳(玉鬘(たまかずら)は)人柄が陽気で親しみやすくていらっしゃるので。

わらわ【童・妾】⬇わらは

わらわやみ【瘧】⬇わらはやみ

わらん-べ【童部】名〔「わらはべ」の転〕「わらはべ」に同じ。

わり-ご【破子・破籠】名 檜(ひのき)などの白木でつくった、食物を入れる容器。中にしきりをし、ふたをする。折詰(おりづめ)。また、その中の食物。

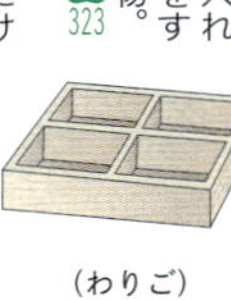

(わりご)

わりーな・し 形ク ⬇次ページ 323

わ・る【割る・破る】■自ラ下二〔れ・れ・る・るる・るれ・れよ〕❶物がわれる。くだける。さける。〈金槐集〉「大海(おほうみ)の磯(いそ)もとどろに寄する波われ用て砕けてさけて散るかも」訳⬇おほうみの…

最重要330

323 わり-な・し

形ク {から・く(かり)・し・き(かる)・けれ・かれ} [「理なし」の意]

ガイド ものの道理をいう「理」がないの意で、**自分の心の中で判断のつかないさま**を表す。④から派生した⑤の意にも注意。

❶ **道理に合わない。無理である。めちゃくちゃだ。分別がない。**

例 人の後ろにさぶらふは、様あしくも及びかからず、**わりなく**(用)見んとする人もなし〈徒然・一三七〉

訳 人(=貴人)のうしろに控えている者は、(前の人に)みっともなくのしかからず、**無理に**(賀茂の祭りの行列を)見ようとする人もいない。

語感実感 子どもをかわいがるあまりに、分別もなくむやみやたらに何でも買い与える感じ。

❷ **たえがたい。苦しい。つらい。**

例 一昨日より腹を病みて、いと**わりなけれ**(已)ば〈源氏・空蟬〉

訳 一昨日から腹をこわして、たいそう**苦しい**ので。

❸ **しかたがない。どうにもならない。やむを得ない。**

➡咳き上ぐ「慣用表現」

例 さりがたき餞などしたるは、さすがに打ち捨てがたくて路次の煩ひとなれるこそ**わりなけれ**(已)〈細道・草加〉

訳 辞退しにくい餞別などをしてくれたのは、やはり捨てにくいので、道中の重荷となったのは**しかたがないことである。**

❹ **ことのほかである。ひととおりでない。程度がはなはだしい。**

例 節分違へなどして夜ふかく帰る、寒きこといと**わりなく**(用)、おとがひなど落ちぬべきを〈枕・二九六〉

訳 節分の方違えなどをして深夜に家に帰るのは、寒いことはまったく**ひととおりでなく**、顎なども(今にも)落ちてしまいそうであるけれども。

❺ **格別すぐれている。すばらしい。**

例 眉目・かたち・心ざま、優に**わりなき**(体)者で候ふとて、この二、三年召しつかはれ候ふが〈平家・一〇・千手前〉

訳 (遊女屋の主人の娘の)容貌・姿・性格が、優雅で**格別にすぐれた**者でございますというので、この二、三年(狩野介が)召し使っておられますが。

和歌 ❷**分かれる。**別々になる。〈詞花・恋上〉「瀬をはやみ岩にせかるる滝川の**われ**(用)ても末にあはむとぞ思ふ」訳➡付録①「小倉百人一首」77

❸**心が乱れる。物思いに心がくだける。**〈古今・雑体〉「宵の間に出でて入りぬるみか月の**われ**(用)て物思ふころにもあるかな」訳 宵のうちに出て(すぐに)隠れてしまう三日月が割れているように、**心もくだけるほどに乱れて**思い悩むこのごろであるよ。(第三句までは「われて」を導きだす序詞。「われて」に①の意をかける)

❹(秘密などが)ばれる。露見する。〈浄・艶狩剣本地〉「奥様に知らせ、いっそ**われ**(用)て出ようか」訳 奥様に知らせて、思い切って(たくらみが)**ばれる**ようにしようか。

二 他ラ四 {ら・り・る・る・れ・れ} ❶くだく。さく。やぶる。〈源氏・蜻蛉〉「氷を物の蓋に置きて**わる**(終)とて」訳 氷をなにかの蓋の上に置いて**くだく**というので。

❷分け配る。割り当てる。〈方丈・三〉「その地、程狭くて条里を**わる**(体)に足らず」訳 その土地(=新都)は、面積が狭くて、区画を**割るの**には不十分である。

❸押し分けて突き進む。打ち破る。〈平治物語〉「真ん中に**わっ**(用)(促音便)て入り」訳 (敵の)まん中に**押し分けて**入り。

わる・し【悪し】 形ク {から・く(かり)・し・き(かる)・けれ・かれ} 「わろし」に同じ。〈枕・三七〉「わびしげなる車に装束**わるく**(用)て物見る人、いともどかし」訳 みすぼらしいようすの牛車に(乗り)服装が**粗末**で(祭りなどを)見物する人は、まったく気にくわない。

参考 中古までは「わろし」が普通に用いられた。「わるし」が多く用いられるようになってからは、従来の「よし」の対義としての「あし」の意味をも表すようになった。

われ【我・吾】 代 ❶自称の人代名詞。**私。**〈大鏡・道長下〉「**我**は京人にも侍らず、たかき宮仕へなどもし侍らず」訳 **私**は都育ちの人間でもありませんし、高貴なお邸への奉公な

最重要330

324 わろ・し 【悪し】 形ク {から・く(かり)・し・き(かる)・けれ・かれ}

ガイド 他と比較してよくない、普通より劣るさまを表す。劣る物事に応じて②〜⑥の語義を立てているが、大きくは①にまとめられる。

❶ **よくない。感心しない。** 好ましくない。⬇悪(あ)し「類語の整理」

例 昼になりて、ぬるくゆるびもていけば、火桶(ひをけ)の火も白き灰がちになりてわろし㊦〈枕・一〉

訳 昼になって、(寒気が)しだいに暖かくゆるんでいくと、火鉢の炭火も白い灰が多くなって感心しない。

例 友とするにわろき㊥者、七つあり。一つには、高くやんごとなき人〈徒然・一一七〉

訳 友としてもつのによくない者が、七つある。第一には、身分が高く重んずべき人。

❷ **美しくない。ぱっとしない。** みっともない。

例 われはこのごろわろき㊥ぞかし。盛りにならば、かたちも限りなくよく、髪もいみじく長くなりなむ〈更級・物語〉

訳 私は今は(まだ)美しくないことだよ。(けれども)娘盛りになるなら、きっと顔だちもすばらしくよくなり、髪の毛もたいそう長くなるだろう。

例 いとわろき㊥名の、末の世まであらむこそ、くちをしかなれ〈枕・八二〉

訳 たいそうみっともない名前が、後の世まで残るとしたらそれは、残念なことであるようだ。

❸ **へただ。つたない。**

例 手のわろき㊥人の、はばからず文(ふみ)書きちらすは、よし〈徒然・三五〉

訳 文字のへたな人が、かまわず手紙をどんどん書くのは、よいものだ。

❹ **不都合だ。適当でない。**

例 暑き比(ころ)わろき㊥住居(すまひ)は、堪へがたきことなり〈徒然・五五〉

訳 暑い時分に(住むのに)不適当な住居は、がまんできないものである。

われ — われ

どもしておりません。

❷**その人自身。自分。**〈源氏・夕顔〉「女、さしてその人とたづね出(い)で給はねば、我も名のりをし給はで」訳 その女(＝夕顔)を、格別にだれと突きとめ(ようとも)なさらないし、(光源氏)自身も名をお明かしにならないで。

❸対称の人代名詞。**おまえ。あなた。** そなた。〈宇治・一〇・一〇〉「我は京の人か。いづこへおはするぞ」訳 そなたは都の人か。どこへいらっしゃるのか。

参考 「わ(我・吾)」に接尾語「れ」が付いた形で、「あ(我・吾)」に「れ」の付いた「あれ」と同義である。また、「な(汝)」に「れ」の付いた「なれ」と対応する。一人称にも二人称にも用いる点は、「おのれ」と同じである。

フレーズ

我か ❶自分であるか。自分のことか。〈古今・恋四〉「人を訪(と)ふとも我かと思はむ」訳 ほかの女性を訪問するのだとしても、自分のことか(＝私に逢(あ)いに来たのか)と思うことにしよう。
❷「我か人か」の略。〈源氏・夕顔〉「君はものもおぼえ給はず、我かのさまにておはし着きたり」訳 (源氏の)君は何もお考えになることができず、正体のないありさまで(二条院に)ご到着になった。

なりたち 「我(われ)」＋係助詞「か」

我かの気色(けしき) 自分か他人かわからないほど、正体を失っているさま。人心地がしないさま。〈源氏・桐壺〉「いとどなよなよと我かの気色にて臥(ふ)したれば」訳 (桐壺の更衣は)いよいよなよなよと(力なく)、正気のないありさまで横になっているので。⬇咳(せ)き上(あ)ぐ「慣用表現」

我か人(ひと)か 自他の区別のつかないほど心が乱れている状態。ぼんやりとして正体を失っているようす。「我か」とも。〈蜻蛉・下〉「我か人かにて、おさへひかへ騒ぐまに」訳 (侍女たちは)我を忘れて取り乱したようすで、(風に吹きあげられた簾を)押さえたり引きとどめたりして騒いでいる間に。⬇咳(せ)き上(あ)ぐ「慣用表現」

我から 自分から。だれのせいでもなく自分のせいで。〈源氏・夕顔〉「『よし、これも我からなり』と恨み」訳

❺貧しい。

❻新鮮でない。くさっている。

例 この女、いと**わろく**(用)なりにければ、思ひわづらひて〈大和・一四九〉訳 この女がたいそう**貧しく**なってしまったので、(男は)思い悩んで。

例 瓜をとりいでたりけるが、**わろく**(用)なりて、水ぐみたりければ〈著聞・六三三〉訳 瓜を取り出したところ、**くさったように**なって、水っぽくなっていたので。

(光源氏は)「まあいいだろう、これ(=夕顔が名を名のらないこと)も**自分自身のせい**である」と恨みごとを言い。

我と [なりたち]「我」+格助詞「から」 自分で。自分から。ひとりでに。〈平家・九・二度之懸〉「大名は**我と**手をおろさねども、家人の高名をもって名誉す」訳 大名は**自分で直接**事にあたらなくても、家臣の手柄をもって(自分の)誉れとする。

我にもあら-ず [なりたち]「我」+格助詞「と」 ❶自分が自分のような気がしない。正気を失いぼうぜんとしている。〈竹取・蓬萊の玉の枝〉「御子は**我にもあらぬ**(体)気色にて、肝消えゐ給へり」訳 (くらもちの)皇子は**ぼうぜんとした**ようすで、非常に驚きおそれてお座りになっている。⬇咳き上ぐ「慣用表現」

❷自分の本心でない。不本意である。〈宇治・一四・六〉「惜しみけれども、いたく乞ひければ、**我にもあらで**とらせたりければ」訳 (唐人は玉を返すことを)惜しんだけれども、(持ち主の男が)熱心に頼んだので、**しぶしぶながら**与えたところ。(「われにもあらで」の「で」は、「ずして」の変化したものといわれる接続助詞)

[なりたち]「に」は断定の助動詞「なり」(用)、「も」は係助詞、「ず」は打消の助動詞

われ-か【我か】⬇我「フレーズ」

われかしこ-げ-に【我賢げに】(副) 自分こそ賢いというふうに。〈徒然・一三〇〉「**我賢げに**物ひきしたため、ちりぢりに行きあかれぬ」訳 (法要が終わった後は)**自分こそ物わかりがよいというふうに**荷物を取りまとめ、散り散りに別れて行ってしまう。

われか-の-けしき【我かの気色】⬇我「フレーズ」

われか-ひとか【我か人か】⬇我「フレーズ」

われから (名) 海藻の間にすむ甲殻類に属する動物の名。和歌では多く、「我から」にかけて用いる。(秋)。〈伊勢・六五〉「海人の刈る藻にすむ虫の**われから**と音をこそなかめ世をば恨みじ」(古今・恋五にも所収) 訳 海人の刈る藻に住む虫の**われから**ではないが、(わが身の不幸は)自分のせいだと、声に出して泣こう、二人の仲を恨んだりはすまい。(第二句までは「われから」を導きだす序詞。「われから」は「我から」との掛詞)

われ-から【我から】⬇我「フレーズ」

われこそは… (和歌)

我こそは　新島守よ　隠岐の海の
荒き波風　心して吹け
〈増鏡・新島守・後鳥羽院〉

訳 私こそは、新しくやって来た島の番人だぞ。隠岐の海の荒い波と風よ、気をつけて(穏やかに)吹けよ。

[解説] 後鳥羽院は、承久三年(一二二一)北条義時追討の命を下したが失敗し、隠岐に流された(承久の乱)。「新島守」は、この度流された自身のこと。

われ-さか・し【我賢し】(形シク)〔(しから)・しく(しかり)・し・しき(しかる)・しけれ・しかれ〕りこうぶっている。自分こそ分別があると思っているようす。〈源氏・椎本〉「**我さかしう**(用)(ウ音便)思ひ沈め給ふにはあらねど」訳 (大君は)**りこうぶって**気持ちを落ち着けていらっしゃるわけではないが。

われ-て【破れて】(副) しいて。むりに。〈伊勢・六九〉「二日といふ夜、をとこ、**われて**『会はむ』と言ふ」訳 二日目の夜に、男は、**むりに**(女に)「会おう」と言う。

われ-と【我と】⬇我「フレーズ」

われときて… (俳句)

我と来て　遊べや親の　ない雀
〈おらが春・一茶〉

(切れ字)

訳 こっちへ来ておいらといっしょに遊べよ。親のない雀の子よ。(おいらも母親を亡くして、「親なし児」と仲間はずれにされて、さびしいのだ)。

[解説] 一茶は五歳で母親を亡くした。「おらが春」には「六歳弥太郎(本名)」と自署するが、追想の句。母親がいないためにはやされたことや、「我が身ながらも哀れなりけり」などの嘆きが前書きにある。

われ-どち【我どち】(名) 自分たちどうし。仲間どうし。〈枕・三〉「**我どち**いふことも、何事ならむとおぼゆ」訳 **仲間どうし**で話すことも、どんなことであろうと思われる。

われ-に-も-あら-ず【我にもあらず】⬇我「フレーズ」

われ-は-がほ【我は顔】(名・形動ナリ) 自分こそはりっぱだという顔つき。得意顔。自慢顔。〈源氏・帚木〉「直人の上達部などまでなりのぼり、**我は顔に**(用)て家の内を飾り」訳 ふつうの家柄の人が上達部などにまで昇進し、**自信ありげな顔つきで**家の中を飾り。

われ-ぼめ【我褒め】(名) 自分で自分をほめること。自慢。

われ-もかう【地楡・吾亦紅・割木瓜】(名) 草の名。秋、茎の先に暗い紅紫色の穂花をつける。(秋)

われ-ら【我等・吾等】代「ら」は接尾語 ❶自称の複数の人代名詞。われわれ。私たち。〈平家・一・祇王〉「いざ**我等**もついてみん」訳さあ(祇王という文字を名前に)つけてみよう。(「つい」は「つき」のイ音便) ❷自称の単数の人代名詞。卑下する気持ちをふくむ。私。私め。われ。〈栄花・浦々の別〉「我が仏の御徳に**我等**も召されぬべかめり」訳わが仏(＝敦康親王)のおかげで**私め**もきっと(都に)召し返されるにちがいないようだ。❸対称の複数の人代名詞。同輩以下に用いる。おまえたち。汝ら。

わ-ろ【我ろ・吾ろ】代〘上代東国方言〙「われ①」に同じ。〈万葉・二〇・四三四三〉「**わろ**旅は旅と思ほど」訳**私**は、旅は旅だから(そのつらさはしかたがない)と思うが。(「思ほど」は「思へど」の東国方言)

わろうだ〘藁蓋・円座〙➡わらふだ

わろ-し【悪し】形ク ➡九二〇ページ 324

わろ-びと【悪人】名身分や地位の低い人。

わろ-ぶ【悪ぶ】自バ上二{び・び・ぶ・ぶる・ぶれ・びよ}「「ぶ」は接尾語」悪く見える。体裁が悪い。みっともない。〈源氏・総角〉「**わろび**用たる女ばらなどは、かかることには憎きさかしらも言ひまぜて」訳**みっともない**女房たちなどは、こうした(男女の)ことには小憎らしいおせっかいまで口にして。

わろ-もの【悪者】名品性や教養の劣っている人。未熟な人。

わわ-く 自カ下二{け・け・く・くる・くれ・けよ}(衣服などが)破れ乱れる。ぼろぼろになる。〈今昔・二五・一五〉「蓑の、腰まで**わわけ**用懸かりたるをかけて」訳蓑で、腰まで(のあたり)まで**ぼろぼろになり**ぶら下がっているのをかけて。

わわけ-さが-る【わわけ下がる】自ラ四{ら・り・る・る・れ・れ}破れほつれてぶら下がる。ぼろぼろになって下がる。〈万葉・五・八九二〉「綿もなき布肩衣の海松のごと**わわけ下がれ**已るかかふのみ肩にうち掛け」訳➡かぜまじり…〔和歌〕

わわ-し 形シク{しから・しく(しかり)・し・しき(しかる)・しけれ・しかれ}騒がしい。やかましい。口うるさい。〈狂・靭猿〉「そこな人、**わわしく**用は**わわしい**終(口語)となぜにおしゃらぬぞ」訳そこの人、**うるさい**ならば**うるさい**とどうしておっしゃらないのだ。

-ゐ【位】接尾 官位の等級を表す。三位以上は正・従の二階に分かれ、四位以下は、さらに上・下があって四階に分かれる。「正四**位**下」

ゐ【井】名 ❶泉あるいは川から水を汲む所。〈万葉・七・一二五六〉「春霞**井**の上ゆただに道はあれど」訳**水を汲む泉**のほとりから(私の家までは)まっすぐに道はあるが。(「春霞」は「井」にかかる枕詞) ❷穴を掘って、地下水を汲み上げるようにした所。井戸。〈万葉・七・一一二八〉「馬酔木なす栄えし君が掘りし**井**の石井の水は飲めど飽かぬかも」訳栄えたお方が掘った**井戸**である、石で囲った井戸の水は、いくら飲んでも飽きないことよ。(「馬酔木なす」は「栄ゆ」にかかる枕詞)

ゐ【亥】名 ❶十二支の十二番目。➡十二支 ❷方角の名。北北西。❸時刻の名。今の午後十時ごろおよびその前後約二時間(午後九時ごろから午後十一時ごろ)。

ゐ【猪】名いのしし・ぶたの総称。特に、いのしし。

ゐ-い・る【居入る】自ラ四{ら・り・る・る・れ・れ}(中に入って)すわりこむ。〈枕・一五四〉「おのづから来などもする人の…**ゐ入り**用てとみも帰りげもなきを」訳ときたま来たりする人が…**すわりこん**ですぐにも帰りそうもないのを。

ゐ-かか・る【居掛かる・居懸かる】自ラ四{ら・り・る・る・れ・れ}すわってよりかかる。〈徒然・二三八〉「わけ入りて膝に**ゐかかれ**已ば」訳(女が人の間を)わけ入って(私の)膝に**よりかかってすわる**ので。

ゐ-ぎ【威儀】名威厳のある態度や動作。礼にかなった動作・姿。

ゐ-こぼ・る【居溢る】自ラ下二{れ・れ・る・るる・るれ・れよ}人が多くて、すわりきれずに外まであふれ出る。〈平家・二・教訓状〉「縁に**ゐこぼれ**用、庭にもひしとなみ居たり」訳(廊の)へりに**すわりきれず**、庭にもびっしりと並んですわっている。

ゐ-こん【遺恨】名 ❶悔いを残すこと。残念。後悔の気持ち。残念。〈大鏡・道長下〉「**遺恨**のわざをもしたりけるかな」訳**残念**なふるまいをもしてしまったことよ。❷忘れられない恨み。

ゐさうらふ… 川柳

居候 三杯目には そっと出し

訳他人の家に寄食している男の場合、ごはんの三杯目のお代わりをするときには、(やはり気がひけて)そっと茶碗を出すことになるよ。

解説「三ばいめこわそうに出すかかり人(＝居候)」〈川柳評万句合勝句刷〉がこの句の原形ではないかという説があるが、典拠はまだ不明とされている。

ゐざり-い・づ【居ざり出づ】自ダ下二{で・で・づ・づる・づれ・でよ}すわったまま膝で進み出る、または、退出する。〈源氏・若紫〉「扇を鳴らし給へば、…**ゐざり出づる**体人あなり」訳(人を呼ぶために)扇を鳴らしなさると、…**すわったまま膝で進み出る**人がいるようだ。

ゐざり-い・る【居ざり入る】自ラ四{ら・り・る・る・れ・れ}すわったまま膝で進んで入る。〈源氏・横笛〉「端つかたなりける人の**ゐざり入り**用つるけはひどもしるく」訳(母屋の)端のほうにいた人(＝女房)が、(奥に)**膝をついて入って**しまったようすのあれこれが明白で。

ゐ-ざ・る【居ざる】自ラ四{ら・り・る・る・れ・れ}❶**すわったまま膝で進む**。また、幼児などが尻をつけたままで進む。〈源氏・行幸〉「しりへざまに**ゐざり**用しぞきて」訳(近江の君は)うしろのほうに**すわったまま膝で移動して**ひきさがって。❷船などが、**のろのろと進む**。〈土佐〉「川の水なければ、**ゐざり**用にのみぞ**ゐざる**体」訳川の水がないので、(船は)**のろのろと進む**ばかりである。

参考「ゐざる」の「さる」は「春さる」などの「さる」と同じで、移動する意が原義。

ゐ-じゅん —イ【違順】名《仏教語》逆境と順境。

ゐ-ずまひ イマイ【居住まひ】名 すわりかた。すわった姿勢。

ゐ-せき —イ【堰】名 杭(くひ)や石で川の流れをせきとめた所。「井手(ゐで)」とも。

ゐたけ-だか イタケ—【居丈高】名・形動ナリ ❶座高が高いこと。〈栄花・根あはせ〉「居丈高に用髪少なにて」訳 座高が高く髪の毛は少なくて。❷すわったまま背をぐっとのばすこと。憤慨したり、人を威圧したりするさまなどにいう。〈義経記〉「居丈高に用なりて申しける」

ゐ-た・つ —イ【居立つ】自タ四{た・ち・つ・つ・て・て} すわったり立ったりする。熱心に世話をするさまにいう。〈源氏・若菜下〉「太政大臣(おほきおとど)ゐ立ち用て、いかめしく、こまかに、物の清(きよ)ら、儀式を尽くし給へりけり」訳 太政(だいじょう)大臣は熱心に世話をして、おごそかに、こまごまと、美しさと作法をお尽くしになったのだった。

ゐ-つ・く —イ【居着く】自カ四{か・き・く・く・け・け} ❶帰らずにそこに居続ける。いすわる。長居する。〈枕・二九二〉「やがてゐつき用て、もの言ふなり」訳 (向こうに行って)そのままそこに腰を落ち着けて、おしゃべりしているらしい。❷住みつく。定住する。〈宇治・三・一五〉「むつかしきことありと言ひつたへて、大かた、人もえゐつか未ねば」訳 気味悪いことがあると言い伝えて、まったく人も住みつくことができないので。

ゐ-づつ —イ【井筒】名 井戸の囲い。井戸の地上の部分を、木・石などで囲んだもの。本来は円筒状のものをいうが、のちには方形のものをもさす。井桁(いげた)。〈伊勢・二三〉「筒井つの井筒にかけしまろがたけすぎにけらしな妹(いも)見ざるまに」訳 →つつゐつの… 和歌

ゐ-で —イ【井手・堰】名「ゐせき」に同じ。

井手曙覧(ゐで あけみ)イデアケミ《人名》→橘曙覧(たちばなあけみ)

ゐなか イナカ【田舎】名 ❶都から離れた土地。地方。鄙(ひな)。〈更級・物語〉「をばなる人の田舎よりのぼりたる所にわたいたれば」訳 おばにあたる人が地方から上京している家に行ったところ。❷(接頭語のように用いて)野卑・粗暴なものをののしっていう語。〈十訓・四〉「田舎武者の情けもあはれも知らぬありけり」訳 (源仲正(なかまさ)の従者に)田舎武者で、人情ももの情趣も解さない者がいた。

ゐなか-せかい イナカ—【田舎世界】名 田舎の土地。地方。

ゐなか-だ・つ イナカ—【田舎だつ】自タ四{た・ち・つ・つ・て・て}[「だつ」は接尾語]田舎めく。田舎くさくみえる。〈枕・二五〉「田舎だち用たる所に住むものどもなど、みな集まり来て」訳 田舎めいた所に住む者たちなどが、みな集まって来て。

ゐなか-びと イナカ—【田舎人】名 田舎に住む人。田舎者。「ゐなかうど」とも。

ゐなか・ぶ イナカブ【田舎ぶ】自バ上二{び・び・ぶ・ぶる・ぶれ・びよ}[「ぶ」は接尾語]田舎じみる。いかにも田舎ふうである。〈源氏・橋姫〉「田舎び用たる山賤(やまがつ)どものみ、稀(まれ)になれまゐり仕うまつる」訳 田舎じみたきこりたちだけが、時たま(宇治(うぢ)の山荘に)親しく参上しご奉仕申しあげる。対 都(みやこ)ぶ

参考「源氏物語」では、「田舎ぶ」に比べて、「鄙(ひな)ぶ」を上品な感じに用いる。

ゐなか-わたらひ イナカワタライ【田舎渡らひ】名・自サ変 田舎をまわって生活すること。地方まわり。行商の類とも、地方官をさすともいう。〈伊勢・二三〉「昔、田舎わたらひし用ける人の子ども」訳 昔、田舎まわりをしていた人の子供たちが。

ゐ-なほ・る イナオル【居直る】自ラ四{ら・り・る・る・れ・れ} ❶きちんとすわりなおす。いずまいを正す。〈源氏・若菜上〉「宮も、ゐなほり用給ひて御物語し給ふ」訳 (蛍兵部卿(ほたるひょうぶきょう)の)宮も席を改めなさって、お話をしなさる。❷急に態度を変える。いなおる。〈平家・二・西光被斬〉「わろびれたる景気もなし。ゐなほり用あざわらって申しけるは」訳 (西光(さいこう)法師は)悪びれたようすもない。いなおって高笑いして申したことには。

ゐ-な・む —イ【居並む】自マ四{ま・み・む・む・め・め} 並んですわる。居並ぶ。〈宇治・一・三〉「裏表(うらうへ)に二並びにゐなみ用たる鬼、数を知らず」訳 左右に二列に並んですわっている鬼は、数えきれないほど多い。

ゐ・ぬ イヌ【率寝】他ナ下二{ね・ね・ぬ・ぬる・ぬれ・ねよ}[上一段動詞「率(ゐ)る」用＋下二段動詞「寝(ぬ)」]連れて行ってともに寝る。〈万葉・一六・三八二三〉「橘(たちばな)のてれる長屋にわがゐね用し童女(うなゐ)放髪(はなり)に髪上げつらむか」訳 橘の実が(日の光に)照りかがやいている長屋で、私がいざなって共寝をした少女は、はなり髪(＝肩のあたりで切って垂らした娘の髪形)に髪上げをしたであろうか。

ゐ-ねう イニョウ【囲繞】名・他サ変 ❶(尊敬すべき対象を)とり囲むこと。とり巻くこと。❷《仏教語》法会(ほうえ)で、衆僧が仏のまわりをまわること。

ゐのししの… 俳句

猪の ねに行くかたや 明(あ)けの月(つき)　切れ字　秋　〈去来抄(きょらいしょう)・去来〉

訳 (餌をあさって夜中に活動していた)猪がねぐらに帰って行く。その行くての空に、明け方の淡い月が低くかかっているよ。

解説「明けぬとて野辺より山に入る鹿のあと吹きおくる萩の下風」〈新古・秋〉や、「ほととぎす鳴きつるかたをながむればただありあけの月ぞ残れる」(訳⬇付録①「小倉百人一首」81)〈千載・夏〉と同趣向で作者の手柄がないと、芭蕉(ばしょう)がこの句について批評したことが、「去来抄」の「先師評」に書かれている。

ゐのしし-むしゃ イノシシ—【猪武者】名 前後のわきまえもなく、むやみに敵に突進する武者。

井原西鶴(ゐはら さいかく)イハラサイカク《人名》(一六四二〜一六九三)江戸前期の俳人・浮世草子作者。本名平山藤五。大坂の町人。西山宗因(そういん)に談林俳諧を学んだ。矢数(やかず)俳諧に才気を発揮し、一昼夜に二万三千五百句の記録をたてた。句集「大句数(おおくかず)」。四十一歳で「好色一代男」を出版して浮世草子に転向した。浮世草子には、好色物「好色五人女」「好色一代女」、武家物「武道伝来記」「武家義理物語」、町人物「日本永代蔵(えいたいぐら)」「世間胸算用(むねさんよう)」、雑話物「西鶴諸国ばなし」「本朝二十不孝」など。(西鶴忌 秋)

ゐまち-づき イマチ—【居待ち月】名[月の出が少し遅いので座って待つ月の意]陰暦十八日の夜の月。特

最重要330

325 ゐる（イル）

【居る】自ワ上一 {ゐ・ゐ・ゐる・ゐる・ゐれ・ゐよ}

ガイド 存在を表す②③④は現代語の「いる」に近いが、もとは「立つ」に対して「座る」という動作を表す①の意の語であった。⑧でも古くは㋐の意で用いられる。⑤の意にも注意。

❶すわる。しゃがむ。

例 ゐ㊍むとする所を、まづ扇してこなたかなたあふぎちらして、塵はきすて〈枕・二八〉

訳 すわろうとする場所を、最初に扇であちこちむやみやたらとあおいで、塵を掃き捨て。

❷とまる。とどまる。（波風が）おさまる。

例 寝殿に、鳶ゐ㊍させじとて縄をはられたりけるを〈徒然・一〇〉

訳 （後徳大寺の左大臣＝藤原実定が）寝殿に、鳶をとまらせまいとして縄をお張りになっていたのを。

❸住む。いる。

例 人の身に、止むことを得ずして営む所…第三にゐる㊉所なり〈徒然・一二三〉

訳 人の身として、（生きてゆくために）やむをえずつとめてすることは…第三に住む所である。

❹存在する。ある。

例 出でし日使ひしゆするつきの水は、さながらありけり。上に塵ゐ㊊てあり〈蜻蛉・上〉

訳 （夫＝兼家が）出て行った日に使ったゆするつき（＝洗髪用の器）の水は、そのまま残っていた。上には塵がたまっている。

❺ある地位につく。

例 坊にも、ようせずは、この御子のゐ㊊給ふべきなり〈源氏・桐壺〉

訳 皇太子（の位）にも、悪くすると、この皇子（＝光源氏）がおつきになるはずであるようだ。

❻（氷・つらら・草などが）生じる。

例 池などある所も水草ゐ㊊〈枕・一七八〉

訳 池などがある所にも水草が生え。

❼（「腹がゐる」の形で）怒りがお

例 梶原この詞に腹がゐ㊊て〈平家・九・生ずきの沙汰〉

〓ゐる（上段⑧㋐参照）

例語 出で居る（＝出てすわる）・起き居る（＝起きてすわっている）・落ち居る・下り居る・来居る（＝来てそこにじっとしている）・並み居る・離れ居る（＝離れてすわる）・守り居る・見居る（＝見てじっとしている）・向かひ居る（＝向かい合ってすわる）・群れ居る・寄り居る

に、八月十八日の月。居待ちの月。秋。↓月「古文常識」

ゐや（イヤ）【礼】名「うや」とも。敬うこと。礼をつくすこと。礼儀。礼。〈雨月・菊花の約〉「吾いま母公の慈愛をかうむり、賢弟のゐやを納むる」訳 私は、いま母上の慈愛をいただき、賢弟からの礼を受けとる。

ゐや‐な・し（イヤ）【礼無し】形ク {から・く(かり)・し・き(かる)・けれ・かれ} 無礼である。無作法である。〈記・中〉「西の方に熊曾建二人あり。これ伏はずゐやなき㊉人どもなり」訳 西方に熊曾の国（＝九州南部）の勇者が二人いる。この二人は（朝廷に）服従しないで、無礼な者どもである。

ゐや‐やか（イヤ）【礼やか】形動ナリ {なら・なり(に)・なり・なる・なれ・なれ} 「「やか」は接尾語」礼儀正しいさま。うやうやしいさま。〈土佐〉「家の人の出で入り、憎げならず、ゐややかなり㊇」訳 家の人のふるまいは、感じがよく、礼儀正しい。

ゐやゐや・し（イヤイヤシ）【礼礼し】形シク {しから・しく(しかり)・し・しき(しかる)・しけれ・しかれ} うやうやしい。丁重で礼儀正しい。〈源氏・真木柱〉「『…あなかしこ』とゐやゐやしく㊊書きなし給へり」訳 「…あなかしこ」と、ことさら丁重で礼儀正しく（お返事を）お書きになった。

ゐ‐よ・る（イ）【居寄る】自ラ四 {ら・り・る・る・れ・れ} すわったまま膝や尻を使って近寄る。いざり寄る。にじり寄る。〈大鏡・時平〉「むげに近くゐ寄り㊊て外目せず見聞くけさまる。

訳 梶原(景季)は(佐々木高綱の)このことばに怒りがおさまって。

❽(動詞の連用形または助詞「て」の下に付いて)

㋐「…てすわる」「…てじっとしている」の意を表す。例 その沢のほとりの木の陰に下りゐ用て〈伊勢・九〉訳 その沢のそばの木の陰に(馬から)下りてすわって。

→前ページ下段「例語」

㋑主に中世以降の用法で、上の動詞の動作・状態・結果などの存続の意を表す。…ている。例 定めておどろかさんずらんと、待ちゐ用たるに〈宇治・一・一二〉訳 (僧たちは)必ず起こそうとするだろうと、(児が)待っていたところ。

参考 ワ行上一段活用の動詞には、「居ゐる」「率ゐる」「率ひきゐる」「用ゐる」がある。

しきどもを見て」訳 ひどく近くにいざり寄ってわき目もふらず見聞きする(聴衆の)さまざまなようすを(世継の翁は)見て。

ゐる(イル)【居る】自ワ上一 →右 325

ゐる(イル)【率る】他ワ上一 {ゐ・ゐ・ゐる・ゐる・ゐれ・ゐよ}

❶伴う。引き連れる。〈徒然・五三〉「京なる医師のがり、ゐ用て行きける道すがら」訳 京都にいる医者の所へ、連れて行った道々。

❷携帯する。持っていく。持参する。〈増鏡・むら時雨〉「内侍所・神璽・宝剣ばかりをぞ、忍びてゐ用てわたさせ給ふ」訳 (後醍醐天皇は)神鏡・曲玉・宝剣(の三種の神器)だけを、こっそりと持参してお移しになられる。

参考 ワ行上一段活用の動詞には、「居ゐる」「率ゐる」「率ひきゐる」「用ゐる」がある。

ゐ-れい(イ)【違例】名 ❶常の例と違うこと。❷病気。不例。〈平家・六・入道死去〉「入道相国(=平清盛)違例の御心地とてとどまり給ひぬ」訳 入道相国(=平清盛)が病気の御ようすということで、(息子の宗盛は出陣をせず)とどまりなさった。

ゐん(イン)【院】名

❶周囲に垣をめぐらした大邸宅。貴人の邸宅。〈伊勢・八二〉「その院の桜、ことにおもしろし」訳 その邸宅の桜は、格別に趣が深い。

❷上皇・法皇・女院の御所、または別邸。〈徒然・二七〉「院には参る人もなきぞ寂しげなる」訳 (政務の多忙なのにとりまぎれて)上皇の御所には参上する人もないのが寂しそうだ。

❸上皇・法皇・女院などの敬称。上皇が数人いるときには、本院・中院・新院と区別していう。〈源氏・須磨〉「上のいとなつかしう昔物語などし給ひし御さまの、院に似奉り給へりしも」訳 帝(=朱雀帝)がたいそう親しんで昔話などしなさった御ようすが、院(=故桐壺院)に似申しあげなさっていたのも。

❹寺院。僧などの住居。〈細道・立石寺〉「岩上の院々扉を閉ぢて物の音きこえず」訳 岩の上にある諸寺院は(みな)扉をとざして物音一つ聞こえない。

フレーズ

院の御所 上皇または法皇の御所。仙洞。

院の帝 上皇の尊称。

ゐん(イン)【韻】名 漢字の字音の、初めの子音を除いた残りの音。たとえば、「陽」と「唐」は同じ韻の字となる。漢詩における押韻はこれによる。

ゐん-がう(ゴウ)【院号】名 上皇・女院などに贈る称号。「後白河院」「上東門院」など。

ゐん-ざん(イン)【院参】名・自サ変 院の御所に参上すること。〈平家・二・座主流〉「太政入道もこの事申さんとて院参せ未られけれども」訳 太政入道(=平清盛)もこのことを申し上げようと思って院の御所に参上しなさったけれども。

ゐん-し(イン)【院司】名 院の御所に奉仕し、庶務をつかさどる職員の総称。定員はなく兼官。「ゐんじ」「ゐんづかさ」「ゐんのつかさ」とも。

ゐん-ぜん(イン)【院宣】名 上皇や法皇の命令を受けて出される公文書。院の宣旨。

ゐん-の-ごしょ(イン)【院の御所】→院「フレーズ」

ゐん-の-みかど(イン)【院の帝】→院「フレーズ」

ゑ エ

ゑ(エ)【会】名 多くの人が集まること。また、その行事。節会・法会など。〈大鏡・道長上〉「年に二三度、会を行はる」訳 (道長は)年に二、三度、法会を行いなさる。

ゑ(エ)【飢】下二段動詞「飢う」の連用形「うゑ」の頭母音の脱落した形。〈記・中〉「戦へば吾はやゑぬ」訳 戦うので、私はああ、腹がへった。

ゑ(エ) 間助 (上代語)嘆息を表す。…よ。〈万葉・四・四八六〉「山の端にあぢ群騒き行くなれどあれはさぶしゑ君にしあらねば」訳 山の稜線のあたりにあじ鴨が群がって騒いで飛んで行くのが聞こえるが、私はさびしいよ、(あの鳥は、会いたい)あなたではないから。

接続 活用語の終止形、副詞、感動詞などに付く。

参考 終助詞とする説もある。上代にだけ用いられ、「よしゑ」「よしゑやし」という形で用いられることもある。単なる感動よりは嘆息のまじった詠嘆を表す。

ゑ-あはせ【絵合はせ】名 物合わせの一種。左右に分かれ、両方から絵を一つずつ出して優劣を争うもの。

ゑ-かう【回向・廻向】名・自サ変《仏教語》❶**自分が修めた功徳や善行を他人に回し向けること。死者の冥福を祈ること。**読経などをして死者の冥福を祈ること。〈平家・三・六代被斬〉「作善の功徳さながら聖霊に回向し用て」訳 善行を積んだ功徳をそっくりそのまま聖霊（＝父維盛の霊）に回し向けて。

❷「回向文」の略。法事の終わりに、自分が修めた功徳をいっさいの衆生や仏道に向けるために唱える願文。また、それを読むこと。回向文。

❸寺へ寄進すること。

ゑ-がち【笑がち】形動ナリ〔なら・なり(に)・なり・なる・なれ・なれ〕笑顔がちなさま。にこにこしているさま。〈枕・二八〉「なでふことなき人の、笑がちに用て物いたう言ひたる」訳 取り立てて言うほどのこともない人が、(やたらと)にこにこして口数多くしゃべっているの(は、不快だ)。

ゑ-し【絵師】名 絵かき。職名としては、律令制で中務省画工の司に属した画工。平安末期以降は、院・幕府・社寺などの絵所の画工。江戸幕府では、狩野・土佐の両家があった。〈源氏・桐壺〉「いみじき絵師といへども、筆かぎりありければいとにほひ少なし」訳 (絵に描いた楊貴妃の顔つきは)すぐれた画家といえども、筆の力には限界があったので、まったくつややかな美しさが乏しい。

ゑ-じ【衛士】名 諸国の軍団から毎年交代で上京し、内裏・諸門を警護した者。衛士府(のちに衛門府と改称)に属した。

ゑ-しゃく【会釈】名・自サ変 ❶《仏教語》表面上は相反する教えの根本にある真義を明らかにし、矛盾のないように解釈して会得すること。

❷(①より転じて)理解し、解釈すること。〈無名抄〉「予試みにこれを会釈す終」訳 自分がためしに、これを解釈する。

❸あいさつすること。おじぎ。

❹相手を理解して思いやること。思いやり。〈浜松中納言物語〉「人の心情けなく、会釈少なき所も」訳 (唐の国では)人の心は人情味に欠け、思いやりの少ない所も(あって)。

❺取りなすこと。また、言いわけすること。

❻愛想がよいこと。あいきょう。

ゑしゃ-ぢゃうり【会者定離】名《仏教語》**会う者は必ず別れる定めにあるということ。**人の世の無常を表す語。〈平家・一〇・維盛入水〉「生者必滅、会者定離はうき世のならひにて候ふなり」訳 生ある者は必ず死ぬということ、会う者は必ず別れるということはこの世のさだめなのです。

恵心（ゑしん）《人名》(九四二—一〇一七)平安中期の天台宗の僧。俗姓卜部、法号源信、通称恵心僧都。「往生要集」を著し、浄土教の基礎を築いた。

ゑ・ず【怨ず】他サ変〔ぜ・じ・ず・ずる・ずれ・ぜよ〕〔「ゑんず」の撥音「ん」の表記されない形〕「ゑんず」に同じ。

越後（ゑちご）《地名》旧国名。北陸道七か国の一つ。今の、佐渡を除いた新潟県全域。越州。

ゑちごやに… 俳句

越後屋に　衣さく音や　衣更へ　切れ字　夏　〈五元集・其角〉

訳 越後屋(＝日本橋にあった江戸一番の呉服店)に(切り売りの)布地を裂く音がしているよ。(活気にみちたさわやかな音は)ああ衣更えの季節(＝初夏・陰暦四月一日)なんだなあ。

解説 活気にあふれる江戸の初夏の風物詩。「越後屋」は、今の日本橋三越の前身。現金売り・切り売りなどの斬新な商法で客の要求に応じ繁盛した。

越前（ゑちぜん）《地名》旧国名。北陸道七か国の一つ。今の福井県中・北部。越州。

越中（ゑっちゅう）《地名》旧国名。北陸道七か国の一つ。今の富山県。越州。

ゑつぼ-に-い・る【笑壺に入る】笑い興じる。笑って大喜びする。〈平家・一・鹿谷〉「法皇笑壺に入らせおはして」訳 (後白河)法皇は笑って大喜びしなさって。➡咳き上ぐ「慣用表現」

ゑ-ど【穢土】名 ❶《仏教語》**煩悩の多い汚れたこの世。**苦界。娑婆。〈平家・一・祇王〉「かやうに穢土をいとひ、浄土をねがはんと」訳 このように煩悩の多い現世をきらい、浄土(に生まれること)を願おうと。対 浄土

❷糞の異称。〈宇治・二・八〉「この少将のうへに、烏のとびて通りけるが、穢土をしかけけるを」訳 この少将の上に、烏の飛んで通ったのが、糞をひっかけたのを。

ゑ-どころ【絵所】名 平安時代、宮中で絵画のことをつかさどった役所。その後は、院や社寺、また、幕府にも設置された。

ゑ-はう【恵方】名〔「吉方」とも書く〕歳徳神(＝一年の福徳をつかさどる神)のいる吉祥の方角。方角はその年の干支によって定まる。春

ゑはう-だな【恵方棚】名〔「吉方棚」とも書く〕その年の吉祥の方角につる、歳徳神(＝一年の福徳をつかさどる神)を祭った神棚。春

ゑはう-まゐり【恵方参り】名〔「吉方参り」とも書く〕年の初めに、その年の吉祥の方角にあたる社寺に参拝して一年の幸福を祈ること。春

ゑひ【酔ひ】名 酒や乗り物に酔うこと。また、物事に心を奪われ我を忘れること。

ゑひ-あ・く【酔ひ飽く】自カ四〔か・き・く・く・け・け〕存分に酒に酔う。ひどく酔っぱらう。〈土佐〉「上中下酔ひ飽き用て、いとあやしく潮海のほとりにてあざれあへり」訳 上・中・下の身分の人々が存分に酔っぱらって、たいそう不思議なことに、(物の腐るはずのない塩のきいた)海のそばでふざけあっている。(「あざれ」に「ふざける」「(魚肉などが)腐る」の二つの意をかけたしゃれ)

ゑひ-し・る【酔ひ痴る】自ラ下二〔れ・れ・る・るる・るれ・れよ〕泥酔して正体をなくす。〈土佐〉「ありとある上下、わらはまで酔ひ痴れ用て」訳 その場にいる身分の高い者も低い者もみな、子供までが酔って正体をなくして。

ゑひ-なき【酔ひ泣き】名 酒に酔って泣くこと。

ゑ-ふ【衛府】名 宮中を護衛し、行幸のお供などに当たった役所の総称。また、そこに所属する武官。律

令制では五衛府であったが、制度の改変をへて、弘仁(こう にん)二年(八二一)以降、左右の近衛府・左右の衛門府(えもんふ)・左右の兵衛府(ひょうえふ)の六衛府となった。格式は近衛・衛門・兵衛の順に高い。

ゑ・ふ エ(ヨ)ウ【酔ふ】自ハ四〔は・ひ・ふ・ふ・へ・へ〕酒や乗り物に酔う。また、心を奪われ陶酔(とうすい)する。中毒する。〈竹取・かぐや姫の昇天〉「猛(たけ)く思ひつる宮つこまろも、物に酔ひ用たる心地して、うつ伏しに伏せり」訳(それまで)強気に思っていた造麿(みやつこまろ)も、なにかに酔った(ような)気持ちになって、うつ伏せに伏している。

ゑ-ぶっし エ【絵仏師】名 仏画を描いたり、仏像や寺院の壁の彩色に従事したりした画工。

ゑま・し シエマ【笑まし】形シク〔しから・しく(しかり)・し・しき(しかる)・しけれ・しかれ〕〔動詞「笑(ゑ)む」に対応する形容詞〕ほほえましい。自然にほほえまれてくるさま。「ゑまはし」とも。〈源氏・夕霧〉「笑ましき体顔の匂ひにて、少将の君をとりわきて召しよす」訳 笑みを禁じえない顔の美しさで、(夕霧は)少将の君を名指ししてお呼び寄せになる。

ゑまひ イエマ【笑まひ】名 ❶ほほえみ。微笑。〈万葉・一二・三一三七〉「遠くあれば姿は見えず常の如(ごと)妹(いも)が笑まひは面影にして」訳 遠く離れているので、(実際の)姿は見えない。いつものように、妻の笑顔は面影に見えて。
❷花のつぼみがほころびること。〈永久百首〉「春来れど野辺の霞(かすみ)につつまれて花の笑まひのくちびるも見ず」訳 春は来ているけれど、野のあたり一面の霞につつまれて、花のつぼみがほころびるその花びらも見ないよ。

ゑま-ふ エマ(モウ)【笑まふ】《上代語》❶ほほえむ。にこにこしている。〈万葉・一七・四〇一一〉「情(こころ)には思ひ誇りて笑まひ用つつ渡る間に」訳 心の中では得意になって、ほくそえんでは日を送っている間に。
❷花のつぼみがほころびる。花が咲く。
なりたち 四段動詞「笑(ゑ)む」未＋上代の反復・継続の助動詞「ふ」

ゑみ エミ【笑み】名 ❶笑うこと。ほほえみ。笑顔。
❷花が開くこと。また、果実が熟して割れること。〈源氏・夕顔〉「白き花ぞ、おのれひとり笑みの眉開けたる」訳 白い花が、自分ひとり花を開いてはればれとしている。

ゑみ-さか・ゆ エミ【笑み栄ゆ】自ヤ下二〔え・え・ゆ・ゆる・ゆれ・えよ〕喜んでにこにこ笑う。明るく笑う。〈源氏・明石〉「老い忘れよはひのぶる心地して、笑みさかえ用て」訳(明石(あかし)の入道は)老いを忘れ寿命ものびる気持ちがして、喜んでにこにこ笑って。

ゑ・む エム【笑む】自マ四〔ま・み・む・む・め・め〕❶ほほえむ。にこにこする。〈枕・四九〉「いとよく笑み用たる顔のさし出(い)でたるも」訳 たいそうすばらしくにこにこしている顔が現れ出てきたのも。
❷花が咲く。つぼみがほころびる。また、果実などが熟して割れる。〈好忠集〉「花の笑め已るを見ればだれもをかしと見るらめど」訳 花が咲いているのを見ると、だれもがすばらしいと見ているだろうが。

ゑ-もん エ【衛門】名 ❶「衛門府(えもんふ)」の略。
❷「右衛門府(うゑもんふ)の督(かみ)」の略。

ゑもん-の-かみ エモン【衛門の督】名 衛門府(えもんふ)の長官。左右各一人。中納言、参議が兼任する例が多い。特に、右衛門の督(かみ)をさすこともある。

ゑもん-ふ エモン【衛門府】名 六衛府(ろくえふ)の一つ。宮中の諸門の警護に当たった役所。左衛門府と右衛門府に分かれ、督(かみ)・佐(すけ)・尉(じょう)・志(さかん)の四等官が置かれた。「靫負(ゆげひ)の司(つかさ)」とも。→六衛府(ろくゑふ)

ゑ-やう ヨウ【絵様】名 ❶図案。模様。
❷絵図面。また、絵の下書き。下絵。

ゑ・る エル【彫る・鐫る】他ラ四〔ら・り・る・る・れ・れ〕❶穴をあける。くりぬく。〈宇治・二・七〉「折敷(しき)を鼻さし入るばかりゑり用通して」訳 折敷(=木の盆)を、鼻をさし入れる程度に穴をくりぬき通して。
❷彫刻する。また、表面にきざみ目をつけて金銀などをちりばめる。〈平家・四・大衆揃〉「いかがこれ程の重宝(ちょうほう)をさうなうはゑら未すべき」訳 どうしてこれほどの貴重な宝(=蟬(せみ)のような節のある笛竹)を簡単には(笛に)彫らせることができようか(いや、できない)。

ゑ-わら・ふ エワラ(ロ)ウ【ゑ笑ふ】自ハ四〔は・ひ・ふ・ふ・へ・へ〕声を出して笑う。〈枕・一八四〉「たちゐ、いきちがふさまなどのつつましげならず、もの言ひ、ゑ笑ふ終」訳(他の女房たちは)立ったり座ったり、行ったり来たりするようすなどが遠慮がちでもなく、話をし、声をたてて笑う。

ゑん-あう エンオウ【鴛鴦】名 雌雄のおしどり(=水鳥の名)。つねに雌雄いっしょにいるとされ、相愛の男女、夫婦にたとえる。

ゑん-が エン【垣下】名「ゑが」とも。朝廷や公卿(くぎょう)の邸宅で饗宴(きょうえん)のあるとき、正客以外の相伴(しょうばん)の客。また、その人の座る席。

ゑん-ざ エン【円座】名 藁(わら)・蒲(がま)・菅(すげ)・藺(い)などの茎や葉などで、うず巻き状に円く平たく編んだもの。「わらうだ」「わらふだ」とも。

(ゑんざ)

ゑん・ず ズエン【怨ず】他サ変〔ぜ・じ・ず・ずる・ずれ・ぜよ〕「ゑずる」とも。うらむ。うらみごとを言う。〈枕・二六〉「つゆちりのこともゆかしがり、…言ひしらせぬをば怨じ用、そしり」訳 ほんのちょっとのことでも知りたがり、…話して知らせないのをうらみ、悪口を言い。

ゑん-りょ エン【遠慮】名 ❶先々まで物事を深く考えること。〈太平記・一六〉「よくよく遠慮をめぐらされて、公議を定めらるべきにて候ふ」訳 十分に先々までの深い考えをめぐらしなさって、朝廷の評定をお決めになるのがようございます。
❷気がねすること。他人に対して、言語・動作を控えめにすること。
❸江戸時代の、武士・僧侶に対する刑罰の一つ。門を閉じて外出を禁じたが、夜間だけはくぐり門からの出入りを許した。

を ヲ

を- オ【小】接頭 ❶(名詞に付いて)小さい、細かい、の意を表す。「小舟」「小川」「小太刀」
❷(用言に付いて)少し、わずか、の意を表す。〈後拾

を　一格助　二接助　三間助

↓下段「まぎらわしい『を』の識別」

一 格助詞

❶動作の対象
…を。

例 しりへの山に立ち出(い)でて京の方を見給ふ〈源氏・若紫〉
訳 (光源氏は、聖(ひじり)の庵室(あんじつ)の)後方の山に出かけて、京の方をご覧になる。

❷起点・経過地点
(移動の動作に対して)起点・経過地点を表す。
…を。

例 黒崎の松原を経てゆく〈土佐〉
訳 黒崎の松原を通り過ぎて行く。
例 さびしさに宿を立ちいでてながむれば〈後拾遺・秋上〉
訳 あまりのさびしさに、庵(いお)を出て(あたりを)見渡すと。

❸持続時間
(時間の経過をともなう動作に対して)持続する時間を表す。
…を。

例 長き夜を独りや寝むと君が言へば過ぎにし人の思ほゆらくに〈万葉・三・四六三〉
訳 長い(秋の)夜をひとりで寝るのであろうかとあなたが言うので、亡くなってしまった人のことが自然と思われることだ。

❹「…を…に(て)」の形
…を(…として)。

例 かたじけなき御心ばへのたぐひなきを頼みにて〈源氏・桐壺〉
訳 (桐壺の更衣は)おそれ多い(桐壺帝の)ご愛情のまたとないことを頼みとして。

❺強調
(「寝(い)を寝(ぬ)」「音(ね)を泣く」の形で)強調して示す。
…を。

例 昼は日一日(ひひとひ)寝(い)をのみ寝(ね)くらし〈源氏・明石〉
訳 昼は一日中寝ることをするばかりで(=寝てばかりで)日を暮らし。
例 春の野にてぞ音(ね)をば泣く〈土佐〉
訳 春の野で声をあげて泣くことよ。

二 接続助詞

❶逆接

例 まかでなむとし給ふを、暇(いとま)さらに許させ給はず〈源氏・桐壺〉
訳 (桐壺の更衣は病気のため里に)退出してしまおうとしなさるけれども、(桐壺帝は)休暇をまったくご許可なされない。

まぎらわしい「を」の識別

❶格助詞
例 富士の山を見れば〈伊勢・九〉
訳 富士の山を見ると。
▽上に名詞または連体形(準体言)がくる。

❷接続助詞
例 井のもとに出(い)でて遊びけるを、大人になりにければ〈伊勢・二三〉
訳 井戸のそばに出て遊んでいたが、大人になってしまったので。
▽上に準体言ではない連体形がくる。

❸間投助詞
例 君があたり見つつを居(を)らむ〈伊勢・二三〉
訳 あなたの(家の)あたりを見続けてね、いよう。
▽省いても意味が変わらない。現代語の「ね」と同じで、文節の切れ目に入る。

遺・夏〉「五月雨(さみだれ)のをやむけしきの見えぬかな」訳 五月雨が少しも降りやむようすの見えないことだ。❸(名詞に付いて)単に語調を整える。「小櫛(ぐし)」「小野」「小山田」

を-(オ)【雄】接頭 雄々しい、雄大な、の意を表す。「雄心(をごころ)」「雄たけび」

を(オ)【尾】名 ❶鳥や獣のしっぽ。❷山すそが尾のように長く引いたところ。〈古今・春上〉「山桜わが見に来れば春霞(はるがすみ)峰にも尾にも立ち隠しつつ」訳 山桜を私が見にくると、春霞が峰にも山のすそ野にも立って(花を)隠すことだ。

を(オ)【男・夫】名 ❶おとこ。男性。❷夫(おっと)。〈記・中〉「夫(を)と兄(いろせ)といづれか愛(は)しき」訳 夫…のに。

❷順接 …ので。
例 君により言の繁きを古郷の明日香の川に潔身しにゆく〈万葉・四・六二六〉
訳 あなたのせいでうわさがひどいので、(私は)旧都の明日香川に禊をしに行く。

❸単純接続 軽く前後をつなぐ。…と。…が。
例 垣のくづれより通ひけるを、度重なりければ〈古今・恋三・詞書〉
訳 (土塀の)垣の崩れた所をとおって通っていたが、たび重なったので。

三 間投助詞
❶強調 …ね。(文中に用いられる。)
例 いかでなほすこしひがごと見つけてを止まむと〈枕・二三〉
訳 どうにかしてやはり少しでもまちがいを見つけてね、(そこで)終わりにしようと。

❷感動・詠嘆 …なあ。(文末に用いられる。)
例 吾妹子に恋ひつつあらずは秋萩の咲きて散りぬる花にあらましを〈万葉・二・一二〇〉
訳 いとしいあなたにずっと恋いこがれていないで、秋萩のように咲いて(すぐ)散ってしまう花であったらよかったのになあ。

❸「…を…み」の形 …が…ので。
例 秋の田のかりほの庵のとまをあらみわがころもでは露にぬれつつ〈後撰・秋中〉
訳 秋の田にしつらえた仮小屋の屋根にふいた草の編み目があらいので、(田の番をしている)私の袖は、しきりに夜露に濡れることだ。

接続 一 体言、活用語の連体形に付く。二 活用語の連体形に付く。三 種々の語に付く。②は「もの」「まし」に付くことが多い。③は体言に付く。

参考 三③の用法の「を」を格助詞とする説もあるが、「山深み(=山が深いので)」〈新古・春上〉や「大君の命かしこみ(=天皇のご命令が畏れ多いので)」〈万葉・二〇・四三二八〉のように、「を」の省かれる例もあるので、本書では間投助詞とする。

と兄とどちらがいとおしいか。❸「牡」「雄」とも書く」(動物の)おす。(植物の)雄花。

をオ【峰・丘】名 山の高い所。みね。尾根。また、山の小高い所。おか。

をオ【麻・苧】名 麻の異称。また、麻などの茎の皮で作った糸。〈土佐〉「麻を縒りてかひなきものは落ちつもる涙の珠を貫かぬなりけり」訳 麻を縒って(糸を作って)もそのかいがないのは、こぼれてたまる涙の玉を(その糸で)貫きとめられないこと(をいうの)であったのだなあ。

をオ【緒】名 ❶糸・ひもなどの総称。〈万葉・七・一三二一〉「世の中は常かくのみか結びてし白玉の緒の絶ゆらく思へば」訳 世の中とはいつもこうしたものなのか。結んでいた真珠の糸が切れることを思うと。❷弓・楽器などに張る弦。〈枕・九三〉「弾くにはあらで、緒などを手まさぐりにして」訳 (琴を)弾くのではなくて、弦などを手慰みにして。❸(たいせつなものをつなぎとめることから)命。生命。〈万葉・一四・三三五五〉「己が緒をおほにな思ひそ」訳 自分の命をおろそかに思うな。❹(「…の緒」の形で)長く続く物事。〈万葉・四・五八七〉「あらたまの年の緒長くあれも思はむ」訳 何年もずっと長く私も思い慕おう。(「あらたまの」は「年」にかかる枕詞)

を 格助 接助 間助 ➡上 助詞「を」

をいオイ 感 「おい」とも書く」❶思いがけない物事に出会ったとき、やや驚いて発する声。おお。おやっ。〈枕・一三七〉「『をい、この君にこそ』と言ひわたるを聞きて」訳「おや、この君で(いらっしゃったのか)」と言ったのを聞いて。(「言ひわたる」は「言ひたる」の誤りか) ❷人に呼ばれたときに発する声。おお。納得・合点したときに発する声。〈源氏・玉鬘〉「『をい、さり、さり』とうなづきて」訳 (大夫の監は)「おお、そうだ、そうだ」とうなずいて。❸人に呼びかけるときに発する声。おい。

をい‐をいオイオイ 感 「おいおい」とも書く」❶応答や承諾のときに言う語。はいはい。〈栄花・月の宴〉「『をいを

最重要330

をか・し（オカシ） 形シク｛しから・しく(しかり)・し・しき(しかる)・しけれ・しかれ｝

ガイド 動詞「招く」に対応する形容詞で、招き寄せたい感じがするさまが原義。風情があって、すばらしいの意を表す。

❶**おもしろい。趣がある。風情がある。** ⬇情け「類語の整理」

例 まいて雁などの、つらねたるが、いとちひさく見ゆるはいとをかし(終)〈枕・一〉

訳 いうまでもなく雁などで、列をつくっているのが、(遠くに)たいそう小さく見えるのはとても趣がある。

❷**賞すべきである。すばらしい。すぐれている。**

例 心ばへなどもをかしかり(用)ければ〈今昔・二七・二五〉

訳 気だてなどもすばらしかったので。

❸**かわいらしい。愛らしい。**

例 いづかたへかまかりぬる、いとをかしう(用)(ウ音便)やうやうなりつるものを〈源氏・若紫〉

訳 (雀の子は)どこへ行ってしまったのか、とてもかわいらしくだんだんなってきたのに。

❹**滑稽だ。おかしい。**

例 直衣ばかりを取りて、屏風の後ろに入り給ひぬ。中将、をかしき(体)を念じて〈源氏・紅葉賀〉

訳 (光源氏は)直衣だけを(手に)取って、屏風のうしろに(隠れ)入りなさった。(頭の)中将はおかしいのをがまんして。

い、さなりさなり』とのたまふほど」訳「はいはい、そうだそうだ」とおっしゃるようすは。❷呼びかける語。おおいおおい。〈今昔・一九・一四〉「声を高くあげて、『阿弥陀仏よや、をいをい』と叩かひ行くを」訳 (入道は)声を高くあげて、「阿弥陀仏よ、おおいおおい」と呼んで(金鼓を)叩き叩き行くのを。❸泣き声の擬声。おいおい。〈落窪〉「をいをいと泣き給ふ」訳 おいおいとお泣きになる。

をうな（オウナ）【女】名〈「をみな」のウ音便〉おんな。特に、若い女性。〈古今・仮名序〉「絵にかける女を見ていたづらに心を動かすがごとし」訳 (遍昭の歌は、真実味がなく)絵にかいてある女性を見て無駄に心を動かすようなものだ。⬇大人ぶ「類語の整理」

をか（オカ）【丘・岡】名 土地の小高くなった所。おか。

をかし（オカシ）【犯し】名 罪を犯すこと。また、罪。〈源氏・明石〉「命つきなむとするは、前の世の報いか、この世の犯しかと」訳 命がつきてしまおうとするのは、前世の報いなのか、この世で犯した罪(によるの)かと。

をか・し（オカシ） 形シク ⬇右326

をかし-が・る（オカシ） 自ラ四｛ら・り・る・る・れ・れ｝〈「がる」は接尾語〉興をもよおす。おもしろがる。〈更級・竹芝寺〉「唐土が原に大和なでしこしも咲きけむこそなど、人々をかしがる(終)」訳 (中国という名をもつ)唐土が原になんと大和なでしこが咲いたということは(妙だ)などと(言って)、人々はおもしろがる。

をかし-げ（オカシ） 形動ナリ｛なら・なり(に)・なり・なる・なれ・なれ｝〈「げ」は接尾語〉かわいらしいようすである。いかにも趣があるさまである。〈枕・一五一〉「いとちひさき塵のありけるを目ざとに見つけて、いとをかしげなる(体)およびにとらへて」訳 (幼児が)たいそう小さい塵があったのを目ざとく見つけて、とてもかわいらしい感じの指でつまんで。

をかし-ば・む（オカシ） 自マ四｛ま・み・む・む・め・め｝〈「ばむ」は接尾語〉風流めく。〈源氏・夕霧〉「なよらかにをかしばめ(已)ることを好ましからず思す人は」訳 ものやわらかで風流めいていることを好ましくないとお思いになる人は。

をかし-やか（オカシ） 形動ナリ｛なら・なり(に)・なり・なる・なれ・なれ｝〈「やか」は接尾語〉いかにも趣深いさま。風情のあるさま。〈源氏・総角〉「をかしやかなる(体)こともなく、いとまめだちて、思しけることどもをこまごまと書き続け給へれど」訳 (匂宮は中の君に対して)風流めいたことばもなく、たいそうまじめに、お思いになったことをいろいろこまごまと書き続けなさっているけれど。

をか・す（オカス）【犯す・侵す・冒す】他サ四｛さ・し・す・す・せ・せ｝❶**法や道徳を破る。**悪事をする。〈源氏・明石〉「われはいかなる罪を犯し(用)てかく悲しき目を見るらむ」訳 私はどんな罪を犯してこのように悲しい目にあうのだろう。❷**けがす。害を与える。**侵略する。〈大和・一四七〉「異国の人の、いかでかこの国の土をばをかす(終)べき」訳 他国の人が、どうしてこの国の土をけがしてよいものか(いや、よくはない)。❸**病気や眠けなどが襲う。**とりつく。〈徒然・一三四〉「病の冒す(体)(=とりつくこと)をも知らず、死の近きことをも知らず」

をか-へ（オカ）【岡辺】名「をかべ」「をかび」「をかのべ」とも。丘のほとり。丘のあたり。

をが・む（オガム）【拝む】自マ四｛ま・み・む・む・め・め｝❶(神仏に)礼拝する。〈徒然・五二〉「仁和寺にある法師、年寄るまで石清水を拝ま(未)ざりければ」訳 仁和寺にいる僧が、年をとるまで石清水八幡宮に**参拝し**なかったので。

❷拝顔する。お目にかかる。〈**伊勢・八三**〉「睦月に**拝み**㊊奉らむとて、小野にまうでたるに」**訳**(馬の頭は)陰暦正月に(惟喬親王に)**拝顔し**申しあげようと思って、小野の里に参上したところが。

❸嘆願する。懇願する。〈**竹取・貴公子たちの求婚**〉「『娘を吾に給べ』と、ふし**拝み**㊊、手をすりのたまへど」**訳**「『娘(貴公子たちは)「娘さんを私(の妻)にください」と、伏して**嘆願し**、手を合わせておっしゃるけれど。

をぎ オギ【荻】名 草の名。水辺に多く、すすきに似ているが、それより葉や穂は大きい。秋

(をぎ)

を・く オク【招く】他カ四 {か・き・く・く・け・け} 招き寄せる。呼び寄せる。〈**万葉・五・八一五**〉「正月立ち春の来らばかくしこそ梅を**招き**㊊つつ楽しき終へめ」**訳**陰暦正月になって春が来たなら、このようにして梅の花を**招き寄せ**招き寄せして、楽しいことの限りをつくそう。

を-ぐし オ―【小櫛】名「を」は接頭語〕くし。

を-ぐら・し オ―【小暗し】形ク {から・く(かり)・し・き(かる)・けれ・かれ}〔「を」は接頭語〕うす暗い。ほの暗い。〈**源氏・夕霧**〉「あはれに霧りわたりて、山の陰は**小暗き**㊍心地するに」**訳**しみじみとした風情で霧が一面にたちこめていて、山の陰は**うす暗い**感じがするうえに。

小倉百人一首(をぐらひやくにんいっしゅ) オグラヒャクニンイツシユ《作品名》秀歌集。文暦二年(一二三五)ごろ成立。編者は藤原定家か。天智天皇から順徳院に至る間の歌人百人の和歌を一首ずつ選んだもの。後世の文学にも影響が強く、また歌がるたとして一般に普及している。定家が今の京都市嵯峨の小倉山の別荘で撰したという言い伝えによって、この名がある。「小倉山荘色紙和歌」「小倉百首」、俗に「百人一首」とも。⬇付録①「小倉百人一首」

小倉山(をぐらやま) オグラヤマ《地名》歌枕 今の京都市右京区にある山。保津川(大堰川)を隔てて嵐山に対する。紅葉の名所。

をぐらやま… 和歌

小倉山　あらしの風の　寒ければ
紅葉の錦　着ぬ人ぞなき
〈**大鏡・頼忠・藤原公任**〉

訳小倉山(や嵐山)から吹きおろす山風が寒いので、(散りかかる)紅葉の錦の衣を着ない人はいないことだよ。

解説 藤原道長が大堰川に遊覧し、作文(=漢詩)・管弦・和歌の船をきめて、その方面にすぐれた人々をそれぞれの船に乗せたとき、和歌の船に乗った作者が詠んだ歌。後に作者は、作文の船に乗っていたら、もっと有名になったのにと残念がったという。第二句の「あらし」には「嵐山」の意味を響かせる。「拾遺集」の「秋」には初句・第二句を「朝まだきあらしの山の」として所収。

をぐらやま… 和歌(百人一首)【小倉山　峰のもみぢ葉　心あらば　今ひとたびの　みゆき待たなむ】〈**拾遺・雑秋・藤原忠平**〉⬇付録①「小倉百人一首」26

をこ オコ【烏滸・痴・尾籠】名・形動ナリ おろかなこと。ばかげていること。〈**記・中**〉「我が心しそいや**をこに**㊊して今ぞ悔しき」**訳**私の心はまったく**おろかであって**、今は悔しい。〈**宇治・六・四**〉「かたはらにて聞く人は、謀るなりと、**をこに**㊊思ひて笑ひけるを」**訳**そばで聞く人は、だますのだと、**ばかばかしいことだと**思って笑ったのを。

をこ-がま・し オコ―【痴がまし】形シク ⬇上327

をこ-が・る オコ―【痴がる】他ラ四 {ら・り・る・る・れ・れ}〔「がる」は接尾語〕おろかに思う。ばかばかしく思う。〈**宇治・二・一三**〉「この聞く男ども、**をこがり**㊊あざけりて」**訳**これを聞く男たちは、**ばかばかしく思い**あざけって。

をこ-ごと オコ―【痴言】名 ざれごと。冗談。〈**源氏・常夏**〉「**をこごと**にのたまひなすをも知らず」**訳**(近江の

最重要330

327

をこ-がま・し

【痴がまし】形シク {しから・しく(しかり)・し・しき(しかる)・しけれ・しかれ}〔「がまし」は接尾語〕

ガイド おろかなこと、ばかげていることの意の「をこ」に、接尾語「がまし」を付けて形容詞化した語。②は近世以降に転じてできた語義。

❶ **ばからしい。まがぬけている。みっともない。**

例 老い衰へて世に出で交じらひしは、**をこがましく**㊊見えしかば、我はかくて閉ぢこもりぬべきぞ〈**更級・鏡のかげ**〉

訳 (他人でも)老い衰えた身で世間に出て(=官吏となり)人々に立ち交じっていたのは、**みっともないと**(私には)思われたので、私は(今後は)こうして(家に)閉じこもってしまうだろうよ。

❷ **さしでがましい。出しゃばりだ。**

例 世俗の虚言をねんごろに信じたるも**をこがましく**㊊〈**徒然・七三**〉

訳 俗世間のうそをまともに信じているのも**ばかばかしく**。

最重要330

328 **をさな・し**（オサナシ）【幼し】形ク {（から）・く（かり）・し・き（かる）・けれ・かれ} 〔「長無し」の意〕

ガイド 「長＋無し」で、未熟なさま、おとなげないさまをいう②が原義。未熟であるとして否定的に用いられることも多い。

❶幼少である。いとけない。小さい。

例 いと幼けれ已ば、籠に入れて養ふ〈竹取・かぐや姫の生ひ立ち〉

訳（かぐや姫は）たいそう小さいので、かごに入れて養育する。

❷子供っぽい。未熟である。おとなげない。

例 ことさら幼く用書きなし給へるも、いみじうをかしげなれば〈源氏・若紫〉

訳（光源氏が若紫のために）わざといかにも子供っぽくお書きになっているのも、たいそう趣がある感じなので。

《⬇大人ぶ「類語の整理」》

君は自分の言ったことを内大臣がことさら冗談にしておっしゃるのにも気づかず。

をこつ・る（オコツル）【誘る】他ラ四 {ら・り・る・る・れ・れ} だまして誘う。すかしあざむく。また、機嫌をとる。〈大鏡・道兼〉「よろづにをこつり用、祈りをさへして教へ聞こえさするに」訳（道兼が長男に舞をさせようと）あれこれとだましすかし、祈禱までをしてお教え申しあげるのに。

をこ-め・く（オコ）【痴めく】自カ四 {か・き・く・く・け・け} 〔「めく」は接尾語〕ばかげて見える。おろかしいようすをする。ふざける。〈源氏・常夏〉「をこめい用（イ音便）給へる大臣にて、ほほゑみてのたまふ」訳 ふざけなさった（性格の）大臣なので、ほほえんでおっしゃる。

をごめ・く（オゴメク）【蠢く】自カ四 {か・き・く・く・け・け} ➡おごめく

をさ（オサ）【長】名 多数の人の上に立って統率する人。かしら。ちょう。〈土佐〉「船の長しける翁、月日ごろの苦しき心やりによめる」訳 船の（客の）かしらをしていた老人（＝紀貫之）が、先月来の苦しい心の慰めに詠んだ歌。

をさな-ごこち（オサナ）【幼心地】名 子供心。

をさな・し（オサナシ）【幼し】形ク ➡右 328

をさな・ぶ（オサナブ）【幼ぶ】自バ上二 {び・び・ぶ・ぶる・ぶれ・びよ} 〔「ぶ」は接尾語〕幼児のようである。幼く見える。〈狭衣物語〉「恨み給ふけはひ、幼び用て、ふくらかに愛敬づき、愛しげに見え給ふ」訳（三の宮がその絵をなぜ見せてくれないのかと）お恨みになるようすは、子供っぽくて、ふんわりと魅力的で、いかにも愛らしく見えなさる。

をさま・る（オサマル）自ラ四 {ら・り・る・る・れ・れ} ❶【治まる】㋐乱れや騒ぎがしずまる。落着する。安定する。〈徒然・一四二〉「世治まら未ずして、凍餒の苦しみあらば、とがの者絶ゆべからず」訳 世の中が安定しないで、（人々に）寒さと飢えの苦しみがあるならば、罪人はなくなるはずがない。

㋑（乱れた心や病気・苦痛・天気などが）しずまる。落ち着く。〈源氏・夕霧〉「心もをさまら未ず、物おぼえぬほどなり」訳（一条御息所の死の悲しみで、女房たちは）気持ちもしずまらず、なにも考えられないほどである。➡篤し「慣用表現」

❷【収まる・納まる】㋐適当な場所や位置に入る。きちんと入る。〈浮世風呂〉「とかく食物が納まり用かねまして」訳 どうにもこうにも食物が（おなかに）落ち着きかねまして。

㋑消える。うすらぐ。〈細道・旅立〉「月は有り明けにて光をさまれ已るものから、不二の峰かすかに見えて」訳 月は有り明けの月（＝夜明けごろ空に残る月）で、光はうすらいでいるから、富士山の峰がかすかに見えて。（「ものから」を逆接の「ものの」の意とする説もある）

をさ・む（オサム）他マ下二 {め・め・む・むる・むれ・めよ} ❶【治む】㋐しずめる。落ち着かせる。〈源氏・若菜下〉「女房などは心もえをさめ未ず、乱りがはしく騒ぎ侍りけるに」訳（紫の上の死に）女房などは心を落ち着かせることもできず、やかましく（泣き）騒いでおりましたので。

㋑統治する。国などを治める。〈花月草紙〉「賢きをあげて、政を任ずるほかに、国を治むる体道はなし」訳 賢人を登用して、政治をまかせること以外に、国を治める方法はない。

㋒建物などを造営する。修理する。また、治療する。〈折たく柴の記〉「壁の土くづれ落ちしあまた所あれば…そのやぶれををさめ用塗らしむ」訳（地震で）壁の土が崩れ落ちた多くの所があるので…その破損箇所を修理して塗らせる。

㋓〔「修む」とも書く〕整え正す。〈徒然・一一〇〉「身ををさめ用、国を保たん道も」訳 一身を修養し、国を保全してゆくような道も。

❷【収む・蔵む・納む】㋐しまっておく。所蔵する。収納する。受け入れる。〈宇治・五・一〉「奥の部屋などおぼしき所に、をさめ用置きて」訳（地蔵菩薩を）奥の部屋などと思われる所に、しまって置いて。

㋑やりとげる。終わりにする。〈醒睡笑〉「よき振りに舞ひをさめ用し」訳 巧みな所作で舞い納めた。

㋒葬る。埋葬する。〈徒然・三〇〉「からは、けうとき山の中にをさめ用て」訳 遺骸は、人気のない山の中に埋葬して。

をさ-め（オサ）【長女】名 雑用に使われた下級の女官。一説に、下級女官の長、また、年をとった下女の意とも。〈枕・八七〉「すまし・長女などして、たえずいましめにやる」訳 すまし（＝下級女官）やおさめなどに命じて、ひっきりなしに見張りに行かせる。

をさめ-どの オサメ—【納め殿】名 宮中や貴族の邸宅で、金銀・衣服・調度などを納める所。納戸(なんど)。宮中では、宜陽殿(ぎようでん)の中にあり、累代(るいだい)の御物(ぎょぶつ)を納める。

をさ-をさ オサオサ 副 ⇒左 329

をさをさ・し オサオサシ【長長し】形シク {しから・しく(しかり)・し・しき(しかる)・しけれ・しかれ} おとなびている。しっかりしている。落ち着いている。〈伊勢・一〇七〉「若ければ文(ふみ)も**をさをさしから**未ず、ことばも言ひ知らず」訳 (女は)若いので手紙(の書き方)も**しっかりとしていない**し、(恋の)ことばも言い表し方を知らない。

をし オシ【鴛鴦】名 おしどり(=水鳥の名)の古名。雌雄離れずにいることが多いので、夫婦仲のよいことにたとえる。冬

(鴛鴦)

を・し オシ 形シク {しから・しく(しかり)・し・しき(しかる)・しけれ・しかれ}

❶【愛し】かわいい。いとしい。〈続後撰・雑中〉「人も**をし**終人もうらめしあぢきなく世を思ふゆゑにもの思ふ身は」訳 ⇒付録①「小倉百人一首」99

❷【惜し】失うにしのびない。惜しい。残念だ。捨てがたい。〈徒然・七〉「飽かず、**惜し**終と思はば、千年(ちとせ)を過ぐすとも、一夜(ひとよ)の夢の心地こそせめ」訳 (人間の寿命に)満足せず、(死ぬことを)**惜しい**と思うならば、千年を過ごしても、一晩の夢のような(はかない)気持ちがすることであろう。⇒惜(あた)らし「類語の整理」(三九ページ)

をし オシ 感 「「おし」とも書く」貴人が通るときに供の者が人々を静粛にさせるために発する声。〈枕・三〉「警蹕(けいひち)(=先を払う声)など『**おし**』といふ声聞こゆるも」

最重要330

329 をさ-をさ オサオサ 副

ガイド 多数の人の上に立って統率する人の意の「長(をさ)」を重ねて副詞にした語かと見られ、すべてが備わってきちんとしているさまをいう②が原義かと考えられる。

❶(多く、下に打消の語を伴って)**ほとんど。めったに。**なかなか。

例 さて冬枯れのけしきこそ、秋には**をさをさ**おとるまじけれ〈徒然・一九〉

訳 それから冬枯れのありさまは、秋には**ほとんど**劣らないだろう。(ほどの趣のあるものであろう)。

定型表現 副詞の呼応 **をさをさ…打消**

例 **をさをさ** 見えず。〈打消〉(=**ほとんど**見えない)

❷**しっかりと。きちんと。**

例 よろづの人の、婿になり給へと、**をさをさ**聞こえ給へども、さもものし給はず〈うつほ・藤原の君〉

訳 多くの人が、(私の)婿におなりなさいと、**はっきりと**申し上げなさるけれども、(仲澄(なかずみ)は)そうもしなさらず。(「ものす」は、ここでは「する」の意の婉曲(えんきょく)表現)

をし-き オ—【折敷】名 片木(へぎ)(=杉や檜(ひのき)の材などを薄く削った板)を折りめぐらして作った四角な盆。食器などをのせるのに用いる。中古には沈香(じんこう)・紫檀(したん)などの香木でつくったものもあった。足を取りつけたのを「足打(あしう)ち折敷」という。

(をしき)

をしけ・し オシケシ【惜しけし】形ク {から・く(かり)・し・き(かる)・けれ・かれ}〔形容詞「をし」のク語法「をしけく」を形容詞活用させたもの〕「をし(惜し)」に同じ。〈源氏・胡蝶〉「紫のゆゑに心をしめたれば淵(ふち)に身投げむ名やは**をしけき**体」訳 (私は)紫草の縁故の人(=玉鬘(たまかずら))に夢中になっているので、淵に身を投げる(という悪い)噂(うわさ)は**惜しく**あろうか(いや、少しも惜しくはない)。(「淵」に「藤(ふぢ)」をかけ、「紫」と縁語関係とした)

をし-どり オシ—【鴛鴦】名「をし(鴛鴦)」に同じ。

をし・ふ オシウ【教ふ】他ハ下二 {へ・へ・ふ・ふる・ふれ・へよ} 告げ知らせる。教える。さとす。〈古今・春下〉「花散らす風のやどりはたれか知る我に**教へよ**命行きてうらみむ」訳 桜の花を吹き散らす風の宿所はだれが知っているのか。私に**教えよ**。行って恨みごとを言おう。

をし・む オシム 他マ四 {ま・み・む・む・め・め}

❶【愛しむ】深く愛する。いつくしむ。たいせつにする。〈古今・離別〉「**をしむ**終らむ人の心を知らぬまに秋のしぐれと身ぞふりにける」訳 (私を)**いとしく思っ**ているというあなたの心も知らないでいる間に、秋のしぐれが降るように、私の身もすっかり年老いてしまったことだ。(「ふり」は「降り」と「古(ふ)り」との掛詞)

❷【惜しむ】惜しく思う。物惜しみする。〈平家・四・競〉「さては**惜しむ**体ごさんなれ」訳 それでは(名馬を見せるのを)**物惜しみする**というのだな。

をし-もの オシ—【食し物】名 食べ物の敬称。召し上がり物。お食事。〈紀・推古〉「皇太子(ひつぎのみこ)みそなはして**食し物**与へ給ふ」訳 皇太子は(飢えた人を)ご覧になって**お食事**をお与えになる。

を・す オス【食す】他サ四 {さ・し・す・す・せ・せ}《上代語》❶「飲む」

「食ふ」「着る」などの尊敬語。召し上がる。お召しになる。〈記・中〉「献り来し御酒そ残さず食せ㊀命、ささ」訳 献上して来たお酒である。残さず召し上がれ、さあさあ。❷治める意の尊敬語。お治めになる。統治なさる。〈万葉・一七・四〇〇六〉「天皇の食す㊀体国なれば」訳 (この国は)天皇が統治なさる国なので。

をーだ オ—【小田】名〔「を」は接頭語〕田。

をーだまき オ—【苧環】名 ❶麻を細く裂いてより合わせて作った糸を、内側を空にして球状に巻いたもの。〈伊勢・三二〉「いにしへのしづのをだまきくりかへし昔を今になすよしもがな」訳 遠い昔の倭文織物を織るための苧環をたぐってはまたたぐるように、もう一度たぐりもどして(仲むつまじかった)昔を今にする方法があればなあ。(第二句までは「くりかへし」を導きだす序詞)

(をだまき①)

❷枝も葉もない立ち枯れの木。一説に、鉾杉(=矛のような形の杉)の意とも。

をち オチ【復ち】名 元に戻ること。特に、若返ること。〈万葉・二〇・四四四六〉「わが屋戸に咲けるなでしこ幣はせむゆめ花散るないやをちに咲け」訳 私の家の庭先で咲いているなでしこよ、贈り物はしよう。(だから)決して花が散るなよ。ますます新たに咲いてくれ。

をち オチ【彼方・遠】名 ❶遠く離れた所。かなた。遠方。〈古今・離別〉「白雲の八重に重なるをちにても思はむ人に心へだつな」訳 白雲が幾重にも重なる遠方にあっても、(あなたを)思うであろう人(=私)に心を隔てるな。

❷時の隔たること。㋐以前。昔。〈拾遺・雑賀〉「昨日よりをちをば知らず」訳 昨日より以前のことは知らないが。

㋑以後。将来。〈万葉・一五・三七二六〉「このころは恋ひつつもあらむ玉匣明けてをちより為方なかるべし」訳 今のうちは恋し続けてもいられよう。一夜明けてそれ以後からは(あなたと別れてしまい)どうしようもないだろう。(「玉匣」は「明く」にかかる枕詞)

をーぢ オジ 名 ❶【小父・翁】年とった男。おきな。老人。❷【伯父・叔父】父・母の兄弟。また、父・母の姉妹の夫。

をちーかた オチ—【彼方・遠方】名 遠く隔たったほう。遠方。〈新古・雑上〉「雲をのみつらきものとて明かす夜の月よ梢にをちかたの山」訳 雲ばかりを(月を隠す)薄情なものだと思って夜を明かすが、その夜の月よ、(おまえは)今遠く向こうの山の梢に落ちかかっていることだ。(「をちかた」は「遠方」と「落ち方」との掛詞)。対此方

をちかたーびと オチカタ—【遠方人】名 遠くにいる人。離れている人。〈古今・雑体〉「うちわたすをちかた人にもの申すわれそのそこに白く咲けるは何の花ぞも」訳 ずっと見渡す遠くにいる人にお尋ね申し上げる、私は。その、そこに白く咲いているのは、いったい何の花か。

をちーかへ・る オチカエル【復ち返る】自ラ四〔ら・り・る・る・れ・れ〕❶元へ戻る。また、繰り返す。〈更級・東山なる所〉「誰に見せ誰に聞かせむ山里のこの暁もをち返る㊀体音も」訳 だれに見せ、だれに聞かせようか、山里のこの未明(の景色)も、繰り返す(ほととぎすの)鳴き声も。

❷若返る。〈万葉・一一・二六八九〉「老いぬともまたをち返り㊀用君をし待たむ」訳 (わが身は)老いてしまうにしても、また若返りあなたを待とう。

をちーこち オチ—【彼方此方・遠近】名 ❶遠い所と近い所。あちこち。〈古今・春上〉「をちこちのたづきも知らぬ山中に」訳 あちらとこちらの見当もつかない山の中で。

❷未来と現在。〈万葉・四・六七四〉「真玉付くをちこち兼ねて言は言へど」訳 今もこれから先も(大切にする)とことばでは言うが。(「真玉付く」は「をちこち」にかかる枕詞)

をちこちーびと オチコチ—【遠近人】名 あちこちの人。遠くの人や近くの人。〈伊勢・八〉「信濃なる浅間の嶽に立つ煙をちこち人の見やはとがめぬ」(新古・羇旅にも所収)訳 信濃の国(長野県)にある浅間山に立つ煙を、あちこちの人が見ていぶかりはしないだろうか(いや、だれもがいぶかるはずだ)。

をぢーな・し オジ— 形ク〔(から)・く(かり)・し・き(かる)・けれ・かれ〕❶臆病だ。いくじがない。〈竹取・竜の頸の玉〉訳 いくじのないことを言う舟人であるなあ。「をぢなき㊀体ことする舟人にもあるかな」

❷劣っている。つたない。へたである。〈仏足石歌〉「をぢなき㊀体や我に劣れる人を多み済さむためと写しまつれり仕へまつれり」訳 (仏の道に)暗いね、私よりも劣っている人が多いので、(その人々を)彼岸(=悟りの境地)に渡すために(仏足を石碑に)お写し申しあげた。(その仕事に)お仕え申しあげた。

を・つ オツ【復つ】自タ上二〔ち・ち・つ・つる・つれ・ちよ〕元へ戻る。若返る。〈万葉・六・一〇三四〉「古ゆ人の言ひける老人のをつ㊀終といふ水そ名に負ふ滝の瀬」訳 昔から人が言い伝えてきた、老人が若返るという水であるぞ。(養老という)名をもったこの滝の瀬は。

をとこ オトコ【男】名

❶一般に、男。男性。〈土佐〉「男もすなる日記といふものを、女もしてみむとてするなり」訳 男も書くと聞いている日記というものを、(私のような)女も書いてみようと思ってしたためるのである。

❷成人して一人前になった男子。若く活力のある男。〈平家・二・阿古屋之松〉「あはれ、汝七歳にならば男になして、君へ参らせんとこそ思ひつれ」訳 ああ、おまえが七歳になったなら一人前の男にして(=元服させて)、わが君(=後白河法皇)へ参上させようと思っていたのになあ。➡大人ぶ「類語の整理」

❸夫。恋人である男。〈枕・八七〉「若き人々出で来て、『男やある』『いづくにか住む』など口々問ふに」訳 若い女房たちが出て来て、(女に)「夫はいるのか」「どこに住んでいるのか」などと口々に尋ねると。

❹出家していない男。俗世間にいる男。〈著聞・七一七〉「男なりける時、つねに猿を射けり」訳 (太郎入道が)在俗の男子であったとき、いつも猿を射止めていた。

❺下男。召使の男。〈源氏・若紫〉「疎き客人などの参る折節の方なりければ、男どもぞ御簾の外にありける」訳 たまの客などの参上するときの部屋だったので、(侍女などはいないで、警備のための)下男たち

が（若紫のいる）御簾の外にいた。

をとこ-ぎみ —（オトコ）【男君】名 ❶貴族の子弟の敬称。公達。〈落窪〉「男君もそのけしきをふと見給ひて、いとほしうあはれにおもほす」訳 男君もその（姫君の）ようすをちらっとご覧になって、気の毒でかわいそうにお思いになる。
❷貴族の婿や夫の敬称。〈枕・二五〉「また家の内なる男君の来ずなりぬる、いとすさまじ」訳 またその家の人である婿君が通って来なくなってしまったのは、ひどく興ざめである。（対 女君）

をとこ-しゅう —（オトコ）【男主】名 一家の男主人。「をとこあるじ」とも。〈枕・二八〉「人の家の男主ならでは、高くはなひたる、いとにくし」訳 一家の男主人でなくては、音高くくしゃみをしているのは、たいへん不快である。

をとこ-だて —（オトコ）【男達・男伊達】名 男気を重んじ、男としての面目を立てるためには身を捨てて顧みないこと。また、そのような人。俠客。

をとこ-で —（オトコ）【男手】名（「て」は文字の意）（男性が多く使ったところから）漢字。「男文字」とも。〈うつほ・国譲上〉「本をこそは、男手も女手も習ひ給ふめれ」訳（東宮は仲忠の）お手本を、漢字も仮名もお習いになっているようである。対 女手

をとこ-まひ —（オトコマイ）【男舞】名 女が男装して舞う舞。鳥羽天皇の時、白拍子が始めたものという。

をとこ-みこ —（オトコ）【男御子】名「をのこみこ」とも。男の御子。皇子。〈大鏡・師尹〉「この女御、八の宮とてをとこみこ一人むまれ給へり」訳 この女御（＝芳子）の御腹に、八番目の宮として皇子（＝永平親王）が一人お生まれになった。対 女御子

をとこ-もじ —（オトコ）【男文字】名「をとこで」に同じ。対 女文字

をどし （オドシ）【縅・威】名 鎧の札（＝鉄または革で作った小さい板）を糸・布帛または細い革でつづったもの。材料によって糸縅・革縅、色によって緋縅・卯の花縅など、つづり方によっては、荒目・毛引・素懸・敷目などの種類がある。⬇下「古文常識」

をと-つ-ひ （オトツイ）【一昨日】名（「をと」は「遠」の意。

古文常識　「をどし」―「鎧の縅」

戦場での晴れ着であり存在証明であった鎧の色彩には、多くの趣向が凝らされた。代表的な縅の彩りを袖の部分で示す。

縅は材質の違いから大きく3種に分けられる。
糸縅：絹などの糸を組んだ緒を使う
革縅：鹿の皮の緒を使う
綾縅：絹の織物の緒を使う

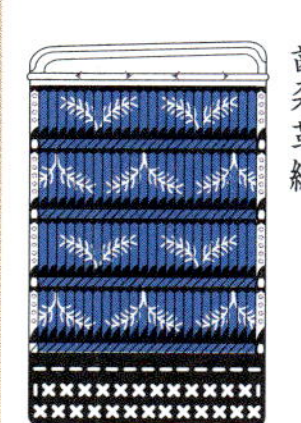
歯朶革縅
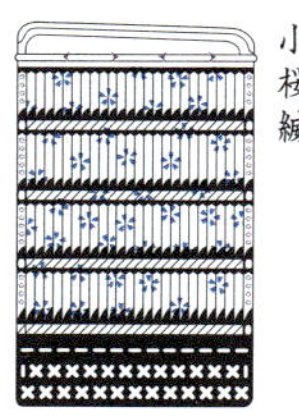
小桜縅

赤糸縅

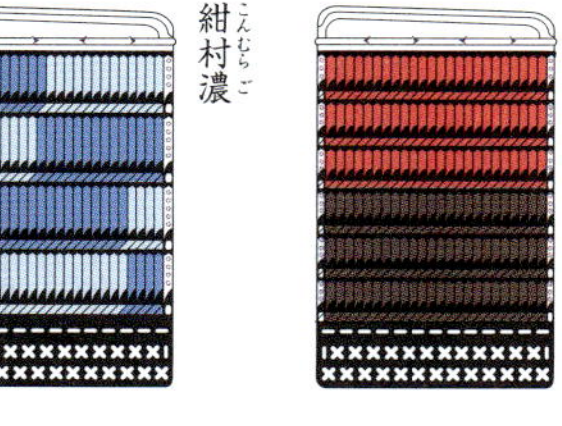
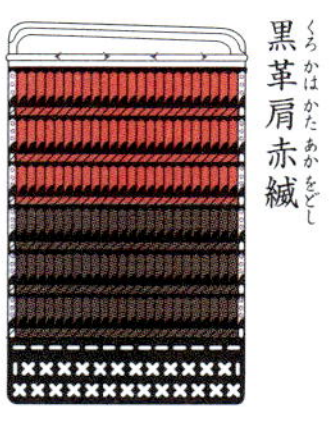
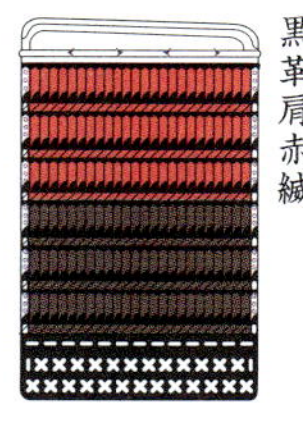
紺村濃
黒革肩赤縅
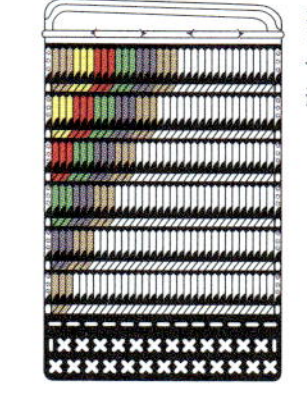
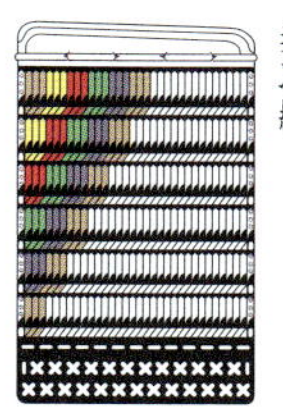
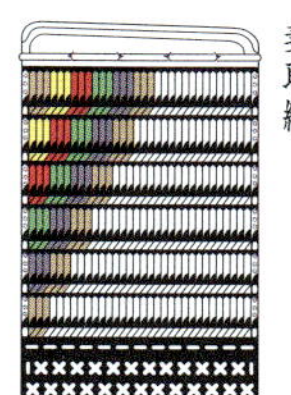
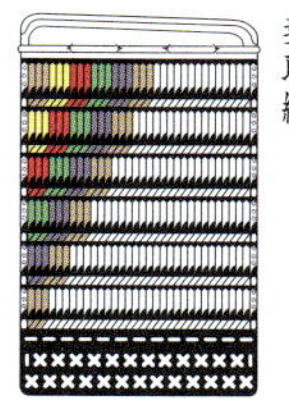
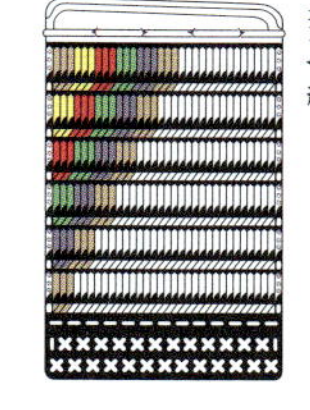
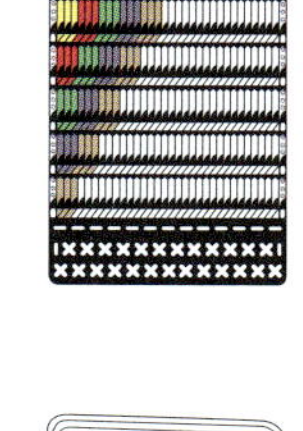
妻取縅

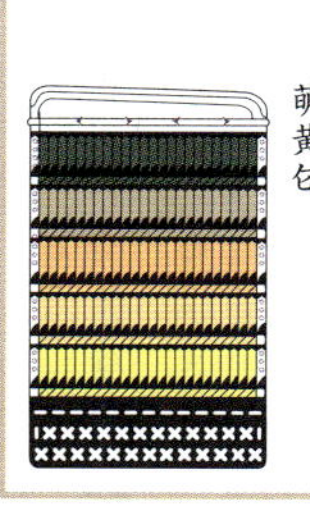
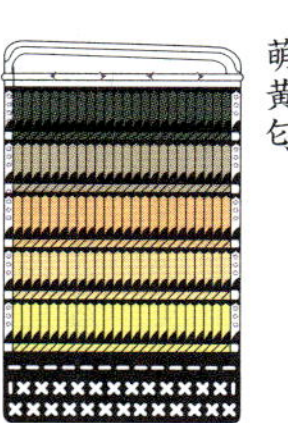
萌黄匂
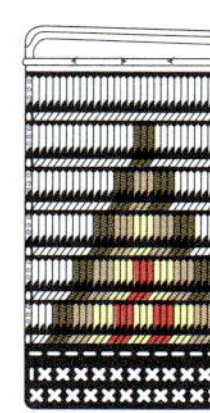
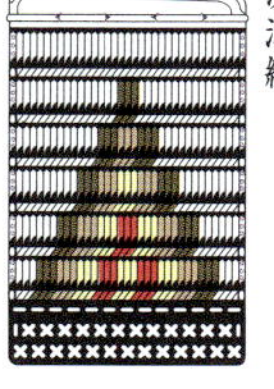
沢瀉縅
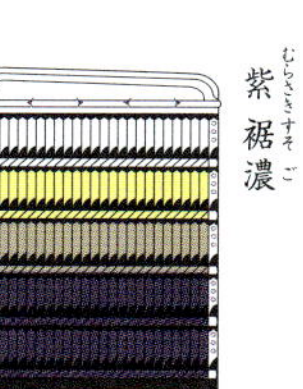
紫裾濃

「つ」は「の」の上代の格助詞〕昨日の前の日。おととい。〈万葉・一七・三九二四〉「山の峡そこも見えず一昨日も昨日も今日も雪の降れれば」訳山と山との間がそこだとも見分けられない。一昨日も昨日も今日も雪が降ったので。

をと-め オト【少女・乙女】名〔「をと」は「復つ（＝若返る）」と同根〕❶若い娘。未婚の女性。「をとめこ」とも。〈万葉・一・四〇〉「鳴呼見の浦に船乗りすらむをとめらが珠裳の裾に潮満つらむか」訳あみの浦で船に乗って遊んでいるであろう若い娘たちの美しい裳の裾に、今ごろ満ち潮が寄せているであろうか。⬇大人ぶ「類語の整理」
❷五節の舞姫。

をとめ-こ オトメ【少女子・乙女子】名「をとめご」とも。「をとめ①」に同じ。

をど・る オドル【踊る】自ラ四〔ら・り・る・る・れ・れ〕❶はねる。飛び上がる。〈枕・一五一〉「うつくしきもの　…雀の子の、ねず鳴きするにをどり用来る」訳かわいらしいもの、…雀の子が、（人が）ねずみの鳴き声のまねをするとはねて来るの。
❷舞踊をする。おどる。〈枕・二七八〉「高麗・唐土の楽して、獅子・狛犬をどり用舞ひ」訳高麗と唐土の音楽を奏して、獅子舞や狛犬舞をおどり舞い。（⬇舞ふ「古文常識」）

をの オノ【斧】名木を伐ったり割ったりする道具。おの。

を-の オ【小野】名〔「を」は接頭語〕野。野原。

をのいれて… 俳句

斧入れて　香におどろくや　冬木立
切れ字　冬
〈秋しぐれ・蕪村〉

訳勢いよく斧を打ちこむと（葉が落ちつくし枯れ木のように思えるその木肌から）強い香が鼻をつき、（その生命の確かさに）はっと驚いたことだ。（きりりと寒い）冬の木立に囲まれて。

解説蕪村には「樵夫伐木図（＝きこりが木を伐る図）」の絵があり、この句と対をなすと言われるが、「木の香」は絵では表現できない。感覚の柔軟さ、鋭さに着目したい。

を-の-こ オ【男子・男】名
❶男性。〈徒然・一〉「いたましうするものから、下戸ならぬこそ男はよけれ」訳（酒をすすめられて）迷惑であるようにしながらも、酒が飲めないわけではないのが、男としてはよいものだ。対女の子
❷**男の子。むすこ。**〈源氏・玉鬘〉「女どもも男どもも所につけたるよすがども出できて、住みつきにたり」訳（少弐の）娘たちもむすこたちも、その土地に応じた縁があれこれできて（結婚し）、（筑紫に）住みついてしまった。対女の子
❸**殿上人。**〈新古・春上・詞書〉「男ども、詩を作りて歌に合はせ侍りしに」訳殿上人たちが、漢詩を作って（同題の）和歌と競詠をしましたときに。
❹**奉公人。下男。**〈竹取・燕の子安貝〉「家に使はるる男どものもとに」訳家に使われている下男たちのところに。
❺目下の男の名の下に付けて呼ぶ語。〈徒然・一八四〉「給はりて、なにがし男に張らせ候はん」訳（こちらへお仕事を）いただいて、だれそれめに（障子を）張らせましょう。（⬇大人ぶ「類語の整理」）

をのこ-ご オノコ【男子】名❶男の子。男児。〈枕・一五一〉「八つ、九つ、十ばかりなどの男児の、声はをさなげにてふみ読みたる、いとうつくし」訳八歳、九歳、十歳ぐらいなどの男の子が、声は子供っぽいようすで（漢文の）書物を読んでいるのは、とてもかわいらしい。
❷男性。おとこ。〈源氏・少女〉「男子にはうち解くまじきものなり」訳（女は）男には気を許してはならないものである。

をのこ-みこ オノコ【男御子】名「をとこみこ」に同じ。

小野小町（をののこまち）オノノコマチ《人名》（生没年未詳）平安前期の女流歌人。六歌仙・三十六歌仙の一人ではあるが、伝記には不明の点が多い。歌風は繊細で優艶。絶世の美人として謡曲・浄瑠璃などに取材されている。「小倉百人一首」に入集。家集「小町集」

を-の-へ オノエ【尾の上】名〔「峰の上」の転〕山の峰。山や丘のいただき。〈後拾遺・春上〉「高砂の尾上の桜咲きにけり外山の霞立たずもあらなむ」訳⬇付録①「小倉百人一首」73

を-の-わらは オノワラワ【男の童】名❶男の子。
❷召使の少年。（対女の童）

を-ば 格助詞「を」のはたらきを強調し、動作・作用の対象を強く示す意を表す。〈竹取・竜の頸の玉〉「命を捨てても、おのが君の仰せごとをば叶へむとこそ思ふべけれ」訳（家臣というものは）命を捨てても、自分の主人のご命令を叶えようと思わなければならない。
なりたち格助詞「を」＋係助詞「は」＝「をは」の濁音化したもの

姨捨山（をばすてやま）オバステヤマ《地名》歌枕今の長野県北部にある冠着山のこと。姨捨て伝説の地。「田毎の月」で知られる月の名所。

を-ばな オ【尾花】名❶植物の名。秋の七草の一つ。すすきの花穂。また、すすき。馬の尾に似ているのでいう。秋。⬇七草「古文常識」（六〇四ページ）
❷襲の色目の名。表は白色、裏は薄縹色（＝薄い藍色）。秋に用いる。

をはり オワリ【終はり】名❶末。果て。しまい。
❷一生の終わり。臨終。〈源氏・薄雲〉「年七十ばかりにて、今は終はりの行ひをせむとて籠りたるが」訳年が七十歳ぐらいで、今は人生の最後の勤行をしようとして（山に）籠もっていた者が。

尾張（をはり）オワリ《地名》旧国名。東海道十五か国の一つ。今の愛知県西部。尾州。

をは・る オワル【終はる】自ラ四〔ら・り・る・る・れ・れ〕❶終わりとなる。しまいになる。〈万葉・一八・四一一六〉「吾が待つ君が事終はり用帰りまかりて」訳私の待つあなたが仕事も終わり、（都から）帰ってきて。
❷死ぬ。〈沙石集〉「禅定に入るがごとくして終はり用ぬ」訳禅定（＝雑念を払い真理に達すること）の境地に入るようにして亡くなった。

を・ふ オウ【終ふ】他ハ下二〔へ・へ・ふ・ふる・ふれ・へよ〕終える。終わりまでやる。終わらせる。〈徒然・一〇八〉「命を終ふる体期（＝時期）、たちまちに至る（＝やってくる）」

をーぶね【小船・小舟】名〔「を」は接頭語〕小さな舟。

をーみ【小忌・小斎】名 ❶〔「をいみ」の転〕大嘗会(だいじょうえ)・新嘗会(しんじょうえ)などのとき、特に斎戒(さいかい)(=飲食・行動をつつしみ心身を清めること)を厳重にして、神事に奉仕すること。また、その役の人。〈枕・八九〉「小忌の君たちもいとなまめかし」訳 小忌衣を着て神事に奉仕する役の貴公子たちもたいへん優美である。
❷「小忌衣(をみごろも)」の略。

を…み …が…ので。…が…から。〈万葉・六・九一九〉「若の浦に潮満ち来れば潟(かた)を無(な)み葦辺(あしへ)をさして鶴(たづ)鳴き渡る」訳 →わかのうらに… 和歌

定型表現 **を…み**（理由を表す）
例 黄葉を茂み…。(=もみじが茂っているので)

なりたち 間投助詞「を」＋…＋原因・理由を表す接尾語「み」。→を(間助)・み(接尾)
注意 「山高み」「術(すべ)無(な)み」のように、「を」が省略される場合がある。

をみーごろも【小忌衣】名 大嘗会(だいじょうえ)・新嘗会(しんじょうえ)・五節(ごせち)・豊(とよ)の明かりの節会(せちえ)などで、公卿(くぎょう)・女官・舞人など神事に奉仕する者(=小忌人(おみびと))が、装束の上に着る単衣(ひとえ)の服。白布に春の草・小鳥などを青摺(あおず)りにし、狩衣(かりぎぬ)のように作り、右肩に二本の赤ひもをつけ、袖の中央に紙縒(こよ)りを垂らす。「をみ」とも。

(をみごろも)

をみーな【女】名 若い女。古くは、美女。〈紀・天武〉「『諸氏(もろもろのうぢ)、をみなを貢(たてまつ)れ』とのたまふ」訳「各氏族は若い女を(朝廷に)差し上げよ」と(帝(みかど)が)お命じになる。→大人ぶ「類語の整理」
参考 後には「をうな」「をんな」となり、女性一般をさすようになった。

をみなーへし【女郎花】名 ❶植物の名。秋の七草の一つ。山野に自生し、また観賞用として栽培する。夏から秋に黄色い小形の花を傘状につける。歌では多く女性にたとえる。秋。〈古今・秋上〉「ひとりのみながむるよりは女郎花わが住むやどに植ゑてみましを」訳 一人だけでながめているよりは、あの女郎花を私の家の庭に植えて見たいものだが。(「女郎花」の植栽を女性との結婚にたとえる)。→七草(ななくさ)「古文常識」(六〇四ページ)
❷襲(かさね)の色目の名。表は黄、裏は萌黄(もえぎ)(　)。秋に用いる。→襲(かさね)の色目「古文常識」(三一〇ページ)

をむな【女】名「をんな」に同じ。

をーめ・く【喚く】自カ四〔か・き・く・く・け・け〕〔「めく」は接尾語〕わめく。大声で叫ぶ。〈枕・一四四〉「猿のやうにかいつきてをめく(体)もをかし」訳 猿のように(木に)しがみついてわめくのもおもしろい。

をーや (文中に用いて)疑問の意を表す。…を…(だろう)か。〈源氏・総角〉「隔てなきとはかかるをや言ふらむ」訳 (あなた=薫(かおる)の言う)隔てのない(話をしよう)とは、こういうことを言うのだろうか。
なりたち 格助詞「を」＋疑問の係助詞「や」

をーや ❶(文末に用いて)強い感動・詠嘆の意を表す。…だなあ。〈平家・一〇・熊野参詣〉「今日(けふ)はかくやつれはて給へる御ありさま、かねては思ひよらざっしをや」訳 今日はこのようにすっかりみすぼらしくなっていらっしゃるごようすで、以前には想像もできなかったことだなあ。(「ざっし」は「ざりし」の促音便)
❷(多く「いはんや…においてをや」の形で)ある一例をあげ、他を推定する意を表す。…はなおさらである。〈平家・七・主上都落〉「をさまれる世だにもかくのごとし。いはんや乱れたる世においてをや」訳 治まっている世さえもこのようである。まして乱れた世ではなおさらである。

をーやまだ【小山田】名〔「を」は接頭語〕山あいの田。山田。
なりたち 間投助詞「を」＋間投助詞「や」

をーや・む【小止む】自マ四〔ま・み・む・む・め・め〕〔「を」は接頭語〕時々とぎれる。雨や雪が少しの間やむ。〈栄花・たまのかざり〉「講師はあきれつつをやみ(用)がちなり」訳 経文の講義をする僧侶は途方にくれては(説教の声も)時々とだえがちである。

をり【折】名 ❶何かが起こっている、また行われているちょうどその時。場合。機会。〈竹取・かぐや姫の昇天〉「今はとて天(あま)の羽衣着る折ぞ君をあはれと思ひ出(い)でける」訳 →いまはとて… 和歌
❷季節。時候。〈枕・三〉「ころは、正月・三月……十一、二月、すべて折につけつつ、一年(ひととせ)ながらをかし」訳 時は、陰暦正月、三月、…十一月、十二月(まで)、全部(その)季節に応じて、一年じゅう趣がある。

をり【居り】自ラ変 補動ラ変 →次ページ 330

をりーえぼし【折り烏帽子】名 頭頂部を折りたたんだ烏帽子。右折りと左折りとがある。風折(かざお)り烏帽子・侍(さむらい)烏帽子など。立て烏帽子に対していう。→烏帽子(えぼし)・直垂(ひたたれ)

をりーか・く【折り懸く】■一 自カ下二〔け・け・く・くる・くれ・けよ〕(波などが)返しては寄せる。〈新古・春下〉「岩根こす清滝(きよたき)川の速ければ波折りかくる(体)岸の山吹(やまぶき)」訳 岩をこえる清滝川(の水の流れ)が速いので、波が(まるで折り取るかのように)返しては寄せる岸の山吹の花よ。
■二 他カ下二〔け・け・く・くる・くれ・けよ〕❶折って掛ける。折り曲げて掛ける。〈梁塵秘抄〉「賤(しづ)の男が篠(しの)折りかけ(用)て干す衣」訳 身分の低い男が篠竹を折り、それに掛けて干す衣。
❷折ってそのままにする。折り曲げておく。〈義経記〉「折りかけ(用)折りかけ(用)したりければ、蓑(みの)をさかさまに着たる様にぞありける」訳 (鎧(よろい)にささった無数の矢を)折り曲げ折り曲げしておいたので、(弁慶はちょうど)蓑をさかさまに着たよう(な姿)であった。

をりーから【折柄】名・副 ちょうどその時。ちょうどよい折。折が折なので。〈徒然・四一〉「かほどの理(ことわり)、誰

たれかは思ひよらざらんなれども、折からの、思ひかけぬ心地して、胸にあたりけるにや」訳 この程度の道理は、だれが思いつかないことがあろうか、いや、だれもが思いつくはずのことであるが、ちょうどよい折で（あったので）、思いがけない気持ちがして、（人々の）心にひびいたのであろうか。

最重要330

330 を・り（オリ）【居り】一 自ラ変 二 補動ラ変

ガイド 元来動作を表す動詞であった「ゐる」（「立つ」に対して「座る」の意。→325）に対して、「をり」は状態を表す語で、一が原義。やがて「ゐる」に「たり」を付けた「ゐたり」が頻用されるにつれて、中世には卑語化して二②の意が生じた。

活用	未然	連用	終止	連体	已然	命令
	ら（ズ）	り（タリ）	り（。）	る（コト）	れ（ドモ）	れ（。）

一 自ラ変

❶ **存在する。いる。ある。**
例 もし、貧しくして、富める家の隣に**をる**㊍ものは、朝夕すぼき姿を恥ぢて、へつらひつつ出で入る〈方丈・二〉
訳 かりに、貧乏で、金持ちである家の隣に**住んでいる**者は、朝に夕に（自分の）みすぼらしい姿を恥ずかしく思って、（隣家の人に）追従しいしい（自分の家に）出入りする（ようになる）。

❷ **座っている。**
例 恋しきが方もかたこそありと聞け立てれ**をれ**㊁どもなき心地かな〈古今・雑体〉
訳 人を恋する方向にも定まった方向があると聞くが、立っていようが**座っていよう**が（恋しさがつのり）、そのようなものなどない気分だよ。

二 補動ラ変

❶ **（動詞の連用形に付いて）動作・状態の存続を表す。…ている。**
例 え止とどむまじければ、ただ、さし仰ぎて泣き**をり**㊀〈竹取・かぐや姫の昇天〉
訳 （かぐや姫を）引き止めることができそうもないので、（嫗おうなは姫を）ただ仰ぎ見て泣い**ている**。

❷ **他の動作を卑しめののしる意を表す。…やがる。**
例 ようもようも妾わらはをたらし**をっ**㊊（促音便）たな〈狂・伯母酒〉
訳 よくもよくも私をだまし**やがっ**たな。

参考 ラ行変格活用の動詞には「あり」「居り」「侍り」「います（そ）がり」がある。

をり-く（オリ）【折り句】名 和歌・俳諧で用いられる修辞技巧の一つ。↓付録◇1「和歌の修辞」

をり-しも（オリ）【折しも】副［「しも」は強意の副助詞］**ちょうどその時。折も折。**〈徒然・一九〉「**折しも**雨風うちつづきて、心あわたたしく散り過ぎぬ」訳 **ちょうどその時**雨や風がずっと続いて、（咲き始めた桜の花も）気ぜわしく散り終わってしまう。

をりしり-がほ（オリシリガオ）【折知り顔】名・形動ナリ 時節をよくわきまえているさま。いかにも自分の時節が来たというようす。〈源氏・葵〉「**折知り顔なる**㊍時雨うちそそきて」訳（人々が葵あおいの上の死を悲しんでいる）**この時の気持ちをわきまえ知っているかのような**時雨がさっと降って。

折たく柴の記（をりたくしばのき）（オリタクシバノキ）《作品名》江戸中期の自叙伝。新井白石著。三巻。享保元年（一七一六）起筆。父祖のこと、生い立ち・経歴、将軍徳川家宣いえのぶのもとで幕政につくした事跡などを、平易な和漢混交文で記す。

をり-は・ふ（オリハウ）【折り延ふ】他ハ下二｛へ・へ・ふ・ふる・ふれ・へよ｝時を延ばす。長びかせる。続ける。〈古今・夏〉「あしひきの山ほととぎす**をりはへ**㊊て誰たれかまさると音ねをのみぞ鳴く」訳 山のほととぎすが**長く続け**て、だれ（の悲しみ）がまさっているかと、（私と張り合うかのように）声を立てて鳴いている。（「あしひきの」は「山」にかかる枕詞）

をりは-へ-て（オリハエ）【折り延へて】引き続いて。長々と。〈蜻蛉・中〉「うぐひすぞ**をりはへて**鳴くにつけて、おぼゆるやう」訳 鶯うぐいすが**長々と**鳴くのにつけて、思われることは。

をり-びつ（オリ）【折り櫃】名 檜ひのきの薄板を折り曲げて作った箱。形は四角・六角などさまざまで、ふたがあり、肴さかな・菓子などを盛る。

（をりびつ）

をり-ふし（オリ）【折節】

一 名 ❶ **その場合場合。その時々。**〈土佐〉「ある人々、**折節**につけて、からうたども、時に似つかはしき言ふ」訳 その場にいる人々は場合場合に応じて、漢詩をいくつか、その場にふさわしいのを朗詠する。

❷季節。時節。〈徒然・一九〉「折節の移りかはるこそ、ものごとにあはれなれ」訳 季節の移り変わってゆくのは、何事につけてもしみじみとした趣がある。

❸時。おり。〈源氏・橋姫〉「前の世の契りもつらき折節なれど」訳（妻に先立たれるという）前世からの因縁も恨めしく思われる時であるけれども。

二 [副] ❶ときおり。たまに。〈浮・西鶴織留〉「銀（=銀貨）は両替（=両替屋）より〔鑑定のために〕折節は見せに来ること有り」

❷ちょうどその時。おりしも。〈平家・九・宇治川先陣〉「谷々の氷うちとけて、水は折節まさりたり」訳 谷々の氷がとけて、（宇治川の）水かさはおりしも増していた。

をり-をり【折折】一 [名] その時々。そのつど。また、時節時節。〈竹取・かぐや姫の昇天〉「文を書きおきてまからむ。恋しからむ折々とり出でて見給へ」訳（私=かぐや姫は）手紙を書きおいておいとましましょう。恋しく思うような時々にとり出してご覧ください。

二 [副] ❶機会があるごとに。ときどき。〈源氏・明石〉「入道にも折々かたらはせ給ふ」訳（光源氏は明石の）入道にも機会があるごとにご相談になられる。

❷（「をりをりに」の形で）だんだん。しだいしだいに。〈方丈・三〉「齢は年々に高く、栖は折々にせばし」訳 年齢は年ごとに高くなり、住居は（移るたびに）だんだんと狭くなる。

を・る【折る】一 [自ラ四]{ら・り・る・る・れ・れ} 波などが折れるようにくずれる。〈万葉・七・一一六八〉「今日もかも沖つ玉藻は白波の八重折る(体)が上に乱れてあるらむ」訳 今日もまた、沖の美しい藻は、白波がいくえにも折れくずれるの上に乱れていることであろうか。

二 [自ラ下二]{れ・れ・る・るる・るれ・れよ} ❶曲がる。曲がって行く。〈源氏・賢木〉「二条より洞院の大路を折れ(用)給ふほど」訳（斎宮一行が）二条から洞院の大路を曲がって行きなさるとき。

❷曲がって切れる。折れる。〈悼松倉嵐蘭・芭蕉〉「秋風に折れ(用)て悲しき桑の杖」訳 無常の秋風に、固い桑の杖が折れるように、私の杖とも頼んだ友は世を去ってしまって悲しいことだ。

❸気がくじける。服従する。負ける。〈源平盛衰記〉「夜もすがら口説き奉りければ、理に折れ(用)て仰せられけるは」訳 一晩じゅう、説得し申しあげたので、道理に負けておっしゃったことには。

❹和歌で、第三句（=腰の句）と第四句との続きぐあいが悪い。〈紫式部日記〉「ややもせば、腰はなれぬばかり折れ(用)かかりたる歌をよみ出で」訳 どうかすると、第三句でちぎれてしまうほど続きぐあいが悪く（下に）かかっている和歌を詠み出して。

三 [他ラ四]{ら・り・る・る・れ・れ} ❶曲げる。折り曲げる。折りたたむ。〈万葉・八・一五三七〉「秋の野に咲きたる花を指折り(用)かき数ふれば七種の花」訳 秋の野原に咲いている花を、指を折り数えてみると、七種類の花があるよ。

❷折りとる。手折る。〈古今・秋下〉「心あてに折ら(未)ばや折ら(未)む初霜の置きまどはせる白菊の花」訳 ⬇付録 ◇①「小倉百人一首」29

をろ-が・む【拝む】[自マ四]{ま・み・む・む・め・め}《上代語》おがむ。礼拝する。〈紀・推古〉「畏みて仕へまつらむをろがみ(用)て仕へまつらむ」訳 おそれつつしんでお仕え申しあげよう、礼拝してお仕え申しあげよう。

をろ-ち【大蛇】[名] 大きなへび。大蛇。〈記・上〉「この高志の八岐のをろち、年ごとに来てくらへり」訳 この高志（=地名）の、頭と尾がたくさんに分かれている大蛇が、毎年やってきて（娘たちを）食べてしまった。

をを・し【雄雄し】[形シク]{しから・しく（しかり）・し・しき（しかる）・しけれ・しかれ} 男らしい。勇ましい。〈源氏・藤裏葉〉「心用ゐををしく(用)、すくよかに、足らひたり」訳（夕霧は）心がまえも男らしく、実直で、すべて備わっている。[対] 女女し

をを・る【撓る】[自ラ四]{ら・り・る・る・れ・れ} たわみ曲がる。葉や花がたくさんついて枝がしなう。〈万葉・一七・三九〇七〉「山背の久邇の都は春されば花咲きををり(用)」訳 山城の国（京都府）の久邇の都（=聖武天皇の都）は、春になると花が咲き枝がたわんで。

をん-ごく【遠国】[名]「ゑんごく」とも。❶都から遠く離れた国。へんぴな土地。

❷律令制で、都からの遠近で全国を遠国・中国・近国の三つに分けたものの一つ。延喜式では、関東以北、越後（新潟県）以北、石見（島根県）・隠岐、安芸（広島県）以西、伊予（愛媛県）・土佐（高知県）、西海道が含まれた。→中国②

をんな【女】[名]〔「をみな」の撥音便。「をむな」とも表記される〕❶一般に、女。女性。〈大鏡・道長下〉「『なにぞ』とて御覧じければ、女の手にて書き侍りける」訳（村上天皇が）「何だ」とお思いになってご覧になったところ、女の筆跡で書いてありましたなあ。

❷特に、成人した女性。若い女。〈徒然・八〉「久米の仙人の、物あらふ女の脛の白きを見て、通を失ひけんは」訳 久米の仙人が、洗濯する若い女のすねが白いのを見て、神通力を失っ（て空から落ち）たというのは。⬇大人ぶ「類語の整理」

❸妻。恋人である女。〈伊勢・二三〉「さりけれど、このもとの女、悪しと思へる気色もなくて」訳 そうではあったが（=男に、他に通って行く所ができたが）、この前からの妻は、（男の行動を）不快であると思っているようすもなくて。

[注意]「をみな」の音便形には「をうな」もある。

[参考] 妻の意の語には「め（女・妻）」もあるが、「め」は軽蔑的な感じがあり、貴族の妻にはほとんど用いられない。

をんな-あるじ【女主】[名] 女主人。一家の主の妻。〈伊勢・六〇〉「女主に土器取らせよ」訳 女主人に素焼きの杯を取らせ（て酌をさせ）ろ。

をんな-がた【女方】[名] ❶女のほう。女の側。〈源氏・夕顔〉「女方も、あやしう様たがひたる物思ひをなむしける」訳 女（=夕顔）のほうも、不思議に、ようすの違った物思いをしたのだった。

❷女のいる所。特に、女房の控える台盤所。〈伊勢・六五〉「男、女方許されたりければ」訳 この男は（年少なので）、女房のいる部屋（への出入り）を許されていた

ので。

をんな-がた ―オンナ【女形】名 歌舞伎で、女役を演じる男の役者。おやま。

をんな-ぎみ ―オンナ【女君】名 ❶貴族の娘の敬称。姫君。「めぎみ」とも。〈源氏・橋姫〉「女君のいとうつくしげなる生まれ給へり」訳 姫君で、たいそうかわいらしいようすの方(=大君)がお生まれになった。❷貴族の妻の敬称。〈落窪〉「男君も女君も御心のどやかによくおはすれば、つかうまつりよし」訳 夫君も奥方もおおらかな気持ちが寛大でりっぱでいらっしゃるので(女房たちは)ご奉公しやすい。《対 男君》

をんな-ぐるま ―オンナ【女車】名 女房などの乗る牛車。女房車。〈伊勢・三九〉「この車を女車と見て、寄り来て」

をんな-ご ―オンナ【女子】名 女の子。幼女。娘。〈土佐〉「京にて生まれたりし女子、国にてにはかにうせにしかば」訳 京で生まれた女の子が、(土佐の)国で突然亡くなってしまったので。

女三の宮 (をんなさんのみや) オンナサンノミヤ《人名》「源氏物語」中の女性。朱雀院の第三皇女。光源氏に降嫁するが、柏木と通じて薫を生み、その罪を思って出家する。

をんな・し オンナシ【女し】形シク〔しから・しく(しかり)・し・しき(しかる)・しけれ・しかれ〕女らしい。〈源氏・帚木〉「なよびかにをんなし終と見れば」訳 ものやわらかで女らしいと思って見ると。

をんな-で ―オンナ【女手】名 (「て」は文字の意)(女性が主として用いたところから)平仮名。「女文字」とも。〈源氏・梅枝〉「女手を心にいれて習ひしさかりに」訳 (私=光源氏が)平仮名を熱心に習っていた盛りに。対 男手

をんな-みこ ―オンナ【女御子】名 皇女。内親王。「女宮」とも。〈大鏡・道隆〉「関白などうせさせ給ひてのちに、をとこみこ一人・をんなみこ二人うみ奉らせ給へりき」訳 (中宮定子は、父の)関白殿(=道隆)などがお亡くなりになられて後に、皇子一人と皇女二人をお生み申しあげになられた。対 男御子

をんな-もじ ―オンナ【女文字】名「をんなで」に同じ。対 男文字

をんな-わらは ―オンナワラワ【女童】名 女の子。少女。〈土佐〉「ありける女童なむ、この歌を詠める」訳 例の女の子が、この歌を詠んだ。

をん-る ―オン【遠流】名 律(=刑法)に基づく最も重い流罪で、伊豆(静岡県)・土佐(高知県)・隠岐(島根県)・佐渡(新潟県)などの遠国・遠島に流すこと。島流し。〈平家・二・座主流〉「死罪一等を減じて遠流せらるべしと見えて候へども」訳 死罪を一段階下げて遠国への流罪になさるがよいと(判定状には)見えていますけれども。

ん 助動特殊型 推量の助動詞「む」が平安時代の中ごろから発音の変化を起こし、それに伴って「ん」と表記されるようになったもの。〈徒然・一七五〉「人目をはかりて、捨てん終とし、逃げん終とするを」訳 人目をぬすんで、捨てようとし、逃げようとするのを。→む(助動)

んず 助動サ変型 平安時代の中ごろから「むず」の「む」が「ん」と発音されるようになったために、「んず」と表記されるようになったもの。〈平家・二・西光被斬〉「もしこの事もれぬるものならば、行綱まづ失はれなんず終」訳 もしこの事(=謀反の計画)がもれてしまうものならば、(私)行綱がまず殺されてしまうだろう。→むず(七九八ページ)

んず-らん 平安時代の中ごろから「むずらむ」の「む」が「ん」と発音されるようになったために、「んずらん」と表記されるようになったもの。→むずらむ なりたち 推量の助動詞「んず(むず)」終＋推量の助動詞「らん(らむ)」

んずる 平安時代の中ごろから「むず」の連体形「むずる」の「む」が「ん」と発音されるようになったために、「んずる」と表記されるようになったもの。〈平家・八・山門御幸〉「この宮の御運はただ今ひらけさせ給はんずるものを」訳 この宮(=尊成親王。後の後鳥羽天皇)のご運は今まさに開けなされようとしているのに。

んずれ 平安時代の中ごろから「むず」の已然形「むずれ」の「む」が「ん」と発音されるようになったために、「んずれ」と表記されるようになったもの。〈平家・一一・逆櫓〉「思ひも寄らぬ時に押し寄せてこそ、思ふ敵を討たんずれ」訳 思いもよらない時に押し寄せてこそ、目ざす敵を討つことができよう。

ん-とす 平安時代の中ごろから「むとす」の「む」が「ん」と発音されるようになったために「んとす」と表記されるようになったもの。→むとす なりたち 推量の助動詞「ん(む)」終＋格助詞「と」＋サ変動詞「為」

〔編集部〕 藤倉尚子 吉田伊公子 黒田聡
大霜真理子 鈴木雄志 望月敬子

付録もくじ

① 鑑賞編

② 文法編

③ 資料編

古典の名作・名場面20選

▼ここでは、巻頭口絵「ビジュアル　古典文学ガイド」で取り上げた二十作品について、その内容の一部分を紹介する。いずれも奈良時代から江戸時代までの、日本の古典文学史上の選りすぐりの作品で、その中でも特に重要な場面を収載している。過去から今まで引き継がれてきた珠玉の文章を楽しみながら味わってみてほしい。

掲載作品

構成と内容

掲載作品はすべて、ひと目で全体が見渡せるように、見開き二ページに収録した。それぞれ作品情報、原文と現代語訳、語句・表現の説明からなる。

作品情報…作品名の下には、[この作品は…]に続けて、その作品の成立や概要を(→左ページ❶)、また物語、日記などには、

に続けて、掲載部分の場面説明を付した(→左ページ❷)。

原文…原文は太字で示した。和歌集の三作品は句ごとに、それ以外の物語や日記などの散文作品は品詞ごとに分解して示すのを原則とした(→左ページ❸)。また、原文の右側には読み方を示した。漢字にはその読みを平仮名・歴史的仮名遣いで付し、現代仮名遣いと異なるものは、( )の中に、その現代仮名遣いを片仮名で示した。なお、原文の平仮名表記で現代仮名遣いと相違する部分には、その違いを片仮名で示した。音便など音読上の読みも、必要に応じて片仮名で付記した。

[注]「あの」「この」「その」…現代語では一語の連体詞とするが、古語では連語として扱い、〈代名詞＋格助詞〉のなりたちを尊重し、「あ　の」「こ　の」「そ　の」と分けて表示している。

現代語訳…原文と照合しやすいように、左側に対訳式で掲げた(→左ページ❹)。正確さと口語としての自然さ、意味のわかりやすさを重視しながらも、できる限り逐語訳となるよう留意して、現古の対応関係を明らかにした。補足部分は( )で示した。

[注]最高敬語…「せ給ふ」は、文脈に応じて自然な訳出になるよう訳し分けている。例えば、「笑はせ給ふ」は「お笑い**になられる**」とし、「射させ給ふ」は「射**なされる**」としている。

語句・表現…本文とは別に囲みコラムを設け、原文を読み進めるうえでポイントとなる語句や表現、読解の滞りの原因となる文法事項、背景知識などを、本文出現順に■に続けて解説した(→左ページ❺)。なお、和歌集については囲みのコラムではなく、上段の和歌集に対応させて、下段にまとめて示した。

ねらいと、使いかた

古文を読むときは必ず音読！ この習慣を身につけ、なめらかに読み進むリズムを体得しよう。古文といえども同じ日本語である。イントネーションに気をつけ、声に出しながら正しく発音し、単語や文節の切れ目を意識しながら何度も読むことが、古文体得の近道である。

STEP 1

まず、**作品情報**(↓下❶・❷)**に目を通し、これから読む内容を大づかみにする。** 各作品には、収録部分の印象的な場面の挿絵があり、ここも内容のイメージを高めるための参考になる。

STEP 2

次に、太字の原文(↓下❸)を、**単語や文節などの区切りを考えながら、読んでみよう。** 歴史的仮名遣いに慣れないうちは、原文の右または( )に示した読み方を確認するとよい。和歌は、五・七・五…の句単位で、意味の切れ目などを意識して読み下すことを心掛けたい。現代語訳(↓下❹)は照合しやすいように左側に掲げてあるので、文脈を理解するうえで適宜参照してほしい。

STEP 3

最後に、**語句・表現のコラム**(↓下❺)**をチェック。** 原文と対照させて読解のポイントを押さえ、応用のきく知識の蓄えとする。

紙面展開

1 古事記

[中] 野火の難

この作品は… 稗田阿礼が誦習した伝承を太安万侶が記録した、現存する日本最古の歴史書である。神代から推古天皇までの記事を収める。⬇巻頭口絵4ページ

この場面は… 父の景行天皇に東征を命じられた倭建命が、草薙の剣を使って、火難を退けた話である。

読んでみよう!

故爾に、相武国に到りまししし時、その国造詐りて白ししく、「この
そこで、(倭建命が)相模の国にお着きになったとき、その国造がだまして申しあげたことには、「この

野の中に大沼有り。この沼の中に住める神、甚道速振る神なり」とまをし
野の中に大きな沼がある。この沼の中に住んでいる神は、ひどく荒々しい神である」と申しあげ

き。是にその神を看行はしに、その野に入り坐しき。爾にその国造、火を
た。そこで(命は)その神をご覧になるために、その野にお入りになった。そこでその国造が、火を

その野に著けき。故、欺かえぬと知らして、その姨倭比売命の給ひし
その野につけた。そこで、(命は)だまされたとお知りになって、そのおばの倭比売命がくださった

嚢の口を解き開けて見給へば、火打その裏に有りき。是に先づその御刀以ち
袋の口を解き開けてご覧になると、火打ち石がその中にあった。そこでまずそのお刀で

て草を苅り撥ひ、その火打以ちて火を
草を刈り払い、その火打ち石で火を

打ち出でて、向火（ムカイビ）を著けて焼き退けて、還り出でて皆その国造どもを切り滅して、即ち火を著けて焼き給ひき。故、今に焼遣と謂ふ。

打ち出して、向かい火をつけて（迫る火を）焼きしりぞけて、（その野から）還り出てすべてその国造たちを斬って滅亡させて、すぐに火を（その死体に）つけてお焼きになった。そこで、今も（その地を）焼津という。

語句・表現

■**倭建命**…景行天皇の皇子。■**相武国**…今の神奈川県。『日本書紀』では「駿河」とある。■**国造**…その国を統治している地方官。■**欺かえぬ**…「え」は上代の受身の助動詞「ゆ」の連用形。■**倭比売命**…垂仁天皇の皇女。倭建命の父の妹にあたる。■**火打**…火を打ち出す用具。■**御刀**…草薙の剣のこと。須佐之男命が退治した八俣大蛇の尾から出たと伝える。■**向火**…燃えて来る火に向かって、こちらから火をつけて、先方の火を弱めることをいう。■**今に焼遣と謂ふ**…「焼津」は今の静岡県中部の地名。先の「相武国」と矛盾が生じている。

2 万葉集

▼一首ずつ、五、七、五…のリズムで読んでみよう

この作品は… 現存する最古の和歌集で、集成には大伴家持が関わったと推定される。約四千五百首を収録し、相聞(=恋愛などの歌)・挽歌(=死を悲しむ歌)と、それ以外の雑歌などに分類する。和歌の詠まれた背景などが、歌の前(右側)に示されることがある(=題詞)。また、題詞や歌の内容を補う注意書きが、歌のあと(左側)に置かれることもある(=左注)。➡巻頭口絵6ページ

105

大津皇子、密かに伊勢神宮に下りて上り来る時に、大伯皇女の作らす歌二首

わが背子を　大和へやると　さ夜ふけて　あかとき露に　あが立ち濡れし

私の弟を　大和へ帰すということ(見送って、たたずむうちに)、　夜が更けて、　夜明け前に置く露で　私は立ち濡れたことだ。

264

柿本朝臣人麻呂、近江国より上り来る時に、宇治河の辺に至りて作る歌一首

もののふの　八十氏河の　網代木に　いさよふ波の　ゆくへ知らずも

宇治川の　網代木に　ただよっている波のように、　行く末のわからないことだよ。

子等を思ふ歌一首　并せて序

釈迦如来、金口に正しく説き給はく、「衆生を等しく思ふこと、羅睺羅のごとし」と。また説き給はく、「愛するは子に過ぎたりといふことなし」と。至極の大聖すらに、なほし子を愛し給ふ心あり。況や、世間の蒼生、誰か子を愛せざらめや。

105 **(題詞主旨)** 伊勢神宮の斎宮(=伊勢神宮に奉仕した未婚の内親王)、大伯皇女が、ひそかに会いに来た弟大津皇子を、大和国(=今の奈良県)に見送るときに詠んだ歌二首のうち一首。

■**立ち濡れし**…「し」は過去の助動詞の連体形で、連体止めの用法。

264 **(題詞主旨)** 柿本人麻呂が、近江国(=今の滋賀県)から上京するときに、宇治河(=今の京都府宇治市を流れる川)のほとりに至って詠んだ歌。

■**もののふの**…「八十」にかかる枕詞。

■**網代木**…魚をとる簀(=竹や葦で編んだむしろ)を支えるために打つ杭。

802 **(題詞主旨)** 子を思う歌一首と序。釈迦如来がまさにお説きになったことには、「衆生を平等に思うことは、わが子羅睺羅を思うのと同じだ」と。また、お説きになったことには、「愛ゆえの迷いは子に優るものはない」と。釈迦のような大聖人でさえ、子に愛

802

瓜食めば　子ども思ほゆ　栗食めば　まして偲はゆ　いづくより　来りしものそ　眼交ひに　もとなかかりて　安眠し寝さぬ

瓜を食べると必ず、子供たちのことが思われる。栗を食べると必ず、いっそう(子供たちが)しのばれる。(子供とは)どこから(どのような宿縁で生まれて)来たものなのか。目の前にしきりにちらついて、安眠させてくれないことよ。

803

反歌

銀も　金も玉も　何せむに　まされる宝　子にしかめやも

銀も金も宝玉もどうしてすぐれた宝であろうか。すぐれた宝は子供に及ぼうか(いや、及ばない)。

（山上(ヤマノウエノ)憶良）

4292

二十五日に作る歌一首

うらうらに　照れる春日に　ひばり上がり　心悲しも　ひとりし思へば

うららかに照っている春の日にひばりが(さえずりながら)飛び立ってゆき、(私は)心が悲しくなるのだ、一人でもの思いにふけっていると。

春日遅々に、鶬鶊(ウグイス)正に啼く。悽惆(セイチュウ)の意、歌に非ずしては撥ひ難きのみ。仍りてこの歌を作り、式て締緒を展べたり。ただし、この巻の中に作者の名字を偁はずして、ただ年月所処縁起のみを録せるは、皆大伴(オオトモノ)宿禰家持が裁作れる歌詞なり。

着する気持ちがあるのだから、まして世間一般の人間が子を思う闇に迷い従ってしまうのは当然だ。

■**釈迦如来**…仏教の開祖。

■**金口**…仏の口。

■**羅睺羅**…釈迦の子。

803

■**反歌**…長歌の後に添える短歌。

■**しかめやも**…「やも」は反語の終助詞。

4292 **(題詞主旨)** 天平勝宝五年(七五三)陰暦正月二十五日に詠んだ歌一首。

■**ひとりし**…「し」は強意の副助詞。

▼**(左注主旨)** うららかな春の日にうぐいすが鳴くが、失意の気持ちは歌でないと紛らわすことができない。そこでこの歌を詠んで、気を紛らわす。また、この巻の中で作者名を示さず、ただ、年月・場所・事情だけ示してあるのは、すべて大伴家持の作品である。

3

古今和歌集(こきんわかしふ)

▼一首ずつ、五、七、五…のリズムで読んでみよう

この作品は… 最初の勅撰(ちょくせん)和歌集で、醍醐(だいご)天皇の命を受けて、紀貫之(きのつらゆき)・紀友則(きのとものり)・凡河内躬恒(おおしこうちのみつね)・壬生忠岑(みぶのただみね)が選んだ。約千百首を収録し、四季や離別、恋などに分類する。和歌の詠まれた背景などが、歌の前(右側)に示されることがある(=詞書(ことばがき))。また、詞書や歌の内容を補う注意書きが、歌のあと(左側)に置かれることもある(=左注(さちゅう))。⬇巻頭口絵8ページ

53

渚院(なぎさのゐん)(ナギサノイン)にて桜を見て、よめる

世の中に　たえて桜の　なかりせば　春の心は　のどけからまし

世の中に　まったく桜が　なかったならば、　春を過ごす人の心は　のんびりと落ち着いていられるだろうに。

在原(ありはらの)(アリワラノ)業平(なりひら)　春

139

題知らず

五月待つ(さつきまつ)　花たちばなの　香(か)をかげば　昔の人の　袖(そで)の香(か)ぞする

陰暦五月を待って咲く　橘(たちばな)の花の　香りをかぐと必ず、　昔親しんだ人の　袖の香りがすることだ。

よみ人しらず　夏

53 **(詞書主旨)** 渚の院(=今の大阪府枚方(ひらかた)市にあった邸)で桜を見て詠んだ歌。
■**たえて**…下にある打消の「なかり」と呼応して、「まったく」の意を表す副詞。
■**～せば～まし**…反実仮想の表現で、「もし～たら、～だろうに(実際は～ので、～だ)」の意となる。

139 **(詞書主旨)** 歌が詠まれた状況が明らかでない。
■**花たちばな**…橘は香りが高く、白い花が咲く。
■**昔の人**…以前恋愛関係にあった人。
■**袖の香**…衣の袖には、各人が好みの香(こう)をたきしめる風習があった。

付録① 鑑賞編 古典の名作・名場面20選
付録② 文法編
付録③ 資料編

169

秋立つ日、よめる

秋来ぬと　目にはさやかに　見えねども　風の音にぞ　おどろかれぬる

藤原敏行　秋上

秋がやって来たと、目にははっきり見えないけれども、風の音で（秋が来たなと）自然にはっと気づいてしまったことだよ。

337

雪の降りけるを見て、よめる

雪降れば　木毎に花ぞ　咲きにける　いづれを梅と　わきて折らまし

紀友則　冬

雪が降るので、木という木に（白く）花が咲いたことだよ。どれを梅の花だと区別して折ったものかなあ。

404

滋賀の山越えにて、石井（イシ）のもとにて、物言ひける人の別れける折（リオ）に、よめる

むすぶ手の　しづくに濁る　山の井の　あかでも人に　別れぬるかな

紀貫之　離別

両手を合わせてすくう（その）手からしたたるしずくで濁る山の湧き水が十分に飲めない、そのようにもの足りないままであなたと別れてしまうことだなあ。

552

題知らず

思ひつつ　寝ればや人の　見えつらむ　夢と知りせば　覚めざらましを

小野（ノオノ）小町　恋二

（あの人のことを）思い続けて寝るので、あの人が（夢に）見えたのだろうか。もし夢だとわかっていたら、目を覚まさなかっただろうに。

---

169 **(詞書主旨)**（秋の初めの）立秋の日に詠んだ歌。
■**目には**…下の「風の音にぞ」と対比される。
■**おどろかれぬる**…「れ」は自発の助動詞。

337 **(詞書主旨)** 雪が降ったのを見て詠んだ歌。
■**木毎に**…「どの木にも」の意だが、「木」と「毎」を合わせて「梅」の字になる。
■**折らまし**…「まし」はためらいの意を表す助動詞。

404 **(詞書主旨)** 滋賀の山越え（＝今の京都市から大津市へ出る山道）で、石で囲った井戸のもとで言葉を交わした人と別れた際に詠んだ歌。
■**むすぶ手の～**…第三句までが「あかでも」を導き出す序詞。

552
■**思ひつつ**…「つつ」は継続を表す接続助詞。
■**や～らむ**…疑問を表す係り結び。
■**～せば～まし**…53「世の中に～」の歌を参照。

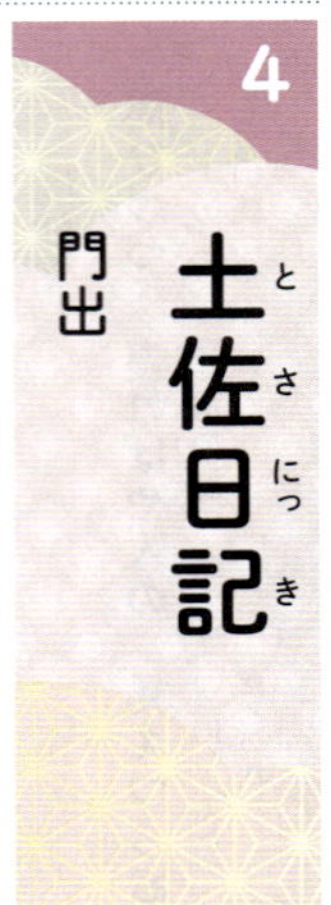

4 土佐日記（とさにっき）
門出

この作品は… 紀貫之（きのつらゆき）が女性の立場になって仮名文で書いた旅日記である。
➡巻頭口絵10ページ

この場面は… 貫之は土佐の国（＝今の高知県）の国司の長官としての任期が終わり、船に乗って都へ帰ることになる。出立に先立ち、土佐で交際のあった人々との送別の宴（うたげ）が続く。

読んでみよう！

二十日余り二日（はつかあまりふつか）に、和泉（いづみ）（ミイズ）の国まで と、
二十二日に、（どうかせめて）和泉の国まで と、

平（たひ）（イタ）らかに 願（ぐわん）（ガン）立つ。藤原（ふぢはら）（フジワラ）のときざね、
平穏無事であるように 願を かける。藤原のときざねが、

船路（ふなぢ）（フナジ）なれど、馬のはなむけ す。
（馬に乗らない）船旅だ けれど、送別の宴を する。

上（かみ）・中（なか）・下（しも）、酔（ゑ）（エ）ひ飽（あ）き（イ）て、いと あやしく、
（身分の）上の人・中の人・下の人も、（皆）酔って十分満足して、まったく 不思議なことに、

潮海（しほうみ）（シオウミ）の ほとり にて、あざれあへ（エ）り。
海の そば で、戯れ合っ ている。

二十日余り三日（みか）。八木（やぎ）のやすのり と いふ（ウ）人
二十三日。八木のやすのり と いう 人が

あり。この人、国にかならずしも
いる。この人は、国司の役所で必ずしも

言ひ使ふ者にもあらざなり。
仕事を言いつけて使う者でもないようだ。

これぞ、たたはしきやうにて、
(それなのに)この人は、いかめしくおごそかな態度で、

馬のはなむけしたる。守からにやあらむ、
餞別をした。(前の)国司の長官の人柄であろうか、

国人の心の常として、「今は」
その土地に住む人の人情の通例として、「今は(もう前国司には用はない)」

とて見えざなるを、心ある者
と言って(姿を)見せないというが、物事の道理をわきまえている人

は、恥ぢずになむ来ける。これは、
は(世間体を)はばからずにやって来た。これは、

ものによりてほむるにしもあらず。
(必ずしも)物によってほめるのでもない。

語句・表現

■**二十日余り一日**…陰暦十二月二十一日。■**和泉の国**…今の大阪府南部。土佐の国から都に向けて出発する。■**馬のはなむけ**…「送別の宴」の意。旅立つときに、乗る馬の鼻を行く先の方に向け、旅の安全を祈ったことからいう。「船路なれど」と述べたのは、この原義とのずれをおもしろがったことによる。■**潮海のほとりにて、あざれあへり**…「(塩がきき、物の腐るはずのない)海のそばで、(鯘る(＝腐る)はずがないのに)戯れ(＝ふざけ)合っている」の洒落。「あざる」は「鯘る」と「戯る」の掛詞。■**者にも**…「に」は断定の助動詞「なり」の連用形。■**ざなり**…「ザンなり」と読む。「ざるなり」が撥音便化した「ざんなり」の「ん」が表記されなかったもの。■**守からにやあらむ**…挿入句。「や〜む」は係り結び。離任してゆく前国司の人柄が良かったからかと推測するのである。■**ざなる**…これも「ザンなる」と読む。「なる」は伝聞の助動詞。■**ものによりて**…「餞別をもらったということによって」という意味。

5 竹取物語（たけとりものがたり）

かぐや姫の昇天

この作品は… 竹から生まれたかぐや姫が、五人の貴公子と帝（みかど）の求婚を断って、月の世界へ帰る物語である。⬇巻頭口絵12ページ

この場面は… 陰暦八月十五夜、天人が天（あま）の羽衣（はごろも）と不死の薬を持って月の世界から迎えにやって来たので、かぐや姫は帝に別れの手紙を書いて贈る。

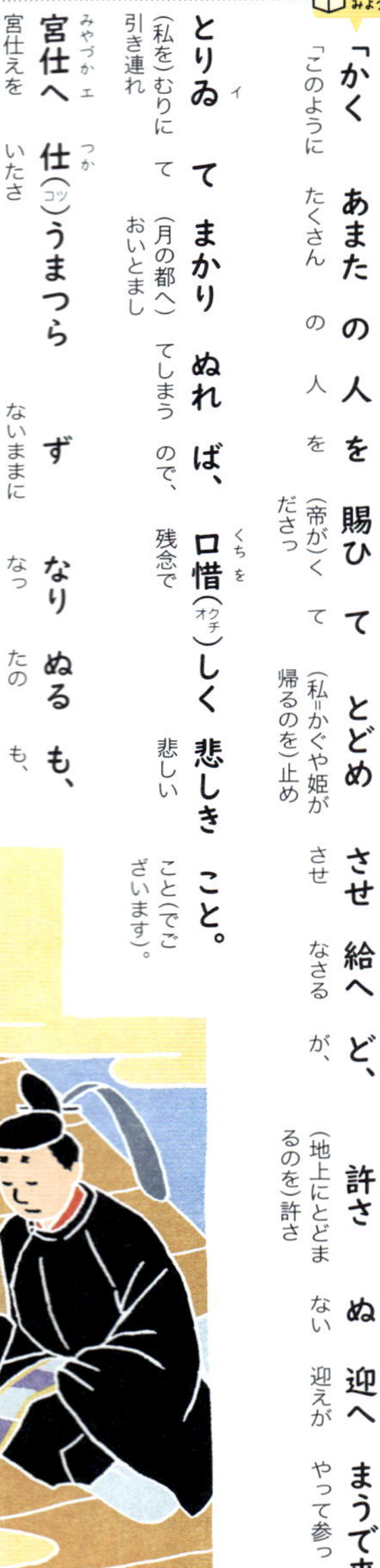

読んでみよう！

「かくあまたの人を賜（たま）ひ（イ）てとどめさせ給（たま）へ（エ）ど、許さぬ迎へ（エ）まうで（モ）来（き）て、
「このようにたくさんの人を（帝が）くださって（私＝かぐや姫が帰るのを）止めさせなさるが、（地上にとどまるのを）許さない迎えがやって参って、

とりゐ（イ）てまかりぬれば、口惜（くちを）（オクチ）しく悲しきこと。
（私を）むりに引き連れて（月の都へ）おいとましてしまうので、残念で悲しいこと（でございます）。

宮仕へ（みやづかエ）仕（つか）う（コ）まつらずなりぬるも、
宮仕えをいたさないままになったのも、

かくわづら（ズ）はし（ワ）き身にてはべれば、
このように複雑な身の上でございますので、

心得（こころえ）ず思（おぼ）しめされつらめども、
（帝は）納得がいかないとお思いになっただろうが、

心強く承（うけたまは）（ウケタマワ）らずなりにし
（私は）つれなくご承諾申しあげないままになってしまった

こと、なめげなるものに思しめしとどめ
ことで、(帝に私が)無礼な者だとお心におとめになら

られぬるなむ（ン）、心にとどまり
れてしまったことが、(私の)心に残っ

はべりぬる」とて、
ておりました」と書いて、

今はとて天（あま）の羽衣（はごろも）着る折（をり）（リオ）ぞ
今は(もうこれでお別れだ)と、天の羽衣を着るまさにそのときに、

君をあはれ（ワ）と思（おも）ひ（イ）出（い）でける
あなた様を慕わしいと思い出したことよ。

とて、壺（つぼ）の薬添へ（エ）て、頭（とう）の中将（ちゅうじゃう）（チュウジョウ）
と書いて、壺の(不死の)薬を(手紙に)添えて、頭の中将を

呼び寄せて奉（たてまつ）らす。
近くへ呼んで(帝に)差し上げさせる。

語句・表現

■**かくあまたの～**…これ以下は、かぐや姫が帝に書いた手紙の文面。■**許さぬ迎へ**…月の世界からかぐや姫を迎えに来た天人たち。■**わづらはしき身**…月の世界からやって来て、帰らなければならない身の上。■**なめげなる**…「無礼だ」という意味の形容詞「なめし」から生まれた形容動詞。■**天の羽衣**…天人が持ってきた箱の中に入っていた衣で、これを着ると人間の気持ちがなくなる。■**君**…帝のこと。■**壺の薬**…天人が持ってきた壺の中に入っていた薬で、これを飲むと死ななくなる。■**頭の中将**…蔵人所（くろうどどころ）の長官で、近衛府（このえふ）の官人から選ばれた者。帝の信任が厚かった。

6 伊勢物語(いせものがたり)

[一] 初冠(うひかうぶり)

この作品は… 在原業平(ありわらのなりひら)を思わせる「男」の話を一代記(いちだいき)風にまとめた歌物語である。⬇巻頭口絵14ページ

この場面は… 全百二十五段からなるこの作品の第一段。「男」が成人して奈良の春日(かすが)の里に狩りに行き、思いがけず美しい姉妹を見て、狩衣(かりぎぬ)の裾(すそ)を切って、歌を書いて贈るという話である。

読んでみよう!

昔、男(をとこ)(オトコ)、初冠(うひかうぶり)(ウイコウブリ)して、平城(なら)の京(きやう)(キョウ)、春日(かすが)の里にしるよしして、狩りに往(い)にけり。

昔、(ある)男が、元服をして、奈良の都の、春日の里に領地を持つ縁故があって、狩りに出かけた。

その里に、いとなまめいたる女(をんな)(オンナ)はらから住みけり。

その里に、とても若々しく美しい姉妹が住んでいた。

この男、かいま見てけり。

この男は、(その姿を)のぞき見してしまった。

思ほえ(オ)ず、ふるさとに、いとはしたなくてありければ、心地まどひ(イ)にけり。

思いがけず、さびれた旧都に、たいそう不似合いな(美しい)ようすで住んでいたので、(男は)心が乱れてしまった。

男の、着たりける狩衣(かりぎぬ)の裾(すそ)を切りて、歌を書きてやる。

男が、着ていた狩衣の裾を切って、(それに)歌を書いて贈る。

その男、しのぶずりの狩衣をなむ(ン)着たりける。

その男は、しのぶずりの狩衣を着ていたのだった。

春日野(かすがの)の　若紫(わかむらさき)の　すり衣(ごろも)　しのぶの乱れ　限り知られず

春日野の萌え出たばかりの紫草で摺(す)ったすり衣の忍摺(しのぶずり)りの乱れ模様のように、恋忍ぶ(私の)心の乱れは限りを知ることができない

となむ追ひつきて言ひやりける。

と（男は姉妹に）すぐさま（歌を）言いやったのだった。

語句・表現

■**初冠**…男子の成人式で、初めて髪を結って冠をつけること。元服。■**平城の京、春日の里**…かつての都であった平城京の郊外にある春日の里。今の奈良市春日野付近。■**狩り**…鷹狩り。■**女はらから**…「はらから」は兄弟姉妹をいい、「女はらから」は姉妹の意。■**ふるさと**…昔、都があって、今は荒れ果てた場所をいう。■**はしたなく**…不似合いな。さびれた旧都に若々しく美しい姉妹が住んでいたことをさす。■**狩衣**…貴族の鷹狩り用の衣服。■**しのぶずり**…忍草の茎や葉で、乱れた模様を布に摺りつけたもの。■**春日野の～**…春日野の萌え出たばかりの紫草(のように美しいあなた方に会って、その紫草)で摺ったすり衣の忍摺りの乱れ模様のように、恋忍ぶ(私の心の)乱れは限りないのだ。「しのぶ」は「忍摺り」と「恋い忍ぶ」をかける。第三句までは「しのぶの乱れ」を導き出す序詞。■**追ひつきて**…「時間を置かないで」の意ととったが、「老いづきて」として、「ませた口調で」の意とする説もある。

7 蜻蛉日記

[上] 移ろひたる菊

この作品は… 藤原道綱の母が書いた日記で、時の権力者、藤原兼家を夫とするが、その心が次第に離れてゆく苦しさを綴っている。➡巻頭口絵16ページ

この場面は… 二人の贈答歌を記すが、道綱の母の「嘆きつつ〜」の歌は『小倉百人一首』にも選ばれた、彼女の代表歌である。

読んでみよう！

「されば よ」と、いみじう 心憂し と 思へ ども、言は む やう も 知ら で ある ほど に、
「思ったとおりだ」と、ひどく 不愉快だ と 思う けれども、言う ならその 方法 も わから ないで いる うち に、

二三日 ばかり あり て、暁方 に、門 を たたく とき あり。さ な めり と 思ふ に、
二、三日 ほど 経っ て 夜明け近いころ に、門 を たたく ときが ある。そう である ようだ と 思う が、

憂く て 開け させ ね ば、例 の 家(エイ) と おぼしき ところ に ものし たり。
気にくわなく て (従者に)開け させ ない と、(兼家は)いつも の 家 と 思われる あたり に 行っ てしまった。

つとめて、なほ も あら じ と 思ひ て、
翌朝 このままで も いら れまい と 思っ て、

嘆き つつ ひとり 寝る 夜 の あくる 間 は
嘆き嘆きして 一人で寝る夜が 明ける時間は

いかに 久しき もの と かは 知る
どんなに長い ものと知っているか(いや、門を開けるのも待てないのでは、知らないだろう)。

と、例よりは引き繕ひて書きて、移ろひ
といつもよりは注意を払って書いて、色がわりし

たる菊にさしたり。
た菊にさし結んだ。

返りごと、「あくるまでも試みむと
(兼家の)返事は、「(夜が)明けて、戸が開くまでも試してみようと

しつれど、とみなる召使の、来合ひたり
したけれど、急な召使いが、来合わせてい

つればなむ。いとことわりなりつるは。
たので。(あなたのお怒りは)ほんとうにもっともであったことよ。

げにやげに冬の夜ならぬ槙の戸も
なるほどなるほど、(冬の夜ならばなかなか明けないものだが)冬の夜でない槙の戸でも、

おそくあくるはわびしかりけり」
なかなか開けてもらえないのはつらいことだった」(とあった。)

語句・表現

■**さればよ**…夫(兼家)が町の小路の女のもとに行ったという報告を聞いた作者の感想。■**さなめり**…門をたたいたのは兼家であるらしいと推定する。「な」は断定の助動詞「なり」の連体形「なる」が撥音便化した「なん」の「ん」の無表記。■**例の家**…町の小路の女の家をさす。■**なほもあらじ**…このまま黙ってもいられないだろう、ということ。■**嘆きつつ〜**…作者(道綱の母)の贈歌。「あくる」には「明くる」と「開くる」を掛ける。■**移ろひたる菊**…色が変わった菊を、夫(兼家)の心が他の女性に移ったことにかこつける。■**あくるまでも試みむ**…贈歌の「あくる」を受けて、夜が明けるまで待っても、戸を開けてくれるまで我慢くらべをしようということ。■**げにやげに〜**…兼家の答歌。冬の夜は長くて、なかなか明けないということを踏まえる。

8 枕草子〔二九九〕香炉峰の雪

この作品は… 一条天皇の中宮定子に仕えた清少納言が書いた随筆である。↓巻頭口絵18ページ

この場面は… 定子に「香炉峰の雪はどうだろう」と尋ねられ、清少納言はその真意を理解してすかさず行動に移したので、同僚の女房たちから賞賛を受ける。

読んでみよう！

雪のいと高う降りたるを、例ならず
雪がたいそう高く降り積もっているのに、いつもと違って

御格子参りて、炭櫃に火おこして、
御格子をお下げ申しあげて、角火鉢に火をおこして、

物語などして集まりさぶらふに、
話などをして(女房たちが)集まって(中宮様=定子のおそばに)お仕えしていると、

「少納言よ、香炉峰の雪いかならむ」
「少納言よ、(中国の)香炉峰の雪はどうであろう」

と仰せらるれば、御格子上げさせ
と(中宮様が)おっしゃられるので、(他の者に)御格子を上げさせ

て、御簾を高く上げたれば、
て、(私=清少納言が)御簾を高くかかげたところ、

笑はせ給ふ。
(中宮様は)お笑いになられる。

人々も、「さることは知り、歌などにさへ
(ほかの)女房たちも、「そんな(白居易の詩の)ことは知り、歌などにまで

歌へど、思ひこそ寄らざりつれ。なほ、この
歌うけれど、とても思いつかなかった。(あなた＝清少納言は)やはり、この

宮の人には、さべきなめり」と言ふ。
宮の女房としては、ふさわしい人であるようだ」と言う。

語句・表現

■**御格子参り**…格子の上げ下げのどちらにも用いる謙譲表現。あとに「御格子上げさせて」とあるので、ここは「御格子をお下げ申しあげ」の意。「格子」は寝殿造りの柱と柱の間にはめた建具のこと。■**少納言**…作者の清少納言をさす。■**香炉峰**…中国の江西省にある高峰。中宮定子は、後述する白居易(白楽天)の詩をふまえて、御簾を巻き上げて外の雪景色が見たいと催促したのである。■**上げさせ**…「させ」は使役の助動詞。■**御簾**…「御」は接頭語。「簾」はすだれの意。貴人のいる部屋にかけられたすだれをいう。■**さること**…唐代の詩人白居易の七言律詩の中に「香炉峰の雪は簾を撥げて看る」という句があること。■**この宮の人**…中宮定子にお仕えする女房。

9 源氏物語（げんじものがたり）
［若紫（わかむらさき）］小柴垣（こしばがき）のもと

この作品は… 紫式部（むらさきしきぶ）が平安の宮廷貴族の生活を、四代の帝（みかど）の時代の世相を背景に描いた長編の物語である。↓巻頭口絵20ページ

この場面は… 主人公光源氏はわらわ病（やみ）（今のマラリヤという）にかかり、北山の聖（ひじり）のもとに治療に行く。そこで、小柴垣（こしばがき）からのぞき見たのは、かわいらしい少女の姿だった。

読んでみよう！

清げなる大人（おとな）二人（ふたり）ばかり、さては童（わらは）(ワラ)べぞ出（い）で入（い）り遊ぶ。中
(尼のそばに)こぎれいで美しい感じの女房が二人ほど(いて)、そのほかには子供たちが出たり入ったりして遊ぶ。(その)中

に十（とを）(オト)ばかりにやあらむ（ン）と見えて、白き衣（きぬ）、山吹（やまぶき）などの
に十歳ぐらいであろうかと見えて、白い下着に、山吹がさねなどで

なれたる着て、走り来（はしりき）たる女子（をんなご）(オンナゴ)、あまた見えつる子ども
着なれ(て糊（のり）が落ち)たのを着て、走って来た女の子(=幼い紫の上)は、大勢(姿が)見えた子供たち

に似るべう（ビョウ）もあらず、いみじく生ひ先（おいさき）見えて、うつくしげなるかたち
と比べようもなく、たいへん将来(の美しさ)が想像されて、いかにもかわいらしい顔立ち

なり。髪は扇（あふぎ）(ギオウ)を広げたるやう（ヨ）に、
である。髪は扇を広げたようで、

ゆらゆらとして、顔（かほ）(オカ)はいと赤くすりなし
(動くたびに)ゆらゆらと揺れて、顔はたいそう赤く(手で)こすっ

て立てり。「何事ぞや。童べと腹立ち
て 立っ ている。「何事 である か。(あなた=紫の上は)子供たち と けんかをし

給へるか」とて、尼君の見上げたるに、少し
なさっ たの か」 と言って、尼君 が 見上げ ている顔 に、 少し

覚えたるところあれば、子なめりと
似 ている ところが ある ので、(尼君の)子 である ようだ と

見給ふ。「雀の子を犬君が
(光源氏は)お思いになる。(その少女は)「雀 の 子 を (童女の)犬君 が

逃がしつる。伏せ籠の内に籠めたりつる
逃がし てしまったの。伏せ籠 の 中 に 閉じこめ ておい た

ものを」とて、いと口惜(クチ/オ)しと思へり。
のになあ」 と言って、たいへん 残念だ と 思っ ている。

語句・表現

■**童べ**…少女(=紫の上)のそばに仕える童女たちをさす。■**十ばかりにやあらむ**…小柴垣のもとでのぞき見する光源氏の推量である。■**山吹**…表は朽ち葉、裏は黄色の襲の色目で、春に用いる。■**あまた見えつる子ども**…先の「童べ」をさす。■**広げたるやうに**…「やうに」は比況の助動詞「やうなり」の連用形。■**いと赤くすりなして**…泣いて、涙を手でこすって赤くしていることをいう。■**尼君**…出家して、髪を短く切った女性を敬っていう。■**子なめり**…光源氏は、赤い顔をして立っている少女(=紫の上)は、尼君の子と推量した。しかし、実際には、母親は亡くなっていて、祖母であった。■**雀の子**…春、まだ飛べない雀の子をペットとして飼育した。ここでは、それが飛べるほどに成長したのである。■**犬君**…童女の名前。■**伏せ籠**…伏せて使う籠で、衣装に香を焚きしめるのに使う。ここでは鳥籠の代わりに使っていた。

10 更級日記(さらしなにっき)

物語

この作品は… 菅原孝標の女(すがわらのたかすえのむすめ)が、物語にあこがれた少女時代に始まる人生を回想した日記。⬇巻頭口絵22ページ

この場面は… 上京した孝標の女は、おばからもらった『源氏物語』五十余巻を夢中になって読むが、僧が夢に現れて、仏道に打ち込むように勧める。

読んでみよう!

昼は日暮(ひぐ)らし、夜は目の覚めたる限り、灯(ひ)を近くともして、これを見るよりほか
昼は一日じゅう、夜は目が覚めているかぎり、灯火を近くともして、これを見るよりほか

のことなければ、おのづ(ズ)からなどは、そらに覚え浮かぶを、いみじきことに思ふ(ウ)に、
のことがないので、自然と(その文章)などは、そらで思い起こされるのを、すばらしいことに思っていると、

夢に、いと清げなる僧の、黄(き)なる地(ぢ(ジ))の袈裟(けさ)着たるが来(き)て、「法華経(ほけきゃう(ホケキョウ))五の巻(まき)を
(ある夜)夢に、非常に美しい感じの僧で、黄色い地の袈裟を着た僧が来て、「『法華経』の五の巻を

とく習へ(エ)」と言ふ(ウ)と見れど、人にも語らず、習はむ(ワ ン)とも思ひ(イ)かけず、
早く習え」と、言うと見るけれども、(そのことを)人にも語らず、(『法華経』を)習おうとも心にかけず、

物語のことをのみ心にしめて、「われはこのごろわろきぞかし。盛(さか)り
(ただ)物語のことを心に深く思いつめて、「私(=孝標の女)は今は(まだ器量が)よくないことだよ。(しかし)娘盛り

にならば、容貌(かたち)も限りなくよく、髪もいみじく長くなりなむ(ン)。光(ひかる)の源氏の
になるならば、きっと顔立ちもこのうえなくよく、髪もたいそう長くなるだろう。(そして)光の源氏の

夕顔(ゆふがほ)(ガオ)、宇治(うぢ)(ジウ)の大将(たいしやう)(シヨウ)の浮舟(うきふね)の女君(めぎみ)の

(愛した)夕顔や、宇治の大将(=薫(かおる))の(愛した)浮舟の女君の

やうに(ヨ)こそあらめ」と思ひ(イ)ける心、

ようになるだろう」と思っていた(私=孝標の女の)心は、

まづ(ズ)いとはかなくあさまし。

(今思うと)なんといってもまったくたわいもなく浅はかである。

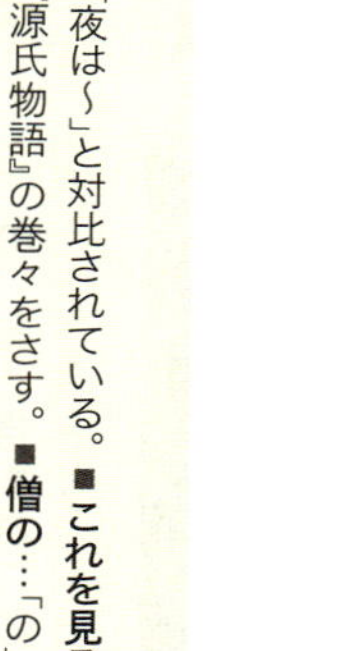

語句・表現

■**昼は〜**…次の「夜は〜」と対比されている。■**これを見るより**…「これ」はおばからもらった『源氏物語』の巻々をさす。■**僧の**…「の」は同格を表す格助詞。■**袈裟**…僧が衣の上に、左肩から右わきにかけてまとう布。■**法華経五の巻**…大乗経典の一つ。『法華経』は八巻からなり、第五巻には女人成仏(にょにんじょうぶつ)(=女性のままでは悟りを開けないので、男性に生まれ変わって悟りを開くという考え)を説く。■**心にしめて**…「しめ」は他動詞「しむ」の連用形で、「深く心にとめる」の意。■**容貌も〜**…次の「髪も〜」と並列されている。■**長くなりなむ**…「なむ」の「な」は確述の助動詞「ぬ」の未然形、「む」は推量の助動詞「む」の終止形。■**光の源氏の夕顔**…光源氏に愛されたが、なにがしの院で急死した夕顔。■**宇治の大将の浮舟**…光源氏の子の薫に愛されたが、入水した後に出家した浮舟。■**まづいとはかなくあさまし**…幼いときの体験を、年を経て回想して日記に書いた時点での感想。

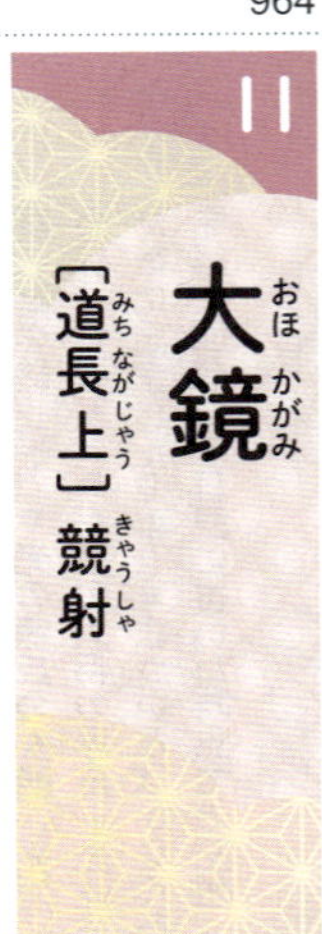

11 大鏡（おほかがみ）［道長上（みちながじゃう）］競射（きゃうしゃ）

この作品は…… 藤原氏の栄華を紀伝体で書いた歴史物語で、作者未詳。雲林院（うりんいん）に参詣（けいさん）した大宅世継（おおやけのよつぎ）と夏山繁樹（なつやまのしげき）という超高齢の老人二人と、若侍の対話によって歴史が語られる。⬇巻頭口絵24ページ

この場面は…… 藤原道隆（みちたか）の邸宅で弓の競射を催した際、不遇であった藤原道長（みちなが）が臆せず矢を射て、道隆と伊周（これちか）の親子を圧倒した逸話を語る。

読んでみよう！

また射させ給ふ（たまウ）とて、仰せ（おほ（オ）せ）らるるやう（ヨ）、「道長（みちなが）が家（いへ（エイ））より帝（みかど）・后（きさき）立ち給ふ（ウ）べきものならば、この矢当たれ」と仰せらるるに、同じものを中心（なから）には

また（入道殿＝道長は）（矢を）射なされるというので、おっしゃられることには、「（私）道長の家から帝や后がお立ちになるはずのものであるならば、この矢よ当たれ」とおっしゃられると、同じ（当たる）場合に（的の）真ん中には

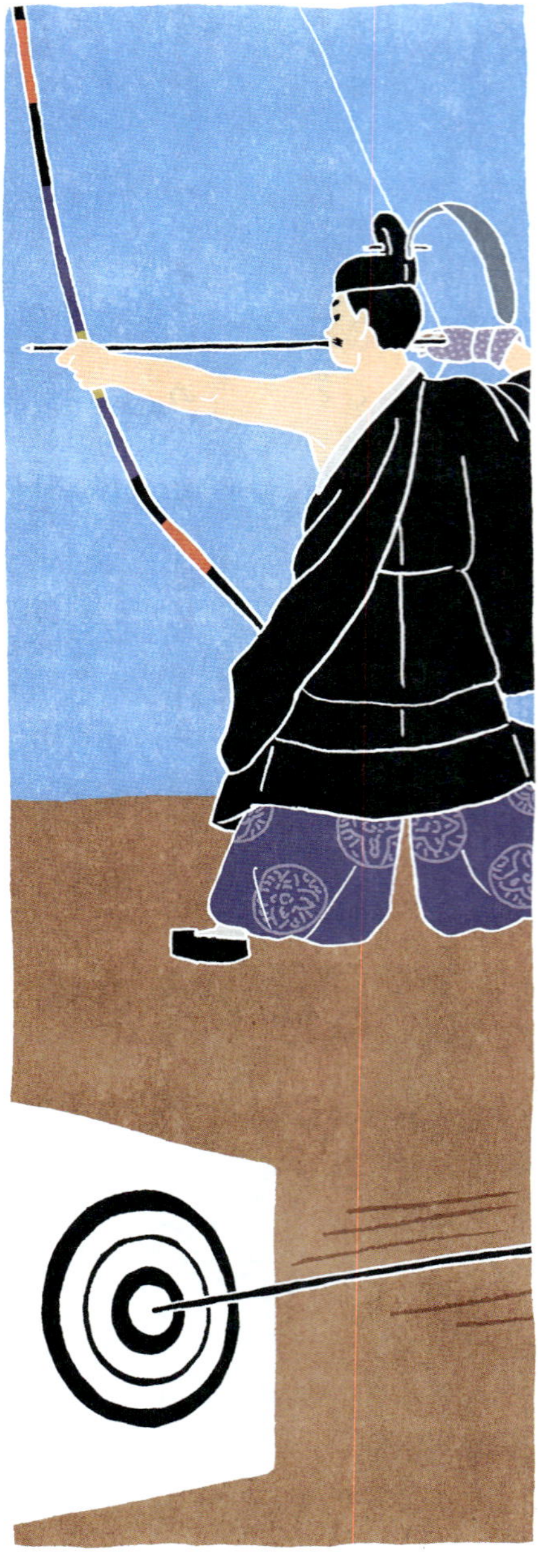

当たるものかは。次にぞ帥殿(そちどの)射給ふ(ウ)に、いみじう(ジュウ)臆し給ひ(イ)て、御手(おて)もわななくけ

当たるではないか。次に帥殿(=伊周)が(矢を)射なさるときに、ひどく気おくれしなさって、お手もふるえるせい

にや、的の辺りにだに近く寄らず、無辺世界(むへんせかい)を射給へ(エ)るに、関白(くわんぱく)(カンパク)殿色青く

であろうか、的の辺りにさえ近く行かず、見当違いの方向を射なさったので、(御父の)関白殿(=道隆)は顔色が青く

なりぬ。また入道(にふだう)(ニュウドウ)殿射給ふ(ウ)とて、「摂政(せっしゃう)(セッショウ)・関白すべきものならば、

なった。重ねて入道殿が(矢を)射なさるというので、「(私が)摂政や関白をするはずのものであるならば、

この矢当たれ」と仰せらるるに、初めの同じやう(ヨ)に、的の破るばかり、同じ

この矢よ当たれ」とおっしゃられると、最初と同じように、的が割れるほど、同じ

所に射させ給ひ(イ)つ。饗応(きゃうおう)(キョウオウ)し、

(真ん中の)場所を射なされた。(関白殿は入道殿の)機嫌をとり、

もてはやしきこえさせ給ひ(イ)つる興(きょう)もさめ

歓待し申しあげなされた興もうすらい

て、こと苦(にが)(ゴ)うなりぬ。

で、事態が気まずくなってしまった。

語句・表現

■**入道殿**…藤原道長。■**道長が〜**…自分自身をへりくだって言うとき、名前を自称する。■**帝・后**…天皇や皇后および中宮。■**立ち給ふべきものならば**…「なら」は断定の助動詞。■**当たるものかは**…「ものかは」は終助詞で、感動を表す。■**帥殿**…藤原伊周。道隆の子で、道長のおい。■**わななくけにや**…「に」は断定の助動詞「なり」の連用形で、下に「あらむ」が省略されている。■**関白殿**…藤原道隆。伊周の父で、道長の兄。■**摂政・関白**…「摂政」は天皇が幼少のときに補佐し、「関白」は天皇が成人した後、補佐する職。

12 今昔物語集（こんじゃくものがたりしゅう）【巻二九・一八】羅城門（らじょうもん）

この作品は… 天竺（てんじく）（＝インド）・震旦（しんだん）（＝中国）・本朝（ほんちょう）（＝日本）の説話（せつわ）をまとめた作品である。⬇巻頭口絵26ページ

この場面は… 盗人（ぬすっと）が羅城門（らじょうもん）の二階に上ると、老婆が死人の髪を抜いていた。芥川龍之介（あくたがわりゅうのすけ）の小説『羅生門（らしょうもん）』の題材となった話としてよく知られる。

読んでみよう！

盗人（ぬすびと）これを見るに、心も得（え）ねば、「これはもし鬼にやあらむ（ン）」と思ひ（イ）ておぢ（ジ）けれども、「もし死にし人にてもぞある。おどして試みむ（ン）」と思ひ（イ）て、やはら（ワ）戸を開けて、刀を抜きて、「おのれは、おのれは」と言ひ（イ）て走り寄りければ、嫗（おうな）手迷ひ（てまどイ）をして、手を摺（す）りて迷へ（まどエ）ば、盗人、「こはなにぞの嫗のかくはしゐ（イ）たるぞ」と問ひ（イ）ければ、嫗、「おのれが主（あるじ）にておはしまし（ワ）つる人の失（う）せ給へ（たまエ）るを、あつかふ（ウ）人のなければ、かくて置きたてまつりたるなり。その御髪（みぐし）の丈（たけ）に余りて

盗人はこれを見ると、合点もいかないので、「これはもしかしたら鬼であろうか」と思って怖かったが、「もしかしたら死んだ人であったら大変だ。おどして試してみよう」と思って、そっと戸を開けて、刀を抜いて、「おまえは、おまえは」と言って走り寄ったところ、老婆はあわてまどうようすをして、手をすり合わせて狼狽（ろうばい）するので、盗人は「これはどういう老婆がこのようなことをしているのか」と尋ねたところ、老婆は、「私の主人でいらっしゃった人がお亡くなりになったのを、葬る人がいないので、こうして放置し申しあげているのだ。その御髪が背丈に余るほど

長けれ ば、そ を 抜き取り て 鬘（かつら） に せ む（ン） とて 抜く なり。助け 給へ（エ）」と 言ひ（イ） けれ ば、
長い ので、それ を 抜き取っ て 鬘（かずら） に し よう と思って 抜く のだ。お助けくだされ」と 言っ た ので、

盗人、死にし 人 の 着 たる 衣（きぬ） と 嫗 の 着 たる 衣 と 抜き取り て ある 髪 と を 奪ひ（ばい） 取り
盗人は、死ん だ 人 が 着 ている 着物 と 老婆 が 着 ている 着物 と、抜き取っ て ある 髪 と を 奪い取っ

て、下り走り（おりはしり） て 逃げ て 去り に けり。
て、（二階から）走り下っ て 逃げ て 去っ てしまっ た。

語句・表現

■**これ**…羅城門の二階で死人の髪の毛を抜くようすをさす。■**死にし人にてもぞ**…「もぞ」は「～たら大変だ」という意味を表す。■**やはら**…静かに。老婆に気づかれないようにする盗人のようすをいう。■**こはなにぞの**…「なにぞの」は「何と言うものかの」が原義。■**そを抜き取りて**…「そ」は「御髪」をさす。■**鬘**…女性の髪が少ないときや短いときに添えるための髪の毛。かもじ。

13 新古今和歌集

▼一首ずつ、五、七、五…のリズムで読んでみよう

この作品は… 八番目の勅撰和歌集で、後鳥羽院の院宣により、源通具・藤原有家・藤原定家・藤原家隆・藤原雅経・寂蓮が選んだ。約千九百八十首を収録し、四季や羇旅(=旅に関する歌)、恋などに分類する。和歌の詠まれた背景などが、歌の前(右側)に示されることがある(=詞書)。また、詞書や歌の内容を補う注意書きが、歌のあと(左側)に置かれることもある(=左注)。⬇巻頭口絵28ページ

2

春のはじめの歌　　後鳥羽院(ゴトバイン)　春上

ほのぼのと　春こそ空に　来にけらし　天の香具山　霞たなびく

ほんのりと　春はまず空に　やって来たらしい。天の香具山には、(ほんのりと)霞がたなびいている。

201

入道(ニユウドウ)前関白(サキノカンパク)、右大臣に侍りける時、百首歌よませ侍りける郭公の歌　　藤原俊成　夏

昔思ふ　草の庵(イオリ)の　夜の雨に　涙な添へそ　山ほととぎす

しみじみと昔のことを思い出している　わび住まいに降る　夜の雨に、(これ以上、鳴いて)涙を加えてくれるな、山ほととぎすよ。

363

西行法師(サイギヨウホウシ)すすめて百首歌よませ侍りけるに　　藤原定家(サダイエ)　秋上

見渡せば　花も紅葉(モミジ)も　なかりけり　浦の苫屋の　秋の夕暮(ユウグ)れ

見わたすと、(春の)花も(秋の)紅葉も　ないことだよ。この海辺の漁師の小屋のあたりの　秋の夕暮れは。

---

2 (**詞書主旨**)春のはじめに詠んだ歌。

■**天の香具山**…今の奈良県橿原市東部にある山。

201 (**詞書主旨**)入道前関白藤原兼実が右大臣だったときに詠ませた、百首歌(=一人で百首の歌を詠むこと。これは伊勢神宮に奉納するために詠まれた)。歌題は「ほととぎす」。

■**な添へそ**…「な〜そ」は禁止を表す副詞の呼応。

363 (**詞書主旨**)西行法師が勧めて百首歌を詠ませたときに詠んだ歌。

■**苫屋**…かやなどで編んだむしろで屋根を葺いた小屋。

639

摂政（セッショウ）太政（ダイジョウ）大臣家の歌合（ウタアワセ）に、湖上の冬の月

藤原家隆（イエタカ） 冬

志賀の浦や　遠ざかりゆく　波間より　氷りて出づる　有り明けの月

志賀の浦よ、（その水際から氷が張って、次第に沖の方へ）遠ざかっていく　波の間から、　氷のように冷たく光りながらのぼってくる　有り明けの月よ。

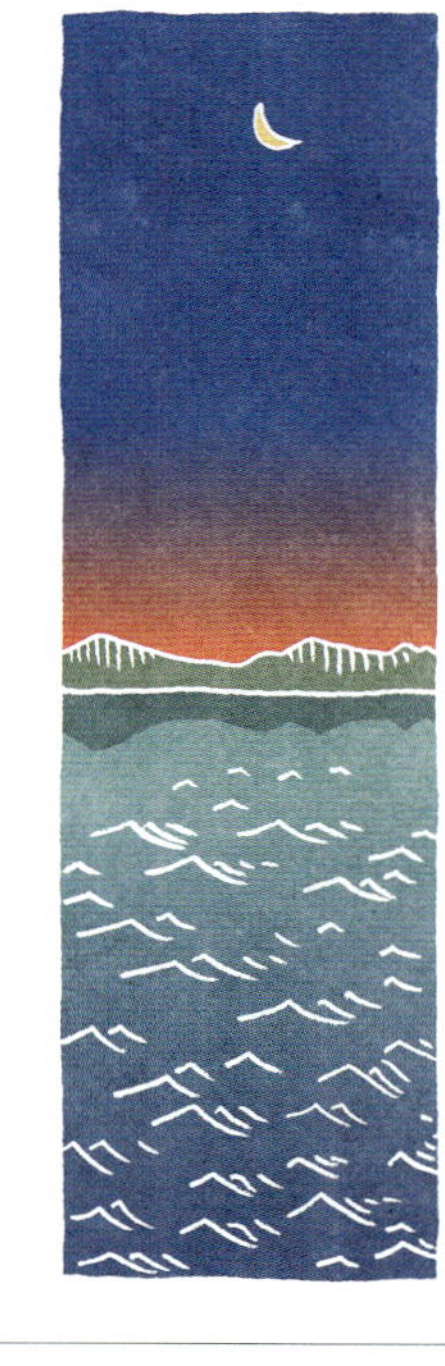

987

あづま（ズ）の方にまかりけるに、よみ侍りける

西行法師（サイギョウホウシ） 羇旅

年たけて　また越ゆべしと　思ひ（イ）きや　命なりけり　さ夜の中山

年老いて、　再び越えられるだろうと　思ってもみただろうか（いや、思いもかけなかった）。　命があったからなのだなあ。　小夜の中山よ。

1034

百首の歌の中に忍ぶ恋を

式子内親王（ショクシナイシンノウ） 恋一

玉の緒（オ）よ　絶えなば絶えね　ながらへ（エ）ば　忍ぶることの　弱りもぞする

（わが）命よ、　絶えてしまうなら、絶えてしまうがいい。　生き長らえていると、　（胸に秘めた思いを）こらえていることが　弱くなるといけないので。

639 **（詞書主旨）** 摂政太政大臣藤原良経家の歌合（＝左右に分かれて歌の優劣を競う遊び）で詠んだ歌。歌題は「湖上の冬の月」。

■**志賀の浦**…琵琶湖の南西の湖岸。

■**有り明けの月**…夜が明けても空に残る月。

987 **（詞書主旨）** 東国の方面に下ったときに、詠んだ歌。

■**思ひきや**…「や」は反語を表す係助詞。

■**さ夜の中山**…今の静岡県掛川市にある山。

1034 **（詞書主旨）** 百首の歌の中の一首。歌題は「忍ぶ恋（＝人目を避ける恋）」。

■**玉の緒**…「玉」と同音の「魂」をつなぎとめる緒（＝糸やひもの総称）の意から、「命」の意。「絶え」「ながらへ」「弱り」は「緒」の縁語。

■**絶えね**…「ね」は完了の助動詞「ぬ」の命令形。ここは「～てしまえ」「～がいい」の意を表す放任法。

■**もぞ**…悪い事態を予測し、「～すると困る」の意を表す。

14 方丈記(ほうぢやうき)

[一] ゆく河(かは)の流れ

この作品は… 鴨長明(かものちやうめい)が大火・竜巻・遷都(せんと)・飢饉(ききん)・地震で混乱する世相とともに、日野山中の庵(いお)で心静かに過ごす生活を書いた随筆である。⬇巻頭口絵30ページ

この場面は… その冒頭で、「絶え間ない川の流れ」に託して人間とその住まいの流転を書いて、世の無常を説く。

読んでみよう!

たましきの都(みやこ)のうちに、棟(むね)を並べ、甍(いらか)を争へ(エ)る、高き、いやしき、人の
美しくりっぱな都の中に、棟を並べ、屋根の棟瓦(の高さ)を競っている、身分の高い人や低い人の

住まひ(イ)は、世々を経て、尽きせぬものなれど、これをまことかと尋(たづ)ぬ(ズタ)れば、昔
住まいは、幾世代を経ても、なくならないものであるが、このことを本当かと調べると、昔

ありし家(いへ)(エイ)はまれなり。あるいは去年(こぞ)焼けて今年造れり。あるいは
あった家(が今あるの)はまれである。あるものは去年焼失して今年(新しく)造ってある。あるものは

大家(おほいへ)(オオイエ)滅びて小家(こいへ)(コイエ)となる。住む人もこれに同じ。所も変はら(ワ)ず、人
大きな家が没落して小さな家となる。住む人もこれと同じである。所も(同じ京で)変わらず、人(の数)

も多かれど、いにしへ(エ)見し人は、二、三十人が中に、わづ(ズ)かに一人二人なり。
も多いけれど、昔会った(ことのある)人は、二、三十人の中で、わずかに一人か二人である。

朝(あした)に死に、夕(ゆふ)(ユウ)べに生まるるならひ(イ)、ただ水(みづ)(ズミ)の泡にぞ似たりける。
朝に死に、(また一方では)夕方に生まれる(という)(人の)世の常(の姿)は、ちょうど水の泡に似ていることだ。

知らず、生まれ死ぬる人、いづかた(ズ)より来(きた)りて、いづかた(ズ)へか去る。また、

はてさて、(この世に)生まれ(そして)死ぬ人(というもの)は、どこからやって来て、どこへ去るのか。また、

知らず、仮の宿り、誰(た)がためにか心を悩まし、何によりてか目を

はてさて、(この世の)仮の住まいについて、だれのために心を悩まし、何によって(家を建てて)目を

喜ばしむる。その、主(あるじ)とすみかと無常(むじゃう)(ムジョウ)を争ふ(ウ)さま、いは(ワ)ば朝顔(あさがほ)(アサガオ)

楽しませるのか。その(一軒の家の)、主人と住居とが無常を競うようすは、言うならば、朝顔

の露に異ならず。

の(花とその上に置く)露(との関係)と違わない。

ゆく河の流れは絶えずして
しかも
もとの水にあらず

読解・ポイント解説

■**棟を並べ～**…「棟を並べ」と「甍を争へる」、「高き」と「いやしき」、「去年焼けて」と「今年造れり」、「大家滅びて」と「小家となる」のように、相対する二つの句を並べる対句法が見られる。■**高き**…連体形の準体法で、「人」を補って考える。■**あるいは～あるいは～**…「あるものは～、あるものは～」の意。「い」は間投助詞。■**住む人もこれに同じ**…「これ」は、その前の住居をさす。■**ただ水の泡にぞ**…「ただ」は副詞で、ここでは両者が似ていることを示すので、「ちょうど」の意。■**水の泡**…水面(みなも)に現れては消える水の泡のようすにたとえる。■**知らず、～**…文頭にあって、下に疑問の係助詞「か」を伴って、「さあ、どうだか(わからない)」の意になる。通常の語順を逆転させて、表現を際立たせる倒置法をとっている。■**喜ばしむる**…「しむる」は使役の助動詞。■**朝顔の露**…「朝顔」も「露」も、はかないものの代表である。

15 平家物語(へいけものがたり)

[巻九] 木曽最期(きそのさいご)

この作品は… 平家一門の栄華と滅亡を中心に、源氏一門内での勢力争いも描いた軍記(ぐんき)物語である。⬇巻頭口絵32ページ

この場面は… **平家を破って京都に入った木曽義仲(きそよしなか)が、源範頼(のりより)・義経(よしつね)の軍勢に追い詰められ、琵琶湖(びわこ)のほとりの粟津(あわづ)の松原で殺される。**

読んでみよう！

木曽殿(きそどの)は ただ 一騎、粟津(あはづ)(アワヅ)の 松原 へ 駆け
木曽殿(=義仲) は ただ 一騎で、粟津 の 松原 へ 駆け

給ふ(たまウ)が、正月(しゃうぐゎつ)(ショウガツ) 二十一日(はつかあまりひとひ)、入相(いりあひ)(イリアイ) ばかり の
なさる が、陰暦正月 二十一日の 日暮れ ごろ の

こと なる に、薄氷(うすごほり)(ウスゴオリ) は 張っ たり けり。
こと である 上に、薄氷 は 張っ てい た。

深田(ふかた) あり とも 知らず して、馬 を ざっと
(そこに)深い水田が ある と も 知ら ない で、馬 を さっと

うち入れ たれ ば、馬 の 頭(かしら) も 見え ざり
乗り入れ た ので、(深く沈んで)馬 の 頭 も 見え なかっ

けり。 あふれ(オ) ども あふれ(オ) ども 打て ども
た。 (鐙(あぶみ)で)脇腹を蹴っ ても 脇腹を蹴っ ても、(鞭(むち)で)打っ ても

語句・表現

■**木曽殿**…木曽義仲。平安末期の武士で、源頼朝の従弟。■**粟津**…今の滋賀県大津市の地。■**張ったり**…「張りたり」の促音便。■**ざっと**…擬態語。■**あふれ**…深田にはまった馬を出そうとして、足を踏み掛けた鐙で馬の両脇腹を蹴ること。■**今井**…今井兼平。義仲の乳母子(=貴人の子を養育する任にある人の子)。■**三浦の石田次郎為久**…今の神奈川県を本拠地とした豪族の一人。■**追っかかって**…「追ひかかりて」の促音便。■**よっ引いて**…「よく引きて」の促音便とイ音便。■**ひやうふっと**…擬音語。■**落ち合うて**…「落ち合ひて」のウ音便。■**首をば**…「ば」は係助詞「は」の濁音化したもの。■**取って**…「取りて」の促音便。■**てんげり**…「てけり」に撥音の「ん」が入って語勢を強め、「け」が濁音化したもの。

打て ども 働か ず。 今井(イマ) が 行方(エユク) の
打っ ても (馬は)動か ない。 (木曽殿は)今井(=兼平) の 行方 が

おぼつかなさ に、 ふり仰(オア)ぎ 給へ る 内甲 を、
気がかりな ので、 ふり仰ぎ なさっ た (その)かぶとの内側 を、

三浦 の 石田次郎(ウジロ)為久、 追っかかっ て、
三浦 の 石田次郎為久が、 追いつい て、

よっ引い て、 ひやうふっと 射る。 痛手 なれ ば、
(弓を)十分にひきしぼっ て、 ひゅうふっと 射抜く。 致命傷 な ので、

真向(コマツウ) を 馬 の 頭 に 当て て うつぶし 給へ る
かぶとの真正面 を 馬 の 首 に 当て て うつぶし なさっ た

ところ に、 石田 が 郎等(ロドウウ) 二人 落ち合う て、 つひに
ところ に、 石田 の 家来 二人が 来合わせ て、 とうとう

木曽殿 の 首 を ば 取っ て ん げり。
木曽殿 の 首 を 取っ てしまっ た。

16 徒然草（つれづれぐさ）

[九二] ある人、弓射ることを習ふに

この作品は… 兼好（けんこう）法師が手持ちぶさたであるのにまかせて書き留めた随筆で、序段のほかに二百四十三段からなる。⬇巻頭口絵34ページ

この場面は… 弓を射る練習の際に生ずる油断を克服するための先生の言葉には、万事にわたる教訓があると説く話である。

読んでみよう！

ある人、弓射ることを習ふに、諸矢（もろや）をたばさみて的に向かふ。師の
ある人が、弓を射ることを習うときに、（対になった）二本の矢を手にはさみ持って的に向かう。（すると）先生が

いはく「初心の人、二つの矢を持つことなかれ。後（のち）の矢を頼みて初めの
言うには「学びはじめの人は、二本の矢を持つことがあってはならない。（なぜなら）二本目の矢を頼みにして初めの

矢になほざりの心あり。毎度ただ
矢（を射るの）にいいかげんな心が生じる（からだ）。（だから、的に向かう）度ごとにただ

得失（とくしつ）なく、この一矢（ひとや）に定むべしと思へ」と
（矢の）当たりはずれ（を考えること）なく、この一本の矢で決めようと思え」と

言ふ。わづかに二つの矢、師の前にて一つを
言う。たった二本の矢で、先生の前で（その）一本を

おろかにせんと思はんや。懈怠（けだい）の心、
いいかげんに扱おうと思うだろうか（いや、思いはしない）。なまけの心は、

みづから(ズ)知らずといへ(エ)ども、師これを知る。

自分では気づかないといっても、先生はこれを知っている。


このいましめ、万事にわたるべし。

この教訓は、何事にも通じるはずだ。


道を学する人、夕(ゆふ)(ユウ)べには朝(あした)あらんことを思ひ(イ)、朝には夕べあらんことを思ひ(イ)て、重ねてねんごろに修(しゅ)せんことを期(ご)す。

(仏の)道を修行する人は、夕方には翌朝がある(という)ようなことを思い、朝には夕方がある(という)ようなことを思って、もう一度念を入れて修行しよう(という)ことを予定する。


いはん(ワ)や、一刹那(いっせつな)のうちにおいて、懈怠の心あることを知らんや。何(なん)ぞ、ただ今の一念において、ただちにすることのはなはだ難(かた)き。

まして、一瞬のうちにおいて、なまけの心があることを知ろうか(いや、知るわけはない)。どうして、たった今の(この)一瞬において、すぐに実行することがとても難しいことか。

読解・ポイント解説

■諸矢…二本の矢のうち、最初に射る矢を「甲矢(はや)」、あとに射る矢を「乙矢(おとや)」という。当時、弓を射るときは二本の矢を持つのが普通であった。**■定むべし**…「べし」は意志を表す助動詞。**■思はんや**…「や」は反語を表す終助詞。**■師これを知る**…「これ」は「懈怠の心」をさす。**■夕べには〜**…下の「朝には〜」と対比される。**■道**…仏の教え。仏道。**■知らんや**…「や」は反語を表す終助詞。**■一刹那**…「刹那」はきわめて短い時間。

17 風姿花伝
秘する花を知る事

この作品は… 世阿弥元清が書いた能楽論の書で、父の観阿弥から継承した、能の稽古や演出の心得を述べる。⬇巻頭口絵36ページ

この場面は… 能の本質である「花」は、秘密にすることによって大きな効果が生まれることを説く。

読んでみよう!

「秘すれば花なり。秘せずは花なるべからず」となり。この分け目を知る
「秘密にするので、花である。秘密にしないなら、花であるはずはない」ということである。この相違点を知る

事、肝要の花なり。そもそも、一切の事、諸道芸において、その家々に秘事
ことが、大切な花である。そもそも、すべてのこと、(特に)諸道・諸芸において、その(専門の)家々に秘事

と申すは、秘するによりて大用あるが故なり。しかれば、秘事と言ふ事
と申すことは、秘密にすることによって大きな効果があることのためである。それゆえ、秘事ということ

を現はせば、させる事にてもなきものなり。これを、させる事にてもなしと言ふ
を(具体的に)公開すると、きっと、たいしたことでもないものである。これを、たいしたことでもないと言う

人は、未だ、秘事と言ふ事の大用を知らぬが故なり。先づ、この花の口伝
人は、いまだ、秘事ということの大きな効果を知らないことのためである。まず、この花の口伝

においても、ただ珍しきが花ぞと、皆人知るならば、さては珍しき事ある
においても、もっぱら(見る人の心に)珍しいことが花だと、すべての人が知るのであれば、それなら珍しいことがある

べしと思ひ設(まう〔ウモ〕)けたらん見物衆(けんぶつしゅ)の前(まへ〔エ〕)にては、たとひ珍しき事をするとも、
のだろうと　かねてから考えている　ような　見物する人たち　の　前　では、　たとえ　珍しい　ことを　演じても、

見手(みて)の心に珍しき感はあるべからず。見る人
観客の心に　珍しい　気持ちは　生まれる　はずが　ない。見る　人

の為(ため)、花ぞとも知らでこそ、為手(して)の
のために、(これが)花だとも知らないでこそ、演者の

花にはなるべけれ。されば、見る人は、ただ
花にはなるはずである。それゆえ、見る人は、もっぱら

思ひの外(ほか)に面白き上手(じゃうず〔ジョウズ〕)とばかり見て、これ
思いがけず　おもしろい　上手　と　ばかり　見て、これ

は花ぞとも知らぬが、為手の花なり。
は花だとも知らないことが、演者の花である。

さる程に、人の心に思ひも寄らぬ感を
やがて、人の心に考えつきもしない気持ちを

催(もよほ〔オ〕)す手立て、これ花なり。
起こさせるやり方、これが花である。

語句・表現

■**花**…能楽で演技の美しさや魅力をいう。■**秘せずは**…「ずは」で仮定条件を表す。■**にても**…「に」は断定の助動詞「なり」の連用形、「て」は接続助詞、「も」は係助詞。■**口伝**…『風姿花伝』の「別紙口伝」。■**さては**…接続詞。「それなら」の意。■**現はせば**…恒常条件を表す。■**思ひ設けたらん見物衆**…期待しているような観客たちをいう。「ん」は仮定婉曲の助動詞。■**たとひ〜とも**…副詞の呼応。「とも」は接続助詞で、逆接の仮定条件を表す。■**人の心**…「人」は観客をさす。

18 世間胸算用
小判は寝姿の夢

この作品は… 井原西鶴が大晦日に起こる町人の悲喜劇を書いた浮世草子である。⬇巻頭口絵38ページ

この場面は… 貧乏な男が一足飛びに金持ちになりたいと願うので、女房がこのままでは親子三人飢えてしまうと言って、幼子を残して奉公に出た話である。

読んでみよう!

夜更けて、この子泣きやまねば、隣の嚊たち問ひよりて、摺粉に地黄煎（ジオウセン）入れて
夜が更けて、この子が泣きやまないので、隣の女房たちが訪ね来て、摺粉に地黄煎を入れて

焼きかへし、竹の管にて飲ますことを教（シオ）へ、「はや一日の間に、思ひなしか、
炊きかえし、竹の管で飲ませることを教え、「早くも一日のうちに、気のせいか、

おとがひがやせた」と言ふ。この男（オトコ）、「さても是非なし」と心腹立って、手に持っ
（この子の）あごがやせた」と言う。この男は、「さてさてやむを得ない」と腹が立って、手に持っ

たる火箸を庭（ワ）へ投げける。「お亭様はいとしや、お内儀様は果報（カホウ）。先の旦那殿
ている火箸を庭へ投げた。「ご亭主様はかわいそうだなあ、奥方様は幸運。先方の旦那様

が、きれいなる女房（ニョウボウ）を使ふことが好きぢゃ。ことに、この中（ジュウ）お果てなされた
が、きれいな女性を使うことが好きじゃ。とりわけ、この間お亡くなりになられた

奥様に似たところがある。ほんに、後ろつきのしをらしきところがそのまま」と言へ
（先方の）奥様に似たところがある。ほんとうに、後ろ姿の奥ゆかしいところがそのまま」と言う

ば、この男聞きもあへ(エ)ず、「最前(さいぜん)の銀(かね)は
と、この男はすっかり聞きも終えず、「先ほどの金銭は

そのままあり。それを聞いてからは、たとへ(エ)命
そのままある。それを聞いてからは、たとえ命

が果て次第」と、駆け出し行きて、女房取り返(かへ)(エカ)し
が終わってもそのままだ(=それでよい)」と、駆け出して行って、女房を取り返し

て、泪(なみだ)で年を取りける。
て、涙ながらに年を取った(=年を越した)。

語句・表現

■**この子**…残された幼子。■**擂粉**…すり砕いた米の粉。湯で溶いて母乳の代用とした。■**地黄煎**…麦やもやしや、米の胚芽(はいが)の粉を煎り、水で練った飴(あめ)。■**思ひなしか**…「か」は係助詞で、文末に用いられた場合であり、ここは挿入となる。■**やせた**…「た」は助動詞で、「たり」が口語化したもの。■**持ったる**…「持ちたる」の促音便。■**いとし**…「いとほし」の転。■**お内儀様**…家を出て奉公に行った女房をさす。■**好きぢゃ**…口語の形容動詞「好きだ」の「だ」が俗語化したもの。■**聞きもあへず**…「あへず」は「～しようとしてできない」の意。■**それを聞いて**…「それ」とは、女房の奉公先の旦那様がきれいな女性を使うのが好きで、しかも、女房がこの間亡くなった奥様に似ているということ。■**泪で**…「で」は格助詞「にて」の転で、ここは「～の状態で」の意。

19 おくのほそ道

立石寺

この作品は… 松尾芭蕉が江戸を出発して、奥州・北陸を経て、大垣に至るまでの旅の見聞を書いた俳諧紀行文である。➡巻頭口絵40ページ

この場面は… 平泉から奥羽山脈を越えて出羽三山（主峰は月山。北に羽黒山、西に湯殿山を従え、峰続き）に向かう途中、尾花沢から南下して天台宗の古刹、立石寺を訪れた場面である。

読んでみよう！

山形領（ヤマガタリヨウ）に立石寺（リユウシヤクジ）といふ山寺あり。慈覚大師の開基にして、ことに清閑の地なり。一見すべきよし、人々の勧むるによって、尾花沢（オバナザワ）よりとって返（エカ）し、その間七里ばかりなり。日いまだ暮れず。麓の坊（ウボ）に宿借りおきて、山上（サンジヨウ）の堂（ウド）に登る。岩（ワイ）に巌（オイワ）を重ねて山とし、松柏年ふり、土石老いて苔なめらかに、岩上（ガンジヨウ）の院々（インイン）扉を閉ぢて物の音聞こえず。岸を巡り岩を這ひて仏閣を拝し、佳景寂寞として

山形藩の領内に立石寺という山寺がある。慈覚大師の創建であって、格別に清らかでもの静かな所である。一度行ってみるのがよいことを、人々が勧めることによって、尾花沢から引き返し（山寺へ向かったが）、その間は七里ほどである。（着いたときは）日はまだ暮れていない。（そこで）麓の宿坊に宿を借りておいて、山上の堂に登る。岩（の上）に巌を重ねて山とし、松やヒノキの類は（多くの）年を経て、土や石も古びて苔がなめらかで、岩の上に建てられた諸堂は（みな）扉を閉ざして物の音も聞こえない。崖のふちを回り岩（の上）を這うようにして仏堂に詣で（たが）、（全山をつつむ）すばらしい景色はひっそりと静まりかえっていて、

心 澄みゆく のみ おぼゆ。

心が ただもう澄みとおって ゆくように 思われる。

閑（しづ）かさや 岩（いは）に しみ入（い）る 蟬（せみ）の 声（こゑ）

何という静けさであることよ（この山寺の境内は）。（この静寂の中に）鳴く蟬の声も、あたりを圧する岩肌にしみ入るように感じられる（さらに深い静寂が心に迫るようだ）。

語句・表現

■**立石寺**…今の山形市にある宝珠山（ほうじゅさん）立石寺。■**慈覚大師**…平安前期の天台宗の僧、円仁（えんにん）に死後贈られた名前。■**開基**…貞観（じょうがん）二年（八六〇）に建立されたと伝える。■**尾花沢**…今の山形県尾花沢市。■**とって返し**…西に行かず、引き返して南下したことをいう。■**七里**…約二十八キロメートル。■**麓の坊**…「坊」は寺に参詣（さんけい）する人のための宿舎。■**岩上の院々**…山中に十二院があった。■**澄みゆくのみ**…「のみ」は副助詞で、「ただもう～する」の意を表す。■**閑かさや～**…「や」は間投助詞で、切れ字。季語は「蟬」で、夏の季節を示す。

20 雨月物語(うげつものがたり)

浅茅(あさぢ)が宿

この作品は… 上田秋成(うえだあきなり)が書いた読本(よみほん)の傑作で、日本と中国の古典や伝説に取材した怪異(かい)小説九編からなる。⬇巻頭口絵42ページ

この場面は… 没落した家の再興を期した勝四郎(かつしろう)が、京都から七年ぶりに故郷に帰り、荒れ果てた家で妻の宮木(みやぎ)の亡霊と再会する話である。

▼妻宮木と離れ、京に暮らしていた夫勝四郎は、七年ぶりに故郷下総(しもうさ)に戻る。荒れ放題のわが家の様子を見るが、死んだと思っていた妻は生きており、帰りを喜んでくれた。積もる話の一夜が明け、目覚めると、荒れ果てた家の中に妻の姿が見えない。さては昨夜の妻は、鬼が化けて出たものか、それとも……。

読んでみよう!

もしまた我を慕ふ魂(たま)のかへり来(き)りて語りぬるものか。思ひしことの露
ひょっとするとあるいは自分を慕う(妻の)霊魂が戻って来て情を交わしたのではないか。(家も妻も)予想したことが少しも

たがはざりしよと、さらに涙さへ出でず。我が身ひとつはもとの身にして
違わなかったことだなあと、(勝四郎は)まったく涙さえ出ない。わが身一つは元通りの体であって

と歩みめぐるに、昔臥所(ふしど)にてありし所の簀子(すのこ)を払ひ、土を積みて塚とし、
と思って(廃屋を)歩きまわると、昔寝屋であった所の簀子を取り払い、土を盛り上げて墓にし、

雨露をふせぐまうけもあり。夜(よべ)の霊はここもとよりやと恐しくもかつ
雨露を防ぐ用意もある。昨夜の幽霊はこの辺りから(訪れたの)かと思って恐ろしくも(あり)また

なつかし。水向(みづむけ)(ミズムケ)の具ものせし中に、木の端(はし)を削り(けづ(ズ))たるに、那須野紙(なすのがみ)の、いたう
慕わしくもある。水向けの道具を整えた中に、木の端を削ったものに(貼った)、那須野紙で、ひどく

古びて、文字もむら消えしてところどころ見定めがたき、まさしく妻の筆の跡なり。
古びて、文字もあちらこちらが消えてところどころ読みにくいものは、まさしく妻の筆の跡である。

法名（ホウミョウ）といふ（ウ）ものも年月も
（戒名というもの も（死んだ）年月も）

記さで、三十一字に末期（ワイマ）の心
（記さないで、三十一文字で死にぎわの気持ち）

をあはれ（ワ）にも述べたり。
（を悲しくも述べている。）

さりともと思ふ（ウ）心にはかられて
（いくらそうであっても（夫はまもなく帰ってくるだろう）と思う心にあざむかれて、）

世にも今日（キョウ）まで生ける命か
（よくもまあ、この世にも今日まで生きてきた（私＝宮木の）命だなあ。）

ここに初めて妻の死したる
（それで（勝四郎は）初めて妻が死んだこと）

を覚りて、大（オオ）きに叫びて
（を察知して、心おきなく叫んで）

倒（オタ）れ伏す。
（倒れ伏す。）

語句・表現

■**また**…驚きや疑問の気持ちをこめて使う副詞。■**ものか**…感動を表す終助詞。■**さらに〜ず**…副詞の呼応で、「まったく〜ない」の意。■**我が身ひとつは**…家が破れ、妻が死んだことに対していう。「月やあらぬ春や昔の春ならぬ我が身ひとつはもとの身にして」（古今和歌集）を踏まえる。■**簀子**…竹や板を並べて造った縁側。■**水向の具**…墓前に供える水を入れる容器。■**木の端を削りたるに**…墓標がわりにした木片をいう。■**那須野紙の**…「那須野紙」は今の栃木県那須野辺りで産する紙。「の」は同格を表す格助詞。■**法名**…死者におくられる名前。■**三十一字**…短歌形式をいう。■**さりともと〜**…妻宮木の歌。「世にも」は強意の副詞に、「この世にも」の意を重ねる。■**ここに**…この宮木の歌で、ということ。

和歌の修辞

ただ「さびしい!」と叫んでも歌にはならない。たとえば「夕日が沈んでいく」という風景を重ね合わせてみると、しみじみとした涙を誘う歌になる。どのようにしたら自分の心を相手に強く訴えかけ、強く印象づけることができるだろうか。和歌の修辞はそのための様々な工夫である。ここでは代表的なものを挙げた。例に記した、作品名のない 番号 は、「小倉百人一首」の歌番号を示す。

1 枕詞(まくらことば)

…ことばの聖性を呼び起こす五音一句

POINT
- ある語句に神聖なイメージを与える。
- イメージを与える語句の直前に置かれる。
- 訳さない。
- 多くは五音一句からなる。

例 (枕詞)ひさかたの 光のどけき 春の日に しづ心(ごこ)なく 花の散るらむ 33番

「久方の」「久堅の」と表記されることがあり、「光」が遥か遠くのもの、永久なもの、堅固不動なものとしてイメージされる。

訳さない

訳 (ひさかたの)日の光がのどかな春の日に、どうして落ち着いた心もなく桜の花が散るのだろう。

2 掛詞(かけことば)

…同音異義によって一つの語から二つのイメージを形成

POINT
- 同音異義(同じ音で意味が異なること)を利用し、一つの語に二つの意味を持たせる。
- 二重の文脈を作る。
- 「人にかかわること」と「自然の風景」が重ねられることが多い。

代表的な枕詞

あかねさす(茜さす) → 日・昼・紫 など
あしひきの(足引きの) → 山・峰(を) など
あづさゆみ(梓弓) → ひく・寄る など
あらたまの(新玉の・荒玉の) → 年・月 など
うつせみの → 世・命 など
くさまくら(草枕) → 旅・結ぶ など
しろたへの(白栲の・白妙の) → 衣・雲・雪 など
たらちねの(垂乳根の) → 母・親
ちはやぶる(千早振る) → 神・うぢ
ぬばたまの(射干玉の) → 黒・夜・髪 など

代表的な掛詞

あき【秋―飽き】
あふ【逢坂―逢ふ】
いなば【因幡―往なば】

例

山里は　冬ぞさびしさ　まさりける　人目(めひと)も草も　かれぬと思へば　28番

人にかかわること ⇢ 人目が離れる（＝人が誰も訪れない）

自然の風景 ⇢ 草が枯れる

掛詞　かれ ＝ 離(か)れ ＝ 枯れ

「人にかかわること」に「自然の風景」を重ね合わせることにより、「さびしさ」のイメージが広がり深まる。

訳　山里は冬にこそさびしさがまさって感じられることだ。人も訪れず、草も枯れてしまうと思うと。

〈二重の文脈〉

③ 序詞(じょことば)

序詞…歌で表現したい心を、自然の風景によってイメージさせる

POINT

- ある語句に具体的なイメージを与える。
- 「人にかかわること」に対して「自然の風景」のイメージを与えることが多い。
- 七音以上からなる。

例

由良(ゆら)の門(と)を　渡る舟人　梶(かぢ)を絶え　ゆくへも知らぬ　恋の道かな　46番

序詞　主想部のイメージをふくらませるための飾りの部分。

主想部　主として表現したい心を詠んだ部分。この歌の言いたいことはこれだけ！

「ゆくへも知らぬ」もののイメージ

訳　由良の海峡を渡る舟人が梶を失ってさまようように、先行きも分からない恋の道だなあ。

主想部　どうなるか分からない恋の行く先の不安。　心情

風景で具体的にイメージさせる

序詞　どこへ流されていくか分からない、梶を失って海峡を渡る舟。　風景

うく【浮く―憂く】
うら【浦―恨む】
おく【置く―起く】
かりね【刈り根―仮寝】
すむ【住む―澄む】
ながめ【長雨―眺め】
なみだ【無み―涙】
はる【春―張る】
ひ　【火―思ひ】
ひとよ【一節―一夜】
ふみ【文―踏み】
ふる【経る―降る】
まつ【松―待つ】
みるめ【海松藻―見る目】
みをつくし【澪標―身を尽くし】

❖序詞の接続方法❖ 前ページの例のほか、序詞と主想部が次のような形で接続するものがある。

＊同音反復による接続

序詞 みかの原 わきて流るる いづみ川 いつみきとてか 恋しかるらむ 27番

（同音反復）

訳 みかの原から湧き出て、（その原を）分けて流れていく泉川、その名のように、いつ見た（＝逢あった）というので、（こんなにも）恋しいのだろうか（まだ見たことがあるとも思われないのに）。

＊掛詞による接続

序詞 難波江なにはえの 葦あしのかりねの 一ひとよゆゑ みをつくしてや 恋ひわたるべき 88番

掛詞（葦の）刈り根（の一節）／仮寝（の一夜）

訳 難波の入り江にある葦の刈り根の一節よのような、旅先でのはかない一夜のために、身を捨て命をかけて、ずっと恋し続けることになるのでしょうか。

4 縁語 … 隠された語と語のつながり

POINT
- 連想によってつながる語を、一首の中に意図的に散りばめる。
- その語と語は、一首の文脈・文法から離れたところでつながる。
- 掛詞をともなうことがある。

縁語 単なる連想によるつながり

注 歌の意味として、流れているのは名（名声）で滝が流れているわけではない！

例 滝の音は 絶えて久しく なりぬれど 名こそ流れて なほ聞こえけれ 55番

（「鳴り」との掛詞）

縁語 滝が流れて、その音が鳴り聞こえる、というイメージを形成。

一首の意味・文脈とは異なる

訳 滝の音が絶えて長い年月が経ったけれど、その評判は世に伝わって今でも知れ渡っているよ。

代表的な縁語

縁語は、中心となる語から、さまざまな語が連想される。（ ）は掛詞として用いられる語。

葦あし ― 節よ（世・夜）・根
糸 ― 撚よる・絶ゆ・乱る
衣 ― 着る・裁つ・萎なる・張る・袖・褄つま
鈴 ― 振る・鳴る
露 ― 置く・消ゆ
波 ― 寄る・かへる・立つ
火 ― 燃ゆ・消ゆ
弓 ― 張る・射る
緒を ― 絶ゆ・弱る・長し

5 本歌取り…古く有名な歌に新たな命を吹き込む

POINT

- 古く有名な歌(=本歌)の二句程度をそのまま用いて詠む。
- 本歌とはテーマを変えて詠む。恋歌から四季の歌、四季の歌から恋歌など。
- 本歌のイメージを取り込んで表現を重層的にする。

例 **きりぎりす　鳴くや霜夜の　さむしろに　衣片敷き　ひとりかも寝む**　91番

本歌 の二句をそのまま用いる

本歌 著名な『古今和歌集』の中の恋歌。恋人に会えない夜のさびしさを詠む。

さむしろに　衣かたしき　今宵もや　我を待つらむ　宇治の橋姫

訳 狭い敷物の上に自分の衣だけを敷いて、今夜も私を待っているのだろうか、宇治の橋姫は。

秋歌に転換。(「きりぎりす」「霜」は秋の景物)本歌の一人寝のさびしさに、晩秋の寒い夜のさびしさを重ねる。

秋のさびしさ
+
『古今和歌集』のわびしい恋の雰囲気
=
重層的表現

「ひとりかも寝む」も、もう一つの本歌「あしひきの山鳥の尾のしだり尾のながながし夜をひとりかも寝む」〈拾遺集・恋三〉から取った句。(訳は九九〇ページ参照)

訳 こおろぎが鳴く、霜が降りる寒い秋の夜に、狭い敷物の上に自分の衣だけを敷いて一人で寝るのであろうか。

本歌取りの方法

藤原定家『詠歌之大概』に本歌取りの具体的な方法が記されており、本歌のことばをそのまま用いる際には、五・七・五・七・七の五句のうち、二句に加えて三、四字を限度とすること、またテーマを変えるべきことが書かれている。

6 見立て…類似する意外なものを提示

POINT
- 実際の風景に対して、それが全く異なる別の風景のように見える、と表現する。
- 異なるもの同士をうまく結びつけることで、対比の奇抜さ、飛躍の巧妙さをねらう。
- 実際の風景に、より鮮やかな想像された風景を重ねる。

例 白露に　風の吹きしく　秋の野は　つらぬきとめぬ　玉(たま)ぞ散りける　37番

「白露」を「玉」に見立てる

実際の風景……秋の野に白露が散っている。
想像された風景…秋の野に玉(=真珠・宝玉)が散っている。
(類似)

白露から玉を巧みに連想することによって、より鮮やかな風景を想像させる。

訳 白く光る露に、しきりに風が吹きつける秋の野には、糸で貫きとめていない玉が散っているよ。

7 物(もの)の名(な)・折(お)り句(く)…一首の中にことばを隠す

POINT
- 一首の中に、一見では分からないように、物の名前を隠して詠んだものを**物の名**という。
- その中で、各句の頭の一音ずつに隠したものを**折り句**という。
- 物の名前を隠すという条件の中で、いかに巧みに詠み込むかがポイント。

代表的な見立て

雪—花
波—花
白雲—桜花
紅葉—錦
月光—霜

その他の修辞

- 体言止め…第五句(結句)を体言(名詞)で止めることにより、余情・余韻を豊かにする。

＊物の名…一見分からないようにことばを忍び込ませる。「隠し題」ともいう。

例 来べきほど 時過ぎぬれや 待ちわびて 鳴くなる声の 人をとよむる 古今集・423番

「ほととぎす（＝鳥の名）」が隠されている

訳 来て鳴くはずの季節は過ぎてしまったからだろうか。待ちに待ってようやく（ほととぎずが）鳴くのが聞こえる、その鳴き声が人をどよめかせるよ。

いかに気づかれないように詠み込むか！

＊折り句…各句の頭に隠す

「かきつばた（＝植物の名）」が隠されている

例 からころも きつつなれにし つましあれば はるばるきぬる たびをしぞおもふ 伊勢物語・9段

訳 唐衣を着つづけて、からだになじむように、慣れ親しんだ妻が（京に）いるので、遠くはるばるとやってきたこの旅を、しみじみと思うことだよ。

各句の頭の音が初めに決まるので、いかに意味の通る歌にするか！

例 村雨の 露もまだひぬ 槙の葉に 霧立ちのぼる 秋の夕暮れ 87番

●「秋の夕暮れ」の風景のイメージが、ものさびしさとともに残り続け、余韻を豊かにしている。

訳 にわか雨の露もまだかわかない常磐木の葉に、霧が立ちのぼる秋の夕暮れよ。

歌枕…和歌で古くから詠まれてきた全国各地の名所。ある特定のイメージや修辞とともに詠まれることが多い。

例 夜をこめて 鳥の空音は はかるとも よに逢坂の 関はゆるさじ 62番

●「逢坂の関」は、山城（京都府）と近江（滋賀県）の境にある関所として知られた。多くの旅人が行き交う場所として詠まれることが多く、「逢ふ」との掛詞として恋の歌で用いられた。

訳 まだ夜が明けないうちに、鶏の鳴きまねをしてだまそうとしても、逢坂の関の番人は（門を開け、二人が逢うことなど）決して許さないでしょうよ。

百人一首とは

百人一首とは、本来は百人の歌人の歌を一首ずつ集めた詞華集（＝アンソロジー）を意味する普通名詞である。昔から数多くの百人一首が作られてきたが、その中で最も有名なのが、藤原定家撰とされ「小倉百人一首」と呼ばれるものである。「小倉」とは、定家の山荘があった京都の小倉山のことである。

百首の内訳

「小倉百人一首」は、十三世紀前半に成立し、それ以前の約五百年間に作られた名歌をほぼ時代順に配列している。作者は男性が七十九人、女性が二十一人で、その身分・階層は、天皇・皇族から僧侶・女房に至るまで、実にさまざまである。

また、百首すべてが勅撰和歌集に入集した歌であり、部立てを見ると恋の歌が最も多く、続いて四季・雑・羇旅・離別とさまざまな主題の歌が収められている。

和歌のスタイルも、技巧を駆使した歌やすっきりと平明に詠み上げられた歌などさまざまである。その一方で、流麗で調和のとれた歌が大多数を占め、百首全体として、美的で優雅な世界が作り出されている。

＊藤原定家撰の「小倉百人一首」を、歌番号を付して順に掲載した。本文は全形を枠囲みで示して作者・入集している勅撰集・部立てを記し、続けて各首の歌意と鑑賞のポイントを解説した。

＊歌中のおもな修辞を枠内に図示した（記号は扉裏参照）。また、句切れ・本歌取り・体言止めなどの修辞は「歌意」に続けて記した。

＊解釈の上で特に注意すべき文法は、その意味・用法を簡潔に「歌意」に続けて記した。

▽「上の句索引」「下の句索引」は一〇〇四ページ以下参照。

1

秋の田の　かりほの庵の　とまをあらみ
わがころもでは　露にぬれつつ

天智天皇〈**後撰・秋中**〉

歌意 秋の田にしつらえた仮小屋の屋根にふいた草の編み目があらいので、（田の番をしている）私の袖は、（幾度払っても）しきりに夜露に濡れることだ。（「とまをあらみ」は、「…を…み」の形をとって「…が…ので」という理由を表す。「つつ」は、反復・継続を表す接続助詞で、和歌の第五句末では余情をこめて用いる）

解説 この歌の原歌は、「秋田刈る仮庵を作りあが居れば衣手寒く露そ置きにける」〈**万葉・一〇・二一七四・作者未詳**〉。これが伝承されているうちに天智天皇の作とされ、本文にも変化が生じたもの。天皇が農民の立場になり、その辛苦を思いやって詠んだ歌と解されていた。

2

春過ぎて　夏来にけらし　白妙の
衣ほすてふ　天の香具山

持統天皇〈**新古・夏**〉

歌意 春が過ぎて、夏がやって来たらしい。（夏になると）白い衣をほすという、天の香具山に。（二句切れ。体言止め。「てふ」は「といふ」の転）

解説 新しい季節の到来を詠んだ歌で、山の新緑と白い衣の対比が鮮やかである。「万葉集」には「春過ぎて夏来るらし白栲の衣ほしたり天の香具山」という類似歌が載る。

3

あしひきの　山鳥の尾の　しだり尾の
ながながし夜を　ひとりかも寝む

枕詞　序詞

柿本人麻呂〈**拾遺・恋三**〉

歌意 山鳥の長く垂れさがった尾のように長い長い秋の夜を、たったひとりでさびしく寝るのだろうかなあ。（「ながながし」は、上代の語法で、終止形（厳密には語幹にあたる）を体言に付け複合名詞としたもの）

解説 山鳥は谷をへだてて雌雄別々に寝ると考えられており、この序詞が独り寝のわびしさを象徴している。夜長といえば、秋のもの。恋人と逢えないさびしさは、いっそうつのり、秋の夜がさらにさらに長く感じられるのである。作者未詳の歌の異伝歌として「万葉集」にも収められる。

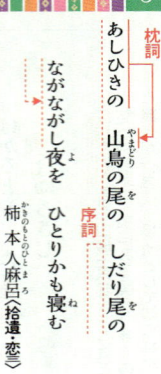

4

田子の浦に　うち出でて見れば　白妙の
富士の高嶺に　雪は降りつつ

山部赤人〈**新古・冬**〉

歌意 田子の浦（の眺めのよい場所）に出て（はるか遠くを）見ると、真っ白な富士の高い峰に、雪はしきりに降っていることだ。

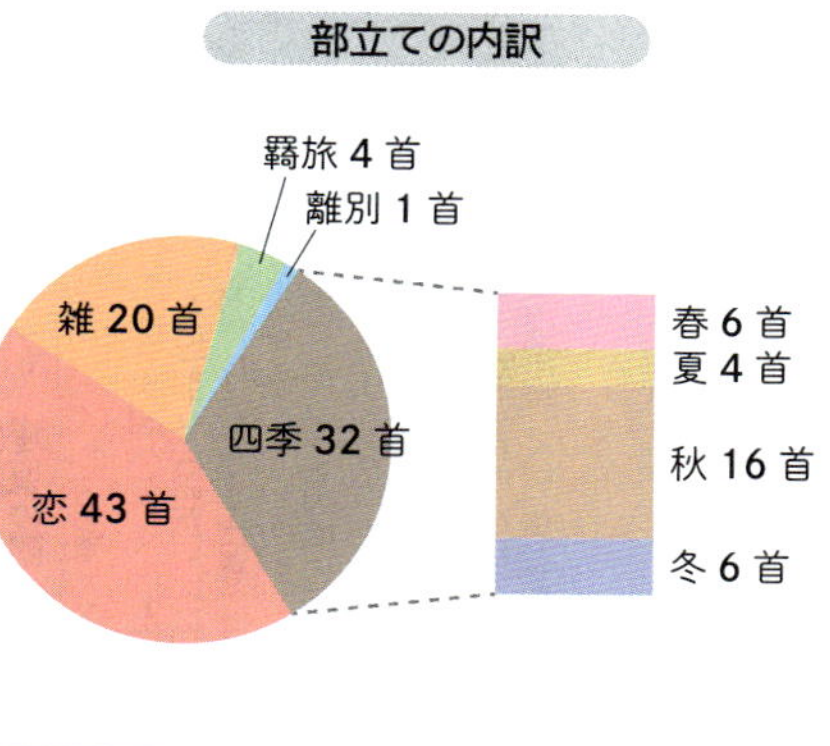

きまり字

「小倉百人一首」は江戸時代の初期にかるたという遊戯に発展し、現代でも、競技かるたなどさまざまな形で親しまれている。

競技として行う場合は百首を完全に覚えることが肝要だが、それと同時に「きまり字」を知ることも重要である。「きまり字」とは、例えば[18]「すみのえの…」の歌の初めの字である「す」から始まる歌は他にないので、読み手が「す」と言ったらすぐにとり札の「ゆめのかよひぢ…」をとることができる、といった具合に、下の句を特定できる字のことである。一〇〇四ページから始まる「上の句索引」ではきまり字を太字で示したので参照してほしい。

解説 崇高・荘厳な富士山の偉容をうたった歌である。「万葉集」では「田子の浦ゆうち出でて見れば真白にそ富士の高嶺に雪は降りける」の形でとられているが、この形のほうが、実景による現実感が強い。

5

奥山に　もみぢふみわけ　鳴く鹿の
声聞く時ぞ　秋は悲しき
猿丸大夫〈古今・秋上〉

歌意 奥山で、萩の黄葉を踏みわけながら鳴く鹿の声を聞くときが、とりわけ秋は悲しい。

解説 晩秋の寂寥を詠んだ歌。作者が奥山にいるとするか、いないとするか、また、前者だとして、さらに「ふみわけ」の主体を作者とみるか、鹿とみるかでも解釈が分かれる。「古今集」では「よみ人しらず」の歌とし、作者が奥山で黄葉を踏み分けていると解していたらしい。なお、「もみぢ」は、「古今集」の配列からは、萩の黄葉となる。

6

鵲の　わたせる橋に　置く霜の
白きを見れば　夜ぞ更けにける
中納言家持(大伴家持)〈新古・冬〉

歌意 (天の川に)鵲が渡した橋におりている霜がまっ白なのを見ると、もう夜も更けてしまったのだなあ。

解説 「鵲のわたせる橋」は七夕伝説に由来し、牽牛・織女の両星が天の川で逢うとき、鵲が翼をかけて渡したという想像上の橋。冬の澄みきった空に輝く天の川の星々を天上の霜と見立てており、規模雄大で幻想的な趣がある。一説に、宮中の御階に霜のおりているようすを詠んだとする。なお、この歌は「万葉集」にはなく、家持作であるかどうか疑わしい。

7

天の原　ふりさけ見れば　春日なる
三笠の山に　出でし月かも
安倍仲麻呂〈古今・羇旅〉

歌意 (異郷中国の)大空をはるかに仰ぎ見ると、(今まさにのぼってくるこの月は、故国日本の)春日にある三笠の山からのぼった(のと同じ)月だなあ。(「なる」は、断定の助動詞で「…にある」の意)

解説 遣唐留学生として中国に渡ったまま長年帰国できずにいた仲麻呂が、ようやく帰国することになり、当地の人々が別れの宴を開いてくれたときに詠んだ歌という。しかしその帰国の船は難波して再び中国に漂着し、仲麻呂はついにかの地で没した。

8

我が庵は　都のたつみ　しかぞ住む
世をうぢ山と　人はいふなり
【憂(し)】【宇治】
喜撰法師〈古今・雑下〉

歌意 私の庵は都の南東にあって、そのように心安らかに住んでいるのです。(それなのに)世の中をつらいと思う宇治山だと、人は言うそうですね。(「うぢ山」の「う」に「憂し」の「憂」をかける。三句切れ)

解説 「しかぞ住む」を下の句と関連させて、「そのように私も世の中をつらいと思って住んでいる」と解する説や、「しか」に「鹿」をかけるとする説もある。

9

花の色は　移りにけりな　いたづらに
我が身世にふる　ながめせし間に
【経る】【降る】【眺め】【長雨】
小野小町〈古今・春下〉

歌意 花の色は、すっかり色あせてしまったことだなあ。むなしく日を過ごし、長雨が降り続いていた間に。（私の容色はすっかり衰えてしまったことだなあ。むなしく恋に時を過ごし、もの思いにふけっている間に）。（「降る」「長雨」は縁語。二句切れ。「移りにけりな」の「に」は、完了の助動詞「ぬ」の連用形。「な」は、詠嘆の終助詞）

解説 表面は花の色香があせていく嘆きを詠み、その背後には、自分の容色の衰えを悲しむ気持ちを詠んでいる。「世にふる」の「世」には、男女の仲の意もある。ここでは五七調の二句切れと解して、第三句「いたづらに」は下にかかるとした。第三句を倒置法とみて、第二句「移りにけりな」にかかるとする説、また上下ともにかかるとする説もある。

10

これやこの　行くも帰るも　別れては
知るも知らぬも　逢坂の関

【逢ふ】

蟬丸〈後撰・雑一〉

歌意 これがまあ、（京から東国へ）行く人も（京へ）帰る人も（ここで人ごとに）別れ、（お互いに）知っている人も知らない人も、また（ここで）出逢うという逢坂の関だなあ。（体言止め）

解説 「後撰集」の詞書に、逢坂の関に庵を作って住み、行きかう人を見て詠んだとある。「逢坂の関」は東国への関門。「行く」「帰る」、「知る」「知らぬ」は対句表現で、それぞれ下に「人」が省略されている。別離と邂逅のドラマが、たたみかけるようなリズムで歌われている。「後撰集」では、第三句を「別れつつ」とする。

11

わたの原　八十島かけて　こぎ出でぬと
人には告げよ　あまの釣舟

参議篁（小野篁）〈古今・羇旅〉

歌意 大海原を、たくさんの島々を目ざして舟をこぎ出して行ったと、（都の）人に告げてくれ、漁師の釣舟よ。（体言止め）

解説 作者は遣唐副使に任命されたが、乗船に関して不満をもち、病気と偽って拒否したため隠岐に流罪になった。その船出の際、都の人に詠んで贈った歌。「人」は、京にいる愛する人であろう。流人の哀愁が深く詠み出されている。

12

天つ風　雲の通ひ路　吹き閉ぢよ
をとめの姿　しばしとどめむ

僧正遍昭〈古今・雑上〉

歌意 天上の風よ、（天女たちが帰っていく）雲の中の通り道を、吹き閉ざしてくれ。天の舞姫たちの（あでやかな）姿を、もうしばらくの間（ここに）とどめておきたいのだ。（三句切れ）

解説 宮中で、五節の舞が催されたときの歌。舞姫たちを天女にたとえ、幻想的な気分を出している。「雲の通ひ路」は、天女が帰っていくときに通る道としていう。「古今集」での作者名は、俗名の良岑宗貞。

13

筑波嶺の　峰より落つる　みなの川
恋ぞつもりて　淵となりぬる

陽成院〈後撰・恋三〉

歌意 筑波山の峰から流れ落ちるみなの川が、（はじめは浅い流れであっても）やがて深い淵となるように、（私の）恋もつもりつもって深い淵となったのだなあ。

解説 陽成院が光孝天皇の第一皇女、綏子内親王に贈った歌。筑波山は女体・男体の二峰からなり、古くから歌垣（＝男女が集まって歌を詠みかけ合う行事）で知られ、恋のイメージのある山であった。「みなの川」についても、「男女川」とする理解が古くからあり、ここにも恋のイメージがある。「後撰集」では、第五句を「淵となりける」とする。

14

序詞

みちのくの　しのぶもぢずり　誰ゆゑに
乱れそめにし　我ならなくに

河原左大臣（源融）〈古今・恋四〉

歌意 陸奥のしのぶもじずりの乱れ模様のように、（あなた以外の）だれかのせいで心が乱れはじめてしまった私ではないのに（みんなあなたが原因です）。（「ならなくに」の「なく」は、打消の助動詞「ず」のク語法で、「…でないこと」の意）

解説 「しのぶもぢずり」は、今の福島県の信夫地方で産した布、忍草で摺った布など、諸説がある。「もぢずり」は摺り染めのことで、乱れ模様であることから「乱れ」にかかる。作者の愛を疑った女に詠み贈ったものらしい。「古今集」では、第四句を「乱れむと思ふ（＝乱れようと思う）」とする。

15

君がため　春の野に出でて　若菜つむ
わが衣手に　雪は降りつつ

光孝天皇〈古今・春上〉

歌意 あなたのために、春の野に出かけて若菜を摘む私の袖に、雪は絶え間なく降りかかっていることだ。（「つつ」は、反復・継続を表す接続助詞。ここは余情をこめる）

解説 「古今集」の詞書によると、作者がまだ親王だったころ、人に若菜を贈るのに添えた歌。こんなふうにして摘んだのですよというところに、挨拶の気持ちがこめられている。おおらかで、すがすがしい早春の調べの歌。なお、当時は春の若菜を食べて、邪気を払う習慣があった。

16

立ち別れ　いなばの山の　峰に生ふる
まつとし聞かば　今帰りこむ

〔往なば〕〔因幡〕序詞　〔待つ〕〔松〕

中納言行平（在原行平）〈古今・離別〉

歌意 お別れして（私は任国の）因幡の国（鳥取県）へ行くが、その因幡（稲羽）の山の峰に生えている松の、その「まつ」ということばのように、（あなたが）私を待つと聞いたなら、すぐに帰ってくるつもりです。（「まつとし」の「し」は、強意の副助詞）

解説 斉衡二年（八五五）正月、作者が因幡の守として任地へ赴くとき、名残を惜しむ人への挨拶に詠んだ歌だと考えられている。旅立ちに際して、関係のある地名を詠みこむことは、この種の歌に広く見られる型。この歌では、第三句までにそれを示し、第四句以下で惜別の情に応えるものとなっている。任地から上京する際の歌とみる説もある。

17

ちはやぶる　神代もきかず　竜田川
からくれなゐに　水くくるとは

枕詞

在原業平朝臣〈古今・秋下〉

歌意 （不思議なことが起きたという）神代の昔でも聞いたことがない。竜田川が（散り流れる紅葉で）真紅に水をくくり染めにするとは。（「竜田川」は今の奈良県生駒郡を流れる川で、歌枕。紅葉の名所。第一・二句は五句に続くところを倒置して強調したもの。二句切れ）

解説 「古今集」の詞書によると、屏風の絵に、竜田川に紅葉が流れるさまが描かれているのを題にして詠んだ歌。「くくる」はくくり染め（＝しぼり染め）にすること。川面に紅葉がかたまりながら流れていくようすを、竜田川を擬人化して「くくる」といった。藤原定家をはじめ、中世においては「くぐる」とよみ、「流れ一面に敷いた紅葉の下を潜って水が流れる」と解していた。「伊勢物語」にも、実景を見て詠まれた歌として収められている。

18

住江の　岸に寄る波　夜さへや
夢のかよひ路　人目よくらむ

序詞

藤原敏行朝臣〈古今・恋二〉

歌意 住江の岸にうち寄せる波、その「よる」ということばのように、（人目のある昼はしかたがないにしても）夜までも、夢の中の通い路で、（あなたは）人目を避けているのだろうか。

解説 「寛平の御時后の宮の歌合の歌」と「古今集」の詞書にある。女性の立場になって、夢の中にも相手が姿を見せてくれない嘆きを詠んだ歌。

19

難波潟　短き葦の　ふしの間も
逢はでこの世を　過ぐしてよとや

序詞　〔節〕

伊勢〈新古・恋一〉

歌意 難波潟の葦の、短い節と節との間のような、そんなつかの間も逢わないで、一生を終えてしまえというのですか。（「この世」は葦との縁で、「世」に「節」をかけ、「葦」の縁語。「てよ」は完了の助動詞「つ」の命令形。「や」は、疑問の係助詞で、結び「いふ」は省略されている）

解説 「ふし」は葦の節のこと。葦の節と節の間の「節」は短いもののたとえ。訪れが途絶えて短い時間ですら逢わない。無情な恋人を「過ぐしてよとや」と激しい語気で恨む。

20

わびぬれば　今はた同じ　難波なる
みをつくしても　逢はむとぞ思ふ

〔澪標〕〔身を尽くし〕

元良親王〈後撰・恋五〉

歌意 （二人の関係が表沙汰になって）思い悩んでしまったので、今はもう同じことです。難波にある澪標、そのことばのようにこの身を滅ぼしてでもあなたに逢いたいと思います。（二句切れ。「なる」は、断定の助動詞で、所在を表す）

解説 宇多天皇の女御であった京極の御息所との秘め事が発覚して詠んで贈った歌。

21

今来むと　言ひしばかりに　長月の
有り明けの月を　待ち出でつるかな

素性法師〈古今・恋四〉

歌意 「すぐに行くよ」と（あなたが）言ったばかりに、陰暦九月の（長い長い夜を待ち明かして、あなたのかわりに）有り明けの月の出を待ってしまったことだよ。

解説 作者が女の立場になって詠んだもの。一晩ではなく何か月も男が訪れるのを待って秋も暮れ、長月も下旬の、有り明けの月のころになってしまったと解する説もある。

22

吹くからに　秋の草木の　しをるれば
むべ山風を　あらしといふらむ

〔荒し〕〔嵐〕

文屋康秀〈古今・秋下〉

歌意 吹いたかと思うとすぐに秋の草木がしおれるので、なるほど（それで）山から吹きおろす風を「荒し」

といい、「嵐」というのだろう。(「からに」は、「…するとすぐに」の意の接続助詞。「むべ」は、なるほどの意の副詞)

解説 「嵐」という文字は、「山」と「風」を構成要素としているので、それで「山風」を「嵐」というのも当然だという。ことば遊びを中心として詠んだ歌。

23

月見れば 千々にものこそ 悲しけれ
わが身一つの 秋にはあらねど

大江千里〈古今・秋上〉

歌意 月を見ると、あれやこれやとものの悲しい気持ちになることだ。私一人のためにやってきた秋ではないけれども。(三句切れ)

解説 「白氏文集」の「燕子楼中霜月の夜、秋来りてただ一人の為に長し」をふまえる。秋のもの悲しさを私だけが引き受けているわけでもないのに、と考えている。「月」と「わが身」、「千々」と「一つ」を対比させた表現が悲哀感を強める。

24

このたびは 幣も取りあへず 手向山
もみぢの錦 神のまにまに

〔度〕〔旅〕 〔手向け〕

菅家(菅原道真)〈古今・羇旅〉

歌意 今回の旅は(急なことなので)、幣(=神への供え物)を用意するひまもありませんでした。この手向山の(美しい)紅葉の錦を奉納いたしますので、神の御心のままに(お受け取りください)。(「まにまに」は副詞で、「…のままに」の意)

解説 宇多上皇が奈良に御幸した際に随行して詠んだ歌。「手向山」は、京から奈良へ行く途中にある奈良山の峠とも、道祖神をまつる山のことともいう。神に幣を捧げるのは、道中の安全を祈るため。第二句を、持参した幣などは、紅葉の美しさに比べるとみすぼらしくて奉納できないという意に解する説もある。また、副詞「取り敢へず」をかけるとする説もある。

25

名にし負はば 逢坂山の さねかづら
人に知られで くるよしもがな

序詞 〔逢ふ〕〔寝〕〔繰る〕〔来る〕

三条右大臣(藤原定方)〈後撰・恋三〉

歌意 逢って寝るという名を持っているならば、逢坂山のさねかずら(=植物の名。びなんかずら)を手繰り寄せるように、人に知られないで(あなたのもとに)来る(=行く)方法があればなあ。(「名にし負はば」の「し」は、強意の副助詞。「もがな」は、願望の終助詞)

解説 「後撰集」の詞書に、「女のもとにつかはしける」とあり、実際にさねかずらに添えて贈ったものだろう。「名にし負はば」は、「逢坂山のさねかづら」という名にふさわしい実体があるはずだから、それならば、という意味。

26

小倉山 峰のもみぢ葉 心あらば
今ひとたびの みゆき待たなむ

貞信公(藤原忠平)〈拾遺・雑秋〉

歌意 小倉山の峰の紅葉の葉よ、もし心があるならば、もう一度あるはずの行幸を(散らずに)待っていてほしい。(「小倉山」は今の京都市右京区にある山。紅葉の名所で歌枕。「心あらば」の「あらば」は「未然形＋ば」で、「もし…ならば」の意)

解説 宇多上皇が大堰川に御幸した折に、紅葉の美しい光景を賛嘆して、醍醐天皇に行幸をすすめるとのことばがあったので、作者の忠平がそのことを奏上しましょうと言って詠んだ歌。紅葉を擬人化して、呼びかけるかたちをとって、なだらかに詠みくだしているところに、心地よいリズム感が生まれている。「大和物語」にも第二句を「峰の紅葉し」として所収。

27

みかの原 わきて流るる いづみ川
いつみきとてか 恋しかるらむ

序詞 〔湧きて〕〔分きて〕〔泉〕

中納言兼輔(藤原兼輔)〈新古・恋一〉

歌意 みかの原から湧き出て、(その原を)分けて流れていく泉川、その名のように、いつ見た(=逢った)というので、(こんなにも)恋しいのだろうか(まだ見たことがあるとも思われないのに)。(「みかの原」は、今の京都府木津川市にある歌枕。「いづみ川」は、そこを流れる木津川の古名。「湧く」と「泉」は縁語。「いつみきとてか」の「とて」は格助詞で、「…といって」の意)

解説 「いつみきとてか」の解に、まだ逢ったことがないととる説と、逢うには逢えたが、その後なかなか逢えないでいるととる説とがある。「新古今集」では、この歌は恋のはじめの部分に置かれているから、前者とみるべきであろう。

28

山里は 冬ぞさびしさ まさりける
人目も草も かれぬと思へば

〔離れ〕〔枯れ〕

源宗于朝臣〈古今・冬〉

歌意 山里は(都と違って)、とりわけ冬が寂しさのまさって感じられることだ。訪れてくる人もなくなり、草も枯れてしまうと思うと。(三句切れ。「ぬ」は、完

了の助動詞「ぬ」の終止形)

解説 山里は平素でも寂しいもの。冬の孤独を思うとき、その寂しさが格別に感じられるのである。

29

心あてに　折らばや折らむ　初霜の
置きまどはせる　白菊の花

凡河内躬恒〈古今・秋下〉

歌意 心の中で見当をつけて折るならば折ってみようか。初霜が(一面に降りて、どれが本当の花か)見分けがつかないようにさせている白菊の花を。(二句切れ。体言止め。「折らばや」の「や」は疑問の係助詞で、結びの「む」は連体形。二句目を「折ることができようか」と可能推量の意にも解せる)

解説 「古今集」の詞書に「白菊の花を詠める」とある。初霜が地上を白くおおって、白菊の花が見分けられなくなったというのは誇張であるが、花の白さを強く印象づける。

30

有り明けの　つれなく見えし　別れより
暁ばかり　憂きものはなし

壬生忠岑〈古今・恋三〉

歌意 あの人のつれない態度に落胆して別れた朝、有り明けの月が(夜明けだというのに)平然と空に残っていた、そのときから暁ぐらいつらいものはない。(「ばかり」は、程度を表す副助詞で、「…ぐらい」の意)

解説 「つれなく見えし」を月だけとみるか、月も女もとみるかで解釈が分かれる。前者だとすれば、愛をかわしたあと、立ち去りがたい気持ちで帰っていく自分にくらべて、夜明けだというのに、月は平然と空に残っているのが恨めしいという後朝の歌になる。「小倉百人一首」の撰者藤原定家は、このように理解していた。しかし「古今集」では、女のもとを訪ねたものの、逢えずに帰る歌を配列した部分にあり、女が冷淡な態度をとったために、むなしく帰らなければならなかったと考えるべきであろう。

31

朝ぼらけ　有り明けの月と　見るまでに
吉野の里に　降れる白雪

坂上是則〈古今・冬〉

歌意 ほのぼのと夜が明けていくころ、有り明けの月(が地上を照らしているのか)と見まちがうほどに、吉野の里に降り積もっている白雪だよ。(体言止め)

解説 大和の国へ行ったときに、雪の降るのを見て詠んだ歌。この歌には李白の詩「牀前月光を看る、疑ふらくは是れ地上の霜かと、頭を挙げて山月を望み、頭を低れて故郷を思ふ」の影響があるといわれる。

32

山川に　風のかけたる　しがらみは
流れもあへぬ　紅葉なりけり

春道列樹〈古今・秋下〉

歌意 山あいを流れる川に風がかけた柵(=川の流れをせきとめるために、杭を打ちこんで柴や竹などをからませたもの)は、流れようとして流れきれないでいる紅葉であったよ。(「あへぬ」は、下二段動詞「敢ふ」(未)+打消の助動詞「ず」(体)で、「…しようとしてできない」の意)

解説 「古今集」の詞書に「志賀の山越えにてよめる」とある。風を擬人化し、川に浮かぶ紅葉を柵に見立てている。

33

枕詞

久方の　光のどけき　春の日に
しづ心なく　花の散るらむ

紀友則〈古今・春下〉

歌意 日の光がのどかな春の日に、どうして落ち着いた心もなく桜の花が散るのだろう。(「散るらむ」の「らむ」は、「花の」の「の」(主格)を受けて連体形終止。ここでは、現在の事実の起こる原因・理由についての推量を表す)

解説 第四句「しづ心なく」は、桜の花を擬人化して、花が散るのは、落ち着いた心がないからだろうと推測しているのである。のどかな春の日ざしの中で、しきりに散っていく桜の花を惜しむ心を詠んだ歌である。

34

誰をかも　知る人にせむ　高砂の
松も昔の　友ならなくに

藤原興風〈古今・雑上〉

歌意 いったい誰を知友にしようか。(私と同様に年老いた)高砂の松も(人間ではないから)昔からの友というわけではないしなあ。(「高砂」は兵庫県にある歌枕。二句切れ。「ならなくに」の「なく」は、打消の助動詞「ず」のク語法で、「…ないこと」の意)

解説 友は一人去り二人去りして、孤独な晩年を迎えた老人の嘆きを詠んだ歌。高砂の松は、古く久しいものとして知られていた。

35

人はいさ　心も知らず　ふるさとは
花ぞ昔の　香ににほひける

紀貫之〈古今・春上〉

歌意 人は、さあ、どうですか、心の中はわかりません。(でも)昔なじみのこの里は、梅の花が以前のままの香りで咲いているのでした。(二句切れ。「いさ」は副詞で、さあどうだかの意。ふつう下に「知らず」と受ける)

解説 「古今集」の詞書に、奈良の長谷寺に参詣するたびに宿としていた家を、しばらくぶりで訪れたところ、その家の主人が、あなたの宿は昔のままですよと皮肉を言ったので、そこに咲いていた梅の花を折って詠んだとある。「人」はその家の主人。「ふるさと」も「花」も昔と同様に私を歓迎してくれる。それに対して、あなたは、見かけは昔と変わらないが、心中はどんなものだろうと応酬したのである。

36

夏の夜は　まだ宵ながら　明けぬるを
雲のいづくに　月やどるらむ

清原深養父〈古今・夏〉

歌意 （短い）夏の夜は、まだ宵のままで明けてしまったが、雲のどこに、月は宿っているのだろう。（「を」は、逆接の接続助詞。「らむ」は、現在推量の助動詞）

解説 「古今集」の詞書に、「月のおもしろかりける夜、暁がたに詠める」とある。美しい夏の月を眺めているうちに、夏の夜は短くて、気がつくともう夜明けになった。「宵ながら」は、まだ宵のうちだと思っている間にもう朝になってしまったかという気持ちを表している。これでは、月も西の山にたどりつく時間もなかったはずで、どこか雲の中に宿っているのだろうとしゃれたのである。「古今集」では第四句を「雲のいづこ」とする。

37

白露に　風の吹きしく　秋の野は
つらぬきとめぬ　玉ぞ散りける

文屋朝康〈後撰・秋中〉

歌意 （草の葉に結んでいる）白露に風がしきりと吹きつける秋の野は、緒を通してとめていない玉が散りこぼれているのだなあ。（「ける」は、係助詞「ぞ」の結びで、詠嘆の助動詞「けり」の連体形）

解説 「玉」は宝玉や真珠のこと。草の葉に降りた露が、風が吹くたびにこぼれ落ちるのを、白玉に見立てている。澄みきった秋の空気のもと、こぼれるたびに玉と玉がぶつかる、硬質な音まで聞こえてきそうな感じがある。

38

忘らるる　身をば思はず　誓ひてし
人の命の　惜しくもあるかな

右近〈拾遺・恋四〉

歌意 （あの人に）忘れられていく私のことはかえりみません。（しかし、神かけて心変わりしないと）誓ったあの人の命が、（神罰で失われるのではないかと、それが）惜しまれてならないのです。（二句切れ。「るる」は、受身の助動詞「る」の連体形）

解説 一般に第二句で切れるとみて、忘れられていくわが身をかえりみずに、相手の男を思いやる女心のいじらしさを詠んだ歌とする。しかし、「思はず」の「ず」を連用形とみて第三句に続くとする説もあり、それによれば「忘れられていく私のことなど考えもしないで神に誓った人」の意になり、相手を恨む歌になる。「大和物語」にも収められており、それによると、相手の男は藤原師輔か藤原敦忠。

39

浅茅生の　小野の篠原　忍ぶれど
余りてなどか　人の恋しき

序詞

参議等（源等）〈後撰・恋一〉

歌意 茅萱の生えている小野の篠原、その「しの」ということばのように、じっとこらえ忍んできたけれど、（あなたへの思いは）外にあふれ出て、どうして（こんなにも）あなたが恋しいのか。

解説 「浅茅生の」を枕詞とする説もある。上句は、「浅茅生の小野の篠原忍ぶとも人知るらめや言ふ人なしに」〈古今・恋一〉の表現をふまえている。

40

忍ぶれど　色に出でにけり　わが恋は
物や思ふと　人の問ふまで

平兼盛〈拾遺・恋一〉

歌意 じっと包み隠していたけれど、とうとう顔色に表れてしまったのだなあ、私の恋は。「もの思いをしているのか」と人が尋ねるほどに。（二句切れ。第三句は文脈的に「忍ぶれど」に続くので倒置法）

解説 村上天皇の「天徳四年内裏歌合」で、「忍ぶ恋」の題で41の壬生忠見の歌と合わせられて勝ちになった。「拾遺集」「小倉百人一首」ともに、この両歌を並べて配列しているのは、このときの事情を意識してのことであろう。古来、忍ぶ恋の歌の双璧をなすといわれる名歌である。

41

恋すてふ　わが名はまだき　立ちにけり
人知れずこそ　思ひそめしか

壬生忠見〈拾遺・恋一〉

歌意 恋をしているという私のうわさが、もう立ってしまったことだ。人に知られないように、（ひそかに）慕いはじめたのに。（三句切れ。「てふ」は「といふ」の転。「しか」は、過去の助動詞「き」の已然形で、係助詞「こそ」の結び。ここでは「…なのに」という強調逆接の意で、下の句は上の句につづく倒置法）

解説 「天徳四年内裏歌合」の歌。40の平兼盛の歌と合わせられたが、判者にも優劣がつけがたく、天皇の判定を仰いだところ、兼盛の歌を口ずさんだので負けとなった。このため作者は、落胆のあまり死んだという伝説が生まれた。

42

契りきな　かたみに袖を　しぼりつつ
末の松山　波越さじとは

清原元輔〈後拾遺・恋四〉

歌意 約束しましたね。お互いに（涙でぬれた）袖を幾度もしぼっては、末の松山を波が越す（ような心変わりをする）ことは、しまいと。（初句切れ。「契りきな」の「き」は、過去の助動詞「き」の終止形。初句は文脈上最後に置かれる倒置法）

解説 心変わりした女に、人の代作をして詠んで贈った歌。「袖をしぼる」は、ここでは悲しみの涙ではなく、愛を誓いあった感動の涙でぬれた袖をしぼること。「末の松山」は宮城県にあるという歌枕。「君をおきて(=さしおいて)あだし心(=他の人を思う気持ち)をわが持たば末の松山波も越えなむ」〈古今・東歌〉の歌によって、不変の愛のたとえに使われる。

43

あひ見ての　のちの心に　くらぶれば
昔はものを　思はざりけり
権中納言敦忠(藤原敦忠)〈拾遺・恋二〉

歌意 逢って契りを結んでからのちの(かえって苦しく切ない)胸の思いに比べると、あなたに逢う前は、もの思いもしなかった(のに等しい)なあ。

解説 「拾遺集」では「題知らず」となっているが、その母胎となった「拾遺抄」では、はじめて女のもとを訪れて、翌朝詠んで贈った歌とある。後朝の歌。「拾遺集」では、第四句を「昔はものも」とする。

44

逢ふことの　絶えてしなくは　なかなかに
人をも身をも　恨みざらまし
中納言朝忠(藤原朝忠)〈拾遺・恋一〉

歌意 「逢う」ということがまったくないのならば、かえって(つれない)あの人をも、(それをつらく思う)自分をも恨まないだろうに。(「し」は、強意の副助詞。「なくは」は、仮定条件を表す)

解説 「天徳四年内裏歌合」の歌。まだ一度も逢うことのできない「未逢恋」の歌ととるか、逢うには逢ったものの、さまざまな障害があってたまにしか逢えない「逢不逢恋」の歌ととるかで、趣がちがってくる。歌合わせでこの歌と番えられた歌は「未逢恋」を詠んだものであるから、作者の意図もそうであったと思われるが、「小倉百人一首」では後者ととるのが普通であり、本書の解もこれに従う。

45

あはれとも　いふべき人は　思ほえで
身のいたづらに　なりぬべきかな
謙徳公(藤原伊尹)〈拾遺・恋五〉

歌意 (恋のつらさで死んだとしても)かわいそうだと、言ってくれそうな人は思い浮かばないので、私の身はきっとむなしく死んでしまうのだろうなあ。(「思ほえで」の「思ほえ」は、下二段動詞「思ほゆ」の未然形。「で」は、打消の接続助詞)

解説 「拾遺集」の詞書によると、親しかった女がつれなくなり、逢えなくなったときの歌。「あはれともいふべき人」は、相手の女のこと。広く世の中の人をいうとする説もある。

46

序詞
由良の門を　渡る舟人　梶を絶え
ゆくへも知らぬ　恋の道かな
曽禰好忠〈新古・恋一〉

歌意 由良の瀬戸をこぎ渡って行く舟人が、梶をなくしてあてもなく漂っているような、先行きもどうなるのかわからない恋の道だなあ。

解説 「由良の門」は、今の紀淡海峡とも京都府由良川の河口ともいう。梶は櫓・櫂のこと。序詞の情景が、行き先のわからない恋の不安をよく表している。第三句を「梶緒(=梶の綱)絶え」とする説もある。「新古今集」では第五句は「恋の道かも」。

47

八重葎　茂れる宿の　さびしきに
人こそ見えね　秋は来にけり
恵慶法師〈拾遺・秋〉

歌意 幾重にも雑草が生い茂っているこのさびしい宿(=河原院)に、(荒れはててものさびしいので)人は訪れてこないが、秋だけは(いつものように)やってきたのだなあ。(「さびしきに」の「に」を格助詞ととったが、接続助詞とみる説も有力で、「さびしいので」と理由を示す意にとる説と、「さびしいのに、そのうえ」と逆接の意にとる説とがある。第四句「こそ…ね(打消の助動詞「ず」の已然形)」は係り結びで、ここは強調逆接となって下に続く)

解説 「拾遺集」の詞書に「河原院にて、荒れたる宿に秋来るといふこころを人々よみ侍りけるに」とある。立秋の歌。河原院は源融の邸宅で、庭園のすばらしさは有名だったが、このころにはかなり荒れはてていたらしい。したがって第二句までは、河原院の実景でもあろう。

48

序詞
風をいたみ　岩うつ波の　おのれのみ
砕けてものを　思ふころかな
源重之〈詞花・恋上〉

歌意 風が激しいので、岩をうつ波が自分だけ砕け散るように、私ひとりだけが、心を砕いてもの思いに沈んでいるこのごろだなあ。(「風をいたみ」は、「…を…み」の形で「…が…ので」の意。「み」は、原因・理由を表す接尾語。「砕けて」は、「岩うつ波が砕けて」と「心が砕けて」の両意をもつ)

解説 心の動かない相手を岩に、自分を砕けやすい波にたとえて、片思いのやるせなさを歌っている。

49

序詞
御垣守　衛士の焚く火の　夜は燃え
昼は消えつつ　物をこそ思へ
大中臣能宣朝臣〈詞花・恋上〉

歌意 皇居の御門を警護する衛士の焚くかがり火の(夜は燃えて昼は消える)ように、(私も恋の思いに)夜は胸を焦がし、昼は消え入るばかりに沈んでもの思いをしていることだ。(「焚く火の」の「の」は、「…のように」の意)

解説 「衛士」は衛門府の兵士。毎夜、火を焚くのは、その職務の一つ。この歌は恋の歌だから、「夜は燃え昼は消えつつ」といえば、ただちにそれは「恋の炎」に通じるものとして理解された。

50

君がため　惜しからざりし　命さへ
長くもがなと　思ひけるかな

藤原義孝〈後拾遺・恋二〉

歌意 あなたに逢うためなら、惜しくないと思っていた命までもが、(こうして逢ったあとでは、これからもずっと逢えるように)長くあってほしいと思うようになったよ。(「もがな」は、願望の終助詞)

解説 後朝の歌。久しく思い続けてきた女性に初めて逢ったのちの、心理の変化を詠んでいる。恋の喜びは、かくも自分の心を変えてしまったのである。「後拾遺集」では、第五句を「思ひぬるかな」とする。

51

かくとだに　えやはいぶきの　さしも草
さしも知らじな　燃ゆる思ひを

〔えやは言ふ〕〔伊吹〕　序詞　〔火〕

藤原実方朝臣〈後拾遺・恋一〉

歌意 こんなに(あなたを思っています)とだけでも、口に出して言えるでしょうか、言えはしません。(だから)それほどのものともご存じないでしょうね。この伊吹山のさしも草のように燃える(私の)思いを。(「いぶき」に「言ふ」と「伊吹山」の「伊吹」をかける。「いぶきのさしも草」は、同音の「さしも」を導きだす序詞。「さしも草」「燃ゆる」「火」が縁語。「えやは」の「え」は副詞で、下に打消・反語表現を伴って不可能の意を表す。「やは」は、反語の係助詞)

解説 「さしも草」は、灸に使うもぐさをつくるよもぎのことで、伊吹山の名産。じりじりと焦げていくような、熱い恋のイメージがある。

52

明けぬれば　くるるものとは　知りながら
なほうらめしき　朝ぼらけかな

藤原道信朝臣〈後拾遺・恋二〉

歌意 夜が明けてしまうと、また日が暮れるものとはわかっているものの、(だから必ずあなたに逢えると知っていながらも、今朝の別れがつらくて)やはり恨めしく思われる夜明け方であることよ。(「ぬれば」の「ば」は、恒常条件を表す。「…と、いつもきまって」の意)

解説 「後拾遺集」の詞書に、女のもとから、雪の降った朝、帰ってきて贈った歌とある。後朝の歌。

53

嘆きつつ　ひとりぬる夜の　あくるまは
いかにひさしき　ものとかは知る

右大将道綱の母〈拾遺・恋四〉

歌意 (あなたが訪ねてこないのを)嘆き続けて一人で寝る夜が明けていくまでの時間が、どれほど長いものかご存じですか(いいえ、おわかりにならないでしょうね)。(「つつ」は、反復・継続の接続助詞。「ぬる」は、下二段動詞「寝」の連体形。「かは」は、反語の係助詞)

解説 「拾遺集」の詞書には、夫の兼家が作者のもとを訪れたとき、門をあけなかったところ、「立ち疲れた」と皮肉を言ったので詠んだとある。「蜻蛉日記」にも収められており、そこでは、兼家はその夜は閉め出され、そのままほかの女のもとに行ったので、翌朝兼家のもとに届けたことになっている。

54

忘れじの　行く末までは　難ければ
今日を限りの　命ともがな

儀同三司の母〈新古・恋三〉

歌意 (私のことを)忘れまいとおっしゃる、そのことばの将来のことまではあてにできそうにもありませんので、今日を最後の(日として、息絶える)命であってほしいものです。(「忘れじの」の「じ」は、打消の意志を表す助動詞)

解説 作者のもとに、藤原道隆が初めて通ってきたときの歌だと、「新古今集」の詞書に記されている。「忘れじ」は相手が愛を誓ったときのことば。愛の移ろいやすさを知りながら、その永続を願わないではいられない女の気持ちの哀切さが、胸に迫る。

55

滝の音は　絶えて久しく　なりぬれど
名こそ流れて　なほ聞こえけれ

大納言公任(藤原公任)〈千載・雑上〉〈拾遺・雑上〉

歌意 (水がかれて)滝の音はすっかり聞こえなくなって長い年月がたってしまったが、その評判は(世の中に)流れ伝わって、今でも知れ渡っていることだ。(「流れ」は「滝」の、「なり(鳴り)」と「聞こえ」は「音」の縁語)

解説 京都大覚寺の滝殿の跡を見て詠んだ歌。「た」音と「な」音をくり返して滑らかなリズム感を出す。滝という実体のあるものと抽象的な名とを対比させ、一方は消滅し一方は残っているという相反する関係の中に、過去と現在との対比を織りこんだ技巧的な一首。「拾遺集」では、初句を「滝の糸は」とする。

56

あらざらむ　この世のほかの　思ひ出でに
今一度の　逢ふこともがな

和泉式部〈後拾遺・恋三〉

歌意 私はもうこの世にあることもわずかだろうが、あの世にゆく思い出に、せめてもう一度あなたに逢うことができたらなあ。（「もがな」は、願望の終助詞）

解説 「後拾遺集」の詞書に、病気が重くなったころ、人に贈った歌とある。「人」は恋人であろう。

57

めぐりあひて　見しやそれとも　わかぬまに
雲がくれにし　夜半の月かな

紫式部〈新古・雑上〉

歌意 久しぶりにめぐりあって、見たのが確かにその月かとも見分けがつかない（くらい短い）間に、雲間に隠れてしまった夜の月よ。（「見しや」の「や」は、疑問の係助詞。結び「それなる」の「なる」が省略されている）

解説 「新古今集」の詞書に、秋陰暦七月十日、久しぶりで行きあった幼友達が、月が雲に隠れるのと先を争うようにして帰ってしまったときに詠んだ歌とある。幼友達を、折からの月になぞらえている。「新古今集」では第五句を「夜半の月かげ」とする。

58

有馬山　猪名の笹原　風吹けば
いでそよ人を　忘れやはする

（序詞：有馬山　猪名の笹原　風吹けば）〔そよそよ〕〔それですよ〕

大弐三位（藤原賢子）〈後拾遺・恋二〉

歌意 有馬山に近い猪名の笹原に風が吹くと、（そよそよと笹の葉が鳴る、その音のように）そう、「そよ（＝それですよ）」、（忘れたのはあなたのほうであって、私が）あなたを忘れましょうか（いや、忘れはしません）。（「有馬山」「猪名」は歌枕。「やは」は、反語の係助詞）

解説 「後拾遺集」の詞書に、足の遠のいた男が、「私を忘れているのではないかと気がかりです」と調子のいいことを言ったときに詠んだ歌とある。この男のことばを受けて「そよ（＝それですよ）」と鋭く切り返した。

59

やすらはで　寝なましものを　小夜ふけて
かたぶくまでの　月を見しかな

赤染衛門〈後拾遺・恋二〉

歌意 （あなたがおいでにならないことがわかっていましたら）ためらわないで寝てしまいましたのに。（昨夜は）夜がふけて西の山に傾くまでの月を眺めていたことですよ。（二句切れ。「まし」は、反実仮想の助動詞「まし」の連体形。「ものを」は、未練や後悔を表す詠嘆の終助詞）

解説 「後拾遺集」の詞書に、作者の姉妹のもとに通っていた藤原道隆に対し、姉妹に代わって詠んだ歌とある。

60

大江山　生野の道の　遠ければ
まだふみも見ず　天の橋立

〔行く〕〔踏み〕〔文〕

小式部内侍〈金葉・雑上〉

歌意 （母のいる丹後の国府は）大江山を越え、生野を通って行く道のりが遠いので、（私は）まだ踏んでみたこともありません、（その地にある）天の橋立は。もちろん母からの手紙（＝文）など見ていません。（「橋」は「踏み」の縁語）

解説 「金葉集」の詞書によると、作者の母和泉式部が夫とともに丹後の国（京都府北部）に下っていたころ、作者が歌合わせの歌人に指名されたのを、藤原定頼が、「歌はどうしました。代作をしてくれるというお母さんからの連絡はまだですか、気がかりでしょうね」とからかったので詠んだ歌。「金葉集」では第四句を「ふみもまだ見ず」とする。

61

いにしへの　奈良の都の　八重桜
けふ九重に　にほひぬるかな

伊勢大輔〈詞花・春〉

歌意 遠い昔の奈良の都で咲いた八重桜が、今日は九重（＝宮中）で色美しく咲いたことだなあ。

解説 「詞花集」の詞書に、一条天皇の時代に奈良の八重桜が宮中に献上された折、命じられて中宮彰子の前で即興的に詠んだとある。「いにしへ」と「けふ」、「八重」と「九重」の対比が作者の当意即妙の才気を思わせる。「にほふ」は視覚的な美しさを表す。

62

夜をこめて　鳥の空音は　はかるとも
よに逢坂の　関はゆるさじ

〔逢ふ〕

清少納言〈後拾遺・雑二〉

歌意 まだ夜が明けないうちに、鶏の鳴きまねをしてだまそうとしても、（ここは中国の函谷関ではないのですから）逢坂の関の番人は（門を開け、二人が逢うことなど）決して許さないでしょうよ。（「よに」は副詞で下に打消（ここでは「じ」）を伴って、決しての意）

解説 「後拾遺集」の詞書によると、藤原行成が作者と宮中で話しこんでいたとき、「明日は宮中の物忌みだ」と急いで帰ったが、翌朝「朝を告げる鶏の声にせかされまして」などと言いわけをしてきた。「夜ふけの鶏の声なんて変ですね。函谷関のことかしら」と皮肉を言ってやったところ、すぐにまた「これは逢坂の関のことでした。またお逢いしたいものです」と返事があったので、この歌を詠んで贈ったとある。「函谷関のこと」とは、斉の孟嘗君が秦の国から逃げ帰る際、夜中に函谷関に至り、部下に鶏の鳴きまねをさせて番人に開門の時刻だと思いこませ、そこを無事に通過したという「史記」の故事をいう。作者の機智が感じられる歌。「後拾遺集」は、第二句を「鳥の空音に」とする。「枕草子」にも同じ歌、同様の内容が収められた章段がある。

63

今はただ　思ひ絶えなむ　とばかりを
人づてならで　いふよしもがな

左京大夫道雅（藤原道雅）〈**後拾遺・恋三**〉

歌意 今はただもう、「（あなたを）きっぱりと思いあきらめてしまいましょう」ということだけを、人づてでなくて、じかに言う方法があればなあ。（「思ひ絶えなむ」の「な」は、助動詞「ぬ」の未然形で、ここは確述の用法。「もがな」は、願望の終助詞）

解説 「後拾遺集」の詞書に、もと伊勢の斎宮であった当子内親王との逢瀬を内親王の父三条院によって絶たれたとある。逢う手だてを失った悲しみが直線的に詠まれている。

64

朝ぼらけ　宇治の川霧　たえだえに
あらはれわたる　瀬々の網代木

権中納言定頼（藤原定頼）〈**千載・冬**〉

歌意 ほのぼのと夜が明けていくころ、宇治川の川霧がとぎれとぎれになって、（その切れ間から）しだいに広々と現れてくるあちこちの瀬の網代木よ。（「宇治」は歌枕。体言止め）

解説 冬の早朝の、すがすがしい宇治川の景色を詠んだ歌。「網代木」は「網代（＝魚をとる仕掛けの一つ）」を支える杭。

65

恨みわび　ほさぬ袖だに　あるものを
恋にくちなむ　名こそ惜しけれ

相模〈**後拾遺・恋四**〉

歌意 （あの人のつれなさを）恨み悲しんで、涙にぬれてかわくひまもない袖さえ惜しいのに、そのうえ恋の浮き名が立ってきっと朽ちてしまうであろう私の名が惜しいことよ。（「だに」は副助詞。軽いもの（＝袖）を提示して、重いもの（＝名）を想起させる。「ものを」は逆接の接続助詞）

解説 つれない相手を恨み嘆く女の恋心の陰影、曲折する情感を詠んだ歌。「袖だにあるものを」は、一説に「袖さえ朽ちないでいるのに」と解する。

66

もろともに　あはれと思へ　山桜
花よりほかに　知る人もなし

前大僧正行尊〈**金葉・雑上**〉

歌意 いっしょに（お互いを）しみじみとなつかしいと思ってくれ、山桜よ。（こんな山奥では）花のおまえのほかに、（私の心を）知る人もいないのだ。（二句切れ・三句切れ）

解説 「金葉集」の詞書に、奈良の大峰山で、思いがけず桜の花を見たときの歌とある。大峰山は修験道の修行地。孤独な修行に打ちこむ作者が山桜に呼びかけたもの。

67

春の夜の　夢ばかりなる　手枕に
かひなく立たむ　名こそ惜しけれ

［甲斐な（く）］［腕］

周防内侍〈**千載・雑上**〉

歌意 短い春の夜の、はかない夢にすぎない（あなたの）手枕をお借りして、いわれなく浮き名の立つのが惜しいのです。（「腕」は「手枕」の縁語）

解説 「千載集」の詞書によると、陰暦二月のある夜、二条院で人々が雑談していたとき、物にもたれかかっていた作者が、「枕があるといいのに」と小声で言ったのを聞いて、大納言藤原忠家が御簾の下から、「これを枕に」と、自分の腕を差し出したときに詠んだ歌。相手が差し出した腕を春の夜の夢のようにはかないものと言い、そんな手枕をお借りして、あらぬ恋のうわさを立てられるのはごめんですわ、と断ったのである。

68

心にも　あらで憂き世に　長らへば
恋しかるべき　夜半の月かな

三条院〈**後拾遺・雑一**〉

歌意 心ならずもこのつらい世に生き長らえるならば、（その時には）恋しく思うにちがいない、この夜更けの（美しい）月であることよ。

解説 眼病に苦しみつつ、退位を決意したころの作。このころは藤原道長が、自分の娘彰子が生んだ後一条天皇を擁立するために、三条天皇に圧迫をくわえていたころでもある。在位わずか五年、悲運の天皇であった。

69

嵐吹く　三室の山の　もみぢ葉は
竜田の川の　錦なりけり

能因法師〈**後拾遺・秋下**〉

歌意 山風が吹きおろして三室山のもみじの葉を散らしているが、そのもみじ葉は（山すそを流れる）竜田川に一面に浮かんでさながら錦のようであるなあ。（「三室山」「竜田川」は歌枕で、紅葉の名所）

解説 「永承四年（一〇四九）内裏歌合」の歌。山に輝くもみじ、嵐に散ったもみじによって鮮やかに彩られる川面。華麗絢爛な情景を歌った一首。

70

さびしさに　宿を立ちいでて　ながむれば
いづくも同じ　秋の夕暮れ

良暹法師〈**後拾遺・秋上**〉

歌意 あまりのさびしさに、庵を出て(あたりを)見渡すと、どこも(さびしさは)同じことだなあ、秋の夕暮れは。(体言止め)

解説 「同じ」を連体形の特殊な形として、第五句「秋の夕暮れ」にかかるとみる見方もある。形式的には第四句で切れるとみるのが自然だが、気分的には第五句に続くと考えておく。作者は俗事を去るために山中の庵室で暮らしているのだろう。とすれば、山の秋のさびしさはひとしお身にしみたことであろう。

71

夕されば　門田の稲葉　おとづれて
葦のまろやに　秋風ぞ吹く

大納言経信(源　経信)〈金葉・秋〉

歌意 夕方になると、門前の田の稲の葉をそよそよとそよがせて、葦ぶきの粗末なこの家に秋風が吹いてくる。(「吹く」は、係助詞「ぞ」の結びで連体形)

解説 「金葉集」の詞書によれば、京都郊外の別荘で「田家の秋風」という題で詠んだ歌。

72

音に聞く　高師の浜の　あだ浪は
かけじや袖の　濡れもこそすれ

〔高し〕
〔(波は)かけじ〕
〔(心に)かけじ〕

祐子内親王家紀伊〈金葉・恋下〉

歌意 あのうわさに高い高師の浜の、いたずらに立ちさわぐ波をかけないようにしよう(＝評判の高い浮気者のあなたのことは、心にかけないことにします)。(つらい成り行きになって、涙で)袖がぬれたら困るから。(「高師の浜」は歌枕。「もこそ」は将来への不安を予測し、そうなっては困るの意を表す)

解説 「金葉集」の詞書によると、堀河天皇の時代に催された艶書合の歌。恋文につける歌を歌合わせの形式にしたもの。「あだ浪」は、誠実でない男を暗示し、表面上は波を詠んでいながら、実は男への恨みごとをいったものになっている。「金葉集」では第二句を「高師の浦の」とする。

73

高砂の　尾上の桜　咲きにけり
外山の霞　立たずもあらなむ

権中納言匡房(大江匡房)〈後拾遺・春上〉

歌意 高い山の峰のあたりの桜が咲いたのだなあ。(花が見えなくなってしまうから)人里に近い山の霞よ、立ちこめないでほしい。(三句切れ。「なむ」は、他に対する願望の終助詞)

解説 内大臣藤原師通の邸宅での宴で詠んだ歌。「高砂」は今の兵庫県高砂市で歌枕だが、ここは高い山の意を表す普通名詞。「高砂の尾上」と「外山」の、遠景と近景を対比させる技巧が目立たないくらい、おおらかなゆったりした詠みぶりである。

74

憂かりける　人をはつせの　山おろしよ
はげしかれとは　祈らぬものを

源　俊頼朝臣〈千載・恋二〉

歌意 冷淡だったあの人を、(私になびくように初瀬の観音様に祈りこそしたが)初瀬の山嵐よ、(おまえが激しく吹きつけるように、あの人までが、私に)つらくあたるようにとは祈らなかったのに。(「初瀬」は歌枕。「はげしかれ」は形容詞「はげし」の命令形。「ものを」は、逆接の接続助詞)

解説 「千載集」の詞書によると、「祈れども逢はざる恋」という題で詠まれた歌。初瀬にある長谷寺の十一面観音は、恋を成就させてくれるものとして有名だった。神に祈ったにもかかわらず、以前にもまして、女が冷たい態度をとるようになった嘆きを詠んだもの。

75

契りおきし　させもが露を　命にて
あはれ今年の　秋もいぬめり

藤原基俊〈千載・雑上〉

歌意 あれほど固く約束してくださった「あてにしていなさい(＝させも草)」という恵みの露(のようなお言葉)を、命にも等しい(大切な)ものとして(吉報を待っておりましたのに)、ああ、今年の秋も(むなしく)過ぎそうです。

解説 わが子の光覚僧都が毎年催される維摩会の講師に選ばれるよう、父である作者が藤原忠通に嘆願したところ、忠通は「なほ頼めしめぢが原のさせも草我が世の中にあらん限りは(＝さらに私を頼りにしなさい。私がこの世の中にいる限りは)」〈新古・釈教〉の歌を引用して、承知してくれた。しかしその年も選にもれたので詠んだ歌。「させも」は「さしも草(＝よもぎ)」のことで、忠通の言葉をさすとともに「さしも(＝あれほど)」の意を含む。「露を命にて」の「露」は、「させも」の縁でいったものだが、恵みの露という意味があろう。また、露のようにはかない言葉でも命のように大切に思ってあてにせざるをえない、親が子を思う情をも見てとれる。

76

わたの原　こぎ出でて見れば　久方の
雲居にまがふ　沖つ白波

枕詞

法性寺入道前関白太政大臣(藤原忠通)〈詞花・雑下〉

歌意 大海原に(舟を)こぎ出して、はるかに目をやると、雲(の白さ)と見分けのつかない沖の白波よ。(体言止め)

解説 「海上遠望」という題で詠んだ歌。はるか沖合に広がった雲と波が、渾然一体となって融けあっている光景を、規模雄大に詠んでいる。

77

瀬をはやみ　岩にせかるる　滝川の
われても末に　あはむとぞ思ふ

序詞

崇徳院〈詞花・恋上〉

歌意 川瀬の流れが速いので、岩にせきとめられる急流が(二つに)わかれても、しまいにはまた一つ(の流れ)になるように、仲を裂かれて逢えずにいても、ゆくゆくは(あなたと)逢おうと思う。(「瀬をはやみ」の「み」は、原因・理由を表す接尾語。「…を…み」の形で、「…が…ので」の意)

解説 激しい恋の情熱をたくみな比喩で表現している。第四句・第五句は、恋を成就させないではおかないという強い決意を示す。

78

淡路島　かよふ千鳥の　なく声に
幾夜ねざめぬ　須磨の関守

源　兼昌〈金葉・冬〉

歌意 淡路島から飛び通ってくる千鳥の(ものがなしく)鳴く声で、幾夜目を覚ましたことか、ここ須磨の関の番人は。(体言止め。「ねざめぬ」の「ぬ」は、完了の助動詞「ぬ」の終止形。「幾夜」のような疑問語があっても終止形で結ぶ例)

解説 「関路の千鳥」という題を詠んだ歌。「友千鳥もろ声になくあかつきはひとりねざめの床も頼もし」〈源氏・須磨〉をふまえる。

79

秋風に　たなびく雲の　たえまより
もれいづる月の　影のさやけさ

左京大夫顕輔(藤原顕輔)〈新古・秋上〉

歌意 秋風に吹かれてたなびく雲の切れ間から、もれてくる月の光の澄みきった明るさよ。(体言止め)

解説 崇徳院に百首歌を奉ったうちの一首。想像の情景だが、清澄で実感のある詠みぶりの歌。

80

長からむ　心も知らず　黒髪の
乱れてけさは　物をこそ思へ

待賢門院堀河〈千載・恋三〉

歌意 末長く変わらないお気持ちかどうかも(私には)わかりません。(寝起きの)黒髪が乱れているように、今朝は心が乱れて、もの思いに沈んでいるのです。(「黒髪の」の「の」は、比喩的表現に用いる格助詞で、「…のように」の意)

解説 「千載集」の詞書に、「百首の歌奉りけるとき、恋の心を詠める」とある。男への返歌という想定のもとに詠まれた歌。黒髪の乱れに心の乱れをたとえる。

81

ほととぎす　鳴きつるかたを　ながむれば
ただありあけの　月ぞ残れる

後徳大寺左大臣(藤原実定)〈千載・夏〉

歌意 今、ほととぎすが鳴いた(と思って、そちらの)ほうに目をやると、ただ有り明けの月だけが(明け方の空に)残っている。(「残れる」の「る」は、完了(存続)の助動詞「り」の連体形で、係助詞「ぞ」の結び。「…ている」の意)

解説 「千載集」の詞書には、「暁郭公を聞くといへる心を詠み侍りける」とある。素直で平淡な詠みぶりの歌である。

82

思ひ侘び　さても命は　あるものを
憂きに堪へぬは　涙なりけり

道因法師〈千載・恋三〉

歌意 思い悩み嘆いて(そのつらさで死んでしまうかと思われたが)、それでも命はあるというのに、つらさに堪えられないのは、(むしろ)涙のほうだったのだ。(「さても」は副詞。そうであってもの意。「ものを」は、逆接の接続助詞)

解説 自分につれない恋人を嘆いた歌。「命」は下の「涙」と対比表現になっており、「憂きに堪へぬ」ものが命ではなくて、むしろ意志の力で抑制できそうに思われる涙であるというところに、この歌の発見がある。

83

世の中よ　道こそなけれ　思ひ入る
山の奥にも　鹿ぞ鳴くなる

皇太后宮大夫俊成(藤原俊成)〈千載・雑中〉

歌意 世の中というものは(つらくても逃れる)道がない。(世を捨てようと)一途に思いつめて分け入った山の奥でも、(悲しいことがあるとみえて)鹿の鳴く声が聞こえる。(二句切れ。「なる」は伝聞・推定の助動詞「なり」の連体形で、係助詞「ぞ」の結び)

解説 この世では到底憂さから逃れることはできないという述懐の歌。「思ひ入る」の「入る」は「山に入る」意もこめる。第三句以下が「道こそなけれ」という理由。

84

ながらへば　またこのごろや　しのばれむ
憂しと見し世ぞ　今は恋しき

藤原清輔朝臣〈新古・雑下〉

歌意 生きながらえたならば、また(つらく苦しい)ただ今のことが、なつかしく思い出されるのだろうか。あのつらいと思ったころが、今では恋しい(のだから)。(三句切れ)

解説 「今」は「過去」より苦しい。その「今」も後の世には恋しく思われるのかという心境を述べる。作者が父顕輔と不仲だったころの作であり、そうしたことを「憂し」と感じていたのかもしれない。

85

夜もすがら　もの思ふころは　明けやらで
閨のひまさへ　つれなかりけり

俊恵法師〈千載・恋二〉

歌意 (恋人のつれなさを恨んで)一晩じゅう物思いに沈んでいるこのごろは、なかなか(夜が)明けきらないで、寝室のすき間までもが(あの人と同じように)冷淡なのだなあ。

解説 自分のもとを訪れなくなった恋人を恨む気持ちを、女の立場になって詠んだ歌。閨のすき間からもれる朝の光に注目する発想が巧み。「千載集」は、第三句を「明けやらぬ」とする。

86

嘆けとて　月やは物を　思はする
かこち顔なる　わが涙かな

西行法師〈千載・恋五〉

歌意 嘆き悲しめといって、月は(人に)物思いをさせるのか(いや、そんなことはあるまい)。(つらいのは恋する心のせいなのに)月のせいだとでもいうようにあふれてくる、私の涙だなあ。(三句切れ)

解説 「千載集」の詞書によると、「月前の恋」という題で詠んだ歌。美しい月を見ていると、思わず涙があふれ出てくる。それは恋する心から流れる涙なのであるが、あたかも月のせいで涙が出てくるように感じられるのである。恋の心を詠んで、恋のことばを使わないところが巧み。

87

村雨の　露もまだひぬ　槙の葉に
霧立ちのぼる　秋の夕暮れ

寂蓮法師〈新古・秋下〉

歌意 にわか雨の露もまだかわかない常磐木の葉に、霧が立ちのぼる秋の夕暮れよ。(体言止め)

解説 墨絵の世界を見るかのような深山の光景である。「槙」は、杉・檜などの常緑樹の総称。

88

序詞

難波江の　葦のかりねの　一よゆゑ
みをつくしてや　恋ひわたるべき

【刈り根】【仮寝】　【一節】【一夜】　【澪標】【身を尽くし】

皇嘉門院別当〈千載・恋三〉

歌意 難波の入り江にある葦の刈り根の一節のような、旅先でのはかない一夜のために、身を捨て命をかけて、ずっと恋し続けることになるのでしょうか。(「みをつくし」は、「身を尽くし」に難波江の縁で「澪標」をかける。「澪標」は水路を示す杭。「難波江」「葦」「刈り根」「一節」「澪標」「わたる」と全句に縁語を配する)

解説 歌合わせの際に、「旅宿に逢ふ恋」という題で詠まれた歌。旅の一夜の契りのために生涯恋し続けることになるという、女心の哀れさを歌う。

89

玉の緒よ　絶えなば絶えね　ながらへば
忍ぶることの　弱りもぞする

式子内親王〈新古・恋一〉

歌意 わが命よ、絶えてしまうものならば絶えてしまえ。こうして生き長らえていると、(胸に秘めた思いを)じっとこらえている力が弱くなって(外にそれが表れて人目にわかって)しまうといけないから。(二句切れ。「絶えね」の「ね」は、完了の助動詞「ぬ」の命令形で放任法。「もぞ」は、悪い事態を予測し、そうなっては困るという気持ちを表す)

解説 「忍ぶ恋」の歌として有名。「玉の緒」は「玉」と同音の「魂」をつなぎとめる緒の意から、命をいう。

90

見せばやな　小島のあまの　袖だにも
ぬれにぞぬれし　色は変はらず

殷富門院大輔〈千載・恋四〉

歌意 (血の涙で赤く染まった私の袖をあなたに)お見せしたいものですよ。小島の漁師の袖でさえも、(波しぶきで)ぐっしょりと濡れているけれど、(袖の)色は変わっていません。(「小島」は今の宮城県の松島湾にある島々で、歌枕。本歌取り)

解説 歌合わせで詠まれた歌。本歌は、「松島や雄島の磯にあさりせしあまの袖こそかくはぬれしか(=このように濡れたことだ)」〈後拾遺・恋四〉。いつも波のしぶきで濡れている漁師の袖でさえも色が変わらないのに、自分の袖は涙ですっかり色が変わってしまったことを「だに」で示す。

91

きりぎりす　鳴くや霜夜の　さむしろに
衣片敷き　ひとりかも寝む

【寒し】【さ筵】

後京極摂政前太政大臣(藤原良経)〈新古・秋下〉

歌意 こおろぎが鳴いている、この霜のふる夜の寒々としたむしろに、着物の片袖を敷いて、一人で(さびしく)寝るのだろうかなあ。(「鳴くや」の「や」は、間投助詞。「かも」は疑問の係助詞で、その結び「む」は推量の助動詞「む」の連体形)

解説 「衣片敷き」は、衣の片袖を敷物にして寝ることで、男女の共寝のときは、互いに袖を敷き交わすから、一人寝のさまをいう。「さむしろに衣かたしき今宵もや我を待つらむ(=私を待っているだろう)宇治の橋姫」〈古今・恋四〉、百人一首3「あしひきの山鳥の尾のしだり尾のながながし夜をひとりかも寝む」〈拾遺・恋三〉を本歌とする。

92

我が袖は 潮干に見えぬ 沖の石の 人こそ知らね かわく間もなし

（序詞：我が袖は 潮干に見えぬ 沖の石の）

二条院讃岐〈千載・恋二〉

歌意 私の袖は、潮が引いたときにも見えない沖の石のように、人は知らないけれども、(涙で)乾く間もないのです。(「ね」は打消の助動詞「ず」の已然形で、係助詞「こそ」の結びだが、逆接的に下へ続く)

解説 「石に寄する恋」という題で詠まれた歌。斬新な比喩が、宮廷人の間で評判になり、作者はこの歌によって「沖の石の讃岐」と言われた。「千載集」では、結句を「かわく間ぞなき」とする。

93

世の中は 常にもがもな なぎさこぐ あまの小舟の 綱手かなしも

鎌倉右大臣(源実朝)〈新勅撰・羇旅〉

歌意 この世の中は永遠に変わらないでいてほしいなあ。渚を漕いで行く漁師の小舟の、その引き綱を引いている光景が、しみじみと胸に迫ることだよ。(二句切れ。本歌取り。「もがもな」は、願望の終助詞「もがも」+詠嘆の終助詞「な」)

解説 本歌は、「陸奥はいづくはあれど(=他の場所はともかく)塩釜の浦こぐ舟の綱手かなしも」〈古今・東歌〉。漁に出る人々の素朴な日常の姿であるが、やさしい心の持ち主には、しみじみと胸にしみる光景である。だからこの世がいかに無常であっても、こうしたささやかな光景の永続を願わないではいられないのである。第二句は、「河の上のゆつ岩群に草むさず常にもがもな常処女にて(=川辺の神聖な岩々に草が生えないように、いつまでも変わらないでいたいなあ、永遠の乙女で)」〈万葉・一・二二〉から取り入れている。

＊上段は「小倉百人一首」の上の句を五十音順に掲載した。□は歌番号、漢数字は掲載ページ、太字は「きまり字」を表す。

＊下段は「小倉百人一首」の下の句を五十音順に掲載した。□は歌番号、漢数字は掲載ページを表す。

上の句索引

下の句索引

94

み吉野の　山の秋風　さ夜ふけて　ふるさと寒く　衣打つなり

参議雅経（藤原雅経）〈新古・秋下〉

歌意 吉野の山の秋風が吹き渡り夜も更けて、古都吉野の里では、寒々と衣を砧で打つ音が聞こえてくる。（本歌取り。「なり」は、音から推定する助動詞）

解説 本歌は、「み吉野の山の白雪つもるらしふるさと寒くなりまさるなり」〈古今・冬〉。吉野は、桜と雪を題材に多く詠まれるが、本歌を聴覚の世界にとりなして、秋の景で詠んだところが新しい。

95

おほけなく　うき世の民に　おほふかな　わが立つ杣に　墨染めの袖

【住み初め】

前大僧正慈円〈千載・雑中〉

歌意 身のほどをわきまえないことだが、私は、苦しみに満ちた現世に生きる人々に、（仏のご加護を祈って）おおいかけることであるよ。伝教大師がお開きになった、この比叡山に住みはじめた私の、墨染めの法衣の袖を。（三句切れ。体言止め）

解説 「わが立つ杣」は、伝教大師（＝最澄）の歌「阿耨多羅三藐三菩提の仏たちわが立つ杣に冥加あらせ給へ」〈新古・釈教〉をふまえて比叡山延暦寺をさす。「墨染めの袖でおほふ」は、「法華経」の「法衣を以て之を覆ふ」に由来することば。「千載集」では、第四句を「わが立つ杣の」とする。

96

花さそふ　嵐の庭の　雪ならで　ふりゆくものは　わが身なりけり

【降り】【旧り】

入道前太政大臣（藤原公経）〈新勅撰・雑一〉

歌意 桜の花を誘って散らす嵐が吹く庭は、まるで雪が降っているようだが、旧りゆく(=老いてゆく)ものは、(その)花吹雪ではなくて、わが身だったのだなあ。

解説 庭一面に「降りゆく」桜の花から「旧りゆく」という語句を連想し、我が身の老いを嘆く心を歌った。

97

来ぬ人を　まつほの浦の　夕なぎに
焼くや藻塩の　身もこがれつつ

【待つ】【松帆】 序詞

権中納言定家(藤原定家)〈新勅撰・恋三〉

歌意 (待っても待っても)来ない人を待って、松帆の浦の夕なぎのときに焼く藻塩草のように、私の身も(恋の思いに)焦がれ続けていることだよ。(「松帆の浦」は淡路島の歌枕。本歌取り)

解説 「万葉集」の長歌「淡路島松帆の浦に朝凪に玉藻刈りつつ夕凪に藻塩焼きつつ…」〈六・九三五〉を本歌とする。待てども来ぬ人を待つ女心のやるせなさを、夕なぎに藻塩を焼く浦の景色に重ねて歌う。

98

風そよぐ　ならの小川の　夕暮れは
みそぎぞ夏の　しるしなりける

【楢】

従二位家隆(藤原家隆)〈新勅撰・夏〉

歌意 風に楢の葉がそよいでいる、このならの小川の夕暮れは(もう秋の気配がしているが)、みそぎの光景だけが、(まだ)夏の証拠なのだなあ。(「ならの小川」は京都上賀茂神社の境内を流れる川で歌枕)

解説 「みそぎ」は、陰暦六月と十二月の末日に行われる大祓えのことで、ここは水無月祓えのこと。

翌七月一日からは秋である。この歌は、「夏山の楢の葉そよぐ夕暮れは今年も秋の心地こそすれ」〈後拾遺・夏〉と、「みそぎするならの小川の川風に祈りぞわたる下に絶えじと（=人に知られないで仲が絶えないようにしようと）」〈新古・恋五〉をふまえている。

99

人もをし　人もうらめし　あぢきなく
世を思ふゆゑに　もの思ふ身は
後鳥羽院〈続後撰・雑中〉

歌意 人がいとおしくも思われる、あるいは人がうらめしくも思われる。心にまかせない苦々しいものとこの世を思うがために、あれこれと思いわずらう私は。（初句切れ・二句切れ）

解説 建暦二年（一二一二）、鎌倉幕府との確執がしだいに激しくなってきたころに「述懐」の題で詠まれた歌。初句と第二句にはさまざまな解釈があるが、建暦二年という時代にこの歌を置いてみると、思いどおりにならない政治に苦悩しつつ、周囲の人々への愛憎の念を表現したものと解される。

100

ももしきや　古き軒端の　しのぶにも
なほあまりある　昔なりけり
〔忍ぶ（忍草）〕〔偲ぶ〕
順徳院〈続後撰・雑下〉

歌意 皇居の、その古びた軒端に生えた忍草を見るにつけて、（皇室の権威が盛んだった時代は）いくら偲んでも、偲びきれない昔の時代のことなのだなあ。

解説 第二句・三句は荒廃した皇居をいうが、同時に皇室の権威の低下をも暗示する。作者が慕う「昔」とは、皇室の権威が盛んだった時代、延喜・天暦の御代をさす。この歌を詠んだ五年後、承久の乱（一二二一）が起き、作者は佐渡に配流され、そこで没した。

俳句をよむ

俳句の歴史

和歌の上(かみ)の句と下(しも)の句を合作して詠む遊びから発生したと想像される「連歌」は、中世には独立した文芸として認識されるようになった。長句（五七五）と短句（七七）を、一定のルールのもとに鎖状につなげる連歌は、伝統的な風雅の世界を詠む。近世に入り、形式は同じだが、連歌が用いなかった新しい言葉を用い、庶民的世界を詠む「俳諧(はいかい)（連句）」が誕生する。俳諧の第一句を独立させた「発句(ほっく)」も流行。明治には「俳句」の呼称が定着する。

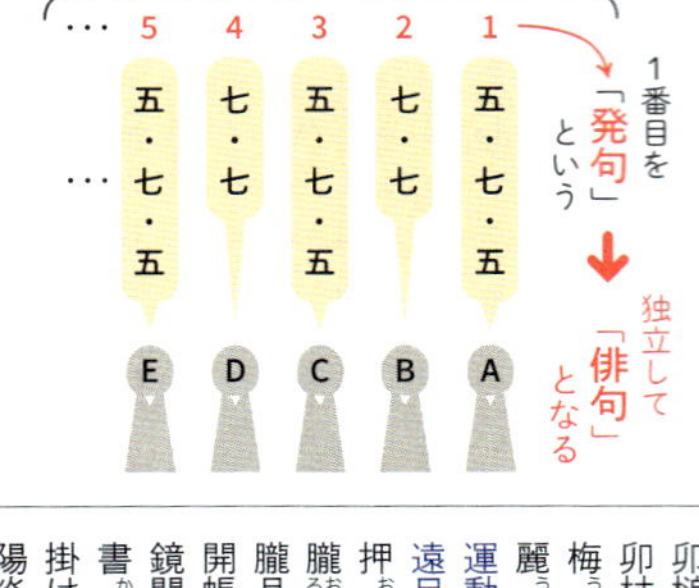
俳諧（連句）… 何人かで、長句と短句を交互に詠む
1 五・七・五 A
2 七・七 B
3 五・七・五 C
4 七・七 D
5 五・七・五 E
1番目を「発句」という
独立して「俳句」となる

季語一覧

＊江戸時代と現代の歳時記をもとに、季節ごとに代表的な季語を示した。
＊実際の俳句作りにも役立つよう、現代の季語も掲げ、古語は歴史的仮名遣い（黒字）、現代語は現代仮名遣い（青字）で五十音順に配列した。
＊同一の語で、古典と現代とで扱う季節が異なるものは、両方の季節に掲げた。

春

県召(あがためし)の除目(ぢもく)
馬酔木(あしび)
暖(あたた)か
白馬(あをうま)の節会(せちゑ)
青柳(あをやぎ)
烏賊幟・紙鳶(いかのぼり)
糸桜(いとざくら)
糸遊(いとゆふ)
家桜(いへざくら)
鶯(うぐひす)
薄氷(うすらい)
卯槌(うづち)
卯杖(うづゑ)
梅(うめ)
麗(うら)らか
運動会(うんどうかい)
遠足(えんそく)
押(お)し鮎(あゆ)
朧(おぼろ)
朧月(おぼろづき)
開帳(かいちやう)
鏡開(かがみびら)き
書(か)き初(ぞ)め
掛け鯛・懸(か)け鯛(だひ)
陽炎(かげろふ)
風車(かざぐるま)
霞(かすみ)
霞(かす)む
風光(かぜひか)る
堅香子(かたかご)
門松(かどまつ)
樺桜(かばざくら)
蛙(かはづ)
蚕(かひこ)
楓(かへで)の花(はな)
貌鳥・容鳥(かほどり・かほとり)
粥(かゆ)の木(き)
歌留多(かるた)
如月・二月(きさらぎ)
雉子(きぎし・きぎす・きじ)
曲水(きよくすい)の宴(えん)
草餅(くさもち)
元日(ぐわんにち・ぐわんじつ)
紅梅(こうばい)
御形(ごぎやう・おぎやう)
去年(こぞ)
東風(こち)
胡蝶(こてふ)
鱓・田作(ごまめ)
西行忌(さいぎやうき)
冴(さ)え返(かへ)る
三毬杖・左義長(さぎちやう)
桜(さくら)
桜狩(さくらがり)
さしも草(ぐさ)
雑煮(ざふに)
囀(さへづ)る
佐保姫(さほひめ)
早蕨(さわらび)
樒(しきみ)
下萌(したも)え
四方拝(しはうはい)
潮干潟(しほひがた)
潮干狩(しほひがり)
注連飾(しめかざ)り
標(しめ)の内(うち)
正月(しやうぐわつ)
上元(じやうげん)
上巳(じやうし)
シャボン玉(だま)
受験生(じゅけんせい)
春眠(しゅんみん)
白酒(しろざけ)
人日(じんじつ)
新入生(しんにゅうせい)
新年(しんねん)
清白・蘿蔔(すずしろ)
菘(すずな)
墨染(すみぞ)め桜(ざくら)
菫(すみれ)
成人(せいじん)の日(ひ)
清明(せいめい)
惜春(せきしゅん)
卒業(そつぎょう)
宝船(たからぶね)
凧(たこ)
田芹(たぜり)
種蒔(たねま)き
踏歌(たふか)
蒲公英(たんぽぽ)
茶摘(ちゃつ)み
チューリップ
沈丁花(ぢんちやうげ)
土筆(つくし)
躑躅(つつじ)
椿(つばき)
燕(つばくら・つばくらめ)
茅花(つばな・ちばな)
出替はり・出代(でがは)り
蝶(てふ)
野老(ところ)
年返(としかへ)る
年立(とした)つ
年玉(としだま)
屠蘇(とそ・とうそ)
鳥帰(とりかへ)る
菜種梅雨(なたねづゆ)
薺(なづな)
七草の粥・七種(ななくさ)の粥(かゆ)
菜(な)の花(はな)
和海藻・和布(にぎめ)
庭竈(にはかまど)
入学試験(にゅうがくしけん)
猫(ねこ)の恋(こひ)
寝正月(ねしょうがつ)
涅槃会(ねはんゑ)
長閑(のどか)
野火(のび)
野焼(のや)き
歯固(はがた)め
繁縷(はこべ)
八十八夜(はちじふはちや)
初午(はつうま)
初売(はつう)り
初草(はつくさ)
初空(はつぞら)
初音(はつね)
初日(はつひ)
初詣(はつもうで)
初夢(はつゆめ)
初笑(はつわら)ひ
花衣(はなごろも)

俳句の修辞

1 季語…わずか一語で四季折々の世界を開く

POINT
- 句中の季節を表す言葉。
- 春・夏・秋・冬に分類される。
- ある一定の情調を共有し喚起する。
- 和歌以来の伝統的な季語に、時代に即した新季語が加わっていく。

例 古池や　蛙飛びこむ　水の音

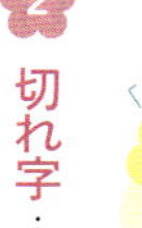

2 切れ字…切断と詠嘆で、強調と余情を生む

POINT
- 句を特別に切る文字で、主に助詞・助動詞を用いる。
- 発句として独立性を持たせる。
- 切断したり詠嘆したりして、余情を生む。

例 古池や　蛙飛びこむ　水の音

ここにわずかな余韻が生まれ、それによって飛び込む水の音が印象的に響く

花桜
花鎮めの祭り
花の雲
花の雪
花冷え
花見
花笑む
羽根突き
母子餅
破魔弓・浜弓
春浅し
春一番
春惜しむ
春霞
春雨
春告げ鳥
春日
バレンタインの日
蘖
雛遊び
藤
藤波・藤浪
太箸
旧年
蓬莱
仏の座
孟春
松飾り
松の内
繭玉
万歳
水取り
水温む
海松房
睦月・正月
梅
海布刈り・和布刈り
望粥
桃の節句
桃の花
柳
藪入り
山桜
山吹
山笑ふ
弥生・三月
雪消・雪解
雪間
行く春
譲り葉・交譲木
余寒
呼子鳥
蓬
若草
若菜
若水
若紫
蕨
恵方

夏

青葉
秋近し
朝涼
朝凪
麻衾
葦茂る
汗
紫陽花
暑さ
袷
扇
楝の花
葵
葵祭り
網戸
菖蒲
洗い髪
蟻
藍
青嵐
青田
雷
苺
石清水
茨・荊
鵜飼ひ
朮
団扇
薄物
打水
卯月・四月
空蟬
鰻
卯の花
卯の花腐し
海開き
炎天
沢瀉
カーネーション
海水浴
柑子の花
夏期講習
杜若・燕子花
風薫る
蝸牛
酢漿草
帷・帷子
鹿の子
蝙蝠
川床
兜虫
賀茂の祭り
蚊遣り火
閑古鳥
帰省
行水
キャンプ
桐の花
祇園会
金魚
梔子
水鶏
蜘蛛の網
雲の峰
競べ馬
紅
郭公
萱草
灌仏会
夏
芥子・罌粟
削り氷
鯉幟
香水
ごきぶり
こどもの日
木の下闇
衣更へ
サイダー
薔薇
さくらんぼ
皐月・五月・早月
五月闇
早苗
五月雨
百日紅
早乙女・早少女
サングラス
三伏
滴り
菖蒲
菖蒲湯
暑気払い
水飯
鮨・鮓
涼し
簾
末摘花
蟬

走馬灯(そうまとう)
田植(たうゑ)
筍・笋(たかうな)
滝(たき)
端午(たんご)
橘の花(たちばなのはな)
茅巻・粽(ちまき)
月見草(つきみそう)
梅雨(つゆ)
常夏(とこなつ)
登山(とざん)
照射(ともし)
土用(どよう)
土用波(どようなみ)
ナイター
水葱(なぎ)
夏越しの祓へ・名越(なごし)の祓(はらへ)
夏草(なつくさ)
夏木立(なつこだち)
夏衣(なつごろも)
夏服(なつふく)
夏帽子(なつぼうし)
夏休(なつやすみ)
撫子・瞿麦(なでしこ)
鳴る神(なるかみ)
虹(にじ)
西日(にしび)
合歓(ねぶ)
麦秋(ばくしう)
端居(はしゐ)
裸(はだか)

裸足・跣(はだし)
霹靂神(はたたがみ)
蓮(はちす)
初鰹(はつがつを)
花がつみ(はながつみ)
花橘(はなたちばな)
花火(はなび)
帚木(ははきぎ)
母の日(ははのひ)
浜木綿(はまゆふ)
ハンカチ
半夏(はんげ)
万緑(ばんりょく)
麦酒(ビール)
日傘(ひがさ)
蟇(ひき)
菱の花(ひしのはな)
避暑(ひしょ)
向日葵(ひまはり)
氷水(ひみづ)
氷室(ひむろ)
日焼(ひやけ)
冷麦(ひやむぎ)
氷菓(ひょうか)
昼顔(ひるがほ)
昼寝(ひるね)
風鈴(ふうりん)
プール
船遊(ふなあそび)
紅花・紅藍花(べにばな)
ボート
乾し飯・糒(ほしいひ・ほしひ)

蛍(ほたる)
牡丹(ぼたん)
時鳥・杜鵑・郭公・子規(ほととぎす)
孟夏(まうか)
祭(まつり)
繭(まゆ)・まよ
短夜(みじかよ)
水着(みずぎ)
水芭蕉(みずばしょう)
禊(みそぎ)
水無月・六月(みなづき)
海松(みる)
麦秋(むぎあき)
麦茶(むぎちゃ)
葎(むぐら)
茨・荊(むばら)
藻刈り舟(もかりぶね)
矢数(やかず)
梁・簗(やな)
流鏑馬(やぶさめ)
大和撫子(やまとなでしこ)
山開(やまびらき)
夕焼(ゆうやけ)
浴衣(ゆかた)
湯帷子(ゆかたびら)
夕顔(ゆふがほ)
夕立(ゆふだち)
百合(ゆり)
ヨット
ラムネ
緑陰(りょくいん)

冷房(れいぼう)
蓮華(れんげ)
若楓(わかかへで)
若葉(わかば)
病葉(わくらば)
忘れ草(わすれぐさ)

秋

赤酸漿(あかかがち)
茜(あかね)
秋風(あきかぜ)
秋草(あきくさ)
蜻蛉・秋津(あきつ・あきづ)
秋づく(あきづく)
秋の灯(あきのひ)
秋晴れ(あきばれ)
秋深し(あきふかし)
秋惜しむ(あきをしむ)
朝顔(あさがほ)
朝寒(あささむ)
朝露(あさつゆ)
葦・蘆(あし)
葦刈(あしかり)
扇置く(あふぎおく)
天の川・天(あま)の河(がは)
有り明け(ありあけ)
有りの実(ありのみ)
十六夜(いさよひ)
いさよふ月(つき)
竈馬(いとど)
稲負鳥(いなおほせどり)
稲妻(いなづま)

稲舟(いなぶね)
稲刈(いねかり)
芋(いも)
芋名月・芋明月(いもめいげつ)
鰯雲(いわしぐも)
鶉(うづら)
末枯れ(うらがれ)
盂蘭盆会(うらぼんゑ)
運動会(うんどうかい)
奥手・晩生(おくて)
落ち栗(おちぐり)
落ち穂(おちぼ)
案山子(かかし)
柿(かき)
蜻蛉・蜉蝣(かげろふ)
鵲の橋(かささぎのはし)
楓(かへで)
茅・萱(かや)
雁・雁金(かり・かりがね)
桔梗(ききやう)
菊(きく)
菊人形(きくにんぎょう)
菊の宴(きくのえん)
菊の酒(きくのさけ)
砧・碪(きぬた)
茸(きのこ)
霧(きり)
蟋蟀(きりぎりす)
桐一葉(きりひとは)
草の花(くさのはな)
葛(くず)
栗(くり)

原爆忌(げんばくき)
秋桜(こすもす)
木の実(このみ)
爽やか(さはやか)
三五夜(さんごや)
残暑(ざんしょ)
秋刀魚(さんま)
鹿(しか)
鴫(しぎ)
十五夜(じふごや)
十三夜(じふさんや)
秋思(しゅうし)
終戦記念日(しゅうせんきねんび)
白露(しらつゆ)
紫苑(しをん)
西瓜(すいくわ)
薄・芒(すすき)
鈴虫(すずむし)
相撲・角力(すまひ・すまう)
台風(たいふう)
大文字(だいもんじ)
竹の春(たけのはる)
橘(たちばな)
立ち待ちの月(たちまちのつき)
竜田姫・立田姫(たつたひめ)
棚機・七夕(たなばた)
棚機つ女・織女(たなばたつめ)
魂祭り・霊祭(たままつり)
千草(ちくさ・ちぐさ)
中元(ちゅうげん)
仲秋(ちゅうしう)
中秋(ちゅうしう)

重陽(ちょうやう)
月(つき)
月影(つきかげ)
月草(つきくさ)
月見(つきみ)
月夜(つきよ)
蔦(つた)
露(つゆ)
露草(つゆくさ)
釣瓶落とし(つるべおとし)
天高し(てんたかし)
灯火親しむ(とうかしたしむ)
灯籠流し(とうろうながし)
蜻蛉(とんばう・とうばう)
長月・九月(ながつき)
名残の月(なごりのつき)
梨(なし)
寝待ちの月(ねまちのつき)
後の月(のちのつき)
野分(のわき)
放生会(はうじやうゑ)
萩(はぎ)
はじかみ
芭蕉(ばせう)
機織り(はたおり)
肌寒(はださむ)
初風(はつかぜ)
初雁(はつかり)
葉月・八月(はづき)
八朔(はつさく)
初紅葉(はつもみぢ)
花薄(はなすすき)

花野(はなの)
花火(はなび)
晩秋(ばんしう)
鵯(ひえどり・ひよどり)
蜩(ひぐらし)
彦星(ひこぼし)
瓠・匏・瓢(ひさご)
菱(ひし)の実(み)
美術展覧会(びじゅつてんらんかい)
冷(ひや)やか
葡萄(ぶだう)
藤袴(ふぢばかま)
文月・七月(ふみづき・ふづき・ふんづき)
冬支度(ふゆじたく)
芙蓉(ふよう)
文化祭(ぶんかさい)
鳳仙花(ほうせんか)
豊年(ほうねん)
酸漿・鬼灯(ほおづき)
星合(ほしあひ)
星月夜(ほしづきよ・ほしづくよ)
穂田(ほだ)
盆(ぼん)
孟秋(まうしう)
柾木の葛・真拆(まさき)の葛(かづら)
松虫(まつむし)
待宵(まつよひ)
豆名月(まめめいげつ)
曼珠沙華(まんじゅしゃげ)
身(み)にしむ
蓑虫(みのむし)

迎(むか)へ火(び)
木槿・槿(むくげ)
虫(むし)
虫籠(むしかご)
名月(めいげつ)
鵙・百舌(もず)
紅葉・黄葉(もみぢ)
紅葉狩(もみぢがり)
紅葉(もみぢ)の錦(にしき)
桃(もも)の実(み)
夜学(やがく)
夜食(やしょく)
山粧(やまよそほ)ふ
やや寒(さむ)
行(ゆ)く秋(あき)
柚・柚子(ゆず)
夕月夜(ゆふづきよ・ゆふづくよ)
弓張月(ゆみはりづき)
夜寒(よさむ)
夜長(よなが)
夜(よ)なべ
宵闇(よひやみ)
蘭(らに)
流星(りゅうせい)
林檎(りんご)
竜胆(りんだう)
檸檬(れもん)
早稲(わせ)
綿弓(わたゆみ)
渡(わた)り鳥(どり)
われから
吾亦紅・割木瓜(われもかう)

居待(ゐまち)月(づき)
荻(をぎ)
踊(をど)り
尾花(をばな)
女郎花・敗醤(をみなへし)

冬

皹・皸(あかがり)
葦鴨(あしがも)
網代(あじろ)
熱燗(あつかん)
霰(あられ)
鮟鱇(あんかう)
息白(いきしろ)し
鼬(いたち)
薄氷(うすらひ)
埋(うづ)み火(び)
落(お)ち葉(ば)
鬼遣らひ・追儺(おにやらひ)
御仏名(おぶつみやう)
大晦日(おほつごもり)
大年・大歳(おほどし・おほとし)
大根(おほね)
外套(がいとう)
神楽(かぐら)
掛(か)け乞(ご)ひ
風花(かざはな・かざばな)
風邪(かぜ)
帰(かへ)り花(ばな)
顔見世(かほみせ)
紙子(かみこ)
神無月・十月(かみなづき・かむなづき)

紙衾(かみぶすま)
鴨(かも)
乾鮭・干鮭(からざけ)
枯(かれ)
枯(か)れ野(の)
枯(か)れ尾花(をばな)
寒稽古(かんげいこ)
寒椿(かんつばき)
寒(かん)の入(い)り
寒波(かんぱ)
北風(きたかぜ)
着(き)ぶくれ
朽(く)ち葉(ば)
クリスマス
火炉(くわろ)
木枯らし・凩(こがらし)
極月(ごくげつ)
五節(ごせち)
炬燵(こたつ)
事始(ことはじめ)
小春(こはる)
氷・凍(こほ)り
粉雪(こゆき)
山茶花(さざんくわ)
寒(さむ)し
冴(さ)ゆる
時雨(しぐれ)
七五三(しちごさん)
師走・十二月(しはす)
咳(しはぶ)き
十夜(じふや)
凍(し)む

霜(しも)
霜月(しもつき)
霜焼(しもやけ)
樹氷(じゅひょう)
除夜(じょや)の鐘(かね)
水仙(すいせん)
スキー
スケート
煤掃(すすはき)
煤払(すすはらひ)
ストーブ
炭(すみ)
セーター
節季候(せきぞろ)
節季(せっき)
雪車(そり)
大根(だいこん)
大嘗祭(だいじゃうさい)
鷹狩(たかがり)
焚(た)き火(び)
卵酒・玉子酒(たまござけ)
短日(たんじつ)
暖房(だんぼう)
千鳥(ちどり)
追儺(つゐな)
氷・氷柱(つらら)
手袋(てぶくろ)
天狼(てんろう)
冬至(とうじ)
冬眠(とうみん)
年越(としこ)し蕎麦(そば)
年(とし)の市(いち)

年忘(としわすれ)れ
豊(とよ)の明(あ)かりの節会(せちゑ)
庭火・庭燎(にはび)
鳰(にほ)
布子(ぬのこ)
根深(ねぶか)
白鳥(はくちょう)
芭蕉忌(ばせうき)
斑雪(はだら・はだれ ゆき)
鉢叩(はちたたき)
初時雨(はつしぐれ)
初霜(はつしも)
初雪(はつゆき)
浜千鳥(はまちどり)
春(はる)の隣(となり)
春(はる)を待(ま)つ
日脚(ひあし)伸(の)ぶ
日向(ひなた)ぼこ
柊(ひひらぎ)
氷魚(ひを)
火桶(ひをけ)
深沓・深履(ふかぐつ)
河豚(ふぐ)
蕪村忌(ぶそんき)
蒲団(ふとん)
吹雪(ふぶき)
冬構(ふゆがまへ)
冬枯(ふゆが)れ
冬籠(ふゆごも)り
冬(ふゆ)ざれ
冬立(ふゆた)つ

冬(ふゆ)の月(つき)
鰤(ぶり)
古暦(ふるごよみ)
ポインセチア
ボーナス
榾(ほた・ほだ)
孟冬(まうとう)
マスク
マフラー
蜜柑(みかん)
霙(みぞれ)
水鳥(みづどり)
都鳥(みやこどり)
深雪(みゆき)
村時雨・叢時雨(むらしぐれ)
虎落笛(もがりぶえ)
焼(や)き芋(いも)
厄払ひ・厄祓(やくはらひ)
山眠(やまねむ)る
維摩会(ゆいまゑ)
雪(ゆき)
雪遊(ゆきあそ)び
雪搔(ゆきか)き
雪仏(ゆきぼとけ)
雪見(ゆきみ)
柚湯(ゆずゆ)
湯豆腐(ゆどうふ)
ラグビー
臘(らふ)
炉開(ろびら)き
亥(ゐ)の子(こ)餅(もち・もちひ)
鴛鴦(をし)

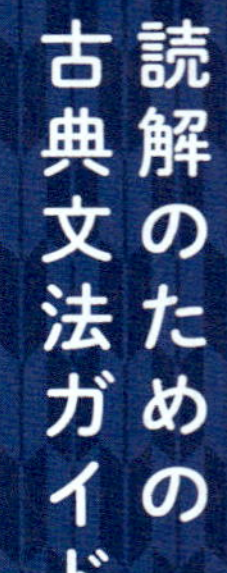

読解のための古典文法ガイド

古文を読むために

ここに、古文を読むためのポイントを掲げた。各ポイントに示したページを参照し、古文読解の基礎をしっかりおさえよう。

POINT! 1

語のはたらきを知ろう

語の意味やはたらきを理解するために、品詞に注目しよう。

→1014ページ「古典文法をおさえる」

POINT! 2

重要古語を覚えよう

古文特有の語、現代語と意味の違う語などに注意して、重要古語を覚えよう。

→本文「最重要330」（索引は8ページ）・1038ページ「類別整理　重要古文単語」

日（係助）も（副）いと（形ク体）長き（接助）に（形動ナリ已）つれづれなれ（接助）ば、〔光源氏が〕夕暮（ゆふぐ）れ（格助）の
（春は）日がたいそう長いからする事もなく退屈なので、夕暮れ時で

（形ク用）いたう（動マ四用）霞み（継続体）たる（格助）に（動ラ下二用）紛れ（接助）て、（代名）か（格助）の小柴垣（こしばがき）（格助）の
ひどく霞がかっているのに紛れてあの小柴垣の

もと（格助）に（動ダ下二用）立ち出で（補動尊敬終）給ふ。〔光源氏が〕人々（係助）は（動サ四用）帰し（補動尊敬用）給ひ
そばにお出かけになる。人々はお帰しになっ

（接助）て、惟光（これみつ）（格助）の朝臣（あそん）（格助）と（動カ四用）のぞき（補動尊敬已）給へ（接助）ば、（副）ただ
て、惟光の朝臣とおのぞきになると、すぐ

POINT! 5

登場人物・主語を見分けよう

古文では、主語が文の途中で変わったり、省略されたりすることがある。文の前後や、敬語を手がかりに、登場人物・主語を見分けよう。

→1028ページ「主語を見分ける」

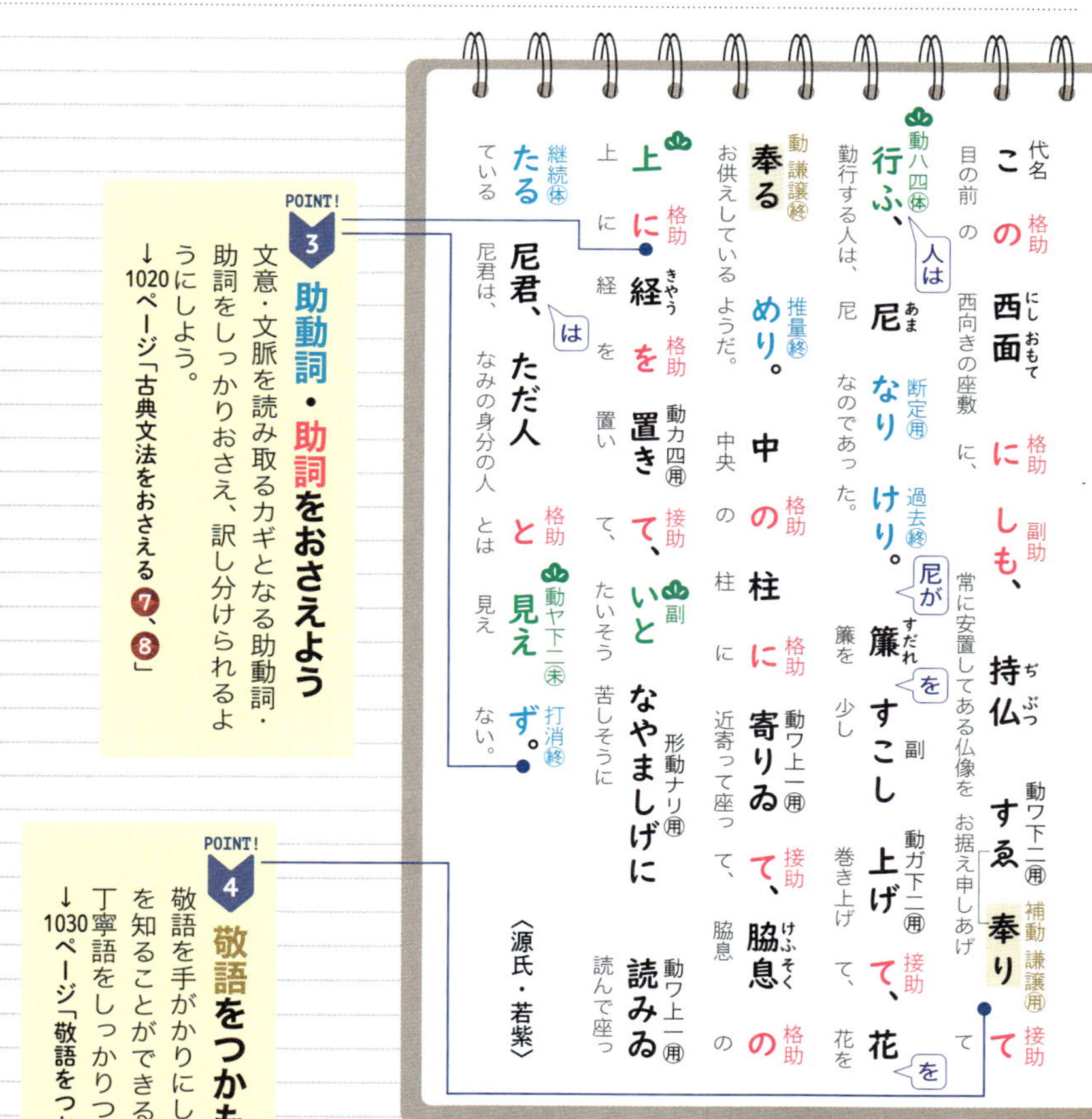

POINT! 3

助動詞・助詞をおさえよう

文意・文脈を読み取るカギとなる助動詞・助詞をしっかりおさえ、訳し分けられるようにしよう。

↓ 1020ページ「古典文法をおさえる ⑦、⑧」

POINT! 4

敬語をつかもう

敬語を手がかりにして登場人物の関係を知ることができる。尊敬語・謙譲語・丁寧語をしっかりつかもう。

↓ 1030ページ「敬語をつかむ」

POINT! 6

古文常識を知ろう

現代の生活や考え方と異なる部分が多い古典の世界を理解するために、古文常識を知っておく必要がある。また、いろいろな作品に触れて古典世界を体感しよう。

→ 本文コラム「古文常識」(索引は 17ページ)・
巻頭口絵「ビジュアル　古典文学ガイド」・
942 ページ「古典の名作・名場面20選」

古典文法をおさえる

まず、次の二つの文を見てみよう。

例 ㋐涙落ちぬ。
例 ㋑涙ぞ落ちぬ。

これを、現代語訳してみよう。

訳 ㋐涙が落ちた。
訳 ㋑涙が落ちない。
↔ 正反対の意味

㋐㋑は一見よく似た文だが、意味が正反対になっている。どうしてそうなるのだろうか。それを理解するには、古典文法のルールをおさえることが不可欠である。まずは、文の意味を大きく左右する助詞や助動詞、それを見分けるカギともなる動詞・形容詞・形容動詞など、品詞のはたらきをしっかり確認しよう。

*㋐㋑の意味が正反対になるのは、「ぞ」があるかないかによって、下の「ぬ」が異なる助動詞になるからである。

Ⅰ 品詞

単語を文法上のはたらきによって分類したものを品詞という。

・動詞 ・形容詞 ・形容動詞 ・名詞 ・副詞
・連体詞 ・接続詞 ・感動詞 ・助動詞 ・助詞

の十種類があり、それぞれ次の❶～❸のように分類される。

❶自立語と付属語

文を意味や発音の上で不自然にならない程度に、できるだけ小さく区切った単位を文節という。たとえば次の文を文節ごとに区切ると左のようになる。

例 男もすなる日記（にき）といふものを 〈土佐〉
→男も／すなる／日記と／いふ／ものを

「男も」の「も」のように、他の語に付いてはじめて文節を構成することができる語を付属語という。それ以外を自立語という。

整理
▼自立語…動詞・形容詞・形容動詞・名詞・副詞・連体詞・接続詞・感動詞
▼付属語…助動詞・助詞

❷活用のある語と活用のない語

「行く」が「行かず」となるように、単語の語形が規則的に変化することを活用という。

活用のある語は**未然形・連用形・終止形・連体形・已然形・命令形**の六つの活用形をとる。たとえば「死ぬ」は次のように活用する。

しな ず （しな…未然形）
しに たり （しに…連用形）
しぬ 。 （しぬ…終止形）
しぬる とき （しぬる…連体形）
しぬれ ども （しぬれ…已然形）
しね 。 （しね…命令形）

変化しない部分＝語幹
変化する部分＝活用語尾

〈参考〉活用形の見分け方

・未然形…「ず」「む」に連なる
・連用形…「たり」に連なる
・終止形…言い切る
・連体形…「とき」「こと」に連なる
・已然形…「ども」に連なる
・命令形…命令の意味で言い切る

整理

▼▼**活用のある語**…動詞・形容詞・形容動詞・助動詞
▼▼**活用のない語**…名詞・副詞・連体詞・接続詞・感動詞・助詞

❸ 用言と体言

自立語で活用のある語を**用言**といい、活用のない語のうち、主語になるものを**体言**という。

整理

▼▼**用言**…動詞・形容詞・形容動詞
▼▼**体言**…名詞（代名詞・数詞なども含む）

以上の❶❷❸の観点から品詞を分類すると左の表のようになる。

◎品詞分類表

- 単語
  - **自立語**
    - 活用する語 ─ 述語となる語 ─ **用言**
      - 言い切りの語尾がウ段で終わる語（ただし、ラ変動詞はイ段）…… **動詞**〔書く　あり　死ぬ　受く…〕
      - 言い切りの語尾が「し」で終わる語（または「じ」）…… **形容詞**〔おもしろし　ゆかし　いみじ…〕
      - 言い切りの語尾が「なり」「たり」で終わる語…… **形容動詞**〔おろかなり　朦朧（もうろう）たり…〕
    - 活用しない語
      - 主語となる語 ─ **体言** …… **名詞**〔江戸　花　二月（きさらぎ）　折（をり）　われ…〕
      - 主語とならない語
        - 修飾語となる語
          - 用言を修飾する語…… **副詞**〔いと　いかで　なほ　つゆ…〕
          - 体言を修飾する語…… **連体詞**〔ある（夜）　あらゆる（国）…〕
        - 修飾語とならない語
          - 接続する語…… **接続詞**〔また　しかも　されど…〕
          - 接続しない語…… **感動詞**〔あはれ　あな　いざ　いで…〕
  - **付属語**
    - 活用する語…… **助動詞**〔（男あり）けり　（知ら）ず…〕
    - 活用しない語…… **助詞**〔（二つ）の　（戸）を　（人）も…〕

動詞

動詞は活用のある自立語で、事物の**動作・作用・存在・変化・関係・状態**などさまざまな意味を表す。

❶動詞の基本の形

動詞の終止形は「書く」「言ふ」「為(す)」のように**ウ段**で終わる。ただし、「有り」などの**ラ行変格活用動詞のみイ段**の「り」で終わる。

		ウ段			例
あ	い	う	え	お	→ 得(う)
か	き	く	け	こ	→ 書く
さ	し	す	せ	そ	→ 為(す)
た	ち	つ	て	と	→ 待つ
な	に	ぬ	ね	の	→ 死ぬ
は	ひ	ふ	へ	ほ	→ 言ふ
ま	み	む	め	も	→ 恨む
や	い	ゆ	え	よ	→ 覚(おぼ)ゆ
ら	り（→ 有り）	る	れ	ろ	→ 下(お)る
わ	ゐ	う	ゑ	を	→ 植(う)う

❷動詞の活用の種類

動詞の活用には次の九種類がある。

- 四段活用……ア・イ・ウ・エ段の四段で活用
- 上一段活用……イ段の一段で活用
- 上二段活用……イ段・ウ段の二段で活用
- 下一段活用……エ段の一段で活用
- 下二段活用……ウ段・エ段の二段で活用

▼動詞活用表

活用の種類	行	基本の形	語幹	未然形（ズ・ムに連なる）	連用形（タリに連なる）	終止形（言い切る）	連体形（トキ・コトに連なる）	已然形（ドモに連なる）	命令形（命令の意味で言い切る）
四段				ア段	イ段	ウ段	ウ段	エ段	エ段
	カ	**書く**	か	か	き	く	く	け	け
	タ	**待つ**	ま	た	ち	つ	つ	て	て
	ハ	**言ふ**	い	は	ひ	ふ	ふ	へ	へ
上一段				イ段	イ段	イ段＋る	イ段＋る	イ段＋れ	イ段＋よ
	カ	**着る**	○	き	き	きる	きる	きれ	きよ
	マ	**顧みる**	かへり	み	み	みる	みる	みれ	みよ
	ヤ	**射る**	○	い	い	いる	いる	いれ	いよ
上二段				イ段	イ段	ウ段	ウ段＋る	ウ段＋れ	イ段＋よ
	ダ	**恥づ**	は	ぢ	ぢ	づ	づる	づれ	ぢよ
	マ	**恨む**	うら	み	み	む	むる	むれ	みよ
	ラ	**下(お)る**	お	り	り	る	るる	るれ	りよ

下一段		下二段				カ変	サ変	ナ変	ラ変
	カ		ア	ヤ	ワ	カ	サ	ナ	ラ
	蹴る		得	覚ゆ	植う	来	為	死ぬ	有り
	○		○	おぼ	う	○	○	し	あ
エ段	け	エ段	え	え	ゑ	こ	せ	な	ら
エ段	け	エ段	え	え	ゑ	き	し	に	り
エ段＋る	ける	ウ段	う	ゆ	う	く	す	ぬ	り
エ段＋る	ける	ウ段＋る	うる	ゆる	うる	くる	する	ぬる	る
エ段＋れ	けれ	ウ段＋れ	うれ	ゆれ	うれ	くれ	すれ	ぬれ	れ
エ段＋よ	けよ	エ段＋よ	えよ	えよ	ゑよ	こ（こよ）	せよ	ね	れ

- カ行変格活用（カ変）
- サ行変格活用（サ変）
- ナ行変格活用（ナ変）
- ラ行変格活用（ラ変）

} 変格活用

❸活用の種類の見分け方

▼所属する動詞が少ないものは**覚えておく**。

覚える

上一段	「着る」「似る」「煮る」「干る」「見る」「射る」「居る」「率る」など。
下一段	「蹴る」の一語。
カ変	「来」の一語。
サ変	「＊為」「御座す」の二語。
ナ変	「往ぬ」「死ぬ」の二語。
ラ変	「有り」「居り」「侍り」「いますそがり」の四語。

＊「宿りす」「奏す」など、「為」と他の語が結びついてできた語や、「命ず」「御覧ず」などザ行で活用するものもある。

▼**四段・上二段・下二段**活用の動詞は、下に打消の助動詞「ず」（口語の「ない」に相当）がついたとき、**「ず」の上の音がどの段にあたるか**を見て判別する。

見分ける

ア段→四段　例 待たず（待つ）
イ段→上二段　例 落ちず（落つ）
エ段→下二段　例 捨てず（捨つ）

⚠ア行とヤ行の下二段活用に注意

ア行下二段活用（「得」「心得」）とヤ行下二段活用（「覚ゆ」「消ゆ」「燃ゆ」など）の語は、どちらも未然形・連用形が「…え」となるので、未然形から終止形を求める際に注意が必要。ア行の語は「得」「心得」のみである。

3 形容詞

形容詞は活用のある自立語で、事物の**性質や状態**などを表す。

❶形容詞の基本の形

「高し」「悲し」「同じ」のように、形容詞の**終止形は「し」、または「じ」で終わる。**

❷形容詞の活用の種類

形容詞の活用には、次の二種類がある。

・ク活用　・シク活用

❸活用の種類の見分け方

連用形に、動詞「なる」を付けて判別する。

見分ける

「…くなる」→ク活用　例赤くなる
「…しくなる」→シク活用　例涼しくなる

4 形容動詞

形容動詞は活用のある自立語で、事物の**性質や状態**などを表す。形容動詞は動詞と形容詞の中間の性質を持つ。

❶形容動詞の基本の形

「大きなり」「朦朧たり」のように、形容動詞の**終止形は「なり」「たり」で終わる。**

❷形容動詞の活用の種類

形容動詞の活用には、次の二種類がある。

・ナリ活用　・タリ活用

▼形容詞活用表

活用の種類	基本の形	語幹	未然形（ズに連なる）	連用形（ナル・キに連なる）	終止形（言い切る）	連体形（トキ・ベシに連なる）	已然形（ドモに連なる）	命令形（命令の意味で言い切る）
ク活用	赤し	あか	から	く かり	し	き かる	けれ	かれ
シク活用	涼し	すず	しから	しく しかり	し	しき しかる	しけれ	しかれ

▼「(し)から・(し)かり・(し)かる・(し)かれ」を補助活用(カリ活用)という。

▼形容動詞活用表

活用の種類	基本の形	語幹	未然形（ズに連なる）	連用形（キ・ナルに連なる）	終止形（言い切る）	連体形（トキ・ベシに連なる）	已然形（ドモに連なる）	命令形（命令の意味で言い切る）
ナリ活用	静かなり	しづか	なら	なり に	なり	なる	なれ	なれ
タリ活用	堂々たり	だうだう	たら	たり と	たり	たる	たれ	たれ

▼タリ活用の語は漢語から派生してできたものが多い。

5 音便

音便とは発音がしやすいように語中・語尾の音が変化したものをいい、用言の音便には次の四つの種類がある。

音便の種類

種類	
①イ音便	活用語尾が「い」に変化する。 例 急ぎて → 急いで　おぼして → おぼいて
②ウ音便	活用語尾が「う」に変化する。 例 美しくて → 美しうて　給ひて → 給うて
③撥（はつ）音便	活用語尾が撥音「ん」に変化する。 例 飛びて → 飛んで　読みて → 読んで
④促音便	活用語尾が促音「っ」に変化する。 例 思ひて → 思って　降（ふ）りて → 降って

音便形はいつでも用いられるとは限らず、音便にならない形もあわせて用いられる。

⚠ **撥音が表記されない場合に注意**

・あるなり → あんなり → **あなり**
・をかしかるべし → をかしかんべし → **をかしかべし**

などのように、撥音の「ん」の文字が表記されない場合があるので注意する。このような「あなり」「をかしかべし」は、「あンなり」「をかしかンべし」と読む。

6 副詞

副詞は活用のない自立語で、主語にならず、主として**用言（動詞・形容詞・形容動詞）を修飾する。**

例 **涙をはらはらと流して**
どのような状態で「流す」のかを説明する

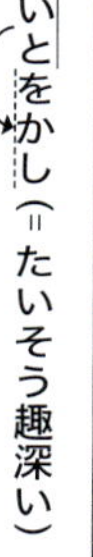

例 **いとをかし（＝たいそう趣深い）**
どの程度「をかし」なのかを説明する

▼副詞の呼応
いくつかの副詞は、その副詞に応じた語句が必ずうしろにくる。これを副詞の呼応という。

例 **つゆおとなふものなし（＝まったく音を立てるものがない）**
「つゆ」は下に**打消**の語を伴って「少しも…ない」の意を表す

このような副詞は、うしろにくる語句とセットでおさえておくとよい。この辞典ではこのような副詞の項目に「定型表現」の欄を設けて示した。項目の一覧は索引を参照。→一五ページ

助動詞

助動詞は活用のある付属語で、**自立語に付いて様々な意味を添えるはたらきをする**。

❶助動詞の意味

助動詞は、その意味を覚えることが肝要である。左表は助動詞を意味別に分類したものだが、

▼意味は一つでないものが多い

▼同じ意味に分類される助動詞でも接続の仕方や用法はそれぞれ異なる

の二点に注意する。

分類

◎意味別による分類　※［ ］は上代の助動詞

使役・尊敬	す・さす・しむ
受身・自発・可能・尊敬	る・らる
打消	ず
推量	む・むず・まし・けむ・らむ・べし・らし・めり
推定・伝聞	なり
打消推量	じ・まじ
過去	き・けり
完了	つ・ぬ・たり・り
希望	まほし・たし
断定	なり・たり
比況	ごとし
受身・可能・自発	［ゆ］・［らゆ］

▼主要助動詞活用表

［ ］内は、上代のもの、あるいは用例の少ないもの。（ ）内は、そのように表記されることもあるもの。〈 〉内は用法の限られるもの。また、基本の形を［ ］で示したものは、上代語。

接続	基本の形	主な意味	未然形 ズ・ムに連なる	連用形 タリに連なる	終止形 言い切る	連体形 トキ・コトに連なる	已然形 ドモに連なる	命令形 命令の意味で言い切る	備考
未然形	る	受身 自発 可能 尊敬	れ	れ	る	るる	るれ	れよ ○〈自発 可能〉	四段・ナ変・ラ変の未然形に付く
	らる	受身 自発 可能 尊敬	られ	られ	らる	らるる	らるれ	られよ ○〈自発 可能〉	四段・ナ変・ラ変以外の未然形に付く
	す	使役 尊敬	せ	せ	す	する	すれ	せよ	四段・ナ変・ラ変の未然形に付く
	さす	使役 尊敬	させ	させ	さす	さする	さすれ	させよ	四段・ナ変・ラ変以外の未然形に付く
	しむ	使役 尊敬	しめ	しめ	しむ	しむる	しむれ	しめよ ［しめ］	
	ず	打消	○ ○ ざら	［に］ ず ざり	［ぬ］ ず ［ざり］	ぬ ○ ざる	ね ○ ざれ	○ ○ ざれ	
	じ	打消推量 打消意志	○	○	じ	じ	［じ］	○	
	む（ん）	推量 意志 仮定・婉曲 適当・当然 勧誘	○	○	む（ん）	む（ん）	め	○	

尊敬	[す]
反復・継続	[ふ]

❷助動詞の接続

それぞれの助動詞は、**どのような品詞につながるか**、活用語に付く場合は**どのような活用形につながるかが決まっている**。このつながりを接続という。ひとつひとつの接続関係を確実におさえることが重要である。

> 例 音もせ**ず**（＝音もしない）
> ＝動詞「す」の未然形
> 「ず」は未然形に接続する助動詞

> 例 都の人**なり**（＝都の人である）
> ＝体言
> 「なり（断定）」は体言および連体形に接続する助動詞

下の表は接続別に助動詞をまとめたものである。

接続	助動詞	意味							
	むず（んず）	推量 意志 適当・当然 仮定・婉曲	○	○	むず（んず）	むずる（んずる）	むずれ（んずれ）	○	
	まし	反実仮想	[ませ] ましか	○	まし	まし	ましか	○	
	まほし	希望	まほしから	まほしく〈まほしかり〉	まほし	まほしき〈まほしかる〉	まほしけれ	○	
連用形	き	過去	[せ]	○	き	し	しか	○	カ変・サ変には特殊な接続をする
	けり	過去 詠嘆	[けら]	○	けり	ける	けれ	○	
	つ	完了 確述 並立	て	て	つ	つる	つれ	てよ	
	ぬ	完了 確述 並立	な	に	ぬ	ぬる	ぬれ	ね	
	たり	完了 存続	たら	たり	たり	たる	たれ	たれ	
	たし	希望	たから	たく〈たかり〉	たし	たき〈たかる〉	たけれ	○	
	けむ（けん）	過去推量 過去の原因推量 伝聞・婉曲	○	○	けむ（けん）	けむ（けん）	けめ	○	

❸助動詞の活用

助動詞の活用の仕方は**動詞や形容詞、形容動詞（＝用言）に近いものが多い**ので、まずはそれらの活用をしっかりおさえることが肝要である。ただし、いくつかの活用形が存在しない助動詞や（下の表の「○」の部分）、特殊な活用をするものもあり、用言の活用と全く同じというわけではないことに注意する。

分類

◎活用の仕方による分類

- **動詞型**
  - 四段型……む・けむ・らむ・[す]・[ふ]
  - 下二段型……す・さす・しむ・る・らる・つ・[ゆ]・[らゆ]
  - サ変型……むず
  - ナ変型……ぬ
  - ラ変型……たり（完了）・り・けり・めり・なり（伝聞）
- **形容詞型**
  - ク活用型……たし・べし・ごとし
  - シク活用型……まほし・まじ
- **形容動詞型**
  - ナリ活用型……なり（断定）
  - タリ活用型……たり（断定）
- **特殊型**……ず・まし・き・らし・じ

接続	基本の形	主な意味	未然形（ズ・ムに連なる）	連用形（タリに連なる）	終止形（言い切る）	連体形（トキ・コトに連なる）	已然形（ドモに連なる）	命令形（命令の意味で言い切る）	備考
終止形（ラ変には連体形）	らむ（らん）	現在推量・原因推量・伝聞・仮定・婉曲	○	○	らむ（らん）	らむ（らん）	らめ	○	
	らし	推定・原因推定	○	○	らし	らし［らしき］	らし	○	
	べし	推量・予定・当然・適当・義務・可能・意志	べから	べく〈べかり〉	べし	べき〈べかる〉	べけれ	○	
	めり	推量・婉曲	○	めり	めり	める	めれ	○	
	まじ	打消推量・打消当然・不適当・禁止・不可能の予測・打消意志	まじから	まじく〈まじかり〉	まじ	まじき〈まじかる〉	まじけれ	○	
	なり	推定・伝聞	○	なり	なり	なる	なれ	○	

❹助動詞の見分け方

見分ける

●各助動詞の接続を覚える
●各助動詞の主な意味を覚える

この二点をふまえたうえで助動詞を見分けるには、まず**上にくる語がどの品詞であるか、どの活用形であるかを確認する。**

例 ㋐心地する**なり**〈枕・四二〉
例 ㋑弓の音す**なり**〈今昔・二五・一二〉

▼㋐は、上の「する」がサ変動詞「す」の連体形である。
➡「なり」は連体形に接続する**断定の助動詞**。「心地がするのだ」の意となる。

▼㋑は、上の「す」がサ変動詞「す」の終止形である。
➡「なり」は終止形に接続する**推定・伝聞の助動詞**。「弓の音がするようだ」の意となる。

なお、四段活用の終止形と連体形、下二段活用の未然形と連用形など、活用形が判別できない場合は、文脈から判断する必要がある。

接続	助動詞	意味							
体言・連体形	**なり**	断定	なら	なり〈に〉	なり	なる	なれ	なれ	
体言	**たり**	断定	たら	たり〈と〉	たり	たる	たれ	たれ	
連体形	**ごとし**	同一 比況 例示	○	ごとく	ごとし	ごとき	○	○	連体形・助詞「の」「が」に付く
已然形	**り**	継続 存続 完了	ら	り	り	る	れ	れ	四段の已然形・サ変の未然形に付く
未然形	**[ゆ]**	受身 可能 自発	え	え	ゆ	ゆる	ゆれ	○	四段・ナ変・ラ変の未然形に付く
未然形	**[らゆ]**	可能	らえ	○	○	○	○	○	ナ行下二段の未然形に付く
未然形	**[す]**	尊敬	さ	し	す	す	せ	せ	四段・サ変の未然形に付く
未然形	**[ふ]**	反復 継続	は	ひ	ふ	ふ	へ	[へ]	四段の未然形に付く

⚠**上代の助動詞**

「ゆ」「らゆ」「す」「ふ」などは上代特有の助動詞で、中古以降にはほとんど使われなくなった。ただし、
語らふ(=「語る」㊍+「ふ」)
聞こし召す(=「聞かす」(=「聞く」㊍+「す」)の転「聞こす」㊊+「召す」)などのように、語の一部になって後の時代まで残った例もある。

助詞

助詞は活用のない付属語で、主に**自立語に付いて様々な意味を添えるはたらきをする。**

❶助詞の種類

助詞には次の六種類がある。

- 格助詞　・接続助詞　・係助詞
- 副助詞　・終助詞　・間投助詞

❷各助詞の用法

①格助詞

体言や活用語の連体形に付いて、格助詞の付いた語が**他の語に対してどのような関係にあるか**を表す。

◎格助詞のおもな用法

▼主語を表す…「が」「の」
例 花の咲く庭　（「花」は「咲く」の主語）

▼連体修飾語を表す…「が」「の」
例 我が宿　（「我」は「宿」の所有者）

▼連用修飾語を表す…「に」「へ」など
例 東へ行く　（「東」は「行く」方向）

⚠**格助詞の省略**
古語では主語や目的語を表す格助詞が省略されていることが多く、文脈に応じて補う必要がある。→一〇二六ページ「主語を見分ける」

▼**主要助詞一覧**

種類	語	主な意味・用法【（　）内は訳語】	接続
格助詞	が	①連体修飾語（の） ②主語（が） ③いわゆる同格（で） ④準体言（体言の代用）（のもの）	体言や連体形
	の	①連体修飾語（の） ②主語（が） ③いわゆる同格（で） ④準体言（体言の代用）（のもの） ⑤枕詞・序詞の終わり（のように）	体言や連体形など
	を	連用修飾語　㋐動作の対象（を） ㋑起点・経由点（を）　㋒強調	体言や体言に準ずる語
	に	連用修飾語　㋐時間・場所（に） ㋑帰着点（に）　㋒動作の対象（に） ㋓使役の対象（に）　㋔比較の基準（より）　㋕原因・理由（によって） ㋖結果（に）　㋗受身の主体（から） ㋘目的（ために）　㋙添加（の上に） ㋚強調	体言や連体形（㋘と㋚の場合には動詞の連用形）
	へ	連用修飾語　方向（へ）	体言
	と	連用修飾語　㋐動作の共同者（と） ㋑動作の相手（と）　㋒比較の基準（とくらべて）　㋓結果（に）　㋔引用（と）　㋕並列（と）　㋖比喩（のように）　㋗強調	体言や体言に準ずる語（㋔の場合は文の言い切りの形、㋗の場合は動詞の連用形）

左表のほかに、上代特有の助詞として、**格助詞**…い（主語の強調）、つ・な（連体修飾語）、ゆ・よ（起点・経由点・手段・比較の基準）　**係助詞**…そ（「ぞ」の古い形）、なも（「なむ」の古い形）　**終助詞**…かも（「かな」の古い形）、も（詠嘆）、な（希望・勧誘・他に対する願望）、なも（「なむ」の古い形）、に・ね（他に対する願望）、もが（願望）、てしか（「てしが」の古い形）　**間投助詞**…やし・ゑ（詠嘆）がある。

②接続助詞

活用語などに付き、その文節が**下の文節にどのような関係で続いていくか**を示す。主な用法を意味によってわけると次のようになる。

◎接続助詞のおもな用法

▼条件を表す

Ⓐ仮定条件

a 順接…「ば（未然形＋ば）」

b 逆接…「と」「とも」

Ⓑ確定条件

a 順接（原因・理由／恒常条件）

…「ば（已然形＋ば）」

「に」「を」「て」

b 逆接…「ど」「ども」「が」「に」

「を」「て」「ながら」

「ものの」「ものゆゑ」など

▼条件をもたず単純に接続する

…「が」「に」「を」「て」

「して」「つつ」「で」

⚠接続に注意

接続助詞が活用語に付く場合は、決まった活用形に付く。特に「ば」は未然形に付くときと已然形に付くときとで意味・用法が異なるので、注意が必要。→一〇三六ページ「文法用語集（仮定条件・確定条件・恒常条件）」

種類	助詞	意味・用法	接続
格助詞	より	連用修飾語　㋐起点（から）　㋑経由点（を通って）　㋒手段・方法（で）　㋓即時（やいなや）	体言や連体形
格助詞	から	連用修飾語　㋐起点（から）　㋑経由点（を）　㋒原因・理由（によって）　㋓手段・方法（で）	体言や連体形
格助詞	にて	連用修飾語　㋐場所・時刻（で）　㋑資格（で）　㋒手段・方法（で）　㋓原因・理由（によって）	体言や連体形
格助詞	して	連用修飾語　㋐使役の対象（に命じて）　㋑手段・方法（で）　㋒動作の共同者（とともに）	体言や連体形など
接続助詞	ば	①順接の仮定条件（なら）	未然形
接続助詞	ば	②原因・理由（ので） ③単純接続（と・ところ） ④恒常条件（といつも）	已然形
接続助詞	とも	逆接の仮定条件（ても）	終止形や形容詞型の連用形など
接続助詞	ども	①逆接の確定条件（のに） ②逆接の恒常条件（てもやはり）	已然形
接続助詞	が	①単純接続（が） ②逆接の確定条件（のに）	連体形
接続助詞	に・を	①逆接の確定条件（のに） ②原因・理由（ので） ③単純接続（と・ところ）	連体形
接続助詞	て	①単純接続（て） ②原因・理由（ので） ③逆接の確定条件（のに） ④状態（の状態で） ⑤補助動詞に続く	連用形

付録① 鑑賞編
付録② 文法編 古典文法―助詞
付録③ 資料編

③係助詞

種々の語に付いて、**強調や疑問の意を加え**、**文末の結び方に一定の制約を加える**。文中に係助詞があるときに文末の活用語が一定の活用形をとることを**係り結び**という。

それぞれの係助詞に対応する結びの活用形は以下のとおり。

覚える

★係り結びの法則★
ぞ・なむ・や・か→連体形で結ぶ
こそ→已然形で結ぶ
は・も→終止形で結ぶ

例 いづれの山**か**天に近き〔連体形〕(=どの山が天に近いか)〈竹取・かぐや姫の昇天〉

例 あざ笑ひて**こそ**立てりけれ〔已然形〕(=あざ笑って立っていた)〈宇治・三・六〉

例 人々**も**走りけり〔終止形〕(=人々も走った)〈宇治・三・六〉

⚠ **結びの省略**

> 例 言ひ伝へたるとなむ 〈源氏・桐壺〉
> 訳 語り伝えているということだ。

右の例では「なむ」の後に続く「ある」「言ふ」などが省略されている。このように、文中の係助詞に対応する**結びの語が省略される**ことがあり、文脈に応じて、それを補って訳す必要がある。

種類	語	主な意味・用法【( )内は訳語】	接続
接続助詞	して	状態(の状態で)	形容詞型・形容動詞型の連用形など
	で	打消接続(ないで)	未然形
	つつ	①反復・継続(ては・つづけて) ②並行(ながら)	動詞・助動詞の連用形
	ながら	①並行(ながら) ②逆接の確定条件(のに) ③条件・状態の不変(のままで)	体言、動詞の連用形、形容詞・形容動詞の語幹など
	ものの ものから ものを ものゆゑ	①逆接の確定条件(のに) ②順接の確定条件(原因・理由)(ので)[「ものの」は除く]	連体形
係助詞	は	とりたて(は)	種々の語
	も	①並立(も) ②類推(さえも) ③詠嘆(もまあ)	種々の語
	ぞ	①強調 ②(文末で)断定(だ) ③(文末で)疑問(か)	種々の語(②③は終助詞とする説もある)
	なむ(なん)	強調	種々の語
	や やは	①疑問(か) ②反語(か、いやそうではない)	種々の語(「や」の文末用法では終止形)
	か かは	①疑問(か) ②反語(か、いやそうではない)	種々の語(「か」の文末用法では連体形)
	こそ	強調	種々の語
副助詞	だに	①最小限(せめて…だけでも) ②類推(でさえ)	種々の語
	すら	類推(でさえ)	種々の語
	さへ	添加(までも)	種々の語
	のみ	①限定(だけ) ②強調(特に・ひたすら)	種々の語

⚠結びの消滅（流れ）

> **例** たとひ耳鼻**こそ**切れ失すとも、命ばかりはなどか生きざらん〈徒然・五三〉
>
> **訳** たとえ耳や鼻がちぎれてなくなっても、命だけはどうして助からないことがあろうか（いや、必ず助かるはずだ）。

右の例では、「こそ」の結びにあたる「切れ失す」のあとに文が続いているため、「切れ失すれ」とならずに「切れ失すとも…」となっている。このように、結びにあたる部分の後に文が続いていく場合に**連体形や已然形で結ぶ制約がなくなる**ことを**結びの消滅（流れ）**という。

④副助詞
種々の語に付いて、**副詞のように下の用言など**を修飾する。

⑤終助詞
文末にあって種々の語に付き、**疑問や詠嘆など**の意を表す。

⑥間投助詞
種々の語に付いて、**語調を整えたり感動の意**を表したりする。

副助詞	ばかり	①程度・範囲（ほど・ぐらい） ②限定（だけ）	種々の語
	まで	①限定（まで） ②程度（ほど）	種々の語
	など	①例示（など） ②婉曲（えんきょく）（など）	種々の語
	し しも	強調	種々の語
終助詞	か かな	詠嘆（だなあ）	体言や連体形
	は	詠嘆（よ）	種々の語
	な	①詠嘆（なあ） ②確認（だね）	文の言い切りの形など
	な	禁止（するな）	動詞型の終止形（ラ変型には連体形）
	そ	（副詞「な」と呼応して）禁止（な）	動詞の連用形（カ変・サ変には未然形）など
	ばや	願望（たいものだ）	動詞型の未然形
	なむ（なん）	他に対する願望（てほしい）	未然形
	がな もがな	願望（があればなあ）	体言など
	てしが てしがな にしが にしがな	願望（たいものだなあ）	連用形
	かし	確認（ね・よ）	文の言い切りの形
間投助詞	や よ	①詠嘆（だなあ） ②呼びかけ（よ）	文節の切れめなど
	を	①（文中で）強調 ②（文末で）詠嘆（だなあ）	種々の語

主語を見分ける

1 登場人物を整理する

古文を読むとき、登場人物を把握することは、正しく読解するために重要である。

ポイント1
古文では、登場人物が姓名で書かれることは多くない。
・官職名（例 大納言・右大将）
・性別（例 男・女）
・代名詞（例 これ・かれ）
・家の中での立場を表す語（例 母・子）
などで表されることも多い。

ポイント2
同じ人物がくり返し出てくるとき、呼び方が変わることもあるので注意。前に出た人物と違う言い方が出てきたら、どの人物を指しているのかをしっかり見きわめる。

例
それが　もとの妻のもとに、　筑紫より　女を
その人が　もとからの妻のところに、　筑紫から　女を
率て来て　据ゑたりけり。
連れてきて　置いていた。
もとの妻も、　心いとよく、
もとからの妻も、　心がとてもきれいで
今の妻も　憎き心もなく、　いとよく語らひて　居たりける。
今の妻も、　憎らしい心もなく、　とても仲良く　過ごしていた。
〈大和・一四一〉

登場人物…それ（大和の掾）／もとの妻／女・今の妻

2 主語を見分ける

主語を見分けるためには、まず文の構造を理解しよう。文は主語と述語、およびそれらに種々の修飾語を伴うことによって構成される。

◎主語…「〇〇ガ」「〇〇ハ」にあたる文節。
◎述語…「ドウスル」「ドンナダ」にあたる文節。
◎修飾語…受ける文節の意味や内容を限定したり、詳しくしたりする文節。
＊体言を中心とする文節にかかる修飾語…連体修飾語
＊用言を中心とする文節にかかる修飾語…連用修飾語

例
いと（連用修飾語）　**うるはしき**（連体修飾語）　**友**（主語）　**ありけり。**（述語）
たいそう　親しい　友が　いた。
〈伊勢・四六〉

ポイント1 「が」「を」を補って訳そう
主語を示す「が」や目的語を示す「を」は、古文では書かれないことが多いので、補って訳す。
＊名詞などがあとの述語に対して主語にあたるときは、「が」を補って訳す。
＊名詞などがあとの述語に対して目的語にあたるときは、「を」を補って訳す。

例
楫取り、（主語）　**また鯛**　**持て来り。**（述語）
楫取りが　また鯛を　持ってきた。
〈土佐〉

ポイント❷ 準体言に気を付けよう

主語を見分けるときには、準体言の用法にも注意。

準体言

本来体言を修飾するはずの連体形が、その被修飾語（＝修飾される語）を含んで、連体形だけで体言に相当するはたらきをもつ場合がある。これを**準体言**という。

例 **絵仏師(ゑぶつし)良秀(りやうしう)と いふ ありけり。**〈宇治・三・六〉

（いふ＝いふ者）

絵仏師良秀と いう者が いた。

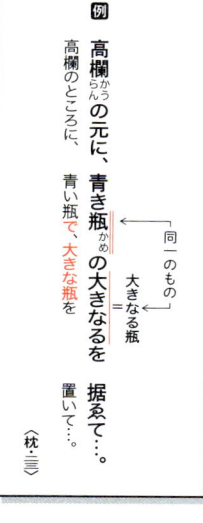

▼「いふ」は動詞「いふ」の連体形で、これだけで「いふ者」という体言に相当する意味とはたらきをもつ。

同格

準体言は以下のような句形でも用いられる。

例 **高欄(かうらん)の元に、青き瓶(かめ)の大きなるを 据ゑて…。**〈枕・二三〉

（大きなる＝大きなる瓶　同一のもの）

高欄のところに、青い瓶で、大きな瓶を 置いて…。

▼「大きなる」は「大きなる瓶」の意の準体言であり、連体形の下に補われる体言は、直前にある助詞「の」の上の体言（二重傍線部）と同一となる。これを同格構文という。同格構文は、同格を表す助詞「の」を「で」と訳し、連体形の下に助詞「の」の上にある体言を補って訳す。

ポイント❸ 主語は省略されることが多いので注意

＊主語は、文脈からわかるときにはしばしば省略される。また、古文では主語が次々と変わっていくのに、それらが省略されたまま文が続いていくことも多い。

＊主語がわからないときは、登場人物を把握し、文脈や敬語などを手がかりに考えていくとよい。

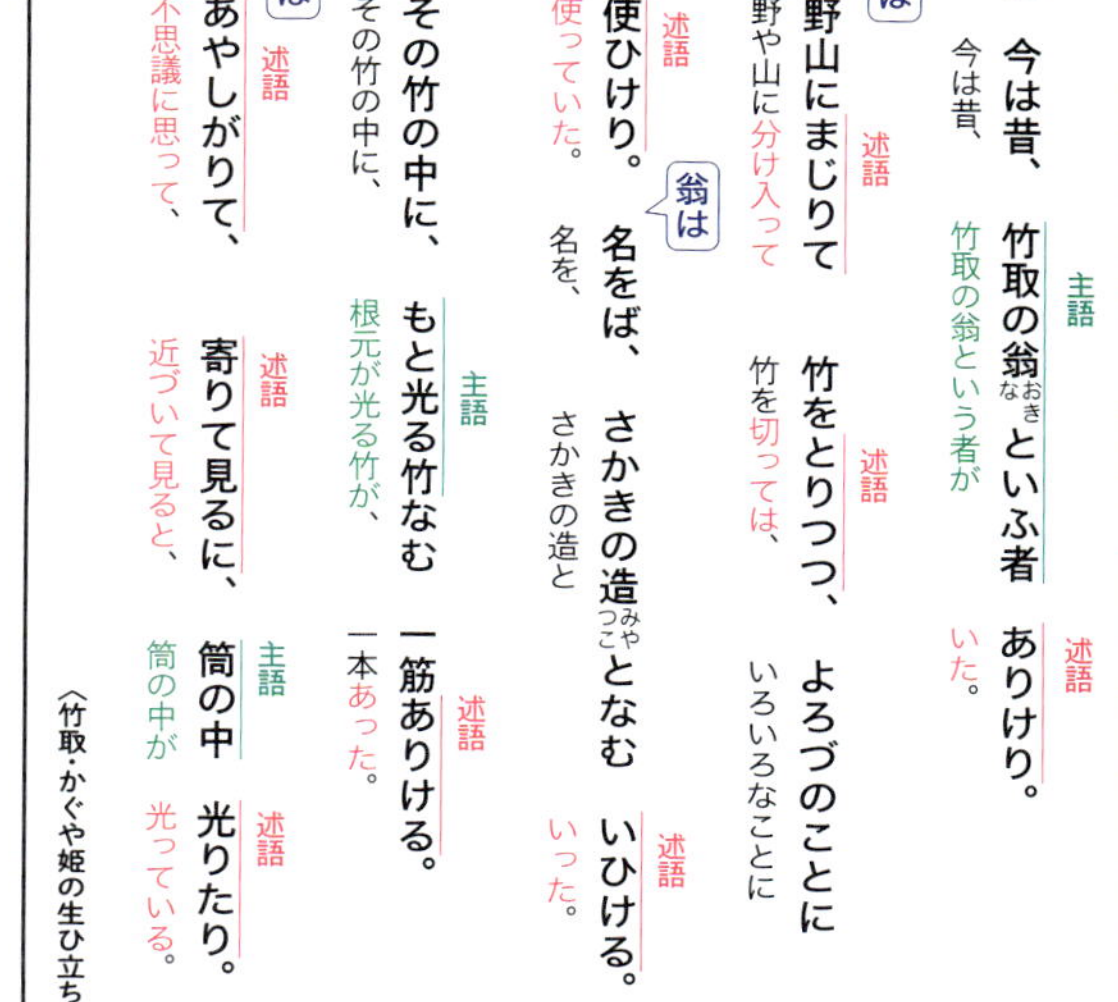
例 **今は昔、竹取の翁(おきな)といふ者 ありけり。**（主語：竹取の翁といふ者／述語：ありけり）

今は昔、竹取の翁という者が いた。

［翁は］**野山にまじりて 竹をとりつつ、よろづのことに 使ひけり。**（述語：まじりて・とりつつ・使ひけり）

野や山に分け入って 竹を切っては、 いろいろなことに 使っていた。

［翁は］**名をば、さかきの造(みやつこ)と なむ いひける。**（述語：いひける）

名を、 さかきの造と いった。

その竹の中に、もと光る竹なむ 一筋ありける。（主語：もと光る竹／述語：一筋ありける）

その竹の中に、根元が光る竹が、 一本あった。

［翁は］**あやしがりて、寄りて見るに、筒の中 光りたり。**（述語：あやしがりて・寄りて見るに／主語：筒の中／述語：光りたり）

不思議に思って、近づいて見ると、筒の中が 光っている。

〈竹取・かぐや姫の生ひ立ち〉

敬語をつかむ

1 敬語とは

・**話し手や書き手が、聞き手や話題の人物に対する敬意を表す**特別の語・表現のこと。
・特別な動詞や補助動詞、尊敬の助動詞、名詞・代名詞などが使われる。
・**尊敬語**、**謙譲語**、**丁寧語**の三種類がある。
・古文では敬語を手がかりに、省略されがちな主語や動作の相手を突き止めることができる。

どちらも敬語によって**書き手が、話題の人物**（先生・かぐや姫）**に敬意を表している。**

2 誰から誰への敬意か

古文では**誰から**（＝敬意の主体）**誰に**（＝敬意の対象）**向けられた敬意かを明確にすることが**大切である。

❶ 誰から（＝敬意の主体）

敬意の主体は、※**地の文では書き手**（＝作者や物語の語り手）、**会話文や手紙文では話し手や手紙の書き手**である。

※地の文＝物語などで、会話や手紙ではない部分の文章のこと。

◆地の文の場合

◆会話文の場合

❷ 誰に（＝敬意の対象）

敬意の対象は敬語の種類によって分かれる。

● **尊敬語**…**動作の主体**（＝動作をする人）への敬意
● **謙譲語**…**動作の客体**（＝動作を受ける人）への敬意
● **丁寧語**…会話の**聞き手**、手紙の**読み手**への敬意

敬語メモ

どの語が尊敬語・謙譲語・丁寧語であるかはだいたい決まっている。主要な敬語動詞は一覧表をもとに覚えておくとよい。

→一〇三四ページ「主要敬語動詞一覧」

3 敬語の種類

尊敬語

動作の主体（＝動作をする人）を敬うために使われる語。為手尊敬・動作主尊敬ともいう。

●地の文の例

例 かぐや姫、翁にいはく、「……」とのたまふ 〈竹取・火鼠の皮衣〉

（＝かぐや姫が翁に言うことには、「…」とおっしゃる）

・「のたまふ」は尊敬の動詞。
・書き手から、「のたまふ」という動作の主体であるかぐや姫への敬意を表す。

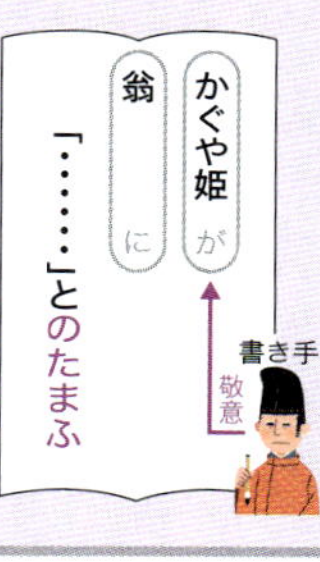

●会話文の例

例 翁、…「人ざまもよき人におはす」 〈竹取・蓬萊の玉の枝〉

（＝翁、…「（くらもちの皇子は）人柄もよい人でいらっしゃる」）

・「おはす」は尊敬の補助動詞。
・話し手（＝翁）から、「おはす」という動作の主体であるくらもちの皇子への敬意を表す。

謙譲語

動作の客体（＝動作を受ける人）を敬うために使われる語。受手尊敬・客体尊敬ともいう。

●地の文の例

例 翁、皇子に申すやう、「…」と申す 〈竹取・蓬萊の玉の枝〉

（＝翁、（くらもちの）皇子に申し上げることには、「…」と申し上げる）

・「申す」は謙譲の動詞。
・書き手から、「申す」という動作の客体であるくらもちの皇子への敬意を表す。

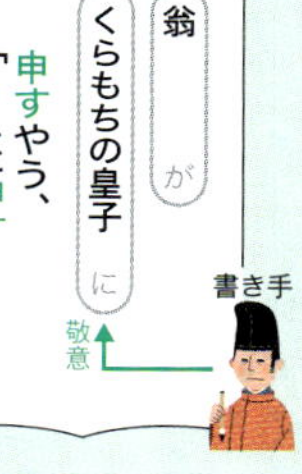

●会話文の例

例 翁、…「かぐや姫を養ひ奉ること二十余年になりぬ」 〈竹取・かぐや姫の昇天〉

（＝翁、…「（私が）かぐや姫を養い申し上げること二十数年になった」）

・「奉る」は謙譲の補助動詞。
・話し手（＝翁）から、「養ひ奉る」という動作の客体であるかぐや姫への敬意を表す。

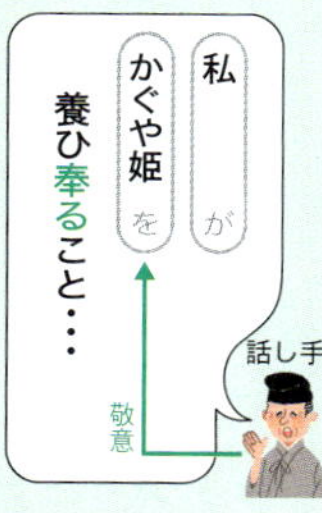

丁寧語

話し手（手紙の書き手）が**聞き手**（手紙の**読み手**）を敬うため、言葉づかいを丁寧に表現しようとして用いる語。対者敬語ともいう。

例 **かぐや姫いはく、「かの都の人は…思ふこともなく侍るなり」**

（＝かぐや姫が（翁(おきな)に）言うことには、「あの月の都の人は…悩むこともないのです」）

〈竹取・かぐや姫の昇天〉

- 「侍る」は丁寧の補助動詞。
- 話し手（＝かぐや姫）から聞き手の**翁に対する敬意**を表す。

敬語メモ

古文の書かれた時代は明確な身分制度があり、敬語が使い分けられていた。古文を読むときは登場人物の身分の違いを把握し、誰が誰に敬語を使う立場にあるのかを知っておくことが重要である。

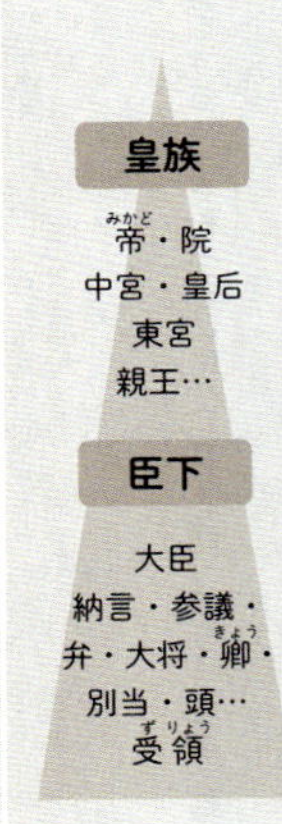

4 注意すべき敬語

1 両用の敬語

敬語のなかには二種類の役割をもつものがある。主語を確認して、文脈から慎重に吟味する必要がある。

- 「奉る」
- 「参る」

} **謙譲語**にも**尊敬語**にもなる

●謙譲の「奉る」

例 **壺(つぼ)の薬添へて、頭中将(とうのちゅうじょう)呼び寄せて、奉らす**

（＝（かぐや姫が）壺の薬を添えて、頭中将を呼び寄せて、（手紙を帝に）差し上げさせる）

〈竹取・かぐや姫の昇天〉

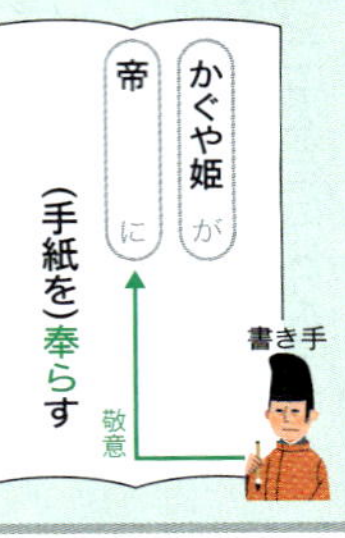

●尊敬の「奉る」

例 **一人の天人言ふ、「壺なる御薬奉れ」**

（＝一人の天人が（かぐや姫に）言うことには、（あなたは）「壺にあるお薬をお飲みください」）

〈竹取・かぐや姫の昇天〉

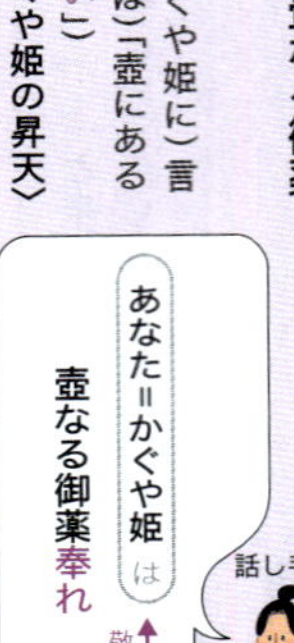

2 最高敬語

平安時代の作品では、地の文では原則として、帝・院・后・東宮など最高階級の人々に対して特別の敬語が用いられる（会話文ではその限りではない）。

尊敬語…「せ給ふ」「させ給ふ」「しめ給ふ」「御覧ぜらる」
「おはします」「のたまはす」

謙譲語…「奏す（＝帝(みかど)や院に申し上げる）」
「啓す（＝后や東宮に申し上げる）」
「きこえさす」 など

●「させ給ふ」

例 帝、…たぐひなくめでたく覚え**させ給ひ**て
（＝帝が（かぐや姫を）並ぶものなく素晴らしいと**お思いになられ**て）
〈竹取・御門の求婚〉

●「奏す」

例 かぐや姫、答へて**奏す**、「…」と**奏す**
（＝かぐや姫が（帝に）答えて**申し上げる**ことには、「…」と**申し上げる**）
〈竹取・御門の求婚〉

かぐや姫 が
帝 に
答えて奏す、「…」と奏す
書き手
敬意

❸自敬敬語

帝など高貴の身分の人物が、自分自身に対して尊敬語を用いたり、下位の者の動作に謙譲語を用いたりすることがある。これを自敬敬語表現という。

●下位の者の動作に謙譲語を用いる例

例 帝、…仰せ給ふ、「汝(なんぢ)が持ちて侍るかぐや姫**奉れ**」
（＝帝が（翁(おきな)に）、…お命じになるには、「おまえがそばに置いて（私のために）控えているかぐや姫を（私に）**差し上げよ**」）
〈竹取・御門の求婚〉

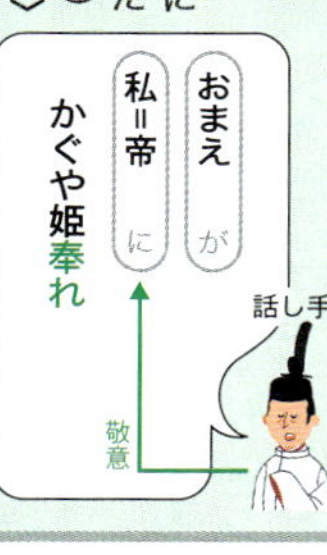

●自分の動作に尊敬語を用いる例

例（前例の続き）顔かたちよしと**きこしめし**て、御使ひを**たび**しかど…
（＝（私＝帝がかぐや姫の）容貌がすぐれていると**お聞きなされ**て、お使いを**お遣わしになっ**たが…）
〈竹取・御門の求婚〉

私＝帝 が
きこしめして、御使ひをたびしかど
話し手
敬意

❹二方向への敬語

動作の主体も客体も敬う場合、「**謙譲語**＋**尊敬語**」の形式で両者に話し手（書き手）からの敬意を表す。

例 かぐや姫、…公に御文**奉り給ふ**
（＝かぐや姫が…帝にお手紙を**差し上げなさる**）
〈竹取・かぐや姫の昇天〉

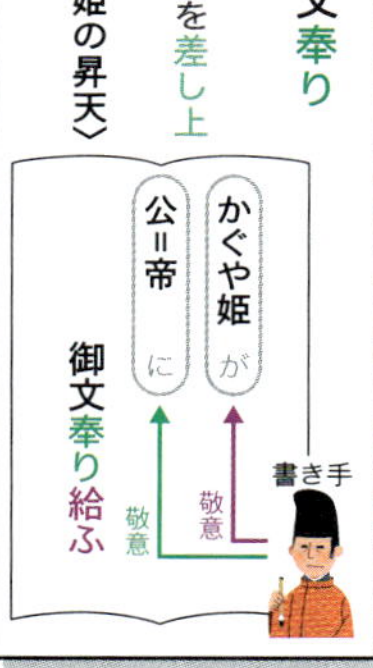

5 主要敬語動詞一覧

	本動詞 語	本動詞 活用	本動詞 普通語	本動詞 口語	補助動詞 語	補助動詞 活用	補助動詞 口語	備考
尊敬語	ます	四段	あり・行く・来く	いらっしゃる おいでになる	…ます	四段	…て(で)いらっしゃる …て(で)おいでになる	「います」は上代は四段。以後はサ変
	まします				…まします			
	います	サ変			…います	サ変		
	いますがり	ラ変			…いますがり	ラ変		「いますがり」は「いまそがり」とも
	おはす	サ変			…おはす	サ変		
	おはします	四段			…おはします	四段		
	おはさうず	サ変	(多く、主語は複数)		…おはさうず	サ変	(多く、主語は複数)	「おはさうず」は「おはさひす」の転
	たぶ	四段	与ふ 授さづく	お与えになる くださる	…たぶ	四段	お…になる …なさる …て(で)くださる	補助動詞「たまふ」は尊敬の助動詞「す」「さす」「しむ」の連用形と重ねて「せたまふ」「させたまふ」「しめたまふ」として用いられ、「たまふ」より高い敬意を表すことがある
	たうぶ				…たうぶ			
	たまふ				…たまふ			
	のたまふ	四段	言ふ	おっしゃる				
	のたまはす	下二段						
	みそなはす	四段	見る	ご覧になる				
	めす	四段	呼ぶ・招く 食ふ・飲む・着る	お呼びになる・お招きになる 召し上がる・お召しになる	…めす	四段	お…になる …なさる	補助動詞「めす」は他の尊敬語動詞「きこす」「しろす」「おもほす」などに付いて尊敬の意を強める
	きこす	四段	聞く・言ふ	お聞きになる・おっしゃる				
	きこしめす	四段	聞く・食ふ・飲む	お聞きになる・召し上がる				
	しろしめす	四段	知る 治む	お知りになる お治めになる				
	おもほす	四段	思ふ	お思いになる お考えになる				「おもほす」は「おもふ」に尊敬の助動詞「す」の付いたもの。「おぼす」は「おもほす」の転。「おぼしめす」は「おもほしめす」の転
	おぼす							
	おもほしめす							
	おぼしめす							

遊ばす	四段	為す	なさる	…遊ばす	四段	お…になる・…なさる	
御覧ず	サ変	見る	ご覧になる				
大殿籠る（おほとのごもる）	四段	寝ぬ・寝ぬ	おやすみになる				
まゐる	四段	飲む・食ふ	召し上がる				「まゐる」「たてまつる」は謙譲語から転じたもの
たてまつる	四段	飲む・食ふ・着る・乗る	召し上がる・お召しになる・お乗りになる				

謙譲語

たまはる	四段	受く・もらふ	いただく	…たまはる	四段	…て（で）いただく	
たばる							
うけたまはる	四段	受く・聞く	いただく・うかがう				
つかうまつる	四段	仕ふ	お仕え申しあげる	…つかうまつる		お…申しあげる	「つかうまつる」は「つかへまつる」のウ音便。「つかまつる」は「つかうまつる」の転
つかまつる				…つかまつる	四段		
たてまつる	四段	与ふ・（人を）遣る	差し上げる・参上させる	…たてまつる		お…する	
まゐる	四段	行く・来・仕ふ	参上する・うかがう・奉仕する				
まゐらす	下二段	与ふ・やる	差し上げる・献上する	…まゐらす	下二段	お…申しあげる・お…する・…してさしあげる	
まうづ	下二段	行く・来	参上する・うかがう				「まうづ」は「まゐづ」の転か
まかる	四段	退く・去る	退出する・おいとまする				
まかづ	下二段						「まかづ」は「まかりいづ」の転
まうす	四段	言ふ	申し上げる	…まうす	四段	お…申し上げる	「まうす」は上代では「まをす」とも
きこゆ	下二段			…きこゆ	下二段	お…する	
きこえさす				…きこえさす			
たまふ	下二段	受く・飲む・食ふ	いただく	…たまふ	下二段	…せ（させ）ていただく	主として動詞「思ふ・見る・聞く」に付く
はべり	ラ変	あり・をり・仕ふ	お仕えする・伺候する				
さぶらふ	四段						
さうらふ							「さうらふ」は「さぶらふ」の転
いたす	四段	為す	いたす・させていただく	…いたす	四段	…させていただく	
存ず	サ変	思ふ・知る	存じる				
いただく	四段	もらふ	ちょうだいする				

丁寧語

はべり	ラ変	あり・をり	ございます・あります・おります	…はべり	ラ変	…（で）ございます	謙譲語から派生
さぶらふ	四段			…さぶらふ	四段	…（で）あります	
さうらふ				…さうらふ		…ます・…です	

付録① 鑑賞編 付録② 文法編 古典文法―敬語 付録③ 資料編

文法用語集

古文解釈のうえで必要な文法用語を、用例を挙げて簡潔に解説した。

あ行

婉曲（えんきょく）
「花散る（＝花が散る）」と言い表してもよいところを「花散る**めり**（＝花が散るようだ）」とするなど、物事を直接的に述べずに和らげて表現すること。推量の助動詞「む」「らむ」「けむ」「めり」が使われている場合、推量なのか婉曲なのか、判断が難しいこともある。

か行

確述（かくじゅつ）
助動詞「つ」「ぬ」の用法の一つ。ある動作・作用などが実現することを確認する意を表す。「きっと…する」「…してしまう」「今にも…しそうだ」のように現代語訳する。

確定条件（かくていじょうけん）
前に述べた事柄があとに述べる事柄の条件になる用法を条件法という。確定条件は、ある事柄がすでに実現したものとしてあとの事柄を述べる表現法。
①順接の確定条件　「…なので」の意。〈活用語の已然形＋接続助詞「ば」〉で表される。
②逆接の確定条件　「…だけれど」の意。〈活用語の已然形＋接続助詞「ど」「ども」〉で表される。

仮定条件（かていじょうけん）
前に述べた事柄があとに述べる事柄の条件になる用法を条件法という。仮定条件は、ある事柄を仮定したうえであとの事柄を述べる表現法。
①順接の仮定条件　「もし…なら」の意。〈活用語の未然形＋接続助詞「ば」〉で表される。また、〈形容詞型活用の連用形・打消の助動詞「ず」の連用形＋係助詞「は」〉で表される。
②逆接の仮定条件　「もし…ても」の意。〈動詞の終止形・形容詞型活用の連用形・打消の助動詞「ず」の連用形＋接続助詞「と」「とも」〉で表される。

強調逆接（きょうちょうぎゃくせつ）
係助詞「こそ」の用法の一つ。「中垣**こそあれ**、一つ家のやうなれば（＝隔ての垣根はあるけれども、一軒の家のようであるので）」〈**土佐**〉のように、「こそ」の結びで文が終わらず、強調された逆接の条件句となってあとに続く。「確かに～だが…」などと現代語訳する。この用法は「褒めこそすれ、叱りはしない」などと現代語でも用いる。

ク語法（くごほう）
「言はく」「恋ふらく」「恋ひしけく」のように活用語の語尾に「く」が付いて体言のように用いられる用法。→本文「あく（接尾）」

恒常条件（こうじょうじょうけん）
「確定条件」の一つで、ある事柄が成り立つ場合にはつねに同じ事柄が起こることを示す表現。
①順接の恒常条件　「～であればいつも…だ」の意。〈活用語の已然形＋接続助詞「ば」〉で表される。
②逆接の恒常条件　「～であってもいつも…だ」の意。〈活用語の已然形＋接続助詞「ど」「ども」〉で表される。

さ行

自発（じはつ）
ある動作・作用が自然に起こること。助動詞「る」「らる」などを使って表される。この助動詞は「泣かる」「思ひ出でらる」など人の心情に関わる語句に付くことが多く、「自然と…する」「…せずにはいられない」などと現代語訳する。

準体言（じゅんたいげん）
活用語の連体形が活用語としての意味・性質を持ちながら、一方では体言のように機能するもの。→一〇三九ページ「主語を見分ける（準体言）」

た行

対偶中止法（たいぐうちゅうしほう）
二つの文節が対等の関係にあるとき、下の対等語の打消・受身などの意が上の対等語に及び、上の対等語が連用形の中止法を取ること。

例 **今めかしく**(用)、きららかならねど〈**徒然・一〇**〉
訳 現代風でなく、きらびやかでないが。

右の例では、「ね」の打消の意が上の「今めかしく」に及んでいる。

中止法（ちゅうしほう）
活用語の連用形の用法の一つ。「風が**吹き**(用)、花が散る」のように文をいったん中止する用法で、前後の文節が対等の関係にあることが多い。

同格(どうかく)

助詞「の」をはさんで、その前後に置かれる体言や準体言が同一のものを表す構文。同格を表す「の」や「が」は、「…で」と現代語訳する。→一〇二九ページ「主語を見分ける(同格)」

は行

反語(はんご)

断定の意を強調するために、話し手(書き手)が確信していることとは反対の内容を「…だろうか(いや、そうではない)」という疑問の形で述べる表現。多く、係助詞「や」「か」「やは」「かは」を用いて表される。終助詞「や」「か」だけで表されている場合、単なる疑問との区別が難しいことがある。

> 例 春の夜の闇はあやなし梅の花色こそ見えね香や**は**かくるる〈古今・春上〉
> 訳 春の夜の闇というのは、道理をわきまえないものだ。梅の花は、花の色こそ見えないけれども、香りは隠れるだろうか(いや、隠れはしない)。

反実仮想(はんじつかそう)

事実とは反対の状態を仮定して、その仮定のうえで想像して述べる表現。「もし〜だったら…だろうに」などと現代語訳する。助動詞「まし」を用いて表されることが多い。

> 例 見ざら**ましかば**口惜しから**まし**〈源氏・帚木〉
> 訳 もし(この女性と)逢わなかったら心残りになるだろうに。

比況(ひきょう)

ある物事を他の物事にたとえること。助動詞「ごとし」などを用いて「春の夜の夢の**ごとし**(=夢のようである)」〈平家・一・祇園精舎〉などと表す。

放任法(ほうにんほう)

活用語の命令形の用法の一つで、「…してしまえ」という許容・放任の意を表す。「沈ま(未)ば**沈め**(命)(=沈むなら沈んでしまえ)」〈平家・七・忠度都落〉のように〈活用語の未然形＋接続助詞「ば」〉とセットになることも多い。

補助動詞(ほじょどうし)

動詞本来の意味を失い、「申し**侍り**(=申し上げます)」の「侍り」のように、他の語に付いて意味を添えるはたらきをする動詞。同様に、形容詞が本来の意味を失って他の語に付属する形で用いられるものを、**補助形容詞**という。「知るべくも**なし**(=知ることができない)」の「なし」など。

ら行

類推(るいすい)

ある物事をもとにして他の物事について推し量ること。副助詞「だに」「すら」を用いる。軽いものから重いものを類推させたり、極端なものから一般的なものを類推させたりする言い方があり、「…でさえ」「…だって」などと現代語訳する。

> 例 光やあると見るに、蛍ばかりの光**だに**なし〈竹取・仏の御石の鉢〉
> 訳 (かぐや姫が、鉢に)光があるかと思って見ると、蛍ほどの光さえない。

右の例では「蛍ばかりの光」という非常に小さなものの例を挙げて、石つくりの皇子が持って来た鉢はその程度の光すらないのだから、もっと輝かしい光(=本物の仏の御石の鉢が放つ光)はとても有してなどいない、ということを表している。

連声(れんじょう)

二つの語が連接するときに起こる音変化の一つ。「三位(sam＋wi→sammi)」「陰陽(om＋yo→ommyo)」「因縁(in＋en→innen)」「雪隠(set＋in→settin)」「今日は(konnit＋wa→konnitta)」のように、前の音のm・n・tを受けて、あとのア・ヤ・ワ行がマ・ナ・タ行に変わること。

連体修飾語(れんたいしゅうしょくご)

体言を含む文節にかかる修飾語。「**あらゆる**(連体詞)人」「**梅が**(体言＋助詞)枝」「**散る**(動詞の連体形)花」「**ありがたかりし**(形容詞の連用形＋助動詞の連体形)ことども」「**ただ**(副詞)一人」などのように、あとに続く体言についてその意味を限定する。

連濁(れんだく)

二つの語が結合するときに起こる音変化の一つ。下の語の頭の清音が濁音になること。「ひと(人)」＋「ひと」＝「ひと**び**と」、「みか(三日)」＋「つき(月)」＝「みか**づ**き」など。

連用修飾語(れんようしゅうしょくご)

用言を含む文節にかかる修飾語。「**いと**(副詞)あはれなり」「**高く**(形容詞の連用形)飛ぶ」「**三たび**(体言)問ふ」「**若菜を**(体言＋助詞)摘む」などのように、あとに続く用言についてその意味を限定する。

類別整理 重要古文単語

古文読解の際につまずきやすい重要古語を、学習の便をはかって三系統に整理し、それぞれ代表的な語意を示した。また、意味の理解を促す一助として、古文の用例や目安となる英語表現を掲げた。

＊共は、現代語と古語とで共通の意味であることを表す。

＊尊敬 謙譲 丁寧 は、それぞれ尊敬語・謙譲語・丁寧語であることを表す。

現古異義語

—ア行—

あからさま
古 あっけないさま。ちょっと。brief
現 露骨だ。ありのまま。explicit

あきらむ【明らむ】
古 物事を見きわめる。明らかにする。find out
現 断念する。give up

あさまし
古 (よしあしにかかわらず)驚きあきれるばかりだ。astonishing
現 ずるくていやしい。mean

あそび【遊び】
古 管弦の演奏。

あだ【徒】
古 ①まことのないさま。②はかないさま。transient
現 むだだ。useless

あらまし
古 こうありたいという願い。予定。
現 共 全体のあらすじ。概略。outline

いそぎ【急ぎ】
古 準備。したく。preparation
現 共 急ぐこと。haste

いたづら【徒】
古 ①役に立たない。②むなしい。③ひまである。
現 【悪戯】悪ふざけ。

いつしか
古 早く(…なってほしい)。

「いつしか梅咲かなむ」〈更級・梅の立枝〉
訳 早く梅が咲いてほしい。

現 共 いつの間にか。

いとほし
古 ①かわいそうだ。②かわいい。③困る。
現 とてもかわいらしく、大切に思うさま。

いまいまし【忌ま忌まし】
古 ①忌み慎まなければならない。②不吉だ。unlucky ③いまわしい。
現 くやしくて腹立たしい。annoying

うしろめたし【後ろめたし】
古 なりゆきが気がかりだ。不安だ。
現 共 気がとがめる。やましい。

うつくし【美し・愛し】
古 ①(小さくて)かわいらしい。pretty ②りっぱだ。
現 姿や形がきれいだ。beautiful

うつろふ【移ろふ】
古 色が変わる。
現 共 移り変わる。

おこたる【怠る】
古 病気がよくなる。get better
現 共 なまける。be lazy

おこなふ【行ふ】
古 仏道を修行する。

おとなし【大人し】
古 ①大人びている。②思慮分別に富む。③頭（かしら）だっている。
現 おだやかで従順だ。騒がず静かにしている。

おどろく【驚く】
古 はっとして気づく。目を覚ます。wake (up) (suddenly)
現 共 びっくりする。be surprised

おのづから【自ら】
古 ふと。偶然。ひょっとして。
現 共 自然に。

おぼえ【覚え】
古 (よい)評判。reputation

「この君は、まだしきに世のおぼえいと過ぎて」〈源氏・匂兵部卿〉
訳 この君は、未熟なのに世間の声望がたいそう度を越えていて。

現 記憶すること。memory

おほかた【大方】
古 ①【副】(打消の語を伴い)まったく。いっこうに。②【接】そもそも。
現 ①共 だいたい。大部分。②おそらく。mostly

おぼゆ【覚ゆ】
古 ①自然に思われる。思い出される。似る。②思い浮かべる。imagine
現 共 記憶する。remember

おろか【疎か・愚か】
古 ①いいかげんだ。**negligent** ②とても言い尽くせない。③未熟だ。
現 共 知恵や思慮が足りないさま。silly

カ行

かこつ【託つ】
古 かこつける。口実にする。
現 共 ぐちをこぼす。complain

けしきばむ【気色ばむ】
古 ①兆候が現れる。きざす。②心のうちをほのめかす。③気取る。
現 怒りなどを態度に出す。

ことわる【理る・断る】
古 ①是非・善悪を判断する。②説明する。
現 相手の申し出などを拒絶する。辞退する。

サ行

さながら【然ながら】
古 ①そのまま。②残らず。全部。**entirely**

> ①「出でし日使ひしゆするつきの水は、さながらありけり」〈蜻蛉・上〉
> 訳 (夫が)出ていった日に使ったゆするつき(＝洗髪用の器)の水は、そのまま残っていた。

現 共 あたかも。まるで。just like ～

さる【去る】
古 ①移動する。遠ざかる。近づく。②遠ざける。
現 共 そこから離れる。leave

しのぶ【忍ぶ】
古 ①こらえる。②包み隠す。秘密にする。
現 共 人目を避ける。

そむく【背く】
古 ①別れる。②出家する。
現 共 背を向ける。さからう。oppose

タ行

つゆ【露】
古 ①〔名〕はかなく消えやすいこと。②〔副〕少しも(…ない)。

ナ行

なかなか【中中】
古 ①〔形動〕どっちつかずだ。かえって…しないほうがよい。②〔副〕なまじっか。むしろ。
現 〔副〕①ずいぶん。②共 容易には(…ない)。

ながむ【眺む】
古 物思いに沈んでぼんやり見る。
現 共 見渡す。

なほ【猶・尚】
古 それでもやはり。なんといっても。**nonetheless**
現 ①共 依然として。②共 さらに。besides

にほひ【匂ひ】
古 ①はなやかな美しさ。②栄華。
現 共 かおり。scent

にほふ【匂ふ】
古 ①染まる。②美しく照り輝く。③栄える。
現 共 かおる。smell

ねんず【念ず】
古 我慢する。こらえる。
現 共 心の中で祈る。pray

ののしる【罵る】
古 ①大声で騒ぐ。②盛んに評判が立つ。③勢力が盛んである。
現 悪しざまに言う。

ハ行

はしたなし【端なし】
古 ①中途半端だ。どっちつかずだ。②間が悪い。
現 慎みがなく下品だ。

ふつつか【不束】
古 ①太くしっかりしている。②ぶかっこうだ。③軽はずみだ。
現 能力などが不十分だ。

マ行

まもる【守る・護る】
古 目を離さずに見る。**stare (at)**

> 「あからめもせずまもりて」〈徒然・一三七〉
> 訳 わき目もふらずに見つめて。

現 共 守備する。防ぐ。defend (～ against)

もてなす
古 ①処置する。②ふるまう。③世話をする。④もてはやす。
現 ごちそうする。歓待する。

ものす【物す】
古 (動詞の代わりに用いて)何かをする。いる。ある。行く。来る。

ヤ行

やがて
古 ①そのまま。②すぐに。③ほかならぬ。
現 まもなく。そのうち。

ゆゆし
古 ①畏れ多く忌みはばかられる。②不吉だ。③なみひととおりでない。りっぱだ。
現 そのままにできないほど重大である。

ワ行

をこがまし【痴がまし】
古 ばからしい。みっともない。
現 さしでがましく生意気だ。

現代語と紛れやすい語

ア行

あく【飽く】①満足する。②飽き飽きする。

あくがる【憧る】①うわの空になる。②思いこがれて落ち着かない。③さまよい歩く。

あした【朝】①あさ。②翌朝。the next morning

あたらし【惜し】惜しい。もったいない。
◘「新しい」の意の「あらたし」は別語。

あぢきなし【味気無し】①不当だ。unreasonable ②かいがない。③苦々しい。
◘望ましくない状態を、不満に思いつつあきらめる感じ。現代語の「あじけない」は、単に「おもしろみや味わいが感じられない」の意。

あながち【強ち】①身勝手だ。②度を越している。③いちずだ。
◘他人の迷惑を気にしないさま。現代では打消の語を伴い、「必ずしも」「いちがいには」の意。

あふ【会ふ・逢ふ】①共 出会う。②結婚する。

あやし①【奇し・怪し】㋐不思議だ。㋑異常だ。②【賤し】身分がいやしい。

あやにく①意地が悪い。②ままならない。③折が悪い。
◘現代語の「あいにく」は「あやにく」が転じたもので、「都合が悪い」の意。

あらたし【新たし】新しい。new

ありがたし【有り難し】①めったにない。rare ②すぐれている。③生きてゆくのがつらい。
◘現代語では「感謝したい」の意。

いさ①[感]さあねえ。②[副]さあどうであろうか。
◘「さあ(…しよう)」の意の「いざ」とは別語。

いたし①【甚し】程度がはなはだしい。すばらしい。②【痛し】苦痛である。

うち【内】内裏(だいり)。天皇。

うつつ【現】①生きている状態。②現実。③気の確かな状態。正気。④夢心地。
◘④は、「夢うつつ」と続けて用いたものが誤って近世以降生じた意。

おくゆかし【奥床し】①見たい、聞きたい、知りたいと思う。②共 深い心づかいが感じられて慕わしい。

おどろおどろし①(周囲を驚かすほど)気味が悪い。②おおげさだ。
◘「おどろく」の語根を重ねた語と考えられる。

おぼつかなし①はっきりしない。②気がかりだ。③疑わしい。④待ち遠しい。
◘現代語は「うまくいくかどうか疑わしい」の意。

おもしろし【面白し】①心が晴れ晴れして愉快だ。delightful ②趣深い。

カ行

かしこし①【畏し】㋐畏れ多い。㋑こわい。frightening ②【賢し】㋐利口である。すぐれている。㋑(「かしこく」の形で)はなはだしく。非常に。

かたはらいたし【傍ら痛し】①そばで見ていても苦々しい。②気の毒だ。③きまりが悪い。
◘「片腹痛い」は後世の当て字。現代では「笑止千万だ」の意で相手を嘲笑するときに用いる。

かなし①【愛し】かわいい。強く心ひかれる。adorable ②【悲し】かわいそうだ。心が痛む。

くちをし【口惜し】①残念だ。②もの足りない。③いやしい。
◘現代では「くやしい」と同義。

くはし①【細し・美し】細やかで美しい。②【精し・詳し】共 詳しい。つぶさである。

けしからず【怪しからず】①異常だ。感心できない。②異様だ。奇怪だ。③はなはだしい。
◘現代語の「けしからぬ」は、「道理や礼儀に外れてよくない」の意。

こころぐるし【心苦し】①つらい。②気がかりだ。③気の毒だ。
◘現代語の「心苦しい」は、「相手に対してすまない」という気持ちを表す。

こころにくし【心憎し】①奥ゆかしい。心ひかれる。sophisticated ②警戒すべきだ。
◘現代語の「心憎い」は、「憎らしく感じられるほどすぐれている」「さりげないが行き届いた心づかいが感じられる」などの意。

こころもとなし【心許なし】①待ち遠しい。じれったい。②気がかりだ。③ぼんやりしている。
◘現代語の「心もとない」は「頼りなくて不安だ」の意。

こよなし①はなはだしく違う。②はなはだしくすぐれている。③はなはだしく劣っている。
◘比べものにならないほど違いがある意。現代語の副詞「こよなく」は「この上なく」の意。

サ行

さうざうし 物足りない。心さびしい。
◘「騒がしい」意の現代語「そうぞうしい」は、別語。

さすが①[形動]やはりそうもいかない。②[副]そうはいってもやはり。

②「かやうにいたく情けなう振る舞ひおかれしことを、**さすが**恐ろしとや思はれけん」〈平家・六・廻文〉
訳 (清盛は)このようにひどく情け容赦なくかねて行動なさったことを、**そうはいってもやはり**恐ろしいとお思いになったのだろうか。

◘現代語では、予想・期待・評判どおりだと感心する意を表す。

しる【知る】①統治する。②経験する。③世話をする。④付き合う。⑤共理解する。認識する。

すさまじ【凄じ】①興ざめだ。②荒涼としている。③程度がはなはだしい。

すなはち【即ち】①〔名〕即座。その時。②〔副〕すぐに。③〔接〕㋐共言いかえれば。㋑そこで。それゆえ。

─タ行─

たのむ【頼む】①〔他四〕あてにする。信頼する。②〔他下二〕頼みに思わせる。期待させる。

◘現代語の「たのむ」は、「ある事柄を求めて相手に依頼する」意。

つくづく(-と) ①しんみり。しみじみと。②することもなくぼんやりと。③よくよく。

◘現代語では身にしみて感じるさまをいう。「つくづくいやになる」

つとめて ①早朝。early morning ②翌朝。the next morning

つれなし ①共冷淡だ。薄情だ。②そしらぬ顔だ。平気だ。③なんの変化もない。

て【手】①文字。筆跡。②腕前。技量。芸の型。③方法。手段。④部下。⑤負傷。⑥共手。腕。手の指。

ときめく【時めく】時勢に合って栄える。寵愛(ちょうあい)を受けて栄える。

◘現代語で心がおどる意の「ときめく」は別語。

とぶらふ ①【訪ふ】訪れる。見舞う。尋ね求める。②【弔ふ】悔やみを言う。死者の霊を慰める。

◘中世末期以降「とむらふ」が用いられる。

─ナ行─

なつかし【懐かし】①心がひかれる。慕わしい。charming ②親しみが感じられる。③共昔が思い出されて慕わしい。

◘現代語で用いる③の意が出てくるのは、中世から。

なまめかし【艶かし】①若々しい。みずみずしい。youthful ②優美だ。elegant ③共色っぽい。

◘動詞「なまめく」からできた語。

─ハ行─

はかなし【果無し】①あっけない。②何のかいもない。③たわいもない。頼りない。④たいしたことではない。

◘現代語「はかない」は、同じ状態が長く続かず消滅しやすいさまをいう。

はづかし【恥づかし】①こちらが気恥ずかしくなるほど相手がりっぱだ。②気づまりだ。③気が引ける。

◘現代語「恥ずかしい」は、自分の欠点や過ちに気が引けるさま、また、照れくさくて人の顔を見られない感じがするさまなどにいう。

─マ行─

まうす【申す】謙譲 申し上げる。〔補動〕お…申しあげる。

まゐる【参る】①〔自四〕謙譲 参上する。②〔他四〕㋐謙譲 してさしあげる。㋑尊敬 召し上がる。

むつかし【難し】①うっとうしい。不快だ。②わずらわしい。面倒だ。③気味が悪い。

◘現代語の「難しい」は、「困難だ」「わかりにくい」「複雑でやっかいだ」の意。

めづらし【珍し】①賛美すべきだ。すばらしい。admirable ②かわいい。③目新しい。④共めったにない。

◘現代語で用いられる④の意は、古語では多く「ありがたし」が使われる。

めでたし ①魅力的だ。②りっぱだ。すばらしい。excellent ③共祝う価値がある。

─ヤ行─

やさし【優し】①身がやせ細るようだ。たえがたい。②恥ずかしい。肩身がせまい。③優美である。④けなげである。

①「世の中を憂(う)しとやさしと思へども」〈万葉・五・八九三〉訳 この世の中をつらい、身も細るようだと思うけれど。

◘やせる意の動詞「痩(や)す」に対応する形容詞。現代語の「優しい」は、「親切で思いやりがあるさま」の意。

ゆかし ①見たい。聞きたい。知りたい。②なんとなく慕わしい。

よろし【宜し】①だいたいよい。悪くない。fairly good／not bad ②平凡だ。③適当だ。ふさわしい。

◘現代語の「よい」と「よろしい」はほとんど同じ意味であるが、古語の「よし」は「欠点がない」の意、「よろし」は「欠点はあるがまあよい」の意。

─ワ行─

わざと ①わざわざ。意図的に。②正式に。本格的に。③とりわけ。格別に。

◘現代語の「わざと」は「故意に」の意だが、古語「わざと」に悪い意味はなく、「特に心を用いて」の意。

をかし ①趣がある。おもしろい。interesting ②すばらしい。すぐれている。③かわいらしい。lovable ④共滑稽だ。おかしい。

をさをさ ①ほとんど(…ない)。めったに(…ない)。②しっかりと。

古文特有の語

ア行

あいなし ①不調和だ。不似合いだ。 unsuitable ②気にくわない。困ったことだ。③おもしろみがない。④（連用形の形で）むやみやたらに。

あかず【飽かず】①満足しないで。名残惜しく。②いつまでも飽きることなく。

あつし【篤し】病気がちである。病気が重い。

あて【貴】①身分が高い。高貴である。②上品だ。

あなづらはし【侮らはし】①あなどってよい。見くびってもよい。②遠慮がいらない。

あやなし【文無し】①道理が立たない。筋が通らない。②つまらない。とるに足りない。

いう【優】①すばらしくよい。②優雅だ。

いと ①たいそう。 very／much ②ほんとうに。③（打消の語を伴って）たいして。それほど。

いとど ①ますます。 more and more ②そのうえさらに。

①「散ればこそいとど桜はめでたけれ」〈伊勢・八二〉
訳 散るからこそ、いっそう桜はすばらしいのだ。

いぬ【往ぬ・去ぬ】①行ってしまう。去る。②時が過ぎ去る。③死ぬ。

いぶせし ①気持ちが晴れない。うっとうしい。②気がかりだ。③不快だ。むさくるしい。

いまだし【未だし】まだその時ではない。未熟だ。

いみじ ①はなはだしい。 extreme(ly) ②すぐれている。すばらしい。③大変だ。ひどい。

◘よくも悪くも、不吉なほど程度がはなはだしいさま。

うたて ①ますます。ひどく。②異様に。気味悪く。③不快に。情けなく。

◘異常なさまに対する不快な感じ。

うちつけ ①突然だ。だしぬけだ。 abrupt ②軽率だ。③ぶしつけだ。露骨だ。

◘経過を考えるゆとりのない、突然なさま。

え 〔副〕①（肯定の表現を伴って）…（することが）できる。②（打消・反語の表現を伴って）…（することが）できない。…できようか（いや、できない）。

②「人かたらひなどもえせず」〈更級・物語〉
訳 人に相談することなどもできない。

◘打消・反語の語を伴う②の例がほとんど。

えん【艶】①優美なさま。②色っぽいさま。

おいらか ①（性格や態度が）すなおでおっとりしている。②あっさりしている。

おきつ【掟つ】①予定する。計画する。②指図する。

②「人をおきてて、高き木にのぼせて」〈徒然・一〇九〉
訳 人を指図して、高い木に登らせて。

おはします 尊敬 いらっしゃる。〔補動〕…て（で）いらっしゃる。

おほけなし ①身分不相応だ。②畏れ多い。

おほす【仰す】①命じる。②尊敬 おっしゃる。

おぼす【思す】尊敬 お思いになる。

おほどか おっとりしている。おおらか。

おほとのごもる【大殿籠る】尊敬 おやすみになる。

カ行

かごとがまし【託言がまし】恨みがましい。いかにもぐちっぽい。

◘名詞「かごと」は、「言い訳」「恨みごと」「ぐち」の意。実際にぐちをこぼしているわけではないが、そう聞こえるというところがポイント。

かたじけなし【辱し・忝し】①畏れ多い。②ありがたい。もったいない。

かつがつ【且つ且つ】①不十分ながらも。ともかくも。②とりあえず。

①「思ふことかつがつかなひぬる心地して」〈源氏・明石〉訳 念願がともかくもかなった気がして。

かづく【被く】①〔他四〕㋐かぶる。㋑（衣服などを）ほうびとしていただく。②〔他下二〕㋐かぶせる。㋑衣服を肩にかける。ほうびとして与える。

かどかどし ①【才才し】才気がある。かしこい。 clever ②【角角し】角立っている。とげとげしい。

かる【離る】①離れる。遠ざかる。②（時間的に）間をおく。③（心理的に）よそよそしくなる。

◘和歌で「枯る」と掛詞になることが多い。

きこしめす【聞こし召す】尊敬 ①お聞きになる。②召し上がる。

きこゆ【聞こゆ】①〔自下二〕㋐聞こえる。㋑世に知られる。㋒理解される。②謙譲〔他下二〕申し上げる。〔補動下二〕お…申しあげる。

きよら【清ら】気品があって美しいさま。

けいす【啓す】謙譲（皇后・中宮・皇太子などに）申し上げる。

けうとし【気疎し】なじめない。親しみにくい。

けやけし ①きわだっている。②異様だ。③きっぱりしている。強引だ。④しゃくにさわる。

ここら ①たくさん。②たいそう。非常に。

こころづきなし【心付き無し】①心がひかれない。②気にくわない。不愉快である。

こちたし【言痛し・事痛し】①うわさが多くてわずらわしい。うるさい。②おおげさだ。ぎょうぎょうしい。③おびただしい。

こほつ【毀つ】こわす。

サ行

さうなし【左右無し】①どうともきまらない。②あれこれと考えるまでもない。

◘「左右」はあれこれの意。「双無(さう)し」は「並ぶものがないほどすぐれている」の意で別語。

さうらふ【候ふ】①謙譲 お仕えする。②丁寧 あります。おります。③〔補動〕丁寧 …です。…(で)ございます。

ざえ【才】漢学。学才。

さがなし ①たちが悪い。意地が悪い。mean ②口やかましい。

さのみ【然のみ】①そうむやみに。②(打消の語を伴って)それほど。たいして。

> ②「**さのみ**もえとどめさせ給はず」〈源氏・桐壺〉
> 訳 (帝(みかど)は)**それほど**もお引きとめになることがおできになられないで。

さぶらふ【候ふ】→さうらふ

さるは【然るは】①そうはいうものの。そのくせ。even so ②それというのは。③そのうえに。

> ①「**さるは**わかうどほり腹なりかし」〈落窪〉
> 訳 (冷遇されているが)**そのくせ実は**皇族のお血筋だそうだね。

しるし【著し】①きわだっている。明白である。remarkable ②予想どおりだ。

すきずきし【好き好きし】①色好みらしい。②風流である。物好きだ。

すくせ【宿世】①前世。②宿命。前世からの因縁。

すずろ【漫ろ】①あてもないさま。なんとなく…だ。somehow ②むやみやたらだ。③思いがけないさま。④何の関係もないさま。

> ③「物心細く**すずろなる**目をみることと思ふに」〈伊勢・九〉
> 訳 なんとなく心細く**思いがけない**目にあうことだと思っていると。

そうす【奏す】①謙譲(天皇または上皇・法皇に)申し上げる。②演奏する。

そこら ①たくさん。②たいそう。非常に。

タ行

たてまつる【奉る】①〔他四〕㋐謙譲 差し上げる。㋑尊敬 召し上がる。㋒〔補動四〕謙譲 お…申しあげる。②謙譲〔他下二〕差し上げる。〔補動下二〕お…申しあげる。

たまはる【給はる】①謙譲 いただく。②尊敬 お与えになる。〔補動〕①謙譲 …て(で)いただく。②尊敬 …て(で)くださる。

たまふ【給ふ】①尊敬〔他四〕お与えになる。〔補動四〕お…になる。…なさる。②謙譲〔他下二〕いただく。〔補動下二〕…せ(させ)ていただく。

つか(う)まつる【仕る】謙譲 お仕え申し上げる。〔補動〕お…申しあげる。

つきづきし【付き付きし】似つかわしい。

ところせし【所狭し】①場所が狭い。②(心理的に)窮屈だ。気づまりだ。③堂々としている。④ぎょうぎょうしい。

ナ行

な…そ どうか…してくれるな。

> 「生駒山(いこまやま)雲**な**かくし**そ**」〈伊勢・二三〉
> 訳 生駒山を雲よ、**どうか**隠し**てくれるな**。

なのめ【斜め】①ありふれたさま。平凡だ。②いいかげんだ。③並ひととおりでない。

◘③は「なのめならず」と同じ意で用いたもの。

のたまふ【宣ふ】尊敬 おっしゃる。

ハ行

はべり【侍り】①謙譲 おそばにいる。お仕えする。②丁寧 ございます。あります。〔補動〕…(で)ございます。…です。…ます。

びんなし【便無し】①都合が悪い。②感心しない。

ほいなし【本意無し】不本意だ。残念だ。

ほだし【絆】①人の自由を束縛するもの。②手足の自由を奪う道具。手かせ。足かせ。

マ・ヤ行

まうづ【参づ・詣づ】①謙譲 伺う。②参詣する。

まかる【罷る】①謙譲 退出する。②丁寧 参ります。

むくつけし ①気味がわるい。creepy ②無骨である。

むげ【無下】①まったくひどいこと。最悪。最低。②それ以外の何ものでもないさま。完全。③身分が低いこと。④程度のはなはだしいさま。

◘現代語の「むげに」は副詞で、「そっけなく」の意。

やむごとなし ①尊い。高貴だ。②格別だ。並々ではない。③捨ててはおけない。のっぴきならない。

ラ・ワ行

らうがはし【乱がはし】①乱雑だ。②やかましい。③無作法だ。乱暴だ。

らうたし かわいい。愛らしい。cute

わぶ【侘ぶ】①思い悩む。②さびしく思う。③落ちぶれる。④閑寂な境地を楽しむ。

わりなし ①道理に合わない。めちゃくちゃだ。unreasonable ②たえがたい。苦しい。③しかたがない。④ひととおりでない。

官位相当表

	官職＼位階	正一位 従一位	正二位 従二位	正三位 従三位	正四位上 正四位下 従四位上 従四位下	正五位上 正五位下 従五位上
官	神祇(じんぎ)				伯○	
官	太政(だいじやう)	太政大臣○	左大臣○ 右大臣○ 内大臣▲	大納言△ 中納言▲	参議▲ 左大弁○ 右大弁○	左中弁△ 右中弁△ 左少弁＊ 右少弁＊
省	中務(なかづかさ) 式部(しきぶ) 治部(ぢぶ) 民部(みんぶ) 兵部(ひやうぶ) 刑部(ぎやうぶ) 大蔵(おほくら) 宮内(くない)				中務卿○ 卿○	中務大輔△ 大輔△ 大判事 中務少輔△
職・坊	中宮(ちゆうぐう) 春宮(とうぐう) 大膳(だいぜん) 京(きやう)				皇太子傅 中宮・春宮大夫○	大膳・京大夫○
寮	大舎人(おほとねり) 図書(づしよ) 大学(だいがく) 雅楽(うた) 主計(かずへ) 主税(ちから) 馬(め) 内匠(うちのたくみ)▲					頭○
寮	陰陽(おんやう) 大炊(おほひ) 主殿(とのも) 典薬(てんやく) 内蔵(くら)▲ 斎宮(さいぐう)▲					
台	弾正(だんじやう)				尹○ 大弼△	
衛府	左近衛(さこんゑ)▲ 右近衛(うこんゑ)▲ 左衛門(さゑもん) 右衛門(うゑもん) 左兵衛(さひやうゑ) 右兵衛(うひやうゑ)			近衛大将○	近衛中将△ 衛門督○ 兵衛督○	近衛少将△ 衛門佐△ 兵衛佐△
	大宰府(だざいふ)			帥○		大弐△
	鎮守府(ちんじゆふ) 按察使(あぜち) 国司(こくし)				按察使	鎮守府将軍○ 大国守○
	検非違使▲ 庁(けびゐしちやう)				別当○	佐△
	蔵人所▲(くらうどどころ)		別当		頭	五位
	勘解由使▲(かげゆし) 斎院司(さいゐんのつかさ)				勘解由使長官○	
後宮				尚蔵 尚侍	尚膳 尚縫 典侍 典蔵	掌侍

【注】本表は養老令にもとづくが、衛府の欄は六衛府制の成立以降を採り、令外(りようげ)の官には▲印を付した。各官庁の役人は四階級に分かれ（四等官）、用いる文字は異なるが、それぞれ、かみ（長官＝○印）、すけ（次官＝△印）、じょう（判官＝＊印）、さくゎん（主典＝×印）と読んだ（音読するものもあった）。なお、官位相当には時期などによって異同・変遷がある。

従五位下	正六位上	正六位下	従六位上	従六位下	正七位上	正七位下	従七位上	従七位下	正八位上	正八位下	従八位上	従八位下	大初位上	大初位下	少初位上	少初位下
大副△	少副△		大祐*	少祐*						大史×	少史×					
少納言*	大史×				少史×、大外記		少外記									
大監物○、少輔△	大内記、大丞*	中判事	少丞*、中監物△	少判事	大録×、中内記	少監物*、判事大属×			少録×、少内記		判事少属×					
亮△、皇太子学士			中宮・春宮大*進	大膳・京大進*、中宮・春宮少*進	大膳・京少進*					大属×	少属×					
		助△、大学博士				大允*、助教、博士（文章・明法・律学）	少允*、博士（音・書・算）				大属×、馬医、雅楽諸師	少属×、算師				
頭○			助△			博士（医・陰陽・天文）	允*、陰陽師、博士（暦・呪禁）	医師、博士（漏刻・針）	呪禁・針・薬園師	按摩博士	按摩師	大属×	少属×			
少弼△	大忠*	少忠*			大疏×	巡察			少疏×							
			近衛将監*、衛門大尉*		衛門少尉*	兵衛大尉*	兵衛少尉*	近衛将曹×		衛門大志×	衛門少志×、兵衛大志×	兵衛少志×				
少弐△		大監*	少監*	大判事	大典×、防人正○、少判事				少典×、防人佑*				判事大令史×	判事少令史×	防人令史×	
上国守○		大国介△、中国守○	上国介△	下国守○		大国大掾*	鎮守府軍鑑*、大国少*掾	上国掾*	中国掾*		鎮守府軍曹×、大国大目×	大国少目×、上国目×		中国目×	下国目×	
			大尉*		少尉*				大志×		少志×					
			六位													
勘解由使次官△、斎院長官○			斎院次官△	勘解由使判官*			斎院判官*	勘解由使主典×				斎院主典×				
典膳、典縫			尚書、尚殿、尚酒			掌蔵、尚兵、尚闈	典書、尚薬、尚水		典薬、典兵	典闈	典殿、典掃	典水、典酒				

参考図①旧国名地図

北陸道
越後（新潟）
佐渡（新潟）
越中（富山）
能登（石川）
加賀（石川）
越前（福井）
若狭（福井）

東山道	
陸奥（青森・岩手）	下野（栃木）
羽前（山形）	上野（群馬）
羽後（秋田・山形）	信濃（長野）
陸中（岩手・秋田）	飛騨（岐阜）
陸前（宮城・岩手）	美濃（岐阜）
磐城（福島・宮城）	近江（滋賀）
岩代（福島）	

［注］明治元年までは、陸奥・陸中・陸前・磐城・岩代の五国を陸奥、羽前・羽後の二国を出羽といった。

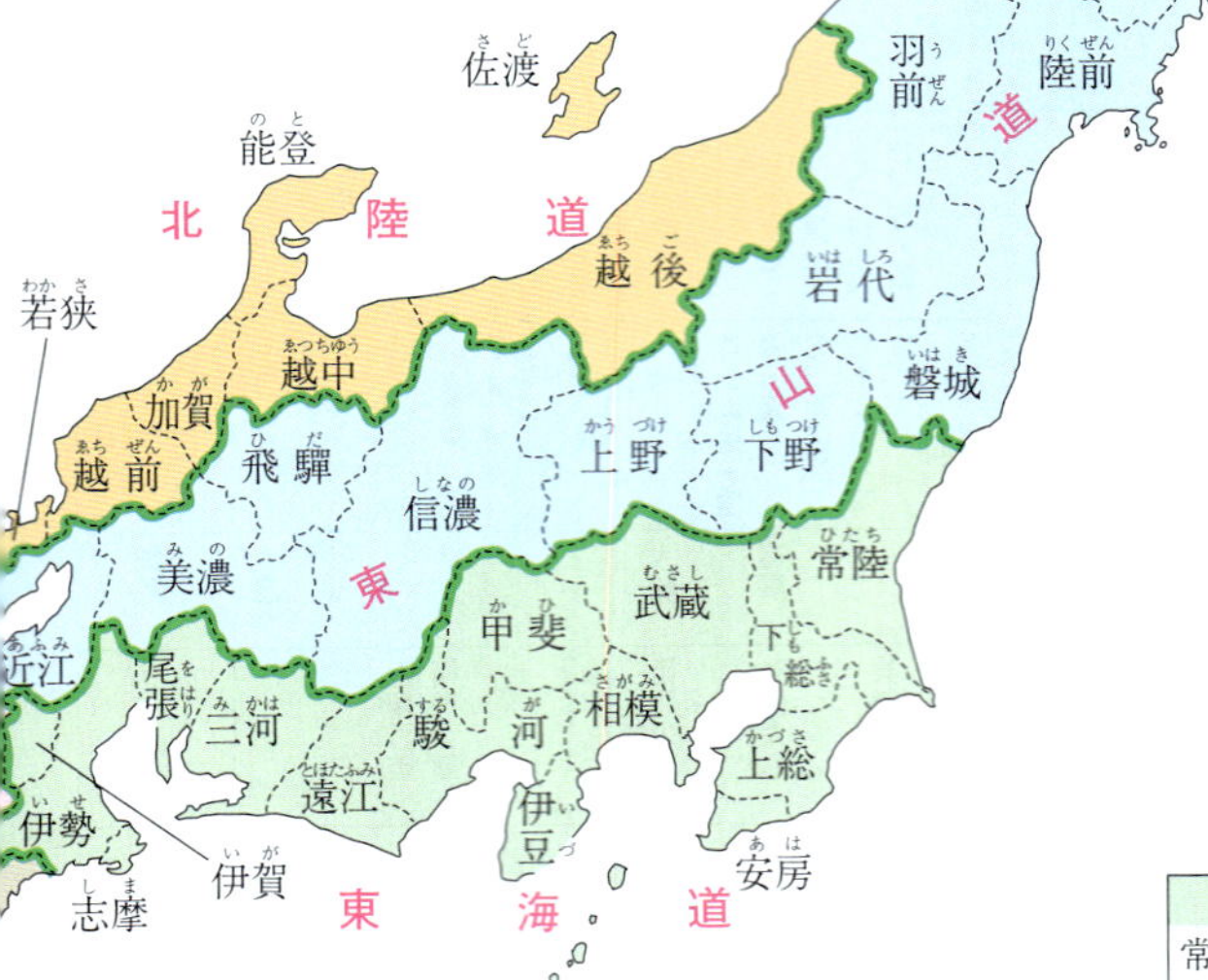

東海道
常陸（茨城）
下総（千葉・茨城）
上総（千葉）
安房（千葉）
武蔵（東京・神奈川・埼玉）
相模（神奈川）
甲斐（山梨）
駿河（静岡）
伊豆（静岡）
遠江（静岡）
三河（愛知）
尾張（愛知）
伊勢（三重）
伊賀（三重）
志摩（三重）

南海道
紀伊（和歌山・三重）
淡路（兵庫）
阿波（徳島）
讃岐（香川）
伊予（愛媛）
土佐（高知）

山陰道
丹波（京都・兵庫）
丹後（京都）
但馬（兵庫）
因幡（鳥取）
伯耆（鳥取）
出雲（島根）
石見（島根）
隠岐（島根）

山陽道
播磨（兵庫）
美作（岡山）
備前（岡山）
備中（岡山）
備後（広島）
安芸（広島）
周防（山口）
長門（山口）

畿内
山城（京都）
大和（奈良）
河内（大阪）
和泉（大阪）
摂津（大阪・兵庫）

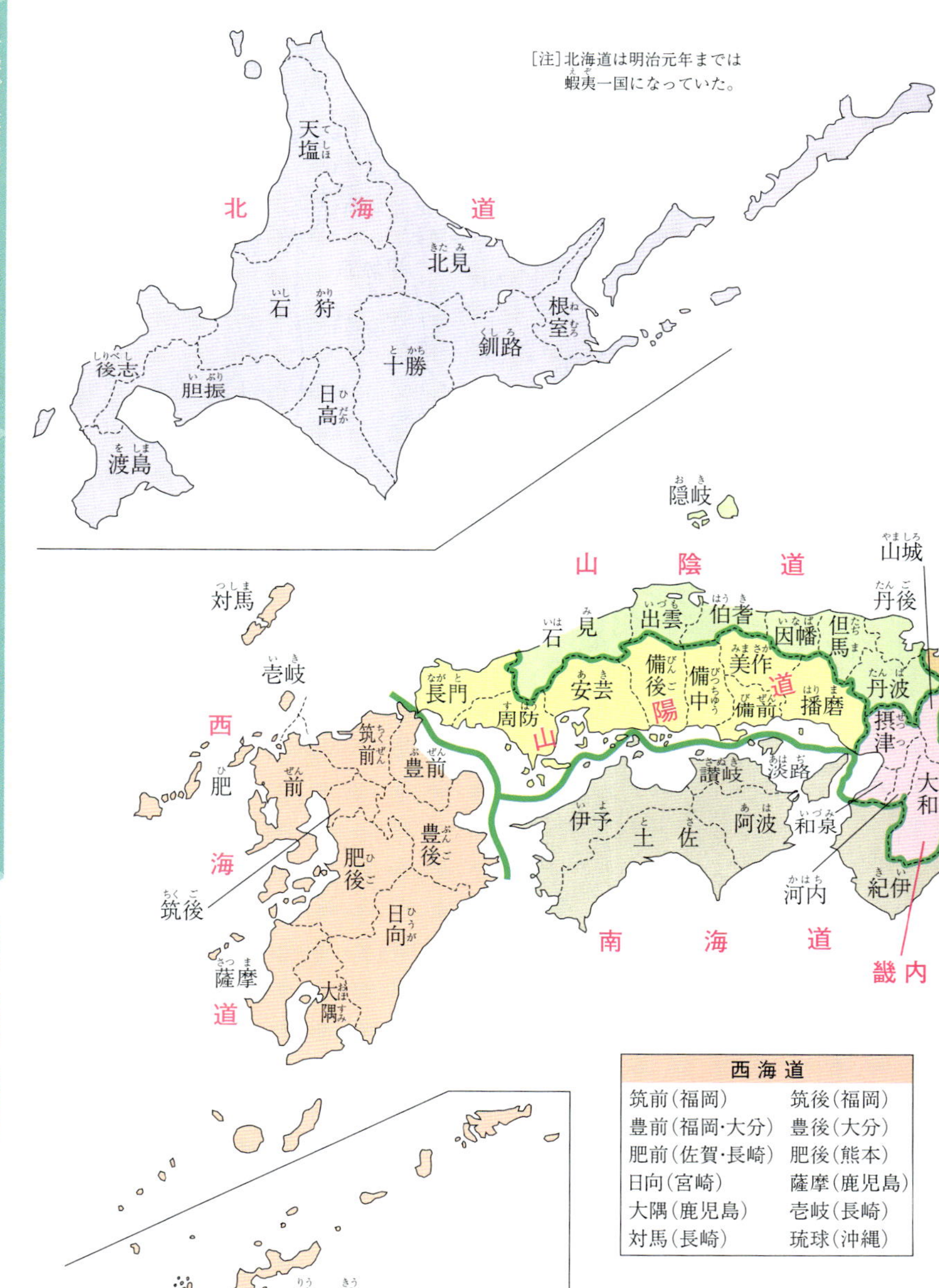

西海道	
筑前(福岡)	筑後(福岡)
豊前(福岡・大分)	豊後(大分)
肥前(佐賀・長崎)	肥後(熊本)
日向(宮崎)	薩摩(鹿児島)
大隅(鹿児島)	壱岐(長崎)
対馬(長崎)	琉球(沖縄)

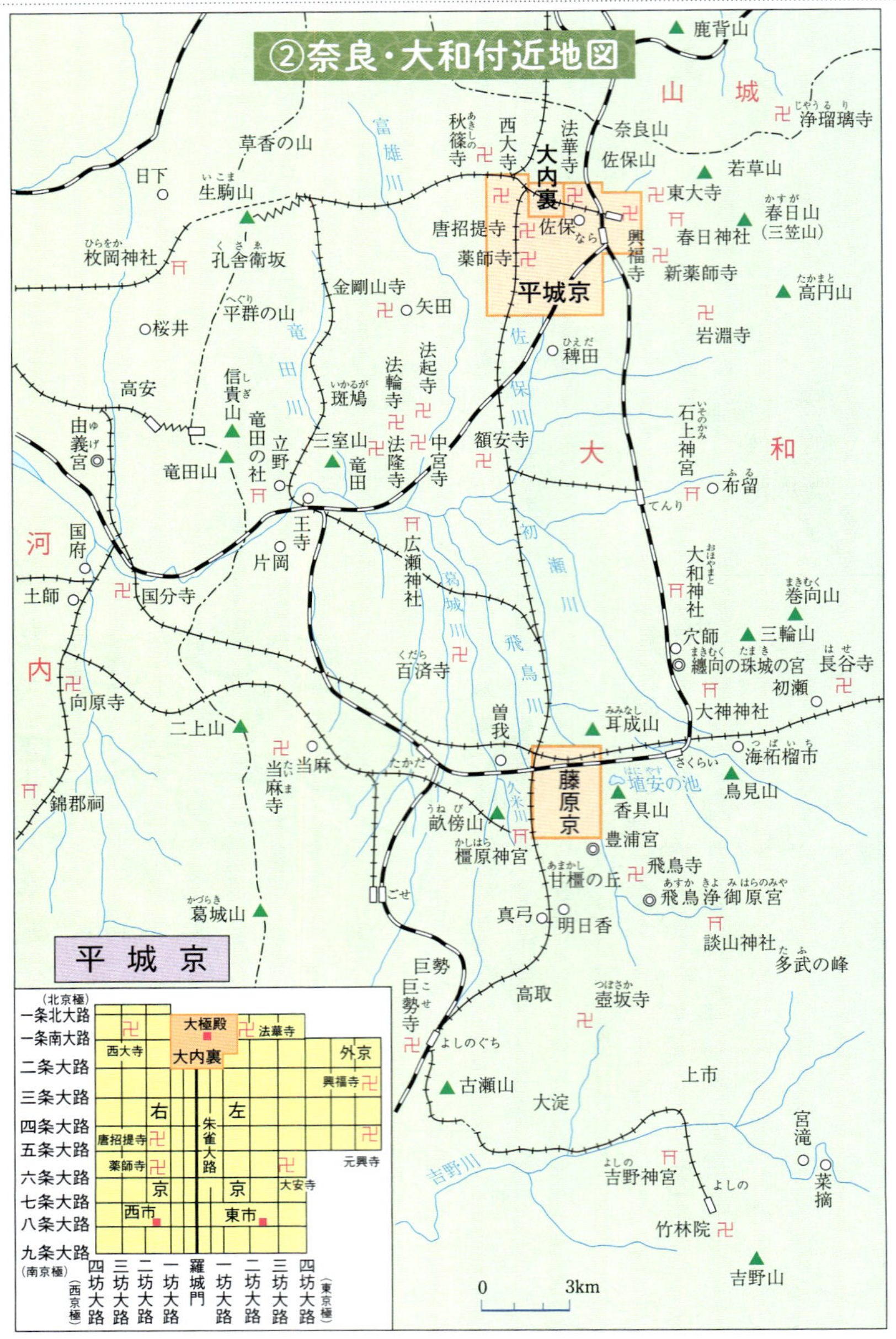
②奈良・大和付近地図
山城
大和
河内
鹿背山
浄瑠璃寺
奈良山
秋篠寺
西大寺
法華寺
大内裏
佐保山
若草山
東大寺
草香の山
日下
生駒山
唐招提寺
佐保
春日山
(三笠山)
春日神社
興福寺
新薬師寺
薬師寺
平城京
高円山
枚岡神社
孔舎衛坂
金剛山寺
矢田
平群の山
桜井
岩淵寺
稗田
高安
信貴山
法起寺
法輪寺
斑鳩
石上神宮
由義宮
竜田の社
立野
三室山
竜田
法隆寺
中宮寺
額安寺
竜田山
布留
王寺
国府
片岡
広瀬神社
大和神社
巻向山
土師
国分寺
穴師
三輪山
纒向の珠城の宮
長谷寺
百済寺
向原寺
初瀬
大神神社
曽我
二上山
耳成山
当麻
海柘榴市
当麻寺
藤原京
埴安の池
鳥見山
錦郡祠
香具山
畝傍山
豊浦宮
橿原神宮
飛鳥寺
甘樫の丘
飛鳥浄御原宮
葛城山
真弓
明日香
談山神社
多武の峰
巨勢
巨勢寺
高取
壺坂寺
古瀬山
上市
大淀
宮滝
吉野神宮
菜摘
竹林院
吉野山
富雄川
竜田川
佐保川
初瀬川
葛城川
飛鳥川
久米川
吉野川
なら
てんり
たかだ
さくらい
ごせ
よしのぐち
よしの
0
3km
平城京
(北京極)
一条北大路
一条南大路
二条大路
三条大路
四条大路
五条大路
六条大路
七条大路
八条大路
九条大路
(南京極)
大極殿
法華寺
西大寺
大内裏
外京
興福寺
右京
左京
朱雀大路
唐招提寺
薬師寺
元興寺
大安寺
西市
東市
(西京極)
四坊大路
三坊大路
二坊大路
一坊大路
羅城門
一坊大路
二坊大路
三坊大路
四坊大路
(東京極)

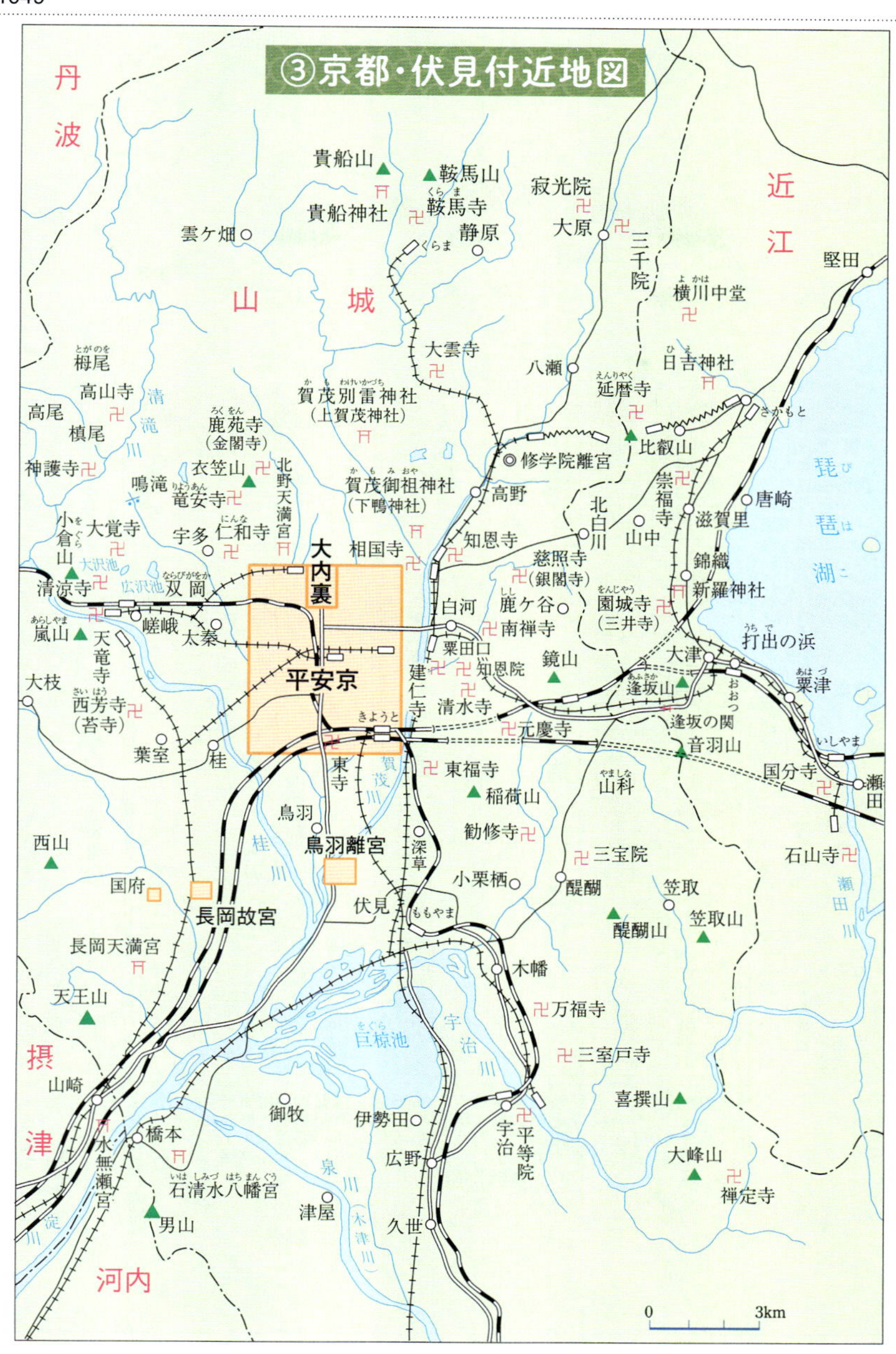
③京都・伏見付近地図
丹波
山城
近江
摂津
河内
貴船山
鞍馬山
寂光院
貴船神社
鞍馬寺
静原
大原
雲ケ畑
三千院
堅田
横川中堂
大雲寺
八瀬
日吉神社
栂尾
延暦寺
高山寺
賀茂別雷神社
(上賀茂神社)
高尾
鹿苑寺
(金閣寺)
槙尾
比叡山
修学院離宮
神護寺
衣笠山
北野天満宮
賀茂御祖神社
(下鴨神社)
鳴滝
竜安寺
崇福寺
唐崎
高野
北白川
琵琶湖
小倉山
大覚寺
宇多
仁和寺
知恩寺
山中
滋賀里
相国寺
大内裏
慈照寺
(銀閣寺)
錦織
大沢池
広沢池
清涼寺
双岡
新羅神社
白河
鹿ケ谷
園城寺
(三井寺)
嵯峨
南禅寺
嵐山
太秦
打出の浜
天竜寺
粟田口
鏡山
大津
知恩院
大枝
平安京
建仁寺
粟津
西芳寺
(苔寺)
清水寺
逢坂山
逢坂の関
元慶寺
葉室
桂
音羽山
東寺
賀茂川
東福寺
国分寺
瀬田
山科
鳥羽
稲荷山
西山
鳥羽離宮
桂川
深草
勧修寺
三宝院
石山寺
瀬田川
国府
小栗栖
醍醐
笠取
伏見
長岡故宮
笠取山
醍醐山
長岡天満宮
木幡
天王山
万福寺
巨椋池
宇治川
三室戸寺
山崎
喜撰山
御牧
伊勢田
宇治
平等院
橋本
水無瀬宮
大峰山
広野
石清水八幡宮
禅定寺
泉川
(木津川)
淀川
津屋
久世
男山
0
3km

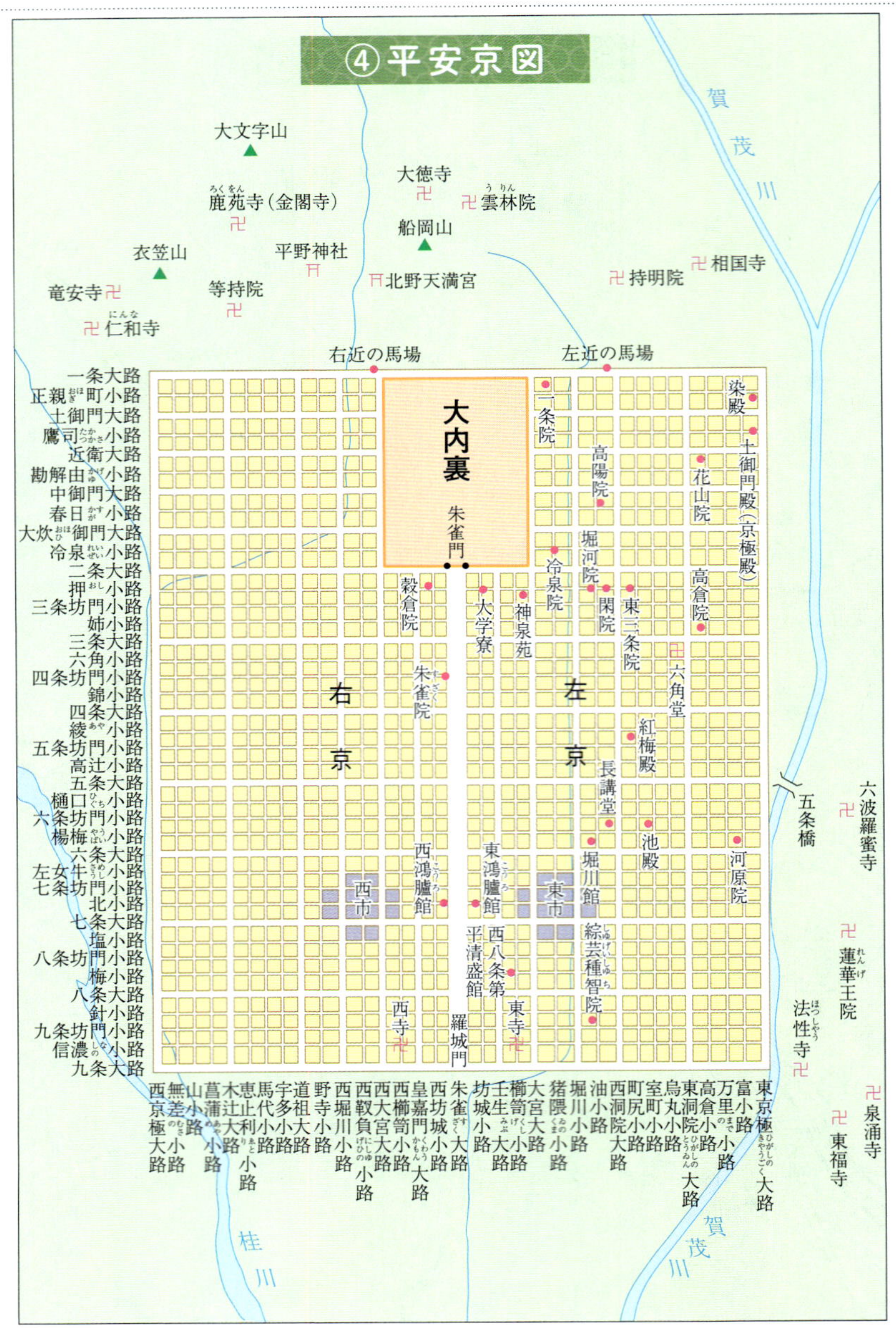
④平安京図
大文字山
大徳寺
鹿苑寺（金閣寺）
雲林院
船岡山
衣笠山
平野神社
北野天満宮
相国寺
持明院
竜安寺
等持院
仁和寺
右近の馬場
左近の馬場
大内裏
朱雀門
右京
左京
西市
東市
羅城門
西寺
東寺
賀茂川
桂川
五条橋
六波羅蜜寺
蓮華王院
法性寺
泉涌寺
東福寺

⑤平安京大内裏図

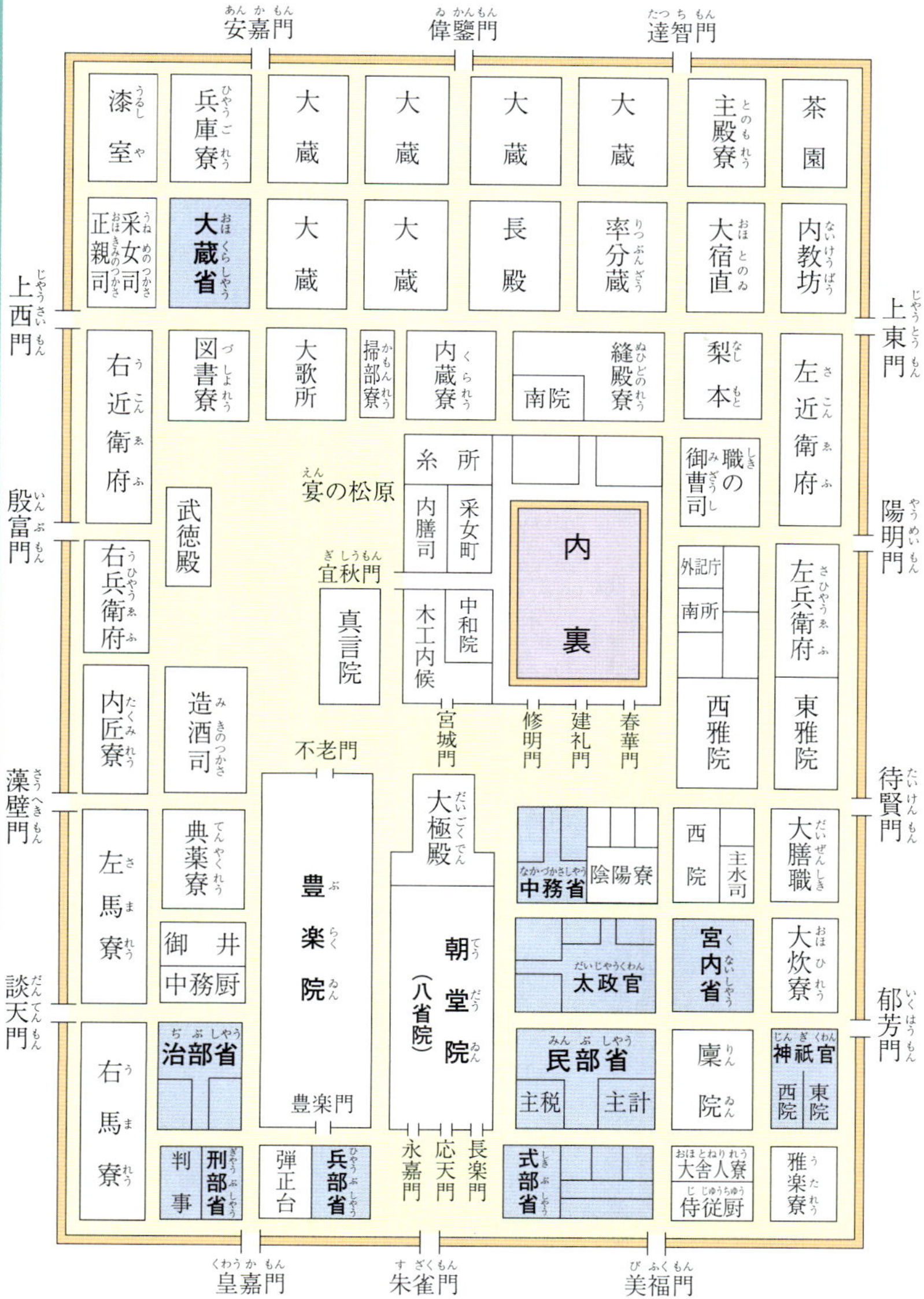

安嘉門 偉鑒門 達智門

漆室 兵庫寮 大蔵 大蔵 大蔵 大蔵 主殿寮 茶園

采女司 正親司 大蔵省 大蔵 大蔵 長殿 率分蔵 大宿直 内教坊

上西門 上東門

右近衛府 図書寮 大歌所 掃部寮 内蔵寮 南院 縫殿寮 梨本 左近衛府

糸所 宴の松原 職の御曹司

殷富門 陽明門

武徳殿 内膳司 采女町 内裏

右兵衛府 宜秋門 外記庁 南所 左兵衛府

真言院 木工内候 中和院

内匠寮 造酒司 宮城門 修明門 建礼門 春華門 西雅院 東雅院

不老門

藻壁門 待賢門

大極殿 中務省 陰陽寮 西院 主水司 大膳職

左馬寮 典薬寮 豊楽院

御井 中務厨 朝堂院（八省院） 太政官 宮内省 大炊寮

談天門 郁芳門

治部省 民部省 主税 主計 壥院 神祇官 西院 東院

豊楽門

右馬寮 判事 刑部省 弾正台 兵部省 永嘉門 応天門 長楽門 式部省 大舎人寮 侍従厨 雅楽寮

皇嘉門 朱雀門 美福門

▶南北約1400m、東西約1200m。天皇の居所である内裏をはじめ、大内裏の正庁である朝堂院や二官・八省（　　）および弾正台・左右の衛府などの官庁が並んでいた。

⑥平安京内裏図

＊この図は、一〇五一ページ図中の「内裏」にあたる。

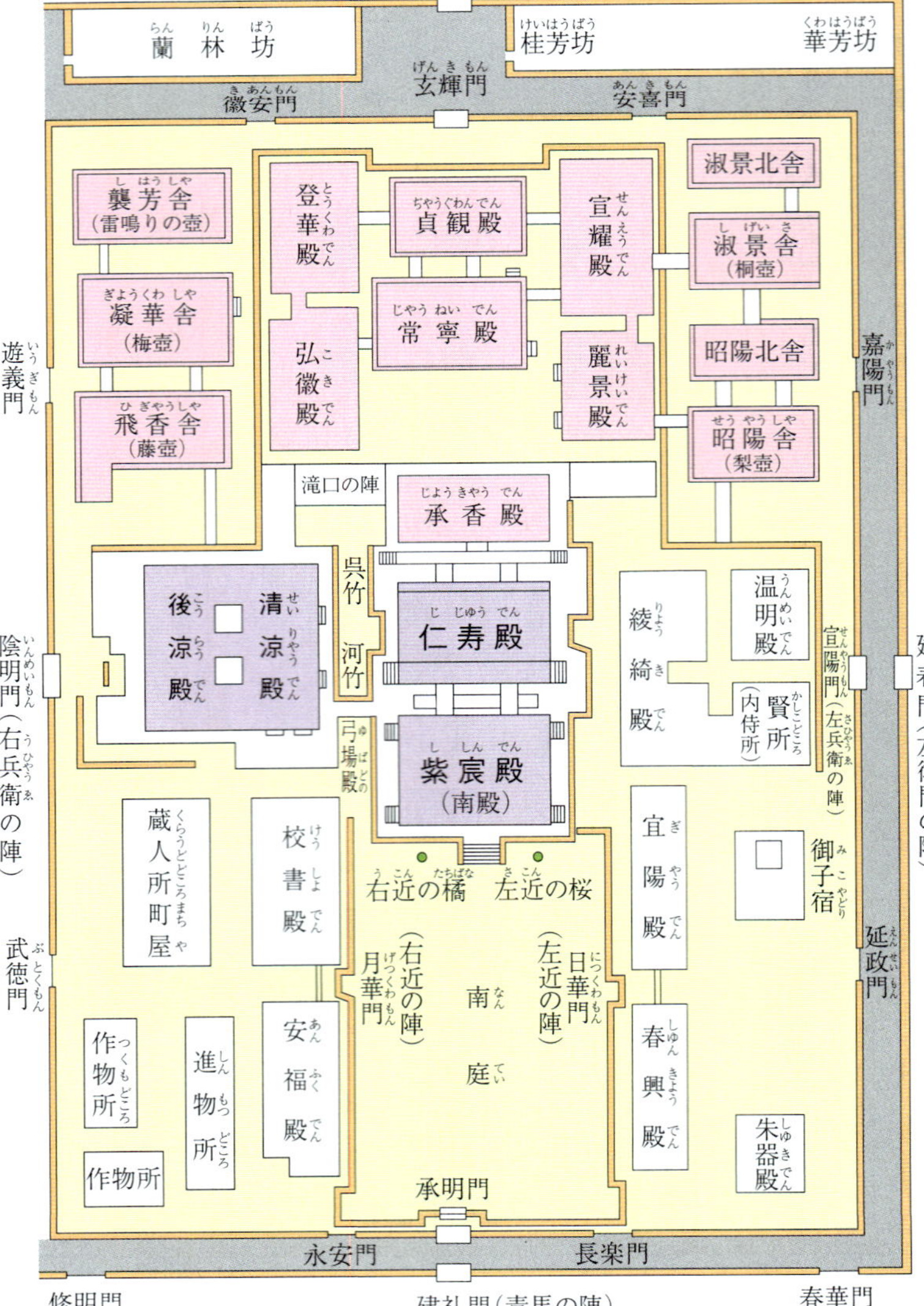

▶南北約330m、東西約230m。正殿である紫宸殿をはじめ、古くは天皇の居所であった仁寿殿、天皇が日常生活を送る清涼殿などがあった。　　　は後宮十二舎（七殿五舎）。

系図①天皇系図

＊古文を読むうえで参考となる四つの重要な系図を掲げた。
＊—線は血縁関係を表し、＝線は婚姻関係を表す。赤字は本文中に見出しがあることを表す。
＊数字は歴代天皇の即位順を表す。また、**太字**の天皇は、時代の変わり目に在位していたことを表す。（①～⑥は北朝）

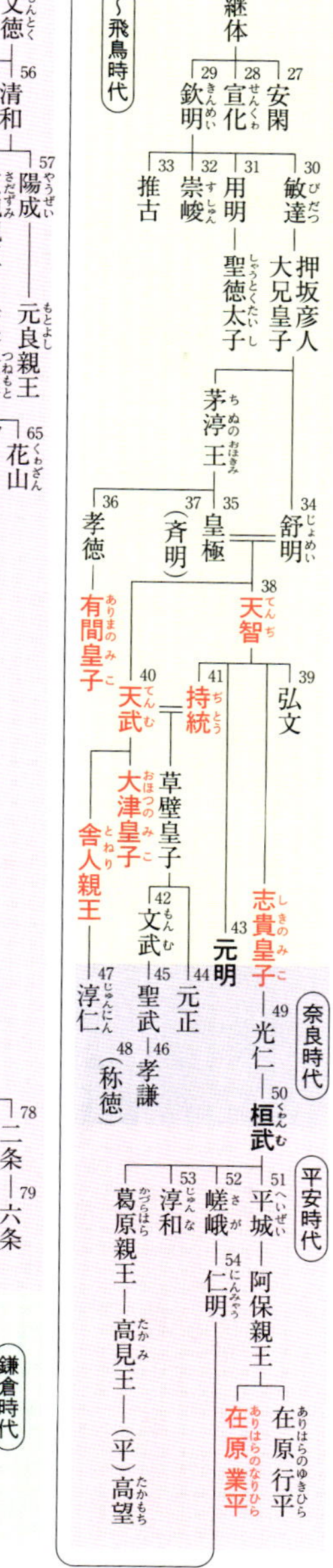

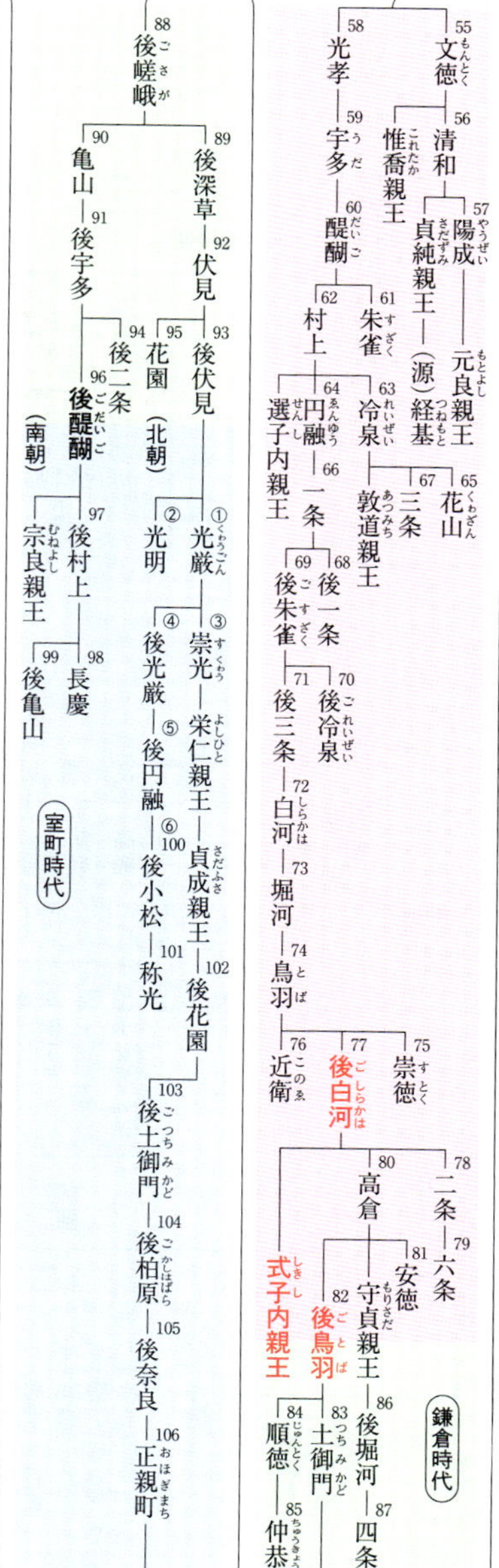

誠仁親王
107 **後陽成**
108 後水尾
112 霊元
111 後西
110 後光明
109 明正
113 東山
江戸時代
直仁親王
114 中御門
115 桜町
典仁親王
116 桃園
117 後桜町
118 後桃園
119 光格
120 仁孝
121 孝明
122 **明治**
123 大正
124 昭和
125 平成
126 今上
近・現代

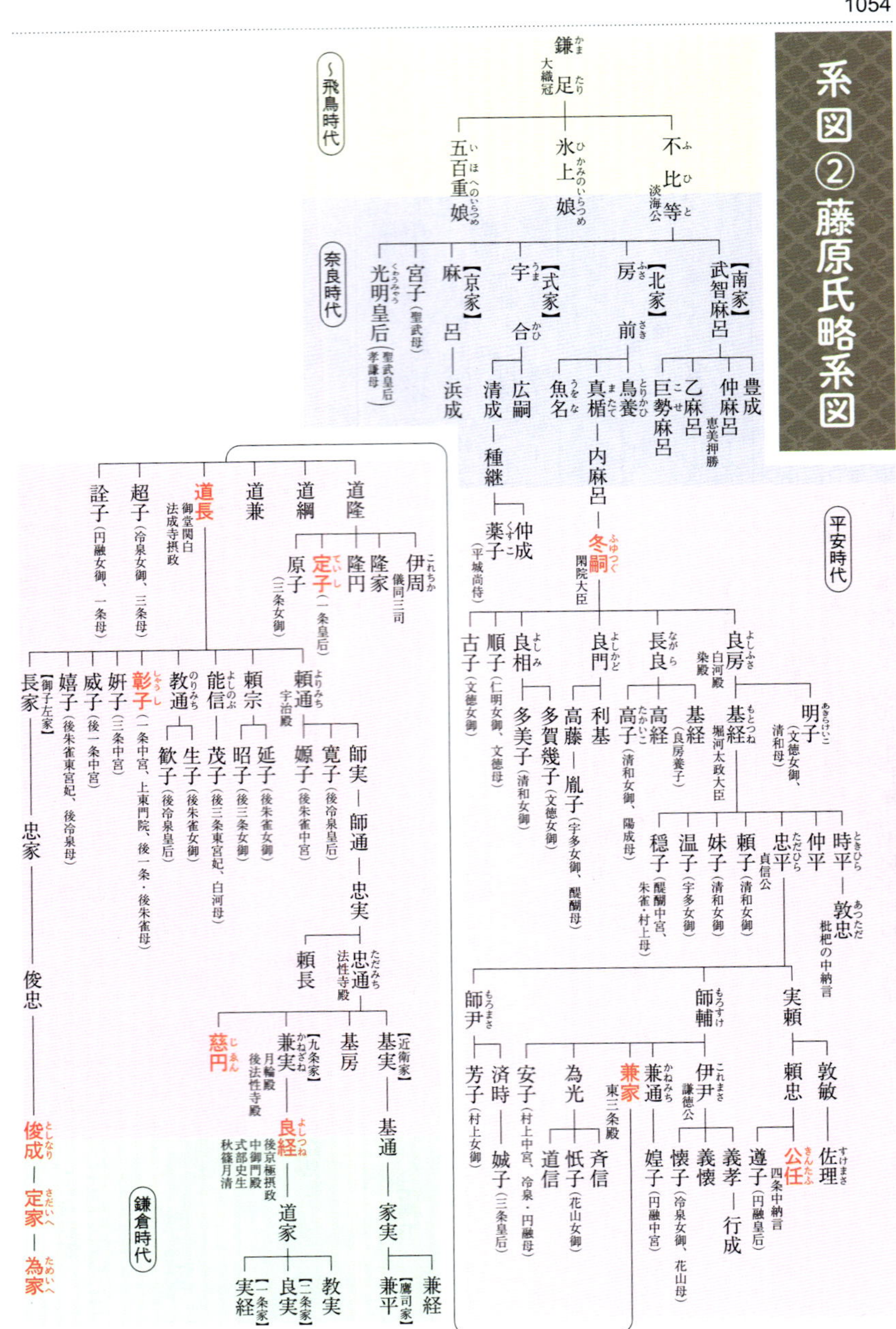
系図② 藤原氏略系図
~飛鳥時代
鎌足(かまたり) 大織冠
不比等(ふひと) 淡海公
氷上娘(ひかみのいらつめ)
五百重娘(いほへのいらつめ)
奈良時代
【南家】武智麻呂
【北家】房前(ふささき)
【式家】宇合(うまかひ)
【京家】麻呂
宮子(聖武母)
光明皇后(くわうみやう)(聖武皇后 孝謙母)
豊成
仲麻呂 恵美押勝
乙麻呂
巨勢麻呂(こせ)
鳥養(とりかひ)
真楯(またて)
魚名(うをな)
広嗣
清成
浜成
内麻呂
種継
仲成
薬子(くすこ)(平城尚侍)
冬嗣(ふゆつぐ) 閑院大臣
平安時代
良房(よしふさ) 白河殿 染殿
長良(ながら)
良門(よしかど)
良相(よしみ)
順子(仁明女御、文徳母)
古子(文徳女御)
明子(あきらけいこ)(文徳女御、清和母)
基経(もとつね) 堀河太政大臣
基経(良房養子)
高経
高子(たかいこ)(清和女御、陽成母)
利基
高藤
胤子(宇多女御、醍醐母)
多賀幾子(文徳女御)
多美子(清和女御)
時平(ときひら)
敦忠(あつただ) 枇杷の中納言
仲平
忠平(ただひら) 貞信公
頼子(清和女御)
姝子(清和女御)
温子(宇多女御)
穏子(醍醐中宮、朱雀・村上母)
実頼
敦敏
佐理(すけまさ)
頼忠
遵子(円融皇后)
公任(きんたふ) 四条中納言
師輔(もろすけ)
伊尹(これまさ) 謙徳公
義孝
行成
義懐
懐子(冷泉女御、花山母)
兼通(かねみち)
媓子(円融中宮)
兼家 東三条殿
為光
斉信
忯子(花山女御)
道信
安子(村上中宮、冷泉・円融母)
師尹(もろまさ)
済時
娍子(三条皇后)
芳子(村上女御)
道隆
伊周(これちか) 儀同三司
隆家
隆円
定子(ていし)(一条皇后)
原子(三条女御)
道綱
道兼
道長 御堂関白 法成寺摂政
超子(冷泉女御、三条母)
詮子(円融女御、一条母)
頼通(よりみち) 宇治殿
師実
師通
忠実
忠通(ただみち) 法性寺殿
頼長
寛子(後冷泉皇后)
嫄子(後朱雀中宮)
頼宗
延子(後朱雀女御)
昭子(後三条女御)
能信(よしのぶ)
茂子(後三条東宮妃、白河母)
教通(のりみち)
生子(後朱雀女御)
歓子(後冷泉皇后)
彰子(しやうし)(一条中宮、上東門院、後一条・後朱雀母)
妍子(三条中宮)
威子(後一条中宮)
嬉子(後朱雀東宮妃、後冷泉母)
【御子左家】長家
忠家
俊忠
俊成(としなり)
定家(さだいへ)
為家(ためいへ)
基実【近衛家】
基通
家実
兼経
兼平【鷹司家】
基房
兼実(かねざね)【九条家】 月輪殿 後法性寺殿
良経(よしつね) 後京極摂政 中御門殿 式部史生 秋篠月清
道家
教実
良実【二条家】
実経【一条家】
慈円(じゑん)
鎌倉時代

系図③源氏略系図

平安時代

- 清和天皇(せいわ)
  - 貞純親王(さだずみ)
    - 経基(つねもと)
      - 満仲
        - 頼光(よりみつ)
          - 頼国
            - 頼綱
              - 明国
                - 行国
                  - 頼盛
                    - 行綱
              - 仲政
                - **頼政**(よりまさ) 源三位入道
                  - 仲綱
                  - 兼綱
            - 国房
        - 頼親(よりちか)
        - 頼信
          - 頼義
            - 義家(よしいへ) 八幡太郎
              - 義国
              - 義親
                - 為義(ためよし) 六条判官
                  - 義朝(よしとも)
                    - 義平(よしひら) 悪源太
                    - **頼朝**(よりとも)
                      - 頼家
                        - 公暁(くげう)
                      - **実朝**(さねとも) 鎌倉右大臣
                    - 範頼(のりより) 蒲冠者
                    - **義経**(よしつね) 牛若丸・九郎判官
                  - 義賢(よしかた)
                    - 仲家
                      - 仲光
                    - (木曽)**義仲**(よしなか) 朝日将軍
                      - 義高
                  - 義憲(よしのり)
                  - 為朝(ためとも) 鎮西八郎
                  - 行家(ゆきいへ)
              - 義忠
            - 義光
          - 頼季(よりすゑ)
      - 満政

鎌倉時代

系図④平氏略系図

平安時代

- 桓武天皇(くゎんむ)
  - 葛原親王(かづらはら)
    - 高見王(たかみ)
      - 高望(たかもち)
        - 国香
          - 貞盛
            - 維将
              - (五代略)
                - 時方
                  - (北条)時政(ときまさ)
                    - 義時
            - 維衡(これひら)
              - 正度(まさのり)
                - 貞季(さだすゑ)
                  - 範季
                    - 家貞
                      - 貞能
                - 季衡(すゑひら)
                  - 盛国
                    - 盛俊
                - 正衡(まさひら)
                  - 正盛
                    - 忠盛(ただもり)
                      - **清盛**(きよもり) 平相国 入道相国
                        - 重盛(しげもり) 小松殿
                          - 維盛(これもり) 小松三位中将
                            - 六代 妙覚
                          - 資盛
                          - 忠房
                        - 宗盛(むねもり)
                          - 清宗
                          - 能宗
                        - 知盛(とももり)
                          - 知章
                          - 知忠
                        - 重衡(しげひら)
                        - 知度
                        - **徳子**(とくこ)(高倉中宮、建礼門院、安徳母)
                        - 盛子(藤原基実妻)
                      - 経盛
                        - 経正
                        - **敦盛**(あつもり)
                      - 教盛(のりもり) 門脇殿
                        - 通盛
                        - 教経(のりつね) 能登守
                      - 頼盛(よりもり) 池大納言
                      - **忠度**(ただのり) 薩摩守
                    - 忠正
        - 良将
          - **将門**(まさかど)
    - 高棟王(たかむね)
      - (八代略)
        - 時信
          - 時忠
            - 女子(義経妾)
          - 時子(ときこ)(清盛妻、二位尼)
          - 滋子(しげこ)(後白河女御、建春門院、高倉母)

鎌倉時代

旺文社 図解全訳古語辞典

初版印刷　2021年 9月10日
初版発行　2021年10月14日

編　　者　宮腰 賢　石井 正己　小田 勝

発 行 者　生駒大壱
発 行 所　株式会社 旺文社
〒 162-8680 東京都新宿区横寺町 55

印刷所　共同印刷株式会社
製函所　清水印刷紙工株式会社
製本所　大口製本印刷株式会社

●ホームページ　https://www.obunsha.co.jp/

S1f095

ISBN978-4-01-077732-9　Printed in Japan

旺文社 お客様総合案内

●内容に関するお問い合わせは、弊社ホームページの「お問い合わせ」フォームにて承ります。

【WEB】旺文社 お問い合わせフォーム
https://www.obunsha.co.jp/support/contact

●乱丁・落丁など製造不良品の交換・ご注文につきましては下記にて承ります。

【電話】0120-326-615
（土・日・祝日を除く 10：00 ～ 17：00）

旺文社 図解全訳古語辞典 もくじ

◆表見返し

図解で学ぶ　古文の世界

◆扉裏

略語・記号一覧

◆口絵